1217677

Springer NachschlageWissen

Weitere Bände in dieser Reihe
http://www.springer.com/series/13096

Ansgar Zerfaß · Manfred Piwinger
(Hrsg.)

Handbuch Unternehmenskommunikation

Strategie – Management – Wertschöpfung

2., vollständig überarbeitete Auflage

Büchereien Wien
Am Gürtel
Magistratsabteilung 13
7, Urban-Loritz-Platz 2a
A-1070 Wien

Springer Gabler

Herausgeber
Ansgar Zerfaß
Universität Leipzig
Deutschland

Manfred Piwinger
Wuppertal
Deutschland

ISBN 978-3-8349-4542-6
ISBN 978-3-8349-4543-3 (Print + eBook)
DOI 10.1007/978-3-8349-4543-3

ISBN 978-3-8349-4543-3 (eBook)

Die Deutsche Nationalbibliothek verzeichnet diese Publikation in der Deutschen Nationalbibliografie; detaillierte bibliografische Daten sind im Internet über http://dnb.d-nb.de abrufbar.

Springer Gabler
© Springer Fachmedien Wiesbaden 2014
Das Werk einschließlich aller seiner Teile ist urheberrechtlich geschützt. Jede Verwertung, die nicht ausdrücklich vom Urheberrechtsgesetz zugelassen ist, bedarf der vorherigen Zustimmung des Verlags. Das gilt insbesondere für Vervielfältigungen, Bearbeitungen, Übersetzungen, Mikroverfilmungen und die Einspeicherung und Verarbeitung in elektronischen Systemen.

Die Wiedergabe von Gebrauchsnamen, Handelsnamen, Warenbezeichnungen usw. in diesem Werk berechtigt auch ohne besondere Kennzeichnung nicht zu der Annahme, dass solche Namen im Sinne der Warenzeichen- und Markenschutz-Gesetzgebung als frei zu betrachten wären und daher von jedermann benutzt werden dürften.

Gedruckt auf säurefreiem und chlorfrei gebleichtem Papier

Springer Gabler ist eine Marke von Springer DE. Springer DE ist Teil der Fachverlagsgruppe Springer Science+Business Media
www.springer-gabler.de

Vorwort

Globale Informationsflüsse, wachsende Legitimationsbedürfnisse, das sinkende Vertrauen in etablierte Institutionen und die wegbrechende Unterstützung durch etablierte Eliten in Politik und Gesellschaft haben die Rahmenbedingungen der Unternehmensführung radikal verändert. Beziehungen und Erfolgsmuster verlieren an Bedeutung, alte Branchen und Wettbewerber verschwinden. Neue Märkte und Spieler treten in Erscheinung. Das alles wird kommunikativ begleitet, vorbereitet und kommentiert. Die Akzeptanz neuer Produkte, Technologien und Geschäftsmodelle ist Gegenstand öffentlicher Debatten – mit ungewissem Ausgang. Deshalb ist das strategische Management von Kommunikation ein unverzichtbarer Erfolgsfaktor. Vorstandsvorsitzende und Geschäftsführer in deutschen Großunternehmen haben uns in einer Befragung vor kurzem bestätigt, dass die öffentliche Meinung seit einigen Jahren immer stärker bei Entscheidungen berücksichtigt wird. Die Entscheider der obersten Führungsebene rechnen mit einem weiteren Bedeutungszuwachs der Unternehmenskommunikation – weil Reputation und Marken im Wettbewerb differenzieren und gesellschaftliche Legitimation immer neu gewonnen werden muss. Gleichzeitig sind die Risiken misslungener Kommunikation deutlich gestiegen. „Shitstorms" in den sozialen Netzwerken des Internets sind nur die Spitze des Eisbergs. Bedeutsamer ist der teilweise schlechte Ruf von Unternehmensführern in der Öffentlichkeit. Die Wahrnehmung vieler Konzerne wird dadurch negativ beeinflusst, der Aktienkurs und Unternehmenswert gefährdet. Das *Manager Magazin* hat die Vorstellung eines entsprechenden Imagerankings sogar zum Anlass genommen, zu fragen, ob der Spitzenrang Deutschlands in der Welt durch den Ruf der CEOs gefährdet ist.

Wenn man hier gegensteuern will, geht es nicht nur um die Entwicklung persönlicher Kommunikationskompetenzen von Vorständen und die professionelle Selbstdarstellung des Unternehmens. Kommunikation ist mehr als Informationsübermittlung und deshalb nichts, das ausschließlich an Spezialisten in PR- und Werbeabteilungen delegiert werden kann. Vielmehr geht es um dynamische Prozesse der Wirklichkeitskonstruktion im Zusammenspiel von Unternehmen, Medien und Rezipienten. Kommunikation muss ebenso wie andere Funktionen im Unternehmen professionell geplant, organisiert, umgesetzt und evaluiert werden. Statt der Pressesprecher von einst hat es das Top-Management heute mit spezialisierten Kommunikationsmanagern und Unternehmensberatern für Kommunikation zu tun, die signifikante Budgets und Ressourcen beanspruchen. Wer Führungsverantwortung trägt und diese Investitionen beurteilen will, benötigt eine genaue Kenntnis der Grundlagen öffentlicher Kommunikation, der Wirkungszusammenhänge und Wertschöpfungsprozesse und natürlich auch der praktischen Umsetzung beispielsweise von Medienarbeit, Investor Relations, Mitarbeiterkommunikation, Online-Kommunikation und Krisenkommunikation.

Die vorliegende, komplett überarbeite Neuauflage des Handbuch Unternehmenskommunikation vermittelt dieses Wissen auf aktuellem Stand. Als Standardwerk verbindet es betriebswirtschaftliches Know-how mit kommunikationswissenschaftlichen Konzepten und Erfahrungen aus der Unternehmenspraxis. Annähernd 70 Beiträge bieten einen Einblick in alle relevanten Themenfelder und geben Anstöße für die eigene Praxis. Seit der ersten Auflage im Jahr 2007 mit mehreren Nachdrucken hat sich die kommunikative Welt stark geändert. Deshalb wurden viele Veränderungen vorgenommen und jenseits allfälliger Aktualisierungen die meisten Beiträge neu verfasst und wichtige Themen ergänzt. Insbesondere ging es darum, den Einfluss internationaler Märkte zu berücksichtigen und vor allem die rasante Entwicklung des Internets und dessen Einfluss auf das Kommunikationsgeschehen zur Geltung zu bringen. Themen wie Meinungsbildung in der Mediengesellschaft, Personalisierung und Emotionalisierung werden ebenso wie Fragen von Governance, Compliance und Legitimation detailliert abgehandelt. Ein besonderes Augenmerk gilt Management und Controlling, Kostentransparenz und Kennzahlen sowie der Organisation der Kommunikationsfunktion sowie der Zusammenarbeit mit Dienstleistern.

Namhafte Autoren – alle mit langjähriger, vielfach internationaler Erfahrung auf dem Gebiet der Unternehmens- und Finanzkommunikation, Wirtschaftsprüfung, Rechtswissenschaft, Soziologie, Psychologie, Linguistik, Marketing sowie in führenden Agenturen und Unternehmen widmen sich diesen Themen. Sie leisten mit ihren unterschiedlichen disziplinären Sichtweisen einen wichtigen Beitrag zum besseren Verständnis der Rolle und Funktion von Kommunikation in der Unternehmenswelt.

Mit diesem Handbuch wenden wir uns an Vorstände und Geschäftsführer ebenso an diejenigen, die in Unternehmen, Verbänden und Organisationen Verantwortung tragen für Unternehmens- und Finanzkommunikation, Marketing, betriebsinterne Kommunikation, Compliance und Controlling; ebenso an Hochschullehrer, ihre Studenten und wirtschaftlich interessierte Kreise. Angesprochen sind ferner jene, die bei Unternehmensberatungen, Agenturen und Dienstleistern professionelle Kommunikation unterstützen. Wir setzen darauf, dass die Leser den Band mit Gewinn lesen werden und für ihre Arbeit als nützlich einschätzen.

Ein breit angelegter und interdisziplinärer Übersichtsband wie dieser ist auf die Mitwirkung zahlreicher Kolleginnen und Kollegen sowie von Persönlichkeiten aus Wirtschaft und Wissenschaft angewiesen. Alle, die wir anfragten, haben mehr oder weniger spontan zugesagt und die Beiträge trotz großer zeitlicher Belastungen in überschaubarer Zeit erstellt. Jedem einzelnen Autor gilt unser Dank. Auch wenn der Qualitätsanspruch, den wir an unser gemeinsames Werk stellen, einige Schleifen und Verzögerungen verursacht hat, rechtfertigt das Ergebnis doch alle Mühen. Ein besonderer Dank gilt Angela Pfeiffer, Barbara Roscher, Ute Wrasmann, Cornelia Schwanke und Daniel Hawig vom Verlag Springer Gabler, Wiesbaden. Das Projektmanagement an der Universität Leipzig wurde von Svenja Reinecke und Julia Pape unterstützt; ermöglicht hat dies die Stiftung zur Förderung der PR-Wissenschaft an der Universität Leipzig im Stifterverband für die Deutsche Wissenschaft. Hierfür sei allen Beteiligten herzlich gedankt.

Leipzig und Wuppertal, im Januar 2014
Ansgar Zerfaß
Manfred Piwinger

Inhaltsverzeichnis

Unternehmenskommunikation als Werttreiber und Erfolgsfaktor 1
Ansgar Zerfaß und Manfred Piwinger

Teil I Grundlagen der Unternehmenskommunikation

Unternehmenskommunikation und Kommunikationsmanagement:
Strategie, Management und Controlling 21
Ansgar Zerfaß

Stakeholder-Management als kommunikatives Beziehungsmanagement:
Netzwerktheoretische Grundlagen der Unternehmenskommunikation 81
Matthias Karmasin und Franzisca Weder

Kommunikation und Medien: Grundbegriffe, Theorien und Konzepte 105
Bertram Scheufele

Meinungsbildung in der Mediengesellschaft: Akteure und Prozesse
öffentlicher Kommunikation im Zeitalter des Social Web 145
Anna Maria Theis-Berglmair

Kommunikationsmanagement als Profession:
Strukturen, Handlungsfelder, empirische Befunde 163
Ansgar Zerfaß und Lisa Dühring

Teil II Ökonomische, publizistische, rechtliche und ethische
         Rahmenbedingungen der Kommunikation

Jenseits von Geld und Information: Zur Ökonomie der Aufmerksamkeit 193
Georg Franck

Corporate Governance und Corporate Social Responsibility:
Grundlagen und Konsequenzen für die Kommunikation 203
Joachim Schwalbach und Anja Schwerk

Öffentliche Moral und private Wirtschaft:
Medialisierung, Personalisierung, Emotionalisierung und Charisma 219
Kurt Imhof

Unternehmenskommunikation und Journalismus:
Ökonomische Analyse einer ungleichen Partnerschaft 233
Susanne Fengler und Stephan Ruß-Mohl

Strukturen und Trends im Wirtschaftsjournalismus:
Herausforderungen für die Medienarbeit 253
Claudia Mast und Klaus Spachmann

Informations- und Publizitätspflichten von Unternehmen 271
Axel Zitzmann und Torsten Decker

Medienrecht in der Unternehmenskommunikation 291
Werner Süss

Das Reputationsrisiko: Herausforderungen und Bedeutung
für die Unternehmensführung 307
Manfred Piwinger

Ethische Aspekte von Public Relations, Werbung und
Onlinekommunikation 329
Christian Schicha

Teil III   Soziologische, kulturelle und psychologische Dimensionen
           der Kommunikation

Vertrauen und Glaubwürdigkeit als konstituierende Elemente der
Unternehmenskommunikation 351
Christoph Hubig

Reputation und Image: Grundlagen, Einflussmöglichkeiten, Management 371
Sabine Einwiller

Marken im öffentlichen Diskurs 393
Jürgen Häusler

Kommunikative Konstitution von Organisationen 411
Dennis Schoeneborn und Stefan Wehmeier

**Organisationskultur und Verhaltensstile von Unternehmen:
Einflussgrößen für die Kommunikationsstrategie** 431
Helmut Ebert

Psychologie der internen Organisationskommunikation 449
Frank M. Schneider, Andrea Retzbach, Berend Barkela und Michaela Maier

**Impression Management: Identitätskonzepte und Selbstdarstellung in
der Wirtschaft** 471
Manfred Piwinger und Vazrik Bazil

Teil IV Analyse von Umfeld und Meinungsbildung

**Issues Monitoring und Issues Management in der
Unternehmenskommunikation** 493
Peter M. Wiedemann und Klaus Ries

Corporate Foresight und strategisches Issues Management 513
Michael Kuhn, Frank Ruff und Maximilian Splittgerber

Mitarbeiterbefragung als Führungsinstrument 533
Désirée H. Ladwig und Michel E. Domsch

Stakeholderbefragungen und Reputationsanalysen 549
Christopher Storck

**Medienanalysen als Informationsquelle für das
Kommunikationsmanagement** 567
Andree Blumhoff und Jens Seiffert

Social Media Monitoring: Grundlagen und Zielsetzungen 585
Stefanie Aßmann und Thomas Pleil

Teil V Zieldefinition und Planung der Kommunikation

Konzeption von Kommunikationsprogrammen 607
Günter Bentele und Howard Nothhaft

Kommunikationskampagnen planen und steuern:
Thematisierungsstrategien in der Öffentlichkeit 633
Ulrike Röttger

Corporate Messages entwickeln und steuern:
Agenda Setting, Framing, Storytelling 651
Simone Huck-Sandhu

Teil VI   Instrumente und Plattformen der Unternehmenskommunikation

Presse- und Medienarbeit in der Unternehmenskommunikation 671
Olaf Hoffjann

Live Communication: Potenziale von Events, Veranstaltungen, Messen und
Erlebniswelten 691
Manfred Kirchgeorg und Beatrice Ermer

Sponsoring als Instrument der integrierten Unternehmenskommunikation 707
Manfred Bruhn und Grit Mareike Ahlers

Internet und Social Media in der Unternehmenskommunikation 731
Thomas Pleil und Ansgar Zerfaß

Redemanagement: Worte schaffen Werte 755
Vazrik Bazil

Corporate Publishing: Publikationen für Kunden und Multiplikatoren 767
Kurt Weichler

Geschäftsberichte als Mittel der Information und Beziehungspflege 787
Manfred Piwinger

Audiovisuelle Unternehmenskommunikation:
Video, Film, Bewegtbild im Internet 803
Harald Rau

Design als strategischer Erfolgsfaktor in der Unternehmenskommunikation ... 823
Uli Mayer-Johanssen

Ästhetik und Inszenierung in der Unternehmenskommunikation 843
Brigitte Biehl-Missal

Teil VII Evaluation und Wertbestimmung der Kommunikation

**Erfolgsmessung und Controlling der Unternehmenskommunikation:
Wertbeitrag, Bezugsrahmen und Vorgehensweisen** 863
Lothar Rolke und Ansgar Zerfaß

**Kennzahlen für die Unternehmenskommunikation: Definition,
Erfassung, Reporting** 887
Christoph Lautenbach

Kostentransparenz in der Unternehmenskommunikation 903
Rainer Pollmann

**Soziales Kommunikations-Controlling:
Wertschöpfung durch Authentizität und soziales Kapital** 919
Peter Szyszka

**Integrated Reporting: Weiterentwicklung der klassischen
Finanzberichterstattung** 939
Nadja Picard, Nicolette Behncke und Tim Hoffmann

**Die „Bilanzlücke" und immaterielle Vermögenswerte:
Herausforderungen für Kommunikation und Controlling** 953
Klaus Möller und Manfred Piwinger

**Wissensbilanzierung: Strategische Kommunikationsprozesse bewerten
und steuern** 969
Markus Will, Kay Alwert und Mart Kivikas

Teil VIII Organisation, Outsourcing und Kompetenzmanagement in der Unternehmenskommunikation

**Organisation der Kommunikationsfunktion:
Strukturen, Prozesse und Leistungen für die Unternehmensführung** 987
Ansgar Zerfaß, Christof E. Ehrhart und Christoph Lautenbach

**Personalmanagement und Kompetenzaufbau für die
Unternehmenskommunikation** 1011
Joachim Klewes und Sabrina van der Pütten

**Kommunikationsagenturen als Dienstleister und Berater:
Auswahl, Rollen, Normen und Konflikte** 1027
Reinhold Fuhrberg

Dienstleistungen für die Unternehmenskommunikation:
Analyse, Distribution, Organisation, Evaluation 1043
Lars Harden

Analyse und Optimierung von Kommunikationsstrukturen:
Audits und Exzellenzmodelle 1063
Jan Sass

Teil IX   Kommunikationsstrategien für zentrale Bezugsgruppen

Kommunikation mit Kapitalgebern: Grundlagen der Investor Relations 1079
Klaus Rainer Kirchhoff und Manfred Piwinger

Marketingkommunikation als Teil der Unternehmenskommunikation 1099
Jörg Tropp

Interne Unternehmenskommunikation:
Mitarbeiter führen und motivieren 1121
Claudia Mast

Führungskräftekommunikation: Herausforderungen und Umsetzung 1141
Andreas Voß und Ulrike Röttger

Public Relations und gesellschaftliche Kommunikation: Legitimation im
Diskurs 1161
Swaran Sandhu

Public Affairs: Kommunikation mit politischen Entscheidungsträgern 1185
Peter Filzmaier und Birte Fähnrich

Teil X   Konzepte für besondere Kommunikationssituationen

Kommunikation als Erfolgsfaktor bei Mergers & Acquisitions 1205
Phoebe Kebbel und Bernd Schuppener

Veränderungskommunikation: Grundlagen und Herausforderungen
durch Social Media 1221
Jörg Pfannenberg

CEO-Kommunikation: Aufgaben und Strategien für Vorstände und
Geschäftsführer 1237
Egbert Deekeling und Olaf Arndt

Compliance Kommunikation: Säule der Corporate Governance 1253
Lars Rademacher und Hartwin Möhrle

CSR-Kommunikation: Zielsetzungen und Erscheinungsformen 1269
Stefan Jarolimek

**Innovations- und Technologiekommunikation:
Vermittlung und Positionierung komplexer Themen** 1285
Stephan Fink und Boris Mackrodt

Krisenkommunikation: Vorbereitung, Umsetzung, Erfolgsfaktoren 1303
Andreas Schwarz und Martin Löffelholz

**Litigation und Kommunikation: Zusammenarbeit von
Kommunikations- und Rechtsabteilungen in Unternehmen** 1321
Volker Boehme-Neßler

Internationale Unternehmenskommunikation 1333
Christof E. Ehrhart

Die Herausgeber

Ansgar Zerfaß Prof. Dr. rer. pol. habil., Dipl.-Kfm., ist Universitätsprofessor für Kommunikationsmanagement an der Universität Leipzig sowie Professor in Communication and Leadership an der BI Norwegian Business School, Oslo. Darüber hinaus ist er Herausgeber des „International Journal of Strategic Communication", USA, Präsident der European Public Relations Education and Research Assocation, Brüssel, Fellow am Plank Center for Leadership in Public Relations, University of Alabama, USA, und wiss. Beirat des Corporate Communication Cluster Vienna, Wien. Er ist Mitglied der Akademischen Leitung der Akademischen Gesellschaft für Unternehmensführung und Kommunikation, in der rund 30 globale Konzerne und mehrere Universitäten im deutschsprachigen Raum gemeinsam Forschung und Wissenstransfer unterstützen. Studium an der Universität Erlangen-Nürnberg, dort Promotion in Betriebswirtschaftslehre und Mitarbeiter am Lehrstuhl für Unternehmensführung. Danach zehn Jahre Berufserfahrung in leitenden Funktionen der Unternehmenskommunikation und Politikberatung, zuletzt für eine Landesregierung. Habilitation für Kommunikationswissenschaft in Nürnberg. Rund 30 Bücher und über 240 Fachbeiträge in Journals und Büchern sowie Forschungsberichte zu zahlreichen Fragen der strategischen Kommunikation. zerfass@uni-leipzig.de

Manfred Piwinger Dipl.-Ing., ist Publizist und Unternehmensberater. Er verfügt über langjährige industrielle Erfahrungen in Managementpositionen; zuletzt als Ressortleiter Öffentlichkeitsarbeit in dem Familienunternehmen Vorwerk & Co. Einen Namen hat er sich insbesondere mit der Publikation innovativer und weltweit ausgezeichneter Geschäftsberichte gemacht. Seine Forschungsarbeiten widmet er insbesondere der Verknüpfung betriebswirtschaftlicher und kommunikationswissenschaftlicher Strukturen im Kommunikationsmanagement. Er war lange Jahre Lehrbeauftragter für Finanz- und Unternehmenskommunikation an der Universität Leipzig und ist Mitglied im Deutschen Rat für Public Relations, dem Selbstkontrollorgan der Branche. Außerdem ist er Mitherausgeber mehrerer Standardwerke zu den Themen Investor Relations, Kommunikations-Controlling und Immaterielle Vermögenswerte sowie eines Loseblattwerks zum Kommunikationsmanagement, daneben Verfasser von weit mehr als 100 Fachbeiträgen. Für seine Verdienste um die Professionalisierung der Kommunikationsarbeit in Deutschland wurde ihm vom Bundespräsidenten das Bundesverdienstkreuz am Bande verliehen. consultant@piwinger.de

Die Autoren

Grit Mareike Ahlers Dr., ist Geschäftsführerin der Strategie- und Marketingberatung Prof. Bruhn & Partner AG, Zürich, sowie Lehrbeauftragte an der Universität Basel. Sie verfügt über langjährige Berufs- und Beratungserfahrung im Customer Service- und Relationship-Management, im Branding sowie im Kommunikationsmanagement von Unternehmen und ist Autorin verschiedener Publikationen zum Thema Kommunikations- und Markenpolitik. mareike.ahlers@bruhn-partner.com

Kay Alwert Dr.-Ing., ist Geschäftsführer des Entwicklungs- und Beratungsunternehmens alwert GmbH & Co. KG in Berlin. Studium der Ingenieurwissenschaft und Promotion an der TU Karlsruhe, danach Wissenschaftler am Fraunhofer IPK. Seit 1997 ist er praktisch und forschend im Management tätig und spezialisiert auf die Entwicklung und Kommunikation des Intellektuellen Kapitals in kleinen und mittelständischen Unternehmen und Konzernen. Er ist Gründungsmitglied des Arbeitskreis Wissensbilanz. kay.alwert@alwert.com

Olaf Arndt ist Senior Partner der Kommunikationsberatung Deekeling Arndt Advisors in Communications, Düsseldorf. Er verantwortet dort den Beratungsbereich Corporate & Public Affairs. Zu seinen Schwerpunkten gehört das Executive Coaching, insbesondere in Krisensituationen und Phasen der strategischen Neuausrichtung. Er unterstützt bei der kommunikativen Vermittlung erfolgskritischer Themen gegenüber Politik, Medien, Meinungsbildnern und dem Kapitalmarkt. olaf.arndt@deekeling-arndt.de

Stefanie Aßmann ist Digital Consultant bei der Internetagentur elbkind GmbH, Hamburg. Sie befasst sich vor allem mit der Auswertung und Interpretation von Social-Media-Kommunikation. Mit dem Thema hat sich die studierte Informationswissenschaftlerin erstmals in ihrer Masterarbeit an der Hochschule Darmstadt auseinandergesetzt und dies während ihrer Zeit bei VICO Research & Consulting, einem Social Media Monitoring Dienstleister, vertieft. assmann@elbkind.de

Berend Barkela ist wiss. Mitarbeiter am Institut für Kommunikationspsychologie und Medienpädagogik der Universität Koblenz-Landau, Campus Landau. Studium der Sozialwissenschaften an der gleichen Universität. Arbeitsgebiete: Interne

Organisationskommunikation, Wissenschaftskommunikation, Kunst- und Kultursoziologie, qualitative Forschungsmethoden. barkela@uni-landau.de

Vazrik Bazil Dr., ist Publizist und Berater sowie Präsident des Verbandes der Redenschreiber deutscher Sprache (VRdS). Der promovierte Philosoph hat langjährige Erfahrungen als Redenschreiber und Redenberater in Politik und Wirtschaft, unter anderem für Vorstandsvorsitzende und Minister. Er ist Autor von Fachbüchern und Dozent an mehreren Hochschulen. bazil@t-online.de

Nicolette Behncke ist Wirtschaftsprüferin und Senior Manager in bei der Wirtschaftsprüfungsgesellschaft PwC Privcewaterhousecoopers AG in Frankfurt am Main. Sie verantwortet den Bereich externe Unternehmensberichterstattung, der Unternehmen beim Aufbau einer kapitalmarktfähigen Berichterstattung begleitet und auch das Thema „Integrated Reporting" umfasst. Sie ist zu diesem Thema in internationalen Gremien aktiv und als Fachautorin tätig. nicolette.behncke@de.pwc.com

Günter Bentele Prof. Dr. habil., ist seit 1994 Universitätsprofessor für Öffentlichkeitsarbeit / PR an der Universität Leipzig. Studium in München und Berlin. Promotion und Habilitation an der FU Berlin. Zahlreiche Buch- und Aufsatzpublikationen. Gastprofessuren in Europa und USA. U.a. Vorsitzender des Deutschen Rats für Public Relations (DRPR), dem Selbstkontrollorgan des Berufsfelds. Forschungsfelder: Öffentliches Vertrauen, Ethik der Kommunikation, PR-Geschichte, PR und Journalismus. bentele@uni-leipzig.de

Brigitte Biehl-Missal Prof. Dr., ist Professorin für PR, Journalismus und BWL an der Business School Berlin Potsdam, Berlin. Sie lehrt außerdem Marketing an der Essex Business School der University of Essex, Großbritannien. Früher tätig in PR und Journalismus sowie bei Theater- und Performanceprojekten. Studium und Promotion in Frankfurt am Main, Paris und Aberystwyth. Forschung und Publikationen zum Zusammenspiel von Theater, Ästhetik, Management und Kommunikation. brigitte.biehl-missal@businessschool-berlin-potsdam.de

Andree Blumhoff ist Leiter Medienanalyse bei der PMG Presse-Monitor GmbH, Berlin. Ausbildung zum Bankkaufmann und Studium der Kommunikationswissenschaft, Wirtschaftswissenschaft und Philosophie an der TU Dresden. Langjährige Projekterfahrung im Bereich empirischer, angewandter Kommunikationsforschung durch Inhaltsanalyseprojekte im Studium und mehrjährige Tätigkeit als Projektleiter bei PRIME Research in Mainz. andree.blumhoff@presse-monitor.de

Volker Boehme-Neßler Prof. Dr. habil., ist Professor an der Hochschule für Technik und Wirtschaft in Berlin. Der promovierte Politikwissenschaftler und habilitierte Jurist verfügt über langjährige Berufserfahrung als Rechtsanwalt und Politikberater. Er ist spezialisiert auf die Zusammenarbeit von Juristen und Kommunikatoren, u. a. bei der Litigation-PR, und hat hierzu publiziert. volker.boehme-nessler@htw-berlin.de

Manfred Bruhn Prof. Dr. habil., ist Universitätsprofessor für Betriebswirtschaftslehre, insbes. Marketing und Unternehmensführung, an der Universität Basel sowie Honorarprofessor an der Technischen Universität München. Er ist Autor und Herausgeber zahlreicher Publikationen zu den Themen Strategische Unternehmensführung, Dienstleistungsmanagement, Relationship Marketing, Kommunikations- und Markenpolitik, Qualitätsmanagement und Nonprofit-Marketing. manfred.bruhn@unibas.ch

Torsten Decker ist Rechtsanwalt bei der Luther Rechtsanwaltsgesellschaft mbH, Düsseldorf. Er arbeitet dort im Bereich Corporate / Mergers & Acquisitions. Er studierte Rechtswissenschaft an der Universität Bielefeld und war dann bei Clifford Chance in Düsseldorf und London im Bereich Corporate Finance sowie bei Debevoise & Plimpton, London, im Bereich Corporate Litigation tätig. torsten.decker@luther-lawfirm.com

Egbert Deekeling ist Senior Partner der Kommunikationsberatung Deekeling Arndt Advisors in Communications, Düsseldorf. Der Unternehmensgründer zählt zu den führenden Experten für Change- und Erneuerungsprozesse und konzentriert sich vor allem auf die Beratung und das Coaching von Topmanagern. Er ist Autor mehrerer Bücher zu den Themen Change- und CEO-Kommunikation. egbert.deekeling@deekeling-arndt.de

Michel E. Domsch Prof. Dr. habil., ist Vorsitzendes des Vorstands des MDC Management Development Center mit Sitz an der Helmut-Schmidt-Universität Hamburg (HSU). Promotion und Habilitation in Betriebswirtschaftslehre an der Ruhr-Universität Bochum, Forschungsaufenthalt an der Harvard Business School, dann u. a. Bereichsleiter bei BP. Anschließend Universitätsprofessor für Personalwesen und Internationales Management an der HSU; zahlreiche Publikationen zu diesen Themen. michel.domsch@hsu-hh.de

Lisa Dühring ist wiss. Mitarbeiterin am Institut für Kommunikations- und Medienwissenschaft der Universität Leipzig, und war Visiting Scholar an der Waikato School of Management, Hamilton, Neuseeland. Studium an der Universität Leipzig und der Université de Provence, Aix-en-Provence, Frankreich. Publikationen zu Strategie und Wertschöpfung im Kommunikationsmanagement sowie interdisziplinären Aspekten von PR, Marketing- und Organisationskommunikation. duehring@uni-leipzig.de

Helmut Ebert Prof. Dr., ist außerplanmäßiger Professor für Organisationskommunikation an der Rheinischen Friedrich-Wilhelms-Universität Bonn sowie assoziierter Professor für Gesundheitskommunikation an der UMIT, Private Universität für Gesundheitswissenschaften, Hall in Tirol. Arbeitsschwerpunkte: Textwirkungsanalyse, Schreiben mit System, PR-Texte, Markenlinguistik, Identitätsbildung und Leitbildentwicklung, Unternehmenskultur, Kommunikationskonzepte. mail@helmutebert.de

Christof E. Ehrhart Prof. Dr., ist Executive Vice President sowie Leiter Konzernkommunikation und Unternehmensverantwortung, Deutsche Post DHL, Bonn. Darüber hinaus ist er Honorarprofessor für internationale Unternehmenskommunikation an der Universität Leipzig. Studium an der Universität des Saarlandes (Saarbrücken) und der University of Wales (College of Cardiff). Promotion in Politikwissenschaft, journalistische Praxis, seitdem rund zwanzig Jahre Berufserfahrung im Kommunikationsmanagement globaler Konzerne und zahlreiche Lehraufträge. christof.ehrhart@uni-leipzig.de

Sabine Einwiller Prof. Dr. habil., ist Universitätsprofessorin für Publizistik mit dem Schwerpunkt Unternehmenskommunikation / PR an der Johannes Gutenberg-Universität Mainz. Studium der Psychologie an der Universität Mannheim, anschließend Berufstätigkeit in der Kommunikationspraxis. Promotion an der Universität St. Gallen im Fach Betriebswirtschaftslehre, zweijähriger Forschungsaufenthalt in den USA, dann Habilitation in St. Gallen. einwiller@uni-mainz.de

Beatrice Ermer Dr., ist Marketingforscherin in Leipzig. Im Rahmen ihrer Tätigkeit als wiss. Mitarbeiterin am Lehrstuhl für Marketingmanagement der HHL Leipzig Graduate School of Management hat sie mehrere Jahre die Forschungsstelle Live Communication betreut und in diesem Bereich auch promoviert. beatrice.ermer@hhl.de

Birte Fähnrich Dr., ist wiss. Mitarbeiterin im internationalen und interuniversitären Netzwerk Politische Kommunikation (netPOL) an der Deutschen Universität für Weiterbildung Berlin und dort zugleich Studiengangsleiterin des Masterprogramms European Public Affairs. Zuvor war sie wiss. Mitarbeiterin am Institut für Kommunikations- und Medienwissenschaft der Universität Leipzig. Dort hat sie auch studiert und im Bereich Kommunikationsmanagement promoviert. birte.faehnrich@duw-berlin.de

Susanne Fengler Prof. Dr., ist Universitätsprofessorin für internationalen Journalismus an der Technischen Universität Dortmund und Wissenschaftliche Leiterin des Erich-Brost-Institut für internationalen Journalismus an der gleichen Hochschule. Studium und Promotion an der FU Berlin, dann Tätigkeit in der Kommunikationspraxis und als Schriftstellerin sowie als Wissenschaftlerin an der Universität Zürich. Zahlreiche Publikationen zur Journalismusforschung. susanne.fengler@tu-dortmund.de

Peter Filzmaier Prof. Dr. habil., ist Universitätsprofessor für Demokratiestudien und Politikforschung an der Donau-Universität Krems sowie Professor für Politische Kommunikation an der Karl-Franzens-Universität Graz. Er leitet das internationale und interuniversitäre Netzwerk Politische Kommunikation (netPOL), das private Institut für Strategieanalysen (ISA) in Wien und den Masterstudiengang European Public Affairs an der Deutschen Universität für Weiterbildung in Berlin. peter.filzmaier@strategieanalysen.at

Stephan Fink ist Sprecher des Vorstands der Fink & Fuchs Public Relations AG in Wiesbaden, einer auf Technologiethemen spezialisierten Kommunikationsagentur. Er gründete die Agentur nach dem Studium der Wirtschaftswissenschaften. Mit langjähriger Erfahrung in PR- und Managementberatung publiziert er häufig zu PR- und CSR-Themen, ist Lehrbeauftragter an der Universität Leipzig und Mitglied der Medienpolitischen Kommission Hessen. stephan.fink@ffpr.de

Georg Franck Prof. Dr., ist Universitätsprofessor für digitale Methoden in Architektur und Raumplanung an der Technischen Universität Wien. Studium der Philosophie, Architektur und Volkswirtschaftslehre in München. Promotion im Fach Volkswirtschaftslehre. Danach tätig als freier Architekt, Softwareentwickler und Unternehmer im Bereich der Entwicklung räumlicher Informationssysteme. Außerdem Arbeiten zur Ökonomie der Aufmerksamkeit und zur Philosophie der Zeit. franck@iemar.tuwien.ac.at

Reinhold Fuhrberg Prof. Dr., ist Professor für Public Relations und Kommunikationsmanagement an der Hochschule Osnabrück, Standort Lingen (Ems). Studium der Kommunikationswissenschaft und Promotion an der FU Berlin, über zehn Jahre tätig als Berater in Kommunikationsagenturen. Er forscht und publiziert u. a. zu den Themenfeldern PR-Beratung, Evaluation und Ausbildung. r.fuhrberg@hs-osnabrueck.de

Lars Harden Prof. Dr., ist Geschäftsführer von aserto, einem Beratungsunternehmen mit den Schwerpunkten Medienanalysen und Marktforschung in Hannover, sowie nebenberuflich Professor für Kommunikationsberatung an der Hochschule Osnabrück, Standort Lingen (Ems). Der studierte Kommunikationswissenschaftler verfügt er über langjährige Erfahrung in der Evaluation kommunikativer Maßnahmen und der strategischen Beratung bei Fragen medialer Kommunikation. harden@aserto.de

Jürgen Häusler Prof. Dr., ist Chairman von Interbrand Central and Eastern Europe in Zürich sowie Honorarprofessor für Strategische Unternehmenskommunikation an der Universität Leipzig. Er betreut zahlreiche renommierte Unternehmen in der strategischen Markenführung, publiziert und hält Vorträge zum Thema Marke. Zuvor arbeitete er als Sozialwissenschaftler am Max-Planck-Institut für Gesellschaftsforschung in Köln und am Massachusetts Institute of Technology in Boston. juergen.haeusler@interbrand.com

Olaf Hoffjann Prof. Dr., ist Professor für Medienmanagement an der Ostfalia Hochschule in Salzgitter. Er studierte und promovierte an der Westfälischen Wilhelms-Universität Münster. Danach war er in der PR-Praxis tätig sowie Professur für Kommunikationsmanagement an der Mediadesign Hochschule in Berlin. Arbeitsschwerpunkte: Public Relations, Vertrauen, politische Kommunikation. o.hoffjann@ostfalia.de

Tim Hoffmann Dr., ist Mitarbeiter im National Office der Wirtschaftsprüfungsgesellschaft PwC PricewaterhouseCoopers AG in Frankfurt am Main. Er befaßt sich insbesondere mit Fragen zur handelsrechtlichen Rechnungslegung und zum Integrated Reporting. Studium und Promotion in Betriebswirtschaftslehre an der Westfälischen Wilhelms-Universität Münster. Lehrbeauftragter sowie Verfasser von Publikationen zu Rechnungslegung und Integrated Reporting. t.hoffmann@de.pwc.com

Christoph Hubig Prof. Dr. habil., ist Universitätsprofessor für Philosophie der wissenschaftlich-technischen Kultur an der TU Darmstadt sowie Honorarprofessor an der Dalian University of Technology, Volksrepublik China. Zuvor hatte er Professuren in Berlin, Karlsruhe, Leipzig und Stuttgart inne. Mitglied zahlreicher Kuratorien und wissenschaftlicher Beiräte. Arbeitsgebiete: Technik- und Kulturphilosophie, Sozialphilosophie, Wirtschafts- und Technikethik. hubig@phil.tu-darmstadt.de

Simone Huck-Sandhu Prof. Dr. habil., ist Professorin für Marketing-Kommunikation und Public Relations an der Hochschule Pforzheim. Sie unterrichtet die Fächer PR/Unternehmenskommunikation, Werbung und Journalismus. Forschungsgebiete: Strategische Kommunikation, Interne Kommunikation, Innovationskommunikation und Glaubwürdigkeit von Kommunikation. simone.huck-sandhu@hs-pforzheim.de

Kurt Imhof Prof. Dr. habil., ist Universitätsprofessor für Publizistikwissenschaft und Soziologie an der Universität Zürich. Dort leitet er zudem das Forschungsinstitut Öffentlichkeit und Gesellschaft UZH und ist Mitglied im National Center of Competence in Research (NCCR Democracy). Studium der Soziologie und Philosophie, Promotion und Habilitation in Zürich. Schwerpunkte: Öffentlichkeits- und Mediensoziologie, Sozialtheorie, sozialer Wandel, Minderheiten- und Religionssoziologie. kurt.imhof@foeg.uzh.ch

Stefan Jarolimek Dr., ist wiss. Mitarbeiter am Institut für Kommunikations- und Medienwissenschaft der Universität Leipzig. Studium in Jena, Promotion in Leipzig, Lehrtätigkeiten an der FU Berlin, der Universität Greifswald und der Universität Jena. Publikationen zu den Themen CSR- und Nachhaltigkeitskommunikation sowie zur kulturvergleichenden Medienforschung. stefan.jarolimek@uni-leipzig.de

Matthias Karmasin Prof. DDr. habil., ist Universitätsprofessor für Kommunikationswissenschaft an der Alpen Adria Universität Klagenfurt, korrespondierendes Mitglied der österreichischen Akademie der Wissenschaften und Direktor des Institutes für vergleichende Medien- und Kommunikationsforschung der ÖAW/AAU. Er lehrt in Österreich, Deutschland, Spanien und den USA und forscht zu Medienmanagement, Medienökonomie, Medienethik und Organisationskommunikation. matthias.karmasin@aau.at

Phoebe Kebbel Dr., ist Partnerin bei Hering Schuppener Consulting in Frankfurt am Main. Ihr Schwerpunkte sind Finanzkommunikation und Kommunikation bei Mergers & Akquisitions. Studium der Betriebswirtschaftlehre an der WHU Otto Beisheim School of Management, der Richard Ivey School of Business in Kanada und der Ecole de Management de Lyon in Frankreich. Mehrere Publikationen und Dozentin für Kommunikationsmanagement an der Universität Hohenheim. pkebbel@heringschuppener.com

Manfred Kirchgeorg Prof. Dr. habil., ist Professor für Marketingmanagement an der HHL Leipzig Graduate School of Management. Er ist außerdem geschäftsführendes

Vorstandsmitglied der Wissenschaftlichen Gesellschaft für Marketing und Unternehmensführung e. V. Zahlreiche Fachbücher und Publikationen. Zu seinen Forschungsschwerpunkten gehören die Themen Live Communication Management, Employer Branding und Nachhaltigkeitsmarketing. manfred.kirchgeorg@hhl.de

Klaus Rainer Kirchhoff ist Gründer und Vorstandsvorsitzender der Kirchhoff Consult AG, Hamburg, einer internationalen Beratungsgesellschaft für Investor Relations, Finanzkommunikation und Geschäftsberichte mit Standorten in Deutschland, Österreich, Türkei, China und Rumänien. Studium der Rechtswissenschaft, juristisches Referendariat und langjährige Tätigkeit in Stiftungen und Unternehmen. Publikation mehrerer Bücher und von Fachbeiträgen zur Finanzkommunikation. kirchhoff@kirchhoff.de

Mart Kivikas ist Geschäftsführer der Wissenskapital ZFI/ECI GmbH mit Sitz in Oberreichenbach, Mittelfranken. Die Beratungsgesellschaft arbeitet u. a. für die Europäische Kommission, das Bundeswirtschaftsministerium in Berlin und METI (Ministry for Economics, Trade and Industry, Japan) sowie im Gesundheitssektor. Studium an der Stockholm School of Economics und langjährige Berufstätigkeit als Controller in Schweden, Estland und Deutschland. mart.kivikas@wissenskapital.info

Joachim Klewes Prof. Dr., ist Senior Partner der Kommunikationsberatung Ketchum Pleon, Düsseldorf, und Honorarprofessor für Unternehmenskommunikation an der Heinrich-Heine-Universität Düsseldorf. Außerdem leitet er die Change Centre Foundation, einen Think Tank zu Innovation und Wandel. Studium der Sozialwissenschaften mit Promotion, Mitgründer der Kommunikationsberatung Kohtes & Klewes, aus der die heutige Ketchum Pleon GmbH hervorgegangen ist. joachim.klewes@ketchumpleon.com

Michael Kuhn ist Leiter Unternehmenskommunikation und Markenmanagement der Daimler Mobility Services GmbH, Stuttgart. Zuvor war er als Senior Manager im Bereich Business Innovation der Daimler AG für die Entwicklung verschiedener Marken und Mobilitätsangebote zuständig; davor hatte er verschiedene Positionen in der Konzernkommunikation des Automobilherstellers inne. Er hat Betriebswirtschaftslehre an der Hochschule Nürtingen-Geislingen studiert. michael.m.kuhn@daimler.com

Désirée H. Ladwig Prof. Dr., ist Professorin für Allgemeine Betriebnswirtschaftslehre, Personalmanagement und Internationales Management an der Fachhochschule Lübeck. Dort leitet sie auch das Career Development Center. Forschungsinteressen und -projekte: Fachlaufbahnen, Karrierewege von Frauen im Management, Mitarbeiterbefragungen, innovative Arbeitszeitmodelle und Diversity & Inclusion. ladwig@fh-luebeck.de

Christoph Lautenbach ist Partner und Mitgründer von Lautenbach Sass, einer auf Kommunikationsmanagement spezialisierten Unternehmensberatung in Frankfurt am Main. Studium der Geschichte und Kommunikationswissenschaft, langjährige Managementerfahrung in internationalen Kommunikationsagenturen. Er ist Lehrbeauftragter am Institut für Publizistik der Johannes Gutenberg-Universität Mainz und publiziert zu Fragen des Kommunikationsmanagements. lautenbach@lautenbachsass.de

Martin Löffelholz Prof. Dr., ist Rektor der Swiss German University in Jakarta, Indonesien, sowie Direktor der Internationalen Forschungsgruppe Krisenkommunikation an der TU Ilmenau. Studium in Münster, mehrjährige Tätigkeit als Fernsehjournalist, Universitätsprofessor für Medienwissenschaft an der TU Ilmenau. Forschungsgebiete: Kriegs- und Krisenkommunikation, Internationale Kommunikation, Public Diplomacy, Journalismus, Organisationskommunikation. martin.loeffelholz@sgu.ac.id

Boris Mackrodt ist selbstständiger Kommunikationsberater und Business-Coach in Wiesbaden. Schwerpunkte sind die Bereiche Innovationskultur und -kommunikation. Zuvor wirkte er lange Jahre als Berater und Vorstand der Fink & Fuchs Public Relations AG, Wiesbaden. bm@targetcommunications.de

Michaela Maier Prof. Dr., ist Universitätsprofessorin für Angewandte Kommunikationspsychologie an der Universität Koblenz-Landau, Campus Landau. Studium der Germanistik, Journalistik und Politikwissenschaft in Bamberg und Columbia, South Carolina, USA. Promotion an der Universität Jena. Arbeitsgebiete: Politische Kommunikation, Wissenschaftskommunikation, Organisations- und Unternehmenskommunikation, Journalismusforschung. mmaier@uni-landau.de

Claudia Mast Prof. Dr. habil., ist Universitätsprofessorin für Kommunikationswissenschaft und Journalistik an der Universität Hohenheim, Stuttgart. Sie ist zudem Mitglied im Verwaltungsrates der Deutschen Welle, Köln. Studium der Kommunikationswissenschaft, Politikwissenschaft und Romanischen Philologie in München, dort auch Promotion und Habilitation. Langjährige Tätigkeit im Personalbereich der Siemens AG. Lehre an den Universitäten München, Eichstätt und Zürich. sekrkowi@uni-hohenheim.de

Uli Mayer-Johanssen ist Vorstand und Mitgründerin der MetaDesign AG, einer internationalen Markenagentur mit Standorten in Berlin, Zürich, Genf, San Franciso und Peking. Neben Hochschultätigkeiten an der UdK Berlin, der ESCP-EAP Berlin und am Institut für Kulturmanagement der FU Berlin ist sie Mitglied des Stiftungsrats der Stiftung Berlinische Galerie und im Kuratorium der Stiftung Akademie Schloss Solitude, Stuttgart. mayer-johanssen@metadesign.de

Hartwin Möhrle ist Geschäftsführer und Mitgründer der Kommunikationsagentur A&B One in Frankfurt am Main. Dort verantwortet er den Kompetenzbereich Risiko- und Krisenkommunikation, berät in akuten Krisen und in der Krisenprävention. Er war nach dem Studium als Journalist tätig und ist ausgebildeter Coach. Dozent am Schweizerischen Public Relations Institut und der Frankfurt School of Finance & Management, Herausgeber mehrerer Fachbücher zu Kommunikationsthemen. h.moehrle@a-b-one.de

Klaus Möller Prof. Dr. habil., ist Universitätsprofessor für Controlling / Performance Management und Direktor des Instituts für Accounting, Controlling und Auditing an der Universität St. Gallen. Er ist Mitherausgeber mehrerer wissenschaftlicher Fachzeitschriften sowie Direktor des Center for Performance Research & Analytics (CEPRA), Augsburg. Zahlreiche Publikationen in den Bereichen Performance Management, Predictive Analytics und Innovationscontrolling. klaus.moeller@unisg.ch

Howard Nothhaft Dr., ist Assistenzprofessor (Lektor) am Institut für Strategische Kommunikation der Universität Lund, Campus Helsingborg, Schweden. Davor war er wiss. Mitarbeiter am Institut für Kommunikations- und Medienwissenschaft der Universität Leipzig. Zahlreiche Publikationen zu den Hauptarbeitsgebieten Strategie, strategisches Management, Kommunikationsmanagement. howard.nothhaft@isk.lu.se

Jörg Pfannenberg ist Geschäftsführer und Gründer der Kommunikationsberatung JP | KOM GmbH mit Hauptsitz in Düsseldorf. Der Experte für Veränderungskommunikation, Public Relations und Kommunikationsmanagement leitete für die Deutsche Public Relations Gesellschaft u. a. mehrere Jahre den Arbeitskreis „Wertschöpfung durch Kommunikation". Er ist Herausgeber von Büchern zu den Themen Veränderungskommunikation, Wertschöpfung und Online-Kommunikation. joerg.pfannenberg@jp-kom.de

Nadja Picard ist Wirtschaftsprüferin, Steuerberaterin und Partnerin bei der Wirtschaftsprüfungsgesellschaft PwC Pricewaterhousecoopers AG in Frankfurt am Main. Sie verantwortet dort die Bereiche Capital Markets, in dem Unternehmen beim Gang an europäische oder US-amerikanische Kapitalmärkte begleitet werden, und Capital Market Compliance, in dem die Regulierungsumsetzung und Optimierung der Kapitalmarktkommunikation im Vordergrund stehen. nadja.picard@de.pwc.com

Thomas Pleil Prof. Dr., ist Professor für Public Relations an der Hochschule Darmstadt und dort Direktor der Abteilung Kommunikationsmanagement im Institut für Kommunikation und Medien. Er leitet zudem den eBusiness-Lotsen Darmstadt-Dieburg, ein Kompetenzzentrum für Social Media und E-Learning. Studium der Journalistik in Eichstätt, Promotion zur PR-Forschung in Salzburg, langjährige Berufserfahrung in der PR-Branche. Zahlreiche Publikationen zur Online-Kommunikation. thomas.pleil@h-da.de

Rainer Pollmann ist Partner und Mitgründer von Pollmann & Rühm Training in Augsburg. Der Dipl.-Kfm. verfügt über langjährige Berufserfahrung als Controller und wirkt als stv. Leiter des Fachkreises Kommunikations-Controlling im Internationalen Controllerverein; dort u. a. Mitentwicklung eines Standards für das Kommunikations-Controlling. Verschiedene Publikationen zu diesem Themenkreis. r.pollmann@prt.de

Lars Rademacher Prof. Dr., ist Professor für Medienmanagement, insbesondere PR und Kommunikationsmanagement an der MHMK Macromedia Hoschschule für Medien und Kommunikation in München. Studium und Promotion in Siegen, langjährige

Berufserfahrung als PR-Berater und Pressesprecher. Arbeitsfelder: CSR, Compliance, Reputation, Leadership-, Rechts- und Strategiekommunikation. l.rademacher@mhmk.org

Harald Rau Prof. Dr. habil., ist Professor für Kommunikationsmanagement an der Ostfalia Hochschule, Salzgitter. Studium der Betriebswirtschaftslehre in Hagen und Mannheim (Dipl.-Kfm.) und der Journalistik in Dortmund, Promotion in Dortmund, Habilitation an der Universität Leipzig. Langjährig tätig als Produzent, Konzeptioner/Regisseur für Wirtschaftsfilme, TV-Journalist und Moderator. h.rau@ostfalia.de

Andrea Retzbach ist Doktorandin am Institut für Kommunikationspsychologie und Medienpädagogik der Universität Koblenz-Landau, Campus Landau. Sie studierte Psychologie an der Universität Mainz und verfügt über langjährige Erfahrung in der Organisations- und Personalentwicklung. Arbeitsgebiete: Interne Organisationskommunikation, Wissenschaftskommunikation, Umweltpsychologie. retzbach@uni-landau.de

Klaus Ries Dr., ist bei der BASF SE als Vice President im Bereich Performance Materials für das Business Management Styrenic Foams and Styrene Monomer Europe verantwortlich. Studium der Wirtschaftswissenschafen und Promotion im Bereich Marketing an der Universität Mannheim. Seitdem bei der BASF in verschiedenen Funktionen in Europa und Brasilien mit internationalen Zuständigkeiten. klaus.ries@basf.com

Lothar Rolke Prof. Dr., ist Professor für Betriebswirtschaftslehre und Unternehmenskommunikation an der Fachhochschule Mainz. Er leitet mit Jan Sass den Arbeitskreis „Kommunikationssteuerung und Wertschöpfung" der Deutschen Public Relations Gesellschaft. Studium und Promotion in Gießen, anschließend PR-Berater und Sprecher der Geschäftsführung der Reporter PR GmbH, Frankfurt am Main. Zahlreiche Publikationen zur Medien- und Unternehmenskommunikation. lothar.rolke@wiwi.fh-mainz.de

Ulrike Röttger Prof. Dr., ist Universitätsprofessorin für Public Relations-Forschung an der Westfälischen Wilhelms-Universität Münster. Studium der Journalistik in Dortmund, danach wiss. Mitarbeiterin an der FH Hannover, der Universität Hamburg und der Universität Zürich, dort auch Promotion. Forschungsschwerpunkte: Leadership im Kommunikationsmanagement, CSR-Kommunikation, Reputationsmanagement, PR-Beratung, PR-Theorien. ulrike.roettger@uni-muenster.de

Frank Ruff Dr., ist Leiter der Forschungsgruppe „Gesellschaft und Technik" in der Forschung und Vorentwicklung der Daimler AG, Stuttgart. Studium der Psychologie und Soziologie in Tübingen und Berlin, Promotion an der TU Berlin. Langjährige Berufserfahrung in der Einbindung von zukunftsorientierten, international und multidisziplinär ausgerichteten Umfeld- und Marktanalysen in Strategieprozesse. Dozent und Autor insbesondere zu den Themen Technik- und Zukunftsforschung. frank.ruff@daimler.com

Stephan Ruß-Mohl Prof. Dr., ist Universitätsprofessor für Journalistik und Medienmanagement an der Università della Svizzera italiana in Lugano und leitet dort des European Journalism Observatory. Er war zuvor Professor an der FU Berlin sowie Visiting Fellow (Stanford, Florenz, Wisconsin) und Gutenberg Fellow am Forschungsschwerpunkt Medienkonvergenz der Universität Mainz. stephan.russ-mohl@usi.ch

Swaran Sandhu Prof. Dr., ist Professor für Unternehmenskommunikation mit Schwerpunkt Public Relations an der Hochschule der Medien, Stuttgart. Er studierte Kommunikationswissenschaft mit den Schwerpunkten PR, Management und Soziologie in Hohenheim, Syracuse und Luzern. Seine Arbeitsfelder sind PR und Organisationstheorie, Neo-Institutionalismus, Soziale Netzwerkanalyse und die kommunikative Konstitution von Organisationen. sandhu@hdm-stuttgart.de

Jan Sass Dr., ist Partner und Mitgründer von Lautenbach Sass, einer auf Kommunikationsmanagement spezialisierten Unternehmensberatung in Frankfurt am Main. Er leitet mit Lothar Rolke den Arbeitskreis „Kommunikationssteuerung und Wertschöpfung" der Deutschen Public Relations Gesellschaft. Der promovierte Germanist hat langjährige Erfahrung als Berater in namhaften Kommunikationsagenturen; er leitet Praxisprojekte zur Steuerung und Effizienzbewertung der Kommunikation. sass@lautenbachsass.de

Bertram Scheufele Prof. Dr., ist Universitätsprofessor für Kommunikationswissenschaft, insbes. Medienpolitik, an der Universität Hohenheim, Stuttgart. Zuvor Professor für Empirische Methoden der Kommunikationswissenschaft an der Universität Jena. Forschungsinteressen: Politische Kommunikation, Öffentlichkeit, Medieninhalte/-wirkungen, Methoden der empirischen Kommunikationswissenschaft, multivariate Statistik. bertram.scheufele@uni-hohenheim.de

Christian Schicha Prof. Dr. habil., ist Professor für Medienmanagement an der Mediadesign Hochschule in Düsseldorf. Er verantwortet dort die akademische Leitung und das Fach Medien- und Kommunikationsmanagement. Studium der Kommunikationswissenschaft, Germanistik und Philosophie an der Universität Essen mit Promotion, Habilitation an der Universität Marburg in Medienwissenschaft. Arbeitsschwerpunkte: Medienethik und politische Kommunikation. c.schicha@mediadesign-fh.de

Frank M. Schneider Dr., ist wiss. Mitarbeiter am Insitut für Medien- und Kommunikationswissenschaft der Universität Mannheim. Er studierte Psychologie, Kommunikationspsychologie und Medienpädagogik an den Universitäten Konstanz und Landau. Promotion in Koblenz-Landau. Arbeitsgebiete: Rezeptions- und Wirkungsforschung, interne Organisationskommunikation, empirische Forschungsmethoden, Unterhaltungsforschung, politische Kommunikation. frank.schneider@uni-mannheim.de

Dennis Schoeneborn Dr., ist Associate Professor of Organization, Communication and CSR an der Copenhagen Business School (CBS), Dänemark. Studium des Medienmanagements in Hannover, Berufstätigkeit als Unternehmensberater, Promotion an der Bauhaus-Universität Weimar, Habilitation an der Universität Zürich. Forschungsschwerpunkte: Organisationstheorie, Organisationskommunikation, computervermittelte Kommunikation und Corporate Social Responsibility. dsc.ikl@cbs.dk

Bernd Schuppener Prof. Dr., ist Honorarprofessor für Kommunikationsmanagement an der Universität Leipzig. Studium, wiss. Mitarbeiter und Promotion in Philosophie an der Universität Mainz, Tätigkeit beim ZDF in der Intendanz und als Redakteur. Danach Wechsel in die Kommunikationsberatung und später Gründung der Unternehmensberatungsgesellschaft Hering Schuppener (mit Ralf Hering), dort vor allem im Bereich Finanzkommunikation tätig. Zahlreiche Publikationen. bschuppener@uni-leipzig.de

Joachim Schwalbach Prof. Dr. habil., ist Universitätsprofessor für Internationales Management an der Humboldt-Universität zu Berlin. Studium der Betriebswirtschaftslehre, Promotion in Bonn, Habilitation an der WHU Vallendar. Regelmäßige Gastprofessuren u. a. in den USA (Stanford) und in China (Peking, Guangzhou). Schwerpunkte: Corporate Governance, CSR, Unternehmens- und CEO-Reputation, Managementvergütung, Internationalisierung von Unternehmen. joachim.schwalbach@hu-berlin.de

Andreas Schwarz Dr., ist Akademischer Rat und geschäftsführender Leiter des Fachgebiets Medienwissenschaft an der TU Ilmenau. Er ist zudem Geschäftsführer der Internationalen Forschungsgruppe Krisenkommunikation und Gründungsvorsitzender der Temporary Working Group on Crisis Communication der European Communication Research and Education Association (ECREA). Forschungsthemen: Public Relations, Krisenkommunikation, Internationale Kommunikation. andreas.schwarz@tu-ilmenau.de

Anja Schwerk Dr., ist Mitarbeiterin an der Wirtschaftswissenschaftlichen Fakultät der Humbolt-Universität zu Berlin. Studium der Betriebswirtschaftslehre an der FU Berlin, dort wiss. Mitarbeiterin, danach Wechsel an das Institut für Management der Humboldt-Universität und dort Promotion. Entwicklung der Methodik für den CSR-Preis der Bundesregierung. Forschungsschwerpunkte: Strategisches Management von CSR / Nachhaltigkeit, Messung und Wirkung von CSR. schwerk@wiwi.hu-berlin.de

Jens Seiffert ist wiss. Mitarbeiter am Institut für Kommunikations- und Medienwissenschaft der Universität Leipzig. Studium der Kommunikations- und Politikwissenschaften an der Universität Leipzig und der Karlsuniversität Prag. Forschungsaufenthalt als Doktorand an der George Mason University in Fairfax, Virginia, USA. Schwerpunkte seiner Forschung und Publikationen sind: Öffentliches Vertrauen, PR-Theorie, Strategie und Management. seiffert@uni-leipzig.de

Klaus Spachmann Dr., ist wiss. Mitarbeiter im Fachgebiet Kommunikationswissenschaft und Journalistik der Universität Hohenheim, Stuttgart. Ausbildung zum Bankkaufmann und Finanzassistenten, Studium der Politikwissenschaft und Wirtschaftswissenschaft an der Universität Stuttgart, Promotion zur Wirtschaftsberichterstattung in der Presse. Arbeitsschwerpunkte: Wirtschaftskommunikation, Wirtschaftsjournalismus und interne Unternehmenskommunikation. klaus.spachmann@uni-hohenheim.de

Maximilian Splittgerber ist Leiter Internationale Wirtschaftskommunikation innerhalb der Nutzfahrzeug-Kommunikation der Daimler AG, Stuttgart. Zuvor verantwortete er u. a. das Issues Management sowie die Medienbeobachtung und -analyse für den Vorstand des Unternehmens. Studium der Literaturwissenschaft, deutschen und englischen Sprachwissenschaft in Kiel, Edinburgh und Tübingen; danach u. a. Pressereferent bei der EADS. maximilian.splittgerber@daimler.com

Christopher Storck Prof. Dr., ist Managing Director der Kommunikationsberatung Hering Schuppener in Düsseldorf sowie Professor für Strategie und Kommunikationsmanagement an der Quadriga Hochschule Berlin. Studium der Geschichte, Philosophie und Slawistik mit Promotion in Köln. Langjährige Beratungspraxis in den Gebieten Strategiekommunikation, Organisationsentwicklung, Reputationsmanagement, Corporate Branding, Kommunikationsmanagement/-controlling. cstorck@heringschuppener.com

Werner Süss Prof. Dr., ist Honorarprofessor für Unternehmenskommunikation an der Universität Leipzig. Der promovierte Jurist und Rechtsanwalt verfügt über mehr als zwanzig Jahre Berufserfahrung in der Energiewirtschaft mit den Schwerpunkten Unternehmenskommunikation und Vertrieb. Zuletzt war er Vorsitzender der Geschäftsführung der Vertriebsgesellschaft eines der großen deutschen Energiekonzerne. werner.suess@uni-leipzig.de

Peter Szyszka Prof. Dr., ist Professor für Organisationskommunikation, Public Relations und Kommunikationsmanagement an der Hochschule Hannover. Studium der Kommunikationswissenschaft in Münster mit Promotion, Stationen in der PR-Beratung und Erwachsenenbildung, danach Professuren an der Hochschule Osnabrück/Lingen, der Zürcher Hochschule Winterthur und der Universität Wien. Schwerpunkte: Organisationskommunikation/PR, Authentizität, soziales Kapital. peter.szyszka@hs-hannover.de

Anna Maria Theis-Berglmair Prof. Dr., ist Universitätsprofessorin für Kommunikationswissenschaft an der Otto-Friedrich-Universität Bamberg. Dort leitet sie auch die Forschungsstelle für Neue Kommunikationsmedien (FoNK). Studium der Soziologie in Trier, wiss. Mitarbeiterin und Promotion in Augsburg, Habilitation in Hamburg. Forschungsthemen: Organisationskommunikation, Visualisierung von Entscheidungen, Einsatz neuer Kommunikationsmedien. anna-maria.theis-berglmair@uni-bamberg.de

Jörg Tropp Prof. Dr. habil., ist Professor für Unternehmens- und Marketing-Kommunikation an der Hochschule Pforzheim sowie Gastprofessor an der Universidad Autónoma de Madrid, Spanien. Studium der Kommunikationswissenschaften in Bonn, Promotion in Siegen, Habilitation in Halle-Wittenberg. Langjährige Berufstätigkeit in internationalen Kommunikationsagenturen. Schwerpunkte: Unternehmens- und Marketing-Kommunikation, CSR, Markenmanagement, Wirkungsforschung. joerg.tropp@hs-pforzheim.de

Sabrina van der Pütten ist Pressesprecherin bei der BASF SE, Ludwigshafen. Sie studierte Medienwissenschaft, Politische Wissenschaft und Germanistik an der Rheinischen Friedrich-Wilhelms-Universität Bonn und am Institut d'Etudes Politiques (Sciences Po), Bordeaux, Frankreich. Anschließend Volontariat in der Unternehmenskommunikation von BASF. sabrina.vanderpuetten@basf.com

Andreas Voß ist Geschäftsführer der Kommunikationsagentur JP | KOM mit Hauptsitz in Düsseldorf. Ausbildung als Bankkaufmann und Studium der Kommunikationswissenschaft in Münster. Er arbeitet vorrangig für Unternehmen im Bereich Veränderungskommunikation und Führungskräftekommunikation. Veröffentlichungen zu diesen Themen und zur Bedeutung von Vertrauen in die Unternehmensführung. andreas.voss@jp-kom.de

Franzisca Weder Dr. habil., ist Associate Professor am Institut für Medien- und Kommunikationswissenschaften an der Alpen-Adria-Universität Klagenfurt. Studium der Journalistik, Promotion und Habilitation an der Katholischen Universität Eichstätt-Ingolstadt. Gastprofessur an der University of Waikato, Management School, Hamilton, Neuseeland. Schwerpunkte in der Forschung und Publikationen: Organisationskommunikation, Nachhaltigkeitskommunikation, Netzwerktheorien, Verantwortungskommunikation. franzisca.weder@aau.at

Stefan Wehmeier Prof. Dr. habil., ist Universitätsprofessor für Kommunikationswissenschaft mit dem Schwerpunkt Organisationskommunikation an der Universität Greifswald. Studium der Kommunikationswissenschaft mit Promotion in Münster. Danach Tätigkeit als Journalist, wiss. Mitarbeiter in Leipzig und Professor in Dänemark, Wien und Salzburg. Schwerpunkte: PR als Forschungsfeld, organisationale Transparenz, Social Media, Corporate Social Responsibility. stefan.wehmeier@uni-greifswald.de

Kurt Weichler Dr., ist Professor für Journalismus und Medien an der Westfälischen Hochschule Gelsenkirchen. Dort leitet er als Direktor das Institut für Journalismus und Public Relations. Studium in Münster und Berlin, Promotion an der FU Berlin. Danach tätig als Journalist, Chefredakteur und Verlagsleiter bei Hamburger Großverlagen. Seine Spezialgebiete sind Corporate Publishing, Printjournalismus, Journalismus als Beruf und Redaktionsmanagement. kurt.weichler@w-hs.de

Peter M. Wiedemann Prof. Dr. habil., ist Mitarbeiter am Karlsruhe Institut für Technologie (KIT) im Bereich Technikbewertung und Risikokommunikation. Er lehrt an der Universität Innsbruck und leitet das Wissenschaftsforum EMF, Berlin, das Ansätze für die Bewältigung von Risiko-Kontroversen sucht. Studium, Promotion und Habilitation in Psychologie. Schwerpunkte: Risikokommunikation und Risikowahrnehmung in Technikfeldern, u. a. in Telekommunikation und Chemie. peter.wiedemann@wf-emf.org

Markus Will Dr.-Ing., ist Leiter des Competence Centers Wissensmanagement am Fraunhofer IPK, Berlin. Der Kaufmann, Kommunikationswissenschaftler und promovierte Ingenieur (TU Berlin) ist Experte für strategische Unternehmensentwicklungen in der wissensbasierten Wirtschaft. Er berät mittelständische und große Unternehmen in diesem Bereich und hat nationale und internationale Forschungsprojekte zum Thema „Intellektuelles Kapital" geleitet. markus.will@ipk.fraunhofer.de

Axel Zitzmann Dr., ist Partner und Mitgründer der Luther Rechtsanwaltsgesellschaft mbH und leitet dort den Standort Düsseldorf. Er studierte Rechtswissenschaften an den Universitäten Bonn und Genf mit Schwerpunkt Handels- und Gesellschaftsrecht. Promotion im Bereich des GmbH-Konzernrechts an der Universität Bonn. Langjährige Tätigkeit in Kanzleien und als selbstständiger Rechtsanwalt. Autor zahlreicher Veröffentlichungen zum Gesellschaftsrecht. axel.zitzmann@luther-lawfirm.com

Unternehmenskommunikation als Werttreiber und Erfolgsfaktor

Ansgar Zerfaß und Manfred Piwinger

Zusammenfassung

Unternehmen sind heute mehr denn je auf professionelle Kommunikation angewiesen – sei es im Kontakt mit Investoren, Kunden, Politik und Verwaltung, eigenen Mitarbeitern, Nachwuchskräften, oder auch jenen, die neue Technologien und Investitionsvorhaben kritisch kommentieren und möglicherweise sogar verhindern wollen. Ein profundes Wissen um die Spielregeln strategischer Kommunikation und persönliche Kommunikationsfähigkeiten sind deshalb Schlüsselqualifikationen für die Wahrnehmung von Führungspositionen in der Wirtschaft. Die vorliegende zweite Auflage des „Handbuch Unternehmenskommunikation" präsentiert das relevante Wissen in vielen Facetten. Dieser Einleitungsbeitrag lenkt den Blick auf die wesentlichen Diskussionspunkte und macht den roten Faden des Handbuchs sichtbar. Zunächst wird skizziert, warum Kommunikation ein unverzichtbarer Bestandteil erfolgreicher Unternehmensführung ist. Anschließend werden die für das Top-Management grundlegenden Fragen nach Sinnstiftung, Management und Umsetzung strategischer Kommunikation aufgezeigt und die dabei relevanten Themenfelder benannt. Damit soll ein gezielter Zugriff auf die vorrangig interessierenden Aspekte in den folgenden Kapiteln ermöglicht werden.

A. Zerfaß (✉)
Universität Leipzig, Institut für Kommunikations- und Medienwissenschaft
Burgstraße 21, 04109 Leipzig, Deutschland
E-Mail: zerfass@uni-leipzig.de

M. Piwinger
Barbarossastraße 10, 42115 Wuppertal, Deutschland
E-Mail: consultant@piwinger.de

Schlüsselwörter

Unternehmenskommunikation · Kommunikationsmanagement · Strategische Kommunikation

1 Bedeutung von Information und Kommunikation

Kommunikation ist ein zentraler Bestandteil der Unternehmensführung. Studien zur Arbeit von Managern zeigen übereinstimmend, dass Führungskräfte den größten Teil ihrer Arbeitszeit mit Kommunikation verbringen (Steinmann et al. 2013, S. 13 ff.). Auch die Zusammenarbeit im Unternehmen und mit Partnern, Kunden und anderen externen Bezugsgruppen ist ohne Kommunikation nicht vorstellbar. Die unsichtbare Hand des Marktes und die Vereinbarungen in Verträgen wären ohne begleitende Kommunikationsprozesse ohne Wirkung. Die Alltäglichkeit der Kommunikation hat allerdings eine Schattenseite. Denn sie verstellt oft den Blick auf die speziellen Voraussetzungen, Rahmenbedingungen und Herausforderung der *strategischen Kommunikation* von Unternehmen, die als korporative Akteure übergeordnete Organisationsziele erreichen wollen und sich in öffentlichen Arenen der Meinungsbildung bewegen. Die Unternehmenskommunikation, um die es in dem vorliegenden Handbuch geht, unterscheidet sich fundamental von Erfahrungen auf der Ebene der persönlichen Kommunikation oder der Führungskommunikation in Teams.

Kommunikation von Unternehmen darf nicht als instrumentelles Senden von Informationen missverstanden werden, durch die das Wissen, die Einstellungen und ggf. die Handlungsbereitschaft der Adressaten beeinflusst wird (Meffert et al. 2012, S. 606 ff.). Ein solches mechanistisches Bild der Kommunikation als Informationsübermittlung, wie es in der ersten Häfte des 20. Jahrhunderts skizziert wurde und heute immer noch anzutreffen ist, wird der Komplexität symbolischer Interaktionen nicht gerecht. Kommunikation ist vielmehr ein zweiseitiger Prozess, in dem die Beteiligten durch Mitteilungs- und Verstehenshandlungen jeweils neue Wirklichkeiten schaffen (Noelle-Neumann et al. 2009; Zerfaß 2010, S. 141 ff.). Im Zeitalter der *Medialisierung* (Saxer 2012) beruht dies immer weniger auf persönlichen Erfahrungen, sondern auf der Vermittlungsleistung von Massenmedien und sozialen Netzwerken im Internet. Die dabei relevanten Spielregeln, Multiplikatoren und Gatekeeper gilt es zu erfassen. Doch Prozesse der Meinungsbildung in verschiedenen Öffentlichkeiten ändern sich schnell. Im Zeitalter des Social Web und des Bedeutungsverlusts des Journalismus ist die gesellschaftliche Kommunikation vielfach ent-institutionalisiert und in einem gewissen Umfang sogar ent-persönlicht worden. Angaben, die im Internet herumschwirren, entziehen sich der Überprüfbarkeit: Was ist wahr? Was ist falsch? Absender lassen sich nicht immer ermitteln. Information und Kommunikation geraten immer mehr außer Kontrolle und werden oft aus Quellen gespeist, die keinen offiziellen Charakter haben. Wer ist überhaupt noch im Stande, alles was im Netz passiert, zu überblicken?

Viele Entscheider in den Unternehmen erleben dies als *Kontrollverlust*. Sie haben die Dinge nicht mehr vollständig in der Hand und unter Kontrolle. „Eines fällt sofort auf: Der neue mediale Raum, in dem gesprochen, geschrieben und gesendet, in dem gehört, gelesen und getwittert wird, hat zwei menschlichen Fähigkeiten verloren: zu vergessen und zu verzeihen", schreibt der frühere *ZEIT*-Herausgeber Michael Naumann dazu in der *Frankfurter Allgemeinen Zeitung* (Naumann 2013, S. 31). Unternehmen, die es lange Zeit gewohnt waren, das Informationsgefüge zu „beherrschen", stehen plötzlich vor der Aufgabe, auf unkontrollierbare Vorwürfe und Gerüchte in Echtzeit reagieren zu müssen (vgl. Kapitel „Das Reputationsrisiko: Herausforderungen und Bedeutung für die Unternehmensführung"). Wo bislang vor allem assertive Techniken üblich waren, um positive Botschaften zu vermitteln, sind heute im gleichen Maß reaktive, reputationsschonende Strategien gefragt. Zudem gilt es, rechtliche Informationspflichten (z. B. im Bereich der Finanzkommunikation) zu erfüllen und dem impliziten Darstellungszwang gerecht zu werden, der durch erhöhte Transparenzforderungen beispielsweise in den Bereichen Corporate Social Responsibility und Compliance zu verzeichnen ist.

Für Unternehmen ist strategische Kommunikation kein Wahl-, sondern ein Pflichtfach. Mehr als je zuvor gilt: Was nicht öffentlich wird, findet nicht statt. Der Wettbewerb um Kunden, Mitarbeiter und gesellschaftliche Akzeptanz wird nicht allein auf der Sachebene, sondern auch (und manchmal hauptsächlich) auf der kommunikativen Ebene ausgetragen. In vielen Fällen sind Produkte und Dienstleistungen – sogar weltweit – auf einem gleichartig hohen Niveau, so dass insbesondere die Marke über den Erfolg entscheidet. Ebenso unübersehbar ist, dass ökonomische Anreize für Arbeitnehmer in saturierten und überregulierten Gesellschaften an Bedeutung verlieren. Die Attraktivität eines Unternehmens für qualifizierte Nachwuchskräfte hängt vor allem von seiner Reputation ab. Deshalb wird ein zielgerichtetes Employer Branding auch für „hidden champions" und kleinere Unternehmen unverzichtbar. Und wer Leistungsträger langfristig an sich binden will, sollte ein besonderes Augenmerk auf die interne Kommunikations- und Unternehmenskultur richten.

Die verstärkten Investitionen in Kommunikation führen allerdings zu neuen Herausforderungen. Die Aufmerksamkeit der Rezipienten ist eine knappe Ressource (vgl. Kapitel „Jenseits von Geld und Information: Zur Ökonomie der Aufmerksamkeit"). Sie wird immer knapper, um so intensiver Unternehmen kommunizieren und um so mehr Rezipienten mit Mitteln der mobilen Informationstechnologie „always on" sind und ständig die Qual der Wahl zwischen einer schier unendlichen Vielfalt jederzeit verfügbarer Informationen und Interpretationen haben. Um wahrnehmbar zu kommunizieren, sind deshalb immer höhere Aufwendungen notwendig. Damit steigen die ökonomisch bedeutsamen *Grenzkosten der Kommunikation*. Aus Sicht der Unternehmensführung ist um so drängender zu fragen, wie eine begleitende Kosten- und Leistungskontrolle organisiert wird und wie der Einfluss auf den Unternehmenswert gemessen werden kann (Biel und Piwinger 2011, S. 20), damit knappe Ressourcen optimal eingesetzt werden.

Nicht zuletzt aus diesem Grund sind die Ansprüche an die *Professionalität der Kommunikationsverantwortlichen* erheblich gestiegen. Kommunikationsmanager benötigen heute nicht allein fundierte Kenntnisse auf ihrem ureigenem Gebiet; sie müssen auch ein tiefes Verständnis der jeweiligen Branche und der marktbeeinflussenden Faktoren mitbringen. Die lange Zeit vorherrschende instrumentelle Betrachtung von Unternehmenskommunikation im Sinne professioneller Pressearbeit, Mitarbeiterkommunikation oder Werbung – die natürlich auch noch gebraucht werden – ist für Spitzenpositionen nicht mehr relevant. Führungskräfte im Kommunikationsmanagement agieren auf einer ganz anderen Ebene. Sie sind hierarchisch hoch angesiedelt und vor allem dafür verantwortlich, eine Kommunikationsstrategie zu entwickeln und umzusetzen, die die übergeordneten Unternehmensziele nachweisbar unterstützt und immaterielle Werte wie Reputation, Marke und Organisationskultur stärkt, die laufende Leistungserstellung und das Beziehungsmanagement unterstützt sowie die Legitimation der Unternehmenstätigkeit sicherstellt. Darüber hinaus ist es ihre Aufgabe, die öffentliche Meinungsbildung zu beobachten und bei unternehmerischen Entscheidungen zu verdeutlichen, welche positiven oder negativen kommunikativen Auswirkungen zu erwarten sind. Das erfordert Analysekompetenz und Strategieverständnis sowie viel Empathie insbesondere bei Kontakten innerhalb der Organisation. Ebenso wie ein guter Justiziar nicht primär Verträge entwerfen oder Rechtsstreitigkeiten durchführen muss, sollte ein Kommunikationschef nicht Pressesprecher oder kreativer Werber, sondern Sparringspartner des Vorstands bzw. der Geschäftsführung für alle kommunikativen Dimensionen der Geschäftstätigkeit sein.

1.1 Kernfragen der Unternehmenskommunikation

Jenseits aller Markteinflüsse ist im deutschsprachigen Raum eine starke Tendenz zur Verrechtlichung und Regulierung der Wirtschaft zu sehen. Dies betrifft auch die Unternehmenskommunikation; freihändiges Agieren und Reagieren wird in diesen Bereichen zu einem Vabanquespiel. Ein beträchtlicher Teil der Unternehmenskommunikation unterliegt gesetzlichen Regeln sowie einer Vielzahl von Auflagen; sie ist insofern *verpflichtende Kommunikation*. Am allfälligsten sind Informationspflichten (vgl. Kapitel „Informations- und Publizitätspflichten von Unternehmen"). Sie betreffen hauptsächlich den Bereich der Finanzkommunikation und speziell der Investor Relations. Nirgendwo sind Unternehmensvorstände so eng in das Kommunikationsgeschehen eingebunden, wie dies in der Kapitalmarktkommunikation der Fall ist. Das hat das Verständnis für die Notwendigkeit strategischer Kommunikation gefördert. Ein interessanter Nebenaspekt ist, dass über Arbeit, Ergebnis und Erfolg der Investor-Relations-Arbeit regelmäßig in den Geschäftsberichten berichtet wird – soviel Öffentlichkeit bekommt kein anderer Bereich der Unternehmenskommunikation (Biel und Piwinger 2011, S. 4). Allerdings sind die Budgets für Investor Relations im Vergleich z. B. zu Bereichen wie Marketingkommunikation, Corporate Publishing etc. vergleichsweise gering und nicht-börsennotierte Unternehmen sind in diesem Bereich nicht aktiv. In der internen Kommunikation regelt das deutsche Betriebsverfassungsgesetz zahlreiche Informationsverpflichtungen, die jedoch häufig dezentral wahrgenommen und nicht strategisch gesteuert werden. In diesem Bereich geht es darum, die notwendigen Kommunikationsaufgaben effizient zu organisieren und durch intelligente Umsetzungsformen einen Mehrwert für die eigenen Unternehmensziele zu schaffen.

Möglichkeiten zur Differenzierung bietet aus dieser Perspektive vornehmlich die *gestaltende Kommunikation*. Der Einfluss institutioneller Investoren und von Analysten auf die Unternehmensbewertung veranlasst Unternehmen immer häufiger dazu, über die gesetzlichen Pflichten hinausgehende Kapitalmarktpflege zu betreiben. Der Markt belohnt jene Unternehmen, die eine klare, konsistente und informative Offenlegungspolitik verfolgen. Die Finanzkommunikation ist ein wichtiger Hebel zur Steigerung des Shareholder Value (Rappaport 2006). Ein nachhaltiger Unternehmenserfolg erfordert darüber hinaus auch Reputation bei Geschäftspartnern, Ansehen in der Öffentlichkeit und Attraktivität als Arbeitgeber. Reputation ist ein das ganze Geschäftsmodell überdeckender immaterieller Vermögenswert, der Handlungsoptionen ermöglicht, aber im Sinne drohender Reputationsrisiken auch einschränkt. Bei der Allianz ist dies in der Unternehmensstrategie verankert: „Unsere Strategie beruht auf vier starken Säulen: Hervorragenden Mitarbeitern, operativer Exzellenz, Finanzstärke und der Reputation vertrauenswürdiger Partner" (Allianz 2013, S. 110). Andere namhafte Konzerne unterstreichen den Gedanken in ihren Geschäftsberichten, beispielsweise: „Für den Volkswagen Konzern ist die hohe Reputation, die das Unternehmen in der Geschäftswelt und in der Gesellschaft genießt, ein wertvolles Gut" (Volkswagen 2013, S. 135). Damit ist die Einsicht verbunden, dass es manchmal weniger auf „objektive" Fakten ankommt als vielmehr auf die Wahrnehmung und Deutung von Handlungen und Kommunikation durch die wichtigsten Bezugsgruppen des Unternehmens. Das für soziale Interaktionen eigentümliche Zusammenspiel von interessengeleitetem Handeln und gesellschaftlichen Strukturen (Giddens 1984; Zerfaß 2010, S. 92 ff.) sowie individuellen Konstruktionen und Rekonstruktionen der Wirklichkeit (Bentele 2008) kommt hier in besonderer Weise zur Geltung.

Die fortschreitende Fragmentierung der Kommunikationsmärkte hat über die letzten Jahre dazu geführt, dass viele traditionelle Konzepte der Unternehmenskommunikation ihre Gültigkeit verloren haben und ein mehrfacher Wandel im Gange ist:

- Auf der operativen Ebene ist eine *Schwerpunktverlagerung von der klassischen Werbung zur direkten und dialogorientierten Kommunikation*, insbesondere in Internet und Social Media, zu erkennen. Weil die Kommunikationsbedürfnisse der Bezugsgruppen in einem dramatischen Wandel begriffen sind und beispielsweise Jugendliche kaum über traditionelle Massenmedien erreichbar sind, hält der Trend an, jenseits der klassischen Transaktionssituationen möglichst viele Berührungspunkte mit Unternehmen und ihren Marken sowie den damit verbundenen Werten und Emotionen zu schaffen. Darüber hinaus ist unverkennbar, dass Unternehmen auf *„earned media"* statt *„paid media"* setzen. Anstatt Reichweiten zu kaufen, wird versucht, interessante und authentische Inhalte zu erstellen, die für Journalisten und andere Multiplikatoren wertvoll sind und deshalb im Zuge der Presse- und Medienarbeit positioniert werden können. Einen Schritt weiter gedacht wird zunehmend ganz auf unabhängige Massenmedien verzichtet und *Unternehmen werden selbst zu Medienproduzenten*. Beispiele sind die Erstellung redaktionell aufwendiger Image-, Kunden- und Mitarbeiterzeitschriften (Corporate Media) und von Web-TV-Programmen – damit wird selbst Reichweite und Glaubwürdigkeit aufgebaut und die Vermittlungsfunktion der Massenmedien umgangen. Einige Start-ups verfolgen ähnliche Strategien, wenn sie sich praktisch ohne klassische Werbung und Medienarbeit über Blog- und Facebook-Auftritte einen Namen machen und ein Kontaktnetzwerk aufbauen.

- Eine neue Dimension für das Kommunikationsmanagement sind die *verkürzten Reaktionszeiten,* die insbesondere durch die Digitalisierung und Globalisierung der öffentlichen Kommunikation und die Möglichkeiten des Social Web notwendig geworden sind. Unternehmen müssen die Meinungsbildung rund um die Uhr beobachten, auskunftsfähig sein und oft auch aktiv in Diskussionen eingreifen. Dies ist schwierig, wenn zunächst intern Informationen eingeholt, hierarchische Freigabeprozesse berücksichtigt und bei börsennotierten Gesellschaften juristische Prüfungen abgewartet werden müssen. Kenntnisse und Erfahrungen im Umgang mit solchen Situationen sind oft nur wenig ausgeprägt; die Einführung geeigneter interner Abläufe gewinnt an Bedeutung.
- Auf einer übergeordneten Ebene spielt der *Beitrag der Unternehmenskommunikation zum Risikomanagement* eine immer größere Rolle. Oft wirkt ein Reputationsschaden schwerer als der finanzielle Verlust. Der Schutz des öffentlichen Erscheinungsbildes von Unternehmen in kritischen Situationen gehört originär in den Aufgabenkatalog von Führungskräften der Unternehmenskommunikation. Insbesondere im präventiven Bereich waren in den letzten Jahren Fortschritte zu verzeichnen. Bekannt sind Instrumente wie Issues- und Risk-Management, Corporate Foresight sowie Methoden der Vorfeldkommunikation. Daneben gibt es Ansätze in der Krisenkommunikation und in Veränderungsprozessen, die aber in der Regel nicht auf ein kurzfristiges Reagieren ausgerichtet sind. Angesichts der zahlreichen bekannt gewordenen Verfehlungen auf den Finanzmärkten, Fällen von Korruption und Unterschlagung, von Geheimnisverrat und Cyber-Mobbing erhält die Risikobetrachtung insgesamt einen höheren Stellenwert als bisher. Das Reputationsrisiko rückt in den Rang der größten Unternehmensrisiken (vgl. Kapitel „Das Reputationsrisiko: Herausforderungen und Bedeutung für die Unternehmensführung"). Auch bislang nicht betroffene Unternehmen und ihre Kommunikationsverantwortlichen tun gut daran, sich über Strategien und Instrumente der Gefahrenabwehr frühzeitig vertraut zu machen. Reaktives Kommunikationsverhalten im professionellen Sinne ist allerdings bislang fachlich noch ungenügend elaboriert.
- In konzeptioneller Pespektive bedarf das *Leitbild der integrierten Kommunikation* (Bruhn 2009) einer neuen Deutung. Die Vielfalt der Aufgaben und Stimmen gerade in globalen Konzernen spricht dafür, die traditionell durch unterschiedliche Kompetenzfelder definierten Aufgaben Presse- und Medienarbeit, Mitarbeiterkommunikation, Public Affairs bzw. Lobbying, Sponsoring, Werbung, Finanzkommunikation, Umfrage- und Marktforschung, Events, Corporate Design und andere organisatorisch zu integrieren und – wie es zahlreiche Großunternehmen von der BASF bis zur UBS vormachen – in einem Verantwortungsbereich zusammenzuführen. Neben einer erhöhten Flexi-

bilität ermöglicht die Zusammenführung der Funktionen vor allem eine konsequente Strategieausrichtung. Gleichzeitig führt die Fragmentierung von Öffentlichkeiten und Interessen der Bezugsgruppen aber dazu, dass die Ideale eines für alle Adressaten identischen Images und einer zentral steuerbaren Kommunikationspolitik nicht aufrechterhalten werden können. Einen Lösungsansatz bilden *polyphone Kommunikationsstrategien* (Christensen und Cornelissen 2013), die ausgehend von einem gemeinsamen Kern immer wieder verschiedene Facetten betonen und Mehrdeutigkeit zulassen.

- Der zweifelsohne wichtigste Entwicklungsschritt der Unternehmenskommunikation ist das sich langsam durchsetzende Paradigma der *Value Communications* bzw. der *Kommunikation als Wertschöpfungsfaktor*, verbunden mit dem konsequenten Aufbau von Systemen zur Steuerung und Evaluation der Kommunikation (Pfannenberg und Zerfaß 2010). Die von modernen Methoden des Kommunikations-Controllings unterstützte Verknüpfung von Unternehmenszielen und Kommunikationszielen wird derzeit in vielen Unternehmen vorangetrieben. Das ist aus Sicht der Unternehmensführung unverzichtbar. Erfolgreiches Kommunikationsmanagement erfordert eine klare Definition von Zielen und eine entsprechende Auswahl und Ausrichtung der Erhebungsmethoden. In Zukunft wird es mehr denn je darauf ankommen, mehr in die Kommunikationsplanung zu investieren und weniger in die Evaluation ex post.

Für den Einsatz von Kommunikation gelten andere Gesetze als für den Einsatz materieller Güter. Im Unterschied zu Investitionen in Sachanlagen handelt es sich bei diesen Ausgaben oft um Investments in *immaterielle Werte wie Meinungen, Bindungen, Wertschätzung und Reputation*. Dieses Kapital gerät derzeit immer stärker in das Blickfeld und das Bewusstsein von Investoren, Analysten, Banken und Rating-Agenturen. Für die meisten immateriellen Vermögenswerte liegen noch keine monetären Bewertungsverfahren vor, und aufgrund der Komplexität und Situationsgebundenheit von Kommunikation sind solche in vielen Fällen auch nicht zu erwarten. Schwer fällt in der Praxis die operative Datenermittlung bei der Festlegung eines repräsentativen Zustandes im Unternehmen vor bzw. ohne die geplanten Investitionsmaßnahmen. Im Kommunikationsbereich müssen oft noch die entsprechenden Voraussetzungen geschaffen werden. Welche Informationen sind entscheidungsrelevant für die Unternehmensführung? Wie kann man Wertschöpfungsfaktoren identifizieren und strategisch im Sinne der Unternehmensentwicklung sinnvoll einsetzen? In welchen Feldern ist Kommunikation ohne Alternative und nicht durch ein anderes Herangehen zu ersetzen?

Diese und andere Fragen sind zu beantworten, wenn das Postulat ernst genommen wird, dass der Erfolg eines Unternehmens in hohem Maße von seiner öffentlichen Positionierung abhängt. Kommunikationsfähigkeit bedeutet immer auch *Beziehungsfähigkeit* (Biel und Piwinger 2012). Es kann zweckmäßig sein, zuerst in Wertschätzung zu investieren und erst danach in Sachargumente.

Marktstellung und Marktgeltung werden nicht allein von Produkten und Dienstleistungen geprägt, sondern hängen entscheidend von vorökonomischen Werten ab wie guter Ruf, gesellschaftliches Ansehen, Tradition und Glaubwürdigkeit. Es wäre ein Fehler, sie als

Sekundärtugenden abzutun. Reputation gilt in vielen Fällen und vor allem in der Finanzwirtschaft als wichtigster Vermögenswert und als einer, der am schwierigsten zu schützen ist. Der Erwerb oder Verlust von Glaubwürdigkeit folgt keinen klaren Regeln. Keine Kommunikation beginnt bei Null, sondern stets mit dem Kapital des Angesehenwerdens – der „Voretikettierung". „Glaubwürdigkeitswerte", schreibt Lerg (1970, S. 283), „korrelieren positiv mit Einstellungswerten". Vertrauen ist Sozialkapital. Vertrauensbildung schafft Berechenbarkeit nach allen Seiten. Auch ein Rückgriff auf die im Zeitalter der Globalisierung von vielen Unternehmen leichtfertig über Bord geworfenen Traditionen kann dabei helfen. In Traditionen manifestieren sich Werte, die profilbildend und motivierend wirken. Diese Bilder prägen sich uns ein und fließen mit ein in die sozialen Bewertungsmuster. Ob ein Unternehmen geprägt ist von einer gewachsenen Unternehmenskultur und in diesem Sinne authentisch ist, wird gemerkt. Ein Beispiel dafür war vor einigen Jahren der klare Wunsch der Belegschaft von Bosch, im Zuge der Internationalisierung der Mitarbeiterzeitschrift den tradierten Namen „Bosch-Zünder" in allen Sprachversionen beizubehalten, selbst in der chinesischen Ausgabe.

Während Reputation als kollektive Wahrnehmung und Bewertung eines Unternehmens durch andere (vgl. Kapitel „Reputation und Image: Grundlagen, Einflussmöglichkeiten, Management") nur indirekt beeinflussbar ist, definieren Unternehmen über ihre Identität und ihr öffentlich vermitteltes (Soll-) Image ihre Rolle in der Wirtschaft und in der Gesellschaft. Damit wird in einem gewissen Sinne auch eine *Selbstverpflichtung* eingegangen, jedenfalls, wenn Kommunikation nicht nur als oberflächliches Gerede, sondern als Ausdruck der Unternehmenspositionierung verstanden wird. Dies ist deshalb bedeutsam, weil Unternehmen nicht nur einer ständigen Kontrolle seitens der Behörden, ihrer Tarif- und Vertragspartner und ihrer Investoren unterliegen, sondern immer häufiger auch zum Gegenstand der öffentlichen Auseinandersetzung in Massenmedien und in sozialen Netzwerken im Internet werden. Unternehmen unterliegen einem Rechtfertigungszwang und müssen die Legitimität ihres Tuns immer wieder neu nachweisen. Die anhaltende Diskussion um *Corporate Social Responsibility* (Crane und Matten 2010; vgl. auch Kapitel „Corporate Governance und Corporate Social Responsibility: Grundlagen und Konsequenzen für die Kommunikation") ist eine Reaktion darauf. Sie knüpft an die Gedanken einer sozial verantwortlichen Unternehmensführung und die Praxis von Sozialbilanzen in den 1970er Jahre sowie die Unternehmensethik-Debatte der 1990er Jahre (Steinmann und Löhr 1994) an und äußert sich unter anderem in ausdifferenzierten Praktiken der Nachhaltigkeits-Berichterstattung. Unternehmen wollen damit den Grad ihrer Verantwortung in der Gesellschaft darlegen und begründen. Diese Herausforderungen stellen hohe Anforderungen an die Kommunikations- und Dialogfähigkeit von Organisationen und sind ein weiterer Grund für die Unternehmensführung, sich intensiv mit den Grundlagen der Unternehmenskommunikation auseinanderzusetzen.

Das Eingebundensein der Wirtschaft in die Gesellschaft kann nicht als ein konfliktfreier und konsensualer Prozess verstanden werden. Diese naive Sichtweise ist in der Praxis der Public Relations (PR) und auch in der sie begleitenden Wissenschaft, insbesondere im angloamerikanischen Raum, immer wieder anzutreffen. Eine Befriedigung sämtlicher Ansprüche von Stakeholdern und symmetrische Kommunikationsprozesse mit allen interessierten Gruppen sind illusorisch. Vielmehr haben wir es in modernen Gesellschaften mit einer ständigen Auseinandersetzung zu tun zwischen individuellen Ansprüchen, gemeinwohlorientierten Forderungen, politischer Einflussnahme und wettbewerblichen Interventionen, denen gegenüber der Freiheits- und Gestaltungsanspruch unternehmerischer Entscheidungen steht. In diesem Spannungsfeld wirkt die Unternehmenskommunikation, die unstrittig – wie die politische Kommunikation – interessengebundene Auftragskommunikation ist. Dabei geht es oft mehr um die Vermittlung entsprechender Positionen des Unternehmens. Kommunikationsmanager können vielfach zum Herstellen eines vernünftigen Interessenausgleichs beitragen und so als Katalysator wirken. Zunehmend werden daher die Verantwortungen für Unternehmenskommunikation und Corporate Social Responsibility auf der obersten Führungsebene in eine Hand gelegt, beispielsweise bei Unternehmen wie Deutsche Bank, Deutsche Post DHL oder Bosch. In der Breite der Wirtschaft besteht hier jedoch noch Bedarf zur verbesserten Koordination und Zusammenarbeit.

1.2 Herausforderungen für die Unternehmensführung

Die Anmerkungen zu einigen zentralen Aspekten der Kommunikation haben bereits gezeigt, dass sich die Unternehmensführung dem Thema ganzheitlich nähern muss. Der kommunikationswissenschaftliche Blick auf die Grundlagen und Wirkungszusammenhänge symbolischer Handlungen muss ergänzt werden um betriebswirtschaftliche Überlegungen zur Rolle der Unternehmung in der Gesellschaft und zu den Erfolgsbedingungen der Kommunikationspolitik. Juristische Darlegungen der gesetzlichen Rahmenbedingungen sind ebenso relevant wie sozialpsychologische und soziologische Erklärungen der Genese von Vertrauen, Glaubwürdigkeit, Image, Reputation und Marken. Praxisrelevantes Wissen um Kommunikation und Information findet sich in den Teildisziplinen Public Relations, Marketing und Organisationsforschung ebenso wie in Grenzgebieten zur Rhetorik und Linguistik sowie im Interkulturellen Management und in der Innovationstheorie. In dem engmaschigen Netz sozialer Beziehungen, rechtlicher Vorschriften und Abhängigkeiten sowie dem Abwägen zwischen Rendite und gesellschaftlicher Verantwortung ist das frühzeitige Erkennen neuer Trends und Entwicklungen unverlässlich. Der Einfluss von Unternehmenskommunikation auf den Unternehmenserfolg wird damit deutlicher als je zuvor.

An dieser Stelle setzt das vorliegende Handbuch an. Es geht davon aus, dass Führungskräfte aus Vorstand und Geschäftsführung kein Detailwissen über die Unternehmenskommunikation benötigen oder sich gar – wie dies in vielen Ratgeber-Publikationen suggeriert wird – mit dem Handwerkszeug von Pressearbeit und öffentlichen Auftritten auseinandersetzen müssen. Unverzichtbar ist jedoch eine Auseinandersetzung mit

- den *Grundlagen von Kommunikation und Management,* insbesondere der sinnstiftenden Frage, warum Unternehmen strategisch kommunizieren müssen, wie Kommuni-

kationsprozesse und öffentliche Meinungsbildung grundsätzlich ablaufen und welche Rahmenbedingungen hierbei bedeutsam sind;
- dem *Managementprozess der Unternehmenskommunikation*, also der Frage, wie Kommunikation in arbeitsteiligen und hochkomplexen Organisationen sinnvoll organisiert werden kann, wie Kampagnen und Programme geplant werden, welche Instrumente zur Anwendung kommen, wie Ergebnisse evaluiert werden und wie schließlich parallel zur Steuerung auch ein Controlling der Kommunikation aufgebaut werden kann;
- den wichtigsten *Handlungsfeldern der strategischen Kommunikation*, d. h. mit den Strategien für zentrale Bezugsgruppen wie Investoren, Kunden, Mitarbeiter, Führungskräfte im mittleren Management, Journalisten und Politik sowie mit besonderen Situationen wie beispielsweise Change-Prozessen, Unternehmensübernahmen und -fusionen, Krisen, Compliance und Globalisierung.

2 Warum Unternehmen strategisch kommunizieren müssen

Die Auseinandersetzung mit dem Spannungsverhältnis von Kommunikation und Management in den ersten Kapiteln des Handbuchs umfasst drei Themenkomplexe. Erstens ist ein interdisziplinäres Verständnis der *Grundlagen der Unternehmenskommunikation* notwendig. Dabei wird deutlich, dass Kommunikation maßgeblich zur Koordination von Handlungen und Integration von Interessen beiträgt und deshalb von Unternehmen in unterschiedlicher Weise eingesetzt wird. Die Ankopplung an die Unternehmensstrategie im Sinne der Positionierung in Markt und Gesellschaft mündet dabei in die Forderung nach einer integrierten Kommunikationspolitik. In diesem Zusammenhang ist das Konzept des Stakeholder-Managements ebenso relevant wie die Kenntnis der Grundbegriffe von Kommunikation und Medien sowie der Meinungsbildung in der Mediengesellschaft mit den dort beteiligten Akteuren öffentlicher Kommunikation. Zudem ist ein Einblick in die Struktur des Berufsfelds Kommunikationsmanagement hilfreich.

Ein zweiter Themenkomplex betrifft die *ökonomischen, publizistischen, ethischen und rechtlichen Rahmenbedingungen der Kommunikation* von Unternehmen. Hierbei geht es ausgehend von der Diskussion um die „Ökonomie der Aufmerksamkeit", d. h. der Einsicht, dass Aufmerksamkeit zum knappen Gut und damit zum Produktions- und Erfolgsfaktor wird, zunächst um die spezifischen Herausforderungen, die aus der Institutionalisierung von Corporate Governance und Corporate Responsibility erwachsen. Die Spielregeln der Mediengesellschaft äußern sich allgemein in einer vermehrten Personalisierung und Emotionalisierung der Meinungsbildung, spezifischer noch in neuen Formen der Wirtschaftsberichterstattung und der Zusammenarbeit zwischen Pressestellen und Journalisten. Eine gewichtige Rolle spielen ferner die juristischen und ethischen Rahmenbedingungen der Unternehmenskommunikation in modernen Gesellschaften und das Reputationsrisiko. Anfällig für eine Beschädigung des Ansehens sind nicht nur Unternehmen, sondern auch deren Repräsentanten und Funktionsträger. Die Folgen eines persönlichen Fehlverhaltens können von einer Person auf eine ganze Berufsgruppe, von einem Unternehmen auf eine ganze Branche übergreifen – einige Beispiele dafür finden sich in der Finanzwirtschaft.

Die Notwendigkeit strategischer Vorgehensweisen wird nochmals deutlicher, wenn man sich die *soziologischen, kulturellen und psychologischen Dimensionen der Kommunikation* vor Augen führt. In diesem Teil des Handbuchs geht es um eine Klärung grundlegender Begriffe und Konstrukte, die immer wieder verwendet, aber häufig nicht präzise voneinander abgegrenzt werden. Das betrifft Vertrauen und Glaubwürdigkeit, Reputation, Image und Identität ebenso wie Marken, Organisationstruktur und Verhaltensstile. Das Kommunikationsverhalten konstituiert den Unternehmensstil: „Wo es an Stilbewusstsein fehlt, fehlt es an mehr. Es fehlt an Bewusstsein für Herkunft, Geschichte und Tradition. Es fehlt an Vorbildern, und es fehlt an einer Idee von sich selbst für die Zukunft" (Ebert 2003, S. 111). Wer kommuniziert, kommt nicht umhin, eine Sache und sich selbst darzustellen. Das über Auftreten und Verhalten erworbene Ansehen ist stets das Resultat unternehmerischer Selbstdarstellung; zugleich deren Voraussetzung. Ansehens- und Vertrauensgewinne entstehen nicht eo ipso, sondern sind das Ergebnis einer Inszenierungs- und Verhaltensstrategie: „Unternehmen offenbaren sich mit ihrer Darstellung und ihrem Kommunikationsverhalten der Öffentlichkeit und beziehen daraus ergebniswirksam ihre Wertschätzung am Markt" (Biel und Piwinger 2011, S. 21). Durch die Schaffung eines umfassenden Symbolmilieus, welches in unverwechselbarer Weise die Identität eines Unternehmens zum Ausdruck bringt, kann ein Rahmen geschaffen werden, der einen wichtigen Beitrag zur Stabilisierung des Unternehmens insgesamt zu leisten vermag. In Ergänzung zu dieser außengerichteten Perspektive betont die internationale Forschung zur Organisationskommunikation, dass Unternehmen selbst erst durch Kommunikation entstehen – gemäß dem Paradigma „communication constitutes organization" (Putnam und Nicotera 2009; Schoeneborn 2013). Daraus ergeben sich interessante weitergehende Fragestellungen von großer praktischer Relevanz insbesondere für die interne Kommunikation. In dem damit angesprochenen Bereich bietet sich die Nutzung von sozialpsychologischen Theorien und Konzepten an; auch diese werden im ersten Teil des Handbuchs vorgestellt.

3 Wie Unternehmenskommunikation gesteuert wird und Werte schafft

Das Wissen um die Bedeutung der Unternehmenskommunikation mündet zwangsläufig in die Frage, wie der Managementprozess der Kommunikation im Einzelnen auszugestalten ist, d. h. welche Wertschöpfungsstufen aus übergeordneter Perspektive unterscheidbar sind. Diese Stufen bilden gleichzeitig Ansatzpunkte für ein Benchmarking und eine Optimierung der Kommunikationsfunktion.

Vielfach unbeachtet, aber von größter Bedeutung ist hierbei die *Analyse von Umfeld und Meinungsbildung*. Zahlreiche Unternehmen greifen mittlerweile auf ausgefeilte Methoden des Issues Monitoring und Issues Management zurück und verknüpfen diese mit Corporate Foresight-Tools aus der Unternehmensplanung. Empirische Einsichten liefern dabei

Stakeholderbefragungen und Reputationsanalysen, Mitarbeiterbefragungen. Medienanalysen und das seit einiger Zeit immer wichtiger werdende Social Media Monitoring.

Diese übergeordneten Analysen schaffen die Voraussetzungen für eine konkrete *Zieldefinition und Planung der Kommunikation*. Hier geht es einerseits um die Konzeption von Kommunikationsprogrammen, andererseits um die Planung öffentlicher Inszenierungsstrategien im Sinne zeitlich befristeter und dramaturgisch angelegter Kampagnen. Solche Formate finden sich heute immer häufiger – und zwar nicht nur in Wirtschaft und Politik, sondern insbesondere auch bei unternehmenskritischen Akteuren wie Greenpeace, Friends of the Earth und anderen schlagkräftigen Aktivisten. Die Kenntnis der entsprechenden Prozesse ist deshalb von besonderer Bedeutung. Konkretisiert wird dies in der Praxis durch die Entwicklung strategischer Kernbotschaften (Corporate Messages), die unter anderem dazu dienen, die Agenda der Massenmedien zu beeinflussen und Deutungsrahmen für die öffentliche Meinungsbildung bereitzustellen.

Angesichts der dynamischen Entwicklung der öffentlichen Kommunikation sollten Entscheider im General Management auch einige Grundkenntnisse über die *Instrumente und Plattformen der Unternehmenskommunikation* haben. Das Spektrum reicht hier von der Presse- und Medienarbeit über die vielfach unterschätzte Live-Kommunikation (Veranstaltungen, Messen), persönliche Reden und Corporate Publishing (Unternehmens- und Kundenmagazine) und Geschäftsberichte sowie die audiovisuelle Kommunikation (Video, Film, Bewegtbild) bis hin zur Kommunikation in Internet und Social Media. Übergreifend sind dabei Aspekte von Design und Ästhetik zu beachten. Denn über die Inhalte hinaus spielen Form und Emotion in Kommunikationsprozessen eine wesentliche Rolle.

Aus Sicht der Unternehmensführung ist es natürlich von zentraler Bedeutung, ob (gelungene) Kommunikation einen Beitrag zum Unternehmenserfolg leistet. Die *Evaluation und Wertbestimmung der Kommunikation* bildet daher eine eigenständige Betrachtungsebene. Neben einem grundlegenden Überblick zu verschiedenen Konzepten und Methoden geht es hier um Kennzahlen, Kostentransparenz und die Erfassung von Kommunikation im Jahresabschluss, der integrierten Berichtslegung und in Wissensbilanzen. Beispielsweise muss sich die Unternehmensleitung ein Bild davon machen, wie Kosten im Bereich der Unternehmenskommunikation erfasst werden können – dieses Gebiet steht trotz der steigenden Kommunikationsbudgets in Theorie und Praxis immer noch ganz am Anfang. Weitgehend nicht realisiert ist in der Praxis die verursachergerechte Einbindung von Kommunikation und Information in das betriebliche Rechnungswesen und weiterführend in das Konzerncontrolling. Gängige Praxis ist es heute, Aufwendungen hierfür unter den „Verwaltungskosten" zu buchen, also den Aufwendungen der laufenden Periode zuzuordnen, was dauerhaft keine Lösung darstellt. Im Berufsfeld gibt es inzwischen mehrere Initiativen, die darauf abheben, die Bereiche Unternehmens- und Finanzkommunikation enger mit dem strategischen Controlling zu verknüpfen – die Ergebnisse bleiben abzuwarten und können daher an dieser Stelle noch nicht dargestellt werden.

Ein noch grundlegender Themenkomplex betrifft *Organisation, Outsourcing und Kompetenzmanagement der Unternehmenskommunikation*. Diese Fragestellungen bieten große

Gestaltungsmöglichkeiten und sind ein wesentlicher Ansatzpunkt zur Differenzierung im Wettbewerb. Erfolgreiche Führungskräfte in der Unternehmenskommunikation richten deshalb ein besonderes Augenmerk auf diesen Bereich. Im Grundsatz stellt sich hier zunächst die Frage nach der Organisation der Kommunikationsfunktion, für die es verschiedene Lösungsansätze gibt. Einen weiteren Schwerpunkt bilden das Personalmanagement und das Kompetenzmanagement im Kommunikationsbereich. Schließlich gilt es, die Zusammenarbeit mit Agenturen, Beratern und anderen Dienstleistern zu verstehen und zu optimieren. Empirische Erhebungen zeigen, dass es hier einiges Potenzial gibt – beispielsweise deutet die geringe Kundenorientierung von PR-Agenturen in Deutschland (Zerfaß und Thobe 2013) darauf hin, dass Steuerung und Controlling durch die Auftraggeber in Kommunikationsabteilungen wenig ausgeprägt sind. Übergreifend ist in jedem Fall angeraten, näher über die Formulierung und Umsetzung von Exzellenzansprüchen in der Kommunikationsfunktion nachzudenken. Hierfür bieten sich verschiedene Modelle und Methoden an, die ebenfalls dargestellt werden.

4 Welche Strategien und Konzepte in der Praxis relevant sind

In besonderen Situationen wie bei einem Börsengang, bei Unternehmenszusammenschlüssen und Unternehmenskäufen und -verkäufen, bei Existenzkrisen oder dem Eintritt in internationale Märkte entscheidet neben Produkten und Prozessen häufig die Kommunikation über den Erfolg oder Misserfolg. Auf diesen Gebieten, die zum Alltag des wirtschaftlichen Geschehens gehören, hat sich ein großes Reservoir an Kommunikations- und Managementwissen angesammelt. Diese Handlungsfelder der Unternehmenskommunikation sind durch je spezifische ökonomische, soziale und mediale Rahmenbedingungen sowie typische Strategien und Handlungsmuster gekennzeichnet.

Es lohnt sich daher, einen vertiefenden Blick auf die *Kommunikationsstrategien für zentrale Bezugsgruppen* zu werfen. Wer in der Unternehmensführung Verantwortung trägt, kommt nicht umhin, sich mit den Grundlagen der Investor Relations, der Marketingkommunikation, der Mitarbeiter- und Führungskräftekommunikation sowie mit Public Affairs und Lobbying auseinanderzusetzen. Im Lobbying ist Kommunikation ohne Alternative. Die Einflussnahme geschieht auf sehr subtile Weise – in Hintergrundgesprächen, im öffentlichen Aufschrei der Verbände, durch Gegengutachten, durch die Mobilisierung von Bürgern etc. – und wurde in der „Berliner Republik" stark professionalisiert (Zerfaß et al. 2009). Letztlich geht es immer darum, eigene inhaltliche Impulse einzubringen oder nachteilige Gesetzesvorhaben durch frühzeitige Einflussnahme auf das politische Handeln entweder zu verhindern oder wenigstens in seinen Auswirkungen abzumildern. Neben Politikern haben es Führungskräfte häufig mit Journalisten zu tun. Auch hier erweitert ein gleichermaßen ökonomisch wie kommunikationswissenschaftlich geschärfter Blick das Verständnis für alltägliche Herausforderungen. Eine Abhängigkeit der Wirtschaft von den Massenmedien ist ebenso wenig gegeben wie die Möglichkeit, dass Pressesprecher „mal eben so" positive Botschaften in Zeitungen, Zeitschriften oder Rundfunk platzieren können. Das komplexe, von gegenseitigen Abhängigkeiten geprägte Beziehungsgeflecht (Bentele und Nothhaft 2004) verweist vielmehr auf die Notwendigkeit einer langfristig und nachhaltig angelegten Kommunikationspolitik. Immer mehr Bedeutung kommt seit geraumer Zeit der Kommunikation im gesellschaftspolitischen Raum (Public Relations) und dort insbesondere der Legitimation des unternehmerischen Handelns zu. Das führt beispielsweise zu Stakeholder-Dialogen mit Unterstützern und Kritikern, aber auch zu anderen Formen des argumentativen Austauschs. Damit wird deutlich, dass Unternehmenskommunikation heute weit mehr umfasst als persuasive, massenmedial ausgerichtete Vorgehensweisen. Gefragt ist vielmehr ein breites Repertoire an Strategien, Konzepten und Plattformen, die situativ zum Einsatz kommen.

Die Basis für den Erfolg der Kommunikationsmanagements sind geeignete Prozesse, kompetente Mitarbeiter und Führungskräfte sowie eine durchdachte Zusammenarbeit mit spezialisierten Dienstleistern. Deshalb sind *Organisation, Outsourcing und Kompetenzmanagement der Unternehmenskommunikation* wichtige Themen und Stellschrauben für die Unternehmensführung. Von großer Bedeutung sind schließlich *Konzepte für besondere Kommunikationssituationen*, in denen die Rolle der Unternehmenskommunikation als Katalysator des Erfolgs deutlich hervortritt. Das betrifft die vorbereitende und begleitende Kommunikation bei Mergers & Acquisitions sowie die Veränderungskommunikation bei Change-Prozessen ebenso wie die CEO-Kommunikation, bei der Positionierung von Vorständen bzw. Geschäftsführern im Vordergrund steht. Als Erfolgsfaktor gilt die Kommunikation ferner in Krisensituationen und im internationalen Kontext sowie bei Innovationsprozessen und im Zusammenhang mit der bereits erwähnten Debatte um Corporate Social Responsibility und gesellschaftlicher Verantwortung. Erst in jüngerer Zeit haben sich weitere Betätigungsfelder eröffnet. Zu nennen sind einerseits die Litigation-Kommunikation, bei der juristische Auseinandersetzungen kommunikativ begleitet werden, und zum anderen die Compliance-Kommunikation, die primär unternehmensintern, aber auch extern wirken kann. In allen Fällen ist eine enge Zusammenarbeit mit anderen Funktionen im Unternehmen, beispielsweise der Rechts- oder Compliance-Abteilung, unverzichtbar. Dies unterstreicht die Notwendigkeit, Unternehmenskommunikation und Kommunikationsmanagement interdisziplinär zu betrachten.

5 Perspektiven der Unternehmenskommunikation

Der Bedeutungszuwachs der Unternehmenskommunikation ist unverkennbar. Doch wohin geht die Reise, welche Trends zeichnen sich ausgehend von dem in diesem Handbuch umrissenen Status quo des Kommunikationsmanagements ab? Die Beantwortung dieser Frage in einem dynamischen Praxisfeldfeld ist schwierig und kann immer nur eine Zeitpunktaufnahme sein. Eine Aussage ist dennoch möglich. Der *European Communication Monitor*, eine Initiative mehrerer europäischer Universitäten, identifiziert seit einigen Jahren die Themen, die Kommunikationsmanager als zentrale Herausforderungen für ihre Arbeit betrachten. Die Erkenntnisse stützen sich auf die Aussagen von jährlich bis zu 2.700

Entscheidern in über 40 Ländern (Zerfass et al. 2013).[1] Ähnliche Fragestellungen wurden auch in einer vom Plank Center (USA) initiierten *globalen Studie zu Leadership und Kommunikation* mit annähernd 4.500 Befragten aus 23 Ländern und acht Kulturkreisen beantwortet (Berger und Meng 2014; Röttger et al. 2013). Die Ergebnisse decken sich weitgehend und zeichnen ein klares Bild der wichtigsten Herausforderungen, die sich im Zeitverlauf kaum geändert haben und daher nach wie vor zu bewältigen sind:

- Die *Verknüpfung von Kommunikation und Unternehmensstrategie* und der damit verbundene Nachweis des Beitrags von Kommunikation zur Wertschöpfung durch verbesserte Steuerungs- und Evaluationsmethoden bleibt die wichtigste Herausforderung. Dieses Thema steht bei Kommunikationsverantwortlichen in Europa seit mehreren Jahren auf dem ersten oder zweiten Platz ihrer Prioritätenliste (Zerfass et al. 2013, S. 82 ff.). Weltweit wird das Thema an dritter Stelle gesehen (Zerfass et al. 2014). Verstärkt wird die Entwicklung dadurch, dass sich das Aufgabenspektrum der Unternehmenskommunikation bei gleich bleibenden oder nur langsam steigenden Ressourcen (Zerfass et al. 2013, S. 90 ff.) durch die Internationalisierung von Unternehmen, Fragmentierung von Märkten und Zunahme von Kommunikationsplattformen exponentiell ausweitet. Das zwingt die Leitungsebene dazu, Kommunikationsziele klar zu definieren und den Ressourceneinsatz zu optimieren.
- Der *Umgang mit digitaler Kommunikation und der gestiegenden Informationsfülle und -geschwindigkeit* ist eine weitere große Herausforderung. In globaler Perspektive werden die damit zusammenhängenden Themen von Kommunikationsmanagern am häufigsten genannt (Zerfass et al. 2014). In Europa stehen sie durchgehend an zweiter oder erster Stelle der Prioritätenliste (Zerfass et al. 2013). Dabei geht es durchgehend weniger um operative Fragen, etwa wie Facebook-Kampagnen durchgeführt oder Social Media Newsrooms aufgebaut werden. Hierzu gibt es inzwischen genügend Erfahrungen und bei Bedarf kompetente Dienstleister. Das Kommunikationsmanagement muss vor allem strukturelle Aspekte angehen. Defizite gibt es trotz der intensiven Praxis der Online-Kommunikation oft noch bei den Kompetenzen der Mitarbeiter und bei der Etablierung von Governance-Strukturen. Langzeit- und Delphi-Studien in Deutschland zeigen, dass hier mit Fortschritten zu rechnen ist (Linke und Zerfass 2012). Die Dynamik der technologischen Entwicklung und der Nutzungsmodalitäten in der Gesellschaft führt jedoch dazu, dass dieses Thema das Kommunikationsmanagement dauerhaft bewegen wird.

---

[1] Die Ergebnisberichte des jährlich durchgeführten European Communication Monitor sind unter www.communicationmonitor.eu verfügbar. Es handelt sich um die weltweit umfangreichste, regelmäßige Studie zur strategischen Kommunikation. Sie wird von einem Forscherteam von elf europäischen Universitäten durchgeführt und von der *European Public Relations Education and Research Association* (EUPRERA) gemeinsam mit der *European Association of Communication Directors* (EACD) und dem Magazin *Communication Director* durchgeführt.

- Weitere Themen, deren Bedeutung in den empirischen Studien allerdings schwankt, sind die Gewinnung und Wiedergewinnung von *Vertrauen* in Unternehmen und ihre Führungskräfte, die *Krisenprävention und -bewältigung durch Kommunikation* sowie die gestiegenen Anforderungen an *gesellschaftliche Verantwortung und Transparenz.* Die Konstitution von öffentlichem Vertrauen, das maßgeblich durch die Berichterstattung der Massenmedien und in sozialen Netzwerken beeinflusst wird und als eine Vorsteuerungsgröße für Reputation gilt, ist ein klassisches Thema der Forschung zur Unternehmenskommunikation. Vertrauen ist eine Grundlage von Corporate Social Responsibility (CSR) (Bentele und Nothhaft 2011). CSR-Kommunikation nimmt viele Facetten an und stößt durch die Dialogmöglichkeiten des Social Web auf neue Herausforderungen (Ihlen et al. 2011). Bei der praktischen Umsetzung zeichnen empirische Untersuchungen ein ähnliches Bild wie bei der Social-Media-Kommunikation: Viele Unternehmen sind dabei, die Umsetzung von CSR-Kommunikation zu perfektionieren, die Ankopplung an strategische Ziele und die organisatorische Verankerung kommen dabei aber oft noch zu kurz (Zerfaß und Müller 2013). Krisenkommunikation ist nicht neu, prägt aber den Alltag von Kommunikationsverantwortlichen. Sieben von zehn Befragten in Europa gaben zu Protokoll, dass sie in den letzten zwölf Monaten eine oder mehrere Krisenkommunikations-Situationen bewältigen mussten (Zerfass et al. 2013, S. 70 ff.). In Deutschland gilt dies noch häufiger, in Österreich und der Schweiz weniger oft als im europäischen Durchschnitt (ebd.). Sehr relevant ist das Thema außerdem im internationalen Kontext, vor allem im asiatischen Raum. Eine intensivere und über einfache Praxisrezepte hinausgehende Beschäftigung mit dem Thema lohnt sich daher auf jeden Fall (vgl. Kapitel „Krisenkommunikation: Vorbereitung, Umsetzung, Erfolgsfaktoren.").

Diese Perspektiven zeigen, dass die Unternehmensführung aufgefordert bleibt, sich mit den Erfolgsfaktoren strategischer Unternehmenskommunikation auseinanderzusetzen. Die Herausforderungen haben sich geändert, doch im Kern gilt weiterhin, was Harry A. Bullis, Chairman von General Mills, vor 65 Jahren unter dem Titel „Management's Stake in Public Relations" in einem der ersten englischsprachigen Handbüchern zum Thema schrieb: „A sound policy and program of [communication] should be part of the day-to-day operating philosophy of every modern corporation" (Bullis 1948, S. 21).

Literatur

Allianz SE (2013). *Geschäftsbericht 2012 – Allianz Konzern.* München: Allianz.
Bentele, G., & Nothhaft, H. (2004). Das Intereffikationsmodell. Theoretische Weiterentwicklung, empirische Konkretisierung und Desiderate. In K.-D. Altmeppen, U. Röttger, & G. Bentele (Hrsg.), *Schwierige Verhältnisse – Interdependenzen zwischen Journalismus und Public Relations* (S. 67–104). Wiesbaden: VS Verlag für Sozialwissenschaften.
Bentele, G., & Nothhaft, H. (2011). Vertrauen und Glaubwürdigkeit als Grundlage von Corporate Social Responsibility: Die (massen-)mediale Konstruktion von Verantwortung und Verantwort-

lichkeit. In J. Raupp, S. Jarolimek, & F. Schultz (Hrsg.), *Handbuch CSR – Kommunikationswissenschaftliche Grundlagen, disziplinäre Zugänge und methodische Herausforderungen* (S. 45–70). Wiesbaden: VS Verlag für Sozialwissenschaften.

Bentele, G. (2008). Ein rekonstruktiver Ansatz der Public Relations. In G. Bentele, R. Fröhlich, & P. Szyszka (Hrsg.), *Handbuch der Public Relations* (2. Aufl. S. 147–160). Wiesbaden: VS Verlag für Sozialwissenschaften.

Berger, B. K., & Meng, J. (Hrsg.). (2014). *Making sense of public relations leaders – The sense makers. A global study of leadership in public relations and communication management.* New York: Routledge.

Biel, A., & Piwinger, M. (2011). Informationspflichten und Kommunikationsaufwand in der Kapitalmarktkommunikation. In G. Bentele, M. Piwinger, & G. Schönborn (Hrsg.), *Kommunikationsmanagement* (Loseblattwerk 2001 ff., Nr. 3.82, S. 1–22). Köln: Luchterhand.

Biel, A., & Piwinger, M. (2012). Kommunikationsfähigkeit. In G. Bentele, M. Piwinger, & G. Schönborn (Hrsg.), *Kommunikationsmanagement* (Loseblattwerk 2001 ff., Nr. 8.51, S. 1–22). Köln: Luchterhand.

Bruhn, M. (2009). *Integrierte Unternehmens- und Markenkommunikation* (5. Aufl.). Stuttgart: Schäffer-Poeschel.

Bullis, H. A. (1948). Management's stake in public relations. In C. Griswold & D. Griswold, (Hrsg.), *Your public relations* (S. 20–32). New York: Funk and Wagnalls.

Christensen, L. T., & Cornelissen, J. (2013). Bridging corporate and organizational communication: Review, development and a look to the future. In A. Zerfaß, L. Rademacher, & S. Wehmeier (Hrsg.), *Organisationskommunikation und Public Relations. Forschungsparadigmen und neue Perspektiven* (S. 43–72). Wiesbaden: Springer VS.

Crane, A., & Matten, D. (2010). *Business ethics: Managing corporate citizenship and sustainability in the age of globalization* (3. Aufl.). Oxford: Oxford University Press.

Ebert, H. (2003). *Höflichkeit und Respekt in der Unternehmenskommunikation.* Neuwied: Luchterhand.

Giddens, A. (1984). *The constitution of society. Outline of the theory of structuration.* Cambridge: Polity Press.

Ihlen, Ø., Bartlett, J., & May, S. (Hrsg.). (2011). *The handbook of communication and corporate social responsibility.* Chichester: Wiley Blackwell.

Lerg, W. R. (1970). *Das Gespräch. Theorie und Praxis der unvermittelten Kommunikation.* Düsseldorf: Bertelsmann.

Linke, A., & Zerfass, A. (2012). Future trends of social media use in strategic communication: Results of a Delphi study. *Public Communication Review, 2*(2), 17–29.

Meffert, H., Burmann, C., & Kirchgeorg, M. (2012). *Marketing: Grundlagen marktorientierter Unternehmensführung* (11. Aufl.). Wiesbaden: Gabler.

Naumann, M. (2013). Die Medien im Zeitalter der Erregbarkeit. *Frankfurter Allgemeine Zeitung, 2013*(Jan.), 31 (31.01.2013).

Noelle-Neumann, E., Schulz, W., & Wilke, J. (Hrsg.). (2009). *Publizistik Massenkommunikation* (*Fischer Lexikon*), Neuauflage, Frankfurt am Main: Fischer.

Pfannenberg, J., & Zerfaß, A. (Hrsg.). (2010). *Wertschöpfung durch Kommunikation: Strategisches Kommunikations-Controlling in der Unternehmenspraxis.* Frankfurt am Main: Frankfurter Allgemeine Buch.

Putnam, L. L., & Nicotera, A. M. (Hrsg.). (2009). *Building theories of organization: The constitutive role of communication.* New York: Routledge.

Rappaport, A. (2006). Ten ways to create shareholder value. *Harvard Business Review, 84*(9), 66–77.

Röttger, U., Zerfaß, A., Kiesenbauer, J., & Stahl, J. (2013). *Führung im Kommunikationsmanagement – Herausforderungen im internationalen Vergleich.* Forschungsberichte zur Unternehmenskommunikation Nr. 1. Leipzig: Akademische Gesellschaft für Unternehmensführung und Kommunikation.

Saxer, U. (2012). *Mediengesellschaft – Eine kommunikationssoziologische Perspektive*. Wiesbaden: VS Verlag für Sozialwissenschaften.

Schoeneborn, D. (2013). Organisations- trifft Kommunikationsforschung: Der Beitrag der „Communication Constitutes Organization"-Perspektive (CCO). In A. Zerfaß, L. Rademacher, & S. Wehmeier (Hrsg.), *Organisationskommunikation und Public Relations. Forschungsparadigmen und neue Perspektiven* (S. 97–115). Wiesbaden: Springer VS.

Steinmann, H., & Löhr, A. (1994). *Grundlagen der Unternehmensethik*. Stuttgart: Schäffer-Poeschel.

Steinmann, H., Schreyögg, G., & Koch, J. (2013). *Management: Grundlagen der Unternehmensführung* (7. Aufl.). Wiesbaden: Springer Gabler.

Volkswagen AG (2013). *Geschäftsbericht 2012*. Wolfsburg: Volkswagen.

Zerfaß, A. (2010). *Unternehmensführung und Öffentlichkeitsarbeit. Grundlegung einer Theorie der Unternehmenskommunikation und Public Relations* (3. Aufl.). Wiesbaden: VS Verlag für Sozialwissenschaften.

Zerfaß, A., Bentele, G., & von Oehsen, H. O. (2009). Lobbying in Berlin. Akteure, Strukturen und Herausforderungen eines wachsenden Berufsfeld. In A. Sell & A. N. Krylow (Hrsg.), *Government Relations: Interaktionen zwischen Wirtschaft, Politik und Gesellschaft* (S. 15–35). Frankfurt am Main: Peter Lang.

Zerfass, A., Linke, A., & Röttger, U. (2014). Key issues in the field: The context for leadership. In B. K. Berger & J. Meng (Hrsg.), *Making sense of public relations leaders – The sense makers. A global study of leadership in public relations and communication management*. New York: Routledge.

Zerfass, A., Moreno, A., Tench, R., Verčič, D., & Verhoeven, P. (2013). *European Communication Monitor 2013. A changing landscape – Managing crises, digital communication and CEO positioning in Europe. Results of a survey in 43 countries*. Brüssel: EACD/EUPRERA, Helios Media.

Zerfaß, A., & Müller, M. C. (2013). Stakeholderbeziehungen in der CSR-Kommunikation. Empirische Studie zu Strategien und Rahmenbedingungen in deutschen Unternehmen. *UmweltWirtschaftsForum, 20*(1), 51–57.

Zerfaß, A., & Thobe, S. (2013). Qualität der Kommunikationsberatung. Kundenorientierung, Qualitätsverständnis und Handlungsstrategien von PR-Agenturen aus empirischer Perspektive. *PR Magazin, 44*(9), 64–70.

Teil I
Grundlagen der Unternehmenskommunikation

Unternehmenskommunikation und Kommunikationsmanagement: Strategie, Management und Controlling

Ansgar Zerfaß

Zusammenfassung

Kommunikation ist in der Wirtschaft allgegenwärtig: Eine gezielte Informationspolitik und Inszenierungsstrategien gehören zum Repertoire jedes erfolgreichen Unternehmens. Dennoch mangelt es vielfach an einem umfassenden Verständnis der Unternehmenskommunikation. Die vorschnelle Fokussierung auf einzelne Vorgehensweisen (Pressearbeit, Werbung, Lobbyismus), Handlungsfelder (Finanzkommunikation, Mitarbeiterkommunikation) und Zielgrößen (Vertrauen, Reputation, Markenbildung) versperrt den Blick auf die grundlegenden Fragen, welche Bedeutung der Kommunikation aus Sicht der Unternehmensführung zukommt und auf welche Weise sie zur Wertschöpfung beiträgt. Hierbei muss konsequent betriebswirtschaftlich argumentiert werden: Investitionen in Kommunikation machen Sinn, wenn dadurch direkt oder indirekt materielle oder immaterielle Werte geschaffen werden. Der vorliegende Beitrag skizziert eine interdisziplinäre Theorie der Integrierten Unternehmenskommunikation, die ausgehend von der Rolle der Unternehmung in Markt und Gesellschaft verschiedene Ansatzpunkte der Wertschöpfung identifiziert und die wichtigsten Aufgabenfelder (Interne Kommunikation, Marktkommunikation, Public Relations) erläutert. Der schillernde Begriff der „Integration" erfährt dabei eine neue, mehrdimensionale Bedeutung – als normative Grundlage, funktionaler Prozess und strategische Notwendigkeit der Kommunikation.

A. Zerfaß (✉)
Universität Leipzig, Institut für Kommunikations- und Medienwissenschaft
Burgstraße 21, 04109 Leipzig, Deutschland
E-Mail: zerfass@uni-leipzig.de

Schlüsselwörter

Strategische Kommunikation · Unternehmenskommunikation · Kommunikationsmanagement · Kommunikations-Controlling · Wertschöpfung · Integrierte Kommunikation · Internationale Kommunikation · Public Relations · Interne Kommunikation · Marktkommunikation · Polyphonie · Online-Kommunikation · Theorie der Unternehmenskommunikation

1 Kommunikation zwischen Inszenierung und Wirtschaftlichkeit

Die Wirtschaft in Deutschland, Österreich und der Schweiz investiert jährlich zweistellige Milliardenbeträge in die Unternehmenskommunikation – mit steigender Tendenz. Genaue Angaben zum Gesamtvolumen sind nicht möglich, weil die entsprechenden Aufwendungen in den Unternehmen kaum systematisch erfasst werden. Ein Indikator ist die Größe der Kommunikationsabteilungen, die allein auf Konzernebene oft mehrere Hundert Mitarbeiter beschäftigen (Klewes und Zerfaß 2011) und in den letzten Jahren in den meisten Unternehmen einen deutlichen Statusgewinn verzeichnen konnten (Zerfass et al. 2013a, S. 90 ff.). Aufschlussreich sind zudem die Umsätze der Agenturen und Dienstleister, die in diesem Bereich unterstützend tätig sind. Die Werbebranche in Deutschland erwirtschaftet in Deutschland jährlich rund 30 Milliarden Euro, allerdings mit leicht rückläufiger Tendenz (ZAW 2013). Ein starkes Wachstum gibt es dagegen seit Jahren in den Bereichen Online-Kommunikation, Public Relations und Corporate Media, also bei Kommunikationsformen, die stärker auf eine direkte und dialogische Ansprache von Bezugsgruppen setzen. Diese Zahlen sind kein Zufall. Die zunehmende Verlagerung von der Leistungs- und Preiskonkurrenz zum Kommunikations- und Akzeptanzwettbewerb sorgt dafür, dass viele Unternehmen – zunehmend auch im Mittelstand – ihre Kommunikation professionalisieren und intensivieren.

Der Inszenierung von Unternehmen und ihren Vorständen, Marken, Produkten und Dienstleistungen scheinen also kaum Grenzen gesetzt. Mit großer Kreativität werden intelligente Darstellungsformen umgesetzt und neue Kommunikationskanäle genutzt (Mast 2013; Zerfaß und Pleil 2012). Doch die Kehrseite der Medaille ist seit langem erkennbar: Der Grenznutzen einzelner Kommunikationsmaßnahmen sinkt, die Differenzierung qua Kommunikation wird immer schwieriger, der wirtschaftliche Nutzen ist schwer nachweisbar. Dies gilt insbesondere dann, wenn sich in der Mediengesellschaft (Saxer 2012) zu unternehmensrelevanten Themen vielfältige Stimmen erheben: jene der Massenmedien ebenso wie die der Politik, der organisierten Interessen (z. B. Verbraucherinitiativen, Gewerkschaften) und von zivilgesellschaftlichen Akteuren. Erschwerend kommt hinzu, dass das soziale Phänomen „Kommunikation" im Unternehmensalltag auch jenseits aller strategischen Kalküle anzutreffen ist, beispielsweise im alltäglichen Gespräch zwischen den Mitarbeitern. Schließlich kann „Kommunikation" selbst ein Geschäftszweck sein – bei den bereits erwähnten Agenturen und Freelancern (Journalisten, Designern) ebenso wie bei Medienunternehmen, die publizistische Produkte (Zeitungen, Zeitschriften, TV, Hörfunk, Online-Plattformen) herstellen und vertreiben (Wirtz 2013).

Aus Sicht der Unternehmensführung ist es daher notwendig, zunächst den Gegenstandsbereich der Unternehmenskommunikation einzugrenzen und davon ausgehend die Wertschöpfungspotenziale und Handlungsfelder zu identifizieren. Dabei ist ein interdisziplinärer Zugriff unabdingbar. Ausgangspunkt jeder Annäherung an die Unternehmenskommunikation muss die *Unternehmung* und ihre Rolle in der Gesellschaft sein (Steinmann et al. 2013; Gerum 2009). Denn Unternehmenskommunikation ist stets Auftragskommunikation, die ihre Sinnstiftung aus der Organisation ableitet, in der sie verankert ist. Gleichzeitig ist ein umfassendes Verständnis *kommunikativer Prozesse* und ihrer Leistungen in der modernen Mediengesellschaft unabdingbar (Burkart 2002; Bentele et al. 2003; Noelle-Neumann et al. 2009; vgl. Kapitel „Kommunikation und Medien: Grundbegriffe, Theorien und Konzepte" und Kapitel „Meinungsbildung in der Mediengesellschaft: Akteure und Prozesse öffentlicher Kommunikation im Zeitalter des Social Web").

Unternehmenskommunikation
Als Unternehmenskommunikation bezeichnet man alle gesteuerten Kommunikationsprozesse, mit denen ein Beitrag zur Aufgabendefinition und -erfüllung in gewinnorientierten Wirtschaftseinheiten geleistet wird und die insbesondere zur internen und externen Handlungskoordination sowie Interessenklärung zwischen Unternehmen und ihren Bezugsgruppen (Stakeholdern) beitragen. Man spricht von strategischer Kommunikation, wenn auf diese Weise übergeordnete Organisationsziele unterstützt werden, entweder durch die Unterstützung der laufenden Leistungserstellung (Erfolg) oder durch die Schaffung und Erhaltung immaterieller Werte (Erfolgspotenziale).
Die zugrunde liegenden Kommunikationsaktivitäten sind symbolische Handlungen, die von Organisationsmitgliedern (Führungskräften, Kommunikationsverantwortlichen) oder ihren Beauftragten (Agenturen) initiiert werden und eine Verständigung sowie darauf aufbauend eine Beeinflussung bestimmter Rezipienten oder eine Veränderung des eigenen Wissens zum Ziel haben.
Systematisch unterscheidbare Teilbereiche der Unternehmenskommunikation, die sich aufgrund der zugrundeliegenden Koordinationsmuster und Zielsetzungen unterscheiden lassen, sind Interne Kommunikation, Marktkommunikation und Public Relations (im Sinne gesellschaftsorientierter Kommunikation). Bei einer weiteren Detaillierung werden oft auch Finanzkommunikation (mit Blick auf die Besonderheiten von Finanzmärkten) und Public Affairs (mit Blick auf Politik und Verwaltung als wichtige Dialogpartner in der Gesellschaft) gesondert betrachtet. Von diesen Teilbereichen zu unterscheiden sind Kommunikationsinstrumente bzw. Vorgehensweisen wie persönliche Kommunikation, Online-Kommunikation, Presse- und Medienarbeit, Werbung, Sponsoring, Unternehmenspublikationen (Corporate Media), Veranstaltungen und vieles mehr. Diese können grundsätzlich überall angewendet werden.

> Das Leitbild der Integrierten Kommunikation verweist darauf, dass diese Teilbereiche der Unternehmenskommunikation ebenso wie konkrete Vorgehensweisen stets gesamthaft betrachtet sowie inhaltlich, formal, zeitlich und dramaturgisch abgestimmt werden müssen. Zugleich gilt die soziale Integration, d. h. die Schaffung gemeinsamer Handlungszusammenhänge angesichts knapper Ressourcen und Arbeitsteiligkeit, als zentrale Aufgabe der Kommunikation. Schließlich ist Grundlage des Leitbilds ein Verständnis der Unternehmensführung, dass die Integration des Unternehmens in Markt *und* Gesellschaft – im Spannungsfeld von Ökonomie und Legitimität – als konstitutives Element moderner Gesellschaften betrachtet.

Damit die Verknüpfung entsprechender Erkenntnisse nicht in eine Beliebigkeit miteinander inkompatibler Sprachspiele mündet, ist schließlich eine einheitliche *sozialtheoretische Grundlegung* erforderlich.[1] Als besonders fruchtbar für die Unternehmenskommunikation erweist sich die Strukturationstheorie von Giddens (1984), die die Grenzen primär handlungstheoretischer (Max Weber, Habermas) und systemtheoretischer Ansätze (Parsons, Luhmann) überwindet (Zerfaß 2010, S. 85 ff.; Jarren und Röttger 2009). Giddens verweist auf das immanente Wechselspiel von voluntaristischem Handeln und gesellschaftlichen Strukturen (Regeln und Ressourcen), die einander bedingen. Gemeinsame Strukturen befähigen zum Handeln, weil sie eine intersubjektive Orientierung ermöglichen – die Bezugnahme auf gemeinsame Begriffe, Symbole, Werte und Koordinationsformen macht die Handlungen einzelner Akteure interpretierbar und anschlussfähig. Gleichzeitig werden Strukturen durch die wiederholte Aktualisierung im täglichen Lebensvollzug reproduziert und ggf. verändert. Was unter Unternehmensführung und Kommunikation zu verstehen ist, unterliegt demnach einem sozialen Wandel, der teilweise durch politisch-rechtliche Vorgaben z. B. der Publizitätsgesetzgebung beeinflusst wird (vgl. Kapitel „Informations- und Publizitätspflichten von Unternehmen"), in erster Linie aber durch veränderte Vorgehensweisen der Praxis selbst initiiert wird.

2 Wertorientierte Unternehmensführung: vom Shareholder- zum Stakeholder-Value

Als Hauptaufgabe der Unternehmensführung gilt heute die kontinuierliche Steigerung des Unternehmenswerts (Schweickart und Töpfer 2006; Weber et al. 2004). Damit wird der klassische Zielhorizont der Gewinn- und Umsatzoptimierung deutlich erweitert: Die *wertorientierte Unternehmensführung* (Value Based Management) lenkt das Augenmerk

---

[1] Im Mittelpunkt der Sozialtheorie stehen die grundlegenden Erklärungen des Handelns, der sozialen Ordnung und Integration sowie des sozialen Wandels (vgl. im Überblick und als Einführung in die wichtigsten Theoriekonzepte Joas und Knöbl 2004). Sie legen damit ein gemeinsames begriffliches Fundament für wirtschafts- und kommunikationswissenschaftliche Analysen.

auf strategische Ziele sowie daraus abgeleitete Managementmethoden und Kennziffern. Eine Schlüsselrolle spielt dabei die Steigerung des *Shareholder-Value*, d. h. des insbesondere bei börsennotierten Gesellschaften jederzeit nachvollziehbare Marktwerts des Eigenkapitals. Damit soll eine optimale Verzinsung des von Eigentümern und Investoren eingesetzten Kapitals sichergestellt werden (Rappaport 1998, 2006). Realisiert wird dies durch die Implementierung finanzieller Steuerungsgrößen wie Operating Profit, Bruttokapital, Bruttokapitalrendite, Wertbeitrag, Cash Flow und Barwert, die im Rahmen internationaler Rechnungslegungsstandards wie IFRS und U.S. GAAP definiert sind. Eine am Shareholder-Value orientierte Unternehmensführung versucht, den Kurswert der Aktien und damit den Marktwert des Gesamtunternehmens zu maximieren. Dazu ist es jenseits aller kurzfristigen Börseneffekte unabdingbar, die Wettbewerbsfähigkeit, Innovationskraft und Profitabilität zu verbessern. In dieser Hinsicht gelten die klassischen Spielregeln der *Ökonomie*: Die genannten Ziele sollen mit einem minimalem Mitteleinsatz erreicht werden bzw. bei einem gegebenem Input soll der Output maximiert werden.

Die einseitige Konzentration auf die Kapitaleigner greift aus Sicht der Unternehmenspraxis jedoch ersichtlich zu kurz. Denn Unternehmen sind weder rein finanzielle Konstrukte noch naturgegebene Einrichtungen, sondern soziale Organisationen, die nur auf der Grundlage gesetzlicher Regelungen (Wirtschaftsordnung, Gesellschaftsrecht) existieren und deren Fortbestand von vielfältigen Anspruchs- bzw. Bezugsgruppen (Stakeholdern) – neben Kapitalgebern insbesondere auch Kunden, Mitarbeitern, Behörden, Massenmedien, Nichtregierungsorganisationen u. v. m. – beeinflusst wird (Freeman 1984; Müller-Stewens und Lechner 2011, S. 154 ff.; Cornelissen 2011, S. 39 ff.; vgl. Kapitel „Stakeholder-Management als kommunikatives Beziehungsmanagement: Netzwerktheoretische Grundlagen der Unternehmenskommunikation"). Wertorientierte Unternehmensführung muss sich daher – richtig verstanden – an der Steigerung des *Stakeholder-Value* orientieren. Über die Kapitalverzinsung hinaus geht es auch darum, den Nutzen für andere Bezugsgruppen zu optimieren und insbesondere die gesellschaftspolitische Dimension des unternehmerischen Handelns im Auge zu behalten. Damit wird die *Legitimität*, also „die generalisierte Einschätzung ..., dass die Handlungen einer Organisation vertretbar, erwünscht, richtig oder angemessen" (Steinmann und Schreyögg 2005, S. 83) sind, zu einem weiteren Bezugspunkt der Unternehmensführung (vgl. Kapitel „Public Relations und gesellschaftsorientierte Kommunikation: Legitimation im Diskurs"). In Zeiten zunehmend kritischer Anfragen an das Marktsystem, der Globalisierung und des Wertepluralismus geht es dabei um mehr als um schlichte Akzeptanzgenerierung, die im Mittelpunkt der meisten Corporate Citizenship- bzw. Corporate Social Responsibility-Konzepte (Porter und Kramer 2006) steht (pragmatische Legitimität) oder um die kulturelle Verankerung in einer Gesellschaft (kognitive Legitimität). Notwendig ist vielmehr – bei Bedarf – eine normative Rechtfertigung der Zielsetzungen, Strategien, Strukturen und Handlungsweisen des Unternehmens (moralische Legitimität) (Palazzo und Scherer 2006).

Das mit dem Übergang vom Shareholder- zum Stakeholder-Value aufscheinende Spannungsfeld von Ökonomie und Legitimität bzw. „privatem Unternehmertum und öffentlichem Interesse" (Steinmann und Zerfaß 1993b) hat konkrete Auswirkungen für die Gestaltung der *Unternehmensstrategie*. Die Definition und Umsetzung der Strategie ist die zentrale Aufgabe der Unternehmensführung bzw. des Managements (Müller-Stewens und Lechner 2011; Steinmann et al. 2013). Die Unternehmensstrategie definiert in erster Linie, welche Waren oder Dienstleistungen für wen produziert bzw. angeboten werden (Produkt-Markt-Konzept) und wie die Leistungserstellung im Prinzip vonstatten gehen soll (Schreyögg 1984). Über diese wettbewerbspolitische Positionierung hinaus muss die Unternehmensführung aber auch bemüht sein, im gesellschaftspolitischen Raum so zu agieren, dass die Verfolgung von Marktzielen nicht gegen rechtliche oder moralische Normen verstößt. Wenn diese doppelte Aufgabenstellung nicht erfüllt wird, droht einerseits der ökonomische Niedergang, andererseits der (schleichende) Entzug der „licence to operate" durch gesetzliche Auflagen, öffentliche Kritik und nachhaltigen Glaubwürdigkeitsverlust.

Die Positionierung in Markt und Gesellschaft hat – wie in Abb. 1 dargestellt – eine strategische und operative Dimension (Steinmann und Schreyögg 2005, S. 299 ff.):

- In operativer Hinsicht geht es um die Realisierung des *wirtschaftlichen Erfolgs* und die Umsetzung *gesellschaftspolitischer Aktivitäten*. Genauerhin betrifft dies die Aufrechterhaltung der jederzeitigen Zahlungsbereitschaft (Liquidität), da ohne diese der Fortbestand des Unternehmens nicht gewährleistet ist, und die Rentabilität der betrieblichen Leistungserstellung (Erfolg), also das in der jährlichen Gewinn- und Verlustrechnung ausgewiesene Verhältnis von Aufwendungen und Erträgen. Beide Zielgrößen sind monetär messbar und bedingen einander (Gälweiler 2005, S. 26 ff.): Der Unternehmenserfolg ist eine Vorsteuerungsgröße für die Liquidität, denn nur mit einem profitablen Geschäftsmodell lassen sich dauerhaft Einnahmen erzielen. Operative Entscheidungen befassen sich mit der Wahl geeigneter Mittel für gegebene Ziele. Als Messlatte dient hierbei die Effizienz alternativer Vorgehensweisen, d. h. die Frage, ob bestimmte Vorgehensweisen rationell bzw. zweckmäßig sind. Dies gilt nicht nur mit Blick auf den Wettbewerb, sondern auch im Hinblick auf die Umsetzung gesellschaftspolitischer Initiativen, die der Legitimationsbeschaffung dienen (licence to operate) und die Sozialverträglichkeit des unternehmerischen Handelns sicherstellen sollen.
- In strategischer Hinsicht geht es um den Aufbau und die Erhaltung von *wirtschaftlichen und gesellschaftspolitischen Erfolgspotenzialen,* die die Grundlage erfolgreicher Geschäftskonzepte sind. Dies können nachhaltige Personalressourcen, Produktionsverfahren, Technologien, Patente und Marken (Wettbewerbsvorteile), im Hinblick auf die notwendige gesellschaftliche Legitimation (licence to operate) aber auch Glaubwürdigkeit, Reputation und gesetzliche Regelungen sein. Erfolgspotenziale sind Vorsteuerungsgrößen für den Erfolg, weil sie diesen verstetigen und eine künftige Wertsteigerung ermöglichen – andererseits sind nur operativ erfolgreiche und liquide Unternehmen in der Lage, in den Ausbau von Erfolgspotenzialen zu investieren und damit den Grundstock für eine nachhaltige Wertsteigerung zu legen. Strategische Entscheidungen konzentrieren sich auf die Frage, welche Ziele anzustreben sind. Ihr Maßstab ist die Effektivität verschiedener Zielsetzungen und Teilpolitiken.

Unternehmenskommunikation und Kommunikationsmanagement

	Wirtschaftlichkeit	Legitimität
Strategisches Management *Aufbau von immateriellem Kapital*	Aufbau wirtschaftlicher Erfolgspotenziale Unternehmensmarken	Reputation Vertrauen	Aufbau gesellschaftspolit. Erfolgspotenziale Glaubwürdigkeit
Operatives Management *Unterstützung der Leistungserstellung*	Produkt-Pressearbeit / Publicity Realisierung des wirtschaftlichen Erfolgs	Unternehmensstrategie (Positionierung in Markt und Gesellschaft) …	Lobbying CSR-Kommunikation Umsetzung gesellschaftspolitischer Aktivitäten
	Sicherung von Wettbewerbsvorteilen, Rentabilität und Liquidität	Sicherung der „licence to operate"

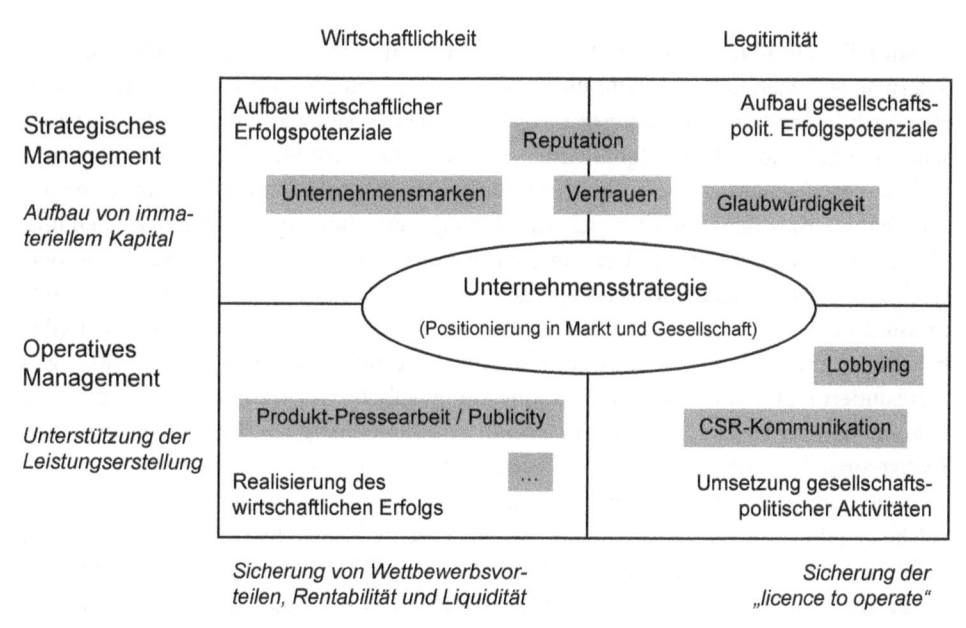

Abb. 1 Wertorientierte Unternehmensführung zwischen Ökonomie und Legitimität mit Beispielen für Bezugspunkte der Unternehmenskommunikation

Die Grenzziehung zwischen strategischen und operativen Fragestellungen hat nichts mit der Kurz- oder Langfristigkeit von Entscheidungen zu tun. Sie lässt sich deshalb nur im Einzelfall konkretisieren. Grundsätzlich gilt aber, dass sich beide Aspekte ergänzen müssen: Ein Unternehmen kann nur dann rentabel, liquide und legitim agieren, wenn die notwendigen Erfolgspotenziale in Markt und Gesellschaft sowohl ausgenutzt als auch laufend weiterentwickelt werden. Dies gilt für das Gesamtunternehmen, aber auch für einzelne Geschäftsfelder (Produktlinien) und Funktionen (Finanzierung, Absatz). Strategische und operative Aspekte lassen sich grundsätzlich auf allen Ebenen festmachen. Sie betreffen demnach auch die Gestaltung und Durchführung der Kommunikationspolitik. *Strategische Kommunikation* ist intentional und strebt Ziele an, die den Gesamterfolg des Unternehmens sicherstellen und sicht nicht nur auf die reibungslose operative Umsetzung beschränken (vgl. vertiefend zur strategischen Kommunikation Holtzhausen und Zerfass 2013; Röttger et al. 2013a).

Das in Abb. 1 skizzierte Grundkonzept der wertorientierten Unternehmensführung zeigt, dass sich das Management heute an ökonomischen, rechtlichen und moralischen Imperativen orientieren muss (Steinmann 2006; vgl. Kapitel „Corporate Governance und Corporate Social Responsibility: Grundlagen und Konsequenzen für die Kommunikation"). Wirtschaftliche und gesellschaftspolitische Handlungsspielräume müssen in erster Linie genutzt werden, um das formale Ziel der Gewinnerzielung in erfolgreiche Sachziele (Produkt-Markt-Konzepte) umzusetzen. Damit leistet das Unternehmen einen wertvollen Beitrag zur gesamtgesellschaftlichen Bedürfnisbefriedigung. In der sozialen Marktwirtschaft wird der Raum möglicher Strategien von vornherein durch Gesetze eingegrenzt, die strukturelle Konfliktlagen und Nebenwirkungen der marktwirtschaftlichen Ordnung abfedern sollen. Markante Beispiele finden sich im Verbraucherschutz- und Umweltrecht, aber auch in der Mitbestimmungsgesetzgebung, die den latenten Interessenkonflikt zwischen Kapital und Arbeit aufgreift. Aus systematischen Gründen lassen sich allerdings nicht alle gesellschaftlichen Konflikte ordnungspolitisch regeln. Die unabdingbare Freiheit im Wettbewerb sorgt dafür, dass viele Konfliktlagen erst durch spezifische Strategien und Vorgehensweisen einzelner Unternehmen bzw. Branchen hervorgerufen werden. Ein Beispiel sind Gefährdungen und Belästigungen, die durch bestimmte Produkte und Produktionstechnologien verursacht werden. Zudem werden Unternehmen im Zeitalter der Globalisierung immer häufiger mit transnationalen und interkulturellen Legitimitätsfragen konfrontiert (vgl. Kapitel „Public Relations und gesellschaftsorientierte Kommunikation: Legitimation im Diskurs"), beispielsweise im Zusammenhang mit der von europäischen Kritikerorganisationen hinterfragten Textilproduktion in Nordafrika und Asien, für die es keine politischen Ordnungsinstanzen gibt. Von Unternehmen wird erwartet, dass sie solche Legitimationsfragen so weit wie möglich dezentral lösen. Erst wenn dies nicht zum Erfolg führt, ist eine Änderung branchenweiter, staatlicher oder supranationaler Regelwerke anzumahnen (Steinmann und Löhr 1994, S. 106 ff.). Eine wertorientierte Unternehmensführung muss also stets bedacht sein, ökonomisch sinnvolle *und* sozialverträgliche Wettbewerbsstrategien umzusetzen sowie die hierfür notwendigen Erfolgspotenziale bereitstellen.

3 Wertschöpfung durch Kommunikation

Vor dem Hintergrund des hier entfalteten Verständnisses von Unternehmensführung und Unternehmensstrategie kann der Beitrag der Kommunikation zur Wertschöpfung systematisch bestimmt werden.

Wertschöpfung ist das allgemeine Ziel wirtschaftlicher Tätigkeiten: die Transformation von Ressourcen (Güter, Dienstleistungen, Kapital, Know-how) in Güter bzw. Dienstleistungen mit einem höheren Geldwert. Auf der Ebene einzelner Unternehmen gilt für die Berechnung die Formel: Bruttowertschöpfung = Produktionswert − Vorleistungen − Abschreibungen − indirekte Steuern + Subventionen. Da Abschreibungen und Subventionen bei Kommunikationsaktivitäten im Allgemeinen keine Rolle spielen, stellt sich die Frage, wie Ausgaben für Kommunikation entweder den Marktwert der erstellten Produkte oder Dienstleistungen eines Unternehmens erhöhen oder die Kosten für die benötigten Vorleistungen senken können.

In diesem Zusammenhang kann *Unternehmenskommunikation* im Sinne gesteuerter Kommunikation, die eine Verständigung sowie darauf aufbauend eine Beeinflussung bestimmter Rezipienten oder eine Veränderung des eigenen Wissens zum Ziel hat,

- hinsichtlich des Kommunikationsprozesses *Informationen, Interpretationen, Images und Wirklichkeitskonstruktionen* vermitteln (Outbound/Sprechen), aber auch *Inhalte, Prozesse und Akteure der Meinungsbildung* wahrnehmen (Inbound/Zuhören);

- in variierender Zielstellung sowohl *Wettbewerbsvorteile, Rentabilität und Liquidität* schaffen (Wirtschaftlichkeit) als auch die *„licence to operate"* von Unternehmen sichern (Legitimitation);
- und mit unterschiedlichen Zeithorizonten zugleich die *laufende Leistungserstellung* und Wertschöpfung unterstützen (Erfolg) und *immaterielles Kapital* als Grundlage künftiger Wertschöpfung aufbauen (Erfolgspotenziale).

Hierbei handelt es sich selbstverständlich um analytische Unterscheidungen. Bei vielen Kommunikationsaktivitäten werden mehrere Dimensionen wirksam, jedoch in unterschiedlicher Gewichtung. Beispielsweise werden Maßnahmen zum Aufbau der Unternehmenskultur, wie z. B. ein Leitbildprozess, nur zum geringsten Teil sofort ertragswirksam – hier steht der Aufbau von Potenzialen im Mittelpunkt. Allerdings ist hier das Zuhören (z. B. bei der Moderation von Fokusgruppen mit Mitarbeitern, die ihre Perspektiven einbringen sollen) ebenso wichtig wie die aktive Kommunikation (bei der professionellen Aufbereitung der Leitbild-Inhalte in verschiedenen Medien und dem „Ausrollen" mit einer internen Kampagne). Die offene Kommunikation mit Kunden und Kritikergruppen kann sowohl die ökonomische Performance steuern, wenn zum Beispiel neue Ideen und Verbesserungspotenziale frühzeitig identifiziert werden, als auch die Legitimität eines Unternehmens unterstützen.

In der Praxis lassen sich vier verschiedene Hebel der Wertschöpfung durch Kommunikation unterscheiden, die empirischen Untersuchungen zufolge von Vorständen und Geschäftsführern ebenso wie von Kommunikationsverantwortlichen mit ähnlicher Priorisierung als wichtig bezeichnet werden (Zerfaß et al. 2013c, S. 14; Zerfass et al. 2010, S. 26 ff.; Zerfaß 2014):

- Ein erster Ansatzpunkt ist die *Unterstützung der laufenden Leistungserstellung.* Kommunikation wirkt ertragssteigernd oder kostensenkend, wenn Mitarbeiter und Partner motiviert, öffentliche Aufmerksamkeit erzielt und Kunden oder Investoren positiv beeinflusst werden. Beispiele sind Werbemaßnahmen, mit denen Präferenzen am Point of Sale beeinflusst oder überhaupt erst Kaufinteresse stimuliert wird, aber auch Mitarbeiterzeitschriften und -veranstaltungen. Positive Publizität, die Stakeholder erreicht, die nicht unmittelbar in den Leistungsprozess eingebunden sind, ist ebenso bedeutsam. Dadurch kann erreicht werden, dass die Unternehmenstätigkeit neutral oder positiv begleitet, in jedem Fall aber nicht (z. B. durch Kritik und Proteste) unterminiert wird. Kommunikation wird in dieser Perspektive im übertragenen Sinn zum „Schmierstoff" vieler Abläufe in Unternehmen und im Stakeholdermanagement, sowohl organisationsintern als auch extern.
Allgemeiner ausgedrückt: Unternehmenskommunikation unterstützt als *„enabling function"* die laufende Leistungserstellung (Produkte und/oder Services) und die Vermarktung der Leistungen sowie die dazu notwendigen Managementprozesse, d. h. Planung, Organisation, Personalmanagement, Führung und Kontrolle (Steinmann et al.

2013). Der *market based view* des strategischen Managements (Porter 1985) betrachtet Kommunikation daher als eine unterstützende Aktivität, die in allen Phasen der Wertschöpfungskette zum Tragen kommt und letztlich zu einem höheren Umsatz oder niedrigeren Kosten und damit zu einem verbesserten operativen Ergebnis in der Gewinn- und Verlustrechung (GuV) führt. Entsprechende Ergebnisse sind Gegenstand der *Kostenrechnung* (Ruud und Pfister 2007; vgl. Kapitel „Kostentransparenz in der Unternehmenskommunikation") und werden kurzfristig sichtbar. Wenn die Zusammenhänge nachweisbar sind, kann das Verhältnis von Kosten und Erträgen beziffert werden. Im Vordergrund stehen hier die Mitteilungs- und Vermittlungsfunktionen von Kommunikationshandlungen; es geht mehr um das Sprechen als um das Zuhören.
- Unternehmenskommunikation ermöglicht zweitens den Aufbau immaterieller Erfolgspotenziale wie Bekanntheit, Glaubwürdigkeit, Vertrauen und Transparenz (Bentele und Seiffert 2009), Reputation, Marken oder Organisationskulturen. Hier steht ebenfalls die Vermittlungsfunktion der Kommunikation im Vordergrund. Allerdings geht es jenseits kurzfristiger Wirkungen um die langfristige Beeinflussung von Bedeutungen und Wirklichkeitskonstruktionen. Damit wird ein Reservoir kommunikativer Werte geschaffen, von dem man langfristig zehren kann. Immaterielle Werte lassen sich in konkrete Vorteile ummünzen, wenn beispielsweise ein Unternehmen mit einer starken Marke und guten Reputation höhere Preise im Absatzmarkt durchsetzen, eine größere Anzahl hoch qualifizierter Nachwuchskräfte an sich binden oder für ein wirtschaftspolitisches Anliegen mehr Unterstützer in Politik und Verwaltung mobilisieren kann. Das Vertrauen der Finanzmärkte in die Führungskräfte und ihre Strategie ermöglicht eine verhältnismäßig günstigere Finanzierung der Unternehmenstätigkeit (vgl. Kapitel „Kommunikation mit Kapitalgebern: Grundlagen der Investor Relations"). Eine Unternehmenskultur, die Werte wie Kooperation und Innovation in den Mittelpunkt stellt, führt zu verbesserten Prozessen, fördert den Know-how-Transfer im Unternehmen und bringt neue Leistungen hervor. Die Akzeptanz der Unternehmensziele und die Zuschreibung von Kompetenz und moralischer Legitimität durch Bezugsgruppen im Umfeld des Unternehmens, z. B. durch Nichtregierungsorganisationen und lokale Behörden, hilft bei der Realisierung von Großprojekten.

Dieses kommunikativ geschaffene, immaterielle Kapital (Will 2007, S. 179 ff.) wird vom *resource based view* des strategischen Managements und daran anschließenden Steuerungskonzepten (Prahalad und Hamel 1990; Kaplan und Norton 2004) als zentraler Treiber für den Unternehmenserfolg betrachtet. Der Aufbau von zukunftsorientierten Intangibles sollte im Prinzip nach den Maßstäben der *Investitionsrechnung* beurteilt und gesteuert werden; immaterielle Werte sollten in der Bilanz zum Ausdruck kommen. Dies lassen die Rechnungslegungsvorschriften jedoch nicht zu; selbst geschaffene immaterielle Werte können national und international nicht bilanziert werden (Möller et al. 2009). Im engeren Sinn werden daher keine ökonomischen Werte geschaffen, sondern es wird die Werthaltigkeit der Organisation, ihrer Produkte und Beziehungen vermehrt (Schmidt und Stobbe 2011). Diese kann dann indirekt in nachfolgenden

Geschäftsjahren zu einer erhöhten Wertschöpfung führen. Um dies abzubilden, setzen viele Unternehmen auf freiwillige Maßnahmen der Markenbewertung, Reputationsmessung sowie nicht-monetäre Wissensbilanzen (vgl. Kapitel „Wissensbilanzierung: Strategische Kommunikationsprozesse bewerten und steuern").

- Wertschöpfend im Sinne einer Steigerung der Werthaltigkeit von Unternehmen wirkt Kommunikation drittens, wenn sie jenseits von Versuchen der Meinungsbeeinflussung und Imagebildung die Potenziale von Verstehenshandlungen nutzt, also das Zuhören professionell umsetzt und damit die Strategiedefinition und Positionierung der gesamten Organisation unterstützt. Dies betrifft insbesondere das Monitoring der Meinungsbildung und von strategierelevanten Themen (Issues) in verschiedenen Öffentlichkeiten (Ingenhoff 2004; vgl. auch Kapitel „Issues Monitoring und Issues Management in der Unternehmenskommunikation"), darauf aufbauend die Identifikation von Chancen, z. B. im Bereich von Innovationen oder neuen Märkten (Zerfaß 2009) und die Berücksichtigung von Kritikpotenzialen, sowie letztlich den Entwurf von Szenarien für die Auswirkung strategischer Entscheidungen auf künftige Kommunikationsprozesse mit Stakeholdern und Medien (Prahm 2010).
Diese Stoßrichtung ist besonders wertvoll, weil sich hier Wettbewerbsvorteile und gesellschaftliche Legitimation auf einer sehr grundlegenden Ebene schaffen lassen. In der Praxis wird dies bislang allerdings nur von einer Minderheit aller Kommunikationsmanager in Europa realisiert (Zerfass et al. 2010, S. 28). Dies liegt vor allem daran, weil Kommunikation in der Betriebswirtschaftslehre und in der Managementpraxis oft verkürzt als Informations- und Bedeutungsvermitttlung konzipiert wird (Zerfaß 2009, S. 27 ff.). Eine Institutionalisierung des Zuhörens im Sinne einer umfassenden und organisationsweiten „architecture of listening" (Macnamara 2013) wird mancherorts theoretisch angedacht, ist aber in der Praxis selten anzutreffen.
- Ein vierter Ansatzpunkt der Wertschöpfung ist der Beitrag strategischer Kommunikation zur *Sicherung der Handlungsspielräume* von Unternehmen. Handlungsspielräume sind eine unverzichtbare Voraussetzung für das Überleben und die erfolgreiche Weiterentwicklung in Markt und Gesellschaft. Auch hier spielen das Zuhören und die Berücksichtigung der Äußerungen und Interessen von Stakeholdern eine zentrale Rolle. Deutlich wird dies beispielsweise beim Krisenmanagement, das ohne präventive und reaktive Kommunikation nicht denkbar ist (Coombs 2012).
Der grundlegende Beitrag der Unternehmenskommunikation besteht im Zusammenhang mit Handlungsspielräumen im systematischen Aufbau und in der Pflege von Beziehungen (Relationships) zu Stakeholdern aller Art. Dies wird von vielen Autoren als wichtigste Funktion der Marketingkommunikation im Sinne des Customer Relationship Managements (Payne und Frow 2013) und der Public Relations betrachtet (Bruning und Ledingham 2000; Grunig et al. 2006). Je nach Situation kann es dabei um ökonomische Aspekte oder Legitimationsfragen gehen.

Die skizzierten Zusammenhänge von Kommunikation und Wertschöpfung ermöglichen es, die Ziele der Unternehmenskommunikation systematisch aus der jeweiligen Unternehmensstrategie abzuleiten sowie die Kosten und den Nutzen einzelner Maßnahmen zu erfassen. Voraussetzung hierfür ist ein systematisches Kommunikationsmanagement und Kommunikations-Controlling (vgl. Abschn. 6.2), das die Wirkungszusammenhänge im Einzelnen transparent macht, nachvollziehbare Ziele setzt und diese in die Führungssysteme implementiert.

4 Integration und Koordination als zentrale Leistungen der Unternehmenskommunikation

Die „Innensicht" der Unternehmensführung auf den funktionalen Zusammenhang zwischen Kommunikation und Strategie muss in einem weiteren Schritt erweitert werden um die „Außenperspektive" auf die Leistungen, die (gelungene) Unternehmenskommunikation im gesellschaftlichen Zusammenspiel erbringt. Denn unternehmerische Handlungen finden nicht im luftleeren Raum statt, sondern sind stets in *soziale Beziehungen* und *Interaktionszusammenhänge* mit anderen Akteuren eingebunden (Grunig et al. 2006, S. 32 ff.). Viele Ziele lassen sich nicht realisieren, wenn die notwendige Unterstützung oder Duldung wichtiger Stakeholder ausbleibt oder wenn sich gar aktiver Widerspruch regt. Ein Beispiel ist der Verkauf eines Tochterunternehmens durch eine Konzerngesellschaft. Er kann nur gelingen, wenn sich erstens ein Käufer findet, zweitens die Kartellbehörden zustimmen und drittens ein nachhaltiger, Ressourcen verzehrender Protest der Mitarbeiter verhindert wird.

Die immanente *Interdependenz sozialer Handlungen* macht den Unternehmenserfolg von den Interessenlagen und Intentionen anderer Akteure abhängig (Zerfaß 2010, S. 114 ff.). Aus sozialtheoretischer Sicht beruht diese Interdependenz zum einen darauf, dass man bei der Verfolgung von Interessen stets auf *(knappe) Ressourcen* materieller und immaterieller Art angewiesen ist, die von anderen Akteuren bereitgestellt oder beansprucht werden können. Andererseits sind viele individuelle und gesellschaftliche Ziele nur arbeitsteilig zu erreichen. Dies gilt vor allem für die Befriedigung komplexer ökonomischer Bedürfnisse, die mindestens eine volkswirtschaftliche *Arbeitsteilung* (Branchen; Zulieferer/Hersteller/Handel), in den meisten Fällen aber auch eine innerbetriebliche Differenzierung in verschiedene Steuerungs- und Sachfunktionen notwendig macht. Diese Interdependenz führt nur deshalb nicht zu einer Paralyse des sozialen Lebens, weil moderne Gesellschaften über vielfältige Mechanismen der Integration verfügen, mit denen sich die skizzierten Konflikte lösen lassen. Im Hinblick auf das genannte Beispiel wäre an den Markt für Unternehmensbeteiligungen, die Verfahrensvorschriften des Kartellrechts und nicht zuletzt an verschiedene Formen der Mitarbeiterkommunikation und Veränderungskommunikation bzw. Change-Kommunikation (Lewis 2011) zu denken.

> **Integration und Koordination**
> Als Integration bezeichnet man die Verknüpfung unterschiedlicher sozialer Handlungen oder Elemente zu einem gemeinsamen Handlungszusammenhang, in dem die Konfliktpotenziale von Arbeitsteiligkeit und Ressourcenverteilung bewältigt werden (Peters 1993, S. 23 ff. und 92 ff.). Soziale Integration ist damit ein normativer Begriff – Integration kann in unterschiedlichem Ausmaß gelingen oder misslingen. Das Zusammenführen verschiedener Handlungen und Elemente zu einem einheitlichen Ganzen kann man als Integration i. e. S., die schwächeren Formen einer wechselseitigen Abstimmung und Nebenordnung dagegen als Koordination bezeichnen. In modernen Gesellschaften und in Unternehmen finden sich neben gemeinsamen Lebensformen und Handlungsvollzügen verschiedene, kulturell verankerte Strukturkomplexe (Prestige-, Wert-, Rechts-, Markt-, Hierarchieordnungen), die in unterschiedlicher Weise (kommunikativ, reputationsgestützt, wertgestützt, verfahrensreguliert, tauschvertraglich, administrativ) eine soziale Integration bzw. Koordination ermöglichen. Kommunikation leistet hierbei einen je spezifischen Beitrag – die Kenntnis der sozialen Integrationsformen ist deshalb ein wesentlicher Schlüssel für das Verständnis der Unternehmenskommunikation.

4.1 Dimensionen der gesellschaftlichen Integration

Soziale Integration und Koordination sind aus gesellschaftlicher Sicht die zentralen, weil für das Zusammenwirken von Unternehmen mit ihren Stakeholdern existenziell wichtigen Leistungen der Unternehmenskommunikation. Dabei kann sich der Abstimmungsbedarf auf drei Felder erstrecken (Zerfaß 2010, S. 116 f.):

- *Mittelkonflikte und Handlungskoordination.* Eine (kommunikative) Abstimmung mit anderen Akteuren wird im einfachsten Fall notwendig, wenn die geeigneten Mittel zur Erreichung eines Ziels nicht zur Verfügung stehen. Unternehmen und Führungskräfte müssen deshalb ihre *subjektiven Handlungen* mit anderen abstimmen, sei es durch die Beschaffung von Ressourcen am Markt oder durch die Zuweisung von Routineaufgaben an Mitarbeiter im Rahmen der hierarchischen Weisungsbefugnis. Eine darüber hinausgehende Übereinstimmung in der Zieldimension ist nicht erforderlich – beispielsweise kann sich die subjektive Motivation von Lieferanten, Kunden und Mitarbeitern durchaus von der Vision des Unternehmens unterscheiden, ohne dass dies zu Friktionen führt.
- *Zweckkonflikte und Interessenintegration.* In aller Schärfe zeigt sich die Integrationsproblematik, wenn verschiedene Handlungsziele miteinander unvereinbar sind, wenn beispielsweise das Produkt-Markt-Konzept eines Unternehmens und seine Geschäftspraktiken gegen die Bedürfnisse oder Wertvorstellungen einzelner Stakeholder verstoßen. Eine solche Interessenkollision liegt nach Kambartel (1974) vor, „wenn für die in einem

Handlungszusammenhang stehenden Personen und Gruppen keine Handlungsweisen verfügbar sind, die es ihnen gestatten, alle ihre Interessen zu verfolgen; und zwar deswegen nicht, weil die Einlösung bestimmter Interessen stets, d. h. welche Handlungsweisen man auch vorsieht, das Zurückstellen anderer Interessen bedeutet". In solchen Situationen ist eine *intersubjektive Interessenklärung* notwendig, d. h. ein Ausgleich konfligierender Ansprüche, der – insbesondere wenn ethisch-politische Fragen eine Rolle spielen – in posttraditionalen Gesellschaften zwangsläufig kommunikativ erfolgen muss (Peters 1993).

- *Situationsdefinitionen und Handlungsinterpretationen.* Abstimmungsbedarf besteht ferner, wenn Handlungen scheitern, aber zunächst unklar bleibt, ob dies auf fehlende Mittel oder widersprüchliche Zwecksetzungen zurückzuführen ist. Der Grund ist häufig, dass Unternehmen und ihre Stakeholder die jeweiligen Handlungen unterschiedlich interpretieren. Beispielsweise kann die Koordination ökonomischer Handlungen durch das Preissystem kurzfristig daran scheitern, dass die Anbieter eine steigende Nachfrage irrtümlicherweise auf saisonale Schwankungen und nicht auf eine Änderung von Konsumpräferenzen zurückführen. Das Ringen um moralische Legitimität kann durch verschiedene Lesarten einschlägiger Begriffe behindert werden – unter „Meinungsfreiheit" und „Korruption" versteht man in westlichen Kulturen bekanntlich etwas anderes als in manchen Schwellenländern. Die *Herstellung eines gemeinsamen Deutungsrahmens* ist eine eigenständige kognitive Herausforderung, die permanent zu bewältigen ist und maßgeblich auf Kommunikationsprozesse angewiesen bleibt.

Bedeutsam für das Verständnis der sozialen Integration sind neben dem Aspekt, *was* abgestimmt werden muss, auch die Fragen, *wie* die Integration herbeigeführt wird und *wo* sie in Raum und Zeit stattfindet.

Im Hinblick auf die Wirkungsweise kann man mit Parsons (1980, S. 72) zwei Ansatzpunkte identifizieren: „Ego kann erstens versuchen, sein Ziel bei Alter durchzusetzen, indem er die *Situation* von Alter so steuert, dass die Wahrscheinlichkeit dafür steigt, dass Alter sich in der gewünschten Weise verhält. Alternativ dazu – ohne den Versuch, Alters Situation zu ändern – kann Ego anstreben, Alters *Absichten* zu verändern." Dementsprechend unterscheidet man verschiedene Formen der *situationsbezogenen Integration* und Beeinflussungen der Handlungssituation (durch Zwang, ökonomische Anreize usw.) von der *intentionalen Integration* (z. B. durch Argumentationsprozesse) (vgl. vertiefend Zerfaß 2010, S. 131 ff. und 208 ff.; sowie Habermas 1987a, S. 193 ff.; Peters 1991, S. 28 ff.).

Hinsichtlich der raum-zeitlichen Dimension unterscheidet sich die *Integration im Nahbereich*, d. h. in Situationen von Kopräsenz und auf der Ebene direkter Interaktionen zwischen Unternehmen und ihren Stakeholdern, fundamental von der *Integration im Fernbereich*, also von räumlich und/oder zeitlich getrennten Akteuren (Zerfaß 2010, S. 122 f. und 208 ff.). Während im ersten Fall gemeinsame Handlungszusammenhänge und Erfahrungen ein breites Spektrum der direkten (kommunikativen) Klärung zulassen, stößt dies in weiten Teilen der modernen Gesellschaft und globalisierten Wirtschaft auf systematische Grenzen. Handlungsinterdependenzen, Interessenkonflikte und Deutungsfragen treten dort nicht nur zwischen Anwesenden, sondern über Raum-Zeit-Spannen hinweg auf (Giddens 1990, S 17 ff.; Habermas 1987a, S. 229 ff.). Das beste Beispiel sind ökonomische Beziehungen. Die arbeitsteilige Bedürfnisbefriedigung involviert Produzenten und Konsumenten, die sich einerseits an verschiedenen Orten aufhalten, andererseits aber auch zu unterschiedlichen Zeitpunkten am Wirtschaftsprozess teilnehmen. Verbraucher kaufen täglich Waren, die vor einer mehr oder minder langen Frist im In- und Ausland hergestellt wurden. Die zeitliche Dimension kann dabei auch über die Gegenwart hinausreichen. Man denke etwa an die Konsequenzen, die das ökonomische Handeln heutiger Akteure für die Lebensbedingungen künftiger Generationen haben kann. Im Zeitalter der Digitalisierung und des „Global Sourcings" werden die Interdependenzen sogar für jeden Einzelnen spürbar – wenn Software und Steuererklärungen für den Kunden unsichtbar in Indien erstellt werden, entsteht eine „flache Welt" (Friedman 2006) mit neuen Netzwerken, neuen Regeln und natürlich auch neuen Machtstrukturen bzw. Ressourcenverteilungen. Die Entflechtung von Handlungszusammenhängen und die Abwesenheit der Beteiligten hat mehrere Konsequenzen für die soziale Integration: Im Fernbereich müssen sich die Akteure bei der Einschätzung der Situationsmerkmale zu einem großen Teil auf *Images* – die wiederum meist durch Massenmedien vermittelt werden – stützen, weil es ihnen an erfahrungsgestütztem Wissen mangelt. Sie müssen zweitens *generalisierte Integrationsformen* in Anspruch nehmen, damit die Anschlussfähigkeit ihrer Handlungen auch dann sichergestellt ist, wenn die Grenzen enger Kontextgemeinschaften überschritten werden. Schließlich müssen alle Beteiligten ein *Vertrauen* darin entwickeln, dass Images zutreffen und die jeweiligen Integrationsformen die ihnen zugedachten Aufgaben erfüllen.

4.2 Integrationsformen und Kommunikation

Welche Leistungen die Unternehmenskommunikation im Zusammenspiel zwischen Unternehmen und ihren Stakeholdern erbringt, wird deutlich, wenn man sich den empirischen Möglichkeitsraum der Handlungsabstimmung und Interessenklärung in modernen Gesellschaften vergegenwärtigt (vgl. Abb. 2). Dieser an anderer Stelle (Zerfaß 2010, S. 208 ff.) entwickelte und ausführlich dargestellte Bezugsrahmen stützt sich auf die Theorie der sozialen Interaktionsmedien von Parsons (1980) und deren Weiterentwicklung durch Habermas (1987a, S. 269 ff. und 384 ff.).

Kommunikation kann auf verschiedene Weise zur Integration moderner Gesellschaften beitragen. Dies gilt zunächst im Nahbereich, in dem die Kommunikation *direkt* eine Handlungskoordination und Interessenklärung herbeiführen kann. Bei der sozialen Integration zwischen Abwesenden können dann zwei Ansatzpunkte identifiziert werden. Kommunikationsprozesse leisten einen *prinzipiellen* Beitrag, wenn sie Images vermitteln und das Vertrauen in abstrakte Integrationsformen und Situationseinschätzungen stärken. Darüber hinaus erbringen sie *situative* Leistungen, weil allgemeine Abstimmungsmechanismen in unterschiedlicher Weise auf Kommunikation angewiesen bleiben. Die leistungsfähige, aber an die Voraussetzung der Kopräsenz gebundene kommunikative Integration wird

KOMMUNIKATIVE INTEGRATION IM FERNBEREICH

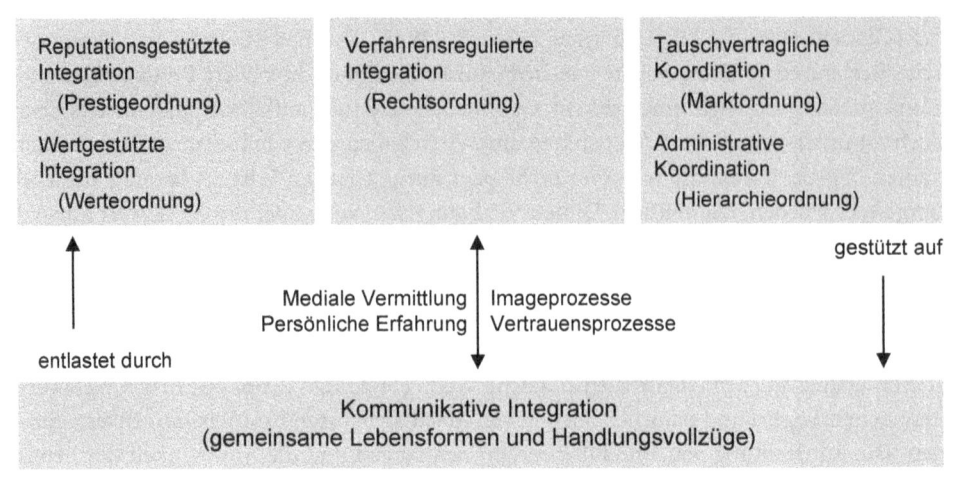

| Reputationsgestützte Integration (Prestigeordnung) | Verfahrensregulierte Integration (Rechtsordnung) | Tauschvertragliche Koordination (Marktordnung) |
| Wertgestützte Integration (Werteordnung) | | Administrative Koordination (Hierarchieordnung) |

↑ ↑ gestützt auf

Mediale Vermittlung | Imageprozesse
Persönliche Erfahrung | Vertrauensprozesse

entlastet durch ↓ ↓

Kommunikative Integration
(gemeinsame Lebensformen und Handlungsvollzüge)

KOMMUNIKATIVE INTEGRATION IM NAHBEREICH

Abb. 2 Kommunikation und soziale Integration
(Quelle: In Anlehnung an Zerfaß (2010, S. 217))

hier für bestimmte Kontexte spezifiziert oder ersetzt und durch symbolische Steuerungsmedien (Einfluss, Wertbindung, Recht, Geld, Macht) entlastet bzw. abgelöst. Im Einzelnen stellt sich dies wie folgt dar:

- Bei der *kommunikativen Integration* im Nahbereich kommt das ganze Spektrum kommunikativer Maßnahmen zum Einsatz. Im direkten Gespräch können Unternehmen bzw. Führungskräfte beispielsweise Verhandlungen führen, kooperativ Probleme lösen, Anweisungen geben und in argumentative Diskurse eintreten. Stets geht es darum, Bedeutungen zu vermitteln, um andere Akteure zu beeinflussen und damit die Herausforderungen von Arbeitsteiligkeit und Ressourcenverteilung zu bewältigen. Solche Kommunikationshandlungen sind immer dann erfolgreich, wenn sie auf vorgängig legitimierte Beziehungen wie Autoritätsverhältnisse (Instruktionen) oder Lehrsituationen (Unterweisungen) verweisen, oder wenn sie in Ermangelung einer solchen normativen „Deckung" eine unmittelbare Integrationskraft entfalten, die an den Intentionen der beteiligten Akteure ansetzt (Beratungen, Diskurse). Die intentionale Vorgehensweise ist an dieser Stelle von besonderer Bedeutung, weil sie in der Lage ist, sämtliche inhaltliche Aspekte der Integration aufzugreifen. Im Gegensatz zu den situationsbezogenen Typen der Einflussnahme (Manipulation, Instruktion) können in gemeinsamen Beratungen nicht nur Handlungen angepasst, sondern auch (inter-)subjektive Zwecksetzungen harmonisiert und strittige Situationsdeutungen bzw. Handlungsinterpretationen geklärt werden. Die Kommunikation wird in diesem Fall zur zentralen – und einzig möglichen – „Quelle der sozialen Integration" (Habermas 1988, S. 69), weil die Absichten anderer Akteure grundsätzlich nur kommunikativ und nicht etwa durch instrumentelle Handlungen beeinflusst werden können. Eine solche kommunikative Integration bleibt jedoch auf ein Reservoir gemeinsamer Regeln und Ressourcen angewiesen, das gegebenenfalls erst in gemeinsamen Lehr- und Lernprozessen aufgefüllt werden muss. Das ist insbesondere im interkulturellen Kontext von Bedeutung: Kommunikationsstrategien lassen sich zwar global planen, sie müssen jedoch immer lokal „geerdet" werden (Sriramesh 2006; Huck-Sandhu 2013).

Da eine direkte Kommunikation nicht überall möglich ist, haben moderne Gesellschaften eine Reihe leistungsfähiger Integrationsformen herausgebildet, die an der Willensbildung und damit den *Intentionen* der beteiligten Stakeholder ansetzen. Die Abstimmung disparater Handlungen und Interessenlagen beruht dann nicht mehr unmittelbar auf argumentativen oder persuasiven Vorgehensweisen, sondern auf der Einheit stiftenden Kraft von Prestige- und Wertordnungen, die als Deckungsreserve dienen und in konkreten Kommunikationsprozessen „angezapft" werden. Diese normativen Hintergrundstrukturen sind das kondensierte Ergebnis vorangegangener Kommunikationsprozesse, in denen Ansehen erworben und moralische Geltung begründet wurde. Generalisierte Kommunikationsformen bleiben damit im Kern auf die gleichen kommunikativen Ressourcen angewiesen, die aus dem Nahbereich bekannt sind. Fachliche Reputation und moralische Führerschaft können nicht instrumentell erzwungen, sondern nur vertrauensvoll erworben werden. Im Grundsatz geht es also weiterhin um eine intentionale Einflussnahme, die nur dann zur situationsgebundenen Einwirkung degeneriert und wirkungslos wird, wenn man „von nichtmanipulierbaren Gütern einen manipulativen Gebrauch macht" (Habermas 1987b, S. 410), d. h. Vertrauen und Images sozialtechnologisch erzeugt oder ausbeutet. Die Verbindung dieser gesamtgesellschaftlichen Sicht zur Wertschöpfungsperspektive des Unternehmens (vgl. oben Abschn. 3) liegt auf der Hand. Investitionen in den Aufbau von kommunikativem Kapital geschehen im Vertrauen auf die Wirkungskraft von Prestige- und Wertordnungen. Sozialtheoretisch lässt sich das wie folgt erklären:

- Im Zuge der *reputationsgestützten Integration* gelingt es einzelnen Personen und Organisationen aufgrund ihres Ansehens, andere Beteiligte zu *belehren* und so auf ihre Absichten einzuwirken. Die Reputation kann dabei auf technischen Fertigkeiten (handwerkliches Geschick), intellektuellen Fähigkeiten (Expertenwissen), individuellen Charakterzügen (Zuverlässigkeit, Glaubwürdigkeit, Dignität) oder anderen Eigenschaften bzw. Imagedimensionen beruhen. In jedem Fall werden die betreffenden Akteure in die Lage versetzt, „mit Erklärungen auf die Überzeugungen anderer, auch auf die kollektive Meinungsbildung Einfluss zu nehmen, ohne im einzelnen Gründe darzulegen oder Kompetenzen nachzuweisen" (Habermas 1980, S. 91). Allgemein kann man kommunikativen *Einfluss* als die Fähigkeit bezeichnen, andere zu einem gewünschten Handeln zu motivieren, indem Kenntnisvorsprünge ausgenutzt werden. Die Ausübung von Einfluss wird nicht durch die Verifikation einzelner Kommunikationshandlungen, sondern durch die Sicherstellung des prinzipiellen Rechts auf nicht zu überprüfende Äußerungen gerechtfertigt. Parsons (1980, S. 153) schreibt: „Nicht was jemand sagt – der Inhalt – ist von Bedeutung, sondern es kommt darauf an, welches ‚Recht' jemand hat, ernst genommen zu werden, unabhängig von der inneren Triftigkeit dessen, was er sagt". Die Bereitschaft einzelner Stakeholder, die Aussagen eines Unternehmens ungeprüft zu übernehmen, stützt sich letztlich auf das Vertrauen in die prinzipielle Existenz zuverlässiger *Prestigeordnungen* und in die korrekte Einschätzung der Position, die einem Unternehmen oder seinen Vertretern innerhalb dieser Ordnungen zukommt.

- Bei der *wertgestützten Integration* wird Folgebereitschaft dadurch erzeugt, dass man an gemeinsame Vorstellungen des Guten, Gerechten oder Wahren *appelliert*. Bestimmte Unternehmen und Führungskräfte sind aufgrund ihrer moralischen Autorität und *Integrität* in der Lage, „mit Ermahnungen bei anderen die Bereitschaft hervorzurufen, konkrete Verpflichtungen zu übernehmen, ohne im einzelnen Gründe aufzuführen oder Legitimationen nachzuweisen" (Habermas 1987a, S. 408). Diese ungleich verteilte Fähigkeit, sich in konkreten Handlungszusammenhängen für die Verwirklichung gemeinsamer Werte einzusetzen, hat Parsons (1980, S. 183 ff.) als „commitments" (Wertbindungen) bezeichnet. Entsprechende Appelle werden akzeptiert, weil sie kraft ihrer Beziehung zu tieferen Gründen als alternativenlose „wahre Wahl" erscheinen. Voraussetzung ist dabei wieder, dass die notwendige normative Deckung in Form einer gemeinsamen, auf die jeweilige Problemlage bezogenen *Werteordnung* existiert. Ebenso wie bei den Prestigehierarchien kann man in modernen Gesellschaften auf verschiedene, einander überlappende und mehr oder minder weit reichende Wertesysteme zurückgreifen. Ein Beispiel sind technische Kontroversen mit Behörden und Umweltschützern, bei denen man auf anerkannte Standards der prinzipiellen Nachprüfbarkeit und Begründbarkeit verweisen kann, oder moralische Dispute, bei denen die Erinnerung an allgemein anerkannte Kodizes sinnvoll erscheint. Eine weitere Voraussetzung der wertgestützten Interessenabstimmung ist die Integrität der Unternehmen bzw. Unternehmensvertreter, die diese Karte spielen wollen. Der Verweis auf gemeinsame Wertvorstellungen funktioniert nur dann, wenn der Kommunikator als legitimer Advokat dieser Normen angesehen wird. Bekanntlich verhallen Appelle von Unternehmen an den Gemeinsinn anderer Akteure immer dann, wenn sich die Redner bei früheren Gelegenheiten mit opportunistischen oder gar illegalen Handlungen (Begünstigung, Bestechung) moralisch diskreditiert hatten.

Der in Abb. 2 im mittleren Bereich angeordnete rechtlich-demokratische Komplex trägt in zweifacher Weise zur Integration der Gesellschaft bei. Rechtskommunikation schafft im Zuge der *Rechtsetzung* formale und inhaltliche Strukturen, die als legale Bezugspunkte der sozialen Integration dienen. Dies ist der Fall, wenn situationsbezogene Koordinationsmechanismen (z. B. die marktwirtschaftliche Ordnung) und positive Regeln des Zusammenlebens gesetzlich verankert werden (Habermas 1992, S. 150). Eine andere Bedeutung kommt der Rechtskommunikation zu, wenn sie im Zuge der *Rechtsanwendung* auf bestehende Verfassungen und Rechtsordnungen verweist, um einen direkten Beitrag zur Klärung von Zweck- und Mittelkonflikten bzw. Situationsdeutungen zu leisten (Peters 1991, S. 273 ff.). Die Erzeugung von Folgebereitschaft beruht damit auf der eigentümlichen Verschränkung von legitimer Geltung und faktischem Zwang, die in der neueren Rechtssoziologie herausgearbeitet wurde (Habermas 1992; Peters 1991):

- Die *verfahrensregulierte Integration* bezieht sich auf die *Rechtsordnung* und entlastet von den kognitiven, motivationalen und organisatorischen Anforderungen, die generalisierte Kommunikationsformen wie Einfluss oder Wertbindung an den Einzelnen stellen. In diesem Sinn kann man Verfahrensprinzipien des demokratischen Mehrheitsentscheids, der formalen Beweisführung und der Fristsetzung als *intentionale* Formen verstehen, mit denen Mitglieder ausdifferenzierter Gesellschaften – einschließlich der Unternehmen und ihrer Interessenvertreter – eine argumentative Auseinandersetzung führen können. In der zugrunde liegenden Dualität von „Freiheit und Einheit" (Habermas 1992, S. 151 ff.; Steinmann und Zerfaß 1993b) kommt zum Ausdruck, dass die individuellen Grundrechte einer selbstbestimmten Teilnahme an der gesellschaftlichen Meinungs- und Willensbildung unabdingbare Voraussetzungen sind, die den Status von Rechtsträgern begründen und damit erst die Ausübung einer kontextüberspannenden Volkssouveränität ermöglichen. Weil diese Rechte jeder Staatsgewalt systematisch vorausgehen, dürfen sie nicht als liberale Abwehrregeln missverstanden werden. Umgekehrt beruhen die Grundrechte aber darauf, dass die Volkssouveränität im Prinzip gemeinsam und übereinstimmend ausgeübt werden soll. Diese republikanische Idee einer Legitimation stiftenden Beratung freier Bürger wird in der *deliberativen Demokratietheorie* (Habermas 1992, 2006; Peters 1993) auf die gesellschaftliche Infrastruktur von Kommunikation und öffentlicher Meinungsbildung zurückgeführt. Die Legitimität politischer Entscheidungen ist immer dann gewährleistet, wenn peripher initiierte Kommunikationsflüsse demokratische und rechtsstaatliche Verfahren durchlaufen können. Dadurch werden mehrheitsfähige Meinungen in machtbewehrte Entscheidungen transformiert, die im Zuge der Rechtsetzung und persuasiven Rechtskommunikation die *Situationen* beeinflussen, in denen Unternehmen und ihre Stakeholder agieren. Damit wird der intermediäre Charakter der Rechtsordnung deutlich: Sie nimmt die Impulse primärer Kommunikationsprozesse auf, weil sie in konkreten Handlungszusammenhängen und Erfahrungen verankert bleibt. Sie ergänzt nicht kodifizierte Wert- und Prestigeordnungen, indem sie wichtige Strukturen in verbindliche Regeln gießt. Sie legitimiert die situationsbezogenen Koordinationsformen von Markt und administrativer Macht, die damit an das Primat der intentionalen Verständigung gekoppelt werden. Schließlich stellt sie selbst positive Normen bereit, die bestimmte Zweck- und Mittelwahlen bzw. Situationsdeutungen als vorzugswürdig oder verwerflich auszeichnen und damit einen direkten Beitrag zur sozialen Integration leisten. Dabei darf jedoch nicht übersehen werden, dass Rechtsnormen bei ad hoc auftretenden Fragen der sozialen Integration oder im internationalen Kontext häufig nicht weiterhelfen. Schon deshalb darf Unternehmenskommunikation nicht auf Lobbyismus und Public Affairs reduziert, dieser Bereich aber auch nicht – wie dies heute noch häufig anzutreffen ist – in abgesonderten Stabsstellen bearbeitet werden.

In modernen Gesellschaften und Organisationen finden sich darüber hinaus Koordinationsformen, bei denen die Abstimmung nicht durch eine Beeinflussung der Willensbildung, sondern durch eine Veränderung der jeweiligen *Handlungssituation* herbeigeführt wird. Die situationsbezogene Integration macht sich die Einsicht zu Eigen, dass konkrete Handlungen nicht nur durch die Absichten der Akteure, sondern auch durch die Verteilung von allokativen und autoritativen Ressourcen beeinflusst werden. Diese Situationsmerkmale können durch positive Anreize (Prämien) und negative Sanktionen (Einschüchterungsversuche) verändert werden (Parsons 1980, S. 73). Dabei ist es durchaus möglich, dass der Situationswandel die unbewusste Folge einer Handlung ist, mit der gänzlich andere Ziele angestrebt wurden. Ein Beispiel wäre der Kauf eines Gebrauchsgutes, z. B. eines Computers, der aus Sicht des Konsumenten nur der individuellen Bedürfnisbefriedigung dient, in einer marktwirtschaftlichen Ordnung aber zugleich die Absatzchancen für entsprechende Zubehörteile, Verbrauchsmaterialien etc. erhöht und insofern die Handlungsbedingungen der Produzenten verändert. Disparate Handlungen können also nicht nur durch intentionale Beeinflussung, sondern auch mit Hilfe ungeplanter Interaktionseffekte koordiniert werden. Eine solche *Verknüpfung hinter dem Rücken der Akteure* erfasst allerdings nur zweckrationale Handlungen; Zielsetzungen und Deutungsrahmen können auf diesem Wege nicht geändert werden. Sie bleibt zudem auf eine funktionierende Hintergrundstruktur angewiesen, die für eine gemeinsame Interpretation der wesentlichen Situationsmerkmale sorgt – man muss beispielsweise wissen, dass Gewinne ein Indikator für wirtschaftlichen Erfolg und steigende Preise ein Signal für überhängende Nachfrage sind. Dieses einheitliche Situationsverständnis wird im Fernbereich vor allem durch die Steuerungsmedien Geld und Macht sichergestellt. Geld und Macht ersetzen die leistungsfähigen, aber voraussetzungsvollen Prozesse der kommunikativen Integration für wohl umschriebene Kontexte; sie setzen auf empirische Bindungen statt auf intentionale Veränderungen. Damit lösen sie die Koordination von den Prämissen des kommunikativen Handelns. Als Ressourcen dienen nicht mehr soziale Fähigkeiten, sondern die faktischen Quellen von Eigentum und Macht. Diese Abkopplung ist gerechtfertigt, sofern sie zu einer effizienteren Bewältigung sozialer Konflikte beiträgt und intentional legitimiert ist, d. h. auf Rahmenordnungen beruht, die im gemeinsamen Handlungsvollzug oder demokratischen Verfahren verankert sind. Maßnahmen der Unternehmenskommunikation kommen hier grundsätzlich nur unterstützend, d. h. als Mittel zum Zweck der situationsbezogenen Einwirkung, zum Tragen (Habermas 1988, S. 68):

- Die *tauschvertragliche Koordination* setzt auf materielle Anreize, die es Unternehmen und anderen Akteuren auf der Basis von *Besitz und Eigentum* ermöglichen, Folgebereitschaft zu erzeugen. Solche Anreize verändern die Handlungssituation der betroffenen Stakeholder, weil bestimmte Zweck- und Mittelwahlen mit einem Nutzenversprechen gekoppelt und insofern als subjektiv vorzugswürdig dargestellt werden. Die Koordination erfolgt dann im Sinne einer parametrischen Anpassung, d. h. die Beteiligten interpretieren ihre Handlungen wechselseitig als unveränderliche Daten, die in die eigene Entscheidungssituation einbezogen werden (Peters 1993, S. 292 f.). Eine prototypische Darstellung dieses Anpassungsprozesses, der im Gesellschaftsrecht und Privatrecht verankert ist, findet sich im ökonomischen Modell der vollkommenen Konkurrenz (van Suntum 2013). Das Medium des Nutzentransfers ist *Geld,* das letztlich keinen eigenständigen Wert hat, sondern eine symbolische Funktion erfüllt (Parsons 1980, S. 68 ff.;

Habermas 1987b, S. 397). Im Vergleich zur Vielschichtigkeit der Kommunikation ist die Symbolkraft des Geldes jedoch stark eingeschränkt. Sie reduziert sich auf eine eindimensionale, in Preisrelationen ausgedrückte Bewertung von Handlungsalternativen unter dem Gesichtspunkt feststehender Zweckrelationen. Nicht monetär bewertbare Bedürfnisse und Interessenlagen werden prinzipiell ausgeblendet. Ein funktionierender Wettbewerb innerhalb der *marktwirtschaftlichen Ordnung* beruht darauf, dass die Akteure ihre Entscheidungen ausschließlich unter subjektiven Nutzenkalkülen treffen, aber durch wechselseitige Offerten auf die Handlungssituation anderer einwirken können. Doch auch der prinzipiell sprachfreie Marktmechanismus bleibt auf Kommunikation angewiesen. Maßnahmen der Unternehmenskommunikation sind insbesondere notwendig, um Verträge anzubahnen, auszuhandeln, zu erfüllen und zu kontrollieren (Heinen 1992, S. 80 ff.). Dabei lässt die skizzierte Konstruktionslogik des Marktes keinen Platz für argumentative Äußerungen; gefragt sind vielmehr persuasive und informative Vorgehensweisen (Zerfaß 2010, S. 184 ff.). Um nur einige Beispiele zu nennen: Verträge werden durch Werbung angebahnt und in Verhandlungen (Verkaufs- und Einstellungsgesprächen) fixiert. Sie können jedoch auch qua Kommunikation verhindert werden, wenn von dritter Seite strategische Marktsignale lanciert werden, die zu einer Öffnung der Entscheidungssituation führen (Heß 1991). Beispielsweise sinkt durch die frühzeitige Ankündigung eines neuen Industriestandards der Anreiz für Konsumenten, die derzeit verfügbaren Produkte der Konkurrenz zu kaufen.

- Die *administrative Koordination* beruht darauf, dass die *Instruktionen* einzelner Akteure befolgt werden, weil sie im Kreis der Beteiligten einen bestimmten *hierarchischen Status* genießen und über ein negatives Sanktionspotenzial verfügen. Diese Koordinationsform spielt insbesondere innerhalb von Unternehmen, Verbänden, Verwaltungen und anderen Organisationen eine zentrale Rolle. Die Handlungsabstimmung geschieht durch Administration und Subordination. Dies setzt wiederum voraus, dass geeignete Hintergrundstrukturen für die notwendige normative Deckung sorgen. Als symbolisches Steuerungsmedium kommt hier *Macht* zum Einsatz, die sich in vielfältiger Weise, z. B. in Titeln, Weisungsbefugnissen und Zeichnungsvollmachten, manifestiert. Macht ist ein symbolischer Wert, der in engen Grenzen übertragbar ist und durch die Fähigkeit definiert wird, Entscheidungen innerhalb einer geltenden Verfügungsordnung allgemeinverbindlich durchzusetzen (Weber 1964, S. 157 ff.). Dabei wird vorausgesetzt, „dass die Verpflichtungen durch ihren Bezug auf kollektive Ziele und Zwecke legitimiert sind, und dass bei Widerstand mit dem Einsatz negativer Sanktionen zu rechnen ist" (Parsons 1980, S. 70). Im Unterschied zu den bislang diskutierten Integrationsformen geht es hier also ausschließlich um den Spezialfall einer gemeinsamen Zielverfolgung, die durch Delegationsprozesse vereinfacht wird. Als Bezugspunkt dient nicht der individuelle Nutzen, sondern die effiziente Erreichung gemeinsamer Zwecke. „Macht" repräsentiert nicht beliebigen Zwang, sondern legitime Herrschaft. Als normative Hintergrundstruktur der Machtausübung fungieren *Hierarchieordnungen,* mit denen die Verfügungsrechte in Unternehmen verteilt werden. Der Terminus „Hierarchie" darf dabei nicht den Blick dafür verstellen, dass auch flache Organisationen und dezentrale

Entscheidungsprozesse durch Machtstrukturen und Weisungsbefugnisse gekennzeichnet sind (Kieser 1994). Innerhalb legitimierter Machtbeziehungen erfüllen Kommunikationsprozesse – ähnlich wie beim Marktmodell – eine unterstützende Funktion. Die asymmetrische Beziehung von Machthabern und Weisungsgebundenen führt zwangsläufig zu einem Primat der persuasiven Kommunikation. Unternehmen und Führungskräfte müssen aktiv kommunizieren, um Machtpotenziale konkret auszuschöpfen, d. h. um kollektiv verbindliche Entscheidungen mit Mitteln der Sprache oder Gestik direkt bekannt zu geben (Aufforderungen, Verbote) oder um Handlungssituationen durch Rollenerwartungen, Leitbilder und Prozessabläufe vorzustrukturieren.

Die Ausdifferenzierung von Interessenlagen, Handlungsfeldern und Öffentlichkeiten in modernen Gesellschaften stellt immer neue Anforderungen an die Integrationsfähigkeit des betriebswirtschaftlichen Handelns. Dies ist nicht nur eine Frage von Produkteigenschaften und Leistungsmerkmalen, sondern vor allem von vorbereitenden und begleitenden Kommunikationsprozessen. Die Diskussion der in Abb. 2 dargestellten Grundformen der sozialen Integration hat allerdings verdeutlicht, dass Kommunikation hierzu in durchaus unterschiedlicher Weise beiträgt, je nachdem, ob die Kommunikation zwischen Anwesenden (im Nahbereich) oder zwischen raumzeitlich getrennten Akteuren (im Fernbereich) stattfindet.

Die zentrale Frage lautet nun, wie diese Grundmuster der kommunikativen Integration im Unternehmensalltag zum Tragen kommen. Für die Unternehmensführung ist es von entscheidender Bedeutung, die Kommunikationspolitik so zu strukturieren, dass zugleich die internen Wertschöpfungsziele erreicht werden (vgl. oben Abschn. 3) und die strukturellen Rahmenbedingungen von Organisationen, Märkten und gesellschaftspolitischen Handlungsräumen berücksichtigt werden.

5 Theorie der Unternehmenskommunikation

Die Aufgabe der Unternehmensführung besteht darin, erfolgsträchtige Unternehmensstrategien zu formulieren, zu realisieren und durchzusetzen. Dazu ist es notwendig, eine Vielzahl divergierender Handlungen und Interessen aufeinander abzustimmen. Und eben dabei spielen Plandiskussionen, Arbeitsanweisungen, Verkaufsgespräche, Werbemaßnahmen, Pressekonferenzen, Konsumentendialoge, Imagekampagnen und ähnliche Maßnahmen eine zentrale Rolle. Solche gesteuerten Kommunikationsprozesse, mit denen ein Beitrag zur Aufgabendefinition und -erfüllung in gewinnorientierten Wirtschaftseinheiten geleistet wird und die insbesondere zur internen und externen Handlungskoordination sowie Interessenklärung zwischen Unternehmen und ihren Bezugsgruppen (Stakeholdern) beitragen, bezeichnet man als *Unternehmenskommunikation*. Dies betrifft zum einen die Steuerung des Realgüterprozesses im Organisationsfeld (interne Unternehmenskommunikation) und zum anderen die Gestaltung marktlicher und gesellschaftspolitischer Beziehungen (externe Unternehmenskommunikation).[2] Im Idealfall wird damit strategische Kommunikation realisiert, also durch eine Orientierung an den Unternehmenszielen zum Gesamterfolg beigetragen.

Im Sinne einer Fokussierung auf die für die Unternehmensführung relevanten Fragestellungen der Kommunikation *in* und *von* erwerbswirtschaftlichen Organisationen werden mit dieser Begriffsbildung alternative Perspektiven ausgeblendet, die aus wissenschaftlicher Sicht ebenso interessant sind. Die *Organisationskommunikation* im weiteren Sinne untersucht beispielsweise, wie Kommunikation konstitutiv zur Herausbildung von Organisationen und deren Identitätsbildung beiträgt (CCO-Perspektive: Communication constitutes organisations) und wie auf einer Makroebene *über* Organisationen kommuniziert wird, beispielsweise in der Wirtschaftsberichterstattung und sozialen Netzwerken (vgl. zu den verschiedenen Perspektiven Wehmeier et al. 2013 und die Beiträge in Zerfaß et al. 2013b). Darüber hinaus wird hier strategische Kommunikation in anderen Organisationstypen wie z. B. Non-Profit-Organisationen, Verbänden, Verwaltungen etc. ausgeblendet. Diese unterliegen aber im Prinzip ähnlichen Koordinations- und Integrationsansprüchen, wenn auch mit anderen Gewichtungen, so dass sich viele Überlegungen übertragen lassen. Schließlich ist darauf zu verweisen, dass der Begriff der Unternehmenskommunikation nicht für jene Kommunikationsprozesse verwendet werden soll, bei denen Akteure nicht in Ansehung ihrer Rolle als Organisationsmitglieder handeln, und die deshalb auch nicht den strukturellen Merkmalen der Unternehmenstätigkeit unterliegen. Das betrifft beispielsweise den privaten Plausch am Arbeitsplatz. Die Grenzen sind natürlich fließend und ob mit einer Kommunikationshandlung ein Beitrag zum korporativen Handlungsvollzug geleistet wird oder nicht, lässt sich letztlich nur aus Sicht der Beteiligten beurteilen. Kommunikationsprozesse, an denen Organisationsmitglieder in anderen Rollen teilnehmen, sind dennoch nicht ohne Bedeutung für die Unternehmensstrategie. Sie bestimmen ebenso wie weitere gesellschaftliche Entwicklungen, z. B. die Energiesteuerdiskussion in politischen Kreisen, den sozialen Kontext der Leistungserstellung. Insofern erlangen Klatsch und Gerüchte unter den Mitarbeitern (Bruhn und Wunderlich 2004) einen ähnlichen Stellenwert wie die wirtschaftspolitische Agenda der Massenmedien: In beiden Fällen gilt es, ein systematisches Issues Monitoring vorzunehmen, um die Anforderungen an die Unternehmenskommunikation rechtzeitig zu identifizieren und potenzielle Handlungsmöglichkeiten vorzubereiten (vgl. Kapitel „Issues Monitoring und Issues Management in der Unternehmenskommunikation").

Um die empirischen Ausdifferenzierungen der Unternehmenskommunikation zu verstehen und sie selbst erfolgreich gestalten zu können, muss man sich vergegenwärtigen, dass die Interaktion zwischen Organisationsmitgliedern, Transaktionspartnern bzw. Wettbewerbern und sonstigen Stakeholdern unterschiedlichen Leitmotiven folgt. Dies ist kein Zufall und von der Unternehmensführung auch nicht beliebig beeinflussbar, sondern

---

[2] Eine ausführliche Rekonstruktion der in Betriebswirtschaftslehre und Marketingforschung üblichen Unterscheidung von (internem) Organisationsfeld, Marktumfeld und gesellschaftspolitischem Umfeld unter Bezugnahme auf den Stakeholder-Ansatz findet sich bei Zerfaß 2010, S. 248 ff. und 278 ff.

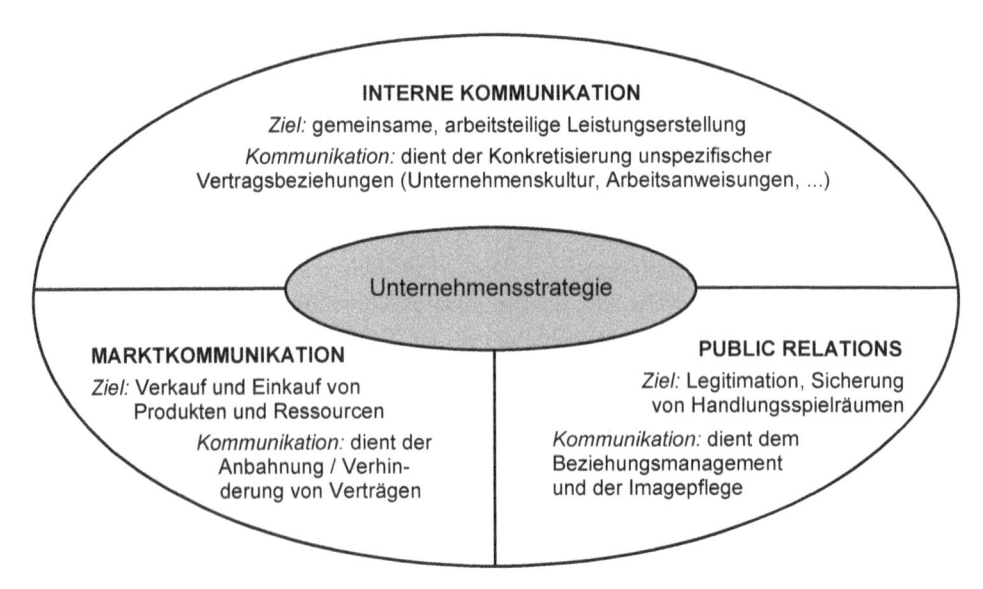

```
                    INTERNE KOMMUNIKATION
              Ziel: gemeinsame, arbeitsteilige Leistungserstellung
            Kommunikation: dient der Konkretisierung unspezifischer
          Vertragsbeziehungen (Unternehmenskultur, Arbeitsanweisungen, ...)

                         Unternehmensstrategie

  MARKTKOMMUNIKATION                           PUBLIC RELATIONS
  Ziel: Verkauf und Einkauf von                Ziel: Legitimation, Sicherung
  Produkten und Ressourcen                     von Handlungsspielräumen
  Kommunikation: dient der                     Kommunikation: dient dem
  Anbahnung / Verhin-                          Beziehungsmanagement
  derung von Verträgen                         und der Imagepflege
```

Abb. 3 Unternehmenskommunikation und ihre Teilbereiche

Ausfluss der Wirtschafts- und Gesellschaftsordnung sowie der im vorherigen Abschnitt skizzierten gesellschaftlichen Integrationsformen. Im Organisationsfeld sind zwei unterschiedliche Referenzpunkte zu beachten: die direkte Kommunikation zwischen den verfassungskonstituierenden Organisationsmitgliedern und die administrative Koordination der übrigen Rollenträger. Im Markt muss man von einer prinzipiell tauschvertraglichen Abstimmung ausgehen. Die Integration im gesellschaftspolitischen Bereich stützt sich schließlich zugleich auf Reputation, geteilte Wertmuster und normierte Verfahren. Damit wird deutlich, dass die Unternehmenskommunikation durchaus unterschiedliche Aufgaben erfüllen muss, die sich in der begrifflichen Abgrenzung von Organisationskommunikation, Marktkommunikation und Public Relations (PR) widerspiegelt (vgl. Abb. 3).

Diese betriebswirtschaftlich, kommunikationswissenschaftlich und sozialtheoretisch fundierte Unterscheidung überwindet die offenkundigen Aporien zahlreicher Praktikertheorien und auch wissenschaftlicher Begriffsbildungen, die z. B. undifferenziert Unternehmenskommunikation mit PR gleichsetzen oder von „externer" und „interner" Öffentlichkeitsarbeit sprechen. Bei alledem darf natürlich nicht aus den Augen verloren werden, dass die verschiedenen Teilbereiche der Unternehmenskommunikation letztlich immer einem gemeinsamen Ziel, nämlich der Formulierung, Realisierung und Durchsetzung konkreter Unternehmensstrategien, verpflichtet bleiben. Von daher ist eine integrierte Kommunikationspolitik (Ahrens et al. 1995; Bruhn 2009) in diesem Verständnis der Unternehmenskommunikation von vornherein mit angelegt und keine Leerformel, sondern eine konstitutive Notwendigkeit.

5.1 Interne Unternehmenskommunikation

Das Organisationsfeld umfasst alle Rollenträger, die zur arbeitsteiligen Formulierung und Realisierung konkreter Produkt-Markt-Konzepte beitragen. Dabei sind zwei Gruppen zu unterscheiden (Zerfaß 2010, S. 252 f.). Die *verfassungskonstituierenden Organisationsmitglieder* sind aufgrund vorgängiger gesellschaftlicher Vereinbarungen (Gesellschaftsrecht, Mitbestimmungsgesetze) prinzipiell berechtigt, die Zielsetzung und Politik des Unternehmens zu bestimmen. Mit der Verfassung wird ein kodifizierter Orientierungsrahmen geschaffen, dem *weitere Organisationsmitglieder* (Arbeitnehmer, Satellitenunternehmen in strategischen Netzwerken) verpflichtet bleiben, ohne ihn direkt beeinflussen zu können. Von daher wird deutlich, warum die kommunikative Sozialintegration hier zwei unterschiedlichen Leitprinzipien folgt. Die Interne Unternehmenskommunikation betrifft einerseits die verfassungskonstituierenden Beziehungen, bei denen man vom Grundsatz der direkten Kommunikation zwischen den Beteiligten ausgehen kann, und zweitens die laufende Strukturierung und Steuerung des Leistungsprozesses innerhalb des Verfassungsrahmens, die auf Delegationsbeziehungen (administrativer Macht, Einfluss, gemeinsamen Wertmustern) aufbaut.

5.1.1 Verfassungskonstituierende Beziehungen und Interne Kommunikation

Der grundlegende Charakter der Organisationsverfassung, die einen sozial verbindlichen Rahmen für die Unternehmenstätigkeit definiert, erfordert eine leistungsfähige und flexible Form der Interessenabstimmung zwischen den verfassungskonstituierenden Rollenträgern. Dies wird deutlich, wenn man sich den Prozess der Organisationsgenese vor Augen führt. Ein Unternehmen entsteht, wenn sich verschiedene Akteure zusammenfinden und eine gemeinsame Vision oder Strategie verfolgen. Dieses Ziel muss in grundlegenden Richtlinien konkretisiert werden, die den Unternehmenszweck explizieren (Produkt-Markt-Konzept), Mittelwahlen vorstrukturieren (Verfahrensrichtlinien) sowie die prinzipiellen Rechte und Pflichten einzelner Organisationsmitglieder definieren (Rollengefüge). Es geht letztlich um eine legitime Rahmenordnung für den arbeitsteiligen Aufgabenvollzug. Eine solche Basis lässt sich nur in gemeinsamen Handlungs- und Kommunikationszusammenhängen herstellen, in denen divergierende Zielvorstellungen und Situationsdeutungen miteinander abgestimmt werden können. Die Kommunikation wird in diesem Fall zur zentralen Quelle der sozialen Integration.

Eine erste Aufgabe der Internen Kommunikation ist daher die Herstellung eines „generellen Orientierungskonsenses" (Schimank 1992; vgl. auch Theis 1994, S. 273 ff.) zwischen den verfassungskonstituierenden Organisationsmitgliedern. Als Leitmotiv einer solchen *kommunikativen Integration* fungiert das Prinzip des direkten, jederzeit durch diskursive Elemente ergänzbaren Gesprächs zwischen Anwesenden. Dies spiegelt sich unter anderem in der Konstruktionslogik des Gesellschaftsrechts wider. Bei Personengesellschaften obliegt die Konstitution und Veränderung der Organisationsverfassung den Gesellschaftern, wobei die Beschlussfassung grundsätzlich einstimmig erfolgen muss (§ 119 HGB).

Dies erfordert einen Verständigungsprozess, der nur dann stabile Ergebnisse zeitigen wird, wenn er auf wechselseitigen Überzeugungsversuchen oder allseits akzeptierten Verhandlungsformen beruht. Bei Kapitalgesellschaften werden die Beschlüsse der Gesellschafter ausdrücklich in Versammlungen, d. h. in Anwesenheit der verfassungskonstituierenden Akteure oder ihrer Vertreter, gefasst (§ 48 GmbHG, § 118 ff. AktG). In Publikumsaktiengesellschaften wird die Interessenklärung faktisch jedoch nicht von der damit überforderten Hauptversammlung, sondern vom Aufsichtsrat und im Zuge direkter Absprachen zwischen den Mehrheitseignern geleistet. Dies gilt vor allem für mitbestimmte Unternehmen, in denen der Kreis der verfassungskonstituierenden Organisationsmitglieder um die Mitarbeitervertreter erweitert wird. In Aufsichtsräten und Eignerkonferenzen gelten aber wiederum die Prinzipien von Beratung und Verhandlung, d. h. der intentionalen Einflussnahme, sei es durch persuasive Vorgehensweisen oder durch argumentative Auseinandersetzungen. Im Gegensatz zu den Idealvorstellungen der ökonomischen Theorie geht es dabei keinesfalls nur um rationale Entscheidungen der beteiligten Akteure. Viele Organisationsziele und Strategien entstehen erst in dem jeweiligen Beziehungsgeflecht und sind durch ein hohes Maß an Emergenz gekennzeichnet (Ströh 2006).

Für die hier diskutierten Kommunikationsprozesse eignen sich in erster Linie Plattformen und Medien, die eine direkte Auseinandersetzung zwischen den Beteiligten ermöglichen. Neben Gesellschafterversammlungen, Hauptversammlungen und Aufsichtsratssitzungen sind dies beispielsweise Aktionärsbriefe, Geschäftsberichte, Roadshows und andere Maßnahmen der Investor Relations, mit denen die Kommunikationsbeziehungen zwischen den Kapitaleignern gestaltet werden (vgl. Kapitel „Kommunikation mit Kapitalgebern: Grundlagen der Investor Relations"; Argenti 2013, S. 195 ff.).

5.1.2 Organisationsbeziehungen und Interne Kommunikation

Jedes Unternehmen reicht als Handlungssystem weit über die verfassungskonstituierenden Beziehungen hinaus. Neben den Eigentümern umfasst die Organisation auch Mitarbeiter, Tochterfirmen und ggf. in Lieferanten- und Abnehmernetzwerken eingebundene Unternehmen, die gemeinsame Visionen haben und Strategien verfolgen. Diese Aufgaben werden in arbeitsteiligen Prozessen formuliert und realisiert. Den Kern der Unternehmenstätigkeit bildet damit ein Bündel von Steuerungsaktivitäten, mit denen die disparaten Handlungen verschiedener Organisationsmitglieder im Hinblick auf das gemeinsame strategische Ziel abgestimmt werden. Im Managementprozess wird eine Integrationsleistung erbracht, die unverzichtbare Voraussetzung des korporativen Handelns ist. Dieses Managementhandeln ist weitgehend kommunikativer Art: Im Rahmen der Planung und Kontrolle werden Informationen gesammelt und aufbereitet. Die Organisationsgestaltung schafft durch die Kommunikation von Rollenerwartungen, Verfahrensrichtlinien und Leitbildern integrationsfördernde Strukturen. Das Personalmanagement bemüht sich um den Aufbau und Erhalt der Humanressourcen; dazu dienen beispielsweise Beurteilungsgespräche und Schulungen. Der Führung (Leadership) kommt schließlich die Aufgabe zu, diese strukturellen und personellen Potenziale situationsgerecht zu aktivieren; dazu müssen Vorgesetzte ihre Mitarbeiter qua Kommunikation zum täglichen Arbeitsvollzug oder auch zur Infragestellung der bisherigen Routinen veranlassen (Hackman und Johnson 2009).

Dabei ist bedeutsam, dass die Beziehungen zwischen den einzelnen Aufgabenträgern durch die Organisationsverfassung vorstrukturiert werden, so dass sich das Problem der internen Handlungsabstimmung immer vor dem Hintergrund einer *legitimierten Herrschaftsordnung* stellt (Weber 1964, S. 38). Die beteiligten Akteure akzeptieren mit dem Eintritt in eine Unternehmung, d. h. mit dem Abschluss des Arbeits- oder Gesellschaftsvertrags, nämlich pauschal die in ihr vorherrschenden Strukturen (Kieser 1994, S. 217). Diese Strukturen wirken kontingenzentlastend, indem sie auf der Basis eines grundlegenden Orientierungskonsenses verschiedene Koordinationsmechanismen und -medien einführen. In vielen Fällen erübrigt sich dadurch der leistungsfähige, aber aufwendige und an die Kopräsenz der Beteiligten gebundene Grundmodus der direkten Kommunikation: Organisationsmitglieder „sind nicht genötigt, mit kommunikativen Mitteln Konsens zu erzielen" (Habermas 1987b, S. 460); ihr Handeln steht – unabhängig von allen bürokratischen oder partizipativen Ausprägungen der Unternehmenskultur – stets „unter den Prämissen eines formell geregelten Interaktionsbereichs" (ebd.). Diesen Punkt muss man im Auge behalten, wenn man über den systematischen Referenzpunkt der internen Unternehmenskommunikation nachdenkt. Populäre Konzepte der Selbstorganisation und des evolutionären Managements täuschen vielfach darüber hinweg, dass die Leistungsfähigkeit von Unternehmen letztlich auf legitimierten Beziehungsmustern beruht, die alle weiterführenden Prozesse der (Selbst-) Steuerung vorprägen (Kieser 1994). Das Zusammenspiel von Autorität und weiterführender Strukturierung mündet in ein Geflecht von formalen Hierarchieordnungen, Verfahrensvorschriften, unternehmensspezifischen Prestigeordnungen und gemeinsamen Wertkomplexen (Organisationskulturen). Diese Strukturen ermöglichen eine Integration, die – was gerade in Konzernen, Holdings und Netzwerken wichtig ist – räumliche und zeitliche Grenzen überwindet. Sie dienen gleichsam als Deckungsreserven, die im täglichen Handeln angezapft werden, um eine koordinierte Aufgabenerfüllung sicherzustellen. Gleichzeitig müssen immer wieder sinnvolle (Neu-) Strukturierungen vorgenommen werden, d. h. Visionen und Werte verändert sowie neue Wissensmuster etabliert werden.

Damit wird deutlich, dass die Interne Kommunikation in zweifacher Weise zur sozialen Integration beiträgt. *Strukturierende Kommunikation* schafft über die Unternehmensverfassung hinausgehende Wertmuster, Weltbilder, innerbetriebliche Prestigeordnungen, innovationsfördernde Führungskulturen usw.; damit werden Erfolgspotenziale und immaterielles Kapital aufgebaut (vgl. oben Abschn. 3). Mit solchen Maßnahmen werden unternehmensspezifische Integrationsformen generiert und legitimiert, die dann im Einzelfall in Anspruch genommen werden können. Ein klassisches Beispiel ist der systematische Aufbau des Imageprofils für einen neuen Vorstandsvorsitzenden, das diesem unternehmensweit Einfluss verleihen soll. In diesem Zusammenhang kommt das ganze Spektrum der argumentativen, informativen und persuasiven Kommunikation zum Einsatz. Es reicht vom täglichen Gespräch mit Mitarbeitern (Führungskommunikation) über eigens inszenierte Diskussionsveranstaltungen (Mitarbeiterversammlungen) bis hin zu unternehmensweiten Medien (Mitarbeiterzeitschriften, Intranet, Corporate TV) (vgl. Kapitel „Interne Unternehmenskommunikation: Mitarbeiter führen und motivieren"; Argenti 2013, S. 175 ff.; Cornelissen 2011, S. 163 ff.). Freilich ist zu beachten, dass sich Images und Vertrauensbeziehungen, die auf Überzeugung und guten Gründen beruhen, durch eine tendenziell höhere Stabilität auszeichnen. Die in gemeinsame Erfahrungszusammenhänge eingebettete, *argumentative Kommunikation* bietet sich deshalb als systematischer Fluchtpunkt an, wenn andere Vorgehensweisen versagen und der Aufbau gemeinsamer Orientierungsmuster von Grund auf angegangen werden muss. Das erklärt sich die Sinnstiftung argumentativer Führungsgespräche, Ethikzirkel und ähnlicher Formate, in denen die Legitimationsfrage direkt angegangen werden kann.

Der spezifische Komplex der jeweiligen Unternehmensstruktur und -kultur (Hierarchie-, Prestige- und Wertordnungen, Verfahrensregeln) wird bei der laufenden Leistungserstellung in Anspruch genommen, um die disparaten Handlungen der Organisationsmitglieder miteinander abzustimmen. Die *koordinierende Kommunikation* trägt zum operativen Erfolg bei (vgl. oben Abschn. 3) und orientiert sich an den bereits diskutierten Grundtypen der intentionalen und situationsbezogenen Einflussnahme im Fernbereich. Der prinzipielle Rekurspunkt ist die verfassungsmäßig abgesicherte, *administrative Koordination*. Sie beruht auf formaler Autorität und mündet in die Ausübung von Macht. Kommunikationshandlungen kommen dabei zum Einsatz, um kollektiv verbindliche Entscheidungen mit Mitteln der Sprache oder Gestik direkt bekannt zu geben (Führungskommunikation zwischen Vorgesetzten und Untergebenen) oder um Handlungssituationen durch die Vorgabe von Prämissen und Richtlinien vorzuprägen. Ergänzt und teilweise abgelöst wird dies durch Prestige- und Wertordnungen, mit denen viele Unternehmen die Nachteile bürokratischer Strukturen überwinden wollen. Kommunikative Handlungen nehmen dabei eine persuasive Gestalt an. Dies betrifft zunächst die *reputationsgestützte Integration*, bei der anerkannte Experten kommunikativen Einfluss ausüben, indem sie andere Organisationsmitglieder belehren und so auf ihre Absichten einwirken. Empirische Erscheinungsformen sind das professionelle Expertentum, das sich in Gremien und Ausschüssen aktualisiert, sowie informelle Kommunikationsnetzwerke zwischen Managern. Schließlich besteht selbst bei weitgehendem Verzicht auf formelle Richtlinien die Möglichkeit, divergierende Handlungen durch den Appell an gemeinsame Wertbindungen auf ein gemeinsames Ziel hin einzusteuern. Eine solche *wertgestützte Integration* liegt vor, wenn Vorgesetzte in Betriebsversammlungen und persönlichen Gesprächen („Management by walking around") den Zusammenhalt, die Mythen und die Visionen des Unternehmens beschwören. Eine Kernvoraussetzung ist dabei neben einer hinreichend stabilen Wertordnung (Unternehmenskultur) die persönliche Integrität des Kommunikators, der diese Deckungsreserve „anzapfen" will.

5.2 Externe Unternehmenskommunikation

Das externe Umfeld der Unternehmung umfasst die Handlungsfelder von Markt und Gesellschaft, in denen arbeitsteilig realisierte Strategien durchgesetzt werden sollen. Im Kern geht es dort um eine „Werbung um Koalitionsteilnehmer" (Staehle 1969, S. 385 ff.), um die Sicherung der notwendigen Beiträge von Transaktionspartnern (Bereitstellung und Abnahme von Gütern) und weiteren Stakeholdern (Gewährung von Handlungsspielräumen, Akzeptanz von Produkten und Produktionsprozessen). Die externe Unternehmenskommunikation leistet dabei einen entscheidenden Beitrag. Sie fördert die notwendigen Prozesse der Interessenabstimmung und Handlungskoordination im Marktumfeld, in dem die wirtschaftlichen Beziehungen mit Lieferanten, Abnehmern und Wettbewerbern gestaltet werden, sowie im gesellschaftspolitischen Umfeld, das die Gesamtheit aller regulativen Beziehungen im nicht-ökonomischen Bereich umfasst (vgl. Abb. 3).

Die externe Unternehmenskommunikation wird damit zum elementaren Bestandteil der Unternehmenstätigkeit. Sie beinhaltet ein Bündel von Aktivitäten, das im Prinzip von der Unternehmensführung und allen Mitarbeitern erbracht werden muss, jedoch in weiten Teilen an spezialisierte Abteilungen oder Agenturen delegiert wird. Diese Arbeitsteilung macht ein gezieltes Management der Kommunikation erforderlich (vgl. Abschn. 6.2). Dabei muss man sich vergegenwärtigen, dass soziale Beziehungen im Markt und im gesellschaftspolitischen Umfeld auf prinzipiell unterschiedliche Weise integriert werden. Daher lassen sich zwei Teilbereiche der externen Unternehmenskommunikation unterscheiden. Die *Marktkommunikation* unterstützt die tauschvertragliche Handlungskoordination in der ökonomischen Sphäre. Sie umfasst alle kommunikativen Handlungen von Organisationsmitgliedern (Führungskräften, Kommunikationsverantwortlichen) und ihren Beauftragten (Agenturen), mit denen Transaktions- und Wettbewerbsbeziehungen gestaltet werden. Von *Public Relations* kann man dagegen sprechen, wenn die kommunikativen Beziehungen im gesellschaftspolitischen Umfeld zur Debatte stehen. Der Öffentlichkeitsarbeit obliegt es, die Unternehmensstrategie in den Handlungsfeldern von Politik, Bildung, Wissenschaft usw. durchzusetzen bzw. entsprechende Widerspruchspotenziale und gesellschaftliche Anforderungen in das organisatorische Entscheidungssystem einzuspeisen. Weil es in diesem Umfeld an vorgängig legitimierten Verfügungsordnungen wie Märkten und Hierarchien mangelt, dienen verschiedene Spielarten der intentionalen Einflussnahme (direkte Kommunikation, Reputation, geteilte Wertmuster) und normierte Verfahren (Rechtsetzung und Rechtsvollzug) als Leitbilder der Public Relations. Diese Abgrenzung von Marktkommunikation und Public Relations ist nicht beliebig, sondern ein Ausfluss unterschiedlicher Bezüge zur Unternehmensstrategie; sie wird in ähnlicher Weise von der angloamerikanischen Forschung zum Kommunikationsmanagement (Grunig et al. 2006) vertreten.

5.2.1 Marktbeziehungen und Marktkommunikation

Märkte umfassen alle Handlungsvollzüge, die der Befriedigung von Bedürfnissen durch die Produktion, Distribution und Konsumtion von Gütern dienen. Unternehmen treffen hier auf eine Fülle anderer Organisationen, insbesondere auf (potenzielle) Wettbewerber und Transaktionspartner, Wirtschaftsverbände (Einkaufsgenossenschaften, Gewerkschaften) sowie auf Personen in ihrer Eigenschaft als Konsumenten und Arbeitnehmer. Die externe Durchsetzung von Unternehmensstrategien mündet deshalb in ein Problem der Handlungskoordination, d. h. der Allokation von Ressourcen, Produkten und Dienstleistungen. Dieses Problem wird in modernen Gesellschaften im Grundsatz durch Marktmechanismen gelöst, die Formen der parametrischen Anpassung, bei denen sich die Akteure an Preisen und Mengen orientieren und damit die Aktivitäten anderer als Daten in ihre eigenen Entscheidungsprozesse einbeziehen, mit erfolgsstrategischen Konkurrenzbeziehungen kombinieren, in denen die Beteiligten sich gegenseitig auszumanövrieren suchen (Peters 1993, S. 291 ff.). Die *tauschvertragliche Koordination* ermöglicht eine Handlungsabstimmung, die im Wesentlichen hinter dem Rücken der Akteure erfolgt. Kommunikationsprozesse kommen hier nur unterstützend zum Einsatz. Sie dienen als Mittel zum Zweck der situationsbezogenen Einwirkung, wenn Verträge qua Kommunikation angebahnt, ausgehandelt, erfüllt und kontrolliert werden. Darüber hinaus kann das Transaktionspotenzial von Wettbewerbern durch eine geeignete Kommunikationspolitik (Marktsignale, Werbedruck für eigene Produkte) erfolgsstrategisch beeinflusst werden. Die Marktkommunikation muss deshalb im Prinzip *persuasiv* angelegt sein. In der Marketingforschung wird zu Recht darauf hingewiesen, dass kommunikative Handlungen im ökonomischen Kontext die Adressaten letztlich „zu einem bestimmten Verhalten veranlassen sollen" (Meffert 1986, S. 443): das Ziel sind nicht gemeinsame Orientierungen, sondern schlicht anschlussfähige Handlungen.

Dabei kommen grundsätzlich zwei Vorgehensweisen in Betracht. Unternehmen können ihre Strategien im Markt primär dadurch durchsetzen, dass sie einen unmittelbaren Einfluss auf transaktionsrelevante Situationsmerkmale ausüben. Das ist beispielsweise der Fall, wenn Werbebotschaften (Anzeigen, Rundfunkspots, Werbebanner im Internet) positive Kaufanreize wecken, die durch Maßnahmen der Verkaufsförderung (Warenproben, Produktvorführungen) und des persönlichen Verkaufs (direkte Vertragsanbahnung) verstärkt und spezifiziert werden (Bruhn 2005, S. 209 ff.) Ein eher indirekter Weg wird dagegen eingeschlagen, wenn man sich mit kommunikativen Mitteln um den Aufbau eines positiven Produkt- bzw. Unternehmensimages bemüht. Diese Vorgehensweise, die von der klassischen Marketingforschung häufig (und irreführend) als „Public Relations" bezeichnet wird, bezeichnet man sinnvollerweise als Imagewerbung. Damit wird deutlich, dass es hier um eine sozialtechnologische Vorgehensweise geht, die ihre handlungsprägende Kraft nur vor dem Hintergrund einer legitimen Tauschordnung entfalten kann. Die *reputationsgestützte Handlungsabstimmung* wird an dieser Stelle zu einer derivativen Form der Marktkoordination. Unternehmens- und Markenimages bilden letztlich wieder Deckungsreserven, mit denen die Grenzen der qualitativen Produktdifferenzierung langfristig überwunden werden sollen. Sie können im konkreten Handlungsvollzug angezapft werden, um auf die Meinungsbildung anderer Einfluss zu nehmen, ohne im einzelnen Kompetenzen nachzuweisen, d. h. ohne beispielsweise die konkreten Eigenschaften eines Produktes hervorstellen zu müssen. Von entscheidender Bedeutung bleibt jedoch die Rückbindung an den nicht-intentionalen Marktmechanismus, durch die persuasiv erzeugte Images einem latenten Begründungsdruck entzogen werden. Auf diese Weise wird es möglich, mit Wissen des Konsumenten emotionale Erlebniswelten zu schaffen, die – z. B. in der Automobilwerbung – von den nachprüfbaren Qualitätsmerkmalen des Produktes abstrahieren und dennoch handlungsprägend wirken. Ein ähnliches Beispiel sind Sponsoringaktivitäten, mit denen erfolgsträchtige Produkt- und Firmenimages aufgebaut werden können, obwohl kein unmittelbarer Bezug zum jeweiligen Leistungsprofil besteht, etwa beim Sportsponsoring durch die Getränkeindustrie. Bei der direkten und indirekten Vorgehensweise ist allein unter Effizienzgesichtspunkten zu entscheiden, ob monologische oder dialogische, personale oder massenmediale Kommunikationsformen zum Einsatz kommen. Der unübersehbare Trend zur Online-Kommunikation im Marketing spiegelt deshalb vor allem die sinkende Kosten-Nutzen-Relation der klassischen Einwegkommunikation wider. Eine bedeutsame Rolle spielt auch die immer stärkere Ausdifferenzierung der Absatz- und Beschaffungsmärkte in vielschichtige Segmente, von denen viele (z. B. jugendliche Konsumenten) kaum noch über klassische Massenmedien erreichbar sind. Deshalb macht es Sinn, eigene Kommunikationsplattformen (Events, Themenwelten im Internet) zu schaffen und wichtige Zielgruppen direkt anzusprechen, beispielsweise durch Internet und Social Media (vgl. Kapitel „Internet und Social Media in der Unternehmenskommunikation").

Davon zu unterscheiden sind *argumentative Vorgehensweisen,* die in der ökonomischen Sphäre immer dann notwendig werden, wenn die Spielregeln des Marktes oder deren Umsetzung im Einzelfall in Frage gestellt werden, so dass ein neuer, problemspezifischer Orientierungskonsens hergestellt werden muss. Beispiele für solche marketingethischen Initiativen sind Konsumentendialoge über strittige Aspekte der Produkt- und Vertriebspolitik (Nebenwirkungen von Kosmetika, Abrechnungspraxis von Telefongesellschaften), die mangels hinreichender Transparenz und Bewertbarkeit nicht vom Preissystem erfasst werden. Diese Dialogprozesse können fallbezogen angestoßen oder durch institutionalisierte Kommunikationsforen vorstrukturiert werden. Beispiele hierfür sind einerseits Kundenforen, in denen antizipierte oder bereits manifeste Problemlagen erörtert werden, andererseits Verbraucherabteilungen, Kundenbeiräte, Ombudsleute und Konsumenten-Hotlines (Raabe 2003). Darüber hinaus sind argumentative Prozesse im Innovationsmanagement von Bedeutung. Im Zeitalter der „Open Innovation" (Chesbrough 1983; Zerfaß und Möslein 2009) werden Kunden immer öfter dialogisch in die Ideenfindung und -generierung eingebunden; insbesondere auch unter Nutzungspiel von Online-Plattformen (Piller et al. 2005).

5.2.2 Gesellschaftspolitische Beziehungen und Public Relations

Das gesellschaftspolitische Umfeld der Unternehmenstätigkeit umfasst alle nichtökonomischen Handlungsfelder und Öffentlichkeiten. Diese Arenen von Politik, Wissenschaft, Kunst usw. definieren sich ebenso wie milieuspezifische und regionale Räume durch verschiedene Sinnbezüge und Rationalitätsvorstellungen, die sich deutlich von denjenigen des Organisationsfeldes und des Marktes unterscheiden. Unternehmen treffen dort auf eine Reihe höchst unterschiedlicher Stakeholder, z. B. Behörden, Parteien, Anwohner, Initiativgruppen und Nichtregierungsorganisationen (Greenpeace, Friends of the Earth, Fair Labour Association), deren Handlungsweisen die Unternehmensstrategie beeinflussen oder die umgekehrt von der Unternehmenstätigkeit betroffen werden. Daraus resultieren Probleme der sozialen Integration, die nicht durch den Verweis auf vorgängig legitimierte Autoritätsbeziehungen oder Marktsysteme gelöst werden können.

Im gesellschaftspolitischen Umfeld geht es um die Sicherung prinzipieller Handlungsspielräume und die Legitimation konkreter Strategien. Die Unternehmensführung muss versuchen, ihr Handeln und dessen Ergebnisse mit den strukturellen Imperativen der verschiedenen Lebensbereiche verträglich zu machen. Dies bedeutet keineswegs, dass bestimmte Produkt-Markt-Konzepte von allen Stakeholdern als gut und richtig anerkannt werden müssen. Es muss aber sichergestellt werden, dass problemadäquate Rahmenbedingungen für das betriebswirtschaftliche Handeln definiert werden, dass gesellschaftspolitische Unterstützungspotenziale für die Unternehmenstätigkeit aktiviert werden und dass die Strategie im Einzelfall legitimiert wird, wenn nichtökonomische Handlungsvollzüge durch betriebswirtschaftliche Aktivitäten beeinträchtigt werden. An dieser Stelle offenbart sich die duale Rolle der Unternehmensführung (Steinmann und Zerfaß 1993b; Zerfaß 2010, S. 262 ff.) in aller Deutlichkeit. Unternehmen kommunizieren mit gesellschaftlichen Bezugsgruppen in erster Linie, um ihre partikularen Gewinnziele zu erreichen. Dies ist beispielsweise der Fall, wenn man im politischen Raum Subventionen oder investitionsbegünstigende Steuergesetze einfordert und in der Wissenschaft technologisches Know-How akquiriert. Regulative Beziehungen können aber auch genutzt werden, um einen originären Beitrag zum Gemeinwohl zu leisten, um beispielsweise gesamtgesellschaftliche Lösungsprozesse anzustoßen oder strategiespezifische Konflikte im Dialog mit den jeweiligen Stakeholdern beizulegen.

Die prinzipiellen Ziele der Public Relations lassen sich genauer bestimmen, wenn man sich mit dem Verhältnis von PR und sozialer Integration auseinandersetzt. Dazu muss der Gesamtkomplex der regulativen Beziehungen weiter ausdifferenziert werden. Ein großer Teil dieser Beziehungen wird durch Gesetze und Verordnungen vorstrukturiert. Das beste Beispiel sind die vielfältigen Interaktionen zwischen Unternehmen und Verwaltung, bei denen teilweise – z. B. bei Bebauungsplänen und Genehmigungsverfahren für Industrieanlagen – auch Anwohner und andere Interessenvertreter einbezogen werden. In diesen Fällen der *verfahrensregulierten Integration* kommen persuasive und informative PR-Maßnahmen zur Anwendung. Bei Verhandlungen, Verwaltungsverfahren und anderen Formen der Rechtsanwendung geht es im Grundsatz darum, tragfähige Kompromisse zu finden. Dieser Teil der Unternehmenskommunikation wird in der Fachdiskussion nur selten thematisiert, weil er zumeist routinisiert und dezentralisiert vollzogen wird. Besonders deutlich wird dies im Bereich der Publizitätsgesetzgebung, die das Unternehmen zu bestimmten Mitteilungshandlungen, z. B. zur Veröffentlichung von Bilanzen und Lageberichten, verpflichtet (vgl. Kapitel „Informations- und Publizitätspflichten von Unternehmen"). Damit entfällt die Frage, ob und über was kommuniziert werden soll. Auf einer nachgelagerten Ebene bestehen jedoch durchaus Profilierungschancen, z. B. durch die sachkundige Durchführung von Bilanzpressekonferenzen und die ansprechende Gestaltung von Geschäftsberichten.

Aus strategischer Perspektive ist der zweite Teilbereich der regulativen Beziehungen von größerer Bedeutung. Er betrifft diejenigen Interaktionen mit nicht-ökonomischen Anspruchsgruppen, die nicht explizit durch Rechtsnormen vorstrukturiert werden, aber dennoch ein latentes Konfliktpotenzial beinhalten. Beispiele finden sich in den Beziehungen zwischen Unternehmen und Standortkommunen, Anwohnern, Kritikergruppen, Kirchen und Wissenschaftlern. In Ermangelung anderer Koordinationsmechanismen wird die Kommunikation hier zur zentralen Quelle der sozialen Integration. Die *kommunikative Integration* im direkten Gespräch zwischen Anwesenden bietet sich immer dann an, wenn sich (potenzielle) Abstimmungsprobleme – wie dies etwa bei Nachbarschaftskonflikten der Fall ist – in Zeit und Raum lokalisieren lassen. Praktische Beispiele hierfür sind Unternehmens- und Stakeholderdialoge (Zerfaß 2010, S. 367 ff.; Steinmann und Zerfaß 1993a), die inzwischen vielfach durchgeführt werden und als Ausformungen der verständigungsorientierten Öffentlichkeitsarbeit (Burkart 2005) bzw. der dialogorientierten Unternehmenskommunikation (Bentele et al. 1996) gelten. Die argumentative Erarbeitung gemeinsamer Orientierungsmuster bleibt zugleich der systematische Bezugspunkt für alle generalisierten Integrationsformen im Fernbereich. Argumentationsprozesse sind für Legitimitätsfragen unverzichtbar, weil sie eine Thematisierung von Interessen- und Wertkonflikten ermöglichen (vgl. Kapitel „Public Relations und gesellschaftsorientierte Kommunikation: Legitimation im Diskurs"). Sie sind aber auch in ökonomischer Hinsicht unverzichtbar, weil es in den hier angesprochenen Fällen an vorgängig legitimierten Hierarchie- und Marktordnungen mangelt.

Der latente Druck zur direkten Kommunikation lässt sich allerdings abschwächen, wenn generalisierte Integrationsmechanismen aufgebaut und eingesetzt werden. Public Relations leisten dabei einen zweifachen Beitrag. Unternehmenskommunikation ist notwendig, um strukturelle Deckungsreserven wie Prestige-, Wert- und Rechtsordnungen aufzubauen, und sie spielen eine Rolle, wenn auf dieser Grundlage strittige Situationsdeutungen, Mittelwahlen und Zwecksetzungen miteinander abgestimmt werden. Die zugrunde liegenden Modi wurden bereits dargestellt: Bei der *reputationsgestützten Integration* werden Images und Prestigeordnungen aufgebaut, die dann in Anspruch genommen werden können, um sozialen Einfluss auszuüben. Hier setzen verschiedene Formen der Kommunikation an, mit denen sich Unternehmen selbst darstellen oder zu Themen der Zeit Stellung beziehen. Eine konkrete Rechtfertigung erübrigt sich ferner, wenn ein Unternehmen bei gesellschaftspolitischen Konflikten auf Einheit stiftende Wertordnungen verweisen kann und damit eine *wertgestützte Integration* nutzt. Beide Vorgehensweisen ermöglichen eine Integration zwischen raumzeitlich getrennten Akteuren durch persuasive und informative PR-Programme und Kampagnen. Sie bleiben jedoch letztlich auf die gleichen kommunikativen Ressourcen angewiesen, die aus dem Nahbereich bekannt sind. Gesellschaftsweite Reputation und moralische Integrität können nicht instrumentell erzwungen, sondern nur vertrauensvoll erworben werden. Diese argumentative Basis ist der entscheidende Unterschied zur Imagepolitik innerhalb von Organisationen und im

Marktumfeld, bei der es von vornherein darum geht, persuasive Kommunikationsformen zu entlasten. Begründungsabbrüche, die dort unter Verweis auf den Gesellschafts- bzw. Arbeitsvertrag oder die faktische Selektionskraft des Marktes möglich sind, verbieten sich im Bereich der regulativen Beziehungen.

Das ist der tiefere Grund für die *strategische Bedeutung der gesellschaftspolitischen Kommunikation:* Public Relations bewegen sich in einem nur schwach geregelten Raum, in dem die vorhandenen Orientierungsmuster selbst aufgebaut werden müssen. Dies lässt einerseits Gestaltungsfreiräume für proaktives Handeln, z. B. für innovative Formen der Dialogkommunikation und die soziale Positionierung ganzer Unternehmungen. Andererseits ist es sehr schwierig, langfristig handlungsprägende Strukturen zu etablieren. Die Pluralisierung von Lebensformen führt dazu, dass es die Öffentlichkeitsarbeit mit immer neuen Ansprüchen und Stakeholdern zu tun hat. Soziale Integration wird hier nur gelingen, wenn ein breites Spektrum situationsadäquater PR-Strategien zur Anwendung kommt. Die *verfahrensregulierte Integration* kommt in diesem Zusammenhang erneut ins Spiel, weil Public Relations nicht nur zur Etablierung von Prestige- und Wertordnungen, sondern auch zur Weiterentwicklung der Rechtsordnung beitragen können. Die strukturierende Rechtskommunikation zielt auf die Grundlegung und Modifikation von Verfügungsordnungen, z. B. auf die Weiterentwicklung der sozialen Marktwirtschaft und Unternehmensordnung ab. Es mag aber auch um die Durchsetzung bzw. Verhinderung bestimmter Verfahrensregeln und Vorschriften gehen, wenn etwa der Entstehungsprozess branchenspezifischer Gesetze durch systematisches Lobbying beeinflusst wird. Auf diese Weise können weitere Teilbereiche der regulativen Beziehungen gesetzlich normiert (Verrechtlichung) oder auch von bisherigen Vorgaben befreit werden (Deregulierung). Hier offenbart sich das grundlegende Wechselspiel von Handeln und Struktur (Giddens 1984) nochmals in aller Deutlichkeit: erfolgreiche Public Relations tragen zur Veränderung des gesellschaftspolitischen Beziehungsgeflechts bei, modifizieren damit aber zugleich die Rahmenbedingungen ihres eigenen Handelns, das maßgeblich durch die Existenz gemeinsamer Spielregeln beeinflusst wird. Zudem verändern sich die Voraussetzungen der Markt- und Organisationskommunikation, wenn die gesetzlichen Grundlagen tauschvertraglicher und arbeitsrechtlich normierter Beziehungen qua PR beeinflusst werden. Dies ist ein weiterer Hinweis auf die Notwendigkeit einer integrierten Kommunikationspolitik (vgl. Abschn. 6).

Bei der Verfolgung der genannten PR-Ziele kann die Unternehmenskommunikation auf eine Fülle unterschiedlicher Vorgehensweisen und Instrumente zurückgreifen (Mast 2013; Zerfaß 2010, S. 358 ff.). Public Relations schaffen eigene Foren und Kommunikationskanäle, wenn sie Meinungsführerdialoge, Kamingespräche mit Politikern und Tage der offenen Tür initiieren oder Unternehmensmagazine, redaktionelle Internet-Angebote und Corporate Weblogs publizieren. In vielen Fällen erweist es sich auch als sinnvoll, vorhandene Plattformen für PR-Zwecke der zu nutzen. Beispiele sind wissenschaftliche Kongresse und parteipolitische Veranstaltungen, bei denen Unternehmensvertreter mit einflussreichen Stakeholdern zusammentreffen. Immer bedeutsamer wird die Kommunikation in sozialen Netzwerken (van Dijk 2012), beispielsweise im Rahmen (regionaler) Innovationsinitiativen von Wirtschaft, Politik, Wissenschaft und Kultur. Eine wesentliche

Plattform ist ferner das Massenmediensystem, das mit einer Fülle verschiedener PR-Aktivitäten beschickt wird (Cornelissen 2011, S. 143 ff.; Argenti 2013, S. 145 ff.). Im Rahmen der Medienarbeit werden Journalisten als „Zwischenzielgruppe" (Meckel und Will 2008, S. 301) angesprochen, um auf diesem Weg die Leser bzw. TV-/Radio-/Online-Nutzer als eigentliche Adressaten im gesellschaftspolitischen Umfeld zu erreichen. Das Spektrum der Instrumente reicht von klassischen Pressemeldungen und Pressekonferenzen über die Inszenierung von publicityträchtigen Pseudo-Events bis hin zur Schaltung bezahlter Imageanzeigen, die sich an nicht-ökonomische Bezugsgruppen richten. Welche dieser Foren in welcher Weise genutzt werden, hängt von den situationsspezifischen Zielen der Unternehmenskommunikation ab. Die argumentative Basis der Public Relations verweist jedenfalls darauf, dass neben massenmedialem Know-How auch eine hinreichende Kompetenz in Fragen der personalen Kommunikation vorgehalten werden muss. Bei der Erarbeitung gemeinsamer Orientierungsmuster, an denen es gerade im gesellschaftspolitischen Umfeld immer wieder mangelt, stoßen publizistische Konzepte, die von Agenturen bis heute bevorzugt angeboten werden, nämlich rasch an ihre Grenzen. Deshalb muss eine konsequent unternehmensstrategisch ausgerichtete Public Relations personale und massenmediale, einseitige und zweiseitige, argumentative und persuasive, in lokalen Erfahrungsbereichen und abstrakten Kulturräumen stattfindende Kommunikationsmaßnahmen umfassen – eine Herausforderung, für die viele Unternehmen sich noch rüsten müssen.[3]

6 Integrierte Kommunikation

Viele Unternehmen richten für Interne Kommunikation, Marktkommunikation und Public Relations unterschiedliche Abteilungen mit eigenen Budgets und Schwerpunktsetzungen ein. Dies liegt nahe, da die skizzierten Teilbereiche der Unternehmenskommunikation in unterschiedlicher Weise zur Realisierung und Durchsetzung der Strategie beitragen. Eine solche problemorientierte Aufspaltung findet sich auch im Dienstleistungsbereich (Agenturen), bei den Branchenverbänden, in der Aus- und Weiterbildung und nicht zuletzt in der Wissenschaft. Mit der notwendigen Spezialisierung geht jedoch immer wieder die Gefahr einher, dass der Bezug zur Gesamtstrategie aus den Augen verloren wird. Diese Problematik wird offenkundig, wenn PR-Fachleute für sich eine generelle Führungsrolle in Kommunikationsfragen reklamieren oder umgekehrt die Betriebswirtschaftslehre bis heute dazu neigt, Public Relations im Instrumentenkasten der Marketinglehre zu platzieren.

Aus diesem Grund ist eine wohlverstandene Integration aller kommunikationspolitischen Aktivitäten in und von Unternehmungen notwendig: *Unternehmenskommunikation kann immer dann einen optimalen Beitrag zur sozialen Integration leisten, wenn ihre Teil-*

---

[3] Interessante Perspektiven bietet hierbei die seit Mitte der 1990er Jahre entstandene, inzwischen sehr produktive PR-Forschung im deutschsprachigen Raum (im Überblick: Bentele et al. 2008, Röttger 2009, Zerfaß et al. 2013a,b; Hoffjann und Huck-Sandhu 2013) und im angloamerikanischen Umfeld (Toth 2006, Botan und Hazleton 2006, Heath 2010, Sriramesh et al. 2013b).

aspekte selbst miteinander abgestimmt sind. Integration meint dabei keinesfalls Einförmigkeit. Unterschiedliche Probleme erfordern selbstverständlich verschiedene Lösungen. Eine einheitlich durchsetzbare „Unique Communication Proposition" muss deshalb eine Fiktion bleiben. Es muss jedoch immer wieder geprüft werden, ob durch die Koordination einzelner Kommunikationsaktivitäten ein eigenständiger Beitrag zum Unternehmenserfolg erbracht werden kann. Solche positiven Wirkungen zeigen sich entweder in einer erhöhten Effizienz und/oder in einer Effektivitätssteigerung:

- Die *Effizienzfrage* bezieht sich hier auf die zweckmäßige Umsetzung gegebener Kommunikationsstrategien, also auf die Wahl geeigneter Mittel zur Planrealisierung („Are we doing things right?"). Integrationsbemühungen erscheinen zunächst sinnvoll, wenn die Abstimmung verschiedener Aktivitäten im Bereich der internen und externen Kommunikation *positive Verstärkereffekte* hervorruft. Im Prinzip geht es um eine Aufmerksamkeitssteigerung, die im Zeitalter der massenmedialen Reizüberflutung immer wichtiger wird. Die Effizienz lässt sich natürlich nicht nur über eine Nutzenmehrung, sondern auch durch Kostensenkungen verbessern. Ein weiteres Motiv für eine integrierte Kommunikationspolitik sind demnach *Einsparungspotenziale,* die z. B. durch die gemeinsame Nutzung von technischen und kreativen Ressourcen ausgeschöpft werden können. Zu denken wäre hier an gemeinsame Datenbanken, an die Bündelung von Aufträgen für Marken- und Reputationsanalysen oder Kunden- und Mitarbeiterbefragungen an Meinungsforschungsinstitute usw.

- Unabhängig davon stellt sich die *Effektivitätsfrage,* d. h. ob man überhaupt eine geeignete Kommunikationspolitik verfolgt oder ob diese verändert werden sollte („Are we doing the right things?"). Diese Frage betrifft die Eignung der Unternehmenskommunikation zur Beförderung der Unternehmensstrategie. Diese Eignung leidet Not, wenn einzelne Aktivitäten – z. B. Werbekampagnen, PR-Events und Führungsgespräche – misslingen. In besonders subtiler Weise ist sie freilich gefährdet, wenn grundsätzlich sinnvolle Handlungen widersprüchliche Wirkungen entfalten, d. h. wenn sich verschiedene Maßnahmen der internen und externen Kommunikation gegenseitig konterkarieren. Beispielsweise passt ein aggressives Auftreten als Preisbrecher im Markt kaum zu einem gesellschaftspolitischen Image, das den Gedanken einer umfassenden (und sicherlich nicht ohne ökonomischen Verzicht zu verwirklichenden) Fürsorge für Natur und Gesellschaft in den Vordergrund rückt. Eine integrierte Unternehmenskommunikation kann solche Widersprüche vermeiden, indem sie die aufgabenspezifischen Kommunikationsaktivitäten systematisch aufeinander abstimmt.

Trotz dieser Überlegungen ist das seit Mitte der 1990er Jahre in der Marketingforschung (Bruhn 2009) und Unternehmenskommunikation (Ahrens et al. 1995; Kirchner 2001) diskutierte Konzept der Integrierten Kommunikation nicht unumstritten (Rademacher 2013). Zwar zeigen eine Vielzahl empirischer Erhebungen, dass die Abstimmung von Marktkommunikation, Public Relations und Interner Kommunikation große Optimierungspotenziale bietet. Andererseits konstatierte Rademacher schon vor längerer Zeit eine schwindende Popularität in der Unternehmenspraxis, wo sich bereits „Ausweichbegriffe wie ‚ganzheitlicher Ansatz', ‚360-Grad-Kommunikation' oder ‚Gesamtkommunikation'" (Rademacher 2003, S. 2) finden. Das liegt daran, dass viele Unternehmen und vor allem Agenturen „Integrierte Kommunikation" nur als wohlklingendes Attribut verwenden, ohne aber dem Anspruch auch Taten folgen zu lassen. Außerdem führt die weiterhin vorherrschende Zuordnung von Marketing und PR zu verschiedenen Abteilungen und der unterschiedliche Ausbildungshintergrund der entsprechenden Fachleute fast zwangsläufig zu Interessenkonflikten, Ressourcenrangeleien und mangelnder Kooperationsfähigkeit (Bruhn und Ahlers 2004, S. 78).

Diese faktischen Unzulänglichkeiten sollten die Unternehmensführung jedoch nicht davon abhalten, die Wertschöpfungspotenziale der Integrierten Kommunikation auszuschöpfen und nach Lösungen zu suchen. Denn die Notwendigkeit ist unübersehbar (Zerfaß 2010, S. 309 ff.): Menschen nehmen in verschiedenen Lebenskontexten unterschiedliche Rollen wahr; man muss also immer damit rechnen, dass widersprüchliche Aussagen von Marktkommunikation, Interner Kommunikation und PR jederzeit wahrgenommen werden. Zudem erreichen Massenmedien und Kommunikationsplattformen wie das Internet eine Vielzahl von Rezipienten; auch deshalb ist eine Abschottung kaum möglich. Schließlich unterliegen Unternehmen den Spielregeln der öffentlichen Kommunikation (vgl. Kapitel „Meinungsbildung in der Mediengesellschaft: Akteure und Prozesse öffentlicher Kommunikation im Zeitalter des Social Web" und Kapitel „Kommunikation und Medien: Grundbegriffe, Theorien und Konzepte") und ihrer Eigendynamik, insbesondere den Prozessen der Thematisierung im Mediensystem und der Beobachtung von Nischendiskussionen, z. B. in Weblogs und Intranets, durch Journalisten, die auf der Suche nach Nachrichten und Neuigkeiten sind.

Im Prinzip können zwei Ansatzpunkte für Integrationsbemühungen unterschieden werden: die Ebene der eigentlichen *Kommunikationsaktivitäten* und der gesamte Bereich des *Kommunikationsmanagements*, d. h. der Steuerung von Kommunikationsprozessen in arbeitsteiligen Organisationen.

6.1 Integration von Kommunikationsmaßnahmen

Kommunikationsaktivitäten lassen sich in Erweiterung einer Systematik von Bruhn (2009, S. 80 ff.) in vierfacher Hinsicht harmonisieren (Zerfaß 2010, S. 311 ff. und 413):

- Die *inhaltliche Integration* bezieht sich auf die Abstimmung verschiedener Mitteilungshandlungen durch thematische Verbindungslinien, z. B. durch die Verwendung einheitlicher Leitmotive, Slogans, Kernbotschaften und Schlüsselbilder. Ein Beispiel ist der Schlüsselbegriff „BASF – The Chemical Company", an dem sich die Unternehmenskommunikation des Konzerns seit mehreren Jahren ausrichtet. Dieses Motiv steht für eine facettenreiche Unternehmensphilosophie, die sich in Vision, Grundwerten und Leitlinien ausdifferenziert und beispielsweise auch die Verpflichtung zum verantwortlichen Handeln im Sinne eines „Sustainable Development" umfasst. Naturgemäß werden diese Aspekte im Rahmen von Marktkommunikation, Public Relations und Interner Kommunikation in unterschiedlicher Weise betont; das gemeinsame Leitbild hebt aber stets den Bezug zur Gesamtstrategie hervor.

- Die *formale Integration* greift dabei unterstützend ein, indem sie einheitliche Gestaltungsprinzipien für alle Kommunikationsaktivitäten vorgibt. Hier geht es vor allem um Farben, Schrifttypen und Logos, mit denen sich die visuelle Unternehmenskommunikation (z. B. die Website und Broschüren von BASF) präsentieren. Durch den angestrebten Wiedererkennungseffekt soll sichergestellt werden, dass die Kommunikationspartner positive Erfahrungen bzw. Images aus verschiedenen Handlungsfeldern (z. B. Wissenschaft und Ökonomie) miteinander verknüpfen. Diese Form der Integration wird unter den Schlagworten „Corporate Identity" und „Corporate Design" seit den 1980er Jahren intensiv propagiert und gilt heute als Teil der strategischen Markenführung (vgl. Kapitel „Design als strategischer Erfolgsfaktor in der Unternehmenskommunikation"). Dementsprechend ist es heute überwiegend Brauch, im Rahmen der Marktkommunikation und PR sowie der Online-Kommunikation, seltener auch im Bereich der Internen Kommunikation, unternehmensweit einheitliche Gestaltungsmerkmale zu berücksichtigen.
- Schwieriger realisierbar ist die *zeitliche Integration* verschiedener Kommunikationsaktivitäten. Zentrale Aussagen sind nur dann glaubwürdig, wenn eine gewisse Kontinuität im Zeitablauf sichergestellt wird. Bekenntnisse zur sozialen Verantwortung oder technologischen Führerschaft dürfen also keine Eintagsfliegen im Rahmen befristeter Kampagnen bleiben; sie müssen vielmehr langfristig und in möglichst vielen Arenen kommuniziert werden. Vor allem aber sollten krasse Fehler wie die gleichzeitige Ankündigung von Stellenstreichungen und der Erhöhung von Vorstandsgehältern vermieden werden – auch wenn die beiden Punkte ursächlich nichts miteinander zu tun haben und sich an unterschiedliche Stakeholder wenden, werden sie doch unweigerlich miteinander verknüpft und können so einen nachhaltigen Reputationsschaden hervorrufen.
- Die *dramaturgische Integration* betrifft die konsequente Abstimmung aller Kommunikationsaktivitäten im Hinblick auf ihre Wirkung im Rahmen von Kampagnen, also von Kommunikationskonzepten, die sich von einem klaren Positionierungsziel ausgehend erst im Umsetzungsprozess herausbilden und laufend verändern (Zerfaß 2010, S. 413). Kampagnen sind im Unterschied zu klassischen Kommunikationsprogrammen non-linear, crossmedial, zeitlich befristet, thematisch eng fokussiert und vor allem dramaturgisch angelegt (vgl. Kapitel „Kommunikationskampagnen planen und steuern: Thematisierungsstrategien in der Öffentlichkeit"). Beispiele sind erfolgreiche Kommunikationskampagnen von Greenpeace (Brent Spar) oder politische Kampagnen (Agenda 2010, Initiative Soziale Marktwirtschaft). Die Reaktionen von Gegnern, Massenmedien, Rezipienten, politischen Entscheidern und insbesondere von Meinungsführern werden in die Fortentwicklung der eigenen Kommunikation einbezogen und soweit möglich sogar einkalkuliert. Die dramaturgische Integration setzt vor allem eine konsequente Crossmedia-Prozessorganisation voraus. Ausgangspunkt sind hierbei im Sinne

eines umfassenden Issues Managements (Ingenhoff 2004) die als relevant erachteten Themen bzw. Inhalte (und nicht die Kommunikationskanäle). Eine integrierte Medienredaktion bzw. ein nach dem Vorbild von Zeitungsredaktionen organisierter Newsroom für die Unternehmenskommunikation (Holzinger und Sturmer 2012) kann dann mit Hilfe eines einheitlichen, datenbankgestützten Content-Pools und regelmäßiger Abstimmungsroutinen alle Kommunikationskanäle effizient steuern, systematische Querbezüge anlegen und vor allem jederzeit auf veränderte Rahmenbedingungen (Mediennutzung der Rezipienten, Aktionen von Wettbewerbern) reagieren.

6.2 Integriertes Kommunikationsmanagement und Kommunikations-Controlling

Die skizzierten Integrationsziele können nur erreicht werden, wenn die Unternehmensführung die Bedingungen für eine Abstimmung aller Kommunikationsmaßnahmen schafft. Dabei muss man sich von der Vorstellung lösen, dass sich die Komplexität der Unternehmenskommunikation bewältigen lässt, wenn man immer präzisere inhaltliche Pläne aufstellt und diese dann möglichst schnell und reibungslos umsetzt (Christensen und Cornelissen 2013).

> **Kommunikationsmanagement und Kommunikations-Controlling**
> Als Kommunikationsmanagement bezeichnet man den Prozess der Planung, Organisation und Kontrolle der Unternehmenskommunikation.
> Typische Phasen des Kommunikationsmanagements sind die Situationsanalyse (Bezugsgruppen/Stakeholder, Themen/Issues, Images/Meinungen, eigene Potenziale), darauf aufbauend die Entwicklung und Umsetzung von Kommunikationsstrategien, Programmen/Kampagnen und Einzelmaßnahmen, sowie die Evaluation der Ergebnisse. Darüber hinaus ist eine begleitende Prozesskontrolle vorzusehen, um erfolgskritische Meilensteine im Auge zu behalten und unvorgesehene Änderungen aufzufangen (Schulz 2009, S. 578 ff.; Mast 2013, S. 113 ff.).
> Das Kommunikations-Controlling steuert und unterstützt den arbeitsteiligen Prozess des Kommunikationsmanagements, indem Strategie-, Prozess-, Ergebnis- und Finanz-Transparenz geschaffen sowie geeignete Methoden, Strukturen und Kennzahlen für die Planung, Umsetzung und Kontrolle der Unternehmenskommunikation bereitgestellt werden.

Mit einer planorientierten Vorgehensweise kann man allenfalls selbst initiierte oder vorhersehbare Kommunikationsaktivitäten aufeinander abzustimmen. Insofern macht es dann auch durchaus Sinn, eine kommunikative Leitidee zu formulieren und sie in allen

Umfeldern der Unternehmenstätigkeit situationsgerecht umzusetzen (Meffert et al. 2012, S. 612 ff.). Darüber hinaus wird es aber immer wieder notwendig sein, spontane Anfragen von Konsumenten, Journalisten, Bürgerinitiativen und Mitarbeitern schlüssig und konsistent zu beantworten. Hier helfen auch noch so ausgetüftelte Pläne aus den Schubladen der besten Kommunikationsabteilungen nicht mehr weiter. Man muss also nach Steuerungskonzeptionen Ausschau halten, die den Forderungen nach einer integrierten Kommunikationspolitik auch dann gerecht werden, wenn es um extern angestoßene Ad-hoc-Kommunikationsaktivitäten und dynamische, nicht vollständig kontrollierbare Kommunikationsprozesse geht. Hier sind moderne Konzepte des *Kommunikationsmanagements* und des *Kommunikations-Controllings* gefragt.

Die Voraussetzungen für eine wertschöpfende Unternehmenskommunikation müssen auf mehreren Ebenen geschaffen werden. Abbildung 4 verdeutlicht die entsprechenden Zusammenhänge: Die *Unternehmensführung* muss einerseits mit Hilfe des *Kommunikations-Controllings* die notwendigen Methoden, Strukturen und Kennzahlen bereitstellen, die einen professionellen Managementprozess der Kommunikation ermöglichen und unterstützen. Dem *Kommunikationsmanagement* obliegt es parallel, spezifische Strategien, Programme und Kampagnen für die *Unternehmenskommunikation* zu entwickeln, umzusetzen und zu kontrollieren. Möglichkeiten zur Differenzierung und Profilierung ergeben sich auf allen Ebenen. Wer Wettbewerbsvorteile erzielen will, sollte sich allerdings in erster Linie darauf konzentrieren, intelligente Controlling- und Managementkonzepte zu implementieren. Diese Einsicht ist wichtig, da die Branchendiskussion sich zumeist um neue Trends bei Kommunikationsmitteln und Kampagnenstrategien dreht – das entsprechende Know-how ist jedoch weder unternehmens- noch strategiespezifisch und bei Bedarf leicht kopierbar.

6.2.1 Aufgaben der Unternehmensführung

Eine erfolgreiche Unternehmenskommunikation setzt voraus, dass das Top-Management (Vorstand, Geschäftsführung, informelle Entscheidungsträger) des Unternehmens die Relevanz der Kommunikationspolitik erkennt und dies im Rahmen der *strategischen Unternehmensführung* berücksichtigt. Die zentrale Bedeutung der Kommunikation für den Gesamterfolg wird empirischen Studien zufolge bei Vorständen und Geschäftsführern in deutschen Unternehmen durchaus erkannt; ein vertieftes Wissen um verschiedene Handlungsfelder und eine intensive Zusammenarbeit mit Kommunikationsverantwortlichen sind jedoch nicht selbstverständlich (Zerfaß et al. 2013c).

Das Augenmerk des Top-Managements sollte sich zunächst auf die Gestaltung der *Organisationsverfassung, -struktur und -kultur* richten. Das Bekenntnis zu einer Integration des Unternehmens in Markt *und* Gesellschaft sowie einer kommunikativen Auseinandersetzung mit allen relevanten Stakeholdern kann sich bereits in Visionen und Leitbildern niederschlagen. Damit wird zum Ausdruck gebracht, dass sich in der Mediengesellschaft langfristig nur das umsetzen lässt, was man auch kommunizieren (und legitimieren) kann. Gleichzeitig müssen die personellen und organisatorischen Voraussetzungen für das Kommunikationsmanagement und -controlling geschaffen werden. Es ist beispielsweise sicher-

Unternehmenskommunikation und Kommunikationsmanagement

```
┌─────────────────────────────────────────────────────────────────────────┐
│                        UNTERNEHMEN / ORGANISATION                       │
│  ┌───────────────────────────────────────────────────────────────────┐  │
│  │              STRATEGISCHE UNTERNEHMENSFÜHRUNG                     │  │
│  │    Gesamtverantwortung für Unternehmensstrategie und Wertschöpfung│  │
│  └───────────────────────────────────────────────────────────────────┘  │
│       │ steuert und delegiert   unterstützt Wertschöpfung │ etabliert  analysiert │
│  ┌───────────────────────────────┐     ┌───────────────────────────────┐│
│  │    KOMMUNIKATIONSMANAGEMENT   │◄──► │   KOMMUNIKATIONS-CONTROLLING  ││
│  │     Ergebnisverantwortung     │     │     Transparenzverantwortung  ││
│  │                               │     │                               ││
│  │ Integration und Koordination  │     │ Bereitstellung und Umsetzung  ││
│  │ von Interessen durch          │     │ von Methoden zur Zieldefinition│
│  │ Kommunikation (inbound und    │     │ und Evaluation: Prozessanalysen│
│  │ outbound): Planung →          │     │ Kennzahlen, Datenerhebung,    ││
│  │ Organisation → Personaleinsatz│     │ Reporting                     ││
│  │ → Führung → Ergebniskontrolle │     │                               ││
│  └───────────────────────────────┘     └───────────────────────────────┘│
│   beobachtet  steuert und kontrolliert   analysiert    beobachtet       │
│  ┌───────────────────────────────────────────────────────────────────┐  │
│  │        UNTERNEHMENS- / ORGANISATIONSKOMMUNIKATION                 │  │
│  │  Interne Kommunikation | Marketingkommunikation |                 │  │
│  │  Finanzkommunikation | Public Relations                           │  │
│  └───────────────────────────────────────────────────────────────────┘  │
└─────────────────────────────────────────────────────────────────────────┘
┌─────────────────────────────────────────────────────────────────────────┐
│                              STAKEHOLDER                                │
└─────────────────────────────────────────────────────────────────────────┘
```

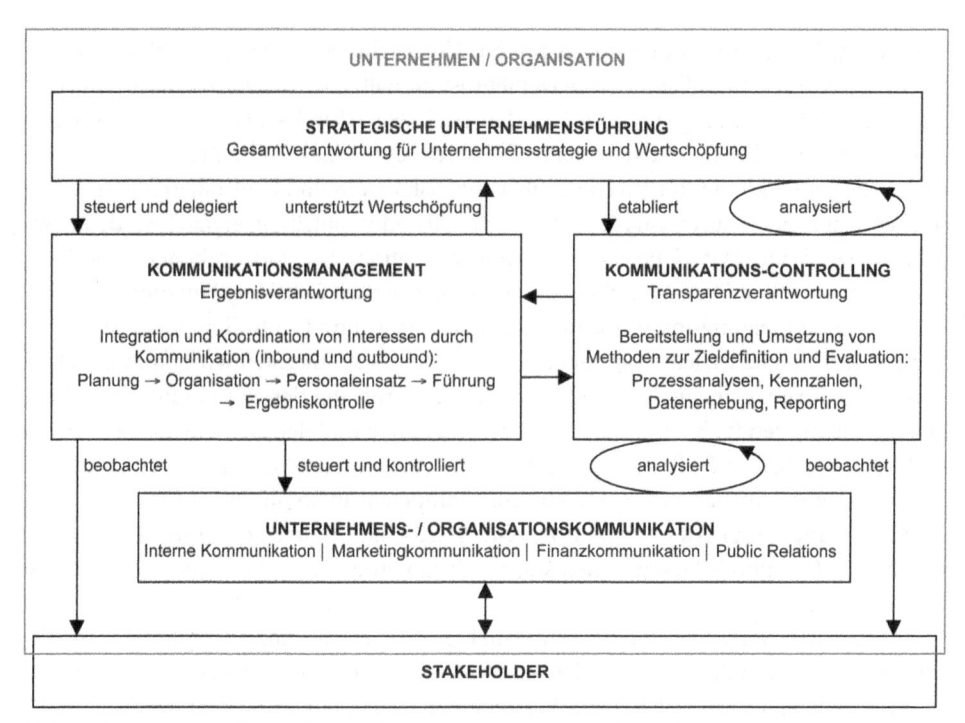

Abb. 4 Management, Controlling und Umsetzung der Unternehmenskommunikation

zustellen, dass kompetente Führungskräfte für die Kommunikationsfunktion verfügbar sind, die nicht nur über kommunikative oder sogar nur journalistische Erfahrungen, sondern vor allem auch über Managementkompetenzen und Gespür für die internen Prozesse in (internationalen) Unternehmen verfügen. Unverzichtbar ist die Einbindung des jeweiligen Leiters bzw. der Leiterin Unternehmenskommunikation in den strategischen Managementprozess auf Unternehmens- und Geschäftsfeldebene und ein direkter Berichtsweg an den Vorstandsvorsitzenden oder Sprecher der Geschäftsführung (Argenti 2013, S. 53 ff.; Grunig et al. 2006, S. 38 ff.). Die Kommunikationsaufgabe kann freilich nicht vollständig an Fachleute delegiert werden (vgl. vertiefend dazu Abschn. 7). Deshalb müssen im Prinzip alle strategiekritischen Entscheidungsprozesse so gestaltet werden, dass die kommunikative und öffentlichkeitswirksame Dimension von allen Mitarbeitern systematisch mitbedacht wird. Hier bietet es sich an, auf die verpflichtende Kraft übergreifender Visionen und Richtlinien, z. B. einer tragfähigen Kommunikationsphilosophie und Corporate Identity, zu setzen. Zudem wird es notwendig sein, die Spielräume des Kommunikationsmanagements durch die Bereitstellung hinreichender *Finanzbudgets* so zu öffnen, wie es seiner strategischen Bedeutung entspricht.

Die *Organisationsstruktur* muss in diesem Zusammenhang so ausgestaltet werden, dass die „an der Basis" und in den Beziehungen zu externen Stakeholdern anfallenden Informationen rechtzeitig registriert und für die ständige Neujustierung der Kommunikationspolitik genutzt werden können (vgl. Kapitel „Organisation der Kommunikationsfunktion:

Strukturen, Prozesse und Leistungen für die Unternehmensführung"). Zielführend für das Integrierte Kommunikationsmanagement ist deshalb eine dezentral und multipersonal orientierte Prozessorganisation. Denkbar sind beispielsweise Projektteams, in denen Außendienstmitarbeiter, Werbefachleute, Pressereferenten und Lobbyisten gemeinsam die Grundzüge einer kommunikativen Profilierung diskutieren und kontrollieren. Die Arbeit solcher Teams muss durch eine Koordinationsstelle oder -abteilung ergänzt werden, etwa durch einen Zentralstab „Unternehmenskommunikation". Die entsprechenden Spezialisten nehmen notwendigerweise eher eine Katalysator- oder Coaching-Funktion wahr. Sie müssen für den reibungslosen Ablauf der Management- und Controllingprozesse sorgen, können jedoch nicht alleine sämtliche Maßnahmen der Unternehmenskommunikation umsetzen. Darüber hinaus ist es selbstverständlich Aufgabe der Kommunikationsabteilung, Spezialwissen (z. B. im Bereich der Medienanalyse und der Evaluation) vorzuhalten und Routineaufgaben (z. B. Werbeträgerauswahl, Presseaussendungen) auszuführen. Ferner wird es unabdingbar sein, eine Richtlinienkompetenz in kommunikativen Kernfragen auszuüben und beispielsweise darauf zu achten, dass die Eckdaten der Integrierten Kommunikation (Corporate Design, Leitaussagen, Corporate Messages) von allen Mitarbeitern beachtet werden.

Dem *Personalmanagement* kommt in dem hier skizzierten Konzept die Aufgabe zu, die Integrierte Kommunikation durch den Aufbau und die Pflege entsprechender Humanressourcen zu unterstützen (vgl. Kapitel „Personalmanagement und Kompetenzaufbau für die Unternehmenskommunikation"). Empirische Studien zeigen, dass sich die Anforderungen an Kommunikationsverantwortliche aufgrund der dynamischen Medienlandschaft ständig wandeln und ausdifferenzieren (Tench et al. 2013). Ein systematisches Kompetenzmanagement für die Kommunikationsfunktion erscheint deshalb unabdingbar, vor allem mit Blick auf die Internationalisierung von Unternehmen und die Notwendigkeit, zugleich fachlich kompetente wie kulturell verankerte Kommunikationsmanager in wachsenden Märkten zu finden und zu binden. Hier besteht in den meisten Fällen noch erheblicher Nachholbedarf. Grundsätzlich benötigen Kommunikationsmanager neben betriebswirtschaftlicher Kompetenz und fachlicher Expertise (Methoden-, Kommunikations- und Kooperationskompetenz) ein Bewusstsein für eine Integrierte Unternehmenskommunikation. Dazu gilt es, die inhaltliche Orientierung an Abteilungsroutinen oder berufsständischen Idealen durch eine ganzheitliche Problemsicht zu ersetzen. Ein weiteres Augenmerk gilt der ethischen Sensibilisierung der Mitarbeiter im Kommunikationsbereich (Bentele 2009). Dies ist deshalb von Bedeutung, weil Kommunikationsprozesse zugleich ein Ausdruck moralischer Missstände (Schleichwerbung) und ein Mittel zu ihrer Überwindung (unternehmensethische Diskurse) sein können. Zudem erfordert die Kommunikation zu Fragen der Legitimation (vgl. Kapitel „Public Relations und gesellschaftsorientierte Kommunikation: Legitimation im Diskurs") und der Corporate Social Responsibility (vgl. Kapitel „Corporate Governance und Corporate Social Responsibility: Grundlagen und Konsequenzen für die Kommunikation") eine besonders hohe Glaubwürdigkeit und Integrität der damit befassten Mitarbeiter.

Unabhängig von den grundsätzlichen Potenzialen, die Organisation und Personalmanagement anlegen, wird die Unternehmenskommunikation letztlich in vielen konkreten Einzelfällen realisiert. Deshalb ist es unabdingbar, dass die Vorgesetzten ihre Mitarbeiter im Rahmen der *Führung (Leadership)* zu professioneller, integrierter Kommunikation anleiten und motivieren. Die spezifischen Herausforderungen an Führung im Kommunikationsbereich werden in Theorie und Praxis erst seit kurzem reflektiert. Dabei zeigt sich, dass für erfolgreiche Kommunikationsmanager über die Ausbildung hinaus vor allem Vorbilder mit zukunftsorientierten Rollenverständnissen bedeutsam sind (Röttger et al. 2013b; Berger und Meng 2014).

Die genaue Ausgestaltung der Kommunikationsfunktion muss sich letztlich immer an der jeweiligen Unternehmensstrategie orientieren. Ob einzelne Mitarbeiter bzw. Abteilungen mit der Wahrnehmung bestimmter Teilaspekte des Kommunikationsmanagements oder mit der Sicherstellung des Integrationsgedankens beauftragt werden, hängt einzig und allein vom organisationsspezifischen Handlungskontext ab. Dies gilt auch für die Frage, welchem Teilbereich der Unternehmenskommunikation unter strategischen Gesichtspunkten die meiste Aufmerksamkeit geschenkt werden sollte. In kleineren Unternehmen ist es denkbar, dass die strategische Kommunikation weitgehend von einem Mitarbeiter verantwortet wird, so dass sich ein eigenständiges Integrationsmanagement erübrigt. In einem Weltkonzern wird die Interne Kommunikation zum zentralen Problem, weil Verfahrensrichtlinien und Wertmuster im Spannungsfeld von Einheit und Vielfalt verankert werden müssen. In der Konsumgüterindustrie nimmt die Marktkommunikation fast zwangsläufig eine dominante Rolle ein, weil eine große Zahl von Transaktions- und Wettbewerbsbeziehungen gesteuert werden muss. Dies spiegelt sich auch in der hierarchischen Stellung der entsprechenden Abteilungen wider. Demgegenüber wird ein Unternehmen, das primär Vorprodukte oder Investitionsgüter herstellt, aber in einem gesellschaftspolitisch sensiblen Feld agiert (Chemie, Energie), ein besonderes Augenmerk auf die Public Relations richten. Pauschale Plädoyers für eine Aufwertung einzelner Kommunikationsberufe und -funktionen oder für einheitliche Kommunikationsabteilungen gehen also am Kern der Sache, nämlich an der Frage nach der strategischen Notwendigkeit und Bedeutung solcher Entwicklungen, vorbei. Sinnvoll sind *unternehmensspezifische Lösungen,* die das Ziel des Integrierten Kommunikationsmanagements unter den jeweiligen Rahmenbedingungen bestmöglich verwirklichen.

6.2.2 Handlungsfelder des Kommunikations-Controllings

Die Notwendigkeit eines systematischen Kommunikation-Controllings wird erst seit kurzem intensiv diskutiert (Pfannenberg und Zerfaß 2005, 2010). Dabei darf Controlling keineswegs auf „Kontrolle" reduziert werden. Das Kommunikations-Controlling ist vielmehr eine grundlegende *Unterstützungsfunktion,* die Strategie-, Prozess-, Ergebnis- und Finanz-Transparenz schafft sowie geeignete Methoden, Strukturen und Kennzahlen für den arbeitsteiligen Prozess des Kommunikationsmanagements bereitstellt (Zerfaß 2014; Rolke und Zerfaß 2014). Dies ist eine „Chefaufgabe" für den Leiter bzw. die Leiterin Unternehmenskommunikation und wird dementsprechend vor allem „inhouse" organisiert, teilweise unterstützt durch Projektmitarbeiter, die unternehmensspezifische Steuerungsmethoden (Scorecards) und Kennzahlensysteme entwerfen und implementieren.

Im Kern lassen sich vier Handlungsfelder des Kommunikations-Controllings unterscheiden:

- Ein erster Bereich des Kommunikations-Controllings betrifft die Schaffung von Transparenz und die Bereitstellung von Methoden für das *Kommunikationsmanagement*. Hier geht es um die Prozesse, mit denen Unternehmens- bzw. Organisationskommunikation gesteuert und kontrolliert wird. Mit Prozessanalysen (z. B. Integrations-Audits; vgl. Bruhn 2005, S. 186 ff.) kann man die organisatorische und personelle Ausgestaltung von Kommunikationsabteilungen, Kompetenzen, Verantwortlichkeiten, den internen Workflow und Schnittstellen zu Dienstleistern evaluieren und optimieren. Mit diesen Methoden kann das Top-Management sicherstellen, dass das notwendige Potenzial für die Umsetzung einer sinnvollen und wertschöpfenden Kommunikationspolitik vorhanden ist.
- Das Kommunikations-Controlling unterstützt zweitens die Steuerung und Kontrolle der *Kommunikationsstrategie*. Hier geht es um die vielfach diskutierte, aber in der Praxis nur selten konsequent realisierte Verzahnung von Unternehmens- und Kommunikationsstrategie (Steyn 2006; Van Riel und Fombrun 2007; Zerfaß 2014) und die Wertschöpfung durch Kommunikation (Pfannenberg und Zerfaß 2005, 2010), also den Beitrag, den die Kommunikation zur Erreichung der strategischen Ziele der Gesamtorganisation leistet. Im Mittelpunkt stehen Methoden, die eine Bestimmung kommunikativ geschaffener Werte ermöglichen (beispielsweise die Bewertung von Marken und Reputationskapital), sowie Ansätze, mit denen die Bedeutung der Kommunikation als Werttreiber für den Erfolg des Unternehmens nachgewiesen werden kann. Geeignet hierfür sind beispielsweise Adaptionen der Balanced Scorecard (Pfannenberg 2010).
- Ein dritter Aspekt des Kommunikations-Controllings betrifft *Kommunikationsprogramme und -kampagnen*. Bei PR-Konzeptionen, Informationskampagnen usw. muss beispielsweise sichergestellt werden, dass sie stringent und widerspruchsfrei aufgebaut sind und dass die Finanzmittel optimal verteilt werden. Mit Hilfe von Programmanalysen (z. B. einer Konzeptionsevaluation; vgl. Besson 2003, S. 110 ff.) können die Kommunikationsverantwortlichen die Performance einzelner Programme steuern und kontrollieren.
- Der vierte Bereich ist das Kommunikations-Controlling auf der Ebene der *Kommunikationsmaßnahmen*. Hier geht es um Transparenz und Methoden für die Steuerung und Kontrolle einzelner Aktivitäten, beispielsweise für die Pressearbeit und Corporate Media (Mitarbeiter- und Kundenzeitschriften), die Durchführung von Veranstaltungen oder den Betrieb von Internetangeboten. Dies ist der klassische Bereich empirischer Forschungsmethoden im Zuge der Maßnahmenplanung sowie der Wirkungskontrolle (Watson und Noble 2007; Stacks 2011). Hier wird aus Sicht der Kommunikationsverantwortlichen gefragt, welche Effekte die Maßnahmen bei den avisierten Stakeholdern haben (werden). Für die Ergebnismessung – die immer im Nachhinein ansetzt – steht

eine Vielzahl erprobter Methoden bereit, von Befragungen über die Medienresonanzanalyse bis hin zur Messung von Markenwerten und Reputation (vgl. die Beiträge in Pfannenberg und Zerfaß 2010 sowie bei www.communicationcontrolling.de).

In diesen Bereichen bearbeitet das Kommunikations-Controlling drei verschiedene, aber miteinander verwobene Fragekomplexe, für die jeweils unterschiedliche Konzepte und Methoden bedeutsam sind.[4]

Eine erste Fragestellung betrifft die *Ziele der Unternehmenskommunikation* oder einzelner Teilbereiche (Interne Kommunikation, Marktkommunikation, Public Relations, Finanzkommunikation, Public Affairs, etc.): *Welche übergeordneten Unternehmensziele können durch Kommunikation unterstützt werden, und wie?* Diese Frage betrifft primär die Grundausrichtung der Kommunikationsaktivitäten, kann im Sinne umfassender Ziel-Mittel-Ketten aber bis zu den Zielvorgaben für einzelne Maßnahmen und Instrumente durchdekliniert werden können. Wie leicht ersichtlich ist, gibt es an dieser Stelle weder eine allgemeingültige Antwort noch ein Patentrezept oder eine einfache Rechenformel. Jedes Unternehmen verfolgt ausgehend von seiner spezifischen Positionierung in Markt und Gesellschaft über ein differenziertes Zielbündel, das als Referenzpunkt für die Entwicklung der Kommunikationsstrategie dienen muss. Ähnliches gilt auf allen nachgeordneten Ebenen. Im Idealfall werden die entsprechenden Zielparameter in jährlich angepassten Strategien und Leitprojekten des Unternehmens festgehalten, so dass die Kommunikationssteuerung dort ansetzen kann. In der Praxis werden Kommunikationsmanager und Controller jedoch häufig damit konfrontiert, dass Unternehmensziele ebenso wie Ziele für Geschäftsbereiche und Funktionen nicht oder nicht eindeutig definiert sind. In diesen Fällen stößt eine transparente und rationale Ableitung von Kommunikationszielen von vornherein auf systematische Grenzen. In diesem Fall bietet es sich an, auf generische Zielkonzepte zurückzugreifen. Diese ergeben sich, wenn man den Stakeholder-Ansatz der Unternehmensführung (vgl. Kapitel „Stakeholder-Management als kommunikatives Beziehungsmanagement: Netzwerktheoretische Grundlagen der Unternehmenskommunikation") mit den Wertschöpfungshebeln der Kommunikation (vgl. oben Abschn. 2) kombiniert und typische Wirkungszusammenhänge zwischen erfolgreicher Kommunikation und Organisationszielen identifiziert. Die Argumentation lautet dabei: 1) Der Unternehmenserfolg wird durch den Aufbau und die Ausschöpfung von Erfolgspotenzialen in Markt und Gesellschaft sichergestellt; 2) Dabei sind mehrere Handlungsfelder relevant (Stakeholder-Ansatz): die Visionen und Strategien des Unternehmens selbst, seine Beziehungen zu Eignern und Investoren, Mitarbeitern, Marktpartnern und im gesellschaftspolitischen Umfeld; 3) Für jedes Feld und jede Zielsetzung (Value Driver) kann man Wirkungszusammenhänge identifizieren, wie Kommunikation und deren Resultate betriebswirtschaftliche Parameter beeinflussen (Value Links bzw. Werttreiber; vgl. Kaplan und Norton 2004). Auf diese Weise ergeben sich komplexe *Werttreiberbäume* mit aussagekräftigen – und nicht pauschalisierten – Key-Performance-Indikatoren als Messgrößen für

---

[4] Die nachfolgende Darstellung entspricht weitgehend Zerfaß 2014.

das Kommunikations-Controlling. Beispiele für solche Werttreiberbäume finden sich in der Fachliteratur (Pfannenberg und Zerfaß 2010; Zerfaß 2014). Um Werttreiberbäume zu entwickeln, ist einerseits ein Wissen um die übergeordneten Unternehmensziele notwendig und andererseits eine Einbeziehung der Erfahrung möglichst vieler beteiligter Akteure. Denn die Konstruktion von Werttreiberbäumen für die Unternehmenskommunikation ist nichts anderes als die systematische Erarbeitung eines gemeinsamen Vorstellungsbildes und konzeptionellen Bezugsrahmens über die Zusammenhänge von Unternehmens- und Kommunikationsstrategie und der dabei relevanten Einflussfaktoren. Eine geeignete Methode sind moderierte Scorecard-Workshops. Aus den Werttreiberbäumen können dann *Kommunikations-Scorecards* konstruiert werden, die Zielsetzungen bzw. Werttreiber, Key-Performance-Indikatoren und Messgrößen zusammen mit den jeweils anzuwendenden Messmethoden, Zielvorgaben sowie geplanten bzw. realisierten Maßnahmen tabellarisch abbilden und damit eine zielgerichtete und transparente Steuerung der Unternehmenskommunikation ermöglichen.

Die zweite zentrale Frage im Rahmen des Kommunikations-Controllings betrifft die *Analyse und Optimierung der Kommunikationsprozesse*. Die Erreichung übergreifender Unternehmensziele setzt natürlich voraus, dass die Kommunikationsaktivitäten des Unternehmens von den Adressaten überhaupt rezipiert werden können, dass sie wahrgenommen und verstanden werden, dass sich Einstellungen verändern und Handlungsbereitschaft in der intendierten Weise (und nicht etwas in gegenläufiger Hinsicht) entsteht. Dementsprechend ist zu fragen: *Wie können Kommunikationsprozesse innerhalb des Unternehmens und mit verschiedenen Stakeholdern modelliert und analysiert werden? Wie können Prozesse verbessert, Effektivität und Effizienz gesteigert werden? Wie können potenzielle Wirkungen von Kommunikation systematisch erfasst und evaluiert werden?* Einfache Antworten im Gefolge mechanistischer Kommunikationstheorien (Lasswell 1948), wie sie in der Marketinglehre bis heute vermittelt werden (Meffert et al. 2012, S. 606 ff.), helfen hier nicht weiter. Denn Kommunikationsprozesse sind soziale Interaktion zwischen kompetenten Akteuren und insofern immer abhängig von den Handlungen aller Beteiligten (Burkart 2002; vgl. Kapitel „Kommunikation und Medien: Grundbegriffe, Theorien und Konzepte"). Eine einseitige Steuerung und einfache Ursache-Wirkungs-Modelle werden der Komplexität von personal und medial vermittelten Prozessen der Verständigung und Wirklichkeitskonstruktion sowie von symbolisch vermittelten sozialen Interaktionen nicht gerecht. Kommunikationswirkungen sind weder präzise prognostizierbar noch stabil, weil sie immer wieder durch intervenierende Faktoren beeinflusst werden. Sie vollziehen sich innerhalb von Schwankungsbreiten, die sich jedoch über Indikatoren entlang einer vermuteten und durch die Analyse vorheriger Kommunikationsprozesse in Grenzen möglicherweise auch empirisch bestätigten Wirkungskette sichtbar machen lassen (Rolke und Zerfaß 2014). Dabei ist ein *Bezugsrahmen* hilfreich, der Kommunikationsprozesse von der Initiierung durch ein Unternehmen über die (massenmediale) Vermittlung bis zu den potenziellen Wirkungen beim Rezipienten und schlussendlich die Folgen für die Unternehmen und dessen Zielsetzungen schematisch abbildet. Das erleichtert die Verständigung zwischen Top-Management, Kommunikatoren, Controllern, Agenturen, Medien- und Meinungsforschungsinstituten und anderen Beteiligten. Mehrere deutschsprachige Branchenverbände haben gemeinsam mit der Wissenschaft eine solche Hilfestellung entwickelt, den DPRG/ICV-Bezugsrahmen für Kommunikations-Controlling (vgl. vertiefend hierzu Kapitel „Erfolgsmessung und Controlling der Unternehmenskommunikation: Wertbeitrag, Bezugsrahmen und Vorgehensweisen"). Im internationalen Raum gibt es vergleichbare, wenn auch bislang weniger ausdifferenzierte Ansätze (Zerfaß 2014).

Die dritte große Fragestellung im Bereich des Kommunikations-Controllings bezieht sich auf die *Ermittlung des Wertzuwachses oder -verlustes,* den kommunikative Aktivitäten für ein Unternehmen zeitigen. Da Kommunikation immer mit Aufwand und Kosten verbunden ist, ist es für Entscheidungen des Kommunikationsmanagement und der Unternehmensleitung wichtig, ex ante den möglichen Ertrag zu kalkulieren und ex post zu überprüfen, ob und in welchem Ausmaß er realisiert werden konnte. Es geht um die Frage: *Wie kann der Wert von erfolgreicher Kommunikation aus der Perspektive des Unternehmens und in finanziellen Kategorien bestimmt werden?* Dabei ist zunächst zwischen der Beeinflussung von Leistungsprozessen und der Kapitalbildung zu unterscheiden (vgl. oben Abschn. 2). Die positiven Auswirkungen gelungener Kommunikation auf die *laufende Wertschöpfung* zum Beispiel durch eine Stimulierung von kaufrelevanter Nachfrage bei Konsumenten oder eine Reduzierung der Fehlzeiten von Mitarbeitern werden im operativen Ergebnis (Umsatz, Deckungsbeitrag, Gewinn etc.) sichtbar. Hier existieren allgemein anerkannte betriebswirtschaftliche Kennzahlen, die in der Gewinn- und Verlustrechnung ausgewiesen werden können. Die Problematik liegt hier weniger in der Erfolgsmessung als vielmehr in der verursachungsgerechten Zuordung des Aufwands (vgl. Kapitel „Kostentransparenz in der Unternehmenskommunikation") und in der zirkelfreien Konstruktion von Werttreiberketten. Denn in den meisten Fällen gibt es neben der Kommunikation noch weitere Einflussgrößen; in den genannten Beispielen etwa die Produktqualität, den Preis, den Führungsstil der Vorgesetzten usw. Deutlich schwieriger gestaltet sich die Bewertung materieller und immaterieller Werte, die durch Unternehmenskommunikation geschaffen werden. Nur sehr selten schafft Kommunikation direkt *materielles Kapital* im Sinne von bilanzierbarem Anlage- und Umlaufvermögen. Kommunikation trägt jedoch eindeutig zum Aufbau, zum Erhalt und zur Erweiterung *immaterieller Werte* wie Reputation, Marken und Unternehmenskultur bei. Immaterielle Vermögenswerte (Intangibles) werden üblicherweise in Humankapital (Qualifikation, Commitment, Motivation der Mitarbeiter), Strukturkapital (Innovations,- Prozess- und Standortkapital) und Beziehungskapital (Kunden-, Investoren- und Unterstützerkapital) unterschieden. Unternehmenskommunikation schafft aus dieser Perspektive vor allem Beziehungskapital (Bronn 2008), kann aber auch alle anderen Ausprägungen immaterieller Werte im besten Fall positiv, bei misslungenen Kommunikationsprozessen natürlich auch negativ beeinflussen. Die grundsätzliche Schwierigkeit besteht an dieser Stelle darin, dass trotz umfangreicher Anstrengungen in Wissenschaft und Praxis des Controllings und der Wirtschaftsprüfung bis heute – und wohl auch auf absehbare Zeit – keine juristisch normierten Verfahren der Reputations-, Marken- und Kulturbewertung für Unternehmen vorliegen (Möller et al. 2009). Dies bedeutet, dass Aufwendungen für den Aufbau kommunikativer Werte nur als Kosten verbucht werden können, nicht aber als Investitionen für bilanzierbare Vermögensgegenstände, die dann ebenso wie andere Anlagewerte auch periodisch abgeschrieben und bei Bedarf neu bewertet werden könnten. Die Bilanzierungsrichtlinien ermöglichen das nur bei extern erworbenen immaterielle Werten (z. B. lizensierten Marken). Diese spielen im Kommunikationsmanagement aber erfahrungsgemäß nur eine nachgeordnete Rolle. Ein Lösungsansatz ist die *Definition unternehmensspezifischer Standards* zum Beispiel für die Reputationsmessung und die Markenbewertung. Die Ergebnisse können zwar nicht bilanziert werden und der anteilige Beitrag der Kommunikation lässt sich nur selten genau ermitteln; er wird deshalb in der Praxis häufig per Vereinbarung festgelegt. Dennoch ist dies ein guter Ansatzpunkt, um die Entwicklung immaterieller Werte im Zeitverlauf sowie Unterschiede zwischen Geschäftseinheiten, Ländergesellschaften etc. zu beobachten. Damit wird die Steuerung als Hauptziel des Kommunikations-Controllings ermöglicht.

Zum Scheitern verurteilt sind allerdings Versuche, den *Return on Investment (RoI)* von Unternehmenskommunikation zu berechnen. Dies würde voraussetzen, dass sowohl der Aufwand (Investment) als auch die Ergebnisse (Return) in finanziellen Größen (€, US-$, …) bestimmt und zudem der anteilige Einfluss der Kommunikation auf das finanzielle Ergebnis mit Hilfe einer durchgängigen Wertkette eindeutig berechnet werden kann. Das ist in den meisten Anwendungsfällen nicht der Fall – weil es in der Praxis selten verursachungsgerechte Aufschlüsselungen von Kosten für Kommunikation auf Zielsetzungen oder Stakeholder gibt, weil Wirkungen bei sozialen Prozessen immer nur annäherungsweise definiert werden können und weil es mit Ausnahme der kurzfristigen Marktkommunikation an finanziellen Maßstäben für die Bewertung von Kommunikationserfolgen mangelt. Entsprechende Bemühungen und Konzepte, die in der Unternehmenspraxis immer wieder anzutreffen sind, sind daher kritisch zu hinterfragen (Watson und Zerfass 2011).

6.2.3 Phasen des Kommunikationsmanagements

Das Management der Unternehmenskommunikation umfasst verschiedene Schritte, deren Zusammenhang und Abfolge dem klassischen Zyklus der Unternehmenssteuerung entsprechen (vgl. Kapitel „Konzeption von Kommunikationsprogrammen").

In einer *Analysephase* muss die Ausgangssituation erfasst werden. Es geht zum einen um die systematische Erfassung des (kommunikativen) Beziehungsgeflechts zwischen der Unternehmung und den Stakeholdern innerhalb der Organisation, im Markt und im gesellschaftspolitischen Umfeld und zum anderen um die Themen und Meinungen, die in diesem Zusammenhang relevant sind. Hierbei spielen Image-, Reputations- und Meinungsanalysen, Mitarbeiter- und Kundenbefragungen sowie Issues- und Stakeholder-Monitoring eine wichtige Rolle. Ferner muss die kommunikative Ausgangssituation und das Leistungspotenzial der Unternehmung einer eingehenden Prüfung unterzogen werden. Diese Aspekte müssen vor dem Hintergrund der übergreifenden Unternehmensstrategie interpretiert und bewertet werden (Zerfaß 2010, S. 326 ff.).

Die *Planungsphase* beinhaltet die Formulierung, Bewertung und Auswahl alternativer Kommunikationskonzepte. Dabei lassen sich mehrere Konkretisierungsstufen unterscheiden. Die *Kommunikationsstrategie* definiert, welche Ziele im Bereich der Internen Kommunikation, Marktkommunikation und Public Relations erreicht werden sollen, welche Stakeholder zu adressieren sind, welche Positionierung das Unternehmen anstrebt, welche Botschaften man vermitteln will und welche Kommunikationsmittel (Medien, Plattformen und Kanäle) sowie Themen dabei im Vordergrund stehen (vgl. Kapitel „Konzeption von Kommunikationsprogrammen"). Im Rahmen der *Taktik* bzw. operativen Planung geht es dann darum, einzelne Maßnahmenbündel zu schnüren, Zeit- und Kostenpläne aufzustellen und Detailplanungen vorzunehmen.

Die *Realisierung* betrifft die Umsetzung geplanter Kommunikationsmaßnahmen, beispielsweise die Durchführung von Pressekonferenzen, Stakeholderdialogen oder Werbekampagnen, sowie die Beteiligung an extern angestoßenen und deshalb weniger gut vorstrukturierbaren Kommunikationsprozessen (z. B. Anfragen von Journalisten und Politikern). Hier kommt das ganze Spektrum der persönlichen, medialen, massenmedialen und interaktiven Kommunikation zum Einsatz – von der Medienarbeit über die Erstellung redaktioneller Angebote und die Inszenierung von Events bis zu innovativen Formen der Social-Media-Kommunikation.

Die *Kontrolle* bzw. Evaluation greift zwei Problemstellungen auf (Zerfaß 2010, S. 374 ff.). Die (operative) *Ergebniskontrolle* prüft, inwiefern die formulierten Zielsetzungen durch die realisierten Kommunikationsaktivitäten erreicht wurden. Demgegenüber trägt die Prozesskontrolle dem Gedanken Rechnung, dass in den einzelnen Phasen des Kommunikationsmanagements immer wieder alternative Sichtweisen und Handlungsoptionen ausgeblendet werden müssen. Diese Selektivität ist mit großen Risiken behaftet, weil sich die Rahmenbedingungen der Unternehmenskommunikation im Verlauf des Steuerungsprozesses dynamisch weiterentwickeln. Die mitlaufende *Prozesskontrolle* nimmt hier eine kompensatorische Funktion wahr. In operativer Hinsicht ist kontinuierlich zu prüfen, ob die Zielerreichung eine Umsteuerung auf der Handlungsebene (Mittelebene) erforderlich macht (operative Prozesskontrolle). Darüber hinaus muss die Evaluation aber auch immer wieder die Triftigkeit der formulierten Ziele (strategische Prozesskontrolle) und letztlich sogar die Sinnfälligkeit des gesamten Steuerungsprozesses – dies verweist wiederum auf das Kommunikations-Controlling – in Frage stellen.

Der seit mehreren Jahren zu beobachtende Professionalisierungsschub der Unternehmenskommunikation und die Vielzahl einschlägiger Qualifikationsangebote haben dazu geführt, dass die Methodik des Kommunikationsmanagements inzwischen vielfach bekannt ist. Das heißt aber keineswegs, dass dieses Wissen im Alltag auch angewendet wird. In vielen Unternehmen und Agenturen stehen immer noch die kreativen Maßnahmen im Vordergrund – notwendig ist aus Sicht der Unternehmensführung jedoch das Gegenteil: Integrierte Kommunikation muss sich konsequent an den strategischen Unternehmenszielen orientieren, mit Hilfe geeigneter Organisations-, Personal- und Führungsstrukturen im Unternehmen verankert werden und letztlich durch ein stringentes Controllingsystem und einen intelligenten Managementprozess gesteuert werden.

7 Zusammenfassung und Perspektiven

Der vorliegende Beitrag hat gezeigt, dass sich eine Auseinandersetzung mit Fragen der Unternehmenskommunikation nicht an berufsständisch tradierten und auch in der Wirtschaft weit verbreiteten, operativen Definitionen orientieren darf (z. B. „PR = Pressearbeit" oder „Unternehmenskommunikation = PR"). Es muss vielmehr darum gehen, den Beitrag der Kommunikation zur wertorientierten Unternehmensführung („Innensicht"; vgl. Abschn. 2 und 3) sowie zur Handlungskoordination, Interessenintegration und Situationsinterpretation mit relevanten Stakeholdern („Außensicht"; vgl. Abschn. 4) zu verstehen und davon ausgehend ein tragfähiges Konzept der Unternehmenskommunikation (vgl. Abschn. 5) zu entwickeln. Dieses kann dann im Rahmen eines strategisch verankerten, integrierten Kommunikationsmanagements und Kommunikations-Controllings (vgl. Abschn. 6) unternehmensspezifisch ausformuliert und implementiert werden.

Emprische Studien und Erfahrungen aus zahlreichen Praxisprojekten zeigen, dass das hier skizzierte Konzept der Integrierten Kommunikation in vielen globalen Konzernen und bei erfolgreichen mittelständischen Unternehmen verfolgt wird. Das heißt selbstverständlich nicht, dass alle Ziele, Strategien, Strukturen und Prozesse bereits umgesetzt sind. Angesichts der erst kurzen Historie des Kommunikationsmanagements und der sich erst langsam herausbildenden Institutionalisierung eines Berufsfelds mit professionellen Standards sowie unterstützender Ausbildung und Forschung ist allerdings schon viel erreicht worden. Der deutschsprachige Raum kann dabei gemeinsam mit den skandinavischen und angloamerikanischen Ländern eine Vorreiterrolle beanspruchen. Die Emanzipation von der operativen Pressearbeit, Mitarbeiterkommunikation und Beziehungspflege im öffentlichen Raum hin zu einem an Unternehmenszielen orientierten Management und Controlling der Kommunikation ist hier bereits weit vorangeschritten.

Dennoch bleiben viele Herausforderungen. Dies betrifft zum einen die *Kommunikation in kleinen und mittelständischen Unternehmen*. Sie bilden das Rückgrat der Wirtschaft, sind allerdings im Hinblick auf die professionelle Kommunikation oft unterdurchschnittlich aufgestellt (Schütte 2011). Jenseits der Etablierung geeigneter Strukturen und der Entwicklung von Kompetenzen bei den für Kommunikation verantwortlichen Mitarbeitern geht es hier vor allem darum, die Führungsetagen der mittelständischen Wirtschaft mit der Relevanz strategischer Unternehmenskommunikation vertraut zu machen. Allzu oft gibt es hier noch tradierte und verkürzte Sichtweisen, die die Chancen und Herausforderungen einer kommunikativen Profilierung übersehen. Auch über den Mittelstand hinaus zeigen empirische Erhebungen, dass die *Zusammenarbeit zwischen Top-Management und Kommunikationsverantwortlichen* in vielen Fällen verbesserungsfähig ist. Beispielsweise bekunden acht von zehn Kommunikationsmanagern in Europa ein mangelndes Verständnis des Top-Managements für die Rahmenbdingungen und Abläufe strategischer Kommunikation (Zerfass et al. 2012, S. 38). Umgekehrt wenden sich nur zwei Drittel der in einer anderen Studie befragten Vorstände und Geschäftsführer deutscher Großunternehmen an die Kommunikationsmanager oder -abteilungen im eigenen Unternehmen, wenn sie Entwicklungen im Bereich der öffentlichen Meinungsbildung und Strategien für die Unternehmenskommunikation diskutieren wollen (Zerfaß et al. 2013c, S. 37). Hier besteht offenkundig ein Bedarf zur Optimierung und zum besseren Abgleich der gegenseitigen Erwartungen und Leistungen. Die vielschichtigen, natürlich auch von Partialinteressen und Mikropolitik (Holtzhausen 2012, S. 106 ff.) gekennzeichneten Beziehungen zwischen der Unternehmensleitung, anderen internen Auftraggebern bzw. Business Partnern, Kommunikationsabteilungen, einzelnen Teams und Mitarbeitern sowie externen Agenturen und Dienstleistern verdienen ein besonderes Augenmerk.

In übergeordneter Perspektive zeichnen sich für das Kommunikationsmanagement drei große Herausforderungen ab, die in der Unternehmenspraxis und in der Wissenschaft zu diskutieren sind:

- *Medialisierung und Personalisierung.* Das Internet und mobile Telekommunikationslösungen (Smartphones, Tablets) haben dazu geführt, dass die Informationsflut ständig gestiegen ist und Kommunikationsverantwortliche weltweit den Umgang damit als größte Herausforderung im Arbeitsalltag ansehen (Berger und Meng 2014). Gleichzeitig werden Unternehmen immer transparenter. Die Berichterstattung auch über Nebenaspekte der Geschäftstätigkeit steigt, positive wie negative Ereignisse und Meinungen können in Minutenschnelle weltweit verbreitet werden. Letztlich handelt es sich allerdings um eine Schein-Transparenz: Für die meisten Stakeholder ist vieles weder nachprüfbar noch selbst erlebbar. Informationen und Meinungen über Unternehmen, ihre Führungskräfte und ihre Produkte werden mehr denn je massenmedial oder medial vermittelt. Die Medialisierung (Imhof 2006; Saxer 2012, S. 259 ff.) hat die Wirtschaft erfasst – und dies gilt nicht nur für externe Stakeholder, sondern oft auch für die oft rund um die Welt verteilten internen Führungskräfte und Mitarbeiter, für die viele Facetten der eigenen Organisation nur medial vermittelt erlebbar sind. In der Konsequenz werden Unternehmen immer stärker personalisiert und über ihre Top-Manager wahrgenommen (Eisenegger und Wehmeier 2010; Brettschneider und Vollbracht 2011; vgl. Kapitel „Öffentliche Moral und private Wirtschaft: Medialisierung, Personalisierung, Emotionalisierung und Charisma"). Damit wird die *Positionierung und die Kommunikation von CEOs und anderen Führungskräften* in den Arenen der öffentlichen Meinungsbildung zu einer zentralen Herausforderung (Graffin et al. 2012; Hiesserich 2013). Empirische Befunde belegen die Bedeutung in der Praxis, zeigen allerdings auch, dass entsprechende Aktivitäten häufig nicht durch systematische Managementprozesse vorbereitet und evaluiert werden (Zerfass et al. 2013d). Hier besteht Handlungsbedarf, der dadurch noch erweitert wird, dass die Fokussierung auf nur einen Repräsentanten problematisch werden kann, wenn dessen schlechter Ruf denjenigen des Unternehmens negativ beeinflusst – wie dies eine Reputationsstudie der Humboldt-Universität zu Berlin für viele deutsche Vorstandsvorsitzende und Geschäftsführer gezeigt hat (o. V. 2013). Insofern ist darüber nachzudenken, ob und wie andere glaubhafte Repräsentanten des Unternehmens über den CEO hinaus positioniert werden können, sowohl in den Massenmedien als auch in den sozialen Netzwerken im Internet.

- *Internationalisierung und Globalisierung.* Eine weitere Herausforderung betrifft die Internationalisierung der Unternehmenskommunikation einschließlich der zunehmenden interkulturellen Einflüsse auf die Kommunikation mit Stakeholdern und das Management von Kommunikationsprozessen (Sriramesh et al. 2013a; Sriramesh und Verčič 2012). Die Gründe liegen auf der Hand: Unternehmen aus dem deutschsprachigen Raum erschließen angesichts schrumpfender Märkte in Europa immer stärker neue Regionen in Asien, Afrika und Südamerika. Nach Vertrieb und Produktion werden zunehmend auch Teile der Corporate Headquarters und Zentralfunktionen in andere Länder verlagert. Das bedeutet, dass Kommunikationsmanager in diesen Ländern statt ausführender Aufgaben zunehmend strategische Führungsaufgaben übernehmen. Umgekehrt steigen die Investitionen aus Schwellenländern in Europa, wobei manchmal schon bei den Firmenübernahmen sichtbar wird, dass zum Beispiel in asiatischen Unternehmen das Verständnis für die Abläufe der öffentlichen Meinungsbildung in westlichen Gesellschaften wenig ausgeprägt ist. Über den Aufbau geeigneter Strukturen und Prozesse (vgl. Kapitel „Internationale Unternehmenskommunikation") hinaus fordert dies zu einer intensiveren Beschäftigung mit *Kommunikationskulturen* sowie mit den Qualifikationen und Motivationen professioneller Kommunikatoren in anderen Ländern auf. Hier ist ein Austausch beispielsweise mit den aufstrebenden BRICS-Staaten (Brasilien, Russland, Indien, China, Südafrika) von Interesse. Empirische Studien bei Kommunikationsmanagern in Europa belegen die große Praxisrelevanz des Themas und die Notwendigkeit, mehr über die Entwicklung gesellschaftlich, kulturell und politisch sensibler Kommunikationsstrategien sowie die Beobachtung der öffentlichen Meinung im globalen Kontext zu lernen (Zerfass et al. 2013a, S. 60 ff., 2013d).
- *Entschränkung und Entspezialisierung.* Die dritte und zugleich tiefgreifendste Herausforderung für das Kommunikationsmanagement ist der Paradigmenwandel von einer vornehmlich als Expertenaufgabe verstandenen, möglichst zentral gesteuerten Unternehmenskommunikation zu einer *polyphonen Unternehmenskommunikation*, die sich als Vielfalt der Stimmen (und Ohren) aller Organisationsmitglieder definiert (Christensen et al. 2008). Nicht zuletzt durch die Dynamik und Schnelllebigkeit der Social Media-Kommunikation (Zerfaß und Pleil 2012) wird die Vorstellung einer von Unternehmen kontrollierbaren Kommunikation und eines inhaltlich beschränkten, für alle Zielgruppen einheitlichen Erscheinungsbildes (Bruhn 2009, S. 22) als Illusion enttarnt. Denoch kann und sollte das Ziel einer Integrierten Kommunikation beibehalten werden. Allerdings ist davon auszugehen, dass ein Unternehmen viele verschiedene Facetten hat und diese – ausgehend von einem festen Identitätskern, der das Selbstverständnis, die Marke und die Organisationskultur umfasst – in den Beziehungen zu verschiedenen Stakeholdern und in verschiedenen Öffentlichkeiten auch unterschiedlich kommuniziert werden können. Denn die Fragmentierung von Wirtschaft und Gesellschaft betrifft auch Stakeholder und deren Interessenlagen. Das erschwert zunächst die Kommunikationsaufgabe, eröffnet aber andererseits auch mehr Handlungsmöglichkeiten. Damit einher geht eine Neubestimmung der Komunikationsfunktion und des Kommunikationsma-

nagements. In der „communicative organization" (Stockholm Accords 2010), wie eine Deklaration internationaler Kommunikationsverbände heutige Unternehmen treffend charakterisiert, kann die strategische Kommunikation nicht alleine von den spezialisierten Abteilungen und Fachleuten verantwortet werden. Vielmehr sollte es das Ziel sein, *alle Führungskräfte und Mitarbeiter als Kommunikatoren des Unternehmens* einzusetzen. Unternehmenskommunikation (und nicht nur persönliche Kommunikation oder Führungskommunikation) wird damit zum Bestandteil von Kompetenzprofilen aller Organisationsmitglieder. Zugleich ändern sich die Anforderungen an professionelle Kommunikatoren und Kommunikationsabteilungen: Ihre Aufgabe ist es auch, andere zur strategischen Kommunikation zu befähigen (van Ruler und Verčič 2005) und die Kommunikationskapazitäten des Unternehmens auszubauen (Hamrefors 2009). Statt selbst mit Stakeholdern zu kommunizieren, wird zunehmend Training, Coaching und interne Beratung gefragt sein (Heide und Simonsson 2011; Zerfass und Franke 2013). Einzelne Unternehmen wie z. B. die Allianz haben diesen Weg schon eingeschlagen; in der Breite sind die damit verbundenen Herausforderungen aber erst noch zu meistern.

Die Entwicklung erfolgreicher Kommunikationsstrategien und das Schaffen der notwendigen strukturellen Voraussetzungen sind Aufgaben, der Unternehmensführung und Wissenschaft weiterhin große Aufmerksamkeit schenken sollten. Der Austausch zwischen Forschung und Praxis bietet vielfältige Möglichkeiten, dies gemeinsam zu bewältigen.

Literatur

Ahrens, R., Scherer, H., & Zerfaß, A. (Hrsg.). (1995). *Integrierte Unternehmenskommunikation*. Frankfurt am Main: F.A.Z.-Institut.
Argenti, P. A. (2013). *Corporate communication, 6th ed. (International edition)*. New York: McGraw Hill.
Bentele, G. (2009). Ethik der Public Relations. Grundlagen, Probleme, Herausforderungen. In H. Avenarius & G. Bentele (Hrsg.), *Selbstkontrolle im Berufsfeld Public Relations. Reflexionen und Dokumentation* (S. 12–41). Wiesbaden: VS Verlag für Sozialwissenschaften.
Bentele, G., & Seiffert, J. (2009). Organisatorische Transparenz und Vertrauen. In V. Klenk & D. J. Hanke (Hrsg.), *Corporate Transparency* (S. 42–61). Frankfurt am Main: Frankfurter Allgemeine Buch.
Bentele, G., Steinmann, H., & Zerfaß, A. (Hrsg.). (1996). *Dialogorientierte Unternehmenskommunikation. Grundlagen – Praxiserfahrungen – Perspektiven*. Berlin: Vistas.
Bentele, G., Brosius, H.-B., & Jarren, O. (Hrsg.). (2003). *Öffentliche Kommunikation*. Wiesbaden: Westdeutscher Verlag.
Bentele, G., Fröhlich, R., & Szyszka, P. (Hrsg.). (2008). *Handbuch der Public Relations* (2. Aufl.). Wiesbaden: VS Verlag für Sozialwissenschaften.
Berger, B. K., & Meng, J. (Hrsg.). (2014). *Making sense of public relations leaders – The sense makers. A global study of leadership in public relations and communication management*. New York: Routledge.
Besson, N. A. (2003). *Strategische PR-Evaluation*. Wiesbaden: VS Verlag für Sozialwissenschaften.

Botan, C. H., & Hazleton, V. (Hrsg.). (2006). *Public relations theory II*. Mahwah, NJ: Lawrence Erlbaum Associates.
Brettschneider, F., & Vollbracht, M. (2011). Personalization of corporate coverage. In S. Helm, K. Liehr-Gobbers, & C. Storck (Hrsg.), *Reputation management* (S. 267–289). Berlin: Springer.
Brønn, P. S. (2008). Intangible assets and communication. In A. Zerfass, B. van Ruler, & K. Sriramesh (Hrsg.), *Public relations research. European and international perspectives and innovations* (S. 281–291). Wiesbaden: VS Verlag für Sozialwissenschaften.
Bruhn, M. (2005). *Unternehmens- und Markenkommunikation*. München: Vahlen.
Bruhn, M. (2009). *Integrierte Unternehmens- und Markenkommunikation* (5. Aufl.). Stuttgart: Schäffer-Poeschel.
Bruhn, M., & Ahlers, G. M. (2004). Der Streit um die Vormachtstellung von Marketing und Public Relations in der Unternehmenskommunikation – Eine unendliche Geschichte? *Marketing ZFP, 26*(1), 71–80.
Bruhn, M., & Wunderlich, W. (Hrsg.). (2004). *Medium Gerücht*. Bern: Haupt.
Bruning, S. D., & Ledingham, J. A. (Hrsg.). (2000). *Public relations as relationship management*. Mahwah: Lawrence Erlbaum Associates.
Burkart, R. (2002). *Kommunikationswissenschaft* (4. Aufl.). Wien: Böhlau.
Burkart, R. (2008). Verständigungsorientierte Öffentlichkeitsarbeit. In G. Bentele, R. Fröhlich, & P. Szyszka (Hrsg.), *Handbuch der Public Relations* (2. Aufl., S. 223–240). Wiesbaden: VS Verlag für Sozialwissenschaften.
Chesbrough, H. W. (2003). *Open innovation. The new imperative for creating and profiting from technology*. Boston: Harvard Business School Press.
Christensen, L. T., & Cornelissen, J. (2013). Bridging corporate and organizational communication: Review, development and a look to the future. In A. Zerfaß, L. Rademacher, & S. Wehmeier (Hrsg.), *Organisationskommunikation und Public Relations. Forschungsparadigmen und neue Perspektiven* (S. 43–72). Wiesbaden: Springer VS.
Christensen, L. T., Morsing, M., & Cheney, G. (2008). *Corporate communications. Convention, complexity, and critique*. Los Angeles: Sage.
Coombs, W. T. (2012). *Ongoing crisis communications: Planning, managing and responding* (3. Aufl.). Los Angeles: Sage.
Cornelissen, J. (2011). *Corporate communication* (3. Aufl.). London: Sage.
Eisenegger, M., & Wehmeier, S. (Hrsg.). (2010). *Personalisierung der Organisationskommunikation. Theoretische Zugänge, Empirie und Praxis*. Wiesbaden: VS Verlag für Sozialwissenschaften.
Freeman, R. E. (1984). *Strategic management: A stakeholder approach*. Boston: Pitman.
Friedman, T. (2006). *The world is flat. The globalized world in the twenty-first century* (2. Aufl.). New York: Penguin Books.
Gälweiler, A. (2005). *Strategische Unternehmensführung* (3. Aufl.). Frankfurt am Main: Campus.
Gerum, E. (2009). Unternehmensordnung. In F. X. Bea, B. Friedl, & M. Schweitzer (Hrsg.), *Allgemeine Betriebswirtschaftslehre, Bd. 1: Grundfragen* (10. Aufl., S. 224–309). Konstanz: UVK/Lucius.
Giddens, A. (1984). *The constitution of society. Outline of the theory of structuration*. Cambridge: Polity Press.
Giddens, A. (1990). *The consequences of modernity*. Stanford: Stanford University Press.
Graffin, S. D., Pfarrer, M. D., & Hill, M. H. (2012). Untangling executive reputation and corporate reputation: Who made who? In M. L. Barnett & T. G. Pollock (Hrsg.), *The Oxford handbook of corporate reputation* (S. 221–240). Oxford: Oxford University Press.
Grunig, J. E., Grunig, L. A., & Dozier, D. M. (2002). *Excellent public relations and effective organizations: A study of communication management in three countries*. Mahwah: Lawrence Erlbaum Associates.
Grunig, J. E., Grunig, L. A., & Dozier, D. M. (2006). The excellence theory. In C. H. Botan & V. Hazleton (Hrsg.), *Public relations theory II* (S. 21–62). Mahwah: Lawrence Erlbaum Associates.

Habermas, J. (1980). Handlung und System – Bemerkungen zu Parsons' Medientheorie. In W. Schluchter (Hrsg.), *Verhalten, Handeln und System* (S. 68–105). Frankfurt am Main: Suhrkamp.
Habermas, J. (1987a). *Theorie des kommunikativen Handelns. Bd. 1: Handlungsrationalität und gesellschaftliche Rationalisierung* (4. Aufl.). Frankfurt am Main: Suhrkamp.
Habermas, J. (1987b). *Theorie des kommunikativen Handelns. Bd. 2: Zur Kritik der funktionalistischen Vernunft* (4. Aufl.). Frankfurt am Main: Suhrkamp.
Habermas, J. (1988). Handlungen, Sprechakte, sprachlich vermittelte Interaktionen und Lebenswelt. In J. Habermas (Hrsg.), Nachmetaphysisches Denken (S. 63–104). Frankfurt am Main: Suhrkamp.
Habermas, J. (1992). *Faktizität und Geltung. Beiträge zur Diskurstheorie des Rechts und des demokratischen Rechtsstaats*. Frankfurt am Main: Suhrkamp.
Habermas, J. (2006). Political communication in media society: Does democracy still enjoy an epistemic dimension? The impact of normative theory on empirical research. *Communication Theory, 16*(4), 411–426.
Hackman, M. Z., & Johnson, C. E. (2009). *Leadership–A communication perspective* (5. Aufl.). Long Grove: Waveland Press.
Hamrefors, S. (2009). *The information officer's role in leadership. Final report in the research project „Business Effective Communication"*. Stockholm: The Swedish PR Association.
Heath, R. L. (Hrsg.). (2010). *The SAGE Handbook of Public Relations* (2. Aufl.). Thousand Oaks: Sage.
Heide, M., & Simonsson, C. (2011). Putting coworkers in the limelight: New challenges for communication professionals. *International Journal of Strategic Communication, 5*(4), 201–220.
Heinen, E. (1992). *Einführung in die Betriebswirtschaftslehre* (9. Aufl.). Wiesbaden: Gabler.
Heß, G. (1991). *Marktsignale und Wettbewerbsstrategie*. Stuttgart: Schäffer-Poeschel.
Hiesserich, J. (2013). *Der CEO-Navigator: Rollenbestimmung und -kommunikation für Top-Manager*. Frankfurt am Main: Campus.
Hoffjann, O., & Huck-Sandhu, S. (Hrsg.). (2013). *UnVergessene Diskurse – 20 Jahre PR- und Organisationskommunikationsforschung*. Wiesbaden: Springer VS.
Holtzhausen, D. (2012). *Public relations as activism. Postmodern approaches to theory & practice*. New York: Routledge.
Holtzhausen, D., & Zerfass, A. (2013). Strategic communication – An alternative paradigm and its relation to public relations and organizational communication. In K. Sriramesh, A. Zerfass, & J.-N. Kim (Hrsg.), *Current trends and emerging topics in public relations and communication management* (S. 283–302). New York: Routledge.
Holzinger, T., & Sturmer, M. (2012). *Im Netz der Nachricht: Die Newsroom-Strategie als PR-Roman*. Berlin: Springer.
Huck-Sandhu, S. (2013). Internationale Unternehmenskommunikation. In C. Mast (Hrsg.), *Unternehmenskommunikation* (5. Aufl., S. 365-383). Konstanz, München: UVK/Lucius.
Imhof, K. (2006). Mediengesellschaft und Medialisierung. *Medien & Kommunikationswissenschaft, 54*(2), 191–215.
Ingenhoff, D. (2004). *Corporate Issues Management in multinationalen Unternehmen*. Wiesbaden: VS Verlag für Sozialwissenschaften.
Jarren, O., & Röttger, U. (2009). Steuerung, Reflexion und Interpenetration: Kernelemente einer strukturationstheoretisch begründeten PR-Theorie. In U. Röttger (Hrsg.), *Theorien der Public Relations* (2. Aufl., S. 29-49). Wiesbaden: VS Verlag für Sozialwissenschaften.
Joas, H., & Knöbl, W. (2004). *Sozialtheorie*. Frankfurt am Main: Suhrkamp.
Kambartel, F. (1974). Moralisches Argumentieren – Methodische Analysen zur Ethik. In F. Kambartel (Hrsg.), *Praktische Philosophie und Wissenschaftstheorie* (S. 54–72). Frankfurt am Main: Suhrkamp.
Kaplan, R. S., & Norton, D. P. (2004). *Strategy maps*. Boston: Harvard Business School Press.
Kieser, A. (1994). Fremdorganisation, Selbstorganisation und evolutionäres Management. *Zeitschrift für betriebswirtschaftliche Forschung, 46*(3), 199–228.

Kirchner, K. (2001). *Integrierte Unternehmenskommunikation*. Wiesbaden: Westdeutscher Verlag.
Klewes, J., & Zerfaß, A. (2011). *Strukturen und Prozesse in der Unternehmenskommunikation. Qualitative Studie zu Status Quo und Trends in der Organisation der Kommunikationsfunktion in deutschen Konzernen*. Düsseldorf: Heinrich-Heine-Universität Düsseldorf/Universität Leipzig.
Lasswell, H. D. (1948). The structure and function of communication in society. In L. Bryson (Hrsg.), *The communication of ideas* (S. 37–52). New York: Harper & Row.
Lewis, L. K. (2011). *Organizational change: Creating change through strategic communication*. Malden: Wiley-Blackwell.
Macnamara, J. R. (2013). Beyond voice: Audience-making and the work and architecture of listening as new media literacies. *Continuum: Journal of Media and Cultural Studies, 27*(1), 160–175.
Mast, C. (2013). *Unternehmenskommunikation* (5. Aufl.). Konstanz: UVK/Lucius.
Meckel, M., & Will, M. (2006). Media relations. In M. Meckel & B. F. Schmid (Hrsg.), *Unternehmenskommunikation* (2. Aufl., S. 291–322). Wiesbaden: Gabler.
Meffert, H. (1986). *Marketing: Grundlagen marktorientierter Unternehmensführung* (7. Aufl.). Wiesbaden: Gabler.
Meffert, H., Burmann, C., & Kirchgeorg, M. (2012). *Marketing: Grundlagen marktorientierter Unternehmensführung* (11. Aufl.). Wiesbaden: Gabler.
Möller, K., Piwinger, M., & Zerfaß, A. (Hrsg.). (2009). *Immaterielle Vermögenswerte: Bewertung, Berichterstattung und Kommunikation*. Stuttgart: Schäffer-Poeschel.
Müller-Stewens, G., & Lechner, C. (2011). *Strategisches Management* (4. Aufl.). Stuttgart: Schäffer-Poeschel.
Noelle-Neumann, E., Schulz, W., & Wilke, J. (Hrsg.). (2009). *Publizistik Massenkommunikation (Fischer Lexikon)*, Neuauflage. Frankfurt am Main: Fischer.
o. V. (2013). Hall of Shame. Studie zum Image der deutschen CEOs. *Manager Magazin, 43*(8), 28–46.
Palazzo, G., & Scherer, A. G. (2006). Corporate legitimacy as deliberation: A communicative framework. *Journal of Business Ethics, 66*(1), 71–88.
Parsons, T. (1980). *Zur Theorie der sozialen Interaktionsmedien*. Opladen: Westdeutscher Verlag.
Payne, A., & Frow, P. (2013). *Strategic customer management: Integrating relationship marketing and CRM*. Oxford: Oxford University Press.
Peters, B. (1991). *Rationalität, Recht und Gesellschaft*. Frankfurt am Main: Suhrkamp.
Peters, B. (1993). *Die Integration moderner Gesellschaften*. Frankfurt am Main: Suhrkamp.
Pfannenberg, J. (2010). Strategisches Kommunikations-Controlling mit der Balanced Scorecard. In J. Pfannenberg & A. Zerfaß (Hrsg.), *Wertschöpfung durch Kommunikation: Strategisches Kommunikations-Controlling in der Unternehmenspraxis* (S. 61–83). Frankfurt am Main: Frankfurter Allgemeine Buch.
Pfannenberg, J., & Zerfaß, A. (Hrsg.). (2005). *Wertschöpfung durch Kommunikation. Wie Unternehmen den Erfolg ihrer Kommunikation steuern und bilanzieren*. Frankfurt am Main: Frankfurter Allgemeine Buch.
Pfannenberg, J., & Zerfaß, A. (Hrsg.). (2010). *Wertschöpfung durch Kommunikation: Strategisches Kommunikations-Controlling in der Unternehmenspraxis*. Frankfurt am Main: Frankfurter Allgemeine Buch.
Piller, F., Schubert, P., Koch, M., & Möslein, K. (2005). Overcoming mass confusion: Collaborative customer co-design in online communities. *Journal of Computer-Mediated Communication, 10*(4), o. S.
Porter, M. E. (1985). *Competitive advantage*. New York: Free Press.
Porter, M. E. (1990). *The competitive advantage of nations*. New York: Free Press.
Porter, M. E., & Kramer, M. R. (2006). Strategy & society. The link between competitive advantage and corporate social responsibility. *Harvard Business Review, 84*(12), 78–92.
Prahalad, C. K., & Hamel, G. (1990). The core competence and the corporation. *Harvard Business Review, 68*(3), 79–91.

Prahm, S. (2010). *Szenariotechnik im Kommunikationsmanagement: Grundlagen, Anwendungsmöglichkeiten, Grenzen*. Unveröff. Masterarbeit. Leipzig: Universität Leipzig.
Raabe, T. (1993). *Konsumentenbeteiligung an der Produktinnovation*. Frankfurt am Main: Campus.
Rademacher, L. (2003). Positionen der Integrierten Kommunikation – Ansprüche, Reichweiten und Grenzen. In G. Bentele, M. Piwinger, & G. Schönborn (Hrsg.), *Kommunikationsmanagement* (Loseblattwerk 2001 ff., Nr. 2.11, S. 1–34). Köln: Luchterhand.
Rademacher, L. (2013). Integrierte Kommunikation: Bezugsfelder und Herausforderungen für die Organisationskommunikation. In O. Hoffjann & S. Huck-Sandhu (Hrsg.), *UnVergessene Diskurse-20 Jahre PR- und Organisationskommunikationsforschung* (S. 417–436). Wiesbaden: Springer VS.
Rappaport, A. (1998). *Creating Shareholder Value* (2. Aufl.). New York: Free Press.
Rappaport, A. (2006). Ten ways to create shareholder value. *Harvard Business Review, 84*(9), 66–77.
Röttger, U. (Hrsg.). (2009). *Theorien der Public Relations* (2. Aufl.). Wiesbaden: VS Verlag für Sozialwissenschaften.
Röttger, U., Gehrau, V., & Preusse, J. (2013a). *Strategische Kommunikation. Umrisse und Perspektiven eines Forschungsfelds*. Wiesbaden: Springer VS.
Röttger, U., Zerfaß, A., Kiesenbauer, J., & Stahl, J. (2013b). *Führung im Kommunikationsmanagement – Herausforderungen im internationalen Vergleich. Forschungsberichte zur Unternehmenskommunikation Nr. 1.* Leipzig: Akademische Gesellschaft für Unternehmensführung und Kommunikation.
Ruud, T. F., & Pfister, J. (2007). Kostenerfassung der Unternehmenskommunikation. In M. Piwinger & A. Zerfaß (Hrsg.), *Handbuch Unternehmenskommunikation* (1. Aufl., S. 631–645). Wiesbaden: Gabler.
Saxer, U. (2012). *Mediengesellschaft – Eine kommunikationssoziologische Perspektive*. Wiesbaden: VS Verlag für Sozialwissenschaften.
Schimank, U. (1992). Spezifische Interessenkonsense trotz generellem Orientierungsdissens. Ein Integrationsmechanismus polyzentrischer Gesellschaften. In H.-J. Giegel (Hrsg.), *Kommunikation und Konsens in modernen Gesellschaften* (S. 236–275). Frankfurt am Main: Suhrkamp.
Schmidt, W., & Stobbe, R. (2011). *Reputation und Werthaltigkeit – Das Wirkungsstufenmodell in der Praxis des Controllings*. Vortrag beim 7. Fachtag Kommunikations-Controlling, September 2012, Mainz.
Schreyögg, G. (1984). *Unternehmensstrategie: Grundfragen einer Theorie strategischer Unternehmensführung*. Berlin: De Gruyter.
Schulz, W. (2009). Public Relations/Öffentlichkeitsarbeit. In E. Noelle-Neumann, W. Schulz, & J. Wilke (Hrsg.), *Publizistik Massenkommunikation (Fischer Lexikon)*, Neuauflage (S. 565–592). Frankfurt am Main: Fischer.
Schütte, D. (2011). *Mittelstands-PR in Deutschland. Eine Studie zur Kommunikationsarbeit mitelständischer Unternehmen*. Konstanz: UVK.
Schweickart, N., & Töpfer, A. (Hrsg.). (2006). *Wertorientiertes Management*. Berlin: Springer.
Sriramesh, K. (2006). The relationship between culture and public relations. In E. L. Toth (Hrsg.), *The future of excellence in public relations and communication management* (S. 507–526), Mahwah: Lawrence Erlbaum Associates.
Sriramesh, K., & Verčič, D. (Hrsg.). (2012). *Culture and public relations*. New York: Routledge.
Sriramesh, K., Rhee, Y., & Sung, M. (2013a). Aligning public relations with the demands of globalization. conceptual foundations for a theory of global public relations. In K. Sriramesh, A. Zerfass, & J.-N. Kim (Hrsg.), *Current trends and emerging topics in public relations and communication management* (S. 108–125). New York: Routledge.
Sriramesh, K., Zerfass, A., & Kim, J.-N. (Hrsg.). (2013b). *Current trends and emerging topics in public relations and communication management*. New York: Routledge.
Stacks, D. (2011). *Primer of public relations research* (2. Aufl.). New York: The Guildford Press.

Staehle, W. H. (1969). Die Unternehmung als Koalition und die Notwendigkeit der Werbung um Koalitionsteilnehmer. *Zeitschrift für Betriebswirtschaft, 39,* 377–390.

Steinmann, H. (2006). Unternehmensethik. Integration in das Lehrgebäude der Managementlehre. In R. J. Zaugg (Hrsg.), *Handbuch Kompetenzmanagement* (S. 15–27). Bern: Haupt.

Steinmann, H., & Löhr, A. (1994). *Grundlagen der Unternehmensethik.* Stuttgart: Schäffer-Poeschel.

Steinmann, H., & Schreyögg, G. (2005). *Management: Grundlagen der Unternehmensführung* (6. Aufl.). Wiesbaden: Gabler.

Steinmann, H., Schreyögg, G., & Koch, J. (2013). *Management: Grundlagen der Unternehmensführung* (7. Aufl.). Wiesbaden: Springer Gabler.

Steinmann, H., & Zerfaß, A. (1993a). Corporate dialogue – A new perspective for public relations. *Business Ethics – A European Review, 2*(2), 58–63.

Steinmann, H., & Zerfaß, A. (1993b). Privates Unternehmertum und öffentliches Interesse. In G. R. Wagner (Hrsg.), *Betriebswirtschaft und Umweltschutz* (S. 3–26). Stuttgart: Schäffer-Poeschel.

Steyn, B. (2006). Contribution of public relations to organizational strategy formulation. In E. L. Toth (Hrsg.), *The future of excellence in public relations and communication management* (S. 137–172). Mahwah: Lawrence Erlbaum Associates.

Stockholm Accords (2010). *Final text.* www.stockholmaccords.org/accords-text. Zugegriffen: 10. Jan. 2014.

Ströh, U. (2006). Postmodern corporate communication strategy. In E. L. Toth (Hrsg.), *the future of excellence in public relations and communication management* (S. 199–220). Mahwah: Lawrence Erlbaum Associates.

Tench, R., Zerfass, A., Verhoeven, P., Vercic, D., Moreno, A., & Okay, A. (2013). *Competencies and role requirements of communication professionals in Europe. Insights from quantitative and qualitative studies. ECOPSI research project.* Leeds: Leeds Metropolitan University.

Theis, A.-M. (1994). *Organisationskommunikation.* Opladen: Westdeutscher Verlag.

Toth, E. L. (Hrsg.). (2006). *The future of excellence in public relations and communication management.* Mahwah: Lawrence Erlbaum Associates.

Van Dijk, J. (2012). *The network society* (3. Aufl.). London: Sage.

Van Riel, C. B. M., & Fombrun, C. (2007). *Essentials of corporate communication.* London: Routledge.

Van Ruler, B., & Verčič, D. (2005). Reflective communication management. Future ways for public relations research. *Communication Yearbook, 29,* 239–274.

Van Suntum, U. (2013). *Die unsichtbare Hand. Ökonomisches Denken gestern und heute* (3. Aufl.). Wiesbaden: Springer Gabler.

Watson, T., & Noble, P. (2007). *Evaluating public relations* (2. Aufl.). London: Kogan Page.

Watson, T., & Zerfass, A. (2011). Return on investment in public relations. A critique of concepts used by practitioners from communication and management sciences perspectives. *PRism, 8*(1), 1–14.

Weber, J., Bramsemann, U., Heineke, C., & Hirsch, B. (2004). *Wertorientierte Unternehmenssteuerung.* Wiesbaden: Gabler.

Weber, M. (1964). *Wirtschaft und Gesellschaft (Studienausgabe, hrsg. von Johannes Winckelmann), Erster Halbband.* Köln: Kiepenheuer & Witsch.

Wehmeier, S., Rademacher, S., & Zerfaß, A. (2013). Organisationskommunikation und Public Relations: Unterschiede und Gemeinsamkeiten. In A. Zerfaß, L. Rademacher & S. Wehmeier (Hrsg.), *Organisationskommunikation und Public Relations. Forschungsparadigmen und neue Perspektiven* (S. 7–24). Wiesbaden: Springer VS.

Will, M. (2007). *Wertorientiertes Kommunikationsmanagement.* Stuttgart: Schäffer-Poeschel.

Wirtz, B. W. (2013). *Medien- und Internetmanagement* (8. Aufl.). Wiesbaden: Springer Gabler.

ZAW Zentralverband der Werbewirtschaft. (2013). *Werbung in Deutschland 2013.* Berlin: Edition ZAW.

Zerfaß, A. (2009). Kommunikation als konstitutives Element im Innovationsmanagement. Soziologische und kommunikationswissenschaftliche Grundlagen der Open Innovation. In A. Zerfaß & K. M. Möslein (Hrsg.), *Kommunikation als Erfolgsfaktor im Innovationsmanagement – Strategien im Zeitalter der Open Innovation* (S. 23–55). Wiesbaden: Gabler.

Zerfaß, A. (2010). *Unternehmensführung und Öffentlichkeitsarbeit. Grundlegung einer Theorie der Unternehmenskommunikation und Public Relations* (3. Aufl.). Wiesbaden: VS Verlag für Sozialwissenschaften.

Zerfaß, A. (2014). Kommunikations-Controlling: Steuerung und Wertschöpfung. In G. Bentele, R. Fröhlich, & P. Szyszka (Hrsg.), *Handbuch der Public Relations* (3. Aufl.). Wiesbaden: Springer VS.

Zerfass, A., & Franke, N. (2013). Enabling, advising, supporting, executing: A theoretical framework for internal communication consulting within organizations. *International Journal of Strategic Communication, 7*(2), 118–135.

Zerfaß, A., & Möslein, K. M. (Hrsg.). (2009). *Kommunikation als Erfolgsfaktor im Innovationsmanagement – Strategien im Zeitalter der Open Innovation.* Wiesbaden: Gabler.

Zerfaß, A., & Pleil, T. (Hrsg.). (2012). *Handbuch Online-PR. Strategische Kommunikation in Internet und Social Web.* Konstanz: UVK.

Zerfass, A., Tench, R., Verhoeven, P., Verčič, D., & Moreno, A. (2010). *European Communication Monitor 2010. Status Quo and challenges for public relations in europe. Results of an empirical survey in 46 countries.* Brüssel: EACD/EUPRERA, Helios Media.

Zerfass, A., Verčič, D., Verhoeven, P., Moreno, A., & Tench, R. (2012). *European Communication Monitor 2012. Challenges and competencies for strategic communication. Results of an empirical survey in 42 countries.* Brüssel: EACD/EUPRERA, Helios Media.

Zerfass, A., Moreno, A., Tench, R., Verčič, D., & Verhoeven, P. (2013a). *European Communication-Monitor 2013. A changing landscape – managing crises, digital communication and CEO positioning in Europe. Results of a survey in 43 countries.* Brüssel: EACD/EUPRERA, Helios Media.

Zerfaß, A., Rademacher, L., & Wehmeier, S. (Hrsg.). (2013b). *Organisationskommunikation und Public Relations. Forschungsparadigmen und neue Perspektiven.* Wiesbaden: Springer VS.

Zerfaß, A., Schwalbach, J., & Sherzada, M. (2013c). *Unternehmenskommunikation aus der Perspektive des Top-Managements. Eine empirische Studie bei Vorständen und Geschäftsführern in deutschen Großunternehmen.* Leipzig: Universität Leipzig. http://bit.ly/ukom2013. Zugegriffen: 02. Jan. 2014.

Zerfass, A., Verčič, D., Moreno, A., Verhoeven, P., Tench, R., & Klewes, J. (2013d). *European Chief Communications Officers Survey 2013. Managing CEO positioning and international communication: Insights from interviews with corporate communication leaders.* London: Ketchum/EUPRERA.

Stakeholder-Management als kommunikatives Beziehungsmanagement: Netzwerktheoretische Grundlagen der Unternehmenskommunikation

Matthias Karmasin und Franzisca Weder

Zusammenfassung

Unternehmen stehen in vielfältigen Beziehungen zu Anspruchs- und Zielgruppen, Bezugsgruppen, Shareholdern und Stakeholdern. Diese Vernetzungen werden unter verschiedenen Begrifflichkeiten diskutiert. Sie führen in der heutigen Kommunikationsgesellschaft zu neuen Herausforderungen. Vom „Networking" auf individueller Beziehungsebene über Stakeholder-Relations bis zum Informations- und Wissensmanagement bedarf es eines kommunikativen Beziehungsmanagements. Hier setzt eine Neukonzeption des Stakeholder-Managements an, das vor allem die Unternehmenskommunikation in ihrer Funktion als Netzwerkmanagement versteht. Dieser Beitrag setzt sich aus einer netzwerktheoretischen Perspektive mit verschiedenen Ansätzen des Stakeholder-Managements auseinander und konzipiert dieses als *Beziehungsmanagement*. Darauf aufbauend wird Unternehmenskommunikation als *kommunikatives Netzwerkmanagement* beschrieben. Abschließend werden die Möglichkeiten und Grenzen einer praktischen Umsetzung diskutiert.

Schlüsselworter

Unternehmenskommunikation · Stakeholder · Stakeholder-Management · Soziale Netzwerke · Netzwerkkommunikation · Netzwerkmanagement · Unternehmensethik

---

M. Karmasin (✉) · F. Weder
Alpen-Adria-Universität, Institut für Medien- und Kommunikationswissenschaft
Universitätsstraße 65-67, 9020 Klagenfurt, Österreich
E-Mail: matthias.karmasin@aau.at

F. Weder
E-Mail: franzisca.weder@aau.at

1 Stakeholder-Management alt und neu

Die Orientierung an Shareholdern und Stakeholdern ist in der heutigen Unternehmenspraxis weniger eine bestimmte Strategie als vielmehr Selbstverständlichkeit. Neben den Shareholdern, also den Anteilseignern bzw. Aktionären, sind unterschiedlichste Gruppen, die Interesse an den Prozessen und Strukturen einer Unternehmung haben, an diesen mittelbar oder unmittelbar beteiligt oder von diesen betroffen sind, sind also die so genannten *Stakeholder* in den Fokus organisationaler Aktivitäten gerückt. Die Idee der Stakeholder-Orientierung wurde insbesondere in der Betriebswirtschaftslehre als Erweiterung des Shareholder-Value-Prinzips entwickelt und versucht, eine Organisation in ihrem sozialökonomischen Kontext zu begreifen. Damit rücken die Bezüge einer Organisation beziehungsweise Unternehmung zu externen Anspruchsgruppen wie Politik/Staat, Lieferanten, Kunden aber auch internen Anspruchsgruppen wie Mitarbeiter, Eigentümer oder das Management in den Vordergrund strategischer Überlegungen und Implikationen (Freeman 1984). Ausgehend von diesen Überlegungen entstanden praxisnahe Konzepte aber auch theoretische Modelle, die sich mit der Identifikation und Priorisierung der Stakeholder sowie Fragen der Legitimationspflicht gegenüber den Interessen- bzw. Anspruchsgruppen oder Einfluss- und Machtpotenzialen auseinandergesetzt haben (Mitchell et al. 1997, vgl. Überblick in Abb. 1).

> **Stakeholder-Management**
> Stakeholder-Management ist eine Erweiterung von nur auf die Eigenkapitalgeber fokussierten Ansätze n der Unternehmensführung (Shareholder-Management). Das Stakeholder-Management geht davon aus, dass der Erfolg von Unternehmungen in einer komplexen sozialen Umwelt von den Beziehungen zu allen Stakeholdern (Anspruchsgruppen) abhängt. Der Ansatz des Stakeholder-Managements ist sowohl deskriptiv, da er Organisationen als in Beziehungsnetzwerke eingebettet beschreibt, als auch normativ, indem er eine Einbindung aller legitimen Ansprüche in Entscheidungen der Organisation einfordert.

Rowley (1997) unternahm als erster den Versuch, das Beziehungsnetzwerk der Stakeholder, ausgehend von der Stakeholder-Theorie in das Unternehmen eingebettet und eingebunden, mit Hilfe der Theorie sozialer Netzwerke zu erfassen. Eine netzwerktheoretische Perspektive fordert vorhergehende Überlegungen zu Stakeholdern sowie deren Management dahingehend heraus, dass weniger die Organisation und ihre Share- und/oder Stakeholder als vielmehr die *Relations*, die Beziehungszusammenhänge selbst im Mittelpunkt des Interesses stehen (Rowley 1997; Roloff 2008a, b). Damit geraten funktionale Ansätze, die eine Einteilung von Stakeholdern nach Marktsegmenten, nach gesellschaftlichen Handlungsfeldern wie Politik oder Wirtschaft oder gar nach Größe, finanzieller Macht oder demografischen Kategorien ordnen und bewerten, an ihre Grenzen. Ebenso weiterentwickelt wird damit die Vorstellung einer fokalen Organisation als „hub" zur Idee der *Embed-*

dedness einer Organisation in einen größeren Strukturzusammenhang. Der tatsächliche, aktuelle Beziehungszusammenhang zwischen einer Organisation und ihren Stakeholdern sowie die beiden Charakteristika der *Dualität* und *Rekursivität* der Beziehungen steht im Mittelpunkt der folgenden Betrachtungen. Dafür werden

- erstens Potenzial von Netzwerktheorien und -analysen in Bezug auf bisherige Stakeholder-Modelle,
- zweitens die Frage nach der diese Netzwerke konstituierenden Rolle von Kommunikation und nach der Bedeutung von Teilöffentlichkeiten, in denen die aktuellen Netzwerkbeziehungszusammenhänge entstehen, sich aber nach der „Bearbeitung eines Themas" auch wieder lösen können, und
- drittens die Herausforderungen, die sich für das strategische Kommunikationsmanagement durch eine ‚Zwei-Weg'-Netzwerkkommunikation stellen,
- beschrieben und so die daran anschließendenÜberlegungen zu praktischen Implikationen für die Unternehmenskommunikation theoretisch vorbereitet.

1.1 Stakeholder-Management und das Potenzial netzwerktheoretischer Ansätze

Im Kern stammt der Ansatz des Stakeholder-Managements aus der (anglo-)amerikanischen Diskussion um das strategische Management und die Natur, Rolle, Aufgabe und Verantwortung der Unternehmung in der modernen Gesellschaft. Von dort hat er sich in verschiedenste Theoriebereiche und Anwendungsfelder weiter ausdifferenziert. Die Auseinandersetzung mit traditionellen Ansätzen, (der ursprünglich aus den USA stammende Ansatz wurde von Freeman (1984) für die Managementwissenschaft fruchtbar gemacht, aktuelle Auseinandersetzung bei Stieb 2009 in Bezug auf Freeman 1994) und die Erweiterung der traditionellen betriebswirtschaftlichen Ansätze (Übersicht in Clarkson 1998, Post et al. 2002; Diskussion von Convergent bzw. Divergent Stakeholder Theorie in Jones und Wicks 1999; Freeman 1999). besteht in dem grundlegenden Gedanken, dass sich eine Organisation nicht aus sich selbst definieren kann (Steinmann und Wagner 1998). Bezogen auf *Managementprozesse* impliziert dies nicht nur eine Abkehr von *tayloristisch*-funktionalen hin zu *kontroll-determinierten* Managementstrategien (Rückgängigmachung der Arbeitsteilung im Sinne der Reintegration von Denken und Handeln), sondern auch eine Umkehr des strategischen und operativen Planungs- und Kontrollprozesses im Sinne einer Stakeholder-Integration (Frooman 2010). In kommunikationswissenschaftlicher Perspektive impliziert der Stakeholder Ansatz

- erstens eine differenzierte Auffassung der Organisation, eingebunden in die Informations- und Mediengesellschaft, und
- zweitens eine erweiterte Auffassung der Unternehmens- als Organisationskommunikation.

Gemeinsam mit anderen aktuellen Theorien der Organisationskommunikation und Public Relations ist dem Stakeholder Ansatz der Ausgangspunkt, nämlich dass eine Organisation nicht autonom existiert, sondern in ihre Umwelten auch kommunikativ integriert ist (Karmasin und Weder 2008; Raupp et al. 2011). Der Stakeholder Ansatz verlangt also mit Karmasin (2010):

- erstens nach einer Integration von Ansätzen gesellschaftsbezogener Unternehmensführung, Corporate Citizenship, sozialer Verantwortung etc. und
- zweitens nach einer Integration organisationstheoretischer Ansätze, die die Kommunikation von Organisation und die Organisation von Kommunikation im Sinne einer Integration der Organisation in die Gesellschaft und einer Rückkehr derselben in die Organisation erfassen und erklärbar machen.

Durch die kommunikative Vernetzung von Unternehmen in der Informations- und Mediengesellschaft bedarf es heute einer verfeinerten theoretischen Auseinandersetzung mit den vielfältigen Beziehungszusammenhängen – soweit ein struktur-funktionales Verständnis – insbesondere der „intertwining relationships" zwischen einer Organisation und ihren Stakeholdern und *zwischen den Stakeholdern* selbst (Neville und Menguc 2006). Darüber hinaus erscheinen insbesondere die Kommunikationsprozesse diskussionswürdig, mit denen eine Organisation die beschriebene *Eingebundenheit in die Gesellschaft* aufbaut, erhält und möglicherweise aufbricht oder abbricht, mit denen sie also ihre Netzwerke und Beteiligungen an öffentlichen Themenräumen gestaltet.

Das Netzwerk-Paradigma ist heute nicht nur durch das Internet in das Bewusstsein der Gesellschaft eingedrungen. Sich zu vernetzen ist gleichsam das Gebot des neuen Jahrhunderts, doch ist der inflationäre Gebrauch des Netzwerkbegriffs, der sich insbesondere durch unzählige Publikationen – sowohl wissenschaftlich als auch praxisorientiert – zeigt, nur der erste Höhepunkt einer Entwicklung, die bereits in den 1940er Jahren begann. Damals wurde der Blick zum ersten Mal konkret auf den Raum und damit die Beziehung zwischen Organisation und Individuum gerichtet (Nohria und Eccles 1992). Am Anfang der Entwicklung stehen die Arbeiten Roethlisbergers (mit Dickson 1939); es folgten Auseinandersetzungen mit der Bedeutung informeller Beziehungsnetzwerke in Organisationen sowie mit interorganisationalen Feldern. Die Entwicklungslinie lässt sich dann über die Beschreibungen sozialer Netzwerke von Mitchell (1969) sowie die ersten Netzwerk- bzw. Strukturanalysen (Scott 2007) bis zu der populären Trilogie von Castells (2002) und Sammelbänden und Aufsätzen aus unterschiedlichen Fachdisziplinen (beispielsweise Stegbauer 2008; Stegbauer und Häußling 2010) weiterzeichnen. Jedes soziale System kann also auch als Netzwerk verstanden werden und Vernetzung als die Menge aller Kommunikationswege.

Das Lexikon zur Soziologie konzipiert Netzwerke als Graphen „aus einer endlichen Menge Knoten, der durch Kanten zwischen diesen (evtl. auch mit Ausgangs- als Endknoten, ‚Schleifen') zusammenhängt" (Fuchs-Heinritz et al. 1994, S. 463). Diese Definition erscheint für eine Neukonzeptionierung von Stakeholder- als Netzwerkmanagement stark verkürzt, bietet sie doch allein eine Grundlage für Überlegungen aus dem Bereich der Informatik etc. (vgl. exemplarisch Ottmann und Widmeyer 1996, S. 536). Griffiger erscheint die Definition von Tacke (2000), der Netzwerke als „Formen *sekundärer* Ordnungsbildung" und damit als „parasitäre Formen der Strukturbildung" beschreibt, die „auf funktionaler Beziehung beruhen und diese als gesellschaftliche Primärstruktur voraussetzen" (Tacke 2000, S. 298, 317).

> **Netzwerk**
> Ein Netzwerk beschreibt eine Art der Verbindung zwischen Individuen, Organisationen, Institutionen oder Systemen aber auch Objekten. Es kann ebenfalls als gesamtes System dieser Verbindungen erfasst werden. Aus einer technischen Perspektive meint ein Netzwerk die Verknüpfung von Computern und Systemen zum Datenaustausch. Aus einer sozialwissenschaftlichen Perspektive geht es allgemein um eine Menge verbundener autonomer Einzelelemente, konkret in der Soziologie um Netzwerke menschlicher Interaktion, in der Betriebswirtschaftslehre um eine bestimmte Organisationsform (in) der Wirtschaft (Unternehmensnetzwerke) aber auch innerhalb von Unternehmen.
>
> Netzwerke als Beziehungsgeflechte können im Gegensatz zu Hierarchien oder marktlichen, d. h. vertraglichen Beziehungsformen als lockere und auf ein bestimmtes zu lösendes Problem bezogene Organisationsform bezeichnet werden. Sie lassen sich als Ketten-, Stern- oder Knotennetzwerke visualisieren (Grundlage: Netzwerk-Analyse), von Interesse für Wissenschaft und Praxis sind die Position und Relevanz der Netzwerkknoten (Akteure) sowie der Charakter der Beziehung zwischen den Knotenpunkten (Beziehungsstärke und -dichte, Reichweite der Beziehung, Macht-/Einflusspotenziale, Zielkohärenz, Wissenstransfer u. a.). Netzwerke bergen auf analytischer Mikroebene (interpersonal, prozessorientiert) aber auch auf einer organisationsbezogenen Makroebene das Potenzial, bestehende Modelle und Ansätze des Kommunikationsmanagements neu zu denken.

Eine Zusammenführung derartiger netzwerktheoretischer Überlegungen mit den Konzepten des Stakeholder-Managements eröffnet also neue Möglichkeiten und Denkrichtungen. „Die von Netzwerken definierte Topologie bringt es mit sich, dass die Distanz (oder die Intensität und Häufigkeit der Interaktion) zwischen zwei Punkten (sozialen Positionen, Gruppen, Teams, Organisationszusammenhängen) geringer (oder häufiger oder intensiver) ist, wenn beide Punkte Knoten in einem Netzwerk sind, als wenn sie nicht zum selben Netzwerk gehören" (Castells 2002, S. 528 f.). Erfasst werden in entsprechenden Analysen komplexe Interaktionen innerhalb eines Organisation-Stakeholder-Netzwerks (Mattingly 2004; Rowley 1997), das eine besondere Fokussierung auf die Tatsache der *Unabhängigkeit des Netzwerkes von der Organisation* impliziert: „stakeholder groups independently contend for managerial attention and resources" (Neville und Menguc 2006, S. 377). Stakeholderbeziehungen können also mit Hilfe von netzwerktheoretischen Überlegungen

- erstens als *Kommunikationsnetzwerke* begriffen und beschrieben werden (vgl. Weder 2007). In der Betriebswirtschaftslehre werden strategische Netzwerke generell von anderen Netzwerken unterschieden. Die strategische Koordination liegt dabei zumeist in der Hand eines ‚fokalen' Unternehmens (leitende Firma in einem Unternehmensnetzwerk) und besteht darin, dass das entsprechende Netzwerk häufiger über Ziele, Rollenzuweisungen und darüber hinaus eine eigene Netzwerk-Identität verfügt (Sydow 2001, S. 9, 16; Weyer 2000). In Netzwerken wird Handlungsspielraum dadurch eröffnet, dass die Heterogenität der ‚Relationen' bzw. ‚verbindenden Kommunikationskanäle' deutlich höher ist als in marktlichen oder hierarchischen Beziehungszusammenhängen (Buchanan 2002, S. 73 ff.).
- Zweitens eröffnet eine kommunikationswissenschaftliche Konzeption von Stakeholder- im Sinne von *Themennetzwerken* die Möglichkeit, ältere Modelle der Stakeholder-Kategorisierung und -Priorisierung (wie Mitchell et al. 1997) zu der bereits von Frooman (2010) ausgearbeiteten Frage zu erweitern: Who is a stakeholder *of an issue*? und anzubinden an PR-theoretische sowie organisationskommunikationstheoretische Bausteine, die der folgenden Frage nachgehen: „Does the firm have a financial/strategic stake in the issues outcome?" (Hart und Sharma 2004). Damit rückt die Inhaltsdimension (Jansen 2006, S. 59) bzw. rücken die Kommunikationsbeziehungen zwischen einer Organisation und ihren Stakeholdern bzw. zwischen eben diesen in den Mittelpunkt der Betrachtungen.

Das Potenzial einer netzwerktheoretischen Konzeption von Stakeholderbeziehungen führt demnach zu einer Neubewertung der Beziehungen einer Organisation zu den Stakeholdern selber; diese geht über eine Charakterisierung der Stakeholder und deren allgemeiner gesellschaftlichen Bedeutung hinaus, da das Hauptaugenmerk auf der *aktuellen Beziehungssituation* liegt und damit auf dem Verhältnis der Organisation *und der Stakeholder in Bezug auf ein spezielles Problem* bzw. *Thema*, das zu bearbeiten es gilt – und eben nicht *für* sondern *mit* den Stakeholdern.

Dementsprechend bietet sich die bereits an anderer Stelle argumentierte Zusammenführung von wirtschaftswissenschaftlichen mit kommunikationswissenschaftlichen Überlegungen (Karmasin und Weder 2008) erneut an. Der Fokus im nächsten Abschnitt liegt dementsprechend auf den Relationen, die sich zur *Bearbeitung eines Problems/Themas* ausbilden und auf Dauer gestellt werden können und damit auf der Ausarbeitung des neuen Verständnisses einer Stakeholder-Beziehung als netzwerkartigen Beziehungszusammenhang in Bezug auf ein Thema.

1.2 Vernetzung von und mit Stakeholdern?

In *kommunikativer* Hinsicht betreffen die aktuellen Veränderungen der Informations- und Mediengesellschaft vor allem die Vermittlung von Realität durch und via Medien und die Durchdringung einer Vielzahl von Lebensbereichen mit Medien. Die damit verbundene Konvergenz von Information und Öffentlichkeit tendiert auch dazu, spezielle organisatorische Arrangements hervorzubringen. Dies gilt nicht nur für Unternehmungen, die publizistische oder journalistische Leistungen als Kerngeschäft erbringen. Die informationstechnische Revolution schafft mit Castells (2002) neue Formen der Produktion, Allokation und des Konsums und bedingt neue Formen der Organisation. Technologien wie das Internet, mobile Datenkommunikation, Datenbanksysteme oder intelligente und interaktive Analysewerkzeuge kommen in Form einer ganzen Reihe von Anwendungen entlang der gesamten Wertschöpfungskette zum Einsatz. Durch diese Anwendungen sollen Prozesse optimiert (E-Procurement, Supply Chain Management), Mitarbeiter produktiver eingebunden (Workflow-Management-Systeme), neue Kanäle zu Kunden und Partnern geöffnet (Chat-Anwendungen, E-Service, E-Commerce), Kosten reduziert (Customer Relationship Management), und das Wissen der Organisation erweitert werden (E-Learning, Collaborative Development, Field-Force-Automation).

Doch der heute geforderte Umgang mit Information und Wissen und die Integration kommunikativer Prozesse wirken über die rein zweckrationale (strategische und operative) Dimension hinaus. Die Unternehmungen, die sich dieser Prozesse bedienen, verändern sich in Richtung *sozialkontraktueller und interaktiver Organisationen*, deren relationale Einbettung in die Umwelt sowie die Grenzen und Funktionen einer entsprechenden Stakeholder-Netzwerk-Struktur nicht nur durch die Allokation von Ressourcen, sondern auch durch kommunikative Prozesse bestimmt sind.

Der Prozess der Konvergenz und der Wandel von Organisation und Produktion führen im Zuge dieses Strukturwandels dazu, dass fast jede Unternehmung von Information abhängt, Wissen produziert und reproduziert – aber nicht allein: Organisationen operieren *mit* der Öffentlichkeit und sind dieser auch ausgesetzt und hängen von ihr ab. Das Konzept der quasi-öffentlichen (gesellschaftlichen) Organisation (Dyllick 1992; Carroll 1996; kommunikationswissenschaftlich ausgearbeitet in Karmasin und Weder 2008) impliziert eine rekursive Konstitution (Dualität und Rekursivität) von Organisation und Gesellschaft. Das Ergebnis des Strukturwandels sind Unternehmungen, die in je spezifischer Weise Content (und damit Öffentlichkeit und Aufmerksamkeit) mit je spezifischen Intentionen produzieren, auch wenn ihre strategische Kernkompetenz in anderen Bereichen liegen mag. Kurz: Die Organisation wird zum Netzwerkknoten in der Kommunikation und jede Unternehmung ist auch eine Medienunternehmung. Der Stakeholder-Ansatz stellt auf dieses Verhältnis *rekursiver Konstitution* ab, Stakeholder-Management ermöglicht via der Integration von Interessen (Ansprüchen – ‚stakes'), die durch Entscheidungen der Unternehmung betroffen werden und die diese betreffen, die *Rückkehr der Gesellschaft* in die Organisation. Dadurch werden auch Mitgliedschaftsrechte und -pflichten in einer Organisation kommunikativ und interaktiv neu definiert. Post et al. (2002, S. 19) definieren „stakeholders in a corporation are the individuals and constituencies that contribute, either voluntarily or involuntarily, to its wealth-creating capacity and activities, and therefore its potential beneficiaries and/or risk bearers." In steuerungstheoretischer Perspektive argumentierende Netzwerkansätze blenden die Herausforderung von Stakeholder-Netzwerken weitgehend aus, da grundsätzlich von einer Pluralität der Akteure ausgegangen wird. Damit sind alle Unternehmungen, ob groß oder klein, ob profit- oder not for profit in ihrer Funktion als Stakholder Plattform und in ihrer Bedeutung als zentrales Element moderner Gesellschaften gleichermaßen gefordert, denn Stakeholder-Management fasst jede Organisation als Veranstaltung zur Maximierung der Erfüllung von Ansprüchen und der Sicherstellung der Wohlfahrt der Anspruchsgruppen auf und nicht als Veranstaltung zur Realisierung von Partikulärinteressen. Damit verbunden ist eine *Redefinition des Begriffs Unternehmen*. Konsequenterweise übertitelt sich eine der Monographien aus 2002 „Redefining the Corporation. Stakeholder-Management and Organizational Wealth"; Freeman und Evan (1993, S. 262) führen hierzu aus: „A stakeholder theory of the firm must redefine the purpose of the firm […] The very purpose of the firm is, in our view, to serve as a vehicle for coordinating stakeholder interests." Post et al. (2002, S. 17) definieren ähnlich: „The Corporation is an organization engaged in mobilizing resources for productive uses in order to create wealth and other benefits (and not to intentionally destroy wealth, increase risk, or cause harm) for its multiple constituents, or stakeholders" und (ebd., S. 45).

Viele Strategien wurden erarbeitet, um Stakeholder-Beziehungen zu etablieren und zu managen (Freeman 1984; Savage et al. 2010). Doch Unternehmensführung in der Mediengesellschaft bzw. Medienkultur bedeutet heute nicht mehr nur die Produktion und die Verwertung des realen Kapitals *für* die Share- und Stakeholder, sondern auch die Produktion und die Verwertung von Sozialkapital strategisch und operativ zu gestalten – und zwar *mit* den Stakeholdern. Damit rücken die Organisation von Kommunikation und die Kommunikation der Organisation in den Mittelpunkt der Aufgaben des Managements. Es geht also nicht nur um den öffentlichkeitswirksamen und imageträchtigen Transport der Stellung der Organisation in der Gesellschaft (im Sinne von Corporate Citizenship, Corporate Social Responsibility etc.), den Erhalt von Markenwerten oder die Reputationssicherung der Führungskräfte, und nicht nur um die Kommunikation von Ansprüchen (im Sinne der operativen Abwicklung von Stakeholder Dialogen, Stakeholder Assemblies etc.), sondern um eine kommunikative Restrukturierung der Organisation bzw. um eine Reorganisation der Kommunikation.

Dies impliziert für eine kommunikationswissenschaftliche Betrachtung auch, dass das „kommunikative Steuerungspotenzial" geringer eingeschätzt werden muss, als es in unterschiedlichen Ansätzen insbesondere der Marktkommunikation beschrieben wird. Vielmehr muss es in dem Sinne neu konzeptioniert werden, dass beispielsweise das Schaffen einer Themen- bzw. Teilöffentlichkeit, mit der dann die Organisation selbst aber eben auch die (wichtigen/ausgewählten) Stakeholder *in Beziehung treten*, eine einseitige „Information" der Stakeholder, ein simplizistisches Verständnis von Kommunikation als Transmissionsprozess von Wissen bzw. Informationen ablöst. Zu den Strukturmerkmalen von Netzwerken gehört eine gemeinsame Zielsetzung, ein gemeinsamer Handlungssinn. Mitglieder sowie die kommunikative Struktur und Dichte ihrer Interaktionen bestimmen den möglichen Nutzen für die Mitglieder. Menschen, Orte und Inhalte sind die Komponenten von netzwerkartigen Beziehungszusammenhängen. Es geht um gemeinsame Bedürfnisse, Interessen und damit um gemeinsame „Anliegen" bzw. „Angelegenheiten". Unternehmenskommunikation wird dann zu kommunikativem Beziehungsmanagement. Dialog, Aushandlungs- und Verständigungsprozesse gewinnen an Bedeutung. Die Prägekraft für Diskurse liegt bei einem organisationalen Knotenpunkt und die Gesellschaft wird bzw. die Stakeholder werden in Bezug auf zu bearbeitende Themen aus einer netzwerktheoretischen Perspektive in die Organisation integriert. Diese Herausforderungen an die Unternehmenskommunikation werden im Folgenden noch einmal konkretisiert.

1.3 Unternehmenskommunikation als kommunikatives Beziehungsmanagement – die Idee dialogischer Kollaboration

Mit Calton und Payne (2003, S. 7) kann ein Stakeholder-Netzwerk als ein „interactive field of organizational discourse" definiert werden, „occupied by all stakeholders who share a complex, interdependent and ongoing problem domain and who want/need to talk about it". Die Autoren schreiben weiter: „Within this domain, the corporation is not so much a system with itself as a participant in a larger system that includes other stakeholder citizens". Organisationen bilden in ihren Stakeholder-Netzwerken vielmehr einen Schalter (Castells 2002) und nehmen damit eine Art Gate-Keeping-Rolle zwischen unterschiedlichen Netzwerken ein – sind aber gleichzeitig auch interner Knoten innerhalb des unmittelbaren, engeren Stakeholder-Netzwerkes (Lieferanten, Nachbarschaft etc.). Dementsprechend kommt einer Organisation, die über die Anknüpfung bzw. den Erhalt von Beziehungszusammenhängen (Strömen) in Netzen entscheidet, kommunikatives Steuerpotenzial zu. Die primären Ziele der Unternehmenskommunikation sind die Kommunikation über die Qualität der Güter und Dienstleistungen, die Kommunikation über die Organisation und ihre Mitglieder nach innen und nach außen. Die intendierte Wirkung ist nach *außen* die Steuerung von *Öffentlichkeiten*, d. h. die Steuerung von Messgrößen wie Bekanntheitsgrad (Impactwerten) und die Beeinflussung öffentlicher Meinungen, die Kreation von Images, das Herstellen von Investor-Relations, die Produktion von kommunikativem Mehrwert, das Aufrechterhalten eines Markenwertes etc. Nach *innen* wird kommunikativer Mehrwert in Form von Differenzierungsangeboten und Motivation vermittelt. Eine Verschränkung von Wissensmanagement, Innovationsmanagement, Personalentwicklung und PR findet statt. Weiterentwickelt mit Hilfe eines netzwerktheoretischen Verständnisses von Organisationskommunikation bedeutet dies, dass das Organisation-Stakeholder-Netzwerk zur Plattform für die Aushandlung der Interessen und Erwartungen von Anspruchsgruppen wird. Unternehmenskommunikation auf der Basis netzwerktheoretischer Überlegungen neu zu konzeptionieren impliziert ebenfalls eine Beschäftigung mit der Dynamik der Kollaboration, einer Handlungsorientierung, unter der „collectivities of organizations … come together to solve ‚messy problems' that cannot typically be solved by an organization acting alone" (Savage et al. 2010, S. 21). Interorganisationale Kollaboration wurde bereits bei Powell et al. (1996) als Wettbewerbsvorteil beschrieben; konkreter definiert beispielsweise Coleman (1990) enge Netzwerkstrukturen als die Basis um Informationsaustausch und die Entwicklung gemeinsamer normativer Richtlinien zu ermöglichen.

Die zentrale Herausforderung für die Unternehmenskommunikation ist also, dass in Netzwerkbeziehungszusammenhängen von einer „Doppelorientierung des Handelns" gesprochen wird. Herauszuarbeiten gilt es die Rolle der Unternehmenskommunikation bei dem Wechselspiel zwischen Koordination und Kollaboration; kollaboratives Handeln impliziert ein Synergien und damit eine duale Handlungsorientierung: „collaborative inertia results from obstacles that interfere with the partners achieving their collaborative goals" (Savage et al. 2010, S. 22): Das Handeln einer Organisation ebenso wie das der Stakeholder ist in einem netzwerktheoretischen Verständnis sowohl auf den Individualzweck als auch auf das Netzwerk ausgerichtet. Rowly und Moldoveanu (2003) argumentieren, dass Stakeholder nicht nur von (materiellen und immateriellen) Interessen motiviert sind, sondern dass es ebenso um die Identitätssicherung geht: „Consequently, interest symmetry among stakeholder groups with dissimilar identities is proposed to have a positive influence on their mobilization, whereas identity overlap may reduce the likelihood of stakeholder action" (Savage et al. 2010, S. 22). Das hat zwei Implikationen:

- Für die Organisation bedeutet es, dass es in der Kommunikation nicht um eine einseitige Interessens-/Informationsvermittlung geht; vielmehr sind Interessen und Erwartungen der Stakeholder dann aber auch mit einzubeziehen (Stichwort: Dialogkonzepte).
- Für die Stakeholder bedeutet dieses Verständnis wiederum einen Zuwachs an Verantwortlichkeiten; auch hier ist eine einseitige Mitteilung der Erwartung nicht genug.

Unternehmenskommunikation als Beziehungsmanagement bedeutet dementsprechend (Gottwald 2006):

- Kommunikative Koordination zwischen autonomen Akteuren zur Erreichung gemeinsamer Resultate,
- freiwillige, reziproke, horizontale Muster von Kommunikation und Austausch,
- Entwicklung von Managementkonzepten für diffuse, informelle Strukturen und einen starken Einfluss von Personen (Personalisierung),
- Kommunikativer Erhalt der Relationen bei unterschiedlichen Formen der Stabilität von Beziehungszusammenhängen, unterschiedlichem Organisationsgrad der Beziehungen zu den jeweils einzelnen Stakeholdern (von flüchtigen Allianzen über Austauschnetzwerke bis hin zu stabilen, institutionalisierten Netzwerken).

Unternehmenskommunikation ist damit als rekursive und auch selbstorganisierende Konstitution von Öffentlichkeit und als Prozess der Produktion und Reproduktion von je spezifischer organisatorischer Identität und Legitimation aufzufassen. Kommunikationsstrategien, die konkrete Inhalte und Ziele a priori festschreiben und bei denen die Interaktion mit den Stakeholdern lediglich instrumentell und persuasiv ist, sind nicht geeignet, organisatorischen Erfolg im Sinne einer Besserstellung aller Anspruchsgruppen sicherzustellen. Deshalb ist die Kommunikation mit den Stakeholdern auch als offener, rekursiver Prozess zu gestalten, in dessen Mittelpunkt die Definition der Organisation und ihrer Leistungen in Relation zu je spezifischen Ansprüchen und Anspruchsgruppen steht. Einer Neukonzeption des Stakeholder-Managements als Netzwerk- bzw. Beziehungsmanagement folgen also drei Herausforderungen für die praktische Unternehmenskommunikation:

- Kommunikation als Legitimation in Netzwerkzusammenhängen,
- Themen/Teilöffentlichkeiten als Strukturzusammenhang, der Unternehmen und Stakeholder „in Beziehung setzt"
- Kommunikation als Komplement aus Unternehmen und Stakeholdern; Stakeholder-Dialoge als „komplementäre Zusammenführung".

Dies gilt es für die Kommunikationspraxis zu erschließen.

2 Praktische Überlegungen: Unternehmenskommunikation als Netzwerkkommunikation

Auf der Basis der bisherigen Überlegungen wird nun das Potenzial einer Neukonzeption von Unternehmenskommunikation als Beziehungsmanagement in Bezug auf Stakeholder diskutiert. Dabei wird in einem ersten Schritt Kommunikations- als Netzwerkmanagement beschrieben; darauf aufbauend wird der Prozess der Thematisierung als strukturbildender bzw. Strukturationsprozess entwickelt, so dass das Kriterium der Anschlussfähigkeit als Möglichkeit für die Bewertung von kommunikativen Stakeholderbeziehungen und damit der unternehmenskommunikativen Aktivitäten eingeführt werden kann.

2.1 Kommunikationsmanagement als Netzwerkmanagement

Die Konzeption eines *issue-focussed stakeholder managements* ist bisher in Bezug auf Multi-Stakeholder Netzwerke hergestellt worden (Roloff 2008a) – ebenso wie dabei zumeist der Fokus auf dem Verhältnis einer Organisation zu sozialen bzw. zivilgesellschaftlichen Akteuren liegt. Bei einer Analyse von Multi-Stakeholder Netzwerken kommen herkömmliche Stakeholder-Theorien an ihre Grenzen, insbesondere wenn die fokale Unternehmung im Mittelpunkt der Aufmerksamkeit steht (Freeman 1984; Donaldson und Preston 1995). Netzwerktheoretische Auseinandersetzungen mit Stakeholder-Einflüssen und die Konzeption von Multi-Stakeholder Netzwerken (Rowley 1997) zeichnen sich ebenfalls dadurch aus, dass sich ein Netzwerk um eine fokale Organisation herum „spinnt". Aber: „In most multi-stakeholder networks several companies can be found as participants. This might lead to the observation that multi-stakeholder networks always encompass multiple focal points constituted by firms that are surrounded by their stakeholders (Roloff 2008a, S. 237). Roloff zieht den Schluss, dass Stakeholder-Netzwerke nicht alleine durch die „business participants" definiert werden können, sie empfiehlt vielmehr die Fokussierung auf den Aufbau und Erhalt von Beziehungen „in order to find a common approach to an issue that affects them all" (Roloff 2008a, S. 238). Im Rahmen neuerer Überlegungen zu Organisationskommunikation und Stakeholder-Management aber wird Unternehmenskommunikation nicht länger an der Grenze zwischen Organisation und Umwelt, an der Schnittstelle konzipiert, sondern wird

- sowohl prozessual verstanden: dann geht es um den *Aufbau* und den *Erhalt von* Netzwerkbeziehungen (Relations) innerhalb einer Organisation und über diese hinaus zu den Stakeholdern und damit die Reproduktion des organisationalen Netzwerks;
- zugleich wird Unternehmenskommunikation strukturell verstanden: In Pressemitteilungen, Leitbildern im Sinne der Corporate Identity, Nachhaltigkeitsberichten oder auch Events manifestiert sich dieses „Relation Building", das Wissen und Können der Akteure fließt ein, ergänzt sich komplementär. Anschlusskommunikationen passieren in Bezug auf entsprechende Regeln und Ressourcen des organisationalen Netzwerks (Weder 2010).

Kommunikations- als Netzwerkmanagement wird als komplementäre Ergänzung der kommunikativen Aktivitäten der Organisation und der mit dieser verbundenen Stakeholder beschrieben. Kollaborative Vorteile von Stakeholder-Beziehungen lassen sich auch mit Savage et al. (2010, S. 23) wie folgt beschreiben:

- *appreciative linkage*: in welchem Ausmaß werden die Werte, leitenden Prinzipien und Moralvorstellungen geteilt?
- *structural features*: wie eng ist die Beziehung und inwiefern sind Machtverteilungen zwischen den Stakeholdern/Netzwerkpartnern institutionalisiert?
- *processual issues*: zu welchem Grad herrscht Vertrauen zwischen den Netzwerkpartnern, wie lässt sich die Qualität der Führung (Leadership) einstufen?

Der strategische Prozess der Unternehmenskommunikation wird im Stakeholderansatz also vom Kopf auf die Füße gestellt, denn die Kommunikation der Organisation wird durch Ansprüche, die von innen und außen an sie herangetragen werden, bestimmt und gesteuert. Der Unterschied von legitim und nicht-legitim als Leitdifferenz von stakeholderorientierter Kommunikation wird auch hier schlagend. Die Akzeptanz der Stakeholder durch die Organisation aber auch die Akzeptanz der kommunikativen Bemühungen der Organisation durch die Stakeholder als legitim und authentisch ist die Voraussetzung für den Aufbau von Sozialkapital (Vertrauen, Reputation, Anschlussfähigkeit an Netzwerke etc.).

Stakeholder-Management als kommunikatives Beziehungsmanagement

Organisationskommunikation ist ...

Aufmerksamkeit, Themen in die Öffentlichkeit heben
- Komplexitätsreduktion, Entscheidungsspielraum eingrenzen
- Komplexitätssteigerung, Transparenz und Entscheidungsspielraum schaffen

Verständnis für Themen, Vertrauen, Akzeptanz schaffen
- Selbstreflexion, Legitimierung, Kategorisierung
- Fremdreflexion, Relativierung

Öffentliche Meinung, Reputation schaffen, Anschlusskommunikation bzw. -handeln erzeugen
- Zukunftsorientierung, Prozesshaftigkeit, Nachhaltigkeit
- Kontingenzdenken, Denken in möglichen Welten

Abb. 1 Organisationskommunikation als komplementäre Ergänzung des kommunikativen Netzwerkmanagements von Organisation und Stakeholdern
(Quelle: Weder (2010, S. 143))

Unternehmenskommunikation ist dann auf Legitimität ausgerichtetes Beziehungsmanagement, wenn jedes der folgenden Merkmale (die zu Merkmalspaaren zusammengefasst werden können) in der Vorbereitung und Durchführung von Aktivitäten (also in jeder der Phasen der strategischen Kommunikation *aus* Organisationen) wiederzufinden ist, also durch institutionelle Ordnungen und entsprechendes Akteurshandeln operationalisiert wird (vgl. Abb. 1 und Weder 2010, S. 144 f.):

- *Komplexität in einer sachlichen Dimension:* Unternehmenskommunikation schafft Aufmerksamkeit für Themen, dabei wird die Gesellschaft in die Organisation integriert, indem sie die Umweltkomplexität reduziert. Dazu müssen aber entsprechende Ressourcen eingesetzt werden und Regelwerke als struktureller constraint berücksichtigt werden (Giddens 1995). Das Netzwerk, der Beziehungszusammenhang mit den Stakeholdern, wird als „systemeigene Komplexität" begriffen, die gesteigert wird, indem – wie weiter oben beschrieben – diese Netzwerke berücksichtigt, bespielt werden. Das Ziel ist ein „handlungsfähiger Grad an Komplexität", der einer Organisation/Unternehmung ein adäquates Beobachten der Umwelt und eine angemessene Verarbeitung der so gewonnenen Informationen sichert (Weder 2010, S. 144). Noch einmal konkreter: Organisationen bzw. Unternehmungen betten sich als „Netzwerkkommunikatoren" in die Gesellschaft ein über einen Prozess der Integration der Gesellschaft in die Organisation. Damit generieren Organisationen Sinn, Werte und Teilhabestrukturen an gesellschaftlichen Veränderungsprozessen. Organisationen bieten der Öffentlichkeit kommunikativ „Bedeutungen" und Deutungen an. Aus einem normativen Verständnis kann in der heutigen Informations- und Mediengesellschaft eine Öffentlichkeit beschrieben werden, die nicht mehr als Arena oder gar intermediäres System abgrenzbar ist (Weder 2010, S. 155 ff.). Vielmehr sind Netzwerke von Kommunikationen, Kommunikationsbeziehungen und Kommunikationsstrukturen zu identifizieren, die sich als „Themen" oder als „Themenräume" beschreiben lassen (Weder 2012). Unternehmenskommunikation stellt Selbstbeobachtungen her, die in Beziehung setzbar sind (Weder 2010, S. 161), sie bindet eine Organisation ein in ein „Wechselspiel von Äußerung und Gegenäußerung, von Meinung und Gegenmeinung, oder … von Deutung und Gegendeutung" (Weßler 1999, S. 39). Es bestehen also viele parallele Öffentlichkeiten bzw. Teilöffentlichkeiten, die jeweils einen übergeordneten Sinnkomplex mit mehreren sinnverwandten Mitteilungen bilden. Möglichkeiten, Komplexität zu reduzieren, sind die Zerlegung eines Problems in möglichst viele Teile, um Strukturen und Konturen bestimmen zu können, eine Hierarchisierung von Teilzielen und deren Gewichtung nach ihrer Bedeutung in Bezug auf das Problem bzw. Ziel sowie eine möglichst umfassende und detaillierte Suche, Analyse und Reflexion von Informationen zum Abbau von faktischen und subjektiven Unsicherheiten: „Fokussierung entspricht einer bewussten Vereinfachung und Beschränkung bei der Aufnahme und Verarbeitung von Informationen" (Müller-Stewens et al. 2001, S. 5). Organisationskultur ist dann beispielsweise eine reproduzierte Struktur, die als Eigenkomplexität erst entsteht.

- *Reflexionsfähigkeit im Sinne einer anhaltenden „Reflexierung der systemeigenen Bedingungen der Organisation"*, „die für das Entscheidungsprogramm und die Entscheidungsträger der Organisation relevant sind bzw. sein können" (Jarren und Röttger 2009, S. 44). Ein netzwerkartiger Beziehungszusammenhang impliziert die Integration der Netzwerkpartner und deren Ansprüche; dieser Prozess der Integration kann als komplementäre Ergänzung aus Selbst- und Fremdreflexion beschrieben werden. Das Ziel der Unternehmenskommunikation ist Übereinstimmung zwischen Fremd- und Selbstbeschreibung; insbesondere Organisationen mit einem hohen Maß an Binnendifferenzierung, benötigen Bezugspunkte wie Identität und Organisationskultur zur Selbststeuerung und Sicherung ihrer eigenen Systemgrenzen (Weder 2010, S. 146). Damit führt eine kommunikationswissenschaftliche Neukonzeption weg von einer organisationszentrierten Sichtweise bzw. dem Versuch, etablierte Netzwerkstrukturen zu analysieren, hin zu einer Fokussierung auf Emergenzprozesse: Die Frage ist, wie dynamische Prozesse des Beziehungs*aufbaus* oder der Veränderung von Beziehungsstruktur beschrieben werden. Aus kommunikationsanalytischer Perspektive sind eben diese nicht mehr so „unpredictable" und „uncontrollable", wie beispielsweise Svendse und Laberge (2005, S. 97) sie beschreiben.
- Aus einer zeitlichen Perspektive greifen Zukunftsorientierung auf der einen und Kontingenzdenken auf der anderen Seite ineinander. Kontingenz, das „Denken in mögli-

chen Welten" (Gottwald 2006; Weder 2010), wird ebenfalls vor allem in der Öffentlichkeit ermöglicht und kann dementsprechend als „öffentliche Kontingenzsetzung" verstanden werden. Vor deren Hintergrund passiert dann die eigene Selbstbeschreibung (s. o.). PR-Abteilungen generieren sozusagen „organisationsinterne Äquivalente zur gesellschaftlichen Realitätskonstruktion der Massenmedien" (Kussin 2009, S. 129). Für die Unternehmenskommunikation stellt sich dann die Herausforderung, Themen und Themenzyklen in der Öffentlichkeit als „zu bearbeitendes Problem" zu erkennen und an diesem Prozess (pro)aktiv teilzuhaben (Stichwort: ‚Issues Management', vgl. die Übersicht in Weder 2012). Die erweiterte theoretische Konzeption von Stakeholdermanagement und Unternehmenskommunikation aus netzwerktheoretischer Perspektive ist dann, dass Themenmanagement als *Ko-Orientierung bzw. Koordination* mit den Stakeholdern, den Netzwerkpartnern etc. passiert, und sich die jeweiligen kommunikativen Leistungen komplementär ergänzen. Unternehmenskommunikation ist also damit Beziehungsmanagement im Sinne einer komplementären Ergänzung der Kommunikationen einer Unternehmung und ihrer Stakeholder.

Mit Hilfe der hier präsentierten netzwerktheoretischen Grundlagen spielt Unternehmenskommunikation eine besondere Rolle im Aufbau und in der Reproduktion von Beziehungsnetzwerken zwischen einer Organisation und ihren Stakeholdern. Der wichtigste Kerngedanke ist die Idee der „Reproduktion" entsprechender Sinnkomplexe und das Eröffnen neuer *Kommunikationsspielräume*: „Kommunikation koordiniert sich immer wieder die Bedingungen neu, in denen sie möglich wird" (Faßler 2003, S. 14). Themen werden hier deshalb als ‚kommunikationswissenschaftliche Einheit' eingeführt, da sie ein medien- und kommunikationstheoretisch ebenso wie ein empirisch ‚beobachtbarer' Zusammenhang sind, ein „öffentliches Anliegen oder Problem bzw. eine politische oder soziale (Streit-)Frage" (Liebl 1996, S. 8) – so die Definition für *Issues* im angloamerikanischen Raum. Akteure, so auch Organisationen, gehen Kommunikationsbeziehungen ein und bilden damit Themenstrukturen aus als Manifestation komplexer Konnektivitäten. Münch spricht in diesem Zusammenhang beispielsweise von einer „immer engeren Verflechtung der gesellschaftlichen Subsysteme durch Vernetzung, Kommunikation, Aushandeln und Kompromissbildung" (Münch 1991, S. 284). Mit Svendsen und Laberge (2005, S. 100) lässt sich das kommunikative „Netzwerkbilden" wie folgt beschreiben:

- Framing of the key issue/questions
- Identifying and involving members of the system
- Defining the goals of the network
- Articulation and agreeing on guiding principles and network norms
- Sharing of background information
- Establishing timely and effective communication linkages and methods
- Clarifying roles and responsibilities

Der Begriff „Beziehung" ist zwar ein zentrales Element der meisten Netzwerkkonzepte, wird aber vor allem qualitativ erfasst (feste vs. lockere Beziehung, wechselseitig vs. einseitig etc., s. o.); viel wichtiger erscheint es aber, den Zusammenhang einzelner Kommunikationssequenzen im Sinne einer *argumentativen Bezugnahme* zu begreifen und zu untersuchen – einer Bezugnahme seitens der Unternehmung auf die Stakeholder und vice versa bzw. zwischen den Stakeholdern. Hier geht das vorgelegte Konzept über unsere bisherigen Überlegungen (Gottwald 2006; Weder 2007, 2010; Karmasin und Weder 2008; Karmasin 2010) hinaus, denn weniger Personen bzw. Organisationen und deren Beziehungen als vielmehr Handlungen bzw. Kommunikationen werden als miteinander vernetzt betrachtet. Also erst wenn eine Beziehung weitere „Anschluss-Beziehungen" (Kontakte zu anderen Beziehungen) ermöglicht, hat man es mit einem tatsächlichen Netzwerk zu tun. In dem Moment, in dem Themen als Strukturkomponente eingeführt werden und Netzwerkhandeln als themenbezogenes, kommunikative Handeln begriffen wird, lässt sich Unternehmenskommunikation als „ko-kreativer Prozess" beschreiben.

2.2 Multiple Anschlussfähigkeit an Themenetzwerke – Potenziale und Grenzen einer netzwerktheoretischen Konzeption von Stakeholder-Management und Unternehmenskommunikation

Unternehmenskommunikation, verstanden als Themen-Management in Bezug auf bzw. durch Stakeholder-Netzwerke, bedarf einer Erweiterung der nachrichtentechnischen Kommunikationsmodelle. Die Macht- und Abhängigkeitsstrukturen in Organisationen, die Komplexität von Organisationen sowie die unterschiedlichen Kommunikationsstrukturen in Organisationen und diejenigen, die eine Organisation in die Gesellschaft einbinden, werden so Teil der unternehmenskommunikationsstrategischen Überlegungen. In anderen Worten: Stakeholder werden derartig begriffen, dass sie ein „stake" eines bestimmten Themas halten. Mit Hilfe einer Neukonzeption von Stakeholder-Netzwerken als Themennetzwerke (Weder 2010, 2012; Frooman 2010) lässt sich fragen, wer an welchem Thema wie ‚be*teil*igt' ist. Dann lässt sich auch ein in den bisherigen Stakeholdermodellen oftmals ungelöstes Problem lösen: Stakeholder werden zumeist unterschieden in diejenigen, deren Interaktionen mit der fokalen Organisation das Erreichen der Ziele unterstützen und diejenigen, die nicht unterstützen – die Stakeholder selbst sind dabei allerdings austauschbar. Eine Themenfokussierung ermöglicht nun

- erstens eine nachhaltige Beziehungskonstellation zwischen Organisation und Stakeholdern,
- zweitens eröffnet es die Möglichkeit, Stakeholderbeziehung derartig zu erfassen, dass eine Organisation nicht im Zentrum steht sondern eher eine Vermittlerrolle einnimmt,
- drittens eröffnet sich ein neuer Handlungsspielraum im Sinne eines Kommunikationsspielraums für die fokale Organisation selbst; die Stakeholderkommunikationen zu einem bestimmten Thema kann zum Verfolgen des Netzwerkzwecks genutzt werden.

Die Kommunikation in Netzwerken selbst weist einen deutlich höheren Komplexitätsgrad auf als in Hierarchien; die Strukturen sind vielfältiger, Verknüpfungen und entsprechende „Kombinationen" sind zahlreicher und differenzierter, *Kommunikation ist kontingent und komplex.* Dennoch schaffen Netzwerke kommunikatives Kapital. Direkte aber auch indirekte Beziehungszusammenhänge zwischen Organisation und Stakeholdern und den Stakeholdern untereinander können aufgedeckt und aus Organisationsperspektive im Sinne der Netzwerkziele kommunikativ genutzt werden. Die nächste Frage im Sinne des Stakeholder-Managements ist dann: „Who is a stakeholder of the issue (not who is the stakeholder of the firm)?" (Frooman 2010, S. 164). Unternehmenskommunikation ist dann das Kommunikationsmanagement, das eine Organisation argumentativ an ein entsprechendes Themennetzwerk anbindet bzw. *anschließt*: „how an issue plays out, though, in the context of the give-and-take of an issue network, will almost entirely be a function of the [ergänzt wird: communicative] means and ends of the network members" (ebd.). Hier geht es weniger um den Nachweis der universellen (idealen) Gültigkeit von Diskursregeln und dialogischen Prinzipien als um den praktischen Versuch, diesen (friedlichen) Pluralismus auch in konfliktären Situationen zum Durchbruch zu bringen. Eben weil es – vor allem in interkultureller Dimension – keine Einheit der Differenz von Legitimitätsansprüchen und Begründungen gibt, eben weil es zwar gut begründete Vorschläge aber keine allgemein anerkannten Grundsätze für Konfliktlösungen gibt, weil ethische Diskurse nie in einem ethischen oder moralischen Vakuum stattfinden, ist es unmöglich, materielle Regeln aufzustellen. Es gibt paradoxerweise keine konsensualen Prinzipien, die über die Qualität von Prinzipien entscheiden. Aber es gibt die Möglichkeit, Konsens über Verfahrensweisen zur Regelung von Normkonflikten zu erzielen. Solche Regeln wären etwa:

- die (je situativ und lebensweltlich zu thematisierenden und transparent zu machenden) Regeln eines Diskurses[1] (d. h. im Sinne eines diskursiv-deontologischen Minimalethos eines fairen Prozesses, der die Anspruchsgruppen in ihrer Lebenswelt respektiert und sie als Organisationsbürger versteht) – anschlussfähig an die herkömmliche Idee aus Stakeholder-Management-Modellen der „Reziprozität" (Fassin 2012),
- das Zugestehen erheblicher Argumente an andere (d. h. dass man andere in ihrer Andersartigkeit vorbehaltlos ernst nimmt – sie umfassend respektiert – und dass man anderen elementare Persönlichkeits- und Kommunikationsrechte zugesteht),
- der Versuch, vernünftig zu argumentieren (also auch Gegenargumente zuzulassen bzw. ein „let us agree to differ peacefully" akzeptiert) im Sinne einer Corporative Stakeholder Responsibility (Karmasin und Weder 2008; Fassin 2012), die beinhaltet, dass
  - Offenheit und Selbstreflexivität (Transparenz) hergestellt werden,
  - Informationen an alle Stakeholder gleich verteilt werden,

---

[1] Sie regeln etwa logische Verfahren (wie die Regel, sich nicht in performative Widersprüche zu verwickeln) oder Rechte, am Diskurs teilzunehmen. Diese bedürfen aber der lebensweltlichen Konkretion. Wie Habermas (1981a, b) ausführt, wären praktische Diskurse ohne den Horizont der Lebenswelt einer bestimmten sozialen Gruppe witzlos.

- Kriterien für die Auswahl der Stakeholder offengelegt werden,
- Kriterien für die Abwägung konfligierender Stakeholderinteressen offengelegt werden.

In diesem Rahmen wird selbstverständlich auch das Bestreben von Eigentümern und Aktionären nach der Verzinsung des investierten Kapitals berücksichtigt. Es werden weder ökonomische noch ethische Kriterien a priori ausgeschlossen. Die Frage ist allerdings, in welchem Kontext diese Absicht auch *legitimierbar* ist, und ob oben besagte Interessen mit genügend vernünftigen Argumenten ausgestattet sind, um ihre Realisierung (um welchen Preis?) gerechtfertigt erscheinen zu lassen.[2]

Es geht damit zusammenfassend nicht um Kommunikation, die sich einseitig oder gar persuasiv an bestimmte Gruppen richtet, sondern um den Versuch der Legitimation in einem Umfeld divergenter Interessen. Nochmals lässt sich mit Rowley (1997), Rowley und Moldoveanu (2003) fragen: *Who is a stakeholder of the issue?* Der Grund dafür liegt auf der Hand: Widersprüche, Konflikte und konfligierende Interessen treten in der Medienkultur im Kontext von Kommunikation – als Fakten und Fiktionen in Medienwirklichkeiten – hervor. Sie müssen daher zuerst im Kontext von (zumeist) öffentlicher Kommunikation bearbeitet werden und zwar auch dann, wenn die Ursachen für diese Konflikte „nur" ethisch und nicht auch schon ökonomisch herleitbar scheinen. Aufgabe des Managements dabei ist die Organisation von kommunikativen Prozessen, die der Kommunikation von Ansprüchen und ihrer Umsetzung in die quasi-öffentliche Wertschöpfungsveranstaltung Unternehmung dienen.[3] Die Akzeptanz der Stakeholder durch die Organisation aber auch die Akzeptanz der kommunikativen Bemühungen der Organisation durch die Stakeholder als legitim und authentisch ist die Voraussetzung für den Aufbau von Sozialkapital (Vertrauen, Reputation, Anschlussfähigkeit an Netzwerke etc.) und damit nicht nur ethisch geboten, sondern auch wirtschaftlich sinnvoll. Eine Kommunikationpolitik, die konkrete Inhalte und Ziele a priori festschreibt und die Interaktion mit den Stakeholdern lediglich instrumentell und persuasiv auffasst, ist nicht geeignet, organisatorischen Erfolg im Sinne einer Besserstellung aller Anspruchsgruppen sicherzustellen.

Deshalb ist die Kommunikation mit den Stakeholdern als offener, rekursiver Prozess zu gestalten, in dessen Mittelpunkt die Definition der Organisation und ihrer Leistungen in Relation zu je spezifischen Ansprüchen (stakes) und Anspruchsgruppen (stakeholdern) steht. Der kommunikative Umgang mit Widersprüchen, Konflikten und konfligierenden Interessen im Hinblick auf konkrete Organisationen und ihre Anspruchsgruppen und immer weniger (nur) eine allgemeine öffentliche Imagekonstruktion ist das Paradigma. Gerade kleinere Organisationen können diesem neuen Paradigma der Organisationskom-

---

[2] Der Frage nach der prinzipiellen oder bloß situativen Legitimation des Gewinnprinzips soll hier nicht nachgegangen werden m. E. ist dieses Ziel auch in der Medienkultur schwer substituierbar. Gewinn ist aus dieser Perspektive aber jedenfalls ein hypothetischer und kein kategorischer Imperativ.
[3] Wie eben ein Stakeholder Board, Stakeholder Assemblies, Stakeholder Dialogues, die konkrete Organisation von MSP's etc.

munikation auf Grund ihrer Flexibilität in produktionstechnischer und binnenkultureller Hinsicht besonders gut gerecht werden und sie können neue Informations- und Kommunikationstechnologien auch virtuos zur Umsetzung und Schaffung neuer kommunikativer Kontexte nutzen (Castells 2002, S. 183 f.).

Solange ein entsprechender infrastruktureller und ordnungspolitischer Rahmen für die Anschlussfähigkeit ethischer und ökonomischer Rationalität in der Unternehmensführung nicht existiert, ist die Einbeziehung von (scheinbar oder evident) ohnmächtigen und „irrelevanten" Anspruchsgruppen nur auf volatiler und unternehmensethischer Basis zu leisten. Dies kann aber, wie weiter oben argumentiert wurde, durchaus auch im erfolgsstrategischen Sinne rational sein, Freeman und Evan (1993, S. 262) formulieren abstrakte *Stakeholder Management Principles* wie die Ausrichtung am benefit der stakeholder etc. Die alte Weisheit: „firms that contract (through their managers) with their stakeholders on the basis of mutual trust and cooperation will have a competitive advantage over firms that do not" (Jones 1995, S. 422). Unternehmenskommunikation bekommt aus dieser Perspektive eine neue Rolle und eine neue innerbetriebliche Funktion und Verantwortung: nicht mehr nur kommunikativ, sondern auch organisatorisch und strategisch integrativ zu wirken. Dementsprechend lassen sich die beiden folgenden Bedingungen entwickeln, die aus einer netzwerktheoretischen Konzeption von Stakeholderbeziehungen neue Möglichkeiten für die Unternehmenskommunikation geben:

- Wie gut ist eine Organisation an unterschiedliche (!) Netzwerke anschlussfähig?
- Ermöglicht eine Stakeholderbeziehung Anschlusskommunikationen?

Das Ideal ist dabei die multiple Anschlussfähigkeit und damit die rekursive Schließung der Organisation.

3 Schlussbetrachtungen

Thematisierungsprozesse hinterlassen „Spuren" (Strukturation). Dies passiert über Ereignisse (Konstruktion), den Beziehungsaufbau (Bezugsbildung, Diffusion) und eine Bewertung (Deutung) (Weder 2012). Organisationale Sprachspiele (Koppel und Langlois 2000) ermöglichen und begrenzen Handeln und Kommunizieren in Organisationen, ihre Vielfältigkeit bedarf der Koordination. Das ist die Aufgabe der Unternehmenskommunikation. Sie ist für die Entwicklung informaler Organisations- und damit Governancestrukturen, von Organisationskultur aber auch -ethik zuständig, die wiederum Anreize für das Verhalten der Organisationsmitglieder darstellen (vgl. Wieland 2004; Priddat 2004). Die Unternehmenskommunikation ist für Beziehungs- und Strukturzusammenhänge in Organisationen und zwischen Organisationen und Stakeholdern wichtig, sie ist Stabilisator und Sinnstifter zugleich.

Kommunikation in der Wissensgesellschaft darf keine Blackbox sein. Es geht vielmehr um die Öffnung der Organisation gegenüber der Gesellschaft, den Einbezug der Gesellschaft in die Wissensstrukturen der Organisation. Das Internet steht heute für veränderte Wissensstrukturen und Zugriffsmöglichkeiten auf Informationen und dementsprechend für neue Kommunikationsstrategien. Bisher lineare Strukturen und Prozesse der Informationsproduktion, -verarbeitung, -distribution und -rezeption lösen sich auf bzw. werden durch reflexive sowie Hierarchien durch Netzwerke ersetzt. Eine entsprechende Diagnose der heutigen Gesellschaft und der darin eingebundenen Organisationen richtet sich dementsprechend weniger auf die technische Vernetzung als vielmehr auf die neuen Formen *kommunikativer Selbstorganisation*. Die Größen Macht und Autorität treten als Strukturbildner bzw. strukturerhaltende Dynamiken zurück, neue Bedeutung bekommen spontane, selbstorganisierte und dabei zeitlich begrenzte *kommunikative Einflussgrößen* wie beispielsweise Themen als Strukturelement der Öffentlichkeit. Öffentlichkeit ist dann nicht mehr Ziel, sondern ebenso auch Korrektiv unternehmerischer Aktivitäten.

Somit kann mit einer Neukonzeption von Unternehmenskommunikation in Bezug auf die Stakeholder im Sinne eines *Beziehungsmanagements* die uralte Frage der Stakeholdertehorie (who is a stakeholder?) weiterentwickelt und aufgelöst werden zur bzw. über die Frage, wer an einem bestimmten Thema *beteiligt* ist; somit liegt der Fokus auf den kommunikativen Interaktionen zwischen Organisationen im Rahmen eines Themen-Netzwerks und deren Wirkkraft sowie auf der kommunikativen Anschlussfähigkeit von Organisationen im Sinne von response und Antizipation in Bezug auf ein Thema. Dies ist insbesondere im Verantwortungs- und Nachhaltigkeitskontext notwendig, in dem es in besonderem Maße um die Themenfelder geht, die das Verhältnis und Verhalten einer Organisation zu sozialen bzw. zivilgesellschaftlichen Gruppen und Organisation beinhalten bzw. voraussetzen. An eine hier präsentierte Konzeption lassen sich für Anschlussforschungen Überlegungen zu den Regelmäßigkeiten derartiger Themennetzwerke (hegemoniale Deutungsstrukturen etc., vgl. Weder 2012) und auch organisationsbezogene Dynamiken wie Partizipation, Inklusion oder Integration führen. Ebenso wäre eine Diskussion des Aspekts der Nachhaltigkeit entsprechender Themennetzwerke nicht nur aus wirtschaftswissenschaftlicher (Cliften und Amran 2010) sondern aus kommunikationswissenschaftlicher Perspektive zu empfehlen.

Literatur

Buchanan, M. (2002). *Nexus: Small world and the ground breaking science of networks*. New York: W. W. Norton & Company.
Calton, J., & Payne, S. (2003). Coping with paradox. *Business and Society, 42*, 7–42.
Carroll, A. B. (1996). *Business and society. Ethics and stakeholder management* (3. Aufl.) Cincinnati: South-Western.
Castells, M. (2002). *Das Informationszeitalter I. Die Netzwerkgesellschaft*. Opladen: Leske & Budrich.
Clarkson, M. B. E. (1998). *The Corporation and its stakeholders*. Toronto: University of Toronto Press.
Clifton, D., & Amran, A. (2011). The Stakeholder Approach: A Sustainability Perspective. *Journal of Business* Ethics 98, 121–136.
Coleman, J. S. (1990). *The foundations of social theory*. Cambridge: Belknap Press.

Donaldson, T., & Preston, L. (1995). The stakeholder theory of the corporation. Concepts, evidence, implications. *Academy of Management Review, 20*, 65–91.

Dyllick, T. (1992). *Management der Umweltbeziehungen. Öffentliche Auseinandersetzungen als Herausforderung.* Wiesbaden: Gabler.

Fassin, Y. (2012). Stakeholder management, reciprocity and stakeholder responsibility. *Journal of Business Ethics, 109*, 83–96.

Faßler, M. (2003). *Was ist Kommunikation?* (2. Aufl.). München: Wilhelm Fink Verlag.

Freeman, E. R. (1984). *Strategic management. A stakeholder approach.* Marshfield: Pitman.

Freeman, E. R. (1999). Divergent Stakeholder Theory. *Academy of Management Review, 24*(2), 123–237.

Freeman, E. R., & Evan, W. M. (1993). A stakeholder theory of the modern corporation: Kantian capitalism. In G. D. Chryssides & J. H. Kaler (Hrsg.), *An introduction to business ethics* (S. 254–267). London: Chapman and Hall.

Frooman, J. (2010). The issue network: Reshaping the stakeholder model. *Canadian Journal of Administrative Sciences, 27*, 161–173.

Fuchs-Heinritz, W., Lautmann, R., Rammstedt, O., & Wienold, H. (Hrsg.) (1994). *Lexikon zur Soziologie*, (3. Aufl.). Opladen: Westdeutscher Verlag.

Giddens, A. (1995). *Die Konstitution der Gesellschaft. Grundzüge einer Theorie der Strukturierung.* Frankfurt am Main: Campus.

Gottwald, F. (2006). *Gesundheitsöffentlichkeit. Die Entwicklung eines Netzwerkmodells für Journalismus und Public Relations.* Konstanz: UVK.

Habermas, J. (1981a). *Theorie des kommunikativen Handelns. Bd. 1: Handlungsrationalität und gesellschaftliche Rationalisierung.* Frankfurt am Main: Suhrkamp.

Habermas, J. (1981b). *Theorie des kommunikativen Handelns. Bd. 2: Zur Kritik der funktionalistischen Vernunft.* Frankfurt am Main: Suhrkamp.

Hart, S. L., & Sharma, S. (2004). Engaging fringe stakeholders for competitive imagination. *Academy of Management Executive, 18*(1), 7–18.

Jansen, D. (2006). *Einführung in die Netzwerkanalyse. Grundlagen, Methoden, Forschungsbeispiele* (3. Aufl.). Wiesbaden: VS Verlag für Sozialwissenschaften.

Jarren, O., & Röttger, U. (2009). Steuerung, Reflexierung und Interpenetartion: Kernelemente einer strukturationstheoretisch begründeten PR-Theorie. In U. Röttger (Hrsg.), *Theorien der Public Relations* (2. Aufl., S. 29–49). Wiesbaden: VS Verlag für Sozialwissenschaften.

Jones, T. M. (1995). Instrumental stakeholder theory. A synthesis of ethics and economics. *Academy of Management Review, 20*, 404–437.

Jones, T. M., & Wicks, A. C. (1999). Convergent stakeholder theory. *Academy of Management Review, 24*(2), 206–221.

Karmasin, M. (2010). Medienunternehmung. Zur Konzeption von Medienethik als Unternehmensethik. In C. Schicha & C. Brosda (Hrsg.), *Handbuch der Medienethik* (S. 217–232). Wiesbaden: VS Verlag für Sozialwissenschaften.

Karmasin, M., & Weder, F. (2008). *Organisationskommunikation und CSR. Neue Herausforderungen an Kommunikationsmanagement und PR.* Münster: LIT.

Koppel, R., & Langlois, R.N. (2000). Embeddedness, organizations, and language games. *Journals of Management and Governance, 5*, 287–305.

Kussin, M. (2009). PR-Stellen als Reflexionszentren multireferentieller Organisationen. In U. Röttger (Hrsg.), *Theorien der Public Relations* (S. 117–133). Wiesbaden: VS Verlag für Sozialwissenschaften.

Liebl, F. (1996). *Strategische Frühaufklärung. Trends, Issues, Stakeholder.* München: Oldenbourg.

Mattingly, J. E. (2004). Redefining the corporation: Stakeholder management and organizational wealth, by James Post, Lee Prestion, and Sybille Sachs. Review. *Academy of Management Review, 29*(3), 520–523.

Mitchell, J. C. (1969). The concept and use of social networks. In J. C. Mitchell (Hrsg.), *Social networks in urban situations*. Manchester: Manchester University Press.

Mitchell, R. K., Agle, B. R., & Wood, D. J. (1997). Toward a theory of stakeholder identification and salience: Defining the principle of who and what really counts. *Academy of Management Review, 22*, 853–886.

Müller-Stewens, G., Lechner, C., & Stahl, H. K. (2001). Die Gestaltung von Stakeholder-Beziehungen als Grundlage jedes Grenzmanagements: In H. Hinterhuber & H. K. Stahl (Hrsg.), *Fallen die Unternehmensgrenzen?* (S. 270–291). Renningen-Malmsheim: Expert Verlag.

Münch, R. (1991). *Dialektik der Kommunikationsgesellschaft*. Frankfurt am Main: Suhrkamp.

Neville, B. A., & Menguc, B. (2006). Stakeholder multiplicity: Towards an understanding of the interactions between stakeholders. *Journal of Business Ethics, 66*, 377–391.

Nohira, N./Eccles, R. G. (Hrsg.) (1992). *Management and the Worker*. Cambridge, MA: Harvard University Press.

Ottmann, T., & Widmeyer, P. (1996). *Algorithmen und Datenstrukturen*. (3. Aufl.). Heidelberg: Spektrum.

Post, J. E., Preston, L. E., & Sachs, S. (2002). *Redefining the corporation. Stakeholder management and organizational wealth*. Stanford: Stanford University Press.

Powell, W. W., Koput, K. W., & Smith-Doerr, L. I. (1996). Interorganizational collaboration and the locus of innovation: Networks of learning in biotechnology. *Administrative Science Quarterly, 41*(1), 116–145.

Priddat, B. P. (2004). Organisation und Sprache. In J. Wieland (Hrsg.), *Governanceethik im Diskurs* (S. 147–180). Marburg: Metropolis.

Raupp, J., Jarolimek, S., & Schultz, F. (Hrsg.). (2011). *Handbuch corporate social responsibility*. Wiesbaden: VS Verlag für Sozialwissenschaften.

Roethlisberger, F. J., & Dickson, W. J. (1939). *Management and the worker*. Cambridge: Harvard University Press.

Roloff, J. (2008a). Learning from multi-stakeholder networks: Issue-focussed stakeholder management. *Journal of Business Ethics, 82*, 233–250.

Roloff, J. (2008b). A life cycle model of multistakeholder networks. *Business Ethics. A European Review, 17*(3), 311–325.

Rowley, T. J. (1997). Moving beyond dyadic ties: A network theory of stakeholder influences. *Academy of Management Review, 22*(4), 887–910.

Rowley, T. J., & Moldoveanu, M. (2003). When will stakeholder groups act? An interest- and identity-based model of stakeholder group mobilization. *Academy of Management Review, 28*(2), 204–219.

Savage, G. T., Bunn, M. D., Gray, B., Xiao, Q., Wang, S., Wilson, E. J., & Williams, E. S. (2010). Stakeholder collaboration: Implications for stakeholder theory and practice. *Journal of Business Ethics, 96*, 21–26.

Scott, J. (2007). *Social network analysis*. Newbury Park: Sage.

Stegbauer, C. (Hrsg.). (2008). *Netzwerkanalyse und Netzwerktheorie. Ein neues Paradigma in den Sozialwissenschaften*. Wiesbaden: VS Verlag für Sozialwissenschaften.

Stegbauer, C., & Häußling, R. (Hrsg.). (2010). *Handbuch Netzwerkforschung*. Wiesbaden: VS Verlag für Sozialwissenschaften.

Steinmann, H., & Wagner, R. G. (Hrsg.). (1998). *Umwelt- und Wirtschaftsethik*. Stuttgart: Stiglitz.

Stieb, J. A. (2009). Assessing Freeman's stakeholder theory. *Journal of Business Ethics, 87*, 401–414.

Svendsen A. C., & Laberge, M. (2005). Convening stakeholder networks. *Journal of Corporate Citizenship, 19*, 91–104.

Sydow, J. (Hrsg.). (2001). *Management von Netzwerkorganisationen* (2. Aufl.). Wiesbaden: Gabler.

Tacke, V. (2000). *Netzwerk und Adresse. Soziale Systeme, 6*(2), 291–320.

Weder, F. (2007). Kommunikationsmanagement als Netzwerkmanagement. Ein Modell für die Integration von Stakeholdern über ein Kommunikationsnetzwerk. In G. Bentele, M. Piwinger, & G. Schönborn (Hrsg.), *Kommunikationsmanagement* (Loseblattwerk, Nr. 2.25, S. 1–48). Köln: Luchterhand.

Weder, F. (2010). *Organisationskommunikation und Public Relations*. Wien: UTB.

Weder, F. (2012). *Die CSR-Debatte in den Printmedien. Anlässe, Themen, Deutungen*. Wien: Facultas.

Weßler, H. (1999). *Öffentlichkeit als Prozess. Deutungsstrukturen und Deutungswandel in der deutschen Drogenberichterstattung*. Opladen: Westdeutscher Verlag.

Weyer, J. (2000). *Soziale Netzwerke*. München: Oldenbourg.

Wieland, J. (2004). Governanceethik und moralische Anreize. In T. Beschorner, M. König, & O. J. Schumann (Hrsg.), *Wirtschafts- und Unternehmensethik – Rückblick, Ausblick, Perspektiven* (S. 251–280). München: Hampp.

Kommunikation und Medien: Grundbegriffe, Theorien und Konzepte

Bertram Scheufele

Zusammenfassung

Der Beitrag beschäftigt sich mit grundlegenden Fragen von Kommunikation und Medien. Im ersten Schritt geht es um zentrale Begriffe wie Kommunikation und Interaktion. Im zweiten Schritt werden einfache Kommunikationsmodelle und komplexere Theorien interpersonaler Kommunikation diskutiert. Im dritten Schritt werden zentrale Fragen der Massenkommunikation geklärt. Nach Überlegungen zum Medienbegriff werden drei Perspektiven auf Massenkommunikation eröffnet: Aus der Kommunikatorperspektive werden unter anderem Modelle der Nachrichtenproduktion diskutiert. Aus der Perspektive von Mediennutzung und Medienrezeption werden sowohl theoretische Modelle als auch praktische und ökonomische Aspekte angewandter Mediaforschung vorgestellt. Aus der Wirkungsperspektive werden schließlich die wichtigsten Ansätze zu verschiedenen Arten von Medienwirkungen erörtert. Bei diesen drei Perspektiven werden jeweils auch aktuelle Fragen rund um Internet und Social Web diskutiert, da sie bestehende theoretische Ansätze im besten Falle irritieren, im schlechtesten Falle in Frage stellen. Der Beitrag zeigt aber, dass viele theoretische „Klassiker" mit gewissen Modifikationen hochmodern sind.

Schlüsselwörter

Kommunikation · Information · Interaktion · Medien · Massenmedien · Medienwirkung · Kommunikationstheorien · Kommunikationsmodelle · Öffentliche Kommunikation · Öffentlichkeit · Massenkommunikation · Wirklichkeitskonstruktion · Kommunikator · Rezipient · Agenda-Setting · Framing · Persuasion

---

B. Scheufele (✉)
Universität Hohenheim, Institut für Kommunikationswissenschaft
Fruwirthstraße 47, 70599 Stuttgart, Deutschland
E-Mail: bertram.scheufele@uni-hohenheim.de

1 Kommunikation, Information, Interaktion

Scripted-Reality-Formate im Fernsehen (z. B. „Berlin Tag und Nacht"), das Zeitungssterben (z. B. „Financial Times Deutschland"), „Shit-Storms" im Internet (z. B. gegen Bettina Wulff), Cyber-Mobbing oder soziale Netzwerke (z. B. Facebook) markieren schlagwortartig den Gegenstandsbereich der Medien- und Kommunikationswissenschaft.[1] Allgemeiner gesprochen umfasst er vor allem (Massen-)Kommunikation, Massenmedien sowie Internet und Social Web. Aufgrund der Bezüge der Medien- und Kommunikationswissenschaft etwa zu Politikwissenschaft, Soziologie oder Psychologie wird der Kommunikationsbegriff jedoch sehr disparat verwendet (Kunczik und Zipfel 2001, S. 20 f.). Das dokumentiert eine 35 Jahre alte Analyse von 160 Definitionsversuchen für Kommunikation (Merten 1977, S. 29), die in manchem bis heute aktuell ist. Nach Merten (1977, S. 162; Hervorhebung im Original) ist „Kommunikation als *der* grundlegende soziale Prozeß" anzusehen. Wenn man dem ersten Axiom „*Man kann nicht* nicht *kommunizieren*" von Watzlawick et al. (1969, S. 53; Hervorhebung im Original) folgt, wäre auch das Beibehalten der Voreinstellungen zur Privatsphäre bei der Einrichtung eines Facebook-Accounts eine Form der Kommunikation. Ein anderes Beispiel sind die vielfältigen Anstrengungen von Unternehmen oder Politikern, ihre Themen und Meinungen öffentlichkeitswirksam (z. B. über Pressemitteilungen) zu etablieren. Die inflationäre Verwendung des Kommunikationsbegriffs hat auch damit zu tun, dass sich Gesellschaften zunehmend auf Dienstleistungen, Information und Kommunikation verlagert haben (Geißler 2002). So dürften Unternehmen, Parteien, Verbände, Kommunen oder Vereine heutzutage kaum ohne strategische Kommunikationsarbeit und eigene Internetauftritte (Website, Facebook, Twitter usw.) auskommen. Darüber hinaus ist die Globalisierung auch in kommunikativer Hinsicht eine Herausforderung etwa für Medienunternehmen (Jarren und Meier 2000).

Für Humankommunikation kann man zwischen *interpersonaler* und *Massenkommunikation* unterscheiden (Schulz 2009, S. 170 f.). Diese beiden Formen sind aber nur die Pole eines Kontinuums, zwischen denen z. B. auch die interne und externe Unternehmenskommunikation anzusiedeln sind (vgl. vertiefend Beck 2007, S. 29 ff.; Kunczik und Zipfel 2001, S. 49 ff.; Burkart 1998, S. 163 ff.). *Kommunikation* leitet sich aus dem Lateinischen „communis" (gemeinsam) ab. „Gemeinsam haben Kommunizierende: erstens eine […] Verbindung zur Übertragung von Mitteilungen; zweitens eine durch Erwartungen gekennzeichnete Beziehung, aus der Information entsteht; drittens bestimmte übereinstimmende Kognitionen […], aus denen sich Erwartungen ableiten und die den Mitteilungen Bedeutung verleihen; und viertens bestimmte Absichten und Folgen in Bezug auf ihren Zustand oder ihr Verhalten" (Schulz 2009, S. 169). Kommunikation ist der Vorgang der Mitteilung oder Übermittlung von Informationen von einem Sender zu einem Empfänger. Folglich unterscheidet Beck (2007, S. 16) zwischen zwei Aspekten – der „Übermittlung (Transport, Tausch) und dem Miteinander-Teilen (Vermittlung, Mitteilung)". Die nach-

---

[1] Vertiefend zu den hier besprochenen Ansätzen vgl. beispielsweise Beck (2007), Bonfadelli (1999, 2000), Bryant und Oliver (2009), Burkart (1998), McQuail (2005), Morel et al. (1992), Noelle-Neumann et al. (2009), Schenk (2002) und Treibel (1997).

folgende Definition führt einen weiteren Begriff ein, nämlich den Begriff der *Information*. Schulz (2009, S. 178; Hervorhebung im Original) definiert Information als „Verminderung des Kenntnis- oder Aktualitätsgefälles zwischen Kommunikator [Sender] und Rezipient [Empfänger] – kurz: *Information beseitigt Ungewissheit*".

> **Kommunikation**
> Kommunikation ist symbolisch vermittelte Interaktion bzw. wechselseitige Bedeutungsvermittlung. Sie kann mittels sprachlicher Symbole, aber auch nonverbal erfolgen (z. B. Blicke, Gesten). Kommunikation hat aber nur dann einen „Mitteilungsaspekt", wenn eine „intentionale Informationsübertragung zwischen zwei oder mehr Systemen" (Bentele und Beck 1994, S. 21) erfolgt.

Abzugrenzen ist der Kommunikationsbegriff schließlich auch vom Interaktionsbegriff, der wiederum auf dem Handlungsbegriff aufbaut (Beck 2007, S. 32 f.). Max Webers (1984, S. 19) Verständnis von *sozialem Handeln*, das nicht nur sinnhaft, sondern auf andere Menschen ausgerichtet sei, impliziert schon den Interaktionsbegriff. Eine *Interaktion* ist nämlich nichts anderes wechselseitiges soziales Handeln mindestens zweier Menschen. Interaktion hat dabei „immer auch kommunikative Bezüge" (Merten 1977, S. 66). Anders gesagt: Kommunikation ist symbolisch (verbal oder nonverbal) vermittelte Interaktion bzw. „Interaktion [...] mittels Symbolen" (Kunczik und Zipfel 2001, S. 29). Eine solche Form der Interaktion kann der Flurfunk im Büro oder ein Chat in einem Online-Forum sein, aber auch ein Tweet und Re-Tweet bei Twitter, das Einstellen eines Fotos bei Facebook, das andere Menschen dann „liken" können, oder eine Pressemitteilung, die ein Zeitungsredakteur aufgreift.

2 Theorien und Modelle interpersonaler Kommunikation

Mit den zentralen Begriffen Kommunikation, Interaktion und Information lassen sich nun verschiedene Theorien und Modelle interpersonaler Kommunikation diskutieren.

2.1 Einfache Kommunikationsmodelle

Kommunikationsmodelle sind keine exakten Abbilder kommunikativer Realität, sondern sie vereinfachen – meist auch graphisch – reale Formen und Prozesse von Kommunikation (Maletzke 1998, S. 56). „Modelle erklären mit zum Teil konkurrierenden Theorien konkrete, relativ eng umrissene Sachverhalte. [...] Theorien erklären dagegen auf der Grundlage von einfachen Grundannahmen allgemeine Gesetzmäßigkeiten" (Kepplinger 2000, S. 84). So beschreiben Modelle der Nachrichtenauswahl, wie ein Ereignis zur Nachricht in der Zeitung wird. Dafür ziehen sie etwa die Nachrichtenwerttheorie (Staab 1990) heran.

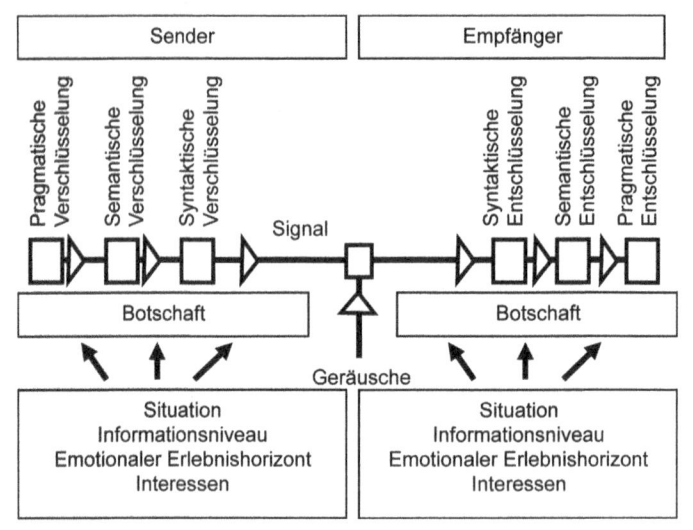

Abb. 1 Kommunikationsmodell von Badura
(Quelle: Badura (2004, S. 19))

Recht bekannt ist beispielsweise das Modell von Shannon und Weaver (1976). Letztlich beschreibt es aber keine soziale Kommunikation, sondern nur einen technischen Signaltransfer zwischen Sender und Empfänger. Kübler (1994, S. 9) spricht daher von „Kommunikationstheorie als Nachrichtentechnik". Nach Eschbach (1980, S. 41 f.) vernachlässigt das Modell die sozialen Aspekte von Kommunikation (z. B. Ansichten eines Bloggers). Es geht „von eineindeutigen Formations- und Transformationsregeln" wie beim Morse-Alphabet aus, die für soziale Kommunikation unwahrscheinlich sind. Zwar beruht das Internet auf technischen „Regeln". Allerdings hat es als technische Plattform noch nichts mit Kommunikation zu tun wie z. B. das World Wide Web oder Social Web. Des Weiteren kritisiert Eschbach (1980, S. 41), dass das Modell eine „quasi-automatische Einweg-Kommunikation" unterstelle und damit *Feedback-Prozesse* ignoriere, bei denen der Empfänger selbst zum Sender werden kann (Bentele und Beck 1994, S. 22 ff.). Wenn man an Online-Chats oder Nutzerkommentare zu Online-Artikeln von Nachrichtenmagazinen denkt, sind solche Modelle auch nicht mehr zeitgemäß, zumal andere Autoren seit langem Feedbackschleifen berücksichtigen (beispielsweise DeFleur 1970, S. 92 ff.). Anleihen des Shannon-Weaver-Modells finden sich in Baduras (2004) Kommunikationsmodell, der allerdings zwischen semantischen, syntaktischen und pragmatischen Aspekten der Sprache bzw. der kommunikativen Botschaft differenziert. Der Rahmen, in dem Kommunikation stattfindet, umfasst in seinem Modell vier Aspekte (vgl. Abb. 1):

- die Kommunikationssituation an sich
- das Informationsniveau der Kommunizierenden
- den emotionalen Erlebnishorizont der Kommunizierenden in der jeweiligen Situation
- sowie deren Interessen, Motive, Ziele usw.

2.2 Kommunikation als symbolische Interaktion

Kommunikationsmodelle greifen – wie erwähnt – auf Theorien zurück. Diese lassen sich als Systeme thematisch und logisch miteinander verknüpfter Aussagen über meist kausale Zusammenhänge begreifen (Burkart 1998, S. 405). Interessant für die Unternehmenskommunikation sind zunächst Theorien, die Kommunikation als symbolische Interaktion betrachten bzw. die von kommunikativem Handeln ausgehen.

2.2.1 Symbolische Interaktion und Reflexivität

Eine Interaktion beginnt, indem ein Akteur handelt oder etwas zu jemand anderem sagt. Der Auftakt kann auch ein bloßer Handlungsanfang sein – eine „Geste" oder „Gebärde" (z. B. ein zweifelnder Blick beim ‚Videotelefonieren' via Skype).[2] Gesten und Gebärden fungieren als *signifikante Symbole*, die dem anderen Akteur eine bestimmte Bedeutung vermitteln (z. B. Zweifel an seiner Aussage). Nur wenn „eine solche Geste die dahinter stehende Idee ausdrückt und diese Idee im anderen Menschen auslöst" (Mead 1968, S. 85), kann dieser Mensch sich in die Rolle des anderen Menschen hineinversetzen. Die Haltung des anderen Interaktionspartners einzunehmen und sein eigenes Verhalten dann entsprechend anzupassen, heißt *Rollenübernahme*. Auf diese „Übernahme der Rolle anderer" (Mead 1968, S. 300) nimmt auch Beck (2007, S. 27) für *Kommunikation* Bezug: Denn Informationen und Bedeutungen „werden von den Kommunikationspartnern (Kommunikanten) individuell konstruiert". Der Kommunikator legt etwas in seine Botschaft hinein, die Rezipienten lesen etwas aus dieser Botschaft heraus – beide, indem sie sich auch in den anderen hineinversetzen.[3]

Entscheidend für erfolgreiche Interaktion bzw. Kommunikation ist die Verwendung gemeinsamer Symbole, die zuvor erlernt werden müssen. Das erfolgt zunächst im kindlichen bzw. einfachen Spiel („play"), später im organisierten Spiel („game"; Mead 1934, z. B. S. 149). Im erstens Fall heißt Rollenübernahme, dass Kinder z. B. mit ihren Puppen ‚Familie spielen' und damit die Erwartungen konkreter Bezugspersonen bzw. *signifikanter Anderer* (Vater, Mutter, Verwandte u. ä.) erlernen.[4] Im zweiten Fall geht es um den sozialen ‚Ernstfall'. Nun treten diverse Bezugsgruppen aus verschiedenen Bereichen (z. B. Studium, Facebook, Unternehmen) an uns heran. Sie sind nicht mehr (nur) konkrete Personen, sondern Funktionsträger, d. h. *generalisierte Andere*. Dies kann z. B. die Zielgruppe eines Unternehmens sein, aber auch die Gesamtheit aller Facebook-Nutzer. Die Erwartungen

---

[2] Mit der Gebärdensprache begreift Mead (1980, S. 177 f.) Sprechen auch als Artikulieren von „Lautgebärden".

[3] Vergleichbare Überlegungen illustriert Schütz (1971, 1993) anhand des Holzfällers: *Um zu* verstehen, warum eine andere Person Holz fällt („Um-zu-Motiv"), müssen wir uns in sie hineinversetzen. Erst durch dieses „Fremdverstehen" (Schütz 1993, S. 137) wird uns klar, dass diese Person Holz fällt, *weil* sie ein Waldarbeiter ist („Weil-Motiv") (Schütz 1993, S. 152 ff., 223 ff., 1971, S. 80 ff.).

[4] Mead spricht zwar nicht wörtlich vom *signifikanten* Anderen, meint aber damit genau dies, wenn er konkrete Bezugspersonen von generalisierten Anderen abgrenzt (Denzin 1966, S. 298).

aller generalisierten Anderen bilden den sozial geprägten Teil unserer Identität, also die Gesamtheit aller Rollenerwartungen an uns („ICH" bzw. „Me"). Natürlich weist sie auch individuell-reflexive Züge auf („Ich" bzw. „I"; Mead 1934, S. 173; 1968, S. 216). Wir sind aber nicht nur Individuen, sondern auch Unternehmensberater, Familienväter oder Facebook-‚Freunde' (vgl. Mead 1968, u. a. S. 192 ff., 1980, S. 241 ff., 299 ff.). Longhofer und Winchester (2012, S. 417) diskutieren die hohe Aktualität von Meads Überlegungen – mit folgender Pointe: „In short, we can only know ourselves through others […]. Without this social experience, there would be no experience of an individual self. And definitely no Facebook (sorry Mark Zuckerberg)".

Meads Überlegungen hat der *Symbolische Interaktionismus* weitergeführt (Blumer 1969, 1973). Am bekanntesten sind dessen drei Prämissen (Blumer 1973, S. 81):

- *Erste Prämisse*: Individuen handeln gegenüber Dingen, Situationen oder Institutionen aufgrund der Bedeutungen, die sie ihnen beimessen.
- *Zweite Prämisse*: Bedeutung entsteht immer in sozialer Interaktion. Was in der einen Situation angemessen ist, ist in einem anderen Kontext unangemessen. Beispielsweise würden wir sicher kein Foto von uns in Badehose oder Bikini aus dem letzten Sommerurlaub einer Bewerbungsmappe beilegen. In Facebook gibt es dagegen solche Fotos.
- *Dritte Prämisse*: Bedeutungen entstehen und verändern sich in einem interpretativen Prozess zwischen den Handelnden und ihrer sozialen Umwelt. Ein Beispiel dafür ist die scharfe Kehrtwende in der Energiepolitik der Bundesregierung nach Fukushima.

2.2.2 Das Problem der ‚objektiven' Wirklichkeit

Wenn Bedeutung in sozialen Situationen entsteht und beständig verändert wird, stellt sich die Frage, ob es eine ‚objektive' Realität gibt (Kepplinger 1993; Neuberger 1996). Der (radikale) *Konstruktivismus*[5] verneint diese Frage mehr oder minder: Menschen konstruieren sich ‚ihre' Wirklichkeit. Daher gebe es keine Realität, die eindeutig, objektiv und für alle gleich sei. Man könne auch nie klären, was die Realität an sich sei, denn es gebe keine absolute Wahrheit. Folglich seien alle Realitätskonstruktionen gleich angemessen. Entscheidend sei, ob eine Konstruktion gang- oder brauchbar sei – von Glasersfeld (1992, S. 18 ff.) spricht hier von *Viabilität*. Damit jedoch werden wissenschaftliche Aussagen, religiöse Visionen, Alltagsbeobachtungen und Ideologien aller Art im Grunde auf eine Ebene gestellt. Das Konzept der Viabilität scheitert auch an normativen Grenzen. So entspricht die Leugnung des Holocaust weder objektiven Tatsachen noch ist sie gang- oder brauchbar. Völlig zu Recht geht die Justiz daher gegen Holocaust-Leugner wie den Priester Richard Williamson vor. Solche Überlegungen kommen bei von Glasersfeld (1992, S. 20) implizit zum Ausdruck, wenn er schreibt, dass „etwas als ‚viabel' bezeichnet [wird], solange es nicht mit Beschränkungen oder Hindernissen in Konflikt gerät". Wie das Beispiel „Bettina

---

[5] „Konstruktivismus ist kein einheitliches Theoriegebäude […]. Vielmehr handelt es sich eher um einen Diskurs, in dem viele Stimmen aus ganz unterschiedlichen Disziplinen zu hören sind" (Schmidt 1996, S. 14).

Wulff" zeigt, ist diese Bedingung allerdings sehr dehnbar – zumindest ist die Messlatte dafür unklar (vgl. weiterführend auch Neuberger 1996, S. 206 ff.).

Der *Realismus* (z. B. Kepplinger 1993) wirft dem radikalen Konstruktivismus vor, Wissenschaft die Berechtigung abzusprechen. Sicher seien Wissenschaft und Realitätswahrnehmung nicht voraussetzungsfrei. Möglich sei aber eine falsifikatorische Annäherung an ‚Wahrheit' oder ‚Realität'. Zudem wolle niemand die gesamte Realität, sondern nur bestimmte Realitätsausschnitte betrachten – etwa die Unternehmenskultur einer Firma. Dafür könne man auf Realitätsindikatoren zurückgreifen. Sie seien zwar oft nur begrenzt aussagekräftig und nicht durchweg verfügbar. Das sei jedoch eine Frage ihrer Qualität bzw. ein forschungspraktisches Problem, aber kein grundsätzlicher Einwand. Schließlich gebe es zwar keine absolut ‚richtigen', wohl aber bessere und schlechtere Realitätskonstruktionen. Realitätskonstruktionen können unterschiedliche Wirkungen entfalten. Eine davon nennt Merton (1948) „self-fulfilling prophecy" (Merton 1996, S. 183 ff.; Watzlawick et al. 1969, S. 95 f.). Als eine Variante einer sich *selbst erfüllenden Prophezeiung* könnte man auch das erneute Aufflammen der Gerüchte um Bettina Wulffs angebliche „Rotlicht-Vergangenheit" begreifen, die Frau Wulff durch ihre öffentlich gewordenen Klagen gegen Google und Günther Jauch sowie durch das auf diese Gerüchte Bezug nehmende Kapitel in ihrem Buch auch selbst befeuert hat.

> **Konstruktionen im Internet zu Bettina Wulff**
>
> „Weil sich jeder [im Internet] öffentlich zu Wort melden kann, schwillt die ‚Informationsflut' weiter an" (Neuberger 2007, S. 259) – und damit die Flut an Realitätskonstruktionen. Die Diskussion um die „Rotlicht-Gerüchte der Ex-Präsidentengattin Bettina Wulff" (Dambeck und Buß 2012) zeigt, wie aktuell die Frage der ‚objektiven' Realität ist. Die Verlinkungen auf entsprechende Schlagwörter bei Google und die Tags auf einschlägige Produkte bei Amazon sind aus konstruktivistischer Sicht nichts anderes als Realitätskonstruktionen, ebenso die Beschimpfungen und Fürsprachen durch Rezensenten des Buchs von Bettina Wulff und Nicole Maibaum (Lischka 2012). Die Medienberichterstattung und journalistische Kommentierung sind ebenfalls Realitätskonstruktionen und auch die Darstellung der Vorgänge durch Wulff und Maibaum (2012, S. 167 ff.) selbst ist eine Realitätskonstruktion. Wem soll man im Internet glauben und welche Rolle spielt der klassische Journalismus? Die Herausforderungen für den Journalismus fasst Neuberger (2007, S. 264) wie folgt zusammen: „Dass Laien in der Internetöffentlichkeit nicht nur die Kommunikator-, sondern auch die Mediatorrolle übernehmen können, widerspricht der Vorstellung von einer linear verlaufenden Professionalisierung des Journalismus. In dieser veränderten Situation muss der professionelle Kern, der durch Laien oder Technik nicht substituiert werden kann, neu bestimmt werden."

Weil viele Vorgänge außerhalb unseres Erfahrungshorizonts liegen, sind wir auf Wirklichkeitskonstruktionen von Öffentlichkeitsarbeitern, Politikern, Unternehmenssprechern usw. angewiesen. Davon wiederum erfahren wir oft nur via Medienberichterstattung, daher spielen Journalisten und Medien eine bedeutsame Rolle für unsere eigenen Realitätskonstruktionen. Aber auch Unternehmenskommunikation prägt unsere Sicht der Dinge. PR-Akteure treten dabei als „Meta-Kommunikatoren [auf], die entscheiden, was, wann, wo, wie und mit welcher gewünschten Wirkung kommuniziert werden soll" (Merten 1992, S. 44). Dabei müssen sie nicht einmal mehr den ‚Umweg' über die klassischen Massenmedien gehen. Im Social Web bieten sich mittlerweile vielfältige Möglichkeiten, Öffentlichkeitsarbeit, Public Relations oder Marketing mit direkter Zielgruppenansprache zu realisieren (z. B. über Facebook, Foren, Wikis usw.), ohne auf die massenmediale Vermittlungsleistung angewiesen zu sein (Scott 2010).

2.3 Theorie des kommunikativen Handelns

Diskurse im Internet – „Herrschaftsfrei und grenzenlos"?[6]
Dahlberg (2001, S. 623) hat aus der Theorie des kommunikativen Handels von Habermas (1995a, b, 1984; vgl. auch Burkart 2004) einen Anforderungskatalog für das Internet abgeleitet. Auch wenn die Ergebnisse seiner Fallstudie schon fast wieder veraltet sind, kann man seiner Einschätzung, dass Akteure, die bereits offline ‚mächtig' sind (politisch Aktive, Gebildete, Männer usw.) auch online dominieren (Dahlberg 2001, S. 626). Online-Diskurse sind also keineswegs immer „herrschaftsfreie Diskussion[en]" (Habermas 1971, S. 138). So ging es in etlichen Rezensionen zu Bettina Wulffs Buch und bei vielen „Tags" zu anderen Produkten von Amazon weniger um das bessere Argument als um Polemik. Das ist nur ein Beispiel für die Anwendung der Theorie des kommunikativen Handelns auf Online-Kommunikation. Auch die Universalpragmatik lässt sich dafür exemplarisch erläutern. So ergänzt Beck (2006, S. 225) die Überlegungen Dahlbergs (2001) um das Argument, dass die Wahrhaftigkeit im Internet problematisch sei, weil es sich „als Sammelbecken von falschen, nicht überprüften und fragwürdigen Informationen bis hin zu böswilligen und propagandistischen Verschwörungstheorien" erweise. So dürfte es nicht jedem ‚Verschwörungstheoretiker' tatsächlich um die Rettung der Menschheit gehen. Er oder sie kann auch ganz andere Interessen verfolgen. Beispielsweise will er oder sie den eigenen Buchverkauf ankurbeln oder die ‚Klickzahlen' für die eigene Website erhöhen. Wenn die wahren Motive nicht offen gelegt werden, ist jedoch der Wahrhaftigkeitsanspruch verletzt, was wiederum das eigentliche oder nur vordergründige Anliegen torpedieren kann.

---

[6] Bühl (1998, S. 353).

2.3.1 Sprechakt, erfolgs- und verständigungsorientiertes Handeln

Die Theorie des kommunikativen Handelns (vgl. Habermas 1995a, b) gründet auf dem Gedanken, dass Sprechen zugleich Handeln ist. Wenn man etwas verspricht, dann ist diese Äußerung „das Versprechen, das sie auch darstellt" (Habermas 1971, S. 103). Mit der Sprechakttheorie (Austin 1962; Searle 1983) und Max Webers (1984, S. 19) Definition sozialen Handelns bemisst sich *kommunikatives Handeln* an Verständigungsorientierung. *Verständigung* meint dabei nicht einfach eine Übereinstimmung zwischen zwei Kommunikanten, sondern sie zielt „auf ein Einverständnis, welches den Bedingungen einer rational motivierten Zustimmung zum Inhalt der Äußerung genügt" (Habermas 1995a, S. 387). Darin unterscheidet sich kommunikatives Handeln vom erfolgsorientierten Handeln (vgl. Tab. 1). Bezieht sich letzteres auf Gegenstände (z. B. Putzen), ist es *instrumentell*, in einer sozialen Situation ist es dagegen *strategisch* (zweckrational bei Weber 1984, S. 45). Beim kommunikativen Handeln kann ein Einverständnis „der anderen Seite [dagegen] nicht imponiert, [...] nicht durch Manipulation auferlegt werden" (Habermas 1996, S. 145) wie dies beim strategischen Handeln der Fall ist. Aus dieser Perspektive dürften Blogs, die mit starker Selbstoffenbarung einhergehen, kaum auf Verständigung zielen. Vielmehr geht es darum, etwa die eigene Meinung zu äußern oder positives Feedback zu bekommen (Reinecke und Trepte 2008, S. 206 ff.).

Auch viele Formen der Unternehmenskommunikation sind zunächst einmal strategisches Handeln. Das wird anhand einer weiteren Typologie für *Kommunikation* deutlich (Habermas 1995a, S. 446): Drohung (z. B. Furchtappelle) und Lockung (z. B. erotische Werbung) sind Formen offen strategischer Kommunikation. Täuschung ist versteckte strategische Kommunikation (z. B. Zauberei). Kommunikatives Handeln ist nicht erfolgsorientiert, hat aber sehr wohl ein Ziel – nämlich den *Konsens durch Verständigung* (Habermas 1995a, z. B. S. 37, 128, 383 ff.). Dabei darf es keine „Manipulation" oder „bloß den Schein" geben, was aber nicht heißt, dass „kommunikativ handelnde Subjekte nicht *auch* am jeweils eigenen Erfolg orientiert sein dürften; aber im Rahmen kommunikativen Handelns können sie einen angestrebten Erfolg nur über eine gelungene Verständigung erreichen" (Habermas 1984, S. 461; Hervorhebung im Original). Ob nun bei den *Schlichtungsgesprächen zu Stuttgart 21* (*S21*) und den Online-Aktivitäten der jeweiligen Interessengruppen das Moment des strategischen oder das Moment des kommunikativen Handelns überwogen hat, dürfte unterschiedlich beurteilt werden (vgl. für eine – wenngleich nicht unparteiisch – kommentierte Chronik z. B. Schlager 2010).

Tab. 1 Handlungstypologie nach Habermas (1995a, S. 384)

Handlungssituation	Erfolgsorientierung	Verständigungsorientierung
Nicht sozial	Instrumentelles Handeln	–
Sozial	Strategisches Handeln	Kommunikatives Handeln

2.3.2 Universelle Geltungsansprüche und Diskurse

Während Chomsky (1973) auf sprachliche Kompetenz blickt, geht es Habermas (1971, S. 101, 106, 1976, S. 205) um *kommunikative Kompetenz*. „Ein verständigungsbereiter Sprecher handelt [...] nicht bloß ‚sprachfähig', sondern v. a. auch ‚kommunikationsfähig'" (Burkart 1998, S. 427). In diesem Sinne begreift Habermas (1995b, S. 41; Hervorhebung im Original) Sprache als „*Medium der Verständigung [...]* und *Medium der Handlungskoordination* und der *Vergesellschaftung von Individuen*". Damit dies gelingt, braucht es Regeln, die allen Kommunikanten bewusst sind. Diese Regeln heißen universelle *Geltungsansprüche* bzw. *Universalpragmatik* (Habermas 1995a, S. 405, 1984, S. 440, 1971, S. 102, 107):

- *Verständlichkeitsanspruch (Intersubjektivität)*: Die Kommunikanten müssen sich verständlich ausdrücken. Beispielsweise monierte Heiner Geißler bei den Schlichtungsgesprächen zu S21: „Das versteht außer den Fachleuten kein Mensch" (Braun 2010).
- *Wahrheitsanspruch (Zustimmungsfähigkeit)*: Habermas (1984, S. 124) geht von einer „Konsenstheorie der Wahrheit" aus. Bei S21 konnten bzw. können die Gegner des Verkehrsprojekts der Wahrheit der Befürworter nicht zustimmen – und umgekehrt.
- *Wahrhaftigkeitsanspruch (Subjektivität)*: Die Kommunikanten müssen Macht- und Abhängigkeitsverhältnisse, Motive, Gefühle, Meinungen usw. aufrichtig offen legen. Eine Befragung unter Teilnehmern einer Demonstration gegen S21 zeigte, dass die Demonstranten – neben den hohen Kosten – als Argument gegen das Verkehrsprojekt vorbrachten, dass es nur dem Profit auf Seiten der Banken und Baukonzerne diene. Zudem warfen sie der Stuttgarter Presse vor, parteiisch zu sein (Rucht et al. 2010, S. 6, 8). Damit stellten sie im Grunde die Wahrhaftigkeit von Politik, Bahn und Medien in Frage.
- *Richtigkeitsanspruch (Normativität)*: Die Kommunikanten müssen die Normen und Werte des Bezugssystems anerkennen. Es geht also nicht um empirische, sondern um „normative Richtigkeit" (Habermas 1995a, S. 416). So mussten Befürworter und Gegner von S21 die Legitimität der Schlichtergespräche und der Rolle Heiner Geißlers anerkennen.

Verständigung kommt zustande, wenn die Kommunikanten Geltungsansprüche wechselseitig anerkennen (Habermas 1995a, S. 37). Ist das nicht der Fall, ist der „Hintergrundkonsens, die ‚gemeinsame Anerkennung' reziprok erhobener Geltungsansprüche" (Habermas 1976, S. 177) erschüttert und muss im *Diskurs* wieder hergestellt werden. Hier wird z. B. die Wahrhaftigkeit der Meinungslager bei S21 zum Thema von „Metakommunikation" (Habermas 1971, S. 106). Dafür muss ein Diskurs *herrschaftsfrei* sein und nur „dem zwanglosen Zwang des besseren, weil einleuchtenderen Argumentes" (Habermas 1984, S. 116) folgen. Das ist der Fall, wenn für alle – z. B. Gegner wie Befürworter von S21 aus Politik, Wirtschaft und Gesellschaft – „eine symmetrische Verteilung der Chancen, Sprechakte zu wählen und auszuüben, gegeben ist. Dann besteht nämlich [...] eine effektive Gleichheit der Chance bei der Wahrnehmung von Dialogrollen" (Habermas 1971, S. 137).

2.3.3 Theorie und Praxis

Die bisherigen Beispiele dürften deutlich gemacht haben, dass die Theorie des kommunikativen Handelns praxistauglich sein kann. Habermas räumt aber selbst ein, dass ein herrschaftsfreier Diskurs empirisch selten anzutreffen, also oft „kontrafaktisch" (z. B. Habermas 1971, S. 119, 140, 1984, S. 121) sei. Er spricht daher auch von „Inseln im Meer der Praxis" (Habermas 1984, S. 500). Dennoch seien kommunikatives Handeln und herrschaftsfreier Diskurs erstrebenswerte Ideale, deren Realisierung freilich an den derzeitigen gesellschaftlichen Gegebenheiten scheitere (Habermas 1971, S. 140).[7] Bei Online-Kommunikation ergreift Dahlgren (2005, S. 156) vergleichbar Partei: „High standards are useful and necessary to define directions, even if we realize that reality often falls short of the ideals".

Burkart & Probst (1991, S. 56) haben lange vor den Protesten gegen S21 gefragt: „Wie hätte Öffentlichkeitsarbeit eigentlich auszusehen, die mit [...] Protesten ‚angemessen' umgeht?". In ihrer Anwendung der Theorie kommunikativen Handelns auf Öffentlichkeitsarbeit unterscheiden sie am Beispiel des Baus von Sondermülldeponien folgende Phasen:

- In der *Informationsphase* zielt Öffentlichkeitsarbeit darauf, Interessen und Ziele, Selbstverständnis und Zuständigkeiten der Organisation bzw. des Unternehmens zu verdeutlichen sowie deren Rechtmäßigkeit und moralische Angemessenheit zu begründen.
- In der *Diskussionsphase* müssen Betroffene mit dem Unternehmen bzw. der Organisation direkt in Kontakt treten können, z. B. bei Informationsveranstaltungen des Unternehmens auf Versammlungen. Dabei geht es nicht nur um unklare Fachbegriffe, sondern Betroffene sollen „Zweifel an der Wahrheit der präsentierten Aussagen [etwa zu neuen Arbeitsplätzen oder Umweltverträglichkeit], der Wahrhaftigkeit der Handlungsträger und der Legitimität der vertretenen Interessen" (Burkart und Probst 1991, S. 64) vorbringen können (z.B. bei S21 durch die Bahn oder Landesregierung).
- Offene Streitfragen und divergierende Geltungsansprüche müssen in einer *Diskursphase* einem Einverständnis zugeführt werden. Ziel ist der „Konsens über Richtlinien zur Einschätzung von Sachurteilen" (Burkart und Probst 1991, S. 65) (z. B. Gutachten zu Umweltverträglichkeit oder Kosten bei S21), aber auch über die Legitimität der Begründungen. Hier stehen also die Geltungsansprüche Wahrheit und Richtigkeit zur Diskussion.
- Abschließend muss geprüft werden, ob die Verständigung auch erreicht wurde, damit z. B. der Bau einer Mülldeponie oder eines Tiefbahnhofs möglich wird.[8]

Es liegt auf der Hand, dass sich diese Überlegungen problemlos auf die erwähnten Kommunikationsprobleme rund um das Verkehrsprojekt S21 übertragen lassen. Wie Burkart und Probst (1991, S. 61) selbst anmerken, kann und muss aber nicht jede Öffentlichkeitsarbeit verständigungsorientiert sein (vgl. weiterführend Bentele et al. 1996; Hömberg et al. 2010).

---

[7] Schuld sei die Kolonialisierung der Lebenswelt (vgl. Habermas 1995b, S. 504–522, 473), bei der die „Imperative von Wirtschaft und Verwaltung" in die Lebenswelt vordringen (Habermas 1985, S. 189).

[8] Burkart und Probst (1991, S. 65) sprechen von „Situationsdefinition", passender wären Begriffe wie Ratifizierungsphase oder auch „Verständigungsphase" (Avenarius 2000, S. 206).

3 Massenkommunikation, Medien und Internet

Neben zentralen Begriffen wie Massenkommunikation, Medien oder Öffentlichkeit sind aktuellere Begriffe wie z. B. Internet, Social Web und Web 2.0 für ein besseres Verständnis zu klären.

3.1 Grundlagen

3.1.1 Massenmedien, Internet, WWW, Web 2.0 und Social Web

Zu den Massenmedien gehören vor allem Presse und Rundfunk. Die *Presse* wird in Zeitungen und Zeitschriften unterteilt (Wilke 2009a, 2009b). Die vier zentralen Merkmale der *Zeitung* sind Publizität (allgemeine Zugänglichkeit), Aktualität, Universalität (Themenvielfalt) und unbegrenzte Periodizität (regelmäßiges Erscheinen). Deutschland gilt als Ursprungsland der ersten Zeitungen mit diesen Merkmalen. Entscheidend war Gutenbergs Erfindung eines Gießgeräts zur Herstellung wieder verwendbarer Lettern aus Metall um 1440. Im 17. Jahrhundert bildeten sich *Zeitschriften* heraus, die aber eingeschränkte Aktualität und Universalität haben. Massenpresse gibt es seit Mitte des 19. Jahrhunderts. Auch wenn die Presse „traditionell ein ‚nationales' Medium ist" (Wilke 2009a, S. 497), gab es nach dem Ende des Kalten Krieges eine Expansion nicht nur deutscher Presseverlage in den ehemaligen Ostblockländern. Aktuell hat die *gedruckte* Zeitung mit erheblichen Auflagenverlusten zu kämpfen (Weichert et al. 2009). Jüngstes Beispiel ist die traditionsreiche „Frankfurter Rundschau", für die im November 2012 ein Insolvenzantrag gestellt werden musste.

Zum *Rundfunk* gehören Hörfunk und Fernsehen (Donsbach und Wilke 2009). Seine Entstehung verdankt der Rundfunk u. a. der Entdeckung elektromagnetischer Wellen. Der Ausbau der Funktechnik in der Weimarer Republik und Erfindungen wie die Braunsche Röhre führten zur ersten Rundfunksendung im heutigen Sinn am 29. Oktober 1923. Noch vor dem Zweiten Weltkrieg gab es Fernsehen. In der Nachkriegszeit wurde Rundfunk zur Ländersache. Diese Regionalisierung war schon in der Weimarer Republik angelegt. Die regionalen Sendeanstalten schlossen sich 1950 zur „Arbeitsgemeinschaft öffentlich-rechtlicher Rundfunkanstalten der Bundesrepublik Deutschland" (ARD) zusammen, deren Programm Ende 1954 startete; das ZDF wurde 1961 gegründet. Das heutige *duale System* aus öffentlich-rechtlichen und privaten Rundfunkanbietern geht auf Kabelpilotprojekte ab Mitte der 1980er Jahre zurück. Technische Voraussetzung waren neue Übertragungswege, wodurch das bisherige Argument der Frequenzknappheit hinfällig wurde. *Landesmedienanstalten* geben privaten Anbietern Sendelizenzen und kontrollieren die Einhaltung von Programmgrundsätzen.

Im Zuge der rasanten Entwicklung des Internet wird die Abgrenzung zwischen dem klassischem Rundfunk und den seit 2007 so genannten *Telemedien* immer schwieriger (vgl. schon Berghaus 1994, S. 405). Dies zeigt sich etwa in aktuellen Begriffsbestimmungen in Staatsverträgen und Gesetzen: *Telemedien* „sind alle elektronischen Informations- und Kommunikationsdienste", die keine Telekommunikationsdienste oder darauf basierende

Dienste sind. Grob trifft das auf die meisten Angebote im Internet zu (Online-Zeitungen, Email, Telebanking, Blogs, Websites usw.). *Rundfunk* gilt nach der aktuellen juristischen Definition als „linearer Informations- und Kommunikationsdienst; er ist die für die Allgemeinheit und zum zeitgleichen Empfang bestimmte Veranstaltung und Verbreitung von Angeboten in Bewegtbild oder Ton entlang eines Sendeplans unter Benutzung elektromagnetischer Schwingungen" (Landesmediengesetz Baden-Württemberg § 1, Abs. 1–2).

Online-Kommunikation bzw. Online-Medien werden mittlerweile „als nahezu selbstverständlicher Bestandteil des Medienensembles mitgedacht und mitbeforscht" (Schweiger und Beck 2010, S. 8). Verglichen mit Presse und selbst Rundfunk kamen sie aber recht spät auf (Burkart 1998, S. 357 ff.; Ebersbach et al. 2008). Erst die Hard- und Softwareentwicklung der 1980/1990er Jahre begünstigte den Siegeszug von Internet und World Wide Web. Als „Zusammenschluss regionaler, nationaler und transnationaler Computernetze, die über Standleitungen weltweit miteinander verbunden sind" (Burkart 1998, S. 362), geht das *Internet* auf das „ARPAnet" zurück – ein 1969 vom US-Verteidigungsministerium in Auftrag gegebenes Netz für militärischen Informationsaustausch unabhängig von einem Zentralrechner. Seit 1991 gibt es den Versuch, die vielfältigen Angebote im Internet unter einer Oberfläche, dem *World Wide Web* (WWW) zu bündeln. Das WWW wurde 1993 der breiten Öffentlichkeit zugänglich gemacht. Mittlerweile dürften aber „Web 2.0" und „Social Web" (Ebersbach et al. 2008) vermutlich mehr von sich reden machen als das WWW.

Auch wenn der Begriff „Internet" im Alltag oft das WWW oder Web 2.0 bezeichnet, sollte man klar zwischen der technischen und der kommunikativen Seite trennen. So unterscheiden Kubicek et al. (1997, S. 32 ff.) zwischen *Medien erster und zweiter Ordnung*. Medien erster Ordnung „bestimmen […] nicht, was kommuniziert werden soll und […] verfügen über keinen Hintergrund und keine Organisation", während Medien zweiter Ordnung „Realitätskonstruktionen zur Verfügung" (Kubicek et al. 1997, S. 32, 34) stellen. Somit ist das Internet sicher kein Medium zweiter Ordnung. Als technische Plattform kann es nicht kommunizieren, sondern nur verschiedene *Kommunikationsmodi* ermöglichen (vgl. Rössler 1998a, S. 206 ff.). Dazu gehörten zunächst der Abruf von Informationen (World Wide Web), die elektronische Post (E-Mail), Diskussionen (Newsgroups, Foren) und Kommunikation mit anderen Nutzern (Chats). Mittlerweile präsentieren sich aber nicht nur Einzelpersonen, sondern auch Unternehmen oder Institutionen auf Websites und Blogs oder bei Facebook und Twitter (vgl. weiterführend Ebersbach et al. 2008; Zerfaß und Pleil 2012).

Für eine veränderte Internetnutzung hat sich seit 2004 der Begriff des *Web 2.0* eingebürgert (Koch et al. 2009, S. 161 ff.). Die „freiwillige und aktive Mitwirkung […] ohne Zwänge [sic!] von Organisationen, Prozessen, Technologien oder bestimmten Plattformen stellt den Nutzer in den Mittelpunkt des Internet-Geschehens" (Koch et al. 2009, S. 162). Dabei unterstützt „Social Software" diverse Anwendungen, die folgende Funktionen erfüllen:

- Inhalt und Information (z. B. Wiki)
- Interaktion und Kommunikation (z. B. Instant Messaging, Weblog)

- Identität/Selbstdarstellung und Netzwerkmanagement (z. B. Social-Networking-Plattform)

Ähnliche Anwendungen – ergänzt um Social Sharing (z. B. von Videos) – listen auch Ebersbach et al. (2008, S. 33), die sich aber auf das *Social Web* als eines Teils des Web 2.0 beziehen. Im Grunde geht es den Autoren um einen anderen Blickwinkel, der weniger auf „neue Formate oder Programmarchitekturen, sondern [… eher auf] die Unterstützung sozialer Strukturen und Interaktionen über das Netz" (Ebersbach et al. 2008, S. 29) abhebt.

Massenmedien erfüllen *Funktionen*, die z. B. in Landespressegesetzen formuliert oder durch das Bundesverfassungsgericht konkretisiert wurden (vgl. Ricker und Seehaus 2009). Kunczik und Zipfel (2001, S. 72)[9] listen u. a. Funktionen wie Thematisierung, Selektion, Strukturierung, Information und Unterhaltung, Artikulation (z. B. von Meinungen), Herstellung von Öffentlichkeit, Kritik und Kontrolle, Bildung, Kultur, Erziehung/Sozialisation und Integration. Beck (2007, S. 96 f.) ergänzt ökonomische Funktionen wie z. B. Akkumulation von Kapital. Aus systemtheoretischer Perspektive sieht Marcinkowski (1993, S. 113, 123) die Funktion des publizistischen System in der „Selbstbeobachtung der Gesellschaft", indem „das publizistische System Themen auf den ‚Bildschirm' der Gesellschaft bringt".

> **Welche Funktionen erfüllt Wikileaks?**
> Können Angebote, Dienste bzw. Kommunikationsmodi im Internet die Funktionen der Massenmedien übernehmen? Wikileaks mag in gewisser Weise eine Kritik- und Kontrollfunktion erfüllen. Dass deutsche Politiker durch Wikileaks erst erfahren haben, wie US-Politiker über sie denken, war eine vermutlich eher ungewollte „Selbstbeobachtung im ‚Spiegel'" (Marcinkowski 1993, S. 121) von Wikileaks. Manche Bürger mögen sich darüber sogar amüsiert haben. Daher Wikileaks auch eine Unterhaltungsfunktion zu unterstellen, wäre freilich zynisch. Für Benkler (2011, S. 315; Hervorhebung im Original) jedenfalls wird die Diskussion um Wikileaks „likely end up with an improved watchdog function, reaching some accommodation between the more traditional representatives of the fourth estate, like the *New York Times*, and the more edgy, muckraking elements of the networked environment."

Neben dem Begriff der Massenmedien bzw. „publizistischen Medien" (Beck 2012, S. 73) sind weitere Medienbegriffe zu skizzieren (Beck 2007, S. 78 ff.; Saxer 1999):

- Allgemein ist ein Medium alles, was vermittelt. Dazu gehören vor allem unsere *Sprache*, Mimik und Gestik. Druckerpresse und Smartphone sind dagegen *technische Medien*.
- Als „symbolisch generalisierte Kommunikationsmedien" begreift Luhmann (1984, S. 222) die *Sprachen sozialer Systeme*. So sind Macht bzw. Geld das jeweilige Kommunikationsmedium des politischen bzw. wirtschaftlichen Systems (Luhmann 1984, S. 625 f.).

---

[9] Dazu auch Kübler (1994, S. 73 ff.) und Beck (2007, S. 87 ff.).

- Massenmedien sind auch *Unternehmen* (z. B. „RTL-Group"), *Organisationen* mit Organisationszielen sowie *Institutionen* (z. B. „Institution der (freien) Presse"; Beck 2007, S. 84).
- Medien als Organisationen bzw. Unternehmen bilden zudem *Strukturen* heraus, die sich zu *Mediensystemen* verdichten (vgl. weiterführend Beck 2012). Im globalen Kontext unterscheidet z. B. Blum (2005, S. 8 ff.) sechs Typen an Mediensystemen, wobei er das deutsche Mediensystem dem nordeuropäischen Public-Service-Typus zurechnet.

3.1.2 Massenkommunikation, öffentliche Kommunikation und computervermittelte Kommunikation

Massenkommunikation
Massenkommunikation ist „jene Form der Kommunikation, bei der Aussagen öffentlich (also ohne begrenzte und personell definierte Empfängerschaft) durch technische Verbreitungsmittel (Medien) indirekt (also bei räumlicher oder zeitlicher oder raumzeitlicher Distanz zwischen den Kommunikationspartnern) und einseitig (also ohne Rollenwechsel zwischen Aussagendem und Aufnehmendem) an ein disperses Publikum" (Maletzke 1963, S. 32), aus dessen ‚Schatten' heutzutage aber auch ‚Aussagende' hervortreten (z. B. Blogger), vermittelt werden.

Diese Definition benennt bereits die zentralen Unterschiede zwischen interpersonaler und Massenkommunikation (vgl. auch Kunczik und Zipfel 2001, S. 49 ff.; Burkart 1998, S. 164 ff.):

- *Empfängerkreis:* Interpersonale Kommunikation richtet sich an ein homogenes, begrenztes Präsenzpublikum, Massenkommunikation an ein disperses Publikum, d. h. einen unscharfen, prinzipiell unbegrenzten und oft anonymen Empfängerkreis. Allerdings kann das Publikum „auch unter bestimmten Bedingungen […] relativ homogen sein" (Maletzke 1963, S. 30). Zu denken wäre an thematisch fokussierte Online-Foren und deren Mitglieder.
- *Feedback*: Interpersonale Kommunikation erlaubt als wechselseitige Kommunikation direktes Feedback. Bei Massenkommunikation ist dies meist nicht möglich, da sie in der Regel eine einseitige Kommunikation an das disperse Publikums darstellt.
- *Themen*: Interpersonale Kommunikation dreht sich um Themen, die insofern privat sind, als sie nur die Kommunikationspartner betreffen. Massenkommunikation behandelt dagegen Themen von allgemeiner, öffentlicher Bedeutung. Das kommt auch bei Marcinkowski (1993, S. 53) zum Ausdruck, wonach das publizistische System die Themen anderer Systeme mit Publizität ausstattet (vgl. kritisch z. B. Görke und Kohring 1997, S. 9 f.).

Maletzke hat seine Vorstellungen von Massenkommunikation in einem Feldschema umgesetzt (vgl. Abb. 3): „Der Kommunikator (K) produziert die Aussage durch Stoffauswahl und Gestaltung. Seine Arbeit wird mitbestimmt durch seine Persönlichkeit, seine allgemeinen sozialen Beziehungen […], durch Einflüsse aus der Öffentlichkeit und durch die Tatsache, daß der Kommunikator meist in einem Produktionsteam arbeitet, das wiederum einer Institution eingefügt ist. Außerdem muss [er…] die Erfordernisse seines Mediums und des ‚Programms' kennen und berücksichtigen und schließlich formt er sich von seinem Publikum ein Bild, das seine Arbeit und damit die Aussage und damit endlich auch die Wirkungen wesentlich mitbestimmt. Die Aussage (A) wird durch das Medium (M) zum Rezipienten geleitet. Sie muss dabei den technischen und dramaturgischen Besonderheiten des jeweiligen Mediums angepasst werden. Der Rezipient ° wählt aus dem Angebot bestimmte Aussagen aus und rezipiert sie. Der Akt des Auswählens, das Erleben der Aussage und die daraus resultierenden Wirkungen hängen ab von der Persönlichkeit des Rezipienten, von seinen sozialen Beziehungen, von den wahrnehmungs- und verhaltenspsychologischen Eigenarten des Mediums auf der Empfängerseite, von dem Bild, das sich der Rezipient von der Kommunikatorseite formt und von dem mehr oder weniger klaren Bewusstsein, Glied eines dispersen Publikums zu sein. Schließlich deutet der obere Pfeil im Feldschema an, daß trotz Einseitigkeit der Massenkommunikation ein ‚Feedback' zustandekommt" (Maletzke 1976, S. 14 f.).

So erlauben massenkommunikative Online-Angebote (z. B. „spiegel.de", „tagesschau.de") ein direktes Feedback der Rezipienten über Kommentarfunktionen. Feedback liegt aber auch vor, wenn Rezipienten z. B. zu TV-Serienhelden eine ‚Ersatzbeziehung' für reale soziale Kontakte entwickeln (vgl. schon Maletzke 1963, S. 112). Solche parasozialen Interaktionen oder Beziehungen sind auch „a phenomenon in Internet-mediated interactions, just as it is for television viewers and radio listeners" (Thorson und Rodgers 2006, S. 40). Dabei spielt aber auch der Grad der Interaktivitätsmöglichkeit (z. B. Blogforum) eine Rolle.

Die Kommunikator-Rezipient-Konstellation des ‚Maletzke-Modells' ist z. B. für Online-Kommunikation oft nicht (mehr) gegeben. Burkart und Hömberg (1997, S. 82 ff.) haben daher in ihrem „Modell elektronisch mediatisierter Gemeinschaftskommunikation" die Rollen von Kommunikator und Rezipient durch die Rollen von „Beteiligten" ersetzt und um „organisierte Beteiligte" (z. B. Internet-Provider) ergänzt.[10] Ihr Ansatz zeigt, dass es keineswegs einer „Inventur bestehender Erklärungsansätze" (Rössler 1998b, S. 17) bedarf, sondern dass theoretisch überzeugende Modelle – mit gewissen Modifikationen – durchaus auf neue Phänomene anwendbar sein können (Rössler 1998a, S. 212 ff.; Rössler 1998b, S. 25 f.). Daher sollte man nicht für jedes neue Online-Phänomen gleich ein neues Modell entwerfen, zumal dessen Reichweite zwangsläufig begrenzt bleibt und seine Halbwertszeit oft überschaubar ist.

Dennoch sieht sich der Begriff „Massenkommunikation" mit Internet, WWW und Web 2.0 bzw. Social Web konfrontiert. Letztgenannte fassen Beck (2006) unter „Computervermittelte Kommunikation", Schweiger und Beck (2010, S. 7) unter „Computervermittelte

---

[10] Dazu schon Berghaus (1994, S. 405), auch Beck (2007, S. 129).

öffentliche Kommunikation" und Fraas et al. (2012, S. 16) unter „Online-Kommunikation" im Sinne aller „Formen interpersonaler, gruppenbezogener und öffentlicher Kommunikation [...], die über vernetzte Computer vermittelt werden". Aber wie verhalten sich *Massenkommunikation, computervermittelte Kommunikation* und *öffentliche Kommunikation* zueinander? Interessiert sich die Kommunikationswissenschaft auch für Telefongespräche? Darauf gibt es – sehr vereinfacht – zwei Antworten: Nein, wenn es um private Telefongespräche geht. Ja, wenn es z. B. um das Lesen eines Online-Artikels (z. B. „spiegel.de"), das Microblogging (z. B. Twitter) oder das Social Networking (z. B. Facebook) via Smartphone geht.

> **Öffentliche Kommunikation**
>
> „*Öffentliche Kommunikation* verläuft in modernen Gesellschaften als vermittelte Mitteilung auf [... unterschiedlichen Öffentlichkeitsebenen (z. B. Massenmedien, Online-Foren, Parteitage)] überwiegend medienvermittelt [bzw. computervermittelt]. *Medienvermittelte [bzw. computervermittelte] öffentliche* Kommunikation erlaubt den Wechsel kommunikativer Rollen und damit symbolische Interaktion, die Beteiligung verschiedener Sprecher, die Kommunikation verschiedener Themen und Meinungen" (Beck 2007, S. 133; Hervorhebung im Original). Statt „Massenkommunikation" bevorzugt Beck (2007, S. 132) auch den Begriff „Öffentliche Medienkommunikation".

Die Kernfrage ist aber, „wie gesellschaftliche Kommunikation unter Bedingungen der [veränderten] medialen Vermittlung möglich ist" (Beck 2007, S. 119). An Bedeutung gewinnt dabei auch das *Zusammenspiel aus Massenkommunikation und interpersonaler Kommunikation*. Zum einen werden Journalisten und Medieninhalte selbst durch kommunikative Prozesse beeinflusst (z. B. Pressemitteilungen, Hintergrundgespräche; vgl. weiterführend beispielsweise Kepplinger 2001). Zum anderen können auch die Medien oder deren Inhalte weitere Kommunikation anstoßen. Solche *Anschlusskommunikation* kommt offenbar weit häufiger vor als man denkt. So berichten Gehrau und Goertz (2010), dass neun von zehn Befragten in der letzten Woche ein Gespräch über Medien geführt haben. Solche Gespräche finden oft im privaten Umfeld, aber auch unter Kollegen statt. „Effekte von Gesprächen auf die Nutzung und Wirkung von Massenmedien sind insgesamt beim Fernsehen am wahrscheinlichsten und werden sich voraussichtlich im Bereich Internet am dynamischsten entwickeln" (Gehrau und Goertz 2010, S. 170). In der politischen Kommunikation kommen zu den Face-to-Face-Kontakten auch Online-Kontakte hinzu (Emmer et al. 2011, S. 301).

Mit dem Begriff der öffentlichen Kommunikation ist abschließend der Begriff der *Öffentlichkeit* zu klären. „Öffentliche Toiletten sind weder Meinungen, noch ein Produkt der Massenmedien", so Luhmann (1996, S. 184). Zwar sind öffentliche Toiletten für alle zugänglich, dennoch konstituiert dies noch lange keine Öffentlichkeit. Wenn sich dagegen vor dem Toilettenhäuschen eine Gruppe zu einer Versammlung oder Podiumsdiskussion trifft, würde man von einer Versammlungsöffentlichkeit sprechen. „Über die Massenmedien wird Öffentlichkeit [wiederum] zu einer dauerhaft bestimmenden gesellschaftlichen und politischen Größe" (Neidhardt 1994, S. 10). Sie hat dann drei Funktionen (Neidhardt 1994, S. 8 f.):

- *Transparenzfunktion*: Transparenz für kollektiv bedeutsame Themen und Meinungen
- *Validierungsfunktion*: Diskursiver Umgang mit diesen Themen und Meinungen und Akzeptanz des besseren Arguments (Habermas 1984, S. 116)
- *Orientierungsfunktion*: Herausbildung einer öffentlichen Meinung, die als überzeugend wahrgenommen und anerkannt wird.

Beck (2007, S. 107 ff.) diskutiert weitere Öffentlichkeitsbegriffe wie „alternative" bzw. „Gegenöffentlichkeit" (z. B. Straßenzeitungen, freie Radiosender) und „Netzöffentlichkeit". Zur letztgenannten gehört z. B. ein Online-Forum, das im Sinne der Arena-Metapher „ein offenes Kommunikationsforum für alle [darstellt], die etwas sagen oder das, was andere sagen, hören wollen" (Neidhardt 1994, S. 7). Aus dieser Perspektive dürfte es im Internet eine Vielzahl an „Teilöffentlichkeiten" (Beck 2007, S. 107) geben. Ob sich damit auch die Hoffnungen auf eine „Demokratisierung der Öffentlichkeit" (Gerhards und Schäfer 2007, S. 224) erfüllen, steht auf einem anderen Blatt. Zumindest in Bezug auf naturwissenschaftliche Themen wie Humangenomforschung oder Gen-Food stimmen die Befunde nicht allzu optimistisch (vgl. Gerhards und Schäfer 2007, S. 224 f.). Auch die Diskussion um Bettina Wulff nährt eher Zweifel. Zwar sind dies nur Einzelfälle, dennoch ist folgender Einschätzung von Beck (2007, S. 109) zuzustimmen: „Der universelle Zugang zum Internet ist keineswegs gegeben, weil nicht alle über die gleichen […] Ressourcen (z. B. Netzzugang, Medienkompetenz etc.) verfügen – schon gar nicht im globalen Maßstab. Spätestens mit der Kommerzialisierung des Internets ist auch hier – am deutlichsten im WWW – die Galerie-Arena-Konstellation [mit Sprechern in der Arena und wenig aktiven Zuschauern auf der Galerie] dominant geworden".

3.2 Die Kommunikatorperspektive

Neben dem Feldschema der Massenkommunikation ist die so genannte ‚*Lasswell-Formel*' (Lasswell 1948, S. 37; vgl. Tab. 2) populär geworden. Sie ist kein lineares Kommunikationsmodell wie das Shannon-Weaver-Modell, sondern soll zentrale Forschungsfelder der Kommunikationswissenschaft (Beck 2007, S. 119 f., 156 ff.) aufzeigen.

Das „Who says what" betrifft zunächst einmal die *Nachrichtenproduktion*. Dazu gibt es vier Forschungstraditionen (Kepplinger 1989, S. 3 ff.; Kunczik und Zipfel 2001, S. 241 ff.):

Tab. 2 ‚Lasswell-Formel' und Forschungsfelder der Kommunikationswissenschaft

Lasswell-Formel	Aspekt	Forschungsfelder
Who	Kommunikator	Kommunikator- und Journalismusforschung
Says what	Mitteilung	Inhaltsanalyse
In which channel	Medium	Medienkunde (z. B. Presselandschaft)
To whom	Rezipient	Publikums-, Nutzungs-, Rezeptionsforschung
With what effect?	Wirkung	Wirkungsforschung

- Gatekeeper-Forschung
- News-Bias-Forschung
- Nachrichtenwertforschung
- Framing-Forschung

Die *Gatekeeper-Forschung* (Shoemaker et al. 2009) betrachtet Agenturen, Journalisten, Redakteuren usw. als Schleusenwärter, die an verschiedenen Stellen des Kommunikationsprozesses entscheiden, welche Informationen weitergegeben werden. Robinson (1973) unterscheidet individualistische, institutionelle und kybernetische Gatekeeper-Studien. Sie beleuchten z. B. die Rolle der subjektiven Einstellungen von Journalisten oder organisatorische Zwänge (z. B. Zeitnot) bei der Nachrichtenproduktion. Robinson (1973, S. 351) spricht aus kybernetischer Sicht von einem „komplexe[n] feedback-Prozeß [...], der von ‚Sensoren' überwacht und von organisationsintern gespeicherten Daten sowie von äußeren Variablen beeinflußt wird". Selbstregulierung und Umweltanpassung haben an Bedeutung gewonnen. Denn Journalisten werden ‚bombardiert' mit Informationen aus Internet, Zeitung, Fernsehen usw. (Shoemaker et al. 2009, S. 73). Auch Kommunikationsverantwortliche in Unternehmen müssen mit der Flut an Informationen, Meinungen und Deutungen flexibel und zielorientiert umgehen.

Die *News-Bias-Forschung* untersucht politische Tendenzen (Bias), Unausgewogenheiten und Verzerrungen in der Medienberichterstattung aufgrund der Einstellungen, Meinungen und Grundhaltungen von Journalisten, Chefredakteuren und Herausgebern sowie redaktioneller Linien. Nach der Theorie der instrumentellen Aktualisierung (Kepplinger et al. 1989) spielen Journalisten zudem bei Konflikten Sachverhalte hoch, die für jene Konfliktpartei bzw. Konfliktlösung sprechen, die sie selbst favorisieren. D'Allesio und Allen (2000, S. 135 ff.) sehen drei Typen von News Bias: Der „gatekeeping bias" ist die unvermeidbare Selektion aus der täglichen Flut an Geschehnissen. Der „coverage bias" zielt auf Unausgewogenheiten bei der Wiedergabe politischer Positionen und Argumente in der Medienberichterstattung. Beim „statement bias" geht es um Ähnliches wie bei Kepplinger et al. (1989).

Wenn Journalisten argumentieren, dass sie umfangreich über ein Ereignis berichten, weil es eben wichtig sei, stützen sie sich implizit auf Ereignismerkmale. Diese bezeichnet die *Nachrichtenwertforschung* als Nachrichtenfaktoren (Staab 1990). Dazu gehören z. B. die geographische, politische, wirtschaftliche, kulturelle Nähe eines Ereignisses, das Auftreten von Elite-Personen (z. B. Staatschefs), die Konflikthaltigkeit oder der Schaden des Ereignisses. Ein Ereignis ist umso berichtenswerter bzw. hat einen umso höheren Nachrichtenwert, je mehr Nachrichtenfaktoren auf das Ereignis zutreffen. Viele Nachrichtenfaktoren sind jedoch keine ‚objektiven' Merkmale von Ereignissen, sondern werden diesen von Journalisten zugeschrieben. Kepplinger und Bastian (2000, S. 465) sprechen auch vom „Nachrichtenwert des Nachrichtenfaktors". Die Anwendung der Nachrichtenwerttheorie auf politische Weblogs und Online- bzw. Printzeitungen zeigt, dass Blogs keine stärker zivilgesellschaftliche Perspektive bieten, sondern – wie die Zeitungen – Personen mit Einfluss und Prominenz ein Forum bieten und vergleichbar Schadensereignisse berichten (Eilders et al. 2010, S. 76 f.).

Das *Framing-Konzept* (Entman 1993; Reese 2001; Scheufele und Scheufele 2010) beleuchtet Frames oder Bezugs- bzw. Interpretationsrahmen. Durch Framing, also die Rahmung eines Ereignisses, legen Politiker, Kommunikationsmanager oder Journalisten bestimmte Einordnungen, Bewertungen oder Entscheidungen des Ereignisses nahe. Anders als in der News-Bias-Forschung geht es also – entgegen der Annahme von Entman (2007) – erst einmal nicht um Bewertungen. Diese werden nur nahe gelegt – und zwar allein aufgrund des Bezugsrahmens und nicht etwa durch eine explizite Bewertung des Ereignisses. Wenn z. B. ein Zeitungsbeitrag eine Partei in den Rahmen von Solidarität stellt, werden Leser die Partei im Lichte dieses Wertes und nicht aus der Perspektive von Sicherheit betrachten (vgl. weiterführend Scheufele und Engelmann 2013). Der Konflikt im Gaza-Streifen kann als Terrorismus oder als humanitäre Notlage gerahmt werden (Scheufele und Scheufele 2010, S. 117). Und Abtreibung kann aus der Perspektive „Schutz des Lebens" oder aus der Perspektive „Selbstbestimmung der Frau" (Gerhards und Lindgens 1995, S. 24) betrachtet werden.

Nun sind aber *Journalisten nicht die einzigen Kommunikatoren*. Politiker, Unternehmer oder Aktivisten können sich selbst äußern bzw. ihre Pressesprecher vorschicken. Sie können auch professionelle Kommunikationsagenturen beauftragen. Oder sie können auf die Massenmedien hoffen. Beck (2007, S. 130) spricht im ersten Fall von „Selbst-", im zweiten von „Auftrags-" und im dritten von „Fremdvermittlung". Das Maletzke-Modell (vgl. Abb. 2) wäre somit ‚nach links' zu erweitern. Interessant in diesem Kontext sind *Informations- bzw. Kommunikationskampagnen*.[11] Die Beiträge in Rice und Atkin (2001) zeigen in der Gesamtschau, dass z. B. Gesundheitskampagnen als Bündel an Kommunikationsaktivitäten bei der Zielgruppe[12] ein Bewusstsein für das jeweilige Gesundheitsproblem schaffen und die Einstellungen sowie das Verhalten der Zielgruppe in eine gesellschaftlich – auch gesundheitspolitisch – erwünschte Richtung verändern wollen (Flay und Burton 1990, S. 129 f.; Bonfadelli 1988, S. 86; Rice und Atkin 2009, S. 436). Bei diesen Kommunikations-

---

[11] Pfau und Parrott (1993) und Rice und Atkin (2001, 2009) sprechen von „Persuasive" bzw. „Public Communication Campaigns", Bonfadelli (1988, S. 92; Hervorhebung im Original) von „*Öffentliche[n] Kommunikationskampagnen*".

[12] Das sind „*target audiences* [...] such as youth, pregnant women" (Flay und Burton 1990, S. 129; Hervorhebung im Original).

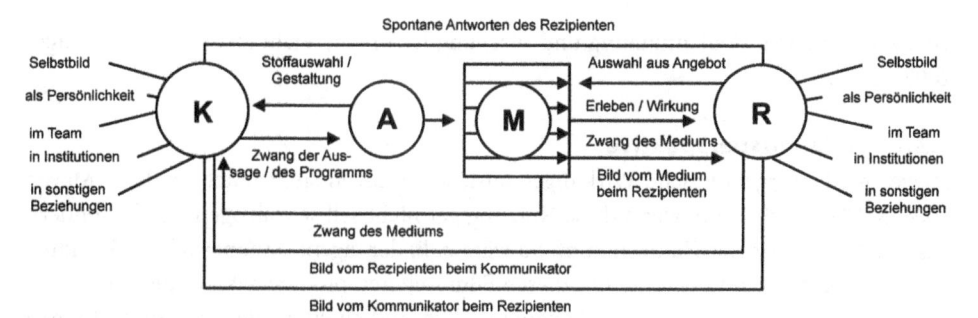

Abb. 2 Feldschema der Massenkommunikation von Maletzke
(Quelle: Maletzke (1963, S. 41), Maletzke (1976, S. 15))

aktivitäten sind *diverse Kommunikatoren* gefordert: Kampagnenplaner, Institutionen (z. B. Schulen), aber auch Meinungsführer (vgl. Abschn. 3.4.1) – und nicht nur Journalisten bzw. Medien (vgl. für Beispiele z. B. Thierney 1982; Pfau und Parrott 1993, S. 237 ff.).[13] McAlister (1981, S. 91 f.) zufolge sind Gesundheitskampagnen zwar oft erfolgreich darin, die Zielgruppe zu informieren und zur Absicht einer Verhaltensänderung beizutragen. Versäumt werde aber vielfach, der Zielgruppe beizubringen, wie die gute Absicht in die Tat umzusetzen ist. Hierfür bieten sich aber mittlerweile im Internet vielfältige Optionen an (Rice und Atkin 2009, S. 450 ff.) – etwa RSS-Feeds, SMS oder Websites mit Feedback für Menschen, die z. B. versuchen, mit dem Rauchen aufzuhören. Gerade die junge Generation muss dort abgeholt werden, wo sie viel Zeit verbringt – im Internet. So fordert schon Lieberman (2001, S. 378, 383) „Use Young People's Media and Genres" oder „Facilitate Social Interaction" (z. B. Facebook, Twitter). Allerdings können Online-Kommunikationsaktivitäten auch Bumerang-Effekte bewirken, wenn nicht mehr zu kontrollierende Diskussionen in Online-Foren ausgelöst werden und die Zielgruppe zum unerwünschten Verhalten (z. B. Rauchen) zurückkehrt (Rice und Atkin 2009, S. 460).

3.3 Die Nutzungs- und Rezeptionsperspektive

Schweiger (2007, S. 24 ff.) zählt Wirkungen auf Nutzungsepisoden (z. B. konkreter Website-Besuch), auf Nutzungsmuster (z. B. typisches Fernsehverhalten) oder auf längerfristige Medienbewertungen und Medienkompetenzen zur Nutzungsperspektive. Alle anderen Wirkungen gehören für ihn zur Wirkungsperspektive. In diesem Beitrag werden Fragen der bloßen Zuwendung und Nutzung von Medien(inhalten) zur Nutzungsperspektive gerechnet. Die Rezeptionsperspektive blickt dagegen auf die tatsächliche Rezeption und z. B. deren Modalität. Die Wirkungsperspektive wiederum umfasst die aus Nutzung und Rezeption resultierenden Wirkungen. Zweifellos kann weder die hier gewählte Unterscheidung noch jene bei Schweiger (2007) in vollem Umfang überzeugen – sind doch „die

---

[13] Aus Anwendungsperspektive Bonfadelli und Friemel (2010, S. 141 ff.).

Grenzen zwischen Mediennutzung und -wirkung […] nicht leicht zu ziehen" (Schweiger 2007, S. 27).

3.3.1 Nutzungsperspektive

„Bevor Medien irgendwelche Wirkungen auslösen, müssen sie genutzt werden" (Meyen 2004, S. 10) – auch dann, wenn diese Nutzung gar nicht selbst vollzogen wurde, sondern aus zweiter oder dritter Hand stammt. So wäre z. B. der eigene Kinobesuch die Wirkung der Nutzung jenes Freundes, der mir diesen Film weiterempfohlen hat. Für die Nutzerperspektive kann man einen praktisch-ökonomischen und einen akademisch-theoretischen Zugang unterscheiden. Praktisch-ökonomisch interessiert, welche Menschen wann, wo und wie oft welche Medien, Medienangebote und Medieninhalte nutzen. Antworten darauf gibt die *Mediaforschung* (Schulz und Schneller 2009; Frey-Vor et al. 2008, S. 269 ff.; Meyen 2004, S. 53 ff.), die sich in redaktionelle Publikumsforschung und Werbeträgerforschung unterteilt. Die letztgenannte hat unter anderem das Ziel, die Mediaplanung zu erleichtern (z. B. Platzierung von Werbespots ohne Streuverlust), Werbepreise festzulegen und redaktionelle bzw. Programmplanung zu erleichtern. Mediaforschung betreiben z. B. folgende Umfrageinstitute:

- Das *Institut für Demoskopie Allensbach* führt die „Allensbacher Werbeträger-Analyse" (AWA) zur Nutzung von Printmedien, TV, Plakat, Kino und Internet durch und seit 1997 auch die „Allensbacher Computer- und Telekommunikations-Analyse" (ACTA).
- Die *Arbeitsgemeinschaft Media Analyse* (AG.MA) ist ein Zusammenschluss von Print- und Funkmedien, Werbeagenturen und Werbetreibenden. Sie ist Auftraggeber der „Media Analyse" (MA), die umfangreiche Daten zur Print- und Radionutzung liefert.
- Die *Arbeitsgemeinschaft Fernsehforschung* (AGF) ist Auftraggeber der Gesellschaft für Konsumforschung (GfK), die telemetrische Messungen zur Fernsehnutzung durchführt. Dafür muss sich jede Person des GfK-Panels zum Fernsehen per Taste an einem Gerät anmelden, das sekundengenau das Fernsehverhalten aufzeichnet.
- *ARD und ZDF* führen seit 1997 jährlich die „ARD/ZDF-Online-Studie" durch, die damit mit die verlässlichsten Daten zur Onlinenutzung liefert. Seit 1964 sind ARD und ZDF auch Auftraggeber der „Langzeitstudie Massenkommunikation" (MK), die alle fünf bis sechs Jahre Daten für die vergleichende, langfristige Nutzungsforschung vorlegt.
- Die *Informationsgemeinschaft zur Verbreitung von Werbeträgern* (IVW) veröffentlicht Auflagenzahlen von Printmedien und seit 1997 auch Daten zur Nutzung redaktioneller Internetangebote (z. B. Visits, Page Impressions).

Aus welchen Gründen wir das Fernsehen, die Zeitung oder Facebook nutzen, versucht der *Uses-and-Gratifications-Ansatz* (Nutzen-und-Belohnungs-Ansatz) zu klären (Rubin 2009). Er geht unter anderem von folgenden Prämissen aus (Katz et al. 1974, S. 21 f.):

- Menschen können Auskunft über ihre Bedürfnisse und Motive geben. Medien seien dabei nur eine unter vielen Möglichkeiten, um Bedürfnisse zu befriedigen. Wer sich z. B. unterhalten will, kann fernsehen, aber auch ins Theater gehen.
- Das Publikum sei aktiv in seiner Nutzung (z. B. Besuchen einer Website): „In the mass communication process much initiative in linking need gratification and media choice lies with the audience member" (Katz et al. 1974, S. 21). Diese Aussage passt gut zum World Wide Web. Denn dessen Hypertextstruktur („linking") befördert geradezu eine aktive Nutzung – aber auch aktive Nutzungsvermeidung. So konnten Lacrose et al. (2001, S. 404 ff.) zeigen, dass die Nutzungswahrscheinlichkeit sinkt, wenn Menschen negative Folgen, Verunglimpfungen oder Beleidigungen im Internet befürchten.
- Die Aktivität der Nutzer relativiere Medienwirkungen, da nur wirken könne, was genutzt werde. Allerdings kann auch Anschlusskommunikation Medienwirkungen hervorrufen.[14]

Meist werden vier Bedürfnisgruppen unterschieden (Bonfadelli 1999, S. 163 f.), die für das Internet teils adaptiert, teils modifiziert wurden (Lacrose et al. 2001, S. 396 f.):

- *Kognitive Bedürfnisse*: z. B. Neugier, Lernen, Information, Wissenserweiterung
- *Affektive Bedürfnisse*: z. B. Entspannung, Unterhaltung, Ablenkung
- *Sozial-interaktive Bedürfnisse*: z. B. parasoziale Interaktionen oder Beziehungen
- *Integrative und habituelle Bedürfnisse*: z. B. Vertrauen, Geborgenheit

Mit Mead und Symbolischem Interaktionismus (vgl. Abschn. 2.2.1) wurde der Uses-and-Gratifications-Ansatz zum *Nutzenansatz* erweitert. Mediennutzung sei eingebettet in einen dynamischen Prozess sozialen Handelns („media use as social action"; Renckstorf und Wester 2004, S. 51). Zu dessen Beginn klären Menschen erst einmal die jeweilige Situation für sich: „The ‚route' followed is then either conceived as ‚problematic' [...] or ‚unproblematic' [...]. If the former, action on the problem is contemplated, motives [...] are formulated and decisions about action taken [...]. These can include media selection and use as one type of external action [...]. The alternative, unproblematic, route can also lead, by way of everyday routines [...], to similiar actions, also including media use" (Renckstorf und Wester 2004, S. 56).

Selektive Aufmerksamkeit, Wahrnehmung oder Nutzung erwähnt schon die berühmte Wahlstudie „The people's choice": „As interest increases and the voter begins to be aware of what it is all about, his predispositions begin to play. Out of the wide array of propaganda he begins to select" (Lazarsfeld et al. 1968, S. 76). Den Gedanken der selektiven Zuwendung hat auch Festinger (1978) in seiner *Theorie der Kognitiven Dissonanz* aufgegriffen. Dissonant sind Informationen, die den eigenen Meinungen oder Einstellungen zuwiderlaufen. Menschen suchen daher u. a. gezielt nach einstellungskonformen Informationen,

---

[14] Ein Beispiel geben im Grunde bereits Palmgreen und Rayburn (1985, S. 70): „We may acquire beliefs about a magazine through a friend who subscribes to that magazine".

setzen sich konsonanten Medieninhalten aus oder ändern ihre Einstellungen bzw. ihr Verhalten (vgl. im Überblick Festinger 1978, S. 253 ff.). Diese selektive Schranke können negative Medienberichte jedoch unterwandern (Donsbach 1991, S. 169). Den Medienberichten über den damaligen Bundespräsident Christian Wulff konnten sich auch CDU-Anhänger kaum entziehen. Solche negativen Informationen werden auch besser erinnert und spielen bei der Urteilsbildung eine größere Rolle als positive Informationen (Meffert et al. 2006, S. 29 f.). Interessant wäre die Anwendung der Theorie kognitiver Dissonanz auf das Internet etwa in Bezug auf die *forcierte Einwilligung*, also die „öffentlich gezeigte Einwilligung ohne innere Zustimmung" (Festinger 1978, S. 93): Wer sich z. B. einen Facebook-Account zulegt, zeigt öffentlich, dass er in die Preisgabe bestimmter Daten über sich einwilligt, obwohl er das unter anderen Umständen gar nicht tun würde. Dissonanz kann dadurch entstehen, dass z. B. ein Freund das gar nicht gut findet und nie Facebook beitreten würde. Reduziert werden kann die Dissonanz, indem man wieder aus Facebook austritt und den besagten Freund behält oder indem man ihm die Freundschaft aufkündigt und sich andere Freunde – dann vermutlich bei Facebook – zulegt. Erneut zeigt sich also, dass ‚Theorie-Klassiker' aktueller sind als man zunächst denken mag.

3.3.2 Rezeptionsperspektive

Auf aktuelle Fragestellungen der Forschung zur Mediennutzung und Medienrezeption kann hier nur ausschnitthaft eingegangen werden (vgl. vertiefend Schweiger 2007). Neben Fragen der Milieus oder Lebensstile, sind psychologische Merkmale wie vor allem das *Involvement* diskutiert worden. „Rezipienten-Involvement steht für unterschiedliche Zustände der Betroffenheit im Rezeptionsprozeß von Medieninhalten" (Donnerstag 1996, S. 48). Bei hohem Involvement verarbeiten Rezipienten Medieninhalte beispielsweise tiefergehend.

Eine Fortführung sowohl des Uses-and-Gratifications- wie auch des Involvement-Ansatzes ist das Konzept der so genannten *Rezeptionsmodalitäten* (Suckfüll 2004). Eine Rezeptionsmodalität ist die Art und Weise, in der Medieninhalte rezipiert werden. Scherer et al. (2005, S. 225) geben anschauliche Beispiele für Rezeptionsmodalitäten bei der Nutzung von Krankenhausserien durch Krankenhauspersonal: Während die einen Befragten solche Serien mit hohem medizinischen Involvement verfolgten, war bei anderen eine ironisch-kritische Distanz gegenüber solchen Serien während der Rezeption erkennbar. Wieder andere zeigten die typische Modalität der Serienrezeption. Im Internet sind Rezeptionsmodalitäten laut Suckfüll (2004, S. 253) eher in der Phase vor der eigentlichen Rezeption anzusiedeln. Die ironisch-kritische Rezeptionsmodalität dürfte aber z. B. auch bei der Rezeption von „Youtube"-Videos zu „Deutschland sucht den Superstar" anzutreffen sein.

Seit etlichen Jahren werden verstärkt *emotionale Aspekte der Rezeption* vor allem aus der Perspektive so genannter *Appraisal-Ansätze* untersucht. Die Grundidee ist folgende: „Eine Person bewertet die Relevanz eines wahrgenommenen Objekts oder Ereignisses für ihre Ziele oder Bedürfnisse […]. Das Ergebnis dieses Appraisal-Prozesses produziert spezifische Reaktionsmuster (physiologische Reaktionen, motorischen Ausdruck, Handlungstendenzen, Gefühle)" (Scherer 1998, S. 276). Früh (2007) hat in einer explorativen

Studie den Legitimationsgrad von Gewalt in einem Film quasi-experimentell variiert und u. a. rezeptionsbegleitend die Emotionen der Probanden erfasst. Je nach Begründung für die Gewalt waren die Probanden unterschiedlich traurig, bei anderen Emotionen gab es keine Unterschiede. Solche Rezeptionsemotionen mögen zwar nach der Filmrezeption abklingen. Dennoch sind sie „keinesfalls unwichtig [...]. Nur dadurch lassen sich nämlich gut etablierte, aber nahezu inhaltsleer gewordene Konzepte wie das der Nutzungsmotive [...] zu neuem Leben erwecken" (Früh 2007, S. 203). Auch für die Unternehmenskommunikation dürften emotionstheoretische Ansätze fruchtbar sein. Beispielsweise haben die emotionalen Bilder hungernder Kinder in Somalia zur dortigen Intervention des US-Militärs geführt. Später haben dann die Bilder der misshandelten US-Soldaten, die auch in Ridley Scotts Film „Black Hawk Down" aufgegriffen wurden, zum Abzug des US-Militärs beigetragen (vgl. Zillmann 2004, S. 119). Gerade in Krisensituationen genügt es also nicht, dass Öffentlichkeitsarbeit nur argumentativ auftritt, sondern sie muss sich auch auf dem emotionalen Parkett überzeugend bewegen.

3.4 Die Wirkungsperspektive

Die klassische Medienwirkungsforschung unterscheidet meist drei Ebenen von Medienwirkungen (vgl. z. B. Schenk 2002, S. 42; Maletzke 1963, S. 190–214):

- *Kognitive Wirkungen*: Effekte auf Wissen, Vorstellungen, Einstellungen und Meinungen
- *Affektive Wirkungen*: Effekte auf Emotionen, Gefühle
- *Konative Wirkungen*: Effekte auf Verhaltensweisen.

Medienwirkungen lassen sich aber auch nach anderen Dimensionen klassifizieren (vgl. z. B. Bonfadelli 1999, S. 20 ff.; McQuail 2005, S. 465 ff.) – etwa nach:

- dem *Wirkungsbereich*: Politik, Werbung, Unterhaltung, Gewalt usw.
- der *Wirkungsdauer*: kurzfristig, mittelfristig, langfristig
- der *Wirkungsintention*: intendiert (z. B. Kampagnen), unintendiert (z. B. Integration)
- den *Wirkungsstufen*: einstufig (direkt), mehrstufig (indirekt)
- der *Reichweite der Wirkung*: Mikroebene (Individuen), Makroebene (Gesellschaft).

3.4.1 Persuasion, Meinungsführer, Diffusion und Netzwerke

Ein klassischer Wirkungsstrang ist die *Persuasionsforschung*, die nach Medienwirkungen auf die Einstellungen der Rezipienten fragt. Zur Persuasionsforschung gehören (vgl. vertiefend Koeppler 2000; Perloff 2010; für einen knappen Überblick z. B. Bonfadelli 1999, S. 87 ff.):

- das *sozialpsychologische Konzept* der Yale-Studies (Hovland et al. 1953): In diversen experimentellen Studien wurde untersucht, wie Einstellungen durch persuasive Kommu-

nikation verändert werden können. Begünstigend wirken diverse Faktoren wie z. B. die Art der Argumente oder die Glaubwürdigkeit bzw. Attraktivität des Kommunikators. Auch wichtige Konzepte wie der Furchtappell („threat appeal"; Hovland et al. 1953, S. 60) – etwa die Warnhinweise auf Zigarettenpackungen – gehen auf die Yale-Studies zurück. In der Anwendung auf das Internet wäre etwa der Aspekt interessant, dass Gruppenmitgliedschaft die persuasiven Effekte mindern kann (Hovland et al. 1953, z. B. S. 143): Mitglieder eines Online-Forums „Wir rauchen gerne" dürften also resistent gegenüber den persuasiven Botschaften einer Nichtrauchen-Kampagne sein.
- die *Konsistenztheorien:* Sie fokussieren eher auf kognitive Aspekte. Als Beispiel wurde bereits Festingers (1978) Theorie der Kognitiven Dissonanz vorgestellt.

Die schon erwähnte Wahlstudie von Lazarsfeld et al. (1968) bereicherte die Wirkungsforschung nicht nur um methodische, sondern auch um konzeptionelle Überlegungen:

- *Interpersonale Kommunikation und Verstärkereffekt:* Massenmedien würden bestehende Vorstellungen, Einstellungen und Meinungen der Wähler nur verstärken. Dahlem (2001, S. 46) sagt aber zu Recht: Verstärkereffekte „als ‚Nulleffekte' zu interpretieren, ist irreführend". Schon Lazarsfeld et al. (1968, S. 87; Hervorhebung im Original) schreiben, dass Verstärkung nur dann kein offenkundiger Effekt sei, wenn „we naively mean a *change* in vote". Im Internet dürften Verstärkereffekte häufig anzutreffen sein, da Menschen gezielt Informationen auswählen können, die ihrer eigenen Meinung auf den ersten Blick entsprechen. Zudem spielt interpersonale Kommunikation in persönlichen Kontakten – z. B. in Facebook – eine wichtige Rolle, sie stellt aber für Öffentlichkeitsarbeit auch eine Herausforderung dar.
- *Mehrstufenfluss und Meinungsführer:*[15] Massenkommunikation sei ein mehrstufiger Prozess, bei dem Meinungsführer („opinion leader"; Lazarsfeld et al. 1968, S. 49 ff., S. 151), die sich Medien(inhalten) stärker aussetzen, diese an Menschen in ihrem Umfeld weitergeben. Nachfolgerstudien differenzierten das Konzept (Kunczik und Zipfel 2001, S. 325 ff.). Als aktuelle Variante des Meinungsführerkonzepts könnte man die *Word-of-Mouth-Effekte* im Internet (‚Online-Mundpropaganda') sehen. So beschreiben Hennig-Thurau und Walsh (2003, S. 65) Konsumentenportale im Internet als „information medium that can exert a strong influence on consumer buying and communication behavior". Für Unternehmen biete sich damit zwar die Möglichkeit, Konsumentenmeinungen direkt zu erfassen. Allerdings könnten sich über diese Portale auch negative Informationen zum Unternehmen oder dessen Produkten rapide und unkontrolliert ausbreiten.

Ausbreitungsprozesse fanden auch Eingang in die *Diffusionsforschung:* Zunächst wird eine Innovation (z. B. Smartphone) nur zur Kenntnis genommen, dann entsteht Interesse, dann wird die Neuerung bewertet und ausprobiert und schließlich erfolgt – im besten Falle – die Übernahme (z. B. Kauf eines Smartphones). Rogers (1995, S. 263 ff.) unterscheidet

---

[15] Bei Lazarsfeld et al. (1968, S. 151) noch als „Two-Step Flow".

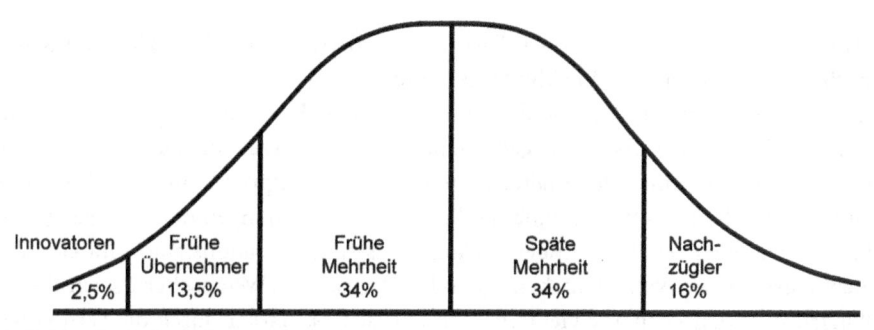

| Innovatoren 2,5% | Frühe Übernehmer 13,5% | Frühe Mehrheit 34% | Späte Mehrheit 34% | Nachzügler 16% |

Abb. 3 Typologie der Adoptoren
(Quelle: Rogers 1995, S. 262)

dabei fünf Typen von Menschen bei der Adoption von Innovationen (vgl. Abb. 3). In ihrer breit angelegten Längsschnittuntersuchung betrachten Emmer et al. (2011, S. 306; Hervorhebung im Original) das Internet als „ein *Innovationsbündel* […], das technische, ökonomische und soziale Neuerungen miteinander verschränkt". Ein drastischer Wandel der politischen Kommunikation sei nicht eingetreten, es gebe aber starke Veränderungen in der jüngsten Generation der 16- bis 35-Jährigen. Sie dürften auch für Öffentlichkeitsarbeit im Internet besonders relevant sein.

Netzwerkanalysen (Schenk 1995, S. 3 ff.) versuchen das gesamte soziale Umfeld von Rezipienten abzubilden. Dabei gibt es „cliques" (Primärgruppen), zwischen denen „bridges" (Querverbindungen) bestehen (Rogers 1995, S. 333). Über sie diffundieren Innovationen zunächst zu Menschen am ‚Rande' einer Gruppe („marginale Positionen"; Schenk 1995, S. 15), Meinungsführer sind dann für den Kommunikationsfluss innerhalb der Gruppe zuständig. Rogers (1995, S. 281 ff.) selbst geht schon auf *Netzwerke* und auch die Diffusion des Internet ein. Die Anwendung auf Soziale-Netzwerk-Dienste/Plattformen (z. B. Facebook) liegt auf der Hand. Aktuelle Fragen sind dabei Privatsphäre (Schenk et al. 2012) und „Cybermobbing" bzw. „Cyberbullying" (Festl und Quandt 2013).

3.4.2 Schweigespirale, Kultivierung und Wissenskluft

Die *Theorie der Schweigespirale* (vgl. Noelle-Neumann 1966, 2001) geht davon aus, dass Menschen Isolationsfurcht haben und mit ihrer Ansicht zu einem kontroversen Thema nicht zur Minderheit gehören wollen. Daher beobachten sie ihre Umwelt, wozu neben Freunden, Kollegen und Familie auch die Medienberichterstattung gehört – heutzutage aber auch Online-Foren oder ‚Facebook-Freunde'. Je häufiger und einheitlicher die Medien eine Meinung stützen, desto eher glauben die Anhänger der von den Medien *nicht* unterstützten Meinung, dass sie zur Minderheit gehören. und verschweigen daher ihre eigene Überzeugung. Daraus entwickelt sich mittelfristig ein Spiralprozess, bei dem sich die medial vorherrschende Meinung dann tatsächlich als *öffentliche Meinung* etabliert. Diese sorgt für gesellschaftliche Integration (Noelle-Neumann 1966, S. 12). Medien sind nicht nur eine Quelle der Umweltbeobachtung und prägende Kraft des Meinungsklimas, sondern versorgen die Anhänger der von ihnen unterstützten Meinung auch mit Argumenten. Bislang wurden aber nur Teile der Theorie empirisch geprüft. Zudem zeigte Gerhards (1996, S. 5), dass die von der Theorie postulierten ‚Schweiger' zumindest in der deutschen Bevölkerung nur eine Minderheit sind.

Etwa zeitgleich zur Schweigespiraltheorie entstand die *Kultivierungshypothese* (Gerbner et al. 1999; Morgan et al. 2009). Ausgangspunkt war die Überzeugung, dass das Fernsehen mit der Gesamtheit seiner Unterhaltungs- und Informationsprogramme ein einheitliches Weltbild vermittle und somit nachhaltig die Realitätsvorstellungen der Zuschauer präge, d. h. das Fernsehen sei ein zentraler Sozialisations-/Enkulturationsfaktor. Im Gegensatz zu den Vorstellungen von Menschen, die selten fernsehen (Wenigseher), seien die Vorstellungen von Menschen, die viel fernsehen (Vielseher), stärker durch die Fernsehrealität als durch die tatsächliche Realität selbst geprägt, von der die Fernsehrealität abweiche. Unterschieden werden zwei Typen von Kultivierungseffekten (Hawkins und Pengree 1990, S. 43):

- „*First-order effects*" (Kultivierung 1. Ordnung) sind Wirkungen der Fernsehrealität auf das Faktenwissen der Rezipienten (z. B. Einschätzung von Verbrechensraten)
- „*Second-order effects*" (Kultivierung 2. Ordnung) sind Wirkungen der Fernsehrealität auf die Einstellungen der Rezipienten (z. B. Rollenstereotype, politische Meinungen).

Die Kultivierungsforschung betrachtete ursprünglich die Wirkung von Gewalt in den Medien. Mittlerweile gibt es empirische Befunde zu diversen Realitätsbereichen (z. B. Politik, Geschlechterstereotype) und Genres (z. B. Nachrichten, Talkshows). Aufgrund von Kritik (vgl. z.B. Schenk 2002, S. 560 ff.) wurde der Ansatz um weitere Konzepte ergänzt:[16]

- „*Resonance*": Das Fernsehen kann die bereits im Alltag gemachten Erfahrungen von Rezipienten bekräftigen, die damit eine Art ‚doppelter Dosis' erhalten.
- „*Mainstreaming*": Das Fernsehen lässt divergierende Meinungen bzw. Positionen in der Gesellschaft in einen ‚Mainstream' der Meinungen bzw. Positionen münden.

Für Morgan et al. (2009, S. 45 f.) bleibt das Fernsehen die zentrale Kultivierungsinstanz. Denn „there are no popular Internet or Web-based programs that yet threaten the network-cable alliance" (Morgan et al. 2009, S. 46). Dafür seien auch Konzentrationsprozesse verantwortlich, denn viele TV-Programme kämen aus dem gleichen ‚Medienhaus'. Zudem spiele der Verbreitungskanal der jeweiligen Inhalte (z. B. Fernsehen oder Video on Demand) kaum eine Rolle. Dennoch sollte man das Selektivitätspotenzial im Internet nicht unterschätzen, das der ursprünglichen Kultivierungsthese zur Breitenwirkung des Fernsehens widerspricht. So sind eher ‚kleinere' Kultivierungsinstanzen wie etwa Online-Foren anzunehmen.

---

[16] Spätere Arbeiten (vgl. z. B. Shrum 1996) fragen nach kognitionspsychologischen Prozessen hinter diesen Effekten, wofür sie ähnliche Ansätze wie für Framing und Priming (vgl. Abschn. 3.4.3) bemühen.

Auf kognitive Medienwirkungen zielt auch die *Wissenskluftypothese* („knowledge gap") (Tichenor et al. 1970). Sie besagt, dass Massenmedien oder auch Online-Angebote die Kluft zwischen den sozioökonomisch bzw. bildungsspezifisch besser und schlechter gestellten Bevölkerungssegmenten verstärken. Zwar ist die Wissenskluft-Hypothese „in vielem präzisiert und damit auch eingeschränkt, aber nicht irgendwie global falsifiziert worden" (Saxer 1978, S. 56). Wirth (1997, S. 45) unterscheidet sowohl Klüfte in der Mediennutzung als auch – bei gleicher Nutzung – Klüfte in der Medienrezeption.[17] Marr (2005, S. 76) fokussiert in Bezug auf eine digitale Spaltung („Digital Divide") Klüfte im Medienzugang. Dudenhöffer und Meyen (2012, S. 19 f.; Hervorhebung im Original) untersuchen in einer Sekundärauswertung der ACTA (vgl. Abschn. 3.3.1) einen *„gender"* und *„generation gap"*.[18] Die erste Kluft schließe sich langsam, wobei Frauen keineswegs mehr an Kommunikation interessiert seien als Männer. Die zweite Kluft sei zu relativieren, da auch eine Rolle spiele, ob man das Internet im Beruf nutze. Zudem gebe es einen *„capital gap"*: Weniger Gebildete und soziökonomisch schlechter Gestellte akkumulierten weniger kulturelles Kapital im Internet. Auch versteckte Klüfte sind denkbar. Saxer (1978, S. 38) brachte das schon früh auf den Punkt: „Man braucht lediglich den Indikator für Wissen etwas anspruchsvoller anzusetzen und erfaßt damit wieder solche Unterschiede der Schreib- und Lesekompetenz". Möglicherweise senkt z. B. Microblogging die Fähigkeit, sinnhafte Texte, die mehr als eine Abfolge von ‚Twitter-Sätzen' sind, zu verfassen.[19] Hier könnte die Schere zwischen On- und Offlinern in statusniedrigen Segmenten stärker sein als in statushöheren. Diese wären zwar auch, aber weniger von den ‚Folgen des Twittern' betroffen. Freilich sind diverse Drittvariablen (z. B. Schulform, veränderte Lehrpläne) zu berücksichtigen (Dürscheid et al. 2010; Steinig et al. 2009).

3.4.3 Agenda-Setting, Priming, Framing und dynamisch-transaktionales Modell

Die *Agenda-Setting-Hypothese* (McCombs und Shaw 1972; Rössler 1997; Maurer 2010) diskutiert ebenfalls kognitive Medienwirkungen: Medien beeinflussen weniger, *was* Menschen denken, sondern vielmehr, *worüber* – über welche Themen – sie nachdenken. Die Trennung des Ehepaares Wulff würde vermutlich niemand als relevantes Thema wahrnehmen, wenn die Medien nicht darüber berichtet hätten. Interessanterweise gibt es starke Zusammenhänge zwischen der Medienagenda und der gesellschaftlichen Agenda im Aggregat, aber meist nur geringe Zusammenhänge zwischen der Agenda der individuell genutzten Medien und der Agenda des jeweiligen Rezipienten (Maurer 2010, S. 58 ff.; McCombs 2004, S. 147). Themen setzen aber auch z. B. Blogger. Deren Themen können von den Massenmedien aufgegriffen und mit weiterer Publizität aufgeladen werden. Dieser Prozess heißt „intermedia agenda setting" (McCombs 2004, S. 86). Der auf Wober und Gunter (1988, S. 81) zurückgehende Begriff des *Agenda-cutting* bezeichnet das Zurückset-

---

[17] Bonfadelli (1994, S. 179) spricht von „Access-" und „Usage-Gap".

[18] Fast schon visionär zum Gender- und Generation-Gap bereits Berghaus (1994, S. 410).

[19] Ohne Bezug zur Wissenskluftshypothese z. B. Dürscheid et al. (2010, S. 265).

zen eines Themas auf der Medienagenda oder das Ignorieren bzw. Löschen dieses Themas von der Medienagenda (Colistra 2012, S. 100). Naiv wäre zu glauben, dass der relevante kommunikative Akt im bloßen Abschneiden des Themas bestünde. Da Themen im Grunde das ‚Vehikel' für die eigentliche Botschaft – für Meinungen, Deutungen, Ansichten usw. – sind, wird letztlich nicht das Thema von der Agenda, sondern gleich ein *ganzer Diskurs mit all seinen Botschaften* abgeschnitten.

Das leitet zu *Framing-* und *Priming-Effekten* über. Medien beeinflussen nicht nur, worüber Menschen nachdenken, sondern auch, *wie* sie denken. Nach Iyengar und Kinder (1987, S. 63) meint *Priming*, dass Medien mit den berichteten Themen zugleich die Maßstäbe liefern, anhand derer Rezipienten z. B. Politiker beurteilen (vgl. im Überblick Roskos-Ewoldsen et al. 2009). So hat die „Thematisierung der Hochwasserhilfe die öffentliche Aufmerksamkeit auf Tatkraft und Entschlossenheit als Kriterium bei der Beurteilung der Kanzlerkandidaten gelenkt, damit den Charakter der Kandidatenpräferenz verändert und den Popularitätsvorsprung Gerhard Schröders vergrößert" (Schoen 2004, S. 47). *Framing* wurde bereits für Nachrichtenproduktion diskutiert (vgl. Abschn. 3.2). Aus der Wirkungsperspektive lassen sich vier Typen von Framing-Effekten unterscheiden (Scheufele und Scheufele 2010, S. 115):

- *Aktivierungs-Effekt*: Medien-Framing aktiviert bereits bestehende Schemata von Rezipienten. Daher sind sie dann für spätere Urteile z. B. über einen Politiker leichter zugänglich. Diese Lesart des Priming-Effekts (Price und Tewksbury 1997, S. 197 ff.) begreift nicht das Thema als Prime (wie bei Iyengar und Kinder 1987), sondern der Frame wirkt als Prime.
- *Transformations-Effekt*: Wiederholtes, gleichförmiges Medien-Framing kann Vorstellungen von Rezipienten aber auch in Richtung des medialen Bezugsrahmens verändern.
- *Etablierungs-Effekt*: Medien-Framing kann zudem überhaupt erst zur Herausbildung eines Schemas führen, über das Rezipienten bislang gar nicht verfügten.
- *Einstellungs-Effekt*: Medien-Framing verändert Kognitionen, die immer aber mit Affekten zusammenhängen, wodurch sich dann auch die Einstellungen von Rezipienten ändern.

Das Framing-Konzept hat einige Gemeinsamkeiten mit dem *dynamisch-transaktionalen Modell* (Früh und Schönbach 1982, 2005). Dieses beschreibt z. B. ebenfalls den erwähnten Transformations-Effekt – und zwar als „Inter-Transaktion" zwischen Medienbotschaft und Rezipientenvorstellungen.[20] Nach Früh und Schönbach (2005, S. 14) liegt eine Transaktion vor, wenn „die wirkende Ursache in einem selbstreferenziellen Prozess permanent auch die Ursache ihrer eigenen Veränderung ist". „Inter-Transaktionen" laufen zwischen Medieninhalt und Rezipient ab, während „Intra-Transaktionen" gleichsam im Kopf des Rezipienten (oder Kommunikators) als Wechselspiel aus Wissen und Aktivation erfolgen:

---

[20] Auf den dynamisch-transaktionalen Ansatz rekurrieren z. B. Suckfüll (2004) und Wirth (1997).

Beispielsweise dürfte Günther Jauchs Frage zu den Gerüchten um Bettina Wulff in seiner Fernsehsendung die Aufmerksamkeit der Zuschauer erregt haben, von denen sicher etliche motiviert wurden, im WWW auf die Suche nach weiteren Informationen zu gehen (Inter-Transaktion). Inter- und Intra-Transaktionen wechseln sich ab und entwickeln damit eine komplexe Dynamik, mit der sich auch das Kommunikationsverhalten im Internet gut abbilden lässt.

4 Fazit

Kommunikationswissenschaftliche Begriffe und Ansätze wie die Theorie des kommunikativen Handelns, die Konzepte zur Persuasion und Diffusion sowie zum Agenda-Setting, Framing und Priming bieten zahlreiche Erkenntnisse und Anknüpfungspunkte für die Unternehmenskommunikation. Die Herausforderungen aufgrund der sich anhaltend verändernden Kommunikationsformen im Internet legen erst recht eine Beschäftigung damit nahe. Denn wer sich „in der Wirtschaft nicht durch Werbung, Öffentlichkeitsarbeit und geschicktes Marketing gegenüber den Konkurrenten im Kampf um die Aufmerksamkeit der Konsumenten Vorteile verschaffen kann, verliert das Spiel" (Münch 1995, S. 83). Schließlich dürfte deutlich geworden sein, dass sich viele theoretische ‚Klassiker' (z. B. Theorie kognitiver Dissonanz) oft problemlos auf neue Phänomene wie das Web 2.0 und Social Web anwenden lassen.

Literatur

Austin, J. L. (1962). *How to do things with words*. Oxford: Oxford University Press.
Avenarius, H. (2000). *Public Relations. Die Grundform der gesellschaftlichen Kommunikation* (2. Aufl.). Darmstadt: Primus.
Badura, B. (2004). Kommunikation als Prozess der Signalübertragung. In R. Burkart & W. Hömberg (Hrsg.), *Kommunikationstheorien – ein Textbuch zur Einführung* (3. Aufl., S. 16–23). Wien: Braumüller.
Beck, K. (2006). *Computervermittelte Kommunikation im Internet*. München: Oldenbourg.
Beck, K. (2007). *Kommunikationswissenschaft*. Konstanz: UVK/UTB.
Beck, K. (2012). *Das Mediensystem Deutschlands. Strukturen, Märkte, Regulierung*. Wiesbaden: VS Verlag für Sozialwissenschaften.
Benkler, Y. (2011). A free irresponsible press: Wikileaks and the battle over the soul of the networked fourth estate. *Havard Civil Rights – Civil Liberties Law Review, 46*, 311–397. http://harvardcrcl.org/wp-content/uploads/2011/08/Benkler.pdf. Zugegriffen: 24. Dez. 2013.
Bentele, G., & Beck, K. (1994). Information – Kommunikation – Massenkommunikation: Grundbegriffe und Modelle der Publizistik- und Kommunikationswissenschaft. In O. Jarren (Hrsg.), *Medien und Journalismus. Eine Einführung* (Bd. 1, S. 16–50). Opladen: Westdeutscher Verlag.
Bentele, G., Steinmann, H., & Zerfaß, A. (Hrsg.). (1996). *Dialogorientierte Unternehmenskommunikation. Grundlagen – Praxiserfahrungen – Perspektiven*. Berlin: Vistas.
Berghaus, M. (1994). Multimedia-Zukunft. Herausforderung für die Medien- und Kommunikationswissenschaft. *Rundfunk & Fernsehen, 42*(3), 404–412.

Blum, R. (2005). Bausteine zu einer Theorie der Mediensysteme. *Medienwissenschaft Schweiz,* o. Jg.(2), 5–11.
Blumer, H. (1969). *Symbolic interactionism. Perspective and method.* Englewood Cliffs: Prentice-Hall.
Blumer, H. (1973). Der methodologische Standort des Symbolischen Interaktionismus. In Arbeitsgruppe Bielefelder Soziologen. (Hrsg.), *Alltagswissen, Interaktion und gesellschaftliche Wirklichkeit. Bd. 1. Symbolischer Interaktionismus und Ethnomethodologie* (S. 80–146). Reinbek bei Hamburg: Rowohlt.
Bonfadelli, H. (1988). Gesundheitskampagnen in den Massenmedien. Kommunikationstheorie für Kommunikationspraxis. *Sozial- und Präventivmedizin, 33*(2), 86–92.
Bonfadelli, H. (1994). *Die Wissenskluft-Perspektive. Massenmedien und gesellschaftliche Information.* Konstanz: UVK.
Bonfadelli, H. (1999). *Medienwirkungsforschung 1: Grundlagen und theoretische Perspektiven.* Konstanz: UVK.
Bonfadelli, H. (2000). *Medienwirkungsforschung 2: Grundlagen und theoretische Perspektiven.* Konstanz: UVK.
Bonfadelli, H., & Friemel, T. N. (2010). *Kommunikationskampagnen im Gesundheitsbereich. Grundlagen und Anwendungen* (2. Aufl.). Konstanz: UVK.
Braun, T. (2010). Stuttgart-21-Schlichtung: „Fachchinesich ist tabu". *Stuttgarter Zeituung Online* vom 22.10.2010. http://www.stuttgarter-zeitung.de/inhalt.stuttgart-21-schlichtung-fachchinesisch-ist-tabu-page1.7877e1cd-29a0-413b-b086-b98db0dd4a5b.html. Zugegriffen: 22. Okt. 2010.
Bryant, J., & Oliver, M. B. (Hrsg.). (2009). *Media effects. Advances in theory and research* (3. Aufl.). New York: Routledge.
Bühl, A. (1998). Herrschaftsfrei und grenzenlos? Eine politische Soziologie des Internet. In P. Imbusch (Hrsg.), *Macht und Herrschaft. Sozialwissenschaftliche Konzeptionen* (S. 353–371). Opladen: Leske+Budrich.
Burkart, R. (1998). *Kommunikationswissenschaft. Grundlagen und Problemfelder. Umrisse einer interdisziplinären Sozialwissenschaft* (3. Aufl.). Wien: Böhlau.
Burkart, R. (2004). Die Theorie des kommunikativen Handelns von Jürgen Habermas - Eine kommentierte Textcollage. In R. Burkart & W. Hömberg (Hrsg.), *Kommunikationstheorien - ein Textbuch zur Einführung* (3. Aufl., S. 42–71). Wien: Braumüller.
Burkart, R., & Hömberg, W. (1997). Massenkommunikation und Publizistik. Eine Herausforderung für die kommunikationswissenschaftliche Modellbildung. In H. Fünfgeld & C. Mast, *Massenkommunikation. Ergebnisse und Perspektiven* (S. 71–88). Opladen: Westdeutscher Verlag.
Burkart, R., & Probst, S. (1991). Verständigungsorientierte Öffentlichkeitsarbeit: Eine kommunikationstheoretisch begründete Perspektive. *Publizistik, 36*(1), 56–76.
Chomsky, N. (1973). *Aspekte der Syntax-Theorie.* Frankfurt am Main: Suhrkamp.
Colistra, R. (2012). Shaping and cutting the media agenda: Television reporters' perceptions of agenda- and frame-building and agenda-cutting influences. *Journalism & Communication Monographs, 14*(2), 85–146.
Dahlberg, L. (2001). The internet and democratic discourse. Exploring the prospects of online deliberative forums extending the public sphere. *Information, Communication & Society, 4*(4), 615–633.
Dahlem, S. (2001). *Wahlentscheidung in der Mediengesellschaft.* Freiburg: Alber.
Dahlgren, P. (2005). The internet, public spheres, and political communication: Dispersion and deliberation. *Political Communication, 22*(2), 147–162.
D'Allesio, D., & Allen, M. (2000). Media bias in presidential elections: A meta-analysis. *Journal of Communication, 50*(4), 133-156.
Dambeck, H., & Buß, C. (2012). Rotlichtgerüchte: Google löscht Suchresultate zu Bettina Wulff. *Spiegel Online.* http://www.spiegel.de/netzwelt/netzpolitik/google-loescht-suchresultate-zu-bettina-wulff-a-865167.html. Zugegriffen: 04. Nov. 2012.
DeFleur, M. L. (1970). *Theories of mass communication* (2. Aufl.). New York: McKay.
Denzin, N. K. (1966). The significant others of a college population. *Sociological Quarterly, 7*(3), 298–310.

Donnerstag, J. (1996). *Der engagierte Mediennutzer. Das Involvement-Konzept in der Massenkommunikationsforschung*. München: R. Fischer.

Donsbach, W. (1991). *Medienwirkung trotz Selektion. Einflussfaktoren auf die Zuwendung zu Zeitungsinhalten*. Köln: Böhlau.

Donsbach, W., & Wilke, J. (2009). Rundfunk. In E. Noelle-Neumann, W. Schulz, & J. Wilke (Hrsg.), *Fischer-Lexikon Publizistik Massenkommunikation, Neuauflage* (S. 593–650). Frankfurt am Main: Fischer.

Dudenhöffer, K., & Meyen, M. (2012). Digitale Spaltung im Zeitalter der Sättigung. Eine Sekundäranalys der ACTA 2008 zum Zusammenhang von Internetnutzung und sozialer Gleichheit. *Publizistik*, 57(1), 7–26.

Dürscheid, C., Wagner, F., & Brommer, S. (2010). *Wie Jugendliche schreiben. Schreibkompetenz und neue Medien*. Berlin: de Gruyter.

Ebersbach, A., Glaser, M., & Heigl, R. (2008). *Social web*. Konstanz: UVK/UTB.

Eilders, C., Geißler, S., Hallermayer, M., Noghero, M., & Schnurr, J.-M. (2010). Zivilgesellschaftliche Konstruktionen politischer Realität. Eine vergleichende Analyse zu Themen und Nachrichtenfaktoren in politischen Weblogs und professionellem Journalismus. *Medien & Kommunikationswissenschaft*, 58(1), 63–82.

Emmer, M., Vowe, G., & Wolling, J. (2011). *Bürger online. Die Entwicklung der politischen Online-Kommunikation in Deutschland*. Konstanz: UVK.

Entman, R. M. (1993). Framing: Toward clarification of a fractured paradigm. *Journal of Communication*, 43(4), 51–58.

Entman, R. M. (2007). Framing bias. Media in the distribution of power. *Journal of Communication*, 57(1), 163–173.

Eschbach, A. (1980). Semiotik. In H.-P. Althaus, H. Henne, & H. E. Wiegand (Hrsg.), *Lexikon der Germanistischen Linguistik* (2. Aufl., Bd. 1, S. 41–57). Tübingen: Niemeyer.

Festinger, L. (1978). *Theorie der kognitiven Dissonanz*. Bern: Hans Huber.

Festl, R., & Quandt, T. (2013). Social relations and cyberbullying: The influence of individual and structural attributes on victimization and perpetration via the internet. *Human Communication Research*, 39(1), 101–126.

Flay, B. R., & Burton, D. (1990). Effective mass communication strategies for health campaigns. In C. Atkin & L. Wallack (Hrsg.), *Mass communication and public health: Complexities and conflicts* (S. 129–146). Newbury Park: Sage.

Fraas, C., Meier, S., & Pentzold, C. (2012). *Online-Kommunikation. Grundlagen, Praxisfelder und Methoden*. München: Oldenbourg.

Frey-Vor, G., Siegert, G., & Stiehler, H.-J. (2008). *Mediaforschung*. Konstanz: UVK/UTB.

Früh, H. (2007). Zur Authentizität von Rezeptionsemotionen. Fernsehvergnügen und Aggression. In W. Wirth, H.-J. Stiehler, & C. Wünsch (Hrsg.), *Dynamisch-transaktional denken. Theorie und Empirie der Kommunikationswissenschaft* (S. 185–206). Köln: Halem.

Früh, W., & Schönbach, K. (1982). Der dynamisch-transaktionale Ansatz. Ein neues Paradigma der Medienwirkungen. *Publizistik*, 27(1–2), 74–88.

Früh, W., & Schönbach, K. (2005). Der dynamisch-transaktionale Ansatz III: Eine Zwischenbilanz. *Publizistik*, 50(1), 4–20.

Gehrau, V., & Goertz, L. (2010). Gespräche über Medien unter veränderten medialen Bedingungen. *Publizistik*, 55(2), 153–172.

Geißler, R. (2002). *Die Sozialstruktur Deutschlands. Zur gesellschaftlichen Entwicklung mit einer Zwischenbilanz zur Vereinigung* (2. Aufl.). Opladen: Westdeutscher Verlag.

Gerbner, G., Morgan, M., & Signorielli, N. (1999). Profiling television violence. In K. Nordenstreng & M. Griffin (Hrsg.), *International media monitorino* (S. 335–365). Cresskill: Hampton Press.

Gerhards, J. (1996). Reder, Schweiger, Anpasser und Missionare: Eine Typologie öffentlicher Kommunikationsbereitschaft und ein Beitrag zur Theorie der Schweigespirale. *Publizistik*, 41(1), 1–14.

Gerhards, J., & Lindgens, M. (1995). *Diskursanalyse im Zeit- und Ländervergleich. Methodenbericht über eine systematische Inhaltsanalyse zur Erfassung des öffentlichen Diskurses über Abtreibung in den USA und der Bundesrepublik in der Zeit von 1970 bis 1994*. In: WZB-Bericht FS III (S. 95–105). Berlin: WZB.

Gerhards, J., & Schäfer, M. S. (2007). Demokratische Internet-Öffentlichkeit? Ein Vergleich der öffentlichen Kommunikation im Internet und in den Printmedien am Beispiel der Humangenomforschung. *Publizistik, 52*(2), 210–228.

Glasersfeld, E. (1992). Konstruktion der Wirklichkeit und des Begriffs der Objektivität. In o. V. (Hrsg.), *Einführung in den Konstruktivismus* (S. 9–39). München: Piper.

Görke, A., & Kohring, M. (1997). Worüber reden wir? Vom Nutzen systemtheoretischen Denkens für die Publizistikwissenschaft. *Medienjournal, 21*(1), 3–14.

Habermas, J. (1971). Vorbereitende Bemerkungen zu einer Theorie der kommunikativen Kompetenz. In J. Habermas & N. Luhmann (Hrsg.), *Theorie der Gesellschaft oder Sozialtechnologie – was leistet die Sozialforschung?* (S. 101–141). Frankfurt am Main: Suhrkamp.

Habermas, J. (1976). Was heißt Universalpragmatik? In K.-O. Apel (Hrsg.), *Sprachpragmatik und Philosophie* (S. 174–272). Frankfurt am Main: Suhrkamp.

Habermas, J. (1984). *Vorstudien und Ergänzungen zur Theorie des kommunikativen Handelns*. Frankfurt am Main: Suhrkamp.

Habermas, J. (1985). Dialektik der Rationalisierung. In J. Habermas (Hrsg.), *Die neue Unübersichtlichkeit. Kleine politische Schriften V* (S. 167–208). Frankfurt am Main: Suhrkamp.

Habermas, J. (1995a). *Theorie kommunikativen Handelns. Bd. 1: Handlungsrationalität und gesellschaftliche Rationalisierung*. Frankfurt am Main: Suhrkamp.

Habermas, J. (1995b). *Theorie kommunikativen Handelns. Bd. 2: Zur Kritik der funktionalistischen Vernunft*. Frankfurt am Main: Suhrkamp.

Habermas, J. (1996). *Moralbewußtsein und kommunikatives Handeln* (6. Aufl.). Frankfurt am Main: Suhrkamp.

Hawkins, R. P., & Pingree, S. (1990). Divergent psychological processes in constructing social reality from mass media content. In N. Signorielli & M. Morgan (Hrsg.), *Cultivation analysis: New directions in media effects research* (S. 35-50). Newbury Park, CA: Sage.

Hennig-Thurau, T., & Walsh, G. (2003). Electronic word of mouth: Motives for and consequences of reading customer articulations on the Internet. *International Journal of Electronic Commerce, 8*(2), 51–74.

Hömberg, W., Hahn, D., & Schaffer, T. B. (Hrsg.). (2010). *Kommunikation und Verständigung. Theorie – Empirie – Praxis*. Wiesbaden: VS Verlag ür Sozialwissenschaften.

Hovland, C. I., Janis, I. L., & Kelley, H. H. (1953). *Communication and persuasion. Psychological studies of opinion change*. New Haven: Yale University Press.

Iyengar, S., & Kinder, D. R. (1987). *News that matters: Television and American opinion*. Chicago: The University of Chicago Press.

Jarren, O., & Meier, W. A. (2000). Globalisierung der Medienlandschaft und ihre medienpolitische Bewältigung: Ende der Medienpolitik oder neue Gestaltungsformen auf regionaler und nationaler Ebene. In H. Brukhorst & M. Kettner (Hrsg.), *Globalisierung und Demokratie. Wirtschaft, Recht, Medien* (S. 347–368). Frankfurt am Main: Suhrkamp.

Katz, E., Blumler, J. G., & Gurevitch, M. (1974). Utilization of mass communication by the individual. In J. G. Blumler & E. Katz (Hrsg.), *The uses of mass communications. Current perspectives on gratifications research* (S. 19–32). Beverly Hills: Sage.

Kepplinger, H. M. (1989). Theorien der Nachrichtenauswahl als Theorien der Realität. *Aus Politik und Zeitgeschichte* (Beilage zur Wochenzeitschrift „Das Parlament"), B15/89, 3–16.

Kepplinger, H. M. (1993). Erkenntnistheorie und Forschungspraxis des Konstruktivismus. In G. Bentele & M. Rühl (Hrsg.), *Theorien öffentlicher Kommunikation. Problemfelder, Positionen, Perspektiven* (S. 118–125). Konstanz: UVK.

Kepplinger, H. M. (2000). Problemdimensionen des Journalismus. Theoretischer Anspruch und empirischer Ertrag. In M. Löffelholz (Hrsg.), *Theorien des Journalismus. Ein diskursives Handbuch* (S. 81–99). Wiesbaden: Westdeutscher Verlag.

Kepplinger, H. M. (2001). Der Ereignisbegriff in der Publizistikwissenschaft. *Publizistik, 46*(2), 117–139.

Kepplinger, H. M., & Bastian, R. (2000). Der prognostische Gehalt der Nachrichtenwerttheorie. *Publizistik, 45*(4), 462–475.

Kepplinger, H. M., Brosius, H.-B., Staab, J. F., & Linke, G. (1989). Instrumentelle Aktualisierung. Grundlagen einer Theorie publizistischer Konflikte. In M. Kaase & W. Schulz (Hrsg.), *Massenkommunikation. Theorien, Methoden, Befunde, Kölner Zeitschrift für Soziologie und Sozialpsychologie, Sonderheft 30* (S. 199–220). Opladen: Westdeutscher Verlag.

Koch, M., Bullinger, A. C., & Möslein, K. M. (2009). Social Software für Open Innovation – die Integration interner und externer Innovatoren. In A. Zerfaß & K. M. Möslein (Hrsg.), *Kommunikation als Erfolgsfaktor im Innovationsmanagement: Strategien im Zeitalter der Open Innovation* (S. 159–175). Wiesbaden: Gabler.

Koeppler, K. (2000). *Strategien erfolgreicher Kommunikation*. München: Oldenbourg.

Kübler, H.-D. (1994). *Kommunikation und Massenkommunikation*. Münster: LIT.

Kubicek, H., Schmid, U., & Wagner, H. (1997). Bürgerinformation durch neue Medien. Analysen und Fallstudien zur Etablierung elektronischer Informationssysteme im Alltag. Opladen: Westdeutscher Verlag.

Kunczik, M., & Zipfel, A. (2001). *Publizistik Köln*. Weimar: Böhlau/UTB.

Lacrose, R., Mastro, D., & Eastin, M. S. (2001). Understanding internet usage: A social-cognitive approach to uses and gratifications. *Social Science Computer Review, 19*(4), 395–413.

Landesmediengesetz, B.-W. (2010). *LMedienG, zuletzt geändert durch Artikel 2 des Gesetzes zum 13. Rundfunkänderungsstaatsvertrages vom 10.03.2010*. http://www.lfk.de/fileadmin/media/recht/04-2010/2010_April_LmedienG.pdf. Zugegriffen: 10. Okt. 2010.

Lasswell, H. D. (1948). The structure and function of communication in society. In L. Bryson (Hrsg.), *The communication of ideas* (S. 37–52). New York: Harper & Row.

Lazarsfeld, P. F., Berelson, B., & Gaudet, H. (1968). *The people's choice. How the voter makes up his mind in a presidental campaign* (3. Aufl.). New York: Columbia University Press.

Lieberman, D. A. (2001). Using interactive media in communication campaigns for children and adolescents. In R. E. Rice & W. J. Paisley (Hrsg.), *Public communication campaigns* (3. Aufl., S. 373–388). Thousand Oaks, CA: Sage.

Lischka, K. (2012). Beleidigende Schlagworte: Mob pöbelt bei Amazon gegen Bettina Wulff. *Spiegel Online*. http://www.spiegel.de/netzwelt/netzpolitik/bettina-wulff-beleidigungen-bei-amazon-a-855242.html. Zugegriffen: 11. Sept. 2012.

Longhofer, W., & Winchester, D. (2012). Introductory essay: Through the looking-glass of facebook. In W. Longhofer & D. Winchester (Hrsg.), *Social theory re-wired. New connections to classical and contemporary perspectives* (S. 415–422). New York: Routledge.

Luhmann, N. (1984). *Soziale Systeme*. Frankfurt am Main: Suhrkamp.

Luhmann, N. (1996). *Die Realität der Massenmedien* (2. Aufl.). Opladen: Westdeutscher Verlag.

Maletzke, G. (1963). *Psychologie der Massenkommunikation*. Hamburg: Hans-Bredow-Institut.

Maletzke, G. (1976). *Ziele und Wirkungen der Massenkommunikation*. Hamburg: Hans-Bredow-Institut.

Maletzke, G. (1998). *Kommunikationswissenschaft im Überblick. Grundlagen, Probleme, Perspektiven*. Opladen: Westdeutscher Verlag.

Marcinkowski, F. (1993). *Publizistik als autopoietisches System. Politik und Massenmedien. Eine systemtheoretische Analyse*. Opladen: Westdeutscher Verlag.

Marr, M. (2005). Wer hat Angst vor der digitalen Spaltung? *Medien & Kommunikationswissenschaft, 52*(1), 76–94.

Maurer, M. (2010). *Agenda-setting*. Baden-Baden: Nomos.
McAlister, A. (1981). Antismoking campaigns: Progress in developing effective communications. In R. E. Rice & W. J. Paisley (Hrsg.), *Public communication campaigns* (S. 91–103). Beverly Hills: Sage.
McCombs, M. E. (2004). *Setting the agenda. The mass media and public opinion*. Cambridge: Polity Press, Blackwell.
McCombs, M. E., & Shaw, D. L. (1972). The agenda-setting function of mass media. *Public Opinion Quarterly, 36*(2), 176–187.
McQuail, D. (2005). *McQuail's mass communication theory* (6. Aufl.). Los Angeles: Sage.
Mead, G.H. (1934). Mind, self, and society: From the standpoint of a social behaviorist. Chicago, London: The University of Chicago Press.
Mead, G. H. (1968). *Geist, Identität und Gesellschaft aus der Sicht des Sozialbehaviorismus (Mit einer Einleitung herausgegeben von Charles W. Morris)*. Frankfurt am Main: Suhrkamp.
Mead, G. H. (1980). *Gesammelte Aufsätze. Bd. 1 (Herausgegeben von Hans Joas)*. Frankfurt am Main: Suhrkamp.
Meffert, M. F., Chung, S., Joiner, A. J., Waks, L., & Garst, J. (2006). The effects of negativity and motivated information processing during a political campaign. *Journal of Communication, 56*(1), 27–51.
Merten, K. (1977). *Kommunikation. Eine Begriffs- und Prozeßanalyse*. Opladen: Westdeutscher Verlag.
Merten, K. (1992). Begriff und Funktion von Public Relations. *PR-Magazin, 23*(11), 35–46.
Merton, R. K. (1948). The self-fulfilling prophecy. *The Antioch Review, 8,* 193–210.
Merton, Robert K. (1996). *On social structure and science (edited and with an introduction by Piotr Sztompka)*. Chicago, London: University of Chicago Press.
Meyen, M. (2004). *Mediennutzung: Mediaforschung, Medienfunktion, Nutzungsmuster* (2. Aufl.). Konstanz: UVK.
Morel, J., Bauer, E., Meleghy, T., Niedenzu, H.-J., Preglau, M., & Straubmann, H. (1992). *Soziologische Theorie. Abriß der Ansätze ihrer Hauptvertreter* (2. Aufl.). München: Oldenbourg.
Morgan, M., Shanahan, J., & Signorielli, N. (2009). Growing up with television. Cultivation processes. In J. Bryant & M. B. Oliver (Hrsg.), *Media effects. Advances in theory and research* (3. Aufl., S. 34–49). New York: Routledge.
Münch, R. (1995). *Dynamik der Kommunikationsgesellschaft*. Frankfurt am Main: Suhrkamp.
Neidhardt, F. (1994). Öffentlichkeit, öffentliche Meinung, soziale Bewegungen. In F. Neidhardt (Hrsg.), *Öffentlichkeit, öffentliche Meinung, soziale Bewegungen, Kölner Zeitschrift für Soziologie und Sozialpsychologie, Sonderheft 34* (S. 7–41). Opladen: Westdeutscher Verlag.
Neuberger, C. (1996). *Journalismus als Problembearbeitung. Objektivität und Relevanz in der öffentlichen Kommunikation*. Konstanz: UVK.
Neuberger, C. (2007). Neue Medien als Herausforderung für die Journalismustheorie: Paradigmenwechsel in der Vermittlung öffentlicher Kommunikation. In C. Winter, A. Hepp, & F. Krotz (Hrsg.), *Theorien der Kommunikations- und Medienwissenschaft. Bd. 1: Grundlegende Diskussionen, Forschungsfelder und Theorieentwicklungen* (S. 251–267). Wiesbaden: VS Verlag für Sozialwissenschaften.
Noelle-Neumann, E. (1966). *Öffentliche Meinung und soziale Kontrolle, unveränderter Nachdruck*. Tübingen: Mohr Siebeck.
Noelle-Neumann, E. (2001). *Die Schweigespirale. Öffentliche Meinung – unsere soziale Haut*. München: Langen Müller.
Noelle-Neumann, E., Schulz, W., & Wilke, J. (Hrsg.). (2009). *Fischer-Lexikon Publizistik Massenkommunikation, Neuauflage*. Frankfurt am Main: Fischer.

Palmgreen, P., & Rayburn, J. D. (1985). An expectancy-value approach to media gratifications. In K. E. Rosengren, L. A. Wenner, & P. Palmgreen (Hrsg.), *Media gratifications research: Current perspectives*. (S. 61–72). Beverly Hills: Sage.

Perloff, R. M. (2010). *The dynamics of persuasion. Communication and attitudes in the 21st century* (4. Aufl.). New York: Routledge.

Pfau, M., & Parrott, R. (1993). *Persuasive communication campaigns*. Boston: Allyn and Bacon.

Price, V., & Tewksbury, D. (1997). News values and public opinion. A theoretical account of media priming and framing. In G. A. Barett & F. J. Boster (Hrsg.), *Progress in communication sciences. Advances in persuasion* (Bd. 13, S. 173–212). Greenwich: Ablex.

Reese, E. D. (2001). Prologue: Framimg public life – a bridging model for media research. In S. D. Reese, O. H. Gandy, & A. E. Grant (Hrsg.), *Framing public life. Perspectives on media and our understanding of the social world* (S. 7–31). Mahwah: Lawrence Erlbaum Associates.

Reinecke, L., & Trepte, S. (2008). Privatsphäre 2.0: Konzepte von Privatheit, Intimsphäre und Werten im Umgang mit „user-generated-content". In A. Zerfaß, M. Welker, & J. Schmidt (Hrsg.), *Kommunikation, Partizipation und Wirkungen im Social Web. Bd. 1: Grundlagen und Methoden: Von der Gesellschaft zum Individuum* (S. 205–228). Köln: Halem.

Renckstorf, K., & Wester, F. (2004). The „media uses as social action" approach. Theory, methodology, and research evidence so far. In K. Renckstorf, D. McQuail, J. E. Rosenbaum, & G. Schap (Hrsg.), *Action theory and communication research. Recent developments in Europe* (S. 50–83). Berlin: Mouton de Gruyter.

Rice, R. E., & Atkin, C. K. (2001). *Public communication campaigns* (3. Aufl.). Thousand Oaks: Sage.

Rice, R. E., & Atkin, C. K. (2009). Public communication campaigns: Theoretical principles and practical applications. In J. Bryant & M. B. Oliver (Hrsg.), *Media effects: Advances in theory and research* (3. Aufl., S. 436–468). New York: Routledge.

Ricker, R., & Seehaus, C. (2009). Medienrecht. In E. Noelle-Neumann, W. Schulz & J. Wilke (Hrsg.), *Fischer-Lexikon Publizistik Massenkommunikation, Neuauflage* (S. 265–290). Frankfurt am Main: Fischer.

Robinson, G. J. (1973). Fünfundzwanzig Jahre „Gatekeeper"-Forschung. Eine kritische Rückschau und Bewertung. In J. Aufermann, H. Bohrmann, & R. Sülzer (Hrsg.), *Gesellschaftliche Kommunikation und Information* (Bd. 1, S. 344–355). Frankfurt am Main: Athenäum.

Rogers, E. M. (1995). *Diffusion of innovations* (4. Aufl.). New York: The Free Press.

Rössler, P. (1997). *Agenda-Setting. Theoretische Annahmen und empirische Evidenzen einer Medienwirkungshypothese*. Opladen: Westdeutscher Verlag.

Rössler, P. (1998a). Medienabhängigkeit und politische Orientierung. Die Erklärungskraft des Dependenzkonzepts in einem veränderten Kommunikationsgefüge. In W. Gellner & F. Korff (Hrsg.), *Demokratie und Internet* (S. 205–218). Baden-Baden: Nomos.

Rössler, P. (1998b). Wirkungsmodelle: Die digitale Herausforderung. Überlegungen zu einer Inventur bestehender Erklärungsansätze der Medienwirkungsforschung. In P. Rössler (Hrsg.), *Online-Kommunikation. Beiträge zur Nutzung und Wirkung* (S. 17–46). Opladen: Westdeutscher Verlag.

Roskos-Ewoldsen, D. R., Roskos-Ewoldsen, B., & Carpentier, F. D. (2009). Media priming. An updated synthesis. In J. Bryant & M. B. Oliver (Hrsg.), *Media effects. Advances in theory and research* (3. Aufl., S. 74–93). New York: Routledge.

Rubin, A. M. (2009). Uses-and-gratifications perspective in media effects. In J. Bryant & M. B. Oliver (Hrsg.), *Media effects. Advances in theory and research* (3. Aufl., S. 165–184). New York: Routledge.

Rucht, D., Baumgarten, B., Teune, S., & Stuppert, W. (2010). *Befragung von Demonstranten gegen Stuttgart 21 am 18.10.2010*. http://www.wzb.eu/si-tes/default/files/projekte/stgt_21_kurzbericht_2010.pdf. Zugegriffen: 18. Okt. 2010.

Saxer, U. (1978). Medienverhalten und Wissensstand – zur Hypothese der wachsenden Wissenskluft. In: *Buch und Lesen Bertelsmann Texte 7* (S. 35–70). Gütersloh: Bertelsmann.

Saxer, U. (1999). Der Forschungsgegenstand der Medienwissenschaft. In H.-W. Ludwig, D. Schwarze, & E. Straßner (Hrsg.), *Medienwissenschaft. Ein Handbuch zur Entwicklung der Medien und Kommunikationsformen. Bd. 1* (S. 1–14). Berlin: de Gruyter.

Schenk, M. (1995). *Soziale Netzwerke und Massenmedien: Untersuchungen zum Einfluß der persönlichen Kommunikation*. Tübingen: Mohr Siebeck.

Schenk, M. (2002). *Medienwirkungsforschung* (2. Aufl.). Tübingen: Mohr Siebeck.

Schenk, M., Niemann, J., Reinmann, G., & Roßnagel, A. (Hrsg.). (2012). *Digitale Privatsphäre. Heranwachsende und Datenschutz auf Sozialen Netzwerkplattformen*. Berlin: Vistas.

Scherer, K. R. (1998). Emotionsprozesse im Medienkontext: Forschungsillustrationen und Zukunftsperspektiven. *Medienpsychologie, 10*(4), 276–293.

Scherer, H., Baumann, E., & Schlütz, D. (2005). Wenn zwei das Gleiche fernsehen, tun sie noch lange nicht dasselbe. Eine Analysen von Rezeptionsmodalitäten am Beispiel der Nutzung von Krankenhausserien durch Krankenhauspersonal. In V. Gehrau, H. Bilandzic, & J. Woelke (Hrsg.), *Rezeptionsstrategien und Rezeptionsmodalitäten* (S. 219–234). München: R. Fischer.

Scheufele, B., & Scheufele, D. A. (2010). Of spreading activation, applicability and schemas: Conceptual distinctions and their operational implications for measuring frames and framing effects. In P. D. Angelo & J. A. Kuypers (Hrsg.), *Doing news framing analysis: Empirical and theoretical perspectives* (S. 110–134). New York: Routledge.

Scheufele, B., & Engelmann, I. (2013). Die publizistische Vermittlung von Wertehorizonten der Parteien. Normatives Modell und empirische Befunde zum Value-Framing und News Bias der Qualitäts- und Boulevardpresse bei vier Bundestagswahlen. *Medien & Kommunikationswissenschaft 61*(4), 532-550

Schmidt, S. J. (1996). *Kognitive Autonomie und soziale Orientierung. Konstruktivistische Bemerkungen zum Zusammenhang von Kognition, Kommunikation, Medien und Kultur* (2. Aufl.). Frankfurt am Main: Suhrkamp.

Schoen, H. (2004). Der Kanzler, zwei Sommerthemen und ein Foto-Finish. Priming-Effekte bei der Bundestagswahl 2002. In F. Brettschneider, J. V. Deth, & E. Roller (Hrsg.), *Die Bundestagswahl 2002. Analysen der Wahlergebnisse und des Wahlkampfes* (S. 23–50). Wiesbaden: VS Verlag für Sozialwissenschaften.

Schütz, A. (1971). *Gesammelte Aufsätze. Bd. 1: Das Problem der sozialen Wirklichkeit*. Den Haag: Martinus Nijhoff.

Schütz, A. (1993). *Der sinnhafte Aufbau der sozialen Welt. Eine Einleitung in die verstehende Soziologie* (6. Aufl.). Frankfurt am Main: Suhrkamp.

Schlager, A. (2010). Die Proteste gegen „Stuttgart 21". *Sozial Geschichte Online, 4*, 113–137.

Schulz, R., & Schneller, J. (2009). Mediaforschung. In E. Noelle-Neumann, W. Schulz, & J. Wilke (Hrsg.), *Fischer-Lexikon Publizistik Massenkommunikation, Neuauflage* (S. 201–234). Frankfurt am Main: Fischer.

Schulz, W. (2009). Kommunikationsprozess. In E. Noelle-Neumann, W. Schulz, & J. Wilke (Hrsg.), *Fischer-Lexikon Publizistik Massenkommunikation, Neuauflage* (S. 169–199). Frankfurt am Main: Fischer.

Schweiger, W. (2007). *Theorien der Mediennutzung. Eine Einführung*. Wiesbaden: VS Verlag für Sozialwissenschaften.

Schweiger, W., & Beck, K. (2010). Vorwort. In W. Schweiger & K. Beck (Hrsg.), *Handbuch Online-Kommunikation* (S. 7–11). Wiesbaden: VS Verlag für Sozialwissenschaften.

Scott, D. M. (2010). *Die neuen Marketing- und PR-Regeln im Web 2.0* (2. Aufl.). Heidelberg: MITP.

Searle, J. R. (1983). *Sprechakte. Ein sprachphilosophischer Essay*. Frankfurt am Main: Suhrkamp.

Shannon, C. E., & Weaver, W. (1976). *Mathematische Grundlagen der Informationstheorie*. München: Oldenbourg.

Shoemaker, P. J., Vos, T. P., & Reese, S. D. (2009). Journalists as gatekeepers. In K. Wahl-Jorgensen & T. Hanitzsch (Hrsg.), *The handbook of journalism studies* (S. 73–174). New York: Routledge.

Shrum, L. J. (1996). Psychological processes underlying cultivation effects. Further tests of construct accessibility. *Human Communication Research, 22*(4), 482–509.

Staab, J. F. (1990). *Nachrichtenwert-Theorie. Formale Struktur und empirischer Gehalt.* Freiburg: Alber.

Steinig, W., Betzel, D., Geider, F. J., & Herbold, A. (2009). *Schreiben von Kindern im diachronen Vergleich. Texte von Viertklässlern aus den Jahren 1972 und 2002.* Münster: Waxmann.

Suckfüll, M. (2004). *Rezeptionsmodalitäten. Ein integratives Konstrukt für die Medienwirkungsforschung.* München: R. Fischer.

Thorson, K. S., & Rodgers, S. (2006). Relationships between blogs as eWOM and interactivity, perceived interactivity, and parasocial interaction. *Journal of Interactive Advertising, 6*(2), 34–44.

Tierney, K. J. (1982). The battered women movement and the creation of the wife beating problem. *Social Problems, 29*(3), 207–220.

Tichenor, P. J., Donohue, G. A., & Olien, C. N. (1970). Mass media flow and differential growth in knowledge. *Public Opinion Quarterly, 34*(2), 159–170.

Treibel, A. (1997). *Einführung in soziologische Theorien der Gegenwart* (4. Aufl.). Opladen: Leske+Budrich.

Watzlawick, P., Beavin, J. H., & Jackson, D. D. (1969). *Menschliche Kommunikation. Formen, Störungen, Paradoxien.* Bern: Huber.

Weber, M. (1984). *Soziologische Grundbegriffe. Sonderausgabe aus: Wirtschaft und Gesellschaft, 6. Auflage, mit einer Einführung von Johannes Winckelmann.* Tübingen: Mohr Siebeck/UTB.

Weichert, S., Kramp, L., & Jakobs, H.-J. (2009). *Wozu noch Zeitungen? Wie das Internet die Presse revolutioniert.* Göttingen: Vandenhoeck & Ruprecht.

Wilke, J. (2009a). Presse. In E. Noelle-Neumann, W. Schulz, & J. Wilke (Hrsg.), *Fischer-Lexikon Publizistik Massenkommunikation, Neuauflage* (S. 459–500). Frankfurt am Main: Fischer.

Wilke, J. (2009b). Pressegeschichte. In E. Noelle-Neumann, W. Schulz, & J. Wilke (Hrsg.), *Fischer-Lexikon Publizistik Massenkommunikation, Neuauflage* (S. 501–535). Frankfurt am Main: Fischer.

Wirth, W. (1997). *Von der Information zum Wissen: Die Rolle der Rezeption für die Entstehung von Wissensunterschieden. Ein Beitrag zur Wissenskluftforschung.* Opladen: Westdeutscher Verlag.

Wober, J. M., & Gunter, B. (1988). *Television and social control.* Aldershot: Avebury.

Wulff, B., & Maibaum, N. (2012). *Jenseits des Protokolls.* München: Riva.

Zerfaß, A., & Pleil, T. (Hrsg.). (2012). *Handbuch Online-PR. Strategische Kommunikation in Internet und Social Web.* Konstanz: UVK.

Zillmann, D. (2004). Emotionspsychologische Grundlagen. In R. Mangold, P. Vorderer, & G. Bente (Hrsg.), *Lehrbuch der Medienpsychologie* (S. 101–128). Göttingen: Hogrefe.

Meinungsbildung in der Mediengesellschaft: Akteure und Prozesse öffentlicher Kommunikation im Zeitalter des Social Web

Anna Maria Theis-Berglmair

Zusammenfassung

Unternehmenskommunikation ist in weiten Teilen öffentlich. Allgemein lässt sich ‚öffentliche Kommunikation' als eine Kommunikationsform beschreiben, die weder im Hinblick auf die Beteiligten noch in Bezug auf Inhalte, Formen oder Mitteilungskanäle eine Beschränkung erfährt. In Anlehnung daran wird ‚Öffentlichkeit' meist als ‚Sphäre einer ungehinderten gesellschaftlichen Kommunikation' beschrieben. Im Gegensatz dazu steht die Definition von Öffentlichkeit als Beobachtungsinstanz, die sich mit neu hinzukommenden Kommunikationsmedien immer weiter ausdifferenziert. Das unterschiedliche Verständnis ist verschiedenen theoretischen Ansätzen geschuldet. Innerhalb der Kommunikationswissenschaft lassen sich der politisch-normativ geprägte Diskursansatz, das systemtheoretisch geprägte Beobachtungsmodell sowie das Mehrebenenkonzept von Öffentlichkeit unterscheiden. Dieser Beitrag geht zunächst auf Kernaussagen der unterschiedlichen Konzepte von Öffentlichkeit und öffentlicher Kommunikation ein. Anschließend wird die Ambivalenz der massenmedialen Öffentlichkeit für Wirtschaftsunternehmen aufgezeigt, um darauf aufbauend die Veränderungen durch Social Media sowie die Konsequenzen für die Kommunikationsarbeit von Unternehmen zu analysieren.

Schlüsselwörter

Öffentlichkeit · Öffentliche Kommunikation · Mediengesellschaft · Social Web · Online-Kommunikation · Unternehmenskommunikation

---

A. M. Theis-Berglmair (✉)
Universität Bamberg, Institut für Kommunikationswissenschaft
An der Weberei 5, 96045 Bamberg, Deutschland
E-Mail: anna-maria.theis-berglmair@uni-bamberg.de

1 Öffentliche Kommunikation und Öffentlichkeit

‚Öffentliche Kommunikation' und ‚Öffentlichkeit' werden häufig als Synonyme verwendet. Durch diese begriffliche Gleichsetzung werden aber wesentliche Unterschiede ausgeblendet. Der Begriff ‚öffentliche Kommunikation' beschreibt eine Kommunikationsform, die weder im Hinblick auf die Beteiligten, noch in Bezug auf Inhalte, Formen oder Mitteilungskanäle eine Beschränkung erfährt. Lange Zeit dienten Massenmedien als primärer Verbreitungskanal öffentlicher Kommunikation. Im Zuge der technologischen Entwicklung ergeben sich neue Beteiligungsmöglichkeiten für individuelle und korporative Akteure (Organisationen und Unternehmen). Das bringt neue Chancen, aber auch ‚Gefahren' für Unternehmen mit sich. Diese Ambivalenz ist nicht neu, sondern zeigt sich schon bei der massenmedialen Öffentlichkeit. Die kommunikativen Strategien von Unternehmen müssen dieser Ambivalenz gerecht werden. Das kann dann gelingen, wenn die unterschiedlichen Formen von Öffentlichkeit als Beobachtungsinstanz betrachtet werden, mit deren Hilfe es Organisationen schaffen, verlässliche Erwartungen über ihre Umwelt auszubilden. Die unterschiedlichen kommunikationswissenschaftlichen Ansätze konzipieren Öffentlichkeit und öffentliche Kommunikation jedoch unterschiedlich.

> **Öffentliche Kommunikation, Öffentlichkeit**
> Der Begriff *öffentliche Kommunikation* beschreibt eine Kommunikationsform, die weder im Hinblick auf die Beteiligten, noch in Bezug auf Inhalte, Formen oder Mitteilungskanäle eine Beschränkung erfährt. *Öffentlichkeit* hingegen stellt eine wichtige Beobachtungsinstanz heutiger Gesellschaften dar, die in sich differenziert ist und durch Social Media eine weitere Differenzierung erfährt.

2 Öffentliche Kommunikation als diskursive Kommunikation

‚Diskursmodelle' basieren auf einem demokratietheoretisch orientierten Verständnis von öffentlicher Kommunikation, wonach die Dinge des Staates öffentlich zu sein haben, damit sich potenziell jeder Staatsbürger an diesem Diskurs beteiligen kann. Diese normative Vorstellung, die sich in vielen Arbeiten über Öffentlichkeit widerspiegelt (z. B. Gerhards 1998; Peters 1994), geht vor allem auf die Arbeiten von Jürgen Habermas zurück, der in seiner einflussreichen Schrift ‚Strukturwandel der Öffentlichkeit' (1962) ein basisdemokratisches Idealmodell von Öffentlichkeit beschreibt. Demzufolge ist ‚Öffentlichkeit' als eine Sphäre zu verstehen, in der öffentliche Belange unter Teilnahme aller *Bürger* diskutiert werden. Das Resultat dieses mit rationalen Argumenten geführten Diskurses ist die ‚öffentliche Meinung', die sodann in politische Entscheidungen einfließt. Zugleich weist Habermas auf den Zerfall dieser ‚bürgerlichen Öffentlichkeit' hin, der sich mit der zunehmenden Verbreitung von Massenmedien ankündige. Diese gewährten Verbänden und Parteien einen dominanten Einfluss, zu Ungunsten der einzelnen Bürger, welche zwar fortan Zugang zu den veröffentlichten Kommunikationsangeboten hätten. Die Verarbeitung der massenmedial verbreiteten Inhalte zu einer eigenen Meinung bliebe jedoch dem Einzelnen überlassen und sei nicht länger von einer diskursiven Öffentlichkeit geprägt. An die Stelle eines kultur*räsonierenden* trete stattdessen das kultur*konsumierende* Publikum. Demgegenüber werde der Diskurs in einer durch Massenmedien geprägten Öffentlichkeit zunehmend von korporativen Akteuren geprägt, die über eine bessere Ausstattung mit Ressourcen zeitlicher, personeller und finanzieller Art verfügten als der einzelne Bürger.

Die Thematisierung von Öffentlichkeit mit Blick auf den Demokratiegedanken ist ein Grund dafür, dass der Öffentlichkeitsbegriff zunächst für die *politische Sphäre* eine gewichtige Rolle spielt. Aus der Tatsache, dass Rundfunk, d. h. Radio und Fernsehen, von politischen Instanzen als Faktor und Medium der Meinungsbildung betrachtet wird, resultiert ein entsprechender medienpolitischer Regelungsbedarf (z. B. zur Sicherung von Meinungsvielfalt). Diese demokratietheoretisch gestützte Verortung von Öffentlichkeit kommt auch in dem Gegensatzpaar ‚öffentlich-privat' und ‚öffentlich-geheim' zum Ausdruck: Offenheit steht einmal der Privatheit von Individuum und Familie, zum anderen der Abhandlung politischer Themen im Arcanum, dem geheimen Kreis eines Herrschers, gegenüber. Wirtschaftsunternehmen sind nur schwerlich in dieses Kategorienschema einzufügen, sie sind weder eindeutig der privaten noch der politischen Sphäre zuzuordnen, obwohl sie in Habermas' Konzeption einen wichtigen Aspekt einer ‚vermachteten' Öffentlichkeit darstellen. Diesbezüglich lassen sich deutliche Verbindungen zum Konzept der Corporate Social Responsibility herstellen, welches auf die soziale Verantwortung von Unternehmen abstellt (vgl. Kapitel „Corporate Governance und Corporate Social Responsibility: Grundlagen und Konsequenzen für die Kommunikation" und Kapitel „CSR-Kommunikation: Zielsetzungen und Erscheinungsformen"). Derartige normative Erwartungen sind aber kaum demokratietheoretisch zu begründen und durchzusetzen, da die in diesen Theorien formulierten Rechte natürlicher Personen nicht auf korporative Akteure übertragbar sind: Organisationen oder Wirtschaftsunternehmen verfügen weder über Wahlrechte noch können sie sich für politische Positionen bewerben. Versuche, normative Grundlagen für das Handeln korporativer Akteure zu entwickeln (Putnam 2000; Wieland 2003), müssen daher an anderen Kriterien ansetzen, beispielsweise an den für eine Gesellschaft unerwünschten Effekten, wobei sich auch hier die Frage nach der erfolgreichen Durchsetzbarkeit gesellschaftlicher Forderungen stellt. Auch demokratietheoretisch abgeleitete „Publizitätsgebote, wie sie im Hinblick auf politische Instanzen und Akteure formuliert werden, existieren für Wirtschaftsorganisationen nicht per se – sieht man einmal ab von gesetzlich vorgeschriebenen Veröffentlichungspflichten (z. B. für Aktiengesellschaften)" (Theis-Berglmair 2005, S. 338).

3 Öffentlichkeit als Beobachtungsinstanz

Eine alternative Sichtweise auf die Phänomene Öffentlichkeit und öffentliche Meinung erschließt sich aus einer systemtheoretischen Perspektive. Ausgangspunkt ist die Auffassung, dass sich in modernen Gesellschaften einzelne Funktionssysteme herausbilden, die sich bestimmten grundlegenden Aufgaben (im Sinne existenzieller Funktionen) widmen und die im Hinblick auf ihre Arbeitsweise relativ unabhängig voneinander operieren. Der Politik kommt demzufolge die Funktion zu, bindende Entscheidungen zu treffen, die Wirtschaft produziert Güter, die Wissenschaft ist für Erkenntnisgewinnung zuständig, Religion für Sinnfindung, usw. Auch Massenmedien werden als ein derartiges Funktionssystem begriffen (Luhmann 1996), dem die zentrale Aufgabe der (Selbst-)Beobachtung von Gesellschaft zukommt. Zwar unterscheiden sich die Bezeichnungen dieses Funktionssystems – Kohring (2000) spricht von ‚Öffentlichkeit', Marcinkowski (1993) von ‚Publizistik', Blöbaum (1994) von ‚Journalismus' und Luhmann (1996) von ‚Massenmedien' – aber unabhängig von der Terminologie verweist diese Modellierung auf eine zentrale Notwendigkeit in modernen Gesellschaften. Das Konzept der funktionalen Differenzierung geht nicht länger von der Existenz eines einzigen Zentrums aus, das über alle erforderlichen Informationen verfügt und dementsprechende Direktiven weiterleiten und für deren erfolgreiche Umsetzung sorgen kann (selbst wenn von politischer Seite solche Potenziale mitunter beansprucht werden – bevorzugt in Wahlkampfzeiten). Folglich bedarf es anderer Mechanismen der (Selbst-)Steuerung dieser komplexen Gebilde. Eine solche Möglichkeit ist die wechselseitige Beobachtung der Systeme. Andererseits ist die permanente Beobachtung aller möglichen Umwelten von den einzelnen Funktionssystemen gar nicht zu leisten. In diese Bresche springt quasi ein eigenständiges Funktionssystem (Massenmedien, Publizistik, Journalismus), das nichts anderes tut, als nach Veröffentlichungsrelevantem Ausschau zu halten. Für die Selektion dessen, was als veröffentlichungswürdig betrachtet wird, hat das System eigene Kriterien entwickelt, die als ‚Nachrichtenfaktoren' bekannt sind (Schulz 1976). Im System der Massenmedien bilden sich auf der Seite der Kommunikatoren Leistungsrollen heraus wie beispielsweise die des Journalisten. Auf der Rezeptionsseite kommt es zur Ausbildung eines abstrakten Publikums, wobei nie von vornherein klar ist, wer und wie viele Personen überhaupt erreicht werden und wie diese mit den Angeboten der Massenmedien umgehen. Auf diese Weise wird eine Öffentlichkeit produziert, die weit über den Radius der politischen Sphäre hinausreicht, wie sie Habermas im Sinne hatte.

Die Beschreibung von Öffentlichkeit mit Hilfe des Konzeptes der funktionalen Differenzierung hat weitreichende Konsequenzen: Zunächst abstrahieren systemtheoretische Modelle gänzlich von normativen Postulaten. Auf diesen Punkt hatte Luhmann bereits 1975 hingewiesen: Die Umstellung auf die funktionale Differenzierungsform mache es Individuen und Gruppen schwer, sich ihr zu entziehen und zu behaupten, *sie* seien die Gesellschaft. Das von Habermas dargestellte Modell einer ‚bürgerlichen Öffentlichkeit' als kleine diskutierende Kreise, deren Teilnehmer sich weitgehend als Gleiche empfinden, weil sie von ökonomischen, klassenmäßigen oder systemstrukturellen Bedingungen weitgehend abstrahieren (können) und die auf diskursivem Weg zu einer auf individueller Rationalität basierenden öffentlichen Meinung gelangen, ließe sich – so die Argumentation – in komplexer werdenden Gesellschaften nicht mehr realisieren. Als Konsequenz daraus definiert Luhmann (1975, S. 9 f.) ‚öffentliche Meinung' nicht mehr als politisch relevantes *Ergebnis*, sondern „als thematische Struktur öffentlicher Kommunikation". Unter ‚Themen' versteht er dabei „mehr oder weniger unbestimmte und entwicklungsfähige Sinnkomplexe, über die man reden und gleiche, aber auch verschiedene Meinungen haben kann" (ebd., S. 13). In der Differenzierung zwischen Thema und Meinung sieht Luhmann eine Möglichkeit, den komplexer werdenden Kommunikationsprozessen in modernen Gesellschaften zu entsprechen, die ihre Integration nicht mehr durch eine gemeinsame Moral erfahren. Übereinstimmung ist folglich nicht mehr über *Meinungen* zu einem Thema zu erzielen, sondern lediglich über die *Akzeptanz von Themen* der öffentlichen Kommunikation: „Nicht an der Form der Meinungen – ihrer Allgemeinheit und kritischen Diskutierbarkeit, ihrer Vernünftigkeit, Konsensfähigkeit, öffentlichen Vertretbarkeit – ist die Funktion der öffentlichen Meinung abzulesen, sondern an der Form der Themen politischer Kommunikation, an ihrer Eignung als Struktur des Kommunikationsprozesses" (ebd., S. 15 f.). Die Komplexität des politischen Systems lässt sich daher an seiner Themenkapazität ablesen ebenso wie die Komplexität der gesellschaftlichen Kommunikation.

Nur durch diesen Kunstgriff lässt sich der Kollektivsingular ‚öffentliche Meinung' aufrechterhalten. Die Alternative dazu stellen aggregierte Individualmeinungen dar, die in demoskopischen Umfragen erhoben und zu Meinungsaggregaten gebündelt werden (siehe dazu die Kritik bei Bourdieu 1993), während sich die Themen(-struktur) öffentlicher Kommunikation über Inhaltsanalysen erfassen lässt. Auch Versuche, Öffentlichkeit als „Verständigungsprozess der Gesellschaft über sich selbst" zu definieren (Klaus 1998, S. 136), über den „gesellschaftliche Wirklichkeitskonstruktionen verhandelt, gefestigt, ent- oder verworfen werden, die Regeln und Normen des gesellschaftlichen Zusammenlebens bestätigt oder modifiziert werden sowie kulturelle Ziele überprüft und kulturelle Identitäten geschaffen" werden (ebd.), können letztlich nicht darüber hinwegtäuschen, dass der Prozess der gesellschaftlichen Selbstverständigung nicht zwingend zu einem gruppen- und milieuübergreifenden Meinungskonsens führt, was der Begriff der Verständigung suggeriert. Insofern zeigt die massenmediale Öffentlichkeit allenfalls an, welche *Themen* in einer Gesellschaft aktuell diskutiert werden. Auf diese Weise kommt eine inhaltliche Fokussierung auf Themen zustande, die, gerade weil sie öffentlich sind, fortan als bekannt unterstellt werden (können). Während im Hinblick auf die Aktualität von (öffentlichen) Themen noch eine gewisse Akzeptanz existiert, können die Meinungen zu diesem Thema sehr unterschiedlich ausfallen. Diesbezüglich unterscheiden sich die verschiedenen Teilöffentlichkeiten.

4 Das Mehrebenenkonzept von Öffentlichkeit

Auch wenn die moderne Gesellschaft stark durch die Existenz von Massenmedien geprägt ist, was ihr zuweilen die Bezeichnung ‚Mediengesellschaft' einbringt, erschöpft sich das Phänomen Öffentlichkeit nicht allein in massenmedialer Berichterstattung. Bereits vor der Existenz von sozialen Medien ließen sich verschiedene Foren bzw. Ebenen von Öffentlichkeit unterscheiden. Darauf verweisen insbesondere Gerhards und Neidhardt (Gerhards und Neidhardt 1990). Als Ebenen der Öffentlichkeit unterscheiden sie (siehe Tab. 1):

Tab. 1 Charakteristika verschiedener Offline-Öffentlichkeiten

	Funktion	Zugangschancen/ Partizipation	Selektion	Rollendifferenzierung
Einfache Öffentlichkeit	Subjektive Bedeutung von Themen/Meinungsbildung	+++	+	+
Mittlere Öffentlichkeit	Initiieren gesellschaftlicher Themen/Gruppenbildung	++	++	++
Massenmediale Öffentlichkeit	Verbreitung und Zuspitzung von Themen	+	+++	+++

- Die Ebene der sogenannten *einfachen Interaktionssysteme,* die sich durch die Begegnung von Kommunikationspartnern konstituieren, die aber keinen besonderen Organisationsgrad aufweisen – sieht man einmal ab von den strukturierenden Effekten, welche den Themen in diesen Gesprächen zukommen. Beispiele dafür sind mehr oder weniger zufällig zustande kommende Gespräche in einem Zugabteil oder im Wartezimmer eines Arztes.
- Die Ebene der *Versammlungsöffentlichkeit* bzw. *mittleren Öffentlichkeit* (Klaus 1998). Hierzu zählen beispielsweise öffentliche Vorträge oder Protestkundgebungen, aber auch regelmäßig stattfindende Stammtischrunden und andere öffentliche Veranstaltungen. Diese Form der Öffentlichkeit weist bereits einen höheren Organisationsgrad auf als die einfachen Interaktionssysteme. Davon zeugt die Existenz von mehr oder weniger fixierten Regeln (bis hin zu mehr oder weniger deutlich erkennbaren Mitgliedschaftsregeln bei Stammtischen), die Ausdifferenzierung von Rollen (Redner, Publikum, Versammlungsleitende, Teilnehmer etc.) sowie thematische Orientierungen.
- Die Ebene der *massenmedial vermittelten, komplexen Öffentlichkeit:* Sie weist den höchsten Organisations- und Komplexitätsgrad auf. Darüber hinaus kommt es zu einer Ausdifferenzierung von Leistungsrollen (Journalisten) und zu Professionalisierungstendenzen.

Während die *Partizipationschancen* aller Beteiligten bei der interaktiven Öffentlichkeit am größten sind (die prinzipielle Reziprozität dieses Kommunikationstypus' erlaubt jedem Teilnehmer, sich zu äußern), nehmen diese Chancen auf den beiden anderen Ebenen sukzessive ab. Die Partizipationsmöglichkeiten des dispersen Publikums der Massenkommunikation erschöpfen sich in punktuellen Kommentaren (z. B. Leserbriefe) oder im Abschalten des Rundfunkgeräts bzw. dem Kündigen eines Zeitungsabonnements. Umgekehrt ist der *Verbreitungsgrad* von Botschaften bei der massenmedialen Kommunikation am höchsten. Allerdings stehen Medien hier vor der Aufgabe, ihr jeweiliges Publikum überhaupt erst finden und definieren zu müssen, weshalb ihr Erfolg immer nur ein begrenzter und ein kurzfristiger ist (Ang 1991). Diese Notwendigkeit entfällt bei einfachen Öffentlichkeiten und der Versammlungsöffentlichkeit, weil die Beteiligten schon feststehen bzw. präsent sind. Auch im Hinblick auf die *Funktionen* unterscheiden sich die verschiedenen Ebenen von Öffentlichkeit: Während die massenmediale Öffentlichkeit für die

Themenverbreitung sorgt und damit Informationen für alle zur Verfügung stellt, werden über Versammlungsöffentlichkeiten als relevant empfundene Themen aufgegriffen mit dem Ziel, diese Themen in die massenmediale Berichterstattung einzubringen, um sie auf der gesellschaftlichen Rangskala nach oben zu bringen. In einfachen Öffentlichkeiten wird hingegen die subjektive Bedeutung und Gewichtung von Themen erörtert und interaktiv festgelegt. Auf diese Weise stehen alle drei Ebenen von Öffentlichkeit in einem wechselseitigen Austausch. Wo dieser Austausch fehlt, kommt es zu Authentizitäts- und Glaubwürdigkeitsproblemen. Denn Authentizität bemisst sich daran, inwiefern massenmediale Berichterstattung als anschlussfähig an persönliche Alltagserfahrungen und das Alltagswissen empfunden wird (Klaus 1998, S. 139). Wenn persönliche Erfahrungen der Rezipienten auf Dauer im Widerspruch zur medialen Berichterstattung stehen, verliert der Journalismus an Glaubwürdigkeit.

Durch journalistische Selektionsprozesse werden Themen auf die Agenda der gesellschaftlichen Kommunikation gebracht. Der Journalismus stellt dabei eine zentrale Selektionsinstanz dar, wobei die Orientierung an gesellschaftlichen Eliten aus Politik und Wirtschaft unübersehbar ist. Prestige, Prominenz, Macht, Geld und Wissen stellen wichtige Zugangsbarrieren zur massenmedialen Öffentlichkeit dar (Altschull 1989). Eine gute Ressourcenausstattung, Einfluss und Prominenz könnten auch Wirtschaftsunternehmen dazu verführen, das Augenmerk ausschließlich auf diese Ebene der Öffentlichkeit zu konzentrieren – mit weitreichenden Konsequenzen:

- Zum einen bleibt massenmediale Öffentlichkeit im Hinblick auf mögliche Anschlusskommunikationen nach wie vor kontingent, weil die Rezipienten massenmediale Inhalte nach Bedarf und mit Blick auf die eigene Situation selektieren und interpretieren.
- Zum anderen ist massenmediale Öffentlichkeit ein hoch selektiver Beobachtungsmodus, der keineswegs alle relevanten Sachverhalte und Bewertungen der Gesellschaft erfasst und der die fokussierten Inhalte nach eigenen Kriterien und Codes auswählt.
- Durch die ausschließliche Beobachtung der Massenmedien laufen Wirtschaftsunternehmen Gefahr, Strömungen in der Gesellschaft zu übersehen, die potenziell relevant für sie werden könnten.

Das können einmal Betroffenheiten im unmittelbaren lokalen oder regionalen Umfeld eines Unternehmens sein, die es in Form einer ‚verständigungsorientierten', interaktiv ausgerichteten Öffentlichkeitsarbeit zu diskutieren und zu lösen gilt (Burkart und Pelinka 1993). In diesem Fall beteiligen sich Unternehmen durchaus an interaktiven, diskursiv ausgerichteten Formen von Öffentlichkeit wie beispielsweise Versammlungen und eigens veranstalteten Diskussionsforen. Zuweilen finden sich die Resultate derartiger einfacher und mittlerer Öffentlichkeiten in lokalen Medien der Massenkommunikation wieder.

5 Die Ambivalenz einer massenmedialen Öffentlichkeit für Wirtschaftsunternehmen

Während Öffentlichkeit auf den ersten Blick mit Massenmedien, Journalisten und dem Publikum assoziiert wird, spielen seit jeher auch andere, vor allem korporative Akteure eine wichtige Rolle in diesem Prozess. Die Bedeutung dieser Akteure ist sowohl für die Politik (Nissen und Menningen 1977) als auch für andere Bereiche unter dem Stichwort der ‚Determinationshypothese' empirisch nachgewiesen (Baerns 1985; Fröhlich 1992) wie auch historisch verbürgt. In seiner Kritik an der verdeckten staatlichen Pressearbeit beschreibt Wuttke (1875, S. 189) die Arbeit der sog. ‚Preßbüros' wie folgt: „Schäle man ab, was erkauft ist, was dem Telegrammenbüro angehört, was das Korrespondenzbüro ausgab oder die lithografirten Briefe lieferten, was endlich die am Draht gezogenen Hampelmänner hineingeschrieben haben, und thue man auch das hinweg, was auf alle diese Mittheilungen sich zurückführen läßt, obwol es erst einem anderen Blatte entlehnt wurde, was für Geld in die Öffentlichkeit gebracht wurde und was Nachdruck ist, so wird in der Regel von dem die Staatssachen Umfange und dem für gewerbliche Verhältnisse bestimmten Raume der Zeitung ein magerer Theil der eigenen Zuthat übrig bleiben". Während diese Kritik den Printbereich betrifft, der ebenfalls Gegenstand der empirischen Untersuchungen zur Determinationshypothese Baerns 1985 war, haben die in den 1980er Jahren einsetzende Liberalisierung der Rundfunkmärkte zusammen mit technischen Konvergenzen im Mediensektor zu einer zunehmenden Zahl von Akteuren geführt, die direkt oder indirekt mit der massenmedialen Produktion von Öffentlichkeit zu tun haben. Die Ausweitung der Sendezeiten und Themen hat darüber hinaus den Wettbewerb um die immer knapper werdende Aufmerksamkeit der Rezipienten verschärft. Parallel dazu wurde der gesamte Bereich der Public Relations personell stark ausgeweitet und ist dabei, sich weiter zu professionalisieren (Röttger 2000). Das kann als Zeichen dafür gesehen werden, dass Unternehmen und andere Organisationen im Zeitablauf nicht nur gelernt haben, mit Massenmedien und deren Publikationslogik umzugehen, sondern diese aktiv und gezielt für eigene Zwecke, sprich Publikationen, zu nutzen.

Ausschlaggebend für diese Bemühungen waren zumeist punktuelle negative Erfahrungen mit massenmedialer Berichterstattung, die den Unternehmen vor Augen führ(t)en, dass sie beobachtet werden. Massenmediale Öffentlichkeit erweist sich nämlich in mehrfacher Hinsicht als kontingent, d. h., als so, aber auch anders möglich und damit als schwer einschätzbar für Unternehmen:

- Auf Grund des hohen Aktualitäts- und Selektionsdrucks ist im Vorhinein nicht klar, welches Thema überhaupt auf die massenmediale Agenda kommt.
- Es ist unbekannt, welche und wie viele Akteure sich in die Diskussion einschalten.
- Es ist nicht absehbar, wie lange das Thema überhaupt auf der massenmedialen Agenda bleiben wird.
- Es ist in vielen Fällen nicht absehbar, welche Veränderungen und Wendungen ein Thema im Laufe seiner Themenkarriere erfährt.

Mit Blick auf diese Ungewissheiten haben Wirtschaftsunternehmen, aber auch andere Organisationen seit langem damit begonnen, *Strategien des Kontingenzmanagements* (Theis 1992) zu entwickeln. In *sachlicher* Hinsicht wird versucht, wünschenswerte Themen in den Medien unterzubringen, zumeist verbunden mit einem entsprechenden *zeitlichen* Timing der Veröffentlichung. Gestützt wird das Ganze durch die Etablierung verlässlicher *sozialer* Beziehungen zu relevanten Journalisten. Bei diesen PR-Maßnahmen geht es um die Platzierung von Themen in den Medien, die für die Rezipienten nicht als Selbstdarstellung erkennbar sind, im Gegensatz zu dem bezahlten Raum, welchen die Medien den Wirtschaftsunternehmen und anderen korporativen Akteuren zu Selbstbeschreibungszwecken (Werbung) zur Verfügung stellen und der auch als solcher markiert sein muss (Trennung von redaktionellem und Anzeigenteil). Mit der vom Publikum in der Regel unerkannten Transformation von Selbstbeschreibung in Fremdbeschreibung dagegen erhoffen sich Public-Relation-Treibende vor allem eine höhere Glaubwürdigkeit der publizierten Inhalte.

Einschlägige empirische Studien belegen einen unterschiedlichen Erfolg dieser PR-Strategien (Grossenbacher 1986; Fröhlich 1992; Saffarnia 1993; Weischenberg 1997), wiewohl dieses Thema die Journalismus- und PR-Forschung bis heute nachhaltig beschäftigt (Altmeppen et al. 2004). Auch wenn verstärkte Bemühungen zu erkennen sind, Erfolgsfaktoren für Public Relations zu definieren (Baerns 1995) und auf diese Weise die Leistungen der hier tätigen Personen(-gruppen) messbar zu machen, kann dieses Bestreben nicht darüber hinwegtäuschen, dass massenmediale Berichterstattung und die dadurch ausgelöste Anschlusskommunikation nicht völlig prognostizierbar sind. Trotz der Versuche einer Steuerung der Medien durch korporative Akteure bleibt massenmediale Kommunikation auf lange Sicht gesehen ergebnisoffen, wie historische Beobachtungen (Stöber 1998) und neuere Beispiele (Rüttimann 1991) gleichermaßen zeigen.

6 Veränderungen der Öffentlichkeit durch Social Web

Bedingt durch technologische Weiterentwicklungen, die vor allem durch die Digitalisierung vorangetrieben wurden, haben sich in den letzten Jahren die Konstitutionsbedingungen der verschiedenen Ebenen von Öffentlichkeit verändert: Neue Akteure sind hinzugetreten, die Themenfülle sowie die Vernetzbarkeit von Akteuren und Themen sind gestiegen. In zeitlicher Hinsicht kommt es zu einer Dynamisierung der Meinungsbildung. Gerade die digitale Technik und die darauf basierenden Anwendungen des sozialen Netzes fördern sowohl die *Persistenz* und *Beobachtbarkeit* der einzelnen Öffentlichkeitsebenen als auch die *Durchlässigkeit* zwischen ihnen. Das gilt zumindest für die online produzierten Öffentlichkeit(en).

Der vernetzte Computer bietet bisher nicht gekannte Kommunikationsmöglichkeiten und verbessert dadurch besonders die *Konstitutionsbedingungen* der Versammlungsöffentlichkeit und der interaktiven, einfachen Öffentlichkeit. Themenbezogene Austauschmöglichkeiten, beispielsweise in Form von Weblogs, Newsgroups, Netzgemeinschaften und Online-Communities offerieren neue Chancen zur Bündelung von Diskussionsprozessen. Diverse Plattformen und Tools können von Usern zum Informations- und Meinungsaustausch oder zur gemeinsamen Erstellung von Inhalten genutzt werden. Die sich auf diese Weise konstituierenden virtuellen interaktiven Öffentlichkeiten erweisen sich als weniger flüchtig als ihre analogen Pendants. Sachverhalte und Diskurse können noch nach Tagen, Wochen oder selbst noch nach Jahren nachvollzogen werden. Im offline Bereich sind hingegen die interaktive und die Versammlungsöffentlichkeit zeitlich begrenzt und nur durch eine beschränkte Zahl von (tatsächlich präsenten) Teilnehmern beobachtbar. Das ändert sich unter Online-Bedingungen im Web 2.0. Hier ist Beobachtbarkeit nicht an physische Anwesenheit gebunden; die Selektions- und Zugangsschranken sind vergleichsweise niedrig und anders beschaffen als in der analogen Welt. Oft entscheiden persönliche Relevanzen über die Auswahl der Inhalte, was Schmidt (2009) dazu veranlasst, von „persönlichen Öffentlichkeiten" zu sprechen.

Interaktive Anwendungen verbessern nicht nur die Chancen der Beobachtung, sondern darüber hinaus auch die Möglichkeiten der Beobachtung von Beobachtungen, d. h. der Beobachtung zweiter Ordnung. Dieser Sachverhalt ist für publizistische Organisationen und Wirtschaftsorganisationen gleichermaßen relevant. In einschlägigen Weblogs wird beispielsweise die massenmediale Berichterstattung unter die Lupe genommen und vor aller (Internet-)Augen kritisiert (z. B. bildblog.de). Auch die Beschwerden unzufriedener Kunden mit den Produkten oder Dienstleistungen eines Unternehmens können nicht länger isoliert ‚behandelt' werden, wenn sich Gleichgesinnte online darüber öffentlich, und damit prinzipiell für alle beobachtbar austauschen. Den sich im Internet bildenden, selbststeuernden Communities kommt daher ein hohes Meinungsbildungspotenzial zu und sie entwickeln dabei eine hohe Eigendynamik (Hearit 1999). Aufgrund der starken Vernetzung können sich Diskurse und Themen sehr schnell weiterverbreiten.

Die mitunter hohen Nutzerzahlen der diversen Social Media Anwendungen täuschen jedoch darüber hinweg, dass die aktive Mitwirkung eher gering ist (Busemann und Gscheidle 2011). Im Hinblick auf die eher aktiv schreibenden und die eher passiv beobachtenden Nutzer scheinen sich zwischenzeitlich verschiedene Rollen herausgebildet zu haben (siehe Abb. 1). Auch wenn die Zahl der aktiv partizipierenden Nutzer tendenziell eher gering ist, bleibt deren Aktivität nicht ohne Folgen. Das hängt mit der technisch induzierten größeren *Durchlässigkeit* zwischen den verschiedenen Ebenen von Öffentlichkeit und den veränderten Beobachtungspositionen im digitalen Zeitalter zusammen. Als Hybridmedium (Schmidt 2009) ermöglicht das Internet zwar die parallele (online) Existenz aller Formen von Öffentlichkeit, die aber nach wie vor *nebeneinander* existieren. Die Betonung liegt auf ‚nebeneinander'. Mitunter ist zu lesen, dass im Internet verschiedene Kommunikationsformen bzw. Öffentlichkeiten ‚verschmelzen' würden. Dieser Argumentation wird hier nicht gefolgt, weil trotz des Verbreitungskanals Internet die unterschiedlichen Konstitutionsbedingungen von Öffentlichkeit nach wie vor erhalten bleiben. Zwar ermöglichen diverse Anwendungen im sozialen Netz es dem User, das gewünschte Maß an Öffentlichkeit, d. h. an Zugänglichkeit zu den eingestellten Inhalten selbst festzulegen. Durch Unachtsamkeit (z. B. durch das Setzen von Häkchen an der falschen Stelle) in sozialen Netzen können Mitteilungen aber ungewollt einen anderen Verbreitungsgrad und eine andere Öffentlich-

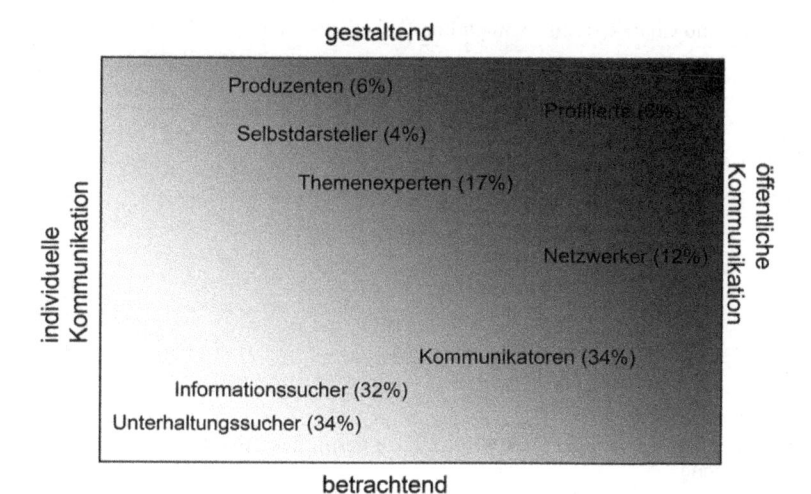

Abb. 1 Rollenmuster der Web 2.0 Nutzer
(Quelle: Eigene Abbildung nach Gerhards et al. (2008); Koch und Richter (2009); durch Verteilung über alle Anwendungen ergeben sich Mehrfachzuordnungen)

keitsebene erzielen als vom User beabsichtigt. Erleichtert wird die größere Durchlässigkeit zwischen den verschiedenen Öffentlichkeitsebenen im Internet durch die Technik, die es erlaubt, digitalisierte Inhalte ohne großen Aufwand in unterschiedliche Anwendungen zu transferieren. Zu einer erhöhten Durchlässigkeit gerade zwischen der nicht-massenmedialen und der massenmedialen Öffentlichkeit trägt vor allem die Tatsache bei, dass auch Journalisten das Internet verstärkt als Beobachtungs- und Recherchetool nutzen (Neuberger et al. 2007). Die erhöhte Durchlässigkeit der verschiedenen Öffentlichkeitsebenen führt zu einer größeren Dynamisierung der Meinungsbildung (Erregungswellen).

Selbst wenn den interaktiven Online-Foren eine gewisse Themenverbreitungsfunktion konzediert werden kann, erreicht diese Netzöffentlichkeit in der Regel nicht den hohen Verbreitungs- und Fokussierungsgrad der Massenmedien. Denn massenmediale Berichterstattung lenkt oft erst die Aufmerksamkeit auf spezifische Netzinhalte. Umgekehrt finden massenmedial aufbereitete Themen häufig Eingang in Foren und sonstige interaktive Anwendungen. Einfache und mittlere Online-Öffentlichkeiten mögen daher durchaus zu einer gewissen Verbreitung von Themen beitragen, die *Fokussierung* von Themen wird aber auch im Zeitalter von Social Media primär durch Massenmedien erzielt, zumal Verlage und Medienhäuser das Internet als einen zusätzlichen und bisweilen sogar ausschließlichen Distributionskanal einsetzen. Unter diesen Bedingungen müssen und können Unternehmen alle Ebenen von Öffentlichkeit im Blick behalten (siehe Tab. 2).

Tab. 2 Formen und Charakteristika von Online-Öffentlichkeiten

	Funktion	Beobachtbarkeit	Zugang	Selektion	Rollendifferenzierung
Persönliche Öffentlichkeit	Identitäts-, Beziehungs-, Informationsmanagement	+[b]	+	+++	+[c]
Mikroöffentlichkeit	Meinungsbildung und -austausch, Diskurs, Expertenaustausch; bei hoher Durchlässigkeit auch Verbreitungsfunktion	+++	+++	++	+[c]
Massenmediale Öffentlichkeit	Selektion, Verbreitung, Fokussierung, Aktualisierung von Themen	+++	+	+++	+++

+++ stark ausgeprägt, ++ weniger stark ausgeprägt, + gering ausgeprägt
[a] nach Schmidt 2009
[b] Die Beobachtbarkeit ist auch bei persönlichen Öffentlichkeiten in unterschiedlich hohem Maße gegeben; der Kreis der Beobachter kann individuell festgelegt werden
[c] Rollenmuster gemäß Abb. 1

7 Konsequenzen für die Kommunikationsarbeit von Unternehmen

Die Existenz unterschiedlicher Ebenen von Öffentlichkeit, die bessere Beobachtungsmöglichkeit der sich bildenden Mikroöffentlichkeiten im Internet sowie die gestiegene (potenzielle) Durchlässigkeit der verschiedenen Ebenen durch diverse Anwendungen im sozialen Netz erweisen sich für Unternehmen (wie auch für andere Organisationen) als durchaus ambivalent: Einerseits bieten sich für Unternehmen zusätzliche Möglichkeiten der Selbstdarstellung und zwar unabhängig von Massenmedien und ihrer stark ausgeprägten Selektivität und Eigenlogik. Organisationen scheinen unter diesen Bedingungen nicht mehr zwingend auf Massenmedien als ausschließlichem Verbreitungsmedium angewiesen zu sein. Sollen organisationale Selbstbeschreibungen jedoch für den Rezipienten/ User nicht als solche erkennbar sein, ist aber auch künftig der Weg über Massenmedien vonnöten, um auf diese Weise Selbstbeschreibungen in Fremdbeschreibungen zu transformieren. Gerade im Hinblick auf die erwünschte Zuschreibung von Glaubwürdigkeit seitens der Rezipienten erweist sich die Presse- bzw. Medienarbeit auch in Zeiten von User Generated Content als wichtiger Bereich eines organisationalen Kommunikationsmanagements (Bernet und Keel 2012). Andererseits sind die besseren Publikationsmöglichkeiten nicht auf Unternehmen beschränkt. Die prinzipielle Offenheit des sozialen Netzes ermöglicht es auch anderen Personen, beliebige Diskurse zu initiieren, Unternehmen und deren Produkte oder Produktionsweisen zum Thema zu machen und kritisch zu betrachten. Anspruchsgruppen können leichter als ehedem das symbolisch generalisierte (Erfolgs-) Medium Publizität einsetzen, um ihren Interessen und Meinungen Ausdruck zu verleihen. Auch hier lässt sich nicht absehen, welchen Verbreitungsgrad das Thema im (sozialen)

Netz erzielt, welche Aspekte im Zeitablauf angesprochen werden und ob das Thema auf die Agenda der Massenmedien gehoben wird und damit eine verstärkte Fokussierung erfährt.

Dieses ‚Mitreden von Vielen' wird von Unternehmen mitunter als Verlust der Kontrolle über Kommunikationswege und Interpretationshoheit erfahren (Zerfaß und Sandhu 2008; Hass et al. 2008; Meckel 2008). Der vermeintliche Kontrollverlust beruht auf der Annahme, Unternehmen und andere Organisationen hätten im offline-Zeitalter die Massenmedien vermittels ihrer Public Relations tatsächlich kontrolliert. Die Kenntnis der relevanten Akteure (Journalisten) und die oft hohe Abdruckquote von Pressemitteilungen in Massenmedien mögen diesen Eindruck nähren. De facto konnte die Kommunikation über Unternehmen aber offline an anderen Stellen und mit anderen Argumenten weitergeführt werden, ohne dass dies für Organisationen beobachtbar oder gar kontrollierbar gewesen wäre. Insofern als nur kleine, überschaubare und für die große Masse nicht beobachtbare Präsenzöffentlichkeiten betroffen waren, blieben kritische Äußerungen der Diskutanten zunächst räumlich begrenzt und für Unternehmen vermeintlich folgenlos. Zumindest dauerte es eine Zeit, bis sich Unzufriedenheit mit Unternehmensentscheidungen oder -produkten in den Absatzzahlen bemerkbar machten (verzögertes Feedback).

Die uneingeschränkten Publikationsmöglichkeiten im sozialen Netz machen nun auch die persönlichen und mittleren Öffentlichkeiten für einen deutlich größeren Personenkreis beobachtbar, was zu der oben beschriebenen größeren Dynamik führt. Die Herausforderungen, die Unternehmen aus diesem Faktum ableiten, besteht in der Notwendigkeit, das soziale Netz ganztägig über die gesamte Woche hinweg zu beobachten (24/7), um mögliche „actionable items" (Dimitrova et al. 2011), also Sachverhalte, die für Unternehmen relevant sind, herauszufiltern. In der Public Relations werden zwischenzeitlich Strategien im Umgang mit den verschiedenen Teilöffentlichkeiten und den „neuen Meinungsmachern" (Pleil 2012) entworfen und erprobt. Neben das tradierte ‚Issues Management' (Röttger 2001; Ingenhoff 2004) sind spezielle Verfahren des Social Media Monitorings getreten (Pleil 2012; Schindler 2011; Koch und Richter 2009). Für Organisationen bedeutet dies, Festlegungen zu treffen über das diskursive Einbringen von Themen, Ideen, Kritik und Problemen, aber auch darüber, was nicht zu beachten ist, was zeitlich verschoben oder ignoriert werden kann. In diesem Punkt müssen Unternehmen wie auch andere Organisationen erst noch Erfahrung sammeln und ihre Kommunikationsaufgaben darauf einstellen. Denn neben technischen Tools des Social Media Monitorings (SMM) muss es genügend Personal, aber auch Verantwortliche geben, „die beobachtete Inhalte einschätzen, bewerten, weitergeben, diskutieren und entscheiden, was wichtig, weniger wichtig oder gar nicht wichtig ist" (Gipser 2012, S. 82). Aus den gesteigerten Beobachtungs*möglichkeiten* resultieren daher neue Beobachtungs*erfordernisse*, aber auch die Notwendigkeit, Beobachtungs*fähigkeiten* zu entwickeln und *Entscheidungsnotwendigkeiten* strukturell zu verankern.

Verfahren des Social Media-Monitorings werden derzeit (noch) primär eingesetzt, um Reputationsschäden für das Unternehmen durch das unkontrollierte Netz zu vermeiden (Zerfaß und Pleil 2012). Jenseits dieses vermeintlichen oder faktischen ‚Bedrohungspotenzials' kann sich eine Zunahme von öffentlichkeitsproduzierenden Akteuren jedoch als durchaus funktional erweisen. Aus einer organisationstheoretischen Perspektive betrachtet verstärkt die Vielfalt von Öffentlichkeiten das ‚Rauschen' und sorgt dafür, dass das Aufmerksamkeitsniveau von Organisationen nicht zu stark sinkt. Dadurch erhöht sich die Chance, dass auch *schwache Signale* registriert werden können: „Das Rauschen hat die Aufmerksamkeit bereits so weit erregt, dass die Wahrnehmung der Signale nur einer geringen Zusatzerregung bedarf. Und diese geringe Zusatzerregung wird auch von schwachen Signalen zustandegebracht" (Baecker 1999, S. 49). Eine bedeutende Rolle dürfte in diesem Zusammenhang u. a. rechnergestützten Methoden wie bspw. dem „Data Mining for Emotions" zukommen, bei der versucht wird, auch versteckte Informationen aus der unüberschaubaren Datenmenge des Web 2.0 zu extrahieren (Thelwall et al. 2009), etwa um Kundenzufriedenheit zu erfassen oder kritische Themen ausfindig zu machen. Derartige Instrumente (Tools) vermögen nicht nur die Beobachtungs*fähigkeit* der Kommunikationsabteilungen von Unternehmen zu verbessern; sie ermöglichen auch ein schnelleres Feedback als es die bisher meist herangezogenen Absatzzahlen oder punktuell durchgeführte Umfragen vermögen. Die Verbesserung der Beobachtungsfähigkeit ist vor allem im Hinblick auf die Ausbildung von Erwartungserwartungen vonnöten.

Im Gegensatz zu dem häufig befürchteten Kontroll- und Reputationsverlust wird die Funktion von Social Media (aber auch die von klassischen Massenmedien) als Beobachtungsmedium zur *Ausbildung von Erwartungen* über die Umwelt bis dato kaum thematisiert. Geht man in Anlehnung an Weick (1985) davon aus, dass die Umwelt einer Organisation nicht als gegeben vorausgesetzt werden kann, sondern vielmehr als *Produkt* des Prozesses des Organisierens zu verstehen ist, kann die Beobachtung von Diskussionen im Social Web dazu verhelfen, Erwartungen über die Umwelt und über Erwartungen verschiedener Personen und Gruppierungen an die eigene Organisation auszubilden, sogenannte Erwartungserwartungen. Denn Organisationen unterscheiden sich in ihren Vorstellungen über ihre Umwelt, sozusagen ihren Eigenkonstrukten. Je nach Komplexitätsgrad des Unternehmens (zu dem auch die globale Ausrichtung einer Organisation beiträgt), variieren die Umwelten und der jeweils für erforderlich gehaltene Präzisionsgrad ihrer Beschreibung. Neben der stark eigenlogisch und selektiv verfahrenden massenmedialen Öffentlichkeit steht Unternehmen mit der über Social Media generierten Netzöffentlichkeit nun ein weiteres Beobachtungsmedium zur Verfügung, das beispielsweise dazu genutzt werden kann, um ein stimmiges Bild von Veränderungsprozessen zu entwerfen und/oder präzisere Erwartungen über die Umwelt ausbilden zu können. Diese Ausbildung von ‚sinnvollen' Umwelten ist nicht zuletzt ein wichtiger Punkt für die Identität einer Organisation und für die Entwicklung Erfolg versprechender Strategien. Viele Unternehmen der sog. ‚new economy' sind Anfang der 2000er Jahre genau an diesem Punkt gescheitert: Indem sie sich bei der angebotenen Hard- und Software auf das technisch Mögliche konzentrierten, hatten sie nur eine sehr ‚enge' Umwelt im Blick. Von der rasanten Nachfrage nach ‚Klingeltönen' etwa wurden die Anbieter von Mobilkommunikation anfangs regelrecht überrascht. Um solche ‚Konstruktionsfehler' zu vermeiden, können neben der eher passiven Beobachtung auch aktivitätsorientierte Strategien gewählt werden wie etwa das selbstinitiierte Einholen von Kundenmeinungen und Ideen (Crowdsourcing). Das setzt aber die Bereitschaft

Tab. 3 Online-Öffentlichkeiten und organisationale Erfordernisse

Online-Öffentlichkeit	Aktive Beteiligung	Beobachten/Beschreiben	Organisationale Entscheidung
Persönliche Öffentlichkeit	–	?	?
Mikro-Öffentlichkeit	Partizipation von Organisationsexperten Crowd Sourcing	Social Media Monitoring, Datamining, Erkennen schwacher Signale (relevant/nicht-relevant)	Entscheidungen über sich anbahnende Umwelterwartungen und Veränderungen, Strategieentwicklung, Verortung der Entscheidungskompetenz
Massenmediale Öffentlichkeit	PR-Material für Journalisten	Registrieren/Dokumentieren von massenmedialer Berichterstattung, Erkennen starker Signale	Umgang mit unübersehbaren Erwartungen der Umwelt

von Organisationen voraus, ihr Weltbild permanent zu überprüfen und gegebenenfalls auch zur Disposition zu stellen. Erst unter dieser Voraussetzung kann es gelingen, dass (neue) Umweltbeobachtungen und -beschreibungen Eingang in organisationale Entscheidungen finden. Die Anbindung der Kommunikationsabteilungen von Unternehmen an strategische Entscheidungszentren ist eine (strukturelle) Antwort auf dieses Erfordernis. Des Weiteren muss die interne Diskussions- und Entscheidungskultur überdacht werden, damit Notwendiges von Nicht-Notwendigem und Relevantes und von Nicht-Relevantem im Hinblick auf Strategie, Situation und fachliche Gegebenheiten unterschieden werden kann (siehe Tab. 3).

Herausgefordert werden organisationale Kommunikationsabteilungen nicht zuletzt auch dadurch, dass die Kommunikation in persönlichen und in Mikroöffentlichkeiten nach Stilmustern erfolgt, die Authentizität signalisieren, was im Gegensatz zu dem aus der Public Relations bekannten Sprachduktus (offizielle Sprachregelungen) steht. In vielen Fällen erweist es sich als nötig, nicht den Kommunikationsverantwortlichen, sondern den Fachspezialisten für die (Experten-)Diskussion abzustellen. Darüber hinaus kennt das soziale Netz keinen Redaktionsschluss; die Beobachtungen müssen quasi permanent erfolgen, um beispielsweise zu verhindern, dass eine Diskussion Ausmaße annimmt, die ein Überschwappen in die massenmediale Öffentlichkeit wahrscheinlich macht. Umso wichtiger ist es, schwache Signale als solche zu erkennen, die dafür erforderlichen Selektionen der relevanten Mikroöffentlichkeiten vorzunehmen und die Resultate in organisationale Entscheidungsprozesse einbringen zu können. Ob es dazu der Berücksichtigung *persönlicher* Öffentlichkeiten bedarf, ist derzeit noch umstritten (siehe die Fragezeichen in Tab. 3). Auch wenn technische Tools diesen Bereich mehr oder weniger automatisch erfassen (können), stellt sich die Frage, ob Organisationen diese Form von Öffentlichkeit nicht besser als solche respektieren oder sich zumindest nicht aktiv daran beteiligen sollten.

Literatur

Altmeppen, K.-D., Röttger, U., & Bentele, G. (Hrsg.). (2004). *Schwierige Verhältnisse: Interdependenzen zwischen Journalismus und PR*. Wiesbaden: VS Verlag für Sozialwissenschaften.

Altschull, J. H. (1989). *Agenten der Macht: Die Welt der Nachrichtenmedien: Eine kritische Studie*. Konstanz: UVK.

Ang, I. (1991). *Desperately seeking the audience*. London: Routledge.

Baecker, D. (1999). *Organisation als System*. Frankfurt am Main: Suhrkamp.

Baerns, B. (1985). *Öffentlichkeit oder Journalismus. Zum Einfluss im Mediensystem*. Köln: Verlag Wissenschaft und Politik.

Baerns, B. (Hrsg.). (1995). *PR-Erfolgskontrolle: Messen und Bewerten in der Öffentlichkeitsarbeit; Verfahren, Strategien, Beispiele*. Frankfurt am Main: IMK.

Bernet, M., & Keel, G. (2012). Medienarbeit in der Online-Unternehmenskommunikation. In A. Zerfaß & T. Pleil (Hrsg.), *Handbuch Online-PR* (S. 123–145). Konstanz: UVK.

Blöbaum, B. (1994). *Journalismus als soziales System: Geschichte, Ausdifferenzierung und Verselbständigung*. Opladen: Westdeutscher Verlag.

Bourdieu, P. (1993). Die öffentliche Meinung gibt es nicht. In P. Bourdieu (Hrsg.), *Soziologische Fragen* (S. 212–223). Frankfurt am Main: Suhrkamp.

Burkart, R., & Pelinka, A. (1993). *Public Relations als Konfliktmanagement: Ein Konzept für verständigungsorientierte Öffentlichkeitsarbeit, untersucht am Beispiel der Planung von Sonderabfalldeponien in Niederösterreich*. Wien: Braumüller.

Busemann, K., & Gscheidle, C. (2011). Web 2.0: Aktive Mitwirkung verbleibt auf niedrigem Niveau: Ergebnisse der ARD/ZDF-Onlinestudie 2011. *Media Perspektiven, (7/8)*, 360–369.

Dimitrova, T., Kolm, R., & Steimel, B. (2011). Praxisleitfaden. Social Media im Kundenservice: Smart Service im Social Web. http://de.slideshare.net/Bernhardsteimel/smk-praxisleitfaden-management-sum. Zugegriffen: 30. Dez. 2013.

Fröhlich, R. (1992). Qualitativer Einfluss von Pressearbeit auf die Berichterstattung. Die „geheime Verführung" der Presse? *Publizistik, 37*(1), 37–49.

Gerhards, J. (1998). Öffentlichkeit. In O. Jarren, U. Sarcinelli, & U. Saxer (Hrsg.), *Politische Kommunikation in der demokratischen Gesellschaft* (S. 268–274). Opladen: Westdeutscher Verlag.

Gerhards, J., & Neidhardt, F. (1990). *Strukturen und Funktionen moderner Öffentlichkeit. Fragestellungen und Ansätze (Veröffentlichungsreihe der Abteilung Öffentlichkeit und soziale Bewegung des Forschungsschwerpunkts Sozialer Wandel, Institutionen und Vermittlungsprozesse des Wissenschaftszentrums Berlin für Sozialforschung.)*. Berlin: WZB.

Gerhards, M., Klingler, W., & Trump, T. (2008). Das Social Web aus Rezipientensicht: Motivation, Nutzung und Nutzertypen. In A. Zerfaß, M. Welker, & J. Schmidt (Hrsg.), *Kommunikation, Partizipation und Wirkungen im Social Web. Bd. 1: Grundlagen und Methoden: Von der Gesellschaft zum Individuum* (S. 129–148). Köln: Halem.

Gipser, A. (2012). *Die Bedeutung von Web 2.0 für die Unternehmenskommunikation. Eine systemtheoretische Betrachtung*. Unveröffentlichte Masterarbeit. Bamberg: Universität Bamberg.

Grossenbacher, R. (1986). Hat die „vierte" Gewalt ausgedient?: Zur Beziehung zwischen Public Relations und Medien. *Publizistik, 31*(11), 725–731.

Habermas, J. (1962). *Strukturwandel der Öffentlichkeit*. Darmstadt: Luchterhand.

Hass, B. H., Kilian, T., & Walsh, G. (Hrsg.). (2008). *Web 2.0: Neue Perspektiven für Marketing und Medien*. Berlin: Springer.

Hearit, K. M. (1999). Newsgroups, activist publics, and corporate apologia: The cases of Intel and its Pentium chip. *Public Relations Review, 25*, 291–308.

Ingenhoff, D. (2004). *Corporate Issues Management in multinationalen Unternehmen*. Wiesbaden: VS Verlag für Sozialwissenschaften.

Klaus, E. (1998). Öffentlichkeit als gesellschaftlicher Selbstverständigungsprozess. In K. Imhof (Hrsg.), *Kommunikation und Revolution* (S. 131-149). Zürich: Akademie Zürich.

Koch, M., & Richter, A. (2009). *Enterprise 2.0: Planung, Einführung und erfolgreicher Einsatz von Social Software in Unternehmen* (2. Aufl.). München: Oldenbourg.

Kohring, M. (2000). Komplexität ernst nehmen – Grundlagen einer systemtheoretischen Journalismustheorie. In M. Löffelholz (Hrsg.), *Theorien des Journalismus* (S. 153-168). Wiesbaden: Westdeutscher Verlag.

Luhmann, N. (1975). Öffentliche Meinung. In N. Luhmann (Hrsg.), *Politische Planung* (S. 9-34). Opladen: Westdeutscher Verlag.

Luhmann, N. (1996). *Die Realität der Massenmedien* (2. Aufl.). Opladen: Westdeutscher Verlag.

Marcinkowski, F. (1993). *Publizistik als autopoietisches System. Politik und Massenmedien. Eine systemtheoretische Analyse*. Opladen: Westdeutscher Verlag.

Meckel, M. (2008). Reputationsevangelisten und Reputationsterroristen: Unternehmenskommunikation 2.0. In M. Meckel & K. Stanoevska-Slabeva (Hrsg.), *Web 2.0 – Die nächste Generation Internet* (S. 109-130). Baden-Baden: Nomos.

Neuberger, C., Nuernbergk, C., & Rischke, M. (2007). Weblogs und Journalismus: Konkurrenz, Ergänzung oder Integration? *Media Perspektiven*, (2), 96-112.

Nissen, P., & Menningen, W. (1977). Der Einfluß der Gatekeeper auf die Themenstruktur der Öffentlichkeit. *Publizistik*, 22(2), 159-180.

Peters, B. (1994). Der Sinn von Öffentlichkeit. In F. Neidhardt (Hrsg.), *Öffentlichkeit, öffentliche Meinung und soziale Bewegungen* (S. 42-67). Opladen: Westdeutscher Verlag.

Pleil, T. (2012). Online-Monitoring: Ziele und Methoden. In A. Zerfaß & T. Pleil (Hrsg.), *Handbuch Online-PR. Strategische Kommunikation in Internet und Social Web* (S. 85-98). Konstanz: UVK.

Putnam, R. D. (2000). *Bowling alone: The collapse and revival of American community*. New York: Simon & Schuster.

Röttger, U. (2000). *Public Relations – Organisation und Profession: Öffentlichkeitsarbeit als Organisationsfunktion; eine Berufsfeldstudie*. Wiesbaden: Westdeutscher Verlag.

Röttger, U. (2001). *Issues management*. Wiesbaden: Westdeutscher Verlag.

Rüttimann, J.-P. (1991). *Die Berichterstattung über den Golfkrieg und ihr Echo in den Medien*. Fribourg (CH): Universität Fribourg.

Saffarnia, P. (1993). Determiniert Öffentlichkeitsarbeit tatsächlich den Journalismus?: Empirische Belege und theoretischen Überlegungen gegen die PR-Determinationsannahme. *Publizistik*, 38(3), 412-425.

Schindler, M.-C., & Liller, T. (2011). *PR im Social Web: Das Handbuch für Kommunikationsprofis*. Köln: O'Reilly.

Schmidt, J. (2009). *Das neue Netz: Merkmale, Praktiken und Folgen des Web 2.0*. Konstanz: UVK.

Schulz, W. (1976). *Die Konstruktion von Realität in den Nachrichtenmedien: Eine Analyse der aktuellen Berichterstattung*. Freiburg: Alber.

Stöber, R. (1998). *Die erfolgverführte Nation: Deutschlands öffentliche Stimmungen 1866 bis 1945*. Stuttgart: Steiner.

Theis, A. M. (1992). Inter-Organisationsbeziehungen im Mediensystem: Public Relations aus organisationssoziologischer Perspektive. *Publizistik*, 37(1), 25-36.

Theis-Berglmair, A. M. (2005). Public Relations aus organisationssoziologischer Perspektive. In G. Bentele, R. Fröhlich, & P. Szyska (Hrsg.), *Handbuch der Public Relations. Wissenschaftliche Grundlagen und berufliches Handeln* (S. 37-49). Wiesbaden: VS Verlag für Sozialwissenschaften.

Thelwall, M., Wilkinson, D., & Uppal, S. (2009). Data mining emotion in social network communication: Gender differences in MySpace. https://cafe.winkwaves.com/documents/934/dataminingemotionsns_preprint.pdf. Zugegriffen: 09. Apr. 2013.

Weick, K. E. (1985). *Der Prozeß des Organisierens*. Frankfurt am Main: Suhrkamp.

Weischenberg, S. (1997). Selbstbezug und Grenzverkehr: Zum Beziehungsgefüge zwischen Journalismus und Public Relations. *Public Relations Forum, 2*(1), 6–9.

Wieland, J. (2003). Corporate citizenship. In: M. Behrent & J. Wieland (Hrsg.), *Corporate Citizenship und strategische Unternehmenskommunikation in der Praxis* (S. 13–21). München: Hampp.

Wuttke, H. (1875). *Die deutschen Zeitschriften und die Entstehung der öffentlichen Meinung*. Leipzig: Krüger.

Zerfaß, A., & Pleil, T. (Hrsg.). (2012). *Handbuch Online-PR: Strategische Kommunikation in Internet und Social Web*. Konstanz: UVK.

Zerfaß, A., & Sandhu, S. (2008). Interaktive Kommunikation. Social Web und Open Innovation: Herausforderungen und Wirkungen im Unternehmenskontext. In A. Zerfaß, M. Welker, & J. Schmidt (Hrsg.), *Kommunikation, Partizipation und Wirkungen im Social Web. Bd. 2: Strategien und Anwendungen. Perspektiven für Wirtschaft, Politik und Publizistik* (S. 283–309). Köln: Halem.

Kommunikationsmanagement als Profession: Strukturen, Handlungsfelder, empirische Befunde

Ansgar Zerfaß und Lisa Dühring

> **Zusammenfassung**
>
> Für die Steuerung und Umsetzung strategischer Kommunikation setzen Unternehmen im Allgemeinen professionelle Kommunikatoren ein – Spezialisten, die entweder in internen Kommunikationsabteilungen oder bei externen Dienstleistern arbeiten und unterschiedliche Aufgaben wahrnehmen. Der vorliegende Beitrag vermittelt einen empirisch gestützten Einblick in dieses Berufsfeld. Er zeigt, wie und inwiefern das Kommunikationsmanagement im deutschsprachigen Raum und in Europa als Profession institutionalisiert ist, wie sich die Funktion entwickelt hat, welche Aufgaben und Rollen in der Praxis wahrgenommen werden und wie sich die Strukturen des Berufsfelds im Grundsatz darstellen. In weiteren Schritten wird auf die professionelle Selbstorganisation in Verbänden und Initiativen sowie auf Ausbildung, Qualifizierung und Forschung eingegangen. Schließlich werden Herausforderungen benannt, die die Entwicklung des Kommunikationsmanagements als Profession prägen und wichtige Rahmenbedingungen für die Entwicklung der Funktion in einzelnen Unternehmen darstellen.

A. Zerfaß (✉) · L. Dühring
Universität Leipzig, Institut für Kommunikations- und Medienwissenschaft
Burgstraße 21, 04109 Leipzig, Deutschland
E-Mail: zerfass@uni-leipzig.de

L. Dühring
E-Mail: duehring@uni-leipzig.de

> **Schlüsselwörter**
>
> Kommunikationsmanagement · Unternehmenskommunikation · Institutionalisierung · Berufsrollen · Chief Communication Officer (CCO) · Ausbildung · Weiterbildung · Qualifikationsprofile · Forschungslandschaft · Wissenstransfer

1 Einleitung

Kommunikationsmanagement im Sinne der Steuerung von strategischer Kommunikation ist eine sehr heterogene Profession, die durch die kontinuierliche Weiterentwicklung und Ausdifferenzierung der Medien- und Informationsgesellschaft geprägt wurde und weiter geprägt wird. Als Folge dieser Entwicklungen hat das Berufsfeld eine Expansion, Ausdifferenzierung und Aufwertung erfahren. Dies ist so dynamisch und umfassend geschehen, dass heute schwer zu überblicken ist, was und wen die Profession genau umfasst.

In einer ersten Annäherung gehören dem Berufsfeld all diejenigen an, die sich mit dem Management und der Umsetzung gesteuerter Kommunikationsprozesse zwischen Organisationen (Unternehmen, Verbänden, Behörden, Non-Profit-Organisationen etc.) und ihren jeweiligen Stakeholdern beschäftigen. Das umfasst klassische Positionen wie die des Pressesprechers oder der Redakteurin einer Mitarbeiterzeitschrift ebenso wie erst in jüngerer Zeit entstandene Aufgaben, etwa die eines Community-Managers für Social Media-Kanäle, eines Brand-Managers oder einer Kommunikations-Controllerin. Entsprechende Personen finden sich in den Kommunikationsabteilungen von Unternehmen ebenso wie in Kommunikationsagenturen; viele arbeiten auch als Freiberufler (Freelancer, Berater) gleichzeitig für verschiedene Auftraggeber.

Kennzeichnend ist die unterschiedliche disziplinäre Herkunft und berufliche Identität vieler Kommunikatoren. Obwohl Unternehmenskommunikation in Praxis und Theorie seit langem ganzheitlich und integrativ gedacht wird (Bruhn 2009; Zerfaß 2010; vgl. auch Kapitel „Unternehmenskommunikation und Kommunikationsmanagement: Strategie, Management und Controlling"), verstehen sich viele Praktiker doch primär als Experten für Public Relations, Werbung, Online-Kommunikation, Eventmanagement, Sponsoring, Unternehmenspublikationen oder auch Finanzkommunikation. Diese Tatsache ist den instrumentellen Wurzeln der Profession geschuldet. Das Kommunikationsmanagement hat sich historisch aus der PR-Funktion, in denen gelernte Journalisten als Pressesprecher tätig waren, dem breiten Feld der Betriebsredakteure in der internen Kommunikation sowie aus eher kreativ oder abwicklungsorganisatorisch orientierten Abteilungen für Werbung, Messen, Veranstaltungen und Besucherdienste entwickelt. Im Spektrum der Branchenverbände und Ausbildungsgänge spiegelt sich das bis heute wider, so dass es faktisch keine einheitliche Sozialisation für Kommunikationsmanager gibt – ganz im Unterschied zu klassischen Professionen wie z. B. Juristen und Ärzten, die einheitliche Basisqualifikationen erwerben und sich erst später ausdifferenzieren. Unternehmen binden diese spezialisierten Kommunikationsverantwortlichen in je unterschiedlichen Rollen und Funktionen zusammen, um die verschiedenen Facetten der strategischen Kommunikation und ihrer Steuerung zu bewältigen. Je größer die Kommunikationsabteilung und je umfassender und ausdifferenzierter ihr Aufgabengebiet, desto höher ist naturgemäß der Aufwand, diese zu führen. Aus diesem Grund hat sich in den letzten Jahren vor allem in Großunternehmen die Rolle des *Chief Communication Officer* (CCO) herausgebildet, der alle Kommunikationsaktivitäten eines Unternehmens auf der Leitungsebene verantwortet und in globalen Konzernen Teams mit über einhundert Mitarbeitern und Budgets in mehrfacher Millionenhöhe steuert. Damit gehen ganz neue Anforderungen an die Kompetenzen und Eigenschaften – und damit auch an die Ausbildung – der Rolleninhaber einher. Statt kreativer Macher mit Medienkontakten sind analytische und emphatische, international versierte Manager mit Wirtschaftswissen gefragt. Dadurch erfährt die Profession insgesamt eine Aufwertung innerhalb des Organisationgefüges und kann zunehmend strategischen Einfluss ausüben. Dass es dadurch notgedrungen zu Konflikten um Macht und Einfluss in der Beziehung zu anderen Abteilungen im Unternehmen kommt, ist naheliegend.

Um diese Entwicklungen zu verstehen und mögliche Entwicklunglinien beurteilen zu können, ist eine Auseinandersetzung mit der *Professionalisierung und Institutionalisierung* des Berufsfeldes notwendig. Hierzu wird zunächst ein theoretischer Rahmen aufgespannt, der dann genutzt wird, um einen Überblick zu den wichtigsten Strukturen und Dimensionen des Berufsfelds Kommunikationsmanagement zu geben. Dazu werden empirische Ergebnisse aus Professionsstudien in Deutschland und Europa herangezogen. Aufgrund der Vielschichtigkeit der Teildisziplinen stützen sich die Ausführungen vor allem auf Untersuchungen zur Public Relations (PR), die früher primär als Presse- und Medienarbeit verstanden wurde, später aber zum Nukleus der heutigen, breit aufgestellten (Konzern-)Kommunikationsfunktionen in Unternehmen geworden ist.

2 Institutionalisierung und Professionalisierung von Kommunikation im Unternehmenskontext

Die Entwicklung und heutige Gestalt des Kommunikationsmanagement lässt sich aus verschiedenen theoretischen Perspektiven betrachten. Dabei haben sich zwei grundlegende Herangehensweisen herauskristallisiert: erstens eine Analyse anhand klassischer berufssoziologischer Konzepte der Professionalisierung (Signitzer 1994; Wienand 2003; Röttger 2010); und zweitens eine Betrachtung der Institutionalisierung des Kommunikationsmanagements aus organisationstheoretischer Sicht vor dem Hintergrund des Neo-Institutionalismus (Sandhu 2012; Tench et al. 2009; Gregory et al. 2013).

2.1 Kommunikationsmanagement aus berufssoziologischer Perspektive

In der Professionssoziologie gibt es verschiedene Professionalisierungsansätze (Daheim 1992; Stichweh 1992; Kurtz 2002, S. 49 ff.; Mieg 2003, S. 22), die in unterschiedlicher Weise zur Anwendung kommen. Zur Analyse des Berufsfelds Kommunikationsmanagement bzw. ursprünglich Public Relations werden vor allem zwei Perspektiven herangezogen (Signitzer 1994; Röttger 2010, S. 60 ff.; Röttger et al. 2011, S. 250 ff.):

- *Der Merkmalsansatz*: Diese Perspektive betont, dass sich Professionen durch eine spezifische Problemlösungskompetenz auf Basis wissenschaftlichen Wissens und eine Orientierung am Gemeinwohl auszeichnen. Dadurch übernehmen sie eine wichtige, stabilisierende Funktion in der Gesellschaft. Zu den wichtigsten Merkmalen einer Profession gehören u. a. Spezialausbildung und -wissen, Gemeinwohlorientierung, Standesorganisationen und Berufsverbände sowie eine selbstregulierende Berufsethik. Beispielhaft zeigt sich dies bei klassischen Professionen (Ärzte, Juristen, Geistliche). Es besteht im Allgemeinen Einigkeit darüber, dass Kommunikationsmanagement anhand dieser Kriterien bislang keinen Status als Profession erreicht hat. Uneinheitliche Berufsbezeichnungen, ein unscharfes Kompetenz- und Aufgabenprofil, der unkontrollierte Berufszugang sowie die oftmals fehlende organisatorische und funktionale Abgrenzung gegenüber anderen Funktionen (wie dem allerdings nicht auf Kommunikationsaspekte beschränkten Marketing) sind einige Aspekte, die oft als fehlend genannt werden. Es ist zudem fraglich, ob Kommunikationsmanagement jemals den Status einer klassischen Profession erreichen kann, da es sich hier grundsätzlich um Auftragskommunikation handelt, die Partikularinteressen vertritt. Auch die Forderung nach einem im Rahmen einer akademischen Ausbildung erworbenen Spezialwissen und einem beschränktem Berufszugang wird nicht einzuhalten sein und erscheint wohl auch nicht sinnvoll (vgl. unten Abschn. 4). Als offenes Problemfeld bleibt zudem das Fehlen einer wirksamen Berufsethik bestehen, das in den letzten Jahren – nicht zuletzt durch einige öffentlichkeitswirksame Skandale vor allem im Bereich der Pressearbeit – wieder vermehrte Aufmerksamkeit erlangt hat (vgl. Abschn. 5).
- *Der Macht-/Strategieansatz*: Die machtstrategische Perspektive stellt die Orientierung berufspolitischen Handelns am Arbeitsmarkt in den Vordergrund. Professionalisierungsbemühungen werden als auf den Markt gerichtete berufliche Aufwertungsprozesse interpretiert mit dem Ziel, Monopolstellungen zu erlangen und zu sichern. Im Mittelpunkt steht die Analyse der Prozesse, die zur Schließung von Berufen durch Zugangskontrollen und damit zugleich zu deren exklusiven Öffnung für spezifische Gruppen führen. Professionalisierung kann als Kampf der Berufsverbände und Berufsangehörigen um Macht und Kontrolle in der Anbieter- und Abnehmer-Beziehung verstanden werden. Klassische Strategien sind u. a. das Bemühen um staatliche Zugangsbeschränkung und Lizenzierung sowie die Formulierung spezifischer Berufsbilder und Ethikkodizes, um damit Fremd- durch Eigenkontrolle zu ersetzen. Eng damit verbunden ist auch der inszenierungstheoretische Ansatz, der betont, dass ein professioneller Status in hohem Maße von der Fähigkeit der Leistungserbringer abhängig ist, die Leistungsabnehmer von der Professionalität ihres Handelns zu überzeugen. Zentral ist demnach die Kompetenz, sich als kompetent darzustellen. Dies gelingt über Zeichen und Symbole, wie Sprache, Kleidung, Habitus sowie spezifische Zertifikate. Bislang lässt sich nur ein eingeschränkter Erfolg der Professionalisierung von Kommunikationsmanagement

vor dem Hintergrund des Macht-/Strategieansatzes feststellen. Die Omnipräsenz von Kommunikation im Alltag, die Prägung des Berufsfelds durch Quereinsteiger und nicht zuletzt die Präsentation der Profession in den Massenmedien (z. B. Talkshows) durch fragwürdige und unterhaltsame „Experten" statt durch aktiv in Führungsfunktionen stehende CCOs erschweren die Herausbildung und Vermarktung einer spezifischen, nicht-substituierbaren und öffentlich wahrnehmbaren Problemlösungskompetenz. Das hat einen systematischen Grund: Kommunikatoren repräsentieren im Allgemeinen ein Unternehmen oder eine Organisation; sie tun sich daher schwer, ihr eigenes Profil oder das der ganzen Profession zu schärfen, weil ständig mit Wechselwirkungen zu rechnen ist.

Es existieren zudem weitere Professionalisierungsansätze für das Berufsfeld (Signitzer 1994; Röttger 2010; Wienand 2003; van Ruler 2005), die alle ebenfalls zu dem Schluss kommen, dass Kommunikationsmanagement/PR zum jetzigen Zeitpunkt nicht als Profession eingestuft werden kann.

Es wird allerdings zunehmend hinterfragt, ob es überhaupt sinnvoll ist, diesem scheinbar überholten Ideal nachzueifern. Denn hinsichtlich der institutionellen Verankerung und seines Stellenwerts im organisationspolitischen Entscheidungsgefüge besteht weitgehend Einigkeit darüber, dass Kommunikationsmanagement als *strategische Managementfunktion* organisiert und praktiziert werden muss (Nothhaft 2011, S. 17 ff.; vgl. Kapitel „Unternehmenskommunikation und Kommunikationsmanagement: Strategie, Management und Controlling"). Dieser Anspruch geht zunächst konform mit den Ansätzen der klassischen Professionalisierungsforschung. Er zielt auf die Ausweitung von Macht, Mitbestimmungsgraden und einer größeren Autonomie innerhalb des Unternehmens und gegenüber anderen Unternehmensfunktionen. Bestimmend für den Autonomiegrad sind dabei nicht nur Aspekte der organisatorisch-institutionellen Einbindung und der organisatorischen Kontrolle, sondern zugleich auch die Ressourcen der entsprechenden Akteure, die unter anderem in spezifischen Problemlösungskompetenzen und Expertenwissen gründen. Eine strategische Managementfunktion bedarf auch eines spezifischen Wissens und Könnens auf Akteursebene und entsprechender Kompetenz- und Qualifikationsmuster des Berufsstandes insgesamt. Die Auseinandersetzung mit dem klassischen Professionalisierungskonzept zeigt jedoch, dass dieses Modell auf viele ‚moderne' Professionen nicht mehr zutreffen kann. Viele Angehörige professionalisierter Berufe (Wirtschaftsprüfe, Unternehmensberater etc.) sind heute in Organisationen eingebunden und von diesen abhängig – dies trifft im Übrigen auch auf die Mehrzahl der ‚klassischen' Professionen zu. Die allen Organisationen inhärenten Strukturen, Mechanismen und Prozesse beschränken notgedrungen die Autonomie vieler Professionen und prägen gleichzeitig ihr Arbeits- und Aufgabenfeld.

Professionalisierungsprozesse lassen sich somit nicht unabhängig vom organisatorischen Kontext und ebenfalls nicht unabhängig vom erweiterten sozialen, politischen, und ökonomischen Rahmen, in dem sich diese Organisationen bewegen, analysieren. Diese Feststellung verweist auf das theoretische Konzept der *Dualität von Struktur und Akteur*

(Giddens 1984). Die untrennbare Verschränkung und wechselseitige Beeinflussung von Akteur und System sowie Handeln und Struktur wird gerade bei der Unternehmenskommunikation sehr deutlich (Zerfaß 2010; Röttger 2010, S. 20 f.). Als zentrale *Analysedimensionen* ergeben sich die wechselseitig verschränkten Ebenen des Gesamtunternehmens, der Abteilung (Konzern-/Unternehmens-) Kommunikation als Funktionseinheit sowie des Kommunikationsmanagers als individuellem Akteur.

2.2 Kommunikationsmanagement aus Sicht des Neo-Institutionalismus

Als zweite fruchtbare theoretische Perspektive zur Analyse des Berufsfelds hat sich in den letzten Jahren der Neo-Institutionalismus etabliert (Sandhu 2012). Dieser hat seinen Ursprung in den Vereinigten Staaten und stellt eine Weiterentwicklung und Kritik der bis dato dort dominanten Organisationstheorie dar (Hasse und Krücken 2005; Senge 2011). Die zentrale Kritik richtet sich gegen eine Konzeption der Organisation als durchgängig zweckrational handelndem Akteur. Stattdessen betonen die Neo-Institutionalisten den Einfluss des gesellschaftlichen Umfelds auf die Organisation und deren Streben nach Legitimation durch eben diese Umwelt (Meyer und Rowan 1977; DiMaggio und Powell 1983, 1991). Damit erweitert der Neo-Institutionalismus die oben aufgezeigte Akteurs- und Organisationsebene um eine *weitere Analyseebene,* nämlich die makrosoziologische Dimension des externen Organisationsumfelds. Die Gesellschaft wird als ein Gefüge von sinnstiftenden *Institutionen* (Routinen, Normen, Regeln, Ideen) und institutionalisierten Vorstellungen von richtigem oder zu vermeidendem Handeln interpretiert, die von Organisationen und den in diesen tätigen Akteuren bewusst und unbewusst übernommen werden und damit das organisationale Handeln bestimmen (Scott 2008, S. 48). Dadurch entstehen Strukturähnlichkeiten zwischen Organisation und Gesellschaft (Isomorphien), welche der Organisation *Legitimität* sichern und somit die organisatorische Lebensfähigkeit genauso oder sogar eher sicherstellen als rein zweckrationales Handeln (Sandhu 2012).

An Stelle des zunächst noch diffusen Umweltbegriffs (Meyer und Rowan 1977), der allgemein auf ‚die Gesellschaft' verweist, tritt später der Begriff des ‚*organisationalen Feldes*'. Damit werden jene Organisationen erfasst, die die relevante gesellschaftliche Umwelt und damit den Bezugsrahmen der zu untersuchenden Organisation bzw. Unternehmung bilden (DiMaggio und Powell 1983). Im Kontext des Kommunikationsmanagements spricht man hier in der Regel vom ‚Stakeholderumfeld', also allen Bezugs- und Anspruchsgruppen (darunter fallen sowohl individuelle Akteure, als auch Gruppen von Akteuren, als auch andere Organisationen und Institutionen), die mit der Organisation in Kontakt stehen, von deren Handeln beeinflusst werden und ihrerseits deren Handeln beeinflussen (Freeman 1984).

Innerhalb eines organisationalen Feldes stehen die einzelnen Unternehmen in einem Legitimationsverhältnis und es entwickeln sich Angleichungsprozesse. Diese werden als institutionelle Isomorphien bezeichnet. DiMaggio und Powell unterscheiden drei Mechanismen zur Herstellung von Isomorphie: Zwang (coercive isomorphism), Imitation (mimetic isomorphism) und normativen Druck (normative isomorphism) (DiMaggio und Powell 1983, S. 150 ff.; Hasse und Krücken 2005, S. 25 ff.). Durch *Zwang* hervorgerufene Isomorphie entsteht vor allem durch staatliche Vorgaben, die sich in bindenden Rechtsvorschriften niederschlagen. *Imitation* ist ein typischer Angleichungsmechanismus bei hoher Unsicherheit. Unklare Ursache-Wirkungs-Zusammenhänge, heterogene Umwelterwartungen und der Mangel an eindeutigen Problemlösungswegen führen zu Prozessen wechselseitiger Beobachtung und mimetischer Isomorphie. Als besonders erfolgreich und legitim wahrgenommene Modelle (Best Practices) diffundieren daher rasch über Organisationsgrenzen hinweg und werden zu ‚Blaupausen' für andere Unternehmen im Feld und bewirken Konvergenz. *Normativer Druck* als dritter Mechanismus wird insbesondere durch die Profession selbst erzeugt. Sie liefert ihren Angehörigen einen Orientierungsrahmen, der normative Bindungen entfaltet und zur Bevorzugung spezifischer Problemlösungsmuster und Problemlösungskompetenzen führt. Alle drei Mechanismen stehen oftmals in Wechselbeziehungen und können nicht immer klar voneinander abgegrenzt werden.

Kommunikationsmanagement und Unternehmenskommunikation können aus neoinstitutioneller Sicht aus zwei grundlegenden Perspektiven analysiert werden:

- Erstens kann die *Institutionalisierung des Kommunikationsmanagements in Unternehmen* untersucht werden. Hier wird der Neo-Institutionalismus genutzt, um zu erklären, welche institutionellen Einflussfaktoren auf das Kommunikationsmanagement einwirken und wie und warum dieses spezifische Formate und Praktiken ausgebildet hat (Sandhu 2012, S. 231, 250). Insbesondere geht es um die Frage der Legitimität von Kommunikationsmanagement als Organisationsfunktion. Diese wird durch Institutionalisierungs-, Differenzierungs- und Abgrenzungsprozesse geprägt, über die sich das Kommunikationsmanagement von anderen Funktionen abgrenzt und eine spezifische Problemlösungskompetenz für sich beansprucht. Es gibt verschiedene Ansätze, die die Institutionalisierungsprozesse von Kommunikationsmanagement als Organisationsfunktion beschreiben, jedoch unterschiedliche Schwerpunkte setzen (Marchand 1998; Bartlett et al. 2007; Schultz und Wehmeier 2010; Sandhu 2012). Grundlegend besteht Einigkeit darüber, dass sich die Kommunikationsfunktion als Reaktion von Unternehmen auf die gestiegene Erwartungshaltung ihrer Stakeholder bezüglich Transparenz und Legitimation und dem damit einhergehenden Publizitätsdruck etabliert und weiterentwickelt hat. Von Bedeutung sind zudem rechtliche und ökonomische Rahmenbedingungen, wie zum Beispiel die mit dem Börsengang verbundenen Publizitätspflichten von Unternehmen (vgl. Kapitel „Informations- und Publizitätspflichten von Unternehmen"). Außerdem sind das sich ständig weiterentwickelnde technologische Umfeld und die heutigen Möglichkeiten zur digitalen Information und Kommunikation zu berücksichtigen (vgl. Kapitel „Internet und Social Media in der Unternehmenskommunikation"). Kommunikationsmanagement kann insgesamt gut neo-institutionalistisch verortet werden, wenn es als ‚boundary-spanning function' zwischen Organisation und Umwelt interpretiert wird, das die Beziehungen (relationships) zwischen beiden gestaltet (Moss 2011, S. 33 ff.).

- Zweitens kann Kommunikationsmanagement als *Instrument der Institutionalisierung gesellschaftlicher Strukturen* durch Unternehmen verstanden werden. Diese Perspektive schließt an die Handlungstheorie sowie neo-institutionalistische Akteurskonzepte, insbesondere das Konzept des ‚institutional work', an (Sandhu 2012, S. 87 ff.). Im Kern geht es um die Frage, wie Kommunikatoren an der Erschaffung, Ausgestaltung und Veränderung institutioneller Strukturen mitwirken (ebd., S. 244 ff.). Diese Ansätze betonen, dass Unternehmen nicht vollständig durch ihre Umwelt fremdgesteuert sind, sondern als eigenständige Akteure auftreten und Einfluss auf ihre Umwelt nehmen. Gleichzeitig beschäftigen bzw. beauftragen sie Akteure, wie zum Beispiel Kommunikationsmanager, um Einfluss auf ihre Umwelt zu nehmen (Walgenbach und Meyer 2008, S. 122; Lawrence et al. 2011). Institutional work orientiert sich an drei grundlegenden Prozessen des institutionellen Wandels, nämlich der Erschaffung, der Erhaltung und der radikalen Änderung bzw. Auflösung von Institutionen. Klassische Beispiele für diese Einflussnahme sind beispielsweise das Lobbying und Kampagnenarbeit zur Beeinflussung relevanter Entscheidungsträger in Politik und Verwaltung, die Innovationskommunikation zur Herstellung von gesellschaftlichem Verständnis und Akzeptanz für technologische Neuerungen, oder auch das bewusste Einfordern von Legitimation durch strategische Corporate Social Responsibility-Programme.

Beide Sichtweisen sind für diesen Beitrag von Relevanz. Der Neo-Institutionalismus macht klassische, berufssoziologische Ansätze zur Professionalisierung nicht hinfällig, sondern ergänzt sie um eine wichtige makrosoziologische Sicht. Es wird deutlich, dass die Entwicklung und heutige Struktur des Kommunikationsmanagements von *individuellen Akteuren* im Berufsfeld (mit spezifischen Motivationen, Interessen und Kompetenzen), den *Unternehmen* als Auftraggebern und Abnehmern entsprechender Leistungen (auf Grundlage organisationsspezifischer Zielsysteme und Handlungsoptionen) sowie den Interaktionen mit dem gesellschaftlichen Umfeld und spezifischen *Stakeholderinteressen* in Wirtschaft, Gesellschaft und Medien (und deren Erwartungen, Unterstützung bzw. Widerständen) geprägt wird. Die Verschränkung von Handlungen und Strukturen (Giddens 1984) zwischen allen drei Ebenen erklärt sowohl die Ausdifferenzierung des Kommunikationsmanagements in verschiedene Funktionen und Rollen innerhalb von Unternehmen (vgl. Abschn. 3) als auch die grundlegende Entwicklung als eigenständiges und sich unabhängig von einzelnen Organisationen entwickelndes Berufsfeld einschließlich der dieses begleitenden Qualifikations- und Forschungsinfrastruktur (vgl. Abschn. 4). Damit ist ein theoretischer Rahmen gespannt, der als Gerüst für die weiteren Ausführungen dient.

3 Kommunikationsmanagement in Unternehmen: Aufgabenfelder, Verortung und Akteursprofile

Kommunikationsmanagement als Organisationsfunktion kann nicht unabhängig von dem Unternehmen gedacht werden, innerhalb dessen die Funktion etabliert und institutionalisiert wurde. Aus neo-institutionalistischer Perspektive lässt sich die Ausdifferenzierung der Kommunikationsfunktion mit der Ausdifferenzierung der Unternehmensumwelt erklären, die durch ein breites Netzwerk unterschiedlicher Stakeholder und Interessen gekennzeichnet ist (vgl. Kapitel „Stakeholder-Management als kommunikatives Beziehungsmanagement: Netzwerktheoretische Grundlagen der Unternehmenskommunikation" und Kapitel „Unternehmenskommunikation und Kommunikationsmanagement: Strategie, Management und Controlling"). Unternehmen müssen den unterschiedlichen Ansprüchen und Forderungen, die an sie herangetragen werden, einerseits Rechnung tragen, wollen aber andererseits auch aktiv auf ihr Umfeld einwirken. Dementsprechend haben sich unterschiedliche Aufgabenfelder und Funktionen im Kommunikationsmanagement herausgebildet. Als grobe Systematisierung eignet sich hier die Unterscheidung in drei Kerndimensionen (Röttger et al. 2011, S. 190 ff.):

- Nach *Stakeholdern*: Was sind die wichtigsten Bezugsgruppen des Unternehmens und damit des Kommunikationsmanagements?
- Nach *Themen und Situationen*: Welche thematischen Felder, Situationen und ‚Beziehungsprobleme' deckt die Kommunikationsfunktion ab?
- Nach *Instrumenten und Kanälen*: Welche Kommunikationsinstrumente, -kanäle und -formen werden eingesetzt?

Alle drei Dimensionen sind gegenseitig interdependent. Die grundlegendste Unterteilung ist diejenige nach *Stakeholdern*, also den relevanten Ziel- und Anspruchsgruppen der Unternehmenskommunikation. Hieraus ergibt sich in der Praxis häufig eine Institutionalisierung der Kommunikation mit diesen Stakeholdern durch spezialisierte Kommunikationsabteilungen innerhalb oder außerhalb der zentralen Kommunikationsfunktion, beispielsweise durch Bereiche für Marketingkommunikation/Werbung (gerichtet an Kunden), Finanzkommunikation (gerichtet an Investoren) oder Presse-/Medienarbeit (für Journalistenkontakte). Entsprechend der unterschiedlichen Informations- und Kommunikationsbedürfnisse und der unterschiedlichen Nutzung von Kommunikationskanälen gestaltet sich auch der Einsatz von *Instrumenten* sowie die Art und Weise der *Ansprache*. Aufgrund der Heterogenität des Berufsfelds ist es nicht möglich, alle potentiellen Stakeholder, Aufgabenbereiche und Instrumente zu nennen. Zudem gibt es vielfältige Überlappungen und Überschneidungen. Tabelle 1 zeigt die wichtigsten Aufgabenfelder und vermittelt einen groben Eindruck von der Breite und grundsätzlichen Ausrichtung des professionellen Kommunikationsmanagements.

3.1 Einbindung und Einfluss

Die Verankerung des professionellen Kommunikationsmanagements in der *Aufbau- und Ablauforganisation* kann sehr unterschiedlich gestaltet werden. Hier gibt es einige typische Muster, aufgrund unterschiedlicher Positionierungen und Strategien von Unternehmen jedoch keine allgemeingültigen Lösungen. Beispielsweise übernimmt die Konzernkom-

Tab. 1 Systematisierung der Arbeitsfelder des Kommunikationsmanagements (Quelle: In Anlehnung an Röttger et al. (2011, S. 190); modifiziert)

Aufgabenfelder mit primärer Orientierung an Stakeholdern	Aufgabenfelder mit primärer Orientierung an Themen und Beziehungsproblemen	Aufgabenfelder mit primärer Orientierung an Kommunikationsinstrumenten und -kanälen
Interne Kommunikation (Mitarbeiterkommunikation, Führungskräfte-kommunikation) Presse- und Medienarbeit Public Affairs/Lobbying Marktkommunikation/ Kundenkommunikation/ Produkt-PR Investor Relations/ Finanzkommunikation	Issues Management Krisenkommunikation Change-Kommunikation Kommunikations-Controlling/ Evaluation CSR-Kommunikation CEO-Kommunikation Corporate Branding/ Corporate Identity	Online-Kommunikation/Social Media Print-Kommunikation/ Corporate Publishing Kampagnenkommunikation Eventkommunikation Sponsoring

munikation auf der obersten Ebene üblicherweise die Zuständigkeiten für Reputationsmanagement, Presse- und Medienarbeit, interne Kommunikation, übergeordnete Print- und Onlinemedien, Markenführung und Identität (Corporate Branding), Corporate Social Responsibility (CSR)-Kommunikation sowie die Kommunikation bei Mergers & Acquisitions, Change-Prozessen und Krisen. Ebenso sind Investor Relations und Public Affairs bzw. die Kommunikation mit Politik und Verwaltung im Allgemeinen zentralisiert und auf Vorstandsebene angebunden. Auf der Ebene einzelner Geschäftseinheiten und Ländergesellschaften werden einzelne dieser Funktionen gespiegelt auf dezentrale Erfordernisse heruntergebrochen. Vor allem aber ist hier die absatzunterstützende Marketing- und Kundenkommunikation (Werbung, Produkt-Pressearbeit, Live-Kommunikation über Messen und Veranstaltungen) aufgehängt, die im Allgemeinen aufgrund der hohen Fremdkosten über deutlich höhere Budgets verfügt als die Konzernkommunikation (vgl. zur Organisation der Kommunikationsfunktion vertiefend das Kapitel „Organisation der Kommunikationsfunktion: Strukturen, Prozesse und Leistungen für die Unternehmensführung").

Aufgrund der Fülle von Aufgabenbereichen und dem zunehmenden Bedarf an professioneller Kommunikation sind viele Organisationen dazu übergegangen, ausgewählte Aufgaben oder auch ganze Aufgabenfelder an entsprechend spezialisierte *Kommunikationsdienstleister,* in der Regel *Kommunikationsagenturen,* auszugliedern (vgl. Kapitel „Kommunikationsagenturen als Dienstleister und Berater: Auswahl, Rollen, Normen und Konflikte"). Dabei handelt es sich oft um Aufgabenfelder, für die es (noch) keine Spezialisten in der Organisation selbst gibt (z. B. Social Media-Kommunikation), oder um singuläre Kommunikationsaktivitäten, die außerhalb des Tagesgeschäfts liegen (z. B. die Begleitung von Börsengängen oder Fusionen). Andererseits werden aber auch standardisierte, oft wiederkehrende Aufgaben und Prozesse ausgelagert, weil Dienstleister als ‚verlängerte Werkbank' aufgrund ihrer geringeren Personalkosten ohne Tarifbindung und durch die Möglichkeit zum Auffangen von Kapazitätsschwankungen attraktive Konditionen anbieten können, z. B. für die standardisierte Presse- und Medienarbeit oder die Erstellung von Kundenzeitschriften. Was und wieviel ein Unternehmen auslagert, hängt von mehreren Faktoren ab. Bedeutsam sind beispielsweise die Unternehmensgröße, die Ausrichtung der bereits vorhandenen Funktionsbereiche für Kommunikation, deren personelle und finanzielle Ausstattung, aber auch der bereits erreichte Professionalisierungs- und Spezialisierungsgrad der einschlägigen Abteilungen.

Die in Tab. 1 skizzierte Breite und Vielfalt möglicher Aufgabenfelder des Kommunikationsmanagements führt zwangsläufig zu verschiedenen *Schnittpunkten und Überlappungen mit anderen Organisationsfunktionen,* insbesondere mit Personalmanagement/ Human Relations, Marketing und als Folge der strategischen Aufwertung des Unternehmenskommunikation auch zunehmend mit der obersten Führungsebene (Vorstand, CEO) sowie der strategischen Planung. Diese Schnittpunkte können unterschiedlich gestaltet und bewertet werden. Oftmals agiert die Unternehmenskommunikation als interner Kommunikationsdienstleister (service provider) und Berater (consultant) für das Top-Management und andere Abteilungen und gewinnt dadurch Wertschätzung. An anderen Stellen überschneiden sich jedoch Aufgabenfelder und eingesetzte Instrumente so sehr, dass es zu internen Grabenkämpfen und Streitigkeiten um Hierarchien, Zuständigkeiten, Einfluss und Budgets kommt. Dieses Problem belastet seit vielen Jahren insbesondere das Verhältnis zwischen Marketing und Unternehmenskommunikation (Bruhn und Ahlers 2004; Süss et al. 2011). Bis heute sind die entsprechenden Zuständigkeiten und Arbeitsbereiche nicht grundsätzlich geklärt und werden in jedem Unternehmen unterschiedlich ausgehandelt. Entscheidend für das Verhältnis zu anderen Abteilungen ist letzten Endes auch die hierarchische Einbindung und Verortung der Unternehmenskommunikation innerhalb der Organisation, die maßgeblich über interne Akzeptanz, Einflussvermögen und entsprechende Ressourcen entscheidet.

Für Deutschland lässt sich feststellen, dass die Kommunikationsfunktion zumindest in ungefähr der Hälfte aller Unternehmen eine *Führungsfunktion auf Leitungsebene* darstellt (Bentele et al. 2012, S. 91 f.). Zwar sind nur acht Prozent aller Kommunikationsabteilungen bzw. -manager auf höchster Leitungsebene (Geschäftsleitung, Vorstand) angesiedelt, jedoch besteht aufgrund der weitverbreiteten Verortung als Stabsstelle in 49 % aller Organisationen zumindest ein direkter Zugang zum Top-Management. Eine Unterstellung der Abteilung Konzern- bzw. Unternehmenskommunikation unter andere Abteilungen, wie etwa dem Marketing, ist sehr selten (5 %) (ebd.).

Ein ähnliches Bild zeigt sich in Bezug auf den Einfluss, den Kommunikationsmanager auf strategische Entscheidungen nehmen. Hier kann unterschieden werden zwischen dem *beratenden Einfluss* (advisory influence), indem das Top-Management die Ratschläge der Kommunikationsfunktion ernst nimmt und umsetzt, und dem *strategischen Einfluss* (executive influence) dadurch, dass Kommunikationsverantwortliche an Entscheidungsrunden der obersten Führungsgremien (senior level meetings) teilnehmen und dort mit gewichtiger Stimme sprechen können. Empirische Studien geben hierzu unterschiedliche Antworten, je nachdem, ob man die Kommunikationsmanager selbst oder Vorstände und Geschäftsführer fragt. Im Schnitt gehen 59 % der Kommunikationsverantwortlichen in deutschen Unternehmen, aber nur 49 % der Top-Manager davon aus, dass die Kommunikationsfunktion einen starken beratenden Einfluss hat. Beim strategischen Einfluss zeigt sich dagegen ein ausgeglichenes Bild (37 vs. 36 %), wenn auch auf niedrigerem Niveau. Im Vergleich zu anderen europäischen Ländern und den USA kann der Einfluss deutscher Kommunikationsmanager als vergleichsweise hoch eingestuft werden (Zerfaß et al. 2012, S. 57 ff.) und es ist davon auszugehen, dass er weiter steigt – ein Drittel der in einer Studie von Zerfaß et al. (2013) befragten Vorstände und Geschäftsführer deutscher Großunternehmen fordern eine solche Entwicklung.

3.2 Rollen von Kommunikationsmanagern

Abhängig von der jeweiligen Struktur, Größe und dem strategischen Einfluss der Kommunikationsfunktion haben sich im Laufe der Jahre auch auf Akteursebene verschiedene Rollenprofile von Kommunikatoren herausgebildet. Die traditionelle Unterscheidung ist die zwischen *Manager-* und *Technikerrollen* (Broom 1982; Dozier und Broom 1995). Manager sind in unternehmenspolitische Entscheidungsprozesse eingebunden und treffen strategische Entscheidungen. Ihr Tätigkeitsprofil ist geprägt durch planerische, steuernde und kontrollierende Tätigkeiten. Techniker hingegen sind mit der reinen Umsetzung und Durchführung von Kommunikationsmaßnahmen betraut und zeichnen sich durch handwerkliche Fähigkeiten (bspw. Schreiben von Pressemitteilungen, Erstellen von Grafiken, etc.) aus. Diese klassische Dichotomie wird jedoch inzwischen als zu simpel, statisch und veraltet kritisiert. Neuere Untersuchungen zeichnen ein wesentlich differenzierteres Bild der unterschiedlichen Rollen- und Kompetenzprofile heutiger Kommunikationsmanager (Grunig et al. 2002; Arthur W. Page Society 2007; 2013; Moss 2011; Nothhaft 2011). Diese werden zunehmend als *strategische Berater* (strategic counselor/ consultant) und *Ermöglicher* (enabler) von Kommunikationsprozessen verstanden, die alle Bereiche der Organisation, insbesondere aber die Führungsriege, in Fragen des Umgangs mit ihren externen und internen Stakeholdern beraten und unterstützen (Zerfaß und Franke 2013). Die Forschung steht hier allerdings noch am Anfang. Sicher ist, dass es auch in Zukunft gleichermassen eher strategische und eher operative Funktionen geben wird. Je stärker sich die Unternehmenskommunikation ausdifferenziert und je größer die personelle Ausstattung von Abteilungen ist, desto differenzierter werden auch die benötigten Akteursprofile. Aktuelle Forschungsprojekte zeigen zudem, dass die einzelnen Aufgabenfelder (vgl. Tab. 1) unterschiedliche Anforderungen an Wissen, Erfahrung, Kompetenzen und Fähigkeiten der verantwortlichen Kommunikationsmanager stellen (Tench et al. 2013). Der klassische Pressesprecher als ‚One-Man-Show' in einem mittelständischen Betrieb braucht ein gänzlich anderes Profil als eine global agierende Teamleiterin für Online-Kommunikation und Social Media in einem börsennotierten Konzern.

3.3 Chief Communication Officer

Als Sonderrolle hat sich diejenige des *Chief Communication Officer* (*CCO*) herausgebildet, dessen Profil sich deutlich von anderen Kommunikationsmanagern abhebt. Vom Kommunikationschef eines großen Unternehmens werden nicht nur Kommunikationsexpertise und umfassende Kenntnisse der Medien- und Kommunikationslandschaft erwartet, sondern auch betriebswirtschaftliches Wissen, Managementkompetenz und ein weitreichendes Geschäftsverständnis. Mehr als bei anderen Führungskräften kommt es beim CCO auf die persönliche Beziehungsebene und ein absolutes Vertrauensverhältnis zum CEO im Sinne des Vorstandsvorsitzenden bzw. obersten Repräsentanten des Unternehmens an. Der CCO ist Sprachrohr, Zweitstimme, Außenminister und Ratgeber in einem (Will et al. 2011). In Zukunft wird auch das Thema Leadership und Führungskompetenz immer wichtiger werden (Berger und Meng 2014). Der Fokus verschiebt sich vom klassischen Management von Kommunikationsprozessen auf die Steuerung der Infrastruktur für das Kommunikationsmanagement, insbesondere hinsichtlich der Etablierung von Zielfindungs- und Budgetierungsprozessen, der Organisation (internationaler) Berichtsstrukturen, dem Personalmanagement und der Kompetenzentwicklung sowie letztlich einem umfassenden Controlling im Sinne der Schaffung transparenter Steuerungsgrundlagen (vgl. Kapitel „Unternehmenskommunikation und Kommunikationsmanagement: Strategie, Management und Controlling").

4 Kommunikationsmanagement als Berufsfeld

Das Berufsfeld Kommunikationsmanagement unterlag – wie bereits angesprochen – in den letzten Jahrzehnten einem starken Wandel, der nach wie vor anhält und dessen weitere Entwicklung schwer absehbar ist. Im Prinzip hat sich das Berufsfeld von seinen Anfängen in der Presse- und Medienarbeit und Betriebspublizistik einerseits – wodurch viele ehemalige Journalisten integriert wurden – sowie der Werbung andererseits weiterentwickelt zu einer Managementfunktion, deren Aufgabe es ist, kommunikative Beziehungen zu allen internen und externen Stakeholdern des Unternehmens zu gestalten. Das Leitbild der *Integrierten Kommunikation* (Bruhn 2009; Zerfaß 2010) verweist dabei nicht nur auf eine übergreifende Steuerung aller Instrumente, sondern auch auf komplexe Ziele wie die positive Beeinflussung von Vertrauen, Authentizität, Reputation, Marken und Unternehmenskultur, die auch durch Kommunikation mitgestaltet werden können. Letzlich geht es darum, zugleich ökonomische Wettbewerbsfähigkeit und Legitimation in der Gesellschaft zu sichern (vgl. Kapitel „Unternehmenskommunikation und Kommunikationsmanagement: Strategie, Management und Controlling").

Dabei gilt, dass frühere Rollen, Instrumente und Aufgabenfelder nicht verschwinden, sondern ständig um neue ergänzt werden. Dies ist ein zentraler Grund für die Expansion des Berufsfelds. Tabelle 2 zeigt die wichtigsten *Entwicklungsstufen des Kommunikationsmanagements* in den USA in verschiedenen Dimensionen. Vergleichbare Entwicklungen

Tab. 2 Entwicklungsstufen des Kommunikationsmanagements in Unternehmen (Quelle: Arthur W. Page Society (2007, S. 21 f.); modifiziert)

	Yesterday: Public Relations	Today: Corporate Communications	Tomorrow
Mission	Liason of the enterprise	Strategic planner of enterprise positioning	Shepherd of enterprise reputation and authenticity
Roles and responsibilities	Build and maintain relationships with the media; corporate journalism; internal events; speechwriting	Drive coverage; influence external criteria; change culture; influence strategy and policy	Create and influence ecosystem of advocates; steward company's values, brand and reputation; shape culture and behaviors; create the new, blended physical/virtual work environment; empower employees as communicators
Audiences	Media, employees, shareholders, general public	Media, employees, shareholders, senior management, analysts; in some cases government, NGOs, foundations	Media, employees, shareholders, senior management, analysts; in some cases government, NGOs, foundations, boards of directors and a billion global "publishers" with the means to be heard by mass audiences and to organize quickly
Channels	Print, broadcast, "house organs", events	Print, broadcast, events, Web 1.0 (e.g., intranets)	Print, broadcast, interactive partnerships, town halls and Web 2.0 (enabling employees, partners, clients, influencers – a billion "publishers")
Content	Content controlled by PR: external announcements (products, business actions, etc.); internal news, messaging and morale building; executive speeches	Some content controlled by Communications, some by HR and marketing, some by stakeholders; the latter includes employee feedback, ecosystem-created ideas and perspectives on company	Content is created by everyone, influenced by Communications: defining values, strategy, brand; collaboratively shaped public policy; new academic curricula

Tab. 2 Fortsetzung

	Yesterday: Public Relations	Today: Corporate Communications	Tomorrow
Measurement of Value	Activity-based: e.g., volume and nature of press coverage, readership of employee publications	Attitude-based: e.g., corporate reputation surveys; measures of employee commitment	Impact-based: e.g., changes in policy, behavior (internal and external); increased revenue, growth; recruitment; social network analysis
Functional Disciplines	Media relations, employee publications, speechwriting	Media, analyst and investor relations, internal and executive communications	Influencer relations and analytics; workforce enablement; values and brand experience; social networking/new media; corporate affairs; CSR
Skills	Writing, design, managing the press, message management, event planning	Driving coverage, organizational culture change, shaping strategic agendas	Building collaborative business ecosystems, engaged, enabled, supportive populations
Talent Pool	Former reporters, freelance writers, graphic designers, PR agencies	Reporters, writers and web experts, information managers (e.g., library science, opinion research)	Reporters, writers, Web experts, information managers, policy wonks, learning and organization development professionals, MBAs and business strategists
Leadership	Vice President of Public Relations: reports to Marketing, Human Relations, Chief Operating Officer or Public Affairs	Senior Vice President of Corporate Communications: nearly half report to CEO	Chief Communications Officer (CCO): reports to CEO

sind auch im deutschsprachigen Raum zu beobachten. Allerdings ist die strategische Anbindung an das Top-Management und die Gesamtverantwortung für Integrierte Kommunikation in hiesigen Großunternehmen meist bereits länger und intensiver ausgeprägt als in den Vereinigten Staaten.

Neben der grundsätzlichen Entwicklung sind für diesen Beitrag vor allem die heutigen *Strukturen des Berufsfelds* interessant. Allerdings gibt es hierzu keine systematisch erhobenen und umfassenden Daten, weder für den deutschsprachigen noch für den europäischen Raum. Solche Daten sind aufgrund der Heterogenität und Breite des Felds sowie des ungeregelten Berufszugangs und der Vielzahl an Berufsbezeichnungen auch nicht zu generieren. Da es keine offiziellen Zensusdaten und Verzeichnisse gibt, wird als Indikator für die quantitative Entwicklung und Größe des Berufsfeldes häufig die Mitgliederstatistik der einschlägigen Berufsverbände herangezogen. Dort ist jedoch nur eine Minderheit aller Kommunikationsmanager organisiert. Grobe Schätzungen gehen für Deutschland von ca. 50.000 Personen aus, die im Bereich Kommunikationsmanagement tätig sind; vermutlich ist die Zahl jedoch deutlich größer. Auch genaue Zahlen zur Verteilung der Berufsinhaber auf verschiedene Organisationstypen und Handlungsfelder liegen nicht vor. Berufsfeldstudien weisen allerdings darauf hin, dass die Mehrzahl entweder in privatwirtschaftlichen Unternehmen oder Kommunikationsagenturen tätig ist (Szyszka et al. 2009; Bentele et al. 2012; Zerfass et al. 2012).

4.1 Organisationen und Plattformen

Die Selbstorganisation und -verwaltung des Berufsfelds findet innerhalb verschiedener Berufs- und Wirtschaftsverbände statt, deren Mitgliedschaft freiwillig ist. Darüber hinaus sind Selbstkontrollorganisationen und der fachöffentliche Diskurs, der durch Veranstaltungen und Fachpublikationen ermöglicht wird, für die Institutionalisierung des Kommunikationsmanagements von Bedeutung.

Aufgaben und Ziele der *Berufsorganisationen* liegen in der Information und Unterstützung ihrer Mitglieder in berufspolitischen Fragen, in der Förderung und Sicherung von Qualitätsmaßstäben, in der Weiterbildung sowie in der generellen Förderung des positiven Ansehens des Berufsstandes. Die wichtigsten Vereinigungen für Einzelpersonen sind auf internationaler Ebene die European Association of Communication Directors (EACD), die sich an Kommunikationsmanager mit Führungsaufgaben richtet, sowie die International Association of Business Communicators (IABC), die allerdings vor allem im angloamerikanischen Raum aktiv ist. In einzelnen Ländern sind einerseits Verbände zu nennen, die ihre Wurzeln in der PR und Betriebspublizistik haben (in Deutschland: DPRG Deutsche Gesellschaft für Public Relations, BdP Bundesverband deutscher Pressesprecher, DJV Deutscher Journalisten Verband/Fachausschuss Presse- und Öffentlichkeitsarbeit; in Österreich: PRVA Public Relations Verband Austria; in der Schweiz: PR Suisse) und andererseits im Umfeld der Werbung und Integrierten Kommunikation beheimatete Organisationen (in Deutschland: Kommunikationsverband, Deutscher Marketing-Verband/ Marketing-Clubs; in Österreich: VIKOM Verband für integrierte Kommunikation; in der Schweiz: SW Schweizer Werbung). Hinzu kommen eine Vielzahl kleinerer Organisationen mit dem Fokus Markt- und Meinungsforschung, Direktkommunikation, Politische Kommunikation, Redenschreiben, etc. Für Kommunikationsmanager in Unternehmen relevant ist außerdem der Austausch mit Kolleginnen und Kollegen in Fachausschüssen für Kommunikation von Industrieverbänden sowie Industrie- und Handelskammern sowie in informellen Kreisen beispielsweise der Kommunikationschefs börsennotierter Unternehmen (DAX- oder MDAX-Kommunikatoren).

Wirtschaftsverbände im Berufsfeld vertreten die Interessen von Dienstleistern (und teilweise von Auftraggebern), beispielsweise im Gesamtverband Kommunikationsagenturen (GWA), dem Zentralverband der deutschen Werbewirtschaft (ZAW), dem Bundesverband Digitale Wirtschaft (BVDW) und der Gesellschaft Public Relations Agenturen (GPRA).

Tab. 3 Fachmagazine zur Praxis des Kommunikationsmanagements (Auswahl)

Publikation/Plattform	Inhaltlicher Fokus	Verlag/Herausgeber	Website
Communication Director	Strategische Kommunikation	Helios Media/EACD	www.communication-director.eu
Kommunikationsmanager	Unternehmenskommunikation	F.A.Z.-Institut/DPRG	www.faz-institut.de
W&V Werben & Verkaufen	Marketingkommunikation, Online, PR, Medien	Verlag Werben & Verkaufen	www.wuv.net
Horizont	Marketingkommunikation, Online, PR, Medien	Deutscher Fachverlag	www.horizont.net
Horizont (Österreich)	Marketingkommunikation, Online, PR, Medien	Mannstein Zeitschriftenverlag	www.horizont.at
Marketing & Kommunikation (Schweiz)	Marketingkommunikation, Online, PR, Medien	Galledia Verlag	www.m-k.ch
ibusiness	Internet, Online	Hightext Verlag	www.ibusiness.de
PR Magazin	Kommunikationsmanagement, PR	Verlag Rommerskirchen	www.prmagazin.de
PR Report	Kommunikationsmanagement, PR	Haymarket Media	www.prreport.de
Pressesprecher	Kommunikationsmanagement, PR	Helios Media/BdP	www.pressesprecher.com
PR Journal	PR, Online	Epikeros PR-Portal	www.pr-journal.de

Hinzu kommen vergleichbare Organisationen in den Nachbarländern sowie Wirtschaftsverbände für Spezialdisziplinen wie Sponsoring, Events, Corporate TV usw.

Relevant sind schließlich die *Organe der freiwilligen Selbstkontrolle,* die auf der Grundlage von Ethikkodizes und durch die Reflektion problematischer Praktiken einen Beitrag zur Institutionalisierung akzeptabler und verantwortungsbewusster öffentlicher Kommunikation leisten wollen. Für die Unternehmenskommunikation relevant sind in diesem Bereich insbesondere der Deutsche Werberat und der Deutsche Rat für Public Relations.

Die vielfältigen Wurzeln der integrierten Kommunikation und des Berufsfeldes haben dazu geführt, dass die Konturen der Fachöffentlichkeit, in der Themen des Kommunikationsmanagements problematisiert, diskutiert und fokussiert werden, kaum greifbar sind. Dies ist zudem der dynamischen Entwicklung und ständigen Ausdifferenzierung des Felds geschuldet. Jenseits der Vielzahl von Veranstaltungen und Kongressen, die unter anderem von den bereits genannten Verbänden organisiert werden, leisten vor allem *Fachzeitschriften und thematische Online-Plattformen* einen Beitrag zur Institutionalisierung des Berufsfelds. Tabelle 3 gibt einen Überblick zu relevanten Publikationen, wobei hier kein Anspruch auf Vollständigkeit erhoben wird.

4.2 Kompetenzen, Ausbildung und Qualifikation

Einen aus professionssoziologischer Perspektive wichtigen Stellenwert nehmen Fragen nach Kernkompetenzen und Qualifikationen und damit zusammenhängend nach der Ausbildung von Kommunikationsmanagern ein. Wie eingangs erwähnt, verfügen klassische Professionen über ein klar definiertes Kompetenz- und Anforderungsprofil und damit auch oft über eine geregelte Ausbildung und einen eingeschränkten Berufszugang. Dies ist im Kommunikationsmanagement nicht gegeben.

Es ist naheliegend, bei der Definition von Qualifikationen zunächst auf die tatsächliche *Berufspraxis und die realen Tätigkeitsprofile* heutiger Kommunikationsmanager zu blicken (grundlegend dazu Nothhaft 2011). Eine europäische Studie hat in diesem Zusammenhang vier Bündel von Kernaktivitäten identifiziert, die den Arbeitsalltag von Kommunikationsverantwortlichen prägen (vgl. Abb. 1). Hier zeigt sich eine Verschiebung in Richtung strategischer und reflektierender Tätigkeiten, wobei eher operative Kommunikationsaktivitäten typischerweise nach wie vor ungefähr ein Drittel der produktiven Arbeitszeit pro Woche einnehmen. Welcher Raum den jeweiligen Aufgaben eingeräumt wird, unterscheidet sich natürlich je nach Position und Hierarchieebene (Zerfass et al. 2012, S. 46 ff.). Entsprechend gestaltet sich auch das erforderliche Kompetenz- und Qualifikationsprofil. Auch dieses hat sich verschoben. Während es früher größtenteils auf handwerkliche und kreative Fähigkeiten und Fertigkeiten ankam (gute Schreibe, überzeugender Auftritt als Redner, kreative Ideen, Designverständnis, etablierte Kontakte zu Journalisten, Politikern oder anderen Multiplikatoren), sind heute stärker Managementfähigkeiten und betriebswirtschaftliches Wissen gefordert (Zerfass et al. 2012, S. 87 ff.).

Kommunikationsmanager sollten demnach in der Lage sein, unter Druck Entscheidungen zu treffen, planerisch und organisatorisch tätig zu sein sowie ihre Mitarbeiter zu führen. Gleichzeitig müssen sie ein umfassendes Wissen über aktuelle wirtschaftliche, politische und gesellschaftliche Trends haben, rechtliche Rahmenbedingungen kennen und eine ethische Grundorientierung besitzen. Außerdem wird ein tiefer Einblick in das Geschäft des eigenen Unternehmens, also in Kernmärkte, Kernprozesse und -produkte, sowie das Wettbewerbsumfeld erwartet. Ergänzt wird dieses Profil durch betriebswirtschaftliches Basiswissen hinsichtlich Bilanzierung, Rechnungslegung, Vertragsrecht, etc. Dies alles ergänzt die klassischen Kernkompetenzen, nämlich das Wissen um kommunikative Prozesse und Akteure sowie die öffentliche Meinungsbildung innerhalb und außerhalb der Organisation (kommunikationswissenschaftliches Basiswissen), sowie das Beherrschen handwerklicher und instrumenteller Fähigkeiten und Fertigkeiten. Dabei ist die ‚gute Schreibe' im Zweifelsfall genauso wichtig wie der Umgang mit digitalen Medien, insbesondere Social Media. Natürlich kann und muss nicht jeder alles wissen und können. Vielmehr ist der Trend zum Spezialistentum absehbar. Das Berufsfeld benötigt heute und in Zukunft eine breite Palette unterschiedlich ausgebildeter Personen mit verschiedenen Qualifikationswegen und Erfahrungshintergründen.

Es haben sich verschiedene *Zugänge zum Berufsfeld* etabliert, die mehr oder weniger gleichberechtigt nebeneinanderstehen, wobei seit vielen Jahren eine klare Akademisierung

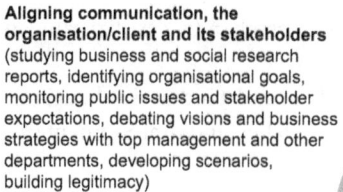

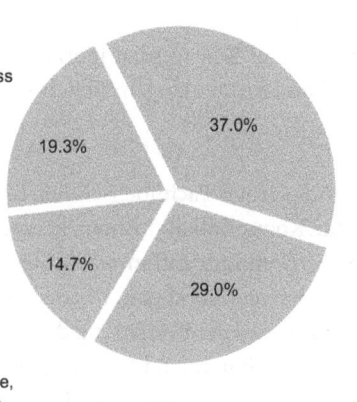

Aligning communication, the organisation/client and its stakeholders
(studying business and social research reports, identifying organisational goals, monitoring public issues and stakeholder expectations, debating visions and business strategies with top management and other departments, developing scenarios, building legitimacy)

Operational communication
(talking to colleagues and journalists, writing press releases and print/online texts, producing communication media, monitoring results of our activities, organising events etc.)

19.3%
37.0%
14.7%
29.0%

Coaching, training and educating members of the organisation or clients
(on the vision, mission and other communication related issues as well as upgrading their communicative competence, preparing them for communicating with the media, stakeholders etc.)

Managing communication activities and co-workers
(planning, organising, leading staff, budgeting, evaluating processes and strategies, justifying communication spending, preparing for crises)

Abb. 1 Kernaktivitäten und anteilige Zeitbudgets von Kommunikationsmanagern in Europa (Quelle: Zerfass et al. (2012, S. 46); $n=2.185$ Kommunikationsmanager; Median)

der Profession zu verzeichnen ist. In Deutschland und Europa besitzen rund 90 % aller Kommunikationsmanager eine akademische Ausbildung (Bentele et al. 2012; Zerfass et al. 2012). Der Hintergrund liegt dabei meist im Bereich der Sozial- und Geisteswissenschaften, bevorzugt der Kommunikations- und Medienwissenschaft. Ein wirtschaftswissenschaftliches Studium ist nach wie vor selten (Bentele et al. 2012, S. 36). Das heißt: Trotz eines prinzipiell offenen Berufszugangs ist eine abgeschlossene Hochschulausbildung heute mehr oder weniger Zugangsvoraussetzung für das Kommunikationsmanagement. Der gängigste Einstieg in das Berufsfeld nach dem Studium ist derjenige über ein ein- bis zweijähriges Volontariat oder Traineeprogramm bei einer Kommunikationsagentur oder in der Kommunikationsabteilung einer Organisation (Mickeleit und Schick 2010). Dies ist vor allem für Absolventen mit einem ersten Studienabschluss (Bachelor) oder mit partiellen Kenntnissen des Kommunikationsmanagments durch Wahlfächer im Studium oder/und Praktika angemessen. Die Absolventen einschlägiger Master-Studiengänge (siehe unten) finden dagegen zunehmend den Direkteinstieg als Referent und Berater, sowohl im engeren Berufsfeld als auch erweitert z. B. bei Unternehmensberatungen.

Die *Ausbildungs- und Weiterbildungslandschaft* im Bereich Kommunikationsmanagement hat sich parallel zum Berufsfeld sehr dynamisch verändert und entwickelt. Bis Anfang des 21. Jahrhunderts wurden Fragen der Unternehmenskommunikation im deutschsprachigen Raum nur in Vertiefungsfächern in kommunikationswissenschaftlichen Studiengängen (Public Relations) und in der Betriebswirtschaftslehre (Marketingkommunikation) vermittelt. Üblich waren deshalb Zusatzqualifikationen, mit denen Akademikern nach dem Studienabschluss der Berufseinstieg in das stark expandierende Feld erleichtert wurde und zugleich bereits berufstätige Quereinsteiger das notwendige Basiswissen erhielten. In diesem Feld sind (Werbe-) Akademien und private Ausbildungsträger bis heute tätig, oft mit Unterstützung der Branchenverbände, die entsprechende Zertifizierungen vornehmen (z. B. www.pzok.de).

Erst seit vergleichsweise kurzer Zeit werden hierzulande grundständige Studiengänge angeboten, die in anderen Ländern seit langem üblich sind. Dabei sind drei Segmente zu unterscheiden:

- Eine Reihe staatlicher und privater Fachhochschulen bieten *berufsfeldorientierte Bachelor-Studiengänge* z. B. für Kommunikationsmanagement/PR, Marketingkommunikation und Werbung, Online-Kommunikation oder Integrierte Kommunikation an (z. B. in Osnabrück/Lingen, Hannover, Pforzheim, Darmstadt, Wien und Zürich). Sie vermitteln Grundlagenwissen und das Handwerkszeug der Kommunikation.
- An deutschsprachigen Universitäten sind Studiengänge für Kommunikationsmanagement oder Unternehmenskommunikation – im Unterschied zu anderen europäischen Ländern, an denen auch Business Schools in dem Bereich aktiv sind, z. B. die Universitäten Aarhus, Rotterdam oder die BI Norwegian Business School in Oslo) – ausschließlich an kommunikationswissenschaftlichen Instituten verankert. Diese bieten durchgängig als Basisqualifikation *kommunikationswissenschaftliche Bachelor-Studiengänge* an, in denen die gesamte Breite des Fachs vermittelt wird. Aspekte des Kommunikationsmanagements sind hier nur ein Teilbereich und werden ebenso wie die Grundlagen von Journalismus, Mediensystem- oder Rezipientenforschung vermittelt (Vogelgesang 2012). Als wesentliche Qualifikationen, die in berufsfeldorientierten Bachelor-Angeboten oft fehlen, werden hier intensiv Theorien der öffentlichen Kommunikation und empirische Methoden der Sozialforschung vermittelt. Eine Spezialisierung ermöglichen darauf aufbauend *Master-Studiengänge* zum Kommunikationsmanagement, die in Vollzeit absolviert werden und meist Praxiswissen (z. B. zu Konzeption und Kommunikationsplanung, Krisenkommunikation, Kommunikations-Controlling) mit interdisziplinären Inhalten (strategische Kommunikation, Management, Organisation, Recht, Ethik) und aktuellen Fragen der Forschung verbinden. Am bekanntesten und renommiertesten sind laut einschlägiger Umfragen im Berufsfeld die Angebote der Universitäten Leipzig, Münster, Mainz und Hohenheim (Bentele et al. 2012, S. 220 f.). Weitere Master-Studiengänge zum Kommunikationsmanagement, die auch unter Begriffen wie Communication Management, Strategische Kommunikation, Unternehmenskommunikation, Organisationskommunikation oder PR reüssieren, bieten die Universität Greifswald und die LMU München an. Diese Studiengänge bilden insgesamt pro Jahr weniger als 150 Absolventen aus – angesichts der Größe des Berufsfelds ist dies nicht mehr als ein Tropfen auf den heißen Stein. Hinzu kommen Studiengänge im Bereich Werbung und Design, beispielsweise an der UdK Berlin, sowie verschiedenste Angebote von Fachhochschulen, die aber im Allgemeinen stärker praxisorientiert und nicht mit der internationalen Forschung vernetzt sind.
- Ein drittes Segment sind *berufsbegleitende Studiengänge und Zertifikatskurse,* die von privaten Fachhochschulen (z. B. Quadriga Hochschule Berlin, MHMK) ebenso wie von Universitäten (Universität Lugano, Donau-Universität Krems, Universität St. Gallen)

und gemeinnützigen Trägern angeboten werden, die mit akkreditierten Hochschulen zusammenarbeiten (z. B. Leipzig School of Media). Das vielfältige Angebot an berufsbegleitenden Master- und MBA-Programmen richtet sich an Kommunikationspraktiker, die entweder aufgrund ihrer wirtschaftswissenschaftlichen oder technischen Vorbildung ihr Qualifikationsprofil im Kommunikationsbereich vervollständigen wollen, oder an solche, die mit sozialwissenschaftlichem Hintergrund grundlegendes Managementwissen benötigen. Darüber hinaus gibt es Angebote, die Spezialdisziplinen (Digitale Kommunikation, Social Media, Corporate Media, Mobile Marketing) vertiefen und Zusatzwissen vermitteln. Diese Studiengänge sind im Kern eine Fortführung der früheren Qualifikationsangebote für Akademiker auf höherem Niveau und mit zusätzlichen Abschlüssen. Im Mittelpunkt steht die Vermittlung des State-of-the-Art-Wissens; für vertiefende Aspekte und forschungsgetriebene Innovationsthemen bleibt naturgemäß keine Zeit. Aufgrund der Größe des Berufsfelds und der knappen Kapazitäten der Kernstudiengänge leisten berufsbegleitende Angebote – wie auch Erfahrungen aus anderen Ländern zeigen – einen wesentlichen Beitrag zur Institutionalisierung der Profession und sie werden auch auf längere Zeit unverzichtbar sein.

Neben der hochschulgebundenen Aus- und Weiterbildung gibt es zahlreiche weitere *Qualifikationsmöglichkeiten,* die von Bildungsträgern aller Art angeboten werden, zunehmend auch mit Mitteln des E-Learnings. Die Empirie zeigt allerdings, dass zwischem dem Bedarf an Weiterbildung und den intern und extern von Unternehmen offerierten Angeboten für Kommunikationsverantwortliche noch eine große Lücke klafft (Zerfass et al. 2012, S. 86 ff). Das könnte ein Grund dafür sein, dass das ‚learning on the job' weiterhin von 86 % der Kommunikationsmanager in Europa als wichtigste Form der Aus- und Weiterbildung angesehen wird (Zerfass et al. 2012, S. 96).

Ein weiterer Fortbildungsbedarf kristallisiert sich im Bereich der *Executive Education* heraus. Aktuelle Studien und Forschungsprojekte zeigen, dass es insbesondere für erfahrene Kommunikationsmanager auf der zweiten Führungsebene in Großunternehmen oder Agenturen sowie für CCOs kaum Möglichkeiten gibt, ihr Kompetenz- und Qualifikationsprofil abzurunden. Einerseits bieten sich hier typische Top-Management-Programme an, wie sie führende Business Schools (London School of Economics, Stanford, Harvard) anbieten. Mit Blick auf fachspezifische Innovationen, z. B. im Bereich der internationalen strategischen Kommunikation, gibt es aber keine Programme, so dass als Alternative der direkte Wissensaustausch mit Forschungseinrichtungen, beispielsweise im Rahmen gemeinsamer Studienprojekte, bleibt.

4.3 Forschung und Wissenstransfer

Getrieben wird die Professionalisierung des Berufsfelds auch durch die aktive akademische Forschungslandschaft in Deutschland und Europa, die zwar nach wie vor stark von anglo-amerikanischen Einflüssen geprägt ist, aber mindestens seit der Jahrtausendwende eigene Schwerpunkte und eine eigenständige Infrastruktur aufbauen konnte. Mit Blick auf die Innovationskraft und internationale Anerkennung nimmt die deutschsprachige Forschung heute gemeinsam mit der skandinavischen und niederländischen Forschung eine bedeutsame Stellung in der internationalen Diskussion ein. Zentren der Forschung im Bereich Unternehmenskommunikation und Kommunikationsmanagement sind vor allem die bereits genannten Universitäten. Die Forschungsthemen orientieren sich dabei sowohl an Grundlagenfragen als auch an aktuellen Herausforderungen des Berufsfelds (vgl. im Überblick Hoffjann und Huck-Sandhu 2013). Häufig sind interdisziplinäre Einflüsse erkennbar. Nur wenige Hochschulen bearbeiten allerdings explizit die Schnittstellen von Management, Strategie und Kommunikation – dies ist vor allem der Tatsache geschuldet, dass das Fach hierzulande nicht in der Betriebswirtschaftslehre, sondern in den Kommunikationswissenschaften beheimatet ist und daher nur wenige Forscher über einen ökonomischen Hintergrund verfügen. Exemplarisch zeigt sich das im Bereich der Finanzkommunikation, der in der Praxis von größter Bedeutung ist, allerdings bis heute international ein Stiefkind der akademischen Forschung darstellt.

Organisiert ist die deutsche Forschungslandschaft vor allem innerhalb der Deutschen Gesellschaft für Publizistik- und Kommunikationswissenschaft e. V. (DGPuK), Fachgruppe PR/Organisationskommunikation. Auf internationaler Ebene sind die European Public Relations Education and Research Association (EUPRERA), auf deren Jahrestagungen Forscher aus ganz Europa und Übersee zusammenkommen, sowie die International Communication Association (ICA) mit Fachgruppen für Organisationskommunikation und PR zu nennen.

Für Entscheider in der Unternehmensführung und CCOs besonders interessant sind einige Initiativen, die sich explizit dem *Austausch zwischen Forschung und Praxis* widmen. Eine übergreifende Plattform speziell für die Unternehmenskommunikation bietet die im Stifterverband für die Deutsche Wissenschaft verankerte Akademische Gesellschaft für Unternehmensführung & Kommunikation, ein Zusammenschluss der forschungsstärksten deutschen Universitäten im Themenfeld mit den Kommunikationschefs von rund 30 globalen Konzernen und Markenunternehmen im deutschsprachigen Raum. Durch den regelmäßigen Austausch, die gemeinsame Identifizierung von Fragestellungen und die Förderung von Forschungsprojekten wird die Innovationskraft und Institutionalisierung der Profession vorangetrieben. Ein ähnliches Anliegen im Bereich des Marketings einschließlich der Marketingkommunikation verfolgt seit längerem die Wissenschaftliche Gesellschaft für Marketing und Unternehmensführung. In den Vereinigten Staaten sind in diesem Zusammenhang die Arthur W. Page Society, das Plank Center for Leaderhip in Public Relations und das Institute for Public Relations zu nennen – wobei hier allerdings zum Teil auch Dienstleister und Agenturen engagiert sind. Alle diese Organisationen fördern praxisrelevante Forschungsprojekte und bieten auf ihren Internetauftritten entsprechende Studienberichte und Publikationen an.

Einen Einblick in die aktuelle Forschung zur Unternehmenskommunikation bieten neben Buchpublikationen insbesondere *wissenschaftliche Fachzeitschriften*. Eine Übersicht wichtiger Titel findet sich in Tab. 3. Diese Publikationen sind meist online über die Zugän-

Tab. 4 Wissenschaftliche Fachzeitschriften zum Kommunikationsmanagement (Auswahl)

Fachzeitschrift	Verlag	Website
International Journal of Strategic Communication	Routledge	http://www.tandfonline.com/toc/hstc20/current
Corporate Communications – An International Journal	Emerald	http://www.emeraldinsight.com/products/journals/journals.htm?id=ccij
Journal of Communication Management	Emerald	http://www.emeraldinsight.com/products/journals/journals.htm?id=jcom
Corporate Reputation Review	Palgrave	http://www.palgrave-journals.com/crr/index.html
Management Communication Quarterly	Sage	http://mcq.sagepub.com/
Public Relations Review	Elsevier	http://www.journals.elsevier.com/public-relations-review/
Journal of Public Relations Research	Routledge	http://www.tandfonline.com/toc/hprr20/current
Journal of Marketing Communications	Routledge	http://www.tandfonline.com/toc/rjmc20/current

ge von Universitätsbibliotheken verfügbar. Der Diskurs findet in englischer Sprache statt und stützt sich auf „peer-reviewed", d. h. anonym begutachtete Beiträge, die wissenschaftlichen Qualitätsstandards genügen – allerdings nicht immer Fragestellungen von praktischer Relevanz für die Profession bearbeiten. Aufschlussreich sind zudem die teilweise online verfügbaren Tagungsbände von internationalen Fachtagungen (z. B. www.iprrc.org). Im deutschsprachigen Raum gibt es keine wissenschaftlichen Zeitschriften speziell im Bereich Kommunikationsmanagement. Einzelne Beiträge finden sich jedoch in deutschen Fachperiodika der Kommunikationswissenschaft (Publizistik, Medien & Kommunikationswissenschaft, Studies in Communication Science) und der Marketingforschung (Marketing Review St. Gallen). Zudem wird in Fachmagazinen (siehe oben Tab. 3) häufig in Kurzform über Ergebnisse von Studien und Forschungsprojekten berichtet (Tab. 4).

5 Herausforderungen und Perspektiven

Ein abschließender Blick soll den wichtigsten Herausforderungen für die weitere Professionalisierung des Kommunikationsmanagements gelten. Dabei kann auf die berufssoziologischen und neo-institutionalistischen Ansätze am Anfang des Beitrags zurückgegriffen werden.

Aus *berufssoziologischer Perspektive* wird die Frage nach der Selbstverpflichtung und -kontrolle bzw. des Umgangs mit moralischen Grauzonen von Interesse sein (Zerfass et al.

2012, S. 18 ff.; vgl. auch das Kapitel „Ethische Aspekte von Public Relations, Werbung und Onlinekommunikation"). Als Folge von Compliance-Programmen, höheren Anforderungen an unternehmerische Transparenz, neuen Kommunikationskanälen ohne etablierte Regeln sowie der zunehmenden Internationalisierung von Unternehmen stehen heute immer mehr Kommunikationsmanager vor ethischen Herausforderungen. Dies betrifft insbesondere jene, die in den Feldern Politische Kommunikation, Lobbying/Public Affairs, Online-Kommunikation und Social Media tätig sind (Zerfass et al. 2012, S. 21). Die Ausarbeitung und Durchsetzung moderner Regeln bis hin in die Arbeitsverträge der Mitarbeiter von Kommunikationsabteilungen stellt eine wichtige Aufgabe für das Berufsfeld dar. Außerdem wird die weitere Professionalisierung des Feldes auch davon abhängen, ob Kommunikationsmanager in der Lage sind, *spezifische Problemlösungskompetenzen und definierbares Expertenwissen* für sich zu beanspruchen. Das sich erst langsam entwickelnde Verständnis von der Rolle und Funktion der Kommunikation, insbesondere beim Top-Management (Zerfaß et al. 2013; Arthur W. Page Society 2013) sowie die Probleme der Profession, den Wertschöpfungsbeitrag ihrer Arbeit zu belegen, stellen bislang große Barrieren dar. Hier sind Aus- und Weiterbildungsträger ebenso gefragt wie Berufsverbände. Der Fokus muss dabei verstärkt auf der Vermittlung von Managementwissen und betriebswirtschaftlichen Kenntnissen liegen (Tench et al. 2013). Einzelne Unternehmen müssen sich der Herausforderung stellen, qualifiziertes Personal für zukünftige Führungspositionen weiterzuentwickeln und ein umfassendes Kompetenzmanagement für Mitarbeiter im Kommunikationsmanagement aufzubauen, auch mit Blick auf die weitere Internationalisierung der Kommunikationsfunktion (vgl. Kapitel „Unternehmenskommunikation und Kommunikationsmanagement: Strategie, Management und Controlling" und das Kapitel „Internationale Unternehmenskommunikation").

Aus *neo-institutionalistischer Perspektive* liegen die Herausforderungen darin, die weitere Institutionalisierung und organisatorische Verankerung von Kommunikationsmanagement in Unternehmen voranzutreiben. Hier geht es zum einen um Differenzierungs- und Abgrenzungsprozesse zu anderen Funktionen, aber auch um die Integration und Koordination von (Kommunikations-)Maßnahmen über Abteilungsgrenzen hinweg. In diesem Spannungsfeld muss sich das Kommunikationsmanagement behaupten und gegebenenfalls eine Führungsposition für sich beanspruchen. Es ist anzunehmen, dass sich die Erwartungshaltungen von Stakeholdern in Bezug auf Transparenz und Legitimation noch verstärken werden und die Interdependenzen zwischen Organisationen und ihren Umwelten weiter zunehmen. Dem Kommunikationsmanagement kommt hier eine immer wichtiger werdende Rolle als Befähigungs-, Beratungs- und Unterstützungsfunktion für das Top-Management und andere Unternehmensmitglieder zu. Ziel muss es sein, nicht nur passiv auf die Anforderungen der Umwelt zu reagieren, sondern diese auch aktiv als Treiber und Gestalter organisatorischer und gesellschaftlicher Prozesse zu beeinflussen. Dies ist der entscheidende Prüfstein für ein genuin strategisch ausgerichtetes und zur Wertschöpfung beitragendes Kommunikationsmanagement.

Literatur

Arthur W. Page Society. (2007). *The authentic enterprise*. New York: Arthur W. Page Society. http://www.awpagesociety.com/insights/authentic-enterprise-report. Zugegriffen: 02. Jan. 2014.

Arthur W. Page Society. (2013). *The CEO View: The Impact of Communications on Corporate Character in a 24 × 7 Digital World*. New York: Arthur W. Page Society. http://www.awpagesociety.com/insights/corporate-character. Zugegriffen: 02. Jan. 2014.

Bartlett, J., Tywoniak, S., & Hatcher, C. (2007). Public relations professional practice and the institutionalisation of CSR. *Journal of Communication Management, 11*(4), 281–299.

Bentele, G., Dolderer, U., Fechner, R., & Seidenglanz, R. (2012). *Profession Pressesprecher 2012. Vermessung eines Berufsstandes*. Berlin: Helios Media.

Berger, B. K., & Meng, J. (Hrsg.). (2014). *Making Sense of Public Relations Leaders – The Sense Makers. A global study of leadership in public relations and communication management*. New York: Routledge.

Broom, G. M. (1982). A comparison of sex roles in public relations. *Public Relations Review, 8*(3), 17–22.

Bruhn, M. (2009). *Integrierte Unternehmens- und Markenkommunikation* (5. Aufl.). Stuttgart: Schäffer-Poeschel.

Bruhn, M., & Ahlers, G. M. (2004). Der Streit um die Vormachtstellung von Marketing und Public Relations in der Unternehmenskommunikation – Eine unendliche Geschichte? *Marketing ZFP, 26*(1), 71–80.

Bruhn, M., Esch, F.-R., & Langner, T. (Hrsg.). (2009). *Handbuch Kommunikation. Grundlagen – Innovative Ansätze – Praktische Umsetzungen*. Wiesbaden: Gabler.

Daheim, H. (1992). Zum Stand der Professionssoziologie. In B. Dewe, W. Ferchhoff, & F. O. Radtke (Hrsg.), *Erziehen als Profession* (S. 21–35). Opladen: Leske + Budrich.

DiMaggio, P. J., & Powell, W. W. (1983). The iron cage revisited: Institutional isomorphism and collective rationality in organizational fields. *American Sociological Review, 48*(2), 147–160.

DiMaggio, P. J., & Powell, W. W. (Hrsg.). (1991). *The new institutionalism in organizational analysis*. Chicago: University of Chicago Press.

Dozier, D. M., & Broom, G. M. (1995). Evolution of the manager role in public relations practice. *Journal of Public Relations Research, 7*(1), 3–26.

Freeman, R. E. (1984). *Strategic Management. A Stakeholder Approach*. Boston: Pitman.

Giddens, A. (1984). *The constitution of society. Outline of the theory of structuration*. Cambridge: Polity Press.

Gregory, A., Invernizzi, E., & Romenti, S. (2013). Institutionalization, organizations and public relations: A two-sided process. In K. Sriramesh, A. Zerfass, & J.-N. Kim (Hrsg.), *Current trends and emerging topics in public relations and communication management* (S. 268–282). New York: Routledge.

Grunig, J., Grunig, L., & Dozier, D. (Hrsg.). (2002). *Excellent public relations and effective organizations. A study of communication management in three countries*. Mahwah: Lawrence Erlbaum Associates.

Hasse, R., & Krücken, G. (2005). *Neo-Institutionalismus* (2. Aufl.). Bielefeld: Transcript.

Hoffjann, O., & Huck-Sandhu, S. (Hrsg.). (2013). *UnVergessene Diskurse – 20 Jahre PR- und Organisationskommunikationsforschung*. Wiesbaden: Springer VS.

Kurtz, T. (2002). *Berufssoziologie*. Bielefeld: Transcript.

Lawrence, T., Suddaby, R., & Leca, B. (2011). Institutional Work: Refocusing institutional studies of organization. *Journal of Management Inquiry, 20*(1), 52–58.

Marchand, R. (1998). *Creating the corporate soul. The rise of public relations and corporate imagery in American big business*. Berkeley: University of California Press.

Meyer, J. W., & Rowan, B. (1977). Institutional organizations: Formal structure as myth and ceremony. *American Journal of Sociology, 83*(2), 340–363.

Mickeleit, T., & Schick, E. (Hrsg.). (2010). *Das PR-Volontariat. PR-Qualifizierung in deutschen Agenturen und Unternehmen*. Berlin: Helios Media.

Mieg, H. A. (2003). Problematik und Probleme der Professionssoziologie. In H. A. Mieg & M. Pfadenhauer (Hrsg.), *Professionelle Leistung - Professional Performance* (S. 11–46). Konstanz: UVK.

Moss, D. (2011). A managerial perspective of public relations: Locating the function and analysing the environmental and organisational context. In D. Moss & B. DeSanto (Hrsg.), *Public relations. A managerial perspective* (S. 23–56). Thousand Oaks: Sage.

Nothhaft, H. (2011). *Kommunikationsmanagement als professionelle Organisationspraxis. Theoretische Annäherung auf Grundlage einer teilnehmenden Beobachtungsstudie*. Wiesbaden: VS Verlag für Sozialwissenschaften.

Röttger, U. (2010). *Public Relations: Organisation und Profession: Öffentlichkeitsarbeit als Organisationsfunktion. Eine Berufsfeldstudie* (2. Aufl.). Wiesbaden: VS Verlag für Sozialwissenschaften.

Röttger, U., Preusse, J., & Schmitt, J. (2011). *Grundlagen der Public Relations. Eine kommunikationswissenschaftliche Einführung*. Wiesbaden: VS Verlag für Sozialwissenschaften.

Sandhu, S. (2012). *Public Relations und Legitimität. Der Beitrag des organisationalen Neo-Institutionalismus für die PR-Forschung*. Wiesbaden: VS Verlag für Sozialwissenschaften.

Schultz, F., & Wehmeier, S. (2010). Institutionalization of corporate social responsibility within corporate communications. In *Corporate Communications: An International Journal, 15*(1), 9–29.

Scott, R. W. (2008). *Institutions and organizations. Ideas and interests* (3. Aufl.). Thousand Oaks: Sage.

Senge, K. (2011). *Das Neue am Neo-Institutionalismus. Der Neo-Institutionalismus im Kontext der Organisationswissenschaft*. Wiesbaden: VS Verlag für Sozialwissenschaften.

Signitzer, B. (1994). Professionalisierungstheoretische Ansätze und Public Relations: Überlegungen zur PR-Berufsfeldforschung. In W. Armbrecht & U. Zabel (Hrsg.), *Normative Aspekte der Public Relations* (S. 265–289). Opladen: Westdeutscher Verlag.

Stichweh, R. (1992). Professionalisierung, Ausdifferenzierung von Funktionssystemen, Inklusion. In R. Stichweh, *Wissenschaft, Universität, Profession. Soziologische Analysen* (S. 362). Frankfurt am Main: Suhrkamp.

Süss, W., Zerfaß, A., & Dühring, L. (2011). *Corporate Branding im Spannungsfeld von Unternehmens- und Marketingkommunikation. Grundlagen, Fallstudien und empirische Erkenntnisse in Commodity-Branchen*. Wiesbaden: Gabler.

Szyszka, P., Schütte, D., & Urbahn, K. (2009). *Public Relations in Deutschland. Eine empirische Studie zu Berufsfeld Öffentlichkeitsarbeit*. Konstanz: UVK.

Tench, R., Verhoeven, P., & Zerfass, A. (2009). Institutionalizing Strategic Communication in Europe – An Ideal Home or a Mad House? Evidence from a Survey in 37 Countries. *International Journal of Strategic Communication, 3*(2), 147–164.

Tench, R., Zerfass, A., Verhoeven, P., Vercic, D., Moreno, A., & Okay, A. (2013). *Competencies and Role Requirements of Communication Professionals in Europe. Insights from quantitative and qualitative studies*. ECOPSI Research Project. Leeds: Leeds Metropolitan University.

van Ruler, B. (2005). Commentary: Professionals are from Venus, Scholars are from Mars. *Public Relations Review, 31*(2), 159–173.

Vogelgesang, J. (Hrsg.). (2012). *Kommunikationswissenschaft studieren*. Wiesbaden: VS Verlag für Sozialwissenschaften.

Walgenbach, P., & Meyer, R. (2008). *Neoinstitutionalistische Organisationstheorie*. Stuttgart: Kohlhammer.

Wienand, E. (2003). *Public Relations als Beruf. Kritische Analyse eines aufstrebenden Kommunikationsberufes*. Wiesbaden: Westdeutscher Verlag.

Will, M., Fleischmann, P. J., & Fritton, M. (2011). *Kommunikation aus Sicht von Vorstandsvorsitzenden: eine unterschätzte Herausforderung?* Düsseldorf: Egon Zehnder International.

Zerfaß, A. (2010). *Unternehmensführung und Öffentlichkeitsarbeit. Grundlegung einer Theorie der Unternehmenskommunikation und Public Relations* (3. Aufl.). Wiesbaden: VS Verlag für Sozialwissenschaften.

Zerfaß, A., Schwalbach, J., & Sherzada, M. (2013). *Unternehmenskommunikation aus der Perspektive des Top-Managements. Eine empirische Studie bei Vorständen und Geschäftsführern in deutschen Großunternehmen*. Leipzig: Universität Leipzig. http://bit.ly/ukom2013. Zugegriffen: 02. Jan. 2014.

Zerfass, A., & Franke, N. (2013). Enabling, advising, supporting, executing: A theoretical framework for internal communication consulting within organizations. *International Journal of Strategic Communication, 7*(2), 118–135.

Zerfass, A., Verčič, D., Verhoeven, P., Moreno, A., & Tench, R. (2012). *European Communication Monitor 2012. Challenges and Competencies for Strategic Communication. Results of an Empirical Survey in 42 Countries*. Brüssel: EACD/EUPRERA, Helios Media.

Teil II
Ökonomische, publizistische, rechtliche und ethische Rahmenbedingungen der Kommunikation

Jenseits von Geld und Information: Zur Ökonomie der Aufmerksamkeit

Georg Franck

Zusammenfassung

Zwei Tendenzen beherrschen die Wahrnehmung des aktuellen Wandels der Gesellschaft. Es sind die fortschreitende Ökonomisierung des Gesellschaftsprozesses und die Entmaterialisierung der wirtschaftlichen Wertschöpfung. Ökonomische Begriffe und Modelle bestimmen immer deutlicher das Bild der sozialen und politischen Verhältnisse unserer Gesellschaft. Mit der ökonomischen Durchrationalisierung einer geht der Wandel von der Industrie- zur Informationsgesellschaft. Die Wissensproduktion beerbt die Führungsrolle der Schwerindustrie, Datenströme ersetzen Güterströme, neue Medien verdrängen alte Marktplätze.

Die These dieses Beitrags ist, dass der Wandel unzureichend verstanden wird, wenn in der ökonomischen Theorie lediglich materielle gegen Informationsgüter ausgetauscht werden. Charakteristisch für die Informationsgesellschaft ist nicht, dass Information einen besonderen Wert annähme. Charakteristisch ist vielmehr deren nicht mehr zu bewältigende Flut. Zum Engpass wird die Kapazität zur Verarbeitung: Aufmerksamkeit. Bemerkenswert ist, dass die Aufmerksamkeit, sobald sie überhaupt in die Ökonomie eingeht, eine Rolle nicht nur als knappe Ressource, sondern auch als Form des Einkommens spielt. In der Informationsökonomie, das ist die zentrale These, macht die Aufmerksamkeit dem Geld Konkurrenz.

Schlüsselwörter

Informationsgesellschaft · Medien · Öffentlichkeit · Wissenschaftsbetrieb · Wissensökonomie · Aufmerksamkeit

---

G. Franck (✉)
Technische Universität Wien, Institut für Architekturwissenschaften
Treitelstraße 3/259.1, 1040 Wien, Österreich
E-Mail: franck@iemar.tuwien.ac.at

1 Informationsökonomie

Information ist nichts Festes und Fertiges, sondern der Neuigkeitswert, den wir aus Reizen ziehen. Der Neuigkeitswert, den wir aus Reizen ziehen, kann sich auf das Reizmuster als solches oder auch darauf beziehen, was das Muster bedeutet. Der Neuigkeitswert des Musters als solchem kann als die (Un-)Wahrscheinlichkeit seines Auftauchens in einem zufälligen Fluss von Signalen gemessen werden. Der Neuigkeitswert von Mustern, die etwas bedeuten, ist schwieriger zu messen. Seine Messung verlangt die Einbeziehung der Instanz, die die Bedeutung *versteht*. Der Neuigkeitswert bedeutungsloser Muster heißt syntaktische Information. Der Neuigkeitswert von Mustern, die sich auf etwas anderes beziehen, heißt semantische beziehungsweise pragmatische Information. Ökonomisch von Belang ist nur semantische und – vor allem – pragmatische Information. Der ökonomische Wert von Information hängt von der Befriedigung ab, die das Verständnis stiftet, und von den Handlungsmöglichkeiten, die es aufschließt.

Niemand weiß genau, wie das Verstehen semantischer Bedeutung und pragmatischen Sinns funktioniert. Gewiss ist jedoch, dass jeder Akt des Verstehens *Ressourcen* in Anspruch nimmt, die alternativ zu verwenden wären. Die Aktivität des Verstehens kostet Zeit und Energie. Diese Zeit und Energie sind nicht vermehrbar. Sie können lediglich mehr oder weniger effektiv verwendet werden. Sie werden aber zwangsläufig umso knapper, je höher die Flut der Information, die uns reizt oder zugemutet wird, steigt.

Nicht die Information, sondern diese Ressourcen sind der Schlüssel zum Verständnis der Informationsökonomie. Es ist die Ökonomisierung dieser Ressourcen, die wir als Durchrationalisierung immer weiterer Lebensbereiche bei gleichzeitiger Entmaterialisierung der wirtschaftlichen Wertschöpfung erleben. Eigenartigerweise hat die theoretische Ökonomie für diese Ressourcen nun aber keinen einheitlichen, geschweige denn terminologisch ausgefeilten Begriff.

Gleichwohl existiert ein reiches Repertoire von Mitteln und Methoden, um den Wirkungsgrad der Zeit und Energie zu steigern, die die Er- und Verarbeitung bedeutsamer Information in Anspruch nimmt. Das Spektrum reicht von Sprache und Schrift über die Ausbildung von Terminologien, die Mathematik und die Ausbildung von Formalsprachen bis hin zur informationstechnischen Bewaffnung unserer Verstandeskräfte. Die gezielte Steigerung des Wirkungsgrads dieser Techniken und die Entwicklung spezifischer Energiespartechniken der Informationsverarbeitung lassen von etwas wie Informationsökonomie erst reden. Die Informationsgesellschaft ist diejenige Gesellschaft, in der die Techniken zur Steigerung des Wirkungsgrads mentaler Energie wichtiger geworden sind als diejenigen zur Steigerung des Wirkungsgrads physischer Energie. Nicht von ungefähr wird die Informations- auch als *Wissensgesellschaft* angesprochen. Bis heute fehlt indes eine ökonomische Theorie der Wissensproduktion. Es existiert weder eine Theorie der *Denkökonomie* noch eine der Mechanisierung geistiger Arbeit (als frühen, jedoch nie fortgesetzten Ansatz siehe Mach 1883: Kap. IV. 4).

Die ökonomische Theorie verfügt noch nicht einmal über ein *Maß für den Output* der Basisindustrie der Wissensgesellschaft, nämlich des *wissenschaftlichen Forschungsbetriebs*.

Worin besteht der Wert wissenschaftlicher Information? Wie wird er gemessen? Gibt es einen Markt für wissenschaftliche Hypothesen, Theorien und Tatsachen? Gibt es eine Art Preissystem für wissenschaftliche Erkenntnisse? Wer oder was sorgt für eine *effiziente Arbeitsteilung* im arbeitsteiligen Forschungsbetrieb?

All diese Fragen sind völlig offen. Gewiss ist nur eines: Wenn der Output des wissenschaftlichen Forschungsbetriebs ökonomisch bewertet wird, dann muss das Wertmaß auf eine Art *Zahlungsbereitschaft* zurückgehen. Als Maß für den ökonomischen Wert einer Sache kommen entweder die Mühen ihrer Herstellung oder die Bereitschaft in Frage, für ihren Gebrauch zu bezahlen. Da sich der Wert wissenschaftlicher Erkenntnisse gewiss nicht an der Mühe ihrer Erfindung beziehungsweise Entdeckung bemisst, kann sich die Frage nach ihrem Wertmaß auf die Zahlungsbereitschaft beschränken. Wie äußert sich diese Bereitschaft nun aber? Wissenschaftliche Hypothesen, Theoreme und Tatsachen werden nicht gegen Höchstgebot verkauft, sondern *publiziert*. Mit der Publikation werden sie der Allgemeinheit frei zugänglich gemacht. Also kann es auf keinen Fall die Bereitschaft zur Geldzahlung sein, an der sich der Wert wissenschaftlicher Information bemisst. Die Zahlung in welcher Währung könnte es aber dann sein? Der Einwand liegt nahe, dass die Frage falsch gestellt sei. Man hört ja immer wieder, dass es unmöglich sei, die Information wissenschaftlicher Hypothesen, Tatsachen und Theoreme zu messen. Diese Unmöglichkeit wäre nun freilich ein harter Schlag nicht nur für die ökonomische Theorie, sondern auch für die Wissenschaftstheorie. Ohne die Messung des Outputs der wissenschaftlichen Produktion gibt es keinen Vergleich mit dem Input und kein sinnvolles Fragen nach der Effizienz des Forschungsbetriebs. Ohne Begriff der ökonomischen Rationalität des Forschungsbetriebs bleibt die ökonomische Theorie der Wissensgesellschaft nicht nur, sondern bleibt auch der wissenschaftstheoretische Ausweis der *Rationalität des Unterfangens Wissenschaft* eine halbe Sache.

Die Wissenschaft ist nicht der einzige Sektor der Informationsökonomie, der seinen Output der Öffentlichkeit zur freien Verfügung stellt. Auch im eigentlichen Massengeschäft mit der Information ist es üblich, das Angebot der Nachfrage nachzuwerfen. Die *Marktplätze* für das Massengeschäft mit Information sind die *Medien*. Die Medien, die auf der Höhe der technischen und ökonomischen Möglichkeiten operieren, sind das private Fernsehen und das Internet. Das private Fernsehen stellt sein Angebot zur freien Verfügung und finanziert sich aus anderen Quellen als dem Verkauf der Information, die es zum Konsum anbietet. Im Internet fließt nicht sonderlich viel Geld. Dennoch überflügelt das private Fernsehen die anderen Massenmedien. Dennoch wächst das Informationsangebot im Internet mit Raten, die die Wachstumsraten aller herkömmlichen Märkte in den Schatten stellen.

Es wäre reichlich kühn zu behaupten, der Informationsoutput der Massenmedien werde nicht gemessen. Natürlich wird er gemessen. Und natürlich ist es auch hier die Zahlungsbereitschaft, die Maß gibt. Es ist nur eben nicht mehr – jedenfalls nicht mehr in erster Linie – die Bereitschaft, Geld auszugeben. Vielmehr drängt sich auch hier der Eindruck auf, dass *das Geld von einer anderen Währung Konkurrenz* bekommt. Geld, dieser Eindruck verdichtet sich, ist nicht mehr alles. Die Entmaterialisierung des Wirtschaftsprozesses geht weiter als nur zum Ersatz materieller Produkte durch Informationsprodukte. Die Entmaterialisierung hat vom Zahlungssystem Besitz ergriffen. Das Geld ist auch und gerade als Form des Einkommens nicht mehr alles.

2 Attraktionsökonomie

Es reicht heute nicht mehr, nur reich zu sein. Wer etwas sein will, muss schon auch ein bisschen prominent sein. Das heißt, er muss noch ein anderes, immaterielles Einkommen beziehen. Geld allein ist zu etwas Gewöhnlichem geworden. Die Inflationierung materiellen Reichtums bei gleichzeitiger Vertiefung der Kluft zwischen Arm und Reich verpasst dem nackten Geld einen fast schon ordinären Zug. Wo sich immer mehr Menschen die Insignien materiellen Reichtums leisten können, da muss sich der Wille zur Distinktion nach Attributen umsehen, die selektiver sind als hohes Geldeinkommen. Nach dem *Gesetz der Sozialisierung ehemaliger Luxusgüter* sind diese Attribute unter den Privilegien der jeweils noch erkennbaren Eliten zu suchen. Der Generalnenner heutiger Eliten ist die *Prominenz.*[1]

Das Streben nach materiellem Reichtum gilt zwar nach wie vor als Hauptmotiv des wirtschaftlichen Handelns. Selbst diejenigen aber, die sich einbilden, hinter nichts anderem als dem Geld her zu sein, haben in Wirklichkeit ein anderes Einkommen im Sinn. Sie haben nämlich keineswegs vor, das Geld nur für leibliches Wohlleben und physischen Komfort auszugeben. Sie brauchen das Geld, um Eindruck auf ihre Mitmenschen zu machen. Das Geld schließt ihnen die Möglichkeit *ostentativen Konsums* auf. Der ostentative Konsum dient dem Aufbau und der Pflege der *Rolle, die die eigene Person in anderem Bewusstsein spielt*. Die Größe der Rolle, die die eigene Person in anderem Bewusstsein spielt, ist ein anderer Ausdruck für die Höhe des *Einkommens an mitmenschlicher Beachtung*. Die Prominenz ist die Klasse der Großverdiener dieses Einkommens. Sind die Grundbedürfnisse des Leibes einmal befriedigt, dann rückt die Rolle, die die eigene Person in anderem Bewusstsein spielt, ins Zentrum der Lebensinhalte. Der Grund ist, dass dann die *Selbstwertschätzung* wichtiger wird als das leibliche Wohl. Erst im Spiegel des anderen Bewusstseins lernen wir unser Selbst kennen. Erst in der Wertschätzung, die wir von anderen erfahren, lernen wir, was wir von uns selbst halten dürfen. Der Empfang von Wertschätzung ist immer mit dem von Beachtung verbunden. Weil unsere Selbstwertschätzung so eminent von der Wertschätzung abhängt, die wir von anderen empfangen, ist es ein Auftrag schon der Selbstwertschätzung, für reichlichen Bezug dieses immateriellen Einkommens zu sorgen (vgl. Kapitel: „Impression Management: Identitätskonzepte und Selbstdarstellung in der der Wirtschaft").

Auch für dieses immaterielle Einkommen hat die theoretische Ökonomie keinen Begriff. Das Streben nach mitmenschlicher Beachtung und die wachsende Bedeutung, die sie im Sehnen und Trachten der Menschen spielt, ist nun aber ganz entscheidend für den Prozess, den wir als ökonomische Durchrationalisierung immer weiterer Lebensbereiche erleben. Immer mehr Menschen legen nämlich die Gewohnheit ab, nur darauf zu warten,

---

[1] Siehe Franck 1993.

dass sie Beachtung seitens derer finden, auf die sie selbst achten. Immer mehr Menschen werden initiativ, ja direkt unternehmerisch tätig, um ihr Einkommen an Beachtung zu maximieren. Wenn die Wissenschaft diese Tendenz nicht ernst nimmt, riskiert sie, am vielleicht wichtigsten Zug der Entmaterialisierung des Wirtschaftsprozesses vorbeizuschauen.

So unterscheidet sich denn auch geistige von körperlicher Arbeit nicht nur dadurch, dass sie psychische statt physische Energie kostet und mit geistigem statt materiellem Kapital hantiert. Sie unterscheidet sich auch dadurch, dass neben der Entlohnung in Geld die in Beachtung zählt. Gewiss, auch bei der geistigen Arbeit geht es zunächst ums Geld. Für einen charakteristisch hohen Anteil der Geistesarbeiter ist jedoch das Aufsehen, das die Arbeit erregt, der schönere Lohn. Das Einkommen an Beachtung überwiegt für viele so auch als Grund für die Berufswahl. Je höher der Bildungsgrad, um so mehr entscheidet die Erwartung dieses immateriellen Einkommens über die Beliebtheit eines Berufs. Eine wissenschaftliche Karriere wird nicht deswegen einer besser dotierten in der Industrie vorgezogen, weil es aufs Geld nicht ankäme, sondern weil die Chancen des Einkommens an Beachtung höher sind.

Aufmerksamkeit
Aufmerksamkeit ist mehr als nur die Fähigkeit selektiver Informationsverarbeitung. Sie stellt die Kapazität bewussten Erlebens dar. Diese Kapazität ist bemerkenswert eng im Vergleich zur Komplexität der Gegenstände, mit denen wir geistig umgehen. Entscheidend sind daher Verfahren, die es erlauben, den Wirkungsgrad der engen Kapazität zu steigern. Zu diesen Methoden gehören die Sprache, deren Schärfung zur Terminologie, die Mathematik, algorithmische Kunstsprachen und schließlich die Delegation des Gebrauchs dieser Kunstsprachen und digitale Maschinerie. Die Aufmerksamkeit geht allerdings nicht nur in Gestalt einer knappen Ressource, sondern auch eines begehrten Einkommens in die Ökonomie ein. Reputation, Renommee, Prestige, Prominenz und Ruhm sind Formen des Reichtums an eingenommener Aufmerksamkeit. Sie beginnen in der Wohlstandsgesellschaft dem materiellem Reichtum als Lebensziel Konkurrenz zu machen. Vom Einkommen an Aufmerksamkeit hängt nämlich ab, welches Selbstwertgefühl wir uns leisten können.

Nicht nur in den wissenschaftlichen, in den meisten Berufen mit kreativem Einschlag gehört es zur Berufsehre, mehr auf die *Reputation* als auf das Geld zu achten. Reputation ist das konsolidierte Einkommen an sachverständiger Beachtung. Man wird nicht Künstler, um reich, sondern wenn, dann um berühmt zu werden. Der *Ruhm* stellt die höchste Einkommensklasse in Sachen Beachtung dar. An ihn kommt materieller Reichtum in keiner Weise heran. Deswegen gibt es auch im Management und in den höheren Etagen der Verwaltung eine Stufe in der Hierarchie, auf der sich die Prioritäten umkehren. Man sucht keine Präsenz in der Fachöffentlichkeit oder in der Repräsentation des Berufsstands wegen des Honorars – man sucht sie um der öffentlichen Ausstrahlung willen.

Die Vermittlung öffentlicher Ausstrahlung, das ist das Kerngeschäft der Medien. Die Medien bieten Information, um an die Beachtung des Publikums zu kommen. Nicht der Verkauf von Information gegen Geld hat die Medien groß gemacht, sondern der Tausch von technisch reproduzierter Information gegen lebendige Beachtung. Hinter dem Wandel klassischer Publikationsmedien zu modernen Massenmedien steckt die Entwicklung einer Technologie, die es gestattet, mit kalkulierbarem Aufwand und Ertrag an die Beachtung durch ein Massenpublikum zu kommen. Je „moderner" ein Medium, um so avancierter ist nicht nur die Technologie der Übertragung und Präsentation von Information, sondern auch und gerade die *Technologie der Attraktion* und Lenkung von Beachtung.

Weil sie Beachtung in Massen bedeutet, ist die Präsenz in den Massenmedien so attraktiv. Weil es beispiellose Chancen der Bereicherung an Beachtung bietet, drängt alles, was von höherem Ehrgeiz ergriffen ist, ins Fernsehen. Weil das Einkommen an Beachtung einen Reiz hat, der den des Geldeinkommens hinter sich lässt, ist denn auch das Informationsangebot im Internet explodiert. Weil inzwischen das Geschäft der Attraktion mit einer Professionalität und einem technischen Aufwand betrieben wird, der demjenigen des Geldmachens nicht mehr nachsteht, werden wir mit Information sintflutartig überschwemmt. Nicht nur der Umfang geistiger Produktion, auch die zur Attraktion eigens herausgebrachte, gezielt publizierte und aggressiv vermarktete Information ist in gigantischem Umfang gewachsen. Die Wachstumsraten beider stellen die der materiellen Produktion in den Schatten. Der Zunahme der publizierten, um Beachtung konkurrierenden Information steht aber ein organisch beschränktes und nahezu konstantes Aufkommen an aufmerksamer Energie gegenüber. Diese Energie ist in der Form, in der wir selbst über sie verfügen, *knapp*. Sie ist in der Form der Zuwendung, die wir von anderen empfangen, begehrt. Ihre Ökonomisierung in diesen beiden Formen, als knappe Ressource und als begehrtes Einkommen, ist mit einem Schub der ökonomischen Durchrationalisierung von Lebensbereichen verbunden, der nur noch mit demjenigen vergleichbar ist, den die Industrialisierung einst mit sich brachte. In ihr treffen die wichtigsten Impulse der fortschreitenden Ökonomisierung des Gesellschaftsprozesses einerseits und der Entmaterialisierung des Wirtschaftsprozesses andererseits zusammen.

3 Die neue Währung

Gibt es einen Begriff, der die knappe Energie der Informationsverarbeitung und das begehrte Einkommen an Zuwendung zusammenfasst? Gibt es ein Maß, welches sowohl die Beachtung, die wir zwischenmenschlich tauschen, als auch den ökonomischen Wert der Neuigkeit misst? Es gibt diesen Begriff und es gibt dieses Maß. Das Stichwort ist auch schon gefallen. Es heißt: *Aufmerksamkeit*. Aufmerksamkeit ist die knappste Ressource der Informationsverarbeitung. Aufmerksamkeit ist es, die wir als Zuwendung miteinander tauschen. Aufmerksamkeit ist die *Währung* des immateriellen Einkommens. Die Aufmerksamkeit, die sic findet, ist das *Maß für den Nutzwert von Information*. Aufmerksamkeit brauchen wir zu allem, was wir bewusst erleben wollen. Aufmerksamkeit können wir aber auch für buchstäblich alles Erdenkliche verwenden. Sie ist in dieser globalen Erfordernis und universellen Verwendbarkeit dem Geld nicht nur ebenbürtig, sondern überlegen. Wie Geld wird Aufmerksamkeit chronisch knapp, sobald das Angebot an Verwendungsmöglichkeiten über die Möglichkeiten seiner Realisierung hinausreicht. Im Gegensatz zur Geldmenge ist das Aufkommen an aufmerksamer Energie aber nicht vermehrbar. Das Aufkommen wächst mit der Zahl der Wesen, die bewusst „*da*" sind. Das Aufkommen pro Kopf (beziehungsweise pro *da* seiendem Bewusstsein) ist aber nahezu konstant. Mit dem Wachstum ihrer Verwendungsmöglichkeiten wächst das Aufkommen an Aufmerksamkeit in die Rolle eines *Rationierungsmittels* hinein. Die Aufmerksamkeit rationiert dann die Möglichkeiten des Erlebens, wie das Geld die materiellen Möglichkeiten der Lebensführung rationiert. Ein entfesseltes Wachstum der interessanten und sich interessant machenden, der reizenden und sich aufdrängenden Verwendungsmöglichkeiten lässt die verfügbare Aufmerksamkeit mit Zwangsläufigkeit zum Engpass werden. Im Fall des Geldes kann die Kaufkraft mit dem Angebot mitwachsen. Im Fall der Aufmerksamkeit kommt es irgendwann zu dem Punkt, an dem die organische Beschränkung des Aufkommens beginnt, selektiver zu wirken als das verfügbare Geld. Für eine große und rasch größer werdende Zahl von Menschen schneidet die verfügbare Aufmerksamkeit die realisierbaren Erlebnismöglichkeiten schärfer aus dem Bereich des theoretisch Möglichen aus als das verfügbare Geld. Es wird vielleicht einmal kein schlechtes Kriterium für die Fixierung der Epochenschwelle zwischen dem Industrie- und dem Informationszeitalter sein, dass aus diesen vielen die maßgebliche Mehrheit wurde. Konkurrenz könnte dieses Kriterium freilich durch dasjenige andere bekommen, dass das Einkommen an Aufmerksamkeit wichtiger wurde als das an Geld. Möglicherweise laufen beide Kriterien aber auf dasselbe hinaus. Hinter der überschwemmenden Informationsflut steckt die entfesselte Geschäftstätigkeit der Beschaffung von Aufmerksamkeit. Je mehr Menschen (und Firmen) gezielt auf sich aufmerksam machen, je höher der technische Aufwand steigt, den sie dabei treiben, und je höher die Technologie der Attraktion sich entwickelt, desto stärker wird die Erlebnissphäre mit Information eutrophiert. Je höher die Ladung der alltäglichen Lebenswelt mit Information, die eigens zum Blickfang hergerichtet und in den Kampf um die Aufmerksamkeit ausgeschickt wird, umso enger wird der Flaschenhals der *organisch limitierten Kapazität bewusster Informationsverarbeitung*. Die Rolle, die die Aufmerksamkeit als Einkommen, und die, die sie als Rationierungsmittel spielt, hängen zusammen.

Mit ihrer Rolle als Einkommen hängt auch die Funktion der Aufmerksamkeit zusammen, ein Maß für den ökonomischen Wert von Information zu sein. Information, die keine Beachtung findet, hat keinen ökonomischen Wert. Umgekehrt hängt der ökonomische Wert von Information – wie derjenige aller anderen Güter – von der Zahlungsbereitschaft derer ab, die sie nachfragen. Allerdings kann es nun nicht die Bereitschaft zur Geldzahlung sein, die hinter der Informationsflut steckt. Erschiene nur, wofür das Publikum bereit ist Geld zu zahlen, dann hätten wir kein Überschwemmungsproblem. Und wäre ökonomisch rational nur, das zu publizieren, was unmittelbar Geld verdient, dann wäre das Angebot der Massenmedien, das Informationsangebot im Internet und das Verhalten der Anbieter wissenschaftlicher Information irrational.

Natürlich ist das Zustandekommen dieser Angebote alles andere als irrational. Sie gehören nur eben Geschäftsbereichen an, in denen es nicht in erster Linie um Geld, sondern um Aufmerksamkeit geht. Die wichtigste Finanzierungsquelle der Massenmedien ist nicht der Verkauf von Information, sondern der Verkauf der Dienstleistung, Aufmerksamkeit für Beliebiges anzuziehen. Die käufliche Dienstleistung der Attraktion heißt *Werbung*. Die attraktive Kraft des Mediums wird gemessen in der Höhe seiner *Auflage* beziehungsweise *Einschaltquote*. Auflagehöhen und Einschaltquoten messen die Aufmerksamkeit, die das Medium für sein Informationsangebot einhandelt. Von den Einkünften an Aufmerksamkeit hängt alles andere und so auch das finanzielle Ergebnis des Geschäfts ab. Es ist das Geschäft der Medien herauszubekommen, was das Publikum lesen, hören, sehen will. Das Publikum zahlt in Aufmerksamkeit für die gebotene Information. Also wird der Wert dieser Information ganz regulär durch Zahlungsbereitschaft gemessen. Worin sich die Wertmessung der Information von der Wertmessung dinglicher Güter unterscheidet, ist nur, dass nicht die Bereitschaft zur Ausgabe von Geld, sondern die zur Ausgabe von Aufmerksamkeit zählt.

Die verschiedenen Arten von Publikationsmedien lassen sich danach klassifizieren, wie schwer die Einkünfte an Aufmerksamkeit im Verhältnis zu den Einkünften an Geld wiegen. Die klassischen Medien, der Buchdruck und die Presse, finanzieren sich noch hauptsächlich aus dem Verkauf der Information. Bei Radio und Fernsehen unterscheiden sich die älteren, öffentlichen, von den jüngeren, privaten Formen dadurch, dass die älteren sich noch aus Gebühren, die jüngeren hingegen nur noch aus dem Verkauf der Dienstleistung der Attraktion finanzieren. Das private Fernsehen hat sich vom Verkauf der Information bereits emanzipiert. Diese Emanzipation findet ihren Abschluss im Internet. Im Internet wird bis auf Ausnahmen, die die Regel bestätigen, nur noch in Aufmerksamkeit bezahlt. Was hier zählt, ist nicht mehr die Kasse, sondern das Zählwerk, das die Besucherzahlen der *Website* registriert.

Auflagenhöhen, Einschaltquoten und Besucherzahlen sind Maße für die Einkünfte an Aufmerksamkeit. Zugleich messen sie den Wert der fraglichen Information. Sie messen diesen Wert auch und gerade dann, wenn die Information frei zugänglich ist. Es ist die Bereitschaft, knappe Aufmerksamkeit für die Rezeption auszugeben, wodurch das Informationsangebot ganz regulär an der zahlungsbereiten Nachfrage gemessen wird. So ist es auch diese Art Messung, wodurch der Output wissenschaftlicher Produktion seine reguläre ökonomische Bewertung erfährt.

Der Markt für wissenschaftliche Information ist das wissenschaftliche Publikationswesen. Dessen Angebot trifft auf die zahlungsbereite Nachfrage derer, die an Inputs für die eigene Produktion interessiert sind. Die Nachfrage äußert ihre Zahlungsbereitschaft zunächst in der Form, das Angebot zu rezipieren. Wird die Suche nach vorgefertigten Inputs fündig, tritt eine zweite Stufe der zahlungsbereiten Nachfrage in Kraft. Mit der Publikation entsteht nämlich nicht nur das Angebot auf dem Markt der wissenschaftlichen Kommunikation, sondern auch *geistiges Eigentum*. An diesem Eigentum vergeht sich, wer es ohne Deklaration und Entrichtung einer Lizenzgebühr für eigene produktive Zwecke verwendet. Die Art der Deklaration, ohne die fremdes geistiges Eigentums nicht verwendet werden darf, ist das *Zitat*. Die Gebühr, die dabei anfällt, ist die stillschweigende Überweisung eines Teils der Aufmerksamkeit, die der Zitierende für sein Werk einnimmt, auf das Konto des Zitierten. Das reguläre Maß wissenschaftlicher Information ist die Häufigkeit, mit der sie zitiert wird. Das *Konto der Zitate* des Autors misst dessen wissenschaftliche Produktivität. Es misst diese Produktivität an derjenigen, die der Output als Input wieder anderer Produktion entwickelt. Die Messung des Outputs der Produktion an der Produktivität, die er als Input anschließender Produktionsstufen entwickelt, ist die ganz reguläre Art und Weise, auf die der *Wert von Kapitalgütern* gemessen wird.

4 Fazit

Medien und Wissenschaft sind die Industrien, die nur noch letzten Endes am Geldfluss hängen. Sie arbeiten mit Aufmerksamkeit als wichtigstem Produktionsmittel und reüssieren je nach der Aufmerksamkeit, die sie einnehmen. Sie sind die Vorhut einer Wirtschaftsweise, in der es generell wichtiger geworden ist, auf die Aufmerksamkeit zu achten als auf das Geld. Medien und Wissenschaft sind nun aber auch die führenden Industrien der Gesellschaft, die sich Informationsgesellschaft nennt. Sie sind es, die die materielle Produktion aus ihrer Vormachtstellung gedrängt haben. Ohne eine *angemessene ökonomische Theorie der Medien und der Wissenschaft* bleibt das theoretische Verständnis des Wandels, den wir als Entmaterialisierung des Wirtschaftsprozesses erleben, flach. Ohne Beachtung der Aufmerksamkeit als knappe Ressource und als Form des Einkommens riskiert die theoretische Ökonomie, den wichtigsten Zug der Zeit zu verpassen.

5 Epilog

Die Grundorientierung einer Gesellschaft, in der es nicht mehr an erster Stelle ums Geldverdienen, sondern um das Einnehmen der Aufmerksamkeit anderer Menschen geht, kann eigentlich nicht mehr als materialistisch bezeichnet werden. Eine solche Gesellschaft hat aufgehört, vor allem den leiblichen Genüssen zu frönen. Wenn ihre Mitglieder in der großen Mehrzahl auch noch meinen, im Sinne einer materialistischen Orientierung zu leben, so offenbaren sie durch ihre Zahlungsbereitschaft, dass sie sich schon umorientiert haben. Es ist dann nicht mehr der physische Komfort, der das Zentrum der Lebensinhalte einnimmt, sondern der Wunsch, geachtet, anerkannt, geschätzt und bewundert zu werden. An die Stelle des leiblichen Wohllebens ist der Wunsch der Person getreten, im Mittelpunkt zu stehen. Wo dieser Wunsch nun aber den Primat unter den wirtschaftlichen Antrieben erringt, ist der ökonomische Materialismus am Ende.

Gewiss, man hatte sich das Ende des Materialismus anders vorgestellt. Man hätte eher eine neue Bescheidenheit als eine neue Auffälligkeit assoziiert. Es wäre einem eher die Mehrung der Substanz als die Entfesselung der Schau in den Sinn gekommen. Nur hat es der Wandel aber so an sich, aus Ecken zu kommen, die gerade niemand vermutet. Seine

Herkunft wirkt immer erst im Nachhinein plausibel. So auch hier. Wäre es denn nicht weltfremd gewesen zu glauben, der enthemmte Konsum würde in massenhafte Askese münden? Wenn eine Umorientierung zu erwarten war, dann doch eine innerhalb des Hedonismus. Nur mit stärkeren, nicht mit schwächeren Reizen lässt sich die materialistische Orientierung überwinden. Stärker als die Reize des Wohllebens sind die Verlockungen zur Eroberung der Herzen und Sinne. Angenehmer als der physische Komfort ist die wärmende Zuneigung anderer Menschen, wohl tuender als deren praktische Dienstbarkeit ist ihre teilnehmende Einfühlsamkeit.

Im Rückblick scheint die Annahme nicht unschlüssig, dass mit der Inflationierung des geldigen Reichtums das Ende des ökonomischen Materialismus nahte. Auch war es nicht zu erwarten, dass dieses Ende eine Rückkehr zur alten Gemütlichkeit mit sich bringen würde. Es scheint im Rückblick sogar ganz natürlich, dass das Geschäft der Attraktion so hart und schnell wurde. Dieses Geschäft hatte schon immer etwas vom Drogenhandel. Je wichtiger das Einkommen an Beachtung wird, umso schwieriger wird es, Verluste und gar Entzug zu verkraften. In die Aufmerksamkeit, die wir einnehmen, ist schließlich die Wertschätzung verpackt, die wir genießen. Und von der Wertschätzung, die wir genießen, hängt in eminentem Maß ab, was wir uns selbst für wert schätzen dürfen. Je wichtiger das Einkommen an Beachtung, umso stärker fühlt sich die Selbstwertschätzung exponiert. Diagnostikern des Zeitgeschehens ist dies denn auch aufgefallen. Christopher Lasch hat den Begriff der „Kultur des Narzissmus" geprägt (Lasch 1979). Die Kultur des Narzissmus ist die soziale Erscheinungsform der allgemein für wichtiger genommenen und damit auch leichter irritierbaren Selbstwertschätzung. Allerdings ist die Bezeichnung etwas irreführend. Die Assoziation mit der narzisstischen Störung lässt die individualpsychologische Ebene zu sehr in den Vordergrund treten. Die psychoanalytische Auffassung von der Selbstliebe verstellt den Blick auf die Selbstwertschätzung, die im Tauschgeschäft der Aufmerksamkeit ausgehandelt und durchgesetzt sein will. Die Bezeichnung unserer Kultur als narzisstisch verfehlt den Epoche machenden *sozialen* Charakter der Eitelkeit.

Quellenhinweis: Dieser Beitrag wurde erstmals 1998 veröffentlicht in: *gdi-Impuls* 16 (1), 16–26. Die Argumentation wurde vom Autor inzwischen vertieft in den beiden Büchern: *Ökonomie der Aufmerksamkeit,* München 1998 (8. Auflage 2004), und *Mentaler Kapitalismus,* München 2005.

Literatur

Franck, G. (1993). Ökonomie der Aufmerksamkeit. In U. Keller (Hrsg.), *Perspektiven metropolitaner Kultur* (S. 101–118). Frankfurt am Main: Suhrkamp.
Lasch, Ch. (1979). *The Culture of Narcissism*. London: Abacus.
Mach, E. (1883). *Die Mechanik in ihrer Entwicklung*. Leipzig: Brockhaus.

Corporate Governance und Corporate Social Responsibility: Grundlagen und Konsequenzen für die Kommunikation

Joachim Schwalbach und Anja Schwerk

Zusammenfassung

Corporate Governance und Corporate Social Responsibility sind zwei Bereiche, die die wissenschaftliche und gesellschaftspolitische Diskussion seit nunmehr zwei Jahrzehnten stark bestimmen. Der vorliegende Beitrag skizziert zunächst die wichtigsten Elemente der beiden Bereiche getrennt, um abschließend auf deren Komplementarität einzugehen. Corporate Governance und Corporate Social Responsibility stellen die Unternehmenskommunikation vor neue Herausforderungen, wobei nicht zu übersehen ist, dass das Kommunikationsmanagement seine Rolle in diesen beiden Themenfeldern erst noch definieren muss.

Schlüsselwörter

Unternehmenskommunikation · Kommunikationsmanagement · Corporate Governance · Corporate Social Responsibility

---

J. Schwalbach (✉) · A. Schwerk
Humboldt-Universität zu Berlin, Wirtschaftswissenschaftliche Fakultät
Spandauer Straße 1, 10178 Berlin, Deutschland
E-Mail: joachim.schwalbach@hu-berlin.de

A. Schwerk
E-Mail: schwerk@wiwi.hu-berlin.de

1 Einleitung

Corporate Governance (CG) und die gesellschaftliche Verantwortung von Unternehmen (Corporate Social Responsibility – CSR) sind zwei Themenbereiche, die sowohl die Wissenschaft und die Unternehmenspraxis als auch die allgemeine Öffentlichkeit stark beschäftigen. Daher ist es umso erstaunlicher, dass es bisher – abgesehen von einigen Ausnahmen (z. B. Jamali et al. 2008) – kaum Versuche einer integrativen Betrachtung von Corporate Governance und CSR gab.

Spektakuläre Fälle wie der Korruptionsskandal bei Siemens im Jahre 2006 oder die Bilanzmanipulation bei Enron in 2001 sind nur zwei von vielen Beispielen, die die Corporate Governance-Debatte beflügelt haben. Im Bereich der CSR zeigt der tragische Einsturz eines Fabrikgebäudes in Bangladesch mit über tausend Toten Anfang 2013, dass die Auseinandersetzung mit der Verantwortung global tätiger Unternehmen noch lange nicht beendet ist. Die Finanzkrise hat schließlich beide Gebiete, Corporate Governance und CSR, in den Fokus der öffentlichen Debatte gerückt.

Der vorliegende Beitrag gibt zunächst einen kurzen Überblick über die theoretischen und praktischen Entwicklungen in den Bereichen der Corporate Governance und Corporate Social Responsibility. Im Anschluss erfolgt eine integrative Betrachtung von Corporate Governance und CSR, die auf der These aufbaut, dass zwischen der Übernahme von gesellschaftlicher Verantwortung von Unternehmen und „guter" Corporate Governance eine komplementäre Beziehung besteht. Unternehmen, die nur über etwas reden, was sie nicht auch tun, werden über kurz oder lang das Vertrauen ihrer Anspruchsgruppen (Stakeholder) verlieren. Im Umkehrschluss gilt jedoch als Grundvoraussetzung für eine „gute" Corporate Governance und „gute" CSR, dass Unternehmen mit ihren Stakeholdern in den Dialog treten und über das, was sie tun, transparent kommunizieren müssen.

2 Corporate Governance

Die Corporate Governance ist ein bedeutendes Forschungsgebiet der Betriebswirtschaftslehre mit Schnittstellen zu den Disziplinen Soziologie sowie Rechts- und Politikwissenschaften (Hommelhoff et al. 2009). Die Schnittstelle zur Rechtswissenschaft ist vorrangig darauf zurückzuführen, dass ein großer Teil der Fragen, mit denen sich die CG befasst, auf gesetzlichen Regelungen basiert (z. B. Aktiengesetz, Bilanzkontrollgesetz, Kontrolle und Transparenz im Unternehmensbereich, Vorstandsvergütungsgesetze etc.). Somit überrascht es nicht, dass die Forschung zum Thema stark interdisziplinär ausgerichtet ist (Scherer und Palazzo 2011).

In den Wirtschaftswissenschaften nimmt seit Jahren die Prinzipal-Agenten-Theorie (P-A-Theorie) eine dominante Stellung in der wissenschaftlichen Auseinandersetzung mit CG ein. In der P-A-Theorie wird das Verhältnis zwischen Prinzipal (Auftraggeber/Eigentümer) und Agent (Beauftragte/Manager) sowie die Ausgestaltung von sogenannten „anreizkompatiblen Verträgen" betrachtet. In jüngerer Zeit nimmt jedoch die Kritik an den Basisannahmen der P-A-Theorie zu, da sie der Realität nicht mehr entsprechen.

2.1 Definition von Corporate Governance

Das übergeordnete Erkenntnisobjekt der Corporate Governance ist die Wirkung von Leitungs-, Kontroll- und Anreizstrukturen auf die Unternehmensperformance. Darunter fallen die übergeordneten Forschungsfragen nach der Verteilung von Entscheidungsrechten und der Kontrolle der Manager. Es ergeben sich folglich zwei *zentrale Fragen*: Wer soll die Entscheidungen im Unternehmen treffen und beeinflussen? Und: Wie können Manager kontrolliert werden, damit sie mit ihren Handlungen tatsächlich den wie auch immer definierten Unternehmenszweck verfolgen? Im Detail beschäftigt sich die (ökonomische) CG-Literatur vornehmlich mit P-A-Modellen zur optimalen Gestaltung von Vergütungsverträgen von Managern sowie mit der Struktur von Leitungssystemen (einstufiges versus zweistufiges System, Besetzung des Aufsichtsrates, Für und Wider der Mitbestimmung etc.).

Für die Schnittstelle zur CSR-Literatur spielt die *Definition von Corporate Governance* eine entscheidende Rolle. In der Literatur wird zwischen einer engen und einer weiten Definition unterschieden. Der enge Begriff wird häufig mit dem anglo-amerikanischen CG-System in Verbindung gebracht, während der weitere Begriff in weiten Teilen Kontinentaleuropas und Asiens gebräuchlich ist. Die Unterscheidung der beiden Definitionen spiegelt gleichzeitig die verbreitete Diskussion über Shareholder- versus Stakeholder-Value wider.

Das folgende Zitat steht stellvertretend für die *enge Sichtweise*: „Corporate governance deals with the ways in which suppliers of finance to corporations assure themselves of getting a return on their investment" (Shleifer und Vishny 1997, S. 737). Bei dieser Definition steht das Eigentümerinteresse bzw. der Shareholder Value im Mittelpunkt. Eventuelle Interessenkonflikte zwischen den Eigentümern und dem Management werden im Interesse der Shareholder gelöst. Bei den Vertretern der engen Sichtweise von Corporate Governance spielen die Interessen der übrigen Stakeholder wie z. B. Arbeitnehmer, Lieferanten, Konsumenten, Beschäftigte und Anwohner keine oder lediglich eine untergeordnete Rolle. Vielmehr wird davon ausgegangen, dass die Befolgung des Shareholder Value im Interesse aller Stakeholder ist.

Die *weite Definition* berücksichtigt neben Eigentümern und Managern auch weitere Stakeholder bzw. stellt deren Interessen explizit heraus. Ein solches Verständnis der CG beinhaltet daher die grundsätzliche Frage, welche Interessen generell in die Zielfunktion des Unternehmens eingehen sollten, und welche Konsequenzen die Entscheidungen von Managern auf die Wohlfahrt anderer Stakeholdergruppen haben. Die weite Definition wird im folgenden Zitat deutlich: „I will, perhaps unconventionally for an economist, define corporate governance as the design of institutions that induce or force management to internalize the welfare of stakeholders" (Tirole 2001, S. 4).

In diesem Beitrag wird ebenfalls eine weite Begriffsbestimmung verwendet, die im Kasten näher erläutert wird.

> **Corporate Governance**
> Bei der Corporate Governance (auch Unternehmensverfassung genannt) geht es um die Gewährleistung einer wert- und erfolgsorientierten Unternehmensführung, die unter Berücksichtigung berechtigter Interessen von Anspruchsgruppen (Stakeholdern) den Unternehmenswert nachhaltig und verantwortungsvoll steigert. Die Corporate Governance umfasst damit Entscheidungsmaßstäbe und Verhaltenspflichten für Unternehmensorgane und regelt die Beziehung der Unternehmen zu ihren verschiedenen Anspruchsgruppen (Schwalbach und Schwerk 2008, S. 71).

2.2 Stand der Forschung zu Corporate Governance

Die CG-Forschung hat eine große Anzahl von vornehmlich empirischen Studien hervorgebracht. Dabei stehen die Fragen nach dem Zusammenhang von CG-Merkmalen (beispielsweise Eigentümerstruktur) und dem Unternehmensergebnis einerseits und den Stärken und Schwächen verschiedener länderspezifischer CG-Systeme (anglo-amerikanische vs. kontinental-europäische/asiatische) andererseits im Zentrum des Interesses. Die erzielten Ergebnisse sind sehr uneinheitlich. Das lässt den Schluss zu, dass Unternehmen und ihre Akteure (Manager, Eigentümer, Mitarbeiter etc.) in verschiedene länderspezifische institutionelle Systeme (Finanzsystem, politisches System, Rechtssystem etc.) eingebettet sind und sich daher unterschiedlich entwickeln, was einen Systemvergleich erschwert (Aguilera und Jackson 2003). Infolgedessen müssen dieselben Erfolgsfaktoren nicht in jedem Land in gleicher Weise den Unternehmenserfolg determinieren. Tabelle 1 zeigt eine Charakterisierung der zwei wichtigsten Typen von CG-Systemen nach ausgewählten Kriterien.

Nach der viel zitierten Studie „Global Investor Opinion Survey" von McKinsey, für die 201 Investoren aus 31 Ländern befragt wurden, ist eine große Mehrheit der Investoren bereit, für Unternehmen mit einer „guten" Corporate Governance eine Prämie zu zahlen (Coombes und Watson 2002). Diese Prämie würde z. B. dann gezahlt, wenn die Mehrzahl der Aufsichtsratsmitglieder unabhängig und daher frei von Interessenskonflikten wären und zudem ihr Commitment zum Unternehmen durch erworbene Eigentumsanteile unterstreichen, sich weiterhin einer regelmäßigen Leistungsüberprüfung unterziehen und ihre Vergütung an den Aktienkurs knüpfen würden.

Ein herausgehobenes Merkmal des zweistufigen CG-Systems ist die Mitwirkung von Arbeitnehmern und Gewerkschaften an den Unternehmensentscheidungen im Aufsichtsrat. Die in Deutschland praktizierte *Unternehmensmitbestimmung* erfährt insbesondere bei ausländischen Beobachtern aber auch in der Wissenschaft große Beachtung. Zumeist wird die Debatte zur Mitbestimmung sehr ideologisch geführt. Generell kann festgehalten werden, dass die Mitbestimmung weder einen signifikant positiven noch einen negativen Einfluss auf das Unternehmensergebnis ausübt. Entscheidend ist, wie die Mitbestimmung in der Praxis gelebt wird. Studien auf Basis qualitativer Interviews mit Vorständen und Aufsichtsräten kommen zu dem Ergebnis, dass es in erster Linie die so genannten weichen,

Tab. 1 Systematisierung von Corporate-Governance-Systemen in der Praxis (Quelle: In Anlehnung an Weimar und Pape (1999, S. 154))

Länderklasse	Angloamerikanische Länder (USA, UK, Kanada, Australien)	Kontinentaleuropäische Länder (Deutschland, Niederlande, Schweden, Österreich, Dänemark, Norwegen, Finnland)
Konzept der Unternehmung	Instrumentell, Shareholder-orientiert	Institutionell
Leitungsstruktur	Einstufiges System („executive" und „non-executive board")	Zweistufiges System (Aufsichtsrat und Vorstand)
Stakeholder-Sicht	Shareholder	Mitarbeiter, Gewerkschaften, Finanzinstitutionen, Politiker, Medien, zivilgesellschaftliche Gruppen
Bedeutung des Kapitalmarktes	Hoch	Moderat, teilweise hoch
Markt für externe Unternehmenskontrolle	Ja	Gelegentlich
Konzentration des Eigentums	Niedrig	Moderat bis hoch
Leistungsabhängige Vergütung	Hoch	Niedrig bis moderat, aber zunehmend
Zeithorizont von Geschäftsbeziehungen	Kurzfristig	Langfristig
Gesetzliche Regelungen (USA, UK und Deutschland)	Sarbanes-Oxley (USA) „Comply-or-Explain" Cadbury-Report (UK)	Aktiengesetz, KonTraG, TransPuG (Deutschland) Mitbestimmungsgesetze Deutscher Corporate Governance Kodex (DCGK)
Freiwillige Selbstbindung und informelle Regelungen	Verhaltenskodizes	Deutscher Corporate Governance Kodex (DCGK) Weitere länderspezifische Verhaltenskodizes

schwer messbaren Faktoren sind, die die Qualität der Aufsichtsratsarbeit determinieren (Raabe 2010). Zwar wurden teilweise erhebliche Defizite in der Kontrolleffizienz deutscher Aufsichtsräte festgestellt, doch sind diese in erster Linie nicht systemimmanent, sondern vielmehr individuell bedingt. Das größte Problem vieler Aufsichtsräte sind gezielte Indiskretionen, die Misstrauen säen, was wiederum eine effiziente Arbeit der Gremien beeinträchtigt. Eine primäre Verantwortung der Arbeitnehmer- oder Arbeitgebervertreter für derartige Defizite ergaben die Interviews nicht. Vielmehr wurde auf beiden Seiten Fehlverhalten festgestellt. Aufgrund der höchst unterschiedlich gelebten Praxis innerhalb des gleichen institutionellen Rahmens führt eine reine Systemdebatte dementsprechend nicht weiter. Vielmehr wird die Empfehlung gegeben, die Aufsichtsgremien wie bereits bei vielen Europäischen Aktiengesellschaften geschehen, zu verkleinern. Das würde die Arbeit der Aufsichtsräte durch eine bessere Interaktion seiner Mitglieder stärken. Eine enge Einbindung der Arbeitnehmervertreter ist für die Qualität der Mitbestimmung deutlich wichtiger als die schiere Anzahl der Aufsichtsratssitze (Schwalbach und Raabe 2010).

2.3 Entwicklung von Corporate Governance auf nationaler und internationaler Ebene in der Praxis

Seit dem spektakulären Zusammenbruch von Enron zum Ende des Jahres 2001 wurde Corporate Governance international zu einem zentralen Thema in Wirtschaft und Gesellschaft. Durch zahlreiche weitere Unternehmensskandale in nahezu allen Ländern wurde das Thema weiter angeheizt und somit zum Gegenstand globaler Debatten. Diskutiert werden Regeln und Prinzipien, die eine „gute" CG gewährleisten sollen. In Deutschland wird von einer „guten" CG dann gesprochen, wenn bestimmte *standardisierte Verhaltensregeln* angewendet werden. Diese sollten folgende Themenfelder abdecken: Darstellung der Zielsetzung des Unternehmens, Regelungen für Strukturen, Prozesse und Personen der Unternehmensführung, regelmäßige Evaluation und Verbesserung der Führungsaktivitäten sowie eine proaktive Unternehmenskommunikation (von Werder 2002). Zur Gewährleistung „guter" CG hat der Gesetzgeber in Deutschland verschiedene Maßnahmen ergriffen. Zu nennen ist hier in erster Linie das 1998 in Kraft getretene Gesetz zur Kontrolle und Transparenz im Unternehmensbereich (KonTraG). Es enthält umfangreiche Maßnahmen zur Verbesserung der Unternehmensführung und -kontrolle. Desweiteren ist die Einrichtung der *Regierungskommission Deutscher Corporate Governance Kodex* (DCGK) hervorzuheben. Der Kodex verpflichtet Vorstand und Aufsichtsrat „im Einklang mit den Prinzipien der sozialen Marktwirtschaft für den Bestand des Unternehmens und seine nachhaltige Wertschöpfung zu sorgen" (DCGK 2013, S. 1).

Weitere Marksteine deutscher CG sind unter anderem das Transparenz- und Publizitätsgesetz (TransPuG 2002), das Gesetz über die Offenlegung der Vorstandsvergütungen (VorstOG 2005) und das Gesetz zur Angemessenheit der Vorstandsvergütung (VorstAG 2009).

Auf internationaler Ebene wurde ebenfalls eine Reihe von CG-Maßnahmen eingeleitet. 2002 verabschiedete der US-amerikanische Kongress den *Sarbanes-Oxley Act* (SOA), ein Gesetz, das als Antwort auf diverse Unternehmensskandale erlassen wurde. In diesem Gesetz werden die Unternehmen unter anderem dazu aufgefordert, einen „Code of Ethics" zu verabschieden, die Stelle eines „Ethics Administrator" zu schaffen sowie die Mitarbeiter in moralisch korrektem Verhalten zu schulen. Der SOA betrifft auch nicht-amerikanische Unternehmen, wenn sie an der New Yorker Börse notiert sind.

Wegweisend für die weltweite CG-Debatte war der 1992 in Großbritannien erschienene *Cadbury-Report*, der die Basis für viele CG-Verhaltenskodizes in anderen Ländern bildete. Einen sehr großen Einfluss auf die Gestaltung von Prinzipien „guter" CG üben die erstmals 1998 publizierten und 2004 überarbeiteten *Principles of Corporate Governance* der OECD aus. Nahezu alle Länder haben sich bei der Gestaltung ihrer länderspezifischen CG-Kodizes an den OECD-Principles orientiert.

Insgesamt sind die Initiativen und Instrumente zur Verbesserung der Corporate Governance national und weltweit vielfältig, facetten- und umfangreich. In den westlichen Industrienationen wurde inzwischen ein hohes Niveau einer „guten" CG erreicht. Zunehmend wird bezweifelt, dass der geringe Zusatznutzen weitergehender Maßnahmen den enormen Aufwand insbesondere seitens der Unternehmen rechtfertig. Stattdessen wird vorgeschlagen, vor dem Hintergrund der globalen wirtschaftlichen und gesellschaftlichen Herausforderungen auf dem erreichten CG-Fundament den Bereich Nachhaltigkeit auszubauen und die gesellschaftliche Verantwortung von Unternehmen (CSR) stärker in den Mittelpunkt zu stellen.

3 Corporate Social Responsibility

Die Diskussion um die gesellschaftliche Verantwortung von Unternehmen (Corporate Social Responsibility) ist nicht neu, sie wurde jedoch in jüngster Zeit durch verschiedene Einflussfaktoren wie Unternehmensskandale, Finanzkrise, zunehmende Globalisierung, Umweltprobleme, Überbevölkerung und demographischen Wandel sowie Grenzen des Sozialstaates beflügelt (Schneider und Schmidpeter 2012).

3.1 Definition von CSR

Die Debatte über CSR wird dadurch erschwert, dass es in Wissenschaft und Praxis keine einheitliche Definition von CSR gibt und viele sinnverwandte Begriffe wie Nachhaltigkeit, Corporate Citizenship (CC) oder Unternehmensethik existieren. Die Europäische Kommission hat 2011 eine neue CSR-Strategie und mit ihr eine aktualisierte Definition verabschiedet (siehe Kasten).

Corporate Social Responsibility

CSR ist „… die Verantwortung von Unternehmen für ihre Auswirkungen auf die Gesellschaft." „Damit die Unternehmen ihrer sozialen Verantwortung in vollem Umfang gerecht werden, sollten sie auf ein Verfahren zurückgreifen können, mit dem soziale, ökologische, ethische, Menschenrechts- und Verbraucherbelange in enger Zusammenarbeit mit den Stakeholdern in die Betriebsführung und in ihre Kernstrategie integriert werden." (Europäische Kommission 2011, S. 7)

Auffallend im Vergleich zur früheren Definition von 2001 ist, dass der Begriff der „Freiwilligkeit" in der Formulierung nicht mehr explizit auftaucht. Stattdessen hebt sie auf die (positiven und negativen) Auswirkungen unternehmerischer Tätigkeit ab und setzt auf eine Mischung von freiwilligen und verpflichtenden Maßnahmen. Die EU-Kommission betont, dass die Einhaltung geltender Rechtsvorschriften und die Einhaltung der mit den Sozialpartnern vereinbarten Tarifverträge eine notwendige Voraussetzung für die Übernahme von Verantwortung sei. Gleichzeitig wird eingeräumt, dass den Unternehmen ausreichend Flexibilität gewährt werden müsse, damit der CSR-Ansatz den spezifischen Gegebenheiten entsprechend umgesetzt werden kann. Schwammig bleibt der Begriff „Verfahren" zur Übernahme von Verantwortung. Es wird lediglich darauf hingewiesen, dass die Komplexität dieses Verfahrens von Faktoren wie Unternehmensgröße und Art der Geschäftstätigkeit abhänge. Zusätzlich wird den kleinen und mittleren Unternehmen weiterhin ein informeller und intuitiver Charakter von CSR-Maßnahmen zugestanden.

CSR ist ein integrativer Bestandteil des Unternehmens und bezieht sich damit auf unternehmerische Kernkompetenzen und Kerngeschäfte genauso wie auf das Verhältnis zu den Stakeholdern. Es basiert auf den *drei Säulen der ökonomischen, ökologischen und sozialen Verantwortung* und trägt unter Berücksichtigung des „Stakeholder-Engagements" – also die Art und Weise, wie Unternehmen ihre Interessengruppen in die Entscheidungen mit einbeziehen – zur gesamtgesellschaftlichen Nachhaltigkeit bei. Abbildung 1 verdeutlicht die Zusammenhänge zwischen den Begriffen Corporate Social Responsibility, Corporate Citizenship, Nachhaltigkeit und Stakeholder und führt einige CSR-Maßnahmen beispielhaft auf.

Nach diesem Verständnis ist eine „gute" Corprate Governance Bestandteil von „guter" Corporate Social Responsibility und nicht umgekehrt, wie häufig argumentiert und methodisch unzutreffend dargelegt wird. „Gute" CSR trägt zu einer Symbiose zwischen dem sogenannten „Business Case" und dem „Social Case" bei, d. h. zu einem nachhaltigem Erfolg sowohl für das Unternehmen als auch für die Gesellschaft.

3.2 Stand der Forschung zu CSR

Die CSR-Forschung lässt sich grob in fünf Phasen einteilen. Jede Phase wird durch eine Forschungsfrage bestimmt:

- Was heißt gesellschaftliche Verantwortung nicht nur auf individueller, sondern auch auf Unternehmensebene?
- Wem gegenüber sind die Unternehmen verantwortlich (Stakeholder-Theorie)?
- Welcher Zusammenhang besteht zwischen CSR und Unternehmensperformance bzw. Wettbewerbsfähigkeit, und wie können dieser Zusammenhang gemessen und entsprechende Anreize geschaffen werden?
- Wie kann CSR in die Unternehmensstrategie und den -Unternehmensprozess integriert werden?
- Welche Akteure, Maßnahmen, Richtlinien und Governance Systeme können global die gesellschaftliche Verantwortung von Unternehmen unterstützen (global governance)?

Corporate Governance und Corporate Social Responsibility

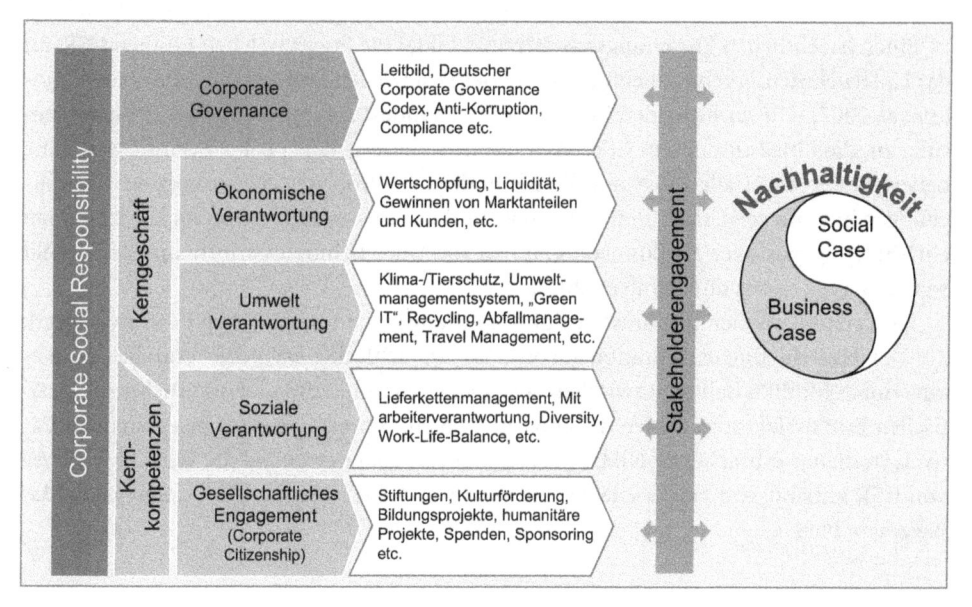

Abb. 1 Elemente der Corporate Social Responsibility
(Quelle: Bielka und Schwerk (2011, S. 152))

In der älteren betriebswirtschaftlichen Forschung fand die Beschäftigung mit der Verantwortung von Unternehmen vorrangig im Forschungsschwerpunkt *Unternehmensethik* statt. In der mikroökonomisch bzw. durch die „Theory of the Firm" geprägten Betriebswirtschaftslehre fand die Unternehmensethik wenig wissenschaftliche Anerkennung und wurde eher den philosophisch geprägten Ethikern überlassen. Stattdessen wurde das Leitbild des „Ehrbaren Kaufmanns" wieder entdeckt, was zu einer Renaissance der Anerkennung traditioneller Kaufmannstugenden wie Anstand, Ehrlichkeit, Integrität, Weitblick und Verantwortung führte, die heute bei Unternehmen zunehmend in *Verhaltenskodizes* Eingang finden (Schwalbach und Klink 2012).

Erst in den letzten Jahren beschäftigte sich die Forschung sehr intensiv mit der Frage, was denn die Verantwortung auf Unternehmensebene bedeutet. Unzählige Publikationen setzten sich mit Definition und Formen von CSR auseinander. Mit der Teilung von Eigentum (Aktionäre) und Kontrolle (Manager) und der Zunahme großer global tätiger Unternehmen rückte die Erforschung von institutionellen Regelungen wie Verhaltenskodizes auf Unternehmens- und Branchenebene sowie auf regionaler und globaler Ebene, aber auch die Nachhaltigkeitsberichterstattung oder Umweltmanagementsysteme mehr und mehr in den Fokus des wissenschaftlichen Interesses. Die stark von R. Edward Freeman (1994) geprägte *Stakeholder-Theorie* fand zunehmend größere Beachtung mit dem Ergebnis, dass die Analyse der Interaktionen sich nicht nur auf maximal zwei Interessengruppen des Unternehmens, nämlich Aktionäre und Kunden, konzentrierte. Darüber hinaus wurden neben Mitarbeitern und Lieferanten auch externe Gruppen wie Nichtregierungsorganisationen, staatliche Institutionen, Gemeinden am Unternehmensstandort, Medien und politischen Instanzen mit einbezogen.

Einen beachtlichen Forschungsschwerpunkt bildet die Frage, welchen Einfluss CSR auf das Unternehmensergebnis, häufig in Form der finanziellen Performance, ausübt (Margolis et al. 2007). Die vorliegenden Ergebnisse lassen indes nicht die vermutete Schlussfolgerung zu, dass Investitionen in CSR das Unternehmensergebnis positiv beeinflussen. Eine neuere Studie weist allerdings auf die methodischen Probleme der bisherigen Untersuchungen hin und zeigt, dass für innovations- und nachhaltigkeitsorientierte Unternehmen ein eindeutig positiver Einfluss von CSR auf die Unternehmensperformance festgestellt werden kann (Eccles und Serafeim 2013).

Für den universellen Business Case gibt es bislang keinen empirischen Beweis (Schwerk 2012). Unterschiedliche Definitionen von CSR, eine schlechte Datenlage und die Komplexität durch Multikausalitäten zwischen verschiedenen industrie- und unternehmensspezifischen Einflussfaktoren werfen die Frage auf, ob ein Beweis in groß angelegten quantitativen Studien je erbracht werden kann. Vielversprechender erscheint die Wirkungsanalyse von CSR anhand von Fallbeispielen, die auch wertvolle Hinweise für erfolgreiches Management bieten.

3.3 Entwicklung von CSR auf nationaler und internationaler Ebene in der Praxis

Einen Meilenstein in der CSR-Debatte stellte die erste Mitteilung der EU-Kommission im Jahre 2001 als Folge der Strategie von Lissabon dar, die im März 2000 auf dem Sondergipfel der europäischen Staats- und Regierungschefs in Lissabon verabschiedet wurde. In dem sogenannten *Grünbuch der EU-Kommission* wurde der CSR-Begriff erstmalig definiert. Die Mitteilung der EU zu CSR 2002 betonte zusätzlich, dass es bei der Verantwortungsübernahme nicht nur um die Einhaltung gesetzlicher Vorgaben gehe, sondern vielmehr in Humankapital, die Umwelt und die Beziehungen zu anderen Stakeholdern investiert werden solle. Ziel des Grünbuchs und der 2002 folgenden Mitteilung der EU zu CSR war es, die europäische Öffentlichkeit für das Thema zu sensibilisieren, Politikansätze zu systematisieren und europaweit eine gemeinsame CSR-Sprache zu finden. Die EU-Definition setzte sich dementsprechend in den folgenden Jahren auch in Deutschland durch. So wurde sie zum Beispiel als Basis für die nationale CSR-Strategie im Jahre 2010 von der Bundesregierung übernommen.

Einen weiteren Meilenstein bildete das *Multi-Stakeholder-Forum*, das 2002 gegründet wurde und 2004 seinen ersten Bericht veröffentlichte. Beteiligt waren europäische Arbeitgeberverbände, Unternehmensnetzwerke, Gewerkschaften und nichtstaatliche Organisationen. Das Forum sollte den Erfahrungsaustausch zwischen den verschiedenen Gruppen zum Thema ermöglichen und Empfehlungen zur Förderung von CSR entwickeln. Zentrale Empfehlungen waren eine stärkere Berücksichtigung sozialer und ökologischer Aspekte in den Lieferketten sowie die Einführung eines CSR-Managements. Allgemein wurden diese Ergebnisse jedoch als wenig konkret kritisiert (Loew et al. 2004, S. 12).

Im Zusammenhang mit ihrer im Oktober 2011 veröffentlichten neuen CSR-Strategie verwies die EU-Kommission auf eine Reihe von CSR-Erfolgen seit dem Jahr 2006: So stieg die Zahl der Mitglieder am United Nations Global Compact (UNGC) von 600 auf 1900. Die Zahl der Organisationen, die sich für das Umweltmanagement und die Umweltbetriebsprüfung (EMAS) registrieren ließen, ist von 3.300 im Jahr 2006 auf 4.600 im Jahr 2011 angewachsen. Die Zahl der Unternehmen, die mit internationalen oder europäischen Arbeitnehmerorganisationen länderübergreifende Vereinbarungen unterzeichnen, hat ebenfalls von 79 auf 140 zugenommen. Und auch die Publikation von Nachhaltigkeitsberichten gemäß dem Standard der Global Reporting Initiative (GRI) stieg von 270 auf heute 850.

Erwähnenswert sind weltweit außerdem die OECD-Leitsätze für multinationale Unternehmen, die zehn Grundsätze des United Nations Global Compact, die ISO-Norm 26000, die Dreigliedrige Grundsatzerklärung des Internationalen Arbeitsamtes (IAA) über multinationale Unternehmen sowie die Leitprinzipien der Vereinten Nationen für Unternehmen und Menschenrechte (United Nations Guiding Principles on Business and Human Rights).

In Deutschland wurde das Thema CSR auf politischer Ebene lange stiefmütterlich behandelt. Am 6. Oktober 2010 beschloss das Bundeskabinett unter Federführung des Bundesministeriums für Arbeit und Soziales jedoch die nationale Strategie zur gesellschaftlichen Verantwortung von Unternehmen, den sogenannten *Aktionsplan* CSR. Die übergeordnete Intention bestand darin, einen „Bewusstseinswandel dahingehend herbeizuführen, dass CSR sich für Unternehmen und Gesellschaft lohnt" (BMAS 2010, S. 10). CSR wird damit als Chance verstanden, die Wettbewerbsfähigkeit von Unternehmen zu stärken und nach der Finanzkrise das Vertrauen in die Wirtschaft wieder herzustellen. Im Aktionsplan wird eine Reihe von Zielen genannt. Die Formulierungen sind allerdings sehr allgemein und somit für die Unternehmenspraxis nur bedingt hilfreich.

Eine zentrale Maßnahme des Aktionsplans CSR der Bundesregierung war, im Jahr 2011 das Programm *CSR Gesellschaftliche Verantwortung im Mittelstand* mit Mitteln des Europäischen Sozialfonds (ESF) aufzulegen. Kleinen und mittleren Unternehmen sollen konkrete Lösungsansätze für eine verantwortliche Unternehmensführung angeboten werden. Gefördert werden CSR-Beratungsmaßnahmen für Geschäftsführungen, Beschäftigte und Belegschaftsvertreter in den vier Aktionsfeldern Arbeitsplatz, Umwelt, Markt und Gemeinwesen. Bundesweit wurden insgesamt 73 Projekte ausgewählt und unterstützt.

Ebenfalls im Rahmen des Aktionsplans CSR hat die Bundesregierung 2013 erstmals den *Deutschen CSR-Preis* an Unternehmen aus vier Größenklassen verliehen. So wurde Tchibo in der Größenklasse über 5.000 Mitarbeiter ausgezeichnet. In den übrigen Größenklassen siegten das Familienunternehmen Hipp, Studiosus Reisen und in der kleinsten Größenkategorie (bis 50 Mitarbeiter) das Thomas Becker Atelier für Schmuck aus Hamburg.

Einen regelrechten Boom gab es in den letzten Jahren bei der Initiierung von *Verhaltenskodizes und CSR-Richtlinien*. 2011 verabschiedete der Rat für Nachhaltige Entwicklung (RNE) nach einer rund zweijährigen Dialogphase mit Stellungnahmen und Diskussionsbeiträgen von Unternehmen, Investoren, Finanzmarktanalysten, Verbänden, Vertretern der Zivilgesellschaft und der Wissenschaft den *Deutschen Nachhaltigkeitskodex*. Ziel des Kodex ist es, einen Transparenzstandard über das Nachhaltigkeitsmanagement von Unternehmen zu schaffen und Nachhaltigkeit messbar und vergleichbar zu machen. Damit wurde insbesondere dem Wunsch der Finanzanalysten und Investoren nach einem Vergleichsstandard nachgekommen, der Nachhaltigkeitsleistungen der Unternehmen in die Finanzsprache übersetzt, so dass Chancen und Risiken besser beurteilt werden können. Bislang haben sich allerdings erst 47 Unternehmen dem Kodex angeschlossen.

Die weltweit bekannteste und größte Initiative ist der *UN Global Compact*. Er wurde 2000 von UN-Generalsekretär Kofi Annan gegründet. Es handelt sich hierbei um ein Abkommen zwischen Unternehmen und der UNO mit dem Ziel, die Globalisierung sozialer und ökologischer zu gestalten. Mittlerweile haben sich über 10.000 Teilnehmer den 10 Prinzipien zu den Bereichen Menschenrechte, Arbeitsbedingungen, Umweltschutz und Korruptionsbekämpfung angeschlossen, darunter ca. 7000 Unternehmen aus 145 Ländern.

In dem Maße, wie die Zahl der Kodizes inflationär anzusteigen scheint, werden auch regelmäßig Verstöße von Unternehmen gegen diese Kodizes bekannt, wodurch ihre Wirksamkeit angezweifelt wird. Andererseits reduzieren die Unternehmen ihr moralisches Handeln auf ein kodexgerichtetes Regeldenken („Moralersatz Regulierung"). Es entsteht der Eindruck, dass die Regelungen in einem Kodex a priori auch sittlich sind. Auch wird die Auslegung des Kodex zum eigentlichen Problem, nicht der ursprüngliche moralische Konflikt. Eines der größten Probleme ist die Kodexvielfalt und die mit ihr einhergehende Unübersichtlichkeit. Auch durch Kodizes an sich können moralische Konflikte aufgeworfen werden, z. B. wenn verschiedene Kodizes anwendbar sind, die in ihrem Forderungsgehalt nicht übereinstimmen (Unternehmens-Kodex versus Branchen-Kodex). Häufiger Kritikpunkt ist die Freiwilligkeit von Kodizes und der damit verbundene Mangel an Glaubwürdigkeit. So wird der UN Global Compact häufig als zahnloser Tiger bezeichnet, da bis auf den Ausschluss vom Kodex kaum Sanktionsmechanismen bei Nichteinhaltung vorgesehen sind.

Wichtige Einflussfaktoren für die Befolgung von CSR-Prinzipien sind der Kapitalmarkt bzw. die Finanzinvestoren. Bis heute spielt *Socially Responsible Investment* oder Sustainable and Responsible Investment (SRI) auf dem deutschen Finanzmarkt eine eher untergeordnete Rolle. Nachhaltige Anlagen stellen im Vergleich zum gesamten Anlagenmarkt nur ein kleines aber dennoch wachsendes Segment dar.

Viele Unternehmen stellen als wichtigste CSR-Kommunikationsmedien Nachhaltigkeitsberichte bzw. Informationen über ihre jeweiligen sozialen und ökologischen Maßnahmen auf die Unternehmenswebsite. Laut einer Studie von KPMG (2011) veröffentlichen von den weltweit größten 250 Unternehmen 95 % einen separaten Nachhaltigkeitsbericht. Durch die Vielzahl der verfügbaren Informationen gestaltet sich die Bewertung der jeweiligen Maßnahmen für Investoren und die übrigen Stakeholder allerdings schwierig. Doch gibt es eine Reihe von Vorschlägen für die inhaltliche Ausgestaltung von Nachhaltigkeitsberichten. Unter ihnen sind die Berichtskriterien der *Global Reporting Initiative (GRI)* am weitesten verbreitet. Sie werden von 80 % der 250 Unternehmen, die einen Nachhaltigkeitsbericht erstellen, angewandt. Aufgrund von Branchenunterschieden, spezifischen

Umfeldbedingungen sowie Schwerpunkten der Unternehmen werden jedoch auch die GRI-Berichtskriterien als kritisch angesehen. Generell ist anzuzweifeln, ob die Nachhaltigkeitsleistungen von Unternehmen durch derartige Standards tatsächlich besser bewertbar und vergleichbar werden.

Ein weiterer Trend liegt im sogenannten *Integrated Reporting* der Unternehmen. Es bedeutet, Nachhaltigkeits- und Geschäftsbericht zu einem Dokument zu verschmelzen, das sich an sämtliche Stakeholder des Unternehmens richtet. Das International Integrated Reporting Committee (IIRC) befasst sich gezielt mit der Weiterentwicklung der integrierten Berichterstattung. In Deutschland legt beispielsweise die BASF seit Jahren einen integrierten Bericht vor. Trotz der immer noch weit verbreiteten Zurückhaltung deutscher Unternehmen, zu einem integrierten Bericht überzugehen, gehört dieser Berichterstattung die Zukunft. Die Interessen der Stakeholder nähern sich zunehmend an, so dass eine individuelle Stakeholder-Berichterstattung nicht sinnvoll erscheint. Auch erleichtern die verfügbaren Kommunikationstechnologien den Übergang zum integrierten Bericht.

4 Integrative Sicht von Corporate Governance und Corporate Social Responsibility

Wie oben bereits ausgeführt, ist CG ein Bestandteil von CSR und nicht umgekehrt, wie vielfach suggeriert wird. Dennoch setzt sich diese Erkenntnis nur langsam in der akademischen und gesellschaftspolitischen Diskussion durch. Seit dem Enron-Skandal im Jahre 2001 konzentrierte sich weltweit die Diskussion auf die Prinzipien einer „guten" CG. In nahezu allen Ländern existieren nunmehr CG-Kodizes, meist in Anlehnung an die OECD Corporate Governance Guidelines. Dadurch wurde ein Fundament geschaffen, welches das Vertrauen der Stakeholder in die Leitung und Überwachung von börsennotierten Unternehmen fördern hilft. Eine breitere und stärker gesellschaftsbezogene Betrachtung bezüglich der Rolle von Unternehmen in der Gesellschaft hat erst später seit Mitte des letzten Jahrzehnts und verstärkt seit der Finanzkrise eingesetzt. Somit haben die fortgeschrittene CG-Diskussion und die Finanzkrise die Aufmerksamkeit auf grundsätzliche Fragen zu den Prinzipien des Unternehmertums gelenkt. Dadurch ist jedoch die Beschäftigung mit CSR nicht neu, was häufig von Vertretern vornehmlich aus dem anglo-amerikanischen Raum übersehen wird. Vielmehr handelt es sich um eine Wiederbesinnung hinsichtlich der Funktion von Unternehmen und ihrer Repräsentanten in der Gesellschaft.

Die wiederbelebte CSR-Debatte spiegelt sich in der Wissenschaft in der exponentiellen Zunahme der Anzahl der Publikationen wider. Der wissenschaftliche Fortschritt auf den Gebieten CG und CSR könnte jedoch wesentlich größer sein, wenn der empirische Zugang zu Datenbanken und die Datenqualität deutlich besser wären. So beschäftigt sich die derzeitige Forschung vorrangig mit Teilaspekten, was die gesellschaftspolitische Verwertbarkeit der Ergebnisse mindert.

Durch die bereits geschilderte weite Definition von CG wird die Komplementarität zu CSR besonders deutlich. Die weite CG-Perspektive konzentriert sich nicht nur auf das

Verhältnis von Eigentümern und Managern, sondern bezieht auch andere Stakeholder mit in die Betrachtung ein. Unternehmen unterliegen damit einem sehr viel komplexeren System von externen und internen Einflüssen und Kontrollmechanismen. Eine reine Prinzipal-Agenten-Betrachtung würde dementsprechend wichtige Einflussfaktoren auf das Unternehmen vernachlässigen. Die CG-Debatte unter Berücksichtigung der Stakeholder-Interessen leitet damit den Übergang zur gesellschaftspolitischen CSR-Debatte ein. Das Management von Stakeholder-Interessen rückt in den Mittelpunkt der CSR-Politik von Unternehmen und stellt das Management von Unternehmen und die einzelnen Stakeholder vor neue Herausforderungen. Die Unternehmenskommunikation sieht sich einem neuen Tätigkeitsfeld ausgesetzt, und wie zu beobachten ist, suchen Unternehmen nach Wegen, mit den unterschiedlichen Stakeholdern wirkungsvoll zu kommunizieren. Eine der größten Herausforderung ist die Differenzierung der Stakeholder hinsichtlich ihrer Legitimität als Interessensvertreter und ihrer Bedeutung für den Mehrwert, den sie für das Unternehmen und für andere Stakeholder erbringen. Besonders deutlich wird dies, wenn Unternehmen mit NGOs bzw. zivilgesellschaftlichen Gruppen kommunizieren.

Die Komplementarität zwischen CG und CSR wird auch durch das Aufkommen diverser Standards und Initiativen deutlich. So befasste sich bereits 2001 eine Enquete-Kommission des Deutschen Bundestages mit der „Zukunft des Bürgerschaftlichen Engagements". In etwa zeitgleich wurde von der Bundesregierung die „Regierungskommission Deutscher Corporate Governance Kodex" eingesetzt. Auch die Gründung von Netzwerken und partnerschaftlichen Organisationen zur Förderung des Dialogs nahm auf beiden Gebieten eine parallele Entwicklung. So existierte zum Beispiel seit 1995 das European Corporate Governance Network (ECGN) mit Sitz in Brüssel. Zwei Jahre später wurde das European Business Ethics Network (EBEN) in Brüssel zur Förderung des interkulturellen Dialogs über Fragen der Wirtschafts- und Unternehmensethik gegründet. Im deutschsprachigen Raum entstand 1993 das Deutsche Netzwerk für Wirtschaftsethik als Mittler zwischen Praxis und Wissenschaft. Die bekannteste supranationale Initiative bildet der bereits genannte UN Global Compact.

Die Diskussion um den Sinn einer Vielzahl von Kodizes und Standards findet gleichermaßen im Rahmen von CG und CSR statt. In letzter Zeit wird die Deutsche Corporate-Governance-Kommission hinsichtlich ihrer nur zögerlichen Öffnung gegenüber CSR-Argumenten stark kritisiert. Zudem wird ihr die zunehmende Abkehr vom Prinzip der freiwilligen Selbstverpflichtung der Unternehmen vorgeworfen. Regierungen und regierungsnahe Organisationen neigen dazu, gesetzliche Berichtspflichten einzufordern. So auch die EU-Kommission, die in ihrer neuen CSR-Strategie eine Berichtspflicht für CSR fordert.

Eine weitere Schnittstelle zwischen CG und CSR bildet die Diskussion um eine Reform des Kapitalmarktes. Während die große Bedeutung des Kapitalmarktes für die CG-Debatte unbestritten ist, beginnt der Markt für das sogenannte „Social Responsible Investment" (SRI) erst langsam aber stetig zu wachsen. Der Zuwachs sogenannter „Nachhaltigkeitsindizes" wie beispielsweise der Dow Jones Sustainability Index (DJSI), der Financial Times for Good (FTSE4Good), der Naturaktienindex (NAI) und die Domini Social Index Serie bildet den Trend zu SRI ab.

5 Fazit

Die beiden Gebiete Corporate Governance und Corporate Social Responsibility haben sich in jüngster Zeit einander stark angenähert und eine wissenschaftliche und gesellschaftspolitische Bedeutung erlangt, die seinesgleichen sucht. Die in diesem Beitrag angesprochenen Themen wie Unternehmensmitbestimmung, die gesellschaftliche Rolle von Unternehmen und die große Bedeutung von Stakeholdern bezeugen dies. Ein weiteres Themenfeld, auf das nicht ausführlich eingegangen wurde, das aber ebenso große Aufmerksamkeit erlangte, ist die Frage der angemessenen Vergütung von Managern bzw. Vorständen. Alljährlich findet bereits im Vorfeld der Veröffentlichung der Geschäftsberichte börsennotierter Unternehmen eine in allen Medien stark emotional geführte Debatte über die Höhe der Managergehälter statt. Die Politik reagiert auf diese Diskussion mit neuen Gesetzen und droht den Unternehmen, die Höhe der Vorstandsgehälter per Gesetz zu begrenzen. Die Unternehmen und ihre Verbände reagieren auf diese Debatte weitestgehend hilflos, wo doch gerade in derartigen Situationen die Unternehmenskommunikation zur Hochform auflaufen müsste. Die vorwiegend Nicht-Kommunikation der meisten Unternehmen bei diesem Thema hat die Konsequenz, dass das Thema nicht zur Ruhe kommt oder zumindest versachlicht wird. Das Beispiel zeigt, dass Corporate Governance und Corporate Social Responsibility die Gesellschaft in ihrer ganzen Breite beschäftigt und deshalb insbesondere Unternehmen gehalten sind, wesentlich offensiver und effektiver mit ihren Stakeholdern und der allgemeinen Öffentlichkeit zu kommunizieren.

Literatur

Aguilera, R. V., & Jackson, G. (2003). The Cross-national diversity of corporate governance: Dimensions and determinants. *Academy of Management Review, 28*(3), 447–465.

Bielka, F., & Schwerk, A. (2011). Fünf Thesen zur strategischen Einbettung von CSR in das Unternehmen am Beispiel der degewo. In B. Sandberg & K. Lederer (Hrsg.), *Corporate Social Responsibility in kommunalen Unternehmen* (S. 149–170). Wiesbaden: VS Verlag.

BMAS (Bundesministerium für Arbeit und Soziales). (2010). Nationale Strategie zur gesellschaftlichen Verantwortung von Unternehmen (Corporate Social Responsibility – CSR) – Aktionsplan CSR – der Bundesregierung. Berlin: BMAS. http://www.csr-in-deutschland.de/fileadmin/user_upload/Downloads/BMAS/CSR_Konferenz/Aktionsplan_CSR.pdf. Zugegriffen: 6. Okt. 2010.

Coombes, P., & Watson, M. (2002). *Global Investor Opinion Survey 2002*. New York: McKinsey & Co.

DCGK Regierungskommission Deutscher Corporate Governance Kodex. (2013). *Deutscher Corporate Governance Kodex*. Berlin: DCGK.

Eccles, R., & Serafeim, G. (2013). Innovating for a sustainable strategy. *Harvard Business Review, 91*(5), 50–60.

Europäische Kommission. (2011). *Eine neue EU-Strategie 2011–2014 für soziale Verantwortung der Unternehmen (CSR), KOM (2011) 681 endgültig, 25.10.2011*. Brüssel: Europäische Kommission.

Freeman, R. E. (1984). *Strategic management: A stakeholder approach*. Boston: Pitman.

Hommelhoff, P., Hopt, J., & von Werder, A. (Hrsg.) (2009). *Handbuch Corporate Governance: Leitung und Überwachung börsennotierter Unternehmen in der Rechts- und Wirtschaftspraxis* (2. Aufl.). Stuttgart: Schäffer-Poeschel.

Jamali, D., Safieddine, A. M., & Rabbath, M. (2008). Corporate governance and corporate social responsibility synergies and interrelationships. *Journal Compilation, 16*(5), 443–459.

KPMG. (2011). *KPMG International Survey of Corporate Responsibility Reporting 2011*. Amsterdam: KPMG.

Loew, T., Ankele, K., Braun, S., & Clausen, J. (2004). *Bedeutung der internationalen CSR-Diskussion für Nachhaltigkeit und die sich daraus ergebenden Anforderungen an Unternehmen mit Fokus Berichterstattung. Endbericht*. Münster, Berlin: future e. V./Institut für ökologische Wirtschaftsforschung (IÖW).

Margolis, J. D., Elfenbein, H. A., & Walsh, J. R. (2007). *Does it pay to be good—and does it matter? A meta-analysis of the relationship between corporate social and financial performance*. Working Paper. Boston: Harvard Business School.

Raabe, N. (2010). *Die Mitbestimmung im Aufsichtsrat. Theorie und Wirklichkeit in deutschen Aktiengesellschaften*. Berlin: Schmidt.

Scherer, A.G., & Palazzo, G. (2011). A new political role of business in a globalized world: A review of a new perspective on CSR and its implications for the firm, governance, and democracy. *Journal of Management Studies, 48*(4), 899–931.

Schneider, A., & Schmidpeter, R. (Hrsg.) (2012). *Corporate Social Responsibility. Verantwortungsvolle Unternehmensführung in Theorie und Praxis*. Berlin: Springer.

Schwalbach, J., & Klink, D. (2012). Der Ehrbare Kaufmann als individuelle Verantwortungskategorie der CSR-Forschung. In A. Schneider & R. Schmidpeter (Hrsg.), *Corporate Social Responsibility. Verantwortungsvolle Unternehmensführung in Theorie und Praxis* (S. 219–240). Berlin: Springer.

Schwalbach, J., & Raabe, N. (2010). Mehr Sachlichkeit in die Mitbestimmungsdiskussion bringen. *Der Aufsichtsrat, 7*(3), 33.

Schwalbach, J., & Schwerk, A. (2008). Corporate Governance und Corporate Citizenship. In A. Habisch, R. Schmidpeter, & M. Neureiter (Hrsg.), *Handbuch Corporate Citizenship* (S. 71–85). Berlin: Springer.

Schwerk, A. (2012). Strategische Einbettung von CSR in das Unternehmen. In A. Schneider & R. Schmidpeter (Hrsg.), *Corporate Social Responsibility. Verantwortungsvolle Unternehmensführung in Theorie und Praxis* (S. 331–356). Berlin: Springer.

Shleifer, A., & Vishny, R. W. (1997). A survey of corporate governance. *Journal of Finance, 52*(2), 737–783.

Tirole, J. (2001). Corporate Governance. *Econometrica, 69*(1), 1–35.

Von Werder, A. (2002). Der Deutsche Corporate Governance Kodex - Grundlagen und Einzelbestimmungen. *Der Betrieb, 55*(16), 801–810.

Weimer, J., & Pape, J. (1999). A taxonomy of systems of corporate governance. *Corporate Governance: An International Review, 7*(2), 152–166.

Öffentliche Moral und private Wirtschaft: Medialisierung, Personalisierung, Emotionalisierung und Charisma

Kurt Imhof

Zusammenfassung

Um Personalisierung, Emotionalisierung und Charisma herzuleiten, sind die Konzepte der patriarchalischen und charismatischen Herrschaft von Max Weber ertragreich. Mit der patriarchalischen Herrschaft lässt sich jener Personalisierungstypus gewinnen, der das Selbstverständnis der kleinen und mittleren Unternehmen bis heute charakterisiert. Die „DNS" der charismatischen Personalisierung für das Spitzenpersonal in Großfirmen besteht in der wirkungsmächtigen Beschreibung des „Unternehmers" von Joseph Schumpeter in den 1930er Jahren. Dieser Schumpetersche Unternehmer wird in der Managementliteratur der 1980er Jahre erfolgreich auf die Manager börsennotierter Unternehmen übertragen. Begünstigt durch die Veränderung der Medienlogiken setzt sich die Personalisierung auch in der Berichterstattung durch.

Schlüsselwörter

Medialisierung · Medialisierungseffekte · Personalisierung · Emotionalisierung · Skandalisierung · Konfliktstilisierung · Strukturwandel der Öffentlichkeit · Unternehmenskommunikation

---

K. Imhof (✉)
Universität Zürich, fög – Forschungsinstitut Öffentlichkeit und Gesellschaft
Andreasstrasse 15, 8050 Zürich, Schweiz
E-Mail: kurt.imhof@foeg.uzh.ch

1 Charismatische Beziehung und Patriarchalismus

Wenn von Unternehmenskommunikation die Rede ist, dann geht es um die dreifache Veränderung, denen Organisationen ausgesetzt sind, wenn sie ein regelmäßiges Objekt medienvermittelter Kommunikation darstellen. Seit dem *neuen Strukturwandel der Öffentlichkeit* werden Unternehmen anders beschrieben, Unternehmen beschreiben sich selbst anders, und sie müssen sich aufgrund dieser Neubeschreibungen strukturell und kulturell verändern. Dieser neue Strukturwandel der Öffentlichkeit besteht in seiner hier zu behandelnden Dimension in der Ausdifferenzierung eines eigenständigen Mediensystems, das sich am Medienkonsumenten orientiert und dadurch neue Selektions-, Interpretations- und Inszenierungslogiken verwendet. Personalisierung und Emotionalisierung zählen neben der Skandalisierung und Konfliktstilisierung zu zentralen Merkmalen eines *Informationsjournalismus*, der auch die Wirtschaftsberichterstattung seit den 1990er Jahren kennzeichnet und Unternehmen allein schon deshalb verändert, weil sie anders beschrieben werden. Nun gilt es jedoch bei der Analyse solcher *Medialisierungseffekte* beide Seiten, die Selbstdarstellung ökonomischer Akteure und die medienvermittelte Darstellung im Auge zu behalten, um deren wechselwirksame Dynamik berücksichtigen zu können. Die Herausbildung eines Starsystems der ‚Managerklasse' beruht zunächst auf Entwicklungen in der Ökonomie und bedient für die Wirtschaftsberichterstattung diejenigen Nachrichtenwerte, auf die kommerzialisierte Medien ansprechen und die sie verstärken. In diesem Zusammenspiel hat sich seit den 1990er Jahren die kommunikative Konstitution der Wirtschaft grundsätzlich verändert. Um dies nachzuzeichnen, beginnt der Beitrag mit der Analyse der Übertragung des Eigenschaften des Schumpeterschen Unternehmerhelden auf Manager und wendet dann die Perspektive auf die Veränderung der Wirtschaftsberichterstattung.

Max Weber lässt die gesamte Vormoderne zwischen charismatischer und traditionaler Herrschaft oszillieren. Das Phänomen Herrschaft ist für Max Weber ein sozial konstituiertes Phänomen. Ihm ging es um die soziale, heute würden wir sagen kommunikative Konstitution von Herrschaft und die von dieser Konstitution abhängigen Herrschaftsspielräume (Willkürbereiche) und damit auch um das innovative Potential von Herrschaftsbeziehungen (Imhof 2006, 65 ff.).

Weber verweist darauf, dass die *„charismatische Herrschaft"* und die *„charismatische Beziehung"* auf der Basis wahrgenommener Gnadengaben beruhen. Er hat sich auf der Basis religionswissenschaftlicher Erkenntnisse mit den Einstellungen beschäftigt, die solche Wahrnehmungen wahrscheinlich machen. Mit Bezug auf Magier, Priester und Propheten, dem einen Trägertypus charismatischer Herrschaft, verweist Weber auf außeralltägliche, ekstatische Zustände in die Magier, Priester und Propheten im Rahmen religiöser Handlungen geraten. In der Wahrnehmung solch außeralltäglicher Zustände durch Dritte sieht Max Weber die Zuerkennung von Gnadengaben. Mit Bezug auf den Kriegsherrn, seinem zweiten Trägertypus charismatischer Herrschaft, verweist er auf die Wirkung der Tat, auf den Unfehlbarkeitsglauben, der dann entsteht, wenn Geschichte ‚gemacht' wird. Denn entscheidend für die Eroberung und Stabilisierung charismatischer Herrschaft ist die Zuerkennung von außergewöhnlichen Fähigkeiten, also die charismatische Beziehung der Herrschaftsunterworfenen zum Herrschaftsträger (Weber 1973a [1916], 398 ff.). Für Weber ist die charismatische Herrschaft die eigentliche revolutionäre Kraft in der Geschichte. Er setzt diese der traditionalen, patriarchalischen Herrschaft gegenüber. Während die charismatische Herrschaft Krisen- und Umbruchperioden kennzeichnet und dem Herrschaftsträger aufgrund der perzipierten Gnadengaben einen großen Willkürbereich verschafft, basiert die patriarchale Herrschaft auf Tradition. Die Herrschaftsunterworfenen gehorchen hier also auf der Basis überlieferter Normen, die den Willkürbereich des Herrschaftsträgers begrenzen, weil die Herrschaft normativ beschränkt ist.

Obwohl Weber die moderne Gesellschaft mit der Sozialfigur des modernen Fachbeamten in Staat und Wirtschaft beschreibt und im Typus der „legalen Herrschaft" die bürokratische Erstarrung der Moderne diagnostiziert, verwendet er den Typus der „plebiszitär-charismatischen Herrschaft" (Weber 1973b [1922], 151 ff.; Mommsen 1982, 1 ff.) in Gestalt des politischen Unternehmers zum einen und des kapitalistischen Unternehmers zum anderen auch in seiner Beschreibung der okzidentalen Moderne. Gerade weil er diese Moderne im stählernen Gehäuse der Bürokratisierung erstarrt sieht, muss *der politische und der kapitalistische Unternehmer* dieses Gehäuse immer wieder aufbrechen, um Innovationen zu ermöglichen (Weber 1973c [1916], 441 ff., 1973d [1919], 311 ff.).

Das Gegenstück, die auf Tradition beruhende patriarchalische Herrschaft, ist auch kommunikativ konstituiert. Ihre Konstitution erfolgt aber durch die Sozialisationsagenturen des Kirchen- und Erziehungswesens und in den *Formen repräsentativer Öffentlichkeit* der Vormoderne, einem Phänomen der Darstellung von Herrschaft, dem sich Norbert Elias (in der Tradition Max Webers) besonders gewidmet hat (Elias 1983). Die Sozialfigur des patriarchalischen Unternehmers hat Weber nur beiläufig beschrieben. Er skizziert ihn als Herrschaftsträger kraft seines Besitzes an den Produktionsmitteln und des Kaufes von Arbeitskraft. Mit den Mitteln seiner Darstellung der patriarchalischen Herrschaft lässt sich jedoch der klassische Unternehmer der Frühmoderne über die Gründerzeit bis hin zum Eigentümer eines im Familienbesitz befindlichen Klein- und Mittelbetriebes bis heute beschreiben. Alle diese Unternehmerkohorten zehren von den traditionalen Normen patriarchaler Hausmacht, die den gesamten Privatbesitz umfasst und die Herrschaftsbeziehung in eine wechselseitige moralische Verpflichtung einbettet. Auf die kürzeste Formel gebracht bedeutet dies: Sicherheit und Entlohnung gegen Loyalität und Arbeit. Diese traditionelle Sozialbeziehung der Hauswirtschaft wurde auch durch die Aufklärungsbewegung in die Moderne übertragen. Durch die strikte Trennung des Öffentlichen vom Privaten, letzteres bestehend aus der bürgerlichen Intimsphäre einerseits, der Privatökonomie andererseits, konnte der Patriarchalismus in der Ökonomie die Revolutionen an der Schwelle der Moderne überwinden und im bürgerlichen Unternehmenspatriarchen eine äußerst wirkmächtige Sozialfigur bleiben, währen sich die Untertanen zu Bürgern emanzipieren (Sennett 1983 [1977]). Diesem Typus eines patriarchalischen Unternehmers im Rahmen der Unternehmerdynastien des 19. und frühen 20. Jahrhunderts verdanken wir die industrielle Durchdringung der Moderne, und noch heute sind die Herrschaftsbeziehungen in den meisten, nicht börsenkotierten Klein- und Mittelbetrieben durch die normativen Gehalte des Patriarchalismus geprägt. Die *Personalisierung* und die emotionalen Bezüge in diesen Unternehmen leben von einem Selbst- und Fremdverständnis verlässlicher Qualitätsorientierung, und intern basieren die Sozialbeziehungen auf Sicherheit und Entlohnung gegen Loyalität und Arbeit, weil die patriarchale Herrschaftsbeziehung einen Verpflichtungscharakter enthält. Die normative Eingebundenheit von kleinen und mittleren Unternehmen in den Patriarchalismus ist prägend sowohl für die Erwartungen, die ihre Unternehmenskommunikation beachten muss als auch für die Erwartbarkeit unternehmerischen Handelns. Erratische Entscheidungen, „hire and fire", prahlerische Ankündigungen oder Selbstdarstellungen in den repräsentativen Formen von Großunternehmen widersprechen den sozialmoralischen Erwartungen, denen diese Unternehmen ausgesetzt sind. Um seinen Status zu erhalten, muss der mittelständische Unternehmer in seinem inneren und äußeren Wirkungsfeld diese *normativen Anforderungen* beachten. Die patriarchalische Beziehung mit ihrem Verpflichtungscharakter lenkt die Organisationskommunikation nach innen und außen wie auch die (in der Regel marginale) mediale Berichterstattung. Normalerweise ist der Einbettungscharakter so stark, dass nur bei antipatriarchalischen Normverstößen die Normen des Patriarchalismus überhaupt Thema werden. Es gibt mithin eine PR patriarchalen Typs, die nach innen und außen darauf achtet, das Unternehmen in seiner sozialen und moralischen Einbettung zu beschreiben.[1] Diese Form der Sozialbeziehungen in Unternehmen bildete auch die Basis des Industriekapitalismus im 19. bis weit in das 20. Jahrhundert hinein. Sie kennzeichnete auch die Großindustrien der Gründerzeit. Die Wirkung der normativen Grundlage des Patriarchalismus lässt sich heute noch mit den Mitteln der Industriearchäologie lesen. Diese zeigt uns nicht nur die Fabriken, sondern die Sozialwelten um sie herum, nämlich die Arbeitersiedlungen, die Kindergärten, die Schulen, die Krankenhäuser und selbst die Kirchen, die durch Unternehmerpatriarchen angelegt worden sind. Neben dem Aspekt der Kontrolle, die selbstverständlich dem patriarchalischen Herrschaftstyp eigen ist, zeigen sich hier die in Stein erstarrten moralischen Verpflichtungen, die einst auch die Großindustrie prägten.

Medialisierte Ökonomie
Unter dem Stichwort „medialisierte Ökonomie" wird der strukturelle und kulturelle Wandel ökonomischer Akteure (Personen, Unternehmen, Institutionen) verstanden, die beide durch die Interdependenz dieser Akteure mit der medienvermittelten Kommunikation angetrieben werden. Dabei ist die Personalisierung und die moralisch-emotionale Aufladung der Berichterstattung generell und der Wirtschafts-

---

[1] Diese patriarchale Sozialbeziehung in der Ökonomie, die wechselseitige Verpflichtung von Herrschaftsträgern und Herrschaftsunterworfenen, ist in der Moderne so stark geblieben, dass der anhaltende charismatische oder rein marktökonomische Verstoß dagegen über kurz oder lang zu Reaktionen führt, die dieser Sozialbeziehung wieder Geltung verschaffen. Entsprechend zehrt die Bewegung der Corporate Social Responsibility (CSR) von den Normen und Werten des Patriarchalismus.

> berichterstattung speziell ein wichtiger Faktor. Weil ökonomische Akteure seit dem Kommerzialisierungsschub der Medien vorab in den 1980er und 1990er Jahren unter Berücksichtigung von Nachrichtenwerten wesentlich stärker personalisiert werden und weil ökonomisches Handeln aus denselben Gründen oft unter moralisch-emotionalen Aspekten beleuchtet wird, wandelt sich auch die Aussenkommunikation ökonomischer Akteure mitsamt ihrem Fremd- und Selbstverständnis.

Inzwischen ist die Wirtschaftsgeschichte über diese personale und emotionale Sozialbeziehung in der Großindustrie hinweg geschritten. Die Formalisierung der Arbeitgeber- und Arbeitnehmerbeziehung durch Sozialpartnerschaft und Mitbestimmung, die Entlastung der Unternehmen durch das staatliche Gesundheits- und Sozialwesen, die Atomisierung der Eigentümerstrukturen durch die Börsenkotierung und die Durchsetzung der Managerherrschaft verunmöglichen den Patriarchalismus in Großunternehmen. Bei diesen Unternehmen kommen wir dagegen den Bedingungen und Formen der charismatischen Personalisierung in der Ökonomie näher. Wie konnte diese charismatische Personalisierung und Emotionalisierung in die Ökonomie der Spätmoderne eindringen?

2 Der Schumpetersche Unternehmer wird zum charismatischen Manager

Joseph Schumpeters berühmte Theorie wirtschaftlicher Entwicklung mit ihrem Augenmerk auf den Unternehmer aus dem Jahre 1934 bedeutet gegenüber Webers Einsichten hinsichtlich Personalisierung und moralisch-emotionalen Bindungen einen Rückschritt (Schumpeter 1997 [1934]). Schumpeter analysiert die Sozialfigur des Unternehmers im Rahmen einer durch die Romantik und den Geniekult beeinflussten Handlungstheorie. Unternehmer im Schumpeterschen Sinne sind entsprechend Ausnahmefiguren mit außerordentlichen Fähigkeiten. Sie sind in der Lage, durch eine „andersgeartete Willensaufwendung", die Zwänge und Konformitäten der normalen Wirtschaftssubjekte zu überwinden und durch ihre „geistige Freiheit" und einen „großen Überschuss von Kraft", „neue Kombinationen" durchzusetzen (Schumpeter 1997 [1934], S. 126). Durch diese „neuen Kombinationen" kommen Schöpfungen in die Welt. Während Schumpeter das „normale Wirtschaftssubjekt" als gefangen in den Konformitäten und Strukturen des Alltags beschreibt, überwindet sein Unternehmer eben diesen Alltag, durch seine „besondere Art die Dinge zu sehen", „durch den Willen, durch die Kraft ganz bestimmte Dinge anzufassen und sie …" in seiner Intuition als „… real zu sehen". Neben diesen außergewöhnlichen imaginativen Fähigkeiten und dem Willen, „allein und voraus zu gehen", zeichnet sich der Schumpetersche Unternehmer „durch seine Wirkung auf andere" aus, „die wir mit ‚Autorität', ‚Gewicht', ‚Gehorsamfinden' bezeichnen können …" (Schumpeter 1997 [1934], 128 ff.). Exakt bei dieser Wirkung auf andere bricht Schumpeter seine Analyse ab. Damit bleibt das analytische Potential seines Werks im unreflektierten Verständnis vom Helden und des Genies stecken: In der religiösen Märtyrergeschichtsschreibung, in der traditionalen Geschichtsschreibung großer Männer und in der Romantik wurden der Held und das Genie aus der Vormoderne übernommen und in das kulturelle Repertoire der Moderne eingelagert. Joseph Schumpeter ist es zu verdanken, dass die Figur des Helden und des Genies in Gestalt des Unternehmers auch in die liberale Wirtschaftstheorie aufgenommen wurde und seither immer wieder belehnt wird. Schumpeters Unternehmer bildet *das kulturelle Erbgut einer Unternehmer-PR*, die den Unternehmer als einsamen Kämpfer im Markt und gegen den Staat, gegen die Traditionen und die Widrigkeiten des Alltags und die Blindheit seiner Umgebung zeichnet.

Weil Schumpeter im Heldenepos stecken blieb, konnte er die Bedingung der Existenz seiner Unternehmer nicht analysieren. Schumpeter entdeckte zwar, dass ‚seine' „Unternehmer" in Krisen „scharenweise" auftreten (Schumpeter 1997 [1934], S. 342) und ihm gemäß den Konjunkturaufschwung bewirken. Durch seine Blindheit gegenüber Personalisierungschancen in spezifischen Kontexten, wie sie Weber – aber auch Karl Marx in seiner Bonapartismusthese – beschrieben hat (1981 [1852], 111 ff.), ist er jedoch nicht in der Lage zu begründen, warum dies so ist.[2] Er kann nicht auf die krisentypische Entwertung alles Gewesenen verweisen, die die Chance für charismatische Beziehungen in Politik und Wirtschaft sprunghaft erhöht und die Opportunitätsstrukturen für seine „Unternehmer" erst schafft. Schumpeters Unternehmer ist das Produkt außergewöhnlicher Opportunitätsstrukturen, die Akteure zum Zuge kommen lassen, die zuvor kaum eine Chance hatten. Beides, die Opportunitätsstrukturen und die Figuren, die sie nützen, müssen zusammenkommen, um die Konzentration von Aufmerksamkeit, Definitionsmacht und Risikokapital auf solche Sozialfiguren zu ermöglichen. Darüber hinaus können wir von Schumpeter die Einsicht in die erfolgreiche Belehnung des Genie- und Heldenepos durch die Unternehmer- und Management-Kommunikation ableiten. Diese Belehnung gelingt umso besser, je stärker ökonomisches Handeln in der Semantik des Krieges und der Krise beschrieben wird.

Das ist weder in der *Wirtschaftsberichterstattung* noch in der Unternehmenskommunikation immer der Fall. Im sozialmarktwirtschaftlichen Gesellschaftsmodell, das sich mit seinem Sozialversicherungswesen, der Sozialpartnerschaft und den staatlichen, makroökonomischen Steuerungspotentialen in der Schweiz, in Großbritannien, in Schweden und den USA in der Krise der 1930er Jahre und nach dem Zweiten Weltkrieg in allen westlichen Zentrumsländern durchsetzte, wähnte man sich in der Epoche des ‚fine tuning' ökonomischen und sozialen Fortschritts in stabilisierten Volkswirtschaften, also auf einem Modernisierungspfad, der die Krisen der Wirtschaftsgeschichte gebändigt habe (Imhof 2005, 15 ff.). Entsprechend geriet Schumpeter in Vergessenheit. Im sozialmarktwirtschaftlichen Gesellschaftsmodell hatte der Unternehmer als Genie neuer Kombinationen und als

---

[2] Schumpeters Erklärung für die Clusterbildung von „Unternehmern" ist „Nachahmung". Das heißt, wenn es einer schafft, erleichtert dieses Vorbild weiteren Unternehmern den Sprung ins Außeralltägliche (Schumpeter 1997 [1934], S. 339). Diese Innovativitäts-Nachahmungsthese erklärt jedoch die Diskontinuität nicht. Sie spricht eher für eine diffuse Verteilung von Innovativität wie Nachahmung und damit für Kontinuität.

Held im Krieg der Märkte und gegen den Staat keine Existenznische. Er wäre als lächerliche Figur erschienen.

Erst im neoliberalen Wirtschafts- und Gesellschaftsmodell, das sich nach dem Kalten Krieg in den 1990er Jahren durchsetzte, veränderte sich die kommunikative Formatierung der Wirtschaft so, dass sich die charismatische Personalisierung durchsetzen konnte. Im globalen Steuer- und Standortwettbewerb, in einem Wettbewerb kurzfristiger Maximalrenditen, im Zuge der Durchdringung des Aktienbesitzes bis in den unteren Mittelstand und in einem parallel dazu sich intensivierenden Aufmerksamkeitswettbewerb in einer massiv wachsenden Wirtschaftsberichterstattung entstand wieder, wie Phoenix aus der Asche, der Schumpetersche Unternehmer. Allerdings nun in Gestalt von Managern. Die *charismatische Personalisierung des Spitzenpersonals* von Großunternehmen bezog sich freilich nicht auf eine Wirtschaftskrise. Sie ist vielmehr das Produkt einer Neubeschreibung wirtschaftlichen Handelns überhaupt. Die Ökonomie, die im sozialmarktwirtschaftlichen Gesellschaftsmodell – also im Rahmen einer proaktiven volkswirtschaftlichen Wirtschafts- und Sozialpolitik und eingebunden in internationale Wirtschafts- und Währungsabkommen – bis zur Krise der 1970er Jahre als rational beherrschbare Volkswirtschaft erschien, die Frieden und Prosperität auf Dauer sichern wird, wandelte sich unter der neuen Perspektive einer transnational entfesselten Ökonomie in einen Wettbewerb des Survival of the Fittest im globalen Krieg der Märkte.

Anhand von Indikatoren wie der Zahl der Manager-Hagiographien, am Boom von Managementtheorien wie Changemanagement, Transformationsmanagement, Turnaroundmanagement, Krisenmanagement, Visionäres Management und Leadership in Krisen lässt sich diese kommunikative Neuformatierung ökonomischen Handelns ablesen, die auch in der Beraterliteratur, in der McKinsey-Sprache bis in die Harvard Business School und in alle MBA-Kurse Niederschlag fand. Diese kommunikative Neukonstitution der Ökonomie erreichte insbesondere in der zweiten Hälfte der 1990er Jahre auch die PR- und Marketing-Beratung unter Begriffen wie *„Impression Management"*, „PR für Persönlichkeiten", „Personenmarketing", „Ich-Marke", „Ich-Aktie", „Ich-Co." und „Selbst-PR" etc. (Nessmann 2005; vgl. Kapitel „Impression Management: Identitätskonzepte und Selbstdarstellung in der Wirtschaft").

Gemeinsam ist diesem Schrifttum eine für die ganze Wirtschaftsgeschichte beispiellose Zentrierung auf die flexible und innovative Person, ihre innere Stärke und Orientierungsfähigkeit und ihre äußere Wirkung. Die *neuen Managementtheorien* bekämpfen Hierarchiestufen als bürokratische Lehmschichten und propagieren das Führungsverhalten des „Hintersichscharens" kraft persönlicher Überzeugungskraft. Die Menschen in den Großunternehmen wollen, gemäß diesen Theorien, keine Befehle empfangen, sondern überzeugt und mitgerissen werden. Das Individuum wird systematisch in einem Kontext beschrieben, der nach Kriterien des Leistungswettbewerbs selegiert, sich also darwinistisch reguliert. Entsprechend werden Ancienitätsprinzipien, erwartbare Karrierepfade und sichere Positionen als überholt und unflexibel verworfen. Im umfassenden Playing Field der Märkte und in der als rasend beschriebenen technologischen Entwicklung erscheinen feste Statuspositionen und Sicherheiten als Wurzel allen Übels. An deren Stelle tritt der Kampf um die ‚besten Köpfe' und die schlanke, temporäre und flexible Organisation mit schlanken, temporären und flexiblen Mitarbeitern, deren vernetztes Denken und deren Innovationskraft ihre Daseins- und Karrieresicherung übernehmen. Das Unternehmen erscheint als organisches Zellgebilde flexibler Teams, die sich wechselseitig als „Kunden" betrachten und dieses Gebilde wird durch das visionäre Denken und die Überzeugungskraft der Spitzenmanager zusammengehalten (Boltanski und Chiapello 2003 [1999], 89 ff.).

Natürlich würde jede Organisation, die solche Managementtheorien zum Nennwert nimmt, in sich zusammenbrechen. In diesem Zusammenhang ist nur entscheidend, dass wir seit den 1990er Jahren in Gestalt dieser Managementtheorien mit wirkmächtigen Selbstbeschrieben ökonomischer Organisationen konfrontiert sind, die das ökonomische *Handeln in Termini des Schumpeterschen Unternehmers* beschreiben, der dank seiner imaginativen Kraft zu „neuen Kombinationen", dank seiner Willensstärke und seiner Überzeugungsfähigkeit Gehorsam und Nachfolge für pausenlose „Feldzüge" findet, die als aneinander gereihte Task Forces mittlerer und kleiner *Charismaträger* aufgefasst werden. Zwar bleibt das große Charisma den Vertretern des entstandenen Starsystems der Managerelite vorbehalten, aber ein wenig Charisma muss sich jede Führungskraft aneignen. Für den sozialwissenschaftlichen Beobachter ist es nur ein Nebenschauplatz, dass zu den Initiationsriten dieser Herrschaftsordnung neben religionsanalogen Massenveranstaltungen mit prominenten Managementtheoretikern und Trendscouts auch magische Handlungen wie das Durchschreiten von Beeten aus glühenden Kohlen, Urschreitherapien, kollektive Baumbesteigungs- sowie Auf- und Abseilübungen im Rahmen von Managementseminaren zählen. Diese aus der Perspektive einer aufgeklärten Moderne irrationalen Praktiken ergänzen die charismatische Beziehung seit jeher. Die charismatische Beziehung verlangt die symbolische Demonstration des persönlichen, innerlichen Involvements der Herrschaftsunterworfenen und die mitreißende Orientierungskraft des Charismatikers.

Das sind aber nur die einen Indikatoren, wir können sie der Kommunikation im Handlungssystem Ökonomie selbst entnehmen. Auf der Basis solcher Indikatoren sozialen Wandels können wir nachvollziehen, wie sich der resonanzstarke Teil der Ökonomie, derjenige der börsenkotierten transnationalen Unternehmen, selbst beschreibt und wie die außeralltägliche charismatische Personalisierung weit über diese Unternehmen hinaus bis in alle Fasern der Human Ressources hinein zum alltäglichen Führungsinstrument erhoben worden ist.

3 Wandel der Wirtschaftsberichterstattung und Medialisierungseffekte

Die anderen Indikatoren sozialen Wandels, diejenigen des neuen Strukturwandels der Öffentlichkeit, finden wir in der öffentlichen Kommunikation (Münch 1995; Imhof 2011). Die *vergleichende Medienanalyse* verweist auf die Ausdifferenzierung der Medien aus dem politischen System und auf die Koppelung eines nun eigenständigen Mediensystems an das ökonomische System sowie seit dem digitalen Umbruch auf die Effekte der Krise der Geschäftsmodelle des Informationsjournalismus. Durch die Ausdifferenzierung der Medien von ihren Herkunftskontexten verwandelten sich Meinungsmärkte, die den Staatsbürger adressierten und nur sekundäre Ertragserwartungen ausbildeten in Informationsmärkte, in denen mit primären Ertragserwartungen Medienkonsumenten adressiert werden. Die Medienunternehmen lösten sich in diesem Prozess, der sich in den 1980er Jahren beschleunigte (Dualisierung der elektronischen Medien), sozial, politisch und ökonomisch von ihren herkömmlichen Sozialkontexten unter Einschluss von in städtischen Eliten eingebetteten Verlegerfamilien ab und wurden zu Dienstleistungsorganisationen mit hohen Renditeerwartungen (zur Literaturübersicht vgl. Imhof 2011, S. 52–84). Durch die aktuelle Krise der Geschäftsmodelle des Informationsjournalismus in Gestalt der Entkoppelung von publizistischen Inhalten und Werbung, die zunehmend zu branchenfremden Akteuren (Suchmaschinen, Social Media, Annoncenplattformen) abfließt, und durch die Gratisnews im Internet wird die Finanzierung des Journalismus durch den Verlust von Verkaufserlösen und von Erlösen aus Werbung, doppelt geschädigt. Aufseiten der Konsumenten wurde dadurch auch das Preisbewusstsein für Journalismus zerstört. Dadurch lassen sich die professionellen journalistischen Infrastrukturen nicht mehr ausreichend finanzieren.

Die *Kommerzialisierung der Medien* und die Ausfälle auf der Einnahmeseite führen zu veränderten Strukturen, Formen und Inhalten öffentlicher Kommunikation (Blum et al. 2011):

- *Entdifferenzierung des Journalismus*: Auf der Ebene der Medienorganisationen haben wir es mit dem Abbau von Ressorts und damit von Spezialwissen über Teilbereiche der Gesellschaft zu tun. Darüber hinaus fallen die Gewinnung von Synergien durch Abfüllung derselben Inhalte in verschiedene, einst eigenständige Titel auf, der Zusammenzug ehemals unabhängiger Redaktionen in Newsrooms für verschiedene Medienkanäle sowie der Abbau der Korrespondentennetze (fög 2010, S. 58) und die gesteigerte Abhängigkeit von Nachrichtenagenturen (fög 2011, 408 ff.). Generell ist eine Zunahme qualitätsniedriger Gratismedien on- und offline zu konstatieren. In den Ländern mit Pendlerzeitungen zählen diese Gratisangebote in kurzer Zeit zu den grössten Printtiteln. In diesen Ländern wird der Boulevardjournalismus zum Mainstream.
- *Entprofessionalisierung des Journalismus*: Zugunsten eines Allround- und Multikanaljournalismus und durch die Abwanderung erfahrener Journalisten in die PR-Branche wird der Journalismus entprofessionalisiert (Jarren et al. 2000). Zu beobachten ist ein gesellschaftlich unerwünschter Statusverlust des Berufsstandes.
- *Boulevardisierung des Journalismus*: Bei allen Unterschieden im Informationsjournalismus haben wir es mit einer moralisch-emotionalen Auflading der Berichterstattung, mit einer Zunahme der Personalisierung, Privatisierung, Konfliktstilisierung und Skandalisierung und einem Niedergang journalistischer Einordnungsleistungen zu tun (Schranz 2007; Bonfadelli et al. 2008; fög 2012, 47 ff.). Dies wirkt sich auch auf die Nachrichtenauswahl aus: Human-Interest hat massiv zugenommen, die Auslandsberichterstattung schrumpft, die parlamentarischen Auseinandersetzungen verlieren an Bedeutung, die Wirtschaftsberichterstattung orientiert sich an der Performanz einzelner Unternehmen und Branchen und wurde Teil der Blasenbildung (fög 2010, 275 ff.)

und die medienvermittelte Wahrnehmung der sozialen Ordnung ist auf Devianz von Personen fixiert und vernachlässigt Strukturprobleme (Imhof 2008, 55 ff.). Insgesamt lässt sich eine Verschiebung des Modus journalistischer Berichterstattung von kognitiv-normativen Sachverhaltsbeschrieben mitsamt normativen Ableitungen zu einem moralisch-emotionalen Journalismus beobachten, der personale Abweichungen von kognitiven, normativen und emotionalen Erwartungen favorisiert.

- *Medienpopulismus und politischer Populismus*: Die neuen Spielregeln im Kampf um Aufmerksamkeit haben sich auf die Politik übertragen. Die Empörungsbewirtschaftung prägt die Handlungslogiken beider Systeme: Politik wie medienvermittelte Kommunikation treffen sich bei empörungsträchtigen Events und Kampagnen, die gleichermassen Aufmerksamkeit für das politische Personal wie für die Medien sichern. In politischer Hinsicht führt dies zu einem Rationalitätsverlust der demokratischen Auseinandersetzung zugunsten einer moralisch-emotionalen Urteilsbildung (Mudde 2007; Mazzoleni 2008, 49 ff.; fög 2011, 377 ff.).
- *Schichtung und Segmentierung des Journalismus*: Durch die Zielgruppenorientierung der Medien und die Gratiskultur wachsen die Unterschiede der Aufmerksamkeitslandschaften für Publika auf der Basis von Bildungsabschlüssen, Herkunft und Generationen. Das Medienwesen drittelt sich zunehmend in qualitätsschwache „Unterschichtenmedien", die auch von jungen Erwachsenen konsumiert werden, regionale Abonnementszeitungen mit Finanzierungsproblemen sowie Elitenmedien (Imhof et al. 2012; fög 2012, 21 ff.).
- *Schwächung der journalistischen Selbstregulation*: Publizistische Auseinandersetzungen zwischen Medien schwinden zugunsten einer gleichgerichteten Empörungsbewirtschaftung bei erfolgreichen Skandalisierungen. Dies wird durch einen Abbau des kritischen Medienjournalismus begleitet, der zusätzlich geschwächt ist durch die im Konzentrationsprozess geschwundene Zahl potenzieller Arbeitgeber. Die kritische Auseinandersetzung unter Medien desselben Verlagshauses ist ohnehin marginal (fög 2012, 361 ff.). Schliesslich manifestiert sich an neuen Geschäftsmodellen, die Events, Dienstleistungen und Merchandising an journalistische Plattformen binden, die Erosion der redaktionellen Unabhängigkeit.

Die jüngste Forschung hat sich stark mit den Folgen für das Verhältnis von Politik und Medien beschäftigt. Sie zeigt, dass sich Politik in diesem Prozess kommunikativ neu konstituiert (Imhof 2003, 401 ff.). Dieser Prozess ist freilich keineswegs auf die Politikberichterstattung beschränkt. Kein Teilsystem kann sich den neuen Aufmerksamkeitslogiken entziehen. Von Bedeutung ist entsprechend auch die kommunikative Neukonstitution der Ökonomie. Bemerkenswert ist dabei beides: die Heldenepen auf Vertreter der Managementelite in Gestalt von Porträts, Homestorys und periodisch wiederkehrenden Ratings ebenso wie der Anstieg empörungsheischender Anprangerung des Spitzenpersonals der Wirtschaft. Oft lässt sich bezüglich derselben Person beides finden. Der Manager des Jahres t wird zum skandalisierten Leader des Jahres t+1. Die mediale Produktion von

Reputation schafft die Voraussetzung zur Zerstörung derselben. Außerdem lässt sich in den Wellen der Managemententschädigungsdebatten eine anhaltende Skandalisierung beobachten, die vorab das Spitzenmanagement von börsenkotierten Unternehmen betrifft (Imhof 2008, 55 ff.). Hier schließt sich allerdings ein Kreis, indem sich die neuen Selbstbeschreibungen in den Managementtheorien und die entsprechenden Gehaltsansprüche mit einer verstärkten moralisch-emotionalen Berichterstattung insbesondere dann ergänzen, wenn die Erträge der umfassenden Reorganisationen des Spitzenmanagements negativ mit den personalen Erträgen dieser Manager korrelieren.

Analog zum Wandel der politischen Berichterstattung lassen sich die Effekte des neuen Strukturwandels der Öffentlichkeit für die Wirtschaftsberichterstattung zeigen, die noch bis in die 1980er Jahre hinein einen starken Verlautbarungscharakter hatte und in der die personale Adressierung von Unternehmen eine Ausnahme darstellte (Eisenegger 2005; Schranz 2007; Eisenegger und Imhof 2008, 125 ff.; Schranz et al. 2010, 275 ff.):

- Im Kontext der Personalisierung der Wirtschaftsberichterstattung wurde die unpersönliche Form der Darstellung von Unternehmen und auch die *Selbstdarstellung der Unternehmen* insbesondere in den Bilanzpressekonferenzen durch eine personalisierte Kommunikation abgelöst, welche die Reputation von Unternehmen auf die Bewertung ihrer Führungsfiguren einengt. Die neuen, auf die *Maximierung der Aufmerksamkeit* (vgl. Kapitel „Jenseits von Geld und Information: Zur Ökonomie der Aufmerksamkeit") der Medienkonsumenten ausgerichteten Kommunikationslogiken konstruieren den Lauf der Dinge wieder – wie die alte Geschichtsschreibung – als Produkt von Helden und Bösewichten, also als Ergebnis von Menschen und Taten und nicht von Verhältnissen, welche die Menschen, ihre Taten und deren Wirkungen jenseits bloßer Fähigkeits- und Charakterurteile beschreiben können. Dadurch wird die historisch gewachsene Organisationsreputation von Unternehmen folgenreich durch die personale Reputation ihres aktuellen Führungspersonals überformt. Zum einen lockert sich dadurch die Pfadabhängigkeit von Organisationen, weil mit der Erosion der gewachsenen Organisationsreputation auch die daran geknüpften Selbstverpflichtungen an Bedeutung verlieren; zum anderen wird das Unternehmen von der fragilen, persönlichen Reputation ihres Führungspersonals und dessen Rating abhängig. Zum dritten entstand ein wachsender Widerspruch zwischen der auf die Medien hin orientierten, also personalisierten Außenkommunikation von Unternehmen und ihrer ‚wir-orientierten' Binnenkommunikation. Durch diesen Widerspruch ist die Binnenkommunikation dem Glaubwürdigkeitszerfall ausgesetzt.
- Wie in der politischen Berichterstattung vollzog sich auch in der Wirtschaftsberichterstattung eine Substituierung der Skandalisierer. Waren es noch in den 1970er und 1980er Jahren im Rahmen der Thematisierung von Umwelt- und Technikfolgerisiken soziale Bewegungen, so handelt es sich nun um etablierte politische Akteure, auf Medienevents spezialisierte NGO (z. B. Greenpeace) und vor allem um die Medien selbst. Sie konkurrenzieren als „Enthüller" die sozialen Bewegungen und Protestparteien, die

diese Funktion traditionell innehaben. Selbst die Gewerkschaften werden hinsichtlich der Problematisierung sozialer Fragen durch die Medien konkurrenziert.[3]

- Die im Kontext der Ausdifferenzierung des Mediensystems sukzessive geschwundene Auseinandersetzung zwischen den Medien über die Interpretation von Vorgängen zu Gunsten einer gesteigerten Übernahme von Themen mitsamt den Interpretationen führte zu einem Schwund publizistischer Konflikte bzw. umgekehrt: zu einer intensivierten Resonanz *gleichförmig nachrichtenwertgesteuerter Berichterstattung* über Institutionen, Organisationen und Personen auch des Wirtschaftssystems.

Dies sind die Ingredienzien einer leitmedialen öffentlichen Kommunikation, die inzwischen dazu geführt hat, dass wir in der Wirtschaftsberichterstattung eine vergleichbare Personalisierung und moralisch-emotionale Auflage beobachten können wie in der politischen Kommunikation. Während aber die Politikelite zumeist in nationalpartikulären Zusammenhängen beschrieben wird, gelten die Wirtschaftsführer als die Masters of the Universe. Entsprechend hoch ist der Nachrichtenwert ihres kognitiven, sozialen oder moralischen Versagens.

Literatur

Blum, R., Bonfadelli, H., Imhof, K., & Jarren, O. (Hrsg.). (2011). *Krise der Leuchttürme öffentlicher Kommunikation. Vergangenheit und Zukunft der Qualitätsmedien*. Wiesbaden: VS Verlag für Sozialwissenschaften.

Boltanski, L., & Chiapello, Ê. (2003 [1999]). *Der neue Geist des Kapitalismus*. Konstanz: UVK.

Bonfadelli, H., Imhof, K., Blum, R., & Jarren, O. (Hrsg.). (2008). *Seismographische Funktion von Öffentlichkeit im Wandel*. Wiesbaden: VS Verlag für Sozialwissenschaften.

Eisenegger, M. (2005). *Reputation in der Mediengesellschaft. Konstitution – Issues Monitoring – Issues Management*. Wiesbaden: VS Verlag für Sozialwissenschaften.

Eisenegger, M., & Imhof, K. (2008). The true, the good and the beautiful: Reputation management in the media society. In A. Zerfass, B. van Ruler, & K. Sriramesh (Hrsg.), *Public relations research. European and international perspectives and innovation* (S. 125–146). Wiesbaden: VS Verlag für Sozialwissenschaften.

Elias, N. (1983). *Die höfische Gesellschaft. Untersuchungen zur Soziologie des Königtums und der höfischen Aristokratie*. Frankfurt am Main: Suhrkamp.

fög – Forschungsbereich Öffentlichkeit und Gesellschaft der Universität Zürich (Hrsg.). (2010). *Jahrbuch Qualität der Medien. Schweiz – Suisse – Svizzera*. Basel: Schwabe.

fög – Forschungsbereich Öffentlichkeit und Gesellschaft der Universität Zürich (Hrsg.). (2011). *Jahrbuch Qualität der Medien. Schweiz – Suisse – Svizzera*. Basel: Schwabe.

fög – Forschungsbereich Öffentlichkeit und Gesellschaft der Universität Zürich (Hrsg.). (2012). *Qualität der Medien – Schweiz Suisse Svizzera*. Basel: Schwabe.

---

[3] Dies bezieht sich auch auf klassisch gewerkschaftliche Themen wie die Mindestlohnfrage und das Verhältnis von Spitzen- und Mindestgehältern, die Debatte über die Notwendigkeit, Arbeitsplätze für behinderte Menschen (wiedcr) zu schaffen, die Auseinandersetzungen über Arbeitgeber-/Arbeitnehmerloyalität sowie die Debatte über Standortloyalität und soziale Verantwortung.

Imhof, K. (2003). Politik im neuen Strukturwandel der Öffentlichkeit. In A. Nassehi & M. Schroer (Hrsg.), *Der Begriff des Politischen. Sonderband 14 der Zeitschrift „Soziale Welt"* (S. 401–418). Baden-Baden: Nomos.

Imhof, K. (2005). Deregulation – Regulation: Das ewige Spiel sozialer Ordnung. In K. Imhof & T. Eberle (Hrsg.), *Triumph und Elend des Neoliberalismus* (S. 15–35). Zürich: Seismo.

Imhof, K. (2006). Die Diskontinuität der Moderne. Theorie des sozialen Wandels. In A. Honneth, H. Joas, C. Offe, & P. Wagner (Hrsg.), *Reihe „Theorie und Gesellschaft"* (Bd. 36). Frankfurt am Main: Campus.

Imhof, K. (2008). Vertrauen, Reputation und Skandale. *Zeitschrift Religion – Staat – Gesellschaft*, 9(1), 55–78.

Imhof, K. (2011). *Die Krise der Öffentlichkeit. Kommunikation und Medien als Faktoren des sozialen Wandels*. Frankfurt am Main: Campus.

Imhof, K., Blum, R., Bonfadelli, H., & Jarren, O. (Hrsg.). (2012). *Stratifizierte und segmentierte Öffentlichkeit*. Wiesbaden: VS Verlag für Sozialwissenschaften.

Jarren, O., Imhof, K., & Blum, R. (Hrsg.) (2000). *Zerfall der Öffentlichkeit?* Wiesbaden: VS Verlag für Sozialwissenschaften.

Marx, K. (1981 [1852]). Der achtzehnte Brumaire des Louis Napoleon. In K. Marx & F. Engels (Hrsg.), *Werke (MEW)*, (Bd. 8, S. 111–207). Berlin: Dietz Verlag.

Mazzoleni, G. (2008). Populism and the media. In D. Albertazzi & D. McDonnel (Hrsg.), *Twenty-first century populism: The spectre of western European democracy* (S. 49–64). Basingstoke: Palgrave Macmillan.

Mommsen, W. J. (1982). Zum Begriff der „plebiszitären Führerdemokratie". In M. Weber (Hrsg.), *Gesellschaft, Politik und Geschichte. Gesamtausgabe (MWG)* (S. 1–46). Frankfurt am Main: Suhrkamp.

Mudde, C. (2007). *Populist radical right parties in Europe*. Cambridge: Cambridge University Press.

Münch, R. (1995). *Dynamik der Kommunikationsgesellschaft*. Frankfurt am Main: Suhrkamp.

Nessmann, K. (2005). Personen-PR. Personenbezogene Öffentlichkeitsarbeit. In G. Bentele, M. Piwinger, & G. Schönborn (Hrsg.), *Kommunikationsmanagement* (Loseblattwerk 2001 ff., Nr. 3.34, S. 1–70). Köln: Luchterhand.

Schranz, M. (2007). *Wirtschaft zwischen Profit und Moral*. Wiesbaden: VS Verlag für Sozialwissenschaften.

Schranz, M., Eisenegger, M., Imhof, K., & Schneider, J. (2010). Wirtschaftsberichterstattung in der Krise. In fög – Forschungsbereich Öffentlichkeit und Gesellschaft an der Universität Zürich (Hrsg.) (2010), *Jahrbuch Qualität der Medien – Schweiz Suisse Svizzera* (S. 275–284). Basel: Schwabe.

Schumpeter, J. (1997 [1934]). Theorie der wirtschaftlichen Entwicklung: *Eine Untersuchung über Unternehmergewinn, Kapital, Kredit, Zins und Konjunkturzyklus* (9. Aufl.). Berlin: Duncker & Humblot.

Sennett, R. (1983 [1977]). *Verfall und Ende des öffentlichen Lebens. Die Tyrannei der Intimität*. Frankfurt am Main: Fischer.

Weber, M. (1973a [1916]). „Einleitung in die Wirtschaftsethik der Weltreligionen". In M. Weber, Soziologie, *Weltgeschichtliche Analysen, Politik,* hrsg. von J. F. Winckelmann (S. 398–440). Stuttgart: Alfred Körner.

Weber, M. (1973b [1922]). „Die drei reinen Typen der legitimen Herrschaft". In M. Weber, Soziologie, *Weltgeschichtliche Analysen, Politik,* hrsg. von J. F. Winckelmann (S. 151–166). Stuttgart: Alfred Kröner.

Weber, M. (1973c [1916]). „Richtungen und Stufen religiöser Weltablehnungen (Zwischenbetrachtung)". In M. Weber, Soziologie, *Weltgeschichtliche Analysen, Politik,* hrsg. von J. F. Winckelmann (S. 441–486). Stuttgart: Alfred Kröner.

Weber, M. (1973d [1919]). Vom inneren Beruf zur Wissenschaft. (Vortrag vor dem „Freistudentischen Bund" in München 1917). In M. Weber, *Soziologie, Weltgeschichtliche Analysen, Politik*, hrsg. von J. F. Winckelmann (S. 311–339). Stuttgart: Alfred Körner.

Unternehmenskommunikation und Journalismus: Ökonomische Analyse einer ungleichen Partnerschaft

Susanne Fengler und Stephan Ruß-Mohl

Zusammenfassung

Dieser Beitrag diskutiert das Zusammenspiel zwischen Unternehmenskommunikation und Journalismus. Anknüpfend an Ergebnisse der empirischen Kommunikations- und Sozialforschung, wird das traditionell eher gespannte als „partnerschaftliche" Verhältnis systematisch beschrieben. Mit Hilfe der Ökonomik (Rational Choice-Theorie) werden zudem die taktischen und strategischen Optionen ausgelotet, die auf beiden Seiten bestehen. Das rationale Ausüben von Handlungsoptionen beider Seiten führt allerdings mit großer Wahrscheinlichkeit zu Ergebnissen, die im Blick auf die Qualität des Journalismus eher als „gesellschaftlich unerwünscht" gelten dürften. Außerdem muss die Rational Choice-Theorie durch verhaltensökonomische Erkenntnisse ergänzt werden, um das komplexe Beziehungs- und Interaktionsgefüge zwischen Journalisten und PR-Fachleuten angemessen zu durchdringen.

Schlüsselwörter

Unternehmenskommunikation · Journalismus · Journalisten · Media Relations · Medienarbeit · Pressearbeit · Public Relations · Rational-Choice-Theorie · Verhaltensökonomie · Ökonomische Theorie des Journalismus

S. Fengler (✉)
Technische Universität Dortmund, Erich-Brost-Institut für Internationalen Journalismus
Otto-Hahn-Straße 2, 44221 Dortmund, Deutschland
E-Mail: susanne.fengler@tu-dortmund.de

S. Ruß-Mohl
Università della Svizzera italiana
Via Buffi 13, 6900 Lugano, Schweiz
E-Mail: stephan.russ-mohl@usi.ch

1 Einführung

Ein abfälliges Wort, das als anmaßend und arrogant empfunden wird – die „Peanuts"-Bemerkung zu den offenen Handwerkerrechnungen des Baulöwen und Pleitiers Jürgen Schneider; eine Indiskretion zur drohenden Insolvenz von Leo Kirch; eine falsche Geste – zwei zum Victory-V gespreizte Finger des Vorstandsvorsitzenden zum Prozessauftakt über Schmiergeldzahlungen bei der Fusion von Mannesmann mit Vodafone; die Ankündigung bevorstehender Entlassungen zum falschen Zeitpunkt – anlässlich einer Bilanzpressekonferenz, bei der Rekordgewinne ausgewiesen wurden. Kein anderes Trio von Wirtschaftsführern hat in Deutschland in so kurzer Abfolge durch ungeschickte Kommunikation so viel Kapital und Kredit verspielt wie Hilmar Kopper, Rolf E. Breuer und Josef Ackermann von der Deutschen Bank. Aber auch kein anderer Wirtschaftsführer hat aus diesen *Kommunikationsfehlern* so erkennbar gelernt wie Ackermann und – sicherlich nachhaltig unterstützt von seinem seinerzeit neu eingewechselten Kommunikationschef Stefan Baron – sein Negativ-Image trotz Lehman-Pleite, Banken- und Finanzkrise korrigieren können.

Bereits dieses Beispiel erlaubt drei Schlussfolgerungen im Hinblick auf unser Thema:

1. Kommunikation mit Journalisten und mit der Öffentlichkeit ist für Unternehmen, zumal für Großunternehmen „lebenswichtig". Kommunikationsfehler und -pannen können Unternehmen großen Schaden zufügen – im Extremfall sogar die Unternehmensexistenz gefährden.
2. Wenn Journalisten Journalisten bleiben und nicht zu „gekauften" PR-Beratern mutieren sollen, dann können sie nur „Partner" im Sinne einer Sparring-Partnerschaft sein: Als Unternehmer sollte man von Journalisten nicht Wohlverhalten erwarten, und schon gar nicht, dass sie eigenes Kommunikationsversagen ungeschehen machen. Einmal in der Welt, sind die Peanuts-Bemerkung, der flapsige Nebensatz über die drohende Zahlungsunfähigkeit eines Kunden, die Victory-Geste und auch die Entlassungsankündigung nicht „rückrufbar". Verspielter Kredit ist verspielt – und oft nur in zäher Kleinarbeit zurückzugewinnen.
3. Diese Kleinarbeit ist immerhin möglich – wobei sie allerdings nicht mit kleinkariertem Sichdurchwursteln besteht, sondern von einem strategischen Masterplan geleitet sein sollte, der dann mit Präzision und Flexibilität umzusetzen wäre. Hat der Mastermind hinter dem Plan – wie Baron, der Chefradakteur der Wirtschaftswoche war, bevor er zur Deutschen Bank wechselte – journalistische Erfahrung, ist das sicherlich hilfreich, allerdings gewiss keine hinreichende Erfolgsbedingung. Unternehmenskommunikation ist als Prozess sehr viel facettenreicher und komplexer, als sich das Journalisten gemeinhin vorzustellen vermögen.

2 Verzerrte (Selbst-)Wahrnehmung von Journalisten

Dass Journalisten selbstlos im Dienste des „Gemeinwohls" handeln und damit Widerpart sind von Managern und Unternehmern, die einzig und allein auf Gewinn, Karriere und persönlichen Vorteil bedacht sind: Vielleicht ist dies einer der letzten – und nicht zuletzt deshalb von manchen Journalisten sorgfältig gepflegten – *Mythen der Mediengesellschaft*.

Befragungsergebnisse haben jedenfalls wiederholt gezeigt, dass Journalisten ihr Publikum „möglichst sachlich und präzise informieren", „komplexe Sachverhalte erklären und vermitteln" sowie „dem Publikum möglichst schnell Informationen vermitteln" möchten, dass sie „die Realität genauso abbilden" wollen, wie sie ist, dass sie keine „Nachrichten ohne Bestätigung des faktischen Inhalts" bringen und „intellektuelle und kulturelle Interessen des Publikums ansprechen" möchten (Scholl und Weischenberg 1998, S. 165; vgl. auch Weischenberg 2005).

Solche empirischen *Untersuchungen über Journalisten und ihre Handlungsintentionen* sind allerdings für die Analyse ökonomischer Eigeninteressen von Journalisten und damit auch für eine Einschätzung von deren taktischem und strategischem Verhalten wenig ergiebig, denn die Antwortvorgaben führen in die Irre. So wurden Schweizer Journalisten z. B. gefragt, ob sie es für wichtig hielten, als „neutraler Berichterstatter", „Analytiker komplexer Sachverhalte", „Kritiker von Fehlentwicklungen", „Ratgeber", „Kommentator", „Vermittler", „Anwalt" oder „Dienstleister" zu wirken. Es verwundert kaum, dass sich die Befragten insbesondere zu den drei erstgenannten und besonders positiv besetzten Rollenbildern bekannten (Marr et al. 2001, S. 124). Ökonomische Interessen – seien es eigene oder die ihres Medienunternehmens – verdrängen Journalisten in solchen Befragungssituationen eher.

Viele Kommunikationswissenschaftler haben somit ihr Scherflein dazu beigesteuert, dass der Mythos vom Journalisten als selbstlosem Gutmenschen überleben konnte. Sie haben eben nicht nur normativ ein Rollenbild vom Journalisten eingefordert, der im Dienst am Allgemeinwohl aufgeht, sondern zudem nicht hinreichend zwischen dieser normativen und der faktischen Ebene unterschieden. Und damit der Journalist auch ja so bleibt, wie sie ihn haben wollten, haben sie ihn dann nur allzu gern als machtlosen Rollenträger in ihr „System" eingebettet – und damit als Opfer von Zwängen wahrgenommen, aber kaum je als Täter, der mit seinen alltäglichen Entscheidungen genau das Mediensystem hervorbringt, das seine Entscheidungsspielräume angeblich einengt. Die Wirklichkeit sieht anders aus.

3 Eigeninteressierte Journalisten

Tatsächlich handeln Journalisten, wie andere Menschen auch, meist rational – und insofern „berechenbar" eigeninteressiert. Sie konkurrieren um Anerkennung und Aufmerksamkeit, neigen aber manchmal auch dazu, sich durch Faulheit und Bequemlichkeit selbst zu verwirklichen. Mitunter biegen sie professionelle Spielregeln, aber auch Regulierungen und Gesetze so zurecht, wie sie sie zum eigenen Vorteil brauchen können. Sei es bei der Recherche, sei es bei der Blattkritik, sei es bei Verabredungen mit Interviewpartnern: Tag für Tag nehmen Journalisten immer auch ökonomische Abwägungen vor: In welche Themen *investieren* sie ihre knappen *Ressourcen* Zeit und Arbeitskraft, von welcher Story erwarten sie sich die größten *Erträge* in Form von Aufmerksamkeitsrenditen, welche *Tauschgeschäfte* gehen sie mit ihren Quellen ein?

Journalistisches Arbeiten lässt sich somit durchaus als *nutzenmaximierendes Handeln* im Sinne der modernen Ökonomik (auch: Institutionenökonomie, Rational Choice-Theorie) darstellen (Fengler und Ruß-Mohl 2005).[1] Die Ökonomik geht – in aller Kürze formuliert – von einem rationalen Akteur aus, dem „Homo oeconomicus maturus" (Frey 1997, S. 1132 f.). Dieser handelt eigennützig, indem er materielle und soziale Anreize verfolgt und dabei versucht, seinen Nutzen zu optimieren.

Die neuere Ökonomik unterstellt ihm inzwischen aber auch ein Bemühen um den *Erhalt wertvoller Kooperationspotenziale*, was der Verfolgung kurzsichtigen Eigennutzes Grenzen setzt. Ferner handelt er unter der Bedingung *knapper Ressourcen*, und er trifft *(begrenzt) rationale Entscheidungen* auf Basis von *(hinreichender) Information*. Der Politikwissenschaftler Dietmar Braun (1999, S. 39 f.) fasst das Forschungsprogramm der Ökonomik wie folgt zusammen: „Jeder Mensch, egal in welchem Bereich er handelt, wird in Analogie zum Wirtschaftssubjekt konstruiert. Bei jedem (materiellen oder immateriellen) Gut, was man also anstrebt, wird die Kalkulation wie eine Preisberechnung behandelt, die der Akteur in seinem Inneren vornimmt."[2] Wir sollten uns daher auch in der Wissenschaft – PR-Praktiker haben dies wohl längst getan – von der Vorstellung verabschieden, dass Journalisten ausschließlich uneigennützig handeln. Nachdem in der Kommunikationsforschung lange Zeit die Systemtheorie dominierend war, beschäftigen sich Forscher wie Hosp (2005), Reinemann (2005) und Vowe und Wolling (2000) inzwischen zunehmend mit einer Analyse journalistischen Handelns auf Grundlage der hier skizzierten ökonomischen Theorie.

An dieser Stelle ist zu ergänzen, dass es lange Zeit einen „missing link" zwischen Ökonomik und Kommunikationswissenschaft gab – denn wie sollte man Journalisten in getreuer Auslegung der Ökonomik als „gewinnmaximierende" Akteure beschreiben, wenn doch die Mehrzahl von ihnen im Vergleich zu anderen akademischen Berufen nachweislich schlecht bezahlt wird? Hier hat Franck Ende der 1990er Jahre eine entscheidende Debatte neu angestoßen und dargelegt, dass in der Informationsgesellschaft *Aufmerksamkeit* – neben Zeit und Geld – zur knappen Ressource geworden ist (Franck 1998). Gehandelt

---

[1] Im deutschsprachigen Raum wird die Ökonomik insbesondere von den Schweizer Wirtschaftswissenschaftlern Bruno S. Frey (1990, 1997), Gebhard Kirchgässner (1991) und Guy Kirsch (2004) vertreten.

[2] In den vergangenen Jahren wurde die ökonomische Methode insbesondere auf politische Zusammenhänge angewandt, aber auch auf Bereiche wie Kunst, Religion, Kriminalität und Familienbeziehungen. Die Kommunikationswissenschaft hat sich hingegen bislang erst zögerlich mit dem Modell des rationalen Akteurs zur Erklärung journalistischen Verhaltens auseinander gesetzt (vgl. als – noch ökonomie-fernen – Überblick zum Stand der Theorie-Diskussion Löffelholz 2004).

werden in der Mediengesellschaft also nicht nur Waren oder Dienstleistungen gegen „Bares", sondern auch – beispielsweise bei der Interaktion von Journalist und Quelle – Informationen gegen Aufmerksamkeit. Ein wichtigerer Anreiz als Geld ist für Journalisten meist, durch ihre Arbeit öffentliche Aufmerksamkeit zu erreichen – und damit einhergehend Selbstverwirklichung, Prestigegewinn, soziales Ansehen, aber auch leichteren Zugang zu exklusiven Quellen und auch Macht. Mittelbar kann ein hohes Aufmerksamkeitseinkommen möglicherweise auch zu Einkommenssteigerungen führen.[3]

Da Journalisten beim Berufseinstieg in der Regel bereits wissen, dass mit einer akademischen Ausbildung anderswo höhere Einkommen zu erzielen sind, dürften materielle Interessen in ihrem Kalkül keine herausragende Rolle spielen. Der Beruf wird – zumindest anfangs – als Berufung gesehen. Erst im Lauf eines journalistischen Berufsleben verschieben sich oftmals die Präferenzen: Das Einkommen wird wichtiger – sei es wegen familiärer Verpflichtungen und gestiegener Ansprüche, sei es, weil der Beruf weniger idealistisch eingeschätzt wird; viele Journalisten wechseln dann noch immer in die Öffentlichkeitsarbeit über (Marr et al. 2001, S. 97), die sich allerdings längst und zunehmend eigenständig professionalisiert.

Wenn ein Journalist als „ökonomisch handelnder Mensch" nach Aufmerksamkeit strebt, dann muss er gleichwohl, ähnlich einem Unternehmer, Kostenkalkulationen anstellen. Handbücher für Berufseinsteiger lehren jedoch lediglich, dass Journalisten die klassischen W-Fragen beantworten sollten, wenn sie einen Beitrag erarbeiten. Welche „Preisberechnungen" nimmt indes der rationale Journalist – implizit oder explizit – vor? Der amerikanische Ökonom und Medienwissenschaftler James T. Hamilton (2004, S. 7 ff.) geht davon aus, dass sich ein Journalist fünf „ökonomische W-Fragen" stellt, wenn er vor der Entscheidung steht, seine Ressourcen in ein bestimmtes Thema zu investieren:

- Wen interessiert eine bestimmte Information?
- Was würden diese Interessenten für die Information ausgeben, oder was würden andere dafür bezahlen, um diese Interessenten zu erreichen?
- Wo können Medienunternehmen bzw. Werbetreibende diese Leute erreichen?
- Wann ist es profitabel, diese Information anzubieten?
- Warum ist das profitabel?

Hamiltons W-Fragen zielen darauf ab, vor der Entscheidung für oder gegen ein bestimmtes Thema zu kalkulieren, wie viel Aufmerksamkeit der daraus resultierende Beitrag bei

---

[3] Warum Journalisten sich mit vergleichsweise niedrigen Einkommen zufrieden geben müssen, lässt sich ökonomisch mit dem Überangebot an Arbeitskräften erklären: Die jährliche Zahl der Absolventen von kommunikationswissenschaftlichen Studiengängen bzw. *Journalism Schools* übersteigt bei weitem die Einstiegsmöglichkeiten in den Beruf. Ein Gehaltsbestandteil bei Journalisten ist zudem die *„Aufmerksamkeitsdividende"*: Der privilegierte Zugang zu Eliten, zu gesellschaftlichen Ereignissen von Rang und zur Öffentlichkeit, die Chance, sich gedruckt zu sehen und die damit einhergehende Selbstverwirklichung werden von den Verlegern als „geldwerte" Vorteile eingestuft. Journalisten müssen sie meist mit Gehaltsverzicht „erkaufen".

welchen Zielgruppen erreichen kann und welche potenziellen Auflagen- oder Quotensteigerungen bzw. Werbeeinkünfte sich damit möglicherweise erzielen lassen. Als US-Amerikaner, der sich mit einem weit stärker kommerzialisierten Mediensystem auseinander setzt als dem deutschen, betont Hamilton bei seinen fünf W-Fragen die Frage nach der „Profitabilität" eines journalistischen Produkts in besonderem Maße. Doch auch hierzulande denken Journalisten ökonomisch, wenn sie den Nachrichtenwert einer Information abwägen und sich für diejenigen Themen entscheiden, welche hohe Aufmerksamkeit versprechen. So verdrängt beispielsweise selbst im öffentlich-rechtlichen Fernsehen der Sport immer mehr die Politik in den Nachrichtensendungen, und bei den privaten Hörfunk- und TV-Anbietern sowie in Boulevardzeitungen wird täglich neu ein bunter Cocktail aus Sex, Crime, Klatsch und Katastrophen angerührt, den in zunehmendem Masse – vor allem bei den Online-Angeboten, wo jeder Click zählt – auch sich seriös generierende Medien wie der *Spiegel* oder die *Frankfurter Allgemeine Zeitung* übernehmen.

Ein weiteres Eigeninteresse zumindest einiger Journalisten besteht in dem Wunsch, selbst ins Zeitgeschehen einzugreifen und Macht auszuüben. Der Reporter Hans Leyendecker beschreibt ein solches Handeln von Journalisten mit vornehmer Zurückhaltung als „berufsveränderndes Wirken" (zitiert nach Minkmar 2004). Drastischer bringt es der amerikanische Regionalzeitungs-Chefredakteur Frank Denton (1998) auf den Punkt: Er und seine Kollegen nutzten als Erfolgsmaß noch immer „die Zahl der Köpfe, die wir an unsere Wand pinnen können, weil sie aus dem Amt gejagt oder gar ins Gefängnis geworfen wurden."

3.1 Eine Typologie rationaler Journalisten

Wer mit Journalisten zusammenarbeiten will, sollte also zunächst journalistisches Handeln ökonomisch analysieren. Er sollte demzufolge mit der Frage nach den Präferenzen und Eigeninteressen von Journalisten beginnen – und den Anreizen, auf die sie bei der Verwirklichung ihrer Präferenzen reagieren. Die Präferenzen von Journalisten können sehr vielfältig sein; für den Ökonomen sind sie jeweils exogen vorgegeben. Um zu verdeutlichen, dass es nicht allein um den Prototyp des „klassischen" Homo oeconomicus geht, der zum eigenen Vorteil einzig seine Karrierechancen und sein Einkommen maximiert, lassen sich – in Anlehnung an eine Typologie, die Anthony Downs (1967) ursprünglich zur Klassifikation von Bürokraten entwickelt hat – fünf „Idealtypen" rationaler Journalisten unterscheiden:

- Karrieristen (*climbers*) versuchen, ihre eigene Macht, ihr Einkommen und ihr Prestige zu maximieren.
- Bewahrer (*conservers*) wollen ihre Sicherheit und Bequemlichkeit maximieren.
- Eiferer (*zealots*) setzen sich missionarisch für eine Überzeugung ein.

- Staatsmänner (*statesmen*) versuchen bei ihrem Handeln, vielfältige Interessen auszubalancieren und haben dabei mehr als die anderen ein – allerdings wenig konturiertes – „Gemeinwohl" im Blick.
- Advokaten (*advocates*) vertreten von Fall zu Fall bestimmte Interessen.

Wie alle Idealtypen werden auch diese der Vielfalt realer Möglichkeiten nicht gerecht. Aber es entsteht ein Klassifikationsschema. Mit seiner Hilfe lassen sich z. B. Hypothesen darüber generieren, welcher Journalistentyp unter den Bedingungen eines kommerzialisierten Mediensystems in welchem Ressort reüssiert, und wie sich gegebenenfalls die Zusammenarbeit gestalten lässt.

Der Wissenschaftsjournalismus ist beispielsweise eher ein Nischenressort. Deshalb ist zu vermuten, dass der *Karrierist* dort relativ selten anzutreffen ist oder gar ausharren wird. Das Arbeitsfeld bietet, anders als das Politik- und das Wirtschaftsressort, wenige Aufstiegschancen. Wie sich dagegen das Mischungsverhältnis zwischen *Eiferern, Staatsmännern* und *Advokaten* in diesen Kernressorts „ausmendelt", dürfte stark vom Redaktionsmanagement, sprich: der Personalpolitik abhängen. Die gesellschaftspolitischen „Konjunkturen" (Ruß-Mohl 1981, 1993) – also z. B. die Studentenrevolte von 1968, die Öko-Bewegung, aber auch der New Economy-Hype zur Jahrtausendwende – werden vom Journalismus miterzeugt, aber eben auch „aufgesaugt" und schlagen sich dann in der Zusammensetzung des Redaktionspersonals nieder.

3.2 Knappe Ressourcen

Weil Journalisten unter Bedingungen knapper Ressourcen wie Zeit, Arbeitskraft und Redaktionsbudget handeln, müssen sie bei der Recherche ökonomisch vorgehen und die Grenzkosten der Informationsbeschaffung und -verarbeitung gegen den Grenznutzen abwägen (Downs 1968, S. 204 f.). Dies thematisiert auch Haller (1983, S. 31), wenn er davor warnt, man könne „jedes Thema auch ‚zu Tode' recherchieren". Darum werde „der kompetente Redakteur ab einem gewissen Punkt die alte Regel befolgen müssen: ‚Go with what you've got.'" Journalisten brechen die Informationssuche in der Tat häufig ab, wenn sie mit geringem Zeit-, Geld- und Arbeitsaufwand ein passables Rechercheergebnis erzielt haben oder ihnen die Konkurrenz zuvorzukommen droht und damit bisherige „Investments" in ein Thema gefährdet.

Journalisten verlassen sich beispielsweise selbst bei komplexen Risikothemen vielfach „ökonomisch" auf offizielle Quellen (Kitzinger und Reilly 1997, S. 325) – oder gar auf die Meinung desjenigen Experten, der gerade greifbar und mediengewandt ist, aber vielleicht nicht unbedingt wissenschaftlich die erste Wahl (Grefe 2000; vgl. auch Thomann 2002 und Spiewak 2005). Göpfert (2001, S. 68 ff.) konnte zudem zeigen, dass eigenständige und exklusive Recherchen, die gerade in komplexen Themengebieten wie dem Wissenschaftsjournalismus mit hohem Aufwand verbunden sind, der Ausnahmefall sind. Das gilt gewiss auch für die Wirtschaftsberichterstattung (vgl. Schiffrin 2011; Quiring et al. 2013).

Zu den knappen journalistischen Ressourcen gehört ferner ein möglichst großes Netzwerk an exklusiven Quellen. Dies aufzubauen, ist für Journalisten gerade am Anfang der Karriere mit Schwierigkeiten verbunden. Ist man hingegen erst einmal ein Starreporter, kann man „aus dem Vollen schöpfen", denn die Informanten versprechen sich vom Kontakt zu ihm natürlich auch ein ganz besonders hohes Aufmerksamkeitseinkommen für sich selbst.

3.3 Eingeschränkte Rationalität

Von der Annahme vollständiger Information, die dem ursprünglichen Modell des „Homo oeconomicus" zugrunde liegt, sind die Ökonomen bereits seit langem abgerückt. So hat beispielsweise Anthony Downs (1968) auf die hohen Kosten der Beschaffung und Auswertung von Information für eine rationale Entscheidung zwischen mehreren Handlungsoptionen hingewiesen. Obwohl Journalisten mehr als andere Berufsgruppen auf das Verarbeiten großer Informationsmengen spezialisiert sind, müssen sie ständig Entscheidungen vor dem Hintergrund unvollständiger Information und folglich von Ungewissheit treffen.

Ein rationaler Journalist hält sich daher *angemessen* auf dem Laufenden, indem er systematisch eine bestimmte Anzahl von Informationsquellen nutzt, die er zu diesem Zwecke ausgewählt hat. Mit Blick auf die „eingeschränkte Rationalität" ist anzunehmen, dass ein Journalist kein „optimales", also vollständiges, sondern ein *hinreichendes* Informationslevel anstrebt, bevor er Entscheidungen z. B. über die Recherche oder Publikation eines Beitrags fällt. Durch Recherche kann er seinen Kenntnisstand allenfalls auf ein *befriedigendes* Niveau heben, denn „Informationen (werden) selbst zu ökonomischen Gütern, die nur unter Ressourcenaufwand, z. B. aufgrund zeitaufwendiger Informationssuche und Informationsverarbeitung […] genutzt werden können" (Männel 2002, S. 209 f.).

Für Sparrow (1999, S. 49) ist angesichts der „Zukunftsoffenheit" der Welt sogar das Streben nach journalistischer Objektivität letztlich eine ökonomisch-rationale Strategie. Ein Beispiel aus dem Wirtschaftsjournalismus ist die feindliche Übernahme eines Unternehmens: Es ist oft nicht vorauszusehen, welche Seite siegreich aus der Schlacht hervorgehen wird. Folglich erscheint es rational, möglichst ausgewogen zu berichten – ansonsten würden sich später Journalisten wertvolle Kooperationspotenziale mit der Seite verscherzen, die sie voreilig zum Verlierer der feindlichen Übernahme erklärt haben.

4 Strategische Schlussfolgerungen

Was folgt daraus für die Unternehmenskommunikation und das Zusammenspiel mit dem Journalismus?

Gute Unternehmensführung besteht nicht zuletzt darin, nicht einseitig und kurzsichtig nur den *Shareholder Value,* also den Unternehmenswert für die Anteilseigner, zu erhöhen, sondern auch den *Stakeholder Value* zu berücksichtigen (Karmasin 1998). In diesem Kontext interessieren die Interessen und Präferenzen von Unternehmern und Managern im Umgang mit Journalisten und der Öffentlichkeit: Wirtschaftsführer können aus institutionellen, aber auch aus persönlichen Gründen Interesse daran haben, Gegenstand von Medienberichterstattung zu werden. Prominenz, so der Ex-Chefredakteur von *Bild am Sonntag,* Michael Spreng, ist zum „Wirtschaftsfaktor" geworden (zitiert nach o. V. 1998). Hamilton und Zeckhauser (2004, S. 3) formulieren es so: „Eine gute Publicity für den Vorstandsvorsitzenden kann Investoren, Kunden und Mitarbeiter anziehen. Dem Vorstandsvorsitzenden selbst bietet sein Ruhm intrinsische Belohnungen – einen höheren Bekanntheitsgrad beispielsweise und Schmeicheleien –, aber auch materielle Belohnungen, wie höhere Einkünfte."

Jaeggi (2002, S. 54) verweist auf eine internationale Studie von Burson Marsteller, wonach die Reputation eines Vorstandsvorsitzenden inzwischen zu 45 % für die Reputation des gesamten Unternehmens steht; 95 % aller Finanzanalysten bewerten das Ansehen des CEO als gewichtigen Faktor, der Investment-Entscheidungen beeinflusst. Und Roland Schatz, dessen Forschungsunternehmen Media Tenor Vorstände und Kommunikationschefs großer Unternehmen mit detaillierten Medienresonanz-Analysen versorgt, betont, dass ein kontinuierlicher Informationsfluss (*share of voice*) vom Unternehmen in die Medien für den Aufbau einer Reputation des Unternehmens und seines Vorstandsvorsitzenden sehr wichtig ist (Schatz 2004).[4] Pfetsch und Wehmeier (2002, S. 47) machen zudem darauf aufmerksam, dass Wirtschaftsunternehmen und ihre Repräsentanten natürlich auch versuchen, Aufmerksamkeit für wirtschaftspolitische Anliegen zu erzeugen.

Öffentlichkeitsarbeiter und Medienberater zielen darauf, die Macht ihrer Auftraggeber zu erhalten und zu steigern – und so gegenüber ihren Auftraggebern ihre „Relevanz [...] und ihre Unersetzbarkeit" zu demonstrieren (Jarren und Donges 2006, S. 312). Erfolgreiche Öffentlichkeitsarbeit mit Hilfe der Massenmedien setzt voraus, dass PR-Leute Journalisten dazu bewegen, dem Auftraggeber der PR ein Höchstmaß an Aufmerksamkeit zu gewähren.

Der Wirtschaftsjournalist Ulrich Viehöver rät deshalb angehenden Kollegen zu einer gründlichen Analyse der Interessenlage von Informationsanbietern, bevor sie eine Tauschbeziehung mit ihnen eingehen: Journalisten sollten sich fragen, „welche Motivation" ein Informant hat, wie seine „Absichten" lauten, ob „eigene Interessen im Spiel" sind, ob „der Informant aus der Veröffentlichung Vorteile" zieht, und was die wahren Motive sind: „Rache, Geld, Kursspekulationen, Karriere, Schuldgefühle?" (Viehöver 2003, S. 318). Der Autor ermuntert Journalisten also, sich – wie im klassischen Gefangenen-Dilemma – über die Eigeninteressen des Gegenübers klar zu werden, bevor er in Tauschgeschäfte mit ihm eintritt. Gewiss ist es genauso legitim und angezeigt, wenn sich umgekehrt auch Unternehmensvertreter und PR-Leute solche Fragen stellen, bevor sie sich auf eine Interaktion mit Journalisten einlassen.

---

[4] Die Studie von Hamilton und Zeckhauser (2004, S. 27) ergab im Übrigen, dass häufig jene Wirtschaftsführer überdurchschnittlich in Soft-News-Storys und damit in öffentliche Eigen-PR investiert haben, die später durch Misswirtschaft und kriminelles Verhalten auffielen.

> **Das Gefangenendilemma**
> Das ökonomische Modell des Gefangenendilemmas erklärt Kirchgässner (1991, S. 50 ff.) wie folgt: „In einem Prozess seien zwei Gefangene angeklagt, die gemeinsam eine Reihe von Verbrechen begangen haben. Die Beweislage des Staatsanwalts ist schlecht: Ohne ein Geständnis kann er beide nur relativ geringer Straftaten überführen. Daher versucht er, beide als Kronzeugen gegen den jeweils anderen Angeklagten zu gewinnen. Damit ergibt sich für die Gefangenen, die sich untereinander nicht verständigen können, folgende Lage: Gestehen beide, so werden beide mit jeweils 10 Jahren schwer bestraft. Gesteht keiner, so kommen sie beide mit einer vergleichsweise geringen Strafe von 2 Jahren davon. Gesteht aber nur einer, so geht er als Kronzeuge frei aus, während der andere mit 12 Jahren Gefängnis sehr schwer bestraft wird. […] Für beide Gefangene wäre es in dieser Situation sinnvoll, sich kooperativ zu verhalten und nicht zu gestehen. Keiner kann sich jedoch sicher sein, dass der andere nicht doch gesteht. Dann aber ist es für jeden sinnvoll (individuell rational) zu gestehen, da er sich damit besser stellt, was immer der andere auch tut. Dies führt dazu, dass beide gestehen und zu hohen Gefängnisstrafen verurteilt werden. Allgemeiner gesprochen haben wir hier eine Situation vor uns, in welcher der sozial ›beste‹ Zustand dadurch erreicht wird, dass die beiden Individuen miteinander kooperieren. Gleichwohl ist es für jedes Einzelne von ihnen ›rational‹, sich nicht kooperativ zu verhalten, da er/sie sich dadurch noch besser stellt, falls sich der Gegenspieler kooperativ verhält. Wenn aber beide sich so verhalten, wird nicht der sozial beste, sondern womöglich sogar der sozial am wenigsten erwünschte Zustand herbeigeführt."

4.1 Asymmetrische Informationsverteilung

Interaktionen zwischen Unternehmen und Journalisten werden letztlich davon bestimmt, dass Informationen zwischen den „Tauschpartnern" asymmetrisch verteilt sind. Journalisten befinden sich gegenüber ihren Informanten insoweit in einer „benachteiligten" Situation, als sie weniger Informationen über ein Ereignis oder eine Situation als ihre Quellen besitzen. Der Wirtschaftsjournalist weiß nicht aus eigener Anschauung, was in der Vorstandssitzung diskutiert wurde, sondern muss sich auf die anschließende offizielle Pressekonferenz oder aber die vertraulichen Auskünfte eines Gremienmitglieds verlassen. Der Wirtschaftsjournalist kann die Unternehmenskennzahlen von Daimler schwerlich so gut kennen wie Mitarbeiter an der Spitze des Konzerns, die Zugriff auf alle relevanten Daten haben. Bei jeder Recherche wissen die Journalisten damit zunächst weniger über bestimmte Fakten oder Vorgänge als die Informanten, mit denen sie interagieren – sei es in Form von Interviews, von Anfragen nach Information und vielleicht sogar mittels verdeckter Recherche.

Handelt es sich beim Journalisten um ein „kaum informiertes Wirtschaftssubjekt", können Quellen ihren Informationsvorsprung ungehindert ausnutzen. Dies ist besonders bei komplexen Materien denkbar, wie wir sie im Wirtschafts- oder im Wissenschaftsjournalismus vorfinden (Dyck und Zingales 2003, S. 5).

Ist die Interaktion von Unsicherheit über das Verhalten des Gegenübers geprägt, handelt es sich, ökonomisch gesprochen, um eine „Dilemmastruktur". Deren Kennzeichen ist, dass A nicht weiß, ob B die Kooperationsbereitschaft von A vielleicht zum eigenen Vorteil ausnutzen wird – und umgekehrt. Kann beispielsweise der PR-Chef, der einem Journalisten vorab vertrauliche Interna zuschanzt, sicher sein, dass der Journalist sich nicht namentlich auf ihn als Quelle beruft? Dem Journalisten und seinem Informanten stehen spieltheoretisch drei Interaktionsvarianten offen:

- *Kooperation*: Journalist und Quelle arbeiten zusammen. Das ist der „Normalfall", den Forscher oftmals auch zur „Symbiose" oder „Intereffikation" (Bentele et al. 1997) verklärt haben. Beim Kontakt zu Journalisten geht es ganz nüchtern um eine Geschäftsbeziehung: „Gehandelt" werden Informationen gegen das ebenfalls knappe Gut öffentlicher Aufmerksamkeit. Wir haben es also mit einem klassischen Tauschakt zu tun, bei dem sich am Ende im Regelfall beide Seiten besser stellen.
„Partnerschaft" ist dabei für seriöse Journalisten jedoch eher eine Zumutung: „Ein guter Journalist macht sich mit keiner Sache gemein, auch nicht mit einer guten", hat der *Tagesthemen*-Moderator Hajo Friedrichs einmal konstatiert – und einer der angeseheneren Journalistenpreise ist vermutlich auch deshalb nach ihm benannt, weil er das nicht nur so dahin gesagt hat. Wenn Journalisten Distanz zu den Mächtigen wahren, statt sich auf allzu große Vertraulichkeiten mit ihnen einzulassen, sollte dies als Zeichen journalistischer Professionalität gewertet werden.
- *Defektion*: Der eine Akteur nutzt die Kooperationsbereitschaft des anderen Akteurs aus und „brennt mit dem Kooperationsgewinn durch" – nur eine Seite realisiert also einen Vorteil. Der Umgang mit den im Medienbetrieb üblichen Sperrfristen ist hierfür ein Beispiel: Ein Journalist hält sich nicht daran, sondern geht vorab mit der Meldung an die Öffentlichkeit, um im Wettbewerb mit anderen Medien einen Aufmerksamkeitsgewinn für seine Nachricht zu erzielen. Außerdem kann er ja nicht wissen, ob ein Kollege gerade denselben Gedanken hat; er befürchtet dies aber und will ihm deshalb zuvorkommen.
- *Interaktionsabbruch*: Journalist oder Informant verzichten im Zuge der Anbahnung des „Tauschgeschäfts" – zum Beispiel aus Misstrauen – auf die Kooperation. Die Interaktion wird abgebrochen, keiner der beteiligten Interaktionspartner erzielt die möglichen Kooperationsgewinne. Ein Fernsehmagazin meldet sich beispielsweise bei einem Unternehmen, um ein Interview mit dem Vorstandsvorsitzenden zu führen. Bei den Vorgesprächen stellt sich allerdings heraus, dass die Journalisten nicht ergebnisoffen an das Interview herangehen, sondern letztlich nur einen O-Ton zur Illustration einer bereits gefestigten These suchen, die das Unternehmen in einem ungünstigen Licht erscheinen lässt. Da die PR-Abteilung zudem schon mehrfach schlechte Erfahrungen mit

diesem Fernsehmagazin gemacht hat, sagt sie das Interview ab – ein Gespräch würde dem Unternehmen keinen Nutzen bringen, und aufgrund der Vorgeschichte sind die „Beziehungen" zwischen Unternehmen und Redaktion ohnehin „zerrüttet".

Viehöver (2003, S. 338 ff.) beschreibt auch ausführlich, was Journalisten möglicherweise droht, die die Avancen von PR-Leuten verschmähen: „Wer […] bezahlte Einladungen ablehnt, riskiert, von Informationen abgeschnitten zu werden." PR-Leute können zudem „kritische Journalisten […] katalogisieren, ‚aussortieren' und wenn nötig ‚bestrafen'": Üblich bei Unternehmen, Parteien, Verbänden, Organisationen seien die folgende Methoden: „Kritiker werden zuerst ‚ausgetrocknet', also im Presseverteiler herabgestuft oder gestrichen. Sie bekommen weniger oder keine Informationen und Einladungen mehr, werden ignoriert, bei ihren Recherchen einfach hängen gelassen. Seltener wird zum Angriff übergegangen, um Kritiker ‚abzuschießen', etwa durch Desinformation und Denunziation bei Kollegen/innen, Vorgesetzten […] oder durch üble Nachrede (‚fehlerhafte Arbeit', ‚schlecht recherchiert', ‚nicht kompetent', ‚voreingenommen' usw.)" (ebd.).

Andererseits müssen auch Informanten den Abbruch der Kooperation durch Journalisten fürchten, z. B. wenn Sprecher sie wissentlich falsch informieren – aber auch, wenn Informanten als Quelle wertlos werden, weil beispielsweise ein Aufsichtsratsmitglied seinen Platz im höchsten Gremium des Unternehmens verliert und nun keine Interna aus Sitzungen mehr liefern kann.

4.2 Iterative Spiele zwischen Journalisten und Quellen

Zur Defektion oder zum Interaktionsabbruch kommt es selten, weil beide Seiten meist aufeinander angewiesen sind und die Beziehung zwischen Unternehmensvertreter und Journalist einem sich wiederholenden Ritual ähnelt: „So pokern sie denn nicht selten, die Frager und die Befragten, und das Endprodukt ist eine einvernehmlich betriebene Irreführung des Lesers", schreiben die Lehrbuchautoren Schneider und Raue (1996, S. 74). Wo Praktiker von „Pokern" sprechen, würden Ökonomen von *iterativen Spielen* reden. Wenn der Vorstandschef und der einflussreiche Wirtschaftsredakteur beruflich immer wieder aufeinander treffen, entsteht solch eine Spielsituation, die auch als *„supergame"* beschrieben wird: „Ein Spiel zwischen zwei Akteuren wird in regelmäßigen Abständen unter den gleichen Bedingungen und Parametern wiederholt. […] Das Besondere an diesen Spielen ist, dass die Spieler jetzt auf vorhergehende Züge des anderen oder der anderen Spieler reagieren und dementsprechend ‚Superspiel-Strategien' wählen können, d. h. Strategien, die dazu dienen, das gesamte Spiel mit möglichst hohem Nutzen zu beenden und nicht nur für die einzelnen Spiele. […] Man muss sich nicht mehr lediglich für und gegen Kooperation entscheiden, sondern kann mehrfach nicht-kooperativ sein oder kooperieren oder jede beliebig andere Kombination von Nicht-Kooperation und Kooperation wählen" (Braun 1999, S. 201).

Ein Beispiel dafür, wie ein solches „Superspiel" in der Praxis aussehen kann: Größere Redaktionen setzen mindestens einen Journalisten dauerhaft für die Berichterstattung über ein Unternehmen oder eine Branche ein. Der Redakteur, der also beispielsweise über Daimler berichtet, wird bei Pressekonferenzen, Hintergrundkreisen, Interviews usw. regelmäßig mit hochrangigen Vertretern des Unternehmens zusammentreffen, so dass auf diese Weise ein auf Wiederholung angelegtes Zusammenspiel zwischen Journalist und Managern entsteht.

Nehmen wir nun an, dass der Journalist die Aussage eines Unternehmenssprechers im Anschluss an ein Interview in einer Meldung zuspitzt, damit die Nachricht eine Schlagzeile rechtfertigt – dass aber diese Zuspitzung nicht die Aussage des Sprechers treffend wiedergibt. Nach diesem Eröffnungsschachzug beginnt eine Spielrunde zwischen den Akteuren: Der Sprecher ruft nach der Publikation des Beitrags den Journalisten an, weist auf den Fehler hin und bittet um Berichtigung. Der Journalist ist nicht bereit, dem Folge zu leisten – sei es um der schönen Schlagzeile willen, sei es, weil er sich nicht vor seinem Redaktionsleiter blamieren will. Der Sprecher droht dem Journalisten, dass er in nächster Zeit exklusive Nachrichten nicht mehr an ihn, sondern an die Konkurrenz geben wird. Der Journalist bietet daraufhin als Kompromiss an, die nächste Pressekonferenz als „Wiedergutmachung" größer aufzumachen, als das Thema dies eigentlich hergibt – wenn damit der Ärger um die zugespitzte Aussage vom Tisch ist. Diesem Verhandlungsergebnis stimmen beide Seiten zu, denn sie sind sich bewusst, dass sie weiterhin kooperieren müssen.

Auch ein „guter" Journalist wird somit zuweilen Gefälligkeitsberichterstattung als Teil eines „iterativen Spiels" betreiben. Als stilles Einverständnis zwischen Journalist und Informant beschreibt Sparrow (1999, S. 63) dieses *„tit-for-tat"* („Eine-Hand-wäscht-die-andere") im Journalismus. „Um an Informationen zu gelangen, kann es legitim sein, ausnahmsweise Meldungen zu veröffentlichen, die journalistisch nicht gerade der Knaller sind", pflichtet Viehöver (2003, S. 337) bei und fährt fort: „Gewisse ‚Gegengeschäfte' mit PR-Profis gehören – zugegeben – zum Alltag. Dazu zählen auch Zusagen bei Einladungen zu Konferenzen, Versammlungen, Besichtigungen, […], zu Essen und Reisen, in Einzelfällen vielleicht sogar gemeinsame (PR-)Aktionen. Die Grenzen für solche Deals sind indes fließend." Kompromisse und „tägliche Deals" nennt Viehöver das – und ergänzt: „Wenn das der Leser wüsste […]" (Viehöver 2003, S. 336).

Als Tauschware für iterative Spiele im Journalismus eignen sich insbesondere vertrauliche Informationen. Sie werden vorab gezielt und selektiv an ausgewählte Journalisten abgegeben; im Gegenzug wird Publizität an prominenter Stelle erwartet und die Chance, die Medienberichterstattung im eigenen Interesse zu steuern.

4.3 Machtkonzentration und Gefälligkeiten

Auf beiden Seiten gibt es Machtkonzentration und damit „Hierarchien". Wie hoch letztlich der Einfluss der PR auf den Journalismus ist, variiert von Marktsegment zu Marktsegment. Bei mittelständischen Unternehmen, die in großer Zahl um die Aufmerksamkeit weniger

Medien konkurrieren, schlägt sich erwartbar deren Öffentlichkeitsarbeit relativ selten in Medienberichterstattung nieder. In anderen Berichterstattungsfeldern – etwa der Unternehmenskommunikation von internationalen Konzernen – ist der Einfluss von Öffentlichkeitsarbeit auf den Journalismus viel größer.

Es macht auch einen Unterschied, ob der PR-Chef eines Global Players, z. B. der BMW AG, dem Chefredakteur des *Spiegel* oder einem Lokalredakteur des *Münchner Merkur* begegnet. Aber auch der große Auto-Konzern kann vermutlich eher auf dem Berliner Zeitungsmarkt, wo heftiger Wettbewerb herrscht, damit rechnen, im Motorteil der dortigen Regionalblätter gebührend gewürdigt zu werden, als von einem Monopolblatt in der Provinz, in dem er nicht zugleich Inserate schaltet. Umgekehrt ist es nicht unerheblich, wer sich um die Aufmerksamkeit der Medien bemüht. Die Chance, mit seiner Botschaft durchzudringen, ist für den Hersteller einer begehrten Luxuskarosse ungleich größer als für den Zulieferer, der nur Bremsbeläge bereitstellt.

Es gibt Trendsetter, die als Benchmarks im Kommunikations-Sektor dienen, und Leitmedien, die sowohl für PR-Leute als auch für Journalisten besonders wichtige professionelle Referenzpunkte sind. Auf beiden Seiten besorgen die professionellen, mitunter symbiotisch verbandelten „opinion leaders" nicht nur das Agenda Setting. Sie helfen auch, die Informationskosten zu senken – allerdings auf die Gefahr hin, dass viele Themen, die weder von den tonangebenden PR-Experten inszeniert und ins Mediensystem eingefüttert noch von den Leitmedien selbst aufgegriffen werden, *medial* und damit auch *real* (soll heißen: im Bewusstsein der Öffentlichkeit) nicht „stattfinden" – und seien sie noch so wichtig.

Wenn sich die Chance ergibt und sich entsprechende Nischen auftun, werden beide Seiten sich im Übrigen persönliche Bequemlichkeiten und Vorteile gönnen. So wird erklärbar, dass sich der Korridor an Gefälligkeiten stetig ausgeweitet hat, die „branchenüblich" und damit von beiden Seiten als nicht-korrupt definiert werden, während diese, von außen betrachtet, klar als Vorteilsnahme empfunden werden. Zwei Beispiele: Touristik- und Autokonzerne laden Journalisten regelmäßig generös zu Reisen an exotische Urlaubsdomizile ein, um sie ihre Produkte testen zu lassen – die Rezipienten erfahren davon so gut wie nie. Und zahllose Unternehmen gewähren Journalisten auf ihre Produkte und Dienstleistungen beträchtliche Rabatte (www.journalistenrabatte.de) – natürlich in der Erwartung, dass ihnen für derlei Aufmerksamkeiten die Journalisten ihrerseits zu öffentlicher, wohlwollender Beachtung verhelfen.

Beide Seiten neigen im Übrigen auch deshalb dazu, ihre Macht und ihren Einfluss auf den Prozess öffentlicher Kommunikation eher zu unterschätzen – schon um nicht für die Folgen ihrer Einflussnahme zur Verantwortung gezogen zu werden.

4.4 Voodoo Economics

Ökonomisch betrachtet, ist die Beziehung von Medienarbeit und Journalismus als *Business-to-Business-Relation* zu begreifen. Deren „Erfolg" wird letztlich von dritter Seite mitdeterminiert – vom Publikum, aber auch von Anzeigenkunden. Die Interessen der Letzteren sind wiederum allzu häufig eng mit denen der PR-Experten und ihrer Auftraggeber verwoben, was jeweils selektiv die Machtposition einiger PR-Leute gegenüber anderen PR-Wettbewerbern stärkt. Unsere bisherige spieltheoretische Analyse der Beziehung zwischen Unternehmen und Journalismus war also zu eng angelegt – es gilt, sie um folgende Dimensionen zu erweitern:

1. Zum rationalen Kalkül so mancher Medienleute – seien das nun Journalisten und Programmverantwortliche oder auch Kommunikationsmanager, Unternehmenssprecher und Werbetreibende – gehört, dass sie mit einem gewissen Maß an ausbeutbarer Dummheit des Publikums rechnen. So direkt wird das natürlich niemand zugeben. Es sind aber beileibe nicht nur die Zyniker, die damit kalkulieren: Dass der Köder dem Fisch und nicht dem Angler schmecken muss (Helmut Thoma), ist jedenfalls eine brancheninternn gern verbreitete „Erkenntnis".
2. Der Wettbewerb um die zu ködernden Fische und damit um knappe öffentliche Aufmerksamkeit hat sich in den letzten Jahren dramatisch verschärft. Bei diesem Wettbewerb verschieben Unternehmen, aber auch Regierungsapparate und Non Governmental Organisations (NGOs) zusehends Ressourcen von der Werbung in die PR – ablesbar an der Diskussion um „Ad Value", also um den Wert, den eine PR-Veröffentlichung im redaktionellen Teil eines Mediums für den Auftraggeber hätte, wenn er für den verfügbar gemachten Platz den üblichen Anzeigenpreis bezahlen müsste (Werbeäquivalenz). Das Konstrukt „Ad Value" ist zwar grober Unfug, weil eine redaktionelle Veröffentlichung ganz anders zu bewerten ist als ein Inserat, und man so Äpfel mit Birnen vergleicht. Aber ein Schritt in die richtige Richtung ist es gleichwohl – nämlich hin zur Bewertung von Kommunikationsleistungen (und damit zu mehr Transparenz auch im Journalismus).
3. Bereits das Beispiel „Ad Value" bestätigt allerdings einen Eindruck, der generell entsteht, wenn man im Grenzbereich zwischen PR und Journalismus Kommunikationsleistungen *angemessen* zu bewerten versucht.[5] Es herrschen „Voodoo"-Economics. Man muss nur einmal nachrechnen, was ein und derselbe Text „kostet" bzw. wert ist – je nachdem, ob er
    - von einem freien Mitarbeiter einer Zeitung erstellt und mit Zeilenhonorar vergütet wird;
    - von einem festangestellten Redakteur verfasst wird und die Gegenleistung aus einem Gehaltsanteil besteht;
    - von einem PR-Profi für einen Auftraggeber erstellt und gegen Honorar abgerechnet wird;
    - oder ob eben der PR-Profi seinem Auftraggeber – unter Rückgriff auf den Ad Value – aufaddiert, was sein erfolgreich im redaktionellen Teil eines oder mehrerer Medien platzierter Beitrag „wert" ist.

---

[5] Solche Versuche beschränken sich – aus nahe liegenden Gründen – bisher leider eher auf den Bereich der Unternehmenskommunikation als den Journalismus; vgl. dazu insbesondere Zerfaß 2006.

Erst wenn man journalistische Leistungen und PR-Leistungen als Markttransaktionen begreift und sie mit Preisschildern versieht, wird halbwegs sichtbar, wie sich auf wundersame Weise im Grenzbereich zwischen PR und Journalismus Geld vermehrt.
4. Andererseits wird auch erkennbar, in welche Falle der Journalismus gerät: Seine Ressourcenbasis schwindet dramatisch – und damit auch seine Recherchekapazität und letztlich seine Glaubwürdigkeit. Denn jeder Euro, den ein Unternehmen in PR statt in Werbung steckt oder bei Google und Facebook ausgibt, statt herkömmliche Inserate zu schalten, fehlt den Verlegern und Sendern zur Finanzierung ihrer Redaktionen. Gleichzeitig nimmt das in Umlauf befindliche Aufkommen an PR-Meldungen zu. und es verstärkt sich damit zugleich die subtile Fernsteuerung des Journalismus durch Öffentlichkeitsarbeit.
5. Die Organisationen und Unternehmen, welche die Redaktionen mit PR-Material beliefern, und die Werbetreibenden sind häufig identisch – und sie kalkulieren rational, welchen „Kanal" sie vorteilhafter nutzen können, um ihre Botschaften „an den Mann" zu bringen: Gelingt es ihnen, eine PR-Botschaft über die Journalisten in den redaktionellen Teil des Mediums transportieren zu lassen, ist das von doppeltem Vorteil: Die PR-Leute ersparen ihrem Auftraggeber die Kosten für eine Anzeige, und dieser profitiert zusätzlich davon, dass das redaktionelle Angebot von den Publika meist für glaubwürdiger gehalten wird als die Werbung. Der Nachteil: Eine PR-Abteilung oder ein Pressesprecher hat nicht unter Kontrolle, ob und wie eine Medienmitteilung von der Redaktion übernommen wird. Außerdem erscheint sie im redaktionellen Teil nur ein einziges Mal, weshalb PR-Leute ständig mit neuen Geschichten aufwarten müssen, um dafür zu sorgen, dass ihre Auftraggeber im Gespräch bleiben. Ein und dieselbe Anzeige kann man dagegen mehrfach schalten – und womöglich entsteht gerade deshalb die erwünschte Wirkung.[6]

5 Fazit und Ausblick

Mit einem Bild aus der Welt des Theaters haben die Kommunikationswissenschaftler Frank Esser und Bernd Spanier (2005, S. 37 f., 46 f.) das Verhältnis zwischen Journalisten und Politikern umschrieben: Während sich beide Seiten auf der *Vorderbühne* einen heftigen Schlagabtausch liefern und sich, wie Held und Anti-Held im Drama, zum Gaudium des Publikums als erbitterte Gegenspieler inszenieren, ist auf der *Hinterbühne* Kooperation, bisweilen sogar Kungelei der Regelfall. Abseits des grellen Scheinwerferlichts der (Me-

---

[6] Weil PR und Werbung in ihren Wirkungen eben nicht vergleichbar sind, ist es im Übrigen auch nicht sinnvoll, den „Wert" einer erfolgreich platzierten PR-Meldung danach zu vermessen, was vergleichbarer Platz bzw. Textumfang als Anzeige gekostet hätte. Diese Form der Bewertung von PR-Arbeit erfreut sich zwar weiterhin unter PR-Leuten und ihren Chefs großer Beliebtheit, ist aber – ökonomisch betrachtet – ein Versuch am untauglichen Objekt.

dien-)Öffentlichkeit, in der Routine des journalistisch-politischen Alltags, arbeiten Politiker und Journalisten zum beiderseitigen Vorteil vielfach verlässlich zusammen. Je mehr Unternehmenschefs ins Rampenlicht der Medien rücken, desto öfter lässt sich dieses Bild auch auf die Wirtschaft übertragen.

Die Unternehmen versorgen ebenso wie Regierungen, Parteien und Verbände die Journalisten regelmäßig mit Informationen in Form von Pressemitteilungen, Pressekonferenzen, Hintergrundgesprächen und Interviews. Ohne diese Zulieferungen könnte keine Zeitungen und keine Nachrichtensendungen entstehen. Die Journalisten wiederum verschaffen ihren Informanten Aufmerksamkeit für ihre Statements und Forderungen.

Journalisten lassen sich im Sinne der Ökonomik als rationale Akteure beschreiben, die unter Bedingungen knapper Ressourcen und mit eingeschränkter Rationalität handeln. Journalisten versuchen allerdings, neben materiellen vor allem auch immaterielle Güter – wie eben Aufmerksamkeit – zu maximieren. Nur wer versteht, welche Anreize bei der Entstehung von Medieninhalten eine Rolle spielen und wie Journalisten darauf reagieren, kann die Medien angemessen nutzen und mit Journalisten als Sparring-Partnern zusammenarbeiten, statt womöglich ihr Spielball zu werden.

Partnerschaft setzt allerdings voraus, dass der Partner nicht kompromittiert und auch seine ökonomische Existenz nicht aufs Spiel gesetzt wird. Dieser doppelten Gefahr gilt es ins Auge zu sehen: Koppelgeschäfte, bei denen Anzeigenaufträge in Abhängigkeit von redaktioneller Berichterstattung vergeben werden, aber auch PR-Aufträge an Journalisten, die deren unabhängige Berichterstattung gefährden, untergraben die journalistische Glaubwürdigkeit.

Noch gefährlicher für einen unabhängigen Journalismus ist allerdings die schwindende Zahlungsbereitschaft der Publika für Nachrichten/Information sowie die Umschichtung von Etats aus der Werbung. Diese mag betriebswirtschaftlich sinnvoll und unter dem Gesichtspunkt des Wettbewerbs sogar notwendig sein. Gerade dem seriösen Journalismus wird so jedoch seine Ressourcenbasis entzogen – es sei denn, den Medienunternehmen gelingt es doch noch, anspruchsvollen Journalismus in Zukunft anders als über Werbung zu finanzieren. Frühe Prognosen, dass sich der Journalismus in einer Abrüstungsspirale befindet, die von einer Aufrüstungsspirale im PR-Sektor zumindest mitverursacht wird (Ruß-Mohl 1990), haben sich inzwischen bewahrheitet. Mittelfristig gefährdet dieses zunehmende Ungleichgewicht auch die Erfolgschancen von Medienarbeit in der PR, denn der Zugewinn an Glaubwürdigkeit, zu dem Journalismus PR-Mitteilungen gerade durch kritische Auswahl, Prüfung sowie durch Zusatzrecherchen verhelfen konnte, ist gefährdet, wenn redaktionelle Ressourcen weiterhin schwinden.

Weil Suchmaschinen und soziale Netzwerke andererseits der Öffentlichkeitsarbeit vielfältige Wege eröffnen, direkt mit ihren Stakeholdern zu kommunizieren, ist auch Unternehmenskommunikation im Begriff, sich neu zu erfinden. Womöglich verlieren in Zukunft Journalisten, Redaktionen und vor allem Nachrichtenagenturen ihre Rolle das „Nadelöhr", das Mitteilungen passieren müssen, um die Zielgruppen der Unternehmenskommunikation zu erreichen. Nur fehlt dann eben in der direkten Kommunikation mit den Zielgruppen der Journalismus als Validisierungs-Instanz, die bei den Adressaten der Mitteilungen für deren Glaubwürdigkeit sorgt.

Auch wenn Journalismus vielfach dem Herdentrieb unterliegt, von PR ferngesteuert wird und seine Rolle als Frühwarnsystem zum Beispiel in der Banken- und Finanzkrise nur äußerst unzureichend erfüllt hat (Vosseberg 2012), ist und bleibt unabhängiger, auch unbequemer und kritischer Journalismus in freiheitlichen Gesellschaften ein wichtiges Korrektiv, um auf Fehlentwicklungen in Wirtschaft und Gesellschaft aufmerksam zu werden und sie so gegebenenfalls korrigieren zu können.

Was solcher Journalismus der Gesellschaft „wert" sein sollte, drückt sich allerdings in der Zahlungsbereitschaft der Kunden von Medienunternehmen nur unzureichend aus – seien das Rezipienten, also Leser, Hörer, Zuschauer und User, seien das Werbetreibende, die diese Rezipienten mit ihren Botschaften erreichen möchten.

Für das noch immer überschaubar kleine Häuflein der Kommunikationsforscher, die im Grenzbereich von Ökonomie und Journalismus- bzw. PR-Forschung arbeiten, zeichnet sich eine nächste wissenschaftliche Herausforderung ab: Nachdem es gelungen ist, die Rational Choice-Theorie auf Journalismus und PR anzuwenden und fruchtbar zu machen, um Interaktionen von Journalisten und PR-Leuten besser zu verstehen, gilt es jetzt, Erkenntnisse der Verhaltensökonomie in die vorhandenen Modelle zu integrieren. Wenn das gelingen sollte, werden wir in der nächsten Auflage dieses Buches Auskunft geben können, unter welchen Bedingungen beide Seiten „berechenbar irrational" (Ariely 2008) agieren und welche Denkfehler[7] ihnen bei ihren Interaktionen typischerweise unterlaufen.

Literatur

Ariely, D. (2008). *Predictably irrational. The hidden forces that shape our decisions*. New York: Harper Collins.
Bentele, G., Liebert, T., & Seeling, S. (1997). Von der Determination zur Intereffikation. In G. Bentele & M. Haller (Hrsg.), *Aktuelle Entstehung von Öffentlichkeit* (S. 225–250). Konstanz: UVK.
Braun, D. (1999). *Theorien rationalen Handelns in der Politikwissenschaft*. Opladen: Leske + Budrich.
Denton, F. (1998). Cracking the spiral of silence, empowering people. In *The James K. Batten symposium and awards for excellence in civic journalism in Chicago/Ill*. Washington/Evanston.
Dobelli, R. (2011). *Die Kunst des klaren Denkens*. München: Hanser.
Downs, A. (1967). *Inside bureaucracy*. Boston: Little Brown.
Downs, A. (1968). *Ökonomische Theorie der Demokratie*. Tübingen: Mohr Siebeck.
Dyck, A., & Zingales, L. (2003). *The Media and asset prices*. Working Paper, Harvard Business School/University of Chicago.
Esser, F., & Spanier, B. (2005). News management as news: How media politics leads to metacoverage. *Journal of Political Marketing*, 4(4), 27–57.
Fengler, S., & Ruß-Mohl, S. (2005). *Der Journalist als „Homo oeconomicus"*. Konstanz: UVK.
Franck, G. (1998). *Ökonomie der Aufmerksamkeit. Ein Entwurf*. München: Edition Hanser.

---

[7] Vgl. als Überblick – allerdings nur gelegentlich auf Journalismus und PR bezogen: Dobelli 2011; im Blick auf Journalisten, Medienmanager und Media Accountability: Russ-Mohl 2013.

Frey, B. S. (1990). *Ökonomie ist Sozialwissenschaft. Die Anwendung der Ökonomie auf neue Gebiete.* München: F. Vahlen.
Frey, B. S. (1997). *Markt und Motivation. Wie ökonomische Anreize die (Arbeits-) Moral verdrängen.* München: Vahlen.
Göpfert, W. (2001). Öffentliche Wissenschaft. Ist der Wissenschaftsjournalismus das Sprachrohr der Wissenschaft? In T. Hug (Hrsg.), *Wie kommt Wissenschaft zu Wissen Bd. 4: Einführung in die Wissenschaftstheorie und Wissenschaftsforschung* (S. 68–92). Hohengehren: Schneider.
Grefe, C. (2000). Der schon wieder! Die Zeit vom 30.11.2000, 43.
Haller, M. (1983). *Recherchieren. Ein Handbuch für Journalisten.* Basel: Lenos.
Hamilton, J. T. (2004). *All the news that's fit to sell: How the market transforms information into news.* Princeton (NJ): Princeton University Press.
Hamilton, J. T., & Zeckhauser, R. (2004). *Media coverage of CEOs: Who? What? Where? When? Why?* Working paper, Duke University/Harvard University.
Hosp, G. (2005). *Medienökonomik. Medienkonzentration, Zensur und soziale Kosten des Journalismus.* Konstanz: UVK.
Jaeggi, D. (2002). Common playground & mutual dependency. In S. Ruß-Mohl & S. Fengler (Hrsg.), *Business journalism, corporate communications, and newsroom management* (S. 53–56). Lugano: Universita della svizzera italiana.
Jarren, O., & Donges, P. (2006). *Politische Kommunikation in der Mediengesellschaft.* (2. Aufl.). Wiesbaden: VS Verlag für Sozialwissenschaften.
Karmasin, Matthias (1998): *Medienökonomie als Theorie (massen-)medialer Kommunikation. Kommunikationsökonomie und Stakeholder Theorie.* Graz, Wien: Nausner & Nausner.
Kirchgässner, G. (1991). *Homo oeconomicus.* Tübingen: Mohr Siebeck.
Kirsch, G. (2004). *Neue Politische Ökonomie.* Stuttgart: Lucius & Lucius.
Kitzinger, J., & Reilly, J. (1997). The rise and fall of risk reporting: Media coverage of human genetics research, False Memory Syndrome' and ‚Mad Cow Disease'. *European Journal of Communication, 12*(1), 319–350.
Löffelholz, M. (Hrsg.). (2004). *Theorien des Journalismus. Ein diskursives Handbuch.* 2. ergänzte Auflage. Wiesbaden: VS Verlag für Sozialwissenschaften.
Männel, B. (2002). *Sprache und Ökonomie. Über die Bedeutung sprachlicher Phänomene für ökonomische Prozesse.* Marburg: Metropolis.
Marr, M., Wyss, V., Blum, R., & Bonfadelli, H. (2001). *Journalisten in der Schweiz: Eigenschaften, Einstellungen, Einflüsse.* Konstanz: UVK.
Minkmar, N. (2004). Der Aktenflüsterer. *Frankfurter Allgemeine Sonntagszeitung* vom 20.06.2004, 27.
o. V. (1998). Prominenz. *Die Zeitung* vom 18.12.1998, 18.
Pfetsch, B., & Wehmeier, S. (2002). Sprecher: Kommunikationsleistungen gesellschaftlicher Akteure. In O. Jarren & H. Weßler (Hrsg.), *Journalismus – Medien – Öffentlichkeit* (S. 39–97). Wiesbaden: VS Verlag für Sozialwissenschaften.
Quiring, O., Kepplinger, H. M., Weber, M., & Geiss, S. (2013). *Lehman Brothers und die Folgen. Berichterstattung zu wirtschaftlichen Interventionen des Staates.* Wiesbaden: VS Verlag für Sozialwissenschaften.
Reinemann, C. (2005). *Journalismus als „rationales" Handeln.* Vortrag bei der Tagung der DGPuK-Fachgruppe Soziologie der Medienkommunikation, unveröff. Manuskript.
Ruß-Mohl, S. (1981). *Reformkonjunkturen und politisches Krisenmanagement.* Opladen: Westdeutscher Verlag.
Ruß-Mohl, S. (1990). Öffentlichkeitsarbeit ante portas. Wissenschaftsjournalismus und Journalistenausbildung vor neuen Herausforderungen. In S. Ruß-Mohl (Hrsg.), *Wissenschaftsjournalismus und Öffentlichkeitsarbeit. Tagungsbericht zum 3. Colloquium Wissenschaftsjournalismus vom 4./5. November 1988 in Berlin* (S. 11–12). Stuttgart: Bleicher.

Ruß-Mohl, S. (1993). Konjunkturen und Zyklizität in der Politik: Themenkarrieren, Medienaufmerksamkeits-Zyklen und „lange Wellen". *Politische Vierteljahresschrift, 34*(23), 356–370.

Russ-Mohl, S. (2013). Am Pranger! Über die Denkfehler der Medien, die keine Rechenschaft leisten wollen. *Neue Zürcher Zeitung, 2013*(Mai), 52 (7.5.2013).

Schatz, R. (2004). *Media Monitoring*. Vortrag im Studiengang „Master of Science in Communication", Università della Svizzera italiana, Lugano, März 2004, unveröff. Manuskript.

Schiffrin, A. (Hrsg.). (2011). *Bad news. How America's business press missed the story of the century*. New York: The New Press.

Schneider, W., & Raue, P. (1996). *Handbuch des Journalismus*. Reinbek: Rowohlt.

Scholl, A., & Weischenberg, S. (1998). *Journalismus in der Gesellschaft. Theorie, Methodologie und Empirie*. Opladen: Westdeutscher Verlag.

Sparrow, B. H. (1999). *Uncertain guardians. The News Media as a Political Institution*. Baltimore: JHU Press.

Spiewak, M. (2005). Die Sendungsbewussten. *Die Zeit, 2005*(Dec.), 41 (8.12.2005).

Thomann, J. (2002). An ihnen kommt keiner vorbei. *Frankfurter Allgemeine Zeitung, 2002*(Mai), 48 (11.5.2002).

Viehöver, U. (2003). *Ressort Wirtschaft*. Konstanz: UVK.

Vosseberg, M. (2012). *Paradigmenwechsel der Wirtschaftsberichterstattung*. Unveröff. Magisterarbeit, Universität Mainz.

Vowe, G., & Wolling, J. (2000). Amerikanisierung des Wahlkampfs oder Politisches Marketing? Zur Entwicklung der politischen Kommunikation. In K. Kamps (Hrsg.), *Trans-Atlantik – Trans-Portabel? Die Amerikanisierungsthese in der politischen Kommunikation* (S. 57–92). Wiesbaden: VS Verlag für Sozialwissenschaften.

Weischenberg S. (2005). Der Schein trügt. *Die Zeit, 2005*(Okt.), 54 (6.10.2005).

Zerfaß, A. (2006). Kommunikations-Controlling. Methoden zur Steuerung und Kontrolle der Unternehmenskommunikation. In B. F. Schmid & B. Lyczek (Hrsg.), *Unternehmenskommunikation* (S. 431–365). Wiesbaden: Gabler.

Strukturen und Trends im Wirtschaftsjournalismus: Herausforderungen für die Medienarbeit

Claudia Mast und Klaus Spachmann

Zusammenfassung

Innovationen in der Medienlandschaft und gestiegene Publikumserwartungen eröffnen dem Wirtschaftsjournalismus und der Unternehmenskommunikation neue Wege. Der Beitrag analysiert Entwicklungen in der Wirtschaftspublizistik und die Rolle der Media Relations als Teilbereich des Kommunikationsmanagements. Publikumserwartungen an die Wirtschaftsberichterstattung und redaktionelle Strategien der Medien werden vorgestellt. Konsequenz ist ein Perspektivenwechsel in der Unternehmenskommunikation. Wenn sich Wirtschaftsjournalismus zunehmend aus dem Bannkreis der Wirtschaft entfernt und er übergeordnete Sichtweisen einnimmt, muss sich auch die Unternehmenskommunikation stärker von der eigenen Binnensicht lösen. Outputorientiertes Denken ist gefragt, das die Differenzierung der redaktionellen Strategien von Medienangeboten offensiv nutzt.

Schlüsselwörter

Journalismus · Wirtschaftsjournalismus · Wirtschaftspresse · Media Relations · Medienarbeit · Pressearbeit · Unternehmenskommunikation · Medienwandel

---

C. Mast (✉) · K. Spachmann
Universität Hohenheim, Institut für Kommunikationswissenschaft
Fruwirthstraße 24, 70595 Stuttgart, Deutschland
E-Mail: sekrkowi@uni-hohenheim.de

K. Spachmann
E-Mail: klaus.spachmann@uni-hohenheim.de

1 Rahmenbedingungen der Wirtschaftspublizistik

Wirtschaftskommunikation ist so facettenreich wie die Wirtschaft selbst und agiert im Schnittfeld mehrerer Bereiche in der Gesellschaft. Diese stellen völlig unterschiedliche Anforderungen daran, wie Journalisten über „Wirtschaft" berichten und was Unternehmen und andere Repräsentanten der Wirtschaft sagen sollen. Es ist nicht einfach, den Interessen von Investment-Anlegern, die eine möglichst hohe Rendite erzielen wollen, ebenso gerecht zu werden wie den Interessen der Steuerzahler, dass die Risiken der Finanzbranche nicht auf die öffentliche Hand abgewälzt werden. Hinzu kommt der Spagat, die häufig schwierigen ökonomischen Themen so detailliert wie von der Sache her nötig, aber dennoch für das Publikum verständlich und attraktiv zu präsentieren.

Wirtschaftsjournalismus nimmt traditionell die Leitrolle in der Wirtschaftskommunikation ein. Medienangebote wie die „Wirtschaftswoche", das „Handelsblatt" oder die „Frankfurter Allgemeine Zeitung" setzen mit ihrer Berichterstattung Themen und erreichen ein großes Publikum, das sie informieren, dem sie Orientierung und Rat geben wollen. Dabei richten sich Wirtschaftsjournalisten an den allgemeinen professionellen Standards ihres Berufs aus – allen voran unabhängig zu arbeiten sowie Aktualität und Relevanz für das Publikum herzustellen.

Unternehmen versuchen, mit ihrer Medienarbeit Einfluss auf die journalistische Berichterstattung zu nehmen. Auf diese Weise sollen für das Unternehmen wichtige Botschaften und Themen an die Zielgruppen vermittelt und Kommunikationsbeziehungen aufgebaut werden. Diese Arbeitsteilung zwischen Wirtschaftsjournalismus auf der einen und Medienarbeit auf der anderen Seite bleibt grundsätzlich auch in Zeiten der Online-Kommunikation und der gegenwärtig ablaufenden Umbrüche in der Medienlandschaft bestehen. Allerdings werden eigene Unternehmensmedien immer bedeutsamer. Über sie kann das Kommunikationsmanagement ihre Zielgruppen direkt erreichen – am Wirtschaftsjournalismus vorbei.

1.1 Vielfalt des Wirtschaftsjournalismus

Wirtschaftsthemen und Wirtschaftsjournalismus zu definieren, fällt nicht leicht. Ältere Definitionen von Wirtschaftsjournalismus betonen bereits die vielfältigen Zugänge, die Journalisten bei Wirtschaftsthemen anlegen können (Heinrich 1989, S. 284). Wirtschaftsjournalisten kümmern sich um die Ereignisse innerhalb der Wirtschaft und greifen auf, was auf den ökonomischen Schauplätzen – allen voran in Unternehmen, auf Börsen und auf Märkten – geschieht. Darüber hinaus können sie auch Ereignisse in anderen Bereichen wie der Politik, der Kultur oder dem Sport thematisieren, die sich entweder auf die Wirtschaft auswirken oder die von ihr beeinflusst werden.

Wirtschaftsthemen entstehen also zum einen aus *Ereignissen in der Wirtschaft*, die von den Journalisten ausgewählt werden, und zum anderen aus einer *speziellen ökonomischen Perspektive*, die sie bei der Aufbereitung von Ereignissen aus unterschiedlichsten Bereichen anlegen. Dies führt zu einer Definition von Wirtschaftsjournalismus:

> **Wirtschaftsjournalismus**
> Wirtschaftsjournalismus ist derjenige Bereich im Journalismus, der speziell Wirtschaftsthemen bearbeitet – oder auch „herstellt". Denn Journalisten greifen nicht nur (passiv) auf vorgegebene Ereignisse zu. Sie erzeugen vielmehr aktiv Themen, indem sie Ereignisse und Informationen nach ihren eigenen – eben den journalistischen – Kriterien auswählen und nach bestimmten Mustern aufbereiten.

Journalisten greifen dabei grundsätzlich auf drei verschiedene Vorgehensweisen zurück, wenn sie Wirtschaftsthemen bearbeiten und für unterschiedliche Publikumsgruppen ökomische Betroffenheit herstellen (Mast 2012a, 80 ff.):

- *Wirtschaft als Fachthema*: Hier werden wirtschaftsinterne Ereignisse und Aspekte bearbeitet. Die Berichterstattung verbleibt dabei vollständig in engen, ökonomischen Bezügen verhaftet. Berichtet wird über den Geschäftsverlauf und neue Produkte von Unternehmen, Branchentrends, Marktentwicklungen u. a.
- *Sonstige Ereignisse als Wirtschaftsthema*: Ereignisse außerhalb der Wirtschaft – in Politik oder anderen gesellschaftlichen Bereichen – werden nun in ökonomische Bezüge gesetzt. Dies kann z. B. bedeuten, die Auswirkungen einer Naturkatastrophe oder des Klimawandels, der demographischen Entwicklung oder des Sozialgefüges für eine Volkswirtschaft, einer Branche oder einzelne Unternehmen zu behandeln.
- *Wirtschaft als Universalthema*: In dieser Vorgehensweise werden Ereignisse aus der Wirtschaft in wirtschaftsexterne Bezüge – etwa politischer, gesellschaftlicher oder moralischer Art – gestellt. Dann werden z. B. die Auswirkungen der Standortschließung eines Unternehmens auf die Region thematisiert oder Risiken und Umweltbelastungen besprochen, die aus einer neuen Produkttechnologie resultieren.

Diese drei Muster stehen idealtypisch für unterschiedliche Formen der Wirtschaftsberichterstattung. Je nachdem, welches Muster angewandt wird, gehen Redaktionen bei Planung, Recherche und Umsetzung von Berichten anders vor. Auch die Anforderungen an die Wirtschaftsjournalisten sind jeweils unterschiedlich. In der Fachberichterstattung wird tief gehendes ökonomisches Fachwissen benötigt. Wirtschaftsredakteure müssen Spezialisten ihres Fachs sein. Wird Wirtschaft dagegen als Universalthema behandelt, sind häufig auch Redakteure außerhalb des Wirtschaftsressorts beteiligt – die ökonomische Fachperspektive vermischt sich mit anderen Sichtweisen.

Lange Zeit wurde Wirtschaftsjournalismus vor allem mit den ersten beiden Mustern, der (Fach-)Berichterstattung für die Wirtschaft, in Verbindung gebracht. In dieser Ausprägung ist Wirtschaftsberichterstattung vorwiegend managementorientiert und auf Fachleute ausgerichtet. Redaktionen berichten für die Entscheidungsträger in der Geschäfts- und Finanzwelt. Hierauf zielt auch die klassische Kritik von Peter Glotz und Wolfgang R. Langenbucher, die bis in die 1990er Jahre hinein die Diskussion um die Qualität des deutschen

Wirtschaftsjournalismus bestimmte (vgl. Glotz und Langenbucher 1969). Demnach sei selbst in den regionalen Tageszeitungen als eines der wichtigsten Informationsmedien für die breite Bevölkerung die Wirtschaftsberichterstattung zu sehr auf Profis und Experten ausgerichtet. Unverständlich, einfallslos gestaltet und letztlich an den Interessen der Leser vorbeigehend, lautet das vernichtende Urteil der beiden Autoren.

1.1.1 Popularisierung der Wirtschaftsberichterstattung in den 1990er Jahren

In den 1990er Jahren ändert sich diese Einschätzung. Wirtschaftsredaktionen in Tageszeitungen, im Fernsehen und zum Teil auch in Zeitschriften verbreitern den Themenmix. Insbesondere Produktberichterstattung sowie Arbeitnehmer- und Verbraucherfragen finden verstärkt Eingang in die Berichterstattung (Mast 2003; Spachmann 2005). Hinzu kommt eine veränderte Art der Aufbereitung von Wirtschaftsthemen: Faktenorientierte Darstellungen und Fachanalysen werden durch Tipps und Handlungsanleitungen ergänzt und zum Teil sogar ersetzt. Der so genannte Nutzwert, hergestellt für ein Laienpublikum in ökonomischen Entscheidungssituationen, kommt in Mode. Getrieben vom Boom der Börsen, der die Wertpapier- und Aktienanlage für breitere Bevölkerungsschichten attraktiv macht, ändert sich auch die Finanzberichterstattung. Wirtschaftsredaktionen entdecken die privaten Anleger, für die sie Aktientipps bereithalten.

Dieser „neue Wirtschaftsjournalismus" (Schuster 2001) hat zwar die Berichterstattung popularisiert, allerdings bleiben zwei Herausforderungen bestehen: die enge Sicht auf Vorgänge und Entscheidungssituationen innerhalb der Wirtschaft und die große Nähe der Wirtschaftsjournalisten zur Wirtschaft und den Vertretern der Finanz- und Geschäftswelt. Kritisiert werden jetzt fehlende Distanz sowie ein unkritischer Umgang mit der Euphorie der Märkte und den hoch gesteckten, aber von Eigeninteressen geprägten Erwartungen von Vertretern aus der Wirtschaftswelt (Wolff 2012, S. 65; Mast 2003, 78 ff.; Schuster 2001).

Nach dem abrupten Ende des Börsenbooms um die letzte Jahrhundertwende sehen viele Wirtschaftsjournalisten selbst ihre Rolle darin kritisch und stellen eine einseitige Börsen- und Anlegerberichterstattung in Frage. Durch die Medienkrise, die um das Jahr 2000 durch einen konjunkturellen Einbruch verstärkt wird, verschlechtern sich aber in vielen Wirtschaftsredaktionen die Arbeitsbedingungen. Redakteursstellen werden abgebaut, Einzelredaktionen in zentralen Einheiten zusammengelegt und redaktionelle Ressourcen gekürzt. Ein viel beachteter Fall ist beispielsweise die Entwicklung der Gruner + Jahr Wirtschaftspresse mit dem Ende der Wirtschafts-Tageszeitung „Financial Times Deutschland" im Herbst 2012.

Sparmaßnahmen und Ressourcenkürzungen gefährden die Qualität der Wirtschaftsberichterstattung – nicht zuletzt, weil die Pressearbeit von Unternehmen an Einfluss gewinnt. Damit ergeben sich neue Gefährdungen für eine vielseitige und unabhängige Wirtschaftsberichterstattung, die sich ausschließlich an den Interessen ihres Publikums orientiert.

1.1.2 Neuorientierung im Wirtschaftsjournalismus?

Auch wenn viele Redaktionen nach wie vor in einem schwierigen wirtschaftlichen Umfeld tätig sind, gib es in jüngerer Zeit Anzeichen für eine Neuorientierung im Wirtschaftsjournalismus. Auslöser sind die Finanzkrisen, die seit einigen Jahren Wirtschaft und Gesellschaft beschäftigen und die ein Nachdenken über das Selbstverständnis von Wirtschaftsjournalisten in Gang brachten (Arlt und Storz 2010; Meier und Winterbauer 2008). Die Berichterstattung soll demnach breitere Perspektiven auf Wirtschafts- und Finanzthemen einnehmen und Wirtschaft häufiger als Universalthema aufgreifen, d. h. die gesellschaftlichen Voraussetzungen ebenso wie Konsequenzen der Wirtschaftstätigkeit thematisieren. Zu einer solchen möglichen Neuorientierung im Wirtschaftsjournalismus liegen Ergebnisse einer Gemeinschaftsstudie der Universität Hohenheim und der Direktbank ING-DiBa vor (Mast 2012a), auf die im weiteren Verlauf dieses Beitrags näher eingegangen wird.

1.2 Media Relations – ganzheitlich betrachtet

Der Journalismus und mit ihm der Wirtschaftsjournalismus ist angesichts des grundlegenden Strukturwandels in der Medienlandschaft und der wirtschaftlichen Probleme vieler Verlage und Medienunternehmen in der Defensive. Allerdings trifft diese Entwicklung auf eine Situation, in der die Berichterstattung in den Medien für die gesellschaftlichen Vorgänge ebenso wie für den Alltag der Menschen immer wichtiger wird.

Längst hat die Medialisierung auch und gerade das Wirtschaftsleben erfasst. Unternehmen stehen unter öffentlicher Beobachtung – und diese Beobachtung gehorcht immer mehr speziellen Aufmerksamkeits- und Selektionsregeln der Medien wie Personalisierung, Skandalisierung und Empörung (Kepplinger 2012; Imhof 2009). Da Unternehmen von einer positiven Medienberichterstattung profitieren und ihnen umgekehrt eine negative und kritische Medienresonanz schadet, versuchen sie via Media Relations die Öffentlichkeit zu beeinflussen. Durch die Umbrüche in der Medienlandschaft – allen voran die Etablierung der Online-Medien – sind die Ansätze und das Instrumentarium hierzu in jüngerer Zeit deutlich vielfältiger geworden.

> **Media Relations**
>
> Unter Media Relations versteht man denjenigen Bereich des Kommunikationsmanagements von Unternehmen, der die verschiedenen Medien beeinflussen bzw. gestalten will, um wichtige Themen und Botschaften an die jeweiligen Zielgruppen zu vermitteln, ein positives „Medienimage" aufzubauen und die Kommunikationsbeziehungen zu den jeweiligen Zielgruppen zu fördern.

Abb. 1 Media Relations aus der Unternehmensperspektive – ganzheitlich betrachtet (Quelle: Mast (2012b, S. 305))

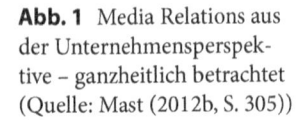

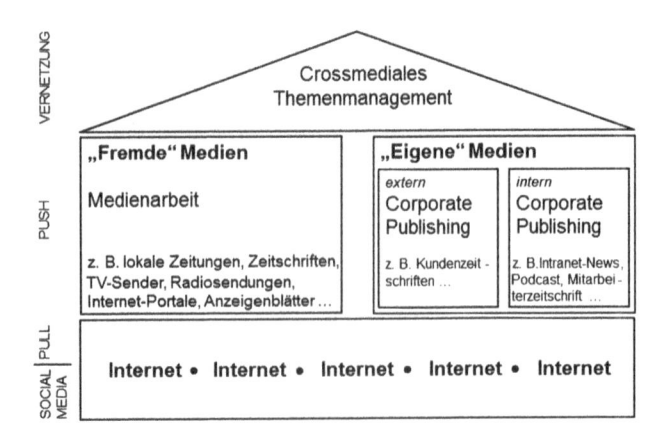

Noch ist es ungewohnt, den Begriff Media Relations nicht nur auf die externen, sondern auch auf die unternehmenseigenen Medien zu beziehen. Umwälzungen in der Medienlandschaft legen jedoch nahe, das Handlungsfeld auf diese Weise ganzheitlich zu denken (Mast 2012b, S 308). Aus dieser Perspektive ergeben sich drei Ansatzpunkte für die Medienarbeit (vgl. Abb. 1):

- *„Fremde"* Medien, die eine eigenständige Redaktion besitzen und nach speziellen Konzepten Wirtschafts- und Unternehmensthemen aufgreifen. Dabei handelt es sich insbesondere um die klassischen Wirtschaftsmedien, die nach journalistischen Standards arbeiten und mit Nachrichtenportalen auch im Internet vertreten sind – aber auch Universalmedien, die Wirtschaftsthemen aufgreifen, spielen eine wichtige Rolle.
- *„Eigene"* Medien, deren Konzepte und Formate ein Unternehmen selbst gestalten und mit Botschaften und Themen bestücken kann: Das Corporate Publishing erlebt seit einiger Zeit einen Boom. Vor allem die Ansprache externer Zielgruppen, etwa via Kundenzeitschriften, Corporate TV oder die Unternehmenswebsite, kann auf diese Weise an den traditionellen Medien vorbei erfolgen.
- *Social Media*, die unter Beteiligung zahlreicher Nutzer im Internet neue Kommunikationsarenen entstehen lassen, weichen das journalistische Monopol immer mehr auf. Sie funktionieren nach eigenen Regeln und besitzen eine große Eigendynamik.

Eine solche ganzheitliche Sicht trägt den Veränderungen in der öffentlichen Wirtschaftskommunikation Rechnung und schöpft die Wirkungspotenziale der Unternehmenskommunikation aus. Medienarbeit im weiten Sinne wird dann konsequent crossmedial geplant und ungesetzt (Mast 2012b, 308 ff.). Einerseits bietet die Schwäche des Wirtschaftsjournalismus dabei Chancen, um eigene Botschaften und Themen in „fremden" Medien zu platzieren. Voraussetzung ist allerdings, dass die Themen passgenau für die Redaktionsformate ausgewählt und entsprechend aufbereitet sind. Andererseits können unternehmenseigene Medien Lücken ausfüllen, die redaktionelle Angebote bei der Informationsversorgung des Publikums immer häufiger lassen. Medienkonzepte und Vermittlungsstrategien müssen sich dabei an journalistischen Vorgehensweisen und den Trends im Wirtschaftsjournalismus orientieren, um das Publikum attraktiv und wirkungsvoll anzusprechen.

Hinzu kommt die Aufgabe, die Social Media in das ganzheitlich verstandene Media-Relations-Konzept zu integrieren. Ihre Bedeutung wächst nach wie vor stark an. Social Media werden auch für Wirtschaftsjournalisten als Verbreitungskanal und als Recherchequelle wichtiger – „alte" und „neue" Medien vernetzen sich zunehmend. So können in sozialen Netzwerken in kürzester Zeit Empörungswellen entstehen, die sich bis weit in die traditionellen Medien und den Wirtschaftsjournalismus hinein ausbreiten. Kein Zweifel: „Social-Media"-Arbeit zu betreiben, wird heutzutage für die Unternehmenskommunikation wichtiger, ist aber schwierig umzusetzen.

Nach wie vor besitzt jedoch die klassische Medienarbeit eine Schlüsselrolle für die Ansprache von Zielgruppen. Denn trotz Internet und Social Media haben die traditionellen Wirtschaftsmedien immer noch eine herausragende Bedeutung als Informationsquellen für die Menschen.

1.3 Mediennutzung und Erwartungen des Publikums

Die Ergebnisse der Gemeinschaftsstudie der Universität Hohenheim und der ING-DiBa zur Neuorientierung im Wirtschaftsjournalismus legen offen, wie das Publikum Medien zur Wirtschaftsinformation nutzt, was es vom Wirtschaftsjournalismus erwartet und wie die Themen kommuniziert werden müssen, damit sie bei den Menschen ankommen. Hierfür wurden Ende 2010 und Anfang 2011 sowohl die Bevölkerung als auch Entscheidungsträger in Unternehmen repräsentativ befragt (Mast 2012a, 125 ff.).

1.3.1 Klassische Medien sind wichtigste Informationsquelle

Wirtschaftsjournalismus steht als Informationsquelle bei den Menschen hoch im Kurs. Dabei werden vor allem die klassischen Angebote aus Presse und Rundfunk von fast allen befragten Bürgern und Entscheidern häufig – d. h. täglich oder wöchentlich – genutzt. Aber auch die journalistischen Online-Angebote stoßen auf Resonanz. Mehr als drei von zehn Bürgern und über sechs von zehn Entscheidern nutzen sie regelmäßig. Informationsangebote von Unternehmen sind dagegen vor allem für Entscheidungsträger bedeutsam, wenn sie sich über Wirtschaftsfragen informieren wollen. 45 % nutzen sie täglich oder wöchentlich. Unter allen Bürgern sind dies nur 17 %. Social Media werden in beiden Gruppen nur von einer Minderheit intensiv genutzt. Sie sind für 16 % der Bürger und für 21 % der Entscheidungsträger eine regelmäßige Informationsquelle für Wirtschaftsinformationen.

Damit zeigt sich: Corporate Publishing und andere Unternehmensmedien besitzen insbesondere für fachlich versierte Zielgruppen große Bedeutung. Social Media sind über alle Publikumsgruppen hinweg für die große Mehrzahl der Menschen als Quelle für Wirtschaftsinformationen dagegen noch kein großes Thema. Insgesamt ist im Konzert der vielen verschiedenen Informationsquellen die „Macht" bzw. der Einfluss der Wirtschaftsberichterstattung in den klassischen Medien somit (noch) weitgehend ungebrochen.

1.3.2 Auf die Universalmedien kommt es an

Schaut man darauf, um welche Medienangebote es sich im Einzelnen handelt, wird schnell klar, dass die Bürger für Wirtschaftsinformationen vor allem auf Universalmedien zurückgreifen. Das gilt insbesondere für die regionalen und überregionalen Tageszeitungen, die in der Bevölkerung die Liste der wichtigsten Medien anführen. Als nationale Medien werden u. a. die Nachrichtenmagazine „Der Spiegel" und „Focus", die Qualitätszeitungen „Frankfurter Allgemeine Zeitung" und „Süddeutsche Zeitung" sowie „Tagesschau" und „Spiegel online" am häufigsten genannt. Bei den Entscheidern spielt neben den Universalmedien die Wirtschaftspresse eine große Rolle – allen voran das „Handelsblatt" sowie die „Wirtschaftswoche".

1.3.3 Breitere Ansätze in der Wirtschaftsberichterstattung gewünscht

Die Menschen haben auch klare Vorstellungen, welche Themen und Aufbereitungsformen die Wirtschaftsberichterstattung berücksichtigen sollte. Mehr wissen will das Publikum vor allem zu den gesellschaftspolitischen Auswirkungen unternehmerischer Aktivitäten, weniger aber zu der früher häufig ausfernden Berichterstattung über Quartalszahlen, Unternehmensstrategien und geschäftspolitische Konzepte. Wenn Strategien vorgestellt werden, sollen sie vorrangig in ihrer Wirkung auf die Gesamtwirtschaft und die Gesellschaft analysiert werden. Jedenfalls wollen 68 % der befragten Bürger und 48 % der Entscheider mehr erfahren über die Konsequenzen für die Umwelt, 58 bzw. 48 % über den Einfluss der Unternehmen auf Politik und Gesellschaft und 51 bzw. 37 % zu den Arbeitsplätzen und den Trends in der deutschen Wirtschaft. Die befragten Bürger und Entscheider favorisieren also einen thematisch breiten Wirtschaftsjournalismus, der sich aus der Fixierung auf Unternehmen und deren Geschäftsverläufe löst und Bezüge zwischen Gesellschaft und Unternehmen herstellt.

Wirtschaftsberichterstattung wird eben bei weitem nicht nur von Managern und Verbrauchern genutzt. Auch wirtschaftsfremde Kontexte spielen eine große Rolle: Wenn Menschen sich über Wirtschaft informieren, machen sie das insbesondere auch als Staatsbürger – das gilt gleichermaßen für die Bevölkerung und die Entscheidungsträger. Wirtschaftsthemen werden also häufig auch durch eine gesellschaftspolitische Brille betrachtet. Hinzu kommt: Die Menschen nutzen Wirtschaftsberichterstattung aus mehreren Perspektiven gleichzeitig. Entscheider sehen sich beispielsweise zumeist auch als Staatsbürger und Verbraucher, wenn sie ökonomische Themen rezipieren. Dies ist auch der Grund, warum eng orientierte Nutzwertkonzepte, die sich einseitig auf eine bestimmte Entscheidungssituation konzentrieren, häufig ins Leere laufen.

2 Konzepte der Wirtschaftsberichterstattung

Wirtschaftsberichterstattung ist vielfältig. Sie besteht aus einer großen Bandbreite unterschiedlicher *Themen*, die Journalisten aufgreifen und auf eine *spezifische Weise für ihr Publikum aufbereiten*. Grundsätzlich können die Wirtschaftspolitik und die Berichterstattung über volkswirtschaftliche Rahmenbedingungen, die Branchen- und Unternehmensberichterstattung, die Börsen- und Aktienberichterstattung sowie die Verbraucher- und Anlegerberichterstattung unterschieden werden. Das sind die klassischen Themen im Wirtschaftsjournalismus.

Bei der Umsetzung der Themen treffen Wirtschaftsjournalisten zahlreiche Entscheidungen, die den gesamten redaktionellen Arbeitsprozess betreffen:

- *Über welche Ereignisse und Themen wird berichtet (Inputseite)?* Steht nur die Wirtschaft bzw. das Unternehmen oder (auch) die Gesellschaft im Blick? Wird die gesamte Branche berücksichtigt oder stehen einzelne Unternehmen im Mittelpunkt?
- *Für wen wird berichtet (Outputseite)?* Wird ein Fachpublikum mit speziellen, klar definierten Interessen an Wirtschaftsthemen angesprochen – oder wird für ein breites Publikum berichtet, das kaum über ökonomisches Fachwissen verfügt und auf ganz verschiedene Weise von Wirtschaft betroffen sein kann?
- *Wie wird berichtet (Redaktionskonzepte)?* Mit welchen Strategien der Leseransprache und Darstellungsformen wird gearbeitet? Hier gibt es eine Bandbreite an Möglichkeiten, die von Nachrichtenformen, über Nutzwert- und Magazinelemente bis zu Elementen des Boulevardjournalismus oder gar der Skandalisierung (Kepplinger 2012) reichen.

Wirtschaftsjournalisten orientieren sich sowohl an der Input- als auch an der Outputseite: Sie schauen einerseits auf die Ereignislage, aus der Inhalte für die Berichterstattung gewonnen werden, und andererseits auf die Interessen und Bedürfnisse des Publikums, für das sie berichten. Im Einzelfall kann aber die eine oder die andere Seite Überhand gewinnen. Dann orientieren sich Journalisten entweder primär an einzelnen Ereignisräumen, die sie systematisch beobachten. Oder sie gehen in erster Linie von den Bedürfnissen ihres Publikums aus – wie beispielsweise Unterhaltung oder dem Informationsbedarf in einer bestimmten Entscheidungssituation, z. B. als Anleger (Spachmann 2005, 143 f.; Meier 2002, 22 f.; Rühl 1980, 403 ff.).

> **Input- und Outputorientierung im Wirtschaftsjournalismus**
> Wenn Wirtschaftsjournalisten in erster Linie auf die Ereignisse schauen, wird von einer Inputorientierung gesprochen. Stehen dagegen Bedürfnisse des Publikums oder bestimmte Handlungssituationen am Ausgangspunkt, wird dies Outputorientierung genannt.

2.1 Strategien der Publikumsansprache

Journalisten wenden verschiedene Strategien zwischen Input- und Outputorientierung an, um die Berichterstattung für ihr Publikum attraktiv zu machen und unverwechselbaren Nutzen zu stiften (Mast 2003, 127 ff.). Dabei können fünf Vorgehensweisen unterschieden werden (vgl. Abb. 2).

Ereignis-orientiert	Wissens-zentriert	Handlungs-zentriert	Gefühls-zentriert	Verantwortungs-zentriert
aktuelles Wissen und Aufklärung	Hintergrund-wissen	Handlungs-wissen	Spannung und Unterhaltung	Empörung und Alarmierung
berichtend	erklärend	Rat gebend	erzählend	skandalisierend
Ereignisse und Fakten	Regeln und Zusammenhänge	Probleme und Entscheidungs-situationen	Personen und sensationelle Aspekte	Handlungsweisen und Zustände
„Neuigkeitswert"	„Wissenswert"	„Nutzwert"	„Gefühlswert"	„Skandalwert"

Abb. 2 Strategien der Publikumsansprache
(Quelle: Eigene Darstellung in Anlehnung an Mast (2012a, S. 90))

Die *ereignisorientierte Aufbereitung* legt den Schwerpunkt auf aktuelles Wissen und Aufklärung. Journalisten konzentrieren sich darauf zu berichten, was stattfand und was davon Neuigkeitswert besitzt. Die aktuellen Ereignisse werden vollständig behandelt – dies bedeutet insbesondere, ein angemessenes Bild der Geschehnisse zu zeichnen, verschiedene Perspektiven zu berücksichtigen und mehrere Quellen einzubeziehen. Im Wirtschaftsjournalismus ist die ereignisorientierte Aufbereitung die Basisstrategie. Sie dominiert vor allem in Nachrichtenredaktionen und tagesaktuellen Medien. Themen werden detailliert beleuchtet und aus der Position des unabhängigen Berichterstatters in ihren Ereignisabläufen dargestellt.

Bei der *wissenszentrierten Aufbereitung* geht es darum, dem Publikum Hintergrundwissen zu vermitteln. Sie löst sich damit von den gegenwärtigen Ereignissen und stellt sie in größere Zusammenhänge. Muster ist eine erklärende Berichterstattung, d. h. Journalisten operieren mit grundlegenden Wissensbeständen, in die sie die Ereignisse und Phänomene einordnen. Häufig sind aktuelle Ereignisse der Anlass, um Strukturen grundsätzlich zu erklären, z. B. in so genannten Erklärstücken. Angesichts komplexer Verhältnisse in Wirtschaft und Gesellschaft verwenden Wirtschaftsjournalisten immer häufiger erklärende Vermittlungsstrategien. Häufig greifen sie dann auf Wissenschaftler und andere Experten zurück. Beispielsweise veröffentlicht die „Frankfurter Allgemeine Sonntagszeitung" die Serien „Erklär mir die Welt" oder „Denkfehler, die Geld kosten".

Bei der *handlungszentrierten Aufbereitung* steht ebenfalls nicht die Ereignisse im Blick, sondern deren zielgruppenspezifische Konsequenzen. Es geht darum, Handlungswissen zu vermitteln. Journalisten geben Tipps und Empfehlungen, die sich konsequent an den Handlungsräumen der anvisierten Zielgruppe – etwa Entscheider, Verbraucher oder Anleger – ausrichten. Im Wirtschaftsjournalismus sind handlungszentrierte Aufbereitungsstrategien fest verankert. Die Fokussierung auf den Nutzwert (im engen Sinne) ist ein geeignetes Mittel, um ökonomische Themen zielgruppengerecht zu vermitteln und den

Nutzen für das Publikum zu erhöhen. Insbesondere Publikumsgruppen ohne besonderes ökonomisches Fachwissen können von einer solchen Übersetzungsleistung profitieren.

Bei der *gefühlszentrierten Aufbereitung* stehen nicht die Wissensvermittlung, sondern die Unterhaltung und die Spannung für das Publikum im Vordergrund. Publikumswirksame, möglichst überraschende und sensationelle Aspekte von Ereignissen werden herausgestellt. Dementsprechend dominieren erzählende Vermittlungsmuster – das so genannte „Storytelling" ist ein wichtiges Element. Dabei rücken Personen und deren Handlungen in den Vordergrund, die nach typischen Erzählmustern, wie beispielsweise Opfer- und Heldengeschichten verknüpft werden. Emotionalisierung erzeugt Aufmerksamkeit und senkt bei den Nutzern die Hürde, sich mit einem Bericht zu beschäftigen.

Die *verantwortungszentrierte Aufbereitung* arbeitet ebenfalls mit emotionalen Elementen. Allerdings stehen am Ausgangspunkt Zustände oder Handlungsweisen, die Redaktionen als problematisch identifiziert haben. Journalisten nehmen eine aktive Rolle ein, indem sie auf Missstände und Fehlverhalten aufmerksam machen und die entsprechenden Situationen bewerten. Als Vermittlungsmuster ist die Skandalisierung eine extreme Ausprägung verantwortungszentrierter ebenso wie gefühlszentrierter Strategien. Verantwortungszentrierte Vermittlungsstrategien finden sich traditionell vor allem in der politischen Berichterstattung. In jüngerer Zeit mehren sich die Anzeichen, dass sie zunehmend auch auf die Wirtschaftsberichterstattung übergreifen. Wegen der aktiven Rolle, die Journalisten dabei einnehmen, ist diese Vermittlungsstrategie umstritten. Sie stellt jedenfalls hohe Anforderungen an ein ethisch verantwortliches und sorgfältiges Arbeiten der Redakteure.

Ausgehend von der ereigniszentrierten Basisstrategie sind die wissens-, handlungs-, gefühls- und verantwortungszentrierte Aufbereitung Instrumente, um Wirtschaftsthemen zu popularisieren und sie einem Publikum ohne ökonomischem Spezialwissen nahe zu bringen. Sie stellen Relevanz her und senken die Hürden, sich mit ökonomischen Themen zu beschäftigen.

2.2 Unternehmen im Fokus der Wirtschaftsjournalisten

Unternehmen sind ein klassischer Gegenstand der Wirtschaftsberichterstattung. Sie sind Dreh- und Angelpunkt des Wirtschaftsgeschehens und prägen von der Angebotsseite die Abläufe auf den Märkten. Für den Teil der Media Relations, der auf unternehmensexterne Redaktionen zielt (klassische Medienarbeit), ist die Unternehmensberichterstattung der wichtigste Bereich, an dem es sich zu orientieren gilt – hier entscheidet sich, zu welchen Themen ein Unternehmen in den Medien auftaucht und wie die Bewertungen und Einschätzungen der Journalisten ausfallen.

Die Inhalte der Unternehmensberichterstattung werden traditionell von Großunternehmen und Aktiengesellschaften dominiert. Mittelständische Unternehmen sind in der Unternehmensberichterstattung dagegen unterrepräsentiert (Maurer und Reinemann 2006, S 162). Dies gilt insbesondere für nationale Medien und Fernsehnachrichten. Regionale Medien, allen voran die Tageszeitungen, greifen in ihrer Wirtschaftsberichterstattung dagegen häufiger auch kleinere und mittlere Unternehmen auf. Manager und Führungskräfte waren in der Vergangenheit in der Unternehmensberichterstattung außer in einzelnen Medien wie beispielsweise Boulevardzeitungen und bestimmten Wirtschaftsmagazinen wenig vertreten. In den 1980er Jahren wurde über Unternehmen fast zehnmal so häufig berichtet wie über Führungskräfte (Schröter 1992, S. 190).

In letzter Zeit haben viele Redaktionen ihre Schwerpunkte in der Unternehmensberichterstattung verändert. Manager gewinnen sowohl als Thema als auch als Akteure der Unternehmensberichterstattung an Bedeutung. Moralisches und unternehmerisches Fehlverhalten rücken stärker in den Fokus (Maurer und Reinemann 2006, S. 163). Die Personalisierung nimmt generell zu. Bei einem breiten Sample aus Leitmedien im Wirtschaftsjournalismus wurde nachgewiesen, dass zwischen 2002 und 2007 der Anteil der Artikel, die den Vorstandsvorsitzenden bzw. das Top-Management eines Unternehmens beinhalten, von 18 % (2002) auf 33 % (2007) anstieg (Brettschneider und Vollbracht 2010). Allerdings werden die Manager in den Berichten ganz überwiegend mit Sachthemen in Verbindung gebracht. Die Thematisierung persönlicher Aspekte fand sich nur in einem Prozent der untersuchten Artikel.

Die Ergebnisse der Studie von Mast (2012a) zeigen, dass sich die Perspektiven der Unternehmensberichterstattung allmählich ausweiten. In einer Inhaltsanalyse von fünf ausgewählten wirtschaftlichen Leitmedien – „Handelsblatt", „Wirtschaftswoche", „Manager Magazin", „Frankfurter Allgemeine Zeitung" und „Der Spiegel" – wurden repräsentativ ausgewählte Artikel im ersten Halbjahr 2010 mit prominenter Unternehmensnennung untersucht (Mast 2012a, S. 213). Die quantitative Inhaltsanalyse identifiziert vier verschiedene Typen von Unternehmensberichten:

- *Eng fokussierte Unternehmensberichterstattung*: Diese Artikel stellen Binnenentwicklungen in Unternehmen vor, die auch der dominierende Berichterstattungsgegenstand sind. Diese klassische, fachorientierte Unternehmensberichterstattung legt den Schwerpunkt auf Unternehmensthemen wie die Unternehmensstrategie und Geschäftspolitik (52 %), Geschäftszahlen (49 %), Manager (25 %), Organisationsentwicklung und Personalfragen (25 %) sowie Produkte und Dienstleistungen (19 %). Die enge Unternehmensberichterstattung macht im Jahr 2010 (noch) das Gros der analysierten Artikel aus – trotz der Finanz- und Bankenkrise als aktuellem Hintergrund. 40 % aller untersuchten Artikel zählen dazu.
- *Unternehmensberichterstattung mit Markt- und Branchenaspekten*: Diese Beiträge betrachten Unternehmen mit Blick auf Branchenentwicklungen oder Marktaspekte. Der Blickwinkel geht also über das Einzelunternehmen hinaus. Unternehmen werden als Teil einer Branche oder als Marktteilnehmer dargestellt. Nach wie vor handelt es sich um eine rein wirtschaftliche, inputorientierte Betrachtungsweise von Unternehmen. Zu diesem Typ zählen 19 % aller untersuchten Unternehmensberichte.
- *Gesellschaftsorientierte Unternehmensberichterstattung*: Ein Drittel der analysierten Artikel (33 %) verlässt diese enge Ausrichtung und stellt Unternehmen unter gesellschaftlichen und/oder politischen Aspekten dar. Auch bei diesem Artikeltyp spielen Strategien,

geschäftspolitische Entscheidungen oder personelle bzw. organisatorische Konstellationen in den Unternehmen eine wichtige Rolle. Ihre Bezugspunkte finden sich jedoch nicht mehr ausschließlich in der Wirtschaft. Vielmehr liefern ordnungs- und wirtschaftspolitische Erwägungen (58 %), politische Instrumente wie Subventionen (23 %), Kooperationen zwischen Wirtschaft und Politik (13 %) sowie die Auswirkungen der Unternehmenstätigkeit auf Politik, Gesellschaft und Umwelt (13 %) wichtige thematische Bezüge.
- *Berichte mit punktuellem Unternehmensbezug*: In acht Prozent der analysierten Artikel finden sich Unternehmen schließlich in einem völlig anderen redaktionellen, nichtwirtschaftlichen Umfeld wieder. Beispiele sind Buchrezensionen oder die Beteiligung von Unternehmensvertretern an Kulturveranstaltungen.

Die Ergebnisse der Inhaltsanalyse weisen damit auf zwei unterschiedliche Grundausrichtungen der Unternehmensberichterstattung hin: der *klassischen* steht die *gesellschaftsorientierte* Unternehmensberichterstattung gegenüber. Erstere ist fixiert auf unternehmensspezifische Nachrichten und Geschäftsdaten und verfolgt eine Input-Orientierung. Sie enthält häufig eine Fülle von Zahlen, Statistiken, Anglizismen oder Formulierungen aus dem Arsenal der Marketingfachleute, Experten und Manager. Die gesellschaftsorientierte Unternehmensberichterstattung ist thematisch breiter. Sie stellt Bezüge zwischen Unternehmen und Gesellschaft her und richtet sich stärker an wirtschaftsexternen Publikumsgruppen aus (Outputorientierung). Unternehmen werden in breitere Kontexte eingeordnet.

3 Konsequenzen für die Medienarbeit

Vieles spricht dafür, dass sich der Wirtschaftsjournalismus grundlegend verändert. Der letzte große Trend fand bereits in den 1990er Jahren statt. Damals sorgten Popularisierung und Nutzwertorientierung der Wirtschaftsberichterstattung dafür, dass ökonomische Themen für ein breites Wirtschaftspublikum – allen voran Verbraucher – attraktiv wurden. Aktuell steht eine Perspektivenverbreiterung an, welche die Wirtschaftsberichterstattung aus dem Bannkreis der Wirtschaft löst. Bezüge ökonomischer Vorgänge zu Politik und zur Gesellschaft werden aufgegriffen, Voraussetzungen und Konsequenzen der Wirtschaftstätigkeit thematisiert.

Dieser sich abzeichnende Trend hängt mit der generellen Bedeutungszunahme der Wirtschaft in vielen Feldern der modernen Gesellschaft zusammen. Wenn die wechselseitigen Einflüsse zwischen Wirtschaft auf der einen und seinem politischen und gesellschaftlichen Umfeld auf der anderen Seite größer werden, ändern sich die Erwartungen an den Wirtschaftsjournalismus. In Zeiten, in denen System- und Finanzkrisen das Vertrauen in die Wirtschaft grundlegend erschüttern, gilt dies umso mehr. Das breite Publikum interessiert sich für Wirtschaft aus übergreifenden Perspektiven – als Steuerzahler, Arbeitnehmer und insbesondere als Bürger. Und auch Entscheidungsträger und andere Fachpublikumsgruppen wünschen sich eine Wirtschaftsberichterstattung, die über den ökonomischen

Tellerrand hinausblickt und gesellschaftspolitische Aspekte aufgreift. Ein so verstandener Wirtschaftsjournalismus bringt Irritationen von außen ein, hinterfragt und denkt quer.

Die Unternehmensberichterstattung hat sich bereits ein Stück weit auf diese veränderten Publikumserwartungen eingestellt. Dies zeigen die Inhaltsanalysen von Leitmedien der Presse. Die Zeit einer Unternehmensberichterstattung, in der nahezu ausschließlich Wirtschaftsvertreter zitiert werden und sich mit ihrer „Binnensicht" der Dinge äußern, scheint zumindest in den General-Interest-Medien zu Ende zu gehen. Unternehmen werden zunehmend in gesellschaftspolitischen Bezügen dargestellt. Die Unternehmens- und Wirtschaftsberichterstattung wird insgesamt vielfältiger. Fach- und ereignisbezogene Berichterstattungskonzepte werden durch breitere Ansätze ergänzt, in manchen Fällen sogar dadurch ersetzt. Wissensorientierung sowie Emotionalisierung bis hin zur Skandalisierung gewinnen als Berichterstattungsmuster an Bedeutung. In den Redaktionen endet damit häufig auch die exklusive Zuständigkeit des Wirtschaftsressorts – bis hin zur alleinigen redaktionellen Verantwortung des Politikressorts oder anderer Abteilungen für das Thema.

Für die Unternehmenskommunikation und speziell für die Media Relations haben diese Entwicklungen weit reichende Konsequenzen. Gesellschaftsorientierte Wirtschaftsberichterstattung ist für Unternehmensvertreter häufig schwieriger zu verstehen, weil sie außerhalb der Marktlogik oder des betriebswirtschaftlichen Fachdiskurses angesiedelt ist und nach eigenen Regeln abläuft. Sie bedarf deshalb auch anderer Instrumente und Zugänge bei der klassischen Medienarbeit, d. h. bei der Ansprache „fremder" Redaktionen, ebenso wie bei der direkten Kommunikation mit den Zielgruppen. Diese neue Unübersichtlichkeit wird durch die Etablierung der Online-Medien verstärkt. Hinzu kommt der in jüngerer Zeit boomende Bereich unternehmenseigener Medien, über die Unternehmen ihre Zielgruppen direkt ansprechen. Ganzheitlich verstandene Media Relations steht damit auf drei Säulen – neben der Ansprache der traditionellen Medien sind dies das Corporate Publishing und die Aktivitäten in den sozialen Netzwerken des Internets.

Die Herausforderungen liegen darin, auf die Umbrüche in der Medienlandschaft sowie den sich abzeichnenden Perspektivenwechsel in der Wirtschaftskommunikation angemessen zu reagieren. Die gesamte Media-Relations-Strategie steht auf dem Prüfstand. Dies betrifft zum einen den Medienmix, über den die Zielgruppen erreicht werden sollen, und zum anderen die Themen und Botschaften, die in der Kommunikation im Vordergrund stehen.

3.1 Medienmix und Konzepte: viele Wege zum Publikum

Die klassische Medienarbeit, d. h. die Ansprache professionell arbeitender Redaktionen in Presse, Rundfunk und Internet, hat nach wie vor eine große Bedeutung. Für die Bürger ebenso wie für die Entscheidungsträger sind sie nach wie vor die erste Wahl, wenn es darum geht, sich über Wirtschaft, Finanzen und Unternehmen zu informieren. Hinzu kommt die hohe Glaubwürdigkeit, die den Wirtschaftsjournalisten im Vergleich zu allen anderen Kommunikatoren zugesprochen wird. Gerade angesichts der aktuellen Vertrauenskrise, in der sich die Wirtschaft und die Unternehmen befinden, führt deshalb kaum ein Weg an den klassischen Medien vorbei. Botschaften nicht selbst zu kommunizieren, sondern via Journalismus zu verbreiten, kann für Unternehmen – mangels eigener Glaubwürdigkeit – derzeit ein entscheidender Vorteil im Kampf um öffentliche Aufmerksamkeit, Akzeptanz und den (Rück-)Gewinn von Vertrauen in der Bevölkerung sein.

Die vielfältigen redaktionellen Strategien in der Wirtschafts- und Unternehmensberichterstattung erfordern allerdings differenzierte Konzepte bei der Ansprache der Redaktionen. In der Vergangenheit konzentrierte sich die Medienarbeit auf die Vermittlung von Neuigkeiten aus den Unternehmen, d. h. die primäre Aktualität der Themen. Schon die sekundäre („gefühlte") Aktualität wurde sehr zögernd aufgegriffen. Im Rahmen der Krisenkommunikation sind die Unternehmen – meist überraschend – mit Gefühlswerten und der Skandalisierungsfunktion von Medien konfrontiert. Für die Glaubwürdigkeit und Reputation von Unternehmen – und damit letztlich für den Erfolg von Unternehmenskommunikation – gewinnt die Berichterstattung in den General-Interest-Medien mehr und mehr an Bedeutung. Die Pressestellen müssen sich deshalb auf eine vielfältige Medienlandschaft einstellen, die eben nicht nur Fach- und Wirtschaftsmedien umfasst. Gerade Medienbereiche und redaktionelle Umfelder, in denen Unternehmensthemen in ungewohnten, fachfremden Kontexten aufgegriffen werden, werden wichtiger. Wenn gefühls- und verantwortungsorientierte bis hin zu skandalisierenden Strategien der Publikumsansprache im Journalismus an Bedeutung gewinnen, erfordert dies jedenfalls eine passende Antwort der Medienarbeit. Sie muss nicht nur zu unternehmensinternen und fachlichen, sondern auch zu gesellschaftspolitischen und sonstigen Themen sprechfähig sein.

Auch wenn in vielen Kommunikationssituationen die klassische Medienarbeit nach wie vor nicht zu ersetzen ist: Eigene Unternehmensmedien, die den direkten Weg zu den Zielgruppen ermöglichen, bieten für die Unternehmenskommunikation große Chancen. Sie liegen darin, einzelne Stakeholder mit zielgruppenspezifisch zugeschnittenen Botschaften zu erreichen. Auf diese Weise können insbesondere Kunden attraktiv angesprochen werden – beispielsweise über Corporate Websites oder Kundenzeitschriften. Allerdings sind dabei breiter angelegte, journalistische Konzepte gefragt. Je nach Thema und Situation können die Corporate Publishing-Medien auf die gesamte Bandbreite redaktioneller Strategien der Publikumsansprache zurückgreifen. Eng auf Produkte und einseitig auf Unternehmensinformationen ausgerichtete Medienkonzepte sind dagegen wenig Erfolg versprechend – zumindest vor dem Hintergrund von PR-Zielen und Steuerungsgrößen wie Image und Reputation. Denn die Menschen durchschauen persuasive Kommunikation, die ausschließlich von der Wirkungsabsicht gesteuert und nicht authentisch ist, und sind ihrer überdrüssig.

Flankiert werden können die klassische Medienarbeit und die Gestaltung eigener Unternehmensmedien durch Aktivitäten in den Social Media. Die sozialen Netzwerke im Internet gehorchen aber ganz anderen Gesetzen als die traditionellen Medien. Dialog und Authentizität sind die prägenden Merkmale der Social-Media-Arbeit. Hier gelten die Regeln der digitalen, persönlichen Kommunikation und nicht diejenigen der Massenmedien.

Die klassischen Konzepte der Zielgruppenansprache – sowohl aus dem Journalismus als auch aus der Unternehmenskommunikation – funktionieren deshalb nicht.

3.2 Perspektiven- und Themenvielfalt: das Unternehmen als Teil des Ganzen

Das Medienpublikum wird mächtiger. Wirtschaftsjournalismus orientiert sich immer weniger am Input der Unternehmen (z. B. Ereignisse, Stellungnahmen und Analysen), sondern zunehmend an den Interessen und der Befindlichkeit seines Publikums (Outputorientierung). Die Medien reagieren damit auf veränderte Anforderungen des Publikums. Ob als Bürger, Verbraucher, Kunde oder sogar als Entscheidungsträger – die Menschen wollen den Blick auf das Ganze haben. Dies gilt ganz besonders in Zeiten von Wirtschafts- und Finanzkrisen. Die Menschen stellen grundlegende Fragen und fordern ein, über die Zusammenhänge der Wirtschaft sowie über Voraussetzungen und Konsequenzen der Tätigkeit von Unternehmen informiert zu werden.

Die Media Relations, ganzheitlich verstanden mit den drei Säulen traditionelle Medien, unternehmenseigene Medien und Social Media, muss diese veränderten Anforderungen ebenfalls berücksichtigen. Am Ausgangspunkt steht ein Leitbild, das Unternehmen nicht als „Inseln" betrachtet, die eine abgeschlossene Welt darstellen und die nach eigenen Regeln funktionieren. Unternehmen sind nicht nur ökonomische Organisationen mit Gewinnzielen, sondern auf vielfältige Weise in ein gesellschaftliches und soziales Umfeld eingebettet. Dementsprechend interessieren sich Wirtschaftsjournalisten und Bürger sehr für die gesellschaftliche Verantwortung und die soziale Kompetenz von Unternehmen. Soziale und gesellschaftliche Verantwortung sollten allerdings nicht nur kommuniziert, sondern gelebt und weiter entwickelt werden.

Corporate Social Responsibility und Corporate Citizenship sind hierfür wichtige Instrumente. Für sich genommen greifen diese Ansätze aber zu kurz. Es geht um das grundlegende Selbstverständnis von Unternehmen und die Art und Weise, wie sie ihre Kunden und andere Stakeholder ansprechen. In der Vergangenheit wurde das Bild vom Kunden, von dem Unternehmen und Unternehmenskommunikation ausgehen, häufig zu einfach gesehen. Es sollte nun auf eine breitere Grundlage gestellt werden. Unternehmen haben es eben nicht nur mit Kunden und auch nicht nur mit Verbrauchern zu tun. Die Menschen sind auch Staatsbürger, die in vielen Alltagsrollen von ökonomischen Entwicklungen betroffen sind – sei es als Steuerzahler, als Wähler oder als Bewohner einer Region.

Für die Media-Relations-Arbeit lautet die dringende Konsequenz, ihre Perspektiven zu verbreitern und ihre Themen nicht mehr nur kundenorientiert aus dem Blickwinkel der Wirtschaft und Geschäftswelt aufzubereiten. An die Stelle betriebswirtschaftlicher Argumente („Unternehmenssicht") treten zunehmend gesellschaftspolitische und moralische Aspekte („Verbraucher- und Bürgersicht"). Die betriebswirtschaftliche Perspektive von Unternehmen ist nur eine Sichtweise. Die des Bürgers, Steuerzahlers und Arbeitnehmers ist eine andere – nämlich eine gesellschaftspolitische. Diese Perspektive wird aus Sicht der

Journalisten und des breiten Publikums wichtiger – und sie wird immer häufiger und lauter eingefordert.

Der neue Blick von Unternehmenskommunikation und Media Relations sollte daher weg von einer „Nabelschau" der Wirtschaft hin zu den volkswirtschaftlichen sowie gesellschaftlichen Aspekten und Auswirkungen der von Unternehmen getroffenen Entscheidungen gehen. Das ist die neue Nachhaltigkeit, auf die sich die Medienarbeit einstellen muss und von der sie profitieren kann. Für die Wirtschaft wird das Medienklima damit rauer. Es ist jedoch ein wichtiger Weg, damit das Medienpublikum wieder Vertrauen fasst – in die Wirtschaft insgesamt ebenso wie in einzelne Unternehmen.

Literatur

Arlt, H.-J., & Storz, W. (2010). *Wirtschaftsjournalismus in der Krise. Zum massenmedialen Umgang mit Finanzmarktpolitik*. Frankfurt am Main: Otto-Brenner-Stiftung.
Brettschneider, F., & Vollbracht, M. (2010). Personalisierung der Unternehmensberichterstattung. In M. Eisenegger & S. Wehmeier (Hrsg.), *Personalisierung der Organisationskommunikation. Theoretische Zugänge, Empirie und Praxis* (S. 133–158). Wiesbaden: VS Verlag für Sozialwissenschaften.
Glotz, P., & Langenbucher, W. R. (1969). *Der mißachtete Leser. Zur Kritik der deutschen Presse*. Köln: Kiepenheuer & Witsch.
Heinrich, J. (1989). Wirtschaftsjournalismus. *Publizistik, 34*(3), 284–296.
Imhof, K. (2009). Empörungskommunikation. Zum moralischen Diktat über Wirtschaft und Gesellschaft. In Institut für Kommunikationsmanagement (Hrsg.), *Lingener Lektüren* (S. 4–21). Lingen an der Ems: Institut für Kommunikationsmanagement.
Kepplinger, H. M. (2012). *Die Mechanismen der Skandalisierung. Zu Guttenberg, Kachelmann, Sarrazin & Co.: Warum einige öffentlich untergehen – und andere nicht*. München: Olzog.
Mast, C. (2003). *Wirtschaftsjournalismus. Grundlagen und neue Konzepte für die Presse* (2. Aufl.). Wiesbaden: Westdeutscher.
Mast, C. (Hrsg.). (2012a). *Neuorientierung im Wirtschaftsjournalismus. Redaktionelle Strategien und Publikumserwartungen*. Wiesbaden: VS Verlag für Sozialwissenschaften.
Mast, C. (2012b). *Unternehmenskommunikation* (5. Aufl.). Konstanz: UVK.
Maurer, M., & Reinemann, C. (2006). *Medieninhalte. Eine Einführung*. Wiesbaden: VS Verlag für Sozialwissenschaften.
Meier, C., & Winterbauer, S. (2008). *Die Finanzkrise in den Medien. Nagelprobe für den Wirtschafts- und Finanzjournalismus. 13. Mainzer Mediendisput 2008*. http://www.netzwerkrecherche.de/files/mmm-dossier-2008-finanzkrise-medien.pdf. Zugegriffen: 10. Jan. 2014.
Meier, K. (2002). *Ressort, Sparte, Team. Wahrnehmungsstrukturen und Redaktionsorganisation im Zeitungsjournalismus*. Konstanz: UVK.
Rühl, M. (1980). *Journalismus und Gesellschaft*. Mainz: Hase und Koehler.
Schröter, D. (1992). *Qualität im Journalismus. Testfall: Unternehmensberichterstattung in Printmedien*. München: Publicom-Medienverlag.
Schuster, T. (2001). *Die Geldfalle. Wie Medien und Banken die Anleger zu Verlierern machen*. Reinbek: Rowohlt.
Spachmann, K. (2005). *Wirtschaftsjournalismus in der Presse. Theorie und Empirie*. Konstanz: UVK.
Wolff, V. (2012). Kompetenzverlust. Wirtschaftsjournalismus in der deutschen Tagespresse. *Message, 4*, 64–70.

Informations- und Publizitätspflichten von Unternehmen

Axel Zitzmann und Torsten Decker

Zusammenfassung

Eine wesentliche Rahmenbedingung für die Unternehmenskommunikation sind die gesetzlich verankerten Informations- und Publizitätspflichten. Vor dem Hintergrund des sich stetig verschärfenden regulatorischen Umfelds kommt in der Praxis insbesondere handels- und gesellschaftsrechtlichen sowie kapitalmarktrechtlichen Informations- und Publizitätspflichten besondere Bedeutung zu. In diesem Bereich ist insbesondere durch europarechtliche Vorgaben ein engmaschiges Netz rechtlicher Rahmenbedingungen geschaffen worden.

Dieser Beitrag gibt einen Überblick über die wichtigsten handels-, gesellschafts- sowie kapitalmarktrechtlichen Normen wobei die neuesten Änderungen aufgezeigt werden. Im Ergebnis zeigen sich zahlreiche Herausforderungen für die Unternehmenskommunikation speziell in den Bereichen Investor Relations, Mitarbeiterkommunikation sowie Kunden- und Krisenkommunikation.

Schlüsselwörter

Unternehmenskommunikation · Publizitätspflicht · Unterrichtungspflicht · Corporate Governance · WpHG · Offenlegungspflicht · Kapitalmarktinformationspflicht · Kommunikationsmanagement

---

A. Zitzmann (✉) · T. Decker
Luther Rechtsanwaltsgesellschaft
Graf-Adolf-Platz 15, 40213 Düsseldorf, Deutschland
E-Mail: axel.zitzmann@luther-lawfirm.com

T. Decker
E-Mail: torsten.decker@luther-lawfirm.com

1 Handels- und gesellschaftsrechtliche Informations- und Publizitätspflichten

1.1 Rechnungslegungstransparenz

1.1.1 Publizitätspflichten des Jahresabschlusses

Die gesetzlichen Vertreter einer Kapitalgesellschaft haben gemäß § 264 Abs. 1 Satz 1 i.V.m. § 242 HGB einen *Jahresabschluss* aufzustellen, diesen um einen Anhang zu erweitern, der mit der *Bilanz* und der *Gewinn- und Verlustrechnung* (GuV) eine Einheit bildet, sowie einen *Lagebericht* beizufügen. Seit dem Jahre 2009 (auf Grund der Änderungen durch das Gesetz zur Modernisierung des Bilanzrechts (BilMoG)) haben die Vertreter von Kapitalgesellschaften, die nicht zur Aufstellung eines Konzernabschlusses verpflichtet sind, den Jahresabschluss des Weiteren um eine Kapitalflussrechnung und einen Eigenkapitalspiegel zu erweitern. Der Sinn und Zweck dieser gesetzlichen Verpflichtung besteht im Wesentlichen (1) in der Dokumentation von Geschäftsvorfällen und damit verbundenen Vermögen und Erfolg, insbesondere zum Zweck der Beweisführung und -sicherung, (2) in der gesellschaftsrechtlichen Vermögens- und Gewinnverteilung und (3) in der Information oder Rechenschaft gegenüber Dritten, insbesondere Kapitalgebern und Gläubigern (Ballwieser 2013, HGB § 238, Rn. 1).

Der Jahresabschluss ist gemäß § 325 Abs. 1 Satz 1 HGB unverzüglich nach einer Vorlage an die Gesellschafter, jedoch spätestens vor Ablauf des 12. Monats des dem Abschlussstichtag folgenden Geschäftsjahres, mit einem Bestätigungsvermerk oder dem Vermerk über dessen Versagung zum Handelsregister des Sitzes der Kapitalgesellschaft einzureichen. Gleichzeitig sind der Lagebericht, der Bericht des Aufsichtsrates und – soweit sich dies nicht aus dem eingereichten Jahresabschluss ergibt – der Vorschlag für die Verwendung des Ergebnisses und der Beschluss über seine Verwendung unter Angabe des Jahresüberschusses oder Jahresfehlbetrages einzureichen.

Die genannten Rechnungslegungs- und Offenlegungsvorschriften gelten auch für Personengesellschaften, bei denen nicht wenigstens ein persönlich haftender Gesellschafter eine natürliche Person oder eine offene Handelsgesellschaft, Kommanditgesellschaft oder andere Personengesellschaft mit einer natürlichen Person als persönlich haftender Gesellschafter ist. In der Praxis werden somit auch eine Vielzahl mittelständischer Unternehmen, die häufig in der Rechtsform der GmbH & Co. KG organisiert sind, von den Rechnungs- und Offenlegungsvorschriften erfasst. Je nach Größenklasse der Gesellschaften bestehen die in Tab. 1 dargelegten Publizitätspflichten.

Unabhängig von den Größenklassen sind börsennotierte Gesellschaften stets als Große Kapitalgesellschaften anzusehen und damit voll offenlegungspflichtig (§ 267 Abs. 3 HGB). Dies gilt auch gemäß § 26 KWG für Banken und Versicherungen. Publizitätspflichtig sind weiterhin der Konzernabschluss und der Konzernlagebericht, § 325 Abs. 3 HGB.

Ein Verstoß gegen die Pflicht zur Offenlegung ist nach § 335 HGB mit einem Ordnungsgeld zu ahnden. Das Ordnungsgeld beträgt mindestens 2.500 € und höchstens 25.000 €.

Tab. 1 Publizitätspflichten des Jahresabschlusses im Überblick

	Kleine Kapital-gesellschaften und Kapitalge-sellschaft & Co.	Mittelgroße Kapital-gesellschaften und Kapitalge-sellschaft & Co.	Große Kapital-gesellschaften und Kapitalge-sellschaft & Co.
Größenklassen gem. § 267 HGB	Mindestens 2 der 3 nachstehenden Merk-male werden an den Abschlussstichtagen von zwei aufeinander folgenden Geschäfts-jahren nicht über-schritten:	Mindestens 2 der 3 Merk-male für Kleine Kapitalge-sellschaften werden an den Abschlussstichtagen von zwei aufeinander folgenden Geschäftsjahren überschrit-ten und mindestens 2 der 3 nachstehenden Merkmale nicht überschritten:	Mindestens 2 der 3 nachstehenden Merkmale werden an den Abschluss-stichtagen von zwei aufeinander folgen-den Geschäftsjah-ren überschritten:
Bilanzsumme	4.840.000 €	19.250.000 €	19.250.000 €
Umsatzerlöse	9.680.000 €	38.500.000 €	38.500.000 €
Arbeitnehmer	50	250	250
Unterlagen	§ 325 Abs. 1/§ 326	§ 325 Abs. 1/§ 327	§ 325 Abs. 2 und PublG
Bilanz	eBAnZ (verkürzt auf gestellt)	eBAnZ (verkürzte Gliederung)	eBAnZ
GuV	–	eBAnZ (verkürzt aufgestellt)	eBAnZ
Anhang	eBAnZ (ohne Angaben GuV)	eBAnZ (verkürzt aufgestellt und ohne Angaben zu § 285 Nr. 2, 8a, 12)	eBAnZ
Lagebericht	–	eBAnZ	eBAnZ
Bestätigungs- oder Versagungs-vermerk	–	eBAnZ	eBAnZ
Bericht des Aufsichtsrats	–	eBAnZ	eBAnZ
Jahresergebnis	–	eBAnZ	eBAnZ
Vorschlag und Be-schluss über Ergeb-nisverwen-dung (beachte § 325 Abs. 1 Satz 1 HGB)	–	eBAnZ	eBAnZ

eBAnZ elektronischer Bundesanzeiger

Schuldner des Ordnungsgeldes sind dabei die Geschäftsführer persönlich. Zuständig ist das Bundesamt für Justiz. Der Betreiber des elektronischen Bundesanzeigers hat von Amts wegen zu prüfen, ob die eingereichten Unterlagen fristgemäß und vollständig eingereicht wurden. Bei einem Verstoß muss er dies dem Bundesamt für Justiz melden.

Am 01. August 2012 hat das Bundesministerium der Justiz einen Referentenentwurf für Gesetzesänderungen zur Erleichterung der Rechnungslegung und Offenlegung von sog. Kleinstkapitalgesellschaften vorgelegt, das Kleinstkapitalgesellschaften-Bilanzrechts-änderungsgesetz (MicroBilG-E). Mit der geplanten Umsetzung soll sowohl die Benachteiligung der Kleinstkapitalgesellschaften gegenüber anderen Rechtsformen und dem Einzelkaufleuten gemindert werden. Als Kleinstkapitalgesellschaften Gesellschaften sollen nach § 267a HGB angesehen werden, die mindestens zwei der drei nachstehenden Merkmale nicht überschreiten:

- 350.000 € Bilanzsumme nach Abzug eines auf der Aktivseite ausgewiesenen Fehlbetrags (§ 269 Abs. 3 HGB);
- 700.000 € Umsatzerlöse in den zwölf Monaten vor dem Abschlussstichtag;
- im Jahresdurchschnitt zehn Arbeitnehmer.

1.1.2 Bilanzeid

Mit dem Transparenzrichtlinien-Umsetzungsgesetz (TUG) wurde der sog. Bilanzeid eingeführt. Die gesetzlichen Vertreter börsennotierter Kapitalgesellschaften sind gem. § 264 Abs. 2 Satz 3 HGB verpflichtet, die Einhaltung der für den Jahresabschluss geltenden Vorgaben gem. § 264 Abs. 2 Satz 1 und 2 HGB bei der Unterzeichnung des Jahresabschlusses schriftlich zu bestätigen. Sie müssen versichern, dass nach besten Wissen der Jahresabschluss ein den tatsächlichen Verhältnissen entsprechendes Bild der Vermögens-, Finanz- und Ertragslage im Sinne des § 264 Abs. 2 Satz 1 HGB und der Anhang Angaben nach § 264 Abs. 2 Satz 2 enthält.

Die vorsätzliche, nicht richtige Angabe eines Bilanzeides steht nach § 331 Nr. 3a HGB unter Strafe und kann mit einer Freiheitsstrafe von bis zu drei Jahren geahndet werden.

1.2 Berichtspflichten an den Aufsichtsrat

Der Informationsversorgung des Aufsichtsrats eines Unternehmens kommt unter Corporate Governance-Gesichtspunkten besondere Bedeutung zu. Die im AktG verankerte Berichtspflicht des Vorstands einer Aktiengesellschaft an den Aufsichtsrat soll daher in erster Linie dazu dienen, dem Aufsichtsrat die Überwachungstätigkeit zu erleichtern. Zu unterscheiden sind dabei nach § 90 AktG die Berichte, welche ohne Anforderung zu erstatten sind („Regelberichte"), und die Berichte, die nur auf besonderes Verlangen des Aufsichtsrats zu erstatten sind („Anforderungsberichte"):

- Im Rahmen der *Regelberichterstattung* des Vorstands an den Aufsichtsrat ist zu berichten über die beabsichtigte Geschäftspolitik und andere grundsätzliche Fragen der Unternehmensplanung, insbesondere die Finanz-, Investitions- und Personalplanung. Die Berichtsfrequenz im Rahmen der Regelberichterstattung ist in § 90 Abs. 2 AktG explizit geregelt.
- Neben den Regelberichten sieht § 90 Abs. 3 AktG *Anforderungsberichte* vor. Das Berichtsverlangen kann inhaltlich dabei alle Angelegenheiten der Gesellschaft, die rechtlichen und geschäftlichen Beziehungen zu verbundenen Unternehmen, sowie geschäftliche Vorgänge bei diesen Unternehmen betreffen, die auf die Lage der Gesellschaft von erheblichem Einfluss sein können.

Hinsichtlich Form und Inhalt der Berichterstattung haben die Berichte an den Aufsichtsrat den Grund-sätzen einer gewissenhaften und getreuen Rechenschaft zu entsprechen. Zur Durchsetzung und Verfestigung des Informationsflusses zwischen Vorstand und Aufsichtsrat kann es unter Praktikabilitätsgesichtspunkten geboten sein, dass der Aufsichtsrat eine *Informationsordnung* erlässt.

Die vorstehenden Berichtspflichten finden nicht nur auf Aktiengesellschaften, sondern hinsichtlich der Regelungen zu den Anforderungsberichten auch auf Gesellschaften mit beschränkter Haftung (GmbH) Anwendung, soweit diese unter das Mitbestimmungsgesetz fallen (§ 25 Abs. 1 Nr. 2 MitbestG).

1.3 Offenlegung der Beteiligungsverhältnisse

Regelungen zur Offenlegung der Beteiligungsverhältnisse sehen sowohl das AktG, als auch das GmbHG vor. Unternehmen, denen mehr als 25 % der Aktien einer Aktiengesellschaft mit Sitz im Inland gehören, haben dies der Aktiengesellschaft unverzüglich mitzuteilen (§ 20 Abs. 1 AktG). Dies gilt nach § 20 Abs. 4 AktG ebenfalls, sobald dem Unternehmen eine Mehrheitsbeteiligung an der Aktiengesellschaft zusteht. Dabei werden dem Mitteilungspflichtigen unter besonderen Voraussetzungen auch Aktien zugerechnet, die einem Dritten gehören (§ 20 Abs. 2 AktG). Regelungszweck ist es dabei Aktionäre, Gläubiger und die Öffentlichkeit über Konzernverbindungen zu unterrichten (BGHZ 114 1992, S. 215).

Die aktienrechtlichen Mitteilungspflichten nach § 20 AktG gelten jedoch nicht für börsennotierte Gesellschaften, die an einem organisierten Markt zugelassen sind. Insoweit verdrängen die §§ 21 ff. Wertpapierhandelsgesetz (WpHG) als spezialgesetzliche kapitalmarktrechtliche Regelungen die allgemeine Verpflichtung zur Offenlegung nach § 20 AktG für Aktiengesellschaften.

Werden die Mitteilungspflichten gemäß § 20 Abs. 1 sowie § 20 Abs. 4 AktG nicht ordnungsgemäß erfüllt, so ist die Ausübung der Rechte aus den betroffenen Aktien grundsätzlich für die Zeit, für die die Mitteilungspflicht nicht erfüllt wurde, gesperrt. Dies gilt jedoch nicht für das Recht auf Dividende nach § 58 Abs. 4 AktG, sowie das Recht auf anteiligen Liquidationserlös nach § 271 AktG, wenn die Mitteilung nicht vorsätzlich unterlassen wurde und nachgeholt worden ist.

Gemäß § 20 Abs. 6 Satz 1 AktG besteht auch für die Aktiengesellschaft eine Pflicht, eine Beteiligung, die ihr nach § 20 Abs. 1 oder § 20 Abs. 4 AktG mitgeteilt worden ist, unverzüglich in den Gesellschaftsblättern unter Angabe des Mitteilungspflichtigen bekannt zu geben. Wird gegen die Verpflichtung zur Offenlegung gemäß § 20 Abs. 6 AktG verstoßen, macht sich die Gesellschaft grundsätzlich schadensersatzpflichtig, da diese Vorschrift ein Schutzgesetz im Sinne des § 823 Abs. 2 BGB („unerlaubte Handlung") darstellt (Bayer 2008, AktG § 20, Rn. 85).

Auch im Falle des Erwerbs von GmbH-Geschäftsanteilen ist dieser Erwerbsvorgang offen zu legen. In § 16 Abs. 1 GmbHG ist vorgesehen, dass der Gesellschaft gegenüber im Falle der Veräußerung von Geschäftsanteilen nur derjenige als Erwerber gilt, dessen Erwerb unter Nachweis des Übergangs bei der Gesellschaft angemeldet ist. Regelungsgegenstand ist, in Abweichung zum Aktienrecht, jedoch ausschließlich der Legitimationsnachweis gegenüber der Gesellschaft. Mit einer erhöhten Transparenz der Beteiligungsverhältnisse ist allerdings auch bei der GmbH zu rechnen. Aufgrund des Gesetzes zur Modernisierung des GmbH-Rechts und zur Bekämpfung von Missbräuchen (MoMiG) gilt nun nur derjenige im Verhältnis zur Gesellschaft als Gesellschafter, der in der zum Handelsregister eingereichten – nach Einführung des elektronischen Handels- bzw. Unternehmensregisters auch von jedermann online einsehbaren – Gesellschafterliste eingetragen ist.

2 Kapitalmarktrechtliche Informations- und Publizitätspflichten

2.1 Informationspflicht im Wertpapierprospekt

Um die Chancen und Risiken beim Erwerb eines Wertpapiers, insbesondere im Rahmen eines Börsengangs, abschätzen zu können, müssen Anleger Informationen über den Emittenten erhalten. Dies geschieht regelmäßig über die Angaben im Wertpapierprospekt.

Der Wertpapierprospekt ist das zentrale Dokument bei öffentlichen Angeboten von Wertpapieren. Der Wertpapierprospekt muss daher klar strukturiert und verständlich formuliert sein und sämtliche Angaben enthalten, um ein zutreffendes Urteil über die Vermögenswerte und Verbindlichkeiten, die Finanzlage, die Gewinne und Verluste sowie die Zukunftsaussichten des Emittenten zu ermöglichen.

Mit Inkrafttreten des Wertpapierprospektgesetzes (WpPG) zum 1. Juli 2005 gibt es nunmehr nur noch ein Dokument, sowohl für das öffentliche Angebot, als auch die Zulassung von Wertpapieren. Daneben wurde der Bundesanstalt für Finanzdienstleistungsaufsicht die Prüfung von Prospekten für öffentliche Angebote von Wertpapieren und die zentrale Zuständigkeit für die Billigung von Prospekten für solche Wertpapiere übertragen, für die eine Zulassung zum Handel in einem organisierten Markt beantragt werden soll.

Rechtliche Grundlage für das Billigungs- und Hinterlegungsverfahren bildet neben dem WpPG die Verordnung der Europäischen Kommission EG Nr. 809/2004 vom 29. April 2004 (nachfolgend EU-ProspektVO). Details zum Prospektaufbau und zu den Inhalten des Prospekts finden sich im WpPG und der EU-ProspektVO. Im Wesentlichen regeln die §§ 5 bis 12 WpPG die Erstellung und Formalien des Wertpapierprospekts. Dabei stellt die Offenheit und Ehrlichkeit der Auskünfte des Emittenten in dem Prospekt ein Qualitätsmerkmal dar und kann im Falle des nachträglichen Aufdeckens von unrichtigen bzw. unvollständigen Angaben zum Verlust der Glaubwürdigkeit und mithin zu negativen Preisbeeinflussungen führen. Im Falle der Unrichtigkeit oder Unvollständigkeit einer für die Beurteilung der Wertpapiere wesentlichen Angabe im Wertpapierprospekt kann der Erwerber des Wertpapiers aber auch gemäß § 44 Absatz 1 BörsG von denjenigen, die für den Prospekt die Verantwortung übernommen haben und von denen der Erlass des Prospekts ausgeht, die Übernahme der Wertpapiere gegen Erstattung des Erwerbspreises (dies gilt nur, sofern der Erwerbspreis den Erstausgabepreis nicht überschreitet) und die mit dem Erwerb verbundenen üblichen Kosten verlangen, sofern das Erwerbsgeschäft nach Veröffentlichung des Prospekts und innerhalb von sechs Monaten nach erstmaliger Einführung der Wertpapiere abgeschlossen wurde (Habersack et al. 2008, Teil 4, Rn. 1 ff.).

2.2 Veröffentlichung von Halbjahres-/Quartalsfinanzberichten

Als Zulassungsfolgepflicht müssen börsennotierte Gesellschaften regelmäßig *Halbjahresfinanzberichte, Zwischenmitteilungen* und *Quartalsfinanzberichte* veröffentlichen. Diese Berichterstattung soll die Transparenz sowie das Vertrauen der Anleger in den Kapitalmarkt stärken (Schlitt et al. 2008, Teil 3, Rn. 1 ff.).

Unternehmen, die als Inlandsemittenten Aktien begeben, sind nach § 37w WpHG verpflichtet, für die ersten sechs Monate eines jeden Geschäftsjahrs einen *Halbjahresbericht* zu erstellen und diesen unverzüglich, spätestens zwei Monate nach Ablauf des Berichtszeitraums der Öffentlichkeit zur Verfügung zu stellen. Der Halbjahresfinanzbericht hat mindestens einen verkürzten Abschluss, einen Zwischenlagebericht und eine den Vorgaben des § 264 Abs. 2 Satz 3, § 289 Abs. 1 Satz 5 des Handelsgesetzbuchs entsprechende Erklärung zu enthalten. Der Halbjahresbericht ist der Öffentlichkeit zur Verfügung zu stellen. Dies bedeutet, dass das Unternehmen den Halbjahresbericht an das Unternehmensregister übermitteln (§ 37w Abs. 1 Satz 4 WpHG) und im Internet publizieren muss. Zusätzlich muss das Unternehmen eine Hinweisbekanntmachung über die Veröffentlichung des Halbjahresbericht veröffentlichen, in dem bekanntgegeben wird, ab welchem Zeitpunkt und unter welcher Internetadresse der Halbjahresfinanzbericht zusätzlich zu seiner Verfügbarkeit im Unternehmensregister öffentlich zugänglich ist. Die Hinweisbekanntmachung muss vor dem Zeitpunkt veröffentlicht werden, zu dem der Halbjahresfinanzbericht erstmals der Öffentlichkeit zur Verfügung steht.

Ein Unternehmen, das als Inlandsemittent Aktien begibt, hat in einem Zeitraum zwischen zehn Wochen nach Beginn und sechs Wochen vor Ende der ersten und zweiten Hälfte des Geschäftsjahrs jeweils eine *Zwischenmitteilung* der Geschäftsführung der Öffentlichkeit zur Verfügung zu stellen (§ 37x Abs. 1 Satz 1 WpHG). Die Zwischenmitteilung soll darstellen, wie sich die Geschäftstätigkeit des Emittenten in den drei Monaten vor Ablauf des Mitteilungszeitraums entwickelt hat. Zusätzlich muss das Unternehmen ebenfalls eine Hinweisbekanntmachung über die Veröffentlichung der Zwischenmitteilung veröffentlichen.

Wird ein *Quartalsfinanzbericht* nach den Vorgaben des § 37w Abs. 2 Nr. 1 und 2, Abs. 3 und 4 erstellt und veröffentlicht, entfällt die Pflicht, eine Zwischenmitteilung zu veröffentlichen (§ 37x Abs. 3 Satz 1 WpHG).

2.3 Führung von Insiderverzeichnissen

Der deutsche Gesetzgeber hat durch das Anlegerschutzverbesserungsgesetz (AnSVG) die Pflicht zur Führung von *Insiderverzeichnissen* in § 15b WpHG eingefügt. Insiderverzeichnisse müssen aktualisiert und der Bundesanstalt für Finanzdienstleistungsaufsicht auf Verlangen übermittelt werden. Ziel dieser Bestimmung ist eine erleichterte Überwachung von Insidergeschäften. Adressaten der Verpflichtung zur Führung von Insiderverzeichnissen sind zunächst die Emittenten und für Rechnung des Emittenten handelnde Personen (§ 15 Abs. I Satz I WpHG). Nach dem klaren Wortlaut des § 15 Abs. 1 Satz 1 WpHG sind somit Tochter- und Enkelgesellschaften des Emittenten von der Pflicht zur Führung von Insiderverzeichnissen ausgenommen. Abschlussprüfer, seine Gehilfen und die bei der Jahresabschlussprüfung mitwirkenden gesetzlichen Vertreter einer Wirtschaftsprüfungsgesellschaft gelten nicht als im Auftrag oder für Rechnung des Emittenten handelnde Personen (§ 15 b Abs. I Satz 4 WpHG). Die in den Verzeichnissen aufgeführten Personen sind durch die Emittenten über die rechtlichen Pflichten, die sich aus dem Zugang zu Insiderinformationen ergeben, sowie über die Rechtsfolgen von Verstößen aufzuklären.

Die Erläuterungen zur Wertpapierhandelsanzeige- und Insiderverordnung (WpAIV) konkretisieren die Pflicht zur Führung von Insiderverzeichnissen und treffen zudem weitere Bestimmungen zum Inhalt, sowie zur Art und Form der Anzeigen, Mitteilungen, Veröffentlichungen und zur Führung der Insiderverzeichnisse. Darüber hinaus existieren keine weiteren Bestimmungen zu den Inhalten von Insiderverzeichnissen. Die Benennung schlicht aller Personen, die für einen Emittenten tätig sind, erfüllt jedoch regelmäßig nicht die Pflicht zur Führung des Verzeichnisses; jedoch sind Ausnahmen bei einer sehr kleinen Zahl an Mitarbeitern des Emittenten denkbar. Die Unternehmen sollen nach dem Willen des Gesetzgebers in der Aufbewahrung flexibel sein. Daher ist in entsprechender Anwendung des § 257 Abs. 3 HGB vorgesehen, dass Unterlagen auf Datenträgern oder in Papierform aufbewahrt werden können.

2.4 Ad-hoc-Publizität

Nach § 15 Absatz 1 Satz 1 WpHG muss ein Inlandsemittent von Finanzinstrumenten Insiderinformationen, die ihn unmittelbar betreffen, unverzüglich veröffentlichen. § 15

WpHG ergänzt somit die Regelungen der handelsrechtlichen Rechnungslegung und Publizität, sowie der kapitalmarktrechtlichen Zwischenberichterstattung. Im Zusammenspiel dienen diese Vorschriften zunächst dazu, neben Gesellschaftern und Gläubigern der Emittenten auch den *Kapitalmarkt mit hinreichenden Informationen* auszustatten. Dadurch kann ein breites Börsenpublikum die Informationen erhalten, die für fundierte Anlageentscheidungen notwendig sind. Daneben stellt die Ad-hoc-Publikation eine wichtige *insiderrechtliche Präventivmaßnahme* dar. Nach einer unverzüglichen Veröffentlichung einer publizitätspflichtigen Information bleibt für den Missbrauch von Insiderwissen regelmäßig kein Raum mehr.

Bei der Beurteilung der Unverzüglichkeit ist grundsätzlich auf den Zeitpunkt des Eintritts der Insiderinformation abzustellen, wobei die Berücksichtigung von Börsenhandelszeiten grundsätzlich irrelevant ist. Auch eine etwaige Übersetzung der Ad-hoc-Mitteilung darf die Veröffentlichung nicht verzögern. Die Form und der Aufbau der Ad-hoc-Meldung richtet sich im Wesentlichen nach der WpAIV, wobei die BaFin in ihrem Emittentenleitfaden von 2009 unter Abs. 4 nähere Ausführungen zu der genauen Ausgestaltung der Veröffentlichung macht (Emittentenleitfaden abrufbar unter www.bafin.de über die Links: „Daten und Dokumente > Emittentenleitfaden 2009").

Durch die Änderung durch das AnSVG besteht die Möglichkeit für den Emittenten eigenverantwortlich – soweit die Voraussetzungen des § 15 Abs. 3 Satz 1 WpHG vorliegen – von einer Veröffentlichung einer Insiderinformation abzusehen. Anders als nach früherer Rechtslage ist ein Befreiungsantrag bei der Bundesanstalt für Finanzdienstleistungsaufsicht nicht mehr erforderlich.

Während der Befreiung von der Ad-hoc-Publizität hat der Emittent den Zugang zur Insiderinformation zu kontrollieren, indem er wirksame Vorkehrungen dafür trifft, dass andere Personen als solche, deren Zugang zu Insiderinformationen für die Wahrnehmung ihrer Aufgaben beim Emittenten unerlässlich ist, keinen Zugang zu dieser Information erlangen und dass er die Information unverzüglich bekannt geben kann, wenn er nicht länger in der Lage ist, ihre Vertraulichkeit zu gewährleisten.

Bei einem Verstoß gegen die Pflicht zur Ad-hoc-Publizität macht sich der Emittent unter den Voraussetzungen der §§ 37 b und 37 c WpHG schadensersatzpflichtig (§ 15 Abs. 6 Satz I WpHG):

- Nach § 37 b WpHG besteht eine Schadensersatzpflicht, wenn der Emittent von Finanzinstrumenten, die zum Handel an einer inländischen Börse zugelassen sind, es *unterlässt, unverzüglich eine Insiderinformation zu veröffentlichen,* die ihn unmittelbar betrifft und der Schadensersatz begehrende Dritte die Finanzinstrumente nach der Unterlassung erwirbt und bei Bekanntwerden der Insiderinformation noch Inhaber der Finanzinstrumente ist oder der Dritte die Finanzinstrumente vor dem Entstehen der Insiderinformation erwirbt und nach der Unterlassung veräußert.
- § 37 c WpHG begründet eine Schadensersatzpflicht für die *Veröffentlichung unwahrer Insiderinformationen* und verpflichtet zum Ersatz des Schadens, der dadurch entsteht, dass der Dritte auf die Richtigkeit der Insiderinformation vertraut, wenn er die Finan-

zinstrumente nach der Veröffentlichung erwirbt und bei dem Bekanntwerden der Unrichtigkeit der Insiderinformation noch Inhaber der Finanzinstrumente ist oder die Finanzinstrumente vor der Veröffentlichung erwirbt und vor dem Bekanntwerden der Unrichtigkeit der Insiderinformation veräußert.

Schadensersatzansprüche können nicht geltend gemacht werden, wenn der Emittent nicht vorsätzlich oder grob fahrlässig gehandelt hat oder der Dritte die nicht veröffentlichte Insiderinformation bzw. die Unrichtigkeit der veröffentlichen Insiderinformation positiv kannte, §§ 37 b Abs. 2, 37 c Abs. 2 WpHG.

Schadensersatzansprüche, die auf anderen Rechtsgrundlagen beruhen, bleiben unberührt, § 15 Abs. 6 Satz 2 WpHG. In Betracht kommen zum Beispiel Schadensersatzansprüche wegen Betruges (§ 823 Abs. 2 BGB i. V. m. § 263 StGB) oder vorsätzlicher sittenwidriger Schädigung (§ 826 BGB).

Die Verletzung der Ad-hoc-Publikationspflicht kann ferner eine zivilrechtliche Haftung aus §§ 311 Abs. 2 und 3, 241 Abs. 2, 280 Abs. 1 BGB (culpa in contrahendo = Haftung für Verschulden vor/beim Vertragsschluss) nach sich ziehen (Hommelhoff 2000, 748 ff.).

Neben der zivilrechtlichen Inanspruchnahme bei der schuldhaften Verletzung der mit der Ad-hoc-Publizität einhergehenden Pflichten drohen dem Emittenten ferner hoheitliche Sanktionen. So droht dem Emittenten eine Geldbuße in Höhe von bis zu 500.000 Euro, der entgegen § 15 Absatz 5 Satz 1 WpHG eine Veröffentlichung leichtfertig vornimmt (§§ 39 Abs. 2 Ziff. 7, 39 Abs. 4 WpHG). Wenn der Emittent vorsätzlich entgegen § 15 Absatz 5 Satz 1 WpHG eine Veröffentlichung vornimmt, kann mit dies mit einer Geldbuße in Höhe von bis zu 1 Mio. € geahndet werden (§§ 39 Abs. 2 Ziff. 7, 39 Abs. 4 WpHG). Ferner droht eine Geldbuße in Höhe von bis zu 200.000 € bei unterlassener, falscher, unvollständiger Mitteilung der Insiderinformation sowie für den Fall, dass die Mitteilung nicht in der vorgeschriebenen Weise oder nicht rechtzeitig erfolgt (§§ 39 Abs. 2 Ziff. 2 lit. c, 39 Abs. 4 WpHG). Dies gilt auch, wenn die Veröffentlichung der Insiderinformation nicht rechtzeitig erfolgt (§§ 39 Abs. 2 Ziff. 6, 39 Abs. 4 WpHG).

2.5 Directors' Dealings

Der durch das Vierte Finanzmarktförderungsgesetz vom 21. Juli 2002 eingeführte und durch das AnSVG modifizierte § 15 a WpHG regelt die so genannten Directors' Dealings, die eine Anlegergleichbehandlung gewährleisten soll.

Nach dieser Vorschrift sind *Personen, die bei einem Emittenten von Aktien Führungsaufgaben wahrnehmen,* verpflichtet, eigene Geschäfte mit Aktien des Emittenten oder sich darauf beziehenden Finanzinstrumenten, z. B. Derivate und Optionen, offen zu legen.

Personen mit Führungsaufgaben sind persönlich haftende Gesellschafter oder Mitglieder eines Leitungs-, Verwaltungs- oder Aufsichtsorgans des Emittenten sowie sonstige Personen, die regelmäßig Zugang zu Insiderinformationen haben und zu wesentlichen unternehmerischen Entscheidungen ermächtigt sind. Nicht abschließend geklärt ist, welche

Personen zu den sonstigen Führungspersonen gehören. Grundsätzlich ist nicht jede Führungskraft der ersten Führungsebene unterhalb des Vorstandes per se mitteilungspflichtig im Sinne des § 15 a WpHG. Die Führungsperson unterliegt der Mitteilungspflicht nur dann, wenn sie unternehmerische Entscheidungen über zukünftige Entwicklungen und Geschäftsperspektiven von strategischer Bedeutung für das Gesamtunternehmen treffen kann. Sobald ein Zustimmungsvorbehalt beim Vorstand verbleibt, soll nach Auffassung der Bundesanstalt für Finanzdienstleistungsaufsicht eine Mitteilungspflicht ausgeschlossen sein.

Ausgedehnt wird der Anwendungsbereich dieser Mitteilungs- und Veröffentlichungspflicht auf Personen, die mit der Führungsperson in enger Beziehung stehen. Hierzu gehören natürliche und juristische Personen. Mitteilungspflichtig als natürliche Personen sind Ehegatten oder eingetragene Lebenspartner, unterhaltsberechtigte Kinder und andere Verwandte, die zum Zeitpunkt des Abschlusses des mitteilungspflichtigen Geschäfts seit mindestens einem Jahr mit der Führungsperson im selben Haushalt leben. Ferner sind aufgrund der Änderungen durch das AnSVG nunmehr auch juristische Personen, treuhänderisch tätige Einrichtungen (z. B. Stiftungen) sowie Personengesellschaften mitteilungspflichtig nach § 15 a WpHG, wenn die Führungsperson oder eine natürliche Person in enger Beziehung zur Führungsperson die Gesellschaft direkt oder indirekt kontrolliert.

§ 15 a WpHG enthält eine Bagatellgrenze. Keine Mitteilungs- und Veröffentlichungspflicht wird ausgelöst, wenn die Geschäfte der Führungsperson und der mit dieser in enger Beziehung stehenden natürlichen und juristischen Personen kumulativ einen Gegenwert von 5.000 Euro innerhalb eines Kalenderjahres nicht überschreiten. Wird die Bagatellgrenze jedoch überschritten, müssen alle Geschäfte, unabhängig von ihrem Wert, nachträglich mitgeteilt werden.

Die Mitteilung an den Emittenten und die BaFin muss innerhalb von fünf Werktagen nach Kenntnis der Transaktion erfolgen, wobei der Tag des Geschäftsabschlusses nicht eingerechnet wird. Nach der Änderung des WpHG durch das TUG muss nunmehr der Emittent die Mitteilung unverzüglich veröffentlichen und der Bundesanstalt für Finanzdienstleistungsaufsicht mitteilen (§ 15 a Abs. 4 WpHG). Die Mindestanforderungen an den Inhalt der Mitteilung richten sich nach §§ 12 ff. WpAIV. Zudem stellt die Bundesanstalt für Finanzdienstleistungsaufsicht (www.bafin.de) im Internet ein Formular zur Verfügung, das die Einhaltung der Mitteilungsvorschriften erleichtern soll. Zum Schutz sensibler personenbezogener Daten muss die Veröffentlichung nicht alle Daten der Mitteilung enthalten.

Vorsätzliche oder leichtfertige Pflichtverletzungen bei der Mitteilung und der Veröffentlichung nach § 15 a WpHG sind bußgeldbewährt. Ein Bußgeld in Höhe von bis zu 100.000 € kann erwirkt werden, wenn die Mitteilung oder die Veröffentlichung nicht, nicht richtig, nicht vollständig, nicht rechtzeitig oder nicht in der vorgesehenen Weise erfolgt. Die fehlende oder nicht unverzügliche Übersendung des Veröffentlichungsbeleges kann mit einem Bußgeld von bis zu 50.000 € geahndet werden.

2.6 Mitteilungs- und Veröffentlichungspflichten bei Veränderungen des Stimmrechtsanteils

Die §§ 21 ff. WpHG befassen sich mit den Mitteilungs- und Veröffentlichungspflichten bei Veränderungen des Stimmrechtsanteils an börsennotierten Gesellschaften. Als kapitalmarktrechtliche Spezialregelungen verdrängen die §§ 21 ff. WpHG insoweit die allgemeine aktienrechtliche Offenlegungspflicht nach § 20 AktG für börsennotierte Gesellschaften.

Die Meldepflicht richtet sich an den *einzelnen Anleger*. Wer eine bestimmte Mitteilungsschwelle in Bezug auf die Stimmrechtsanteile einer börsennotierten Gesellschaft erreicht, überschreitet oder unterschreitet, hat dies der Gesellschaft und der Bundesanstalt für Finanzdienstleistungsaufsicht unverzüglich mitzuteilen. Die Gesellschaft trifft dann die Pflicht, diese Mitteilung zu veröffentlichen. Als Mindestschwelle werden derzeit 3, 5, 10, 15, 20, 25, 30, 50 sowie 75 % gesetzlich definiert. Bei der Berechnung der Meldeschwellen sind die Zurechnungsregelungen gemäß § 22 WpHG, §§ 271, 290 HGB, §§ 16, 18 AktG zu beachten.

Am 01. Februar 2012 sind neue Vorschriften zur Beteiligungstransparenz börsennotierter Gesellschaften in Kraft getreten. Nachdem die bisherige Regelung in § 25 WpHG auf das „Halten" stimmberechtigter Aktien abstellte, verlagert die Neuregelung den Zeitpunkt der Meldung deutlich nach vorne. Dadurch soll das sog. „Anschleichen" verhindert werden, dass darin besteht, sich durch derivative Finanzinstrumente oder andere Gestaltungen, wie z. B. sog. Contracts of Difference, den rechtlichen oder faktischen Zugriff auf stimmberechtigte Anteile zu sichern, ohne dies melden zu müssen (so geschehen in den aufsehenerregenden Fällen Schaeffler/Conti und Porsche/VW). Nunmehr obliegt gem. § 25 Abs. 1 WpHG demjenigen, der sonstige Instrumente hält, die ihrem Inhaber das Recht verleihen, einseitig im Rahmen einer rechtlich bindenden Vereinbarung, Aktien zu erwerben, eine Meldepflicht, sobald er hierdurch die oben genannten Mindestschwellen überschreitet. Ferner besteht gem. § 25a WpHG auch in den Fällen, in denen mittels sonstiger Instrumente, die auf Grund ihrer Ausgestaltung einen Aktienerwerb ermöglichen, eine Meldepflicht. Die Besonderheit der Neufassung des § 25 WpHG liegt in der weiten Fassung der Tatbestände. In § 25 WpHG tritt neben die gesetzlich definierten „Finanzinstrumente" der Begriff der „sonstigen Instrumente", für den es keine Legaldefinition gibt. § 25a WpHG verzichtet im Vergleich zu § 25 WpHG sogar auf eine „rechtlich bindende Vereinbarung" und will stattdessen alle Instrumente erfassen, die „auf Grund ihrer Ausgestaltung" einen Aktienerwerb „ermöglichen". Bedingt durch diese Rechtsunsicherheit hat die BaFin kürzlich eine Liste der häufig gestellten Fragen veröffentlicht, in der einige Fallgruppen genannt werden, die ihrer Auffassung nach unter die Meldepflicht der §§ 25, 25a WpHG fallen (abrufbar unter www.bafin.de über die Links: „Unternehmen > Börsennoierte Unternehmen > Bedeutende Stimmrechtsanteile").

Der Grund für diese Regelungen liegt darin, dass die Zusammensetzung des Aktionärskreises und eine Veränderung der Beteiligungsverhältnisse wichtiger Großaktionäre entscheidende Anlagekriterien für Marktteilnehmer darstellen. Die Aktionärsstruktur hat wesentlichen Einfluss auf die Kursentwicklung. Darüber hinaus hilft das Transparenzgebot den Organen einer Gesellschaft, sich ein aktuelles Bild der Beteiligungs- und Beherrschungsverhältnisse zu machen. Ferner dient das Transparenzgebot dem Schutz der Funktionsfähigkeit der Kapitalmärkte. Das Vertrauen der Anleger in Fairness und Chancengleichheit bei Anlageentscheidungen wird gestärkt.

Der Mitteilungspflichtige hat die Gesellschaft und die Bundesanstalt für Finanzdienstleistungsaufsicht unverzüglich, spätestens innerhalb von sieben Kalendertagen, unter Angabe der Höhe des Stimmrechtsanteils schriftlich zu benachrichtigen. Die Bundesanstalt für Finanzdienstleistungsaufsicht führt eine Online-Datenbank über die Beteiligungsverhältnisse, die unter www.bafin.de abrufbar ist. Die vom Mitteilungspflichtigen informierte Gesellschaft hat die Mitteilung unverzüglich, d. h. spätestens neun Handelstage nach Zugang der Mitteilung, in einem überregionalen Börsenpflichtblatt zu veröffentlichen. Überwacht wird dies von der Bundesanstalt für Finanzdienstleistungsaufsicht, die bei schuldhaften Verstößen gegen die Veröffentlichungspflicht Geldbußen bis zur Höhe von 200.000 € verhängen kann (§ 39 WpHG).

Schwerer als eine drohende Geldbuße wirkt jedoch der Rechtsverlust gemäß § 28 WpHG, wenn der Aktionär die Meldepflichten aus den §§ 21 ff. WpHG nicht erfüllt. Vom Tatbestand erfasst werden zunächst Aktien, die dem Meldepflichtigen gehören, sodann Stimmrechte von Tochterunternehmen, auch im mehrstufigen Konzern, die ihm gemäß § 22 Abs. 1 Nr. 1, Abs. 3 WpHG zugerechnet werden, und schließlich Aktien Dritter, die dem Meldepflichtigen oder seinem Tochterunternehmen wirtschaftlich zuzurechnen sind (§ 22 Abs. 1 Nr. 2, Abs. 1 S. 2 WpHG). Vom Rechtsverlust erfasst werden die Stimmrechte sowie sonstige Mitverwaltungsrechte, wie das Recht auf Teilnahme an der Hauptversammlung. Weiterhin erfasst der Rechtsverlust auch die Vermögensrechte des Aktionärs. Dazu gehört insbesondere das Recht auf anteiligen Bilanzgewinn.

2.7 Entsprechenserklärung zum Deutschen Corporate Governance Kodex (DCGK)

Unter Corporate Governance-Gesichtspunkten bildet die Einführung der so genannten *Entsprechenserklärung* in § 161 AktG das Kernstück des Transparenz- und Publizitätsgesetzes (TransPuG). Gemäß § 161 AktG sind Vorstand und Aufsichtsrat börsennotierter Gesellschaften jährlich verpflichtet, zu erklären, dass den vom Bundesministerium der Justiz im amtlichen Teil des elektronischen Bundesanzeigers bekannt gemachten Empfehlungen der „Regierungskommission Deutscher Corporate Governance Kodex" entsprochen wurde und wird, oder welche Empfehlungen nicht angewendet wurden oder werden.

Der Kodex, der jährlich überprüft wird, stellt die wesentlichen gesetzlichen Vorschriften zur Leitung und Überwachung deutscher börsennotierter Unternehmen dar. Ferner beinhaltet er international und national anerkannte Standards guter und verantwortungsvoller Unternehmensführung. Die aktuelle Fassung ist einsehbar unter *www.corporate-governance-code.de*.

Die Entsprechenserklärung ist nicht nur abzugeben, sondern den Aktionären auch dauerhaft zugänglich zu machen. Hierunter wird allgemein die Veröffentlichung auf der Website des Unternehmens verstanden. Unabhängig von einer dauerhaften Zugänglichmachung via Internet empfiehlt der Kodex die Veröffentlichung der Entsprechenserklärung auch im Geschäftsbericht des Unternehmens (DCKG 3.10.). Ferner gehört die Entsprechenserklärung zu den offenlegungspflichtigen Unterlagen gemäß § 325 HGB, so dass in Abhängigkeit der Größe der Gesellschaft die jeweilige Bundesanzeigerpublizität zu beachten ist. Schließlich ist im Zusammenhang mit der Entsprechenserklärung zu beachten, dass im Anhang zum Jahresabschluss einer börsennotierten Gesellschaft gemäß § 285 Nr. 16 HGB die Angabe zu machen ist, „dass die nach § 161 des AktG vorgeschriebene Erklärung abgegeben und den Aktionären zugänglich gemacht worden ist". Entsprechendes gilt für den Konzernanhang gemäß § 314 Abs. 1 Nr. 8 HGB.

Bei Nichtabgabe der Entsprechenserklärung liegt ein Verstoß gegen zwingendes Gesetzesrecht vor (OLG München NZG 2008, 337 f.; Leuering und Rubner 2010, 79 f.; Ederle 2010, 655 ff.). Wenn die Entsprechenserklärung gänzlich fehlt oder den Aktionären nicht zugänglich gemacht wurde, wird der Abschlussprüfer, der lediglich die formal ordnungsgemäße Abgabe prüft, nach § 322 Abs. 4 HGB die fehlende Abgabe bemängeln und z. B. nur einen eingeschränkten Bestätigungsvermerk erteilen. Daneben besteht für den Vorstand und den Aufsichtsrat die Gefahr der Verweigerung der Entlastung oder Anfechtung des Entlastungsbeschlusses durch die Hauptversammlung. Die Nichtabgabe der Entsprechenserklärung ist weiterhin nach § 334 HGB für die Mitglieder des vertretungsberechtigten Organs oder des Aufsichtsrats einer börsennotierten Gesellschaft bußgeldbewährt.

2.8 Offenlegung der Vorstandsvergütung

Mit dem Gesetz über die Offenlegung der Vorstandsvergütungen (VorstAG) wurden börsennotierte Aktiengesellschaften verpflichtet, die Vergütungen der einzelnen Vorstandsmitglieder individualisiert unter Nennung des Namens im Jahres- und Konzernabschluss zu veröffentlichen. Anzugeben ist dabei nicht nur die Gesamtvergütung, sondern vielmehr wird die Aufschlüsselung in erfolgsunabhängige und erfolgsbezogene Komponenten und Bestandteile mit langfristiger Anreizwirkung, z. B. Aktienoptionen, verlangt. Auch Nebenleistungen jeder Art, z. B. die Gewährung eines Dienstwagens oder einer Dienstwohnung, müssen individualisiert offen gelegt werden. Hierzu gehören auch vertraglich vereinbarte Abfindungszahlungen für den Fall eines Ausscheidens aus dem Vorstand.

Ziel des Gesetzes ist es, die Transparenz und damit das Vertrauen in den Kapitalmarkt zu stärken. Ferner sollen die Kontrollrechte der Aktionäre gestärkt werden. Diese Stärkung der Aktionärsrechte spiegelt sich auch in dem Recht der Hauptversammlung wider, mit einem Beschluss der Hauptversammlung mit Dreiviertelmehrheit von einer individualisierten Veröffentlichung absehen zu können (sogenanntes „Opting Out"). Das Gesetz zur Offenlegung der Vorstandsvergütungen ist erstmals auf Jahres- und Konzernabschlüsse anzuwenden für Geschäftsjahre ab dem 1. Januar 2006.

2.9 Finanzkalender

Emittenten sind nach § 52 der Börsenordnung (BörsO) der FWB verpflichtet, zu Beginn jeden Geschäftsjahres für die Dauer mindestens eines Geschäftsjahres einen *Unternehmenskalender in deutscher und englischer Sprache* zu erstellen und fortlaufend zu aktualisieren. Der Unternehmenskalender muss die wesentlichen Termine der Emittenten, insbesondere den Termin der Hauptversammlung, der Bilanzpressekonferenz und Termine der Analystenkonferenzen enthalten. Der Unternehmenskalender ist auf der Website des Emittenten zu veröffentlichen. Ferner ist eine Übermittlung an die Zulassungsstelle der Frankfurter Wertpapierbörse in elektronischer Form erforderlich. Der DCGK enthält für alle börsennotierten Unternehmen ebenfalls die Empfehlung zur Veröffentlichung eines solchen Unternehmenskalenders.

3 Interne Informationspflichten gegenüber den betriebsverfassungsrechtlichen Gremien

Neben den vorstehend genannten handels- und gesellschaftsrechtlichen sowie kapitalmarktrechtlichen Informationspflichten kommt den internen Informationspflichten der Unternehmensleitung gegenüber den betriebsverfassungsrechtlichen Gremien in der Unternehmenspraxis besondere Bedeutung zu. Die wesentlichen Regelungsgegenstände werden nachfolgend im Überblick dargestellt.

Der Arbeitgeber und der Betriebsrat haben bei der Wahrnehmung ihrer Aufgaben vertrauensvoll zusammenzuarbeiten, § 2 Abs. 1 BetrVG. Dieses Gebot der vertrauensvollen Zusammenarbeit wird im BetrVG durch zahlreiche und zum Teil weitreichende Informationspflichten des Arbeitgebers gegenüber den betriebsverfassungsrechtlichen Gremien konkretisiert.

Arbeitgeber und Betriebsrat haben grundsätzlich gemäß § 74 Abs.1 BetrVG eine *monatliche Besprechung* durchzuführen, um die Angelegenheiten, die den Betrieb und die Arbeitnehmerschaft betreffen, zu erörtern. Dabei bestehen gegenüber dem Betriebsrat Informationspflichten. Dies soll sicherstellen, dass der Betriebsrat seinen gesetzlichen Aufgaben nachkommen kann. § 80 Abs. 2 Satz I BetrVG normiert die sogenannte *allgemeine Unterrichtungspflicht* des Arbeitgebers. Über alle Angelegenheiten, die in den Aufgabenbereich des Betriebsrats fallen, hat der Arbeitgeber den Betriebsrat rechtzeitig und umfassend zu unterrichten. Diese allgemeinen Aufgaben des Betriebsrats sind § 80 Abs. 1 BetrVG katalogartig aufgezählt.

Neben diesen allgemeinen Informationspflichten legt das BetrVG dem Arbeitgeber weitere *spezielle Unterrichtungspflichten* auf. Von praktischer Bedeutung ist dabei das Unterrichtungsrecht des Betriebsrats gemäß § 90 BetrVG. Der Betriebsrat muss über alle Angelegenheiten, die sich auf die technische und organisatorische Gestaltung der Arbeitsplätze, des Arbeitsablaufs und der Arbeitsumgebung auswirken können, informiert werden. Dies muss so rechtzeitig geschehen, dass Vorschläge und Bedenken des Betriebsrats bei der Planung berücksichtigt werden können (§ 90 Abs. 2 Satz 1 BetrVG). Auch für den Bereich der Personalplanung besteht diese Pflicht der rechtzeitigen und umfassenden Unterrichtung (§ 92 Abs. 1 BetrVG).

Hiervon zu unterscheiden ist die *gesonderte Informationspflicht für personelle Einzelmaßnahmen* gemäß § 99 Abs. 1 BetrVG. Der Betriebsrat ist in Unternehmen, die in der Regel mehr als zwanzig Arbeitnehmer beschäftigen, vor jeder Einstellung, Eingruppierung, Umgruppierung und Versetzung zu unterrichten. Hierfür sind ihm die erforderlichen Bewerbungsunterlagen vorzulegen und Auskunft über die beteiligten Personen zu geben. In § 99 Abs. 1 BetrVG ist darüber hinaus eine Zustimmungspflicht des Betriebsrats normiert. Im Falle einer beabsichtigten Kündigung ist der Betriebsrat in jedem Fall vor Ausspruch einer Kündigung zu hören (§ 102 Abs. 1 Satz 1 BetrVG). Wird dies unterlassen, ist die Kündigung gemäß § 102 Abs. 1 Satz 3 BetrVG unwirksam. Für personelle Maßnahmen bei Leitenden Angestellten i. S. d. § 5 Abs. 3 BetrVG gelten diese Pflichten jedoch nicht. Hier ist lediglich eine Mitteilungspflicht gegenüber dem Betriebsrat vorgesehen (§ 105 BetrVG).

Auch im Fall von sogenannten Betriebsänderungen im Sinne des § 111 BetrVG besteht eine weitgehende Informationspflicht des Arbeitgebers. Das *Mitbestimmungsrecht bei Betriebsänderungen*, das durch die §§ 111 ff. BetrVG umfassend geregelt ist, stellt den „Kernbereich" des betrieblichen Mitbestimmungsrechts dar (Kania 2013, BetrVG § 111, Rn. 1). Deshalb wird dem Arbeitgeber eine Informationspflicht auferlegt (§ 111 Abs. 1 Satz 1 BetrVG), um das durch §§ 112 f. BetrVG vorgeschriebene Zusammenwirken des Arbeitgebers und des Betriebsrats über einen Interessenausgleich oder Sozialplan sicherzustellen.

Die allgemeinen wirtschaftlichen Angelegenheiten des Betriebs sind grundsätzlich mit dem *Wirtschaftsausschuss* zu beraten. Der Wirtschaftsausschuss muss gebildet werden, wenn in dem Betrieb in der Regel mehr als 100 Arbeitnehmer ständig beschäftigt sind (§ 106 Abs. 1 BetrVG).

Weitere Informationspflichten normiert § 89 Abs. 2 BetrVG. Der Arbeitgeber ist verpflichtet, den Betriebsrat über alle Maßnahmen im Zusammenhang mit dem *Arbeitsschutz*, der *Unfallverhütung* und dem *betrieblichen Umweltschutz* zu informieren.

4 Informationspflichten im Zusammenhang mit dem Inverkehrbringen fehlerhafter Produkte

Die Informationspflichten im Bereich der Produkthaftung sind vor dem Hintergrund elementarer Haftungsrisiken und drohender Imageschäden von enormer Bedeutung für die Unternehmenspraxis und damit für die Unternehmenskommunikation.

Rechtsdogmatisch gehören solche als „Instruktionspflichten" oder auch als „Instruktionsfehler" bezeichneten Pflichten zu den sogenannten *Verkehrssicherungspflichten*. Der Hersteller hat durch Inverkehrbringen eines Produktes eine potenzielle Gefahrenlage für den Konsumenten geschaffen. Deshalb trifft ihn auch grundsätzlich die Pflicht, vor diesen potenziellen Gefahren zu warnen. Dem Hersteller wird dabei nicht lediglich aufgegeben, vor Gefahren bei dem bestimmungsgemäßen Gebrauch des Produktes zu warnen. Regelmäßig soll der Verbraucher durch Instruktionen auch vor einem „Fehlgebrauch" des Produkts gewarnt werden.

Eine umfassende Darstellung sämtlicher Instruktionspflichten würde den Rahmen dieses Beitrags sprengen. Im Folgenden geht es daher insbesondere um den in der Praxis besonders relevanten Fall der Instruktionspflichten, die bestehen, wenn sich ein Produkt nach Inverkehrbringen tatsächlich als fehlerhaft und damit als für den Verbraucher potenziell gefährlich erweist.

Unter *Instruktionsfehlern* versteht die Rechtsprechung grundsätzlich die unzureichende Warnung vor gefährlichen Wareneigenschaften (Foerste 2012, § 24, Rn. 171). Gefährliche Wareneigenschaften können sich dabei aus Konstruktions- und/oder Fabrikationsfehlern des betreffenden Produkts, aber auch aus Gefahren ergeben, die aus einer Wechselwirkung mit anderen Produkten resultieren.

Für die Frage, ob und in welchem Umfang eine Warnung notwendig ist, ist grundsätzlich auf den Erwartungshorizont der Produktnutzer abzustellen (Foerste 2012, § 24, Rn. 178; Wagner 2009, BGB § 823, Rn. 592). Je nachdem, welcher Verbraucherkreis betroffen ist, können die Anforderungen an die Informationspflichten weiter oder enger sein. Sind mehrere Abnehmerkreise betroffen, richtet sich die Informationspflicht nach der gefährdetsten Verbrauchergruppe (Foerste 2012, § 24, Rn. 186). Der Umfang der Informationspflicht hängt also letztlich von der Schwere der drohenden Schäden und der Wahrscheinlichkeit ihres Eintritts ab (Wagner 2009, BGB § 823, Rn. 591). Allgemein lässt sich sagen, dass der Hersteller vor allen Gefahren warnen muss, von denen er sich in zumutbarer Weise Kenntnis verschaffen konnte (BGH, NJW 1981, S. 1603– Apfelschorf; BGH, NJW 1981, S. 1606– Benomyl; BGH, VersR 1992, S. 100– Möbellack-I; BGH, NJW-RR 1995, S. 342– Gewindeschneidemittel-II).

Ist ein Produkt schon in Verkehr gebracht, stellt die Rechtsprechung an die Instruktionspflicht regelmäßig erhöhte Anforderungen (BGH, NJW 1992, 560 ff. – Kindertee-I). Hintergrund ist die Annahme, dass sich der Verbraucher an das betreffende Produkt gewöhnt hat und mit dem erneuten Studieren von Gebrauchshinweisen und Ähnlichem nicht mehr im gleichen Umfang gerechnet werden kann. Deshalb müssen *Warnhinweise über das Produkt publiziert* werden, und zwar in einer Art und Weise, die geeignet ist, die gefährdete Verbrauchergruppe zu erreichen, und die die Art der drohenden Gefahr deutlich herausstellt. Für den Fall, dass erhebliche Körper- oder Gesundheitsschäden zu erwarten sind, muss zusätzlich konkret angegeben werden, warum das Produkt für den Verbraucher gefährlich werden kann (BGH, a. a. O.).

Bei Massengütern kann nicht ohne weiteres davon ausgegangen werden, dass eine Warnung über Händler oder Massenmedien jeden Produktbenutzer erreicht. Deshalb kann den Hersteller im Fall von drohenden, erheblichen Körper- und/oder Gesundheitsschäden eine *Pflicht zum Rückruf der Produkte* treffen (BGH, NJW 1990, 2560 ff.; OLG Karlsruhe, NJW-RR 1995: 594; OLG Düsseldorf, NJW-RR 1997, S. 1344). Das bedeutet, dass er verpflichtet sein kann, die fehlerhaften Produkte auszutauschen oder zu reparieren, um einer Schädigung vorzubeugen und sich seiner Schadensersatzverpflichtung zu entziehen (OLG Karlsruhe, NJW-RR 1995, S. 594– Dunstabzugshauben; LG Hamburg, VersR 1994,

S. 299– Rettungsinseln; OLG München, VersR 1992, S. 1135– Druckmesszellen). Allgemein bekannt sind in diesem Zusammenhang insbesondere Rückrufaktionen von Automobilherstellern, die regelmäßig auch einen breiten Raum in der Medienberichterstattung einnehmen.

Selbst bei Gefahren, die zum Zeitpunkt des Inverkehrbringens nach dem Stand der Wissenschaft und Technik nicht vorhersehbar waren, wird nach verbreiteter, allerdings auch bestrittener Ansicht eine Rückrufpflicht des Herstellers angenommen. Die Instanzgerichte haben teilweise eine Rückrufpflicht in einer solchen Konstellation bejaht (OLG Karlsruhe, NJW-RR 1995, 594 ff. – Dunstabzugshauben; OLG München, VersR 1992, 1135 ff. – Druckmesszellen).

Begrenzt wird diese Pflicht zum Rückruf durch das Kriterium der Verhältnismäßigkeit (Dietborn und Müller 2007, S 2360). Ein Rückruf wird immer dann notwendig, wenn die Gefahr für die Verbraucher nicht mit weniger einschneidenden Mitteln bei gleicher Wirkung beseitigt werden kann. Zur Beantwortung der Frage der Notwendigkeit eines Rückrufs sind alle Umstände des Einzelfalles heranzuziehen. Bei Waren, die auf Grund nachträglich festgestellter fehlerhafter Instruktion gefährlich sind, ist in der Regel ein Rückruf unverhältnismäßig, da die Gefahr durch nachträgliche geeignete Instruktionen abwendbar ist (BGH, NJW 1986, 1863 ff. -Überrollbügel). Bei der Gefahr reiner Sachschäden kann eine Warnung des Herstellers an die gefährdeten Verbraucherkreise unter Verhältnismäßigkeitsgesichtspunkten ebenfalls ausreichend sein (Dietborn und Müller 2007, S. 2360). Anders wird jedoch in der Regel zu entscheiden sein, wenn eine Gefahr von Personenschäden besteht (BGH, NJW 2009, S. 1080, 1081– Pflegebetten).

5 Herausforderungen für das Kommunikationsmanagement

Über die in diesem Beitrag skizzierten Regelungen hinaus gelten für Unternehmen *weitere Informations- und Publizitätspflichten*, beispielsweise aus dem Umweltrecht, dem Steuer- und Abgabenrecht und dem Versicherungs- und Bankaufsichtsrecht.

Die Einhaltung der entsprechenden Vorgaben fällt in der Praxis meist in den Zuständigkeitsbereich von Rechtsabteilungen, Syndikussen oder beratend tätigen Anwälten und Wirtschaftsprüfern. Für das Kommunikationsmanagement ist es jedoch unverzichtbar, diese *Rahmenbedingungen* der eigenen Arbeit zu kennen. Die handels- und gesellschaftsrechtlichen, sowie kapitalmarktrechtlichen Vorgaben sind für die Praxis der Investor Relations (vgl. Kapitel „Kommunikation mit Kapitalgebern: Grundlagen der Investor Relations") von unmittelbarer Bedeutung. Die internen Informationspflichten sind im Rahmen der Mitarbeiterkommunikation (vgl. Kapitel „Interne Unternehmenskommunikation: Mitarbeiter führen und motivieren") zu beachten. Und die Informationspflichten im Zusammenhang mit fehlerhaften Produkten bis hin zur kommunikativen Gestaltung von Rückrufaktionen münden in konkrete Herausforderungen an die Kundenkommunikation und Krisenkommunikation (Höbel 2007).

In umgekehrter Weise ist das Know-how von Kommunikationsmanagern gefragt, wenn es um die *effektive und effiziente Umsetzung der rechtlich geforderten Informationsmaßnahmen* geht. Das Spektrum reicht hier von der zielgruppengerechten Gestaltung der Geschäftsberichte (Küting und Hütten 1996), der Börsenprospekte sowie der Zulassungsfolgepflichtmitteilungen (Zitzmann und Decker 2009) über die nutzerfreundliche Gestaltung der vom Gesetzgeber immer häufiger als Informationsmedium vorgesehenen Website des Unternehmens im Internet (vgl. Kapitel „Internet und Social Software in der Unternehmenskommunikation") bis hin zur Etablierung eines Workflows für die europaweite Verbreitung von Ad-hoc-Informationen mit Hilfe entsprechender Dienstleister.

Literatur

Ballwieser, W. (2013). Kommentar zu § 238 HGB. In K. Schmidt & W. Ebke (Hrsg.), *Münchener Kommentar zum Handelsgesetzbuch* (Bd. 4, 3. Aufl., S. 9–17). München: Beck.

Bayer, W. (2008). Kommentar zu § 20 AktG. In W. Goette & M. Habersack (Hrsg.), *Münchener Kommentar zum Aktiengesetz* (Bd. 1, 3. Aufl., S. 479–501). München: Beck.

Dietborn, C., & Müller, A. (2007). Beschränkung der deliktischen Herstellerpflichten: Kein Produktrückruf und kostenloser Austausch. *Betriebs-Berater, 62*(44), 2358–2362.

Ederle, A. (2010). Die jährliche Entsprechenserklärung und die Mär von der Selbstbindung. *Neue Zeitschrift für Gesellschaftsrecht, 14*, 655–660.

Foerste, U. (2012). § 24. Verkehrspflichten im Bereich der Warenherstellung. In F. Graf von Westphalen (Hrsg.), *Produkthaftungshandbuch*: (Bd. 1, 3. Aufl.). München: Beck.

Habersack, M., Maier-Reimer, G., Paschos, N., van Aerssen, R., Göres, U. L., & Schmitz, B.-W. (2008). 4. Teil. Haftung für fehlerhafte Kapitalmarktinformationen. In M. Habersack, P. Mülbert, & M. Schlitt (Hrsg.), *Handbuch der Kapitalmarktinformation* (S. 573–806). München: Beck.

Höbel, P. (2007). Kommunikation in Krisen – Krisen in der Kommunikation? In: M. Piwinger & A. Zerfaß (Hrsg.), *Handbuch Unternehmenskommunikation* (1. Aufl., S. 875–889). Wiesbaden: Gabler.

Hommelhoff, P. (2000). Anlegerinformationen im Aktien-, Bilanz- und Kapitalmarktrecht. *Zeitschrift für Unternehmens- und Gesellschaftsrecht, 29*, 748–775.

Kania, T. (2013). Kommentar zu § 111 BetrVG. In R. Müller-Glöge, U. Preis, & I. Schmidt (Hrsg.), *Erfurter Kommentar zum Arbeitsrecht* (13. Aufl.). München: Beck.

Küting, K., & Hütten, C. (1996). Der Geschäftsbericht als Publizitätsinstrument, *Betriebs-Berater, 51/52*, 2671–2679.

Leuering, D., & Rubner, D. (2010). Die Entsprechenserklärung und das Verbot der Marktmanipulation. *NJW-Spezial, 7*, 79–80.

Schlitt, M., Ponick, A.-K., Zwissler, T., Schäfer, S., La Corte, N., Götze, C., Wunderlich, N.-C., Frowein, G. A., Kiem, R., Riehmer, K., Singhof, B., Pfüller, M., Weber-Rey, D., Göres, U. L., Becker, R., & Haouache, G. (2008). 3. Teil. Informationspflichten. In M. Habersack, P. O. Mülbert, & M. Schlitt (Hrsg.), *Handbuch der Kapitalmarktinformation* (S. 69–152). München: Beck.

Wagner, G. (2009). Kommentar zu § 823 BGB. In F. J. Säcker & R. Rixecker (Hrsg.), *Münchener Kommentar zum Bürgerlichen Gesetzbuch* (Bd. 5, 5. Aufl. S. 1730–2126). München: Beck.

Zitzmann, A., & Decker, T. (2009). Rechtsfragen der IR. In K. R. Kirchhoff & M. Piwinger (Hrsg.), *Praxishandbuch Investor Relations* (2. Aufl., S. 93–137). Wiesbaden: Springer Gabler.

Medienrecht in der Unternehmenskommunikation

Werner Süss

Zusammenfassung

Medienrecht setzt den Rechtsrahmen für Unternehmenskommunikation: Medienrecht gibt die rechtlichen Spielregeln für strategisches Kommunikationsmanagement vor – kommunikative Interaktion von in der Regel konkurrierenden Unternehmen untereinander oder im Umgang mit Massenmedien wird reguliert. Medienrecht schützt damit einerseits den kommunikativen Auftritt von Unternehmen, begrenzt ihn aber auch gleichzeitig durch gesetzliche Normen. Im Mittelpunkt des Medienrechts steht die grundgesetzliche Verankerung von Meinungs- und Informationsfreiheit und das daraus abgeleitete Recht auf Kommunikation im unternehmerischen Umfeld. Gleichzeitig setzt das Medienrecht – abgeleitet aus dem ebenfalls grundgesetzlich festgeschriebenen Schutz des allgemeinen Persönlichkeitsrechts – dem kommunikativen Auftritt von Unternehmen klare zivil- und strafrechtliche Schranken. Gegen rechtswidriges Kommunikationsverhalten sieht das Gesetz Unterlassungs- und Widerrufsansprüche vor, Schadensersatzpflicht und im Einzelfall strafrechtliche Verfolgung sind möglich. Darüber hinaus fasst der Sammelbegriff Medienrecht die über zahlreiche Gesetze verstreuten speziellen Rechtsgebiete zusammen, die in engem Zusammenhang mit Kommunikation stehen. Es handelt sich hierbei um Urheberrecht, Jugendmedienrecht, Presse- und Rundfunkrecht, Werberecht und das Recht der Neuen Medien. In Abhängigkeit der unternehmerischen Ausrichtung, des Geschäftsmodells und der Marktpositionierung des eigenen Unternehmens sind Unternehmenskommunikation und strategisches Kommunikationsmanagement hiervon in unterschiedlicher Intensität betroffen.

W. Süss (✉)
Universität Leipzig, Institut für Kommunikations- und Medienwissenschaft
Burgstraße 21, 04109 Leipzig, Deutschland
E-Mail: werner.suess@uni-leipzig.de

Schlüsselwörter

Medienrecht · Urheberrecht · Werberecht · Unternehmenskommunikation

1 Medienrecht und Unternehmenskommunikation

Medienrecht setzt den Rechtsrahmen für Unternehmenskommunikation – es definiert die medienrechtlichen Spielregeln für die Kommunikationsverantwortlichen und damit die strategische Kommunikation im Unternehmen. Mit dem Privileg der Meinungsfreiheit schafft es die Basis für jeden kommunikativen Auftritt, gleichzeitig setzt es aber auch den in der Unternehmenskommunikation Handelnden klare zivil- und strafrechtliche Schranken.

Im Kern behandelt das Medienrecht (im Überblick: Dörr et al. 2011; Fechtner 2012; Fechtner und Meyer 2012; Paschke 2009; Paschke et al. 2012; Petersen 2010) zwei zentrale Fragen:

> **Medienrecht**
> Als Medienrecht bezeichnet man die Sammlung der für jede Art von Medien relevanten Rechtssätze; sie sind über zahlreiche Rechtsgebiete verstreut. Es handelk sich nicht um ein einheitliches Rechtsgebiet, sondern um eine typische Querschnittsdisziplin. Deshalb erscheint Medienrecht auf den ersten Blick oft unübersichtlich. Einschlägig sind neben dem Grundgesetz insbesondere das Bürgerliche Gesetzbuch und das Strafgesetzbuch. Teilgebiete wurden in Spezialgesetzen kodifiziert. Diese sind vor allem die Presse- und Rundfunkgesetze, das Urheberrechts- und Kunsturhebergesetz sowie das Telemediengesetz. Medienrelevante Regelungen finden sich ebenso im Jugendschutz- und Wettbewerbsrecht. Hinzu kommen Vorgaben, die sich aus der Rechtsprechung der Gerichte entwickelt haben. Medienrecht ist kein abgeschlossenes Rechtsgebiet, es entwickelt sich – entsprechend der rasanten Veränderung des Kommunikationsverhaltens in Gesellschaft und Unternehmen – laufend weiter.

- Es gewährt *allen, die Informationen vermitteln und Meinungen äußern,* Schutzrechte gegen staatliche Eingriffe oder gegenläufige private Interessen. Diese Schutzrechte sind verfassungsrechtlich abgeleitet aus den Mediengrundrechten, insbesondere im Grundgesetz der Bundesrepublik Deutschland (GG) durch Art. 5 Abs. 1 GG (Meinungsfreiheit, Informationsfreiheit, Medienfreiheit).
- Es gewährt *Betroffenen von veröffentlichten Informationen und Meinungsäußerungen* Abwehrrechte und Rechtschutz gegenüber Medien, verfassungsrechtlich abgeleitet aus dem allgemeinen Persönlichkeitsrecht in Art. 2 Abs. 1 i. V. m. Art. 1 Abs. 1 GG.

2 Mediengrundrechte als Schutzrechte

Die wichtigsten Mediengrundrechte sind in Art. 5 GG zusammengefasst. „Jedermann" kann sich auf diese berufen. Sie gelten damit für den einzelnen Unternehmenskommunikator ebenso wie für das Unternehmen. Geschützt werden:

- *Meinungsfreiheit*, d. h. das Recht seine Meinung in Wort, Schrift und Bild frei zu äußern und zu verbreiten. Das Bundesverfassungsgericht hat die herausragende Bedeutung dieses Grundrechts in seiner für das Medienrecht richtungsweisenden „Lüth"-Entscheidung von 1957 festgestellt: Die Meinungsfreiheit ist unmittelbarster Ausdruck der menschlichen Persönlichkeit in der Gesellschaft und damit Grundlage jeder Freiheit überhaupt. Indem es die ständige geistige Auseinandersetzung, den Kampf der Meinungen ermöglicht, gewinnt es essentielle Bedeutung für den Prozess der demokratischen Willensbildung. Der Wert oder Unwert einer Äußerung ist dabei unmaßgeblich, auch Schockwerbung kann geschützt sein, nicht jedoch Schmähkritik.
- *Informationsfreiheit*, d. h. das Recht, sich aus allgemein zugänglichen Quellen zu unterrichten. Sie garantiert dem einzelnen die Möglichkeit, sein Informationsbedürfnis zu befriedigen und ist damit eine Grundvoraussetzung für seine Persönlichkeitsentfaltung. Das demokratische Staatswesen ist nur funktionsfähig auf Grundlage einer informierten Öffentlichkeit. Allgemein zugänglich ist eine Informationsquelle, wenn sie technisch geeignet und bestimmt ist, der Allgemeinheit, d. h. einem individuell nicht bestimmbaren Personenkreis Informationen zu vermitteln.
- *Medienfreiheit*: Presse-, Rundfunk- und Filmfreiheit. Die Freiheit der Medien ist von konstituierender Bedeutung für eine freiheitlich demokratische Grundordnung. Diese Grundrechte schützen zum einen die in diesen Bereichen Tätigen in Ausübung ihrer Funktion und zugleich die Institution von Presse und Rundfunk.
- *Kunstfreiheit*: Der Begriff Kunst wurde vom Gesetzgeber bewusst nicht definiert. Kunstfreiheit umfasst sowohl die künstlerische Gestaltung selbst (Werkbereich) als auch die Verbreitung von Kunst (Wirkbereich). Als absolute Schranke der Kunstfreiheit hat das Bundesverfassungsgericht die Menschenwürde herausgearbeitet.

Grundrechte wurden von den Verfassern des Grundgesetzes in erster Linie konzipiert als Abwehrrechte gegen den Staat. Grundrechte sind jedoch von so grundlegender Bedeutung, dass das Bundesverfassungsgericht diese darüber hinausgehend als „Wertordnung" gedeutet hat. Sie sind deshalb auch im Zivilrecht zu beachten und entfalten dort mittelbare Drittwirkung. Das bedeutet: Das Zivilrecht ist im Lichte der Grundrechte auszulegen, die Grundrechte haben insbesondere bei der Auslegung von Generalklauseln und offenen Rechtsbegriffen hohe praktische Relevanz.

Können sich im Streitfall beide Parteien auf Grundrechte berufen, so sind die jeweiligen in Konflikt stehenden Grundrechtseingriffe in ihrer Bedeutung und Schwere gegeneinander abzuwägen.

Grundrechte werden nicht ohne Einschränkung gewährt. Diese „Schranken" ergeben sich entweder aus anderen Rechten mit Verfassungsrang oder einem im Grundgesetz ausdrücklich festgeschriebenen Gesetzesvorbehalt: Meinungs-, Informations- und Medienfreiheit finden ihre Schranken in den Vorschriften der allgemeinen Gesetze, den gesetzlichen Bestimmungen zum Schutze der Jugend und in dem Recht der persönlichen Ehre (Art. 5 Abs. 2 GG). Das Grundrecht darf aber durch diese Schranken aber nicht „ausgehöhlt" werden: Das einschränkende Gesetz ist deshalb seinerseits im Lichte des betreffenden Grundrechts auszulegen und in seiner das Grundrecht beschränkenden Wirkung selbst wieder einzuschränken (Wechselwirkungslehre).

Jeder Grundrechtseingriff ist stets darauf zu prüfen, ob er dem Grundsatz der Verhältnismäßigkeit entspricht. Kein Eingriff darf intensiver als nötig und muss zumutbar sein. In jedem Fall sind deshalb Geeignetheit, Erforderlichkeit und Verhältnismäßigkeit zu prüfen.

3 Rechtsschutz gegenüber Massenmedien

Der Umgang mit Massenmedien ist Kernbestandteil jeder Form von Unternehmenskommunikation. Unternehmenskommunikation setzt Berichterstattung in Massenmedien im Rahmen strategischer Kommunikation gezielt ein; gleichzeitig kann das Unternehmen aber auch durch negative Berichterstattung in wirtschaftlich relevanter Weise betroffen werden. Das im Grundgesetz festgeschriebene allgemeine Persönlichkeitsrecht (Art. 2 Abs. 1 i. V. m. Art. 1 Abs. 1 GG) ist das entscheidende Gegenrecht, um einer übermäßigen Vereinnahmung durch jede Art von Massenmedien und deren Berichterstattung über das Unternehmen und die für dieses Unternehmen handelnden Personen Einhalt zu gebieten.

Schutzgegenstand des verfassungsrechtlichen allgemeinen Persönlichkeitsrechts ist der unmittelbare Freiheitsbereich des Individuums, den es vor staatlichen und privaten Eingriffen zu schützen gilt. Geschützt ist traditionell der höchstpersönliche, in räumlicher Hinsicht geschützte Lebensbereich (Abschirmungsaspekt). Gleichzeitig tritt heute der Selbstbestimmungsaspekt immer mehr in den Vordergrund: Der Einzelne oder das Unternehmen sollen grundsätzlich selbst darüber entscheiden können, wie sie sich Dritten gegenüber darstellen und insbesondere ob und wie sie mit einer eigenen Äußerung hervortreten möchten.

Ebenso wenig wie aber auf der einen Seite Mediengrundrechte und Informationsinteresse der Allgemeinheit verabsolutiert werden dürfen, kann auf der anderen Seite dem allgemeinen Persönlichkeitsrecht grundsätzlich Vorrang eingeräumt werden. Beide Positionen sind stets im Einzelfall gegeneinander abzuwägen.

Der Bundesgerichtshof hat schon sehr früh (1954) anerkannt, dass das allgemeine Persönlichkeitsrecht auch im Privatrechtsverkehr gilt, da sich auch das Bürgerliche Recht den vom Grundgesetz getroffenen Wertentscheidungen anpassen muss. Inzwischen hat sich das allgemeine Persönlichkeitsrecht zu einem eigenständigen Bestandteil des Zivilrechts entwickelt. Wesentliche medienrelevante Fallkategorien sind:

- *Schutz des Kernbereichs privater Lebenshaltung* (Intimes, Privates, Geheimes): Jeder Mensch ist auf einen Bereich angewiesen, in dem er allein bleiben und seine Entscheidungen in eigener Verantwortung treffen kann, ohne von Eingriffen behelligt zu werden. Zu diesem innersten Lebensbereich gehören Intimität und Krankheit ebenso wie ein räumlicher abgeschirmter Bereich.
- *Recht der persönlichen Ehre*: Eine Verletzung der Ehrschutzdelikte hat nicht nur strafrechtliche Konsequenzen, die das Strafgesetzbuch behandelt (§§ 185–187 StGB: Beleidigung, Üble Nachrede, Verleumdung); im Bürgerlichen Gesetzbuch wird über § 823 Abs. 2 BGB wird auch zivilgerichtlich Schadensersatz gewährt.
- *Recht am eigenen Bild*: Dieses ist im Kunsturhebergesetz (KUG) geregelt, für besonders drastische Fälle greift sogar das Strafgesetzbuch (§ 201a StGB „Spannerschutz"). Bildnisse dürfen grundsätzlich nur mit Einwilligung des Abgebildeten verbreitet oder öffentlich zur Schau gestellt werden (§ 22 KUG). Die Einwilligung muss freiverantwortlich abgegeben werden, eine stillschweigende Erteilung der Einwilligung ist möglich und von hoher praktischer Relevanz. Eine Ausnahme vom Erfordernis der Einwilligung ist möglich, wenn es sich um ein „Ereignis von zeitgeschichtlicher Bedeutung" (§ 23 KUG) handelt. Die deutsche Rechtsprechung legt diese Formulierung sehr weit aus („alle Fragen von allgemeinem gesellschaftlichen Interesse") – der Begriff der Zeitgeschichte wird vom Informationsinteresse der Öffentlichkeit her bestimmt. Notwendig ist aber in jedem Fall eine Einzelfallabwägung zwischen dem gesteigerten Informationswert der Öffentlichkeit und dem verletzten Persönlichkeitsrecht. Über Personen des öffentlichen Interesses darf in größerem Umfang berichtet werden. Außerordentlich enge Maßstäbe gelten bei der Abbildung von Kindern Prominenter. Begleiter von Prominenten können – sofern keine stillschweigende Einwilligung vorliegt – nur abgebildet werden, wenn das Bild einen Beitrag zur Diskussion von zeitgeschichtlicher Bedeutung leistet.
- *Postmortales Persönlichkeitsrecht*: Geschützt wird sowohl der allgemeine Achtungsanspruch, der dem Menschen kraft seines Person-Seins zusteht, als auch der soziale Gestaltungswert, den die Person durch ihre eigene Lebensleistung erworben hat. Den Erben kann hier – wenn auch zeitlich begrenzt – ein Schadensersatzanspruch zustehen.

Liegt eine Verletzung des allgemeinen Persönlichkeitsrechts vor, haftet der Verursacher – unabhängig von seiner strafrechtlichen Verantwortlichkeit – nach Zivilrecht. Die zivilrechtlichen Ansprüche unterscheiden sich nach Zeitpunkt und Rechtsfolge. Zu trennen ist zwischen Ansprüchen im Vorfeld der schädigenden Veröffentlichung (Ziel: Unterlassung) und Ansprüchen, die lediglich den eingetretenen Schaden zu mindern versuchen (Widerruf, Gegendarstellung, Schadensersatz) (vgl. Abb. 1).

Aus dem gewählten Gegenanspruch ergibt sich die richtige zivilrechtliche Anspruchsgrundlage. Soweit spezialgesetzliche Regelungen bestehen, sind diese vorrangig zu prüfen, ansonsten gilt das BGB unmittelbar oder – entwickelt durch höchstrichterliche Rechtsprechung – analog (vgl. Tab. 1).

Gegenansprüche bei Persönlichkeitsverletzungen

- Unterlassung
- Gegendarstellung
- Berichtigungsansprüche
  - Widerruf
  - Richtigstellung
  - Ergänzung
- Schadensersatz
  - materieller Schaden
  - immaterieller Schaden → Anspruch auf Geldentschädigung
- Herausgabe ungerechtfertigter Bereicherung

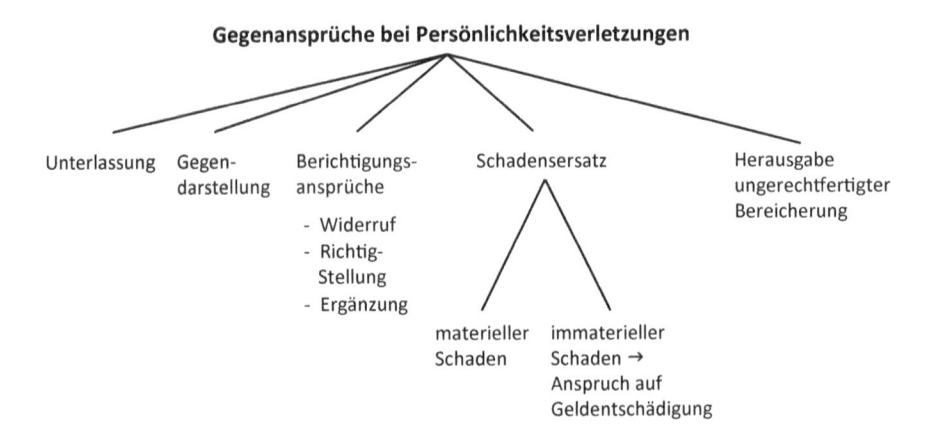

Abb. 1 Systematik der Gegenansprüche bei Persönlichkeitsrechtsverletzungen (Quelle: In Anlehnung an Fechtner (2012, S. 101))

Tab. 1 Anspruch, Rechtsfolge und Rechtsgrundlage der Gegenansprüche bei Persönlichkeitsrechtsverletzungen
(Quelle: In Anlehnung an Fechtner (2012, S. 101 f.))

Anspruch	Rechtsfolge	Rechtsgrundlage
Unterlassung	Bestimmte Tatsachenbehauptung darf vom Schädiger nicht mehr verbreitet werden	§ 1004 Abs. 1 analog i. V. m. §§ 823 ff. BGB
Gegendarstellung	Schädiger hat die Schilderung des Geschädigten wiederzugeben	Landespressegesetze (§ 10 MusterPresseG), § 56 RStV, u.a.
Berichtigung	Schädiger muss falsche Tatsachenbehauptung durch richtige ersetzen oder ergänzen	§ 1004 Abs. 1 analog i. V. m. §§ 823 ff. BGB
Schadensersatz	Ersatz in Geld für erlittene Vermögensnachteile	§§ 823 ff. BGB i. V. m. Schutzgesetz
Anspruch auf Geldentschädigung	Schädiger muss Ersatz in Geld für immateriellen Schaden leisten	Ergänzung des Schadensersatzrechts durch die Rechtsprechung; § 823 Absatz 1 BGB i. V. m. Art. 2 Abs. 1, Art. 1 Abs. 1 GG
Herausgabe ungerechtfertigter Bereicherung	Rückgabe des zu Unrecht Erlangten	§§ 812 ff. BGB

Der *Unterlassungsanspruch* dient der Abwehr künftiger Verletzungen. Er ist nicht in den Presse- und Rundfunkgesetzen geregelt, sondern folgt dem in § 1004 Abs. 1 BGB normierten Rechtsgedanken, Störung von Eigentum zu unterlassen. Er besteht gegenüber unrichtigen Tatsachenbehauptungen; die Gefahr einer drohenden Verletzung des allgemeinen Persönlichkeitsrechts muss konkret dargetan werden.

Der *Gegendarstellungsanspruch* schneidet weniger stark in die Rechte der Medien ein als der *Berichtigungsanspruch*. Voraussetzung ist in beiden Fällen eine Tatsachenbehauptung, keine Meinungsäußerung. Der Betroffene erhält bei der Gegendarstellung lediglich die Möglichkeit, seine eigene Version des Sachverhalts zu schildern. Beim Berichtigungsanspruch muss sich der Anspruchsgegner selbst von seiner Erklärung distanzieren. Er setzt die nachweisbare Unwahrheit der Tatsachenbehauptung voraus.

Schadensersatzansprüche ergeben sich aus dem Deliktrecht (§§ 823 ff. BGB). Nach § 249 BGB verpflichtet ein Schadensanspruch grundsätzlich zur Wiederherstellung des Zustands vor Schadenseintritt, z. B. durch Berichtigung. Tritt durch die Rechtsverletzung ein materieller (finanzieller) Schaden ein, so ist auch dieser zu ersetzen.

Über den reinen Schadensersatz hinaus geht der Anspruch auf Geldentschädigung, bekannt als *Schmerzensgeld*. Bei der Geldentschädigung wird nicht aufgrund der Verletzung eines Rechtsguts (hier Persönlichkeitsrecht) die Wiederherstellung des früheren Zustands bzw. Ersatz in Geld angeordnet, vielmehr wird für eine nicht in Geld messbare Beeinträchtigung des Geschädigten ein Ausgleich in Geld gewährt. Der Anspruch auf Geldentschädigung dient damit in erster Linie der Genugtuung des Verletzten. Die Rechtsprechung hat für eine Geldentschädigung enge Maßstäbe aufgestellt: Es liegt eine besonders grobe Verletzung des Persönlichkeitsrechts vor, es besteht ein „unabwendbares Bedürfnis" für eine billige Entschädigung und den Verursacher trifft schweres Verschulden.

4 Medienstrafrecht

Rechtswidriges kommunikatives Handeln kann strafrechtlich relevant sein und führt zu Geld- oder Gefängnisstrafe. Ein eigenständiges Medienstrafrecht gibt es nicht, gleichwohl finden sich im Strafgesetzbuch (StGB) und außerhalb (Nebenstrafrecht) medienspezifische Delikte, die typischerweise in Zusammenhang mit Kommunikation stehen (Mitsch 2012). Da diese Strafrechtsnormen über eine Vielzahl von Gesetzen verstreut sind, werden sie von Kommunikationsverantwortlichen oft unterschätzt.

Besonders zentral sind die Ehrschutzdelikte: Verleumdung (§ 187 StGB), üble Nachrede (§ 186 StGB) und Beleidigung (§ 185 StGB). Bei der Verleumdung ist eine Tatsachenbehauptung unwahr. Bei der üblen Nachrede liegt Strafbarkeit bereits vor, wenn es dem Täter nicht gelingt, die Wahrheit der von ihm aufgestellten Tatsachenbehauptung nachzuweisen. Beleidigung stellt Werturteile unter Strafe, durch die die Missachtung einer Person zum Ausdruck gebracht wird. Üble Nachrede und Verleumdung enthalten ausdrückliche Strafschärfungen, wenn der Unrechtsgehalt der Straftat durch eine Verbreitung in den Medien verstärkt wird.

Die mediale Verbreitung von volksverhetzenden Äußerungen, Anleitung zu Straftaten und Gewaltdarstellungen kann nach §§ 130, 130a und 131 StGB verfolgt werden, gleiches gilt für die Beschimpfung von religiösen und weltanschaulichen Bekenntnissen, § 166 StGB.

Bei der journalistischen Recherche sind §§ 201 und 202a StGB zu beachten. Der Mitschnitt eines nicht öffentlich gesprochenen Wortes auf einem Tonträger und dessen Gebrauch sind ebenso verboten wie das Ausspähen von Daten (Hacking). Der Stalking-Paragraf des § 238 StGB kann auch gegenüber Paparazzi zur Anwendung kommen.

Strafrechtsnormen finden sich nicht nur im StGB, sondern auch im Urheberrechtsgesetz (UrhG). § 106 UrhG stellt die unerlaubte Verwertung urheberrechtlich geschützter Werke unter Strafe, § 33 KUG die rechtswidrige Verbreitung von Bildnissen. Gemäß § 20a Wertpapierhandelsgesetz sind Kursmanipulationen von Aktien (scalping) strafbar.

Im Gegensatz zu den strafbegründenden bzw. strafschärfenden Normen des materiellen Strafrechts enthält die Strafprozessordnung mehrere die Medien begünstigende Sondernormen. Wesentlich sind das Zeugnisverweigerungsrecht für Presseangehörige (§ 53 Abs. 1 Nr. 5 StPO) und das damit verbundene Beschlagnahmeverbot (§ 97 Abs. 5 StPO).

5 Jugendmedienrecht

Jugendmedienrecht zählt sicher nicht zu den Kerndisziplinen strategischer Kommunikation im Unternehmen, es sei denn Jugendliche sind eine wichtige vertriebliche und damit kommunikative Zielgruppe für den jeweiligen Geschäftsauftritt. Durch den verstärkten Einsatz der Neuen Medien rückt heute aber gerade diese Zielgruppe verstärkt in einen breiteren Fokus von Unternehmenskommunikation.

Ziel des Jugendmedienrechts ist der Schutz vor der Zugänglichmachung bestimmter als jugendgefährdend eingestufter Medieninhalte. Kinder und Jugendliche sollen nur mit altersgerechten Medieninhalten konfrontiert werden, um ihre ungestörte Entwicklung hin zu einer eigenverantwortlichen Persönlichkeit nicht zu beeinträchtigen. Der Jugendschutz im Bereich des Rundfunks und der Telemedien (elektronische Informations- und Kommunikationsdienste, § 2 Abs. 1 Satz 3 Rundfunkstaatsvertrag (RStV)) ist einheitlich im Jugendmedienschutz-Staatsvertrag (JMStV) geregelt. Das Jugendschutzgesetz (JuSchG) schreibt den Jugendschutz für „Medien mit Texten, Bildern oder Tönen auf gegenständlichen Trägern" (Trägermedien wie Filme, CD-ROM, DVD) fest. Inhaltlich schaffen diese Regelungen die Rechtsgrundlage für Vertriebs- und Verbreitungsbeschränkungen, die das Medienangebot nach ihrer Gefährlichkeit für Kinder und Jugendliche beurteilen.

Der Jugendmedienschutz-Staatsvertrag listet für Kinder und Jugendliche absolut unzulässige Angebote in Rundfunk und Telemedien auf (§ 4 JMStV) und differenziert hiervon entwicklungsbeeinträchtigende Angebote, bei denen der Anbieter dafür Sorge zu tragen hat, dass Kinder oder Jugendliche der betroffenen Altersstufe diese üblicherweise nicht wahrnehmen (§ 5 JMStV, z. B. Festlegung der Sendezeit, Kennzeichnungspflicht). Die Überwachung der Vorschriften des Jugend-Medienschutz-Staatsvertrags obliegt einer Kommission für Jugendmedienschutz (§ 14 JMStV).

Für Trägermedien enthält das Jugendschutzgesetz entsprechend Altersbeschränkungen und Kennzeichnungspflichten für Filme und Spielprogramme. Die staatliche Bundesprüfstelle für jugendgefährdende Medien führt eine Liste jugendgefährdender Medien (§ 18 JMStV).

Rechtsdogmatisch ist Jugendmedienschutz von besonderem Interesse, weil hier trotz erheblicher Eingriffe in die Medienfreiheit auch Modelle der freiwilligen Selbstkontrolle gesetzlich verankert worden sind (§§ 19 JMStV, 14 Abs. 6 JuSchG).

6 Urheberrecht

Das Urheberrecht ist ein umfassendes und absolutes Recht (Rehbinder 2010; Wandtke und Bullinger 2009). Er schützt den Urheber in all seinen wirtschaftlichen und ideellen Interessen an seinem Werk. Geschützt wird jedes Werk der Literatur, Wissenschaft und Kunst, soweit es sich um eine persönlich-geistige Schöpfung des Urhebers handelt (§ 2 UrhG) und eine bestimmte Schöpfungshöhe aufweist. Das Urheberrecht erlischt 70 Jahre nach dem Tod des Urhebers.

Das Urhebergesetz unterscheidet zwischen dem Urheberpersönlichkeitsrecht und den Verwertungsrechten. Beim Urheberpersönlichkeitsrecht steht der Schutz der schöpferischen Persönlichkeit des Urhebers im Vordergrund. Ihm allein obliegt das Veröffentlichungsrecht, nur er hat das Recht, Entstellung oder Beeinträchtigung seines Werkes zu verbieten (§ 12 ff. UrhG).

Praktisch weit relevanter und auch für die Unternehmenskommunikation von Bedeutung sind heute die Bestimmungen zu Verwertungsrechten und angemessener Vergütung. Der Urheber ist Inhaber der Verwertungsrechte an seinem Werk. § 15 UrhG unterscheidet zwischen körperlichen Verwertungsrechten (Vervielfältigungsrecht, Verbreitungsrecht, Ausstellungsrecht) und unkörperlichen Verwertungsrechten (Aufführungsrecht, Senderecht, Wiedergaberecht durch Bild- und Tonträger). Der Urheber kann Dritten ausschließliche (exklusive) oder einfache Nutzungsrechte an seinem Urheberrecht übertragen; das Nutzungsrecht kann dabei räumlich, inhaltlich oder zeitlich beschränkt werden (§ 31 UrhG). Ein einfaches Nutzungsrecht wird auch Lizenz genannt. Der Urheber erhält für die Einräumung von Nutzungsrechten einen Anspruch auf angemessene Vergütung. Sollte eine nicht angemessene Vergütung vertraglich fixiert sein, kann der Urheber von seinem Vertragspartner sogar Einwilligung in die Änderung des Vertrages verlangen – ein vom Gesetzgeber erlaubter Eingriff in die Vertragsfreiheit (§ 32 Abs. 1 UrhG). In der Praxis werden die wirtschaftlichen Interessen der Urheber von Verwertungsgesellschaften wahrgenommen (VG Word, VG Bild-Kunst, GEMA).

Wird das Werk von einem Arbeitnehmer im Rahmen seines Arbeitsverhältnisses geschaffen, ist zwischen Pflichtwerken und freien Werken zu unterscheiden. Bei Pflichtwerken, die im Rahmen der Arbeit entstehen, ist der Arbeitnehmer zur Übertragung der Nutzungsrechte auf den Arbeitgeber verpflichtet. Bei freien Werken besteht diese Verpflichtung nicht.

Die starke wirtschaftliche Stellung des Urhebers wird im Urhebergesetz selbst für bestimmte Fälle eingeschränkt. Die §§ 44a ff. UrhG regeln im Detail mehrere Fälle, in denen erlaubt wird, ein Werk zu nutzen, auch wenn es grundsätzlich dem Urheberrecht unterfällt. Je nach Fallgruppe ist jedoch eine angemessene Vergütung zu entrichten (z. B. für Schulbücher, Zeitungsartikel, Rundfunkkommentare). Das gilt auch für nicht kommerziell angebotene Pressespiegel im Unternehmen, unabhängig davon ob diese traditionell mit ausgeschnittenen Zeitungsartikeln oder elektronisch erstellt werden (§ 49 UrhG). Dabei dürfen lediglich einzelne Artikel in einen Pressespiegel aufgenommen werden, nicht jedoch der gesamte Inhalt eines Pressewerks. Kommerziell angebotene Pressespiegel sind urheberrechtlich unzulässig.

Bei Verletzung des Urheberrechts kann der Urheber nach § 97 UrhG Unterlassung, Beseitigung, Schadensersatz oder Geldentschädigung geltend machen. § 97 UrhG ist insoweit eine lex specialis zum allgemeinen Unterlassungs- und Schadensersatzrecht des BGB.

7 Presserecht

Presserecht sowie das im nächsten Abschnitt skizzierte Rundfunk- und Fernsehrecht regeln Privilegien, Rechte und Pflichten der in diesen Bereichen tätigen Akteure (Rehbock 2011; Ricker und Weberling 2012). Für die Unternehmenskommunikation ist das auf den ersten Blick nur bedeutsam, wenn das Unternehmen in dieser Branche tätig ist. Gleichwohl zählt weit über diese enge Anwendung hinaus der Umgang mit Presse und Fernsehen längst zum Kern strategischer Kommunikation in jedem Unternehmen. Für einen kompetenten Umgang mit Presse- und Fernsehjournalisten ist es für jeden Unternehmenskommunikator wichtig, deren rechtlichen Handlungsrahmen und Spielraum zu kennen. Außerdem finden im Presse- und Rundfunkrecht entwickelte Rechtsgrundsätze zunehmend Anwendung in den Neuen Medien.

Das Grundrecht der Pressefreiheit in Art. 5 Abs. 1 Satz 2, 1. Alt. GG schützt sowohl die individualrechtliche als auch die institutionelle Seite der Presse: Pressefreiheit ist das Recht des Einzelnen, Pressetätigkeit ohne staatliche Einflussnahme ausüben zu dürfen. Pressefreiheit schützt hierbei alle für die Presseveröffentlichung erforderlichen Tätigkeiten. Gleichzeitig steht das Institut der Freien Presse als solches unter Schutz, hieraus ergeben sich staatliche Schutzpflichten für ein freies Pressewesen. Der Begriff Presse ist weit zu fassen: Geschützt werden alle zur Verbreitung an die Allgemeinheit bestimmten Druckerzeugnisse. Das können neben Zeitungen auch Zeitschriften, Bücher, Werbebroschüren oder – nach einer Entscheidung des Bundesverfassungsgerichts – auch Werkzeitungen sein.

Das Verhältnis von Meinungsfreiheit und Pressefreiheit ist durch das Bundesverfassungsgericht mittlerweile mehrfach konkretisiert worden. Das Bundesverfassungsgericht geht heute davon aus, dass jede Meinungsäußerung, auch wenn sie in einem Druckerzeugnis enthalten ist, von der Meinungsfreiheit erfasst wird: Das Grundrecht der Meinungsfreiheit schützt die in einem Presseerzeugnis enthaltene Meinungsäußerung. Der Schutzbereich der Pressefreiheit ist demgegenüber berührt, wenn es um die im Pressewesen tätigen Personen in Ausübung ihrer Funktion, um ein Presseerzeugnis selbst, um den institutionell-organisatorischen Rahmen der Presse sowie um die Institution einer freien Presse überhaupt geht.

Das Bundesverfassungsgericht hat aus dem Institut der Pressefreiheit eine Reihe von wichtigen journalistischen Einzelrechten abgeleitet: Besonders geschützt sind Redaktionsgeheimnis, Informantenschutz und Zeugnisverweigerungsrecht (§ 53 Abs. 1 Nr. 5 StPO). Gleiches gilt für den Tendenzschutz (Freiheit, die politische und weltanschauliche Tendenz einer Zeitung festzulegen) sowie die negative Pressefreiheit, d. h. auch Sachverhalte nicht zu veröffentlichen. Die rechtswidrige Beschaffung von Informationen ist nicht durch die Pressefreiheit gedeckt.

Im Detail sind Rechte und Pflichten der Presse in den Landespressegesetzen niedergelegt. §§ 1 und 3 PresseG (Freiheit der Presse, öffentliche Aufgabe der Presse) greifen den verfassungsrechtlichen Schutz der Presse auf. Von besonderer praktischer Relevanz ist der in § 4 PresseG sehr detailliert geregelte Auskunfts- und Informationsanspruch der Presse gegenüber Behörden. Das PresseG enthält aber auch verpflichtende Regelungen für die Presse. Ausdrücklich genannt werden die journalistische Sorgfaltspflicht, Trennung von Werbung und redaktionellem Teil sowie der Gegendarstellungsanspruch (10 PresseG).

8 Rundfunk- und Fernsehrecht

Rundfunk umfasst im rechtlichen Sinn sowohl Hörfunk als auch Fernsehen. Steht bei der Pressefreiheit die Stärkung der Medien-Vielfalt im Vordergrund, so ist die Auslegung des Grundrechts der Rundfunkfreiheit historisch durch die begrenzte Zahl öffentlich-rechtlicher Anstalten geprägt; diese sollen möglichst dem Einfluss aller gesellschaftlichen Gruppen geöffnet werden. Sie haben den gesetzlich explizit formulierten Auftrag, als Medium und Faktor des Prozesses freier individueller und öffentlicher Meinungsbildung zu wirken und dadurch die demokratischen, sozialen und kulturellen Bedürfnisse der Gesellschaft zu erfüllen (§ 11 Abs. 1, Satz 1 RStV). Trotz des Aufkommens privater Rundfunkanbieter haben die öffentlich-rechtlichen Sender diesen rechtlichen Sonderstatus bis heute nicht verloren. Aufgrund dieser ihnen zugewiesenen besonderen Rolle im Mediensystem unterscheiden sich öffentlich-rechtlicher und privater Rundfunk in Regelungsinhalt, -tiefe und Kontrollverständnis erheblich.

Der Schutzbereich der grundrechtlichen Rundfunkfreiheit (Art. 5 Abs. 1 Satz 2, 2. Alt. GG) umfasst die Beschaffung von Informationen ebenso wie die Produktion von Sendungen und die Verbreitung von Nachrichten. Private wie öffentlich-rechtliche Rundfunksender können sich gleichermaßen auf den grundrechtlichen Schutz der Rundfunkfreiheit berufen. Vergleichbar zu Pressefreiheit wird Staatsfreiheit der Berichterstattung garantiert.

Rundfunkfreiheit ist in erster Linie eine dienende Freiheit: Sie hat der freien individuellen und öffentlichen Meinungsbildung zu dienen. Aus dieser Aufgabe folgert das Bundesverfassungsgericht einerseits die Freiheit des Rundfunks von staatlicher Beherrschung und Einflussnahme. Auf der anderen Seite muss der Gesetzgeber dafür Sorge tragen, dass die Grundversorgung der Bevölkerung mit ausgewogenen Programmangeboten sichergestellt ist. Daraus leitet das Bundesverfassungsgericht bis heute nicht nur eine Bestands- sondern auch eine (Weiter-)Entwicklungsgarantie des öffentlich-rechtlichen Rundfunks ab. Mit dieser Argumentation hat das Bundesverfassungsgericht mehrfach die Festsetzung von öffentlich-rechtlichen Rundfunkgebühren bestätigt.

Kern der gesetzlichen Regelung des Rundfunkrechts ist der Rundfunkstaatsvertrag. Dieser enthält zunächst übergreifende Vorschriften für öffentlich-rechtlichen und privaten Rundfunk, allen voran die allgemeinen Programmgrundsätze nach § 3 RStV: Alle Programmveranstalter haben die Würde des Menschen zu achten und schützen sowie die Achtung vor Leben, Freiheit sowie dem Leben anderer zu stärken. Der Informationsauftrag des Rundfunks wird besonders abgesichert: Unentgeltliche Kurzberichterstattung über Ereignisse von allgemeinem Informationsinteresse ist stets möglich, gleiches gilt für unverschlüsselte und kostenfreie Übertragung von Großereignissen von erheblicher gesellschaftlicher Bedeutung (§§ 4, 5 RStV). Werbung, Teleshopping und Sponsoring müssen als solche leicht erkennbar und vom redaktionellen Teil unterscheidbar sein (§ 7 Abs. 3, Satz 1; § 8 Abs. 1, Satz 1 RStV).

Da die Grundversorgung nach dem aktuellen Rechtsverständnis über die öffentlich-rechtlichen Rundfunkanstalten sichergestellt werden muss, sind Auftrag, Finanzierung und Kontrolle im Rundfunkstaatsvertrag im Detail geregelt (§§ 11 ff. RStV). Die Anforderungen des Gesetzgebers an private Rundfunkanbieter sind differenziert: Hier stehen Regeln zur Zulassung (§§ 20 ff. RStV) und Absicherung der Meinungspluralität (§ 26 RStV: Verhinderung einer marktbeherrschenden Stellung) im Vordergrund. Die Staatsaufsicht ist begrenzt.

9 Werberecht

Werbung ist ein zentrales Mittel der Unternehmens- und Marketingkommunikation. Damit agiert Unternehmenskommunikation in dem Spannungsverhältnis zwischen dem legitimen Ziel von Werbung, Verhaltensweisen von Konsumenten zu beeinflussen, und dem Erfordernis, Konsumenten vor Täuschung über den werbenden Charakter von Medieninhalten zu schützen.

Ausgangspunkt der Werberechtsregeln (Birk und Löffler 2012) ist das allgemeine Wettbewerbsrecht: Es regelt im Gesetz gegen den unlauteren Wettbewerb (UWG) die „Lauterkeit" des Marktverhaltens der Marktteilnehmer. Mitbewerber, Verbraucher und Allgemeinheit haben ein Interesse an einem unverfälschten und funktionsfähigen Wettbewerb. Zielt das Kartellrecht auf die Gewährleistung wettbewerblicher Marktstrukturen, betrifft das UWG das Verhalten der Teilnehmer im Wettbewerbsgeschehen und damit insbesondere im Werbegeschehen.

Die Generalklausel zum Verbot unlauterer geschäftlicher Handlungen findet sich in § 3 Abs. 1 UWG: Unlautere geschäftliche Handlungen sind unzulässig, wenn sie geeignet sind, die Interessen von Mitwettbewerbern, Verbrauchern oder sonstigen Marktteilnehmern spürbar zu beeinträchtigen. Für die medienrechtlich besonders relevante Zielgruppe der Verbraucher präzisiert der Gesetzgeber (§ 3 Abs. 2 UWG): Geschäftliche Handlungen sind insbesondere dann unzulässig, wenn diese die Fähigkeit des Verbrauchers, sich aufgrund von Informationen zu entscheiden, spürbar beeinträchtigen und ihn damit zu einer geschäftlichen Entscheidung veranlassen, die er andernfalls nicht getroffen hätte.

§§ 4 bis 6 UWG ergänzen die Generalklausel durch einen praxisnahen Katalog von Beispielen. Medienrechtlich relevante Fälle von unlauterem Handeln liegen vor, wenn der Werbecharakter geschäftlicher Handlungen verschleiert wird, wahrheitswidrige Informationen über einen Wettbewerber verbreitet, irreführende Angaben über Waren und Dienstleistungen geäußert werden oder unangemessen vergleichend geworben wird. Auch eine geschäftliche Handlung, durch die ein Marktteilnehmer in unzumutbarer Weise belästigt wird, ist unzulässig (§ 7 UWG). Das gilt insbesondere für Werbung, obwohl erkennbar ist, dass der angesprochene Marktteilnehmer diese Werbung nicht wünscht (Beispiel cold calls).

Rechtsfolgen sind Beseitigung und Unterlassung (§ 8 UWG) sowie weitergehend Schadensersatz und Gewinnabschöpfung (§§ 9, 10 UWG).

Neben den Bestimmungen des allgemeinen Wettbewerbsrechts kennt das Medienrecht eine Reihe besonderer, für die Massenkommunikationsmedien einschlägiger Werberechtsregeln. Zentraler Grundsatz des Medienrechts ist das Gebot der Trennung von Werbung und redaktionellem Inhalt (§ 4 Nr. 3 UWG, § 7 Abs. 3 RStV). Der RStV stellt in § 7 medienübergreifende Werbegrundsätze auf und spezifiziert diese dann für öffentlich-rechtlichen Rundfunk (§ 16 RStV), privaten Rundfunk (§ 45 RStV) und Telemedien (§ 58 RStV). Der Jugendschutz setzt eine weitere enge Schranke für die Zulässigkeit von Werbung (§ 6 JMStV).

10 Recht der neuen Medien

Die Neuen Medien und ihre kommunikativen Möglichkeiten stehen längt im Fokus jeder strategischen Unternehmenskommunikation. Kaum ein Rechtsgebiet verändert sich so schnell wie das Recht der Neuen Medien (Spindler und Schuster 2011). Das liegt an der rasanten Entwicklung des Internets, den immer neuen informationstechnischen Möglichkeiten und damit letztlich dem sich wandelnden digitalen Kommunikationsverhalten der Gesellschaft. Natürlich greifen die in der traditionellen monomedialen Welt entwickelten Grundnormen des Medienrechts ebenso im multimedialen Zeitalter. Auch ohne expliziten Hinweis im Grundgesetz gelten Grundrechte wie Meinungs- und Informationsfreiheit oder Presse- und Rundfunkfreiheit auch für den Bereich der Neuen Medien. Gleichwohl werfen die Neuen Medien laufend neue Rechtsfragen auf, Gesetzgebung und gerichtliche Interpretation hängen der tatsächlichen digitalen technischen wie kommunikativen Veränderung nach.

Im Zentrum des Multimediarechts stehen heute vor allem zwei Gesetze, das Telekommunikationsgesetz (TKG) und das Telemediengesetz (TMG). Das TKG bezieht sich auf den technischen Vorgang der Telekommunikation. Sein Ziel ist es, durch technologieneutrale Regulierung den Wettbewerb im Bereich der Telekommunikation und damit verbunden leistungsfähige Telekommunikationsinfrastrukturen zu fördern (§ 1 TKG). Im Ergebnis gibt das TKG das Design des Telekommunikationsmarktes vor und entwickelt sowie überwacht diesen Markt seit seiner Liberalisierung durch eine eigens hierfür geschaffene Regulierungsbehörde (Bundesnetzagentur).

Das Recht der Telemedien regelt demgegenüber Inhalte und Nutzungsformen von Diensten im Internet. Es gilt für alle elektronischen Informations- und Kommunikationsdienste (§ 1 TMG). Telemedien sind zulassungs- und anmeldefrei, sofern sich nicht aus anderen Gesetzen eine Zulassungspflicht ergibt (z. B. Rundfunk, § 20 Abs. 2 RStV). Wer Telemedien nicht geschäftsmäßig anbietet, den treffen keine Informationspflichten. Diensteanbieter geschäftsmäßiger, in der Regel gegen Entgelt angebotener Telemedien unterliegen demgegenüber einer Reihe von Pflichten zur kommunikativen Transparenz (§§ 5, 6 TMG).

Kern des TMG sind die Regelungen zur Verantwortlichkeit für die vom Diensteanbieter bereit gestellten Informationen. Für eigene Informationen haftet der Diensteanbieter wie jeder der kommuniziert oder veröffentlicht nach den im Medienrecht üblichen zivil- oder strafrechtlichen Vorschriften (§ 7 TMG). Bei fremden Informationen sieht das TMG eine detaillierte Haftungsprivilegierung vor (§ 8 ff. TMG). Für fremde Informationen, die der Diensteanbieter nur weiterleitet oder zu denen er nur den Zugang zur Nutzung vermittelt (access provider), ist er nicht verantwortlich. Speichert er aber diese Informationen (Hosting), ist er verantwortlich, wenn er ihren Inhalt kennt. Unabhängig von seinem Verschulden kann der Diensteanbieter in analoger Anwendung des Unterlassungsanspruchs nach § 1004 BGB dazu verpflichtet werden, Inhalte zu löschen, wenn er deren Rechtswidrigkeit hätte erkennen können.

Für Telemedien mit journalistisch-redaktionellen Angeboten wird das TMG ergänzt durch die dem Presse- und Rundfunkrecht ähnlichen Vorschriften der §§ 54 RStV. Dieses Angebot muss journalistischen Grundsätzen entsprechen. Der Anbieter wird privilegiert durch Auskunftsrechte, gleichzeitig treffen ihn Pflichten zu transparenter Information und gegebenenfalls Gegendarstellung.

11 Perspektiven medienrechtlicher Entwicklungen für die Unternehmenskommunikation

Medienrecht setzt den Rechtsrahmen für Unternehmenskommunikation. Die grundlegenden Schutz- und Abwehrrechte kommunikativen Handelns sind heute gut beschrieben und durch eine Vielzahl von Gerichtsentscheidungen umfangreich ausjudiziert. Im Bereich der Neuen Medien hängen Gesetzgebung und Rechtsprechung aber der rasanten technischen Entwicklung und den damit verbunden neuen kommunikativen Anwendungsformen nach. Der spannende Wettbewerb um immer aktuellere Kommunikationsformate ist deshalb für die Praxis der Unternehmenskommunikation verbunden mit einem Verlust an Rechtssicherheit und belastbaren rechtlichen Rahmenbedingungen.

Literatur

Birk, W., & Löffler, J. (2012). *Marketing- und Vertriebsrecht*. München: Vahlen.
Dörr, D., Krele, J., & Cole, M. D. (Hrsg.). (2011). *Handbuch Medienrecht* (2. Aufl.). Franfurt a. M.: Verlag Recht und Wirtschaft.
Fechtner, F. (2012). *Medienrecht* (13. Aufl.). Stuttgart: UTB.
Fechtner, F., & Mayer, J. (2012). *Medienrecht Vorschriftensammlung* (8. Aufl.). Heidelberg: C. F. Müller.
Mitsch, W. (2012). *Medienstrafrecht*. Heidelberg: Springer.
Paschke, M. (2009). *Medienrecht* (3. Aufl.). Heidelberg: Springer.
Paschke, M., Berlit, W., & Meyer, C. (Hrsg.). (2012). *Hamburger Kommentar – Gesamtes Medienrecht* (2. Aufl.). Tübingen: Nomos.
Petersen, J. (2010). *Medienrecht* (5. Aufl.). München: C. H. Beck.
Rehbinder, M. (2010). *Urheberrecht* (16. Aufl.). München: C. H. Beck.
Rehbock, K. (2011). *Medien- und Presserecht* (2. Aufl.). München: C. H. Beck.
Ricker, R., & Weberling, J. (2012). *Handbuch des Presserechts* (6. Aufl.). München: C. H. Beck.
Spindler, G., & Schuster, F. (Hrsg.). (2011). *Recht der elektronischen Medien – Kommentar* (2. Aufl.). München: C. H. Beck.
Wandtke, A., & Bullinger, W. (Hrsg.). (2009). *Praxiskommentar zum Urheberrecht* (3. Aufl.). München: C. H. Beck.

Das Reputationsrisiko: Herausforderungen und Bedeutung für die Unternehmensführung

Manfred Piwinger

Zusammenfassung

Dieser Beitrag zeigt auf, welche Relevanz bestimmte Risikoarten für die Werteposition „Reputation" haben, wie sich Unternehmen vor den Folgen reputationsrelevanter Risiken schützen und wie darüber gegenüber dem Kapitalmarkt und der Öffentlichkeit berichtet wird. Grundlage ist eine systematische Auswertung von Unternehmensaussagen in den Geschäftsberichten von Großunternehmen. Informations- und Reputationsrisiken werden differenziert in ihren Folgewirkungen dargestellt und gleichzeitig Reaktionsmuster herausgearbeitet.

Schlüsselwörter

Reputation · Reputationsrisiko · Informationsrisiko · Kommunikationsrisiko · Krisenkommunikation · Compliance · Verhaltenskodizes · Insiderinformation · Rufschädigung · Unternehmenskommunikation

1 Einleitung

Gemäß verschiedener Studien (Ernst & Young 2009; The Economist Intelligence Unit 2005) zählt das Reputationsrisiko zu den zehn größten Unternehmensrisiken überhaupt und kann ganze Branchen mit betreffen, was zahlreiche Beispiele belegen. Lustreisen und Sexskandale (VW, Ergo), tatsächliche oder vermeintliche Korruptionsfälle (Siemens, MAN), Patentverletzungen (Apple, Samsung), die Datenaffäre der Deutschen Bahn oder die Spekulationen und Zinsmanipulationen von Großbanken (Deutsche Bank, UBS) auf

M. Piwinger (✉)
Barbarossastraße 10, 42115 Wuppertal, Deutschland
E-Mail: consultant@piwinger.de

den internationalen Finanzmärkten haben den Blick der Fach- und der breiten Öffentlichkeit auf das Risiko eines Reputationsverlusts geöffnet. Medien berichten über diese Skandale[1], und Unternehmen geraten unter Druck, wurde doch in den Führungsetagen der Wirtschaft über viele Jahre hinweg das Risiko von Reputation weitgehend ignoriert. Geändert hat sich dies tendenziell erst in den letzten Jahren und ist ursächlich wohl auf die steigende Bedeutung immaterieller Vermögenswerte zurückzuführen.

2 Motivation, Relevanz und Beispiele

Die folgenden Ausführungen beziehen sich im Kern auf Betrachtungen zum Reputationsrisiko als eine übergeordnete Risikoart. Reputationsrisiken werden in der Unternehmenswelt immer relevanter (vgl. Abb. 1). Der Schaden für den Ruf des betroffenen Unternehmens wiegt oft schwerer als der messbare finanzielle Verlust. Einen erlittenen Reputationsschaden zu beheben ist schwierig und dauert. Das haben internationale Konzerne wie Toyota, Siemens, MAN oder UBS gerade in der heutigen Zeit äußerst schmerzhaft, weil rufschädigend und kostspielig, erfahren müssen.

Die betreffenden Unternehmen berichten bemerkenswert offen über Ursachen und Folgen von eingetretenen Reputationsbeschädigungen:

- *Beispiel Siemens*: Bei Siemens z. B. heißt es: „Unsere Verwicklung in bestehende und potenzielle Korruptionsverfahren könnte unsere Reputation schaden und nachteilige Auswirkungen auf unser Bemühen haben, uns um Geschäfte mit Kunden sowohl des öffentlichen als auch des privaten Sektors zu bewerben. Die Ermittlungen könnten sich auch auf unsere Beziehungen zu Geschäftspartnern, von denen wir abhängen, sowie auf unsere Fähigkeit, neue Geschäftspartner zu finden, nachteilig auswirken" (Siemens 2010, S. 137). Dem Reputationsschaden wird vor diesem Hintergrund ein deutlich höheres Verlustrisiko zugemessen als dem wirtschaftlichen Schaden – ein Aspekt, der auch in anderen Fällen festzustellen ist und der gar nicht so selten ist. Siemens ist der bisher größte bekannt gewordene Fall, aber bei weitem keine Ausnahme.
- *Beispiel UBS*: Die Schweizer Großbank UBS beschönigt ebenfalls nichts, sondern benennt Ursachen und Folgen des manifesten Reputationsschaden beim Namen. In dem Bericht von 2010 (UBS 2010, S. 55) liest es sich wie folgt: „Ein Reputationsschaden kann unser Geschäft und unsere Zukunftsaussichten maßgeblich beeinträchtigen. Wie die Ereignisse der letzten Jahre gezeigt haben, ist unser guter Ruf für die erfolgreiche Umsetzung unserer strategischen Pläne von zentraler Bedeutung. Es ist schwierig, einen erlittenen Reputationsschaden wieder zu beheben. Der Erholungsprozess verläuft langsam und Fortschritte sind möglicherweise schwer messbar." Wie es sich in den letzten Jahren gezeigt hat, heißt es in dem Bericht, „haben unsere enorme Verluste während der *Finanzkrise*, die Probleme mit dem grenzüberschreitenden US-Geschäft und ande-

---

[1] Erinnert sei auch an die Fälle von Enron und Worldcom.

re Angelegenheiten unserem Ansehen ernstlich geschadet. Dies war ein wesentlicher Grund dafür, dass unser Vermögensverwaltungsgeschäft Kunden und Kundenvermögen verloren hat – und in geringerem Ausmaß auch dafür, dass wir Mitarbeiter verloren haben und Neueinstellungen schwierig waren. […] Wir erkannten, dass die Wiederherstellung unserer Reputation für unsere weiteren Beziehungen mit Kunden, Anlegern, Aufsichtsbehörden, der Öffentlichkeit sowie unseren Mitarbeitern von größter Bedeutung sind." Hier kommt erneut der ökonomische Wert von Reputation ins Spiel – für Finanzinstitute essentiell für das Geschäft. Seitens der UBS gibt es hierzu noch zahlreiche weitere detaillierte Aussagen; vor allem darüber, wie das Finanzinstitut mit ihrem Reputationsschaden umgeht.

- *Beispiel Deutsche Bank*: Auch das größte deutsche Bankhaus, die Deutsche Bank, ist außer in dem Libor-Skandal in zahlreiche weitere Rechtsfälle (u. a. Ermittlungen wegen Steuerbetrugs im Emissionshandel oder der Manipulation von Interbankenzinsen) verwickelt. „Diese belasten die Bank materiell, vor allem aber ihre Reputation", heißt es im Brief des Aufsichtsrats (Deutsche Bank 2012, S. 12). Die Rückstellungen für Rechtsrisiken sind beträchtlich. Die Rufschädigung wird die Bank nicht so schnell wieder los, was auch die Sicht der Vorstandsvorsitzenden im Brief an die Aktionäre widerspiegelt. Dort heißt es (Deutsche Bank 2012, S. 6): „Die gravierenden Folgen einiger Themen aus den vergangenen Jahren, die unsere Reputation im Jahr 2012 beeinträchtigten, werden uns zweifelsohne auch 2013 begleiten."

Aus den Beispielen UBS und Deutsche Bank geht exemplarisch hervor, wie das Verhalten einzelner Institute auf die gesamte Finanzbranche abfärbt und im Gefolge neue gesetzliche und regulatorische Normen hervorbringt. Schlimmer ist allerdings der Verlust an *System- oder Regelvertrauen* – eine für die Wirtschaft grundlegende Ressource.

- *Beispiel MAN*: Ähnlich wie Siemens, aber insgesamt mit geringeren Auswirkungen, sah MAN (2009, S. 21 f.) sich gleichfalls mit Ermittlungen gegen Compliance-Vorschriften (Verdachts der Bestechung und anderer Delikte) konfrontiert. Es bestand nach Auffassung der Staatsanwaltschaft der Verdacht verdeckter Provisionszahlen in mehrfacher Millionenhöhe. MAN trennte sich infolge der Korruptionsvorwürfe von etwa 20 Mitarbeitern und prüfte, ob gegen einzelne Personen Schadensersatz geltend gemacht wird. Zusätzlich wurde ein Amnestieprogramm für Mitarbeiter beschlossen. Dieses gewährte Beschäftigten des Unternehmens, die freiwillig zur Aufklärung der Sachverhalte beitrugen, den Verzicht auf etwaige Schadensersatzforderungen bzw. Kündigungen seitens des Unternehmens.
- *Beispiel Ergo*: Im Konzerngeschäftsbericht der Munich Re (2011, S. 128) heißt es: „Im Jahr 2011 haben Ergo und Munich Re (die Muttergesellschaft) einen erheblichen Reputationsschaden durch die Berichterstattung über die Organisation und Durchführung einer verwerflichen (!) Incentive-Reise der HMI erlitten". Es sei dort zu massiven Verstößen gegen geltende Richtlinien und Werte des Unternehmens gekommen. Dabei blieb es nicht: Wenig später wurde über Missstände im Vertrieb von Versicherungspro-

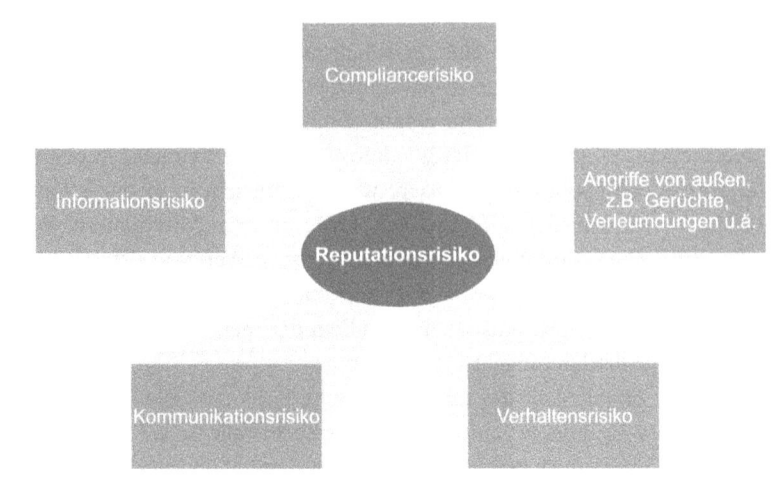

Abb. 1 Felder mit Einfluss auf das Reputationsrisiko

dukten (unter anderem fehlerhaftes Riester-Formular, betriebliche Altersversorgung) berichtet. „Die Vorwürfe, fehlerhaftes Verhalten und die entsprechende Berichterstattung vor allem in den deutschen Medien haben", wie weiter berichtet wird, „der Reputation von Ergo geschadet" (ebd.). Hingegen hätten sich weder im Neugeschäft noch in der Stornoabwicklung signifikante und negative Auswirkungen gezeigt.

„Aufgedeckte Wirtschaftsdelikte wie die genannten „führen zu großem finanziellen Verlust und zu langfristiger Rufschädigung", heißt es in einer Studie von Ernst & Young (2012, S. 9). Am häufigsten sind demnach Vermögensdelikte, Verstöße gegen Patent- und Markenrecht, Korruption und Bestechung sowie Diebstahl vertraulicher Kunden- und Unternehmensdaten. Ein nicht unbeträchtlicher Teil dieser Schäden geht auf das Verhalten der Mitarbeiter zurück (Schnorbus und Piwinger 2011). Auch das Risiko, das der Einsatz externer Experten und Berater, beispielsweise Wirtschaftsprüfer oder Gutachter, mit sich bringt, wird in der Regel nicht diskutiert. Neue Risiken sind hinzugekommen, insbesondere solche, die sich durch die Digitalisierung ergeben. „Noch schwerer als die finanziellen Verluste", heißt es in einer Studie von PwC zur Wirtschaftskriminalität (PwC 2011, S. 6), „wiegen für Unternehmen die indirekten Schäden wie Reputationsverlust und ein beeinträchtigtes Verhältnis zu Behörden oder Geschäftspartnern." Entsprechend berichteten 2011 bereits über 40 % der Unternehmen von einem Reputationsverlust; vor zehn Jahren waren es erst 10 % (ebd.).

3 Begriffsklärung und Methodenreflexion

Alles, was methodisch und instrumentell zu dem Themenbereich Reputation und Image gesagt werden kann, ist gut erforscht und wird durch die wissenschaftliche Literatur abgedeckt. Allerdings bleibt die Erforschung der Risikobetrachtung ein Desiderat, wobei es durchaus Hinweise aus der Skandalforschung sowie der Gerüchteforschung, partiell auch im Issue Management oder in juristischen Veröffentlichungen gibt. Der Fachbegriff Krisenkommunikation deckt bestenfalls das Handeln von Unternehmen in kritischen Situationen ab, beinhaltet aber nicht explizit die Folgeabschätzung einer Reputationsbeschädigung. Die Schwierigkeit bei diesem Thema liegt darin, dass es bisher erst wenige Ansätze einer systematischen Befassung gibt und es „derzeit noch keine verbindlichen aufsichtsrechtlichen Regelungen (gibt), wie ein Reputationsrisikomanagement ausgestaltet sein muss" (KPMG 2012, S. 4).

Insbesondere bei Unternehmen des Finanzwesens und der Versicherungswirtschaft trifft das Reputationsrisiko den unternehmerischen Nerv. Versicherungsunternehmen haben nach den Aufsichtsrechtlichen Mindestanforderungen an das Risikomanagement (MaRisk BA) das Reputationsrisiko als eigenständige Risikokategorie zu beachten, definiert als das „Risiko, das sich aus einer möglichen Beschädigung des Rufes des Unternehmens infolge einer negativen Wahrnehmung in der Öffentlichkeit (z. B. bei Kunden, Geschäftspartnern, Aktionären, Behörden) ergibt" (ebd.) In den Aufsichtsrechtlichen Mindestanforderungen von Banken ist das Reputationsrisiko (noch) nicht als eigenständige Risikokategorie festgelegt, jedoch findet es im Rahmen der allgemeinen Anforderungen an die Steuerung von Liquiditätsrisiken (BTR 3.1 Nr. 2) Erwähnung.

Potenziell besteht das Schadensrisiko in der *Beschädigung des Ansehens* als einer erfolgskritischen Position. Ein Verlust an Ansehen impliziert auch immer, dass das in den Geschäftsbeziehungen über die Jahre entstandene Vertrauen leidet. Das gesamte Geschäft wird verlustig betroffen. Zu bedenken bleibt: Eine Reputationsbeschädigung ist nicht über Nacht zu beheben. Hinzu kommt, dass es weltweit „noch keine ausgereiften Methoden und Prozesse (gibt), wie mit drohenden oder schlagenden Reputationsrisiken umgegangen werden soll" (KPMG 2012, S. 4). Die Aufarbeitung ist aufwändig und zeitintensiv. Auf finanzielle Schäden trifft dies nicht in gleichem Maße zu. Aktuelle Studien zum Reputationsrisiko finden wir hauptsächlich von Wirtschaftsprüfungsunternehmen und Unternehmensberatungen, die einerseits Prüfkriterien benötigen, andererseits können solche Studien auch der Geschäftsanbahnung dienen. Insoweit ist es notwendig, bei der Betrachtung dieses Themas auf verfügbare Quellen wie Unternehmensaussagen oder Regeln und Gesetze der Kapitalmarktkommunikation zurückzugreifen. Eine interdisziplinäre Herangehensweise wäre unter diesen Voraussetzungen wünschenswert. Erste Ansätze einer gemeinsamen Arbeit zwischen Controlling und Unternehmenskommunikation lassen hoffen, dass auf Sicht eine Quantifizierung bestimmter Reputationsrisiken möglich sein wird. Die bislang dominierende qualitative Bewertung erfolgt überwiegend durch die Einschätzung von Experten, steht also noch auf wackligen Beinen. Unternehmen, denen es gelingt, Reputationsrisiken sowohl zu quantifizieren als auch mit einem Risikomanagement reduzieren kann, werden künftig klare Wettbewerbsvorteile zugeschrieben (vgl. Deloitte Schweiz 2009).

4 Reputationsrisiko, Reputationsverlust und Reputationsbeschädigung

Reputationsverlust ist die in unternehmenskritischen Situationen am häufigsten genannte Risikoart. Das mag damit zusammenhängen, dass Reputation als ein das ganze Geschäftsmodell überdeckender immaterieller Vermögenswert Handlungsoptionen ermöglicht, aber eben auch einschränkt. Indes: Ein totaler Reputationsverlust ist freilich kaum vorstellbar.

> **Reputationsrisiko**
> Das Reputationsrisiko ist das Risiko einer Ansehensbeschädigung. Folgen sind das Risiko eines direkten Verlusts oder eines Verlustes künftigen Geschäftsvolumens. In der Literatur ist der Begriff „Reputationsverlust" verbreitet. Ein totaler Verlust der Reputation ist allerdings unvorstellbar. Besser wäre es, von einer „Reputationsbeschädigung" zu sprechen. Eine Reputationsbeschädigung resultiert immer aus einem entsprechenden Verlust einer anderen Risikoart. Deshalb sprechen wir von einem Folgerisiko bzw. einem nachgelagerten Risiko. Reputation kann sich nicht selbst schaden. Wird ein Reputationsschaden manifest, kann er wiederum zur Ursache weiterer Risiken werden.

An dieser Stelle wäre dann zu fragen, warum, wenn andere etwas verschulden, soll dafür die Kommunikation in einem gewissen Sinne haftbar gemacht werden? Die Antwort ist naheliegend und besteht darin, dass Unternehmenskommunikation zwar nicht Verursacher, sondern Betroffener eines Reputationsschadens ist. Denn das, was über Jahre oder Jahrzehnte hinweg mühsam und erfolgreich erreicht wurde, nämlich dem eigenen Unternehmen Ansehen und Bedeutung in der Öffentlichkeit zu verschaffen, kann über Nacht verlustig gehen. Im ökonomischen Sinne ist dies einem *Wertverlust* und einem *Vertrauensverlust* gleichzusetzen. Dass Vertrauen und Ansehen nur über lange Zeit hergestellt (!) werden können, hat jeder im Ohr. Genauso, dass es lange dauert und ein mühsamer (und teurer) Prozess ist, verloren gegangenes Vertrauen wieder zu erlangen. Hierin realisiert sich der Reputationsschaden.

4.1 Beschreibung

Das Reputationsrisiko wird von Unternehmen beinahe unisono als das Risiko eines Schadens beschrieben, der eintritt, wenn sich das Ansehen des Unternehmens in der Öffentlichkeit (zum Beispiel bei Kunden, Aktionären oder anderen Beteiligten) verschlechtert. Daneben heißt es, dass das Reputationsrisiko „das Risiko eines direkten Verlustes oder Verlustes künftigen Geschäftsvolumens" ist, das aus einem Ansehensverlust bei Geschäftspartnern und Kunden erwächst (Allianz 2011, S. 181). Zu einer ähnlichen Einschätzung gelangt adidas (2011, S. 149 f.), nämlich „dass eine deutliche Beeinträchtigung unseres Rufs sowie unseres Markenimages wesentliche finanzielle Auswirkungen auf den Konzern haben könnte". Die Commerzbank (2009, S. 183) definiert das Reputationsrisiko als „Gefahr von Verlusten, sinkenden Erträgen oder verringertem Unternehmenswert aufgrund von Vorfällen, die das Vertrauen in die Bank in der Öffentlichkeit, bei Kunden oder Ratingagenturen, Investoren oder Geschäftspartnern mindern." Wie kaum woanders wird hier ein unmittelbarer Zusammenhang zwischen Reputation, einem wirtschaftlichen Verlust sowie einer Minderung des Unternehmenswerts (!) hergestellt. Ein bisher wenig beachteter Faktor besteht auch darin, dass im Falle einer Reputationsbeschädigung auch die *Loyalität* der Mitarbeiter zum Unternehmen und zur Unternehmensführung beeinträchtigt werden kann.

Obwohl die Risikoberichte zum Teil einen beträchtlichen Umfang aufweisen, ist ihre Aussagewert im Allgemeinen nur eingeschränkt. Wünschenswert wäre u. a., dass die Interdependenzen von verschiedenen Risikoarten erläutert werden. Das Gebiet ist insgesamt erst wenig untersucht; eine allgemein akzeptierte Definition fehlt. Insgesamt befinden sich Management und Controlling der Reputationsrisiken „in einem frühen Entwicklungsstadium mit uneinheitlicher Sichtweise bezüglich Fragen der Governance, Methoden und Prozesse" (KPMG 2012, S. 21). Es bleibt noch einiges zu tun. Die folgenden Ausführungen stützen sich i. W. auf eine systematische Auswertung von Unternehmensaussagen in den Geschäftsberichten der letzten Jahre.

Ruf- und Reputationsschaden, Vertrauens- und Ansehensverlust, sind essentielle Risiken und können im ungünstigsten Fall zu einem Verlust der Existenz führen. „In der Tat hat jeder Kredit-, Markt-, oder operationelle Verlust das Potenzial, nachgelagert auch der Reputation des Unternehmens zu schaden" (Deloitte Schweiz 2009, S. 1). Anfällig für Reputationsrisiken sind bei weitem nicht nur Unternehmen, sondern auch deren Repräsentanten und Funktionsträger. Sie sind daher besonders stark an das institutionsspezifische Normensystem gebunden. Ihnen gegenüber baut sich in der Öffentlichkeit eine hohe Erwartungshaltung auf. Sie werden grundsätzlich an härteren als den sonst üblichen Maßstäben gemessen. Häufig greifen die Folgen eines persönlich von ihnen zu verantwortenden Fehlverhaltens von einer Person auf eine ganze Berufsgruppe, von einem Unternehmen auf eine ganze Branche über. Beispielhaft steht dafür die Finanzwirtschaft, die im Zuge der Finanzkrise einen großen Rufschaden ihrer Branche eingestanden hat. Hierbei zeigt sich, dass Reputation als die durch Kommunikation hergestellte Werteposition das *soziales Kapital,* eines Unternehmens ausdrückt und eine beträchtliche Bedeutung für die Außenwahrnehmung einnimmt. „Die medienvermittelte öffentliche Kommunikation ist das Medium, in der gesellschaftliche Reputation gewonnen oder verloren gehen kann" (Imhof 2008, S. 55).

Reputationsrisiken können auch anderen Risikoarten verstärken oder deren Ursache sein. Das Ausmaß des Schadens ist abhängig von der öffentlichen Wahrnehmung. Ein Verlust an Ansehen hat Folgen für ein Unternehmen. Er führt zu dramatischen Abschreibungen auf den *Firmenwert.* Die eigentliche Ursache ist dabei oft sekundär. In diesem Sinne stellt ein Reputationsverlust einen Kollateralschaden für die Unternehmenskommunikation dar, da die Aufarbeitung der Folgen eines Reputationsverlustes häufig in ihre Zuständigkeit fallen. In der Literatur wird von einem „nachgelagerten Risiko" oder einem „Folgerisiko" gesprochen.

4.2 Schutz vor Reputationsrisiken

Gemäß der Studie ‚Risk of Risks' der Economist Intelligence Unit aus dem Jahr 2013, gilt das Reputationsrisiko unter den Risikomanagern als „das bedeutsamste und gleichzeitig am schwierigsten zu handhabende Risiko". Ein Ansehensverlust wiegt schwer. Image-Autorität schützt in vielen Fällen vor Wertverlust oder hält ihn geringer. Im Krisenfall oder bei schädlichen Gerüchten ist ein glaubwürdiges Unternehmen eher vor Reputationsschaden geschützt als ein Unternehmen mit zweifelhaften Ruf, dem man alles Mögliche zutraut. Eine Abgrenzung, welche Reputationsrisiken als materiell eingestuft werden, ist bislang kaum definiert. Dennoch gäbe es bereits eine signifikante Zahl von Instituten, welche Reputationsrisiken systematisch bearbeiten, oder dass Institute dabei sind, ein entsprechendes Rahmenwerk aufzubauen (ebd.). Letzteres lässt sich ohne Weiteres auf Industrieunternehmen übertragen. Deren Schutzmaßnahmen haben inzwischen ein beachtliches Ausmaß erreicht, das als Indiz für die große Sorge der Unternehmensführung gewertet werden kann, aufgrund eines Fehlverhaltens öffentlich in Verruf zu geraten. Und zwar unabhängig von dem in der Regel beträchtlichen und rechenbaren wirtschaftlichen Schaden, der auf jeden Fall eintritt.

Wie ist der aktuelle *Status quo* der Berücksichtigung von Reputationsrisiken in den Risikomanagementsystemen der unternehmerischen Praxis? Diese Frage wurde 2013 im Zuge einer von der Technischen Universität Graz in Kooperation mit dem Kompetenzportal RiskNET durchgeführten empirischen Umfrage unter 400 Experten aus Deutschland, Österreich und der Schweiz analysiert.

Wesentliche Ergebnisse der Studie sind:

- Aktuell stellen Finanzrisiken die wesentlichste Bedrohung dar, gefolgt von Reputationsrisiken und Absatzrisiken.
- Die überwiegende Mehrheit der Risikomanager bewertet eine positive Unternehmensreputation als wichtigen Werttreiber im Unternehmen.
- Paradoxerweise wird das Risikopotenzial für den eigenen Betrieb jedoch als eher gering bewertet.
- Ein Viertel aller befragten Unternehmen berücksichtigen Reputationsrisiken nicht im Risikomanagement.
- Reputationsrisiken werden zukünftig an Bedeutung gewinnen (RiskNET 2013).

Es ist erst wenig darüber bekannt, wie Unternehmen speziell mit dem Risiko einer möglichen Reputationsbeschädigung präventiv umgehen. Am besten elaboriert scheint das

Modell der HypoVereinsbank (HBV) zu sein. Es fokussiert sich auf messbare Größen. Nur materielle Einflüsse auf die Gewinn- und Verlustrechnung werden als Reputationsrisiko-Ereignisse gewertet (vgl. Beil und Merl 2013). Die Dokumentation der identifizierten Risiken erfolgt in einem bankeigenen IT-System. Die Verantwortlichkeit wurde der Abteilung Operational Risk Management übertragen und damit eine klare Abgrenzung zum Reputationsmanagement getroffen.

5 Gesetzliche Regelungen und Vorschriften der Risikoberichterstattung

Börsennotierte Unternehmen unterliegen der Pflicht, ein Risikomanagement einzurichten und darüber im Jahresabschluss zu berichten. Gesetzlich geregelt ist u. a. die Pflicht zur Risikoberichterstattung im neuen Rechnungslegungsstandard DRS 20, daneben – umfassender – im „Gesetz zur Kontrolle und Transparenz im Unternehmensbereich" (kurz: KonTraG). Des Weiteren ist die 2009 von der Bundesanstalt für Finanzdienstleistungsaufsicht (BaFin) 2009 neu gefasste Regelung „Mindestanforderungen an das Risikomanagement" (MaRisk) für Kreditinstitute in Betracht zu ziehen. Durch das KonTraG sind Aktiengesellschaften verpflichtet ein Risikomanagementsystem einzurichten, welches gewährleisten muss, dass *sämtliche* den Unternehmen drohenden Risiken *vollständig* zu erfassen sind. Ferner muss sichergestellt werden, dass die so erfassten Risiken angemessen gesteuert werden können. Ergänzung finden diese Vorschriften in verschiedenen Bereichen des Kapitalmarktrechts, dessen Augenmerk sich stärker auf die Einhaltung marktkonformen Verhaltens richtet. Im weiteren Sinne sind hierin auch nicht börsennotierte Gesellschaften einbezogen, die einen Jahresabschluss nach dem Handelsgesetzbuch (HGB) vorlegen.

In den Aufsichtsrechtlichen Mindestanforderungen an das Risikomanagement von Versicherungsunternehmen (MaRisk BA) wird das Reputationsrisiko als eigenständige Risikokategorie gesehen. Es ist definiert als das „Risiko, das sich aus einer möglichen Beschädigung des Rufes des Unternehmens infolge einer negativen Wahrnehmung in der Öffentlichkeit (z. B. bei Kunden, Geschäftspartnern, Aktionären, Behörden) ergibt". In den Aufsichtsrechtlichen Mindestanforderungen […] von Banken ist das Reputationsrisiko (noch) nicht als eigenständige Risikokategorie festgelegt, jedoch findet es im Rahmen der allgemeinen Anforderungen an die Steuerung von Liquiditätsrisiken (BTR 3.1 Nr. 2) Erwähnung. Diskutiert wird, ob Finanzinstitute mögliche Reputationsrisiken mit Eigenkapital unterlegen sollten (Deloitte Schweiz 2009). Überhaupt stellt sich die Frage, ob Unternehmensreputation nicht als ein *Bestandswert* in der Unternehmensrechnung Berücksichtigung finden sollte. Eine Debatte darüber zu führen, wäre in vielerlei Hinsicht sinnvoll und rückte insbesondere die *Bewertung immaterieller Werte* in den Blick.

Die *Risikoberichterstattung* ist in dem schon erwähnten Rechnungslegungsstandard DRS 20 festgelegt. Dieser Standard ergänzt die Lageberichterstattung um die Grundsätze der Risikoberichterstattung. Hernach sind alle Risiken berichtspflichtig, „die die Entscheidungen der Adressaten des Konzernlageberichts beeinflussen könnten". Der Standard fordert eine Risikoquantifizierung in Fällen, wenn verlässliche und anerkannte Methoden zur Quantifizierung der Risiken vorhanden sind. Ziel der Risikoberichterstattung nach diesem Standard ist es, „den Adressaten des Konzernlageberichts *entscheidungsrelevante und verlässliche Informationen* zur Verfügung zu stellen".[2] Im Chancen- und Risikobericht hat die Unternehmensleitung ihre Erwartungen über die voraussichtliche Entwicklung des Konzern mit ihren wesentlichen Chancen und Risiken zu erläutern und zu einer Gesamtaussage zu verdichten. In Bezug auf das Reporting wird über das Reputationsrisiko verhältnismäßig selten eigenständig berichtet (vgl. KPMG 2012). Vielfach wird die Risikoberichterstattung in den Lageberichten sogar kritisch gesehen und als unzureichend und nicht aussagekräftig charakterisiert.

6 Was unterscheidet Reputationsrisiken von Informationsrisiken?

Reputations- und Informationsrisiken werden in der Unternehmenswelt immer relevanter. Obwohl beide Begriffe häufig in einem Atemzug genannt werden, empfiehlt sich eine differenzierte Betrachtung. Zunächst: Das Risiko ist in beiden Fällen der Verlust. Insoweit ist zumindest vordergründig eine gewisse Gemeinsamkeit gegeben. Bei einer weitergehenden Betrachtung differenziert sich das Bild und die Konturen werden schärfer. Ein (erstes) zentrales Kriterium der Differenzierung liegt in der Schadensart begründet. Das Reputationsrisiko betrifft im Schadensfall die immateriellen Vermögenswerte negativ. Informationsdelikte bewirken einen materiellen Verlust. Ihre Schadenshöhe lässt sich in der Regel einigermaßen genau feststellen. Ein finanzieller Schaden aus der Risikoart Reputation kann im Gegensatz hierzu bestenfalls geschätzt werden. Weitere Differenzierungen lassen sich finden, wenn man auf die Entstehungsgründe beider Risikoarten schaut. *Informationsrisiko* drückt die Gefahr aus, dass vertrauliche interne Daten (Wissen) oder betriebsinternes Know-how aufgrund einer kriminellen Handlung oder aus Organisationsversagen abhanden kommen. Informationsdelikte haben in aller Regel direkte Effekte auf die Markt- und Wettbewerbssituation und sind nachweisbar geschäftsschädigend. Ihre Aufarbeitung geschieht intern. Und soweit nicht größere Bevölkerungsgruppen betroffen sind, verschwinden sie alsbald vom Radar der öffentlichen Wahrnehmung.

Die öffentliche Meinung reagiert auf Informationspannen nachsichtiger („Kann jedem passieren.") als über Ruf- und Ansehensschäden, weil hierbei zum Teil irrationale und vor allem moralische sowie ethische Werte ins Spiel kommen. Anders als das Informationsrisiko ist das Reputationsrisiko kein Risiko sui generis, sondern resultiert stets aus anderen Risikoarten: „Das Reputationsrisiko ist immer dann als Folgerisiko zu definieren, wenn dem Reputationsverlust ein entsprechender Verlust aus einer anderen Risikoart zugrunde liegt" (KPMG 2012, S. 6) Häufig lässt sich feststellen, „wie sich das Reputationsrisiko (dann) im zeitlichen Verlauf wiederum als Ursache anderer Risiken herausstellt" (ebd.). Reputation als Risikoart betrifft das gesamte Geschäftsmodell, kann folglich als eine „übergeordnete" Risikokategorie charakterisiert werden.

---

[2] Hierin wird das Aufgabenfeld der Finanz- und Wirtschaftskommunikation deutlich.

Auf Grundlage des vorgefundenen Materials wird im Folgenden versucht, die beiden Risikoarten genauer zu betrachten. Im weiteren Verlauf sollen dann Möglichkeiten aufgezeigt werden, welche Präventionsmöglichkeiten es geben kann. Die hier verwendeten Definitionen des Informations- und Reputationsrisikos stellen eine Zusammenfassung einschlägiger Unternehmensaussagen dar. Ihnen wird der Vorzug vor theoretischen Konstrukten gegeben, weil sie lebensnäher sind und die Realität in den Unternehmen genauer abbilden.

7 Kommunikationsrisiken

Gemessen an anderen Risikoarten gilt das *Kommunikationsrisiko* als ein Risiko minderer Schwere. Das erklärt sich daraus, dass ein Kommunikationsvorgang zeitlich begrenzt ist. Geht etwas schief, sind die Folgen im Allgemeinen überschaubar. Es betrifft fast immer einzelne Vorgänge. Auf sie kann i. d. R. unmittelbar, beispielsweise durch eine sofortige Richtigstellung, reagiert werden, wodurch die negative Wirkung in aller Regel begrenzt wird und zumindest kein dauerhafter oder länger anhaltender Schaden bleibt. Für solche Fälle hält sowohl die Praxis als auch die praxisnahe wissenschaftliche Forschung hinreichend Reaktionsmuster bereit, auf die in diesem Zusammenhang nicht weiter eingegangen zu werden braucht. Nur in seltenen Fällen tritt eine nachhaltige Reputationsbeschädigung ein. Überhaupt ist das Risikopotenzial *selbstinitiierter Kommunikation* deutlich rückläufig. Zurückgeführt wird dieser Umstand auf den inzwischen hohen Professionalisierungsgrad der Unternehmenskommunikation.

Dennoch wäre es fatal, das Kommunikationsrisiko per se als harmlos einzustufen. Alles, was an die Öffentlichkeit dringt, wird kritisch beäugt, und nur zu häufig löst das Kommunikationsverhalten auch Rückschlüsse auf den Zustand und die Geschäftspolitik eines Unternehmens aus (vgl. Schnorbus und Piwinger 2012). Ein anhaltender Vertrauensschwund ist insbesondere dann zu befürchten, wenn sich Kommunikationspannen häufen oder auf spektakuläre Weise von in der Öffentlichkeit stehenden Spitzenmanagern direkt verursacht wurden. Im Gedächtnis festgesetzt haben sich „die ‚Peanuts'-Bemerkungen zu den offenen Handwerkerrechnung des Baulöwen und Pleitiers Jürgen Schneider, die Indiskretion zur drohenden Insolvenz von Leo Kirch; ein falsche Geste – zwei zum Victory-V gespreizte Finger zum Prozessauftakt über Schmiergeldzahlungen bei der Fusion von Mannesmann und Vodafone" (vgl. Kapitel „Unternehmenskommunikation und Journalismus – ökonomische Analyse einer ungleichen Partnerschaft"). So merkwürdig es klingen mag: Kommunikation als Risikofaktor fördert die Einsicht in die *Bedeutung von Kommunikation*, insbesondere die sich daraus ergebende steigende Signifikanz von Kommunikationsfähigkeit und Kommunikationskompetenz.

Es gibt viele Gründe, weshalb Kommunikation scheitern kann. Je komplizierter die Zusammenhänge sind, die vermittelt werden sollen, desto größer ist die Gefahr von Fehlerhaftigkeit. Ohne weiteren Anspruch ließe sich sagen, dass das *Risikopotenzial*, welches der Unternehmenskommunikation anhaftet, darin besteht, „zwei Risiken zu vermeiden: das Risiko der fehlschlagenden Verständigung, also des Dissenses oder des Missverständnisses, und das Risiko des fehlschlagenden Handlungsplans, also der Misserfolg." (Habermas 1987, S. 194). „Mangelnde Kommunikationsfähigkeit kann – neben anderen oder auch gemeinsam mit anderen Gründen – die Ursache sein" (Biel und Piwinger 2012, S. 18). Kommunikationsarbeit gleicht einer ständigen Gradwanderung. Auffallend ist, das unsere deutsche Sprache relativ viele Wörter für negative Kommunikationsergebnisse anbietet, wie Kommunikationsgau, Kommunikationsdesaster, Kommunikationsproblem, Kommunikationsfehler u. v. a. m. (ebd.). Es kann in diesem Zusammenhang hilfreich sein, die Ursachen von unbefriedigenden Kommunikationsergebnissen zu dokumentieren und zu verfolgen.

Dass Kommunikation nie risikofrei ist, liegt in der Natur der Sache. Kritisch sind Fälle von Rufschädigung, übler Nachrede, Diffamierung, Ehrverletzung oder Verleumdung durch Dritte, vor allem, wenn darauf unprofessionell reagiert wird. *Reaktive Kommunikation* erfordert komplett andere Talente und Fähigkeiten als *assertive*. In heiklen Situation sind Handlungsoption eingeschränkt; Unternehmen haben das Gesetz des Handelns dann nicht mehr in der Hand. Wie ein Unternehmen kommuniziert ist die eine Sache. Wie es als Betroffener mit von außen kommenden Ereignissen umzugehen versteht, eine total andere. Hier sind Kenntnisse und Wissen im Umgang mit Gerüchten, Rechtfertigungs- und Entschuldigungsoptionen u. Ä. unerlässlich, um die jeweils richtige Abwehrstrategie zu finden und um einen möglichen daraus erwachsenden Reputationsschaden zu begrenzen. Und das bei immer kürzeren Reaktionszeiten. Gerade auf diesem Gebiet ist Unternehmenskommunikation gefordert. Fachlich gibt es noch Vieles aufzuholen.

„Unternehmenskommunikation", so der Rechtswisssenschaftler Boehme-Neßler (vgl. Kapitel „Litigation und Kommunikation: Zusammenarbeit von Kommunikations- und Rechtsabteilungen im Unternehmen") „ist vor allem bei unklaren Situationen gefordert, die von Verdächtigungen, Halbwahrheiten und Spekulationen geprägt sind." Insoweit ist Kommunikation teilweise auch die Lösung. Trotz der zahlreichen Vorkehrungen, die in den Unternehmen getroffen wurden, um das Kommunikationsrisiko einzugrenzen, ganz auszuschließen wird es nie sein. Erinnert sie hier als Beispiel an den Elchtest der Mercedes A-Klasse – seinerzeit eine ziemliche Blamage für Mercedes. Obwohl der Vorfall viele Jahre zurückliegt (1997), finden sich bei Google unter diesem Stichwort noch 41.400 Einträge, darunter eine eigene Seite mit spöttischen Witzen. Erinnerlich ist uns auch noch die erste Reaktion eines Sprechers von Mercedes, die so ausfiel: „Wegen eines umgekippten Autos wird sich doch kein Vorstandsmitglied äußern." Das klingt zunächst sehr souverän, zeigt in der Nachbetrachtung allerdings, dass die Dimension des Vorfalls seinerzeit extrem unterschätzt worden ist.

8 Rufschädigung

Kritisch sind Fälle von *Rufschädigung*, übler Nachrede, Diffamierung, Ehrverletzung oder Verleumdung durch Dritte. Üblicherweise übernehmen Fälle von Rufschädigung die Unternehmensjustiziare. Doch gerade in heiklen Situationen ist es angebracht, dass Unternehmen die Kommunikationsfachleute im Unternehmen mit heranziehen und das Feld nicht allein den Juristen überlassen. Schließlich geht es um das wertvolle Gut „Reputation". Rechtliche Mittel sollten Unternehmen nur einsetzen, wenn sie eine realistische Chance auf Schadensersatz oder eine Abmahnung sehen. Gerüchte beispielsweise, obwohl ihnen ein hohes Risikopotenzial zugemessen wird, sind bis auf ganz seltene Ausnahmen nicht gerichtsfähig. Wie sich also vor Rufschädigung[3] wehren?

Oft gebrauchte Tatbestände aus dem Strafrecht sind u. a.:

Üble Nachrede (§ 186 StGB) Bei der üblen Nachrede wird insbesondere eine ehrverletzende Tatsachenbehauptung (verächtlich machen, in der öffentlichen Meinung herabwürdigen)unter Strafe gestellt. Entscheidend ist, dass diese „erweislich nicht wahr" ist.

Ist sie unwahr und weiß dies auch der Täter, handelt es sich um eine Verleumdung.

Verleumdung (§ 187 StGB) Die Tatsache muss ehrenrührig sein. Die Mitteilung muss durch „Behaupten" und „Verbreiten" geschehen.

Für das Verbreiten reicht es aus, dass die Tatsache als Gegenstand fremden Wissens dargestellt wird.

Beleidigung (§ 185 StGB) Eine Beleidigung im weiteren Sinne ist jede Verletzung der persönlichen Ehre eines anderen.

Nicht jede Meinungsäußerung ist strafbar; und sie kann durchaus polemisch sein. Denn das Grundgesetz schützt in Art. 5 Abs. 1 die Meinungsfreiheit in weitem Umfang. Erst wenn man über einen anderen etwas behauptet, das geeignet ist, dessen Ruf zu schädigen, macht man sich strafbar. Der Gesetzgeber gibt hier einen großen Spielraum, selbst auf Blogs oder in Foren.

9 Versicherung gegen Rufschaden

Neuerdings bieten als erste Versicherungen wie Axa und Swiss Life spezielle Policen gegen Rufschädigung im Internet an. Zunächst beschränkt auf französische Privatleute, die sich gegen Beleidigung oder die Veröffentlichung intimer Details im Internet versichern wollen. Die Police hilft, wenn die „E-Reputation" beschädigt wird. Beide Angebote ähneln sich, sind aber nicht 1:1 vergleichbar. Axa zum Beispiel übernimmt die Anwaltskosten zur Lösung des Streitfalls bis zu einer Summe von 10.000 €, bietet einen psychologischen Dienst und zahlt bis zu 5.000 € Schadensersatz. Zum Teil kooperieren die Versicherungen mit Agenturen, die darauf spezialisiert sind, beschädigte Internet-Identitäten zu säubern. 2012 ist auch die Allianz als erstes großes Versicherungsunternehmen in dieses Geschäft eingestiegen. Anders als die beiden französischen Versicherungen bietet die Allianz ihre Police „Allianz Reputation Protect" für Unternehmen an und übernimmt die Kosten für die Krisenkommunikation, wenn Unternehmen in Schwierigkeiten geraten.

---

[3] Rufschädigung ist kein eigener Straftatbestand, sondern gilt als eine Form von Verleumdung.

Der Deckungsrahmen liegt bei bis zu 10 Mio. €. Auch die Kosten für taktische Maßnahmen wie Medienbeobachtung, Pressearbeit und Anzeigenschaltung sind gedeckt. Als Berater kooperiert die Versicherung mit namhaften Kommunikationsagenturen.

Wie verhält es sich also als Nächstes mit dem Informationsrisiko?

10 Informationsrisiko

Seitens der Unternehmen wird das Informationsrisiko hinreichend präzise und weitgehend übereinstimmend definiert. Schutzziele (die verletzt werden können) sind: Verfügbarkeit, Integrität und Vertraulichkeit. Die Risikobetrachtung nimmt im Allgemeinen Bezug auf die allgemein gestiegene Bedrohung für die *Informationssicherheit* und ein höheres Maß an Professionalität in der Computerkriminalität. Das sensible Thema Informationssicherheit hat, wie eine Studie der Unternehmensberatung A. T. Kearney aus dem Jahr 2012 belegt, trotz der Zunahme an Hacker- und Wirtschaftsspionageangriffen noch nicht den Stellenwert im Management. Die Untersuchung zeigt, dass die DAX-Unternehmen in ihren Geschäftsberichten keinerlei konkrete Risikoaussagen treffen und in den geschilderten Abwehrmaßnahmen meist nur eine unsystematische Aneinanderreihung von Einzelmaßnahmen geben, die ein angemessenes Verständnis nicht erkennen lassen. So ist es für den Anteilseigner nur zu hoffen, dass der tatsächliche Umgang mit dem Thema Informationssicherheit professioneller gelebt wird; ein zutreffendes Bild von der Gefährdungslage und dem Umgang mit den Risiken können sie sich anhand der Geschäftsberichte jedenfalls nicht machen.

> **Informationsrisiko**
> Informationsrisiko ist die Gefahr der Verletzung der Vertraulichkeit, Verfügbarkeit oder Integrität von Informationen oder informationsarbeitenden Systemen eines Unternehmens.
> *Verletzung der Vertraulichkeit*: Daten werden Personen zugänglich, die hierfür nicht autorisiert sind. Insbesondere fällt hierunter der Verlust von Unternehmensgeheimnissen.
> *Verletzung der Integrität*: Daten werden unzulässig oder nicht nachvollziehbar verändert. Insbesondere fällt hierunter auch die Verfälschung von Daten mit dem Ziel der Störung von Geschäftsabläufen
> *Verletzung der Verfügbarkeit*: Der Zugriff auf Informationen wird gestört. Zumeist handelt es sich hierbei um die Störung datenverarbeitender Systeme.

Die Ausspähung wettbewerbsrelevanter Daten oder sonstiger sensibler Informationen (z. B. über die künftige Strategien, Produktausrichtung sowie Fusion und Übernahmen, unveröffentlichte Finanzergebnisse oder persönliche Daten) hat in den letzten Jahren durch die zunehmende Vernetzung immer neue Facetten erlangt. Gleichzusetzen wäre das kriminelle Abgreifen von Kundendaten durch Angestellte verschiedener Schweizer Großbanken und der Weiterverkauf an Drittstaaten zu nennen; genauso aber auch das Ausspähen geschützter Konstruktion- und Fertigungssysteme durch Drittstaaten. Daten- und Informationsschutz zählt heute praktisch für alle Unternehmungen zu den *systemrelevanten Risiken*. Weitere Fallgruppen ergeben sich vor allem an der Schnittstelle zum Kunden. Hier ist zum einen an die Zugänglichkeit der Systeme für Kunden wie etwas beim Internetbanking oder bei Bestellseiten im E-Commerce. Hier kommt es zu Fällen der Sabotage durch direkte Störung der Systeme oder auch durch Überlastung durch so genannte DoS-Angriffe (denial of service, auch DDos = distributed denial of service); die Folge ist meistens relativ kurzfristig. Nachhaltiger vertrauensschädigend hingegen sind solche Angriffe, die die Sicherheit der Systeme grundsätzlich infrage stellen. Der Schutz von Betriebs- und Geschäftsgeheimnissen, innovativen Entwicklungen und Prozessdaten gegen unberechtigte Zugriffe, Zerstörung oder Missbrauch hat einen sehr hohen Stellenwert erlangt. Eine Sicherheitskultur, sofern installiert, bringt Kostenvorteile wie das Vermeiden von Strafzahlungen, der Ersparnis aufwändiger Rechts- und Beratungskosten sowie interner Aufräumarbeiten.

Öffentlich wenig bekannt sind bislang Angriffe, die Fertigungsanlagen stören. Der einzig bekannte Fall ist hier unter dem Namen „Stuxnet" bekannt geworden, bei dem iranische Atomanlagen sabotiert worden sein sollen. Als Urheber des Cyberwarangriffs gelten die USA und Israel; hierbei wurden gezielt Steuerungssysteme eines deutschen Herstellers angegriffen. Das Drohpotential auf produzierende Unternehmen ist enorm. Noch verstärkt wird dieses Szenario durch immer weiter voranschreitende Digitalisierung von Produkten. Man stelle sich nur einmal vor, welche Auswirkung es hätte, wenn es einem Angreifer gelänge, die Steuerungselektronik von Fahrzeugen zu übernehmen. Das zeitgesteuerte Lahmlegen einer ganzen Flotte eines Herstellers würde das Vertrauen vermutlich unwiederbringlich zerstören.

Selbstverständlich sind die hier genannten Informationsrisiken keine, welche direkt in die Zuständigkeit des Bereichs der Finanz- und Unternehmenskommunikation fallen. Und dennoch gilt dies nur bedingt, denn natürlich ist die Unternehmens- und vor allem die Disziplin *Finanzkommunikation* eng in den Prozess der Informationsverwertung und -gestaltung involviert. Dies gilt umso mehr, als Schadensfälle in den kommenden Jahren zunehmen werden und so Risikokommunikation ohne Vorwarnzeit greifen muss.

11 Informationsrisiken im engeren Sinne

11.1 Risiken der Rechnungslegung

Die Hauptrisiken im Rechnungslegungsprozess bestehen darin, dass Abschlüsse aufgrund unbeabsichtigter Fehler oder vorsätzlichen Handelns (Betrug) nicht ein den tatsächlichen Verhältnissen entsprechendes Bild der Vermögens-, Finanz- und Ertragslage vermitteln oder dass ihre Veröffentlichung verspätet erfolgt. „Diese Risiken können das Vertrauen der Investoren oder die Reputation der Bank beeinträchtigen und gesetzliche Sanktionen wie Interventionen der *Bankenaufsicht* nach sich ziehen", heißt es bei der Deutschen Bank (2011, S. 130). In diesem Zusammenhang gilt eine Information als wesentlich, wenn ihr Fehlen oder ihre falsche Angabe zu einer Fehleinschätzung der wirtschaftlichen Lage des Unternehmens bei den Investoren führen könnte. Gemäß § 289 Abs. 5 des Handelsgesetzbuches sind Kapitalgesellschaften gehalten, die wesentlichen Merkmale des internen Kontroll- und des Risikomanagementsystems im Hinblick auf den Rechnungslegungsprozess im Lagebericht zu beschreiben.

Es gibt bislang erst verhältnismäßig wenige bekannt gewordene Fälle, bei denen die Rechnungslegung von den *Aufsichtsorganen* (Deutsche Prüfstelle für Rechnungslegung und Bafin) bemängelt worden ist[4]. Immerhin stellte die DPR im Rahmen ihrer jährlichen Prüfung eine unzureichende Berücksichtigung der Anforderungen an die Chancen- und Risikoberichterstattung im Lagebericht fest und weist ferner darauf hin, dass, wenn die DPR einen Fehler feststellt, ein gewisser Reputationsschaden für das Unternehmen eintritt. Dem potenziellen Risiko beugen zumindest die großen Unternehmen mit ausgereiften internen Kontrollsystemen vor. Solche Kontrollen sind direkt im operativen Prozess integriert. Das primäres Ziel der internen Kontrollsysteme für den Rechnungslegungsprozess besteht darin, durch die Implementierung von Kontrollen hinreichende Sicherheit zu gewähren, dass ein regelungskonformer Abschluss erstellt wird. „Hierzu", heißt es z. B. bei SAP (2011, S. 130), „analysieren wir neue Gesetze, Rechnungslegungsstandards und andere Verlautbarungen, deren Nichtbeachtung ein wesentliches Risiko für die Ordnungsmäßigkeit unserer Rechnungslegung darstellt." Die rechnungslegungsbezogenen Kontrollsysteme umfassen eine Vielzahl von internen Kontrollen und Prozessen, u.a. die Funktionstrennung verschiedener Teilprozesse sowie Zugangsbeschränkungen der im Rechnungslegungsabschluss eingesetzten IT-Anwendungen. Damit sollen Risiken vermieden werden, die in den Konzernabschlüssen zu wesentlich falschen Darstellungen führen könnten – mit den entsprechend zu bedenkenden Auswirkungen auf die externe Berichterstattung des Konzerns.

11.2 Insiderinformation

Ein weiteres internes Risiko stellen Insiderinformationen dar. Eine Insiderinformation wird im Wertpapierhandelsgesetz (WPHG Abschn. 3 § 13) definiert als „[…] eine konkrete Information über nicht öffentlich bekannte Umstände […], die geeignet sind, im Falle ihres öffentlichen Bekanntwerdens den Börsen- oder Marktpreis der Insiderpapiere

---

[4] Die Deutsche Prüfstelle für Rechnungslegung prüft routinemäßig alle 3 bis 4 Jahre die Abschlüsse der in den Börsenindizes geführten Unternehmen. Stellt die DPR im Rahmen ihrer Prüfung einen oder mehrere Fehler in der Rechnungslegung fest, so hat das Unternehmen diese Fehlerfeststellung zu veröffentlichen.

erheblich zu beeinflussen". Eine solche Eignung ist gegeben, wenn ein verständiger Anleger die Information bei seiner Anlageentscheidung berücksichtigen würde. Gemäß § 14 (Verbot von Insidergeschäften) ist es verboten: 1. unter Verwendung einer Insiderinformation Insiderpapiere für eigene oder fremde Rechnung oder für einen anderen zu erwerben und zu veräußern, 2. einem anderen eine Insiderinformation mitzuteilen oder zugänglich zu machen, 3. einem anderem auf der Grundlage einer Insiderinformation den Erwerb oder die Veräußerung von Insiderpapieren zu empfehlen oder einen anderen auf sonstige Weise dazu zu verleiten. Verstöße werden mit einer Freiheitsstrafe von bis zu fünf Jahren oder mit einer Geldstrafe geahndet. Daneben verpflichtet der Gesetzgeber Unternehmen zur Führung von Insiderverzeichnissen (durch das Anlegerschutzgesetz AnSVG in § 15b WpHG eingefügt). Darin sind alle Personen namentlich aufzuführen, die Zugang zu Insiderinformationen haben. Die im Verzeichnis genannten Personen sind über die rechtlichen Pflichten zu belehren sowie über die Rechtsfolgen von Verstößen aufzuklären. Das *Insiderverzeichnis* ist stets aktuell zu halten. Der Gesetzgeber will damit zweierlei erreichen. Erstens soll die Ausnutzung von Insiderwissen zum eigenen Vorteil und dessen möglichen Schaden für das Unternehmen verhindert werden. Und zweitens sollen der Bundesanstalt für Finanzdienstleistungsaufsicht (BaFin) Ermittlungen im Falle eines Verstoßes erleichtert werden.

11.3 Compliancerisiko

Mit „dem Auftauchen des Begriffs „Compliance" rückte der Präventionsgedanke immer stärker ins Zentrum der unternehmensinternen Abwehr" (PwC 2011, S. 5). Compliancerisiken beinhalten rechtliche und regulatorische Sanktionen oder finanzielle Verluste aufgrund von Nichteinhaltung von Gesetzen, Verordnungen, Richtlinien oder organisatorischen Standards und *Verhaltenskodizes*. Der Begriff Compliance (Regelüberwachung) bezieht sich auf die Einhaltung von Gesetzen und Richtlinien, aber auch die Einhaltung eigener ethischer Verhaltenskodizes und anderer nicht gesetzlicher Regelungen. In Deutschland entwickelten sich Compliance-Strukturen seit den 90er Jahren aufgrund gesetzgeberischer Vorgaben vor allem in den Banken und Versicherungen. Letztere sind nach § 33 Wertpapierhandelsgesetz (WpHG) gehalten, im Rahmen ihrer Organisationspflichten „eine dauerhafte und wirksame Compliance-Funktion einzurichten, die ihre Aufgaben unabhängig wahrnehmen kann". Vergleichbare Vorgaben wie für Kreditinstitute gibt es für Industrieunternehmen nicht. Für sie ist Compliance eine Selbstverpflichtung. Da diese Risikoart im Hinblick auf das Verlust- und Reputationsrisiko einen besonders hohen Stellenwert einnimmt, reagierten Großunternehmen entsprechend mit der Schaffung eigener Compliance-Funktionen[5] und haben intern ihre Berichtsstrukturen darauf

---

[5] Ende 2012 haben Compliance-Verantwortliche das Deutsche Institut für Compliance (DICO) gegründet. Es bietet ein Forum für nationale und internationale Vernetzung. Auf Dauer will das Institut ein Berufsbild entwickeln und praxisnahe Standards schaffen oder weiterzuentwickeln.

umgestellt. Erste Unternehmen haben diese Funktion auf Vorstandsebene angesiedelt. Die Compliance-Berichterstattung ist ohne Ausnahme ausführlich und enthält in der Regel sowohl eine Beschreibung der *Compliance-Organisation* als auch eine gewichtete Einschätzung des Risikos. Als Referenz wird vielfach Bezug genommen auf ethische und moralische Grundsätze wie sie sich in den Unternehmenskodices wiederfinden lassen und auf die sich Unternehmen freiwillig verpflichtet haben. Compliance-Programme sind nach Innen gerichtet und appellieren wie bei Bayer (2010, S. 92) an das „rechtlich und ethisch einwandfreie Handeln im geschäftlichen Alltag". Ganz allgemein findet der *Grundwert Integrität* breiten Raum. Vielfach berichten die Unternehmen von Maßnahmen, die sie vorbeugend ergriffen haben, um zum Beispiel das „Verfehlen von Unternehmenszielen infolge unsachgemäßen Geschäftsgebarens" (Medion 2009, S. 21) vermeiden zu können. Regelmäßige Prüfungen (Compliance Audits) durch die Konzernrevision unterstützen häufig die Compliance-Programme der Unternehmen. Das Institut der Wirtschaftsprüfer in Deutschland (IDW) hat einen entsprechenden Prüfungsstandard (PS 980) etabliert, mit dem mittlerweile mehr als ein Drittel der Unternehmen ihr Compliance-Management-System überprüfen (PwC 2013, S.5).

Über die Folgen von Fehlverhalten im Hinblick auf eine ordentliche Unternehmensführung ist man sich unternehmensseitig durchaus im Klaren. „Ein etwaiges Fehlverhalten gefährdet den Ruf und kann Vermögen und Ertragskraft schädigen" (MAN 2007, S. 136). „Unternehmen versuchen daher verstärkt, sich vor Haftungsfällen und damit einhergehenden Reputationsrisiken zu schützen" (Ernst & Young 2011). Compliance bedeutet für BASF (2010, S. 19) „*die Pflicht*, Gesetze und unternehmensinterne Richtlinien einzuhalten". Auch Fresenius Medical Care (2010, S. 100) bekennt sich zu einem „verantwortungsvollen, korrekten und gesetzeskonformen Umgang [...] mit Patienten und Geschäftspartnern". Die Allianz (2011, S. 85) hat „insbesondere hinsichtlich des integren Verhaltens im persönlichen Bereich" einen speziellen Code of Ethics verabschiedet, der sich an die Mitglieder des Vorstands und ein leitende Mitarbeiter bestimmter Ressorts, hauptsächlich im Finanzbereich, richtet. Einen ähnlichen Weg geht Bayer (2010, S. 93). Das Unternehmen hat das Thema Compliance in den Zielvereinbarungen mit den Konzernführungskräften verankert. K + S (2009, S. 16) geht davon aus, dass aufgrund korrekten Verhalten nicht nur Haftungs-, Straf- und Bußgeldrisiken sowie sonstige finanzielle Nachteile vermieden werden können, „sondern auch die positive Wahrnehmung des Unternehmens in der Öffentlichkeit" stützt". Schließlich (daran erinnert die Commerzbank 2009, S. 183) ist „die Basis unserer Geschäftstätigkeit das Vertrauen unserer Kunden, Aktionäre und Geschäftspartner in das ordnungsgemäße und gesetzestreue Handeln". Was dem einen oder anderen Betrachter als selbstverständlich erscheinen mag.

11.4 Schutz vor Compliancerisiken

Das Risiko von *Rechtsverstößen* durch individuelles Fehlverhalten ist nie ganz auszuschließen. Auch im Unternehmen geht es um die rechtzeitige, angemessene und effiziente Reaktion auf unerwünschte Entwicklungen. In einer Studie zum Compliance Management

(Ernst & Young 2011, S. 4) heißt es: „Die Eingliederung von Compliance Management in Unternehmenswert und -kultur, die Geschäftsprozesse sowie in das Berichts- und Kontrollwesen ist eine elementare und schwierige Aufgabe für jedes Unternehmen." Unternehmen, welche eine eigene Risikokultur aufbauen, verschafften sich indes Vorteile. Der Vermeidung von Compliancerisiken wird seitens der Unternehmen hohe Priorität eingeräumt. Ein auffälliges Signal haben (als Konsequenz aus der Datenaffäre) die Deutsche Bahn und später Daimler gesetzt, indem sie 2009 bzw. 2011 ein eigenes Vorstandsressort „Compliance, Datenschutz und Recht" bzw. „Integrität und Recht" bei Daimler eingerichtet haben. Inzwischen sind weitere gefolgt. In der Gesamtheit nehmen Vorkehrungen zum Schutz vertraulicher Informationen sowie Maßnahmen zur *Korruptionsbekämpfung* einen deutlich gewachsenen Berichtsumfang ein. Bei BASF (2010, S. 19) haben Gruppengesellschaften basierend auf die gruppenweit geltenden Grundwerte in den einzelnen Ländern Verhaltenskodizes erstellt, die lokale Gesetze und Gebräuche berücksichtigen. Der Aufgabenbereich „Compliance" weitet sich aus und dient wie bei MAN (2010, S. 113) „neben der Korruptionsbekämpfung auch die Verhinderung bzw. Aufdeckung von Verstößen in den Bereichen Kartellrecht und Datenschutz". Bei Roche (2011, S. 28) beispielsweise können die Mitarbeitenden Verstöße gegen den Verhaltenskodex anonym über eine so genannten SpeakUp-Line melden, die in 47 Sprachen zur Verfügung gestellt wird. Vergleichbare Meldewege für interne Hinweisgeber finden sich heute in fast jedem Konzern. Oft bedient man sich dabei externer Kanzleien, um Vertraulichkeit zu sichern.

„Keinerlei Toleranz gegenüber Korruption" legen die Business Conduct Guidelines von Siemens (2011, S. 33) fest. SAP (2011, S. 33) stellt die Umsetzung „unternehmensweit verbindlicher Sicherheitsstandards und Richtlinien zur internen und externen Kommunikation, datentechnische Vorkehrungen zur Unterbindung und Weiterleitung vertraulicher interner Inhalte über externe Kommunikationsnetzwerke sowie die Ausgabe besonders verschlüsselter Hardware an Mitarbeiter zum Schutz vertraulicher Informationen" als besonders relevant heraus.

Um Ihre Mitarbeitenden in Bezug auf den Umgang mit schützenswerten Daten oder Korruption zu sensibilisieren, bieten viele Unternehmen interne Schulungen an; z. T. als webbasierte Trainings (adidas) in mehreren Sprachen. Oft ist Compliance fester Bestandteil zentraler Geschäftsprozesse. Mitarbeitende bei FMC (2009, S. 90), die mit vertraulichen oder sogenannten Insiderinformationen betraut sind, verpflichten sich, „die entsprechenden Vorschriften einzuhalten und mit den Informationen verantwortungsvoll umzugehen". Derartige Beispiele lassen sich in den Jahresberichten zu Hauf finden. Sie sind letztendlich ein Beleg dafür, wie intensiv in den Unternehmen die Vorkehrungen zum Schutz vor Compliancerisiken ausgestaltet werden.

12 Fazit

Insgesamt haben die Unternehmen in den letzten Jahren umfassende Risikosysteme etabliert zum Schutz vor Verlusten aus dem Informations- und Reputationsrisiko. Missachtung von Regeln und Gesetzen, Korruptionsfälle und weitere kriminelle Handlungen wie das

Ausspähen von Geschäftsgeheimnissen und ähnliche Delikte finden in *einer sensibilisierten Öffentlichkeit* großes Echo. Spektakuläre Ereignisse erlangen in den Medien gesteigerte Aufmerksamkeit. Mit ein Grund, weshalb Verfehlungen schnell an den Pranger gestellt werden. Spätestens an dieser Stelle setzt die Aufgabe der Unternehmenskommunikation ein, deren Aufgabe es ist, sich auf solche Fälle sorgfältig vorzubereiten und im Fall der Fälle dann reputationsschonend die öffentliche Diskussion zu bestimmen. Reputation, schreibt der Soziologe Kurt Imhof (2008, S. 57), „lässt uns dasjenige, woran wir uns bei unserem Handeln orientieren, als *verlässlich* erscheinen." Die systematischen Erfassung, Bewertung und Steuerung immaterieller Risiken sollte mithin unverzichtbarer Bestandteil eines ganzheitlichen Risiko- und Controllingsystems sein. Entsprechende Bewertungsverfahren stecken allerdings noch in den Anfängen.

Literatur

adidas AG (2011). *Geschäftsbericht 2011*. Herzogenaurach: adidas.
Allianz SE (2011). *Geschäftsbericht 2011*. München: Allianz.
A. T. Kearney (2012). *Großunternehmen ignorieren die Gefahren durch Hacker und Wirtschaftsspione*. Wien: A. T. Kearney.
BASF SE (2010). *Geschäftsbericht 2010*. Ludwigshafen: BASF.
Bayer AG (2010). *Geschäftsbericht 2010*. Leverkusen: Bayer.
Beil, T., & P. Merl (2013). Reputationsrisiko-Management. In G. Bentele, M. Piwinger, & G. Schönborn, (Hrsg.), *Kommunikationsmanagement* (Loseblattwerk 2001 ff., Nr. 6.36, S. 1–20). Köln: Luchterhand.
Biel, A., & Piwinger, M. (2012). Kommunikationsfähigkeit. In G. Bentele, M. Piwinger, & G. Schönborn (Hrsg.), *Kommunikationsmanagement* (Loseblattwerk 2001 ff., Art. 8.51, S. 1–33). Köln: Luchterhand.
Commerzbank AG (2009). *Geschäftsbericht 2009*. Frankfurt am Main: Commerzbank.
Deloitte Schweiz (2009). *Management von Reputationsrisiken*. Zürich: Deloitte.
Deutsche Bank AG (2011). *Geschäftsbericht 2011*. Frankfurt am Main: Deutsche Bank.
Deutsche Bank AG (2012). *Geschäftsbericht 2012*. Frankfurt am Main: Deutsche Bank.
Ernst & Young (2009). *Business Risk Report. Die 10 größten Unternehmensrisiken*. Stuttgart: Ernst & Young.
Ernst & Young (2011). *Compliance Management. Eine anspruchsvolle Aufgabe: Von der Vermeidung von Haftungsfällen zu guter Unternehmensführung*. Stuttgart: Ernst & Young.
Ernst & Young (2012). *Enabling Compliance. Welche Rolle spielt Technologie?* Stuttgart: Ernst & Young.
FMC (2009). *Geschäftsbericht 2009*. Bad Homburg: FMC.
Habermas, J. (1987). *Theorie des kommunikativen Handelns*, Band 2. Frankfurt am Main: Suhrkamp.
Imhof, K. (2008). Vertrauen, Reputation und Skandal. *Zeitschrift Religion, Staat, Gesellschaft* (RSG), Themenheft: Soziale Normen und Skandalisierung, 55–78.
K + S (2009). *Geschäftsbericht 2009*. Kassel: K + S.
KPMG (2012). *Studie Reputationsrisiko – Management und Controlling*. Frankfurt am Main: KPMG.
MAN SE (2007). *Geschäftsbericht 2007*. München: MAN.
MAN SE (2009). *Geschäftsbericht 2009*. München: MAN.
MAN SE (2010). *Geschäftsbericht 2010*. München: MAN.

Medion AG (2009). *Geschäftsbericht 2009*. Essen: Medion.
Munich Re (2011). *Konzerngeschäftsbericht 2011*. München: Munich Re.
PwC (2011). *Studie Wirtschaftskriminalität 2011*. Frankfurt am Main: PwC.
PwC (2013). Studie Wirtschaftskriminalität und Unternehmenskultur 2013. Frankfurt am Main: PwC.
RiskNET (2013). *Studie zum Management von Reputationsrisiken in der Praxis*. Brannenburg: RiskNet.
Roche (2011). Geschäftsbericht 2011. Basel: Roche.
SAP AG (2011). *Geschäftsbericht 2011*. Walldorf: SAP.
Schnorbus, A., & Piwinger, M. (2011). „Ist der Ruf erst ruiniert" – Was Geschäftsberichte deutscher Konzerne über das Reputationsrisiko sagen. In G. Bentele, M. Piwinger, & G. Schönborn, (Hrsg.), *Kommunikationsmanagement* (Loseblattwerk 2001 ff., Nr. 1.54, S. 1–21). Köln: Luchterhand.
Siemens AG (2010). *Geschäftsbericht 2010*. München: Siemens.
SIEMENS AG (2011). *Geschäftsbericht 2011*. München: Siemens.
The Economist Intelligence Unit. (2005). *Risk of risks*. London: The Economist Intelligence Unit.
UBS AG. (2010). *Geschäftsbericht 2010*. Zürich: UBS.

Ethische Aspekte von Public Relations, Werbung und Onlinekommunikation

Christian Schicha

Zusammenfassung

Der Beitrag beschäftigt sich mit normativen Ansprüchen an die verantwortungsbewusste Unternehmenskommunikation. Es werden Merkmale einer PR-Ethik reflektiert, die durch diskursive Verfahren und PR-Kodizes zum Ausdruck kommen. Weiterhin werden Abgrenzungen bei den Aufgabenfeldern zwischen der Öffentlichkeitsarbeit (Public Relations) als unternehmensorientierte Auftragskommunikation, dem Journalismus, der die gesamte Öffentlichkeit unabhängig informieren soll und der absatzorientierten Werbung vorgenommen. Daran anknüpfend werden ethisch relevante Werbeformen aufgezeigt, die in den Richtlinien des Deutschen Werberates angesprochen werden. Der Blick richtet sich zudem auf zulässige Sonderwerbeformen wie Sponsoring und Product Placement sowie auf die verbotene Schleichwerbung. Abschließend werden Entwicklungen im Bereich von Onlinekommunikation und Social Media aufgezeigt, die sowohl für die Werbung als auch für Public Relations und damit für die Unternehmenskommunikatioin insgesamt aus einer ethischen Perspektive relevant sind.

Schlüsselwörter

Kommunikationsethik · Unternehmensethik · Unternehmenskommunikation · Online-Kommunikation · Social Media · Medienselbstkontrolle · Sonderwerbeformen · Product Placement · Schleichwerbung · PR-Ethik · Ethik der Werbung · Ethikkodizes

---

C. Schicha (✉)
Mediadesign Hochschule für Design und Informatik
Werdener Straße 4, 40227 Düsseldorf, Deutschland
E-Mail: c.schicha@mediadesign-fh.de

1 Zur Relevanz einer verantwortungsbewussten Unternehmensethik

Die angewandte Ethik besitzt die Aufgabe der Reflexion und Steuerung in Fällen moralisch fragwürdiger Entwicklungen. Dort geht es um eine offene Debatte mit Argumenten und Begründungen, um im Rahmen eines diskursiven Verfahrens Kriterien bereitzustellen und konkrete Probleme zu lösen (Schicha und Brosda 2010). Die Unternehmensethik soll einen systematischen Beitrag zur Beurteilung potenzieller moralischer Verfehlungen leisten und sich dabei auf ein philosophisch fundiertes Kategoriensystem beziehen, das normative Kriterien für den angemessenen Umgang mit kommunikativen Inhalten formuliert und klare Verantwortungszuschreibungen vornimmt.

Es wird von Unternehmen erwartet, dass sie sich ihrer gesellschaftlichen Verantwortung bewusst sind und neben den ökonomischen Gewinnzielen auch ökologische und soziale Ansprüche beachten und kommunizieren. Entsprechendes Agieren wird unter dem Begriff Corporate Social Responsibility (CSR) subsumiert (Raupp et al. 2010; vgl. Kapitel „Corporate Governance und Corporate Social Responsibility: Grundlagen und Konsequenzen für die Kommunikation"). Eine Aufgabe der Unternehmensethik besteht darin, Nebenwirkungen wirtschaftlichen Handelns vorausschauend zu antizipieren und sich mit Fragen der Güterabwägung bei konkurrierenden normativen und ökonomischen Ansprüchen auseinanderzusetzen. Dabei besteht die Aufgabe der Unternehmenssethik nicht darin, Moralprinzipien zu begründen und zu entwickeln, denen sich ein Konzern unterzuordnen hat. Vielmehr soll im Sinne einer praktischen Handhabung dargelegt werden, wie ökonomische und moralische Normen in der unternehmerischen Praxis miteinander vereinbart werden können. Aufgrund der negativen Effekte, die das Unternehmen verursachen kann, trägt es die Verantwortung für sein Handeln oder Unterlassen, auch wenn die negativen Konsequenzen etwa im Bereich der Luftverschmutzung oder bei der Lagerung von Abfällen erst für zukünftige Generationen zum Tragen kommen werden.

Die Verantwortungsethik richtet ihren Blick also auf die Einschätzung von Handlungsfolgen (Förg 2004; Schranz 2007). Wirtschaftsunternehmen stehen im Blickpunkt des öffentlichen Interesses und unterliegen einer permanenten Dauerbeobachtung durch die Medien. Ein schlechtes Image oder ein Skandal kann die Reputation nachhaltig zerstören und damit auch die Existenz des Unternehmens gefährden (Althaus et al. 2005). Insofern ist es von zentraler Bedeutung, dass sich die Unternehmen ihrer gesellschaftlichen Verantwortung bewusst sind und dies auch offen kommunizieren. Die Übernahme von Verantwortung stellt die Erfüllung von Ansprüchen dar, Versprechen für eine öffentliche Bezugsgruppe zu halten. Nicht nur der Staat (Legalität) und der Markt (Wettbewerb) sind für die Einhaltung von ethischen Regeln zuständig, sondern auch die Unternehmen selbst. Hierbei lassen sich unterschiedliche Verantwortungsstufen voneinander trennen. Zunächst ist der einzelne Beschäftigte auf allen Ebenen im Unternehmen eigenständig verantwortlich für sein Handeln (individualethische Verantwortung). Auf einer weiteren Stufe können Unternehmen sich durch die Vorgaben von Selbstkontrollinstanzen wie dem PR-Rat (Avenarius und Bentele 2009) oder dem Werberat (Deutscher Werberat 2012) eigene Richtlinien geben, die ein verantwortliches kommunikatives Handeln des Unternehmens festschreiben (Gruppenverantwortung). Weiterhin existieren firmeninterne Unternehmensleitlinien, Führungsgrundsätze, Unternehmensverfassungen und Geschäftsgrundsätze, die z. T. bereits in den Arbeitsverträgen ihrer Beschäftigten normative Leitlinien vorgeben (vertragliche Verantwortung). Derartige Vorgaben wie z. B. Transparenz und Respekt finden sich zum Beispiel in den Richtlinien beim Getränkekonzern Coca-Cola (Fink et al. 2012). Schließlich gibt es eine Reihe von Verbraucherschutzorganisationen, die als Anwälte der Kunden klassifiziert werden. Dabei reicht das Spektrum von den Verbraucherzentralen über Greenpeace bis hin zu Food-Watch („Watchdog"-Verantwortung).

Diese Differenzierung ist von zentraler Bedeutung, um bei der ethischen Beurteilung von Konfliktfeldern in der konkreten Praxis Möglichkeiten der Adressierung von Verantwortungszuschreibungen und Handlungsorientierungen zu bieten und im Sinne einer Arbeitsteilung Interdependenzen und Gemeinsamkeiten zwischen den verschiedenen Ebenen aufzuzeigen. In der Praxis kommt es nicht darauf an, ethische Werte zu setzen, sondern Entscheidungsprozesse bei konkreten Handlungsalternativen zu organisieren. Dabei ist zu differenzieren, ob Unternehmen Verantwortung nur dann signalisieren, wenn sie sich daraus einen Nutzen im Verständnis eines Tauschgeschäftes erhoffen oder ein grundlegendes proaktives gesellschaftliches Eintreten zeigen, das weit über die Befolgung von Gesetzen hinausgeht. Nur dann wird dokumentiert, dass sich Unternehmen neben ihren wirtschaftlichen Aufgaben auch ihrer sozialen Verantwortung innerhalb der Gesellschaft stellen. Derartiges Agieren geschieht in der Regel nicht uneigennützig, sondern dient auch als strategisches PR-Instrument, um die Akzeptanz des Unternehmens nach innen und außen zu sichern (Schicha 2010).

2 Aufgaben der PR-Ethik

Die PR-Ethik richtet ihren Blick auf die Auftragskommunikation von Wirtschaftsunternehmen, Verbänden und Non-Profit-Organisationen. Hier spielen in ethischen Debatten seit Jahrzehnten abstrakte Kategorien wie Glaubwürdigkeit, Vertrauen, Wahrhaftigkeit und Transparenz als ethische Leitbilder eine zentrale Rolle (Graf Zedtwitz-Arnim 1961). Dass eine PR-Ethik grundsätzlich erforderlich ist, wird weder in der Berufspraxis, noch in der Wissenschaft bestritten, da die Presse- und Öffentlichkeit vielfach als Profession angesehen wird, die mit unlauteren, manipulativen, unglaubwürdigen und unseriösen Methoden arbeitet (Röttger et al. 2011). Es wird unterstellt, dass in vielen Fällen Informationen zurückgehalten werden, Schönfärberei betrieben oder zu spät kommuniziert wird und die geforderte Transparenz demzufolge ausbleibt. Vielmehr gebe es eine zu beobachtende Diskrepanz zwischen Informationen und Fakten. Hinhaltetaktiken und Ablenkungsmanöver seien an der Tagesordnung. Insofern hält sich das Vertrauen in die PR-Arbeit in der Regel in Grenzen. Gleichwohl besitzen die PR-Fachleute die Aufgabe, als Mittler zwischen den Organisationen, für die sie arbeiten und den Teilöffentlichkeiten, an die Informationen vermittelt werden, so zu kommunizieren, dass wechselseitiges Verständnis, Akzeptanz und Vertrauen erreicht werden können (Förg 2004). In diesem Zusammenhang darf aber nicht übersehen werden, dass die Öffentlichkeitsarbeiter in erster Linie ihrem Unternehmen, für das sie arbeiten, verpflichtet sind. Dennoch hat die Öffentlichkeit den Anspruch, umfassend und wahrheitsgemäß informiert zu werden. Im Gegensatz zum Journalismus besitzt die auf die Selbstdarstellung zentrierte PR aber nicht in erster Linie die Aufgabe, von einem unabhängigen Standpunkt aus investigativ zu berichten und diesbezüglich eigene Recherche zu betreiben. „Die journalistischen Aufgaben der umfassenden und ausgewogenen Berichterstattung sowie der Kritik von Missständen müssen PR-Praktiker allerdings nicht erfüllen." (Förg 2004, S. 180).

Es existiert ein ethisch relevantes Spannungsfeld zwischen dem Journalismus und der Öffentlichkeitsarbeit, der in dem Leitsatz „Journalisten machen keine PR" zum Ausdruck kommt. Diese Aussage findet sich in den Leitlinien vom Netzwerk Recherche (Netzwerk Recherche und Schnedler 2011). Sie hat eine kontroverse öffentliche Diskussion ausgelöst. So wird kritisiert, dass freie Journalisten auch im PR-Bereich arbeiten und Pressemitteilungen für Wirtschaftsunternehmen verfassen. Dies ist aber nur dann zulässig, wenn die PR-Berichte namentlich gekennzeichnet werden und die journalistische Arbeit sich auf die Bereiche konzentriert, die sich nicht mit den PR-Aktivitäten überschneiden, um Interessenskonflikte zu vermeiden. Es ist also zu differenzieren zwischen dem Journalismus, der die Aufgabe besitzt, die Öffentlichkeit umfassend und unabhängig zu informieren und der Unternehmenskommunikation, die ihrem Auftraggeber gegenüber verpflichtet ist und die Unternehmensinteresen zu vertreten hat. Dass Journalisten sich auch an redaktionelle Leitlinien halten müssen und ebenfalls in einen Interessenkonflikt mit den ökonomischen Vorgaben ihres Mediums geraten können, wenn sie kritisch über einen Anzeigenkunden berichten, der dann ggf. seine Inserate zurückzieht, trifft ebenfalls zu. Grundsätzlich sollten Wirtschaftsunternehmen, die Anzeigen schalten, natürlich keinen Einfluss auf die Berichterstattung ausüben. Ein grundlegendes Problem stellt auch die Übernahme von PR-Material ohne Angabe der Quelle für einen redaktionellen Beitrag dar. Hier ist eine besondere Sorgfalt und Transparenz der verantwortlichen Journalisten erforderlich. Insgesamt herrschen im Journalismus und in der Unternehmenskommunikation Abhängigkeiten vor (Brosda und Schicha 2002). So unterliegen PR-Praktiker ebenfalls ökonomischen Machtstrukturen und Zwängen, die ein moralisch einwandfreies Handeln erschweren. (Förg 2004)

Als bezahlte Auftragskommunikation kommt der Unternehmenskommunikation die Aufgabe zu, die Reputation des Unternehmens kontinuierlich und systematisch zu stärken. Insofern ist Öffentlichkeitsarbeit ein interessensgeleitetes Unterfangen, das Ziele verfolgt, die dem Unternehmen oder der Organisation nützen. Dies gilt auch für die Kommunikation von Non-Profit-Organisationen, neuen sozialen Bewegungen oder politischen Parteien, da ein positives Image durch eine glaubwürdige Unternehmenskommunikation in diesen Bereichen die Spenden- oder Wahlbereitschaft positiv beeinflussen kann. Insofern kann festgehalten werden, dass Öffentlichkeitsarbeit klaren Zielen und Vorgaben entspricht, die vom Auftraggeber vorgegeben werden. Dennoch gibt es grundsätzliche normative Kategorien, die die Unternehmenskommunikation einzuhalten hat. Dazu gehört die professionelle Vermittlung von Informationen, die den Tatsachen entsprechen.

Es kommt darauf an, ein positives Image zu kreieren, das nicht nur kurz-, sondern auch mittel- und langfristig dem Unternehmen nachhaltig nützt.

Grundsätzlich ist es hilfreich, auf theoretische Modelle zurückzugreifen, die normative Maßstäbe einer an ethischen Kriterien ausgerichteten Unternehmenskommunikation anbieten.

2.1 Unternehmenskommunikation im Diskurs

Beim Blick auf die theoretischen Konzeptionen der angewandten Ethik bieten sich als Basis für die PR-Ethik zunächst diskurstheoretische Entwürfe einer kommunikativen Ethik an, die partizipatorische und emanzipatorische Gerechtigkeitsprinzipien einschließen. Bei der Orientierung an diskursethischen Prinzipien stehen die rationale Konsensfindung, das Mitspracherecht und die Partizipation der Kunden und Mitarbeiter sowie der Öffentlichkeit im Zentrum des Interesses. Das Ziel einer diskursiven Verfahrenskonzeption liegt darin, die normative Kraft der kommunikativen Ethik auf einer pragmatischen Ebene der Verbesserung der institutionellen und personellen Voraussetzungen rationaler Verständigungsprozesse zur Geltung zu bringen. Statt vorgefertigter Lösungen durch das Management sind Verständigungsprozesse vorgesehen. Die Anwendung einer kommunikativen Ethik hat gezeigt, dass aus der interpersonellen Kommunikation soziale Bindungskräfte und Normen resultieren, die in der Praxis als Steuerungsinstrument wirken und theoretisch als Grundlage für die Begründung einer Ethik fungieren können, da im Rahmen von Kommunikationsprozessen die Geltung und Aushandlung von Normen eine wichtige Rolle spielen. Gerechtigkeit und Achtung sind dabei die konstitutiven Prinzipien, die sich im Bereich der Medien- und Kommunikationsethik konkretisieren können durch die Normen der allgemeinen Rede- und Meinungsfreiheit (Toleranz- und Vielfaltgebot), der Informationsfreiheit und -gerechtigkeit (Grundversorgung und Zugänglichkeit) sowie der informationellen Selbstbestimmung und Zurechnung (Autonomie und Verantwortung). Neben diesen normativen Postulaten an zwischenmenschliche Verständigungsprozesse sind inhaltliche Richtlinien erforderlich, um eine unternehmensethische Konzeption zu entwickeln. Wichtig ist dabei wechselseitiges Verständnis und Akzeptanz zwischen der Organisation und der Öffentlichkeit, dass auf einem dialogischen Verfahren basiert und auf Überzeugung statt Überredung basiert, um Vertrauen aufzubauen (Förg 2004).

Idealtypischerweise kann im Rahmen der Öffentlichkeitsarbeit ein symmetrischer Dialog zwischen dem Unternehmen und der Öffentlichkeit postuliert werden, der auf Konsens angelegt ist (Grunig und Hunt 1984). Einem normativen Leitbild nach dem Modell einer idealen Sprechsituation nach Habermas (1987) zufolge sollte ein Dialog entstehen, der konstruktiv und zielführend ist, alle Interessen gleichberechtigt einbezieht und den gleichen Informationsstand der beteiligten Diskutanten voraussetzt. Auf der Ebene des Diskurses sollten keine widersprüchlichen Aussagen geleistet werden. Behauptungen sind zu begründen, und in einem idealtypischen Verständnis sollen alle Betroffenen an dem chancengleichen Diskursverfahren teilnehmen. Habermas geht davon aus, dass nur im

Dialog geklärt werden kann, ob eine Norm konsensfähig sein kann. Die Maximen müssen demzufolge der diskursiven Prüfung und dem Universalisierungsanspruch aller anderen Beteiligten unterliegen. Es geht bei dieser Verfahrensethik darum, durch diskursive Prüfung mit Hilfe des kollektiven Verständigungsprozesses zu allgemeingültigen Normen zu gelangen. Die Richtigkeitsansprüche erfolgen nicht auf der Grundlage eines inhaltlichen Prinzips, sondern nur aufgrund der faktischen oder potentiellen Zustimmung aller Betroffenen. Dabei gilt die diskurstheoretische Formulierung des Universalisierungsgrundsatzes, der besagt, dass eine strittige Norm unter den Diskursteilnehmern nur dann eine Zustimmung finden kann, wenn die Anerkennung der faktischen und potentiell Betroffenen gewährleistet ist. Habermas zufolge verlangt die Begründung von Normen und Geboten die Durchführung eines realen Diskurses. Es geht darum, überzeugende Argumente mit Geltungsanspruch zu formulieren und zu begründen. Die Argumente sollen auf ihre normative Richtigkeit hin untersucht werden. Die Festschreibung von inhaltlichen Moralprinzipien wird in der Diskursethik abgelehnt. Alle moralischen Inhalte werden in realen oder simulierten Diskursen erörtert, um zu einer Überprüfung erhobener oder konkurrierender Geltungsansprüche zu gelangen. Die Gleichberechtigung der Argumentationsteilnehmer wird ebenso vorausgesetzt wie gleiche Redechancen ohne Ausübung von Zwang. Als Grundlage des praktischen Diskurses dient die Idee einer Gemeinschaft vernünftig argumentierender Diskursteilnehmer, die sich bei konfligierenden Geltungsansprüchen um einen Konsens bemühen. Das Ziel des Diskurses besteht darin, ein diskursives Einverständnis zu erreichen. Die Anwendung des diskursethischen Ansatzes von Habermas auf die Öffentlichkeitsarbeit steht im Mittelpunkt der Überlegungen von Burkart und Probst (1991). Die in den theoretischen Betrachtungen auftauchenden Begriffe wie Verständigung, Dialog mit den Betroffenen sowie Konsens stellen Ziele dar, die auch beim Selbstverständnis der Öffentlichkeitsarbeit zugrundegelegt werden können. Die Unternehmenskommunikation wird in diesem Verständnis als Profession begriffen, die zur Optimierung gesellschaftlicher Verständigung beitragen kann. Sie soll dafür sorgen, dass es zwischen den Unternehmen und den Interessen der Betroffenen zu einem Einverständnis hinsichtlich der zu thematisierenden Gegenstände des Vertrauens in die Unternehmung und der Legitimität der vertretenen Interessen kommt. Um den Diskurs zwischen Unternehmen und Öffentlichkeit führen zu können, ist in einer ersten Phase die notwendige Information über den zu behandelnden Sachverhalt erforderlich. Spätestens in einer zweiten Phase beginnt der Dialog. In einer dritten Phase werden die Diskurse, in denen ein problematisch gewordenes Einverständnis durch Begründung wiederhergestellt werden soll, durchgeführt, wobei das beste Argument zur Grundlage einer Entscheidung dienen kann.

Ulrich (1989) entwickelt sein Konzept des idealen Dialogs in Anlehnung an die Diskurskonzeption von Habermas. Um die Begründung normativ gültiger Handlungsprinzipien aus diskursethischer Sicht praktisch zu gewährleisten, schlägt er folgende Verfahrens- und Verhaltensbedingungen vor:

- Beteiligung aller Betroffenen.
- Authentische Einbringung aller Bedürfnisse und Werthaltungen.

- Argumentative Einigung (Konsens).
- Nur allgemein akzeptierte Argumente sind gültig.
- Chancengleichheit (Machtausgleich). Die Verhandlungsmacht aller Betroffenen muss gleich sein.
- Zwanglosigkeit. Verzicht auf Persuasion und Sanktion.
- Unbeschränkte Information. Alle vorhandenen relevanten Informationen sind allen Beteiligten zugänglich.
- Argumentative Kompetenz. Dialogteilnehmer müssen fähig sein, vernünftig zu argumentieren.
- Rationale Motivation. Dialogteilnehmer müssen fähig sein, vernünftig zu argumentieren, Gegenargumente zu prüfen und einen allgemein akzeptierten Konsens zu erzielen.

Das Modell des Konsensus-Management von Ulrich lehnt die ausschließliche Entscheidungsbefugnis durch Experten im Unternehmen ab. Durch die Teilnahme aller Betroffenen am Dialogprozess wird der positive Nebeneffekt erzielt, dass die potentiellen externen Effekte, auf die von den Betroffenen hingewiesen wird, durch die Verantwortlichen des Unternehmens frühzeitig in den unternehmensrelevanten Entscheidungsrahmen einfließen können, wodurch die Folgekosten von Fehlentscheidungen vermieden werden könnten. Sofern ein diskursives Modell einer Unternehmensethik vorausgesetzt wird, kann davon ausgegangen werden, dass es Handlungsspielräume des unternehmerischen Verhaltens gibt, die nicht vollkommen durch die Sachzwänge des Marktes, des Wettbewerbs und des Preissystems determiniert sind. Das Ziel besteht schließlich darin, durch seine Konzeption einer diskursiven Verantwortungsethik im Unternehmen zu einer Versöhnung von ökonomischer und ethischer Vernunft zu gelangen. Auch im Unternehmen soll der ideale Dialog verwirklicht werden. Voraussetzung hierfür ist die Beteiligung aller Betroffenen, die ihre Bedürfnisse und Werthaltungen in den Dialog einbringen können, die Chancengleichheit der Argumente ohne Ausübung von Zwang sowie die Unvoreingenommenheit aller Kommunikationsteilnehmer gegenüber den Argumenten der anderen. Obwohl der ideale Dialog real nie erreicht werden kann, können auch die Führungskräfte der Unternehmen dazu beitragen, dass sein Vorbildcharakter für die Gestaltung der Kommunikationsbeziehungen einnimmt. Da ökonomische Entscheidungen unter Zeitdruck gefällt werden, ist es nicht möglich, einen Konsens mit jedem einzelnen Betroffenen durchzuführen. Daher müssen Mehrheitsentscheidungen toleriert werden, die von einigen Repräsentanten des Unternehmens, etwa den Mitgliedern einer Hauptversammlung, erzielt worden sind. Dennoch sollte auf möglichst vielen Ebenen der Dialog mit den Betroffenen realisiert werden. Um ihr Mitspracherecht bei den für sie relevanten Entscheidungen zu bewirken, sollen in der Praxis Grundrechte geschaffen werden, damit sie ihre legitimen Ansprüche in das Entscheidungsverfahren einbringen können. So soll der Vertreter des Unternehmens dazu bereit sein, sich in die Situation der unterschiedlichen Anspruchsteller hineinzuversetzen, um ihre Wünsche und Bedürfnisse nachvollziehen zu können. Daneben soll die Anerkennung der Autonomie des anderen ebenso vorausgesetzt werden wie der Versuch, die potentiellen Handlungsalternativen auch aus der Position anderer zu erfassen.

In der Praxis ist das Modell einer diskursiven PR-Ethik nur eingeschränkt umsetzbar. Der Informationsstand ist in der Regel eher so ausgerichtet, dass die PR-Fachleute mehr Kenntnisse über die Zustände ihrer Organisation haben als die Öffentlichkeit. Ein authentisches Auftreten der Öffentlichkeitsarbeiter im Verständnis einer ungefilterten und transparenten Darlegung aller Zahlen, Daten und Fakten kann nicht von der Unternehmenskommunikation erwartet werden. Das was kommuniziert wird, sollte jedoch den Tatsachen entsprechen. Der wertschätzende Respekt von dem Standpunkt des Anderen ist dabei ebenso unverzichtbar, wie die grundsätzliche Dialogorientierung der Debatte sowie ein Manipulationsverbot (Förg 2004). Faktisch handelt es sich im Rahmen der Unternehmenskommunikation immer um Diskurse, die interessensgeleitet sind. Sofern hierbei zwischen dem Unternehmen und der Öffentlichkeit wechselseitiges Verständnis für die jeweiligen Positionen erreicht werden kann, hat die Unternehmenskommunikation ihr Ziel erreicht. Die unterschiedlichen Interessen auf beiden Seiten sollten schließlich in den Dialog einfließen. Der Öffentlichkeitsarbeit kommt dabei primär eine koordinierende, vermittelnde und moderierende Funktion zu. Dabei sollte das Hauptaugenmerk auf die Überzeugung statt auf die Überredung ausgerichtet sein.

2.2 PR-Kodizes

Die Eigeninitiative von Medienselbstkontrollinstanzen wie dem Deutschen Rat für Public Relations oder dem Werberat ist auch darauf zurückzuführen, dass eine Verrechtlichung durch die Legislative vermieden werden soll. Selbstkontrolle wird der Fremdkontrolle durch den Staat vorgezogen. Aufgrund der negativen historischen Erfahrung mit staatlicher Kontrolle in Deutschland stellt die Medienselbstkontrolle die bessere Alternative der Regulation dar. Gleichwohl ist wichtig, dass Sanktionen wie Rügen eine breitere öffentliche Resonanz erfahren und die Beschäftigten in der Werbung und der Öffentlichkeitsarbeit profunde Kenntnisse über die Instanzen bereits im Rahmen ihrer Ausbildung erhalten. Zudem sollte die Selbstkontrolle bei Verfehlungen gegenüber den eigenen Richtlinien aktiv werden und nicht nur öffentliche Einreichungen begutachten (Baum et al. 2005).

PR-Kodizes besitzen die Aufgabe, ein Regelwerk zu entwickeln, das konkrete Normen für die PR-Arbeit vorgibt. Dadurch soll ein Instrumentarium geschaffen werden, das Leitlinien aufzeigt und potentielles Fehlverhalten in den Fokus rückt. Durch Kodizes werden Maßstäbe aufgezeigt, an denen sich der Berufsstand orientieren sollte, um berechtigten Ansprüchen auf der Basis konkreter Wertvorstellungen und kulturunabhängiger Moralprinzipien gerecht zu werden. So taucht die Unantastbarkeit der Menschenwürde als fundamentaler Maßstab in zahlreichen Kodizes auf. Gleichwohl ist dieser Begriff nicht leicht zu operationalisieren. Insofern sind hier immer Einzelfallentscheidungen bei konkreten Konflikten im Rahmen der Unternehmenskommunikation erforderlich, um moralisch angemessene Handlungen zu bewerkstelligen. Die Glaubwürdigkeit der Unternehmenskommunikation steht dabei stets im Fokus der öffentlichen Aufmerksamkeit. Es wird erwartet, dass offen und ehrlich über die Unternehmenspolitik informiert wird. Dies allein ist bereits ein zentraler ethischer Standard, den es zu beachten gilt. Insofern ist es wichtig, ein entsprechendes Regelwerk zu dokumentieren, das auch der Unternehmenskommunikation Richtlinien gibt, wie ein angemessenes ethisches Handeln in dieser Profession zu bewerkstelligen ist.

Im Kontext der Unternehmenskommunikation haben sich eine Reihe von Kodizes herausgebildet, in denen Leitlinien für das ethisch angemessene Verhalten im Rahmen der Presse- und Öffentlichkeitsarbeit entwickelt worden sind (Avenarius und Bentele 2009). Dazu zählen zunächst generalisierbare deontologische Normen, die sehr allgemein gehalten sind, wie die Achtung der Menschenrechte und der Wahrheit, der Erwerb von Vertrauen sowie das Recht auf freie Meinungsäußerung. Zu den Kodizes gehören die Code d'Athenes, der Code de Lisabonne sowie die Grundsätze der Deutschen Public Relations Gesellschaft. Diese Kodizes sind den PR-Praktikern nach wie vor kaum bekannt (Förg 2004).

Beim Blick auf die konkreten Inhalte lässt sich aufzeigen, dass die Code d'Athenes als internationale ethische Richtlinie für die Öffentlichkeitsarbeit, die Menschenrechte und die Menschenwürde als zentrale Wertbasis für die PR-Fachleute reklamieren. Darüber hinaus wird ein freier Informationsfluss ebenso postuliert wie ein Agieren, das Vertrauen in die Presse- und Öffentlichkeitsarbeit ermöglicht. Weiterhin wird gefordert, dass Versprechungen und Verpflichtungen eingehalten werden. Dabei sollte die Wahrheit anderen Ansprüchen untergeordnet werden. Informationen, die keinen eindeutigen Quellennachweis besitzen, sollten nicht verbreitet werden. Jegliche Formen der Manipulation sind untersagt. Der Code de Lisabonne pocht im Rahmen allgemeiner beruflicher Verhaltensregeln ebenfalls darauf, die „Allgemeine Erklärung der Menschenrechte" zu respektieren. Dabei wird insbesondere der Grundsatz der Meinungsäußerungsfreiheit sowie der Presse- und Medienfreiheit hervorgehoben. Aufrichtigkeit, moralische Integrität und Loyalität werden als zusätzliche ethische Kategorien formuliert. Spezifische Verhaltensnormen gegen Auftrag- und Arbeitnehmern verweisen u. a. auf Diskretion. Das Berufsgeheimnis ist zu respektieren. Vertrauliche Informationen dürfen nicht ohne Zustimmung weitergegeben werden. Jegliche Form der Täuschung wird untersagt. Es existieren DRPR-Richtlinien für den Umgang mit Journalisten, die den angemessenen Umgang mit Pressegeschenken und Einladungen thematisieren. Zusätzliche Richtlinien erörtern die Kontaktpflege im politischen Raum und postulieren ein Transparenzgebot der eigenen Rolle und der Auftraggeber sowie die die Redlichkeit in Bezug auf vertrauliche Informationen. Weitere normative Vorgaben beziehen sich darauf, nur relevante Informationen zu verbreiten, die über einen Neuigkeitswert verfügen. Grundsätzlich sollten Irreführungen der Öffentlichkeit vermieden werden. Schleichwerbung ist grundsätzlich untersagt. (Deutscher Rat für Public Relations 2007). Die Kodizes haben insgesamt die Aufgabe, normative Leitlinien der Profession systematisch zu erfassen und zu kommunizieren.

Unlängst ist ein Deutscher Kommunikationskodex vom Deutscher Rat für Public Relations (2012) herausgegeben worden, bei dem erneut Zielwerte wie Transparenz, Integrität, Fairness, Wahrhaftigkeit, Loyalität und Professionalität für PR- und Kommunikationsfachleute formuliert worden sind. Hierbei wird explizit auf die Verantwortung bei der beruflichen Qualifikation dieser Berufsgruppe verwiesen. Die entsprechenden Leitbilder sind demzufolge auch in der Aus- und Fortbildung zu vermitteln.

3 Ethik der Werbung

Die Aufgabe der Werbung besteht darin, Informationen über Produkte zu generieren, um dem mündigen Verbraucher Vergleichsmöglichkeiten und Alternativen bei der Produktauswahl aufzeigen zu können. Dies findet in der Praxis eher selten statt. Faktisch steht häufig die Darstellung von Klischees und Stereotypen im Vordergrund (Holtz-Bacha 2011). Insofern besitzt Werbung insgesamt ein schlechtes Image. Die Glaubwürdigkeit der Produktanpreisungen ist begrenzt, da es in der Regel weniger um Informationen, sondern um die Schaffung von positiven Assoziationen und Emotionen für den Kaufanreiz geht. Dabei wird keine umfassende und glaubwürdige Darstellung von speziellen Eigenschaften des beworbenen Objektes vermittelt. Vielmehr soll der Konsument zur Kaufentscheidung motiviert werden. Es geht darum, zu überreden, statt zu überzeugen. Die kritische Medientheorie und die Konsumkritik gehen seit Jahrzehnten davon aus, dass die Konsumenten durch Werbung manipuliert werden. Der schöne Schein suggeriert eine Traumwelt, die in der Praxis auch nicht ansatzweise vorhanden ist. Dabei werden Dinge angepriesen, die in vielen Fällen überhaupt nicht benötigt werden. Es werden Bedürfnisse bei den Konsumenten suggeriert, die gar nicht vorhanden sind. „Die Werbung sucht zu manipulieren, sie arbeitet unaufrichtig und setzt voraus, dass das vorausgesetzt wird." (Luhmann 1996, S. 85) Diese These von Luhmann bringt die zentrale Kritik an der kommerziellen Wirtschaftswerbung auf den Punkt. Unwahre Werbebotschaften korrelieren mit unaufrichtigen Werbetreibenden, so der Vorwurf. Die Vorspiegelung falscher Tatsachen beim Anpreisen von Produkten und Dienstleistungen scheint in der Werbung nicht die Ausnahme, sondern die Regel zu sein. Dabei gibt es unterschiedliche Manipulationsmöglichkeiten. Die häufigste Form ist die Schleichwerbung. Hier soll die werbliche Absicht getarnt werden. Bei der unterschwelligen Werbung in Filmen werden die Reize so kurz gezeigt, dass sie nicht bewusst wahrgenommen werden. Insgesamt besitzt die kommerzielle Produktwerbung ein schlechtes Image. Dies resultiert auch daraus, dass insbesondere Werbekampagnen für Suchtmittel wie Zigaretten und Alkohol sowie der Einsatz versteckter Werbung für kontroverse Debatten über die ethischen Grenzen der zulässigen Werbung und ihrer Formen sorgt (Bartoschek und Wolff 2010). Die zunehmende Überflutung mit Werbung auf allen Medienkanälen verlangt nach neuen Strategien, um die Aufmerksamkeit der potenziellen Käufer zu erreichen. Denn nur, was wahrgenommen wird, hat auch die Chance von den Unternehmen für den Produktverkauf strategisch genutzt zu werden. Gleichwohl ist es auch sehr riskant, den Verbraucher durch umstrittene Werbung zu provozieren, da dadurch auch eine Abwehrhaltung (Reaktanz) erzeugt werden kann, die eben gerade nicht dazu führt, dass das entsprechende Produkt erworben wird. Insofern stellt sich die Frage, wo die moralisch zulässigen Grenzen von Werbung liegen und welche Regeln zu beachten sind.

Die Werbeethik beschäftigt sich mit der moralischen Angemessenheit von Produktinformationen, wobei hier weniger strenge Maßstäbe angelegt werden als bei der Presse- und Öffentlichkeit. Dass Werbung einseitig darauf ausgerichtet ist, die positiven Merkmale der entsprechenden Produkte darzustellen, wird in der Regel nicht weiter problematisiert. Dies geschieht jedoch dann, wenn z. T. unzutreffende Gesundheitsversprechen propagiert werden, die bei näherer Prüfung widerlegt werden können. Insofern darf Werbung übertreiben, aber nicht lügen.

Damit Produkte eine öffentliche Akzeptanz bekommen, muss die Werbung ethische Standards einhalten, damit das gewünschte Kaufverhalten erreicht werden kann. Ethikdebatten besitzen stets eine wichtige soziale Komponente, die von den Unternehmen strategisch aufgegriffen werden sollten. Wenn in Werbekampagnen ökologische Standards eine zentrale Rolle spielen, kann das Aufgreifen derartiger ethisch relevanter Trends Vorteile gegenüber der Konkurrenz nach sich ziehen, die diese Anforderungen nicht angemessen berücksichtigen. Für die Werbung steht der Verkauf eines spezifischen Produktes oder einer Dienstleistung im Mittelpunkt des Interesses. Sie setzt eher auf Emotionen und Verkaufsanreize und übertreibt bisweilen die Produktvorteile. Dabei wird mit bezahlten Anzeigen in den Printmedien, sowie Spots im Rundfunk und verschiedenen Facetten im Internet von der Bannerwerbung bis hin zu Gewinnspielen gearbeitet. Unternehmen nutzen Werbeoptionen in sozialen Netzwerken, um Kunden zu binden, die die angebotenen Produkte kaufen. Werbung stellt den professionell geplanten Versuch dar, die Meinung und das Verhalten von Menschen durch spezielle Kommunikationsmedien und -techniken öffentlich zu beeinflussen, um ökonomische Ziele durchzusetzen. Strategisch ausgerichtete Medienangebote und Events sollen bei der Werbezielgruppe Aufmerksamkeit für die angebotenen Produkte, Leistungen und Botschaften erzeugen und schließlich zur Kaufentscheidung motivieren. Werbung fungiert als konstitutives Charakteristikum einer marktwirtschaftlichen Ordnung, die ihrem idealtypischen Anspruch zufolge auf das freie Spiel von Angebot und Nachfrage setzt. Sie setzt in diesem Verständnis auf Markttransparenz und sorgt dadurch für Verbraucherinformation. Wirtschaftswerbung dient der Gewährung der Gewerbefreiheit und der Meinungsfreiheit. Das Ziel besteht darin, sie als strategische Kommunikationsvariante durch einen Konsumappell so einzusetzen, um den Verbraucher appellativ zu motivieren, die angepriesenen Produkte und Dienstleistungen zu kaufen. Das kreative Spektrum der Produktwerbung ist groß. So kann das Kindchenschema eingesetzt werden, um Beschützerinstinkte beim Verbraucher zu wecken. Erotische Signale werden gesetzt, um positive Assoziationen beim Rezipienten zu wecken. Oder es wird mit Mitleidselementen gearbeitet, wenn im Rahmen von Spendenkampagnen bei Non-Profit-Organisationen Not und Elend gezeigt werden. Das Ziel besteht darin, Aufmerksamkeit des potenziellen Kunden in einer Welt der permanenten Reizüberflutung zu erhalten. Es wird dabei auf Vor- und Leitbilder zurückgegriffen, die Wünsche, Hoffnungen und Träume der potenziellen Kunden aufgreifen.

3.1 Werbung versus PR

Inzwischen gibt es eine Reihe innovativer Werbeformen, die darauf setzen, die Aufmerksamkeit der Rezipienten zu erreichen. Dabei zeigt sich häufiger eine Vermischung zwischen PR und Werbung (Volpers et al. 2008):

- Bei der Produkt-PR versuchen Unternehmen, Informationen über ihre Angebote in den redaktionellen Teil der Medien zu lancieren.
- Bei der Themen-PR werben Institutionen oder Organisationen aktiv, um ihre Repräsentanten in den Medien zu platzieren.
- Beim PR-Programming realisieren TV-Sender und PR-Treibende ein gemeinsames Programm.
- Beim PR-Bartering werden PR-Treibenden Sendeplätze für fremdproduzierte PR-Beiträge zur Verfügung gestellt.
- Bei der Event-PR inszenieren PR-Treibende Ereignisse, über die in den Medien berichtet wird.

Ein Ziel derartiger Aktivitäten kann darin liegen, die Werbebotschaft zu verschleiern. Deshalb ist es unverzichtbar, dass die Quellen derartigen Materials transparent gemacht werden, sofern es genutzt wird. Hierbei kann auch die Grenze zur Schleichwerbung überschritten werden (Bartoschek und Wolff 2010).

3.2 Sponsoring

Es gibt im Fernsehen Formen des Programm- bzw. Sendungssponsoring, bei denen keine klassischen Werbespots geschaltet werden. Somit müssen auch keine Reglementierungen hinsichtlich der vorgegebenen Werbedauer pro Stunde bzw. der verbotenen Ausstrahlung nach 20.00 Uhr bei den öffentlich-rechtlichen Fernsehanbietern eingehalten werden. Hier lassen sich u. a. folgenden Formen aufzeigen (Volpers et al. 2008):

- Beim Programmsponsoring werden ganze Sendungen von dem Produkt eines bestimmten Herstellers unterstützt.
- Beim Labelsponsoring werden z. B. in Kochshows Küchenprodukte durch den Hersteller angepriesen.
- Beim Eventsponsoring werden z. B. Sportsendungen durch eine Fitnesskette mit finanziert.
- Beim Titelsponsoring wird der Name des Produktes bereits im Sendetitel genannt. Hierfür stehen z. B. Formate wie Süddeutsche TV (Vox), stern TV (RTL) oder c't magazin (HR, MDR, rbb).

- Beim Ausstattungssponsoring werden z. B. Moderatoren mit Kleidung spezieller Modefirmen ausgerüstet. Dies wird dann durch konkrete Einblendungen während der Sendung oder im Abspann deutlich gemacht.

In den skizzierten Fällen stellt das Transparenzgebot ebenfalls die zentrale moralische Kategorie dar. Wenn kenntlich gemacht wird, welches Unternehmen einen Medienbeitrag finanziell unterstützt, ist es ethisch vertretbar, diese Möglichkeit wahrzunehmen.

3.3 Product Placement

Product Placement gehört zu den ältesten Werbeformen im Fernsehen (Volpers et al. 2008). Es besteht aus einer gezielten Platzierung eines Markenartikels in einer Sendung. Dabei lassen sich bezahlte und unbezahlte Formen aufzeigen. Folgende Präsentationsarten können hierbei u. a. unterschieden werden:

- Beim Requisten-Placement werden spezifische Produkte ins Bild gerückt.
- Beim Schriftzug-Placement sind Aufkleber oder Aufdrucke zu sehen, bei denen der Produktname zu erkennen ist.
- Beim Kleidungsplacement ist das Logo des Markenanbieters oder eine Werbung zu erkennen.
- Beim Hintergrund-Placement ist der Sponsor eines Ereignisses zu sehen.
- Beim Sponsor-Placement werden die Produkte des Sponsors in den Sendeablauf integriert.

Product-Placement ist dann legitim, wenn ein Requisit in die reale Filmhandlung schlüssig eingebaut wird. Dass z. B. der Fahrzeugtyp der Krimikommissare in einem Film sichtbar wird, ist unproblematisch, sofern das Auto nicht permanent und in außergewöhnlich ästhetisierter Form im Film gezeigt wird. Grundsätzlich sollten Product-Placement-Aktivitäten stets als solche erkennbar benannt werden.

3.4 Schleichwerbung

Werbung ist eine legitime Form der Produktdarstellung, sofern sie als solche erkennbar und in einem dafür vorgesehenen Rahmen stattfindet. Juristische und moralische Probleme tauchen dann auf, wenn die Werbebotschaft in einem Zusammenhang auftritt, der nicht für Werbung vorgesehen ist. Bei der Schleichwerbung als getarnte oder unterschwellige Ausprägung handelt es sich um eine redaktionelle Produktinformation, bei der der Rezipient die Werbebotschaft zunächst nicht durchschaut. Entsprechende Regelungen und Richtlinien zur Vermeidung dieser Entwicklung liegen im Pressekodex, den ARD-, ZDF-, DRPR- und ZAW-Richtlinien ebenso vor wie in den gemeinsamen Richtlinien der Landesmedienanstalten zur Trennung von Werbung und Programm im Rundfunk. Darüber hinaus gibt es einschlägige Gerichtsurteile zum Verbot der getarnten Wirtschaftswerbung in Kinofilmen und Printmedien. Bei entsprechenden Verstößen wird die Informationsfreiheit zerstört, da die Herkunft der Information für den Rezipienten nicht kenntlich gemacht wird (Bartoschek und Wolff 2010). Schleichwerbung ist demzufolge aus einer rechtlichen und ethischen Perspektive grundsätzlich verboten. Darauf wird auch im Deutschen Kommunikationskodex verwiesen, der vom Deutsche Rat für Public Relations (2012) herausgegeben worden ist.

3.5 Richtlinien des Deutschen Werberates

Während es im Bereich der Öffentlichkeitsarbeit mehrere Verhaltensrichtlinen unterschiedlicher Organisationen gibt, ist für die kommerzielle Produktwerbung der Werberat als Medienselbstkontrollinstanz in Deutschland zuständig (Deutscher Werberat 2012; Schicha 2005). Sein Wirken richtet sich darauf, das Vertrauen der Verbraucher gegenüber der Werbekommunikation zu stärken. So werden vom Werberat eine Reihe von Verhaltensregeln vorgegeben, die neben den rechtlichen Vorgaben von Werbebeschränkungen aufgrund des Jugendschutzes entwickelt worden sind.

3.5.1 Frauenfeindliche Werbung

Der plakative Blickfang durch attraktive Körperdarstellungen gilt als ein klassisches Aufmerksamkeitskriterium bei der Produktpräsentation in der Werbung. Der Anteil frauenfeindlicher Werbung hat in den letzten Jahrzehnten sukzessiv abgenommen. Die Problematik der Geschlechterstereotypen und -diskriminierungen in der Werbung ist allerdings nach wie vor ein zentrales Thema, mit dem sich die Medienselbstkontrollinstanz des Deutschen Werberates bereits seit 1980 beschäftigt. Dabei kommen ggf. Formen der Sittenwidrigkeit sowie der Verletzung der Menschenwürde zum Tragen. Hierbei richtet sich der Fokus u. a. auf frauenfeindliche und sexistische Werbung, bei der die Frau zum Objekt degradiert wird. Beim Kommunikationskodex des Deutschen Rates für Public Relations (2012) wird ebenfalls darauf hingewiesen, dass PR- und Kommunikationsfachleute „in ihrer Arbeit rassistische, sexistische, religiöse Diskriminierung oder andere, menschenverachtende Praktiken" ausschließen müssen.

3.5.2 Verbot der Diskriminierung

Auch beim Deutschen Werberat (2012) wird festgehalten, dass keinerlei Gruppen diskriminiert werden dürfen. Es werden vom Werberat die Kategorien Rasse, Abstammung, Religion, Geschlecht, Alter, Behinderung und sexuelle Orientierung explizit benannt. Zudem sollte durch die Werbung nicht gewalttätiges, aggressives oder unsoziales Verhalten angeregt oder geduldet werden. Dabei darf auch keine Angst erzeugt oder das Leid bzw. Unglück von Personen zu Werbezwecken instrumentalisiert werden. Diese Punkte spielten in der Debatte um die Benetton-Werbung eine zentrale Rolle, da der Konzern mehrfach mit

Straftätern, die zum Tode verurteilt worden sind sowie mit Kriegsopfern und Behinderten für seine Produkte geworden hat.

3.5.3 Beachtung der Sicherheit

Untersagt werden zudem falsche Versprechen, die z. B. im Rahmen der Reifenwerbung artikuliert worden sind. So dürfen die Gefahren bei Schnee und Eis nicht bagatellisiert werden, da es eine absolute Sicherheit bei widrigen Witterungsbedingungen selbst durch die Nutzung qualitativ hochwertige Reifen nicht geben kann. Sicherheitsrisiken durch die Radiowerbung können sich für die Autofahrer ergeben, wenn dort Unfallgeräusche, Polizeisirenen oder Handytöne zu hören sind. In solchen Fällen kann der Autofahrer unangemessen reagieren, wenn er diese Geräusche in der Verkehrssituation als real begreift.

3.5.4 Werbung mit Prominenten

Die Werbung mit prominenten Schauspielern, Fotomodellen und Sängern hat eine lange Tradition. Künstler nutzen ihre Popularität und Vorbildfunktion als Identifikationsfiguren dazu, um Produkte auf Werbeplakaten, in Anzeigen und Fernsehspots anzupreisen. Ethisch und rechtlich problematisch ist die Werbung mit Prominenten, die nicht explizit ihr Einverständnis für die entsprechenden Kampagnen artikuliert haben.

3.5.5 Provokative Werbung

Angesichts der zahlreichen Medieneinflüsse hat sich die provokative Werbung als eine Variante herausgebildet, bei der durch einen kalkulierten Tabubruch Aufmerksamkeit und Emotionen erzeugt werden. Sie hat das Ziel, mit überraschenden Bildern und Aussagen zu polarisieren. Durch kontroverse Diskussionen in der Öffentlichkeit und in den Medien kann diese Form eine zusätzliche kostenlose Werbung enthalten, die durchaus kontraproduktiv sein kann, sofern sich die öffentliche Meinung von den Produkten der Unternehmen abwendet, die derartige Kampagnen anbieten. Grundsätzlich ergibt sich das Problem, dass allgemein zugängliche Schockbilder die Rezipienten verstören können und insofern eine entsprechende Darstellung problematisch sein kann. Der Werberat hat in diesem Rahmen darauf hingewiesen, dass Werbung weder Angst erzeugen darf, noch das Leid und Unglück anderer für Werbezwecke instrumentalisieren soll.

3.5.6 Problematische Produkte

Für potenzielle Suchtmittel wie Alkohol, Zigaretten und Medikamente darf nur eingeschränkt geworben werden. Hierbei ist die Beachtung des Jugendschutzes von zentraler Bedeutung. Kinder und Jugendliche sollten bei derartigen Produkten nicht direkt angesprochen und zum Konsum aufgefordert werden. Zudem dürfen keine leistungssteigernden Versprechen durch den Genuss von Alkohol gemacht werden. Die Verknüpfung von Alkohol und Leistungssport in der Werbung ist ebenso zu unterlassen wie die werbliche Verbindung des Führens von Fahrzeugen mit dem Konsum von alkoholischen Getränken. Bei ungesunden Nahrungsprodukten ist die Reglementierung weit weniger ausgeprägt. In der Kritik stehen vor allem besonders süße und fettige Artikel. Da Kinder und Jugendliche nur begrenzt die Folgen ihrer Konsumhandlungen abschätzen können und besonders schutzbedürftig sind, ist es wichtig, bei der Werbung für Kinderprodukte entsprechend zurückhaltend zu agieren. So hat der Deutsche Werberat zu Recht direkte Kaufaufrufe an Kinder grundsätzlich untersagt, um ihre Unerfahrenheit und Leichtgläubigkeit nicht ausnutzbar zu machen.

4 Grundlagen der Onlinekommunikation

Unternehmen nutzen zunehmend die Möglichkeiten der modernen Onlinekommunikation, um Pressemitteilungen zu verbreiten und Werbung anzubieten. Diese virtuelle Form der Vermittlung kann einen breiten Rezipientenkreis erreichen. Dennoch ist Kommunikation im Social Web bzw. Web 2.0 immer mit erheblichen Risiken verbunden. Das Internet stellt eine ideale Plattform für Verschwörungstheorien, Gerüchte, Lügen und falsche Anschuldigungen dar. Die Möglichkeit, anonyme Einträge einzustellen, ist vorhaben und es werden negative Bewertungen gegenüber Wirtschaftsunternehmen vorgenommen, die vielfach auch dann kaum zu entfernen sind, wenn sie sich als unangemessen und haltlos herausstellen. Diese Entwicklung ist auch für Unternehmen hoch riskant. Enttäuschte Kunden oder Vertreter von Neuen sozialen Bewegungen wie auch „normale" Bürger können ihrem Ärger im Internet Raum geben, sich mit Gleichgesinnten vernetzen und damit eine hohe öffentliche Aufmerksamkeit erreichen, die dazu führen kann, dass der Reputation des Unternehmens Schaden zugeführt werden kann (Becker 2012). Im Gegensatz zu den klassischen Medien zeichnet sich die Online-Kommunikation durch einen höheren Beschleunigungsgrad aus (Misoch 2006). Es ist technisch kein Problem, Mitteilungen in Echtzeit an ein breites Publikum nahezu kostenlos zu verschicken, welches schnell und offen darauf reagieren kann. Somit ist ein rasches Feedback möglich. Es wird gebloggt und getwittert. Statusmeldungen werden bei Facebook gepostet, die dann mit einem Like-Klick bewertet werden können. Die eigene Selbstdarstellung findet sich bei Xing wieder. Bei YouTube werden Filme eingestellt, die Werbebotschaften enthalten können. Durch Wikipedia-Einträge wird versucht, Unternehmen im Rahmen einer eigenen Selbstdarstellung positiv darzustellen. Web-Blocks und Online-Communities bieten als Beziehungsnetzwerke Raum für Diskussionen.

Zerfaß und Pleil (2012, S. 68 f.) stellen eine Vielzahl von Instrumenten und Plattformen der Online-Kommunikation von Organisationen im Bereich der Werbung und PR vor, die an dieser Stelle nur stichwortartig erwähnt werden:

- Corporate Website (z. B. Website eines Unternehmens)
- Microsite (z. B. Kampagnenseite einer Nicht-Regierungs-Organisation)
- Corporate Press Room (z. B. Presseservice mit Texten und Bildern)
- E-Mail-Newsletter (z. B. Kundennewsletter)
- Corporate Blog (z. B. Ankündigungen von Mitarbeiter-Events)
- Microblogging (z. B. themenbasierte Informationen über Twitter)

- Video-Podcast (z. B. Interviewreihe)
- Foren (z. B. Produktforen)
- Social Network (z.B.Communities für Kunden)
- Wiki (z. B. Websites für Kunden)
- Social Bookmarketing (z. B. Bookmarketing-Sammlungen zu Fachthemen)
- Web-TV (z. B. Mitarbeitermagazine)
- Social Media Newsroom (z. B. Präsentation von Unternehmensaktivitäten über Youtube, Twitter Facebook, Flickr)
- File Sharing Community (z. B. Videos in Youtube und fotos in Flickr)

Durch diese strukturellen Rahmenbedingungen und Präsentationsmöglichkeiten gibt es zahlreiche Artikulationsoptionen für die Unternehmen und Partizipationsmöglichkeiten für die Nutzer, indem sie darauf reagieren und Anschlussdiskurse in Gang setzen können. Insgesamt herrscht im Social Web eine diskursive Dialogstruktur vor, die den Austausch von Interaktionen und Argumenten und daraus resultierend die öffentliche Meinungs- und Willensbildung fördern kann, um Glaubwürdigkeit und Vertrauen aufzubauen (Zerfaß und Pleil 2012).

Aufgrund der offenen Architektur des Social Web besteht für Unternehmen die Möglichkeit, Öffentlichkeit durch eine transparente Unternehmenskommunikation herzustellen, um Vertrauen und Verständigung zu erreichen. Damit kann die klassische PR-Arbeit über die konventionellen Kanäle unterstützt werden. Zugleich besteht aber auch das Risiko, dass durch das öffentliche Feedback Risiken entstehen, die durch Boykottaufrufe von unzufriedenen Kunden z. B. über Twitter entstehen können (Thimm und Einspänner 2012).

Aus einer ethischen Perspektive werden an die Online-Kommunikation die gleichen Ansprüche an Glaubwürdigkeit, Argumentation und Authentizität gestellt, die von Unternehmen auch über die klassischen Medienkanäle vermittelt werden sollten. Gleichwohl bietet diese technisch vermittelte Kommunikation mit Feedbackoption zahlreiche Manipulationsmöglichkeiten. So können Unternehmen und Akteure z. B. eine Wikipedia-Seite fälschen oder mit anderen Identitäten operieren. Pleil (2012, S. 32) skizziert hierzu ein Beispiel:

Anonyme Blog-Kommunikation

Ein Kommunikationsmanager, der in einem Blog anonym ein Produkt seines Unternehmens diskutiert, verhält sich inakzeptabel und riskiert für sein Unternehmen einen Reputationsverlust, denn die Wahrscheinlichkeit, dass er im Internet ertappt wird, ist sehr groß.

Da es technisch sehr einfach ist, Meldungen ins Netz zu stellen, ist es umso wichtiger, Vorgaben für einen angemessenen Umgang im Rahmen der Online-Kommunikation zu sorgen. Insofern sind ein geeigneter Ordnungsrahmen und Richtlinien zu erstellen, die entsprechende Regeln festlegen. Es sollte nicht vergessen werden, dass Meldungen im Netz in der Regel auch langfristig zu finden sind (Zerfaß und Pleil 2012).

5 Fazit

Die Beachtung ethischer Leitlinien stellt für Wirtschaftsunternehmen im Rahmen der Unternehmenskommunikation neben der Gewinnmaximierung eine wesentliche Kategorie dar, um langfristig am Markt existieren zu können. Nur durch eine nachhaltige Reputation, die auf einer breiten öffentlichen Akzeptanz basiert, ist das Unternehmen langfristig überlebensfähig. Insofern ist eine professionelle Kommunikationspolitik von zentraler Bedeutung, die dazu beiträgt, dass das Unternehmen Akzeptanz und Vertrauen besitzt. Eine glaubwürdige und transparente Öffentlichkeitsarbeit kann konstruktiv dazu beitragen, dass dieses Ziel erreicht werden kann. Diskursive Strukturen, die dazu führen, dass die berechtigten Anliegen und Kritikpunkte der Öffentlichkeit ernst genommen werden, sind hierfür eine wichtige Voraussetzung.

Insgesamt gibt es eine klare Aufgabenteilung zwischen dem Journalismus, der Öffentlichkeitsarbeit und der Werbung. Der Journalismus soll unabhängig informieren. Die PR-Arbeit von Wirtschaftsunternehmen soll trotz ihrer klar interessensgesteuerten Ausrichtung als vertrauensbildende und imageprägende Instanz zwischen dem Unternehmen und der Öffentlichkeit durch richtige und nachprüfbare Aussagen agieren. Die rein absatzorientierte Werbung ist hingegen am stärksten dem Täuschungsverdacht ausgesetzt. Dass Werbung beschönigt und gelegentlich die Produktvorteile übertrieben werden, ist zum Teil sicherlich akzeptabel. Aber auch hier gilt die Beachtung grundlegender ethischer Standards. So ist das Täuschungsverbot durch Schleichwerbung abzulehnen.

Es ist es für Unternehmen wichtig, öffentliche Debatten, die auch über die neuen Medien geführt werden, nicht nur zu begleiten, sondern sich daran auch konstruktiv und glaubwürdig zu beteiligen. Dabei kann im Internet ein offener Personenkreis an der Debatte mitwirken. Konsumenten und Kunden werden zu Produzenten von Interneteinträgen. In Blogs privater Nutzer oder neuer sozialer Bewegungen können Werbekampagnen und Pressemitteilungen kritisch kommentiert werden. Diese Debatten können auch anonym ohne Angabe eines Impressums geführt werden. Extrem imageschädigend kann ein sogenannter Shitstorm sein. Wenn ein Unternehmen sein Produkt anpreist und unzufriedene Kunden ihre Kritik über verschiedene Onlineforen generieren, kann dies einen erheblichen Imageschaden zur Folge haben, der die Reputation nachhaltig negativ tangieren kann. Insofern ist es für die Unternehmen von zentraler Bedeutung, derartige Prozesse kontinuierlich zu beobachten, zu kommentieren und ggf. zu korrigieren. Der wechselseitige Austausch mit Kritikern durch eine transparente Kommunikationspolitik ist hierbei von zentraler Bedeutung, um verlorenes Vertrauen im Rahmen eines offenen Dialoges zurück zu gewinnen und aktiv an der Anschlusskommunikation mitzuwirken. Die Erfassung und Analyse der öffentlichen Bewertung von Unternehmensaktivitäten stellt eine zentrale Aufgabe für die Unternehmenskommunikation dar. Aufgrund der Vielfalt und Unübersichtlichkeit der virtuellen Artikulationsmöglichen ist es fast unmöglich, dieser Aufgabe adäquat nachzukommen. Die Nutzer verfügen über zahlreiche Nutzungsebenen und Kooperationsmöglichkeiten im Social Web. Sie können Artikel und Bewertungen publizieren, diese mit anderen Nutzern teilen und bewerten, sich vernetzen und kooperieren. Insofern bestehen zahlreiche Möglichkeiten des Informations-, Identitäts- und Beziehungsmanagements. Bewertungsplattformen und soziale Netzwerke bieten die Möglichkeit der Partizipation. Soziale Bewegungen in Form von Parteien, Bürgerinitiativen und Selbsthilfegruppen sowie Medienselbstkontrollinstanzen und jeder einzelne Bürger können sich über ihre Netzwerke in zahlreichen Kanälen austauschen und somit einen erheblichen Einfluss auf die öffentliche Wahrnehmung ausüben. Wenn Unternehmen auf Kritik nicht angemessen und frühzeitig reagieren, kann dies verheerende Folgen für ihre Akzeptanz und ihren wirtschaftlichen Erfolg nach sich ziehen. Insofern ist eine proaktive, transparente und ehrliche Unternehmens- und Produktpolitik durch PR und Werbung unverzichtbar, um langfristig am Markt erfolgreich zu sein. Wenn Unternehmen Fehler machen, täuschen oder falsche Versprechen artikulieren, kann dies nur durch eine offene und verantwortungsvolle Kommunikationspolitik korrigiert werden.

Literatur

Althaus, M., Geffken, M., & Rawe, S. (Hrsg.) (2005). *Handlexikon Public Affairs*. Münster: LIT.
Avenarius, H., & Bentele, G. (Hrsg.). (2009). *Selbstkontrolle im Berufsfeld Public Relations. Reflexionen und Dokumentation*. Wiesbaden: VS Verlag für Sozialwissenschaften.
Bartoschek, D., & Wolff, V. (2010). *Vorsicht Schleichwerbung*. Konstanz: UVK.
Baum, A., Langenbucher, W.-R., Pöttker, H., & Schicha, C. (Hrsg.). (2005). *Handbuch Medienselbstkontrolle*. Wiesbaden: VS Verlag für Sozialwissenschaften.
Becker, C. (2012). Krisenkommunikation unter den Bedingungen von Internet und Social Web. In: A. Zerfaß & T. Pleil (Hrsg.), *Handbuch Online-PR. Strategische Kommunikation in Internet und Social Web* (S. 365–382). Konstanz: UVK.
Brosda, C., & Schicha, C. (2002). Interaktion von Politik, Public Relations und Journalismus. In: Schatz, H., Rössler, P., & Nieland, J.-U. (Hrsg.), *Politische Akteure in der Mediendemokratie. Politiker in den Fesseln der Medien?* (S. 41–64). Wiesbaden: VS Verlag für Sozialwissenschaften.
Burkart, R., & Probst, S. (1991). Verständigungsorientierte Öffentlichkeitsarbeit: eine kommunikationstheoretisch begründete Perspektive. *Publizistik, 36*(1) 56–76.
Deutscher Rat für Public Relations. (Hrsg.). (2007). *Selbstkontrolle im Berufsfeld Public Relations*. Frankfurt am Main: Borschen.
Deutscher Rat für Public Relations. (2012). *Deutscher Kommunikationskodex*. www.drpr-online.de/upload/downloads_151upl_file/Deutscher_Kommunikationskodex.pdf.
Deutscher Werberat. (Hrsg.) (2012). *Jahrbuch 2012*. Berlin: Verlag edition ZAW.
Fink, S., Zerfaß, A., & Linke, A. (2012). Social Media Governance. In: A. Zerfaß & T. Pleil (Hrsg.), *Handbuch Online-PR. Strategische Kommunikation in Internet und Social Web* (S. 99–110). Konstanz: UVK.
Förg, B. (2004). *Moral und Ethik in der PR. Grundlagen - Theoretische und empirische Analysen - Perspektiven*. Wiesbaden: VS Verlag für Sozialwissenschaften.
Graf Zedtwitz-Arnim, G.-V. (1961). *Tue Gutes und rede darüber. Public Relations für die Wirtschaft*. Berlin: Ullstein.
Grunig, J., & Hunt, T. (1984). *Managing public relations*. New York: Holt, Rinehart & Winston.
Habermas, J. (1987). *Theorie des kommunikativen Handelns, Bd. 1: Handlungsrationalität und gesellschaftliche Rationalisierung*, (4. Aufl.). Frankfurt am Main: Suhrkamp.

Holtz-Bacha, C. (Hrsg.) (2011). *Stereotype? Frauen und Männer in der Werbung.* Wiesbaden: VS Verlag für Sozialwissenschaften.
Luhmann, N. (1996). *Die Realität der Massenmedien.* Opladen: Westdeutscher.
Misoch, S. (2006). *Online-Kommunikation.* Konstanz: UVK.
Netzwerk Recherche, & Schnedler, T. (2011). *NR-Werkstatt: Getrennte Welten? Journalismus und PR in Deutschland.* Leimen: Colour Druck.
Pleil, T. (2012). Kommunikation in der digitalen Welt. In: A. Zerfaß & T. Pleil (Hrsg.). *Handbuch Online-PR. Strategische Kommunikation in Internet und Social Web.* (S. 17–38). Konstanz: UVK.
Raupp, J., Jarolimek, S., & Schultz, F. (Hrsg.). (2010). *Handbuch Corporate Responsibility. Kommunikationswissenschaftliche Grundlagen und methodische Zugänge.* Wiesbaden: VS Verlag für Sozialwissenschaften.
Röttger, U., Preusse, J., & Schmitt, J. (2011). *Grundlagen der Public Relations. Eine kommunikationswissenschaftliche Einführung.* Wiesbaden: VS Verlag für Sozialwissenschaften.
Schicha, C. (2005). Wirtschaftswerbung zwischen Information, Provokation und Manipulation. Konsequenzen für die Selbstkontrolle des Deutschen Werberates. In: A. Baum, W.-R. Langenbucher, H. Pöttker, & C. Schicha (Hrsg.), *Handbuch Medienselbstkontrolle* (S. 255–270). Wiesbaden: VS Verlag für Sozialwissenschaften.
Schicha, C. (2010). Ethische Grundlagen der Verantwortungskommunikation. In J. Raupp, S. Jarolimek, & F. Schultz (Hrsg.), *Handbuch Corporate Responsibility. Kommunikationswissenschaftliche Grundlagen und methodische Zugänge* (S. 115–127). Wiesbaden: VS Verlag für Sozialwissenschaften.
Schicha, C., & Brosda, C. (Hrsg.) (2010). *Handbuch Medienethik.* Wiesbaden: VS Verlag für Sozialwissenschaften.
Schranz, M. (2007). *Wirtschaft zwischen Profit und Moral. Die gesellschaftliche Verantwortung von Unternehmen im Rahmen der öffentlichen Kommunikation.* Wiesbaden: VS Verlag für Sozialwissenschaften.
Thimm, C., & Einspänner, J. (2012). Digital Public Affairs: Interessensvermittlung im politischen Raum. In: A. Zerfaß & T. Pleil (Hrsg.). *Handbuch Online-PR. Strategische Kommunikation in Internet und Social Web* (S. 185–200). Konstanz: UVK.
Ulrich, P. (1989). Lassen sich Ökonomie und Ökologie wirtschaftsethisch versöhnen? In E. K. Seiffert & R. Pfriem (Hrsg.), *Wirtschaftsethik und ökologische Wirtschaftsforschung* (S. 129–150). Stuttgart: Haupt.
Volpers, H., Bernhard, U., & Schnier, D. (2008). *Public Relations und werbliche Erscheinungsformen im Fernsehen. Eine Typologisierung persuasiver Kommunikationsangebote des Fernsehens.* Berlin: Vistas.
Zerfaß, A., & Pleil, T. (2012). Strategische Kommunikation in Internet und Social Web. In A. Zerfaß & T. Pleil (Hrsg.), *Handbuch Online-PR. Strategische Kommunikation in Internet und Social Web* (S. 39–84). Konstanz: UVK.

Teil III
Soziologische, kulturelle und psychologische Dimensionen der Kommunikation

Vertrauen und Glaubwürdigkeit als konstituierende Elemente der Unternehmenskommunikation

Christoph Hubig

Zusammenfassung

Vertrauen wird als zentrales Konstrukt betrachtet, das die Basis für langfristige Beziehungen eines Unternehmens mit seinen Kommunikationspartnern abgibt. Es ist daher wichtig zu verstehen, was Vertrauen ist, wie es entsteht und wie bzw. ob es überhaupt systematisch gestaltet werden kann. Nach einem kusorischen Überblick über die Aktualität und Vielfalt der Vertrauensdiskussion soll der Blick auf die „wertschöpfende" Funktion von Vertrauen kritisch vertieft und auf die Rolle für die interne und externe Unternehmenskommunikation befragt werden. Für die letztere entstehen – neben der klassischen Gewährleistung von Markentreue und Kundenbindung – neue Herausforderungen bezüglich der Gewährleistung von Akzeptabilität bei Infrastrukturprojekten sowie im Kontext der Nutzung von Social Media für das Stakeholder-Management.

Schlüsselwörter

Vertrauen · Glaubwürdigkeit · Reputation · Vertrauensgenese · Akzeptabilität · Organisationsprinzip · Vertrauenswürdige Kommunikation

1 Einleitung

Überlegungen zu Konzeptionen des Vertrauens haben derzeit Konjunktur. Die zeitgenössische akademische Vertrauensforschung ist mittlerweile derart stark ausdifferenziert, dass es zunehmend schwieriger geworden ist, überhaupt noch einen Überblick über die vielfäl-

C. Hubig (✉)
Technische Universität Darmstadt
Residenzschloss, Wallhaus/Gebäude S3 16, 64283 Darmstadt, Deutschland
E-Mail: hubig@phil.tu-darmstadt.de

tigen Forschungsrichtungen zu halten. Doch nicht nur im akademischen Diskurs, sondern vor allem auch im Alltagserleben des Menschen spielt das Thema Vertrauen eine zunehmend prominentere Rolle – nicht zuletzt ist die verstärkte wissenschaftliche Fokussierung dieser gestiegenen außerwissenschaftlichen Bedeutung geschuldet. Dort wird besonders das Fehlen von Vertrauen beklagt, die Vertrauensproblematik also insbesondere „ex negativo" betrachtet: Vertrauensverluste in die Technik, in die Wirtschaft, in die Politik, in das Expertentum, in die „Zukunft", in die Mitmenschen, in Kunden und Geschäftspartner.

Unter dem Etikett „Postmoderne" sind eine Reihe gesellschaftlicher Veränderungen in der Diskussion, die für die Situation des modernen Menschen charakteristisch sind und Vertrauen mehr denn je als notwendig erscheinen lassen (vgl. Hubig 2004). Der postmoderne Mensch lebe in einer „Risikogesellschaft" (Beck 1996), in der er sich Gefahren ausgesetzt sieht, deren Ursprung, Ausmaß und Eintrittwahrscheinlichkeit er nicht genau, oft gar nicht kennt und deren Bedrohungspotential z. B. angesichts irreversibler, technischer Risiken groß und historisch einmalig ist. Oder um es in den Worten der *Rational-Choice-Theorie* zu reformulieren: Postmoderne Gesellschaften sind also vor allem dadurch gekennzeichnet, dass weder objektive noch subjektive Wahrscheinlichkeiten als Basis für eine rationale Risikokalkulation vorliegen, sondern Unkenntnis und Ungewissheit über mögliche Eintrittwahrscheinlichkeiten herrscht (zur elementaren Unterscheidung von subjektiver bzw. objektiver Wahrscheinlichkeit gegenüber Ungewissheit vgl. Bamberg und Coenenberg 1996, S. 17 ff.). Vertrauen erscheint hier als der einzige Weg eines adäquaten Umgangs mit Risiken und setzt besonders dort als Strategie des Risikomanagements ein, wo jedwede Kalkülbasis fehlt: „Vertrauen beginnt mit dem Nichtwissen", bemerkt Georg Simmel zutreffend (Simmel 1983, S. 393). Postmoderne Gesellschaften haben also einerseits in einem besonderen Maße Anlass, angesichts steigender Ungewissheit und Unsicherheit vertrauensbasiert zu handeln bzw. handelnd Vertrauen zu instantiieren. Andererseits sehen sie sich dabei aber wachsenden Problemen gegenüber, die gerade diese notwendigen Haltungen und Handlungen erschweren. Wie also kompensieren? Benötigen wir neue Formen des Vertrauens?

Auch die Wirtschaftswissenschaften haben in den letzten Jahren im Zuge ihrer Beschäftigung mit den sogenannten „soft factors", „intangibles" und dem „goodwill" von Unternehmen das Thema Vertrauen verstärkt für sich entdeckt. Doch bereits die Arbeiten zur Spieltheorie in den 1950er Jahren lassen die Wichtigkeit der Themen Kommunikation und Vertrauen für die wirtschaftswissenschaftliche Forschungsagenda aufschimmern. Gerade das sogenannte Gefangenendilemma kennzeichnet dabei eine Situation, in der egoistisch-rationales Verhalten und das Fehlen von Kommunikation und Vertrauen zu einem für die Gruppe insgesamt schlechteren Ergebnis führt (Hollis 1995, S. 156 ff.): Hätten die Gruppenmitglieder miteinander kommunizieren können und auch Vertrauen gehabt, dass sich die anderen an die getroffenen Absprachen halten, wären alle mit einem insgesamt besseren Ergebnis belohnt worden. Stattdessen erweist es sich für alle Beteiligten als „rationaler", „zur Sicherheit" den suboptimalen Weg des Gestehens zu wählen. Deutlich wird hieran zum einen, dass in einer vertrauensvollen Transaktionsatmosphäre höhere Kooperationsgewinne realisiert werden können, zum anderen aber auch die Enge und Defizienz des homo oeconomicus, in dessen egoistisch-nutzenmaximierenden, von Misstrauen geprägten, rein rationalen und narzisstischen Universum kein Platz für ein Konstrukt wie Vertrauen besteht. Ist „zu vertrauen" demnach irrational? Ferner: Würden Sie jemanden trauen, der in erster Linie an sein eigenes Wohlergehen, seine Selbstdarstellung oder Karriere denkt?

Eine Aufweichung der homo oeconomicus-Prämissen brachte dann die *Neue Institutionen-ökonomie* in den 70er und 80er Jahren. Vor allem im Rahmen der Agency-Theorie und der Property-Rights-Theorie werden Phänomene der unvollständigen Information bzw. der asymmetrischen Informationsverteilung thematisiert („hidden information", „hidden action" und „moral hazard"), wie sie durch institutionelle bzw. organisatorische Maßnahmen qua Vertrag bzw. durch die spezifische Delegation von Handlungs-, Vermögens- und Verfügungsrechten kompensiert werden können und somit wieder Vertrauen geschaffen werden kann. Institutionelle Regelungen wie etwa Verträge sind jedoch notorisch unvollständig, da nicht alle Sachverhalte antizipierbar und damit absicherbar sind. Außerdem verursachen sie erhebliche Transaktionskosten in Form von Anbahnungs-, Vereinbarungs-, Kontroll- und Anpassungskosten – eine weitere zentrale Erkenntnis der Neuen Institutionenökonomie. Zur Einsparung von Transaktionskosten scheint nur noch Vertrauen als letzter Rettungsanker zu helfen. Doch was soll das heißen? Institutionen schaffen einerseits Vertrauen, sind aber andererseits, als komplementärer Mechanismus zu Vertrauen zu begreifen? Diese zunächst paradox klingende Aussage hat ihren Grund allein darin, dass der Begriff Vertrauen einer ungenauen, mehrdeutigen Verwendung unterliegt und provoziert die Frage: Welche *Typen des Vertrauens* sind zu unterscheiden?

In jüngster Zeit rückte das Thema Vertrauen im Rahmen des sogenannten Social-Capital-Ansatzes erneut in den Vordergrund. *Soziales Kapital* bezieht sich, im Gegensatz zum *Humankapital*, nicht auf die Individuen selbst, sondern auf die Qualität und Beschaffenheit ihres Beziehungsgeflechts als Kapitalträger: Es bezeichnet die Gesamtheit aller aktuellen und potentiellen Ressourcen, die mit der Teilhabe an dem Netz sozialer Beziehungen des gegenseitigen Kennens und Anerkennens verbunden ist. So argumentiert etwa Robert D. Putnam, dass ein positiver Zusammenhang zwischen der Performance eines demokratischen Systems und dem in der Gesellschaft vorhandenen Ausmaß an Sozialkapital besteht (Putnam 1993), während Francis Fukuyama die Korrelation zwischen Vertrauen und dem Reichtum einer Gesellschaft hervorhebt (Fukuyama 1995). Auf betriebswirtschaftlicher Ebene mündet dies häufig in die Forderung, dass Unternehmen, um wirtschaftlich erfolgreich zu sein, *„Vertrauen als Organisationsprinzip"* (Schweer und Thies 2003) realisieren müssen, Vertrauen also bewusst evozieren und gestalten sollten. Vertrauen wird hier als zentrales Konstrukt betrachtet, um die langfristigen Beziehungen eines Unternehmens mit seinen Kommunikationspartnern auf eine sichere Basis zu stellen. Es ist daher um so wichtiger zu verstehen, was Vertrauen ist, wie es gegebenenfalls entsteht und wie bzw. ob es überhaupt systematisch gestaltet werden kann. Im Folgenden sei daher der Blick auf die „wertschöpfende" Funktion von Vertrauen kritisch vertieft und auf die Rolle der Unternehmenskommunikation befragt. Dazu sind abstraktere, grundlegendere Erörterungen – auch und gerade für ein Praxishandbuch – unabdingbar, um sich der Rolle von Vertrauen für Unternehmen als Mitglied der sozialen Gemeinschaft zu vergewissern und Grenzen des „Machbaren" besser ausloten zu können. Doch würde man jemandem vertrauen, der genau weiß, wie man Vertrauen herstellt?

2 Grundlagen

2.1 Vertrauensbegriff

„Kann ich ihm dabei vertrauen?". Diese einfache, alltägliche Frage enthält bereits die wesentlichen Grundkomponenten zur *Charakterisierung des Vertrauensbegriffs* und der spezifischen Situationsmerkmale, die eine Vertrauensbeziehung erforderlich machen: Zum einen gibt es da etwas, das die Vertrauensfrage aufgeworfen hat bzw. auf das sich die Vertrauensfrage bezieht. Ferner gibt es mindestens zwei beteiligte Akteure, den Vertrauensgeber und den Vertrauensnehmer, die beide über einen substantiellen Handlungsspielraum verfügen, in einem gewissen Umfang also frei entscheiden und handeln können, sowohl zum Vorteil als auch zum Schaden des anderen. Vertrauen wird also erst dort virulent, wo sich Akteure im Unsicheren sind über die moralischen Qualitäten und die innere Verfasstheit und Dynamik ihres Gegenübers, mithin also ein Zustand der unvollständigen Information und asymmetrischen Informationsverteilung herrscht. „Kann ich ihm vertrauen?". Wäre jenes klar, wäre mit der Frage aber auch der Begriff des Vertrauens überflüssig, denn gerade Unwägbarkeit, Unsicherheit und Risiko sind für eine Vertrauensbeziehung typisch und ihr inhärent. Vertrauen ist deshalb immer eine „riskante Vorleistung" (Luhmann 1989, S. 23 f.) und – als Art Minimalkonsens – als mindestens vierstelliges Konzept zu charakterisieren (Hubig 2004, S. 5 f.): Vertrauen ist (1) eine Erwartung, Haltung bzw. bewusst gefällte Entscheidung (2) zugunsten des Erhalts einer Lebensform, einer Handlungsermöglichung, einer Vorteilssteigerung (3) gegenüber einem Adressaten als Person, Institution, Organisation oder System (4) bezüglich einer bestimmten Kompetenz, Absicht, Leistung, wobei man sich mit der Platzierung einer Vertrauenshandlung der Gefahr einer Schädigung aussetzt. (Eine derart neutrale Charakterisierung von Vertrauen, die sich darauf beschränkt, eine gewisse formale Struktur, die den unterschiedlichen Vertrauenskonzepten gemeinsam ist, herauszuarbeiten, lässt andere Aspekte, wie etwa, dass Vertrauen ein positives Gefühl der Sicherheit und Ruhe bzw. eine anerkennend-motivierende aber auch verpflichtende Wirkung beim anderen auslöst, zunächst unberücksichtigt.) Vertrauen soll dabei eine Risikokalkulation gerade erübrigen bzw. dann geltend werden, wenn das für eine Kalkulation notwendige Wissen fehlt und/oder eine vorzunehmende Kalkulation den Handlungszusammenhang zerstören würde (Simmel 1989, S. 216; Schütz 1971, S. 238 ff.). Damit setzt Vertrauen aber nicht auf Irrationalität, sondern eher auf A-Rationalität zugunsten einer höherstufigen Rationalität, die den Modus des Vertrauens neben dem Modus der Kontrolle als notwendige und unerlässliche Strategie anerkennt.

Der Terminus *Reputation* bezieht sich hingegen auf den Sachverhalt der Informationsdiffusion in sozialen Netzen, d. h. dass die Zuverlässigkeit und, davon abhängend, die faktische Chancen- und Risikokalkulation stark von der Meinung Dritter beeinflusst und mitgeprägt wird: Vermittelnde Instanzen fungieren in Form eines Intermediärs und Informanten als Substitut einer fehlenden Vertrauensbeziehung sowie – bei Bewährung ihres Rats – als Entstehungsgrund einer potentiellen Vertrauensbeziehung zwischen einem Vertrauensgeber und einem Vertrauensnehmer, in dem sie technische Kompetenz, Bonität, Seriosität etc. attestieren oder absprechen. Diese Drittinstanzen reichen vom TÜV, der Stiftung Warentest bzw. der Zertifizierung und Vergabe von Qualitäts-, Prüf- und Gütesiegel über die Schufa, Ratingagenturen wie Standard & Poor's bis zur freien Berichterstattung in den Medien und internetbasierten Bewertungssystemen von Produkten wie bei Amazon. Die Problematik der Vertrauenswürdigkeit verlagert sich dann auf die Bewertungssysteme. Reputation ist dort besonders von Nöten, wo die Risikoträchtigkeit des Handelns vom Vertrauenssubjekt nicht allein überblickt werden kann, Vertrauenswürdigkeit direkt nicht gegeben ist und der Handlungsdruck nicht erlaubt, bei fehlender Vertrauenswürdigkeit die Handlung zu unterlassen. Während Vertrauenswürdigkeit die Risikokalkulation i.e.S. erübrigen soll, soll Reputation eine erforderliche Risikokalkulation sichern; während Vertrauen Unsicherheit bewusst zulässt und eingesteht, soll Reputation diese kompensieren und die Kalkulation (des Misstrauischen) anderwärtig absichern. Eine gute Reputation kann als Kapital für weitere potentielle Vertrauensbeziehungen fungieren – nicht verwunderlich, dass Unternehmen in letzter Zeit besonders ihr Augenmerk auf die Vermeidung von Image- und Rufschäden legen, die im Rahmen der Social Media leicht verstärkt werden können und – unabhängig von der Qualität von Produkt- oder Infrastrukturinnovationen – die Akzeptanzlagen wesentlich beeinflussen.

Vertrauen
Vertrauen beruht auf riskanten Vorentscheidungen, zugunsten eines erwarteten Nutzens (Kooperationsgewinn) im Enttäuschungsfall einen Schaden in Kauf zu nehmen, ohne dass diese Entscheidungen selbst kalkulierbar sind. Sie sollen bei fehlender Kalkulationsbasis eine Risikokalkulation erübrigen. Vertrauenswürdigkeit ist die im Rahmen von Informations-, Konsultations- und Kooperationsprozessen die den Vertrauensnehmern durch die Vertrauensgeber zugeschriebene Haltung, einseitige Vorteile, die aus mangelnder Informationslage, Kompetenz und Macht der Vertrauensgeber resultieren, nicht zu nutzen. Vertrauenswürdigkeit stabilisiert sich im Zuge erfolgreicher Vertrauenszuweisungen bis hin zur Reputation, die dann selber eine Kalkulationsbasis abgibt und die Vorentscheidungen der Vertrauenszuweisung erübrigt bzw. durch kalkulierbare Erwartungen ersetzt. Es ist rational, Vertrauensbeziehungen im Enttäuschungsfall sofort zu kündigen. Vertrauenswürdigkeit stellt für die Beteiligten ein hohes Kapital dar, um Aufwand und Transaktionskosten zu mindern, und sollte nicht aufs Spiel gesetzt werden.

Eine oft gehörte Frage von Unternehmerseite lautet: Wie stellte ich Vertrauen fest? Gibt es dafür Standards? Salopp könnte man entgegnen, dass man im Umgang mit den Mitmenschen und seinem sozialen Umfeld – hat man zumindest ein Mindestmaß an Einfühlungsvermögen entwickelt und ist nicht autistisch veranlagt – doch merken müsste, ob einem Vertrauen entgegen gebracht wird oder nicht. Eine derartige wohl wenig zufrieden stellende Antwort zielt aber genau auf das Grundproblem der Erfassung und Feststellung von Vertrauen, nämlich die Konkurrenz erklärender und verstehender bzw. quantitativer und qualitativer Methoden der empirischen Forschung. *Quantitative Verfahren* versuchen in der Form standardisierter Umfragen und anschließender statistischer Auswertung das Ausmaß an Vertrauen messtechnisch zu erfassen. Das Problem, das sich hierbei stellt, ist, wie das Konstrukt Vertrauen richtig zu operationalisieren ist („Vertrauen ist das, was Vertrauensuntersuchungen messen"), was also vertrauensrelevante Faktoren in einem spezifischen Kontext überhaupt sind („A brand like a friend?"), wie die entwickelte Vertrauensskala von Messskalen der Liebe, Zuneigung, Wertschätzung diskriminiert werden kann (Validität und Reabilität) oder aber inwiefern existierende Untersuchungen zur Unternehmenskultur bzw. zum Unternehmensimage das Vertrauen unterschiedlicher Zielgruppen bereits messen (für einen guten Überblick über psychometrische Verfahren der Vertrauensmessung vgl. Kassebaum 2004). *Qualitative Verfahren* versuchen durch teilnehmende Beobachtungen und durch einfühlendes Verstehen einer Vielzahl unterschiedlicher Quellen die Vertrauensatmosphäre und damit das Ausmaß von Vertrauen zu erfassen. So können etwa auf der Basis offener Einzelgespräche, der Analyse der Mitarbeiterzeitung, inoffizieller Gespräche beim Mittagessen in der Kantine etc. Rückschlüsse auf die herrschende Unternehmens- und Vertrauenskultur gezogen werden.

Die Vertrauensdiskussion erweist sich damit als Spiegel der herrschenden Diskussionslage in den Sozialwissenschaften – ohne dass es hier ein richtig oder falsch gäbe: Dem Konflikt zwischen „Erklären" und „Verstehen" auf der einen und zwischen „Individualismus" und „Holismus" auf der anderen Seite (vgl. Hollis 1995). Dies wird im Folgenden, insbesondere bei der Erörterung unterschiedlicher Vertrauenstypen, noch weiter deutlich werden. So gehen etwa „Individualisten" davon aus, dass der Mangel an Interaktion und Reziprozität auf der Basis stabiler „Erwartungserwartungen" das Haupthindernis im Aufbau von Vertrauen in eine Organisation darstellt: Ein Unternehmen kann seine Vertrauenswürdigkeit nicht über eigene Vertrauenshandlungen zeigen, mit der Folge, dass sich das Vertrauen eines Individuums in eine Organisation nur langsam entwickeln kann und im Verhältnis zum personalen Vertrauen nur wenig intensiv ist. Ferner ist die Organisation gezwungen, weil ihr der Faktor der Reziprozität fehlt, permanent ihre Vertrauenswürdigkeit unter Beweis stellen zu müssen. Forderungen, dass Unternehmen etwas zurückgeben müssen, wenn ihnen Vertrauen angetragen wurde, z. B. in Form persönlicher Rückmeldung und Anerkennung bzw. kleiner Gratifikationen, zielen in eine ähnliche Richtung. „Holisten" werfen den „Individualisten" hier ein zu „psychologisches Konzept" vor. Sie halten ihnen entgegen, dass es neben dem personalen Vertrauen noch einen weiteren Vertrauenstyp gibt, der die Diskussionen um die Kompensation fehlender Reziprozität als überflüssig erscheinen lässt: Institutionen- und Systemvertrauen ist gerade dadurch gekennzeichnet, dass es ohne lange Interaktionsgeschichte aktualisierbar und vergleichsweise stabil ist gegenüber der Enttäuschung personalen Vertrauens qua individuellen Repräsentanten.

2.2 Vertrauenstypen

Kehren wir zunächst zurück zum mindestens vierstelligen formalen Vertrauenskonzept. Bezüglich der beteiligten Partner lassen sich Vertrauensbezüge nach den Gesichtspunkten „intra", „inter" sowie „extra" unterscheiden (vgl. Hubig 2004, S. 8 ff.). Intrapersonales Vertrauen als Vertrauen einer Person zu sich selbst bezeichnet man als Selbstvertrauen („fiducia"). Interpersonelles Vertrauen als Koordinations- und Kooperationsvertrauen wurde unter dem Terminus „fides" in der Tradition diskutiert.

In Analogie hierzu lässt sich ein interner Vertrauensbezug für Institutionen dahingehend modellieren, dass diese sich konstituieren im Vertrauen auf die ideelle Basis, die die Achtung durch ihre Träger ermöglichen soll, sofern jene sich unter die Idee der Institution stellen. Institutionen haben ihre „fiducia", sofern sie diese Anerkennungsbasis selbst achten und sich nicht davon fortentwickeln, also ihren Ideen treu bleiben. Indikator hierfür ist Unternehmen die tatsächliche Identifizierung mit dem Unternehmensleitbild als Corporate Identity. Interinstitutionell ist der Vertrauensbezug als solcher eines Vertrauens auf wechselseitige Anerkennung der jeweiligen Institutionen als Institutionen zu modellieren. Darüber hinaus findet sich bei Institutionen ein externer Vertrauensbezug, nämlich zu Personen, die auf die Wertintegrität und Absicht der Institution setzen, ihr derartig ein Vertrauen entgegenbringen, welches die Institution gerade nicht erzwingen kann, sondern worauf sie angewiesen ist (z. B. für die politische Verfasstheit Böckenförde 1976, S. 60: „Der freiheitliche… Staat lebt von Voraussetzungen, die er selbst nicht garantieren kann".).

Zu unterscheiden hiervon ist die *Vertrauensproblematik bei Organisationen*: Während Institutionen Möglichkeiten individueller Zwecksetzung vorgeben und über Gratifikationen und Sanktionen strukturieren, stellen Organisationen die Mittel zur Zweckrealisierung bereit (Hubig 1995, S. 102 ff.). Ihr „Intra"-Bezug, also ihr Vertrauensbezug zu sich selbst, besteht im Vertrauen auf die praktische Loyalität ihrer Mitglieder und die Stabilität der Strukturen, die in ihrer Gesamtheit die Organisation tragen. Organisationen untereinander (der „Inter"-Bezug) können ein Koordinations- und Kooperationsvertrauen entwickeln analog zum interpersonellen Vertrauen, z. B. hinsichtlich Arbeitsteiligkeit bei der Entwicklung und Nutzung von Handlungsmitteln. Ein externer Vertrauensbezug zu Organisationen entsteht dann, wenn Personen (z. B. Kunden) auf die Kompetenz und Leistung von Organisationen im konkreten Fall setzen.

Schließlich sind hiervon Systeme und die Möglichkeit eines „Systemvertrauens" (Luhmann 1989, S. 50 ff.) zu unterscheiden. Während institutionelles Vertrauen generell als Vertrauen in die Einhaltung von Regeln und Organisationsvertrauen generell als Vertrauen in das Erbringen von Leistungen gefasst werden kann, stellen Systeme denjenigen Rahmen vor, innerhalb dessen solche Regeln entwickelt und Leistungen erbracht werden können. Systeme als Möglichkeitsräume können kein explizites Verhältnis zu sich oder zu anderen Systemen entwickeln; derlei findet statt über ihre Aktualisierungen durch Personen, Institutionen und Organisationen. Freilich können Systeme gerade so angelegt sein, dass die in ihnen bereitgestellten und vorgegebenen Möglichkeiten nutzbar werden zur Kompensation enttäuschten Vertrauens: Ein Informationssystem birgt die Möglichkeit, eine falsche Information, der zu unrecht vertraut wurde (eher deren Informanten), richtig zu stellen („Gegendarstellung"); ein Rechtssystem birgt die Möglichkeit, Rechtsbrüche von Personen, Institutionen und Organisationen zu korrigieren und zu kompensieren („Schadensersatz"). Analog bietet das Wissenschaftssystem entsprechende Möglichkeiten in Ansehung wissenschaftlicher Fehlleistungen oder das ökonomische System Chancen für einen „Neuanfang" nach einem ökonomischen Misserfolg („Versicherungen, Risikokapitalmarkt") – je nachdem, wie solche Systeme im einzelnen verfasst sind. Je höher die Möglichkeiten sind, die ein System zur Kompensation enttäuschten Vertrauens im personalen, institutionellen und organisatorischen Bereich bereit stellt, umso höher ist ein externes Vertrauen in eben diese vertrauensäquivalente systemische Sicherheit. Systeme weisen als Vertrauensbezüge also nur solche unter der Kategorie „extra/extern" auf. Sie vermögen Risiken zu absorbieren durch Schadenskompensation.

3 Vertrauen und Kommunikation

Üblicherweise wird im Rahmen der Unternehmenskommunikation der Begriff Kommunikation eng gefasst, etwa der Art, dass bei den Rezipienten durch eine Botschaft in Text, Bild oder Ton über das Unternehmen oder seine Produkte eine intendierte Wirkung im Sinne der Kommunikationsziele erreicht werden soll. Gerade jedoch für das Thema Vertrauen scheint es sinnvoll, den *Kommunikationsbegriff* weiter zu fassen, denn Worte und Taten müssen übereinstimmen, um als glaub- und vertrauenswürdig eingestuft zu werden. Oft sind es ja die scheinbar unwesentlichen Fehltritte, die das wahre Gesicht entlarven. Kommunikation sei daher all das wechselseitig beobachtbare Handeln und Verhalten, das als Voraussetzung einer reziproken Handlungsorientierung dient und es dem Vertrauenssubjekt ermöglicht, Rückschlüsse auf die innere Verfasstheit und Dynamik des Vertrauensobjekts zu ziehen, sei es nun ein Mensch, eine Maschine, eine Organisation oder ein System.

Kommunikation in diesem weiten Sinn dient der Erforschung des anderen und dem Aufbau einer gemeinsamen Basis für eine potentielle Vertrauensbeziehung: der Etablierung von Themen und gemeinsamer Interessen, der Schaffung einer gewissen Beziehungskultur, bestehend aus Routinen, Ritualen, Gewohnheiten, gemeinsamen Symbolen. Ein glaubwürdiger Austausch zwischen dem Unternehmen und seinen Bezugsgruppen entsteht dabei nicht von heute auf morgen. Vertrauen muss vielmehr langfristig erarbeitet und immer wieder aufs Neue bestätigt werden, was den Bedarf an langfristiger und kontinuierlicher Kommunikation mit den relevanten Zielgruppen deutlich macht. Der Vertrauensaufbau erfolgt schrittweise, denn ob man jemanden vertrauen kann, wird im Hinblick auf die vergangene Interaktion bewertet: Vertrauen ist das Ergebnis einer gelungenen Interaktionsgeschichte und die Basis für weitere, zukünftig gelingende Interaktionen. Wird eine Erwartung nicht enttäuscht, verstärkt sich das Vertrauen in der Beziehung, wächst und wird stärker, dient als Basis für weitere Vertrauenshandlungen, erhöht die Wahrscheinlichkeit der Gewährung eines erneuten Vertrauensvorschusses, der in einer weiteren Risikosteigerung die Beziehung enger und fester macht.

Ein vertrauenswürdiges Unternehmen hat dabei die Gratwanderung zwischen Manipulation und Verständnis, zwischen Dialog und Monolog zu bewältigen: Ziel der Unternehmenskommunikation kann es nicht nur sein, Informationen und eigene Überzeugungen zu vermitteln und die verschiedenen Bezugsgruppen in seinem Sinne zu beeinflussen, sondern mit öffentlicher und veröffentlichter Kritik umzugehen, Vorurteilen und böswilligen Angriffen zu begegnen, berechtigte und unberechtigte Ängste zu bearbeiten und letztendlich auch Entgegenkommen, Verhandlungs-, Konsens- und Kompromissbereitschaft zu zeigen, den anderen also wahrzunehmen und auf ihn einzugehen.

In Verquerung des Titels kann dabei die gegenseitige Bedingtheit von Vertrauen und Kommunikation hervorgehoben werden: Ohne Vertrauen keine echte Kommunikation („Vertrauen als *konstitutives* Element der Unternehmenskommunikation"), ohne Kommunikation kein Vertrauen („Kommunikation als *konstituierendes* Element von Vertrauen"). Vertrauen ist damit nicht nur Voraussetzung persönlicher Interaktion, sondern zugleich Interaktionsprodukt: Es entsteht erst im Kommunikationsprozess und bestimmt diesen zugleich maßgeblich, es ist Ergebnis einer gelungenen Interaktion und Basis für weitere gelingende Interaktionen. Ein Henne-Ei-Problem scheint hier gegeben, ein komplexer Kreislauf gegenseitiger Bedingtheit, bei dem sich Ursache und Wirkung wechselseitig beeinflussen und einer der Kommunikationspartner den Anfang machen muss, denn die Gewährung von Vertrauen kann genau das Verhalten erzeugen, das logisch gesehen seine Bedingung zu sein scheint. Vertrauen fängt also bei uns selbst an. Ob das gewährte Vertrauen auch angenommen wird, ist außerhalb des eigenen Einflussbereichs und von Kontext zu Kontext verschieden.

Die Unterscheidung, Vertrauen entweder als konstitutives oder konstituierendes Element der Unternehmenskommunikation zu betrachten, führt uns zu einer weiteren Leitdifferenz, nämlich der, vertrauens- und glaubwürdig zu *scheinen* (aus strategischen-taktischen Interessen inszenierte Vertrauenswürdigkeit, um die eigenen Ziele besser durchsetzen zu können) oder vertrauens- und glaubwürdig zu *sein* (Vertrauen als Anfang einer Beziehung überhaupt und als Baustein einer funktionierenden sozialen Gemeinschaft und zuletzt einer menschlichen Welt). Aus dieser Unterscheidung geht die Forderung hervor, Vertrauen als Organisationsprinzip zu realisieren, sofern die Vertrauensgenese vom personalen auf den organisatorischen Bereich übertragen werden soll: Denn hinter dieser Forderung steht die These, dass vertrauenswürdig nur sein kann, wer selbst ein klares Bild von sich hat (intrapersonales Vertrauen), selbst vertrauensfähig ist, also seine Persönlichkeit zu einer produktiven Orientierung gewendet hat, selbst auch Vertrauen erlebt und erlebt hat, eine These, die nun auf Organisationen zu beziehen ist. Dazu später mehr.

Die oft aufgeworfene Frage, wie denn die Herstellkosten bzw. der Wertbeitrag von Vertrauen zu veranschlagen wäre, ist mit dem gleichen Problem behaftet, wie im Fall der Feststellung der Effektivität und Effizienz von Kommunikation. Sie verweist auf die noch zu führende Diskussion von Vertrauen als Gegenstand eines Managementkonzepts. Es kann aber hier schon festgehalten werden: Im Blick auf einen weiten, umfassenden Kommunikationsbegriff erscheinen die Täuschungskosten, die aufzubringen sind, immens hoch, will man vertrauens- und glaubwürdig erscheinen, statt es zu sein, denn wer lügt, muss die Möglichkeiten, die nicht Realität werden, ebenso in Betracht ziehen wie die Realität gewordenen Möglichkeiten, will er nicht entlarvt werden. Auf die Dauer ist dies kaum aufrecht zu erhalten. Deshalb sind auch betrügerische Akte wie Heiratsschwindel, Scheckbetrug etc. daraufhin angelegt, ihre Inszenierung zeitlich zu begrenzen, um dann aus der Situation flüchten zu können. An der Option, vertrauenswürdig zu sein, statt nur zu scheinen, führt auch nach ökonomischen Gesichtspunkten kein Weg vorbei. Wie dies aber zu realisieren ist, auch daran scheiden sich die Geister.

4 Probleme der Vertrauensgenese in der Postmoderne

Die direkte Ebene interaktiven, vertrauensvollen Handelns ist in postmodernen Gesellschaften jedoch mit Problemen behaftet (vgl. Hubig 2004): Steigende Komplexität, zunehmende Entpersonalisierung und Deinstitutionalisierung, fehlende Vertrautheit und eine vermehrte technisch vermittelte, medial verengte Kommunikation erschweren u. a. die Bildung personalen Vertrauens. Personales Vertrauen muss deshalb, so die These, durch zwei neue Vertrauenstypen, nämlich Institutionen- und Systemvertrauen und höherstufiges personales (parallel- und metakommunikatives) Vertrauen ergänzt und partiell ersetzt werden.

Erstens ist jenseits der Ebene direkter, vertrauensvoller Kommunikation eine höherstufige Ebene der *Parallel- und Metakommunikation* einzurichten, sozusagen eine Ebene des Redens über das Reden, auf der die Schwierigkeiten und Gelingensbedingungen direkter Kommunikation explizit thematisiert, eine fehlende Wissens- und Erfahrungsbasis der Vertrautheit kompensiert und der Reduktion von Informationskanälen durch Schaffung neuer Informationswege entgegengewirkt wird. Auf dieser Ebene wird es somit u. a. möglich, misslungene direkte Kommunikationen und Handlungen zu thematisieren, enttäuschtes Vertrauen zur Sprache zu bringen und auf diese Weise so etwas wie eine Fehlerkultur zu etablieren, quasi ein höherstufiges Organisationsgedächtnis, welches durch institutionalisierte Anreize zu einer Reflexion der Fehler gestützt werden kann. Anthony Giddens (1995) beklagte noch den Verlust eines Organisationsgedächtnisses, weil deren „Medium", die Tradition, verloren gegangen sei). So krankt die Nutzung von Intranets global agierender Unternehmen häufig daran, dass die Nutzer den dargebotenen Informationen unterstellen, dass sie nur in strategischer Absicht lanciert wurden: Dass also ein Geschäftsfeld, eine Abteilung, ein Projekt auf den unternehmensinternen Märkten sich nicht so darstellen, wie die reale Erfolgsbilanz es gebietet, sondern so, dass sie den eigenen

Einfluss und Status im Unternehmen ausbauen. Dieses Misstrauen führt dazu, dass die Intranets oftmals nicht oder nicht in effektiver Weise genutzt werden oder dass sogar deutliche Pannen auftreten. Die Etablierung einer Ebene der Parallelkommunikation in Form von Chat- und Newsforen, sozusagen ein technisches Pendant zu bereits existierenden inoffiziellen Foren der Parallelkommunikation in Form der Flur-zu-Flur-Kommunikation („Flurfunk"), konnte hier Abhilfe schaffen. Glaubwürdig und interessant ist die interne Unternehmenskommunikation erst dann, wenn sie möglichst offen und ehrlich, umfassend und zeitgerecht nicht nur sachbezogen informiert, sondern auch Stellung nimmt, Begründungen liefert und, falls möglich, zum Dialog einlädt. Das Schwergewicht effektiver innerbetrieblicher Kommunikation sollte daher weniger auf der Anerkennung hierarchisch begründeter Autoritätsausübung basieren, sondern auf der Betonung des Prinzips der Zusammenarbeit, der Meinungsübereinstimmung und der Überzeugung.

Bereits die Einführung der weltweit ersten vollelektronischen Produktionssteuerung bei VW zeigte die Notwendigkeit von Parallelkommunikation im Zuge technisch vermittelter Kommunikation, denn die gewünschten Effektivitäts- und Effizienzeffekte wurden zunächst konterkariert. Die Krankenstände waren nach der Einführung der CIM-Fertigung in Halle 54 dramatisch angestiegen, weil die Beschäftigten die Irritationen im Umgang mit den ihnen angebotenen Informationen über Lagerhaltung, Halbzeugfertigung im Zuge der Inselfertigung nicht bewältigen konnten, sie die Informationen also nicht mehr als gültig aufnahmen, sondern glaubten, immer wieder kontrollieren zu müssen, ob diese Informationen auch stimmen und nicht in strategischer Absicht lanciert wurden. Über inoffizielle Absprachen mit vorgelagerten Fertigungsinseln und dem Anlegen geheimer Halbzeuglager als Puffer wurde versucht, die medial verengte Kommunikation zu kompensieren. Erst durch die offizielle Einführung von Gesprächszirkeln und durch den Aufbau von Glaswänden konnte wortwörtlich Transparenz geschaffen und mit der Offenheit vieler Informationskanäle möglichst unterschiedlicher Arten eine Verengung des Informationsspektrums verhindert werden.

Nicht zuletzt bedeutet Parallelkommunikation für Unternehmen aber auch, die berechtigten, impliziten Erwartungen verschiedener Bezugsgruppen zu erfahren und somit die *Gelingensbedingungen von Kommunikation* sicherzustellen, d. h. sich in der Kommunikation an den Wünschen und Bedürfnissen des Gegenübers zu orientieren. Besonders das Eingehen auf den Kunden als einer der wichtigsten Bezugsgruppen ist hier zu nennen. Eine Kunden- und Marktorientierung gilt dann als vertrauensfördernd, wenn der Kunde sich in seinen Bedürfnissen wahrgenommen fühlt. Stichworte wie Beziehungsmarketing, Customer Relationship Management, Target Costing und Marktforschung sind Ausdruck dieser Haltung und Indikator dafür, dass das Problem als solches erkannt wurde. Phänomene wie etwa das Overengeneering bestimmter Produkte mit unzähligen Funktionen, Extras und komplexen Menüführungen oder Assistenzsysteme, die bei Nutzern Anmutungen des Ausgeliefertseins oder der Entmündigung evozieren, disqualifizieren die Kundenorientierung. Gleiches gilt, wenn bei der Einführung neuer Produkte die Risikokommunikation intransparent bleibt. Gerade dann, wenn Risikopotentiale (noch) schwer einschätzbar sind, z. B. bei Nanomaterialien oder gentechnisch optimierten Produkten, spielt die Vertrauenswürdigkeit der Unternehmen eine große Rolle: Der Vertrauenserweis der Nutzer setzt darauf, dass im Zuge eines begleitenden Monitorings und kontinuierlicher Technikfolgenabschätzung Problemfälle identifiziert werden und unverzüglich Konsequenzen für die betroffenen Produktlinien gezogen werden.

In einem weiteren Bereich wird in jüngster Zeit verstärkt eine vertrauenswürdige Unternehmenskommunikation angemahnt, und es werden Regelwerke für ihre Realisierung entwickelt: Bei der Errichtung neuer Anlagen und damit verbundener Veränderung und Erweiterung von Infrastrukturen werden die klassischen Kommunikationsprozesse zwischen beauftragten Unternehmen, Vorhabenträgern, Behörden und der Öffentlichkeit (Information, Anhörungen und Einspruchsrecht) bei Raumordnungs- und Planfeststellungsverfahren als unzureichend erachtet. Vielmehr sind diese Prozesse einzubetten in ein Kommunikationsgeschehen, das von der „frühen Öffentlichkeitsbeteiligung" über einen kontinuierlichen Prozess der Baubegleitung bis hin zu gemeinsam vorgenommenen Bilanzierungen einschließlich der Eruierung von Nachbesserungsbedarf reicht. Neben einer Information, für die höchste Transparenz nicht nur bezüglich zu erwartender Vorteile, sondern auch bezüglich der Kosten, der Lasten für Umwelt und Betroffene gilt, sind im Zuge von Konsultationen Bedürfnislagen der Betroffenen festzustellen, Vorschläge für Alternativen einzuholen und schließlich kooperativ Regelungen für Lastenausgleich und Schadenskompensation zu erarbeiten (Stiftung Bauwesen 2011; VDI 2012; VDI R-7000 in Planung). Vertrauenswürdigkeit und Verlässlichkeit der Beteiligten können dabei nicht in diesen Prozessen allererst hergestellt bzw. ihre Defizite, wie die Erfahrung zeigt, nicht erst in nachträglichen „Mediationen" behoben werden. Vielmehr müssen sie sich stützen (können) auf eine Vertrauenskultur, innerhalb derer die beteiligten Unternehmen durch ihr Engagement in der „Parallelkommunikation" über die administrativen Kommunikationsprozesse vorgeführt haben und weiter vorführen, dass sie sich dem Vertrauensanspruch stellen, auf die Vertrauensgeber einzugehen, indem sie flexible und angepasste Lösungen entwickeln und die Bereitschaft zeigen, aus Fehlern zu lernen.

Der Vertrauenstyp der Parallelkommunikation als höherstufiges personales Vertrauen ist *zweitens* zu ergänzen durch gezielten Aufbau bzw. Schaffung eines *Institutionen- und Systemvertrauens*, also eines Vertrauenstyps, der für unsere Zwecke als abstraktes Vertrauen in Rollen und Funktionen verstanden werden kann und auf die Nichteinholbarkeit von Problemen bei der Genese bzw. den Verlusten personalen Vertrauens reagiert. So ist etwa das Vertrauen in ein Mitglied einer sozialen Gruppe qua seiner Rolle oder Funktion mehr als nur das Vertrauen in die Einzelperson: Es ist zugleich das Vertrauen in die Gruppe und ihre Mechanismen, Regeln und Prinzipien, die ihr Handeln organisieren, strukturieren und leiten. Im Straßenverkehr geht man normalerweise davon aus, dass einem kein Fahrzeug auf der eigenen Fahrbahn entgegenkommt. Qua Institutionen- bzw. Systemvertrauen vertraue ich darauf, dass andere Verkehrsteilnehmer aufgrund der Straßenverkehrsordnung mit mir abgestimmt handeln und gewisse Handlungen unterlassen (Sanktionsmaßnahmen wie Führerscheinentzug) bzw. das System im Schadensfall gewisse Reparaturleistungen erbringen kann (Unfall- und Haftpflichtversicherung). Institutionen- und Systemvertrauen erweist sich damit als a-personaler, neuer Vertrauenstyp, der das Vertrauenssubjekt von der Notwendigkeit der Bildung von Vertrauen in jeder neuen Bedarfsituation entlastet und eine langfristige Interaktion nicht erforderlich macht. Oft ist es ja leichter, der Institution Demokratie zu vertrauen als der persönlichen Integrität der Politiker. Das Vertrauen z. B. in die Justiz ist u. U. ja auch unabhängig von der konkreten Person des Richters. Auch kann man ein großes Misstrauen gegenüber gewissen politischen Organisationen und Parteien haben, ohne das Vertrauen in das politische System zu verlieren. Oder umgekehrt: Das Vertrauen gegenüber dem Handeln eines Unternehmens als Institution und Organisation kann unberührt bleiben von einem Misstrauen gegenüber dem Wirtschaftssystem – und vice versa. Aber nicht nur extraorganisationales, sondern auch inter- und intraorganisationales Vertrauen basieren letztlich auf der Erwartung, dass Regeln befolgt werden. Durch die Schaffung von Institutionen innerhalb und außerhalb von Unternehmen bzw. die Etablierung von Systemen kann Misstrauen gebunden werden: Zu denken ist hier etwa an Betriebsräte, formalisierte innerbetriebliche Beschwerdeverfahren und Kontrollinstanzen oder auch außerbetrieblich in Form von Branchenverbänden, das Kündigungsschutzrecht, institutionelle Drittgarantien in Form des Rechtssystems, des TÜV und anderer Prüf- und Zertifizierungsanstalten.

Beide höherstufigen Vertrauenstypen, derjenige eines reflexiven Vertrauens auf der Ebene der Parallelkommunikation und derjenige eines abstrakten Systemvertrauens, sind in ihrer funktionalen Notwendigkeit aus den Defiziten direkten personalen Vertrauens gerechtfertigt. Während jedoch das parallelkommunikative Vertrauen direkt einem defizitären personalen Vertrauen entgegenwirkt, reagiert ein abstraktes Systemvertrauen auf die Nichteinholbarkeit von Verlusten personalen Vertrauens. Dass beide Strategien sich komplementär der Problemlage der Postmoderne stellen, mag auch aus dem Befund ersichtlich werden, welches die „Vertrauensfavoriten" laut etlicher Umfragen sind: Zum einen gelten insbesondere die NGOs als solche Vertrauensträger, was damit zu erklären ist, dass in diesen Institutionen und Organisationen die Ebenen einer Parallelkommunikation besonders entwickelt sind, und dieser Trend schreibt sich fort in der Auszeichnung vertrauenswürdiger Unternehmen, denen gemeinsam ist, dass sie eine transparente Ebene einer Kommunikation über die Strategien ihrer Entwicklung, Distribution und ihres Marketing in direktem Austausch mit ihren Konsumenten und Nutzern etabliert haben. Ferner gelten Zentralbanken, die Jurisdiktion, Krankenvorsorge, Rückversicherungen (z. B. was deren Diagnosen zur Klimaentwicklung betrifft) sowie Militär und Polizei in starken Demokratien als Vertrauensträger (Perger 2003). Hier lassen sich unschwer Instanzen systemischen Charakters erkennen, denen ein Systemvertrauen entgegengebracht wird, basierend auf der Erwartung ihrer Kompetenz und Leistung, direkte Funktionsausfälle personalen Vertrauens zu kompensieren. Bei entsprechender Gestaltung können auch große technische Systeme Adressat eines entsprechenden Systemvertrauens werden, wenn einsehbar ist, dass trotz konkreter kontingenter Funktionsausfälle die Funktionstüchtigkeit im Ganzen gewährleistet ist.

So lassen sich also abschließend folgende zentrale Praxisaspekte hervorheben, die helfen können, Vertrauen zu fördern:

- Die Vertrauensgenese wird gefördert durch Parallelkommunikation und direkte, verständnisvolle Kommunikation als Dialog, in dem sich der andere in seinen Bedürfnissen und berechtigten Erwartungen wahrgenommen fühlt und wird.
- Dem Unternehmen unterstellbare Berechenbarkeit, Stabilität und Kontinuität kann helfen, Vertrauen zu evozieren: Institutionen- und Systemvertrauen, Selbstbindung, glaubwürdige Darstellung des eigenen Denkens und Handelns, ein systematischer Abbau problematisierter Handlungsstrategien und die Übermittlung von Sicherheitssignalen wären hier zu nennen.
- Offenheit und Transparenz, rechtzeitige Informationsweitergabe nicht nur unter öffentlichem Druck bzw. ein problemorientiertes Kommunikationsverhalten, das nicht nur Erfolge, sondern auch schlechte Nachrichten ohne Schönfärberei kommuniziert, verbunden mit der Signalisierung von Handlungsbereitschaft und Entgegenkommen tragen zu einem vertrauenswürdigen und integeren Auftreten bei.
- Korrekte Information u. U. mit Möglichkeiten zur Überprüfung, Verständlichkeit und Konsistenz der gesendeten Botschaften fördern einen glaubwürdigen Austausch mit den Bezugsgruppen. Konsistenz betrifft dabei nicht nur den Inhalt einer Botschaft, sondern bezieht sich vor allem auf das Kommunikationsverhalten eines Unternehmens als Ganzem: In den meisten Unternehmen dominiert eine funktionale Organisation der Unternehmenskommunikation, d. h. dass die Abteilung Medienwerbung, Sponsoring u. a. dem Bereich Marketing eingegliedert sind, Investor Relations dem Finanzressort und Public Relations als Stabsstelle direkt der Geschäftsleitung zugeordnet ist. Eine funktionale Organisation birgt die Gefahr, dass verschiedene Kommunikationsmaßnahmen nicht miteinander abgestimmt werden und so ein inkonsistentes, widersprüchliches Bild bei den Empfängergruppen entstehen kann, ein Sachverhalt, der durch die Vielzahl der einem Konzern verbundenen Firmen und durch die fortschreitende Internationalisierung weiter erschwert wird.
- Vertrauen wird darüber hinaus gefördert durch eigene Erfahrung der Adressaten mit dem Unternehmen, etwa im Zuge von Events, Tagen der offenen Tür, Möglichkeit zu Produkttests, Proben etc.
- Neben der eigenen Erfahrung spielt aber auch Reputation für Unternehmen eine wichtige Rolle: Kontroll- und Gütesiegel bzw. die Förderung der Informationsdiffusion innerhalb und unterhalb von Bezugsgruppen durch Internetforen, Veranstaltungen etc. können hierzu einen wichtigen Beitrag liefern. Unabhängige Kontrollinstanzen und andere Formen des Systemvertrauens können helfen, Misstrauen zu binden.
- Einige empirische Untersuchungen zeigen ferner, dass vertrauenswürdige Organisationen sich u. a. durch Bürgernähe und eine helfende Funktion und die Übernahme gesellschaftlicher Verantwortung auszeichnen, Aktivitäten, die durch Umweltsponsoring, aktive Informationspolitik, Kulanz, gut funktionierende Hotlines und Beschwerdestellen abgerundet werden.

5 Vertrauen als Organisationsprinzip?

Vielfach bleiben die Autoren jedoch nicht bei der Feststellung und Beschreibung der Rolle und Nützlichkeit von Vertrauen stehen, sondern erheben das intra-, inter- und extraorganisatorische Vertrauen zum Gegenstand eines gezielten Vertrauensmanagements und -controllings. Vertrauen wird zum intentional gestalteten „Organisationsprinzip" (Schweer und Thies 2003): Für jede Organisation, will sie erfolgreich sein, ist es nützlich, Vertrauen zu genießen und auf der Basis des Prinzips von „Vertrauen" zu funktionieren. Gerade diese instrumentelle Sichtweise ist jedoch problematisch.

Vertrauen wird hier in einer bloßen Zweck-Mittel-Kategorie begriffen: Vertrauen ist *Mittel* in Form eines attraktiven Konzepts zur Risikobewältigung und Strategie des Handelns in Situationen unter Ungewissheit, ein Mittel zur Kostenersparnis, Instrument zur Erhöhung der Arbeitsmotivation und der Mitarbeiterbindung, Katalysator für das Knüpfen neuer Geschäftsbeziehungen. Deshalb wird – vorgelagert – Vertrauen als *Zweck* gesetzt, der durch das Senden vertrauensfördernder Signale, die glaubwürdige Kommunikation von Informationen, die Förderung eines positiven Images oder in Form anderer appellativer Äußerungen, wie etwa eine transparente, partizipative Informationspolitik realisiert werden soll. Eine derartige Charakterisierung täuscht allzu leicht darüber hinweg, dass Vertrauen weder „Erfolgsfaktor", noch Mittel und Zweck ist, sondern grundlegender Anfang jedweder sozialer Beziehung. Vertrauen ist Ausdruck, den anderen als Person anzuerkennen, ist wichtige „synthetische Kraft" (Simmel 1983, S. 263), stellt die Mikrofundierung der Gesellschaft dar, bettet uns in ein stabiles Beziehungsgeflecht ein, ohne das wir wohl in Handlungsunfähigkeit versinken würden. Es müsste deshalb für eine zivilisierte und humane Gesellschaftsform eigentlich selbstverständlich sein, dass sie Vertrauen als Organisationsprinzip bereits kultiviert hat. Außerdem erfordert ein gewisser Grad an arbeitsteiliger Spezialisierung ebenfalls bereits die Realisierung von Vertrauen als Organisationsprinzip: das Vertrauen in die Kompetenz und Gewissenhaftigkeit von Kollegen und deren erbrachten Vorarbeiten und Vorleistungen sind unabdingbar für das effiziente Funktionieren einer Organisation. Aus diesem Grund ist zu kritisieren, dass Vertrauen in einer mechanistischen Manier als etwas „Machbares" angesehen wird. Vertrauen ist aber nicht implementierbar, kann nicht gekauft, befohlen, gelernt oder gelehrt, sondern als Ausprägung einer Haltung nur gefördert werden. Vertrauen ist nicht etwas, was sich einfach herstellen lässt („Vertraue!"), kann nicht einfach herbei gerufen werden, sondern ist ähnlich dem Glück u. U. „nur" wertvolles Begleitprodukt von Handlungen, die zu einem anderen Zweck unternommen wurden. Natürlich hat das Vorhandensein von Vertrauen positive ökonomische Effekte, eine bewusste Gestaltung in strategischer Absicht erweist sich jedoch als schwierig, ja wenn nicht sogar als schädlich. Das heißt nicht, dass Vertrauen gewissen Implementierungstechniken nicht zugänglich ist, doch ist der Übergang von „formal vertrauenswürdig" zu „faktischem Vertrauen" immer eine – allenfalls zu motivierende – Vorleistung und „Gabe".

Ebenso wenig wie Vertrauen ist auch Reputation nicht monokausal herstellbar. Reputation ist das Ergebnis der eigenen Bemühungen um Vertrauens- und Glaubwürdigkeit als auch des Handelns Dritter, die mehr oder weniger strategisch-eigeninteressiert diese Reputation stützen oder destruieren: Konkurrenten, politische Gegner, Vertrauensagenturen. Reputation ist insofern ein kontingentes und nur begrenzt intentional herstellbares Ergebnis des Handelns einer Vielzahl von Akteuren. Reputation kann also ebenso wenig wie Vertrauen implementiert werden, was nicht heißen soll, dass gewisse langfristige Maßnahmen es erlauben, ein positives Image aufzubauen bzw. in Krisenzeiten durch Interventionen zu versuchen, Rufschädigung zu vermeiden bzw. unberechtigten Angriffen energisch entgegenzutreten. Einer derartigen Tätigkeit kommt sogar ein äußerst hoher Stellenwert zu, auch und wenn der Bezug zu Unternehmenszielen nur mittelbar ist. Hierbei kommt dem Umgang mit Social Media wie facebook, Twitter etc. zunehmend eine Bedeutung zu, auf die die Unternehmen sich erst einlassen müssen. Die Machtstrukturen der Social-Media-Welt und die Rolle der dort sich bildenden Schwarm-„Intelligenz" sind bisher weder hinreichend erforscht, noch sind auf Unternehmensseite adäquate Reaktionsmuster entwickelt. Wie sind soziales Kapital und Vertrauensbeziehung in Social-Media-Platforms zu modellieren? Welche Rolle spielen sie für die Adoption der User? Welche Meinungsführerschaften, die sich selbstorganisiert herausbilden, können Anspruch auf Vertrauenswürdigkeit erheben? Wie sind für die Unternehmen Meinungsführerschaften zu identifizieren und anzusprechen? Die Potentiale von Social-Media-Diensten zur Einbeziehung von Kunden in Innovationsprozesse (Lau et al. 2010; Godes und Mayzlin 2009) können für den Aufbau von Vertrauenskulturen im Netz genutzt werden (Fink et al. 2011). Vertrauen ist ein zentraler Einflussfaktor bei der Adoption von Social-Media-Diensten. Auch hier ist auf die vertrauensbildenden Effekte von Parallelkommunikation zurückzugreifen: Alternative Foren im Netz mit offengelegter Identität der Beteiligten (einschl. der Unternehmen in ihrem Dialog mit NGOs) können die anonyme Informationsdiffusion kompensieren (Ries et al. 2011).

Die Schwierigkeiten der Erlangung von Vertrauen werden oft unterschlagen: Sicherlich sind dafür maßgebliche Promotoren in Unternehmen notwendig, doch von welchem Akteur soll dabei die Initiative ausgehen, wenn die Führungseliten erst selbst dazu gebracht werden müssen? Selbstvergewisserung ist hier die unverzichtbare Ausgangsbasis, denn Vertrauen wird oft nur relativ zum anderen erlebt, relativ in Bezug auf das Verhalten und auf die eigenen Erwartungen und Kontrollwünsche: Wäre der andere nicht so und so, wäre er ja vertrauenswürdig, liebenswürdig etc. Übersehen wird dabei jedoch, dass Vertrauen zuerst bei einem selbst anfängt. So klagen etwa viele Unternehmen über die hohen Fluktuationsraten von Kunden, die mangelnde Vertrauenswürdigkeit von Geschäftspartnern etc. Dabei gerät oft gar nicht in den Blick, dass es u. U. ihre eigene Saat ist, deren Frucht sie ernten: Der unstete, „untreue", wechselfreudige Konsument ist als Arbeitnehmer ja von unternehmensinternen, hoch-dynamischen Umfeldern betroffen, die Personen grundsätzlich als ersetzbar und austauschbar erachten. Jeder muss also selbst zum Aufbau und Erhalt von Vertrauen beitragen, d. h. selbst aktiv für eine Änderung der institutionellen und systemischen Rahmenbedingungen eintreten, z. B. durch die Schaffung von Vertrauenskulturen in einer Branche, die Etablierung von Ethik-Kodizes oder aber gewisser Verbandsstrukturen als unabhängige Kontrollinstanzen. Ein derartiges Eintreten ist sogar Pflicht, denkt man an

Phänomene der Abstrahierung von Vertrauen und das oft vorzufindende Schwarz-Weiß-Denken bei den Massen: Leicht gerät eine ganze Branche aufgrund eines schwarzen Schafes in Verruf. Selbst ist man also gar nicht Schuld, die wirtschaftlichen Folgen sind aber voll zu tragen.

In Anlehnung in Rudolf Kötter könnte man daher provokant fragen: Wie viel Ethik enthält überhaupt die Wirtschafts- und Unternehmensethik (vgl. Kötter 1995), unter deren Impulsen das Thema Vertrauen geradezu eine Renaissance erlebt? Orientierend für die traditionelle Ethik von Aristoteles bis Mill war nicht primär die Frage des Selbstbeschränkungscharakters von Moral zur Bewältigung sozialer Konflikte, sondern die nach dem guten Leben, einem Glück bringenden und gelungenen Gesamtentwurf des menschlichen Daseins – eine Frage, die in der Neuzeit zunehmend aus der Mitte der Philosophie an deren Ränder gedrängt wurde und heute vorwiegend im Rahmen der Psychologie und den verschiedenen Spielarten populärer Lebensberatung behandelt wird. Orientierend für die traditionelle Ethik ist damit vor allem die Frage der Persönlichkeitsentwicklung und -entfaltung, wie sie mit Konzepten der Ausbildung von Autonomie, Lebensweisheit und gewisser Tugenden charakterisiert werden kann. Auf dem Boden einer derart kultivierten Menschlichkeit, so die These, ließe sich dann ein glückliches Leben führen, in dessen Horizont der Mitmensch und sein Wohlergehen immer mit eingeschlossen ist und das Leben zu einem gelingenden macht. Ziel der kontinuierlichen Arbeit an der eigenen inneren Natur mit Geduld, Nachsicht aber auch Bestimmtheit ist die Ausbildung eines differenzierten Verstandes, Empfindungs- und Urteilsvermögens als *Kompetenz*, die, einmal erworben, untrennbar mit der Person verknüpft ist. An dieser Stelle sei noch einmal auf das oft anzutreffende technizistische Missverständnis eingegangen: Vertrauenswürdig zu sein ist keine Sache der Technik und irgendwelcher Patentrezepte und Kniffe, sondern Ausdruck einer gelingenden Lebensführung. Personalführung ist keine Sache der Technik, wenn diese auch hilfreich sein kann, sondern in erster Linie eine Frage der Kompetenz, des Verstandes, Empfindungs- und praktischen Urteilsvermögens: kultivierter Menschlichkeit. Die Entwicklung eines differenzierten Verstandes, der nicht einem Schwarz-Weiß-Denken verhaftet ist, zeigt sich letztendlich vor allem auch in der Fähigkeit, zwischen konkurrierenden Paradigmen unterscheiden und situationsadäquat über die Angemessenheit des Einsatzes befinden zu können. Diese Fähigkeit zur Differenzierung liegt sicherlich dann nicht vor, wenn die Mitarbeiter zur Selbstentfaltung gezwungen werden, Unternehmenskulturen und Vertrauen in strategischer Absicht im Unternehmen implementiert werden und eine moralische Orientierung als „Wertdesign" und „strategischer Erfolgsfaktor" betrachtet wird, nur weil dadurch positive ökonomische Effekte gezeitigt werden können. Ein solches Denken erkennt die Zweck-Mittel-Kategorie als einzig legitime an, unterliegt damit aber einer instrumentellen Verkürzung. Vertrauen ist jedoch weder Mittel noch Zweck, sondern wesentlicher Bestandteil einer sozialen Beziehung, wobei das Nachdenken über dadurch induzierte Kosten das Problem verfehlt. Eine moralische Orientierung ist weder ökonomisches Mittel noch ökonomischer Zweck, sondern unverzichtbarer Bestandteil eines gelungenen Lebensentwurfs und der langfristigen Sicherung der Handlungskompetenz. Für unser Thema bedeutet dies: Eine sinnvolle Balance zwischen Kontrolle und Vertrauen auf personaler Ebene und zwischen institutionalisierten Vertrauens- und Misstrauensorganisation auf systemischer Ebene zu finden. So wird etwa der Umstand eines fehlenden Kommunikationscontrollings von vielen Unternehmensvorständen als Kontrollverlust und blinder Fleck erlebt. Sicherlich ist es wichtig, in einem gewissen Rahmen Wirtschaftlichkeitsüberlegungen anzustellen, um aufzuzeigen, wo der Beitrag zur Erreichung der Unternehmensziele liegt. Generell ist in diesem Bereich der Effektivitäts- und Effizienznachweis jedoch schwierig. Vielmehr verdeutlicht jene Haltung manch ausgeprägte narzisstische Persönlichkeitsstruktur vieler Führungskräfte: Kontrollzwänge, das Nicht-Anerkennen fremder Mächte und Unsicherheiten, die Degradierung des Anderen zum puren Objekt der eigenen Bedürfnisbefriedigung (Schmidt-Lellek 2004). Konsequenterweise wäre hier die Forderung nach einem „Controlling des Controllings" aufzustellen, das – um in dieser Systemrationalität zu bleiben – nachweist, dass das Unterfangen des Controllings von „intangibles" auch seinen Sinn macht. Oder, um das konkurrierende Paradigma in Anschlag zu bringen: Ein Mehr an Vertrauen, vor allem auch genährt durch die Einsicht, welch unverzichtbare und wichtige Funktion die Kommunikation für ein Unternehmen besitzt, sollten als notwendiges Korrektiv helfen, das Unternehmen vor Schäden des Kontrollierens und Controllens zu schützen. Dabei ist im Auge zu behalten, dass eine vertrauensvolle Unternehmenskommunikation die entscheidende Voraussetzung dafür ist, dass die primäre Funktion des Unternehmens überhaupt erfüllt werden kann. Oder anders formuliert: Vorsicht und Misstrauen mögen bisweilen gut sein, nur sind auch ihnen gegenüber Vorsicht und Misstrauen anzubringen. Vertrauen in Vertrauen erweist sich eher als zielführend.

Literatur

Bamberg, G., & Coenenberg, A. G. (1996). *Betriebswirtschaftliche Entscheidungslehre*. München: Vahlen.
Beck, U. (1996). *Risikogesellschaft*. Frankfurt am Main: Suhrkamp.
Böckenförde, E. W. (1976). *Staat, Gesellschaft, Freiheit*. Frankfurt am Main: Suhrkamp.
Fink, S., Zerfaß, A., & Linke, A. (2011). *Social Media Governance 2011- Kompetenzen, Strukturen und Strategien von Unternehmen, Behörden und Non-Profit-Organisationen für die Online-Kommunikation im Social Web. Ergebnisse einer empirischen Studie bei Kommunikationsverantwortlichen*. Leipzig: Universität Leipzig/Fink & Fuchs Public Relations AG.
Fukuyama, F. (1995). *Trust. The social virtues and the creation of prosperity*. New York: Simon and Schuster.
Giddens, A. (1995). *Konsequenzen der Moderne*. Frankfurt am Main: Suhrkamp.
Godes, D., & Mayzlin, D. (2009). Firm-created Word-of-Mouth Communication: Evidence from a Field Test. *Marketing Science, 23*(4), 545–560.
Hubig, C. (1995). *Technik- und Wissenschaftsethik*. Berlin: Springer.
Hubig, C. (2004). *Benötigen deinstitutionalisierte „postmoderne" Gesellschaften Vertrauen? Studienbrief*. Hagen: Fernuniversität Hagen.
Hollis, M. (1995). *Soziales Handeln*. München: Oldenbourg.

Kassebaum, U. (2004). *Interpersonelles Vertrauen. Entwicklung eines Inventars zur Erfassung spezifischer Aspekte des Konstrukts, Online-Dissertation*. Hamburg: Universität Hamburg.

Kötter, R. (1995). Ökonomie im Spannungsfeld zwischen rationaler Konfliktbewältigung und moralischer Lebensgestaltung. In K. Grenzdörffer, A. Biesecker, H. Heide, & S. Wolf (Hrsg.). *Neue Bewertungen in der Ökonomie* (S. 23–35). Pfaffenweiler: Centaurus.

Lau, A., Tang, E., & Yam, R. (2010). Effects of Supplier and Customer Integration on Product Innovation and Performance: Empirical Evidence in Hong Kong Manufacturers. *Journal of Product Innovation Management, 27*(5), 761–777.

Luhmann, N. (1989). *Vertrauen*. Stuttgart: UTB.

Perger, W. (2003). Lob der Kühnheit. *DIE ZEIT, 2003*(2), 3.

Putnam, R. (1993). *Making Democracy Work*. Princeton: Princeton University Press.

Ries, S., Fischlin, M., Martucci, L. A., & Mühlhäuser, M. (2011). Learning Whom to Trust in a Privacy-Friendly Way. In Proceedings of the 10th IEEE International Conference on Trust, Security and Privacy in Computing and Communications (S. 1-12). Changsha.

Schmidt-Lellek, C. (2004). Charisma, Macht und Narzissmus. Zur Diagnostik einer ambivalenten Führungseigenschaft. *Organisationsberatung - Supervision - Coaching, 11*(1), 27–40.

Schütz, A. (1971). Über die mannigfaltigen Wirklichkeiten. In A. Schütz (Hrsg.), *Gesammelte. Aufsätze I. Das Problem der sozialen Wirklichkeit* (S. 237–298). Den Haag: Nijhoff.

Schweer, M., & Thies, B. (2003). *Vertrauen als Organisationsprinzip*. Bern: Hans Huber.

Simmel, G. (1983). *Soziologie. Untersuchungen über die Formen der Vergesellschaftung*. Berlin: Duncker & Humblot.

Simmel, G. (1989). *Philosophie des Geldes*. Frankfurt am Main: Suhrkamp.

Stiftung Bauwesen (Hrsg.). (2011). *Großprojekte in der Demokratie*. Stuttgart: Stiftung Bauwesen.

VDI-Gesellschaft Bauen und Gebäudetechnik (Hrsg.). (2012). *Infrastruktur für unsere Zukunft - Gesellschaftlich tragfähige Lösungen entwickeln (VDI-Zukunftskongress 2012)*. Düsseldorf: VDI.

Reputation und Image: Grundlagen, Einflussmöglichkeiten, Management

Sabine Einwiller

Zusammenfassung

Die Konzepte Image und Reputation weisen trotz ihrer historischen Verankerung in unterschiedlichen Fachdisziplinen enge Verbindungen aber auch klare Unterschiede auf. In beiden Fällen handelt es sich um Wahrnehmungsphänomene, bei denen ein Unternehmen hinsichtlich bestimmter Attribute wahrgenommen und bewertet wird. Während sich Images jedoch im Individuum manifestieren, entsteht Reputation erst dann, wenn viele Menschen ein Reputationsobjekt wahrnehmen und Wissen und Bewertungen darüber interpersonell oder medienvermittelt austauschen. Eine starke Reputation ist für ein Unternehmen ein Vermögenswert, der Wettbewerbsvorteile verschafft. Um die Potenziale der Reputation als Vermögenswert zu erschließen, muss die Reputation strategisch gesteuert werden, was im Rahmen eines Managementzyklus beginnend mit der Analyse, über die Planung, Implementierung bis hin zur Evaluation erfolgt.

Schlüsselwörter

Reputation · Image · Identität · Reputationsmanagement · Corporate Identity · Identitätsmanagement · Unternehmenskommunikation · Unternehmensreputation · Unternehmensimage

---

S. Einwiller (✉)
Johannes Gutenberg-Universität Mainz, Institut für Publizistik
Jakob-Welder-Weg 12, 55128 Mainz, Deutschland
E-Mail: einwiller@uni-mainz.de

1 Die Sorge um den guten Ruf

Bewertungen und Ranglisten zum Ansehen von Unternehmen haben Konjunktur. Wirtschaftsmagazine und -zeitungen veröffentlichen – auch mit dem Ziel, die eigene Reputation zu fördern – verschiedenartige Rankings, darunter *FORTUNE*s „World's Most Admired Companies" oder die „Imageprofile", die regelmäßig im *Manager Magazin* publiziert werden. In der Fachzeitschrift *Corporate Reputation Review* gibt Fombrun (2007) einen Überblick über insgesamt 183 Studien weltweit, vier davon in Deutschland, in denen die Reputation bzw. das Image von meist großen Unternehmen bewertet wird, um diese dann in eine Rangfolge der besten und schlechtesten zu bringen. Die Veröffentlichung solcher „Beauty Contests" stellt Kommunikationsmanager immer wieder vor die Herausforderung, ihrer Unternehmensleitung zu erklären, wie das jeweilige Ranking zu bewerten ist, ob es ernst zu nehmen oder zu vernachlässigen ist und warum.

Um eine fundierte Bewertung vornehmen zu können, ist es wichtig zu wissen, was genau unter Reputation und Image zu verstehen ist, und warum sich eine Unternehmensleitung überhaupt darum sorgen sollte. Zudem ist es wichtig zu verstehen, wie Reputation und Image entstehen und wie dieser Entstehungsprozess beeinflusst werden kann. Ziel dieses Beitrags ist es, die Konzepte Reputation und Image sowie das hiermit eng verwandte Konzept der Identität zu erklären und Einflussquellen sowie grundlegende Aspekte des strategischen Reputationsmanagements zu erläutern.

2 Entwicklung und veränderte Rahmenbedingungen der Diskussion

Die Beschäftigung mit dem Image und der Reputation von Unternehmen ist keine neue Erscheinung. Als Pioniere des Imagebegriffs in Bezug auf Unternehmen gelten Kenneth Boulding und Pierre Martineau. In seinem Mitte der 1950er Jahre erschienenen Buch mit dem Titel *The Image* machte Boulding (1956) zwei für die damalige Zeit bemerkenswerte Aussagen: 1) Menschen sind angewiesen auf das Image, das sie von einem Unternehmen haben, und 2) es gibt eine Verbindung zwischen dem Image und dem Verhalten gegenüber einem Unternehmen. Zwei Jahre später erschien Martineaus (1958) Aufsatz *Sharper Focus for the Corporate Image*. Seine Grundprämisse war, dass stereotypes Wissen über Unternehmen in den Köpfen der Stakeholder sehr einflussreich und auch sehr schwer veränderbar ist; das sich daraus ergebende Unternehmensimage sollte daher möglichst positiv sein. Es war vor allem der Artikel von Martineau, der den Publikationsfluss zum Thema Unternehmensimage in Gang setzte. Auch in Deutschland befassten sich Praktiker und Wissenschaftler mit dem Unternehmensimage. So lieferte Albert Oeckl (1964) in seinem *Handbuch der Public Relations* eine Definition des Image-Begriffs, und Anfang der 1970er veröffentlichte Uwe Johannsen (1971) ein Buch mit dem Titel *Das Marken- und Firmen-Image*.

Bis in die 1980er Jahre war Image das bevorzugt verwendete Konzept. In den 1990er Jahren begann sich der Fokus zunehmend auf den Reputations-Begriff zu konzentrieren. Mit dazu beigetragen haben die Buchveröffentlichungen von Dennis Bromley (1993) *Reputation, Image and Impression Management* und Charles Fombrun (1996) *Reputation: Realizing Value from the Corporate Image*. Anzuführen ist außerdem der Beginn der Herausgabe der wissenschaftlichen Fachzeitschrift *Corporate Reputation Review* im Jahr 1997, der die Forschungstätigkeit zum Thema beförderte. Seitdem bemüht sich auch eine steigende Zahl an Beratungsunternehmen darum, die Unternehmensreputation als strategisch relevantes Thema in Unternehmen zu verankern. Aber auch die zunehmende mediale Verbreitung der eingangs genannten Reputation-Rankings schürt das Interesse an der Unternehmensreputation.

Hinzu kommt, dass sich seit den 1990er Jahren die Anforderungen an Unternehmen und deren Beziehungspflege mit ihren Stakeholdern verändert haben, also mit den Gruppen oder Individuen, die willentlich oder unwillentlich zu den vermögensbildenden Leistungen und Handlungen des Unternehmens beitragen und somit seine potenziellen Nutznießer und/oder Risikoträger sind (Post et al. 2002, S. 19). Hierfür sind verschiedene Trends verantwortlich, die es zunehmend wichtiger werden lassen, dass sich Unternehmen von ihren Wettbewerbern abheben und sich bei ihren Stakeholdern ein gutes Ansehen erarbeiten (Einwiller und Will 2002; van Riel und Fombrun 2004, S. 6 f.):

- *Globalisierung*: Durch die Globalisierung und das Verwischen nationaler Grenzen ist ein verschärfter Wettbewerb entstanden. Ein hohes Ansehen und die Fähigkeit einer klaren Differenzierung von nationalen Wettbewerbern helfen dabei, Marktpotenziale in neuen Märkten zu entwickeln und die Unterstützung von lokalen Behörden und Geschäftspartnern zu erhalten.
- *Homogenisierung von Produkten und Leistungen*: Die Globalisierung und auch der technologische Fortschritt haben zu einer Angleichung von Produkten und Dienstleistungen geführt. Wohin man auf der Welt kommt, die Verbreitung und auch die Nachahmung internationaler Produkte ist allgegenwärtig. Eine Differenzierung durch eine starke Reputation ist besonders wichtig, um sich gegenüber ähnlichen Konkurrenzangeboten zu behaupten.
- *Visibilität von Unternehmen*: Dem gestiegenen Interesse an Unternehmen, unter anderem befeuert durch den Börsenboom Ende der 1990er Jahre, entsprachen die Medien mit mehr Wirtschaftsberichterstattung. Die Wirtschaftsteile der Tageszeitungen wurden umfangreicher und neue Wirtschaftsmagazine wurden gegründet. Die Finanz- und Wirtschaftskrise ab 2007 hat das Interesse an Wirtschaftsthemen weiter geschürt. Die erhöhte Medienaufmerksamkeit verstärkt den Druck auf Unternehmen, professionell, schnell und offen zu kommunizieren. Hinzu kommt die Tendenz der Medien zur Skandalisierung, insbesondere auch in der Berichterstattung über Unternehmen.
- *Verfügbarkeit von Information und Transparenzforderung*: Durch die zunehmende Verbreitung des Internet seit Mitte der 1990er Jahre steigt die Verfügbarkeit von Information, auch jene über Unternehmen. Hinzu kommt eine gestiegene Erwartung an Unternehmen in Bezug auf Transparenz und Dialogbereitschaft. Social Media wie das soziale

Netzwerk Facebook oder der Microbloggingdienst Twitter machen es Kritikern wie Befürworten zunehmend leicht, Dialog und Transparenz von Unternehmen einzufordern.
- *Bedeutung des Kapitalmarktes*: Der Kapitalmarkt ist für die mittel- und langfristige Kapitalbeschaffung von Unternehmen von großer Bedeutung. Dabei steigen die Anforderungen der Financial Community an eine professionelle Beziehungspflege, und auch „weiche" Faktoren wie Kommunikation und Reputation spielen bei der Bewertung von Unternehmen eine wichtige Rolle.
- *Informationsüberlastung und Werbesättigung*: Menschen sehen sich einem Überangebot an Information gegenüber, so dass nur ein Bruchteil davon eine Chance hat, von den Stakeholdern rezipiert zu werden. Aufgrund der Werbesättigung der Rezipienten verliert dieses Kommunikationsinstrument an Wirkung und alternative Instrumente der Unternehmens- und Marktkommunikation wie Pressearbeit, Events oder Corporate Social Responsibility-Aktivitäten gewinnen an Bedeutung, um die Aufmerksamkeit der Stakeholder zu gewinnen.
- *Stakeholder Aktivismus*: Kritische Stakeholder und Nichtregierungsorganisationen (NGOs) üben Druck auf Unternehmen aus, national und global Verantwortung zu übernehmen und höchstmögliche Sozial- und Umweltstandards einzuhalten. Dabei entwickeln NGOs zunehmend professionelle Kommunikationsstrategien, was kombiniert mit der erhöhten Medienaufmerksamkeit zu starkem öffentlichen Druck führen kann. Hinzu kommt, dass NGOs in der Regel ein höheres Vertrauen genießen als die Unternehmen, die sie kritisieren, und somit Einfluss auf die Meinungen anderer Unternehmensstakeholder ausüben können.

Diese Entwicklungen in den Unternehmensumwelten verstärken die Notwendigkeit, die Reputation und das Image eines Unternehmens zu pflegen und zu schützen. Diese Größen, die zum einen wertvoll aber auch verletzlich sind, sind für die langfristige Wettbewerbsfähigkeit von Unternehmen von großer Bedeutung. Was unter Reputation und Image nun aber genau zu verstehen ist wird im folgenden Abschnitt erläutert.

3 Definition der relevanten Konstrukte

Die Konstrukte Image und Reputation haben nicht nur historisch eine unterschiedliche Entwicklung genommen, sie werden auch aufgrund der Verschiedenartigkeit der Fachdisziplinen, die sich mit den Begriffen befassen, unterschiedlich verwendet. In ihrer Zusammenschau zur Verwendung des Reputationsbegriffs haben Fombrun und van Riel (1997) sechs Fachdisziplinen ausgemacht, die sich mit dem Phänomen der Reputation von Unternehmen beschäftigen. Dabei stellen sie fest, dass der Terminus Reputation insbesondere in der Ökonomie, der Soziologie und im Strategischen Management Verwendung findet, während man im Marketing bevorzugt von Image spricht und sich die Organisationslehre vor allem mit der Identität von Organisationen beschäftigt. Auch in den Public Relations hat lange Zeit der Image-Begriff dominiert.

Barnett et al. (2006) bemerken in ihrer Literaturübersicht zu Definitionen von Reputation, dass die Begriffe Image, Reputation und Identität nicht selten synonym verwendet werden. Eine synonyme Verwendung der Begriffe ist jedoch wenig sinnvoll. Auch wenn zwischen den Konstrukten enge Verbindungen bestehen, so existieren ebenso klare Unterschiede. Sich dieser Verbindungen und Unterschiede bewusst zu werden ist wichtig, um den Prozess der Entstehung und des Managements von Image und Reputation zu begreifen.

3.1 Image

James E. Grunig (1993) bemängelt am Image-Begriff zum einen, dass er nahezu so viele Bedeutungen besäße wie Personen, die ihn benutzten, und zum anderen, dass er negative Konnotationen habe, denn „[t]he average person sees image as the opposite of reality – as an imitation of something [...]" (ebd.: 264). Dass der Image-Begriff dennoch bedeutsam ist und ungeachtet der Kritik in der Unternehmenskommunikation und im Marketing vielfache Verwendung findet ist unbenommen. Die Kritik sollte jedoch dazu ermahnen, Image klar zur definieren und gegenüber verwandten Begriffen abzugrenzen. Ein Grund, der zur Bedeutungsvielfalt beiträgt, ist die Verwendung des Image-Begriffs aus verschiedenen Perspektiven:

- *Intendiertes Image*: Nach dieser Perspektive ist unter Image das zu verstehen, was das Unternehmen andere glauben machen will. Es ist also das intern definierte Bild, das ein Unternehmen von sich erzeugen möchte. Kritisch bemerkt wird hierbei häufig die vereinfachte Vorstellung, dass ein Image kreierbar und projizierbar sei und dass es mehr Schein als Sein darstelle.
- *Vermutetes Image*: Hierbei wird ebenfalls eine interne Sicht eingenommen. Das Image ist laut dieser Perspektive das, was das Unternehmen und seine Mitarbeiter annehmen, dass Externe über ihr Unternehmen denken. Es ist also eine Vermutung über die Vorstellungen externer Stakeholder vom Unternehmen.
- *Wahrgenommenes Image*: Laut dieser Perspektive ist das Image das, was die Stakeholder vom Unternehmen als Wissen in ihren Köpfen gespeichert haben. Dazu gehören neben manifesten Inhalten wie dem Namen und Symbolen, die das Unternehmen darstellen, alle Attribute, die mit dem Unternehmen assoziiert werden. Ein Image kann in diesem Fall positiv, neutral, negativ aber auch ambivalent sein.

Die Mehrzahl der Definitionen von Unternehmensimage fokussiert die dritte Perspektive des wahrnehmenden Individuums. In dieser Perspektive, die auch hier eingenommen wird, ist ein Image als individuelles Wissen und persönliche Meinung einer Person von einem Unternehmen zu begreifen. Es ist eine subjektive Wahrnehmung, die dem vom Unternehmen intendierten Image mehr oder weniger entsprechen kann. Diese Konzeptualisierung von Image entspricht sehr stark dem, was in der Kognitionspsychologie als *Schema* bezeichnet wird. Grunig (1993) merkt an, die Bedeutung von Schema „comes close to the definition typically given to image. The concept of schema, however, is much better conceptualized and researched than is the concept of image (…) Theories of schemas, therefore, seem to add substance to the ideas about image (…)" (ebd.: 132 f.).

Um dem Image-Begriff Substanz zu verleihen, soll er in Anlehnung an das psychologische Schema-Verständnis konzeptualisiert werden. Ein Schema ist eine Gedächtnisstruktur, die das eigene Wissen über die soziale Welt in Kategorien zusammenzufasst, sich über die Zeit entwickelt und mit der Zeit komplexer und verfestigter wird. Fiske und Taylor (1991) definieren ein Schema als eine kognitive Struktur, in der das Wissen über einen Stimulus, beispielsweise ein Unternehmen, repräsentiert ist, sowie dessen Attribute und die Beziehungen zwischen diesen Attributen. Die Attribute werden durch einen auslösenden Schlüsselreiz, der im Falle eines Unternehmens der Firmenname oder das -logo sein kann, aktiviert. Hört eine Person beispielsweise den Firmennamen Apple, werden Attribute wie innovativ und trendy aktiviert, wenn diese mit dem Unternehmensnamen im Gedächtnis verbunden sind. Möglicherweise werden auch Inhalte aus Medienberichten aktiviert, in denen Apple wegen schlechter Arbeitsbedingungen in den Werken seiner chinesischen Zulieferer angeprangert wird. Je schneller diese Attribute aktiviert werden, desto verfügbarer oder salienter ist das Schema.

Das Apple-Beispiel weist auf zwei Typen von Attributen hin, die im Unternehmenskontext unterschieden werden können (Einwiller 2013): Persönlichkeitsattribute und Verhaltensattribute. *Persönlichkeitsattribute* sind relativ stabile Eigenschaften, die eine Person oder eben auch ein Unternehmen charakterisieren. Die Idee, dem Unternehmen eine Persönlichkeit zuzuschreiben, findet sich bereits in frühen Ansätzen zum Unternehmensimage und zur Unternehmensidentität, und wurde von Davies et al. (2001) in eine Skala zur Messung der Unternehmenspersönlichkeit umgesetzt. Die wahrgenommenen Persönlichkeitsattribute des Unternehmens beeinflussen das Verhalten der Stakeholder gegenüber diesem. Werden mit einem Automobilhersteller beispielsweise die Attribute unzuverlässig und unseriös verbunden, ist die Kaufbereitschaft sehr wahrscheinlich geringer, als wenn ein potenzieller Kunde damit zuverlässig und innovativ assoziiert. Die wahrgenommene Übereinstimmung der eigenen Persönlichkeitsattribute mit denen des Unternehmens wirkt sich zudem auf die Identifikation einer Person mit einem Unternehmen aus. Die *Verhaltensattribute* beziehen sich auf verschiedene Kategorien, in denen ein bestimmtes Unternehmensverhalten erwartet wird. Häufig angeführte Kategorien sind die Produkte und Leistungen, die Unternehmensführung, und das verantwortungsvolle Verhalten gegenüber Mitarbeitern, Gesellschaft und Umwelt. Wissen über das Verhalten von Unternehmen in diesen und anderen Kategorien wird im Schema zum Unternehmen abgelegt und bei Stimulation abgerufen. Basierend auf den Verhaltensattributen werden wiederum Schlussfolgerungen bezüglich der Unternehmenspersönlichkeit gezogen. Erfährt eine Person beispielsweise, dass ein Finanzdienstleister seine Kunden systematisch zu Investitionen in riskante Geldanlagen überredet hat, wird auch das Persönlichkeitsattribut unseriös als Teil der Gedächtnisstruktur gefestigt.

Schemata beinhalten neben den Attributen auch bewertende Strukturen, die als Einstellung bezeichnet werden. Eine Einstellung ist eine psychologische Tendenz, die sich in graduell befürwortenden oder ablehnenden Bewertungen eines Einstellungsobjekts ausdrückt und einen Subtyp des allgemeineren Schemakonzepts darstellt (Eagly und Chaiken 1993, S. 1 ff.). Einstellungen und Schemata beinhalten demnach eine Reihe von Attributen, die mit dem Einstellungsobjekt assoziiert werden. In der Regel werden mit befürwortend bewerteten Einstellungsobjekten positive Attribute assoziiert und mit ablehnend bewerteten negative. Außerdem können bewertende emotionale Reaktionen auftreten, die positiv oder negativ sind, sowie Handlungsreaktionen, die ebenfalls die bewertende Tendenz zum Ausdruck bringen.

> **Unternehmensimage**
> Ein Unternehmensimage ist eine individuelle Gedächtnisstruktur, in der das Wissen einer Person über ein Unternehmen in Form von Attributen, die dem Unternehmen zugeschrieben werden, repräsentiert ist. Ein Image kann befürwortend, ablehnend, ambivalent oder auch neutral sein.

In der Psychologie werden Schemata und Einstellungen bestimmte Funktionen zugeschrieben (Eagly und Chaiken 1993, S. 19 f.), die gleichermaßen auch für Unternehmensimages gelten. So haben Images eine *Wissensfunktion*, indem sie darauf wirken, welche Informationen Menschen wahrnehmen, über welche sie nachdenken und welche sie schließlich erinnern. Je leichter ein Image aktiviert wird, desto eher kann es für die Entscheidungsfindung, z. B. für eine Kaufentscheidung, herangezogen werden. Gemäß der *Nutzenfunktion* versuchen Menschen Belohnung zu maximieren und Strafe zu minimieren. Sie entwickeln daher gegenüber einem Unternehmen, das positive Effekte verspricht, ein positives Image und gegenüber einem anderen, das negativ wirkt, ein ablehnendes. Des Weiteren besitzen Images eine *Wertausdrucksfunktion*, indem sie einer Person dabei helfen, ihre soziale Identität zu definieren und zum Ausdruck zu bringen. Der Apple-Befürworter grenzt sich mit seinem Image beispielsweise von den PC-Nutzern ab, und die Mini-Fahrerin drückt mit ihrem Image ihre persönlichen Werte aus. Die Wirkung auf die soziale Identität kann sich vor allem dann entfalten, wenn die Werte des Unternehmens oder Produkts mit den Werten der Person – oder denen, die sie gerne hätte – übereinstimmen.

3.2 Identität

Ein Konstrukt, das neben der Reputation aufgrund vielfacher Verwechslungen ebenfalls vom Image-Begriff abzugrenzen ist, ist die Identität. Wie oben angeführt ist es vor allem die Organisationslehre, die sich mit der organisationalen Identität beschäftigt. Aber auch im Marketing spielt Identität als Corporate Identity und Markenidentität eine Rolle. Die Disziplinen sehen das Identitätskonstrukt jedoch aus verschiedenen Perspektiven:

- *Organisationale Identität*: Hierunter wird das kollektive, von den Mitarbeitern des Unternehmens geteilte Verständnis von den Werten und Attributen verstanden, die das Unternehmen ausmachen. Die organisationale Identität ist eingebettet in die Kultur des Unternehmens, die den internen, symbolischen Kontext für die Entwicklung der Identität darstellt. Organisationale Identität ist die Antwort auf die Frage „Wer sind wir als Organisation?" (Albert und Whetten 1985). Nach Albert und Whetten sind es vor allem die zentralen, stabilen und einzigartigen Attribute, die die organisationale Identität ausmachen. Bezug nehmend auf das Image-Konstrukt liegen der organisationalen Identität die individuellen wahrgenommenen Images der Mitarbeiter von ihrem Unternehmen zugrunde.
- *Corporate Identity (CI)*: Ein häufig zitiertes und auch international rezipiertes Verständnis von CI stammt von Birkigt, Stadler und Funck (2002). Nach Birkigt et al. wird die CI ausgedrückt durch die Elemente des CI-Mix: Kommunikation, Verhalten und Symbolik. Mithilfe dieser drei Elemente manifestiert das Unternehmen seine Persönlichkeit, den Ausdruck der Selbstwahrnehmung des Unternehmens. Diese Selbstwahrnehmung ist im CI-Verständnis jedoch stärker von der Unternehmensleitung definiert als dies bei der organisationalen Identität der Fall ist.
- *Corporate Brand Identity*: Hierunter wird die erwünschte oder angestrebte Identität einer Unternehmensmarke oder Corporate Brand verstanden. Die Corporate Brand Identity erfasst strategische Vorstellungen zu essenziellen, wesensprägenden Attributen der Unternehmensmarke (Esch et al. 2006) und bildet die Identität, die das Unternehmen gerne im Kern hätte und darstellen möchte. Sie ist also gewissermaßen die strategische Definition des intendierten Images in den Köpfen der Stakeholder.

Diese drei Perspektiven sind nicht getrennt voneinander zu sehen, sondern greifen klar ineinander. Um die interne Unterstützung bei der Umsetzung der Corporate Brand Identity zu erhalten, sollte diese möglichst stark in der organisationalen Identität verwurzelt sein. Nehmen die Mitarbeiter zu große Abweichungen zwischen der durch die Unternehmensleitung angestrebten und der organisationalen Identität wahr, werden die Mitarbeiter beim Ausdrücken der Identität durch Verhalten und Kommunikation nicht angemessen mithelfen können oder auch nicht dazu bereit sein. Dies kann wiederum zu Irritationen seitens der externen Stakeholder führen, wenn diese eine Kluft wahrnehmen zwischen dem, was ihnen glauben gemacht wird und dem, was das Unternehmen und seine Mitarbeiter tatsächlich leben (Hatch und Schultz 2001).

3.3 Reputation

Schlägt man im Digitalen Wörterbuch der Deutschen Sprache (www.dwds.de) den Begriff Reputation nach, so erhält man – wie auch in den Standardwörterbüchern – die Begriffe Ruf und Ansehen. Interessanterweise wird unter Gebrauch „veraltend" angegeben. Was den Gebrauch des Begriffs Reputation in der Unternehmenskommunikation angeht, ist von veralten jedoch nichts zu erkennen. Vielmehr hat sich der Begriff Reputation in der Unternehmenskommunikation mit dem Beginn des neuen Jahrtausends fest etabliert. Dies deutet auf den Einfluss des Strategischen Managements hin, wo das Konzept Reputation schon länger Verwendung findet.

Um einen Überblick über die verschiedenen Sichtweisen und Definitionen von Reputation zu erhalten, die sich innerhalb und zwischen den unterschiedlichen Fachdisziplinen entwickelt haben, analysierten und systematisierten Barnett et al. (2006) 49 Definitionen von Reputation. Dabei stellen sie fest, dass „there is more than a little underlying similarity" (ebd.: 32). Die Autoren identifizieren drei Bedeutungscluster, die sie mit Bekanntheit/ Wahrnehmung (Awareness), Bewertung (Assessment) und Vermögenswert (Asset) überschreiben.

- *Bekanntheit/Wahrnehmung*: Hiernach ist Reputation ein Ausdruck der Wahrnehmung eines Unternehmens durch seine Stakeholder. Wichtig ist dabei zunächst, dass das Unternehmen überhaupt wahrgenommen wird, also bekannt ist. Rindova et al. (2005) inkludieren in ihre Definition von Reputation „a prominence dimension, which captures the degree to which an organization receives large-scale collective recognition in its organizational field" (ebd.: 1035). Dieser Bekanntheitsaspekt steht in engem Zusammenhang mit der Verfügbarkeit individueller Images. Reputation bedeutet also unter anderem, dass ein Unternehmen vielen seiner Stakeholdern bekannt und bei diesen „top-of-mind" ist. Dieser Aspekt des kollektiven Bewusstseins kommt auch in den definitorischen Beschreibungen von Reputation als „collective representation" oder „net perception" zum Ausdruck, aber auch im deutschen Wort „Ruf". Man ruft sich die Wahrnehmung und Bewertung quasi zu.
- *Bewertung*: Des Weiteren wird Reputation als Beurteilung, Evaluation oder „aggregate assessment" betrachtet. Die Bewertung, die positiv oder negativ ausfallen kann, findet hinsichtlich bestimmter Attribute statt. Dabei betonen einige Autoren die oben genannten Persönlichkeitsattribute, andere die Verhaltensattribute. Für letztere werden verschiedene Kategorien angeführt, die meist Produktaspekte, finanzielle und Managementaspekte sowie Aspekte der sozialen Verantwortung umfassen. Dabei findet die Bewertung nicht isoliert sondern im Kontext von Branche, wirtschaftlichem, sozialen wie kulturellem Umfeld statt. Welche Verhaltensattribute für die Bewertung vor allem beachtet und herangezogen werden, hängt außerdem stark von den Erwartungen der jeweiligen Stakeholdergruppe ab. Während Investoren insbesondere auf die finanzielle Leistung und das Management des Unternehmens achten, stehen bei Kunden Produktaspekte im Vordergrund. Unternehmen werden auch zunehmend daran gemessen, inwiefern ihr Handeln den moralischen Ansprüchen und gesellschaftlichen Normen und Werten entspricht. Eisenegger (2005) spricht hier von Sozialreputation, die er von der funktionalen Reputation abgrenzt, also der Bewertung auf Leistungsaspekten wie Produkten, Finanzen und Management.
- *Vermögenswert*: Schließlich wird Reputation als intangibler Vermögenswert betrachtet, der einem Unternehmen Wettbewerbsvorteile verschafft. In der Forschung zur Reputa-

tionswirkung finden sich Belege dafür, dass eine gute Reputation zu reduzierten Kapitalkosten führt, ein Preispremium rechtfertigt, die Attraktivität als Arbeitgeber erhöht, Investoren und Kunden anzieht, in kritischen Situationen und Krisen Unterstützungspotenziale sichert, Wettbewerbsbarrieren erzeugt und die Profitabilität des Unternehmens steigert. Diese verschiedenen Wirkungen von Reputation untermauern die Bedeutung der Reputation und die Wichtigkeit, in diesen Vermögenswert zu investieren. Für eine Definition von Reputation ist allerdings zu hinterfragen, ob es sich bei dieser Sichtweise nicht vielmehr um die Konsequenzen der Reputation handelt und weniger um das Konstrukt der Reputation selbst. Daher soll dieser Aspekt als Bestandteil einer Reputationsdefinition nicht berücksichtigt werden.

Die Zusammenschau der verschiedenen Reputationsdefinitionen macht deutlich, dass trotz Divergenzen in weiten Teilen Einigkeit darüber herrscht, dass es sich bei der Reputation um ein Wahrnehmungsphänomen handelt, bei dem ein Unternehmen hinsichtlich bestimmter Attribute bewertet wird, was in der Folge zu einem Wettbewerbsvorteil führen kann. Dabei handelt es sich aber nicht um die Wahrnehmung oder Bewertung eines einzelnen Individuums, wie es beim Image der Fall ist. Reputation entsteht erst dann, wenn viele Personen ein Reputationsobjekt wahrnehmen und ihr Wissen und ihre Bewertungen darüber interpersonell oder medienvermittelt austauschen. Die Bedeutung von Austausch und sozialen Netzwerken für die Entstehung von Reputation wird vor allem von Soziologen und Ökonomen hervorgehoben. Sie betonen dass Reputation vor allem dann entsteht, wenn sich Information über das Verhalten eines Akteurs im Netzwerk verbreitet und so zu anderen potentiellen Partnern des Akteurs gelangt.

Image und Reputation hängen eng zusammen, denn die individuellen Images bilden die Basis der kollektiven Reputation. Wie auch das Unternehmensimage ist die Reputation dadurch geprägt, was die Stakeholder von einem Unternehmen wissen und wie sie dieses hinsichtlich verschiedener Attribute, die je nach Stakeholdergruppe unterschiedlich oder unterschiedlich gewichtet sein können, bewerten. Hierbei wirken auch Kontextfaktoren wie die Reputation der Branche, das wirtschaftliche und gesellschaftliche Umfeld oder die Beschaffenheit des Mediensystems auf die Reputationskonstitution ein. Entscheidend sind dabei die sozialen Austauschprozesse und die dadurch entstehende kollektive Wahrnehmung und Bewertung, die – wie die zugrunde liegenden Images – von positiv bis negativ verschiedene Ausprägungen annehmen kann. Zu bemerken ist noch, dass sich individuelle Images und kollektive Reputation nicht immer entsprechen müssen. Eine Person kann beispielsweise aufgrund eigener negativer Erfahrungen ein schlechtes Image von einem Unternehmen haben, obwohl dieses eine gute Reputation besitzt.

Unternehmensreputation
Unternehmensreputation ist die kollektive Wahrnehmung und Bewertung eines Unternehmens auf bestimmten Attributen, die aus dem öffentlichen und persönlichen Austausch individueller Images von einem Unternehmen resultiert.

Eisenegger (2005) betont die Bedeutung der Medien im Prozess der Reputationskonstitution, denn als wichtigstes Zugangsportal zur Gesellschaft hat die Medienarena einen großen Anteil daran, dass sich Menschen überhaupt ein Bild von der Wirtschaft und den hier thematisierten Unternehmen machen können. Die Inhalte aus den Medien diffundieren dann wiederum in die persönliche Kommunikation, was deren Wirkung zusätzlich verstärkt. Zunehmend bedeutsam werden auch die Möglichkeiten des medienvermittelten persönlichen Austauschs zwischen einzelnen Individuen in Social Media, wo bewertende Äußerungen von Einzelnen schnell eine große Masse an Personen erreichen und somit die Reputation beeinflussen können.

Allerdings gibt es auch Unternehmen, die weitgehend unterhalb des Radars der Medien agieren und trotzdem bei ihren Stakeholdern eine hohe Reputation genießen. Zu denken sei hier an die sogenannten „hidden Champions", meist kleine oder mittelständische Unternehmen, die in ihrem Markt Marktführer sind. Da ihre Produkte wie Schrauben, Kolbenfedern oder Straßenfräsen für die Öffentlichkeit wenig Anziehungskraft besitzen und auch nur an Firmenkunden verkauft werden, besteht von Seiten der Medien in der Regel wenig Interesse, über sie zu berichten. Die Reputation dieser Unternehmen unter den für sie relevanten Stakeholdern bildet sich vielmehr durch persönliche Kommunikation, auf Messen oder durch die Kommunikation in Fachpublikationen.

Wie das Unternehmensimage hat auch die Reputation für die Stakeholder eines Unternehmens bestimmte Funktionen. Zum einen hat sie eine *Informationsfunktion*, auf Basis derer eine Person auf die Attribute der Unternehmenspersönlichkeit schließen kann. Sie dient insbesondere als ein Signal für die Vertrauenswürdigkeit eines Unternehmens. Daher wird der Reputation auch die Funktion als Informationsträger bei der Vertrauenskoordination zugeschrieben (Chiles und McMackin 1996). Picot et al. (2003, S. 126) sprechen bei Reputation auch von der „öffentliche[n] Information über die bisherige Vertrauenswürdigkeit eines Akteurs". Diese Funktion ist dann ganz besonders wichtig, wenn Information ungleich verteilt ist und ein Risiko wahrgenommen wird. Denn Vertrauen erzeugt positive Zukunftserwartungen, überbrückt dadurch das wahrgenommene Restrisiko und ermöglicht somit effiziente Interaktionen oder Transaktionen. Neben der Informationsfunktion besitzt Reputation die *Funktion als Pfand* (Spremann 1988). Hat ein Unternehmen eine gute Reputation, die einen strategischen Vermögenswert darstellt, wird es darum besorgt sein, diese Reputation zu bewahren und zu schützen. Eine Form des Schutzes besteht darin, sich gegenüber den Stakeholdern integer und korrekt zu verhalten und den eigenen Informationsvorsprung nicht opportunistisch auszunutzen. Geschieht dies dennoch, haben die Stakeholder die Möglichkeit, die Reputation durch negative Nachrede zu beschädigen. Somit wirkt eine gute Reputation wie ein Pfand in den Händen der Stakeholder.

3.4 Zusammenhänge zwischen Image, Identität und Reputation

Wie in den vorherigen Abschnitten ausgeführt, werden bei den Konstrukten Image, Identität und Reputation unterschiedliche Perspektiven eingenommen, die klare Bezüge zueinander aufweisen. Unternehmen besitzen eine organisationale Identität, die unter anderem vom vermuteten Image, d. h. von der Vermutung der Mitarbeiter wie Externe ihr Unternehmen wahrnehmen, beeinflusst wird. Die vom Unternehmen definierte Corporate Brand Identity, die im Prinzip dem intendierten Image gleich kommt, sollte möglichst gut auf die organisationale Identität abgestimmt sein, um Irritationen bei externen und internen Stakeholdern zu vermeiden. Die Corporate Brand Identity wirkt – neben vielen anderen Einflussfaktoren – auf die Wahrnehmungen und Bewertungen der externen Stakeholder ein, die ihre Abbildung im wahrgenommenen Image finden. Durch den Austausch und die Verbreitung der wahrgenommenen Images mittels persönlicher und medialer Kommunikationsprozesse in den sozialen Netzwerken der Stakeholder bildet sich schließlich die Unternehmensreputation aus.

4 Einflussquellen auf Image und Reputation

Unternehmensimages und -reputation entstehen durch Informations- und Kommunikationsprozesse mit und über Unternehmen. Die Wege, auf denen Personen Unternehmen erleben, Informationen erhalten und austauschen, lassen sich in vier Kategorien einteilen (Cox 1976):

- *Persönliche Erfahrungen mit dem Unternehmen* entstehen durch die Nutzung der Produkte und Dienstleistungen oder durch persönliche Interaktionen mit einem Unternehmen und dessen Vertretern. Dieser Einfluss unterliegt weitgehend der Kontrolle des Unternehmens. Für die Ausbildung positiver Images und einer vorteilhaften Reputation ist dabei entscheidend, dass Produkte und Dienstleistungen einwandfrei funktionieren und die persönliche Kommunikation zwischen Unternehmensvertretern und externen Stakeholdern positiv verläuft. Dies durchgehend zu gewährleisten bedarf nicht nur der Herstellung hervorragender Produkte sondern auch der Schulung jener Mitarbeiter, die mit externen Stakeholdern interagieren. Von zunehmender Bedeutung ist die Interaktion von Personen mit einem Unternehmen in Social Media. Forschung zur Beschwerdekommunikation in Facebook hat gezeigt, dass die Beschwerdezufriedenheit höher ausfällt, wenn der Ansprechpartner des Unternehmens mit Namen und Bild, also persönlich, auftritt, als wenn das Unternehmen als anonyme Unternehmensperson mit dem Beschwerdeführer kommuniziert (Crecelius et al. 2012).
- Bei den *unpersönlichen vom Unternehmen kontrollierten Informationsquellen* handelt es sich um solche Mittel der Kommunikation, die der direkten Kontrolle des Unternehmens unterliegen. Hierzu zählen bezahlte Werbemaßnahmen (TV-, Print-, Radio-, Online-Werbung), Corporate Publishing Produkte wie Broschüren oder die Website des Unternehmens. Die Kommunikationsangebote von Unternehmen in Social Media nehmen eine Hybridstellung ein, da die Kontrolle hier – je nach Settings – zumindest teilweise aufgegeben wird und die Kommunikation unpersönlich und persönlich ablaufen kann. Wie oben jedoch angemerkt, kann persönliche Kommunikation in Social Media eine positivere Wirkung erzielen als unpersönliche. Dies entspricht auch der Art

der Kommunikation, wie sie von Social Media Nutzern erwartet wird, nämlich offen, dialogisch und auf Augenhöhe.
- *Private unabhängige Informationsquellen* sind Privatpersonen, die sich auf Basis ihrer eigenen subjektiven Images von einem Unternehmen, seinen Produkten oder Dienstleistungen äußern. Vor allem wenn eine Person noch keine eigenen Erfahrungen machen konnte und ein Unternehmen nur schwer zu beurteilen ist, werden Meinungen von unabhängigen Dritten aufgrund ihrer Glaubwürdigkeit gerne herangezogen. Neben der Kommunikation mit bekannten Personen spielen Online-Plattformen wie Verbraucherportale oder Social Media eine bedeutende Rolle. Bei der Suche nach einem Hotel oder Restaurant werden Plattformen wie tripadvisor.com oder qype.com rege genutzt, und bei der Jobsuche können sich potenzielle Bewerber beispielsweise auf kununu.com informieren, wie andere einen potenziellen Arbeitgeber bewerten. Auch die Äußerungen von unabhängigen Dritten auf dem Facebookprofil eines Unternehmens fallen in diese Rubrik. Ob diese Quellen tatsächlich immer unabhängig vom Unternehmen sind, ist jedoch nur schwer festzustellen, vor allem wenn sie persönlich nicht bekannt sind.
- *Institutionelle unabhängige Informationsquellen* sind alle vom Unternehmen unabhängigen Organisationen, die über Unternehmen und deren Leistungen kommunizieren. Dies sind allen voran die Nachrichtenmedien aber auch Analysten, Verbraucherschutzorganisationen und andere NGOs. Diesen Informationsquellen wird in der Regel aufgrund der ihnen zugeschriebenen Unabhängigkeit und Expertise eine hohe Glaubwürdigkeit attestiert. Insbesondere die Nachrichtenmedien spielen wegen ihrer Reichweite und Verbreitungsleistung eine herausragende Rolle für die Reputationskonstitution (Carroll und McCombs 2003). Carrolls Forschung zeigt, dass die Nachrichtenmedien einen Einfluss darauf haben, welche Unternehmen von Personen überhaupt wahrgenommen werden und auch, welche Attribute ihnen zu einem Unternehmen in den Sinn kommen. Eisenegger (2005) betont, dass die Medienberichterstattung zunehmend von moralischen Urteilen durchdrungen ist, was für Unternehmen erhöhte Reputationsrisiken bedeutet, vor allem in Bezug auf ihre Sozialreputation. Aufgrund der Bedeutung der Medien für die Unternehmensreputation richten Unternehmen ihre Kommunikation mit zunehmender Professionalität auf diese aus. Der Einfluss, der bei medienseitig abnehmenden Ressourcen dabei auf die Wirtschaftsberichterstattung entsteht, stellt jedoch ebenfalls ein Risiko dar. Denn nur wenn die Medien weitgehend unabhängig und somit glaubwürdig über Unternehmen berichten, können sie auch nachhaltig an der Reputationskonstitution mitwirken.

Persönliche Erfahrungen mit einem Unternehmen haben eine besonders starke Wirkung auf die Imagebildung. Psychologische Forschung zeigt, dass Einstellungen, die durch direkte Erfahrungen mit einem Einstellungsobjekt gebildet werden, stabiler sind und das Verhalten besser determinieren als Einstellungen, die durch vermittelte Erfahrung entstehen. Allerdings besteht vielfach gar nicht die Möglichkeit, eigene Erfahrungen mit einem Unternehmen zu sammeln, und viele Verhaltensattribute sind persönlich auch kaum erfahrbar, wie zum Beispiel die finanzielle Leistung, das Management oder das (un)morali-

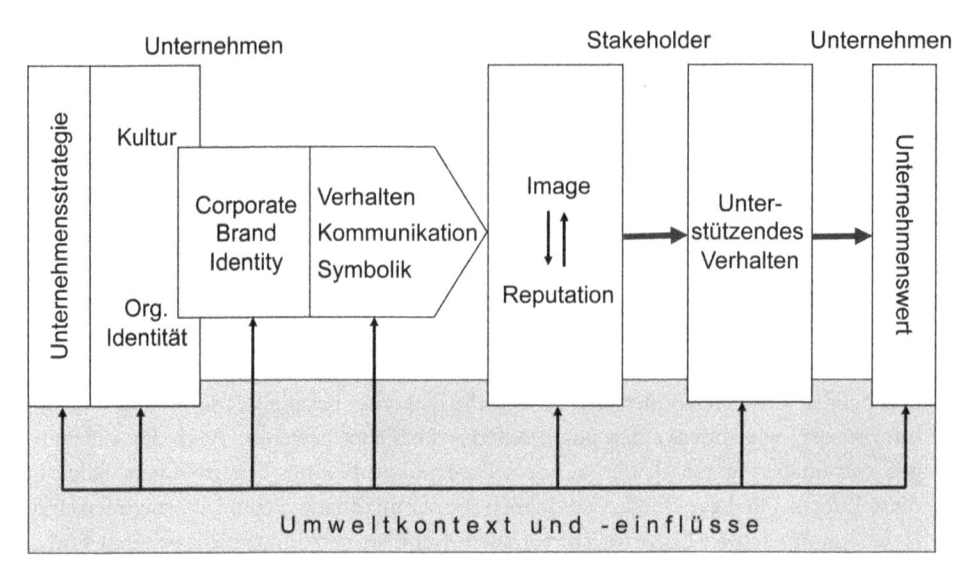

Abb. 1 Elemente des Reputationsmanagements

sche Verhalten eines Unternehmens. Diesbezüglich sind Menschen auf externe Informationsquellen angewiesen, in besonderem Maße auf die Nachrichtenmedien. Auf Ebene der Kommunikation mit privaten unabhängigen Informationsquellen sind die digitalen Social Media wegen ihres Netzwerkcharakters und der Verbreitungsmöglichkeiten von zunehmender Bedeutung. Wenn es um die Steigerung der Bekanntheit und auch um die Imagegestaltung geht, haben insbesondere auch die vom Unternehmen kontrollierten Quellen wie Werbung, Sponsoring oder Unternehmenspublikationen wichtige Funktionen, da hiermit eigene Akzente gesetzt werden können und den Unternehmensimages so eine Form gegeben werden kann, was sich wiederum auf die Reputation auswirkt.

5 Management der Unternehmensreputation

Um die Potenziale der Reputation als Vermögenswert zu erschließen und damit Wettbewerbsvorteile zu generieren und den Unternehmenswert zu steigern, muss die Reputation strategisch gesteuert werden. Abbildung 1 gibt einen Überblick über die dem Image und der Reputation vor- und nachgelagerten Faktoren. Am Ausgangspunkt befindet sich die Unternehmensstrategie und am Endpunkt der Unternehmenswert, der vom unterstützenden Verhalten der Stakeholder beeinflusst wird. Dieses unterstützende Verhalten ist je nach Stakeholdergruppe unterschiedlich: Bei Kunden ist es beispielsweise Kauf oder positive Mundpropaganda, bei Mitarbeitern engagiertes Arbeiten, bei Investoren Halten der Aktien auch in schwierigen Zeiten und bei Politikern Schaffen einer stabilen Infrastruktur. Dieses unterstützende Verhalten wird dann eher gezeigt, wenn die Images der Stakeholder und die unter diesen geteilte Unternehmensreputation positiv sind. Um das Entstehen positiver Images und einer vorteilhafte Reputation zu begünstigen, muss das Unternehmen sich entsprechend verhalten, kommunizieren und adäquate Symbole einsetzen. Aber selbst wenn hier alles vermeintlich richtig läuft, spielen für die Entstehung von Image, Reputation und Verhalten immer auch externe Umwelteinflüsse eine bedeutende Rolle. Dies können Brancheneffekte sein, wenn beispielsweise ein Unfall bei einem Chemieunternehmen die Reputation der gesamten Branche herunterzieht, oder Katastrophen wie die von Fukushima im März 2011, die die Reputation der Atomenergie und der Unternehmen, die diese erzeugen, schlagartig verschlechterte. Umwelteinflüsse sowie aktuelle Reputation und Images müssen bei der Definition der Corporate Brand Identity genauso berücksichtigt werden, wie die organisationale Identität und die Unternehmenskultur. Nur dann hat das intendierte Image, bzw. die Corporate Brand Identity, eine Chance Realität zu werden.

Im Folgenden soll der Prozess des Reputationsmanagements kurz skizziert werden. Dieser folgt einem klassischen Managementzyklus von der Analyse über die Planung und Implementierung bis hin zur Evaluation.

5.1 Analyse

Eine genaue Analyse der Situation, in der sich ein Unternehmen befindet, bildet das Fundament, auf dem das Reputationsmanagement aufbaut. Nur wenn das Unternehmen selbst sowie sein Umwelten inklusive Stakeholdern und Wettbewerb genau analysiert wurden, kann die Planungsphase strategisch angegangen werden.

- Im Rahmen der *Unternehmensanalyse* spielt zunächst die Gesamtstrategie und Vision des Unternehmens eine Rolle. Es muss klar sein, welchen Zweck das Unternehmen langfristig hat und welche Ziele es mittel- und langfristig verfolgt. Eng damit verbunden ist die Frage nach der organisationalen Identität. Auf die Frage „Wer sind wir als Organisation?" sind vor allem die zentralen, stabilen und einzigartigen Attribute, die die organisationale Identität ausmachen, zu identifizieren. Zur Bestimmung der Identität wurden verschiedene Methoden entwickelt (van Riel und Fombrun 2007, S. 80 ff.). Um die organisationale Identität zu erfassen, sind solche Verfahren anzuwenden, die alle Mitarbeiter und nicht nur das Top-Management involvieren.
- Die *Stakeholderanalyse* dient dazu zu erkennen, wie das Unternehmen von seinen Stakeholdern wahrgenommen wird, welche Erwartungen bestehen und welche Themen kontrovers diskutiert werden. Dies erfolgt mithilfe von Befragungen, in denen die individuellen Images erfasst werden, um dadurch auf die Reputation zu schließen (siehe auch Abschn. 5.4). Ein Vergleich zwischen den in der Identitätsanalyse ermittelten Werten und Attributen und den Wahrnehmungen und Bewertungen der externen Stakeholder kann wichtige Erkenntnisse über Diskrepanzen zwischen Selbst- und Fremdbild liefern. Des Weiteren geben Medienanalysen Aufschluss über die medienvermittelte Reputation. Für das Unternehmen und seine Stakeholder relevante Themen (Issues) können mittels Befragung oder Medienanalyse (auch Social Media) identifiziert werden.

- Die *Wettbewerbsanalyse* dient dazu, Differenzierungsmöglichkeiten zu ermitteln. Als Wettbewerber gelten dabei nicht zwangsläufig nur jene, die auf dem Absatzmarkt mit dem Unternehmen konkurrieren. Auch solche Unternehmen, die beispielsweise auf dem Personalmarkt mit dem Unternehmen im Wettbewerb stehen, können bedeutsam sein.
- Schließlich wird im Rahmen der *Umfeldanalyse* das Umfeld untersucht, in dem das Unternehmen agiert. Hierbei gilt es, bedeutende Veränderungen und Trends zu erkennen, die für das Reputationsmanagement national und global eine Rolle spielen können. Dazu gehören beispielsweise Veränderungen im Medienumfeld, rechtliche Rahmenbedingungen, oder Veränderungen gesellschaftlicher und kultureller Art.

Die Ergebnisse der Analyse können zum Beispiel in Form einer SWOT (Stärken Schwächen Chancen Risiken) Analyse systematisch aufbereitet werden. Daneben gilt es, etwaige Klufen zwischen der Vision und Strategie der Unternehmensleitung, der organisationalen Identität und der Reputation bei den externen Stakeholdern zu identifizieren (Hatch und Schultz 2001).

5.2 Planung

Die Ergebnisse der Analyse dienen als Grundlage für die folgenden Planungsschritte des Reputationsmanagements: Die Definition der Corporate Brand Identity und der Ziele, sowie die Bestimmung und Priorisierung der Zielgruppen, mit denen das Unternehmen kommunizieren möchte.

- Die *Corporate Brand Identity* ist die erwünschte oder angestrebte Identität einer Unternehmensmarke, d. h. die Identität, die das Unternehmen gerne im Kern hätte und darstellen möchte. Effektives Reputationsmanagement bedeutet eine Angleichung (engl.: alignment) von angestrebter Identität und wahrgenommenem Image bzw. Reputation. Dies ist dauerhaft nur möglich, wenn die Corporate Brand Identity in der organisationalen Identität verankert ist und wenn das Unternehmen genau weiß, wie es von seinen externen Stakeholdern wahrgenommen wird. Zu beachten ist bei ihrer Definition, dass sie Relevanz für die Stakeholder besitzt, für diese einen Nutzen verspricht, vom Wettbewerb differenziert, auf die zentralen Attribute fokussiert bleibt und mit Blick auf die zukünftige Entwicklung des Unternehmens formuliert ist. Förderlich für die Identifikation der Stakeholder mit dem Unternehmen ist es, wenn zumindest einige der in der Corporate Brand Identity verankerten Werte mit den Werten der Stakeholder in Einklang sind. Schließlich muss die Corporate Brand Identity in Verhalten, Kommunikation und Symbolik des Unternehmens umsetzbar sein, denn sie liegt der vom Unternehmen kontrollierten persönlichen und unpersönlichen Kommunikation zugrunde. Um die Corporate Brand Identity mit Leben zu füllen, kann zusätzlich eine Corporate Story formuliert werden (van Riel und Fombrun 2007, S. 149 ff.).

- In aller Regel reicht das Budget nicht aus, um alle Stakeholder des Unternehmens gleichermaßen zu berücksichtigen. Daher ist eine Priorisierung und gegebenenfalls Selektion derjenigen Stakeholder vorzunehmen, die einen besonders starken Einfluss auf das Erreichen der Unternehmensziele haben. Aus ethischen Gründen sollten außerdem jene berücksichtigt werden, deren Wohlergehen stark vom Unternehmenshandeln abhängt, auch wenn sie selbst nicht viel Macht besitzen. Die ausgewählten Stakeholder bilden dann die *Zielgruppen* des Reputationsmanagements. Neben Primär- und Sekundärzielgruppen sind die Multiplikatoren und Meinungsbildner zu identifizieren, die für die Reputationskonstitution bedeutsam sind. Neben Journalisten stellen Entscheidungsträger in Wirtschaft und Gesellschaft für viele Unternehmen wichtige Meinungsbildner dar. Besonders hervorzuheben ist die Doppelrolle der Mitarbeiter, die sowohl Zielgruppe als auch Träger und Vermittler der Corporate Brand Identity sind.
- Für die verschiedenen Zielgruppen und Multiplikatoren sind spezifische *Ziele* zu formulieren. Als Basis hierfür dienen die in der Corporate Brand Identity enthaltenen Attribute und Werte. Die Teilziele sind dann so zu formulieren, dass sie in der Evaluationsphase auf ihre erfolgreiche Umsetzung hin überprüft werden können. Neben der Messbarkeit ist darauf zu achten, dass die Ziele spezifisch formuliert und für diejenigen, die mit ihrer Umsetzung betraut sind, verpflichtend aber auch erreichbar sind. Ziele sind insbesondere kognitiver (Wissen), affektiver (Emotion) und konativer (Verhalten) Art.

5.3 Implementierung

Auf Basis der Planung erfolgt die Implementierung der Corporate Brand Identity durch Verhalten, Kommunikation und Symbolik (Birkigt et al. 2002). Hierfür werden Themen definiert und Botschaften entwickelt, die im Unternehmenshandeln und in der Interaktion mit den Zielgruppen zur Anwendung kommen. Wichtig ist dabei die Offenheit gegenüber Inputs aus den Umwelten und von den diversen Stakeholdern. Denn in Zeiten von anspruchsvollen und selbstmächtigen Stakeholdern, die ihre Meinungen und Anforderungen zum Ausdruck bringen, müssen sich Unternehmen endgültig von der Vorstellung verabschieden, sie besäßen die Dominanz über die Entstehung „ihrer" Images und Reputation.

- Von herausragender Bedeutung für die Entstehung der Reputation ist das *Verhalten* des Unternehmens. Wie oben angeführt, stellen die Verhaltensattribute, die in unterschiedliche Kategorien eingeteilt werden, zentrale Elemente von Image und Reputation dar. Das Verhalten, das ein Unternehmen in Bezug auf seine funktionale Leistungserfüllung und seine sozialen und gesellschaftlichen Anforderungen zeigt, legt wiederum Schlüsse auf seine Persönlichkeitsattribute und Werte nahe. Ist in der Corporate Brand Identity beispielsweise definiert, dass man als kreativ und offen wahrgenommen werden möchte, sollte das Verhalten von Unternehmensführung und Mitarbeitern entsprechend auch auf diese Attribute schließen lassen. Employer Branding kann dabei helfen, die

Corporate Brand Identity bei den Mitarbeitern zu verankern und so ein entsprechendes internes Image und Verhalten zu erzeugen (Miles und Mangold 2004).
- *Kommunikation* erlaubt sowohl langfristig-strategischen als auch anlassbedingten Einsatz, um bei den Zielgruppen die Entstehung einer starken vorteilhaften Reputation zu unterstützen. Neben der Mitarbeiterkommunikation, die vor allem darauf abzielt, die Corporate Brand Identity bei Mitarbeitern zu verankern, ist hierfür die gesamte Bandbreite der Aufgabenfelder und Instrumente der externen Kommunikation einzusetzen. In der Regel sind für die Beziehungspflege mit den verschiedenen Zielgruppen mehrere Einheiten zuständig, zumindest in großen Unternehmen. Für Investoren und Finanzanalysten ist primär Investor Relations verantwortlich, Media Relations gestaltet die Kommunikationsbeziehungen mit den Journalisten, für Politiker ist Public Affairs zuständig und die Community Relations kommuniziert mit den Standortöffentlichkeiten. Daneben gibt es häufig eigene Zuständigkeiten für weitere Aufgaben wie Issues Management, Corporate Publishing, Social Media etc. Die Beziehungspflege mit den Kunden erfolgt vor allem durch die Marketingkommunikation. Da in empirischen Studien vielfach gezeigt wurde, dass die Beurteilung der Produkte und Leistungen für die Reputation eines Unternehmens von großer Bedeutung ist, kommt der Marketingkommunikation im Reputationsmanagement eine wichtige Rolle zu. Dies ist umso mehr der Fall, je dominanter die Unternehmensmarke für die Produkte und Leistungen steht. Für die Entstehung konsistenter Images und einer starken Reputation ist es entscheidend, dass die Kommunikationsaktivitäten der verschiedenen Einheiten integriert geplant und durchgeführt werden (Einwiller und Will 2002).
- Die *Symbolik* stellt die visuelle, akustische oder auch olfaktorische und haptische Umsetzung der Corporate Brand Identity in symbolische Elemente dar. Hierunter fallen auch Personen, insbesondere der CEO, oder Gebäude, durch die die Identität der Organisation einen Ausdruck findet. Imposante Bankengebäude symbolisieren beispielsweise die finanzielle Stärke des Instituts, und Luxusmarken bemühen sich um eine Verkaufsadresse auf dem *Rodeo Drive* oder der *Fifth Avenue*. Mithilfe detaillierter Designrichtlinien versuchen Unternehmen die Einhaltung des Corporate Design zu kontrollieren. Die inhaltliche Integration auf Botschafts- und Themenebene wird, so zeigen empirische Befunde, deutlich weniger strikt verfolgt (Einwiller und Boenigk 2012).

Die Implementierung integriert zu managen ist entscheidend für deren Erfolg. Dies betrifft nicht nur eine integrierte Symbolik und Kommunikation sondern auch die Verhaltensebene. Denn Diskrepanzen zwischen Reden und Handeln sind ein starker negativer Einflussfaktor auf das Vertrauen in ein Unternehmen (Bentele 1994).

5.4 Evaluation

Strategisches Reputationsmanagement benötigt schließlich eine Evaluation, um zu kontrollieren, in wieweit sich Corporate Brand Identity und wahrgenommenes Image angleichen und die definierten Ziele realisiert wurden. Diese Erkenntnisse fließen dann wieder in die Analyse ein. Für die Reputationsmessung liegen eine Reihe von Verfahren vor, die im Beitrag von Christopher Storck (vgl. Kapitel „Stakeholderbefragung und Reputationsanalysen") und in weiteren Beiträgen zum Thema „Wertbestimmung und Evaluation" in diesem Handbuch ausführlich beschrieben werden. Daher sollen hier nur kurz die zentralen Fragen angeführt werden, die sich ein Unternehmen bei der Konzeption der Evaluation stellen muss (Einwiller und Kuhn 2011).

- *Was* wird evaluiert? Zunächst ist festzulegen, welche Verhaltens- und Persönlichkeitsattribute gemessen werden. Hinsichtlich der Verhaltensattribute liegen verschiedene Kategorisierungen vor, die für die Konzeption des Messinstruments herangezogen werden können. Die relevanten Persönlichkeitsattribute und Werte sind aus der Corporate Brand Identity abzuleiten.
- *Bei wem*? Idealerweise werden alle in der Planungsphase als relevant befundenen Stakeholder in die Messung einbezogen. Gleiches gilt für das Mediensample, sofern auch die Medien als wichtige Vermittler und Multiplikatoren untersucht werden sollen. Wird die Evaluation bei Stakeholdern und Medien durchgeführt, sollten die Messinstrumente aufeinander abgestimmt werden, so dass Zusammenhänge ermittelt werden können.
- Im *Vergleich* zu wem/was? Da eine Reputation nicht isoliert sondern im gesellschaftlichen und Wettbewerbs-Kontext entsteht, sollten immer auch relevante Benchmarks mit evaluiert werden. Benchmarks sind zudem die Messungen aus früheren Untersuchungen.
- *Wo*? Die Evaluation findet in den für das Unternehmen relevanten Märkten statt.
- Auf *welche Weise*? Bei der Evaluation der Zielgruppen-Images ist die Befragung das Mittel der Wahl, bei der Medienevaluation die Medieninhaltsanalyse.

6 Schlussbemerkung

Unternehmensimage und -reputation bestehen aus Wahrnehmungen und Bewertungen, die durch viele verschiedene Faktoren beeinflusst werden, insbesondere auch durch das Unternehmensverhalten. Daher sollte die zentrale Verantwortung für diesen wichtigen Vermögenswert an einer Stelle im Unternehmen angesiedelt sein, wo alle Fäden zum Unternehmenshandeln zusammenlaufen. Idealerweise ist dies die Unternehmensleitung. Die Verantwortlichkeit für die strategische Steuerung und Implementierung ist idealerweise von der Leitung der Unternehmenskommunikation zu übernehmen, wobei diese mit umfassenden Weisungsbefugnissen ausgestattet sein muss, um die Integration der verschiedenen Aufgabenfelder und Instrumente auch realisieren zu können. Dabei muss allen Seiten im Unternehmen klar sein, dass Image und Reputation im Besitz der Stakeholder sind und nicht vom Unternehmen „kreiert" werden können. Eine permanente Beobachtung der Unternehmensumwelten und sorgfältige Beziehungspflege mit den verschiedenen Stakeholdern ist daher unerlässlich.

Literatur

Albert, S., & Whetten, D. A. (1985). Organizational identity. In L. L. Cummings & B. M. Staw (Hrsg.), *Research in organizational behavior* (Bd. 7, S. 263-295). Greenwich: JAI Press Inc.

Barnett, M. L., Jermier, J. M., & Lafferty, B. A. (2006). Corporate reputation: The definitional landscape. *Corporate Reputation Review, 9*(1), 26–38.

Bentele, G. (1994). Öffentliches Vertrauen – normative und soziale Grundlagen für Public Relations. In W. Armbrecht & U. Zabel (Hrsg.), *Normative Aspekte der Public Relations. Grundlegende Fragen und Perspektiven* (S. 131–158). Opladen: Westdeutscher Verlag.

Birkigt, K., Stadler, M. M., & Funck, H. J. (2002). *Corporate Identity: Grundlagen, Funktionen, Fallbeispiele* (11. Aufl.). München: Verlag Moderne Industrie.

Boulding, K. E. (1956). *The image: Knowledge in life and society.* Ann Arbor: University of Michigan Press.

Bromley, D. B. (1993). *Reputation, image, and impression management.* Chichester: Wiley.

Carroll, C. E., & McCombs, M. E. (2003). Agenda-setting effects of business news on the public's images and opinions about major corporations. *Corporate Reputation Review, 6*(1), 36–46.

Chiles, T. H., & McMackin, J. F. (1996). Integrating variable risk preferences, trust, and transaction cost economics. *Academy of Management Review, 21*(1), 73–99.

Cox, D. F. (1976). Informationssuche und Kommunikationskanal. In K. G. Specht & G. Wiswede (Hrsg.), *Marketing-Soziologie* (S. 219–234). Berlin: Duncker & Humblot.

Crecelius, I., Einwiller, S., & Himmelreich, S. (2012). *Complaint management in social media. How companies deal with critical comments on Facebook.* Presentation at the 4th European Communication Conference, October 24-27, Istanbul, Turkey.

Davies, G., Chun, R., DaSilva, R. V., & Roper, S. (2001). The personification metaphor as a measurement approach for corporate reputation. *Corporate Reputation Review, 4*(2), 113–127.

Eagly, A. H., & Chaiken, S. (1993). *The psychology of attitudes.* Fort Worth: Harcourt Brace Jovanovich.

Einwiller, S. A. (2013). Corporate attributes and associations. In C. E. Carroll (Hrsg.), *The Handbook of Communication and Corporate Reputation* (S. 293–305). New York: Wiley-Blackwell.

Einwiller, S. A., & Boenigk, M. (2012). Examining the link between integrated communication management and communication effectiveness in medium-sized enterprises. *Journal of Marketing Communications, 18*(5), 335–361.

Einwiller, S. A., & Kuhn, M. M. (2011). Integrated reputation analysis at Daimler. In S. Helm, K. Liehr-Gobbers, & C. Storck (Hrsg.), *Reputation Management* (S. 189–200). Berlin: Springer.

Einwiller, S. A., & Will, M. (2002). Towards an integrated approach to corporate branding - findings from an empirical study. *Corporate Communications: An International Journal, 7*(2), 100–109.

Eisenegger, M. (2005). *Reputation in der Mediengesellschaft: Konstitution, Issues-Monitoring, Issues-Management.* Wiesbaden: VS Verlag für Sozialwissenschaften.

Esch, F.-R., Kiss, G., & Roth, S. (2006). Identität einer Corporate Brand erfassen und entwickeln. In F.-R. Esch, T. Tomczak, J. Kernstock, & T. Langner (Hrsg.), *Corporate Brand Management. Marken als Anker strategischer Führung von Unternehmen* (2. Aufl., S. 53-74). Wiesbaden: Gabler.

Fiske, S. T., & Taylor, S. E. (1991). *Social cognition.* New York: McGraw-Hill.

Fombrun, C. J. (1996). *Reputation: Realizing value from the corporate image.* Boston: Harvard Business School Press.

Fombrun, C. J. (2007). List of lists: A compilation of international corporate reputation ratings. *Corporate Reputation Review, 10*(2), 144–153.

Fombrun, C. J., & van Riel, C. B. M. (1997). The reputational landscape. *Corporate Reputation Review, 1*(1/2), 5–13.

Grunig, J. E. (1993). Image and substance: From symbolic to behavioral relationships. *Public Relations Review, 19*(2), 121–139.

Hatch, M. J., & Schultz, M. (2001). Are the strategic stars aligned for your corporate brand? *Harvard Business Review, 79*(2), 129–134.

Johannsen, U. (1971). *Das Marken- und Firmen-Image*. Berlin: Duncker & Humblot.

Martineau, P. (1958). Sharper focus for corporate image. *Harvard Business Review, 36*(6), 49–58.

Miles, S. J., & Mangold, W. G. (2004). A conceptualization of the employee branding process. *Journal of Relationship Marketing, 3*(2/3), 65–87.

Oeckl, A. (1964). *Handbuch der Public Relations: Theorie und Praxis der Öffentlichkeitsarbeit in Deutschland und der Welt*. München: Süddeutscher.

Picot, A., Reichwald, R., & Wigand, R. T. (2003). *Die grenzenlose Unternehmung: Information, Organisation und Management* (5. Aufl.). Wiesbaden: Gabler.

Post, J. E., Preston, L. E., & Sachs, S. (2002). *Redefining the corporation: Stakeholder management and organizational wealth*. Stanford: Stanford University Press.

Rindova, V. P., Williamson, I. O., Petkova, A. P., & Sever, J. M. (2005). Being good or being known: An empirical examination of the dimensions, antecedents, and consequences of organizational reputation. *Academy of Management Journal, 48*(6), 1033–1049.

Spremann, K. (1988). Reputation, Garantie, Information. *Zeitschrift für Betriebswirtschaft, 58*(5/6), 613–629.

Van Riel, C. B. M., & Fombrun, C. J. (2004). *Fame & fortune: How successful companies build winning reputations* (4. Aufl.). Upper Saddle River: Pearson Education.

Van Riel, C. B. M., & Fombrun, C. J. (2007). *Essentials of corporate communication: Implementing practices for effective reputation management*. London: Routledge.

Marken im öffentlichen Diskurs

Jürgen Häusler

Zusammenfassung

Marken rücken zunehmend in das Zentrum des öffentlichen Diskurses. Ihren Erfolg verdanken sie vor allem der Tatsache, dass sie für Individuen geradezu unverzichtbar sind, um den privaten wie geschäftlichen Alltag zu bewältigen. Sie werden für Unternehmen und für andere Organisationen und Institutionen immer wertvoller, um sich im jeweiligen Konkurrenzkampf zu behaupten. Schließlich werden Marken bedeutender für die Gestaltung gesamtgesellschaftlicher Zusammenhänge. Dieser Beitrag diskutiert die Voraussetzungen und die Konsequenzen des Erfolgs des Markenkonzepts. Beleuchtet wird die Erfolgsgeschichte aus vier Blickwinkeln: Wie lässt sich, erstens, das Konzept Marke definitorisch be- und umschreiben: Was sind Marken? Zweitens, inwiefern sind Marken nützlich, wertvoll und mächtig: Was leisten Marken? Was zeichnet, drittens, den Entwicklungsprozess von Marken aus: Wie werden Marken gemacht? Und viertens, wie sehen die personellen und institutionellen Erfolgsbedingungen der Entwicklung von Marken aus: Was machen Markenmacher? Den Abschluss bildet ein zusammenfassender Ausblick: Wie steht es um die Karrierechancen des Markenkonzepts?

Schlüsselwörter

Marke · Unternehmensmarke · Markenmanagement · Markenentwicklung · Branding · Corporate Branding · Unternehmenskommunikation

---

J. Häusler (✉)
Interbrand
Kirchenweg 5, 8008 Zürich, Schweiz
E-Mail: juergen.haeusler@interbrand.com

1 Was sind Marken?

Die Karriere des Konzepts Marke ist begleitet von der Professionalisierung des Entwicklungsprozesses von Marken sowie seiner stärkeren institutionellen Verankerung in Unternehmen und Organisationen. Gleichwohl steht die Erfolgsgeschichte in einem spannungsreichen Verhältnis zur Entwicklung genau dieser organisatorischen Gegebenheiten sowie zum zunehmenden politisch-gesellschaftlichen Druck, den der Erfolg auch hervorruft. Insgesamt handelt es sich um eine der prägenden Erfolgsgeschichten unseres Zeitalters: „The past few years have seen the apparent triumph of the brand concept; everyone from countries to political parties to individuals in organisations is now encouraged to think of themselves as a brand" (Barwise 2009, S. xiii). Marken erobern unsere Alltagskultur und setzen sich fest in unserer „collective memory. Ordinary people have grasped much better than professional historians that great companies and their products often affect their lives far more intimately than the politicians" (o. V. 2012, S. 65). Die Marke gehört damit zu jenen Begriffen, „die in den aktuellen politischen und kulturellen Debatten eine Schlüsselstellung einnehmen" (Bröckling et al. 2004, S. 10).

Zunächst also: Was sind „Marken"? Marken lassen sich aus juristischer, ökonomischer und sozialpsychologischer Sicht definieren.

> **Marken**
> Marken sind aus juristischer Sicht „alle Zeichen, die geeignet sind, Waren und Dienstleistungen eines Unternehmens von denjenigen eines anderen Unternehmens zu unterscheiden" (Lüken 2003, S. 31). Umfassender definiert die ökonomische Perspektive: „A brand is a living business asset, brought to life across all touchpoints, which, if properly managed, creates identification, differentiation and value" (Interbrand 2012a, S. 3). Und schließlich, wenn es um die Wirkung von Marken beim Konsumenten geht: Marken erzeugen handlungsleitende Bilder in den Köpfen von Konsumenten (Häusler 2008).

Ein angebissener Apfel ist ein Beispiel für eine solche, als handlungsleitendes Bild verstandene Marke. Dieses Bild verweist nicht etwa auf eine essbare Frucht. Es verweist auf elektronische Produkte, Computer zum Beispiel. Mit dem Bild werden aber vor allem abstrakte, die Produkte charakterisierende Eigenschaften verbunden: einfach, anders, attraktiv. Diese Eigenschaften dominieren die Wahrnehmung derart, dass sie im Zeitverlauf durchaus auch mit anderen Produkten in Verbindung gebracht werden. Etwa mit mobiler Musik oder intelligenten Mobiltelefonen.

Schon dieser eine exemplarische Fall macht eine generelle und grundlegende Dimension von Marken beziehungsweise ihrer Entwicklung deutlich. Obwohl sie letztlich in den Köpfen von Konsumenten „zuhause" sind, werden sie an anderer Stelle erzeugt. Ursprünglich waren ihre Konstrukteure unternehmerische Persönlichkeiten. Um die vorherige Jahrhundertwende herum wurden direkte persönliche Kontakte zwischen Käufer und

Verkäufer auf eher lokalen Märkten durch anonymisierte Beziehungen auf überregionalen Massenmärkten ersetzt. Aus örtlich bekannten Unternehmensnamen wurden überregional bedeutende Unternehmensmarken. Unternehmerpersönlichkeiten schufen mit ihren Visionen und ihren Ideen, mit ihrem alle Unternehmensbereiche umfassenden Gestaltungswillen und ihrem lebenslangen Kampf für die Durchsetzung ihrer Vorstellungen die ersten Marken.

Vereinzelt gibt es derartige Konstellationen auch heute noch in kleineren Unternehmen. Oder bei Neugründungen durchaus auch im globalen Maßstab. In der Regel sind die Konstrukteure von Marken inzwischen allerdings als angestellte Mitarbeiter zeitlich befristet im Marketing von Unternehmen, Organisationen oder Institutionen tätig. Geändert haben sich also die organisatorischen Bedingungen, unter denen Marken im Verlauf des Jahrhunderts ihrer Existenz jeweils entwickelt wurden. Nicht geändert haben sich die prinzipiellen Erfolgsbedingungen der Markenentwicklung.

Ausgangs- und Angelpunkt jeder erfolgversprechenden Markenkonstruktion bilden das konkrete Produkt mit seinen besonderen Funktionen, die attraktive Leistung oder der Service mit den entsprechenden Erlebnissen. Angesichts der zunehmenden Annäherung und Angleichung der funktionalen Kennzeichen von unterschiedlichen Angeboten werden aber zunehmend weitere Merkmale wichtig für die Unterscheidbarkeit im Wettbewerbsumfeld. Hier setzt die werteorientierte Entwicklung von Marken ein. In der Weiterentwicklung der konkreten Funktionsmerkmale werden die im Kern der spezifischen Leistungserbringung liegenden Persönlichkeitsmerkmale der Marke definiert. Diese dienen dann der Steuerung und Fokussierung aller Formen der Kommunikation, des Auftritts und des Verhaltens der Marke an allen Schnittstellen zwischen Marke und Konsument. Die durchgehende Homogenisierung der gesamten Erlebniskette des Konsumenten mit der Marke über lange Zeit sorgt schließlich im Erfolgsfall dafür, dass das konstruierte Bild der Marke sich im Kopf des Konsumenten auch wie gewünscht entwickelt und festsetzt.

Für Konsumenten erbringen Marken essentielle Leistungen unter den aktuellen Bedingungen komplexer Märkte und Angebote und ihrer sich ständig beschleunigenden Weiterentwicklung. Unter diesen Bedingungen dominiert beim Kaufakt längst die Qual der Wahl, stellt sich der „choice overload" ein (Schwartz 2004, S. 8). Marken sorgen dann dafür, dass Konsumenten überhaupt noch Orientierung finden.

Für Unternehmen, Organisationen und Institutionen werden Marken dadurch wertvoll, dass sie helfen, in den angesprochenen komplexen, dynamischen und internationalisierten Märkten noch gehört zu werden, mit ihren zentralen Versprechungen verstanden zu werden und schließlich in den Köpfen ihrer Zielgruppen verankert zu bleiben. Marken schaffen ökonomischen Wert für ihre Besitzer, indem sie kommunikative Effizienz- und Effektivitätssteigerungen ermöglichen, Chancen eröffnen, mit starken Marken neue Absatzmöglichkeiten zu nutzen und indem sie schließlich loyale Abnehmer schaffen, so dass das Risiko wechselwilliger Kunden minimiert wird.

Zur Quantifizierung dieser Wertbeiträge entstehen international standardisierte Verfahren. Die Aktivierung dieser Markenwerte in Unternehmensbilanzen steht kurz bevor und die Nutzbarmachung dieser Werte in vielen finanziellen Belangen von Unternehmen beschäftigt längst nicht mehr nur Kommunikationsfachleute, sondern auch Investoren und weitere Finanzkreise.

Marken stehen mithin am Anfang des zweiten Jahrhunderts ihrer Existenz am Höhepunkt ihrer Karriere. Und dies mit den erwartbaren Konsequenzen. So wird das Konzept der Marke längst über den Bereich ihrer Herkunft hinaus ausgedehnt: Markenkonzepte sind nun auch interessant für den Non-Profit-Sektor, sie werden interessant im öffentlichen Bereich, und sie dringen auch in den ganz persönlichen Bereich vor, die menschliche Persönlichkeit wird ersetzt durch die „Marke Ich".

Daneben rufen die vielfach noch schlummernden Markenwerte kriminelle Energien hervor. Markenfälschungen haben die Unschuld des Urlaubsspaßes (die gefälschte Luxusuhr vom Strandverkäufer) verloren. Über zehn Prozent des Welthandels wird mit gefälschten Markenprodukten abgewickelt. Betroffen sind nicht vor allem Luxusprodukte, betroffen sind auch Artikel des Alltags bis hin zu sicherheitsrelevanten Ersatzteilen in Verkehrsmitteln und lebenswichtigen Arzneimitteln. Der volkswirtschaftliche Schaden und die Gefährdungen der Verbraucher initiieren Rufe nach staatlichen Eingriffen.

Schließlich weckt der gesellschaftliche Bedeutungsgewinn von Marken natürlich auch breiteren politischen Widerstand. Marken werden zunehmend politisch verantwortlich gemacht für ihr Verhalten. „No logo" wird zum Schlachtruf einer politisch-gesellschaftlichen Gegenbewegung angesichts des zunehmenden Einflusses von Marken auf unseren Alltag und unsere gesellschaftliche Entwicklung (Klein 1999). Das Konzept Marke verliert so jede Unschuld, die vielleicht noch mit dem Begriff der Reklame verbunden war und dereinst höchstens unter dem Begriff der „geheimen Verführer" kritisiert wurde. Marken sind zu bedeutenden sozialen Institutionen geworden. Die mächtigsten unter ihnen haben einen „konstitutiven Effekt" und konstruieren geradezu Menschen (Häusler und Fach 2004, S. 33). Oder sie werden zu Mythen, die nationale Identitäten stiften.

Markenentwickler müssen sich all dessen stets bewusst sein. Sie müssen sich mehr und mehr der damit verbundenen Verantwortung stellen. Diese Herausforderung bildet den realen Kern der allgegenwärtigen Bemühungen zum Thema „corporate social responsibility". Und aufmerksame Beobachter gegenwärtiger Gesellschaften sollten diese Erfolgsgeschichte intensiver zur Kenntnis nehmen und Marken als konstituierenden Teil des Funktionierens moderner Gesellschaften zu Beginn des 21. Jahrhunderts vermehrt zum Gegenstand ihrer Analysen machen (Hellmann 2003; Hellmann und Pichler 2005).

2 Was leisten Marken?

2.1 Marken prägen Konsumentenverhalten

Marken stiften für Menschen in der fortschreitenden Konsumgesellschaft unmittelbaren Nutzen. Für Konsumenten erbringen sie bedeutende Leistungen unter den aktuellen Bedingungen intransparenter Märkte, komplexer und teilweise unverständlicher Angebote und einer sich ständig beschleunigenden Weiterentwicklung dieser Angebote. Intransparenz, Komplexität und Beschleunigung transformieren den Glanz einer großen Zahl an Wahlmöglichkeiten in qualvolle Entscheidungsprobleme: „clinging tenaciously to all the choices available to us contributes to bad decisions, to anxiety, stress, and dissatisfaction – even to clinical depression" (Schwartz 2004, S. 3). Als Konsumenten wären wir hilflos ohne die hilfreiche Unterstützung von Marken. Beim Joghurt-Kauf im Supermarkt ebenso wie bei der Entscheidung für unsere Altersversorgung helfen uns Marken, dem „paradox of choice" (Schwartz 2004) zu trotzen. Marken sorgen dafür, dass sich Konsumenten im Angebotsdschungel orientieren können, dass sie bestimmten Angeboten vertrauen können, und dass sie sich letztlich auch mit bestimmten Angeboten identifizieren können. Marken orientieren Konsumenten. Konsumenten vertrauen Marken. Und Konsumenten identifizieren sich vereinzelt mit Marken.

Marken verändern die Welt, indem sie in vielfältiger Art und Weise alltägliches menschliches Verhalten sehr konkret beeinflussen. Google dominiert zunehmend das Informationsverhalten der meisten Menschen. Microsoft bestimmt ihren Arbeitsalltag. Und Marken wie Coca-Cola oder McDonald's verändern nicht nur Ess- und Trinkgewohnheiten, sie verändern auch Körpermaße. Der Einfluss von Marken basiert darauf, dass sie als Identifikationsangebote an zunehmend orientierungslose Konsumenten deren Verhalten weit über den banalen Kauf- und Konsumtionsakt hinaus prägen: Man findet spannend, was Google spannend findet. Es schmeckt gut, was McDonald's als gut schmeckend definiert und in sein Angebot übernimmt. Man definiert professionelles Kommunikationsverhalten so, wie Microsoft dies vordenkt, und es sich in Form und Inhalt des E-Mail-Systems widerspiegelt. Marken beeinflussen menschliche Werte und Einstellungen, sie steuern die Handlungen von Konsumenten. Ganz im Sinne von gesellschaftlichen Normen üben sie einen großen Einfluss darauf aus, wie Menschen ihren Alltag, privat wie geschäftlich, verbringen. Dies reicht von Essgewohnheiten über Mediennutzung bis zu Kommunikationsverhalten. Die Welt hätte sich auch ohne den Hamburger, den allgegenwärtigen weißen Stöpsel im Ohr oder die Blindkopie entwickelt. Omnipräsent sind diese Gewohnheiten dank McDonald's, Apple und Microsoft. Aus den „geheimen Verführern" der 50er und 60er Jahre sind bedeutende Sozialisationsinstanzen geworden. Moderne Rituale in der globalisierten Gesellschaft. Mächtige Führungstechnologien: „Marken manipulieren Menschen nicht einfach, sondern konstruieren sie. Diese werden weniger verführt denn geführt, ihre Motive eher erfunden als gefunden, ihre Gewohnheiten aufgebaut statt einfach ausgenutzt, ihre Präferenzen gebildet, nicht nur abgebildet" (Häusler und Fach 2004, S. 33).

Menschen verlassen sich auf Marken. Das tiefliegende Gefühl, das die mächtigsten dieser Marken in ihnen hervorrufen, ist Vertrauen. Vertrauen in vermeintlich nur funktionale Nutzendimensionen. Die Zahncreme, die scheinbar mithilft, dem Zahnarztbesuch den Schrecken zu nehmen. Die Gesichtscreme, die über Generationen hinweg ohne Angst vor Ausschlag eingesetzt werden kann. Der Kleinwagen, der läuft und läuft und daher verlässlich zum Arbeitsplatz transportiert. Die Fluglinie, die Sicherheit ausstrahlt und der Pünktlichkeit zugetraut wird. Das Versicherungsunternehmen, dem man glaubt, dass es im Schadensfall zahlt. Das Telekommunikationsunternehmen, das Verbindungen überall und jederzeit garantiert. Das Logistikunternehmen, das Geburtstagsgeschenke und erfolgskritische Ersatzteile verlässlich zu liefern scheint. Der Anbieter von Wirtschaftsdaten, deren Korrektheit man nie in Frage stellen würde. Der Stahlhersteller, dem man zutraut, dass seine Rohre auch im Tiefseeeinsatz nicht bersten. Der Hersteller von Energieanlagen, von dem man zu hoffen wagt, auch Umweltkatastrophen beherrschen zu können.

Was eint diese Marken im Massenmarkt und im sogenannten business-to-business-Markt? Sie alle erbringen funktionale Leistungen, die angesichts ihrer Bedeutung für individuelle Konsumenten, einzelne Unternehmen und letztlich für die Gesellschaft insgesamt in tief emotional Dimensionen eindringen. Sie bearbeiten Unsicherheiten und Risiken, die uns persönlich ängstigen oder im professionellen Umfeld existenzielle Bedeutung erlangen können. Sollten sie versagen, drohen Schweißausbrüche, schlaflose Nächte, persönliche Tragödien, kleine und große Katastrophen.

Ihr emotionaler Nutzen über die funktionale Leistung hinaus ist Verlässlichkeit, die Abwesenheit von Sorgen und Ängsten, ein Gefühl des gut-aufgehoben-Seins. Dies ist ein sicherlich attraktives Angebot gerade in unsicheren Zeiten, mit immer undurchschaubareren globalen Zusammenhängen, mit zunehmend anonymen und virtuellen Beziehungsgeflechten. Das Gefühl, das diese Marken in Menschen wecken, ist nicht unbedingt Liebe. Es ist Vertrauen. Sie verlassen sich auf Trustbrands. Darin liegt eine phänomenale Perspektive von Marken für die nähere Zukunft: „To be trusted is a greater compliment than being loved" (George MacDonald, 1824–1905, schottischer Schriftsteller). Nicht sehr gewagt erscheint die Voraussage, dass Menschen zukünftig vermehrt auf globale Trustbrands schauen werden, auch wenn es um die Bewältigung globaler Herausforderungen geht, die von Unter- und Fehlernährung bis zum Chaos urbaner Mega-Cities reichen. Dies wäre dann ein weiterer Karrieresprung für das Konzept Marke.

Kaufentscheidungen basieren zu einem großen Teil auf der Attraktivität und Strahlkraft der Marke, die man ersteht und mit der man sich umgeben will. Bei manchen Produktkategorien ist dieser Anteil zur Erklärung von Kaufentscheidungen höher als derjenige der Produkteigenschaften. Sicher spielt die spezielle Duftnote eine Rolle beim Parfümkauf. Die mit Chanel verbundenen Assoziationen eine größere. Klar wissen Menschen, dass manche Automobile technische Vorsprünge haben. Aber männliche und weibliche Machos vertrauen am Ende doch lieber den drei Buchstaben BMW, um sicher zu gehen. Und auch der kühl kalkulierende Einkäufer im Großkonzern setzt bei erfolgskritischen Zulieferungen, selbst wenn es um Massengüter wie Stahl oder Chemie geht, regelmäßig auf erfolgreiche Marken Made in Germany oder Swissmade, wenn er nicht nur das Risiko für sein Unternehmen begrenzen, sondern auch seine Karrierechancen intakt halten will. Denn er weiß: „you will never get fired for buying IBM".

2.2 Marken stärken organisatorische Wettbewerbsfähigkeit

Marken sind wertvoll für Unternehmen sowie alle Organisationen und Institutionen, die sich in Wettbewerbssituationen befinden. Dies gilt für Non-Profit-Organisationen, wenn sie sich im Wettbewerb um ein gegebenes Spendenvolumen befinden. Es gilt für öffentliche Einrichtungen, wenn sie im Standortwettbewerb bestehen müssen – als touristische Destination, als Arbeitsstätte oder als Investitionsstandort. Und dies gilt für kulturelle Einrichtungen, wenn sie um die Aufmerksamkeit des Publikums kämpfen müssen.

Marken werden dadurch wertvoll, dass sie, erstens, den Markenbesitzern helfen, in den jeweiligen Märkten besser gehört zu werden. Eine starke Marke ermöglicht kommunikative Effizienz- und Effektivitätssteigerungen. Starke Marken sorgen, zweitens, dafür, dass ihre zentralen Versprechungen von den relevanten Zielgruppen auch verstanden werden. So eröffnen sie Chancen, neue Märkte zu erobern. Starke Marken sind, drittens, schließlich in den Köpfen ihrer Zielgruppen so verankert, dass sie präsent bleiben auch dann, wenn sie gerade keine Kommunikationsaktivitäten unternehmen. Sie schaffen also loyale(re) Kunden, so dass das mit wechselwilligen Kunden verbundene Risiko minimiert wird.

Diese Effekte stellen sich dann ein, wenn Marken durch die klare und konsistente Kommunikation ihrer jeweiligen Markenbotschaft an allen Kundenkontaktpunkten die Wahrnehmung und dann auch die Kaufbereitschaft ihrer Kunden positiv beeinflussen. Sie schaffen dann Nachfrage und sichern die Stabilität dieser Nachfrage auch zukünftig. Sie schaffen ökonomische Werte, indem sie Wachstumschancen eröffnen oder zukünftige Risiken minimieren (Interbrand 2012b, S. 135).

In der Konsequenz wandeln sich Marken „von der markierten Produktleistung zum werttreibenden Erfolgsfaktor" und werden „Marken und deren Wert als das wichtigste Kapital eines Unternehmens" oder Organisation gesehen (Deigendesch und Stucky 2003, S. 301). Im Interesse einer wertorientierten Markenführung kann der Wert der Marken dann auch analysiert und quantifiziert werden. Internationale Standards (z. B. ISO 10668) zertifizieren die sachgerechten methodischen Ansätze. Für das Markenmanagement ergeben sich aus der Bewertung von Marken zahlreiche nutzbringende Einsatzmöglichkeiten, die von der Budgetplanung bis zur Rechteübertragung oder Rechtsverletzung reichen.

Diese Erfolgsgeschichte von Marken als Werttreiber von Unternehmen und Organisationen hat ihre sprichwörtliche Kehrseite. Begleitet ist der ökonomische Bedeutungsgewinn von Marken vom zunehmenden politisch-gesellschaftlichen Druck auf ihre Besitzer. Dies erscheint auch folgerichtig, denn Marken haben totalitäre Eigenschaften. Sie bringen Menschen dazu, etwas zu tun, was sie sonst nicht tun würden. Kaufentscheidungen basieren zu einem großen Teil auf der Attraktivität der Marke, die man ersteht und mit der man sich umgeben will.

In dieser politisch-sozialen Situation betreten Social Media die Bühne. Sie erzwingen vermeintlich einen deutlichen Perspektivenwechsel, da sie scheinbar die Demokratisierung von Marken verursachen. Marken beeinflussen dann nicht länger ihre Konsumenten. Umgekehrt steuern Konsumenten die Entwicklung ihrer Marken. Digitale Medien machen es möglich, auf Fußball übertragen, dass der Stammtisch der Millionen ehrenamtlichen Bundestrainer die Nationalmannschaft tatsächlich aufstellt und deren taktisches Verhalten real festlegt. Bei Twitter werden die Markenstrategien der globalen Power Brands entwickelt.

Mehr noch: Markenbesitz, also die Verfügungsgewalt über sie, löst sich von seinen Eigentümern. Marken gehören jetzt ihren Konsumenten. Ignorieren kann man scheinbar, dass der Wert von Marken sich in Unternehmensgewinne übersetzt. Ignorieren kann man scheinbar ferner, dass die Risiken des Niedergangs einer Marke existentielle Konsequenzen für deren Investoren hat. Das Youtube-Video mit Massenerfolg definiert die Zukunft der Marke. Dessen Autorin und ihre Zuschauer besitzen die Marke.

Angeheizt wird die Vehemenz der politischen Bewegungen gegen einzelne Markenikonen: McDonald's als verantwortlich für Agrarimperialismus und Obesity? BP verantwortlich für die Verschmutzung der Weltmeere? Nike beschämend selbst für den zynischen Wall Street Yuppie wegen der Verknüpfung zu Kinderarbeit? Goldman Sachs als Pseudonym für die Undurchschaubarkeit des globalen Finanzsystems? Volkswagen als Zerstörer des Weltklimas? Oder dessen Retter?

Diese Konfliktlinie hat ursprünglich allerdings nichts, oder sehr wenig, mit Social Media zu tun. Sie reflektiert vielmehr die seit Mitte des 20. Jahrhunderts gewonnene Bedeutung großer Marken für das Funktionieren moderner Gesellschaften. Sie sind nützlich, wertvoll – und eben auch zunehmend mächtig. Und diese Macht initiiert Widerstand. Dieser wiederum profitiert sicher von Social Media. Von größeren Menschenmassen gehört zu werden, wird einfacher. Klicks addieren sich zu größeren Summen auf als Mund-zu-Mund-Propaganda dies könnte. Der footprint, also die geografische Reichweite, der Kritik am Verhalten von Marken erreicht problemloser internationale Dimensionen. Und all dies geschieht schneller, scheinbar fast unmittelbar. Schnell, undurchsichtig, unvorhersehbar. Schon aufgrund dieser Merkmale bedrohlich für die Kommunikations- und Markenabteilungen grosser Konzerntanker. Die spezifischen Eigenschaften und Fähigkeiten von Social Media beschleunigen und verstärken sicher die kritischen Reaktionen auf die zunehmende Macht von Marken. Sie sind aber keineswegs Ursache dieses Widerstands. Und sie signalisieren auch keine Entwicklung hin zur demokratischen Kontrolle von Markenmacht oder zunehmendem Besitz von Marken bei Konsumenten.

Die zunehmende öffentliche Aufmerksamkeit gegenüber und die sich intensivierende öffentliche Auseinandersetzung mit dem Handeln von Marken beruhen darauf, dass die Bedeutung und die Macht von Marken immer deutlicher und von immer mehr Menschen gefühlt, gesehen und erlebt werden. Konsumenten nehmen Marken und ihre Versprechen zunehmend beim Wort. Direkter, emotionaler, aggressiver und nachhaltiger als diesen lieb ist. So fand sich Google angesichts des (vermuteten) Zusammenspiels mit chinesischer Zensur auf der öffentlich-medialen Anklagebank. Die globale Fangemeinde wurde zum klagenden Staatsanwalt, weil sie das Markenversprechen von Google allzu wörtlich genommen hatte: „do no evil". Wie konnte Google dann nur…? Und so stand jüngst selbst der Liebling aller, Apple, am Pranger. Weil Apple eine Initiative zur Senkung der Unternehmensbesteuerung in den USA unterstützt. Die Marke Apple muss offensichtlich in den Augen ihrer ergebensten Fangemeinde nicht nur für nutzerfreundliche Technologie sorgen, sondern auch für eine verteilungsgerechte Steuerpolitik eintreten.

Was bedeutet dies? Es bedeutet, dass der Besitz von Marken noch immer bei ihren Eigentümern liegt. Als wertvolle Quelle unternehmerischen Wachstums und Erfolgs. Es bedeutet auch, dass die Entwicklung von Marken nach wie vor von den Markenbesitzern kontrolliert und gesteuert wird. Allerdings erhöhen die explosionsartigen Effekte von Social Media, also insbesondere höhere Geschwindigkeiten und größere geografische und soziale Reichweiten, den Druck auf Markenentwickler und den Anspruch an professionelle Markenentwicklung und -führung. Ganz sicher können Markenentwicklung und (Werbe-) Kampagnenentwicklung endgültig nicht mehr gleichgesetzt werden.

2.3 Marken stiften geografische Identitäten

Marken sind machtvolle gesellschaftsprägende soziale Institutionen. Und dies ohne jede demokratische Kontrolle. Ohne politische checks and balances. Nicht in Parlamenten wird über ihre Werte, Haltungen und Aktivitäten entschieden. Sondern in Vorständen, Leitungsgremien oder gar in einzelnen Köpfen. Diese Köpfe würden, wenn es um ihre Autonomie und Gestaltungsmacht geht, wohl kaum mit demokratisch legitimierten und kontrollierten Politikern tauschen wollen.

Marken sind also individuell nützlich, für Organisationen wertvoll und gesellschaftlich mächtig. Können sie gar zu identitätsstiftenden Mythen für Städte, Regionen oder Nationen werden? Im politischen Zusammenhang sind Mythen „Großerzählungen, aus denen nationale Identität gewonnen wird" (Münkler 2009, S. 9 ff.). Es sind großartige Erzählungen, die Orientierung und Zuversicht, Zutrauen und Mut erzeugen. Sie befriedigen ein „kollektives Distinktionsbedürfnis", erzeugen „Überlegenheitsvorstellungen und Dominanzansprüche". Sie sind „politisch handlungsleitend". Sie erzählen wiedererkennbare, dabei aber immer wieder neu inszenierte Geschichten („narrative Variation"), sie erzeugen attraktive und einprägsame Bilder („ikonische Verdichtung"), und sie schaffen beeindruckende, erlebnisreiche Ereignisse („rituelle Inszenierung"). Konkret für die Bundesrepublik Deutschland, so der politische Analyst, „verlagerte sich das Bedürfnis nach mythischer Narration und symbolischer Repräsentation von Politik und Staat auf Markt und Konsum. Der Volkswagen wurde zum Zeichen des Dazugehörens, und der Mercedes war das Symbol des gelungenen Aufstiegs, die Bestätigung des Erfolgs."

Für gewöhnlich heißt es, dass „Nationen Marken machen". Die Konstrukteure von Marken nutzen deren Herkunft, um sie erfolgversprechender im globalen Wettbewerb zu positionieren. Sie versuchen, von der über lange Zeit aufgebauten Vermutung oder Überzeugung der Menschheit über die besonderen Stärken ganzer Nationen zu profitieren. Gesetzt wird auf den positiven Imagetransfer vom Nationalcharakter hin zur Markenpersönlichkeit. Ein Auto „made in Germany" muss von genialer deutscher Ingenieurkunst geprägt sein, glauben Menschen weltweit. Mit dem Anzug „made in Italy" wird jedermann zum unwiderstehlichen leidenschaftlichen Liebhaber. Und die Luxusuhr „swissmade" vermittelt den Extrahauch von Exklusivität, den sich der statussüchtige Träger ersehnt. Vermeintliche nationale Werte werden vom Konsumenten in den Wertekanon der Marke übernommen.

Dies kann berücksichtigt werden, wenn Markenpersönlichkeiten kreiert werden. So gesehen ist der explizite Verweis auf die geografische Herkunft einer Marke einer ihrer denkbaren Positionierungsmerkmale. Neben der „heimatlosen" globalen Powerbrand gibt es auch in der Champions League der Marken Raum für Marken mit ausgeprägtem

Stolz auf ihre geografische Herkunft. Setzt man auf diese Karte in der Konstruktion einer Marke, so nutzt man die Attraktivität von vermeintlichen Nationalcharakteren. Und man unterstellt wohl zu Recht die Existenz einer Gegenbewegung zur vermeintlich allgegenwärtigen Globalisierung: den der Suche nach Herkunft und Heimat. Denn nur so ist es zu verstehen, dass die Übernahme einheimischer Marken durch ausländische Marken nicht nur als Arbeitsplatzbedrohung öffentlich verhandelt wird, sondern auch als Ausverkauf nationaler Kultur. Dann bedrohen indische Besitzer den (längst verlorenen) Glanz britischer Automobilmarken. Und dann geht es scheinbar um deutsches Kulturgut, wenn schon längst amerikanisch dominierte und ansonsten eher darbende deutsche Marken im Markenportfolio italienischer Automarken unterzugehen drohen. Das Thema besetzt dann nicht nur die Wirtschaftsseiten, sondern erobert auch das Feuilleton. Dort herrscht „lähmende Traurigkeit", man fühlt sich bedroht von „Autos ohne Charakter" und vom Erlöschen „nationaler Traditionen" (Jessen 2009, S. 47). Ersteres wäre in der Tat eine Bedrohung für die Erfolgsaussichten dieser Marken. Nur wurzeln deren erfolgsnotwendigen differenzierenden Charaktereigenschaften nicht notwendigerweise in nationalen Traditionen. Sie werden vielmehr „erfunden". Die erfolgreichsten „britischen" Fahrzeugmarken werden mittlerweile in München geschaffen.

Wie kann ernsthaft weiterhin angenommen werden, dass Eigenschaften und Eigenheiten von Marken nicht etwa von Markenmanagern zweck- und erfolgsorientiert konstruiert werden, sondern naturwüchsig einfach auf deutschem oder italienischem Boden wachsen? Wie kann weiter auf das Lebensgefühl und die Lebensart von Nationalkulturen gehofft werden, wenn es um die Erschaffung von international erfolgreichen Markenpersönlichkeiten geht? Was geht in den Köpfen von Menschen vor, wenn sie derart verklärt national geprägten, kollektiven Qualitätsversprechen hinter unternehmerischen, also individuellen, Leistungen vertrauen? Gemessen an zeitgemäßen Rationalitätsvorstellungen nicht sehr viel Vernünftiges. Denn wer hat noch nicht vernommen, dass die Globalisierung der Wirtschaft unter anderem auch dazu geführt hat, dass das „made in" nur noch wenig darüber aussagt, wo das derart gekennzeichnete Produkt in wesentlichen Anteilen hergestellt wurde. Und wer hat es noch nicht beobachtet, dass auch bei den sogenannten Premiummarken in der Luft das Personal nicht immer dort herstammt, woher die Marke vermeintlich ihre jeweiligen Vorzüge bezieht. Und überhaupt: Sind es nicht bedauerliche und überholte Vorurteile, wenn Menschen Leistungsversprechen von Marken aufgrund vermeintlicher kultureller Eigenschaften ganzer Bevölkerungen von Ländern vertrauen?

Diese Fragen legen es nahe, die Kausalität in umgekehrter Richtung zu denken. Also nicht „der Deutsche" bürgt weltweit für „Freude am Fahren", sondern BMW, Mercedes, Audi und Porsche verbreiten weltweit die Nachricht, dass aus dieser Region der Welt maskuline Fahrfreude, vorzeigbare Exklusivität und technische Perfektion auf vier Rädern geliefert wird. Nicht Frankreich macht den besseren Schaumwein, sondern Veuve-Clicquot sorgt dafür, dass weltweit Champagner den exklusivsten Status in seiner Kategorie genießt. Nicht „made in Italy" ist die Basis für den Erfolg italienischer Herrenkonfektionäre, sondern „made by" Armani, Ermenegildo Zegna oder Brioni verleihen dem „made in Italy" seinen weltweiten Glanz. Oder in anderen Worten: Diese Marken machen „ihre" Nationen.

In historischer Perspektive ist anzunehmen, dass diese noch junge Entwicklung zukünftig an Bedeutung gewinnen wird. Klar definierte Nationalcharaktere verlieren nicht nur ihre identitätsbildende Bedeutung nach Innen. Ihre einst deutlichen Konturen verwischen sich auch als extern wahrgenommene Images. Für welche Werte steht denn „made in Germany" in belastbarem Sinne jenseits von tradierten Zerrbildern? Auf was kann sich der Konstrukteur von Markenpersönlichkeiten verlassen, wenn er auf den Imagetransfer setzt?

Dagegen steht der Bedeutungsgewinn der „Institution Marke" in den letzten Jahrzehnten. Die Wahrnehmung unserer Welt wird mehr und mehr von den Konstruktionen der Markenmacher beeinflusst. So hat erst die Marke Lange das jahrzehntelang vergessene Örtchen namens Glashütte wieder auf der Weltkarte platziert und wieder mit der Assoziation „deutsche Luxusuhren" versehen. So definiert Samsung, wie sich das Bild Südkoreas für die Mehrheit der Weltbevölkerung gestaltet. Und so müsste man den Nationen, die noch um ihren vorderen Platz in der Weltliga der Völker kämpfen, empfehlen, in ihren Grenzen Ausschau nach entwickelbaren Weltmarken zu halten. Ganz nach dem Motto: Marken machen Nationen. Statt „BMW. Made in Germany" hätte dann ein ganz anderes Qualitätssiegel Zukunft: „Germany. Home of BMW".

3 Wie werden Marken gemacht?

Markenentwicklung darf sicher als „anspruchsvolle Aufgabe für Unternehmen und Institutionen" (Belz 2006, S. 178) betrachtet werden (umfassend dazu: Esch 2005). Marken sind, wie Mythen, „Ansammlungen symbolischen Kapitals, von denen man gut leben kann, solange man sie hegt und pflegt" (Münkler 2009, S. 11). Was heißt in unserem Zusammenhang hegen und pflegen?

Der Markenentwicklungsprozess muss als Kreislauf gedacht werden. Am Anfang steht die Herausarbeitung und Festlegung des „sweet spots" für die Positionierung der Marke. Organisationsinterne Fähigkeiten und Erwartungen müssen den Erwartungen des Marktes gegenübergestellt werden. Die aktuellen Gegebenheiten müssen mit den Notwendigkeiten und Potentialen der Zukunft abgeglichen werden. Die Positionierung der Marke muss in Kundenerlebnissen ihren erfahrbaren Ausdruck finden. Diese „Übersetzung" der Positionierung bezieht sich nicht nur auf die Kommunikationsaktivitäten. Sie umfasst notwendigerweise die Gestaltung der Angebote und der Vertriebskanäle ebenso wie das Verhalten der Mitarbeiter. Notwendig sind die kontinuierlich inspirierte und intelligente Kreation der Kundenkontaktpunkte sowie ihr professionelles Management auf Dauer. Schließlich bedarf es der sorgfältigen und stetigen Evaluation der Marke als Basis der laufenden und nachhaltig erfolgreichen Markenweiterentwicklung.

Für die erfolgreiche und effiziente Anwendung des „Brand Cycle" (Belz 2006, S. 174 ff.) gelten drei Leitsätze, die das Spannungsverhältnis zwischen Stabilität und Wandel, Fokus und Breite, Selbstähnlichkeit und Kreativität im Markenentwicklungsprozess umschreiben: Erstens müssen alle Markenaktivitäten auf die Vision, die Werte und die Botschaften der Marke fokussiert werden. Das erfordert eine kreative Reduktion auf das Wesentliche.

Zweitens muss das Homogenisieren aller Markenaktivitäten, auch der gesamten Kommunikation, zu einer in sich stimmigen Markenerlebniskette für den Konsumenten führen. Dazu muss „Beschränkung" als kreative Herausforderung verstanden werden. Zum Dritten sorgt das langfristige Penetrieren der Markenpersönlichkeit für konsistente Präsenz ohne jede Langeweile, wenn kreative Lebendigkeit die Markenpersönlichkeit kontinuierlich aktuell hält und die „customer journey" nachhaltig relevant und attraktiv gestaltet.

Aus den genannten Leitsätzen ergeben sich auch Anforderungen an die Personen in Unternehmen, Organisationen und Institutionen, deren Aufgabe in der Entwicklung von Marken besteht: „starke Marken sind fast immer auch das Resultat starker Persönlichkeiten" (Belz 2006, S. 192). Wer eine wertvolle Marke entwickeln bzw. weiterentwickeln möchte, darf sich nicht von aktuellen Widrigkeiten irritieren lassen. Die grundlegenden unternehmerischen Tugenden Mut, Durchsetzungskraft und Zähigkeit sind Voraussetzungen und Garanten dafür, den Traum vieler Markenmacher zu realisieren: Marken zu schaffen, die die Welt verändern, und damit den Grundstein für den langfristigen Unternehmens- oder Organisationserfolg im jeweiligen Wettbewerbsumfeld zu legen.

4 Was machen Markenmacher?

Es fällt in historischer Perspektive auf, dass die Entstehungsgeschichten vieler wertvoller Markenpersönlichkeiten eng mit dem Wirken starker Unternehmerpersönlichkeiten verbunden sind. Dies ist kein Zufall. Ein Unternehmer in seiner prototypischen Ausprägung wird immer die Welt ein Stück weit verändern wollen. Er verfolgt „new business opportunities relentlessly, without becoming deterred by the limited resources that he or she initially controlled" (Koehn 2001, S. 3). Er hat eine zukunftsfähige Vision und betrachtet es als sein Lebenswerk, diese durch mutige unternehmerische Entscheidungen auch zu verwirklichen. Dadurch erschafft er im Erfolgsfall eine Marke, deren Vision und Werte die Welt tatsächlich verändern – weit über sein eigenes Wirken hinaus. Deutlich wird so die „role that particular entrepreneurs played historically in making new markets and affecting modern consumption" (Koehn 2001, S. 7).

Offensichtlich bedarf es der natürlichen persönlichen Autorität und Macht dieser Unternehmerpersönlichkeiten, um mutige Vorstellungen notfalls auch gegen Widerstände durchsetzen zu können. In auf breiten Konsens zielenden Unternehmen oder Organisationen werden dagegen neue Ideen oft in endlosen Abstimmungsprozessen so lange in Frage gestellt, bis sie vollkommen verwässert oder gleich ganz verworfen werden.

Marken brauchen auch und insbesondere in aktuellen Organisationskonstellationen eine starke Führung. Markenentwicklung und -führung ist zentrale Vorstands- bzw. Führungsaufgabe. Zumindest ist ein effizientes Markenmanagement mit entsprechender Aufbau- und Ablauforganisation sowie den notwendigen Instrumenten einzurichten, dessen strategische Leitung in engem Kontakt mit der Konzern- oder Organisationsführung steht.

Die Entwicklung von erfolgreichen Markenpersönlichkeiten lässt sich keineswegs dem Diktat von Analysten, Quartalsberichten und kurzfristigen Umsatzzielen unterwerfen. Es bedarf großer Weitsicht, auch in ökonomischen Schwächephasen weiter in die Marke zu investieren und sich dadurch gezielt von der Konkurrenz abzusetzen. Eine Markenpersönlichkeit ist nie abschließend entwickelt, sondern muss in einem fortlaufenden Prozess immer wieder neu belebt und weiterentwickelt werden.

In komplexen Organisationsgebilden kann Markenentwicklung zunehmend zu einer strategischen Schlüsselfunktion werden. So können intern Komplexität reduziert, Kräfte gebündelt und extern das Vertrauen der Kunden in die Authentizität der Marken gewonnen werden. Empirisch sind diese organisatorischen Wunschvorstellungen allerdings meist nicht anzutreffen: „Der erfolgreiche Markenmanager greift in seiner Tätigkeit vielfach eben nicht auf eine vorhandene und unterstützende Organisationsstruktur zurück – er schafft sie sich" (Brecht und Häusler 2005, S. 23).

Markenpersönlichkeiten werden kaum noch von Unternehmenspersönlichkeiten entwickelt und getragen. Die Konstrukteure von Marken sind in der Regel in heutigen institutionellen und organisatorischen Konstellationen die jeweils zuständigen Marken- und Marketingmanager. Dies verweist auf die wesentliche typologische Unterscheidung zwischen dem „Unternehmer" und dem „Manager" (Häusler 2010).

4.1 Manager und Unternehmer

Es ist unstrittig, dass Kreativität im Zentrum unternehmerischen Handelns stehen sollte. Sprichwörtlich gehört der ständige Wandel zu den Konstanten erfolgreicher Unternehmen. Immer neue Produkte sorgen für wachsende Nachfrage, ständig weiterentwickelte Prozesse sorgen für die nötige Effizienzsteigerung. Unternehmerpersönlichkeiten treiben im Wege der „kreativen Zerstörung" diesen Innovationsprozess voran. Dadurch werden sie zu den Helden ökonomischer Entwicklung.

Kreative Antworten auf immer neue Herausforderungen zu finden zeichnet den Unternehmer aus. Allerdings setzt diese Erfolgsgeschichte voraus, so der Konsens der ökonomischen Innovationsforschung und -praxis, dass sie sich bei der Suche nach Antworten prinzipiell ausserhalb etablierter Routinen in Unternehmen bewegen. Zeitgenössische Manager, auch dies scheint unstrittig, sobald es um die Beschreibung der Realität und nicht der Fiktion des Managers geht, sind in derartigen Routinen zuhause – oder gefangen. Manager neigen dazu, lediglich das zu perfektionieren, was ihr Unternehmen bereits kann.

Herrschende Paradigmen sowie implizite und mächtige Glaubenssätze prägen das Bild von Managern vom Funktionieren ihres Unternehmens, vom Markt und von ihren Kunden. Eingeschliffene und hochgradig formalisierte Vorgehensweisen determinieren ihr vielfach ritualisiertes Verhalten. Hinterfragt werden müssen Glaubenssätze und Rituale insbesondere dann nicht mehr, wenn sie als „Best Practice" geadelt wurden. Darüber hinaus müssen diese unternehmenskulturellen Konstruktionen nicht mehr begründet werden. Es geht um die Optimierung der Standards. Kreativität jenseits adaptiver Ansprüche stört. Systematisch werden so evolutionäre oder gar revolutionäre Weiterentwicklungen unwahrscheinlich.

4.2 Absicht und Wirkung

Die grundsätzliche Ambivalenz zwischen prototypischer unternehmerischer Kreativität und den alltäglichen Routinen des modernen Management äußert sich geradezu exemplarisch im Fall von (fehlenden) kreativen Entscheidungen im Bereich der Marketingaktivitäten von Unternehmen.

Die Existenz ausdifferenzierter professioneller Marketingabteilungen in Unternehmen ist wohl dem Zwang geschuldet, auf Dauer nicht „nur" den Intuitionen der Gründer- oder Unternehmenspersönlichkeit zu vertrauen, wenn es darum geht, kaufkräftige Nachfrage in komplexer werdenden internationalen Märkten zu finden und zu bedienen. Ihre Einrichtung bekämpft das Diktat des Unternehmenspatriarchen zugunsten der Emanzipation der Konsumentenperspektive in den unternehmensinternen Entscheidungsprozessen. Gerade auch in technikgetriebenen Unternehmen hat diese Perspektive durchaus Sprengkraft. Gefordert ist dann der Perspektivenwechsel. Im besten Fall ein Akt der kreativen Zerstörung.

Die Bereitschaft zum Perspektivenwechsel darf sicher auch von neuen Führungskräften im Marketing erwartet werden. Rhetorisch gehört die Aussicht auf einen Akt der kreativen Zerstörung denn auch regelmäßig zum Ankündigungs- und Antrittsritual von neuen Marketingchefs. So bekommt stets der „Neue" nicht nur das Recht, sondern meist sogar den Auftrag, allen „alten" Ballast über Bord zu werfen. Die Verteufelung des Existierenden, Bewährten, Traditionellen schafft offensichtlich die Bühne für die Verheißung des Neuen.

Allerdings: Dies wiederholt sich (zu) oft und versucht geradezu krampfhaft natürlich zu erscheinen, wirkt dabei inszeniert, substanzlos, routinemäßig. Darüber hinaus erfolgt es in ständig kürzer werdenden Abständen. Die durchschnittliche Verweildauer des Marketingchefs in Großkonzernen liegt mittlerweile bei etwa zwei Jahren. Und die Begründungen bleiben seltsam oberflächlich. Die Zuschreibung der Verantwortung für Missstände erfolgt eher abstrakt und ohne ernsthafte Beweisführung bezüglich der Kausalität. Der Zweck scheint die Mittel zu heiligen. Die generelle Hoffnung, dass „neue Besen besser kehren", prägt die Atmosphäre.

Statt des verantwortungsbewussten, konsequenten Personalwechsels, der nachhaltige Perspektiven zumindest zu öffnen verspricht, dreht sich ein sich beschleunigendes Personalkarussell. Ein Karussell im wahrsten Sinne des Wortes, bei dem es um die Wahrung des glitzernden Scheins geht und bei dem vor allem die Neugierde an Personalien für Aufmerksamkeit sorgt. Im Ergebnis handelt es sich sehr oft wohl nur um die rituelle Gestaltung eines ungewissen personellen Übergangs in Krisenzeiten – ohne hohes Innovationspotential.

4.3 Routine und Kreativität

Routinisierte Prozesse der Marktforschung, Auswahlprozesse für externe Agenturpartner oder wechselndes Führungspersonal führen in ihrer aktuellen Ausgestaltung nicht zu mehr Kreativität. Tendenziell behindern sie innovative Lösungen, zumindest wenn es um weitreichende Veränderungen geht, die existierende Entwicklungspfade verlassen würden.

Die Prozesse sind nicht prinzipiell innovationshemmend oder kreativitätseinschränkend. Eine stärkere Beachtung von Kundenwünschen und -bedürfnissen wird in binnenorientierten und auf die eigenen technischen Fähigkeiten eingeschworenen Unternehmen durchaus kreatives Innovationspotential freisetzen. Wettbewerbselemente werden verkrustete und ausschließlich auf Bewahrung ausgerichtete Beziehungsgeflechte unter Erneuerungsdruck setzen. Und schließlich werden Führungskräfte mit mutigen Visionen und langfristiger Perspektive paradigmatischen Wandel anstoßen.

Ihre negativen, bewahrenden und hemmenden Wirkungen entfalten diese Prozesse erst im Zuge ihrer (zu) weit fortgeschrittenen Routinisierung. Dann nimmt der Konformitätsdruck als paradoxe Folge des Innovationsanspruchs zu. Wenn Marktforschung zum oberflächlichen Schauspiel wird. Wenn der Agenturwettbewerb Züge des Volkssportes gewinnt. Oder wenn das Personalkarussell sich als Selbstzweck immer schneller dreht.

Routinisierte Handlungsabläufe im Management sind immer auch das Ergebnis konkreter historischer Zusammenhänge, in denen sich Unternehmen zu behaupten haben. Die heute dominanten Marketingrituale sind dem „American way" als globale Best Practice in der Unternehmenswelt geschuldet. Damit verbundene Prinzipien bestimmen die dargestellten Entwicklungen im Marketing. Der unhinterfragte Glaubenssatz, nach dem gilt: „If you can`t measure it, you can`t manage it", treibt die Entwicklung der Marktforschung an den Punkt, an dem das Ziel, den Kunden mit seinen Wünschen und Bedürfnissen zu verstehen, aus den Augen verloren wird. Der blinde Glaube an das Prinzip Wettbewerb zerstört jede Grundlage für vertrauensbasierte und partnerschaftliche Zusammenarbeit mit externen Partnern. Der hemmungslose Einsatz des Prinzips des „hire and fire" sorgt dafür, dass mutige Entscheidungen mit langfristiger Perspektive und das Interesse an nachhaltigen Veränderungen irrational für das Führungspersonal werden.

Im Ergebnis findet sich das Markenmanagement heute vielfach in einer Situation wieder, in der etablierte Routinen Kreativität unterdrücken und Innovationen verhindern. Mit zunehmender Routinisierung führte dessen Entwicklungsprozess im Laufe der letzten Jahrzehnte überwiegend zur Tradition wahrenden und bewahrenden Starre und Rigidität.

5 Wie steht es um die Karrierechancen des Markenkonzepts?

Ein paradoxer Schluss drängt sich auf: Die Erfolgsgeschichte der Marke als Konzept steht im merkwürdigen Widerspruch zur zunehmend misslichen Lage derer, die Marken in Unternehmen, Organisationen und Institutionen entwickeln. Die vom Markenmanagement geforderten Tugenden Mut, Durchsetzungskraft und Zähigkeit erscheinen seltsam unzeitgemäß. Die Erfordernisse erfolgreicher Markenführung widersprechen vielfach und an zentralen Punkten den Gegebenheiten weitgehend bürokratisierter Großorganisation der Gegenwart. Wo Mut und visionäres Denken gefordert wären, herrscht Risikoabsicherung, Sicherheitsdenken, Absicherung durch Marktforschung. Statt machtvoller Durchsetzung bewegender und innovativer Ideen dominiert die Suche nach dem kleinsten gemeinsamen Nenner. Und nachhaltiges Festhalten und Durchsetzen des einmal eingeschlagenen Weges scheitert schon an der ständig kürzer werdenden Halbwertszeit des Top Managements und der damit verbundenen Allgegenwart der fast grenzenlosen Begeisterung für das immer Neue.

Damit scheiden moderne Großunternehmen oder Organisationen als Quellen der Entwicklung großer Marken eigentlich aus. Die Geburt mächtiger Marken im Schoße solcher Bürokratien erscheint unwahrscheinlich. Wahrscheinlicher ist schon eher, dass diese Großunternehmen oder Organisationen lediglich die Nutznießer eines in der Vergangenheit aufgebauten Markenguthabens sind und dieses eben mehr oder weniger erfolgreich verwalten. Somit befände sich die Erfolgsgeschichte des Konzepts Marke aktuell in einer Sackgasse. Steht der Karriereknick auf dem Höhepunkt der Karriere bevor?

Neben den organisationsinternen Widrigkeiten wurden weitere erfolgshemmende Entwicklungen bereits genannt. Die inflationäre Ausdehnung des Markenkonzepts bringt die Gefahr der Schwächung des Konzepts mit sich. Markentechnisch droht dem Markenkonzept das Schicksal seiner eigenen „Verwässerung". Gleichzeitig sorgt die Machtfülle von Marken fast zwangsläufig für die Entstehung starker gesellschaftlicher und politischer Widerstände gegen ihren Erfolg und gegen das Eindringen des Markenkonzepts in immer weitere soziale Felder.

Die Frage darf aktuell also noch unbeantwortet bleiben: Wird sich die Erfolgsgeschichte des Markenkonzepts fortsetzen, sich gar noch verstärken, oder befindet sich das Konzept in einer Sackgasse?

Literatur

Barwise, P. (2009). Preface. In R. Clifton (Hrsg.), *Brands and Branding* (S. xiii–xvii). London: Profile Books.
Belz, C. (2006). *Spannung Marke. Markenführung für komplexe Unternehmen*. Wiesbaden: Gabler.
Brecht, W., & Häusler, J. (2005). Zum Scheitern verurteilt? Organisatorische Aspekte der Markenführung. *Thexis, 22*(1), 21–23.
Bröckling, U., Krasmann, S., & Lemke, T. (2004). Einleitung. In U. Bröckling, S. Krasmann, & T. Lemke (Hrsg.), *Glossar der Gegenwart* (S. 9–16). Frankfurt am Main: Suhrkamp.
Deigendesch, T., & Stucky, N. (2003). Markenbewertung. In M. Stöckel & U. Lüken (Hrsg.), *Handbuch Markenrecht* (S. 299–320). Berlin: Erich Schmidt.
Esch, F. (Hrsg.) (2005). *Moderne Markenführung. Grundlagen. Innovative Ansätze. Praktische Umsetzungen*. Wiesbaden: Gabler.
Häusler, J. (2008). Branding. In M. Erlhoff & T. Marshall (Hrsg.), *Wörterbuch Design* (S. 64–66). Basel: Birkhäuser.
Häusler, J. (2010). Wo Kreativität stört: Etablierte Routinen verhindern Innovationen. *kommunikationsmanager, 7*(2), 36–40.
Häusler, J., & Fach, W. (2004). Branding. In U. Bröckling, S. Krasmann, & T. Lemke (Hrsg.), *Glossar der Gegenwart* (S. 30 36). Frankfurt am Main: Suhrkamp.
Hellmann, K.-U. (2003). *Soziologie der Marke*. Frankfurt am Main: Suhrkamp.

Hellmann, K.-U., & Pichler, R. (2005). *Ausweitung der Markenzone: Interdisziplinäre Zugänge zur Erforschung des Markenwesens*. Wiesbaden: VS Verlag für Sozialwissenschaften.
Interbrand (2012a). *Our tool box. Key models and processes*. Zürich: Interbrand.
Interbrand (2012b). *Best Global Brands 2012*. Zürich: Interbrand.
Jessen, J. (2009). Autos ohne Charakter. *Die Zeit*, Nr. 20 vom 07.05.2009, S. 47.
Klein, N. (1999). *No Logo*. New York: Picador.
Koehn, N. F. (2001). *Brand new. How entrepreneurs earned consumer's trust from Wedgewood to Dell*. Boston: Harvard Business School Press.
Lüken, U. (2003). Einführung. In M. Stöckel & U. Lüken (Hrsg.), *Handbuch Markenrecht* (S. 31–39). Berlin: Erich Schmidt Verlag.
Münkler, H. (2009). *Die Deutschen und ihre Mythen*. Berlin: Rowohlt.
o. V. (2012). Schumpeter. Museums of Mammon. *The Economist*, 65. Zugegriffen: 17. Nov. 2012.
Schwartz, B. (2004). *The paradox of choice. Why less is more*. New York: HarperCollins.

Kommunikative Konstitution von Organisationen

Dennis Schoeneborn und Stefan Wehmeier

Zusammenfassung

Beiträge zur Unternehmenskommunikation behandeln in der Regel (strategisch) geplante interne oder externe Kommunikation. Der vorliegende Beitrag stellt einen alternativen Theorieansatz vor, der aktuell im nordamerikanischen Forschungsgebiet „Organizational Communication" zunehmende Aufmerksamkeit erhält. Der sogenannten „CCO-Perspektive" („Communicative Constitution of Organizations") zufolge bestehen Unternehmen aus einer Vielzahl von internen und externen Kommunikationspraktiken, die nur in bedingtem Maße strategisch steuerbar sind. Zugleich sind es eben diese Kommunikationspraktiken, die erst Unternehmen erzeugen, stabilisieren und verändern. Der Beitrag stellt die CCO-Perspektive hinsichtlich ihrer wesentlichen Vertreter, theoretischen Grundannahmen, methodologischen Zugänge und empirischen Anwendungsfelder vor. Anschließend wird das Potenzial des Theorieansatzes für die Unternehmenskommunikation diskutiert.

Schlüsselwörter

Unternehmenskommunikation · Organisationstheorie · Organisationskommunikation · Public Relations · Stakeholder-Kommunikation · Communicative Constitution of Organizations

---

D. Schoeneborn (✉)
Copenhagen Business School, Department of Intercultural Communication and Management
Porcelænshaven 18A, 2000 Frederiksberg, Dänemark
E-Mail: dsc.ikl@cbs.dk

S. Wehmeier
Universität Greifswald, Institut für Politik- und Kommunikationswissenschaft
Rubenowstraße 3, 17489 Greifswald, Deutschland
E-Mail: stefan.wehmeier@uni-greifswald.de

1 Einleitung

Beiträge zur Unternehmenskommunikation behandeln in der Regel (strategisch) geplante interne oder externe Kommunikation und damit Funktionen von Kommunikation für Unternehmen (PR, Werbung, Marketing etc.). Der vorliegende Beitrag weicht von dieser Perspektive ab und geht stattdessen von einem ganzheitlichen Kommunikationsverständnis aus, das aktuell im nordamerikanischen Forschungsgebiet „Organizational Communication" zunehmende Aufmerksamkeit erhält. Demnach nimmt Kommunikation eine konstitutive Rolle für Organisationen und für das Organisieren ein (Cooren 2012). Der sogenannten „CCO-Perspektive" („Communicative Constitution of Organizations") zufolge (Ashcraft et al. 2009) bestehen Unternehmen aus einer Vielzahl von Kommunikationspraktiken, die längst nicht alle im Sinne strategischer Kommunikationsfunktionen erfasst werden können und doch gleichzeitig Unternehmen erzeugen, stabilisieren, verändern und auch nach innen oder außen repräsentieren (Cooren et al. 2011). Gespräche am Arbeitsplatz zählen etwa ebenso dazu wie Sitzungen zwischen Managern und Mitarbeitern sowie Abteilungs- und Projekt-Meetings (Spee und Jarzabkowski 2011). In derartigen Sprachhandlungen tritt die Organisation kommunikativ in Erscheinung bzw. wird erst durch Kommunikation hervorgebracht. In jüngerer Zeit ist diese international bedeutsame Forschungsströmung auch verstärkt in der deutschsprachigen Kommunikationsforschung rezipiert worden (z. B. Schoeneborn 2013; Schultz 2011; Weder 2009; sowie bereits zuvor Theis-Berglmair 2003).

Der Beitrag skizziert zunächst das nordamerikanische Verständnis des Forschungsgebiets Organisationskommunikation. Anschließend wird der Theorieansatz der „CCO-Perspektive" hinsichtlich seiner wesentlichen Vertreter, seiner theoretischen Grundannahmen, methodologischen Zugänge und empirischen Anwendungsfelder vorgestellt. Daraufhin wird das Potenzial der CCO-Perspektive für die Unternehmenskommunikation umrissen. Der Beitrag schließt mit einem Fazit und Ausblick.

2 Das Forschungsgebiet Organisationskommunikation

Organisationskommunikation im nordamerikanischen Verständnis beschäftigt sich mit Organisationen als kommunikationserzeugten Phänomenen (Taylor 1999). Dabei liegt naturgemäß ein besonderer Schwerpunkt auf der Untersuchung organisations*interner* Kommunikationspraktiken (Christensen und Cornelissen 2011). In den Blick genommen werden sowohl medial vermittelte als auch Gruppen- und interpersonale Kommunikation. Als Grundlage der meisten Ansätze der Organisationskommunikation dienen Organisationstheorien (Kieser und Ebers 2006) und damit (im Zeitverlauf) auch unterschiedliche Vorstellungen von Organisation, wie etwa die Vorstellung von Organisation als kontrollierte und rationale Koordination von Handlungen oder als natürliches System bzw. als ‚vielstimmiges' und verschachteltes Netzwerk. Beobachtungsgegenstände einschlägiger Hand- und Lehrbücher der Organisationskommunikation (Cheney et al. 2004; Eisenberg et al. 2009) sind vor allem Kommunikationsflüsse innerhalb von Organisationen, (kommunikative) Partizipation in Organisationen, Kommunikation zwischen Vorgesetzten und Mitarbeitern, Leadership-Kommunikation, Organisationskultur, Organisationsidentität, (kommunikative) Machtstrukturen sowie Erzählmuster bzw. Storytelling.

Die Ursprünge der nordamerikanischen Disziplin „Organizational Communication" sind vielschichtig (Taylor et al. 2000). Laut Tompkins und Redding (1988) gilt als das Ursprungswerk in diesem Bereich der Band „Sharing Information with employees" von Alexander R. Heron (1942). Die Autoren verweisen darauf, dass die Wurzeln von Organizational Communication in den praxisorientierten Domänen Business Communication und Industrial Communication liegen. Taylor et al. (2000) sehen aber zugleich das Fachgebiet Speech Communication, also die Kommunikation zwischen Individuen mittels Sprechakten, als Mutterdisziplin von Organizational Communication an. Dies markiert einen interessanten Unterschied zum deutschsprachigen Ursprung des Forschungsfelds Unternehmenskommunikation und PR, das aus der Publizistik bzw. der Massenkommunikationsforschung erwuchs (Schoeneborn und Wehmeier 2013; Theis-Berglmair 2013). Als eigenständiges Forschungsfeld wird Organizational Communication erst in den 1960er Jahren sichtbar, indem es sich weg von einem reinen Praxisfokus und hin zu einer stärkeren Einbindung sozialwissenschaftlicher Theorien und Methodologien entwickelte (Taylor 2004).

Zunächst dominierten auch im Forschungsgebiet Organizational Communication vor allem instrumentelle Fragestellungen. Vorherrschend war für einen langen Zeitraum das klassische Transmissionsverständnis von Kommunikation (Axley 1984). Die Grundannahme dieses Modells ist es, dass Information weitgehend eindeutig zwischen Sender und Rezipient übertragen bzw. ausgetauscht werden kann. Ashcraft, Kuhn und Cooren (2009, S. 4) erwähnen das Beispiel eines Managers, der einem Untergebenen einen Leistungsbericht über einen bestimmten Kanal zustellt; der Mitarbeiter liest die Informationen, interpretiert sie in der vom Manager intendierten Weise, fertigt eine Antwort auf den Bericht an, etc. Kommunikation scheint in dieser Lesart gewissermaßen ‚neutral' zu sein, bekommt keine andere Funktion zugewiesen als diejenige der Übertragung von Information. Aufgabe von Organisationskommunikationsforschern, die dieser Perspektive verhaftet sind, ist es folglich, nach Wegen zu suchen, um Kommunikation möglichst fehlerfrei und damit effektiv zu gestalten.

Was aber passiert, wenn der Mitarbeiter den Leistungsbericht anders als vom Manager erwartet interpretiert? Wenn er etwa nicht nur auf die im Bericht ausgewiesenen Kennzahlen schaut, sondern den Bericht als solchen als vom Management erzwungene Bilanzierung seiner Leistung wertet, die ein Gutteil seines Arbeitsalltags nicht erfasst, weil sie nicht in Kennzahlen ausdrückbar ist? Dann wird zwar immer noch irgendein Feedback auf den Report gegeben, der Report selbst wird aber zum kommunikativen Symbol eines aus Mitarbeitersicht unerwünschten, weil nur auf Kontrolle schielenden Betriebsklimas und diese Interpretation wird der Mitarbeiter vermutlich mit Kolleginnen und Kollegen kommunikativ teilen. Der Bericht bekommt dann eine zusätzliche kommunikative Note, er wird als Strukturmerkmal und Ausdruck von Hierarchie wahrgenommen. Neben Kennzahlen wird so stets auch die jeweilige hierarchische Position in der Organisation markiert. Hierbei wird Realität konstruiert durch die Ko-Produktion von Bedeutung. Kommunikation ist in dieser Perspektive gerade nicht neutral. Sachverhalte werden nicht einfach rapportiert, sondern sie werden erst kommunikativ erzeugt. Wie Ashcraft, Kuhn und Cooren (2009, S. 5) hervorheben: „Communication acts on the world [...]". Dieses *konstitutive* Verständnis von Kommunikation fragt somit weniger nach kommunikativer Effektivität, sondern danach, wie Kommunikation die Realität der Organisation erzeugt.

Im Zuge dieses „interpretive turn" wandelte sich in den 1980er Jahren das Selbstverständnis der Disziplin. Es ist vor allem der von Putnam und Pacanowsky (1983) editierte Band „Communication and Organizations: An Interpretive Approach", der das Feld bis heute stark sozialkonstruktivistisch und qualitativ-empirisch prägt. Senderzentrierte und Top-Down-orientierte Perspektiven werden im Zuge dessen abgelöst durch Fragen der Bedeutungsgenerierung von Kommunikation. Dieses Kommunikationsverständnis, das also die Sinnverhandlung mittels Sprachgebrauch ins Zentrum der Betrachtung stellt, bildet zugleich die Grundlage für eine wachsende Theorieströmung innerhalb des Forschungsfelds Organisationskommunikation, die im Folgenden näher vorgestellt wird.

3 CCO als wachsende Theorieströmung im Forschungsfeld Organisationskommunikation

In den letzten zwei Jahrzehnten hat sich innerhalb des Forschungsfelds Organisationskommunikation eine bedeutsame Theorieströmung etabliert, welche die kommunikative Konstitution bzw. Verfasstheit von Organisationen betont (z. B. Ashcraft et al. 2009; Cooren et al. 2011). Diese Theorieströmung firmiert gemeinhin auch unter dem Label „CCO", d. h. „communication as constitutive of organizations" (Ashcraft et al. 2009). Sie gründet sich auf eine sozialkonstruktivistische Erkenntnistheorie. Demzufolge ist all das, was wir über die Welt zu wissen meinen, bereits durch Sprache und Kommunikation vorgeprägt (Cooren 2012). Organisationen sind folglich keine natürlich gegebenen Phänomene, sondern werden erst durch eine Aneinanderreihung von Sprachhandlungen ‚zum Leben erweckt' (Luhmann 2000; Taylor und van Every 2000). Die Autoren der CCO-Perspektive vertreten die Auffassung, dass eine Organisation nicht aus einem Kollektiv aus Vorständen, Managern und weiteren Mitarbeitern besteht, sondern vielmehr erst in Konversationen zwischen den Organisationsmitgliedern (bzw. in der Vertextlichung von Sprachhandlungen) entsteht und fortlebt (Kuhn 2008; Taylor und van Every 2000). Das wiederum soll nicht heißen, dass die CCO-Perspektive wesentliche weitere konstitutive Elemente von Organisationen vernachlässigt, zum Beispiel die Rolle von Mitgliedschaft (McPhee und Zaug 2000), Strategien (Spee und Jarzabkowski 2011), Führung (Fairhurst 2008), Entscheidungen (Cooren 2007), Grenzziehung (Taylor 2009), Identität (Robichaud et al. 2004) oder Macht (Kuhn 2008). Jedoch ist es dieser Auffassung zufolge Kommunikation, die erst all diese Elemente aus sich selbst heraus hervorbringt und der daher primäre Erklärungskraft zugewiesen werden muss (Cooren 2012).

> **Kommunikative Konstitution von Organisationen (CCO)**
> Die Perspektive der „kommunikativen Konstitution von Organisationen" („Communicative Constitutions of Organizations"; CCO) ist eine wachsende Theorieströmung in der nordamerikanischen Organisationskommunikationsforschung. Diesem Theorieansatz zufolge bestehen Organisationen primär aus miteinander verknüpften Kommunikationsereignissen (Taylor und van Every 2000). Anders gesagt: Organisationen entstehen und überdauern erst dadurch, dass Sprachhandlungen im Namen der Organisation vollzogen werden, z. B. indem auf die Organisation als Kollektivakteur Bezug genommen wird (Cooren 2012). Typischerweise nehmen solche organisationserzeugenden Sprachhandlungen die Form von Entscheidungen an (Luhmann 2000), z. B. indem Entscheidungen im Namen eines Unternehmens gefällt werden.

3.1 Drei „Schulen" der CCO-Perspektive

Die bisherigen Arbeiten zur CCO-Perspektive thematisieren die Schnittstelle von Organisations- und Kommunikationsforschung. Dementsprechend finden sich wichtige Publikationen dieser Theorieperspektive sowohl in Zeitschriften der Organisations- und Managementforschung (z. B. Academy of Management Review, Human Relations oder Organization Studies) als auch der Kommunikationswissenschaft (z. B. Communication Theory, Management Communication Quarterly). Gemeinhin wird zwischen drei wesentlichen „Schulen" der CCO-Perspektive unterschieden (Cooren et al. 2011):

Erstens sind hierzu die Arbeiten der *Montreal School of Organizational Communication* zu zählen (Cooren et al. 2006; Robichaud et al. 2004; Taylor und van Every 2000). Für diese Forschergruppe ist die Unterscheidung zwischen „Konversationen" und „Texten" nach Taylor und van Every (2000) zentral. Ausgehend von einem prozesshaften Organisationsverständnis entstehen Organisationen demnach aus einem fortwährenden Wechselspiel aus Konversations- bzw. Interaktionsereignissen einerseits und deren Verschriftlichung bzw. „Vertextlichung" andererseits. Konversationsereignisse werden als situationaler und lokaler Kontext verstanden, in denen sich die Organisation ereignet („the site of the organization"), die vertextlichten Kommunikationselemente dagegen als dauerhafter und materiell greifbarer Zusammenhang der Organisation („the surface of the organization"). Eine besonders wichtige Rolle zur Stabilisierung der Organisation wird hierbei gerade Texten und weiteren Artefakten (z. B. Medien, Technologien, Werkzeuge, Maschinen) zugeschrieben, die also ihren zeitlichen und örtlichen Entstehungskontext verlassen und damit Wirkmacht über ihre (menschlichen) Erschaffer hinaus entfalten können (sogenannte „non-human agency"; Cooren 2004).

Zweitens sind die Arbeiten von *McPhee und Kollegen* zu nennen, die vor allem auf der Strukturationstheorie nach Giddens (1984) aufbauen (McPhee 2004; McPhee und Iverson 2009; McPhee und Zaug 2000). Diese Autoren begreifen die Konstituierung der Organisation vor allem als Wechselspiel aus vier zentralen Kommunikationsprozessen, den sogenannten „Flows" (McPhee und Zaug 2000, S. 1). Die fortwährende Aushandlung von Mitgliedschaften („membership negotiation"), d. h. eine kommunikative Grenzziehung zwischen Inklusion und Exklusion; 2) Selbst-Strukturierung („self-structuring"), d. h. selbstreferenziell ausgerichtete Kommunikationsprozesse, die primär auf die Gestaltung und Steuerung des Organisationsgefüges abzielen; 3) Aktivitätskoordination („activity co-ordination"), d. h. Kommunikationsprozesse, mit Hilfe derer sich Organisationsmitglieder oder -gruppen flexibel an situationale Umstände anpassen; sowie 4) Institutionelle Positionierung („institutional positioning"), d. h. Kommunikationsprozesse, die das Verhältnis der Organisation zu ihrer Umwelt prägen, z. B. zu Kunden, Zulieferern, Wettbewerbern und weiteren Anspruchsgruppen. Erst wenn diese vier „Flows" zusammentreffen, entstehe nach McPhee und Zaug (2000) jenes soziale Phänomen, das wir Organisation nennen.

Drittens ist in jüngsten Übersichtsarbeiten zur CCO-Perspektive (z. B. Cooren et al. 2011; Kuhn 2012; Schoeneborn 2011, 2013) auch eine dritte Schule der CCO-Perspektive als solche anerkannt worden: die *Theorie sozialer Systeme nach Niklas Luhmann* (1984, 2000). Ähnlich wie die Arbeiten der Montreal School (Cooren et al. 2006; Taylor und van Every 2000) oder von McPhee und Kollegen (McPhee und Zaug 2000) geht auch Luhmann von einer fundamentalen Konstituierung der Organisation durch Kommunikationsprakti-ken aus. Luhmanns Theorieansatz (1984, 2000) unterscheidet sich jedoch von den anderen beiden Schulen der CCO-Perspektive dahingehend, dass ihm zufolge nur ein spezifischer Typus von Kommunikationsprozessen, nämlich die Kommunikation von Entscheidungen als konstitutiv für das Organisationsgeschehen anzusehen ist. Mit anderen Worten: Die Organisation entsteht und reproduziert sich erst dann, wenn Entscheidungen getroffen und kommuniziert werden müssen.

3.2 Gemeinsame Annahmen der CCO-Perspektive

Trotz der Unterschiedlichkeiten der drei „Schulen" der CCO-Perspektive im Detail (Co-oren et al. 2011) lassen sich einige wesentliche Gemeinsamkeiten identifizieren.

Erstens gehen alle drei Ansätze davon aus, dass Sprachäußerungen Handlungscharak-ter haben können (Christensen et al. 2013). Gemäß der sogenannten „Sprechakttheorie" dienen Sprachhandlungen nicht allein dazu, gegebene Weltzustände abzubilden (z. B. in beschreibenden Sätzen wie „Das Wetter ist aber wirklich schön heute"). Sprachhandlun-gen können stattdessen auch „performativen" Charakter haben, d. h. durch das gespro-chene Wort wird der Weltzustand erst erzeugt. Ein anschauliches Beispiel für solche per-formativen Sprechakte sind Versprechen (sogenannter „aspirational talk"; Christensen et al. 2013). Erst durch das verbal gegebene Versprechen, einander bis ans Lebensende treu zu bleiben, wird z. B. die Institution der Ehe performativ erzeugt. Überträgt man die Sprechakttheorie auf den Unternehmenskontext, birgt dies eine wichtige Implikation: Ge-mäß der CCO-Perspektive kommt das Organisationsgeschehen erst durch eine Vielzahl performativer Sprechakte zustande – und zwar solcher Sprechakte, die eine Handlung auf die Organisation als Akteur zurechnen, z. B.: „Der Autohersteller XYZ beschließt Werks-gründung in China".

Zweitens ist eine wichtige gemeinsame Annahme der drei CCO-Schulen, dass Organisationen aus etwas sehr Flüchtigem bestehen, nämlich Kommunikationsereignissen (Blaschke et al. 2012). Diese Flüchtigkeit lässt sich am Beispiel von Meetings vor Augen veranschaulichen: Jene Konversationen, die im Rahmen eines Meetings stattfinden, sind sofort nach ihrer Ausübung verschwunden und werden hinterher von den Teilnehmern oftmals nur rudimentär erinnert – es sei denn, ihnen wird durch Video-Aufzeichnung oder protokollarische Aufzeichnung ein zeitlich überdauernder Charakter verliehen (Cooren 2004). Mit der Betonung der Flüchtigkeit von Kommunikation unterstreicht die CCO-Perspektive zugleich den labilen und geradezu prekären Charakter von Organisationen. So definieren Cooren et al. Organisationen als „ongoing and precarious accomplishments realized, experienced, and identified primarily […] in communication processes" (2011, S. 1150). Wenn aber Organisationen aus so etwas Flüchtigem wie Kommunikationsereignissen bestehen, wird die Frage relevant, wie sich denn überhaupt die Organisation als überdauerndes Gebilde etabliert und stabilisiert (Cooren und Fairhurst 2009; Schoeneborn 2011).

Diese Frage führt zu einer dritten Gemeinsamkeit: Die Vertreter der CCO-Perspektive gehen davon aus, dass Organisationen ihre stabilisierenden Elemente aus dem eigenen Organisationsgeschehen heraus hervorbringen und daher nicht zwingend auf bestimmte Organisationsmitglieder angewiesen sind (die wiederum häufig wechseln und Gegenstand fortwährender Aushandlungsprozesse sind; vgl. McPhee und Zaug 2000). Es zeigen sich hierbei jedoch wichtige Unterschiede im Detail: Nach Luhmann sind es die Kernoperationen der Organisation selbst, d. h. die Entscheidungsereignisse, denen ein autopoietischer (d. h. selbstreproduzierender) Impetus innewohnt (Nassehi 2005). So habe jede einzelne kommunizierte Entscheidung „provokativen" Charakter – und zwar durch die Ablehnung potenziell relevanter Alternativen und möglicher alternativer Weltzustände – und erzeuge so einen gewissen Druck, baldige Anschlussentscheidungen vorzunehmen, wodurch das Spiel wieder von vorne losgeht (Luhmann 2000). Die Autoren der Montreal School sehen die Einengung auf Entscheidungskommunikation als konstituierendes Element der Organisation dagegen eher kritisch. Diesen Autoren zufolge sind es dagegen vor allem Texte und andere Artefakte, welche zum Überdauern des Organisationgeschehens beitragen, indem sie die Organisation ähnlich einem „Gerüst" stabilisieren (Orlikowski 2007) und ihr so zugleich einen greifbaren Charakter verleihen (Cooren 2004).

3.3 Methodische Ansätze zur Erforschung der kommunikativen Konstituierung der Organisation

Ausgehend von den theoretischen Grundannahmen lässt sich nun in einem nächsten Schritt betrachten, wie die CCO-Perspektive zur Erforschung empirischer Phänomene angewandt wurde. Gerade seitens der nordamerikanischen Vertreter der CCO-Perspektive (Cooren et al. 2008; McPhee und Iverson 2009) werden primär qualitative Methoden angewandt, um Organisationen in ihrer kommunikativen Konstituierung zu erforschen. Hierbei ist grundsätzlich zwischen den Datenerhebungs- und Datenanalysetechniken zu unterscheiden: Als Datenerhebungsformen dominieren Methoden der (nicht-)teilnehmenden Beobachtung, die zum Teil im Rahmen mehrmonatiger ethnographischer Untersuchungen durchgeführt werden (z. B. Benoit-Barné und Cooren 2009; McPhee und Iverson 2009). Ziel der Untersuchung aus einer solchen Teilnehmerperspektive ist das Erreichen eines Tiefenverständnisses für jene Kommunikationsprozesse, die das Organisationsgeschehen erst sprachlich hervorbringen. Als Sonderform der Datenerhebung regen Vasquez et al. (2012) zudem die Anwendung von sog. „Shadowing"-Techniken an, d. h. das langzeitige „Beschatten" und „Über-die-Schulter-Schauen" von zentralen individuellen Akteuren der Organisation und deren Involvierung in Kommunikationshandlungen. Vereinzelt wurde von Forschern der CCO-Perspektive darüber hinaus auf (dokumentarisches) Videomaterial zurückgegriffen, um schwer zugängliche empirische Settings zu erforschen. Hier ist beispielsweise die umfassende Analyse des Dokumentarfilms „After Mr. Sam" durch verschiedene Autoren(gruppen) zu nennen (Cooren 2007), welche seltene Einblicke in die Kommunikationsprozesse in Vorstandsmeetings eines Familienunternehmens erlaubte.

Auf Seiten der Datenanalysetechniken bringen Forscher der CCO-Perspektive vor allem linguistische Methoden zur Anwendung, z. B. Techniken der Konversationsanalyse (Cooren et al. 2008). Die Konversationsanalyse dient dem Zweck, Interaktionen in deren Entstehungszusammenhang zu erfassen und zugleich nachzuvollziehen, wie individuelle Akteure ihren Aktivitäten Sinn verleihen. Diese Analyseform ist dank ihres hohen Detailgrades vor allem dazu dienlich, das Entstehen von Prozessen des Organisierens sowie allfälligen Bezugnahmen auf einen übergreifenden organisationalen Akteur in Sprachhandlungen nachzuzeichnen. Blaschke et al. (2012) kritisieren allerdings den starken Mikro-Fokus der CCO-Perspektive allein auf lokale Kommunikationsereignisse, welcher sich gerade auch in der Methodik der Konversationsanalyse manifestiert. Die Autoren argumentieren, dass die CCO-Perspektive damit ihrem eigenen Anspruch nicht gerecht wird, den Taylor et al. (1996, S. 4) einst wie folgt formulierten: „Our theory of communication must be capable of explaining the emergence and sustainability of large, complex organizations".

Als ergänzende Analyseform schlagen Blaschke et al. (2012) daher vor, sich Methoden der sozialen Netzwerkanalyse zuzuwenden. Eine Inversion der Netzwerkanalyse, so dass also – entgegen der üblichen Gepflogenheiten – Kommunikationsereignisse die „Knoten" des Netzwerks bilde, erlaube demnach einen gesamthaften Blick auf Organisationen als Bündel miteinander verknüpfter Kommunikationsereignisse. Die Anwendung dieser invertierten Netzwerkanalyse erlaubt es, Unternehmen also nicht nur als Personen-Netzwerke, sondern auch als Kommunikationsnetzwerke sichtbar zu machen. Für die Praxis der Unternehmenskommunikation kann diese Methode hilfreich sein, um z. B. das unternehmenseigene Intranet oder E-Mail-Korrespondenzen oder eine Serie von Meetings hinsichtlich der Entwicklung von Themendynamiken zu analysieren. Dies demonstrieren die Autoren in ihrer empirischen Anwendung der Methode auf eine intra-organisationale elektronische Wissensplattform (Blaschke et al. 2012): Während die Organisation als Personennetzwerk über die Zeit vergleichsweise statisch erscheint (da die Mitarbeiterfluktuation naturgemäß nicht dermaßen hoch war), zeigte sich die Organisation als Kommunikationsnetzwerk in hohem Maße dynamisch und veränderlich.

3.4 Konzeptionelle und empirische Beiträge auf Basis der CCO-Perspektive

Die CCO-Perspektive hat zudem eine Vielzahl empirischer Untersuchungen befruchtet. Um einen kurzen Überblick zu geben, lassen sich vier wesentliche Stränge der empirischen Forschung zur kommunikativen Konstituierung von Organisationen unterscheiden.

Ein erster Strang der Forschung setzt sich mit „klassischen" Organisationen auseinander, d. h. mit Unternehmen (Leonardi 2011; Spee und Jarzabkowski 2011) oder öffentlichen Organisationen (Chaput et al. 2011; Robichaud et al. 2004). In diesem Kontext richten Spee und Jarzabkowski (2011) z. B. das Augenmerk auf Strategie-Meetings im Unternehmenskontext. Anhand einer qualitativen empirischen Fallstudie zeigen sie, wie Strategieprozesse durch das fortlaufendes Wechselspiel aus Konversationen (d. h. im Meeting selbst) und deren Verschriftlichung (z. B. in Form von PowerPoint-Präsentationen oder Protokollierungen) geprägt wurden (Taylor und van Every 2000). Mit anderen Worten: In der untersuchten Fallstudie definierte der verschriftlichte Text des vorangehenden Meetings bereits weitgehend vor, worüber im nachfolgenden Meetings gesprochen und welche Beschlüsse gefasst wurden.

Ein zweiter Strang empirisch, er Forschung versucht dagegen, die Nützlichkeit der CCO-Perspektive gerade anhand ungewöhnlicher bzw. extremer Organisationsbeispiele zu veranschaulichen. Hier sind zum einen die Studien von Autoren der Montreal School zur internationalen Hilfsorganisation „Ärzte ohne Grenzen" zu nennen (Benoit-Barné und Cooren 2009; Cooren et al. 2008). Die Autoren haben im Rahmen von ethnographischen Studien die Arbeit der Organisation in der Demokratischen Republik Kongo begleitet. Mithilfe von Konversationsanalysen zeigen sie u. a. auf, wie einer Organisation, obwohl nur mit beschränktem Personal vor Ort im Einsatz, durch Kommunikationsprozesse Autorität zugeschrieben wird. Zum anderen haben Forscher die CCO-Perspektive angewandt, um die Terrorgruppierung al Qaida als (eher loses) Organisationsphänomen besser verstehbar zu machen (Stohl und Stohl 2011; Schoeneborn und Scherer 2012). Gemeinsam ist all jenen Studien, dass sie anhand der Untersuchung von Spezial- und Extremfällen den Grundmechanismen der kommunikativen Konstituierung von Organisationen auf den Grund gehen (z. B. Attribuierung von Autorität; Ko-Konstituierung durch dritte Parteien), um hierdurch letztlich auch etwas über „normalere" Exemplare von Organisationen zu lernen.

In jüngster Zeit wächst zudem das Forschungsinteresse in einen dritten und vierten Strang, die beide jeweils den Blick über die Betrachtung einzelner Organisationen hinaus richten: Zum einen sind dies Studien, welche die kommunikative Konstituierung interorganisationaler Konstellationen (Koschmann et al. 2012) oder multi-organisationaler Kollektive (McPhee und Iverson 2009) untersuchen. Basierend auf der Luhmann'schen Theorieperspektive haben zum Beispiel Mohe und Seidl (2011) gezeigt, dass in solchen

Projekten die Beratungsfirma, der beratene Kunde sowie das Beratungsprojekt selbst (als temporäre Organisation) als jeweils eigener Kommunikationszusammenhang betrachtet werden muss, die nach je eigener Logik operieren. Hierdurch erklären die Autoren unter anderem Probleme der Übertragbarkeit des in Beratungsprojekte erarbeiteten Wissens in das beratene Unternehmen hinein. Zum anderen sind in diesem Kontext Studien zu nennen, die sich speziell für das Zusammenspiel aus organisationaler und professioneller Kommunikation interessieren (Cheney und Ashcraft 2007). So hat zum Beispiel Schoeneborn (2008) empirisch untersucht, was passiert, wenn die Präsentationssoftware PowerPoint, die in der ganzen Profession der Beraterbranche stark verbreitet ist, auf die organisationale Anforderung der Dokumentierung von Projektergebnissen trifft. Mittels einer qualitativen Studie zeigt er, dass PowerPoint seine Genre-eigenen Charakteristika trotz der Anwendung in einem abweichenden Anwendungskontext bewahrt und so die Dokumentierungspraktiken des Unternehmens prägt (z. B. im Sinne einer Verkürzung auf Stichpunktlisten und Graphiken sowie eine weitgehende Kontextreduktion).

Zusammengenommen zeigen diese empirischen Studien, dass das nordamerikanische Forschungsfeld „Organizational Communication" im Allgemeinen sowie gerade auch die CCO-Perspektive im Besonderen den Blick dafür weiten, was alles Gegenstand von Unternehmenskommunikation in Theorie und Praxis sein kann. Denn auf diese Weise geraten nicht allein von Unternehmen strategisch-intentional initiierte externe Kommunikationsmaßnahmen ins Blickfeld (z. B. Pressemitteilungen, Nachhaltigkeitsberichte), sondern gerade auch innerorganisationale, zum Teil emergente Kommunikationspraktiken wie Meetings, Projektdokumentation via PowerPoint oder E-Mail-Korrespondenzen.

4 Der Beitrag der CCO-Perspektive zur Unternehmenskommunikation

Der theoretische Ertrag des CCO-Ansatzes kann weiter veranschaulicht werden, indem er auf drei Anwendungsbereiche der Unternehmenskommunikation bezogen wird: Stakeholder-Kommunikation, Integrierte Kommunikation und das Konzept exzellenter Public Relations. Dieser Perspektivwechsel bringt einige Veränderungen mit sich. Kurz gefasst: Eine am CCO-Ansatz ausgerichtete Betrachtung der Unternehmenskommunikation schaut weniger auf Strukturmerkmale von Kommunikation, sondern vielmehr auf Kommunikationsprozesse. Anhand der drei Anwendungsbereiche wird dies im Folgenden knapp skizziert.

4.1 Stakeholder-Kommunikation

Das vom Stakeholder-Management (Freeman 1984) inspirierte Feld der Stakeholder-Kommunikation (vgl. Kapitel „Stakeholder-Management als kommunikatives Beziehungsmanagement: Netzwerktheoretische Grundlagen der Unternehmenskommunikation") geht von der Prämisse aus, dass Unternehmen in einer reflexiv gewordenen Moderne nicht nur bestrebt sein sollten, ihre Beziehungen zu Gesellschaftern/Aktionären, Kunden, Zulieferern und Mitarbeitern zu pflegen, sondern auch auf weitere Anspruchsgruppen (sogenannte „Stakeholder") zu achten, die für das Überleben eines Unternehmens wichtig sein können. Stakeholder-Management, vereinzelt auch als „Ethische Theorie der Unternehmung" bezeichnet (Phillips 2003), versucht unterschiedliche Stakeholder-Ansprüche auszubalancieren. Zu diesem Zweck wird zunächst das Bewusstsein dafür geschärft, dass die Organisation nicht nur materiell ressourcenabhängig ist, sondern auch auf immaterielle Ressourcen angewiesen ist. Immaterielle Ressourcen sind etwa Glaubwürdigkeit, Vertrauen oder Legitimität. Um diese zu wahren, sind Unternehmen abhängig von Anspruchsgruppen wie Massenmedien, Nachbarn, Umweltaktivisten, etc. Um herauszufinden, welche Stakeholder für eine Firma besonders wichtig sind, können zwei Verfahren angewandt werden: Das Stakeholder-Salience-Modell (Mitchell et al. 1997) oder die Power-Interest-Matrix (Eden und Ackermann 1998). Im *Stakeholder-Salience-Modell* werden Anspruchsgruppen hinsichtlich der Dimensionen Macht, Legitimität und Dringlichkeit des Anliegens eingeteilt. Je mehr Dimensionen auf einen Stakeholder zutreffen, umso bedeutsamer wird er für ein Unternehmen. Die *Power-Interest-Matrix* unterscheidet dagegen nur die Dimensionen Macht und Interesse, die jeweils in hoch und niedrig differenziert werden. Je nach Stakeholder-Identifizierung sollen dann die Anspruchsgruppen entsprechend ausbalanciert werden. Dies gelingt im Idealfall durch Kommunikationsstrategien, die sich z. B. auf die sogenannten „Four Models of Public Relations" (d. h. propaganda, information, two-way asymmetric communication, two-way symmetric communication) von Grunig und Hunt (1984) stützen.

Mit dieser Handreichung für die Praxis belässt es die kommunikationswissenschaftliche Stakeholderforschung in der Regel. Mit Hilfe der CCO-Perspektive lässt sich deutlich darüber hinausgehen, indem untersucht wird, wie sich Unternehmen erst im kommunikativen Zusammenspiel mit unterschiedlichen Stakeholdern in ihrem organisationalen Feld herausbilden und permanent verändern. Nicht einzelne Stakeholder-Kommunikationsstrategien (Freeman 1984) stehen dabei im Mittelpunkt, sondern die Ko-Kreation von Unternehmen und ihrem Umfeld durch Kommunikation (Kuhn 2008). Stakeholder-Kommunikationsstrategien und die Kommunikation seitens der Stakeholder erzeugen das Unternehmen selbst kommunikativ, indem Akteure des Unternehmens öffentlich äußern, was sie zukünftig zu tun gedenken (sog. „aspirational talk"; Christensen et al. 2013) und indem Stakeholder ihre Ansprüche an das Unternehmen formulieren. Das Wechselspiel aus Anspruchsformulierung und kommunikativer (Re-)Aktion des Unternehmens konstituiert das Unternehmen in seinem Verhältnis zur Öffentlichkeit. Durch eine solche Perspektive wird offengelegt, dass erst die Sprache die Welt beobachtbar und beschreibbar macht und damit für alle erlebbar erzeugt (Cooren 2012) – eine Beobachtung, die sich schon im Aramäischen Wort „Abracadabra" ausdrückt, das übersetzt wird mit „I create as I speak" (Isaacs 1999, S. 160). Angewandt auf die Unternehmenskommunikation bedeutet dies, dass auch die Grenzen der Organisation nicht feststehend sind, sondern erst durch Kommunikation erzeugt und variiert werden (Luhmann 2000; McPhee und Zaug

2000). Es sind demnach also die Kommunikationspraktiken, die Bedeutungen bei den Stakeholdern hervorrufen und damit die Stakeholder animieren, durch Kommunikation über das oder mit dem Unternehmen selbst dessen Gestalt zu verändern. Stakeholderseitige Kommunikationspraktiken ragen somit quasi in das Unternehmen hinein. Dies lässt sich aktuell an neuen Kommunikationstechnologien wie etwa Social Media illustrieren. Mittels Social Media wie Weblogs oder Facebook wird potenziell auch jeder Mitarbeiter zum Sprecher und Repräsentanten des Unternehmens in der Öffentlichkeit (Capriotti 2011). Entsprechend muss im Zeitalter von Social Media die klassische Sichtweise des Unternehmens als monolithische Entität aufgebrochen werden. Hier ist eine theoretische Perspektive wie CCO dienlich, da sie sensibel ist für das fortwährende und potenziell konfliktbehaftete Aushandeln der kommunikativen Grenzen des Unternehmens mit Stakeholdern sowie die partiell gelingende Ko-Konstruktion von Bedeutung im Sinne eines Heath'schen shared „zones of meaning" (Heath 1993). Die CCO-Perspektive kann in diesem Zusammenhang helfen, die Stakeholder-Kommunikation aus der Paradoxie des Ausbalancierens diverser Ansprüche herauszuführen, die gleichzeitige kommunikative Bearbeitung multipler und in sich teils widersprüchlicher Ansprüche anzuerkennen (Scherer et al. 2013) und in einen kommunikativen Lernprozess multipler Erwartungen zu überführen (Calton und Payne 2003).

4.2 Integrierte Kommunikation

Mit dem Problem multipler Erwartungen ist auch die Integrierte Kommunikation konfrontiert. Bei Integrierter Kommunikation geht es um das Harmonisieren externer und interner Kommunikationsinstrumente, -botschaften und -verfahren. Da Märkte internationaler und Publika fragmentierter werden, stehen Fragen der kommunikativen Differenzierung und Integration seit längerem im Fokus akademischer PR-Forschung (Bruhn 1995; Christensen et al. 2008; Zerfaß 2010). Die Unternehmenskommunikation hat darauf gewöhnlich eine Antwort: Die Integration unterschiedlicher Kommunikationstypen, -instrumente und -botschaften sowie die Schaffung einer übergreifenden Kommunikationsfunktion, die letztlich dafür sorgt, dass Aussagen von Organisationen klar, konsistent, kohärent und über die Zeit hinweg widerspruchsfrei sind (Bruhn 1995; Kirchner 2001).

Wie bei der Stakeholder-Kommunikation setzt die Forschung zu integrierter Kommunikation darauf, Modelle der Integration von Unternehmenskommunikation zu entwickeln, die dann in der Praxis eingesetzt werden können. Wie Integrierte Kommunikation kommunikativ und organisatorisch umgesetzt wird, wird anschließend jedoch kaum einmal erforscht (Ausnahmen sind z. B. Jenkinson et al. 2005; Wickham und Hall 2006). In diese Lücke kann die CCO-Perspektive stoßen, da sie den Fokus auf die Erforschung kommunikativer Praktiken richtet. Der CCO-Perspektive zufolge bestehen Unternehmen aus einem vielstimmigen Netzwerk aus Kommunikationspraktiken (Christensen und Cornelissen 2011), in denen z. B. unterschiedliche Abteilungen Integrierte Kommunikation unterschiedlich interpretieren und unterschiedlich institutionalisieren. Daher dürften kommunikative Reibungspunkte bei der Implementierung programmiert sein (vgl. Ford und Ford 1995). Während die Autoren integrierter Kommunikationsansätze in der Regel von rationalen und nach Effizienz strebenden Organisationen sowie einem Transmissionsverständnis von Kommunikation ausgehen (Axley 1984), nimmt die CCO-Perspektive dagegen die Vielstimmigkeit in Unternehmen und Interpretationshoheit des Empfängers von Botschaften als gegeben an (Christensen et al. 2008). Daraus ergibt sich ein anderer Blick auf integrierte Kommunikation, die nun nicht mehr als vorgegebener Zielzustand aufgefasst wird, sondern selbst Gegenstand der Untersuchung ist. Die CCO-Perspektive lenkt damit nicht den Blick auf die Frage der effizienten Umsetzung eines Integrierten Kommunikationsmanagements, sondern erforscht, wie die Idee Integrierter Kommunikation kommunikativ aufgegriffen, interpretiert und verändert wird und dabei mithin die Organisation kommunikativ erzeugt. In diesem Sinne kritisieren etwa Christensen und Cornelissen (2011) klassische Konzepte Integrierter Kommunikation und Corporate Identity als zu sehr auf Einheit und Kontrolle (d. h. auf *die* Unternehmensidentität) gerichtet und zu wenig mit Ideen von Innovation und Kreativität durch Vielfalt verknüpft (d. h. Unternehmen können verschiedene Identitäten gleichzeitig annehmen; vgl. Scherer et al. 2013).

4.3 Exzellenz in der PR

Public Relations ist eines der wichtigsten Teilgebiete von Unternehmenskommunikation. Eine der dominanten Ansätze der PR-Forschung strebt nach „Exzellenz" in Public Relations: Was ist exzellente PR und wie kann sie erreicht werden? In einem groß angelegten Forschungsprojekt im angloamerikanischen Raum haben sich zum Beispiel Grunig, Grunig und Dozier (2002) dieser Frage gewidmet. Eine Antwort fanden die Forscher mittels einer breiten Literatursynopse zum Thema Exzellenz in der Managementforschung sowie aufgrund quantitativer und qualitativer Befragungen von Unternehmensvertretern. Exzellente PR, so das Ergebnis, findet sich auf drei Ebenen in Unternehmen: auf der Programmebene, auf der Abteilungsebene und auf der Organisationsebene. Zu den Exzellenzfaktoren zählen dann konkret unter anderem „strategisch geplante Kommunikation", eine eigenständige und von Marketing separierte PR-Abteilung, Kenntnis und Anwendung symmetrischer Kommunikation, Druck von Aktivisten auf die Organisation, eine partizipative Organisationskultur, organische statt mechanistische Organisationsstrukturen und hohe Arbeitszufriedenheit (Grunig et al. 2002). Um die Exzellenzfaktoren mittels qualitativer Forschung zu validieren, sind hauptsächlich die Geschäftsführer sowie die PR-Verantwortlichen mittels Telefoninterviews befragt worden. Häufig wurden die Befragten um Einschätzungen gebeten. Wie zu sehen ist, handelt es sich bei den Exzellenzfaktoren um Strukturmerkmale der Organisation bzw. der Abteilung. Die Annahme dabei: Verfügt eine Organisation über diese Strukturmerkmale, dann wird sie exzellente PR machen.

Genau diese Annahme erscheint aber aus einer kommunikationsorientierten Perspektive als problematisch (vgl. Wehmeier 2012). Denn Grunig et al. (2002) untersuchen gerade nicht Kommunikation, sondern nur die Voraussetzungen für Kommunikation. Nur aus einer Analyse der Kommunikation mit internen oder externen Öffentlichkeiten in ihrem Zeitverlauf könnten aber letztlich treffendere Aussagen über die Exzellenz der PR gemacht werden. Es reicht nicht aus, den CEO und den PR-Verantwortlichen zu befragen, ob die Organisation etwa mit Aktivistengruppen eine symmetrische Kommunikationsbeziehung pflege. Wenigstens müssten auch die Aktivistengruppen befragt werden bzw. noch besser wäre es, untersuchte man die stattfindenden Kommunikationspraktiken selbst. Das qualitativ-ethnographische Methodenset der CCO-Perspektive ist demnach auch hier ein geeignetes Mittel, um besser zu verstehen, wie es PR-Kommunikation gelingen kann, ein Unternehmen in seinem Umfeld nachhaltig zu verankern bzw. zu legitimieren. Eine von der CCO-Perspektive inspirierte PR-Exzellenz-Forschung könnte etwa beobachtend untersuchen, wie Unternehmen Public Relations betreiben. Wenn z. B. symmetrische Kommunikation als Exzellenzfaktor impliziert einen machtfreien und ergebnisoffenen Diskurs zu führen, dann ist die Zukunft des Unternehmens grundsätzlich kontingent und wird zwischen unterschiedlichen Gruppen permanent neu kommunikativ ausgehandelt. Teile dieses Aushandlungsprozesses – und dazu gehört auch die Frage, was exzellente PR ist und was nicht – manifestieren sich dann in Sitzungsprotokollen, Pressemitteilungen, in Manuals, die zum Beispiel für Krisenfälle angelegt werden sowie in niedergeschriebenen Bekenntnissen von Unternehmen, ethische PR-Kodizes zu respektieren (the „surface" of the organization; vgl. Taylor und van Every 2000). Andere Teile des Aushandlungsprozesses werden nicht manifest, sie gewinnen eine für das Unternehmen konstituierende Dimension einzig im Diskurs (etwa einzelne Argumente in Meetings, Mediationsverfahren, Sitzungen mit Bürgerbewegungen) ohne Struktur zu erlangen (the „site" of the organization). Exzellenzforschung im Sinne der CCO-Perspektive würde bedeuten, beide Seiten („site" und „surface") zu erfassen und erst anschließend die Frage der Exzellenz zu bewerten.

Darüber hinaus versinnbildlicht die Exzellenz-Forschung den stark instrumentellen Charakter der PR-Forschung. In der PR-Forschung wird üblicherweise davon ausgegangen, dass Unternehmen dann in der Lage sind, exzellente PR auszuüben und damit Legitimität zu gewinnen, wenn sie bestimmte Strukturmerkmale der Organisation und der Kommunikationsabteilung in bestimmter Weise gestalten. Gerade aus einer kommunikationswissenschaftlichen Perspektive überrascht diese Erkenntnis, denn menschliche Kommunikation ist keine triviale Maschine, in der ein Input X immer den Effekt Y erzeugt, sondern ein komplexes System von Informationen und Interpretationen, in dem Strukturveränderungen nicht immer zu gleichen (und gewünschten) Effekten führen (Axley 1984). Vielmehr bestehen Unternehmen und die Beziehungen von Unternehmen und Teilöffentlichkeiten aus zahllosen emergenten Kommunikationsprozessen, die nicht deterministisch prognostizier- und damit steuerbar sind, wie beispielsweise Nothhaft und Wehmeier (2007) unter Rückgriff auf soziokybernetischen Ideen herausgearbeitet haben.

5 Fazit und Ausblick

Die CCO-Perspektive trägt zum Forschungs- und Praxisfeld Unternehmenskommunikation bei, indem sie den Blick dafür weitet, was alles unter dem Gebiet der Unternehmenskommunikation zu verstehen ist. Denn wenn man Organisationen als primär aus Kommunikationspraktiken bestehende Gebilde begreift (Taylor und van Every 2000), dann werden nicht allein „klassische" Themen der Unternehmenskommunikation relevant (wie Public Relations, Stakeholder- oder Krisenkommunikation), sondern noch viele weitere (Management-)Themen, durch welche die Organisation kommunikativ geprägt wird (z. B. Wissensmanagement, Change Management, Strategisches Management oder Abteilungs- und Projektmeetings). Die CCO-Perspektive bietet somit eine vielversprechende Chance zur wechselseitigen Befruchtung zwischen Erkenntnissen der Kommunikationswissenschaft einerseits und der Management- und Organisationswissenschaft andererseits. Ein solches, breiteres Verständnis von Unternehmenskommunikation vermag zugleich zu dessen weiterer Etablierung im deutschsprachigen Raum beizutragen, indem eine Verengung auf die PR-Forschung überwunden wird (Theis-Berglmair 2013). Hierzu ist es jedoch erforderlich, die Implikationen der CCO-Perspektive für verschiedene Anwendungsgebiete der Unternehmenskommunikation weiter auszuarbeiten.

Neben den in diesem Beitrag aufgezeigten ersten Pfaden in diese Richtung (am Beispiel der Themenfelder Stakeholder-Kommunikation, Integrierte Kommunikation und PR-Exzellenz) wären weitere furchtbare Anwendungsgebiete beispeislweise Strategische Kommunikation, Corporate-Social-Responsibility-Kommunikation oder Krisenkommunikation. Ferner ist es wichtig, die offenen Anschlussstellen des CCO-Ansatzes zu artverwandten bzw. benachbarten Theorien weiter zu bearbeiten. Theoretische Verwandtschaften bestehen unter anderem zur Strukturationstheorie (Giddens 1984) und zur soziologischen Institutionentheorie (Meyer und Rowan 1977). Darüber hinaus ist der Verknüpfung der CCO-Perspektive zur Anwendungspraxis der Unternehmenskommunikation besondere Beachtung zu schenken. Die CCO-Perspektive birgt wichtige praktische Implikationen, denn wenn man Organisationen primär als Kommunikationsgebilde begreift, so wandelt sich erstens die Rolle von Kommunikationspraktikern – weg von dem Ziel der rationalistisch-instrumentellen Steuerung von Kommunikation und hin zur Teilhabe an Kommunikation als stets ergebnisoffenem Sinnverhandlungsprozess – und zweitens wird deutlich, dass letztlich eine Großzahl von Managementtätigkeiten aus Praktiken der (Unternehmens-)Kommunikation bestehen und idealerweise auch als solche wahrgenommen werden sollten.

Literatur

Ashcraft, K. L., Kuhn, T. R., & Cooren, F. (2009). Constitutional amendments: „Materializing" organizational communication. *Academy of Management Annals, 3*(1), 1–64.

Axley, S. R. (1984). Managerial and organizational communication in terms of the conduit metaphor. *Academy of Management Review, 9*(3), 428–437.

Benoit-Barné, C., & Cooren, F. (2009). The accomplishment of authority through presentification: How authority is distributed among and negotiated by organizational members. *Management Communication Quarterly, 23*(1), 5–31.

Blaschke, S., Schoeneborn, D., & Seidl, D. (2012). Organizations as networks of communication episodes: Turning the network perspective inside out. *Organization Studies, 33*(7), 879–906.

Bruhn, M. (1995). *Integrierte Unternehmenskommunikation. Ansatzpunkte für eine strategische und operative Umsetzung integrierter Kommunikationsarbeit*. Stuttgart: Schäffer-Poschel.

Calton, J. M., & Payne, S. L. (2003). Coping with paradox: Multistakeholder learning dialogue as a pluralist sensemaking process for addressing messy problems. *Business & Society, 42*(1), 7–42.

Capriotti, P. (2011). Communicating corporate social responsibility through the internet and social media. In Ø. Ihlen, J. L. Barlett, & S. May (Hrsg.), *The handbook of communication and corporate social responsibility* (S. 358–378). Oxford: Wiley.

Chaput, M., Brummans, B. H., & Cooren, F. (2011). The role of organizational identification in the communicative constitution of an organization: A study of consubstantialization in a young political party. *Management Communication Quarterly, 25*(2), 252–282.

Cheney, G., & Ashcraft, K. L. (2007). Considering „the professional" in communication studies: Implications for theory and research within and beyond the boundaries of organizational communication. *Communication Theory, 17*(2), 146–175.

Cheney, G., Christensen, L. T., Zorn, T., & Ganesh, S. (2004). *Organizational communication in an age of globalization: Issues, reflections, practices*. Long Grove: Waveland Press.

Christensen, L. T., & Cornelissen, J. (2011). Bridging corporate and organizational communication: Review, development and a look to the future. *Management Communication Quarterly, 25*(3), 383–414.

Christensen, L. T., Morsing, M., & Cheney, G. (2008). *Corporate communications. Convention, complexity, and critique*. London: Sage.

Christensen, L. T., Morsing, M., & Thyssen, O. (2013). CSR as aspirational talk. *Organization, 20*(3), 372–393.

Cooren, F. (2004). Textual agency: How texts do things in organizational settings. *Organization, 11*(3), 373–394.

Cooren, F. (2007). *Interacting and organizing: Analyses of a management meeting*. Mahwah: Lawrence Erlbaum Associates.

Cooren, F. (2012). Communication theory at the center: Ventriloquism and the communicative constitution of reality. *Journal of Communication, 62*(1), 1–20.

Cooren, F., & Fairhurst, G. T. (2009). Dislocation and stabilization: How to scale up from interactions to organization. In L. L. Putnam & A. M. Nicotera (Hrsg.), *Building theories of organization: The constitutive role of communication* (S. 117–151). New York: Routledge.

Cooren, F., Taylor, J. R., & van Every, E. J. (Hrsg.). (2006). *Communication as organizing. Empirical and theoretical explorations in the dynamic of text and conversations*. Mahwah: Lawrence Erlbaum Associates.

Cooren, F., Brummans, B. H. J. M., & Charrieras, D. (2008). The coproduction of organizational presence: A study of Médecins Sans Frontières in action. *Human Relations, 61*(10), 1339–1370.

Cooren, F., Kuhn, T. R., Cornelissen, J. P., & Clark, T. (2011). Communication, Organizing, and Organization: An Overview and Introduction to the Special Issue. *Organization Studies, 32*(9), 1149–1170.

Eden, C., & Ackermann, F. (1998). *Making Strategy: The Journey of Strategic Management*. London: Sage.

Eisenberg, E. M., Goodall, H. L. Jr., & Trethway, A. (2009). *Organizational communication: Balancing creativity and constraint*. New York: Bedford.

Fairhurst, G. T. (2008). Discursive leadership: A communication alternative to leadership psychology. *Management Communication Quarterly, 21*(4), 510–521.

Ford, J. D., & Ford, L. W. (1995). The role of conversations in producing intentional change in organizations. *Academy of Management Review, 20*(3), 541–570.

Freeman, R. E. (1984). *Strategic management: A stakeholder approach*. Boston: Pitman.

Giddens, A. (1984). *The constitution of society: Outline of the theory of structuration.* Cambridge: Polity Press.
Grunig, J. E., & Hunt, T. (1984). *Managing public relations.* New York: Holt, Rinehart & Winston.
Grunig, J. E., Grunig, L. A., & Dozier, D. (2002). *Excellent public relations and effective organizations: A study of communication management in three countries.* Mahwah: Lawrence Erlbaum Associates.
Heath, R. L. (1993). A rhetorical approach to zones of meaning and organizational prerogatives. *Public Relations Review, 19,* 141–155.
Heron, A. R. (1942). *Sharing information with employees.* Stanford: Stanford University Press.
Isaacs, W. (1999). *Dialogue and the art of thinking together.* New York: Doubleday.
Jenkinson, A., Sain, B., & Bishop, K. (2005). Optimising communications for charity brand management. *International Journal for Nonprofit Volunteer Sector Marketing, 10,* 79–92.
Kieser, A., & Ebers, M. (Hrsg.). (2006). *Organisationstheorien.* Stuttgart: Kohlhammer.
Kirchner, K. (2001). *Integrierte Unternehmenskommunikation. Theoretische und empirische Bestandsaufnahme und eine Analyse amerikanischer Großunternehmen.* Wiesbaden: Westdeutscher.
Koschmann, M. A., Kuhn, T. R., & Pfarrer, M. D. (2012). A communicative framework of value in cross-sector partnerships. *Academy of Management Review, 37*(3), 332–354.
Kuhn, T. R. (2008). A communicative theory of the firm: Developing an alternative perspective on intra-organizational power and stakeholder relationships. *Organization Studies, 29*(8–9), 1227–1254.
Kuhn, T. R. (2012). Negotiating the micro-macro divide: Thought leadership from organizational communication for theorizing organization. *Management Communication Quarterly, 26*(4), 543–584.
Leonardi, P. (2011). When flexible routines meet flexible technologies: Affordance, constraint, and the imbrication of human and material agencies. *MIS Quarterly, 35*(1), 147–167.
Luhmann, N. (1984). *Soziale Systeme: Grundriss einer allgemeinen Theorie.* Frankfurt am Main: Suhrkamp.
Luhmann, N. (2000). *Organisation und Entscheidung.* Opladen: Westdeutscher Verlag.
McPhee, R. D. (2004). Text, agency, and organization in the light of structuration theory. *Organization, 11*(3), 355–371.
McPhee, R. D., & Iverson, J. O. (2009). Agents of constitution in communidad: Constitutive processes of communication in organizations. In L. L. Putnam & A. M. Nicotera (Hrsg.), *Building theories of organization: The constitutive role of communication* (S. 49–88). New York: Routledge.
McPhee, R. D., & Zaug, P. (2000). The communicative constitution of organizations: A framework for explanation. *Electronic Journal of Communication, 10*(1/2), o. S.
Meyer, J. W., & Rowan, B. (1977). Institutionalized organizations: Formal structure as myth and ceremony. *American Journal of Sociology, 83,* 340–363.
Mitchell, R. K., Agle, B. R., & Wood, D. J. (1997). Toward a theory of stakeholder identification and salience: Defining the principle of who and what really counts. *Academy of Management Review, 22*(4), 853–886.
Mohe, M., & Seidl, D. (2011). Theorizing the client-consultant relationship from the perspective of social-systems theory. *Organization, 18*(1), 3–22.
Nassehi, A. (2005). Organizations as decision machines: Niklas Luhmann's theory of organized social systems. *Sociological Review, 53*(1), 178–191.
Nothhaft, H., & Wehmeier, S. (2007). Coping with complexity. Sociocybernetics as a framework for communication management. *International Journal of Strategic Communication, 1*(1), 151–168.
Orlikowski, W. J. (2007). Sociomaterial practices: Exploring technology at work. *Organization Studies, 28*(9), 1435–1448.
Phillips, R. (2003). *Stakeholder theory and organizational ethics.* San Francisco: Berrett-Koehler.

Putnam, L. L., & Pacanowsky, M. E. (1983). *Communication and organizations: An interpretive approach*. Beverly Hills: Sage.

Robichaud, D., Giroux, H., & Taylor, J. R. (2004). The metaconversation: The recursive property of language as a key to organizing. *Academy of Management Review, 29*(4), 617–634.

Scherer, A. G., Palazzo, G., & Seidl, D. (2013). Managing legitimacy in complex and heterogeneous environments: Sustainable development in a globalized world. *Journal of Management Studies, 50*(2), 259–284.

Schoeneborn, D. (2008). *Alternatives considered but not disclosed: The ambiguous role of PowerPoint in cross-project learning*. Wiesbaden: VS.

Schoeneborn, D. (2011). Organization as communication: A Luhmannian perspective. *Management Communication Quarterly, 25*(4), 663–689.

Schoeneborn, D. (2013). Organisations- trifft Kommunikationsforschung: Der Beitrag der „Communication Constitutes Organization"-Perspektive (CCO). In A. Zerfaß, L. Rademacher, & S. Wehmeier (Hrsg.), *Organisationskommunikation und Public Relations: Forschungsparadigmen und neue Perspektiven* (S. 97–116). Wiesbaden: Springer VS.

Schoeneborn, D., & Scherer, A. G. (2012). Clandestine organizations, al Qaeda, and the paradox of (in)visibility: A response to Stohl and Stohl. *Organization Studies, 33*(7), 963–971.

Schoeneborn, D., & Wehmeier, S. (Eds.). (2013). Organizational communication in the German-speaking countries: An introduction to the special topic forum. *Management Communication Quarterly, 27*(2), 264–267.

Schultz, F. (2011). *Moral – Kommunikation – Organisation: Funktionen und Implikationen normativer Konzepte des 20. Jahrhunderts*. Wiesbaden: VS Verlag für Sozialwissenschaften.

Spee, A. P., & Jarzabkowski, P. (2011). Strategic planning as communicative process. *Organization Studies, 32*(9), 1217–1245.

Stohl, C., & Stohl, M. (2011). Secret agencies: The communicative constitution of a clandestine organization. *Organization Studies, 32*(9), 1197–1215.

Taylor, J. R. (1999). What is „organizational communication"? Communication as a dialogic of text and conversation. *The Communication Review, 3*(1–2), 21–63.

Taylor, J. R. (2004). Organizational communication: Is it a discipline? *Tijdschrift voor Communicatiewetenschap, 32*(1), 3–10. (Dutch Journal of Communication Science)

Taylor, J. R. (2009). Organizing from the bottom up? Reflections on the constitution of organization in communication. In L. L. Putnam & A. M. Nicotera (Hrsg.), *Building theories of organization: The constitutive Role of communication* (S. 153–186). New York: Routledge.

Taylor, J. R., & van Every, E. J. (2000). *The emergent organization: Communication as its site and surface*. Mahwah: Lawrence Erlbaum Associates.

Taylor, J. R., Cooren, F., Giroux, H., & Robichaud, D. (1996). The communicational basis of organization: Between the conversation and the text. *Communication Theory, 6*(1), 1–39.

Taylor, J. R., Flanagin, A. J., Cheney, G., & Seibold, D. R. (2000). Organizational communication research: Key moments, central concerns, and future challenges. *Communication Yearbook, 24*, 99–137.

Theis-Berglmair, A. M. (2003). *Organisationskommunikation. Theoretische Grundlagen und empirische Forschungen* (2. Aufl.). Münster: LIT.

Theis-Berglmair, A. M. (2013). Why organizational communication has not gained a foothold in German-speaking communication studies – until now? A historical outline. *Management Communication Quarterly, 27*(2), 268–279.

Tompkins, P. K., & Redding, W. C. (1988). Organizational communication: Past and present tenses. In G. M. Goldhaber & G. A. Barnett (Hrsg.), *Handbook of organizational communication* (S. 5–34). Norwood: Ablex.

Vasquez, C., Brummans, B. H., & Groleau, C. (2012). Notes from the field on organizational shadowing as framing. *Qualitative Research in Organizations and Management: An International Journal, 7*(2), 144–165.

Weder, F. (2009). *Organisationskommunikation und PR*. Stuttgart: UTB.

Wehmeier, S. (2012). *Public Relations. Status und Zukunft eines Forschungsfelds*. Wien: Springer.

Wickham, M., & Hall, L. (2006). An examination of integrated marketing communications in the business-to-business environment: The case of the Tasmanian light shipbuilding cluster. *Journal of Marketing Communications, 12*(2), 95–108.

Zerfaß, A. (2010). *Unternehmensführung und Öffentlichkeitsarbeit: Grundlegung einer Theorie der Unternehmenskommunikation und Public Relations* (3. Aufl.). Wiesbaden: VS Verlag für Sozialwissenschaften.

Organisationskultur und Verhaltensstile von Unternehmen: Einflussgrößen für die Kommunikationsstrategie

Helmut Ebert

Zusammenfassung

Erfolgreiche Kulturgestaltung setzt voraus, dass Kommunikationsstrategien die Verhaltenshintergründe (Werte, Interessen, Motive) und Wahrnehmungen von Stakeholdern berücksichtigen, und dass die beispielsweise in Unternehmensleitbildern explizierten Werte und Normen durch interaktiv erlebte Eindrücke bestätigt werden. Eine Kommunikationsstrategie, die eine organisationskulturelle Neuausrichtung unterstützen soll, muss daher das Ist-Image („Wie sehen wir uns selbst?"), das Soll-Image („Wie wollen wir gesehen werden?") und die Reputation („Wie werden wir bislang gesehen?") ins Kalkül ziehen und diejenigen Faktoren identifizieren, welche die Neugestaltung der Unternehmenskultur hemmen oder fördern. Die Wechselbeziehungen zwischen Kultur, Strategie und Verhalten werden am Beispiel der Gestaltung von Sicherheits-, Innovations-, Gender- und Dienstleistungskulturen veranschaulicht.

Schlüsselwörter

Unternehmenskommunikation · Unternehmenskultur · Verhaltensstile · Kommunikationsstrategie · Identität · Vertrauenssymbolik

H. Ebert (✉)
Rheinische Friedrich-Wilhelms-Universität Bonn, Institut für Germanistik
Am Hof 1d, 53113 Bonn, Deutschland
E-Mail: mail@helmutebert.de

1 Einleitung

Im verschärften Wettbewerb stehende Unternehmen, Marken oder Produkte sind darauf angewiesen, sich individuell zu positionieren. Ist eine derartige Positionierung erfolgreich, wird sich in der Regel bei den Bezugsgruppen eine Marken-, Produkt- und Unternehmenspräferenz entwickeln, die den Bestand am Markt, Gewinnmaximierung und Umsatzsteigerung sichert. Die jeweilige Präferenz ist über ein entsprechendes positives Unternehmens-, Produkt- oder Marken-Image vermittelt und an ein solches gebunden. Unter Image versteht die Sozialpsychologie die mehr oder weniger bewusste Gesamtheit aller Einstellungen, Kenntnisse, Eindrücke, Erfahrungen, Bewertungen, Gefühle etc., die mit einem bestimmten Meinungsgegenstand, d. h. hier mit dem Unternehmen, einem Produkt bzw. einer Marke, bei einer Bezugsgruppe assoziativ verbunden sind. Ein wünschenswertes Marken- oder Unternehmensimage zielt letztlich auf eine geregelte Bindung und vertrauensbegründete Beziehung zwischen dem Unternehmen und seinen Bezugsgruppen, es bestimmt die Attraktivität des Unternehmens als Arbeitgeber und Kooperationspartner, die Attraktivität seiner Produkte und Dienstleistungen am Markt sowie seine Reputation in Kapitalmärkten. Ein Image, das auf wechselseitiges Verstehen und Verständnis gegründet ist, die gesellschaftlichen Werte der jeweiligen Rahmenkultur respektiert und zugleich dokumentiert, dass diese Werte zur Orientierung des eigenen unternehmerischen Verhaltens dienen, ist die Grundlage für Präferenzbildung, Vertrauen und langfristige Kooperationsbereitschaft auf Seiten der vielfältigen Bezugsgruppen, auch und gerade dann, wenn eher unpopuläre Maßnahmen erforderlich werden sollten. Es sei allerdings zugestanden, dass in den letzten zehn Jahren die Werte des globalen Marktes und die Werte lokaler Kulturen in einem gewissen Spannungsverhältnis zueinander standen. Gerade dieser Sachverhalt fordert verstärkte, auf das Ziel von Verstehen und Verständigung orientierte kommunikative Bemühungen auf allen Seiten sowie die generelle Bereitschaft, Dialoge mit unterschiedlichsten Bezugsgruppen aufeinander zu beziehen und in einen kohärenten Zusammenhang mit den jeweiligen unternehmerischen Zielen und dem allgemeinen unternehmerischen Verhalten zu stellen (Menz und Stahl 2008). Unternehmenskommunikation zielt letztlich auf die langfristige Meinungs- und Einstellungsgestaltung bei den jeweiligen Bezugsgruppen, auf die Änderung, Verstärkung, Festigung und Pflege der zugehörigen Vorstellungsbilder (Images). Die kommunikative Vermittlung eines entsprechenden Images hat allerdings nur dann Erfolg, wenn die kommunizierten Inhalte und darüber erzeugten Erwartungshaltungen bei den Bezugsgruppen durch die Fakten der Unternehmenswirklichkeit und ein zugehöriges unternehmerisches Handeln bestätigt werden. Das heißt aber, dass das kommunizierte Image (das intendierte Selbstbild) und der aus der Interaktion resultierende Eindruck übereinstimmen müssen. Entsprechend ist die kontinuierliche und konsequente Abstimmung der faktischen Verhaltensformen eines Unternehmens auf das angestrebte und kommunizierte Unternehmensimage gefordert. Damit einher geht die Chance einer fortgesetzten Prüfung von idealen Vorstellungen (Soll-Zustand) und faktischen Eindrücken (gemessener Ist-Zustand) mit dem Zweck der nachhaltigen Pflege eines angestrebten Verhaltens- und Erscheinungsbildes des Unternehmens bei den jeweiligen Interaktionspartnern und Zielgruppen. Das grundlegende Modell der

Unternehmensgestaltung, das diesen Erkenntnissen Rechnung trägt, ist das Modell einer integrierten, ganzheitlich gestalteten Unternehmensrealität, vorzugsweise ausbuchstabiert im Konzept der Corporate Identity. Der Kerngedanke des Konzepts der Corporate Identity besteht gerade darin, ein weitgehend kohärentes und widerspruchfreies System aus unternehmerischem Verhalten und kommunizierten Inhalten zu schaffen, so dass gegenüber den Bezugsgruppen eine einheitlich wahrnehmbare sowie vertrauenswürdige Darstellung des Unternehmens als Ganzes resultiert. Wesentlicher Schritt der Etablierung einer Corporate Identity als dem Soll-Zustand der Unternehmensgestaltung ist die Harmonisierung zwischen unternehmerischen Verhaltensmustern und -formen – letztere machen wesentlich die Unternehmenskultur aus – und dem angestrebten wertbasierten Image, das bei den Bezugsgruppen geschaffen werden soll und das letztlich die langfristige Bindung derselben an das Unternehmen ermöglicht. Der Schlüssel zu dieser Harmonisierung liegt in der sogenannten Corporate-Value-Identity. Die Corporate-Value-Identity hat die Aufgabe, Wertprioritäten im gesamten Unternehmen so zu verankern, dass sich eine unternehmensspezifische Werthaltung im Denken und Handeln aller Unternehmensmitglieder niederschlägt und damit die Unternehmenskultur wesentlich prägt. Ausführungen zu Zwecksetzungen, Werten und Zielen des Unternehmens bieten dem Einzelnen Kriterien zur Handlungswahl und zur Form der jeweiligen Handlungsrealisierung. Die daraus resultierende Orientierungserleichterung trägt zu einer Integrations- und Kooperationsbereitschaft und damit zu einem homogenen Interaktions- und Verhaltensstil aller Unternehmensmitglieder nachhaltig bei. Es sei hier darauf hingewiesen, dass entsprechende Interaktionen nahezu ausschließlich in kommunikativen Handlungen realisiert werden. Im Folgenden sollen daher die Einflussgrößen für eine erfolgreiche Kommunikationsstrategie etwas genauer betrachtet werden. An Beispielen wird zu zeigen sein, welche Rolle die Kommunikation hat, um die Verwirklichung jeweils unterschiedlicher unternehmenskultureller Zielvorstellungen zu unterstützen (vgl. Ebert und Piwinger 2009).

> **Organisationskultur, Verhaltensstile, Kommunikationsstrategie**
> Unter Organisationskultur werden hier kollektive Deutungsmuster und Orientierungsstrukturen („mental frameworks") verstanden sowie kollektive Verhaltensstile („action patterns") und Artefakte, welche die Wahrnehmungen und Interaktionen von Kollektiven strukturieren (Alvesson und Berg 1972, S. 78). Unter einer Kommunikationsstratgie verstehen wir die permanente proaktive Anpassung der Senderabsichten (Unternehmen) an die Erwartungen der Adressaten (Stakeholder) mit dem Ziel, den Erfolg des Unternehmens zu sichern. Unter Organisationsstruktur verstehen wir alles, was innerhalb einer Organisation vorentschieden ist. Der Zusammenhang von Strategie, Struktur und Kultur ist als ein „Harmonisationsfeld" zu verstehen (Bleicher 1994, S. 14): Um Fehlsteuerungen vorzubeugen, ist „eine simultane Integration der strategischen, strukturellen und kulturell-verhaltensmäßigen Änderungen vorzusehen" (ebd.).

2 Unternehmenskulturen und Verhaltensstile

Um den Zusammenhang zwischen Kultur und Verhalten zu erfassen, ist von einem ganzheitlichen Kulturbegriff auszugehen, der sich sowohl auf die institutionellen Vorgaben wie z. B. Strukturen und Werte als auch auf Verhaltensmuster und symbolische Formen bezieht. Alles zusammen macht den organisationalen „Lebensraum" aus, der das Fühlen, Denken und Handeln der Mitglieder einer Organisation prägt. Zugleich ist der hier gewählte Kulturbegriff zeichen- und bedeutungsorientiert. Um Organisationen zu entwickeln, muss die hinter dem Verhalten liegende Sinnebene der Reflexion zugänglich gemacht werden. Kommunikationsstrategien müssen bei den grundlegenden Unterscheidungen ansetzen und Argumente für den Wandel bereitstellen, z. B. für den Wandel hin zu mehr Ehrlichkeit, Transparenz, Innovation, Gleichberechtigung oder Sicherheit im Betrieb. Im konstruktivistischen Sinne ist Kultur nicht gegeben, sondern gemacht. Daraus folgt, dass die symbolischen Ressourcen identifiziert werden müssen, die Kulturen statisch oder dynamisch machen. Schließlich ist davon auszugehen, dass es in Organisationen nicht eine einzige homogene Kultur gibt, sondern eine Vielzahl von Subkulturen, seien es fachliche, hierarchische, ethnische oder sonstige Kulturen. Erfolgreiche Kommunikationsstrategien müssen auf die dominierende Kultur hin berechnet werden und fördernde wie hemmende Wirkungen von Subkulturen ins Kalkül ziehen. Da eine Kultur nicht verordnet werden kann, hängt letztlich alles davon ab, ob und inwieweit es gelingt, die Möglichkeiten für einen sich selbst tragenden Wandel zu schaffen, der sowohl Strukturen als auch Verhaltensmuster erfasst. In Anlehnung an Alvesson und Berg (1972, S. 78) wird „Kultur" verstanden als die Gesamtheit von Artefakten, kollektiven Deutungs- und Orientierungsstrukturen sowie Verhaltens- bzw. Handlungsmustern, die in einer sozialen Formation von regelhaft interagierenden Individuen, hier in einer Organisation oder in einem Unternehmen, bestimmt werden kann (vgl. Tab. 1).

Wesentlich für die vorliegende Thematik ist speziell der Zusammenhang zwischen den kollektiven Deutungs- und Orientierungsstrukturen und den Verhaltens- und Handlungsmustern. In der Regel sind Wertvorstellungen, Orientierungsstrukturen und Verhaltensmuster in Organisationen und Unternehmen historisch gewachsen und eher implizit und unzureichend reflektiert verfügbar und kaum oder gar nicht auf eine strategische Positionierung des Unternehmens bezogen (Bromann und Piwinger 1992). Wirkungsweisen und Symbolgehalt der Interaktionen bleiben jedoch dem Zufall überlassen, wenn bewusst reflektierte, homogenisierte und zielbezogen optimierte Strukturen und Muster fehlen. Jede Organisation benötigt Ordnung, um zu funktionieren, und kreativen Freiraum, um sich veränderten Umwelten anzupassen. Gewachsene Organisationskulturen, die keine Fähigkeit zur Selbstbeobachtung und Selbstkultivierung entwickelt haben, stellen gewöhnlich das Streben nach Ordnung über das Streben nach Innovation. Daher finden Neuausrichtungen von Unternehmen ihre Grenzen in den Einstellungen der Mitarbeiter, nicht in Märkten oder Strategien. Die Einstellung „Das haben wir schon immer so gemacht" ist

Tab. 1 Ausprägungen der Unternehmenskultur

	Corporate Culture	
Artefakte, die Wahrnehmungen, Kommunikationen und Interaktionen strukturieren	Kollektive mentale Deutungs- und Orientierungsstrukturen („mental frameworks")	Kollektive Verhaltens- und Handlungsmuster („action patterns")
	Manifestationen	
Physikalisch-funktionale Artefakte: Architekturen, Interieurs u. a. Infrastrukturelle Artefakte: Informationswege, Kommunikationsnetze Symbolische Artefakte: Logos, Marken u. a.	Sagen und Mythen: Legenden, Stories, Anekdoten u. a. Philosophien: Leitbild, Vision, Mission, Sinnformel u. a.	Spezifische Interaktionsformen und deren Ausprägungen: Riten, Rituale, Zeremonien u. a.

stilprägend für eine Unternehmenskultur der Inflexibilität und des Beharrens. Man kann eine solche Kultur nicht konstruktiv verändern, solange die „Funktionsweise des sozialen Wesens ‚Mensch'" (Echter 2003, S. 7) eklatant vernachlässigt wird.

Sind andererseits entsprechende Orientierungsstrukturen anhand von reflektierten und explizit formulierten Leitmaximen verfügbar, etwa im Rahmen einer sprachlich fixierten Unternehmensphilosophie, welche insbesondere die angestrebte Unternehmensidentität und damit das zu vermittelnde Image präzise umreißt, so können Verhaltensformen, Handlungsmuster und praktische Handlungsvollzüge von Führungskräften und Mitarbeitern auf diese Strukturen und auf das erwünschte Image abgestimmt werden. Die Leitmaximen sind dabei nach aktuellen Werten und Normen bemessen, die durch die Rahmenkulturen der jeweiligen Bezugsgruppen bestimmt sind.

3 Die strategische Funktion der Unternehmenskommunikation

Unternehmenskommunikation ist nicht nur ein Instrument zur Vermittlung von Unternehmenskultur nach innen, sondern auch ein Instrument, um ein Unternehmen mit Blick auf seine Identität im Markt zu positionieren, d. h. um die Markenpersönlichkeit, das Markenversprechen und die wettbewerbsrelevanten Unterscheidungsmerkmale zu kommunizieren. Hierbei werden die Inhalte von Kommunikationen und Interaktionen auf die unternehmenskulturellen Orientierungsmuster bezogen und abgestimmt. Auf diese Weise bleibt die kommunikativ dargestellte Identität kein leeres Versprechen, sondern wird in der alltäglichen Praxis für Bezugsgruppen direkt erfahrbar. Die Art und Weise, wie ein Unternehmen seine Identität medial vermittelt, sei *Darstellungsstil* genannt. Da es hier darum geht, Inhalte zu kommunizieren und Vorstellungen zu wecken, gehört die Kultivierung eines spezifischen Darstellungsstiles zum Image-Management. Die Art und Weise, wie ein

Unternehmen seine Identität interaktiv vermittelt, soll als *Interaktionsstil* bezeichnet werden. Interaktionen erzeugen Eindrücke. Die Kultivierung eines spezifischen Interaktionsstiles gehört daher zum Impression Management, d. h., es geht darum, dass Individuen und Gruppen in sozialen Interaktionen den Eindruck beeinflussen und steuern, den sie auf andere Personen und Gruppen machen (Mummendey 1995, S. 111). Wichtig ist, dass eine angemessene Einschätzung der Zielgruppen in die Gestaltung des Darstellungs- und Interaktionsstils einfließt, denn sehr oft existieren große Unterschiede zwischen der Art und Weise, wie ein Unternehmen sein eigenes Verhalten wahrnimmt und bewertet, und der Art und Weise, wie Kooperationspartner und Kunden dieses Verhalten wahrnehmen und empfinden.

- *Beispiel: Darstellungsstil.* International und konsequent im Vorgehen erweist sich die Strategie von Sony. Selbstbewusst im Auftritt und identitätssicher in der Formel „It's a Sony" hat Sony es sogar geschafft, solch prägende Produktbezeichnungen zu etablieren wie „Walkman" und „Discman" (Förster 1994, S. 22). Swatch hat es geschafft, durch Designvielfalt Lebensstile und Empfindungswelten einzufangen. Das Swatch-Design bestimmt den Sprachstil, der die Unternehmensidentität ganz entscheidend mitprägt: „Die Texte lesen sich, wie die Uhren aussehen, individuell, spritzig – eine semantische Visualisierung des Produktdesigns." (Förster 1994, S. 21)
- *Beispiel: Interaktionsstil.* Förster (1994, S. 19 f.) berichtet über eine Bank, die sich folgenden Leitsatz für die Kommunikation gab: „Wir wollen den Dialog als Prinzip und Einstellung zu einem Kennzeichen unserer Unternehmenskultur machen." Das Führungskonzept dieser Bank wies darauf hin, dass Führungshandeln Kommunikation bedeute, und stellte drei Aspekte in den Vordergrund: den verantwortungsvollen Umgang miteinander, das Erreichen eines gemeinsamen Verständnisses als Ziel und die gegenseitige Achtung und Anerkennung als Voraussetzung für Kommunikation. Dabei gilt: An der so definierten Kommunikationskultur (Soll-Zustand) haben sich die Interaktionsformen in organisatorischen Abläufen zu orientieren. Und umgekehrt: Indem Prozesse und Abläufe verändert werden, wird (allmählich) der kommunikationskulturelle Ist-Zustand in den Soll-Zustand überführt. Bei der Planung der Soll-Kultur muss die Ist-Kultur berücksichtigt werden, um offensichtliche Unverträglichkeiten und mögliche Fehlschläge zu vermeiden: „So wird man in einem autoritär geführten Unternehmen weder ein geeignetes Instrumentarium noch die entsprechende Bereitschaft der Beteiligten finden, um zum Beispiel eine dialogorientierte Kommunikationsmaßnahme durchzuführen." (Förster 1994, S. 20)

Eine Möglichkeit, Interaktionsstile ganz allgemein zu klassifizieren, ergibt sich auf der Grundlage sozialpsychologischer Kategorien. So haben Cooke und Szumal (2000) vorgeschlagen, Verhaltens- bzw. Interaktionsstile in drei grundlegende Gruppen einzuteilen. Danach können global konstruktive, passiv-defensive und aggressiv-defensive Verhaltensstile unterschieden werden. Konstruktive Verhaltensstile sind vor allem durch Freundlichkeit, Offenheit, das Bemühen um wechselseitiges Verständnis und Verständlichkeit sowie die konstruktive Pflege interpersoneller Beziehungen geprägt. Der Mitarbeiter ist nicht bloßer Kostenfaktor oder eine beliebig verfügbare Ressource, sondern die entscheidende Substanz der Unternehmensvalidität, -vitalität und -entwicklung. Eine menschlich-motivierende Arbeitsatmosphäre sowie kooperativ-partizipative Strukturen kennzeichnen die Unternehmenskultur, ermöglichen überdurchschnittliche Leistungen ohne Reibungsverluste und garantieren so den langfristigen Unternehmenserfolg. Passiv-defensive Verhaltensstile vermeiden Konflikte um jeden Preis. Freundlichkeit wird primär vordergründig und zweckgebunden eingesetzt, um schnelle Zustimmung, Beschwichtigung und Akzeptanz zu erzielen. Ein aufrichtiges Bemühen um Verstehen und Verständlichkeit sowie um Offenheit im Umgang mit Kollegen und Mitarbeitern, die Bereitschaft zuzuhören und die Perspektive des Interaktionspartner einzunehmen, ein darauf gegründetes konstruktiv-kooperatives Problemlösungs- und Interaktionsverhalten sind selten zu finden. Passiv-defensive Verhaltensstile sind in der Regel in strikt hierarchischen Unternehmensstrukturen mit wenig interner Dynamik zu finden. Unzureichende Motivation, minimale Eigenaktivität und mangelnde Anpassungsbereitschaft von Mitarbeitern führen langfristig zu Einbußen bei der Glaubwürdigkeit und beim Vertrauen der Zielgruppen und nur zu unbefriedigenden Ergebnissen in der Unternehmensentwicklung. Dies macht fortgesetzte Korrekturen und einen damit einhergehenden „Aktionismus" mit entsprechenden Risiken auf der Ebene der strategischen Unternehmensführung erforderlich. Aggressiv-defensive Verhaltensstile sind durch Ignoranz, Arroganz, individuelles Vorteilsdenken und den Mangel an echter Kooperationsbereitschaft gekennzeichnet. Der Interaktionspartner gilt prinzipiell entweder als Gegner, der zu bezwingen und zu unterwerfen ist, oder als willkommenes Mittel für die jeweils aktuellen Ziele und Zwecke. Kooperationen sind als vorübergehende strategische und taktische Allianzen im Kampf um den primär persönlichen Erfolg zu verstehen. Gegenseitiges Misstrauen und unzureichende Informationsverteilung, Unberechenbarkeit, mangelnde Verlässlichkeit, die Neigung zu Unaufrichtigkeit und Intrige sind die Folge. Das Wohl des Unternehmens gilt nicht als Selbstzweck, sondern als strategisches Mittel für den persönlichen Erfolg und Vorteil sowie den Ausbau und die Verteidigung von individueller Macht. Ineffektivität, Ressourcenverschwendung durch Reibungsverluste und suboptimale Unternehmensergebnisse sind die auffälligsten Konsequenzen. Entsprechend bewertete Erfahrungen und Eindrücke prägen ein zugehöriges Image bei den Zielgruppen, das wohl nur in den seltensten Fällen mit einem möglicherweise entsprechend intendierten und kommunizierten Selbstbild des Unternehmens kongruiert. Positionierungsgefährdende Brüche und Widersprüche im Gesamterscheinungsbild des Unternehmens sind eine unmittelbare Folge. Tabelle 2 zeigt die strategische Funktion von Unternehmenskommunikation als Abstimmungsinstanz von Philosophie und Identität, Kultur und Habitus, d. h. der Bündelung beobachtbaren Verhaltens als Input für die Verarbeitung von Information zu Reputation:

Tab. 2 Unternehmenskommunikation als strategische Instanz zur Erzeugung von Reputation

	Unternehmenskommunikation (Stabilisierungs-/Veränderungsstrategien)	
Unternehmensphilosophie als zu sich selbst gekommenes Bewusstsein		Unternehmensidentität als Soll-Image
	Unternehmenskultur als Grundlage für ▼	
	Verhalten (Habitus)	
Massenkommunikation ▼		Persönliche und Gruppenkommunikation ▼
Darstellungsstil: Geschäftsberichte, Wording, Corporate Design u. a. ▶	Erscheinungsbild ▼	Interaktionsstil: Hauptversammlung, Road Show, Verhandlungen, Konferenzen u.a. ◀
Rezeptionseindrücke ◀	▶	Erlebniseindrücke
	Verarbeitung der Information (Eindrücke) mit der den Rezipienten bzw. Interaktanten eigenen Logik ▼	
	Reputation	

4 Einflussfaktoren und Gelingensbedingungen für unternehmenskulturellen Wandel

4.1 Einflussfaktoren

Im Folgenden sollen – ohne Anspruch auf Vollständigkeit zu erheben – wesentliche unternehmenskulturelle Einflussfaktoren für die erfolgreiche Identitätsbildung vorgestellt werden:

- Der Ist-Zustand der gewachsenen und bestehenden unternehmenskulturellen Werte und Normen, soweit diese implizit in Verhaltensformen und explizit in Leitmaximen manifest sind.
- Bestehende und historisch gewachsene organisatorische Strukturen und Verfahrensweisen, soweit diese durch zugehörige Interaktionsmuster und -stile realisiert werden.
- Bestehende Normen und Werte der einbettenden Rahmenkultur des Unternehmens und ihre entwicklungsbedingte Dynamik (und kulturinterne Problematisierung: Issues) sowie die Dynamik zugehöriger Handlungsmuster und Verhaltensformen.
- Bestehende Normen und Werte der Rahmen(sub)kulturen jeweiliger Zielgruppen und ihrer entwicklungsbedingten Dynamik und Problematisierung im jeweiligen „interkulturellen" Kontakt mit Teilen der Unternehmenskultur.

- Das bestehende, konstruktiv hinterfragte Selbstbild des Unternehmens, seine mehr oder weniger prägnant verfügbare Bestimmung bzw. Darstellung, zugehörige Mythen und Geschichten zur Legitimation der eigenen Tradition und Identität.
- Die derzeitigen und zukünftigen Unternehmensziele, Strategien und Methoden zur Erreichung der Ziele, beteiligte Interaktionsmuster und Verhaltensstile bei deren Realisierung.
- Die in der Unternehmensphilosophie festgeschriebenen, allgemein anerkannten und auf die strategische Positionierung ausgerichteten Identitätswerte (Soll-Zustand), explizit formulierte Leitbilder, Grundsätze, Visionen usw.
- Der Einfluss einzelner Personen auf unternehmenskulturelle Werte und Normen: Welche Personen im Unternehmen verkörpern und prägen welche Werte?

Gefragt ist nach einem strategischen Konzept, das einen konstatierten und in der Regel defizitären Ist-Zustand der Unternehmenskultur und -identität in einen erwünschten Soll-Zustand konsequent und nachhaltig überführt. Veränderungen werden allerdings nicht immer positiv aufgenommen, denn Veränderungen werden oft als Einschränkung des Handlungsspielraums wahrgenommen. Diese sogenannte Reaktanz kann sich in der Kognition („Man hält nichts von der Sache"), in der Emotion („Man ist darüber verärgert"), in der Motivation („Man ist bestrebt, etwas dagegen zu tun") oder im Verhalten („Man setzt sich zur Wehr") manifestieren. Um die Reaktanz zu verringern, muss man sich eine sinnvolle und passende Strategie überlegen, wie man die Veränderung implementieren kann. Höfliger (2005) unterscheidet die folgenden Strategiemuster für die Kulturgestaltung:

- *Leadership-Strategie – Die progressive Strategie oder der Weg der Macht*: Veränderungsdruck erzeugen. Für das Neue begeistern. Sinn und Vision vermitteln. Ziele setzen. Aufmerksamkeit fokussieren. Lernangst vermindern. Beobachten, messen, belohnen, sanktionieren. Offen Feedback geben. Reden, reden, reden.
- *Beteiligungsstrategie – Die partizipatorische Strategie oder der gemeinsame Weg*: Ein einigendes Denk- und Wertesystem schaffen. Identität und Identifikation ermöglichen. Das Neue konkretisieren und Umsetzung planen (Lernangst verringern). Formelle und informelle Kommunikation fördern. Menschen vernetzen, Beziehungen vertiefen.
- *Propaganda-Strategie oder der Weg der Kampagnen und Trainings*: Kampagnen, Kommunikationsoffensiven und Ausbildung (on-/off-the-job) nutzen.
- *Coaching-Strategie oder der Weg der Reflexion*: Intervision, Supervision, externes/internes Coaching, Einzelcoaching und Teamcoaching einsetzen.
- *Vernetzungsstrategie*: Bereichsübergreifende Projekt- und Arbeitsgruppen bilden. Bereichsübergreifende Anlässe, Workshops, Veranstaltungen planen. Intranet, Mitarbeiterzeitung und andere Medien nutzen. Den Verbreitungsgrad erhöhen.
- *Koalitionsstrategie oder der informelle Weg bzw. der Weg der Freunde*: Informeller, teils subversiver Weg über Freunde und Verbündete. Netzwerke anzapfen. Gegner der Veränderung aus dem Hinterhalt bekämpfen.

- *Strukturstrategie oder der Weg der harten Faktoren:* Führungsprozesse überprüfen und gegebenenfalls verändern, insbesondere Kommunikationsprozesse, Organisationsstrukturen wie Anreiz- und Sanktionssysteme, Korrektursysteme und Systeme zur Personalrekrutierung und Personalbeförderung.
- *Anpassungsstrategie oder der evolutive Weg des Unvorhersehbaren:* Feedbackprozesse- und -strukturen etablieren. Institutionalisierte Großgruppenveranstaltungen zu aktuellen strategischen Themen durchführen. Regelmäßige Best-Practice- und Bench-Mark-Veranstaltungen organisieren. Trainings. Einführung neuer Mitarbeiter (Bootcamp).

4.2 Gelingensbedingungen

Damit die Vorstellungen, Eindrücke und Erfahrungen, die im Rahmen der unterschiedlichen Koordinations- und Kooperationsprozesse sowie in Selbstdarstellungen kommunikativ bzw. interaktiv vermittelt werden, zum Aufbau eines konsistenten Images führen, müssen verschiedene Bedingungen eingehalten werden. Leitbilder können diesen Prozess unterstützen, wenn sie gut gemacht sind und folgende Qualitätsmerkmale in sich vereinen:

- Die Eigenidentität und das damit verbundene Erscheinungsbild müssen bereichsübergreifend bekannt und in Geltung gebracht werden. Erst ein klar formuliertes und akzeptiertes Leitbild, präzise erfasste und zugewiesene Kompetenzen, darin verankerte genaue Zielsetzungen sowie die Entscheidung für eine deutliche Abgrenzung von Konkurrenten ermöglichen die Wahl und Erarbeitung eines kulturell akzeptablen sowie positiv gewerteten unternehmensspezifischen Darstellungs- und Interaktionsstils.
- Das Erscheinungsbild muss widerspruchsfrei und prägnant (klar) sein, damit vom Verhalten auf die unternehmenskulturellen Werte geschlossen werden kann. Dies ist dann am ehesten möglich, wenn die Eigenidentität in der Unternehmensphilosophie explizit definiert worden ist, also wenn ein Unternehmen seine eigenen Werte z. B. in Form eines Leitbildes, eines Mission Statements oder einer Unternehmensvision objektiviert hat und der gewählte Verhaltensstil in allen Interaktionsbereichen auf die Werte abgestimmt wurde.
- Das Erscheinungsbild muss konsistent sein. Das heißt, die proklamierte Wertidentität, das praktizierte Verhalten und die spezifischen Maßstäbe der Rahmenkultur, an denen das Verhalten gemessen wird, müssen zueinander passen. Inkonsistenzen zwischen proklamierten Werten und praktiziertem Verhalten, die den Aufbau eines konsistenten Images prinzipiell verhindern, sind beispielsweise: a) *Performance gap:* beispielsweise werden Innovation und Globalität verkündet, das Auftreten bleibt provinziell; b) *Credibility gap:* beispielsweise wird Kundennähe kommuniziert, aber nicht praktiziert; c) *Identity gap:* beispielsweise wird nach außen Mitbestimmung propagiert, im Inneren dominieren aber alte Hierarchien (Buß und Fink-Heuberger 2000, S. 139).
- Die Anforderungen müssen realisierbar und die Intentionen des Managements wahrhaftig sein. Der ernsthafte politische Wille zur Veränderung muss deutlich werden und

die Aussagen müssen den tatsächlichen Auffassungen und Absichten der Führung entsprechen und durch deren Handlungen und Entscheidungen sichtbar für alle bestätigt werden (Bleicher 1994, S. 51). Zur Wahrhaftigkeit gehört auch ein sichtbares Zeichen für die Übernahme von Verantwortung. Mit ihren Unterschriften treten das Unternehmen und seine Gremien aus der Anonymität heraus und bekennen sich auch persönlich zum Leitbild.

5 Anwendungsbeispiele

5.1 Kommunikationsstrategische Aspekte der Gestaltung von Sicherheitskulturen

Turner (1991) hat die Erfolgsbedingungen für die Implementierung einer Sicherheitskultur in Unternehmen der chemischen Industrie untersucht. Eine Sicherheitskultur bringt Nutzenvorteile bezüglich Compliance, Kosten und Mitarbeitermotivation. Zu Kostenvorteilen gehört z. B. das Vermeiden von Strafzahlungen bei Verstößen gegen Gesetze und Vorschriften. Die wichtigsten kommunikationsstrategischen Aspekte sind das Managementvorbild, die Mitarbeiterrekrutierung auf der Grundlage eines neuen an der betrieblichen Sicherheit orientierten Images, Belohnungen, der Nutzen natürlicher Vorteile (Menschen sind von Natur aus an sicheren und gesunden Arbeitsbedingungen interessiert), Gruppendruck, Argumentation und Rhetorik im Dienste der Wissenskommunikation, offene Atmosphäre, die Berücksichtigung des Prozesscharakters der Kulturgestaltung sowie die Orientierung an „good practices". Die Grenzen der Strategie liegen in jenen Bedingungen, die das Management nicht beeinflussen kann (Wettbewerbsdruck, regulativer Kontext, Art der Industrie). Die neue Perspektive auf die Gestaltung von Sicherheitskulturen fokussiert auf die eher subtilen Wege der Organisationskultur und auf der Einsicht in komplexe, d. h. multikausale Zusammenhänge.

5.2 Kommunikationsstrategische Aspekte der Gestaltung von Innovationskulturen

Wenn man Innovationen fördern will, muss man sich von der Vorstellung trennen, dass Innovationen allein über Prozesse und Regeln gesteuert werden können, denn starre Strukturen bremsen Innovationen aus. Außerdem muss es in einem Unternehmen möglich sein zu experimentieren, denn ansonsten können Innovationen höchstens inkrementell voranschreiten, aber bahnbrechende Innovationen sind unwahrscheinlich, wenn Strukturen verfestigt sind. Zu bedenken ist ferner, dass es mehr als eine einzige Innovationskultur gibt. Die Herausforderung besteht darin, die richtige Innovationskultur an der richtigen Stelle im Unternehmen zu verankern (Meyer 2011). Die Kulturen reichen von einer proaktiven, passiven, reaktiven Innovationskultur bis hin zu einer Innovationskultur des Zufalls. Innovative Unternehmen legen Wert auf eine offene Kommunikation und Kontakte nach außen. Sie verfügen über eine leistungsfähige bereichsübergreifende Kommunikationsstruktur und interne Netzwerke. Kreativmeetings, inoffizielle Netzwerke und die innerbetriebliche Ermöglichung zufälliger Kommunikation lassen Kommunikation zu einem wesentlichen Treiber von Innovation werden. Oft blockiert die Angst des Managements vor Kontrollverlust den Aufbau innovationsfördernder Kommunikationsstrukturen. Nonaka und Takeuchi (1997, S. 26) betonen die kognitive Funktion der Kommunikation für die Gestaltung von Innovationskulturen. Zugleich kritisieren sie, dass die Unternehmenskulturforschung der Kreativität der Mitglieder zu wenig Beachtung schenkt, dass die Mitarbeiter nur als Verarbeiter von Information und nicht als Urheber von Information gesehen werden, und dass das Unternehmen in seiner Beziehung zum Umfeld eher als passiv dargestellt wird (ebd., S. 56). Sie sind der Ansicht, „dass westliche Manager loskommen müssen von ihrem bisherigen Verständnis, man könne Wissen ausschließlich mit Hilfe von Handbüchern oder Vorträgen erwerben oder weitergeben. Stattdessen sollten sie der weniger formalen und systematischen Seite des Wissens mehr Beachtung schenken: den subjektiven Einsichten, Einfällen und Ahnungen, zu denen man durch die Verwendung von Metaphern, Bildern und Erfahrungen gelangt." Ein Beispiel für eine gelungene Innovationskultur findet sich bei Honda, wo sich das Denken in Metaphern als Motor für Erneuerung bewiesen hat: Der Projektleiter Watanabe prägte die Metapher der „Autoevolution". Evolution ist ein Begriff, der auf Lebewesen angewendet wird. Durch Übertragung auf Automobilfertigung schaffte Watanabe einen Raum für mögliche Interpretationen, also einen Bedeutungsüberschuss. Es eröffnet die Möglichkeit, sich vorzustellen, dass sich das Auto mit der Evolution des Menschen mitentwickelt und sich so dem Menschen anpasst und nicht umgekehrt. Die Transformation dieser Metapher erfolgte so, dass mögliche Deutungen eingeschränkt wurden und daraus eine relativ klare Handlungsanweisung formuliert werden konnte, die das Motto für die nächste Autogeneration sein sollte: Der Mensch und seine Bedürfnisse stehen im Vordergrund, dem sich das Auto in seiner „Evolution" nach und nach anpassen muss. Aus dieser Idee wurde der „Tall Boy" entwickelt, ein hoher Kleinwagen in relativ rundlicher Form, die den Sitzbedürfnissen der Insassen angepasst war und der mit den damaligen Autodesign-Konventionen brach. Das neue Modell wurde Honda City genannt und war laut Nonaka und Takeuchi ein Teil der Erfolgsgeschichte des Konzerns. Aus einer Metapher wurde zunächst ein geistiges, dann ein materielles Produkt.

5.3 Kommunikationsstrategische Aspekte der Gestaltung von Gender-Kulturen

Ebert und Harlinghausen (2012) haben die Frage nach dem Zusammenhang von Kommunikation und Kultur im Kontext von Führung und Gender aus einer großen Perspektivenvielfalt erörtert. Unter anderem wird berichtet, dass Frauen wie Männer über komplexe Arbeitsmotivationen verfügen, dass sie jedoch gezwungen sind, die ambivalenten Anforderungen in der Doppelrolle beruflicher und familiärer Verpflichtungen zu balancieren.

Ferner hat sich gezeigt, dass das Prinzip der Rationalisierung als Leitbild des Organisierens nicht voraussetzungslos ist. „Rationale" Muster des Personaleinsatzes oder „rationale" Arrangements von Arbeitszeit greifen beispielsweise auf Muster der sog. Normalfamilie und der Normalarbeitskraft zurück und wären ohne solche Institutionalisierungen nicht denkbar. „Rationale Organisationen sind demnach grundsätzlich männlich geprägt, bürokratische Strukturen und Diskurse sind Instrumente hegemonialer Männlichkeit und männlicher Macht. Frauen und ihre spezifischen Erfahrungen und Orientierungen würden dagegen abgewertet und ausgeschlossen. Die Höherbewertung des ‚Männlichen' und die Abwertung des ‚Weiblichen' seien sowohl in die formalen Strukturen von Organisationen als auch in ihre informellen Diskurse ‚eingebaut', und der Bezug auf rationale Strukturen und Verfahren verschleiere die in Organisationen verankerte Ungleichstellung von Frauen" (Wilz 2010, S. 515). Jede Kommunikationsstrategie im Rahmen von Diversity Management muss berücksichtigen, dass die Vorstellung geschlechtsloser Organisationen eine Illusion ist: Die Vorstellung einer „Arbeitskraft", d. h. die Idee entkörperlichter MitarbeiterInnen, die „gemeinhin Organisationsanalyse und Organisationspraxen leitet, ist [...] so wenig haltbar wie die Vorstellung geschlechtsneutraler bürokratischer Organisationsstrukturen. Das Maß der Deutung und Bewertung, der Entscheidung und Handlungsorientierung in Organisationen sei das Modell der ‚Normalarbeitskraft' und dieses Modell sei ein geschlechtlich geprägtes, nämlich ‚männliches' Modell" (ebd., S. 517). Organisationen sind demnach nicht von ihren gesellschaftlichen Kontexten zu trennen. Dies ist eine wichtige Einsicht, die bedeutet, dass isolierte Maßnahmen zur Verbesserung der Gleichstellung Gefahr laufen in ihrer Wirkung zu verpuffen.

Traditionelle Unternehmen sind oft von männlichen Wertesystemen geprägt. Dazu gehören beispielsweise die Betonung der Logik, lineare Denk- und Handlungsmodelle, das Streben nach Ergebnissen auf Kosten der Gemeinschaftsbildung. Wenn man über Unternehmen als politische Einheiten nachdenkt, gibt es da noch sehr viel mehr zu sagen, denn es spricht viel dafür, dass unsere Unternehmenswelten innerhalb des männlichen Archetyps eingeschlossen sind. Bis vor kurzem waren Unternehmenswelten Männerwelten, in denen Frauen und die ihnen nahekommenden Verhaltensstile marginalisiert oder ausgeschlossen wurden. Die Realität der klassischen männlichen Organisation war eine von Männern dominierte Realität. Die Macht der Männer hat oft dazu geführt, dass sich in Organisationen starke weibliche Subkulturen entwickelt haben, die in Spannung oder auch in Opposition zu den männlichen Machtstrukturen stehen. Solche starken Einflüsse können eine Unternehmenskultur entlang der Gendergrenze politisieren (Morgan 1998, S. 129). Dies ist beispielsweise dann der Fall, wenn im Zuge der Bildung von Koalitionen unterschiedliche Interessen aufeinander treffen (vgl. ebd., S. 158 f.) oder wenn der mit der Hierarchie verbundene Wettbewerb um Spitzenpositionen wenige Gewinner aber viele Verlierer „produziert". Auch diese Erkenntnis gilt es zu berücksichtigen, wenn die Kommunikationsstrategie zu einer nachhaltigen Kulturveränderung führen soll.

5.4 Kommunikationsstrategische Aspekte der Gestaltung von Servicekulturen

Dillard et al. (2000) haben Daten von Unternehmen analysiert, die besonders bekannt geworden sind für erfolgreich umgesetzte Qualitätsstrategien. Ihre Wahl fiel auf das Hotelunternehmen Ritz-Carlton. Zum einen, weil Ritz-Carlton für seine Servicequalität mehrfach ausgezeichnet wurde, und zum anderen, weil das Ritz-Carlton als Hotel in besonderer Weise von der wahrgenommen Qualität der Mitarbeiter-Kunden-Interaktion abhängig ist. Wir zitieren die deutsche Übersetzung der Ritz-Carlton-Unternehmensphilosophie (top hotel 2002): *Das Motto: „Wir sind Damen und Herren im Dienste für Damen und Herren". Das Credo: „In einem Ritz-Carlton-Hotel ist das aufrichtige Bemühen um das Wohlergehen unserer Gäste unser oberstes Gebot. Wir sichern unseren Gästen ein Höchstmaß an persönlichem Service und Annehmlichkeiten zu. Stets genießen unsere Gäste ein herzliches, entspanntes und dennoch gepflegtes Ambiente. Das Erlebnis Ritz-Carlton belebt die Sinne, vermittelt Wohlbehagen und erfüllt selbst die unausgesprochenen Wünsche und Bedürfnisse unserer Gäste." Die drei Stufen der Dienstleistung: a) Eine herzliche und aufrichtige Begrüßung. Sprechen Sie den Kunden, wenn angebracht und möglich, mit seinem Namen an. b) Vorwegnahme und Erfüllung der Gästewünsche, c) Ein liebenswürdiger Abschied. Verabschieden Sie sich mit einem herzlichen „Auf Wiedersehen!" und sprechen Sie den Gast, wenn angebracht und möglich, mit seinem Namen an.* Die sog. Basics spezifizieren 20 weitere Verhaltensstandards. Während alle Dienstleistungsunternehmen bestrebt sind, ganz allgemein einen günstigen Eindruck zu wecken, kommt es Ritz-Carlton vor allem darauf an, sich genauer auf das einzustellen, was die Gäste wertschätzen. Vier Eindrücke sind Ritz-Carlton besonders wichtig: a) dem Gast zeigen, dass man ihn als individuelle Person kennt und schätzt, b) dem Gast zeigen, dass man um ihn als individuelle Person bemüht und um sein Wohlergehen besorgt ist, c) dem Gast Servicequalität aus einem Guss („seamless service") bieten, und d) den Gast beruhigen und zufrieden stellen, wenn Probleme auftreten.

Kein System ist frei von Problemen. Ritz-Carlton berücksichtigt dies an zentraler Stelle. Die sogenannten „Basics" enthalten Strategien für den Umgang mit Problemen. Zwei Punkte sind zentral: a) Jeder Mitarbeiter ist angehalten, kontinuierlich Schwachstellen im Interaktions- und Servicebereich zu identifizieren, b) jeder Mitarbeiter, bei dem sich ein Gast über ein Problem beschwert, ist der für die Problemlösung Verantwortliche („owns the complaint"). Gleichzeitig werden die Mitarbeiter durch ein Berichtssystem dabei unterstützt, die notwendigen Informationen an die jeweils zuständige Person zu übermitteln, damit die Schwachstellen umgehend beseitigt werden.

Die von den Autoren der Studie durchgeführten Interviews zeigten, dass alle Mitarbeiter die kodifizierten Ritz-Carlton-Grundsätze kannten, was ihnen ein hohes Maß an Verhaltenskontrolle und Verhaltensoptimierung unter Abstimmung auf die grundlegenden Ziele und Werte der Unternehmensphilosophie ermöglichte. Dies half speziell, in jeder Situation zurückhaltend, freundlich, kunden- und sachorientiert zu sprechen. Darüber hinaus vermittelte die Umsetzung der Verhaltensmuster – z. B. das namentliche Begrüßen der Gäste und die Erinnerung und Berücksichtigung von individuellen Wünschen und

Präferenzen („Involvement") – den Mitarbeitern den wesentlichen Wert für eine erfolgreiche Interaktion.

Es wird deutlich, dass definierte Verfahren („procedures") als explizit reflektierte und kodifizierte Handlungsmuster in der Mitarbeiter-Kunden-Interaktion sicherstellen, dass die Mitarbeiter in der Kunden-Interaktion „would enact disciplined performances, creating good impressions". Eine andere Frage ist, wie das Einhalten entsprechender Handlungsmuster durch die Mitarbeiter („disciplined performances") ermöglicht und garantiert wird. Das explizite Kodifizieren von Verhaltens- und Handlungsmustern bringt in einem strikt hierarchisch organisierten Unternehmen die Gefahr eines rigiden Systems von Überwachung und Bestrafung mit sich. Die Pflege einer konstruktiv-appellativen, partizipativen und kooperativen Ausrichtung der internen Unternehmenskultur, die unter Berücksichtigung des geforderten Moments der Selbstähnlichkeit Prinzipien des Umgangs mit Kunden auf den Umgang mit Mitarbeitern zu übertragen bemüht ist (Corporate-Value-Identity), wird einer unmittelbaren Kontrolle durch hierarchische und wechselseitige Überwachung sowie automatische Sanktion in jedem Fall vorzuziehen sein. Letzteres würde einen unerwünschten Bruch in der anzustrebenden Unternehmensidentität darstellen, mit allen negativen Konsequenzen aggressiv-defensiver oder passiv-defensiver Verhaltensstile in der Mitarbeiter-Interaktion. Ein konstruktiver Verhaltensstil, der die ethischen Unternehmenswerte in allen Bereichen gleichermaßen respektiert, appelliert an die Verantwortung der Mitarbeiter für sich und für Kollegen, trägt zur kooperativen und effektiven Bewältigung von Problemen bei. Er dient darüber hinaus der fortgesetzten Optimierung im Service- und Produktbereich. Entsprechend automotivierte und engagierte Mitarbeiter sind die wesentlichen Voraussetzungen für eine klare Unternehmensidentität und ein prosperierendes Unternehmen.

6 Fazit

Ein positives Image, welches durch das Bemühen um wechselseitiges Verstehen und um Verständigung getragen wird, und eine klare und widerspruchsfreie Fassung der eigenen Identität sind mehr als nur Wettbewerbsfaktoren. Sie bestimmen den Unternehmenswert und die Wachstumsperspektiven durch nachhaltig bindungsstiftende Wertschätzung und Präferenz bei den Ziel- und Anspruchsgruppen. Damit sind die entscheidenden Rahmenbedingungen für eine erfolgreiche und nachhaltige Positionierung am Markt geschaffen. Wesentlich dabei ist: Strategien des Image-Managements können nicht isoliert von anderen Handlungs- und Interaktionsdomänen des Unternehmens konzipiert werden, insbesondere lassen sie sich nicht unabhängig von der Gestaltung der Unternehmenskultur und des Verhaltens der Mitglieder einer Organisation realisieren. Von allen Dimensionen der Unternehmensrealität, die Prozesse der Identitätsbildung wesentlich beeinflussen, ist die Kultur eines Unternehmens diejenige, die am tiefsten wurzelt und sich am nachhaltigsten auswirkt. Sie ist nach Schmidt (2003, S. 60) gleichzeitig die Dimension, die am häufigsten vernachlässigt und unterschätzt wird. Das Verhalten eines Unternehmens und seiner Mitarbeiter ist als wesentlicher Bestandteil derselben durch die spezifische Unternehmenskultur bestimmt. Für den Aufbau von Vertrauen und Goodwill kommt es darauf an, Widersprüche zwischen dem konkreten Verhalten eines Unternehmens und seiner Mitarbeiter und den Vorstellungen zu verhindern, die durch Werbung, Öffentlichkeitsarbeit und anderen Unternehmensäußerungen erzeugt werden. Nur wenn Verhaltenseindrücke und kommunizierte Vorstellungen langfristig zueinander passen, entsteht ein konsistentes und glaubwürdiges positives Image. Und hier erweisen sich die als „konstruktiv" klassifizierbaren Verhaltensstile im Sinne von Cooke und Szumal (2000) als die erfolgreichsten. Die Berücksichtigung dieser Faktoren ist – neben der erforderlichen Qualität der Produkte und Dienstleistungen – die wesentliche Voraussetzung für eine erfolgreiche Positionierung und die Entwicklung einer nachhaltigen Produkt- und Unternehmenspräferenz bei den Stakeholdern. Da das Interaktionsverhalten sowie das sonstige Handeln vom unscheinbaren Mitarbeiter bis zum Vorstandsmitglied am Prozess der Identitäts- und Imagebildung beteiligt ist, kommt es darauf an, jede Möglichkeit zu nutzen, um die Unternehmenskultur und das weitere Verhalten im Sinne der strategischen Positionierung des Unternehmens auf die Corporate-Value-Identity abzustimmen und somit ein ethisches Monitoring unter Bezug auf die zentralen Unternehmens- und Gesellschaftswerte zu garantieren.

Die Neigung der Stakeholder, Verhaltenmodi als Größen für die Bewertung einer Organisation zu bestimmen, kann nicht bedeutend genug eingeschätzt werden. Allein durch die spezifischen Verhaltensformen und Interaktionsmodi erzeugen Unternehmen ein Bild von Nähe oder Distanz, von Glaubwürdigkeit oder Unglaubwürdigkeit, von Verständigung oder Verständnislosigkeit (Buß und Fink-Heuberger 2000, S. 138). Die Wertschöpfungspotenziale von Prozessen der primären und sekundären Symbolisierung in Interaktionen sind darum stärker als bisher zu berücksichtigen und unbedingt zu nutzen (Ebert 2014).

Literatur

Alvesson, M., & Berg, P. O. (1992). *Corporate culture and organizational symbolism*. Berlin: de Gruyter.
Bleicher, K. (1994). *Leitbilder. Orientierungsrahmen für eine integrative Managementphilosophie* (2. Aufl.). Stuttgart: Schäffer-Poeschel.
Bromann, P., & Piwinger, M. (1992). *Gestaltung der Unternehmenskultur*. Stuttgart: Schäffer-Poeschel.
Buß, E., & Fink-Heuberger, U. (2000). *Image Management*. Frankfurt am Main: FAZ-Institut.
Cooke, R.A., & Szumal, J. L. (2000), Using the organizational culture inventory to understand the operating cultures of organizations. In N. M. Ashkanasy, C. P. M. Wilderom, & M. F. Petersen (Hrsg.), *Handbook of organizational culture and climate* (S. 147–162). Thousand Oaks: Sage.
Dillard, C., Browning, L. D., Sitkin, S. B., & Sutcliffe, K. M. (2000). Impression management and the use of procedures at the Ritz-Carlton: Moral standards and dramaturgical discipline. *Communication studies, 51*(4), 404–414.
Ebert, H. (2014): *PR-Texte*. Konstanz: UVK.
Ebert, H., & Harlinghausen, K. (2012). *FeMale. Führung jenseits von Geschlecht und Vorurteil* (2. Aufl.). Stuttgart: ibidem.

Ebert, H., & Piwinger, M. (2009). Gestaltung von Unternehmenskulturen. In G. Bentele, M. Piwinger, & Schönborn (Hrsg.), *Kommunikationsmanagement* (Loseblattwerk 2001 ff., Nr. 3.56, S. 1–30). Köln: Luchterhand.

Echter, D. (2003). *Rituale im Management*. München: Vahlen.

Förster, H.-P. (1994). *Neue Briefkultur mit Corporate Wording*. Frankfurt am Main: Campus.

Höfliger, R. (2005). Die Prozessarchitektur umfassender Kulturentwicklungsprozesse. In N. Janich (Hrsg.), *Unternehmenskultur und Unternehmensidentität. Wirklichkeit und Konstruktion* (S. 129–132). Wiesbaden: DUV.

Menz, F., & Stahl, H. K. (2008). *Handbuch Stakeholderkommunikation. Grundlagen – Sprache – Praxisbeispiele*. Berlin: ESV.

Meyer, J.-U. (Hrsg.). (2011). *Erfolgsfaktor Innovationskultur. Das Innovationsmanagement der Zukunft. Corporate Creativity Studie 2011*. Göttingen: BusinessVillage.

Morgan, G. (1998). *Images of organization*. San Francisco: Berret-Koehler Publishers.

Mummendey, H. D. (1995). *Psychologie der Selbstdarstellung* (2. Aufl.). Göttingen: Hogrefe.

Nonaka, I., & Takeuchi, H. (1997): *Die Organisation des Wissens*. Frankfurt am Main: Campus.

Schmidt, K. (2003). *Inclusive Branding. Methoden, Strategien und Prozesse ganzheitlicher Markenführung*. Neuwied: Luchterhand.

Turner, B. (1991). The development of a safety culture. *Chemistry & Industry, 1*, 241–243.

Wilz, S. (2010). Organisation: Die Debatte um „Gendered Organizations". In R. Becker & B. Kortendieck (Hrsg.), *Handbuch Frauen- und Geschlechterforschung* (3. Aufl., S. 513–519). Wiesbaden: VS.

Psychologie der internen Organisationskommunikation

Frank M. Schneider, Andrea Retzbach, Berend Barkela und Michaela Maier

Zusammenfassung

Über den Erfolg der Unternehmenskommunikation entscheiden neben der Struktur und den Rahmenbedingungen einer Organisation sowie der Qualität und Form von Kommunikationsmaßnahmen auch individuelle psychologische Faktoren der Rezipienten. Dieser Beitrag beleuchtet dies am Beispiel der internen Organisationskommunikation. Zunächst werden die Relevanz interner Kommunikation für Organisationen sowie wesentliche Ziele und Formen interner Organisationskommunikation skizziert. Anschließend werden die wichtigsten psychologischen Theorien und Faktoren diskutiert, die die Wirkung interner Kommunikationsmaßnahmen erklären und beeinflussen können. Diese werden in einem theoretischen Wirkmodell dargestellt, das die Bezüge zwischen interner Unternehmenskommunikation und individuellen psychologischen sowie situationsbedingten Faktoren aufzeigt. Schließlich werden Möglichkeiten besprochen, wie Kommunikation diagnostiziert und evaluiert werden kann.

F. M. Schneider (✉)
Universität Mannheim, Institut für Medien- und Kommunikationswissenschaft
Rheinvorlandstraße 5, 68159 Mannheim, Deutschland
E-Mail: frank.schneider@uni-mannheim.de

A. Retzbach · B. Barkela · M. Maier
Universität Koblenz-Landau, Institut für Kommunikationspsychologie und Medienpädagogik
Campus Landau, Fortstraße 7, 76829 Landau, Deutschland
E-Mail: retzbach@uni-landau.de

B. Barkela
E-Mail: barkela@uni-landau.de

M. Maier
E-Mail: mmaier@uni-landau.de

Schlüsselwörter

Interne Kommunikation · Kommunikationspsychologie · Führungskommunikation · Kommunikationswirkung · Persönlichkeit · Kognition · Wissen · Emotion · Motivation · Intention · Einstellung · Normen · Mitarbeiterverhalten · Wohlbefinden · Unternehmenskommunikation

1 Kommunikation in Organisationen

Kommunikation ist in Organisationen allgegenwärtig: Führungskräfte delegieren Aufgaben an Mitarbeiter, Verkäufer werden über neue Produkte informiert, und in Vorstandssitzungen wird über Marktstrategien beraten. Damit in Organisationen die richtigen Informationen zur richtigen Zeit an die richtigen Personen fließen, können zahlreiche Kommunikationskanäle genutzt werden: direkte Face-to-Face-Kommunikation oder interne Medien wie Intranet, Mitarbeiterzeitungen oder Business-TV, um nur einige zu nennen (vgl. Kapitel „Interne Unternehmenskommunikation: Mitarbeiter führen und motivieren"). Interne Kommunikation ermöglicht Abstimmungs- und Koordinationsprozesse und wird daher häufig auch als konstituierendes Merkmal von Organisationen bezeichnet (Goldhaber 1993). Die Erwartungen an interne Kommunikationsmittel gehen allerdings häufig über die reine Koordination hinaus. Umfrageergebnisse unter Kommunikationsverantwortlichen belegen eine steigende Bedeutung und Relevanz interner Organisationskommunikation (Zerfass et al. 2010) und Unternehmen schreiben ihr eine wesentliche Rolle als Erfolgs- und Produktivitätsfaktor zu (Watson Wyatt Worldwide 2009). Darüber hinaus sollen Organisationsmitglieder im Sinne der Unternehmenskultur sozialisiert werden. Interne Kommunikation soll aber auch zum Wohlbefinden der Mitarbeiter und zu deren Arbeitsleistung beitragen.

Doch kann die interne Organisationskommunikation diesen hohen Ansprüchen auch genügen? Zwischen interner Kommunikation und ihren Auswirkungen auf Organisationen und deren Mitglieder stehen komplexe Wirkzusammenhänge. Über erfolgreiche Kommunikation entscheiden neben der Struktur und den Rahmenbedingungen einer Organisation sowie der Qualität und Form von Kommunikationsmaßnahmen auch individuelle psychologische Faktoren (Maier et al. 2012). Bevor im Weiteren psychologische Prozesse und Konstrukte beschrieben werden, die einen Einfluss auf die Wirksamkeit von Kommunikationsmaßnahmen haben können, soll zunächst geklärt werden, wie interne Kommunikation definiert werden kann, welche Formen denkbar sind und welche Ziele damit verfolgt werden können.

Kommunikationsprozesse in Unternehmen können zunächst nach ihrer Zielgruppe unterschieden werden (vgl. Kapitel „Unternehmensführung und Kommunikation: Strategie, Management und Controlling"). *Externe Kommunikation* richtet sich an Personen außerhalb der Organisation und *interne Kommunikation* an jene innerhalb der Organisation. Die Koordination von interner und externer Kommunikation wird auch als *integrierte Kommunikation* bezeichnet. Die interne Organisationskommunikation lässt sich im Rahmen der hierarchischen Strukturen einer Organisation weiter einteilen. Findet

Psychologie der internen Organisationskommunikation

```
                          Führungsebene
                    Horizontale Kommunikation
  Führungskraft  ←―(Managementkommunikation)―→  Führungskraft
        ↑                                              │
  Vertikale Kommunikation                       Vertikale Kommunikation
       bottom-up                                      top-down
  (Vorschlagswesen)                           (Mitarbeiterinformation)
        │                                              ↓
    Mitarbeiter  ←―Horizontale Kommunikation―→    Mitarbeiter
                    (Kollegenkommunikation)
                         Mitarbeiterebene
```

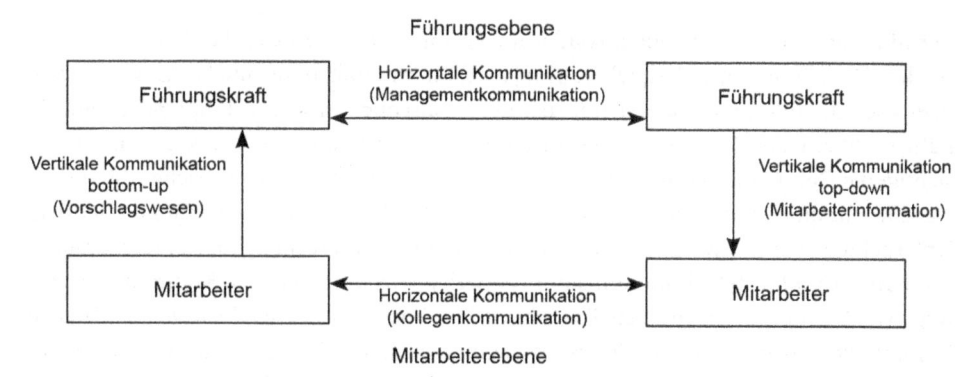

Abb. 1 Idealtypische Darstellung der Kommunikationsakteure und -wege in Organisationen (Quelle: Schneider und Retzbach (2012b, S. 6))

Kommunikation zwischen Mitarbeitern derselben hierarchischen Ebene statt, spricht man von *horizontaler Kommunikation*. Kommunikation zwischen Mitarbeitern und Führungskräften wird als *vertikale Kommunikation* bezeichnet. Diese unterscheidet sich wiederum in ihrer Richtung, also entweder abwärts (*top-down*) oder aufwärts (*bottom-up*). Diese Systematisierung (siehe auch Abb. 1) kann als Idealtypus verstanden werden. In der Realität können auch Mischformen auftreten, etwa bei der kollegialen Moderation eines Teams.

Eine Bestimmung des Begriffes *interne Organisationskommunikation* setzt ein Verständnis seiner wesentlichen Bestandteile, nämlich Organisation und Kommunikation voraus. Organisationen sind „soziale Gebilde, die dauerhaft ein *Ziel* verfolgen und eine *formale Struktur* aufweisen, mit deren Hilfe die *Aktivitäten der Mitglieder* auf das verfolgte *Ziel* ausgerichtet werden sollen" (Kieser und Walgenbach 2003, S. 6; Hervorhebungen durch die Verfasser). *Menschliche Kommunikation* umfasst sämtliche Prozesse zwischen zwei oder mehreren Personen, bei welchen diese als *Sender* (Kommunikator) und/oder als *Empfänger* (Rezipient) mithilfe von Zeichen direkt oder mithilfe von Medien miteinander in Beziehung treten (Six et al. 2007, S. 21). Das Besondere an der *internen* Organisationskommunikation ist, dass Kommunikation zwischen Mitgliedern derselben Organisation stattfindet:

> **Interne Organisationskommunikation**
> Interne Organisationskommunikation umfasst sämtliche Prozesse zwischen zwei oder mehreren Organisationsmitgliedern, an denen diese als Sender (Kommunikator) und/oder Empfänger (Rezipient) beteiligt sind und durch Zeichen direkt oder mithilfe von Medien in formellem oder informellem Rahmen miteinander in Beziehung treten (Schneider und Retzbach 2012b, S. 8).

Gemäß dieser Definition bezieht sich interne Kommunikation 1) nicht nur auf (Wirtschafts-)unternehmen, sondern auf sämtliche Organisationsformen (z. B. auch NGOs, öffentliche Einrichtungen, Verbände). Interne Kommunikation bedeutet 2) nicht nur die

Vermittlung von Informationen, sondern auch sämtliche Prozesse, die dafür eine Rolle spielen. Das können zum Beispiel die Wahl eines Kommunikationsmittels (Antezedenzen) oder auch die Interpretation der Information (Konsequenzen) beim Empfänger sein. Da Führungskräfte und Mitarbeiter sowohl Sender als auch Empfänger sein können, berücksichtigt die Definition 3) sämtliche Richtungen des Informationsflusses (siehe Abb. 1). Interne Kommunikation umfasst 4) nicht nur formelle, also von Führungskräften oder dem Unternehmen vorgesehene Kommunikationswege (z. B. Besprechung im Konferenzraum), sondern auch informelle Kommunikation außerhalb der vorgesehenen Kommunikationswege (z. B. Besprechungen nach Feierabend im Wirtshaus). Schließlich gehört 5) auch Kommunikation, die nicht unmittelbar den Organisationszielen dient, zur internen Kommunikation – etwa persönliche Gespräche zwischen Mitarbeitern über private Angelegenheiten. Organisationsziele und deren Erreichung sind demnach nicht Teil der Definition. Allerdings gestalten Organisationen die interne Kommunikation häufig systematisch und formell, weil sie damit bestimmte Ziele verfolgen. Diese Ziele werden im Folgenden dargestellt.

2 Ziele interner Organisationskommunikation

Wie oben bereits beschrieben, knüpfen Organisationen an ihre interne Kommunikation Erwartungen. Die Arbeit der Organisationsmitglieder soll koordiniert, die Organisationsmitglieder sollen im Sinne der Unternehmenskultur sozialisiert und die Leistung der Mitarbeiter soll verbessert werden. Für eine erste Orientierung können diese Ziele als *mitarbeiterbezogene* und *organisationsbezogene* Ziele unterschieden werden (Macharzina 1990). Eine große Rolle spielt die interne Kommunikation auch im Rahmen der Umsetzung von Veränderungen in einer Organisation, dem *Change Management* (vgl. Kapitel „Veränderungskommunikation: Grundlagen und Herausforderungen durch Social Media").

2.1 Mitarbeiterbezogene Ziele

Arbeit dient Mitarbeitern häufig nicht ausschließlich zum Broterwerb, sondern bietet auch die Möglichkeit, die eigene Identität zu entwickeln, das Selbstbild zu fördern und das Bedürfnis nach sozialen Kontakten zu befriedigen (von Rosenstiel 2007). Die Berücksichtigung solcher mitarbeiterbezogenen Ziele hat ihre Wurzeln in der Human-Relations-Bewegung der 1930er Jahre und gilt heute als wesentliches Element in der Arbeits- und Organisationspsychologie (Nerdinger et al. 2011). Im Fokus stehen dabei vor allem arbeitsbezogene Einstellungen der Mitarbeiter. Für das Wohlbefinden der Mitarbeiter spielt es unter anderem eine wichtige Rolle, wie zufrieden sie mit ihrer Arbeit sind, wie stark sie sich mit ihrer Organisation verbunden fühlen und wie sehr sie sich mit ihr identifizieren. Hierbei wird auch deutlich, dass die mitarbeiter- und organisationsbezogenen Ziele nicht völlig trennscharf sind, denn derartige arbeitsbezogene Einstellungen beeinflussen auch das Verhalten der Mitarbeiter am Arbeitsplatz (z. B. ihre Leistung oder ihre Fluktuation) und können so indirekt den Organisationserfolg beeinflussen (Nerdinger et al. 2011). Wie interne Kommunikation Einfluss auf arbeitsbezogene Einstellungen nehmen kann, wird in Abschn. 3.5 in diesem Beitrag beschrieben.

Darüber hinaus stellt interne Kommunikation ein wichtiges Mittel zur Stressprävention und -bewältigung dar. Untersuchungen weisen auf Zusammenhänge zwischen Kommunikationsinhalten und dem Stresserleben hin. Gute interne Kommunikation kann z. B. die negative Wirkung von Stressoren lindern, indem sie die soziale Unterstützung zwischen den Mitarbeitern fördert oder Partizipation ermöglicht (Frese und Semmer 1991). Dagegen kann schlechte interne Kommunikation sogar selbst zum Stressor werden (Bordia et al. 2006).

2.2 Organisationsbezogene Ziele

Neben dem Wohlergehen der Mitarbeiter soll interne Kommunikation auch unmittelbar dem Organisationserfolg dienen. Sie ist in der Regel eine notwendige Voraussetzung, damit eine Organisation funktioniert (Nerdinger et al. 2011). Alle Tätigkeiten in einer Organisation müssen auf ein Ziel hin ausgerichtet und koordiniert werden. Diese Koordinationsfunktion kann sehr anspruchsvoll sein, etwa bei Organisationen, die sehr groß sind oder mehrere Standorte haben.

Neben der Koordination von Aufgaben kann Kommunikation das Erleben und Verhalten von Mitarbeitern direkt oder indirekt beeinflussen. Studien weisen darauf hin, dass neben finanzieller Anerkennung auch Kommunikation (z. B. in Form von Feedback oder Zielvereinbarungen) und die Zufriedenheit mit der Kommunikation die Leistung von Mitarbeitern positiv beeinflussen kann (Kim und Hamner 1976; Kluger und DeNisi 1996). Darüber hinaus hängen Verhaltensweisen, die sich positiv auf die Funktionsfähigkeit der Organisation auswirken, aber über die formale Stellenbeschreibung hinausgehen (*Positives Extra-Rollen-Verhalten*, zum Beispiel in Form von *Organizational Citizenship Behavior*; Organ 1988) unter anderem mit der Kommunikationszufriedenheit in einem Unternehmen zusammen (Kandlousi et al. 2010). Auch die Wahl bestimmter Kommunikationsformen kann die Leistung der Mitarbeiter beeinflussen. Eine Meta-Analyse weist zum Beispiel darauf hin, dass Telearbeit die wahrgenommene Autonomie und die Arbeitsmotivation erhöhen und damit einen positiven Einfluss auf die Leistung haben kann (Gajendran und Harrison 2007).

Ein wichtiges Organisationsziel ist außerdem, dass Mitarbeiter überhaupt regelmäßig an ihrem Arbeitsplatz erscheinen (Nerdinger et al. 2011). Während kurzfristige Fehlzeiten häufig ohne dauerhafte Produktivitätseinbußen aufgefangen werden können, stellen Kündigungen durch qualifizierte Mitarbeiter (*unerwünschte Fluktuation*) ein Problem für Organisationen dar. Kündigungsabsichten können durch interne Kommunikation beeinflusst werden (siehe Abschn. 3.7).

2.3 Beispiel: Change-Kommunikation

Die wichtige Rolle der internen Kommunikation kann am Beispiel des Change-Managements von Organisationen verdeutlicht werden (vgl. Kapitel „Veränderungskommunikation: Grundlagen und Herausforderungen durch Social Media"). Change Management bezeichnet die Bewältigung von tiefgreifenden und für die Organisation zentralen strategischen Veränderungsprozessen. Solche Change-Prozesse sind zum Beispiel Fusionen und Übernahmen, Restrukturierungen, die Einführung neuer Technologien oder neue strategische Ausrichtungen.

Change-Kommunikation ist ein Beispiel für einen umfangreichen Kommunikationsprozess, der sowohl mitarbeiterbezogene als auch organisationsbezogene Ziele verfolgt. Sie soll Mitarbeiter für die Änderungen begeistern und zur Kooperation motivieren oder zumindest Widerstände verhindern oder verringern und dabei helfen, dass betroffene Mitarbeiter den Wandel verstehen, akzeptieren und umsetzen (von Rosenstiel 2007). Eine zeitlich gut koordinierte und glaubwürdige Change-Kommunikation kann die wahrgenommene Unsicherheit mildern und wirkt sich positiv auf das Stresserleben und das Kontrollempfinden der Mitarbeiter aus (Bordia et al. 2004). Durch die Reduktion dieser Unsicherheiten fördert gute Change-Kommunikation die Offenheit für den Change (Allen et al. 2007). Ohne Kommunikation oder durch schlechte formelle Kommunikation können in Change-Prozessen leicht negative Gerüchte entstehen (Bordia et al. 2006).

3 Interne Organisationskommunikation aus psychologischer Perspektive

Wie in den vorangegangenen Abschnitten deutlich wurde, beeinflusst die interne Kommunikation sowohl das Wohlbefinden als auch das Verhalten der Mitarbeiter am Arbeitsplatz. Beides ist für die Organisation relevant, weswegen es lohnenswert erscheint, die dahinter stehenden Prozesse aus psychologischer Perspektive genauer zu beleuchten. Zwischen einer Kommunikationsbotschaft und dem aus Organisationssicht gewünschten Erleben und Verhalten von Mitarbeitern besteht nicht unbedingt ein direkter Zusammenhang. Aus Sicht einer Organisation wäre es natürlich optimal, wenn der Aufruf zu besseren Leistungen unmittelbar zu höherer Produktivität führte oder eine Änderung der Firmenstrategie von allen Mitgliedern problemlos akzeptiert und ohne Stress erlebt würde. Das Zusammenspiel zwischen den Instrumenten, Maßnahmen, Inhalten sowie der Qualität von Kommunikation und ihren Konsequenzen bei den Empfängern ist allerdings äußerst komplex. Neben den Rahmenbedingungen innerhalb und außerhalb der Organisation haben auch die individuellen Eigenschaften ihrer Mitglieder Einfluss auf die Wirkung interner Kommunikation.

Im Weiteren sollen psychologische Theorien und Begriffe dargestellt werden, die herangezogen werden können, um zu erklären, warum Menschen nicht immer das tun, was man ihnen aufträgt oder wovon man sie – vielleicht sogar zu ihrem eigenen Besten – überzeugen will. Diese Überlegungen zu Einflüssen auf menschliches Verhalten werden in einem theoretischen Wirkmodell zur internen Organisationskommunikation veranschaulicht.

3.1 Theoretisches Wirkmodell zur internen Organisationskommunikation

In der Arbeits- und Organisationspsychologie werden zur Erklärung und Vorhersage von Mitarbeiterverhalten vor allem zwei Modelle herangezogen: Das S-O-R-Modell und die sogenannten Handlungstheorien (Nerdinger 2003).

Das S-O-R-Modell geht zurück auf die psychologische Forschungstradition des Behaviorismus. Die Behavioristen gingen davon aus, dass auf einen *Stimulus* (ein Reiz aus der Umgebung, etwa in Form einer Kommunikationsbotschaft) immer eine angeborene oder gelernte *Reaktion* (z. B. ein bestimmtes Verhalten) folgt. Da die Zusammenhänge menschlichen Verhaltens nicht so einfach sind, wurde dieses klassische S-R-Modell zum S-O-R-Modell weiterentwickelt. Dieses geht davon aus, dass der Stimulus auf den *Organismus* des Menschen trifft und dort psychische Prozesse auslöst. Solche psychischen Prozesse sind zum Beispiel Kognitionen und Emotionen und unterscheiden sich nach individuellen Merkmalen, zum Beispiel der Persönlichkeit oder bestimmten Fähigkeiten. Nicht der Reiz selbst, sondern die Prozesse, die er auslöst, bestimmen schließlich die Reaktion (Nerdinger 2003).

Doch auch an dieser Erweiterung des Modells kann noch kritisiert werden, dass das Verhalten eines Menschen nur als Reaktion auf äußere Reize definiert wird. So kann zum Beispiel selbstgesteuertes Verhalten, wie das oben erwähnte Extra-Rollenverhalten nicht nur durch äußere Reize erklärt werden. Obwohl individuelle Prozesse angenommen werden, bleibt offen, welche Prozesse im Menschen ablaufen, bevor er sich für ein Verhalten entscheidet.

Diese Prozesse beleuchten die Handlungstheorien. Eine Übersicht der wichtigsten Theorien, die mehr oder weniger komplexe Modelle zur Handlungssteuerung beinhalten, findet sich bei Gollwitzer und Schmitt (2006). Diese Theorien beziehen sich auf ein Verhalten, für das sich ein Mensch bewusst entscheidet, um ein bestimmtes Ziel zu erreichen. Ein einflussreiches Modell ist die „Theorie des geplanten Verhaltens" (englisch: Theory of planned behaviour), die Ajzen (1985) entwickelt hat. In diesem Modell ist die *Handlungsabsicht* eines Menschen der wesentliche Prädiktor für eine Handlung. Diese Handlungsabsicht wird wiederum von drei Variablen beeinflusst (vgl. Abb 2): 1) Die *Einstellung gegenüber der Handlung* ergibt sich aus den erwarteten Konsequenzen der Handlung. Überwiegen negative Konsequenzen, bildet sich eine negative Einstellung, überwiegen positive Konsequenzen, bildet sich eine positive Einstellung. 2) Die *subjektive Norm* steht für die Erwartung, wie andere Personen die Handlung bewerten könnten. 3) Die *subjektive Verhaltenskontrolle* gibt an, inwiefern man glaubt, es selbst „in der Hand zu haben", die Handlung auszuführen. Sie ist nicht nur für die Handlungsabsicht relevant: Die Wahrneh-

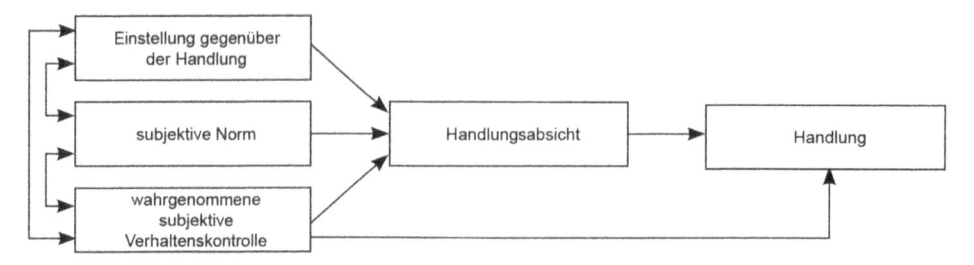

Abb. 2 Die Theorie des geplanten Verhaltens
(Quelle: In Anlehnung an Gollwitzer und Schmitt (2006, S. 99))

mung der vorliegenden Informationen, der eigenen Fähigkeiten, Zeit oder Gelegenheiten beeinflusst auch die Ausführung der Handlung selbst.

Sowohl aus dem S-O-R-Modell als auch aus der Theorie des geplanten Verhaltens erschließt sich, dass zwischen einer Kommunikationsbotschaft und der Reaktion von Mitarbeitern verschiedene psychologische Faktoren wirken können. Eine wichtige Rolle spielt die *Persönlichkeit* eines Mitarbeiters. Über die Wahrnehmung und Verarbeitung von Kommunikation entscheiden außerdem *kognitive Fähigkeiten* und *Emotionen*. Um Kommunikationsbotschaften zu interpretieren und gewünschte Aufgaben auszuführen, benötigen Mitarbeiter außerdem bestimmtes *Wissen*. Die *Einstellungen* der Mitarbeiter zu ihrem Arbeitgeber und Arbeitsplatz und die dort herrschenden *Normen* können die Wirkung von Kommunikation beeinflussen. Ähnlich können auch bestimmte *Motivationen* oder Handlungsabsichten (*Intention*) durch Kommunikation hervorgerufen oder verändert werden. Neben solchen psychologischen Faktoren haben auch externe Faktoren wesentlichen Einfluss auf Kommunikation und Mitarbeiter. Menschliches Verhalten hängt auch von den *Situationsbedingungen* ab (Nerdinger et al. 2011). Dieser Kontext wird zum Beispiel in der Theorie des geplanten Verhaltens insofern berücksichtigt, dass in einer als ungünstig beurteilten Situation die subjektive Verhaltenskontrolle sinkt.

Interne Kommunikation steht also in einem komplexen Wechselspiel von situationsbedingten Faktoren und den Menschen selbst, mit ihren individuellen psychologischen Faktoren. Diese Zusammenhänge können in einem theoretischen Wirkmodell zusammengefasst werden (siehe Abb. 3).

Das Wohlbefinden und Verhalten der Mitarbeiter sind wichtige Voraussetzungen für den Organisationserfolg und können durch die interne Kommunikation beeinflusst werden. Wie dargestellt wurde, sind die Effekte interner Kommunikation aber häufig nicht unmittelbar, sondern werden durch Situationsbedingungen und individuelle psychologische Variablen beeinflusst. Zur Einführung eines neuen Kassensystems kann ein Unternehmen zum Beispiel einen Beitrag in der Mitarbeiterzeitschrift produzieren. Ob die Mitarbeiter diesen lesen, hängt zunächst ab von ihrer Zeit (*Situationsbedingungen*) und der Aufmerksamkeit (*kognitiver Prozess*), die sie ihm schenken. Daneben spielt es eine Rolle, wie die Kollegen mit dem Beitrag oder der Mitarbeiterzeitschrift umgehen (*Normen*). Sie müssen außerdem *motiviert* sein, das Medium Zeitung gewissenhaft (*Persönlichkeit*) zu lesen. Damit sie die neuen Informationen aufnehmen und verarbeiten können (*kognitive Prozesse*),

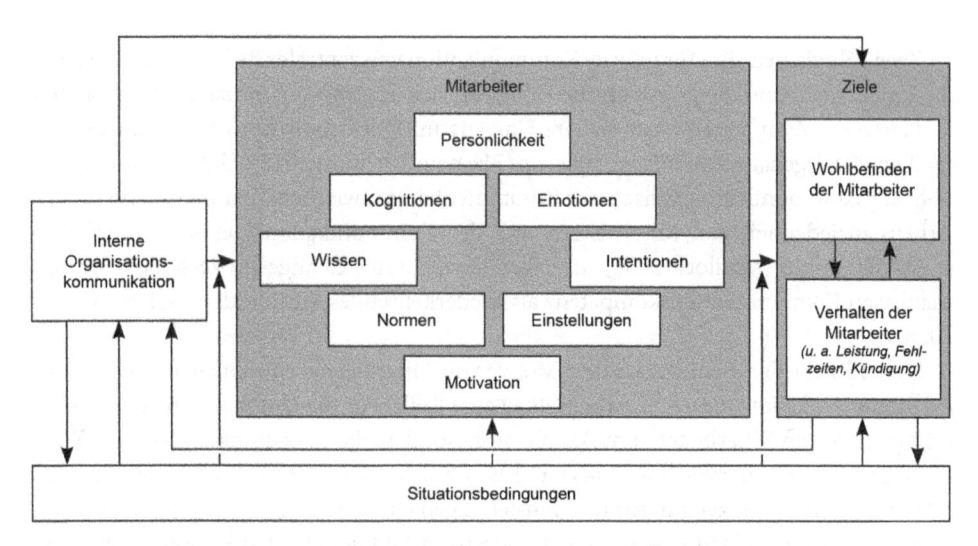

Abb. 3 Theoretisches Wirkmodell zur internen Organisationskommunikation
(Quelle: Retzbach und Schneider (2012, S. 35))

müssen sie das alte Kassensystem kennen (*Wissen*) und der Mitarbeiterzeitschrift vertrauen (*Einstellungen*). Dazu kommt, dass auch die subjektive Qualität der Zeitung (*Einstellungen*) und die *Einstellungen* gegenüber dem Kassensystem selbst darüber entscheiden, wie der Mitarbeiter den Beitrag und seine Zielsetzung bewertet und schließlich in Verhalten umsetzt (*Intention* und *Verhalten*). Für Kommunikationsverantwortliche ist es wichtig, diese komplexen und dynamischen Mechanismen zu beachten.

Im Folgenden werden die psychologischen Faktoren des beschriebenen Wirkmodells genauer dargestellt. Dabei werden die Perspektiven verschiedener psychologischer Teildisziplinen auf interne Organisationskommunikation skizziert; eine ausführlichere Darstellung findet sich bei Maier et al. (2012).

3.2 Persönlichkeit

Menschen unterscheiden sich in ihren Persönlichkeitseigenschaften. Das Profil dieser Eigenschaften wird als *Persönlichkeit* bezeichnet. Die Differentielle und Persönlichkeitspsychologie widmet sich der Beschreibung und Erklärung solcher Profile. Den Stellenwert dieser Disziplin für die interne Kommunikation besprechen Blum und Schmitt (2012) ausführlich. Relevante Persönlichkeitseigenschaften sind zum Beispiel die *Fähigkeiten* und *Kompetenzen* (z. B. Kommunikations- und Medienkompetenz) einer Person, ihre *Bedürfnisse*, *Motive* und *Interessen* (z. B. Bedürfnis nach sozialen Kontakten) oder auch selbstbezogene *Einstellungen* und *Überzeugungen* (z. B. Selbstwert) sowie *globale Persönlichkeitseigenschaften* (z. B. Gewissenhaftigkeit). Die Persönlichkeit ist ein wesentlicher Faktor, warum sich Menschen in ihrer Kommunikation unterscheiden.

Zwei Fähigkeiten sind für interne Kommunikation von zentraler Bedeutung. Zum einen die *Kommunikationskompetenz* als die Fähigkeit, sich angemessen mitzuteilen und andere zu verstehen. Zum anderen der sichere Umgang mit (elektronischen) Kommunikationsmedien, die sogenannte *Medienkompetenz* (Blum und Schmitt 2012). Untersuchungen zur Führungskommunikation weisen auf Zusammenhänge zwischen Kommunikations- und Arbeitszufriedenheit von Mitarbeitern und der Kommunikationskompetenz von Führungskräften hin (Madlock 2008). In Fällen gescheiterter Change-Prozesse lässt sich ein Mangel an Kommunikationskompetenz als wiederkehrendes Muster identifizieren (Salem 2008).

Die individuellen Bedürfnisse und Motive von Mitarbeitern spielen auch bei der Wahl der Kommunikationsmittel im Arbeitsalltag eine Rolle. Für die Durchsetzung der eigenen Interessen heben Mitarbeiter zum Beispiel insbesondere die Bedeutung informeller Kommunikationskanäle hervor (Johnson et al. 1994). Solche Nutzungsmotive können auch mit selbstbezogenen Überzeugungen und Einstellungen einhergehen. Menschen mit einer geringen Selbstwertschätzung – also einem negativen Bild der eigenen Person – ziehen die Kommunikation per E-Mail dem direkten Gespräch vor (Joinson 2004). Persönlichkeitseigenschaften haben allerdings nicht nur einen Einfluss auf die Kommunikationsqualität und Nutzungsmotive für Kommunikation, sondern auch auf die Wahrnehmung und Bewertung interner Kommunikation. Zum Beispiel können Selbstwertschätzung und Optimismus Einfluss darauf nehmen, wie positiv Mitarbeiter Change-Prozesse bewerten und in welchem Maß sie die Veränderungen akzeptieren (Wanberg und Banas 2000).

Auch globale Persönlichkeitseigenschaften, wie Extraversion, oder Gewissenhaftigkeit wirken auf das Kommunikationsverhalten. Zum Beispiel zeigen extravertierte Personen ein eher aufgeschlossenes und aktives, introvertierte Personen ein eher passives, zurückhaltendes Kommunikationsverhalten. Personen mit ausgeprägter Gewissenhaftigkeit sind in ihrer Kommunikation zuverlässig und berechenbar (Blum und Schmitt 2012).

Obgleich Persönlichkeitseigenschaften grundsätzlich eher stabil sind, kann interne Kommunikation auch einen Einfluss auf die Persönlichkeit haben. Es ist zum Beispiel denkbar, dass durch interne Medien oder persönlichen Austausch arbeitsbezogene Kompetenzen erweitert werden können. Schlechte interne Kommunikation kann aber auch einen negativen Einfluss auf Persönlichkeitsfaktoren haben und die Arbeitsbeziehung verschlechtern. Es gibt zum Beispiel einen Zusammenhang zwischen unsachlicher und aggressiver Kommunikation durch Führungskräfte und einer Bedrohung des Selbstbildes von Mitarbeitern (Carson und Cupach 2000).

3.3 Kognitionen und Emotionen

Neben den Persönlichkeitseigenschaften, die für die Unterschiedlichkeit von Menschen charakteristisch sind, widmet sich die Psychologie auch allgemeinen Gesetzmäßigkeiten des menschlichen Erlebens und Verhaltens. Mit diesen generellen Faktoren befasst sich die allgemeine Psychologie auf der Grundlage von *Kognitionen* und *Emotionen*, deren Belang für die interne Kommunikation bei Vogel (2012) eingehend besprochen wird. Zwischen einem sinnlich wahrnehmbaren Reiz und dem darauf folgenden Verhalten eines Menschen finden verschiedene kognitive und emotionale Verarbeitungsprozesse statt, die miteinander interagieren und die Verarbeitung einer Kommunikationsbotschaft beeinflussen können. Emotionen und Kognitionen sind im Kontext der internen Organisationskommunikation kaum systematisch untersucht. Es lassen sich allerdings einige Erkenntnisse aus relevanten Theorien ableiten.

Menschen nehmen Informationen zum Beispiel nur wahr, wenn sie in der gegebenen Situation *Aufmerksamkeit* und ein entsprechendes *Interesse* aufbringen. Kommunikationsinhalte konkurrieren mit anderen Wahrnehmungen und sollten daher gerade im Organisationskontext einfach und reizarm sein (*Limited Capacity Model of Mediated Message Processing*, Lang 2000). Dazu kommt, dass von den aufgenommenen Reizen nur solche intensiver verarbeitet werden, die eine *Bedeutung* für die Person haben (Schwan und Buder 2007). Ein Mitarbeiter wird also eine Mitarbeiterzeitschrift nur dann zu Kenntnis nehmen, wenn er nicht abgelenkt ist und sich für die Inhalte interessiert. Möglicherweise wird der Mitarbeiter den Artikel auch nur dann lesen und sich die Inhalte merken (also im *Gedächtnis* abspeichern), wenn sie eine Relevanz für seinen Arbeitsalltag haben.

Die kognitiven Verarbeitungsprozesse sind darüber hinaus nicht unabhängig von Emotionen. Ein Vorgesetzter, der verärgert über die Leistung eines Mitarbeiters, im Feedbackgespräch Wut empfindet, kann damit auch Emotionen beim Mitarbeiter auslösen, die wiederum Kognitionen (z. B. Kündigungsgedanken) bewirken können. Untergebene reagieren beispielsweise verärgert, wenn sie sich ungerecht behandelt fühlen (Fitness 2000). Enthusiastische Vorgesetzte können ihre Mitarbeiter emotional mitreißen, während gestresste, feindselig wirkende Vorgesetzte eher negativen Einfluss auf das emotionale Erleben ihrer Mitarbeiter haben (George 1996).

Emotionen spielen aber nicht nur im zwischenmenschlichen Kontext, also bei direkter Kommunikation im Mitarbeiter- oder Teamgespräch eine Rolle, sondern können auch medial vermittelt werden. So kann beispielsweise ein Beitrag über positive Geschäftszahlen im Business-TV genauso Stolz und Freude hervorrufen wie eine persönliche Besprechung mit dem Vorgesetzten. Informationen über potentielle Produktionsverlagerungen ins Ausland können dagegen – auch bei positiver Darstellungsweise – Angst oder Sorge auslösen.

Es ist denkbar, dass häufig empfundene positive Emotionen positiven Einfluss auf arbeitsbezogene Einstellungen haben. Positive Stimmungen erleichtern überdies die Informationsaufnahme und flexibles Denken (Isen 2008).

3.4 Wissen

Bei der Bewältigung von Aufgaben greifen Menschen auf *Wissen* zurück, das ihnen hilft Situationen und Probleme einzuordnen sowie diese zielgerichtet zu verändern (Schnotz 2009). Das Wissen der Mitarbeiter in einer Organisation ist eine wichtige Ressource und

Voraussetzung, sowohl für komplexe Entscheidungen als auch bei Routinetätigkeiten (von Rosenstiel 2007). Bekommt ein Mitarbeiter einen Auftrag, muss er wissen, wie dieser auszuführen ist. Wenn er es nicht weiß, muss er sich zusätzliches Wissen aneignen. Der Wissensaustausch in Projektteams ist zum Beispiel umso höher, je geringer eine Arbeitsaufgabe strukturiert ist (Erhardt 2011). Mit dem Erwerb von Wissen, dem *Lernen*, beschäftigt sich die pädagogische Psychologie, deren Bedeutung für die interne Kommunikation Hosenfeld (2012) darlegt. Kommunikation ist für die Vermittlung und den Austausch von Wissen unabdingbar.

Doch nicht nur innerhalb eines Teams oder einer Abteilung lernen Mitarbeiter voneinander. Aktuelle Forschungsergebnisse weisen auf erfolgreiche Zusammenarbeit in sogenannten *Communities of Practice* (deutsch: Wissensgemeinschaften) hin. Als solche werden informelle und selbstorganisierte Zusammenschlüsse von Personen bezeichnet, die an ähnlichen Aufgaben oder Themen arbeiten, über ähnliche Ressourcen verfügen und zum Zweck des Wissensaustausches miteinander interagieren. Communities of Practice entstehen und bestehen vor allem über kommunikative Prozesse (Iverson und McPhee 2008). Wichtig für erfolgreiche Communities of Practice sind unter anderem Kommunikation ohne hierarchische Zwänge, regelmäßige Treffen und die Fähigkeit der Mitglieder, sich ihre Ideen gegenseitig verständlich zu machen (Probst und Borzillo 2008).

In der Summe ihrer Mitglieder verfügen auch ganze Organisationen und Abteilungen über Wissen. Das Management dieses Wissens ist für Organisationen von großer Bedeutung, daher sollte es bestmöglich ausgeschöpft und dauerhaft dokumentiert werden. Verlässt beispielsweise ein Mitarbeiter eine Organisation, so ist dies ein Verlust an Wissen. Je besser dieses individuelle Wissen dokumentiert ist, umso geringer ist der Wissensverlust. In diesem Sinne können auch ganze Organisationen lernen (Argyris und Schön 1999) und diese Lernprozesse sollten in die formelle Kommunikation einer Organisation integriert werden. Zwar dienen auch Pausengespräche, zufällige Treffen oder Unterhaltungen in Intranet-Foren der Weitergabe von wichtigen Informationen, dennoch haben formelle Wissenstransfer-Kanäle Vorteile gegenüber informellen. Sie können persönlich (wenn z. B. ein neuer Mitarbeiter einen erfahrenen Kollegen im Berufsalltag begleitet) oder unpersönlich (z. B. Wissensmanagementsysteme im Intranet) sein, versprechen aber ein höheres Maß an Zuverlässigkeit und Dokumentation (Alavi und Leidner 2001). Daneben haben IT-gestützte Wissensdatenbanken (z. B. Wikis) ein großes Potenzial, weil sie das parallele Arbeiten mehrerer Nutzer am selben Inhalt erlauben und organisationales Wissen dadurch immer weiter verfeinert und besser dokumentiert werden kann. Gleichzeitig müssen aber auch Fallstricke beachtet werden, z. B. kann ein Free-Riding-Effekt eintreten, bei dem das Wiki von vielen zum Wissensabruf genutzt, aber nur von wenigen mit Wissen gefüllt wird (Wagner und Schroeder 2010). Die Einführung von Intranets geschieht so auch vor allem in Unternehmen, deren Organisationskultur auf Vertrauen basiert, die Innovationen fördert und die korrekte Einhaltung von formalen Abläufen und Richtlinien betont (Ruppel und Harrington 2001).

3.5 Einstellungen und Motivation

Die positive oder negative Bewertung von Gegenständen, Situationen oder Personen durch einen Menschen hängt zum Teil vom Kontext und der Stimmung einer Person ab. Es gibt allerdings Bewertungen, die über verschiedene Situationen hinweg stabil sind. Diese positiven oder negativen Bewertungen spiegeln die *Einstellungen* einer Person gegenüber einem Gegenstand wider. Einstellungen werden daher auch als evaluative Tendenzen beschrieben (Eagly und Chaiken 1993).

Mit Einstellungen, die sich auf das Berufsleben beziehen, beschäftigt sich die Arbeits- und Organisationspsychologie, die sich häufig auf Theorien der Sozialpsychologie bezieht und sie auf das Verhalten und Erleben im Arbeitskontext anwendet. Wie bereits in Abschnitt 2.1 ausgeführt wurde, haben arbeitsbezogene Einstellungen, wie die *Arbeitszufriedenheit*, das organisationale *Commitment* (die Bindung an eine Organisation) und die organisationale *Identifikation* Einfluss auf das Erleben und Verhalten der Mitarbeiter am Arbeitsplatz und daher auch auf den organisationalen Erfolg. Ein weiteres zentrales Konstrukt ist die *Arbeitsmotivation*. Motivation wird bezeichnet als Ausrichtung auf ein Handlungsziel und ist die zentrale Voraussetzung für zielgerichtetes Handeln. Eine hohe Arbeitsmotivation ist entsprechend Voraussetzung für eine gute Arbeitsleitung. Dagegen kann mangelnde Motivation zu häufigen Abwesenheiten und einer erhöhten Kündigungsabsicht führen (Kleinbeck 1996; Nerdinger et al. 2011).

Das Verhältnis von Einstellungen und interner Kommunikation behandeln Aehling et al. (2012) genauer. Studien zeigen, dass Change-Kommunikation einen Einfluss auf die Arbeitszufriedenheit, die Arbeitsleistung und das Commitment haben kann. Dabei scheint die Qualität der Kommunikation (z. B. angemessene Frequenz, Informationsdichte) eine wichtige Rolle zu spielen (Schweiger und DeNisi 1991). Organisationale Kommunikationspraktiken scheinen nur dann zu höherer Arbeitszufriedenheit und höherem Commitment zu führen, wenn die Mitarbeiter mit der Organisationskommunikation zufrieden sind (Carrière und Bourque 2009).

Gute Top-Down-Kommunikation, das zeigen auch weitere Studien, kann zu höherer Arbeitsqualität (Baird und Diebolt 1976) und höherem Commitment führen (Mathieu und Zajac 1990). Auch die arbeitsbezogenen Einstellungen von Führungskräften haben einen Einfluss auf die Mitarbeiter. Arbeitszufriedenheit und -motivation von Mitarbeitern sind umso höher, je besser die Kommunikation ist und je stärker sich die Manager mit ihrem Job identifizieren (Orpen 1997). Auch ist der Zusammenhang zwischen interner Kommunikation und selbsteingeschätzter Leistung nicht unmittelbar, sondern wird unter anderem über Arbeitszufriedenheit und Commitment vermittelt (Rodwell et al. 1998).

Auch das Sehen einer Business-TV-Sendung hat nicht unbedingt direkte Effekte auf Arbeitszufriedenheit, Job Involvement oder Leistungsmotivation, kann jedoch in Verbindung mit hoher Akzeptanz von Business-TV das Commitment und die Identifikation mit dem Unternehmen positiv beeinflussen (Schneider et al. 2010). Darüber hinaus müssen die Fähigkeit und die Motivation zur Änderung von Einstellungen und die begrenzte Verarbeitungskapazität beachtet werden. Das erfolgt zum Beispiel im *Elaboration Likelihood*

Modell, das beschreibt, dass Einstellungsveränderungen umso stabiler sind, je intensiver Rezipienten Botschaften und Argumente verarbeiten (Petty und Cacioppo 1986). Dieses gut fundierte Modell und weitere Theorien, mit denen sich die Kommunikations- und Medienpsychologie beschäftigt, stellt Gleich (2012) in Bezug auf interne Kommunikation dar.

3.6 Normen

Normen sind implizite (z. B. ungeschriebene) und explizite Regeln, die in einer Gruppe anerkannt sind und die Interaktionen in der Gruppe steuern. In Organisationen können dies organisationale Regeln, aber auch die Erwartungen sein, die einzelne Mitglieder in Organisationen oder Abteilungen gegenüber den anderen Mitgliedern teilen (Brodbeck und Frey 1999). Gruppennormen und deren Einhaltung durch die Mitglieder sind wesentlich, damit Interaktionen in der Gruppe gelingen. Eine detaillierte Darstellung dieser Interaktionsregeln im Kommunikationskontext bieten Aehling et al. (2012). Welche Bedeutung klare Regeln für effiziente Kommunikation und Kooperation haben, zeigt sich insbesondere bei Untersuchungen von Risikoteams. Am Beispiel von Cockpit-Crews wurde beobachtet, dass erfolgreiche Crews mehr Ressourcen darauf verwenden, die Aufgaben explizit zu koordinieren, als darauf zu vertrauen, dass die Kollegen von alleine wissen, was zu tun ist (Grote et al. 2010).

Der Zusammenhalt in einer Gruppe wird als *Gruppenkohäsion* bezeichnet (von Rosenstiel 2007). Diese Kohäsion ist umso stärker, je eher sich Mitglieder an die Normen ihrer Gruppe gebunden fühlen (Brodbeck und Frey 1999). Da hohe Kohäsion mit höherer Arbeitszufriedenheit und geringen Absentismus- und Fluktuationsraten einhergehen kann (von Rosenstiel 2007), sollten organisationale Rahmenbedingungen hinsichtlich der Kommunikation entsprechend gestaltet sein. Zum Beispiel können Gelegenheiten zur unmittelbaren (Face-to-Face) Kommunikation oder zur informellen Kommunikation (z. B. Teeküchen) geschaffen werden. Stehen Gruppennormen den Organisationszielen entgegen (wie z. B. eine sehr niedrige Leistungsnorm), kann eine hohe Kohäsion allerdings auch negative Auswirkungen für die Organisation haben (Aehling et al. 2012). Eine hohe Gruppenkohäsion kann außerdem verhindern, dass beim gemeinsamen Arbeiten alternative Handlungsweisen in Betracht gezogen werden und es in der Folge zu Fehlentscheidungen kommt. Die Qualität der Patientenversorgung steigt beispielsweise, wenn die Mitarbeiter medizinischer Teams ermutigt werden, auch hierarchieübergreifend kritische Anmerkungen zu machen (Künzle et al. 2010).

3.7 Intentionen

Bei der Diskussion der Theorie des geplanten Verhaltens wurde bereits deutlich, dass das Verhalten von Menschen insbesondere durch die *Verhaltensabsicht* erklärt werden kann. *Intentionen* kommt also eine wesentliche Bedeutung zu, sollen bestimmte Verhaltensweisen erklärt werden. Schon allein das Setzen von Zielen (*goal-setting*), kann zum Beispiel positiven Einfluss auf die Arbeitsleistung haben (Kim und Hamner 1976).

Eine weitere im Organisationskontext wichtige Intention ist die Kündigungsabsicht. Kündigungen, insbesondere durch qualifizierte Mitarbeiter, können gravierende Probleme für Organisationen darstellen. Mit dieser unerwünschten Fluktuation kann nicht dokumentiertes Wissen verloren gehen und die Suche sowie Einarbeitung neuer Mitarbeiter ist zeitintensiv und teuer (Nerdinger et al. 2011; von Rosenstiel 2007). Kündigungsabsichten korrelieren signifikant negativ mit der Kommunikationszufriedenheit, insbesondere dann, wenn Mitarbeiter mit der Kommunikation ihrer Führungskraft unzufrieden sind (Tsai et al. 2009). Eine weitere Studie zeigt, dass die Kündigungsabsichten von Mitarbeitern höher sind, wenn strukturelle oder persönliche Hindernisse einem gewünschten Feedback durch die Führungskraft im Wege stehen (Walsh et al. 1985). Außerdem hängen die zentrale Position eines Mitarbeiters im Kommunikationsnetzwerk einer Organisation und die (kommunikative) soziale Unterstützung, die er von anderen erfährt, positiv mit dem Verbleib dieses Mitarbeiters in der Organisation zusammen (Feeley et al. 2010).

3.8 Rahmenbedingungen

Neben solchen psychologischen Faktoren, die im Wirkmodell im Vordergrund stehen, dürfen externe Rahmenbedingungen nicht vergessen werden, denn menschliches Verhalten hängt auch vom Kontext oder der Situation ab (Nerdinger et al. 2011). Diese Kontextbedingungen werden in der Theorie des geplanten Verhaltens (s. o.) bereits berücksichtigt: Wenn eine Situation als ungünstig beurteilt wird, sinkt die subjektive Verhaltenskontrolle und in der Folge die Wahrscheinlichkeit, dass die Handlung ausgeführt wird. Kündigungsabsichten (die durch eine niedrige Arbeitszufriedenheit bedingt sein können) werden zum Beispiel eher umgesetzt, wenn die Arbeitsmarktsituation günstig ist. Auch die Konsequenzen einer Change-Maßnahme haben Einfluss auf die Mitarbeiter (z. B. Personalabbau oder Lohnkürzungen). Wenn die Rahmenbedingungen negative Konsequenzen für die Mitarbeiter haben, wird auch gute Change-Kommunikation diese Probleme nicht gänzlich aufheben können.

Allerdings ist auch der Kontext nicht statisch und unveränderbar. Das Wohlbefinden und das Verhalten der Mitarbeiter haben Einfluss auf die Situationsbedingungen und die interne Kommunikation. Wenn beispielsweise Mitarbeiter überlastet sind und deswegen davor zurückschrecken, ausführliche Artikel in der Mitarbeiterzeitschrift zu lesen, könnte die Redaktion künftig kürzere Ausgaben und Beiträge erstellen. Veränderte Rahmenbedingungen können allerdings auch die interne Kommunikation beeinflussen und gleichzeitig Folgen für die Strukturen einer Organisation haben. Neue Informations- und Kommunikationstechnologien erlauben zum Beispiel flexiblere Kommunikation, die wiederum flachere Hierarchien ermöglicht (Retzbach und Schneider 2012).

4 Diagnostik und Evaluation interner Organisationskommunikation

Ausgehend vom oben dargestellten theoretischen Wirkmodell wurden in den letzten Abschnitten Ziele interner Organisationskommunikation beschrieben und psychologische Variablen und Prozesse skizziert, die die Wirkung organisationaler Kommunikation beeinflussen können. Aus dem Modell lassen sich Hypothesen ableiten, wie bestimmte Kommunikationsmaßnahmen wirken könnten. Derartige Vermutungen reichen jedoch nicht aus, wenn belegt werden soll, dass die Ziele interner Kommunikation tatsächlich erreicht werden. Doch wie lassen sich Wirkung und Ziele überhaupt messen? Wie lässt sich der Erfolg von Kommunikationsmaßnahmen überprüfen? Um solche Nachweise zu erbringen, können Evaluationsprojekte durchgeführt werden, die auf sozialwissenschaftliche Forschungsmethoden zurückgreifen. Dabei helfen diese zum einen interne Kommunikation und ihre Ziele zu messen (*Diagnose*) und zum anderen diese Ergebnisse zu bewerten (*Evaluation*) (Schneider und Retzbach 2012a).

Ein wesentliches Instrument zur internen Kommunikationsdiagnostik sind Mitarbeiterbefragungen (vgl. Kapitel „Mitarbeiterbefragungen als Führungsinstrument"). Meist werden damit Zielkonstrukte wie Arbeitszufriedenheit oder Commitment durch Fragebögen erfasst (für eine Übersicht siehe Felfe und Liepmann 2008). Für die Diagnose von Aspekten interner Kommunikation stehen vor allem im englischsprachigen Bereich verschiedene standardisierte Fragebogeninstrumente zur Verfügung, die ausführlich bei Rubin et al. (2009) besprochen werden. Das einzige uns bislang bekannte deutschsprachige Instrument, das sich speziell der internen Kommunikation widmet, ist der Fragebogen zur Erfassung der Kommunikation in Organisationen (KOMMINO) von Sperka und Rózsa (2007). Neben standardisierten Tests werden zur Evaluation interner Kommunikation auch weitere Methoden eingesetzt, wie explorative Einzel- und Gruppeninterviews oder Beobachtungsverfahren. Einen Überblick hierzu bieten Hargie und Tourish (2009).

Nachdem mit diagnostischen Methoden Daten erhoben wurden, müssen die Ergebnisse bewertet (evaluiert) werden. Häufig zielen Evaluationsprojekte darauf ab, zu prüfen, ob eine Kommunikationsmaßnahme die intendierten Ziele erreicht. Wird in einem Unternehmen beispielsweise ein Jour Fixe eingeführt und in der Folge steigt die Arbeitszufriedenheit, kann eine Evaluation klären, ob die höhere Arbeitszufriedenheit auch wirklich auf den Jour Fixe zurückzuführen ist. Dabei muss beachtet werden, dass mit vielen Studiendesigns die kausale Richtung der Zusammenhänge nicht geklärt werden kann. Ein Zusammenhang (Korrelation) zwischen Kommunikation und Leistung kann sowohl bedeuten, dass durch Kommunikation die Leistung erhöht wird, gleichzeitig aber auch, dass hohe Leistung auch mit häufiger Kommunikation verbunden ist. Weiterhin könnten sich die beiden Variablen auch gegenseitig beeinflussen oder durch Drittvariablen beeinflusst werden (Schneider und Retzbach 2012a). Es ist beispielsweise denkbar, dass positive Effekte (z. B. eine hohe Arbeitsleistung oder niedrige Fluktuations- und Abwesenheitsraten) über andere Konstrukte (z. B. Arbeitszufriedenheit, Commitment oder Motivation) vermittelt (*mediiert*) werden. Psychologische Variablen können aber auch auf den Einfluss von Kommunikationsmaßnahmen wirken (die Effekte der Kommunikation *moderieren*).

```
┌─────────────────┐      ┌─────────────────┐      ┌─────────────────┐
│    Rede des     │ ───▶ │ Arbeitsmotivation│ ───▶ │  Arbeitsleistung │
│ Geschäftsführers│      └─────────────────┘      └─────────────────┘
└─────────────────┘               ▲
                                  │
                ┌─────────────────┴──┐
                │ Einstellung gegenüber│
                │  dem Geschäftsführer │
                └─────────────────────┘
```

Mediator: Die Rede des Geschäftsführers hat nicht unmittelbar Einfluss auf die Arbeitsleistung, sondern auf die Arbeitsmotivation, die wiederum die Arbeitsleistung erhöht.

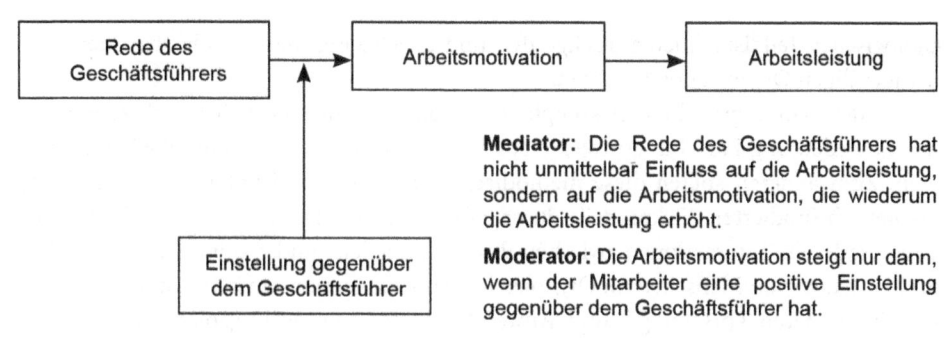

Moderator: Die Arbeitsmotivation steigt nur dann, wenn der Mitarbeiter eine positive Einstellung gegenüber dem Geschäftsführer hat.

Abb. 4 Einflüsse von Mediator- oder Moderatorvariablen auf die Wirkung interner Kommunikation auf die Arbeitsleistung

Abbildung 4 veranschaulicht anhand eines Beispiels die Bedeutung und Wirkweise von *Moderator-* und *Mediatorvariablen*. Derartige komplexe Wirkmechanismen sind theoretisch begründbar (siehe Wirkmodell) und wurden bereits empirisch beobachtet. Sie sollten daher bei der Planung und Umsetzung von Forschungsdesigns beachtet werden. Eine übersichtliche Darstellung wissenschaftlicher Methoden und Standards sowie möglicher Designs und Auswertungsstrategien findet sich bei Gollwitzer und Jäger (2009).

Insgesamt zeigt sich, dass Evaluationen ein wichtiges Instrument darstellen, um zu überprüfen, ob die interne Kommunikation ihre Ziele erreicht. Zentral ist aber auch, dass Gütekriterien sozialwissenschaftlicher Forschung und bei der Interpretation die jeweiligen Grenzen von Forschungsdesigns beachtet werden.

5 Fazit

Interne Kommunikation kann das Wohlbefinden der Mitarbeiter sowie ihr Verhalten beeinflussen und damit zum Organisationserfolg beitragen. Es ist aber wichtig zu beachten, dass Kommunikationsmaßnahmen und -botschaften nicht unmittelbar auf die Zielvariablen interner Kommunikation wirken. Interne Kommunikation steht in einem komplexen Wechselspiel der Rahmenbedingungen einer Organisation und der individuellen Merkmale ihrer Mitglieder. Aus der in diesem Beitrag präsentierten psychologischen Perspektive erschließt sich die wesentliche Rolle, die individuelle psychologische Faktoren im Rahmen der Kommunikation in Organisationen einnehmen. Gleichzeitig zeigt sich aber auch, dass diese Faktoren selten einfachen kausalen Zusammenhängen folgen, sondern in unterschiedlichen Situationen mit unterschiedlichen Effekten relevant werden.

Die dargestellten Forschungsergebnisse weisen darauf hin, dass interne Kommunikation insbesondere dann positive Einflüsse haben kann, wenn sie verständlich, umfassend, zeitlich koordiniert, widerspruchsfrei und zweiseitig ist sowie zur Persönlichkeit, dem Vorwissen und den Fähigkeiten der Mitarbeiter passt. Es ist darüber hinaus kaum möglich, optimale und allgemeingültige Kriterien für erfolgreiche interne Kommunikation zu benennen. Kommunikationsfachleute sollten daher auf die Erkenntnisse relevanter psychologischer Teildisziplinen zurückgreifen und gleichzeitig die individuellen Merkmale der jeweiligen Organisation beachten.

Vor dem Hintergrund dieser komplexen Zusammenhänge erschließt sich zum einen, welche Bedeutung Forschungsprojekte zur Evaluation interner Kommunikation einnehmen. Zum anderen sollten diese methodisch angemessen und unter Berücksichtigung theoretisch fundierter Wirkmodelle durchgeführt werden. Dazu müssen Strukturen von Organisationen, Interaktionen zwischen ihren Mitgliedern und das individuelle Erleben und Verhalten von Menschen im Organisationskontext gemeinsam betrachtet werden. Im interdisziplinären Forschungs- und Anwendungsfeld „interne Organisationskommunikation" ist daher eine psychologische Perspektive, die den Mitarbeiter als Menschen mit seinen individuellen Eigenschaften betrachtet, unverzichtbar.

Literatur

Aehling, K., Arnold, M., & Retzbach, A. (2012). Sozial- und Organisationspsychologie. Wie Menschen ihr Arbeiten in Organisationen erleben und wie sie sich verhalten. In M. Maier, F. M. Schneider, & A. Retzbach (Hrsg.), *Psychologie der internen Organisationskommunikation* (S. 81–98). Göttingen: Hogrefe.

Ajzen, I. (1985). From intentions to actions: A theory of planned behavior. In J. Kuhl & J. Beckmann (Hrsg.), *Action control. From cognition to behavior* (S. 11–39). Berlin: Springer.

Alavi, M., & Leidner, D. E. (2001). Knowledge management and knowledge management systems: Conceptual foundations and research issues. *MIS Quarterly, 25*(1), 107–136.

Allen, J., Jimmieson, N. L., Bordia, P., & Irmer, B. E. (2007). Uncertainty during organizational change: Managing perceptions through communication. *Journal of Change Management, 7*(2), 187–210.

Argyris, C., & Schön, D. (1999). *Die lernende Organisation. Grundlagen, Methoden, Praxis*. Stuttgart: Klett-Cotta.

Baird, J. E., & Diebolt, J. C. (1976). Role congruence, communication, superior-subordinate relations, and employee satisfaction in organizational hierarchies. *Western Speech Communication, 40*(4), 260–267.

Blum, G., & Schmitt, M. (2012). Differentielle und Persönlichkeitspsychologie. Wie sich Persönlichkeitseigenschaften auf die Kommunikation in Organisationen auswirken können und wie sich die interne Organisationskommunikation auf Persönlichkeitseigenschaften auswirken kann. In M. Maier, F. M. Schneider, & A. Retzbach (Hrsg.), *Psychologie der internen Organisationskommunikation* (S. 41–53). Göttingen: Hogrefe.

Bordia, P., Hobman, E., Jones, E., Gallois, C., & Callan, V. J. (2004). Uncertainty during organizational change: Types, consequences, and management strategies. *Journal of Business and Psychology, 18*(4), 507–532.

Bordia, P., Jones, E., Gallois, C., Callan, V. J., & DiFonzo, N. (2006). Management are aliens! Rumors and stress during organizational change. *Group Organization Management, 31*(5), 601–621.

Brodbeck, F. C., & Frey, D. (1999). Gruppenprozesse. In C. Graf Hoyos & D. Frey (Hrsg.), *Arbeits- und Organisationspsychologie* (S. 358–372). Weinheim: Beltz.

Carrière, J., & Bourque, C. (2009). The effects of organizational communication on job satisfaction and organizational commitment in a land ambulance service and the mediating role of communication satisfaction. *Career Development International, 14*(1), 29–49.

Carson, C. L., & Cupach, W. R. (2000). Facing corrections in the workplace: The influence of perceived face threat on the consequences of managerial reproaches. *Journal of Applied Communication Research, 28*(3), 215–234.

Eagly, A. H., & Chaiken, S. (1993). *The psychology of attitudes*. Fort Worth: Harcourt Brace Jovanovich.

Erhardt, N. (2011). Is it all about teamwork? Understanding processes in team-based knowledge work. *Management Learning, 42*(1), 87–112.

Feeley, T. H., Moon, S.-I., Kozey, R. S., & Slowe, A. S. (2010). An erosion model of employee turnover based on network centrality. *Journal of Applied Communication Research, 38*(2), 167–188.

Felfe, J., & Liepmann, D. (2008). *Organisationsdiagnostik*. Göttingen: Hogrefe.

Fitness, J. (2000). Anger in the workplace. An emotion script approach to anger episodes between workers and their superiors, co-workers and subordinates. *Journal of Organizational Behavior, 21*(2), 147–162.

Frese, M., & Semmer, N. K. (1991). Stressfolgen in Abhängigkeit von Moderatorvariablen: Der Einfluss von Kontrolle und sozialer Unterstützung. In S. Greif (Hrsg.), *Psychischer Streß am Arbeitsplatz* (S. 135–153). Göttingen: Hogrefe.

Gajendran, R. S., & Harrison, D. A. (2007). The good, the bad, and the unknown about telecommuting: Meta-analysis of psychological mediators and individual consequences. *Journal of Applied Psychology, 92*(6), 1524–1541.

George, J. M. (1996). Group affective tone. In M. A. West (Hrsg.), *Handbook of work group psychology* (S. 77–93). Chichester: Wiley.

Gleich, U. (2012). Kommunikations- und Medienpsychologie. Wie Menschen in Organisationen kommunizieren und Medien nutzen. In M. Maier, F. M. Schneider, & A. Retzbach (Hrsg.), *Psychologie der internen Organisationskommunikation* (S. 99–115). Göttingen: Hogrefe.

Goldhaber, G. M. (1993). *Organizational communication* (6. Aufl.). New York: McGraw-Hill.

Gollwitzer, M., & Jäger, R. S. (2009). *Evaluation kompakt*. Weinheim: Beltz PVU.

Gollwitzer, M., & Schmitt, M. (2006). *Sozialpsychologie*. Weinheim: Beltz PVU.

Grote, G., Kolbe, M., Zala-Mezö, E., Bienefeld-Seall, N., & Künzle, B. (2010). Adaptive coordination and heedfulness make better cockpit crews. *Ergonomics, 53*(2), 211–228.

Hargie, O., & Tourish, D. (Hrsg.). (2009). *Auditing organizational communication. A handbook of research, theory and practice* (2. Aufl.). London: Routledge.

Hosenfeld, A. (2012). Pädagogische Psychologie. Wie Menschen in Organisationen lernen. In M. Maier, F. M. Schneider, & A. Retzbach (Hrsg.), *Psychologie der internen Organisationskommunikation* (S. 70–79). Göttingen: Hogrefe.

Isen, A. M. (2008). Overcoming the precedence of global over local processing of visual information. In M. Lewis, J. M. Haviland, & L. Feldmann-Barrett (Hrsg.), *Handbook of emotions* (S. 548–573). New York: Guilford Press.

Iverson, J. O., & McPhee, R. D. (2008). Communicating knowing through communities of practice: Exploring internal communicative processes and differences among CoPs. *Journal of Applied Communication Research, 36*(2), 176–199.

Johnson, J. D., Donohue, W. A., Atkin, C. K., & Johnson, S. (1994). Differences between formal and informal communication channels. *Journal of Business Communication, 31*(2), 111–122.

Joinson, A. (2004). Self-esteem, interpersonal risk, and preferece for e-mail to face-to-face communication. *Cyber Psychology & Behavior, 7*(4), 472–478.

Kandlousi, N. S. A. E., Ali, A. J., & Abdollahi, A. (2010). Organizational citizenship behavior in concern of communication satisfaction: The role of the formal and informal communication. *International Journal of Business and Management, 5*(10), 51–61.

Kieser, A., & Walgenbach, P. (2003). *Organisation* (4. Aufl.). Stuttgart: Schäffer-Poeschel.

Kim, J. S., & Hamner, W. C. (1976). Effect of performance feedback and goal setting on productivity and satisfaction in an organizational setting. *Journal of Applied Psychology, 61*(1), 48–57.

Kleinbeck, U. (1996). *Arbeitsmotivation. Entstehung, Wirkung und Förderung.* Weinheim: Juventa.

Kluger, A. N., & DeNisi, A. (1996). Effects of feedback intervention on performance: A historical review, a meta-analysis, and a preliminary feedback intervention theory. *Psychological Bulletin, 119*(2), 254–284.

Künzle, B., Kolbe, M., & Grote, G. (2010). Ensuring patient safety through effective leadership behaviour: A literature review. *Safety Science, 48*(1), 1–17.

Lang, A. (2000). The limited capacity model of mediated message processing. *Journal of Communication, 50*, 46–70.

Macharzina, K. (1990). *Informationspolitik. Unternehmenskommunikation als Instrument erfolgreicher Führung.* Wiesbaden: Gabler.

Madlock, P. E. (2008). The link between leadership style, communicator competence, and employee satisfaction. *Journal of Business Communication, 45*(1), 61–78.

Maier, M., Schneider, F. M., & Retzbach, A. (Hrsg.). (2012). *Psychologie der internen Organisationskommunikation.* Göttingen: Hogrefe.

Mathieu, J. E., & Zajac, D. M. (1990). A review and meta-analysis of the antecedents, correlates, and consequences of organizational commitment. *Psychological Bulletin, 108*(2), 171–194.

Nerdinger, F. W. (2003). *Grundlagen des Verhaltens in Organisationen.* Stuttgart: Kohlhammer.

Nerdinger, F. W., Blickle, G., & Schaper, N. (2011). *Arbeits- und Organisationspsychologie* (2. Aufl.). Berlin: Springer.

Organ, D. W. (1988). *Organizational citizenship behavior: The good soldier syndrome.* Lexington: Lexington.

Orpen, C. (1997). The interactive effects of communication quality and job involvement on managerial job satisfaction and work motivation. *The Journal of Psychology: Interdisciplinary and Applied, 131*(5), 519–522.

Petty, R. E., & Cacioppo, J. T. (1986). *Communication and persuasion. Central and peripheral routes to attitude change.* New York: Springer.

Probst, G., & Borzillo, S. (2008). Why communities of practice succeed and why they fail. *European Management Journal, 26*(5), 335–347.

Retzbach, A., & Schneider, F. M. (2012). Ziele der internen Organisationskommunikation. Was mit interner Kommunikation erreicht werden soll. In M. Maier, F. M. Schneider, & A. Retzbach (Hrsg.), *Psychologie der internen Organisationskommunikation* (S. 17–37). Göttingen: Hogrefe.

Rodwell, J. J., Kienzle, R., & Shadur, M. A. (1998). The relationship among work-related perceptions, employee attitudes, and employee performance: The integral role of communications. *Human Resource Management, 37*(3–4), 277–293.

Rubin, R. B., Palmgreen, P., & Sypher, H. E. (Hrsg.). (2009). *Communication research measures. A sourcebook.* New York: Routledge.

Ruppel, C. P., & Harrington, S. J. (2001). Sharing knowledge through intranets: A study of organizational culture and intranet implementation. *IEEE Transaction on Professional Communication, 44*(1), 37–52.

Salem, P. (2008). The seven communication reasons organizations do not change. *Corporate Communications, 13*(3), 333–348.

Schneider, F. M., & Retzbach, A. (2012a). Diagnostik und Evaluation interner Organisationskommunikation. Wie man überprüfen kann, ob die interne Organisationskommunikation ihre Ziele erreicht. In M. Maier, F. M. Schneider, & A. Retzbach (Hrsg.), *Psychologie der internen Organisationskommunikation* (S. 167–182). Göttingen: Hogrefe.

Schneider, F. M., & Retzbach, A. (2012b). Gegenstand und Bedeutung der internen Organisationskommunikation. Vom Nebenschauplatz zum Wettbewerbsfaktor. In M. Maier, F. M. Schneider, & A. Retzbach (Hrsg.), *Psychologie der internen Organisationskommunikation* (S. 3–16). Göttingen: Hogrefe.

Schneider, F. M., Aehling, K., Maier, M., & Bacherle, P. (2010). Business-TV wirkt ... oder etwa nicht? Ein methodisches Idealfallszenario und empirische Ergebnisse zur Evaluation von Business-TV. In J. Woelke, M. Maurer, & O. Jandura (Hrsg.), *Forschungsmethoden für die Markt- und Organisationskommunikation* (S. 200–220). Köln: Herbert von Halem.

Schnotz, W. (2009). *Pädagogische Psychologie Kompakt*. Weinheim: Beltz.

Schwan, S., & Buder, J. (2007). Informationsaufnahme und -verarbeitung. In U. Six, U. Gleich, & R. Gimmler (Hrsg.), *Kommunikationspsychologie und Medienpsychologie* (S. 51–69). Weinheim: Beltz PVU.

Schweiger, D. M., & DeNisi, A. S. (1991). Communication with employees following a merger: A longitudinal field experiment. *Academy of Management Journal, 34*(3), 110–135.

Six, U., Gleich, U., & Gimmler R. (2007). Kommunikationspsychologie. In U. Six, U. Gleich, & R. Gimmler (Hrsg.), *Kommunikationspsychologie und Medienpsychologie* (S. 21–50). Weinheim: Beltz PVU.

Sperka, M., & Rózsa, J. (2007). *KomminO: Fragebogen zur Erfassung der Kommunikation in Organisationen*. Göttingen: Hogrefe.

Tsai, M.-T., Chuang, S.-S., & Hsieh, W.-P. (2009). An integrated process model of communication satisfaction and organizational outcomes. *Social Behavior and Personality, 37*(6), 825–834.

Vogel, I. (2012). Allgemeine Psychologie. Wie Menschen ihre organisationale Umgebung wahrnehmen, verarbeiten und empfinden. In M. Maier, F. M. Schneider, & A. Retzbach (Hrsg.), *Psychologie der internen Organisationskommunikation* (S. 55–67). Göttingen: Hogrefe.

Von Rosenstiel, L. (2007). *Grundlagen der Organisationspsychologie. Basiswissen und Anwendungshinweise* (6. Aufl.). Stuttgart: Schäffer-Poeschel.

Wagner, C., & Schroeder, A. (2010). Capabilities and roles of enterprise wikis in organizational communication. *Technical Communication, 57*(1), 68–89.

Walsh, J. P., Ashford, S. J., & Hill, T. E. (1985). Feedback obstruction: The influence of the information environment on employee turnover intentions. *Human Relations, 38*(1), 23–46.

Wanberg, C. R., & Banas, J. T. (2000). Predictors and outcomes of openness to changes in a reorganizing workplace. *Journal of Applied Psychology, 85*(1), 132–142.

Watson Wyatt Worldwide (2009). *Communication ROI study report 2009–2010. Capitalizing on effective communication: How courage, innovation and discipline drive business results in challenging times*. Airlington: Watson Wyatt Worldwide.

Zerfass, A., Tench, R., Verhoeven, P., Verčič, D., & Moreno, A. (2010). *European Communication Monitor 2010. Status quo and challenges for communication management in Europe. Results of an empirical survey in 46 countries*. Brussels: EACD/EUPRERA, Helios Media.

Impression Management: Identitätskonzepte und Selbstdarstellung in der Wirtschaft

Manfred Piwinger und Vazrik Bazil

Zusammenfassung

„Impression Management" ist der neue Begriff für ein altes und allzumenschliches Verhalten. Wer sich selbst zweckmäßig darzustellen weiß, verschafft sich Anerkennung, Einfluss und Macht. Ob bewusst oder unbewusst, gekonnt oder nicht gekonnt, stellt sich jede Person und jede Organisation öffentlich dar. Vor allem in der institutionalisierten Kommunikation geht es darum, ein öffentliches Ansehen zu etablieren, das dem eigenen Selbstbild und Selbstverständnis entspricht. Sämtliche Identitätskonzepte der Wirtschaft fußen darauf. Das Drehbuch hierzu liefert das Impression Management, das gerade in unserer Wissensgesellschaft zu einem zentralen „Spiel" geworden ist und in der realen ebenso wie virtuellen Welt (Web 2.0) über Erfolg und Misserfolg entscheidet. Wer die Regeln dieses „Spiels" beherrscht, hat Erfolg und wer nicht, befindet sich auf verlorenem Posten. Der folgende Beitrag zeigt einige theoretische und praktische Grundlagen des Impression Managements.

Schlüsselwörter

Identität · Inszenierung Attraktivität · Status · Selbstwert · Symbolischer Interaktionismus · Verhaltenspsychologie · Aufmerksamkeit · Reputation · Unternehmenskommunikation

M. Piwinger (✉)
Barbarossastraße 10, 42115 Wuppertal, Deutschland
E-Mail: consultant@piwinger.de

V. Bazil
Residenz Spittelmarkt, Seydelstraße 6, 10117 Berlin, Deutschland
E-Mail: bazil@t-online.de

1   Einleitung

„Alles hat heutzutage seinen Gipfel erreicht, aber die Kunst, sich geltend zu machen, den höchsten" so der Jesuitenpater Baltasar Gracian im 17. Jahrhundert (Gracian 1992, Nr. 1). Das war vor ihm nicht anders, und das hat sich nach ihm auch nicht geändert. Das gilt für Personen genauso wie für Organisationen, seien sie Unternehmen, Parteien, Verbände usw. Die Methode, sich „geltend zu machen" ist in die neuere Zeit als „Impression Management" eingegangen.

Impression Management ist das bewusste Bemühen von Personen oder Institutionen den Eindruck, den sie auf andere hinterlassen, zu steuern und zu kontrollieren und dabei glaubwürdig bleiben. Schein und Sein sollten nicht zu weit auseinander liegen. Impression Management bedeutet folglich Eindruckssteuerung durch Selbstdarstellung. Verwandte Begriffe sind marketing of self, personal branding, reputation management, Selbstkonzept, Sich in Szene setzen, Eigen-PR, Self-Monitoring, psychologisches Make-up u. Ä. „Impression management is the conscious or unconscious attempt to control images that are projected in real or imagined social interactions. When these images are self-relevant, the behavior is termed self-representation" (Schlenker 1980, S. 6). So verstanden, ist Impression Management eher als die „Performance" zu begreifen, nicht als das Image selbst, also als einen Inszenierungsprozess, der generell zu einen erhöhtem Prestige führt.

> **Impression Management**
> Selbstdarstellung geschieht täglich. Jeder tut es, und jeder macht mit. Von Impression Management sprechen wir erst, wenn dahinter ein Konzept der Selbstwertmaximierung steht. Personen und Institutionen streben damit eine Statusverbesserung an; sie wollen sich damit aus dem Heer der Namenlosen herausheben. Wem dies gelingt, genießt Vorteile. Immer geht es um Macht und Einfluss. Impression Management ist letztlich eine Inszenierungsstrategie, wodurch Personen und Institutionen ihr Bild in der öffentlichen Wahrnehmung prägen möchten: So bin ich, so möchte ich gesehen werden, so seht mich bitte. Das Rollenverhalten ist eine typische Ausprägung des Impression Managements. Die Nähe zur Reputationsprägung ist ebenfalls nicht zu übersehen.

Gelungenes Impression Management verschafft uns einen hohen Status in der Öffentlichkeit und erhöht damit die Aussicht, individuelle (Traumjob) oder kollektive Ziele (Steigerung des Marktwerts) zu erreichen. Sämtliche Identitätskonzepte der Wirtschaft (Corporate Identity, Human Branding, Corporate Design, Markenbild u. a.) bedienen sich des Konzepts des Impression Managements, selbst wenn dies nicht immer so bewusst wird oder unter diesen Begriff fällt. Selbstdarstellung, schreibt Bromley (1993, S. 111), ist aus zwei Gründen wichtig: „First, it helps to confirm the meaning of actions that might otherwise be misinterpreted. Second, it enables people to bring their personal identity (self-concept) an social identity (reputation) into line with each other."

Der Aufwand, den man braucht, um sich darzustellen, stößt indes häufig an seine Grenzen, denn: „Je mehr Menschen (und Firmen) gezielt auf sich aufmerksam machen, je höher der technische Aufwand steigt, den sie dabei treiben, und je höher die Technologie der Attraktion sich entwickelt, desto stärker wird die Erlebnissphäre mit Information übersättigt" (Franck 1998, S. 23). Das ganze Kommunikationsgeschehen ist zunehmend von Konkurrenz um Aufmerksamkeit geprägt. Daraus folgt, „dass die Erzielung von öffentlicher Aufmerksamkeit immer mehr Aufwand an Personal und Kapital zur Darstellung der eigenen Anliegen erfordert. Wer diesen Aufwand nicht betreiben kann, scheidet aus dem Kommunikationsmarkt aus" (Münch 1995, S. 124).

In der bisherigen Literatur wird an keiner Stelle vorgerechnet, welchen finanziellen oder persönlichen Aufwand es bedarf, um Ziele des Impression Managements zu erreichen. Letztlich handelt es sich dabei sowohl aus persönlicher wie auch aus Unternehmenssicht um immaterielle Werte (vgl. Kapitel „Die „Bilanzlücke" und immaterielle Vermögenswerte: Herausforderung für Kommunikation und Controlling"), die selbst in einer Unternehmensrechnung nur unzureichend erfasst werden können. Zu bedenken ist weiterhin, dass ein einmal gefestigter Status stets „Erinnerungen" (Erhaltungsinvestitionen) braucht, damit er sich nicht aufbraucht (Abschreibung). Wie im normalen Geschäftsleben bedingen sich hier Aufwand und Ertrag. Daher ist neben der rein ökonomischen Betrachtung ein Kommunikations-Controlling (Piwinger und Porak 2005) unzertrennlich mit Impression Management verbunden. In der Wirtschaft gilt dies allemal.

Für die Praxis der Unternehmenskommunikation ist es wichtig, die theoretischen Grundlagen des Impression Managements aufzuarbeiten, d. h. die Mittel, Muster und Strukturen des reputationsbildenden Verhaltens zu rekonstruieren und in der praktischen Arbeit anzuwenden. Dabei gilt es, die legalen und moralischen Normen unserer Gesellschaft hinreichend mit zu berücksichtigen. In Verbindung mit der Wahrnehmungspsychologie und der Psychologie des Selbst ist Impression Management ein zentrales Wissensgebiet der Kommunikationswissenschaft und von hoher praktischer Bedeutung. So ist es gewiss kein Zufall, dass der Gegenstandsbereich des Impression Managements sprachlich sehr differenziert erfasst worden ist, sei es in Form von verbalen oder nominalen Feldstrukturen oder in Form von Redwendungen und Sprichwörtern. Impression Management ist kein Verhalten in Ausnahmesituationen, sondern ein ganz wesentliches Element unseres Alltags.

2 Grundlagen der Selbstdarstellung

2.1 Vorformen des Impression Managements[1]

Vorläufer des Impression Managements finden wir in der so genannten Ratgeberliteratur. Bahnbrechend für die Verbreitung der Ratgeberliteratur in Deutschland war das Werk von Adolph Freiherr von Knigge: „Über den Umgang mit Menschen" (1788). Hier schildert er

---

[1] Die folgenden Absätze sind größtenteils dem Beitrag Bazil & Piwinger 2006 entlehnt.

den rechten Umgang der Menschen mit sich selbst, mit Eltern, Frauen, Herren, Dienern, Hauswirten, Gästen, Hofleuten, Künstlern, Gelehrten usw. Dieses Buch steht für den Beginn einer ganzen Reihe von Texten, die unter der Rubrik „Anstandsbücher" seit dem 18. Jahrhundert die richtigen Verhaltensregeln darlegen und erklären. Diese Ratgeber sind meist pragmatisch. Nicht die Gesellschaft soll verändert werden, zum Beispiel das hierarchische Denken, die Eitelkeit der Leute etc., sondern der Einzelne soll die geltenden Regeln der Gesellschaft erlernen, um diese besser manipulieren zu können. Dem ist aus heutiger Sicht wenig hinzuzufügen.

Das deutlichste Beispiel für diesen Pragmatismus, der viel Empörung hervorrief, ist Machiavellis Verhaltensratgeber „Il principe" von 1513. Betont wird immer der Nutzen für den Einzelnen: „Es muss sich der Fürst angewöhnen, sich nie anders zu äußern, als auf eine jenen fünf Tugenden entsprechenden Weise, sodass jeder, der ihn sieht, überzeugt ist, er sei die Güte, die Redlichkeit, die Treue, die Höflichkeit und die Frömmigkeit selbst. Letztere Eigenschaft besonders darf er nie unterlassen äußerlich zu zeigen; denn die Menschen pflegen gemeiniglich mehr nach den Augen als nach den Händen zu urteilen; denn jeder ist in der Lage zu sehen, weniger aber zu fühlen." (Machiavelli 2007, S. 132).

Während die philosophisch (z. B. die „Eudemische Ethik" von Aristoteles) und religiös (z. B. die „Regula" des Hl. Benedikt) geprägten Verhaltensregeln der Antike und des Mittelalters Wahrheitsliebe, Aufrichtigkeit, Ehrlichkeit und den sozialen Mut zu den wichtigsten Tugenden zählten, wurden diese Verhaltensregeln später durch höfische Lehren ersetzt. Hier weichen ethische Imperative den Kriterien des Erfolgs. Es entstehen die Konversationslehren der Salons und die Komplimentierbücher des Barock. So entzieht sich Höflichkeit der Ethik mit ihren scharfen Gut-Böse-Unterscheidungen und ihren rigiden Imperativen. Gracian bringt diesen Wandel auf den Punkt: „Die Dinge gelten nicht für das, was sie sind, sondern für das, was sie scheinen" (Gracian 1992, Nr. 99).

Verhaltensregeln entwickeln den Schein des schönen Seins und übertünchen so Manches. In Wirklichkeit sind sie eine Anleitung dazu, wie man Eindruck bei anderen schinden kann, um erfolgreich sein zu können. Shakespeare hat es auf den Punkt gebracht: „All the world's a stage/And all the men and women merely players" (As You Like it, II, 7). Jedes bewusste, auf ein Ziel gerichtete Verhaltensrepertoire erfüllt den Manipulationstatbestand. Da jedoch dessen Darstellung stets öffentlich zelebriert wird, ist es für jeden einsichtig. Jeder weiß, worum es geht und jeder spielt mit auf der Bühne des öffentlichen Lebens. Insoweit ist nichts Verwerfliches darin zu erblicken – es sei denn, dass Geldressourcen und Machtpositionen schamlos zur eigenen Interessenentfaltung durchgesetzt werden.

2.2 Theorie des Impression Managements

Die Theorie zu Impression Management hat viele Wurzeln, so z. B. die amerikanische Schule des Pragmatismus (Ch. Peirce 1839-1914, W. James 1842-1910, J. Dewey 1859-1952), die Theorie des sozialen Ausgleichs, Kognitions- und Attributionstheorien sowie die Theorie des symbolischen Interaktionismus. Georg Herbert Meads (1863-1931) Konzept der symbolischen Interaktion setzt voraus, dass die Bedeutung eines Reizes die Art der Reaktion auf diesen Reiz bestimmt. In dieser Theorie heißt die Bedeutung, die Menschen einem Reiz zuschreiben, Symbol. Demzufolge entstehen Urteile über die eigene Person unmittelbar aus Beziehungen zu anderen Personen, d. h. eine Person definiert sich selbst, indem sie die „Spiegelungen" anderer Personen auf die eigene Person interpretiert und auf Grundlage dieser Deutung sich selbst einschätzt und typisiert (vgl. Mummendey 1995, S. 116 f.). Eine gewisse Entsprechung dieser Aussage finden wir wie so vieles wieder in der Theaterwelt (Maria Stuart 2. Akt 5. Auftritt): „Was man scheint, hat jedermann zum Richter; was man ist, hat keinen."

Der Symbolische Interaktionismus ist nur eine Sichtweise, die die theoretische Grundlage des Impression Managements bereitet. Die andere Sichtweise und theoretische Grundlegung geht auf den Soziologen Erving Goffman (1922-1982) zurück. Als erster hat Goffman die dramaturgische Analogie zwischen Alltag und Theater für die soziologische Forschung voll ausgeschöpft. Goffmans Modell geht von sozialen Interaktionszusammenhängen aus, die erfolgreich unter dem Aspekt der Eindruckssteuerung untersucht werden können. Er hat sein Begriffssystem der Welt des Theaters entlehnt, nach der sich auch die Theorie ausrichtet: Darsteller und Zuschauer, Skripten und Rollen, Vorderbühne und Hinterbühne, Dramaturgie und Techniken. Mit Goffman kam der Ausdruck „Impression Management" in die Welt.

Hernach begründeten eine Reihe amerikanischer Psychologen (zu nennen sind vor allem Schlenker 1980, Tedeschi 1981 und deren Schüler, z. B. Lindskold und Rosenfeld) auf der Grundlage der Goffmanschen Veröffentlichungen eine eigene Forschungstradition, die bis heute nachwirkt und in fast allen folgenden Arbeiten reichlich zitiert wird. Die Autoren unterscheiden zwischen Impression-Management-Strategien und Impression-Management-Taktiken. Die ersten grundlegenden Veröffentlichungen in Deutschland stammen von Mummendey (1995) und Laux und Schütz (1996) und Schütz (1992). Als eigenständige Arbeit, aber mit großer Nähe zum Impression Management, kann „Die Ökonomie der Aufmerksamkeit" (Erstveröffentlichung 1998) von Georg Franck angesehen werden, da diese anders als die übrigen Arbeiten auch auf der Managementebene großen Widerhall fand.

In der Folge hat es sowohl in der deutschen wie in der amerikanischen Literatur zahlreiche Veröffentlichungen gegeben, die den Begriff „Impression Management" aufgegriffen haben. Bei Amazon sind allein 276 deutschsprachige sowie eine große Zahl fremdsprachige Titel aufgeführt, die allerdings selten neue Aspekte aufgreifen. Beispiele sind Titel wie: „Marketing in eigener Sache", „Impression Management in the workplace", „Der Mensch als Marke", „Impression Management and Information Technology" oder „Consultancy as the management for impressions". Wegen der stark von der Psychologie geprägten wissenschaftlichen Theorie (Psychologie des Selbst) gründen so gut wie alle Konzepte des Impression Managements auf das Selbstdarstellungsverhalten von Personen. Das gilt selbst für neuere Veröffentlichungen, die sich mit der privaten Homepage als Medium zur virtuellen Selbstdarstellung befassen. Die frühe Arbeit von Laux und Schütz (1996) nahm sich als erste deutsche Arbeit der Selbstdarstellung von Politikern an. Analog hierzu beschäftigten sich später einige weitere Arbeiten mit der Selbstdarstellung der Vorstandsmitglieder in Geschäftsberichten (Schuster 2003; Biehl-Missal und Piwinger 2009; Piwinger und Biehl-Missal 2011). Vertiefend stellte Biehl (2007) in ihrer Dissertation die performative Inszenierung von Unternehmen und ihrer Führungsriege bei den jährlichen Hauptversammlungen, Presse- und Analystenkonferenzen in Zusammenhang mit der Theorie des Impression Managements dar (vgl. Kapitel „Ästhetik und Inszenierung in der Unternehmenskommunikation"). Diese Analyse benutzte die Perspektive der Kulturwissenschaft, um die Produktion von Bedeutungen zu erklären, sowie theaterwissenschaftliche und ästhetische Theorie.

Die grundlegenden Arbeiten auf diesem Gebiet entstanden innerhalb der Psychologie oder Sozialpsychologie. Das erklärt schließlich auch, weshalb Impression Management in der Unternehmenskommunikation lange Zeit unbeachtet blieb und weshalb ein notwendiger Bezug zur Reputation- und Imageforschung in der Kommunikationswissenschaft bis heute fehlt. Da sämtliche Identitätskonzepte der Wirtschaft einen starken Bezug zu diesen Konzepten aufweisen, wäre wünschenswert eine Ausarbeitung, die die Identitätskonzepte der Wirtschaft mit der Psychologie des Selbst verknüpft und sich als interdisziplinäre Wissenschaft etabliert.

3 Rahmen der Selbstdarstellung

3.1 Selbstbild und Selbstkonzept

Impression Management steuert und kontrolliert nicht nur den Eindruck, den Andere von uns haben und haben sollen, sondern spielt auch eine entscheidende Rolle beim Aufbau unserer sozialen Identitäten. Darauf beruht u. a. auch das Konzept der Corporate Identity. Impression Management bahnt also den Weg von „Niemand" zu „Jemand". Um „Jemand" zu werden, muss zunächst das Selbstbild (Ist-Stand) ermittelt, dann ein Selbstkonzept (Soll-Stand) erstellt und schließlich dieses inszeniert werden. Erstens gilt es, das eigene Selbstbild zu ermitteln, wobei es nicht bloß die Selbstwahrnehmung betrifft, sondern unsere Wahrnehmung, unser Denken und Handeln insgesamt beeinflusst. Tabelle 1 fasst diese Einflüsse zusammen.

Als zweiter Schritt gilt es ein eigenes *Selbstkonzept* zu entwickelt, das den Soll-Stand festlegt und die tragende Frage beantwortet: Wie will ich/wie wollen wir, dass andere mich/uns wahrnehmen. Kurzum handelt es sich hier um eine Art Selbstpositionierung.

Ist die angestrebte Positionierung entsprechend dem *Selbstbild* etabliert, bedarf es schließlich drittens der Inszenierung und der ständigen Pflege durch adäquate Verhaltensmuster, um in der öffentlichen Wahrnehmung präsent zu bleiben. Ansehenswerte haben ein Verfallsdatum. Sie müssen deshalb eine ausreichende Konsistenz über die Zeit erweisen. Das ist zu bedenken. Sie benötigen ständiger Erinnerungen und Bestätigungen zu ihrer Aktualisierung. Dies bedingt wirtschaftlich gesprochen einen ständigen Erhaltungsaufwand, der von den laufenden Aufwendungen (Nachinvestitionen) her in der Unternehmensrechnung nicht unterschätzt werden sollte.

Tab. 1 Auswirkungen des Selbstbildes auf Wahrnehmen, Denken und Handeln
(Quelle: In Anlehnung an Schlenker (1980, S. 102 ff.))

	Das Selbstbild (SB) beeinflusst Wahrnehmen, Denken und Handeln
Bemerken/Auffassen	Das SB beeinflusst die Informationsverarbeitung. Beispiel: Wer sich selbst für unabhängig hält, bemerkt und verarbeitet diesbezügliche Informationen schneller.
Bewerten/Deuten	Das SB beeinflusst die Interpretation und Bewertung von Fakten. Beispiel: Informationen, die dem SK zuwiderlaufen, werden häufig ignoriert oder umgedeutet.
Erinnern/Behalten	Das SB beeinflusst die Behaltensleistung. Beispiel: Informationen, die das SK bestätigen, werden besser im Gedächtnis behalten als Informationen, die das SK in Frage stellen.
Gewichten	Das SB entscheidet über die Relevanz von Images. Beispiel: Wer sich selbst für unabhängig hält, bewertet den Imagewert „Unabhängigkeit" höher, als wenn er sich selbst für abhängig hält.

3.2 Inszenierung

Wie nun erwünschte und unerwünschte Eindrücke entstehen, hängt von mehreren Faktoren ab. Goffman arbeitet diese Faktoren heraus, indem er das Impression Management mit einem „Bühnenmodell" erklärt. Er vergleicht die soziale Wirklichkeit mit einer Bühne und stellt Ähnlichkeiten zu alltäglichen Interaktionen fest (Goffman 1959). Die grundlegende Affinität zwischen „Theater" und „sozialem Leben" besteht in der Interpretation von Zeichen oder Zeichenzusammenhängen (Poss 1999, S. 12). Diese bilden sich in der Tätigkeit des „Darstellers" aus und erscheinen als paralinguistische Phänomene (z. B. das Heben der Stimme, Sprechtempo, Männlichkeit oder Weiblichkeit der Stimme usw.), kinetische (z. B. Kopfbewegungen, Armbewegungen) und mimische Zeichen (z. B. Lächeln, Stirnrunzeln usw.). Handelt es sich bei „Darstellern" um Organisationen, dann nehmen sich z. B. die Verhaltensweisen der Mitarbeiter, das Gebäude, Geschäftspapier, Kleidung, Innenausstattung usw. als nach außen hin klar erkennbare Zeichen aus, die gedeutet werden. Oft ziehen wir nicht alle relevanten Informationen heran, die uns zur Verfügung stehen, sondern nur einen kleinen repräsentativen Ausschnitt dieser Information und fahren damit in aller Regel ganz gut damit. Zur Inszenierung gehören aber weitere Bestandteile.

Darsteller sind *Akteure*, die wie in verschiedenen Theaterstücken verschiedene *Rollen* spielen: „Held", „Schurke", „Verräter", „Vermittler", „Beichtvater", „Experte" usw. Greenpeace erscheint zum Beispiel als David gegen Goliath, als Stimme der Umwelt gegen Unternehmen und Regierungen. Aus der Werbung kennen wir andere Rollenverteilungen: der Experte („Dr. Best" und „Dr. Rentschler"); der Schiedsrichter („Stiftung Warentest"); der Beständige („Schön, dass es so etwas Gutes noch gibt"; („Dallmayr Prodomo") usw.

Jede Selbstdarstellung vollzieht sich immer vor einem Publikum. Menschen, die nicht einfach zuschauen, sondern die Handlungen der Akteure bewerten und direkt oder indirekt, sprachlich oder nonverbal. Das Theaterspiel findet immer auf einer Bühne (vulgo:

öffentlich) statt. Goffman unterscheidet zwischen „Vorderbühne" und „Hinterbühne". Auf der Vorderbühne (Konferenzsaal) werden die Akteure vom Publikum beobachtet und bewertet. Auf der Hinterbühne (Küche, Büro) findet die Vorbereitung auf das „Spiel" unter Ausschluss der Öffentlichkeit statt – es werden Verabredungen getroffen und „Spielregeln" aufgestellt. Rahmen sind nach Goffman Kontexte, die Deutungen ermöglichen. Anlässe (Hochzeit, Tagung, Galaabend usw.), Orte (Büro, zu Hause, Urlaub) oder Interaktionsformen („Einladungen", „Zusagen", „Absagen", „Widmungen") bilden genauso einen Rahmen, wie die gesellschaftliche Werteordnung. Es ist dieser Rahmen, der darüber entscheidet, ob eine Verhaltensweise angemessen oder unangemessen ist, grob oder höflich ist, richtig oder falsch.

In jeder Selbstdarstellung haben Darsteller die Tendenz, sich selbst zu idealisieren, als ob sie die gesellschaftlich anerkannten Werte in höherem Maße bestätigen und bekräftigen (Schwanitz 1977, S. 27). Innerhalb dieser Rahmen gibt es dann typische Handlungs- und Interaktionsabläufe, niedergelegt in Skripten. Man denke an bestimmte Flirtmuster, Hilfeverhalten von Männern gegenüber Frauen, Meetings, Begrüßungen, Verabschiedungen usw.

Neben diesen Bestandteilen stellte Goffman drei weitere dramaturgische Prinzipien auf (zit. nach Piwinger und Ebert 1998, S. 20 ff.):

- *Dramaturgische Loyalität*: Mitglieder eines Ensembles dürfen die Geheimnisse und Schwächen ihres Ensembles Außenstehenden nicht verraten. Der Aufbau einer starken Gruppenidentität schätzt gegen illoyales Verhalten.
- *Dramaturgische Disziplin*: Sie äußerst sich vor allem in der Kontrolle über Gesichtsausdruck und Stimme sowie in er gezielten Kontrolle über den eigenen Gefühlsausdruck.
- *Dramaturgische Sorgfalt*: Die Sorgfalt kann sich darauf richten, die richtigen Zuschauer auszusuchen. Dramaturgische Sorgfalt erfordert stets auch, die Informationen des Publikums zu beachten und zu kontrollieren. Dramaturgische Sorgfalt kann auch durch eine „Programmierungstechnik" erzielt werden.

Zwar sind diese Maßnahmen in erster Linie auf das Theater und sein Ensemble bezogen. Jedoch erschließt sich auch an dieser Stelle der praktische Sinn: die eigene Identität schützen, indem man sich loyal verhält und sein Auftreten Außenstehenden gegenüber kontrolliert. Das erinnert schon sehr stark an einige Prinzipien des Kommunikations-Controllings in Wirtschaftsunternehmen.

3.3 Allgemeine Ziele des Impression Managements

Impression Management verfolgt bestimmte Ziele, die das Besondere und Auszeichnende einer Person oder einer Organisation betreffen. Gleichwohl hat es allgemeine Ziele, die es möglich machen, jene leichter und überzeugender zu erreichen. Insbesondere wollen „Darsteller", Personen oder Organisationen, drei Eindrücke hinterlassen: Sympathie,

Attraktivität und Autorität. Bei Personen kommt ein vierter hinzu: Charisma. Alle diese Eindrücke wirken auf den ersten Eindruck zurück, bestimmen diesen und bewirken in hohem Maße unsere Einstellung (Voreingenommenheit) gegenüber einer Person oder einer Organisation. Somit sind sie relevant und bedeutsam.

Sympathie ist ein emotionales Bewertungsmuster. Sie bedeutet persönliche Zuneigung, Beliebtheit, gemeinsamer Draht, gleiche Wellenlänge. Sympathie verbindet, löst Verkrampfungen und baut Barrieren ab. Gleichzeitig weckt sie Erwartungen, löst Neugierde und Nachfragen aus. Sie schürt den inneren Antrieb zur Annäherung, Auseinandersetzung und Nachfrage (vgl. Bergler 2004). Schon die antike Rhetorik führte das Mittel der captatio bene volentiae (Haschen nach Wohlwollen) ein, um Zuhörer zu schmeicheln (ingratiation) und ihre Gunst zu erwerben. Aktives Zuhören, Interessenbekundung für den anderen mit Fragen, Lob, Optimismus, sind Zeichen, die man setzt, um sympathisch zu wirken. Die drei Prinzipien, worauf sich Sympathie gründet, lauten: Reziprozität (Ähnlichkeit, Offenheit), Anerkennung (aktives Zuhören, Interesse für andere, Lob) und Angemessenheit (Stimmigkeit der verbalen und nonverbalen Signale). In Maximen umgesetzt heißt es: Wenn Du den Eindruck der Sympathie hinterlassen willst, sei offen, zeige Ähnlichkeiten zwischen dir und deinem Publikum, höre aktiv zu, zeige Interesse für die Belangen des Publikums, lobe es und sei konsistent in deinem Verhalten.

Attraktivität macht sympathisch, aber nicht nur das – das ist der nächste wichtige Eindruck und eine weitere ästhetische Kategorie. Aus der Attraktivitätsforschung wissen wir, dass Attraktivität kein „objektiv" feststellbares Merkmal besitzt, dass der persönliche Geschmack bei Attraktivitätseinschätzung eine Rolle spielt und Individuen in hohem Maße den Geschmack der Allgemeinheit teilen (Henss 1992, S. 269). „Attraktivitätsstandards werden (vielmehr) kulturell definiert, und sie müssen im Verlauf der Sozialisation erlernt werden" (ebd. S. 164). Dass sie Karrieren fördert, ist bekannt. Sie steigert die eigene Anziehungskraft: „Anziehungskraft besitzen – sie ist ein Zauber kluger Höflichkeit." (Gracian 1992, Nr. 274). Attraktive Menschen gelten ebenso wie attraktive Unternehmen als sympathisch und erfolgreich. Beinahe jedes Unternehmen will sich heute auf dem Arbeitsmarkt als „attraktiver Arbeitgeber" positionieren, um so die besten Köpfe zu gewinnen und an sich zu binden. Hinter dem so missverständliche Begriff des „Employer Branding" verbirgt sich nicht anders, als der Versuch eine Arbeitgebermarke aufzubauen. Wobei sich die Unternehmen in ihrer werblichen Ausrichtung des gesamten Instrumentenkasten des Impression Managements bedienen.

Doch bezieht sich Attraktivität nicht nur auf physische Merkmale wie Größe und Aussehen (auch Unternehmen schminken sich). Sie geht, wie Sympathie auch, aus der Übereinstimmung in Werten, Einstellungen, Idealen hervor. Man kann sein *Aussehen* dazu benutzen, um Menschen für sich zu gewinnen. Zahlreiche Untersuchungen belegen: Wer besser aussieht, verdient mehr, bekommt schneller eine Anstellung und hat größere Chancen beim anderen Geschlecht, und es fällt ihnen leichter, andere zu beeinflussen. Wir nehmen unbesehen an, dass ein attraktiver Mensch aktiver, glücklicher und selbstsicherer ist, dass er einen hohen Status besitzt, sich vieler Beziehungen erfreut und beruflich erfolgreich ist. Cialdini (1997) zitiert aus zahlreiche Studien, denen zufolge z. B. attraktive Menschen in unserem juristischen System eine Vorzugsbehandlung erhalten und zu signifikant leichteren Strafen verurteilt werden, in Bewerbungssituationen eine gute äußere Aufmachung eher den Ausschlag gibt als ihre berufliche Qualifikation der betreffenden Person. Ähnliche Effekte konnten für Kandidaten in Wahlkämpfen und sogar in der Benotung von Kindern in der eher Hilfe erhalten, wenn sie in Not sind.

„*Autorität*" ist im weitesten Sinne eine Eigenschaft, die wir Menschen oder Institutionen zuschreiben. Etymologisch stammt dieses Wort vom lateinischen Substantiv „auctoritas", das Ansehen, Würde und Macht bedeutet und seinerseits auf das Zeitwort „augere" zurückgeht, das vermehren, fördern, bereichern oder wachsen heißt. Wer eine Autorität hat, ist ein Vorbild, nach dem sich viele im Denken und Handeln richten, denn das Bedürfnis nach Orientierung und Stabilität kennzeichnet den Menschen. Autorität ist eine Form der Macht, die auf Anerkennung der Werte oder Funktionen einer Person bzw. einer Organisation beruht und durch Legitimität gestützt wird.

Die Stärke der Autoritäten leitet andere an, „indem er ihr Handeln im Hinblick auf einen höheren Maßstab verändert." (Sennett 1990, S. 21) Doch ist Autorität keine Eigenschaft, die einer Person oder einer Organisation an sich inne wohnt. Vielmehr geht sie aus einer Beziehung hervor, die zwischen Menschen besteht. Anders gewendet: Autorität erwächst aus der Wahrnehmung von Stärkenunterschieden (vgl. ebd. S. 187). Starke Personen strahlen Selbstsicherheit und Selbstbewusstsein aus und gewähren anderen, die sie so wahrnehmen, Sicherheit und Orientierung. Aus diesem Grunde bedarf es des Einsatzes von Impression Management, um die Wahrnehmung von Menschen zu beeinflussen und in deren Augen den Status der Autorität zu erlangen. Der letzte Akt der Autorität ist charismatisch (ebd. S. 27). Ganz ist der Mensch nur als ein Anerkanntes (Hegel), deshalb richtet er sein Augenmerk auf die „Bewegung des gegenseitigen Anerkennens".

Charisma ist der vierte Eindruck, den insbesondere Führungskräfte in Wirtschaft und Politik hinterlassen wollen. An sich ist dieser Begriff religiöser Herkunft und bedeutet „Gnadengabe". Aus einer soziologischen und kulturwissenschaftlichen Perspektive mit dem Konzept des Impression Managements jedoch muss man anerkennen, dass so etwas wie Charisma nicht einfach einer Person innewohnt, was *ausgedrückt* wird. Sondern es ist ein soziales Produkt, welches sich mit Selbstdarstellungs- und Inszenierungstechniken fördern lässt und bei den Zuschauern einen solchen *Eindruck* hinterlässt, dass sie zu Anhängern werden (Biehl 2007, S. 55). Heute ist Charisma vor allem medial inszeniert (Zielmann 2012, S. 16), eine Inszenierung, durch welche Menschen andere als charismatisch wahrnehmen.

4 Formen der Selbstdarstellung

4.1 Techniken

Impression-Management-Strategien verfolgen langfristige und situationsunabhängige Ziele. Impression-Management-Taktiken weisen auf kurzfristige und situationsabhängige

Tab. 2 Taxonomie des Impression-Managements
(Quelle: Bazil (2005, S. 32))

	Strategisch	Taktisch
Positive IM-Technik (assertiv)	*Attraction* (sich attraktiv präsentieren) *prestige/status* (Bedeutung der eigenen Person unterstreichen) *credibility* (Glaubwürdigkeit) *trustworthiness* (Vertrauenswürdigkeit) *self-disclosure* (Offenheit)	*Ingratiation* (Einschmeicheln) *self-promotion* (seine Vorzüge zeigen) *exemplification* (sich vorbildlich geben) *intimidation* (andere einschüchtern) *supplication* (s. hilfsbedürftig geben) *entitlement* (gehobene Ansprüche signalisieren) *enhancement* (s. Selbstwert erhöhen) *basking* (Aufwertung der eigenen Person durch Nennen/Kontaktieren positiv bewerteter anderer Personen) *boosting* (die Bewertung anderer verändern, um selbst im positiven Licht zu stehen)
Negative IM-Technik (defensiv)	*Dependence* (sich abhängig von anderen präsentieren) *weakness* (seine Schwäche unterstreichen) *self-handicapping* (sich als beeinträchtigt hinstellen)	*Apology* (Entschuldigung) *justification* (Rechtfertigung) *disclaimer* (man verweist vorsorglich auf schwierige Umstände, um später Verantwortung von sich zu weisen) *defense of innocence* (man streitet die Sache ab) *blasting* (man wertet andere ab) *understatement* (man untertreibt)

Verhaltensmuster hin (vgl. Tedeschi 1981, S. 135). Einige Möglichkeiten sind die Zugehörigkeit zu einer Institution mit hoher Reputation, der Besitz anerkannter Bildungs- und Fachtitel, oder das Bekleiden einer vertrauenerweckenden Rolle. Mummendey (1995, S. 140) verzichtet auf die problematische Unterscheidung von Strategien und Techniken und spricht ganz allgemein von Impression-Management-Techniken, wie es Tab. 2 zeigt. Negative (defensive) Techniken werden meistens bei Krisen und Misserfolgen angewandt. Positive (assertive) Techniken dienen dazu, Kompetenz, Glaubwürdigkeit und Offenheit auszudrücken.

Doch welche Handlungen zu welchen Eindrücken führen, kann nicht eindeutig beantwortet werden. Nehmen wir zum Beispiel die Strategie des Understatements. Lange Zeit in Wirtschaftskreisen hoch geschätzt, ist diese Form der Selbstdarstellung heute kaum noch anzutreffen; höchstens in ihrer Verkehrung: „Bitte beachten Sie mein Understatement". Jede Darstellungsform und jede Äußerung wird, wie schon an anderer Stelle betont, vom Publikum, der Öffentlichkeit, gedeutet und erfährt eine Bewertung, die häufig lange anhält. Wichtig ist es angesichts dieses Umstandes, dass man seinen Auftritt innerhalb des Reputationsmanagements so organisiert, dass er die richtige Deutung erfährt und Risiko-Eindrücke („protektive Selbstdarstellung", vgl. Schütz und Rentzsch 2007, S. 122) gleichzeitig vermeidet. Das ist nicht immer leicht. Der Kontext entscheidet über die verschiedenen Deutungsmöglichkeiten. Deshalb ist Risikoabschätzung unzertrennlich mit der Handhabung von Eindrücken verbunden. Self-promotion könnte z. B. als Angeberei wahrgenommen werden und Intimidation als Härte, Apology als Weichheit und Supplication als Unterwürfigkeit usw. Alle Formen der indirekten Höflichkeit (Konjunktive, indirekte Hinweise auf Meinungsverschiedenheiten) laufen genau diese Gefahr: Sie könnten als Schüchternheit, Feigheit oder Einfältigkeit interpretiert werden.

Tabelle 3 gibt einen Überblick darüber, welche Verhaltensweisen den vorerwähnten Techniken zugrunde liegen und welche angestrebte wie unerwünschte Eindrücke diese Verhaltensweisen im Einzelfall auslösen können:

Neben der *realen Welt* nimmt sich auch die *virtuelle Welt* im Internet als ein zunehmend beliebter Ort der Selbstdarstellung aus. Private Homepages und vor allem das Web 2.0 mit seinen sozialen Netzwerken wie Facebook erlauben es den Nutzern, sich mit einem Maximum an Möglichkeiten und einem Minimum an Einschränkungen einem sehr großen Publikum zu präsentieren (Renner et al. 2005, S. 192). Nicht selten macht sich hier Narzissmus und Exhibitionismus breit. Die Mehrheit derer, die eine Homapage betreiben, sind immer noch Männer (vgl. ebd. 191). Doch ist es schwierig, den Wahrheitsgehalt der dargebotenen Inhalte zu prüfen. Auch hier bedeutet Identität der reflexive Prozess, durch den eine Person ihre reale oder ideale Identität herstellt, indem sie ihre Erfahrungen über sich selbst so verarbeitet, dass sie sich als Mit-sich-selber-eins erlebt. Dabei erhebt sich die Frage, ob Beurteilungen zu dem selben Ergebnis führen wie in einer live-Situation.

Im Blick auf Impression Management gibt es Unterschiede zwischen der Internetpräsenz und face-to-face-Situationen. Einer der wichtigsten Unterschiede ist die maximale Kontrolle, die Selbstdarsteller über die eigenen Informationen, die sie von sich preisgeben, ausüben können. Im Zuge der großen Freiheit, die das Internet seinen Nutzern bietet, werden mehrere Selbstversionen präsentiert und mit ihnen auch experimentiert, je nachdem, wer der Empfängerkreis ist. Wie im Theater muss ein Homepage-Besitzer sein Publikum bei der Stange halten. Dabei sind Texte, visuelle und akustische Inhalte probate Mittel, um Aufmerksamkeit zu wecken (Renner et al. 2005, S. 193). Wichtig ist, dass man mit diesen Möglichkeiten kompetent umzugehen weiß. Es gibt nichts Spontanes; dank multimedialer Präsentationen (Foto, Videos) werden Informationen eingestellt, die bewusst und dem Selbstkonzept entsprechend ausgewählt worden sind. Sozialen Netzwerken, die über Smartphones von überall zu füttern sind, erlauben spontane Darstellungen, doch auch hier wählen die Akteure passende Neuigkeiten und die Illustration über Fotos und Texte selbst. Die Infos können natürlich auch entfernt oder korrigiert werden. Damit wächst aber auch die Möglichkeit von Falschinformationen, ohne dass Internetnutzer sie entdecken könnten: In Chats beispielsweise können Männer sich als Frauen ausgeben (*„Gender Switching"*) oder alte als junge.

Deshalb wächst die Skepsis gegenüber veröffentlichten Informationen im Web. Der nächste große Unterschied besteht darin, dass man selber alleine nicht immer die Kontrolle über die Informationen hat, die einen selbst betreffen. Gerade die Pinnwand auf Online Profilen in sozialen Netzwerken erlauben anderen Nutzern, freie Aussagen über die Person zu tätigen oder die Seite zu Fotos zu verlinken, die dem Selbstbild der betreffenden Person widersprechen. Der einzelne kann oft die den Überblick und die Kontrolle verlieren. Doch sind trotz dieser Unterschiede zwei Eindrücke, die nahezu alle vermitteln und in der Wahrnehmung der Publica verankern wollen, von großer Bedeutung: Sympathie und Attraktivität.

Tab. 3 Techniken und Verhaltensweisen des Impression Managements (Quelle: Piwinger und Bazil (2010), in Anlehnung an Jones und Pittmann (1982, S. 48 ff.))

Impression-Management-Techniken	Angestrebter Eindruck	Risiko-Eindruck	Prototypisches Verhalten
Sich beliebt machen (ingratiation)	sympathisch, liebenswert	kriecherisch, unterwürfig	Meinungskonformität, Lob
Sich als kompetent darstellen (self-promotion)	kompetent, effektiv	eingebildet, angeberisch	Eigene Leistungen und Fähigkeiten beim Smalltalk herausstellen
Sich als Vorbild darstellen (exemplification)	Moralisch und stilistisch überlegen	Abgehoben	Übertriebene Beachtung alle Benimmregeln
Attraktivität (attraction)	Stilvoll	schicki-micki	Modische Kleidung, Make-up, Accessoire
Offenheit (self-disclosure)	Ehrlich, zeigt, wie er/sie ist	Unvorsichtig, leichtsinnig, unkonzentriert	Offene Bürotür
Aufwertung durch andere (Basking)	Wichtig, erfolgreich	Selbstherrlich, arrogant	Fotos mit Prominenten, Smalltalk nur mit Prominenten

4.2 Medien

Wie weckt man nun Eindrücke? Durch Symbole, die im richtigen Kontext den erwünschten Eindruck hinterlassen. Zu diesen Symbolen gehören Kleidung, Titel, Rang, Wohnort, Beruf, Foto etc. So wurde beispielsweise in einer texanischen Studie herausgefunden, dass einem gut gekleideten Mann, der bei Rot die Straße überquerte, signifikant mehr Fußgänger folgten als einem Mann, der Freizeitkleidung trug (vgl. Cialdini 1997, S. 266). Ähnliche Ergebnisse liefert eine andere Studie, wonach Autofahrer ein an einer grünen Ampel stehendes älteres und kleineres Auto schneller anhupten als einen neuen und teuren Wagen.

Dass wir Größe und Status als zusammenhängend wahrnehmen, zeigt ein australisches Experiment. Dabei wurden den Schülern von fünf Klassen ein Mann als Besucher von der englischen Universität Cambridge in England vorgestellt. Über seine Position an der Universität wurden allerdings in jeder Klasse ganz unterschiedliche Angaben gemacht. „Einer Klasse wurde er als Student präsentiert, einer zweiten als Tutor, einer dritten als Assistent, einer weiteren als Dozent und noch einer anderen als Professor. Nachdem er den Raum verlassen hatte, sollten die Schüler seine Größe schätzen. Es zeigte sich, dass der Mann mit jedem Schritt auf der Statusleiter und durchschnittlich 1,3 Zentimeter wuchs, sodass der ‚Professor' etwa 6,5 Zentimeter größer geschätzt wurde als der ‚Student'" (Wilson 1968, S. 97–102).

Titel sind Autoritätssymbole (ebd. 259) und können zugleich schwer (durch Prüfungen) und leicht (durch Kauf) erlangt werden. Der „Herr Doktor" ist allemal die bessere Adresse. Ärzte wissen das nur allzu gut. Auch Unternehmen punkten mit Größe und Status und ziehen auf diese Weise die besten Köpfe an. Selbst die Stimme führt zu Schlüssen über die Persönlichkeit. Aufgrund von Stimmhöhe, Sprechtempo und Lautstärke werden Eindrücke wie „intelligent", „schüchtern", „extrovertiert", „freundlich", „kompetent", „hysterisch" usw. auslöst (vgl. Bazil und Piwinger 2011). Ähnliches gilt für die soziale Bedeutung unterschiedlicher Sprachstile. Weltweit haben sozialpsychologische Studien gezeigt, dass ein korrekter Akzent (Hochsprache) „nicht nur den Eindruck von sozialem Status und wahrgenommener Kompetenz vermittelt […], sondern dass er auch großen Einfluss auf die Bereitschaft anderer hat, mit solchen Sprechern zu kooperieren" (Stroebe et al. 1996, S. 341).

Wie man daherkommt, so wird man gesehen. Viele bedeutende Personen bekommen wir in unserem Leben nicht leibhaftig zu sehen. Und trotzdem haben wir ein Bild von ihnen. Ein Bild, welches uns vermittelt wird und das sich uns einprägt. Auf Wahlplakaten werden Politiker häufig jünger und ansehnlicher dargestellt als sie es in Wirklichkeit sind. Gängige Bildbearbeitungsprogramme sind bei Werbestrategen ein hoch geschätztes Mittel, ihren Klienten einen gefälligen Auftritt zu beschaffen. Bedeutsam für das personale, vor allem aber institutionelle Impression Management sind der Öffentlichkeit zugängliche Bilder und Abbildungen von Prominenten, bei denen wir uns allerdings immer wieder vergegenwärtigen müssen, dass sie selten dem wirklichen Aussehen entsprechen. Viele Schauspieler, Sportler und Politiker kontrollieren sehr genau die Veröffentlichung ihrer Fotos, weil sie wissen, dass ein unvorteilhaftes Bild ihr über die Jahre mühsam aufgebautes Image im Nu zerstören kann. Hier vermischen sich Eitelkeiten mit handfesten geschäftlichen Interessen.

In der Unternehmenskommunikation spielt die Porträtfotografie eine wichtige Rolle, so z. B. im Kontext von Geschäftsberichten. Als ein gängiges Medium des Impression Managements bewirken sie nicht nur einen bestimmten Eindruck von der betreffenden Person, sondern „werden zu einem Werttreiber für Personen und Institutionen" (Rosumek 2003, S. 33). Was Portraits versinnbildlichen, zeigt Tab. 4.

Nirgendwo sonst als in Porträtaufnahmen spiegeln sich *Eitelkeit* und die Darstellung von Einfluss und Macht so präzise und nachvollziehbar nieder wie hier. Doch die Mächtigen der Wirtschaft tun sich oft schwer, in den Gruppenporträts ihrer Jahresberichte sich angemessen zu präsentieren, obwohl sie wissen sollten, dass ihr „Aussehen" von Investoren wie von Laien neben Kennzahlen als eine zusätzliche Information über das gesamte Unternehmen gedeutet wird. Lachende Gesichter angesichts einer schlechten Wirtschaftslage und womöglich verbunden mit einer Ankündigung bevorstehender Entlassungen können durchaus kontraproduktiv wirken (Piwinger und Biehl-Missal 2011, S. 28 ff.). Trotz teurer Fotografen und aufwändiger Inszenierung ist es mit der Kunst der Selbstinszenierung oft nicht weit her. Wer an Vorstandsfotos denkt, hat selten besonders Eindrückliches vor dem inneren Auge: Die Posen wirken starr, Jacketts schlagen Falten, die Herren versinken in viel zu großen Sesseln oder klammern sich Halt suchend an ein Treppengeländer (Biehl-Missal und Piwinger 2009). Es gibt aber auch überzeugende Beispiele, in denen sich Topmanager neben beliebten Produkten zeigen oder in kommunikativen Posen, die effiziente Teamarbeit und Abstimmung suggerieren.

Tab. 4 Darstellungsfiguren in Geschäftsberichts-Porträts
(Quelle: In Anlehnung an Schuster (2003, S. 174 ff.))

	Darstellungsfiguren in Geschäftsberichts-Porträts
Bedeutungsgröße	Größe visualisiert Macht und Bedeutung. Man sieht viele Vorstände in voller Größe stehend und „von unten" aufgenommen, was die Größe unterstreicht
Raumgreifender Schritt	Imponiergeste: Er besetzt ein neues Revier oder – mit aufgesetzem Fuß – ergreift Besitz von einem Gegenstand. Etwa so wurde Napoleon oft dargestellt
Tatkraft	Ihre Haltung gibt Auskunft über die Absichten. Sie umfasst etwas kraftvoll, ihre Finger sind zum Zugriff bereit, weisen den Weg oder unterstützen das kompetente Argument. Die auf den Tisch hauende Hand wird vermieden. Überraschend oft sieht man Vorstände mit einer Hand in der Tasche, was vielleicht Lässigkeit ins Bild setzt. Oft bleibt jedoch unklar, was die Fotografierten mit ihren Händen machen sollen
Sensible Hand	Nur wenige Fälle zeigen eine sensible Hand, die sich z. B. in zartem Kontakt mit der Lederoberfläche eines Stuhls befindet. Dies macht den Eindruck von „Fingerspitzengefühl" und maßvoll ausgewogener Aktion
Energie	Energie wird durch Bewegung ausgedrückt. Einige Vorstände laufen gemeinsam auf den Betrachter zu
Die gemeinsame Aktion	Nichts verstört den Aktionär so sehr wie ein zerstrittener Vorstand. Also wird in den Präsentationen allerlei unternommen, um Gemeinsamkeit und Harmonie zu visualisieren
Die signalisierte Stimmung	Natürlich ist man guter Dinge. Es hat sich in unserem Jahrzehnt durchgesetzt, dass man dies durch Lächeln oder sogar Lachen demonstriert. Mehr als 75 % der Gesichter zeigen ein falsch oder echt wirkendes Lächeln. Lachen mit Zeigen der Zähne wirkt immer etwas aggressiv. Frühere Würdenträger zeigten einen würdevollen Ernst
Spielgesicht	Der Mund steht entspannt etwas offen. Der Ausdruck wirkt unterwartet freundlich und bedeutungshaltig. Bill Clinton konnte mit diesem Gesicht seine freundliche, spielbereite Stimmung unnachahmlich vermitteln
Kussmund und Lippenlecken	Erinnert an Flirt-Mimik und signalisiert freudige Erwartung auf den Kontakt mit dem Aktionärs-Betrachter. Ob dieser Ausdruck glaubwürdig ist, müsste sich auch noch an anderen Handlungen der Firma ermessen lassen
Neigung des Kopfes	Ausdruck der Freundlichkeit und Zu-Neigung. Die Neigung des Kopfes und das allgegenwärtige Lächeln steht in einem gewissen Spannungsverhältnis zur Position des mächtigen Mannes. Wirkt beinahe wie eine Pose für das Familienalbum
Blick	Er ist meist aufrecht und mutig ins Auge des Betrachters gerichtet. Manchmal ist das nicht gelungen, und der Fotografierte wirkt verschlagen

4.3 Personen als Marken

Auch wenn es in früheren Zeiten das Wort „Marke" keine Rolle spielte, versuchten die Mächtigen doch sich selbst zu einer Marke zu stilisieren und entsprechend darzustellen. Lorenzo de' Medici (ca. 1449–1492) nutzte die damals verfügbaren Medien, um sich und die Medici zu verherrlichen: Er ließ eigene Medaillen mit seinem Abbild anfertigen und Gemälde von seiner Familie. Er mischte sich in die Stadtpolitik von Florenz ein, ging gesellschaftlichen Verpflichtungen nach, besuchte und veranstaltete spektakuläre Feste, förderte Gelehrte und Künstler usw. Kaiser Maximilian I. (1459–1519) schüttelte Hände, herzte Kinder und mischte sich unter das Volk, wo immer er unterwegs war. Er nutzte auch die damaligen «neuen Medien» wie Buchdruck, Zeitungen und Flugblätter und verfügte bereits über einen publizistisch literarischen Hofdienst, der ihm eine günstige Presse verschaffte. Ludwig XIV. (1643–1715), inszenierte große Feste am Hof, setzte Mode- und Architekturtrends, veröffentlichte bereits nach der Geburt seines Sohnes seine Memoiren, ließ sich als Apollo porträtieren, umgab sich mit Künstlern, Literaten und Wissenschaftlern und förderte sie als Mäzen. Nicht anders erging es mit Marilyn Monroe (1926–1962) oder Elvis Presley (1935–1977), die zu Idolen gemacht wurden und als «Sex-Bombe» oder als «King» in die Geschichte eingingen (Nessmann 2005, S. 1–70). Das, was für Könige und Künstler galt, gilt auch für Führungskräfte, zumal das Ansehen eines Unternehmens in der Öffentlichkeit bis zu „zwei Dritteln von der Person an der Spitze" abhängt (Nessmann 2005, S. 26). Einige dieser Inszenierungsstrategien fasst Tab. 5 zusammen.

Von den zahlreichen Inszenierungstechniken, welche die Impression-Management-Forschung bereit hält, sind vor allem die assertiven (positiven) Inszenierungstechniken für die personenorientierte Öffentlichkeitsarbeit von Bedeutung (s. o.).[2] Sie lassen sich wie folgt zusammenfassen (vgl. Nessmann 2005, S. 45 f.):

- *Signalisieren von Kompetenz*, indem man z. B. auf seine Ausbildungen und Qualifikationen verweist. Vorsicht ist angebracht – nicht bei allen kommt das gut an. Doch im alltäglichen Leben verfehlen Titel und akademische Grade selten ihre Wirkung.
- *Sich beliebt machen*: Der Eindruck von Sympathie lässt sich bei anderen Personen hervorrufen, in dem man ihnen schmeichelt, ihnen einen Gefallen erweist, ähnliche Meinungen wie sie vertritt, Gemeinsamkeiten betont. usw. (vgl. Laux und Schütz 1996, S. 47). Sympathie ist ein Schlüsselreiz. Platte Übertreibungen laufen allerdings Gefahr, genau das Gegenteil von dem zu erreichen, was angestrebt wurde.
- *Hervorheben der eigenen Attraktivität*, indem man z. B. auf ein gepflegtes Äußeres achtet und sich gemäß des eigenen Rollenverständnisses in der Gesellschaft bewegt. Bewusster Einsatz von Kleidung, Frisur, Make up etc. Darf nicht übertrieben werden, es sei denn, es gehört zum virtuellen Ich (perfekt vorgeführt von Karl Lagerfeld):

---

[2] Bei allen Techniken sei auf das Problem ihrer situativen und interkulturellen „Übersetzbarkeit" hingewiesen.

Tab. 5 Inszenierungsstrategien von Personen
(Quelle: Nessmann (2005, S. 44))

Laut oder leise	laut oder leise, emotional oder sachlich – je nach Typ
Formell oder informell	entweder über offizielle, institutionelle Informations- und Kommunikationswege oder eher über private, informelle Umwege
Medienzentriert oder dialogorientiert	entweder der direkte Weg über Massenmedien oder der direkte Weg zur Zielgruppe (z. B. in Form von persönlichen Gesprächen, Dialogveranstaltungen)
Provozierend oder konsensorientiert	entweder indem man eher polarisiert bzw. bewusst Regeln und Gebote verletzt (um damit Aufmerksamkeit zu erreichen) oder sich eher an die gesellschaftlichen Normen anpasst und auf Konsens und Kompromissbereitschaft ausgerichtet ist
Personenzentriert oder themenorientiert	entweder die Person selbst mit all ihren Stärken und Schwächen in den Mittelpunkt der Strategie stellen oder sich stärker an den Inhalten und Botschaften der Person bzw. des Unternehmensorientieren

- *Hervorkehren von Status und Prestige*, indem man z. B. mit Statussymbolen wie Uhren, Schmuck, dem dickern Auto etc. protzt und so aller Welt zeigen möchte, wie bedeutend oder einflussreich man ist. Wird oft als Angeberei angesehen.
- Eine weitere Möglichkeit, sich darzustellen, ist das, was im Amerikanischen als „basking in reflected glory" oder auch nur als *„reflected glory"* (in etwa: sich in fremden Ruhm sonnen) bezeichnet wird. Darunter ist die Tendenz zu verstehen, sich einflussreicher Kontakte oder einer große Nähe zu erfolgreichen Persönlichkeiten zu rühmen oder sich mit deren Namen („name dropping") in eine assoziative Verbindung zu bringen. Ziele dabei ist es, ein Stück von deren Prominenz zu ergattern. Wenn es nicht durchschaut wird, klappt dies häufig.
- *Werbung mit Prominenten*: Ist im Grunde eine abgeleitete Form des „reflected glory". Unternehmen setzen immer häufiger auf eine Werbestrategie mit Prominenten (erfolgreichen Sportlern, bekannten Schauspielern). Beispielsweise auch Hotels, die in ihren Foyers Tafeln aufstellen, auf denen Namen prominenter Gäste stehen. Waren Anfang der neunziger Jahre nur drei Prozent der Werbespots mit Testimonials besetzt, so sind es heute ein Vielfaches davon – Tendenz steigend. Dies bestimmt sehr zur Freude des einbezogenen Personenkreises, der daran nicht nur kräftig mitverdient, sondern auch noch seine Erinnerungswerte auffrischen kann – eine typische win-win-Situation, bei der sich Prominenz ordentlich auszahlt.

Auf diese Weise schafft man sich einen Namen, der weder „Schall" noch „Rauch" ist. Er hat Macht und beeinflusst das Verhalten der Menschen. Nur wer einen Namen hat, ist eine gute Adresse (bona nomina). Deshalb kosten Namen als Marken viel Geld und genießen gesetzlichen Schutz (vgl. Bazil und Piwinger 2010). Am Namen hängt alles. Wer seinen Namen verliert, verliert sich selbst. Davon wusste auch *Othello* von Shakespeare: „O guter Name! Guter Name! Ich habe meinen guten Namen verloren. Ich habe mein unsterbliches Theil velohren, was mir übrig geblieben, ist ein blosses Thier. Mein guter Name, Jago, meinen guten Namen!" (2. Akt, 3. Szene).

5 Fazit

Jeder Mensch und jede Organisation will in einem positiven Licht erscheinen, um Erfolg, hohes Ansehen und gute Reputation zu genießen. Die Art und Weise, wie man positive Eindrücke streut und so das Umfeld beeinflusst, heißt in der Soziologie „Impression Management". Es ist eine Inszenierungs- und Selbstdarstellungsstrategie. Ihr liegt immer ein Selbstkonzept zugrunde, das den Soll-Stand beschreibt und festlegt, wie Anspruchsgruppen eine Organisation wahrnehmen sollen. Sodann werden gemäß dieser Selbstbeschreibung Techniken eingesetzt, die die angestrebten Eindrücke kontinuierlich streuen. Bei Personen handelt es sich um linguistische, paralinguistischen und kinetischen Symbole und bei Organisationen um Verhalten, Äußerungen und Dinge, wie Gebäude, Farbe, Papierqualität usw. Menschen deuten diese Symbole und bilden Eindrücke, die entweder dem Selbstverständnis des Darstellers entspricht oder von ihm abweicht und so einen Risiko-Eindruck darstellt. In diesem Falle entstehen Kosten, denen kein Ertrag gegenüber steht. Deshalb ist Kommunikations-Controlling gerade bei Unternehmen, die viel Geld in ihrer Selbstdarstellung investieren, von entscheidender Bedeutung. Wer sympathisch, attraktiv und kompetent wahrgenommen wird, hat gute Chancen auch bei der Vermittlung anderer Eindrücke erfolgreich zu sein. In der organisierten Kommunikation gilt es nun, diesen Prozess zu steuern und so einen Beitrag zur Wertschöpfung zu leisten.

Literatur

Bazil, V. (2005). *Impression Management. Sprachliche Strategien für Reden und Vorträge*. Wiesbaden: Gabler.

Bazil, V., & Piwinger, M. (2006). Verhaltensregeln als Selbstdarstellungsregeln. Die Vorläufer des Impression Managements. In G. Bentele, M. Piwinger, & G. Schönborn (Hrsg.), *Kommunikationsmanagement* (Loseblattwerk 2001 ff., Nr. 3.42, S. 1–40). Köln: Luchterhand.

Bazil, V., & Piwinger, M. (2010). Labeling. Namen schaffen Realitäten. In G. Bentele, M. Piwinger, & G. Schönborn (Hrsg.), *Kommunikationsmanagement* (Loseblattwerk 2001 ff., Nr. 1.36, S. 1-28). Köln: Luchterhand.

Bazil, V., & Piwinger, M. (2011). Die Stimme – ein „vokaler Personalausweis". Wie die Stimme identifiziert und charakterisiert. In G. Bentele, M. Piwinger, & G. Schönborn (Hrsg.), *Kommunikationsmanagement*. (Loseblattwerk 2001 ff., Nr. 5.58, S. 1–12).

Bergler, R. (2004). Sympathie, Kommunikation und Verhalten. In G. Bentele, M. Piwinger, & G. Schönborn (Hrsg.), *Kommunikationsmanagement* (Loseblattwerk 2001 ff., Nr. 8.07, S. 1–28). Köln: Luchterhand.

Biehl, B. (2007). *Business is Showbusiness: Wie Topmanager sich vor Publikum inszenieren*. Frankfurt am Main: Campus.

Biehl-Missal, B., & Piwinger, M. (2009). Ein Bild für die Götter. Wie inszenieren sich die Vorstände auf ihren Fotos im Geschäftsbericht. Harvard. *Business Manager, 6*, 100–108.

Bromley, D. B. (1993). *Reputation, Image und Impression Management*. Chichester: Wiley.

Cialdini, R. B. (1997). *Psychologie des Überzeugens: Ein Lehrbuch für alle, die ihren Mitmenschen und sich selbst auf die Schliche kommen wollen*. Bern: Huber.

Franck, G. (1998). *Ökonomie der Aufmerksamkeit*. München: Carl Hanser.
Goffman, E. (1959). *The presentation of self in everyday life*. Garden City: Doubleday Anchor.
Gracian, B. (1992). *Handorakel und die Kunst der Weltklugheit* (13. Aufl.). Stuttgart: Alfred Kröner.
Henss, R. (1992). *Spieglein, Spieglein an der Wand: Geschlecht, Alter und physische Attraktivität*. Weinheim: Beltz.
Jones, E. E., & Pittmann, T. S. (1982). Toward a general theory of trategic self-presentation. In Juls, J. (Hrsg.), *Psychological perspectives of the self* (S. 231–261). Hillsdale: Lawrence Erlbaum Associates.
Laux, L., & Schütz, A. (1996). *Wir, die wir gut sind. Die Selbstdarstellung von Politikern zwischen Glorifizierung und Glaubwürdigkeit*. München: DTV.
Machiavelli, N. (2007). *Der Fürst. Die Kunst des Regierens*. Köln: Taschen.
Mummendey, H.-D. (1995). *Psychologie der Selbstdarstellung* (2. Aufl.). Göttingen: Hogrefe.
Münch, R. (1995). *Dialektik der Kommunikationsgesellschaft*. Frankfurt am Main: Suhrkamp.
Nessmann, K. (2005). Personen-PR. Personenbezogene Öffentlichkeitsarbeit. In G. Bentele, M. Piwinger, & G. Schonborn (Hrsg.), *Kommunikationsmanagement* (Loseblattwerk 2001 ff., Nr. 3.34, S. 1–70). Köln: Luchterhand.
Piwinger, M., & Bazil, V. (2010). Impression Management. Über Sein und Schein. In G. Bentele, M. Piwinger, & G. Schönborn (Hrsg.), *Kommunikationsmanagement* (Loseblattwerk 2001 ff., Nr. 2.35, S. 1–349). Köln: Luchterhand.
Piwinger, M., & Biehl-Missal, B. (2011). Managerporträts. Die Funktion und Wirkung von Vorstandsfotografien. In G. Bentele, M. Piwinger, & G. Schönborn (Hrsg.), *Kommunikationsmanagement* (Loseblattwerk 2001 ff., Nr. 3.78, S. 1–38). Köln: Luchterhand.
Piwinger, M., & Ebert, H. (1998). *Impression Management. Zur Selbstdarstellung von Personen und Institutionen. Schriftenreihe PR-Kolloquium, Heft 8*. Wuppertal: DPRG Landesgruppe Nordrhein-Westfalen.
Piwinger, M., & Porak, V. (Hrsg.). (2005). *Kommunikations-Controlling. Kommunikation und Information quantifizieren und finanziell bewerten*. Wiesbaden: Gabler.
Poss, S. (1999). *Dramaturgische Unternehmens-Analyse am Beispiel der deutschen Banken - Grundlagen, Theorie und empirische Untersuchung*. Marburg: Tectum.
Renner, K.-H., Schütz, A., & Machilek, F. (Hrsg.). (2005). *Internet und Persönlichkeit. Differentiellpsychologische und diagnostische Aspekte der Internetnutzung*. Göttingen: Hogrefe.
Rosumek, L. (2003). Auffallend gut: Porträtfotos als Instrument des Impression Management. In G. Bentele, M. Piwinger, & G. Schönborn (Hrsg.), *Kommunikationsmanagement* (Loseblattwerk 2001 ff., Nr. 5.19, S. 1–35). Köln: Luchterhand.
Schlenker, B. R. (1980). *Impression management. The self-concept, social identity, and interpersonal relations*. Belmont: Brooks/Cole.
Schütz, A. (1992). *Selbstdarstellung von Politikern. Analyse von Wahlkampfauftritten*. Weinheim: Beltz.
Schütz, A., & Rentzsch, K. (2007). Selbst und Kommunikation. In U. Six, U. Gleich, & R. Gimmler (Hrsg.), *Kommunikationspsychologie und Medienpsychologie* (S. 118–134). Weinheim: Beltz.
Schwanitz, D. B. (1977). *Die Wirklichkeit der Inszenierung und die Inszenierung der Wirklichkeit*. Meisenheim am Glan: Hein.
Schuster, M. (2003). Vorstandsbilder – Mannsbilder. Porträts in Geschäftsberichten. In M. Piwinger (Hrsg.), *Ausgezeichnete Geschäftsberichte* (S. 172–180). Frankfurt am Main: Frankfurter Allgemeine Buch.
Sennett, R. (1990). *Autorität*. Frankfurt am Main: Fischer Taschenbuch.
Stroebe, W., Jonas, M., & Hewstone, G. (Hrsg.) (1996). *Sozialpsychologie – Eine Einführung*. Berlin: Springer

Tedeschi, J. T. (Hrsg.). (1981). *Impression management theory and social psychologie researsch*. New York: Academic Press.

Wilson, P. R. (1968). The perceptual distortion of height as afunction of ascribed academic status. *Journal of Social Psychology*, 74, S. 97–102.

Zielmann, S. (2012). Prominenz, Elite, Charsima – ein Beitrag zur Bedeutung in der Politik. In G. Bentele, M. Piwinger, & G. Schönborn (Hrsg.), *Kommunikationsmanagement* (Loseblattwerk 2001 ff., Nr. 3.85, S. 1–24). Köln: Luchterhand.

Teil IV
Analyse von Umfeld und Meinungsbildung

Issues Monitoring und Issues Management in der Unternehmenskommunikation

Peter M. Wiedemann und Klaus Ries

Zusammenfassung

Unternehmen sind mehr denn je mit ihren Entscheidungen und ihrem Agieren einem permanenten Beobachtungs-, Bewertungs- und Kommentierungsprozess seitens der verschiedensten gesellschaftlichen Interessens- und Anspruchsgruppen in einem öffentlich-politischen Raum ausgesetzt. Internet und Social Media verstärken dabei maßgeblich die Intensität und Geschwindigkeit dieser Prozesse. Das erfolgreiche Erkennen und das aktive Management solcher Prozesse nicht nur in kommunikativer, sondern strategischer Hinsicht, werden vor diesem Hintergrund zur conditio sine qua non erfolgreichen Unternehmertums. Der Ansatz des Issues Managements, der seit den 90er Jahren in der Literatur und in jüngerer Zeit mehr und mehr in der unternehmerischen Praxis rezipiert wird, bietet – verstanden als Management-System und als -Prozess – wertvolle Unterstützung, diese Herausforderungen zu bestehen.

Schlüsselwörter

Issues Management · Krisenmanagement · Krisenkommunikation · Risikokommunikation · Risiko Management · Unternehmenskommunikation

---

P. M. Wiedemann (✉)
WF-EMF
Anna-Louisa-Karsch Straße 2, 10178 Berlin, Deutschland
E-Mail: peter.wiedemann@wf-emf.org

K. Ries
BASF SE, G-PMF/E – D219,
67056 Ludwigshafen, Deutschland
E-Mail: klaus.ries@basf.com

1 Einleitung

Heutzutage sind Unternehmen unter Dauerbeobachtung: Sie agieren in einem öffentlich-politischen Raum und müssen sich in immer größerem Ausmaß den Bewertungen der verschiedensten gesellschaftlichen Gruppierungen stellen.

Neben die klassischen unmittelbar unternehmensrelevanten Anspruchsgruppen – Kunden, Aktionäre, Gewerkschaften, Behörden, Politik, Wettbewerber und Zulieferer – sind andere getreten: Umweltverbände, Verbraucherschutz, Dritte-Welt-Gruppen, die Kirchen, Standortgemeinden und Bürgerinitiativen. Alle nutzen die Medien, damit ihre Bewertungen eine breite Öffentlichkeit erreichen und um ihre Interessen besser durchsetzen zu können. Durch die Verbreitung und Akzeptanz des Internets als Kommunikationsplattform gelingt es heute um ein Vielfaches einfacher und schneller als noch vor wenigen Jahren, Öffentlichkeit herzustellen.

Dies befördert den Trend, dass die öffentliche Inszenierung zur Durchsetzung von Interessen in der Gesellschaft an Bedeutung gewinnt. Politische Entscheidungen werden angesichts zunehmender Öffentlichkeit vielfach auch durch solche Inszenierungen gesteuert. Prominente aktuelle Beispiele sind der Neubau des Stuttgarter Bahnhofs oder der Ausbau des Frankfurter Flughafens. Gelingt es Interessengruppen, Öffentlichkeit in ausreichendem Maße herzustellen, wird potentiell jede unternehmerische zugleich zu einer politischen Entscheidung. Die Frage richtig zu beantworten, wie kommunizieren wir was wann zu wem mit welchem Effekt wird vor diesem Hintergrund zum Erfolgsfaktor für Unternehmen.

In einer solchen Mediendemokratie entscheidet das Bild eines Unternehmens in der Öffentlichkeit mit darüber, ob das Unternehmen seine eigenen Ziele – Profitabilität und langfristige Existenzsicherung – auch erreicht. Wer diese Tatsache ignoriert, der handelt sich Risiken ein. Insbesondere Vertrauens- und Glaubwürdigkeitsverluste sowie Reputationseinbußen können ökonomische Folgeschäden bewirken. Es drohen etwa Verluste von Märkten oder Eintrittsbarrieren für neue Märkte oder es kommt zu Auflagen bzw. Einschränkungen für Produktion, Beschaffung oder Absatz.

Es kommt also für Unternehmen darauf an, potentielle Reizthemen – die Issues – frühzeitig zu identifizieren, um geeignete Schritte für den vorsorglichen Schutz des Unternehmens einleiten zu können. Es bedeutet weiterhin, Eskalations- oder Krisenpotenziale von Issues zu erkennen, die sich aufgrund von Versäumnissen oder anderen Umständen ergeben können.

Hierzu bietet das sogenannte Issues Management, das im Folgenden dargestellt wird, wertvolle Unterstützung. Zu Beginn werden die wichtigsten Konzepte dieses Ansatzes erläutert und der Stand der Forschung zum Issues Management vorgestellt. Im Anschluss daran finden sich Hinweise auf weitere Informationsquellen zu den verschiedenen Verfahren und Methoden, die beim Issues Management genutzt werden können. Im Mittelpunkt steht dann die Beschreibung des Prozesses des Issues Managements: die Issue-Identifikation, die Issue-Bewertung, die Issue Allokation und Entscheidungsfindung, die Entwicklung von Handlungsoptionen sowie deren Umsetzung und die Erfolgskontrolle.

Abschließend werden die wichtigsten Einsichten zum Issues Management noch einmal zusammengefasst.

> **Issues Management**
> Issues Management als Denkansatz, Managementsystem, Prozess und Toolbox verstanden, beschreibt die Identifikation, Analyse sowie den strategischen Umgang mit potentiell kritischen Themen, die etwa aus den Erwartungen, Forderungen, Meinungen oder Ängsten von Anspruchsgruppen entstehen, eine gewisse Öffentlichkeit erlangen sowie die Handlungsspielräume und Ziele eines Unternehmens tangieren können.

2 Das Konzept des Issues Managements

Unter Issues werden potenzielle und tatsächliche Reizthemen verstanden, für die es noch keine Lösung gibt. Issues sind Anliegen von Anspruchsgruppen, die, wenn sie die öffentliche Meinung prägen, Konflikte für ein Unternehmen erzeugen. Eskalieren diese Konflikte, so können sie die Handlungsfähigkeit des betroffenen Unternehmens stark einschränken.

Für Unternehmen werden Issues meist dann offenbar, wenn sich Interessengruppen formieren, um ihre Anliegen zu thematisieren und ihre Ansprüche zu konkretisieren. Solche Ansprüche können sich dann über öffentliche Debatten zu politischen und gesetzgeberischen Anforderungen entwickeln, die dem Unternehmen unmittelbar schaden können. Issues können aber auch Chancen für ein Unternehmen beinhalten, die – wenn sie nur rechtzeitig erkannt und richtig aufgegriffen werden – dem Unternehmen sogar nutzen.

Ein etabliertes Issue für die Handy-Hersteller und Mobilfunkbetreiber ist zum Beispiel die Elektrosmog-Debatte, deren Gegenstand mögliche Gesundheitsgefahren des Mobilfunks sind. Ein anderes Beispiel eines Technologie-Issues, das die Agrar- und Nahrungsmittel-Industrie, die Chemie- und Pharma-Industrie betrifft, ist die öffentliche Debatte in Bezug auf die Biotechnologie, bei der in Deutschland zumindest bislang deren Befürworter weitgehend auf verlorenem Posten zu stehen scheinen.

Der Begriff „Issues Management" charakterisiert das Bestreben von Unternehmen, Anliegen von Anspruchsgruppen, die sich auf das Aktionsfeld eines Unternehmens in der oben skizzierten Weise auswirken können, frühzeitig zu identifizieren, deren „Karriere" bzw. die Haltung entsprechender Stakeholder im Unternehmenssinne gezielt zu beeinflussen und dort entsprechende unternehmenspolitische Korrekturen einzuleiten, wo die (voraussichtliche) Issue-Entwicklung dies erfordert.

Das Management von Issues ist Teil einer Prozesskette, deren einzelne Glieder ineinander greifen:

- Beobachtung: Was verändert sich im Umfeld des Unternehmens und welche Risikopotenziale können damit verbunden sein?
- Priorisierung: Welche Themen sollten in welchem Umfeld vorrangig behandelt werden? Wo und wann muss das Unternehmen aktiv werden?
- Entwicklung von Optionen: Welche (Vorsorge-)Maßnahmen sind möglich? Was kann getan werden, um geeignete Maßnahmen umzusetzen und krisenhaften Entwicklungen vorzubeugen?
- Bearbeitung: Implementierung von Maßnahmen zur Beeinflussung der Issue-Entwicklung. Erarbeitung von Schubladenplänen für den Krisenfall.
- Kontrolle: Wie erfolgreich sind die eingeleiteten Maßnahmen? Wie entwickelt sich das Issue und welche Korrekturen des Maßnahmenplans sind erforderlich?

Issues Management verbindet strategisches Management und Public Relations und leistet Beiträge für die Früherkennung von Risiken und Chancen für das Unternehmen, die sich aus öffentlichen Debatten ergeben können. Dies erlaubt die Vorbereitung auf öffentliche Auseinandersetzungen und Konflikte, die rechtzeitige Vermittlung der eigenen Positionen an Meinungsmacher in Politik, Behörden, Medien und Öffentlichkeit sowie für die frühzeitige Planung und Einleitung von Veränderungen im Unternehmen, falls sie erforderlich werden.

Ob und in welchem Ausmaß ein gezieltes Management von Issues gerade auch im Zeitalter von Internet und Social Media erfolgreich sein kann, ist strittig (siehe dazu Power 2004), denn Unternehmen geraten immer wieder trotz eines mehr oder weniger funktionsfähigen Issues Managements in die Falle öffentlicher Empörung. Das bescheidenere Anliegen der Früherkennung scheint dagegen zumindest in der Theorie befriedigend lösbar. Zwar vermag auch das beste Issues Management nicht, die Eskalation möglicher Reizthemen immer zu verhindern. Gerade deshalb greift auch eine Reduktion des Issues Management-Ansatzes auf eine Art Lobbying zu kurz. Vielmehr sind eine enge Verzahnung mit dem strategischen Management eines Unternehmens und erst auf dieser Basis dann die Umsetzung in der Unternehmenskommunikation zu fordern. Ergibt die Issue-Analyse die latente Gefahr materieller Einschränkungen des Unternehmenserfolgs, ist die Unternehmensstrategie kritisch zu hinterfragen. In diesem Verständnis hat das Issues Management maßgeblich zur langfristigen Ausrichtung eines Unternehmens – bis hin etwa zur Wahl der Absatzmärkte oder der Gestaltung des Technologie- und Produktportfolios – beizutragen (Ries und Wiedmann 1992). In der Forschung zum Issues Management beginnt sich dieses integrative Verständnis durchzusetzen (siehe Heath und Palenchar 2009).

3 Entwicklungen des Issues Management-Ansatzes

Der Issues Management-Ansatz wurde in den 80er Jahren in der Praxis der Public Relations großer US-amerikanischer Unternehmen entwickelt. Seitdem ist er – insbesondere in großen Unternehmen – zunehmend ein fester Bestandteil der Öffentlichkeitsarbeit (Kuhn et al. 2003).

Die Forschung zum Issues Management – in Zeitschriften wie „Public Relations Review" und „Long Range Planning" – hatte einen ersten Höhepunkt in den 90er Jahren (siehe Ewing 1997). Es lassen sich dabei vier Entwicklungslinien unterscheiden. Zum einen finden sich Untersuchungen und Vorschläge zum Aufbau des Issues Management-Systems in Organisationen. Es existiert außerdem ein Ansatz auf der Ebene des Individuums. Hier stehen die kognitiven Prozesse (der Manager) bei der Identifikation und Bewertung von Issues im Mittelpunkt. Weiterhin findet sich ein Ansatz, der Issues Management unter kommunikativen Aspekten untersucht. Schließlich gibt es Vertreter, deren Ziel es ist, ein integratives Issues Management zu entwickeln.

Der System-Ansatz des Issues Managements stellt den Ablauf und der Organisation des Issues Managements in das Zentrum der Überlegungen:

- Welche Aufgaben gehören zum Issues Management?
- Wer sollte diese Aufgabe übernehmen?
- Welche Verfahren und Werkzeuge lassen sich für die Lösung der anstehenden Aufgaben einsetzen?

Da Issues Management – wie im Abschnitt zuvor erläutert – sowohl eine kommunikative als auch strategische Dimension aufweist, steht es auch in diesem organisatorischen Spannungsfeld. Je nachdem ob die Unternehmenskommunikation oder die strategische Planung dominiert, wird das Issues Management in der Praxis anders konfiguriert (siehe Lawn 1997). Es liegt auf der Hand, dass zum Beispiel ein aus der Public Relations-Abteilung geführtes Issues Management tendenziell einen geringeren Einfluss auf die Ausrichtung der Strategie eines Unternehmens haben wird, als ein aus der Unternehmensentwicklung, der strategischen Planung oder dem strategischen Marketing geführter Ansatz. Entscheidend ist am Ende die ganzheitliche Betrachtung von Issues, die nur in einem funktionsübergreifenden, strategisch ausgerichteten Issues Management gelingen kann (Heath und Palenchar 2009).

Die zweite Richtung der Issues Management Forschung bezieht sich auf die Untersuchung der kognitiven Prozesse von Managern. Ausgehend davon, dass in Unternehmen wenige Top-Manager die wichtigen strategischen und organisatorischen Entscheidungen treffen (Bazerman 2001), sind die hier gewonnenen Erkenntnisse auch bedeutsam. Dabei geht es u. a. um folgende Themenfelder:

- Wie nehmen Manager Issues wahr?
- Wie bewerten sie diese und wovon hängt es ab, welchem Issue Aufmerksamkeit geschenkt wird?
- Wie entscheiden Manager unter Unsicherheit?
- Welche Urteilsfehler können sie dabei machen und wie lassen sich diese korrigieren?

Diese Forschungsrichtung nimmt Bezug auf die kognitive Psychologie und versucht, deren Modelle, Methoden und Befunde zu nutzen (Dutton 1993), um die Generierung, aber auch die Wahrnehmung von Issues zu verstehen. Dabei spielt die Interdisziplinarität eine wesentliche Rolle: Brücken zur der Medienwirkungsforschung schlagen Peters (2000), zur Risikowahrnehmungsforschung Slovic (2010) sowie zur Organisationsforschung Bazerman und Watkins (2004). Im Mittelpunkt stehen dabei die Merkmale von Techniken oder Vorhaben, die Angst, Empörung oder Ablehnung auslösen und so ein Issue zum Issue machen. Neuere Untersuchungen befassen sich mit der „Bounded Ethicality", d. h. von Bedingungen und Umständen von Entscheidungsfindungen, die zu moralischem Fehlverhalten führen und damit Issues generieren oder diese zumindest verstärken (Kern und Chugh 2009). Interessant sind in diesem Zusammenhang auch die Arbeiten von Dan Ariely zu irrationalen Entscheidungen (Ariely 2008).

Die dritte Richtung des Issues Managements stellt die Kommunikation in den Mittelpunkt. Mitte der 70er Jahre hieß das: Unternehmen sollten nicht mehr die „silent children of society" sein. Vielmehr sollten sie klar und deutlich ihre Stimme erheben. Issue-Kommunikation wurde z. B. als „advocacy advertising" umgesetzt, um der Öffentlichkeit zu verdeutlichen, welche Positionen ein Unternehmen zu einem Issue hat. Kommunikation in Sinne des Issue-Advertising hieß demnach „Kampf". Vertreter wie Schmertz (1988) geben Anleitung, wie mit Medien oder Special Interest Groups umzugehen ist. Allerdings haben diese Ansätze an Bedeutung verloren. Auskunft über die neueren dialogorientierten Entwicklungen geben Rice und Atkin (2012). Partizipative Kommunikationsstrategien werden von Dietz und Stern (2008) vorgeschlagen. Für den Umgang mit affektiv aufgeladenen Issues finden sich Vorschläge bei Susskind und Field (1996). Moffitt und Bordone (2005) bieten einen Überblick über Disput-Lösungsansätze. Strategien für die Risikokommunikation offerieren Wiedemann et al. (2000). Das Erkenntnisinteresse bezüglich der Issue-Kommunikation richtet sich dabei auf folgende Fragen:

- Welche Zielstellungen sind sinnvoll?
- Welche Kommunikationsstrategien stehen einem Unternehmen zur Verfügung?
- Wann und unter welchen Umständen sind welche Strategien angemessen?
- Welche Faktoren sind dabei zu beachten?
- Wovon ist der Erfolg abhängig?

Analysen der Issues-Kommunikation haben den naiven Optimismus in die Möglichkeiten des rein Public Relations-orientierte Issues Managements relativiert. Sie zeigen aber auch den historischen Wandel von Kommunikationsnormen. Aggressive „advocacy"-Strategien weichen immer mehr konsensorientierten Ansätzen (siehe dazu Renn et al. 1995), die nicht mehr Kampf, sondern Verhandlung und Vertrauensbildung in den Mittelpunkt rücken. So spielen neuerdings gerade auch in Deutschland Dialog- und Partizipationsverfahren eine wesentliche Rolle (Bertelsmann Stiftung 2011).

Im deutschsprachigen Raum ist das Issues Management seit den 90er Jahren des letzten Jahrhunderts rezipiert worden. Eine intensivere Diskussion hat jedoch erst später eingesetzt (Liebl 2000; Kuhn et al. 2003).

Das Issues Management ist auch mit anderen Ansätzen verknüpft worden. Dazu gehören u. a. das Lobbying (Trento 1992), die Krisenkommunikation (Coombs und Holladay 2012) sowie die Risikokommunikation (Wiedemann und Clauberg 2005). Bezüge gibt es auch zum Ansatz der Competitive Intelligence, die dem Erkennen von wettbewerbsrelevanten Chancen und Risiken dient (Kahaner 1996) sowie zum Futures Research (Ramírez et al. 2008).

Der integrative Ansatz des Issues Managements, der eine enge Verzahnung mit der gesamten unternehmenspolitischen Ausrichtung fordert, wurde im deutschsprachigen Raum unter anderem im Rahmen des Konzepts des gesellschaftsorientierten Marketing diskutiert (siehe Ries und Wiedmann 1992). Dieser in der Unternehmenspraxis sicherlich am schwierigsten zu realisierende Ansatz bietet zugleich das größte Nutzenpotenzial für das Issues Management.

In jüngerer Zeit rückt das Thema Internet-Kommunikation und Social Media, wie etwa Wikis, Twitter und Facebook, in ihrer Bedeutung für Issues Management und Krisenkommunikation verstärkt den Mittelpunkt des Interesses (siehe hierzu u. a. den Literaturüberblick bei Fisher Liu et al. 2011). Wobei Internet und Social Media zum einen lediglich eine weitere Kommunikationsplattform für sozusagen klassische Issues für Unternehmen darstellen, die es passiv wie aktiv zu beachten und zu nutzen gilt, zum anderen aber sorgen die Eigenschaften dieser Kommunikationsplattformen selbst für ganz neue Herausforderungen und Themen (siehe Zerfaß und Pleil 2012). Die Geschwindigkeit, Interaktivität und Multimedialität der Internet-Kommunikation führt dazu, dass Issues viel schneller zu Krisen eskalieren können, und dass Unternehmen noch weniger Zeit als früher haben zu agieren (siehe Becker 2012). Dabei treten neue Spieler (etwa Blogger) als Opinion Leader auf, Kunden berichten online sichtbar für alle über ihre Erfahrungen mit Unternehmen, und wenn ein Thema mit dem richtigen Skandalpotential von den richtigen (glaubwürdigen, vernetzten) Akteuren verbreitet wird, kann geradezu ein „Shitstorm" der Entrüstung auf ein Unternehmen hereinbrechen (siehe hierzu das Beispiel der Eskalation einer „simplen" Kundenbeschwerde über Vodafone auf Facebook und deren Auswirkungen auf das betroffene Unternehmen bei Scheer 2012). Als Reaktion auf diese Entwicklungen findet sich in der Literatur durchgängig die Forderung, die Online-Kommunikation systematisch in die Kommunikationspolitik bzw. in das Reputationsmanagement eines Unternehmens zu integrieren (siehe hierzu stellvertretend Westermann und Schmid 2012).

4 Prozesse des Issues Managements

Im Folgenden werden Arbeitsmittel vorgestellt, die bei der Entwicklung eines eigenen Issues Management Systems genutzt werden können. Die Darstellung erfolgt anhand der zu lösenden Aufgaben:

- Issues-Identifikation
- Issues-Bewertung

- Issues-Priorisierung
- Entwicklung von Handlungsoptionen
- Umsetzung und Erfolgskontrolle

Für diese Aufgaben werden in den folgenden Abschnitten Hilfestellungen angeboten.

4.1 Issues-Identifikation

Dieser Prozess beginnt mit der Festlegung von Beobachtungsfeldern und zielt auf die Identifikation von relevanten Issues ab: Welche Entwicklungen oder Ereignisse können sich zu Schadensfällen für das Unternehmen ausweiten? Welche Chancen können sich ergeben?
Leitfragen sind:

- Wo können Issues auftreten?
- Was kann als Issue auftreten?
- Wer kann Issues bewirken?
- Was können Auswirkungen des Issues sein? (etwa im Sinne eines Worst Case Szenarios)

Bei der Suche nach Issues ist zum einen vom gesellschaftlichen Umfeld des Unternehmens auszugehen, zum anderen von Entwicklungen, Entscheidungen und Ereignissen, die vom Unternehmen bestimmt werden. Optionen für die Durchführung der Issue-Suche sind in Tab. 1 aufgeführt.

Unter Kosten- und Zeitaspekten ist der interne Brainstorming-Ansatz für die Issue-Beobachtung am besten geeignet. Dieser Ansatz ermöglicht die zielgerichtete Überwachung von geschäftsfeldrelevanten Issues. Weniger stark ist diese Option jedoch, wenn es um die „weichen Faktoren" (z. B. Akzeptanz, Risikowahrnehmung, ethische Issues) geht, die über den Erfahrungshorizont der eigenen Experten hinausgehen. Es empfiehlt sich deshalb auch, mit externen Experten (etwa in Form von Szenario-Workshops) und Verbänden zusammenzuarbeiten, um alle geschäftsfeldrelevanten Issues zu ermitteln.

Für eine kontinuierliche Issue-Suche werden ein Issue-Koordinator, der für die Organisation des gesamten Suchprozesses verantwortlich ist, und verschiedene Experten benötigt, die dem Koordinator über neue Issues in ihrem Arbeitsfeld berichten sowie die

Tab. 1 Optionen für die Durchführung der Issue-Identifikation

Verfahren	Interne Durchführung	Externe Unterstützung
Brainstorming-orientiert	Workshops mit Know-How-Trägern aus dem Unternehmen	Workshops mit externen Experten, die relevante Beobachtungsfelder überschauen
Szenario-orientiert	Interne Szenario-Konstruktion & Delphi-Prognosen	Beauftragung von Dienstleistern für die Erstellung von Delphi-Prognosen & Szenarios

Analyse und Einschätzung des Issues aus verschiedenen Blickwinkeln (wissenschaftlich, politisch, kommunikativ etc.) vornehmen. Die benannten Experten sollten aufgefordert werden, in regelmäßigen Zeitabständen und bei akuten Entwicklungen Issues zu melden und zu bewerten. Diesem eher inside-out geprägte Ansatz (also von Blickwinkeln und Themen des Unternehmens her gedacht), sollte eine systematische outside-in Analyse an die Seite gestellt werden. Welche Themen, die die strategischen Interessen einer Unternehmung berühren können, werden von welchen Stakeholder befördert, wie kann sich dies auf das Unternehmen auswirken usw.

Neben den klassischen Quellen für eine solche Suche tritt in den letzten Jahren zunehmend das World Wide Web. Spezielle Suchmaschinen mit entsprechend programmierten Abfrageroutinen können helfen, i. S. einer Früherkennung Beiträge zu potentiell kritischen Themen aufzuspüren. Die regelmäßige Beobachtung von Social Media, etwa Blogs, die sich mit relevanten Themenfeldern befassen, kann ebenfalls dazu beitragen, die Karriere eines Issues rechtzeitig zu erkennen. Pleil (2012) spricht in diesem Zusammenhang auch von der Beobachtung von Issue-Karrieren mit Hilfe eines systematischen – manuellen oder automatisierten – Online-Monitoring und beschreibt wie Unternehmen sich dem Internet im Zusammenhang mit Issues Management systematisch als Informationsquelle bedienen kann.

Im Rahmen der Identifikation von Issues lassen sich verschiedene Methoden nutzen:

- Exploration über die Umfeldanalyse
- Exploration über die Stakeholderanalyse
- Exploration über die Worst-Case-Analyse

Die Umfeldanalyse prüft Issues aus der Sicht relevanter Themen, die sich im Umfeld des Unternehmens entwickeln. Die Stakeholderanalyse setzt bei den Interessen und Anliegen von Anspruchsgruppen an sowie an Issues, die sich aus diesen ergeben können. Die Worst-Case-Analyse geht von möglichen zukünftigen „schlimmsten Fällen" aus, deren Entwicklung aus Gegenwart heraus antizipiert wird.

Das Kernproblem bei der Issues-Identifikation ist die frühzeitige Signalerkennung. Daher kommt dem Schritt der Suchraumdefinition eine besondere Bedeutung zu. Für diese schwierige Aufgabe stehen sowohl Kreativitätstechniken als auch Forecasting-Methoden zur Verfügung.

Kreativitätstechniken unterstützen das Denken außerhalb gewohnter Bahnen. Morphologische Methoden sind beispielsweise systematisch-analytische Verfahren, um die Ideenfindung durch geordnetes Denken zu strukturieren. Das explorative Verfahren des Brainstormings hingegen lebt vom offenen Aussprechen der Gedanken und dem Aufgreifen und Weiterentwickeln der Ideen anderer (siehe hierzu Jones 1995).

Einen anderen Zugang bieten Delphi-Verfahren (Hsu und Sandford 2007). Der Kern dieser Verfahren besteht darin, in mehreren Runden Expertenmeinungen, zum Beispiel zur zukünftigen Technologieentwicklung, einzuholen. Anhand eines strukturierten Fragebogens beurteilen in der Regel eine größere Anzahl von Experten bestimmte Thesen. In einer (oder mehreren) Feedback-Runden erhalten die Experten die Möglichkeit, vor dem

Hintergrund der Einschätzungen der Fachkollegen die eigenen Urteile zu überdenken und gegebenenfalls zu modifizieren. Der Aufwand ist als mittel bis hoch einzuschätzen.

Die Technik des Risk Mapping – ein Beispiel dafür ist der Ansatz der Schweizer Rückversicherung (Shimpi 1999) – wurde in den 90er Jahren entwickelt, um mögliche Risiken zu katalogisieren und zu quantifizieren. Unternehmen sollen so in die Lage versetzt werden, bereichsübergreifend Risiken zu entdecken, sie zu vergleichen und angemessene Ressourcen für das Management dieser Risiken vorzuhalten. Stufen im Risk Mapping sind:

- Planung: Auswahl von Parametern zur Bewertung der Risiken
- Klassifikation: Entwicklung eines Ansatzes zur Risikokatalogisierung
- Identifikation: Aufbau einer Liste relevanter Risiken
- Bewertung: Beurteilung der Bedeutsamkeit der Risiken
- Analyse: Entwicklung der Risk Map

Nach vorgegebenen Suchrastern werden in einem Survey die wichtigsten Risiken erhoben. Beim Risk Mapping werden alle Bereiche eines Unternehmens (wie etwa Umwelt, Produkthaftung, Naturkatastrophen, Patentverletzungen, Veränderungen von Rechtsordnungen, Währungsrisiken, Produktsabotage, Unterbrechungen von Geschäftsabläufen sowie Datenverluste in der EDV) betrachtet.

Ziel ist es, die Risiken mit den größten Auswirkungen auf ein Unternehmen zu erfassen. Dabei werden zwei Bewertungsdimensionen verwendet. Zum einen die Wahrscheinlichkeit des Risikos, zum anderen die Schwere des Risikos, das heißt das Schadenspotenzial für das Unternehmen. Solche Surveys werden kreuzvalidiert. Sie werden neben den Managern von Unternehmen auch externen Experten (z. B. Vertretern von Rückversicherungen) vorgelegt. Dissense werden dann weiter exploriert, um sie nach Möglichkeit auszuräumen.

Der Flaschenhals der Issue-Identifikation ist – im Grunde ganz unabhängig von der gewählten Methodik – die „richtige" Auswahl der Teilnehmer am Issues Management-Prozess. Es bietet sich an, zunächst ein Team von Führungskräften und Mitarbeitern zu bestimmen, die bei der Erkennung aktueller und künftiger Issues wertvollen Input geben können. Die Zusammensetzung des Teams ist so zu wählen, dass den verschiedenen Umfeldern des Unternehmens Rechnung getragen wird, aus denen Issues erwachsen können. Es gilt, das sozio-kulturelle, das politisch-rechtliche, das ökologische, das technologische, das marktliche Umfeld systematisch nach möglichen Issues zu „scannen". Die Definition der Issues-Felder erfolgt anhand der Branche, der speziellen Situation und der Strategie des jeweiligen Unternehmens.

Empfehlenswert ist es auch, diesen Prozess der Analyse mehrstufig zu durchlaufen: Die Issue-Suche kann zunächst in den Facheinheiten beginnen (zum Beispiel generiert zunächst die Forschung potenzielle technologische Issues, Marketing und Vertrieb beleuchten das Marktumfeld usw.). In einem zweiten Schritt werden dann die Ergebnisse der verschiedenen Arbeitsgruppen aggregiert und den jeweils anderen Teams zur Bewertung vorgelegt. Ein solcher an der oben grob skizzierten Delphi-Methode angelehnter Prozess sollte schließlich in einem Management-Workshop münden, in dem die vorab selektierten Issues ergänzt, diskutiert und endgültig priorisiert werden.

Im Internet sind eine Reihe von Werkzeugen zum Risk Mapping zu finden (siehe dazu z. B. Fenton und Neil 2012). Diese Software-Angebote setzen allerdings die Bereitschaft voraus, Issues zu quantifizieren und mittels Wahrscheinlichkeits-Kalkülen zu bearbeiten.

Die Bewertung und Priorisierung der Issues wird im folgenden Kapitel diskutiert.

4.2 Issues-Analyse

Das Ziel der Bewertung möglicher Issue-Folgen ist es, sich auf die wirklich relevanten Issues konzentrieren zu können. Eine zu starke Fokussierung auf die Sammlung von Issues (Was könnten neue Chancen oder Risiken sein?) führt zu Datenmengen, die leicht eine unüberschaubare Komplexität erreichen. Im weiteren Issues Management Prozess sollen allein die Issues behandelt werden, die ein hohes Schadenpotential für ein Unternehmen aufweisen.

Die Bewertung der Issues ergibt sich aus folgenden Aspekten:

- Relevanz: Hat das Issue einen speziellen Bezug für das Unternehmen oder ist es ein Globalthema, das weiter konkretisiert werden muss?
- Issue-Typ: Ist das Issue resonanzfähig in der Öffentlichkeit (Public Issue) oder wird es in der öffentlichen Diskussion keine Rolle spielen (Non-Public-Issue)?
- Reichweite: Welche geographische Reichweite hat das Issue?
- Wo tritt es auf?
- Betroffenheit: Wie groß ist die eigene Betroffenheit im Vergleich zum Wettbewerb?
- Entwicklungsgrad: Wie weit ist das Issue bereits entwickelt und welche Einflussnahme/ Handlungsmöglichkeit besteht damit noch?
- Künftige Entwicklung: Wie wird sich das Issue in Zukunft weiterentwickeln?
- Schadensart und Schadenspotenzial: Welchen Schaden kann das Issue bewirken? Welche ökonomischen und welche außerökonomischen, z. B. auf das Image bezogene Schäden, können wann und wo anfallen, wenn sich das Issue entfaltet?

Die Bewertung der Issue-Folgen sollte direkt im Anschluss an die Identifikation erfolgen. Federführend sind der Issue-Koordinator sowie Experten aus der Unternehmenskommunikation, Strategieentwicklung und aus den verschiedensten funktionalen und operativen Bereichen des Unternehmens. Je nach Fall ist zu entscheiden, ob zusätzliche Experten bzw. Expertisen herangezogen werden müssen. Zur Erweiterung der Wissensbasis zur Abschätzung der Issue-Folgen stehen folgende Optionen zur Wahl:

- Nutzung des internen Informationsaustausches
- Vergabe von Gutachten an Externe
- Initiierung von Gesprächskontakte mit Anspruchsgruppen
- Durchführung von Literatur-, Datenbank- und Internetrecherchen.

Im Bewertungsprozess sind zwei Typen von Schäden für das Unternehmen zu unterscheiden. Es sind zum einen Reputationsrisiken und zum anderen Einwirkungen auf das operative Geschäft eines Unternehmens. Zu den letzteren gehören mögliche Auswirkungen auf Marktgröße und -umfang, auf die Konsumentenakzeptanz, das intellektuelle Eigentum und Distributionsmöglichkeiten. Hierzu zählen auch Auswirkungen auf das eigene Knowhow, Umstellungsfähigkeiten, die Abhängigkeit von externen Partnern etc. Schließlich muss geprüft werden, ob Issues Auswirkungen auf technologische Standards, Produkthaftungsfragen, Verfügbarkeit von Rohstoffen oder ähnliches haben.

Bei der Bewertung von Issues kommt es vor allem darauf an, potenzielle Informationsfilter bzw. -pathologien zu überwinden, denn nur so ist gewährleistet, dass eine nicht-subjektive und vollständige Bewertung erfolgt. Im Einzelnen unterscheidet man die folgenden Filtervarianten:

- Verfahrensfilter (zu enge oder zu weite Beobachtungsbereiche),
- mentaler Filter (Relevanzbeurteilung ist abhängig von subjektiven Wertungen) und
- Machtfilter (hierarchisch angeordnete Ausblendung strategisch relevanter Informationen).

Dominiert etwa einseitig die Expertensicht innerhalb eines Unternehmens, werden von Expertenmeinungen häufig die psychologischen und gesellschaftlichen Aspekte der Risikobewertung falsch eingeschätzt.

Für die Bewertung von Issues ist es daher besonders wichtig, gesellschaftliche Wertungen sowie Reaktionen einzuschätzen, die das Mobilisierungspotenzial der Issues bestimmen. Dabei geht es um die Frage, welche Issues in der Öffentlichkeit auf Grund welcher Attribute besondere Aufmerksamkeit erringen und wie sie sich zu Kontroversen und Krisen zuspitzen. Für die Früherkennung sind solche Informationen über das Mobilisierungspotenzial besonders wertvoll. Indikatoren für eine mögliche Verstärkung der Risikowahrnehmung sind (vgl. National Research Council 1996; Wiedemann 2010):

- Das Issue weist dramatische Qualitäten auf: Es ist charakterisiert durch einen hohen „Dread"-Faktor, ist also sehr stark angst- oder empörungsauslösend.
- Das Issue betrifft eine große Anzahl von Menschen.
- Das Issue ist verständlich und anschlussfähig an bestehende Überzeugungen. Es hat einen hohen Medienwert.
- Die Betroffenen sind als Individuen identifizierbar, wodurch sich ein öffentliches Publikum leicht mit den Opfern identifizieren kann.
- „Täter" – etwa ein Unternehmen oder dessen Mitarbeiter – können rasch ausgemacht werden.
- Die gesellschaftliche Risiko-Nutzen-Verteilung des Issues wird als ungerecht erlebt.
- Strukturähnliche Issues haben in der Vergangenheit zu Kontroversen geführt.
- Den verantwortlichen Institutionen wird nicht vertraut bzw. ihnen fehlt die gesellschaftliche Legitimation.

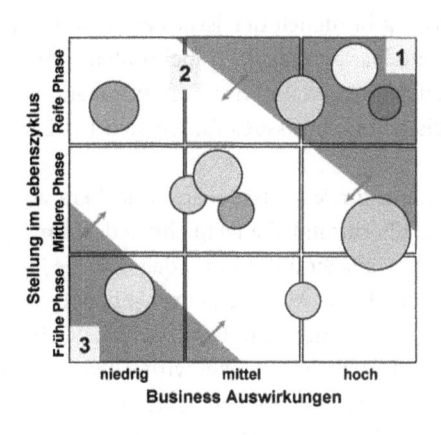

Issues Monitoring und Issues Management in der Unternehmenskommunikation 505

Assessment
Area 1
- Analysiere jedes Issue im Detail
- Bewerte die Folgen
- Definiere die "Flughöhe" und implementiere den Issue Management Plan

Area 2:
- Bewerte das Issue
- Entwickle Indikatoren für das Issues Monitoring
- Bereite einen Management Plan vor

Area 3:
- Beobachte Veränderungen und neue Entwicklungen im Umfeld

Abb. 1 Allokation der Issues nach der Handlungsdringlichkeit
(Quelle: Ries und Wiedemann (2003, S. 20))

4.3 Issue-Priorisierung

Nachdem Issues analysiert und beurteilt worden sind, geht es um die Weichenstellung: Was ist zu tun? Diese Entscheidung ist vor allem von zwei Kriterien abhängig: von dem Entwicklungsgrad des Issues und von dessen potentiellen Auswirkungen auf das Unternehmen.

Im Prinzip bietet sich hier eine Aufteilung in drei Klassen von Issues an (siehe Abb. 1):

- Issues mit dringlichem Handlungsbedarf (Assessment Area 1)
- Issues mit Planungsbedarf (Assessment Area 2)
- Issues mit Beobachtungsbedarf (Assessment Area 3)

Issues mit großen Business-Auswirkungen, die als Konflikt-Issues bereits etabliert sind (Assessment Area 1), verlangen rasches Handeln, da sie ein beträchtliches Krisenpotenzial besitzen. Hier kommt es darauf an, solche Issues im Detail zu analysieren, Szenarien zu deren weiterer Entwicklung zu durchdenken und Handlungsstrategien festzulegen. Es ist als erstes zu entscheiden, wer im Unternehmen die „Issue-Verantwortung" übernimmt. Das heißt: Wird das Issue vom Corporate Headquarter, einer Business Unit oder einer anderen Einheit (z. B. Landesrepräsentanz, Facheinheit) verantwortlich gemanagt? Für diese Issue-Klasse ist ein akuter Vorfall, etwa ein Produktrückruf, ein Beispiel.

Issues, die weniger dringend sind, weil sie erst beginnen, öffentliches Interesse zu erlangen und noch nicht klar abzusehen ist, wie sie sich entwickeln werden (Assessment Area 2), sind weiter zu beobachten. Auch hier ist die Issues-Verantwortlichkeit im Unternehmen festzulegen. Bei dieser Issues-Klasse besteht noch die Chance, proaktiv tätig zu werden und Einfluss auf die weitere Entwicklung des Issues zu nehmen.

Organisatorisch erfolgt die Prioritätensetzung bezüglich der Issues etwa mittels eines Workshops, der an die Issue-Bewertung unmittelbar anschließt. Dabei sollten neben dem Issue-Koordinator auch Vertreter der Geschäftseinheiten und der Kommunikationsabteilung mitarbeiten. Methodiken für die Priorisierung von Issues finden sich bei Larichev und Olson (2001).

Nach erfolgter Prioritätssetzung ist außerdem für jedes Issue ein Issue-Verantwortlicher zu benennen. Der Issue-Verantwortliche übernimmt die fachliche Federführung zu einem Issue. Der Issue-Koordinator oder Issues Manager übernimmt dagegen die Organisation und Prozess-Steuerung des übergreifenden Issues Managements. Abhängig von der Bedeutung des betreffenden Issues für das Unternehmen, empfiehlt sich die Gründung einer Issue Task Force, die von dem Issue Verantwortlichen geleitet wird, sowie eines hierarchisch der Bedeutung des Issues angemessen verorteten Lenkungskreises. Neben technischen, naturwissenschaftlichen oder auch juristischen Experten sind auch Fachleute für das politische Umfeld sowie die entsprechenden Kommunikationsverantwortlichen in die Task Force einzubinden. Die Leitung der Task Force sollte je nach Phase der Issue-Entwicklung und des Issue-Themas vergeben werden. So kann es sich anbieten, in sehr frühen Phasen der Entwicklung die Leitung den wissenschaftlichen Experten anzuvertrauen, da die Issue-Entwicklung zu diesem Zeitpunkt am ehesten noch mit Fakten und Argumenten zu beeinflussen ist. Zu keinem Zeitpunkt darf die Task Force aber ohne enge Anbindung an die Geschäftsverantwortlichen arbeiten.

Der Task Force obliegt nicht nur die Analyse, sondern auch die Entwicklung von Handlungsoptionen, die im Mittelpunkt des folgenden Abschnitts steht.

4.4 Entwicklung von Handlungsoptionen

Ziel ist es, im ersten Schritt die sinnvollen Handlungsoptionen für den Umgang des Unternehmens mit den priorisierten Issues zu finden. Als Basisoptionen sollten dabei grundsätzlich immer betrachtet werden:

- Lässt sich die Entwicklung eines Issues z. B. durch Kommunikation (wissenschaftliche vs. öffentliche Kommunikation) beeinflussen?
- Welche Möglichkeiten und Notwendigkeiten bestehen, sich der Issue-Entwicklung durch Anpassung zu fügen?

Zusätzlich empfiehlt sich die Frage zu beantworten, welche Chancen sich aus dem Issue ergeben können.

Im zweiten Schritt sind diese Optionen zu bewerten, um geeignete Handlungsansätze auswählen zu können. Im Kern geht es dabei um eine Abwägung voraussichtlicher Kosten und Nutzen der einzelnen Maßnahmenpakete. Eine realistische Einschätzung der Erfolgswahrscheinlichkeit – insbesondere von Widerstandsstrategien – ist obligatorisch, fällt aber besonders dann nicht leicht, wenn ein Issue das Herzstück oder die Grundfesten eines Unternehmens berührt.

Tab. 2 Ermittlung und Bewertung von Handlungsoptionen im Rahmen des Issues Managements

Ermittlung der Optionen	Bieten sich kommunikative Lösungen an oder liegt die Problemlösung eher in der Umstrukturierung von Produkten oder Prozessen?
	Können die Issues in Chancen umgewandelt werden?
Bewertung der Optionen und Auswahl	Welche Kosten fallen mit den Maßnahmen an? Welchen potentiellen Nutzen haben sie?
	Welchen Risiken und welche Chancen können die Maßnahmen haben?
	Wie sehen die Randbedingungen für den Erfolg/Misserfolg der Maßnahmen aus?
	Wie sieht das Best Case, wie das Worst Case Szenario aus?
	Zusammenfassende Beurteilung und Erarbeitung einer Entscheidungsvorlage für den Issues-Lenkungskreis

Auf Basis der selektierten Handlungsoptionen und deren Bewertung hinsichtlich Kosten und Nutzen ist dann eine Entscheidungsvorlage für das Management zu erstellen. Es ist auch zu bestimmen, ob das Unternehmen eine Führungsrolle beim Management des Issues spielen soll oder diese an Verbände oder an Konkurrenten abgegeben werden kann und soll. Die Auswahl einer Managementoption erfolgt anhand möglichst konkreter Kriterien. Tabelle 2 gibt einen beispielhaften, strukturierten Überblick. Das Problematische bei der Bewertung der Optionen besteht darin, dass die Wirkungen eigener Handlung vor dem Hintergrund unsicherer Reaktionen der anderen Akteure, die in das Issue verwickelt sind, abgeschätzt werden müssen. Punktbewertungsmodelle und eine möglichst strukturierte Diskussion können helfen, zu einer (auch später noch nachvollziehbaren) Entscheidungsempfehlung für den zuständigen Lenkungskreis zu gelangen.

4.5 Umsetzung und Erfolgskontrolle

Ziel der Umsetzung und Erfolgskontrolle ist eine dem Issue-Typ und der Issue-Entwicklung jederzeit angemessene Organisation des Issues Managements sowie ein möglichst effektiver Umgang mit den Issues. So ist es durchaus nicht ungewöhnlich, dass ein einmal eingeschlagener Maßnahmenplan im Zeitverlauf korrigiert werden muss, da sich entweder die Issue-Entwicklung oder der Issue-Charakter grundlegend verändert haben. Möglicherweise gibt es neue wissenschaftliche Erkenntnisse, neue Akteure greifen in das Issue ein, das Medieninteresse nimmt zu – all dies kann eine Anpassung des Maßnahmenplans zwingend erforderlich machen.

Vor diesem Hintergrund sind Rahmen eines umsetzungsorientierten Issues Management im Einzelnen die folgenden Aufgaben zu leisten:

- klare Definition der Positionen die das Unternehmen zum Issue vertritt (u. a. eindeutige Sprachregelung zur Sicherstellung einer „one voice policy")

- konkrete Festlegung auf eine Issues Management-Strategie
- detaillierte Maßnahmenplanung, Definition eines Zeitplans und entsprechender Milestones
- effiziente Umsetzung der Strategie und der Issues Management-Maßnahmen
- kontinuierliche Evaluation der Issue-Entwicklung, gegebenenfalls Korrektur bzw. Anpassung des Maßnahmenplans
- systematisches Monitoring der Issues Management-Resultate und ggfs. Einleitung korrigierender Maßnahmen
- regelmäßige Berichterstattung an den Issues-Koordinator, den Lenkungskreis und an das Management

Die anstehenden Aufgaben werden soweit möglich von der Issue-Task Force erledigt oder an entsprechende Fachstellen im Unternehmen delegiert. Die Task Force muss ebenfalls definieren, wer was zu welchem Zeitpunkt gegenüber externen Vertretern, insbesondere den Medien, kommuniziert. Dies gilt umso mehr beim Einsatz sogenannter Social Media. Aufgrund des Charakters dieser Medien findet dort in der Regel eine schnelle, zwangsweise sachlich oft verkürzte Kommunikation statt. Die Herausforderung für Unternehmen besteht hierbei, ganz klare Spiel- und Sprachregelungen zu treffen, damit nicht lange Abstimmungsschleifen in der Hierarchie die Wirkung kommunikativer Maßnahmen in den Social Media verpuffen lässt.

4.6 Ansatzpunkte zur Optimierung des unternehmerischen Issues Managements

Im Folgenden wird eine Reihe von strategischen, organisatorischen und personellen Vorschlägen aufgeführt, die der Verbesserung des Issues Managements dienen:

- Issues Management erfordert zu allererst eine Entscheidung, ob und wie es im Unternehmen betrieben werden soll. Dazu sind Leitbilder zu entwickeln, die Verantwortlichkeiten festlegen sowie Ziele und Aufgaben definieren.
- In den Unternehmen muss sichergestellt werden, dass alle verantwortlichen Mitarbeiter sowohl über das nötige Verständnis als auch über entsprechendes Wissen zum Issues Management verfügen.
- Es ist eine systematische Bewertung zu leisten, die konkret die Stärken und Schwächen des existierenden Issues Management zeigt.
- Aus der Analyse und Bewertung sind Ansätze für die Verbesserung des Issues Management zu entwickeln. Folgende Punkte sind dabei besonders wichtig:
  1. Organisatorische Verbesserungen (z. B. klare Zuständigkeiten, sichtbare organisatorische Verankerung des Issues Managements)
  2. Prozessuale Verbesserungen (z. B. Entscheidungsabläufe, Schubladenpläne für Krisen, Integration des Issues Management Gedankens in die strategische Planung)

3. Verbesserungen der praktischen Kompetenzen der Mitarbeiter (z. B. Beurteilungskompetenz für „weiche" Faktoren; Kenntnisse der politischen und medialen Landschaft; kommunikative Fähigkeiten der wissenschaftlichen Experten)
- Im Unternehmen sollte ein Trainings-Programm entwickelt werden, das Mitarbeiter zu durchlaufen haben, die direkt oder indirekt mit Issues Management Aufgaben in Berührung kommen.
- Es ist ein Dialog zu schaffen, der Stakeholdern die Gelegenheit gibt, ihre Ansichten und Vorstellungen vorzutragen und der so eine Plattform für gegenseitige Information bildet. Auch in diesem Zusammenhang eröffnen neue Medien vielfältige Optionen.

5 Resümee

Der Issues Management-Ansatz ermöglicht Unternehmen, Veränderungen im gesellschaftlichen Umfeld früher zu erkennen, diese bei der strategischen Planung zu berücksichtigen und schließlich auch zu gestalten.

Für den Prozess erfolgreicher Identifikation von Issues ist die Anwendung einer systematischen Suchstrategie erforderlich. Da prinzipiell immer mehr Issues identifiziert werden können als Bearbeitungskapazitäten vorhanden sind, spielt die Auswahl der relevanten Issues eine entscheidende Rolle. Als ein wesentliches Qualitätsmerkmal für die Auswahl von Issues wurde das Vorhandensein eines expliziten Bewertungssystems identifiziert. Dies muss transparent und mit allen am Prozess Beteiligten abgestimmt sein. Von besonderer Bedeutung ist auch die Generierung von Handlungsoptionen. Hierbei kommt es vor allem auf eine breite Suche an, die auch ungewöhnliche Alternativen bedenkt.

Neben der Güte der Schlüsselprozesse des Issues Managements ist der Erfolg maßgeblich von der Organisationskultur abhängig. Nur wenn ein Managementsystem die volle Unterstützung aller Leitungsebenen besitzt, wird es den gesetzten Zielen gerecht werden können.

Darüber hinaus müssen alle anderen Funktionsbereiche der Organisation auf das Issues Management abgestimmt sein bzw. dessen Arbeit unterstützen. Der Grad der Integration des Systems in die Organisation ist ein Qualitätsmerkmal. Häufig scheitern Ansätze zum Issues Management an mangelnder Bereitschaft zu abteilungsübergreifender Zusammenarbeit. Besonders komplex erscheint die Implementierung eines Issues Managements in Unternehmen mit mehreren Geschäftsbereichen bei gleichzeitig stark funktionaler Organisationsstruktur. Nicht nur müssen hier die Abteilungsbarrieren überwunden werden, sondern es gilt darüber hinaus, die gelegentlich durchaus unterschiedlichen Sichten auf ein Issue unter einen Hut zu bringen und anschließend alle Beteiligten zur „One voice policy" zu verpflichten.

Die Güte eines Früherkennungssystems hängt vor diesem Hintergrund auch von den eingesetzten Ressourcen ab. Dazu zählen vor allem anderen die richtige Auswahl der „Köpfe" sowie die Sensibilisierung aller Mitarbeiter für die Idee. Die Akzeptanz in der

Tab. 3 Werkzeuge des Issues Managements

Prozess	Problem/Aufgabe	Lösungsansätze
Identifikation von Issues	Umgang mit schwachen Signalen	Siehe Day und Schoemaker (2004)
Bewertung & Auswahl von Issues	implizite Bewertung	Siehe Hammond et al. (1999)
Entscheidung	Entscheidungsfallen	Siehe Russo und Schoemaker (1989)
Entwicklung von Handlungsoptionen	Fixierung auf das Bekannte	Siehe Lloyd (2012)

Organisation ist vor allem entscheidend, um ein solches System nicht nur erfolgreich einzuführen, sondern auch weiterzuentwickeln und gleichsam in die „DNA" eines Unternehmens zu implantieren.

6 Weiterführende Informationen zum Issues Management

Es gibt im Web sehr viele Einträge zu „Issues Management", allerdings nur wenige wirkliche Treffer. Zu den Seiten, die informativ zum Thema berichten und auf denen sich auch rasch ein Überblick bezüglich News und Entwicklungen gewinnen lässt, gehört das „Issues Management Council" (o. J.). Von dort kann auch eine Issues-Management-Bibliographie bezogen werden. Interessant ist auch „The Public Relations Ressource Centre", das auf eine ganze Reihe von Ressourcen hinweist und eine wissenschaftliche Online-Zeitschrift betreibt, die zum Download bereit steht.

Einige Hinweise auf Werkzeuge zum Issues Management sind in Tab. 3 zu finden.

Brauchbare Informationen zum Krisenmanagement finden sich beim Krisennavigator (2012). Literatur zur Krisenkommunikation findet sich bei Millar und Heath (2004). Einen integrierten Ansatz haben Pauchant und Mitroff (1992) erarbeitet. Auch das Handbuch der Krisenkommunikation, das Coombs und Holladay (2012) herausgegeben haben, ist lesenswert.

Von der OECD liegt ein Strategiepapier zur Risikokommunikation vor (OECD Environment, Health and Safety Publications 2002). Eine neues und lesenswertes Handbuch zur Risikokommunikation hat die US Food and Drug Administration vorgelegt (Fischhoff et al. 2011).

Literatur

Ariely, D. (2008). *Denken hilft zwar, nützt aber nichts.* München: Droemer.
Bazerman, M. (2001). *Judgment in managerial decision.* Hoboken: Wiley.
Bazerman, M., & Watkins, M. (2004). *Predictable surprises.* Boston: Harvard Press.

Becker, C. (2012). Krisenkommunikation unter den Bedingungen von Internet und Social Web. In A. Zerfaß & T. Pleil (Hrsg.), *Handbuch Online-PR. Strategische Kommunikation in Internet und Social Web* (S. 365–381). Konstanz: UVK.

Bertelsmann Stiftung. (Hrsg.). (2011). *Bürgerbeteiligung – Politik und Gesellschaft Change Reader.* Gütersloh: Verlag Bertelsmann Stiftung. http://www.bertelsmann-stiftung.de/cps/rde/xchg/SID-DB6436FB-B31A97C8/bst/hs.xsl/ebook_107405.htm. Zugegriffen: 20. Dez 2013.

Coombs, J., & Holladay, S. J. (2012). *The handbook of crisis communication*. Chichester: Wiley-Blackwell.

Day, G. S., & Schoemaker, P. J. H. (2004). Driving through the fog: Managing at the edge. *Long Range Planning, 37*(2), 127–142.

Dietz, T., & Stern, P. C. (2008). *Public participation in environmental assessment and decision making.* Washington: The National Academies Press.

Dutton, J. (1993). Interpretations on automatic: A different view of strategic issue diagnosis. *Journal of Management Studies, 30*(3), 339–358.

Ewing, R. P. (1997). Issues management: Managing trends through the issues life cycle. In C. L. Caywood (Hrsg.), *The handbook of strategic public relations and integrated communications* (S. 173–188). New York: McGraw-Hill.

Fenton, K., & Neil, M. (2012). *Risk assessment and decision analysis with Bayesian networks.* Boca Raton: CRC Press.

Fischhoff, B., Brewer, N. T., & Downs, J. S. (2011). Communicating risks and benefits: An evidence-based user's guide. Washington D.C.: Food and Drug Administration. http://www.fda.gov/downloads/AboutFDA/ReportsManualsForms/Reports/UCM268069.pdf. Zugegriffen: 20. Dez 2013.

Fisher Liu, B., Austin, L., & Jin, Y. (2011). How publics respond to crisis communication strategies: The interplay of information form and source. *Public Relations Review, 37*(4), 345–353.

Hammond, J. S., Keeney, R. L., & Raiffa, H. (1999). *Smart choices: A practical guide to making better decisions.* Boston: Harvard University Press.

Heath, R. L., & Palenchar, M. J. (2009). *Strategic issues management* (2. Aufl.). Thousand Oaks: Sage.

Hsu, Ch.-Ch., & Sandford, B. A. (2007). The Delphi technique: Making sense of consensus. *Practical Assessment, Research & Evaluation, 12*(10), 1–8.

Issues Management Council. (o. J.) (2012). *http://issuemanagement.org*. Zugegriffen: 20. Dez 2013.

Jones, M. D. (1995). *The thinkers' toolkit. Fourteen skills for making smarter decisions in business and in life. Times Business.* Toronto: Random House of Canada Ltd.

Kahaner, L. (1996). *Competitive intelligence.* New York: Simon & Schuster.

Kern, M., & Chough, D. (2009). Bounded ethicality. *Psychological Sciences, 20*(3), 378–384.

Kuhn, M., Kalt, G., & Kinter, A. (Hrsg.). (2003). *Chefsache Issues Management.* Frankfurt am Main: Frankfurter Allgemeine Buch.

Krisennavigator. (2012). *Institut für Krisenforschung.* http://www.krisennavigator.de/. Zugegriffen: 20. Dez 2013.

Larichev, O. I., & Olson, D. I. (2001). *Multiple criteria analysis in strategic siting problems.* Boston: Kluwer.

Lawn, M. (1997). Understanding the relation between public relations and issues management. *Journal of Public Relations Research, 9*(1), 65–82.

Liebl, F. (2000). *Der Schock des Neuen. Entstehung und Management von Issues und Trends.* München: Gerling.

Lloyd, P. (2012).*Gocreate.* http://gocreate.com/tools/index.htm. Zugegriffen: 20. Dez 2013.

Millar, D. P., & Heath, R. L. (2004). *Responding to crisis: A rhetorical approach to crisis communication.* Mawah: Lawrence.

Moffit, M. L., & Bordone, R. C. (Hrsg.). (2005). *The handbook of dispute resolution.* San Francisco: Jossey-Bass.

National Research Council (NRC). (1996). *Understanding risk. Informing decisions in a democratic society*. Washington D.C.: National Academic Press.

OECD Environment, Health and Safety Publications. (2002). *Guidance Document on Risk Communication for Chemical Risk Management. Paris: Organisation für Economic Cooperation and Development*. http://search.oecd.org/officialdocuments/publicdisplaydocumentpdf/?cote=ENV/JM/MONO(2002)18&docLanguage=En. Zugegriffen: 20. Dez 2013.

Pauchant, C., & Mitroff, I. (1992). *Transforming the crisis-prone organization: Preventing individual, organizational, and environmental tragedies*. San Francisco: Jossey Bass.

Peters, H. P. (2000). The committed are hard to persuade. Recipients' thoughts during exposure to newspaper and TV. *New Genetics and Society, 19*(3), 365–381.

Pleil, T. (2012). Online-Monitoring: Ziele und Methoden. In A. Zerfaß & T. Pleil (Hrsg.), *Handbuch Online-PR. Strategische Kommunikation in Internet und Social Web* (S. 85–98). Konstanz: UVK.

Power, M. (2004). *The risk management of everything*. http://www.demos.co.uk/files/riskmanagementofeverything.pdf. Zugegriffen: 20. Dez 2013.

Ramírez, R., Selsky, J. W., & van der Heijden, K. (Hrsg.). (2008). *Business planning for turbulent times – New methods for applying scenarios*. London: Earthscan.

Renn, O., Webler, T., & Wiedemann, P. M. (Hrsg.). (1995). *Fairness, and competence in citizen participation*. Dordrecht: Kluwer.

Rice, R. E., & Atkins, C. K. (2012). *Public communication campaigns*. Los Angeles: Sage.

Ries, K., & Wiedmann, K.-P. (1992). *Risikokommunikation als Problemfeld des strategischen Marketing. Arbeitspapier Nr. 91*. Mannheim: Universität Mannheim, Institut für Marketing.

Ries, K., & Wiedemann, P. M. (2003). Unternehmen im öffentlichen Blickfeld. Zur Funktion und Implementierung von Issues Management Systemen. In M. Kuhn, G. Kalt, & A. Kinter (Hrsg.), *Chefsache Issues Management* (S. 15–31). Frankfurt am Main: Frankfurter Allgemeine Buch.

Russo, J. E., & Schoemaker, P. H. J. (1989). *Decision traps. Ten barriers to brilliant decision-making and how to overcome them*. New York: Doubleday.

Scheer, U. (2012). Suche Krisenmanager für Shitstorm. http://www.faz.net/aktuell/beruf-chance/soziale-netzwerke-suche-krisenmanager-fuer-shitstorm-11906530.html. Zugegriffen: 20. Dez 2013.

Schmertz, H. (1988). Reaching opinion makers. In R. Heath & Associates (Hrsg.), *Strategic issues management* (S. 199–237). San Francisco: Jossey Bass.

Shimpi, P. A. (1999). *Integrating corporate risk management*. New York: Swiss Re New Markets.

Slovic, P. (2010). *The feeling of risk*. London: Earthscan.

Susskind, L. E., & Field, P. (1996). *Dealing with an angry public: The mutual gains approach to resolving disputes*. New York: The Free Press.

Trento, S. P. (1992). *The powerhouse. Robert Keith Gray and the selling of access and influence in Washington*. New York: St. Martin's Press.

Westermann, A., & Schmid, M. (2012). Public Relations: Online-Kommunikation und Reputationsmanagement im gesellschaftlichen Umfeld. In A. Zerfaß & T. Pleil (Hrsg.), *Handbuch Online-PR. Strategische Kommunikation in Internet und Social Web* (S. 173–184). Konstanz: UVK.

Wiedemann, P. M. (2010). *Vorsorgeprinzip und Risikoängste*. Wiesbaden: VS Verlag für Sozialwissenschaften.

Wiedemann, P. M., Carius, R., Henschel, C., Kastenholz, H., Nothdurft, W., Ruff, F., & Uth, H.-J. (2000). *Risikokommunikation für Unternehmen*. Düsseldorf: VDI Verlag.

Wiedemann, P. M., & Clauberg, M. (2005). Risikokommunikation. In R. Fehr, H. Neus, & U. Heudorf (Hrsg.), *Gesundheit und Umwelt. Ökologische Prävention und Gesundheitsförderung* (S. 316–328). Bern: Huber.

Zerfaß, A., & Pleil, T. (2012). Strategische Kommunikation in Internet und Social Web. In A. Zerfaß & T. Pleil (Hrsg.), *Handbuch Online-PR. Strategische Kommunikation in Internet und Social Web* (S. 39–82). Konstanz: UVK.

Corporate Foresight und strategisches Issues Management

Michael Kuhn, Frank Ruff und Maximilian Splittgerber

Zusammenfassung

Corporate Foresight und strategisches Issues Management verbindet das fundamentale Interesse an gesellschaftlichen Umfeldveränderungen und ihren Auswirkungen für die strategische Unternehmensführung sowie die Unternehmenskommunikation. Die Zukunftsanalyse nimmt mittel- und langfristige Veränderungen im Unternehmensumfeld mittels Szenario- oder Trendanalyse in den Blick. Das Issues Management ermöglicht mit Methoden wie Media-Screening, Medienresonanzanalyse und Stakeholderbefragungen die Identifikation von aktuellen Issues. Die Verknüpfung beider Ansätze erhöht das Potenzial, relevante Themen mit Chancen- oder Risikopotenzial frühzeitig zu identifizieren, zu bewerten und zu bearbeiten.

Die konzeptionelle Nähe beider Disziplinen gründet im gemeinsamen Interesse an gesellschaftlichen Umfeldveränderungen, dem Ziel der systematischen Früherkennung relevanter Entwicklungen sowie dem Ziel, Chancen und Risiken für die strategische Unternehmensführung und die Unternehmenskommunikation zu identifizieren. Die langfristig angelegte Analyse des gesellschaftlichen Wandels und möglicher Strukturbrüche in der Zukunftsforschung und die kurz- und mittelfristig orientierte

M. Kuhn (✉)
Daimler Mobility Services
70546 Stuttgart, Deutschland
E-Mail: michael.m.kuhn@daimler.com

F. Ruff
Daimler, Forschung Gesellschaft und Technik
Eichhornstraße 3, 10875 Berlin, Deutschland
E-Mail: frank.ruff@daimler.com

M. Splittgerber
Daimler, Konzernkommunikation
Mercedesstraße, 70327 Stuttgart, Deutschland
E-Mail: maximilian.splittgerber@daimler.com

Handlungsperspektive des Issues Managements ergänzen sich zeitlich und thematisch. Dieser Beitrag zeigt, wie Corporate Foresight und strategisches Issues Management zusammen wirken.

Schlüsselwörter

Trendforschung · Zukunftsforschung · Corporate foresight · Issues Management · Reputation research · Medienmonitoring · Szenario · Medienresonanzanalyse · Unternehmenskommunikation

1 Corporate Foresight und strategisches Issues Management

Zukunfts- und Trendforschung sowie Issues Management teilen gemeinsame historische und geistige Wurzeln (Liebl 2003). Beide Felder entstanden in den 1970er Jahren aus der Erfahrung und Erkenntnis, dass langfristiger ökonomischer Erfolg von Unternehmen nicht ausschließlich über die Beherrschung der jeweiligen Kernfunktionen der Wertschöpfung sowie erfolgreiche Positionierung in Markt und Wettbewerb zu erzielen ist, sondern strategisches Denken unter *Einbeziehung des gesellschaftlichen Umfeldes* erfordert. Eine zweite Gemeinsamkeit liegt in dem Ansatz, eine *Frühwarnungs- bzw. Frühaufklärungsfunktion* zu etablieren, die das Ziel hat, organisationsrelevante Veränderungen im Umfeld des Unternehmens so früh wie möglich zu entdecken und zu antizipieren. Drittens geht es in beiden Bereichen um die Identifikation zukünftiger *Risiken und Chancen* sowie die Unterstützung der strategischen Orientierung des Unternehmens.

Zukunfts- bzw. Trendforschung bezeichnet ähnlich wie Issues Management keine klar umrissene wissenschaftliche Disziplin, sondern ein relativ junges und sich dynamisch weiterentwickelndes Mosaik von Tätigkeitsfeldern. Im englischsprachigen Raum kursieren Begrifflichkeiten wie *Future Studies*, *Futures Research* oder neuerdings *Foresight*, im Unternehmenskontext *Corporate Foresight* (Rohrbeck und Bade 2012; Burmeister et al. 2004; Ruff 2006). In der betriebswirtschaftlichen und unternehmensbezogenen Diskussion werden im Zusammenhang mit Zukunftsanalysen häufig die Begriffe *Strategisches Issue Management*, *Frühwarnung*, *Früherkennung* und *Frühaufklärung* genannt (Liebl 1996).

Issues Management und Zukunftsforschung

Issues Management beschreibt „die Identifikation, Analyse sowie den strategischen Umgang mit potentiell kritischen Themen, die … aus den Erwartungen, Forderungen, Meinungen oder Ängsten von Anspruchsgruppen entstehen, eine gewisse Öffentlichkeit erlangen sowie die Handlungsspielräume und Ziele eines Unternehmens tangieren können" (vgl. Kapitel „Issues Monitoring und Issues Management in der Unternehmenskommunikation"). Unternehmen betreiben Issues Management,

> um relevante Themen frühzeitig zu erkennen und reagieren zu können, entweder durch die Beteiligung am öffentlichen Meinungsbildungsprozess oder durch Anpassung der Unternehmenspolitik. Zum Issues Management werden auch Maßnahmen der Unternehmenskommunikation gezählt, mit denen eigene Themen in die öffentliche Diskussion gebracht werden sollen.
>
> Zukunftsforschung im Unternehmen widmet sich mittel- und langfristigen Entwicklungen in den gesellschaftlichen, wirtschaftlichen, politischen und technischen Umfeldern des Unternehmens und erweitert die in Unternehmens-, Produkt- und Marktstrategien fortgeschriebenen Perspektiven um längere Zeithorizonte, erweiterte Kontextanalysen, spezifische Vertiefungen sowie neue Themenimpulse. Sie ist entscheidungs- und handlungsorientiert in Innovations- und Strategieprozesse eingebunden.

Neben diesen grundlegenden Gemeinsamkeiten gibt es Unterschiede, die in den unterschiedlichen Funktionen von Corporate Foresight und Issues Management gründen. Im Fokus des Issues Managements stehen *Thematisierungs- und Kommunikationsprozesse* im gesellschaftlichen Umfeld, also Herausforderungen, die über das Mediensystem („Media Issues") und Kommunikationsprozesse in der Gesellschaft entstehen und die *Konfliktpotenziale* für das Unternehmen bergen (Röttger 2001). Die Beschränkung auf externe Konflikte ist aus heutiger Sicht jedoch zu eng, weil auch innerhalb von Unternehmen konflikthafte Thematisierungsprozesse entstehen (z. B. über Personalpolitik, Arbeitsbeziehungen, Corporate Governance) und weil Themen, die im gesellschaftlichen Umfeld diskutiert werden, auch häufig im Unternehmen Resonanz finden. Andererseits können Thematisierungsprozesse nicht nur Risiken, sondern auch Chancen beinhalten. Ein *modernes* Verständnis von Issues Management bedeutet deshalb, sowohl die *Außen-* als auch die *Innensicht* einzunehmen und sowohl die *Risiken* als auch die *Chancen* in die Betrachtung einzubeziehen. Auf Grund der rasanten Geschwindigkeit von Kommunikationsprozessen in Mediengesellschaften, der schnellen Karriere, aber auch dem ebenso schnellen Abstieg von Themen, liegt der Handlungsschwerpunkt des Issues Managements in der kurz- bis mittelfristigen Beobachtung und gegebenenfalls gezielten Beeinflussung von unternehmensrelevanten Issues.

Das Untersuchungsfeld unternehmensbezogener Zukunftsforschung ist im Hinblick auf die als relevant erachteten Gegenstandsbereiche thematisch breiter und im Allgemeinen auch langfristiger angelegt (vgl. Abb. 1 sowie Kuhn 2001). Zukunftsforschung untersucht *mittel- und langfristige Umfeld- und Marktentwicklungen,* die *allgemeine strategische Bedeutung* für das Geschäftssystem des Unternehmens haben könnten, sowie Chancen und Risiken für die Weiterentwicklung bestehender bzw. die Entstehung neuer Technologien, Produkte, Dienstleistungen und Verfahren beeinflussen. Sie untersucht also auch Entwicklungen, die heute und in näherer Zukunft (wahrscheinlich) nicht Gegenstand von konflikthaften Kommunikationsprozessen werden, jedoch eine strategische Bedeutung für das Unternehmen haben. In ihrem Rahmen werden jedoch immer wieder auch Themen

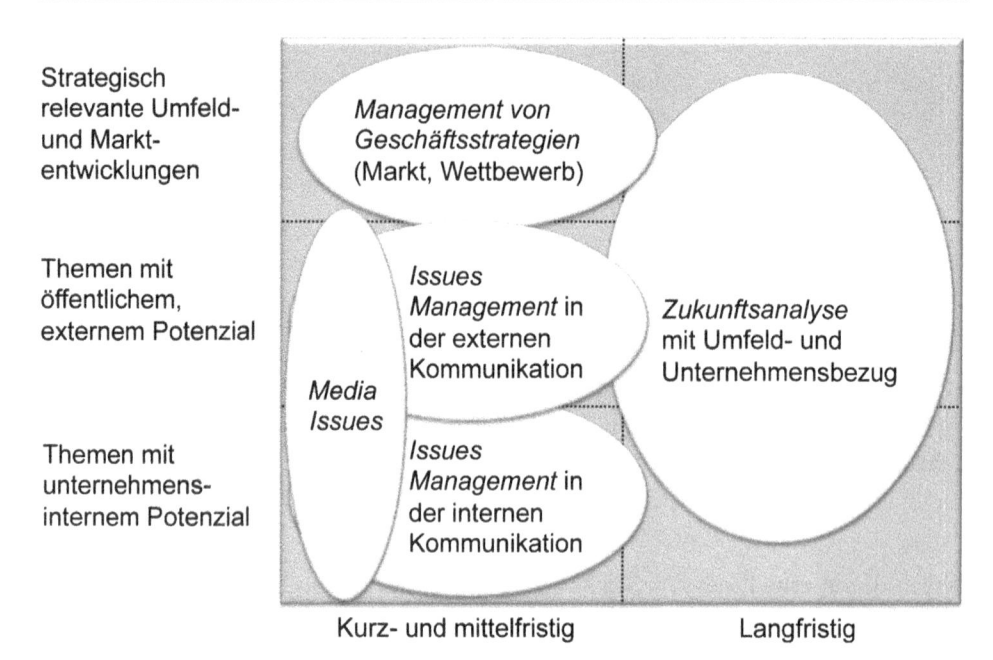

Abb. 1 Themenfelder und Zeithorizonte von Corporate Foresight und Issues Management

entdeckt, die gesellschaftliche und unternehmensbezogene Kommunikationsprozesse betreffen und damit auch für das Issues Management relevant sind bzw. werden können. Genau hier liegt eine interessante *Konvergenz* der Ziele und Perspektiven von Issues Management und Zukunftsforschung, die es nahe legt, enge Kooperationen zwischen Corporate Foresight und Unternehmenskommunikation im Unternehmen anzulegen und gemeinsame Projekte zu verfolgen.

Im Hinblick auf die organisatorische Verankerung von Issues Management sowie Corporate Foresight sind in der Praxis unterschiedliche Varianten zu beobachten. Zukunftsforschungsbereiche wurden in internationalen Großunternehmen häufig als Teil von Forschungs-, Technologie- und Innovationsbereichen gegründet (Daimler, Volkswagen/Audi, Deutsche Telekom, Philips). Daneben findet man auch die Variante einer Eingliederung in zentrale Konzernstrategiebereiche (Deutsche Bank, Shell). Issues Management ist oftmals innerhalb der Unternehmenskommunikation installiert (Bertelsmann, Daimler), da dieser Unternehmensbereich maßgeblich mit der Steuerung von Informationen befasst ist und über ein breites Netzwerk innerhalb der Organisation und des Medienmarktes verfügt. Den Anforderungen des Issues Management-Prozesses entsprechend, liegen der Unternehmenskommunikation Strukturen zugrunde, die es ermöglichen, die zunehmende Umweltkomplexität und Dynamik und insbesondere die Beziehungen zwischen den differenzierten Kommunikationsaufgaben und -instrumenten sowie den Akteuren angemessen zu bearbeiten (Herger 2001). Dies bezieht sich zum einen auf die frühzeitige Identifikation eines Issues, zum anderen auf die Koordination von aufeinander abgestimmten Kommunikationsmaßnahmen, die die relevanten Zielgruppen berücksichtigen.

2 Identifikation zukünftiger Issues und deren Integration in die Unternehmenskommunikation

Für ein strategisches Management von Issues in der Unternehmenskommunikation sind einerseits Instrumente zur Identifikation und Bewertung von gesellschaftlichen Umfeldentwicklungen und Themenkarrieren erforderlich, andererseits Methoden und Prozesse, mit denen ein agiles und vernetztes Kommunikations- und Managementsystem in der Unternehmenskommunikation etabliert werden kann.

2.1 Zukunftsanalyse mit Szenarien und Trends

Das Methodenspektrum der Zukunftsforschung ist vielfältig (Glenn und Gordon 2004; Ruff 2006). Für die Identifikation von strategischen Issues sind jedoch drei Methoden von besonderer Bedeutung: die Szenario-Analyse, die Trendforschung sowie die SWOT-Analyse. Diese Methoden erfüllen den Anspruch *zukunftsorientierten Denkens*, betrachten *Wechselwirkungen und alternative Entwicklungen* und erlauben schließlich eine effiziente, ökonomische *Ableitung von Maßnahmen*. Der Schwerpunkt bei der Szenario-Analyse liegt beim ganzheitlichen Verständnis möglicher Zukünfte (strategischer Überblick, Makroperspektive), bei der Trendforschung beim Verständnis von gesellschaftlichen Veränderungen und ihren Treibern (Dynamik des Wandels, Meso- und Mikroperspektive), bei der SWOT-Analyse dagegen bei der Identifikation von Chancen und Risiken für das Unternehmen sowie Handlungsmöglichkeiten (Handlungsperspektive).

2.1.1 Szenarioanalyse

Szenarien sind *Bilder zukünftiger Umfeldkonstellationen*. Der Akzent liegt hierbei auf der Antizipation langfristig denkbarer Situationen in einem Ereignisraum, der sowohl die kontinuierliche Fortsetzung gegenwärtig zu beobachtender Entwicklungen in einem sogenannten Trend-Szenario erfasst wie auch extreme Veränderungen durch systemische Wechselwirkungen zwischen Einflussfaktoren (Extrem-Szenarien) oder überraschende Ereignisse durch exogene Schocks (Störfall-Szenarien). Die Stärken von Szenarien liegen darin, dass sie die *Langfristwirkungen von Veränderungen oder Ereignissen* vorstellbar bzw. plausibel machen. Sie helfen das vermeintlich Undenkbare zu denken. Sie reduzieren Ungewissheit und Komplexität und ermöglichen einen integrierten Blick auf das Ganze. Sie helfen also zum Beispiel, die zukünftige Situation eines Unternehmens im gesamten internationalen, politischen, wirtschaftlichen und gesellschaftlichen Umfeld vorauszudenken. Die damit notwendigerweise einhergehenden Schwächen sind Ungenauigkeiten der Auflösung der Wirkung von Veränderungen auf der Mikroebene, wie mangelnde Segmentierung (welche Akteursgruppe verändert sich konkret wie?) und Ungenauigkeiten bei der Projektion der Dynamik von Veränderungen (wie verläuft der Prozess der Veränderung?). Diese Schwächen können durch zusätzliche Methoden ausgeglichen werden (Mehrebe-

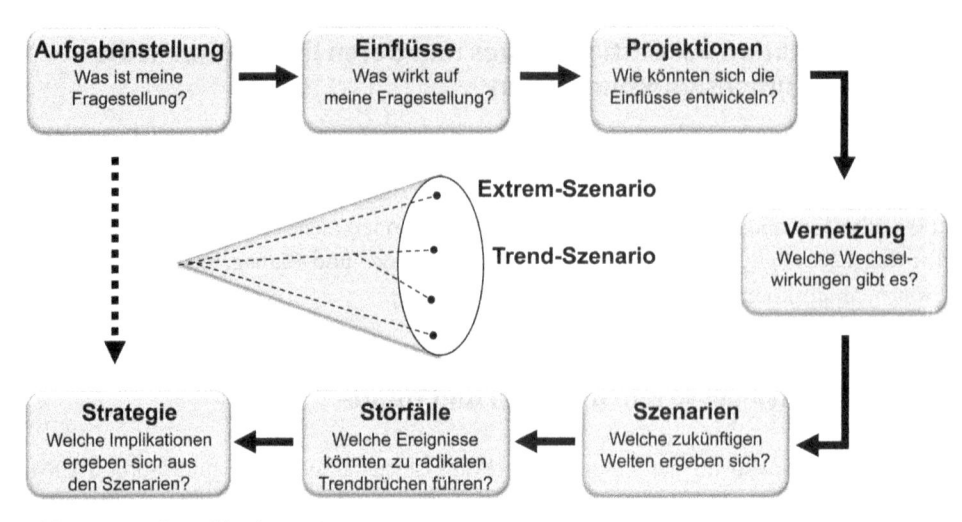

Abb. 2 Typischer Ablauf eines Szenario-Prozesses

nen-Szenario-Analyse, Szenarien mit Verlaufspfaden, Ergänzung der Szenario-Analyse durch Trendanalysen).

Szenarien erfordern in erster Linie eine breit angelegte Mobilisierung von Wissen und Perspektiven zur Fragestellung. Im Idealfall besteht das Szenario-Team aus Vertretern verschiedener Fachdisziplinen und Funktionen des Unternehmens (Entwicklung, Produktion, Marketing, Kommunikation, internationale Funktionen etc.) sowie externen Experten. Die Ergebnisse sind umso wirksamer, je stärker Analyse und Umsetzung in Personalunion erfolgen. Zweitens erfordern Szenarioprozesse eine professionelle, fein strukturierte und zugleich flexible Prozessbegleitung durch erfahrene Moderatoren.

In der Praxis existieren unterschiedliche Varianten der Szenario-Methodik. Das Grundkonzept, auf das nahezu alle Varianten zurückgehen, umfasst sieben Schritte (vgl. Abb. 2). Ausgehend von einer genauen und gemeinsam getragenen Definition der Fragestellung werden im zweiten Schritt wichtige Einflussfaktoren im Umfeld der Fragestellung (Politik, Wirtschaft, Gesellschaft) gesammelt und mittels einer Bewertung ihrer *Wirkungsstärke* (impact) und *Ungewissheit* (uncertainty) priorisiert. Im dritten Schritt werden die ausgewählten, in ihrer weiteren Entwicklung unsicheren Einflussfaktoren im Hinblick auf ihre möglichen Entwicklungsrichtungen beschrieben (alternative Projektionen). Im vierten Schritt werden die Wechselwirkungen zwischen den Einflussfaktoren in Form einer Matrix bewertet. Aus den systemischen Beziehungen der Matrix werden schließlich Dutzende oder Hunderte von Szenarien errechnet, aus denen in der Regel zwei bis vier Szenarien zur weiteren Betrachtung ausgewählt werden (Trend-Szenario, extreme Szenarien, für die Fragestellung besonders interessante Szenarien). In einem weiteren Schritt werden die Auswirkungen diskontinuierlicher Ereignisse untersucht (zum Beispiel Unternehmenskrise). Im letzten Schritt werden die Ergebnisse der Szenario-Analyse im Hinblick auf geeignete Strategien oder Maßnahmen ausgewertet (z. B. mit einer SWOT-Analyse, vgl. unten Abschn. 2.1.3)

Innovation mit Risikoverdacht

Im Kontext der technischen Innovationsplanung eines Unternehmens wurde eine neue elektronische Systemkomponente prototypisch entwickelt, die interessante zukünftige Anwendungen, Kundennutzen und Wettbewerbsvorteile versprach. Eine technisch verwandte Produktklasse führte jedoch in anderen Anwendungsfeldern zu Spekulationen und Diskussionen über mögliche negative gesundheitliche Auswirkungen. Dieser Risikoverdacht veranlasste das Technologie- und Innovations-Management, eine zukunftsorientierte Innovations-und Technikanalyse (Produktfolgenabschätzung) bei dem Zukunftsforschungsbereich in Auftrag zu geben. Am Beginn dieses Projektes stand zunächst die Frage, welche gesundheitlichen Auswirkungen die zur Diskussion stehende Zukunftstechnologie auf den Menschen hat und wie diese Produktrisiken, falls vorhanden, zu mindern wären. Bei der Bestandsaufnahme des Forschungsstandes stellt sich schnell heraus, dass es über die Gesundheitsrisiken der eingesetzten Technologie bisher nur bruchstückhafte Erkenntnisse gibt und eine seriöse abschließende Risikobewertung in naher und in ferner Zukunft nicht durchzuführen ist. Dies führte zu einer Verlagerung der Diskussion über hypothetische gesundheitliche Wirkungen zur Frage nach den zukünftigen gesellschaftlichen und kommunikativen Umfeldbedingungen für die Risiken und Chancen dieser Technologie. So wurde aus einer ursprünglich naturwissenschaftlichen Problemstellung eine Aufgabenstellung für das Issues Management.

Das eingesetzte bereichsübergreifende und interdisziplinäre Projektteam (Forschung, Entwicklung, Produktbereiche, Unternehmenskommunikation) erarbeitete im nächsten Schritt Szenarien zum gesellschaftlichen und kommunikativen Umfeld der Technologie. Die Szenario-Analyse zeigte im Ergebnis, dass unterschiedliche Entwicklungspfade für die Diskussion der hypothetischen Gesundheitsrisiken plausibel sind und die Medienberichterstattung sowie die öffentliche Diskussion zentrale Treiber für die Entwicklung des potenziellen Issue sind. Dies führte zu der für alle Beteiligten zunächst überraschenden Schlussfolgerung, dass eine weitere Klärung technisch-naturwissenschaftlicher Fakten nicht wesentlich zur Entschärfung des Issues beitragen kann, sondern dass stattdessen das Augenmerk auf einer angemessenen Risikokommunikation liegen muss. Das Ergebnis dieser Produktfolgenabschätzung war schließlich, dass das Management die ursprünglich anvisierte technologische Lösung zu Gunsten von Alternativen aufgab, dem Prinzip der Risikominimierung in der technischen Entwicklung höheres Gewicht einräumte sowie ein entsprechendes kontinuierliches Monitoring der öffentlichen Diskussion beschloss.

Dieses Beispiel zeigt, dass mit Konzepten der Zukunftsforschung latente Issues frühzeitig im Hinblick auf ihre Risiko- und Chancenpotenziale untersucht werden können. Deutlich wird auch, dass potenzielle *externe* Issues zunächst zu *internen* Issues im Unternehmen gemacht werden müssen, damit sich die gesamte Organisation strategisch darauf einstellt.

2.1.2 Trendforschung

Trends sind Leitideen und verdichtete Beschreibungen von grundlegenden und dynamischen Entwicklungsprozessen in Gesellschaften, die sich über längere Zeiträume erstrecken und starke Einflüsse auf die Einstellungen und das Verhalten von gesellschaftlichen Gruppen und Organisationen haben.

Der Akzent der Trendforschung liegt bei der Betrachtung von einzelnen Entwicklungen in einem *mittel- bis langfristigen Zeithorizont* (fünf bis zehn Jahre), bei denen eine relative Sicherheit über den weiteren Verlauf gegeben ist (geringe Ungewissheit). Die Stärken von Trendanalysen im Vergleich zu Szenarien (vgl. Abschn. 2.1.1) liegen darin, dass sie eine genauere Auflösung von gesellschaftlichen Entwicklungen leisten (Aktivitäten von gesellschaftlichen Subgruppen, Veränderungen im Mediennutzungsverhalten), eine präzisere Ableitung von Implikationen erlauben sowie einfacher zu kommunizieren sind als Szenarien (Denken in einzelnen Trendwelten statt Denken in multiplen Szenarien).

Für die Unternehmenskommunikation und das Issues Management sind insbesondere Veränderungen in der Struktur und Entwicklungslogik sowie in den Themenordnungen gesellschaftlicher Kommunikationsprozesse von Bedeutung. Ein Beispiel hierfür ist die inzwischen weit fortgeschrittene Etablierung von neuen Online-Medien neben den klassischen Medien (Print, TV, Radio). Mit der Verbreitung von Online-Medien entstanden neue Formate der Kommunikation (Weblogs, Videobotschaften, interaktive Foren), die etablierte Hierarchien und Prozesse der Nachrichtenproduktion stören, aufbrechen oder transformieren. Mit der leichten Verfügbarkeit mobiler digitaler Aufzeichnungs- und Verbreitungstechniken können journalistische Laien, Transparenz- und Skandal-Jäger sich in kurzer Zeit in das Konzert der Nachrichten- und Kommentarproduktion der Agenturen und Medien einschalten, in einzelnen Fällen sogar mediale Epidemien oder Empörungswellen („shitstorms") auslösen. Solche strukturellen Veränderungen sind Megatrends, da sie tief greifende, anhaltende Wirkungen haben und sich über einen längerfristigen Zeithorizont etablieren. Themenlandschaften gesellschaftlicher Kommunikation entwickeln sich sowohl in längerfristigen Zyklen (z. B. Nachhaltigkeitsdiskurs) wie auch im Rahmen kurzfristiger Themenkonjunkturen (z. B. Unternehmenskrisen). Der Fokus einer Trendforschung für das Issues Management liegt bei der Identifikation von *Megatrends*, also *längerfristigen* Veränderungen in Strukturen und Themenlandschaften.

Professionelle Trendforschung erfordert drei wesentliche Elemente: *Theorie, Beobachtung* und *semantische Verdichtung*. Eine theoretische Fundierung ist Voraussetzung, um im bunten Geschehen gesellschaftlicher Kommunikation überhaupt die substanziellen Kräfte erkennen und einordnen zu können. Eine Trendforschung für das Issues Management erfordert insbesondere Kompetenz in kulturhistorischen, sozialwissenschaftlichen sowie kommunikations- und medienwissenschaftlichen Denkansätzen und Theorien. Das zweite Element – Beobachtung – ist erforderlich, um die Stichhaltigkeit, Belastbarkeit und Reichweite einer Trendaussage bewerten zu können. In den Medien zirkulieren viele Trends und Themen, die allein aufgrund des Berichtsvolumens, der Überzeugungskraft der Kommunikatoren sowie ihrer aktuellen Sinnfälligkeit scheinbare Objektivität gewinnen. Damit eine Trendforschung substanzielle und langfristige wirksame Entwicklungen von leeren Worthülsen oder kurzlebigen Trendthemen unterscheiden kann, muss sie auf

Trend-hypothese	Trend-Validierung	Trend-Differenzierung	Treiber-Analyse	Entwicklungs-alternativen	Implikationen
Welche relevanten Veränderungen im Umfeld sind identifizierbar?	Welche Zahlen, Daten, Fakten und Zukunfts-projektionen stützen die Hypothese?	Welche regionalen oder sektoralen Unterschiede sind beobachtbar?	Welche Einflussfaktoren treiben den Trend, welche schwächen ihn ab?	Welche alternative Entwicklungen könnte der Trend angesichts der wirksamen Treiber nehmen?	Welche Chancen und Risiken, Handlungs-optionen und Konsequenzen ergeben sich aus dem Trend?

Abb. 3 Typischer Ablauf einer Trendanalyse

systematische Beobachtungen und empirisch fundierte Forschung zurückgreifen. Theorie und Beobachtung zusammen erlauben ein kritisches Durchleuchten von Oberflächen-phänomenen und sind Voraussetzung einer diagnostischen und prognostischen Kompetenz. Das dritte Element – semantische Verdichtung – ist erforderlich, da Trends bei der (strategischen) Orientierung helfen sollen und damit effizient und prägnant die *Matrix des Neuen* beschreiben müssen. Ein Beispiel für eine semantische Verdichtung ist die Metapher der medialen Epidemie. Sie bringt die Geschwindigkeit und das kaskadenhafte Muster der Verbreitung von Medieninhalten in modernen Gesellschaften auf den Punkt. Die Metaphorik ist zusätzlich hinterlegt mit einem Analogieschluss, der Übertragung von Theorie und Erfahrungswissen aus einer anderen Disziplin (Epidemiologie) auf mediale gesellschaftliche Phänomene.

Ähnlich wie bei der Szenario-Methode sollten Trendforschungsteams auf einer multidisziplinären Kompetenzbasis arbeiten. Wichtige Bezugsquellen für die Hypothesen-bildung und Identifikation von Trends sind breit angelegte Recherchen („Scanning") mit der Auswertung von wissenschaftlicher Fachliteratur, Quellen im Internet sowie die Auswertung empirischer Studien (z. B. Sozialforschung, Marktforschung, Reputationsstudien, Demoskopie). Für eine strukturelle Variation und Erweiterung von Perspektiven werden Gespräche mit Experten aus verschiedenen Disziplinen wie Sozial- und Kulturwissenschaften, Wirtschafts- und Politikwissenschaften sowie Beobachtern von (Industrie-) Branchen geführt. Die auf diese Weise recherchierten Trends werden schließlich im Team der Trendforscher überprüft, angereichert und im Hinblick auf ihre Implikationen diskutiert. Trendforschung ist im Kern Wissensarbeit durch Experten – Analyse, Interpretation und Formulierung. Versuche, den Fokus von menschlicher Wissensarbeit zur Automatisierung zu verlagern (z. B. durch Software-Agenten, automatische Analyse von Datenbanken) sind zum Scheitern verurteilt.

Für die *Ausarbeitung und Strukturierung einzelner Trends* hat sich ein mehrstufiges Verfahren bewährt (vgl. Abb. 3):

- In einem ersten Schritt erfolgt eine Formulierung einer Trendhypothese. Dazu gehört eine Beschreibung und Diskussion einer als relevant bewerteten Entwicklung in einem interdisziplinär zusammengesetzten Expertenteam.

- Wenn ein Trend als relevant eingestuft wird, erfolgt in einer Validierungs- und Recherchephase die Suche nach Indikatoren und Belegen für Gültigkeit, Geltungsbereich, Diffusionsgeschwindigkeit und Dynamik der beschriebenen Entwicklung.
- Im dritten Schritt wird untersucht, welche regionalen oder sektoralen Unterschiede es bei der beobachteten Entwicklung gibt.
- Ein vierter Analyseschritt widmet sich der Identifikation der zentralen Treiber der Entwicklung, also Einflussfaktoren, die den Trend vorantreiben oder hemmen.
- In einem fünften Schritt werden die Einflussfaktoren aus der Treiberanalyse herangezogen um zu bewerten, wie stabil der Trend ist oder ob mit alternativen Entwicklungen oder Trendbrüchen zu rechnen ist.
- In einem letzten Schritt werden schließlich Implikationen, Handlungsoptionen und Konsequenzen für das im Fokus stehende Handlungsfeld abgeleitet, zum Beispiel für das strategische Issues Management.

Idealerweise ist der Gesamtprozess der Trendforschung in einen periodischen Prozess der strategischen Unternehmens- bzw. Kommunikationsplanung eingeordnet. Wenn dies realisiert werden kann, sollten ausgewählte Trends einem regelmäßigen Monitoring unterzogen werden. Das bedeutet, dass sie in jedem Jahr auf Gültigkeit und Relevanz überprüft werden und dass Veränderungen dokumentiert werden. Für den Transfer der Ergebnisse der Trendforschung in die strategischen und operativen Arbeitsprozesse der Unternehmenskommunikation ist ein regelmäßiger und enger Dialog zwischen Trendforschungsteam und Kommunikationsbereich erfolgsentscheidend.

Neue Mobilität – Diskussion um den gesellschaftlichen Stellenwert des Autos

In gesättigten, hoch automobilisierten Gesellschaften wird die Mobilität vielfältiger. Neben dem Automobil gewinnen andere Verkehrsmittel wie Flugzeug, Bahn, öffentlicher Nahverkehr oder Fahrrad an Bedeutung. Außerdem entstehen neue Mobilitätsangebote, die mehrere Verkehrsmittel vernetzen und persönliche und situative Flexibilität ermöglichen. Hierbei wirken mehrere treibende Faktoren zusammen. In vielen Ballungsgebieten, nicht nur in Europa, hat sich das Angebot von Verkehrsmitteln, wie Flugzeug, Bahn, Taxi, Mietwagen sowie von motorisierten oder nicht motorisierten Zweirädern vervielfältigt und qualitativ weiterentwickelt. Mit der Individualisierung der Lebensstile, der Normalisierung des Besitzes von Automobilen sowie der Verbreitung neuer lebensstil- und statusprägender Konsumgüter ging in Teilen der Gesellschaft eine Relativierung der Bedeutung des Autos sowie eine Auflösung traditioneller automobiler Statushierarchien einher. Die Zugänge zum Auto und die Eigentums- und Besitzverhältnisse sind ebenfalls vielfältiger geworden. Neue Finanzierungsinstrumente (Leasing, Langzeitmiete), neue Reisegewohnheiten (die temporäre Nutzung von Mietwagen) und der erweiterte Zugang zu gewerblich geführten Firmen- und Fuhrparkfahrzeugen hat eine neue Vielfalt von Besitzformen gefördert. Auf diesem Wege machen immer breitere gesellschaftliche Schichten die Erfahrung, dass man Fahrzeuge besitzen oder nutzen kann, ohne Eigentümer zu sein. Mit der Verbreitung digitaler Medien setzt sich außerdem immer mehr die Leitidee des situativ flexiblen Angeschlossenseins durch. Statt langfristiger Bindungen und Verfügung über Eigentum geht es in der digitalen Gesellschaft um Zugang zu Informationen, zu Dienstleistungen, zu sozialen Netzwerken und Ressourcen und auch zur Mobilität. Auch wirtschaftliche Faktoren, zum Beispiel steigende Kosten für die Haltung eines eigenen Autos, fördern flexiblere und vielfältigere Mobilitätsmuster. In der „Sharing Economy" avanciert der selektive Kauf- und Eigentumsverzicht zur neuen Statusdemonstration des aufgeklärten Konsumenten.

Was bedeutet das für das Issues Management? Das beschriebene Bündel von Entwicklungen treibt die immer wieder geführte Diskussion um den gesellschaftlichen Stellenwert des Autos in eine neue Phase. Diese Entwicklung wird von der Zukunftsforschung, dem Bereich Business Innovation, verantwortlich für die Einführung neuer Geschäftsmodelle, sowie der Unternehmenskommunikation beobachtet und mit der Erprobung und Markteinführung neuer Mobilitätskonzepte adressiert. Medien greifen diese Entwicklung auf und inszenieren sie überspitzt als neue Sensation in Schlagzeilen wie „Auto als Statussymbol hat ausgedient" oder „Auto? Nein, danke!". Aufgabe für das Issues Management ist es hier, die Entwicklungen zu beobachten, zu bewerten und die Lösungsansätze zu begleiten. Festzuhalten ist hier, dass diese Veränderungen des Mobilitätsverhaltens, vor allem junger Erwachsener, tatsächlich einen neuen Trend darstellen, der langsam voranschreitet, jedoch keinen Abschied vom Auto bedeutet. Tiefergehende Analysen zeigen, dass die Attraktivität der Autonutzung hoch bleibt und in einem erweiterten Kontext der flexibleren Nutzung zu sehen ist. Insgesamt ergeben sich daraus neue Chancen für Mobilitätskonzepte (Flexible Car Sharing Modelle, multimodale Mobilitätsdienstleistungen).

Auf Basis der skizzierten Entwicklungen ist in dem Bereich Business Innovation, dem Daimler Lab für innovative Geschäftsmodelle, zunächst car2go entwickelt worden: Das Mobilitätskonzept der Daimler AG definiert den individuellen Innenstadtverkehr neu. smart fortwo Fahrzeuge können überall und jederzeit gemietet werden. Das Finden und Buchen der Fahrzeuge erfolgt per Handy, Smartphone oder Internet, spontan oder mit Vorreservierung. Die Miete selbst wird über eine innovative Telematikeinheit im Fahrzeug abgewickelt. car2go gibt es seit 2008. Die Mobilitätsplattform moovel ist der jüngste Beleg für die Innovationsführerschaft von Daimler im Bereich urbaner Mobilitätskonzepte: Die Plattform führt ganz unterschiedliche Fortbewegungsmöglichkeiten herstellerübergreifend zusammen und präsentiert die Fahrtoptionen auf einen Blick transparent, nutzerfreundlich und gleichwertig per App oder mobiler Webseite (Kuhn 2012). Dabei verknüpft moovel Individualverkehr und Öffentlichen Personennahverkehr: So sind beispielsweise in der zweiten Pilotstadt Berlin car2go, mitfahrgelegenheit.de und der Verkehrsverbund Berlin-Brandenburg (VBB) wesentliche Elemente in moovel. Über die moovel App werden freie car2go-Fahrzeuge angezeigt, die auch reserviert werden können, sowie verschiedene Verbindungsoptionen von Bussen und Bahnen im VBB-Gebiet mit Fahrtdauer und Preis. Daneben können Nutzer in der moovel App nach passenden Mitfahrgelegenheiten suchen oder Fahrtangebote einstellen.

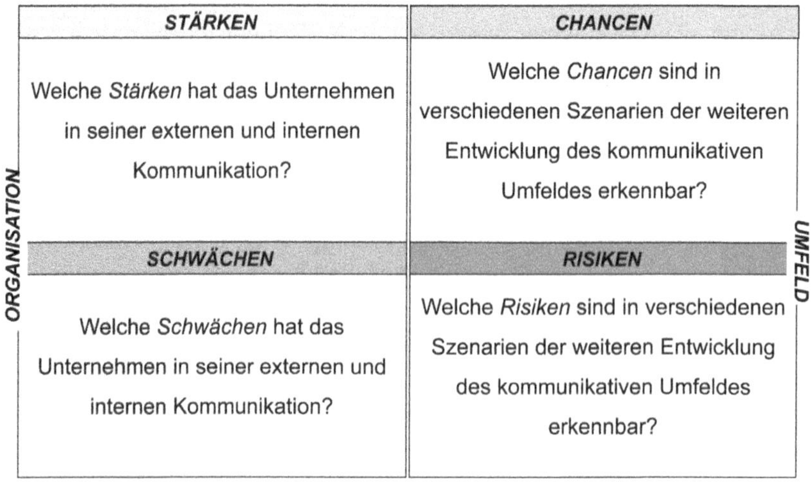

	STÄRKEN	CHANCEN	
ORGANISATION	Welche *Stärken* hat das Unternehmen in seiner externen und internen Kommunikation?	Welche *Chancen* sind in verschiedenen Szenarien der weiteren Entwicklung des kommunikativen Umfeldes erkennbar?	UMFELD
	SCHWÄCHEN	RISIKEN	
	Welche *Schwächen* hat das Unternehmen in seiner externen und internen Kommunikation?	Welche *Risiken* sind in verschiedenen Szenarien der weiteren Entwicklung des kommunikativen Umfeldes erkennbar?	

Abb. 4 SWOT-Analyse

2.1.3 SWOT-Analyse

„SWOT" ist eine Abkürzung für „Strengths", „Weaknesses", „Opportunities", „Threats". Die SWOT-Analyse ist seit vielen Jahrzehnten ein Standardinstrument der strategischen (Unternehmens-) Planung und kommt auch in der unternehmensbezogenen Zukunftsforschung häufig zum Einsatz. Der zentrale Wert der SWOT-Analyse liegt darin, dass exogene Eigenschaften des zukünftigen Unternehmensumfeldes (Chancen, Risiken) und endogene Eigenschaften des Unternehmens (Stärken, Schwächen) zunächst separat analysiert und im Rahmen der Strategieentwicklung dann integriert betrachtet werden. SWOT-Analysen lassen sich auch im Kontext strategischer Unternehmenskommunikation gut einsetzen.

Voraussetzung für eine qualitativ hochwertige SWOT-Analyse ist die unvoreingenommene also auch selbstkritische Analyse der eigenen Stärken und Schwächen. Hierzu ist es gelegentlich sinnvoll, neben dem Selbstbild auch externe Fremdeinschätzungen (z. B. durch Experten, Stakeholder) einzuholen. Schon an diesem Punkt scheitern viele strategische Projekte, da unternehmenskulturelle oder individuelle Barrieren in Unternehmen eine ehrliche Analyse der Schwächen-Seite unterbinden. Für die Analyse der Chancen und Risiken sind sorgfältige Analysen der künftigen Entwicklung der wirtschaftlichen, marktbezogenen und gesellschaftlichen Umfelder des Unternehmens erforderlich sowie eine Horizonterweiterung über das Tagesgeschäft, das eigene Unternehmen, evtl. sogar über die eigene Branche hinaus. Diese Vorarbeit kann z. B. mit Szenarien oder Trendanalysen geleistet werden (vgl. Abschn. 2.1.1 und 2.1.2).

Die Durchführung einer SWOT-Analyse ist einfach und folgt – im Kontext der Unternehmenskommunikation – vier zentralen Leitfragen (vgl. Abb. 4):

- Welche Stärken hat das Unternehmen in seiner externen und internen Kommunikation?
- Welche Schwächen hat das Unternehmen in seiner externen und internen Kommunikation?

- Welche Chancen für die Unternehmenskommunikation sind in verschiedenen Szenarien der Weiterentwicklung des kommunikativen Umfeldes erkennbar?
- Welche Risiken für die Unternehmenskommunikation sind in verschiedenen Szenarien der Weiterentwicklung des kommunikativen Umfeldes erkennbar?

Die SWOT-Analyse hat den Vorteil, dass sie neben der Risikobetrachtung zusätzlich die Chancen-Seite ins Blickfeld rückt sowie die Fähigkeiten bzw. Defizite des eigenen Unternehmens bzw. des eigenen Handlungsbereichs. Das Unternehmen kann auf diese Weise die eigene Verletzbarkeit durch Issues erkennen und bewerten und gleichzeitig strategische und operative Maßnahmen zur Prävention und Bewältigung von Issues ableiten.

2.2 Issues Management

Ziel des Issues Managements ist es, relevante Themen mit Chancen- oder Risikopotenzial frühzeitig zu identifizieren, zu bewerten und zu bearbeiten. Issues Management identifiziert als Früherkennungssystem Signale des Unternehmensumfeldes, die Einfluss auf aktuelle oder zukünftige Handlungsstrategien des Unternehmens haben könnten. Der Prozess wirkt hierbei primär als *Früherkennungssystem* für schwache Signale und als *Steuerungswerkzeug* für bereits manifestierte Issues. Dabei konzentriert sich Issues Management – im Sinne einer Management-Funktion – auf die strategischen Konsequenzen, die von einem Issue ausgehen (Liebl 2000). Hierbei kommt der Betrachtung möglicher Auswirkungen auf die Unternehmensreputation eine besondere Bedeutung zu. Unternehmenskrisen und damit einhergehende Reputationsschäden werden unter Einsatz des Issues Managements zu berechenbaren Faktoren, denen proaktiv begegnet werden kann. Umgekehrt greift der Issues Management-Prozess auch Themen auf, die einen positiven Einfluss auf die Unternehmensreputation ausüben. Issues Management erarbeitet dementsprechend Strategien vor dem Hintergrund einer antizipierten oder tatsächlichen Veränderung in der Unternehmens-Umwelt-Beziehung. So eröffnet sich die Chance, neue unternehmerische Aktionsfelder zu entdecken und damit Positionierungspotenziale für das Unternehmen und dessen Produkte zu schaffen.

In der Regel können Issues in drei Kategorien eingeteilt werden:

- *Media Issues:* Themen, die von Medien aufgegriffen werden.
- *Issues aus dem Unternehmensumfeld:* Themen, die von Wettbewerbern forciert, von der Politik gesetzt, von Stakeholdern adressiert oder in Ausschüssen, Expertenkreisen etc. diskutiert werden.
- *Unternehmensinterne Issues:* Themen, die im Unternehmen entstehen (Kuhn 2003).

Eine weitere Differenzierung bezieht sich auf die zeitliche Dimension: Geht es um aktuelle Issues oder um Themen, die eine eher langfristige Perspektive aufweisen? Abhängig von der Ausprägung, Verbreitung und zeitlichen Dimensionierung werden die Themen mit entsprechenden Instrumenten oder Prozessen bearbeitet.

2.2.1 Instrumente des Issues Managements

- Die Identifikation von externen Themen erfolgt in erster Linie über die werktägliche Medienauswertung, die Echtzeit-Medienbeobachtung (Media Screening), die Medienresonanzanalyse (MRA) sowie Stakeholder-Analysen und -Befragungen (Reputation Research). Während die tägliche Medienauswertung und -beobachtung ein kontinuierliches Feedback gewährleisten, werden die kommunikativen Maßnahmen des Unternehmens durch die MRA und die Stakeholder-Befragungen jeweils einer nachträglichen Bewertung unterzogen:
- *Medienresonanzanalyse:* Für die Identifikation von Issues, die bereits Eingang gefunden haben in das Mediensystem, bedient sich das Issues Management in erster Linie der Medienresonanzanalyse (MRA). Dieses Instrument erfasst in einem ersten Schritt die Medienbotschaften und identifiziert im zweiten Schritt deren Wirkungsstärke. Die MRA besteht aus zwei Analyseeinheiten, der Publizitätsanalyse und der Tendenzanalyse. Die Publizitätsanalyse ermittelt aus der quantitativen und qualitativen Bedeutung der Medien sowie aus der Häufigkeit (*absolute* Menge der Berichterstattung) und Aufmachung der Medienbotschaften die Stärke des medialen Impulses auf die öffentliche Meinung. Daneben erfolgt die Betrachtung der *relativen* Menge der Berichterstattung im Vergleich zu den Wettbewerbern. In der Tendenzanalyse wird zunächst der Trend der Berichterstattung über das Unternehmen im Zeitverlauf analysiert. Es wird erhoben, welche Inhalte und Botschaften mit welcher Tendenz über Unternehmen und Produkte vermittelt werden. Hierbei werden nicht nur explizite, sondern auch implizite Bewertungen berücksichtigt (z. B. Zuschreibungen von positiven oder negativen Attributen). Im nächsten Schritt erfolgt der Vergleich mit der Tendenz der Berichterstattung über die Wettbewerber im Markt. Im Rahmen des Issues Management-Prozesses dient die MRA als Navigations- und Planungsinstrument, mit dessen Hilfe der Verlauf von Themenkarrieren in den Medien zu Produkt- und Unternehmensthemen ermittelt werden kann. Des Weiteren bietet die MRA wichtige Impulse zur frühzeitigen Erkennung von Trends in der Medienberichterstattung.
- *Media Screening/Medienmonitoring:* Neben der Ex-post-orientierten Medienresonanzanalyse spielt die Adhoc-Auswertung von Veröffentlichungen in Print-, Online- und sozialen Medien sowie in Nachrichtenagenturen eine wichtige Rolle. Dabei hat das Internet für die Aufgaben und Strukturen der Unternehmenskommunikation einen maßgeblichen Einfluss: Reaktionszeit und Kommunikationskanäle müssen den Bedarfen der weltweiten Vernetzung angepasst werden. Stakeholder wie z. B. unzufriedene Kunden, enttäuschte Aktionäre oder frustrierte Mitarbeiter verbreiten Informationen, Meinungen und Diskussionen mit einfachen Mitteln in Echtzeit (Kuhn 2001). Vor diesem Hintergrund gewinnt das Screening von Online-Foren, Blogs und sozialen Netzwerken an Bedeutung (Zerfaß und Sandhu 2006). Insbesondere in Blogs und sozialen Netzwerken kristallisieren sich Themen und Trends heraus, die dann zunehmend Niederschlag in den Massenmedien finden. Die massenmediale Wirkung wird befördert durch den hohen Grad der Vernetzung innerhalb der Blogosphäre, in der sich Neuigkeiten sehr schnell verbreiten und eine ausgeprägte Suchmaschinenfreundlichkeit,

die für eine hohe Platzierung in Ergebnislisten sorgt. Für das Issues Management von entscheidender Bedeutung ist die Nutzung von Blogs, Foren und sozialen Netzwerken als Recherche- und Interaktionsquelle von Journalisten. Erhebliche Reputationsrisiken drohen, wenn Unternehmen die rasche Meinungsbildung in der Blogosphäre nicht beachten oder falsch einschätzen (Jüch und Stobbe 2005).

- *Reputation Research:* Reputation Research im Kontext des Issues Management-Prozesses verfolgt die Zielsetzung, Issues innerhalb der wichtigsten Stakeholder-Kreise bereits in ihrer Latenzphase zu erfassen sowie die Themenkarrieren bereits manifestierter Issues zu verfolgen. Um die Unternehmensreputation zu erfassen, müssen das Wissen, die Meinungen und Einstellungen, die Emotionen sowie das Verhalten relevanter Stakeholder-Gruppen erfasst werden. Ein integriertes Reputationsanalyse-System wie der Reputation Quotient (Fombrun 1996; Wiedmann et al. 2007) erhebt diese Parameter mittels des Instrumentariums der Markt- und Meinungsforschung anhand eines Kriterienkatalogs, der die wesentlichen Reputationsindikatoren (Produkte & Dienstleistungen, Finanzielle Ertragskraft, Strategie, Management, Innovation, Soziales & Umweltverantwortliches Handeln sowie Vertrauen und Glaubwürdigkeit) sowie die zentralen Kommunikationsbotschaften regelmäßig und systematisch analysiert. Die Kernfragen, die es hierbei zu beantworten gilt, lauten: Wie schneidet das Unternehmen in den Augen der Stakeholder-Gruppen in den einzelnen Reputationsdimensionen ab? Sind die Kommunikationsbotschaften in den unterschiedlichen Meinungsarenen angekommen? Und wie werden sie von verschiedenen Stakeholdern des Unternehmens aufgenommen und bewertet? Diese Fragestellungen dienen zum einen der Erfolgskontrolle der einzelnen Kommunikationsmaßnahmen und somit der Bewertung der Kommunikationsarbeit im Hinblick auf ihren unternehmerischen Wertbeitrag (Einwiller und Kuhn 2011). Zum anderen liefern derartige Stakeholder-Analysen wichtige Indizien hinsichtlich emergierender Issues innerhalb und außerhalb des Unternehmensumfelds.

2.2.2 Issues Management in der Unternehmenspraxis

Mit den aufgezeigten Methoden steht ein Instrumentarium zur Verfügung, vor allem externe Erwartungen und Herausforderungen für das Unternehmen identifizieren und bearbeiten zu können. Für eine ganzheitliche Betrachtung ist jedoch im Rahmen eines klar definierten Issues Management-Prozesses die Einbindung unternehmensinterner Schnittstellen und Ressourcen unbedingt erforderlich. Festzulegen sind die Teilnehmer des Prozesses und ihre Rollen, die Instrumente zur Prozessunterstützung sowie die Abläufe. Ein globaler Issues Management-Prozess stützt sich dabei auf ein virtuelles Netzwerk von Prozessteilnehmern, die je nach Organisationsform entweder in regelmäßigen Abständen oder unmittelbar anlassbezogen in Aktion treten.

Neben einem Prozessverantwortlichen in der Unternehmenskommunikation, dem „Issues Manager", ist die Einbindung weiterer Vertreter aus diesem Ressort zwingend erforderlich: Abhängig von der Unternehmensgröße und der Branche sollten feste Vertreter aus den Bereichen Unternehmenspresse, Produktpresse und Interne Kommunikation im Sinne von „Issues Scouts" in den Prozess eingebunden werden. Unternehmen, die auch außerhalb der Landesgrenzen agieren, sollten die Kommunikationsverantwortlichen der wichtigsten Märkte einbeziehen. Das Issues Scout-Team sollte ergänzt werden mit festen Vertretern aus den Ressort External Affairs, Investor Relations und Corporate Strategy. Die Issues Scouts nutzen ihre Netzwerke, um Informationen aus dem Unternehmen und aus dem Unternehmensumfeld zu gewinnen und steuern diese in den Prozess ein. Themenabhängig können Mitarbeiter aus den Stäben der Mitglieder des Vorstands oder der Geschäftsführung in den Prozess einbezogen werden. Dieser interdisziplinäre Austauschprozess innerhalb des Unternehmens erhöht die Sicherheit, die Bedeutung von Themen mit Risiko- oder Chancenpotenzial richtig einzuordnen.

Eine zentrale Aufgabe des Issues Managers kann bspw. darin bestehen, regelmäßig alle identifizierten Themen in einem stark standardisierten Procedere, zum Beispiel auf Basis eines dokumentengestützten Reporting-Formats oder in einer kollaborativen Datenbank-Sektion zusammenzuführen. Als operatives Arbeitsmittel stünde dann allen am Issues Management-Prozess beteiligten Stakeholdern ein entsprechendes Dokument zur Verfügung. Dieses kann in einem ersten Schritt als thematische Agenda für Meetings oder Telefonkonferenzen dienen („Issue Call"), in denen der Issues Manager, weitere Issues Scouts und themenabhängig Experten aus den Fachbereichen Relevanz, Priorität, Chancen- bzw. Risikopotenzial der Themen bewerten, Sprachregelungen skizzieren und Handlungsoptionen diskutieren. Diese werden nach der Telefonkonferenz von den jeweils verantwortlichen Stellen weiterverfolgt. Die enge Abstimmung mit den Nachbarressorts gewährleistet eine integrierte Betrachtung und realistische Einordnung der jeweiligen Themen. Als weiterer Prozessschritt kann dann die Finalisierung des Dokuments zu einer verbindlichen, finalen Fassung im Sinne eines „Key Issues Briefings" erfolgen, das über die wichtigsten Themen informiert, Ansprechpartner, Hintergrundinformationen und Szenarien sowie die jeweilige Sprachregelung aufzeigt. Ein solches „Key Issues Briefing" kann dann dem Vorstand oder der Geschäftsführung, allen Teilnehmern des Issues Management-Prozesses sowie den Kommunikations-verantwortlichen im In- und Ausland entweder im Sinne eines regelmäßigen Reportings zu festgelegten Zeiten oder ad hoc zur Verfügung gestellt werden (unmittelbar vor einer Messe, einer Pressekonferenz, einem Hintergrundgespräch o.ä.). Eine intranetbasierte Kommunikationsplattform, die der Issues Management-„Community" zugänglich ist, erleichtert zudem die zeitnahe und zuverlässige Bereitstellung relevanter Informationen zum Verlauf identifizierter Issues für die Unternehmensstandorte weltweit. Über diese informatorische Dimension hinaus ist das Wesen eines exzellenten Issues Managements, zentrale Issues im Kontext definierter Marktumgebungen zu beleuchten („Integrated Issues Assessment") und der Leitung Unternehmenskommunikation und gegebenenfalls der Unternehmensführung Handlungsoptionen zur Verfügung zu stellen (Schmid 2003).

Die integrierte und kontinuierliche Anwendung des skizzierten Instrumentariums erleichtert die ganzheitliche Beobachtung des externen Unternehmensumfelds und führt zu einer systematischen Abdeckung der eingangs vorgenommenen Kategorisierung von Issues:

- *Media Issues:* Themen, die Eingang gefunden haben in das Mediensystem und eine kurz bis mittelfristige Perspektive haben, werden in erster Linie durch die Medienresonanzanalyse und das Media Screening abgedeckt.
- *Issues aus dem Unternehmensumfeld:* Kurz- bis mittelfristig relevante Umfeld-Themen werden durch die Medienresonanzanalyse und das Media Screening sowie durch Reputation Research abgedeckt, während Issues mit einem mittel- bis langfristigen Horizont durch die Corporate Foresight-Instrumente identifiziert werden.
- *Unternehmensinterne Issues:* Interne Themen werden im Rahmen eines systematischen Prozesses im Unternehmen identifiziert und bearbeitet.

3 Integration von Corporate Foresight und Issues Management

Im Rahmen der Zukunftsforschung werden immer wieder Themen entdeckt, die für das Issues Management mit seinem kurz- bis mittelfristigen Horizont relevant werden können. Andererseits werden im Issues Management Erkenntnisse gewonnen, die über diese Perspektive hinausgehen. Die Konvergenz der jeweiligen Perspektiven und Ziele empfiehlt eine integrierte Herangehensweise. Corporate Foresight und Issues Management orientieren sich bei dem Einsatz ihres Instrumentariums an der Agenda der jeweils anderen Disziplin; Prozess-Treiber und -Teilnehmer sowohl von Corporate Foresight als auch Issues Management tauschen sich aus. Die daraus gewonnenen Einblicke und Erkenntnisse erlauben beiden Disziplinen einen breiteren Fokus und zeigen im Hinblick auf die Operationalisierung neue Potenziale auf.

Ein wesentliches Feld der integrierten Zusammenarbeit ist die *Analyse der Veränderungen von Kommunikations- und Meinungsbildungsprozessen in der Gesellschaft*. Ein weiteres Feld der Zusammenarbeit liegt in der *Beobachtung und Analyse der Veränderung der Reputation von Wirtschaft und Unternehmen (Reputation Research)*. Veränderungen in Einstellungen und Verhalten gesellschaftlicher Gruppen sind ein zentrales Thema einer zukunftsorientierten Gesellschaftsforschung. Entscheidende Treiber für das veränderte Verhalten der Rezipienten und damit der Bildung von Wahrnehmungen sind die Medien, allen voran das Internet. Im Issues Management-Instrumentarium werden im Rahmen der Medienresonanzanalyse Themtrends identifiziert. Wie sich diese Thementrends auf die Meinungs- und Wahrnehmungsbildung auswirken ist eines der zentralen Felder der integrierten Reputationsforschung.

Für die erfolgreiche Einbindung von Zukunftsforschung im Unternehmen generell sowie speziell im Kontext von Issues Management und Unternehmenskommunikation gibt es eine Reihe von zentralen Erfolgsbedingungen. Eine wichtige Bedingung liegt einerseits in einer *engen Kooperation* zwischen Zukunftsforschung und Issues Management bzw. Unternehmenskommunikation und andererseits in einer engen Abstimmung mit Bereichen wie Business Innovation. Am besten eignen sich hier gemeinsame Projekte, zum Beispiel im Bereich der Reputationsforschung, sowie der regelmäßige Austausch von Informationen und Projektergebnissen im Rahmen einer Regelkommunikation. Zweitens sind eine unvoreingenommene Perspektive sowie eine kritische *Distanz zum Unternehmen* und seinem Umfeld („Outside-In-Perspektive") wesentliche Voraussetzungen für ein frühzeitiges Erkennen von Issues und blinder Flecken im strategischen Horizont des Unternehmens. Eine dritte Erfolgsbedingung liegt in der *multidisziplinären und internationalen Zusammensetzung* der Teams. Diese gewährleistet eine Mobilisierung vielfältiger fachlicher Perspektiven sowie Kompetenz beim kultursensiblen Umgang mit Issues. Eine vierte Erfolgsbedingung ist gelebte Innovations- und Zukunftsorientierung in Gestalt einer *Offenheit für ungewöhnliche Ideen*, Wissensfortschritte und neue Muster der Interpretation von Phänomenen des gesellschaftlichen Wandels. Schließlich ist die *Unterstützung* von zukunftsorientiertem Vordenken im Unternehmen *durch das Top-Management* ein wesentlicher Erfolgsfaktor.

Literatur

Burmeister, K., Neef, A., & Beyers, B. (2004). *Corporate Foresight. Unternehmen gestalten Zukunft.* Hamburg: Murmann.

Einwiller, S., & Kuhn, M. (2011). Integrated reputation analysis at Daimler. In S. Helm, K. Liehr-Gobbers, & C. Storck (Hrsg.), *Reputationmanagement* (S. 189–200). Berlin: Springer.

Fombrun, C. (1996). *Reputation. Realizing value from the corporate image.* Boston: Harvard Business Press.

Glenn, J. C., & Gordon, T. J. (2004). *Futures research methodologies (American council for the United Nations University: The millenium project).* Washington, DC: The Millenium Project.

Herger, N. (2001). Issues Management als Steuerungsprozess der Organisationskommunikation. In U. Röttger (Hrsg.), *Issues Management. Theoretische Konzepte und praktische Umsetzung* (S. 79–101). Wiesbaden: VS Verlag für Sozialwissenschaften.

Jüch, C., & Stobbe, A. (2005). *Blogs: ein neues Zaubermittel der Unternehmenskommunikation? Forschungsbericht der Deutsche Bank Research: Digitale Ökonomie Nr. 53.* Frankfurt am Main: Deutsche Bank.

Kuhn, M. (2001). Global Issue Management bei DaimlerChrysler. In U. Röttger (Hrsg.), *Issues Management. Theoretische Konzepte und praktische Umsetzung* (S. 191–204). Wiesbaden: VS Verlag für Sozialwissenschaften.

Kuhn, M. (2003). Issues Management bei DaimlerChrysler - A virtual network. In M. Kuhn, G. Kalt, & A. Kinter (Hrsg.), *Chefsache Issues Management. Ein Instrument zur strategischen Unternehmensführung - Grundlagen, Praxis, Trends* (S. 62–73). Frankfurt am Main: Frankfurter Allgemeine Buch.

Kuhn, M. (2012). *Vernetzte Mobilität 2.0: moovel.* https://www.moovel.com./de. Zugegriffen: 16. Nov. 2012.

Liebl, F. (1996). *Strategische Frühaufklärung. Trends, Issues, Stakeholders.* München: Oldenbourg.

Liebl, F. (2000). *Der Schock des Neuen.* München: Murmann.

Liebl, F. (2003). Erkennen, abschätzen, Maßnahmen ergreifen. Issues Management auf dem Weg zum integrierten Strategiekonzept. In M. Kuhn, G. Kalt, & A. Kinter (Hrsg.), *Chefsache Issues Management. Ein Instrument zur strategischen Unternehmensführung - Grundlagen, Praxis, Trends* (S. 62–73). Frankfurt am Main: Frankfurter Allgemeine Buch.

Rohrbeck, R., & Bade, M. (2012). *Environmental scanning, futures research, strategic foresight and organizational future orientation: A review, integration, and future research directions.* ISPIM Annual Conference 2012, Barcelona, Spain.

Röttger, U. (2001). Issues Management – Mode, Mythos oder Managementfunktion? Begriffsklärungen und Forschungsfragen – eine Einleitung. In U. Röttger (Hrsg.), *Issues Management. Theoretische Konzepte und praktische Umsetzung* (S. 11–39). Wiesbaden: VS Verlag für Sozialwissenschaften.

Ruff, F. (2006). Corporate foresight: integrating the future business environment into innovation and strategy. *International Journal of Technology Management, 34*(3/4), 278–295.

Schmid, B. (2003). *Ausführungen im Rahmen der Abschlusskonferenz: The Communications Excellence Project „Integrating Strategic Issues Management"* am 10.03.2003 in Uetliberg/Zürich, unveröffentlichtes Manuskript. St. Gallen: Universität St. Gallen.

Wiedmann, K.-P., Fombrun, C. J., & Van Riel, C. B. M. (2007). Reputationsanalyse mit dem Reputation Quotient. In M. Piwinger & A. Zerfaß, (Hrsg.), *Handbuch Unternehmenskommunikation* (1. Aufl., S. 321–337). Wiesbaden: Gabler.

Zerfaß, A., & Sandhu, S. (2006). Issues Management und Web 2.0: Monitoring der Meinungsbildung in der Blogosphäre. *PR Magazin, 37*(9), 45–52.

Mitarbeiterbefragung als Führungsinstrument

Désirée H. Ladwig und Michel E. Domsch

Zusammenfassung

Mitarbeiter und Mitarbeiterinnen erwarten eine moderne Führungskultur mit partizipativem Ansatz. Mitarbeiterbefragungen gehören deshalb heute als strategisches Führungsinstrument zum Standard einer erfolgreichen Personalarbeit. Sie werden u. a. im Rahmen von Organisationsentwicklungs-Maßnahmen, Change-Management-Prozessen und Evaluierungen eingesetzt. Mit umfassenden Mitarbeiterbefragungen werden Informationen über Arbeitszufriedenheit, Erwartungen, Bedürfnisse und Änderungsvorschläge der Mitarbeiter gewonnen. Spezielle Mitarbeiterbefragungen konzentrieren sich z. B. auf Führungs-Feedback, Konzeption und Evaluierung von Weiterbildungsmaßnahmen oder WorkLifeBalance-Themen. Im Beitrag wird detailliert der Ablauf von Mitarbeiterbefragungen demonstriert, besonders auf Online-Befragungen eingegangen und ein notwendiges Kommunikationskonzept vorgestellt.

Schlüsselwörter

Führungskultur · Partizipation · Mitarbeitermotivation · Mitarbeiterbefragung · Online-Befragung · 360°-Befragung · Mitarbeiterfeedback · Mitarbeiterkommunikation · Interne Kommunikation · Unternehmenskommunikation

---

D. H. Ladwig (✉)
Fachhochschule Lübeck, Fachbereich Maschinenbau und Wirtschaft
Mönkhofer Weg 239, 23562 Lübeck, Deutschland
E-Mail: ladwig@fh-luebeck.de

M. E. Domsch
Helmut-Schmidt-Universität Hamburg, Institut für Personal und Arbeit
Holstenhofweg 85, 22043 Hamburg, Deutschland
E-Mail: michel.domsch@hsu-hh.de

1 Begriff und Formen

Mitarbeiterbefragungen haben sich in den letzten Jahrzehnten verstärkt vom Diagnose- und Evaluierungsinstrument zum Kommunikationsinstrument entwickelt (Domsch und Ladwig 2013). Wo früher der Fokus darauf lag, z. B. Arbeitszufriedenheit oder gravierende Missstände in einzelnen Werken oder Bereichen von Unternehmen durch Befragungen der betroffenen Mitarbeiter aufzudecken, setzen viele Unternehmen heutzutage Mitarbeiterbefragungen als ein Baustein einer ganzheitlichen Unternehmenskommunikation ein (vgl. auch Stieger und Zepke 2012, S. 229 ff.). Durch die rasanten Entwicklungen der Informationstechnologien in diesem Feld lassen sich Mitarbeiterbefragungen insbesondere im online-modus heute sehr leicht technisch umsetzen. Problematisch auf der „Kunden"-Ebene ist hierbei heute eher das Überangebot und die Überflutung der Mitarbeiter mit Befragungen zu allen möglichen Themen und „gefühlt" allen möglichen Zeiten. Auch deshalb ist der gezielte, sparsame Einsatz im Rahmen eines ganzheitlichen Kommunikationskonzeptes sehr wichtig. Sonst können die Response-Raten so stark sinken, dass keine Repräsentativität der Ergebnisse mehr erreicht wird (Scholl 2012).

Mitarbeiter erwarten heute eine moderne Führungskultur mit partizipativem Ansatz. Sie wollen in Veränderungsprozesse einbezogen werden, um ihre Meinung gefragt werden, und sie wollen unternehmensweit kommunizierte Ergebnis- und Umsetzungsmaßnahmen sehen. In diesem Zusammenhang haben Mitarbeiterbefragungen, die bei fast allen Großunternehmen und mittlerweile auch vielen kleinen und mittelständischen Unternehmen in regelmäßigen Abständen durchgeführt werden (drei Jahre sind hier ein häufig genutztes Intervall) mittlerweile zu einer „Führungskultur der Teilhabe" beigetragen. Unternehmen, die in der Vergangenheit z. B. nur befragt, die Ergebnisse aber nicht kommuniziert und umgesetzt haben, beklagen jetzt, dass ihre Response-Raten viel zu niedrig sind und die Mitarbeiter eine weitere, aktive Mitarbeit verweigern. Auch hier zeigt sich, dass das Instrument Mitarbeiterbefragung nur im Rahmen eines ganzheitlichen Kommunikations- und Umsetzungskonzeptes seine volle Wirksamkeit entfalten kann, bzw. seine Wertschätzung und damit auch nachhaltige Durchsetzungskraft behält (vgl. auch Oechsner 2012).

Mitarbeiterbefragungen werden somit seit den 1980er Jahren national wie international mit großem Erfolg als strategisches Führungsinstrument eingesetzt, u. a. bei kontinuierlichen Verbesserungsprozessen (KV), im Rahmen von Organisationsentwicklungsmaßnahmen/Change-Management-Prozessen sowie bei Innovationsprozessen (vgl. u. a. Friedrich 2009; Helm 2009). Auch bei Auditierungen, Personalcontrolling, Balanced-Scorecard-Konzepten etc. sind sie nicht mehr wegzudenken.

> **Mitarbeiterbefragung**
> Unter einer Mitarbeiterbefragung – auch als attitude/employee survey bezeichnet – wird überwiegend verstanden:
> - ein Instrument der partizipativen Führung und Zusammenarbeit, mit dem
> - im Auftrag des Unternehmensleitung, zur Ausgestaltung und Durchführung oft delegiert an den Personalbereich, den Organisationsbereich, den Marketingbereich oder an ein besonderes Projektteam,

- im Dialog mit den Arbeitnehmervertretungen,
- durch den Einsatz von standardisierten und/oder teilstandardisierten Fragebögen (oft ergänzt durch (teil-)strukturierte Interviews),
- anonym und auf freiwilliger Basis,
- direkt bei allen Mitarbeitern (oder einer repräsentativen Stichprobe) oder bei bestimmten Zielgruppen,
- unter Beachtung methodischer, organisatorischer und rechtlicher Rahmenbedingungen,
- unter der Regie eines ganzheitlichen Unternehmenskommunikationskonzeptes
- online oder in Papierversion,
- Informationen über Arbeitszufriedenheit, Einstellungen, Erwartungen, Bedürfnisse und Änderungsvorschläge der Mitarbeiter,
- bezogen auf bestimmte Bereiche der betrieblichen Arbeitswelt und/der der Umwelt gewonnen werden,
- differenziert nach unterschiedlichen organisatorischen Einheiten, speziellen Zielgruppen (z. B. hinsichtlich Führungsebene, Alter, Betriebszugehörigkeit, Geschlecht, Teilzeit, Vollzeit etc.)
- um daraus möglichst konkrete Hinweise auf betriebliche Stärken und Schwächen zu erhalten,
- deren Ursachen im Dialog zwischen Mitarbeitern und Führungskräften sowie der Unternehmensleitung zu klären sind,
- um gemeinsam daraus konkrete Veränderungsprozesse im Rahmen des Change Managements zu planen, abzustimmen, zu realisieren und
- deren Erfolgswirksamkeit zu evaluieren,
- um letztendlich im Rahmen einer lernenden Organisation und im Prozess des lebenslangen Lernens gemeinsam zu einer höheren Arbeits- und Lebenszufriedenheit sowie zu einer höheren unternehmensrelevanten Leistung und Arbeitgeberattraktivität zu gelangen.

Mitarbeiterbefragungen sind Diagnose- und Gestaltungselemente zugleich. Anonym und strukturiert werden Informationen zur Zufriedenheit mit unterschiedlichen Aspekten der Arbeits (um)welt gewonnen (Diagnose). Gleichzeitig werden mit den Ergebnissen notwendige Veränderungsmaßnahmen geplant und umgesetzt (Gestaltung). Sie gehören zum Standard der Personal- und Organisationsentwicklung.

Bei der Form von Mitarbeiterbefragungen kann zwischen verschiedenen (Ausprägungs-) Alternativen gewählt werden (vgl. Tab. 1).

Die wesentlichen methodischen Anforderungen an Mitarbeiterbefragungen sind Reliabilität (Zuverlässigkeit), Validität (Gültigkeit), Objektivität, Relevanz, Trennschärfe.

Tab. 1 Alternative Formen von Mitarbeiterbefragungen

Beschreibungs-merkmale (Auswahl)	Ausprägungen (Auswahl)			
Ziel	Allgemeine Zufriedenheitsmessung / Betriebsklimaanalyse	Einsatz als TQM-Instrument	Benutzung für Organisationsentwicklung	Integration in strategisches Management (z. B. Balanced-Scorecard-Modul)
Initiative	Unternehmensleitung / Personalbereich	Arbeiternehmervertretungen	Unternehmensleitung, Personalbereich und Arbeitnehmervertretungen gemeinsam	
Einbindung	nur Mitarbeiterbefragung		in eine umfassende Situationsanalyse integriert (z. B. Mitarbeiterbefragung, Kunden- und Lieferantenbefragung)	
Inhalt	umfassende Mitarbeiterbefragung		spezielle Befragung (z. B. zur Arbeitszeitflexibilisierung)	
Verbindlichkeit	freiwilliger Einsatz		vom Unternehmen vorgeschrieben / umfassend initiiert	
Erfassung der Information	schriftlich (per Fragebogen)	mündlich (per Interview / Gespräche / Workshops)	teils schriftlich / teils mündlich	online
Bezug zum Führungsbereich	Direkter Vorgesetzter	direkter und nächsthöherer Vorgesetzter	bestimmte Zielgruppen aus dem Vorgesetztenbereich	Management insgesamt
Anonymität	ohne Namensangabe und demographische Variablen	freiwillige Angaben von demographischen Variablen (z. B. Alter / Geschlecht)	mit Namensangabe	
Standardisierung	vollständig standardisiert	teil-standardisiert	nur freie Antworten	
Häufigkeit	einmalig	regelmäßig (z. B. im Verbund mit 360°-Feedback)	fallweise (z. B. 12 Monate nach organisatorischen Veränderungen)	
Richtung	Einschätzungen nur durch die Mitarbeiter (einseitig)		auch Einschätzungen der Mitarbeiter durch Vorgesetzte (zweiseitige Formen)	
Feedback	Ergebnisse nur an Unternehmensleitung / Führungskräfte / Personalbereich	Gesamtergebnisse an alle, Bereichsergebnisse nur an den jeweiligen Bereich	völlige Transparenz aller Ergebnisse / internes Benchmarking	
Reichweite	Befragung nur im nationalen Bereich		internationale Befragung in allen Unternehmensbereichen / Gesellschaften	

2 Typischer Ablauf eines Mitarbeiterbefragungs-Projektes

Mitarbeiterbefragungen sind in ein professionelles Prozessmanagement bzw. Projektmanagement mit ausdifferenzierter Meilensteinplanung und Ablaufstrukturen einzubinden (vgl. Tab. 2, 3, 4; weiterführend Bösch 2011).

Hierbei kommt es wesentlich darauf an, die einzelnen Stufen transparent zu machen und jeweils im Anwendungsbereich zu kommunizieren.

3 Spezielle Mitarbeiterbefragungen

Mitarbeiterbefragungen werden heute oft nicht mehr nur als umfassende Betriebsklimaanalysen durchgeführt sondern haben spezielle Schwerpunktthemen. Die Anzahl an Spezialbefragungen ist in den letzten Jahren stetig gestiegen. Hierzu zählen u. a. Arbeitszeitanalysen, Glücksbefragungen, Gesundheitsbefragungen oder Prognosebefragungen (Delphi), um nur einige Spezialbefragungen zu nennen. Insbesondere die sog. 360°-Befragung erfreut sich einer wachsenden Beliebtheit. Deshalb wird hierauf besonders eingegangen.

Die 360°-Befragung ist eine besondere Form der Mitarbeiterbefragung, bei der ein Mitarbeiter (Feedback-Nehmer) durch mehrere verschiedene, anhand ihrer organisationsstrukturell-hierarchischen Beziehung zum Feedback-Nehmer oder ihrer Unternehmenszugehörigkeit differenzierbare Personengruppen (Feedback-Geber) beurteilt wird. Die Einschätzungen beziehen sich auf den Arbeitsalltag des Feedback-Nehmers und die dort vorhandenen individuellen Informationsaufnahme-, -verarbeitungs-, -speicherungs- und -wiederabrufprozesse. Diese werden zumeist durch eine Selbstbeurteilung des Feedback-Nehmers ergänzt (Groth 2013; vgl. Abb. 1).

Es handelt sich hierbei im Wesentlichen um den Vorgesetzten, die Kollegen, die unterstellten Mitarbeiter (aber oft auch externe Personen, wie ausgewählte Kunden/Lieferanten etc.). In einigen Veröffentlichungen wird die Erweiterung der Feedbackgeber um Mitglieder der Familie, Eltern, Verwandte und Freunde diskutiert. Dieser Ansatz hat sich aber aus ethischen Gründen bislang in Deutschland nicht durchsetzen können (Scherm 2013).

Zielsetzung des Einsatzes dieser Art von Spezialbefragung ist erstens eine Standortbestimmung (die Erhebung der Einschätzung der Leistungen und der Persönlichkeit des Feedback-Nehmers), zweitens eine Entwicklungsplanung und drittens der Auf- und Ausbau der Feedbackkultur im Unternehmen. Das 360° Feedback soll dem Feedback-Nehmer über seine Leistungsstärken und -schwächen aus Sicht verschiedener Personengruppen informieren und ihm so eine Selbstreflektion der eigenen Leistungseinschätzung ermöglichen. Natürlich soll es beim Feedback-Nehmer auch zu einer Verhaltensmodifikation führen, d. h. zu einer Verbesserung- bzw. Veränderung des Leistungsverhaltens. Als Sekundärziel kann die Einbeziehung verschiedener Interessengruppen (Stakeholder) eines Unternehmens bei der Gestaltung von Führungsbeziehungen genannt werden. Meist werden zwischen acht und 15 Feedbackgeber befragt (Holtmeier et al. 2013).

Tab. 2 Aktionsplan für Mitarbeiterbefragungen – Phase I

		Aktivitäten
I. Phase „Planung"	Stufe 1: Zieldiskussion	Diskussion der Unternehmensleitung und des Personalbereichs mit (ausgewählten) Fach- und Führungskräften, eventuell mit externen Experten, über das Vorhaben. Steuerungsgruppe benennen Ziele der geplanten MB festlegen und ihren Standort im Rahmen der Unternehmensstrategie und -ziele auch den Arbeitnehmervertretungen gegenüber transparent machen Konkrete Verbindungen des Projektes zum Change Management, zum Qualitätsmanagement, zur Organisationsentwicklung, zu Balanced Scorecards etc. herstellen
	Stufe 2: Entscheidung	MB-Projektteam, zusammengesetzt aus Vertretern verschiedener Unternehmensbereiche und externen Experten, sowie Projektleitung benennen Grobkonzept (Zielgruppen, Inhalt, Umfang, Aufwand, Ablauf etc.) erstellen und diskutieren Projekt durch die Unternehmensleitung/Steuerungsgruppe genehmigen lassen; im Führungskreis präsentieren
	Stufe 3: Detailkonzept	MB-Projektgruppe Detailkonzept für das Gesamtvorhaben erarbeiten lassen (Inhalte, Fragebogen, Online-Konzepte, Ablauf, Auswertung, Umsetzung der Ergebnisse, Prozess-Controlling etc.) Abstimmung der Detailplanung mit Unternehmensleitung/Steuerungsgruppe Information der Führungskräfte und der Arbeitnehmervertretungen Pretests/Interviews durchführen und Detailplanung eventuell modifizieren

Tab. 3 Aktionsplan für Mitarbeiterbefragungen – Phase II

		Aktivitäten
II. Phase „Durchführung"	Stufe 1: Marketing	Detailliertes Marketingkonzept für die „MB-Aktion" in Kooperation mit Marketing PR im Unternehmen entwickeln und abstimmen, um hohen Bekanntheitsgrad, breite Akzeptanz und hohe Rücklaufquoten zu erreichen
		Informationen über die geplante MB verstärken, z. B. durch MB-Logo, Artikel in Werkszeitung, Plakate, Aufkleber, Informationstafeln, Rundschreiben, Direktansprache in Sitzungen durch Vorgesetzte, Intranet etc.
		Rücklaufquoten beeinflussen durch gezielte Apelle, Anreize, Diskussionen, auch mit den Arbeitnehmervertretern und besonderen Macht-, Fach- und Prozess-Promotoren
	Stufe 2: Befragung	Gestaltung und Druck des Fragebogens; online-Version erstellen
		Gezielte Verteilung des Fragebogens sicherstellen/anonymen Rücklauf des Fragebogens gewährleisten oder Online-Konzepte umsetzen
		Besondere weitere Maßnahmen während der Befragungszeit zur Steigerung des Rücklaufes durchführen
	Stufe 3: Ergebnisdarstellung	(EDV-gestaltete) Auswertung der Fragebögen mit Hilfe spezieller Software durchführen
		Schriftliche Anmerkungen bei offenen Fragen und Zusatzkommentare berücksichtigen und clustern
		Aufbereitung, Bewertung, Benchmarking der Ergebnisse nach festgelegten Auswertungseinheiten, Unternehmensbereichen, Zielgruppen etc.
		Aktions-Portfolios, Identifikations-Indices, Balanced Scorecard- Werte hervorheben
		Präsentation und Diskussion der Ergebnisse und des weiteren detaillierten Vorgehens inkl. MB-Prozess-Controlling mit Unternehmensleitung/Steuerungsgruppe Führungskreis etc. und Information aller über das Gesamt-Ergebnis sowie das weitere Vorgehen

Tab. 4 Aktionsplan für Mitarbeiterbefragungen – Phase III

		Aktivitäten
III. Phase „Umsetzung"	Stufe 1: Aktionspläne	Auf der Ebene der Organisations-/Auswertungseinheiten über Ergebnisse informieren und diese diskutieren. Detailliert weiteres Vorgehen festlegen Konkrete Maßnahmen aufgrund der Ergebnisse auf der Ebene der Auswertungseinheiten und übergreifend auf Unternehmensebene diskutieren Konkrete Aktionspläne erstellen und Entscheidung über durchzuführende Maßnahmen herbeiführen/Verantwortlichkeiten festlegen
	Stufe 2: Realisierung	Maßnahmen realisieren, Veränderungsprozesse einleiten und begleiten Koordination der Aktionen im Dialog zwischen Vorgesetzten und MB-Prozess-Controlling Information über erreichte Ziele/Abweichungen, nächste Schritte etc.
	Stufe 3: Erfolgskontrolle	(Zwischen-)Ergebnisse mit Unternehmensleitung/Fach- und Führungskräften der Auswertungseinheiten etc. diskutieren und bei Konflikten über stützende/alternative Maßnahmen befinden Externes/internes Benchmarking im Rahmen von Qualitäts-/KVP- etc. Überlegungen durchführen und Balanced Scorecard-Werte der MB in strategischen Diskussionen berücksichtigen Erneute Mitarbeiterbefragung nach 2–3 Jahren vorsehen, um die Erfolgswirksamkeit zu überprüfen und neue strategische Ziele zu berücksichtigen; jährliche Kurzbefragungen vorsehen, um den Umsetzungsprozess zeitnah zu evaluieren

Interessant an dieser Befragungsform ist die Analyse der Abweichungen zwischen Selbstbild und Fremdbild bezogen auf den Feedback-Nehmer. Verschiedene Feedback-Geber-Gruppen nehmen auch unterschiedliche Leistungsaspekte wahr. Die Kenntnis des persönlichen Stärken-Schwächen-Profils und eine entsprechende systematische, von der Personalentwicklung unterstützte Aufarbeitung kann die Performance der Feedback-Nehmer signifikant und nachhaltig verbessern.

Der Umfang einer 360°-Befragung ist häufig wesentlich geringer als bei konventionellen Mitarbeiterbefragungen. Meist werden nur wenige Befragungsinhalte (12 bis 15 Items) zur Erfassung von fünf bis sieben Leistungsdimensionen pro Feedback-Nehmer gewählt.

Mitarbeiterbefragungen
360°-Konzept

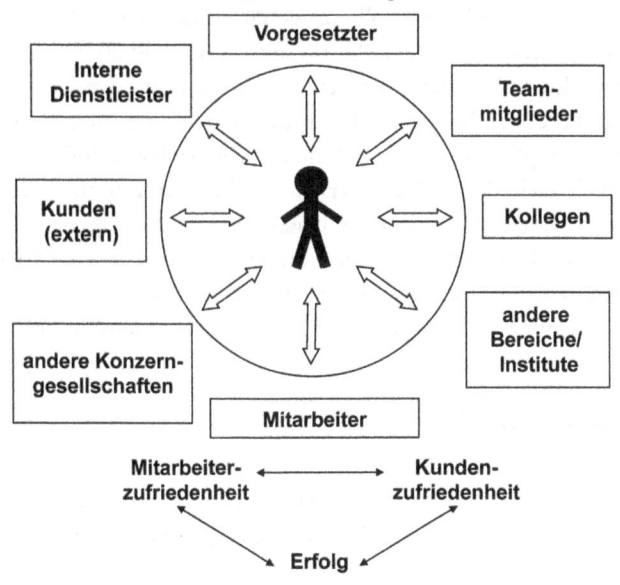

Abb. 1 360°-Befragung (Vorgesetzen-Feedback)

Die Frequenz der Befragung ist aber oft wesentlich höher (alle sechs bis zwölf Monate) (Pappas 2012).

Die Rückmeldung der Einschätzungen sollten sich auf die schriftlich fixierte, neutrale Beschreibung des Leistungsverhaltens beschränken und weniger auf die subjektive Bewertung inklusive kritisierender und lobender Elemente. Herrschende Meinung ist auch, dass die Feedback-Geber anonym befragt werden und die Ergebnisse dem Feedback-Geber ohne Namensnennung übermittelt werden sollten (da sonst die Angaben durchweg zu positiv ausfallen). Die Akzeptanz bei den Feedback-Nehmern ist allerdings signifikant besser, wenn die Ergebnisse namentlich zugeordnet werden können. Deshalb hängt es von der Unternehmens- und Führungskultur ab, ob die Befragung durchgängig anonym gestaltet wird oder die Feedback-Geber z. B. freiwillig ihre Anonymität aufgeben.

Sinnvoll ist es auch, die Feedback-Nehmer bei der Interpretation ihrer Ergebnisse professionell zu unterstützen. Dies kann durch den Einsatz von Coaches, Reflektoren oder „Facilitators" erfolgen (professionelle Experten aus der Personalentwicklung oder Externe, die nicht mit dem Feedback-Nehmer zusammenarbeiten).

360°-Befragungen sind mit einem hohen Datenerhebungs-, Auswertungs- und Rückmeldungsaufwand verbunden. Dies sollte ebenso Beachtung finden wie ein professionelles Implementierungsmanagement, da ansonsten nicht nur viel Geld verausgabt wird, sondern auch die Belegschaft bezüglich dieses Themas „verbrannt" werden könnte. Zu einer entsprechenden professionellen Implementierung gehören neben den für Projektmanagement üblichen Tools (Budgetplanung, Meilensteinplanung, Kommunikationskonzept etc.)

auch die Einrichtung einer Support-Hotline und die Bestellung eines Mediators bei Meinungsverschiedenheiten.

Nach der Feedbackübermittlung sollte es einen festgelegten Folgeprozess geben. Die Feedback-Nehmer gleichen ihr Selbstbild mit dem Fremdbild ab und definieren ihre individuellen Entwicklungsziele, deren Umsetzung sie dann mit dem eigenen Vorgesetzten besprechen. Jeder Feedback-Nehmer sollte zudem ein Auswertungsgespräch mit seinen Mitarbeitern führen. Optional sind Gespräche mit den Kollegen und/oder Kunden/Lieferanten. Es zeigt sich auch, dass jedes Unternehmen bei dem Einsatz dieses Tools eine individuelle Lernkurve aufzeigt. In manchen Unternehmen ist die Akzeptanz relativ schnell sehr hoch, in anderen Unternehmen dauert dieser Prozess sehr lange bzw. gelingt überhaupt nicht. Auch hier muss sich das Top-Management Gedanken über die langfristigen Folgen eines aufgezwungenen Instruments für die Unternehmenskultur machen.

4 Online-Befragungen

Online-Befragungen haben mittlerweile einen Anteil von geschätzt 38 % aller quantitativen Erhebungen erreicht (Thilsch und Weltzin 2013). Sie überzeugen durch eine Reihe von Vorteilen:

- Schnelligkeit der Erhebung und Auswertung
- hohe Datenqualität
- geringe Kosten
- leichte Umsetzung mehrsprachiger Befragungen
- hohe Akzeptanz (gerade bei den jüngeren Zielgruppen)
- weltweit simultaner Einsatz
- zentrale und dezentrale Auswertungsmöglichkeiten
- transparenter
- Vereinfachung von Datenmanagement und Erhebungen im Zeitablauf

Zu den zentralen Nachteilen gehören:

- Programmieraufwand
- Kosten für Software und Training der Mitarbeiter
- Mitarbeiter mit wenig Computerkenntnissen (z. B. ungelernte Arbeitskräfte aus der Produktion) scheuen sich vor dem Online-Fragebogen
- Nicht alle Computer sind auf dem technisch notwendigen Stand
- Aufwand für den Schutz der Daten vor unberechtigtem Zugriff

Insgesamt überwiegen heutzutage aber die Vorteile bei weitem die Nachteile. Teilnehmerinformationen und Ergebnisdaten sollten aus Sicherheitsgründen getrennt voneinander abgelegt/gesichert werden. Dies ermöglicht eine personalisierte Einladung via E-Mail, schließt aber den Rückschluss auf die Einzelperson aus. Viele internationale Unternehmen bieten mehrsprachige Online-Befragungen an, weil es sich gezeigt hat, dass die Rücklaufquote steigt und sich die Befragungsergebnisse verbessern, wenn die Teilnehmer in ihrer Muttersprache antworten können. Typischerweise startet eine solche Befragung mit einer Auswahlseite, auf der die Teilnehmer ihre präferierte Sprache anklicken können. Auch die Online-Ergebnisberichte können in unterschiedlichen Sprachen erstellt werden. Die früheren Restriktionen bei asiatischen Sprachen sind heutzutage technisch gelöst. Eine fehlerfreie Darstellung nicht-europäischer Sprachen wird mittels UTF-8 Kodierung gewährleistet (Thielsch und Weltzin 2013). Aus Gründen der Datensicherheit ist eine Verschlüsselung mittels des HTTPS-Protokolls empfehlenswert. In einigen Ländern (z. B. China) gibt es Einschränkungen bei der Durchführung von verschlüsselten Befragungen.

Zu den wichtigsten Gestaltungsempfehlungen gehören:

- Ansprechpartner mit Kontaktmöglichkeit angeben (E-Mail oder Website)
- Einfache Bedienbarkeit (keine plug-ins o.ä. installieren müssen)
- Standard-Applikationen der Webbrowser nutzen (z. B. JavaScript, Flashplayer)
- Bildschirmbreite des Layouts von mindestens 800 Punkt, so dass wenig scrollen notwendig ist
- Einblendung eines Fortschrittsbalkens (Bearbeitungsfortschritt in %)
- Überprüfung der Eingabe durch Kontrollskripte
- Gezielte Filterführung (nur Fragen, die den Befragten betreffen, werden gestellt)
- Möglichkeiten des freiwilligen Selbstausschlusses (Teilnehmer entscheidet am Ende der Befragung, dass er doch nicht teilnehmen will)
- Personalisierter Code (verhindert technisch eine Mehrfachteilnahme)

Bevor die Online-Befragung dann freigeschaltet wird, empfiehlt sich dringend, einen Pretest laufen zu lassen und zwar in allen Sprachen, weltweit, für ausgewählte Pretest-Kandidaten. Die technische Erreichbarkeit weltweit und rund-um-die-Uhr muss gewährleistet sein, ebenso wie ausreichende Serverkapazitäten bei z. B. temporär hohen Zugriffszahlen. In der Feldphase werden dann meist ein bis zwei Reminder gesetzt (Erinnerungs-E-mails). Mehr als zwei sind aus Erfahrung allerdings kontraproduktiv, da sie die Empfänger dann zunehmend aggressiv stimmen. Die Motivation, an der Online-Befragung teilzunehmen, sollte durch andere Kommunikations-Tools verstärkt werden. Die Analyse der Bearbeitungsdauer entlarvt sog. „Durchklicker", die sich die Befragung nur ansehen, diese aber nicht ernsthaft beantworten. Zukünftig wird der Einsatz von Smartphones und Tablet-PCs die Möglichkeiten der Online-Befragung noch weiter ausdifferenzieren (vgl. u. a. Scholz et al. 2012).

5 Kommunikationskonzept für den gesamten Prozess

Für den Erfolg von Mitarbeiterbefragungen ist der Einsatz eines ganzheitlichen Kommunikationskonzeptes von außerordentlicher Bedeutung. Das Kommunikationskonzept sollte folgende Aufgaben erfüllen:

Tab. 5 Kommunikationsmaßnahmen bei Mitarbeiterbefragungen

Beispiele für Kommunikationsmaßnahmen bei Mitarbeiterbefragungen	
Phase „Planung"	Entwicklung eines Logos/Namens für die Befragung (Corporate Identity, Wiedererkennungseffekt)
	Generelle Informationen über Ziele, Ablauf, Zeitrahmen, Verantwortliche (z. B. Sitzungen, Hauszeitung, Intranet etc.)
	Diskussionsveranstaltungen (z. B. Vorstand, Führungskräfte, Betriebsrat etc.)
	Brief des Vorstandes/Betriebsrates an alle Mitarbeiter
	Verteilung von Werbemitteln (z. B. Plakataktion, Infofolder etc.)
	Artikel/Interviews in der Hauszeitung bzw. Sondernummer
	Einrichtung einer Hotline
Phase „Durchführung"	„Start-Schuss"
	Aktuelle, wechselnde Plakate
	Informationsstand mit Projektgruppenmitgliedern, Führungskräften
	Intranet/chat-room
	Impulse/Give-aways (z. B. Flüstertüte, Kugelschreiber, Vergissmeinnicht etc.)
	Count-down Aktionen (z. B. Nachricht über Rücklaufquoten/Rücklauf-Barometer)
	Last-Minute Aktionen
Phase „Umsetzung"	Erste Trendmeldung als Ein-Seiten-Mailing (Intranet)
	Präsentationen (Vorstand, Führungskräfte, Betriebsrat)
	„Ergebnisbroschüre – Gesamt" an alle
	Einzel-Präsentationen und –Informationen in den Auswertungseinheiten
	Diskussion der Ergebnisse in den Auswertungs-/Organisationseinheiten und Veröffentlichung von Vorhaben der einzelnen Organisationseinheiten
	Fortlaufende Berichterstattung über weiteren Ablauf und Umsetzungsfortschritte (Hauszeitschrift, Intranet und chat-room etc.)
	Abschließende Evaluierung, Berichterstellung, Veröffentlichung weiterer Schritte

- Information über Ziele, Inhalte, Ablauf, Zuständigkeiten, Ergebnisse, Umsetzungsmaßnahmen, Zeitplan, Einbindung in Unternehmensstrategie etc.
- Erreichen einer hohen Beteiligungsquote
- Darstellung der Maßnahmen, durch die die Anonymität gewährleistet wird
- Aufbau von Vertrauen, dass durch die Mitarbeiterbefragung die als notwendig angesehenen Änderungen erfolgen
- Verbesserung des Ansehens der „Marke Unternehmen" nach innen und nach außen

Es sollte phasenbezogen eine ausdifferenzierte Auswahl an Kommunikations-Tools aufweisen. Tabelle 5 zeigt ein mögliches Kommunikationskonzept beispielhaft auf.

In welchem Ausmaß und Umfang diese Kommunikationsinstrumente eingesetzt werden, hängt u. a. auch von der Unternehmenskultur ab. Unternehmen, die schon über ein ganzheitliches Unternehmenskommunikationskonzept verfügen, werden eher ein „Mehr" an Tools realisieren als Unternehmen, in denen der Reifegrad und das Bewusstsein für die Notwendigkeit noch nicht so ausgeprägt sind.

6 Netzwerk für Benchmarks

Um vergleichen zu können, ob die eigenen Ergebnisse gut, sehr gut, „weltspitze" oder nur bescheiden sind, werden oft Benchmarkdaten herangezogen. An diese vertraulichen Daten heranzukommen, gestaltet sich naturgemäß schwierig. Nur im Rahmen eines auf Verlässlichkeit, Vertrauen und Dauer angelegten Netzwerkes von Firmen (möglichst mit einer unabhängigen Leitung) sind Unternehmen bereit, sich in die Karten schauen zu lassen. Besonders beliebt sind hierbei Branchennetzwerke, weil die Rahmenbedingungen/Befragungsinteressen ähnlich sind und die Ergebnisse vergleichbarer. Weltweit hat sich z. B. in der IT-Branche die „IT-Survey Group" als Benchmarking Konsortium für Mitarbeiterbefragungen etabliert. 1994 wurde sie als Spin-off der Mayflower Group von Mitarbeiterbefragungsverantwortlichen aus acht IT-Konzernen gegründet. Heute – 18 Jahre später – zählt die Gruppe mehr als 20 Unternehmen. Die ITSG ist eine Non-Profit-Organisation, die Normen vorgibt, Forschung betreibt und die eigenen Mitglieder weiterbildet (Deitering und Liebig 2013). Mitgliedsunternehmen liefern alle 24 Monate zu 18 Items aus einem definierten Set von 22 ITSG-Items Daten aus ihren Unternehmen. Die Daten werden von einem externen Institut verarbeitet, so dass alle Mitglieder die Normen erhalten, aber keine individuellen Rückschlüsse auf die Ergebnisse einzelner Unternehmen ziehen können. Alle Mitglieder unterschreiben eine Verschwiegenheitserklärung und verpflichten sich, regelmäßig an den Sitzungen des Netzwerkes teilzunehmen. Im Laufe der Zeit verändern sich natürlich die Items in Anzahl und Aussage. Hier gilt es einen Balanceakt zu halten, um einerseits die Möglichkeiten Längsschnittsanalysen durchführen zu können nicht zu mindern, andererseits, aber auch den Bedürfnissen, neue Aspekte einzubinden, entgegenzukommen. Die Items werden in dieser Gruppe in sieben Sprachen erhoben, wobei die Übersetzungen psychometisch äquivalent sind.

7 Fazit und Ausblick

Mitarbeiterbefragungen sind mittlerweile ein Standardinstrument einer strategischen und partizipativen Unternehmensführung geworden. Es werden zunehmend auch Spezialbefragungen, wie z. B. die 360°-Befragung, durchgeführt. Immer mehr Unternehmen wählen die Online-Variante (auch aus Kostengründen). Einige Unternehmen verbinden die Ergebnisse der Befragungen konkret mit Zielvereinbarungen und/oder Balanced Scorecards, um die Umsetzung zu forcieren und strategisch einzubinden. Der Einsatz von Moderatoren und Facilitatoren zeigt gute Ergebnisse, die angestoßenen Change-Management-Prozesse in den Unternehmen professionell zu begleiten.

Viele Unternehmen können mittlerweile auf jahrzehntelange Erfahrungs- und Lernkurven zurückgreifen und „spielen virtuos auf der Klaviatur" der Gütekriterien, Auswertungsitems, Benchmarks, Längsschnittsanalysen etc. Bei aller notwendigen technischen Perfektion im Umgang mit diesem Instrument dürfen aber auch die Grenzen nicht ausgeblendet werden. Eine Mitarbeiterbefragung führt niemals automatisch zu einer guten, innovativen und die Mitarbeiter motivierenden Unternehmenskultur. Sie kann nur ein Baustein eines ganzheitlichen Konzeptes der Unternehmenskommunikation und -führung sein und muss in einem fein aufeinander abgestimmten Kanon von Instrumenten maßvoll eingesetzt werden. Neue Entwicklungen im Zusammenhang mit Social Media zeigen z. B. in den Bereichen App-Questionaire, Netzwerk-Befragungen, ad-hoc Befragungen, Agenda setting durch Befragungen etc., dass das Instrument Mitarbeiterbefragungen noch viele interessante Facetten und Relaunches bietet wird. Welche davon allerdings dem Unternehmen und seinen Mitarbeitern einen realen zusätzlichen Nutzen bieten werden – muss stets kritisch hinterfragt werden.

Global Player in einer diversen internationalen Unternehmenskultur stehen dazu noch vor den besonderen Herausforderungen, die Ziele der Mitarbeiterbefragungen auch in unterschiedlichen Kulturen und Sprachen zu transportieren. Der Einsatz von Mitarbeiterbefragungen ist hierbei für sich schon ein Kulturelement (was wird wie gefragt, in welchen Sprachen, was wird umgesetzt, wie wird die Kommunikation ausgestaltet etc.) und kann helfen, die „corporate culture" und „corporate values" weltweit zu transportieren.

Literatur

Bösch, W. (2011). *Praxishandbuch Mitarbeiterbefragungen: Konzepte, Methoden und Vorgehensweisen für ergiebige und erfolgreiche Mitarbeiterbefragungen*. Zürich: Praxium.

Deitering, F. G., & Liebig, C. (2013). Die IT Survey Group: Das weltweit führende Benchmarking Konsortium für Mitarbeiterbefragungen der IT-Industrie. In M. E. Domsch & D. H. Ladwig (Hrsg.), *Handbuch Mitarbeiterbefragungen* (3. Aufl., S. 95–103). Wiesbaden: Springer Gabler.

Domsch, M. D., & Ladwig, D. H. (Hrsg.). (2013). *Handbuch Mitarbeiterbefragung* (3. Aufl.). Wiesbaden: Springer Gabler.

Friedrich, K. (2009). *Organisationsentwicklung: Lernprozesse in Unternehmen durch Mitarbeiterbefragungen*. Essen: MA Akademie Verlag.

Groth, A. (2013). *Führungsstark in alle Richtungen. 360-Grad-Leadership für das mittlere Management*. Frankfurt am Main: Campus.

Helm, A. (2009). *Mitarbeiterführung und Kommunikation. Change Management, Commitment und Mitarbeitermotivation im Automobilvertrieb*. Wiesbaden: Gabler.

Holtmeier, S., Domsch, A., & Mrugalla, N. (2013). Fallstudie: Wie bei Phoenix Contact mit einem 360°-Feedback-Prozess systematisch an Excellence in Führung und Kommunikation gearbeitet wird. In M. E. Domsch & D. H. Ladwig (Hrsg.), *Handbuch Mitarbeiterbefragungen* (3. Aufl., S. 163–185). Wiesbaden: Springer Gabler.

Oechsner, L. (2012). *Die erfolgreiche Mitarbeiterbefragung. Einführung, Durchführung und Umsetzung im Betrieb*. Saarbrücken: AV Akademikerverlag.

Pappas, J. B. (2012). *Multisource personality feedback. Charlottesville*: University of Virginia Press.

Scherm, M. (2013). 360-Grad Beurteilung. In W. Sarges (Hrsg.), *Management-Diagnostik* (4. Aufl., S. 864–872). Göttingen: Hogrefe.

Scholl, J. (2012). *Mitarbeiterbefragungen: beliebt, trotz Risiken und Nebenwirkungen*. Neuwied: Wolters Kluwer.
Scholz, C., Müller, S., & Eichhorn, F. (Hrsg.). (2012). *Mitarbeiterbefragung. Aktuelle Trends und hilfreiche Tipps*. München: Hampp.
Stieger, C., & Zepke, G. (2012). Mitarbeiterbefragung und Survey Feedback: Der Organisation den Spiegel vorhalten. In H. Roehl (Hrsg.), *Werkzeuge des Wandels: die 30 wirksamsten Tools des Change Managements* (S. 229–237). Stuttgart: Schaeffer-Poeschel.
Thielsch, M. T., & Weltzin, S. (2013). Online-Mitarbeiterbefragung. In M. E. Domsch & D. H. Ladwig (Hrsg.), *Handbuch Mitarbeiterbefragung* (3. Aufl., S. 77–94). Wiesbaden: Springer Gabler.

Stakeholderbefragungen und Reputationsanalysen

Christopher Storck

Zusammenfassung

Der Beitrag behandelt das Instrumentarium der Stakeholderbefragung im Kontext der Reputationsanalyse. Ausgangspunkt ist eine Klärung des Konzepts der Reputation von Organisationen. Daran schließt eine Erörterung des Zwecks und der möglichen Verfahren von Reputationsanalysen an. Den Schwerpunkt der Darstellung bildet die Auseinandersetzung mit den Möglichkeiten der Stakeholderbefragung im Hinblick auf ihren Einsatz im Reputationsmanagement. Neben den in diesem Zusammenhang relevanten Befragungsformen und -arten einschließlich der wichtigsten Frage- und Antwortformate wird der Prozess der Reputationsanalyse erläutert. Dies geschieht zunächst idealtypisch und dann mit einem Praxisbeispiel, anhand dessen die Entwicklung und der Einsatz eines Reputationsmodells konkretisiert werden.

Schlüsselwörter

Reputation · Reputationsanalyse · Reputationsmessung · Reputationsmodell · Stakeholderbefragung · Unternehmenskommunikation

---

C. Storck (✉)
HERING SCHUPPENER Consulting
Berliner Allee 44, 40212 Düsseldorf, Deutschland
E-Mail: cstorck@heringschuppener.com

1 Grundlagen

1.1 Reputation als Konzept

Dass man die Reputation einer Organisation messen und auf dieser Basis gezielt gestalten kann, ist eine relativ neue Überlegung. Einzug in die Praxis der Unternehmenskommunikation begann das Konzept erst seit 1996 zu halten. Charles Fombrun, damals Management-Professor an der Stern Business School in New York, war der Frage nachgegangen, inwiefern zwischen dem wirtschaftlichen Erfolg von Unternehmen und deren Abschneiden im Fortune-Ranking „America's Most Admired Companies" ein Zusammenhang besteht. Als er statistische Korrelationen fand, untersuchte er, was die am besten bewerteten Unternehmen anders machten. Ergebnis war ein Ansatz, der darauf zielte, den immateriellen Wert der Reputation zu erfassen und handhabbar zu machen (Fombrun 1996, S. 188 ff.).

Fombrun kam zum Ergebnis, dass Reputation etwas mit Wettbewerbsfähigkeit zu tun hat und folglich komparativ zu messen ist. Er stellte fest, dass die Reputation eines Unternehmens die Interessen derer widerspiegelt, die dieses Unternehmen beurteilen – und zwar im Hinblick auf die Erfüllung ihrer Erwartungen in Vergangenheit und Zukunft. Er verstand Reputation als kollektive Wahrnehmung, als Konsolidierung der vielfältigen individuellen Bilder, die sich verschiedene Anspruchsgruppen gemacht hatten. Fombrun sah in der Reputation einen Indikator dafür, wie attraktiv ein Unternehmen für seine potenziellen Unterstützer ist, wobei steigende Attraktivität seinem Verständnis nach zu erhöhter Kooperations- und Zahlungsbereitschaft führte (Fombrun 1996, S. 57 ff.).

Fombrun erhob die Reputation zum zentralen Faktor der Wertschöpfung durch Kommunikation. Damit kam er Scott Cutlip und Allen Center nahe, die in der siebten Auflage ihres erstmals 1952 veröffentlichten Lehrbuchs ein erweitertes Verständnis von Public Relations formuliert hatten: Sie definierten PR 1994 als Management-Funktion mit dem Zweck, gegenseitig nutzbringende Beziehungen zwischen einer Organisation und allen Öffentlichkeiten zu identifizieren, aufzubauen und aufrecht zu erhalten, von denen Erfolg oder Scheitern der Organisation abhängen (Cutlip et al. 1994, S. 6).

Zusammenfassend lässt sich *wirtschaftlich relevante Reputation* wie folgt definieren: Reputation bezeichnet die kollektive Wahrnehmung einer Organisation durch interne und externe Interessengruppen. Sie ist Ergebnis des Austauschs persönlicher und vermittelter Erfahrungen zwischen Organisation, Stakeholdern und Dritten im Zeitverlauf. Dabei werden als Stakeholder jene Gruppen inner- und außerhalb einer Organisation verstanden, deren Verhalten Einfluss darauf hat, ob die Organisation ihre Mission erfüllen und ihre strategischen Ziele erreichen kann (Helm et al. 2011, S. 18 f.). Reputation dient folglich der Stabilisierung zweckdienlicher Beziehungen zwischen einer Organisation und deren Stakeholdern. Ihr Ergebnis besteht in nachhaltiger Kooperations- und Zahlungsbereitschaft (Friedag und Schmidt 2012, S. 51 f.).

1.2 Zweck von Reputationsanalysen

Aufbau und Pflege von Reputation zielen darauf, Interessengemeinschaften herzustellen, um die gesellschaftliche „Betriebserlaubnis" abzusichern und die Werthaltigkeit des Angebots nachhaltig zu steigern. Voraussetzung dafür ist, dass eine Organisation die Interessenlage ihrer angestrebten Kooperationspartner kennt und einschätzen kann, welche Erwartungen das Verhalten jeder dieser Gruppen bestimmen.

Das ist im Zuge der globalen Integration sozioökonomischer Prozesse, von digitaler Revolution und wachsendem Partizipationsanspruch eine äußerst komplexe Aufgabe geworden. Nicht nur die Zahl der Gruppen, die Ansprüche geltend machen, ist gestiegen, sondern auch die Qualität dieser Ansprüche. Die Interessenkonflikte, mit denen Unternehmen umgehen müssen, sind immer schwerer aufzulösen.

Das Kräftefeld zu kartographieren, in dem unternehmerisches Handeln stattfindet, um unnötige Antagonismen zu vermeiden, Unterstützungspotenziale aufzubauen und abzurufen, diesem Zweck dienen Reputationsanalysen.

> **Reputationsanalysen**
> Reputationsanalysen bilden die Informationsbasis des Reputationsmanagements. Sie gehen insofern über Reputationsmessungen hinaus, als sie nicht nur untersuchen, wie eine Organisation wahrgenommen wird, sondern darüber hinaus Anhaltspunkte dafür liefern, wie die Kooperations- und Zahlungsbereitschaft erfolgskritischer Stakeholdergruppen zu gewinnen und zu stabilisieren ist.

Der Ausgangspunkt von Reputationsanalysen ist die Klärung, von der Mitwirkung welcher Gruppen es abhängt, inwiefern eine Organisation ihre Ziele erreicht und ihre Daseinsberechtigung erfüllt. Daran schließt sich die Frage an, was jede dieser Gruppen idealerweise tun oder lassen soll, und welchen konkreten Nutzen die Organisation sich davon verspricht. Die Bandbreite potenziell relevanter Stakeholder ist groß. Tabelle 1 zeigt die Gruppen, deren Kooperationsbereitschaft für die meisten Unternehmen wichtig ist.

1.3 Verfahren der Reputationsanalyse

Reputation ist ein Ergebnis kommunikativer Prozesse, das im Verhalten von Stakeholdern zum Ausdruck kommt bzw. in Einstellungen und Absichten, die zu einem bestimmten Verhalten führen. Sie wird daher traditionell durch *Stakeholder-Befragungen* oder durch *Beobachtungen des Verhaltens relevanter Gruppen* gemessen.

Die Evaluation von Medienberichterstattung lässt sich – sofern die Kommunikationspolitik einer Organisation klassischer Medienarbeit eine wesentliche Rolle zuweist – nutzen, um mögliche Zusammenhänge mit der Ausprägung bestimmter Reputationsaspekte

Tab. 1 Generische Stakeholdergruppen und ihr Zielverhalten aus Unternehmenssicht (Quelle: Storck und Liehr 2009, S. 258)

Stakeholder	Zielverhalten im Sinne von Unternehmen
Konsumenten	Sollen die Produkte oder Dienstleitungen des Unternehmens bevorzugen und ihnen treu bleiben
Geschäftskunden	Sollen die Produkte bevorzugt nutzen, verarbeiten, ins Sortiment aufnehmen und dort halten sowie ihren Kunden empfehlen
Geschäftspartner	Sollen unter für das Unternehmen günstigen Vertragsbedingungen optimale Leistungen erbringen und dem Unternehmen gegenüber loyal sein – auch in Krisenzeiten
Kapitalgeber	Sollen in das Unternehmen investieren und langfristig investiert bleiben – auch in schwierigen Zeiten
Mitarbeiter	Sollen kreativ und produktiv sein, sich engagieren, Initiative zeigen, Verantwortung übernehmen und dem Unternehmen möglichst lang erhalten bleiben
Zukünftige Mitarbeiter	Sollen sich bevorzugt beim Unternehmen bewerben und so gern dort arbeiten wollen, dass ihr Einstieg nicht zu teuer erkauft werden muss
Nichtregierungsorganisationen	Sollen mit dem Unternehmen in Dialog treten und (wann immer das im beiderseitigen Interesse ist) kooperieren – gerade in konfliktträchtigen Situationen
Politische Akteure	Sollen die wirtschaftspolitischen Bedürfnisse des Unternehmens kennen und dessen Interessen bei legislativen/regulatorischen Entscheidungen berücksichtigen
Sozialpartner	Sollen im Interesse von Beschäftigten, Anwohnern und lokalen Gemeinschaften mit dem Unternehmen bei Standortfragen zusammenarbeiten
Verbände und Meinungsführer	Sollen den wirtschaftspolitischen Interessen des Unternehmens durch aktive Unterstützung mehr Gewicht verleihen
Journalisten und Finanzanalysten	Sollen dem Unternehmen Interesse entgegenbringen, dessen Darstellungen respektieren und fair über das Unternehmen berichten

zu klären. *Medienanalysen* geben allerdings nur Aufschluss darüber, welche kommunikativen Angebote für die Stakeholder theoretisch verfügbar waren. Sie geben keinen Aufschluss darüber, welche Stakeholder diese Informationen zur Kenntnis genommen haben und welchen Einfluss potenzielle Wahrnehmungen tatsächlich auf Meinungen, Intentionen und Tätigkeiten hatten.

Ausgehend von angestrebten oder festgestellten Wirkungen dieser Art kann Medienauswertung im Rahmen einer Reputationsmessung dazu beitragen, Einflussfaktoren zu identifizieren – und zwar nicht nur rückblickend. Sie kann ferner helfen, Themen frühzeitig zu identifizieren, auf die das Reputationsmanagement reagieren muss, um Positionierungschancen zu nutzen oder um Reputationsrisiken entgegenzuwirken. Voraussetzung dafür ist, dass die Medienanalyse alle relevanten Themen über das Unternehmen und dessen Wettbewerber erfasst und denselben Reputationsdimensionen zuordnet, die auch für die Stakeholderbefragung verwendet werden. Beispielhaft ist hier das IReMS-Konzept zu nennen (Ingenhoff und Bredl 2010).

Der lückenlosen Verzahnung unterschiedlicher Messinstrumente sind allerdings funktionale Grenzen gesetzt. Nicht für alle Zielgruppen lässt sich ein Zusammenhang zwischen dem Tenor der Medienberichterstattung und der Bewertung der Unternehmensreputation feststellen (Einwiller et al. 2008; Emre 2008).

Die Nutzung der Dimensionen eines Reputationsmodells als inhaltliche Schnittstelle erlaubt auch die Integration von Ergebnissen anderer Quellen. Dazu zählen Unternehmenswettbewerbe (Rankings, Awards) und Bewertungen durch Ratingagenturen, Finanzanalysten oder Nachhaltigkeitsindizes. In der Praxis werden die verschiedenen Messkonzepte der Reputation häufig isoliert zur Anwendung gebracht und ausgewertet. Dadurch bleiben wertvolle Erkenntnispotenziale ungenutzt.

Die der Medienanalyse methodisch ähnliche *Auswertung von Diskursen im Social Web* nimmt eine Zwischenstellung ein. Sofern Stakeholder, die in diesem Diskursraum aktiv sind, zugleich Angehörige relevanter Stakeholdergruppen sind, eignet sich eine Social-Media-Analyse unter Umständen zur Reputationsmessung. Solang die aktive und passive Nutzung partizipativer Medien das Experimentalstadium noch nicht verlassen hat, kommt diese Art der Reputationsanalyse allerdings in der Regel nur als ergänzendes Instrument in Frage.

Die Messung mit Hilfe von Stakeholderbefragungen hat die Gestaltung der Unternehmensreputation planbar gemacht, über das Pionierstadium ist eine ganzheitliche Reputationssteuerung aber bislang nur in wenigen Organisationen hinausgekommen. Je leistungsfähiger die Messinstrumente sind, desto teurer und langwieriger sind sie auch. In einer Managementwelt, in der die wichtigsten Steuerungsdaten täglich verfügbar sind, erscheinen jährlich erhobene Reputationsdaten nicht hinreichend, um strategische Lagebeurteilungen und Entscheidungen zu informieren. Hinzu kommt, dass bislang nur die aufwändigsten Messverfahren wirklich Aufschluss über die Kooperationsbereitschaft bestimmter Stakeholder-Gruppen liefern konnten.

2 Vorgehensweise

Die Notwendigkeit, konkrete Reputationsziele aus den strategischen Zielen einer Organisation abzuleiten (und immer wieder daran anzupassen) legt den Schluss nahe, dass Unternehmensreputation nicht mittels generischer Modelle zu messen ist. Welche Stakeholder für eine Organisation missionskritisch sind, hängt stark davon ab, in welcher Industrie ein Unternehmen tätig ist, welche Strategie es verfolgt, unter welchen Markt- und Rahmenbedingungen. Das spricht dafür industriespezifische Messmodelle zu entwickeln und strategiefokussiert auszugestalten. Entsprechend sind generische Reputationsmodelle ungeeignet, Ergebnisse zu liefern, auf deren Basis sich Reputationsarbeit verlässlich planen und steuern lässt (Liehr et al. 2010, S. 159).

Auch industriespezifische Modelle erfüllen diesen Zweck nicht, wenn sie nur erfassen, wie die Gesamtheit der untersuchten Stakeholder ein Unternehmen wahrnimmt und diesem gegenüber eingestellt ist. Eine solche Gesamtreputation ermöglicht es zwar, eine allgemeine Standortbestimmung vorzunehmen, Maßnahmen standardisierten Zielen zuzuordnen, Zielerreichung in Zahlen auszudrücken und macht Kommunikationsaktivitäten anschlussfähig an das Konzern-Controlling. Die stark verdichtete Betrachtung verschleiert aber Stärken und Schwächen der Unternehmensreputation, gibt keine Ursachen zu erkennen und liefert keine konkreten Ansatzpunkte für Steuerungsmaßnahmen. Je stärker aggregiert wird, desto größer ist die Gefahr, dass länder- oder gruppenspezifische Besonderheiten unbemerkt bleiben, Chancen nicht genutzt, Risiken nicht gemindert werden.

Um effektiv steuern zu können, ist es erforderlich, messbare Wahrnehmungsaspekte zu identifizieren, deren Ausprägung die Reputation des Unternehmens nachweislich bestimmen: z. B. Produkt- und Servicequalität, Innovationsfähigkeit, ethisches Geschäftsgebaren oder Arbeitgeberattraktivität. Durch die Zuordnung zu klar definierten Dimensionen lassen sich Messergebnisse differenziert ausweisen, so dass Stärken und Schwächen der Unternehmensreputation deutlich werden.

Wie wichtig die Dimensionen und Indikatoren jeweils sind, hängt davon ab, bei welcher Gruppe die Reputation gemessen wird. Erwächst die Wichtigkeit doch aus den gruppenspezifischen Interessen und den Erwartungen an das Unternehmen, die damit verbunden sind. Insofern ist die Bestimmung der relevanten Anspruchsgruppen und des jeweils angestrebten Kooperationsverhaltens fester Bestandteil der Entwicklung eines Reputationsmodells.

Die Auseinandersetzung mit Teilreputationen trägt der Erfahrung Rechnung, dass Stakeholder Unternehmen nicht hinsichtlich aller Reputationsaspekte gleich bewerten. Es kommt nicht selten vor, dass einem Unternehmen hohe Profitabilität und Innovationskraft bescheinigt und gleichzeitig mangelnde soziale Verantwortung oder gar unethisches Geschäftsgebaren vorgeworfen wird. Darüber hinaus haben internationale Studien gezeigt, dass sich die Unternehmensreputation auch innerhalb ein und derselben Gruppe von Land zu Land stark unterscheiden kann. Die stärksten Unterschiede lassen sich zwischen Gruppen erkennen, die entgegengesetzte Interessen verfolgen und dann auch widersprüchliche Erwartungen an ein Unternehmen richten: z. B. Investoren und Gewerkschafter. Eine differenzierte Betrachtung auf Gruppen-, Dimensions- und Länderebene ist daher erkenntnisleitend.

Um festzustellen, was zu tun ist, um ermittelte Wahrnehmungslücken zu schließen oder erkennbare Fehlwahrnehmungen zu korrigieren, ist aber auch das noch keine ausreichende Informationsbasis. Die Ableitung von Handlungsempfehlungen allein auf der Basis einer pauschalen Bewertung von Unternehmen auf der Ebene der Reputationsdimensionen wäre allzu spekulativ. Voraussetzung dafür ist es, jede dieser Dimensionen durch Batterien spezifischer Indikatoren zu operationalisieren, die als Erfolgs- oder Risikofaktoren für das Unternehmen dienen, um dessen Reputation es in erster Linie geht. Sie dienen später als Einflussfaktoren, um die Reputation der Organisation gezielt auszubauen oder zu schützen. Daher ist es wichtig, bei der Definition dieser „Stellschrauben" sowohl die Merkmale der bestehenden Identität (Kultur, Werte, Marke) und die strategischen Herausforderungen und Ziele des Unternehmens zu berücksichtigen als auch die Interessen und Erwartungen relevanter Stakeholder.

Die Ableitung und Einschätzung von Handlungsoptionen setzt verlässliche Informationen darüber voraus, welche Ursachen einer hohen oder niedrigen Kooperations- und Zahlungsbereitschaft spezifischer Stakeholdergruppen zugrunde liegen bzw. wie zweckdienliche soziale Beziehungen zu stabilisieren sind. Die damit verbundenen verhaltensrelevanten Einstellungen und Absichten lassen sich entweder explorativ ermitteln oder mittels multivariater Strukturgleichungsmodelle statistisch ableiten (Storck und Liehr 2009).

2.1 Informationsbedarf klären

Die Realisierbarkeit einer Unternehmensstrategie hängt davon ab, ob sie vier Kriterien erfüllt: Bietet sie eine attraktive Vision für alle, deren Mitwirkung für eine erfolgreiche Umsetzung erforderlich ist? Berücksichtigt sie die Zumutungen, die ihre Umsetzung für bestimmte Stakeholdergruppen bedeuten wird? Macht sie deutlich, wie diese Probleme konkret gelöst werden sollen? Ist sie vereinbar mit der Identität, der Kultur und den Werten der Organisation?

Wenn geklärt ist, welches Ziel in der aktuellen Planungsperiode erreicht werden soll, stellt sich also die Frage, wie die maßgeblichen Interessengruppen das Unternehmen wahrnehmen sollen, um zur Zielerreichung beizutragen. Konflikte und Widersprüchlichkeiten, die dem möglicherweise im Weg stehen, müssen identifiziert und angesprochen werden. Eine Reputationsanalyse beginnt folglich mit der Klärung des Informationsbedarfs.

Dazu gehört, die Länder und Regionen zu bestimmen, die für die Erreichung der Unternehmensziele zentral sind, und festzulegen, welche lokalen Besonderheiten die Studie berücksichtigen muss. Daran schließt die Frage an, welche Stakeholder-Beziehungen dort jeweils erfolgskritisch sind und welche Interessen diese Gruppen verfolgen. Nur wenn das bekannt ist, lässt sich feststellen, welche Interessen der Organisation sich mit denen der Stakeholder verbinden lassen und welche konfliktträchtig sind.

In der Regel lohnt es sich, in dieser Phase des Projekts der Frage nachzugehen, wo in der Organisation bereits Wissen und Erfahrungen vorhanden sein könnten, die diesen Informationsbedarf ganz oder teilweise decken. Vielleicht liegen sogar schon entsprechende Studien vor, von deren Existenz die Kommunikationsabteilung bislang nichts wusste oder zu deren Ergebnissen sie keinen Zugang hatte. Unter Umständen kann das eine ansonsten erforderliche Vorstudie überflüssig machen. Dadurch ist es möglich, nicht nur die Kosten der Reputationsstudie, sondern auch die Projektdauer zu reduzieren.

Dazu gehört auch die Frage, ob die in Betracht gezogenen Stakeholdergruppen aktuell bereits wie angestrebt kooperieren. Wenn ja: Ist bekannt, was diese dazu motiviert? Seit wann ist das so? War das Zielverhalten früher nicht gegeben? Was war damals anders? Was hat zu der Veränderung geführt? Geht es jetzt darum, das Zielverhalten wiederherzustellen? Was steht dem derzeit entgegen? Wie ist es zu dieser Situation gekommen? Besteht zu bestimmten Gruppen vielleicht noch gar keine Beziehung? Was kann deren Kooperations- und Zahlungsbereitschaft motivieren bzw. verhindern?

Andere Fragen sind häufig bereits im Zuge anderer Projekte wie z. B. der Entwicklung eines Mission Statements oder eines Corporate Brandings beantwortet worden: Welches Bild der Organisation soll die Stakeholder zur Kooperation bewegen? Ist die Zielwahrnehmung aktuell gegeben? Welche kommunikativen Angebote haben wir bisher gemacht und wurden sie angenommen? War die Zielwahrnehmung früher nicht gegeben? Woran hat das gelegen? Fehlten entsprechende Erfahrungen und Informationen oder waren sie widersprüchlich? Oder besteht die aktuelle Aufgabe darin, die Zielwahrnehmung wiederherzustellen? Welche konkurrierenden Erfahrungen oder Informationen stehen dem entgegen? Werden wir überhaupt schon wahrgenommen? Mit welchen kommunikativen Angeboten lässt sich Interesse an der Organisation wecken?

Eine Reputationsstudie bietet immer auch die Gelegenheit, mehr darüber zu erfahren, welche Möglichkeiten, in Kontakt mit Unternehmen einer bestimmten Branche zu treten, Stakeholder bislang genutzt haben bzw. attraktiv fänden. Soll eine Studie Informationen dieser Art liefern, sind auch die folgenden Fragen im Vorfeld zu bedenken: Welche Berührungspunkte mit den Stakeholdern wollen wir dafür nutzen? Über welche Kontakt-Stellen verfügen wir aktuell? Inwiefern nutzen Stakeholder unsere dort verfügbaren Kommunikationsangebote? Welche Plattformen können wir darüber hinaus durch Kooperation erschließen? Wie attraktiv sind diese für die anvisierten Stakeholdergruppen? Welche könnten wir uns vorstellen, selbst zu schaffen oder einzukaufen?

Falls die Absicht besteht, die Reputationsstudie nicht nur einmalig durchzuführen, sondern zu einem regelmäßigen Steuerungssystem auszubauen, sind schließlich auch noch folgende Aspekte zu berücksichtigen: Woran wollen wir ablesen, inwiefern unsere Botschaften die Stakeholder erreichen? Wie stellen wir fest, ob und wie sich das Bild der Organisation verändert? Wie ermitteln wir Gründe für Wahrnehmungen, die dem Zielbild abträglich sind? Wie erkennen wir, ob die angestrebten Einstellungs- und Verhaltensänderungen der Stakeholder erreicht werden? Wie entdecken wir die für Stakeholder handlungsleitenden Reputationsaspekte? Wie identifizieren wir „Stellschrauben" für zieldienliches Verhalten der Stakeholder? Wie erkennen und bewerten wir mögliche Reputationsrisiken?

An dieser Stelle ist zu prüfen, ob die Organisation bereits Zugriff auf Instrumente hat, deren Ergebnisse in die Studie einbezogen oder sogar in das Studiendesign integriert werden können (z. B. Kundenzufriedenheitsmessungen oder Financial Market Perception Studies).

2.2 Befragungsansatz entwickeln

Es gibt nicht nur *einen* Weg, Antworten auf die Fragen zu finden, die sich aus dem Informationsbedarf ergeben. Für Reputationsstudien auf Basis von Stakeholderbefragungen stehen verschiedene Befragungsformen und -arten zur Verfügung, die jeweils Vor- und Nachteile haben.

2.2.1 Befragungsformen

In der Praxis sind mehrere Befragungsformen zu unterscheiden (Scholl 2009, S. 37 ff., 57 f.):

- *Persönliche Befragung* – Vorteile: Die Erkenntnistiefe ist sehr hoch. Die Befragung kann durch die Präsentation von Anschauungsmaterial visuell oder sogar haptisch unterstützt werden. Darüber hinaus kann der Interviewer das Verhalten des Befragten beobachten und festhalten, was für die spätere Interpretation der Ergebnisse nutzbar ist. Außerdem können persönliche Interviews bis zu anderthalb Stunden dauern. Nachteile: Persönliche Befragungen sind vergleichsweise teuer, weil sie erheblichen Personal-, Koordinations-, Reise- und Zeitaufwand verursachen. Das gilt besonders für internationale Studien.
- *Telefonische Befragung* – Vorteile: Die telefonische Befragung ist relativ schnell und kostengünstig. Die Interviewführung lässt sich unter Umständen an ein Call-Center auslagern. In diesem Fall reduziert der Einsatz von Computer Assisted Telephone Interviews (CATI) den Zeitaufwand für Erfassung und Aufbereitung der Antworten erheblich. Verglichen mit dem persönlichen Interview ist die Anonymität größer, was die Hemmschwelle für eine Teilnahme senken kann. Nachteile: Der Rekrutierungsertrag (Response Rate) ist geringer als bei persönlicher Befragung, weil viele Angerufene sich weigern, die Fragen der Umfrageforscher zu beantworten. In der Regel können keine visuellen Hilfsmittel eingesetzt werden. Das stellt höhere Anforderungen an die Interview-Gestaltung und -Führung. Die Abarbeitung komplizierter Skalen wird von Befragten leicht als ermüdend oder langweilig empfunden. Daher sollten Telefon-Interviews deutlich kürzer ausfallen als andere Befragungsformen und eine halbe Stunde nicht überschreiten.
- *Schriftliche Befragung* – Vorteile: Befragungen per Post oder E-Mail mittels eines standardisierten Fragebogens sind relativ kostengünstig, ermöglichen hohe Anonymität (nur postalisch) und eine einfache Verwaltung, weil kein Feldinstitut oder Call-Center eingeschaltet werden muss. Nachteile: Postalische Befragungen haben nur eine Rück-

laufquote von um die fünf Prozent. Außerdem liegen Antwortverhalten und Umwelteinflüsse außerhalb jeglicher Kontrolle.
- *Online-Befragung* – Vorteile: Online-Umfragen verursachen den geringsten Zeit- und Kostenaufwand. Hilfsmittel wie Bildblätter, Listen usw. sind möglich. Die computergestützte Interviewführung schließt unerwünschte Einflüsse wie Interviewer-Fehler aus und macht die Auswertung extrem einfach und schnell, sofern keine aufwändigen statistischen Analysemethoden zum Einsatz kommen. Nachteile: Es muss sichergestellt werden, dass die Befragten an der Umfrage nicht mehrfach teilnehmen können (z. B. durch personalisierte Hyperlinks, die nur einmal abgerufen werden können). Zudem ist die Rücklaufquote deutlich geringer, die Abbruchquote dagegen höher als bei anderen Befragungsformen. Die Kontrollmöglichkeiten sind ähnlich gering wie bei der schriftlichen Befragung. Schließlich sind nicht alle sozialen Gruppen über Online-Befragungen repräsentativ zu erfassen.

2.2.2 Befragungsarten

Grundsätzlich wird zwischen quantitativen und qualitativen Befragungen differenziert. Beide Arten finden in der Reputationsmessung Verwendung (Scholl 2009, S. 77 ff., 160 ff.):

- *Quantitative Projekte* kommen überwiegend im Rahmen der Hauptstudie zum Einsatz. Sie beruhen auf standardisierten Befragungsmethoden, d. h. es werden vorgegebene Fragenkataloge abgearbeitet, die überwiegend binäre, kategoriale oder skalierende Antworten verlangen, die später statistisch ausgewertet werden. Vorteile: Ergebnisse lassen sich in Zahlen ausdrücken, sind benchmarkfähig und eignen sich zur Fortschrittsmessung. Die Feedback-Zeit ist kürzer als bei der qualitativen Befragung. Nachteile: Auf diesem Weg lassen sich Hypothesen verifizieren und Zutreffensgrade ermitteln, aber keine grundsätzlich neuen Erkenntnisse gewinnen.

Folgende Frage- und Antwortformate sind typisch für quantitative Befragungen und kommen in der Reputationsmessung zum Einsatz:

Geschlossene Fragen – Ja/nein-Fragen (optionale dritte Antwortmöglichkeit ist „weiß nicht"), z. B. Wollen Sie sich ab morgen nur noch vegan ernähren?

Einfach- und Mehrfachwahl – Multiple-Choice-Verfahren. Neben der klassischen Form, dass der Befragte nur eine einzige Antwortmöglichkeit hat, gibt es auch die Variante, mehrere Alternativen auswählen zu dürfen. Mittels Ergänzungsoption kann dem Befragten darüber hinaus erlaubt werden, die vorgegebenen Alternativen um eigene Antworten zu erweitern, z. B. Bei welchen fünf Unternehmen werden Sie sich nach Studienabschluss als erstes bewerben? A | B | C | … | Sollten Sie einen oder mehrere Ihrer bevorzugten Arbeitgeber nicht auf der Liste finden, können Sie ihn hier angeben: ___

Eingruppierungsfragen – Geben Wertebereiche vor, in die sich der Befragte einordnen soll, z. B. Wie alt sind Sie? unter 18 | 18–29 | 30–45 | 46–60 | über 60

Rangordnung – Ordinal-Skala, z. B. Ordnen Sie die folgenden Aspekte nach deren Wichtigkeit für Ihre Arbeit: Abwechslungsreichtum | Herausfordernde Aufgaben | Arbeitsklima | Vergütung

Summenfragen – Die Antwortalternativen ergeben zusammengenommen eine bestimmte Summe, z. B. Verteilen Sie 100 Punkte auf folgende Antworten: Auf Partys trinke ich am häufigsten: Sekt | Wein | Bier | Hochprozentiges | alkoholfreie Getränke.
Rating-Skalen (Likert-Skalen) – Verfahren zur Messung persönlicher Einstellungen, die mittels graduell abgestufter Items abgefragt werden, z. B. trifft voll zu | trifft eingeschränkt zu | trifft eher nicht zu | trifft überhaupt nicht zu. Neben dem Zutreffensgrad kann auch nach Häufigkeit oder Intensität bewertet werden. Die Kodierung der Stufen kann verbal, numerisch oder durch Symbole erfolgen. Beispiel: Wenn 1 „überhaupt keine Angst" bedeutet und 10 „Todesangst", wie viel Angst verspüren Sie in diesem Moment auf einer Skala von 1–10?
Semantisches Differenzial – Verfahren, um herauszufinden, welche Vorstellungen Personen mit bestimmten Begriffen, Sachverhalten oder Planungen verbinden. Die Testperson beurteilt in diesem Verfahren ihre affektive Einstellung zu einer Reihe von Begriffen und Vorstellungen auf einer mehrstufigen Skala, an deren Enden bipolare Assoziationsbegriffe wie „hell/dunkel" oder „langsam/schnell" vorgegeben sind. Durch die Verbindung der einzelnen Wertungen entsteht ein Polaritätsprofil, das mit Hilfe der Berechnung von Mittelwert und Streuungsmaß ausgewertet wird.

- *Qualitative Befragungen* werden im Rahmen der Reputationsmessung vornehmlich bei Vor- oder Vertiefungsstudien eingesetzt. Unter qualitativer Forschung wird in den Sozialwissenschaften die Erhebung nicht standardisierter Daten und deren Auswertung verstanden. Zum Einsatz kommen vornehmlich narrative, interpretative und hermeneutische Methoden. Qualitative Studien haben oft explorativen Charakter. Vorteil: Gewinn wirklich neuer, auch unerwarteter Erkenntnisse, auch über Einstellungen, die den Befragten gar nicht bewusst sind. Nachteil: Der Zeit- und Personalaufwand für Befragung und Analyse ist deutlich höher, quantitative Ergebnisse lassen sich nur auf Umwegen erzielen.
Die Standard-Frageform der qualitativen Befragung ist die *offene Befragung*: z. B. Was fällt Ihnen ein, wenn Sie an Unternehmen X denken? Folgende Formate der qualitativen Befragung werden in der Reputationsmessung häufig eingesetzt:
Leitfadenbasiertes Interview: Auf Grundlage eines Leitfadens werden offene Fragen gestellt, keine festen Dimensionen oder Kategorien abgefragt. Somit grenzt sich diese Interviewform einerseits von der quantitativen Befragung ab, verläuft andererseits aber strukturierter als rein narrative Interviews. Man spricht daher auch von halbstandardisierten Interviews. Die Leitfragen haben den Zweck, dem Befragten Impulse für freie Erzählungen (Narrationen) zu geben. Darüber hinaus geben sie dem Interviewer Interventionsmöglichkeiten, um die Narrationen auf das definierte Befragungsziel auszurichten.
Fokusgruppe: Moderierte Diskussion mehrerer Teilnehmer, die sich an einem Leitfaden orientiert. Die Methode ist besonders dann sinnvoll, wenn Ideen entwickelt, Konzepte erstellt und Anforderungen erfragt werden sollen. Bei Reputationsanalysen geschieht das oft im Zuge der Entwicklung des Reputationsmodells. Fokusgruppen-Interviews sammeln qualitative Daten aus einem fokussierten Gespräch einer homogenen Gruppe.

Gleichzeitig ist aber auch eine gewisse Variation unter den Teilnehmern nötig, um gegensätzliche Meinungen zu ermöglichen. Denn Interaktion und Gruppendynamik sollen dazu führen, dass tiefergehende Informationen hervorgerufen werden, wenn Gruppenmitglieder Antworten anderer hören. Für Fokusgruppen mit statistischer Relevanz sind 10–12 Teilnehmer pro Gruppe erforderlich, idealerweise mit doppelter Abstützung (2 Gruppen).

Tiefeninterview: Nicht zielgerichtetes persönliches Gespräch, das alle Einstellungen und Meinungen der befragten Person zu einer Fragestellung erfassen soll. Tiefeninterviews können eine Stunde und länger dauern. Ihr Ziel besteht darin, auch Motive und Bedeutungsstrukturierungen zu ermitteln, die dem Befragten nicht bewusst sind. Dahinter steht die Annahme, dass Menschen über tiefere bzw. implizite Bewusstseinsinhalte verfügen, die ihr Handeln und Denken leiten, ohne dass es ihnen in normalen Frage-Antwort-Situationen möglich ist, diese Bewusstseinsinhalte zum Ausdruck zu bringen. Das klassische Tiefeninterview ist semi-strukturiert, beruht also auf einem Leitfaden mit den wichtigsten Fragestellungen, der den Rahmen liefert, verläuft ansonsten aber frei. Ganz ohne vordefinierte Stimuli kommt die unstrukturierte Variante des Tiefeninterviews aus. Bei ihr ist der Interviewer lediglich in das Themenfeld eingewiesen, das möglichst umfassend zu erschließen ist.

2.3 Ablauf

Sofern es sich nicht um eine Wiederholungsstudie handelt, bestehen Reputationsanalysen aus drei Phasen: 1) Einer Vorstudie zur Entwicklung des Studiendesigns, 2) einer Hauptstudie zur Erhebung von Daten zur Standortbestimmung und Steuerung und 3) dem Rollout zur Nutzung der Ergebnisse für die strategische und operative Planung.

2.3.1 Vorstudie

In der Regel beginnt die Vorstudie mit der Auswertung bereits verfügbarer Informationen in Form eines Desk Researchs, oft ergänzt um eine Befragung interner Fach- und Führungskräfte. Die dabei gewonnen Erkenntnisse werden genutzt, um ein vorläufiges Reputationsmodell zu entwickeln, das mindestens die Reputationsdimensionen definiert.

Anschließend wird der Gesprächsleitfaden für die qualitative Befragung entwickelt. Dieser ist unter Umständen in Varianten für verschiedene Befragungsgruppen und -formate zu erstellen und zu übersetzen. Bei Fokusgruppen kommen oft Hilfsmittel (z. B. Moodboards) hinzu.

Parallel dazu werden die Zielprofile der Befragungsteilnehmer definiert und ein Rekrutierungsfragebogen entwickelt, dessen Primärzweck die Überprüfung der Eignung von Interview-Kandidaten ist (Screening). Die Rekrutierung der Gesprächsteilnehmer kann sowohl auf vom Unternehmen gelieferten als auch vom Feldinstitut akquirierten Adressen beruhen.

In der Feldphase werden nach der Rekrutierung die Interviews geführt und dokumentiert. Explorative Interviews und Fokusgruppen werden in der Regel mitgeschnitten.

Die Prozessphase steht im Zeichen von Datenaufbereitung und Qualitätskontrolle. Die Mittschnitte werden transkribiert und kodiert. Die kodierten Daten werden strukturiert, ggf. visualisiert und zu einem Basis-Report verarbeitet.

In der Analysephase werden die gewonnenen Informationen inhaltlich ausgewertet und interpretiert. Im Ergebnis sind Reputationsdimensionen nicht nur überprüft und erforderlichenfalls angepasst, sondern mit Hilfe stakeholderspezifischer Indikatoren-Batterien operationalisiert. Das Reputationsmodell ist einsatzfähig.

Hat die Vorstudie Erkenntnisse gebracht, die strategische oder operative Konsequenzen nahelegen, werden sie relevanten Entscheidungsträgern in Form eines Zwischenberichts zugänglich gemacht.

Im letzten Schritt wird das Reputationsmodell in einen Fragebogen umgesetzt, dessen Funktionalität und Validität im Rahmen eines Pretests mit internen und externen Experten überprüft wird. Das finale Befragungsinstrument wird dann programmiert (für Online-Befragung und CATI Computer Aided Telephone Interview) und in alle erforderlichen Sprachen übersetzt.

2.3.2 Hauptstudie

Die Hauptstudie umfasst die Rekrutierung der Teilnehmer an der quantitativen Befragung, deren Durchführung, die Qualitätskontrolle, Aufbereitung und technische Analyse der gewonnenen Daten, die Produktion von Diagrammen und Folien und die Erstellung von Basisberichten für den Roll-out.

2.3.3 Rollout

Mit Aufbereitung und Verbreitung der Ergebnisse von Stakeholderbefragungen ist es bei der Reputationsmessung nicht getan. Die Identifizierung von Ansatzpunkten dafür, wie sich die Kooperations- und Zahlungsbereitschaft der Stakeholder befördern und stabilisieren lässt, ist nur der erste Schritt.

Je größer und internationaler eine Organisation ist, desto größer sind die Herausforderungen im Hinblick auf die Nutzung der Research-Ergebnisse

- für die Information von Entscheidungen auf Geschäftsführungsebene;
- für die Entwicklung einer Kommunikationsstrategie, die nicht nur den Anforderungen gerecht wird, die sich aus der Unternehmensstrategie ergeben, sondern auch den Erwartungen relevanter Anspruchsgruppen;
- für die Planung zielgruppen- und länderspezifischer Maßnahmen;
- für die Steuerung der Ausführung dieser Maßnahmen;
- für das Monitoring der erzielten Fortschritte und Ergebnisse.

Der Anschluss an Managementprozesse ist daher eine Erfolgsvoraussetzung für jede Reputationsmessung.

Die im Zuge von Stakeholderbefragungen gewonnen Erkenntnisse lassen sich nämlich nur dann direkt in Kommunikationsmaßnahmen umsetzen, wenn befragte Interessengruppen das Was oder Wie organisationalen Verhaltens nicht wahrnehmen oder anders bewerten als von der Geschäftsleitung beabsichtigt.

Nicht selten lässt eine Reputationsstudie aber auch Interessenkonflikte erkennen, die mit Kommunikationsmaßnahmen allein nicht zu lösen sind. Das ist immer dann der Fall, wenn Stakeholder Erwartungen an ein Unternehmen richten, deren Erfüllung eine wesentliche Veränderung der Strategie, des Geschäftsmodells oder operativer Praktiken erforderte. Mit anderen Worten: Die Stakeholder nehmen das Richtige wahr, sehen darin aber Hindernisse, die der Herstellung oder dem Fortbestand von Interessengemeinschaft im Weg stehen. In solchen Fällen, muss die Geschäftsführung entscheiden, was den Interessen der Organisation langfristig am dienlichsten ist: die Erwartungen der Stakeholder zu erfüllen, einen Kompromiss zu suchen oder den bisherigen Kurs auch um den Preis von Reputationsrisiken fortzusetzen und den Konflikt auszutragen.

Aber auch dann, wenn ausschließlich Wahrnehmungslücken zu schließen oder alternative Bewertungen zu bewerkstelligen sind, stehen Managementaufgaben im Vordergrund. Befunde müssen mit denen diskutiert werden, die eine in Frage stehende Situation beurteilen und praktisch beeinflussen können. Ursachenforschung und Entwicklung von Handlungsoptionen sind Bottom-Up-Prozesse. Berichte, die ohne Einbeziehungen der operativ verantwortlichen Akteure entstehen, gewinnen keine Akzeptanz. Nur wenn Wissen und Erfahrung derer, die strategische und operative Planungen in konkretes Tun umzusetzen haben, an deren Entstehung beteiligt werden, kann Reputationsmessung in Reputationsmanagement münden. Und dieses Ziel ist bei der Entwicklung des Messansatzes zu berücksichtigen.

3 Praxisbeispiel: Der Brand & Reputation Index von Novartis

Die nachfolgende Darstellung des Brand & Reputation Index (BRI) der Novartis International AG ist der Tatsache zu verdanken, dass dieses Instrument in Form von zwei Fachartikeln und einer Buchpublikation ausführlich dokumentiert ist. Der Pharmakonzern hatte das Reputationsmodell ab 2004 in Zusammenarbeit mit der Beratungsgesellschaft Hering Schuppener entwickelt und bis 2010 zur internationalen Steuerung der Unternehmenskommunikation genutzt. Markus Renner, der das Projekt als Head of Brand & Reputation Management initiiert und vier Jahre lang geleitet hatte, hat die Methodik detailliert beschrieben (Renner 2007, 2011).

Das Projekt war Teil des Bemühens, die Reputation von Novartis auf Basis einer neu entwickelten Unternehmensmarke so zu gestalten, dass sie den Geschäftserfolg nachhaltig stabilisiert.

2004 geriet die Pharmaindustrie durch verschiedene Skandale international zunehmend in die Kritik. Um den damit verbundenen Herausforderungen zu begegnen, wollte Novartis die Erwartungen seiner sehr heterogenen Stakeholder besser kennen lernen, um deren Interessen in seiner Kommunikation stärker Rechnung tragen zu können. Das sollte nicht opportunistisch geschehen, sondern ausgehend von eigenen Standpunkten. Diesem

Zweck diente die Klärung der Mission, Zielsetzung und Strategie von Novartis, was wiederum genutzt wurde, um das Profil der Unternehmensmarke zu schärfen.

Als wichtigste Stakeholdergruppen wurden zunächst Ärzte, Apotheker, Geschäftspartner, Gesundheitspolitiker, Hochschulabsolventen, Kapitalmarktteilnehmer, Patientenorganisationen, NGOs und Pharmamanager identifiziert.

Die Reputationsmessung wurde in Angriff genommen, um zu prüfen, inwiefern dieses Selbstverständnis im Einklang stand mit der Wahrnehmung der relevanten Stakeholder. Dann galt es herauszufinden, welche Abweichungen verhaltensrelevant waren. Schließlich sollten Anhaltspunkte gewonnen werden, was zu tun war, um relevante Unstimmigkeiten aufzulösen. Folgende Fragen sollte das zu entwickelnde Instrument beantworten können:

- Welche Reputationsdimensionen prägen die Wahrnehmung jeder einzelnen Stakeholdergruppe, und welche davon haben den stärksten Einfluss auf das Verhalten dieser Gruppe?
- Welche Stärken oder Schwächen hat Novartis im Vergleich zu den Hauptwettbewerbern – global, in bestimmten Ländern und pro Stakeholdergruppe?
- Was sind die Gründe dafür, wenn Wettbewerber positiver wahrgenommen werden als Novartis? Welche Ursachen haben objektive Fehlwahrnehmungen, welche möglicherweise problematischen Handlungsabsichten folgen daraus, und wie kann praktisch entgegengewirkt werden?
- Zahlen sich die eingeleiteten Maßnahmen aus, was bewirken sie bei den Stakeholdern?

Der Entwicklung des Reputationsmodells lagen umfangreiche Vorarbeiten in vier zentralen Märkten zugrunde: USA, Schweiz, Deutschland und Großbritannien. Mehr als 10.000 Artikel über Novartis und die wichtigsten Wettbewerber waren ausgewertet worden, 70 Unternehmenswettbewerbe und die Ergebnisse der Befragung von 900 Ärzten, Apothekern, Pharmamanagern und Finanzanalysten. Auf dieser Basis wurde eine hypothetisches Reputationsmodell entwickelt, das 2005 per Pilotstudie in den genannten Ländern getestet wurde. Daran nahmen 1.500 Stakeholder teil, denen auch offene Fragen gestellt wurden wie z. B.: „Was prägt Ihre Wahrnehmung von Pharmaunternehmen?"

Die Ergebnisse der Pilotstudie wurden genutzt, um das Reputationsmodell zu optimieren und ein Befragungsinstrument zu entwickeln. Die Ergebnisse wurden in einem Pretest mit 40 internen und externen Experten getestet und vom Lehrstuhl für Sozial- und Wirtschaftspsychologie an der Universität Basel validiert. In vier Befragungswellen wurden bis 2009 mehr als 11.000 Vertreter von neun globalen und weiteren lokal relevanten Anspruchsgruppen in den 13 wichtigsten Pharmamärkten Europas, Asiens, Nord- und Südamerikas interviewt.

Konstruiert wurde das BRI-Modell mit neun Reputationsdimensionen: Business Performance, Corporate Responsibility, Effectiveness of Marketing & Sales, Ethical Business Practices, Employer Attractiveness, Innovativeness, Quality of Management Team, Quality of Products & Services, Transparency & Governance. Die Dimensionen wurden mit insgesamt 64 Indikatoren operationalisiert, die als konkrete Aussagen formuliert waren, deren Zutreffen die Befragungsteilnehmer auf einer Skala von 1 bis 7 zu bewerten hatten. Ein Indikator für Corporate Responsibility lautete z. B. „X makes drugs affordable to all segments of society".

Im Modell bezogen sich die Indikatoren zunächst auf einen Katalog von sechs Aussagen, die das Konstrukt Vertrauen operationalisierten und darüber auf einen Katalog von sechs bis acht gruppenspezifischen Handlungsabsichten. Für die Stakeholdergruppe der Geschäftspartner sah diese Fragenbatterie beispielsweise wie folgt aus:

Bitte geben Sie an, wie wahrscheinlich es ist, dass Sie in naher Zukunft folgende Handlungen gegenüber X ausführen werden:

1. *Es vorziehen, mit X Geschäfte zu machen, wenn ich die Wahl habe.*
2. *X im Fall von Kontroversen einen Vertrauensbonus geben.*
3. *In kritischen Situationen X gegenüber loyal sein.*
4. *Anderen empfehlen, mit X zusammenzuarbeiten.*
5. *Anderen empfehlen sich bei X zu bewerben.*
6. *Aktien von X kaufen bzw. halten.*
7. *Es bevorzugen, Produkte von X einzunehmen, wenn ich die Wahl habe.*
8. *Positiv über X sprechen.*

Ausgehend von der Prämisse, dass Reputation aus praktischen Erfahrungen resultiert, die Stakeholder vor Ort machen, sowie von öffentlichen Diskursen, die primär von nationalen Medien vermittelt werden, wurden die Befunde des BRI in einen Prozess zur Planung und Umsetzung von Kommunikationsmaßnahmen eingespeist, der die Perspektiven der untersuchten Märkte ebenso einbezog wie die Sichtweise aller Unternehmensfunktionen deren Kompetenzen für den Stakeholder-Dialog erforderlich waren, z. B. Investor Relations oder Public Affairs.

Im Gespräch mit den Länder- und Spartenkommunikatoren wurde auf Basis der Research-Ergebnisse erörtert: Wo hatten die Stakeholder Stärken oder Schwächen von Novartis nicht wahrgenommen oder falsch eingeschätzt? Wo stießen Wahrnehmungen, die der Unternehmensrealität entsprachen, auf Ablehnung? Aus den gefundenen Antworten entstanden länder- und funktionsspezifische Aktionspläne, die zu einer globalen Strategie- und Aktionsplanung zusammengeführt wurden, die das Management abschließend diskutierte und verabschiedete.

Der Erfolg der beschlossenen Maßnahmen wurde nicht nur anhand der nächsten BRI-Befragungswelle gemessen. Unterjährig wurden fortlaufend Unternehmenswettbewerbe und Medienberichterstattung analysiert. Beides geschah anhand der Reputationsdimensionen, die auch dem BRI zugrunde lagen. Hinzu kamen Mitarbeiterbefragungen, die untersuchten, wie hoch die Identifikation mit Zweck, Zielen und Strategie von Novartis war.

Einen besonderen Vorteil sah Novartis darin, dass der BRI konkrete Handlungsempfehlungen auf Basis reputationsgetriebener Verhaltensabsichten lieferte, und zwar für jede Stakeholdergruppe und jeden Markt.

Dieses Ziel stellte besondere Anforderungen an die Erhebungsmethode: Die Ableitung erfolgskritischer Verhaltenstreiber verlangte den Einsatz multivariater Analysemethoden der zweiten Generation. Nur so lassen sich Ursache-Wirkungsbeziehungen zwischen Wahrnehmung und Verhaltensabsicht herstellen. Novartis entschied sich für die Partial-Least-Squares-Methode (PLS), die mit kleineren Stichprobengrößen auskommt als andere Verfahren. Das auf dieser Basis entwickelte Messmodell war darauf ausgerichtet, von der Unternehmensmarke abweichende Außenwahrnehmungen zu identifizieren und herauszufinden, welche davon verhaltensrelevant sind.

Auf diese Weise bildete der BRI nicht nur den Status quo ab und ermöglichte es, die Reputationsstärke von Novartis dimensions-, zielgruppen- und länderspezifisch mit Wettbewerbern zu vergleichen. Darüber hinaus lieferte er statistisch abgesicherte Ansatzpunkte dafür, wie und wodurch die Wahrnehmung bestimmter Stakeholder zu beeinflussen war und welche Konsequenzen das auf die Verhaltensabsichten der einzelnen Anspruchsgruppen haben würde.

4 Ausblick

Aufwändige Verfahren der Reputationsmessung wie das skizzierte Modell von Novartis haben sich am Markt bislang nicht durchsetzen können. Kosten und Management-Aufwand erwiesen sich als zu hoch. Das fällt umso stärker ins Gewicht, als die Entscheidungshäufigkeit im Kommunikationsmanagement zunimmt, je größere Bedeutung für den Organisationserfolg diesem zugeschrieben wird. Eine jährliche Erhebung liefert weder für die operative Steuerung noch für die Überprüfung der Kommunikationsstrategie häufig genug Anhaltspunkte. Einfachere Modelle eignen sich zwar für die Standortbestimmung, können aber nicht zwischen Hygiene- und Erfolgsfaktoren unterscheiden. Das einzige Instrument für die Reputationsmessung, das derzeit in Deutschland breitere Anwendung findet, der TRI*M-Index von TNS (O'Gormann und Pirner 2005), bietet einen Mittelweg, dem vor allem international operierende Konzerne folgen. Die meisten einheimischen Unternehmen beschränken sich jedoch derzeit darauf, konkreten geschäftskritischen Fragestellungen mit Hilfe von qualitativen Befragungen oder der quantitativen Untersuchung von Teilreputationen nachzugehen.

Literatur

Cutlip, S. M., Center, A. H., & Broom, G. M. (1994). *Effective public relations* (7. Aufl.). Englewood Cliffs: Prentice Hall.

Einwiller, S., Carroll, C. E., & Korn, K. (2008). Under what conditions do the news media influence corporate reputation? The roles of media dependency and need for orientation. *Corporate Reputation Review, 12*(4), 299–315.

Emre, Ş. (2008). *Der Einfluss der Medienberichterstattung auf die Wahrnehmung der Unternehmensreputation von verschiedenen Stakeholdern. Ansätze für ein integriertes Messmodell für Unterneh-*

mensreputation in der Pharmaindustrie. Unveröffentlichte Diplomarbeit. Düsseldorf: Heinrich-Heine-Universität.

Fombrun, C. (1996). *Reputation. Realizing value from the corporate image.* Boston: Harvard Business School Press.

Friedag, H., & Schmidt, W. (2012). Controlling in volatilen Zeiten. Teil 4. *Controller Magazin, 37*(6), 46–53.

Helm, S., Liehr-Gobbers, K., & Storck, C. (Hrsg.). (2011). *Corporate reputation management.* Heidelberg: Springer.

Ingenhoff, D., & Bredl, M. (2010). Integriertes Reputationsmanagementsystem der Telekom Austria. In J. Pfannenberg & A. Zerfaß (Hrsg.), *Wertschöpfung durch Kommunikation. Kommunikations-Controlling in der Unternehmenspraxis* (S. 239–250). Frankfurt am Main: Frankfurter Allgemeine Buch.

Liehr, K., Peters, P., & Zerfaß, A. (2010). Reputation messen und bewerten – Grundlagen und Methoden. In J. Pfannenberg & A. Zerfaß (Hrsg.), *Wertschöpfung durch Kommunikation. Kommunikations-Controlling in der Unternehmenspraxis* (S. 153–167). Frankfurt am Main: Frankfurter Allgemeine Buch.

O'Gormann, S., & Pirner, P. (2005). Messen und Monitoren von Stakeholder-Beziehungen. Der TRI*M-Index. In J. Pfannenberg & A. Zerfaß (Hrsg.), *Wertschöpfung durch Kommunikation. Wie Unternehmen den Erfolg ihrer Kommunikation steuern und bilanzieren* (S. 60–68). Frankfurt am Main: F.A.Z.-Institut.

Renner, M. (2007). Der novartis brand & reputation index. *Kommunikationsmanager, 4*(2), 14–16.

Renner, M. (2011). *Generating trust via corporate reputation. The influence of pharmaceutical companies' reputations on the recommendation behaviors of physicians and patient organizations.* Berlin: Wissenschaftlicher Verlag Berlin.

Scholl, A. (2009). *Die Befragung. Sozialwissenschaftliche Methode und kommunikationswissenschaftliche Anwendung* (2. Aufl.). Konstanz: UVK.

Storck, C., & Liehr, K. (2009). Reputationsmessung und -bewertung als Beitrag zur Wertschöpfung. In K. Möller, M. Piwinger, & A. Zerfaß (Hrsg.), *Immaterielle Vermögenswerte. Bewertung, Berichterstattung und Kommunikation* (S. 253–271). Stuttgart: Schäffer Poeschel.

Medienanalysen als Informationsquelle für das Kommunikationsmanagement

Andree Blumhoff und Jens Seiffert

Zusammenfassung

Die Analyse der veröffentlichten Meinung ist eine zentrale Informationsquelle für das Kommunikationsmanagement. Der Beitrag zeigt, wie sich Medienanalysen im Prozess der Unternehmenskommunikation einordnen lassen und wie ein integrierter Methodeneinsatz zur Steuerung von Kommunikationsprozessen insgesamt beitragen kann. Der Schwerpunkt liegt auf der Beobachtung der Meinungsbildung, Issues-Monitoring und der Identifikation von Stakeholdern und Multiplikatoren. Es wird erläutert, welche methodischen Anforderungen eine Medienanalyse erfüllen muss, um über die Datenanalyse und -auswertung jene Faktoren identifizieren zu können, die maßgeblichen Anteil am Prozess der öffentlichen Bildung von Meinung und Reputation haben. Abschließend werden die Möglichkeiten einer stärker computergestützten Medienanalyse und deren Einbindung in organisationsinterne Analysenetzwerke betrachtet.

Schlüsselwörter

Medienanalyse · Medienresonanzanalyse · Inhaltsanalyse · Themenanalyse · Codebuch · Kommunikations-Evaluation · Kommunikations-Controlling · Issues Management · Unternehmenskommunikation

---

A. Blumhoff (✉)
PMG Presse-Monitor
Markgrafenstraße 62, 10969 Berlin, Deutschland
E-Mail: andree.blumhoff@presse-monitor.de

J. Seiffert
Universität Leipzig, Institut für Kommunikations- und Medienwissenschaft
Burgstraße 21, 04109 Leipzig, Deutschland
E-Mail: seiffert@uni-leipzig.de

1 Medienanalysen im Kommunikationsmanagement

Der Prozess des Kommunikationsmanagements besteht in der Regel aus vier großen Teilen die ineinander greifen: Analyse, Konzeptionierung, Implementierung und Evaluation (vgl. Kapitel „Konzeption von Kommunikationsprogrammen"). Diese Phasen können durch verschiedene Methoden der empirischen Kommunikationsforschung unterstützt werden. Besonders bedeutsam ist hierbei die Medienanalyse – auch als Medieninhaltsanalyse bezeichnet –, deren Grundlagen und Anwendungsfelder in diesem Beitrag erläutert werden.

> **Medienanalyse**
> Die Medien(inhalts)analyse ist „eine empirische Methode zur systematischen, intersubjektiv nachvollziehbaren Beschreibung inhaltlicher und formaler Merkmale von Mitteilungen" (Früh 2007, S. 27). Analysiert werden hierbei meist Veröffentlichungen in den Massenmedien (Print, TV, Hörfunk) und Online-Medien. Es können aber auch Publikationen von Wettbewerbern, Interessengruppen oder des eigenen Unternehmens untersucht werden. Medienanalysen sollen offenlegen, „wer, was, wann, wo und wie in welchem Medium sagt und zu welchen verdichteten Vorstellungsbildern (Vertrauenszuschreibungen, Medienimages usw.) sowie medialen Wirklichkeitskonstruktionen dies führt" (Mathes und Zerfaß 2010, S. 100).

Medienanalysen kommen vor allem während der Situationsanalyse zu Beginn und im Rahmen der abschließenden Evaluation zum Einsatz.

Die *Evaluation* kommunikativer Maßnahmen soll zeigen, dass Kommunikation in der Lage ist, einen Beitrag zur Wertschöpfung der Unternehmung zu leisten. Doch die Möglichkeiten der Medienanalyse gehen über ein solches rudimentäres Level hinaus, welches im Wesentlichen auf operative Ergebniskontrolle zielt, also die Frage beantworten soll, „inwiefern die formulierten Zielsetzungen durch die realisierten Kommunikationsaktivitäten erreicht wurden." (Zerfaß 2010, S. 322). Entsprechend beschränkt sich der Einsatz von Medienanalysen (in der Evaluation) zumeist auf einfache statistische Verfahren, welche in Gestalt von Präsenz- und Reichweitenanalysen, in selteneren Fällen auch Resonanzanalysen (Zerfaß und Pfannenberg 2005), Kommunikationsaktivitäten von Organisationen in Zielmedien nachweisen, also „wie über ein Unternehmen in den Medien berichtet wird" (Mast 2010, S. 128). Der Einsatz von Medienanalysen als operative Ergebniskontrolle ist damit als ein *Wiedereintritt* von Handeln in eine erneute Schleife des Managementprozesses zu verstehen, welcher Evaluation als Steuerungsinstrument nutzt.

Eine vergleichbare Stellung nehmen Inhaltsanalysen im Rahmen der *Situationsanalyse* dagegen selten ein, obwohl bereits Cutlip, Center und Broom (1994) in ihrem Lehrbuch zum Kommunikationsmanagement Medienanalysen als Instrument im Rahmen der Problemanalyse ihres *Four-Step-Public-Relations-Process* betrachten. Sie stellen fest: „[…] content analysis can provide valuable insights into what is likely to be on the public agenda in the future" (Cutlip et al. 1994, S. 339). Mast (2010, S. 126) konstatiert allerdings: „Obwohl die Sozialwissenschaften ein vielfältiges Methodenarsenal […] entwickelt haben, dominieren in der Kommunikationspraxis noch die informellen, eher explorativen Methoden." Dass Medienanalysen im Rahmen der Situationsanalyse schwerer zu instrumentalisieren sind und informelle Methoden häufig vorgezogen werden, liegt nicht zuletzt an der aufwendigen Operationalisierung welche notwendig ist, um aussagekräftige Daten zu produzieren. Informationen zu Images, Meinungen oder relevanten Issues, müssen aktiv generiert werden, „und bedürfen darüber hinaus der Interpretation" (vgl. Kapitel „Konzeption von Kommunikationsprogrammen"). Aufgrund ihrer Expertise sind Kommunikationspraktiker häufig „automatisch" in der Lage „Informationen zu selektieren, Prozesse einzuordnen, Vorgänge zu antizipieren, Folgen von Interventionen abzuschätzen" (Klepel 2011, S. 22), ohne dass dazu eine empirisch und wissenschaftlich fundierte Vorgehensweise zwingend notwendig wäre. Beispielsweise ist die Lektüre eines Clippings, also eines Zeitungsausschnitts mit einer Berichterstattung über das Unternehmen, im Grunde nichts anderes als eine informelle, nicht bewusst durchgeführte, hermeneutische Inhaltsanalyse. Dabei rezipierte Artikel und die darin enthaltenen, relevanten Informationen fließen in einen nicht intersubjektiv nachvollziehbaren Analyseprozess ein, der nur der betreffenden Person zugänglich ist.

An diesem Punkt setzen Medienanalysen an, da sie ein analytisches Komplement zur Expertise der Kommunikationspraktiker bilden, also Erfahrung um systematisch aufbereitete Daten bereichern und so die Grundlage für strategische Entscheidungen der Unternehmenskommunikation verbreitern helfen. Unternehmen benötigen ein Bild der Wirklichkeit, in welcher sie handeln und kommunizieren. Medienanalysen sind dabei ein Instrument zur Abbildung einer *strategischen Wirklichkeit* im Sinne Mertens (2007) als Grundlage für die Planung von PR-Programmen. Die abgebildete Wirklichkeit ist dahingehend strategisch, „weil sie in der synoptischen Austarierung von aktueller und reflexiver Wirklichkeit [...] handlungsleitend wird." (Merten 2007, S. 37) Unternehmen müssen also zuerst analysieren, wie groß ihr Spielraum in Bezug auf wichtige gesellschaftspolitische Themen ist, und wie sich diese auf die relevanten Sphären der Unternehmenskommunikation auswirken.

Nach Zerfaß (2010, S. 326 ff.) gilt es dabei zwischen zwei Formen der Medienanalyse zu unterscheiden. Die *abstrakte Medienanalyse* zielt auf die Auslotung relevanter gesellschaftspolitischer Beziehungen, während die *konkrete Medienanalyse* zur strategischen Operationalisierung von Marktbeziehungen und Marktkommunikation eingesetzt wird. Die Unterscheidung zwischen strategischem und operativem Handeln findet sich damit auch in der Verwendung von Medienanalysen im Rahmen des Managementprozesses der Kommunikation wieder.

In einem immer flexibler werdenden gesellschaftlichen Umfeld, das auch von Unternehmen immer mehr Flexibilität und Anpassungsfähigkeit verlangt, wird der Nutzen intersubjektiv nachvollziehbarer Medienanalysen als Erweiterung der Grundlage strategischer Entscheidungen erkennbar. Die Akteure des Kommunikationsmanagements „arbeiten keineswegs mehr lebenslang in einer Firma, d. h. die Unternehmenskommunikation muss sich auf Fluktuationsraten in der Belegschaft wie auch bei den anderen Stakeholder-Gruppen einstellen" (Mast 2010, S. 77). Niklas Luhmann hat auf diesen Aspekt hingewiesen, als er ausführte, dass „eine turbulente, sich häufig und unübersehbar ändernde

Umwelt höhere Anpassungsleistungen des Systems, also höhere strukturelle Flexibilität erfordere" (Luhmann 1984, S. 477). Oder anders ausgedrückt: Das System Unternehmenskommunikation reagiert auf die steigende Komplexität der Umwelten (innere wie äußere) die es beobachtet mit steigender Eigenkomplexität, worunter auch die Methodik der Beobachtung selbst zählt. Die Integration systematischer Medienanalysen in die strategische Kommunikationskonzeption ist dabei ein Ausdruck von Anpassung durch Verfahren, die intersubjektiv nachvollziehbar(er) sind, eben weil sie empirisch und systematisch durchgeführt werden.

2 Die Praxis der Medienanalyse

In der Praxis wird üblicherweise zwischen quantitativen und qualitativen Medienanalysen unterschieden. Im Kern handelt es sich bei dieser Differenzierung aber immer um die Anwendung der sozialwissenschaftlichen quantitativen, systematisch vorgehenden Inhaltsanalyse. Quantifizierung bezeichnet hier den Vorgang des Zählens bestimmter, vorher festgelegter formaler und inhaltlicher Merkmale, um auf dieser Grundlage Aussagen über große Textmengen treffen zu können und Komplexität zu reduzieren (Rössler 2010, S. 177 f). Die quantifizierende Vorgehensweise folgt dabei immer einem qualitativen Prozess der Textinterpretation (Früh 2007, S. 27 ff.). Klassischer Untersuchungsgegenstand ist die Berichterstattung öffentlich zugänglicher Massenmedien, die von professionalisierten Medienorganisationen eigenständig erstellt und über verschiedene Plattformen (Print, Internet, TV, Radio) verbreitet werden (Mathes und Zerfaß 2010, S. 98). Darüber hinaus können aber viele weitere Kommunikationsinhalte mit der Methode der Inhaltsanalyse untersucht werden, beispielsweise Social Media, E-Mails, Geschäftsberichte, Mitarbeiter- oder Kundenzeitschriften, Bilder und Filme bis hin zur Analyse von Antworten auf offene Fragen.

Abbildung 1 stellt den idealtypischen Ablauf einer Medienanalyse dar. Es beginnt mit dem Briefing zur Klärung der Anforderungen und Ziele, die in der Planungs- und Entwicklungsphase in das Messinstrument übersetzt werden. Die Datenerhebung erfolgt innerhalb der Test- und Anwendungsphase, deren Ergebnisse abschließend in der Auswertung in Form von Berichten und Präsentationen zusammengefasst und interpretiert werden. Der Ablauf ist als iterativer, offener Prozess zu verstehen, da laufend neue Entwicklungen und Erkenntnisse zu Anpassungen auf jeder Stufe führen können.

2.1 Klärung zentraler Anforderungen

Medienanalysen können intern durch Kommunikationsmanager bzw. Spezialisten (Kommunikationscontroller, Marktforscher) oder durch externe Dienstleister (Medienbeobachter, Analyseinstitute, PR-Agenturen) erstellt werden. Die Entscheidung sollte grundsätzlich auf Basis der zur Verfügung stehenden Ressourcen und der erforderlichen Tiefe und Breite der Medienanalyse getroffen werden, da der Aufwand vom Berichterstattungs-

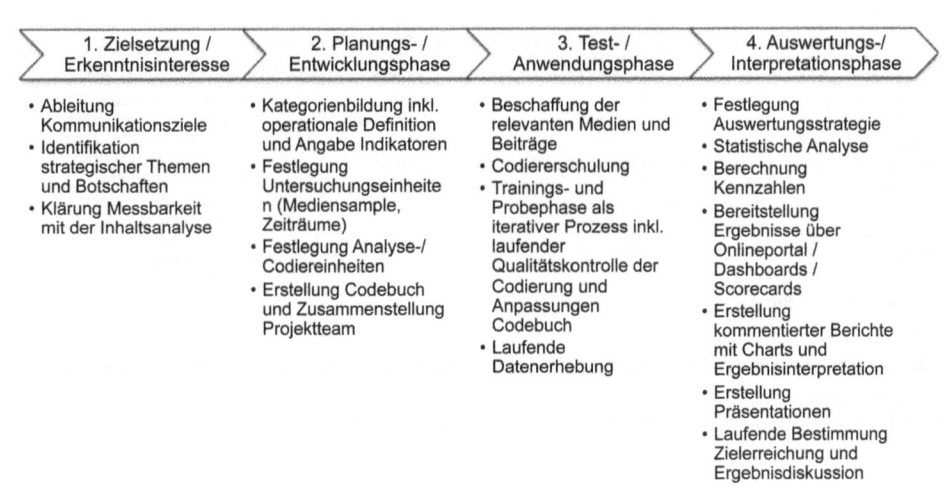

1. Zielsetzung / Erkenntnisinteresse	2. Planungs- / Entwicklungsphase	3. Test- / Anwendungsphase	4. Auswertungs-/ Interpretationsphase
• Ableitung Kommunikationsziele • Identifikation strategischer Themen und Botschaften • Klärung Messbarkeit mit der Inhaltsanalyse	• Kategorienbildung inkl. operationale Definition und Angabe Indikatoren • Festlegung Untersuchungseinheiten (Mediensample, Zeiträume) • Festlegung Analyse-/Codiereinheiten • Erstellung Codebuch und Zusammenstellung Projektteam	• Beschaffung der relevanten Medien und Beiträge • Codiererschulung • Trainings- und Probephase als iterativer Prozess inkl. laufender Qualitätskontrolle der Codierung und Anpassungen Codebuch • Laufende Datenerhebung	• Festlegung Auswertungsstrategie • Statistische Analyse • Berechnung Kennzahlen • Bereitstellung Ergebnisse über Onlineportal / Dashboards / Scorecards • Erstellung kommentierter Berichte mit Charts und Ergebnisinterpretation • Erstellung Präsentationen • Laufende Bestimmung Zielerreichung und Ergebnisdiskussion

Abb. 1 Phasen der Konzeption und Umsetzung von Medienanalysen (Quelle: Eigene Darstellung in Anlehnung an Rössler (2010, S. 38); Merten (1995, S. 314 ff.))

volumen und Detailgrad der Fragestellungen abhängig ist. Jede Medienanalyse beginnt deshalb mit der Klärung des Erkenntnisinteresses, vergleichbar mit dem Forschungsprozess innerhalb der Wissenschaft. Hier wird mit (internen) Auftraggebern z. B. der Leitung Kommunikation, Geschäftsführung oder Bereichsleitung aus Unternehmen, politischen Institutionen, Agenturen oder Verbänden innerhalb einer Bedarfsanalyse geklärt, welche Fragestellungen mit der Medienanalyse beantwortet werden sollen und können (Mathes und Zerfaß 2010, S. 101). Abhängig sind diese von den Unternehmens- und Kommunikationszielen, die sich in spezifische strategische Themen und Botschaften für einzelne Zielgruppen aufgliedern und durch einzelne kommunikative Maßnahmen begleitet werden. Erste Implikationen ergeben sich daraus für die zu berücksichtigenden Wettbewerber, die zu analysierenden Medien und zu untersuchenden Zeiträume. Der Zeitraum richtet sich danach, ob das Interesse an einer punktuellen, ereignisbezogenen Analyse besteht oder die Analyse rückwirkend zur Ermittlung eines Status Quo durchgeführt werden soll. Die volle Stärke entfaltet die Medienanalyse bei einer kontinuierlichen Durchführung, da so umfassend und zeitnah alle relevanten Ereignisse erfasst werden. Vorab geklärt wird ebenfalls der Rhythmus, die inhaltliche Ausgestaltung und der Umfang der Bereitstellung der Ergebnisse, da dies davon abhängig ist, wer diese im Unternehmen empfängt (z. B. Top-Management, Ressortleiter Kommunikation, Verantwortliche für einzelne Kommunikationsmaßnahmen).

2.2 Planung und Entwicklung: Festlegung des Analysedesigns

Mit der Planungs- und Entwicklungsphase beginnt die Übersetzung in das Messinstrument. Dabei lassen sich die inhaltlichen Fragestellungen mit dem Kommunikationsmodell von Harold D. Lasswell und seiner Formel „Who says what in which channel to whom with

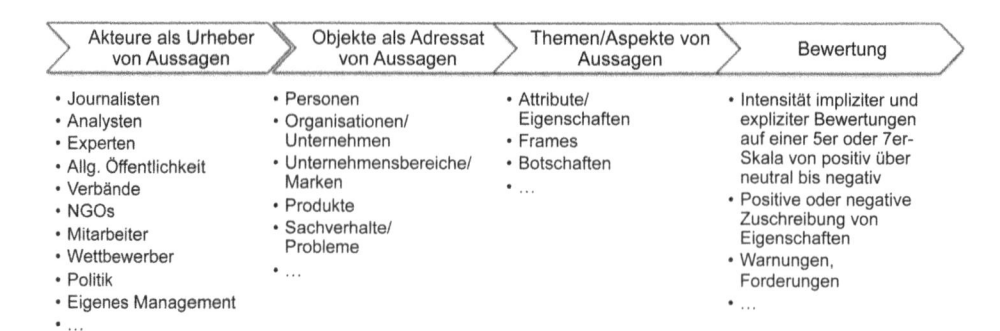

Akteure als Urheber von Aussagen	Objekte als Adressat von Aussagen	Themen/Aspekte von Aussagen	Bewertung
• Journalisten • Analysten • Experten • Allg. Öffentlichkeit • Verbände • NGOs • Mitarbeiter • Wettbewerber • Politik • Eigenes Management • …	• Personen • Organisationen/ Unternehmen • Unternehmensbereiche/ Marken • Produkte • Sachverhalte/ Probleme • …	• Attribute/ Eigenschaften • Frames • Botschaften • …	• Intensität impliziter und expliziter Bewertungen auf einer 5er oder 7er-Skala von positiv über neutral bis negativ • Positive oder negative Zuschreibung von Eigenschaften • Warnungen, Forderungen • …

Abb. 2 Erfassung zentraler Komponenten der Berichterstattung zur Rekonstruktion des Sinnzusammenhangs
(Quelle: Eigene Darstellung in Anlehnung an Rössler (2010, S. 165))

what effect?" (Lasswell 1948) beschreiben. Übertragen auf die Medienanalyse heißt sie: Aus welchem Anlass sagt wer über wen in welchen Medien was mit welcher Bewertung?

Neben der Berücksichtigung des Inputs, d. h. der Klärung der Frage, welche Quellen, Anlässe und Akteure die Berichterstattung initiieren, sind dies die in Abb. 2 aufgeführten Komponenten:

- Einzelne Akteure/Akteursgruppen, die als Urheber Aussagen über ein Objekt treffen oder wiedergegeben werden (auch Journalisten selbst);
- Objekte als Adressat bzw. Gegenstand einer Aussage;
- einzelne Themen oder Aspekte der Aussage, in deren Kontext das Objekt gestellt wird (dies können auch einzelne Argumente, Botschaften und Eigenschaften sein);
- und die explizite und implizite Bewertung des Objektes im thematischen Kontext und die damit zusammenhängende Zu- und Abschreibung bestimmter Attribute und Eigenschaften.

Zusätzlich werden üblicherweise auch weitere inhaltliche Merkmale wie Ereignis-/Bezugsorte und Zeitbezüge erfasst. Aussagekräftig ist die Analyse dann, wenn alle Komponenten einschließlich weiterer formaler Merkmale auf Medienebene (z. B. Ausgabe, Gattung, Verbreitungsgebiete, Auflage, Reichweite, Visits und Leserstrukturdaten) und auf Beitragsebene (z. B. Datum, Uhrzeit, Rubrik, Ressort, Seite, Titel, Platzierung und Umfang) erfasst und ihre Beziehungen untereinander identifiziert werden (Mathes und Zerfaß 2010, S. 104 f.; Kolb et al. 2001, S. 251).

2.2.1 Das Codebuch

Alle konzeptionellen Überlegungen werden in einem Codebuch dokumentiert, das sicherstellt, dass jeder relevante Beitrag nach einer gleichbleibenden Systematik untersucht wird. Neben allgemeinen Informationen zum Analyseprojekt und zu zentralen Codieranweisungen wird in diesem die Suchstrategie festgelegt (Früh 2007, S. 103). Die als *Kategorien* bezeichneten formalen und inhaltlichen Kriterien werden in einem Schlüsselplan *vollständig* und voneinander *trennscharf* mit ihren *Ausprägungen* operationalisiert und mit Beispielen beschrieben. Weiterhin werden verschiedene *Skalenniveaus* festgelegt, die zur Erfassung der einzelnen Ausprägungen der Kategorien notwendig sind. Neben reinen dichotomen Ausprägungen z. B. ob ein Thema im Beitrag vorkommt oder nicht, gehören dazu auch Skalen, mit denen der geschulte *Codierer* verschiedene Einstufungen z. B. für die Erfassung der Bewertungsintensität vornehmen kann. Das Skalenniveau bestimmt innerhalb der Auswertung, welche statistischen Berechnungen möglich sind (Rössler 2010, S. 103 f.). In diesem Sinne können „Fragen" an den Text gestellt und durch den Codierer beantwortet werden. Im Kern erfolgt damit die *Kontrolle subjektiver Einstellungen* der Codierer, die das Ergebnis verzerren können, und erfüllt damit gleichzeitig die Anforderungen der *intersubjektiven Nachvollziehbarkeit* der Ergebnisse.

2.2.2 Festlegung der Analyse- und Codiereinheiten

Zentral ist ebenfalls die Festlegung der Ebenen der Codierung, der sogenannten Analyse- und Codiereinheit. Diese haben unmittelbar Auswirkungen auf die spätere Auswertung und Datengrundlage. Die Analyseeinheit ist die Einheit, bei der nach bestimmten Merkmalen gesucht wird (Rössler 2010, S. 41 ff., 75 ff.). Sie wird definiert durch den einzelnen, bei klassischen Massenmedien redaktionellen Beitrag als thematisch einheitliche und durch die gattungstypische Gestaltung abgesetzte Text- oder Bildeinheit. Für die Erfassung der Kategorien und ihre Ausprägungen ist auch die detaillierte Aussagenebene möglich, bei der der Beitrag nochmals in einzelne, inhaltlich definierte Sinneinheiten zerlegt wird. In der Praxis wird diese referenziell definiert durch die beteiligten Komponenten Urheber, Aussagengegenstand und Bewertung. Wechselt eines dieser Elemente, wird eine neue Codierung ausgelöst. Nur so kann in der späteren Auswertung der Sinn der Aussage wieder rekonstruiert werden (Rössler 2010, S. 163 f.).

Auf Beitragsebene erfolgt die Datenerhebung pro Kategorie und Ausprägung nur einmal zusammengefasst pro Beitrag. Unabhängig von der Anzahl der Aussagen z. B. zu einem Thema wird dieses nur einmal erfasst. Erfolgt die Erhebung auf Aussagenebene, können für zwei Aussagen zum Thema im Beitrag auch zwei Fälle erfasst werden, je nach Definition einer Aussage.

Mischmodelle von Beitrags- und Aussagenebene liegen vor, wenn einzelne Komponenten wie die Bewertung einzelner Manager auf Aussagenebene erfasst werden und parallel eine Globalerfassung der Bewertung des gesamten Unternehmens auf Beitragsebene erfolgt. Wichtig ist dabei: Während auf Beitragsebene erhobene Daten nicht auf Aussagenebene ausgewertet werden können, können auf Aussagenebene erhobene Daten wiederum auf Beitragsebene aggregiert und ausgewertet werden (zum Beispiel Beiträge mit mindestens einer Aussage). Weiterhin zu beachten ist, dass bei Erfassung auf Aussagenebene bei einer nachträglichen Ausdifferenzierung des Kategoriensystems auch mehr Fälle generiert werden können. Diese mögliche Verzerrung der Ergebnisse ist bei einer Auswertung zu berücksichtigen.

2.2.3 Repräsentative Mediensamples versus Quasi-Vollerhebung

In Zeiten einer zunehmenden Ausdifferenzierung von Teilöffentlichkeiten durch Social Media mit unterschiedlichen Interessen und Mediennutzungsverhalten erlangt die segmentierte und bewusste Auswahl der Medien, die repräsentativ für die Gesamtberichterstattung bzw. Diskussion stehen, eine entscheidende Rolle. Dazu gehören neben (länderspezifischen) überregionalen Meinungsführermedien in der Regel weitere regional verbreitete Medien, Fach- und Publikumsmedien (Print und Online), audiovisuelle Medien, aber auch wichtige Agenturen und Social Media. Besonders die in Social Media durch die Vernetzung schnellere Diffusion von Meinungen stellt die Unternehmenskommunikation vor besondere Herausforderungen. Die Berichterstattung in den traditionellen Massenmedien spielt aber weiterhin eine große Rolle, da diese Anschlusskommunikation und breite Öffentlichkeit herstellen. Andererseits fungieren Microblogs wie Twitter gleichzeitig als weiterer Kanal für die Diffusion klassischer Medieninhalte.

Die hohe Bedeutung von Meinungsführermedien resultiert dabei nicht unbedingt aus der Zahl ihrer Leser, sondern aus ihrer Stellung im Mediensystem, da sie die Berichterstattung anderer Medien beeinflussen und am Ende zu einer hohen Konsonanz bzw. übereinstimmenden Tendenz der Berichterstattung beitragen (Top 2006). Konsonanz ist neben der Kumulation und dem Öffentlichkeitseffekt der Berichterstattung in Massenmedien eine wichtige Voraussetzung für starke Medienwirkungen (Noelle-Neumann 1973, S. 51). Da die Inhalte vieler regionaler Publikationen unter dem Druck von Auflagenverlusten und einer zunehmenden Konzentration durch Redaktionsgemeinschaften, aber auch Onlinemedien besonders im Hinblick auf überregionale Nachrichten stark durch Agenturmaterial geprägt sind, macht eventuell die Berücksichtigung wichtiger Agenturen wie der dpa an Stelle vieler regionaler Titel Sinn, um den Einfluss der faktischen, ereignisorientierten Agenturberichterstattung auf die Thematisierung in anderen Medien zu bestimmen.

Besteht der Wunsch nach einer „Quasi-Vollerhebung" der gesamten potentiell relevanten Berichterstattung in allen zur Verfügung stehenden Medien, existiert neben dem Beschaffungsaufwand vor allem das Problem der Skalierung des Aufwandes der Datenerhebung. Bei einer hohen Berichterstattungsintensität bestimmen die Kosten der Datenerhebung schnell den Großteil des Gesamtaufwandes. Sinn macht dieses Verfahren für Unternehmen mit einer generell geringeren Medienpublizität. Die Entscheidung sollte grundsätzlich auf Grundlage von Vorrecherchen getroffen werden. Bei Bedarf kann über weitere Stichprobenverfahren eine repräsentative Auswahl getroffen werden (Merten 1995, S. 279 ff.).

2.2.4 Urheberrecht und Lizenzbestimmungen

Bei der Beschaffung und Bearbeitung der unterschiedlichen Contentquellen sind ferner die pro Land teilweise sehr unterschiedlichen Urheber- und sonstigen Schutzrechte zu beachten. Erfolgt die Beschaffung relevanter Medien und Beiträge über Recherchen in E-Papern und anderen Datenbanken ist die systematische und kontinuierliche Speicherung, Archivierung und Weitergabe von Originalinhalten eingekaufter und analysierter Beiträge nicht ohne vorherigen Erwerb entsprechender Rechte erlaubt. Die Verwendung von Auszügen in Form von Zitaten aus dem Beitrag ist dagegen unter bestimmten Voraussetzungen gestattet. Um die Quellenbeschaffung vor allem digital verfügbarer Titel zu vereinfachen und gleichzeitig auf eine rechtlich stabile Basis zu stellen, sind inzwischen wichtige Organisationen wie die *Press Database and Licensing Network* (PDLN) und die *International Association for the Measurement and Evaluation of Communication* (AMEC) in einen gemeinsamen Dialog getreten.

2.3 Datenerhebung/Codierung

Nach allen konzeptionellen Vorarbeiten beginnt die eigentliche Datenerhebung zum Testen des Codebuches und laufende Codierung der relevanten formalen und inhaltlichen Merkmale. Dies wird für inhaltlich anspruchsvolle Analysen mit Hilfe geschulter Codierer durchgeführt, teilweise mit dem Erfordernis unterschiedlicher Sprachkenntnisse für international ausgerichtete Medienanalysen. Codieren ist als Prozess kontrollierter Interpretation zu verstehen, in dem der Codierer, gesteuert durch das Codebuch und mit Hilfe von Schulungen, eine Reihe komplexer Selektions-, Klassifikations- und Überwachungsaufgaben erfüllt (Früh 2007, S. 111 ff.). Durch die Vorgabe eines Interpretationsrahmens soll eine möglichst hohe Übereinstimmung der erfassten Merkmale eines Beitrages (z. B. Themen und Bewertungen) durch verschiedene Codierer erzielt werden (*Reliabilität*). Nur so sind die Ergebnisse objektivierbar und erfüllen die Anforderungen an die *Validität*. Der Codierer soll im Idealfall unabhängig von seinen subjektiven Einstellungen die Rolle eines durchschnittlichen Rezipienten einnehmen. In der Realität enthält aber jede der Aufgaben gewisse Freiräume der Interpretation, da der Codiervorgang immer mit dem Lesen und Verstehen eines Beitrages beginnt und damit wiederum von der individuellen Sprachkompetenz abhängig ist.

Für die Codierung sind webbasierte Anwendungen üblich, um eine nahtlose Bearbeitung relevanter Beiträge ohne Brüche und potentielle Fehlerquellen zu gewährleisten. Ziel ist ein digitaler Workflow, um den Prozess möglichst schlank zu halten und mehr Energie in die anschließende Auswertung und richtige Interpretation der Ergebnisse zu stecken.

3 Images und Themenagenden

Vor dem Hintergrund der aufwändigen Vorarbeit, die mit der Konzeption und Datenerhebung verbunden ist, darf das eigentliche Ziel der Medienanalyse nicht aus dem Auge verloren werden: Die Identifikation öffentlicher Thematisierungs- und Meinungsbildungsprozesse und Faktoren zur Etablierung, Festigung oder Änderung von Medienimages.

3.1 Themenanalyse – das Geheimnis hierarchischer Kategoriensysteme

Themen haben eine zentrale Funktion für die Strukturierung öffentlicher Kommunikation. Das zentrale kommunikationswissenschaftliche Konzept, das vielen Analysen zumindest implizit zu Grunde liegt, ist die von McCombs und Shaw (1972) etablierte Agenda-Setting-Forschung und verwandter Konzepte wie das Framing. Im Framing-Konzept erfolgt eine Erweiterung auf aufmerksamkeits- und bewertungssteuernde Elemente in der Berichterstattung, d. h. die hervorgehobene Präsentation inhaltlicher Aspekte von Themen (Salienz-Konzept) und der damit vermittelten Attribute wie Vertrauensfaktoren (Bentele 1994, S. 144 ff.). Diese spielen eine zentrale Rolle bei der Vermittlung von Vorstellungsbildern und Bewertung durch die Massenmedien. Als Ergebnis dieses Prozesses der Konstruktion sozialer Realität wird ein Interpretationsrahmen zur Verfügung gestellt, der die Wahrnehmung und Bewertung von Themen prägt (Scheufele 2000, S. 381). Dies unterstreicht die Wichtigkeit der Erfassung weiterer zentraler formaler Faktoren auf Medien- und Beitragsebene wie Reichweite, Platzierung und Umfang eines Beitrages zur Einschätzung der Rezeptionswahrscheinlichkeit (Kolb et al. 2001). Diese Daten lassen aber nicht nur Inferenzen auf die potentielle Wirkung zu. Die Erfassung inhaltlicher und formaler Merkmale von Ereignissen lässt ebenso auf die Entstehung einer Nachricht und die journalistischen Selektionskriterien schließen.

Das Geheimnis guter Medienanalysen liegt in der hierarchischen Abbildung von Themen im Kategoriensystem mit unterschiedlichem Detailgrad. Das Themenkategoriensystem sollte Ergebnis eines theorie- und empiriegeleiteten Prozesses und grundsätzlich offen sein (Früh 2007, S. 27 ff.). Eine sogenannte Residual- bzw. Auffangkategorie stellt sicher, dass auch vorher nicht explizit aufgeführte oder neue Themen erfasst werden können (Merten 1995, S. 99; Rössler 2010, S. 106). Einzelne Themenfelder sind hier als übergeordnete Kategorien zu verstehen, definiert als Sequenz von verwandten und konkreten Ereignissen, die sich einem gemeinsamen, abstrakteren Oberbegriff zuordnen lassen (Top 2006; Yagade und Dozier 1990). Themen bilden damit „quasi-hierarchische" Netzwerke. Nur über eine Hierarchisierung lassen sich Medienanalysen individualisieren, um auf dieser Grundlage einerseits unternehmensspezifische Detailthemen zu erfassen und andererseits über die Abstraktion auch komplexere Issues abbilden und Vergleichbarkeit mit anderen Unternehmen gewährleisten zu können (Rössler 2010, S. 38 ff.).

Die für die Etablierung von Images wichtigen Aspekte und Attribute finden sich dann in Form zentraler Imagedimensionen wie Produkte/Services, Management, Strategien, wirtschaftliche Performance und Corporate Social Responsibility (CSR) wieder. Detailliertere Attribute sollten abhängig von der Intensität ihrer Zuschreibung gesondert erfasst werden, um herauszuarbeiten, welches Thema welche Eigenschaften vermittelt. Diese weichen Kriterien lassen sich ebenfalls differenziert und hierarchisch für Personen, Produkte und Organisationen mit messbaren und objektivierbaren Indikatoren operationalisieren (z. B. Vertrauensfaktoren wie Fach- und Problemlösungskompetenz, ethisches Verhalten, kommunikative Kompetenz; auch weitere Attribute wie Sympathie, Erfolg, Innovation, Produkt- und Servicequalität). Innerhalb der Reputations- und Vertrauensforschung existieren entsprechende Messkonzepte für Stakeholderbefragungen und Medienanalysen wie das *RepTrak* und *Media RepTrak* des Reputation Institute oder das Reputationsmodell von Manfred Schwaiger (vgl. auch Liehr et al. 2010). Für Medienanalysen konzipierte Messungen liegen u. a. dem *Media Reputation Index* (Eisenegger 2005, S. 94 ff.) oder dem *Corporate Trust Index* von Universität Leipzig und PMG Presse-Monitor zugrunde (Seiffert et al. 2011).

3.2 Akteursanalyse

Unternehmen in ihrer Rolle als Interessenträger versorgen Journalisten mit Informationsmaterial, in der Hoffnung, dass dieses die Aufmerksamkeit der Redakteure findet und in der Berichterstattung berücksichtigt wird. Innerhalb der Kommunikationsforschung betrifft dies die Frage nach den Wechselbeziehungen zwischen Presse- und Medienarbeit und Journalismus. Neben Unternehmen und Journalisten selbst treten aber noch diverse weitere Akteure an, um mit ihren Aussagen und Botschaften in die Medienöffentlichkeit zu gelangen (Rössler 2010, S. 144 ff.). Dazu gehören auch die im Kontext von Social Media als Opinion Holder bezeichneten Blogger und andere Nutzer, die Beiträge verfassen. Im klassischen Journalismus durchlaufen alle Akteure dabei mit Ihren kommunikativen Angeboten einen mehr oder weniger reflektierten Selektionsprozess, der darüber entscheidet, wer im Beitrag berücksichtigt wird. Durch die präsente Platzierung ihrer Positionen, Argumente, Zuschreibungen und Wertungen in der Berichterstattung bieten sie einen Deutungsrahmen an, der am Ende die öffentliche Wahrnehmung eines Unternehmens prägt (Framing-Konzept). Genießen bestimmte Akteure dann auch noch einen entsprechenden medialen Status und Zugang zu den Medien, sind wichtige Voraussetzungen für ihren Einfluss erfüllt. Innerhalb einer Analyse sollten deshalb alle relevanten gesellschaftlichen Interessensgruppen, aber natürlich auch unternehmenseigene Akteure erfasst werden, um durch einen Vergleich herauszufinden, wer die medialen Freunde und Kritiker und damit Treiber der Berichterstattung sind.

3.3 Bewertungsanalyse

Die Erfassung von wertenden Kategorien wird als „Königsdisziplin" der Inhaltsanalyse bezeichnet, da hier die Sprachkompetenz und Interpretationsleistung des Codierers besonders gefragt ist (Rössler 2010, S. 155 ff.). In der Praxis werden unterschiedliche Bezeichnungen wie Tonalität, Tendenz, Tenor, Valenz, Akzeptanz oder Sentiment benutzt. Was alle Begriffe vereint, ist das Ziel der Analyse: Wie wird ein bestimmter Analysegegenstand in der Berichterstattung bewertet bzw. welcher Eindruck wird von ihm nach dem Lesen, Hören oder Sehen beim durchschnittlichen Rezipienten hinterlassen?

Diese affektive Komponente ist neben kognitiven Elementen Teil von vier Mechanismen, die bei der Imagebildung von Bedeutung sind (Bentele 1992, S. 154). Erstens Vereinfachung durch Typologisierung, zweitens Verallgemeinerung von Einzelerfahrung, drittens Überverdeutlichung bzw. „Lupeneffekt" bestimmter Aspekte (Salienz) und viertens die positiven oder negativen Bewertungen.

Die Messung von Bewertungen ist besonders im Hinblick auf Inferenzschlüsse am wichtigsten, wenn von der veröffentlichten Meinung auf die potentielle öffentliche Meinung geschlossen werden soll. Die Bestimmung einer Bewertung erfolgt mit einer Skala für Richtung und Intensität eines Urteils, das wiederum von der Definition der Analyse- und Codiereinheit abhängig ist. Auf Aussagenebene zählen dazu einzelne explizit und implizit wertende Argumente, Urteile und Meinungen. Auf Beitragsebene erfolgt eine übergreifende Globalbewertung im Beitrag insgesamt.

Grundsätzlich sind zwei Verfahren zur Bestimmung einer Bewertung auf Beitragsebene zu unterscheiden. Im sogenannten *Additionsmodell* erfolgt durch den Codierer eine Art mathematische Bestimmung, indem er alle Einzelurteile miteinander „verrechnet". Im *Durchschnittsmodell* nimmt der Codierer in der Rolle des durchschnittlichen Rezipienten ohne mathematische Verrechnung eine Globalbewertung vor, die eher einem alltagsrationalen Verständnis der Informationsverarbeitung folgt. Experimente haben gezeigt, dass das Durchschnittsmodell die Bildung des Gesamteindrucks angemessener beschreibt und zu zufriedenstellenden Reliabilitäten führt (vgl. Engesser und Reinemann 2001 S. 221 ff.).

4 Auswertung und Interpretation

Die Auswertungsstrategie folgt einem ständigen Drill-Down – vom übergeordneten, aggregierten Ergebnis über weitere Stufen bis hinunter zu Details zur Aufdeckung wichtiger Akteure und beteiligter Medien. Zur Anwendung kommen Methoden der univariaten Statistik zur tabellarischen und grafischen Darstellung von Verteilungen und Mittelwerten (z. B. Rangfolgen nach Anzahl beteiligter Akteure, Anteil positiver, neutraler und negativer Beiträge oder mittlere Medientendenz) und bivariaten Statistik, um mindestens zwei Variablen zueinander in Beziehung zu setzen. Mit der bivariaten Statistik werden mit Hilfe absoluter Werte und normierter Durchschnittsmaße Differenzen und Zusammenhänge zwischen Akteuren, Themen und Bewertungen aufgedeckt. Als Standard sind hier vor allem Kreuztabellen und zumindest optische Mittelwertvergleiche zu nennen. Zentral für die Aufdeckung von Trends ist die Berücksichtigung des Zeitfaktors, der dem dynamischen Charakter von Thematisierungsprozessen gerecht wird (Kolb 2005). Allein durch die Phaseneinteilung vor und nach einem kommunikativen Schlüsselereignis können signifikante Veränderungen auf die Beteiligung einzelner kommunikativer Maßnahmen zurückgeführt werden. Zusammengefasst werden die Ergebnisse in Form kommentierter Berichte oder Communication Scorecards im Rahmen des Kommunikations-Controllings (vgl. Kapitel „Kommunikations-Controlling und Evaluation von Kommunikation"; Pollmann und Sass 2011). Zur Interpretationsunterstützung sind Angaben der Grundlagen der Auswertung wie die Anzahl analysierter Medien, ausgewertete Zeiträume und Anzahl der Beiträge und Fälle, auf die die Berechnungen erfolgen, notwendig. Dies ist sehr wichtig bei normierten Maßen wie Prozenten und Mittelwerten, da ein einzelner Beitrag je nach Ausgestaltung der Analyse durch Mehrfachcodierungen eine weit höhere Anzahl von Fällen generiert. Eine parallele Bereitstellung der Ergebnisse über Onlineportale mit Drill-Down-Funktionalitäten erfüllt gleichzeitig zentrale Anforderungen an die Transparenz durch Offenlegung aller analysierten Beiträge in Form von Beitragslisten bis hin zur Verknüpfung aller für das Ergebnis relevanten Aussagen (im Rahmen urheberrechtlicher Bestimmungen).

Um Ergebnisse stärker zusammenzufassen, bietet sich die Bildung von Indizes an. Ein Index ergibt sich, sobald man durch eine Rechenoperation der Werte mehrerer Variablen eine neue Variable erzeugt. Dies kann z. B. durch den Einsatz von Multiplikatoren und einfache Summenbildung erfolgen. Die Bildung eines Indexes muss aber immer vor dem Hintergrund der Frage erfolgen, ob dieser das theoretische Konstrukt angemessen abbildet und verstehbar ist. In der Praxis bekannte Indizes sind z. B. die Berechnung von Werbeäquivalenzwerten zur monetären Bewertung von Berichterstattung oder Auswertungen zur Abbildung potentieller Wahrnehmungswahrscheinlichkeiten (z. B. durch Gewichtung mit der Reichweite). Sie alle berücksichtigen verschiedene in der Analyse erhobene Faktoren wie Platzierung, Umfang, anteilige Präsenz und Bewertung im Beitrag und weitere Faktoren wie Anzeigenpreise und Reichweitendaten, um sie zu einem Wert zu verrechnen. Die Auswahl weiterer externer Daten muss auf jeden Fall nachvollziehbar und begründet sein, besonders dann, wenn weitere Gewichtungsfaktoren ins Spiel kommen (vgl. dazu auch Kolb et al. 2001, S. 24 ff.). Weitere Methoden der bi- und multivariaten Statistik wie Korrelationen und Regressionsanalysen kommen in der Praxis bislang nur selten zur Anwendung. Grund dafür ist die höhere Komplexität und noch vielfach mangelnde fachliche Ausbildung im Bereich empirischer Sozialforschung. Der Einsatz dieser Methoden erlaubt aber eine weit höhere Aussagekraft zur Beschreibung von kausalen Zusammenhängen. So bietet sich die Anwendung der statistischen Zeitreihenanalyse besonders an, um Zusammenhänge im zeitlichen Verlauf zu untersuchen (Scheufele 1999; Blumhoff 2002).

4.1 Computerunterstützte, komplett automatisierte Medienanalysen: Möglichkeiten und Grenzen

Computerunterstützte Inhaltsanalysen (CUI) haben eine lange Tradition innerhalb der empirischen Sozialforschung, aber auch in der Linguistik und Literaturwissenschaft. Selbst für audiovisuelle Medien stehen mittlerweile ausgereifte Technologien bereit, um gesprochenes Wort, aber auch Text im Bild und Bilder selbst (Marken, Personen) automatisch zu erkennen und formal und inhaltlich zu erschließen. Mit der zunehmenden Digitalisierung der Medien, aber auch mit steigender Bedeutung von Onlinemedien und Social Media, wachsen die Begehrlichkeiten nach automatisierten Systemen, die zeitnah die semantische Struktur großer Textmengen offenlegen. Ergebnisse, für die bisher der geschulte Codierer die Relevanz bestimmt, Themen identifiziert, voneinander abgrenzt, zuordnet und Bewertungen im Kontext vornimmt.

Der Anspruch besteht in einer kompletten Ablösung aufwändiger, manueller Tätigkeiten. Was aber ist nach heutigem Stand der Technik möglich? Zur Klassifizierung zur Verfügung stehender Verfahren bietet sich eine Systematisierung nach Scharkow (2012, S. 54 ff.) an, der generell zwischen unüberwachten explorativen und überwachten hypothesengeleiteten Verfahren differenziert.

Zu den *unüberwachten explorativen Verfahren* zählen einfache Textstatistiken (Häufigkeit von bestimmten Zeichen bzw. Zeichenkombinationen z. B. für Verschlagwortung und

Tag Clouds), Co-Occurrence-Verfahren (Interesse an gemeinsames Auftreten bestimmter Begriffe z. B. für Marken-Assoziationsanalysen) und clusteranalytische Verfahren zur automatischen Strukturierung und Klassifikation einer großen Zahl an Dokumenten, bekannt unter dem Begriff TDT (topic detection and tracking). Ein bekanntes Anwendungsbeispiel ist *Google News*. Mit diesem Verfahren werden Dokumente, die sich am ähnlichsten sind, schrittweise in einem Cluster zusammengefasst. Innerhalb der Kommunikationsforschung kann dieses Verfahren bei Berücksichtigung weiterer Faktoren zur Bestimmung neuer medialer Ereignisse als Grundlage für ein ungerichtetes Issue-Scanning-System ausgebaut werden (vgl. auch Eisenegger 2005, S. 135 ff.). All diese sogenannten induktiven Verfahren lassen die Berichterstattung für sich sprechen und bedürfen keinerlei aufwändiger und kostenintensiver Regelspezifikation, aber benötigen hohe Kompetenz im Bereich der Dateninterpretation.

Überwachte, hypothesengeleitete Verfahren fangen schon mit den benannten Freitextrecherchen mit Suchbegriffen in Datenbanken an. Der Anwender erhält zwar Unterstützung durch eine mathematisch berechnete Relevanz, die endgültige Relevanzbeurteilung nimmt hier aber der Mensch vor. In der Computerlinguistik spricht man von den Kriterien Precision (Relevanz) und Recall (Vollständigkeit), die es in Einklang zu bringen gilt. Weiterhin gehören diktionärbasierte, d. h. wörterbuchbasierte Verfahren dazu, bei denen Indikatoren in Form einzelner Worte und Wortstämme als Bestandteil umfangreicher Ontologien zur Einordnung in zuvor definierte Kategorien definiert werden. Valide sind solche Verfahren für einfache explizite, manifeste Texteigenschaften (z. B. eindeutige Eigennamen, Schlagworte). Diese sogenannten deduktiven Verfahren erfordern aber eine aufwändige konzeptionelle Vorarbeit, um statistische und/oder linguistische Regeln festzulegen. Allein der Aufwand für die Erstellung guter Wörterbücher ist weit höher als bei einer manuellen Codierung. Insgesamt sind diese Verfahren zwar aussagekräftig für einfache Anwendungen wie die Erkennung von Eigenamen oder Orten (Entitäten), aber nicht valide für komplexe Konstrukte.

Die Frage nach dem Potential dieser einzelnen Verfahren lässt sich damit nicht pauschal beantworten. Kernfrage ist dabei: Welche Bearbeitungsstufen im Prozess der Textinterpretation können einem menschlichem Codierer von der Maschine abgenommen werden? Zentrale Beurteilungskriterien sind auch hier die

- *Validität:* Sind die getroffenen Aussagen gültig im Hinblick auf die Fragestellung?
- *Reliabilität:* Ist die Analyse jederzeit reproduzierbar?
- *Skalierbarkeit:* Wie hoch ist der Aufwand für das Hinzufügen weiterer Beiträge oder neuer Indikatoren, d. h. Variablen, im Codebuch?

4.1.1 Maschinelles Lernen als Hybrid zwischen computergestützter und computerunterstützter Inhaltsanalyse

Die aussichtsreichste Entwicklung liegt eher in der Kombination manueller und automatischer Verfahren – dem sogenannten maschinellen Lernen, ein halbautomatisches Verfahren auf Grundlage von Beispielen (Scharkow 2012, S. 89 ff.). Mit diesem Verfahren wird anhand einer kleinen Stichprobe das Messinstrument entwickelt, um es anschließend nahtlos auf eine große Zahl an Berichterstattung anzuwenden.

Hier gilt aber ebenfalls: Umso tiefer in die semantische Vorverarbeitung vorgedrungen werden soll, desto aufwändiger ist das Training. Anwendungsbeispiele sind hier z. B. der IPTC der dpa. Zwar passiert viel im Bereich kommerzieller Forschung, deren Lösungen vielfach unter dem Stichwort *Big Data* vermarktet werden. Für die Anwendung auf spezifische Fragestellungen der Unternehmenskommunikation muss aber auch hier weiterer Aufwand getrieben werden. Vielversprechend sind Entwicklungen von strukturierten Ontologien wie die Internet-Wissensplattform Alexandria, die Millionen Einträge zu Personen, Orten, Ereignissen und Organisationen bereitstellt, um eine eindeutige Bestimmung dieser sogenannten Entitäten und komplexe semantische Beziehungen untereinander abbilden zu können, die über eine reine Verschlagwortung hinausgehen.

Weiterer Forschungsaufwand muss auf Ebene der automatisierten Bewertungsanalyse getrieben werden. Auch hier werden vermehrt Verfahren auf Basis maschinellen Lernens eingesetzt (Scharkow 2012, S. 94 f.). Im breiten Einsatz befinden sich diese Formen der automatisierten Analyse unter dem Stichwort *Sentimentanalyse* bzw. *Opinion Mining* bereits für Social Media, da hier eine manuelle Bearbeitung allein an der Menge des zu analysierenden Beitragsvolumens scheitert. Verschiedene Studien zeigen, dass aber je nach eingesetztem Verfahren die Ergebnisse aufgrund des natürlichen Charakters der Sprache in Social Media in vielen Fällen sehr unterschiedlich bis fehlerhaft sind (Thelwall et al. 2010). Für inhaltlich tiefergehende Analysen kann auf den Faktor Mensch nicht verzichtet werden, da der Codierer intellektuell immer noch besser in der Lage ist, auch Kontextinformationen bei der Bestimmung einer Bewertung zu berücksichtigen. Sofern explizite und unvermittelte Formulierungen, die in einer Sprachgemeinschaft inhaltlich gleich interpretiert werden, genutzt werden, erzielen maschinelle Verfahren gute Ergebnisse. Dies folgt der Logik der „harten" Codierung, bei der nur eindeutige Fälle einer bestimmten Bewertung zugeordnet werden (Rössler 2010, S. 159). Es ist nachvollziehbar, dass der Einsatz dieses Verfahrens für die komplexere journalistische Sprache in den traditionellen Massenmedien eine weitere Herausforderung darstellt.

5 Medienanalysen als Teil von Analysenetzwerken

Die Kopplung von Medienanalysen mit medienexternen Daten (Indikatoren der Realität wie Umfragedaten, Marktanteile im Vergleich zu publizistischen Marktanteilen, Aktienkurse) erhöht die globale Plausibilität der Analyseergebnisse im Managementprozess. Medienanalysen befassen sich immer mit den exponierten Meinungen öffentlich sichtbarer Akteure, die aber nicht automatisch deckungsgleich mit öffentlichen Meinungen sind (Gerhards und Neidhardt 1993). Was für Kommunikationsmanagement insgesamt gilt, dass „die Unternehmenskommunikation immer dann einen optimalen Beitrag zur sozialen Integration leisten kann, wenn ihre Teilaspekte selbst miteinander abgestimmt sind" (Zerfaß 2010, S. 308), gilt ebenso für die Analyse des gesellschaftspolitischen Umfelds, relevanter Themen und Issues. Der Beitrag von Medienanalysen zum Erfolg der Unternehmung ist dann am größten, wenn sie in differenzierte Analysenetzwerke integriert sind. Eine horizontale Integration wird dort vorgenommen, wo die Prozesse verschiedener Medienanalysen (Print, Social Media, Bewegtbild, etc.) aufeinander abgestimmt werden. Eine differenzierte Integration bedeutet schließlich, Medienanalysen mit anderen Untersuchungsmethoden (beispielsweise Umfragedaten) dahingehend zu synchronisieren, dass der Prozess von den kombinierten Stärken aller Methoden profitieren kann – ganz im Sinne des Wirkungsstufenmodells von DPRG und ICV (vgl. Kapitel „Kommunikations-Controlling und Evaluation von Kommunikation"). Die wichtigste Voraussetzung dafür ist, für die jeweiligen Messmethoden ähnliche Konstrukte zu definieren und zu operationalisieren, damit sie später zusammen ausgewertet werden können. Erst die kombinierte Auswertung aller relevanten Merkmale ermöglicht es, wichtige Einflussfaktoren im Prozess öffentlicher Meinungsbildung zu identifizieren und unter Berücksichtigung kommunikationstheoretischer Annahmen zu interpretieren. Die richtige Zusammenführung und Interpretation der Ergebnisse rückt dabei als entscheidender Prozess ins Zentrum. Sollen auf dieser Grundlage marktrelevante Entscheidungen getroffen werden, muss die Gefahr ökologischer Fehlschlüsse durch Unterstellung von Zusammenhängen, wo keine sind, von Anfang an ausgeräumt werden. Die korrekte Interpretation als fundiertes Urteil darüber, wie das Unternehmen „von seinen Zielgruppen beziehungsweise von der gesamten Öffentlichkeit eingeschätzt wird" (Beger et al. 1989, S. 46) und welche strategisch bedeutenden Themen aus Sicht der Unternehmung zu berücksichtigen sind, ist letztlich der relevante, nur selten umfassend eingelöste, Beitrag von Medienanalysen zum Prozess des Kommunikationsmanagements.

Literatur

Beger, R., Gärtner, H.-D., & Mathes, R. (1989). *Unternehmenskommunikation. Grundlagen, Strategien, Instrumente*. Wiesbaden: Gabler.
Bentele, G. (1992). Images und Medien-Images. In W. Faulstich (Hrsg.), *Image, Imageanalyse, Imagegestaltung* (S. 152–176). Bardowick: Wissenschaftler-Verlag.
Bentele, G. (1994). Öffentliches Vertrauen - normative und soziale Grundlage für Public Relations. In W. Armbrecht & U. Zabel (Hrsg.), *Normative Aspekte der Public Relations. Grundlagen und Perspektiven. Eine Einführung* (S. 131–158). Opladen: Westdeutscher Verlag.
Blumhoff, A. (2002). *Das öffentliche Bild des Shell-Konzerns in der deutschen Presseberichterstattung: Eine zeitreihenanalytische Untersuchung der Jahre 1995 bis 2000*. München: GRIN.
Cutlip, S. M., Center, A. H., & Broom, G. M. (1994). *Effective public relations*, (7. Aufl.). Englewood Cliffs: Prentice-Hall.
Eisenegger, M. (2005). *Reputation in der Mediengesellschaft. Konstitution - Issues Monitoring - Issues Management*. Wiesbaden: VS Verlag für Sozialwissenschaften.
Engesser, E., & Reinemann, C. (2001). Können sich Aussagen und Beiträge widersprechen? Die Relevanz sozialpsychologischer Erkenntnisse zur Personenwahrnehmung für die inhaltsanalytische Tendenzmessung. In W. Wirth & E. Lauf (Hrsg.), *Inhaltsanalyse. Perspektiven. Probleme. Potentiale* (S. 218–233). Köln: Herbert von Halem.
Früh, W. (2007). *Inhaltsanalyse: Theorie und Praxis* (6. Aufl.). Konstanz: UVK.

Gerhards, J., & Neidhardt, F. (1993). Strukturen und Funktionen moderner Öffentlichkeit. Fragestellungen und Ansätze. In W. R. Langenbucher (Hrsg.), Politische Kommunikation. Grundlagen, Strukturen, Prozesse (S. 52–88) Wien: Braumüller.

Klepel, A. (2011). *Der sechste Sinn von Kommunikationsexperten?* Unveröffentlichte Magisterarbeit. Leipzig: Universität Leipzig.

Kolb, S. (2005). *Mediale Thematisierung in Zyklen. Theoretischer Entwurf und empirische Anwendung.* Köln: Halem.

Kolb, S., Mathes, R., & Kochhan, C. (2001). Von der kommunikatzentrierten Auswertung von Medieninhaltsanalysen zur Schätzung von Rezeptionswahrscheinlichkeiten? Wahrnehmungschancen als Ansatz für eine Weiterentwicklung der Inhaltsanalyse. In W. Wirth & E. Lauf (Hrsg.), *Inhaltsanalyse. Perspektiven. Probleme. Potentiale* (S. 244–261). Köln: Herbert von Halem.

Lasswell, Harold D. (1948). The structure and function of communication in society. In L. Bryson (Hrsg.), *The communication of ideas. A Series of addresses* (S. 32–51). New York: Harper and Brothers.

Liehr, K., Peters, P., & Zerfaß, A. (2010). Reputation messen und bewerten – Grundlagen und Methoden. In J. Pfannenberg & A. Zerfaß (Hrsg.), *Wertschöpfung durch Kommunikation. Kommunikations-Controlling in der Unternehmenspraxis* (S. 153–167). Frankfurt am Main: Frankfurter Allgemeine Buch.

Luhmann, N. (1987). *Soziale Systeme. Grundriss einer allgemeinen Theorie.* Frankfurt am Main: Suhrkamp.

Mast, C. (2010). *Unternehmenskommunikation* (4. Aufl.). Stuttgart: Lucius & Lucius.

Mathes, R., & Zerfaß, A. (2010). Medienanalysen als Steuerungs- und Evaluationsinstrument für die Unternehmenskommunikation. In J. Pfannenberg & A. Zerfaß (Hrsg.), *Wertschöpfung durch Kommunikation. Kommunikations-Controlling in der Unternehmenspraxis* (S. 98–111). Frankfurt am Main: Frankfurter Allgemeine Buch.

McCombs, M. E., & Shaw, D. L. (1972). The agenda-setting function of mass media. *Public Opinion Quarterly, 36*(2), 176–187.

Merten, K. (1995). *Inhaltsanalyse: Einführung in Theorie, Methode und Praxis* (2. Aufl.). Opladen: Westdeutscher Verlag.

Merten, K. (2007). Medienanalysen in der Mediengesellschaft. Möglichkeiten und Grenzen. In Thomas Wägenbaur (Hrsg.), *Medienanalyse. Methoden, Ergebnisse, Grenzen* (S. 21–50). Baden-Baden: Nomos.

Noelle-Neumann, E. (1973). Kumulation, Konsonanz und Öffentlichkeitseffekt. Ein neuer Ansatz zur Analyse der Medienwirkungen. *Publizistik, 18*(1), S. 26–55.

Pollmann, R., & Sass, J. (2011). *Reporting im Kommunikations-Controlling* (communicationcontrolling.de Dossier Nr. 5). Berlin: DPRG/ Universität Leipzig.

Rössler, P. (2010). *Inhaltsanalyse,* (2. Aufl.). Konstanz: UVK.

Scharkow, M. (2012). *Automatische Inhaltsanalyse und maschinelles Lernen.* Berlin: epubli.

Scheufele, B. (1999). Zeitreihenanalysen in der Kommunikationsforschung. Eine praxisorientierte Einführung in die uni- und multivariate Zeitreihenanalyse mit SPSS for Windows. Stuttgart: Edition 451.

Scheufele, B. (2000). „Scattered" or related – clarifying the framing concept by integrating related approaches? In H.-B. Brosius (Hrsg.), *Kommunikation über Grenzen und Kulturen* (S. 381–398). Konstanz: UVK.

Seiffert, J., Bentele, G., & Mende, L. (2011). An explorative study on discrepancies in communication and action of German companies. *Journal of Communication Management, 15*(4), 349–367.

Thelwall, M., Buckley, K., Paltoglou, G., Cai, D., & Kappas, A. (2010). Sentiment in short strength detection informal text. *Journal of the American Society for Information Science, 61*(12), 2544–2558.

Top, J. (2006). *Konsensanalyse: Ein neues Instrument der Inhaltsanalyse. Theoretische Fundierung und empirische Kalibrierung.* Norderstedt: BoD.

Yagade, A., & Dozier, D. M. (1990). The media agenda-setting effect of concrete versus abstract issues. *Journalism Quarterly, 67*(1), 3–10.

Zerfaß, A. (2010). *Unternehmensführung und Öffentlichkeitsarbeit. Grundlegung einer Theorie der Unternehmenskommunikation und Public Relations* (3. Aufl.). Wiesbaden: VS Verlag für Sozialwissenschaften.

Zerfaß, A., & Pfannenberg, J. (2005). Kommunikations-Controlling: Neue Herausforderungen für das Management. In J. Pfannenberg & A. Zerfaß (Hrsg.), *Wertschöpfung durch Kommunikation. Wie Unternehmen den Erfolg ihrer Kommunikation steuern und bilanzieren* (S. 14–26). Frankfurt am Main: Frankfurter Allgemeine Buch.

Social Media Monitoring: Grundlagen und Zielsetzungen

Stefanie Aßmann und Thomas Pleil

Zusammenfassung

Das Monitoring von Informationen, Diskussionen und öffentlicher Meinungsbildung in sozialen Medien ist eine der großen Herausforderungen für Unternehmen. Dies ist unabhängig von der Frage zu sehen, ob und wie eine Organisation selbst aktiv im Social Web kommuniziert. Konzeptionell herausfordernd sind die unterschiedlichen Zielsetzungen, die mit Social Media Monitoring verbunden sein können. In der Umsetzung sind Datenerfassung und -aufbereitung und vor allem die systematische Einbeziehung der Ergebnisse in Entscheidungsprozesse von Unternehmen genau zu organisieren, damit das Monitoring systematischen Nutzen erzeugen kann.

Schlüsselwörter

Social Media Monitoring · Social Media · Issues Management · Kommunikations-Controlling · Evaluation · Unternehmenskommunikation

---

S. Aßmann (✉)
elbkind
Große Elbstraße 145d, 22767 Hamburg, Deutschland
E-Mail: assmann@elbkind.de

T. Pleil
Hochschule Darmstadt, Institut für Kommunikation und Medien
Max Planck-Straße 2, 64807 Dieburg, Deutschland
E-Mail: thomas.pleil@h-da.de

1 Öffentlichkeit im Social Web

Die Veränderungen der Öffentlichkeit durch Social Media und die damit verbundenen Herausforderungen für die Unternehmenskommunikation werden seit einiger Zeit diskutiert (Pleil 2005; Zerfaß und Boelter 2005; vgl. Kapitel „Internet und Social Software in der Unternehmenskommunikation"). Länger klar ist, dass Öffentlichkeit heute nicht mehr allein mit der durch Journalisten hergestellten Öffentlichkeit der Massenmedien gleichzusetzen ist, sondern dass eine Demokratisierung der öffentlichen Meinungsbildung (Zerfaß und Boelter 2005, S. 83) festzustellen ist. Denn mit dem Internet und vor allem mit Social Media-Anwendungen stehen zahlreiche neue Möglichkeiten zur Verfügung, um Öffentlichkeit herzustellen, öffentlichen Diskurs zu pflegen oder auch nur Bewertungen abzugeben.

Und so nutzen manche Bürger die Gelegenheit, mit Hilfe von Weblogs oder anderen Instrumenten ein eigenes Publikationskonzept zu entwickeln. Andere äußern öffentlich ihre Meinung zu Produkten und Dienstleistungen, etwa in Form von Bewertungen oder Rezensionen. Dies kann auf Webpräsenzen der Nutzer wie auf Social Network-Profilen geschehen, aber auch auf Bewertungsplattformen, in Foren oder bei Angeboten von Unternehmen wie zum Beispiel Fanseiten in Social Networks, in Online-Shops oder in Online-Angeboten der Medienmarken. Wieder andere verbreiten Themen, beispielsweise in sozialen Netzwerken.

Letztlich haben die sozialen Medien die Möglichkeiten des einzelnen Internetnutzers zur Teilhabe an Öffentlichkeit deutlich verbessert (Pleil 2012a, S. 20). Dasselbe gilt natürlich auch für Organisationen beziehungsweise Unternehmen. Sie haben nun die Möglichkeit, direkt für ihre Stakeholder eigene Publikationsplattformen zu schaffen, können aber auch auf fremden Plattformen mit ihnen in Dialog treten und weitergehend Beziehungen pflegen sowie Beteiligung fördern, sofern dies kommunikationsstrategisch sinnvoll erscheint.

Diese Teilhabe von Nutzern oder von Unternehmen an der netzgeprägten Öffentlichkeit geschieht jedoch nicht isoliert, sondern gegebenenfalls in enger Wechselwirkung mit der klassischen Medienberichterstattung. Dies kann bedeuten, dass Nutzer Themen der Medienmarken weitertragen und somit ihrem Umfeld zugänglich machen. Umgekehrt ist auch möglich, dass Medien so genannten *User generated content* aufgreifen – sofern dieser die klassischen Nachrichtenwerte erfüllt. Mittlerweile nutzen die meisten Journalisten Social Media-Instrumente zur Themenfindung wie auch zur Verifizierung von Informationen (Oriella 2012). Für Unternehmen bedeutet dies, dass aufgrund der Netzwerkeffekte die Möglichkeit besteht, dass sich Themen auf neuen Wegen und vor allem grenzübergreifend und fast in Echtzeit verbreiten. Allerdings: Dies geschieht nur in Ausnahmefällen, denn Kommunikation im Social Web findet – abgesehen von einigen Focal Points – weitgehend als Narrowcasting statt (Pleil 2012a, S. 21). Damit ist gemeint, dass die Publikationsaktivitäten der meisten Nutzer typischerweise entweder in deren engerem sozialen Umfeld wahrgenommen werden oder in einem themenbezogenen Umfeld. Dies, obwohl die Veröffentlichung von Beiträgen im Social Web typischerweise öffentlich ist. Schmidt

(2008, S. 28) spricht in diesem Zusammenhang von persönlichen Öffentlichkeiten und von einer Trennung der in der klassischen Medientradition bestehenden Verknüpfung zwischen Öffentlichkeit und gesellschaftlicher Relevanz. Denn während die journalistischen Nachrichtenwerte Ergebnisse der Auseinandersetzung mit öffentlicher Relevanz von Themen sind, stehen bei den persönlichen Öffentlichkeiten individuelle Kriterien des Interesses im Vordergrund (ebd.). Für die Verbreitung von Themen insgesamt kann angenommen werden: Je eher die individuellen Relevanzkritierien eines Akteurs im Social Web mit den journalistischen Nachrichtenwerten in Übereinstimmung sind, desto größer dürfte die Wahrscheinlichkeit einer weiten öffentlichen Verbreitung sein.

Aus Unternehmenssicht sind diese Entwicklungen aus mehrerlei Hinsicht von Bedeutung: Auf der einen Seite sieht sich die Unternehmenskommunikation neuen Akteuren in der Öffentlichkeit und neuen Mechanismen in der Entwicklung öffentlicher Themen gegenüber. Dies tangiert direkt das *Issues Management* (Ingenhoff und Röttger 2008; vgl. Kapitel „Issues Monitoring und Issues Management in der Unternehmenskommunikation"), also den Umgang mit öffentlichen Themen, die in Bezug auf das einzelne Unternehmen Kommunikationschancen versprechen oder umgekehrt als riskant einzustufen sind. Auf der anderen Seite kann durch die neuen Publikationsmöglichkeiten für Unternehmen ein riesiger Fundus an Meinungsäußerungen und Bewertungen, aber auch an Erwartungen oder Verbesserungsvorschlägen der Stakeholder sichtbar werden, so dass der Umgang hiermit – oft auch unter dem Schlagwort *Big Data* diskutiert – zum Beispiel auch aus Sicht der Marktforschung interessant sein kann. Vor diesen Hintergründen ist die Diskussion um Social Media Monitoring zu sehen. Eine weitere wichtige Frage ist, inwieweit durch Monitoring der Erfolg der eigenen Social Media-Aktivitäten gemessen werden kann.

> **Social Media Monitoring**
> Social Media Monitoring bedeutet die Beobachtung relevanter Themen und Diskussionen für eine Organisation im Social Web. Hierbei können vielfältige Ziele unterstützt werden: Dies reicht von der Unterstützung des Issues Managements, des Reputationsmanagements, des aktiven Kommunikationsmanagements über die Erfolgsmessung der eigenen Kommunikation bis hin zum Benchmarking. Auch Kundenservice und Marktforschung können durch Social Media Monitoring sinnvoll ergänzt werden.

2 Zielsetzungen des Social Media Monitorings

Vor dem Einsatz von Social Media Monitoring im Unternehmen ist es sinnvoll, mit den unterschiedlichen Abteilungen im Unternehmen die verschiedenen Anforderungen und Zielsetzungen zu definieren. Nur so ist es möglich, qualitativ brauchbare Ergebnisse zu erhalten. Auf Basis der Ziele werden Inhalt, Umfang und die Kriterien für das Monitoring festgelegt. Dabei gibt es verschiedene Zielsetzungen für das Monitoring von Social Media (Aßmann 2010, S. 33 ff.; Brauckmann 2010). Entsprechend unterscheidet sich in der Praxis auch der Hintergrund von Monitoring-Anbietern: Einige entstammen Bereichen wie Marktforschung oder Business Intelligence, andere aus der Public Relations beziehungsweise der integrierten Kommunikationsberatung, wieder andere aus der IT-Beratung oder der Medienbeobachtung (Plum 2010, S. 21).

2.1 Erfolgsmessung

Immer mehr Unternehmen sind heutzutage in Social Media aktiv. Innerhalb der eigenen Firma müssen sich die betreuenden Mitarbeiter in den meisten Fällen für ihr Engagement rechtfertigen. Das Messen des Erfolgs von Social Media-Maßnahmen ist je nach Zielsetzung jedoch nicht trivial. Für die einzelnen Social Media-Plattformen existieren zahlreiche Kennzahlen zur Evaluation (Pasold 2010). Die Messgrößen für klassische Medien können jedoch nicht einfach auf Social Media übertragen werden. Ein allumfassendes Kennzahlenset für alle Kanäle konnte bis heute nicht gefunden werden (Heltsche 2012), was aufgrund der unterschiedlichen Zielsetzungen in der Kommunikation und der individuellen Ausgangslage in jedem Unternehmen auch schwierig sein dürfte.

Da es beim Engagement der Unternehmen in Social Media oft um den Dialog mit Kunden oder anderen Bezugsgruppen geht, sollte vor allem die Anzahl und Entwicklung der Interaktionen (Likes, Replies, Kommentare etc.) betrachtet werden. Die Zahl der eingebundenen Nutzer – im Kontext zu dem erreichten Personen – zeigt, wie relevant der veröffentlichte Inhalt für die Zielgruppe ist. Wird der eigene Inhalt angenommen und diskutiert? Sind die Kunden an einem offenen Dialog mit dem Unternehmen interessiert? Vor allem Facebook bietet Unternehmen sehr genaue Kennzahlen zur Erfolgsmessung. Bei der Durchführung von Kampagnen sollte neben den Auswertungsmöglichkeiten der einzelnen Social Media-Kanäle gemessen werden, wie oft der Markenname beziehungsweise die Produkte des Unternehmens auf den verschiedenen Plattformen erwähnt werden. Eine Analyse der Social Media-Kommunikation gibt zudem Aufschluss, ob die Maßnahme vom Publikum eher positiv oder negativ aufgegriffen wird oder welche Personen sich mit der Marke beschäftigen. Um hier brauchbare Ergebnisse zu erhalten, sollte die Kommunikation im Social Web vor, während und nach der Kampagne ausgewertet werden. Nach Möglichkeit sollten die Erkenntnisse des Social Media Monitorings mit den Werten aus dem Webtracking bzw. aus dem klassischen Marketing kombiniert werden. Die meisten Kampagnen haben individuelle Zielsetzungen, die erreicht werden sollen. Unternehmen müssen daher individuelle Zielsetzungen definieren (Aßmann und Röbbeln 2013, S. 111).

2.2 Benchmarking

Ein weiterer Grund für Social Media Monitoring ist die Beobachtung des Wettbewerbs und die direkte Vergleichsmöglichkeit mit der Konkurrenz. Wie hoch ist der Anteil der Kommunikation zur eigenen Marke im Vergleich zum Wettbewerb? Welche Content-Strategien verfolgen andere Unternehmen – und mit welchem Erfolg? Existieren zum eigenen Unternehmen eine höhere Anzahl an kritischen Beiträgen, werden Probleme der eigenen Produkte häufiger diskutiert? Das Kommunikationsvolumen alleine hat im Vergleich mit dem Wettbewerb jedoch nicht zwangsläufig eine Aussagekraft. Stammt die Anzahl der Beiträge von einem bestimmten Tag oder einem bestimmten Zeitraum? Wird ein Unternehmen in einem Beitrag nur erwähnt, oder thematisiert der gesamte Artikel das Unternehmen? Unternehmen sollten das Kommunikationsvolumen im Zeitverlauf betrachten und vor allem die Tage genauer analysieren, an denen besonders viele Beiträge zur eigenen Marke veröffentlicht worden sind.

Um die Werte zum eigenen Unternehmen besser einschätzen zu können, ist es wichtig, einen Vergleichswert zu haben. Benchmarks sind dabei in verschiedenen thematischen Richtungen möglich (Aßmann und Röbbeln 2013, S. 315):

- Unternehmenspositionierung im Vergleich zum Wettbewerb,
- Positionierung der eigenen Firma im Vergleich zum Best-Practice,
- Benchmark mit dem Branchendurchschnitt,
- Interner Benchmark einzelner Abteilungen im Unternehmen.

Gerade beim Vergleich mit dem Wettbewerb oder dem Branchendurchschnitt müssen verschiedene Faktoren mit einbezogen werden. Führt das konkurrierende Unternehmen beispielsweise eine Kampagne durch, ist das höhere Kommunikationsvolumen im Kontext zu betrachten. Auch der sehr beliebte Vergleich unter Fanpages in Social Networks sollte sinnvoll gewählt werden. Ein Unternehmen sollte einen ähnlichen Benchmark heranziehen, nur so macht der Vergleich von Anzahl der Interaktionen oder dem Fanwachstum Sinn. Der Einsatz von Werbemitteln sollte ebenfalls bei der Betrachtung berücksichtigt werden.

Durch die Analyse der Kommunikation zum Wettbewerb und die Beobachtung der Social Media-Profile ist ein Unternehmen auch informiert, welche Maßnahmen die Konkurrenz durchführt. Darüber hinaus können Unternehmen mit potentiellen Kunden in Kontakt treten, die zum Beispiel mit einem Produkt von einem Wettbewerber unzufrieden sind.

2.3 Kundeninsights und Kundenservice

Konsumenten fragen oft öffentlich um Rat, wenn sie den Kauf eines Produktes ins Auge fassen oder wenn sie ein Problem mit einem bestehenden Produkt haben. Immer mehr

Unternehmen haben Social Media als Servicekanal erkannt und bieten Kundenservice aktiv an. Viele Firmen setzen Kundenservice dabei nur auf den eigenen Kanälen ein. Dabei können sie vor allem punkten, wenn sie auf Fragen und Probleme reagieren, die nicht direkt an das eigene Unternehmen adressiert sind. In diesem Fällen rechnen die Kunden oftmals nicht mit einer Antwort und sind dann positiv überrascht (Aßmann und Röbbeln 2013, S. 311).

Auch hier gilt es, in einem angemessenen Zeitraum zu reagieren. Die Kunden sind meist nicht bereit, länger als 24 Stunden auf eine Antwort zu warten. Durch das Beobachten der Social Media-Kommunikation haben Unternehmen die Möglichkeit, zeitnah auf Fragen zum eigenen Produkt zu reagieren oder die Kunden bei Problemen mit Lösungsvorschlägen zu unterstützen. Darüber hinaus erfahren die Unternehmen generell auch sehr viel über die Qualität der Produkte oder wie Dienstleistung verbessert werden können.

Der Kundenservice sollte im Idealfall kanalübergreifend betrachtet werden. Wie ist das Verhältnis der Anfragen über die verschiedenen Social Media-Kanäle im Vergleich zu den Anfragen im Call Center? Wie hoch der Anteil der Fragen, die zur Zufriedenheit der Kunden beantwortet werden konnten? Wie hoch ist der Anteil der beantworteten Fragen im Kontext zu allen gestellten Fragen? Wie viel Zeit ist zur Beantwortung der Fragen benötigt worden? Haben die Kunden im Anschluss noch einmal auf die Antwort reagiert und sich gegebenenfalls bedankt? Das alles sind mögliche Messgrößen für aktiven Kundenservice im Social Web (Gentsch 2011).

2.4 Markt- und Themenanalyse

Zu keinem Zeitpunkt zuvor war es einfacher, die Meinung von Kunden über Produkte oder Marken zu erhalten. Produkt- und Dienstleistungsinnovationen sind entscheidend für jede Art von Unternehmen. Um zu wissen, welche Wünsche und Bedürfnisse die eigenen Kunden haben, ist es sinnvoll, diese zu fragen oder im Social Web zu analysieren, welche Ideen und Ansätze die Konsumenten in Bezug auf die eigenen Produkte oder relevante Themenbereiche diskutieren. Durch Social Media Monitoring erfahren Unternehmen, auf welchen Plattformen über die eigene Marke und vor allem für das Unternehmen relevante Themen diskutiert werden. Gerade in Fachforen und Communities tauschen sich die User sehr intensiv und auf einem sehr hohen Niveau über ein bestimmtes Thema aus, auch Themenblogs und andere Publikationsorte können in diesem Zusammenhang bedeutsam sein (Aßmann und Röbbeln 2013, S. 312).

Im Innovationsmanagement können Unternehmen durch Social Media Monitoring feststellen, mit welchen Inhalten sich die Konsumenten in Zusammenhang mit den eigenen Produkten auseinandersetzen. Gibt es von Seiten der Kunden gegebenenfalls Verbesserungsvorschläge für das Unternehmen? Das Feedback der Nutzer zum Unternehmen sollten die Firmen in jedem Fall festhalten.

2.5 Issues und Agenda Setting

Issues sind Themen, die ein Unternehmen betreffen können, indem sie Handlungsoptionen erschließen und in die eigene Kommunikation – etwa im Sinne einer besseren Positionierung – integriert werden können. Umgekehrt können sich Issues negativ auf das Unternehmen, seine Handlungsspielräume oder seine Reputation auswirken (Pleil 2012b, S. 86). Grundsätzlich sehen Ingenhoff und Röttger (2008, S. 325) drei Gründe, weshalb Issues Management an Bedeutung gewinnt: „Medialisierung, Digitalisierung und der wachsende Legitimationsdruck vor allem von großen, international tätigen Organisationen."

Issues sollten möglichst in einem frühen Entwicklungsstadium erkannt und bewertet werden. Im Idealfall geschieht dies bereits, wenn sich aufgrund einzelner Statements ein mögliches Thema erst andeutet. Ein Grund hierfür ist, dass die Frühphase für das Framing eines Issues von entscheidender Bedeutung ist (Becker 2012, S. 368). Vereinfacht ausgedrückt bedeutet dies, dass frühe und klare Einordnungen in vielen Fällen helfen können, die Deutungshoheit über einen Sachverhalt zu wahren, denn die ersten Interpretationsmuster eines Sachverhaltes sind in der öffentlichen Debatte meist besonders stark – sofern sie glaubwürdig erscheinen. Alternativ kann unter Umständen ein sich entwickelndes Issue frühzeitig beendet werden. Ein Beispiel wäre eine schnelle Reaktion auf eine im Social Web geäußerte Kundenbeschwerde. Eine für die Kunden zufrieden stellende Lösung vorausgesetzt, lässt sich ein solches Issue kommunikativ schnell – und vor allem öffentlich sichtbar – abschließen, so dass eine weitere Verbreitung des Issues vermieden wird.

Gleichzeitig ist aus der Krisenforschung bekannt, dass im Verlauf der Entwicklung eines Issues – die sich zunächst in öffentlicher Aufmerksamkeit misst – die Handlungsoptionen eines betroffenen Unternehmens sich drastisch verringern beziehungsweise der Aufwand aus Sicht von Kommunikation und Verhalten des Unternehmens deutlich steigt (Ingenhoff und Röttger 2008, S. 329). Gerade in krisenhaften Zusammenhängen bleibt ein Issue unter Umständen nicht auf der reinen Kommunikationsebene, sondern es können sehr schnell Handlungsaufforderungen entstehen. Diese lassen sich beispielsweise in Form von Online-Petitionen mit wenigen Mausklicks einrichten. Ähnliches gilt für Boykottaufrufe, wie sie bei besonders emotionalen Themen auf Plattformen wie Facebook entstehen können. Akteure können hierbei Aktivisten sein, die Organisationen zuzuordnen sind, aber auch Akteure, die aus einer individuellen Betroffenheit heraus zu handeln beginnen.

Ein anderer Grund, der für ein frühzeitiges Erkennen potenzieller Issues spricht: Durch die potenziellen Netzwerkeffekte können sich Issues im Social Web im Grundsatz rasend schnell verbreiten, und durch den globalen Charakter des Internet ist im Zweifel eine nur lokale Ausbreitung eines Issues oft nicht mehr gegeben. Umgekehrt gilt natürlich, dass nicht jedes potenzielle Issue automatisch Verbreitung erfährt, und selbst der Extremfall eines Boykottaufrufs muss mittelfristig einem Unternehmen automatisch nicht schaden. Deshalb ist eine genaue Einordnung insbesondere bei potenziell negativen Issues mit Hilfe von Szenarien sinnvoll. Allerdings existieren bisher kaum Instrumente, die die Bildung solcher Szenarien zuverlässig unterstützen. Ingenhoff und Röttger (2008, S. 329) halten eine genaue Analyse eines Issue-Zyklus nur aus der Ex-Post-Perspektive für möglich.

Allerdings können bestimmte Rahmenbedingungen im Einzelfall zumindest eine grobe Einordnung unterstützen. So empfiehlt sich für die Abschätzung der Verbreitungswahrscheinlichkeit eines Issues, auf folgende Ebenen zu achten:

- *Thema*: Besonders Themen mit moralischem Bezug (Friedrichsen und Mühl-Benninghaus 2010, S. 166) sind aus Unternehmenssicht kommunikativ problematisch, da sie bereits mit gestörten Kommunikationsprozessen einhergehen.
- *Akteur*: Zu analysieren ist der Bezug des Akteurs zum Unternehmen (ist er beispielsweise Kunde oder ehemaliger Mitarbeiter?), sein genauer Bezug zum Issue sowie seine Rolle in den sozialen Medien. Hintergrund für den letzten Punkt ist die Annahme, dass eine umso bessere Vernetzung eines Akteurs eine umso größere Verbreitung eines Issues erwarten lässt. Außerdem lassen bestimmte Beziehungs- und Machtkonstellationen (z. B. David-Goliath-Prinzip) und Solidarisierungseffekte gerade im Social Web eine schnelle und weite Verbreitung eines Issues erwarten (Pleil 2012b, S. 88).
- *Kommunikationskanal und -zeitpunkt*: Social Media-Plattformen bieten verschiedene Arten der Vernetzung. Publizierte Beiträge haben je nach Plattform unterschiedliche Wahrnehmungswahrscheinlichkeiten bzw. Halbwertszeiten. Und schließlich werden auf einzelnen Plattformen die für ein Unternehmen relevanten Stakeholder in unterschiedlichem Maße erreicht. Insofern können sich aus dem Publikationsort und den näheren Umständen der Publikation ebenfalls verschiedene Netzwerkeffekte erwarten lassen.

Auf der anderen Seite können Issues wie erwähnt im Sinne von Unternehmen positiv zu bewerten sein. Dies bedeutet, dass sich aus bestimmten Themen kommunikative Chancen ergeben. Ähnlich wie aus der klassischen Medienresonanzanalyse lässt sich damit das Web- und besonders das Social Media Monitoring nutzen, „um Ansatzpunkte für eine Kommunikationsstrategie zu finden" (Geilich und Roggenkamp 2010, S. 321). Diese Ansatzpunkte können sich beispielsweise aus Themen-Häufigkeiten ergeben, an Thementrends oder Stimmungen (ebd.). Praktische Umsetzungsmöglichkeiten dürften sich hierbei besonders im wertorientierten Kommunikationsmanagement (Mast 2006, S. 71 ff.) ergeben.

In Bezug auf die Unternehmenskommunikation sollte die Einordnung solcher Wahrnehmungen vor dem Hintergrund der eigenen Positionierung und Kompetenzen erfolgen. Im positiven Fall kann das Social Media Monitoring eine wichtige Unterstützungsfunktion zur Förderung von Interaktionsprozessen zukommen. Dies kann erstens in Bezug auf die so genannte Pull-Kommunikation (ebd., S. 72) geschehen. Hierbei geht es nicht um die Verteilkommunikation eines klar umrissenen Adressatenfeldes, sondern um das Bereitstellen von Informationen und Interaktionsangeboten für Bezugsgruppen, die von sich aus mit entsprechenden Erwartungen das Social Web nutzen. Doch auch eher push-orientierte Kommunikation kann durch die Ergebnisse von Social Media Monitoring unterstützt werden. Mögliche Strategien hierbei sind so genanntes Agenda Surfing oder Agenda Setting. Dabei wird unter Agenda Surfing die Strategie verstanden, kommunikativ ein in der Öffentlichkeit diskutiertes Thema zur Erreichung eigener Kommunikationsziele zu nutzen.

Demgegenüber setzt Agenda Setting früher an und meint eine grundsätzliche öffentliche Thematisierung (Eichhorn 2013, S. 13). Letzteres ist im Social Web insbesondere dann möglich, wenn erste schwache Signale durch das Monitoring erkannt werden, beispielsweise durch Diskussionen von Erwartungen und Werten.

2.6 Reputation

Reputation lässt sich in Bezug auf Produkte und Marken, das Führungspersonal wie auch Unternehmen insgesamt messen (Schmid und Lyczek 2008). Dabei wird unter der Reputation eines Unternehmens die Gesamtheit der vorhandenen Images eines Unternehmens verstanden. Entscheidend ist, dass positive Reputation widerspiegelt, dass eine Organisation dauerhaft die Erwartungen wichtiger Stakeholder erfüllt (Eisenegger und Imhof 2013, S. 300). Damit dient Stakeholdern die Reputation eines Unternehmens der Orientierung, beispielsweise bei einer ersten Recherche zu einem Unternehmen. Bei Entscheidungsprozessen kann die Reputation zudem eigene Erfahrungen von Stakeholdern bestärken – eine positive Reputation verstärkt also eigene gute Erfahrungen – oder relativieren (Schmid und Lyczek 2008, S. 89). Reputation wird durch den einzelnen vor allem wahrgenommen durch persönliche Aussagen vertrauensvoller Dritter oder durch veröffentlichte Meinung, argumentieren Schmid und Lyczek (ebd.) unter Rückgriff auf Noelle-Neumann (2000, S. 378). Eisenegger und Imhof (2013, S. 300) betonen zudem, dass die Darstellung eigener Erfolge bzw. der eigenen Kompetenz reputationsbildend wirken. Es ist offensichtlich, dass im Social Web diese unterschiedlichen Faktoren zusammenkommen, beispielsweise in Bewertungen auf Produktportalen oder in Einzelbeiträgen in Weblogs, aber auch festzustellen durch das Ausmaß, in dem es gelingt, das eigene Unternehmen oder/und seine Mitarbeiter im Netz als kompetente Akteure zu positionieren. Damit ist Stakeholdern möglich, sich die Reputation eines Unternehmens auf der Grundlage von Online-Bewertungen zu erschließen. Dies kann potenzielle Bewerber ebenso betreffen wie mögliche Investoren, Geschäftspartner oder Endkunden. Dabei liegt nahe, dass nicht allein die einzelnen reputationsrelevanten Statements im Social Web von Bedeutung sind, sondern besonders deren Auffindbarkeit, vor allem in Suchmaschinen.

Im Umkehrschluss lässt sich aus diesen Überlegungen ableiten, dass Social Media Monitoring aus Unternehmenssicht eine kontinuierliche Analyse der Wahrnehmung eines Unternehmens durch Dritte erlaubt. Je nach angewandtem Instrumentarium besteht neben der Identifikation reputationsrelevanter Kommunikationen auch die Möglichkeit einer systematischen und regelmäßigen Reputationsmessung. Im Gegensatz zu nur punktuell möglichen und verhältnismäßig aufwändigen Stakeholderbefragungen bietet das Social Web den Vorteil, dass die zu analysierenden Artefakte weitestgehend öffentlich zugänglich sind und kontinuierlich entstehen, so dass sehr schnell Veränderungen in der Reputation feststellbar sind.

3 Umsetzung des Social Media Monitorings

Zur Umsetzung des Social Media Monitorings bestehen unterschiedliche organisatorische Modelle. Im Extremfall kann die Aufgabe weitgehend outgesourct werden. Hierfür stehen unterschiedliche Full Service-Anbieter zur Verfügung. Diese sind unterschiedlichen Hintergründen zuzuordnen. Relativ selbstverständlich bieten beispielsweise die klassischen Medienbeobachter auch Social Media Monitoring an. Daneben sind beispielsweise weitere Dienstleister entstanden, die teilweise ausschließlich Online-Monitoring anbieten. Auch einzelne Kommunikationsagenturen verfügen über entsprechende Angebote. Alternativ kann das Online-Monitoring auch inhouse abgewickelt werden. Hierzu gibt es wiederum verschiedene Spielarten: Eine Möglichkeit ist der Einsatz integrierter Monitoring-Tools von Technologieanbietern. Alternativ lässt sich das Social Media Monitoring durch den kombinierten Einsatz unterschiedlicher Tools sozusagen im individuellen Selbstbaukasten organisieren. Als weiterer Schritt im Monitoring wird auch die eigene aktive Kommunikation und damit die Vernetzung mit relevanten Stakeholdern im Social Web gesehen. Dahinter steht die Überlegung, dass viele Themen nur sichtbar werden, wenn Kommunikationsmanager sich als aktive Mitglieder in relevanten Netzwerken beteiligen, womit eine klare Trennung zwischen Umweltbeobachtung und strategischer Kommunikation sich in der Praxis als problematisch darstellt (Pleil 2012b, S. 96).

Die Entscheidung zu Gunsten einer der genannten Strategien sollte individuell erfolgen und die unterschiedlichen Rahmenbedingungen und die Zielsetzungen des Social Media Monitorings berücksichtigen. Wie in vielen anderen Fällen kann das Outsourcen von Leistungen den Mangel an eigener Kompetenz und personeller Ressourcen kompensieren. Auf der anderen Seite sind die üblichen Fragen wie Kenntnisse von Themen und Bedürfnissen, Reaktionsgeschwindigkeiten und das genaue Vorgehen beim Monitoring durch einen externen Dienstleister zu klären. Relevant für die Entscheidung zu Gunsten oder gegen einen Dienstleister kann auch das bisherige Vorgehen in Bezug auf Medienmonitoring beziehungsweise eventuell bereits intern vorhandene Prozesse für Issues Monitoring, Erfolgsmessung oder andere Anwendungsfelder des Monitorings sein. Hier dürfte die möglichst nahtlose Integration des Social Media Monitorings in vorhandene Prozesse eine wichtige Rolle spielen. Zu klären ist beispielsweise auch, was der Dienstleister genau auswertet. So konzentrieren sich manche beispielsweise auf die „wichtigsten Weblogs" zu einem Thema. Wie solche Auswahlen zu Stande kommen und ob dies im Einzelfall den Anforderungen eines Unternehmens genügt, wäre im Einzelfall zu klären.

Beim Einsatz integrierter Monitoring-Tools steht das Preis-/Leistungs-Verhältnis im Vordergrund. Vorteile solcher Lösungen sind meist recht übersichtliche Ergebnispräsentationen in Form von Dashboards sowie die gleichzeitige Analyse zahlreicher Social Media-Plattformen. Insbesondere bei Unternehmen und Marken mit vielen Suchergebnissen spielen Aggregations- und Filtermöglichkeiten und womöglich automatisierte erste Analysen (zum Beispiel Sentinent-Analysen) eine wichtige Rolle, um schnell zentrale Ergebnisse des Monitorings erfassen zu können. Demgegenüber hat jedes Monitoringpaket seine Schwächen, so dass bisher noch lange nicht von idealen und in jedem Fall problemlos anwendbaren Instrumenten gesprochen werden kann. Unter anderem ist vor der Entscheidung für ein Instrument genau zu prüfen, wie gut es mit sprachlichen Besonderheiten umgehen kann, da viele dieser Produkte zunächst für den englischen Sprachraum entwickelt wurden.

Gleichzeitig existiert im Web eine große Zahl frei verfügbarer Instrumente, die zu einem Social Media Monitoring-System kombiniert werden können (Pleil 2012b, S. 90 ff.). Allein die marktdominierende Suchmaschine Google bietet mit *Google Trends, Google Insights, Google Alerts* und den spezialisierten Suchen für Weblogs oder Bilder gleich mehrere Tools, die im Sinne des Monitorings eingesetzt werden können. Für jedes dieser Tools existieren auch andere kostenfreie Angebote; einige Monitoring-Tools sind zumindest in einer Basisversion kostenfrei nutzbar. Weitere Tools eignen sich für das Monitoring einzelner Plattformen, beispielsweise von Twitter, Facebook oder von Foren. Gerade für kleine und mittelständische Unternehmen kann ein solcher Selbstbaukasten vollkommen ausreichend sein, wobei sich zeigt, dass die einzelnen Tools im Einzelfall unterschiedlich zuverlässig sind, so dass es sich empfiehlt, für jede Teilaufgabe (zum Beispiel Twitter-Monitoring) zwei unterschiedliche Tools gleichzeitig zu nutzen (Pleil 2012b, S. 95). Da die meisten Tools ein Abonnement ihrer Suchergebnisse per Mail oder RSS-Feed erlauben, ist der Aufwand für das Monitoring im laufenden Betrieb dennoch überschaubar, sofern nicht nach intensiv diskutierten Marken oder Begriffen recherchiert wird.

3.1 Datenerfassung und -aufbereitung

Bei Social Media Monitoring unterscheidet man zwischen dem manuellen, halb-manuellen sowie automatisierten Monitoring. Darüber hinaus kann der Prozess des Social Media Monitorings in die Bereiche Datenerhebung und -aufbereitung, Datenanalyse und Ergebnisinterpretation unterteilt werden (Plum 2010, S. 22).

Beim *manuellen Monitoring* wird mit Hilfe von Suchmaschinen wie Google oder Bing oder durch kostenlose Monitoring-Tools das Social Web händisch nach relevanten Beiträgen durchsucht. Relevante Treffer werden schließlich manuell abgespeichert und archiviert. Der Nachteil eines solchen Vorgehens liegt auf der Hand: Es ist sehr zeitaufwändig. Außerdem erhalten Unternehmen durch das Lesen und Sichten der verschiedenen Beiträge zwar einen Einblick über die inhaltlichen Themen in Zusammenhang mit der eigenen Marke, in den meisten Fällen können jedoch keine Aussagen über die Anzahl der Beiträge getroffen werden. Für kleine Unternehmen mit einer geringen Beitragsanzahl ist dieses Verfahren in den meisten Fällen jedoch völlig ausreichend. Diese Unternehmen sollten jedoch zusätzlich Alerts einrichten, die entweder von Suchmaschinen oder anderen kostenfreien Tools angeboten werden, um auf neue Veröffentlichungen und damit auch auf einen Anstieg der Kommunikation oder kritische Beiträge hingewiesen zu werden (Aßmann und Röbbeln 2013, S. 303).

Beim *automatisierten Verfahren* kommen die verschiedenen Social Media Monitoring-Tools zum Einsatz. Die Treffer werden in Form von Grafiken und Ergebnislisten aufgearbeitet und in einem Dashboard dargestellt. Das automatisierte Monitoring liefert lediglich eine quantitative Auswertung der Inhalte. Unternehmen erfahren so, wie viele Beiträge über das eigene Unternehmen oder ein bestimmtes Thema veröffentlicht worden sind. Eine qualitative Analyse der Daten ist mit automatisierten Tools meist nicht zufriedenstellend möglich. Die Sentimentanalyse (Betrachtung der Beiträge in Bezug auf positive sowie negative Nennungen zum Unternehmen) ist eine der wichtigsten und gleichzeitig schwierigsten Bereiche bei einem Social Media Monitoring-System. Unternehmen sollten beim Einsatz von Social Media Monitoring-Tools darauf achten, in welcher Form der Anbieter die Sentiment-Analyse anbietet. Anbieter mit einem rein automatisierten System arbeiten meist regelbasiert, das heißt in komplexen Wörterbüchern werden verschiedene Formulierungen aufgelistet sind, die für einen positiven oder negativen Begriff stehen. Die zuverlässigste Methode ist immer noch die manuelle Analyse der Beiträge. Das Ergebnis einer Sentiment-Analyse (automatisiert oder manuell) wird nie zu hundert Prozent korrekt sein. Um bei einer automatisierten Lösung gute Ergebnisse zu erhalten, muss die Tonalität – mit Hilfe von Machine Learning-Programmen – auf ein bestimmtes Unternehmen oder Produkt trainiert werden. Auch hier ist zu Beginn eine manuelle Kodierung von mindestens 1.000 Beiträgen nötig (Aßmann und Röbbeln 2013, S. 308). Dieses Verfahren lohnt sich, wenn zu Unternehmen eine sehr hohe Anzahl an Beiträgen veröffentlicht wird. Bei mehreren tausend Beiträgen pro Tag ist eine manuelle Analyse der Beiträge nicht möglich beziehungsweise für viele Unternehmen nicht mehr finanzierbar. Wird die Tonalität auf ein bestimmtes Unternehmen oder Produkt trainiert, ist eine Trefferquote von etwa 80 % möglich. Die Technologie ist jedoch nicht in der Lage, sprachliche Nuancen, Ironie oder Dialekte zu erkennen. Die Schwierigkeit einer Sentimentanalyse läßt sich an einem einfachen Beispiel erläutern. Der Begriff „trocken" steht für einen negativen Kontext, wenn Brot als trocken bezeichnet wird. Hält eine Windel trocken, ist dies als positiv zu betrachten. Bei Wein oder Sekt hängt die Bewertung von den Vorlieben des Konsumenten wie auch der Situation ab.

Viele Unternehmen setzen aus diesem Grund auf *halb-manuelle* beziehungsweise *halbautomatisierte* Verfahren. Dabei werden die Beiträge im Softwaretool händisch analysiert und einer Tonalität sowie einer Kategorie (Service, Marketing etc.) zugeordnet.

Eine weitere Utopie beim Social Media Monitoring ist die vollständige Erfassung aller Inhalte im Social Web. Während die Erfassung der Beiträge von Twitter und Facebook mit Hilfe einer API (Programmierschnittstelle) verhältnismäßig einfach ist, ist das Erfassen bestimmter Quellentypen sehr komplex. Gerade für spezielle Foren oder Communities muss der Crawler angepasst werden. Aus diesem Grund ist die Integration zusätzlicher Quellen bei einigen Anbietern kostenpflichtig.

Die Software des Anbieters steht zudem vor der Aufgabe zu erkennen, wo der Beitrag anfängt und aufhört, um Werbung oder Signaturen etc. im Text herausfiltern. Die Social Media Monitoring-Dienstleister arbeiten aktuell alle an dieser Problematik (Aßmann und Röbbeln 2013, S. 305).

Neben der Herausforderung der perfekten Inhaltsextraktion stellt auch die Masse an Webseiten und Inhalten die Anbieter vor die unlösbare Herausforderung alle Beiträge zu erfassen. Es ist technisch gar nicht möglich, alle Beiträge zu erfassen. Fast täglich kommen neue Plattformen hinzu. Bevor Unternehmen an einen Monitoring-Anbieter herantreten, ist es daher von Vorteil, wenn Unternehmen bereits – beispielsweise durch eine Google-Suche – recherchiert haben, auf welchen Seiten über die eigene Marken gesprochen wird (Aßmann und Röbbeln 2013, S. 303).

In den meisten Fällen sind die Anbieter durch die Kundenprojekte bereits in bestimmten Branchen besser aufgestellt als in den Bereichen, in denen keine Kunden vertreten sind.

Die Festlegung eines bestimmten Quellensets ist in manchen Fällen durchaus sinnvoll. Der Sportartikelhersteller Puma sollte beispielsweise beim Monitoring alle Tierforen kategorisch ausschließen. So kann eine aufwändige Modellierung der Keywords, bei denen Beiträge zum Tier ausgeschlossen werden müssen, vermieden werden (Aßmann und Röbbeln 2013, S. 304).

Beim Presseclipping fokussieren sich viele Unternehmen ebenfalls auf ein Set von relevanten Zeitschriften und Zeitungen. Warum sollte das nicht auch bei Social Media Monitoring sinnvoll sein?

Social Media Monitoring bedeutet ebenfalls nicht, dass Unternehmen nur Treffer erhalten, die relevant sind. Eine hohe Anzahl von Treffern während des Monitoring-Prozesses bedeutet nicht zwangsläufig ein gutes Ergebnis. In einer hohen Anzahl von Treffern können zum Beispiel irrelevante Treffer, Spam und doppelte Beiträge vorhanden sein. Auf Blogs und bei Twitter werden beispielsweise viele werberelevante Beiträge veröffentlicht. Auch Dubletten stoßen bei den Anwendern von Social Media Monitoring-Tools auf geteilte Meinungen. Was kann als Dublette bezeichnet werden? Zählen Pressemitteilungen eines Unternehmens dazu, die auf verschiedenen Webseiten aufgegriffen werden? Sind Retweets zu einem Beitrag über das Unternehmen Dubletten? Es gibt einige Beiträge, auf die Unternehmen gut und gerne verzichten können. Eine Bereinigung der Daten ist in jedem Fall erforderlich. Diese kann nun vom Unternehmen selbst oder von einem Dienstleister durchgeführt werden.

Auch die Erfassung relevanter Inhalte gestaltet sich oftmals schwierig. Bei den Kommentaren von Blogs und Newsartikeln stößt das Monitoring an seine Grenzen. Manchmal werden nur die Kommentare erfasst, die zum Zeitpunkt, als der Artikel vom Anbieter erfasst wird, bereits vorhanden sind. Da üblicherweise nicht jeder Artikel im Nachhinein auf neue Kommentare überprüft wird, werden spätere Beiträge in vielen Fällen nicht im Monitoring-Tool angezeigt (Aßmann und Röbbeln 2013, S. 302).

Auch beim Abspeichern der Treffer unterscheiden sich die Tools. Einzelne Anbieter erfassen lediglich die Snippets der Beiträge oder speichern die Treffer ausschließlich für eine bestimmte Zeit. Beim Abspeichern von Textausschnitten besteht allerdings nicht die Möglichkeit, die Beiträge mit einem Textmining-System zu analysieren. Das langfristige Speichern der vollständigen Inhalte befindet sich jedoch rechtlich in einer Grauzone. Social Media Monitoring ist also nicht so einfach, wie viele Menschen sich das vorstellen (Aßmann und Röbbeln 2013, S. 308).

Um die Treffermenge überschaubar zu halten, spielt eine gute Modellierung zudem eine wichtige Rolle. Im ersten Schritt müssen Unternehmen die richtigen Suchbegriffe in

Form von Schlagworten (Keywords) erstellen. Es gibt zahlreiche Möglichkeiten, die für eine Analyse der Social Media Kommunikation in Frage kommen.

In vielen Fällen lohnt jedoch gleichzeitig die Suche nach einem Set von Suchbegriffen sowie von Suchwortkombinationen. Dies ist insbesondere im Bereich des Issues Monitorings relevant, wobei hier zunächst zu klären ist, ob bereits eine Suchstrategie entwickelt wurde, die auf das Social Web erweitert werden kann. Gerade kleinere Unternehmen haben entsprechende Strategien oft noch nicht entwickelt. Unternehmen können für den Anfang ein Basisset von Begriffen für standardisierte Suchen nutzen (Pleil 2012b, S. 95):

- der Name des Unternehmens,
- Produkt- und Markennamen,
- die Namen des Führungspersonals und öffentlich wahrgenommener Unternehmensvertreter,
- die URLs der Unternehmenswebsites,
- die Namen von Aktionen und Events,
- die Begriffe der eigenen Suchmaschinenoptimierung,
- die Namen von Wettbewerbern und derer Marken.

Die Definition und Abgrenzung der Suchbegriffe ist sicherlich die größte Herausforderung. Gerade wenn der Unternehmensname oder das Produkt mehrdeutig sind, werden Unternehmen am Anfang mit einer großen Anzahl an Falschtreffern rechnen müssen. Um keinen hohen personellen Aufwand in die Nachbearbeitung zu investieren, sollten Unternehmen die Modellierung der Keywords so ausführlich wie möglich gestalten.

Bei der Modellierung der Keywords haben Unternehmen zwei Möglichkeiten. Entweder werden die Keywords mit weiteren relevanten Begriffen (Verundung) verknüpft oder irrelevante Treffer werden durch Ausschlusskriterien ausgeschlossen. Am Beispiel der OTTO Group wäre eine Verundung beispielsweise „Otto AND (Kleidung OR Versandhandel OR bestellen)", die Eingrenzung über Ausschlusskriterien könnte zum Beispiel so aussehen: „Otto AND NOT (Fußball OR „Otto Rehagel")".

Bei einer Verundung werden alle Beiträge ausgeschlossen, welche die verwendeten Suchbegriffe nicht enthalten. Dafür erhalten die Anwender eine qualitativ hochwertige Datenbasis. Beim Ausschlussverfahren werden immer wieder neue Beiträge erhalten sein, die nicht passen. In diesem Fall ist es daher erforderlich, die Liste kontinuierlich zu erweitern. Da Social Media Monitoring ein langfristiger Prozess ist, sollten aber auch nach der Anfangsphase die Keywords und Suchanfragen in regelmäßigen Abständen betrachtet und gegebenenfalls optimiert werden.

3.2 Reporting und Analyse

Monitoringergebnisse können wie oben ausgeführt sehr unterschiedlicher Natur sein. Für eine erste Einordnung kann es sinnvoll sein, ein Schema zu entwickeln, aus dem sich dann einfache Handlungsoptionen und Prozesse zum weiteren Umgang mit den Ergebnissen ableiten lassen. So ist beispielsweise naheliegend, systematisch den Bezug zum Unternehmen einzuordnen: Handelt es sich um Empfehlungen für ein Produkt oder eine Dienstleistung, oder handelt es sich um eine Kritik, mit der ein Lösungsvorschlag des Unternehmens verbunden ist? Oder handelt es sich um Monitoringergebnisse, die für ein besseres Verständnis des Marktes oder des politischen Umfelds des Unternehmens hilfreich sind? Beispiele wie diese zeigen, dass Umweltsignale, die durch das Monitoring erfasst werden, in sehr unterschiedliche Verantwortungsbereiche innerhalb eines Unternehmens fallen können – von der Entwicklung über Public Affairs, Marketing bis hin zum Kundensupport.

Ein Vergleich von 14 Monitoring-Anbietern zeigte, dass für die Auswertung der Informationen sehr unterschiedliche Methoden angewandt werden, wobei die qualitative und die quantitative Inhaltsanalyse sowie deskriptive Analysen am stärksten verbreitet sind. Netzwerkanalysen oder ethnographische Verfahren sind dagegen eher selten (Plum 2010, S. 35). Unter den quantitativen Analysen wird typischerweise der Buzz erfasst (z. B. Häufigkeiten von Nennungen), ebenso erfolgen Suchbegriffsanalysen, die Analyse von Quellen, Relevanz und Issues (ebd., S. 36).

In Deutschland arbeitet die Arbeitsgemeinschaft Social Media (AGSM) in Kooperation mit dem Bundesverband Digitale Wirtschaft (BVDW) an der Entwicklung von Standards für die Messung der Social Media Kommunikation. Im Jahr 2010 hat die AGSM drei Messpunkte und Messebenen identifiziert, die kontinuierlich weiterentwickelt werden: Die Kontext- und Netzwerkebene, die Nutzerebene sowie die Inhaltsebene.

3.2.1 Kontext- und Netzwerkebene

Die Messgrößen auf dieser Ebene geben Aufschluss über die Sichtbarkeit von Webseiten und beantworten z. B. die Frage, welche Relevanz eine Seite im Vergleich zu anderen Webseiten hat. Die Reichweite spielt dabei natürlich eine wichtige Rolle. Als Reichweite werden je nach Plattform unterschiedliche Faktoren herangezogen. Die AGSM setzt die Views bei YouTube den Freunden bzw. Fans bei Facebook gegenüber, bei Twitter werden die Follower betrachtet (Heltsche 2012). Während bei YouTube also die tatsächliche Reichweite gemessen wird, betrachtet die AG Social Media bei Facebook und Twitter nur die potenzielle Reichweite. Eine genauere Messung ist bei diesen Plattformen jedoch nur schwer möglich und zeigt die Herausforderung bei der Messung der Social Media Kommunikation. Bei externen Blogs und Online News sind Reichweiten (zum Beispiel über eindeutige Besucher oder Page Visits) zu einem Artikel ebenfalls nur schwer messbar. Aus diesem Grund berechnen Internetdienste wie 1000 Flies oder Virato die Relevanz eines Beitrags anhand der Anzahl, wie oft der Inhalt auf den verschiedenen Social Media-Kanälen geteilt worden ist. Die verschiedenen Monitoring-Anbieter arbeiten bei Ermittlung der Reichweite oftmals mit unterschiedlichen Methoden. Unternehmen sollten sich die Messmethoden erklären lassen, um die Werte in Relation setzen zu können. Gerade bei Unternehmen mit einer hohen Zahl an Beiträgen ist es jedoch sehr wichtig, wichtige Beiträge von anderen Beiträgen unterscheiden zu können.

3.2.2 Nutzerebene

Auf der Nutzerebene steht der Verfasser von Beiträgen im Mittelpunkt. Was sind das für User und wie verhalten sie sich? Hier soll die Aktivität und Affinität der Nutzer hinsichtlich bestimmter Plattformen und Themen gemessen werden. Wie viele Blogartikel veröffentlicht der User, wie aktiv verhält er sich in einem Forum oder bei Twitter. Durch die Analyse der Tonalität wird festgehalten, ob der Nutzer ein Fürsprecher oder Kritiker einer Marke ist. Um die Relevanz eines Users zu ermitteln, gewinnen spezielle Kennzahlen wie der Klout Score immer mehr an Bedeutung. Bei dieser Messgröße wird mittels eines Algorithmus untersucht, wie aktiv und wie vernetzt ein bestimmter Nutzer in Social Media ist. Dieser Wert ist jedoch sehr umstritten, da die genaue Berechnung nicht bekannt ist.

3.2.3 Inhaltsebene

Auf dieser Ebene der Messgrößen wird der Inhalt der Diskussionen ermittelt, z. B. wie viele Beiträge zu einem bestimmten Thema verfasst worden sind. Wie viele Beiträge werden zum Unternehmen im Vergleich zum Wettbewerb von den verschiedenen Usern verfasst? Wie ist die Tonalität zu den verschiedenen Themen und wie relevant sind diese Beiträge für das Unternehmen (Heltsche 2012)?

Die genannten Analysemethoden eignen sich dafür, wenn die Kommunikation auf den verschiedenen Social Media Plattformen mit aussagekräftigen Kennzahlen festgehalten werden soll. Aber auch um die Performance der eigenen Social Media Präsenzen zu analysieren, können diese Messgrößen hilfreich sein. Unternehmen sollten auch auf der eigenen Fanpage festhalten, welche inhaltlichen Aspekte von der Community thematisiert worden sind. Die Anregungen sollten hier in Form von Reports an die entsprechenden Abteilungen im Unternehmen weitergeben werden.

Um zu ermitteln, welche Kennzahlen und Messgrößen Unternehmen zur Bewertung der Aktivitäten in Social Media einsetzen können, muss erst ermittelt werden, welche Zahlen von den einzelnen Plattformen überhaupt zur Verfügung stehen. Im Anschluss muss definiert werden, wie die verschiedenen Kennzahlen gewichtet werden sollen. Ist beispielsweise ein Blog-Kommentar mehr Wert als ein Tweet oder ein Like bei Facebook?

Ob nun die Kommunikation im Social Web, die Performance der eigenen Kanäle oder eine Kampagne in Form eines Reportings festgehalten werden soll, die Präsentation der Daten ist ausschlaggebend. Für die Analyse der Social Media Kommunikation bieten die Monitoring Tools die Möglichkeit automatisierte Reports zu erstellen. Diese können intern jedoch nicht einfach übernommen werden.

Bei der Aufbereitung der Ergebnisse für die Kollegen im Haus, müssen verschiedene Punkte beachtet werden. Für die verschiedenen Ansprechpartner im Unternehmen ist es erforderlich, die Inhalte anzupassen. Je weiter das Reporting im Unternehmen nach oben vorgelegt wird, umso kürzer muss der Bericht ausfallen. Jeremiah Owyang von der Altimeter Group hat aus diesem Grund die ROI-Pyramide erstellt (vgl. Abb. 1). Sie hält fest, welche Kennzahlen welchen Personen im Unternehmen zur Verfügung gestellt werden müssen.

Social Media Monitoring: Grundlagen und Zielsetzungen

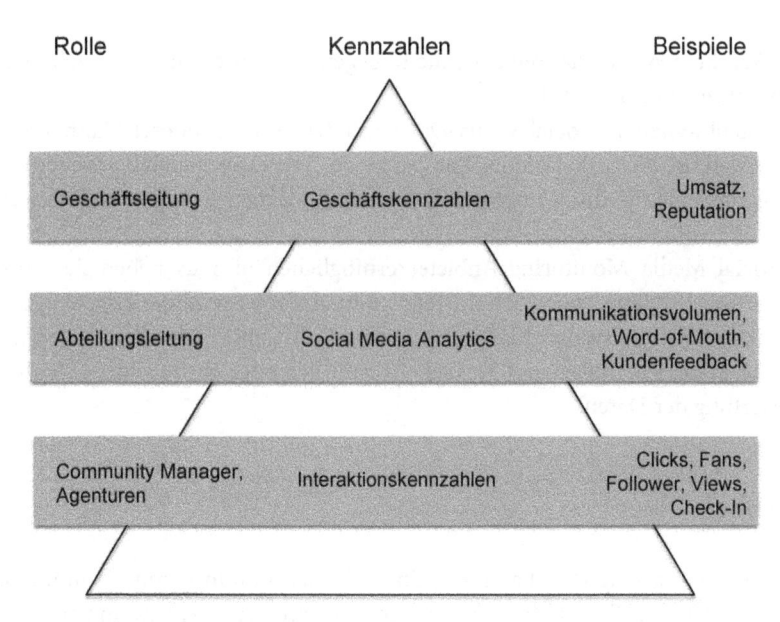

Abb. 1 ROI-Pyramide nach Owyang
(Quelle: Owyang (2010, o. S.))

Abbildung 1 zeigt, dass sich die Community Manager vor allem mit Klicks, Fans, Retweets und Views befassen sollten, während die Abteilungsleiter nur noch über die Reichweite der Maßnahmen informiert oder die Anzahl der Supportanfragen benachrichtigt werden möchten. Der Geschäftsführer sollte demnach nur informiert werden, ob und in welchem Maße sich die Markenwahrnehmung verbessert hat, wie viele Stellen durch das Engagement in Social Media besetzt und ob mit der Beantwortung der Supportanfragen das Call Center entlastet werden konnte.

Die Performance der Social Media-Kanäle sollte im Idealfall wöchentlich ausgewertet werden. Eine monatliche Auswertung sollte mindestens durchgeführt werden, da Unternehmen nur so auf die Entwicklung der eigenen Kanäle und Inhalte reagieren können. Neben der quantitativen Entwicklung sollte eine qualitative Einschätzung festgehalten werden. Warum ist beispielsweise die Zahl der Interaktionen gestiegen oder gefallen? Gab es besondere Ereignisse im betrachteten Zeitraum? Wie hat sich der Wettbewerb im Vergleich zum eigenen Unternehmen entwickelt? Welche Anfragen hat die Community auf den eigenen Kanälen gestellt?

Eine ausführliche Social Media-Analyse ist in größeren Zeiträumen (pro Quartal, jedes Halbjahr oder jährlich) ausreichend. Das heißt natürlich nicht, dass Unternehmen das Social Web abgesehen von der Erstellung der Reports nicht betrachten sollten. Um eine Entwicklung im Bereich Markenwahrnehmung oder Kundenservice festzustellen, braucht es jedoch Zeit.

Dieses Reporting sollten die zuständigen Personen generell allen Mitarbeitern im Unternehmen zur Verfügung stellen. Der Report kann beispielsweise ins Intranet gestellt werden. Auf diese Weise erfahren auch die Kollegen, wie das eigene Unternehmen im Social Web wahrgenommen wird.

Im Idealfall sollten die Social Media-Daten mit den Werten anderer Maßnahmen kombiniert werden. Ist die Social Media-Kampagne ein Teil einer kanalübergreifen Kommunikationskampagne, ist die Kombination der verschiedenen Erfolgszahlen hingegen ein Muss.

Die Social Media Monitoring-Anbieter ermöglichen oftmals neben dem normalen Export die Bereitstellung einer Schnittstelle zu internen Systemen. Eine Integration von anderen Daten, beispielsweise die Daten aus dem Call-Center oder Presseclipping in das Monitoring-System zu integrieren. Das schafft natürlich noch ganze andere Möglichkeiten zur Auswertung der Daten.

4 Ausblick

Es ist davon auszugehen, dass kaum ein Unternehmen umhin kommt, zumindest in einem gewissen Umfang Social Media Monitoring zu betreiben. So ist kaum vorstellbar, dass beispielsweise der Online-Reputation und der Frage der Auffindbarkeit des eigenen Unternehmens und seiner Leistungen und Produkte kein Wert beigemessen wird. Praktisch jeder Informationsprozess von Stakeholdern – seien es potenzielle Kunden, Mitarbeiter, Regulierer oder Investoren – bezieht Onlinequellen ein. Hier erhalten Bewertungen im Sinne der Word of Mouth-Kommunikation eine große Bedeutung, da diese als glaubwürdig gilt.

Entsprechend ist das Social Media Monitoring bei vielen Unternehmen bereits fest verankert, andere beginnen, sich damit intensiver zu beschäftigen. Manche Analysen sind heute noch extrem aufwändig: Mit den zunehmenden Möglichkeiten, mit großen Datenmengen umzugehen und mit immer genaueren Sprachanalysen dürfte sich dies ändern. Hierdurch dürften künftig weitaus bessere und letztlich auch günstigere Möglichkeiten nicht nur zur Kommunikations-, sondern letztlich zur Unternehmenssteuerung vorliegen. Allerdings bleibt abzuwarten, wie repräsentativ sich die Ergebnisse aus dem Social Web in Bezug auf die Gesamtheit der Stakeholderperspektiven eines Unternehmens darstellen.

Bemerkenswert ist zudem, dass aus Sicht der klassischen Marktforschung eingespielte Parameter wie soziodemographische Daten im Social Web nach Einschätzung von Klär und Tabino (2010, S. 252) bedeutungslos werden. Umso wichtiger wird für das Social Media Monitoring die Wahrnehmung von Netzwerkeffekten auf der einen Seite und Segmentierungen von Zielgruppen, die sich aufgrund von Beziehungen und Einstellungen ergeben (ebd.). In diesem Zusammenhang spielen so genannte Influencer eine zunehmende Rolle.

Unternehmen, die bereits erste Erfahrungen mit Social Media Monitoring gemacht haben, sind dabei, den Einsatz kontinuierlich zu professionalisieren. Während sich anfangs nur einzelne Abteilungen mit der Thematik beschäftigt haben, gewinnt die abteilungsübergreifende Analyse und Interpretation der Social Media-Kommunikation immer mehr an Bedeutung. Bei der Auswahl eines Social Media Monitoring-Tools werden immer öfter die verschiedenen Abteilungen mit einbezogen. Unternehmen stehen vor der Aufgabe, Einsatz und Nutzen von Social Media Monitoring auf Basis der unterschiedlichen Anforderungen der einzelnen Abteilungen sinnvoll zu planen und umzusetzen.

Aber auch die Anbieter müssen sich den wandelnden Bedürfnissen der potentiellen Anwender anpassen. In vielen Fällen kommen derzeit verschiedene Toolanbieter in einem Unternehmen zum Einsatz. Während sich beispielsweise einzelne Toolanbieter auf die Erfolgsmessung der eigenen Social Media-Kanäle konzentrieren, wird die Analyse der Social Media-Kommunikation von einem weiteren Dienstleister übernommen. Anbieter mit einer flexiblen Oberfläche und Reportingfunktionen haben den Vorteil, sich den unterschiedlichen Anwendungsszenarien der Unternehmen und Agenturen anpassen zu können, auch die Usability spielt dabei eine wichtige Rolle. Für die Weiterverarbeitung der Daten wird eine Schnittstelle zur Integration der Daten in interne Systeme immer wichtiger. Aufgrund der verschiedenen Anforderungen sind die Anbieter gefordert, sich kontinuierlich weiterzuentwickeln. Der steigende Bedarf führt derzeit immer noch zu einem Wachstum des Marktes. Langfristig wird jedoch eine Sättigung eintreten und die in Teilen bereits eingetretenen Übernahmen werden fortschreiten und den Markt regulieren.

Literatur

Aßmann, S. (2010). *Instrumente des Social Media Monitoring*. Masterarbeit. Darmstadt: Hochschule Darmstadt. www.scribd.com/fullscreen/37758351. Zugegriffen: 31. Dez. 2013.

Aßmann, S., & Röbbeln, S. (2013). *Social Media für Unternehmen. Das Praxisbuch für KMUs*. Bonn: Galileo Computing.

Becker, C. (2012). Krisenkommunikation unter den Bedingungen von Internet und Social Web. In A. Zerfaß & T. Pleil (Hrsg.), *Handbuch Online-PR* (S. 365–381). Konstanz: UVK.

Brauckmann, P. (Hrsg.). (2010). *Web-Monitoring*. Konstanz: UVK.

Eichhorn, W. (2013). Agenda Setting. In G. Bentele, H.-B. Brosius, & O. Jarren (Hrsg.), *Lexikon Kommunikations- und Medienwissenschaft* (2. Aufl., S. 13–14). Wiesbaden: Springer VS.

Eisenegger, M., & Imhof, K. (2013). Reputation. In G. Bentele, H.-B. Brosius, & O. Jarren (Hrsg.), *Lexikon Kommunikations- und Medienwissenschaft* (2. Aufl., S. 13–14). Wiesbaden: Springer VS Verlag für Sozialwissenschaften.

Friedrichsen, M., & Mühl-Benninghaus, W. (2010). Krisenkommunikation - Kommunikation und Unterhaltung als Stilmittel der Krise. In M. Friedrichsen, J. Wendland & G. Woronenkowa (Hrsg.), *Medienwandel durch Digitalisierung und Krise* (S. 165–174). Baden-Baden: Nomos.

Geilich, M., & Roggenkamp, K. (2010). Web-Monitoring im Wahlkampf. In P. Brauckmann (Hrsg.), *Web-Monitoring* (S. 321–337). Konstanz: UVK.

Gentsch, P. (2011). *Social Media Engagement der Deutschen Post. Customer Care 2.0*. http://www.social-media-magazin.de/index.php/heft-nr-04-2011/deutsche-post-social-media.html. Zugegriffen: 31. Dez. 2013.

Heltsche, M. (2012). *Social Media im Kommunikations-Controlling: Monitoring und Evaluation* (communicationcontrolling.de Dossier Nr. 6). Berlin: DPRG/Universität Leipzig.

Ingenhoff, D., & Röttger, U. (2008). Issues Management. In M. Meckel & B. F. Schmid (Hrsg.), *Unternehmenskommunikation* (2. Aufl., S. 323–353). Wiesbaden: Gabler.

Klär, K., & Tabino, O. (2010). Die Segmentierung des Social Web. In P. Brauckmann (Hrsg.), *Web-Monitoring* (S. 235–262). Konstanz: UVK.

Mast, C. (2006). *Unternehmenskommunikation* (2. Aufl.). Stuttgart: Lucius & Lucius.

Noelle-Neumann, E. (2000). Öffentliche Meinung. In E. Noelle-Neumann, W. Schulz, & J. Wilke (Hrsg.), *Fischer Lexikon Publizistik Massenkommunikation* (S. 366–382). Frankfurt am Main: Fischer.

Oriella (2012). *The influence game: How news is sourced and managed today.* Oriella PR Network Global *Digital Journalism Study.* http://www.oriellaprnetwork.com/sites/default/files/research/Oriella%20Digital%20Journalism%20Study%202012%20Final%20US.pdf. Zugegriffen: 31. Dez. 2013.

Owyang, J. (2010). *Framework: The social media ROI pyramid.* http://www.web-strategist.com/blog/2010/12/13/framework-the-social-media-roi-pyramid/. Zugegriffen: 31. Dez. 2013.

Pasold, P. (2010). Web-Monitoring als Controllinginstrument in Unternehmen. In P. Brauckmann (Hrsg.), *Web-Monitoring* (S. 73–89). Konstanz: UVK.

Pleil, T. (2012a). Kommunikation in der digitalen Welt. In A. Zerfaß & T. Pleil (Hrsg.), *Handbuch Online-PR* (S. 17–38). Konstanz: UVK.

Pleil, T. (2012b). Online-Monitoring: Ziele und Methoden. In A. Zerfaß & T. Pleil (Hrsg.), *Handbuch Online-PR* (S. 85–97). Konstanz: UVK.

Pleil, T. (2005). Öffentliche Meinung aus dem Netz? Neue Internet-Anwendungen und Public Relations. In K. Arnold & C. Neuberger (Hrsg.), *Alte Medien – Neue Medien. Theorien, Beispiele, Prognosen. Festschrift für Jan Tonnemacher* (S. 242–262). Wiesbaden: VS Verlag für Sozialwissenschaften.

Plum, A. (2010). Ansätze, Methoden und Technologien des Web-Monitorings – ein systematischer Vergleich. In P. Brauckmann (Hrsg.), *Web-Monitoring* (S. 21–46). Konstanz: UVK.

Schmid, B. F., & Lyczek, B. (2008). Die Rolle der Kommunikation in der Wertschöpfung der Unternehmung. In M. Meckel & B. F. Schmid (Hrsg.), *Unternehmenskommunikation* (2. Aufl., S. 3–150). Wiesbaden: Gabler.

Schmidt, J. (2008): Was ist neu am Social Web? Soziologische und kommunikationswissenschaftliche Grundlagen. In A. Zerfaß, M. Welker & J. Schmidt (Hrsg.), *Kommunikation, Partizipation und Wirkungen im Social Web. Band 1* (S. 18–40). Köln: Herbert von Halem.

Zerfaß, A., & Boelter, D. (2005). *Die neuen Meinungsmacher. Weblogs als Herausforderung für Kampagnen, Marketing, PR und Medien.* Graz: Nausner & Nausner.

Teil V
Zieldefinition und Planung der Kommunikation

Konzeption von Kommunikationsprogrammen

Günter Bentele und Howard Nothhaft

Zusammenfassung

Eine der wesentlichen Errungenschaften des praktischen Kommunikationsmanagements ist die in der Praxis von Unternehmen und Agenturen entwickelte Konzeptionslehre. Diese befasst sich als normativ-praxeologische Lehre, als „Erfolgslehre", mit der systematischen Entwicklung von PR- oder Kommunikationskonzepten. Dieser Beitrag skizziert die Grundelemente heutiger Konzeptionsmodelle, die als systematischer Problemlösungsprozess von der Situationsanalyse über die Planung und arbeitsteilige Umsetzung bis zur Evaluation reichen. Darüber hinaus wird gezeigt, wie sich die Konzeption in einem genuinen Kommunikationsmanagement in enger Verschränkung mit der Unternehmensstrategie vollziehen kann. Kern der Kommunikationsplanung ist dort die Strategiefindung, die von unternehmensstrategischen Imperativen ausgeht und als dynamisches Wechselspiel von kommunikativer Zieldefinition, Positionierung, Definition der Bezugsgruppen, Definition der Medien und Themen sowie Festlegung zentraler Botschaften anzulegen ist. Daran haben auch das Web 2.0, die Netzwerkgesellschaft und die Social-Media-Revolution nichts grundlegend geändert, wiewohl sich die Herausforderungen im Detail sicher gewandelt haben.

G. Bentele (✉)
Universität Leipzig, Institut für Kommunikations- und Medienwissenschaft
Burgstraße 21, 04109 Leipzig, Deutschland
E-Mail: bentele@uni-leipzig.de

H. Nothhaft
Lunds Universitet, Campus Helsingborg, Institute for Strategic Communication
Box 882, 25108 Helsingborg, Schweden
E-Mail: howard.nothhaft@isk.lu.se

Schlüsselworter

Kommunikationskonzeption · Kommunikationsplanung · Kommunikationsstrategie · PR-Konzeption · PR-Evaluation · Kommunikations-Controlling · Kommunikationsmanagement · Unternehmenskommunikation · Kommunikationsmanagement

1 Unternehmensführung und Kommunikation

Dass die Unternehmenskommunikation ihren Beitrag zum unternehmerischen Erfolg aufzeigen will bzw. die mit Hilfe der eingesetzten Ressourcen geleistete Wertschöpfung nachzuweisen sucht, ist nicht prinzipiell neu. Kommunikationsverantwortliche nutzten und nutzen dabei vier verschiedene Sprachebenen bzw. „Redeinstrumente":

- sie bedienten sich der *Alltagssprache* und entsprechender Plausibilitätsargumentationen;
- sie bemühten sich, ähnlich wie Werbeexperten, den jeweiligen Vorständen und Geschäftsführern das eigene, *kommunikationsspezifische Begriffssystem* nahe zu bringen;
- sie versuchten es in der *Terminologie der empirischen Sozialforschung;*
- schließlich war während der letzten Jahre die Sprache des Web 2.0 en vogue, die suggerierte, die Social-Media-Revolution – Stichworte: Brand Anarchy, Curation, Business of Influence – habe die gängigen Regeln wieder einmal obsolet gemacht.
- Die von Zerfaß (vgl. Kapitel „Unternehmensführung und Kommunikation: Strategie, Management und Controlling") vorgestellten Überlegungen dürfen, neben anderen ähnlichen Konzepten (im Überblick: Pfannenberg und Zerfaß 2005, 2010), als ein Ansatz angesehen werden, der sich unter die Überschrift „Kommunikationsmanagement" subsumieren lässt. Hier geschieht die Wertschöpfungsargumentation im Rahmen des betriebswirtschaftlichen Begriffssystems, Kommunikationsmanager argumentieren in der Sprache des Managements.

Genuines Kommunikationsmanagement Prägung ist souverän genug, die faktische Unterordnung unter die Unternehmensführung abzubilden. Die Allokation entsprechender Ressourcen (Budgets und Etats) wird als das rekonstruiert, was sie letztlich immer war: eine *unternehmerische Entscheidung,* die, wie schon in Henry Fords berühmtem Diktum angedeutet,[1] unter Unsicherheit geschieht, aber in modernen, in der „Audit Society" operierenden Unternehmen der Rationalisierung bedarf. Umso wichtiger ist es, Kommunikation als einen unternehmensstrategischen Faktor zu begreifen, der nicht nur von einer funktionalen Abteilung, sondern von der Unternehmensführung insgesamt zu steuern, zu planen und zu überwachen ist. Dazu sind ebenjene Instrumentarien gefordert, die es gestatten, Erfolge und Wirkungen der Kommunikation an Hand allgemein anerkannter und mit anderen Kennzahlen kompatibler Parameter zu kontrollieren bzw. einem „Control-

---

[1] Henry Ford wird bekanntlich der Ausspruch zugeschrieben, er wisse, dass die Hälfte seiner Werbegelder zum Fenster herausgeschmissen sei, er wisse nur nicht, welche Hälfte.

ling" zu unterwerfen – beispielsweise also Kennziffernsysteme, Cockpits, Dashboards und Corporate Communications Scorecards.

Mit solchen Konzepten, die an die allgemeine Sprache des Managements anknüpfen, kann Kommunikation zwar gesteuert, jedoch nicht operationalisiert, geschweige denn implementiert werden. Für die Unternehmenskommunikation gilt hier das Gleiche wie für andere Bereiche: Dass man beispielsweise über die Fähigkeit verfügt, ein Auto zu fahren oder zu entscheiden, was für ein Auto man fahren möchte, bedeutet keineswegs, dass man in der Lage ist, das betreffende Fahrzeug zu konstruieren. Zu diesem Zweck verfügen Ingenieure über ihre eigene, spezialisierte Sprache. Mit professionellen Kommunikationsmanagern verhält es sich ähnlich: sie nutzen die *Konzeptionslehre* als Bezugsrahmen für die Erfüllung ihrer Aufgaben.

Die weiteren Ausführungen geben eine kritisch reflektierte Einführung in diese spezialisierten Begriffssysteme, welche in der Public Relations (PR)-Lehre sowie teilweise in der Marketing- und Werbelehre entwickelt wurden, um Kommunikation vorzudenken, zu planen und arbeitsteilig durchzuführen. Die Rede ist daher von so genannten *Konzeptionsmodellen* bzw. von der *Konzeptionslehre*, die als „Lehre" (nicht Wissenschaft) der systematischen Entwicklung von Kommunikations- oder PR-Konzeptionen zu verstehen ist, sich historisch vor allem aus der PR-Praxis, deren Erfahrungen und Notwendigkeiten heraus entwickelt hat. Freilich lässt sich hier lediglich das in der Literatur dokumentierte Vokabular, der kleinste gemeinsame Nenner, darstellen. Die real angewandten Begriffssysteme berufserfahrener Praktiker – ihre subjektiven Arbeitstheorien – sind nicht selten „reicher", nuancierter, aber auch abhängig von persönlichen Erfahrungen, Erfolgen wie Misserfolgen.

2 Die klassische Konzeptionslehre

Schon Edward L. Bernays – als Gründervater der US-amerikanischen Public Relations – hat 1923 in seinem ersten Buch die PR-Beratung als systematischen Ablauf dargestellt: Problemanalyse, bezogen auf die Organisation des Klienten und die Öffentlichkeit, Entwicklung eines Handlungsplans, Bestimmung von Methoden und Medien, um diesen umzusetzen, und zum Schluss eine Einschätzung des Verhältnisses zwischen Klient und Öffentlichkeit, anders ausgedrückt, eine Erfolgsevaluation (Bernays 1929, S. 166 ff.).

Von ihrer Struktur her entwickeln Konzeptionen grundsätzlich einen bestimmten Typus von Problemlösung. Insofern verwundert es nicht, dass sich alle in der Literatur dokumentierten Konzeptionsmodelle in der Abstraktion auf die Abfolge *jeglicher systematischen Problemlösung* zurückführen lassen, die vier Schritte vorsieht:

- Analyse des Problems;
- Entwicklung einer Vorgehensweise, die mutmaßlich geeignet ist, das Problem zu beseitigen (oft „Strategie" genannt);
- Durchführung der geplanten Vorgehensweise;
- Überprüfung, ob und inwiefern das Problem beseitigt ist sowie – bei Bedarf und in entsprechenden Zyklen – Iteration.

PR-Konzeptionsmodelle differenzieren diese Grundstruktur mehr oder weniger weitgehend aus. Broom und Sha (2013, S. 240) beispielsweise gliedern ihr PR-Lehrbuch, das in den USA lange Zeit das am weitesten verbreitete war (1952 von Cutlip und Center veröffentlicht, später von Cutlip, Center und Broom), an Hand eines kontinuierlich zu durchlaufenden Public Relations-Prozesses. Der Prozess bleibt der abstrakten Struktur zunächst weitgehend verhaftet bleibt und operiert mit vier Leitfragen:

- What's happening now?
- What should we do and say, and why?
- How and when do we do and say it?
- How did we do?

Die meisten Autoren im angloamerikanischen Raum benutzen ähnliche *Vier-Phasen-Modelle,* die nicht selten mit griffigen Kurzbezeichnungen versehen werden:[2] Die Formel *R-A-C-E,* von John Marston (1963) eingeführt, steht z. B. für Research, Action, Communication und Evaluation; *R-O-P-E* von Jerry Hendrix (1988) weicht mit Research, Objectives, Publics und Evaluation nicht maßgeblich von der Grundidee ab. Baerns analysierte PR-Konzepte, welche über mehrere Jahre zum Wettbewerb „Goldene Brücke" der Deutschen Public Relations-Gesellschaft (DPRG) eingereicht wurden. Sie wies nach, dass von 493 Konzepten 323, also zwei Drittel, die vier Phasen Analyse, Konzeption, Realisation und Evaluation nennen (Baerns 2005).

Elaboriertere Konzeptionsmodelle weisen bis zu sechzehn Positionen aus (z. B. Newsom et al. 1992), ein deutschsprachiges Modell von Tschopp (2008) sogar 40. Das ist aber nicht neuen, genuin anderen Denk- und Handlungsschritten, sondern einer Ausdifferenzierung geschuldet, durch die die Modelle mitunter einen ausgeprägten Checklistencharakter erhalten. Die bereits angesprochene Untersuchung von Baerns zeigt jedoch, dass jenseits der vier Phasen kaum noch ein feststehender Kanon existiert: Von 493 analysierten Konzepten nannten lediglich zwölf alle Schritte einer vorgegebenen, relativ generischen neunstufigen Systematik (Baerns 2005, S. 52 f.). Wie Merten (2000) in seiner Metaanalyse der deutschsprachigen Konzeptionslehre (zusammenfassend dazu: Dörrbecker & Fissenewert-Goßmann 2001) nachwies, lassen sich die vielen, im Detail differierenden Positionen jedoch grundsätzlich auf einige wenige Bausteine zurückführen. Mertens eigener, auf Basis der Metaanalyse entwickelter Entwurf sieht *fünf Grundbausteine* vor: Analyse, Strategie, Taktik, Realisierung sowie Controlling/Evaluation. Abbildung 1 (vgl. auch das ähnliche Schema bei Merten 2000, S. 37) deutet an, dass „Strategie" und „Taktik" in letzter Konsequenz zu einem Komplex der Planung zusammengeführt werden können, womit die *vierphasige Struktur* wieder hergestellt wird. Auch neuere deutschsprachige Schemata, wie der von Leipziger (2007) vorgestellte „Regelkreis der Kommunikation", der von Hansen

---

[2] Vgl. stellvertretend für viele die Publikationen von Baskin et al. 1997; Cutlip et al. 2000; Grunig und Hunt 1984; Newsom et al. 1992; Wilcox und Cameron 2012; Cornelissen 2011; Tench und Yeomans 2009; Smith 2012.

Abb. 1 Phasen des
Konzeptionsprozesses
(vgl. auch Merten (2000))

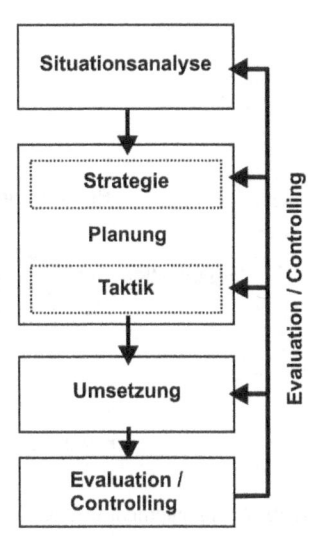

Situationsanalyse → Strategie / Planung / Taktik → Umsetzung → Evaluation / Controlling

und Schmidt (2006) ausgearbeitete Vorschlag oder die von Szyszka und Dürig (2008) vorgestellten Überlegungen weichen nicht wesentlich von der grundlegenden Systematik ab.

Freilich, und das darf ungeachtet der Vierstufigkeit nicht übersehen werden, handelt es sich bereits bei Cutlip, Center und Broom (2000) bzw. Broom und Sha (2013) nicht um ein simples Problemlösungsmodell. Wo liegt der Unterschied? Der Unterschied besteht erstens in der Tatsache, dass die Konzeptionslehre den Baustein der Planung – d. h. die geistige Vorwegnahme einer geeigneten Vorgehensweise – aufspaltet in einen abstrakt-strategischen („What do we do and say?") und einen konkret-taktischen Teil („How and when do we do and say it?"). Das darf als Kennzeichen der *komplexeren Konzeptentwicklung* gegenüber simplerer Problemlösung gelten: Auch ein Schimpanse, der sich vor die Aufgabe gestellt sieht, an Bananen zu gelangen, die für ihn unerreichbar an der Käfigdecke angebracht sind, entwickelt eine problemadäquate Vorgehensweise, die er dann durchführt (so z. B. mehrere Kisten aufeinander stellen) – man würde jedoch kaum behaupten, dass er ein Konzept entwirft.[3] Zweitens liegt ein Konzept im Gegensatz zu anderen Formen von Problemlösung in *symbolisch-sprachlicher Form* – in der Regel schriftlich, als Konzeptpapier – vor. Der Unterschied zwischen bloßer Problemlösung und genuiner Konzeptentwicklung tritt umso deutlicher hervor, je komplexer das Problem ist, insbesondere aber, wenn Planung und Durchführung auseinander rücken – sei es in zeitlicher oder, bedingt durch Arbeitsteiligkeit, personeller Hinsicht. Manager entwickeln kaum noch Problemlösungen simpler Prägung. Konzepte gehen über konkrete Problemlösungen hinaus, stellen abstrakte Problemlösungen dar. Sie generieren Handlungsoptionen, sie limitieren sie aber

---

[3] Dies ist eines der klassischen, vom Gestaltpsychologen Wolfgang Köhler mit Schimpansen zu Anfang der 1920er Jahre durchgeführten Experimente. Problemlösungskompetenz baut hier auch auf eine Art geistiger Vorwegnahme. Derartige Leistungen sind bei Tieren aber handlungslogisch, nicht sprachlich strukturiert.

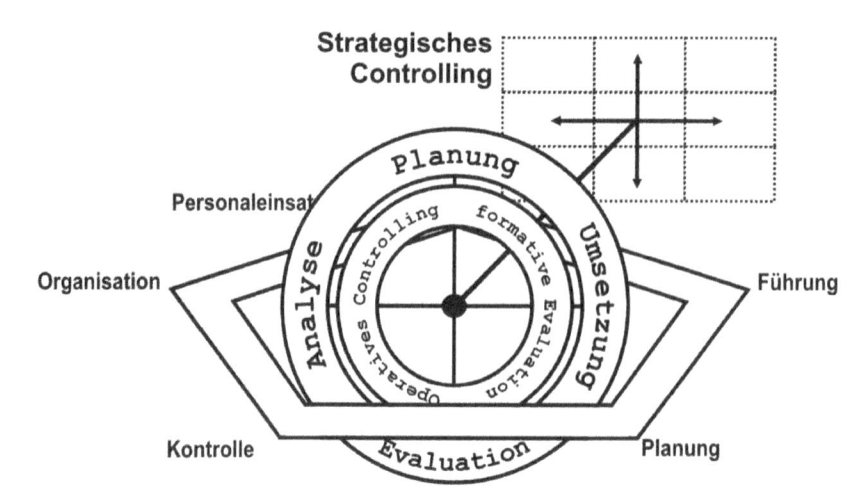

Abb. 2 Management und Kommunikationsmanagement

auch. *Generierend* sind sie insofern, als sie einen oder mehrere Lösungspfade vorzeichnen, wo es zuvor, ohne Gesamtkonzept, kein richtig und kein falsch gab. Sie *limitieren* Handlungsoptionen aber, wenn sie verschiedene, das Einzelproblem durchaus lösende Optionen als nicht gangbare Wege – da nicht dem Gesamtkonzept entsprechend – kennzeichnen. Die Limitierung ist ein notwendiger, aber nicht notwendig dysfunktionaler Effekt: Sie sorgt dafür, dass Probleme gelöst werden, ohne andere, unter Umständen inakzeptable Probleme aufzuwerfen.

Angesichts der Selbstverständlichkeit, mit der der Begriff „Kommunikations*management*" – und zwar durchaus berechtigt – angewendet wird, drängt sich die Frage auf, in welchem Verhältnis der vier- oder mehrstufige Konzeptionsprozess zu *Managementmodellen* steht, die ganz ähnliche Gestalt annehmen. Man denke beispielsweise an den wirkmächtigen „ehernen Fünferkanon" der Unternehmensführung (Steinmann & Schreyögg 2005, S. 8 ff.), der erstmalig von Harold Koontz und Cyril O'Donnell in ihrem Buch „Principles of Management" (1. Aufl. 1955) vorgelegt wurde und analytisch die Managementfunktionen 1) Planung, 2) Organisation, 3) Personaleinsatz, 4) Führung und 5) Kontrolle separiert. Was tut ein Kommunikationsmanager also? „Managt" er in der geschilderten Art und Weise oder ist er damit beschäftigt, Kommunikationskonzepte zu entwickeln und durchzuführen? Die Frage ist in dieser Form des „entweder/oder" falsch gestellt. Es ist davon auszugehen, dass mit Führungsverantwortung ausgestattete, an der Spitze einer arbeitsteilig operierenden, funktional spezialisierten Einheit (Kommunikationsabteilung) stehende Kommunikationsmanager de facto *beides* tun. Der Fünferkanon bildet ab, was *jeder* Manager stets und notwendig tut, die Konzeptionslehre bildet ab, was *Kommunikationsmanager* mit Blick auf Kommunikation tun – freilich nicht immer in der sauberen Abfolge, die ein solches Modell suggeriert.

Abbildung 2 verdeutlicht die Zusammenhänge: Das Bild vergegenwärtigt, wie der oberste Kommunikationsverantwortliche in der horizontalen Ebene einen „Apparat" managt, der es ihm in der vertikalen Ebene gestattet, die ihm zugewiesene Organisationsfunktion, das Kommunikationsmanagement, wahrzunehmen. Die Kompetenzen, die in der horizontalen Ebene erforderlich sind, werden in anderen Beiträgen des vorliegenden Handbuchs Unternehmenskommunikation diskutiert. Die vertikal angeordneten Konzeptionsschritte werden in den folgenden Abschnitten beleuchtet.

2.1 Analyse

In der klassischen Konzeptionslehre stellt die Analyse bzw. Situationsanalyse den ersten Schritt im prinzipiellen Problemlösungsprozess dar. Die Analyse trägt Daten zusammen und bereitet sie auf, damit die von der Unternehmensführung delegierte Kommunikationsaufgabe – so das klassische Modell – zu verstehen, zu durchdringen und zu bewältigen ist. Von der grundsätzlichen Struktur her unterscheidet sich die kommunikationsspezifische Situationsanalyse nicht maßgeblich von Analysen, die der Strategieformulierung im Kontext der Unternehmensführung insgesamt vorangehen. Ähnlich wie beispielsweise im wirkmächtigen Harvard-Konzept (Andrews 1987), unterscheidet die Konzeptionslehre zwischen der *Analyse der Organisation* einerseits (Qualität der Organisationsperformance, Kommunikationsressourcen, interne und externe Wahrnehmung der Organisation), sowie der *Analyse der Umweltsituation* andererseits (wie sieht die Situation aus, wie kam es zu ihr, welche Konsequenzen hat sie?).

Mit Blick auf die Umweltsituation setzt das Denken und Planen typischer Kommunikationsmanager allerdings – ob implizit oder explizit – typischerweise auf Ansätzen auf, die das Unternehmen in einer *vielschichtigen und komplexen Umwelt* zeichnen. Aus der Perspektive der Kommunikationsfunktion ist die Unternehmensumwelt nicht, wie z. B. im betriebswirtschaftlichen Shareholder-Konzept, auf eine oder einige wenige kritische Beziehungen reduzierbar. Aus Sicht der Kommunikationsmanager ist Unternehmenserfolg abhängig von vielen Beziehungen, von denen sich einige über Marktmechanismen (Kunden), andere über vertraglich-juristische Beziehungen (Mitarbeiter, Zulieferer), wiederum andere aber im gesellschaftlichen Raum öffentlicher Kommunikation konstituieren (Medien, Aktivisten) (vgl. kapitel „Unternehmensführung und Kommunikation: Strategie, Management und Controlling"). Konsequenterweise hat vor allem das *Stakeholder-Konzept*, welches die Vielschichtigkeit von Unternehmensumwelten betont (Karmasin 2007), eine intensive Rezeption in der PR-Wissenschaft erfahren. Eine Auseinandersetzung mit Stakeholdern (bzw. Anspruchsgruppen, Bezugsgruppen; zur Unterscheidung siehe Janisch 1993), ihren Ansichten, Interessen, Wünschen und Forderung darf deshalb – auf welcher begrifflichen Basis auch immer vorgenommen – als ein standardmäßiger Baustein eines zeitgemäßen Kommunikationskonzeptes gelten (Smith 2012).

Was die *Daten* anbelangt, bedient sich der Konzeptioner grundsätzlich der internen und externen Quellen, auf die auch der Analytiker im Rahmen strategischer Unternehmensplanung zurückgreift. Kommunikationsmanagement setzt allerdings in verstärktem Maße auf Daten, die nicht routinemäßig im Rahmen betriebswirtschaftlicher Leistungserstellung generiert werden (anders z. B. finanzielle Kennziffern wie Rentabilität, Personalkennziffern wie Absentismus, Qualitätskennziffern wie Reklamationsraten etc.). Informationen über Image und Reputation der Unternehmung existieren nicht, ehe sie nicht mit spezifischen Methoden aktiv generiert werden und bedürfen darüber hinaus der Interpretation. Eine Datenquelle von großer Bedeutung stellt demnach die vorgängig sporadisch oder kontinuierlich durchgeführte Evaluation der bisherigen Arbeit (vgl. unten Abschn. 2.3) dar. Darüber hinaus ist in der Praxis die Desktop-Recherche im Internet sowie in verschiedenen kommerziellen Datenbanken zu einer wichtigen Quelle von Analysedaten geworden. Die gängigerweise unter der Überschrift „social media" zusammengefassten Phänomene haben den Schwerpunkt der Analysearbeit jedoch ganz eindeutig weg von der Feldforschung (Umfragen, Telefonbefragungen), hin zu einer Komprimierung und Analyse automatisch generierter Datenbestände durch spezialisierte Software verschoben.

Von der Recherche der Daten zu unterscheiden sind Verfahren, die zum Zwecke der systematischen Datenkomprimierung beziehungsweise ihrer *strukturierten Darstellung* entwickelt wurden. Hier haben einerseits klassische, in der Unternehmensberatung und Managementlehre entwickelte Verfahren Eingang in die Konzeptionslehre gefunden, so etwa die SWOT-Analyse, die PEST- (Political, Environment, Social, Technology) oder EPISTLE-Analyse (Environment, Political, Information, Social, Legal, Economic) oder Power/Interest-Matrizen. Andererseits wurden und werden sowohl von Seiten der Wissenschaft als auch der Praxis PR-spezifische Begriffssysteme bzw. „Tools" entwickelt. Die von Grunig und Hunt (1984, S. 147 ff.) ausgearbeitete situative Theorie der Teilöffentlichkeiten, auf die in Abschn. 3.2.2 dieses Beitrags näher eingegangen wird, stellt ein Beispiel dar. Ein anderes Beispiel ist der von Rolke (2002) vorgeschlagene Stakeholder-Kompass. Darüber hinaus wird im Rahmen spezialisierter Verfahren des Kommunikationsmanagements – wie Issues Management, Risiko-Management oder im Zuge der Krisen-PR – ein verfeinertes Inventar bereitgehalten. *Szenarioplanung* ist überdies eine Denkrichtung, die vermehrt Beachtung findet.

Die klassische Konzeptionslehre sieht vor, dass die Analysephase idealtypisch *zeitlich und logisch vor der Strategieentwicklung* stattfindet, demnach nicht an implizite oder explizite strategische Setzungen gebunden ist. Umgekehrt determiniert die Analyse, wiederum idealtypisch, nicht die Strategie. Zwar nehmen Konzeptioner in der Analysephase eine Verdichtung der Informationen mit Blick auf das zu lösende Problem vor – womit durchaus die Gefahr der stillschweigenden Vorwegnahme strategischer Grundsatzentscheidungen einhergeht. Allerdings lassen sich Strategien – entgegen weit verbreiteter Auffassung – niemals zwingend aus der Analyse ableiten. Leipziger (2007, S. 12 ff.) unterscheidet in seiner Konzeptionslehre drei grundlegende „Denksysteme", die er als *analytisches Ordnungsdenken, Problemlösungsdenken* und *Umsetzungsdenken* kennzeichnet. Die Bezeichnung „Denksysteme" deutet an, dass es sich dabei um Modi handelt, die nicht ineinander überführbar sind. Anders ausgedrückt: ein scharfsinniger Analytiker ist nicht zwangsläufig ein brillanter strategischer Kopf, und dieser wiederum nicht zwingend ein taktisch versierter Umsetzer.

Wenn die Analyse als Schritt in einem Problemlösungsprozess verortet wird, lässt sich die Frage stellen, wo die *Entdeckung des Problems* systematisch zu verorten ist. Die Frage gewinnt an Brisanz, wenn man sich vor Augen führt, dass die sich Unternehmen stellenden „Issues" häufig latent sind, sich schleichend entwickeln, der Entdeckung durch geeignete Verfahren bedürfen. Sie gewinnt noch weiter an Brisanz, wenn Kommunikationsmanagement neuer Prägung konsequent auf einige wenige „Treiber" fokussiert, die als wertschöpfend identifiziert wurden und deren Entwicklung mit Hilfe von Kennzahlen nachverfolgt wird. Insofern ist im Rahmen eines ambitionierten Verständnisses von Unternehmenskommunikation neben der geschilderten, problemlösenden Analysephase kontinuierlich eine *problemdeckende Analyse* zu denken, die beispielsweise durch Issues Monitoring und Corporate Foresight der Turbulenz der Unternehmensumwelt Rechnung trägt (vgl. Kapitel „Corporate Foresight und strategisches Issues Management").

2.2 Planung: Strategie und Taktik

„I have always found that plans are useless, but planning is indispensable", zitiert die Geschichtsschreibung Dwight D. Eisenhower – als Oberbefehlshaber der alliierten Landung in der Normandie und späterer US-Präsident zweifellos eine Person, die etwas über komplexe Unternehmungen zu berichten weiß. Eisenhowers Diktum verweist auf eine Gleichsetzung, die vielen Missverständnissen zu Grunde liegt: denn Strategie stellt *Planung* insofern dar, als sie geeignete Vorgehensweisen geistig vorwegnimmt und in ihren vielfältigen Konsequenzen zu durchdenken sucht. Das ist nicht zwangsläufig gleichzusetzen mit *Plänen*, insbesondere nicht mit sturer, schematischer Planerfüllung. Terminologisch etwas anders spiegelt sich diese Differenzierung in der Managementlehre wider, wo verschiedene Autoren zwischen strategischem *Denken* (geistiger Vorwegnahme) einerseits, strategischem *Planen* (Pläne festschreiben) andererseits unterscheiden (Mintzberg 1987). Skepsis besteht vor allem gegenüber einem Primat des Planes, wie es viele Managementmodelle mehr oder minder explizit postulieren: Denn die Planung wird zu einer übergeordneten Funktion, wo sie geistig vorwegnimmt, welche Rolle allen anderen Funktionen zuzubilligen ist. Managementforscher wie Steinmann und Schreyögg (2005 S. 129 ff.) halten dem entgegen, dass diese sogenannte „plandeterminierte Unternehmensführung" eine Überfrachtung der Planungsfunktion darstelle: Den daraus erwachsenden Anforderungen – wie etwa die Fähigkeit, die Zukunft verlässlich zu prognostizieren – sei realistischerweise gar nicht gerecht zu werden.

2.2.1 Strategie

Die Auseinandersetzung mit Strategie speist sich vor allem aus zwei Bereichen: historisch-etymologisch aus dem militärischen Umfeld (Nothhaft und Schölzel 2015), praktisch und theoretisch aus dem der Betriebswirtschafts- und Managementlehre. Die klassische Strategiedefinition ist die des preußischen Militärtheoretikers Carl von Clausewitz, die Strategie als die *Lehre „vom Gebrauch des Gefechts zum Zwecke des Krieges"* bestimmt (Clausewitz 2003). Wohl auch auf Grund ihrer Griffigkeit zu einiger Berühmtheit gelangt ist die Definition, die der Managementforscher Peter Drucker (1993) ursprünglich mit Blick auf die Begriffe „Effektivität" und „Effizienz" geprägt hat. Demnach besteht strategisches Geschick darin, *das Richtige zu tun* („*Doing the right things*"), während sich das taktische Geschick in der Fähigkeit manifestiert, die Dinge richtig zu tun („*Doing things right*"). Das geht konform mit der bereits vorgestellten Zuspitzung auf zwei Aspekte von Kommunikationsprogrammen bei Broom und Sha (2013): „*What do we do and say, and why?*" als strategische und „*How and when do we do and say it?*" als taktische Fragestellung.

Kehrt man zu der im ersten Abschnitt angedeuteten Sprachenmetapher zurück, so lässt sich festhalten, dass die Sprachen der Unternehmensführung und Unternehmenskommunikation zwar differieren, durchaus aber einige Vokabeln gemeinsam haben. Der Begriff der Strategie darf dabei als einer der schillerndsten gelten. Tibbie (1997) kommentiert, dass der Strategiebegriff in der angloamerikanischen PR-Lehre herumgereicht worden sei wie ein Mantra („bandied around like a mantra."). Und Steyn, die im Zuge eines mehrjährigen Forschungsprojektes (Steyn 2006, S. 138) sowohl südafrikanische CEOs als auch ihre Kommunikationsmanager befragte, attestiert PR-Leuten gar, dass sie wenig bis gar nichts von Strategie verstünden: „Although the corporate communication industry acknowledges that strategy should be an integral part of its communication programmes, few practitioners seem to understand the meaning of strategy." (Steyn 2003, S. 168)

Ansätze, die einen Anschluss zwischen der betriebswirtschaftlichen Strategielehre einerseits und dem Strategiebegriff in der kommunikationswissenschaftlichen PR-Lehre andererseits herstellen, sind in der ersten Dekade des 21. Jahrhunderts vermehrt entwickelt worden (für einen Überblick Pfannenberg und Zerfaß 2010) Es bleibt jedoch festzuhalten, dass die Literatur zum strategischen Management kaum einmal Notiz nimmt von in der Unternehmenskommunikationslehre entwickelten Theoriegebäuden, wie etwa der angloamerikanischen Exzellenztheorie (Grunig et al. 2002), die unter Rückgriff auf betriebswirtschaftliche Ansätze eine strategische Rolle der Kommunikationsfunktion ausbuchstabiert. Auf der anderen Seite usurpierte die PR-Konzeptionslehre den prestigeträchtigen Strategiebegriff, ohne ihn präzise und anschlussfähig zu definieren. Beispielsweise war „strategische PR" im Deutschland der neunziger Jahre das von Agenturen in den Fachdiskurs eingebrachte Zauberwort, das professionellen Fortschritt gegenüber nicht-systematisch geplanter PR („Bauch-PR") signalisieren sollte. Allerdings propagierte man strategische Kommunikation, ohne Anschluss an die begriffliche Evolution in der Betriebswirtschaftslehre zu halten. Denn Managementforscher und zum Teil auch Manager unterschieden damals bereits enterprise strategies, corporate strategies, business-unit strategies sowie funktionale Strategien (etwa Finanzierungsstrategien), kannten adaptive und interpretative, deliberate und emergente Strategien, diskutieren über hybride Strategien und hatten die Rede vom großen Plan hinter sich gelassen bzw. durch Konzepte wie das strategische Management und „die Methode des Durchwurstelns" (science of muddling through) ergänzt. Die Diskussion des Strategiebegriffes in Abschn. 3 dieses Beitrags wird in Ansätzen auf diese Herausforderungen eingehen.

2.2.2 Taktik

Während – in Abwandlung des Drucker´schen Diktums – die Strategie darin besteht, das Richtige zu tun, manifestiert sich taktisches Geschick in einem *„doing things right"*. Das klingt pointiert, erweist sich aber als ebenso interpretationsbedürftig wie die klassische Clausewitz'sche Definition, welche unter Taktik die Lehre *„vom Gebrauch der Streitkräfte im Gefecht"* fasst (Clausewitz 2003). In letzter Konsequenz stellt sich die Frage, was Taktik mit Blick auf Kommunikationskonzepte *konkret* heißt.

Angesichts der Formulierung die „Dinge richtig zu tun", liegt zunächst die Versuchung nahe, Taktik dahingehend zu interpretieren, dass Kommunikationskonzepte eine Reihe generischer Postulate spezifizieren, die einen Stil, eine Tonalität vorzeichnen: wie etwa „flexibel agieren" oder „präzise auf den Punkt kommen", „null Fehler". Natürlich spricht nichts dagegen, derartige Forderungen in Konzepte aufzunehmen. Aber generische taktische Prinzipien sind genauso wenig konkrete Taktiken wie generische Strategieprinzipien konkrete Strategien darstellen: „ein Tor mehr als der Gegner schießen", „am Ende die Nase vorn haben" – das sind Erfolgsrezepte, die *a priori* richtig sind; genuine Strategien, ebenso wie Taktiken, müssen jedoch, durchaus im Popper'schen Sinne, falsifizierbar sein. Insofern ist es irreführend, über Taktik zu sprechen, ohne über *konkrete Maßnahmen* zu sprechen, die inhaltlich, zeitlich und vom Ressourcenaufwand her annäherungsweise fixiert worden sind in:

- *Maßnahmenplänen,* die aufzeigen, welche Maßnahmen, zu Maßnahmenzügen gebündelt, zusammengehören und ineinander greifen (darüber hinaus spezifiziert der Maßnahmenplan gewöhnlich auch die Verantwortlichkeiten);
- *Zeitplänen,* welche die Anordnung der Maßnahmen in der Zeit vergegenwärtigen;
- *Kostenplänen,* die der grundsätzlichen und der über die Zeit verteilten Verfügbarkeit von finanziellen Ressourcen Rechnung tragen.

Bei der Rede von Termin- und Budgetplänen stellt sich freilich die Frage, was das mit Taktik zu tun hat. Die Antwort lautet: Die Prinzipien, die der Maßnahmenplanung, der Zeitplanung, der Kostenplanung und der Instrumentenplanung zugrunde liegen, *sind taktische*. Das taktische Geschick eines Konzeptioners spiegelt sich in der Art und Weise wider, wie verschiedene Maßnahmen zu Maßnahmensträngen gebündelt werden und wie verschiedene Maßnahmenstränge so arrangiert werden, dass sie sich gegenseitig ergänzen, gar erst ermöglichen, zumindest nicht widersprechen. Taktisches Geschick zeigt sich auch daran, wie externe Einflüsse und Bedingungen und zufällige oder unvorhergesehene Ereignisse zum eigenen Vorteil genutzt werden oder in ihrer nachteiligen Wirkung abgeschwächt werden. Auch wenn die PR-Lehre bislang kein in sich geschlossenes, als solches deklariertes „Taktiklehrbuch" der öffentlichen Kommunikation hervorgebracht hat, darf daraus nicht gefolgert werden, dass ein entsprechender, *prinzipiell systematisierbarer* Wissens- und Erfahrungsschatz nicht existiert. De facto existiert er, auf verschiedenen Ebenen und in verschiedenen Formen. Vor allem liegt er verborgen in den Köpfen der Praktiker, oftmals als „Bauchgefühl", vermutlich aber auch in Form reflektierter Maximen und (Erfolgs-)Prinzipien, die verständlicherweise gerne an den eigenen Nachwuchs in Kommunikationsabteilungen und Agenturen, ungern jedoch an die Branche oder an die scientific community weitergegeben werden.

2.3 Umsetzung: Operationalisierung, Realisierung

Was die Umsetzung als Phase anbelangt, tut sich die Konzeptionslehre schwer: In einigen Modellen ist der Schritt fester Bestandteil, in anderen fehlt er. Die Wurzel der Schwierigkeiten dürfte vor allem in der Doppelnatur der Begrifflichkeit liegen. Denn einerseits lässt sich Umsetzung als *Operationalisierung* verstehen, als Bestandteil der Planung, der die vorgesehenen Maßnahmen dergestalt konkretisiert, dass sie in ihren wesentlichen Dimensionen fixiert, damit realisierbar werden. Andererseits lässt sich der Schritt als *Realisierung,* insofern als „Platzhalter" begreifen, der die Phase des Kommunikationsprozesses beschreibt, in der das Konzept in Realität überführt, eben umgesetzt wird. Beide Interpretationen, Operationalisierung und Realisierung, haben ihre Berechtigung insofern, als sie ein Licht auf Problemstellungen werfen, die der erfahrene Konzeptioner nicht aus den Augen verlieren sollte. Die erste, der Imperativ einer taktisch versierten Operationalisierung, wurde bereits erörtert.

Bei der zweiten Problemstellung handelt es sich um das Implementierungsproblem, das auch in der betriebswirtschaftlichen Literatur in verschiedenen Zusammenhängen diskutiert wird. Es präsentiert sich mit Blick auf Kommunikationsmanagement in besonderer Schärfe, wo einzelnen Maßnahmen stillschweigend taktische Funktionen zugewiesen werden, ohne zu thematisieren, dass die Implementierung einer Maßnahme nicht gleichzusetzen ist mit faktischer Funktionserfüllung. Markiert eine Pressekonferenz beispielsweise den Startschuss zu einer groß angelegten Kampagne, so ist die bloße Durchführung der Veranstaltung bei zufrieden stellender Beteiligung keineswegs ein Garant dafür, dass sie auch ihren anspruchsvolleren taktischen Funktionen – z. B. bestimmte einflussreiche Journalisten für das hinter der Kampagne stehende Anliegen zu sensibilisieren – gerecht geworden ist.

2.4 Evaluation/Controlling

Wie die Abb. 1 und 2 zeigen, lässt sich Evaluation/Controlling nicht separat von der Analyse denken: die Evaluationsdaten und Controllingparameter gehen wieder in die Re-Analyse der Situation ein. Das gilt übrigens sowohl in der vertikalen, kommunikationsplanerischen Dimension wie auch in der horizontalen Managementdimension – auch im Fünferkanon der Managementfunktionen werden Planung und Kontrolle als „Zwillingsfunktionen" gedacht.

In der Konzeptionslehre hat es sich darüber hinaus eingebürgert, zwischen *formativer* und *summativer Evaluation* zu unterscheiden (Fuhrberg 1995, S. 55 f.). Das ist insofern von Bedeutung, als Erfolge und Wirkungen von Unternehmenskommunikation meist nicht selbstevident sind wie beispielsweise in Verkaufssituationen. Bei typischen Kommunikationszielen wie Imagegenerierung oder Markenaufbau müssen Veränderungen mit Hilfe geeigneter Verfahren festgestellt werden.

2.4.1 Summative Evaluation

Mit *summativer Evaluation* ist die Evaluation angesprochen, die in der Regel *nach* einer Initiative, Kampagne oder Maßnahme in möglichst belastbarer, aussagekräftiger Weise Zustände wie Image, Markenbekanntheit, Vertrauen etc. erhebt. Wurde vor der zu evaluierenden Kommunikation eine Null-Messung durchgeführt (z. B. die Evaluation der Maßnahmen im vorangegangenen Zyklus), lässt sich durch Vergleich von Ist-Zuständen vorher und nachher auf *Wirkungen* schließen, durch Vergleich von Ist-Zustand nachher und Soll-Zustand nachher (sprich: Ziele) auf *Erfolge*.

Die in der Evaluation eingesetzten Methoden und Designs variieren in Abhängigkeit von der Ebene der Evaluation. Das gemeinsam von der DPRG und dem Internationalen Controller-Verein (ICV) entwickelte Modell, welches sich als Standard durchzusetzen beginnt, differenziert zwischen vier Ebenen (DPRG/ICV 2011; vgl. Kapitel „Kommunikations-Controlling und Evaluation von Kommunikation"):

- Auf der ersten, so genannten *Input-Ebene* geht es vor allem darum, einen Überblick über die eingesetzten Ressourcen, wie etwa Personal, zu behalten. Die Frage nach der Effizienz der Kommunikationsarbeit lässt sich nur beantworten, wenn dem erzielten Ergebnis der eingesetzte Aufwand gegenübergestellt wird.
- Die zweite, so genannte *Output*-Ebene lässt sich in internen und externen Output differenzieren. Bei der Betrachtung des *internen Outputs* geht es darum, was wie produziert wurde. Es stehen Fragen der Qualitäts- und Effizienzkontrolle im Vordergrund, es geht um Budgeteinhaltung, Fehlerhäufigkeit, Fristüberschreitungen und Qualitätskriterien wie Lesbarkeit von Texten. Bei der Betrachtung des externen Outputs geht es um die Frage, inwieweit der produzierte „Content" tatsächlich zum „Output" geworden ist, also prinzipiell von der anvisierten Zielgruppe wahrgenommen werden *konnte*. Auf dieser Ebene werden neben einfachen Clippings vor allem *Inhaltsanalysen* eingesetzt. Inhaltsanalytische Designs, wie die Medienresonanzanalyse (MERA) und die elaboriertere Input-Output-Analyse heben auf die veröffentlichte Meinung ab. Auf Basis derartiger Designs lässt sich die Frage beantworten, welche Inhalte in die Öffentlichkeit gelangt sind, welchen Botschaften die anvisierten Anspruchsgruppen dementsprechend ausgesetzt waren. Das Äquivalent auf der Online-Seite sind visits, download-Raten, share-of-voice-Quotienten, etc. Streng genommen ist der Schluss von der veröffentlichten auf die öffentliche Meinung indirekt und problematisch, in der Praxis wird er jedoch – auf Basis von „Bauchgefühl" und Berufserfahrung – häufig vorgenommen.
- Die dritte Ebene ist die so genannte Outcome-Ebene, die wiederum in direkten und indirekten Outcome zerfällt. Unter der Überschrift *direct outcome* geht es um die Frage nach Wahrnehmung (perception) und Erinnerung (recall/recognition) von Inhalten. Die basalste Ebene der Kommunikationswirkung ist das Bewusstsein beim Rezipienten, dass ihm etwas mitgeteilt wurde, dass er etwas gehört, gesehen, gelesen hat. Auf der Ebene des *indirect outcome* geht es dagegen um die die tatsächliche, durch Kommunikationsmaßnahmen bewirkte *Veränderung von Einstellungen und Verhalten*. Auch Konst-

rukte wie Image, Marke oder Reputation, die in letzter Konsequenz aggregierte Bündel von Einstellungen repräsentieren, sind auf dieser Ebene angesiedelt. Methodisch erfolgt der Zugriff auf der Outcome-Ebene häufig durch standardisierte Befragung, insbesondere hier bieten sich aber flankierende Verfahren an, die der Tendenz nach qualitativ sind (so z. B. Fokusgruppengespräche).

- Mit der Frage nach der anspruchsgruppenseitigen Wirkung von Kommunikation verknüpft ist schließlich die Frage nach der unternehmensseitigen *Wertgenerierung oder Wertschöpfung* (value creation). Auf der so genannten Outflow-Ebene argumentiert das Kommunikationsmanagement gegenüber der Unternehmensführung. Hier hat sich gezeigt, dass der streng sozialwissenschaftliche Nachweis von Wertschöpfung durch Kommunikation zwar in Einzelfällen geführt werden könnte, der flächendeckende, kontinuierliche Nachweis aber vor allem durch konsequente Integration der Kommunikationsfunktion in unternehmensweite Systeme der Wertschöpfungsdokumentation wie beispielsweise Scorecards zu geschehen hat (Zerfaß 2005). Dass in der Praxis häufig nach wie vor unhaltbare Methoden wie die Berechnung der *Anzeigenäquivalenz* („*PR Ad Value*") zum Einsatz gelangen, lässt sich zwar mit Verweis auf Marktmechanismen erklären, nicht aber logisch und wissenschaftlich begründen.

2.4.2 Formative Evaluation

Formative Evaluation ist der Prozess, der die Initiative oder Kampagne kontinuierlich begleitet und der Steuerung und Überwachung dient. Besson (2003) differenziert formative Evaluation weiter aus, wenn sie neben der *Einstellungsevaluation* – die der summativen Evaluation entspricht und auf Meinungen, Wissen, Gefühlen und Verhalten der Anspruchsgruppen abhebt – folgende Gegenstände einer umfassenden, systematischen Evaluation unterscheidet: 1) *Prozessevaluation,* mit Fokus auf der Plantreue der Durchführung (vgl. Implementierungsproblem); 2) *Instrumentelle Evaluation,* mit Fokus auf der unmittelbaren, direkten Resonanz der Maßnahmen; sowie 3) *Konzeptionsevaluation,* mit Fokus auf der Qualität der Konzeption. Der bereits dargestellte DPRG/ICV-Bezugsrahmen unterscheidet etwas einfacher *result indicators* von *performance indicators*. Die Querpfeile in Abb. 1 vergegenwärtigen, dass demnach prinzipiell in jede Position optimierend eingegriffen werden kann. Freilich ist es unüblich, konsentierte strategische Imperative zur Disposition zu stellen. Üblicher ist das „Tuning" einzelner Aspekte, etwa des Wordings von Botschaften. Eingriffe können unter zwei Gesichtspunkten geschehen, dem der *Effektivität* einerseits, dem der *Effizienz* andererseits. Ein Eingriff unter Effektivitätsgesichtspunkten findet statt, wenn eine Maßnahme nicht geeignet ist, das zu bewirken, was sie bewirken soll. Ein Eingriff unter Effizienzgesichtspunkten bedeutet, dass der Ressourcenaufwand nicht in einem akzeptablen Verhältnis zu der angestrebten Wirkung steht.

2.4.3 Kommunikations-Controlling

Für die formative Evaluation findet sich gelegentlich auch die Bezeichnung „Controlling". Angesichts des kontinuierlichen, prozessflankierenden Charakters ist das begründbar, birgt aber die Gefahr von Missverständnissen, so dass der Begriff besser für einen Komplex der Metasteuerung (Zerfaß 2005; vgl. Kapitel „Unternehmensführung und Kommunikation: Strategie, Management und Controlling") reserviert wird.

Dabei empfiehlt es sich, zwischen *operativ-prozessbegleitendem* und *strategischem Controlling* zu unterscheiden. Operatives Controlling obliegt der Kommunikationsabteilung und dient etwa der Steuerung von Kampagnen, aber auch der Qualitätskontrolle von Routineaufgaben. Strategisches Controlling geschieht in Kooperation mit der Unternehmensführung oder gemeinsam mit von ihr ausgewiesenen Einheiten. Es dient der Steuerung und Kontrolle der Kommunikationsaktivitäten insgesamt, insbesondere der Sicherstellung einer Passung zwischen Unternehmens- und Kommunikationsstrategie (Konzeptionsevaluation). Abbildung 2 vergegenwärtigt dies dadurch, dass operatives Controlling als konzentrischer Kreis in der Konzeptionssystematik angeordnet wurde, während strategisches Controlling auf einer anderen organisatorischen Ebene angesiedelt ist. Die Abbildung verdeutlicht darüber hinaus, dass die Steuerung und Überwachung z. B. auf Basis konsentierter Kennzahlen geschieht, die an verschiedenen Punkten (einschließlich der Ergebnisse summativer Evaluation) aus der Kommunikationsabteilung eingebracht werden.

3 Strategien als Kern der Konzeption

Die weiteren Ausführungen sollen das Verständnis der *strategischen Phase* und damit der *Kommunikationsstrategie* vertiefen. Das geschieht aus zwei Gründen: Zum einen, weil Kommunikationskonzepte sich von anderen funktionalen Konzepten (etwa Finanzierungs- oder IT-Konzepte) durch eben jene Elemente unterscheiden, die Gegenstand strategischer Entscheidung sind. Zum anderen, weil es die Strategie ist, die im Übergang von einer PR alter Prägung zu einem Kommunikationsmanagement neuer Prägung anders gedacht werden muss.

Um zu einem reifen Verständnis von Kommunikationsstrategie zu gelangen, gilt es zunächst zu sehen, dass die Begrifflichkeit „strategisch" zumindest eine *doppelte Bedeutung* besitzt:

- Kommunikationskonzepte sind einerseits strategisch, wenn ihnen aus Sicht der Unternehmensführung (top-down) kritische Relevanz für übergeordnete Organisationsziele zuerkannt wird oder wenn seitens der Kommunikationsverantwortlichen (bottom-up) der Anschluss an derartige Ziele gesucht wird.
- Andererseits sind Kommunikationskonzepte strategisch – binnenstrategisch sozusagen –, wo sie sich selbst systematisch aus einer Einheit stiftenden Leitidee entfalten: etwa, konsequent den Dialog zu suchen; die Person in den Vordergrund zu stellen etc.[4] Die

---

[4] Es lässt sich noch eine dritte Bedeutung des Begriffes „strategisch" identifizieren. Es handelt sich um die in der Spieltheorie übliche Verwendung, in der „strategisch" die Tatsache bezeichnet, dass Handlungen als „Spielzüge" immer in Abhängigkeit von jeweils komplementären Handlungen eines anderen „Spielers" zu sehen und zu beurteilen sind.

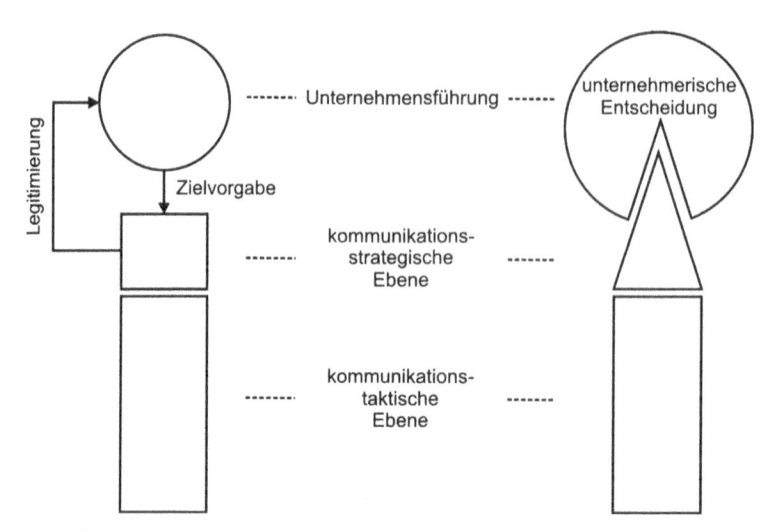

Abb. 3 Unternehmens- und Kommunikationsstrategie: altes und neues Verständnis

Konzeptionslehre, wie sie bisher in Ansätzen vorgestellt wurde, stellt vor allem ein Instrument dar, derartige, *in sich* stringente Kommunikationsstrategien zu entwickeln.

3.1 Strategie *revisited*: Die Verschränkung von Unternehmens- und Kommunikationsstrategie

Wie Unternehmens- und Kommunikationsstrategie im Rahmen eines genuinen Kommunikationsmanagements prinzipiell ineinander greifen, zeigt Abb. 3. Auf der linken Seite ist die noch immer gängige Praxis alter Prägung dargestellt: Die Entwicklung einer mit der gesamten Unternehmensstrategie verzahnten Kommunikationsstrategie wird über eine mehr oder minder präzise Zieldefinition an die Kommunikationsabteilung delegiert, welche ihre Aktivitäten dann, zu gegebener Zeit, gegenüber der Unternehmensführung zu legitimieren hat. In einem Kommunikationsmanagement neuer Prägung, rechts dargestellt, *denkt die Unternehmensführung kommunikationsrelevante Implikationen von vornherein mit*, die Kommunikation sitzt sozusagen „mit am Tisch". Anders ausgedrückt: die Formulierung einer nicht nach außen kommunizierbaren, der Öffentlichkeit nicht vermittelbaren Unternehmensstrategie ist von vornherein ein Ding der Unmöglichkeit – ähnlich wie in der Politik eine dem Wähler/Bürger nicht vermittelbare Maßnahme ausscheidet.

Das Postulat einer *Verschränkung von Unternehmens- und Kommunikationsstrategie* ist keineswegs neu (grundlegend dazu: Zerfaß 2010). Dass sie nicht nur eine normative Forderung bleibt, sondern gelebte Unternehmenspraxis wird, kann durch verschiedene Vorkehrungen sichergestellt werden. Die einfachste, da personalorientierte Lösung ist in einer durchsetzungsstarken Verankerung der Kommunikationsfunktion, etwa mit einem im Vorstand bzw. in der Geschäftsführung angesiedelten Kommunikationschef, zu suchen. Eine prozessorientierte Variante besteht darin, kommunikationsrelevante Aspekte systematisch in die Abläufe und Vorgehensweisen unternehmerischer Strategie*formulierung* zu integrieren – etwa durch Anschluss an verwendete Modelle des betrieblichen strategischen Managements (Steyn 2006, S. 147 ff.). Die ambitionierteste, da ergebnisorientierte Variante – die darüber hinaus Kontinuität durch Personenunabhängigkeit garantiert – stellt schließlich die Integration kommunikativer Aspekte in die Werte und Kennziffern eines betriebswirtschaftlichen Kennziffernsystems dar, z. B. durch Erweiterung und Ergänzung existierender oder durch Etablierung neuer Scorecard-Systeme. Der Kern jedweder systematischen Integration, wie auch immer sie geschieht, liegt jedoch darin, nachvollziehbar aufzuzeigen, *wie* Kommunikation zum betriebswirtschaftlichem oder generell zum Organisationserfolg beiträgt. Sieht man einmal von „Gurus" ab, die eine magische, nicht weiter begründbare Wirkung für sich in Anspruch nehmen, läuft dies darauf hinaus, eine Kausalkette aufzuzeigen, deren einzelne Schritte in einer Plausibilitätsargumentation nachvollziehbar gemacht werden. Die Akzeptanz der Unternehmensstrategie bei der Belegschaft stellt z. B. zweifellos einen Wert dar. Es steht ferner außer Zweifel, dass Akzeptanz durch adäquate Kommunikation herbeigeführt, zumindest jedoch begünstigt werden kann. Kommunikation, welche die Unternehmensstrategie erklärt, stellt deshalb, vermittelt durch die geschilderte Kausalkette, vermutlich einen Beitrag zum Unternehmenserfolg dar. Diese Argumentation ist keinesfalls trivial und zwar aus zweierlei Gründen: Erstens, weil die Kausalkette eine *rational kritisierbare* Entscheidungsgrundlage liefert. Zweitens, weil der Kommunikationsmanager damit aufgefordert ist, *selbstständig* Kausalketten zu identifizieren, d. h. neue Wege zu erschließen, wo und wie Kommunikationsmanagement einen Beitrag zum Unternehmenserfolg zu leisten vermag. Gleichwohl bleibt festzuhalten, dass die Kartographierung von Kausalketten zwischen strategischen Initiativen und Unternehmenserfolg, wie sie von Kaplan und Norton in „Strategy Maps" (2004) ganz generell angestoßen wurde, notwendig mit einer mitunter gefährlichen Simplifizierung der organisatorischen und systemischen Realität Hand in Hand geht (Wehmeier 2006).

Der Unterschied zwischen strategischen *Konzeptionen* neuer und alter Prägung liegt in jedem Fall 1) in der Integration von Unternehmensführung und kommunikationsstrategischen Entscheidungen sowie, daraus resultierend, 2) in der „Sprache", in der über Kommunikation gesprochen und entschieden wird. In einem genuinen Kommunikationsmanagement ist Kommunikationsstrategie dahingehend als funktionale Teilstrategie der Unternehmensstrategie zu denken, dass die Unternehmensführung

- die resultierende Kommunikationsstrategie bei der Formulierung der Gesamtstrategie explizit mitdenkt (und der Kommunikationsmanager die Unternehmensstrategie),
- ihre Implementierung durch geeignete Verfahren dynamisch steuert und überwacht (strategisches Controlling) sowie
- über die Möglichkeit verfügt, jederzeit durch Imperative in die kommunikationsstrategische Gesamtaufstellung einzugreifen.

Dabei gilt es zu sehen, dass Kommunikationskonzepte nicht zwingend von einer linearen Logik beherrscht sein müssen, wie sie sich beispielhaft in Markteinführungskampagnen widerspiegelt. Betriebswirtschaftliche Strategietheoretiker haben neben der am orthodoxen militärischen Vorbild orientierten Strategielogik andere identifiziert. Chaffee (1985) beispielsweise differenziert neben der linearen Strategielogik zwei weitere Cluster von Strategieverständnissen, die sie mit den Begriffen adaptiv und interpretativ bezeichnet. Ein *adaptives Strategieverständnis* ist nicht primär von Zielen und Zielpfaden getrieben, sondern nimmt das Unternehmen als Einheit mit bestimmten Stärken und Schwächen in einer Umwelt wahr, die durch die Aktivität von Mitbewerbern, die Ansprüche von Stakeholdern, durch Trends und Entwicklungen gekennzeichnet ist. Strategie stellt insofern die Identifikation einer viablen (Wettbewerbs-)position sowie, um diese Position zu halten, kontinuierliches, dynamisches Anpassungshandeln dar. *Interpretative Strategieverständnisse* scheinen prima facie ganz ähnlich, heben aber insbesondere auf sozial-organisationskulturelle Aspekte der Unternehmung, auf Beziehungen zu Stakeholdern ab: insofern stehen Konzepte wie Sinn, Legitimität und Orientierung, die durch geeignete Kommunikation zu befördern sind, im Fokus.

Da sich die Warnungen vor dem „althergebrachten" Strategiedenken in der um das Web 2.0 angelagerten Ratgeberliteratur häufen, sei darauf hingewiesen, dass viele der Autoren (beispielhaft etwa Earl/Waddington 2012, „Brand Anarchy") nicht nur selbst einem althergebrachten Muster folgen, sondern darüber hinaus einen Strohmann zum Zwecke des Abfackelns aufbauen. Das Muster, das schon in der Soziologie der 1970er Jahre auftrat, besteht darin, zuerst eine Kontrollillusion zu diagnostizieren, dann die Unmöglichkeit von Kontrolle zu demonstrieren, schließlich den Leser mit einer Heilsgeschichte zu versöhnen, wie trotz Unmöglichkeit von Kontrolle *dennoch* Kontrolle ausgeübt werden könne – denn ansonsten gäbe es keinen Grund, das Buch zu kaufen. Die Linearität des „althergebrachten" Strategiebegriffs, angeblich einer in Stößen und Gegenstößen, Offensiven und Defensiven angelegten orthodoxen Militärstrategie geschuldet, ist ein Strohmann. Schon Clausewitz dachte über Guerillakriege nach und die Auseinandersetzung mit schwer fassbaren, kleinteiligen Antagonisten hat eine lange Tradition (für einen Überblick Asprey 2002). Das strategische Denken in der Militärtheorie ist dem Strategiebegriff in der Lehre des Kommunikationsmanagements noch immer weit voraus und setzt sich seit Jahren mit Herausforderungen auseinander – wie etwa Schwärmen –, die in der kommunikationsspezifischen Fachliteratur erst vergleichsweise unsystematisch angegangen werden (Nothhaft und Schölzel 2014; Schölzel 2012).

3.2 Elemente der Kommunikationsstrategie

Von der Verschränkung der Unternehmens- und Kommunikationsstrategie unberührt bleibt, dass das Kommunikationsmanagement die Imperative der Unternehmensführung in einer Art und Weise verarbeiten muss, welche die Passung der Kommunikationsmaßnahmen untereinander gewährleistet. Wie generell bei Strategien geht es auch hier darum, knappe Ressourcen mit Blick auf ein übergeordnetes Ziel einzusetzen. Gerade in der Kommunikationsarbeit, wo der Aufwand oft überschaubar, Projektideen aber an sich attraktiv sind, droht „Verzettelung".

Konzeption von Kommunikationsprogrammen

Kommunikationsziele

Positionierung — **Bezugsgruppen**

Imperative der Unternehmensführung

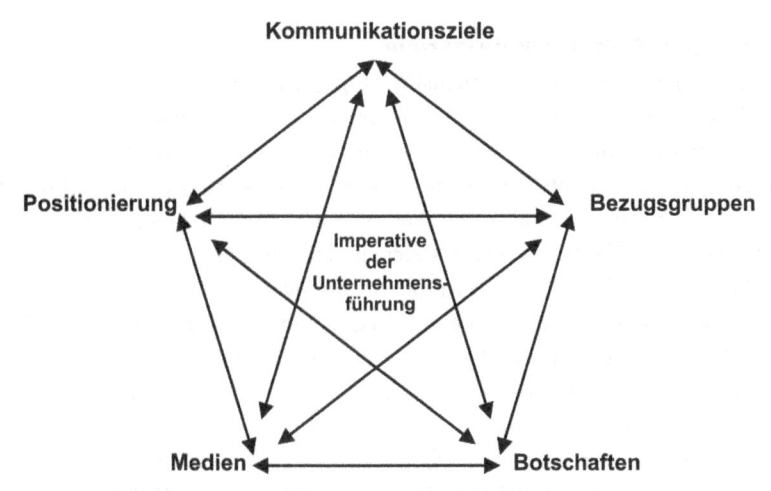

Medien — **Botschaften**

Abb. 4 Wichtige Parameter zur Entwicklung von Kommunikationsstrategien

Abbildung 4 skizziert die kommunikationsstrategischen Positionen, wie sie sich in zahlreichen Konzeptionsmodellen finden. Die Autoren gehen davon aus, dass jeder Konzeptionsentwickler ein ähnliches Ideengeflecht im Kopf hat; ein Bild davon, welche Gruppierungen für seine Arbeit wichtig sind, wie sich „seine" Organisation selbst sieht oder sehen sollte, welche Medien von großer und welche Themen von entscheidender Bedeutung sind etc. Wo das nicht oder nicht in gebührender Klarheit der Fall ist, dient die Konzeptionslehre dazu, ein derartiges Verständnis zu entwickeln. Für Konzeptionsentwickler, die zu Sprunghaftigkeit neigen, wirken Strategien demnach wie Filter. Auf Basis der Strategie lässt sich diskutieren, inwiefern eine kreative Maßnahme zielführend ist. Für andere Konzeptionsentwickler steht nicht die Filterfunktion, sondern die ideengenerierende Kraft im Mittelpunkt. Haben sie einmal die zu berücksichtigenden Positionen „zusammengedacht", dann sind sie in der Lage, Maßnahmen zu entwickeln, die konsequent auf das übergeordnete Ziel ausgerichtet sind.

Das Polygon in Abb. 4 stellt die wichtigsten Parameter dar, die bei der Entwicklung von Kommunikationsstrategien zu berücksichtigen sind. Es vergegenwärtigt, dass die Parameter als in einem Wechselverhältnis stehend zu denken sind. Es ist nicht möglich, einzelne Aspekte zu dispositionieren, ohne die Figur insgesamt aus der Balance zu bringen. Verändern sich die Ziele der Unternehmenskommunikation, werden sich auch Zusammensetzung und Gewichtung der als relevant identifizierten Anspruchsgruppen ändern. Positioniert sich das Unternehmen um – beispielsweise von einem Autohersteller zu einem integrierten Technologiekonzern, von einer Behörde zu einem Serviceunternehmen – verschiebt sich der Korridor zielführender, nondiskrepanter Botschaften (Bentele 2008). Das wiederum führt zu einer Korrektur von Zielen oder einer Revision der als kritisch erachteten Anspruchsgruppen.

3.2.1 Ziele und Kommunikationsziele

Nicht zuletzt deshalb, weil Unternehmensführung in der Regel zielgesteuert operiert, lässt sich der Zusammenhang zwischen Unternehmens- und Kommunikationsstrategie am deutlichsten an Zieldefinitionen aufzeigen. Ein Kommunikationsziel zeichnet sich dadurch aus, dass es einen feststellbaren Soll-Zustand spezifiziert, der sich direkt, zumindest aber indirekt durch Kommunikationsmaßnahmen herbeiführen lässt. Darüber hinaus terminiert das Ziel einen Zeitpunkt, bis zu welchem der Zustand zu verwirklichen ist.

Formuliert man ein PR-Ziel, so führt das gewöhnlich schon zu einer relationalen Aussage. Anders als beispielsweise unternehmerische Ziele sind Kommunikationsziele weder nur auf das Unternehmen (Wir wollen 10 % mehr Produkte verkaufen), noch sind sie nur auf eine Zielgruppe bezogen (Wir wollen, dass unsere Aktionäre glücklich sind). In der Regel formulieren sie eine Relation, die folgende allgemeine Form aufweist:

Bezüglich X (Unternehmen, Produkt, Marke, Thema etc.) SOLL das ZIEL Z (ein Zustand) bis zu einem ZEITPUNKT t bei ZIELGRUPPE/TEILÖFFENTLICHKEIT Y erreicht werden.

Beispiel: Bis zum Ende des Jahres (t) wollen wir, dass Produkt X unter 19–29jährigen (Y) als „innovativ" und „in" gilt (Z).

Wie sich zeigt, beinhalten derartige Zielformulierungen bereits Bezugsgruppen und Aspekte der Positionierung. De facto stellen sie Teilstrategien dar, denn mit der Entscheidung, dieses oder jene Ziel zu verfolgen, fällt bei begrenzten Ressourcen ein anderes heraus. Entscheidend ist jedoch, dass das *Kommunikations*ziel im obigen Beispiel Imagegestaltung ist. Die Vermittlung der Positionierung, Imagegestaltung durch Selbstdarstellung, ist ein klassisches PR-Ziel, aber nicht das einzig mögliche. Wichtig ist, dass eine andere Zielsetzung – etwa das Ziel, eine Verkaufszahl von 100.000 Produkten zu erreichen – sicher zu anderen Maßnahmen geführt hätte. Umgekehrt denke man an Aufklärungskampagnen, wo die Vermittlung von Wissen Priorität vor Imagegestaltung und Selbstdarstellung genießt.

Um das Zielelement, den angestrebten Zustand, in operationalisierbarer Art und Weise anzugeben, können Konzeptionsentwickler auf die in der kommunikationswissenschaftlichen Wirkungsforschung entwickelten Differenzierungen grundlegender Wirkungsebenen zurückgreifen. Diese unterscheiden etwa zwischen kognitiv-orientierten (Wissenszielen), affektiv-emotionalen (Einstellungen, Involvement, Frame- und Perspektivverschiebung), konativ-orientierten Zielen (Handlungszielen) und sozial-orientierten Zielen (Beziehungsaufbau) (Mast 2013, S. 134 f.). Unternehmenskommunikation verfolgt jedoch in der Regel nicht eindimensionale, sondern komplexe Kommunikationsziele höherer Ordnung, so z. B. die Formung eines bestimmten Images.

3.2.2 Bezugsgruppen

Wenn in betriebswirtschaftlicher Terminologie von Bezugsgruppen, Anspruchsgruppen, Interessengruppen oder Stakeholdern die Rede ist, bezieht sich das Denken auf vergleichsweise abstrakte Kategorien, die ein ungefähres Handlungsfeld abstecken. Im Rahmen einer Kommunikationskonzeption bedürfen diese Kategorien einer Konkretisierung, welche sie in Segmente differenziert, die sich *auf Grund einer gemeinsamen Charakteristik* gezielt ansprechen lassen. Dabei kann der Begriff „gezielt", und das wird häufig übersehen, zweierlei bedeuten. Zum einen, dass gezielt die *Kanäle, Foren* oder *Medien* ausgewählt werden, die das identifizierte Segment nutzt. Zum anderen, dass gezielt *Themen* aufgegriffen werden, die das identifizierte Bezugsgruppensegment als relevant und interessant erachtet.

In der Konzeptionslehre koexistieren zwei Ansätze der Segmentierung. Dabei handelt es sich zum einen um das Denken in *Zielgruppen*, zum anderen um das in *Teilöffentlichkeiten*. Die zwei Ansätze sind von unterschiedlicher disziplinärer Herkunft und differieren hinsichtlich ihrer Grundannahmen sowie ihrer maßgeblichen Begrifflichkeiten. Sie koexistieren aber insofern, als nicht ein Ansatz „falsch" oder „unterlegen" ist bzw. die eine Herangehensweise die andere ausschließt (anders: Merten 2000):

- Das Denken in *Zielgruppen* wurde aus der Marketing- und Werbelehre in die PR-Konzeptionslehre übertragen. Auf Grund seiner disziplinären Herkunft ist das Zielgruppenkonzept vor allem geeignet, Bezugsgruppen zu segmentieren, die primär via Marktmechanismen mit einem Unternehmen in Beziehung stehen – also vor allem die Bezugsgruppe der Kunden, aber etwa auch die der Aktionäre (Share- respektive Stockholder). Zielgruppendefinitionen, wie sie etwa in der Mediaplanung Anwendung finden, operieren in ihrer einfachsten Form mit soziodemografischen Kategorien, so etwa Alter, Geschlecht, Einkommens- oder Besitzverhältnisse (Kraftfahrzeug, Haus, Internetzugang etc.). Zielgruppendenken aktiviert demnach das betriebswirtschaftlich geprägte Menschenbild eines *Individuums*, das nach Bedürfnisbefriedigung sowie Optimierung seines Aufwand/Nutzen-Verhältnisses strebt.
- Die Rede von *Teilöffentlichkeiten* speist sich aus soziologischen und kommunikationswissenschaftlichen Überlegungen, die sich um den Begriff der Öffentlichkeit und öffentlichen Kommunikation anlagern. Anders als Zielgruppen sind Teilöffentlichkeiten nicht als Aggregationen von Individuen mit soziodemografischen Gemeinsamkeiten zu denken, sondern als soziale Systeme. Angehörige von Teilöffentlichkeiten sind beispielsweise von einem spezifischen Issue (z. B. als Anrainer eines Atomkraftwerks) betroffen oder haben ein solches – u. U. sogar ohne Wissen der Organisation – überhaupt erst entwickelt. Von einem sozialen System ist zu sprechen, weil die Individuen 1) sich ihrer eigenen Betroffenheit bewusst sind, 2) sich der Tatsache bewusst sind, dass es anderen ebenso geht, 3) über Kanäle oder in Foren und Medien miteinander kommunizieren, 4) sich unter Umständen sogar organisieren (Grunig und Hunt 1984, S. 147 ff.). Dabei ist die Überlegung, welche anderen Gemeinsamkeiten (etwa soziodemografische) die Akteure und Partizipanten der spezifischen Teilöffentlichkeiten haben, von nachrangiger Bedeutung. Entscheidend ist es, an ihrer Meinungsbildung zu partizipieren, indem besagte Kanäle, Foren oder Medien identifiziert oder aber alternative Arenen etabliert werden.
- Der vielleicht wichtigste systematische Beitrag der um die neuen Medien angelagerten Theoriearbeit ist schließlich der Hinweis darauf, dass das eigentliche Ziel des Kommunikationsmanagements oftmals gar nicht Menschen oder Menschengruppen sind, sondern *Diskurse*. Bei genauerer Betrachtung geht es oftmals nur indirekt und in zwei-

ter Linie darum, Individuen von bestimmten Positionen zu überzeugen. Direkt und in erster Linie geht es darum, die Art und Weise zu beeinflussen, wie über ein Thema kommuniziert wird, in welchem Rahmen. Sheldrake (2011), Autor des Bestsellers „The Business of Influence", hat mit einem einfachen, aber wirkmächtigen Modell darauf aufmerksam gemacht, dass die Kommunikationsflüsse zwischen Stakeholdern und einer Organisation zwar wichtig sind; viel wichtiger sind heutzutage jedoch die Kommunikationsflüsse zwischen Stakeholdern untereinander. Das gilt natürlich umso mehr, je stärker das Geschäftsmodell auf co-creation beruht. Es gilt jedoch festzuhalten, dass der Gedanke keineswegs neu ist. Der vermeintliche „blinde Fleck" – die Ausblendung der Tatsache, dass Stakeholder miteinander kommunizieren – ist ein Artefakt der angloamerikanischen PR-Theorie. Die europäische PR-Theorie lagerte sich seit jeher um das Konzept der Öffentlichkeit an (Bentele und Nothhaft 2010), das für derartige Prozesse schon immer sensibel war: schließlich hat der Mensch schon früher mit seinesgleichen kommuniziert, sei es auf der Straße „au trottoir", im Kaffeehaus oder durch Leserbriefe in der Lokalzeitung.

3.2.3 Positionierung und Botschaften

Unter einer Positionierung versteht man in der Konzeptionslehre ein *widerspruchsfreies System von Aussagen,* die in der Zusammenschau ein Selbstbild oder ein Selbstverständnis zeichnen, das sich vor allem *im Verhältnis zu anderen* (z. B. Konkurrenten) bzw. in einem sozialen System (z. B. Markt, Öffentlichkeit) definiert (vgl. auch Zerfaß 2008). Ferner lässt sich zwischen Ist- und Soll-Positionierungen differenzieren: in Konzeptionen werden in der Regel Soll-Positionierungen entwickelt, die es zu verwirklichen gilt.

Form und Gehalt der Positionierung hängen davon ab, ob es sich bei der zu positionierenden Einheit z. B. um ein Unternehmen, eine Marke, ein Produkt oder um eine Kampagne zu einem gesellschaftlichen Themenkomplex etc. handelt. Positionierungen sind gleichermaßen Ergebnis eines kreativen wie auch re-konstruktiven Aktes. *Kreativ* insofern, als der Konzeptioner etwas Neues schafft, nicht lediglich etwas vorgängig Vorhandenem zu einer medialen Abbildung verhilft. *Rekonstruktiv* insofern, als der Gegenstand der Unternehmenskommunikation gewöhnlich nicht bindungsfreie Fiktionen oder „wünschenswerte Wirklichkeiten" (Merten) sind, sondern Konstrukte, die einer Rückbindung an Realitäten unterliegen (Bentele 2008).

Slogans/Claims, die hier nicht weiter differenziert werden, stellen, vereinfacht ausgedrückt, Wortfolgen, Sätze bzw. Texte oder Textbestandteile dar – sie sind Instrumente bzw. Mittel, um dahinter stehende Botschaften zu vermitteln. *Botschaften* sind demnach inhaltliche Aussagen- bzw. Zeichenkomplexe, die nicht notwendig in verbaler Form (sondern z. B. auch nonverbal, bildlich) existieren, die häufig auch nicht wortwörtlich in Erinnerung bleiben, sondern in das Aussagensystem der Rezipienten übergehen. „Freude am Fahren", der viel gerühmte „Werbespruch" von BMW, ist demnach ein Slogan, der – vermutlich – darauf zielt, mehrere Aussagenkomplexe, eben Botschaften, auszudrücken bzw. beim Rezipienten zu aktivieren: so z. B. die, dass ein BMW das Fahrzeug der Wahl für anspruchsvolle Fahrer ist.

Die Unterscheidung zwischen einer Positionierung einerseits und Botschaften/Slogans andererseits findet sich nicht in jedem Konzeptionsmodell. Sie lässt sich kommunikationstheoretisch begründen und stellt die konzeptionslogische Widerspiegelung der Annahme dar, dass jedweder Kommunikation gleichermaßen *Darstellung von etwas* wie auch *Selbstdarstellung* inhärent ist (Bühler 1965). Dass einige Konzeptionsmodelle auf die Positionierung, andere auf Botschaften verzichten, ist mutmaßlich der Tatsache geschuldet, dass Selbstdarstellung, nicht Fremddarstellung, der übliche modus operandi in der Unternehmenskommunikation ist: Wo Botschaften zuvorderst der Selbstdarstellung dienen, sind die beiden Aspekte, zumindest prima facie, identisch.

3.2.4 Medien/Themen

Kenner der Konzeptionslehre werden verwundert sein, Themen und Medien hier als strategische Positionen ausgewiesen zu sehen, obwohl die klassische Konzeptionslehre Medien klar und deutlich sowie Themen der Tendenz nach als *Mittel*, keineswegs als *Zweck* identifiziert. Dies ist vermutlich darauf zurückzuführen, dass die Konzeptionslehre vorrangig die Sichtweise von Kommunikationsagenturen widerspiegelt. Diese machen bei der Problemanalyse gewöhnlich zunächst tabula rasa: wenn Berater hinzugezogen werden, steht zunächst alles auf dem Prüfstand.

Denkt man jedoch aus der Perspektive der Unternehmensführung, so zeigt sich, dass Medien und Themen, ausgehend von unternehmensstrategischen Imperativen, durchaus nicht nur als Mittel, sondern auch als Zweck aufgefasst werden können: Man denke etwa an Issues, hinsichtlich derer Unternehmen in bestimmten Branchen geradezu einem Positionierungsdruck unterliegen: beispielsweise Energieversorger hinsichtlich regenerativer Energien und Fast-Food-Ketten hinsichtlich gesunder Ernährung. Oder man führe sich Medien, Kanäle und Foren vor Augen, die bezüglich bestimmter Bezugsgruppen eine „kriegsentscheidende" (eben strategische) Bedeutung aufweisen – so z. B. die *Bild-Zeitung*, wenn es einem Kanzlerkandidaten (als Akteur), um das Wahlvolk geht.

Mit der Entscheidung für bestimmte Medien werden auch Entscheidungen über bestimmte *öffentliche Kommunikationsforen bzw. -arenen* getroffen (Neidhardt 1994). Was die Themen der öffentlichen Kommunikation anbelangt, so ist zu sehen, dass es die Strukturen öffentlicher Kommunikation in heutigen Informations- und Kommunikationsgesellschaften kaum mehr zulassen, dass Themen von einzelnen Akteuren sozusagen beliebig kommuniziert werden (vgl. Kapitel „Meinungsbildung in der Mediengesellschaft: Akteure und Prozesse öffentlicher Kommunikation im Zeitalter des Social Web"). Durch die Vielzahl von häufig konkurrierenden Akteuren und die spezielle Rolle der Massenmedien verändern sich Themen im Prozess der Kommunikation. Bewertungen und Bewertungsbewertungen anderer Akteure, neue Teilthemen und Sachverhalte und wiederum neue Bewertungen kommen auch gegen die Intentionen der ursprünglichen Themenplanung hinzu. So entsteht häufig eine Dynamik der öffentlichen Kommunikation, die in ihrer Vielfalt und Komplexität strategisch nur in geringem Ausmaß planbar bzw. beherrschbar scheint. Sie lässt sich zwar ex post analysieren und rekonstruieren, aber nur teilweise vorhersehen. Immer häufiger werden deshalb lineare Kommunikationsprogramme (z. B. kontinuierliche Maßnahmen der Mitarbeiterinformation, Finanzkommunikation und Public Affairs) durch dramaturgisch inszenierte, zeitlich befristete und flexibel gesteuerte *Kampagnen* ergänzt (vgl. Kapitel „Kommunikationskampagnen planen und steuern: Thematisierungsstrategien in der Öffentlichkeit").

Dennoch bleiben der Planbarkeit und damit auch der strategischen Kommunikation *strukturelle Grenzen* gesetzt, das gilt in Zeiten zunehmender Vernetzung umso mehr. Professionelles Konzeptions-Know-how ist ein unverzichtbarer Baustein des Kommunikationsmanagements neuerer Prägung, muss jedoch ergänzt werden um eine *Einbindung kommunikativer Dimensionen in alle Funktionen und Strukturen der Unternehmensführung*. Dies ermöglicht es, über selbst initiierte Strategien hinaus auch jene Herausforderungen flexibel zu bewältigen, die sich durch die ständig wachsende Anzahl einflussreicher Meinungsmacher im nationalen und internationalen Umfeld ergeben.

Literatur

Andrews, K. R. (1987). *The concept of corporate strategy* (3. Aufl.). Homewood: Irwin.
Asprey, R. (2002). *War in the shadows. The guerilla in history*. Lincoln: Universe.
Baerns, B. (2005). Public relations ist, was public relations tut. *PR Magazin, 36*(9), 51–58.
Baskin, O., Aronoff, C., & Lattimore, D. (1997). *Public relations*. Madison: Brown & Benchmark.
Bentele, G. (2008). Ein rekonstruktiver Ansatz der Public Relations. In G. Bentele, R. Fröhlich & P. Syzszka (Hrsg.), *Handbuch der Public Relations* (S. 147–160). Wiesbaden: VS Verlag für Sozialwissenschaften.
Bentele, B., & Nothhaft, H. (2010). Strategic communication and the public sphere from a European perspective. *International Journal of Strategic Communication, 4*(2), 93–116.
Bernays, E. L. (1929). *Crystallizing public opinion*. New York: Bon & Liveright Erstauflage (1923).
Besson, N. A. (2003). *Strategische PR-evaluation*. Wiesbaden: Westdeutscher Verlag.
Broom, G. M, & Sha, B.-L. (2013). *Cutlip and center's Effective public relations*. Boston: Pearson.
Bühler, K. (1965). *Sprachtheorie: Die Darstellungsform der Sprache*. Jena: Fischer.
Chaffee, E. E. (1985). Three models of strategy. *Academy of Management Review, 10*(1), 89–98.
Clausewitz, C. von (2003). *Vom Kriege* (4. Aufl.). Berlin, München: Ullstein Heyne List (Erstausgabe 1832).
Cornelissen, J. (2011). *Corporate communication. A guide to theory and practice* (3. Aufl.). London: Sage.
Cutlip, S., Center, A. H., & Broom, G. M. (2000). *Effective public relations* (8. Aufl.). Upper Saddle River: Prentice-Hall.
Dörrbecker, K., & Fissenewert-Goßmann, R. (2001). *Wie PR-Profis Konzeptionen entwickeln* (4. Aufl.). Frankfurt am Main: F.A.Z.-Institut.
DPRG/ICV (2011). *Positionspapier Kommunikations-Controlling*. Bonn: DPRG/ICV.
Drucker, P. (1993). *The effective executive*. New York: Harper Business (Erstauflage 1967).
Earl, S., & Waddington, S. (2012). *Brand anarchy. Managing corporate reputation*. London: Bloomsbury.
Fuhrberg, R. (1995). Teuer oder billig, Kopf oder Bauch – Versuch einer systematischen Darstellung von Evaluationsverfahren. In B. Baerns (Hrsg.), *PR-Erfolgskontrolle* (S. 47–69). Frankfurt am Main: IMK.
Grunig, J., & Hunt, T. (1984). *Managing public relations*. New York: Holt, Rinehart and Winston.

Grunig, L., Grunig, J., & Dozier, D. M. (2002). *Excellent public relations and effective organizations*. Mahwah: Lawrence Erlbaum.
Hansen, R., & Schmidt, S. (2006). *Konzeptionspraxis*. Frankfurt am Main: F.A.Z.-Institut.
Hendrix, J. (1988). *Public relations cases*. Belmont: Wadsworth.
Janisch, M. (1993). *Strategisches Anspruchsgruppenmanagement. Vom Shareholder Value zum Stakeholder Value*. Bern: Haupt.
Kaplan, R., & Norton, D. (2004). *Strategy maps. Converting intangible assets into tangible outcomes*. Boston: Harvard Business Press.
Karmasin, M. (2007). Stakeholder-Management als Grundlage der Unternehmenskommunikation. In M. Piwinger & A. Zerfaß (Hrsg.), *Handbuch Unternehmenskommunikation* (1. Aufl., S. 71–87). Wiesbaden: Gabler.
Leipziger, J. W. (2007). *Konzepte entwickeln*. Frankfurt am Main: F.A.Z.-Institut.
Marston, J. E. (1963). *The nature of public relations*. New York: McGraw-Hill.
Mast, C. (2013). *Unternehmenskommunikation* (5. Aufl.). Konstanz: UVK.
Merten, K. (2000). Zur Konzeption von Konzeptionen. *PR-Magazin, 31*(3), 33–42.
Mintzberg, H. (1987). Crafting strategy. *Harvard business review, 65*(4), 66–75.
Neidhardt, F. (Hrsg.). (1994). *Öffentlichkeit, Öffentliche Meinung, Soziale Bewegungen. Sonderheft 34 der Kölner Zeitschrift für Soziologie und Sozialpsychologie*, Opladen: Westdeutscher Verlag.
Newsom, D., Scott, A., & VanSlyke Turk, J. (1992). *This is PR. The realities of public relations*. Belmont: Wadsworth.
Nothhaft, H., & Schölzel, H. (2015). (Re-)reading Clausewitz: The strategy discourse and its implications for strategic communication. In D. Holtzhausen & A. Zerfass (Hrsg.), *The Routledge handbook of strategic communication*. New York: Routledge.
Pfannenberg, J., & Zerfaß, A. (Hrsg.). (2005). *Wertschöpfung durch Kommunikation. Wie Unternehmen den Erfolg ihrer Kommunikation steuern und bilanzieren*. Frankfurt am Main: F.A.Z.-Institut.
Pfannenberg, J., & Zerfaß, A. (Hrsg.). (2010). *Wertschöpfung durch Kommunikation. Kommunikations-Controlling in der Unternehmenspraxis*. Frankfurt am Main: Frankfurter Allgemeine Buch.
Rolke, L. (2002). Kommunizieren nach dem Stakeholder-Kompass. In B. Kirf & L. Rolke (Hrsg.), *Der Stakeholder-Kompass* (S. 16–33). Frankfurt am Main: F.A.Z.-Institut.
Schölzel, H. (2012). *Guerillakommunikation. Genealogie einer politischen Konfliktform*. Bielefeld: Transcript.
Sheldrake, P. (2011). *The Business of influence*. Chichester: Wiley.
Smith, R. D. (2012). *Strategic planning for public relations*. Mahwah: Routledge.
Steinmann, H., & Schreyögg, G. (2005). *Management* (6. Aufl.). Wiesbaden: Gabler.
Steyn, B. (2003). From strategy to corporate communications strategy: A conceptualisation. *Journal of Communication Management, 8*(2), 168–183.
Steyn, B. (2006). Contribution of public relations to organizational strategy formulation. In E. L. Toth (Hrsg.), *The future of excellence in public relations and communication management* (S. 137–172). Mahwah: Lawrence Erlbaum Associates.
Szyszka, P., & Dürig, U.-M. (Hrsg.). (2008). *Strategische Kommunikationsplanung*. Konstanz: UVK.
Tench, R., & Yeomans, L. (2009). *Exploring public relations*. (2. Aufl.). Harlow: Prentice-Hall.
Tibbie, S. (1997). Developing communications strategy. *Journal of Communication Management, 1*(4), 356–361.
Tschopp, L. (2008). Optimierung von PR-Konzeptionen: Befunde und Schlussfolgerungen. In P. Szyszka & U.-M. Dürig (Hrsg.), *Strategische Kommunikationsplanung* (S. 75–90). Konstanz: UVK.
Wehmeier, S. (2006). Dancers in the dark: The myth of rationality in public relations. *Public Relations Review, 32*(6), 213–220.
Wilcox, D. L., & Cameron, G. T. (2012). *Public relations* (10th ed.). Boston: Pearson, Allyn & Bacon.

Zerfaß, A. (2005). Rituale der Verifikation? Grundlagen und Grenzen des Kommunikations-Controlling. In L. Rademacher (Hrsg.), *Distinktion und Deutungsmacht. Studien zu Theorie und Pragmatik der Public Relations* (S. 181–220). Wiesbaden: VS Verlag für Sozialwissenschaften.

Zerfaß, A. (2008). Positioning theory. In W. Donsbach (Hrsg.), *International encyclopedia of communication* (Vol. VIII, S. 3822–3824). Oxford: Wiley.

Zerfaß, A. (2010). *Unternehmensführung und Öffentlichkeitsarbeit*, (3. Aufl.). Wiesbaden: VS Verlag für Sozialwissenschaften.

Kommunikationskampagnen planen und steuern: Thematisierungsstrategien in der Öffentlichkeit

Ulrike Röttger

Zusammenfassung

Die dynamischen Bedingungen der Mediengesellschaft stellen an die Kommunikativität von Unternehmen und deren öffentliche Positionierung neue und weit reichende Anforderungen. Die Bereitstellung von durchsetzungsfähigen Themen und die Einflussnahme auf die öffentliche Meinung mittels persuasiver Kommunikation erfolgt angesichts einer allgemeinen Informationsüberflutung und begrenzter Verarbeitungskapazitäten seitens der Medien und des Publikums unter verschärften Konkurrenzbedingungen: Dramaturgisch wohl überlegte, kampagnenförmige Inszenierungen sind immer häufiger nötig, um angesichts des Überangebots an Informationen öffentliche Aufmerksamkeit zu erhalten. Nach einem kurzen Überblick über charakteristische Merkmale, unterschiedliche Formen, Typen und Ziele von Kampagnen werden die Thematisierungsstrategien des Kampagnenmanagements analysiert: Wie kann Aufmerksamkeit für bestimmte Themen geschaffen werden, wie kann die öffentliche Themenagenda und die öffentliche Meinung strategisch gesteuert werden? Zudem sollen die Herausforderungen, vor die das Internet, insbesondere Social Media, das Kampagnenmanagement stellt, betrachtet werden. Abschließend werden Potenziale und Grenzen der Kampagnenkommunikation und die Frage, inwieweit Kampagnenwirkungen und -erfolg tatsächlich geplant werden können, kritisch diskutiert.

U. Röttger (✉)
Westfälische Wilhelms-Universität Münster, Institut für Kommunikationswissenschaft
Bispinghof 9-14, 48143 Münster, Deutschland
E-Mail: ulrike.roettger@uni-muenster.de

Schlüsselwörter

Kampagne · Kommunikationskampagne · Positionierung · Thematisierung · Aufmerksamkeit · Themenmanagement · Mediengesellschaft · Social Media · Online-Kommunikation · Unternehmenskommunikation

1 Feldzüge um öffentliche Aufmerksamkeit

Wer kennt diese Kampagnen nicht: „Mein Ein für Alles" von ebay, Zalandos „Schrei' vor Glück!", Ikeas Kampagnenmotto „Das Zuhause deines Lebens" oder die Werbe- und Sympathiekampagne „Wir können alles. Außer Hochdeutsch" für Baden-Württemberg. Nicht zu vergessen die zahlreichen Informations- und Sozialkampagnen wie zum Beispiel die Stopp-Aids-Kampagne, die „Runter vom Gas"-Kampagne oder „Deine Stimme gegen Armut", die in Deutschland vom Verband Entwicklungspolitik deutscher Nichtregierungsorganisationen e. V. (VENRO) getragen wird. Deren Symbol – ein weißes Armband – wird inzwischen hunderttausendfach in zahlreichen Ländern der Welt als Zeichen der Verbundenheit mit der Aktion zur Überwindung der Armut getragen.

Die Beispiele machen deutlich: Kampagnen sind nicht an spezifische Akteure oder Themen gebunden, sie sind allgegenwärtig und spiegeln insofern die starke Ausdifferenzierung moderner Gesellschaften wider: Organisationen aus Gesellschaft, Kultur, Wirtschaft und Politik – Unternehmen, Vereine und Verbände, Regierungen, Parteien – sind Initiatoren und Träger von Kampagnen. Unterschiedlichste Interessen und Anliegen werden kampagnenförmig öffentlich gemacht: angefangen von der Einführung eines neuen Produktes bis hin zur Rettung des Borkenkäfers. Der Kampagnenbegriff umfasst damit ein sehr heterogenes und vielgestaltiges Feld. Bei aller Unterschiedlichkeit: Gemeinsam ist Kampagnen jeder Art der Kampf um öffentliche Aufmerksamkeit.

Die semantische Karriere des Kampagnenbegriffs spiegelt ihren öffentlichen und kämpferischen Charakter sehr deutlich wider: Der Begriff bezeichnete in der europäischen Geschichte ursprünglich die Zeit, die ein Heer im Feld verbrachte, also die *Dauer von Feldzügen*: „Campagne, Feld-Zug, expeditio, heißt diejenige Zeit, zu welcher Armeen im Felde stehen, und die sich meistentheils im Junio anfängt, im November aber zu ende gehet auch bißweilen wohl noch länger dauert; wie denn, wenn schwere Belagerungen gewesen, wohl den ganzen Winter durch campiret worden ist." (Zedler 1733, S. 238)

Der Begriff diffundierte bereits im 17. Jahrhundert in das *politische Handlungsfeld*. Zunächst wurde die Sitzungsperiode des englischen Parlaments als campaign bezeichnet, später umfasste der Kampagnenbegriff Maßnahmen, die zur Sicherung oder Erlangung von Herrschaftspositionen eingesetzt wurden. Campaigning beschrieb im Kontext von freien, allgemeinen und öffentlichen Wahlen die Bewerbung um die Nominierung für ein politisches Amt (Leggewie 2006, S. 106 ff.). Die „Eroberung von Mandaten", die politische Mobilisierung von Wählern im Wahlkampf, kann entsprechend als eine Urform von

Kampagnen bezeichnet werden. Auch jenseits von Wahlen und Abstimmungen kommt Kampagnen heute in der politischen Kommunikation eine wachsende Bedeutung zu, denn die Umsetzung politischer Programme wird zunehmend kampagnenförmig inszeniert. Hohe strategische Bedeutung haben Kampagnen vor allem für NGOs (Non Governmental Organisations) mit begrenzten institutionellen Zugängen zu politischen Entscheidungsprozessen, da sie ohne Öffentlichkeit und ohne Präsenz in den Medien ihre Ziele nicht verwirklichen können.

Wie viele Begriffe und Praktiken der *Kommunikationspraxis* ist auch der Kampagnenbegriff, dies machen schon die heterogenen Anwendungsfelder deutlich, nicht eindeutig definiert. Insbesondere eine Abgrenzung von Werbe-, Marketing- und PR-Kampagnen ist in der Praxis nur selten möglich. Denn charakteristisch für die meisten Kampagnen ist gerade die Kombination unterschiedlicher Verfahren und Instrumente aus Werbung, Marketing und Public Relations. Erfolgreiche Kampagnenkommunikation ist zugleich integrierte Kommunikation.

> **Kommunikationskampagnen**
> Unter Kampagnen werden hier zielgerichtete, dramaturgisch angelegte, thematisch fokussierte, zeitlich befristete kommunikative Strategien zur Erzeugung öffentlicher Aufmerksamkeit verstanden, die auf ein Set unterschiedlicher kommunikativer Instrumente und Techniken – werbliche Mittel, marketingspezifische Instrumente und klassische PR-Maßnahmen – zurückgreifen (Röttger 2009; Rogers und Storey 1987).

Jenseits weitreichender öffentlicher Aufmerksamkeit sind weitere Ziele der Kampagnenkommunikation:

- Beeinflussung der öffentlichen Themenstruktur;
- Vertrauen in die Glaubwürdigkeit der Organisation erzeugen;
- Projektion vorteilhafter Images der eigenen Organisation;
- Zustimmung zu den eigenen Intentionen bewirken;
- Anschlusshandeln erzeugen, z. B. in Form von Wahl- oder Kaufentscheidungen, Einstellungs- oder Verhaltensänderungen.

Kampagnenkommunikation stellt eine besondere Form der Konzentration und Fokussierung dar: sachlich auf ein bestimmtes Thema oder Anliegen, sozial durch die Konzentration von Personal und Geld und zeitlich auf einen definierten Zeitraum. Kampagnen signalisieren, dass Organisationen ein bestimmtes Anliegen oder Ziel nicht oder nicht optimal im Rahmen ihrer üblichen Alltags-Routine bearbeiten können bzw. sie machen deutlich, dass der Kampagnengegenstand für die Organisation von außergewöhnlicher Bedeutung ist (Arlt 2001).

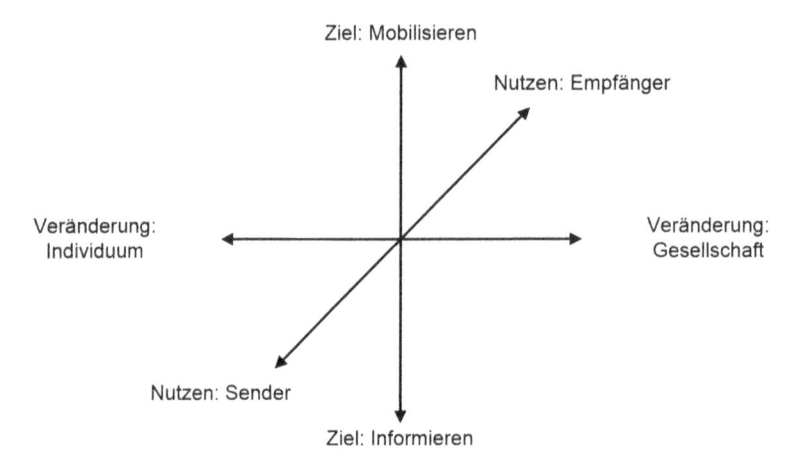

```
                        Ziel: Mobilisieren
                                                Nutzen: Empfänger


    Veränderung:                                        Veränderung:
    Individuum                                          Gesellschaft


            Nutzen: Sender
                        Ziel: Informieren
```

Abb. 1 Typologisierung von Kampagnenzielen und -wirkungen
(Quelle: Rogers und Storey (1987, S. 823))

2 Kampagnenformen und -typen

Die Vielfältigkeit der kampagnenführenden Organisationen, der Kampagnenthemen und -ziele macht eine Systematisierung des Feldes nicht leicht. Für eine erste grobe Unterscheidung bietet sich eine Systematisierung hinsichtlich der *Kampagnenziele* und der angestrebten Wirkungen an. Rogers und Storey (1987) schlagen mit Blick auf öffentliche Informationskampagnen die drei Dimensionen Ziele, Nutzen und angestrebte Veränderung vor (vgl. Abb. 1). Diese drei Dimensionen wurden zwar zunächst mit Blick auf öffentliche Informationskampagnen formuliert, sind jedoch auch darüber hinaus zur Klassifizierung von Kampagnen jeder Art geeignet.

Zunächst können Kampagnen danach unterschieden werden, ob sie in erster Linie als Ausdrucksmittel (Ziel: Information) oder aber als Druckmittel (Ziel: Mobilisierung) konzipiert und eingesetzt werden. Zu Kampagnen mit primärem Informationsziel zählen zum einen organisationsbezogene Kampagnen, die vor allem der Selbstdarstellung dienen und zur Imagekreation eingesetzt werden. Produktbezogene und unternehmerische Kampagnen, aber z. B. auch Imagekampagnen für einzelne Regionen gehören zum überwiegenden Teil zu dieser Gruppe. Zum anderen zählen zu Kampagnen mit Informations-Ziel in erster Linie themen- und sachbezogene Informationskampagnen z. B. von staatlichen Organisationen zu Sozial- oder Gesundheitsthemen – hier tritt die kampagnenführende Organisation gegenüber dem eigentlichen Sachthema in den Hintergrund.

Kampagnen, die in erster Linie als Druckmittel angelegt sind, d. h. das Ziel haben, zu einem spezifischen Thema politischen Druck aufzubauen sowie breite Teile der Öffentlichkeit für das Kampagnenanliegen zu mobilisieren, finden sich insbesondere im politischen Bereich. Träger dieser Kampagnen sind dann auch nur sehr selten Unternehmen, sondern in erster Linie Parteien, NGOs, Verbände oder Gewerkschaften. Für Unternehmen sind Kenntnisse über Mobilisierungskampagnen und deren typische Verlaufsformen extrem wichtig, da jederzeit die Möglichkeit besteht, dass sie unfreiwillig zum Zielobjekt von Mobilisierungskampagnen werden können. Dies hat nicht nur das prominente und viel zitierte Beispiel Brent Spar gezeigt. Das Beispiel der ausgedienten Ölverlade- und Lagereinrichtung Brent Spar verdeutlicht nicht nur die Krisenanfälligkeit von Unternehmen in der Mediengesellschaft, sondern zeigt auch, dass Organisationen es schaffen können, sich dem Blickfeld der öffentlichen Aufmerksamkeit zu entziehen: Brent Spar wurde zwar von Shell betrieben, gehörte jedoch den beiden Konzernen Esso und Shell. Während Shell monatelang im Fokus der öffentlichen Kritik stand, wurde Esso als beteiligter Akteur von der Öffentlichkeit quasi nicht wahrgenommen.

Die zweite Dimension „angestrebte Veränderung" unterscheidet Kampagnen danach, ob in erster Linie individuelle (z. B. Safer Sex-Kampagnen) oder gesellschaftliche Veränderungen (z. B. Fair Trade-Kampagnen) angestrebt werden. Damit ist diese Dimension sicherlich sehr stark auf öffentliche Informations- und Aufklärungskampagnen bezogen, lässt sich aber durchaus auch auf unternehmerische Kampagnen beziehen: Überwiegend setzen unternehmerische Kampagnen zunächst beim Individuum an, indem sie Einstellungsänderungen oder Anschlusshandeln z. B. in Form von Kaufentscheidungen erzielen wollen. Insbesondere im Kontext der Corporate Social Responsibility-Debatte lassen sich immer wieder unternehmerische Kampagnen beobachten, die gesellschaftliche Veränderungen thematisieren und anstreben (z. B. die „Think Big"-Kampagne von O_2 oder die „Real Beauty"-Kampagne von Dove).

Schließlich können Kampagnen danach unterschieden werden, ob der anvisierte Nutzen der Veränderung primär beim Sender oder Empfänger zu sehen ist. Diese Dimension ist nicht ganz unproblematisch, denn Kampagnen, verstanden als Form strategischer Kommunikation, sind per se auf den Nutzen des Auftraggebers (Senders) hin orientiert: Als Auftragskommunikation stehen Kampagnen immer im engen Bezug zu den Interessen und Organisationszielen des Auftraggebers. Unabhängig davon lassen sich jedoch verschiedene Grade der Sender- bzw. Empfänger-Orientierung auch bei unternehmerischen Kampagnen unterscheiden: So sind beispielsweise unternehmerische Sozialkampagnen, bei denen soziales Engagement an den Absatz einzelner Produkteinheiten gekoppelt wird, indem das Unternehmen pro verkaufter Einheit einen Prozentsatz für einen definierten sozialen Zweck aufwendet, deutlich stärker senderorientiert als Sozialkampagnen, die nicht an den Absatz gekoppelt sind.

Eine weitere denkbare – und in der Praktikerliteratur immer wieder anzutreffende – Unterscheidung von Kampagnentypen nutzt die drei klassischen Kommunikationsbereiche Marketing, Werbung und PR als Differenzierungskriterium. Im Unterschied wird hier die Auffassung vertreten, dass eine eindeutige *Unterscheidung von Marketing-, Werbe- und PR-Kampagnen* heute in der Praxis kaum noch möglich und sinnvoll ist. Insbesondere mit Blick auf die in der Regel anspruchsvollen Ziele von Kampagnen und angesichts der allgemeinen hohen Aufmerksamkeitskonkurrenz, der sich Kampagnen in der modernen Medien- und Informationsgesellschaft stellen müssen, können Kampagnen in der Regel nur dann erfolgreich sein, wenn die geplante Dramaturgie ihres Verlaufs eine Vielzahl unterschiedlicher Kommunikationsinstrumente integriert. Dies betrifft sowohl die zeitliche Integration, um durch die gegenseitige Unterstützung einzelner Maßnahmen Wirkungsverstärkungen bzw. -übertragungen zu erreichen, die inhaltliche Integration, d. h. die Fokussierung und Abstimmung jeder Kommunikation hin auf das Kampagnenziel und selbstverständlich auch die formale Integration, d. h. die Vereinheitlichung von Gestaltungsprinzipien (Bruhn 2009).

3 Der Rahmen: die Mediengesellschaft

Die aktuellen Entwicklungen der Kampagnenkommunikation – insbesondere gekennzeichnet durch eine Bedeutungszunahme spektakulärer kampagnenförmiger Inszenierungen im Rahmen der Kommunikation von Organisationen – sind eng verbunden mit den Bedingungen der Medien- und Informationsgesellschaft und nur vor diesem Hintergrund zu verstehen.

Mit der Mediengesellschaft sind verschiedene Prozesse des Medien- und Öffentlichkeitswandels verbunden, die sich unter anderem in einer quantitativen Ausbreitung und qualitativen Ausdifferenzierung der Medien, einer enormen Beschleunigung der Informations- und Vermittlungsleistung der Medien und einer zunehmenden Medialisierung aller gesellschaftlichen Bereiche zeigen. Kennzeichen der Mediengesellschaft ist zudem die weit gehende Loslösung der Massenmedien von sozialen und politischen Institutionen und ihre verstärkte Orientierung an ökonomischen Kriterien (Jarren und Donges 2011, S. 23 ff.). Mit dem Stichwort Medialisierung bzw. Mediatisierung wird der hohe Stellenwert medienvermittelter Erfahrungen in allen Gesellschaftsbereichen, die verstärkte Orientierung an den Regeln des Mediensystems und die wachsende Durchdringung von medialer und sozialer Wirklichkeit beschrieben:

„Mediengesellschaft ist dadurch definiert, dass der mögliche Zugriff auf Realität tendenziell immer mehr abnimmt und das dadurch entstehende Defizit durch das wirklichkeitskonstituierende Informationsangebot der Medien laufend kompensiert und substituiert wird. Damit unauflösbar verbunden ist eine Zunahme von Fiktionalität, die gleichwohl in die Definition von Realität hineinwirkt und somit auch massiv faktisch wirksam wird" (Merten 2001, S. 44).

Medien konstruieren verstärkt die Wirklichkeit der Rezipienten – Themen und Akteure, über die die Medien nicht berichten, kommen zunehmend in ihrer Wahrnehmung nicht vor. Die Medienöffentlichkeit umschließt alle Bereiche der Gesellschaft. Sie ist der Ort, an dem die Gesellschaft sich selbst beobachten kann; hier wird sichtbar, wer zu welchen Themen mit welchen Argumenten Position bezieht. Unternehmen und andere Organisationen können sich in der heutigen Mediengesellschaft – ob sie es wollen oder nicht – der Medialisierung, der öffentlichen Kommunikation und öffentlichen Beobachtung dauerhaft nicht entziehen. Sie können im Wettbewerb um Aufmerksamkeit, Reputation und Legitimation auf öffentliche, d. h. vor allem medienvermittelte Kommunikation, nicht verzichten; sie müssen – wollen sie öffentlich wahrgenommen werden – ihr Handeln an den Gesetzmäßigkeiten des Mediensystems ausrichten.

Erheblichen Einfluss auf Form und Inhalt der öffentlichen Darstellung und der Kampagnenkommunikation hat dabei die Tatsache, dass mit wachsendem öffentlichem Darstellungsdruck gleichzeitig die Barrieren immer höher werden, die es zu überwinden gilt, um öffentliche Aufmerksamkeit zu erzielen. Denn Organisationen unterliegen wie alle gesellschaftlichen Akteure den Regeln der Aufmerksamkeitsökonomie (Franck 1998). Aufmerksamkeit ist ein knappes Gut. Und die Konkurrenz der Themen und unterschiedlichen Organisationen und Akteure um Deutungsmacht und Aufmerksamkeit ist hoch. Wachsende Informationsangebote und Formen der Selbstdarstellung stehen begrenzten Zeit- und Verarbeitungskapazitäten der Medien und des Publikums gegenüber. Organisationen, die mit ihren Themen öffentliche Aufmerksamkeit erzielen und in der Informationsflut nicht untergehen wollen, müssen folglich interessanter, wichtiger, kompetenter und glaubwürdiger sein oder erscheinen als ihre Mitkonkurrenten (Neidhardt 1994, S. 7). Die Publizitätschancen sind von den – auch symbolischen – Ressourcen abhängig, die Organisationen für die öffentliche Kommunikation einsetzen können. Kampagnen versuchen, die Selektionshürden des Mediensystems durch Erfüllung der Nachrichtenfaktoren, durch Ereignis- und Themenmanagement und nachrichtenfähige, spektakuläre Inszenierungen zu überwinden und in der Folge öffentliche Aufmerksamkeit zu erzielen.

4   Ereignis- und Themenmanagement

Im Mittelpunkt der Kampagnenkommunikation steht die strategische Steuerung der öffentlichen Themenagenda und der öffentlichen Meinung. Kampagnen schaffen öffentliche Aufmerksamkeit für bestimmte Themen oder Probleme (*Agenda Building*) bzw. sollen die öffentliche Wahrnehmung und Interpretation von Themen oder Organisationen beeinflussen. Ziel ist es, die öffentliche Agenda so weit wie möglich zu kontrollieren bzw. den Verlauf relevanter Themen zu beeinflussen, z. B. indem neue Themen gesetzt werden oder „alte Themen" eine überraschende Interpretation oder Ergänzung erfahren. Durch dieses Themenmanagement und eine breit angelegte Imagekreation sollen die Freiheitsgrade von Entscheidungen für Organisationen erhöht werden. Die öffentliche Agenda zu beeinflussen, heißt in vielen Fällen, als Erster aktiv zu sein, ein Thema zu besetzen. Dies muss aber nicht zwingend so sein – es kann durchaus auch bedeuten, der Konkurrenz den Vortritt zu lassen (Metzinger 2003).

Kampagnen sind dramaturgisch angelegt. Die bewusst angelegte Architektur ihres Aufbaus umfasst die drei Phasen Steigerung, Durchdringung und Konkretisierung. Die Thematisierungsstrategie weist dabei in der Regel sowohl eine Publikums- als auch eine Medienorientierung auf. Da in modernen Informationsgesellschaften die Medienbeeinflussung eine notwendige Voraussetzung für die Beeinflussung des Publikums darstellt (*Agenda Setting*), ist die Einflussnahme auf zeitliche, inhaltliche und kontextuelle Dimensionen der Medienberichterstattung im Rahmen der Kampagnenkommunikation von besonderer Bedeutung. Gemäß dem Agenda Setting-Ansatz werden Themen von Rezipienten umso bedeutsamer empfunden, je stärker diese in der Medienberichterstattung aufgegriffen und hervorgehoben werden (McCombs and Shaw 1972).

Die Wahrscheinlichkeit des Zugangs zur massenmedialen Berichterstattung wird unter anderem durch die Berücksichtigung der journalistischen Selektionskriterien erhöht. Bedeutsam sind hier vor allem *Nachrichtenfaktoren*, d. h. Merkmale von Ereignissen, die Einfluss auf deren Publikationschancen haben. Schulz (1990, S. 32 ff.) formuliert unter Bezug auf Galtung und Ruge (1965) sechs Dimensionen von Nachrichtenfaktoren:

- Zeit (z. B. Aktualität, Dauer, Kontinuität),
- Nähe (z. B. räumliche, politische, kulturelle Relevanz),
- Status (z. B. politische Macht des Ereignislandes, Prominenz),
- Dynamik (z. B. Überraschung, Intensität),
- Valenz (z. B. Konflikt, Kriminalität, Schaden, Erfolg),
- Identifikation (z. B. Personalisierung).

Unabhängig vom Medientyp gelten als besonders bedeutsame Faktoren, die den Erfolg einer Themenkarriere in den Medien bzw. der Öffentlichkeit beeinflussen, Aktualität, Einfachheit, Relevanz und Identifikation. Allgemein gilt: Je mehr Nachrichtenfaktoren einem Kampagnenthema und einer kampagnenführenden Organisation zugeschrieben werden bzw. von ihm erfüllt werden, desto höher ist sein Nachrichtenwert, d. h. die Wahrscheinlichkeit, Eingang in die Medienberichterstattung zu finden. Wenn einzelne Kriterien nicht oder kaum erfüllt sind, müssen andere Faktoren umso stärker zutreffen, damit das Ereignis zur Nachricht wird. Das Konzept der Nachrichtenfaktoren verweist darauf, dass es im Hinblick auf die Auswahl und Interpretation von Ereignissen einen allgemein verbindlichen Konsens im Journalismus gibt und Medien Realität nicht einfach unverzerrt abbilden, sondern selbst aktiv eine Vorstellung von Wirklichkeit entwickeln.

Für Kampagnen gilt vor diesem Hintergrund: Unabhängig vom jeweiligen Kampagneninhalt steigt die Chance der massenmedialen Berichterstattung, je ereignisbezogener (Aufhänger), spektakulärer bzw. überraschender, gegenständlicher und anschaulicher die Kampagnenbotschaft oder einzelne Kampagnenereignisse sind. Angesichts der Notwendigkeit zur Laienkommunikation in der Öffentlichkeit sind vor allem Themen erfolgreich, die einfach darstellbar bzw. symbolisierbar sind und für eine große Zahl von Menschen mit Konsequenzen verknüpft sind. Schließlich steigt die Chance der weit reichenden öffentlichen Aufmerksamkeit bei mehrdeutig interpretierbaren Themen, da diese vielen unterschiedlichen Personen und Gruppen bedeutsame Anknüpfungspunkte bieten. Ein wichtiges Mittel zur Stimulierung von Berichterstattung im Rahmen des Agenda Buildings ist zudem die Inszenierung von Pseudoereignissen, d. h. von Ereignissen, die speziell für Medien durchgeführt werden und die ohne Medien nicht existieren würden (Kepplinger 1998).

Pseudoereignisse mit expressivem Charakter sind ein variabel einsetzbares kommunikationsstrategisches Instrument (Schmitt-Beck und Pfetsch 1994, S. 114), bei dem die kampagnenführende Organisation relativ hohen Einfluss auf die Ausgestaltung hat: Dies

Abb. 2 Kampagne gegen Ausländerfeindlichkeit der Stiftung gegen Rassismus und Antisemitismus mit Unterstützung des Eidgenössischen Departements des Inneren

betrifft sowohl Themen als auch Timing, Präsentationsformen und Teilnehmer. Als „Standard-Pseudoereignis" sind Pressekonferenzen und Presseerklärungen anzusehen, im Rahmen der Kampagnenkommunikation gewinnen aber zunehmend Pseudo-Ereignisse an Bedeutung, die auf spektakulären Inszenierungen basieren und insbesondere Neuigkeit, Sensationalismus oder Konfliktgehalt bedienen. So etwa, wenn das Luxusautomobil „Maybach 62" per Hubschrauber vor der Skyline von New York vom Ozeandampfer „Queen Elizabeth 2" an Land gebracht wird und so erstmals der Weltöffentlichkeit vorgestellt wird.

Kampagnen beschreiten dabei häufig eine Gratwanderung zwischen noch akzeptiertem Tabubruch, der die nötige Aufmerksamkeit schafft und einer negativ bewerteten Tabuverletzung, die dann kontraproduktiv wirkt – ein Beispiel aus der Schweiz macht dieses Spannungsfeld deutlich (vgl. Abb. 2).

Themenmanagement im Rahmen der Kampagnenkommunikation umfasst neben dem Agenda Building zudem *Framing-Prozesse,* d. h. die Beeinflussung von Themendeutungen mittels Betonung und Attribuierung einzelner Aspekte eines Themas. Beispielhaft ist dafür etwa der Versuch, die Kernenergie vor allem im Kontext des Themas „Verringerung des Treibhauseffektes" und nicht in erster Linie unter den Aspekt der günstigen Energiequelle zu positionieren. Frames fungieren als kognitiver Bezugsrahmen für die Wahrnehmung und Interpretation von Situationen bzw. kommunikativen Handlungen (Scheufele und Brosius 1999). So können einzelne Themen – je nach Ereignislage und öffentlicher Problemwahrnehmung – im Kontext sehr unterschiedlicher Deutungsmuster interpretiert werden und mit verschiedenen anderen Themen gekoppelt werden. Neue Informationen werden vor dem Hintergrund vorhandener Wissensstrukturen interpretiert, wobei die Interpretationsmuster in der Regel sowohl durch ereignisimmanente als auch ereignisexterne Attribute geprägt sind.

Die unternehmerische Einflussnahme auf öffentliche Thematisierungsprozesse kann zudem vermittelt über Dritte bzw. durch eine Einflussnahme auf die Akteurskonstellation erfolgen (Zimmer 2001, S. 407). Dazu zählen die durch Unternehmen beauftragte bzw. initiierte Vertretung unternehmerischer Interessen in der Öffentlichkeit durch Vereine und Verbände, die in der öffentlichen Wahrnehmung häufig eine größere Glaubwürdigkeit genießen, und die Kooperation mit Wissenschaftlern und wissenschaftlichen Instituten. Beispielhaft kann hier auf Projektkooperationen zwischen Unternehmen und dem WWF verwiesen werden, bei denen die Unternehmen durch Lizenzvereinbarungen die Möglichkeit haben, das weltweit bekannte Panda-Logo für Umwelt- und Naturschutz-Aktivitäten einzusetzen. Prominentes Beispiel hierfür ist das Krombacher Regenwald Projekt. Erfolg versprechend sind zudem Kooperationen mit Personen und Institutionen, die per se eine hohe mediale Aufmerksamkeit genießen. Markantes Beispiel für diese Strategien ist die „Initiative Neue Soziale Marktwirtschaft", die von den Arbeitgeberverbänden der Metall- und Elektroindustrie getragen und von führenden Wirtschaftsverbänden unterstützt wird.

De-Thematisierungsprozesse und der Versuch, bestimmte Themen aus der Medienberichterstattung fernzuhalten, werden in der Kommunikationspraxis auch als „*Agenda Cutting*" bezeichnet, die Nutzung einer vorhandenen, aber selbst nicht beeinflussbaren Themenkarriere für eigene Interessen als „*Agenda Surfing*". Grundlage aller Formen des Themenmanagements ist eine kontinuierliche und systematische Analyse öffentlicher Kommunikationsprozesse im Rahmen des Issues Managements (Scanning, Monitoring), um neue Themen, konkurrierende oder konfligierende Themen möglichst frühzeitig identifizieren zu können.

5 Kampagnenmanagement und -planung

Kampagnenkommunikation ist strategische, integrierte Kommunikation par excellence: Jede Kampagne basiert auf einer Strategie, die in eine zentrale Botschaft und daraus abgeleitete zielgruppenspezifische Aussagen heruntergebrochen wird. Die Planung und Umsetzung von Kampagnen orientiert sich folglich eng am Phasenmodell strategischer PR mit den zentralen Elementen Situationsanalyse, Strategiephase, Umsetzungsphase und Evaluation (vgl. Abb. 3). Und für Kampagnen gilt wie für jedes andere Kommunikationskonzept: Sie sind kein Selbstzweck, sondern stehen in direktem Bezug zu den Organisationszielen und der Organisationsstrategie; Kampagnenziele leiten sich aus Organisations- und allgemeinen Kommunikationszielen ab. Die Kampagnen-Konzeption ist folglich als Problemlösungsprozess zu verstehen, der von den Zielen und anvisierten Wirkungen aus gedacht und gestaltet wird: Die Ziele definieren die Mittel und die konkrete Kampagnenausgestaltung.

Die Struktur der Kampagnenkonzeption weist damit die gleichen Merkmale wie strategische PR-Konzepte generell auf. Der bedeutsame Unterschied einer Kampagnenkonzeption gegenüber dem Alltagsgeschäft der Kommunikationsplanung liegt in der dichten *dramaturgischen Inszenierung* mit den Phasen Steigerung, Durchdringung und Konkretisierung begründet, die charakteristisch für Kampagnen und deren Kommunikations Mix ist: Reduktion, Wiederholung, Visualisierung und Emotionalisierung sind die zentralen

Kommunikationskampagnen planen und steuern

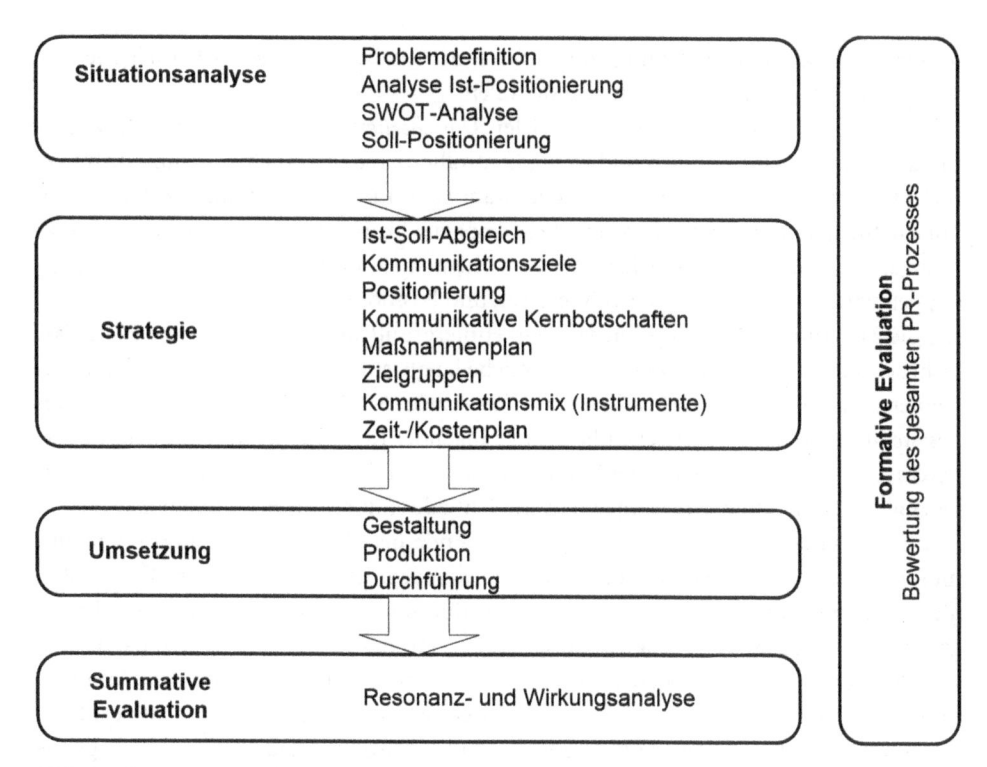

Situationsanalyse	Problemdefinition Analyse Ist-Positionierung SWOT-Analyse Soll-Positionierung
Strategie	Ist-Soll-Abgleich Kommunikationsziele Positionierung Kommunikative Kernbotschaften Maßnahmenplan Zielgruppen Kommunikationsmix (Instrumente) Zeit-/Kostenplan
Umsetzung	Gestaltung Produktion Durchführung
Summative Evaluation	Resonanz- und Wirkungsanalyse

Formative Evaluation: Bewertung des gesamten PR-Prozesses

Abb. 3 Phasen strategischer Kampagnenkommunikation
(Quelle: Eigene Darstellung in Anlehnung an Merten (2000); Hansen und Schmidt (2011); Leipziger (2009); Rogers und Storey (1987))

Mittel, mit denen Kampagnen eine hohe Medien- und Publikumsresonanz erzielen sollen. Kampagnen basieren auf einer Serie von (Kommunikations-)Ereignissen, die aufeinander aufbauen und ineinander greifen: Die Intensität der Kampagnenwirkungen soll durch Kontakt-Wiederholungen, durch symbolische Verdichtungen und eingängige Bilder erhöht werden. Von besonderer Bedeutung für Aufmerksamkeitsgenerierung, Erinnerungs- und Wiedererkennungseffekte sind dabei Visualisierung und der Slogan, der die zentrale Aussage der Kampagne zusammenfasst. Für den Slogan gilt: Eine bildhafte und plakative Sprache erhöht die Einprägsamkeit und verbessert die Erinnerbarkeit. „Der Slogan ist sozusagen ein Aha-Erlebnis mit einem Nanu-Effekt. Oder sloganartig formuliert: ein Nanu-Aha" (Jung und van Matt 2002, S. 295).

5.1 Kampagnenwirkungen und Kampagnenerfolg

Kampagnen sind für Organisationen im Grunde ein riskantes Geschäft: Auf der einen Seite steht ein vergleichsweise hoher Personal-, Zeit- und Geldeinsatz, auf der anderen Seite

– trotz aller strategischen Planung und umfassender Analysen – die große Unsicherheit, ob Kampagnen tatsächlich so wirken, wie sie sollen.

Kampagnenkommunikation ist mit vielen *Unsicherheiten und Risiken* belegt, weil sie im komplexen, vielschichtigen und wenig kontrollierbaren öffentlichen Raum stattfindet. So ist vorab für den gesamten Zeitraum der Kampagne nicht zu bestimmen, welchen Konkurrenzthemen und -ereignissen sich die Kampagne im Kampf um öffentliche Aufmerksamkeit stellen muss, mit welchen anderen Themen sie in der öffentlichen Debatte gekoppelt wird, wer sich mit welchen Interessen und Positionen zur Kampagne äußern wird, wie die Zielgruppen die Kampagne vor dem Hintergrund anderer Themen und Ereignisse wahrnehmen und bewerten werden und welche langfristigen Effekte, weit über den Kampagnenzeitraum hinaus, vorhanden sind (Vowe 2006, S. 92 f.; Merten 1994). Luhmanns Feststellung von der Unwahrscheinlichkeit gelingender Kommunikation (Luhmann 1981) beschreibt die Schwierigkeiten der Kampagnenkommunikation sehr treffend. Dies bedeutet zugleich: Der Erfolg von Kampagnen ist nicht oder nur sehr begrenzt planbar.

Damit soll keinesfalls ein Plädoyer für das Ende der strategischen Kampagnenkommunikation eingeleitet werden. Professionelle Kampagnenarbeit setzt aber Wissen über die Komplexität des Gegenstandes öffentliche Kommunikation und vor diesem Hintergrund eine Reflexion der eigenen Grenzen voraus. Für das Gelingen einer Kampagne sind viele Faktoren verantwortlich, die nur zum Teil von der kampagnenführenden Organisation kontrolliert werden können. Umso wichtiger ist daher die *Evaluation* vor (explorative Studien), während (Formative Research und Controlling) und nach der Kampagne (Resonanz- und Wirkungsanalysen). Nur eine kontinuierliche Analyse der allgemeinen Kommunikationsbedingungen, der öffentlichen Themenagenda, der Zielgruppen und der Kampagnenprozesse und -effekte ermöglicht eine zielgenaue Platzierung der Kampagne in der Öffentlichkeit und gegenüber relevanten Zielgruppen. Und kontinuierliches Controlling bzw. eine Kampagnenevaluation schafft die Voraussetzung dafür, im Kampagnenprozess flexibel und schnell beispielsweise auf kampagnenrelevante Veränderungen der öffentlichen Themenagenda reagieren zu können.

Hilfreich sind auch Erkenntnisse der *Medienwirkungsforschung* und der *empirischen Kampagnenforschung*, die Hinweise auf Wirkungsweisen und Erfolgsfaktoren von Kampagnen liefern. Bedeutsam und ernüchternd sind dabei zunächst so genannte Dissonanztheorien, die auf psychologische und soziale Mechanismen verweisen, die dazu führen, dass Menschen sich vorwiegend selektiv den Medien (und Kampagnen) zuwenden, die eine Bestätigung oder Verstärkung ihrer bestehenden Meinung und Einstellung ermöglichen (Hale & Dillard 1995; Leonarz 2006). Die Tendenz zur Bestätigung der eigenen Position besteht ohne Frage, Kampagnen haben aber dennoch eine Chance, bislang nicht Überzeugte zu erreichen. Dies gelingt vor allem dann, wenn Kampagnenthemen Eingang in das soziale Umfeld finden, wenn sie Gegenstand von Gesprächen im Freundes- und Familienkreis werden. Hier ist der Ort, an dem langfristig stabile Einstellungs- oder Verhaltensänderungen entstehen. Für das Kommunikationsmanagement bedeutet dies: Kampagnen wirken nur in Ausnahmen direkt, können aber ein bedeutsamer Input für wirkungsrelevante soziale Interaktionen sein. Sie müssen also vor allem zum Nachdenken anregen, Gesprächsstoff liefern und Diskussionen fördern. Dies setzt – und das ist fast schon selbstverständlich – dezidierte Kenntnisse über die jeweiligen Zielgruppen, deren Interessen, Einstellungen, Werte, Kommunikationsstile etc. voraus.

Mit Blick auf Aufklärungs- und Informationskampagnen liefern Dissonanztheorien einen weiteren wichtigen Hinweis: Auch angsteinflößende Argumente oder Bilder, die mahnend die negativen Folgen z. B. ungesunden Lebenswandels aufzeigen, führen zu Dissonanzen bei den Zielgruppen und damit sehr wahrscheinlich zu Abwehrreaktionen (Hale und Dillard 1995, S. 78). Informationskampagnen arbeiten daher heute in erster Linie mit positiven, stimulierenden Botschaften, zeigen Alternativen sowie Gratifikationen und nicht Sanktionen auf (Leonarz 2006, S. 212 ff.). Ein Beispiel hierfür ist die Kampagne zur Förderung des Nicht-Rauchens bei Jugendlichen, initiiert von der Bundeszentrale für gesundheitliche Aufklärung (BZgA), bei der nicht das Rauch-Verbot, sondern das Unabhängigkeitsgefühl junger Menschen im Vordergrund steht.

Unter Berücksichtigung der Vielzahl unterschiedlicher kommunikationswissenschaftlicher Befunde zu Medien- und Kampagnenwirkungen können folgende *Erfolgsfaktoren der Kampagnenkommunikation* formuliert werden (Bonfadelli 2000, S. 101 ff.; Leonarz 2006; Rogers und Storey 1987):

- Umfassende Analysen zu Beginn, während und nach der Kampagne sind eine Voraussetzung für deren Erfolg;
- Kampagnen sind von den Wirkungen aus zu denken und zu konzipieren;
- Kampagnen mit differenzierter Zielgruppenansprache sind in der Regel erfolgreicher;
- die wahrgenommene Glaubwürdigkeit der Kampagnen-Quelle erhöht die Effektivität und den Erfolg der Kommunikation;
- Kampagnen-Botschaften sind vor allem dann wirksam, wenn sie in der Lebenswelt der Zielgruppen verankert sind und Bestandteil der interpersonalen Kommunikation in peer groups werden;
- Informationen, die zu Dissonanz führen, werden tendenziell vermieden oder so interpretiert, dass Dissonanz verringert wird;
- Informations- und Präventionskampagnen, die vor allem positive Konsequenzen einer Verhaltensänderung beschreiben sind erfolgreicher als Kampagnen, die vor allem negative Konsequenzen oder Sanktionen in den Vordergrund stellen;
- auch bei geringem Involvement der Zielgruppen sind Einstellungsänderungen möglich – bedeutsam sind hier Bilder, Emotionalität, Personalisierung.

6 Neue Herausforderungen für das Kampagnenmanagement: virale Kommunikation und Social Media

Unter dem Stichwort „Aufmerksamkeitsökonomie" wird seit mehreren Jahren das zunehmend an Bedeutung gewinnende Problem erörtert, dass kaum steigerungsfähige Aufmerksamkeitspotenziale und Zeitressourcen seitens der Rezipienten einer immer stärkeren Ausdifferenzierung des Medienangebots gegenüberstehen. Als zentrale Problematik sowohl auf Seiten derjenigen, die Aufmerksamkeit erregen wollen, als auch auf Seiten derjenigen, die ihre Aufmerksamkeit zuwenden, ist dabei festzumachen: „Die Kapazität unserer Aufmerksamkeit zur Informationsverarbeitung ist organisch begrenzt" (Franck 1998, S. 49). Die „unhintergehbare Knappheit der Aufmerksamkeit" reduziert folglich, mehr als alles andere, die Rezeptionsmöglichkeiten der immer zahlreicher angebotenen Informationen und Inhalte (Schmidt 2000, S. 5). Das Internet trägt einerseits zu einer rasanten Erhöhung des Informationsangebotes bei, PR- und werbetreibenden Organisationen bietet es gleichzeitig die Möglichkeit, jenseits klassischer Verbreitungswege Zielgruppen anzusprechen.

Eine durch das Internet neu befeuerte Form der Kampagnenverbreitung stellt dabei virale Kommunikation dar. Charakteristisch für virale Kommunikation ist die elektronische Verbreitung von Mund-zu-Mund-Kommunikation. Ziel dieser Form der Kommunikation ist die schnelle Verbreitung von Botschaften über moderne Kommunikationskanäle (E-Mail, Twitter, Soziale Netzwerke, Blogs, Foren etc.) (Heinrich und Joachimsthaler 2009, S. 62 f.). Entsprechende Kampagnen sind dabei darauf ausgelegt, dass sie durch die Nutzer selbst weiterempfohlen und -geleitet werden und auf diesem Weg eine möglichst große Verbreitung finden. Beim *Viral Marketing*, der wohl bekanntesten Form viraler Kommunikation, steht die Verbreitung von Werbekampagnen durch „das gezielte Auslösen und Kontrollieren von Mundpropaganda zum Zwecke der Vermarktung von Unternehmen und deren Leistungen" (Langner 2009, S. 16) im Vordergrund. Eines der ersten Beispiele für virales Marketing – wenngleich noch nicht unter diesem Label – ist das Moorhuhn-Spiel, das 1999 als Werbekampagne für Johnnie Walker geplant wurde. Das Moorhuhn hat damals einen Siegeszug durch viele Büros und Privathaushalte erlebt, der Werbeerfolg für den Whisky-Produzenten hielt sich in Grenzen: Auswirkungen auf die Markenbekanntheit und Kaufabsicht konnten nicht festgestellt werden. Dies stellt keinen Einzelfall dar: virale Kampagnen sind zwar längst kein Einzelfall mehr und einzelne haben es durchaus zu hoher Bekanntheit gebracht (beispielsweise die rollerbladenden Babies von Evian oder die „Horst Schlämmer macht Führerschein"-Kampagne von VW), viele Versuche, auf die Nutzer als Distributoren zu setzen, scheitern jedoch daran, dass die Weiterleitung nicht richtig in Gang kommt oder vorzeitig versiegt. Darüber hinaus besteht das Problem, dass selbst bei erfolgreich weitergeleiteten Kampagnen zwar die Inhalte selbst bekannt sind, diese aber nicht oder mit einem falschen Absender in Verbindung gebracht werden.

Auch im Bereich der Kommunikation nicht-gewinnorientierter Organisationen gibt es Beispiele für den Einsatz viraler Kommunikation. Hohe Bekanntheit hat beispielsweise die PR-Kampagne von Greenpeace gegen den Lebensmittelkonzern Nestlé erzielt, bei der unter anderem unter Verwendung eines Spots in Anlehnung an einen bekannten Kitkat-Werbespot mithilfe sozialer Medien auf die Abholzung des indonesischen Regenwalds aufmerksam gemacht werden sollte (Greenpeace 2010; Ingenhoff und Meys 2012, S. 358).

Das Internet bietet den Verantwortlichen neue Möglichkeiten in der Planung und Umsetzung von Kampagnen, stellt diese allerdings auch vor neue Herausforderungen. Für die erfolgreiche Durchführung einer viralen Kampagne gelten zusätzlich zu den im vorherigen Abschnitt genannten Erfolgsfaktoren folgende Kriterien (Langner 2009, S. 20 ff.; Dobele et al. 2007):

- Attraktives Kampagnengut (Empfehlungsobjekt): Bei viralen Kampagnen zeichnet sich Attraktivität in erster Linie durch folgende Eigenschaften aus: 1) Vergnügen, Unterhaltung, Spaß, 2) Emotionalität, 3) Neu- und Einzigartigkeit, 4) Nützlichkeit, 5) kostenlose Bereitstellung, 6) einfaches Weiterleiten;
- Empfehlungsanreize: Virale Kampagnen bauen in erster Linie auf ein starkes Involvement sowie den Aspekt der sozialen Gratifikation; Belohnungen in Form von Gutscheinen oder Prämien sind nicht zwingend, können jedoch die Chance auf Verbreitung des Kampagnenmaterials zusätzlich erhöhen;
- zielgruppenspezifische Streuung (Seeding): Um eine kritische Masse[1] zu erreichen, müssen von Beginn an möglichst viele Menschen von der viralen Kampagne erfahren. Dabei haben sich zwei Varianten des Streuens/Verbreitens durchgesetzt: 1) Einfaches Seeding (Zielgruppe entdeckt selbst das Kampagnenmaterial; Bekanntmachung des Materials bei Kunden, Freunden, Bekannten via Mailing), 2) Erweitertes Seeding (schnelle Verbreitung des Kampagnenmaterials über möglichst viele Kanäle und Plattformen gleichzeitig; strategische Planung und Abstimmung der Streuung).

Betrachtet man Vor- und Nachteile dieses Kommunikationsweges, so ist zunächst einmal festzustellen, dass die Plattformen des Web 2.0 effektive und effiziente Möglichkeiten der Verbreitung von Kampagnen bieten. Räumliche Distanzen, persönliche Anwesenheit und die Erfordernis synchroner Kommunikation entfallen bei der Nutzung interaktiver Kommunikationswege. Zudem bietet sich die Chance, Zielgruppen zu erreichen, die über klassische Medien nicht bzw. nicht mehr zu erreichen sind (Zerfaß und Pleil 2012, S. 50 ff.; Suchy 2011, S. 222). Die Vorteile der aktiven Nutzereinbindung zur Verbreitung der Kampagne gehen mit im Vorfeld kaum kalkulierbaren Risiken einher. Als schwierig erweist sich vor allem die Kontrolle der Kampagnen. Einmal verbreitet, kann der Virus kaum mehr aufgehalten bzw. beeinflusst werden. Entscheidend ist dies vor allem bei Kampagnen, die sich durch mögliche Veränderungen seitens der Rezipienten in eine nicht erwünschte Richtung entwickeln.

---

[1] Den Punkt, der erreicht werden muss, um eine soziale Epidemie auszulösen, bezeichnet Gladwell als „Tipping Point". Dabei wird zwischen Kennern, Vermittlern und Verkäufern unterschieden: Kenner sammeln gezielt Informationen und teilen diese aus der Motivation heraus, anderen zu helfen. Vermittler verfügen über ein großes privates sowie berufliches Netzwerk und stellen die Hauptakteure bei der Informationsverbreitung dar, da sie in der Lage sind, viele Menschen zu erreichen. Verkäufer wiederum stellen die Vermittler zwischen den beiden Gruppen dar. Gelingt es, sie von der Botschaft zu überzeugen, leiten sie diese an die Vermittler weiter. Umgekehrt können Verkäufer den Verbreitungsprozess auch zum Erliegen bringen oder gar ins Negative umwandeln, sofern die Botschaft auf Ablehnung stößt (Gladwell 2002, S. 43 ff.).

7 Fazit

Die dynamischen Bedingungen der komplexen Mediengesellschaft stellen an die Kommunikativität von Unternehmen und Organisationen neue und weit reichende Anforderungen. Sie erfordern zum einen eine kontinuierliche und umfassende Beobachtung der Öffentlichkeit, des marktlichen und gesellschaftspolitischen Umfeldes. Und sie erfordern zum anderen eine strategisch geplante öffentliche Positionierung von Unternehmen und Organisationen bzw. die Beeinflussung der allgemeinen öffentlichen Themenagenda im Sinne der Organisationsinteressen.

Die Bereitstellung von durchsetzungsfähigen Themen und die Einflussnahme auf die öffentliche Meinung mittels persuasiver Kommunikation erfolgt dabei angesichts einer allgemeinen Informationsüberflutung und begrenzter Verarbeitungskapazitäten seitens der Medien und des Publikums unter verschärften Konkurrenzbedingungen: Kontinuierliche Öffentlichkeitsarbeit, das PR-Alltagsgeschäft, ist eine notwendige, aber häufig nicht mehr hinreichende Bedingung für die erwünschte öffentliche Wahrnehmung von Botschaften. Dramaturgisch wohl überlegte Inszenierungen und Symbole sind nötig, um angesichts des Überangebots an Informationen Aufmerksamkeit sowohl der Medien als auch des Publikums zu erhalten. Dabei wird die Inszenierungsspirale mit jeder neuen spektakulären Kampagne weiter in die Höhe geschraubt; die journalistischen Selektionshürden und die Wahrnehmungshürden bei den Rezipienten, die es zu überwinden gilt, wachsen gleichsam mit jeder neuen Inszenierung. Das Internet bietet dabei Möglichkeiten, die journalistischen Selektionshürden zu umgehen, stellt die Kampagnenplaner allerdings auch vor neue Herausforderungen hinsichtlich der Aufmerksamkeitsgenerierung bei den Zielgruppen. Ebenso sind mit dieser Entwicklung Risiken verbunden, die heute insbesondere im Kontext der politischen Kommunikation thematisiert werden, aber auch für Wirtschaftskommunikation gelten: Es besteht die Gefahr, dass die „signalökonomischen Gesetze der Kampagnenkommunikation" (Baringhorst 1995, S. 57) komplexe Sachverhalte und die systematische Problemanalyse in den Hintergrund drängen. Dies kann auf Dauer zu einer vordergründigen Orientierung an Einzelereignissen und einer unangemessenen Darstellung oder Vernachlässigung komplexer gesellschaftlicher Sachverhalte führen.

Die Anforderungen an das Kampagnenmanagement steigen kontinuierlich – dies hat zu einer deutlichen Professionalisierung geführt und ist ein Argument dafür, dass der Kommunikations-Mix und die Integration sämtlicher Kommunikationsdisziplinen und -bereiche für Kampagnen immer wichtiger wird: Reine Werbe- oder PR-Kampagnen sind immer seltener geeignet, den komplexen Anforderungen einer medialisierten Gesellschaft gerecht zu werden.

Literatur

Arlt, H.-J. (2001). *Kampagnenkommunikation*. Hauptreferat bei der Veranstaltung „Theorie und Praxis der Kampagnenführung" im Rahmen der Veranstaltungsreihe „Forum Politikberatung" des Renner Instituts. Wien.

Baringhorst, S. (1995). Öffentlichkeit als Marktplatz – Solidarität durch Marketing? *Vorgänge 132*, *34*(4), 55–67.

Bonfadelli, H. (2000). *Medienwirkungsforschung II* (2. Aufl.). Konstanz: UVK.

Bruhn, M. (2009). *Integrierte Unternehmens- und Markenkommunikation. Strategische Planung und operative Umsetzung* (5. Aufl.). Stuttgart: Schäffer-Poeschel.

Dobele, A., Lindgreen, A., Beverland, M., Vanhamme, J., & Van Wijk, R. (2007). Why pass on viral messages? Because they connect emotionally. *Business Horizons, 50*(4), 291–304.

Franck, G. (1998). *Ökonomie der Aufmerksamkeit. Ein Entwurf*. München: Hanser.

Galtung, J., & Ruge, M. H. (1965). The structure of foreign news: The presentation of Congo, Cuba and Cyprus in four Norwegian newspapers. *Journal of Peace Research, 2*(1), 64–90.

Gladwell, M. (2002). *Tipping Point. Wie kleine Dinge Großes bewirken können*. München: Goldmann.

Greenpeace (2010). Ask Nestlé to give rainforest a break. http://www.greenpeace.org/international/en/campaigns/climate-change/kitkat/. Zugegriffen: 15. Mär. 2010.

Hale, J. L., & Dillard, J. P. (1995). Fear appeals in health promotion campaigns: Too much, too little, or just right? In E. W. Maibach & R. L. Parrott (Hrsg.), *Designing health messages. Approaches from communication theory and public health practice* (S. 65–80). Thousand Oaks: Sage.

Hansen, R., & Schmidt, S. (2011). *Konzeptionspraxis. Eine Einführung für PR- und Kommunikationsfachleute – mit einleuchtenden Betrachtungen über den Gartenzwerg*. Frankfurt am Main: Frankfurter Allgemeine Buch.

Heinrich, H., & Joachimsthaler, E. (2009). Von Kommunikation zu Konversation. Ein Paradigmawechsel im Marketing. In U. J. Heuser & S. Spoun (Hrsg.), *Virale Kommunikation. Möglichkeiten und Grenzen des prozessanstoßenden Marketings* (S. 59–78). Baden-Baden: Nomos.

Ingenhoff, D., & Meys, B. (2012). Online-Kampagnen. In A. Zerfaß & T. Pleil (Hrsg.), *Handbuch Online-PR. Strategische Kommunikation im Internet und Social Web* (S. 351–364). Konstanz: UVK.

Jarren, O., & Donges, P. (2011). *Politische Kommunikation in der Mediengesellschaft* (3. Aufl.). Wiesbaden: VS Verlag für Sozialwissenschaften.

Jung, H., & von Matt, J. R. (2002). *Momentum. Die Kraft, die Werbung heute braucht*. Berlin: Lardon.

Kepplinger, H. M. (1998). Inszenierung. In O. Jarren, U. Sarcinelli, & U. Saxer (Hrsg.), *Politische Kommunikation in der demokratischen Gesellschaft. Ein Handbuch mit Lexikonteil* (S. 662–663). Opladen: Westdeutscher Verlag.

Langner, S. (2009). Viral Marketing. Grundlagen des gezielten Auslösens von Mundpropaganda. In U. J. Heuser & S. Spoun (Hrsg.), *Virale Kommunikation. Möglichkeiten und Grenzen des prozessanstoßenden Marketings* (S. 13–31). Baden-Baden: Nomos.

Leggewie, C. (2006). Kampagnenpolitik – eine nicht ganz neue Form politischer Mobilisierung. In U. Röttger (Hrsg.), *PR-Kampagnen. Über die Inszenierung von Öffentlichkeit* (3. Aufl., S. 105–122). Wiesbaden: VS Verlag für Sozialwissenschaften.

Leipziger, J. W. (2009). *Konzepte entwickeln. Handfeste Anleitung für bessere Kommunikation* (3. Aufl.). Frankfurt am Main: Frankfurter Allgemeine Buch.

Leonarz, M. (2006). Die (Un)Wirksamkeit öffentlicher Informationskampagnen im Gesundheitsbereich. Zur Evaluation von Suchtkampagnen. In U. Röttger (Hrsg.), *PR-Kampagnen. Zur Inszenierung von Öffentlichkeit* (3. Aufl., S. 210–228). Wiesbaden: VS Verlag für Sozialwissenschaften.

Luhmann, N. (1981). Die Unwahrscheinlichkeit der Kommunikation. In N. Luhmann (Hrsg.), *Soziologische Aufklärung 3: Soziales System, Gesellschaft, Organisation* (S. 25–34). Opladen: Westdeutscher Verlag.

McCombs, M. E., & Shaw, D. L. (1972). The agenda-setting function of mass media. *The Public Opinion Quarterly, 36*(2), 176–187.

Merten, K. (1994). Wirkungen von Kommunikation. In K. Merten, S. J. Schmidt, & S. Weischenberg (Hrsg.), *Die Wirklichkeit der Medien* (S. 291–328). Opladen: Westdeutscher Verlag.

Merten, K. (2000). Zur Konzeption von Konzeptionen. *PR Magazin, 31*(3), 33–42.

Merten, K. (2001). Determinanten des Issues Managements. In U. Röttger (Hrsg.), *Issues Management. Theoretische Konzepte und praktische Umsetzung* (S. 41–57). Wiesbaden: Westdeutscher Verlag.

Metzinger, P. (2003). *Business Campaigning. Was Unternehmen von Greenpeace und amerikanischen Wahlkämpfern lernen können*. Berlin: Springer.

Neidhardt, F. (1994). Öffentlichkeit, öffentliche Meinung, soziale Bewegungen. In F. Neidhardt (Hrsg.), *Öffentlichkeit, öffentliche Meinung, soziale Bewegungen* (S. 7–41). Opladen: Westdeutscher Verlag.

Rogers, E. M., & Storey, D. J. (1987). Communication Campaigns. In C. R. Berger & S. H. Chaffee (Hrsg.), *Handbook of Communication Science* (2. Aufl., S. 817–846). Newbury Park: Sage.

Röttger, U. (2009). Campaigns (f)or a better world? In U. Röttger (Hrsg.), *PR-Kampagnen. Über die Inszenierung von Öffentlichkeit* (4. Aufl., S. 9–23). Wiesbaden: VS Verlag für Sozialwissenschaften.

Scheufele, B., & Brosius, H.-B. (1999). The frame remains the same? Stabilität und Kontinuität journalistischer Selektionskriterien am Beispiel der Berichterstattung über Anschläge auf Ausländer und Asylbewerber. *Rundfunk und Fernsehen, 47*(3), 409–432.

Schmidt, S. J. (2000). Werte-Rohstoff: Aufmerksamkeit als Leitwährung. *epd-medien, 2000*(84), 5–10.

Schmitt-Beck, R., & Pfetsch, B. (1994). Politische Akteure und die Medien der Massenkommunikation. Zur Generierung von Öffentlichkeit in Wahlkämpfen. In F. Neidhardt (Hrsg.), *Öffentlichkeit, öffentliche Meinung, soziale Bewegungen* (S. 106–138). Opladen: Westdeutscher Verlag.

Schulz, W. (1990). *Die Konstruktion von Realität in den Nachrichtenmedien* (2. Aufl.). Freiburg: Alber.

Suchy, G. (2011). PR-Kampagnen und Social Media. In R. Spiller, C. Vaih-Baur, & H. Scheurer (Hrsg.), *PR-Kampagnen* (S. 219–227). Konstanz: UVK.

Vowe, G. (2006). Feldzüge um die öffentliche Meinung. Politische Kommunikation in Kampagnen am Beispiel von Brent Spar und Mururoa. In U. Röttger (Hrsg.), *PR-Kampagnen. Über die Inszenierung von Öffentlichkeit* (3. Aufl., S. 75–94). Wiesbaden: VS Verlag für Sozialwissenschaften.

Zedler, J. H. (1733). *Grosses vollständiges Universallexicon aller Wissenschafften und Künste - Bd. 5*. Stammheim: Gräflich von Fürstenberg'sche Bibliothek.

Zerfaß, A., & Pleil, T. (2012). Strategische Kommunikation in Internet und Social Web. In A. Zerfaß & T. Pleil (Hrsg.), *Handbuch Online-PR. Strategische Kommunikation im Internet und Social Web* (S. 39–82). Konstanz: UVK.

Zimmer, M. (2001). Wege rekursiver Regulation – Eine Aufgabe des strategischen Managements. In J. Sydow & G. Ortmann (Hrsg.), *Strategie und Strukturation. Strategisches Management von Unternehmen, Netzwerken und Konzernen* (S. 377–418). Wiesbaden: Gabler.

Corporate Messages entwickeln und steuern: Agenda Setting, Framing, Storytelling

Simone Huck-Sandhu

Zusammenfassung

Unternehmenskommunikation lebt von ihren Inhalten: Ausgehend von Unternehmens- und Kommunikationszielen werden Corporate Messages formuliert, die systematisch entwickelt und gesteuert sein wollen. Dabei kommt es nicht nur darauf an, *was* Corporate Messages transportieren, sondern auch *wie* sie Inhalte vermitteln. Unternehmenskommunikation hat in der inhaltlichen Dimension somit eine Thematisierungs- und eine Themengestaltungsfunktion. Im einen Fall geht es um korporatives Agenda Setting, im anderen stehen Kommunikationsmodi und -techniken im Vordergrund. Ziel dieses Beitrags ist es, die Entwicklung und Steuerung von Corporate Messages im Kontext des Themenmanagements zu beleuchten. Am Beispiel von Framing und Storytelling, zwei komplementären Kommunikationstechniken, soll verdeutlicht werden, wie Corporate Messages aufbereitet und vermittelt werden können.

Schlüsselwörter

Corporate Messages · Unternehmensbotschaften · Agenda Setting · Framing · Storytelling · Unternehmenskommunikation · Themenmanagement

S. Huck-Sandhu (✉)
Hochschule Pforzheim, Fakultät für Wirtschaft und Recht
Tiefenbronner Straße 65, 75175 Pforzheim, Deutschland
E-Mail: simone.huck-sandhu@hs-pforzheim.de

1 Corporate Message – die Inhaltsdimension der Unternehmenskommunikation

Dieser Beitrag beleuchtet die Entwicklung und Steuerung von Corporate Messages im Rahmen strategischer Kommunikation. Im ersten Abschnitt werden Corporate Messages zunächst als Inhaltsdimension der Unternehmenskommunikation vorgestellt und dem Themenmanagement zugeordnet. Im Kontext des Agenda Setting-Konzepts werden die beiden Kernfunktionen des Themenmanagements – die Thematisierungs- und Themengestaltungsfunktion – näher beschrieben. Ausgehend von diesen Funktionen werden mit den Kommunikationsmodi verschiedene Vermittlungsformen in den Blick genommen, die die Überleitung zu den folgenden beiden Abschnitten herstellen. Hier werden Framing und Storytelling, zwei komplementäre Kommunikationstechniken für die Aufbereitung und Vermittlung von Corporate Messages, vorgestellt: Framing spricht primär die kognitive Ebene an, indem es Botschaften in bereits etablierte Bezugsrahmen einordnet. Storytelling adressiert Bezugsgruppen auch auf emotionaler Ebene. Es vermittelt Informationen sowohl explizit als auch implizit. Der letzte Abschnitt führt die Erkenntnisse zusammen und schließt den Beitrag mit einem Fazit ab.

1.1 Corporate Messages als Aufgabe des Themenmanagements

Corporate Messages verleihen der inhaltlichen Dimension strategischer Unternehmenskommunikation Ausdruck: als sichtbarer Ausdruck dessen, „was" kommuniziert wird. Damit stehen sie in engem Zusammenhang mit der Strategischen Planung einerseits und der Maßnahmenwahl andererseits. Sie können die Form von Kernbotschaften haben, die die kommunikative Gesamtpositionierung des Unternehmens zum Ausdruck bringen. Sie können aber auch Dachbotschaften sein, die im Rahmen eines Kommunikationskonzepts formuliert und in Teilbotschaften überführt werden.

> **Corporate Messages**
> Corporate Messages sind Unternehmensbotschaften, die aus der Unternehmens- bzw. Kommunikationsstrategie abgeleitet und aufeinander abgestimmt formuliert sind. Sie bilden die Inhaltsebene der Corporate Communication (Unternehmenskommunikation), also der strategischen Kommunikation eines Unternehmens mit seinen internen und externen Bezugsgruppen, ab und stellen damit das Scharnier zwischen Positionierung und Implementierung dar.

In der Literatur steht die inhaltliche Dimension des Kommunikationsmanagements oft im Hintergrund: Auf der einen Seite erfolgt eine theoretische und empirische Auseinandersetzung mit der konzeptionellen Planung, etwa von Zielen und Bezugsgruppen; auf der anderen Seite stehen die Beschreibung und Analyse von Instrumenten und Maßnahmen. Wie Corporate Messages geplant, formuliert und im Zeitverlauf oder über verschiedene Themenschwerpunkte hinweg gesteuert werden können, wird bislang vergleichsweise wenig thematisiert. Klar ist aber: Corporate Messages bedürfen der Verankerung in der Unternehmens- und Kommunikationsstrategie. Ob Dachbotschaft als Ausdruck der grundlegenden kommunikativen Positionierung eines Unternehmens oder Teilbotschaft, in Ableitung aus einem PR-Konzept – die Rückbindung an Ziele ist Grundbedingung für den Einsatz von Corporate Messages. Diese sollten konsistent und widerspruchsfrei gehalten sein (Cornelissen 2011, S. 5).

Um Konsistenz zu gewährleisten, bedarf es einer systematischen Planung, Entwicklung und Steuerung von Corporate Messages durch das Themenmanagement. Beim Themenmanagement handelt es sich um den strategisch geleiteten Prozess der Planung und Steuerung von Botschaften der Unternehmenskommunikation. Es gestaltet nicht nur die Inhalte („was"), sondern wählt auch deren Form und Vermittlung („wie").

Im Rahmen des Themenmanagements werden interne Themen ebenso wie externe Themen, die für das Unternehmen relevant sein könnten, aktiv gesucht und recherchiert (Mast 2013, S. 89). Ausgehend von der Kommunikationsstrategie können Themenbündel aktiv geschnürt werden. Sie können aber auch aus einem internen und externen Monitoring entstehen, das sich teilweise als Themenplanung, teilweise als Issues Management bezeichnen lässt (Röttger 2003; Ingenhoff und Röttger 2008). Im Kern geht es zunächst um die Benennung bzw. frühzeitige Erkennung von Themen, die für das Unternehmen oder dessen Bezugsgruppen relevant sind, um diese für die Kommunikationspolitik zu nutzen. Stehen die Themen fest, werden Themenstrategien formuliert. In Anlehnung an die Überlegungen von Kamps (2007, S. 172) zu Themenkarrieren im Bereich der politischen Kommunikation lassen sich auch für das Themenmanagement der Unternehmenskommunikation zwei Phasen der Implementierung benennen: eine Managementphase, in der das Thema aufgebaut wird, in der Akzente gesetzt und einzelne Botschaften formuliert werden, sowie eine Maintenance-Phase, in der Botschaften regelmäßig überprüft und justiert oder aktualisiert werden. Eine Sonderfunktion kommt dem Themenmanagement zu, wenn im Rahmen des Issues Management eine De-Thematisierung von Issues stattfinden soll. Dieser Bereich wird im Folgenden ausgeklammert, da der Fokus auf Ansatzpunkten für die Planung und Steuerung von proaktiver Corporate Messages liegen soll.

1.2 Themenmanagement als korporatives Agenda Setting

Themenmanagement als Planung, Entwicklung und Steuerung von Inhalten der Unternehmenskommunikation lässt sich in wesentlichen Teilen als Agenda Setting beschreiben. Die Agenda-Setting-Hypothese steht zunächst im Kontext der Medienberichterstattung: Sie geht von einer direkten Verbindung zwischen dem Umfang, in dem in den Massenmedien über ein Thema berichtet wird, und der Einschätzung der Bevölkerung über die Bedeutung, die dieses Thema für die Gesellschaft besitzt, aus (Rössler 1997). Anders ausgedrückt: Je mehr die Medien über ein Thema berichten, als desto größer schätzt die Bevölkerung dessen gesellschaftliche Relevanz ein. Empirische Untersuchungen bestätigen, dass unter bestimmten Rahmenbedingungen eine mehr oder weniger starke Korrelation zwischen Medien- und Publikumsagenda besteht.

Mit Blick auf Organisationen können zwei Stufen von Agenda Setting unterschieden werden: Auf der ersten Stufe geht es um die Hervorhebung, also Sichtbarkeit eines Unternehmens und seiner Themen für die Öffentlichkeit. Indem die Medien über ein Unternehmen berichten, heben sie es aus der Masse existierender Organisationen heraus und machen sie es für das Publikum sichtbar. Sie verschaffen dem Unternehmen, seinen Charakteristika oder einzelnen Aspekten Aufmerksamkeit. Je mehr öffentliche Aufmerksamkeit ein Unternehmen in der Medienberichterstattung erfährt, so die These des First-Level Agenda Settings, desto präsenter ist es in den Köpfen der Menschen (Cornelissen 2011, S. 146). In der zweiten Stufe stehen die Attribute bzw. Assoziationen, die mit dem Unternehmen und seinen Themen verbunden werden, im Mittelpunkt. Second-Level Agenda Setting zeigt sich, wenn ein Unternehmen von der Öffentlichkeit mit einem bestimmten Issue oder Thema in Verbindung gebracht wird (z. B. Nachhaltigkeit), über das die Medien über einen bestimmten Zeitraum hinweg im Zusammenhang mit dem Unternehmen intensiv berichtet haben (ebd.). Studien deuten darauf hin, dass die Sichtbarkeit eines Unternehmens und seiner Themen in den Medien in direktem Zusammenhang mit dem Wissen der Öffentlichkeit über dieses Unternehmen und der Wahrnehmung im Zusammenhang mit spezifischen Kernthemen steht (Cornelissen 2011, S. 146 f.).

Unternehmenskommunikation, insbesondere die Presse- und Öffentlichkeitsarbeit, kann unmittelbar Teil des medialen Agenda Settings sein. Wird über ein Unternehmen in den Medien berichtet, etwa auf Basis von Pressemitteilungen, können Themen und Botschaften vermittelt über die Medienagenda auf die Publikumsagenda gelangen. Die Pressearbeit orientiert sich deshalb ganz gezielt an Medienlogiken, um ihren Botschaften bei Journalisten möglichst großes Gehör zu verschaffen. Dabei kommt unter anderem auch Framing, das in Abschnitt zwei näher beleuchtet werden wird, zum Einsatz.

Im Zusammenhang mit Corporate Messages im Allgemeinen lässt sich das Agenda Setting-Konzept aber noch breiter auf die Unternehmenskommunikation übertragen. Im Rahmen eines „korporativen Agenda-Settings" (Theis-Berglmair 2008, S. 44) entwickelt Unternehmenskommunikation eine eigene Themenagenda:

- Durch Themenmanagement vermittelt sie ihren Bezugsgruppen einerseits, welche Ereignisse oder Themen aus Sicht des Unternehmens aktuell und relevant sind („what to think *about*"), so dass von einer *Thematisierungsfunktion* die Rede sein kann. Im Rahmen des Verhältnisses Public Relations – Journalismus ist auch von einer Themensetzungs- oder Themengenerierungsfunktion im Sinne von Agenda- oder Issue-Building die Rede (Bentele 2008, S. 212).
- Andererseits erklärt Unternehmenskommunikation, wie Themen aus Sicht des Unternehmens betrachtet, interpretiert oder bewertet werden („*what* and *how* to think about"). In diesem Zusammenhang kann von einer *Themengestaltungsfunktion* gesprochen werden.

Während die Thematisierungsfunktion Themen definiert und platziert, geht es bei der Themengestaltungsfunktion stärker um Fragen der inhaltlichen Aufbereitung und der kommunikativen Vermittlung eines Themas.

1.3 Vermittlung von Themen: Kommunikationsmodi

Wenn es um Inhalte und Botschaften der Unternehmenskommunikation geht, bietet sich ein Blick auf die Art der Aufbereitung von Content im Journalismus an. Lünenborg (2005, S. 126/159) hat unterschiedliche Kommunikationsmodi systematisiert, die grundsätzliche journalistische Zugänge zur Wirklichkeit beschreiben, sich aber auch in den Kontext der Unternehmenskommunikation übersetzen lassen (Mast 2013, S. 58).

Überträgt man die Idee unterschiedlicher Kommunikationsmodi auf die Kommunikation von Organisationen, so lässt sich ein Rahmen entwickeln, der als Scharnier zwischen der strategischen Ebene und dem Instrumenteneinsatz dienen kann (vgl. Tab. 1): Grundform des Journalismus und ebenso der Unternehmenskommunikation ist der *informierende Modus*. Er dient der Vermittlung von Fakten über Ereignisse, Tatsachen und deren Ergebnisse aus dem Unternehmen bzw. Unternehmensgeschehen, nach innen ebenso wie nach außen. Der *erklärende bzw. argumentierende Modus* vermittelt die Logik von Ereignissen, stellt Zusammenhänge dar und erklärt Hintergründe, Rahmenfaktoren und -bedingungen. Damit leistet er Einordnung und Rahmung. Im *bewertenden Modus* werden Meinungen, Urteile, Wertungen und darauf aufbauend Einschätzungen oder Empfehlungen präsentiert. Im Kontext der Unternehmenskommunikation kommt er zur Anwendung, um Positionen darzustellen, Ereignisse zu interpretieren und zu bewerten sowie Einschätzungen oder Empfehlungen zu präsentieren. Der *narrative Modus* präsentiert ein Ereignis und seine handelnden Akteure im Verlauf, d. h. in dramaturgischer Form. Er stellt somit eine besondere Form der Vermittlung dar, die von den oben beschriebenen drei (kognitiven) Modi wesentlich abweicht. Der *diskursive Modus* basiert auf Argumentation und Aushandlung. Während er in der journalistischen Berichterstattung an Szenarien ausgerichtet ist, in denen Interaktion stattfindet, und Aktivitäten sowie Äußerungen der Akteure eines Diskurses präsentiert, wird er in der Unternehmenskommunikation vor allem dann eingesetzt, wenn es um die Auseinandersetzung, Aushandlung oder den argumentativen Austausch zwischen dem Unternehmen und einer bzw. mehrerer Bezugsgruppen geht.

Tabelle 1 macht deutlich, dass es sich bei den drei ersten Kommunikationsmodi – aus Perspektive der Unternehmenskommunikation betrachtet – eher um inhaltliche Zuschnitte für Kommunikationsbotschaften handelt. Geht es um die Vermittlung von Fakten? Oder steht die Erklärung von Hintergründen und Zusammenhängen im Mittelpunkt? Soll ein Sachverhalt aus Sicht des Unternehmens bewertet werden? Der narrative Modus legt den Fokus eher auf die Form der Vermittlung, nämlich die Aufbereitung von Informationen in Form einer Erzählung. In ihr können sowohl Fakten als auch Hintergründe, Zusammenhänge, Interpretationen und Bewertungen zum Ausdruck kommen. Beim diskursiven Modus steht der Dialog im Vordergrund, so dass auch hier die Form das zentrale Unterscheidungskriterium ausmacht.

Tab. 1 Kommunikationsmodi
(Quelle: Eigene Darstellung und Übertragung auf die Unternehmenskommunikation in Weiterentwicklung von Mast (2012, S. 218 f.), basierend auf Lünenborg (2005, S. 126, 159))

	Gegenstand und Art der journalistischen Vermittlung	Anwendungszusammenhang im Rahmen der Unternehmenskommunikation	
Informierender Modus („So ist es…")	Fakten zum Ereignis, Tatsachen und deren Ergebnisse Journalist als	Information über Ereignisse im bzw. aus dem Unternehmen, über getroffene Entscheidungen…	*Information Faktum*
Erklärender bzw. argumentierender Modus („Es ist so, weil…")	Logik eines Ereignisses, Zusammenhänge, Hintergründe und Rahmenbedingungen sowie -faktoren	Erklärung von Zusammenhängen, Hintergründen und Rahmenbedingungen bzw. -faktoren des Unternehmenshandelns	*Einordnung Rahmung*
Bewertender Modus („Es ist gut/Schlecht, dass es so ist…")	Meinungen, Urteile, Wertungen und darauf aufbauend Einschätzungen oder Empfehlungen	Interpretation und Bewertung von Ereignissen und Zusammenhängen; Darstellung von Unternehmenspositionen	*Interpretation Bewertung*
Narrativer Modus („Erst ist dies geschehen, dann jenes…")	Verlauf eines Ereignisses, handelnde Akteure	Identität des Unternehmens Normen, Werte, Kultur Verhaltensweisen	*Erzählung implizite Vermittlung*
Diskursiver Modus („A streitet sich mit B, ob es wirklich so ist…")	Szenarien, in denen Interaktion stattfindet; Aktivitäten und Äußerungen der Akteure, die innerhalb eines festgelegten Rahmens handeln	Darstellung von Unternehmenspositionen; Auseinandersetzung mit Positionen Anderer; Argumentation; Aushandlung	*Argumentation Aushandlung*

Im Rahmen der Unternehmenskommunikation können verschiedene Kommunikationsstrategien und -techniken eingesetzt werden, um Corporate Messages entlang dieser Kommunikationsmodi zu formulieren. Im Kontext der stärker kognitiv ausgerichteten Modi kann das Framing herangezogen werden, das – wie oben bereits angesprochen – in Verbindung mit dem Agenda Setting steht. Im narrativen Modus bietet sich vor allem Storytelling als Kommunikationstechnik an.

2 Framing

Was Menschen von ihrer Umwelt wahrnehmen, wie sie Ereignisse und Erfahrungen bewerten und speichern, hängt u. a. von mentalen Frames ab. Frames sind kognitive Referenzrahmen (Pan und Kosicki 1993, S. 56), die Informationen in unseren Köpfen anschlussfähig an bereits existierendes Wissen und frühere Erfahrungen machen. Im Sinne „mentaler Landkarten" ermöglichen sie es einem Individuum, Ereignisse einzuordnen und neue Erfahrungen mit Sinn zu versehen (Hallahan 2005, S. 343).

> **Frames**
> Frames können als mentale Deutungsmuster verstanden werden, die Informationen strukturieren, Komplexität reduzieren sowie die Auswahl und Bewertung von neuen Informationen steuern (Dahinden 2006, S. 193 f; Entman 1993, S. 53; Benford und Snow 2000, S. 614). Sie ermöglichen es einem Individuum, neue Informationen in bereits angelegte, größere Kontexte und Sinnzusammenhänge einzuordnen.

Frames haben einen zentralen Nutzen für das Individuum: Sie reduzieren die Breite und Komplexität der Realität, indem sie die Aufmerksamkeit auf Schlüsselelemente lenken und diese an bereits vorhandene mentale Strukturen anbinden. „The frame determines whether most people notice and how they understand and remember a problem, as well as how they evaluate and choose to act upon it" (Entman 1993, S. 54). Wie stark kommen Frames dabei zum Tragen? Studien deuten darauf hin, dass ihre Wirksamkeit v. a. davon abhängt, wie zugänglich („accessibility"), wie sichtbar („salience"; Cobb 2005, S. 24) und wie inhaltlich anschlussfähig ein Frame an bereits bestehende mentale Strukturen des Einzelnen ist (Lundy 2006).

2.1 Frames und ihre Bedeutung für Corporate Messages

Im Kontext von Kommunikation lassen sich vier verschiede Arten von Frames unterscheiden (Entman 1993, S. 52 f.): Mentale Deutungsmuster lassen sich zunächst auf Seite der Kommunikatoren verorten – etwa eines Journalisten, der Ereignisse für die Berichterstattung auswählt und aufbereitet, oder eines Pressesprechers, der Themen des Unternehmens als relevant identifiziert und kommuniziert. Solche *Kommunikator-Frames* (Entman 1993, S. 53; Matthes 2007, S. 48 ff.) beeinflussen, welche Informationen ein Kommunikator auswählt und wie er sie als Botschaften aufbereiten.

Frames des Medienpublikums oder der Bezugsgruppen einer Organisation werden als *Rezipienten-Frames* bezeichnet (Entman 1993, S. 52). Sie bestimmen, wie Kommunikationsinhalte wahrgenommen und eingeordnet werden. Für Unternehmenskommunikation als interessengeleitete Kommunikation spielen sie eine zentrale Rolle: Zur Erreichung von Kommunikationszielen gilt es, Corporate Messages möglichst so auszuwählen und aufzubereiten, dass sie anschlussfähig an die Rezipienten-Frames der relevanten Bezugsgruppe(n) sind.

Als *kulturelle Frames* wird die Summe aller Frames bezeichnet, die einer sozialen Gruppe gemeinsam sind (Entman 1993, S. 53). Hierzu gehören z. B. kollektive Frames der Leser einer Tageszeitung, aber eben auch geteilte Frames einer Bezugsgruppe des Unternehmens. So können z. B. Mitarbeiter oder Kunden über jeweils gemeinsame Frames verfügen. Eine Querverbindung kann zu Kommunikator-Frames hergestellt werden. Auch wenn die mentalen Deutungsmuster der Kommunikatoren darauf einwirken, was und wie kommuniziert wird, stehen journalistische Berichterstattung und Unternehmenskommunikation immer im größeren Kontext kultureller Frames der Organisation. Diese können etwa aus der Blattlinie resultieren oder sich in kulturellen Frames einer Kommunikationsabteilung, die durch Sozialisation vermittelt werden, niederschlagen.

Frames, die in der journalistischen Berichterstattung oder in Inhalten der Unternehmenskommunikation zum Ausdruck kommen, sind so genannte *Botschafts-Frames*. Sie zeigen sich unmittelbar in den Kommunikationsinhalten, so dass sie z. B. durch Inhaltsanalysen offengelegt werden können. In der Journalistik werden sie auch als Medienframes bezeichnet (Scheufele 1999). Botschafts-Frames unterscheiden sich fundamental von den drei oben genannten Frame-Arten. Indem das Konzept mentaler Deutungsmuster auf die Ebene der Kommunikationsinhalte übertragen wird, lassen sich Frames explizit auch für Corporate Messages nutzen. Sie zeigen sich hier nicht nur in der Themenauswahl, sondern auch in der Aufbereitung von Inhalten: am Gebrauch (bzw. der Ablehnung) bestimmter Begrifflichkeiten, in der Wahl spezifischer Formulierungen, Bilder und Argumentationsweisen sowie im selektiven Verweis auf Fakten oder Quellen (Entman 1993, S. 52).

2.2 Framing als Bedeutungskonstruktion

Unternehmenskommunikation kann das Wissen um Frames aktiv nutzen. Für die Herstellung und Erhaltung einer Beziehung zwischen einer Organisation und ihren Teilöffentlichkeiten, so betont Hallahan (1999, S. 207) aus Perspektive der PR-Forschung, sei es hilfreich, wenn gemeinsame „frames of references" zu relevanten Themen vorlägen. Wird Framing als Kommunikationstechnik eingesetzt, so kann es dazu beitragen, dass gemeinsame Bedeutung entsteht (Derry und Waikar 2008, S. 102).

> **Framing**
> Framing bezeichnet den Vorgang bzw. Prozess, „bei dem 1) bestimmte Objekte und Relationen zwischen Objekten betont, also bestimmte Ausschnitte der Realität beleuchtet werden und 2) bestimmte Maßstäbe bzw. Attribute, die man an Objekte anlegen kann, salient gemacht werden" (Scheufele 2003, S. 46).

Framing ist vor allem durch zwei Kernprozesse bestimmt: durch Auswahl (Selektion) und Hervorhebung (Salience). „To frame is to select some aspects of a perceived reality and make them more salient in a communicating text", betont Entman (1993, S. 52). Die Definition macht klar: Indem bestimmte Aspekte der Realität ausgewählt und herausgearbeitet werden, treten andere zwangsläufig in den Hintergrund. Die Wahrnehmung des Rezipienten hängt somit nicht nur davon ab, was ein Frame abbildet, sondern auch davon, was der Frame (bewusst) ausblendet (Entman 1993, S. 54).

Im Kontext der Frame-Definition im vorherigen Abschnitt war von der Einordnung von Informationen in bereits angelegte, größere Kontexte und Sinnzusammenhänge die Rede. Darauf nimmt der Prozess des Framing aktiv Bezug: Er kontextualisiert, indem er Informationen in situative oder kulturelle Bezüge einordnet, die bei Kommunikationspartnern (z. B. Medienrezipienten) Einfluss darauf nehmen, wie diese Informationen bewerten, Bedeutung zuschreiben und schließlich handeln (Hallahan 2005, S. 343). Auf Botschaftsebene kann Framing – wie bereits oben angesprochen – Agenda Setting und Priming zugeordnet werden (Dahinden 2006, S. 84).

2.3 Framing als Technik des Themenmanagements

Framing wird in der Literatur als ein Gestaltungsansatz der Unternehmenskommunikation beschrieben, jedoch bislang nur in wenigen Beiträgen näher ausgeführt. Eine Zusammenschau der theoretischen und empirischen Ergebnisse erbringt zwei Ansatzpunkte für das Themenmanagement von Organisationen:

Unternehmen können *Framing als Strategie* einsetzen, um ihren eigenen Frame in die öffentliche Diskussion zu tragen (Pan und Kosicki 2001; Gamson 1992; Snow und Benford 1992). Erkenntnisse der politischen Soziologie, die die Kommunikation sozialer Bewegungen beleuchtet, zeigen wie diese Konstruktion gelingen kann. Soziale Bewegungen definieren Themen und prägen Positionen mit dem Ziel, ihre Sichtweise auf einen Sachverhalt oder ein Issue in die Öffentlichkeit zu tragen. Ziel dieses Framings ist es, breite öffentliche Aufmerksamkeit zu generieren, Unterstützer zu gewinnen und die eigenen Aktivitäten zu legitimieren (Snow und Benford 1992). Im Rückbezug zur Framing-Terminologie lässt sich festhalten: Ziel des strategischen Framings ist es, die Entstehung kollektiver Frames zu fördern. Soziale Bewegungen definieren dazu starke Themen-Frames, die sie durch ihre Kommunikation konsequent bedienen. Studien zeigen, dass solche Master-Frames häufig direkten Eingang in die Medienagenda finden und in der Folge auch die Einstellungen der Öffentlichkeit prägen (z. B. Reber und Berger 2005; Yao 2009; Kiousis et al. 2006; Esrock et al. 2002). Je stärker ein solcher Master-Frame gebündelt ist, also je klarer sein Themenfokus, desto eher wird er von den Medien übernommen.

Framing kann im Rahmen der Unternehmenskommunikation auch als *„Technik und Instrument (…), mit dem PR-Inhalte gestaltet werden"* können, eingesetzt werden (Dahinden 2006, S. 65). Als handwerklich-technische Ausformung ist Framing hier auf der Ebene der Botschafts-Frames angesiedelt. Sie treten in Kommunikationsinhalten, z. B. Pressemitteilungen, Reden, Geschäftsbericht oder Mitarbeiterzeitschrift zu Tage, indem sie einerseits auf Master-Frames referenzieren, andererseits aber auch entlang der in Abschn. 2.1

beschriebenen Techniken des Botschafts-Framing deutlich werden. Gamson und Modigliani (1989, S. 3) sprechen von Framing-Techniken („framing devices") wie z. B. der Prägung spezifischer Schlagworte, der Verwendung von Beispielen und Metaphern oder wiederkehrenden Beschreibungen. Das klassische Beispiel der Produktkommunikation zum „Walkman-Handy" macht deutlich, wie durch den Gebrauch eines Begriffes ein mentaler Bezugsrahmen geschaffen werden kann.

> **Framing bei Sony Ericsson**
> Das Mobiltelefon Sony Ericsson W800i war das erste Telefon, das zugleich ein mobiler MP3-Player war – zum Zeitpunkt seiner Markteinführung eine echte Innovation, die potenziellen Kunden erst einmal näher gebracht werden musste. Das Unternehmen löste diese Herausforderung, indem es das Mobiltelefon „Walkman-Handy" nannte und damit Kunden, Händlern und Fachjournalisten eine klare Vorstellung dessen vermittelte, was das W800i in Sachen Musik zu bieten hatte. Die technischen Dimensionen der neuen Technologie traten darüber vollständig in den Hintergrund. Die Kommunikation wurde allein durch den für die Bezugsgruppen spürbaren Nutzen bestimmt und unter diesem Master-Frame betrieben (Mast et al. 2006, S. 110 ff.).

Die strategische Ausrichtung des Framing bildet die Basis, auf der Framing als Technik eingesetzt werden kann. Corporate Messages lassen sich demnach als Master-Frames im Sinne der Kernthemen einer Organisation beschreiben. Im Kontext des Framing weisen sie aber auch eine spezifische Art und Weise der Formulierung auf. Es geht um die Auswahl relevanter Themen für übergeordnete Frames ebenso wie um deren Aufbereitung und Vermittlung.

3 Storytelling

Neben dem Framing, das für kognitive Kommunikationsmodi eingesetzt werden kann, kann auch Storytelling für das Themenmanagement genutzt werden. Es kann – angelehnt an Lünenborgs Modell – als „narratives Format" von Kommunikation (Shaw 2000, S. 192) verstanden werden.

> **Story**
> Eine Story ist eine dramaturgisch aufbereitete Erzählung, die Ereignisse in eine Ursache-Wirkungs-Abfolge bringt (Lampert 2007, S. 2). Sie kann auf fiktivem oder realem Material basieren (Gabriel 2000, S. 239; Simmons 2006, S. 31), aber Authentizität und Glaubwürdigkeit sind als zentrale Eckpfeiler unumgänglich.

3.1 Storys und ihre Kennzeichen

Wann kann von einer Story im eigentlichen Sinn gesprochen werden? Und was macht eine „gute" Geschichte im Rahmen der Unternehmenskommunikation aus? Die Antworten auf diese Fragen variieren von Definition zu Definition. Die einen formulieren spezifische Anforderungen an die *Handlung*: Eine Geschichte müsse die kausale Lösung eines Konflikts beinhalten, der auf dem Auslöser der Geschichte, ihren Konsequenzen sowie den Gefühlen und Handlungen des Protagonisten basiert (Snowden 2001, S. 31). Fog et al. (2005, S. 31 ff.) bringen die vier Elemente narrativer Muster wie folgt auf den Punkt: Eine Geschichte brauche eine Botschaft, in der Regel als „ideologisch oder moralisch geprägte Statements" (Fog et al. 2005, S. 32), die die Identität der Organisation wiederspiegeln. Hinzu müssen ein Konflikt als treibende Kraft, Charaktere angelehnt an Archetypen klassischer Erzählungen und ein Handlungsstrang kommen. Andere Definitionen rücken stärker den *Effekt* von Geschichten in den Mittelpunkt. Eine Geschichte müsse Relevanz für das Publikum erzeugen, indem sie Mitgefühl, Spannung, Neugier, Schock, Lernen oder Verstehen erzeugt.

Unabhängig davon, ob Handlung oder Effekt im definitorischen Kern stehen, lassen sich Geschichten nach ihrer Wirkungsebene erklären. Die Kernbotschaft, die eine Geschichte transportiert, wird in der Regel implizit vermittelt und nicht explizit erklärt (Frenzel et al. 2006, S. 70). Sie kann mehrere Aussageebenen beinhalten und abhängig vom Kontext, in dem sie erzählt wird, unterschiedliche (Be-)Deutungen entfalten. Deshalb kann sie durchaus unterschiedliche Interpretationen erfahren. Storys, so lässt sich festhalten, sprechen nicht nur die kognitive Ebene an, sondern lösen parallel dazu unbewusste Verarbeitungs- und Speicherprozesse aus. Zugleich sprechen sie den Zuhörer anders an als z. B. faktenorientierte Kommunikation. Studien deuten darauf hin, dass Narrationen besser erinner- und verstehbar sind als klassisch aufbereitete Informationen So kamen z. B. Machill et al. (2006, S. 494) zu dem Ergebnis, dass narrativ aufbereitete Inhalte für Zuschauer von Fernsehnachrichten unter Laborbedingungen signifikant verständlicher und leichter erinnerbar sind.

3.2 Art und Aufbereitung von Storys

„Geschichten erzählen ist (…) eine der ältesten Formen von Kommunikation und eines der kraftvollsten Kommunikations- und Managementwerkzeuge", betont Faust (2006, S. 3). Über ihr narratives Muster sprechen Storys mentale Strukturen an. Ähnlich wie das Framing betten auch Storys Informationen in größere Zusammenhänge ein und versehen sie dadurch mit Bedeutung (Faust 2006, S. 24). Statt jedoch kognitive Frames zu etablieren, stellen sie Rückbezüge zu Archetypen und Handlungssträngen her, die Erzählungen seit

Tab. 2 Archetypen und die von ihnen ausgelösten Assoziationen (Quelle: In Anlehnung an Mark und Pearson (2001, S. 13, 18))

Motivation	Archetype	Characteristics	Helps people
Stability & control	Creator	Craft something new	Feel safe
	Caregiver	Care for others	
	Ruler	Exert control	
Belonging & enjoyment	Jester	Have a good time	Have love/community
	Regular Guy/Gal	Be OK justs as they are	
	Lover	Find and give love	
Risk & mastery	Hero	Act courageously	Achieve
	Outlaw	Break the rules	
	Magician	Affect transformation	
Independence & fulfillment	Innocent	Retain or renew faith	Find happiness
	Explorer	Maintain independence	
	Sage	Unterstand their world	

Jahrtausenden bestimmen. Herbst (2008, S. 93) vermutet eine „universelle Grammatik für den Aufbau von Geschichten".

Das Material, aus dem „gute" Storys gemacht sind, lässt sich anhand von vier Elementen beschreiben: Eine Geschichte lebt von ihrer Botschaft, von einem Konflikt, von den Charakteren und einem Handlungsstrang (Fog et al. 2010, S. 33). Idealtypische Geschichten weisen nur eine einzige Botschaft im Sinne einer Hauptbotschaft auf (Frenzel et al. 2006, S. 64). Zwischen Ausgangssituation und Endergebnis beschreiben sie einen Konflikt, der sich plötzlich oder schleichend entwickelt (Littek 2011, S. 119). Die zentrale Botschaft der Geschichte entsteht durch das Bestreben des Protagonist, diesen Konflikt aufzulösen (Fog et al. 2010, S. 35 f.).

Die Hauptfigur einer Story kann sowohl eine Einzelperson, z. B. der CEO oder ein Mitarbeiter, als auch ein Kollektiv, z. B. die Kunden, sein. Aber auch ein menschenähnliches Wesen etwa in Form eines Comics, ein Objekt oder abstrakte Idee können Hauptfigur sein (Littek 2011, S. 118; Frenzel et al. 2006, S. 95). Sie sollte selbst oder durch die Ziele, die sie in der Geschichte verfolgt, als Identifikationsfigur für das Publikum dienen können. Um unterbewusste Assoziationen auszulösen, bietet sich v. a. der Rückbezug auf Archetypen an, die Menschen aus basalen Mythen bekannt sind (Mark und Pearson 2001, S. 14).

Entlang der Motivstrukturen, die durch die in Tab. 2 am Beispiel Kundenkommunikation dargestellten Archetypen angesprochen werden, lassen sich vier Kategorien bündeln: Die Urtypen Schöpfer (Creator), Fürsorglicher (Caregiver) und Herrscher (Ruler) sprechen das Bedürfnis nach Stabilität und Kontrolle an. Zugehörigkeit und Freude werden durch den Narr (Jester), den Alltags-Held (Regular Guy/Gal) und den Liebhaber (Lover) verkörpert. Das Streben nach Risiko und Herrschaft drückt sich im Held (Hero), Rebell (Outlaw) und Magier (Magician) aus. Die Typen des Unschuldigen (Innocent), Abenteurers (Explorer) und Weisen (Sage) stehen für das menschliche Bedürfnis nach Unabhängigkeit und Erfüllung (Mark und Pearson 2001; Harringer und Maier 2009, S. 30).

Vierter und letzter Bestandteil einer Geschichte ist der Handlungsablauf oder Plot. Ergebnisse werden „chronologisch und nach bestimmten Gesetzmäßigkeiten" in einen sinnhaften Zusammenhang gebracht (Herbst 2008, S. 115). Ein klassisches Plot-Muster ist z. B. das Drei-Akt-Modell. Es beginnt im ersten Akt mit der Darstellung der Ausgangssituation, der Einführung des Konflikts und der Präsentation des Wendepunkts. Im zweiten Akt erreicht der Konflikt seinen Höhepunkt. Im dritten Akt wird der Konflikt gelöst, die Kernbotschaft wird präsentiert und die Endsituation dargestellt (Fog et al. 2010, S. 45; Littek 2011, S. 133).

3.3 Storytelling als Konzept der Unternehmenskommunikation

In der Literatur existieren zahlreiche Systematisierungen von Geschichten. Sie werden nach Zielsetzung, Adressat oder Thema untergliedert. Eine der prägnantesten Einteilungen stammt von Faust (2006). Er unterscheidet drei Arten von Geschichten:

- „Wer-bin-ich-" Geschichten vermitteln die Unternehmensidentität. Sie erzählen dazu die Geschichte des Unternehmens insgesamt, greifen ein maßgebliches Ereignis der Historie heraus oder personalisieren das Unternehmen über eine zentrale Persönlichkeit, z. B. den Gründer (Faust 2006, S. 7; Denning 2011, S. 27). Ziel ist es, Interesse zu wecken, Emotionen auszulösen und um Vertrauen bei den relevanten Bezugsgruppen zu werben (Faust 2006, S. 6).
- Die „Wofür-stehe-ich-" Geschichte rückt die Werte, für die ein Unternehmen nach innen und außen steht, in den Mittelpunkt (Faust 2006, S. 17). Ob Geschichten, in denen Mitarbeiter Unternehmenswerte am eigenen Beispiel vermitteln, oder hypothetische Geschichten, die die Form allgemeingültiger Parabeln haben – als „Wofür-stehe-ich-"Geschichte bieten sich all jene Storys an, die Kultur und Wertesystem der Organisation zum Leben erwecken können (Denning 2011, S. 29).
- „Was-will-ich-" Geschichten bringen die Vision oder Mission eines Unternehmens zum Ausdruck (Faust 2006, S. 7). Als „visionäre Storys" sollen sie relevante Bezugsgruppen möglichst eingängig über die zentralen Ziele des Unternehmens informieren und Vertrauen für die geplanten Vorhaben gewinnen helfen (Simmons 2006, S. 17; Faust 2006, S. 7).

Betrachtet man diese drei Story-Arten, wird erneut deutlich: Geschichten eigenen sich vor allem für die Vermittlung von Themen, die sich nicht oder nur unzulänglich explizit ausdrücken lassen, weil sie abstrakt, der direkten Beobachtung unzugänglich oder mehrschichtig sind. Geschichten eignen sich auch für emotional behaftete Themen, etwa in Veränderungsprojekten. Sie erzählen von und über Mitarbeiter und das Management, über Unternehmenshistorie, -werte und -kultur, aber auch über Produkte bzw. Services des Unternehmens, Kooperationspartner und Kundenerfahrungen.

> **Storytelling**
> Im Rahmen des Storytelling werden Fakten aus dem bzw. über das Unternehmen „gezielt, systematisch geplant und langfristig in Form von Geschichten" erzählt (Frenzel et al. 2006, S. 3). Es kommt v. a. bei solchen Themen zum Einsatz, die abstrakt, unsichtbar oder nur teilweise bewusst sind; auch für emotional behaftete Themen und Ausnahmesituationen wie z. B. Veränderungsprojekte eignet sich Storytelling in besonderer Weise.

Wie Framing kann auch Storytelling als Strategiekonzept und als Kommunikationstechnik angelegt sein. Im Rahmen des Kommunikationsmanagements kann Storytelling als Strategiekonzept für die Entwicklung und Vermittlung der *Core-Story* eingesetzt werden. Bei der Core-Story handelt es sich um einen Unternehmensmythos, eine Unternehmensgeschichte oder ein Grundthema (Littek 2011; Faust 2006; Herbst 2008), die den Kern der Unternehmenspersönlichkeit – quasi die Unternehmensessenz – zum Ausdruck bringt. Formulierungen wie „Persönlichkeit" und „Essenz" machen deutlich, dass die Core-Story auf Jahrzehnte hinweg angelegt ist. Sie sollte dazu inhaltlich einzigartig und zugleich leicht verständlich sein (Fog et al. 2010, S. 230). Die Entwicklung der Core-Story vollzieht sich in mehreren Schritten: Zunächst wird die aktuelle Unternehmenspersönlichkeit erfasst. Im Abgleich mit den oben beschriebenen Archetypen wird die Unternehmensessenz einer Rolle zugeordnet, z. B. der des Erfinders, des Helden oder des Entdeckers, und in eine Handlung gegossen.

> **Die Hewlett-Packard-Story**
> Mit dem Unternehmen Hewlett-Packard ist untrennbar die Geschichte der Garage verbunden, in der Bill Hewlett und Dave Packard 1938 die ersten Schritte ihres neu gegründeten Unternehmens gingen. Als Forschungslabor, Werkstatt und Produktionsort für die ersten Produkte gilt die Garage heute als Geburtsort des Silicon Valley. Die Geschichte wirkt – in Verbindung mit den Unternehmenswerten – bis heute nach.

Alle weiteren Geschichten, die jeweils individuelle Themenschwerpunkte für die interne und externe Unternehmenskommunikation setzen, sollten konsistent zur Core-Story gehalten sein (Fog et al. 2010, S. 57; Faust 2006, S. 12). Wird Storytelling in diesem Sinne als *Vermittlungstechnik für Corporate Messages insgesamt* verstanden, bildet erneut die Suche nach Rohmaterial den Ausgangspunkt. Dies kann über Interviews mit Mitarbeitern und mit anderen Bezugsgruppen geschehen, entweder explorativ, um offen nach interessanten Geschichten zu suchen, oder themengetrieben zu einem bereits vorgegebenen Thema (Fog et al. 2010, S. 156 f.). Das gesammelte Material wird im nächsten Schritt gesichtet, analysiert und strukturiert (Thier 2006, S. 19). Ergebnis sind in Rohform vorliegende Geschichten, die dann ausgehend von den Kommunikationszielen in eine Reihenfolge gebracht und zu Storys mit klassischer Erzählstruktur ausgearbeitet werden. Denning (2011, S. 47) betont, wie wichtig dabei die Balance zwischen Authentizität der Geschichte einerseits und den Darstellungsregeln des Storytellings andererseits ist. Authentizität bedeutet dabei Glaubwürdigkeit – eine Tatsache, die als Querverbindung zum Spannungsbogen von Geschichten via Schwierigkeiten, Fehlern oder Krisen, die gemeistert worden sind, verstanden werden kann.

Für den Erfolg einer Geschichte spielt aber auch eine Rolle, wie die Geschichte übermittelt wird (Harringer und Maier 2009, S. 14). Die persönliche Kommunikation entspricht dem Charakter einer Erzählung am besten. Aber auch alle anderen Kommunikationsinstrumente eines Unternehmens können geeignet sein, abhängig von relevanter Teilöffentlichkeit und Thema. Besonders glaubwürdig sind Storys gerade auch dann, wenn sie nicht vom Unternehmen selbst erzählt werden, sondern von Mitarbeitern, Kunden, Journalisten oder Bezugsgruppen in Social Media. Damit zeigt sich – wie bereits beim Framing – auch hier die enge Verbindung, die zur strategischen Dimension und zum Instrumenteneinsatz besteht.

My BASF Story

Im Jahr 2005 rief das Unternehmen BASF seine Mitarbeiter und Pensionäre in aller Welt dazu auf, eine persönliche Begebenheit aus 50 Jahren Unternehmensgeschichte einzusenden. Ziel war es, die Unternehmenspersönlichkeit über Geschichten greifbar zu machen und für die anstehende 140-Jahr-Feier ein kollektives Portrait der BASF zu zeichnen. Die Resonanz war größer als erwartet: Innerhalb von nur sechs Monaten kamen 140 Geschichten aus insgesamt 72 Ländern zusammen. Am Ende des Projekts waren es insgesamt 292 Geschichten in zehn Sprachen, die von Mitarbeitern eingesandt worden waren. In ihrer Gesamtheit bilden sie ein sehr persönliches Unternehmensportrait, das die verschiedenen Facetten der BASF breit, aber zugleich hoch interessant und emotional abzubilden vermag (Herbst 2008, S. 139 f.).

4 Steuerung von Corporate Messages

„Ein schlagkräftiges PR-Konzept braucht überzeugende Botschaften", schreiben Klaus Schmidbauer und Eberhard Knödler-Bunte (2004, S. 174) zur Konzeptionsarbeit. Was für die konzeptionelle Ebene von PR gilt, lässt sich auch auf die Ebene der Gesamtkommunikation übertragen: Strategische Kommunikation insgesamt braucht überzeugende Botschaften, um dauerhafte Beziehungen zu Teilöffentlichkeiten aufbauen und erhalten zu können. Wie kann es gelingen, überzeugende Botschaften zu steuern? Was macht „gute" Botschaften überhaupt aus? Relevante, interessante Inhalte sind die eine Seite der Medaille, ihre passgenaue Aufbereitung und Vermittlung für die anzusprechende Bezugsgruppe die andere Seite. Dazu gehört auch, Corporate Messages möglichst klar, präzise und verständlich zu formulieren. Botschaften der Unternehmenskommunikation sollten zudem in angemessenem Umfang dargelegt und nur dann kommuniziert werden, wenn sie für die Bezugsgruppe auch tatsächlich relevant und oder interessant sind.

Neben der Planung und Steuerung von Kommunikationsanlass, -inhalt und -frequenz kommt der Aufbereitung von Corporate Messages eine zentrale Rolle zu. Die Ausrichtung an Kommunikationsmodi bietet die Möglichkeit, neue Informationen z. B. in bereits bestehende Frames einzuordnen oder tradierte Grundmuster der Informationsaufnahme wie etwa durch Geschichten anzusprechen. Framing und Storytelling sind zwei Beispiele, wie solche Modi im Rahmen der Unternehmenskommunikation umgesetzt werden können. Je nach Thema und Anlass kann entweder ein einzelner Modus gewählt werden oder eine Botschaft wird in verschiedenen Kommunikationskontakten in verschiedenen Modi transportiert. So können nicht nur Charakteristika der Botschaft noch einmal durch die Form unterstrichen werden, sondern es können auch spezifische Denk- und Verarbeitungsstrukturen adressiert werden.

Erforderlich dazu ist, dass Corporate Messages im Rahmen der Unternehmenskommunikation systematisch geplant, implementiert und gesteuert werden. Das Themenmanagement stellt sicher, dass Themen und Botschaften für Corporate Messages eine strategische Verankerung aufweisen. Es wählt geeignete Kommunikationsmodi und -kanäle aus, über die Corporate Messages transportiert werden können, und prüft im Idealfall, wie diese von Bezugsgruppen wahrgenommen und eingeschätzt werden. Damit Botschaften möglichst konsistent, kongruent und glaubwürdig wahrgenommen werden, bedarf es der Koordination und Abstimmung von Corporate Messages. Corporate Communication als ein Begriff, der auf die Konzepte Corporate Behavior, Corporate Design und Corporate Identity referenziert, schließt per Definition die integrierte Kommunikation mit ein: die inhaltliche, formale und zeitliche Abstimmung ebenso wie die Koordination von Themen und Botschaften über Abteilungen und Medienformate hinweg. Ausgangspunkt kann die Definition von Leit- oder Dachthemen sein, die sich dann als Master-Frames in der Kommunikationsarbeit niederschlagen. Oder die Justierung und Anreicherung von bereits etablierten Themen, indem sie in weniger oft genutzten Modi wie z. B. Narration durch Storytelling kommuniziert werden.

Literatur

Benford, R. D., & Snow, D. A. (2000). Framing processes and social movements: An overview and assessment. *Annual Review of Sociology, 26*(1), 611–639.

Bentele, G. (2008). Intereffikationsmodell. In G. Bentele, R. Fröhlich, & P. Szyszka (Hrsg.), *Handbuch der Public Relations* (2. Aufl., S. 209–222). Wiesbaden: VS Verlag für Sozialwissenschaften.

Cobb, M. D. (2005). Framing effects on public opinion about nanotechnology. *Science Communication, 27*(2), 221–239.

Cornelissen, J. (2011). *Corporate communication. A guide to theory and practice* (3. Aufl.). Los Angeles: Sage.
Dahinden, U. (2006). *Framing: Eine integrative Theorie der Massenkommunikation*. Konstanz: UVK.
Denning, S. (2011). *The leader's guide to storytelling*. San Francisco: Wiley.
Derry, R., & Waikar, S. V. (2008). Frames and filters. Strategic distrust as a legitimation tool in the 50-year battle between public health activists and big tobacco. *Business Society, 47*(1), 102–139.
Entman, R. M. (1993). Framing: Toward the clarification of a fractured paradigm. *Journal of Communication, 42*(4), 51–58.
Esrock, S. L., Hart, J. L., D'Silva, M. U., & Werking, K. J. (2002). The saga of the crown pilot: Framing, reframing, and reconsideration. *Public Relations Review, 28*(3), 209–227.
Faust, T. (2006). Storytelling: Mit Geschichten Abstraktes zum Leben erwecken. In G. Bentele, M. Piwinger, & G. Schönborn (Hrsg.), *Kommunikationsmanagement* (Loseblattwerk 2001 ff., Nr. 5.23, S. 1–20). Köln: Luchterhand.
Fog, K., Budtz, C., & Yakaboylu, B. (2005). *Storytelling. Branding in practice*. Berlin: Springer.
Fog, K., Budtz, C., Munch, P., & Blanchette, S. (2010). *Storytelling: Branding in practice* (2. Aufl.). Berlin: Springer.
Frenzel, K., Müller, M., & Sottong, H. (2006). *Storytelling. Das Praxisbuch*. München: Hanser.
Gabriel, Y. (2000). *Storytelling in organizations. Facts, fictions and fantasies*. Oxford: Oxford University Press.
Gamson, W. A. (1992). *Talking politics*. Cambridge: Cambridge University Press.
Gamson, W. A., & Modigliani, A. (1989). Media discourse and public opinion on nuclear power: A constructionist approach. *The American Journal of Sociology, 95*(1), 1–37.
Hallahan, K. (1999). Seven models of framing: Implications for Public Relations. *Journal of Public Relations Research*, 11(3), 205–242.
Hallahan, K. (2005). Framing theory. In R. L. Heath (Hrsg.), *Encyclopedia of public relations* (S. 340–343). Thousand Oaks: Sage.
Harringer, C., & Maier, H. (2009). Organizational Storytelling – narrative Dimension in der Unternehmenskommunikation. In G. Bentele, M. Piwinger, & G. Schönborn (Hrsg.), *Kommunikationsmanagement* (Loseblattwerk, Nr. 5.35, S. 1–20). Neuwied: Luchterhand.
Herbst, D. (2008). *Storytelling*. Konstanz: UVK.
Ingenhoff, D., & Röttger, U. (2008). Issues Management. Ein zentrales Verfahren der Unternehmenskommunikation. In M. Meckel & B. F. Schmid (Hrsg.), *Unternehmenskommunikation. Kommunikationsmanagement aus Sicht der Unternehmensführung* (2. Aufl., S. 323–354). Wiesbaden: Springer Gabler.
Kamps, K. (2007). *Politisches Kommunikationsmanagement: Grundlagen und Professionalisierung moderner Politikvermittlung*. Wiesbaden: VS Verlag für Sozialwissenschaften.
Kiousis, S., Mitrook, M., Wu, X., & Seltzer, T. (2006). First- and second-level agenda-building and agenda-setting effects: Exploring the linkages among candidate news releases, media coverage, and public opinion during the 2002 Florida gubernatorial election. *Journal of Public Relations Research, 18*(3), 265–285.
Lampert, M. (2007). Storytelling: Über die Kunst, Leser mit spannenden Geschichten einzufangen. *medium magazin, 11,* 2.
Littek, F. (2011). *Storytelling in der PR*. Wiesbaden: VS Verlag für Sozialwissenschaften.
Lundy, L. K. (2006). Effect of framing on cognitive processing in public relations. *Public Relations Review, 32*(3), 295–301.
Lünenborg, M. (2005). *Journalismus als kultureller Prozess. Zur Bedeutung von Journalismus in der Mediengesellschaft. Ein Entwurf*. Wiesbaden: VS Verlag für Sozialwissenschaften.
Machill, M., Köhler, S., & Waldhauser, M. (2006). Narrative Fernsehnachrichten: Ein Experiment zur Innovation journalistischer Darstellungsformen. *Publizistik, 51*(4), 479–497.
Mark, M., & Pearson, C. S. (2001): *The hero and the outlaw: Building extraordinary brands through the power of archetypes*. New York: McGraw-Hill.

Mast, C. (2012). *ABC des Journalismus* (12. Aufl.). Konstanz: UVK.
Mast, C. (2013). *Unternehmenskommunikation* (5. Aufl.). Konstanz: UTB.
Mast, C., Huck, S., & Zerfaß, A. (2006). *Innovationskommunikation in dynamischen Märkten*. Berlin: LIT.
Matthes, J. (2007). *Framing-Effekte. Zum Einfluss der Politikberichterstattung auf die Einstellungen der Rezipienten*. München: Reinhard Fischer.
Pan, Z., & Kosicki, G. M. (1993). Framing analysis: An approach to news discourse. *Political Communication, 10*(1), 55–75.
Pan, Z., & Kosicki, G. M. (2001). Framing as a strategic action in public deliberation. In S. D. Reese, O. H. Gandy, & A. E. Grant (Hrsg.), *Framing public life: Perspectives of media and our understanding of the social world* (S. 35–65). Mahwah: Lawrence Erlbaum.
Reber, B. H., & Berger, B. K. (2005). Framing analysis of activist rhetoric: How the Sierra Club succeeds or fails at creating salient message. *Public Relations Review, 31*(2), 185–195.
Rössler, P. (1997). *Agenda-Setting. Theoretische Annahmen und empirische Evidenzen einer Medienwirkungshypothese*. Opladen: Westdeutscher Verlag.
Röttger, U. (Hrsg.). (2003). *Issues Management – Theoretische Konzepte und praktische Umsetzung. Eine Bestandsaufnahme*. Wiesbaden: Westdeutscher Verlag.
Scheufele, D. (1999). Framing as a theory of media effects. *Journal of Communication, 49*(1), 103–122.
Scheufele, B. (2003). *Frames, Framing, Framing-Effekte*. Wiesbaden: Westdeutscher Verlag.
Schmidbauer, K., & Knödler-Bunte, E. (2004). *Das Kommunikationskonzept. Konzepte entwickeln und präsentieren*. Berlin: University Press UMC Potsdam.
Shaw, G. G. (2000). Planning and communicating using stories. In M. Schultz, M. J. Hatch, & M. Holten Larsen (Hrsg.), *The expressive organization. Linking identity, reputation, and the corporate brand* (S. 182–195). Oxford: Oxford University Press.
Simmons, A. (2006). *The story factor* (2. Aufl.). New York: Basic.
Snow, D. A., & Benford, R. D. (1992). Master frames and cycles of protest. In A. D. Morris & C. McClurg Mueller (Hrsg.), *Frontiers in social movement theory* (S. 133–155). New Haven: Yale University Press.
Snowden, D. (2001). Story telling as a strategic communication tool. *Strategic Communication Management, 5*(2), 28–31.
Theis-Berglmair, A. M. (2008). Public Relations aus organisationssoziologischer Perspektive. In G. Bentele, R. Fröhlich, & P. Szyszka (Hrsg.), *Handbuch der Public Relations* (2. Aufl., S. 37–49). Wiesbaden: VS Verlag für Sozialwissenschaften.
Thier, K. (2006). *Storytelling. Eine narrative Managementmethode*. Heidelberg: Springer.
Yao, Q. (2009). An evidence of frame building: Analyzing the correlations among the frames in Sierra Club newsletters, national newspapers, and regional newspapers. *Public Relations Review, 35*(2), 130–132.

Teil VI
Instrumente und Plattformen der Unternehmenskommunikation

Presse- und Medienarbeit in der Unternehmenskommunikation

Olaf Hoffjann

Zusammenfassung

Die Presse- und Medienarbeit ist mittlerweile in ganz unterschiedlichen Bereichen der Unternehmenskommunikation zu einem wichtigen Kommunikationsinstrument geworden. Diese Bedeutung ist auf die potenziell große Reichweite, ihre geringen Kosten und die besondere Vertrauenswürdigkeit der Medienberichterstattung zurückzuführen. In dem Beitrag werden die allgemeinen Vorteile ebenso wie die spezifischen in verschiedenen Bereichen der Unternehmenskommunikation herausgearbeitet. Anschließend wird ein theoretisches Modell vorgestellt, das einerseits ihrer Komplexität gerecht wird, andererseits sich an ihren Planungsschritten orientiert. Presse- und Medienarbeit wird dabei als doppelte Kontextsteuerung verstanden, die alle Steuerungsversuche gegenüber der Zwischenzielgruppe der Journalisten bzw. der journalistischen Medien umfasst, um damit indirekt die journalistischen Publika als eigentliche Zielgruppen der Unternehmenskommunikation zu erreichen.

Schlüsselwörter

Pressearbeit · Medienarbeit · Media Relations · Unternehmenskommunikation · Public Relations · Public Affairs · Journalismus

---

O. Hoffjann (✉)
Ostfalia Hochschule, Institut für Medienmanagement
Karl-Scharfenberg-Straße 55/57, 38229 Salzgitter, Deutschland
E-Mail: o.hoffjann@ostfalia.de

1 Presse- und Medienarbeit: Abgrenzungen

„Working with the media is what most people think of when they talk about public relations. […] To some extent this is true. And it is true that one of the first things most of us do when we start working in public relations is to write press releases for media distribution and cross our fingers hoping to get ‚coverage'." (Bailey 2006, S. 311) Die Presse- und Medienarbeit bzw. die Media Relations haben sich auch in Deutschland bis heute nicht gänzlich vom PR-Begriff emanzipieren können. Dies gilt sowohl für Teile der Berufspraxis als auch implizit für viele wissenschaftliche Publikationen insbesondere aus dem Bereich der Marketingforschung. So groß die Bedeutung ist, die ihr vielfach zugewiesen wird, so wenig hat sich der vielleicht sperrige, aber deutlich plausiblere Begriff der Presse- und Medienarbeit gegenüber dem der Public Relations durchsetzen können. Zudem scheint die Presse- und Medienarbeit in Deutschland ein Image-Problem zu haben. Sie wird von vielen – und manchmal selbst von ihren eigenen Protagonisten – als die „hässliche Schwester" der attraktiven Mediawerbung wahrgenommen. Während in der Mediawerbung lustige Geschichten aufwändig inszeniert werden, werden in der Pressearbeit sachliche Pressemitteilungen geschrieben. Während die Werber stolz von ihren Erfolgen berichten und dabei schon selbst zu Popstars werden, ist die beste Pressearbeit immer noch die, die niemand bemerkt hat. Und während Werbung zu manchen Zeiten schon zur Kunst erklärt wurde, muss sich die Presse- und Medienarbeit noch mit dem Vorwurf auseinandersetzen, sie würde die Unabhängigkeit des Journalismus gefährden.

Wenn die Presse- und Medienarbeit angesichts dieser (Selbst-)Zweifel selbst von Marketingverantwortlichen als wichtiger bewertet wird als die Mediawerbung (Bruhn 2006, S. 70), dann dürfte dies ein Ergebnis der enormen Vorteile sein, die sie mit Blick auf die Reichweite, Kosten und die Vertrauenswürdigkeit gegenüber anderen kommunikationspolitischen Instrumenten aufweist. In dem Beitrag werden zunächst die Relevanz und die Vorteile der Presse- und Medienarbeit und anschließend die Einsatzmöglichkeiten in verschiedenen Bereichen der Unternehmenskommunikation ausgeführt, bevor ein theoretisches Modell der Presse- und Medienarbeit sowie verschiedene Wirkungsansätze skizziert werden.

2 Die Relevanz der Presse- und Medienarbeit

Der Presse- und Medienarbeit und mithin der Zwischenzielgruppe der Journalisten weisen Pressesprecher und Kommunikationsmanager in Umfragen immer noch eine große bis sehr große Relevanz zu (Bentele et al. 2012, S. 211; Zerfass et al. 2012, S. 50). Wie ist diese Relevanz zu begründen? In diesem Kapitel sollen die grundsätzliche Relevanz bzw. die Vorteile und Chancen journalistischer Berichterstattung für Unternehmen herausgearbeitet werden, bevor im anschließenden Kapitel ein differenzierter Blick auf einzelne Bereiche der Unternehmenskommunikation geworfen wird.

Die Relevanz der Presse- und Medienarbeit hängt direkt von der Akzeptanz und Rezeption journalistischer Medien ab. Trotz der vielfach beschriebenen Krise des Journalismus weisen die einschlägigen Erhebungen immer noch beeindruckende Zahlen auf: In Deutschland lesen immer noch rund 45 Millionen Menschen täglich eine Tageszeitung, noch mehr Menschen besuchen jeden Monat mindestens einmal das Web-Angebot der Tageszeitungsverlage, rund 15 Millionen Zuschauer schalten täglich eine Nachrichtensendung ein, und die verkaufte Gesamtauflage der Fachzeitschriften beträgt weit über zehn Millionen Exemplare. Dies zeigt, dass Journalismus immer noch – oder mit Blick auf dessen Online-Angebote vielleicht sogar mehr denn je – eine nicht nur normativ vielfach geforderte, sondern auch faktisch nachgefragte Leistung erbringt. Journalismus entlastet seine Publika, indem er ihnen mit seinen Fremdbeschreibungen Orientierung verschafft und ihnen sagt, was „in der Welt da draußen" los ist. Die Publika nutzen den Journalismus insbesondere deshalb zur Änderung ihrer Erwartungen, weil ein Rezipient in der Regel unterstellt, dass auch andere Rezipienten die Medienberichterstattung kennen, und er ihnen zudem unterstellt, dass sie die Kenntnis der Medienberichterstattung auch anderen unterstellen (Merten 1999, S. 226). Dank dieser reflexiven Struktur schafft journalistische Berichterstattung ein wenig Ordnung in einer unübersichtlichen Welt: Weil wir zu wissen glauben, was alle als wichtig ansehen und welches Unternehmen eine gute und welches eine schlechte Reputation hat, orientieren wir uns am Journalismus. Damit ist skizziert worden, warum der Journalismus für Unternehmen wichtig ist bzw. sein kann. Welche konkreten Gründe lassen sich daraus ableiten?

- *Orientierung durch Medienbeobachtung:* Journalistische Berichterstattung ist zunächst aus den gleichen Gründen für Unternehmen relevant wie für alle anderen Publika: Unternehmen können mithilfe des Journalismus ihre Umwelt beobachten. Mit einem Blick in den Spiegel der journalistischen Berichterstattung erfährt man sowohl etwas darüber, was ganz grundsätzlich in der Gesellschaft und konkreter in der Branche passiert, als auch darüber, wie das eigene Unternehmen dargestellt wird. Gerade wegen der Unterstellung, dass „alle" die Medienberichterstattung kennen und diese Kenntnis wiederum selbst unterstellen, erfährt ein Unternehmen auch vieles darüber, worauf es reagieren „muss" bzw. auf welche Themen es sich einstellen sollte. Wenn die fragwürdige Behandlung von Mitarbeitern in anderen Unternehmen ein zentrales journalistisches Thema ist, sollte sich ein Unternehmen darauf einstellen, dass es ebenfalls hierzu Stellung beziehen muss bzw. Mitarbeiter dies ansprechen werden. Die Medienberichterstattung ist damit auch für Unternehmen relevant, die das journalistische Scheinwerferlicht scheuen und im Zweifel auf Anfragen gar nicht reagieren: Die Beobachtung der Medienberichterstattung wird damit zur Pflichtübung, die durch andere Formen der Umweltbeobachtung ergänzt werden – von explorativen Methoden zur Früherkennung bis hin zu quantitativen regelmäßigen Meinungsumfragen.
- *Große Reichweite:* Während die Beobachtung journalistischer Berichterstattung für alle Unternehmen Pflicht sein sollte, ist die grundsätzlich große Reichweite journalistischer Medien ein erster Grund für eine aktive Presse- und Medienarbeit. Die *Bild*-Zeitung

erreicht täglich immer noch deutlich über zehn Millionen Leser, mit klassischen Fachzeitschriften wie der *Textilwirtschaft* dürften je nach Zielgruppe nahezu alle Entscheider einer Branche erreicht werden. Journalistische Medien können damit zu einer schnellen Bekanntheit von Unternehmen, Produkten bzw. relevanten Neuigkeiten verhelfen (Hallahan 2001, S. 465). Eine vergleichbare Reichweite erreicht nur ein anderes kommunikationspolitisches Instrument: die Mediawerbung. Damit wäre man schon beim dritten Vorteil der Presse- und Medienarbeit.

- *Geringe Kosten:* Die Presse- und Medienarbeit kann insbesondere im Vergleich zur Mediawerbung besonders preiswert sein. Potenziell kann mit einer Pressemitteilung eine bundesweite Berichterstattung erzielt werden. So zeigt eine Befragung von Verantwortlichen der Marketingkommunikation, dass PR/Öffentlichkeitsarbeit als wichtiger als Mediawerbung bewertet wird, während deutlich mehr Budget in die Mediawerbung fließt (Bruhn 2006, S. 70, 76).
- *Vertrauenswürdigkeit journalistischer Berichterstattung:* Jede Selbstbeschreibung und damit jede unternehmerische Selbstbeschreibung hat ein „Unglaubwürdigkeitsstigma" (Willems 2007, S. 231). So ist die Mediawerbung als „geheimer Verführer" (Packard 1964) seit jeher einem Motiv- und Manipulationsverdacht ausgesetzt (Hellmann 2003, S. 265): „Die Werbung sucht zu manipulieren, sie arbeitet unaufrichtig und setzt voraus, dass das vorausgesetzt wird." (Luhmann 1996, S. 85) Journalismus setzt diesen Selbstbeschreibungen Fremdbeschreibungen entgegen. Hierin liegt der kaum einzuholende Vertrauenswürdigkeitsvorsprung journalistischer Berichterstattung. Wenn in der journalistischen Berichterstattung ein Unternehmen bzw. ein Produkt gelobt werden, ist dies eben deutlich mehr wert, als wenn dies in einer Anzeige geschieht – auch wenn dies verschiedentlich eingeschränkt wird (Hallahan 1999). Gerade deshalb werden positive journalistische Bewertungen in Anzeigen und auf Buchcovern vielfach zitiert. Damit hängt die Reputation eines Unternehmens ganz wesentlich von der journalistischen Berichterstattung ab. Mit der besonderen Vertrauenswürdigkeit journalistischer Berichterstattung hängt allerdings der Nachteil für die Presse- und Medienarbeit zusammen, dass journalistische Beiträge tendenziell negativer sind als unternehmerische Selbstbeschreibungen.

Während in einigen Bereichen die Presse- und Medienarbeit mit Blick auf die hohe Reichweite und Vertrauenswürdigkeit des Journalismus höchst freiwillig ist, wird sie in anderen Bereichen als eher unfreiwillig empfunden. Wenn über ein schweigendes Unternehmen kontinuierlich sehr negativ berichtet wird, gehört schon viel Mut dazu, weiterhin zu schweigen – selbst wenn unternehmerische Ziele unmittelbar nicht beeinträchtigt zu sein scheinen. Daher ist die Zahl großer Unternehmen, die sich wie z. B. einige Lebensmitteldiscounter Journalistenanfragen konsequent entziehen, überschaubar. Daraus folgt für die Relevanz des Journalismus: Public Relations könnte auf die Existenz des Journalismus vielfach verzichten, auf den existierenden Journalismus kann es nur schwer verzichten.

3 Presse- und Medienarbeit in verschiedenen Bereichen der Unternehmenskommunikation

So wichtig Medienberichterstattung grundsätzlich ist, so groß dürften die Unterschiede zwischen verschiedenen Unternehmen und verschiedenen Unternehmensbereichen sein. Während z. B. der Aktienkurs großer Konzerne sicherlich in hohem Maß von der journalistischen Bewertung abhängt, dürfte sie beim Kauf eines Waschenmittels einer Handelsmarke deutlich unwichtiger sein. Die Beispiele zeigen bereits, dass Presse- und Medienarbeit zur Erlangung unterschiedlicher Unternehmensziele eingesetzt werden kann und dass nicht jedes Unternehmen und jedes Produkt gleichermaßen Thema journalistischer Berichterstattung sind. Im Folgenden sollen daher zentrale Unterschiede bzw. Besonderheiten in verschiedenen Bereichen der Unternehmenskommunikation skizziert werden.

3.1 Public Relations und Public Affairs

PR soll hier als Legitimation eines Unternehmens gegenüber relevanten Bezugsgruppen und Public Affairs als Teil der Public Relations verstanden werden, der sich auf die Legitimation und Interessendurchsetzung gegenüber der Politik spezialisiert hat (vgl. Kapitel „Public Affairs: Kommunikation mit politischen Entscheidungsträgern"). In einem solchen Verständnis ist zu erwarten, dass die Presse- und Medienarbeit bei PR- und PA-Themen häufig eine herausragende Rolle spielt, weil hier gesellschaftlich relevante Themen bzw. Werte verhandelt werden, die mithin auch für den Journalismus interessant sind – von der Kernenergie über den Umgang mit Mitarbeitern bei einem nationalen Lebensmitteldiscounter bis hin zum Umgang mit den Anwohnern eines lokalen Sägewerkes. PR-Themen sind damit oft zugleich journalistisch relevante Themen. Von der Tendenz der Berichterstattung hängen für ein Unternehmen damit die Erfolgsaussichten ab, ihr Interesse durchzusetzen. Denn bei PR-Issues entscheidet die politische, nicht die wirtschaftliche Logik: Während ein Unternehmen mitunter in einer kleinen Nische bestens verdienen kann, zählt in der Politik die (wahrgenommene) Mehrheit. Aus diesem Grund besitzt die politische Medienberichterstattung für politische Akteure eine so herausragende Rolle: Regierungen werden beispielsweise nur in Ausnahmen ein Interesse nicht berücksichtigen, das in der Medienberichterstattung mehrheitlich vertreten wird (Meyer 2001). PR- und PA-Themen finden sich in vielen Ressorts wieder: regelmäßig in der Lokal- und Politikberichterstattung sowie oft in der Wirtschaftsberichterstattung. Diese herausragende Relevanz führt dazu, dass in großen Unternehmen von Branchen, die im Scheinwerferlicht des öffentlichen Interesses stehen, eine intensivere Presse- und Medienarbeit zu PR-Themen betrieben werden dürfte als in kleinen und mittelständischen Unternehmen in als wenig riskant empfundenen Branchen.

3.2 Investor Relations

Eine große Bedeutung hat die Presse- und Medienarbeit ebenfalls im Bereich der Investor Relations (vgl. Kapitel „Kommunikation mit Kapitalgebern: Grundlagen der Investor Relations"; Davis 2006; Reichert 2012). Dies dürfte für Privatanleger noch mehr gelten als für institutionelle Anleger. Die besondere Relevanz der Medienberichterstattung liegt darin, dass der Erfolg von Anlageentscheidungen davon abhängt, dass andere Anleger zu ähnlichen Einschätzungen kommen: Der Anleger unterstellt, dass andere ebenfalls eine positive Wertentwicklung annehmen und dies wiederum auch anderen unterstellen. Damit sind hier die gleichen reflexiven Mechanismen wie in der Medienberichterstattung zu beobachten. Die Presse- und Medienarbeit dürfte in diesem Bereich weiter an Bedeutung gewonnen haben, da in Deutschland seit den 90er Jahren des letzten Jahrhunderts die journalistische Beobachtung von Unternehmen als Anlageobjekt enorm zugenommen hat. So sind der journalistische Beobachtungsdruck und damit zugleich die Chance zur Selbstdarstellung enorm angestiegen.

3.3 Absatzkommunikation

Deutlich heterogener ist die Relevanz der Presse- und Medienarbeit im Kontext der Absatzkommunikation, da hier Konsum-, Gebrauchs- wie Industriegüter ebenso zu finden sind wie Dienstleistungen (vgl. Kapitel „Marketingkommunikation als Teil der Unternehmenskommunikation"). Im Gegensatz zu den bislang thematisierten Bereichen ist hier der reflexive Aspekt, ob auch andere Marktteilnehmer zu ähnlichen Kaufentscheidungen kommen, mit Ausnahmen weniger wichtig.

Im Kontext der Absatzkommunikation kann die Presse- und Medienarbeit insbesondere bei vertrauenswürdigen entscheidungsrelevanten Produktinformationen weiterhelfen). Wie Szyszka (2007) gezeigt hat, suchen Kunden z. B. zu Gebrauchsgütern journalistische Beiträge, um unabhängige Informationen zu bekommen. Während die Mediawerbung die Aufmerksamkeit und Bekanntheit eines Produktes herstellen und die Verkaufsförderung am Ende eines Kaufentscheidungsprozesses konkrete Kaufhandlungen auslösen kann, steht die Presse- und Medienarbeit in diesem idealtypischen Modell zwischen diesen beiden Instrumenten und verschafft dem Käufer mit verlässlichen Informationen Orientierung. Wie wichtig diese Informationen beim Kauf vieler Gebrauchsgüter sind, belegt der Erfolg vieler Zeitschriften zu Autos und IT-Produkten. Aus ähnlichen Gründen ist die Presse- und Medienarbeit im Industriegütermarketing wichtig. Zudem sorgt die in Deutschland traditionell große Zahl von Fachzeitschriften für einen großen Beobachtungsdruck und schafft damit zugleich die Möglichkeit zur Selbstdarstellung.

Bei vielen Konsumgütern zeigt sich erstmals, dass die Möglichkeiten der Presse- und Medienarbeit dort an ihre Grenzen stoßen, wo es nur wenige Medien gibt, die diese Produkte thematisieren. Auch wenn sich in Publikumszeitschriften bzw. Special Interest Zeitschriften viele Berichte zu Konsumgütern finden mögen, so ist dennoch zu vermuten, dass der mit Abstand größte Teil von Konsumgütern fast nie thematisiert wird – von der Zahnpasta über Nudeln bis hin zu Schokoriegeln. Aus der Sicht der Unternehmen folgt daraus, dass sie allein mit der Presse- und Medienarbeit weder die notwendige Reichweite noch die gewünschte Kontaktzahl erreichen würden. Die Presse- und Medienarbeit ist hier folglich in der Regel allenfalls ein ergänzendes Instrument, zu den meisten Konsumgütern gibt es in der Regel zumeist nur eine Presse- und Medienarbeit in den einschlägigen Fachzeitschriften, die z. B. auf die Zielgruppe des Handels gerichtet ist. Daher sind bei Konsumgütern vor allem Presse- und Medienaktivitäten zu beobachten, die weniger auf Produkteigenschaften denn auf das Markenimage zielen. Bei Maßnahmen, die auf das Markenimage zielen, werden reflexive Aspekte wieder wichtiger: Wenn eine Marke für den Nutzer z. B. eine Prestigefunktion erfüllen soll, setzt dies eine entsprechende Medienberichterstattung voraus.

3.4 Personalmarketing und Mitarbeiterkommunikation

Welche Relevanz hat die Presse- und Medienarbeit im Bereich des externen Personalmarketings und internen Personalmarketings bzw. der Mitarbeiterkommunikation? Die Unternehmen stehen hier vor einem besonderen Problem. Einerseits sind Medienberichte zu Unternehmen, in denen sie als Arbeitgeber vorgestellt werden, bis heute die Ausnahme. Aus journalistischer Perspektive greift hier vor allem der fehlende Nachrichtenfaktor der Relevanz. Weil sich für ein bestimmtes Unternehmen naturgemäß meist nur eine kleine Minderheit interessiert, wird auf bundesweiter Ebene vor allem über große Konzerne und auf lokaler Ebene über große örtliche Arbeitgeber berichtet. Andererseits zeigt die Diskussion des Employer Brandings, wie wichtig Image-Fragen bei der Auswahl des Arbeitgebers werden (Sponheuer 2010). Daher ist letztlich nahezu jeder Bericht über ein Unternehmen relevant für (potenzielle) Mitarbeiter – seien es Berichte über neue Produkte oder die Eröffnung eines neuen Werkes. Wenig erforscht ist bislang ebenfalls die Frage, wie die Medienberichterstattung die Einstellungen der Mitarbeiter zu ihrem Unternehmen verändern. Aus dem Bereich der Verbandskommunikation ist bekannt, dass Verbände schon lange nicht mehr nur über klassische interne Kanäle wie Mitgliederzeitschriften mit ihren Mitgliedern kommunizieren, sondern längst „über Bande" auch über die klassischen Massenmedien (Hoffjann und Gusko 2013).

Es ist herausgearbeitet worden, dass die spezifische Relevanz der Presse- und Medienarbeit von vielen Faktoren abhängt – u. a. von der Existenz entsprechender Medien, die über die jeweiligen Themen berichten und von der Relevanz unabhängiger journalistischer Berichterstattung bei der Entscheidungsfindung. Ein weiterer zunehmend wichtiger Aspekt ist dabei noch nicht genannt worden: Bei der Ansprache jüngerer Zielgruppen zeigt sich, dass diese sich zunehmend von vielen traditionellen journalistischen Medien – inkl. ihrer Online-Präsenz – abwenden. Damit ist man wieder beim Ausgangspunkt der Überlegungen angelangt: Die Presse- und Medienarbeit ist auf eine große Nachfrage nach journalistischen Angeboten angewiesen.

Abb. 1 Selektionskriterien eines Themas der Presse- und Medienarbeit

1. Interessen der Presse- und Medienarbeit

2. Interessen der Zielgruppen

3. Interessen des Journalismus

„Gutes" Thema

4 Presse- und Medienarbeit: doppelter Steuerungsversuch statt Transportkanal

Mit der Presse- und Medienarbeit werden Redaktionen als Zwischenzielgruppe angesprochen, um wiederum deren Publika als die eigentliche Zielgruppe zu erreichen. Damit kommuniziert ein Unternehmen indirekt mit ihren Zielgruppen. In der Praxis führt dies außerhalb der Kommunikationsabteilungen und insbesondere in Organisationsleitungen oft zu der Annahme, Journalismus als reinen Transportkanal zu verstehen, der wahlweise Unternehmensbotschaften direkt übernehmen oder dem man die eigene Perspektive nur gut genug erklären müsse, damit er richtig darüber schreibe. Auch wenn in einzelnen wissenschaftlichen Diskursen wie z. B. zum Wissenschaftsjournalismus (Kohring 1997, S. 77 ff.) das Verständnis des Journalismus als Mittler noch lange vertreten wurde, so wird die Annahme eines autonomen Journalismus mit eigenen Selektionskriterien heute nicht mehr ernsthaft in Frage gestellt.

Aus dieser Einsicht resultiert, dass die Presse- und Medienarbeit doppelte Überzeugungsarbeit zu leisten hat: Sie will am Ende (potenzielle) Käufer, Anleger, Mitarbeiter und Kritiker bzw. Unterstützer mit ihren Botschaften erreichen und überzeugen. Dazu muss sie im ersten Schritt zunächst die Journalisten von der journalistischen Relevanz dieser Botschaften überzeugen. Damit kann die Presse- und Medienarbeit als ein doppelter Steuerungsversuch verstanden werden: Die Presse- und Medienarbeit versucht Redaktionen zu steuern, um mittels ihrer Berichterstattung Teile ihrer Publika zu steuern (Hoffjann 2009). Der Steuerungsbegriff mag zwar assoziative Bezüge zu Manipulation und Propaganda wecken, ist in dem hier verwendeten Verständnis aber per se weder gut noch schlecht, weder legitim noch illegitim (Jarren und Röttger 2009, S. 38).

Aus diesen Überlegungen lassen sich die in Abb. 1 aufgeführten Selektionskriterien der Presse- und Medienarbeit ableiten. Die Presse- und Medienarbeit orientiert sich bei der Auswahl ihrer veröffentlichten Themen *primär* an den eigenen unternehmerischen Interessen (z. B. PR, Investor Relations), *sekundär* an den Interessen der relevanten Zielgruppen und erst *tertiär* an den journalistischen Interessen (Hoffjann 2007). Diese Überlegungen sollen in den folgenden Kapiteln konkretisiert werden. Dazu soll ein theoretisches Konzept der Presse- und Medienarbeit vorgestellt werden, das einerseits ihrer Komplexität gerecht wird, andererseits sich an ihren Planungsschritten orientiert.

4.1 Indirekte Kontextsteuerung der Bezugsgruppen

Das Konzept der Kontextsteuerung respektiert die Autonomie bzw. die operative Geschlossenheit von sozialen Systemen wie von Rezipienten und versucht statt dessen, die Umweltbedingungen eines Systems so zu verändern, dass dieses qua Selbststeuerung sich in die gewünschte Richtung verändert (vgl. Willke 1995). Die Kontextsteuerung setzt folglich in der Umwelt Bedingungen, „an denen sich das zu steuernde System in seinen eigenen Selektionen orientieren kann und im gelingenden Fall im eigenen Interesse orientieren wird" (Willke 1997, S. 141). Dazu kreiert die Unternehmenskommunikation zum Beispiel argumentative Anreize, die bei den Bezugsgruppen anschlussfähig sind. Diese Überlegungen finden sich im Grunde genommen in jedem Werbeplanungsbuch: In der Konzeptionslehre der Mediawerbung ist dies im Kontext der Copy Strategie der Consumer Benefit (Schweiger und Schrattenecker 2005, S. 222). In der Absatzkommunikation sind solche Anreize z. B. der geringe Preis, die Produktqualität oder das besondere Markenimage, in der Investor Relations die Renditeerwartungen, in der PR die gesellschaftliche Verantwortung bzw. der gesellschaftliche Nutzen und im Personalmarketing die Karrierechancen oder das Gehalt.

Sowohl bei der Auswahl der Zielgruppen als auch bei Auswahl der argumentativen Anreize schließt die Presse- und Medienarbeit direkt an das übergeordnete Kommunikationskonzept an, so dass die relevanten Zielgruppen in allen genutzten Kommunikationsinstrumenten wenn nicht mit identischen, so doch zumindest mit abgestimmten Botschaften angesprochen werden.

4.2 Direkte Kontextsteuerung des Journalismus

Während die Zielgruppen z. B. im Rahmen der Investor Relations übergeordnet festgelegt werden, werden die journalistischen Zwischenzielgruppen im Rahmen der Planung der Presse- und Medienarbeit festgelegt. Auswahlkriterien sind hier u. a., inwieweit sich die eigenen Zielgruppen und die Publika eines journalistischen Mediums überschneiden. Mindestens ebenso wichtig ist die Frage, inwieweit ein Thema der Presse- und Medienarbeit auch ein potenzielles Thema des journalistischen Mediums ist – so mag die überwiegend männliche Leserschaft einer Autozeitschrift für eine Brauerei interessant sein, über Bier wird die Zeitschrift kaum berichten. Und schließlich ist auch die Frage der Bewertungen relevant. Auf eine gezielte Ansprache eher kritischer Medien wie dem *Spiegel* oder der *tageszeitung* dürfte in vielen Fällen eher verzichtet werden, weil eine negative Berichterstattung befürchtet wird.

Wie betreibt Presse- und Medienarbeit Kontextsteuerung gegenüber dem Journalismus? Presse- und Medienarbeit versucht, journalistische Selektionskriterien zu simulieren, indem sie Anreize für eine Berichterstattung schafft. Diese Anreize reichen von dem Versprechen der Exklusivität über die Inszenierung von Veranstaltungen und provokanten Statements bis hin zum Einsatz prominenter Testimonials – sie werden im folgenden Kapitel noch weiter konkretisiert. Damit setzt PR zwar an redaktionellen Programmen an, verletzt aber nicht die redaktionelle Autonomie, sondern schafft Berichterstattungsanlässe in der redaktionellen Umwelt. Der Journalismus kann diese Angebote ablehnen oder – kritisch bzw. weniger kritisch – über sie berichten. Angesichts der zunehmenden Ausbreitung und Professionalisierung der Presse- und Medienarbeit trifft der Journalismus mittlerweile aber fast nur noch auf solche „getunten" Veranstaltungen und Kommunikationsangebote von Unternehmen.

Die besondere Herausforderung ist es für die Presse- und Medienarbeit, Themen zu finden, die am Ende allen Interessen gerecht werden. Für unternehmensinterne Probleme interessieren sich der Journalismus und viele Bezugsgruppen sicherlich in hohem Maße, während das Unternehmen an deren Veröffentlichung naturgemäß wenig Interesse hat. Für die Produktvorteile mögen sich das Unternehmen und potenzielle Käufer interessieren, während der Journalismus darüber nur in Ausnahmefällen berichtet. Die Presse- und Medienarbeit wird bei der Auswahl und Inszenierung damit immer mögliche Publikationsfolgen versuchen zu antizipieren – so wie Kepplinger es für die Inszenierung von Medienereignissen konzipiert hat (Kepplinger 1990). Presse- und Medienarbeit ist damit ein „Spiel über die Bande" des Journalismus und damit eine höchst komplexe Aufgabe. Wie schnell das Spiel misslingen kann, belegen misslungene Medieninszenierungen wie zum Beispiel das Aufstellen von knapp 100.000 Plastikfiguren durch *Vattenfall* 2008 in Hamburg, mit denen das Unternehmen eine breite Unterstützung für ihre Unternehmenspolitik dokumentieren wollte.

Presse- und Medienarbeit ist bei ihren Steuerungsversuchen in höchstem Maße schizophren. Auf einer Mikro-Ebene versucht die Presse- und Medienarbeit die journalistische Berichterstattung im intendierten Maße zu beeinflussen, während sie sich durchaus bewusst sein dürfte, dass sie auf einer Makro-Ebene auf einen autonomen Journalismus angewiesen ist. Denn nur ein autonomer Journalismus wird langfristig zur Umweltorientierung genutzt – und ist damit wiederum attraktiv für die Presse- und Medienarbeit. Vor dem Hintergrund dieser Überlegungen kann die Presse- und Medienarbeit wie folgt definiert werden:

> **Presse- und Medienarbeit**
> Die Presse- und Medienarbeit umfasst alle Steuerungsversuche gegenüber der Zwischenzielgruppe der Journalisten bzw. der journalistischen Medien, um damit indirekt die journalistischen Publika als eigentliche Zielgruppen der Unternehmenskommunikation zu erreichen. Die Presse- und Medienarbeit kann damit als doppelte

> Kontextsteuerung verstanden werden, die die Autonomie nicht verletzt, sondern durch das Setzen von Anreizen zu steuern versucht. Die Presse- und Medienarbeit simuliert dabei journalistische Selektionskriterien bzw. Operationsweisen wie Nachrichtenfaktoren, journalistische Arbeitsroutinen und Zwänge, um die Berichterstattung im eigenen Sinne zu beeinflussen.

4.3 Steuerungsstrategien der Presse- und Medienarbeit

Diese allgemeinen Überlegungen sollen jetzt konkretisiert werden: Wie versucht die Presse- und Medienarbeit konkret, Redaktionen durch Kontextsteuerung zu beeinflussen? Die verschiedenen Steuerungsstrategien werden in der Sach-, Sozial- und Zeitdimension konkretisiert.

4.3.1 Sachdimension

Die Sachdimension bezieht sich auf die Inhalte der Presse- und Medienarbeit. In keiner Dimension passt die Formulierung der Simulation der journalistischen Operationsweise so gut wie hier. Die Presse- und Medienarbeit versucht inhaltlich, wie eine Redaktion zu arbeiten – mit der entscheidenden Einschränkung, dass Inhalte und Bewertungen strategisch ausgewählt sind. Diese Simulation lässt sich wiederum weiter konkretisieren:

- *Nachrichtenfaktoren*: Die Presse- und Medienarbeit instrumentalisiert journalistische Nachrichtenfaktoren und schließt damit direkt an journalistische Operationsweisen an. Untersuchungen belegen, dass eine Übernahme von Pressemitteilungen umso wahrscheinlicher ist, je mehr Nachrichtenfaktoren wie Kontroverse, Personalisierung, Reichweite oder räumliche Nähe verwendet wurden (vgl. Gazlig 1999; Donsbach und Wenzel 2002). Die bewusste Instrumentalisierung von Nachrichtenfaktoren zeigt sich beispielsweise in Pressemaßnahmen der Produkt-PR und Marken-PR, in denen mangels Fehlen anderer Nachrichtenfaktoren prominente Sportler oder Musiker engagiert werden, um mit ihnen den Nachrichtenfaktor Prominenz zu bedienen.
- *Verfügbarkeit von Bildern bzw. Visualisierung:* Die Visualisierbarkeit eines Themas ist selbst ein zunehmend wichtigerer Nachrichtenfaktor, der den Nachrichtenwert beeinflusst (vgl. Ruhrmann und Göbbel 2007, S. 16), kann darüber hinaus aber auch allein eine Berichterstattung verhindern – in den Fällen, wenn keine Bilder zu einem Thema mit geringem Nachrichtenwert vorliegen. Die Presse- und Medienarbeit hat daher in den vergangenen Jahren mit zunehmend höherem Aufwand spektakuläre Medienbilder produziert – wie z. B. der über New York schwebende *Maybach* – oder liefert TV-Redaktionen direkt fertiges Filmmaterial zu.
- *Journalistische Sprache*: In Untersuchungen konnte zudem gezeigt werden, dass die Übernahmewahrscheinlichkeit von der journalistischen Sprache und weiteren journalistischen Standards wie die Prägnanz der Überschrift und dem Prinzip der W-Fragen abhängt (vgl. Christoph 2009; Seidenglanz und Bentele 2004).

Tab. 1 Unterschiede zwischen Journalisten- und Pressesprechermarkt

	Journalistenmarkt	Pressesprechermarkt
Verhältnis Angebot und Nachfrage	Vielen Informationsangeboten der Presse- und Medienarbeit stehen wenige Publikationsmöglichkeiten gegenüber	Wenigen Informationsangeboten der Presse- und Medienarbeit stehen viele Publikationsmöglichkeiten gegenüber
Verhältnis Journalisten und Pressesprecher	Viele Pressesprecher stehen wenigen Journalisten bzw. Redaktionen gegenüber	Wenigen Pressesprechern stehen viele Journalisten gegenüber
Marktdominante Stellung	Journalisten	Pressesprecher
Engpassbereich	Publizität	Themen
Präferierte Instrumente der Presse- und Medienarbeit	Exklusive Instrumente wie z. B. Interview, Redaktionsbesuch, Vorab-Veröffentlichung und Meinungsbeitrag	Nicht-exklusive Instrumente wie z. B. Pressemitteilung und Pressekonferenz

Weniger erfolgreich ist die Presse- und Medienarbeit hingegen bei der Vorgabe von Bewertungen und Frames. Hier zeigt sich, dass der Journalismus bei diesem Kernbereich journalistischer Berichterstattung bislang sehr aktiv ist (Bentele und Nothhaft 2004, S. 90; Fröhlich und Rüdiger 2004, S. 127).

4.3.2 Sozialdimension

In der Sozialdimension stehen die Beziehungen zwischen den verschiedenen Akteuren im Mittelpunkt: zum Beispiel die Konkurrenzverhältnisse zwischen verschiedenen Redaktionen oder Unternehmen. Hier beeinflussen u. a. die folgenden Aspekte die Publikationschancen, die z. T. instrumentalisiert werden können:

- *Status des Unternehmens*: Untersuchungen zeigen, dass die Prominenz und die Größe eines Unternehmens die Wahrscheinlichkeit der Übernahme enorm beeinflussen; dies kann selbst als Nachrichtenfaktor interpretiert werden. So werden Gruppen mit einer hohen gesellschaftlichen Relevanz wie Automobilkonzerne und Landesparteien wesentlich häufiger vom Journalismus thematisiert als Gruppen mit einer geringeren Relevanz (Saffarnia 1993, S. 421). Kleinere und damit statusniedrigere Unternehmen versuchen u. a. im Kontext der Public Affairs diesen Nachteil durch punktuelle Zusammenschlüsse auszugleichen.
- *Journalisten- vs. Pressesprechermarkt*: Analog zu Käufer- und Verkäufermärkten lassen sich in der Presse- und Medienarbeit Pressesprecher- und Journalistenmärkte voneinander unterscheiden, wie sie in Tab. 1 ausgeführt werden. In Journalistenmärkten stehen vielen Informationsangeboten von vielen Organisationen relativ wenige Journalisten und mithin Publikationsmöglichkeiten gegenüber. Die Grenze solcher Märkte können räumlich (z. B. Lokal- und Regionalmedien) oder inhaltlich (z. B. Fachmedien) begründet sein. Journalistenmärkte sind damit oft in Ein-Zeitungs-Kreisen oder in vielen Special-Interest-Bereichen zu finden. In Pressesprechermärkten stehen wenigen

Informationsangeboten relativ viele Journalisten gegenüber. In beiden Märkten ist ein weiterer wichtiger Faktor der Status eines Mediums bzw. der jeweiligen Organisation: Jeder möchte mit seinen Botschaften in Leitmedien wie *Bild, FAZ* oder *SZ* vertreten sein. Und jede Redaktion möchte Informationen von Organisationen wie dem Bundeskanzleramt, *Apple* oder *Bayern München*. Der Engpassbereich sind daher entweder die fehlende Publizität oder fehlende Themen. Letzteres ist sicherlich ein eher seltenes Problem, das viele Organisationen zumal als Luxusproblem empfinden würden. Dazu dürfte z. B. eine statushohe Organisation wie *Bayern München* zählen, der sich der Erwartungshaltung zahlreicher Sportjournalisten ausgesetzt sieht, jeden Tag relevante Berichterstattungsanlässe zu liefern. Aus dem vermeintlichen Luxusproblem kann schnell ein Problem der Presse- und Medienarbeit werden, wenn die Journalisten bei fehlenden relevanten Themenvorschlägen mit Gerüchten kritische Themen aufgreifen.

- *Exklusivitätsversprechen*: Das Exklusivitätsversprechen ist eine der wenigen Möglichkeiten, auf einem völlig „übersättigten" Journalistenmarkt mit einer wenig sensationellen Botschaft medial überhaupt noch stattzufinden. Durch die Nutzung des journalistischen Wettbewerbsdrucks verschafft sich die Presse- und Medienarbeit einer Redaktion einen Vorteil gegenüber der Konkurrenz.

4.3.3 Zeitdimension

In der Zeitdimension sind weitere Instrumentalisierungs- bzw. Anpassungsversuche der Presse- und Medienarbeit zu beobachten.

- *Redaktionsschluss:* Der Redaktionsschluss und die damit verbundenen Produktionsabläufe haben bereits seit langer Zeit dazu geführt, dass tagesaktuelle Veranstaltungen für Journalisten wie Pressekonferenzen in der Regel am Vormittag stattfinden.
- *Nachrichtenarme bzw. nachrichtenintensive Zeit:* Eine weitere Möglichkeit besteht für die Presse- und Medienarbeit darin, sich mit dem Zeitpunkt ihrer Veröffentlichung an der zu erwartenden Konkurrenzsituation zu orientieren. So können Botschaften in nachrichtenarmen Zeiten veröffentlicht werden, um das geringe Angebot anderer Informationsangebote zu nutzen. Umgekehrt können negative Pflichtmitteilungen z. B. im Kontext der Investor Relations auch gezielt in nachrichtenintensiven Zeiten veröffentlicht werden, um eine große Berichterstattung zu kritischen Themen zu vermeiden.

Wenn die Presse- und Medienarbeit journalistische Operationsweisen in der Sach-, Sozial- und Zeitdimension simuliert bzw. instrumentalisiert, zeigt dies noch einmal eindrucksvoll, warum in der Presse- und Medienarbeit journalistische Vorerfahrungen tendenziell zwar abnehmen, immer aber noch ein relevanter Aspekt sind (Bentele et al. 2012, S. 42 f.). Zugleich wird deutlich, dass die Möglichkeiten und Grenzen von zahlreichen situativen Faktoren beeinflusst werden.

5 Wirkungen der Presse- und Medienarbeit

Die Frage nach den Wirkungen der Presse- und Medienarbeit bewegt die Praxis und die Wissenschaft gleichermaßen. Während sich die Praxis und Forschung der Presse- und Medienarbeit hierfür vor allem aus wirtschaftlichen Effektivitäts- und Effizienzfragen interessiert, liegt der Fokus von Journalismus und Journalistik auf der Frage, wie unabhängig der Journalismus noch ist bzw. ob die zunehmende Presse- und Medienarbeit den Journalismus in seiner Unabhängigkeit gefährdet. Da die Evaluation der Presse- und Medienarbeit in anderen Kapiteln erläutert wird (vgl. Beiträge von Rolke & Zerfaß sowie Lautenbach), soll hier die grundsätzlichere Frage nach Allmacht und Ohnmacht der Presse- und Medienarbeit beantwortet werden. In der Forschung findet sich diese Fragestellung einerseits im Diskurs der Beziehungen zwischen PR und Journalismus wieder und andererseits im primär politikwissenschaftlichen Diskurs zu den Beziehungen von Politik und Medien. In beiden Diskursen wird die Frage gestellt, wie bzw. in welchem Ausmaß beeinflusst die Presse- und Medienarbeit den Journalismus. Die Analogien dieses Diskurses zum Medienwirkungsforschungsdiskurs sind offenkundig und bereits früh gezogen worden (Saffarnia 1993). Ungewohnt sind für den Journalismus lediglich die vertauschten Rollen: Ist journalistische Berichterstattung in traditionellen Medienwirkungswirkungsansätzen wie dem frühen Agenda Setting Approach in der Regel der Kommunikator, so übernimmt er hier die Rolle des Rezipienten. In Anlehnung an das Drei-Phasen-Modell der Medienwirkungsforschung von McQuail (1977) lässt sich für die vergangenen knapp 40 Jahre ein Drei-Phasen-Modell der deutschsprachigen Forschung zu den Wirkungen der Presse- und Medienarbeit auf den Journalismus skizzieren. Tabelle 2 zeigt, dass jede Phase dabei von eigenen forschungsleitenden Prämissen geprägt ist, die sowohl theoretische wie empirische Arbeiten in ihrer jeweiligen Zeit geprägt haben.

So groß die Widersprüche zwischen den folgenden Ansätzen zu sein scheinen, so sind sie doch alle auch noch heute zu beobachten. Ob die Presse- und Medienarbeit in einer Ohnmachts- oder Allmachtsposition ist, das liegt nicht zuletzt auch daran, ob sie sich auf einem Journalisten- oder Pressesprechermarkt befindet.

5.1 Allmächtige Presse- und Medienarbeit: Starke Wirkungen der Presse- und Medienarbeit

Die *erste Phase* ist sowohl in der Forschung zu Medienwirkungen als auch zu den Wirkungen der Presse- und Medienarbeit von der Annahme starker Wirkungen geprägt – allerdings im Diskurs der PR-Journalismus-Beziehungen rund 40 bis 50 Jahre später. Was das Stimulus-Response-Modell mit der Annahme der monokausalen Wirkungen der Massenkommunikation für die Medienwirkungsforschung darstellt (Bonfadelli 2004, S. 29), ist für den PR-Journalismus-Diskurs Baerns' Ergebnis, dass die Öffentlichkeitsarbeit Themen und Timing der Berichterstattung kontrolliert (Baerns 1991, S. 98). Damit ist hier eine „Wiederholung der irrtümlichen Theorie von Stimulus und Reaktion" (Saffarnia 1993,

Tab. 2 Phasen der Beziehungen zwischen Journalismus und Presse-/Medienarbeit (Quelle: In Anlehnung an Bonfadelli (2004, S. 27))

	1. Phase: Starke Wirkungen	2. Phase: Schwache Wirkungen	3. Phase: Differenzierte Wirkungen
Zeit	1970er bis Mitte der 1990er Jahre	Ende der 1980er Jahre bis heute	Ab Mitte der 1990er Jahre
Ansätze	Determinationsthese	Medialisierungsthese	u. a. Interdependenzthese, strukturelle Kopplung, Interpenetration, Symbiose, Intereffikationsmodell
Dominante Wirkungsrichtung	Presse- und Medienarbeit => Journalismus	Journalismus => Presse- und Medienarbeit	Presse- und Medienarbeit <=> Journalismus
Zentrale Wirkungsebene	Themen und Timing	Themen und ihre Aufbereitung	Alle Ebenen
PR-Wirkungen	Stark	Schwach	Schwach bis stark

S. 420) zu beobachten. Die Annahme starker Wirkungen der Presse- und Medienarbeit, deren Protagonistin im deutschsprachigen Raum Barbara Baerns (1991) gewesen ist, hat den PR-Journalismus-Diskurs von den 1970er Jahren bis Mitte der 1990er Jahre geprägt.

Diese erste Phase kennzeichnen mehrere Annahmen, die in ihrer Summe das Forschungsprojekt schon fast zu einer *self fulfilling prophecy* werden ließen. Erstens ist dies die dominante Sicht auf Wirkungen von der PR auf den Journalismus. So konstatiert Baerns lapidar: „Dass Öffentlichkeitsarbeit flexibel genug ist, sich nach journalistischen Arbeitsweisen, nach Medienzwängen und nach Kenntnissen über variable Vorlieben und Gewichtungen auszurichten, braucht nicht ausgeschlossen zu werden, wenn aus der zeitlichen Abfolge der konkret beobachteten Zusammenhänge erkannt wird, ‚wer die Musik bestimmt'." (Baerns 1991, S. 98) Daraus folgt zweitens direkt, dass im Mittelpunkt der Untersuchungen zur Determinationsthese der Journalismus steht. Der Input der Presse- und Medienarbeit wird als unabhängige Variable angesehen, deren Wirkungen auf die journalistische Berichterstattung untersucht werden. Die erste Phase ist mithin von Vorstellungen eines weitgehend passiven Journalismus geprägt, der insbesondere auf der Themen-Ebene von der Presse- und Medienarbeit kontrolliert wird. In vielen Arbeiten zur Determinationsthese schwangen – implizit oder explizit – Bewertungen mit, dass eine Determination den Journalismus in seiner gesellschaftlich wichtigen Aufgabe schwäche. Während der Journalismus als gesellschaftlich wertvoll, ethisch hochwertig und selbstlos überhöht wurde, wurde PR als tendenziell manipulierend und propagandistisch abgewertet (Altmeppen et al. 2004, S. 9).

5.2 Ohnmächtige Presse- und Medienarbeit: Schwache Wirkungen der Presse- und Medienarbeit

Die *zweite Phase* ist geprägt von der Annahme schwacher PR-Wirkungen und umgekehrt starker Medienwirkungen. Diese Sichtweise findet sich vor allem im Diskurs der politischen Kommunikation. Die Medialisierungsthese kann als Gegenthese zur Determinationsthese interpretiert werden, da hier vor allem die Wirkungen von Medien auf die Organisationen untersucht werden, die Presse- und Medienarbeit betreiben. Als Medialisierung sollen mit Meyen (2009, S. 23) allgemein Reaktionen in anderen gesellschaftlichen Teilbereichen verstanden werden, die sich entweder auf den Strukturwandel des Mediensystems beziehen oder auf den generellen Bedeutungszuwachs medial vermittelter öffentlicher Kommunikation. Entsprechend stehen in der Medialisierungsthese vor allem Anpassungsleistungen an die Medien im Mittelpunkt. Beispiele für Medialisierungseffekte sind in Parteien z. B. die Auswahl des Spitzenpersonals und der politischen Themen, bei denen sich Parteien so weit an der Medienlogik orientieren, bis ein „schleichender Identitätsverlust" (Marcinkowski 1993, S. 22) zu beobachten ist. Der Medialisierungsdiskurs hat sich in den 1980er Jahren im deutschsprachigen Raum etabliert und hat bis heute wenig von seiner Relevanz verloren (Marcinkowski und Pfetsch 2009). Medialisierungseffekte sind keineswegs nur in politischen Organisationen zu beobachten: So ist die Auswahl eines „medienkompatiblen" Vorstandsvorsitzenden im Kontext der CEO-Kommunikation ein vergleichbarer Effekt. Daher überrascht es umso mehr, dass die Risiken der Medialisierung für den Bereich von Unternehmen bis heute selten untersucht wurden.

5.3 Differenzierte Wirkungen der Presse- und Medienarbeit

Die *dritte Phase* unterstellt reflexive Beziehungen und differenzierte Wirkungen – also von geringen bis großen Wirkungen. Sie beginnt zu Beginn der 1980er Jahre mit der Interdependenzthese von Ulrich Saxer (1981) und prägt den Diskurs gemeinsam mit der Medialisierungsthese seit Mitte der 1990er Jahre bis heute. Arbeiten zu differenzierten Wirkungen der Presse- und Medienarbeit sind in der Regel davon geprägt, dass die Organisationen, die Presse- und Medienarbeit betreiben, und Journalismus – unabhängig von der theoretischen Grundlage – als autonome Akteure bzw. Systeme konzipiert werden und der reflexive Charakter ihrer Beziehungen unterstellt wird. Mit einem solchen Verständnis sind Wirkungen der Presse- und Medienarbeit bei einem komplexen Wirkungsbegriff angekommen, wie ihn Hasebrink konzipiert: Medien wirken, wenn unter Wirkung die gegenseitige Beziehung zwischen Medienangeboten und Rezipienten im Sinne einer wechselseitigen Beeinflussung verstanden wird, im Zuge derer sich alle Beteiligten selbst verändern (Hasebrink 2002, S. 374). Die Presse- und Medienarbeit beeinflusst mithin (mitunter) Journalismus, wie Journalismus (mitunter) die Presse- und Medienarbeit bzw. deren Organisationen verändert. Eine solche Perspektive verfolgen z. B. Ansätze wie die Interdependenzthese, strukturelle Kopplung, Interpenetration, Symbiose oder das Intereffikationsmodell. Entsprechend wird in der empirische Forschung seit den 1990er Jahren zunehmend untersucht, in welchen Fällen eher schwache und in welchen eher starke Wirkungen zu beobachten sind. In den vergangenen Kapiteln sind solche intervenierende Variablen wie z. B. statushohe vs. statusniedrige Organisationen (Saffarnia 1993, S. 421) bereits vorgestellt worden. Die Unterstellung reflexiver Beziehungen kann mithin sowohl Annahmen der Determinations- als auch der Medialisierungsthese integrieren, ohne in alte Stimulus-Response-Annahmen zurückzufallen. So können z. B. hohe Determinationsquoten wie folgt erklärt werden: *Weil* Organisationen zumindest teilweise von der journalistischen Berichterstattung abhängig sind, antizipieren und simuliert deren Presse- und Medienarbeit journalistische Operationsweisen, *nachdem* das Potenzial der Themen zur Erreichung der Organisationsziele überprüft worden ist. Und *weil* der Journalismus selbst in hohem Maße von den Pressemitteilungen der Öffentlichkeitsarbeit abhängig ist, berücksichtigt er diese im Rahmen der Berichterstattung, wenn sie zur Änderung von Umwelterwartungen geeignet zu sein scheinen (Hoffjann 2007, S. 210).

6 Ausblick

Die klassische Presse- und Medienarbeit erlebt seit einigen Jahren enorme Veränderungen. Obwohl das Internet die Arbeit der Journalisten und mithin der Presse- und Medienarbeit seit Beginn an laufend verändert, ist dieser Prozess bis heute längst nicht abgeschlossen. Einige Entwicklungen wie zunehmend kürzere Berichterstattungszyklen und die zunehmende Relevanz des Nachrichtenfaktors zeitliche Aktualität zeichnen sich zudem erst ab, ohne dass hierzu bislang befriedigende Forschungsergebnisse vorliegen. Ebenfalls noch nicht absehbar sind die Auswirkungen der Sozialen Medien. Erstens deutet sich an, dass Social Media als journalistische Informationsquelle die Beziehungen zwischen der Presse- und Medienarbeit und Redaktionen verändert (Bernet und Keel 2012). Zweitens wird die Nutzung von Social Media auch als Alternative zur klassischen Medien- und Öffentlichkeit gesehen, mit der gerade jüngere Zielgruppen besser und unter Umgehung des Journalismus erreicht werden können. Und drittens stellt sich die Frage, ob insbesondere in den Sozialen Medien ganz neue Formen des Journalismus entstehen. Wenn als partizipativer Journalismus eine maßgebliche Beteiligung der Nutzer am Prozess der Inhaltsproduktion außerhalb der Berufstätigkeit und damit eine aktive Teilhabe an der Medienöffentlichkeit verstanden wird (Engesser 2008, S. 66), dann wird sich die Presse- und Medienarbeit auf deutliche Veränderungen in der Zwischenzielgruppe der Journalisten einstellen müssen. Und auch wenn mit dem Schlagwort der Blogger Relations hierfür schon längst ein neuer Begriff gefunden wurde, so lassen entsprechende Beiträge vermuten, dass die Regeln dieser besonderen Spielart der Presse- und Medienarbeit gerade noch verhandelt werden.

Mindestens ebenso einschneidend wie Social Media sind die Auswirkungen der ökonomischen Krise des Journalismus. Konjunkturelle und strukturelle Ursachen haben in der Summe dazu geführt, dass auf Seiten des Journalismus Stellen wegfallen, Redaktionen zusammengelegt werden und mithin die Abhängigkeit von der wachsenden Zahl an zunehmend aufwändiger produzierten Angeboten der Presse- und Medienarbeit wächst (Bohrmann und Toepser-Ziegert 2010). Die Konsequenzen: Auf der einen Seite müssen Journalisten gegenüber den Verlegern ihre Existenzberechtigung nachweisen, um weitere Kürzungen zu verhindern. Auf der anderen Seite sehen sich Redaktionen gegenüber Lesern, Hörern und Zuschauern unter einem Rechtfertigungsdruck für die schwieriger werdenden Arbeitsbedingungen. Es ist zu vermuten, dass die Folgen für die Presse- und Medienarbeit paradox sind. Auf der einen Seite dürften Angebote der Presse- und Medienarbeit noch leichter Einzug in redaktionelle Berichte finden. Auf der anderen Seite ist zu vermuten, dass insbesondere diese veränderten Rahmenbedingungen dazu geführt haben, dass Journalisten PR 2005 ungleich kritischer bewerteten als noch zwölf Jahre zuvor (Weischenberg et al. 2006; ähnlich Bentele und Seidenglanz 2004, S. 82, 99). Pressearbeit wird noch weniger als Angebot oder Unterstützung und noch mehr als Bedrohung empfunden. Diese kritische Haltung schlägt sich auch in einer negativeren Bewertung von PR nieder. In den vergangenen zehn Jahren ist die Zahl der Beiträge, in der PR überwiegend negativ bewertet wird, gestiegen. Dazu hat in Deutschland nicht zuletzt das Schlüsselereignis der „Hunzinger-Affäre" 2002 beigetragen (Fröhlich und Kerl 2010, S. 70; ähnlich Echo 2002; Schäfer 2006). Es ist zu vermuten, dass Journalisten u. a. kritischer über PR berichten, *weil* – und nicht *obwohl* – sie wegen kleinerer Redaktionen mehr denn je auf Zulieferungen der Presse- und Medienarbeit angewiesen sein dürften. Denn Journalisten versuchen mit der Thematisierung von Phänomenen der PR, sich der wachsenden Heerscharen der Pressesprecher und der zunehmend aufwändigeren Inszenierungen zu erwehren, auf die sie Tag für Tag treffen. Dazu thematisieren sie die Produktionsweise von PR-Selbstschreibungen. Dies ist dann immer zugleich eine Selbstthematisierung journalistischer Arbeitsbedingungen, mit der vor allem die eigene Vertrauenswürdigkeit gesichert werden soll. Die Folge: Journalisten machen die Kontingenz von PR-Selbstbeschreibungen sichtbar – und schwächen damit weiter deren Vertrauenswürdigkeit.

Literatur

Altmeppen, K.-D., Röttger, U., & Bentele, G. (2004). Public Relations und Journalismus: Eine lang andauernde und interessante „Beziehungskiste". In K.-D. Altmeppen, U. Röttger, & G. Bentele (Hrsg.), *Schwierige Verhältnisse. Interdependenzen zwischen Journalismus und PR* (S. 7–15). Wiesbaden: VS Verlag für Sozialwissenschaften.

Baerns, B. (1991). *Öffentlichkeitsarbeit oder Journalismus? Zum Einfluß im Mediensystem* (2. Aufl.). Köln: Wissenschaft und Politik.

Bentele, G., Dolderer, U., Fechner, R., & Seidenglanz, R. (2012). *Profession Pressesprecher 2012. Vermessung eines Berufsstandes*. Berlin: Helios Media.

Bentele, G., & Nothhaft, H. (2004). Das Intereffikationsmodell. Theoretische Weiterentwicklung, empirische Konkretisierung und Desiderate. In K.-D. Altmeppen, U. Röttger, & G. Bentele (Hrsg.), *Schwierige Verhältnisse. Interdependenzen zwischen Journalismus und PR* (S. 67–104). Wiesbaden: VS Verlag für Sozialwissenschaften.

Bentele, G., & Seidenglanz, R. (2004). *Das Image der Image-Macher. Eine repräsentative Studie zum Image der PR-Branche in der Bevölkerung und eine Journalistenumfrage.* Leipzig: Universität Leipzig.

Bernet, M., & Keel, G. (2012). Medienarbeit in der Online-Unternehmenskommunikation. In A. Zerfaß & T. Pleil (Hrsg.), *Handbuch Online-PR. Strategische Kommunikation in Internet und Social Web* (S. 123–145). Konstanz: UVK.

Bonfadelli, H. (2004). *Medienwirkungsforschung I. Grundlagen* (3. Aufl.). Konstanz: UVK.

Bohrmann, H., & Toepser-Ziegert, G. (Hrsg.). (2010). *Krise der Printmedien: Krise des Journalismus?* Berlin: De Gruyter Saur.

Bruhn, M. (2006). *Integrierte Kommunikation in den deutschsprachigen Ländern. Bestandsaufnahme in Deutschland, Österreich und der Schweiz.* Wiesbaden: Gabler.

Christoph, C. (2009). *Textsorte Pressemitteilung. Zwischen Wirtschaft und Journalismus.* Konstanz: UVK.

Davis, A. (2006). The role of the mass media in investor relations. *Journal of Communication Management, 10*(1), 7–17.

Donsbach, W., & Wenzel, A. (2002). Aktivität und Passivität von Journalisten gegenüber parlamentarischer Pressearbeit. Inhaltsanalyse von Pressemitteilungen und Presseberichterstattung am Beispiel der Fraktionen im Sächsischen Landtag. *Publizistik, 47*(4), 373–387.

Echo Research (2002). *PR and the Media – Who is spinning whom?* Unveröffentlichter Forschungsbericht. Godalming, UK. http://www.echoresearch.com/data/Image%20of%20PR(2).pdf. Zugegriffen: 15. Nov. 2012.

Engesser, S. (2008). Partizipativer Journalismus: Eine Begriffsanalyse. In A. Zerfaß, M. Welker, & J. Schmidt (Hrsg.), *Kommunikation, Partizipation und Wirkungen im Social Web Bd. 2: Anwendungsfelder: Wirtschaft, Politik, Publizistik* (S. 47–71). Köln: von Halem.

Fröhlich, R., & Kerl, K. (2010). Public Relations in der deutschen Presse. *PR-Magazin, 41*(4), 65–72.

Fröhlich, R., & Rüdiger, B. (2004). Determinierungsforschung zwischen PR-„Erfolg" und PR-„Einfluss". Zum Potenzial des Framing-Ansatzes für die Untersuchung der Weiterverarbeitung von Polit-PR durch den Journalismus. In J. Raupp & J. Klewes (Hrsg.), *Quo vadis Public Relations? Auf dem Weg zum Kommunikationsmanagement: Bestandsaufnahme und Entwicklungen* (S. 125–141). Wiesbaden: VS Verlag für Sozialwissenschaften.

Gazlig, T. (1999). Erfolgreiche Pressemitteilungen. Über den Einfluss von Nachrichtenfaktoren auf die Publikationschancen. *Publizistik, 44*(2), 185–199.

Hallahan, K. (1999). Content class as a contextual cue in the cognitive processing of publicity versus advertising. *Journal of Public Relations Research, 11*, 293–320.

Hallahan, K. (2001). Strategic media planning: toward an integrated public relations media model. In R. L. Heath (Hrsg.), *Handbook of Public Relations* (S. 461–470). Thousand Oaks: Sage.

Hasebrink, U. (2002). Publikum, Mediennutzung und Medienwirkung. In O. Jarren & H. Weßler (Hrsg.), *Journalismus, Medien, Öffentlichkeit. Eine Einführung* (S. 323–412). Wiesbaden: Westdeutscher Verlag.

Hellmann, K. U. (2003). *Soziologie der Marke.* Frankfurt am Main: Suhrkamp.

Hoffjann, O. (2007). *Journalismus und Public Relations. Ein Theorieentwurf der Intersystembeziehungen in sozialen Konflikten* (2. Aufl.). Wiesbaden: VS Verlag für Sozialwissenschaft.

Hoffjann, O. (2009). Public Relations als Differenzmanagement von externer Kontextsteuerung und interner Selbststeuerung. *Medien & Kommunikationswissenschaft, 57*(3), 299–315.

Hoffjann, O., & Gusko, J. (2013) *Der Partizipationsmythos. Wie Verbände Facebook, Twitter & Co. nutzen.* Frankfurt am Main: Otto Brenner Stiftung.

Jarren, O., & Röttger, U. (2009). Steuerung, Reflexierung und Interpenetration: Kernelemente einer strukturationstheoretisch begründeten PR-Theorie. In U. Röttger (Hrsg.), *Theorien der Public Relations. Grundlagen und Perspektiven der PR-Forschung* (S. 29–49). Wiesbaden: VS Verlag für Sozialwissenschaften.

Kepplinger, H. M. (1990). Realität, Realitätsdarstellung und Medienwirkung. In J. Wilke (Hrsg.), *Fortschritte der Publizistikwissenschaft* (S. 39–55). Freiburg: Alber.

Kohring, M. (1997). *Die Funktion des Wissenschaftsjournalismus: Ein systemtheoretischer Entwurf.* Opladen: Westdeutscher Verlag.

Luhmann, N. (1996). *Die Realität der Massenmedien* (2. Aufl.). Opladen: Westdeutscher Verlag.

Marcinkowski, F. (1993). *Publizistik als autopoietisches System. Politik und Massenmedien: Eine systemtheoretische Analyse.* Opladen: Westdeutscher Verlag.

Marcinkowski, F., & Pfetsch, B. (Hrsg.). (2009). *Politik in der Mediendemokratie: Politische Vierteljahresschrift – Sonderheft 42/2009.* Wiesbaden: VS Verlag für Sozialwissenschaften.

McQuail, D. (1977). The influence and effects of mass media. In J. Curran, M. Gurevitch, & J. Woollacott (Hrsg.), *Mass communication and society* (S. 70–94). London: Edward Arnold.

Merten, K. (1999). *Einführung in die Kommunikationswissenschaft. Band 1: Grundlagen der Kommunikationswissenschaft.* Münster: LIT.

Meyen, M. (2009). Medialisierung. *Medien & Kommunikationswissenschaft, 57*(1), 23–38.

Meyer, T. (2001). *Mediokratie. Die Kolonisierung der Politik durch die Medien.* Frankfurt am Main: Suhrkamp.

Packard, V. (1964). *Die geheimen Verführer. Der Griff nach dem Unterbewussten in jedermann.* Frankfurt am Main: Econ.

Reichert, B.-D. (2012). *Neue Wege der Investor Relations: Dialog und Transparenz in der Finanzkommunikation.* Münster: LIT.

Ruhrmann, G., & Göbbel, R. (2007). *Veränderung der Nachrichtenfaktoren und Auswirkungen auf die journalistische Praxis in Deutschland.* Wiesbaden: Netzwerk Recherche.

Saffarnia, P. A. (1993). Determiniert Öffentlichkeitsarbeit tatsächlich den Journalismus? Empirische Belege und theoretische Überlegungen gegen die PR-Determinierungshypothese. *Publizistik, 38*(3), 412–425.

Saxer, U. (1981). Publizistik und Politik als interdependente Systeme. Zur politischen Funktionalität von Publizistik. *Media Perspektiven, 7,* 501–514.

Schäfer, C. (2006). *Imageproblem der Public Relations? Eine inhaltsanalytische Betrachtung des Nachrichtenmagazins DER SPIEGEL, unveröffentlichte Abschlussarbeit.* Mainz: Universität Mainz.

Schweiger, G., & Schrattenecker, G. (2005). *Werbung* (6. Aufl.). Stuttgart: Lucius & Lucius.

Seidenglanz, R., & Bentele, G. (2004). Das Verhältnis von Öffentlichkeitsarbeit und Journalismus im Kontext von Variablen. Modellentwicklung auf Basis des Intereffikationsansatzes und empirische Studie im Bereich der sächsischen Landespolitik. In K.-D. Altmeppen, U. Röttger, & G. Bentele (Hrsg.), *Schwierige Verhältnisse. Interdependenzen zwischen Journalismus und PR* (S. 104–120). Wiesbaden: VS Verlag für Sozialwissenschaften.

Sponheuer, B. (2010). *Employer Branding als Bestandteil einer ganzheitlichen Markenführung.* Wiesbaden: Gabler.

Szyszka, P. (2007). Kommunikation mit dem Kunden. Marken-PR und Produkt-PR als Instrumente der Marktkommunikation. In M. Piwinger & A. Zerfaß, *Handbuch Unternehmenskommunikation* (S. 741–756). Wiesbaden: Gabler.

Weischenberg, S., Malik, M., & Scholl, A. (2006). *Die Souffleure der Mediengesellschaft. Report über die Journalisten in Deutschland.* Konstanz: UVK.

Willems, H. (2007). Glaubwürdigkeit und Überzeugung als dramaturgische Probleme und Aufgaben der Werbung. In E. Fischer-Lichte, C. Horn, I. Pflug, & M. Warstat (Hrsg.), *Inszenierung von Authentizität* (2. Aufl.) (S. 209–232). Tübingen: Francke.

Willke, H. (1995). *Systemtheorie III: Steuerungstheorie.* Stuttgart: UTB.

Willke, H. (1997). *Supervision des Staates.* Frankfurt am Main: Suhrkamp.

Zerfass, A., Verčič, D., Verhoeven, P., Moreno, A., & Tench, R. (2012). *European Communication Monitor 2012. Challenges and Competencies for Strategic Communication. Results of an Empirical Survey in 42 Countries.* Brussels: EACD/EUPRERA, Helios Media.

Live Communication: Potenziale von Events, Veranstaltungen, Messen und Erlebniswelten

Manfred Kirchgeorg und Beatrice Ermer

Zusammenfassung

Die Kommunikationslandschaft wandelt sich fundamental. Schreitet auf der einen Seite die Digitalisierung weiter voran und übernehmen virtuelle Kommunikationsinstrumente Funktionen der klassischen Kommunikation, wächst andererseits das Bedürfnis nach persönlichen Begegnungen und multisensualen Markenerlebnissen. Diesem Bedürfnis wird die Live Communication vor allem mit ihren Instrumenten Messe, Event und Erlebniswelt gerecht. Sie ermöglichen interaktive persönliche Begegnungen zwischen Unternehmen und deren Zielgruppen in einem emotional ansprechenden, mit allen Sinnen erfahrbaren Umfeld. Dieser Beitrag stellt Besonderheiten, Planungsschritte und ausgewählte Instrumente der Live Communication mit ihrem Wirkungspotenzial vor.

Schlüsselwörter

Live-Kommunikation · Live Communication · Events · Veranstaltungen · Messen · Erlebniswelten · Brand Lands · Event-Kommunikation · Kommunikationswirkung · Marketingkommunikation · Unternehmenskommunikation · Kommunikationsmanagement

---

M. Kirchgeorg (✉) · B. Ermer
HHL Leipzig Graduate School of Management
Jahnallee 59, 04109 Leipzig, Deutschland
E-Mail: manfred.kirchgeorg@hhl.de

B. Ermer
E-Mail: beatrice.ermer@hhl.de

1 Stellenwert der Live Communication im Wandel der Kommunikationsmärkte

Die Kommunikationslandschaft hat sich grundlegend gewandelt. Die Festung der klassischen Kommunikation wird zunehmend von den neuen Medien erobert. Während klassische Kommunikationsinstrumente hierdurch unter Druck geraten und Budgetkürzungen hinnehmen müssen (Deutsche Post AG 2012, S. 3), schreitet die Digitalisierung und damit die Nutzung der neuen Medien weiter voran (Kirchgeorg et al. 2011, S. 7; Münchner Kreis et al. 2011, S. 45; Veigel 2010, S. 42). Angesichts der Bedeutung, die digitale Medien heutzutage erfahren, ist es verständlich, dass Unternehmen ihre Kommunikationsportfolios mit digitalen Kommunikationsinstrumenten anreichern und hierauf einen starken Fokus legen. Trotz der zunehmenden Verbreitung und Akzeptanz dieser Medien wird dem persönlichen Dialog von Angesicht zu Angesicht sowie dem direkten Erleben von Produkten und Marken weiterhin besondere Bedeutung beigemessen. Digitale Kommunikation und Live Communication scheinen sich aufgrund ihrer unterschiedlichen Charakteristika und Wirkungsweisen gegenseitig zu befruchten. Der hohe Stellenwert, den Unternehmen der Live Communication beimessen, lässt sich mit folgenden Thesen untermauern (Brühe 2003, S. 77 f.; Kirchgeorg et al. 2011, S. 7 f.):

- *High Tech & High Touch-These* – Obgleich die Digitalisierung der Kommunikation zunimmt - persönlich erlebte Kontakte und Beziehungen erfahren wieder einen größeren Stellenwert (Blackston 1992, S. 79 ff.; Kirchgeorg et al. 2012a, S. 1 ff.; Park 1986, S. 907 ff.).
- *Multisensualitäts-These* – Aus multisensualer Informationswahrnehmung resultiert nach neueren Studien eine besonders hohe Erinnerungsleistung (Hultén et al. 2009; Krishna 2009, S. 127 ff.; Kroeber-Riel et al. 2008, S. 147 ff.). Die Live Communication ist im Vergleich zu anderen Kommunikationsformen (klassische und digitale Kommunikation) besonders zur multisensualen Informationsvermittlung geeignet (Müller 2012, S. 11 ff.; Springer 2008, S. 6 f.).
- *Emotions-These* – Da Live Communication explizit das Ziel verfolgt, einzigartige und gefühlsbetonte Erlebnisse zu erzeugen, wird der emotionalen Ansprache in der Kommunikation als Einflussfaktor auf das Kundenverhalten besondere Bedeutung beigemessen (O'Shaughnessy und O'Shaughnessy 2003).
- *Produkthomogenitäts-These* – Die sich in Folge der wachsenden Produkthomogenisierung ergebende Wahrnehmung der Produktaustauschbarkeit schwächt Kundenbindung und -loyalität. Differenzierungsmerkmal sind in steigendem Maße persönliche Geschäftsbeziehungen (Meffert 2002, S. 1 ff.).
- *Individualisierungs-These* – Mit persönlichen Begegnungen und Interaktionen kann den wachsenden individualisierten Anforderungen auf Kundenseite (Meffert et al. 2012) besser Rechnung getragen und diese in entsprechende Dienst- und Produktleistungen überführt werden (Neumann 2008).
- *Unsicherheits-These* – Während mit Beginn des 21. Jahrhunderts verstärkt wirtschafts- und gesellschaftspolitische Volatilitäten auftreten, wächst das Bedürfnis nach

emotionaler und gefühlsbetonter Ansprache (Gaus 2000). In direkten, persönlichen Begegnungen kann diesem Bedürfnis entsprochen und dadurch eine glaubwürdigere Wahrnehmung erzielt werden (Lorbeer 2003, S. 86 ff.).

Die Bedeutung der Live Communication kommt auch in der realen Verteilung von Budgets auf die unterschiedlichen Instrumente im Kommunikationsportfolio zum Ausdruck. So bestätigen Längsschnittstudien, dass mehr als ein Drittel der gesamten unternehmensbezogenen Ausgaben für Kommunikation auf Live Communication-Instrumente entfallen (AUMA 2012, S. 17 ff.; Kirchgeorg et al. 2011, S. 8; 2012a, S. 1 ff.).

2 Begriffsbestimmung und Besonderheiten der Live Communication

In dem englischen Terminus „live" (deutsch: unmittelbar, persönlich, lebend) kommt die für die Live Communication charakteristische direkte Erlebbarkeit der persönlichen Begegnungen zum Ausdruck. Durch die multisensuale Erfahrbarkeit von Produkt- und Markenleistungen (Springer 2008, S. 6 f.) unterscheidet sich die Live Communication von der reinen Dialogkommunikation (Kirchgeorg et al. 2009b, S. 16).

> **Live Communication**
> Unter Live Communication ist eine Form der Kommunikation zu verstehen, die „persönliche, direkte, interaktive Begegnung[en] und das aktive Erlebnis der Zielgruppe mit einem Unternehmen und seiner Marke in einem inszenierten und häufig emotional ansprechenden Umfeld zur Erzeugung einzigartiger und nachhaltiger Erinnerungen" (Kirchgeorg et al. 2009b, S. 17) schafft.

Vor diesem Hintergrund repräsentiert die Live Communication ein „Konzeptionsdach" für eine bestimmte Kategorie von Kommunikationsinstrumenten. Alle Instrumente der Live Communication sind durch die folgenden Merkmale gekennzeichnet (Kirchgeorg et al. 2009b, S. 20):

- *Anwesenheit*: Die gegenseitige Wahrnehmbarkeit der Kommunikationspartner ist durch ihr direktes physisches Zusammentreffen an einem Ort gekennzeichnet.
- *Sprachlichkeit*: Obwohl auch auf nonverbaler Weise kommuniziert werden kann, ist die Sprache als Mittel zum Informationsaustausch ein wesentliches Merkmal der Live Communication.
- *Wechselseitigkeit*: Es findet ein ständiger Tausch der Sender- und Empfängerrolle zwischen den Kommunikationspartnern statt.
- *Gestaltung*: Durch den Einsatz von Musik, Bewegung, Sprache, Licht und Raum wird eine spezifische Atmosphäre der Live Communication geschaffen, die es Unternehmen bzw. Sendern ermöglicht, Einfluss zu nehmen, wie etwas von der Zielgruppe wahrgenommen wird.

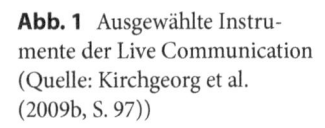

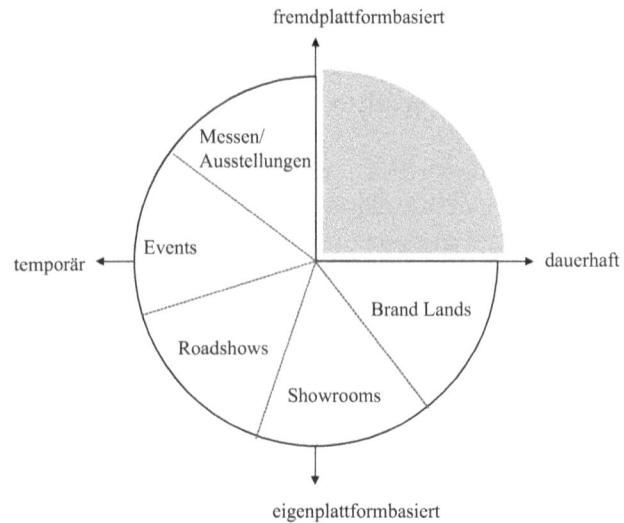

Abb. 1 Ausgewählte Instrumente der Live Communication (Quelle: Kirchgeorg et al. (2009b, S. 97))

- *Zielgerichtetheit*: Unternehmen wird eine Intention bei der Übermittlung von Botschaften mit Hilfe der Live Communication unterstellt.
- *Erlebnis:* Das Live-Erlebnis und das auf diese Weise intrinsische, gefühlsbetonte Geschehen unterscheidet sich von anderen Ereignissen dadurch, dass es primär vom Erlebenden als besonders empfunden wird und ihm dadurch lange im Gedächtnis bleibt.
- *Wirkung:* Sämtliche Verhaltensweisen und Erlebnisprozesse, die beim Kommunizieren erfahrbar und beobachtbar sind, fließen in die Erinnerungsleistung ein.

Die Instrumente der Live Communication können nach unterschiedlichen Kriterien abgegrenzt und systematisiert werden. Zu den besonders prominenten Live Communication-Instrumenten zählen Brand Lands, Showrooms, Roadshows, Events sowie Messen und Ausstellungen. Anhand der zwei Systematisierungskriterien „Einflussnahme" (eigen- vs. fremdplattformbasiert) und „Durchführungsdauer" (temporär vs. dauerhaft) sind diese Instrumente in Abb. 1 verortet. Während Messen und Ausstellungen in der Regel zeitlich begrenzte und auswärtige Veranstaltungen sind, handelt es sich bei Brand Lands um auf Dauer angelegte, stationäre, dreidimensionale, reale Orte, die aus Unternehmenssicht eigenplattformbasiert sind.

3 Planungsprozess der Live Communication

Angesicht der Komplexität der Planung und Umsetzung von Live Communication-Instrumenten sollte der in Abb. 2 dargestellte Prozess dem Einsatz der Live Communication zugrundegelegt werden (Kirchgeorg et al. 2009b, S. 41 f.). Nach eingehender Situationsanalyse sind die anzusprechenden Zielgruppen zu definieren und hinsichtlich ihres Kommunikationsverhaltens und ihrer Bedürfnisse zu segmentieren. Erst danach sind Kom-

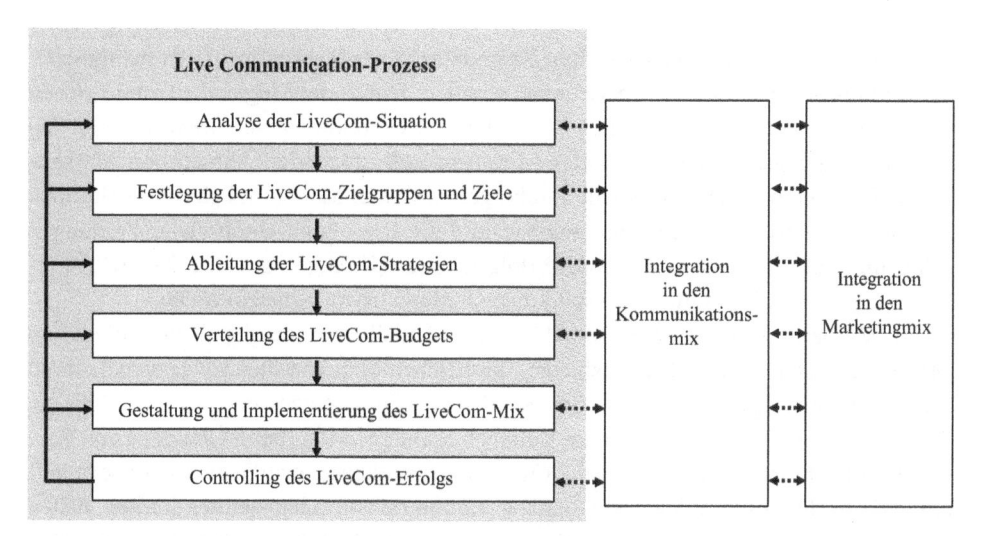

```
┌─────────────────────────────────────────────────────────┐
│           Live Communication-Prozess                     │
│  ┌──────────────────────────────────┐                   │
│  │   Analyse der LiveCom-Situation  │                   │
│  └──────────────────────────────────┘                   │
```

Abb. 2 Systematischer Planungsprozess in der Live Communication
(Quelle: Kirchgeorg et al. (2009 b, S. 41 f.))

munikationsziele operativ, d. h. mit Bezug zu Inhalt, Ausmaß, Zeit, Segment und Marke zu formulieren. Sie bilden die Richtschnur für die zielgruppenspezifische Festlegung der Live Communication-Strategie. Erst auf Basis der operativen Zieldefinition und der Live Communication-Strategie kann eine Abschätzung der notwendigen Budgets erfolgen. Im nächsten Schritt ist dann die Gestaltung der Live Communication-Botschaft ziel- und strategiekonform festzulegen. Schließlich wird die Wirkung der getroffenen Live Communication-Maßnahmen erfasst und Feedback für die einzelnen Prozessschritte gegeben.

Sämtliche Entscheidungen, die im Rahmen des aufgezeigten Planungsprozesses von Live Communication zu treffen sind, hängen wechselseitig und vertikal voneinander ab. Auf der horizontalen Ebene besteht eine Abhängigkeit zu weiteren Kommunikations- und Marketingprozessen, woraus sich ein erhebliches Koordinationserfordernis zur Erzielung der gewünschten Kommunikationswirkung ergibt. Damit die Live Communication nachhaltig wirken kann, ist von losgelösten Einzelaktionen abzusehen und stattdessen ein synergetisch aufeinander abgestimmtes Vorgehen zu realisieren.

4 Ziele des Einsatzes von Live Communication unter besonderer Berücksichtigung des Kundenbeziehungszyklus

Nach einer systematischen Situationsanalyse bildet die Definition der mit dem Einsatz von Live Communication-Instrumenten verbundenen Ziele einen wichtigen Ausgangspunkt in dem dargestellten Planungsprozess. Zwei Arten von Zielkategorien sind zu unterscheiden: Psychographische (z. B. Bekanntheit, Image, Kundenpräferenzen) und ökonomische Ziele (z. B. Umsatz, Rendite). Die Festlegung psychographischer Ziele ist der Definition ökonomischer Zielsetzungen vorgelagert.

Mit Live Communication lassen sich in besonderer Weise Markenqualitäten demonstrieren und imageprägende Markenerlebnisse schaffen. Durch die Möglichkeit zum Erleben von Markenwelten mit allen Sinnen leistet die Live Communication einen wesentlichen Beitrag zur Imageprofilierung. Beides wiederum unterstützt den Aufbau von Markenvertrauen, wodurch sich emotionale Bindungen zwischen Marke und Kundenzielgruppe intensivieren lassen. Der Vertrauensaufbau und die Erzeugung emotionaler Bindungen gelten im Kundenbeziehungszyklus als Erfolgsfaktoren (Kirchgeorg et al. 2009b, S. 77; Lorbeer 2003, S. 59), die auf die Herausbildung von Markensympathie einzahlen.

Im Wettbewerb um Kundenkontakt und Kundennähe kommt der Erfahrbarkeit von Markenqualitäten in dafür hergerichteten, spezifischen Markenwelten sowie dem dadurch für die Kundenzielgruppe geschaffenen emotionalen Zusatznutzen eine wichtige Rolle zu. Daher ist die Live Communication im Kundenbeziehungszyklus beim Übergang von Phase 1 (Markenbekanntheit) zu Phase 2 (Markenvertrautheit) sowie in Phase 4 (Loyalität) am wirksamsten. Im Vergleich zur digitalen Kommunikation hat sie ihre Stärken, neben dem Vertrauensaufbau, in der Vermittlung von Glaubwürdigkeit und einer multisensualen Ansprache (Kirchgeorg et al. 2009a, S. 10). Bedingt durch ihre zum Teil stark ausgeprägte Ortsgebundenheit muss die Live Communication jedoch oftmals Verluste bei der Reichweite hinnehmen. Hinsichtlich dieses Aspekts sind digitale und klassische Kommunikation überlegen und wirksamer (ebd.). Aus den vorangegangenen Ausführungen wird somit der zwischen den Zielen bestehende Trade-Off deutlich. Daher ist es notwendig, bei der Auswahl einzelner Live Communication-Instrumente deren Zielwirkung abzuschätzen, um schließlich auch den gewünschten Kommunikationserfolg zu erreichen.

5 Instrumente der Live Communication

Entsprechend den Zielen verfügt die Live Communication über ein umfangreiches Portfolio an Instrumenten, die den besonderen Merkmalen und Anforderungen der hier im Fokus stehenden Kommunikationsform besonders gerecht werden. Zu diesen Instrumenten zählen vor allem Messen und Ausstellungen, Events und Erlebniswelten. Sie werden im Folgenden einzeln betrachtet.

5.1 Messen und Ausstellungen

Seit der ersten urkundlichen Erwähnung im Jahr 629 v. Chr. haben sich Messen in verschiedenen Etappen bis heute zu einem multifunktionalen Marketing- und Kommunikationsinstrument moderner Prägung entwickelt (AUMA 2011, S. 19; Jung 2010, S. 1; Rodekamp 2003, S. 8 f.). Obwohl ihr Stellenwert im unternehmerischen Kommunikationsmix vielfach unterschätzt wird, haben Messen und Ausstellungen ihre feste Position auf den vordersten Rängen bis heute behauptet. In Längsschnittanalysen werden sie im Budgetranking der Kommunikationsinstrumente durchschnittlich mit einem Anteil von 17 bis

18 % ausgewiesen und nehmen damit den zweiten Platz hinter der klassischen Werbung (TV, Radio, Print) ein (Kirchgeorg et al. 2011, S. 8). Ihre Rolle als eines der wichtigsten Instrumente im Kommunikationsmix der Unternehmen (AUMA 2012, S. 17 ff.) ist auf ihre Bedeutung für die Kundenakquisition und -bindung zurückzuführen.

> **Messe**
> Messen werden definiert als „zeitlich begrenzte, wiederkehrende Marktveranstaltung, auf der (…) eine Vielzahl von Unternehmen das wesentliche Angebot einer oder mehrerer Branchen ausstellt und überwiegend nach Muster an gewerbliche Abnehmer vertreibt." (Kirchgeorg et al. 2009b, S. 98).

Anhand verschiedener Kriterien (Kirchgeorg 2003, S. 66 ff.) lassen sich die unterschiedlichen Erscheinungsformen von Messen typologisieren. Ausgehend von der Zielgruppe kann die Fach- oder auch Business-to-Business (B2B)-Messe, die sich primär an Fachbesucher wendet, von der sich eher an Endverbraucher richtenden Publikumsmesse abgegrenzt werden. Die häufig synonyme Verwendung der Begriffe Messen und Ausstellungen, die sich insbesondere in der Fachwelt durchgesetzt hat (Selinski und Sperling 1995), beruht auf der Ähnlichkeit beider Veranstaltungsarten (Meffert et al. 2012, S. 694 ff.).

Messen wird ein einzigartiger und nachhaltiger Ereignis- und Erinnerungscharakter zugesprochen, u. a. weil sie multisensuale Erlebnisse schaffen, die mit klassischer oder virtueller Kommunikation nicht zu erzeugen sind (Meffert et al. 2012, S. 696 f.). Eine hohe Kommunikationsdichte und Informationsqualität, hervorgerufen durch die persönlichen Kontakte zwischen den Repräsentanten der Aussteller und den Zielgruppen sowie die Möglichkeit zum direkten Wettbewerbsvergleich, tragen zu einer insgesamt hohen Kommunikationsqualität des Instruments Messe bei. Immer öfter wird es heute jedoch in Kombination mit anderen Kommunikationsinstrumenten angeboten, was dem hohen Informationsbedarf, vor allem bei Fachbesuchern, Rechnung trägt. Welchen Stellenwert Messen als Live Communication-Instrument zukünftig im Kommunikationsmix von Unternehmen haben werden, ist eine Frage, der Szenario- und Trendanalysen auf den Grund gehen (Kirchgeorg et al. 2012a, b). Angesichts ihrer besonderen Wirkungspotenziale und kommunikativen Charakteristika wird eine weiterhin positive Entwicklung angenommen.

5.2 Events

Events entsprechen dem nach wie vor wachsenden Bedürfnis der informationsüberlasteten Zielgruppen nach stimulierenden, emotional berührenden Erlebnissen (Gröppel-Klein 2012, S. 41 ff.), „denn nichts ist überzeugender als das eigene Erleben." (Baum und Stalzer 1991, S. 113). Events sind ein eigenständiges Instrument im Portfolio der Unternehmenskommunikation mit individuellem Wirkungsprofil und strategischem Wirkungshorizont (Zanger 2007, S. 6).

Event
Unter Berücksichtigung unterschiedlicher Auffassungen des aus dem Lateinischen hergeleiteten Event-Begriffs (Zanger 2007, S. 4 ff.; Nufer 2007) kann ein Event definiert werden als „ein temporär inszeniertes Ereignis, das sich an unternehmensinterne und -externe Adressaten richtet (…)" (Kirchgeorg et al. 2009b, S. 139) und dabei das Ziel verfolgt, marken-, produkt- oder firmenspezifische Kommunikationsinhalte im Rahmen der Unternehmenskommunikation durch erlebnisorientierte und multisensuale Inszenierung zu vermitteln (Kirchgeorg et al. 2009b, S. 139; Kirchgeorg et al. 2007, S. 24 f.; Lasslop 2003, S. 16; Nickel und Weinberg 2007, S. 48 f.).

Events beruhen auf der Interaktion der Adressaten mit dem Leistungsangebot des Unternehmens, das den Event inszeniert, an unterschiedlichen Kontaktpunkten (Addis und Holbrook 2001, S. 62; Meffert et al. 2012, S. 681; Tynan und McKechnie 2009, S. 508). Die sich hieraus ergebenden, voneinander abgrenzbaren Erfahrungen machen den Facettenreichtum von Events aus (Schmitt 1999, S. 63).

Den inhaltlichen Kern des Event-Marketings bildend, sind mit dem Einsatz von Events zumeist folgende Zielsetzungen verbunden:

- Schaffung und Erhöhung von Bekanntheit
- Imageprofilierung
- Wissensverbreitung über das Kommunikationsobjekt (Meffert et al. 2012, S. 680)
- Kundenbindung (Buß 2004, S. 21).

Dabei steht eine erlebnisorientierte Präsentation und emotionale Positionierung des Kommunikationsobjekts im Mittelpunkt. Auf Basis ihrer allgemeinen Erscheinungsform können Events in Abhängigkeit des Kommunikationsziels (Entertainment, Infotainment, Information) und der adressierten Zielgruppe (intern, extern, intern und extern) in Kategorien eingeteilt werden (Kirchgeorg et al. 2009b, S. 141; Lasslop 2003, S. 23; Meffert et al. 2012, S. 682). Für die kreative Ausgestaltung ist ein breitgefächertes Instrumentarium verfügbar, das von Multimedia-Präsentationen über Talkshows bis hin zu Erlebnisreisen reicht (Nickel 2007, S. 165 f.). Die Besonderheit von Events besteht im persönlichen Erleben von Kommunikationsinhalten, die durch Verwendung anderer Instrumente emotional aufgeladen wurden. Aufgrund ihrer hohen Kontaktqualität, bei gleichzeitig geringer Kontaktquantität, lassen sich Events hochgradig individualisieren und dadurch eine hohe Dialogintensität erreichen (Kirchgeorg et al. 2009b, S. 142). Gleichzeitig werden Streuverluste auf ein Minimum reduziert. Erfolgreichen Events geht eine gute strategische Vorbereitung voraus, insbesondere im Hinblick auf die zu vermittelnden Botschaften, zu adressierenden Zielgruppen und die zu fokussierenden Produkte bzw. Dienstleistungen (Zanger 2001, S. 848). Mit den LiveTrends-Studien (Kirchgeorg et al. 2009b, S. 296 f.) konnte nachgewiesen werden, dass die Atmosphäre von Events, die sich aus der Episodenhaftigkeit der Veranstaltung sowie der Gemeinschaftlichkeit und Beteiligung der Zielgruppe ergibt (Schulze 2007, S. 313 f.), der Faktor mit der stärksten Profilierungswirkung ist.

5.3 Erlebniswelten (Brand Lands)

Der Wert von Marken wird in hohem Maße durch klare und lebendige innere Bilder geprägt. Markenerlebniswelten (englisch: Brand Lands) erfahren als erlebnisbetone Kommunikationsplattformen im Kommunikationsmix deutscher Unternehmen einen zunehmend größeren Stellenwert (Kirchgeorg et al. 2012c, S. 298). Obwohl keine Erfindung der Neuzeit, eröffnen Erlebniswelten eine neue Form des Erlebnismarketing und der Markenkommunikation (Kirchgeorg et al. 2009b, S. 124). In dauerhafter Form und verbunden mit bestimmten Zielsetzungen werden in ihnen Marken durch live erlebbare Ereignisse inszeniert und mit allen Sinnen erfahrbar (Kagelmann 2004, S. 181). „On-site" (Harris et al. 2000, S. 111) werden hierzu Informationen und Unterhaltung an einem Ort in Ruhe- und Aktivitätszonen verknüpft. Erlebniswelten zahlen auf die Identifikation mit einer Marke ein, bieten Spannungsfelder und Erlebnisse und lösen Emotionen aus.

> **Erlebniswelt/Brand Land**
> Obgleich eine allgemeingültige Einordnung in der Literatur aufgrund der diversifizierten Begriffsnutzung nicht existiert (Kirchgeorg et al. 2012c, S. 301), kann eine Erlebniswelt grundsätzlich als „ein auf Dauer angelegter, stationärer, dreidimensionaler, realer Ort [verstanden werden], der unter spezifischen Markengestaltungsrichtlinien vom Unternehmen gebaut und überwiegend am Produktions- bzw. Hauptstandort betrieben wird." (Springer 2008, S. 16).

Aus Betreibersicht handelt es sich um multifunktionale, aus Besuchersicht um multioptionale Einrichtungen (Steinecke 2002, S. 2). Erlebniswelten zeichnen sich durch Steuerbarkeit und Nachhaltigkeit aus.

Zu den prioritären Zielen, die mit der Schaffung von Brand Lands verknüpft sind, zählt neben der Steigerung des Bekanntheitsgrades die Imagepflege mit Hilfe direkter Produkt- und Markenerlebnisse. Überdies zielt der Einsatz dieses Kommunikationsinstruments auf Kundengewinnung und -bindung, Pflege und Aktivierung von Geschäftsbeziehungen, Vertrauensaufbau und Festlegung der eigenen Position im Wettbewerbsumfeld ab (Kirchgeorg et al. 2009b, S. 129). Mit Hilfe der Kriterien Angebotsbreite, Angebotsschwerpunkt, Funktion des Angebots, Zielgruppe des Angebots und Zielgruppenreichweite kann eine Kategorisierung von Markenerlebniswelten vorgenommen werden (Kirchgeorg et al. 2012c, S. 302 f.). Auch wenn sie vergleichsweise geringere Reichweiten als Messen erzielen, ist ihnen aufgrund ihrer hohen Kontaktintensität, der umfassenden Möglichkeit zur Interaktion und der Erfahrbarkeit (Kirchgeorg und Springer 2010, S. 544 ff.) eine hohe

Wirkung zuzusprechen. Neben klaren Zielsetzungen, realistischen Planungen und der Vorgabe budgetärer Rahmenbedingungen ist die kompetente Führung der zumeist dramaturgisch perfekten Inszenierungen erfolgsentscheidend. Der Standort, die Einzigartigkeit, die Emotionalität der Inszenierung, die gebotene Interaktivität, die Dramaturgie und die Authentizität sind als weitere erfolgsdeterminierende Kriterien zu benennen (Kirchgeorg et al. 2012c, S. 309 f.). Je nach ihrer Ausprägung zahlen sie auf die Intensität und Glaubwürdigkeit der Wahrnehmung sowie die Identifikation mit der kommunizierenden Marke ein. Das Erschaffen von Erlebniswelten ist auch mit Herausforderungen verbunden. Als solche gelten die Integration verschiedener Kommunikationslösungen sowie die Darbietung eines aktuellen, spannenden Programmangebots, das auf einen wiederholten Besuch der Zielgruppen hinwirkt.

6 Wirkungsstufen der Live Communication

Wie Live Communication-Instrumente wirken, lässt sich anhand eines vereinfachten, sechsstufigen Prozesses verdeutlichen (vgl. Abb. 3). Ausgangspunkt der Betrachtung sind die Kommunikationsziele eines Unternehmens (Sender). Sie werden, je nach Inhalten, auf der folgenden Stufe konkretisiert. Auf Basis der Konkretisierung werden dann die geeigneten Instrumente des Live Communication-Portfolios identifiziert. Sie dienen als Übermittlungsmedium für die Kommunikationsbotschaft vom Sender zum Empfänger (Zielgruppe). Empfänger können in primäre (z. B. zum Besuch an einem Messestand eingeladene Gäste) und sekundäre Zielgruppen (z. B. Medienvertreter, breite Öffentlichkeit) unterschieden werden. Durch Berichte in den Medien oder von Mund zu Mund weitergetragene Eindrücke und Empfehlungen kann auch bei jenen, die nicht an der Live Communication-Aktivität (Event, Messe, Roadshow) teilnehmen, eine Wirkung hervorgerufen werden. Auf der vierten Stufe des Prozesses vollzieht sich die Wahrnehmung durch den Empfänger. Hierdurch werden unmittelbar auf die Aktivität abstellende Wirkungen erzeugt. Sie lösen beim Empfänger bzw. bei der Empfängerin mehr oder weniger starke Emotionen aus. In diesem emotionalen Zustand wird beurteilt, inwieweit die Live Communication-Aktivität zur kommunizierenden Marke passt. Gegenüber der Aktivität bildet sich daraufhin eine Einstellung heraus, aus der sich auf der fünften Stufe affektive, kognitive und konative Wirkungen bezüglich Sender bzw. sendender Marke ergeben (Drengner 2007, S. 139 ff.). Gelingt es dem Sender, das Image des Bezugsobjekts in den Köpfen der Zielgruppe zu verändern, sind psychographische (vorökonomische) Zielsetzungen erreicht. Aus diesen resultieren zumeist Handlungsabsichten (konative Wirkungen), die schließlich durch Handlungen in ökonomischen Zielen auf Sender-Seite ihren Niederschlag finden. Stufe vier und fünf sind Andockstelle für die nachgelagerte Erfolgskontrolle, die verschiedene Erfolgsbeurteilungen vornimmt.

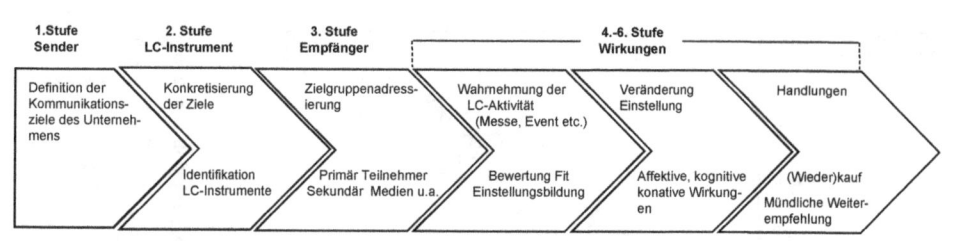

| 1.Stufe | 2. Stufe | 3. Stufe | 4.-6. Stufe |
| Sender | LC-Instrument | Empfänger | Wirkungen |

| Definition der Kommunikationsziele des Unternehmens | Konkretisierung der Ziele | Zielgruppenadressierung | Wahrnehmung der LC-Aktivität (Messe, Event etc.) | Veränderung Einstellung | Handlungen |
| | Identifikation LC-Instrumente | Primär Teilnehmer Sekundär Medien u.a. | Bewertung Fit Einstellungsbildung | Affektive, kognitive konative Wirkungen | (Wieder)kauf Mündliche Weiterempfehlung |

Abb. 3 Vereinfacht dargestellter Wirkungsprozess für Live Communication-Instrumente (Quelle: In Anlehnung an Kirchgeorg et al. (2009b, S. 258))

7 Effizienz und Effektivität der Live Communication-Instrumente im Kommunikationsmix

Angesichts der Vielzahl an Kommunikationsinstrumenten und Medien, die im Markt existieren und für die Kommunikation von Markenbotschaften eingesetzt werden, wird immer öfter die Frage nach ihrer Wirkung und Wirtschaftlichkeit gestellt. Der zunehmende Wettbewerb im Kommunikationsmarkt trägt dazu bei, dass der Effizienzdruck auf jedes einzelne der Instrumente wächst. Obwohl vielfältige Messmethoden existieren, wird der mit der eingesetzten Kommunikation erzielte Erfolg so gut wie gar nicht regelmäßig kontrolliert. Insbesondere bei den Instrumenten der Live Communication verlassen sich Verantwortliche allzu oft noch auf ihr Bauchgefühl (Kirchgeorg et al. 2009b, S. 236 f.). Um jedoch wirklich Bestätigungen erbringen zu können, reichen das Vermelden eines Besucherrekords oder einer grundsätzlich positiven Medienberichterstattung keinesfalls aus und sind auch keine geeigneten Messmethoden. Für Unternehmen empfiehlt sich ein Vorgehen nach dem ökonomischen Prinzip: Mit knappen Ressourcen die richtigen Dinge (Effektivität) besonders wirtschaftlich (Effizienz) umzusetzen (Kirchgeorg und Hartmann 2004, S. 30). In der Kommunikationspolitik stellt sich die Effizienzproblematik als *Intramediavergleich* dar, das Problem der Effektivität als *Intermediavergleich* (Lasslop 2003, S. 8 f.). Die LiveTrends-Studien haben die Effektivität und Effizienz für die Live Communication-Instrumente sowie ihre Positionierung gegenüber anderen Kommunikationsinstrumenten untersucht. Anhand einer Ratingskala wurden diverse Instrumente hinsichtlich dieser beiden Dimensionen bewertet. Das Ergebnis verdeutlicht Abb. 4. Demnach ist zunächst ein positiver Zusammenhang beider Größen zu konstatieren. Als überdurchschnittlich erfolgreich sind jene Instrumente im Quadrant II zu beurteilen. Branchenübergreifend betrachtet trifft dies auf das Internet, Events, Messebeteiligungen, Public Relations und teilweise die klassischen Medien zu. Somit führen Events das Ranking der erfolgreichen Live Communication-Instrumente an (Kirchgeorg et al. 2009a, S. 8). In der Längsschnittbetrachtung zum Jahr 2004 zeigen vor allem die Messen eine Verbesserung hinsichtlich der beiden gemessenen Dimensionen. Hierfür können die Optimierung der Messeportfolios in vielen Unternehmen verantwortlich gemacht werden. Weniger erfolgreich bewertet werden die im Quadrant III liegenden Direct Mailings, Sponsoring und Social Media. Beim Sponso-

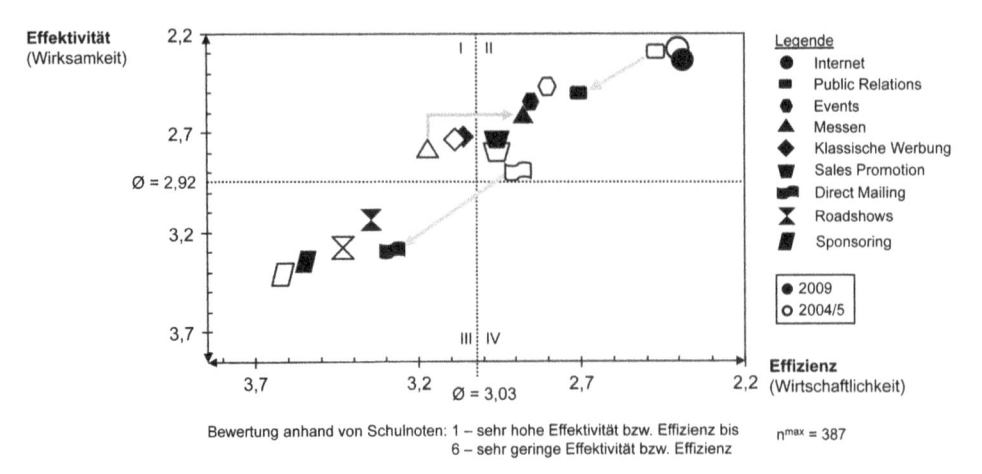

Abb. 4 Effektivitäts-/Effizienzmatrix zur vergleichenden Analyse von Kommunikationsinstrumenten
(Quelle: In Anlehnung an Kirchgeorg et al. (2009a, S. 8))

ring sind es primär sachfremde Einflüsse, die erfolgskritisch wirken. Insgesamt kritisch zu bewertende Instrumente wären in der Matrix mittig angeordnet. Dieser Fall trifft für die abgebildete Gegenüberstellung nicht zu. Die geringe Erfolgsbeurteilung der Social Media kann darauf zurückgeführt werden, dass es sich hierbei um ein noch relativ junges Medium handelt, dessen Entwicklung erst seit 2010 richtig an Fahrt aufgenommen hat. Demnach können die befragten Entscheidungsträger noch nicht auf Erfahrungen hinsichtlich des Ziel- und Effizienzbeitrags dieser Instrumente zurückgreifen. Social Media Monitoring, das indirekte und crossmediale Wirkungen misst, muss erst noch ausreifen.

Zusätzlich zur Effektivitäts- und Effizienzbewertung haben die LiveTrends-Untersuchungen ergeben, dass nur jedes zweite befragte Unternehmen regelmäßig den Erfolg seiner Kommunikationsmaßnahmen überprüft, und dabei recht traditionell vorgeht. 90 % setzten primär auf Kontaktzahlen und „subjektive" Einschätzungen, die mit Hilfe von Checklisten, Leitfäden, Befragungen und Medienresonanz-Analysen gewonnen werden. Überdies zeigt sich, dass die Erfolgsbeurteilung branchenabhängig ist. Während in der Nahrungsmittelbranche Events als erfolgreichstes Live Communication-Instrument eingestuft werden, sind es in der Automobil- und Maschinenbaubranche Messen. Die High-Tech-Branche präferiert Roadshows. Um die in der Live Communication noch existierenden Effektivitäts- und Effizienzsteigerungspotenziale zu heben, empfiehlt es sich, geplante Live Communication-Aktivitäten mit den übrigen Kommunikationsinstrumenten abzustimmen und einen zielgerichteten Einsatz für die entsprechenden Zielgruppen vorzunehmen. Denn unspezifische Aussagen und Bewertungen zur Effektivität und Effizienz sind wenig zielführend (Kirchgeorg et al. 2009b, S. 243).

Tab. 1 Charakterisierung der betrachteten Live Communication-Instrumente (Quelle: In Anlehnung an Kirchgeorg et al. (2009b, S. 116 ff.))

Ziele	Messen	Events	Erlebniswelten	Eigenschaften	Messen	Events	Erlebniswelten
Steigerung Markenbekanntheit	◉	◉	○	Reichweite	◉	○	○
Aufbau Markenimage	◉	◉	◉	Ortsgebundenheit	●	○	●
Aufbau Markenvertrauen	◉	◉	◉	Zeitgebundenheit	◉	◉	○
Demonstration Markenqualität	●	●	●	Kontaktintensität	●	●	●
Erlebnis Markenwelt	◉	●	●	Erfahrbarkeit	◉	●	●
Wettbewerbsdifferenzierung	◉	◉	●	Emotionalität	◉	●	●
Erhöhung Abverkauf	○	○	◉	Multisensualität	●	●	●
Steigerung Markenloyalität	◉	◉	●	Persönlicher Kontakt	●	●	●
Erhöhung Kundenbindung	◉	●	◉	Interaktion	◉	◉	●
				Kontaktkosten	◉	◉	●
				Kontrolle Rezipientenumfeld	◉	◉	◉

Ausprägungen: ○ schwach ◉ mittel ● stark

8 Fazit

Wie die Ausführungen in diesem Beitrag verdeutlicht haben, sind Live Communication-Instrumente besonders zum Erreichen von *Differenzierungs- und Kundenbindungszielen* geeignet. Dies ist darauf zurückzuführen, dass sich Markenqualitäten mit ihnen in besonderer und emotional ansprechender Weise demonstrieren sowie in Markenwelten inszenieren und mit allen Sinnen erleben und erfahren lassen. Weiterhin kommt der Live Communication hohe Bedeutung für den Aufbau von Markensympathie und -vertrauen zu. Gegenüber der klassischen Kommunikation hat sie ihre Stärke im Hinblick auf Kundenbindung. Diese Stärke spiegelt sich in den einzelnen Live Communication-Instrumenten wider. Eine zusammenfassende Gegenüberstellung von Messen, Events und Erlebniswelten hinsichtlich der Ausprägung bestimmter Eigenschaften sowie der Eignung zur Erzielung bestimmter Kommunikationsziele ist in Tab. 1 dargestellt. Branchenübergreifend haben sich das Live Communication-Instrument Events und die digitale Kommunikation (Internet) als Erfolgsinstrumente erwiesen.

Insgesamt ist festzuhalten, dass die zunehmende Vernetzung der verschiedenen Kommunikationsformen eine der größten Veränderungen darstellt, der sich die Kommunikationslandschaft nun bereits seit einigen Jahren stellen muss und dies auch in Zukunft zur Aufgabe hat. Um die Vorteile der verschiedenen Medien und Kommunikationsinstrumente optimal zu nutzen, müssen diese im Kommunikationsmix gezielt ausgesteuert werden. Vor allem in wettbewerbsintensiven Märkten ist dies von hoher Relevanz.

Literatur

Addis, M., & Holbrook, M. B. (2001). On the conceptual link between mass customization and experiential consumption: An explosion of subjectivity. *Journal of Consumer Behavior, 1*(1), 50–66.

AUMA Ausstellungs- und Messe-Ausschuss der Deutschen Wirtschaft e. V. (Hrsg.). (2011). *Erfolgreiche Messebeteiligung. Teil 1: Grundlagen*. Berlin: AUMA.

AUMA Ausstellungs- und Messe-Ausschuss der Deutschen Wirtschaft e. V. (Hrsg.). (2012). *AUMA MesseTrend 2012*. Berlin: AUMA.

Baum, A., & Stalzer, H. (1991). Eventmarketing liegt im Trend. *Marktforschung & Management, 35*(3), 113–116.

Blackston, M. (1992, May–June). Observations – Building brand equity by managing the brand's relationships. *Journal of Advertising Research, 32*(3), 79–83.

Brühe, C. (2003). Messen als Instrument der Live Communication. In M. Kirchgeorg, W. M. Dornscheidt, W. Giese, & N. Stoeck (Hrsg.), *Handbuch Messemanagement. Planung, Durchführung und Kontrolle von Messen, Kongressen und Events* (S. 74–85). Wiesbaden: Gabler.

Buß, E. (2004). *Die Eventkultur in Deutschland. Eine empirische Bestandsanalyse in Unternehmen, Non-Profit-Organisationen und Eventagenturen*. Hohenheim: Universität Hohenheim.

Deutsche Post AG. (2012). *Dialogmarketing Deutschland 2012: Dialog Marketing Monitor*. Bonn: Deutsche Post.

Drengner, J. (2007). State of the Art der Wirkungs- und Erfolgsforschung im Eventmarketing. In O. Nickel (Hrsg.), *Eventmarketing: Grundlagen und Erfolgsbeispiele* (2. Aufl., S. 135–147). München: Vahlen.

Gaus, H. (2000). *Warum Gestern über Morgen erzählt*. Leuven: Appeldoorn.

Gröppel-Klein, A. (2012). 30 Jahre „Erlebnismarketing" und „Erlebnisgesellschaft" – Die Entwicklung des Phänomens „Erlebnisorientierung" und State-of-the-Art der Forschung. In M. Bruhn & K. Hadwich (Hrsg.), *Customer Experience. Forum Dienstleistungsmanagement* (S. 37–60). Wiesbaden: Gabler.

Harris, K., Baron, S., & Parker, C. (2000). Understanding the consumer experience. It's ‚Good To Talk'. *Journal of Marketing Management, 16*(1–3), 111–127.

Hultén, B., Broweus, N., & Dijk, M. (2009). *Sensory marketing*. Basingstoke: Palgrave Macmillan.

Jung, K. (2010). *Ganzheitliche Markenführung von Messegesellschaften. Eine stakeholderbezogene Markenidentitätsbetrachtung unter besonderer Berücksichtigung von Markenportfolios*. Wiesbaden: Gabler.

Kagelmann, H.-J. (2004). *ErlebnisWelten: zum Erlebnisboom in der Postmoderne*. München: Profil Verlag.

Kirchgeorg, M. (2003). Funktionen und Erscheinungsformen von Messen. In M. Kirchgeorg, W. M. Dornscheidt, W. Giese & N. Stoeck (Hrsg.), *Handbuch Messemanagement. Planung, Durchführung und Kontrolle von Messen, Kongressen und Events* (S. 51–72). Wiesbaden: Gabler.

Kirchgeorg, M., & Hartmann, D. (2004). Erlebnis als Mehrwert. *Marketing Journal, Themenheft Effizienz, 37*, 30–33.

Kirchgeorg, M., & Springer, C. (2010). Relevanz und Ausgestaltung der Messebeteiligungen für B-to-B-Marken. In C. Baumgarth (Hrsg.), *B-to-B-Markenführung* (S. 539–559). Wiesbaden: Gabler.

Kirchgeorg, M., Springer, C., & Brühe, C. (2007). Effizienz und Effektivität der Live Communication im branchenübergreifenden Vergleich. In O. Nickel (Hrsg.), *Eventmarketing: Grundlagen und Erfolgsbeispiele* (2. Aufl., S. 17–36). München: Vahlen.

Kirchgeorg, M., Ermer, B., Brühe, C., & Hartmann, D. (2009a). *Live@Virtuell – neue Formen des Kundendialogs. Uniplan LiveTrends 2009/2010*. Köln: Uniplan.

Kirchgeorg, M., Springer, C., & Brühe, C. (2009b). *Live Communication Management: Ein strategischer Leitfaden zur Konzeption, Umsetzung und Erfolgskontrolle*. Wiesbaden: Gabler.

Kirchgeorg, M., Bruhn, M., & Hartmann, D. (2011). Live Communication im Wandel der Kommunikationsportfolios – Substitution oder Integration? *Marketing Review St. Gallen, 28*(2), 7–13.

Kirchgeorg, M., Ermer, B., & Wiedmann, M. (2012a). *Szenarioanalyse: Messen & Live Communication 2020.* Berlin: AUMA.

Kirchgeorg, M., Wiedmann, M., & Ermer, B. (2012b). *B2C-Trendstudie: Perspektiven, Potenziale und Positionierung von Publikumsmessen.* Berlin: AUMA.

Kirchgeorg, M., Springer, C., & Ermer, B. (2012c). Brand Lands – Inszenierung begehbarer Erlebniswelten für den Kunden. In M. Bruhn & K. Hadwich (Hrsg.), *Customer Experience: Forum Dienstleistungsmanagement* (S. 295–316). Wiesbaden: Gabler.

Krishna, A. (2009). Cognition and sensory perception: The Impact of input from sensory modalities in imagery, memory, information processing and sensory perception. *Advances in Consumer Research, 36,* 127–130.

Kroeber-Riel, W., Weinberg, P., & Gröppel-Klein, A. (2008). *Konsumentenverhalten* (9. Aufl.). München: Vahlen.

Lasslop, I. (2003). *Effektivität und Effizienz von Marketing-Events. Wirkungstheoretische Analyse und empirische Befunde.* Wiesbaden: Gabler.

Lorbeer, A. (2003). *Vertrauensbildung in Kundenbeziehungen.* Wiesbaden: Gabler.

Meffert, H. (2002). Erlebnisse um jeden Preis. Was leistet Event-Marketing? Einführung in die Problemstellung. In H. Meffert, K. Backhaus, & J. Becker (Hrsg.), *Erlebnisse um jeden Preis. Was leistet Event-Marketing?* (S. 1–7). Arbeitspapier Nr. 156. Münster: Wissenschaftliche Gesellschaft für Marketing und Unternehmensführung.

Meffert, H., Burmann, C., & Kirchgeorg, M. (2012). *Marketing – Grundlagen marktorientierter Unternehmensführung* (11. Aufl.). Wiesbaden: Gabler.

Müller, J. (2012). *Multisensuale Gestaltung der Ladenatmosphäre zur Profilierung von Store Brands: Ein theoriegeleitetes, experimentelles Design zum Shopperverhalten.* Wiesbaden: Gabler.

Münchner Kreis, European Center for Information and Communication Technologies, Siemens, Deutsche Telekom, TNS Infratest, Zweites Deutsches Fernsehen. (Hrsg.). (2011). *Zukunftsbilder der digitalen Welt. Nutzerperspektiven im internationalen Vergleich. Zukunftsstudie* (Bd. IV). Berlin: Schwabendruck.

Neumann, D. (2008). Die Marke auf dem Weg zum Erlebnis. In N. O. Herbrand (Hrsg.), *Schauplätze dreidimensionaler Markeninszenierung* (S. 13–28). Stuttgart: Edition Neues Fachwissen.

Nickel, O. (2007). Marketingevents in der Praxis: Ein Überblick. In O. Nickel (Hrsg.), *Eventmarketing: Grundlagen und Erfolgsbeispiele* (2. Aufl., S. 165–198). München: Vahlen.

Nickel, O., & Weinberg, P. (2007). Grundlagen für die Erlebniswirkung von Marketingevents. In O. Nickel (Hrsg.), *Eventmarketing: Grundlagen und Erfolgsbeispiele* (2. Aufl., S. 37–52). München: Vahlen.

Nufer, G. (2007). *Event-Marketing und -Management. Theorie und Praxis unter besonderer Berücksichtigung von Imagewirkungen* (3. Aufl.). Wiesbaden: Gabler.

O'Shaughnessy, J., & O'Shaughnessy, N. J. (2003). *The marketing power of emotion.* Oxford: Oxford University Press.

Park, B. (1986). A Method for Studying the Development of Impressions of Real People. *Journal of Personality and Social Psychology, 51,* 907–917.

Rodekamp, V. (2003). Zur Geschichte der Messen in Deutschland und Europa. In M. Kirchgeorg, W. M. Dornscheidt, W. Giese, & N. Stoeck (Hrsg.), *Handbuch Messemanagement. Planung, Durchführung und Kontrolle von Messen, Kongressen und Events* (S. 5–13). Wiesbaden: Gabler.

Schmitt, B. (1999). *Experiential marketing: How to get customers sense, feel, think, act, and relate to your company and brands.* New York: Free Press.

Schulze, G. (2007). Die Zukunft der Erlebnisgesellschaft. In O. Nickel (Hrsg.), *Eventmarketing: Grundlagen und Erfolgsbeispiele* (2. Aufl., S. 309–320). München: Vahlen.

Selinski, H., & Sperling, U. A. (1995). *Marketinginstrument Messe.* Köln: Wirtschaftsverlag Bachem.

Springer, C. (2008). *Multisensuale Markenführung. Eine verhaltenswissenschaftliche Analyse unter besonderer Berücksichtigung von Brand Lands in der Automobilwirtschaft*. Wiesbaden: Gabler.

Steinecke, A. (2002). Kulturtourismus in der Erlebnisgesellschaft. Trends, Strategien, Erfolgsfaktoren. *Geographie und Schule, 24*(135), 10–14.

Tynan, C., & McKechnie, S. (2009). Experience marketing: A review and reassessment. *Journal of Marketing Management, 25*(5/6), 501–517.

Veigel, U. (2010). Das Internet ist menschlich! *Markenartikel, 11,* 42–44.

Zanger, C. (2001). Eventmarketing. In D. Tscheulin & B. Helmig (Hrsg.), *Branchenspezifisches Marketing: Grundlagen – Besonderheiten - Gemeinsamkeiten* (S. 831–853). Wiesbaden: Gabler.

Zanger, C. (2007). Eventmarketing als Kommunikationsinstrument. Entwicklungsstand in Wissenschaft und Praxis. In O. Nickel (Hrsg.), *Eventmarketing: Grundlagen und Erfolgsbeispiele* (2. Aufl., S. 3–16). München: Vahlen.

Sponsoring als Instrument der integrierten Unternehmenskommunikation

Manfred Bruhn und Grit Mareike Ahlers

Zusammenfassung

Sponsoringmaßnahmen von Unternehmen sind heute eine alltägliche Erscheinung und aus dem Kommunikationsmix vieler Unternehmen ist Sponsoring nicht mehr wegzudenken. Gleichzeitig ist aber auch das Wettbewerbsumfeld für Sponsoring in den vergangenen Jahren deutlich anspruchsvoller geworden und allein eine attraktive Sponsoringpartnerschaft ist heute kein Erfolgsgarant mehr. Vielmehr sind Marketing- und Kommunikationsverantwortliche herausgefordert, ihre Sponsoringaktivitäten systematisch zu planen, eine professionelle Umsetzung vorzunehmen, die Vernetzung im Rahmen des Kommunikationsmix sicherzustellen und nicht zuletzt die Erfolgswirkungen des Sponsoring nachzuweisen. Der vorliegende Beitrag beschreibt vor diesem Hintergrund zunächst die grundsätzlichen Möglichkeiten im Rahmen des Sponsoring und skizziert daraufhin einen idealtypischen Entscheidungsprozess, der auf eine effektive und effiziente Entwicklung und Umsetzung von Sponsorships ausgerichtet ist.

Schlüsselwörter

Sponsoring · Unternehmenskommunikation · Marketingkommunikation · Integrierte Kommunikation · Kommunikationswirkung · Evaluation · Sponsoringziele · Sponsoringstrategie

---

M. Bruhn (✉)
Universität Basel, Wirtschaftswissenschaftliche Fakultät
Peter Merian-Weg 6, 4002 Basel, Schweiz
E-Mail: manfred.bruhn@unibas.ch

G. M. Ahlers
Prof. Bruhn und Partner
Heuberg 22, 4051 Basel, Schweiz
E-Mail: mareike.ahlers@bruhn-partner.com

1 Begriff und Erscheinungsformen des Sponsoring

1.1 Entwicklung des Sponsoring

Sponsoring ist in den letzten Jahren zu einer geläufigen und alltäglichen Erscheinung avanciert. Immer häufiger nutzen Unternehmen verschiedener Sektoren die vielfältigen Möglichkeiten des Sponsoring in sportlichen, kulturellen, sozialen, ökologischen und medialen Bereichen, um Teilnehmer und Zuschauer mit verschiedenen Marken und Produkten zu konfrontieren. Damit wird das Ziel verbunden, kommunikative Wirkungen zu realisieren, indem Ereignisse, die im öffentlichen Interesse stehen, in die Kommunikationsarbeit von Unternehmen einbezogen werden (Bruhn 2010, S. 3).

Seit Beginn der 1980er Jahre lässt sich eine explosionsartige *Entwicklung des Sponsoring* feststellen. Belief sich das Sponsoringvolumen in Deutschland Anfang der 1990er Jahre noch auf zirka 1 Mrd. €, so liegen die Investitionen im Jahr 2012 bei 4,4 Mrd. € (ZAW 2012). Diese Entwicklung ist zu einem Großteil auf Entwicklungen in den Kommunikations- und Medienmärkten zurückzuführen, die den Einsatz neuer innovativer Kommunikationsinstrumente erforderten. So wurde immer deutlicher, dass die klassischen Formen der Kommunikation Wirkungsprobleme aufweisen, die unter anderem auf eine generelle Informationsüberflutung und zunehmende Reaktanzen auf Seiten der Zielgruppen zurückzuführen sind. Unternehmen sahen sich somit dazu veranlasst, neue, ungewöhnliche, aber auch kostengünstigere Formen der Kommunikation zu suchen (Ahlert et al. 2006, S. 5 f.; Bruhn 2009a, S. 159). Diese Entwicklung setzt sich bis heute fort und wird nicht zuletzt am raschen Bedeutungszuwachs von Social Media deutlich. Die Ansprüche an neue Kommunikationsinstrumente haben sich dabei bis heute nicht verändert: Im Kern geht es um die effektive und effiziente Ansprache von Zielgruppen, um Ziele der Unternehmens- und Marketingkommunikation zu realisieren. Hier liegen auch die besonderen Stärken von Sponsoring, indem es eine gezielte, emotionale Ansprache der Zielgruppen über den Freizeitbereich und die Medien ermöglicht (Bruhn 2008a, S. 165).

1.2 Abgrenzung und Definition des Sponsoring

Die Förderung von Kunst, Wissenschaft und Sozialwesen durch Privatpersonen oder Unternehmen hat eine lange Tradition. Bei einer Betrachtung der historischen Entwicklung der differierenden Begriffe der Unternehmensförderung kann generell zwischen *Mäzenatentum*, *Spendenwesen* und *Sponsoring* unterschieden werden (vgl. ausführlich Bruhn 2010, S. 3 ff. sowie Walliser 1995, S. 10; Hermanns und Marwitz 2008, S. 45; Haibach 2012). Die Differenzen zwischen diesen Formen sind in erster Linie in einer unterschiedlichen Schwerpunktlegung bei den Fördermotiven zu sehen sowie in den Bedingungen, die an die Vergabe von Fördermitteln durch Mäzene, Spender bzw. Sponsoren gestellt werden. Der *Begriff des Sponsoring* lässt sich in diesem Kontext wie folgt fassen (Bruhn 2010, S. 6 f.):

> **Sponsoring**
> Unter Sponsoring versteht man die
> - Analyse, Planung, Umsetzung und Kontrolle sämtlicher Aktivitäten,
> - die mit der Bereitstellung von Geld, Sachmitteln, Dienstleistungen oder Know-how durch Unternehmen und Institutionen
> - zur Förderung von Personen und/oder Organisationen in den Bereichen Sport, Kultur, Soziales, Umwelt und/oder den Medien
> - unter vertraglicher Regelung der Leistung des Sponsors und Gegenleistung des Gesponserten verbunden sind,
> - um damit gleichzeitig Ziele der Marketing- und Unternehmenskommunikation zu erreichen.

Trotz der sprachlichen und inhaltlichen Verwandtschaft der Bereiche Sport-, Kultur-, Sozio-, Umwelt- und Mediensponsoring sind jeweils unterschiedliche Kommunikationsaufgaben zu erfüllen, in denen eigene Regeln zu berücksichtigen sind. Ungeachtet dessen lassen sich jedoch sechs konstitutive *Merkmale des Sponsoring* hervorheben, die sämtlichen Sponsoringaktivitäten gemeinsam sind (Bruhn 2010, S. 7 f.):

1. Sponsoring basiert auf dem *Prinzip von Leistung und Gegenleistung*. Der Sponsor stellt seine Fördermittel in der Erwartung zur Verfügung, vom Gesponserten eine bestimmte Gegenleistung zu erhalten. Als Gegenleistung bietet der Gesponserte die werbewirksame Verwendung des Marken- oder Firmennamens des Sponsors an oder dem Sponsor wird die kommunikative Nutzung des Sponsorships gewährt, beispielsweise im Rahmen seiner Public Relations oder Social Media-Aktivitäten.
2. Sponsoring entspricht nicht dem ausschließlichen Kauf von Werbefläche gegen Entgelt. Vielmehr kommt beim Sponsoring häufig der *Fördergedanke* gegenüber dem Gesponserten zum Ausdruck, da sich der Sponsor auch inhaltlich mit den Aufgaben des Sponsors identifiziert.
3. Sponsoring erfüllt für Unternehmen *kommunikative Funktionen*, die vom Gesponserten direkt erbracht, durch Medien transportiert oder auch vom Sponsor selbst geschaffen werden können.
4. Sponsoring verlangt einen *systematischen Planungs- und Entscheidungsprozess*. Es reicht nicht aus, einem Gesponserten spontan in einer bestimmten Höhe Zuwendungen zukommen zu lassen und die erhoffte Wirkung abzuwarten. Vielmehr sind die Maßnahmen auf Basis einer Situationsanalyse und Zielformulierung zu planen, zu organisieren, durchzuführen und zu kontrollieren. Die Notwendigkeit einer systematischen Planung gilt für Gesponserte und Sponsoren gleichermaßen.
5. Eines der wesentlichen Ziele des Sponsoring stellt der *Imagetransfer* dar. Häufig geht es den Sponsoren darum, das spezielle Image einer gesponserten Person, einer Veranstal-

Sponsoringformen aus Sicht der Sponsoren		Sponsoringformen aus Sicht der Gesponserten	
Merkmalskategorien	Erscheinungsformen	Merkmalskategorien	Erscheinungsformen
Art der Sponsorenleistung	Geldmittel	Art der Gegenleistung des Gesponserten	Werbung während der Veranstaltung
	Sachmittel		Nutzung von Prädikaten
	Dienstleistungen		Einsatz der Gesponserten in der Unternehmenskommunikation
Anzahl der Sponsoren	Exklusiv-Sponsorship		
	Co-Sponsorship	Art der gesponserten Individuen/Gruppen	Profis
Art des Sponsors	Leistungssponsoren		Halbamateure
			Amateure
	Unternehmen als Sponsoren	Leistungsklasse	Breitenebene
			Leistungsebene
	Stiftungen als Sponsoren		Spitzenebene
Initiator des Sponsoring	Fremdinitiiertes Sponsoring	Art der gesponserten Individuen/Gruppen	Verbände
			Vereine
	Eigeninitiiertes Sponsoring		Stiftungen
Vielfalt des Sponsoring	Konzentriertes Sponsoring		Öffentliche und gemeinnützige Organisationen
	Differenziertes Sponsoring	Art der gesponserten Veranstaltung	Offizielle Veranstaltungen
Art der Nutzung	Isoliertes Sponsoring		Inoffizielle Veranstaltungen
	Integriertes Sponsoring		Kreierung eigener Projekte durch den Sponsor

Abb. 1 Erscheinungsformen des Sponsoring im Überblick (Quelle: Bruhn 2010, S. 24 ff.)

tung oder eines Sponsoringbereiches (z. B. einer Sportart oder Musikrichtung) auf das eigene Unternehmen bzw. die Marke zu übertragen (Bruhn und Batt 2012).
6. Sponsoring ist aus Unternehmenssicht ein *Baustein zur Integrierten Kommunikation* und damit von Unternehmen nicht isoliert, sondern im Verbund mit anderen Marketing- und Kommunikationsinstrumenten einzusetzen (vgl. zur Integrierten Kommunikation Bruhn 2009b).

Für eine Klassifikation der zahlreichen *Erscheinungsformen des Sponsoring* lassen sich verschiedene Abgrenzungskriterien heranziehen, die aus Sicht von Sponsoren und Gesponserten in Abb. 1 zusammengefasst sind.

1.3 Bereiche des Sponsoring

In der Praxis haben sich mit dem Sport-, Kultur-, Umwelt-, Sozio- und Mediensponsoring fünf *Sponsoringbereiche* herausgebildet, auf die im Folgenden näher eingegangen wird.

1.3.1 Sportsponsoring

Der Bereich Sportsponsoring gilt als die älteste Form des Sponsoring, die ihren Platz im Kommunikationsmix der Unternehmen bereits in den 1970er Jahren fand. Auch heute entfällt noch ein Hauptanteil der Sponsoringaufwendungen in den Sportbereich und insbesondere beim Spitzensport hat sich Sponsoring zum zentralen Finanzierungsinstrument entwickelt, was auch bei den *Tätigkeitsbereichen* der Unternehmen deutlich wird. Großveranstaltungen, beispielsweise im Automobilsport, in der Leichtathletik, im Tennis oder während der gesamten Spielzeit der nationalen Fußball- oder Eishockeyligen, sind heute ohne Beteiligung von Sponsoren kaum mehr möglich. Demgegenüber sind die Aufwendungen der Wirtschaft für den Breitensport deutlich geringer. Dominiert wird das Sportsponsoring vom Fußball, gefolgt von Basketball, Handball und Eishockey (vgl. zum Sportsponsoring ausführlich Drees 2008, S. 99 ff.; Hermanns und Marwitz 2008, S. 71 ff.; Bruhn 2011, S. 796 ff.).

1.3.2 Kultursponsoring

Kunst und Kultur umfassen einen wichtigen Freizeitbereich, der die Grundlage für die Bedeutung des Kultursponsoring bildet. Stand zu Beginn des Kultursponsoring häufig die Demonstration gesellschaftspolitischer Verantwortung im Mittelpunkt, bilden aktuell zumeist ein positiver Imagetransfer und die Ansprache spezifischer Zielgruppen (z. B. durch das Sponsoring von Rock- und Popkonzerten) die zentralen Zielsetzungen.

Bei der Betrachtung verschiedener *Bereiche des Kultursponsoring* zeigt sich, dass den Schwerpunkt der Kultursponsoringengagements von Unternehmen vornehmlich Aktivitäten im Kunstsponsoring sowie der klassischen Musik bilden. Darüber hinaus zählen auch kulturelle Bereiche wie Theater, Literatur, Film, Denkmalschutz sowie Rock- und Popkonzerte bzw. -festivals zum Kultursponsoring (vgl. zum Kultursponsoring ausführlich z. B. Oakes 2003; von Posadowsky 2006, S. 347 ff.; Schwaiger 2008, S. 113 ff.; Schwaiger et al. 2010; Bruhn 2011, S. 800 f.).

Bei der Auswahl von Engagements sind einige *Besonderheiten des Kultursponsoring* zu beachten, die signifikante Unterschiede gegenüber dem Sportsponsoring beinhalten (Bruhn 1989; Drees 1989; Bruhn 2011, S. 802 f.):

- Kultursponsoring ist weniger in der Lage, ein Massenpublikum zu erreichen. Vielmehr können eher kleinere, aber für das Unternehmen sehr attraktive Zielgruppen angesprochen werden.
- Kultursponsoring ermöglicht ein exklusives Auftreten des Unternehmens. Das Sponsoring im Verbund mit anderen Sponsoren ist eher die Ausnahme.
- Bei den Geförderten bestehen zum Teil Barrieren und Ängste, eine Partnerschaft mit einem Unternehmen einzugehen. Hier ist es wichtig, gegenseitige Erwartungshaltungen vorab zu präzisieren.
- Seitens des Unternehmens ist eine inhaltliche Auseinandersetzung mit dem jeweils kulturellen Anliegen geboten, um bei den Zielgruppen Glaubwürdigkeit zu vermitteln.
- Die Planung und Durchführung des Sponsorships erfordert im Unternehmen vor allem bei Kultursponsoring einen Verantwortlichen, der sich für die auszuwählenden Förderbereiche persönlich engagiert.

1.3.3 Umweltsponsoring

Die verstärkte Bedeutung ökologischer Fragestellungen in der öffentlichen Diskussion kann als Basis für die Entwicklung des Umweltsponsoring gelten. Lange Zeit nahm dies nur eine untergeordnete Stellung als Bestandteil der Kommunikation von Unternehmen ein, hat jedoch stetig an Bedeutung gewonnen.

Die *Tätigkeitsbereiche* des Umweltsponsoring erstrecken sich im Wesentlichen auf den Natur- und Artenschutz. Im Vordergrund stehen zumeist die Förderung lokaler, nationaler oder internationaler Naturschutzorganisationen, die Initiierung von Natur- und Artenschutzaktionen oder die Ausschreibung von Wettbewerben (vgl. zum Umweltsponsoring ausführlich Bruhn 2011, S. 803 ff.).

Die klassische Definition des Sponsoring kann nicht ohne Weiteres auf das Umweltsponsoring angewendet werden und Erfahrungen aus dem Sport- und Kultursponsoring sind nicht pauschal auf diesen Bereich übertragbar. Folgende fünf *Besonderheiten des Umweltsponsoring* sind zu nennen (Bruhn 2010, S. 277 f.):

- Im Umweltsponsoring dominiert der Fördergedanke, d. h. die Schaffung von Möglichkeiten zur Aufgabenerfüllung im ökologischen Bereich.
- Umweltsponsoring wird als Baustein einer ökologisch orientierten Unternehmenskultur verstanden, durch die das unternehmerische Selbstverständnis nach innen und außen dokumentiert wird.
- Werbliche Wirkungen für die Unternehmenskommunikation spielen im Umweltsponsoring nur eine untergeordnete Rolle.
- Es besteht die Notwendigkeit einer inhaltlichen Identifikation des Unternehmens mit den Engagements im Umweltsponsoring.
- Es werden ausschließlich nichtkommerzielle Gruppen oder Organisationen (vor allem umweltpolitische Institutionen) gefördert.

1.3.4 Soziosponsoring

Parallel zum Umweltsponsoring entwickelte sich der Bereich Soziosponsoring. Grundsätzlich gelten hier die gleichen Besonderheiten wie für das Umweltsponsoring. Schwerpunkte der Tätigkeit im Soziosponsoring sind zum einen in den Bereichen Gesundheits- und Sozialwesen, zum anderen in Wissenschaft und Bildung zu sehen.

Hinsichtlich der *Tätigkeitsbereiche* im *Gesundheits- und Sozialwesen* sind insbesondere die Bereitstellung finanzieller Mittel zur Lösung sozialer Aufgaben, die Gründung eigener Stiftungen, die Bereitstellung von Sachmitteln, Dienstleistungen und Know-how zur Lösung sozialer Aufgaben, Kooperationen mit Medien zur Förderung sozialer Anliegen und die Ausschreibung von Wettbewerben mit sozialem Bezug zu nennen (vgl. zum Soziosponsoring ausführlich Mussler 2008, S. 125 ff.; Bruhn 2010, S. 275 ff.).

Unternehmerisches Engagement an Schulen und Hochschulen, das sog. *Bildungs- und Wissenschaftssponsoring*, ist noch recht junger Natur, da die Bildung lange Zeit als „werbefreie Zone" betrachtet wurde. Angesichts knapper Kassen lösen sich die Berührungsängste zwischen Politik und Bildungseinrichtungen sowie der Wirtschaft aber langsam auf. Zahlreichen Markenartiklern kann dies nur entgegenkommen, da an Schulen und Hochschulen ein attraktives Zielpublikum zu erreichen ist (Bagusat 2008, S. 133 ff.; Bruhn 2011, S. 806 ff.).

1.3.5 Mediensponsoring

Die jüngste Form des Sponsoring ist das Sponsoring von Medien, bei dem es sich streng genommen nicht um eine Form des Sponsoring, sondern um eine Sonderform der Mediawerbung handelt. Hierzu zählt das *Programmsponsoring*, das sich inzwischen als Werbeform etabliert hat und seine rechtliche Grundlage im *Rundfunkstaatsvertrag* vom 31. August 1991 (15. Rundfunkänderungsstaatsvertrag vom 1. Januar 2013) findet. Das Programmsponsoring ist vor allem für Markenanbieter von Bedeutung, da die Medien ein breites Publikum erreichen und auf diese Weise z. B. eine Erhöhung der Markenbekanntheit realisiert werden kann. Innerhalb des Programmsponsoring ist beispielsweise das Sponsoring einmaliger oder wiederkehrender Sendungen möglich oder auch die Übernahme eines Tagessponsoring (Bruhn 2011, S. 808 ff.).

Neben dem klassischen Programmsponsoring haben sich in den letzten Jahren mit der Entwicklung neuer Medien zusätzliche Gelegenheiten für Unternehmen eröffnet, über ein weiterreichendes Mediensponsoring kommunikationspolitische Zielsetzungen zu erreichen. Im Unterschied zu den meisten anderen Sponsoringformen hat das *Internetsponsoring* in diesem Kontext nicht nur eine rein kommunikative, sondern auch eine zentrale vertriebliche und auf die Steuerung der Kundenbeziehung bezogene Funktion. Aus Perspektive der Sponsoren beziehen sich die primären Zielsetzungen auf die kurzfristige Aktivierung von Verhaltensreaktionen der Nutzer, die Ansprache spezieller Zielgruppen sowie die Präsentation von Produkten bzw. Know-how im Internet. Internetsponsoring kommt zum Beispiel als Komplettsponsoring (Hinweis auf den Sponsor auf der gesamten Web-Präsenz des Gesponserten), Content Sponsoring (Sponsoring von inhaltlichen Teilbereichen einer Internetseite) oder auch Sponsoring interaktiver Elemente (etwa Experten-Chats oder Diskussionsforen) zum Einsatz (vgl. zum Internetsponsoring ausführlich Bruhn 2010, S. 428 ff. sowie die dort angegebene Literatur; vgl. zum Mediensponsoring ausführlich van Overloop und Lemân 2008, S. 147 ff.).

Die *Verteilung der Sponsoringbudgets* in Deutschland verdeutlicht klar die Dominanz des Sportsponsoring. Etwa 45 % der Sponsoringbudgets entfallen auf diesen Bereich, während in Kunst-/Kultursponsoring zirka 18 %, in Soziosponsoring 16 % sowie in Umwelt- und Mediensponsoring jeweils knapp 4 % investiert werden. Für die Zukunft sehen Unternehmen insbesondere im Bildungs-, Umwelt- und Soziosponsoring das größte Wachstumspotenzial (BBDO Live 2010).

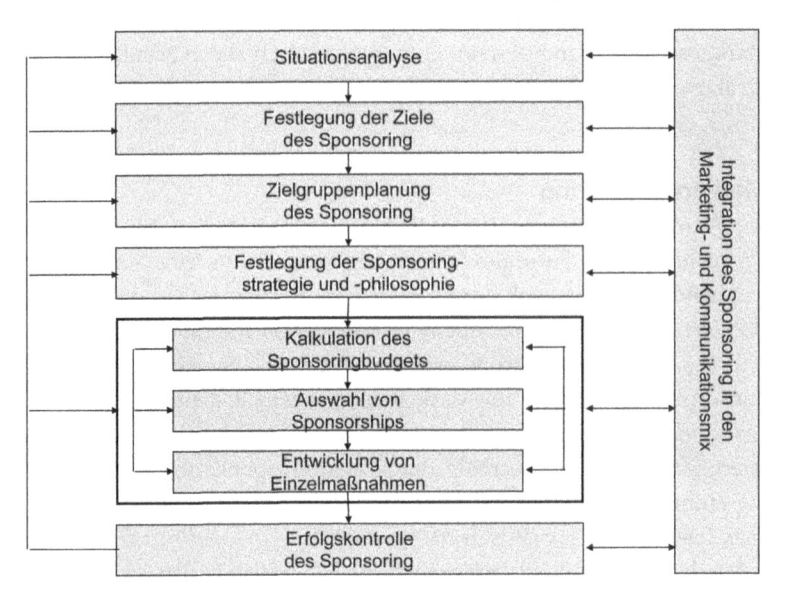

Abb. 2 Planungsprozess des Sponsoring aus Unternehmenssicht
(Quelle: Bruhn (2010, S. 46))

2 Planungs- und Entscheidungsprozesse des Sponsoring

2.1 Planungsprozess im Sponsoring

Unabhängig von der Erscheinungsform des Sponsoring ist es erforderlich, dem Sponsoringeinsatz einen systematischen Entscheidungs- bzw. Planungsprozess zugrunde zu legen. Der *Planungsprozess des Sponsoring* wird aus Unternehmenssicht idealtypisch in mehrere Phasen unterteilt, die in Abb. 2 im Überblick dargestellt sind. Zahlreiche Unternehmen, die Sponsoringaktivitäten durchführen, gehen nicht stringent nach einer Planungssystematik vor, sondern lassen sich vielmehr von ihrer Intuition leiten. Die in der Vergangenheit häufig zu beobachtende, eher „spontane" Vorgehensweise der Unternehmen bei der Planung von Sponsoringaktivitäten wird heute jedoch zunehmend durch geplantes, systematisches Vorgehen ersetzt. Dies gilt für die Unternehmens- und Marketingkommunikation gleichermaßen.

2.2 Situationsanalyse im Sponsoring

Im Rahmen der Sponsoringplanung ist zunächst eine *Situationsanalyse* durchzuführen, um einen möglichst genauen Eindruck von der Markt- und Umfeldsituation zu gewinnen, mit der sich der Sponsor konfrontiert sieht. Ziel ist es, die Ist-Situation des Sponsoring zu erfassen und herauszufiltern, welche Faktoren auf die spezifische Sponsoringsituation

Einfluss nehmen. Hierbei sind sämtliche Wahrnehmungsperspektiven, d. h. die Wahrnehmung der Kunden, Mitarbeitenden, Öffentlichkeit und Wettbewerber, zu untersuchen.

In dieser ersten Planungsphase ist es notwendig, die vielfältigen Situationsvariablen, die die Kommunikationsarbeit der einzelnen Sponsoringinstrumente und die Ausrichtung der Gesamtkommunikation beeinflussen, möglichst detailliert zu erfassen. Dazu empfiehlt sich eine strukturierte Vorgehensweise, die intern die relevanten unternehmensbezogenen Einflussfaktoren (z. B. finanzielle Ressourcen, Know-how, Zugang zu potenziellen Sponsorships) analysiert sowie extern zwischen kundenbezogenen (z. B. Freizeitverhalten), wettbewerbsbezogenen (z. B. deren Sponsoringstrategien), umfeldbezogenen (z. B. rechtliche Entwicklungen) und gegebenenfalls handelsbezogenen (z. B. Möglichkeiten der Aktivierung von Sponsoringships am POS) Einflussfaktoren unterscheidet (Bruhn 2009a, S. 166).

Die vielfältigen internen und externen Parameter der Situationsanalyse werden idealerweise in Form einer *SWOT-Analyse* aufbereitet, um ein strukturiertes Bild über die Ausgangssituation für die weitere Sponsoringplanung zu erhalten (Bruhn 2011, S. 825).

2.3 Ziele im Sponsoring

Ausgangspunkt der *Zielformulierung im Sponsoring* sind die bestehenden Marketing- und Kommunikationsziele des Unternehmens hinsichtlich seiner Produkte/Dienstleistungen oder Marken, d. h. bestimmte Absatz- und Umsatzziele, angestrebte Bekanntheitsgrade, Imageprofile u. a. Sie bilden die Grundlage für die Prüfung, ob Sponsoring als relevantes Instrument im Rahmen des Kommunikationsmix in Frage kommt. Bezüglich der Formulierung konkreter Sponsoringziele ist zunächst zwischen ökonomischen und psychologischen Zielen zu unterscheiden (vgl. im Folgenden Bruhn 2011, S. 827 ff.).

Ökonomische Sponsoringziele beinhalten monetäre wirtschaftliche Größen, beispielsweise Gewinn oder Umsatz. Sie stellen innerhalb des Kommunikationsmix originäre Ziele aller Instrumente dar und bilden das Oberziel der Sponsoringaktivitäten. Im Sponsoring sind ökonomische Ziele vor allem für Unternehmen von Bedeutung, deren Produkte direkt oder indirekt mit dem betreffenden Förderbereich verbunden sind; etwa Hersteller von Sportgeräten und -bekleidung oder auch Markenhersteller in den Bereichen Erfrischungsgetränke, Schokoladenriegel, Uhren usw. Eine relativ kurzfristige, direkte Erreichung ökonomischer Ziele über Sponsoring kann darüber hinaus z. B. mittels Promotionaktionen mit gesponserten Athleten in den Verkaufsräumen eines Handelsbetriebes angestrebt werden.

Für viele Sponsoringbereiche ist jedoch davon auszugehen, dass ein direkter Zusammenhang zwischen den Sponsoringaktivitäten und ökonomischen Marketingzielen nicht unmittelbar hergestellt werden kann und dies auch nicht angestrebt wird. In diesen Fällen stehen nicht ökonomische, sondern *psychologische Zielgrößen* im Mittelpunkt des Sponsoring. Diese lassen sich entsprechend ihrer Wirkungen bei den Zielgruppen in kognitive (die Erkenntnis betreffende), affektive (das Gefühl betreffende) und konative (das Verhalten betreffende) Ziele einteilen.

Auf der Ebene *kognitiver Ziele* lässt sich über Sponsoring primär die Schaffung, Stabilisierung oder Steigerung der Unternehmens- oder Markenbekanntheit verfolgen. Dies gilt vor allem für jene Sponsoringformen, die mit einer breiten Medienresonanz, beispielsweise durch Fernsehübertragungen beim Sport- oder Mediensponsoring, rechnen können.

Da Sponsoring zu den erlebnisorientierten Kommunikationsinstrumenten zählt, kommt den *affektiven Zielen* eine besondere Bedeutung zu. Oftmals verfolgen Unternehmen mittels ihrer Sponsoringaktivitäten das Ziel, zum Aufbau, der Pflege oder Modifikation des Images eines Sponsoringobjektes beizutragen. Hierbei wird versucht, die Einstellungen der Zielgruppen hinsichtlich des Unternehmens, seiner Produkte bzw. Marken zu beeinflussen.

Grundlage bildet das Prinzip des *Imagetransfers*, demzufolge bei einer langfristigen Anbindung eines Unternehmens oder einer Marke an eine Sportart, ein kulturelles/soziales Engagement oder bestimmte (Programme in) Medien die Imagedimensionen des jeweiligen Sponsoringobjektes auf das Unternehmen bzw. die Marke übertragen werden. Dies gilt vor allem für die Verstärkung ausgewählter Imagedimensionen, d. h. beispielsweise im Sportsponsoring die Dimensionen Sportlichkeit, Jugendlichkeit, Dynamik oder Leistungsfähigkeit und im Kultursponsoring Kreativität, Exklusivität oder Modernität.

Auf der Ebene affektiver Sponsoringziele sind auch *interne Zielsetzungen*, wie die Verbesserung der Mitarbeitermotivation und -identifikation mit dem eigenen Unternehmen, einzuordnen. Voraussetzung hierfür ist, dass Aktivitäten unterstützt werden, in denen sich die Interessen der Mitarbeitenden widerspiegeln und in die die Mitarbeitenden idealerweise auch aktiv einbezogen werden (Beinborn 2006; Bruhn 2008b, 2011, S. 830).

Neben kognitiven und affektiven Zielen verfolgen Unternehmen mit dem Sponsoringeinsatz auch *konative Ziele*. Hierbei steht jedoch weniger eine Veränderung des Kaufverhaltens im Mittelpunkt der meisten Sponsoringmaßnahmen, sondern vielmehr die Realisierung beziehungsorientierter Ziele, insbesondere in Form der Kontaktpflege und des Dialogs mit ausgewählten Kunden, Meinungsführern und Medienvertretern. Speziell im Rahmen von Hospitality-Maßnahmen (z. B. VIP-Bereiche mit einem Angebot an Verpflegung und Aufenthaltsmöglichkeiten) im Rahmen von Sponsoringaktivitäten bieten sich vielfältige Möglichkeiten der gezielten Kontaktpflege mit unternehmensrelevanten Personen.

2.4 Zielgruppen im Sponsoring

Vor dem Hintergrund zunehmender Möglichkeiten für Sponsorships und steigender Kosten je Engagement ist eine systematische Zielgruppenplanung im Sponsoring unabdingbar, um einen effizienten Einsatz der Sponsoringaktivitäten zu gewährleisten.

Grundsätzlich ist die Betrachtung der Sponsoringzielgruppen aus zwei unterschiedlichen Perspektiven vorzunehmen. Zum einen sind die *Zielgruppen des Sponsors* als so genannte „Basiszielgruppen" des Unternehmens zu nennen, deren Ansprache durch verschiedene Kommunikationsinstrumente erfolgt. Hierzu zählen z. B. Endabnehmer, Handelspartner, Eigenkapitalgeber, Lieferanten, Politiker, Verbandsvertreter und Mitarbeitende, Meinungsmultiplikatoren sowie Medienvertreter. Zum anderen sind die *Zielgruppen des Gesponserten* zu betrachten, die durch dessen jeweilige Tätigkeit beispielsweise im Sport oder in der Kunst erreicht werden. Hierbei lassen sich vorrangig aktive Teilnehmer, Besucher und Mediennutzer als Zielgruppen unterscheiden (Bruhn 2010, S. 53 ff.).

Idealerweise werden im Rahmen der Zielgruppenplanung die Basiszielgruppen des Unternehmens identifiziert, nach verschiedenen Merkmalen beschrieben und jenen Zielgruppen gegenübergestellt, die durch die geplanten Sponsoringengagements erreicht werden können. Im Prinzip werden damit die beiden Zielgruppen hinsichtlich möglicher Überschneidungen geprüft, denn nur bei einer hohen Zielgruppenaffinität mit entsprechend geringen Streuverlusten wird sich ein Unternehmen für ein angebotenes oder nachgefragtes Sponsorship interessieren.

Zur *Beschreibung der Zielgruppen* des Sponsoring lassen sich demografische, sozioökonomische, psychografische und verhaltensbezogene Kriterien heranziehen. Dabei sind vor allem diejenigen Kriterien von Interesse, die auf die Affinität der einzelnen Personengruppen hinsichtlich bestimmter Sponsoringbereiche schließen lassen (Bruhn 2011, S. 833 f.).

Nachdem die Ziele und Zielgruppen der Sponsoringaktivitäten definiert sind, ist in einem nächsten Schritt die Sponsoringstrategie zu entwickeln, um die vorgegebenen Ziele bei der anvisierten Zielgruppe erreichen zu können.

2.5 Entwicklung der Sponsoringstrategie

Die Entwicklung einer *Sponsoringstrategie* stellt den Kern des Planungsprozesses im Sponsoring dar, indem eine Schwerpunktsetzung der zu ergreifenden Kommunikationsanstrengungen erfolgt. Ohne eine zentrale strategische Ausrichtung besteht die Gefahr, dass Unternehmen nach dem „Gießkannenprinzip" vorgehen und sich in ihren Sponsoringaktivitäten verzetteln. Die Schwerpunktsetzung äußert sich in mittel- bis langfristigen Verhaltensplänen, die verbindlich angeben, mit welchen Anstrengungen das Unternehmen die Realisierung der formulierten Sponsoringziele anstrebt.

> **Sponsoringstrategie**
> Eine Sponsoringstrategie ist die bewusste und verbindliche Festlegung der Schwerpunkte in den Sponsoringaktivitäten eines Unternehmens auf einen längeren Zeitraum hin, um die angestrebten Sponsoringziele zu erreichen (Bruhn 2011, S. 836).

Bei der Entscheidung über die Schwerpunktsetzung im Sponsoring empfiehlt es sich, nach thematischen Verbindungslinien („links") zwischen dem Sponsor (z. B. Unternehmen oder Marke) und dem Förderbereich zu suchen, um die Glaubwürdigkeit der Sponsoringengagements zu unterstreichen. Nach dem *Affinitätenkonzept* sind mit der Leistungs-,

Zielgruppen- und Imageaffinität sowie dem Know-how- und Regionalbezug unterschiedliche Verbindungslinien denkbar, die als Grundlage der Strategiefindung dienen können (Waite 1979; Erdtmann 1989; Bruhn 2004, S. 1612 ff.).

Auf Basis einer grundsätzlichen Entscheidung hinsichtlich der Schwerpunkte des Sponsoringengagements kann die *inhaltliche Bestimmung der Sponsoringstrategie* erfolgen. Demnach ist insbesondere über die folgenden *Elemente einer Sponsoringstrategie* zu befinden (Bruhn 2010, S. 57 ff.):

- *Sponsoringobjekt*: Bei der Bestimmung des Sponsoringobjektes geht es um die Entscheidung, wer als offizieller Sponsoringträger in die Öffentlichkeit tritt, d. h., ob das Unternehmen oder eine bestimmte Marke als Sponsor genannt wird.
- *Sponsoringzielgruppen*: Mit den Sponsoringzielgruppen werden die mit den Sponsorships anzusprechenden Zielgruppen des Unternehmens festgelegt.
- *Sponsoringbotschaft*: Die Sponsoringbotschaft umfasst die zu kommunizierenden Inhalte eines Sponsorships, beispielsweise die angestrebte Imageänderung, eine besondere soziale Profilierung oder Ähnliches.
- *Sponsoringsubjekt (Gesponserte)*: Das Sponsoringsubjekt bzw. der Gesponserte ist durch das Unternehmen in sachlicher, personeller und zeitlicher Hinsicht genau zu beschreiben.
- *Sponsoringmaßnahmen*: Im Rahmen der Sponsoringmaßnahmen werden die einzelnen Sponsoringaktivitäten in Form der Leistungen und Gegenleistungen von Sponsor und Gesponsertem näher spezifiziert.
- *Sponsoringtiming*: Das Timing legt den Zeitraum bzw. Zeitpunkt eines Sponsoringengagements fest. Von Interesse ist insbesondere, ob ein Engagement langfristig verfolgt wird oder ob es sich um eine einmalige Partnerschaft handelt.
- *Sponsoringareal*: Mit der Entscheidung über das Sponsoringareal bestimmt ein Unternehmen, ob es seine Sponsoringaktivitäten primär lokal, regional, national oder international ausrichtet.

Es wird deutlich, dass die Entwicklung einer Sponsoringstrategie nicht isoliert von anderen Phasen im Planungsprozess abgegrenzt werden kann. So sind die Zielgruppen idealtypisch schon zuvor ausgewählt worden, stellen aber gleichfalls ein Element der Strategie dar. Entscheidungen, die sich auf den Einsatz der Sponsoringmaßnahmen beziehen, werden hingegen mit der Strategieentwicklung nur grob umrissen, ihre detaillierte Planung erfolgt erst im weiteren Vorgehen.

Mit der Verabschiedung der Sponsoringstrategie ist die strategische Sponsoringplanung weitgehend abgeschlossen. Damit sind die Voraussetzungen für den Erfolg des Sponsoring – im Sinne der Realisierung der Sponsoring- und Kommunikationsziele – geschaffen und das Unternehmen kann zur Maßnahmenplanung übergehen.

Um die Auswahl konkreter Sponsorships zu systematisieren, ist es hierbei empfehlenswert, die Sponsoringstrategie in einer Sponsoringphilosophie festzuhalten, die unternehmensintern und -extern kommuniziert wird. Zu den zentralen *Bausteinen einer Sponsoringphilosophie* zählen folgende Aspekte:

- Festlegung der Sponsoringbereiche mit Begründung für die Auswahl,
- Entscheidung für bzw. gegen bestimmte Sponsoringformen,
- Festlegung des Niveaus der Förderung,
- Bedingungen für eine Präsenz der Medien bei der Berichterstattung über die Sponsorships,
- Stellung des Unternehmens im Vergleich zu anderen Sponsoren,
- Bedingungen für den Einsatz von Werbemitteln,
- Allgemeine Bedingungen, wie beispielsweise Laufzeit der Verträge, Nutzung im eigenen Unternehmen, geographische Einzugsgebiete und interne Zuständigkeiten.

2.6 Budgetplanung im Sponsoring

Bevor eine konkrete Maßnahmenplanung im Sponsoring erfolgen kann, sind Entscheidungen hinsichtlich des zur Verfügung stehenden Budgets zu treffen. Je nachdem, ob die Ausgaben für Sponsoring z. B. aus dem Marketing-, Kommunikations- oder PR-Budget, aus dem Spendenbudget oder einem Sozial- und Umweltfonds stammen, ist dabei unter Umständen mit internen Spannungen zu rechnen. Die Sponsoringverantwortlichen sind somit herausgefordert, die Stärken des Sponsoring deutlich herauszustellen und eine Rechtfertigung der notwendigen finanziellen und personellen Ressourcen zu erlangen.

Die Preise für Sponsoringmaßnahmen variieren in Abhängigkeit vom Sponsoringbereich, der jeweiligen Sponsoringaktivität sowie der Bedeutung bzw. dem „Marktwert" der zu sponsernden Person, Personengruppe oder Institution erheblich. Außerdem spielen Faktoren wie das Leistungsniveau, die Gegenleistungen des Gesponserten, die Bedeutung einer Veranstaltung, die Medienwirkung, die Inanspruchnahme verschiedener Werbemöglichkeiten u. a. m. bei der Kostenkalkulation eine Rolle.

Grundsätzlich lassen sind folgende *Kostenbestandteile des Sponsoringbudgets* unterscheiden (Bruhn 2010, S. 59 f.):

- *Sponsoringbeträge* im engeren Sinn beinhalten jene Geldbeträge, Sachzuwendungen oder Gegenleistungen, die der Gesponserte direkt für seine Leistungen erhält.
- Bei dem *Aktionsbudget* im Unternehmen handelt es sich um die finanziellen Mittel zur Gestaltung sämtlicher Sponsoringmaßnahmen, beispielsweise Banden, Stände oder Verkaufsförderungsaktionen.
- *Personalkosten* des Sponsoring sind Aufwendungen für interne oder externe Mitarbeitende, die an der Planung und Durchführung der Sponsorships im Rahmen einer Voll- oder Teilzeitbeschäftigung beteiligt sind.
- *Umsetzungskosten* entstehen für kommunikative Maßnahmen, die im Sinne einer Integrierten Kommunikation zur Unterstützung der Wirkung des Sponsorships gedacht

sind, beispielsweise im Rahmen der Public Relations, der Verkaufsförderung oder von Social Media. Oftmals wird dieser Budgetbestandteil von Unternehmen unterschätzt. Umfassende Aktivierungsmaßnahmen sind jedoch unerlässlich, damit ein Sponsoring seine volle Wirkung entfalten kann.

- *Kontroll- und Nachbereitungskosten* ergeben sich durch die Notwendigkeit einer Erfassung der Wirkungen und Ergebnisse der einzelnen Sponsorships bei den Zielgruppen sowie als Folge von Aufwendungen für die Nachbereitung der Sponsorships.
- *Provisionen* bzw. *Honorare* fließen an Sponsoringagenturen, Vermittler oder Berater und sind je nach den Leistungen bei der Beratung, Vermittlung, Durchführung oder Kontrolle der Sponsoringaktivitäten zu bestimmen.

Insgesamt sind also nicht nur die Sponsoringausgaben an den Gesponserten zu betrachten, sondern auf die Umsetzung des Sponsorships entfällt ebenfalls noch ein beträchtlicher Anteil.

2.7 Maßnahmenplanung im Sponsoring

Auf Basis der Kalkulation des Sponsoringbudgets kann schließlich die Maßnahmenplanung erfolgen. Hier geht es zum einen um die Auswahl konkreter Sponsorships, zum anderen um die Planung von Einzelmaßnahmen im Rahmen eines Sponsorships.

2.7.1 Auswahl konkreter Sponsorships

Die Vielzahl der Möglichkeiten eines Sponsoringengagements innerhalb der verschiedenen Sponsoringbereiche stellt Unternehmen bei der *Auswahl von Sponsorships* vor ein komplexes Entscheidungsproblem. Hier empfiehlt sich das Vorgehen nach einem *Stufenprozess*, der auf zwei Ebenen stattfindet.

Auf der ersten Ebene findet eine *Grobauswahl* hinsichtlich der für das Unternehmen geeigneten Förderbereiche statt, d. h. Sport, Kultur, Soziales, Umwelt und/oder Medien. Darüber hinaus können bereits einzelne Sportarten, Kultursparten bzw. entsprechende Bereiche für Sozio- und Umweltsponsoring oder Programme in Medien präzisiert werden. Für die Grobauswahl der Förderbereiche bietet sich ähnlich der strategischen Schwerpunktlegung eine Orientierung am *Affinitätenkonzept* an, um einen thematischen Zusammenhang zwischen Sponsor und Sponsoringobjekt herzustellen. Mögliche Affinitäten zwischen Unternehmen bzw. Marke und dem jeweiligen Sponsoringbereich können im Einzelnen mit Hilfe eines *Punktbewertungsverfahrens* (Scoringmodell) genauer analysiert werden (Bruhn 2011, S. 843 ff.).

Nach der Grobauswahl erfolgt auf zweiter Ebene eine *Feinauswahl* von Sponsorships. Dies betrifft die Analyse und Bewertung verschiedener Alternativen innerhalb der festgelegten Sponsoringbereiche. So sind im Rahmen des Sportsponsoring beispielsweise die unterschiedlichen Möglichkeiten, die sich im Rahmen der identifizierten Sportart(en) anbieten, detaillierter zu analysieren und zu bewerten, um einzelne Sponsorships auszuwählen. Zu treffende Entscheidungen beziehen sich in erster Linie auf die Festlegung des/der

Gesponserten sowie die *Leistungsklasse* der Gesponserten. Im weiteren Vorgehen sind die getroffenen Entscheidungen näher zu präzisieren.

Zur Präzisierung der Form der Förderung bedarf es geeigneter *Entscheidungskriterien*, um zu vermeiden, dass Sponsorships rein nach „Bauchgefühl" ausgewählt werden bzw. persönliche Präferenzen von Sponsoringverantwortlichen oder Vorständen die Entscheidungen beeinflussen. Im Sportsponsoring können beispielsweise bei der Beurteilung von Einzelpersonen und Mannschaften die bisherigen Leistungen des Sportlers, seine Bekanntheit, Sympathie und Medienpräsenz als Entscheidungskriterien herangezogen werden (Bruhn 2009a, S. 170). Bei Verbänden und Vereinen spielen darüber hinaus Managementqualifikationen und die PR-Arbeit durch die Organisation eine Rolle. Bei Veranstaltungen sind u. a. die Medienpräsenz, die teilnehmenden Personen, die Möglichkeit der Vergabe von Prädikaten oder Titeln, Werbemöglichkeiten vor, während und nach der Veranstaltung und nicht zuletzt die Stellung des Sponsors im Vergleich zu anderen Sponsoren von Bedeutung. Für jegliches Engagement sind darüber hinaus die anfallenden Kosten sowie die Aktivitäten der Wettbewerber in diesem Bereich mit in die Entscheidung einzubeziehen (Bruhn 2011, S. 846 f.).

Da Unternehmen insbesondere beim kurzfristigen Angebot von Sponsorships verlässliche Informationen zur quantitativen Bewertung des Engagements aus Marketing- und Kommunikationssicht fehlen, empfiehlt sich die unternehmensspezifische Erarbeitung eines *Sponsoringentscheidungsrasters*, das den Vergleich alternativer Sponsorships ermöglicht und die wichtigsten Beurteilungskriterien des Unternehmens enthält. Um die Vergleichbarkeit zwischen Alternativen herzustellen, ist die Erarbeitung eines Entscheidungsrasters als Punktbewertungsmodell mit der Angabe von Mindestpunktwerten zweckmäßig (Bruhn 2011, S. 847 f.).

2.7.2 Entwicklung von Einzelmaßnahmen

Liegt die Entscheidung hinsichtlich konkreter Sponsorships fest, ist eine *detaillierte Maßnahmenplanung* vorzunehmen, die sämtliche zur Durchführung des Sponsoringengagements erforderlichen Einzelmaßnahmen umfasst. Weiterhin sind Fragen der rechtlichen Absicherung der Sponsoringmaßnahmen zu klären und Überlegungen anzustellen, inwieweit Sponsoringberater und -vermittler hinzugezogen werden.

Eine zentrale Aufgabe im Rahmen der Entwicklung der Einzelmaßnahmen besteht in der *Präzisierung der Leistungen und Gegenleistungen* zwischen beiden Partnern. So ist hinsichtlich der Leistungen der Sponsoren etwa zu klären, ob es sich um finanzielle oder Sachleistungen handelt und ob diese einmalig oder laufend bereitgestellt werden. Als Gegenleistung des Gesponserten ist zum Beispiel über die Nutzung von Prädikaten in der Kommunikation des Unternehmens sowie den Einsatz von Gesponserten (z. B. in Form von Testimonials) in den Kommunikationsaktivitäten des Sponsors zu entscheiden. Bei einer professionellen Vermarktung von Veranstaltungen – in erster Linie im Sportbereich – wird potenziellen Sponsoren vielfach ein „package" angeboten, d. h. ein Bündel verschiedener werblicher Maßnahmen im Rahmen der Durchführung des Ereignisses.

Letztlich ist die Auswahl der Einzelmaßnahmen in Abhängigkeit der Größe der Sponsorships, der rechtlich vereinbarten Möglichkeiten sowie des zur Verfügung stehenden Budgets vorzunehmen (Bruhn 2011, S. 848 f.).

2.8 Integration des Sponsoring in den Kommunikationsmix

Sponsoring ist Teil des Kommunikationsmix von Unternehmen und somit immer im Verbund mit anderen Kommunikationsinstrumenten zu sehen. In diesem Sinne ist es anzustreben, Sponsoring im Rahmen einer Integrierten Kommunikation systematisch mit den anderen Kommunikationsinstrumenten zu vernetzen, um auf diese Weise positive Synergiewirkungen zu erzielen (*interinstrumentelle Integration des Sponsoring*). Häufig wird in diesem Zusammenhang auch von der *Aktivierung des Sponsoring* durch andere Kommunikationsmaßnahmen gesprochen (Bruhn 2010, S. 39 ff.).

Die Bedeutung einer konsequenten Integration der Sponsoringmaßnahmen wird insbesondere in sehr kompetitiven Wettbewerbsumfeldern deutlich. So deuten Zuschauerbefragungen einen Tag nach einem Formel 1-Rennen darauf hin, dass isolierte Sponsoringmaßnahmen häufig kaum die Wahrnehmungsgrenze der Rezipienten überspringen und der Aufbau von Bekanntheit oder der Transport einer kommunikativen Botschaft somit nicht erreicht werden können (Klewenhagen 2001, S. 16). Gemäß Unternehmensbefragungen nehmen heute über 80 % der Unternehmen eine Vernetzung ihrer Sponsoringaktivitäten mit anderen Kommunikationsmaßnahmen vor (vor allem mit Public Relations, Events, Mitarbeiterkommunikation und Mediawerbung, vgl. BBDO Live 2010), wobei aber große Unterschiede zwischen einzelnen Unternehmen bestehen, in welchem Umfang dies stattfindet. Eine Übersicht zu möglichen Integrationsmaßnahmen zwischen Sponsoring und anderen Instrumenten der Unternehmens- und Marketingkommunikation findet sich in Abb. 3.

2.9 Erfolgskontrolle im Sponsoring

Die Erfolgskontrolle schließt den Planungsprozess des Sponsoring ab, indem die Wirkungen des gesamten Sponsoringengagements sowie einzelner Sponsorships überprüft werden, um Hinweise auf zukünftige Verbesserungspotenziale zu erhalten. Unterschieden wird zwischen Prozess-, Effektivitäts- und Effizienzkontrollen.

2.9.1 Prozesskontrollen im Sponsoring

Prozesskontrollen sind unternehmensintern gerichtet und beschäftigen sich mit der Überprüfung der Durchführung von Sponsorships. Hierbei geht es vor allem um die Überwachung der notwendigen Aktivitäten zur Vorbereitung einer Sponsoringmaßnahme, die

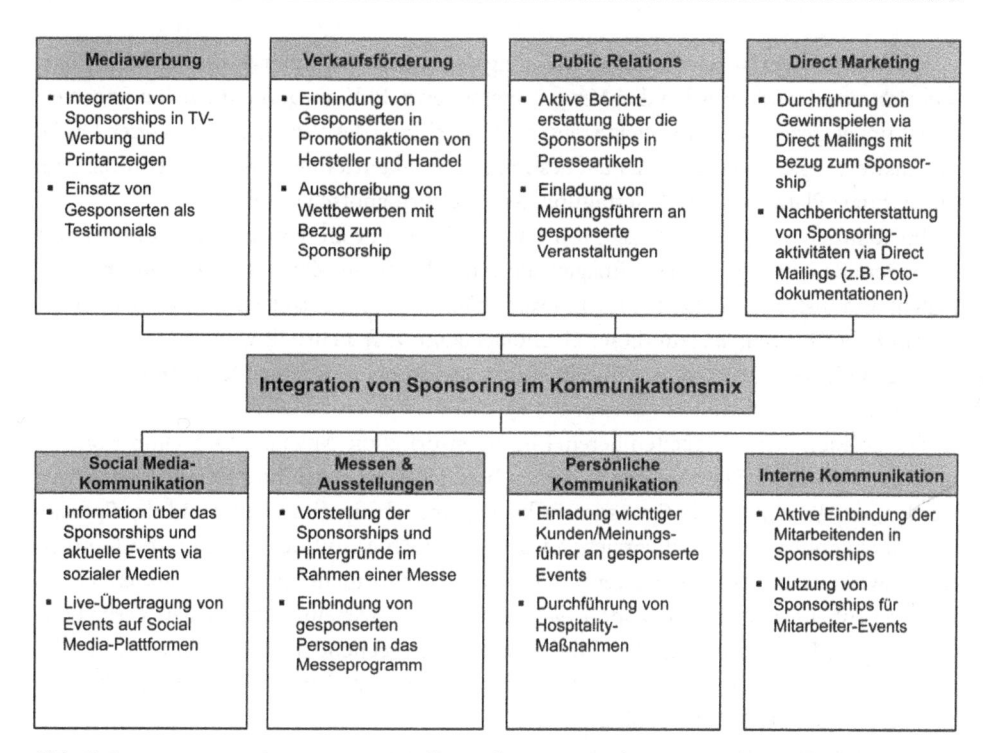

Abb. 3 Integration von Sponsoring im Rahmen des Kommunikationsmix (beispielhaft)

Mediawerbung	Verkaufsförderung	Public Relations	Direct Marketing
• Integration von Sponsorships in TV-Werbung und Printanzeigen • Einsatz von Gesponserten als Testimonials	• Einbindung von Gesponserten in Promotionaktionen von Hersteller und Handel • Ausschreibung von Wettbewerben mit Bezug zum Sponsorship	• Aktive Berichterstattung über die Sponsorships in Presseartikeln • Einladung von Meinungsführern an gesponserte Veranstaltungen	• Durchführung von Gewinnspielen via Direct Mailings mit Bezug zum Sponsorship • Nachberichterstattung von Sponsoringaktivitäten via Direct Mailings (z.B. Fotodokumentationen)

Integration von Sponsoring im Kommunikationsmix

Social Media-Kommunikation	Messen & Ausstellungen	Persönliche Kommunikation	Interne Kommunikation
• Information über das Sponsorships und aktuelle Events via sozialer Medien • Live-Übertragung von Events auf Social Media-Plattformen	• Vorstellung der Sponsorships und Hintergründe im Rahmen einer Messe • Einbindung von gesponserten Personen in das Messeprogramm	• Einladung wichtiger Kunden/Meinungsführer an gesponserte Events • Durchführung von Hospitality-Maßnahmen	• Aktive Einbindung der Mitarbeitenden in Sponsorships • Nutzung von Sponsorships für Mitarbeiter-Events

Einhaltung von Zeitplänen und die Kontrolle der eingesetzten Verfahren und Maßnahmen in den einzelnen Planungsschritten. Zur Kontrolle der Ablaufprozesse kommen Methoden wie Checklisten, Netzplantechnik und ähnliche Verfahren zum Einsatz. Diese Verfahren sind in der Lage, Zeitpläne und kritische Aktivitäten im Planungsprozess des Sponsoring auch kurzfristig zu kontrollieren (Bruhn 2010, S. 68; vgl. zu Prozesskontrollen im Sponsoring ausführlich Marwitz 2008, S. 74 f.).

2.9.2 Effektivitätskontrollen im Sponsoring

Effektivitätskontrollen beziehen sich auf die realisierten Ergebnisse der Sponsoringaktivitäten bei den Zielgruppen und sind somit unternehmensexterne Messungen. Dabei können verschiedene Methoden der Wirkungsmessung herangezogen werden, die kognitive, affektive und konative Reaktionen bei den Zielgruppen überprüfen.

Zur Messung *kognitiver Größen* kommen im Sponsoring in erster Linie *Recall-Tests* (Erfassung der ungestützten Erinnerung) und *Recognition-Tests* (Erfassung von Wiedererkennungswerten durch Vorlage der Werbemittel) zum Einsatz. Beide Tests werden häufig als Day-After-(Recall/Recognition)-Test eingesetzt, bei dem einige Stunden oder einen Tag nach einer Veranstaltung oder der Fernsehübertragung eines Events Zielpersonen nach den beworbenen Marken oder Unternehmen befragt werden.

Eine weitere Verfahrensweise zur Messung der erzielten Aufmerksamkeit ist die *Blickaufzeichnung*. Hierzu werden den Versuchspersonen z. B. Videoaufnahmen von Sportveranstaltungen gezeigt und ihr Blickverlauf bei Betrachtung des Videos aufgezeichnet. Durch die Auswertung der Verweildauer auf bestimmten Punkten kann ein Sponsor Hinweise auf die optimale Platzierung und Gestaltung der Sponsoringbotschaft erhalten.

Im Rahmen *affektiver Erfolgsgrößen* kommt der Kontrolle von Imagewirkungen eine besondere Bedeutung zu, da die Imageprofilierung häufig im Zentrum der Sponsoringziele steht. Ein Instrument, das zu diesem Zweck häufig im Sponsoring eingesetzt wird, ist das *Semantische Differenzial*. Auf dieser Grundlage kann z. B. beurteilt werden, ob durch das Sponsoring eines Events die erwünschten Imagewirkungen für eine Marke erzielt werden konnten.

Die größten Schwierigkeiten bereitet im Sponsoring die Messung und somit Kontrolle *konativer Größen*. Hier können Personen beispielsweise nach ihrer Bereitschaft gefragt werden, das Produkt eines Sponsors zu kaufen und ob sie dieses aufgrund des Sponsoring einem anderen Produkt vorziehen würden. Jedoch ist mit der Messung von Kaufverhaltenswirkungen das Problem verbunden, dass oftmals nicht klar ist, ob tatsächlich ein Zusammenhang zwischen den Sponsoringaktivitäten sowie einer eventuellen Verhaltensänderung (z. B. Zunahme der Produktkäufe des entsprechenden Unternehmens) besteht. Hier wirken zahlreiche externe Einflussfaktoren, die die Ergebnisse verzerren können (Bruhn 2009a, S. 172, 2010, S. 68 ff.).

Ein Großteil der Wirkungsstudien im Sponsoring ist derzeit auf die Kontrolle einzelner Zielgrößen, z. B. Bekanntheit oder Image, ausgerichtet. Einen größeren Mehrwert liefern jedoch *mehrdimensionale Wirkungsanalysen*, die die Wirkung von Sponsoring auf unterschiedliche Zielgrößen nachweisen und quantifizieren können. Ein solches *Sponsoring-Wirkungsmodell* ist beispielhaft in Abb. 4 skizziert. Das Modell basiert auf einer Strukturgleichungsanalyse und bedient sich der Daten einer umfassenden Kundenbefragung. In einem konkreten Fall konnte auf diese Weise zum Beispiel die hohe Wirkung von Sponsoring sowohl auf den funktionalen als auch den emotionalen Markenwert eines Telekommunikationsunternehmens nachgewiesen werden. Über den emotionalen Markenwert wirkt Sponsoring überdies stark auf zentrale Zielgrößen wie Vertrauen, Commitment und Kundenzufriedenheit sowie schließlich auch auf Kundenbindung und das Vertriebspotenzial (Bruhn 2008a, S. 178).

2.9.3 Effizienzkontrollen im Sponsoring

Im Rahmen von *Effizienzkontrollen* werden zur Beurteilung der Sponsoringaktivitäten Kosten-Nutzen-Vergleiche aufgestellt, d. h., die aufgewendeten Kosten sämtlicher Sponsoringaktivitäten werden dem realisierten Nutzen gegenübergestellt. Ziel ist letztlich die Ermittlung des so genannten *Return on Sponsoring*.

Während die Erfassung der *Kosten im Sponsoring* noch vergleichsweise gut zu handeln ist, verbinden sich mit der Kalkulation des Nutzens allerdings nach wie vor wesentliche Schwierigkeiten.

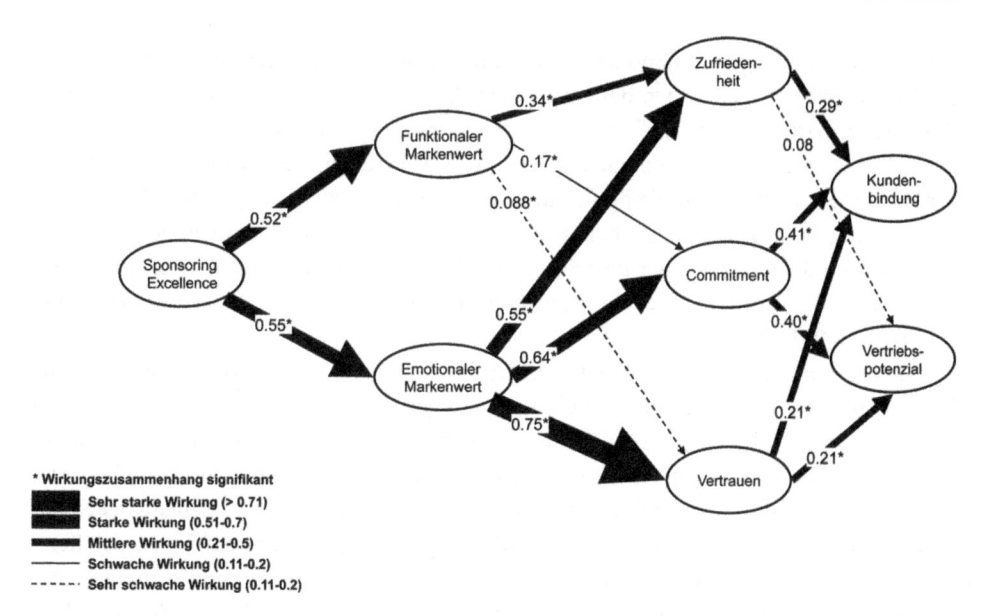

*   Wirkungszusammenhang signifikant
    ▰ Sehr starke Wirkung (> 0.71)
    ▰ Starke Wirkung (0.51-0.7)
    ▰ Mittlere Wirkung (0.21-0.5)
    ── Schwache Wirkung (0.11-0.2)
    ----- Sehr schwache Wirkung (0.11-0.2)

Abb. 4 Sponsoring-Wirkungsmodell auf Basis eines Strukturgleichungsmodells (illustrativ) (Quelle: Bruhn (2008a, S. 178))

Grundsätzlich zählen zum *Nutzen des Sponsorships* alle Leistungen, die mit dem Sponsoring erzielt werden konnten. Hier können beispielsweise die Besucherzahlen gesponserter Veranstaltungen einfließen, Einschaltquoten im Fernsehen und Reichweiten von Printmedien. Im Sportsponsoring wird häufig auch die On-Screen-Zeit eines Sponsors ermittelt, d. h. die Dauer der Sichtbarkeit des Sponsors bei der Übertragung von Sportveranstaltungen. Welche Kennzahlen für die Effizienzbewertung im Sponsoring am besten geeignet erscheinen, ist bislang weder von Wissenschaft noch Praxis ausreichend erforscht. Für Sponsoringmaßnahmen, die sich durch eine hohe mediale Präsenz auszeichnen, wird häufig ein so genannter *Werbeäquivalenzwert* berechnet. Hierbei werden die gesamte Zeit der Sponsorensichtbarkeit im Fernsehen und die zeitlich äquivalente Werbeschaltung rechnerisch in Beziehung gesetzt, wobei ein 30-Sekunden-Spot die Basis bildet. Im Ergebnis wird aufgezeigt, welcher Betrag für klassische Werbung aufzuwenden gewesen wäre, um die On-Screen-Zeit des Sponsorships zu erzielen (Opportunitätskosten). Problematisch erscheint allerdings die Vergleichbarmachung von Sponsoring und Mediawerbung, da sich beide Kommunikationsinstrumente hinsichtlich ihrer Möglichkeiten, Botschaften zu übermitteln, Zielgruppen zu erreichen sowie bezüglich ihrer Kommunikationsziele, erheblich unterscheiden (Bruhn 2011, S. 863 f.).

Hinzu kommt, dass der Werbeäquivalenzwert primär eine quantitative Bewertung der Sponsoringeffizienz ermöglicht. Kontaktqualitäten werden weitgehend außer Acht gelassen. Hier setzt ein Messsystem des Fachverbandes für Sponsoring- und Sonderwerbeformen an, in dessen Mittelpunkt die Bewertung von *Kontaktqualitäten* steht (Hermanns und Grohs-von Reichenbach 1998, S. 55). Ausgangspunkt bildet ein „Grundwert" nicht-quantifizierbarer Leistungen des Sponsorships (z. B. Medienresonanz, Bewertung der erreichten Zielgruppe, Sonderformen der werblichen Präsenz am Veranstaltungsort), der durch die Vertragspartner individuell festgelegt wird. Um den Gesamtwert eines Sponsorships zu ermitteln, werden zu diesem Grundwert die Werte medialer Werbekontakte, verkaufsfördernder Kontakte sowie dialogisch-unmittelbarer Kontakte hinzugezählt. Zwar ist die Beschaffung dieser Daten mit hohem Kosten- und Zeitaufwand verbunden, das Verfahren bietet jedoch die Chance einer umfassenderen Bewertung von Sponsorships, einschließlich solcher Sponsoringbereiche, die nicht primär auf die mediale Präsenz ausgerichtet sind (Bruhn 2011, S. 865).

Für die Zukunft wird die Bedeutung der Einbeziehung qualitativer Kriterien in die Sponsoringbewertung weiterhin zunehmen. Bezogen auf die Bewertung der TV-Präsenz von Sponsoren sei hier beispielsweise auf die Berücksichtigung unterschiedlicher Kameraführung während eines Sportevents, die Reizstärke von Werbemitteln und die Intensität von Konkurrenzreizen hingewiesen. Darüber hinaus sind weitere Erkenntnisse der Sponsoringwirkungsforschung hinzuzuziehen, wie die Wirkungsprozesse auf Seiten der Rezipienten und die Wirkungsbedingungen des Umfelds. Aber auch für Sponsoringbereiche, die weniger auf die mediale Präsenz abzielen, d. h. Sponsorships in den Bereichen Kultur, Umwelt und Soziales, sind entsprechende Ansätze einer Nutzenmessung zu entwickeln, die sowohl eine Erfassung quantitativer als auch qualitativer Kriterien ermöglichen (Bruhn 2011, S. 865).

In der *Praxis* dominieren in der Sponsoring-Erfolgskontrolle derzeit noch klassische Kontrollinstrumente wie Medienauswertungen und Experteneinschätzungen. Empirische Untersuchungen führen nur 20 % der Unternehmen durch. 30 % verzichten zudem vollständig auf eine Erfolgskontrolle im Sponsoring (BBDO Live 2010). Die *Professionalisierung der Erfolgskontrolle* wird zukünftig jedoch einen der zentralen Erfolgsfaktoren des Sponsoring darstellen. Denn nur durch einen fundierten Nachweis des konkreten Nutzens von Sponsoringaktivitäten werden sich die zum Teil sehr hohen Investitionen rechtfertigen lassen und wird Sponsoring seine Position im Kommunikationsmix von Unternehmen auch langfristigen behaupten können.

3 Fazit und Entwicklungstendenzen

Die Ausführungen machen deutlich, dass sich das Sponsoring als *fester Bestandteil der Marketing- und Unternehmenskommunikation* von Unternehmen etabliert hat. Im Gegensatz zu seinen Anfängen ist in Unternehmen eine zunehmende Professionalisierung des Sponsoring zu beobachten. Die Planung und Umsetzung von Sponsorships setzt einen systematischen Planungs- und Entscheidungsprozess voraus. Dies beinhaltet eine Situationsanalyse, die Bestimmung der Sponsoringziele und Zielgruppen, die Festlegung der Sponsoringstrategie, die Budget- und Maßnahmenplanung sowie die Erfolgskontrolle des Sponsorships. Der Integration mit anderen Kommunikationsinstrumenten kommt dabei in sämtlichen Phasen des Planungs- und Entscheidungsprozesses eine besondere Bedeutung zu. Wird keine Vernetzung mit anderen Kommunikationsinstrumenten vorgenommen, so ist damit zu rechnen, dass insbesondere in hart umkämpften Wettbewerbsfeldern die Wirkung eines Sponsoringengagements ausbleibt. Damit das Sponsoring nicht an Wirkung einbüßt, gilt es daher für Unternehmen, sich künftig noch stärker um eine Vernetzung mit anderen Instrumenten der Kommunikation zu bemühen.

Dem Sponsoring wird auch zukünftig eine hohe Bedeutung innerhalb des kommunikativen Auftritts von Unternehmen zukommen. Dabei zeichnen sich folgende *Entwicklungstendenzen* hinsichtlich des Einsatzes von Sponsoring ab:

- Angesichts knapper Budgets wird es in Zukunft verstärkt notwendig sein, die *Nutzenwirkungen des Sponsoring* offenzulegen. So haben die Sponsoringverantwortlichen künftig zunehmend einer Nachweispflicht nachzukommen und zu zeigen, inwieweit das Sponsoring zum Marketing- und Unternehmenserfolg beiträgt.
- Allerdings besteht nicht nur die Notwendigkeit von Effektivitätsanalysen. Die Nachweispflicht bezieht sich ebenfalls auf die *Effizienz des Sponsoring*. Hierfür sind die getätigten Sponsoringinvestitionen (Input) den erzielten Sponsoringwirkungen (Output) gegenüber zu stellen. Das Output-Input-Verhältnis gilt es anschließend zu bewerten.
- Insgesamt hat die zunehmende Nachweispflicht hinsichtlich Sponsoringeffektivität und -effizienz eine „*Ökonomisierung des Sponsoring*" zur Folge.
- Darüber hinaus werden *neue Erscheinungsformen des Sponsoring*, z. B. im Bereich digitaler Medien, die kommunikativen Möglichkeiten für Unternehmen erweitern. Diese werden in Konkurrenz zum klassischen Sponsoring stehen. So ist z. B. bei traditionellen Sportsponsoren die Frage zu stellen, ob sie sich über ein klassisches Sportsponsoring profilieren können oder sie ihre Ziele besser durch das Sponsoring von Sportsendungen im Fernsehen oder sportaffinen Websites erreichen.
- Aufgrund der steigenden Bedeutung der Social Media-Kommunikation wird eine *stärkere Vernetzung des Sponsoring mit den sozialen Medien* erforderlich werden (z. B. Berichterstattung über das Sponsorship auf Social Media-Plattformen, wie z. B. Facebook). Dadurch werden sich auch die Unternehmens- und Marketingkommunikation künftig annähern, da beide an einer Multiplizierung ihrer Aktivitäten interessiert sind.

Insgesamt ist deutlich geworden, dass Sponsoring als Instrument der Unternehmens- und Marketingkommunikation – ähnlich wie auch andere Kommunikationsinstrumente – einem permanenten Wandel unterworfen ist. Die Veränderungen der Rahmenbedingungen sowie das veränderte Rezipientenverhalten sind die wesentlichen Treiber für den zukünftigen Einsatz des Sponsoring und ihrer Stellung im Kommunikationsmix von Unternehmen.

Literatur

Ahlert, D., Vogel, V., & Woisetschläger, D. (2006). Ist Sponsoring der Zaubertrank einer starken Marke? In D. Ahlert, D. Woisetschläger, & V. Vogel (Hrsg.), *Exzellentes Sponsoring. Innovative Ansätze und Best Practices für das Markenmanagement* (S. 3–32). Wiesbaden: Deutscher Universitäts-Verlag.

Bagusat, A. (2008). Bildungssponsoring: Bedeutung, Definition und Charakteristika. In A. Bagusat, Ch. Marwitz, & M. Vogl (Hrsg.), *Handbuch Sponsoring* (S. 133–145). Berlin: Erich Schmidt.

BBDO Live. (2010). *Sponsoring Trends 2010*. Bonn: BBDO.

Beinborn, P. (2006). Commitment durch Sponsoring – die Mitarbeiter als Adressaten der Sponsoring-Aktivitäten. In D. Ahlert, D. Woisetschläger, & V. Vogel (Hrsg.), *Exzellentes Sponsoring. Innovative Ansätze und Best Practices für das Markenmanagement* (S. 315–334). Wiesbaden: Deutscher Universitäts-Verlag.

Bruhn, M. (1989). Kulturförderung und Kultursponsoring – neue Instrumente der Unternehmenskommunikation? In M. Bruhn & H.-D. Dahlhoff (Hrsg.), *Kulturförderung – Kultursponsoring. Zukunftsperspektiven der Unternehmenskommunikation* (S. 35–84). Wiesbaden: Gabler.

Bruhn, M. (2004). Markenführung und Sponsoring. In M. Bruhn (Hrsg.), *Handbuch Markenführung* (Bd. 2, 2. Aufl., S. 1593–1630). Wiesbaden: Gabler.

Bruhn, M. (2008a). Der Beitrag des Sponsoring zur Erreichung der Markenziele eines Telekommunikationsdienstleisters. In M. Bruhn & B. Stauss (Hrsg.), *Dienstleistungsmarken. Forum Dienstleistungsmanagement* (S. 163–187). Wiesbaden: Gabler.

Bruhn, M. (2008b). Mit Sponsoring bei Mitarbeitenden punkten. *io new management, o. Jg.*(12), 8–11.

Bruhn, M. (2009a). Sponsoring. In: M. Bruhn, F.-R. Esch, & T. Langner (Hrsg.), *Handbuch Kommunikation* (S. 157–176). Wiesbaden: Gabler.

Bruhn, M. (2009b). *Integrierte Unternehmens- und Markenkommunikation*, (5. Aufl.). Stuttgart: Schäffer-Poeschel.

Bruhn, M. (2010). *Sponsoring. Systematische Planung und integrativer Einsatz*, (5. Aufl.). Wiesbaden: Gabler.

Bruhn, M. (2011). *Unternehmens- und Marketingkommunikation. Handbuch für ein integriertes Kommunikationsmanagement* (2. Aufl.). München: Vahlen.

Bruhn, M., & Batt, V. (2012). Der Einfluss von Sponsoring auf den Erfolg von Luxusmarken. *Marketing Review St. Gallen*, 29(1), 36–41.

Drees, N. (1989). Charakteristika des Sportsponsoring. In A. Hermanns (Hrsg.), *Sport- und Kultursponsoring* (S. 49–61). München: Vahlen.

Drees, N. (2008). Erscheinungsformen des Sportsponsoring. In A. Bagusat, Ch. Marwitz, & M. Vogl (Hrsg.), *Handbuch Sponsoring* (S. 99–111). Berlin: Erich Schmidt.

Erdtmann, S. L. (1989). *Sponsoring und emotionale Erlebniswerte. Wirkungen auf den Konsumenten*. Wiesbaden: Deutscher Universitäts-Verlag.

Haibach, M. (2012). *Handbuch Fundraising. Spenden, Sponsoring, Stiftungen in der Praxis* (4. Aufl.). Frankfurt am Main: Campus.

Hermanns, A., & Grohs-von Reichenbach, S. (1998). Leistungsbewertung im Sportsponsoring – eine kritische Standortbestimmung. *Planung & Analyse*, 25(5), 51–56.

Hermanns, A., & Marwitz, Ch. (2008). *Sponsoring. Grundlagen – Wirkungen – Management – Markenführung* (3. Aufl.). München: Vahlen.

Klewenhagen, M. (2001). Vernetzte Kommunikation. Eine verstrickte Sache. *Sponsors*, 6(5), 14–22.

Marwitz, Ch. (2008). Kontrolle des Sponsoring: Theoretische Grundlagen, „State of the Art" und Umsetzung in der Praxis. In A. Bagusat, Ch. Marwitz, & M. Vogl (Hrsg.), *Handbuch Sponsoring* (S. 69–87). Berlin: Erich Schmidt.

Mussler, D. (2008). Sozio-Sponsoring. In A. Bagusat, Ch. Marwitz, & M. Vogl (Hrsg.), *Handbuch Sponsoring* (S. 125–132). Berlin: Erich Schmidt.

Oakes, S. (2003). Demographic and sponsorship considerations for jazz and classical music festivals. *Service Industries Journal, 23*(3), 165–178.

Schwaiger, M. (2008). Bedeutung und Wirkungen des Kunst- und Kultursponsoring. In A. Bagusat, Ch. Marwitz, & M. Vogl (Hrsg.), *Handbuch Sponsoring* (S. 113–124). Berlin: Erich Schmidt.

Schwaiger, M., Sarstedt, M., & Taylor, C. R. (2010). Art for the sake of the corporation: Audi, BMW Group, DaimlerChrysler, Montblanc, Siemens, and Volkswagen help explore the effect of sponsorship on corporate reputations. *Journal of Advertising Research, 50*(1), 77–90.

Van Overloop, P. C., & Lemân, F. M. (2008). Mediensponsoring: Eine junge Sponsoringform im Aufwind. In A. Bagusat, Ch. Marwitz, & M. Vogl (Hrsg.), *Handbuch Sponsoring* (S. 147–166). Berlin: Erich Schmidt.

Von Posadowsky, D. (2006). Kultursponsoring – zwischen Corporate Citizenship und Marketing. In D. Ahlert, D. Woisetschläger, & V. Vogel (Hrsg.), *Exzellentes Sponsoring. Innovative Ansätze und Best Practices für das Markenmanagement* (S. 347–369). Wiesbaden: Deutscher Universitäts-Verlag.

Waite, N. (1979). *Sponsorship in Context*. Cranfield: Cranfield School of Management.

Walliser, B. (1995). *Sponsoring. Bedeutung, Wirkung und Kontrollmöglichkeiten*. Wiesbaden: Gabler.

ZAW Zentralverband der deutschen Werbewirtschaft (2012). *Werbung in Deutschland 2012*. Berlin: Verlag edition ZAW.

Internet und Social Media in der Unternehmenskommunikation

Thomas Pleil und Ansgar Zerfaß

Zusammenfassung

Das Internet ist in Wirtschaft und Gesellschaft zu einem zentralen Instrument der Information, Orientierung und Beziehungspflege geworden. Dies zeigt sich an der intensiven Nutzung von Social Media-Angeboten, aber auch darin, dass in vielen Fällen Suchmaschinen und Freunde in sozialen Netzwerken wie Facebook einen festen Platz bei der Meinungsbildung haben. Diese Entwicklungen sind Teilaspekte eines grundlegenderen Wandels der öffentlichen Kommunikation. Einher geht dies mit einer zumindest prinzipiellen Demokratisierung der Artikulation: Kunden und andere Bezugsgruppen können sehr einfach online Meinungen äußern, Bewertungen abgeben oder sogar selbst publizistisch aktiv werden. Das gleiche gilt für Unternehmen. Sie können einfacher denn je direkt mit Stakeholdern kommunizieren, Multiplikatoren umgehen und ihre Marken und Kompetenzen auf eigenen Online-Kanälen darstellen. Dabei beginnen klassische funktionale Grenzen zu verwischen, beispielsweise zwischen Unternehmenskommunikation, Marketing, Werbung, Kundenbetreuung und Recruiting. Zugleich wird deutlich, dass die Steuerbarkeit der Kommunikation ein Mythos ist (und immer war): Globale Netzöffentlichkeiten lassen sich nie vollständig erfassen und beeinflussen. Der Beitrag führt in die Thematik ein und erläutert Grundlagen, Chancen und Herausforderungen von Internet und Social Media für das Kommunikationsmanagement.

T. Pleil (✉)
Hochschule Darmstadt, Institut für Kommunikation und Medien
Max Planck-Straße 2, 64807 Dieburg, Deutschland
E-Mail: thomas.pleil@h-da.de

A. Zerfaß
Universität Leipzig, Institut für Kommunikations- und Medienwissenschaft
Burgstraße 21, 04109 Leipzig, Deutschland
E-Mail: zerfass@uni-leipzig.de

Schlüsselwörter

Online-Kommunikation · Social Media · Internet · Online-PR · Strategische Kommunikation · Unternehmenskommunikation · Kommunikationsmanagement

1 Paradigmen der Online-Kommunikation

Das Internet hat die Informationsbasis alltäglicher Handlungen in vielerlei Hinsicht verändert: Immer mehr Menschen informieren sich „im Netz" über ein Produkt oder eine Dienstleistung, bevor sie online oder im Einzelhandel kaufen. Nachwuchskräfte finden Angebote im Internet und informieren sich dort über potenzielle Arbeitgeber. Kleinanleger halten das Internet für eine mindestens genauso wichtige Informationsquelle wie das Gespräch mit ihrem Bankberater. Journalisten beginnen ihre Recherchetätigkeit nicht im Archiv oder mit einem Anruf bei einer Pressestelle, sondern im Internet.

Dadurch trägt das Internet wesentlich zur Realitätskonstruktion und Meinungsbildung in modernen Gesellschaften bei. Aus Sicht der Unternehmensführung und einer an den verschiedenen Stakeholdern orientierten Kommunikationsstrategie (Zerfaß 2010) sind diese Rahmenbedingungen von großer Bedeutung. Jedes Unternehmen sollte wissen, welche Faktoren den technischen und soziale Wandel beeinflussen (Pleil 2012), wie verschiedene Onlineangebote im Allgemeinen und speziell von den eigenen Zielgruppen genutzt, selektiert und rezipiert werden (Schweiger 2010) und wie sie sich im Rahmen eigener Kommunikationsstrategien nutzen lassen (Zerfaß und Pleil 2012a). Darüber hinaus gilt es, sich jenseits des alltäglichen, aber verkürzten Verständnisses des Internets als neuem Massenmedium ein Bild von der kommunikationstheoretischen und praktischen Bedeutung der Online-Kommunikation zu verschaffen.

1.1 Von netzbasierten Diensten zur interaktiven Kommunikation

Als *Online-Kommunikation* bezeichnet man „die Gesamtheit netzbasierter Kommunikationsdienste, die den einzelnen Kommunikationspartner via Datenleitung potenziell an weitere Partner rückkoppeln und ein ausdifferenziertes Spektrum verschiedenartiger Anwendungen erlauben" (Rössler 2003, S. 506). Das durch weltweit einheitliche Übertragungsprotokolle gekennzeichnete Internet stellt daher – entgegen der umgangssprachlichen Rede – keineswegs ein zu Zeitung, Fernsehen etc. vergleichbares Medium dar, sondern ein Bündel verschiedenartiger Dienste bzw. Kommunikationsmodi (Döring 2003; Beck 2010). Diese unterscheiden sich hinsichtlich der beteiligten Kommunikatoren und Rezipienten (1:1, 1:n, n:1, n:n), der zeitlichen Dynamik (synchron, asynchron), der Initiierung (push, pull) und weiterer Kriterien. Für die Unternehmenskommunikation bedeutsam sind dabei insbesondere Kommunikationsplattformen und Anwendungen, die durch die Kombination einer oder mehrerer dieser Dienste im *World Wide Web* entstehen. Relevant sind darüber hinaus *Apps und mobile Services* (auf Smartphones und Tablets) sowie *E-Mail- und Messaging-Dienste*. Das Spektrum der Anwendungen reicht von Websites (Internetauftritten), die die Form von Unternehmensportalen, Intranets, kampagnenbegleitenden Informationsseiten oder redaktionell gestalteten Online-Magazinen annehmen können, bis hin zu Online-Datenbanken mit Pressemitteilungen oder Bildmaterial. Hinzu kommen offene, interaktive und partizipative Plattformen, die in der Regel nicht von einem Anbieter, sondern von beliebigen Nutzern frei mit Inhalten bespielt werden und als *Social Media* bezeichnet werden (Zerfaß und Sandhu 2008, S. 285 ff.). Beispiele sind Blogs und Microblogs (Twitter), Podcasts, Video-Plattformen (z. B. YouTube), insbesondere aber Social Networks bzw. Online-Communities wie Facebook, Pinterest, Instagram, Google +, LinkedIn oder Xing. Wichtig sind außerdem *Mischformen*, die Kommentar- und Vernetzungsmöglichkeiten bieten, aber nur innerhalb stark vordefinierter Strukturen genutzt werden können. Beispiele sind Blogs, die in die Internetauftritte von Massenmedien oder Unternehmen integriert sind und daher primär publizistisch genutzt werden, sowie Bewertungsplattformen für Produkte, Dienstleistungen und Arbeitgeber.

Die Verbreitung des Internets hat die öffentliche Kommunikation und damit die *Rahmenbedingungen der Unternehmenskommunikation* in mehrfacher Hinsicht verändert (Zerfaß 2010, S. 418). Zum einen beschleunigt die globale Verfügbarkeit zielgruppengenauer Kommunikationskanäle die Fragmentierung der Gesellschaft in immer spezifischere und teilweise voneinander abgeschottete Lebensformen. Darüber hinaus wurde das Medienspektrum im Gefolge der interaktiven Möglichkeiten und der günstigen Produktionskosten netzbasierter Kommunikation erheblich ausgedehnt, insbesondere durch eine Vielzahl neuer redaktioneller Special-Interest-Angebote und reichweitenstarker Online-Dienste, die neben Zeitungen, Zeitschriften, Hörfunk und Fernsehen getreten sind. Schließlich haben sich soziale Netzwerke zu multifunktionalen Plattformen entwickelt, die ihren Mitgliedern wie auch Unternehmen verschiedene Formen der Präsenz und des Dialoges ermöglichen. Gleichzeitig dienen sie zunehmend der Informationsverbreitung, sind sie doch Bindeglied zu unterschiedlichsten Medienformaten, in denen typischerweise Einzelbeiträge weitergereicht und gegebenenfalls diskutiert werden, so dass neue Öffentlichkeiten als Räume der Meinungsbildung und Reputationszuweisung entstehen.

1.2 Internetnutzung durch Stakeholder und Journalisten

Mit Blick auf *Kunden, Mitarbeiter, Investoren und andere Stakeholder* zeigt sich, dass immer mehr Menschen das Internet genauso selbstverständlich wie Zeitung, Radio und Fernsehen nutzen, um aktuelle Nachrichten oder Fachinformationen zu erhalten. 77 % der Deutschen ab 14 Jahren sind online (van Eimeren und Frees 2013, S. 358). Dabei hat sich seit dem Jahr 2000 die Zahl der Internetnutzer in Deutschland fast verdreifacht, wenngleich seit längerem die Verbreitung nur noch langsam zunimmt. In den skandinavischen Ländern liegt die Internetnutzung bei 90 % und auch in der Schweiz und in Großbritannien wird das Netz intensiver genutzt als hier zu Lande. Seit einigen Jahren zeigt sich, dass in Deutschland der Zuwachs fast nur bei den Älteren stattfindet. Denn praktisch alle bis zu

40-Jährigen sind online, bei den bis zu 50-Jährigen sind es neun von zehn. Insgesamt ist die Generation der ab 50-Jährigen im Vergleich zu vielen europäischen Ländern besonders zurückhaltend in der Nutzung des Internets. Dies, so prognostiziert die ARD/ZDF-Onlinestudie 2013, dürfte sich in den kommenden fünf Jahren nicht wesentlich ändern (ebd., S. 359). Die Offliner sind meist intensive Fernsehkonsumenten und Zeitungsleser und fühlen sich so ausreichend informiert.

Bemerkenswert ist, dass sich unter den Internetnutzern die tägliche Onlinezeit deutlich erhöht hat: War diese von 2009 bis 2012 mit zwischen 130 bis 140 min am Tag recht konstant geblieben, so hat die ARD/ZDF-Onlinestudie 2013 durchschnittlich 169 min pro Tag ermittelt (ebd., S. 361). Die 14- bis 29-Jährigen verbringen sogar 237 min täglich im Netz. Hauptgrund für den deutlichen Anstieg der Nutzungsdauer sind mobile Endgeräte und damit verbunden die Nutzung des Internets unterwegs. 80 % der Internetnutzer war „gestern" online, das bedeutet, der größte Teil der Onlinenutzer sieht das Internet als täglichen Begleiter für alle möglichen Fragen und Themen. Hinzu kommt: Der tägliche Internetkonsum weiblicher Nutzer unterscheidet sich nicht mehr nennenswert von männlichen Onlinern.

Betrachtet man die Nutzertypen, zeigt sich, dass etwa 29 % der Bevölkerung über 14 Jahre als „außenstehende Skeptiker" betrachtet werden können; ihr Durchschnittsalter liegt bei 63 Jahren. Weitere 28 % sind „häusliche Gelegenheitsnutzer". Diese verfügen meist über eine niedrige oder mittlere formale Bildung und sind im Schnitt 44 Jahre alt. Zwar nutzt diese Gruppe selbstverständlich das Internet, jedoch ist sie nur oberflächlich mit neuen Technologien vertraut, so der D21-Digital-Index (Initiative D21 2013, S. 48–53). Für die jüngeren Generationen dient das Internet der Suche nach nahezu allen Fragestellungen, dem Austausch – vor allem in Social Networks bzw. Online-Communities – und der Unterhaltung (van Eimeren und Frees 2013, S. 363). Die bis zu 29-Jährigen nutzen das Internet täglich stärker als jede andere Medienart (ebd., S. 370), wobei zu berücksichtigen ist, dass auch für das Fernsehen produzierte Inhalte zunehmend über das Internet genutzt werden, sei es in Mediatheken oder in Form von Live-Streaming.

Intensiv wird das Internet von *Journalisten* genutzt. Dabei gibt es graduelle Unterschiede zwischen den verschiedenen Ressorts und Medienarten. Doch insgesamt ist das Netz selbstverständlicher Ausgangspunkt journalistischer Recherche – auch, weil Redaktionen unter zunehmendem wirtschaftlichem Druck auf günstige Recherchemöglichkeiten zurückgreifen müssen. Für Recherche und Themenfindung spielen quer durch alle Ressorts die Push-Kommunikation per Mail sowie die Pull-Kommunikation mit Hilfe von Suchmaschinen eine zentrale Rolle: Für vier von fünf Journalisten sind dies die relevantesten Instrumente, noch deutlich vor dem eigenen Archiv, den Nachrichtenagenturen oder Unternehmenswebsites (News Aktuell 2012). Bedeutsam für den Einstieg in die Recherche sind zudem häufig Wikipedia und natürlich Suchmaschinen. Hier hat auch bei Journalisten Google mit 99 % eine absolute Dominanz (Bernet und Keel 2012, S. 127). Im Zeitvergleich ist das Internet als Recherchequelle insgesamt von Platz fünf (2002) mittlerweile auf den ersten Platz gerückt (ebd., S. 126). Zunehmend bedeutsamer wird auch für Journalisten das Social Web, wobei hier unterschiedliche Nutzungsarten zu unterscheiden sind: Recherche, Austausch und Marketing für journalistische Produkte (ebd., S. 130). So zeigte eine Befragung des Agenturnetzwerkes Ecco, an der mehr als 700 Journalisten im deutschen Sprachraum teilgenommen haben, dass zwischen 50 und 60 % von ihnen im Social Web recherchieren (Ecco 2012). Dabei nutzen deutsche Journalisten Facebook mit Abstand am intensivsten. Ihre Berufskollegen in Österreich und der Schweiz schätzen dagegen Twitter als mindestens genauso bedeutsam ein und nutzen diesen Dienst entsprechend intensiv. Allerdings hinken deutsche im Vergleich zu englischsprachigen Journalisten aus Kanada, USA und Großbritannien in der Social Media-Nutzung deutlich hinterher: Dies zeigt sich zum Beispiel daran, wie selbstverständlich Social Media dort in Arbeitsabläufe integriert sind und wie gut Journalisten ihre eigene Kompetenz in diesem Feld einschätzen (Cision 2012).

1.3 Das Internet als Mittel der Orientierung und Realitätskonstruktion

Waren in den vergangenen Jahren die Nutzung von E-Mail-Diensten und Suchmaschinen am intensivsten, so verbrachten die Deutschen 2012 erstmals mehr Zeit im *Social Web* (Comscore 2013, S. 26). Auch in Bezug auf die Nutzerstruktur wird das Jahr 2012 als jenes Jahr gesehen, in dem Social Media in der Bevölkerung unabhängig von Alter, Bildung oder Einkommen selbstverständlich geworden ist. Nur 13 % der Internetnutzer besitzt keinen Social Media-Account (Vor dem Esche und Henning-Thurau 2012, S. 13). Auffällig ist, dass zwischen 2012 und 2013 die Twitter-Nutzung von vier auf sieben Prozent gestiegen ist und jene von Weblogs sich von sieben auf 16 % mehr als verdoppelt hat. Knapp jeder zweite Onliner bewegt sich zumindest gelegentlich in privaten Netzwerken und Communities, Videoportale werden von drei Fünfteln genutzt (van Eimeren und Frees 2013, S. 364). Geht es um Kaufentscheidungen, so ist das Internet insgesamt für etwa 22 % dieser Entscheidungen verantwortlich und damit nun der wichtigste Faktor, bedeutsamer mittlerweile als Empfehlungen aus dem Familien- und Bekanntenkreis, das persönliche Verkaufsgespräch oder Point-of-Sale-Aktivitäten (Vor dem Esche und Henning-Thurau 2012, S. 18). Analysiert man noch Entscheidungen von Konsumenten, die wesentlich aufgrund des Social Web zu Stande kommen, so hat dieses mit knapp acht Prozent in etwa die selbe Bedeutung wie Fernsehwerbung, Direktmarketing und öffentliche Werbung (ebd.).

Im Rahmen der gesamten Internetnutzung bleibt die Bedeutung von *Suchmaschinen* als Fenster zur Welt von zentraler Bedeutung. Hierbei ist der Marktanteil von Google mit 96 % nach wie vor dominant (Comscore 2013, S. 41). Mit Blick auf die Nutzungszeit stehen E-Commerce-Dienste vor Unterhaltungsangeboten und weit vor journalistischen Angeboten. Entsprechend sind unter den am häufigsten aufgerufenen Seiten an erster Stelle Angebote von Google, gefolgt von Facebook, Amazon und eBay (ebd., S. 28). Stark zunehmend ist zudem die Bedeutung des *mobilen Internets:* Bereits 2012 kamen etwa zehn Prozent der Seitenaufrufe in Deutschland nicht von stationären Computern (ebd., S. 13). Inhaltlich dominieren bei der mobilen Internetnutzung derzeit jedoch Informationsangebote sowie E-Mails. Ein weiteres Wachstum der mobilen Webnutzung wird erwartet: Die

Marktdurchdringung mit Smartphones liegt in Deutschland bei etwa 50 % und hinkt damit den anderen großen europäischen Industrieländern wie Großbritannien, Frankreich, Italien oder Spanien etwas hinterher (ebd., S. 15). Dies bietet zahlreiche Chancen und Herausforderungen für die digitale Wertschöpfung und Kommunikation (Meier und Stormer 2012, S. 247 ff.).

Insgesamt lässt sich konstatieren: Wer im Internet und Social Web nicht vertreten ist und über Google & Co. nicht auffindbar ist, existiert in der Wahrnehmung vieler nicht. Das Internet trägt damit entscheidend zur *Realitätskonstruktion* seiner Nutzer und damit der Mehrheit der Gesellschaft bei (Neuberger und Pleil 2006).

2 Grundlagen der Online-Kommunikation im Unternehmenskontext

Dass die Unternehmenskommunikation vor dem Hintergrund der stets zunehmenden Bedeutung von Internet und Social Web diese Kommunikationsräume seit langem nutzt, ist kein Wunder. Dabei ist zu betonen, dass Online-Kommunikation grundsätzlich als *integrierte Kommunikation* zu betrachten ist. Denn das Internet bietet ein breites Spektrum an Nutzungsmöglichkeiten, die eine Koordinierung im Sinne der integrierten Kommunikation voraussetzen: So können auf einer Website verschiedene *Ausprägungsformen* der Unternehmenskommunikation wie Public Relations, Werbung oder interne Kommunikation umgesetzt, aber auch Innovationsprozesse unterstützt (Zerfaß und Sandhu 2008) sowie Transaktionen im Sinne von E-Commerce sowie andere Formen der digitalen Wertschöpfung abgewickelt werden (Kollmann 2012; Meier und Stormer 2012). Über diese Zielsetzungen hinaus bietet das Internet zahlreiche *kommunikative Optionen,* die die Art und Weise der Bedeutungsvermittlung und Beeinflussung selbst betreffen: Interaktion und Dialog, Netzstruktur, Hypermedialität, Globalität, Zeitunabhängigkeit und Multimedialität (Westermann 2004, S. 153 ff.). Daraus ergeben sich dann unter anderem auch veränderte Arbeitsprozesse, Veränderungen in der Aufmerksamkeitsökonomie sowie neue Wege zur Entstehung von Öffentlichkeit und der Bildung öffentlicher Meinung. Kein anderer Kommunikationskanal bietet so viele Möglichkeiten der Interaktivität im Sinne der Interaktion mit dem Medium selbst (beispielsweise der Abruf von Informationen aus einem Online-Archiv mit Presseinformationen) oder der durch ein Medium vermittelten Interaktion mit wichtigen Bezugsgruppen, z. B. in Social Networks. Die Online-Kommunikation muss daher als eigenständiges Kommunikationsfeld mit spezifischen Spielregeln und Strategien betrachtet werden.

> **Strategische Online-Kommunikation von Unternehmen**
> Strategische Online-Kommunikation von Unternehmen umfasst alle gesteuerten Kommunikationsaktivitäten in Internet und Social Web, die der internen und externen Handlungskoordination mit Stakeholdern und der Interessenklärung dienen

> und damit einen Beitrag zur Realisierung der übergeordneten Unternehmensziele (Erreichung inhaltlicher und ökonomischer Ziele, Sicherung von Handlungsspielräumen und Legitimität) leisten sollen. Das Internet wird als technische Infrastruktur und verschiedene dort verfügbare Plattformen bzw. Instrumente werden als Medien für die Kommunikation und Interaktion genutzt. Dadurch können Unternehmen monologische oder dialogorientierte Kommunikationsprozesse mit ihren Stakeholdern initiieren, aber auch an Kommunikationen Dritter partizipieren. In Abhängigkeit von den jeweiligen Zielen und Beziehungen werden verschiedene Kommunikationsmodi (Abruf, Diskussion, Vernetzung) und unterschiedliche Formen der kommunikativen Einflussnahme (Persuasion, Argumentation, Information) realisiert (Definition in Anlehnung an Zerfaß und Pleil 2012b, S. 47).

2.1 Digitale Reputation als Wertschöpfungsfaktor

Eines der wichtigsten strategischen Ziele der Unternehmenskommunikation ist der Aufbau und die Sicherung von *Reputation*. Darunter versteht man die Summe der Wahrnehmungen und Einschätzungen eines Unternehmens durch die relevanten Stakeholder einschließlich der konkreten Unterstützungspotenziale (Kauf, Weiterempfehlung, Verteidigung bei Kritik etc.), die sich hieraus ergeben (vgl. Kapitel „Reputation und Image: Grundlagen, Einflussmöglichkeiten, Management"). Im Rahmen der Diskussion um eine wertorientierte Unternehmensführung wird betont, dass Reputation ein immaterieller und schwer ersetzbarer Wert ist, der langfristig aufgebaut werden muss, von dem man aber ebenso nachhaltig zehren kann. Online-Kommunikation übernimmt in diesem Zusammenhang vor allem Mitverantwortung für die *digitale Reputation* (Zerfaß und Boelter 2005, S. 88). Dabei handelt es sich um jenen Teil der Reputation, den ein Unternehmen im Internet erarbeiten kann. Relevant für die digitale Reputation sind unter anderem der Grad der Vernetzung und die Authentizität der Online-Kommunikation. Dabei handelt es sich jedoch nur um grobe Orientierungen. Beispielsweise kann aus einer intensiven *Vernetzung* noch nicht geschlossen werden, dass sich dahinter tatsächlich digitales Reputationskapital verbirgt – auch das Gegenteil könnte der Fall sein, wenn ein Unternehmen von vielen Kritikern im Netz angegriffen und verlinkt wird. Ein nur schwer greifbares Konstrukt ist die *Authentizität*: Sie kann als wahrgenommene Qualität der Kommunikation verstanden werden, wobei zum Beispiel Ehrlichkeit, Echtheit oder ein persönlich gehaltener Kommunikationsstil in der Wahrnehmung von Bezugsgruppen als Qualitätskriterien dienen können (Pleil und Rehn 2012). Berücksichtigt werden sollten bei der Messung digitaler Reputation außerdem auch klassische Merkmale wie beispielsweise die Wahrnehmung von Websites, derer Gestaltung und Benutzerfreundlichkeit, aber auch die wahrgenommene Angemessenheit von Kommunikationsstrategien und Inhalten sowie das Kommunikationsverhalten im Social Web (Peters 2011).

Zu beachten sind Wechselwirkungen der allgemein wahrgenommenen Reputation eines Unternehmens und seiner digitalen Reputation. Je stärker die Wahrnehmung von Unternehmen, Marken und Produkten durch das Internet erfolgt, desto eher scheint das Konstrukt einer gesonderten digitalen Reputation überflüssig zu werden. Da Unternehmen jedoch noch sehr unterschiedlich von den Möglichkeiten der Online-Kommunikation Gebrauch machen, erscheint die Online-Reputation bis auf Weiteres als hilfreiche Begrifflichkeit.

2.2 Auf dem Weg zu Vernetzung und Dialog?

In den vergangenen Jahren wurden zahlreiche Ziele für die Unternehmenskommunikation im Internet diskutiert. Hierbei ging es in der Anfangsphase beispielsweise um ein innovatives Image, aber auch um das Ziel, den jeweiligen Stakeholdern relevante Informationen zu jeder Zeit verfügbar zu machen. Bereits in dieser ersten Phase wurden aufgrund der Möglichkeiten des Internets zahlreiche neue Optionen diskutiert: So wurde beispielsweise oft die Hoffnung formuliert, die Online-Kommunikation werde dazu führen, dass die Unternehmenskommunikation dialogorientierter wird und sich dem Ideal einer „two-way symmetrical communication" der PR-Theorie von Grunig annähert (Duhé und Wright 2013).

Dies hat sich zunächst nicht bestätigt (Neuberger und Pleil 2006; Westermann 2004). Die meisten Unternehmen konzipierten ihre Internetpräsenzen lange Zeit als digitale Schaufenster, die ihren Bezugsgruppen möglichst viele Informationen und Materialien präsentieren sollten. Der Duktus solcher Kommunikation blieb überwiegend monologisch. Allerdings wurde die Freiheit der Bezugsgruppen dadurch deutlich erhöht, dass sie sich zu jeder Zeit und in einer nahezu beliebigen Informationstiefe interessante Informationen erschließen konnten. Diese wurden möglichst zielgruppengerecht aufbereitet, beispielsweise in Pressebereichen innerhalb der Corporate Website oder in Bereichen für Investoren, Kunden, Bewerber etc. Dialogangebote wie Chats, Foren, Gästebücher oder Kommentarmöglichkeiten blieben in dieser Phase dagegen eine Ausnahme. Damit verhielt sich Online-Kommunikation weitestgehend analog zur realen Welt: Auch dort dominiert seit jeher monologische Kommunikation. Dies ist unter dem Aspekt der Wirtschaftlichkeit nachvollziehbar. Die Vorstellung eines neuen Produktes beispielsweise erfordert nicht automatisch dialogorientierte und damit besonders aufwändige Kommunikation. Richten dagegen Bezugsgruppen konkrete und relevante Ansprüche an ein Unternehmen und gerät dessen Handeln in die Kritik, kann dialogorientierte Kommunikation strategisch sinnvoll sein (Neuberger und Pleil 2006).

Dabei bietet vor allem das Social Web bis dahin kaum geahnte Möglichkeiten: Denn hier ist ein direkter Dialog zwischen Unternehmen und Bezugsgruppen möglich – unabhängig von vermittelnden Instanzen wie den Massenmedien bzw. fachjournalistischen Angeboten. Doch auch im Social Web werden die Möglichkeiten der Vernetzung und Dialogführung in der Praxis meist nur spärlich genutzt. Empirische Untersuchungen in Deutschland und im angloamerikanischen Raum zeigen übereinstimmend, dass Unternehmen das dialogische Potenzial von Facebook, Twitter, Blogs und anderen Plattformen nur selten aktiv nutzen und dass verfügbare Dialogmöglichkeiten von den Stakeholdern (mit Ausnahme z. B. von Krisensituationen) nicht immer angenommen werden. Die sich erst langsam entwickelnde, aber inzwischen ausdifferenzierte Forschung zur Online-PR und zum Kommunikationsmanagement im Netz (Duhé 2012; Zerfaß und Pleil 2012a; vgl. im Überblick auch Ye und Ki 2012) hat entsprechende Untersuchungsdesigns und Benchmarks vorgelegt.

2.3 Herausforderungen und Chancen für das Kommunikationsmanagement

Es ist bereits deutlich geworden, dass das Internet nicht einfach ein weiterer Kommunikationskanal ist, der mit dem bekannten Handwerkszeug von Marketing, PR und interner Kommunikation bespielt werden kann. Vielmehr verändert das Internet die Beziehung zwischen Unternehmen und ihren Stakeholdern und damit die Rahmenbedingungen der Unternehmenskommunikation selbst. Diese erweiterte Sicht lenkt den Blick auf drei konkrete Bereiche, in denen sich Chancen und Herausforderungen ergeben (vgl. bereits Zerfaß 2010, S. 419 f.):

- *Managementtools und Informationsquellen im Internet.* Die Vielfalt von Websites, Online-Datenbanken und Anwendungen im Netz bildet in ihrer Gesamtheit einen globalen Informationspool, der bei der Analyse, Planung, Umsetzung und Kontrolle der Unternehmenskommunikation in Anspruch genommen werden kann – unabhängig davon, ob die Kommunikation selbst mit Hilfe klassischer oder neuer Medien geschieht. Außerdem können typische Arbeitsabläufe in der Unternehmenskommunikation, beispielsweise die Zusammenarbeit mit PR-Agenturen und Bildagenturen, die Kommunikation in unternehmensweiten Projektteams sowie der Bezug von Presseclippings und Medienadressen mit Hilfe des Internets schneller und kostengünstiger gestaltet werden. Dies erhöht die Effizienz der Unternehmenskommunikation (vgl. hierzu Abschn. 3).
- *Öffentlichkeiten und Bezugsgruppen im Internet.* Im virtuellen Raum des Internets bilden sich gänzlich neue Öffentlichkeiten. Das sind weltumspannende Kommunikationsräume mit eigenen Strukturen, Themen, Kommunikationsabläufen und Aufmerksamkeitsregeln, die sich grundlegend von anderen Handlungsfeldern der Unternehmenskommunikation unterscheiden. Sie sind dynamisch, schnell und schwer kontrollierbar, können aber – das ist die große Chance – besser denn je selbst oder gemeinsam mit Partnern geschaffen und geprägt werden. Ein Beispiel hierfür sind Online-Communities als Spielart virtueller Öffentlichkeiten. Zum Teil entstehen auch neue Stakeholder und Kommunikationspartner mit speziellen Interessenlagen, die es in dieser Form früher nicht gab: Online-Journalisten, Community-Manager, Blogger und viele mehr (vgl. hierzu Abschn. 4).

- *Internet und Social Media als Kommunikationskanäle.* Durch das Netz wurden neue Kommunikationsplattformen und -instrumente verfügbar, zum Beispiel Websites in Form von Unternehmensdarstellungen, Online-Magazinen (Corporate Media), Kampagnen-Websites, sowie E-Mail-Newsletter, interaktive Web-Konferenzen und eine Vielzahl von Social Media-Anwendungen (vgl. hierzu die Abschnitte 5 und 6). Die Chance für die Unternehmenskommunikation besteht darin, durch Nutzung dieser Möglichkeiten ihre Effektivität nachhaltig zu steigern. Die Kommunikation kann nicht nur schneller, sondern vor allem auch besser werden: Wichtige Bezugsgruppen sind online direkt ansprechbar, man kann eigene Themenplattformen aufbauen und betreiben, die Informationsbedürfnisse von Mitarbeitern und Journalisten können zielgerichtet erfüllt werden.

3 Das Internet als Managementtool und Informationsquelle

Das Internet hat das Kommunikationsmanagement verändert, weil es neue Möglichkeiten der Recherche, Informationsverarbeitung und Zusammenarbeit geschaffen hat. Ein jederzeitiger Netzzugang und entsprechende Anwendungen erleichtern den Kommunikationsverantwortlichen ihre Aufgabenerfüllung – unabhängig davon, ob sie bei der eigentliche Kommunikation mit internen und externen Stakeholdern auf klassische Vorgehensweisen (Presseaussendungen, Print-Publikationen) oder Online-Instrumente (Websites, E-Mail, Social Media) setzen. Zu unterscheiden sind drei Ansatzpunkte und mögliche Vorteile:

- *Einsatz von Online-Anwendungen zur Verbesserung der Zusammenarbeit und Projektsteuerung.* Die Arbeitsabläufe in der Kommunikationsfunktion sind typischerweise stärker als in anderen Aufgabengebieten dadurch geprägt, dass mit externen Dienstleistern (Kommunikationsagenturen, Designern, Internetagenturen, Druckereien, Lettershops, Eventorganisatoren) und unternehmensweiten Teams (beispielsweise den PR-Verantwortlichen bei Tochterfirmen) zusammengearbeitet wird und hierbei ein kurzfristiger Abstimmungsbedarf besteht. Extrembeispiele sind Krisensituationen und der gesamte Bereich der Investor Relations, in dem die Inhalte und Umsetzung der Kommunikationspolitik schnell und präzise mit vielen Beteiligten abgestimmt werden müssen. Ansätze hierzu bieten neben webbasierten Projektmanagement-Tools unter anderem Wikis, Social Bookmarks oder Weblogs für das Wissensmanagement und die Teamorganisation. Einige Konzerne haben inzwischen interne Online-Communities für alle Kommunikatoren weltweit geschaffen oder sie bieten sogar umfassende Social Media-Plattformen zur Kollaboration an wie z. B. *BASF Connect* (Krooß 2012).
- *Optimierung des Informationssystems.* Im Zuge des Kommunikationsmanagements, also der Steuerung von Kommunikationsmaßnahmen, wird zwangsläufig ein mehr oder minder ausgefeiltes Informationssystem aufgebaut. Die anfallenden Daten und Dokumente werden in Ablagen, Ordnern und Archiven, oft auch in elektronischer Form, erfasst und zur Vorbereitung weiterer Entscheidungen wieder zur Verfügung gestellt.

Im Sinne einer Inhalte- und Methodensammlung kann das Informationssystem auch Strategien und Inhalte dokumentieren (z. B. Corporate Messages, Imageprofile von Vorstandsmitgliedern, Sprachregelungen zu strategiekritischen Themen) und bewährte Vorgehensweisen zur Bewältigung einzelner Aufgaben enthalten, zum Beispiel das Vorgehen bei der Projektsteuerung oder Medienresonanzanalyse sowie Checklisten für die Texterstellung in Print und Web. Insbesondere bei neueren Organisationsformen mit wechselnden Zuständigkeiten wie Matrixstrukturen und Newsrooms in Kommunikationsabteilungen ist das relevant. Durch den Einsatz von webgestützten Datenbanken kann im Idealfall ein interaktives Informationssystem und Wissensmanagement aufgebaut werden, das den gesamten Workflow der Unternehmenskommunikation abbildet, unterstützt und über Smartphones und Tablets auch mobil zugänglich macht. Entsprechende Softwarelösungen sind im Prinzip verfügbar, aber in Kommunikationsabteilungen noch nicht sehr verbreitet.

- *Die Optimierung des Kommunikationsmanagements.* Das Management der Unternehmenskommunikation umfasst verschiedene Schritte, deren Zusammenhang und Abfolge dem klassischen Zyklus der Unternehmenssteuerung entsprechen: Der Analyse folgen Planung, Umsetzung und Kontrolle von Kommunikationsprogrammen (vgl. Kapitel „Konzeption von Kommunikationsprogrammen"). Internetgestützte Anwendungen können diese Schritte unterstützen.

Erhebliche Chancen bieten sich im Managementprozess insbesondere bei der *Analyse* der öffentlichen Meinungsbildung einschließlich relevanter Themen (Issues) und Stakeholder-Konfigurationen durch das Social Media Monitoring (vgl. Kapitel „Social Media Monitoring: Grundlagen und Zielsetzungen"). Die *Planung* der Kommunikation wird durch den Einsatz verschiedener interaktiver Standardwerkzeuge erleichtert. Beispiele sind webbasierte Softwarelösungen für die Alternativenbewertung, Netzplanerstellung, Budgetierung und für das gesamte Projektmanagement. Bei der *Realisierung* von Kommunikationsmaßnahmen und Kampagnen können Online-Ressourcen unterstützend eingesetzt werden. Beispielsweise sind Medien-Adressdatenbanken und Zeitschriften-Themenpläne für die Pressearbeit im Internet verfügbar. Beim Versand von Presseinformationen sind leistungsfähige Datenbanken für das Customer Relationship Management sinnvoll, die beispielsweise den automatisierten Versand (mit individueller Ansprache) von Pressemitteilungen und die Pflege der Kontakthistorie zu Ansprechpartnern erlauben. Darüber hinaus können Dokumente, Bilder und Videos in Social Media Newsrooms bereitgestellt werden (Zerfass und Schramm 2014). Druckdienstleister betreiben heute Publishing-on-demand-Systeme, die über das Internet zugänglich sind und bei denen man Drucksachen und Plakate online beauftragen kann – dadurch können auch begrenzte Adressatenkreise schnell und kostengünstig professionell angesprochen werden. Bei der *Evaluation* der Unternehmenskommunikation sind zwei Aspekte zu beachten: Einerseits können eigene Maßnahmen der Online-Kommunikation besonders gut evaluiert werden, weil Reaktionen (z. B. Abruf einzelner Internetseiten oder Downloads von Dokumenten) automatisiert dokumentiert werden. Zum anderen eröffnen sich zahllose innovative Möglichkeiten des

Monitorings von Inhalten im Internet und Social Web bis hin zu Netzwerkanalysen von Diskussionsverläufen sowie vielfältige Möglichkeiten der empirischen Sozialforschung wie Online-Befragungen von Stakeholdern, Online-Fokusgruppen und vieles mehr (Poyntner 2010; Welker et al. 2014).

4 Öffentlichkeiten und Bezugsgruppen im Internet

Die intensive Nutzung des Internets hängt nicht nur damit zusammen, dass es bequem ist, Fahrkarten vom eigenen Schreibtisch aus zu kaufen oder Preisvergleiche anzustellen. Ein mindestens ebenso wichtiger Faktor ist es, dass das Internet von vielen als sozialer Raum wahrgenommen wird. Man „surft" im World Wide Web, trifft sich mit Gleichgesinnten bei Facebook, um Neuigkeiten zu einem bestimmten Thema zu erfahren und tauscht über Twitter Neuigkeiten aus. Dabei bewegt man sich in neuen Öffentlichkeiten im Sinne von Kommunikationsräumen, die sich durch die Praxis der Online-Nutzung herausgebildet haben und dieser Praxis inzwischen selbst Sinn und Orientierung geben (Zerfaß und Boelter 2005, S. 74 ff.). Diese neuen *Öffentlichkeiten* unterscheiden sich von klassischen Öffentlichkeiten nicht allein durch ihre Virtualität, sondern beispielsweise auch durch eigene Regeln der Aufmerksamkeit und eigene Kommunikationsstile; sie bilden insgesamt einen *vormedialen Raum* der Meinungsbildung (Pleil 2012).

Dabei ist zu berücksichtigen, dass unterschiedliche virtuelle Öffentlichkeiten unterschiedlichen Spielregeln folgen. Innerhalb dieser neuen Öffentlichkeiten spielen die klassischen Gatekeeper wie Journalisten und (traditionelle) Meinungsführer eine wesentlich geringere Rolle als in den klassischen Öffentlichkeiten, die durch die herkömmlichen Massenmedien wie Zeitung oder Rundfunk hergestellt werden. Allerdings bilden sich auch innerhalb neuer Öffentlichkeiten typischerweise in kurzer Zeit *neue Meinungsführer und Bezugsgruppen* heraus – oft unabhängig von Alter, beruflichem Hintergrund oder gesellschaftlichem Status. Das Kommunikationsmanagement kann durch diese Entwicklung neue Ansatzpunkte finden. Dies setzt voraus, dass diese neuen Meinungsführer erkannt und in die Kommunikation einbezogen werden. Allerdings verbietet die „Netiquette" (die ungeschriebenen Verhaltensregeln im Netz) in vielen Situationen eine direkte Ansprache nicht-journalistischer Meinungsführer. Unternehmen, die hier die Regeln des sozialen Gefüges Internet nicht antizipieren, riskieren den Verlust digitaler Reputation. Die Interaktivität des Mediums Internet bringt es mit sich, dass digitale Bezugsgruppen nicht nur passive Konsumenten von Informationen sind. Vielmehr können sich solche Bezugsgruppen innerhalb kürzester Zeit zu *Cyber-Initiativen* zusammenschließen und wieder auflösen. Im Extremfall bezieht sich ein solches Zusammenschließen nicht nur auf den Austausch von Erfahrungen, etwa mit einem Produkt, sondern kann schnell zur Organisation konkreter Aktivitäten wie Protestaufrufen, „Shitstorms" oder gar Boykotten führen. Spätestens diese Art der Aktivität bleibt üblicherweise auch den klassischen Massenmedien nicht verborgen, so dass Diskussionen und Initiativen aus dem vormedialen Raum in die breite öffentliche Diskussion einfließen können.

Besonders aufmerksame Beobachter des digitalen Raumes sind naturgemäß *Online-Redakteure*. Dabei kann es sich um Mitarbeiter von Online-Magazinen handeln, die dem klassischen Berufsbild des Journalisten entsprechen, aber auch um so genannte Citizen Journalists, also Autoren, die ohne journalistische Ausbildung aus eigener, privater Initiative im Internet veröffentlichen und beispielsweise aufgrund ihres Fachwissens eine ähnliche Reputation genießen wie ihre professionellen Kollegen. Dennoch kann sich ihre Arbeitsweise deutlich unterscheiden: Einige Citizen Journalists respektieren nicht die Trennung zwischen Nachricht und Meinung; kombiniert mit der Tatsache, dass Auswahl und Recherche von Informationen nicht unbedingt professionellen Kriterien entsprechen. So kann eine aus Unternehmenssicht gefährliche Mixtur entstehen, die im Extremfall zur schnellen Verbreitung beispielsweise von Gerüchten beitragen kann. Für das Kommunikationsmanagement geht es zunächst darum, neue Bezugsgruppen und Meinungsmacher im Netz frühzeitig zu identifizieren und regelmäßig zu analysieren. Dazu ist ein systematisches Monitoring unverzichtbar (vgl. oben Abschn. 3 sowie Kapitel „Social Media Monitoring: Grundlagen und Zielsetzungen"). In weiteren Schritten müssen Bedeutung, Beweggründe und Handlungsmuster der neuen Ansprechpartner analysiert und bewertet werden. Schließlich gilt es, zu den relevanten Kommunikationspartnern stabile Beziehungen aufzubauen. Klassische Vorgehensweisen wie die Aufnahme in den Presseverteiler funktionieren dabei jedoch häufig nicht. Im Gegenteil: Diese würden eher als unangemessen empfunden und könnten kontraproduktiv wirken. Erfolg versprechender ist dagegen, Information und Unterhaltung einzusetzen. Das bedeutet, dass mit Internetangeboten zunächst die Aufmerksamkeit digitaler Bezugsgruppen geweckt werden muss. Eine hohe Aktualität und attraktive Inhalte sowie situativ auch Feedback- und Dialogangebote können dabei als Bausteine des digitalen Beziehungsmanagements dienen.

5 Das Internet als Kommunikationskanal

Eine Stärke des Internets liegt darin, dass es erlaubt, direkte und ungefilterte Beziehungen zu unterschiedlichen Stakeholdern zu pflegen bzw. zu unterstützen. Dazu dienen insbesondere Websites und Social Media-Kanäle, die vom Unternehmen selbst betrieben werden. Die Herausforderungen sind hierbei weniger technischer Natur – Internetauftritte und Social Media-Angebote lassen sich mit Hilfe fachkundiger Agenturen schnell erstellen – sondern sie verbergen sich hinter den Schlagworten Konzeption und Zielgruppenansprache, Governance und Workflow sowie Usability:

- In *konzeptioneller Hinsicht* muss geklärt werden, welchem Zweck eine Website, ein Facebook- oder Twitter-Kanal oder auch bei YouTube bzw. Slideshare veröffentlichte Online-Videos oder Präsentationen dienen sollen und welche Stakeholder damit angesprochen werden. Grundsätzlich ist es denkbar, alle relevanten Bezugsgruppen und deren

Informationsbedürfnisse mit einem einzigen Internetauftritt – der Corporate Website – anzusprechen. Dabei bietet es sich an, für Investoren und Analysten, Anwohner, Mitarbeiter, Geschäftspartner oder Journalisten jeweils unterschiedliche Einstiegsmöglichkeiten zu schaffen. Dadurch können unterschiedliche Kommunikationsziele verfolgt und beispielsweise durch die individuelle Aufbereitung von Informationen oder durch situativ skalierte Dialogangebote unterstützt werden. Da bei Corporate Websites jedoch eher der direkte Bezug zum Unternehmen im Vordergrund steht und diese inhaltlich nicht überfrachtet werden sollten, sind spezifische Websites (so genannte Microsites) oder Social Media-Angebote für einzelne Themen, Marken oder Produkte sinnvoll. Beispiele sind Facebook-Auftritte speziell für Praktikanten und Berufseinsteiger im Sinne des Employer Branding oder Twitter-Präsenzen als Teil von zeitlich befristeten Kampagnen. Die parallele Bespielung verschiedener und miteinander vernetzer Angebote ermöglicht nicht nur eine differenzierte Zielgruppenansprache und ein passendes Beziehungsmanagement. Die gegenseitigen Verlinkungen und das dadurch verbesserte Suchmaschinenranking führen auch zu einer besseren Auffindbarkeit der einzelnen Inhalte im Netz.

- Vielfach unterschätzt wird der *Workflow* bzw. die Organisation der Informationsflüsse und Arbeitsabläufe beim Betrieb von Websites und Informationsportalen. Die in manchen Kommunikationsabteilungen gepflegte Improvisationskunst hat hier keinen Platz. Vielmehr verbergen sich hinter unternehmenseigenen Angeboten wie Websites oder Blogs im Allgemeinen umfangreiche *Content Management-Systeme* (CMS), also Online-Datenbanken, in denen Texte, Bilder und verknüpfende Informationen wie beispielsweise das Veröffentlichungsdatum jedes einzelnen Artikels, der Bearbeitungs- und Freigabestatus und vieles mehr abgelegt sind. Dies vereinfacht die Strukturierung der Inhalte und erlaubt auch die mehrfache Verwendung an verschiedenen Stellen, stellt aber zugleich hohe Anforderungen an die Kompetenz und Disziplin der Redakteure. Über diese operative Herausforderung hinaus hat sich gezeigt, dass beim Einzug von Internet und Social Media in Kommunikationsabteilungen häufig übersehen wurde, einen geeigneten Ordnungsrahmen und strukturelle Rahmenbedingungen im Sinne der *Social Media Governance* (Linke und Zerfass 2013) zu schaffen. Dies ist, so eine Delphi-Studie unter Vordenkern im Feld, jedoch der wichtigste Ansatzpunkt für den langfristigen Erfolg der Online-Kommunikation (Zerfaß et al. 2012). Governance-Strukturen umfassen unter anderem Guidelines, die Mitarbeitern eine Orientierung für die Kommunikation im Netz an die Hand geben sollen, sowie klare organisatorische Regelungen der Zuständigkeiten im Unternehmen. Das ist keineswegs trivial, da – wie bereits erwähnt – Internet und Social Media in nahezu nallen Unternehmensbereichen angewendet werden, aber letztlich in der Innen- und Außenwahrnehmung zusammenfließen. Hinzu kommen Strategieplattformen, Evaluationsmethoden und nicht zuletzt Aspekte der Bereitstellung technischer und personeller Ressourcen. Letzteres beinhaltet insbesondere die Entwicklung von Online- und Social Media-Kompetenz bei Kommunikationsverantwortlichen und anderen Mitarbeitern. Empirische Studien zeigen, dass

diese – trotz der langjährigen Beschäftigung mit dem Themenfeld in der Praxis – oft unterdurchschnittlich ausgeprägt ist (Tench et al. 2013).
- Das Stichwort *Usability* verweist darauf, dass die zunehmende Informationsflut zu einer Machtverlagerung im Kommunikationsprozess geführt hat. Nutzer haben heute die Qual der Wahl zwischen einer Vielzahl miteinander konkurrierender Fernsehprogramme, Zeitschriften, Websites, Social Media-Angebote sowie Apps für Smartphones und Tablets. Deshalb wird die Aufmerksamkeit zum alles bestimmenden, knappen Gut. Und Aufmerksamkeit gewinnt man einerseits mit attraktiven Inhalten und ansprechender Optik, aber auch durch eine hervorragende Zugänglichkeit und Benutzerfreundlichkeit. Dieses im Englischen als „Usability" bezeichnete Qualitätsmerkmal ist ein wesentliches Differenzierungsmerkmal (Schweiger 2010, S. 200 ff.). Die laufende Überprüfung und Optimierung der Usability muss Bestandteil jedes Konzepts für die Online-Kommunikation sein. Deshalb sollte man sich konsequent an den Nutzern und ihren Bedürfnissen orientieren, nicht an den Vorstellungen von Informatikern oder Designern. Wichtig sind beispielsweise die verständliche Benennung von Navigationselementen, die Länge von Überschriften und Texten sowie die Aussagekraft und Ladezeiten von Bildern. Aufgabe der Unternehmensführung und des Kommunikationsmanagements ist es in diesem Zusammenhang, die Durchführung von Usability-Tests mit Testpersonen aus dem Kreis der adressierten Stakeholder vor der Live-Schaltung eigener Angebote einzufordern.

Die *Entwicklung von Strategien und Konzepten für die Online-Kommunikation* folgt einem typischen Managementprozess, der sich im Spannungsfeld von technischen Möglichkeiten, Erwartungen der Stakeholder und Zielen des eigenen Unternehmens bewegt (ausführlicher hierzu und zum Planungsprozess Zerfaß und Pleil 2012b, S. 61 ff.).

Über die einzelnen Angebote hinaus und deren Integration in den Medienmix muss übergeordnet eine *Positionierung von Marken- und Unternehmensnamen* über geeignete Internetadressen (URLs) für Websites (z. B. *unternehmen.com*) und Subadressen auf Social Media-Plattformen (z. B. *de.facebook.com/unternehmen, slideshare.net/unternehmen*) sichergestellt werden. Dies ist für die Auffindbarkeit der eigenen Angebote durch Nutzer und Suchmaschinen von entscheidender Bedeutung.

Damit verbunden ist eine zweite übergeordnete Aufgabe, *Sichtbarkeit für eigene Online-Angebote* wie Corporate Websites, Produktseiten oder Online-Shops herzustellen. Suchmaschinenoptimierung und -marketing sind heute unverzichtbare Bestandteile des Kommunikationsmanagements. Denn es geht nicht allein darum, als Unternehmen bzw. mit den eigenen Marken positioniert zu sein. Vielmehr sind Internetrecherchen zu einem großen Teil themenbezogen. Deshalb ist es von großer Bedeutung, über entsprechende Schlagworte bzw. potenzielle Suchabfragen gefunden zu werden. Ein Lösungsansatz dazu ist kontextbezogene Online-Werbung. Die meist bessere, weil glaubwürdigere, Alternative ist jedoch, direkt in den Suchergebnissen mit einem Schlagwort aufzutauchen. Dies ist über relevante Inhalte auf den eigenen Websites möglich oder über Erwähnungen und Berichte Dritter, beispielsweise auf eigenen Plattformen wie Weblogs oder in spezialisierten Angeboten wie zum Beispiel Verbraucher-Communities.

Eine dritte Herausforderung ist die Entwicklung einer *Content-Strategie*. Inhalte, die für die Zielgruppen interessant sind und zugleich die Ziele der Unternehmenskommunikation unterstützen, sind unverzichtbar. Das hat auch technische Gründe. Suchmaschinen beziehen unter anderem die Aktualität von Suchergebnissen und deren Vernetzung in ihr Ranking ein. Deshalb genügt ein bloßes Erwähnen möglichst vieler Stichwörter auf einer Website bei weitem nicht. Der angebotene Inhalt muss möglichst hochwertig – und damit für Besucher einer Website nützlich – sein. Content-Strategien betreffen neben der internen und externen Unternehmenskommunikation im engeren Sinne auch andere Bereiche von Online-Anwendungen. Beispiele sind die Entwicklung von Online-Shops, Kollborations- und Wissensmanagement-Plattformen oder E-Learning-Anwendungen. Deshalb wird Content-Strategie mittlerweile bereits als eigene Disziplin diskutiert (Halvorson und Rach 2012).

Wenn die Content-Strategie entwickelt wurde, sind die Plattformen bzw. Instrumente der Online-Kommunikation im Sinne der konkret einzusetzenden Internetanwendungen und Social Media-Angebote sowie die Integration in bereits bestehende Online-Aktivitäten festzulegen (vgl. nachfolgend Zerfaß und Pleil 2012b, S. 68 ff.). Dabei ist ein ganzheitlicher Blick auf die unterschiedlichen Instrumente notwendig. Beispielsweise ist zu klären, welche Funktion bestehende Angebote wie E-Mail-Newsletter erhalten, wenn neue Plattformen hinzukommen, aber auch wie Themensetzungen, adressierte Stakeholder oder Kommunikationsstile im Einzelnen festzulegen sind. Einen Überblick über wichtige Instrumente gibt Tab. 1 (ähnlich auch Schultz und Wehmeier 2010, S. 418 f.); vertiefende Darstellungen einzelner Instrumente finden sich in den Beiträgen des Sammelbands von Zerfaß und Pleil (2012a).

Mit Blick auf die Netzwerkeffekte und auf die Suchmaschinenoptimierung ist die *Vernetzung der eigenen Online-Medien untereinander sowie mit externen Plattformen* bedeutsam. Je nach Projekt und Instrument gibt es hierfür verschiedene Möglichkeiten. Bei einer Unternehmens-Fanpage auf Facebook können beispielsweise Meldungen mit Verlinkungen zu den Facebook-Seiten von Prominenten (z. B. den Testimonials und Werbepartner einer Marke) eine Vernetzung sicherstellen und Rezipienten verschiedener Angebote zueinander leiten. Üblich ist es zudem, alle Social Media-Angebote auf der Corporate Website einzubinden und so zusätzliche Services in alle Richtungen zu bieten. In der Praxis wichtig ist das *Zusammenspiel zwischen den eigenen Plattformen im Internet und Social Web*. Twitter-Kanäle können genutzt werden, um schnelle Informationen zu verbreiten und Aufmerksamkeit zu steuern. Auf diese Weise kann ein ausführlicher Beitrag in einem Corporate Weblog oder auf der Unternehmens-Website bekannt gemacht werden. Der gleiche Beitrag kann ggf. auch auf der Facebook-Seite des Unternehmens geteilt werden. Das lässt sich prinzipiell automatisiert lösen. Für eine spezifische Stakeholder-Ansprache auf den jeweiligen Plattformen ist im Allgemeinen aber ein Workflow notwendig, der redaktionelle Anpassungen ermöglicht.

Tab. 1 Typische Instrumente und Plattformen der Online-Kommunikation von Unternehmen (Quelle: In Anlehnung an Zerfaß und Pleil (2012b, S. 68–69)

Instrument	Beschreibung	Beispiele	Funktionen
Corporate Website, Brand Website	Umfassende Präsentation eines Unternehmens	Internetauftritt eines Unternehmens oder einer Marke	Selbstdarstellung, jederzeit verfügbare Präsenz; gegebenenfalls weitere Funktionen wie Vertrieb (Online-Shop)
Microsite	Spezielle Website für einzelne Themen, Kampagnen, Events etc.	Website eines Pharmaunternehmens zu einem Krankheitsbild; Website zu CSR-Initiativen	Zeit- oder themenbezogene Kommunikation mit gestalterischer Freiheit und positiven Effekten für die Suchmaschinenoptimierung
Corporate Press Room	Nachrichtenbereich für Journalisten	Presseservice mit Texten, Bildmaterial, Publikationen	Information und Service für Journalisten, Archiv für Texte und Bilder
E-Mail-Newsletter	Regelmäßige Publikation von Neuheiten; zielgruppenbezogene Aufbereitung	Kunden-Newsletter, Investor-Relations-Newsletter	Information spezifischer Stakeholder
Corporate Blog	Berichte zu Branchenthemen, Begleitung von Events etc.	Mitarbeiterblogs, Themenblogs, Eventblogs	Weniger formelle Information, Dialogangebot, Herstellen von Nähe
Microblogging	Kurze Nachrichten, oft mit Links zu weiterführenden Informationen	Spezifische Kanäle in Twitter, entweder personenbezogen oder themenbasiert	Teaserfunktion, Aufmerksamkeitssteuerung; gegebenenfalls Herstellen von Nähe
Audio-/Video-Podcast	Regelmäßiges Audio- oder Videoformat	Themenpodcast oder Interviewreihe in einem Unternehmens-Kanal bei YouTube	Information und Unterhaltung von Stakeholdern
Forum	Strukturierte Diskussionen; häufig im Frage-/Antwortformat	Produktforen	Vernetzung von Stakeholdern untereinander; Dialog zwischen Organisation und Stakeholdern; Service
Eigene Community, Social Network	Virtuelle Gemeinschaften mit verschiedenen Funktionen (Präsentation der Mitglieder; Diskussionen etc.)	Communities für Kunden oder Mitarbeiter, für Teilnehmer eines Events; Innovations-Communities	Festigung und Ausbau von Beziehungen zu Stakeholdern (meist Kunden oder Mitarbeitern), Innovation und Service
Social Network	Nutzung großer oder zielgruppengenauer unabhängiger Social Networks	Profile, Fanseiten und Gruppen bei Facebook; spezifische Seiten für Events oder Zielgruppen	Präsenz in einer bestehenden Online-Community mit großer Reichweite und vielen Mitgliedern

Tab. 1 (Fortsetzung)

Instrument	Beschreibung	Beispiele	Funktionen
Wiki	Gemeinschaftlich erstellte Websites	Produktwikis, Themenwikis, interne Projektwikis	Kollaboration und umfangreiche Beteiligung von Stakeholdern
Social Bookmarking	Öffentlich abgespeicherte und verschlagwortete Bookmarks	Bookmarksammlungen zu Fachthemen	Orientierung und Aufmerksamkeitssteuerung
Web-TV	Komplette Sendungen, Distribution über das Internet	Magazine von Markenartiklern; Mitarbeitermagazine in der internen Kommunikation	Information und Unterhaltung
Social Media Newsroom	Newsroom, der die Social Media-Aktivitäten einer Organisation bündelt	Integration der Unternehmens-Aktivitäten auf YouTube, Twitter, Facebook, Flickr etc., meist als Bereich der Corporate Website	Vernetzung von Social Media-Aktivitäten, Schaffen von integrierten Zugängen
File Sharing Community	Bereitstellen von Fotos, Präsentationen, Videos etc.	Gruppen bzw. Channels in YouTube (Videos), Flickr (Fotos), Slideshare (Präsentationen) etc.	Information und Präsenz in den jeweiligen Communities; Ermöglichen der Einbindung eigener Inhalte in die Webangebote von Dritten

6 Social Media: Interaktive Formate für die Online-Kommunikation

Im Zentrum der Diskussion um eine strategische Ausrichtung der Unternehmenskommunikation im Internet steht seit geraumer Zeit das *Social Web* oder auch Web 2.0. Technisch beruht dies auf *Social Software* im Sinne „webbasierter Anwendungen, die für Menschen den Informationsaustausch und die Kommunikation in einem sozialen Kontext unterstützen" (Hippner 2006, S. 7). Die dort angebotenen Plattformen werden als *Social Media* bezeichnet. Sie ermöglichen es einer breiten Masse von Internetnutzern, nicht nur passiv Informationen zu konsumieren, sondern im Netz selbst zu publizieren und zu interagieren (Zerfaß und Boelter 2005). Entscheidend dabei ist, dass die Hürden sehr niedrig sind: Mit nur wenigen Mausklicks und geringen oder gar keinen Kosten kann jeder Internetnutzer beispielsweise einen Facebook-Auftritt, einen Twitter-Kanal oder ein Weblog starten. Der Einsatz von Social Media bleibt damit nicht nur Unternehmen mit großen Kommunikationsbudgets vorbehalten, sondern kommt auch für kleine Betriebe oder Selbstständige wie beispielsweise Berater, Agenturen oder Anwälte mit kreativen Ideen in Frage. Die Brecht'sche Utopie, nach der jeder die Möglichkeit haben sollte, zum Sender zu werden und nicht nur zu rezipieren, scheint zum Greifen nahe.

Die Verfügbarkeit vielfältiger Publikations- und Interaktionsmöglichkeiten bedeutet aber keineswegs, dass die Chancen auch genutzt wurden und werden. Vor allem haben die sinkenden Einstiegsbarrieren zunächst einmal nur zu vermehrten Angeboten, einer größeren Unübersichtlichkeit und einer Fragmentierung der Nutzung sowie Meinungsbildung geführt. Im Ergebnis hat sich der Wettbewerb um öffentliche Aufmerksamkeit, Interpretationen und Deutungshoheit verlagert und neue Spieler haben das Feld betreten. Im Kern geht es für Unternehmen aber weiterhin darum, strategische und integrierte Kommunikation zu betreiben und die hierzu notwendigen Voraussetzungen im Kommunikationsmanagement zu schaffen (Zerfaß und Pleil 2012b).

Die spezifischen Anforderungen partizipativer Kommunikationsplattformen lassen sich auf begrenztem Raum nicht im Einzelnen darstellen. Notwendig ist in jedem Fall eine Auseinandersetzung mit den spezifischen Möglichkeiten, Einschränkungen, Dialogformaten und technischen Grundlagen einzelner Plattformen, die in schneller Folge entstehen, sich etablieren, manchmal wieder verschwinden und in jedem Fall im Zuge der Institutionalisierung in verschiedenen Öffentlichkeiten unterschiedliche soziale Praktiken begründen. Einen Überblick zu den Chancen und Risiken von Social Media in der Unternehmenskommunikation geben die Sammelbände von Zerfaß und Pleil (2012) und Atchison et al. (2014) sowie die Publikation von Schindler und Liller (2012).

7 Perspektiven und Herausforderungen

Eine wesentliche Herausforderung von Social Media ist die zunehmende Bedeutung der *Peer-to-Peer-Kommunikation*, also der Kommunikation zwischen Gleichgesinnten und der Herausbildung von sozialen Netzwerken jenseits der Grenzen von Raum und Zeit. Die Bedeutung von Peers nimmt umso mehr zu, je unübersichtlicher das Angebot an Informationen, aber auch an Stilen und Trends, wird. Man spricht in diesem Zusammenhang auch von *Webs of Trust* (Edelman 2005, S. 2). Dabei handelt es sich um persönliche Netzwerke aus Gleichgesinnten (Peers) wie z. B. Kollegen, Freunden, der Familie, Akademikern, aber auch fremden Menschen mit ähnlichen Interessen, deren Urteile im Vergleich zu den klassischen Massenmedien immer wichtiger werden. Zwar behalten die Massenmedien ihre dominierende Rolle für die Bildung öffentlicher Meinung, aber sie erhalten Konkurrenz beziehungsweise werden ihre Einzelbeiträge häufig Teil der Kommunikation Gleichgesinnter untereinander. Das bedeutet, dass viele Nutzer intensiv den einzelnen (Lese-)Empfehlungen anderer folgen und nicht unbedingt etablierten Medienmarken als Ganzes. Auf diese Weise verbreiten sich in Zeiten der Informationsflut neue Mechanismen der Orientierung. Meinungsbildung verlagert sich also zumindest in Teilen auch in neue digitale Arenen und wird für jeden Außenstehenden nachvollziehbar. Neue Meinungsführer, beispielsweise Betreiber von Weblogs oder allgemeiner digitale Kuratoren, die in ihren jeweiligen Online-Angeboten häufig aufeinander bzw. für sie interessante Inhalte verweisen, schaffen eine neue *Qualität der Vernetzung* im Web, die sich wiederum sehr schnell in den Ergebnissen von Suchmaschinen wie Google widerspiegelt. In anderen Worten: Je intensiver ein Thema – beispielsweise ein neues Produkt oder ein strittiges Geschäftsmodell – im Social Web diskutiert wird, desto mehr Internet-User – dazu gehören auch Journalisten – stoßen über Suchmaschinen auf diese Diskussionen.

Für Kommunikationsmanager bedeutet dies, dass sie nicht nur angebotsorientiert aus Perspektive des Unternehmens vorgehen, sondern sich intensiv mit *netzwerkartiger Kommunikation* beschäftigen sollten (Wehmeier 2003, S. 299). Eine Handlungsoption ist es, Mitarbeiter systematisch zu Botschaftern des eigenen Unternehmens zu machen. Social Media bieten hierzu interessante Möglichkeiten. So bemühen sich einige Unternehmen, ihre Mitarbeiter gezielt als Multiplikatoren oder für den Aufbau von Beziehungen zu Bezugsgruppen einzusetzen. Hierzu wird den Mitarbeitern beispielsweise auf der Unternehmens-Website die Möglichkeit eingeräumt, direkt und ohne Kontrolle durch eine Kommunikationsabteilung zu ihrem jeweiligen Fachthema zu publizieren, beispielsweise in Weblogs. Andere positionieren sich auf Plattformen wie Twitter als Experten für ein Thema, geben aber gleichzeitig klar die Zugehörigkeit zu einem Unternehmen bekannt. Es liegt auf der Hand, dass eine solche Rolle nicht allein durch den Austausch aktueller Informationen ausgefüllt wird, sondern dass hierbei im besten Falle Vertrauen aufgebaut und Beziehungen zu relevanten Stakeholdern entwickelt und gepflegt werden.

Eine solche Strategie ist allerdings nicht ohne Risiken und hängt vor allem von der jeweiligen *Unternehmenskultur* ab. Gegner einer solchen Öffnung aller Kommunikationskanäle fürchten, dass Unternehmen die strategischen Möglichkeiten der Kommunikation hierdurch zu sehr aus der Hand geben und dass Mitarbeiter auch kontraproduktiv wirkende Informationen nach außen geben können. Befürworter sind demgegenüber der Meinung, das Kontrollparadigma der Unternehmenskommunikation habe ohnehin ausgedient. Mit anderen Worten: Unternehmen sind heute erzwungenermaßen transparent, so dass der Schritt in die Offensive jeder Abschottungsmentalität vorzuziehen ist.

Nachdem viele Unternehmen intensiv in die Online-Kommunikation investiert haben und sich gleichzeitig einige kommunikative Rahmenbedingungen im Internet wandeln – auch durch Marktführer wie Facebook und Google –, wird deutlich, dass die *Abgrenzung zwischen Online-Marketing und Online-PR* nicht mehr problemlos möglich und schon gar nicht zielführend ist. So zwingt beispielsweise Facebook zunehmend dazu, Wahrnehmung und Reichweite durch Werbung zuzukaufen. Das bedeutet zum Beispiel, dass gute und für ein Unternehmen wichtige Inhalte auf der Facebookseite nicht automatisch von den Fans der Seite wahrgenommen werden, sondern dass diese Inhalte zum Teil erst wieder vermarket werden müssen. Auch in der Suchmaschinenoptimierung (SEO) ist ein enges Zusammenwirken von Inhalten, Analyse und zusätzlicher Vermarktung sinnvoll (Schrader 2013).

Ein großes, in Deutschland aber erst in Ansätzen diskutiertes Thema ist die *Content-Strategie*. Drehte sich bislang die Diskussion sehr stark um die grundsätzliche Ausrichtung der Online-Kommunikation und Kriterien zur Entscheidung über einzelne (neue) Kommunikationskanäle, so wird zunehmend klar, dass für jeden als relevant identifizierten Kanal eine eigene Strategie zu entwickeln ist, ebenso natürlich in Bezug auf das

Zusammenspiel der unterschiedlichen Maßnahmen. Content-Strategie bezieht sich auf Themen, aber genauso auf Gestaltung, Tonalität, Zugänglichkeit etc. Ganz allgemein definieren Halvorson und Rach (2012, S. 527) deshalb: „Content strategy guides your plans for the creation, delivery, and governance of content". Damit wird deutlich, dass Content-Strategien interdisziplinär zu betrachten sind. Um eine solche Strategie zu entwickeln und umzusetzen, ist eine enge Zusammenarbeit von Marketing- und PR-Experten mit Webentwicklern, Gestaltern, Datenspezialisten und anderen notwendig. Entscheidend ist aus Unternehmenssicht letztlich, wie gut es gelingt, Inhalte zu entwickeln, die dazu beitragen, Kommunikationsziele zu erreichen, gleichzeitig aber auch Erwartungen der Bezugsgruppen und technischen Anforderungen genügen. Es wird schnell deutlich, dass sich hinter diesen Aspekten vielfältige Fragestellungen verbergen. Wird beispielsweise die Bindung von Fans auf einer Facebookseite und die Interaktion mit ihnen als Ziel definiert, dann ist zu entscheiden, welche Arten von Inhalten ein Unternehmen schaffen kann, aber auch, wie diese aufzubereiten sind, damit der erwünschte Erfolg eintritt. Bei der Aufbereitung sind dann wiederum Aspekte wie Multimedialität, Storytelling, Kommunikationsstil oder Publikationsfrequenzen zu diskutieren.

8 Fazit

Online-Unternehmenskommunikation erweitert heute nicht mehr einfach das Kommunikationsmanagement in den virtuellen Raum des Internets, sondern ist fester Bestandteil der Kommunikation insgesamt. Eine Trennung der Sphären „online" und „offline" ist nicht mehr möglich. Dabei unterstützt der Einsatz des Internets einerseits die klassische Kommunikationsarbeit: Handlungsbereiche wie Pressearbeit, Investor Relations oder Krisen-PR können ohne Maßnahmen im Internet nicht mehr gedacht werden. Andererseits können eigene Kommunikationsstrategien entwickelt werden, um digitale Öffentlichkeiten und virtuelle Bezugsgruppen zu erreichen. Anwendungen, die einen Dialog mit wichtigen Stakeholdern fördern, stehen seit langem zur Verfügung, kommen aber bislang nur selten zum Einsatz. Das gilt in jedem Fall für Corporate Websites, oft aber auch für Kommunikationsaktivitäten im per se partizipativ angelegten Social Web. Da sich die Praktiken sozialer Interaktionen nur langsam wandeln, wird der Wandel von Kommunikationsmanagement und Unternehmenskommunikation noch lange anhalten. Das bietet auf der Ebene einzelner Unternehmen vielfältige Chancen zur Gestaltung. Die Einsatzmöglichkeiten der Online-Kommunikation sind allerdings stets vor dem Hintergrund der jeweiligen Unternehmensstrategie sowie unter Abwägung von Chancen und Risiken sowie Kosten und Nutzen zu betrachten. So verstanden, werden interaktive Technologien im Internet auch in Zukunft eine der wichtigsten Quellen von Wettbewerbsvorteilen und Wertschöpfung sein.

Literatur

Atchinson, A., Mickeleit, T., & Rossi, C. (Hrsg.). (2014). *Social Business*. Frankfurt am Main: Frankfurter Allgemeine Buch.

Beck, K. (2010). Soziologie der Online-Kommunikation. In W. Schweiger & K. Beck (Hrsg.), *Handbuch Online-Kommunikation* (S. 15–35). Wiesbaden: VS Verlag für Sozialwissenschaften.

Bernet, M., & Keel, G. (2012). Medienarbeit in der Online-Unternehmenskommunikation. In A. Zerfaß & T. Pleil (Hrsg.), *Handbuch Online-PR. Strategische Kommunikation in Internet und Social Web* (S. 123–145), Konstanz: UVK.

Cision (2012). *Journalists Views and Usage of Social Media. Cision Social Journalism Study 2012 – Global Report*. www.cision.com/de/files/2012/10/Social-Journalism-Report-2012-Global-Report.pdf. Zugegriffen: 10. Jan. 2014.

Comscore. (2013). *Digitales Deutschland 2013*. http://www.comscore.com/ger/. Zugegriffen: 10. Jan. 2014.

Döring, N. (2003). *Sozialpsychologie des Internet* (2. Aufl.). Göttingen: Hogrefe.

Duhé, S. (Hrsg.). (2012). *New media and public relations* (2. Aufl.). New York: Peter Lang.

Duhé, S., & Wright, D. K. (2013). Symmetry, social media, and the enduring imperative of two-way communication. In K. Sriramesh, A. Zerfass, & J-N. Kim (Hrsg.), *Current Trends and Emerging Topics in Public Relations and Communication Management* (S. 93–107). New York: Routledge.

Ecco (2012). *Journalistisches Arbeiten im Web 2.0 – DACH*. http://de.slideshare.net/communication_matters/journalistisches-arbeiten-im-web-20. Zugegriffen: 10. Jan. 2014.

Edelman (2005). *Sixth Annual Edelman Trust Barometer*. http://edelmaneditions.com/wp-content/uploads/2010/12/edelman-trust-barometer-2005.pdf. Zugegriffen: 10. Jan. 2014.

Halvorson, C., & Rach, M. (2012). *Content Strategy for the Web* (2. Aufl.). Berkeley: New Riders.

Hippner, H. (2006). Bedeutung, Anwendung und Einsatzpotenziale von Social Software. *HMD Praxis der Wirtschaftsinformatik, 43*(252), 6–16.

Initiative D21 (2013). *D21-Digital-Index*. http://www.initiatived21.de/wp-content/uploads/2013/04/digitalindex.pdf. Zugegriffen: 10. Jan. 2014.

Kollmann, T. (2012). *E-Business – Grundlagen elektronischer Geschäftsprozesse in der Net Economy* (5. Aufl.). Wiesbaden: Springer Gabler.

Krooß, C. (2012). Connect.BASF – ein Netzwerk für das beste Team. In L. Dörfel & T. Schulz (Hrsg.), *Social Media in der Internen Kommunikation* (S. 283–296). Berlin: SCM.

Linke, A., & Zerfass, A. (2013). Social media governance: Regulatory frameworks for successful online communications. *Journal of Communication Management, 17*(3), 270–286.

Meier, A., & Stormer, H. (2012). *EBusiness und eCommerce – Management der digitalen Wertschöpfungskette* (3. Aufl.). Heidelberg: Springer.

Neuberger, C., & Pleil, T. (2006). *Online-Public Relations: Forschungsbilanz nach einem Jahrzehnt*. Unveröff. Manuskript. http://de.scribd.com/doc/100124234/Neuberger-Christoph-Pleil-Thomas-2006-Online-Public-Relations-Forschungsbilanz-nach-einem-Jahrzehnt. Zugegriffen: 10. Jan. 2014.

News Aktuell. (2012). *Recherche 2012 – Journalismus, PR und multimediale Inhalte*. www.newsaktuell.de/pdf/recherche_2012_rohdaten.pdf. Zugegriffen: 10. Jan. 2014.

Peters, P. (2011). *Reputationsmanagement im Social Web. Risiken und Chancen von Social Media für Unternehmen, Reputation und Kommunikation*. Köln: Social Media Verlag.

Pleil, T. (2012). Kommunikation in der digitalen Welt. In A. Zerfaß & T. Pleil (Hrsg.), *Handbuch Online-PR. Strategische Kommunikation in Internet und Social Web* (S. 17–38). Konstanz: UVK.

Pleil, T., & Rehn, D. (2012). Der Einzelne im Mittelpunkt. In P. Szyszka (Hrsg.), *Alles nur Theater: Authentizität und Inszenierung in der Unternehmenskommunikation* (S. 217–235). Köln: Halem.

Poyntner, R. (2010). *The handbook of online and social media research*. Chichester: Wiley.

Rössler, P. (2003). Online-Kommunikation. In G. Bentele, H.-B. Brosius, & O. Jarren (Hrsg.), *Öffentliche Kommunikation. Handbuch Kommunikations- und Medienwissenschaft* (S. 504–522). Wiesbaden: Westdeutscher Verlag.

Schindler, M., & Liller, T. (2012). *PR im Social Web* (2. Aufl.). Köln: O'Reilly.

Schrader, U.-H. (2013). *Wechselwirkung zwischen PR und SEO – Zukunftsmusik aus der Praxis.* Präsentation beim 4. Deutschen Medienbeobachter Kongress, Düsseldorf. http://de.slideshare.net/ulfschrader/vortrag-wechselwirkungen-von-seo-und-pr. Zugegriffen: 10. Jan. 2014.

Schultz, F., & Wehmeier, F. (2010). Online Relations. In W. Schweiger & K. Beck (Hrsg.), *Handbuch Online-Kommunikation* (S. 409–433). Wiesbaden: VS Verlag für Sozialwissenschaften.

Schweiger, W. (2010). Informationsnutzung online: Informationssuche, Selektion, Rezeption und Usability von Online-Medien. In W. Schweiger & K. Beck (Hrsg.), *Handbuch Online-Kommunikation* (S. 184–210). Wiesbaden: VS Verlag für Sozialwissenschaften.

Tench, R., Zerfass, A., Verhoeven, P., Vercic, D., Moreno, A., & Okay, A. (2013). *Communication management competencies for European practitioners.* Leeds: Leeds Metropolitan University.

Van Eimeren, B., & Frees, B. (2013). Rasanter Anstieg des Internetkonsums – Onliner fast drei Stunden täglich im Netz. *ARD/ZDF-Online-Studie 2013. Media Perspektiven, o. Jg.* (7/8), 358–372.

Vor dem Esche, J., & Henning-Thurau, T. (2013). *German Social Media Consumer Report 2012/13.* www.socialmediathinklab.com/consumerreport2012–2013. Zugegriffen: 10. Jan. 2014.

Wehmeier, S. (2003). PR als Integrationskommunikation? Das Internet und seine Folgen für die Öffentlichkeitsarbeit. In M. Löffelholz & T. Quandt (Hrsg.), *Die neue Kommunikationswissenschaft* (S. 281–302). Wiesbaden: Westdeutscher Verlag.

Welker, M., Taddicken, M., Schmidt, J.-H., & Jackob, N. (Hrsg.) (2014). *Handbuch Online-Forschung. Sozialwissenschaftliche Datengewinnung und -auswertung in digitalen Netzen.* Köln: Halem.

Westermann, A. (2004). *Unternehmenskommunikation im Internet. Bestandsaufnahme und Analyse am Beispiel nationaler und internationaler Unternehmen.* Berlin: Vistas.

Ye, L., & Ki, E-J. (2012). The Status of Online Public Relations Research: An Analysis of Published Articles in 1992–2009. *Journal of Public Relations Research, 24*(5), 499–434.

Zerfaß, A. (2010). *Unternehmensführung und Öffentlichkeitsarbeit. Grundlegung einer Theorie der Unternehmenskommunikation und Public Relations* (3. Aufl.). Wiesbaden: VS Verlag für Sozialwissenschaften.

Zerfaß, A., & Boelter, D. (2005). *Die neuen Meinungsmacher. Weblogs als Herausforderung für Kampagnen, Marketing, PR und Medien.* Graz: Nausner & Nausner.

Zerfaß, A., Fink, S., & Linke, A. (2012). *Social Media Delphi 2012. Wissenschaftliche Studie zu Zukunftstrends der Social-Media-Kommunikation.* Leipzig, Wiesbaden: Universität Leipzig/FFPR.

Zerfaß, A., & Pleil, T. (Hrsg.). (2012a). *Handbuch Online-PR. Strategische Kommunikation in Internet und Social Web.* Konstanz: UVK.

Zerfaß, A., & Pleil, T. (2012b). Strategische Kommunikation in Internet und Social Web. In A. Zerfaß & T. Pleil (Hrsg.), *Handbuch Online-PR. Strategische Kommunikation in Internet und Social Web* (S. 39–82). Konstanz: UVK.

Zerfaß, A., & Sandhu, S. (2008). Interaktive Kommunikation, Social Web und Open Innovation: Herausforderungen und Wirkungen im Unternehmenskontext. In A. Zerfaß, M. Welker, & J. Schmidt (Hrsg.), *Kommunikation, Partizipation und Wirkungen im Social Web. Bd. 2: Strategien und Anwendungen: Perspektiven für Wirtschaft, Politik, Publizistik* (S. 283–310). Köln: Halem.

Zerfass, A., & Schramm D. (2014). Social Media Newsrooms in Public Relations. A conceptual framework and corporate practices three countries. *Public Relations Review, 40*(1), 79–91.

Redemanagement: Worte schaffen Werte

Vazrik Bazil

Zusammenfassung

Unternehmen haben ein Gesicht (Corporate Design). Sie haben aber auch eine Stimme (Sprachkultur), die sich in schriftlichen und mündlichen Äußerungen ausprägt. Besonderes Gewicht kommt dabei dem PR-Instrument Rede zu, weil erstens die Vorstandsvorsitzenden bzw. Vorstandsmitglieder die meisten Reden in Unternehmen halten und zweitens die Firmenlenker zur Hälfte das Image ihrer Unternehmen prägen. Reden tragen folglich zur Wertschöpfung bei. Welche Aufgaben umfasst daher das Redemanagement? Wie sollen Reden konzipiert werden, damit sie die Identität der jeweiligen Unternehmen widerspiegeln? Auf welche Ressourcen können Redenschreiber bzw. Redner zurückgreifen, und wie werden sprachliche Leitlinien entwickelt? Mit diesen Fragen befasst sich der vorliegende Beitrag.

Schlüsselwörter

Reputation · Sprachkultur · Metaphern · Schlüsselwörter · Storytelling · Mythen · Unternehmenskommunikation

1 Rede als Konvention?

Unternehmenskommunikation ohne Reden ist unvorstellbar. Laut einer Umfrage des Verbandes der Redenschreiber deutscher Sprache und der Wirtschaftswoche werden allein in den 500 großen deutschen Unternehmen jährlich ca. 29.000 Reden gehalten (Bazil 2002,

---

V. Bazil (✉)
Residenz Spittelmarkt, Seydelstraße 6, 10117 Berlin, Deutschland
E-Mail: bazil@t-online.de

S. 2 ff.) – auf Bilanzpressekonferenzen, Führungskräfteversammlungen, Kongressen, bei Jubiläen, Geburtstagen und Richtfesten usw. Redeanlässe bieten sich an oder werden, aus taktischen und strategischen Gründen, geschaffen. Dass der Bedarf an Reden sogar gestiegen ist, zeigt eine interne Umfrage des Verbandes der Redenschreiber deutscher Sprache. Sie hat ergeben, dass nach ca. 60 % der Mitglieder die Zahl der Reden in den letzten fünf Jahren gestiegen ist (VRdS 2010). Ist also Reden halten eine sinnlose Gewohnheit oder ein effektives Instrument, eine lästige Pflicht oder eine unverzichtbare Aufgabe, eine Notwendigkeit ohne eine Konvention?

Immerhin lehnen 78 % der Großunternehmen die Rede als bloße Konvention ab. Sie sehen in ihr sowohl ein wichtiges Instrument unternehmenspolitischer Arbeit (83 %) als auch ein Instrument der Kommunikation (76 %), sowohl ein Marketinginstrument (70 %) als auch ein Instrument der Mitarbeiterkommunikation (56 %) (VRdS 2010). Kurzum: Reden sind für die meisten Unternehmen ein Instrument interner und externer Kommunikation. Sie dienen der Information, Motivation, Unterhaltung oder treten als personenbezogene Äußerungen wie Laudationes auf. Im unternehmerischen Alltag jedoch handelt es sich um Mischformen, die mehrere dieser Funktionen erfüllen.

Wer sich in der Redekunst üben will, besucht Seminare oder liest Bücher, die oft mit „Rhetorik" betitelt sind und „Tipps und Tricks" zu offenbaren verheißen. Zum Repertoire dieser Bücher und Seminare gehören rhetorische Elemente wie Einstieg, Argumentation, Humor, Redefiguren, Schluss, Formulierungen, Zitate, Umgang mit Zwischenrufen, Körpersprache usw. In der Tat verbessert die richtige Handhabung dieser Bausteine die Erfolgsaussichten jeder Rede – sei sie eine Informationsrede, Motivationsrede, Unterhaltungsrede oder Persönlichkeitsrede, sei sie in der Pressekonferenz, im Parlament, vor Aktionären oder zum Geburtstag eines Freundes. Doch einen entscheidenden Punkt lässt dieser Ansatz aus: In und durch Reden stellt sich erstens der Redner bzw. die Rednerin und zweitens die Organisation dar, in deren Namen er bzw. sie spricht. Wer am Rednerpult steht, bewegt sich auf vier Ebenen (Schulz von Thun et al. 2001, S. 33): *Information* (der Redner spricht über eine Sache), *Kontakt* (der Redner stellt den Kontakt zum Publikum her), *Appell* (der Redner will das Publikum zu einer Handlung überzeugen) und *Selbstdarstellung* (der Redner stellt sich selbst und dadurch auch sein Unternehmen dar). Und es ist diese Selbstdarstellung, aus der „Identität", „Image" oder „Marke" hervorgehen und über den Unternehmenswert entscheiden.

Warum Redner sich dieses Aspektes bewusst sein sollten, zeigt ein anderer Befund in der obigen Umfrage. Diese stellt unter anderem fest, dass die meisten Reden von den Vorständen gehalten werden – knapp die Hälfte vom Vorstandsvorsitzenden selbst und die andere Hälfte von den restlichen Vorstandsmitgliedern (Bazil 2002, S. 5). Natürlich bedient sich auch die zweite Managementebene weidlich dieses Instruments. Aber je höher wir in der Managementhierarchie aufrücken, umso wichtiger wird die Rede für das Unternehmensimage insgesamt, zumal geplante Kommunikation heute verstärkt auf *direkte* und *personalisierte* Ansprache von Stakeholdern setzt.

Die Reputation des Chief Executive Officer (CEO) ist für das Unternehmensimage verantwortlich. Zu diesem Ergebnis kommt die Studie *The Company behind the Brand: In Reputation We Trust* (Weber Shandwick 2012), wonach knapp die Hälfte der befragten

Führungskräfte und Konsumenten das Image eines Unternehmens und seiner Produkte an die Reputation des Geschäftsführers knüpfen (vgl. Weber Shandwick 2012). Die Person, die an der Spitze einer Organisation steht, prägt also entscheidend deren Erscheinungsbild. Es besteht sogar zwischen dem Image des Unternehmens und dem Ruf des Firmenchefs ein statistisch nachweisbarer Zusammenhang: Ein gutes Firmenimage und ein hohes Ansehen des Vorstandsvorsitzenden verstärken sich gegenseitig. Im Gegenteil zieht ein schlechter Ruf des Vorsitzenden auch die Reputation des Unternehmens in Mitleidenschaft. Deshalb müssten das Image des Vorstandsvorsitzenden und das des Unternehmens regelmäßig gepflegt und ausgewertet werden. Insbesondere in den Beziehungen zu Kunden und zur Öffentlichkeit bildet sich das Unternehmensimage, während das Erscheinungsbild des Vorstandsvorsitzenden vor allem in den Beziehungen zur Öffentlichkeit (vermittelt durch die Medien) und zu den Aktionären entsteht (Rolke 2005, S. 42). Den obigen Befund bestätigt auch eine Umfrage von Güttler & Klewes (2001). Danach hält ein Drittel aller Anleger die Aktie, wenn die Person des CEO überzeugend ist. Völlig identifiziert mit Personen werden eher kleinere Organisationen bzw. Unternehmen. Bei Saatchi und Saatchi z. B. war das Unternehmen um seine Reputation besorgt, weil die beiden Brüder Saatchi und Saatchi es verlassen hatten. Mag diese Gleichsetzung bei größeren Unternehmen schwächer ausgeprägt sein, so spielen die Vorstandsvorsitzenden hier dennoch eine gewichtige Rolle: Man denke an Lee Iacocca bei Chrysler, Jack Welch bei General Electric oder Michael Eisner bei Walt Disney, Steve Jobs bei Apple.

Im Absatzmarkt bestätigt sich zudem immer häufiger, dass sich das Unternehmensimage besser verkauft als die so genannte einzigartige Produktbesonderheit. Die Hauptverantwortung für das Firmenimage trägt der Vorstandsvorsitzende, weshalb die Vorstandsvorsitzenden akzeptieren müssten, dass nicht nur ihr Unternehmen, sondern auch sie selbst als Marken wahrgenommen werden. So beträgt heute die Berichterstattung über den Vorstandsvorsitzenden bereits zehn Prozent der gesamten Berichterstattung über das Unternehmen. Wenn also die meisten Reden, wie es die obige Umfrage ergab, von Mitgliedern der Vorstände und an deren Spitze von den Vorstandsvorsitzenden gehalten werden, dann kommt der Rede eine eminente Bedeutung zu: Sie trägt zur Wertschöpfung bei.

Um das Potenzial des PR-Instruments Rede auszuschöpfen, gilt es zunächst, ein präziseres Verständnis von Unternehmen als einer Organisationsform zu gewinnen.

> **Redemanagement**
> Redemanagement ist mehr als nur Redenschreiben und Redenhalten. Es ist ein Instrument der Imagebildung und verbindet Rhetorik, im herkömmlichen Sinne, mit Unternehmenskommunikation. Als solches ist Redemanagement ein Teil der unternehmerischen Sprachkultur und positioniert die Spitze der Unternehmensführung, vor allem den CEO, intern und extern auf dem Imagemarkt. Da das Image von Unternehmen zum guten Teil vom Image des CEO abhängt, trägt so das Redemanagement zur Reputation der Unternehmen ebenso bei wie zu deren Wertschöpfung.

2 Unternehmen als Deutungsgemeinschaften

Es gibt betriebswirtschaftliche, volkswirtschaftliche, juristische oder soziologische Auffassungen von Unternehmen. Für das Image- und Redemanagement scheint die Definition von Unternehmen als einer *Deutungsgemeinschaft* ein angemessener Ansatz zu sein – einer Gemeinschaft, der alle „Stakeholder", Mitarbeiter, Kunden, Lieferanten, aber auch Anteilseigner, „Shareholder", angehören (Hinterhuber und Stahl 1996, S. 9). „Menschliches Verhalten und Handeln – sei es nichtsprachlicher oder sprachlicher Art – ist von und für Menschen interpretierbar, weil es neben vielen anderen Eigenschaften *immer* die der Zeichenhaftigkeit aufweist. Von der Geste bis zum „signifikanten" Symbol, vom Anzeichen und Symptom bis zum konstruierten und eindeutig definierten mathematischen Zeichen, vom Körper- und Gesichtsausdruck bis zur Kleidung, vom Natureindruck bis zum menschlichen Produkt ordnen wir uns und unserer Umwelt Zeichenqualitäten zu und konstruieren damit den menschlichen Interpretationshorizont" (Soeffner 1991, S. 65). Der Kommunikation obliegt es nun, diese Deutungen sowohl binnenperspektivisch, intern, als auch außenperspektivisch, extern, zu gestalten und die Unternehmensleitung, das Management, und Mitarbeiter anzuhalten, sich in ihrem Handeln an diesen Deutungen zu orientieren.

Wie Mitarbeiter ihr Unternehmen verstehen, so entscheiden und handeln sie. Und wie die Umwelt das Unternehmen einschätzt, so entscheidet und handelt sie. Marken und Images sind „das Ergebnis eines öffentlichen Deutungsprozesses" (Buß und Fink-Neuberger 2000, S. 41). Interne Stakeholder sind einem ständigen „Rauschen" ihrer Umwelt ausgesetzt, das mehrdeutig ist und der dauernden Deutung bedarf. Externe Stakeholder ihrerseits sind auf nicht-beobachtbare Handlungen der Unternehmen angewiesen und versuchen, diese Lücke durch Deutungen zu schließen. Auch für sie ist das unternehmerische Handeln mehrdeutig. Gerade in Zeiten von unausgesetzten Veränderungen sind Handlungen, Äußerungen und Fakten mehrdeutig. Handlungsrelevant – für interne und externe Stakeholder gleichermaßen – werden diese Mehrdeutigkeiten erst dann, wenn sie eindeutig interpretiert bzw. wenn entsprechende Wirklichkeiten konstruiert werden.

Realitäten werden auf drei ineinander greifenden Ebenen gebildet:

- *Individuelle Konstruktionen.* Sie sind bedingt durch die Persönlichkeit des Menschen.
- *Soziale Konstruktionen.* Sie beruhen auf Interaktionen im Unternehmen, wodurch Mitarbeiter gemeinsam ihre Wirklichkeiten bilden und sich im Alltag danach verhalten.
- *Verarbeitete Konstruktionen.* Sie sind die Essenz der beiden vorausgegangenen Konstruktionen. „Visionen", „Leitlinien" und „Direktiven" sind solche verarbeitete Konstruktionen, die nur dann gelingen, wenn sie partizipativ erarbeitet und nicht vom „oben" nach „unten" delegiert oder zuerst „gedacht" und dann zum Handeln „freigegeben" werden.

Merten (1999, S. 254) nennt diese Deutungen bzw. Konstruktionen „Fiktionen", die ihrerseits Fakten schaffen. Aber nicht von „wahren" oder „falschen" Wirklichkeiten ist die Rede, sondern vielmehr von „sinnvollen" oder „unpassenden" Realitäten, welche nur im Kontext einer symbolvermittelten Interaktion gültig oder ungültig sein können. Überdauern bestimmte Deutungen Zeitabschnitte und werden sie reproduziert, dann verwandeln sie sich in „objektive" Realitäten. Werden sie aber „getestet" und als unpassend empfunden, dann springen neue Interpretationen in die Bresche und bilden, nach bestimmter Zeit, neue, „objektive" Wirklichkeiten. (Hinterhuber und Stahl 1996, S. 10). Die Aufgabe der Kommunikation besteht nun darin, Deutungen in „Unternehmenskulturen", „Corporate Identities", „Images" und „Marken" widerspruchsfrei zu verdichten. Reden eignen sich ausgezeichnet dafür, Deutungsrahmen festzulegen und „Texte" in „Kontexte" einzubetten. Genau diese Deutungskompetenz ist neben Leistung, interpersonaler Kompetenz, Problemlösungskompetenz und Vorbildfunktion eine zentrale Führungsaufgabe, die Vorständen, vor allem aber dem Vorstandsvorsitzenden obliegt.

Die vorstehenden Überlegungen zeigen, dass sinnvolles Redemanagement nicht nur anlassbezogen (heute diese, morgen jene Rede) handeln (z. B. Redetexte verfassen, Spickzettel vorbereiten usw.) darf, sondern die Grundlagen eines anlassunabhängigen Konzeptes legen soll. Dies umso mehr, als Reden in Unternehmen ein eigenes Netz spannen: Jede Rede steht in Verbindung erstens mit anderen Reden, die dieselbe Person bereits gehalten hat oder halten wird, zweitens mit Reden, die andere Personen desselben Unternehmens gehalten haben oder halten werden, und drittens mit anderen Instrumenten, die in der Unternehmenskommunikation eingesetzt werden, wie Veranstaltungen, Pressemitteilungen, Anzeigen usw.

Integrierte Kommunikation ist eine gültige Richtschnur auch bei Reden, deren Erfolg von der sinnvollen Verzahnung mehrerer PR-Instrumente abhängt: vom Einladungsschreiben über die Dramaturgie im Saal bis zur Pressemitteilung. Einladungsschreiben sollen nicht nur Ort, Zeit und Titel einer Rede bekannt geben, sondern auch Aufmerksamkeit erregen und Erwartungen wecken; die Dramaturgie im Saal soll den Raum für den Redner „konstruieren" (Lichtverhältnisse, Abstand der ersten Sitzreihe vom Pult, Mikrofon, Reihenfolge der Akteure usw.), so dass z. B. Witze ankommen (bestimmte Witze greifen in größeren Räumen besser als in kleineren), und die anschließende Pressearbeit soll die Deutungshoheit über die Rede erlangen. Nur so wirken Reden im Sinne des Redners bzw. des Unternehmens (Bazil und Wöller 2006, S. 8 ff.).

Wie lassen sich unser Leitbild, unsere Grundüberzeugung, unsere Unternehmenskultur, unsere Werte, unsere „Philosophie" herunterbrechen in sprachliche Handlungen, die entsprechende Deutungsrahmen für anlassbezogene Reden abstecken und „Texte" in „Kontexte" einzubetten wissen? Dabei gilt es mehrere Aufgaben zu bewältigen: die Schaffung einer Sprachkultur, die aus der Identität des Unternehmens hervorgeht; die Entwicklung von Leitlinien für Reden, und den bewussten Umgang mit Metaphern, Schlüsselwörtern und Mythen.

2.1 Schaffung einer Sprachkultur

Jede Organisation ist bestrebt, ein kohärentes und konsistentes, dem eigenen Selbstverständnis entsprechendes Bild nach innen und nach außen zu vermitteln. Bestandteile dieser Selbstdarstellung sind bekanntlich *Corporate Philosophy* (Selbstverständnis), *Corporate Design* (äußeres Erscheinungsbild), *Corporate Behavior* (geschlossenes Auftreten). Millionen werden in die Entwicklung und Umsetzung von Corporate Identity-Projekten investiert, stiefmütterlicher dagegen wird ein anderes wichtiges Element der Kommunikation behandelt: Sprache und Sprachkultur. Über die Gründe, weshalb Sprachkulturen nicht systematisch analysiert und gepflegt werden, kann man trefflich streiten. Ein Grund könnte darin liegen, dass es sich beim Design meistens um „Vorlagen" (Logo, Visitenkarten, Briefbögen etc.) handelt, die Mitarbeiter einfach übernehmen und einsetzen. Niemand in der Organisation käme auf den Gedanken, diese Vorlagen beliebig nach eigenem Geschmack und momentaner Stimmung zu ändern. Der Umgang mit der Sprache allerdings unterliegt anderen Gesetzmäßigkeiten. Hier kann es selten allgemeingültige „Vorlagen" bzw. Standardsätze und -absätze geben. Gäbe es solche, dann wären sie entweder bloß sachlicher Natur oder würden auf Beziehungsebene kommunikative Schäden anrichten. Dies erschwert den geplanten Umgang mit der Sprache und die Pflege einer gemeinsamen, der Organisation entsprechenden Sprachkultur.

Ob nun Sprachkultur als Corporate Language neben den vorerwähnten drei Säulen der korporativen Identität, Philosophie, Design und Verhalten, als vierte Säule gestellt werden kann, scheint auf den ersten Blick nahe liegend, auf den zweiten aber unnötig zu sein. Denn sprachliche Äußerungen – und dazu zählt auch die Rede – sind Handlung (Searle 1971) und lassen sich füglich dem Corporate Behavior zuordnen. Sprachliche Äußerungen, seien sie schriftlich oder mündlich, haben die Aufgabe, die Identität der Organisation widerzuspiegeln und deren Erscheinungsbild bei den Zielgruppen positiv zu beeinflussen. Eine Methode, wie diese Sprachkultur dem Selbstverständnis des Unternehmens entsprechend gestaltet werden kann, ist die Semiometrie, die von TSN Emnid und SevenOne entwickelt wurde (Bazil 2005, S. 45 ff.).

Diese Methode geht von folgendem Leitgedanken aus: Menschen treffen ihre Entscheidungen nach Trägern von Werten. Die Gesellschaft teilt sich in 14 Wertekategorien, innerhalb derer sich Unternehmen und Produkte positionieren können – familiär, sozial, religiös, materiell, verträumt, lustorientiert, erlebnisorientiert, kulturell, rational, kritisch, dominant, kämpferisch, pflichtbewusst und traditionsverbunden. Interessant für uns ist diese Methode deshalb, weil sie Wörter als Indikatoren zur Messung von Werten einsetzt – 210 Wörter insgesamt. Je nachdem wie die Zielgruppen bestimmte Wörter positiv oder negativ beurteilen, zeigt sich die Position von Unternehmen oder Produkten. Entscheidend dabei ist der emotionale Gehalt der Wörter. Um zu verstehen, weshalb einige Befragte das eine Wort positiv oder das andere negativ besetzen, müssen wir zwischen der *Denotation* und *Konnotation* von Begriffen unterscheiden. Darauf gründet sich das gesamte semiometrische Verfahren.

Mit Denotation bezeichnet man den Inhalt, die Grundbedeutung eines Begriffes. Zum Beispiel ist „Weihnachten" ein christliches Fest, das jedes Jahr am 25./26. Dezember begangen wird. Die Konnotation dagegen ist die assoziative, nahezu immer emotional beladene Bedeutung des Begriffes, die von den individuellen Erfahrungen einzelner Personen abhängt. So verbindet der eine mit Weihnachten religiöse Vorstellungen, die andere nur das Element feiern und wieder ein anderer Erinnerungen an seine Kindheit. Natürlich gibt es auch Begriffe, die mehrere Denotationen haben. Ein Beispiel für einen Begriff, der im deutschsprachigen Kulturkreis mehrere denotative Bedeutungen hat, ist „Bank". Hier kann es sich zum einen um ein Möbelstück und zum anderen um eine Institution zur Vermögensverwaltung handeln. Bei solchen Begriffen ist die Bedeutung nur aus dem weiteren Kontext zu erkennen. Daher existieren im Semiometriemodell nur Begriffe, die eindeutige denotative Bedeutungen haben, aber verschiedene Konnotationen hervorrufen. Es sind genau diese Konnotationen, welche die Brücke zur Zielgruppe bzw. zum Publikum schlagen und das Unternehmen positionieren.

Auf diese Weise kann man die Semiometrie in der Entwicklung von Sprachkulturen einsetzen. Detaillierter soll hier allerdings auf die Redekultur eingegangen werden.

2.2 Leitlinien für Reden

Reden, die in Unternehmen gehalten werden, umfassen vier Größen: Redner, Redenschreiber, Unternehmen und Publikum.

Einer strategischen, d. h. anlassunabhängigen, Planung des PR-Instruments Rede obliegt die Aufgabe, diese Größen ineinander zu integrieren, d. h. semiometrische Profile für den Redner, das Unternehmen und das Publikum zu erstellen, die miteinander kompatibel sind. Der erste Schritt in der Semiografie ist die Erarbeitung eines Selbstkonzepts – für den Redner und das Unternehmen. Dass die letztere bereits als ein CI-Konzept ausgearbeitet ist, darf als selbstverständlich gelten. Doch kaum eine Rednerin bzw. ein Redner vollzieht den gleichen Schritt für sich. Weil aber Reden Rückschlüsse auf den Redner und über ihn auf dessen Organisation ermöglichen, so muss der Redner ebenfalls ein Selbstkonzept ausarbeiten, das über konkrete Anlässe und Inhalte hinaus längere Zeitabschnitte überdauert. Gelingt es dem Redner bzw. dem Redenschreiber, beide Selbstkonzepte widerspruchslos ineinander zu integrieren, können daraus sowohl er als auch seine Organisation Nutzen ziehen. Das Selbstkonzept des Redners heißt Urrede (Bazil 2005, S. 71 ff.).

Die Urrede ist eine Rede, die nie gehalten wird, wohl aber jeder gehaltenen Rede zugrunde liegt. Sie verdichtet auf ca. einer Seite das „Selbstkonzept" oder die „Personal Story" (analog zur „Corporate Story" von Unternehmen) des Redners – unabhängig vom jeweiligen Anlass oder vom jeweiligen Publikum. Worum geht es bei der Urrede? Rednerinnen und Redner müssen klar darlegen, wie sie wahrgenommen werden möchten und wie sie sich selber sehen. Es geht um die Selbstbeschreibung ihrer Persönlichkeit. Die Person des Redners darf nicht hinter der Sache zurücktreten, denn überzeugen können Reden nur dann, wenn der Redner mit seinem eigenständigen Profil erlebt und wahrgenommen werden kann. Vor allem kann der Vorstandsvorsitzende als Mensch punkten. 70 % der deutschen Bevölkerung möchten CEOs auch außerhalb ihrer Funktionen in der Wirtschaft einschätzen können (Güttler & Klewes 2001, S. 5). Das sollte Redenschreiber ermutigen, die Person des Redners bzw. der Rednerin stärker in den Mittelpunkt der Rede zu stellen bzw. ihn oder sie auch als Menschen bewusst zu inszenieren.

Einige Leitfragen bei der Erstellung dieses Selbstkonzeptes könnten sein: Was ist mir im Leben wichtig? Welche Erlebnisse haben mich geprägt? Welche Personen haben mich beeindruckt? Warum finde ich sie beeindruckend? Welche Filme haben starken Eindruck auf mich hinterlassen und warum? Welche Werte sind mir wichtig? Gibt es besondere Ereignisse, an die ich immer denke? Was schätze ich an anderen Menschen am meisten? usw.

Anhand dieser und ähnlicher Fragen entwerfen Redner ein Selbstkonzept, das auf einem DIN-A4-Blatt niedergeschrieben werden kann. Wichtig ist daher nicht die Aufzählung alltäglicher Ereignisse oder die Beschreibung des Alltagsgeschäftes, sondern der rote Faden, der sich durch das Leben eines Menschen hindurch zieht. Es kommt also darauf an, die eigene Persönlichkeit in wenigen Kernsätzen zu beschreiben. Liegt diese Urrede einmal vor, kann sie zu verschiedenen Anlässen in die entsprechende Rede eingeflochten werden. Es muss also gelingen, das Typische eines Menschen hörbar zu machen. Denn das Publikum will den Menschen in seiner Einmaligkeit erleben und nicht eine Maschine, die nur Floskeln und Allgemeinplätze ausspuckt. Aber all dies geschieht unabhängig von einzelnen, konkret bevorstehenden Redeanlässen (vgl. dazu Piwinger 2008, S. 132 ff.).

Die Leistung des Redners bzw. des Redenschreibers besteht darin, die Urrede, das semiometrische Profil des Publikums und die Selbstbeschreibung des Unternehmens miteinander widerspruchslos zu verbinden und semiometrisch umzusetzen. Der werteorientierten Positionierung von Menschen und Unternehmen entspricht auch das Ziel der Argumentation in Reden. Dieses besteht nämlich nicht darin, die Folgen aus bestimmten Prämissen abzuleiten (wie in der Logik), sondern die Übereinstimmung eines Publikums mit den Thesen, die man seiner Zustimmung unterbreitet, hervorzurufen, d. h. die den Prämissen eingeräumte Zustimmung auf die Folgerungen zu übertragen. Die Anpassung an das Publikum heißt, die ihm vertrauten Thesen als Prämissen der Argumentation zu nehmen. Und dies vollzieht sich am besten, wenn der Redner einen mit den Wertevorstellungen des Publikums übereinstimmenden Werterahmen absteckt, innerhalb dessen er seine Kernbotschaft kommuniziert. Übereinstimmende Werterahmen schaffen Akzeptanz. Für den Erfolg von Reden ist natürlich auch die taktische Unterfütterung wichtig. Die klassische Rhetorik spricht hier von „Angemessenheit" (aptum). Angemessenheit hängt von der „Situation" ab, die mehrere Aspekte erfasst (Wunderlich 1971, S. 17 f.): Sprecher, Adressaten, Sprechzeit, Ort, Raum, Inhalt der Äußerung, Sprechervoraussetzungen über das eigene Wissen, Wissen des Publikums, Wahrnehmungsraum des Publikums, soziale Beziehung zwischen dem Sprechenden und dem Publikum, Verständnis der vorausgegangenen Interaktion, Intention des Sprechers, Erwartungen des Publikums. Erst wenn die strategischen (Selbstkonzepte) und taktischen (Situation) Ebenen ohne Widersprüche ineinander greifen, können Reden auch ihre Ziele erreichen.

2.3 Weitere Bestandteile einer Sprach- und Redekultur

Außer der wertebezogenen sprachlichen Positionierung gibt es weitere Bereiche, die strategisch eingesetzt werden sollten. Formulierungsleitlinien im Bezug auf Anreden, Anglizismen, weibliche und männliche Formen prägen gewiss den Stil eines Unternehmens und gehören in die Sprachkultur. Doch hier soll vor allem auf drei Bereiche eingegangen werden, die sorgfältigerer Einordnung bedürfen: Metaphern, Schlüsselworte, Mythen und Legenden.

2.3.1 Metaphern

Metaphern strukturieren alles, was wir wahrnehmen, weil wir unbekannte Sachverhalte erst durch deren Verknüpfung mit bekannten Sachverhalten verstehen können. Auch die Unternehmen verwenden allenthalben Metapher: „Geldströme", „liquide", „Supply Chain", „Netzwerke von Verträgen", „Weichen für die Zukunft stellen", „Hierarchie", „surfen" usw. Allein die Wörter „Organisation" – bezogen zuerst auf die Kirche (Corpus Christi) und den Staat (Commonwealth als politischer Körper bei Hobbes) – „Körper" und „Körperschaft" sind Metaphern und prägen das Verhalten von Kirchen, Staaten, Verbänden und Unternehmen. Für Unternehmen war in der Industrialisierung aber die Metapher vom Räderwerk der Maschine oder der Uhr entscheidend. Heute kehrt die Metapher der Organisation wieder zurück. Hängt man der mechanistischen Metapher an, so betont man die Effektivität und das reibungslose Ineinandergreifen von Handlungen; man entwickelt Konzepte wie Reengineering und setzt auf Kontrolle (alles ist kontrollierbar und muss kontrolliert werden). Im Falle der Organismusmetapher hingegen treten Umweltbeziehungen der Organisation und Lebenszyklen in den Vordergrund. Die Organismusmetapher betont die menschlichen Beziehungen, dezentrale Strukturen und setzt auf Netzwerke. Je nach dem Selbstverständnis des Unternehmens (Kontrolle/Vertrauen, Hierarchie/Netzwerke usw.) sollen hier sprachliche Entscheidungen getroffen und in die Sprachkultur integriert werden.

Die Wirkung von Metaphern beeinflusst unser Verhalten. Wer unternehmerische Mikropolitik als „Spiel" betrachtet, verhält sich in bestimmter Weise; und wer sie mit Krieg vergleicht, folgt anderen Maximen. Der eine benimmt sich spielerisch, geht kreativ mit den Situationen um, ist eher geneigt, sportlich Siege zu feiern und Niederlagen zu verarbeiten; der andere sieht sich dagegen auf dem Schlachtfeld, ist verbissen, kämpft um jede kleine Position, geht „über Leichen" usw. Wer Organisationsformen als Hierarchie auffasst, weiß, dass oben entschieden wird, was unten geschehen muss, denkt in Abteilungskategorien, führt Ressortkämpfe. Aber wer Unternehmen als Netzwerke versteht, fördert Wechselwirkungen, misst der Gruppenarbeit hohes Gewicht zu und geht davon aus, dass das Ganze mehr ist als die Summe seiner Teile. Dasselbe gilt z. B. auch bei Veränderungsprozessen. Befindet sich ein Unternehmen im Veränderungsprozess, dann kommt Metaphern eine bedeutende Rolle zu. Das oft verwendete Bild des Hauses – Bau, Umbau, Ausbau – eignet sich kaum zur Beschreibung von Veränderungsprozessen in Unternehmen. Während der Hausbau ein abgeschlossener Prozess ist – vom Baubeginn über das Richtfest zur Fertigstellung – sind Veränderungsprozesse offen, mit Ungewissheit behaftet. Keiner kann zu Beginn die endgültige Gestalt am Ende voraussagen (Deekeling und Barghop 2003, S. 43 f.). Deshalb gilt es zu entscheiden – und danach richtet sich die Verwendung entsprechender Metapher in der mündlichen und schriftlichen Kommunikation –, ob das

Management den Mitarbeitern diese Unsicherheit verdeutlichen oder ihnen vielmehr das Gefühl der Sicherheit vermitteln will – mit dem Risiko eines unerfüllbaren Versprechens.

2.3.2 Schlüssel- und Plastikwörter

Schlüsselwörter sind zentrale Begriffe innerhalb eines Sprachfeldes, die als Wegmarken fungieren: in der Lebensmittelindustrie „probiotisch", „natürlich" (vgl. das Morphem „Bio-"), in der Kosmetikindustrie „natürlich", „Schutz", „Pflege", in der Automobilindustrie „Sicherheit", „Technik", „Komfort" mit den dazugehörigen Adjektiven, Verben und Substantiven. Hier schöpfen die Schlüsselwörter ihre Kraft aus dem gesellschaftlichen Werterahmen. Entlang dieser Wörter entfaltet sich die Konnotation anderer Assoziationsfelder wie Exotik, Abenteuer, Individualität, Exklusivität usw. *Plastikwörter* dagegen sind Schlüsselwörter mit besonderem Vorzeichen: Sie sind populäre, umgangssprachliche Begriffe, die in die Wissenschaft übertragen werden, hier kanonisiert und das Ansehen allgemeingültiger Wahrheit bekommen, wie „Entwicklung", „Fortschritt", „Prozess", „System", „Strategie", „Zentrum", „Substanz" usw. (Pörksen 1988). Dabei entkleiden sich diese Begriffe ihrer Bedeutung und bündeln eine Unmenge diffuser Eindrücke. Sie wecken den Eindruck von Sicherheit, Wissenschaftlichkeit, Autorität. Daher sollten Unternehmen diese Begriffe für sich klären und intern eine einheitliche Deutung erreichen. Dasselbe gilt auch für viele Managementbegriffe, wie „Teamarbeit", „Vision", „Leadership", „Kunde", „Motivation", „Innovation" usw. (Malik 2004).

2.3.3 Geschichten

Der Mensch ist ein erzählendes Wesen. Mit Erzählungen eignet er sich die Welt an, erklärt und erweitert sie. Erzählungen geben Informationen Wissen, Traditionen und Weltbilder weiter. Doch geht es dabei nicht um Faktenwissen, sondern um Zusammenhangswissen, das Informationen in Wissen umwandelt und sozialen Systemen Sinn verleiht. Sogar jeder Akt des Verstehens beruht auf narrativen Bedingungen (Eco 2002, S. 402). Unternehmen haben Erzählungen als ein Kommunikationsinstrument mit geringen Kosten und hohem Nutzen entdeckt. Der Fachbegriff dafür heißt „Storytelling" (vgl. Frenzel et al. 2004). Storytelling kann in mehreren Bereichen eingesetzt werden und beachtliche Vorteile bieten, wie in Leitbildentwicklung oder Wissensmanagement. All diese Geschichten eignen sich vorzüglich für Reden.

Ein Beispiel: „Ein Mitarbeiter von 3M leitete in seiner Freizeit einen Kirchenchor. Ihn nervte ungemein, dass seinen Sängern bei den Proben und Auftritten immer wieder die Einmarker aus den Gesangsbüchern fielen und so vor jedem neuen Lied ein längeres Geblättere stattfand, bis alle wieder die richtige Seite gefunden hatten. Da erinnerte sich der geplagte Chorleiter, dass ein Kollege bei 3M vor kurzer Zeit einen Klebstoff entwickelt hatte, der für den eigentlich vorgesehenen Zweck unbrauchbar war, weil die Klebestellen sich allzu leicht wieder voneinander lösten. Doch für die Lesezeichen in den Gesangsbüchern könnte dieser Klebstoff ideal sein. Und tatsächlich: Mit ein wenig Kleber bestrichen, blieben die Zeichen im Gesangsbuch, und jeder Sänger fand sofort das Lied, das an der Reihe war. Und für das nächste Programm ließen sich die Lesezeichen leicht und ohne Spuren zu hinterlassen wieder von den Seiten entfernen und woanders einkleben. Der Chorleiter erzählte von dieser Erfahrung im Unternehmen und markierte so den Beginn einer äußerst erfolgreichen Produktgeschichte" (Frenzel et al. 2004, S. 152). Durch diese Geschichte werden drei Tugenden weitergeleitet: 3M-Mitarbeiter haben neben ihrer Arbeit auch andere Interessen; sie pflegen eine informelle Kommunikation und sie entwickeln Ideen.

2.3.4 Mythen und Legenden

Mythen stiften Sinn und vermitteln Bedeutungszusammenhänge. Sie gehen aus Sehnsüchten hervor und schaffen Wunschbilder. Man denke an die Beatles, an Rockefeller, Jack Welch, Kurie, Freimaurer, BMW, Porsche usw. Um Mythen ranken sich *Legenden*, die aus Geschichten oder Zitaten oder Aphorismen bestehen können. Sie verkörpern das Gedächtnis einer Organisation und sollten ständig gepflegt und als Orientierung in der gegenwärtigen Lage eines Unternehmens eingesetzt werden. Nachhaltig wirken sich Legenden aus, die um den Ursprung des Unternehmens und um seinen Gründer kreisen.

Einige Beispiele für Legenden:

- Robert Bosch erzählte, dass er bei einem Bürorundgang eine Büroklammer aufgehoben hat und die umstehenden Führungskräfte fragte: „Was ist das", und einer antwortete:„Eine Büroklammer", woraufhin Bosch erwiderte „Nein das ist mein Geld, was hier auf den Boden geworfen und vergeudet wird." Oder der Spruch: „Lieber verliere ich mein Geld als meinen Ruf."
- An einem Abend treffen sich zwei ehrgeizige junge Labour-Politiker in einem Lokal im Norden Londons und entscheiden über die Zukunft der Labour Party. Es handelt sich um die Helden Tony Blair und Gordon Brown und um die Geburtsstunde der neuen Labour. Diese Episode ist mythisch angehaucht – das Lokal ein Wallfahrtsort und das Datum historisch.
- Auch der Tod von Papst Johannes Paul II. hat gezeigt, wie Legenden entstehen. Angeblich soll er in den letzten Minuten seines Lebens auf dem Sterbebett sein Gesicht zum Fenster gewandt haben, als er die inbrünstigen Gebete junger Menschen hörte. Er sammelte seine allerletzten Kräfte, segnete die jungen Menschen und hauchte mit dem Wort „Amen" sein Leben aus. Dichtung oder Wahrheit? Darüber streiten sich Ärzte und Kardinäle. Die Legende aber ist geboren.

3 Fazit

Redemanagement ist mehr als Redenschreiben. Es hat eine operative, aber auch eine strategische Seite, die eng mit der Gestaltung der Sprachkultur eines Unternehmens verwoben ist. Reden sollten über den jeweiligen Anlass hinaus die Identität des Unternehmens widerspiegeln und dessen Erscheinungsbild beeinflussen. Nur so kann es den Verantwortlichen gelingen, das Potenzial der Rede zu erschließen und sie als wertschöpfendes Instrument in der geplanten Kommunikation einzusetzen.

Literatur

Bazil, V. (2002). Die Rede als PR-Instrument. Immanenter und kontextualer Ansatz. In G. Bentele, M. Piwinger, & G. Schönborn (Hrsg.), *Kommunikationsmanagement* (Loseblattwerk 200 ff., Nr. 5.12, S. 1–16). Köln: Luchterhand.

Bazil, V. (2005). *Impression Management. Sprachliche Strategien für Reden und Vorträge*. Wiesbaden: Westdeutscher Verlag.

Bazil, V., & Wöller, R. (2006). Wirtschaftsrhetorik. Perspektiven und Bausteine. In G. Bentele, M. Piwinger & G. Schönborn (Hrsg.), *Kommunikationsmanagement* (Loseblattwerk 2001 ff., Nr. 5.26, S. 1–38). Köln: Luchterhand.

Buß, E., & Fink-Heuberger, U. (2000). *Image Management*. Frankfurt am Main: Frankfurter Allgemeine Buch.

Deekeling, E., & Barghop, D. (Hrsg.). (2003). *Kommunikation im Corporate Change. Maßstäbe für eine neue Managementpraxis*. Wiesbaden: Gabler.

Eco, U. (2002). *Sämtliche Glossen und Parodien*. München: Hanser.

Frenzel, K., Müller, M., & Sottong, H. (2004). *Storytelling. Das Harun-al-Raschid-Prinzip. Die Kraft des Erzählens fürs Unternehmen nutzen*. München: Hanser.

Güttler & Klewes Management Consultants (2001). *Güttler & Klewes CEO-Studie. Vertrauen in deutsche Unternehmen – Was die Öffentlichkeit von Unternehmenschefs wissen möchte*. http://www.komm-passion.de/fileadmin/bilder/themen/pdf/CEO-Studie.pdf. Zugegriffen: 3.10.2013.

Hinterhuber, H. H., & Stahl, H. K. (1996). Die Unternehmung als Deutungsgemeinschaft. *Technologie & Management, 45*(1), 8–12.

Malik, F. (2004). *Gefährliche Managementwörter. Und warum man sie vermeiden sollte* (3. Aufl.). Frankfurt am Main: Frankfurter Allgemeine Buch.

Merten, K. (1999). *Einführung in die Kommunikationswissenschaft. Bd. 1/1: Grundlagen der Kommunikationswissenschaft* (3. Aufl.). Münster: LIT.

Piwinger, M. (2008). Rede beginnt vor der Rede. Vorfeldkommunikation im Redemanagement. In V. Bazil & R. Wöller, *Rede als Führungsinstrument. Wirtschaftsrhetorik für Manager - ein Leitfaden* (S. 125–140). Wiesbaden: Gabler.

Pörksen, U. (1988). *Plastikwörter. Die Sprache einer internationalen Diktatur*. Stuttgart: Klett-Cotta.

Rolke, L. (2005). Der CEO als „Wert-Ikone". *Kommunikationsmanager, 2*(2), 40–43.

Schulz von Thun, F., Ruppel, J., & Stratmann, R. (2001). *Miteinander reden: Kommunikationspsychologie für Führungskräfte*. Hamburg: rororo.

Searle, J. R. (1971). *Sprechakte. Ein sprachphilosophischer Essay*. Frankfurt am Main: Suhrkamp.

Soeffner, H. (1991). Zur Soziologie des Symbols und des Rituals. In J. Oelkers & K. Wegenast (Hrsg.), *Das Symbol – Brücke des Verstehens* (S. 63–81). Stuttgart: Velbrück.

VRdS Verband der Redenschreiber deutscher Sprache. (2010). VRdS-Barometer 2010. https://www.vrds.de/aktuelles-presse/vrds-pressemitteilungen/ordner-pressemitteilungen/vrds-barometer-20102.php. Zugegriffen: 03. Okt. 2013.

Weber Shandwick (2012). *The company behind the brand: In reputation we trust*. http://www.webershandwick.de/content?id=aktuell-the-company-behind-the-brand-II. Zugegriffen: 03. Okt. 2013.

Wunderlich, D. (1971). Pragmatik, Sprechsituation, Deixis. *Zeitschrift für Literaturwissenschaft und Linguistik, 1*(2), 153–190.

Corporate Publishing: Publikationen für Kunden und Multiplikatoren

Kurt Weichler

Zusammenfassung

Wenn Unternehmen sich mit Kundenzeitschriften, Mitarbeiterzeitschriften, Geschäftsberichten, Web-Sites, Applikationen oder Social Media gezielt an Teilöffentlichkeiten wenden, heißt das Corporate Publishing. Mit kontinuierlich erscheinenden und nach journalistischen Kriterien aufbereiteten Medien versuchen die Unternehmen die Bindung zu ihren Kunden zu stärken, das Image zu pflegen und mitunter auch den Absatz zu steigern. Der schwer überschaubare und nur wenig erforschte Markt wird in Deutschland, Österreich und der Schweiz von den Kundenzeitschriften dominiert: Circa 15.000 Zeitschriften, zigtausende Websites, 8.800 E-Magazine und ein auf 4,7 Mrd. € geschätzter Umsatz zeugen von beeindruckender Größe und offensichtlichem Erfolg. Der Beitrag gibt eine Übersicht über den Markt, beschreibt die Funktion von Unternehmensmedien und deren Erfolgskriterien.

Schlüsselwörter

Corporate Media · Corporate Publishing · Kundenzeitschriften · Business Medien · Unternehmenspublikationen · Crossmedia · Social Media · Unternehmenskommunikation

---

K. Weichler (✉)
Westfälische Hochschule, Institut für Journalismus und PR
Neidenburger Straße 43, 45897 Gelsenkirchen, Deutschland
E-Mail: kurt.weichler@w-hs.de

1 Definition

Corporate Publishing ist der Oberbegriff für verschiedene Formen von Business-Medien. Darunter fallen Kundenzeitschriften, Mitarbeiterzeitschriften, Corporate Books, Geschäftsberichte, Web-Sites, Newsletter, Corporate Video, Corporate Blogs und der Unternehmensauftritt in sozialen Netzwerken wie Facebook und Xing. Corporate Publishing umfasst letztendlich alle medialen Formen, mit denen Unternehmen Kontakt mit ihren Kunden und Multiplikatoren aufnehmen. Wer in der Vergangenheit jedoch genau hinschaute, stellte schnell fest, dass das Corporate Publishing in der Praxis von einer einzigen Form dominiert wurde. Wenn im deutschen Sprachraum von Corporate Publishing die Rede war, waren damit in aller Regel Kundenzeitschriften wie das „Audi Magazin", das „Lufthansa Magazin" oder die „Apotheken-Umschau" gemeint. Rund 15.000 Titel erschienen im Jahr 2012 nach Angaben des Branchenverbandes Forum Corporate Publishing (FCP).

Kundenzeitschriften, auch Kundenmagazine oder Unternehmensmagazine genannt, sind Zeitschriften, die von Unternehmen in regelmäßigen Abständen und überwiegend kostenlos an ihre Kunden abgegeben werden. Von dieser Dienstleistung versprechen sich die Herausgeber einen unmittelbaren Nutzen für das Unternehmen. Zumeist verfolgen sie dabei gleich mehrere Zielsetzungen. Drei davon sind wesentlich: Imagepflege, Kundenbindung und Absatzförderung.

Kundenzeitschriften können sich nach ihrer Herausgeberschaft und nach ihren Zielgruppen unterscheiden. Unter dem Gesichtspunkt der Herausgeberschaft gibt es zwei grundlegende Arten:

- die Branchenpresse und
- die Unternehmenspresse.

Es gibt Kundenzeitschriften wie die „Apotheken-Umschau", die „Bäckerblume" oder das „Buchjournal", die sich an die Kunden einer gesamten Branche wenden. So hat zum Beispiel die „Apotheken-Umschau" nicht nur die Kunden einer bestimmten Apotheke oder eines einzelnen Pharma-Unternehmens, sondern die Kunden von Apotheken gemeinhin im Visier. Das Magazin wird von einem Presseverlag erstellt und an die Apotheken verkauft. Die Apotheken selbst verschenken das Heft an Ihre Kunden. Das ergibt alle 14 Tage eine verbreitete Auflage von fast zehn Millionen Exemplaren.

Mit 90 % zählen die meisten *Kundenzeitschriften* jedoch nicht zum Typus der Branchenpresse, sondern sind von Haus aus Zeitschriften von einzelnen Unternehmen. Hinter ihnen steht als Herausgeber das Unternehmen. Die Unternehmen erstellen die Kundenzeitschriften entweder in eigener Regie oder beauftragen externe Corporate-Publishing-Dienstleister mit der Redaktion, Produktion und Distribution.

Unter dem Gesichtspunkt der Zielgruppen lassen sich Kundenzeitschriften ebenfalls in zwei große Gruppen einteilen:

- Kundenzeitschriften für Endverbraucher (Business-to-consumer = B2C) und
- Kundenzeitschriften für Geschäftskunden (Business-to-business = B2B).

Typische Magazine für den Endverbrauchen sind das „BMW Magazin", das die Besitzer von Automobilen der Marke BMW erreichen soll, und das „Lufthansa Magazin", das Passagiere der Fluggesellschaft unterhalten, informieren und binden soll. Stellvertretend für typische Geschäftskundenmagazine seien hier „think: act", herausgegeben von der Unternehmensberatung Roland Berger, oder das „SPK Magazin", herausgegeben von der Stiftung Preußischer Kulturbesitz, genannt. Die Gesamtzahl aller Kundenzeitschriften verteilt sich jeweils zur Hälfte auf B2B-Titel und B2C-Titel. Erwartungsgemäß sind die Auflagen der *Verbrauchermagazine* im Schnitt höher als die der Kundenzeitschriften für Geschäftskunden. Weil die Zielgruppen Geschäftskunden und Endverbraucher unterschiedlich angesprochen werden müssen, geben zahlreiche Unternehmen mehrere Kundenzeitschriften heraus. Die Deutsche Post etwa sprach ihre Kunden im Jahr 2012 mit insgesamt elf verschiedenen Kundenzeitschriften an. In den vergangenen Jahren haben die Herausgeber von Kundenzeitschriften noch eine weitere Zielgruppe entdeckt: die Multiplikatoren. Das „Evonik-Magazin", die Kundenzeitschrift des Essener Spezialchemiekonzerns Evonik Industries, zählt zu ihrer Zielgruppe neben Geschäftskunden auch Politiker, Journalisten und andere für den Konzern bedeutende „Meinungsmacher". Die meisten Kundenzeitschriften geben die allgemeinen Ortskrankenkassen (AOK) heraus. 2012 erschienen rund 20 AOK-Medien, die journalistisch für verschiedene Altersgruppen aufbereitet wurden.

Vom Laien sind die überwiegend kostenlos abgegebenen Kundenzeitschriften auf den ersten Blick von Kaufzeitschriften kaum zu unterscheiden. Groß sind die Gemeinsamkeiten, was Gestaltung, Format, Papierqualität und oft auch die Inhalte angeht. Aber die Unterschiede sind vorhanden. Von wenigen Ausnahmen abgesehen werden Kundenzeitschriften kostenlos abgegeben. Da die herausgebenden Unternehmen die Blätter nicht auflegen, um mit ihnen selbst Geld zu verdienen, sondern sie als Mittel der *Kundenbindung, Imagepflege und Absatzförderung* benutzen, tragen sie die Kosten für Redaktion, Produktion und Vertrieb selbst. Bei der Branchenpresse verhält es sich anders: Die herausgebenden Verlage verkaufen die von ihnen erstellten Kundenzeitschriften an die Einzelhändler der jeweiligen Branchen (Apotheker, Bäcker, Buchhändler, Floristen, Friseure usw.), die sie dann unentgeltlich an ihre Kundschaft weiterreichen.

Der Unterschied von Kundenzeitschriften zu Kaufzeitschriften lässt sich gut über ein anderes Kriterium definieren. Anders als Publikumszeitschriften, die ihren Lesern ein objektives Bild der Wirklichkeit zu vermitteln suchen und dabei positive wie negative Entwicklungen thematisieren bzw. unterschiedliche Meinungen zulassen, dienen Corporate-Publishing-Medien der *Selbstdarstellung* von Branchen und Unternehmen. Sie sind ein Instrument der Unternehmenskommunikation und damit *Auftragskommunikation*. Erfahrungsgemäß sind die Herausgeber von Kundenzeitschriften wenig bis gar nicht daran interessiert, ihre Blätter mit Informationen zu befrachten, die ein schlechtes Licht auf das Unternehmen werfen könnten. „Kundenzeitschriften sind entweder neutral verfasst oder positiv gewertet, negative Wertungen sind äußerst selten", schrieb Michaela Eicher auf der Basis von neun ausgewerteten Schweizer Kundenzeitschriften (Eicher 2003, S. 110).

Mit der wachsenden Bedeutung von Kundenzeitschriften und damit auch des Corporate Publishings hat die Erforschung dieser Form der Unternehmenskommunikation bislang nicht Schritt gehalten. Corporate Publishing allgemein ist als Forschungsfeld praktisch nicht vorhanden, zum Teilbereich Kundenzeitschriften gibt es lediglich Ansätze. Möglicherweise ist die *mediale Sonderstellung* für diese nicht zufriedenstellende Situation verantwortlich. Kundenzeitschriften agieren an der Schnittstelle von Public Relations, Marketing und Journalismus. Als Instrument der PR sind sie Auftragskommunikation, als Instrument des Marketings tragen sie zum Markenbild bei und erhöhen den Absatz. Andererseits verhalten sie sich dabei in Aufmachung, Erscheinungsweise, Themenauswahl und Sprache wie journalistische Medien und buhlen auf diesem Wege um größtmögliche Glaubwürdigkeit. Diese Lage „zwischen den Stühlen" ist ein Grund dafür, dass sich das Land der Kundenzeitschriften als Terra incognita präsentiert. Es gibt einige wenige systematische, wissenschaftliche Untersuchungen. Die aktuellste stammt vom Autor dieses Handbuchbeitrages selbst (Weichler und Endrös 2010). Desweiteren soll auf die Arbeiten von Röttger (2002), Eicher (2003) und Giovanelli (2004) hingewiesen werden. 2012 erschien das „Praxishandbuch Corporate Magazines" (Freese et al. 2012), in dem Vertreter der CP-Branche einen ebenso umfassenden wie subjektiven Überblick über die eigene Branche geben. Mit Mitarbeiterzeitschriften befassten sich zumeist praxisorientiert Bischl (2000), Cauers (2005), Mänken (2009), Marinkovic (2009) und Viedebantt (2005).

Nach dieser Eingrenzung des Untersuchungsgegenstandes lässt sich Corporate Publishing wie folgt definieren:

> **Corporate Publishing**
> Corporate Publishing ist ein Instrument der Unternehmenskommunikation, das sich der Mittel des Journalismus bedient, um die Aufmerksamkeit von Zielgruppen zu erreichen, die für das Unternehmen relevant sind. Das Corporate Publishing zielt dabei in erster Linie auf Kundenbindung, Imageaufbau und Absatzförderung ab.

2 Funktion

Voraussetzung für den dauerhaften Markterfolg eines Unternehmens ist neben marktfähigen Produkten auch ein positives Image. Voraussetzung für den dauerhaften Markterfolg in kompetitiven und gesättigten Märkten ist neben dem positiven Image aber auch noch ein einzigartiges Image; ein Image, welches das Unternehmen von seinen Wettbewerbern differenziert. Die Unique Selling Proposition brauchen Unternehmen nicht nur, um Neukunden zu gewinnen, sondern auch um ihre Bestandskunden zu halten. Das Corporate

Publishing und insbesondere regelmäßig und kontinuierlich erscheinende Kundenzeitschriften scheinen besonders gut in der Lage zu sein, den Kunden diesen Mehrwert ihres Unternehmens zu vermitteln. Gerade für die Kundenbindung ist die regelmäßige Erscheinungsweise von Vorteil. So kann sich das Unternehmen nachhaltig positiv in Erinnerung rufen. Jedes Mal, wenn der Kunde die auf ihn zugeschnittene Zeitschrift „seines" Unternehmens im Briefkasten findet, signalisiert ihm das eine besondere Wertschätzung seitens des Unternehmens. Kontinuität alleine reicht aber nicht aus, ebenso wichtig sind Inhalte und Aufmachung der Zeitschrift. Da die Aufmerksamkeit des Kunden massiv auch von anderen Medien beansprucht wird und jeder Mensch nur über ein begrenztes Zeitbudget verfügt, wird er nur an einer Kundenzeitschrift Gefallen finden, die ihm nützt und der er vertraut. Kundenzeitschriften müssen folglich glaubwürdig sein, sich in der Themenauswahl an den Interessen der Leser orientieren und in der Gestaltung an den Maßstäben, die von den Kaufzeitschriften gesetzt werden. Die Leser von Kundenzeitschriften erwarten Gratifikation. Das heißt, Kundenzeitschriften müssen informieren, unterhalten und integrieren.

Ihre *Informationsfunktion* erfüllen Kundenzeitschriften, indem sie umfassend über das Unternehmen, seine Akteure, seine Handlungen, seine Dienstleistungen, seine Produkte und seine Kompetenzen berichten. Je besser sich der Kunde über das Unternehmen informiert fühlt, desto positiver ist auch seine Einstellung gegenüber dem Unternehmen. Vollständige Information macht das Unternehmen transparent und schafft Vertrauen. Umfassende Berichterstattung über das Unternehmen alleine reicht aber nicht aus, um die Leser auf Dauer bei der Stange zu halten. Zu schnell wirkt diese Ausschließlichkeit werblich und aufdringlich. Die Folgen sind: Überdruss und Verlust der Glaubwürdigkeit. Folglich müssen neben die unternehmensbezogenen Nachrichten auch nicht unternehmensbezogene Artikel gestellt werden. Nur durch die Einbettung von unternehmensbezogenen in neutrale bzw. kundenbezogene Nachrichten kann die Kundenzeitschrift einem werblichen Charakter entgehen.

Ein weiteres Bedürfnis von Medienrezipienten ist die Unterhaltung. So wollen auch die Leser von Kundenzeitschriften Spaß haben bei der Lektüre. Folglich müssen Kundenzeitschriften immer auch eine *Unterhaltungsfunktion* erfüllen. Das gelingt ihnen durch einen verständlichen, anregenden Sprachstil, der sich am Bildungshintergrund der Zielgruppe orientiert. Dazu gehört eine entsprechende optische Verpackung mit klarer Leserführung und vielen zum Lesen auffordernden Elementen wie Überschriften, Fotos und Illustrationen. Dazu gehören unterhaltsame Elemente wie Witze, Rätsel, Gewinnspiele, Comics und Glossen. Dazu gehören journalistische Darstellungsformen, die das Menschliche in den Vordergrund stellen wie Porträts, Interviews und Reportagen. Und dazu gehört eine entsprechende Themenauswahl.

Die *Integrationsfunktion* erfüllen Kundenzeitschriften, wenn sie ihren Lesern exklusive Informationen geben oder sie ihnen Vorteile gewähren, die sie woanders nicht erhalten können, zum Beispiel durch Coupons. Das steigert das Selbstwertgefühl. Wenn das Unternehmen in seiner Zeitschrift zusätzlich noch durch Umfragen, direkte Ansprache, die Einrichtung von Kleinanzeigenseiten oder Online-Interaktionsmöglichkeiten Interesse am Dialog bekundet, fühlt sich der Leser besonders ernst genommen und dankt es mit einer stärkeren Verbundenheit.

Ein wesentlicher Vorteil der Kundenzeitschrift liegt in der Präzision, mit der sie ihre Zielgruppe erreicht. Kundenzeitschriften werden dem Kunden in aller Regel ins Haus gebracht. Dort kann er sie in angenehmer Umgebung und zu einem selbst gewählten Zeitpunkt lesen. Damit sind die Streuverluste wesentlich geringer, als wenn ein Unternehmen für sich Werbung schaltet oder eigene Beiträge in Massenmedien initiiert. Eine Kundenzeitschrift erreicht in der Regel Menschen, die durch den Kauf einer Dienstleistung oder eines Produktes bereits ihre Affinität zum Unternehmen bewiesen haben und folglich offener gegenüber weiteren Aktivitäten des Unternehmens sind.

Unternehmen geben Kundenzeitschriften heraus, weil sie ihre Kunden binden wollen, weil sie die Kunden auf diesem Weg am besten kontinuierlich erreichen können und weil sie auf diesem Wege die Wahrnehmung des Unternehmens beim Kunden steigern können. „Kundenmagazine dienen nicht nur der positiv getönten Darstellung von Produkten und Dienstleistungen, sie bieten zudem die Möglichkeit wirtschaftliche Ziele und wirtschaftliches Handeln jenseits marktwirtschaftlicher und rechtlicher Verpflichtungen zu legitimieren und gesellschaftspolitisches Engagement von Unternehmen darzustellen." (Röttger 2002, S. 116).

3 Eckdaten

Der Branchenverband Forum Corporate Publishing (FCP) beziffert die Gesamtzahl aller Kundenzeitschriften im Jahr 2012 auf 15.000 im Raum Deutschland-Österreich-Schweiz. Das wären demnach wesentlich mehr Kundenzeitschriften als es Fachzeitschriften und Publikumszeitschriften gibt. Diese Angabe ist jedoch mit einiger Vorsicht zu betrachten. Bei dieser und vielen anderen Zahlen aus dem Corporate-Publishing handelt es sich um Hochrechnungen einschlägig interessierter Personen und Organisationen. Es gibt bislang keine unabhängige Einrichtung, die diesen Markt professionell auszählt. Seit 2008 versucht das Europäische Institut für Corporate Publishing (EICP), hinter dem der *Branchenverband Forum Corporate Publishing* steht, den Markt durch regelmäßige Studien zumindest transparenter zu machen. Im Rahmen dieser Studien werden in der Regel mehrere Hundert „Führungskräfte" und „Entscheider" der Branche interviewt. Fast alle in diesem Kapitel genannten Eckdaten basieren auf der Quelle EICP. Wenn die so erhobenen Angaben von EICP und Forum Corporate Publishing stimmen, hat sich die Gesamtzahl der Kundenzeitschriften nach 1995 mehr als versiebenfacht. Mit dieser Entwicklungsdynamik hätten sich die Kundenzeitschriften in den letzten Jahren weitgehend vom übrigen Printmedienmarkt abgekoppelt, der durchgängig mit Rückgang kämpfen musste.

Kundenmagazine erscheinen praktisch in allen Branchen, führend aber sind Handelsorganisationen, Versicherungen, Pharmazieunternehmen, Energie- und Versorgungsunternehmen, Banken und Sparkassen. Auch die Automobilhersteller geben überdurchschnittlich häufig eigene Kundenzeitschriften heraus. Weitere Branchen sind Tourismus, EDV, Bauwirtschaft und Dienstleistungsunternehmen.

Die Bandbreite der Einzelauflagen von Kundenzeitschriften ist gewaltig. Sie reicht von Kundenzeitschriften, von denen lediglich 500 Exemplare gedruckt werden, bis hin zu solchen Massentiteln wie dem Kundenmagazin der Allgemeinen Ortskrankenkassen (AOK) „Bleib Gesund" mit sieben Millionen Exemplaren pro Ausgabe. Die zehn auflagenstärksten Zeitschriften in Deutschland sind laut FCP keine Kaufzeitschriften, sondern Kundenzeitschriften. Die durchschnittliche Auflage der Kundenzeitschriften, die sich an den Endverbraucher wenden, liegt bei 113.000 Exemplaren. Von B2B-Magazinen werden erwartungsgemäß nicht so hohe Auflagen gedruckt, hier liegt die Durchschnittsauflage bei 23.000 Exemplaren (EICP und zehnvier 2008, o. S.).

Über den Erfolg sagen die mitunter hohen Auflagen der Kundenzeitschriften nichts aus. Vor dem Hintergrund der Gratisabgabe kann die Auflage im Unterschied zur Kaufpresse nicht als Erfolgsindikator heran gezogen werden. Darüber hinaus basieren die Auflagenzahlen der Kundenzeitschriften zumeist auf freiwilligen Angaben. Nur wenige wie „Bleib gesund" oder die „Apotheken Umschau" lassen ihre Auflagen von der Informationsgemeinschaft zur Feststellung der Verbreitung von Werbeträgern (IVW) kontrollieren.

Kundenzeitschriften sind in vielen Fällen Quartalszeitschriften. 39 % aller B2C-Titel erscheinen viermal pro Jahr, bei den B2B-Titeln sind es 37 %. Damit erscheinen Kundenzeitschriften zwar regelmäßig, aber im Vergleich zu Kaufzeitschriften seltener. Der Anteil der monatlich erscheinenden Kundenzeitschriften beträgt nicht einmal zehn Prozent. Wöchentlich erscheinende Kundenzeitschriften gibt es kaum. Dazu zählen in Deutschland die 1954 gegründete „Bäckerblume" und in der Schweiz das „Migros-Magazin", die Kundenzeitschrift des Migros-Genossenschaftsbundes, und die „Coopzeitung", die Kundenzeitschrift der zweitgrößten Handelskette der Schweiz.

Kundenzeitschriften sind in der Regel deutlich dünner als Kaufzeitschriften. Der durchschnittliche Umfang von Kundenzeitschriften liegt bei 26 Seiten pro Ausgabe. Nur zwei Prozent von ihnen haben mehr als 100 Seiten. Sie enthalten auch weniger Werbung und Beilagen. Ähnlich wie bei Kaufzeitschriften ist DIN A 4 das gängige Format bei den Unternehmensmagazinen. Die Vorliebe für die Größe hängt wesentlich mit den Kostenvorteilen bei Druck und Postversand zusammen. Normabweichungen machen sich in der Regel negativ bei den Herstellungs- und Vertriebskosten bemerkbar.

Etwa 60 % aller B2C-Kundenzeitschriften und 80 % aller B2B-Kundenzeitschriften gelangen per Direktversand zum Kunden. Bei einer Gesamtauflage von etwa 3,1 Mrd. Exemplaren kann man sich vorstellen, was für ein gutes Geschäft Kundenzeitschriften für die Deutsche Post bedeuten. Als weitere Vertriebswege spielen die Auslage, zum Beispiel auf Messen oder am Point of sale, eine Rolle sowie die Verteilung durch Mitarbeiter.

Kundenzeitschriften werden heute auch über Ländergrenzen hinweg zur Kundenbindung eingesetzt. Fast ein Drittel aller Publikationen erscheint in unterschiedlichen Sprachen, meistens in zwei Sprachen, mitunter aber auch in fünf oder mehr Sprachen (Plan p. 2005, S. 23). Möglicher Rekordhalter in dieser Hinsicht dürfte das BMW Magazin sein: Es erscheint mit einer Gesamtauflage von 3,8 Mio. Exemplaren in 150 Ländern und in 25 Sprachen.

4 Kosten und Organisation

Ihr Corporate Publishing print und online ließen sich die herausgebenden Unternehmen im Jahr 2012 im Schnitt 390.000 € im Jahr kosten (EICP und zehnvier 2012, S. 8). Das waren elf Prozent mehr als im Vorjahr. Größere Unternehmen geben mehr Geld aus als kleine. Industrieunternehmen investieren mehr als Dienstleister. 13 % der Unternehmen setzen eine Million Euro oder mehr für ihre Unternehmenspublikationen ein.

Die für die Kundenzeitschrift anfallenden Kosten werden aus den Marketingetats der Unternehmen bestritten. In wachsendem Maße versuchen die Herausgeber einen Teil der Kosten durch zusätzliche Einnahmen auszugleichen. Die Finanzierung über einen Verkaufspreis funktioniert in der Praxis nicht. Sie spielt deshalb in den Budgetierungsplänen der Unternehmen auch keine Rolle. Wachsende Bedeutung hat die Finanzierung über Anzeigen. Im Rahmen einer vom Institut für Journalismus und PR der Fachhochschule Gelsenkirchen (seit 2012: Westfälische Hochschule) Anfang 2005 durchgeführten Umfrage gaben 45 % der erfassten Publikationen an, dass sie Anzeigen veröffentlichen und auch verkaufen (Plan p. 2005). Das war gegenüber der zehn Jahre zuvor durchgeführten Vorgängeruntersuchung (Redaktion Wirtschaft 1995) eine Steigerung von 100 %. Waren Anzeigen damals im Wesentlichen ein Imagefaktor für die Publikation, sind sie heute – den Angaben der Verantwortlichen zufolge – ein Faktor der Refinanzierung. Nach eigenen Angaben erwirtschaften einzelne Kundenzeitschriften inzwischen bis zu 120.000 € pro Ausgabe. Der Durchschnitt liegt bei etwa 21.000 €. Eine Erhebung von 2012 bestätigt das Ergebnis im Grundsatz (EICP und zehnvier 2012, S. 20). Demnach refinanzieren 46 % der Unternehmen ihre B2C-Zeitschriften, 33 % ihre B2B-Zeitschriften und 22 % ihre Mitarbeitermagazine.

Die positive Entwicklung des Corporate-Publishing Marktes und die negative Entwicklung der Print-Kaufmärkte seit den Neunzigerjahren haben dazu geführt, dass Corporate-Publishing-Dienstleistungen nicht mehr nur von kleinen, mittelständisch geprägten Agenturen oder Redaktionsbüros angeboten werden, sondern auch von den großen Medienunternehmen wie der Axel Springer AG, Hubert Burda Media oder der Funke Mediengruppe. Allein im Bertelsmann-Konzern gibt es mit Corporate Editors, Facts & Figures und der Medienfabrik Gütersloh drei Anbieter. Die größeren und renommierten dieser Dienstleister haben sich in dem 1999 gegründeten Forum Corporate Publishing (FCP) zusammengeschlossen. Der Verband betreibt Öffentlichkeitsarbeit für das Segment, in dem er jährlich beim Best of Corporate Publishing (BCP) Preise für die besten Kundenpublikationen vergibt, und seit 2008 mit regelmäßigen Studien die Transparenz und Glaubwürdigkeit der Branche erhöht.

5 Erfolgskontrolle

Der Erfolg von Kaufzeitschriften wie „stern" oder „TV Movie" lässt sich einfach ermitteln. Bleibt nach Abzug der Kosten von den Einnahmen ein Rest, so ist das der Gewinn. Je höher der Gewinn ausfällt, desto erfolgreicher ist die Zeitschrift, wenn der Maßstab ein rein kommerzieller ist. Diese Rechnung geht bei Kundenzeitschriften nicht auf. Die Kosten übersteigen die Erlöse durch Copypreis und Fremdanzeigen im Normalfall bei weitem. Aber Unternehmen gründen Kundenzeitschriften ja nicht, weil sie als Verlage tätig werden, sondern weil sie die Kundenzeitschrift als Marketinginstrument einsetzen wollen. Der Erfolg kann von daher nicht in betriebswirtschaftlichen Kategorien direkt am Objekt gemessen werden, sondern muss anderweitig ermittelt werden. Da Kundenzeitschriften die Kundenloyalität und das Image eines Unternehmens verbessern bzw. Neukunden gewinnen und den Absatz fördern wollen, muss der Erfolg in diesen Kategorien erhoben werden.

Umso mehr erstaunt es, dass der in den Neunzigerjahren beginnende Boom des zweiten Zeitschriftenmarktes nicht auf zählbaren Erfolgen, sondern lediglich auf dem festen Glauben aller Beteiligten fußte. So hat sich die Auffassung, dass eine Zeitschrift mit eigenständigen journalistischen Inhalten sehr viel Glaubwürdigkeit vermittelt, was Broschüren oder Werbung so nicht leisten können, als Glaubensgrundsatz förderlich für den Boom der Kundenmagazine ausgewirkt, ohne dass es über Jahrzehnte objektive Beweise für diese These gab. Vereinfacht gesagt: Kundenzeitschriften waren erfolgreich, wenn ihre Macher sie für erfolgreich hielten.

Tatsächlich konnten die Herausgeber über Jahre nur vermuten, ob ihr Magazin überhaupt und wenn ja, wie intensiv und mit welchen Auswirkungen von den Kunden gelesen wurde. Das hat lange weder die Herausgeber noch die Corporate-Publishing-Dienstleister gestört, weil alle dasselbe glaubten und die überaus positive Entwicklung des Gesamtmarktes als Beleg für die Wirksamkeit ausreichte. Dass die Anzeigenvermarktung schon immer darunter litt, dass man der werbetreibenden Wirtschaft und den Mediaplanern in den Agenturen keine genauen Leserschaftsdaten nennen konnte, störte nicht, solange alle ein gutes Gefühl hatten. Es fehlten allgemein akzeptierte Werkzeuge zur *Wirkungsmessung* wie sie im Markt der Kaufzeitschriften zum Beispiel mit der Allensbacher Markt- und Werbeträgeranalyse (AWA) und der Mediaanalyse (MA) existieren.

Mittlerweile hat die Branche einige Anstrengungen unternommen, um die unbefriedigende Situation zu verbessern. Da auch der Kundenzeitschriftenmarkt nicht mehr mit der Dynamik der Neunzigerjahre wächst, benötigen vor allem die Mediendienstleister valide Wirkungsargumente für den weiteren Geschäftserfolg. So bieten die Marktforscher von TNS Emnid aus Bielefeld seit 2003 ein Werkzeug an, das gemeinsam mit dem Forum Corporate Publishing entwickelt wurde und das sie CP Standard nennen. CP Standard beansprucht für sich, folgende Faktoren zu ermitteln:

- die Nutzung und Bewertung der Angebote durch die Kunden,
- die Unterstützung der Kommunikations- und Marketingziele des Unternehmens und
- die Leistungsfähigkeit für das Anzeigenmarketing.

Kundenzeitschriften wie das „Audi Magazin" haben sich auf diesem Wege bestätigen lassen, dass Ihre Leser in der Regel ein besseres Markenbild vom Unternehmen haben als Nichtleser. Unabhängig davon, dass es mittlerweile erste fundierte Werkzeuge der Erfolgskontrolle gibt, sind die gängigen Mittel immer noch die Leserbefragung, das Preisausschreiben, das Auswerten der Leserbriefe, das Couponing und die Kontrolle des Absatzes.

6 Internet und Social Media

Die Digitalisierung der Daten und die Etablierung des Internets als Trägertechnologie für alle Medienarten haben auch das Corporate Publishing verändert. Die Dominanz gedruckter Kundenmedien bröckelt. Nur noch sechs Prozent der Unternehmen im deutschsprachigen Raum setzen ausschließlich Printmedien in der Kommunikation mit Kunden und Mitarbeitern ein. 69 % kombinieren Printmedien und digitale Medien und bereits neun Prozent arbeiten nur mit digitalen Medien (EICP und zehnvier 2012, S. 6).

Von den 4,7 Mrd. €, die jährlich ins Corporate Publishing investiert werden, entfielen 2012 knapp zwei Milliarden auf digitale Medien. Während das Investitionsvolumen für Print zwischen 2010 und 2012 mit 2,8 Mrd. € gleich blieb, stieg das Volumen für digitale Medien im selben Zeitraum um 20 % an. 40 % der gesamten CP-Investitionen gingen also bereits in digitale Medien.

Wenn Unternehmen digitale Medien einsetzen, richten sie überwiegend Webseiten ein. Mit 58 % sind sie das am häufigsten eingesetzte Medium. Vier von zehn Unternehmen nutzen soziale Medien wie Facebook, drei von zehn bieten mobile Webseiten bzw. Videoclips an. Jedes sechste Unternehmen hat Apps im Einsatz. Unternehmen mit 1.000 und mehr Mitarbeitern führen die Entwicklung in Richtung Digitalisierung an. Sie setzen digitale Medien häufiger als kleine Unternehmen im Corporate Publishing ein.

Die großen Unternehmen sind auch aktiver beim Umgang mit Social Media. Insgesamt sind 38 % der Unternehmen in den sozialen Netzwerken unterwegs, bei Unternehmen mit mehr als 1.000 Mitarbeitern ist es bereits die Hälfte, ein knappes Viertel engagiert sich in Videoportalen und 18 % betreiben Microblogging (EICP und zehnvier 2012, S. 34).

Facebook hat als soziales Netzwerk die mit Abstand größte Bedeutung (93,1 %), mit großem Abstand folgen Twitter (41,5) und Xing (24,6) (EICP und zehnvier 2012, S. 34).

Beim offensichtlichen Konkurrenzkampf zwischen gedruckten und digitalen Medien ist die Ausgangssituation für die gedruckten Medien im Corporate Publishing besser als im Markt der Kaufmedien. Was Kundenzeitschriften und gedruckte Geschäftsberichte deutlich von der Marktentwicklung abkoppelt, ist die Tatsache, dass Unternehmensmedien nicht darauf angewiesen sind, sich am Kiosk verkaufen zu lassen. Sie werden zukünftig immer mehr Geschenkcharakter bekommen. Sie werden noch stärker als bisher ein Ausdruck der Wertschätzung des Absenders für den Empfänger sein. Hier kommen dann die Vorzüge gedruckter Medien – Ausstattung, Haptik, schöne Bilder – zum Tragen. So lassen sich Kunden und Mitarbeiter optimal erreichen. Im Corporate-Media-Bereich wird die Entwicklung in puncto Print positiver ausfallen als bei Tageszeitungen und Kaufzeitschriften.

7 Crossmedia Publishing

Der Crossmedia-Begriff wird oft mit der Werbebranche in Verbindung gebracht. Dort beschreibt er den parallelen Einsatz mehrerer Medien in der Mediaplanung von werbetreibenden Unternehmen. Eine andere Definition hat der Medienwissenschaftler Niklas

Mahrdt. Er definiert Crossmedia als „die Umsetzung von Kommunikationsmaßnahmen mit einer durchgängigen Leitidee in verschiedenen und für die Zielgruppe geeigneten Mediengattungen, die inhaltlich, formal und zeitlich integriert sind." Die Ansprache sollte dabei „vernetzt, interaktiv und – soweit möglich und sinnvoll – multi-sensorisch mit Hinweisen auf Zielmedien erfolgen und dem Kunden einen Nutzwert bieten" (Mahrdt 2009, S. 29).

Der Begriff Crossmedia Publishing ergibt sich aus dem Wort Crossmedia und Corporate Publishing. Er beschreibt die koordinierte und zielgruppengerechte Verteilung von Inhalten der journalistischen Unternehmenskommunikation über verschiedene Kanäle.

Inhalte crossmedial zu kommunizieren, ist vermeintlich einfach: Ein Bericht, der in einer klassischen Kundenzeitschrift erscheint und zusätzlich im Internet publiziert wird, wird de facto crossmedial, also über verschiedene Kanäle, verbreitet. In der Praxis allerdings würde das Unternehmen mit dieser Art der crossmedialen Kommunikation kaum bei den verschiedenen Stakeholder-Gruppen Erfolg haben. Es bedarf einer peniblen Vorbereitung, damit die Unternehmensziele, die jedes Unternehmen, das im Corporate Media engagiert ist, haben sollte, auch erreicht werden. Im ersten Schritt sollte sich der Corporate Publisher über genau diese Unternehmensziele im Klaren sein. Soll mit Hilfe von Corporate Media das Firmenimage oder die Kundenbindung gefördert werden? Oder soll Corporate Media als eine Art „Vertriebsturbo" Anwendung finden? Die Beantwortung dieser Fragen ist wichtig für die inhaltliche Ausrichtung der journalistischen Unternehmenskommunikation. Corporate Media dient nicht nur dem Ziel das *Unternehmensimage* langfristig zu fördern, sondern zunehmend auch der Absatzförderung. Laut EICP erhoffen sich rund zwei Drittel der Unternehmen im deutschsprachigen Raum vertriebsunterstützende Auswirkungen. Die Unternehmen sind überwiegend der Ansicht, dass sich durch Corporate Media der Vertrieb der jeweiligen Produkte oder Dienstleistungen anschieben lässt (EICP und zehnvier 2011, S. 36).

Die Zieldefinition ist abhängig von der jeweiligen Zielgruppe, die es zu erreichen gilt. Unternehmen, die ihre Mitarbeiter informieren respektive an sich binden wollen, haben andere Ziele als Firmen, die Geschäftskunden oder Konsumenten erreichen wollen. Die genaue Kenntnis der Zielgruppen ist zudem wichtig für die spätere Medienauswahl. Entscheidend ist, dass die Konsumenten auf Basis ihres jeweiligen Nutzerverhaltens abgeholt werden. Eine wichtige Grundlage in der crossmedialen Kommunikation ist außerdem die Leitidee, die sich als roter Faden durch die gesamte journalistische Unternehmenskommunikation ziehen sollte. Der Corporate Publisher muss sich, wieder abhängig von der jeweiligen Zielgruppe, also zunächst mit der Frage beschäftigen, welchen Charakter die Kommunikation haben soll. Ein Blick in die Praxis verdeutlicht die Herangehensweise. Die Firma Merck KGaA, ein deutsches Unternehmen der Chemie- und Pharmaindustrie, gibt ein Onlinemagazin mit dem Titel „M – Das Entdeckermagazin" heraus. Entwickelt wurde die Publikation von Hoffmann & Campe Corporate Publishing. Ziel des Magazins ist es, komplizierte Zusammenhänge aus dem Schaffensbereich des Unternehmens verständlich zu machen. Das geschieht mittels multimedialer Aufbereitung der Themen. Im Mittelpunkt der Berichterstattung steht dabei immer der handelnde Mensch. So können komplizierte Themen wie die Gewinnung von entzündungshemmenden Proteinen durch Zeckenspeichel dem interessierten Kunden verständlich erklärt werden.

Steht fest, welche Ziele mit den Corporate-Media-Aktivitäten erreicht werden sollen und welche Zielgruppe mit welcher Leitidee angesprochen werden soll, kommt der für das Crossmedia Publishing entscheidende Schritt: die Auswahl der geeigneten Kanäle. Die Betonung liegt hier auf geeignet, denn die Anzahl möglicher Medien ist groß. An dieser Stelle werden die relevantesten kurz vorgestellt.

7.1 Apps

Immer mehr Unternehmen setzen auf sogenannte Apps, also kleine Programme, die auf ein Tablet-PC oder Smartphone geladen werden können. Dabei wird der Inhalt der meist gedruckten Kundenmagazine durch multimediale Funktionen wie Videos, Bildergalerien, Animationen, Hyperlinks und eine intuitive Navigation aufbereitet. Die Apps, die in der Regel für das iPhone und iPad von Apple angeboten werden, können von den Nutzern im iTunes-Store heruntergeladen werden. Die Apple-Alternative sind Tablets, die mit dem Betriebssystem Android laufen und die von verschiedenen Herstellern angeboten werden. Aktuell nutzen rund 15 % der Unternehmen Apps für ihre Unternehmenskommunikation. Drei Viertel der Unternehmen erwägen dies für die Zukunft (EICP und zehnvier 2011, S. 36). Ein Großteil der Unternehmen und Corporate-Media-Dienstleister ist sich einig: Redaktionelle Apps, die im Rahmen der Unternehmenskommunikation eingesetzt werden, werden in den nächsten fünf Jahren deutlich an Bedeutung gewinnen. Michael Marek, Web Strategy und User Experience Manager bei der Medienfabrik, einem großen Corporate-Publishing-Dienstleister in Gütersloh, sieht die allgemeine App-Euphorie skeptisch. Er und andere Experten sehen die Zukunft der digitalen Unternehmenskommunikation im Internetstandard HTML5 in Verbindung mit JavaScript. Damit können dynamische Inhalte ohne Zusatzsoftware direkt im Browser dargestellt werden. Die Entwicklung ist geräteunabhängig, die Handhabung entsprechend einfacher. Apps werden seiner Meinung nach aber weiter Anwendung finden – im Spiele-Bereich. Das habe vor allem technische Gründe, da eine App beispielsweise besser auf den Prozessor des Smartphones zugreifen könne.

7.2 Corporate Blogs

Ein weiterer Corporate-Media-Kanal ist das sogenannte Corporate Blog, also ein sich ständig aktualisierender Internetauftritt, bei dem die aktuellsten Informationen immer oben stehen und die Beiträge von den Lesern kommentiert werden können. Der wesentliche Vorteil des Corporate Blogs ist, dass kurzfristig auf aktuelle Entwicklungen reagiert werden kann. Ein gutes Beispiel ist das Daimler-Blog, www.blog.daimler.de, das seit Oktober 2007 online ist und als Mitarbeiterblog konzipiert wurde. Daimler gibt damit Einblicke in das „Leben im Konzern" (Daimler 2007). Die Autoren können über das Blog Themen publizieren, frei von jeder Kontrolle oder Zensur, die sonst nicht den Weg in die Medien finden würden. Das Daimler-Blog wurde 2008 mit dem Best of Corporate Publishing-Award ausgezeichnet, der jährlich vom Branchenverband Forum Corporate Publishing vergeben wird. In der Begründung der Jury heißt es: „Daimler hat den Mut, eine private Diskussion über das eigene Unternehmen zuzulassen. Das klappt nur in Firmen, in denen ein gutes Arbeitsklima herrscht" (Knaus 2008). Die Konsumenten sind beim Thema Corporate Blogs eher zurückhaltend: Nur etwa jeder Fünfte findet den Kanal als Kundenmedium interessant (EICP und zehnvier 2011, S. 14).

7.3 E-Magazine

E-Magazine geben in der Regel die Inhalte der Printausgabe wieder und stellen diese dem Leser elektronisch, meist über das Internet, zur Verfügung. Der Vorteil dieses Formats ist sicherlich in der Kostenersparnis zu sehen, da die Druckkosten entfallen. Allerdings muss die Zielgruppe, die es zu erreichen gilt, auch regelmäßig online sein und die im Internet zur Verfügung gestellten Inhalte akzeptieren.

7.4 Newsletter

Weit verbreitet ist die Möglichkeit, Inhalte über regelmäßig erscheinende Rundschreiben, die meist via E-Mail verschickt werden, zu verteilen. Rund 40 % der Konsumenten finden Newsletter interessant (EICP und zehnvier 2011, S. 14). Das Newsletter-Angebot hat in den letzten Jahren sehr stark zugenommen hat. Newsletter sind quasi ein „must have" in der Unternehmenskommunikation. Die Folge dieses Überangebots ist, dass der einzelne Newsletter immer weniger vom Leser wahrgenommen wird.

7.5 Podcasts

Einige Unternehmen setzen auf Podcasts beziehungsweise Netcasts. Das sind produzierte Audio- oder Videodateien, die vom Konsumenten aus dem Internet heruntergeladen und über einen Feed, meistens RSS, automatisch bezogen werden können. Ein gutes Beispiel für einen Audio- und Video-Podcast veröffentlicht die Frankfurter Buchmesse täglich während der Messetage im Oktober. Zu hören beziehungsweise zu sehen sind Autoreninterviews, Veranstaltungsberichte oder Neuigkeiten vom jeweiligen Messetag. Der Audio-Podcast wird in deutscher und englischer Sprache, der Video-Podcast in deutscher Sprache publiziert. Produziert wird das Angebot, das von der Hamburger Agentur earpaper umgesetzt wird, direkt auf dem Messegelände.

7.6 Social Media

Social Media ermöglicht es Internetnutzern, Informationen selbständig auszutauschen beziehungsweise diese in sehr kurzer Zeit anderen „Usern" zugänglich zu machen. Die Kommunikation findet in der Regel auf sozialen Netzwerken wie facebook.com oder twitter.com statt. Social Media stellt die Corporate Publisher vor eine neue Situation: Kunden, Mitarbeiter oder Konkurrenten sprechen öffentlich über Produkte oder Unternehmen, auch ohne entsprechende Moderation. Deshalb ist es wichtig, dass die Onlinesphäre genau beobachtet wird, um sich gegebenenfalls an der Diskussion beteiligen zu können. Immer mehr Unternehmen wollen zudem eigene Themen setzen beziehungsweise die Kommunikation gezielt steuern. Dazu nutzen sie eigene Unternehmensprofile wie die sogenannte Fanpage, die auf facebook.com, dem zurzeit größten sozialen Netzwerk, eingerichtet werden kann. Über die Fanpage können kurze Textbotschaften, Bilder oder Videos publiziert werden. Wichtigste Regel bei der Kommunikation auf sozialen Netzwerken ist der aktive Dialog mit den Usern. Viele Unternehmen unterschätzen den hohen zeitlichen und personellen Aufwand, der notwendig ist, um erfolgreich im Social Media zu kommunizieren. Reagiert das Unternehmen dann noch überhastet auf Kritik, versucht beispielsweise durch das Löschen von Beiträgen oder Ausschalten der Kommentarfunktion die Diskussionen zu unterbinden, ist die Folge nicht selten ein sogenannter „Shitstorm", also unzählige und oft unsachliche Negativäußerungen seitens der Nutzer. Als der Autohersteller Mercedes Benz die Markteinführung seiner Facebook-Fanpage hatte, präsentierte das Unternehmen über diese seine neue AMG-getunte S-Klasse. Die Folge waren unzählige Negativkommentare von Usern, die massiv die Umweltunverträglichkeit der Luxuslimousine anprangerten.

7.7 Crossmedialität

Ein wichtiger Schritt im Crossmedia Publishing ist die richtige Koordination der Inhalte. Koordiniert heißt, dass die Botschaften, die über verschiedene Kanäle kommuniziert werden sollen, zeitlich und inhaltlich aufeinander abgestimmt sind. Das einfache Abspulen von inhaltsgleichen Botschaften über verschiedene digitale und nichtdigitale Kanäle ist zwar theoretisch möglich, diese *Copy-and-Paste-Strategie* geht allerdings zu Lasten der kommunikativen Spannung. Der Konsument wird in der Folge einen Großteil des Medienangebots einfach ignorieren. Unternehmen, die erfolgreich crossmedial kommunizieren wollen, müssen deshalb ihre Botschaften aufeinander abstimmen und die jeweiligen Kanäle individuell und facettenreich bedienen. Das kann über sogenannte Newsrooms beziehungsweise Newsdesks geschehen, einer Organisationsform, bei der die Inhalte zentral gesammelt und von einem Newsroom-Team medienspezifisch verteilt werden. Da die Koordination der Inhalte in der Regel sehr umfangreich ist, gibt es sogenannte Redaktionssysteme, die Prozesse automatisieren und damit die Koordination der Inhalte ökonomisieren. Anbieter solcher Redaktionssysteme sind censhare, WoodWing, tango oder vjoon K4.

Ein wichtiger Punkt im Crossmedia Publishing ist die Messung des Erfolgs. Ohne eine geeignete Evaluation wird kaum noch ein Entscheider Kommunikationsmaßnahmen unterstützen. Für Unternehmen, die Zielgruppen online bedienen können, ist das in der Regel über Website-Klick-Raten, Conversion-Trackings, Anzahl von Kommentaren beispielsweise im Social Web auf Facebook oder die Anzahl der „Follower" auf Twitter beziehungsweise die der Fans auf Facebook leicht möglich.

7.8 Fallbeispiel: Red Bull

Wie Crossmedia Publishing par excellence funktioniert, zeigt der Getränkehersteller Red Bull, der den gleichnamigen Energy-Drink herstellt beziehungsweise herstellen lässt. Die Österreicher setzen im Corporate Media auf ein breit angelegtes Medienspektrum[1]. Die jeweiligen Formate werden von Red Bull Media House, der hauseigenen Medienholding, verantwortet und in der Regel von dessen Hausagentur Red Bulletin Corporate Publishing produziert. Red Bull unterhält über das Red Bull Media House ganze TV-Sender beziehungsweise Printmedien, die für den Laien den Anschein erwecken und auch den Anspruch erheben, unabhängige journalistische Formate zu sein. Beispielsweise bietet der Fernsehsender „ServusTV", der in ganz Europa über Astra Satellit und Kabel empfangen werden kann, ein breitgefächertes Programm rund um die sogenannte „moderne Heimat". Präsentiert werden neben aktuellen Themen aus Politik oder Gesellschaft, Kulturthemen wie Kino-Starts, Musikdokumentationen oder Berichte über Riten, Sitten und Gebräuche. Zielgruppe des Senders sind die „junggebliebenen" 25- bis 59-jährigen, die eine enge Beziehung zu ihrer österreichischen Heimat haben und trotzdem weltoffen sind. Ein weiteres dieser scheinbar unabhängigen Medien ist die Lifestyle-Wochenzeitschrift „Seitenblicke". Im Verlagsportfolio von Red Bull Media House befindet sich außerdem das Red Bull Magazin „The Red Bulletin", das Mobilfunkangebot „Red Bull Mobile", das „Servus Magazin", größtes Landlebensmagazin Österreichs, diverse Special-Interest-Publikationen, Red Bull Records sowie das Webradio „Red Bull Music Academy Radio".

Die Ziele, die Red Bull mit seiner Unternehmenskommunikation verfolgt, insbesondere mit der journalistischen, sind einerseits die Zweitverwertung vorhandener Inhalte, andererseits Imageförderung. Red Bull, das ist „eine Welt voller Kreativität und Abenteuer, Mut und Lebenslust". Wer den Energy-Drink konsumiert, ist Teil dieser Welt. Red Bull verkauft nicht nur eine Brause, Red Bull verkauft ein Lebensgefühl. Diese Leitidee zieht sich crossmedial durch das Corporate-Media-Angebot – und das audio-visuell, denn die Red-Bull-Welt kann am besten durch Bewegtbild und Fotografie transportiert werden. So wird im Programm von „ServusTV" das Corporate-TV-Format „Red Bull TV" platziert. Inhaltlich bietet Red Bull den Zuschauern Action, Unterhaltung, Kunst, Musik und Kultur. Beispiels-

---

[1] Die folgenden Angaben über Red Bull fußen auf einer im Auftrag des Verfassers durchgeführten Recherche von Hannes Eberlein sowie Auskünften von Boro Petric, Head of Corporate Publishing bei Red Bull am 28.11.2012.

weise kann der Zuschauer in der Dokumentation „Im Sichtflug um die halbe Welt" die Red Bull Athleten André Hediger und Margrit Waltz bei ihrer Reise „an die Extreme der Welt und an die eigenen menschlichen Grenzen" begleiten.

Bisheriger Höhepunkt der Crossmedia-Aktivitäten von Red Bull ist der vom Getränkekonzern gesponserte Sprung des Extremsportlers Felix Baumgartner aus 37 km Höhe. Der YouTube-Kanal mit dem Titel „Red Bull Stratos" verzeichnete im Oktober 2012 laut Branchendienst „Meedia" insgesamt 366 Mio. Abrufe. Die Facebook-Seite zählte 673.000 Fans, die zehnstündige Live-Berichterstattung auf „ServusTV", das im deutschsprachigen nur eingeschränkt zu empfangen ist, erreichte bis zu 500.000 Zuschauer.

Die Kernzielgruppe des Unternehmens, junge erlebnisaffine Menschen zwischen 22 und 30 Jahren, ist größtenteils online. Red Bull setzt deshalb, neben dem Engagement im TV schwerpunktmäßig auf online beziehungsweise digital. Das digitale Pendant zu „Red Bull TV" im Rundfunk heißt „Red Bull Web TV" und ist im Internet unter www.redbull.tv erreichbar. Außerdem gibt es „Red Bull Web TV" als App für das iPad und das iPhone. Red Bull berichtet mit zahlreichen Videoepisoden über weltweite Sport- und Kulturereignisse. Außerdem werden die wichtigsten Red Bull Events wie „Red Bull X-Fighters", „Red Bull Air Races" oder „Red Bull Cliff Diving World Series" via Livestream übertragen und sind später im Videoarchiv für jedermann abrufbar. Ein weiterer Onlinekanal ist die Corporate Website www.redbull.com, die in 36 Sprachen aufgerufen werden kann. Inhaltlich ist redbull.com der Dreh- und Angelpunkt der multimedialen Angebote von Red Bull. Die Website verweist auf verschiedene Angebote wie Web-TV, Web-Radio, Online-Spiele oder Newsfeeds.

Trotz des umfangreichen Online- und Rundfunkengagements engagiert sich Red Bull mit dem monatlich erscheinenden Magazin „The Red Bulletin" klassisch im Printbereich. Die Kernzielgruppe des Magazins ist zwischen 20 und 29 Jahren alt. Der Fokus liegt auf männlichen Lesern. Außerdem definiert Red Bull eine erweiterte Zielgruppe zwischen 20 und 39 Jahren sowie darüber hinaus „geistig und körperlich aktive Menschen mit Lust am Leben." Der inhaltliche Fokus liegt auf Action, Lifestyle, Sport, Musik, Reisen und Kunst. Nach eigenen Angaben liegt die Auflage international bei 3,8 Mio. Exemplaren. Seit Mai 2011 kann die Publikation an deutschen Kiosken für einen Copypreis von 3,50 € käuflich erworben werden. Das ist auf den ersten Blick etwas ungewöhnlich, da Kundenmagazine in der Regel nicht käuflich vertrieben werden. Zumal „The Red Bulletin" weiterhin als kostenloser Beileger in der „Frankfurter Allgemeinen Zeitung" und der „Leipziger Volkszeitung" vertrieben wird. Auf den zweiten Blick scheint diese Strategie klug zu sein. Der Grund: „The Red Bulletin" hat einen hohen journalistischen Anspruch. Um die Qualität des Magazins zu unterstreichen, kann der Verkauf an Kiosken durchaus dienlich sein. Allerdings: Pragmatisch gesehen will Red Bull Media House eine zusätzliche Erlösquelle erschließen. Ergänzt wird „The Red Bulletin" durch eine kostenlose App, die für das iPad von Apple produziert wird und in vier Sprachen erscheint. Inhaltlich setzt sich die App aus den besten Geschichten aller Printausgaben sowie zusätzlichen exklusiven Inhalten zusammen. Diese werden durch umfangreiches Videomaterial und Multimedia-Content ergänzt. Neben den Angeboten, die auf die breite Red-Bull-Zielgruppe abzielen, setzt das

Unternehmen mit diversen *Special-Interest-Publikationen* auf Spezialzielgruppen. Beispielsweise mit „Heimspiel", dem Stadion- und Fußballmagazin von R(asen) B(allsport) Leipzig. Die Publikation erscheint mit einer Auflage von 10.000 bis 15.000 Exemplaren bei allen Heimspielen. Vertrieben wird sie nur in Leipzig, der Heimatstadt des Fußballvereins. In Österreich wird „Heimspiel" für den Fußballclub Red Bull Salzburg, in den USA für Red Bull New York produziert, dort allerdings nur digital unter dem Namen „Matchday".

Extremsportbegeisterte will Red Bull mit dem internationalen Extremsport-/Extremeislauf-Magazin „Red Bull Crashed Ice Magazin" erreichen. Vertrieben werden die jährlich vier oder fünf Ausgaben an den Red Bull Crashed Ice Locations sowie in München als Beilage in einer lokalen Tageszeitung. Für Motorcross-Fans hat Red Bull das internationale Freestyle- Motocross-Magazin „Red Bull X-Fighters Magazine" entwickelt, das an den Red Bull X-Fighters-Locations und durch Zeitungskooperationen vertrieben wird. Neben den zahlreichen Special-Interest-Publikationen gibt Red Bull auch Corporate Books wie beispielsweise das Image-Buch für die „Red Bull Air Race World Championship" und das „Red Bull Salzburg Jahrbuch" heraus. Die Corporate-Media-Bandbreite wird außerdem durch mindestens 25 Corporate Games ergänzt, die direkt im Browser oder über eine Smartphone-App gespielt werden können. Die User können unter anderem reale Red-Bull-Events wie Air Race oder Cliff Diving nachspielen – teilweise wie bei dem Spiel „The Art of Flight" via Facebook und Twitter gegen die eigenen Freunde. Außerdem macht Red Bull mit außergewöhnlichen Spiele-Entwicklungen auf sich aufmerksam. Mit dem Spiel „Red Bull Augmented Racing", das gemeinsam mit der Entwicklerfirma Circ.Us entwickelt wurde und via App gespielt werden kann, können die Nutzer ihre eigene Rennstrecke kreieren, indem sie Red Bull-Dosen auf den Boden stellen und diese mit der Smartphone-App scannen. Die App verbindet die jeweiligen Punkte und lädt eine entsprechende Rennstrecke. Das visuelle Red-Bull-Angebot wird durch die Web-Radiostation „Red Bull Music Academy Radio" ergänzt, die über rbmaradio.com Live-Mitschnitte, Interviews, Musikmixe und dokumentarische Features anbietet.

Alles in allem ist das mediale Angebot, das Red Bull potentiellen Konsumenten anbietet, sehr umfangreich. Dabei berücksichtigen die Österreicher die unterschiedlichen Interessen und die individuelle Mediennutzung ihrer Zielgruppen. Trotz der vielen Kanäle ist ein roter Faden, also eine Leitidee, klar zu erkennen. Red Bull setzt fast ausschließlich auf den Faktor Image und kommuniziert die Red-Bull-Welt durchgehend und abwechslungsreich. Red Bull schafft es dabei, das Gießkannenprinzip, also die Bespielung mehrerer Kanäle ohne inhaltliche beziehungsweise zeitliche Abstimmung, zu vermeiden. Die Koordination aller Corporate-Media-Maßnahmen findet im Red Bull Media House, beziehungsweise durch die hauseigene Agentur Red Bulletin Corporate Publishing statt. Da die gesamte Kommunikation unter einem Dach entwickelt wird, können die unterschiedlichen Medienangebote optimal aufeinander abgestimmt werden. Red Bull ist mit dieser Strategie Vorreiter in puncto erfolgreiches Corporate Media. Auch wenn die Gründung eines eigenen Verlags, der alle Corporate-Media-Maßnahmen koordiniert, für die meisten Unternehmen eher unrealistisch ist: Die Stoßrichtung, nämlich Inhalte gezielt zu koordinieren, beispielsweise über Newsdesks, ist klar – und maßgeblich für den Kommunikationserfolg, nicht nur von Red Bull.

8 Perspektiven

Da die persönliche Kundenansprache in den letzten Jahren in überwiegend gesättigten Märkten immer wichtiger geworden ist, ist davon auszugehen, dass die Bedeutung des Corporate Publishing in den nächsten Jahren moderat, aber weiter wachsen wird. Mit Corporate Publishing ist es möglich, Kunden und Multiplikatoren verhältnismäßig individuell, emotional und nutzwertig anzusprechen. Optimierungsbedarf gibt es vor allem noch in der Verbesserung der Zielgruppengenauigkeit, der *Messung der Kommunikationsleistung* wie auch im Zusammenspiel der verschiedenen Corporate-Publishing-Medien. In den meisten Unternehmen sind Kundenmagazine, Mitarbeiterzeitschriften und Online-Auftritte noch nicht miteinander synchronisiert. Oder wie es Lothar Rolke von der Fachhochschule Mainz formuliert: „Das Kundenmagazin ist kein Robinson Crusoe auf einem einsamen Kommunikations-Atoll. Erst verzahnt mit anderen Tools bringt es Höchstleistung."

Literatur

Bischl, K. (2000). *Die Mitarbeiterzeitung. Kommunikative Strategien der positiven Selbstdarstellung von Unternehmen*. Wiesbaden: Westdeutscher Verlag.

Cauers, C. (2005). *Mitarbeiterzeitschriften heute. Flaschenpost oder strategisches Medium?* Wiesbaden: VS Verlag für Sozialwissenschaften.

Daimler, A. G. (2007). *Hier bloggen Mitarbeiter*. http://blog.daimler.de/hier-bloggen-mitarbeiter. Zugegriffen: 01. Dez. 2012.

Eicher, M. (2003). *Kundenzeitschriften: Imagegestaltung im Zeitschriftenformat? Eine Inhaltsanalyse zur Funktion von neun Schweizer Kundenzeitschriften*. Unveröff. Lizentiatsarbeit am Institut für Publizistikwissenschaft und Medienforschung der Universität Zürich. Zürich: Universität Zürich.

EICP, & zehnvier (2008). *Basisstudie Corporate Publishing*. Zürich/München. http://www.forum-corporate-publishing.de/index.php/de/cp-markt/studien/item/313-basisstudie-i-2008-über-14000-kundenmagazine-im-deutschsprachigen-raum. Zugegriffen: 01. Dez. 2012.

EICP, & zehnvier (2011). Consent 2011. Consumer Sentiment zu Unternehmensmedien. Zürich. http://www.cpwissen.de/tl_files/pdf/STUDIEN/CONSENT_2011_130911.pdf. Zugegriffen: 01. Dez. 2012.

EICP, & zehnvier (2012). *Corporate Publishing Basisstudie 03 – Unternehmensmedien im Raum DACH*. Zürich/München. http://www.bcp-award.com/pdf/2012/BCP12_Koob.pdf. Zugegriffen: 01. Dez. 2012.

Freese, W., Höflich, M., & Scholz, R. (Hrsg.) (2012). *Praxishandbuch Corporate Magazines. Print – Online – Mobile*. Wiesbaden: Gabler.

Giovanelli, I. (2004). *Kundenzeitschriften zwischen Public Relations und Journalismus. Struktur, Nachrichtenwerte und Qualität*. Lizentiatsarbeit am Institut für Publizistikwissenschaft und Medienforschung der Universität Zürich. Luzern.

Knaus, U. (2008). *Daimler-Blog gewinnt Best of Corporate Publishing Award*. http://blog.daimler.de/2008/06/19/daimler-blog-gewinnt-best-of-corporate-publishing-award/. Zugegriffen: 01. Dez. 2012.

Mahrdt, N. (2009). *Crossmedia. Werbekampagnen erfolgreich planen und umsetzen*. Wiesbaden: Gabler.

Mänken, E. W. (2009). *Mitarbeiterzeitschriften noch besser machen. Kritik und Ratschläge aus der Praxis für die Praxis*. Wiesbaden: VS Verlag für Sozialwissenschaften.

Marinkovic, D. (2009). *Die Mitarbeiterzeitschrift*. Konstanz: UVK.

Plan p (2005). *Kundenzeitschriften 2005. Kosten und Organisation*. Unveröffentlichtes Manuskript. Hamburg: Plan p.

Röttger, U. (2002). Kundenzeitschriften: Camouflage, Kuckucksei oder kompetente Information? *Publizistik, 47*(3), 109–125.

Viedebannt, K. (2005). *Mitarbeiterzeitschriften. Inhalt, Konzeption, Gestaltung*. Frankfurt am Main: Frankfurter Allgemeine Buch.

Weichler, K., & Endrös, S. (2010). *Die Kundenzeitschrift*. Konstanz: UVK.

Geschäftsberichte als Mittel der Information und Beziehungspflege

Manfred Piwinger

Zusammenfassung

Der Geschäftsbericht ist in erster Linie eine Informationsquelle für Außenstehende. Er repräsentiert das jeweilige Unternehmen in seiner aktuellen Lage und gewährt Einblick in die Unternehmensentwicklung. An keiner Stelle sonst wird so ausführlich über das Unternehmen und seine Leistungen berichtet. Anlageentscheidungen werden auf Grund der Geschäftsberichtsberichterstattung zwar nicht direkt beeinflusst. Investoren ziehen daraus aber Erkenntnisse über ihren langfristigen Anlagehorizont. Als Instrument der Rechenschaftslegung wird von den veröffentlichten Unternehmensdaten Verlässlichkeit und Überprüfbarkeit erwartet. Dem Informationsbedürfnis der Finanzanalysten ist in besonderer Weise Rechnung zu tragen. Dieser Beitrag beschreibt die Rolle und Funktionen des Geschäftsberichts im Rahmen der Finanzkommunikation.

Schlüsselwörter

Unternehmenskommunikation · Finanzkommunikation · Investor Relations · Berichtswesen · Finanzbericht · Lagebericht · Geschäftsbericht · Integrated Reporting · Immaterielle Werte · Veröffentlichungspflichten · Publizitätsgesetz

---

M. Piwinger (✉)
Barbarossastraße 10, 42115 Wuppertal, Deutschland
E-Mail: consultant@piwinger.de

1 Einleitung

Der Ausdruck „Geschäftsbericht" kommt im Handelsgesetzbuch nicht vor, hat sich aber eingebürgert und bezeichnet in der Regel den gedruckten, in Buch- oder Broschürenform vorliegenden Konzernabschluss und weitere, auf freiwilliger Basis veröffentlichte Informationen. Für die meisten an der Börse notierten Unternehmen besteht die Pflicht, ihren Jahresbericht in deutscher und englischer Sprache zu verfassen. Dabei ist der Geschäftsbericht nur ein Teil der gesamten Finanzberichterstattung. Für viele ist der Geschäftsbericht der erste Kontakt zu einem Unternehmen. Auch Bewerber für Spitzenpositionen orientieren sich daran.

2 Gesetzliche Rahmenbedingungen

Der Geschäftsbericht ist das wichtigste *Unternehmensdokument*. Neben der Offenlegung der gesetzlich vorgeschriebenen Informationen wird der Geschäftsbericht ganz wesentlich dazu genutzt, den Informationsbedürfnissen der kreditgebenden Banken und Investoren Rechnung zu tragen. Investoren ziehen daraus wichtige Erkenntnisse über ihren langfristigen Anlagehorizont. Aus der Perspektive des Managements erfolgt die Darstellung des Geschäftsverlaufs und der voraussichtlichen Entwicklung des Unternehmens. Bei großen Kapitalgesellschaften sind auch *nichtfinanzielle Leistungsindikatoren* in die Erläuterung einzubeziehen, sofern sie zur Einschätzung von Geschäftsverlauf oder Lage von Bedeutung sind oder die voraussichtliche Unternehmensentwicklung wesentlich beeinflussen. Insgesamt werden die von den Unternehmen offengelegten Informationen den Bedürfnissen der Nutzer nicht ausreichend gerecht. Laut Schätzungen von Kommissionsdienststellen der EU werden nichtfinanzielle Informationen heutzutage nur von rund 2.500 der insgesamt rund 42.000 Großunternehmen in der EU alljährlich förmlich offengelegt (Europäische Kommission 2013).

Außer den jeweiligen Websites ist der Geschäftsbericht der einzige Ort, wo in größerem Umfang über Instrumente und Aktivitäten zur informellen Bedienung der Kapitalmärkte berichtet wird (Biel und Piwinger 2011, S. 4). Das *Handelsgesetzbuch* verwendet den Begriff „Geschäftsbericht" nicht, sondern spricht einzig vom Jahresabschluss (§ 242 Abs. 3 HGB). Das Publizitätsgesetz § 1 (1) regelt die Pflicht zur Veröffentlichung, unabhängig von der Rechtsform des Unternehmens. In bestimmten Fällen räumt der Gesetzgeber lediglich einen vereinfachten Abschluss[1] ein. Börsennotierte Gesellschaften sind gehalten, ihren Bericht zusätzlich in Englisch abzufassen. Bei größeren Gesellschaften sind vorgeschrieben: ein vollständiger Jahresabschluss einschließlich Gewinn- und Verlustrechnung (GuV), als getrennter Berichtsstrang ein Lagebericht, ein Bericht des Aufsichtsrats, ein Vorschlag und Beschluss über die Gewinnverwendung. Notwendig ist ein Testat durch eine Wirtschafts-

---

[1] Insbesondere Kleinstgesellschaften werden seit 2012 (sog. Micro-Richtlinie) von Veröffentlichungspflichten entlastet wie sie für Großunternehmen gelten.

prüfungsgesellschaft. Das macht den offiziösen Charakter des Geschäftsberichts aus. Das „erteilte Testat verleiht den Angaben des Abschlusses eine entsprechend hohe Vertrauenswürdigkeit" (Picard 2009, S. 107).

2.1 Veröffentlichungspflichten[2]

Der Jahresabschluss muss veröffentlicht, juristisch korrekt: offen gelegt werden (§§ 325 bis 329 HGB). Er soll gemäß handlungsrechtlichem Abschluss unter Beachtung der Grundsätze ordnungsgemäßer Buchführung ein den tatsächlichen Verhältnissen entsprechendes Bild der Vermögens-, Finanz- und Ertragslage vermitteln. Das ist – kurz gesagt – die *Informationsfunktion*, die dem Geschäftsbericht zufällt. Was muss er enthalten? Wie sind die Veröffentlichungszeiten? Für die Rechnungslegung börsennotierter Kapitalgesellschaften sind die Vorschriften des Handelsgesetzbuches (HGB), das Aktiengesetz (AktG), ferner Vorschriften des Wertpapierhandelsgesetzes (WpHG) sowie evtl. Vorschriften der Deutschen Börse maßgeblich. Rückwirkungen auf Inhalte und Aufbau der Geschäftsberichte ergeben sich durch die Umstellung der Rechnungslegung auf internationale Rechnungslegungsstandards (IFRS). Der vom IFRS geforderte Anhang z. B. ist weitaus umfangreicher und komplexer als bei der Rechnungslegung nach dem Handelsgesetzbuch.

Kapitalgesellschaften haben neben Bilanz und Gewinn- und Verlustrechnung einen Anhang und einen Lagebericht[3] zu erstellen. Der Lagebericht ist dabei von hoher Bedeutung für die Investor Relations, da hier die Möglichkeit gegeben ist, das Zahlenwerk im Jahresabschluss detaillierter zu kommentieren. Entsprechend nimmt er im Geschäftsbericht eine zentrale Rolle ein. Wesentliche Ergänzungen erfährt der Jahresabschluss im Lagebericht durch das Bilanzrechtsreformgesetz sowie durch den neuen Standard DRS 20 Konzernlagebericht.

Die Darstellung und Analyse des Geschäftsverlaufs und der wirtschaftlichen Lage des Konzerns müssen im Lagebericht aus sich heraus verständlich sein. Der Bezug zu Informationen, die sich aus dem Konzernabschluss ableiten, sind nachvollziehbar darzustellen. Da der Konzernlagebericht entscheidungsrelevante Informationen über die wirtschaftliche Lage zu liefern hat, muss er sich auf das Wesentliche konzentrieren: Tatsachen und Meinungen sind zu trennen. Über Chancen und Risiken ist ausgewogen zu berichten. Bei großen Kapitalgesellschaften sind auch nichtfinanzielle Leistungsindikatoren in die Erläuterungen einzubeziehen, „wenn sie zur Einschätzung von Geschäftsverlauf oder Lage von Bedeutung sind oder die voraussichtliche Unternehmensentwicklung wesentlich beeinflussen". Dies kann z. B. in Form einer *Wissensbilanz* (vgl. Kapitel „Wissensbilanzierung – Strategische Kommunikationsprozesse bewerten und steuern") geschehen. Darüber hinaus hat die verstärkte Forderung nach einem fundiertem Value Reporting Konsequenzen für den Aufbau des Lageberichts. Denn gerade in diesem gesetzlich nur schwach normier-

---
[2] Vgl. ausführlich dazu das Kapitel „Informations- und Publizitätspflichten von Unternehmen".
[3] Im IFRS-Konzernabschluss ist ein Lagebericht nicht vorgesehen.

ten Bereich geht es für die Unternehmensführung vor allem darum, die Darstellung gegenüber Investoren, Kapitalgebern und Geschäftspartnern zu optimieren. Da der Lagebericht gesetzlichen Anforderungen unterliegt und prüfungspflichtig ist, muss er klar von zusätzlichen Informationen[4] getrennt werden. Picard (2009, S. 109) weist darauf hin, dass „die Tiefe der Prüfung des Lageberichts nicht vergleichbar ist mit der Intensität der Prüfung der Bestandteile des Abschlusses".

> **Geschäftsbericht**
> Der Geschäftsbericht, ergänzt um den Halbjahresfinanzbericht, ist ein zentrales Dokument der Finanzkommunikation. Er dient in erster Linie als Informationsquelle für Investoren, Kapitalgeber und Geschäftspartner. Durch das Testat der Wirtschaftsprüfer erhält der Geschäftsbericht einen offiziösen Charakter. Wie sich ein Unternehmen im Geschäftsbericht darstellt, entscheidet mit über die Wertentwicklung auf den Finanzmärkten.

Die Veröffentlichung des Jahresabschlusses von Kapitalgesellschaften hat unverzüglich nach Billigung durch den Aufsichtsrat zu erfolgen, spätestens jedoch innerhalb von vier Monaten nach Ende des Berichtszeitraums.[5] Für Emittenten mit Zulassung im General Standard ist neben dem Jahresbericht ein *Halbjahresfinanzbericht* zwingend, für solche im Prime Standard die Aufstellung von Quartalsberichten[6] jeweils zum Stichtag der ersten drei Quartale eines Geschäftsjahres (§ 63 Abs. 8 BörsO der FWB). Die Veröffentlichung hat unverzüglich nach Fertigstellung, spätestens innerhalb von zwei Monaten nach Ende des Berichtszeitraums zu erfolgen. Diese Berichte müssen fünf Jahre lang öffentlich zugänglich gemacht werden.

2.2 Form der Veröffentlichung

Für Geschäftsberichte gibt es keine Formvorschriften. Für die Berichterstattung eröffnen sich hier Differenzierungsmöglichkeiten im Marktauftritt, die es zu nutzen gilt. Eine Druckversion ist nicht vonnöten. Migros beispielsweise publiziert seinen Geschäftsbericht nur noch online. Mit Sicherheit werden weitere Unternehmen diesem Beispiel folgen; be-

---

[4] Grafiken und Schaubilder z. B. dienen der Veranschaulichung und sind i. d. R. nicht Bestandteil des geprüften Lageberichts.
[5] Abweichend hiervor verlangt der Corporate Governance Kodex als „Soll-Vorschrift" den Konzernabschluss binnen 90 Tage nach Geschäftsjahresende, die Zwischenberichte binnen 45 Tagen nach Ende des Berichtszeitraumes öffentlich zugänglich zu machen.
[6] Für börsennotierte Unternehmen in der Europäischen Union entfällt die gesetzliche Pflicht zur Quartalsberichterstattung von 2015 an.

kannt ist dies z. B. von Ceberit. Als *Ergänzung* zur gedruckten Fassung hat sich der digitale Geschäftsbericht mittlerweile weitgehend etabliert. Im Übrigen ist die Veröffentlichung des Jahresabschlusses auf der Website börsennotierter Gesellschaften zwingend vorgeschrieben (§ 124a AktG Nr. 3; Kuhn et al. 2010, S. 29 f.). Nach wie vor hat sich der gedruckte Geschäftsbericht als Informationsquelle durchgesetzt. Parallel dazu bieten größere Unternehmen die Inhalt ihrer Berichte online an. Weitgehende durchgesetzt haben sich vollwertige HTML-Formate[7], die mediengerecht sind. Nur noch wenige gelistete Unternehmen stellen ausschließlich eine PDF-Version ihres Geschäftsberichts zum Download auf ihre Website. Allerdings wandelt sich der inhaltliche Fokus. Neue Kapitel über Corporate Governance und Nachhaltigkeit zeigen, dass die ganzheitliche Verantwortung der Unternehmen, nicht nur gegenüber Investoren, sondern auch hinsichtlich der Wahrnehmung gesellschaftlicher Verantwortung an Boden gewinnt.

2.3 Konzept eines integrierten Berichtswesens

Auf großes Interesse stößt neuerdings das Konzept eines integrierten Berichtswesens (vgl. Kapitel „Integrated Reporting: Weiterentwicklung der klassischen Finanzberichterstattung"). Es ist als Rahmenkonzept gedacht und wurde von international führenden Experten aus den verschiedensten Bereichen (z. B. Unternehmen, Wissenschaft, Gesellschaft, Gesetzgeber u. a.) vorgelegt. Ergebnis sollte ursprünglich ein einziger Bericht sein, der als Kernbericht alle zentralen Informationen eines Unternehmens enthält. In ihm sollten die wesentlichen finanziellen und nichtfinanziellen Informationen eines Unternehmens enthalten sein, um das Verhältnis zwischen finanzieller und nichtfinanzieller Leistung aufzuzeigen. Von dem Ziel eines einzigen Berichts hat sich das Gremium (IIRC: International Integrated Reporting Council) inzwischen verabschiedet. In einem integrierten Bericht hätten die Unternehmen darzustellen, wie sie kurz-, mittel- und langfristig Werte schaffen. Die Akzeptanz eines solchen Konzepts als Grundlage der internationalen Rechnungslegungsstandards würde auf Dauer zu einer erheblichen Entlastung in den Unternehmen führen, hätte aber auch deutliche Vorteile im Hinblick auf Lesbarkeit und Informationsaufnahme. Viele Fragen sind aber weiterhin offen. Das 2013 veröffentlichte Rahmenkonzept wird zunächst nur empfehlenden Charakter haben.

2.4 Darstellung immaterieller Vermögenswerte

Neben der instrumentellen Unternehmensinformationen verlagert sich der Fokus von Analysten, Investoren und Fondsmanagern immer mehr auf immaterielle Werte wie Verankerung in erlebbaren Traditionen, auf Begriffe wie Verlässlichkeit, Glaubwürdigkeit

---

[7] XBRL (eXtensible Business Reporting Language) ist eine frei verfügbare Sprache zur elektronischen Kommunikation von Geschäfts- und Finanzzahlen.

und Stetigkeit (vgl. Kapitel „Die „Bilanzlücke" und immaterielle Vermögenswerte: Herausforderung für Kommunikation und Controlling"). Was nicht weiter verwundert, da sich unsere Wirtschaft zunehmend wissensbasiert strukturiert. Im Schnitt beruht der Wert von Unternehmen heute schon zu deutlich mehr als der Hälfte auf Vermögenswerten, die nicht von der klassischen Bilanz erfasst werden. Der Unternehmens- und Finanzkommunikation ist klar die Aufgabe gestellt, diese Differenz zwischen Buch- und Marktwert (fachlich: „Bilanzlücke") in der jährlichen Berichterstattung darzustellen. Unternehmen, die dies nicht tun, berichten unvollständig. Als Grundsatz sollte gelten (Gracian): Wert haben und ihn zu zeigen verstehen, heißt doppelten Wert haben. Der Lagebericht insgesamt eignet sich in besonderer Weise dazu, das Unternehmen in seiner Charakteristik und seinem Selbstverständnis überzeugend darzustellen. Hier ist der Ort, das Zahlenwerk im Jahresabschluss detaillierter zu kommentieren und ein besseres Verständnis hierfür herbei zu führen. Die geänderten §§ 289, 315 HGB und der diese Vorschriften interpretierende Rechnungslegungsstandard Nr. 20 (DRS 20) verfolgen das Ziel, über den Lagebericht[8] die Wertschaffung des Unternehmens und den finanziellen Erfolg zu verdeutlichen. In DRS 20 wird eine Berichterstattung über die nichtfinanziellen Werte empfohlen. Als Bezugsrahmen werden darin die folgenden Kategorien genannt: Humankapital, Kundenbeziehungen, Lieferantenbeziehungen, Investor- und Kapitalmarktbeziehungen, Organisations- und Verfahrensvorteile und Standortfaktoren. Soweit möglich, wird des Weiteren empfohlen, diese Informationen auch quantifiziert, ggfs. in Form von Indikatoren, anzugeben.

Häufig greifen Unternehmen zu diesem Zweck auf die bekannte Balanced Scorecard zurück oder sie nutzen das auch für kleine und mittlere Unternehmen verfügbare Konzept einer Wissensbilanz. Im Grunde handelt es sich in allen diesen Fällen um Indikatorenmodelle, wie sie in ähnlicher Weise von den Wirtschaftsprüfern und der Schmalenbachgesellschaft für Betriebswirtschaft empfohlen werden. Insgesamt nutzen Unternehmen die Vorschläge zu einer ergänzenden Berichterstattung derzeit in geringem Maße und auf einem niedrigen qualitativen Niveau. „Zudem konzentrieren sich die Unternehmen vorwiegend auf allgemein gehaltene Äußerungen und Beschreibungen, statt Angaben zu machen, welche die Ermittlung eines tatsächlichen Wertpotenzials ermöglichen" (Möller und Piwinger 2009, S. 198). Die derzeitige Berichterstattung bietet keinen verlässlichen Überblick über Wert und Bedeutung immaterieller Vermögenswerte. Das Fehlen einer Standardisierung macht sich überall bemerkbar. Zu begrüßen ist eine Initiative des Deutsche Rechnungslegungs Standards Commitee (DRSC). Ein Fachausschuss des DRSC arbeitet derzeit an einem neuen Standard zu immateriellen Vermögensgegenständen. Wesentliche Fragestellung wird hierbei sein, „welche immateriellen Vermögenswerte separat neben einem Geschäfts- oder Firmenwert anzusetzen und welche Anforderungen an deren Bewertung zu

---

[8] Die Anforderungen an die Konzernlageberichterstattung sollen in einem neuen Standard zusammengeführt werden. Einen entsprechenden Entwurf hat der Deutsche Standardisierungsrat (DSR) vorgelegt. Der neue Standard soll ab dem Geschäftsjahr 2013 Anwendung finden.

stellen sind" (DRSC 2012, S. 65). Der gegenwärtig in den Rechnungslegungsrichtlinien verfolgte Ansatz für die Offenlegung nichtfinanzieller Informationen hat sich als nicht wirksam genug erwiesen. Zu begrüßen ist des Weiteren ein Vorschlag der EU (vgl. Europäische Kommission 2013) zur Verbesserung der Transparenz und Verbesserung der Relevanz, Konsistenz und Vergleichbarkeit der gegenwärtig offengelegten nichtfinanziellen Informationen durch Ausbau und Präzisierung der bestehenden Anforderungen. Hiernach (Art. 1 Buchstabe a des Vorschlags) werden bestimmte große Gesellschaften künftig eine Erklärung abgeben müssen, die mindestens wesentliche Angaben zu Umwelt-, Sozial- und Arbeitnehmerbelangen, zur Achtung der Menschenrechte und zur Bekämpfung von Korruption und Bestechung enthält. Klarere Anforderungen und eine verstärkte Konzentration auf aktuelle Themen, die den langfristigen Erfolg des Unternehmens bedeutend mitbestimmen, sind daher notwendig.

Unternehmen, denen es gelingt, den Adressaten entscheidungsrelevante Informationen zur Verfügung zu stellen und ein zutreffendes Bild vom Geschäftsverlauf und Lage zu vermitteln, werden vom Markt honoriert. Generell gilt es, sich in die Lage des Anlegers oder der kreditgebenden Banken zu versetzen und zu überlegen: „Was genau ist es, das uns in den Augen unserer Kreditgeber und Investoren wertvoll macht?" „Welche Gegebenheiten spielen eine besondere Rolle?" „Welche Vorteile haben wir anderen gegenüber?" „Wie sichern wir unserem Unternehmen einen Platz im Gedächtnis der Öffentlichkeit?" „Was macht uns sympathisch und attraktiv?" Genau dies herauszufinden und faktengenau zu veröffentlichen, ist die Kunst. Ein Geschäftsbericht ist gut, wenn man das Unternehmen versteht!

Ein Geschäftsbericht überzeugt, wenn er begründet, erklärt und erläutert, warum es gegenwärtig und zukünftig lohnt, dem Unternehmen sein Geld anzuvertrauen:

- Werden Informationen geliefert, die die Zukunft betreffen?
- Wird die Unternehmensstrategie erläutert?
- Werden heikle Fragen der Geschäftspolitik erörtert?
- Werden Gründe für Erfolg und Misserfolg erörtert?
- Stehen die Aussagen in einem inneren Zusammenhang und sind sie stimmig?
- Wird zu viel behauptet oder angekündigt?
- Folgen die Gedanken einem „roten Faden"?
- Kommt eine Einstellung, Überzeugung zum Ausdruck?
- Enthält der Text eine zentrale Botschaft?
- Wie wird die Firma überleben und wachsen?

Unternehmen, die solche Aussagen in ihren Jahresberichten nicht treffen, berichten unvollständig.

2.5 Zeitfaktor und Aufwand

In der „gute alten Zeit" spielte der Zeitfaktor keine besondere Rolle. Da ging es mehr um die „Sperrfrist", also ab wann der Bericht frei zur Veröffentlichung war. Das Handelsgesetzbuch räumte den Unternehmen eine komfortable Frist von neun Monaten bis zur Veröffentlichung ihres Geschäftsberichts ein. Dass der Finanzmarkt verspätet und mit veralteten Informationen bedient wurde, schien niemanden ernsthaft zu stören. Der Markt verlangte nicht nach mehr. Inzwischen – und in der Betrachtung ist hierbei ein Zeitraum von gerade einmal reichlich einem Dutzend Jahren gemeint – hat sich die Situation gründlich gewandelt. Die meisten Unternehmen folgen dem „Fast-Close-Prinzip", veröffentlichen also ihre Jahresabschlüsse immer früher. Für kapitalmarktorientierte Unternehmen hat sich das Zeitfenster des Handelsgesetzbuches geschlossen. Dies führt zwangsläufig zu erheblichen Engpässen, insbesondere im betrieblichen Rechnungswesen. Der Aufwand ist immens und wäre ohne den Einsatz betriebswirtschaftlicher Software und automatischer Konsolidierungsprogramme nicht möglich.

Ohnedies ist die rechtzeitige Fertigstellung des Jahresabschlusses jedes Mal ein Wettlauf mit der Zeit. Angesichts der Komplexität, welche Geschäftsberichte heutzutage aufweisen, ist das, was als „Backoffice" dahinter steht, ehe der Bericht zur Veröffentlichung freigegeben werden kann, eine nicht zu unterschätzende organisatorische Aufgabe. Allein die notwendigen Abstimmungsprozesse und der Prüfungsaufwand sind zeit- und kostenintensiv. Hinzu kommen die Druckvorbereitung, das Layout und der spätere Versand; bei börsennotierten Unternehmen noch die notwendige englische *Sprachfassung*.[9] Betroffen sind nicht nur Rechnungswesen, Finanzbereich und Kommunikationsabteilungen, Agenturen, Grafiker und Druckerein, sondern in besonderer Weise Wirtschaftsprüfer, denen immer weniger Zeit für Testierung und prüfungsnahe Leistungen bleibt (Piwinger 2009, S. 359). Dienstzeitaufwand und Sachkosten summieren sich, werden aber rechnerisch nirgendwo systematisch erfasst bzw. in geeigneter Weise dokumentiert. Hingegen lässt sich der kommunikative Erfolg einigermaßen zuverlässig im folgenden Rahmen einschätzen: Wurde eine Statusverbesserung erreicht? Hat sich der Bekanntheitsgrad erhöht? Finden wir auf dem Finanzmarkt größere Aufmerksamkeit?

2.6 Organisatorische Zuständigkeit

Der Geschäftsbericht ist ein Gemeinschaftswerk mit vielen Beteiligten. Federführend für die Herstellung und Koordination war früher traditionsgemäß der Bereich Unternehmenskommunikation. Inzwischen sind wesentliche Veränderungen eingetreten. Mit dem wachsenden Fokus auf die Finanzmärkte übertragen viele Unternehmen die Verantwortung den Investor Relations. Aus heutiger Sicht besteht kein Zweifel, dass der Jahresbericht

---

[9] Als einziges DAX 30-Unternehmen veröffentlichte Siemens bis 2012 seinen Jahresabschluss in vier Sprachen.

ein zentrales Dokument der Finanzkommunikation darstellt und die Verantwortung auf Sicht dorthin gehört. Professionell arbeitende Investor-Relations-Abteilungen gibt es bei uns fast ausnahmslos erst seit dem Einsetzen des Börsen-Booms Ende der 90er Jahre. Vielfach sind kooperative Modelle anzutreffen, z. B. Finanzen und Kommunikation (BASF) oder Rechnungswesen und Unternehmenskommunikation (Münchener Rück). Das entspricht weitgehend dem praktischen Vorgehen in den Unternehmen. Sie haben jedoch den Nachteil, dass unter Umständen zu viele mitentscheiden und eine klare Berichtslinie scheitert. Die Hauptverantwortung sollte die Finanzkommunikation tragen. Große, international tätige Unternehmen verfügen heute über spezielle Abteilungen, die praktisch das ganze Jahr über mit der Vorbereitung, Durchführung und Auswertung der externen Berichterstattung beschäftigt sind.

2.7 Umfang

In den zurückliegenden Jahren sind den Unternehmen beständig neue *Berichtspflichten* (u. a. Risikobericht, Segmentberichterstattung, Entsprechenserklärung zum Corporate Governance Kodex, Bilanzeid, Vergütungsbericht u. v. a. m.) auferlegt worden. Die so genannten Börsenfolgepflichten einschließlich der Dokumentationsverpflichtungen haben ein Ausmaß erreicht, das regelrecht zum „Geschäft im Geschäft" geworden ist. Vielen der heutigen Geschäftsberichte ist ein reich bebilderter Magazinteil vorangestellt. Neben den obligatorischen Bestandteilen umfassen die meisten Geschäftsberichte auch fakultative Elemente wie das Vorwort des Vorstands, die Darstellung der Strategie, Geschäftsmodell, Produkten sowie ein Kapitel zur den Kapitalmarktaktivitäten.

Zur Veranschaulichung des Zahlenwerks werden die Texte und wichtige Kennzahlen durch Grafiken und Schaubilder unterstützt, die ebenfalls nicht zu den prüfungsrelevanten Bestandteilen gehören. In der Summe führt dies zu einer Ausweitung der Umfänge, was die Frage aufwirft, wer überhaupt noch in der Lage ist beziehungsweise die notwendige Zeit aufbringt, sich mit den Inhalten intensiv auseinander zu setzen. Wer wie Finanzinvestoren, Analysten, Banker und Rating-Agenturen berufsbedingt nicht umhin kommt dies zu tun, wird seine eigene Methodik entwickeln, um relevante Informationen herauszufiltern. Ein normaler Leser, etwa Privatanleger oder Stellensuchende und selbst Mitarbeiter des eigenen Unternehmens, werden dagegen ihre liebe Not haben, sich in der Überfülle an Informationen und Zusammenhängen zurechtzufinden und sich auf diese Weise ein zutreffendes Bild des betreffenden Unternehmens zu verschaffen. Daran ist bei der Informationsbereitstellung zu denken.

Die Geschäftsberichte der großen und international tätigen Unternehmen umfassen selten weniger als 300 Druckseiten, reichen aber in Einzelfällen auch deutlich darüber hinaus. Das sind richtig dicke Wälzer. Die Schmerzgrenze ist schon fast überschritten. Viele Unternehmen geben dem Leser zusätzliche Informationen, von denen sie glauben, dass sie die Realität des Geschäftes besser abbilden. Allein bei der Schweizer Großbank UBS umfasst die freiwillige Publizität fast drei Viertel der Finanzberichterstattung. „Das öffentliche Interesse und die Sensibilisierung in Bezug auf Finanzberichterstattung fordert von Unternehmen echte kommunikative Leistungen, die weiter gehen als das Einhalten von Vorschriften", begründet die UBS ihren Auftritt dergestalt. Um vom Anschein her die Leser nicht von vornherein durch den kaum noch verkraftbaren Umfang abzuschrecken, gehen viele Unternehmen mittlerweile dazu über, ihre jährliche Berichterstattung auf zwei separate Bände zu verteilen. Sie erreichen damit gleichzeitig Kosteneinsparungen, da nicht alle Anspruchsgruppen alles lesen wollen. Die übliche Aufteilung ist: „Jahresbericht", manches Mal auch „Geschäftsbericht", und „Finanzbericht". Auf Anforderung von außen wird meist nur der „Geschäftsbericht" bzw. der „Jahresbericht" verschickt. Der Finanzbericht, ergänzt um den Geschäftsbericht, dient als Informationsquelle für den Finanzmarkt. Mancher Leser wird sich noch an die früheren Sozialberichte erinnern, gefolgt von den Umweltberichten. An diese Tradition knüpfen die heutigen Nachhaltigkeits- und Corporate-Responsibility-Berichte an. Ihnen wir allerdings eine längere Lebensdauer vorausgesagt.

2.8 Adressaten

Der mit Mühe und Fleiß fertig gestellte Geschäftsbericht wird unternehmensseitig und von den Depotbanken in großer Zahl verschickt – manches Mal in grauenvoller Verpackung, was zu Irritationen führen kann. Unabhängig von der verpflichtenden Erstellung des Jahresabschlusses kann die Frage: „Für wen machen wir den Geschäftsbericht?" nur pauschal beantwortet werden: für professionelle Nutzer wie Analysten, Rating-Agenturen, Finanzinvestoren, Fondsmanagern u. a. sowie weitere, dem Unternehmen nahe stehende Kreise wie Lieferanten, Kunden, Mitarbeiter und Bewerber. Die Zielgruppe ist folglich äußerst heterogen; ebenso die Erwartungen und Ansprüche an Form und Inhalt. Die Aufgabe, einen Geschäftsbericht für alles Interessentengruppen zu machen, ist kaum lösbar. Dahin gehende Kompromisse schmälern in der Regel das Ergebnis.

Die meisten Geschäftsberichte bieten wertvolle Informationen für diejenigen, die über ein reichlich bemessenes Zeitkonto verfügen. Die Bedürfnislage ist allerdings recht unterschiedlich. Finanzinvestoren und private Anleger sollten möglichst schnell die fünf wichtigsten Informationen finden, die für seine Anlageentscheidung (kaufen, halten, verkaufen) maßgeblich sind. Das heißt für die Unternehmen: Partnerhypothesen aufstellen und sich eine Vorstellung davon machen, was der Markt verlangt. Vorbildlich ausgedrückt findet man diese Überlegung in einem Geschäftsprinzip von Berkshire Hathaway von Warren Buffet, wo es heißt: „Wir versetzen uns in die Lage des Anlegers und überlegen uns, welche Fakten über unser Unternehmen uns interessieren würden. Genau diese Fakten veröffentlichen wir dann" (zitiert nach Di Piazza und Eccles 2003, S. 143). Seriöse Untersuchungen, wie lange der durchschnittliche Empfänger den Bericht in der Hand hält, gibt es keine. Ebenso wenig gibt es ein Wissen darüber, welche Berichte aufgehoben oder über welche Zeit hinweg sie archiviert werden.

3 Einzelaspekte

3.1 Form und Repräsentation

Über die Frage, welche Form die Veröffentlichung haben soll, wird selten gründlich nachgedacht. Im Ergebnis führt dies zu „geklonten" Geschäftsberichten. Einer sieht so aus wie der andere, und zwar, obwohl Unternehmen in der visuellen Gestaltung weitgehend frei sind. Kreative Unternehmen nutzen die Gestaltungsspielräume, um sich erkennbar eigenständig darzustellen.[10] Für den Jahresbericht gibt es keine *Formvorschriften* und keinen Modellcharakter. Weder Format, noch Schrifttype und -größe, Spaltenbreite, Grafiken, Papierqualität, Bebilderung sind vorgegeben. Im krassesten Fall würde eine handschriftliche Niederschrift genügen. Das heißt, einem bis ins letzte Detail formalisierten Jahresabschluss steht eine große Freiheit in der *Präsentation* der Unternehmensergebnisse gegenüber. Für die externe Berichterstattung ergeben sich hier Spielräume und Differenzierungsmöglichkeiten im Marktauftritt, die es zu nutzen gilt.

Ein Bericht ist nicht gleich „unseriös", wenn er unterhaltsame Elemente aufweist. Gestaltung ist kein Selbstzweck und sollte nicht mit Illustration verwechselt werden. Gerade die formalen Eigenschaften übermitteln komplexe Inhalte. Wir wissen, dass schon auf Grund weniger äußerer Merkmale umfassende Gesamteindrücke entstehen, die inhaltlich häufig reichhaltiger sind als die jeweils konkrete Wahrnehmungssituation, in der sie gebildet werden. Erfolgreiche Unternehmen nutzen die Psychologie des ersten Eindrucks bereits im gestaltlichen Ausdruck. Schon beim ersten Hinsehen wissen wir, mit wem wir es zu tun haben. Auch für Geschäftsberichte gilt: Dinge sprechen nicht, aber sie haben uns etwas zusagen. Ausdruck schafft Eindruck. Der erste Eindruck entscheidet darüber, ob Interesse geweckt wird, ob die Bereitschaft entsteht, weiter zu lesen und sich somit für eine bestimmte Zeit auf das Unternehmen einzulassen. Format und Gestaltungsideen sollen über einen längeren Zeitraum Vertrautheit mit dem Unternehmen bewirken, es erkenn- und unterscheidbar machen. Erst Kontinuität in der Kommunikation führt zur gewünschten Vertrauensbildung bei Investoren und Analysten. Das Vertraute wird bevorzugt wahrgenommen. Dies ließe sich als die *Beziehungsfunktion* benennen. Wer das weiß, braucht keine Modetrends mitzumachen und gar fürchten, sie zu verpassen.

Obwohl Finanzmarktexperten als zahlenfixiert gelten und den fundamentalen Daten sicherlich ein hohes Gewicht einräumen, wäre es ein Fehler, sich davon täuschen zu lassen. Denn auch bei ihnen ist der qualitative Eindruck urteils- und verhaltensbestimmend. Und zwar langfristig. Fast ohne Ausnahme nutzen heute alle Unternehmen den Geschäftsbericht zu ihrer Unternehmensdarstellung gegenüber Aktionären, potenziellen Investoren, Analysten und Fondsmanagern, Kunden, Gläubigern, auch Mitarbeitern und der Öffentlichkeit insgesamt. Hier findet man rasch eine Bestätigung für die wachsende Bedeutung der *repräsentativen Funktion*. Die finanztechnischen Aufstellungen treten zurück gegen-

---

[10] Beispielsweise die frühere Deutsche Handelsbank, Migros in der Schweiz, Flughafen Wien und über viele Jahre hinweg das Familienunternehmen Vorwerk & Co.

über vertrauensbildenden und reputationsfördernden Aspekten. Repräsentation zielt im Kern auf die Herstellung von Ansehens- und Vertrauenskapital, ist also als ein eigenständiges Ziel aufzufassen. Die Beschaffung von Aufmerksamkeit steht dabei im Vordergrund.

Bei der Gestaltung von Geschäftsberichten sind folgende Hinweise hilfreich:

- Berichten Sie aus der Stimmung des Augenblicks heraus, dann wird ihr Bericht lebendig.
- Überlegen Sie, was Ihnen selbst nahe liegt. Tun Sie es!
- Nehmen Sie eine gewisse Einseitigkeit getrost in Kauf.
- Vermeiden Sie es, zu viel in einen Geschäftsbericht hineinzupacken.
- Haben Sie Mut, Gefühle als Element einzubringen.
- Schauen Sie nicht so sehr auf andere! Haben Sie Mut zur Eigenständigkeit.

3.2 Die Sprache

Der Umgang mit Sprache ist nach wie vor eines der heikelsten Kapitel in der Geschäftsberichterstattung. Der Satz „trocken wie ein Geschäftsbericht" wird vielfach schon redensartlich verwandt und ist kennzeichnend für die Mehrzahl deutscher Geschäftsberichte. Sprachlosigkeit können sich Unternehmen immer weniger leisten. Doch wie sieht es damit aus?

Einen allgemein gültigen Maßstab für die Textgestaltung in Geschäftsberichten gibt es nicht. Generell spricht nichts dagegen, wenn im finanziellen Teil auf den Jargon der Finanzmarktteilnehmer Rücksicht genommen wird. Für die übrigen Berichtsteile wie den Lagebericht sollte dieser jedoch nicht als Maßstab herangezogen werden. Hinweise auf den Gebrauch einer „verständlichen Sprache" finden sich an verschiedenen Stellen der Rechnungslegungsstandards. Als Mindestanforderung gilt, dass die Textqualität den Verstehensvoraussetzungen *des „verständigen Anlegers"* zu entsprechen hat. Als Konsequenz beschäftigen zahlreiche Unternehmen inzwischen externe Lektorate oder – was so unüblich nicht ist – vereinzelt Journalisten bei der Texterstellung. Ähnlich wie bei Wirtschaftsprüfern ist auch hier die Konzentration auf einige wenige Namen zu erkennen. Eine sprachwissenschaftliche Begleitung und vor allem eine konzeptionelle Herangehensweise können diese aber nicht leisten und auch nicht ersetzen.

Beide, präzise Information und erzählende Elemente, sind unverzichtbar für die sprachliche Gestaltung des Geschäftsberichts. Dem Text kommt noch eine weitere Funktion zu: Er schafft einen Deutungs- und Verstehensrahmen für das Zahlenwerk. Dazu gehört auch, dass kritische Aspekte eingeräumt werden. Die Sprache des Geschäftsberichts sollte dazu beitragen, die Ziele des Unternehmens zu erreichen: Wie bekommt man Aufmerksamkeit? Was ist die zentrale Botschaft? Wie wollen wir wahrgenommen werden? Wie gewinnen und stabilisieren wir Vertrauen? Was macht uns sympathisch? Was macht uns glaubwürdig? Der Leser muss den Eindruck gewinnen können, dass hier jemand zu ihm spricht.

Gemessen an der *Textqualität* schneiden deutsche Berichte im Allgemeinen schlechter ab als vergleichbare Berichte aus Österreich und der Schweiz. Sorgfalt und Genauigkeit sind selten anzutreffende Tugenden. Die Lust an der Lektüre leidet unter zu vielen (unerklärten) Fachwörtern, Anglizismen, Bürokratismen und einer emotionalen Blässe. Das schafft Distanz zum Leser und steht nicht selten im Gegensatz zum selbst gesetzten Anspruch wie: „Leistung aus Leidenschaft" (Deutsche Bank) und „Liebe zum Automobil" (Volkswagen). Das Problem dabei ist, dass in den entsprechenden Texten wenig von „Leidenschaft" und „Liebe"[11] zu spüren ist. Eine dauerhafte Nicht-Übereinstimmung von Form und Inhalt führt zu einem Glaubwürdigkeitsverlust. Zu bedenken ist, das Bilanzanalysten auch auf die bevorzugte Wortwahl im Unternehmens- und Zeitvergleich achten.

Angesichts der großen Bedeutung von Sprache für die Herstellung von Verständigung, Akzeptanz und Vertrauen muss es verwundern, dass die Sprache in Geschäftsberichten ganz im Gegensatz zum oft aufwändig gestalteten *visuellen Design* vernachlässigt wird (siehe u. a. Schnorbus und Piwinger 2010; Ebert und Piwinger 2003). Für die äußere Gestaltung engagieren Unternehmen spezialisierte Designagenturen und zahlen dafür oft hohe Beträge. Dem außen „hui" sollte nicht ein „pfui" bei den Texten im Wege stehen.

3.3 Tradition

Wie Sprache, so verhilft auch Tradition zum Aufbau einer langfristigen Vertrauensbeziehung, auf Begriffe wie Verlässlichkeit, Glaubwürdigkeit und Stetigkeit. Tradition hat eine hohe Bindungskraft, da sie ein Stück weit die Kultur des Unternehmens wiederspiegelt. Identität wächst aus Zeit und Geschichte, aus Sinngebung und Haltung. Tradition organisiert Erinnerung. In diesem Feld unternehmerischer Selbstdarstellung besteht nach wie vor großer Handlungsbedarf (Piwinger und Schnorbus 2011). Erstaunlich ist nur, wie wenig dies in der öffentlichen Berichterstattung berücksichtigt wird. Eine Durchsicht von 70 Geschäftsberichten der letzten Jahre, darunter alle DAX 30-Unternehmen, erbrachte eine spärliche Ausbeute. Nicht einmal ein Dutzend Gesellschaften wollen sich im Geschäftsbericht ihrer Geschichte erinnern. Am ehesten ist der Bezug zur Unternehmensgeschichte in Familienunternehmen zu bemerken. Zu bedenken ist: Ein geschichtsloses Unternehmen ist ein gesichtsloses Unternehmen. Mit jedem neuen Geschäftsbericht schreiben wir ein Stück Unternehmensgeschichte. Das ist gemeint, wenn wir davon sprechen, dass Geschäftsberichte die *Jahresringe* im Leben eines Unternehmens bilden und so verstanden werden sollen. Erst Kontinuität in der Kommunikation führt zur gewünschten Vertrauensbildung bei den Investoren. Das wird häufig unterschätzt. Der Rückgriff auf traditionelle Werte erleichtert dem Leser den Zugang zur aktuellen Unternehmensentwicklung. Falsch wäre es, den Umgang mit geschaffenen Traditionen als nostalgische Verklärung der guten alten Zeit zu deuten. Tradition muss gelebt und damit immer wieder von Neuem interpretiert werden. Tradition ist für Unternehmen inzwischen zu einem wichtigen immateriellen

---

[11] Inzwischen ist Volkswagen von diesem Slogan abgerückt.

Wert geworden, um es für Kunden, Investoren und Mitarbeiter gleichermaßen attraktiv zu machen. Auf Dauer wird es nicht ausreichen, sich als Unternehmen im Geschäftsbericht überwiegend durch Kennzahlen zu definieren. Analysten und Investoren verlangen heute mehr, um ein Unternehmen zu begreifen.

3.4 Der Aktionärsbrief

Ein besonderes Kapitel stellt der „Brief an die Aktionäre" des Vorstandsvorsitzenden dar. Der Aktionärsbrief steht zumeist am Anfang des Geschäftsberichts und leitet die Berichterstattung über das vergangene Geschäftsjahr ein. Daraus erwachsen ihm besondere Funktionen. Die Briefform kann und sollte genutzt werden, um den Aktionären Wertschätzung und Verbundenheit zu signalisieren. Ebert und Piwinger (2005, S. 353 ff.) haben über mehrere Jahre hinweg die Sprache der Aktionärsbriefe untersucht und sind dabei zu folgenden Ergebnissen gekommen: Die Mehrzahl der Briefe sind in einem unpersönlichen Berichtsstil geschrieben und hinterlassen keine bleibende Eindrücke. Die häufigsten Schwächen sind: Der Text hat keinen Briefcharakter; oft fehlt die persönliche Ansprache. Der Absender ist dahinter nicht erkennbar. Selten entsteht der Eindruck, der Text sei von dem Unterzeichner tatsächlich selbst verfasst worden.

Wenn man weiter bedenkt, dass der Brief des Vorstandsvorsitzenden zugleich auch der einzige Teil im Geschäftsbericht ist, worin sich der Vorsitzende persönlich an die Aktionäre wendet, so steht die Anonymität der Texte dazu in einem merkwürdigen Gegensatz. Hier bieten sich noch deutliche Verbesserungschancen, um das kommunikative Potenzial, das der Textteil „Aktionärsbrief" bietet, besser zur Geltung zu bringen. Hier wie nirgendwo sonst im übrigen Text sollte der *Beziehungsaufbau* zu Investoren, Finanzanalysten und Ratingagenturen bevorzugt ansetzen. Zu empfehlen ist stets, den Textumfang auf Brieflänge zu begrenzen, sodass nicht der Eindruck entsteht, als würde hier schon der Lagebericht vorweg genommen.

3.5 Vorstandsporträts

Eine weitere Möglichkeit, dem Leser das Unternehmen näherzubringen, bieten die Bildporträts der Vorstandsmitglieder (Piwinger und Biehl-Missal 2011) im Geschäftsbericht. Sie stehen meist an vorderster Stelle und sind unübersehbar. Obwohl gleichfalls kein Pflichtbestandteil, so verzichtet doch kaum ein Unternehmen auf die bildliche Präsentation ihres Leitungsgremiums. Durchgesetzt haben sich in den letzten Jahren meist zweiseitige, großformatige Abbildungen; vereinzelt werden auch einfache Porträtaufnahmen verwendet.

Nicht unterschätzt werden sollte deren Wirkung auf die Leser. Schon kleinere Unstimmigkeiten in der *Inszenierung* der Aufnahme können gelegentlich zu ungewollten Fehleinschätzungen führen (z. B. fröhlich dreinblickende Top-Manager vor dem Hintergrund einer schlechten Geschäftslage). Die Porträts werden von den Betrachtern stets auch vor dem Hintergrund der aktuellen Geschäftslage angesehen. Aber auch andere Deutungsmuster sind bei dem bildlichen Arrangement gang und gäbe. Geachtet wird beispielsweise auf die Hierarchie der Gruppierung („Wer steht neben wem?" „Was passiert auf dem Foto?" „Wie ist die Haltung zueinander?" etc.).

Bei den Gruppenporträts von Vorständen in Geschäftsberichten handelt es sich um eine kontrollierte Veröffentlichung. Die oft mit großem Aufwand unter Zeitdruck angefertigten Abbildungen werden von den Vorständen einzeln zur Veröffentlichung „freigegeben" (sofern sie ihrem Selbstbild entsprechen; andernfalls bieten Bildbearbeitungsprogramme heute gute Möglichkeiten für eine Korrektur). Die Aufgabe, eine Gruppe Top-Manager angemessen – und wie manche meinen: „marktgerecht" – ins Bild zu setzen, ist sicherlich nicht einfach. Fragen, die sich damit verbinden, sind: Wer veranlasst die Aufnahmen? Welchen Einfluss hat er? Inwieweit ist der Betreffende mit dem Unternehmen und dessen Grundsätzen sowie mit Marotten und Eigenheiten der einzelnen Vorstandsmitglieder vertraut? Wird professionell gearbeitet, so ist es üblich, in Absprache mit dem Fotografen Handskizzen anzufertigen und diese hernach mit den Vorständen abzustimmen und die Aufnahme gründlich sowohl in technischer als auch formaler und zeitlicher Hinsicht vorzubereiten.

4 Fazit

In jedem Geschäftsbericht steht mehr als das was schwarz auf weiß geschrieben steht. Die Bewertung des Geschäftsverlaufs und der Aussichten durch Investoren und Analysten erfolgt nicht ausschließlich anhand des Zahlenwerks. Etwa ein Drittel der wirtschaftlichen Einschätzungen gehen auf Deutungen, den persönlichen Eindruck und nichtfinanzielle Werte zurück und sind somit wertbestimmend. Die Verfasser sollten sich dies bei der Abfassung jedes Mal vor Augen führen. Große Defizite gibt es nach wie vor in der Darstellung nichtfinanzieller Immaterieller Vermögenswerte, sodass die „Bilanzlücke" (Unterschied zwischen Bilanz- und Marktwert), und hiermit einen erheblichen Teil des Unternehmenswerts, in der Berichterstattung unberücksichtigt bleibt. Bei allen Geschäftsberichten fällt auf, dass sie ausschließlich absenderorientiert berichten. Dies mag sich aus der Tradition des Rechenschaftsberichts erklären, ergibt heute aber keinen Sinn mehr. Bei keinem einzigen Unternehmen ist eine erkennbare Hinwendung an ihre Adressaten festzustellen. Wichtig wäre eine direkte Ansprache der Adressaten, für die der Geschäftsbericht gemacht wird. Ihnen nahe zu bringen, weshalb es sich für sie lohnt, ihr Geld in das betreffende Unternehmen zu stecken oder investiert zu bleiben, setzt vom Grundsatz her eine ganz neue Form der Geschäftsberichterstattung voraus.

Literatur

Biel, A., & Piwinger, M. (2011). Informationspflichten und Kommunikationsaufwand in der Kapitalmarktkommunikation. In G. Bentele, M. Piwinger, & G. Schönborn (Hrsg.), *Kommunikationsmanagement* (Loseblattwerk 200 ff., Nr. 3.82, S. 1–22). Köln: Luchterhand.

Di Piazza , S. Jr., & Eccles, R. (2003). *Vertrauen durch Transparenz. Die Zukunft der Unternehmensberichterstattung.* Weinheim: Wiley VCH.

DRSC Deutsches Rechnungslegungs Standards Committee e. V. (2012). *Geschäftsbericht 2012.* Berlin: DRSC.

Ebert, H., & Piwinger, M. (2003). „Sie als Aktionär können sich freuen". Sprachstil und Imagearbeit in Aktionärsbriefen. *Muttersprache, 113*(1), 23–25.

Ebert, H., & Piwinger, M. (2005). Finanzkommunikation als Beziehungskommunikation. Die Praxis des Aktionärsbriefes. In K. R. Kirchhoff & M. Piwinger (Hrsg.), *Praxishandbuch Investor Relations* (S. 353–365). Wiesbaden: Gabler.

Europäische Kommission (2013). *Vorschlag für eine Richtlinie des Europäischen Parlaments und des Rates zur Änderung der Richtlinien 78/660/EWG und 83/349/EWG des Rates im Hinblick auf die Offenlegung nicht finanzieller und die Diversität betreffender Informationen durch bestimmte große Gesellschaften und Konzerne; COM (2013) 207 final; deutsche Fassung.* Straßburg: Europäische Kommission.

Kuhn, N., Greiten, T., & Arns, T. (2010). *Innovative Instrumente der Finanzkommunikation. Eine Umfrage unter börsennotierten Unternehmen* (Studien des Deutschen Aktieninstituts Nr. 49). Frankfurt am Main: Deutsches Aktieninstitut.

Möller, K., & Piwinger, M. (2009). Darstellung und Reporting immaterieller Vermögenswerte im Jahresabschluss. In K. R. Kirchhoff & M. Piwinger (Hrsg.), *Praxishandbuch Investor Relations* (2. Aufl., S. 189–202). Wiesbaden: Gabler.

Picard, N. (2009). Unternehmensberichterstattung von morgen: Transparenz als Voraussetzung für das Vertrauen des Kapitalmarktes. In V. Klenk & D. J. Hanke (Hrsg.), *Corporate Transparency. Wie Unternehmen in Glashaus-Zeitalter Wettbewerbsvorteile erzielen* (S. 104–129). Frankfurt am Main: Frankfurter Allgemeine Buch.

Piwinger, M. (2009). Geschäftsberichte als Mittel der Information und Beziehungspflege. In K. R. Kirchhoff & M. Piwinger (Hrsg.), *Praxishandbuch Investor Relations* (2. Aufl., S. 361–372). Wiesbaden: Gabler.

Piwinger, M., & Biehl-Missal, B. (2011). Managerporträts. Die Funktion und Wirkung von Vorstandsfotografien. In G. Bentele, M. Piwinger, & G. Schönborn (Hrsg.), *Kommunikationsmanagement* (Loseblattwerk 2001 ff., Nr. 3.78, S. 1–37). Köln: Luchterhand.

Piwinger, M., & Schnorbus, A. (2011). Tradition ist mehr als ein Event. Deutsche Geschäftsberichte beschäftigen sich kaum mit Unternehmensgeschichte. In G. Bentele, M. Piwinger, & G. Schönborn, *Kommunikationsmanagement.* (Loseblattwerk 2001 ff., Nr. 1.47, S. 1–14). Köln: Luchterhand.

Piwinger, M., & Biehl-Missal, B. (2012). Diversity Management in Geschäftsberichten. Erfolgsfaktor Vielfalt. In G. Bentele, M. Piwinger, & G. Schönborn (Hrsg.), *Kommunikationsmanagement* (Loseblattwerk 2001 ff., Nr. 5.65, S. 1–18). Köln: Luchterhand.

Schnorbus, A., & Piwinger, M. (2010). Was in Geschäftsberichten über Mitarbeiter steht. Viel Lob und Eigenlob, aber manche Wahrheit wird verschwiegen. In G. Bentele, M. Piwinger, & G. Schönborn (Hrsg.), *Kommunikationsmanagement* (Loseblattwerk 2001 ff., Nr. 1.43, S. 1–21). Köln: Luchterhand.

Audiovisuelle Unternehmenskommunikation: Video, Film, Bewegtbild im Internet

Harald Rau

Zusammenfassung

Der Umgang mit Bewegtbild im Internet stellt die Unternehmenskommunikation vor kaum zu überschätzende Herausforderungen. Diese sind ebenso technischer wie inhaltlicher Natur. Dieser Beitrag gibt einen Überblick und legt dabei besonderes Gewicht auf inhaltliche Aspekte, da dort die größten Chancen liegen. Bei der strategischen Ausrichtung der audiovisuellen Unternehmenskommunikation im Internet darf nicht übersehen werden, dass eine deutliche Verschiebung von der klassischen Medienarbeit hin zu direker Stakeholder-Kommunikation stattfindet direkt realisierten. Denn bei den wichtigsten Plattformen für Online-Bewegtbild, den Videoportalen, spielen die für das massenmediale System typischen Gatekeeper keine Rolle – das schafft neue Rahmenbedingungen und Regeln.

Schlüsselwörter

Unternehmenskommunikation · AV-Kommunikation · Online-Kommunikation · Video · Bewegtbild · Unternehmensfilm

H. Rau (✉)
Ostfalia Hochschule, Institut für Medienmanagement
Karl-Scharfenberg-Straße 55/57, 38229 Salzgitter, Deutschland
E-Mail: h.rau@ostfalia.de

1 Bewegtbild im Internet: Ausdifferenzierung als wichtigstes Merkmal

Wie dieser Beitrag zeigen wird, spielen Videos und Filme, die über das Internet zur Verfügung gestellt werden, für unterschiedliche Bezugsgruppen eines Unternehmens zunehmend eine Rolle. Ein Beispiel: Das Netzteil eines Notebooks ist defekt. Den Fehler ist schnell gefunden: das fest am Kunststoffgehäuse angebrachte Kabel hat sich gelöst. Der Computernutzer zählt zu jenen Menschen, die durchaus handwerkliches Geschick einbringen können, und denen auch der Umgang mit einem Lötkolben nicht fremd ist. Was tut er? Der Konsument sucht im Internet ein Tutorial, wie man das Netzteil des Rechners sorgfältig öffnet und repariert. Was das einfache Beispiel illustriert, ist für die Kommunikationswissenschaft ein alter Hut: „The medium is the message", formulierte Marshall McLuhan (1964, S. 7). Die YouTube-Generation kann also nicht umhin, den Satz aus den späten 1960er Jahren zu bestätigen. Bewegtbild im Internet hat die Regeln verändert, hat Information und Kommunikation mit Hilfe von Videomaterial zur Selbstverständlichkeit gemacht. Ohne Onlineplattformen für Bewegtbildinhalte auch keine Tutorials. Damit eben gäbe es auch keine Veränderung der Routinen, Abläufe, Inhalte. Das Medium bestimmt über die Nachricht, das Medium ermöglicht neue, veränderte Zugänge – auch und gerade für die Unternehmenskommunikation.

Bezogen auf Bewegtbildkommunikation schreibt Beisswenger (2010, S. 17): „Im Hinblick auf die massenmediale Kommunikation und die globale Verbreitung von Meinungen und Wissen kann sogar von einer der einflussreichsten und ökonomisch erfolgreichsten Errungenschaften des 20. Jahrhunderts gesprochen werden." Heute bleibt hinzuzufügen, dass dies auch deshalb so ist, weil die Bewegtbildkommunikation im Grunde einem Eskalationsmodell gefolgt ist, das zu einer erheblichen Ausdifferenzierung sowohl der Produktion und damit des Angebots als auch der Konsumtion – also der Nachfrage – geführt hat. Dies erweitert die bekannten klassischen Ansätze des Produktionsmanagements (Schmidt-Matthiesen 2010) erheblich, neben den gewohnten Umsetzungen und Erzählmustern (Petrasch und Zinke 2003) findet sich eine Vielzahl neuer möglicher Varianten. Dies gilt insbesondere für den Technikeinsatz – und damit für die Kalkulation. Die konkrete Produktionsplanung folgt in großer Abhängigkeit von der Bezugsgruppe und der vorgesehenen Verbreitung. Die exponentiell angestiegenen Verarbeitungskapazitäten der Endgeräte in den vergangenen Jahrzehnten sorgen ebenfalls für eine weitere Erhöhung der Variantenvielfalt.

Was bedeutet dies für die Unternehmenskommunikation? Auch hier gilt: Wenn sich mit dem Medium, in diesem Falle mit der Plattform, nicht nur die Art und Weise der Informationsverbreitung, sondern auch der auf diesem Weg transportierte Inhalt selbst wandelt, müssen sich Kommunikationsverantwortliche damit auseinandersetzen und darüber entscheiden, ob der Einsatz von Bewegtbild entsprechend den verfügbaren Medien angepasst – in den meisten Fällen heißt dies: erweitert – werden soll. Dabei geht es im Grunde um eine gedankliche Erweiterung, um ein Zulassen des Möglichen. Anders formuliert: Insgesamt zwingen YouTube, MyVideo und ähnliche Anbieter zu einer Neubewertung des

Bewegtbildeinsatzes in der Unternehmenskommunikation. Damit ist das Wichtigste bereits vorweggenommen.

Im Zentrum dieses Beitrages steht die audiovisuelle Unternehmenskommunikation unter dem Eindruck von Onlineangeboten, stehen Video, Film, ganz grundsätzlich: der Bewegtbildeinsatz im Internet. Um sich definitorisch anzunähern, gilt es in einem ersten Schritt, Transparenz zu schaffen – und warum es tatsächlich sinnvoll ist, den zugegebenermaßen etwas sperrigen Begriff „Bewegtbild" zu nutzen:

- *Film* impliziert auf einer unterschwelligen Ebene nicht nur das technische Verfahren „Filmmaterial" zu belichten. Der Begriff selbst steht konnotativ heute auch für einen aufwendigen Workflow, für „Spielfilm", für die an Drehbüchern orientierte Arbeit, gewissermaßen eben auch implizit für eine hochwertige und im Vorfeld durchgeplante Umsetzung, die ebenso didaktisch unterlegt wie unterhaltend angelegt sein kann.
- *Video* verbindet sich mit dem magnetisierten Band. Ältere Mediennutzer denken an die „Videokassette", mit der insbesondere das Kino- und TV-Angebot ein Stück unabhängiger von festen Einschalt- oder Besuchszeiten wurde, und mit dem auch private Momente deutlich leichter festgehalten und archiviert werden konnten. Aber auch beim Begriff „Video" wird ein eher langsames, materiell verbundenes Medium konnotiert. Ein Sachverhalt, der wie beschrieben den Onlineangeboten nicht gerecht werden kann.

Die historisch nachvollziehbare Verwendung von Begriffen schafft über Konnotationen auch Konventionen, von denen man sich schwer lösen kann, wenn sich mit neuen Rahmenbedingungen eben auch neue Denkweisen durchsetzen. Im Falle von Online-Bewegtbild ist dies der Fall – und deshalb scheint es angezeigt, einen möglichst neutralen und wertfreien, einen schwach konnotierten Begriff zu wählen. Im Folgenden wird deshalb durchgängig von *Bewegtbild* gesprochen, was seinerseits Film, Video, Tutorial, Clip, Rohmaterial, Liveangebote (Cams), Videoblogs etc. einschließt.

> **Bewegtbildkommunikation im Internet**
> Bewegtbildkommunikation im Internet umfasst alle Angebote, Aufzeichnungen oder Livestreams, die über das Netz verbreitet werden und bewegte Bildsequenzen beinhalten. Hierzu zählen neben den als klassisch zu bezeichnenden Film- und Videoangeboten, auch insbesondere Live-Cams, V-Blogs, Tutorials, Clips, Animationen oder auch Footage (Rohmaterial). Die direkte, bidirektionale Videotelefonie und (beispielsweise über Hangout oder Skype geführte) Videokonferenzen, können ebenfalls unter die Definition subsumiert werden, werden in diesem Beitrag aber nicht gesondert analysiert. So gesehen folgt dieser Beitrag einer massenmedial geprägten Rahmensetzung.

2 Relevanz und Nutzung: Bewegtbild als Medium der jüngeren Generation

2.1 Intensität der Nutzung in Abhängigkeit von soziodemografischen Merkmalen

In diesem Abschnitt sollen Nutzungsgewohnheiten näher betrachtet werden – schließlich geben sie insbesondere darüber Aufschluss, welche Varianten der Bewegtbildproduktion für die Ansprache unterschiedlicher Anspruchsgruppen gewählt werden können. Ganz grundsätzlich lässt sich bezogen auf die Altersverteilung formulieren, dass eher jüngere Zielgruppen über Bewegtbildangebote zu erreichen und zu mobilisieren sind: „Bei Social Networks, Audio- und Videoabrufen – Applikationen der Web-2.0-Ära – zeigen die Jüngeren weiterhin ein deutlich höheres Interesse als die älteren Nutzer" (Van Eimeren und Frees 2012, S. 364; vgl. zur Problematik des Begriffs Boltze und Rau 2011, S. 62). Darüber hinaus gilt für die soziodemografischen Nutzermerkmale: „Männer rufen AV-Anwendungen häufiger auf als Frauen, und auch die Jüngeren, vor allem die 14- bis 29-Jährigen, sind im Vergleich zum Durchschnitt deutlich aktiver" (ebd., S. 168). Dabei ist die Aussage der umfassendsten Massenkommunikationsstudie im deutschsprachigen Raum, dass sich „erste Anzeichen" für eine Stagnation bei audiovisuellen Inhalten (ebd., S. 368) zeigen, eher unter Vorbehalt zu sehen. Denn es gilt überwiegend für die Nutzung eher traditioneller Inhalte: diese Aussage wird auf TV und Radio im Internet und konkret auf die Logfileauswertung des ARD-Internetauftritts bezogen, was ihren Aussagegehalt für die Angebotserstellung deutlich schmälert.

Zur Intensität der Nutzung auf empirischer Grundlage der ARD/ZDF-Onlienstudie 2013: Gut ein Drittel (43 %) der Online-Nutzer sehen sich mindestens wöchentlich ein Video im Internet an (Van Eimeren und Frees 2013, S. 379) und Videoportale – allen voran YouTube – weisen dabei die stärkste Habitualisierung mit zehn Prozent täglicher und 32 % an wöchentlicher Nutzung aus (ebd.).

2.2 Empirische Erkenntnisse und Konsequenzen für die Unternehmenskommunikation

Über die ARD/ZDF-Onlinestudie lassen sich noch konkretere Daten erschließen – insbesondere interessant ist hierbei die Möglichkeit, die Zeitspanne von 2007 bis 2013 in ihrer Gesamtheit zu betrachten. Einige Ergebnisse lassen sich als relevant für die Unternehmenskommunikation überblicksartig zusammenfassen.

- Die *Netto-Videonutzung* in Deutschland ist von 45 % im Jahr 2007 auf 74 % im Jahr 2013 gestiegen. Das bedeutet: da diese Entwicklung voranschreitet, rezipieren zwischenzeitlich fast drei Viertel der Internetnutzer zumindest gelegentlich Bewegtbildinhalte im Internet (Van Eimeren und Frees 2013, S. 378).

- 77% dieser Nutzer schauen *Videos auf Videoportalen* an; auch diese Zahlen sind seit stark angewachsen. Am zweithäufigsten werden *Fernsehsendungen* (*Free TV*) zeitversetzt geschaut (45% der Onlinenutzer 2013), dafür werden in überwiegendem Maße die Mediatheken der öffentlich-rechtlichen und der privaten TV-Sender genutzt. Hier finden sich Beispiele für die Möglichkeiten der Contentverwertung über Mediatheken, die von Unternehmen adaptiert werden können. Besonders fortschrittlich präsentiert sich hier beispielsweise die Sendung „ZAPP", die der Norddeutsche Rundfunk anbietet. Hier wird ein Magazinformat aus Sicht des Autors in idealer Weise online aufbereitet mit zusätzlichen Links, die sich über Einblendungen erschließen, mit Moderationsangebot und der Möglichkeit, einzelne Beiträge vor- und nachzuhören (Stand Sommer 2013).
- Acht Prozent der Onlinenutzer (und 13% der 14–29 Jährigen) haben nutzen mindestens einmal wöchentlich TV-Sendungen im *Livestream* über das Internet (Van Eimeren und Frees 2013, S. 378 f.). Allerdings ist die „Livenutzung via Internet stark ereignisbezogen" (Van Eimeren und Frees 2012, S. 368). Es ist zu vermuten, dass dies große Sportevents und politische Ereignisse betrifft. Für die Unternehmenskommunikation lohnt es, sich einen Überblick über die unterschiedlichen Streams zu verschaffen, da auch die zum Teil stark divergierende technische Übertragungsqualität leicht sicht- und nachvollziehbar wird. Die Sehgewohnheit orientieren sich zwischenzeitlich auch im Internet an den Datenströmen, die Satelliten- oder Kabelfernsehen bieten, wobei diese eben über die verfügbaren technischen Einrichtungen eher selten darstellbar sind. Für die Produktionspraxis und etwaig geplante Live-Angebote ist dies dennoch zu berücksichtigen.
- Die *Rezeption von Video-Podcasts* ist die einzige Nutzungsart, die in den letzten Jahren stagnierte. Während im Jahr 2008 noch acht Prozent der Onlinenutzer einen Videopodcast sahen, waren es 2013 nur noch vier Prozent (Van Eimeren und Frees 2013, S. 378 f.). Ein solcher Podcast ist ein regelmäßig angebotener, zumeist als Statement oder kurze Ansprache konzipierter Beitrag (Löser und Peters 2007, S. 108). Dies kann allerdings auch die Folge veränderter systematischer Auswertung sein, da zwischenzeitlich nahezu alle infrage kommenden Institutionen, ihre Bewegtbildangebote (und eben dann auch als Podcast umgesetzte) in einem YouTube-Channel bündeln – und diese Angebote in der Kategorie „Videoportale" gezählt werden.
- Nach der ARD-ZDF-Onlinestudie werden vor allem *Musikvideos* online rezipiert (vor allem bei den jungen Online-Nutzern: 95% der 14–19 jährigen haben sich im Jahr 2012 zumindest gelegentlich ein Musikvideo angeschaut (Busemann und Gscheidle 2012, S. 389). Dies versuchen zunehmend auch Unternehmen für sich zu nutzen. Die Werbung für Coca Cola Light („Nichts was Dich aufhält") 2013 orientiert sich am Stil von Musikvideos. Bereits zuvor sorgten einige Unternehmen wie BMW, Edeka und die Sparda-Bank auf Musikvideos, die das Recruiting von Azubis oder Praktikanten unterstützen sollten.
- *Selbstgedrehte Videos* (User Generated Content) werden insgesamt am zweithäufigsten gesehen, sie werden durchschnittlich am häufigsten von den 30 bis 49-jährigen Nutzern

rezipiert (Busemann und Gscheidle 2012, S. 389). Danach folgen *Film- und Fernsehtrailer* (26 % aller Online-Nutzer, die ein Video auf einer Videoplattform gesehen haben) und *Tutorials* (Anleitungsvideos) mit 25 % (ebd.). Auffällig ist, dass die Anleitungsvideos deutlich häufiger von Männern als von Frauen genutzt wurden. Tutorials eigenen sich gut für die Unternehmenskommunikation, weil sie Produkte und Dienstleistungen auf einfachste Weise erklären können und sich Anwendungsbeispiele oder Ideen zum jeweiligen Produkt leicht vermitteln lassen, ohne groß in die Produktions-Trickkiste greifen zu müssen. Tutorials sind besonders für Branchen wie Food, dekorative Kosmetik, technisches Equipment, Haushaltgeräte, Software usw. interessant. Ein Beispiel ist der YouTube-Kanal der Drogeriemarktkette DM.

Die ARD/ZDF-Studie lässt keine Rückschlüsse auf Unternehmensvideos, Werbung oder andere von Unternehmen verbreitete Videos im Internet zu, da dies nicht explizit abgefragt wurde. Man kann – auch wenn die empirischen Belege dafür bislang dünn sind – allerdings davon ausgehen, dass auch Videos der Unternehmenskommunikation durchaus häufig gesehen werden. So lag beispielsweise in den YouTube-Charts im Januar 2013 das Video „The AXE-Effect – Women – Billions" der Deodorantmarke „AXE" mit über 39 Mio. Views auf Platz 13 der meistgesehenen Videos weltweit. Im Jahr 2011 brach das Video „The Force" von Volkswagen alle Rekorde und war mit über 55 Mio. Zuschauern das meistgesehene Video eines Unternehmens im ganzen Jahr. Dies zeigt einen deutlichen Vorteil von Online-Bewegtbild: Gelingt eine virale Verbreitung, sind deutlich höhere Zuschauerzahlen als mit „alten" Medien zu erreichen.

Durchschnittlich schauen Internetnutzer in Deutschland nach einer vom Branchenverband BITKOM in Auftrag gegebenen Studie 50 min lang Bewegtbildmaterial. Die Zuwachsraten sind exorbitant, die im Oktober 2011 befragten Nutzer kommen auf acht Videos pro Tag (Bitkom 2011). Online-Bewegtbild ist vermutlich deshalb so erfolgreich, weil hier eine vom Fernsehen eingeübte Medienrezeptionsform durch Nicht-Linearität mit der Selbstbestimmtheit des Nutzers kombiniert wird. Gerade für die jüngeren Generation sei dies ein wichtiges Kriterium (Beisswenger 2010, S. 20).

Hinzuzufügen wäre auch, dass es mit Hilfe bewegter Bilder eher gelingt, Emotionen zu transportieren und zu erzeugen (Cantor 1994, S. 236) – zur einschlägigen Messung haben beispielsweise Ekman und Friesen (1978, S. 49 ff.) das „facial action coding system" (FACS) entwickelt, das bis heute gut herangezogen werden kann, um emotionale Bewegung und Emotionalisierung zu zeigen. Salomon (1988, S. 181 ff.) hat schon in den späten 1980er Jahren ebenfalls bis heute kaum zu widerlegende Zusammenhänge zwischen Bewegtbildkonsum und mentalen Effekten beschrieben. Die Messung von Emotionalisierung durch Bewegtbildinhalt ist dabei keineswegs trivial – dies haben zum Beispiel Winterhoff-Spurk et al. (2001, S. 20 ff.) in einer Überblicksdarstellung eindrücklich nachgewiesen.

2.3 Neue Währung: Zu „Aufmerksamkeit" kommt „Anerkennung"

Ein weiterer maßgeblicher Aspekt ist zu berücksichtigen. Während die gewohnten Einsatzvarianten für Bewegtbild stringent aufmerksamkeitsökonomischen Zusammenhängen folgen (Graf 2010, S. 40 ff.; Franck 1998), erfordert Online-Bewegtbild zumindest dann, wenn eine sozialmediale Komponente hinzukommt, die Berücksichtigung anerkennungsökonomischer Aspekte: Das zentrale Moment der Handlungsleitung verändert sich mit dem Wechsel von einem massenmedialen hin zu einem sozialmedialen Paradigma. Folgt die Massenkommunikation der zentralen Größe *Aufmerksamkeit,* so spiegelt sich diese in der medienvermittelten „sozialen" Kommunikation („Social Media") im Wert *Anerkennung*. Der anerkennungsökonomische Kontext lässt sich im Netz gut nachvollziehen, wenn man die Funktionsweise des sozialen Netzwerkes Facebook betrachtet. Die Währung dort sind „Likes", im deutschsprachigen Raum „Gefällt mir"-Angaben. Diese neue Währung aber hat andere Qualitäten als die Währung „Aufmerksamkeit" (ausführlich hierzu Boltze und Rau 2011) und wird zum bedeutsamsten Moment im Medienwandel (Rau 2011).

Aus Sicht der Nutzer gibt es verschiedene Gründe für die Rezeption von Online-Bewegtbildangeboten, die von Unternehmen bereitgestellt werden. Eichsteller und Wiech (2010, S. 57) haben in einer Untersuchung folgende Beweggründe identifiziert, die hier nach Wichtigkeit geordnet sind:

- Spezielles Interesse aufgrund von Hobby oder Beruf;
- Information;
- Unterhaltung;
- „Weil ich Fan einer Marke bin";
- Neugier und Interesse, was hinter einer Marke steckt.
- allgemeiner Zeitvertreib aus Langeweile/sinnloses Surfen

Insgesamt zeigen die verfügbaren Studien die Bedeutung und vor allen Dingen den Bedeutungszuwachs von Online-Bewegtbild, für den es neben den technischen Möglichkeiten vor allem rezeptionsbezogene Gründe gibt.

3 Strategische Integration: Werbung und Unternehmenskommunikation

Von grundlegender Bedeutung für die integrierte Unternehmenskommunikation ist die neue Dimensionalität der Werbung durch die Möglichkeiten des Bewegtbilds im Internet. Die kundenorientierte Kommunikation profitiert in besonderer Weise von der Erweiterung des Aktionsraumes durch Online-Videos. Dazu zwei Beispiele:

- Erstens: Die hauptsächlich an männlicher Kundschaft orientierte *Kosmetikmarke Old Spice* erreicht regelmäßig mehrere Millionen Nutzer für Bewegtbildbeiträge, die das „Making of", also die Produktion, der ungewöhnlichen und aufmerksamkeitsstarken

TV-Werbespots der Marke zeigen. Diese zumeist als durchgängiger „One Shot" gedrehten Werbespots gelten als besonders kreativ; siwe werden sogar al globale Referenz für Nachwuchsproduzenten von Werbefilmen eingestuft. Die virale Wirkung der „Making of"-Spots im Internet dürfte einen nicht unerheblichen Rückwirkungseffekt auf die Marke Old Spice haben.
- Zweitens: „*L'Odysseé de Cartier*" hat bis Anfang des Jahres 2013 rund 17 Mio. Views im Internet erreicht. Der Film moduliert die kurzen Werbespots mit extrem aufwendiger technischer Inszenierung als Filmsequenz von dreieinhalb Minuten – eingängige Musik, opulente Bildsprache, reduzierte Farbgebung, fantasievoller Erzählstrang inklusive. Die Bildsprache schafft einen Raum „wertiger" Konnotationen und vermittelt allein durch den extremen Produktionsaufwand und die emotionalisierenden Motivgebung mit reichlich Animationssequenzen eine edle Anmutung.

Was können diese Beispiele sagen? Der typische TV-Werbespot ist nicht tot – Online-Bewegtbild aber erweitert den Aktionsraum der Kreativlösungen, die ein singulärer Spot bietet, um ein Vielfaches. Hierbei sind verschiedene Maßnahmen der Unternehmenskommunikation gefragt:

- Welche Begleitkommunikation eignet sich zur Stützung des singulären Spots („Making Of", Interviews, Erweiterung der „Story")?
- Welche Aspekte schaffen Viralität und unterstützen damit die Verbreitung des Spots?
- Wie kann Humor eingesetzt werden, um die Markenattribute zu transportieren?
- Gibt es die Möglichkeit, begleitende Dienstleistungen (Service, Support, etc.) mit Hilfe von Online-Bewegtbild aufzubereiten und damit auszulagern (z. B. Tutorials bei erklärungsbedürftigen Produkten)?

Als These lässt sich formulieren: Insbesondere jene Online-Videos werden mit hohen Klick- und geringen Abbruchraten belohnt, die online einen Mehrwert bieten. Eine Onlinestrategie, die auf den Transport von Werbebotschaften abzielt, hat aktuell ein erweitertes Feld an Handlungsmöglichkeiten zur Verfügung. Der Raum für kreative Anwendungen und Lösungen wächst ausgesprochen dynamisch. Darüber hinaus könnten für die Verantwortlichen der Unternehmenskommunikation folgende Aspekte von Relevanz sein: Der Werbemarkt für Online-Bewegtbild wuchs gegen Ende der ersten Dekade im Vergleich mit anderen Online-Werbeformen am stärksten (Bescheid et al. 2009, S. 13). Zur Erinnerung: In den besonders auffälligen Jahren 2007 bis 2009 wuchs der Online-Video-Werbemarkt jährlich um über 250 % (Bescheid et al. 2009, S. 15; ZAW 2010, S. 336) – das steht auch im Vergleich zu anderen Medien für mehr als jedes andere Werbeformat (Specht und Theobald 2010, S. 39). Das Jahr 2011 setzt inzwischen eine Wegmarke: Die kumulierten Umsätze mit Internetzugängen und Onlinewerbung sind um 11,5 % gegenüber dem Vorjahr gewachsen und kamen auf einen Anteil von 23 % an den gesamten Branchenerlösen. Zum Vergleich: Im Jahr 2007 waren es noch 16,7 %. Damit konnte das Internet erstmalig das Fernsehen (20,8 %) als größten Umsatzträger im Unterhaltungs- und Medienmarkt überholen (PwC 2012, S. 7)

Für all jene, die direkt auf Internetplattformen mit Videoeinblendungen arbeiten wollen, sei angemerkt, dass die Preise für Bewegtbild-Werbung relativ hoch sind, weil die Nachfrage steigt und das Angebot attraktiver Flächen vergleichsweise gering ist. Die Möglichkeiten der Platzierung von Bewegtbild-Einblendungen bleiben auf Websites begrenzt (Kreutzer 2012, S. 168).

Wenn man davon ausgeht, dass es sich bei „Online Video Advertising" ganz generell um Werbung innerhalb von Bewegtbildangeboten im Netz handelt (Bauer et al. 2011, S. XIII; Greve et al. 2011, S. 8 ff.), so muss dies konsequenterweise weiter ausdifferenziert werden. Kreutzer (2012, S. 177) unterscheidet innerhalb der In-stream-Werbeformen zwischen drei Varianten, die sich an der Positionierung des Werbeblocks orientieren. Zum einen gibt es den „Pre-Roll Ad", hierbei wird Werbung eingeblendet, bevor der vom Nutzer angeforderte Inhalte wie zum Beispiel ein Trailer für einen Kinofilm gezeigt wird. Dies ist die häufigste Werbeform. Zudem gibt es den „Mid-Roll Ad" bei den der Werbeblock in der Mitte eines Videos platziert ist. Schließlich bleibt er „Post-Roll Ad", wobei die Werbung am Ende des Videos zu sehen ist. Letztere hat den Nachteil, dass die Rezipienten jenen Inhalt, der sie interessiert, schon gesehen haben und bei einer Anzeige am Ende abschalten. Es ist wie im Grunde beim seriellen Fernsehangebot auch online möglich, mehrere Werbeblöcke zu platzieren. Das hängt insbesondere von der Länge des Videoangebotes ab (Specht und Theobald 2010, S. 42). Natürlich kann man in Bewegtbildangeboten ebenso Werbung in Form von Bannern und Overlays schalten (ebd., S. 47). Außerhalb des In-Stream-Videos gibt es zudem noch „In-Banner-Video" und „In-Text-Video"-Anzeigen (ebd., S. 41). Auch dies stützt die These einer wachsenden Diversifizierung. Eine Übersicht über alle Online-Video-Werbeformen geben Specht und Theobald (2010, S. 39 ff).

4 Inhaltliche Aspekte: Gestaltung und Wahl der Formate

4.1 Drei Dimensionen der Umsetzung: Inhalt, Format und Plattform

Wenn die bislang skizzierten Aspekte zusammengenommen werden, ergibt sich für das Kommunikationsmanagement im Zuge der Nutzung von Online-Bewegtbild ein erweiterter Entscheidungsraum über drei Dimensionen hinweg. Abbildung 1 veranschaulicht, welche Aspekte im Rahmen der Kommunikationsplanung zu berücksichtigen sind. Alle diese Aspekte sind für die weitere theoretische Auseinandersetzung und empirische Untersuchungen ebenso wie für die praxisorientierte Umsetzung von Relevanz.

Auf der ersten Ebene liegt die Entscheidung über die *Plattform*, den Kanal, das „Transportmittel" sozusagen. Hier entscheidet sich elementar, welche technischen Gegebenheiten vorausgesetzt werden und welcher produktionstechnische Aufwand zu treiben ist. Diese Entscheidung wird in der Praxis rezeptionsorientiert und zugleich abhängig vom *Inhalt* zu treffen sein. So zeigt sich die direkte Verknüpfung zu einer weiteren Dimension – dem

Abb. 1 Drei Dimensionen der Bewegtbildgestaltung und -vermarktung im Internet

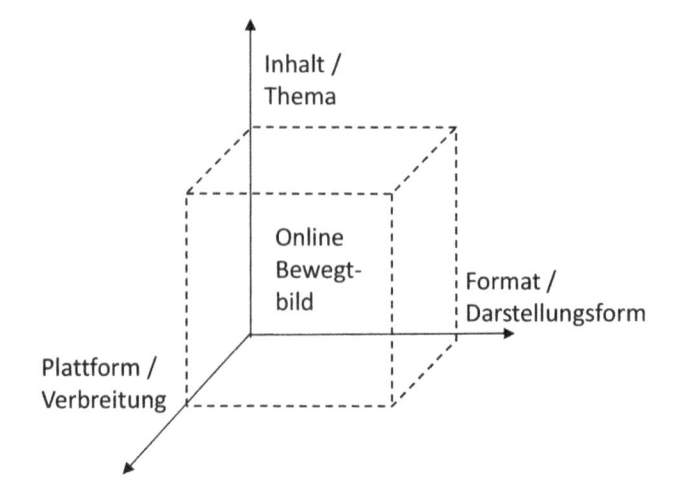

Inhalt. Die zentrale Frage muss also lauten: Welcher Inhalt wird über welchen Kanal am besten transportiert? Dies genügt aber noch nicht, denn auch die Art und Weise der inhaltlichen Umsetzung ist von Relevanz. In einem einzigen strategischen Planungsschritt ist also darüber zu entscheiden, welche *Darstellungsform* und welches *Format,* welches Genre für das jeweilige Thema über welchen Kanal, über welche Plattform am besten zu kommunizieren ist.

Vielfach bietet sich auch eine Verschränkung unterschiedlicher Kommunikationskanäle im Sinne einer *sozialmedialen Integration* an. So ist es zum Beispiel eine beliebte Standardstrategie, Facebook- und Twitter-Links direkt auf Bewegtbild-Kanäle zu setzen. Ein Beispiel: Der Finanzvorstand eines Konzerns fasst die aktuelle Unternehmenslage in Form einer Präsentation aus etwa zehn Powerpoint-Folien zusammen und bindet zur Erklärung der Konzernstruktur nach der Übernahme eines kleineren Konkurrenten eine kurze Bewegtbildsequenz ein. Konsequenterweise wird der Foliensatz über Slideshare kommuniziert und direkt auf der Facebook-Timeline der Unternehmens-Website gepostet. Zeitgleich wird über Twitter eine Meldung abgesetzt, der direkt zum Slideshare-Inhalt verlinkt. Zu empfehlen wäre in diese Beispiel, dass der kurze Bewegtbildbeitrag (eine Animation oder Realbilder vom akquirierten Unternehmen) auch direkt in den YouTube-Kanal des Konzerns eingespeist wird und dort noch einmal gesondert verlinkt werden kann. Auf der Website des Unternehmens (die auch in der Slideshare-Präsentation verlinkt ist) wird eine Unterseite (eventuell auch als Microsite gestaltet) eingerichtet, die alle Hintergrundinformationen zu der Übernahme liefert. Hier kann zur Erweiterung auch ein Interview mit dem früheren Vorstand des übernommenen Unternehmens eingespielt werden oder weiterer Bewegtbild-Content eine Rolle spielen. Dieses einfache Beispiel zeigt die Komplexität der Kommunikationsentscheidungen, die sich aus dem Zusammenspiel der drei Dimensionen ergibt.

Bei der Beurteilung der Grafik wird eine der Ebenen – Format und Darstellungsform – regelmäßig unterschätzt. Im Rahmen eines Forschungsprojektes wurde dies für den

Bereich Bewegtbild eines DAX-30-Unternehmens mit internationalem Fokus untersucht (Rau 2010, S. 1). Ziel des Projektes war die Automatisierung, genauer: die Algorithmisierung von Entscheidungsprozessen zur Wahl der Darstellungsform. In der ausgewählten Fallstudie wurde eine festgelegte Auswahl von Optionen zugrunde gelegt: Footage, Reportage, Nachricht im Film, Umfrage, Videobotschaft (Statement/Videoblog) und Interview. Diese durchaus übersichtliche Auswahl von Varianten hat bereits ein ausgesprochen komplexes Werkzeug hervorgebracht, das den Entscheidungsbaum für die Bewegtbildkommunikation deutlich erweitert. In einer ersten Stufe (Rau 2010, S. 3) wurden die gegebenen Darstellungsformen an verschiedenen Faktoren getestet: Informationalität, Emotionalität, Unterhaltsamkeit, Positionierung eines Alleinstellungsmerkmales sowie der Möglichkeit, einen Trend zu setzen. Konkretes Ziel war es, in Zusammenarbeit mit den international agierenden (USA, Asien, Europa) Kommunikateuren Schwerpunktsetzungen vorzunehmen, damit die Entscheidungen zur Wahl der konkreten Darstellungsform leichter und algorithmisierbar getroffen werden können. Im Hintergrund operiert eine von den Experten des Unternehmens gespeiste und international fixierte Datenbank, die es auch unerfahrenen Entscheidern ermöglicht, auf rein algorithmisierter Basis mit der Einschätzung der Relevanz gegebener Faktoren eine Entscheidung über die Darstellungsform zu treffen. Das Fallbeispiel nutzt die Portfoliotheorie, um zu konsistenten Entscheidungen in der globalisierten Unternehmenskommunikation zu kommen (zu diesem Ansatz grundlegend Markowitz 1952, S. 77; Markowitz 2007; Elton et al. 2003). Die Anwendung der Portfoliotheorie ermöglicht die Programmierung eines eleganten und mathematisch sorgfältig operierenden Algorithmus, der auf die individuellen Spezifika eines Unternehmens zugeschnitten ist (Rau 2010, S. 5).

4.2 Unbeschränkte Vielfalt: Beispiele zur Thematisierung

Wenn Bewegtbildangebote in der Unternehmenspraxis geprüft werden sollen, stellen sich die Fragen: Welche Inhalte der Unternehmenskommunikation eignen sich für eine Umsetzung in Bewegtbildformaten? Was lässt sich leicht und einfach umsetzen, und welche Themen sollte man vielleicht eher meiden?

In der täglichen Routine bedient die Unternehmenskommunikation eine Vielzahl verschiedener Stakeholder: Kunden, Lieferanten, Journalisten, Politiker, Gewerkschafter und eigene Mitarbeiter, Investoren und Aktionäre. Um diese Anspruchsgruppen besser überblicken zu können und der Fülle von Anforderungen eine Struktur zu geben, schlagen Kirf und Rolke (2002, S. 11) die Orientierung an einem Stakeholderkompass vor. Die vier wichtigsten Handlungsbereiche und die dazugehörigen Kommunikationsbereiche sowie Anspruchsgruppen für ein Unternehmen sind im Verständnis dieses Kompasses der Absatzmarkt (Produktmarketing und Marketingkommunikation; Kunden, Handel). Der Akzeptanzmarkt (Public Relations; Medien, NGOs, Politik); der Finanzmarkt (Investor Relations, Aktionäre, Analysten) und der Beschaffungsmarkt (Internal Relations; Personal, Lieferanten) (Kirf und Rolke 2002). Diese übersichtliche Einteilung kann auch für die Klassifizierung möglicher Bewegtbild-Inhalte verwendet werden und verdeutlicht die Variabilität der Entscheidungen. Beispiele für typische Bewegtbild-Inhalte aus den verschiedenen Bereichen sind demnach:

- Investor Relations
    - Hintergrundbeitrag bei Mergers & Acquistions
    - Thematisches Interview, vorzugsweise mit Finanzvorstand oder Vorstandsvorsitzendem
    - Technische Analyse der Börsenkursentwicklung in 2D- oder 3D-Animation
    - Footage oder Beitrag zu Bilanzpressekonferenz und Jahreshauptversammlung
    - Thematische Schwerpunkte aus Geschäftsbericht, Nachhaltigkeitsbericht oder aus der Personalentwicklung in Form von Reportagen aufbereiten
    - Portraits zu Personalien
    - Branchenanalysen mit aufbereiteter Grafik und der Unternehmenssicht im O-Ton
- Public Relations
    - Klassischer Imagefilm oder Verfilmung des Mission Statements
    - Umfeldkommunikation mit ortsbezogenen Reportagethemen
    - Nutzergenerierte Inhalte aus Social Media-Beiträgen von Mitarbeitern
    - Live-Übertragung von ausgewählten Events des Unternehmens
    - Innovationskommunikation in Reportageform
    - Corporate TV im Internet mit Reportagen, Hintergrundberichten, aufbereiteten Wirtschaftsdaten und Interviews
- Marketing (produktbezogen, regionenbezogen)
    - Klassische Werbung mit Onlineverbreitung
    - Langfassung von Werbespots mit Background-Informationen
    - „Making of"-Videos von Werbespots oder Kampagnen
    - Hintergrundberichte, Interviews, Umfragen zu Produkten, Neuerungen
    - Tutorials und Anwendererklärungen
    - Branded-/Product-Entertainment
- Internal Relations und Mitarbeiterbeschaffung
    - Interne Ausgaben des Corporate TV für die eigenen Mitarbeiter
    - Interne Schulungs- und Coaching-Programme; Unterstützung von Programmen zum Blended Learning, zu klassischen Ausbildungsberufen und Unterstützung der Weiterbildung (bewegtbildgerechte Aufbereitung von Web Based Training)
    - Nutzergenerierte Inhalte über interne Blogplattformen
    - Mitarbeiterportraits mit Wirkung auf die externe Personalbeschaffung
    - Employer Branding z. B. durch ein Azubi-Video-Tagebuch oder Berichte, in denen Mitarbeiter ihre Arbeitsplätze zeigen

Online-Bewegtbild steht bei alledem natürlich neben klassischen, massenmedial orientierten und anderen aktuellen Kommunikationsinstrumenten im Internet. Im Kontext des Stakeholder-Kompass wird jedoch ersichtlich, dass das Internet tatsächlich Plattformcharakter besitzt. Es lassen sich nicht mehr länger unterschiedliche Kanäle trennscharf abgrenzen. Online-Bewegtbild – und die möglicherweise aus der obigen Liste ausgewählten Umsetzungsvarianten – kann nur Teil einer integrierten Kommunikationsstrategie sein. Corporate TV beispielsweise würde sich heute in idealer Weise als flexibles Magazin realisieren lassen, das im Drei-Ebenen-Modell (Moderationssituation, Beitragssituation und Einspielebene) „Print"-Elemente (Moderation und Einführung in den Beitrag) mit Bewegtbild (gestalteter Magazinbeitrag oder Reportage mit O-Ton) und „Added Content" wie Links (HTML-Einbindungen) verknüpft. Unterschätzt werden nach wie vor auch die Möglichkeiten, Audio-Files als Hintergrundmaterial einzubinden. Mögliche Verwendungen sind ein längeres Hintergrundinterview zu Themen, die im Magazin-Stil in Bewegtbild umgesetzt wurden (dort allerdings nur mit ein paar wenigen O-Tönen gewürzt waren); gelungene Reden bei einer Hauptversammlung oder Reportagen zu Innovationsthemen. Anregungen für Audioformate in der Unternehmenskommunikation finden sich im journalistischen Umfeld, beispielsweise beim Internetprogramm DRadio Wissen (http://wissen.dradio.de).

Redaktionelle Entscheidungen in der Unternehmenskommunikation werden vor diesem Hintergrund in zunehmender Weise Formatentscheidungen sein, wobei auf einer ersten Ebene darüber zu befinden ist, welche Umsetzung dem Thema adäquat ist: Bewegtbild, Standbild, Standbildstrecke (auch mit Vertonung möglich), Text, Audio – oder eben eine Kombination der Möglichkeiten, die gerne als Rich Media bezeichnet wird. Dieser Begriff kann jedoch die Realität kaum treffen, da es sich keinesfalls um eine Anreicherung des Stoffes handelt, sondern lediglich um eine den Möglichkeiten entsprechende Umsetzung bekannter Inhalte.

Der Vollständigkeit halber muss auch der Gegenaspekt angesprochen werden: Im Rhamen der Kommunikationsstrategie kann natürlich auch ein Schwerpunkt auf die Verhinderung von Bewegtbildangeboten gesetzt werden. Das kann für bestimmte Branchen durchaus angezeigt sein, da Bewegtbildangebote im Normalfall die Transparenz erhöhenden Charakter besitzen. Grundsätzlich kann man bezogen auf Online-Bewegtbild auch Branchenunterschiede festmachen. Der bislang einzige empirische Beleg im deutschsprachigen Raum ist das Forschungsprojekt zur Bekanntheit und Nutzung von Corporate-Video-Angeboten von Eichsteller und Wiech (2010, S. 59). Hier wurden Probanden befragt, in welcher Branche sie ein Internet-TV-Angebot am ehesten nutzen würden. Dabei lag die Automobilbranche deutlich vorne, danach folgten Tourismus, Sportswear sowie Fashion und Beauty. Das geringste Interesse bestand in den Bereichen Gesundheitswesen, Versicherungen und Logistik-/Transportwesen. Möglicherweise also muss man abhängig von der Branche die jeweilige Strategie unterschiedlich gestalten. Die genannte Studie war allerdings eher auf Breite und Repräsentativität ausgelegt, sie sagt nichts darüber aus, ob möglicherweise besondere Zielgruppen auch bezogen auf andere Branchen online- und bewegtbildaffin im Netz agieren. Es bleibt allerdings die Erfordernis der strategisch konsequenten Planung.

5 Videoportale als Schlüssel für Bewegtbildstrategien

5.1 Die Zukunft ist mobil: Rezeptionsroutinen adressieren

Waren noch vor wenigen Jahren Kosten für Serverbetrieb und Streaming im Internet ein durchaus limitierender Faktor für die Unternehmenskommunikation im Internet, so kann heute festgehalten werden, dass die Verbreitungskosten für Bewegtbild deutlich gesunken sind (Mickeleit 2010, S. 96) und kaum noch Beschränkungen vorgeben. Bezogen auf die Verbreitung muss aktuell jedoch stets auch der Faktor Mobilität berücksichtigt werden: Mobiles Internet nimmt in der jüngeren Vergangenheit an Bedeutung zu. Die Zahl der Internetnutzer, die mit einem Smartphone online sind, ist von vier Prozent im Jahr 2008 auf 45 % im Jahr 2013 angestiegen (Van Eimeren und Frees 2013, S. 373 f.). 16 % nutzen das Interent mit einem iPad oder einem anderen Tablet-PC (ebd.). Und glaubt man den Prognosen der Wirtschaftsberatungsgesellschaft PwC, so werden im Jahr 2016 mehr als 60 Mio. Menschen in Deutschland mobil mit dem Internet verbunden sein (PwC 2012). Die technische Entwicklung der Übertragungstechnik, beispielsweise durch den Standard LTE, und das Angebot hochauflösender Displays auch auf kleinformatigen Geräten dürfte den mobilen Zugriff auch auf Bewegtbildinhalte mittelfristig zu einer standardisierten Nutzungsvariante avancieren lassen.

Die produktionsseitige Umsetzung von Bewegtbildmaterial, das auch mobil betrachtet wird, führt zu zusätzlichen Herausforderungen. Gewählte Bildausschnitte und das Nachbearbeitungskonzept müssen den spezifischen Rezeptionsroutinen auf mobilen Endgeräten angemessen sein. So bietet es sich weniger an, Geschichten der Unternehmenskommunikation in epischen Totalen umzusetzen. Stattdessen werden reportageartige Inhalte, die nah am Menschen in Halbtotale und als Closeup umgesetzt sind, bei mobiler Nutzung auf mehr Zuspruch stoßen.

Eine an der mobilen Nutzung von Bewegtbild ausgerichtete Onlinestrategie wird sich außerdem stark an Videoportalen und insbesondere YouTube orientieren, da die Plattform bereits bestens auf die mobile Nutzung ausgerichtet ist und sich die Inhalte mit unterschiedlichsten Endgeräten bequem und sicher abrufen lassen. Wer dennoch auf die eigene Unternehmens.Website verlinken will, sollte im Sinne der Mobilstrategie darauf achten, dass für die Umsetzung keine Flash-Technologie (Adobe) eingesetzt wird, da beispielsweise dann iPhone- und iPad-Nutzer systematisch ausgegrenzt werden, da deren Betriebssysteme dieses Format nicht unterstützen. Zudem sollten die Dateigrößen der angebotenen Videos möglichst gering gehalten werden.

5.2 Videoportale: Habitualisierte Kommunikation im Internet

Videoportale sind gratis verwendbare Online-Plattformen, die ein bedienungsfreundliches, einfaches Interface zum Hochladen von Videos bereitstellen und es technisch erlauben, Filme einfach in andere Websites zu integrieren und damit zu verlinken (Wegner

2008, S. 196). Zwischenzeitlich hat sich hier der Markt ausdifferenziert. Neben dem Marktführer YouTube gibt es alternative Portale, die spezifische thematische Schwerpunkte setzen oder ausgewählte Zielgruppen ansprechen. So ist das Portal vimeo beispielsweise eher künstlerisch orientiert und designaffin ausgerichtet. Videoportale haben den „höchsten Grad an Habitualisierung" (Eimeres und Frees 2012, S. 372) mit 9 % täglicher und über 30 % wöchentlicher Nutzung. Die Zahl der regelmäßigen Nutzer ist in den letzten Jahren konstant gestiegen (ZAW 2010, S. 336). Die Unternehmenskommunikation kann diese Tatsache fraglos nutzen, um im Alltag ausgewählter Nutzergruppen anzukommen.

Der Branchenverband BITKOM hat im Jahr 2011 in einer Umfrage die beliebtesten Videoplattformen in Deutschland ermittelt (Mehrfachnennungen waren zugelassen). 70 % der Befragten präferierte YouTube, 23 % ProSiebenSat1 (u. a. MyVideo), 21 % United Internet (gmx, web.de), 19 % Facebook, 17 % RTL (u. a. Clipfish), 14 % Universal Music (BITKOM 2011). Im Jahr 2012 war YouTube mit 34 Mio. Unique Visitors das reichweitenstärksten Videoportal und zugleich die dritterfolgreichste Website überhaupt in Deutschland, hinter Google und Facebook (Schröder 2012). Bei den Videoportalen folgen auf dem zweiten Platz MyVideo.de mit knapp 6 Mio. Unique Visitors und auf Platz drei das aus urheberrechtlicher Sicht als problematisch einzuschätzende Portal movie2k.to, auf dem Serien und Filme als Stream angesehen werden können. DMit geringeren Resonanzwerten folgen danach videos.t-online.de mit 2,4 Mio. Unique Visitors und dailymotion.de mit 1,8 Mio.. Für Unternehmen eher uninteressant bleiben rtl-now.rtl.de und clipfish.de mit 1,6 Mio. Unique Visitors. Verschiedene Vorzüge haben YouTube zum Marktführer werden lassen, Vorzüge, die bis heute für das Portal sprechen, auch wenn Nachahmer längst ähnliche Möglichkeiten bieten (Wegner 2008, S. 195): Neben dem einfachen Upload von Bewegtbild (in unterschiedlichen Formaten möglich) ist es das einfache Abspielen ohne zusätzlichen Mediaplayer – alle Videos sind auch auf durchschnittlich ausgestatteten Rechnern abspielbar, bei schlechter Internetverbindung kann man „Pause" drücken und vorladen lassen, daneben ist die direkte Einbindung auf einer eigenen Websiite möglich und eine eigene Community kann bewerten, kommentieren, teilen und damit alle Register des Rückkanals ziehen.

Für die schnelle Akzeptanz von Videoportalen waren verständlicherweise auch technische Aspekte verantwortlich: zum einen die zunehmende Verbreitung von relativ günstigen digitalen Kameras, zum anderen die sinkenden Preise für digitalen Speicherplatz (Buhr und Tweraser 2010, S. 73). Beide Aspekte sind auch für die Unternehmenskommunikation relevant, da die technischen Rahmenbedingungen das Aktionsfeld erweitern und Bewegtbildstrategien zumindest von technischer Seite kaum Grenzen gesetzt sind.

Ohne konkrete Veranlassung ist es eher unwahrscheinlich, dass ein Nutzer Bewetbild-Inhalte rezipiert, die auf der Website eines Unternehmens angeboten werden. Dagegen ist es durchaus möglich, dass bei täglicher oder wöchentlicher Videoportalnutzung bei bestimmter Schwerpunktsetzung ein Video des Unternehmens empfohlen wird – der „habitualisierte" Nutzer muss die Site nicht wechseln, die Hemmschwelle, das Video auch anzuklicken, ist gering. Berücksichtigt man zusätzlich, dass etwa zehn Prozent des weltweiten

Datenvolumens von YouTube generiert werden (Beisswenger 2010, S. 16), so zeigt sich darin auch die Wirkmächtigkeit einer an Videoplattformen orientierten Strategie.

Der wichtigste Grund, der für Videoportale spricht ist jener, der ganz generell für jenes Zeitalter gilt, das mit dem Begriff Web 2.0 eingeläutet wurde. Die Gatekeeperfunktion wird auf diesen Plattformen an die Gemeinschaft der Nutzer übertragen. Es gibt keine – wie auch immer motivierte Instanz – die in Form eines redaktionellen Prozesses über Inhalte entscheidet. Stattdessen entscheidet die Gesamtzahl der Nutzer. Eine zentrale These muss also lauten: In der Unternehmenskommunikation wird es mittelfristig darum gehen, jene Prozesse zu durchdringen, die die bekannten redaktionellen Routinen ersetzen. Das bedeutet auch, dass möglicherweise Anteile der Medienarbeit zurückgefahren und die konsequent strategisch durchdachte, direkte Stakeholder-Kommunikation ausgebaut wird.

5.3 H.265 und Gigabit-Übertragungsraten

Obwohl die im Hintergrund ablaufenden technischen Prozessen für Entscheider im Kommunikationsmanagement nicht im Mittelpunkt stehen, sollte zumindest ein Basis-Verständnis der zugrunde liegenden Standards vorhanden sein. Insbesondere ist dies für international operierende Unternehmen von Bedeutung. Bedeutsam sind hierbei Codec und Datenrate.

Der *Codec* steht für den Algorithmus, der die verwendeten Bilder verarbeitet – dieser kann sowohl codieren als auch decodieren und steht im Bereich Video für die Kompression der Informationen. Ein typisches Fernsehbild erreicht beispielsweise eine Datenrate von 166 Megabit pro Sekunde. Damit ist gleich der zweite wichtige Wert eingeführt, der bei der Beurteilung von Online-Bewegtbild relevant ist. Die *Datenrate* steht synonym für die Übertragungsgeschwindigkeit von Daten auf digitalem Weg, und sie wird als übertragene Datenmenge pro Zeiteinheit formuliert – meistens in Bit pro Sekunde (Bit/s) oder einem Vielfachen davon: Megabit, Gigabit pro Sekunde (Mbit/s; Gbit/s).

Betrachtet man verschiedene Medien, dann kann man die Datenrate gut beschreiben. Eine Bluray-Disk beispielsweise erreicht 36 Mbit/s bei typischen Bluray-Playern für Videoverwendung. Technisch jedoch ist eine weit höhere Datenrate möglich. Deshalb operieren zum Beispiel Bluray-Computerlaufwerke mit der achtfachen Übertragungsrate, also 288 Mbit/s. Zum Vergleich: Eine Video-DVD erreicht sechs Mbit/s, eine Audio-CD 1411 kBit/s. Der HDMI-Standard (1.3) – unter Videogesichtspunkten ist dies hier ebenfalls von Interesse – erreicht maximal 10,2 Gbit/s und damit eine extrem hohe Informationsdichte. Ab einem MB/s wird Fullscreen-Video mit mittlerer Qualität möglich (Wirtz 2011). Im Jahr 2010 verfügten die meisten Internetnutzer in Deutschland noch über Downloaddatenraten von unter sechs Mbit/s, für 2015 werden nur noch 35 % der Nutzer weniger als sechs MBit/s nutzen können und ein ungefähr gleich hoher Anteil wird über eine schnelle Internetverbindung von über 16 MBit/s verfügen, 12 % der Haushalte sogar über 50 MBit/s.

Es ist mit diesen Angaben also relativ leicht, die passende Datenrate zu ermitteln – wobei auch hier durchaus je nach Zweck unterschiedliche Angebote unterbreitet werden können. Wenn in der Medienarbeit TV-Footage für Fernsehsender zur Verfügung gestellt wird, werden höhere Datenraten genutzt als für den Video-Blog eines Azubi, der im Intranet zur Verfügung gestellt wird. Bei der Codierung für externe und interne Verwendung ist am Ende stets auch auf die Möglichkeiten zu achten, die ein oft deutlich leistungsfähigeres Intranet bietet. Strategien für die Bewegtbildkommunikation im Internet sind – dies zeigt die Projekterfahrung – jeweils mit dem Bereich Informationstechnologie des Unternehmens zu entwickeln. Dabei zeigt sich oft, dass gerade große Konzerne meist zwei bis drei Entwicklungsgenerationen zurückliegen, da Verarbeitungsroutinen international harmonisiert werden müssen. Das führt dazu, dass einfache Kommunikationsleistungen über Videoportale mit aktuellen Standards relaisiert und damit externalisiert werden.

6 Fazit: Implikationen für die Umsetzung in der Unternehmenskommunikation

Online-Bewegtbild erweitert den Handlungsraum der Unternehmenskommunikation um ein Vielfaches. Bewegtbild lässt sich hervorragend multimedial integrieren. Das Internet als Plattform vereint die verfügbaren Kanäle und erlaubt Kombinationen aus Text, Ton, Stand- und Bewegtbild in einem globalen Ansatz. In gleichem Maße gibt es echte Format-Innovationen, die sich ausschließlich online verorten lassen. Beides zusammengenommen fordert die Kreativität der Kommunikationsmanager (Bürgi 2009). Zu berücksichtigen sind dabei isnbesondere die Veränderung der Produktionsroutinen (unterschiedliche vereinfachende Varianten sind möglich), die Erweiterung der Qualitätsspanne für unterschiedliche Anwendungen (jede redaktionelle Entscheidung fordert die Entscheidung über die Umsetzungsqualität) sowie die Entgrenzung des redaktionellen Entscheidungsfeldes durch vielfältige Integrations- und Kombinationsmöglichkeiten. Schließlich ist eine erweiterte Verfügbarkeit von Formaten, Darstellungsformen und Genres zu konstatieren, während technische Größen in immer geringerem Maße zum limitierenden Faktor werden.

Literatur

ARD/ZDF-Medienkommission (Hrsg.) (2013). *ARD/ZDF-Onlinestudie 2007–2013*. http://www.ard-zdf-onlinestudie.de. Zugegriffen: 10. Sep. 2013.

Bauer, C., Greve, G., & Hopf, G. (2011). *Online Targeting und Controlling. Grundlagen- Anwendungsfelder-Praxisbeispiele*. Wiesbaden: Gabler.

Beisswenger, A. (2010). Audiovisuelle Kommunikation in der globalen Netzwerkgesellschaft. In A. Beisswenger (Hrsg.), *YouTube und seine Kinder* (S. 15–34). Baden Baden: Nomos.

Bescheid, W., Frank, M., Klaus, M., Strickelbrucks, T., & Terruhn, D. (2009). *Online Video Marketing. Perspektiven und Erfolgsfaktoren*. München: Plan.Net.

BITKOM (2011). *Online-Videokonsum nimmt stark zu*. Presseinformation vom 07.12.2011. http://www.bitkom.org/files/documents/BITKOM-Presseinfo_Video-Ranking_07_12_2011.pdf. Zugegriffen: 10. Sep. 2013.

Boltze, A., & Rau, H. (2011). Das Ende der Zielgruppe. In J. Müller-Lietzkow (Hrsg.), *Ökonomie, Qualität und Management von Unterhaltungsmedien - Theorie und Entwicklungen in Unterhaltungsmärkten* (S. 61–80). Baden-Baden: Nomos.

Buhr, T., & Tweraser, S. (2010). My time is prime time. In A. Beisswenger (Hrsg.), *YouTube und seine Kinder* (S. 71–91). Baden-Baden: Nomos.

Bürgi, B. (2009). *Corporate Television 2.0: Interne Unternehmenskommunikation mit Bewegten Bildern im digitalen Zeitalter*. Wiesbaden: Gabler.

Busemann, K., & Gscheidle, C. (2012). Web 2.0: Habitualisierung der Social Communitys. Ergebnisse der ARD/ZDF-Onlinestudie 2012. *Media Perspektiven, 7–8*, 380–390.

Cantor, J. (1994). Fright reactions to mass media. In J. Bryant & D. Zillmann (Hrsg.), *Media effects: Advances in theory and research* (S. 213–246). Hillsdale: Lawrence Erlbaum Associates.

Eichsteller, H., & Wiech, N. (2010). Untersuchung zur Bekanntheit und Nutzung von Corporate Video-Inhalten im Internet. In A. Beisswenger (Hrsg.), *YouTube und seine Kinder* (S. 47–65). Baden-Baden: Nomos.

Ekman, P., & Friesen, W. V. (1978). *The facial action coding system (FACS). A technique for the measurement of facial action*. Palo Alto: Consulting Psychologists Press.

Elton, E. J., Gruber, M. J., Brown, S. J., & Goetzman, W. N. (2003). *Modern portfolio theory and investment analysis*. New York: Wiley.

Franck, G. (1998). *Ökonomie der Aufmerksamkeit. Ein Entwurf*. München: Hanser.

Graf, J. (2010). Aufmerksamkeitsökonomie und Bewegtbild. In A. Beisswenger (Hrsg.), *YouTube und seine Kinder* (S. 39–43). Baden-Baden: Nomos.

Greve, G., Hopf, G., & Bauer, C. (2011). Einführung in das Online Targeting. In C. Bauer, G. Greve, & G. Hopf (Hrsg.), *Online Targeting und Controlling*. (S. 8–20). Wiesbaden: Gabler.

Kirf, B., & Rolke, L. (2002). *Der Stakeholderkompass. Navigationsinstrument für die Unternehmenskommunikation*. Frankfurt am Main: Frankfurter Allgemeine Buch.

Kreutzer, R. T. (2012). *Praxisorientiertes Online-Marketing*. Wiesbaden: Gabler.

Löser, P., & Peters, D. (2007). Podcasting – Aus der Nische in die Öffentlichkeit. In V. Diedmann, M. Mangold & P. Weibel (Hrsg.), *Webblogs, Podcasting und Videojournalismus* (S. 139–154). Hannover: Heise.

Markowitz, H. M. (1952). Portfolio Selection. *Journal of Finance, 7*, 77–91.

Markowitz, H. M. (2007). *Portfolio Selection – Die Grundlagen der optimalen Portfolio-Auswahl*. München: FinanzBuch.

McLuhan, M. (1964). *Understanding Media*. New York: McGraw Hill.

Petrasch, T., & Zinke, J. (2003). *Einführung in die Videofilmproduktion*. München: Carl Hanser.

PwC PricewaterhouseCoopers (2012). *German Entertainment and Media Outlook: 2012–2016*. Frankfurt am Main: Fachverlag Moderne Wirtschaft.

Rau, H. (2010). *Die Portfolioanalyse zur Auswahl von Bewegtbildformaten in der Unternehmenskommunikation*. Interne, unveröffentlichte Fallstudie und Abschlussbericht zur Begleitforschung im Rahmen der Online-Bewegtbildkommunikation eines DAX-30-Konzerns.

Rau, H. (2011). *Gut informiert - die Aufgaben für das Zeitalter Web ff.0*. Präsentation bei der Tagung „Neuer Strukturwandel der Öffentlichkeit", Dreiländerkongress für Soziologie, Innsbruck 2011. http://www.ostfalia.de/cms/de/imm/Team/Rau/Publikationen.html. Zugegriffen: 10. Sep. 2013.

Rolke, L. (2002). Kommunizieren nach dem Stakeholderkompass. In B. Kirf & L. Rolke (Hrsg.), *Der Stakeholderkompass. Navigationsinstrument für die Unternehmenskommunikation* (S. 16–33). Frankfurt am Main: Frankfurter Allgemeine Buch.

Salomon, G. (1988). Television watching and mental effort: A Social psychological view. In J. Bryant & D. R. Anderson (Hrsg.), *Children's understanding of television* (S. 181–198). New York: Academic Press.

Schmidt-Matthiesen, C., & Clevé, B. (2010). *Produktionsmanagement für Film und Fernsehen*. Konstanz: UVK.

Schröder, J. (2012). Video-Top-20: Kino.to-Nachfolger verlieren. *Meedia*, o. S. http://meedia.de/internet/video-top-20-kinoto-nachfolger-verlieren/2012/04/25.html. Zugegriffen: 25. Apr. 2012.

Specht, M., & Theobald, E. (2010). *Broadcast your Ad! Werbung auf den Videoportalen YouTube, Clipfish und MyVideo*. Baden-Baden: Nomos.

Van Eimeren, B., & Frees, B. (2012). 76 % der Deutschen Online – neue Nutzungssituation durch mobile Endgeräte. Ergebnisse der ARD/ZDF-Onlinestudie 2012. *Media Perspektiven, 7–8*, 362–379.

Van Eimeren, B., & Frees, B. (2013). Multioptionales Fernsehen in digitalen Medienumgebungen. Ergebnisse der ARD/ZDF-Onlinestudie 2013. *Media Perspektiven, 7–8*, 373–385.

Wegner, D. (2008). *Online Video*. Heidelberg: dpunkt.

Winterhoff-Spurk, P., Unz, D., & Schwab, F. (2001). "In the mood" – Zur Kultivierung von Emotionen durch Fernsehen. Universität des Saarlandes. *magazine forschung, 2*, 20–33.

Wirtz, B. W. (2011). *Business Model Management*. Wiesbaden: Gabler.

ZAW Zentralverband der deutschen Werbewirtschaft. (2010). *Werbung in Deutschland 2010*. Berlin: Verlag zaw edition.

Design als strategischer Erfolgsfaktor in der Unternehmenskommunikation

Uli Mayer-Johanssen

Zusammenfassung

Der Beitrag zeigt, welche Rolle das Visuelle in der Kommunikationsarbeit von Unternehmen spielt und wie Design als strategisches Übersetzungs- und Steuerungsinstrument in die Unternehmensführung eingebunden werden kann. Ausgehend von einem ganzheitlichen Markenverständnis, in dem Strategie, Kommunikation, Design und Interaktion ineinandergreifen, werden Lösungsansätze skizziert, wie Unternehmen mittels Markenführung den komplexen Herausforderungen der Zukunft begegnen können. Konkrete Handlungsempfehlungen zeigen, wie Führungskräfte Corporate Design als strategisches Instrument einsetzen können, um so die ganzheitliche Wirkungsdimension ihrer Marke in den Vordergrund zu rücken und einen emotionalen Mehrwert zu schaffen.

Schlüsselwörter

Corporate design · Corporate identity · Design · Visuelle Kommunikation · Unternehmenskommunikation · Marke · Unternehmensmarke · Branding

1 Was bleibt, wenn nur das Flüchtige bleibt?

Die Anforderungen an Unternehmen könnten nicht größer sein und die alte Erkenntnis: „Nur der Wandel hat Bestand" stellt insbesondere Unternehmen und ihre Marken vor immer neue kommunikative Hürden. Je komplexer Themen, Dienstleistungen und Produkte

---

U. Mayer-Johanssen (✉)
MetaDesign
Leibnizstraße 65, 10629 Berlin, Deutschland
E-Mail: mayer-johanssen@metadesign.de

werden, desto drängender scheint die Herausforderung, das, worauf es ankommt, einfach zu sagen. Je flüchtiger die Aufmerksamkeit, desto entscheidender die emotionale Ansprache. Nur das, was merkfähig, unverwechselbar und attraktiv ist, erobert das knappe Gut Aufmerksamkeit. Bleibt die Frage: Wie erreichen Unternehmen und Marken in einer immer komplexer werdenden Welt ihre Kunden, deren Erwartungen an Marken und Unternehmen kontinuierlich steigen? Platon hat mit seiner „inneren Vorstellungswelt" schon vor Jahrtausenden benannt, was immer noch ein Schattendasein fristet (Höffe 2011): die strategische Dimension des Visuellen.

Zunehmende Konvergenz der Medien, der Ruf nach Interaktion und gesellschaftlicher Verantwortung sowie eine beschleunigte und globalisierte Wirtschaft sind nur einige treibende Kräfte, denen Unternehmen heute und in Zukunft begegnen müssen. Welchen Herausforderungen sich Unternehmen stellen müssen, was mögliche Lösungsansätze sind, wie Unternehmen ihnen gerecht werden können und was das alles mit Design zu tun hat, darum soll es auf den folgenden Seiten gehen.

1.1 Die Suche nach der Unverwechselbarkeit

Produkte und Dienstleistungen werden immer ähnlicher und austauschbarer. Märkte immer differenzierter und unübersichtlicher. Die Wahl wird sprichwörtlich zur Qual und überfordert nicht nur jene, die in Anbetracht der überbordenden Fülle Orientierung und Identifikation bieten müssen, sondern auch deren Kunden. Die entscheidenden Argumente für die Kaufentscheidung liegen oft jenseits des Rationalen.

Wer die Wahl zwischen unzähligen gleichwertigen Produkten hat, sucht nach anderen Kriterien für seine Kaufentscheidung. Im Kampf um Aufmerksamkeit werden damit Glaubwürdigkeit und Vertrauen zum entscheidenden Faktor für die Loyalität der Kunden und damit für das Bestehen im Wettbewerb (Esch 2012; Karmasin 2007). Immer deutlicher rücken das gesamte Handeln eines Unternehmens, seine Haltung, seine Werte, seine Identität in den Vordergrund und bedingen eine klare Positionierung am Markt. Doch nur wenn die Identität in einer Markenstrategie verankert und im Markenauftritt sichtbar wird, ist sie greifbar und nachvollziehbar. Dann ermöglicht der Auftritt des Unternehmens neben Orientierung auch Identifizierung und Differenzierung und dies nach innen wie nach außen.

1.2 Mehr vom Gleichen hilft nicht mehr: Die Qualität der Kommunikation wird zum entscheidenden Faktor

Wenn alles immer und jederzeit abrufbar, verfügbar, messbar, steuerbar ist, birgt dies nicht nur mehr Möglichkeiten für die Kommunikation, sondern auch eine geringere Wahrscheinlichkeit wahrgenommen zu werden. Die „zunehmende Inflation kommunikativer Maßnahmen und damit verbunden eine steigende Informationsüberlastung der Konsumenten" (Esch und Fischer 2009, S. 395) sind nicht zu unterschätzende Herausforderungen. Je weniger Zeit die Menschen haben, sich mit Dingen auseinanderzusetzen, desto schwieriger wird es für Unternehmen, sich nachhaltig im Bewusstsein ihrer Kunden zu verankern. Um Glaubwürdigkeit und Relevanz auszustrahlen und ein Teil der Lebenswelt der Menschen zu werden, braucht es eine emotionale Ansprache und ein Identifikationsangebot. Hierzu ist die Marke der Schlüssel. Ein klares Profil und seine gezielte Übersetzung in den Auftritt werden zum entscheidenden Faktor, um sich abzugrenzen, unverwechselbar zu sein und die Menschen emotional und nicht nur rational zu erreichen.

1.3 Technische Konvergenz verändert die Mediennutzung: Die Unterscheidung zwischen analog und digital wird zur Illusion

Die Zeiten, in denen Medieneinsatz und -nutzung hauptsächlich auf den drei dominierenden Feldern TV, Radio und Print erfolgte, gehören längst der Vergangenheit an. „Die bereits seit mehreren Jahren prognostizierte Konvergenz der Medien wird nun zur Realität. Computer, Fernseher und Handys werden zu Multifunktionsgeräten, die zur Übertragung und zum Empfang von audiovisuellen und Printinhalten geeignet sind" (Zimmermann 2012, S. 380). Die kontinuierlich steigende Zahl an digitalen Kommunikationskanälen und die Verschmelzung der Online- und Offlinewelt erhöhen nicht nur die Komplexität, sondern erfordern immer mehr Know-How im Umgang mit Instrumenten und Inhalten. Durch das Zusammenwachsen der Kommunikationstechnologien sind Inhalte nicht mehr an einzelne Medien gebunden, sondern müssen multifunktional und interaktionsfähig aufbereitet sein. „Die inhaltliche Konvergenz ermöglicht demnach rezeptive, interaktive, kommunikative und produktive Tätigkeiten mit Medien zu einem bestimmten Inhalt" (Schorb 2008, S. 4).

Der Blick fürs Ganze wird für den Erfolg immer ausschlaggebender. Die Unterscheidung in Instrumente und Kanäle und deren unkoordinierter Einsatz werden für Marken wie Unternehmen zunehmend zu einer kommunikativen Gefahr. Menschen haben Bedürfnisse, die sie auf verschiedene Art und Weise befriedigen können. Daher wird es immer wichtiger, ein Gefühl dafür zu entwickeln, welche Erwartungen die Menschen an die jeweiligen Medien, deren Ansprache und Umgang damit stellen. Somit erübrigt sich die Frage analog oder digital. Die hohe Komplexität und die immense Auswahl an Medien und Kanälen bedeutet immer mehr weg vom „entweder oder" zum „sowohl als auch". Die Vorstellung, all die Kommunikationskanäle unabhängig voneinander zu bespielen, weil die internen Verantwortlichkeiten eine plattformübergreifende Kommunikation nicht zulassen, wird schlicht zur Illusion.

1.4 Von der Information zur Interaktion

Von der Vorstellung, dass Fach- und Sachkompetenzen nötig sind, um Unternehmen in die Karten zu schauen, oder mindestens investigative Qualitäten zum Einsatz kommen müssen, um zu verstehen, was dahintersteckt, sollten sich Markenverantwortliche besser verabschieden. Einhergehend mit der Herausforderung der Medienkonvergenz, ist eine gut informierte und zunehmend kritische Öffentlichkeit herangereift (Süss et al. 2011). Altbewährte aufmerksamkeitswirksame Mittel wie lauter, bunter, schneller greifen schon lange nicht mehr. Die Menschen fordern authentische Kommunikation, die einen Dialog mit Öffentlichkeit und Kunden zulässt. Unternehmen haben ihre Informations- und Kommunikationshoheit eingebüßt. Konsumenten wurden zu Kommunikatoren, Multiplikatoren und Prosumenten, deren Meinungen das Image einer Marke in der Öffentlichkeit entscheidend beeinflussen können. Marken sind nicht länger einseitig inszenierte Erlebnisinseln, sondern ein Teil der Lebenswelt der Menschen, die sich für deren Wünsche, Kommentare und Anregungen öffnen müssen. „Unwahre Behauptungen [werden] fast genüsslich entlarvt und blitzschnell weltweit angeprangert" (Beyrow et al. 2007, S. 16). Denken, Fühlen und Handeln sollten im Einklang stehen, und das nicht nur beim Einzelnen. Die tatsächliche Leistung muss dem kommunizierten Markenbild entsprechen – oder dieses im positiven Sinne überbieten. Es braucht eine Kommunikation, die die Marke und ihre Werte repräsentiert, eine markenadäquate Botschaft vermittelt und einen Austausch mit allen Stakeholdern sichert. Glaubwürdig sind jene Marken, die den Weg vom Selbstverständnis und ihren Werten zum Produkt gehen. Und dies unabhängig davon, ob es sich um Unternehmens- oder Produktmarken handelt.

1.5 Der Ruf nach gesellschaftlicher Verantwortung, Haltung und Glaubwürdigkeit wird immer lauter

Immer mehr Menschen stellen die Sinnfrage. Glaubwürdigkeit und ein verantwortungsbewusstes Handeln werden zu wichtigen Parametern, wie Menschen Unternehmen und ihre Marken bewerten. Mehr noch: Verantwortungsbewusstes Handeln wird erwartet und eingefordert. Aufgeklärte Konsumenten hinterfragen Qualität und Herkunft von Produkten und tauschen ihre Erfahrungen in sozialen Netzwerken aus. Non Governmental Organisations (NGOs) und investigative Medienformate (zum Beispiel der ARD-Markencheck) decken Missstände auf und erreichen allein in Deutschland über 6,3 Mio. Menschen (Reichweite LIDL-Check am 9. Januar 2012). Der Konkurs der Drogeriemarktkette Schlecker beweist einmal mehr, dass Konsumenten ein Bewusstsein für Fehlverhalten entwickeln und Unternehmen zunehmend in der Verantwortung sehen, ihr Verhalten zu korrigieren, wenn sie das Vertrauen ihrer Kunden weiterhin genießen wollen. Unternehmen stehen zunehmend vor der immens komplexen Aufgabe, die Gesamtheit ihrer Aktivitäten, ihre Erzeugnisse, Produkte und Dienstleistungen und die Art und Weise, wie sie sich in der Gesellschaft positionieren, gezielt zu steuern. Werte können vor diesem Hintergrund das Bindeglied zwischen Unternehmen und Kunden werden. Unternehmen müssen ihre ökonomischen Ziele mit gesellschaftlichen Werten in Einklang bringen. In einer Zeit, wo Greenwashing von kritischen Konsumenten längst durchschaut wird, sichert verantwortungsvolles unternehmerisches Handeln, das sich an den Unternehmenswerten orientiert und gesellschaftliche Verantwortung als Haltung zu einem integralen Bestandteil ihres Selbstverständnisses und ihrer Strategie macht, einen klaren Wettbewerbsvorteil.

1.6 Die vernetzte Weltwirtschaft – Segen und Problem zugleich

Gestern noch war globales Wachstum eine Strategie, die schnellen unternehmerischen Erfolg versprach. Länder und Kontinente wurden zu neuen Märkten, die es zu erobern galt. Was auf der einen Seite immense Chancen für viele Marken bedeutete, entwickelte sich zunehmend zu einer ebenso großen Hürde. Der globale Markt wurde immer unübersichtlicher. Für Unternehmen und Marken bedeutet dies, dass sie sich abgrenzen müssen. Sie müssen sich jeden Tag aufs Neue gegen den Wettbewerb behaupten und um die Aufmerksamkeit und die Gunst der Konsumenten kämpfen. Um in den immer enger werdenden Märkten zu bestehen, wurden in immer schnellerer Abfolge Innovationen und neue Produkte gelauncht. Denn: Innovationskraft gilt als Treiber wirtschaftlichen Erfolgs und Wachstums (GE 2013). Wenn Innovationen allerdings überbetont werden und Unternehmen dadurch ihre Kernmarken und das, wofür sie stehen, aus den Augen verlieren, birgt dies die Gefahr, dass sie ihr Profil verwässern. Schlecker, Rosenthal, Opel, dies sind nur einige wenige Beispiele für eine Unternehmens- und Produktpolitik, die für kurzfristige Absatz- und Renditeziele das opfert, wovon sie leben, nämlich die Marke als Qualitätsgarant und emotionaler Orientierungspunkt in einem immer unübersichtlicher werdenden Markt. Eine Unternehmensführung, die Nachhaltigkeit und Innovationskraft zu verbinden weiß, die sich ihrer Werte und ihrer Identität bewusst ist und Innovation nicht um der Innovation willen verfolgt, wird langfristig erfolgreicher sein. Denn jeden Tag eine neue Idee, jeden Tag eine neue Strategie fordert nicht nur von den Mitarbeitern eine enorme Flexibilität, es überfordert auch die Kunden, die von Entwicklungsgeschwindigkeit und überbordender Masse ebenfalls zu Getriebenen in einer unübersichtlichen Produktvielfalt werden.

2 Visible Strategies – Das Visuelle als strategisches Instrument in der Markenarbeit

Nicht selten ist es unser Geschmack, der zum prägenden Element unseres Alltags und unseres Lebens wird. Unvermittelt sehen sich Führungskräfte mit der Herausforderung konfrontiert, eine Meinung über Dinge zu äußern, die sie im Prinzip oft nur mit einem vagen Gefühl beantworten können. Bedauerlich nur, dass Geschmacksempfindungen kaum eine sichere Grundlage für Investitionsentscheidungen bilden. Immanuel Kants Erkenntnis, dass sich über Geschmack schlecht streiten lässt, beschreibt das Dilemma, in dem sich nicht selten Markenverantwortliche in den Unternehmen befinden (Kulenkampff 1994). Kant wäre allerdings nicht Kant, ließe er uns mit dieser Erkenntnis alleine. Dennoch bleibt seine Empfehlung, es doch einmal mit Geschmacksbildung zu versuchen, oft ungehört.

Wer kennt sie nicht, die Entscheidungen, die bestenfalls als Kompromiss empfunden werden. Wie soll allerdings ein Kompromiss die Menschen begeistern, wenn er schon jene nicht begeistert, die ihn eingegangen sind? Kein neues Problem also: die Frage nach einer adäquaten Lösung und einem adäquaten Auftritt. Die zunehmende Komplexität der Aufgabenstellung hebt das Ganze auf eine andere Ebene. „Probleme kann man nicht mit jenem Denken lösen, mit dem sie geschaffen wurden", soll Einstein einst gesagt haben. Eigentlich liegt die Lösung auf der Hand: Wir müssen eine andere Dimension, ein anderes „Instrument" nutzen, um Fehler bzw. Fehleinschätzungen und Konsequenzen unserer Entscheidungen nicht erst dann erkennen zu können, wenn sie bereits Realität sind.

Ob eine Strategie wirklich ihr Ziel erreicht, kann das Visuelle im Findungsprozess vor ihrer Umsetzung verdeutlichen. Als Spiegel der Realität macht es jede Strategie in ihrer Entwicklung bereits überprüfbar. Die rechtzeitige Einbeziehung der sinnlichen Ebene sichert also den Erfolg von Strategien. Umso erstaunlicher, dass die immense strategische Bedeutung der emotionalen, sinnlichen Dimension der Marke in den Vorstandsetagen immer noch ein Schattendasein führt. Dabei ist sie, insbesondere in der interaktiven, dialogorientierten Welt, immer häufiger der entscheidende Schlüssel zu Glaubwürdigkeit, Akzeptanz und Relevanz der Marke.

Design losgelöst von den inhaltlichen, konzeptionellen Zielen eines Unternehmens oder einer Marke zu betrachten, greift daher zu kurz. Das Visuelle trägt ganz wesentlich zum Aufbau und zur ganzheitlichen Wirksamkeit einer Marke bei. Eine Auseinandersetzung mit den unterschiedlichen Dimensionen und Wirkungsweisen von Design muss daher im Gesamtkontext der Marke und deren Positionierung geschehen.

Voraussetzung dabei sind ein größeres Markenbewusstsein und mehr Identifikation mit den Werten des Unternehmens. Denn erst wenn Unternehmen ihre gesamte Kommunikation und ihren Auftritt – über alle Kanäle hinweg – im Blick behalten, wird dies ihr Profil am Markt schärfen und sich nachhaltig positiv auf ihr Image auswirken. Liegt darin doch die große Chance, sich gegenüber jenen, die den künftigen Anforderungen nicht gerecht werden, abzugrenzen.

2.1 Marke ist mehr als nur ein Logo: Die Bedeutung von Marken

Marken sind Kennzeichen und Symbole für Inhalte, Haltungen und Werte. Sie verkörpern und bündeln Fähigkeiten und Leistungen, die sich hinter einem Produkt oder einem Markenversprechen manifestieren. Sie sind Qualitäts- und Leistungsgarant und bieten den Menschen Orientierung in einer immer unübersichtlicher werdenden Welt. Je klarer und eindeutiger Stärken und Potenziale mit ihr verbunden werden, desto mehr werden sie zu einem Erfolgsgaranten für Menschen, Unternehmen, Regionen, Produkte und Dienstleistungen. Allein diese Aspekte zeigen, dass ein Logo alleine mit diesen Herausforderungen wohl völlig überfordert wäre. Kein Selbstläufer also, das Thema strategische Markenführung. Gelingt es allerdings Produkten oder Dienstleistungen mittels Marke den Dingen Bedeutsamkeit zu verleihen, vermitteln Marken dem Verbraucher einen gefühlten Mehrwert. Sie schaffen Identifikationspotenzial und ermöglichen dadurch den Aufbau langfristiger emotionaler Bindungen. Starke Marken können zum Innovationstreiber werden und entscheidende Impulse für das gesamte Unternehmen bieten. Marken wie (ehemals) Braun, Apple oder Nespresso sind nur einige wenige Beispiele, die für erfolgreiche, ganzheitliche Markenführung stehen. Produkte, Kommunikation und Auftritt vermitteln eine attraktive und leistungsfähige Marke, der es lohnt, treu zu bleiben. Selbst in Krisenzeiten oder Expansionsphasen hilft eine starke Marke. Sie schützt Unternehmen und Produkte in schwierigen Zeiten davor, in den Strudel der Bedeutungslosigkeit zu geraten und schafft Identifikation nach innen und außen und bietet Orientierung und Zuversicht. In Wachstumsphasen bietet sie eine unverzichtbare Grundlage, um Investitionsentscheidungen im Sinne des Ganzen zu treffen.

2.2 Marke als Ausdruck der Unternehmensidentität

Um Unternehmen als Marke zu positionieren, die bei ihren potenziellen Kunden Vertrauen erweckt, reicht es nicht aus, ein ansprechendes Logo zu kreieren oder ein neues Briefpapier zu entwerfen. Der Aufbau einer Marke erschöpft sich nicht in der Gestaltung der Geschäftsausstattung und aller Kommunikationsmittel. Der Weg zu einer starken Marke beginnt vielmehr damit, sich seiner eigenen Persönlichkeit, der Identität des Unternehmens bewusst zu werden (Meffert und Burmann 2002; Esch 2012). Die entscheidenden Fragen sind: Was soll das Visuelle sichtbar und erlebbar machen? Was sind die Wurzeln des Unternehmens? Wo stehen wir heute? Was sind unsere Ziele? An welchen Werten wollen wir uns langfristig orientieren? Worin unterscheiden wir uns von anderen? Die Beantwortung dieser Fragen erfordert eine umfassende Bestandsaufnahme, die möglichst alle Unternehmensbereiche einbezieht. Erst ein klares Bild des Unternehmens schafft die Basis für Wiedererkennung und Glaubwürdigkeit – und sorgt damit für eine unverwechselbare Positionierung im weltweiten Wettbewerb. Es kommt also darauf an, die eigene Unternehmensidentität zu bestimmen, klar Position zu beziehen und die eigenen Stärken strategisch zum Einsatz zu bringen und in einem schlüssigen Auftritt zu verankern.

Gerade in der Definition und Formulierung ihrer individuellen Werte und damit der Ableitung ihrer Identität tun sich Unternehmen in der Realität allerdings oft schwer. Es besteht die Gefahr, sie „in Richtung eines austauschbaren und individualitätsfernen Kompromissjargons" zu verwässern. „[...] nahezu jedes Unternehmen schätzt sich modern, seriös, dynamisch oder kompetent ein. Dabei handelt es sich jedoch um unternehmerische Selbstverständlichkeiten. Mit der visuellen Übersetzung solcher Vorgaben können folglich kommunikativ nur Konventionen bedient werden, statt Innovationen zu entwickeln" (Beyrow et al. 2007, S. 10). Primäre Aufgabe muss also sein, das Unverwechselbare der Marke herauszuarbeiten, es mittels des Visuellen zu überprüfen und in ein attraktives Profil zu übersetzen. Nur so lässt sich ein tragfähiges Fundament für die Marke und ihre erfolgreiche und nachhaltige Wirkung entwickeln.

> **Identitätsorientierter Markenansatz**
> „Im Mittelpunkt der Betrachtung stehen die Wechselseitigkeit von unternehmensinterner Markenidentität und unternehmensexternem Markenimage sowie die Betonung einer über Funktions- und Unternehmensgrenzen hinweg greifenden Vernetzung aller markenbezogenen Aktivitäten im Sinne einer Ganzheitlichkeit der Markenführung" (Meffert et al. 2005, S. 31).

Der identitätsorientierte Markenansatz und die ganzheitliche Denkweise, die ihm zugrunde liegt, werden in Abb. 1 veranschaulicht. Im Kern steht die strategische Markenplattform, die alle Inhalte der Markenidentität – Vision, Markenidee, Werte und Haltung des Unternehmens – definiert. Von da aus baut sie über den visuellen Auftritt und das Markenerlebnis Brücken und Entscheidungshilfen in alle Unternehmensbereiche, um diese im Sinne der Marke handlungsfähig zu machen (vom Personalmanagement über die Produktentwicklung, Marketing, Vertrieb bis hin zur Unternehmenskommunikation). Alle Unternehmensbereiche agieren demnach auf der Basis eines gemeinsamen Verständnisses von der Identität und den Zielen des Unternehmens. Das Design ist die unmittelbare, „sichtbare Manifestation" (Manss 2007, S. 23) der Strategie und macht sie so greifbar und nachvollziehbar.

2.3 Corporate Design als strategisches Instrument für Führungskräfte

Im Corporate Design (CD) manifestieren sich die grundlegenden Aussagen einer Marke. Sie bieten Orientierung und geben Hinweise für schlüssige Ableitungen im Sinne der Marke. Wiedererkennbarkeit und Selbstähnlichkeit sind dabei zentrale Voraussetzungen, die einer Marke Stabilität verleihen.

Das Visuelle übersetzt die begrifflichen Beschreibungen des Selbstverständnisses und der eigenen Wertevorstellungen in Schrift, Form, Farbe und Bildwelten. Diese Übersetzung macht die Tragweite von Entscheidungen, die aus betriebswirtschaftlichen Aussagen resultieren und im gesamten Unternehmen zu weitreichenden Konsequenzen führen, unmittelbar sichtbar. Noch vor der Entwicklung des Corporate Designs bringt Design als strategisches Instrument insbesondere Klarheit in den Markenprozess und sorgt für Eindeutigkeit in der Aussage und Übereinkunft im gemeinsamen Verständnis. Denn: Über die bildhafte Darstellung wird die Bedeutung, die ein Begriff für jeden Einzelnen hat, sicht- und begreifbar. Das Visuelle ist daher notwendiger Teil des strategischen Prozesses. Erst dann sollte die Positionierung des Unternehmens in das Erscheinungsbild – das Corporate Design – übersetzt werden, um so über alle Kanäle hinweg ein schlüssiges und stimmiges Markenerlebnis zu schaffen. Nur so wird Design disziplinübergreifend Ausdruck der Unternehmensidentität und zum entscheidenden Differenzierungsmerkmal.

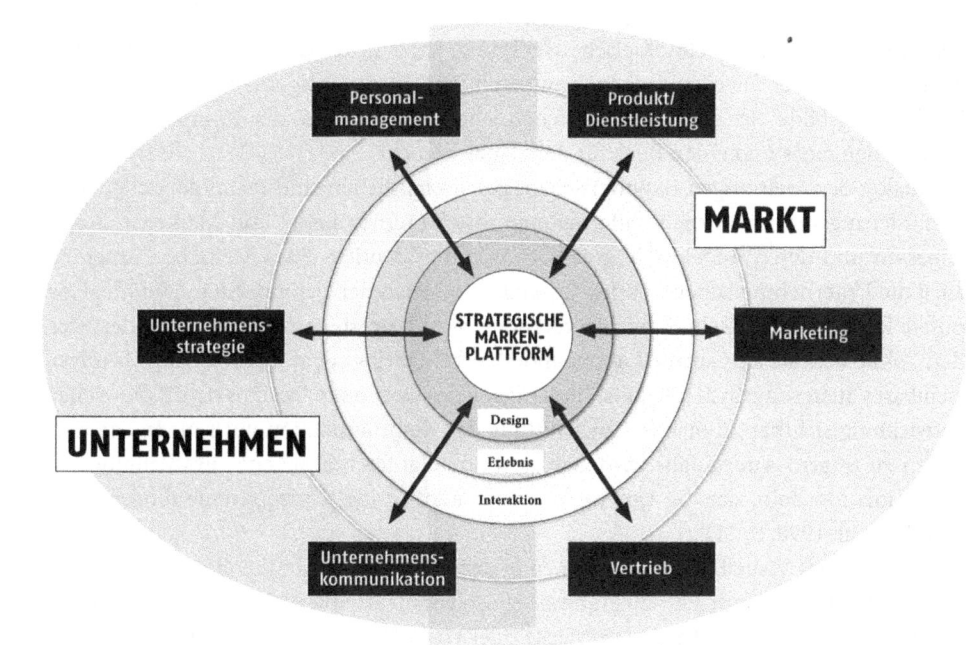

Abb. 1 MetaPlattform – die strategische Markenidentität als Ausgangspunkt einer konsistent und ganzheitlich agierenden Marke

> **Corporate Design**
> „Corporate Design ist die symbolische Identitätsvermittlung im Wege eines systematisch aufeinander abgestimmten Einsatzes aller visuellen Elemente der Unternehmenserscheinung" (Wiedmann 2009, S. 340).

Eine Definition von Corporate Design, die bewusst „alle[r] visuellen Elemente der Unternehmenserscheinung" (Wiedmann 2009, S. 340) umfasst, ist bereits ein wesentlicher Schritt hin zu einem erweiterten CD-Begriff im Sinne eines ganzheitlichen Markenverständnisses. Um nachhaltig erfolgreich zu sein, ist es unumgänglich, neben den klassischen CD-Elementen wie Logo, Schrift, Farb- und Bildwelt auch die anderen Steuerungselemente wie Kommunikation (Corporate Communication), Verhalten und Kultur (Corporate Behaviour) (Herbst und Stier 2012) zu integrieren und „deren Zusammenspiel sowie Spiegelung in Gestalt ‚innerer Bilder' bei den Stakeholdern" (Wiedmann 2009, S. 352) zu berücksichtigen. Darauf aufbauend kann ein Markenauftritt entstehen, der nicht nur die Vision und die strategische Zielsetzung in eine sinnlich wahrnehmbare Dimension übersetzt, sondern auch jene Einzigartigkeit vermittelt, die die Grundlage für Identifikation und Wiedererkennbarkeit schafft.

Um eine konsistente Wahrnehmung der Marke zu gewährleisten, muss das Zusammenspiel der verschiedenen Elemente kontinuierlich optimiert und begleitet werden. Jedes neue Instrument, jede technologische Neuerung, jeder neue Kanal birgt neue Möglichkeiten, bringt aber auch neue Fragen mit sich. Die aktive, zielgerichtete Steuerung des Erscheinungsbildes ist ein kontinuierlicher, lebendiger Prozess, der Kompetenzgrenzen überwinden muss und einen Blick für das Ganze braucht.

Analog den vielseitigen ökonomischen, gesellschaftlichen und technologischen Herausforderungen müssen auch Unternehmen ihre Unternehmens- und Markenstrategien anpassen und den Wandel aktiv gestalten. Wie die Identität eines Menschen unterliegt auch die Unternehmensidentität den Gesetzmäßigkeiten der Veränderung: „Sie [die Corporate Identity] ist fortschreitend, sie verändert sich (bzw. sie muss gezielt verändert werden), ohne dass sie als Ganzheit auseinanderbricht" (Birkigt et al. 1998, S. 18). Als unverzichtbares Steuerungsinstrument ist die Aufgabe des Corporate Designs dabei, die Weiterentwicklung sichtbar zu machen und mithilfe der Kommunikation nach innen wie nach außen zu tragen. Andernfalls wird „ein traditional aufrechterhaltenes Erscheinungsbild zum Klotz am Bein, das die Unternehmensidentität in die Schizophrenie führen kann" (Birkigt et al. 1998, S. 21).

Die Kraft des Visuellen liegt zum einen in der Fähigkeit, Zusammenhänge anschaulich zu vermitteln und damit Entscheidungsprozesse voranzutreiben. Und darüber hinaus ermöglicht der visuelle Auftritt einer Marke oder eines Unternehmens Identifikation, Differenzierung und Wiedererkennbarkeit und bietet die Chance der emotionalen Bindung. Design umfasst alles sinnlich Wahrnehmbare, von den klassischen Mitteln der Kommunikation über Produkte, Verpackungen bis hin zur Architektur (Herbst und Stier 2012; Frontzek 2005).

2.4 Gefühl vor Verstand – zur Wirkungsweise von Bildern

„Du sollst Dir kein Bild machen…", die Bibel kannte die ungeheure Wirksamkeit der Bilder, die wir uns machen und denen wir somnambul folgen. Und so begleiten uns immer noch „innere Vorstellungsbilder", die wir zum Teil noch nicht einmal benennen können. Inzwischen sind wir tagtäglich von wahren Bilderfluten umgeben. Allein unsere Kompetenz diese Bilder zu lesen und zu deuten, steckt immer noch in den Kinderschuhen. Zu schnell rauschen sie an uns vorüber. Zu austauschbar sind die Welten, die sie uns vermitteln sollen. Kein Wunder, dass Marken- und Unternehmenskommunikation sich dieses Mittels bedienen muss, um Menschen und Märkte zu erreichen. Die Macht des Bildes beruht auf der Tatsache, dass Inhalte schneller transportiert werden können, Bilder unmittelbar emotional wirksam und damit einprägsamer sind und eine hohe Glaubwürdigkeit besitzen.

Neunzig Prozent seiner Sinnesinformationen erhält der Mensch über das räumlich-visuelle System, welches etwa sechzig Prozent der Prozesse zur Informationsverarbeitung im Gehirn beansprucht (Buether 2010). Um etwas visuell wahrzunehmen, benötigt das menschliche Gehirn nur Sekundenbruchteile. Um Worte oder Geschriebenes zu erfassen, müssen wir uns konzentrieren oder muss zumindest eine gewisse Bereitschaft vorhanden

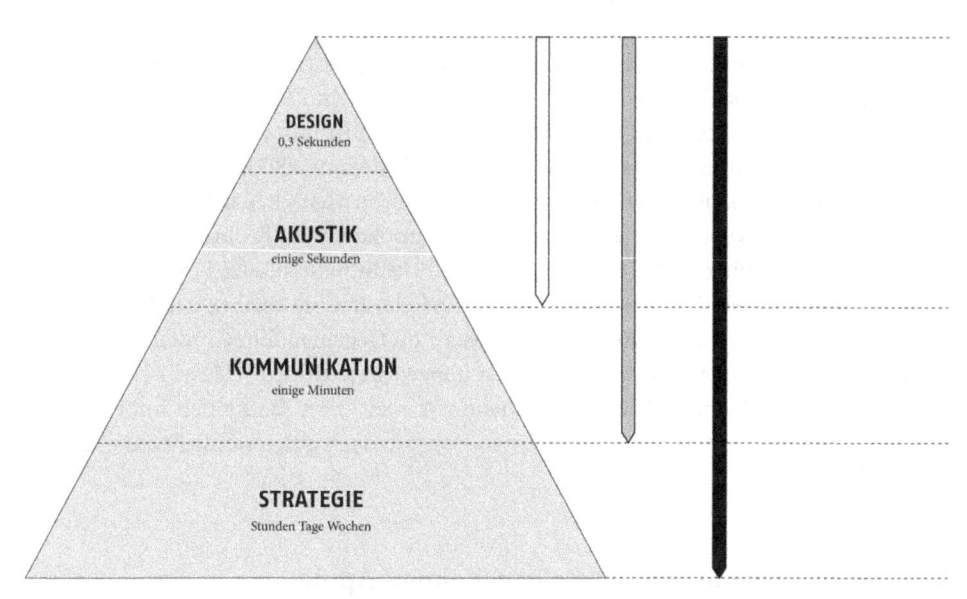

Design als strategischer Erfolgsfaktor in der Unternehmenskommunikation

Abb. 2 Wirkungsmechanismen der Wahrnehmung

sein, um Aufmerksamkeit zu erzeugen (siehe Abb. 2). Das Visuelle wirkt wie ein Filter, der in rasender Geschwindigkeit aussortiert, zuordnet, entscheidet, was uns interessiert bzw. was wir als attraktiv empfinden oder eben nicht. Für unser Erinnerungsvermögen ist das Visuelle eine schnelle und effektive Stütze: „Um ein Bild mittlerer Komplexität aufzunehmen und später erinnern zu können, werden ca. 1,5 bis 2,5 s benötigt" (Esch und Michel 2009, S. 716). Dabei gilt, dass Menschen primär Bilder wahrnehmen und erinnern, die ihren Bedürfnissen, Wünschen und Werten entsprechen (Esch und Michel 2009). Ist dies nicht der Fall, braucht es wesentlich mehr Kontaktpunkte, um z. B. Marken im Gedächtnis zu verankern (Wiedmann 2009). Ganzheitliche Markenführung muss sich zunehmend mit der Frage auseinandersetzen, wie das, was Marken kommunizieren und was sie bewirken, gezielter gesteuert werden kann.

Sollen Botschaften und Inhalte nicht in der Informationsflut untergehen, muss das Visuelle die richtigen Impulse setzen, um Aufmerksamkeit zu erzeugen oder Neugierde zu wecken. Je mehr Sinne dabei eingesetzt werden, desto intensiver ist der Eindruck, den Marken in Kopf und Herz der Menschen hinterlassen. Da über jeden Sinn eine tiefere Prägung möglich wird und darüber hinaus weitere Gehirnregionen aktiviert werden, vergrößert sich die Chance, nachhaltig in Erinnerung zu bleiben. Ob visuell, akustisch, haptisch, über Geruch oder Geschmack: Werden relevante Sinne aktiviert, gewinnt die Botschaft an Gewicht und ermöglicht emotionale Bindung.

Ohne ein adäquates Erscheinungsbild, einen adäquaten Auftritt gelingt es keiner Marke mehr, Kunden und Märkte nachhaltig für sich zu begeistern. Für Unternehmen und ihren Erfolg spielt der Umgang mit dem Visuellen daher eine immer wichtigere Rolle. „Je klarer und eindeutiger das visuelle Bild eines Unternehmens gestaltet ist, desto weniger Worte sind nötig, um das Unternehmen mit allen Merkmalen zu identifizieren" (Herbst 1998,

S. 18). Das liegt mitunter auch daran, dass Marken selbst „Vorstellungsbilder in den Köpfen der Anspruchsgruppen" (Esch 2012, S. 22) sind, die aus dem Zusammenspiel der Erwartungen und Vorstellungen vom Unternehmen mit dem Auftritt des Unternehmens erzeugt werden. Die Entstehung solcher „inneren Bilder" (Wiedmann 2009), wie sie auch genannt werden, zu erforschen und das ökonomische Handeln von Menschen näher zu erklären, ist Aufgabe der Neurowissenschaften, genauer der Neuroökonomie (Bruhn und Köhler 2011; Lee et al. 2006; Kenning et al. 2007). Insbesondere Erkenntnisse aus der Bewusstseins- und Emotionsforschung sind für die Markenarbeit von Relevanz. Sie machen deutlich, dass der rationale und bewusste Konsument nicht existiert. Im Gegenteil: Ein Großteil der (Kauf-) Entscheidungen, nämlich bis zu 90 %, werden unbewusst getroffen (Häusel 2012). Bei der immer größer werdenden Fülle an Informationen erleichtern Emotionen Informations- und Entscheidungsprozesse und ermöglichen Konsumenten einen sinnlichen und emotionalen Zugang.

2.5 Ein Blick in die Praxis: Erfolgsgeheimnis Apple

Wirklich Gutes entsteht nicht über Nacht. Vieles muss ineinandergreifen und in sich reifen, um Stärken auszubauen, Grenzen zu erkennen und aus Fehlern zu lernen. Marken, die für eine große Erfolgsgeschichte stehen, leben von Disziplin, Durchhaltevermögen, Treue und großer Leidenschaft für das, was die Menschen tun. Dies alles sind Voraussetzungen, um eine starke Marke zu werden. Steve Jobs hat (ganz offensichtlich) vieles richtig gemacht; und so wurde Apple zu einer der wertvollsten Marken unserer Zeit.

Erfolgreiche Unternehmen und Marken zeichnen sich durch die Fähigkeit aus, Menschen zu begeistern. Jobs hat sich genuiner Lehrmeister bedient, die ihm den Weg bereiteten. Neben keinem Geringeren als Albert Einstein zählen Rank Xerox und die Marke Braun (und das Bauhaus) zu den Vätern des Erfolgs. Einstein lieferte die Vision: „think different", Rank Xerox die revolutionäre technologische Plattform des Oberflächendesigns und Braun das Produktdesign, mit dem Dieter Rams nach dem Prinzip „form follows function" Geschichte schrieb und dem Unternehmen Braun jenes geniale Profil verlieh, dass die Marke unsterblich machen sollte. Eine Trinität, die den Grundstein legte, die Steve Jobs zu dem Wirtschafts- und Medienstar und Apple zu einer weltweit begehrten Marke machen sollte. Wen wundert da noch, dass kein geringerer, weltbewegender Mythos und dessen Symbol, nämlich die Vertreibung aus dem Paradies samt angebissenem Apfel, Pate für das Logo stehen sollte, welches – laut Apple-Mythos – jene Apfelkiste zierte, die zufällig in der Garage stand, in der alles seinen Anfang nahm.

Der große Erfolg der Marke Apple ist allerdings ohne (Jobs) Begeisterung für das Potenzial, das sich in der technologischen Entwicklung verbergen sollte, einem feinen Gespür, das Unternehmen aus der Marke heraus zu führen und neben großer Ausdauer, eiserner Disziplin und einer ansteckenden, faszinierenden Vision nicht zu haben. Rank Xerox, das Unternehmen, das Jahrzehnte weltweit zu den innovativsten Technologietreibern zählte, hatte damals das Potenzial zu spät erkannt, das in der bahnbrechenden Neuentwicklung seiner Ingenieure steckte. Jobs war vom ersten Augenblick an fasziniert und so kam es, dass er erkannte, was Rank Xerox verborgen blieb.

Im Anfang liegt die Qualität – jene Weisheit bildet frei nach Aristoteles (Höffe 2006) auch heute noch das Fundament für nachhaltigen unternehmerischen Erfolg. Die Vision, die Menschen begeistert und zu Höchstleistungen anspornt, bildet immer noch die Grundlage, um strategische Ziele zu erreichen und wirtschaftlichen Erfolg zu gewährleisten. Strategie, Kommunikation und Design müssen im Einklang stehen. Sie bilden den Dreiklang, der das emotionale Potenzial, das für die Marken immer wichtiger wird und den Erfolg von morgen sichert. Bei all dem spielt das Visuelle und Emotionale eine entscheidende Rolle.

Gestern noch ging es häufig im Wesentlichen um die Frage, welches Logo für das Unternehmen oder die Marke steht. Mühsam mussten Unternehmen lernen, dass ein Logo alleine die vielen Aufgaben, die Marken- und Kommunikationsverantwortliche tagtäglich im Unternehmen bewältigen müssen, nicht lösen kann. So entwickelte sich ein Bewusstsein für die Notwendigkeit von Corporate Design, Corporate Identity und Branding. Heute steht das Erlebnis, die Inszenierung, die es braucht, um Gehör und Aufmerksamkeit zu erzielen, im Vordergrund. Immer mehr geht es um ein ganzheitliches Markenerlebnis, wenn aus Kunden Fans werden sollen und das Unternehmen wirtschaftlich auf Erfolgskurs bleiben soll. Es braucht sozusagen eine Metaebene, an der sich unser Denken und Handeln ausrichtet und der die Menschen folgen können. Sie ist Prüfkriterium in Entscheidungsprozessen und bietet Orientierung, auch und gerade wenn die Zeiten auf Sturm stehen.

Es geht um die Idee – die Markenidee. Sie bietet die Verankerung für den genetischen Code oder die strategische Markenplattform und die Inszenierung all dessen, was das Unternehmen und seine Identität im Kern ausmacht. Egal, welcher Sinn dabei angesprochen wird: Die Botschaft muss zur Marke passen. Jobs hat es geschafft, von der Wirkungsdimension aus zu denken und Antworten zu formulieren, die zu unserem Lebensgefühl, zu unserer Vorstellung, wie wir leben wollen, passen. Nur so konnte die Marke es schaffen, für eine Vision zu stehen, die die Welt einfacher, smarter und schneller macht.

Apple hat eine Markenwelt geschaffen, die zum einen eine unverwechselbare Identität transportiert und zum anderen die Bedürfnisse der Kunden ins Zentrum ihrer Entwicklungen, Produkt- und Serviceideen stellt. In dem Apple-Ökosystem wird die gesamte Wertschöpfungskette der Unterhaltungselektronik bedient, von den Geräten bis zu den Inhalten wie Musik, Film oder Nachrichten.

Der Umsatz von insgesamt über 100 Mrd. $ spricht dabei auch für sich. Mit legendären Produkteinführungen, die im Vorfeld schon für beachtlichen Medienrummel und lange Schlangen vor den neuen Kathedralen des Konsums – den Flagship-Stores – sorgten, hat die Marke ihre Attraktivität und Innovationskraft immer wieder neu und immer wieder beeindruckend unter Beweis gestellt. Das iPhone wurde zu einem „Must-have" und die eingefleischten Apple-Fans wurden zur Technologie- und Designelite einer neuen Welt. Die Auftritte von Steve Jobs zu den von den Fans sehnlichst erwarteten Produkteinführungen waren legendär. Alles passte zur Gesamtinszenierung und zum Lebensgefühl von „think different". Vom Auftreten des CEO und der Dramaturgie der Inszenierung, der

Produktgestaltung bis hin zum Lebensgefühl, das insbesondere in den Kampagnen immer wieder in Szene gesetzt wurde. Alles war perfekt aufeinander abgestimmt. Ästhetik, Ausstrahlung und Haptik der Produkte und verwendeten Materialien wurden zu Stilikonen einer ganzen Generation. Neben dem unternehmerischen Esprit und einer gewissen puristischen Leichtigkeit in der Erscheinung wurde die Erkenntnis, dass dies alles auch in der Kommunikation und im Gesamtauftritt ihren Ausdruck finden muss, zu zentralen Erfolgsfaktoren der Marke. Strategie, Kommunikation, Design und Interaktion greifen nahtlos ineinander und wurden in ihrer Tragweite und Bedeutung für den nachhaltigen Unternehmenserfolg als gleichwertig und gleichberechtigt erkannt und gezielt genutzt.

Den Unternehmenserfolg auf das Ineinandergreifen unterschiedlichster Dimensionen aufzubauen ist die große Kunst, Ideen und Produkte aus der Identität des Unternehmens heraus zu entwickeln. So haben Produkte und Dienstleistungen weitaus höhere Erfolgschancen als Me-too-Produkte und Marktforschungs-Hybride. Und nicht nur das Lancieren und Inszenieren neuer Produkte folgt bei Apple einem wohldurchdachten Erfolgsrezept. Konsumanreize werden geschaffen, indem die Produkte durch wechselnde Designfeatures zum modischen Accessoire deklariert werden und ihr Lebenszyklus durch regelmäßig auf den Markt geworfene neue Modelle künstlich verkürzt wird. Mittels dieser geplanten Obsoleszenz sichert sich Apple seine Vorreiterrolle und „opfert" seine Produkte lieber eigenen neuen Produkten als denen der Konkurrenz.

Ein wesentlicher Schlüssel zum Erfolg der Marke liegt in dem Stellenwert von Design und Innovation und der Erkenntnis: „Design ist Kommunikation, jedes Design kommuniziert" (Beyrow et al. 2007, S. 11). Für Steve Jobs war gutes Design nicht nur an der Oberfläche entscheidend, sondern für ihn bedeutete wahre Qualität, dass auch das Innenleben eines Produktes designgetrieben entwickelt werden musste: „Design ist die Seele, die jedem von Menschen geschaffenen Werk zugrunde liegt und die letztendlich in aufeinanderfolgenden äußeren Schichten zum Ausdruck kommt" (Isaacson 2011, S. 403). Letztendlich gilt dies nicht nur für das Produktdesign, sondern für den gesamten Auftritt der Marke Apple. Als ein aus der Marke heraus gesteuertes Unternehmen versteht es Apple, seine Identität visuell prägnant und ansprechend immer wieder neu zu übersetzen – von den Produkten bis zur Gestaltung der Stores. Steve Jobs berühmtes Credo „Simplicity is the ultimate sophistication" (Isaacson 2011, S. 402) wurde zu einem Denken, das den gesamten Auftritt in all seinen Facetten prägt.

Einfachheit, intuitive Nutzerführung und Bedienoberflächen, die aus der Perspektive der Nutzer gedacht und entwickelt werden und nicht ausschließlich dem Diktat technischer Neuerungen Folge leisten, heben Produkte von der Masse ab. „Einfachheit ist nicht immer automatisch benutzerfreundlich, sondern kann manchmal unpraktisch oder gar abschreckend wirken" (Isaacson 2011, S. 155). Erst ihr schlüssiges Interaktionsdesign in Kombination mit weiterführenden Serviceangeboten, z. B. über iTunes, ermöglicht es Produkten wie dem iPhone oder dem iPad, auf Bedürfnisse ihrer Kunden zu antworten. Sie generieren einen Mehrwert, indem sie mehr sind als ein Musikplayer oder ein Handy. Sie werden zu Plattformen, die Erlebnisse schaffen und eine Vielzahl an Dienstleistungen anbieten (Brunner et al. 2009). Interaktion und Erlebnis gehören inzwischen zu den Treibern der Markenwahrnehmung und bestimmen die Relevanz einer Marke im Alltag der

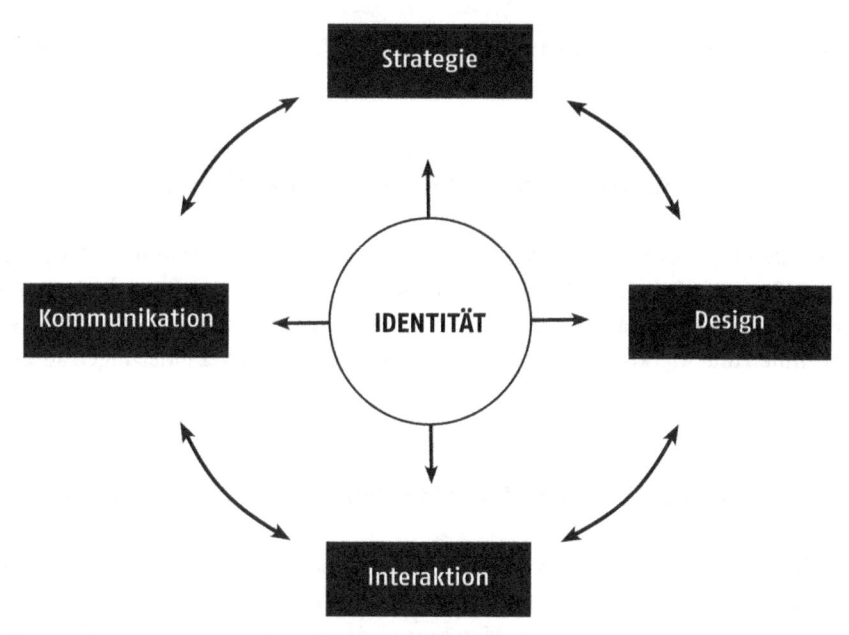

Design als strategischer Erfolgsfaktor in der Unternehmenskommunikation

Abb. 3 Die Dimensionen erfolgreicher, identitätsorientierter Markenarbeit: Strategie, Design, Kommunikation und Interaktion im Einklang

Menschen. Marken, die den hohen Ansprüchen von Kunden und Stakeholdern gerecht werden, vereinen in sich einen emotionalen Mehrwert und ein klares Nutzenversprechen. Dies unterscheidet Apple von seinen Konkurrenten und ermöglichte den Aufbau langfristiger Bindungen, ohne die heute keine Marke nachhaltig erfolgreich ist.

Komplexität nicht mit kompliziert gleichzusetzen und einfach nicht mit banal zu verwechseln wird – je komplexer Produkte, Dienstleistungen und Services werden – für Unternehmen wie Marken zu ausschlaggebenden Parametern. Apple wurde strategisch (zunehmend) aus einer Perspektive gesteuert, die das Ganze und die Wirkungsdimension im Blick behielt. Naturgemäß ist es nicht der visuelle Auftritt alleine, der die strategische Ausrichtung und die inhaltlichen Schwerpunkte der Unternehmensidentität übersetzt. Es geht um das Ineinandergreifen unterschiedlicher Disziplinen und es geht darum, Synergien zu schaffen, ob in der Entwicklung des Produkts, oder in seiner Vermarktung. In Abb. 3 wird schematisch dargestellt, welche Voraussetzungen gegeben sein müssen, damit ein in sich stimmiges Markenerlebnis entstehen kann. Alle Dimensionen müssen ineinandergreifen, sich ergänzen und verstärken, um am Ende ein sinnvolles Ganzes zu bilden.

Durch wachsende Medienkonvergenz und der sich daraus zwangsläufig ergebenden Transparenz bleibt nicht verborgen, wenn Markenbotschaft und Auftritt auseinanderdriften. Denn widersprüchliche Botschaften und Impulse formen ein uneinheitliches Bild. Bislang beherrscht Apple das Zusammenspiel der einzelnen Instrumente perfekt. Als eine der wertvollsten Marken mit Millionen begeisterter Fans wächst allerdings auch die Verantwortung gegenüber der Gesellschaft. Die Marke hat eine neue Dimension erreicht.

Spannend bleibt, wie Apple diese Herausforderung in Zukunft meistert und zwar auf allen Ebenen.

3 Was müssen Führungskräfte von morgen beachten?

Herausforderungen wachsen, Märkte werden volatiler und instabiler und die Möglichkeiten unser Tun und Handeln auf deren Konsequenzen hin zu überprüfen, schwieriger. Was also verleiht unserem Alltag und unseren Entscheidungen Stabilität und Gewissheit, wenn Unternehmen und Marken auf fast allen Ebenen kontinuierlich Veränderungen ausgesetzt sind?

3.1 Am Puls der Zeit sein und den Markenwerten dennoch treu bleiben

Sicher ist, dass Unternehmen sich den wandelnden und wachsenden Aufgaben wie einer stärkeren Vernetzung, dem Bedürfnis nach Interaktion und beschleunigten Prozessen stellen müssen. Bei aller Dynamik der Märkte und deren spezifischen Herausforderungen müssen die Markenverantwortlichen erkennen, was das Unternehmen und die Marke trägt und welche Stärken sich darin manifestieren. Beiden Anforderungen gerecht zu werden scheint die große Herausforderung in den kommenden Jahren zu sein. Zum einen braucht es eine stabile Basis, um aus dem Fundament Kraft zu schöpfen, und zum anderen die Fähigkeit, sich kontinuierlich zu entwickeln, um Zukunfts- und Erneuerungsfähigkeit zu signalisieren. Es geht um essenzielle Fragen in der Markenführung. Es geht um das aufgebaute Markenkapital einerseits und Zukunftsfähigkeit und Innovationskraft andererseits.

Damit Menschen die Marke verstehen und lernen können, braucht es Konstanten, welche die Marke in ihrer Wiedererkennbarkeit und Einzigartigkeit transportieren. Zugleich braucht es Variablen, die der Marke den Raum geben, aktuellen Anforderungen gerecht zu werden. Immer wieder wird es also darum gehen, diese zum Teil widersprüchlichen Anforderungen in Einklang zu bringen, nämlich den Markenauftritt kontinuierlich weiterzuentwickeln, ohne ihn im Kern zu verändern oder beliebig zu werden. Ein gutes Erscheinungsbild lebt davon, Konstanten zu wahren und Variablen zu formulieren, um all die technischen Möglichkeiten und Anforderungen immer wieder neu zu bedienen.

3.2 Nur in Instrumenten und Kanälen zu denken greift zu kurz: Das Visuelle muss die Herzen der Menschen erreichen

Erst wenn der visuelle Auftritt als strategisches Übersetzungs- und Steuerungsinstrument verstanden und genutzt wird, kann der Auftritt die richtigen Impulse liefern, um Menschen zu erreichen. Da sich die Herzen „nur bedingt" mit Zahlen und Fakten erobern lassen, braucht es das Bild, um sympathisch und attraktiv zu sein. Zudem dient das Visuelle als Prüfkriterium für die strategische Zielsetzung und veranschaulicht darüber hinaus komplexe Zusammenhänge. Je umfassender eine Marke Medien und Kanäle in der Kommunikation nutzt, desto eindeutiger und klarer müssen Handschrift, Stil und Ausdruck der Marke sein. Für jede Art von Markenerlebnis, ob visuell, auditiv oder haptisch, braucht es eine adäquate Übersetzung, um im Sinne der Marke zu agieren. Nur so kann ein ganzheitliches Markenerlebnis entstehen, das mehr ist als die Summe seiner Teile.

4 Botschaften, die Markenideen zum Ausdruck bringen

Menschen nehmen Unternehmen oder Marken in der Regel als Ganzes wahr. Sie unterscheiden nicht zwischen einer Imagekampagne, einer Produktpräsentation, dem Auftritt als Sponsor, den Äußerungen des CEO oder dem Bild, welches Medien in der Öffentlichkeit von dem Unternehmen zeichnen. Aus vielen einzelnen Impulsen entsteht ein Bild, das mit der Zeit ein bestimmtes Image des Unternehmens formt. Um eine Unternehmenspersönlichkeit zu kreieren, deren Glaubwürdigkeit und Akzeptanz zu einer tragenden Säule des Unternehmens wird, müssen Produkte, Dienstleistungen, Themen und Personen „eine Sprache" sprechen, ohne uniform zu sein.

Alle Kommunikationsimpulse integriert zu steuern bedeutet oft, alte Besitzstände zugunsten eines integrierten Vorgehens aufzulösen und nach einem Gesamtkonzept einzusetzen. Ob es sich um eine Image- oder Produktbroschüre handelt, um Händlerkommunikation oder den Auftritt am Handelsplatz, alles muss im Dienste einer Markenbotschaft stehen und diese sollte klar zu erkennen sein. Das Corporate Design verbindet dabei sozusagen nicht nur die einzelnen Medien miteinander, sondern unterstützt die Botschaft in der Wahrnehmung und in ihrer Wirkungsdimension.

4.1 Eine Vorstellung von der Zukunft

Ohne Ziel ist jeder Weg richtig, aber wenig zielführend. Unternehmen müssen sich mit ihrer Zukunft befassen, tun es aber viel zu selten. Wir vergraben uns in Alltagsfragen und das Drängende kommt vor dem Wichtigen. In einer zunehmend vernetzten Welt glauben wir immer noch an die Linearität von Abläufen und Strukturen. Allein, wir stoßen an Grenzen. Die Grenzen unseres zeit- und raumgebundenen Denkens, nämlich des Rationalen, werden immer offensichtlicher und die Suche nach alternativen Formen, unser Leben zu gestalten und Antworten zu finden, wie wir unsere Zukunft gestalten wollen, werden immer drängender. Längst haben diese Fragen die Unternehmen erreicht und so sehen sich die Verantwortlichen mit Sinnfragen konfrontiert, die sich mit dem bisherigen Denken nicht beantworten lassen.

Wie so oft liegt das Gute näher, als man denkt. Umso erstaunlicher, dass die entscheidende Ressource, die den ganzen Menschen auf den Weg in die Zukunft mitnimmt, in den allermeisten Fällen ungenutzt bleibt. Nichts ist so wirksam wie unsere Emotionen, nichts so einprägsam wie die Kraft des Visuellen, die veranschaulicht was sein, was werden soll. Unsere Fähigkeit eine Vision, eine Idee zu formen, unsere Fähigkeit, ein Vorstellungsbild von dem zu entwickeln, was wir in Zukunft erreichen wollen und welche Ziele wir verfolgen wollen, liefert Antworten, die den Menschen Orientierung geben und Identifikation mit dem Unternehmen und seinen Zielen bieten. Selbst Altbundeskanzler Helmut Schmidt sah sich veranlasst, seine viel zitierte Aussage: „Wer Visionen hat, sollte zum Arzt gehen" zu revidieren und fragte nach den Visionen für eine Zukunft Deutschlands und Europas. Er mahnte, sich der Identität zu vergewissern, um nicht im Meer der Austauschbarkeit und Bedeutungslosigkeit unterzugehen.

Identität, Werte und Haltung sind die zentralen Säulen des Erfolges von morgen. In Corporate Identity- und Brandingprozessen sind diese Faktoren wesentliche Bausteine bei der Erarbeitung einer strategischen Markenplattform, um den Marken in ihrem Auftritt Konsistenz zu verleihen, um Kontinuität zu gewährleisten und Unternehmen und Marken konsequent danach auszurichten. Die Antwort: Wir brauchen eine kompetenzübergreifende und ganzheitliche Denkweise, die sich vom Silodenken verabschiedet und das Ganze im Blick behält. Denn Inkonsistenzen, Brüche und Ambivalenzen verwässern das Bild der Marke. Sie schmälern die Glaubwürdigkeit, Vertrauen und Bindungskraft, ohne die es immer schwieriger wird, sich erfolgreich am Markt zu behaupten.

5 Fazit und Ausblick

Design als strategisches Instrument hat unmittelbar Auswirkungen auf die Marke und die tägliche Arbeit mit ihr. Um den vielfältigen Anforderungen, denen Unternehmen und Marken heute begegnen müssen, gerecht zu werden, braucht es Prüfkriterien, um unabhängig von der Frage nach Kanälen und Medien entscheidungs- und handlungsfähig zu sein. Ein verändertes Markenbewusstsein, das Werte, Haltung und Identität im Blick behält, schafft die Grundlagen, um beurteilen zu können, ob etwas zur Marke passt oder eben nicht. Auf dieser Basis kann Design bzw. Corporate Design seine strategische Wirkung entfalten und Menschen nachhaltig für die Marke gewinnen und sie binden.

Dies geschieht vor allem, wenn…

- der visuelle Auftritt aus der Identität der Marke heraus entwickelt wird;
- das Managen von Paradoxien gelingt, um gleichzeitig mit der Marke „State of the Art" zu sein und trotzdem Konstanten zu wahren;
- die Botschaften zur Marke passen und den Erwartungen und Vorstellungen der Menschen, die sie erreichen möchten, entsprechen;
- die Marke in ihrer Kommunikation verständlich bleibt, damit der Auftritt zu einer schlüssigen Übersetzung der Marke führt;
- Strategie, Kommunikation, Design und Interaktion im Einklang stehen.

Damit Design zu einem strategischen Erfolgsfaktor in der Kommunikationsarbeit wird, muss der Markenauftritt Folgendes leisten:

- *Identifizierung:* Innere Haltungen und Wertevorstellungen des Unternehmens (z. B. Verantwortungsbewusstsein, Qualitätsanspruch, Umweltbewusstsein) können über den Markenauftritt nach außen hin sichtbar und erlebbar gemacht werden.
- *Differenzierung:* Der Markenauftritt ist das Instrument, mit dem ein Unternehmen oder eine Marke sich in der Öffentlichkeit am deutlichsten wahrnehmbar von anderen unterscheiden kann.
- *Orientierung:* Der Auftritt der Marke setzt Zeichen zur schnellen Wiedererkennung. Er bündelt über alle Kommunikationskanäle hinweg gezielt das Bild eines Unternehmens – mit dem Ziel, eine eindeutige Botschaft zu vermitteln. Eine Gestaltung aller kommunikativen Maßnahmen, die einem bestimmten Selbstverständnis folgen, führt zu Konsistenz und Kontinuität im Auftreten nach innen und außen.

Eindeutig ist inzwischen, dass die emotionale Ansprache für den nachhaltigen Erfolg von Unternehmen und Marken immer entscheidender wird. Umso erstaunlicher, dass die strategische Bedeutung der emotionalen, sinnlichen Dimension der Marke in den Vorstandsetagen immer noch ein Schattendasein führt. Dabei ist sie, insbesondere in der interaktiven, dialogorientierten Welt, immer häufiger der entscheidende Schlüssel zu Glaubwürdigkeit, Akzeptanz und Relevanz der Marke und somit zunehmend der entscheidende Faktor, um sich abzugrenzen, unverwechselbar zu sein und die Menschen emotional und nicht nur rational zu erreichen.

Die Komplexität steigt mit jedem eingesetzten Mittel und jedem neuen Instrument. Nicht selten verführt es auch Unternehmen und Agenturen, jeden Tag eine neue Idee oder eine neue Strategie zu verfolgen. Im Sinne der Marke ist dies meist kontraproduktiv. Es gilt, sich als Unternehmen nachhaltig im Bewusstsein der Menschen zu verankern, Möglichkeiten zur Identifikation zu schaffen, um ein Teil der Lebenswelt der Menschen zu werden und sich für deren Wünsche und Anregungen zu öffnen. Hierfür ist das Visuelle der perfekte emotionale Schlüssel.

Literatur

Beyrow, M., Daldrop, N. W., & Kiedaisc, P. (2007). *Corporate identity und corporate design: Neues Kompendium.* Ludwigsburg: av edition.

Birkigt, K., Stadler, M., & Funck, H.-J. (1998). *Corporate identity – Grundlagen, Funktionen, Fallbeispiele* (9. Aufl.). Landsberg am Lech: Verlag Moderne Industrie.

Bruhn, M., & Köhler, R. (2011). *Wie Marken wirken. Impulse aus der Neuroökonomie für die Markenführung.* München: Vahlen.

Brunner, R., Emery S., & Hall, R. (2009). *Do you matter? How great design will make people love your company.* Harlow: Pearson Education.

Buether, A. (2010). *Die Bildung der räumlich-visuellen Kompetenz, Neurobiologische Grundlagen für die methodische Förderung der anschaulichen Wahrnehmung, Vorstellung und Darstellung im Gestaltungs- und Kommunikationsprozess.* Halle: Burg Giebichenstein Kunsthochschule Halle.

Esch, F.-R. (2012). *Strategie und Technik der Markenführung* (7. Aufl.). München: Vahlen.

Esch, F.-R., & Fischer, A. (2009). Markenidentität als Basis für die Gestaltung der internen und externen Kommunikation. In M. Bruhn, F.-R. Esch, & T. Langner (Hrsg.), *Handbuch Kommunikation* (S. 379–396). Wiesbaden: Gabler.

Esch, F.-R., & Michel, M. (2009). Visuelle Reize in der Kommunikation. In M. Bruhn, F.-R. Esch, & T. Langner (Hrsg.), *Handbuch Kommunikation* (S. 713–724). Wiesbaden: Gabler.

Frontzek, H. (2005). Design als Innovation: Das Beispiel der Automatisierungstechnik. In C. Mast & A. Zerfaß (Hrsg.), *Neue Ideen erfolgreich durchsetzen. Das Handbuch der Innovationskommunikation* (S. 75–81). Frankfurt am Main: Frankfurter Allgemeine Buch.

GE General Electric (2013). *Innovation Barometer 2013*. http://www.ge.com/innovationbarometer/. Zugegriffen: 23. Mai 2013.

Häusel, H.-G. (2012). *Neuromarketing: Erkenntnisse der Hirnforschung für Markenforschung, Werbung und Verkauf* (2. Aufl.). Freiburg: Haufe-Lexware.

Herbst, D. (1998). *Corporate Identity*. Berlin: Cornelsen.

Herbst, D., & Stier, M. (2012). Corporate Identity Management: Wie Unternehmen ein Gesicht erhalten. In P. Münch & H. Ziese (Hrsg.), *Corporate Identity. Wie Unternehmensidentität aufgebaut, entwickelt und rechtlich abgesichert wird* (S. 1–16). Zürich: Schulthess.

Höffe, O. (Hrsg.). (2006). *Aristoteles. Nikomachische Ethik* (2. Aufl.). Berlin: Oldenbourg Akademieverlag.

Höffe, O. (Hrsg.). (2011). *Platon. Politeia* (3. Aufl.). Berlin: Oldenbourg Akademieverlag.

Isaacson, W. (2011). *Steve Jobs. Die autorisierte Biografie des Apple-Gründers*. München: Bertelsmann.

Karmasin, H. (2007). *Produkte als Botschaften. Konsumenten, Marken und Produktstrategien*. Landsberg am Lech: Verlag Moderne Industrie.

Kenning, P., Plassmann, H., & Ahlert, D. (2007). Consumer neuroscience – Implikationen neurowissenschaftlicher Forschung für das Marketing. *Marketing ZFP, 29*(1), 57–68.

Kulenkampff, J. (1994). *Kants Logik des ästhetischen Urteils*. Frankfurt am Main: Klostermann.

Lee, N., Broderick, A. J., & Chamberlain, L. (2006). What is neuromarketing? A discussion and agenda for future research. *International Journal of Psychophysiology, 63*(2), 199–204.

Manss, T. (2007). Humor ist nichts zum Lachen. In M. Beyrow, N. W. Daldrop, & P. Kiedaisc (Hrsg.), *Corporate identity und corporate design: Neues Kompendium* (S. 22–31). Ludwigsburg: av edition.

Meffert, H., & Burmann, C. (2002). Theoretisches Grundkonzept der identitätsorientierten Markenführung. In H. Meffert, C. Burmann, & M. Koers (Hrsg.), *Markenmanagement – Grundfragen der identitätsorientierten Markenführung* (S. 35–67). Wiesbaden: Gabler.

Meffert, H., Burmann, C., & Koers, M. (Hrsg.). (2005). *Markenmanagement – Grundfragen der identitätsorientierten Markenführung* (2. Aufl.). Wiesbaden: Gabler.

Schorb, B., Keilhauer, J., Würfel, M., & Kießling, M. (2008). *Medienkonvergenz Monitoring – Monitoring Report 2008 Jugendliche in konvergierenden Medienwelten*. http://www.uni-leipzig.de/mepaed/medienkonvergenz-monitoring/publikationen/medienkonvergenz-monitoring-report-2008-jugendliche-konver/. Zugegriffen: 27. Dez. 2012.

Süss, W., Zerfaß, A., & Dühring, L. (2011). *Corporate Branding im Spannungsfeld von Unternehmens- und Marketingkommunikation: Grundlagen, Fallstudien und empirische Erkenntnisse in Commodity-Branchen*. Wiesbaden: Gabler.

Wiedmann, K.-P. (2009). Corporate Identity und Corporate Design. In M. Bruhn, F.-R. Esch, & T. Langner (Hrsg.), *Handbuch Kommunikation* (S. 337–355). Wiesbaden: Gabler.

Zimmermann, O. (2012). Der Tod des Autors findet auch in der digitalen Welt nicht statt. *Bibliotheksdienst, 46*(5), 376–385.

Ästhetik und Inszenierung in der Unternehmenskommunikation

Brigitte Biehl-Missal

Zusammenfassung

Für die Umsetzung strategischer Unternehmenskommunikation sind Konzepte der Inszenierung und Ästhetik hoch relevant. Ästhetik wird hier nicht als Schönheit definiert, sondern als sinnliche Wahrnehmung, die verschiedenste Formen von stillschweigendem Wissen entstehen lässt. Das ist wichtig für immaterielle Wertschöpfung, wenn Vertrauen und Reputation aufgebaut werden sollen, die nicht nur rational begründet sind. Das Konzept der Inszenierung bedeutet hier die Gestaltung, Auswahl und Einsatz von sinnlich wahrnehmbaren Kommunikationsbausteinen. Dies wird an folgenden Beispielen erörtert: Die Inszenierung von Events einschließlich Hauptversammlungen, Architektur von Unternehmen, Managerporträts, Firmenhymnen und Kunstsammlungen. Abschließend wird darauf eingegangen, dass ästhetische Kommunikation in einer globalisierten Wirtschaftswelt nicht nur von Unternehmen verwendet wird, sondern auch von Unternehmenskritikern und Stakeholdern.

Schlüsselwörter

Inszenierung · Atmosphäre · Theatralisierung · Ästhetik · Emotionen · Immaterielle Wertschöpfung · Unternehmenskommunikation · Unternehmenskultur · Strategische Kommunikation

B. Biehl-Missal (✉)
BSP Business School Berlin Potsdam
Calandrellistraße 1-9, 12247 Berlin, Deutschland
E-Mail: brigitte.biehl-missal@businessschool-berlin-potsdam.de

1 Einleitung

Die globale Wirtschaftswelt wird zunehmend ästhetisch. Mit sinnlich und emotional ansprechenden und fast künstlerischen Elementen versuchen Unternehmen, sich im Kampf um Kapital und Aufmerksamkeit zu differenzieren (Biehl-Missal 2011b). Ästhetische Mittel werden zur Darstellung von Unternehmen und Inszenierung von Managern, Mitarbeitern und Produkten eingesetzt. In Bezug auf die Unternehmenskommunikation wurde bereits vor einiger Zeit festgestellt, dass verschiedenste Formen der „Inszenierung" über den Reputations- und Vertrauensaufbau einen wesentlichen Beitrag zur unternehmerischen Wertschöpfung leisten können (Piwinger 2005).

Eine zunehmende *Ästhetisierung* des alltäglichen und wirtschaftlichen Lebens wird in verschiedenen Wissenschaftsdisziplinen beobachtet: Es geht um Inszenierung des Selbst und Theatralisierung der Welt (Fischer-Lichte 2004), die Inszenierung von Managern (Biehl 2007), von Marketing- und Managementprozessen (Taylor und Hansen 2005). In unserem Zeitalter hat die Wirtschaft viele symbolische und ästhetische Komponenten gewonnen. Schon vor über hundert Jahren beschrieb der Soziologe Thorstein Veblen den ostentativen Geltungskonsum, bei dem sich die feinen Leute sozial in Szene setzen. Heute spricht der Philosoph Gernot Böhme (1995, S. 62 ff.) von einem *Inszenierungswert* von Waren, der all jene zahlreichen Produkte erfasst, die „allein der Inszenierung dienen [...], der Verschönerung der Welt und der Steigerung des Lebens". So kann man eine vordergründige ästhetische Überzuckerung der Wirklichkeit feststellen und eine tiefere Ästhetisierung der eigentlichen Strukturen mit Computersimulation, medialer Vermittlung und aufgesetztem Sozialverhalten. Dieses ist anzutreffen im Offline-Alltag und im Social Web, wo sich die Einzelnen gerade über soziale Netzwerke selbstdarstellen. In der heutigen Wirtschaftswelt sind die Oberflächen noch ansprechender geworden und die zugrunde liegenden Strukturen teilweise künstlerisch inspiriert und vor allem sind sie angefüllt von immateriellen Erfolgsfaktoren wie der Reputation von Unternehmen, der Motivation von Mitarbeitern und dem Vertrauen der Öffentlichkeit.

Ästhetik durchzieht das gesamtgesellschaftliche Leben und auch die Geschäftswelt. Wirtschaftliche Kommunikation macht sich, wie auch die politische und vor allem die künstlerische Kommunikation, sinnlich wahrnehmbare Techniken zu Nutze. Ästhetik wir landläufig oft als „Schönheit" verstanden, kann aber ebenso das Komische, Groteske, Tragische, Anmutige oder Hässliche, gar das Erhabene sein – was ebenfalls ästhetische Kategorien sind. Ästhetisch bedeutet im Grunde „sinnlich wahrnehmbar".

Bei der Kommunikation von Organisationen geht es nicht nur um trockene Informationsweitergabe, die vorrangig auf rationaler Ebene wirkt, sondern um Kommunikation, die ästhetisch, also sinnlich wahrnehmbar, ist und damit auch auf nicht ausschließlich rationale und emotionale Einschätzungen der Menschen wirkt. Dies wird besonders relevant, wenn es um immaterielle Wertschöpfung geht, einschließlich des Aufbaus der schwer fassbaren Reputation von Unternehmen, Vertrauen der Öffentlichkeit und Medien und Investoren.

Dieser Beitrag wird die Begriffe Ästhetik und Inszenierung definieren und einige Instrumente der Unternehmenskommunikation in Bezug auf Ästhetik und Inszenierung beschreiben: Events, Architekturen und die Darstellung von Managern auf offiziellen Fotografien. Darauf folgen mit der Firmenhymne und der Kunstsammlung Beispiele von der Schnittstelle von externer und interner Kommunikation, in der ebenfalls ästhetische und gar künstlerische Methoden gewählt werden, um nicht nur den Kopf, sondern – plakativ gesagt – das Herz der Mitarbeiter anzusprechen und damit jene Faktoren zu beeinflussen, die die Motivation und Einsatzbereitschaft der Menschen ausmachen. Abschließend wird kurz darauf eingegangen, dass in unserem ästhetischen Zeitalter Methoden der Inszenierung auch von Stakeholder-Gruppen und Kritikern benutzt werden. Auch das ist eine Herausforderung für die Unternehmenskommunikation im globalisierten 21. Jahrhundert.

2 Ästhetik und Inszenierung von Kommunikation

2.1 Ästhetik

Ästhetik
Ästhetik leitet sich von der Wurzel *aisth* aus dem Altgriechischen ab, beziehungsweise dem Verb *aisthánesthai*, welches das durch die körperliche Wahrnehmung ausgelöste sinnliche Fühlen bezeichnet. Es geht um Wahrnehmung durch die fünf Sinne: Sehen (visuelle Wahrnehmung), Hören (akustische Wahrnehmung), Riechen (olfaktorische Wahrnehmung), Schmecken (gustatorische Wahrnehmung) und Tasten (taktile Wahrnehmung). Die Wahrnehmung ist mehr als die Summe der einzelnen Sinne, denn mit ihr verbunden sind körperliche und emotionale Reaktionen wie Wohlgefallen, Freude, Ärger, Unsicherheit, Bedrücktheit und vielfältige Formen des sogenannten ästhetischen und impliziten, stillschweigenden Wissens, welches das menschliche Handeln beeinflusst.

Der Ästhetikbegriff blickt seit der Antike auf eine lange und differenzierte Bedeutungsgeschichte zurück: Als Wahrnehmungslehre in der Philosophie und als Urteilsästhetik nach Kant in der Kunsttheorie, während Baumgarten als Begründer der modernen Ästhetik von einer generelleren Wissenschaft der sinnlichen Wahrnehmung spricht und die Ästhetik als Theorie der sinnlichen Erkenntnis im Gegensatz zur rationalen begründet, wie auch Giambattista Vico. Die aktuelle wissenschaftliche und praktische Beschäftigung mit Ästhetik bezieht sich auf vor allem auf dieses Verständnis von Ästhetik als sinnlicher Wahrnehmung.

Die ästhetische Wahrnehmung wird neuerdings in der Forschung zu Kommunikation und Wirtschaft hervorgehoben, die von Organizational Aesthetics (Taylor und Hansen 2005) oder im Deutschen von Wirtschaftsästhetik (Biehl-Missal 2011b) spricht. Seit rund drei Jahrzehnten wird in der Managementforschung und Marketingforschung die Theatermetapher verwendet, die den Theorien des Impression Management zugrunde liegt (vgl. Kapitel „Impression Management: Identitätskonzepte und Selbstdarstellung in der Wirtschaft"). Die Theatermetapher liefert eine Terminologie zur etwas anderen Beschreibung des Unternehmensalltags „als Theater", bei dem Mitarbeiter ihre „Rollen" auf einer „Bühne" vor Kollegen, Vorgesetzten und Kunden spielen. Neuere interdisziplinäre Ansätze untersuchen nun genauer die Situation der körperlichen Ko-Präsenz organisationaler Akteure und Stakeholder, beziehungsweise die ästhetische Interaktion (Biehl-Missal 2011a). Eine so ausgerichtete Untersuchung geht über die Beschreibung des Spielens von Rollen und andere metaphorische Vergleiche hinaus und zeigt, wie über Atmosphären Einfluss genommen wird und welches Potenzial für Verhandlung und Veränderung organisationaler Realität bestehen kann.

Unternehmenskommunikation kann als *ästhetische Arbeit* nach dem Philosophen Gernot Böhme (1995, S. 36) definiert werden, der einen zeitgemäßen ästhetischen Ansatz benutzt, der über die Welt der Kunst hinaus das soziale und wirtschaftliche Leben erfasst: Ästhetische Arbeit besteht darin, Atmosphären zu erschaffen, Dingen, Umgebungen oder auch den Menschen selbst Eigenschaften zu geben, die von ihnen etwas ausgehen lassen, das nicht rational erkannt wird, sondern spürbar ist und ästhetisch wahrgenommen wird. Ästhetische Arbeit umfasst nicht nur den Bereich der eigentlichen Kunst, sondern Design, Bühnenbild, Werbung, Herstellung von akustischen Klangtapeten, Kosmetik, Innenarchitektur, Dienstleistung und Service – und Unternehmenskommunikation. Kommunikationsmittel wie die Artefakte der Pressearbeit, Events, Reden, Materialien des Corporate Publishing, Geschäftsberichte, Videos und Filme und das Design können alle als ästhetische Arbeit gesehen werden. Im Allgemeinen wirken inszenierte Events, Reden und Architekturen auf die anwesenden Menschen, und werden über ihre Atmosphären körperlich und sinnlich wahrgenommen und lösen bedrückende oder befreiende Assoziationen und entsprechende Empfindungen aus.

Genau genommen sind viele Formen der Kommunikation schon immer besonders ästhetisch, angefangen beispielsweise bei der Rhetorik, bildhaften Darstellungen und persönlicher Face-to-face-Interaktion. Allerdings lässt sich in der Forschung zur Unternehmenskommunikation eine zunehmende Wertschätzung von Ästhetik im Sinne von sinnlicher und emotionaler Wahrnehmung feststellen. Es geht um immaterielle wirtschaftliche Wertschöpfung, die Prozesse der Inszenierung und emotionalen Ansprache verlangt (Piwinger 2005). Es ist Ziel der Unternehmenskommunikation, immaterielle Vermögensgegenstände wie Reputation und Vertrauen aufzubauen, die viel mit dem sinnlichen Empfinden und dem daraus entstehenden stillschweigenden Wissen zu tun haben.

Solche ästhetischen Kommunikationsformen beeinflussen, wie Menschen die Realität konstruieren. Nietzsche beispielsweise argumentierte, dass unsere Realitätswahrnehmung nicht nur ästhetische Elemente beinhaltet, sondern sogar ein genuin ästhetisches Konstrukt ist. Das Erkennen besteht aus metaphorischen Anschauungsformen, Bildern, Projektionen. Diese prinzipielle ästhetische Verfasstheit von Wissen, Wahrheit und Wirklichkeit setzte sich als epistemologische Ästhetisierung, als wissenschaftlich gefestigte Grundannahme im 20. Jahrhundert durch: „Hatte man früher gemeint, Ästhetik habe es erst mit sekundären, nachträglichen Realitäten zu tun, so erkennen wir heute, dass das Ästhetische schon zur Grundschicht von Erkenntnis und Wirklichkeit gehört" (Welsch 1996, S. 52). Wirklichkeit und Wahrheit sind keine unabhängigen Größen, sondern nur Gegenstand einer Konstruktion. Das gilt umso mehr in einer fortgeschrittenen und interaktiven Medienwelt.

Ästhetische Arbeit ist eng mit dem Begriff des impliziten Wissens verbunden, das in Folge der sinnlichen Wahrnehmung entsteht. Der Begriff des *impliziten Wissens, tacit knowing*, nach Polanyi meint, dass Akteure in der Wirtschaftswelt oft auf intuitive Art handeln und reagieren, automatisch, spontan oder aufgrund von Erfahrungswerten. Das implizite Wissen ist ein leiblich, als sinnliche Erfahrung produziertes, und emotional erfahrenes Verständnis, dem nicht nur ein überlegter, rationaler Erkenntnisprozess zugrunde liegt, sondern ein intuitives Erfassen von Bedeutung auch ohne bewusstes Nachdenken, eine Art „Bauchgefühl". Das oft sehr ähnliche „ästhetische Wissen" (Taylor und Hansen 2005, S. 1213) bildet die Grundlage für alle innerhalb und außerhalb von Organisationen vorhandenen Arten des Wissens, für die Interaktion mit anderen und das gesamte Handeln nach innen und nach außen in die Gesellschaft hinein. Konsequenterweise beginnt die Public Relations ebenfalls sich dafür zu interessieren, wie das implizite Wissen von Menschen innerhalb und außerhalb von Organisationen zum Erreichen der Kommunikationsziele beeinflusst werden kann.

2.2 Inszenierung

Unternehmenskommunikation wird auch als „Inszenierungsstrategie" bezeichnet, die Strategien zur Eindruckssteuerung beziehungsweise Impression Management benutzt, um ein bestimmtes Ansehen in der öffentlichen Meinung zu schaffen, die Reputation zu fördern und Vertrauen bei den Stakeholder-Gruppen aufzubauen (Piwinger 2005). Die aktive Form der Selbstdarstellung zum Zwecke einer Nutzenerzielung ist Teil der Kommunikationsstrategie von Unternehmen. Viele der Ausarbeitungen basieren auf der Soziologie und den Werken von Erving Goffman, der schilderte, wie sich mit Techniken der Selbstdarstellung Menschen beeinflussen lassen. Dazu werden eine Vielzahl symbolischer Objekte und Handlungen eingesetzt, von der passenden Kleidung über die Sprache bis hin zum Verhalten. Diese werden in der sozialen Interaktion sinnlich wahrgenommen, womit man die Kommunikation als ästhetisch bezeichnen kann.

Der Begriff Inszenierung stammt aus der Welt des Theaters. Die im 19. Jahrhundert geprägte Sichtweise von „In die Szene zu setzen" lautet, ein dramatisches Werk vollständig zur Anschauung bringen, um durch äußere Mittel die Intention des Dichters zu ergänzen und die Wirkung des Dramas zu verstärken. Die Bestimmung des Begriffs änderte sich, als das Inszenieren nicht mehr nur als Umsetzung eines Theatertexts, sondern als eigene „ästhetische Arbeit" und künstlerische Tätigkeit verstanden wurde. So wurde seit Anfang des 20. Jahrhunderts die Kunst des Theaters beschrieben als eine Gesamtheit der Elemente von Schauspielkunst, Szenengestaltung und Rhythmus, die ausgewählt und kombiniert werden und eine einzigartige Situation der Aufführung schaffen, die von der Ko-Präsenz der Akteure und Zuschauer als Mit-Akteuren lebt.

Für die Forschung der aus der Literaturwissenschaft hervorgegangenen Disziplin Theaterwissenschaft oder die noch stärker kulturwissenschaftlich ausgerichteten Performance Studies ist der hier enthaltene Gedanke selbstverständlich geworden, dass es nicht nur um eine Textaussage geht, sondern um die gesamte ästhetische, also sinnlich erfahrbare Situation der Aufführung mit ihrer einzigartigen Atmosphäre, einschließlich der Körperlichkeit des Auftretenden, der verbalen und nonverbalen Ausdrucksformen, von der gesprochenen Rhetorik bis zur Beleuchtung der Szene. Die Inszenierung als ästhetisch organisierte Interaktion bringt etwas Neues hervor, eine eigenständige Situation, und wird definiert als „Vorgang der Planung, Erprobung und Festlegung von Strategien, nach denen die Materialität der Aufführung performativ hervorgebracht werden soll" (Fischer-Lichte 2004, S. 327).

Inszenierung als ästhetische organisierte Praxis, die die sinnliche Wahrnehmung der Menschen anspricht, trifft auch auf die Managerauftritte in der Wirtschaft zu und sämtliche andere Formen „ästhetischer Arbeit", die nicht mal mehr auf einer konkreten Bühne als zeitlich begrenzter Auftritt stattfinden müssen.

Inszenierungen im Kontext der strategischen Unternehmenskommunikation unterscheiden sich von der Kunst aber durch ihre Zweckgebundenheit und Zielorientiertheit, die auch die Idealisierung von Realitäten umfasst. Instrumente der Unternehmenskommunikation wollen Erwartungen bedienen zum Ziel des Wert- und Vertrauensaufbaus, während es gerade der Reiz von Kunst ist, dass sie mit unseren Erwartungen spielt, uns keine Lösung oder keinen Mut machen möchte, vielmehr den Betrachter oder sozusagen Teilnehmer auffordert, mit eigenen Assoziationen zu spielen und verschiedene Interpretationen zu erschließen, auch wenn sie sozial nicht erwünscht sind. Die Gestalten, die uns das Theater zeigt, sind oft tragische Helden oder stehen neben sich und ihrer Rolle wie im epischen Theater bei Bertolt Brecht, während Manager und Vertreter der Unternehmenskommunikation hingegen versuchen, diplomatisch aufzutreten und Kompromisse zu finden, um die Erwartungen verschiedener Gruppen zu bedienen.

> **Inszenierung**
> Inszenierung in der Unternehmenskommunikation kann definiert werden als Gestaltung, Auswahl und Einsatz von sinnlich wahrnehmbaren Kommunikationselementen im Sinne des strategischen Impression Managements, um die auch an anderen Orten definierten Kernaussagen eines Unternehmens sinnlich wahrnehmbar für die Stakeholder kurzfristig oder dauerhaft hervorzubringen und gegebenenfalls zu verhandeln.

Die Unternehmenskommunikation plant, erschafft und setzt sinnlich wahrnehmbare Elemente ein, um eine hör-, sicht-, fühl-, riech-, oder fassbare Gestalt eines Unternehmens hervorzubringen, die sich im Sinne der Einstimmigkeit der Unternehmenskommunikation mit anderen Aussagen ergänzt, etwa Ansprüchen des Mission Statements. Das können feste Formen sein wie Architekturen oder visuelle Bildmaterialien und Aufzeichnungen etwa von Vorstandsreden, die auch im Internet zugängig sind und zirkulieren und dort ihre Wirkung und Widerspruch entfalten. Aber auch vergängliche wie die Auftritte von Managern, bei denen die Atmosphäre durch die Interaktion und gegebenenfalls kritischen Fragen gemeinsam geschaffen und verhandelt wird.

Auch bei dieser Inszenierung geht es nicht um den *Ausdruck* von bestehenden Realitäten, sondern konstruktivistisch gesehen um *Eindrucks*steuerung, was auch die Theorie zur Unternehmenskommunikation als Inszenierungsstrategie betont (vgl. Kapitel „Impression Management: Identitätskonzepte und Selbstdarstellung in der Wirtschaft"): Beispielsweise führt uns das klassische Theater vor, wie hohl doch Äußerlichkeiten sein können, aber wie wirkungsvoll sie sind: Die fiktiven Rollenfiguren auf der Bühne sind nichts als ihre Erscheinung, die Äußerlichkeiten, die der Schauspieler ihr borgt. Beispielsweise zeigt der Protagonist in *Der Geizige* von Molière stets eine verklemmte, krumme Haltung. Diese Attribute lassen nicht auf ein entsprechendes Inneres schließen, weil es dieses gar nicht gibt. Die Kunst führt hier vor, dass das Äußere praktisch täuscht, und demonstriert gleichzeitig warnend, wie es trotzdem eine Atmosphäre entstehen lässt. Es drückt nichts aus, aber be-*eindruck*-t die Anwesenden. Während die Theorie des Impression Management nun oft semiotisch orientiert von „Zeichen" spricht, die in sozialer Interaktion produziert und interpretiert werden, betrachtet ein ästhetischer Ansatz die gesamte sinnlich wahrnehmbare Atmosphäre des Kommunikationsprozesses, in dem nicht nur Zeichen, sondern Stimmungen, Gefühle und unbestimmte sinnliche Eindrücke bestimmend sind.

Deshalb ist der Begriff *Atmosphäre* ein Schlüsselbegriff: Die Atmosphäre ist gemäß dem Philosophen Gernot Böhme (2005, S. 15) das, was man empfindet, die affektive Betroffenheit durch das Wahrgenommene. Dies kann schon beim Lesen eines rhetorischen Textes passieren, der den Leser anspricht. Der Zusammenhang zwischen Umgebungen und Befindlichkeiten wird noch deutlicher beim Betreten eines Raumes: Man wird durch dessen Gestaltung und Beleuchtung gestimmt, „berührt" von der Konstellation der Menschen und fühlt Stimmungen. Das ist auch das Besondere bei Unternehmensveranstaltungen, ein Eindruck oder ein „Gefühl von" oder „Feeling für" die Überzeugung, mit der ein Vorstand dahinter steht oder nicht, lässt gerade persönlich gewinnen. Es gibt also Situationen, die sich zum Aufbau von immateriellen Elementen wie Reputation oder Vertrauen besonders empfehlen.

3 Ästhetische Umsetzung von Kommunikationsmitteln

3.1 Unternehmensveranstaltungen

Ästhetisch kommuniziert wird gerade bei großen Inszenierungen wie Events einschließlich der Hauptversammlung, Presse- und Analystenkonferenzen sowie Roadshows und jeglichen anderen Präsentation und Reden vor Mitarbeitern und Stakeholdergruppen.

Dort geht es um die Atmosphäre, die Stimmung, die Energie, und diese Live-Treffen haben ein besonders Potenzial zum Beziehungsaufbau zu den Zielgruppen.

Die Metapher von der Wirtschaftswelt als Bühne zeigt sich bei der Umsetzung von solchen Kommunikationsmitteln schon im buchstäblichen Sinne: Bei Auftritten von Topmanagern prangen gefühlige Leitmotive wie „Leistung aus Leidenschaft" über den Brettern, die am Tag einer Veranstaltung der Deutschen Bank die Wirtschaftswelt bedeuten. Die Konzernchefs stehen stellvertretend für das Unternehmen und wollen eine passionierte Performance bieten, überzeugend Rede und gekonnt Antwort stehen. Da glänzt das weiße Einstecktuch als Symbol der Finanzelite, ein gebräunter Teint soll jugendlichen Unternehmergeist signalisieren und andernorts kann der passende Vortragsstil auf das „Benzin im Blut" verweisen. Die ansprechende Musik, das passende Essen und die gesamte Stimmung und die ästhetische Erfahrung gehören genauso zu einem Event.

Inszenierte Events wie Hauptversammlungen lassen sich aus theaterwissenschaftlicher Sicht als Inszenierung, beziehungsweise als ästhetische Situation untersuchen (Biehl 2007; Biehl-Missal 2011a). Mithilfe eines theaterwissenschaftlichen Instruments, der Inszenierungsanalyse, die das Event in Teile zerlegt, soll am Beispiel einer Hauptversammlung kurz skizziert werden, wie einzelne Elemente zur gesamten Atmosphäre und Wirkung beitragen.

Das Zentrum eines Events ist die Bühne und deren Gestaltung, die auch *Szenografie* genannt wird. Sie versucht, die Unternehmensvertreter positiv herauszuheben: Vorstände sitzen erhöht und abgeschirmt, eingerahmt von Logos, vor großen Leinwänden und hinter polierten Automodellen (Daimler). Wie im Illusionstheater ist die Bühne stets mit heller *Beleuchtung* versehen und der Zuschauer sitzt im stimmungsvollen Halbdunkel. Das erleichtert wie im klassischen Illusionstheater das Einfühlen in die Geschehnisse, nicht das kritische Mitrechnen. *Bühnenbilder* wollen mit aufsteigenden Schriftzügen optimistisch wirken, es leuchten Firmenfarben und Leitmotive wie „A Passion to Perform" (Deutsche Bank), was sich aber gerade in der Bühnensituation nicht nur mit „Leistung aus Leidenschaft", sondern doppeldeutig mit „Spaß am Schauspielen" übersetzen lässt. Bei der Telekom kommentierten einst Aktionärsvertreter das riesige Bild eines Jongleurs, der mit Bällen in Unternehmensfarben hantierte, unter dem Gejohle der Anwesenden mit: „Herr Vorstand, Schluss mit der Gaukelei!" Beruhigend kompetent soll wieder die uniforme *Kleidung* wirken, mit Unternehmensansteckern und akkurat gepunkteten Krawatten. Die *Körpersprache* mit *Gestik* und *Mimik* lässt den sogenannten Funken oft kaum überspringen, meist klebt der Blick am Redemanuskript und die *Stimme* verbreitet gehaltlose Nullenergie – im Widerspruch zu sonst häufig gemachten Ankündigungen von „Kundenorientierung". Auch hier geht es eben nicht nur um Zeichen in einem semiotischen Prozess, sondern um die Wirkung der gesamten körperlich empfundenen Atmosphäre.

Eine Analyse der *Rhetorik* zeigt, wie sich Manager sportlich („getretene Kostenbremse") und durchsetzungsstark geben („Führungspositionen erkämpfen"). Defensive Taktiken sind Standard: Manager erwähnen mehr positive als negative Punkte, schieben Misserfolge auf Umweltkatastrophen, die „schlechte Konjunkturlage", den „nervösen Endverbraucher". Richtige *Interaktion* beginnt mit der Generaldebatte, in der das Publikum mit Humor und Schärfe konträre Sichtweisen präsentiert, atmosphärisch unterstützt von lautem Beifall. Alles in allem wird deutlich, wie die Zuschauer durch ästhetische Elemente beeinflusst werden, aber interagieren, anstatt nur zu reagieren. Hier wird also implizites Wissen und die Haltung von Menschen zum Unternehmen nicht nur geschaffen, sondern auch verhandelt. Diese und andere ästhetische Situationen der Unternehmenskommunikation sind also nicht nur Instrumente, um gewünschte Ideen nach außen zu transportieren, sondern sie sind immer Situation, die besondere Kompetenzen der Verhandlung und Interaktion erfordern.

3.2 Architektur

Die Ästhetik von Architektur kann ebenfalls Kommunikationsziele unterstützen. Unternehmen setzen wie andere gesellschaftliche Institutionen Architektur traditionell als eindrucksvolles Mittel ein, um bestimmte Vorstellungen zu vermitteln. Hierbei wird nicht verbal und direkt kommuniziert, sondern visuell und auf ästhetische Art, über das Gesehene, das Wahrgenommene und das Empfundene.

Architektur erzeugt über ihre wahrnehmbaren Formen eine Art impliziten Wissens in den Menschen, das aus mehr oder minder bewussten Haltungen zusammengesetzt ist. Architektur wirkt einschüchternd, erhaben und auch mal erhebend und beeinflusst das Verhalten von Menschen. Hochherrschaftliche Schlösser, massive Gerichtsgebäude und transparente Regierungsbauten lassen in den Menschen kalkulierte Empfindungen und Wissen um die Sachen entstehen.

Folglich geht man davon aus, dass die sorgfältig gestaltete Architektur von Unternehmen nach innen hin das Handeln der Mitarbeiter subtil beeinflussen kann und ebenso die Interaktion mit der Öffentlichkeit, Investoren und Kunden.

3.2.1 Firmengebäude

Beispiele für die ästhetische Kommunikation nach außen sind die imposanten Konstruktionen von Industrieunternehmen, hochmoderne Firmensitze wie Google, und die oftmals klassischen Konstruktionen von Börsen und Banken. Gerade die hohen, großflächig verspiegelten Bürotürme vermitteln im Allgemeinen ein Bild der Effizienz. Die imposanten und weithin sichtbaren Türme von Banken, etwa die Deutsche Bank und Commerzbank in Frankfurt, können Stabilität und Sicherheit vermitteln – Werte, die in einem stets volatilen und unsicheren Finanzmarkt wichtig sind. Stakeholder nehmen Banken über ihre Massivität und Monumentalität als vertrauenswürdig wahr, assoziieren über ihr Bauchgefühl Wohlstand und Sicherheit.

Ein anderes Beispiel ist die Konzernzentrale der Altana AG: Das eher zurückhaltend anmutende Herbert-Quandt-Haus in Bad Homburg von Jochem Jourdan als Repräsentanz des damaligen Chemie- und Pharmakonzerns setzt auf Klarheit, Schlichtheit und Naturbezogenheit. Es wurden helle, natürliche Baustoffe eingesetzt und die geschwungene, gläserne Fassade vermittelt unternehmerische Werte wie Transparenz, Leichtigkeit und Dynamik. Begrünte, wellenförmige Dächer und ein umlaufendes Wasserbecken signalisieren

Naturorientierung, die wiederum ein thematischer Schwerpunkt der Kunstsammlung des Unternehmens ist. Architektur ist Instrument zur Wertschöpfung, indem sie nach außen und nach innen gewünschte positive und keine negativen „Ansichten" der Geschäftsmodelle ermöglicht und zum Aufbau von Unternehmensreputation und Vertrauen beiträgt.

Ebenso können Investoren den Finanzmarkt als sicher „empfinden", wenn sie etwa das sorgsam arrangierte Börsenparkett betrachten. Das generalüberholte und mit mehreren Designpreisen ausgezeichnete Parkett der Börse in Frankfurt dient als Gesicht des Finanzplatzes Frankfurt und des deutschen Aktienhandels. Die futuristischen Motive, die hellen und blauen Lichter, die Simulation von veränderlichem Tageslicht in der Deckenbeleuchtung neben der traditionellen Anzeigetafel geben immateriellen Werten wie der Marke und dem Produkt- und Dienstleistungsverständnis von Unternehmen eine materielle und plastische Form, die Kunden, Mitarbeiter und Öffentlichkeit nicht nur visuell, sondern eben mit vielen Sinnen wahrnehmen (Biehl-Missal 2011b, S. 56 ff.). Im Sinne der Inszenierung spricht das Architekturbüro Atelier Brückner, welches das Börsenparkett umgebaut hat, von einer „Szenografie". Dieser Begriff bezeichnet im Theater die Bühnengestaltung, welche den passenden Rahmen konstruiert und die Aussage eines Stücks durch visuelle und ästhetische Mittel noch einmal ergänzend verdeutlicht und sozusagen ins Leben ruft. Beim Bühnenbild als kleinem Geschwister der Architektur steht die ästhetische Komponente und emotionale Erfahrung schon länger im Vordergrund, vor den rein funktionalen Aspekten. Auch hier geht es also um Inszenierung mit ästhetischen Mitteln.

3.2.2 Arbeitsräume

Nicht nur nach außen, sondern auch als internes Kommunikationsinstrument kann Architektur bestimme Vorstellungen transportieren und besondere Wirkungen auf die Mitarbeiter und alle in den Räumen Anwesenden entfalten. Einflussfaktoren beginnen bei der baulichen Gestaltung und schließen Faktoren ein wie Licht und Farben, Gerüche und Temperaturverhältnisse, sowie vielfältige Details der Inneneinrichtung einschließlich Dekoration. Ein Beispiel: Eine Softwarefirma hatte ihre Räume umgestaltet, um einen neuen Anspruch an „Kreativität" für Kunden und die Öffentlichkeit nach außen und vor allem nach innen auszudrücken, damit die Angestellten effizienter arbeiteten und vor allem einfallsreicher programmierten (Warren 2008). Elemente dieser Kommunikation waren Tischfußball, Billardtisch, Basketballkorb und bunte Kunstobjekte wie überdimensionale, mannshohe russische Puppen. Allerdings wollte nicht jeder Mitarbeiter seinen Arbeitsalltag an einem Spielplatz zubringen: Die kitschigen Kunstobjekte wurden tätlich attackiert und beschädigt. Hier sieht man wieder die interaktive „Verhandlung" der Inszenierung.

3.2.3 Verkaufsräume

Die ästhetische Kommunikation via Architektur und das Erzeugen von Stimmungen war lange ein Thema für die Marketingforschung. Die Atmosphären in Verkaufsräumen wirken aber nicht nur auf die Kaufhaltung der Kunden, sondern über soziale Interaktion sowie ihre oft von außen einsehbare und über die Medien verbreitete Ansicht auf die Außenwelt. Damit werden auch sie wieder zum Instrument der Unternehmenskommunikation. Ein Beispiel ist Starbucks. Gerade dort geht es nicht nur um den Kaffee, sondern um Konsumerlebnisse und eine zu erlebende Story. Diese Räume müssen nicht für ihre Künstlichkeit kritisiert werden, wenn sie Menschen erfreut, sondern von der Perspektive der Unternehmenskommunikation auch dahingehend betrachtet werden, dass sie ästhetische Mittel zur Inszenierung einer Organisation einsetzen um dabei auch soziale und politische Aspekte zu verhüllen.

Die ästhetische Kommunikation lässt sich am Beispiel eines Starbucks Coffeeshops durchdeklinieren (Biehl-Missal und Saren 2012): Die Atmosphäre wird von der Gestaltung des Raumes geschaffen, der typischerweise hoch ist, mit weiten Fenstern, die Offenheit suggerieren einen scheinbar zugänglichen, einladenden Ort. Runde, weiche Formen und niedrige Tische erinnern an ein heimeliges Wohnzimmer, begünstigen entspannte Gefühle und gar ein wenig Geborgenheit. Es unterstützen die gelbe Beleuchtung, die warme Materialität des braunen Holzes und die plüschigen Bezüge. Ein anderes, unsichtbares Element ist der Geruch: Kaffeearoma ist eine starke ästhetische Wirkkomponente und wird üblicherweise als positiv empfunden. Auch die unaufdringliche Hintergrundmusik wird durch ihren Rhythmus und ihre Frequenzen vom Körper aufgenommen und erzeugt entsprechende Resonanzen. Alle Faktoren ergänzen sich zu einer Atmosphäre, in der der Einzelne entspannt konsumieren kann. Halbverarbeitete Kaffeebohnen werden neben der Kasse ausgestellt, es gibt Bilder von glücklichen Kaffeebauern in grüner Natur. Auch erinnert nichts an die Kritik an Starbucks: Der Organisation wird vorgeworfen, durch ihre dicht gesetzten Läden zur Verödung von Vierteln beizutragen, Unpersönlichkeit statt Lokalbezug auszustrahlen, verantwortlich zu sein für Umweltzerstörung, Menschenrechtsverstöße wie Kinderarbeit, Ausbeutung von Zulieferern und Produzenten und das lange Verweigern von Fair Trade-Vereinbarungen. Es gibt politisch-künstlerische Demonstrationen in den Läden, die gewöhnlich schnell beendet werden. Die ästhetisch gestaltete Kommunikation schafft ihre eigene Realität – die aber nicht immer angenommen wird.

Mit den heutigen Entwicklungen und einer Immaterialisierung der wirtschaftlichen Wertschöpfung gewinnt Architektur als Kommunikationsinstrument steigende Relevanz für professionelle Unternehmenskommunikation. Architektur kann über die Repräsentation nach außen einen Beitrag zur Wahrnehmung des Unternehmens und damit zur Unternehmensreputation und bestenfalls zur erfolgreichen Geschäftstätigkeit leisten, aber eben auch dort kritische Stimmen hervorrufen.

Ein wichtiges Konzept für Unternehmenskommunikation ist die „ästhetische Konsistenz" (Austin 2008), die in etwa ein Storytelling mit ästhetischen Dimensionen beschreibt: die Geschichte muss personalisiert und spannend interpretiert werden, die Partner und Vertriebskanäle passend gewählt werden sowie die sinnlich wahrnehmbaren Qualitäten der Produkte und Verkaufsorte. Beispielsweise hat Ikea diese stimmige Ästhetik: Das Skandinavische umrahmt Vorstellungen von gutem Design, Qualität, Familienfreundlichkeit, lockerer Du-Atmosphäre. Die Preise sind bescheiden, aber es werden überdurchschnittliche Margen durch das Prosumer-Konzept erzielt, bei dem der Produzent-Konsument seine Ware wie Regal Billy, Stuhl Poäng und Tisch Bjursta ebenso locker selbst zusammenschraubt. Bei Ikeas Social-Media-Plattform helfen sich treue User gegenseitig und haben eine Community geschaffen. Auch die Architektur trägt hier ihren Teil bei: Es gibt im Restaurant Köttbullar, Lachsfilet und Biopasta; die Kinderbetreuung Småland ist beliebt geworden.

In solchen Fällen stimmt die Atmosphäre und die Inszenierung dieses Unternehmens lässt sich mit einem Gesamtkunstwerk vergleichen. Ähnliche Konzepte sind bekannt von Formen integrierter Kommunikation, von der Kampagne (vgl. Kapitel „Kommunikationskampagnen planen und steuern: Thematisierungsstrategien in der Öffentlichkeit") bis zu großen Events. Unter der ästhetischen Perspektive geht es eben um die kohärente sinnliche Wahrnehmung, die über die Informationskohärenz und sachliche Stimmigkeit und Layout und Design hinausgeht, und noch ästhetische Dimensionen umfasst.

3.3 Managerporträts

Nicht nur das direkte Erleben, sondern auch die *Abbildungen* von Architekturen und Menschen sind eine Form der ästhetischen Kommunikation. Das Betrachten von Bildern wird nicht mehr nur semiotisch als Zeichenprozess, sondern auch als „ästhetische Situation" verstanden: Beim Betrachten eines Bildes wird nicht nur eine visuell codierte Nachricht vom Betrachter entschlüsselt, indem er rational und intellektuell auf das Dargestellte eingeht. Vielmehr reagiert der Betrachter emotional und mit verschiedenen Sinnen auf die inszenierte Komposition der Bilder, erhält bestimmte Eindrücke oder „findet" etwas komisch oder überzeugend. Ästhetische Reaktionen gelten nicht nur für explizit stimmungsvolle Bilder wie melancholische Parklandschaften, sondern auch für die Darstellung von Unternehmen und deren Vertretern.

Dieses Verständnis ist aktuell, da wir mit der wirtschaftlichen Ästhetisierung eine zunehmende Dominanz visueller Darstellungen erleben, auch durch die Entwicklungen des Web 2.0 mit sozialen Medien wie Facebook, der Bilderseite Pinterest, Fotoapplikationen wie Instagram und anderen. In solchen Medien kommunizieren Unternehmen visuell, wie auch in Broschüren und Geschäftsberichten. Gerade letztere haben sich vom nüchternen Träger von Finanzinformationen zu einem vielfältigen, bunten Medium gewandelt, das Kommunikations- und Marketingzwecke erfüllt (vgl. Kapitel „Das Reputationsrisiko: Herausforderungen und Bedeutung für die Unternehmensführung").

Ein Beispiel: „Managerporträts", die etwa in Geschäftsberichten und in zahlreichen PR- und IR-Materialien erscheinen sowie im Internetauftritt. Sie sind Instrument der Unternehmenskommunikation zum Impression Management mit hoher Öffentlichkeitswirkung und stehen in einer langen Tradition der künstlerisch-ästhetischen Selbstdarstellung, die im 14. Jahrhundert mit Gemälden zur Machtdemonstration von Adligen und Klerikern begann, dann vom aufstrebenden Bürgertum eingesetzt und auch von Firmen übernommen wurde. Abbildungen der Vorstandsmitglieder sind, sofern sie gut inszeniert sind und die visuelle Unternehmensidentität stützen, gut geeignet, um dem jeweiligen Unternehmen „ein Gesicht" zu geben, da es sich auch hier wieder um ein implizites Wissen um das nicht konkret sichtbare Gebilde Organisation handelt und nicht fassbare Eigenschaften wie etwa Charisma der Dargestellten, Vertrauenswürdigkeit, Kompetenz. Konsumenten, Investoren, Mitarbeiter wollen etwas erfahren und daraus ergibt sich für die Unternehmen die Forderung nach einer starken und aussagekräftigen visuellen Präsenz.

Trotz professioneller Fotografen und aufwändiger Inszenierung können diese Bilder oftmals den Betrachter nicht richtig ansprechen. Die Forschung hat bereits zentrale Posen und Motive sowie deren ästhetische Wirkung untersucht (Piwinger und Biehl-Missal 2011). Zum Beispiel ist ein häufiges Motiv das „Marschieren", bei dem sich die Vorstandsgruppe in dunklen Tönen im Gleichschritt um den dominanten Anführer gruppiert. Übertragen wird dabei der Eindruck, dass es vereint vorwärts geht, die Bewegung kann der Betrachter als Energie wahrnehmen, dem Gesehenen werden eher „dynamische" Attribute zugeordnet. Kulturgeschichtlich erinnert diese Formation an Urformen kriegerischer Auseinandersetzung, bei denen das Zähnezeigen zur Drohkulisse gehörte – eine solche Darstellung kann militärische Vergleiche evozieren, in denen Märkte erobert, Standorte verteidigt und Gegner eliminiert werden müssen. Diese Form des impliziten Wissens passt nicht zu jeder Organisation, steht etwa in Diskrepanz zur ansonsten friedlichen Selbstdarstellung etwa eines Handelskonzerns, der seine „Innovationskraft", „moderne" und „vielfältige" Haltung herausstreicht.

Ein anderes weit verbreitetes Motiv ist, die Manager neben Produkten des Unternehmens in Szene zu setzen. Generell setzen solche materiellen Stellvertreter Mitarbeiter, Kunden und Stakeholder in eine gewisse Stimmung und lösen emotionale Vorstellungen aus. Etwa sind Luxus-Automodelle mit schnittigem Design gesamtgesellschaftlich mit Träumen und Begehrnissen verbunden. Die ganze Inszenierungsarbeit als Komposition der Elemente leistet hier ästhetische Arbeit.

3.4 Firmenhymne

Ästhetische und gar künstlerische Kommunikationsmethoden werden nicht ausschließlich extern, sondern zusätzlich auch im Rahmen der internen Kommunikation zur Personal- und Organisationsentwicklung eingesetzt. Das trägt der Tatsache Rechnung, dass auch Arbeitsprozesse nicht nur rein rational sind, sondern mit Emotionen, Gefühlen und Ästhetik, dem impliziten Wissen, verbunden sind. Immer mehr globale Unternehmen engagieren Maler, Schauspieler, Dichter, Violinisten und Jazzmusiker für kurze oder längere Projekte mit den Mitarbeitern, um Kommunikation und kreatives Denken auszubilden, den Teamzusammenhalt zu verbessern und die Organisationskultur zu stärken. Am längsten bekannt sind verschiedenste Formen von Unternehmenstheater, die entweder als Training die Kommunikationsfähigkeiten der einzelnen verbessern oder als Aufführung Probleme des Unternehmens auf die Bühne bringen, wobei die Mitarbeiter interagieren und gemeinsame Lösungen finden können. Hier steht gerade der Aspekt der Verhandlung mit ästhetischer Kommunikation im Vordergrund.

Die künstlerische und ästhetische Form erlaubt den Mitarbeitern, ihrem impliziten Wissen auf die Spur zu kommen und es mit anderen zu teilen, wenn es etwa um Innovationsprozesse oder Veränderungen mit Herausforderungen und Problemen geht. Die ästhetische Form gibt Unternehmen die Möglichkeit, neues implizites Wissen in Mitarbeitern aufzubauen. Das gemeinsame Einstudieren einer Firmenhymne etwa kann in den Mitarbeitern ein Gefühl der Zusammengehörigkeit und der Identifikation mit dem Unternehmen begünstigen, das über das gemeinsame Singen, den Rhythmus, die Bewegung körperlich und nicht nur im Kopf entsteht. Diese ästhetische Kommunikation kann also die Herzen und nicht nur den Geist erreichen. Nach außen für Kunden und Stakeholder vermitteln diese Firmenhymnen ebenfalls eine Idee vom Unternehmen, die ganz anders sinnlich erfahren wird, als etwa eine Werbeanzeige.

Die Hymnen als seichter Pop, Rock oder Gospel betonen Zusammengehörigkeit und positive Haltung (Biehl-Missal 2011b, S. 147 f.): So wird dem Deutschen Postler nahegelegt, noch engagierter zu arbeiten: „We want to be better than the best." Zur Förderung der gemeinsamen Identität bei der Fusion von Hypobank und Vereinsbank wurde das Lied mit dem Text „are you ready for the future, are you ready for the change" als Maßnahme zur Personalintegration komponiert. Auch hier wurde angenommen, dass das ästhetische Erleben, in diesem Falle von Musik mit Melodie, Harmonie und Rhythmus, eine tiefgehende Wirkung beim Vermitteln von Inhalten entfaltet als durch das Lesen eines Briefes vom Vorstand. Im Lied der Kaufland-Kette, die auch in den Warenhäusern dudelt, heißt es: „Ein Lächeln ist mehr wert, als du denkst./Ein Lächeln ist Gold, das du verschenkst./ Ein Lächeln ist billig, kostet gar kein Geld, und erobert dir trotzdem die Kundenwelt." Hier werden Mitarbeiter eher durchschaubar an die emotionalen Pflichten bei der Arbeit erinnert, die Kunden ebenfalls. Womit auch hier wieder an Beziehungen zu verschiedenen Stakeholdergruppen gearbeitet wird. Gerade im Internet sind solche musikalischen Artefakte für alle zugängig, können an jedem Ort zu jeder Zeit rezipiert und über soziale Netzwerke weiterverbreitet werden.

3.5 Kunstsammlung

Auch die Kunstsammlung von Unternehmen dient nicht nur der repräsentativen Kommunikation nach außen, sondern auch als ästhetisches Werkzeug nach innen. Die Werke werden beispielsweise in Workshops den Mitarbeitern erklärt, um einerseits über diese Form der Wahrnehmung und der gemeinsamen Erfahrung die Corporate Identity zu stärken, und um auf individueller Ebene abstraktes Verstehen zu fördern. Gerade in der globalen, schnelllebigen Wirtschaftswelt im 21. Jahrhundert, so wird oft argumentiert, sind solche Formen des impliziten Wissens für Unternehmen besonders zukunftsträchtig. Die Kunstsammlung ist aber auch ein ästhetisches Kontrollinstrument nach innen. Der Kunsthistoriker Wolfgang Ullrich (2000, S. 66) beschrieb die Dekoration mit abstrakten Kunstwerken zur „Inspiration" der Angestellten als übergriffig: „Man kann es als zynisch ansehen, dass moderne Kunst Angestellten zur besseren Motivation in die Arbeitsräume gehängt und damit zugleich ein grundsätzlicher Therapiebedarf unterstellt wird: Als leide die Effizienz eines Unternehmens darunter, dass das Bewusstsein der Mitarbeiter zu selten verunsichert werde". Auch hier zeigt sich wieder, wie die sinnliche Einflussnahme über ästhetische Kommunikation Unbehagen in Menschen und offene Kritik hervorrufen kann.

4 Fazit

Unternehmenskommunikation hat eine lange ästhetische Tradition. Viele Kommunikationsmittel sind grundsätzlich emotional, seien es rhetorische oder bildhafte werbende Darstellungen, akustische Mittel, persönliche Auftritte. Diese wirken sowohl direkt als auch medial vermittelt, auch durch das Web 2.0. Die hier geschilderte ästhetische Perspektive auf die Umsetzung von Kommunikationsmitteln hat noch einmal verdeutlicht, dass Kommunikation nicht nur als das Vermitteln von Botschaften oder Zeichen verstanden wird, sondern als das Gestalten von Atmosphären und das Schaffen von impliziten Formen des Wissens. Unternehmenskommunikation wurde demnach als „ästhetische Arbeit" bezeichnet. Solche Formen von Kommunikationsarbeit werden mit dem notwendigen Aufbau immaterieller Erfolgsfaktoren wie Reputation und Vertrauen zunehmend wertrelevant.

Von Unternehmensseite liegt der Vorteil ästhetischer Kommunikation eben auch darin, dass rationale Überlegungen teilweise umgangen werden können. Etwa wenn Investoren Vertrauen fassen, obwohl ein Unternehmen global unterwegs und wenig kontrollierbar ist, oder Pressekontakte Entscheidungsträger als sympathisch oder verlässlich einschätzen, nachdem sie sie persönlich erlebt haben – auch wenn die Performance auf dem Papier andere Schlussfolgerungen nahe legen könnte.

Ästhetische Arbeit ist immer eine Form der Machtausübung, die subtil und kaum physisch manifest ist und die Befindlichkeit der Menschen angreift, die Stimmung manipuliert, Emotionen evoziert, Lebensstile suggeriert (Böhme 1995). Die ästhetische Perspektive auf Unternehmenskommunikation und Inszenierung macht deutlich, dass es sich um sinnlich wahrnehmbare, körperlich spürbare Formen der Beeinflussung handelt, die auch Fragen nach Verantwortung und Ethik aufwerfen.

In einer globalen Wirtschaftswelt im 21. Jahrhundert erhalten diese Fragen zunehmende Bedeutung, denn es mehren sich Stimmen, die soziale Ungleichheiten, Umweltzerstörung, Spekulationsgeschäfte und politische Einflussnahme der Wirtschaft anprangern. Das sind eine Vielzahl von NGOs und soziale Bewegungen wie Occupy, die sogar bei verschiedenen Kunstbiennalen wie auch bei der Documenta 13 in Kassel, der weltgrößten Ausstellung für moderne Kunst, mit Konsumgegnern künstlerische Protestformen ausstellten. Nicht nur werden also wirtschaftliche Praktiken kritisiert, es werden auch ästhetische Formen der Kommunikation zum Widerspruch angewendet.

Mit der Entwicklung von Performancekunst und Aktionismus ist auch für Künstler die Barriere gesunken, sich mit der Wirtschaftswelt zu beschäftigen, was sie immer stärker tun: Maler haben den Manager als Reizfigur entdeckt und Performer laufen mit einem Gospel-Chor zum Geldautomaten-Exorzismus in die Deutsche Bank ein; ein Aufsehen erregender Fall war das „Eindringen" in eine Daimler-Hauptversammlung durch das international bekannte Performancekollektiv Rimini Protokoll (Biehl-Missal 2011b, S. 157 ff.). Die Intention der Gruppe war, den Teilnehmern ungefragt die Realität der Inszenierung und die Inszenierung der Realität darzubieten.

Die besondere Herausforderung dieser Form ästhetischer Gegenkommunikation im Sinne von künstlerischer Kritik ist, dass sie nicht über eine nüchterne inhaltliche Debatte, sondern mit einer speziellen Ästhetik, also der sinnlich wahrnehmbaren Form spricht. Diese Kritik richtet sich nicht nur an den Verstand, sondern wird auch vom Bauch her verstanden. Der Vorteil der Unschärfe von ästhetischer Kommunikation wird nun gegen Unternehmen gewendet, wenn Kritiker ihre konträren Sichtweisen inszenieren.

Ästhetische Kommunikation beinhaltet somit nicht nur ein besonderes Potenzial für Beeinflussung, sondern vor allem auch für Interaktion, die man hier in Beispielen gesehen hat, und für Verhandlung mit Stakeholdern und damit mögliche Veränderung.

Obwohl die ästhetische Perspektive nicht nur in der Philosophie (Böhme 1995; Welsch 1996) und Kulturwissenschaft (Fischer-Lichte 2004) und in der Management- und Organisationsforschung (Taylor und Hansen 2005) ausgearbeitet ist, ist sie in der Forschung zur Unternehmenskommunikation noch nicht als eigenständiger Ansatz vorhanden. Es ist zu hoffen, dass die hier geschilderte Umsetzung ein Interesse für diese Perspektive geweckt hat und weitere Ausarbeitungen inspiriert. Mit den dargestellten ästhetischen Faktoren in der Wirtschaftswelt einschließlich Inszenierungswerten wie aber auch Fragen der Interaktion und Verhandlung mit Stakeholdergruppen sollte die Relevanz des Themas deutlich geworden sein.

Literatur

Austin, R. (2008). High margins and the quest for aesthetic coherence. *Harvard Business Review*, 86(1), 18–19.

Biehl, B. (2007). *Business is Showbusiness. Wie Topmanager sich vor Publikum inszenieren*. Frankfurt am Main: Campus.

Biehl-Missal, B. (2011a). Business is show business. Management presentations as performance. *Journal of Management Studies*, 48(3), 619–645.

Biehl-Missal, B. (2011b). *Wirtschaftsästhetik. Wie Unternehmen die Kunst als Inspiration und Werkzeug nutzen*. Wiesbaden: Gabler.

Biehl-Missal, B., & Saren, M. (2012). Atmospheres of seduction: A critique of aesthetic marketing practices. *Journal of Macromarketing*, 32(2), 168–180.

Böhme, G. (1995). *Atmosphäre. Essays zur neuen Ästhetik*. Frankfurt am Main: Suhrkamp.

Fischer-Lichte, E. (2004). *Ästhetik des Performativen*. Frankfurt am Main: Suhrkamp.

Piwinger, M. (2005). Investor Relations als Inszenierungs- und Kommunikationsstrategie. In M. Piwinger & K.-R. Kirchhoff (Hrsg.), *Praxishandbuch Investor Relations*, (1. Aufl., S. 3–30). Wiesbaden: Gabler.

Piwinger, M., & Biehl-Missal, B. (2011). Managerporträts. Die Funktion und Wirkung von Vorstandsfotografien. In G. Bentele, M. Piwinger, & G. Schönborn (Hrsg.), *Kommunikationsmanagement* (Loseblattwerk 2001 ff., Nr. 3.78, S. 1–38). Köln: Luchterhand.

Taylor, S., & Hansen, H. (2005). Finding form: Looking at the field of organizational aesthetics. *Journal of Management Studies, 42*(6), 1211–1231.
Ullrich, W. (2000). *Mit dem Rücken zur Kunst. Die neuen Statussymbole der Macht*. Berlin: Klaus Wagenbach.
Warren, S. (2008). Empirical challenges in organizational aesthetics research: Towards a sensual methodology. *Organization Studies, 29*(4), 559–580.
Welsch, W. (1996). *Grenzgänge der Ästhetik*. Stuttgart: Reclam.

Teil VII
Evaluation und Wertbestimmung der Kommunikation

Erfolgsmessung und Controlling der Unternehmenskommunikation: Wertbeitrag, Bezugsrahmen und Vorgehensweisen

Lothar Rolke und Ansgar Zerfaß

Zusammenfassung

Kommunikationsmanager wissen heute um die Wirkung ihrer Arbeit und um ihren Beitrag zur Erreichung von Unternehmenszielen. Dabei handelt es sich um Leistungen für eine gute Berichterstattung in den Medien, für die Reputation des Unternehmens und mitunter sogar für die direkte Verkaufsförderung, für die Mitarbeitermotivation genauso wie für die Gewinnung von Nachwuchskräften. Allerdings beruht dieses Wissen allzu oft auf Intuition, auf besonderen Erfahrungen wie im Falle von Krisen oder auf vereinzelten Erfolgsmessungen. Was häufig fehlt, ist ein institutionalisiertes Controlling der Unternehmenskommunikation, mit der die Steuerung und Evaluation der Kommunikationsprozesse systematisch verbessern werden kann. Dieser Beitrag führt in die Themenkreise Wertschöpfung, Controlling und Evaluation ein, verdeutlicht zentrale Begriffe und Konzepte, macht Unterschiede deutlich und zeigt Grenzen auf.

Schlüsselwörter

Kommunikations-Controlling · Kommunikationswirkung · Wertschöpfung · Immaterielle Werte · Kommunikationsmanagement · Unternehmenskommunikation · Bewertung · Evaluation · Indikator · Kennzahlen · Key Performance Indicator (KPI) · Messgröße · Reporting · Scorecard · Steuerung

L. Rolke (✉)
Fachhochschule Mainz, Fachbereich Wirtschaft
Lucy-Hillebrand-Straße 2, 55128 Mainz, Deutschland
E-Mail: lothar.rolke@wiwi.fh-mainz.de

A. Zerfaß
Universität Leipzig, Institut für Kommunikations- und Medienwissenschaft
Burgstraße 21, 04109 Leipzig, Deutschland
E-Mail: zerfass@uni-leipzig.de

1 Einleitung

Das wachsende Bewusstsein für die Notwendigkeit strategischer Kommunikation und der Aufbau entsprechender Kompetenzen in der Wirtschaft wurde stets von Fragen nach dem konkreten Nutzen begleitet. Lange Zeit mangelte es allerdings an überzeugenden Antworten aus Wissenschaft und Praxis. Das hat sich inzwischen geändert (Likely und Watson 2013, Zerfaß 2014). Die Gründe für mehr Transparenz und eine regelmäßige Erfolgsmessung liegen auf der Hand: Wachsende Budgets und damit ein steigender Rechtfertigungsdruck, vielfältigere Aufgaben, neue zusätzliche Instrumente und damit der Zwang zur Budgetverteilung, mehr Bewusstsein für immaterielle Werte wie Unternehmensmarken, aber auch der interne Wettbewerb mit anderen Funktionen wie dem Marketing sorgen dafür, dass Kommunikationsabteilungen mit sehr grundsätzlichen Fragen konfrontiert werden: Wie schafft und sichert Kommunikation Werte im Unternehmenskontext? Wie kann Kommunikation an Unternehmenszielen ausgerichtet und daraufhin gesteuert werden? Wie können Kommunikationsprozesse mit Stakeholdern und deren Wirkungen erfasst werden? Welche Methoden der Evaluation kommen dabei zur Anwendung? Während sich viele Kommunikationsmanager in der Praxis diesen Fragen nur zögerlich stellen, haben Vorreiter in der Wirtschaft gemeinsam mit der Wissenschaft und Branchenverbänden ein Controlling-System für Kommunikation entwickelt, das nicht nur Antworten gibt, sondern seine Praxistauglichkeit zur Steigerung von Effektivität und Effizienz bewiesen hat. Immer dort, wo wesentliche Teile professionell implementiert wurden, ist eine deutliche Positionsverbesserung im Unternehmen sowie ein Rationalitätsschub in der Abteilung Unternehmenskommunikation zu beobachten.

2 Wertschöpfung und Wertsicherung durch Kommunikation

Unternehmen schaffen *Wert*, indem sie Ressourcen (also Güter, Dienstleistungen, Kapital, Knowhow) von Beschaffungsmärkten beziehen, diese in neue werthaltigere Angebote umwandeln, und sie dann zu einem höheren Geldwert auf Absatzmärkten veräußern. Unternehmensintern handelt es sich um einen Prozess, durch den „immaterielle Vermögenswerte zu Kundenergebnissen und finanziellen Ergebnissen werden" (Kaplan und Norton 2004, S. 29). Dabei gilt im engeren Sinne: Der geschaffene Wert ist immer nur „derjenige Betrag, den die Abnehmer für das, was ein Unternehmen ihnen zur Verfügung stellt, zu zahlen bereit sind" (Porter 1999, S. 68). Dabei hängt der realisierte Wert von vielen Faktoren ab, die nicht allein im Produkt selber liegen. Der Prozess der Umwandlung lässt sich als *Wert(schöpfungs)kette* darstellen (Müller-Stewens und Lechner 2003, S. 377 ff.), wozu im Einzelnen die Beschaffung (auch von Personal), Produktion, Marketing, Verkauf und Service gehört. All diese Funktionen bezeichnen Wertaktivitäten, die sich einzeln wertsteigernd optimieren lassen. Gegenüber diesen Primäraktivitäten erfüllt die Unternehmenskommunikation wie andere Managementeinheiten auch eine unterstützende Funktion, wobei ihr Fokus in der Regel nicht die einzelnen Wertaktivitäten sind, sondern die daran mitwirkenden Anspruchsgruppen. Denn Kommunikation kann nur dort wertschöpfend wirken, wo Menschen beteiligt sind. Für Unternehmen sind das einerseits die *Mitarbeiter* (und Lieferanten) und andererseits die *Kunden* (und der Handel), deren jeweilige Kooperationsbereitschaft für den Wertschöpfungsprozess konstitutiv ist. Sie sollen wirtschaftlich rational kollaborieren – also möglichst zielgerichtet (effektiv) und ressourcensparsam (effizient) handeln. Unternehmenskommunikation unterstützt entlang dieser Achse den Aufbau und die Stabilisierung der Austauschbeziehungen zu den Stakeholdern.

Doch der Wertschöpfungsprozess endet nicht mit der einmaligen erfolgreichen Umwandlung von Vorleistungen des Beschaffungsmarktes in absetzbare Produkte mit höherem Wert, sondern beginnt immer wieder von, indem die realisierten Werte reinvestiert werden. Dieser Prozess, der den Unternehmen die Möglichkeit zu einer regelmäßigen Entgelterzielung gibt und der der Gesellschaft und ihren Bürgern eine stabile Bedarfsdeckung bzw. Bedürfnisbefriedigung ermöglicht, bedarf der zweifachen Absicherung: der finanziellen Überbrückung durch die Kapitalmärkte, weil Einnahmen und Ausgaben zeitlich auseinanderfallen, und der Akzeptanz durch die Gesellschaft, die ihre Zustimmung einem Unternehmen, seiner Art der Produktion oder seinen Produkten bzw. Dienstleistungen jeder Zeit entziehen kann und die deswegen immer wieder neu sichergestellt werden muss. Vor diesem Hintergrund bilden der Finanzmarkt und aus betriebswirtschaftlicher Perspektive der Akzeptanz„markt" eine Wertsicherungsachse (Rolke 2010; Kirf und Rolke 2002). Die Unternehmenskommunikation übernimmt hier eine öffnende und ausgleichende Funktion gegenüber den Erwartungen und Spielregeln der beteiligten Kern-Stakeholder: den Geldgebern (und Analysten) auf der einen Seite und den Medienvertretern (und den politischen Repräsentanten) auf der anderen Seite. Wenn sie ihr Vertrauen in das Unternehmen verlieren, ist der betriebliche Wertschöpfungsprozess genauso gefährdet, wie wenn Kunden und Mitarbeiter ihre Kollaborationsbereitschaft aufkündigen würden. Umgekehrt vermag öffentliche Zustimmung diesen Prozess zu stimulieren oder zumindest zu stabilisieren.

> **Wert**
> Der Wert eines Angebotes bestimmt sich nach dem, was ein Abnehmer bereit ist als Gegenwert bzw. Gegenleistung dafür zu geben, wodurch sich eine Tauschbeziehung begründet. Im engeren Sinne drückt sich der Wert im Preis aus, den ein Kunde für ein Produkt bezahlt. Im weiteren Sinne tauschen Unternehmen auch auf allen anderen Märkten werthaltige Angebote gegen entsprechende Gegenleistungen: auf dem Beschaffungsmarkt etwa Arbeitsleistungen gegen Einkommen, auf dem Finanzmarkt Kapital und Zeit gegen Rendite und im übertragenden Sinn auf dem Akzeptanzmarkt Reputation gegen Informationen (= Nachrichtenwerte) und Legitimation. Manche dieser Tauschbeziehungen dienen der direkten Wertschöpfung, andere der indirekten, indem sie den Wertschöpfungsprozess absichern helfen.

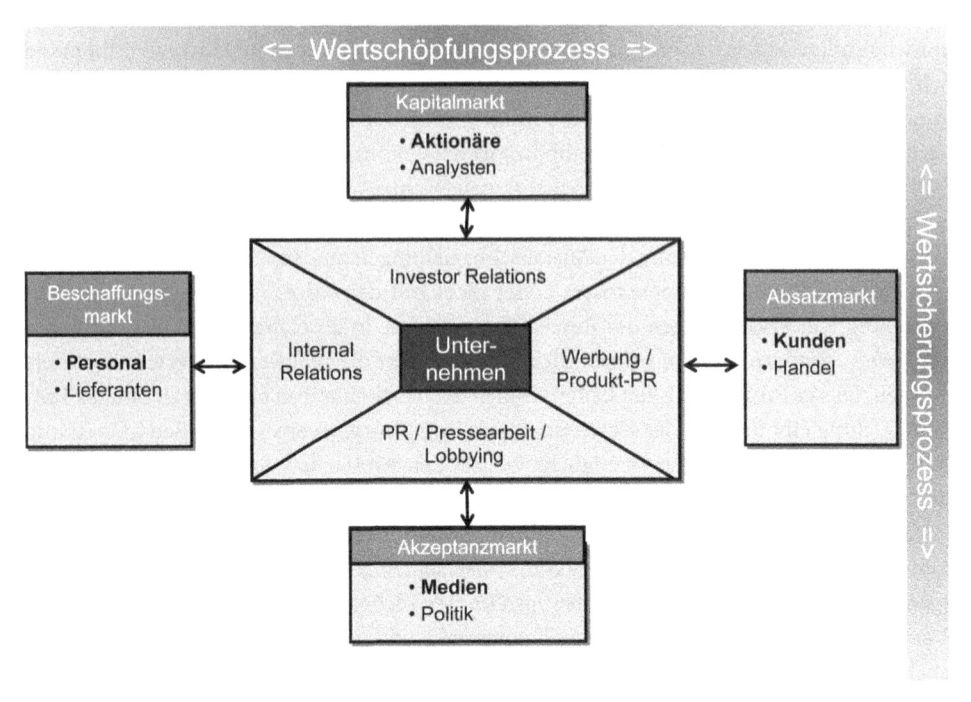

Abb. 1 Der Stakeholder-Kompass
(Quelle: Rolke 2010, S. 110)

Unternehmen sind so aufgestellt, dass sie die Beziehungen in verschiedenen Märkten und Handlungssphären kommunikativ mitgestalten können. Insofern lassen sich unterscheiden (vgl. Abb. 1):

- die Kommunikation zwischen Unternehmensleitung, Führungskräften und Mitarbeitern (*Interne Kommunikation*) und zu potenziellen neuen Mitarbeitern (*Personalkommunikation*) sowie Lieferanten zum Zwecke der gemeinsamen Leistungserstellung,
- die Kommunikation mit Kunden, (Handels-) Partnern und Wettbewerbern zur Anbahnung bzw. zur Verhinderung von Verträgen (*Absatzmarktkommunikation* oder *Marketingkommunikation*),
- die Kommunikation mit gesellschaftspolitischen Gruppen, Meinungsmittlern, Parteien und Staatsvertretern zur Legitimation und Sicherung von Handlungsspielräumen (*Public Relations* und *Public Affairs*),
- die Kommunikation mit Anteilseignern und Akteuren des Kapitalmarktes, um die benötigte Liquidität für den Wertschöpfungsprozess abzusichern und Wachstum zu finanzieren (*Finanzkommunikation*).

Die Kommunikation des Unternehmens hat sich sowohl interessensbezogen an den damit verbundenen vier Märkten mit ihren Anspruchsgruppen auszurichten als auch prozessual an den beiden Achsen:

- Die Kommunikation entlang der *Wertschöpfungsachse* verhilft unmittelbar dazu, die jeweiligen Beziehungen zu den Kunden und zu den Mitarbeitern (bzw. Lieferanten) gewinnbringend zu entwickeln. Zugleich unterstützt sie den Aufbau einer erfolgsentscheidenden Verknüpfung: die (Rück)übersetzung von Kundenbedürfnissen in ein adäquates Mitarbeiter- und Organisationsverhalten. Funktioniert diese Rückübersetzung nicht, entstehen Brüche und Reibungen. In der marketingorientierten Unternehmensführung wird der Wertschöpfungsprozess vom Absatzmarkt her konzipiert und dann optimiert.
- Die Kommunikation entlang der *Wertsicherungsachse* erscheint komplizierter: Betriebswirtschaftliches Handeln in marktwirtschaftlichen Systemen verlangt von den Unternehmen, glaubhaft gegenüber den Geldgebern und der Finanz-Community zu vermitteln, dass und warum eine hinreichende Chance auf Gewinnzielung besteht. Gleichzeitig muss das Unternehmen der Gesellschaft und ihren Repräsentanten vermitteln, dass und warum das Renditemotiv nicht die Gemeinwohlinteressen gefährdet. Damit ist ein struktureller Widerspruch gegeben, der in der Öffentlichkeit erklärungsbedürftig ist: Profitstreben einerseits, Corporate Citizenship andererseits. Unternehmenskommunikation hat hier mitzuhelfen, dass dieser Gegensatz nicht als Blockade virulent wird, sondern sich erfolgsförderlich auflösen lässt. Typischerweise ist der breiten Öffentlichkeit zu vermitteln, warum Personalfreistellungen, die häufig den Aktienkurs nach oben treiben und deshalb die Börse erfreuen, zumindest der verbliebenen Belegschaft helfen. Oder den Analysten, warum Investitionen in den Umweltschutz, die zunächst einmal gewinnmindernd wirken, langfristig positiv auf den Unternehmenserfolg einzahlen. Gegensätzliche Interessen müssen also hier ausbalanciert werden, um den zentralen Prozess der Wertschöpfung nicht zu gefährden, sondern zu unterstützen und zu beschleunigen.

Voraussetzung für eine solche *achsenoptimale Kommunikation* ist das Verstehen der spezifischen Interessenlagen der einzelnen Stakeholder und der kommunikativen Vernetzung mit diesen Gruppen. Niemand wird die Wertschöpfungskette kommunikativ optimieren können, der nicht die Anspruchsgruppen an den jeweiligen Eckpunkten der Achsen versteht: beispielsweise die Kunden und die Mitarbeiter/Lieferanten mit ihren spezifischen Ansprüchen und Potenzialen. Unter der Leitidee des Internal Branding als interne Fortsetzung der Markenbildung und -durchsetzung im Absatzmarkt hat die Marketingforschung für sich diesen Zusammenhang lägst entdeckt (Wittke-Kothe 2001; Müller-Neuhof und Giehl 2004). Und niemand wird das Wertsicherungsparadoxon zwischen Geldgebern und Anspruchsgruppen im gesellschaftspolitischen Raum lösen können, der nicht von beiden akzeptiert wird. Insofern beginnt jedes Management von Kommunikation mit dem Aufbau von Beziehungen, die von gemeinsamen und konfligierenden Interessen bestimmt werden. Kommunikativ besteht das Ziel darin, eine positive Vorstellung über den Nutzen einer Beziehung zum wechselseitigen Vorteil zu entwickeln.

Dies ist die Basis für Wertschöpfung durch Kommunikation, für die sich vier Ansatzpunkte unterscheiden lassen (vgl. Kapitel „Unternehmenskommunikation und Kommunikationsmanagement: Grundlagen, Wertschöpfung, Integration"):

- Der primäre und offensichtlichste Zusammenhang zwischen Kommunikation und Wertsteigerung ist die bereits erwähnte die *Unterstützung der laufenden Leistungserstellung*. Kommunikation wirkt ertragssteigernd oder kostensenkend, wenn Mitarbeiter und Partner motiviert, öffentliche Aufmerksamkeit erzielt und Präferenzen von Kunden oder Investoren positiv beeinflusst werden. Die entsprechenden Ergebnisse werden kurzfristig sichtbar. Wenn die Zusammenhänge nachweisbar sind, kann das Verhältnis von Kosten und Erträgen beziffert werden. Im Vordergrund stehen hier die Mitteilungs- und Vermittlungsfunktionen von Kommunikationshandlungen; es geht mehr um das Sprechen als um das Zuhören.
- Kommunikations- und PR-Aktivitäten ermöglichen zweitens den *Aufbau immaterieller Erfolgspotenziale* wie Bekanntheit, Glaubwürdigkeit, Authentizität, Reputation, Marken, Mythen und Organisationskulturen. Hier steht ebenfalls die Vermittlungsfunktion der Kommunikation im Vordergrund. Allerdings geht es jenseits kurzfristiger Wirkungen um die langfristige Beeinflussung von Bedeutungen und Wirklichkeitskonstruktionen. Damit wird ein Reservoir kommunikativer Werte geschaffen, von dem man langfristig zehren kann. Immaterielle Werte lassen sich in konkrete Vorteile ummünzen, wenn beispielsweise ein Unternehmen mit einer Premium-Marke höhere Preise im Markt durchsetzen und eine größere Anzahl hoch qualifizierter Nachwuchskräfte an sich binden kann, oder wenn eine Non-Profit-Organisation mehr Spenden akquirieren oder mehr Unterstützer für eine Kampagne mobilisieren kann. Selbst geschaffene immaterielle Werte können nach den nationalen und internationalen Rechnungslegungsvorschriften allerdings nicht bilanziert werden (Möller et al. 2009). Im engeren Sinn werden daher keine ökonomischen Werte geschaffen, sondern es wird die Werthaltigkeit der Organisation, ihrer Produkte und Beziehungen vermehrt (Schmidt und Stobbe 2011). Diese kann dann indirekt in nachfolgenden Perioden zu einer erhöhten Wertschöpfung führen.
- Wertschöpfend im Sinne einer Steigerung der Werthaltigkeit von Organisationen wirkt Unternehmenskommunikation drittens, wenn sie jenseits von Versuchen der Meinungsbeeinflussung und Imagebildung die Potenziale von Verstehenshandlungen nutzt, also das Zuhören professionell umsetzt und damit die *Strategiedefinition und Positionierung der gesamten Organisation* unterstützt. Dies betrifft insbesondere das Monitoring der Meinungsbildung in verschiedenen Öffentlichkeiten, darauf aufbauend die Identifikation von Chancen und die Berücksichtigung von Kritikpotenzialen, sowie letztlich den Entwurf von Szenarien für die Auswirkung strategischer Entscheidungen auf künftige Kommunikationsprozesse mit Stakeholdern und Medien. Diese Stoßrichtung ist besonders wertvoll, weil sich hier Wettbewerbsvorteile und gesellschaftliche Legitimation auf einer sehr grundlegenden Ebene schaffen lassen. In der Praxis wird dies allerdings bislang eher selten realisiert.

- Schließlich ist der Beitrag von Kommunikation und PR zur *Sicherung von Handlungsspielräumen der Organisation* zu nennen. Handlungsspielräume sind eine unverzichtbare Voraussetzung für das Überleben und die erfolgreiche Weiterentwicklung in Markt und Gesellschaft. Auch hier spielen das Zuhören und die Berücksichtigung der Äußerungen und Interessen von Stakeholdern eine zentrale Rolle. Deutlich wird dies beispielsweise beim Krisenmanagement. Der grundlegende Beitrag der Organisationskommunikation besteht jedoch im Aufbau und in der Pflege von Beziehungen (Relationships). Dies wird von vielen Autoren als wichtigste Funktion der Marketingkommunikation (Customer Relationship Management) und der Public Relations betrachtet (Grunig und Grunig 2008).

Wertorientiertes Handeln gilt übrigens nicht nur für Unternehmen, sondern auch für alle anderen Organisationstypen. Denn ein möglichst sparsamer und zielgerichteter Einsatz von Ressourcen und eine Maximierung der jeweils angestrebten Zielerreichung kennzeichnen auch die Zielsysteme von Non-Profit-Organisationen, Verbänden, Behörden, Körperschaften, Parteien usw. Und auch diese Organisationen haben bei ihrer Leistungserstellung Zulieferer und Abnehmer, sie sind auf Geldgeber angewiesen und benötigen öffentliche Zustimmung, die sich in Medien vermittelt.

Wertschöpfung ist auf Dauer nur möglich, wenn der betriebliche Mitteleinsatz und die Kollaboration mit den Stakeholdern immer wieder auf Effektivität und Effizienz hin geprüft und optimiert werden. Eben dazu dient Controlling, wobei zwischen der Funktion selber und ihrer Institutionalisierung in Form einer eigenen Abteilung in Unternehmen zu unterscheiden ist (Becker und Baltzer 2010, S. 9). Im Sinne eines Selbstcontrollings ist eine Rückverlagerung entsprechender Aufgaben in einzelne Abteilungen zu beobachten (Horváth2011, S. 774 f.). Das betrifft auch Kommunikationsabteilungen.

3 Kommunikations-Controlling und Kommunikationsmanagement

Kommunikations-Controlling ist die Rückdelegation oder grundsätzlicher die Implementierung der Controllingfunktion in die Kommunikationsabteilung(en) eines Unternehmens. Nach dem Selbstverständnis des Berufsverbandes der Controller betrifft dies folgende Aufgaben: „Controller gestalten und begleiten den Managementprozess der Zielfindung, Planung und Steuerung und tragen damit Mitverantwortung für die Zielerreichung. Das heißt: Controller sorgen für Strategie-, Ergebnis-, Finanz-, Prozesstransparenz und tragen somit zu höherer Wirtschaftlichkeit bei" (ICV 2005).

Mit der Ergänzung der Management- durch die Controlling-Funktion wird der Einsicht Rechnung getragen, dass sich (Kommunikations-)Management nicht darin erschöpfen kann, Maßnahmeneinsatz und Zielerreichung zu planen, sondern dass beides auch regelmäßig und transparent auf Wirksamkeit und Wirtschaftlichkeit hin geprüft werden muss, um gegebenenfalls die Planung zu optimieren. Und dass dieses nicht für das Unternehmen insgesamt (Horváth 2011), sondern auch durch einzelne Abteilungen erfolgen muss (vgl.

beispielhaft für Forschnungs- und Entwicklungs-Abteilungen Horváth 2011, S. 778 ff. und für die Marketing-Abteilung Reinecke und Janz 2007). Nur so kann die Rationalität des Unternehmens im Sinne von Zweck-Mittel-Entscheidungen auf der Basis größtmöglichen Wissens (Weber und Schäffer 2011, S. 46) in der Organisation verankert werden. Dabei ist zwischen *individueller* und *institutionalisierter Rationalität* zu unterscheiden:

- Managementhandeln lässt sich nicht auf jederzeit planbare und genau abgegrenzte Phasen von Zielformulierung, Implementierung und Kontrolle reduzieren (Mintzberg et al. 1999). Informationsdefizite und zeitliche Zwänge, aber auch kreative Lösungsideen oder spontan sich ergebende Chancen widersetzen sich der Möglichkeit vollständiger Planung und erzwingen stattdessen ein intuitives Entscheidungshandeln. Mit Verweis auf Krisensituationen, auf den persönlichen Umgang mit Journalisten oder dem Beschreiten neuer Wege berufen sich Kommunikationsmanager gerne auf die Unmöglichkeit von Planung und Kontrolle. Hier ist im Zweifel tatsächlich die aus Erfahrung gespeiste individuelle Rationalität des einzelnen Manager oder einer kleinen Gruppe gefragt. Das wird auch immer so bleiben, weil „planerisches Handeln stets unter Unsicherheit und unvollkommener Information erfolgt" (Staehle 1999, S. 540) und die Defizite durch Kreativität und Intuition kompensiert werden müssen (Reinecke und Janz 2007, S. 43).
- Im Vergleich dazu übersetzt ein systematisches Controlling kommunikatives Handeln soweit es geht in einen Managementprozess von Planung, Steuerung und Kontrolle. Es ermöglicht damit die Institutionalisierung von höchstmöglicher Rationalität in einem Unternehmen, indem Wissen und Daten aggregiert, die verfügbare Zahl an Experten einbezogen und Analyse- und Entscheidungsverfahren genutzt werden (Weber und Schäffer 2011). Zugleich übernimmt das Controlling eine Korrektivfunktion gegenüber auseinanderdriftenden Einzelinteressen von Kommunikationsmanagern und -abteilungen (Zerfaß 2010, S. 30 f.).

Vor diesem Hintergrund sind Unternehmen gut beraten, wenn sie sich nicht auf die persönliche Rationalität der Kommunikationsmanager mit ihren Erfahrungen, ihren Ideen und ihren Interessen allein verlassen, sondern sich durch die Implementierung von Controlling-Systemen selber zu einer zusätzlichen Rationalität verhelfen. Im Kern geht es dabei um drei Ebenen der Rationalität (Weber und Schäffer 2011, S. 46 ff.): die *Ergebnisrationalität* (Werden die richtigen Kommunikationsziele bzw. Beobachtungsziele angestrebt und erreicht?), die *Prozessrationalität* (Werden geeignete Denkmodelle und Konzepte verwendet und umgesetzt?) und die *Inputrationalität* (Verfügen die Kommunikationsverantwortlichen und andere Beteiligte über das notwendige Können und Wollen? Stehen geeignete Ressourcen zur Verfügung?). Insofern hat *Kommunikations-Controlling* eine Rationalität steigernde Unterstützungsfunktion, die sich definitorisch benennen und von der Funktion des Kommunikationsmanagements unterscheiden lässt (vgl. Abb. 2).

Erfolgsmessung und Controlling der Unternehmenskommunikation

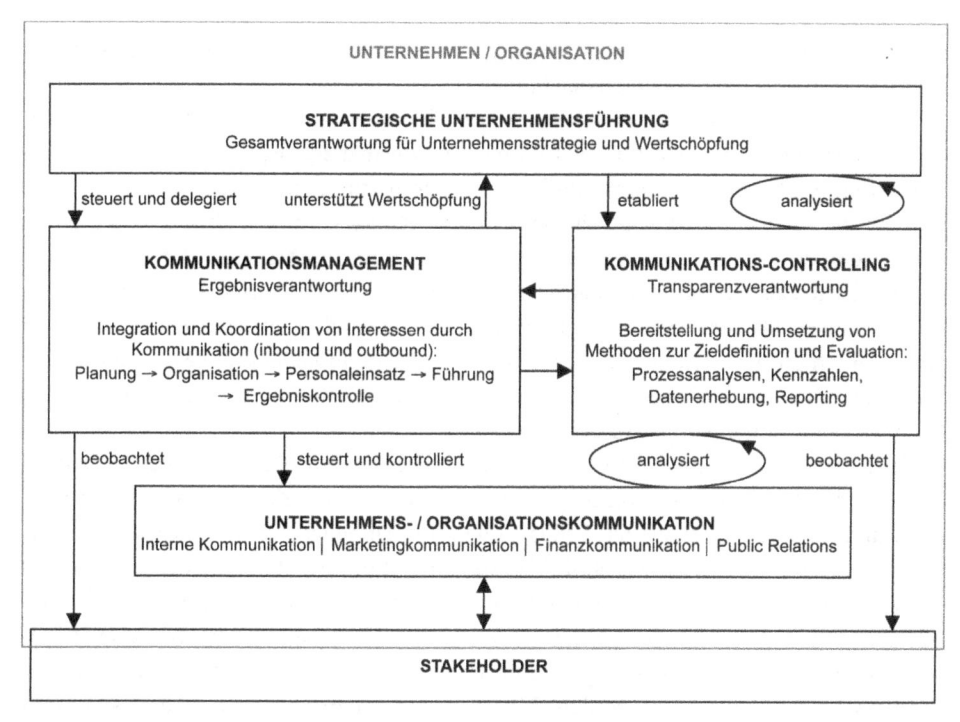

```
┌─────────────────────────────────────────────────────────────────────────┐
│                        UNTERNEHMEN / ORGANISATION                        │
│                                                                          │
│   ┌──────────────────────────────────────────────────────────────┐      │
│   │              STRATEGISCHE UNTERNEHMENSFÜHRUNG                 │      │
│   │    Gesamtverantwortung für Unternehmensstrategie und          │      │
│   │                     Wertschöpfung                             │      │
│   └──────────────────────────────────────────────────────────────┘      │
│                                                                          │
│   steuert und delegiert   unterstützt Wertschöpfung  etabliert  analysiert│
│                                                                          │
│   ┌──────────────────────────────┐   ┌─────────────────────────────┐   │
│   │  KOMMUNIKATIONSMANAGEMENT    │   │  KOMMUNIKATIONS-CONTROLLING │   │
│   │    Ergebnisverantwortung     │←──│   Transparenzverantwortung  │   │
│   │                              │   │                             │   │
│   │ Integration und Koordination │   │ Bereitstellung und Umsetzung│   │
│   │ von Interessen durch         │   │ von Methoden zur Ziel-      │   │
│   │ Kommunikation (inbound und   │   │ definition und Evaluation:  │   │
│   │ outbound):                   │   │ Prozessanalysen, Kennzahlen,│   │
│   │ Planung → Organisation →     │   │ Datenerhebung, Reporting    │   │
│   │ Personaleinsatz → Führung    │   │                             │   │
│   │ → Ergebniskontrolle          │   │                             │   │
│   └──────────────────────────────┘   └─────────────────────────────┘   │
│                                                                          │
│    beobachtet   steuert und kontrolliert    analysiert    beobachtet    │
│                                                                          │
│   ┌──────────────────────────────────────────────────────────────┐      │
│   │          UNTERNEHMENS- / ORGANISATIONSKOMMUNIKATION           │      │
│   │ Interne Kommunikation | Marketingkommunikation |              │      │
│   │ Finanzkommunikation | Public Relations                        │      │
│   └──────────────────────────────────────────────────────────────┘      │
│                                                                          │
└─────────────────────────────────────────────────────────────────────────┘
┌─────────────────────────────────────────────────────────────────────────┐
│                            STAKEHOLDER                                   │
└─────────────────────────────────────────────────────────────────────────┘
```

Abb. 2 Kommunikations-Controlling als Unterstützungsfunktion
(Quelle: Zerfaß (2010, S. 33))

Kommunikations-Controlling
Kommunikations-Controlling ist eine Unterstützungsfunktion, die Strategie-, Prozess-, Ergebnis- und Finanz-Transparenz für den arbeitsteiligen Prozess des Kommunikationsmanagements schafft und geeignete Methoden, Strukturen und Kennzahlen für die Planung, Umsetzung und Kontrolle der Unternehmenskommunikation bereitstellt. Die Funktionen von Kommunikations-Controlling bestehen darin, die Management- und Umsetzungsprozesse der Unternehmenskommunikation zu analysieren, das Wissen und die Einstellungen von Stakeholdern zu beobachten, Wirkungszusammenhänge zwischen Unternehmensstrategie und Kommunikation abzubilden, Messgrößen zu definieren und in Kennzahlensteckbriefen zu fixieren, Evaluationsmethoden auszuwählen beziehungsweise zu entwickeln sowie Evaluations-Dienstleister zu führen und Ergebnisse aufzubereiten, bis hin zur Visualisierung in Dashboards oder Kennzahlen-Cockpits. Daraus ergibt sich die faktische Nähe zur Ergebnis- und Prozesskontrolle als Teil des Kommunikationsmanagements (Zerfaß 2010, S. 35 f.).

Das Kommunikations-Controlling beschäftigt sich sowohl mit strategischen Fragen der Effektivität als auch den Aspekten der Effizienz:

Das *strategische Kommunikations-Controlling* fokussiert auf die Schaffung und Erhaltung von Erfolgspotenzialen für das Kommunikationsmanagement. Der Maßstab ist die Effektivität der Kommunikationspolitik (Are we doing the right things?). Diese Aufgabe umfasst die Steuerung und Kontrolle der Kommunikationsstrategie. Hier geht es um den Beitrag, den die Kommunikation zur Erreichung der strategischen Ziele der Gesamtorganisation leistet, also um die systematische Verknüpfung von Organisations- und Kommunikationszielen. Das strategische Kommunikations-Controlling wurde in den vergangenen Jahren durch die Entwicklung idealtypischer Werttreibermodelle mit Key-Performance-Indikatoren für verschiedene Bereiche der Unternehmenskommunikation wesentlich weiterentwickelt (Pfannenberg 2010).

Beim *operativen Kommunikations-Controlling* geht es um die Bereitstellung von Methoden und Strukturen, die eine optimale Ausschöpfung der durch Kommunikationsmanagement und -strategie geschaffenen Erfolgspotenziale ermöglichen. Als Messlatte dient die Effizienz der Kommunikationspolitik (Are we doing things right?). Dies betrifft zunächst die Rationalitätssicherung von Kommunikationsprogrammen/-kampagnen und Beobachtungsroutinen. Bei PR-Konzeptionen, Informationskampagnen usw. ist beispielsweise zu gewährleisten, dass sie stringent und widerspruchsfrei aufgebaut sind und dass die Finanzmittel optimal verteilt werden. Mit Hilfe von Programmanalysen und Konzeptionsevaluationen können die Kommunikationsverantwortlichen die Performance einzelner Programme steuern und kontrollieren. Mit Hilfe von Programmanalysen (z. B. einer Konzeptionsevaluation (Besson 2008, S. 122 ff.) können Kommunikationsverantwortliche die Performance einzelner Programme steuern und kontrollieren. Ebenso sind komplexe Verfahren des Issues Managements und andere Formen der Umfeldbeobachtung auf ihre Konsistenz hin zu überprüfen. Der vierte Aspekt ist das operative Kommunikations-Controlling auf der Ebene der Kommunikations-Maßnahmen. Hier geht es um Transparenz und Methoden für die Steuerung und Kontrolle einzelner Aktivitäten, beispielsweise für die Pressearbeit, das Corporate Publishing (Mitarbeiter- und Kundenzeitschriften), die Durchführung von Veranstaltungen oder den Betrieb von Kommunikationsplattformen im Internet. Dies ist der klassische Bereich der immer im Nachhinein ansetzenden Ergebnismessung und Wirkungskontrolle von PR (Watson und Noble 2007; Stacks 2011). Hier wird aus Sicht der Kommunikationsverantwortlichen gefragt, welche Effekte die Maßnahmen bei den avisierten Bezugsgruppen haben (werden).

4 Kommunikationsplanung, -prozess und -wirkungen

Idealiter werden Kommunikationsaufgaben aus der Unternehmensstrategie abgeleitet (als Basis des strategischen Kommunikations-Controllings), um dann die Ergebnisse der Aufgabenlösung bzw. der Zielerreichung als Beitrag zum Unternehmenserfolg und damit als Wertschöpfungsbeitrag ausweisen zu können. In der Praxis geschieht dieses häufig nur in

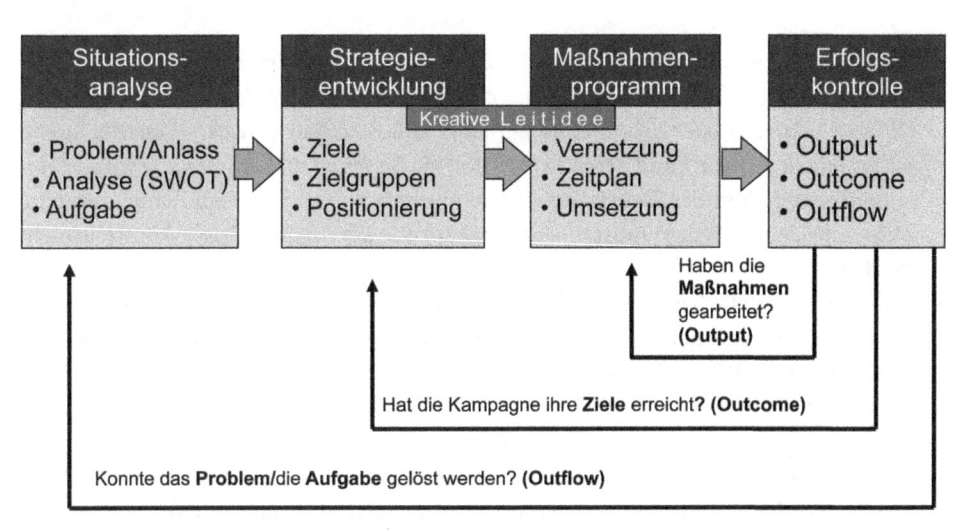

Abb. 3 Konzeptbausteine für ein stufenweises Controlling der Kommunikationseffekte

rudimentärer Form (als Zielvereinbarung mit Teilbezug zur Unternehmensstrategie) oder gar nicht. In professionellen Kommunikationsabteilungen findet sich zumindest eine konzeptionelle oder zielbezogene Maßnahmenplanung, die eine Verknüpfung mit den übergeordneten Unternehmenszielen ermöglichen würde.

Für die Kommunikationsplanung hat sich analog zu den klassischen Managementkonzepten ein vierstufiges Prozessmodell durchgesetzt (vgl. Abb. 3) – bestehend aus den Elementen Situationsanalyse, Strategieentwicklung, einer auf operativer Planung basierenden Umsetzung und Erfolgskontrolle (vgl. Kapitel „Konzeption von Kommunikationsprogrammen"):

- Die *Situationsanalyse* prüft einerseits den Auftrag (*Welche kommunikativen Probleme sollen gelöst werden?*) und andererseits die Fähigkeit einer Organisation, sich im ökonomischen, politischen und gesellschaftlich-medialen Kontext kommunikativ zu behaupten. Für eine rationale Sichtweise können SWOT-Analysen, Soll-Ist-Vergleiche, Früherkennungs- und Trendanalysen, Benchmarking und Image-bzw. Reputationsuntersuchungen sorgen (Horváth 2011, S. 228, 327 ff; Weber und Schäffer 2011, S. 402 ff; Straeter 2010, S. 67 ff.). Hierbei handelt es sich allesamt um Instrumente, die der strategischen Kommunikationsplanung zugerechnet werden können. Aus Sicht des Kommunikations-Controllings ist zunächst immer zu überprüfen, inwieweit der Auftrag kommunikativ zu lösen ist und wenn ja, wo und in welchem Umfang er auf die Unternehmensziele einzahlt, bevor dann die kommunikativen Fähigkeiten (Stärken/Schwächen) der Organisation mit den externen Handlungsbedingungen (Chancen/Risiken) gematcht werden. Wie noch zu sehen sein wird, ist der Bezug zu den Unternehmenszielen konstitutiv für die Identifizierung von Wertschöpfungspotenzial.

- Bei der *Strategieentwicklung* werden die Ziele (*Was soll mit der Kommunikation informativ, meinungsbildend und verhaltensverändernd bewirkt werden?*), die Zielgruppen (*Wer soll aktiviert oder neutralisiert werden?*), die Botschaft (*Welches Vorstellungsbild soll vermittelt werden?*) und der Weg (*Wie soll die Botschaft die Zielgruppe erreichen, damit mit sie im Sinne der Zielsetzung wirksam werden kann?*) bestimmt. Ohne messbare Ziele – abgeleitet aus dem Auftrag – ist eine laufende oder spätere Erfolgskontrolle nicht möglich.
- Die *Umsetzung*, die bei einer solchen konzeptionellen Vorgehensweise auf operativen Planungen basiert (mit Zeit-, Zuständigkeits- und Kostenplänen), umfasst das Maßnahmenprogramm (*Welche Instrumente werden in welchem Umfang mit welchen erwarteten direkten Effekten eingesetzt?*) und die Verfügbarkeit der Ressourcen (*Welcher Sach- und Personalaufwand ist wann nötig?*). Aus Sicht des operativen Kommunikations-Controllings interessieren neben der Budgettreue vor allem die direkten Maßnahmeneffekte (wie Visits, Medienresonanz und die sonstigen realisierten Touchpoints).
- Die *Erfolgskontrolle* kann prozessbegleitend und/oder summativ am Ende durchgeführt werden. Aus Sicht der Kommunikations-Controllings müssen drei Schlüsselfragen beantwortet werden, die die zuvor geleistet Planung und Durchführung nun von hinten zum Ausgangspunkt zurückverfolgt: *Haben die Maßnahmen ihre Ziele erreicht?* Hier geht es sehr konkret um Reichweiten, um Kontaktchancen, Teilnehmerzahlen und Clickraten. Ferner: *Wurden die Kommunikationsziele erreicht?* Hier müssen die Wahrnehmung des kommunikativen Angebotes, Akzeptanz und Meinungsbilder sowie Veränderungen in der Verhaltensdisposition (z. B. die Bereitschaft zum Kauf oder zur Weiterempfehlung) sichtbargemacht werden. Und schließlich: *Konnte die (aus den Unternehmenszielen abgeleitete) Aufgabe gelöst werden?* Da Unternehmensstrategien immer auf Wertsteigerung abzielen, stellt die Erfüllung eines kommunikativen Auftrags per definitione einen werthaltigen Beitrag da, sollte aber auch von Zeit zu Zeit überprüft werden.

Dabei ist der rechnerische Nachweis in der Praxis nicht immer zu führen. Aber es gibt Hilfsgrößen, die die Werthaltigkeit von Kommunikationswirkungen fassbar machen: Durch die Berechnung von Marken- und Kundenwerten (Bentele et al. 2009; Schimansky 2004), Produktivitätsleistungen und Reputationsgewinnen können die Folgeeffekte von Kommunikation monetär ausgewiesen werden.

Zusammengefasst bedeutet dies: Kommunikations-Controlling ist die Rückwärtsbetrachtung von Kommunikationsplanung und -umsetzung, wie umgekehrt Kommunikationsplanung nichts anderes bedeutet als die Kommunikation vom Wirkungsende her zu denken (vgl. dazu auch Macnamara 2013; Storck 2012). Denn nur deswegen wird Unternehmenskommunikation überhaupt angestoßen, geplant und betrieben. Allerdings lässt sich der Wirkungsverlauf weiter differenzieren. Für seine systematische Modellierung hat sich ein Prozessmodell bewährt, das Wissenschaftler, Kommunikationsmanager und Controller im deutschsprachigen Raum 2009 in einem mehrmonatigen Diskussionsprozess entwickelt haben: der DPRG/ICV-Bezugsrahmen für Kommunikations-Controlling.

Er hat nicht nur die frühen Evaluationsansätze aus der angelsächsischen PR-Forschung aufgenommen (Lindenmann 2003; DPRG und GPRA 2000; Watson und Noble 2007), sondern er erweist sich auch als kompatibel mit den entsprechenden Ansätzen der Marketingforschung (Reinecke und Janz 2007). Der Bezugsrahmen wurde von mehreren Verbänden (Deutsche Public Relations Gesellschaft, Kommunikationsverband, Public Relations Verband Austria, Internationaler Controller Verein) als Branchenstandard verabschiedet (DPRG und ICV 2011) und zwischenzeitlich von zahlreichen Konzernen (z. B. Siemens, Deutsche Telekom) sowie vielen Evaluations-Dienstleistern übernommen. Es handelt es sich ausdrücklich nicht um ein Modell, das mit allgemeingültigen Formeln und Messgrößen hinterlegt werden kann, sondern um ein gemeinsames Sprachgerüst, dass die Verständigung zwischen Kommunikatoren sowie ihren Auftraggebern, Controllern, Agenturen und Medien- und Meinungsforschungsinstituten erleichtern soll.

Der DPRG/ICV-Bezugsrahmen (vgl. Abb. 4) ist ein komplexes Input-Output-Schema, das Kommunikationsprozesse aus der Perspektive des Kommunikators abbildet und zwischen der Initiierung von Kommunikation (in der Verantwortung des Unternehmens und unterstützender Agenturen bzw. Dienstleister), der eigentlichen Kommunikation (die maßgeblich von den Rezipienten bzw. Stakeholdern mitgestaltet wird) und ihrer Wirkung auf Wissen, Emotionen, Einstellungen und Verhalten der Adressaten sowie den Rückwirkungen dieser Prozesse auf den Kommunikator und dessen Organisationsziele unterscheidet. Perspektivisch ist es – wie gezeigt – die Umkehrung der konzeptionellen Planung, die mit dem erwünschten Wertbeitrag (Outflow) beginnt und dann nach den angestrebten Zielwerten in der Kommunikation (Outcome) und den dafür notwendigen Maßnahmeneffekte (Output) fragt.

Damit wird zugleich deutlich, dass direkte Steuerungsmöglichkeiten des Kommunikationsmanagements vor allem in den ersten Phasen des Kommunikationsprozesses bestehen, bei denen aber der Wertschöpfungsbeitrag eher gering ist. Häufig propagierte und evaluierte, globale Kennwerte wie Reputation oder Markenwert sind dagegen nur teilweise beeinflussbar und sie werden in vielen Fällen nicht nur durch strategische Unternehmenskommunikation, sondern auch durch die Kommunikation anderer Akteure (z. B. Vorstände, Handelspartner) und direkte Erfahrungen der Stakeholder mit Repräsentanten und Produkten des Unternehmens geprägt.

Der Bezugsrahmen für Kommunikations-Controlling unterscheidet sechs Stufen, auf denen jeweils unterschiedliche Kennzahlen (vgl. Kapitel „Kennzahlen für die Unternehmenskommunikation: Definition, Erfassung, Reporting") erhoben werden können (vgl. nachfolgend Zerfaß 2014):

- *Input* (*Welche Aufwendungen werden für die Kommunikation gemacht?*). Die eingesetzten Ressourcen umfassen den Personaleinsatz und den Finanzaufwand für Kommunikation. Beides lässt sich mit klassischen betriebswirtschaftlichen Methoden der Aufwandserfassung und Kostenrechnung messen, beispielsweise mit Hilfe der Prozesskostenrechnung.

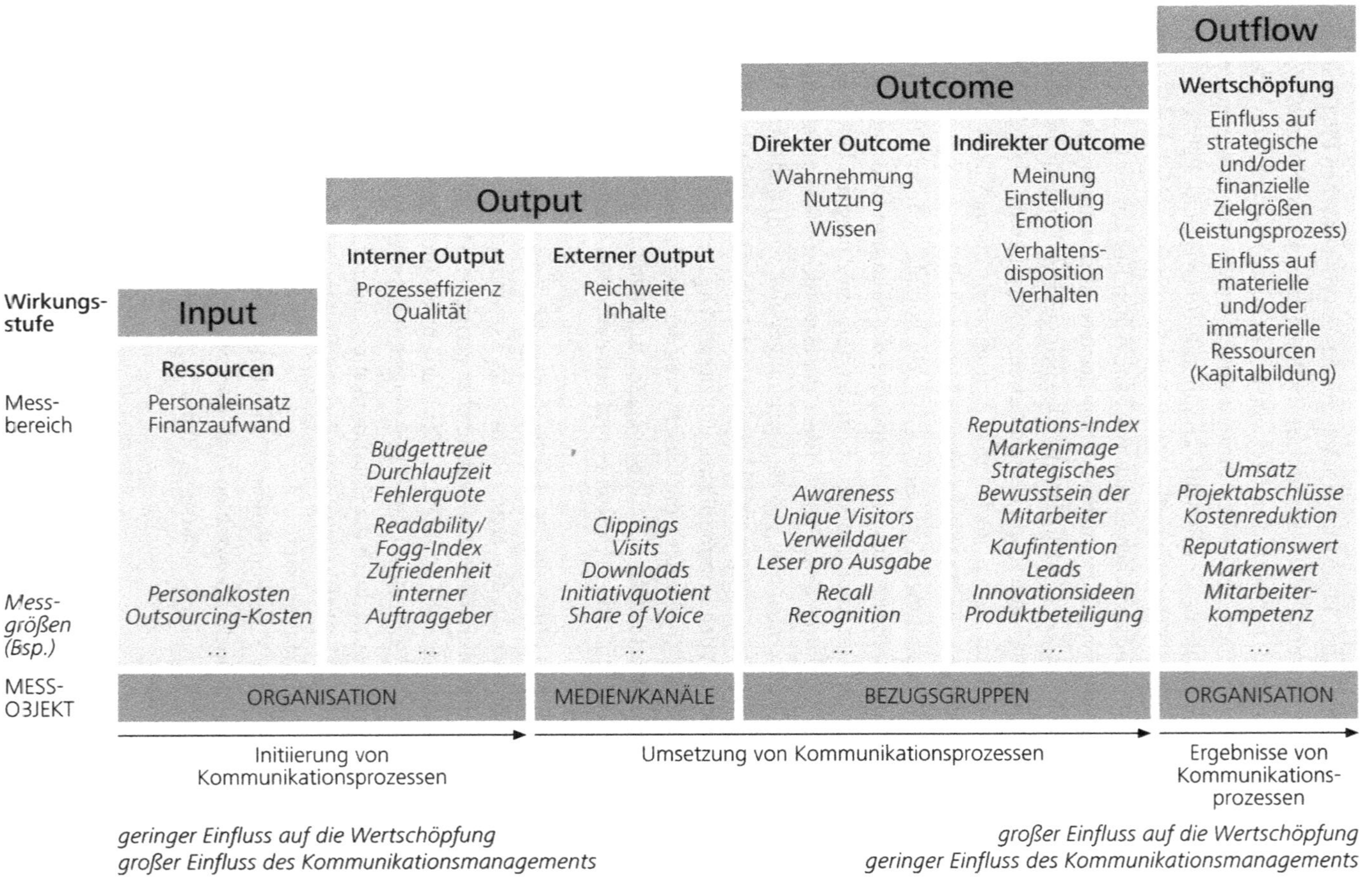

Abb. 4 DPRG/ICV-Bezugsrahmen für Kommunikations-Controlling (Quelle: Rolke und Zerfaß 2010, S. 52)

Wirkungs-stufe	Input	Output		Outcome		Outflow
		Interner Output	Externer Output	Direkter Outcome	Indirekter Outcome	Wertschöpfung
Mess-bereich	Ressourcen	Prozesseffizienz Qualität	Reichweite Inhalte	Wahrnehmung Nutzung Wissen	Meinung Einstellung Emotion Verhaltens-disposition Verhalten	Einfluss auf strategische und/oder finanzielle Zielgrößen (Leistungsprozess) Einfluss auf materielle und/oder immaterielle Ressourcen (Kapitalbildung)
	Personaleinsatz Finanzaufwand					
Mess-größen (Bsp.)	Personalkosten Outsourcing-Kosten ...	Budgettreue Durchlaufzeit Fehlerquote Readability/ Fogg-Index Zufriedenheit interner Auftraggeber ...	Clippings Visits Downloads Initiativquotient Share of Voice ...	Awareness Unique Visitors Verweildauer Leser pro Ausgabe Recall Recognition ...	Reputations-Index Markenimage Strategisches Bewusstsein der Mitarbeiter Kaufintention Leads Innovationsideen Produktbeteiligung ...	Umsatz Projektabschlüsse Kostenreduktion Reputationswert Markenwert Mitarbeiter-kompetenz ...
MESS-OBJEKT	ORGANISATION	ORGANISATION	MEDIEN/KANÄLE	BEZUGSGRUPPEN		ORGANISATION

Initiierung von Kommunikationsprozessen → Umsetzung von Kommunikationsprozessen → Ergebnisse von Kommunikationsmanagements

geringer Einfluss auf die Wertschöpfung / großer Einfluss des Kommunikationsmanagements ← → großer Einfluss auf die Wertschöpfung / geringer Einfluss des Kommunikationsmanagements

- *Interner Output (Was wird vom Unternehmen und seinen Dienstleistern selbst geleistet?).* Hier geht es um die Effizienz und Qualität bei der Bereitstellung von Kommunikationsangeboten wie Pressemitteilungen, Websites, Social-Media-Angebote, Mitarbeiterpublikationen etc. Relevant sind hier beispielsweise Budgettreue, Durchlaufzeiten und Fehlerquoten. Darüber hinaus ist zu prüfen, ob definierte Kernbotschaften in den produzierten Medien enthalten sind und ob diese den medienspezifischen Kriterien für Verständlichkeit und Usability entsprechen. Eine wichtige Messgröße ist zudem die Zufriedenheit interner Auftraggeber von Kommunikationsabteilungen. Zur Anwendung kommt hier eine Vielzahl etablierter Methoden: von der Verständlichkeitsforschung bis zu Befragungen, Inhaltsanalysen und der Auswertung interner Statistiken über Budgets und Prozessabläufe.
- *Externer Output (Welche Kontaktangebote werden geschaffen?).* Diese Wirkungsstufe bezieht sich auf die Reichweite und Inhalte der Kommunikationsangebote, die den Bezugsgruppen bzw. Rezipienten zugänglich sind. Mit Kennzahlen wie Abdrucken von Pressemitteilungen, Visits auf Websites oder dem Share of Voice als Anteil von Unternehmensmeldungen an der gesamten Medienberichterstattung in einer Branche werden Eigenschaften von Medien bzw. Kommunikationskanälen erhoben. Dies sind notwendige Voraussetzungen für das Gelingen von Kommunikationsprozessen, aber noch keine Indikatoren für eine gelungene Verständigung mit den Bezugsgruppen. Auf dieser Ebene setzen die meisten herkömmlichen Verfahren der Medienbeobachtung und -analyse (Medienresonanzanalysen) und der Auswertung von Online-Kennzahlen an.
- *Direkter Outcome (Inwiefern werden Wahrnehmung und Wissen gesteigert?).* Mit Wahrnehmung, Nutzung und Wissen geht es hier um Veränderungen bei den Stakeholdern selbst. Awareness, Verweildauer, Leser pro Ausgabe, Recall und Recognition sind typische Kennzahlen, mit denen das Zustandekommen von Verständigung und die Informationsgenerierung in kommunikativen Interaktionen nachgewiesen werden kann. Methodisch setzt dies zwingend eine Befragung der Rezipienten bzw. Staklehoder voraus. In einigen Fällen, beispielsweise bei Veranstaltungen und im Bereich der Online-Kommunikation, können die Aktivitäten der Kommunikationspartner auch beobachtet und relativ eindeutige Rückschlüsse auf Wahrnehmung und Wissen gezogen werden.
- *Indirekter Outcome (Wie stark werden Meinungen und Absichten beeinflusst?).* Diese Phase bezieht sich auf die Einflussnahme als das eigentliche Ziel aller Kommunikationsprozesse. Meinung, Einstellung, Emotionen sowie Verhaltensdisposition und Verhalten bzw. Handeln von Stakeholdern können durch Indikatoren wie Markenimage und Reputationsindizes (jeweils aus Perspektive der Stakeholder), Mitarbeiter-Commitment, Kaufbereitschaft usw. erhoben werden. Methodisch kommen auch hierbei Befragungen und in Einzelfällen Beobachtungen zur Anwendung.
- *Outflow (Welche werthaltigen Zielgrößen der Organisation werden beeinflusst?).* Als Ergebnis von Kommunikationsprozessen können strategische und/oder finanzielle Zielgrößen im Leistungsprozess des Unternehmens oder materielle und/oder immaterielle Ressourcen bei der Kapitalbildung beeinflusst werden. Messgrößen sind beispielsweise

Umsatz, Projektabschlüsse, Kostenreduktion oder Reputations- und Markenwerte, die hier aus Unternehmensperspektive als Ressourcen betrachtet und bewertet werden.

Der DPRG/ICV-Bezugsrahmen kann als Ausgangspunkt für die Analyse von Kommunikationsprogramme oder komplexer Kampagnen herangezogen werden. Da hierbei häufig verschiedene Maßnahmen gleichzeitig zum Einsatz kommen (z. B. Pressearbeit, Online-Kommunikation, Veranstaltungen/Events) und mehrstufige Kommunikationsprozesse über Multiplikatoren angestossen werden, ist eine situationsspezifische Anpassung notwendig. Beispielsweise muss der Bezugsrahmen bei der Medienarbeit erweitert bzw. gespreizt werden, da der Output des Unternehmens zunächst Kommunikationsangebote für Journalisten (in Form von Pressemitteilungen) sind, die von diesen wahrgenommen und verstanden werden müssen und im Idealfall handlungsleitend wirken (Berichterstattung in den Massenmedien). Erst damit entsteht ein Output, der für die eigentlich adressierte Bezugsgruppe (z. B. Konsumenten, Bürger) wahrnehmbar wird und dort zu Wissens- und Einstellungsänderungen führen kann.

Obwohl das hier vorgestellte Wirkungsmodell für Kommunikations-Controlling – wie andere Prozessmodelle übrigens auch – Kausalität nur normativ behaupten, muss am Anspruch auf die Generierung von Wirkung festgehalten werden (Rolke und Jäger 2009). Denn ohne Wirkungsabsicht wäre Kommunikationsmanagement sinnlos. Allerdings muss Wirkung immer wieder auch bewiesen – schon allein deswegen, um den Grad der eigenen Einflussmöglichkeiten zu bestimmen und die Stärke intervenierender Einflüsse zu erfassen und möglicherweise bei der Planung zu berücksichtigen. Denn die Wirkung von Kommunikation hängt nicht nur von der Kraft des Impulses, sondern eben auch vom Kontext und der Kraft von Dritten ab (Bürker 2013).

Zugleich muss das Verständnis von Ursache-Wirkungs-Beziehungen dem Kontext kommunikativen Handelns angepasst werden (vgl. nachfolgend Rolke und Zerfaß 2010, S. 54 ff.): Kommunikationswirkungen sind in diesem Zusammenhang weder präzise prognostizierbar noch stabil, weil sie immer wieder durch intervenierende Faktoren beeinflusst werden. Sie vollziehen sich innerhalb von Schwankungsbreiten, die sich über Indikatoren entlang einer vermuteten und durch die Analyse vorheriger Kommunikationsprozesse in Grenzen möglicherweise auch empirisch bestätigten Wirkungskette sichtbar machen lassen. Obwohl sich häufig keine exakten Kausalbeziehungen nachweisen lassen, ist es doch möglich, typische Einflussfaktoren zu identifizieren. Bei der Steuerung von Kommunikationsprozessen kann eine *korridorale Kausalität* unterstellt werden: „Korridorale Kausalität findet sich bei komplexen, nicht-linearen und häufig auch wechselseitigen Ursache-Wirkungs-Beziehungen, deren Wirkkräfte zwar eine erkennbare Richtung haben, aber die sich kontextabhängig innerhalb von Schwankungsbreiten zeigen. Dabei handelt es sich nicht selten um Effekte, die auf mehreren Ursachen beruhen" (Rolke und Zerfaß 2010, S. 54). Vor diesem Hintergrund erweist sich das Wirkungsstufen-Modell als besonders geeignet, den Erkenntnissen aus Markt- und Meinungsforschung, Medienmonitoring und Inhaltsanalysen eine logische Struktur zu geben, um ihren Zusammenhang zu überprüfen.

5 Methoden des Kommunikations-Controllings und der Evaluation

Kommunikations-Controlling unterstützt die Kommunikationsmanager auf der Basis zuverlässiger Daten und Informationen. Während die Kommunikationsverantwortlichen bestrebt sind, durch weitgehend planbasierte Kommunikation werthaltige Effekte auszulösen, die direkt oder indirekt auf die Unternehmensziele einzahlen, vermag das Abteilungs-Controlling die Wirkungszusammenhänge sichtbar zu machen. Entweder streng mittels statistischer Berechnungen oder doch zumindest auf einer Plausibilitätsbasis, in dem Kennziffern und ihre Veränderungen auf verschiedenen Wirkungsstufen geprüft und durch Erfahrungswissen gestützt werden. Gerade Scorecards, Value Links und Werttreiberbäume arbeiten häufig mit einer solchen hypothetischen Kausalität, wodurch immerhin Transparenz gegeben ist. Beides erhöht – sicherlich unterschiedlich stark – die Steuerungsfähigkeit des Unternehmens und sorgt so für Sicherung bzw. Steigerung der Rationalität im Kommunikationsmanagement. Der damit verbundene Rationalisierungsprozess funktioniert jedoch nur, wenn die richtigen Informationen zur Verfügung gestellt werden können (Informationsversorgung), die Prozesse transparent und überprüfbar sind (Transparenz) und alle Beteiligten angemessen eingebunden sind (Koordination). Damit wird auch deutlich: Kommunikations-Controlling ist kein singulärer Kontrollakt, sondern eine zu institutionalisierende Begleitfunktion des Kommunikationsmanagements.

Die Kernaufgabe besteht darin, die an Zielen orientierte Kommunikationsplanung zu überprüfen (Soll-Ist-Vergleich). Genauer: Zu erfassen, in welchem Umfang die Aufgabe gelöst werden konnte, welche Ziele erreicht wurden und wie effizient die Maßnahmen gearbeitet haben. Insofern muss das Kommunikationscontrolling zwingend darauf achten, dass zielorientiert geplant und die Ziele selber messbar sind. Grundlage dafür ist eine entsprechende Ergebnisdokumentation, die heute mit einer *qualifizierten Datenerhebung* (Verfahren der Beobachtung, Auswertung und Befragung) und häufig mit einer *wissenschaftlichen Auswertung* (statistische Verfahren) verbunden ist. Die Markt- und Meinungsforschung wie auch die Medienbeobachtung und -analyse stellen hierfür ein breites Arsenal an Methoden zur Verfügung (vgl. Brosius et al. 2012 und speziell mit Bezug zum Kommunikationsmanagement Stacks 2011; Reinecke und Janz 2009; Besson 2008; Raupp und Vogelgesang 2009; Straeter 2010; Mast 2013, S. 149 ff.). Damit wird es möglich, Kommunikationsprozesse zu analysieren und Wirkungszusammenhänge zu berechnen (vgl. Tab. 1).

Basis aber bleibt die Datengenerierung, die später in einfache Kennzahlen überführt wird:

- Ob Kundenevent oder Mitarbeiterveranstaltung – die einfachste Form der Datenerhebung ist die *Beobachtung*. Am besten professionell mittels eines Beobachterprotokolls (Besson 2008, S. 298) und kombiniert mit Bewertungsfragen (ebd., S. 144). Tests und Experimente unter Labor- oder Feldbedingungen bieten sich immer dann an, wenn Verhaltensreaktionen wichtig sind. Etwa wenn ein ganz neues Produkt vorgestellt wird und die erste Annäherung erfasst werden soll. Immer interessanter ist die mediale Beobachtung im Internet geworden (=Webmonitoring), wenn sich beispielsweise Reak-

Tab. 1 Wirkungsstufen, Messgrößen und Methoden für die Unternehmenskommunikation

	Input	Output interner:	Output externer:	Outcome direkter:	Outcome indirekter:	Outflow
Beobachtung direkte/Test Labor/Feld	Personaleinsatz Finanzaufwand	Durchlaufzeiten Budgettreue	Visits Zahl Artikel/ Reaktionen Downloads	Verweildauer Teilnehmerzahl Feedbacks	Kundenverhalten Mitarbeiterverhalten	Umsatz Projekt-/Vertragsabschlüsse
Auswertung Zahlen Texte Bilder		Fehlerquote Qualitätsgrad	Kontakte/ Reichweite Verständlichkeit Tonalität	Einschaltquote Comments	Kommentare Engagement	Produktivität Markenwert Reputation Kostenreduktion
Befragung Schriftlich mündlich telefonisch/ direkt offen/ geschlossen		Zufriedenheit (Note) Überprüfung (Bewertung)	Einschätzung von Beobachtern	Recall Recognition	Vertrauen Weiterempfehlung Preisakzeptanz Ideen	Analystenempfehlung Kaufabsicht
Methoden zur Erfassung von Wirkungszusammenhängen	*Effizienzberechnungen* (*Input-Output-Analysen*)					
			Medienresonanzanalysen			
					Conjoint-Analysen	
					Marken-/ Reputationsbewertung	
	Korrelations-/Regressionsanalyen (*kombinierbar mit Effizienz- und Medienresonanzanalysen*)					

tionen auf virale Kampagnen nahezu in Echtzeit mit verfolgen lassen. Oder auch Diskussionen in Foren und sozialen Netzwerken bei einem „Shitstorm". Pleil (2012, S. 85) nennt dies „organisationales Zuhören". In Analogie dazu wäre die unternehmensinterne Information via Pressespiegel so etwas wie organisationales Vernehmen des Medienechos. Spannend wird es erst, wenn die Informationen und Daten aus den verschiedenen Medien nicht nur erfasst, sondern ausgewertet, analytisch verdichtet und erkenntnisfördernd aufbereitet werden.

- Die *Auswertung* der Spuren im Internet (von den Visits der Websites über Likes und Kommentaren auf Facebook bis hin zu Bestellaktivitäten im Netz) wird an Bedeutung weiter zunehmen. Wie aus der reinen Dokumentation von Presseclippings das Instrumentarium der Medienresonanzanalyse entstanden ist (Besson 2008; Raupp und Vogelgesang 2009), so entwickeln sich durch die Aufbereitung von Daten aus dem Web-Monitoring neue Formen von Online(Profil)-Analysen (Rolke 2013). Unternehmensintern stehen betriebswirtschaftliche Auswertungen zur Verfügung, die sich für einfache Kosten-Nutzen-Vergleiche eignen.

- Die verschiedenen Formen der Befragung (offen oder geschlossen, standardisiert oder nicht-standardisiert, medial oder persönlich) sind zur Erfassung von Wahrnehmung, Einstellungen und Meinungen, Konstrukte wie Vertrauen oder Image unumgänglich. Statt Vollerhebungen (etwa bei kleineren Belegschaften) oder repräsentativen Befragungen, helfen nicht selten auch protokolierte Gespräche mit *Fokusgruppen* oder die systematische *Experteneinschätzung* auf Basis checklisten-ähnlicher Fragebogen weiter (exemplarisch hierzu: Besson 2008, S. 144).

Primäres Ziel ist es bei der Datenerhebung nicht, empirische Vollbilder über Stakeholder-Beziehungen zu erhalten, sondern Erfolgseffekte und Wirkungszusammenhänge sichtbar zu machen. Im Kern geht es um das Erzeugen von *psychologischen Wirkungen (kognitiv, affektiv und konativ)*, die das Wissen, die Einstellungen und/oder das Verhalten verändert. Diese verschiedenen Wirkungen lassen sich als Prozess vorstellen, wie er im Wirkungsstufenkonzept modelliert wurde. Auslöser für diesen Wirkungsprozess sind die Kommunikationsangebote, die auf diese Weise direkt oder indirekt den ökonomischen Erfolg des Unternehmens beeinflussen. Die Herausforderung liegt immer wieder in der Zuordnung von Kommunikationszielen, -maßnahmen und -wirkungen (Mast 2013, S. 144).

> **Kommunikationswirkung**
> Unter Wirkung wird die kognitive, affektive und/oder konative Veränderung (Outcome-Effekte) bei einem einzelnen oder einer Gruppe in Folge eines persönlichen oder medial vermittelten Kommunikationsangebotes (Output) verstanden. Dabei sind die Absicht des Kommunikators und die Effekte beim Rezipienten häufig nicht deckungsgleich, weil der Wirkungsprozess durch Missverständnisse, konkurrierende Angebote, Deutungen und Interessen, etc. beeinflusst wird. Auftragskommunikation passiert immer um der erwünschten Wirkungen willen, die am Ende in einen betriebswirtschaftlichen Vorteil münden sollen (Outflow).

Durch den strategischen Rückbezug auf die Unternehmensziele behauptet Kommunikations-Controlling einen Beitrag von Kommunikationsaktivitäten zum Unternehmenserfolg, der sich über Zielsetzung und Prüfung der Zielerreichung mittels Kennzahlen auch dokumentieren lässt. Doch erst durch die Wirkungsanalyse und -berechnung können Lerneffekte entstehen und damit die Steuerungsfähigkeit der Kommunikation erhöht werden. Dazu gibt es inzwischen eine Reihe instruktiver Beispiele:

- Fombrun und van Riel (2003, S. 295) und andere Forscher im Bereich des Reputationsmanagements haben mit ihren Studien zeigen können, dass eine starke positive *Reputation* (Outcome) nicht nur die Weiterempfehlungsabsichten (etwa beim Produktkauf, bei Investitionsentscheidungen oder Stellenbewerbungen) unterstützt, sondern auch mit monetären Erfolgsgrößen wie dem EBITDA und Wachstumsraten (Outflow) positiv korreliert.

- Dass sich die *Verständlichkeit* von Kundenmailings (interner Output) kostensenkend (Outflow) auswirkt, konnte Brettschneider (2013) zeigen, indem sein Team untersuchte, wie höhere Klarheit und Verständlichkeit der Briefe an die Kunden zu einer deutlichen Verringerung der Anrufe beim Call-Center führte. Den direkten Zusammenhang zwischen *redaktioneller Berichterstattung* (externer Output) und Absatz (*Outflow*) haben Thurau et al. (2010) am Beispiel von Center Parcs in der Touristikbranche mittels einer Regressionsberechnung ermittelt und dabei unter anderem festgestellt, dass die Pressearbeit fünfmal effizienter als Werbung war, um Buchungen zu generieren (ebd., S. 266).
- Wie das *Markenimage* (Outcome) den Gewinn (Outflow) zu steigern vermag, dazu gibt es reichlich Studien (Esch et al. 2004, S. 2 ff., 315 ff.). Der Energieanbieter Mainova ermittelt auf Basis einer Kombination von Medienresonanzanalyse und Kunden-/Bürgerbefragung, wie die Medienberichterstattung (Output) das Unternehmensimage (Outcome) und das wiederum die Weiterempfehlungsbereitschaft und Bleibe-Absicht (Outflow) beeinflusst (Rolke und Zell 2013). Besonders wichtig für die praktische Arbeit sind z. B. Erkenntnisse darüber, wie durch eine veränderte Zeitplanung negative Nachrichten (Output) reduziert werden können (Input) und wie sie bei den Kunden wahrgenommen und verarbeitet werden (Outcome).

Doch auch wenn die Wirkungszusammenhänge nicht kausalanalytisch berechnet, sondern sie nur systematisch mittels des Wirkungsstufen-Modells bzw. über Werttreiber-Ketten (exemplarisch beim früheren Chemieunternehmen Cognis: Marell und Borgards 2010) deskriptiv erfasst werden, kann von einer Rationalitätssteigerung ausgegangen werden, weil dokumentierte und systematisierte Effekte einen Vergleich ermöglichen – zeitlich oder projekt- bzw. instrumentenbezogen. Damit können Erkenntnisse zumindest auf Plausibilitätsbasis generiert werden. Gleichzeitig ermöglichen systematisch dokumentierte Wirkungsverläufe ein fachliches Nachfragen (*Warum führen verbesserte Output-Kennzahlen nicht wie geplant zu besseren Output-Werten?*). Denn nicht die Kennziffer ist das Ziel des Kommunikations-Controllings und auch nicht der Plan oder der statistische Nachweis – all das sind nur Mittel zum Zweck –, sondern die Erhöhung der Steuerungsfähigkeit der Kommunikation des Unternehmens.

6 Grenzen von Erfolgsmessung und Controlling

Erfolgsmessung wird immanent durch das angewendete Instrumentarium (*Was misst die Methode, was kann dadurch erkannt werden?*) und die verfügbaren Informationen (*Welche Daten liegen überhaupt vor und wie können sie kombiniert werden?*) begrenzt. Funktional betrachtet liegen die Ertragsgrenzen für Controlling-Systeme dort, wo die Komplexität des zu untersuchenden Wirkungszusammenhangs das Instrumentarium überfordert (Mast 2013, S. 146) oder wo der finanzielle Aufwand größer als der Nutzen ist (Weber und Schäffer 2011, S. 46 f). Betrachtet man die Kommunikationspraxis (Zerfaß 2010, S. 41 f.), so besteht derzeit für die meisten Kommunikationsabteilungen keine Gefahr des Über-Controllings. Im Gegenteil: Noch ist das Erkenntnispotenzial, den der vorhandene Methodenreichtum verspricht, nicht hinreichend ausgelotet. Insofern scheint die größere Gefahr in einer häufig nicht überzeugenden Selbstbegrenzung zu liegen.

Dennoch gibt es prüfenswerte Einwände gegen naives Über-Engagement in Sachen Kommunikations-Controlling (Zerfaß 2010, S. 43 ff.; Röttger und Preusse 2009; Rademacher 2012, S. 254). Um die Gefahren von reiner L'art pour l'art-Messung, Pseudo-Objektivität, missverstandener Kausalität und strategischer Blindheit zu entgehen, empfiehlt sich sachlich die Orientierung an Expertenstandards und Best-Practice-Beispielen (*Was funktioniert mit welchem Ergebnis unter welchen Bedingungen?*), sozial der Austausch mit Beratern und Wissenschaftlern (*Welche praktizierten Methoden leisten was zu welchem Aufwand? Welche konkrete Erfahrungen wurden gemacht*) und zeitlich eine schrittweise Vorgehensweise (*Mit welchem Projekt lohnt sich in welchem Zeitraum zu starten und wann ist ein überprüfbares Ergebnis zu erwarten?*).

In den kommenden Jahren wird der Zwang zum Kommunikations-Controlling zunehmen. Nicht nur wegen des internen Entscheidungsdrucks aufgrund steigender Budgets, sondern vor allem weil durch die Überschneidungen verschiedener Kommunikationsfunktionen – wie Markt-, Personal- und Interner Kommunikation – sowie durch das Entstehen neuer Kommunikationsplattformen und -kanäle im Internet mehr systemische Rationalität gefragt ist. Weder der gesunde Menschenverstand noch die singulären praktischen Erfahrungen des Einzelnen oder eines Teams reichen aus, um die vorhandenen Wertpotenziale in den Kommunikationsbeziehungen zu den verschiedenen Stakeholdern für das Unternehmen zuverlässig zu erkennen und nutzbar zu machen. Kommunikations-Controlling senkt Risiken. Allerdings eben nur dort, wo es als professionelle Unterstützungsfunktion für das Kommunikationsmanagement eingesetzt wird, das selbstbewusst genug sein muss, sein Handeln auf diese Weise transparent zu machen.

Literatur

Becker, W., & Baltzer, B. (2010). *Die wertschöpfungsorientierte Controlling-Konzeption, Bamberger Betriebswirtschaftliche Beiträge 172*. Bamberg: Otto-Friedrich-Universität Bamberg.
Bentele, G., Buchele, M.-S., Hoepfner, J., & Liebert, T. (2009). *Markenwert und Markenwertbestimmung* (3. Aufl.). Wiesbaden: Gabler.
Besson, N. (2008). *Strategische PR-Evaluation* (3. Aufl.). Wiesbaden: VS Verlag für Sozialwissenschaften.
Brettschneider, F. (2013). *Verständlichkeits-Management im Kommunikations-Controlling*, Präsentation beim 8. Fachtag Kommunikations-Controlling, März 2013, Frankfurt am Main.
Brosius, H.-B., Haas, A., & Koschel, F. (2012). *Methoden der empirischen Kommunikationsforschung* (6. Aufl.). Wiesbaden: Springer VS.
Bürker, M. (2013). *„Die unsichtbaren Dritten". Ein neues Modell zur Evaluation und Steuerung von Public Relations im strategischen Kommunikationsmanagement*. Wiesbaden: Springer VS.
DPRG Deutsche Public Relations Gesellschaft, & GPRA Gesellschaft Public Relations Agenturen. (2000). *PR-Evaluation*. Bonn: DPRG.

DPRG Deutsche Public Relations Gesellschaft, & ICV Internationaler Controller Verein. (Hrsg.). (2011). *Positionspapier Kommunikations-Controlling.* Bonn: DPRG/ICV.
Esch, F.-R., Tomczak, T., Kernstock, J., & Langner, T. (2004). *Corporate Brand Management. Marken als Anker strategischer Führung.* Wiesbaden: Gabler.
Fombrun, C. J., & van Riel, C. B. M. (2003). Reputation und Unternehmensergebnis – zentrale Resultate einer empirischen Studie. In K.-P. Wiedmann & C. Heckmüller (Hrsg.), *Ganzheitliches Corporate Finance Management* (S. 291–298). Wiesbaden: Gabler.
Grunig, J. E., & Grunig, L. A. (2008). Excellence theory in public relations: Past, present, and future. In A. Zerfass, B. van Ruler, & K. Sriramesh (Hrsg.), *Public relations research. European and International perspectives and innovations* (S. 327–347). Wiesbaden: VS Verlag für Sozialwissenschaften.
Horváth, P. (2011). *Controlling* (12. Aufl.). München: Vahlen.
ICV Internationaler Controller Verein. (2005). Controller-Leitbild. www.controllerverein.com (Rubrik „Wissen"). Zugegriffen: 02. Jan. 2014.
Kaplan, R. S., & Norton, D. P. (2004). *Strategy maps.* Boston: Harvard Business School Press.
Kirf, B., & Rolke, L. (Hrsg.). (2002). *Der Stakeholder-Kompass der Unternehmenskommunikation.* Frankfurt am Main: Frankfurter Allgemeine Buch.
Likely, F., & Watson, T. (2013). Measuring the edifice: Public relations measurement and evaluation practices over the course of 40 years. In K. Sriramesh, A. Zerfass, & J.-N. Kim (Hrsg.), *Public relations and communication management – Current trends and emerging topics* (S. 143–162). New York: Routledge.
Lindenmann, W. (2003). *Guidelines for measuring the effectiveness of PR programs and activities* (2. Aufl.). Gainesville: Institute for Public Relations.
Macnamara, J. (2013). *The ‚toe bone to the head bone' logic model. An approach to connect PR and corporate communication to organization and business outcomes.* Working paper. http://amecorg.com/2013/05/toe-bone-to-the-head-bone-logic-model/. Zugegriffen: 02. Jan. 2014.
Marell, S., & Borgards, A. (2010). Cognis: Scorecardsystem für die integrierte Kommunikation und das Kommunikationsmanagement. In J. Pfannenberg & A. Zerfaß (Hrsg.), *Wertschöpfung durch Kommunikation: Strategisches Kommunikations-Controlling in der Unternehmenspraxis* (S. 228–238). Frankfurt am Main: Frankfurter Allgemeine Buch.
Mast, C. (2013). *Unternehmenskommunikation* (5. Aufl.). Konstanz: UVK.
Mintzberg, H., Ahlstrand, B., & Lampel, J. (1999). *Strategy safari: A guided tour through the wilds of strategic management.* New York: The Free Press.
Möller, K., Piwinger, M., & Zerfaß, A. (Hrsg.). (2009). *Immaterielle Vermögenswerte: Bewertung, Berichterstattung und Kommunikation.* Stuttgart: Schaeffer-Poeschel.
Müller-Neuhof, K., & Giehl, W. (2004). *Fokus Internal Branding. Vom Mitarbeiter zum Mitmacher.* Sternenfels: Verlag Wissenschaft & Praxis.
Müller-Stewens, G., & Lechner, C. (2003). *Strategisches Management. Wie strategische Initiativen zum Wandel führen.* Stuttgart: Schäffer-Poeschel.
Pfannenberg, J. (2010). Strategisches Kommunikations-Controlling mit der Balanced Scorecard. In J. Pfannenberg & A. Zerfaß (Hrsg.), *Wertschöpfung durch Kommunikation: Strategisches Kommunikations-Controlling in der Unternehmenspraxis* (S. 61–83). Frankfurt am Main: Frankfurter Allgemeine Buch.
Pleil, T. (2012). Online-Monitoring: Ziele und Methoden. In A. Zerfaß & T. Pleil (Hrsg.), *Handbuch Online-PR. Strategische Kommunikation im Internet und Social Web* (S. 85–98). Konstanz: UVK
Porter, M. E. (1999). *Wettbewerbsvorteile. Spitzenleistungen erreichen und behaupten.* Frankfurt am Main: Campus.
Rademacher, L. (2012). Wertschöpfung durch Kommunikation?! Zwischen impliziten Wirkungsannahmen und belastbaren Argumentationen (oder: Ein Gesprächsangebot an die Medienöko-

nomie). In C. Kolo, T. Döbler, & L. Rademacher (Hrsg.), *Wertschöpfung durch Medien im Wandel* (S. 245–261). Baden-Baden: Nomos.

Raupp, J., & Vogelgesang, J. (2009). *Medienresonanzanalyse. Eine Einführung in Theorie und Praxis.* Wiesbaden: VS Verlag für Sozialwissenschaften.

Reinecke, S., & Janz, S. (2007). *Marketing-Controlling. Sicherstellen von Markeneffektivität und -effizienz.* Stuttgart: Kohlhammer.

Reinecke, S., & Janz, S. (2009). Controlling der Marketingkommunikation. In M. Bruhn, F.-R. Esch, & T. Langner (Hrsg.), *Handbuch Kommunikation* (S. 993–1020). Wiesbaden: Gabler.

Rolke, L. (2010). Der Stakeholder-Kompass. In H. Paul & H. Wollny (Hrsg.), *Instrumente des Strategischen Managements* (S. 108–118). München: Oldenbourg.

Rolke, L. (2013). *Webmonitoring für lau. Welche Tools brauche ich? White Paper.* Mainz: Fachhochschule Mainz.

Rolke, L., & Jäger, W. (2009). Kommunikations-Controlling. Messung und Entwicklung eines Returns on Communication. In M. Bruhn, F.-R. Esch, & T. Langner (Hrsg.), *Handbuch Kommunikation* (S. 1021–1041). Wiesbaden: Gabler.

Rolke, L., & Zell, A. (2013). Kommunikation richtig steuern. Erfolge und Erfahrungen mit einem wissenschaftsbasierten Controlling-System für Unternehmenskommunikation. *PR Magazin, 44*(2), 62–69.

Rolke, L., & Zerfaß, A. (2010). Wirkungsdimensionen der Kommunikation: Ressourceneinsatz und Wertschöpfung im DPRG/ICV-Bezugsrahmen. In J. Pfannenberg & A. Zerfaß (Hrsg.), *Wertschöpfung durch Kommunikation: Strategisches Kommunikations-Controlling in der Unternehmenspraxis* (S. 50–60). Frankfurt am Main: Frankfurter Allgemeine Buch.

Röttger, U., & Preusse, J. (2009). Communication controlling revisited. Annotations to a consolidation of the research agenda on planning and controlling communication management. In A. Rogojinaru & S. Wolstenholme (Hrsg.), *Current trends in international public relations* (S. 165–184). Bukarest: Tritonic.

Schimansky, A. (2004). *Der Wert der Marke.* München: Vahlen.

Schmidt, W., & Stobbe, R. (2011). *Reputation und Werthaltigkeit – Das Wirkungsstufenmodell in der Praxis des Controllings,* Präsentation beim 7. Fachtag Kommunikations-Controlling, September 2012, Mainz.

Stacks, D. (2011). *Primer of public relations research* (2. Aufl.). New York: The Guildford Press.

Staehle, W. H. (1999). *Management* (8. Aufl.). München: Vahlen.

Storck, C. (2012). Der Wert der Kommunikation. *Pressesprecher, 10*(8), 28–30.

Straeter, H. (2010). *Kommunikationscontrolling.* Konstanz: UVK.

Thurau, S., Klewes, J., & Lang, R. (2010). Regressionsanalyse in der Medienarbeit: Center Parcs. In J. Pfannenberg & A. Zerfaß (Hrsg.), *Wertschöpfung durch Kommunikation: Strategisches Kommunikations-Controlling in der Unternehmenspraxis* (S. 261–268). Frankfurt am Main: Frankfurter Allgemeine Buch.

Watson, T., & Noble, P. (2007). *Evaluating public relations* (2. Aufl.). London: Kogan Page.

Weber, J., & Schäffer, U. (2011). *Einführung in das Controlling* (12. Aufl.). Stuttgart: Schäffer-Poeschel.

Wittke-Kothe, C. (2001). *Interne Markenführung. Verankerung der Markenidentität im Mitarbeiterverhalten.* Wiesbaden: DUV.

Zerfaß, A. (2010). Controlling und Kommunikations-Controlling aus Sicht der Unternehmensführung: Grundlagen und Anwendungsbereiche. In J. Pfannenberg & A. Zerfaß (Hrsg.), *Wertschöpfung durch Kommunikation: Strategisches Kommunikations-Controlling in der Unternehmenspraxis* (S. 28–49). Frankfurt am Main: Frankfurter Allgemeine Buch.

Zerfaß, A. (2014). Kommunikations-Controlling: Steuerung und Wertschöpfung. In G. Bentele, R. Fröhlich, & P. Szyszka (Hrsg.), *Handbuch der Public Relations* (3. Aufl.). Wiesbaden: Springer VS.

Kennzahlen für die Unternehmenskommunikation: Definition, Erfassung, Reporting

Christoph Lautenbach

> **Zusammenfassung**
>
> Für die Steuerung und Bewertung der Unternehmenskommunikation sind Kennzahlen unverzichtbar. In konkret formulierten Kommunikationszielen sind die relevanten Messgrößen und Kennzahlen bereits angelegt. Sie können als Indikatoren für den Wertschöpfungsbeitrag der Unternehmenskommunikation bzw. die Erreichung der angestrebten Kommunikationsziele dienen. Zu unterscheiden sind Leistungs- und Wirkungsindikatoren, die über das inzwischen als Standard etablierte Wirkungsstufenmodell der Kommunikation systematisiert und ausgewählt werden können. Die Definition, die Erfassung und das Reporting der Kennzahlen erfolgen über einen geregelten Prozess, der zu empfängergerecht aufbereiteten Informationen führt, die zur Entscheidungsfindung auf Leitungsebene beitragen sollen.

> **Schlüsselwörter**
>
> Kommunikations-Controlling · Unternehmenskommunikation · Kommunikationswirkung · Bewertung · Evaluation · Kennzahl · Messgröße · Kennzahlen-Steckbrief · Indikator · Key Performance Indicator (KPI) · Reporting · Scorecard · Steuerung · Kommunikationsmanagement

---

C. Lautenbach (✉)
Lautenbach Sass
Schleusenstraße 15–17, 60327 Frankfurt am Main, Deutschland
E-Mail: lautenbach@lautenbachsass.de

1 Einführung: Zur Bedeutung von Kennzahlen in der Unternehmenskommunikation

„Ist Kommunikation messbar?" lautet eine von Kommunikationsverantwortlichen in der Praxis oft gestellte Frage. Die Antwort führt zum klassischen Kommunikationsmanagementprozess: darin folgt auf die Phasen Analyse, Planung und Umsetzung die Phase der Evaluation. Zu den wesentlichen Aufgaben des Kommunikations-Controllings (vgl. Kapitel „Kommunikations-Controlling und Evaluation von Kommunikation") gehört es dabei, aussagekräftige Kennzahlen auszuwählen und zu erheben. Kennzahlen sind aber nicht nur für die (summative) Evaluation in dieser Phase bereitzustellen, sondern auch für die prozessbegleitende (formative) Steuerung und Bewertung der Unternehmenskommunikation in den vorausgehenden Phasen des Kommunikationsmanagements.

Kommunikation ist messbar, wenn sie konkret formulierten Zielen folgt. Um zeigen zu können, inwieweit die gegebenen Unternehmensziele unterstützt bzw. die definierten Kommunikationsziele erreicht werden, benötigen Kommunikationsverantwortliche Kennzahlen. Mit ihnen lässt sich zeigen, ob die Kommunikationsfunktion einen Beitrag zur Wertschöpfung des Unternehmens leistet. Ob dieser darin besteht, die operative Leistungserstellung zu unterstützen, indem die Unternehmenskommunikation das Strategiebewusstsein der Mitarbeiter fördert und öffentliche Handlungsspielräume erzeugt, oder langfristig immaterielle Werte zu schaffen, indem sie die Reputation stärkt und die Unternehmenskultur prägt – der Beitrag der Unternehmenskommunikation kann jeweils nur in Bezug auf ein Ziel dargestellt werden.

So unterschiedlich die Ziele eines jeden Unternehmens sind, so unterschiedlich sind auch die davon abgeleiteten Kommunikationsstrategien, und so verschieden müssen daher auch die Kennzahlen für die Steuerung und Bewertung sein. Aus diesem Grunde kann es kein einheitliches Kennzahlenset für alle Unternehmen aller Branchen und keinen „one best way" des Kommunikations-Controllings geben. Kennzahlen sind jeweils unternehmensindividuell festzulegen. Sie ergeben sich aus den strategischen Unternehmenszielen im Allgemeinen sowie aus den Kommunikationszielen im Besonderen. Denn in klar definierten Zielen ist die Messbarkeit mit Kennzahlen bereits angelegt. Konkret formulierte Kommunikationsziele sind die Voraussetzung für die Messung der Zielerreichung mittels Kennzahlen. Sie sorgen für Transparenz und machen die Unternehmenskommunikation bewertbar und steuerbar. Das heißt: Kommunikation ist dann messbar, wenn ausgewählte Kennzahlen bereitstehen, die von definierten Kommunikationszielen abgeleitet wurden.

2 Grundlagen: Begriffe und Vorgehensweise

2.1 Typologie von Kommunikationskennzahlen

Der Einsatz von Kennzahlen für die Steuerung in Unternehmen ist etablierter Standard (Gladen 2011; Reichmann 2011; Siegwart et al. 2009). Im Kommunikationsmanagement helfen Kennzahlen

- den *Kommunikationsstatus* eines Unternehmens zu einem bestimmten Zeitpunkt oder über einen längeren Zeitraum hinweg zu beurteilen,
- einen *Überblick über die Wahrnehmung des Unternehmens* bei den Anspruchsgruppen zu bekommen,
- die Stärken und Schwächen der Unternehmenskommunikation zu bewerten,
- bestimmte *Entwicklungen* zu beobachten,
- rechtzeitig *Signale für Fehlentwicklungen* zu erkennen,
- die Kommunikation des eigenen Unternehmens mit anderen zu *vergleichen*.

> **Kennzahlen**
> Kennzahlen sind das Ergebnis einer Messung oder Bewertung und fassen relevante Tatbestände prägnant zusammen. Sie verdeutlichen größere Zusammenhänge im Unternehmen oder in einem Teilbereich und unterstützen die Entscheidungsfindung. In der Unternehmenskommunikation schaffen sie – auf allen Stufen von der Initiierung der Kommunikation bis zur Wirkung bei den Rezipienten – Transparenz über den Kommunikationsstatus und ermöglichen eine verbesserte Steuerung der Kommunikationsfunktion.

Jede Kennzahl muss mit einer *Vorgabe* oder einem *Ziel* verbunden sein. Kennzahlen sollten *komprimierte* Informationen enthalten, dabei aber dennoch *genau* sein, um auch kleine Abweichungen aufdecken zu können. Die Daten müssen *messbar* sein, also Mengen oder Werte ausdrücken. Die Zahlen müssen *vollständig* sein, damit sie die richtigen Ergebnissen liefern. Sie sollten *vergleichbar* sein; dazu gehört auch, dass sie einheitlich bezeichnet sind. Sie sollten *übersichtlich* aufbereitet sein und *Transparenz* vermitteln. Kennzahlen müssen *verständlich* und *benutzerfreundlich* sein, damit ihre Auswertung nachvollziehbar bleibt. Bei der Erstellung und Auswertung sind auch *wirtschaftliche Kriterien* zu berücksichtigen.

Wenn „Kennzahl" gesagt wird, ist in der Regel die „Messgröße" gemeint. Eine *Messgröße* beschreibt die qualitative oder quantitative Einheit, in der eine Kennzahl bewertet wird, z. B. Zustimmung zu einem Imagewert in Prozent, Zahl der Teilnehmer an einem Wettbewerb oder Antwortgeschwindigkeit bei externen Anfragen. Eine *Kennzahl* dagegen ist der Wert der Messung, z. B. 76 % Zustimmung, 2.000 Teilnehmer oder Antwort auf Anfragen innerhalb von 2 Tagen. Dabei können der tatsächlich gemessene Ist-Wert oder der angestrebte Soll-Wert gemeint sein. Weil in der Praxis Messgröße und Kennzahl gleichgesetzt werden, werden die Begriffe hier synonym verwendet.

Kennzahlen sind ein Ausdruck von Prioritäten. Sie sollten nur das messen, was in Bezug auf ein Ziel maßgeblich ist. Dazu bedarf es einer vorausgehenden Klärung und Festlegung derjenigen Ziele, die durch Unternehmenskommunikation zu erreichen oder zu unterstützen sind. Denn Kennzahlen haben nur dann einen Nutzen, wenn sie anschlussfähig an die strategischen Kommunikations- bzw. die vorgegebenen Unternehmensziele sind.

Sind sie das, helfen sie bei der Verfolgung von Zielen und geben bei Fehlentwicklungen als Frühindikatoren rechtzeitig Signale.

Der Erfolg der Unternehmenskommunikation kann durch Kennzahlen oft nicht eindeutig beschrieben werden, da die Zielerreichung zumeist auch von kommunikationsfernen Einflüssen bestimmt wird. Das gilt vor allem für die Wirkung von Kommunikation. Kennzahlen spiegeln insofern immer nur einen Teil der Realität in der Unternehmenskommunikation wider. In der Medienarbeit beispielsweise lässt sich durch Kennzahlen kaum erfassen, in welchem Umfang sie eine für das Unternehmen nachteilige Berichterstattung verhindern kann. Insbesondere in einem kritischen Umfeld oder bei einer negativen wirtschaftlichen Entwicklung des Unternehmens ist es mit guter Medienarbeit allein kaum möglich, eine positive Berichterstattung zu erzielen. Zudem haben Kennzahlen für sich betrachtet nur eine geringe Aussagekraft. Sie müssen immer im Zusammenhang und mit Blick auf andere externe Faktoren interpretiert werden. Schließlich sind Kennzahlen in ihrer Steuerbarkeit sehr unterschiedlich. Daher lässt sich festhalten: Kennzahlen können in der Unternehmenskommunikation nur als *Indikatoren* für den Erfolg bzw. für eine Veränderung des gemessenen Sachverhalts dienen.

Im Wesentlichen sind zwei Arten von Kennzahlen zu unterscheiden: Wirkungs- und Leistungsindikatoren. *Wirkungsindikatoren* beschreiben die indirekte oder direkte Wirkung der Kommunikation bei verschiedenen Anspruchsgruppen. Hier lassen sich Kennzahlen zu Wahrnehmung und Wissen sowie zu Änderungen bei Einstellungen und Verhaltensweisen der Anspruchsgruppen benennen. Wirkungsindikatoren sind in der Regel nicht ausschließlich einer Kommunikationseinheit bzw. -maßnahme zuzuschreiben, sondern werden durch ein Bündel von Maßnahmen oder auch durch andere Unternehmensbereiche beeinflusst. Sie können dennoch für die Unternehmenskommunikation besonders aussagekräftig sein. Beispiel: Die Veränderungsbereitschaft der Mitarbeiter kann nicht allein die interne Kommunikation verantworten, weil sie maßgeblich von der Unternehmenskultur und der Führungskräftekommunikation sowie von weiteren Rahmenbedingungen beeinflusst wird. Dennoch ist die interne Ausprägung der Veränderungsbereitschaft wichtig für die Ausrichtung der internen Kommunikation und muss deshalb als Wirkungskennzahl im Blick behalten werden. Die eingeschränkte Beeinflussbarkeit gilt im Übrigen auch für alle anderen Unternehmensbereiche, die Kennzahlen einsetzen und für sich vereinnahmen, obwohl sie sie nicht allein beeinflussen können. Kennzahlen sind insofern immer auch eine Frage von Konventionen und Vereinbarungen.

Als *Leistungsindikatoren* werden solche Kennzahlen bezeichnet, die den unmittelbaren Erfolg der operativen Maßnahmen in den Kommunikationseinheiten abbilden. Leistungsindikatoren sind also direkt auf einzelne Maßnahmen bezogen. Zu den Leistungsindikatoren gehören beispielsweise die Teilnehmeranzahl bei einer Veranstaltung, die Click-Rates auf einer Website oder der so genannte „Share of Voice" in den Medien. Weitere Leistungsindikatoren zeigen, inwiefern Kommunikationsleistungen und -maßnahmen zeitlich, kostenseitig sowie inhaltlich und formal angemessen erbracht werden. Sie dienen damit auch der Steuerung von Qualität und Prozessen. Beispiele für Leistungsindikatoren sind unter anderem die Zufriedenheit interner Kunden, die Geschwindigkeit und Fehlerfreiheit von

Leistungserstellungsprozessen oder die Budgettreue. *Ressourcenbezogene Indikatoren* erfassen den unmittelbaren Einsatz von Kosten und Zeitaufwand, die für die Initiierung und die Umsetzung von Kommunikationsprozessen eingesetzt werden.

Aus der Vielzahl der Kennzahlen sind sogenannte *Key Performance Indicators (KPIs)* auszuwählen, die für die Steuerung auf Leitungsebene besonders geeignet erscheinen. Hier ist eine Beschränkung auf die 15 bis 20 wichtigsten Kennzahlen für die Unternehmenskommunikation erstrebenswert. Sie sollten eine besondere Nähe zu den strategischen Kommunikationszielen haben. Oft sind KPIs so hoch verdichtet, dass sie die Leistungen des gesamten Kommunikationsbereiches gesamthaft dokumentieren. Idealtypisch stellen sie den höchsten der Kommunikation zurechenbaren Wert dar. Mit ihrer planmäßigen Erfüllung ist zugleich eine signifikante Wirkung auf zentrale Erfolgsfaktoren des Unternehmens verbunden.

> **Key Performance Indicators (KPIs)**
> Key Performance Indicators (KPIs) sind ausgewählte Kennzahlen für die Steuerung und Bewertung der Unternehmenskommunikation. Ein Key Performance Indicator sollte folgende Kriterien möglichst umfassend erfüllen:
> a. *Beeinflussbarkeit:* Die Kennzahl muss durch die Leistungen der Unternehmenskommunikation maßgeblich beeinflussbar sein und sollte sich gegenüber anderen externen Einflüssen weitestgehend stabil verhalten.
> b. *Anschlussfähigkeit:* Der KPI erlaubt den Anschluss an definierte strategische Kommunikationsziele und kann als Maßstab für das Erreichen wesentlicher Kommunikationsziele verwendet werden.
> c. *Verdichtung:* Der KPI ist so hoch verdichtet bzw. so exemplarisch, dass sich darin die Leistung der Unternehmenskommunikation insgesamt darstellen lässt.
> d. *Handlungsorientierung:* Der KPI ist verständlich und orientierend und leitet das Handeln im Kommunikationsmanagement. Der Wertschöpfungsbeitrag der Unternehmenskommunikation wird besonders deutlich.

In der Praxis geht es bei der Festlegung von KPIs häufig weniger um eine hohe Verdichtung der Kommunikationsleistung, sondern um Fragen der internen Zurechenbarkeit und Akzeptanz. Die Auswahl erfolgt zumeist nach individuellen Vereinbarungen zwischen der Leitung Unternehmenskommunikation und dem funktional verantwortlichen Vorstand oder Geschäftsführungsmitglied. Die Leitung Unternehmenskommunikation entwickelt daraus anschließend Vorgaben für die Verantwortlichen der einzelnen Kommunikationseinheiten, mit denen wiederum Kennzahlen für die Steuerung und Bewertung der Kommunikationsaktivitäten zu vereinbaren sind. Wenn es praktische Erfordernisse nahe legen, können auch Leistungsindikatoren zu KPIs werden. Grundsätzlich gilt, dass kein Kommunikationsverantwortlicher einen KPI als Vorgabe akzeptieren wird, den er nicht voll und ganz beeinflussen kann. Zudem ist immer deutlich zu machen, dass Kennzahlen Potenziale für Verbesserungen aufzeigen sollen und nicht als reine Kontrolle missverstanden werden dürfen.

2.2 Implementierung eines kennzahlenbasierten Steuerungssystems

Die Entwicklung und Einführung eines kennzahlenbasierten Steuerungssystems erfolgt in einem typischen Prozessablauf mit den Phasen Analyse, Konzeption, Operationalisierung und Reporting. In der *Analysephase* werden die eingesetzten Erhebungsmethoden und die vorliegenden Studien und Datenquellen erfasst und systematisiert. In diesem Zusammenhang wird auch von einem „Methoden-Screening" gesprochen. Dabei wird ein erstes Augenmerk auf die Optimierung der vorhandenen Evaluationsmethoden gelegt, denn in den meisten Unternehmen wird bereits eine Vielzahl von Daten erhoben; diese gilt es zunächst zu identifizieren und im Hinblick auf ihre Aussagekraft und Einsatzfähigkeit für das Kommunikations-Controlling zu evaluieren.

In der *Konzeptionsphase* werden diejenigen Unternehmensziele ausgewählt, die es durch Kommunikation zu unterstützen gilt. Auf dieser Grundlage werden konkrete Kommunikationsziele abgeleitet und konkretisiert. Um den Erfolg der Ziele messen und bewerten zu können, werden anschließend spezifische Messgrößen bzw. Kennzahlen definiert. Insgesamt sollten Kennzahlen zu einem ausgewogenen und in sich stimmigen Kennzahlensystem zusammengeführt werden, das für verschiedene Bereiche der Unternehmenskommunikation Transparenz schafft und damit die Steuerungsmöglichkeiten erhöht. Zu dieser Konzeptionsphase gehört es auch, die eingesetzten Methoden für die Erhebung der Kennzahlen sinnvoll aufeinander abzustimmen. Beispielsweise kann die Auswertung der Presseberichterstattung mittels einer Medienresonanzanalyse um gezielte Imagebefragungen bei wichtigen Anspruchsgruppen (z. B. Kunden, Analysten, Mitarbeitern) ergänzt werden. Wie bei anderen erfolgskritischen Projekten auch, ist bei der Einführung eines Kennzahlensystems die Unterstützung der Leitungsebene nötig. Die Kommunikationsverantwortlichen sollten in die Konzeption einbezogen werden, um die Betroffenen zu Beteiligten zu machen und um für Verständnis und Akzeptanz zu sorgen.

Bei der *Operationalisierung* wird der Prozess zur Datenerhebung und -analyse verankert. Dabei werden Verantwortlichkeiten festgelegt und individuelle Rollenfunktionen zugewiesen: Wann werden welche Daten von wem erhoben, und welche Methoden sind dafür einzusetzen? Für die ausgewählten Kennzahlen sind – in Abstimmung mit den einzelnen Kommunikationseinheiten – nun konkrete Ist-Werte zu bestimmen und angestrebte Ziel-Werte festzulegen.

Die letzte Phase betrifft das *Reporting* der Unternehmenskommunikation. Dabei sind die Adressaten zu klären sowie Format und Frequenzen für die Berichtslegung zu entwickeln: Wem werden wann welche Ergebnisse in welcher Form präsentiert?

3 Definition von Kennzahlen: Auswahl und Beschreibung

3.1 Systematisierung nach dem Wirkungsstufenmodell

Der Wertschöpfungsbeitrag von Kommunikation lässt sich von der Planung bis zur Wirkung modellhaft darstellen. Als Standard für das Kommunikations-Controlling hat sich im deutschsprachigen Raum das von der Deutschen Public Relations Gesellschaft (DPRG) und dem Internationalen Controller-Verein (ICV) eingeführte Wirkungsstufenmodell etabliert (DPRG und ICV 2011; vgl. Kapitel „Kommunikations-Controlling und Evaluation von Kommunikation"). Es dient zur Orientierung sowohl für die Ableitung von Kommunikationszielen aus der Unternehmensstrategie als auch für die Systematisierung von Kennzahlen für die Steuerung und Bewertung der Unternehmenskommunikation. Für jede Wirkungsstufe lassen sich Kommunikationsziele beschreiben, denen Messgrößen und Kennzahlen zugeordnet werden können. Das Wirkungsstufenmodell ist somit zentraler Ausgangspunkt für die Auswahl von geeigneten Kennzahlen für das Kommunikations-Controlling.

Die *Input-Ebene* stellt die Aufwendungen dar, die für die Initiierung und Umsetzung von Kommunikationsprozessen eingesetzt werden, also den Einsatz finanzieller und personeller Ressourcen. Gemessen werden Personaleinsatz und Finanzaufwand. Ressourcenbezogene Messgrößen sind beispielsweise Personalkosten oder Agenturbudgets. Sie helfen dabei, Personal effizienter einzusetzen, Ressourcen besser zu allokieren oder Fehlinvestitionen zu vermeiden.

Auf der *Output-Ebene* der Kommunikation wird zwischen dem internen sowie dem externen Output unterschieden. Beim internen Output werden die Effizienz der Produktion kommunikativer Angebote sowie deren Qualität gemessen. Beispielhafte Messgrößen sind Fehlerfreiheit (z. B. bei Pressemitteilungen) oder die Anzahl der Publikationen pro Monat. Die Prozesse, Programme und Inhalte der Unternehmenskommunikation müssen effizient gestaltet werden und konsequent auf die kommunikativen Ziele einzahlen, um zur Wertschöpfung beizutragen.

Der externe Output beschreibt die Reichweite und die Verfügbarkeit der Kommunikationsangebote für die relevanten Anspruchsgruppen bzw. Stakeholder. Beides sind Voraussetzungen für einen erfolgreichen Kommunikationsprozess. Beispielhafte Messgrößen bzw. Kennzahlen sind hier die Visits auf Websites, die Medienpräsenz eines Unternehmens oder die Themendurchdringung in der Medienberichterstattung.

Die tatsächliche Wirkung bei den Stakeholdern lässt sich der *Outcome-Ebene* zuordnen. Der direkte Outcome bezieht sich auf die unmittelbare Wirkung der kommunikativen Angebote im Hinblick auf Wahrnehmung, Nutzung und Wissen bei den Anspruchsgruppen des Unternehmens. Beispielhafte Messgrößen sind hier beispielsweise gestützte und ungestützte Markenbekanntheit, (Werbe-) Erinnerung oder Erinnerung an einzelne Kommunikationselemente. Die direkten Wirkungen bilden die Voraussetzung für die Beeinflussung von Meinungen, Einstellungen, Emotionen, Verhaltensdispositionen und Verhalten selbst. Diese sind beim indirekten Outcome zu verorten. Messgrößen bzw. Kennzahlen sind hier beispielsweise das Markenimage, das Kauf- und Empfehlungsverhalten oder das strategische Bewusstsein von Mitarbeitern.

Die betriebswirtschaftliche Wirkung der Unternehmenskommunikation, die durch die Beeinflussung der Stakeholderbeziehungen hervorgerufen wird, ist der *Outflow-Ebene* zuzuordnen. Hier steht der Beitrag der Kommunikation zur Erreichung finanzieller und strategischer Unternehmensziele im Vordergrund. Wie beschrieben, kann die Wertschöpfung entweder über die Unterstützung der laufenden Leistungserstellung oder durch den Aufbau immaterieller Werte erfolgen. Mögliche Messgrößen bzw. Kennzahlen sind Umsatz, Markenimage und Reputation oder die Anzahl von Projektabschlüssen.

Immer wieder werden – international insbesondere im angloamerikanischen Raum – Ansätze für eine monetäre Bewertung der Unternehmenskommunikation diskutiert. In diesem Zusammenhang werden Kennzahlen wie der Werbeäquivalenzwert angeführt oder die Berechnung eines „Return on Investment" vorgeschlagen. Diese Ansätze erweisen sich jedoch als wenig geeignet, da sie den komplexen Wertschöpfungsprozess der Unternehmenskommunikation nicht plausibel darstellen und wenig geeignet sind, eine konkrete betriebswirtschaftliche Wirkung zu belegen (Watson und Zerfass 2011). Die Diskussion hat sich daher zunehmend auf die Kennzahlen verlagert, die den Beitrag von Kommunikation zur Unterstützung von Leistungserstellungsprozessen und der Schaffung immaterieller Werte zeigen können.

Eine Vereinheitlichung beim Kommunikations-Controlling ist inzwischen international auf dem Weg: Auf Initiative der Association for the Measurement and Evaluation of Communication (AMEC) haben 2010 Kommunikationsexperten aus 33 Ländern die „Barcelona Declaration of Measurement Principles" verabschiedet und damit internationale Standards etabliert (AMEC 2010a). Im Nachgang wurde das sogenannte „Valid-Metrics-Framework" vorgelegt (AMEC 2010b). Dabei handelt es sich ebenfalls um ein Modell, das den Wertbeitrag der Kommunikation transparent darstellt und Kennzahlen nach Wirkungsstufen systematisiert.

Über das Wirkungsstufenmodell hinaus ist eine Systematisierung von Kennzahlen nach Stakeholdern (Rolke 2007) oder nach Managementmethoden wie Balanced Scorecard denkbar (Pfannenberg 2009; Preißner 2002). Einen übergreifenden Standard für ein Kennzahlensystem bzw. für ein ausgewähltes Set steuerungsrelevanter Kennzahlen gibt es dagegen nicht. Kennzahlen sind nach dem Wirkungsstufenmodell jeweils unternehmensindividuell auszuwählen. Einheitliche Kennzahlensets liegen jedoch dort vor, wo sich Unternehmen zusammenfinden, um sich im Rahmen eines Benchmarkings miteinander zu vergleichen. Die ist beispielsweise beim deutschen *Web Excellence Forum (WebXF)* *(www.webxfg.org)* der Fall, in dem sich Unternehmen zusammengeschlossen haben, um gemeinsam Standards für die Bewertung der digitalen Kommunikation (u. a. Corporate Website, Corporate Social Media) zu entwickeln (Bachem et al. 2008). Eine ähnliche Richtung verfolgt das *Corporate Communications Cluster Vienna (CCCV) (www.cccv.at)*. Hier wurde unter wissenschaftlicher Leitung ein Kennzahlenset entwickelt, das österreichische Unternehmen im Rahmen eines operativ angelegten Benchmarkings zur Evaluation ihrer Unternehmenskommunikation einsetzen (Bruckner 2011).

3.2 Beschreibung in Kennzahlen-Steckbriefen

Wesentliche Fragen bei Auswahl und Beschreibung von Kennzahlen für die Unternehmenskommunikation sind:

- Ermöglichen die Kennzahlen (bzw. die dahinter liegenden kommunikationsbezogenen Ziele) den Anschluss an strategische Kommunikationsziele bzw. die Unternehmensziele?
- Sind die Kennzahlen der Unternehmenskommunikation gegenüber anderen Bereichen hinreichend trennscharf?
- Sind die Kennzahlen aussagekräftig, zurechenbar und akzeptanzfähig?
- Sind sie darüber hinaus durch die Datengrundlage gut darstellbar?

Bei der Einführung von Kennzahlen ist ausschlaggebend, dass alle am Prozess Beteiligten auf die gleiche Definition, ein einheitliches Verständnis, klare Verantwortlichkeiten sowie Vertrauen in die Herleitung der zur Anwendung kommenden Kennzahlen bauen können. Um intern ein gemeinsames Verständnis sicherzustellen, hat es sich als hilfreich erwiesen, die gemeinsam entwickelten und intern abgestimmten Kommunikationskennzahlen in Kennzahlen-Steckbriefen zu definieren. Solche Steckbriefe enthalten eine nähere Beschreibung der jeweiligen Kennzahl sowie zu Quelle, Messverfahren und Erhebungsfrequenz.

In der Regel enthalten Kennzahlen-Steckbriefe die folgenden Angaben:

- Wie lässt sich die Kennzahl definieren bzw. beschreiben?
- Welcher Organisationseinheit der Unternehmenskommunikation ist die Kennzahl zugeordnet?
- Wie wird die Kennzahl ermittelt? Mit welcher Formel ist sie zu berechnen?
- Mit welcher Messeinheit wird die Kennzahl dargestellt?
- Über welche Methode wird die Kennzahl erhoben?
- Wer wird befragt bzw. wessen Daten werden ausgewertet, um die Kennzahl zu erhalten?
- In welcher Frequenz wird die Kennzahl erhoben?
- Aus welcher Quelle stammt die Kennzahl?
- Welcher Wirkungsstufe ist die Kennzahl zuzuordnen?
- Wer beauftragt intern die Erhebung der Kennzahl? Wer ist intern für die Datenerhebung und -auswertung zuständig?

Kennzahlen-Steckbriefe dienen nicht nur der besseren Nachvollziehbarkeit, sondern können auch die Briefinggrundlage für die externen Dienstleister bilden, die an der Erhebung der Kennzahlen beteiligt sind. Die ausführliche Beschreibung von Kennzahlen und der ihnen zugrundliegenden Studien bzw. Quellen hat sich als ein wesentlicher Erfolgsfaktor für ein Kommunikations-Controlling erwiesen. In einem Handbuch zusammengeführt, das laufend aktualisiert wird, kann aus einer solchen Sammlung von Kennzahlen-Steckbriefen ein zentrales Nachschlagewerk für den Prozess des Kommunikations-Controllings werden.

4 Erfassung von Kennzahlen: Erhebung und Standardisierung

4.1 Evaluation über ausgewählte Erhebungsmethoden

Für die Erfassung bzw. Evaluation der Kennzahlen stehen die gängigen Methoden der empirischen Sozialforschung zur Verfügung; insbesondere quantitative und qualitative Inhaltsanalysen und Befragungen sind hier zu nennen. Die Durchführung von Evaluationsaufgaben und die Erhebung von Kennzahlen kann an leistungsfähige Dienstleister delegiert werden. Dies ist den meisten Fällen effizienter und kostengünstiger, als dafür eigene Ressourcen im Unternehmen bereitzustellen. Je nach Aufgabenstellung und Methode sind hierfür verschiedene Dienstleister geeignet: Die großen Markt- und Marktforschungsinstitute bieten neben Bevölkerungsumfragen auch unternehmensbezogene Stakeholder-Befragungen sowie Image- und Reputationsstudien an. Medienmonitoring- und Medienanalyse-Dienstleister werten tagesaktuell die Berichterstattung in Medien aus und erstellen Medienresonanzanalysen. Spezialisierte Agenturen und Hochschulen mit eigenen Testlabors führen Usability-Tests von Websites durch etc.

Auf die Festlegung der Erhebungsmethoden und die Auswahl der Dienstleister ist besonders zu achten; die Entscheidung muss immer mit Blick auf die zuvor definierten Kennzahlen getroffen werden. Die Interpretation der Kennzahlen und die Aufbereitung in einem Reporting sollten möglichst intern erfolgen. In der Praxis ist es dagegen üblich, sich entweder auf die bereits vorhandenen Kennzahlen zu beschränken, die leicht messbaren Kennzahlen zu bevorzugen oder sich auf die vom jeweiligen Dienstleister angebotene Erhebungsmethode und die dort vermutete Auswertungskompetenz zu verlassen. Das kann allerdings dazu führen, dass Kennzahlen teuer eingekauft und im Kommunikations-Controlling eingesetzt werden, die entweder für die Bewertung der gesetzten Ziele keine Aussagekraft haben oder sogar zu einer Fehlsteuerung führen.

Nicht immer lassen sich die konzeptionell passenden Evaluationsmethoden zur Erhebung der Kennzahlen praktisch auch umsetzen – sei es, weil die Beschaffung zu teuer ist oder eine Datenerhebung nicht opportun erscheint. Um dennoch zu einer Bewertung zu kommen, inwieweit die jeweils gesetzten Ziele erreicht oder unterstützt wurden, sind eine Selbsteinschätzung oder eine Expertenbewertung ein pragmatischer, auch in anderen Unternehmensfunktionen akzeptierter Weg.

4.2 Regelprozess zur Erfassung und Auswertung

Die Kennzahlen bzw. die Daten für das Kommunikations-Controlling stammen aus unterschiedlichen Quellen, die zum Teil nicht in der Unternehmenskommunikation vorliegen, sondern in anderen Bereichen des Unternehmens. Häufig verschwinden für das Kommunikations-Controlling relevante Daten in „Informations-Silos" und werden nicht handlungsleitend eingesetzt. Insofern ist es sinnvoll, die Verantwortung für das Zusammentragen und Aufbereiten der Daten organisatorisch eindeutig in einer Kommunikationseinheit zu verankern oder einen Koordinator zu bestimmen, der die termingerechte Bereitstellung der benötigten Informationen aus den einzelnen Kommunikationseinheiten und Unternehmensbereichen steuert und damit auch für die Qualitätssicherung verantwortlich ist.

Während in anderen Bereichen des Unternehmens oft Softwarelösungen für die Datenübernahme und -auswertung etabliert sind und eine systemübergreifende Datenkonsistenz sicherstellen, sind diese für das Kommunikations-Controlling bislang nicht verfügbar. Die Kennzahlen für das Kommunikations-Controlling sind daher bis auf Weiteres dezentral zu ermitteln und aus unterschiedlichen Quellen zusammenzutragen.

Um die Verfügbarkeit der benötigten Daten zu gewährleisten, ist die Erhebung und Auswertung der Kennzahlen in einem verbindlich festgeschriebenen Prozess zu organisieren. Dieser kann wie folgt ablaufen: Durch externe Dienstleister zugelieferte sowie intern erhobene Daten werden zentral in einer Kommunikationseinheit gesammelt, geprüft und aufbereitet. Dafür werden abgestimmte Formatvorlagen eingesetzt. Anschließend werden die Daten den Kommunikationsverantwortlichen in den einzelnen Einheiten vorgelegt, die diese auf Korrektheit prüfen und mit ihren Kommentaren ergänzen.

Bevor die vorliegenden Daten Eingang in das Reporting finden können, müssen sie zu Informationen aufbereitet, das heißt in einen Zielzusammenhang eingebettet werden. Zumeist sind die eigentlichen Kommunikationskennzahlen aus den vorhandenen Daten erst zu berechnen, soweit sie nicht von Dienstleistern erhoben und zugeliefert werden. Die ermittelten Ist-Werte sind dann den Ziel-Werten gegenüberzustellen. Dabei werden Veränderungen vom Ausgangswert zum Ist-Wert sowie Abweichungen vom Ist- zum Ziel-Wert berechnet. Die Berechnung der Kennzahlen gehört zu den zentralen Aufgaben des Kommunikations-Controllings.

Anschließend werden die Kennzahlen in einem Report zusammengestellt und der Leitung Unternehmenskommunikation präsentiert, die den Kommunikationsstatus mit den Kommunikationsverantwortlichen ausführlich bespricht. Im Team können gemeinsam Schlussfolgerungen für die weitere Planung getroffen, gegebenenfalls notwendige Anpassungen der Kommunikationsmaßnahmen besprochen sowie auch Handlungsempfehlungen für das Management formuliert werden. Um die Taktung im Prozess zu wahren, sind entsprechende Vorlaufzeiten einzuplanen und einzuhalten.

5 Reporting: Anforderungen und Umsetzungsvarianten

5.1 Anforderungen an die Bereitstellung empfängergerechter Informationen

Die Informationsversorgung der Leitung Unternehmenskommunikation sowie des Top-Managements gehört zu den wichtigsten Aufgaben des Kommunikations-Controllings. Dabei muss sich Unternehmenskommunikation an den Anforderungen messen lassen, die an ein Management Reporting inzwischen gestellt werden (Horváth 2008; Weber et al. 2008). Insofern ist darauf zu achten, dass das Reporting nicht zu viele operative, sondern vor allem entscheidungsrelevante Informationen enthält. Das Reporting sollte in einer benutzerfreundlichen, attraktiven Form erfolgen und sich an den Informationsbedürfnissen und Lesegewohnheiten der Empfänger orientieren. Die Akzeptanz für das Reporting erhöht sich, wenn die Kennzahlen in Botschaften übersetzt und plakativ verdichtet werden.

Die entscheidungsrelevanten Informationen sind aus der Menge der in der Unternehmenskommunikation vorliegenden Kennzahlen herauszufiltern und zu verdichten. Das Reporting hat die Aufgabe, diese übersichtlich bereitzustellen und auf die jeweiligen Empfänger zuzuschneiden. Unter Reporting wird die systematische, strukturierte und zeitnahe Versorgung verschiedener Empfänger mit relevanten und konsistenten Informationen verstanden. Wie die Kennzahlen aufzubereiten, zu visualisieren und zu kommunizieren sind, hängt vor allem von der Zielsetzung des Reportings ab. Es kann zum einen der Leitung Unternehmenskommunikation dienen, um die strategische Ausrichtung und operative Steuerung der Kommunikationseinheiten zu verbessern. Es sollte zum anderen das Management über den Kommunikationsstatus und den Wertschöpfungsbeitrag der Unternehmenskommunikation informieren. Entsprechend sind verschiedene Formen der Informationsbereitstellung zu unterscheiden:

- *Informationen, die die situative Entscheidungsfindung* unterstützen, beruhen auf schnell verfügbaren Ad hoc-Analysen. Beispiele sind anlassbezogene Blogauswertungen oder Sonderanalysen der Medienresonanz in einer unternehmenskritischen Lage. Bei diesen Informationen ist die schnelle Verfügbarkeit wichtiger als die grafische Aufbereitung. Sie sind daher zumeist nicht Bestandteil eines regelmäßigen Reportings mit vorformatierten Berichten.
- *Informationen zur Steuerung des Tagesgeschäfts* sind vor allem für die operativ verantwortlichen Teams oder Abteilungen von Interesse. Beispiele sind Medienresonanzanalysen, die Kennzahlen wie Themendurchdringung oder „Share of Voice" liefern, oder Trackings, die Aussagen über die Werbeeffizienz treffen. Um eine hohe Steuerungsrelevanz zu gewährleisten, sind diese Informationen laufend zur Verfügung zu stellen; in großen Unternehmen erfolgt dies in der Regel monatlich oder quartalsweise.
- *Informationen zur strategischen Ausrichtung der Unternehmenskommunikation* – die auch Relevanz für die Unternehmensstrategie haben – sind regelmäßig in der Unternehmenskommunikation zu diskutieren und mindestens einmal jährlich dem Top-Management vorzustellen. Beispiele für relevante Kennzahlen sind die Unternehmensreputation in der Bevölkerung und bei Meinungsbildnern oder die Markenwahrnehmung bei Kunden und potenziellen Kunden.

Das Reporting sollte in einer angemessenen Frequenz erfolgen, die der jeweiligen Zielsetzung anzupassen ist. In welchen Abständen Daten aufzubereiten und zu kommunizieren sind, ist mit den jeweiligen Empfängern abzustimmen. In der Unternehmenspraxis werden operative Steuerungsgrößen monatlich, zum Teil sogar täglich verfolgt, strategische Informationen in der Regel quartalsweise berichtet. Da entsprechend der eingesetzten Erhebungsmethoden die meisten Kennzahlen der Unternehmenskommunikation dagegen nur einmal jährlich vorliegen, ist es sinnvoll, die Reportingfrequenz auf ein realistisches Maß zu beschränken.

Kennzahlen, die die strategische Ausrichtung der Unternehmenskommunikation betreffen, können die Grundlage für regelmäßige Führungsgespräche oder Strategiedialoge sein. Damit ist das Reporting der Ausgangspunkt zur gemeinsamen Identifizierung von Handlungsfeldern für die Unternehmenskommunikation und die Ableitung von Maßnahmen im Team. Das Reporting sollte sich daher auf die wesentlichen und für die Steuerung wichtigen Informationen beschränken. Mit der Auswahl einiger weniger Kennzahlen, die auf die zuvor definierten (Unternehmens- und Kommunikations-) Ziele einzahlen, wird die Aufmerksamkeit auch auf Leitungsebene fokussiert. Wo die empfängerorientierte Aufbereitung der Kennzahlen des Kommunikations-Controllings gelingt, unterstützt das Reporting die zielorientierte Steuerung der Unternehmenskommunikation.

5.2 Varianten für die Berichtslegung

Eine eingängige Visualisierung erleichtert den Zugang zu abstrakten Kennzahlen. Zusammenhänge werden besser verständlich, Informationen schneller erfasst. Die Darstellungsform wird von der Aussage bestimmt. Dabei sind grundsätzlich fünf Aussagetypen zu unterscheiden: Struktur-, Rangfolgen- und Zeitreihenaussagen sowie Häufigkeitsverteilung und Korrelation.

- In einer *Strukturaussage* kommt es darauf an, zu zeigen, welchen Anteil einzelne Komponenten an einer Gesamtheit haben. Beispiel: Im letzten Jahr entfielen 70 % unseres Budgets auf Sponsoring.
- In der *Rangfolgenaussage* werden einzelne Objekte bewertend gegenüber gestellt. Beispiel: Die interne Kundenzufriedenheit mit der Presseabteilung liegt über der der Internen Kommunikation.
- Bei der *Zeitreihenaussage* interessiert die Veränderung einer Größe im Zeitablauf. Beispiel: Seit 2006 ist die Bewertung der Reputation in der Bevölkerung kontinuierlich zurückgegangen.
- Mit Hilfe einer *Häufigkeitsverteilung* wird angegeben, wie oft ein bestimmtes Objekt in verschiedenen, aufeinander folgenden Größenklassen auftritt. Beispiel: Die meisten Artikel sind in Fachmedien erschienen.
- *Korrelationsaussagen* geben Auskunft darüber, ob der Zusammenhang zwischen zwei Variablen dem erwarteten Muster folgt oder nicht. Beispiel: Trotz steigender Ausgaben für Printwerbung ist die ungestützte Bekanntheit des Unternehmens zurückgegangen.

Das am weitesten verbreitete Darstellungsformat für Kennzahlen ist die *Communication Scorecard* (Lautenbach und Sass 2010; Zerfaß 2005). Sie informiert über die Ist- und Ziel- bzw. Soll-Werte der Kennzahlen, die einem Unternehmens- oder Kommunikationsziel zugeordnet sind. Sie zeigt neben der Messgröße auch die Datenquelle und die Frequenz die Datenerhebung. Um eine stärkere Verknüpfung zum Tagesgeschäft herzustellen, sind mitunter die betreffenden Kommunikationsmaßnahmen angeführt. Es ist durchaus auch üblich, der Kennzahl den jeweiligen Kommunikationsverantwortlichen zuzuordnen, um damit mehr Verbindlichkeit zu schaffen. Das Zusammenspiel mehrerer Communication Scorecards hängt vom Umfang des Kommunikations-Controllings und der Organisationsform der Unternehmenskommunikation ab. Sinnvoll sind in der Regel eine Communication Scorecard für die Leitungsebene, die auch ein Reporting an das Top-Management erlaubt, und untergeordnete Scorecards für Kommunikationseinheiten wie Interne Kommunikation, Veranstaltungsmanagement oder Media Relations. Scorecards können jedoch auch für die Steuerung von Projekten oder Teams eingesetzt werden.

Um die Beratungs- und Servicerolle des Kommunikations-Controllings gegenüber dem Management auszubauen, kann ein halb- oder vierteljährlicher *Management Report* hilfreich sein, der die relevanten Kennzahlen in verständlicher und konsistenter Form auf zwei bis drei Seiten aufbereitet. In einem Management Report werden die wesentlichen Kennzahlen zusammengeführt, grafisch visualisiert sowie redaktionell aufbereitet und kommentiert. Detaillierte Ergebnisse von Analysen oder Studien, Zitate, Tabellen oder Fragebögen gehören in den Anhang oder entfallen ganz. Ziel solcher Reports ist es, die Handlungsorientierung der Unternehmenskommunikation zu forcieren.

Ein Trend im Reporting ist die Darstellung von Kennzahlen in *Cockpits* oder *Dashboards* (Lautenbach und Sass 2010). Sie eignen sich besonders gut, um einen schnellen Überblick zu bieten, weil sie – einem Armaturenbrett im Auto vergleichbar – die wichtigsten Kennzahlen auf einer Seite erfassbar machen. Die Darstellung erfolgt üblicherweise in Tachometern, es werden aber auch Ampeln, Torten-, Balken- oder Spinnennetzgrafiken eingesetzt. Im Unterschied zu einfachen Präsentationen lassen sich die Kennzahlen in Dashboards auch interaktiv darstellen. Per Klick auf eine einzelne Grafik können Detailinformationen zur jeweiligen Kennzahl abgerufen oder Vergleiche von Quartal zu Quartal oder zwischen Kommunikationseinheiten, Geschäftsbereichen, Regionen oder Ländern angestellt werden. Communication Cockpits oder Dashboards sind häufig webbasierte Anwendungen. Einige Dienstleister, insbesondere im Bereich Medien- und Social Media-Monitoring, stellen ihre (zumeist quantitativen) Kennzahlen über Portale in einem Dashboard zur Verfügung.

Die Integration des Kommunikations-Controllings in bestehende unternehmensinterne *Managementinformationssysteme* ist bislang noch die Ausnahme, scheint langfristig aber wahrscheinlich. Belastbare Softwarelösungen für ein umfassendes Kommunikations-Controlling im Unternehmen sind noch rar und wenig getestet.

6 Fazit: Strategische Ausrichtung als Voraussetzung für kennzahlenbasierte Steuerung der Unternehmenskommunikation

Für das Messen und Bewerten der Unternehmenskommunikation ist eine Vielzahl geeigneter Kennzahlen denkbar, und zu ihrer Erhebung stehen seit Jahren etablierte Evaluationsmethoden bereit. Dennoch wird in der Praxis ein kennzahlenbasiertes Kommunikations-Controlling oft als unnötiger zusätzlicher Aufwand gesehen, das mit der Wirklichkeit des Kommunikationsalltags nicht vereinbar ist und keinen praktischen Nutzen stiftet.

Für die Steuerung der Unternehmenskommunikation sind jedoch weniger Kennzahlen relevant als eine begrenzte Auswahl konkret beschriebener Kommunikationsziele. Die Verfolgung der angestrebten Ziele ist stets wichtiger als die Erhebung von Kennzahlen – aber Kennzahlen können zeigen, ob und inwieweit ein Ziel erreicht oder unterstützt wurde. Ausgangspunkt und Grundlage für ein Messen und Bewerten mit Kennzahlen ist demnach stets eine ausgearbeitete Kommunikationsstrategie mit definierten Zielen.

Genau hier liegt die eigentliche Herausforderung für die Unternehmenskommunikation: Es besteht kein Mangel an Kennzahlen, sondern eher an Strategie. Kommunikationsziele sind oft nicht ausgearbeitet, und im Alltag werden Kommunikationsmaßnahmen fortgeführt, ohne dass im Vorfeld Ziele überprüft und aktualisiert werden. Dies liegt nicht an einer schwachen strategischen Kompetenz von Kommunikationsverantwortlichen, sondern ist schlicht die Folge einer falschen Priorisierung. In vielen Fällen dominiert das operative Tagesgeschäft selbst auf Leitungsebene, und so fehlt die Zeit für die strategische Steuerung und die nachhaltige Weiterentwicklung der Unternehmenskommunikation. Wo aber die Unternehmenskommunikation in einem jährlich wiederkehrenden Planungsprozess auf die Unternehmensziele ausgerichtet wird und die Maßnahmenplanung den definierten Kommunikationszielen folgt, wird die zielorientierte Steuerung mit Kennzahlen zum integralen Bestandteil eines (dann tatsächlich strategischen) Kommunikationsmanagements.

Literatur

AMEC (2010a). *Barcelona declaration of measurement principles.* http://www.amecorg.com/newsletter/BarcelonaPrinciplesforPRMeasurementslides.pdf. Zugegriffen: 26.12.2012.

AMEC (2010b). *The valid metric guidelines.* http://www.amecorg.com/images/public/amec_explaining_the_valid_metrics_guidelines_21_jan_2011.pdf. Zugegriffen: 26.12.2012.

Bachem, C., Keller, J., & Reinecke, S. (2008). Kennzahlengestützte Steuerung digitaler Kommunikation. Die Web Excellence Scorecard. In C. Belz, M. Schögel, O. Arndt, & V. Walter (Hrsg.), *Interaktives Marketing. Neue Wege zum Dialog mit Kunden* (S. 273–286). Wiesbaden: Gabler.

Bruckner, C. (2011). Der Corporate Communication Cluster Vienna. In G. Bentele, M. Piwinger, & G. Schönborn (Hrsg.), *Kommunikationsmanagement* (Loseblattsammlung, Nr. 4.37, S. 1–16). Neuwied: Luchterhand.

DPRG Deutsche Public Relations Gesellschaft, & ICV Internationaler Controller-Verein (2011). *Positionspapier Kommunikations-Controlling.* Bonn: DPRG/ICV.

Gladen, W. (2011). *Performance Measurement. Controlling mit Kennzahlen.* Wiesbaden: Gabler.

Horváth, P. (2008). Grundlagen des Management Reportings. In R. Gleich, P. Horváth, & U. Michel (Hrsg.), *Management Reporting. Grundlagen, Praxis und Perspektiven* (S. 15–42). Freiburg: Haufe.

Lautenbach, C., & Sass, J. (2010). Reporting im Kommunikations-Controlling: Daten aufbereiten, visualisieren, kommunizieren. In J. Pfannenberg & A. Zerfaß (Hrsg.), *Wertschöpfung durch Kommunikation. Kommunikations-Controlling in der Unternehmenspraxis* (S. 84–96). Frankfurt am Main: Frankfurter Allgemeine Buch.

Pfannenberg, J. (2009). *Die Balanced Scorecard im strategischen Kommunikations-Controlling* (communicationcontrolling.de Dossier Nr. 2). Berlin: DPRG/Universität Leipzig.

Preißner, A. (2002). *Balanced Scorecard in Vertrieb und Marketing. Planung und Kontrolle mit Kennzahlen* (2. Aufl.). München: Hanser.

Reichmann, T. (2011). *Controlling mit Kennzahlen. Die systemgestützte Controlling-Konzeption mit Analyse- und Reportinginstrumenten* (8. Aufl.). München: Vahlen.

Rolke, L. (2007). Kennzahlen für die Unternehmenskommunikation. In M. Piwinger & A. Zerfaß (Hrsg.), *Handbuch Unternehmenskommunikation* (1. Aufl., S. 575–585). Wiesbaden: Gabler.

Siegwart, H., Reinecke, S., & Sander, S. (2009). *Kennzahlen für die Unternehmensführung* (7. Aufl.). Bern: Haupt.

Watson, T., & Zerfaß, A. (2011). Return on investment in public relations. A critique of concepts used by practitioners from communication and management sciences perspectives. *PRism – Australian and New Zealand Academic Journal of Public Relations, 8*(1), 1–14.

Weber, J., Malz, R., & Lührmann, T. (2008). *Excellence im Management-Reporting. Transparenz für die Unternehmenssteuerung*. Weinheim: Wiley.

Zerfaß, A. (2005). Integration von Unternehmenszielen und Kommunikation. Die Corporate Communications Scorecard. In J. Pfannenberg & A. Zerfaß (Hrsg.), *Wertschöpfung durch Kommunikation* (S. 102–112). Frankfurt am Main: Frankfurter Allgemeine Buch.

Kostentransparenz in der Unternehmenskommunikation

Rainer Pollmann

Zusammenfassung

Das Thema Kosten und Kostenzuordnung ist im Umfeld der Unternehmenskommunikation nach wie vor ein ungelöstes und oft ungeliebtes Thema. Weder sind die Voll-Kosten der Maßnahmen bekannt, noch können sie von den Verantwortlichen der Unternehmenskommunikation mit den vom Rechnungswesen bzw. Controlling zur Verfügung gestellten Informationen beeinflusst werden. In diesem Beitrag werden zunächst der in vielen Unternehmen wahrgenommene Ist-Zustand der Kostenverrechnung und Budgetierung wiedergegeben und einige spezifische Begriffe aus dem Rechnungswesen/Controlling erläutert, um dann mögliche Lösungen für die realitätsnahen Zuordnung von Maßnahmen zu skizzieren.

Schlüsselwörter

Kommunikationskosten · Kommunikations-Controlling · Kommunikationsmanagement · Steuerung · Kostenerfassung · Kostentransparenz · Kommunikationsbudget · Budget · Kosteninformation · Maßnahmenkosten · Unternehmenskommunikation

1 Einleitung

Der Fachbereich Unternehmenskommunikation ist im Unternehmensvergleich so unterschiedlich aufgestellt, wie Unternehmen unterschiedlich sind (vgl. Kapitel „Organisation der Kommunikationsfunktion: Strukturen, Prozesse und Leistungen für die Unterneh-

---

R. Pollmann (✉)
PRT – Pollmann & Rühm Training
Provinostraße 11, 86153 Augsburg, Deutschland
E-Mail: r.pollmann@prt.de

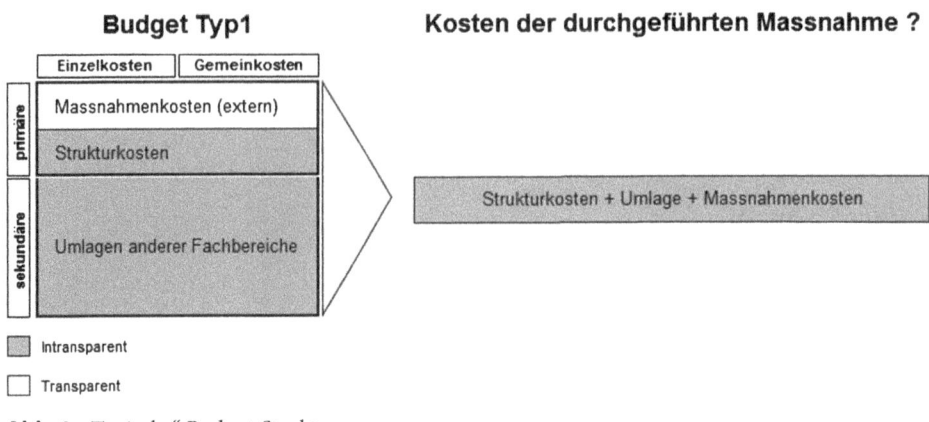

Abb. 1 „Typische" Budget-Struktur

mensführung"). So sind die „klassischen" Bereiche der Unternehmenskommunikation wie Public Relations/Media Relations, Investor Relations, Interne Kommunikation, Marktkommunikation zu finden, während viele Unternehmen die für sie relevanten Stakeholder identifiziert und danach ihre Unternehmenskommunikation organisiert haben. Im Mittelstand und bei kleineren Unternehmen findet sich meistens eine Doppelfunktion Marketing-/Öffentlichkeitsarbeit ausgeübt von einer Mitarbeiterin/einem Mitarbeiter.

Einige Gemeinsamkeiten lassen sich nach eigener Beobachtung bei vielen Unternehmen aber feststellen:

- Der Fachbereich Unternehmenskommunikation ist in der Regel als Cost Center organisiert und damit für die Höhe der Kosten verantwortlich und
- erhält als Information zur Steuerung aus dem Rechnungswesen/Controlling einen Kostenstellenbericht, in dem die Kosten nach Kostenarten aufgeführt werden.
- Diese Kosten sind nach ihrer Entstehung (Zeit und Ort) erfasst und nach ihrer Art (Sachkosten, Peronalkosten, etc.) und nicht für die Maßnahmen ausgewiesen. Hier fehlt jede Transparenz.
- Teilweise führen einige Kostenstellenverantwortliche in der Unternehmenskommunikation eine „Nebenbuchhaltung", indem die Rechnungen der externen Dienstleister verbucht werden. Dies ist leider ineffizient, weil genau diese Informationen eigentlich im Finanzbuchhaltungssystem (z. B. SAP) bereits erfasst sind.

Wie Abb. 1 zeigt, setzt sich das Budget in der Regel aus drei Komponenten zusammen, wird aber normalerweise nach Kostenarten (Personalkosten, Sachkosten, etc.) aufgestellt:

- *Maßnahmenkosten:* Dies sind die über Rechnungen externer Dienstleister oder die über interne Aufzeichnungen die den Maßnahmen direkt zurechenbaren Kosten.
- *Strukturkosten*: Dies sind die Kosten der Organisation, die zur Leistungserbringung der Kostenstelle Unternehmenskommunikation notwendige Ausstattung mit Personal

(FTE) und Sachmittel (z. B. Hardware, Geschäftswagen, Büroausstattung, etc.). Diese Strukturkosten werden in der Regel für ein Jahr im Budget festgelegt und sind damit fix.
- *Umlage*: Dies sind Kosten, die der Unternehmenskommunikation aus anderen Fachbereichen des Unternehmens weiterverrechnet werden. Dieser Vorgang wird innerbetriebliche Leistungsverrechnung genannt und ist darin begründet, dass von anderen Kostenstellen Leistungen für die Unternehmenskommunikation erbracht wurden (z. B. IT-Hotline, Personalverwaltung, Einkauf, etc.) oder weil Kosten pauschal verteilt werden (z. B. Vorstandsbereich, Stäbe), da diese Einheiten Leistungen für das gesamte Unternehmen erbringen.

Die Maßnahmenkosten und die Strukturkosten bilden zusammen die primären Kosten, also die Kosten, die unmittelbar der Kostenstelle per Erfassungsbeleg zugerechnet werden können. Die sekundären Kosten sind die, die dieser Kostenstelle in Form einer Umlage (Innerbetriebliche Leistungsverrechnung) von anderen Kostenstellen weiterverrechnet werden. Besteht das Ziel, alle Kosten des Fachbereichs Unternehmenskommunikation auf Maßnahmen umzulegen, dann wird in der Kostenrechnung von einer *Vollkosten*rechnung gesprochen. Dies ist die Verrechnung aller Kosten (Einzel- und Gemeinkosten) des Unternehmens (hier des Fachbereichs Unternehmenskommunikation) auf die Kostenträger (Produkte, Maßnahmen). Die Berechnung von Vollkosten ist nur durch die Umlage der Fixkosten möglich, da nicht alle in einem Unternehmen entstehenden Kosten in einem direkten Verursachungszusammenhang mit den hergestellten oder verkauften Produkten stehen.

Einzelkosten (engl. Direct Costs,: nicht zu verwechseln mit Direct Costing) können mittels Beleg und ohne Umlage einem bestimmten Bezugsobjekt zugeordnet (d. h. kontiert) werden. Die Bezugsobjekte richten sich je nach dem Auswertungszweck:

- Produkte,
- Dienstleistungen,
- Aufträge,
- Kostenträger,
- Projekte,
- Profit Center,
- Sparten,
- Kostenstellen (Abteilungen, Regionen, Niederlassungen).

Insbesondere ist darauf zu achten, dass alle Beträge anlässlich ihrer Ersterfassung als Einzelkosten einer Kostenstelle oder eines Kostenträgers (Auftrag) belastet und nicht aufgeschlüsselt werden. Die Einhaltung dieser Regel ist die Voraussetzung für eine verantwortungsgerechte Kostenrechnung.

Können Kosten einem Bezugsobjekt nicht per Beleg zugeordnet werden, bzw. fallen Kosten für mehrere Bezugsobjekte gemeinsam an, dann sind es *Gemeinkosten*. Das Gehalt des Leiters Unternehmenskommunikation ist Bestandteil der Einzelkosten dieser Abteilung (Kostenstelle); dagegen Bestandteil der Gemeinkosten, bezogen auf die Maßnahmen Kostenträger), die in dieser Abteilung durchgeführt werden. Gemeinkosten können sowohl variabel, als auch fix sein.

2 Kosten in der Praxis der Kommunikation

Die Funktion bzw. Abteilung Unternehmenskommunikation ist in den meisten Unternehmen als *Cost Center* organisiert, erbringt für das gesamte Unternehmen Leistungen ohne spezielle Auftraggeber (zum Thema Center Organisation vgl. Hauser 2003, S. 177 ff.). Natürlich gibt es interne Auftraggeber (Vorstand, Vertrieb, Marketing, etc.), jedoch gibt es keine „Kunden"-Beziehung im Sinne einer Leistungsverrechnung. Für die Leistungserstellung werden die Leistungen anderer Fachbereiche benötigt (z. B. IT, Personalverwaltung, etc.), deren Kostenstellenkosten werden über Umlagen/sekundäre Kosten dem Budget des Cost Centers Unternehmenskommunikation weiterverrechnet.

Die Kostenstellenverantwortlichen erhalten Kostenstellenberichte, in denen die Kosten nach Kostenarten aufgeschlüsselt sind.

Nach eigener Beobachtung werden in vielen Unternehmen lediglich die Einzelkosten (z. B. Agenturrechnungen) im Fachbereich Unternehmenskommunikation durch die Verantwortlichen überwacht, weniger die Kosten der Organisation (Strukturkosten). In einigen Unternehmen wurden zusätzliche Buchführungs- und Budget-Forecast-Systeme für Fremdrechnungen festgestellt. Damit wird de facto eine Nebenbuchhaltung. außerhalb der üblichen Finanzbuchhaltung (wie z. B. SAP) geführt.

Dadurch erfolgt in der Praxis teilweise eine Steuerung über *Teilkosten*, denn die externen Rechnungen beinhalten meistens Einzelkosten. Wichtig wäre aber eine Steuerung über alle Kosten, also über *Vollkosten*, wie dieser Ansatz im Rechnungswesen/Controlling genannt wird.

Der Fachbereich Unternehmenskommunikation ist in den meisten Unternehmen einer bestimmten Größe den Prinzipien der Aufbauorganisation folgend organisiert und sieht einzelne Teilbereiche für die identifizierten und wichtigen Stakeholder (Public Relations, Investor Relations, Internal Relations, etc.) vor. Bei mittelständischen Unternehmen ist teilweise eine „Zersplitterung" der Funktionen Unternehmenskommunikation festzustellen, da diese nicht in einem Fachbereich konzentriert, sondern im Unternehmen „verstreut" über mehrer Stellen und Bereiche (z. B. Pressestelle, Assistenz der Geschäftsleitung, Teamassistenz Marketing) zu finden sind. Andere Prinzipien mögen der Anzahl der Stakeholder folgen, dem Stellenwert der Unternehmenskommunikation, der Größe des Unternehmens, etc.

Kostentransparenz in der Unternehmenskommunikation

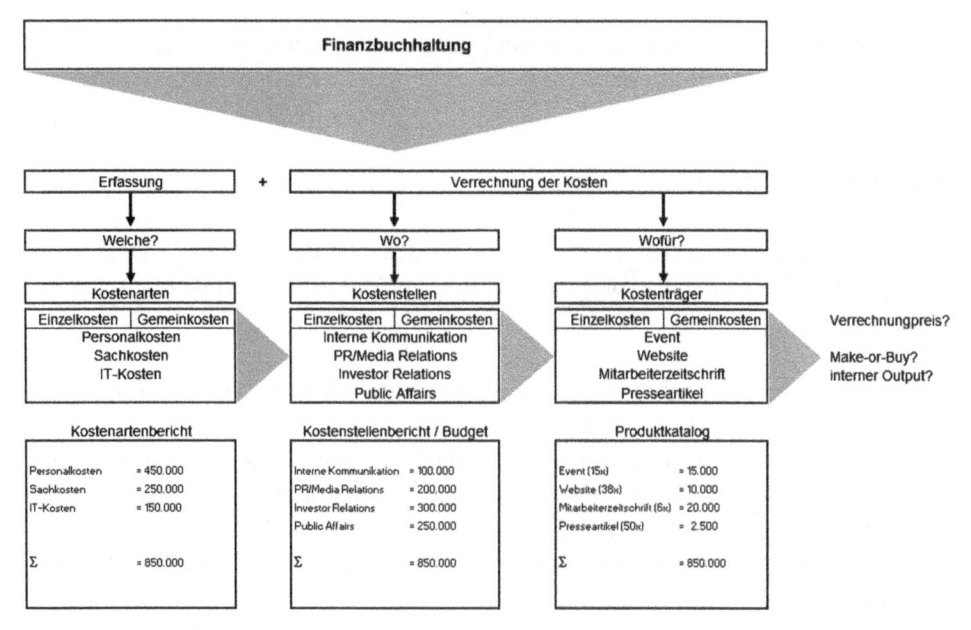

Abb. 2 Prinzip der Kostenverrechnung
(Quelle: Eigene Darstellung in Anlehnung an Coenenberg al. (2009, S. 58))

2.1 Kostenverrechnung

Diesem Organisationsprinzip folgt dann auch das Rechnungswesen/Controlling in der Kostenverrechnung, der Budgetierung und dem Berichtswesen. Dabei werden vom Fachbereich Rechnungswesen meist noch Prinzipien der Kostenrechnung angewendet, die für produzierende Unternehmen in einer Zeit entwickelt wurden, als in der Produktion noch der größte Teil der Wertschöpfung erzielt wurde. In diesem Zusammenhang war es bei der Erfassung der Kosten bedeutsam zu erfassen, *welche* Kosten angefallen waren (z. B. Löhne, Material, etc.), *wo* im Unternehmen die Kosten angefallen waren (z. B. Stanzerei, Vormontage, etc.) und *wofür* (z. B. Produkt 1, Produkt 2, etc.) die Kosten angefallen waren.

In diesem Zusammenhang wird dann auch von

- Kostenarten (*Welche* Kosten? Personalkosten, Sachkosten, IT-Kosten, etc.),
- Kostenstellen (*Wo* angefallen? Vertrieb Unternehmenskommunikation, etc.),
- Kostenträgern (*Wofür* angefallen? Event 1, Event 1, Website, etc.) gesprochen.

Während die in der Kostenstellenrechnung ermittelten Einzelkosten den Kostenträgern direkt zugerechnet werden können (siehe Abb. 2), werden die Gemeinkosten über Verteilungsschlüssel auf die Kostenträger verteilt. Diese Verteilung erfolgt mit den meisten Kostenrechnungssystemen (z. B. der Zuschlagskalkulation) nicht nach dem Prinzip „Verursachung", sondern nach dem Prinzip „Verteilung". Dieser Ansatz ist aber für einen Fachbereich Unternehmenskommunikation nicht tauglich. Denn dadurch bekommt die Unternehmenskommunikation Kosten „zugeteilt", die sie nicht verursacht hat und für deren Höhe sie nicht verantwortlich ist.

2.2 Anforderungen

Der Kommunikationsmanager sieht sich nun mit den vom Rechnungswesen zur Verfügung gestellten Informationen folgenden Anforderungen und zu treffenden Entscheidungen ausgesetzt:

- Kalkulation von Maßnahmen zum Zweck der Nachkalkulation, Produktkalkulation, Verrechnungspreisbildung (interner Output),
- Kalkulation von Maßnahmen zur Bestimmung des zu beantragenden Budgets (Input)
- Kalkulation von Maßnahmen zur Bestimmung des Produktmixes, der Make-or-Buy-Entscheidung, Portfolio-Analyse (Outflow)
- Kalkulation von Maßnahmen zur Anwendung des ökonomischen Prinzips (Outcome, Outflow)
- Organisation des Fachbereich Unternehmenskommunikation als Cost Center oder als Service-Center

Zur Lösung all dieser Frage sollte eine möglichst vollständige Transparenz des Budgets erreicht werden, zumindest der relevanten Teile. Dabei sollte der Kommunikationsmanager die Größe des zu untersuchenden Kostenblocks beurteilen, der transparent gestaltet werden soll. Unter Effizienzgesichtspunkten ist es nicht sinnvoll zwei Euro zu investieren, um einen Euro transparent zu gestalten. Pragmatismus ist an dieser Stelle angesagt.

3 Lösungsansätze zur Schaffung von Kostentransparenz

Im Folgenden sollen einige pragmatische Lösungsansätze zur transparenteren Gestaltung der Budgetteile Maßnahmenkosten, Strukturkosten und Umlage aufgezeigt werden. Maßnahmenkosten sind bereits transparent, d. h. sie können einzelnen Maßnahmen bereits zugerechnet werden, daher kann hier eine Darstellung entfallen.

> **Kostentransparenz**
> Kostentransparenz liegt vor, wenn mit Blick auf ihre Verwendung maßnahmenorientiert beziffert und dokumentiert werden. Die Versorgung von Unternehmensführung und Kommunikationsabteilungen mit solchen Kosteninformationen ist allerdings meist bislang meist unbefriedigend. Sie erfolgt in traditioneller Weise meistens durch Kostenrechnung/Controlling an Kostenstellen und Kostenarten orientiert. Es gibt zahlreiche geeignete Instrumente der Kostenrechnung und des Controlling für den spezifischen Einsatz bei der Unternehmenskommunikation.

3.1 Transparenz der Strukturkosten

Strukturkosten sind die Kosten einer Kostenstelle (hier: Abteilung Unternehmenskommunikation) für einen bestimmten Zeitraum, um Leistungen in einer bestimmten Qualität durch diese Kostestelle zu gewährleisten. Dazu wird die Kostenstelle mit Personal (Fulltime Equivalents; im Folgenden mit FTE bezeichnet) und Sachmitteln ausgestattet. Strukturkosten sind für den Zeitraum des bewilligten Budgets festgeschrieben, also fix. Außerdem handelt es sich bezogen auf die Maßnahmen um Gemeinkosten. Die Kosten sind aber entstanden, damit eine bestimmte Anzahl von Leistungen für ein Jahr durch die Kostenstelle erbracht wird, z. B. 20 Events durchführen. Also ist ein Zeitbezug herzustellen, um die Strukturkosten den Maßnahmen zuordnen zu können. Der Ansatz des Zeitbezugs soll im Folgenden in drei Varianten vorgestellt werden:

- über eine „Personalstundensatzrechnung"
- über eine „Agenturstundensatzrechnung"
- über eine an den Aktivitäten orientierte Kostenrechnung

3.2 Personalstundensatzrechnung

Der Begriff „Personalstundensatzrechnung" ist in diesem Zusammenhang kein Terminus technicus, sondern ein Arbeitsbegriff. Dahinter verbirgt sich als einfacher, pragmatischer Ansatz eine Umrechnung aller Kosten in einen Stundensatz für die Mitarbeiter einer Kostenstelle der Unternehmenskommunikation (dargestellt in Abb. 3).

Diese Form der Kostenverrechnung ist abgeleitet von der Maschinenstundensatz-Rechnung. Das Ziel der Maschinenstundensatz-Rechnung ist die Ermittlung der Kosten, die bei einer Stunde Laufzeit einer Maschine in der Produktion anfallen. Dabei werden lediglich die (Fertigungs-) Gemeinkosten berücksichtigt. Damit sollen die die anfallenden Gemeinkosten entsprechend der Inanspruchnahme der Maschine auf die Kostenträger (= Produkte) verrechnet werden. Da es sich bei den Personalkosten und den Personalnebenkosten des Fachbereichs Unternehmenskommunikation um Gemeinkosten handelt, lässt sich die Maschinenstundensatzrechnung leicht zu einer „Personalstundensatzrechnung" umformen:

Ist der Zeitbedarf für eine Kommunikationsmaßnahme ermittelt oder geschätzt, können so die Kosten für eine Maßnahme, ein Produkt ermittelt werde. Diese Berechnung lehnt sich stark an die Systematik an, wie sie in Agenturen, Consulting-Unternehmen oder bei Projekten üblich ist. Sie ist ein einfaches Hilfsmittel, dass immer noch „Unschärfen" bei der Ermittlung der realen Kosten aufweist, gleichzeitig aber ein gutes Verhältnis von Aufwand und Ergebnis bietet.

Dazu muss lediglich aus der Personalabteilung erfragt werden, mit wie vielen Jahresarbeitstagen im Unternehmen gerechnet wird. Die Zahl dürfte zwischen 220 und 200 Tagen liegen. Die Nettoarbeitstage sind die 365 Tage eines Jahres, abzüglich der Wochenen-

Kostenstelle:	4913 Interne Kommunikation
KSt.-Leiter	Maier
Geschäftsjahr	2010
Tagesarbeitszeit (h)	8
Jahresarbeitszeit (d)	220
Manntage	440
Mannstunden	3.520
FTE	2

	Kosten	Anteil	Stundensatz
Löhne/Gehälter/Prämien	150.000	60%	42,61
Personalnebenkosten	48.000	19%	13,64
Sachmittel	1.000	0%	0,28
Verbrauchsmaterial	2.000	1%	0,57
Reisekosten	16.000	6%	4,55
Weiterbildung	3.000	1%	0,85
Fremdleistungen	2.000	1%	0,57
Agenturkosten	8.000	3%	2,27
Raumkosten	10.000	4%	2,84
Primäre Kosten	240.000	95%	68,18
Umlage Betriebskosten	300	0%	0,09
Umlage IT-Kosten	10.000	4%	2,84
Umlage Verwaltung	1.500	1%	0,43
Sekundäre Kosten	11.800	5%	3,35
Kosten der Kostenstelle	251.800		71,53

Abb. 3 Personalstundensatzrechnung

den, der Feiertage, tariflichem Urlaubsanspruch und weiteren „Nicht-Arbeitstagen". Multipliziert man diese Zahl mit der Anzahl der Mitarbeiter (FTE oder Headcounts), setzt eine Tagesarbeitszeit in Stunden an, so erhält man die Personalkapazität in Mannstunden. Setzt man nun die Kosten ins Verhältnis zur Kapazität, erhält man einen Stundensatz. In Abb. 3 ist ein Stundensatz von 56,25 € erkennbar, wenn man nur die Personalkosten betrachtet, aber von 68,18 €, wenn man die primären Kosten betrachtet und stillschweigend die Sachkosten nach dem gleichen Verhältnis umrechnet. Bestehen die primären Sachkosten größtenteils aus Einzelkosten, ist davon abzuraten. Um die Kosten einer Maßnahme zu ermitteln, müsste man lediglich die Einzelkosten (wahrscheinlich größtenteils Rechnungen externer Anbieter) und die über einen Personalstundensatz ermittelten Personalkosten addieren.

3.3 Agenturstundensätze

Das Verfahren des Personalstundensätze kann bei Bedarf verfeinert werden und besonders dann empfehlenswert, wenn sie die Unternehmenskommunikation als Business Unit (interne Agentur) versteht oder als Service Center organisiert ist. In diesem Fall erbringt sie Dienstleistungen für interne Auftraggeber, vereinbart über Service Level Agreements (SLA) Leistungs-/Qualitätsniveaus und Preise (Transfer-/Verrechnungspreise) für die erbrachte Leistung.

Diese Leistungen werden von verschiedenen Mitarbeitern der Unternehmenskommunikation wie von einer internen Agentur erbracht. Diese Mitarbeiter erhalten unterschiedliche Bezüge, Boni und Sachleistungen. Diese Stundensätze werden dann genauso in Rechnung gestellt, wie das ein Consultant tun würde (Partner, Senior-Consultant und Junior Consultants).

Entsprechend werden aus den budgetierten Personal- und Sachkosten differenzierte Stundensätze gebildet. Denn eine Führungskraft ist möglicherweise mit einem Firmenwagen und einem Parkplatz im Unternehmensparkhaus ausgestattet und verfügt über eine besondere Vereinbarung hinsichtlich der Erfolgsbeteiligung. Also wären die Kosten zu differenzieren nach Führungskraft, Spezialist/Teamleiter, Sachbearbeiter und dann über Mannstunden ein Kostensatz zu ermitteln. Dieser Ansatz wird bereits in einigen Unternehmen verfolgt (z. B. Hoerbiger Holding AG, Mainova AG, Schweizer Milchproduzenten).

3.4 Prozessorientierte Kostenverrechnung

Kommunikation verläuft als Prozess (Piwinger und Porak 2005, S. 77 ff.). Daher ist es nur natürlich, die Kosten für Kommunikationsmaßnahmen auch prozessorientiert zuzuordnen. In der Kostenrechnung gibt es dafür das Instrument der sogenannten Prozesskostenrechnung, die die Gemeinkosten prozessorientiert verrechnet.

Im Folgenden ein einfaches Beispiel, wie mit Hilfe dieses Kostenrechnungssystems die Gemeinkosten von Maßnahmen ermittelt werden können.

Im ersten Schritt sollten typische Aktivitäten der Kostenstelle ermittelt werden.

Aus dem Stellenplan und den Stellenbeschreibungen der Kostenstellen, aus der Selbst- oder Fremdbebachtung der Mitarbeiter, können (typische) Aufgaben, Aktivitäten und Zeiten ermittelt werden. Auch ein Aufschreiben oder Schätzen von Zeiten und der Zuordnung zu Projekten, wie bei Agenturen/Consulting-Unternehmen ist denkbar.

Die Aktivitäten lassen Prozessen und zuordnen, die festgestellten Prozesszeiten aggregieren. Das Kostenstellen-Budget lässt sich relativ einfach im nächsten Schritt den Prozessen und damit den Maßnahmen zuordnen.

Dabei werden als Teilprozesse die bezeichnet, die auf einer Kostenstelle durchgeführt werden, führen mehrere Kostenstellen gemeinsam einen Prozess durch, dann wird von einem Hauptprozess gesprochen.

Zu den Eigenschaften von Prozessen gehört es, dass sie repetitiv sind, also exakt wiederholbar sind. Viele „Kommunikatoren" betrachten sich als kreativ Schaffende, deren Ergebnis keinesfalls wiederholbar sei. Das ist grundsätzlich zutreffend, andererseits gibt es jenseits des kreativen Teils der Kommunikationsarbeit viele Dinge, die nach einem wiederkehrenden Schema durchgeführt werden, wie z. B.

- (Bilanz-)Pressekonferenzen
- Events
- Produktion von Mitarbeiterzeitschriften, Kundenmagazinen

Deshalb wird hier der Vorschlag gemacht, Prozesse (z. B. Veröffentlichung einer Pressemitteilung) in drei Kategorien einzuteilen:

- Einfach
- Standard
- Außergewöhnlich

Dieser Überlegung ist der Tatsache geschuldet, dass viele Pressemitteilungen einfach zu erstellen sind oder lediglich „wiederverwertet" werden. Pressemitteilungen zu Produktneuheiten folgen meist einem festgelegten Schema, bei dem der Text „ausgetauscht" wird, daher die Kategorie „Standard". Anders sieht es natürlich mit besonderen Situationen, wie beispielsweise Krisen aus.

Andere Maßnahmen, wie z. B. Events, Messen, Kampagnen laufen fast immer nach dem gleichen Schema ab. Auch hier lässt sich eine Einteilung in Kategorien wie „Einfach, Standard, Außergewöhnlich" finden und mit einem Planaufwand hinterlegen. Damit werden drei Ausprägungen für einen Prozess festgelegt.

Die Prozesszeiten der Maßnahmen sollten bekannt sein. Dazu sollten die „typischen Zeiten" von Vorgängen in irgendeiner wirtschaftlich und psychologisch vertretbaren Art und Weise erfasst werden. Dies kann durch Aufschreiben, Schätzen, Messen, Erfassen, durch alle Beteiligten erfolgen. Dies sollte für die drei Varianten eines Vorgangs geschehen (Pressemitteilung: Einfach, Standard, Außerordentlich). Ist das nicht möglich, kann auch mit einem Komplexitätsindex „gelevert" werden. Das bedeutet, dass gegenüber der Variante Standard die anderen beiden Varianten mit einem Auf- oder Abschlag bei der Prozesszeit belegt werden. Dieser Aufschlag entspricht Erfahrungswerten.

3.5 Voraussetzungen

Die Installation einer Prozesskostenrechnung ist eine der aufwändigsten Lösungen zur Ermittlung von Kostentransparenz und daher nur für Konzerne empfehlenswert. Der Fachkreis Kommunikations-Controlling des ICV empfiehlt als Maßstab für eine Prozesskostenrechnung eine Budgethöhe von ca. 10 Mio. € pro Stakeholder (Fachkreis Kommunikations-Controlling 2010). Die Voraussetzungen für die Implementierung einer Prozesskostenrechnung sind:

- eine Prozessidentifikation und Beschreibung,
- eine Prozessanalyse und Prozesszeiterfassung
- Prozesskostenzuordnung über ein IT-Tool (z. B. SAP-ABC).

Kostenstellen	Personalkosten	198.000	Personalkosten	198.000
	Sachkosten	42.000	Sachkosten	49.900
	FTE	2	FTE	2
	Interne Kommunikation	240.000	Public Relations	247.900

Aktivitäten	Zeit		Zeit	
	2%	Botschaften formulieren	6%	Medienkontakte informieren
	10%	Botschaften abstimmen	2%	Artikel produzieren
	4%	Content erstellen	5%	Medien auswerten
			2%	Artikel auf Botschaften überprüfen
			5%	Presse einladen

Maßnahmen: Kampagne durchführen

Wirkung messen

Aktivitäten	Zeit		Zeit	
	4%	Clickrates ermitteln	2%	Planen
	5%	Texte einstellen	6%	Durchführen
	1%	Strukturen verändern	3%	Instrumente erstellen lassen
	3%	Banner-Links einrichten	6%	Dienstleister koordinieren
	7%	Suchmaschinenoptimierung	3%	Kunden einladen

Kostenstellen	Personalkosten	528.000	Personalkosten	462.000
	Sachkosten	823.000	Sachkosten	258.000
	FTE	5	FTE	5
	Electronic Media	1.351.000	Marketing Kommunikation	720.000

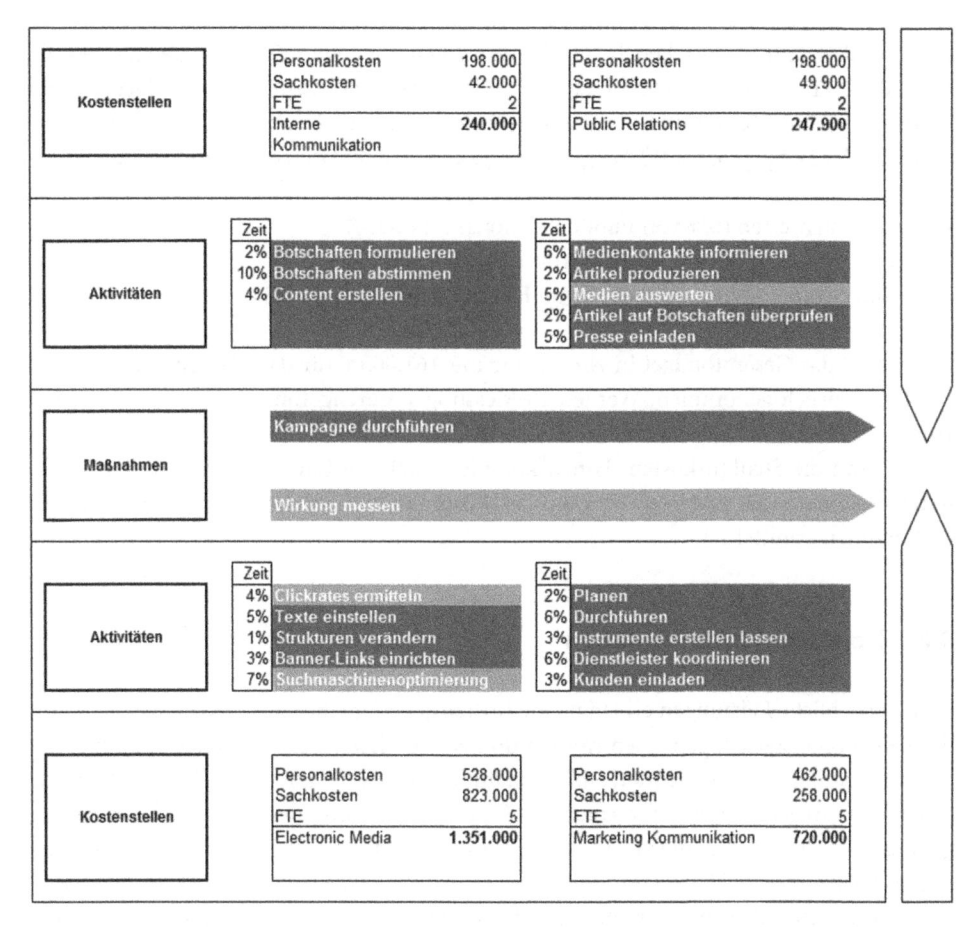

Abb. 4 Prozessschema für die Kostenrechnung in einer Kommunikationsabteilung

Die Voraussetzung jeder Methode zur Zuordnung der Stukturkosten zu Maßnahmen ist eine Form der Zeitermittlung des Zeitbezugs. Die Zeitermittlung sollte sehr sensibel durchgeführt werden, sonst entsteht Widerstand bei den Mitarbeitern gegen das, was als „Kontrolle" wahrgenommen wird.

Außerdem gilt auch hier wieder das Effizienzprinzip. Es kann durchaus erst einmal mit einer Schätzung der Mitarbeiter selbst und/oder durch die Vorgesetzten begonnen werden.

In Abb. 4 wird ein einfaches (Erklär-) Beispiel für eine Kommunikationsabteilung gezeigt. Diese erbringt auf den verschiedenen Kostenstellen verschiedene Leistung für zwei Hauptprozesse, nämlich:

- Eine Kampagne durchführen.
- Die Wirkung der Kampagne bei den relevanten Stakeholdern messen.

Dazu werden auf Kostenstellenebene alle Aktivitäten mit einem Zeitanteil (%) festgestellt, die in diese Prozesse eingehen. Im nächsten Schritt, wird das Kostenstellenbudget (sowohl Personal-, als auch Sachkosten) um diesen Prozentanteil auf die Prozesse umgelegt.

Wenn der Hauptprozess *Wirkungsmessung* aus den Teilprozessen zusammengesetzt ist

- Medien auswerten (5 % von Public Relations) = 12.395 €
- Clickrates ermitteln (4 % von Electronic Media) = 54.040 €
- Suchmaschinenoptimierung (7 % von Electronic Media) = 94.570 €

Dann wird das Gesamtbudget in einem Jahr mit 161.005 € für das Messen von Wirkungen in Anspruch genommen. Werden 10 Messungen durchgeführt, kostet eine Messung 16.100 €.

Das sind die Strukturkosten. Hinzu kommen noch die Einzelkosten, z. B. die Rechnungen der externen Anbieter. So kann der Kommunikationsmanager die Kosten seiner Maßnahmen ermitteln.

3.6 Transparenz der Umlagen

Innerbetriebliche Leistungen erbringt eine Kostenstelle für eine andere Kostenstelle. Kann der Leistungsaustausch gemessen werden und ist die Menge der bezogenen Leistung von der Ist-Leistung der beziehenden Stelle abhängig, werden die innerbetrieblichen Leistungen gemäß Arbeitsrapporten verrechnet. Kann der Leistungsaustausch nicht eindeutig gemessen werden, legt man (nur in der Vollkostenrechnung) die Kosten nach einem vorgängig festgelegten Schlüssel um (*Kostenumlage*) oder vereinbart einen Versorgungsvertrag (Deckungsziel). Innerbetriebliche Leistungsverrechnung wird immer mit den Kostensätzen durchgeführt, die sich aus der Jahresplanung ergeben (International Group of Controlling 2005, S. 132).

Dies sind Kosten, die der Unternehmenskommunikation aus anderen Fachbereichen des Unternehmens weiterverrechnet werden, sei es, weil Leistungen erbracht wurden (z. B. IT-Hotline, Personalverwaltung, Einkauf, etc.) oder weil Kosten pauschal verteilt werden (z. B. Vorstandsbereich, Stäbe), weil diese Bereich Leistungen für das gesamte Unternehmen erbringen.

Eine eigene, nicht repräsentative Umfrage bei mehreren Unternehmen (ca. 20, davon vier im DAX) hat ergeben, dass die im Kostenstellenbericht der Unternehmenskommunikation ausgewiesenen Umlagen, einen Anteil 1 % bis zu 50 % am Budget haben können. Die Umlage ist durch den Kommunikations-Manager nicht beeinflussbar und für ihn nicht transparent. Sie kann aber zum Teil transparent gemacht werden, in einigen großen deutschen Unternehmen wird das bereits in der Unternehmenskommunikation so gehandhabt (z. B. REWE Holding AG, Münchener Rückversicherungs-Gesellschaft AG).

Gibt es im Unternehmen ein Projektmanagementsystem, werden der Unternehmenskommunikation über Projekt-Nummern (z. B. in SAP) die Leistungen der (z. B.) IT-Services den einzelnen Maßnahmen zugerechnet. Dies ist in jedem beliebigen Finanzbuchhaltungssystem über die Nutzung von Belegfeldern und der Entwicklung eines Projekt-Kontierungssystems ganz einfach zu realisieren. Damit kann dieser Teil der Umlage direkt den Maßnahmenkosten zugeordnet werden, wenn dies nicht bereits durch das Finanzbuchhaltungssystem geschieht. Wird im Unternehmen generell die Prozesskostenrechnung in den indirekten Unternehmensbereichen (z. B. Verwaltung) eingesetzt, können die Teile der Umlage transparent werden, bei denen eine Leistungsbeziehung besteht. Die „Restumlage" wird dann einfach proportionalisiert, d. h. nach einem festzulegenden Schlüssel auf die Maßnahmen verteilt.

3.7 Chancen der Transparenz

Ist eine größtmögliche Kostentransparenz hergestellt, dann kann der Kommunikations-Controller dem Kommunikations-Manager verschiedenste Informationen anbieten:

- *Abweichungsanalysen*: Abweichungsanalysen ermitteln Kosten- und Zeitabweichungen. Damit kann die Effizienz der Produkterstellung überprüft werden. Welche Methode der Abweichungsanalyse angewendet werden sollte, ist abhängig vom Ziel der Abweichungsanalyse.
Soll-Ist-Vergleich im weiteren Sinne ist der Vergleich der Istwerte und -leistungen mit dem „Was hätte sein sollen". In dieser Form bezieht sich der Begriff auf das Gesamtunternehmen. Mit dem enger gefassten Soll-Ist-Vergleich ist innerhalb der Kostenstellen der Vergleich der Sollkosten, die bei wirtschaftlicher, d. h. plangemäßer Leistungserstellung hätten entstehen sollen, mit den belasteten Ist-Kosten gemeint. Daraus resultiert die Verbrauchsabweichung. Die Hintergründe dieser Abweichungen werden im Soll-Ist-Vergleich analysiert, damit man festlegen kann, wie man diese Abweichungen in Zukunft vermeiden kann, bzw. welche Korrekturmaßnahmen durchgeführt werden sollen. (International Group of Controlling 2005, S. 232)
- *Earned Value-Methode:* Geht es um die Steuerung von Kommunikations-Projekten, kann auch eine Variante der Abweichungs-Analyse, nämlich die Earned Value-Methode aus dem Projektmanagement verwendet werden. Hier werden die Abweichungen auf der Ebene der Arbeitspakete betrachtet und damit die Abweichungen, wie sie sich zu einem festgelegten Zeitpunkt darstellen müssten. Diese Form der Abweichungsanalyse stellt frühzeitig Informationen zu Überschreitungen des Zeit- und Kostenbudgets bereit (zum Thema Earned Value Methode vgl. Coenenberg et al. 2009, S. 489 ff).
- Organisation der Unternehmenskommunikation als *Service Center*.
In diesem Fall erbringt die Unternehmenskommunikation Dienstleistungen für interne Auftraggeber, vereinbart über Service Level Agreements (SLA) Leistungs-/Qualitätsniveaus und Preise (Verrechnungspreise) für die Leistung. Die Verrechnungspreisbildung kann über Teil- oder Vollkostenrechnung erfolgen, sollte aber über eine Vollkos-

Personalkapazität (FTE) und die Auslastung

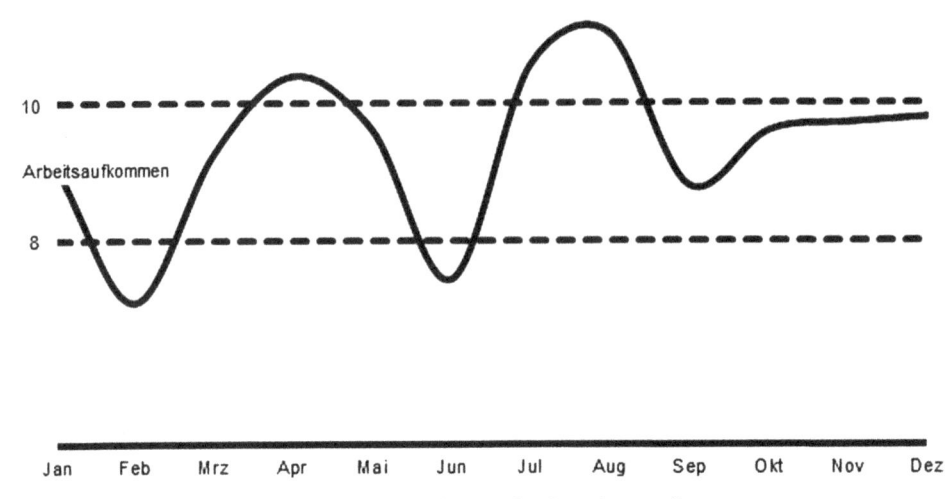

Abb. 5 Mitarbeiterauslastung der Kommunikationsabteilung (Beispiel)

tenrechnung durchgeführt werden (zum Thema Center Organisation vergleiche Hauser 2003, S. 177 ff)
- *Verrechnungspreise* ermöglichen die Abrechnung des Leistungsaustausches zwischen verflochtenen Gesellschaften oder Geschäftssparten. Werden Leistungen zwischen Kostenstellen ausgetauscht, spricht man von *innerbetrieblicher Leistungsverrechnung* (zum Thema Verrechnungspreise vgl. Weber und Schäffer 2006, S. 197 ff.).

3.8 Effizienz (Input ↔ Output)

Ein Problem der Praxis ist das Wissen um die Auslastung der Mitarbeiter. Soll die Kapazität aufgestockt werden, sollen Freelancer oder Agenturen herangezogen werden? Dies sind die Fragen, die Kommunikations-Manager bei der Aufstellung des Jahresbudgets beschäftigen. Welche Anforderungen ergeben sich aus der Mittelfristplanung, werden die notwendigen Stellen genehmigt? Abbildung 5 soll als Beispiel eine beliebige Abteilung Unternehmenskommunikation und deren Auslastung darstellen, ausgedrückt in Mannstunden. Es ist zu erkennen, dass bei einer Ausstattung mit 10 FTE der Fachbereich zeitweise *an der Kapazitätsgrenze „gefahren"* wird, teilweise *darüber*. Werden aber zwei FTE abgebaut, ergibt sich bei gleichem Output eine permanente Überlastung. Aus dieser Situation entstehen einige Fragen:

- Kann bei permanentem Überschreiten der Kapazitätsgrenze die vereinbarte/gewünschte Qualität geliefert werden?

- Soll der Output zurückgefahren werden, weil interne Auftraggeber Leistungen (Brot und Buttergeschäft, Pflichtmaßnahmen, Nice-to-have-Maßnahmen) nicht mehr finanzieren wollen (Budgetschnitt)?
- Sollen die fehlenden Kapazitäten extern dazugekauft (Freelancer, Zeitarbeit, Agenturen) werden?

Um diese Fragen beantworten zu können, müssen die Leistungen der Unternehmenskommunikation „bewertbar" gemacht werden (Wertschöpfungsbeitrag, Beitrag zur Wirkung, Kosten), im Sinne einer Priorisierung. Außerdem muss der Preis, den externe Anbieten verlangen nachvollziehbar werden. Wenn sowohl der externe Anbieter, als auch die Unternehmenskommunikation gleich effizient arbeiten, dann dürfte die Umlage in etwa der Marge des Externen Anbieters entsprechen, dann wären die Kosten vergleichbar.

3.9 Effizienz (Outflow/Outcome ↔ Output)

Sind die Voraussetzungen für eine Maßnahmenkalkulation geschaffen und kann die Wirkung von Kommunikationsprodukten beurteilt werden, so ist das (leicht angepasste) Ökonomische Prinzip anwendbar:

- *Minimumprinzip:* Ein bestimmte Wirkung bei den Stakeholdern (Outcome), ein bestimmtes strategisches/finanzielles Ergebnis (Outflow) mit möglichst wenigen Produkten (Output) bzw. erreichen.
- *Maximumprinzip:* Mit vorhandenen Produkten (Output) eine möglichst große Wirkung (Outcome), bzw. ein möglichst großes strategisches/finanzielles Ergebnis (Outflow) erzielen.
- *Optimumprinzip:* Ein optimales Verhältnis zwischen eingesetzte Produkten (Output) und angestrebter Wirkung (Outflow), bzw. Ergebnis (Outflow) erreichen. Beispiel: Mit vertretbaren Kosten eine Kampagne so durchführen, dass damit ein spürbarer Image-Gewinn erzielt wird.

Mit diesen Informationen und Überlegungen kann dann der Kommunikations-Manager sein Portfolio optimal steuern.

4 Zusammenfassung

Der Aufwand um Kostentransparenz in der Unternehmenskommunikation zu schaffen ist überschaubar. Mit den vorgestellten Methoden können gute Ergebnisse erzielt werden und werden in der Praxis bereits angewendet. Damit kann der Kommunikationsmanager unter dem Aspekt der Effektivität und Effizienz die richtigen Entscheidungen zur Steuerung seines Maßnahmen-Portfolios treffen. Insbesondere dann, wenn bei reduziertem Budget die gleichen Leistungen erbracht werden sollen. Überhaupt ist Kostentransparenz die Voraussetzung um maßnahmen- und wirkungsorientiert budgetieren zu können.

Transparenz der Maßnahmenkosten erlaubt auch einen Effizienzvergleich innerhalb des Konzerns oder mit Agenturen (Benchmarking). Für die innerbetriebliche Leistungsverrechnung im Rahmen eines Service Centers können Preise festgelegt werden.

Diese Chancen und zahlreiche weitere, ergeben sich für die Steuerung der Unternehmenskommunikation, wenn Kostentransparenz gegeben ist. Davon unbenommen bleibt die Praxis, das Budget der Unternehmenskommunikation pauschal dem Vorstand zuzurechnen, wie es in vielen Unternehmen üblich ist. Diese erleichtert die Budgetbewilligung und die Kostenentlastung der Kostenstelle Unternehmenskommunikation. Aus dieser gelebten Praxis ergibt sich aber kein Steuerungsansatz.

Literatur

Conenberg, A. G., Fischer, T. M., & Günther, T. (2009). *Kostenrechnung und Kostenanalyse* (7. Aufl.). Stuttgart: Schäffer-Poeschel.
Fachkreis Kommunikations-Controlling. (2010). *Statement Kommunikationscontrolling*. Gauting: Internationaler Controller Verein.
Hauser, M. (2003). *Profit Centers - Center Controlling*. Freiburg: VCW.
International Group of Controlling. (Hrsg.). (2010). *IGC-Controller-Wörterbuch*, (4. Aufl.). Stuttgart: Schäffer-Poeschel.
Piwinger, M., & Porak, V. (Hrsg.). (2005). *Kommunikations-Controlling: Kommunikation und Information quantifizieren und finanziell bewerten*. Wiesbaden: Gabler.
Weber, J., & Schäffer, U. (2006). *Einführung in das Controlling* (11. Aufl.). Stuttgart: Schäffer-Poeschel.

Soziales Kommunikations-Controlling: Wertschöpfung durch Authentizität und soziales Kapital

Peter Szyszka

Zusammenfassung

Die Diskussion um den Wertschöpfungsbeitrag von Unternehmenskommunikation ist im deutschsprachigen Raum verschiedene Wege gegangen, aber weitgehend einer Richtung gefolgt: Ziele waren das Management der Kommunikation mit messbaren Zielen und der Nachweis ihrer Leistungs- und Wertschöpfungsbeiträge. Die Anschlussfähigkeit an betriebswirtschaftliche Kategorien und das strategische Management gelten dabei als Ausdruck verstärkter Professionalität moderner Unternehmenskommunikation. Dieser Beitrag erweitert die Perspektive und geht mit dem Konzept der sozialen Wertschöpfung einen anderen Weg. Im Mittelpunkt stehen die Persönlichkeit eines Unternehmens und die Wertschätzung, welche dieses seitens seiner Stakeholder genießt. Persönlichkeit und Wertschätzung sind soziales Kapital und sozialer Kredit; sie entscheiden über Hin- oder Abwendung und damit über die Möglichkeiten, reales Kapital zu erwirtschaften. Zum Umgang mit Persönlichkeit bietet Authentizität ein ganzheitliches soziales Konstrukt, an dem sich soziales Kommunikations-Controlling ausrichten kann. Dadurch wird Transparenz im Umgang mit sozialem Kapital und Kredit geschaffen und eine zielorientierte Bewirtschaftung durch Kommunikation gewährleistet.

Schlüsselwörter

Authentizität · Unternehmenskommunikation · Image · Reputation · Corporate Identity · Kommunikations-Controlling · Soziales Kapital

P. Szyszka (✉)
Hochschule Hannover, Fakultät III – Medien, Information und Design
Expo Plaza 12, 30539 Hannover, Deutschland
E-Mail: peter.szyszka@hs-hannover.de

1 Authentizität als Produkt von Komplexitätsreduktion und Wirklichkeitskonstruktion

Die moderne Gesellschaft ist nicht erst seit Internet, Social Media und partizipativer Kommunikation von einem nicht zu bewältigenden Überangebot an Information geprägt, dem nur begrenzte Informationsverarbeitungsmöglichkeiten und noch begrenztere Informationsinteressen gegenüberstehen. Die Stichworte *Informationsüberflutung* und *Aufmerksamkeitsökonomie* verweisen schon lange auf diesen Antagonismus. Die damit verbundene Frage, wie Menschen mit komplexer Wirklichkeit umgehen, lässt sich – verkürzt – in zwei Begriffe fassen: *Komplexitätsreduktion* und *Wirklichkeitskonstruktion*. Weil Menschen Wirklichkeit nur ausschnitthaft wahrnehmen und in Sinnzusammenhängen verstehen können, sind sie zur Reduktion von Komplexität in vereinfachten Wirklichkeitsmodellen gezwungen, um Sinn und Zusammenhänge zu verstehen. Begriffe wie Image, Reputation oder Vertrauen benennen hierzu unterschiedliche, aber immer in ähnlicher Weise operierende Mechanismen der Komplexitätsreduktion: Immer werden wenige Merkmale als repräsentativ für ein Objekt behandelt und als Vorstellungsbilder mit Bewertungen und Erwartungen verbunden. Zu diesen Mechanismen gehört auch Authentizität.

Zentral in allen Prozessen von Wirklichkeitsbewältigung ist die soziale Figur der *Person*. Personen, egal ob natürliche Personen oder Organisationspersonen wie Unternehmen, sind soziale Adressen. Sie gestalten als Akteure soziale Wirklichkeit – jede in der ihr eigenen Art –, lassen sich dabei beobachten, auf bewertete Merkmale reduzieren und zu Persönlichkeitsprofilen verdichten. Ihre Eigenart im Umgang mit Wirklichkeit lässt es zu, sie als *Persönlichkeiten* zu behandeln, ihren Umgang mit Wirklichkeit zu bewerten und mit beobachtereigenen Geltungsansprüchen und Wirklichkeitserwartungen in Beziehung zu setzen, um auch eigene Komplexität im Umgang sozialer Wirklichkeit auf ein behandelbares Minimum zu reduzieren.

Um Unternehmen und deren Einfluss auf Stakeholder im Zusammenhang mit Wertschöpfungsprozessen zu analysieren, arbeiten bekannte Konzepte und Verfahren vor allem mit *Image* (Buß 2007) und *Reputation* (Wiedmann et al. 2007; Wiedmann 2012; Ingenhoff 2007; Helm et al. 2011). Beiden mangelt es an einem einheitlichen Begriffsverständnis. Wiedmann und das Reputation Institute etwa definieren Reputation als „Image plus Unterstützungspotenziale plus Markenwert", also Bewertung plus Anziehungskraft (Wiedmann et al. 2007, S. 322); für Ingenhoff (2007) ist Reputation ein Konstrukt aus funktionalen, sozialen und emotionalen Komponenten mit Einfluss auf Entscheidungs- und Kommunikationsverhalten. In beiden Fällen geht es um ein bezugsgruppenseitig verankertes Konstrukt aus Merkmalen, Bewertungen und handlungsleitender Wertschätzung, das von Performance-Indikatoren angeleitet wird. Es ist eine kumulierte Größe, die auf *Unterstützungspotenziale* verweist und *Ressourceneinsatz* rechtfertigt.

Grundsätzlich wirft dieses Vorgehen – abgesehen von der Frage nach der betriebswirtschaftlich verwertbaren Qualität hierbei vorgenommener Messungen oder generierter Kennziffern – die Frage nach der Brauchbarkeit von Reputation oder Image als Konstrukte zur Beschreibung und Bewertung von Unternehmen als Persönlichkeiten auf. Klaus-Peter Wiedmann als langjähriger Hauptexponent dieses Diskurses hat in jüngerer Zeit festgestellt, dass „sich das Hauptinteresse weg von der Messung von Unternehmensreputation hin zu der Erklärung und zu der Frage, auf welcher ‚Reputationsplattform' die gemessene Reputation aufbaut", verlagere, womit die Grenzen zwischen Reputationsmessung und Kausalanalyse verschwimmen würden (2012, S. 73). Oder erneut anders ausgedrückt: Anstelle der Frage nach dem Wert, den Reputation als Leistungsausweis oder im Wettbewerb besitzt, rückt zunehmend die Frage nach dem Zustandekommen dieser Bewertung. Das in diesem Beitrag nachfolgend vorgestellte Konzept der sozialen Wertschöpfung teilt diese Einschätzung, geht aber einen Schritt weiter, denn es stellt die Eignung von Reputation und Image als zentrale Kenngröße zur zusammenfassenden Beschreibung von Unternehmen als Persönlichkeiten infrage. Werden beide Begriffe nämlich in ihrer Ursächlichkeit betrachtet, dann können sie im Gegensatz zu den um sie herum entwickelten Bewertungsmodellen auch für kognitiv wertende Zugänge auf Persönlichkeit stehen: Wertschätzung (Reputation) und Bewertung (Image) aber nicht für eine ganzheitliche Persönlichkeitsvorstellung.

Demgegenüber steht *Authentizität* für zwar stark verkürzte, aber ganzheitlich bezogene Persönlichkeitsvorstellungen, die sich Beobachter von einer natürlichen oder einer Organisationsperson machen. Persönlichkeit wird hier nicht nur skizziert und bewertet, sie wird mit persönlichkeitsbezogenen *Verhaltenserwartungen* verknüpft, die haltungs- und verhaltensleitend für eigenes beziehungsbezogenes Verhalten sind. Die eher rudimentäre Oberflächenstruktur von Authentizität lässt sich in die Tiefe auf Zugang, Wissen und Bewertung zurückverfolgen, die von der beobachtbaren Identität einer Person und deren Habitus abgeleitet werden.

> **Authentizität**
> Authentizität ist als Vorstellungsbild ein Konstrukt, das einer Person als Persönlichkeit in ihrer Eigenart als prägendes Kontinuum zugeschrieben wird. Sie bezeichnet eine als ganzheitlich behandelte Persönlichkeitsvorstellung, die sich Beobachter von einer sozialen Adresse (natürliche Personen oder Organisationspersonen als Objekt) machen. Ihre Oberflächenstruktur basiert als bewertete Kurzbeschreibung auf einem knappen, von der Beobachterperspektive geprägten Set als charakteristisch eingestufter Merkmale und Eigenschaften. Authentizität schlägt sich in Verhaltenserwartungen nieder, die vor allem ausschließen, wie sich dieses Unternehmen persönlichkeitsgerecht nicht verhalten sollte.

2 Wirkungsmodell und Funktion von Authentizität

Das Konzept der sozialen Wertschöpfung orientiert sich an einem Ansatz, den Erving Goffmann (1983) bereits Ende der 1950er Jahre in Auseinandersetzung mit Authentizität und Inszenierung formuliert hat. Das in Abb. 1 skizzierte *Modell sozialer Begegnung*

Abb. 1 Modell sozialer Begegnung

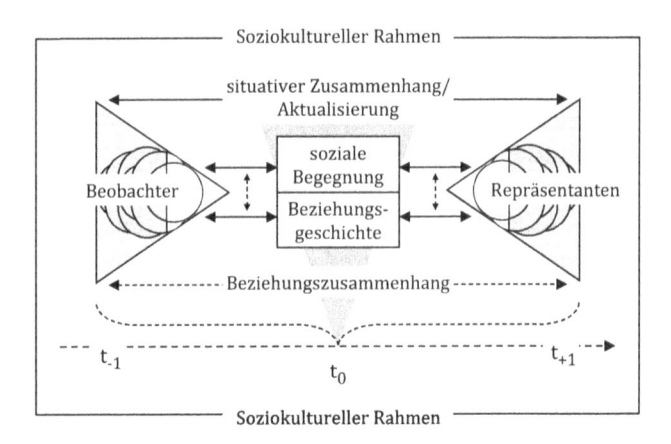

rekonstruiert diesen Ansatz und überführt ihn in einen analytischen Rahmen (Szyszka 2012a, b). Als Kommunikationsmodell arbeitet es mit Beobachtern, die wechselseitig Vorstellungen vom Gegenüber entwickeln und sich aufgrund ihrer Vorstellungen verhalten. Konzepte wie das *Corporate Identity-Modell* (Birkigt und Stadler 1980; vgl. auch Szyszka 1999, S. 144) verweisen dazu auf Beobachtungs- wie strategische Gestaltungsmöglichkeiten, *Corporate Social Responsibility-Konzepte* dagegen auf die Geltungsansprüche, mit denen sich ‚Beziehungspartner' hier begegnen (vgl. Szyszka 2011). In der Wirkungsforschung verweist vor allem der *dynamisch-transaktionale Ansatz* (Früh und Schönbach 1982) auf beziehungsbezogene Einflussfaktoren, die in Kommunikationsprozessen als Informationsvermittlungs- wie Informationsverarbeitungsprozessen (mit-)wirken.

Das Modell sozialer Begegnung geht von zwei gleichberechtigten, in ihrer Position austauschbaren Beziehungspartnern aus, die gleichermaßen Informationsvermittler wie Beobachter/Informationsverarbeiter sind. Da nur Psychen Informationen vermitteln und verarbeiten können, stehen immer Psychen als Repräsentanten stellvertretend für adressierbare soziale Gebilde, sei es eine Organisation wie ein Unternehmen oder eine Quasi-Organisation wie eine Bezugs-/Stakeholder-Gruppe. Gemeinsam ist eine Beziehungsgeschichte, die in Prozessen sozialer Begegnung entstand, aktualisiert und fortgeschrieben wird. Aus der Differenz unterschiedlicher Geltungsansprüche ergeben sich dabei perspektivisch unterschiedliche Beschreibungen des Beziehungszusammenhangs; dieser kann von Dritten als unabhängigen Beobachtern als Beziehungsdefinition beschrieben werden. Unter dem Strich basiert das Modell auf Persönlichkeitsvorstellungen, damit verbundener Wertschätzung und abgeleiteten Verhaltenserwartungen. Sie bilden soziales (Beziehungs-)Kapital. Dieses ist Kredit und nicht Besitz.

Das Modell sozialer Begegnung zeigt, dass Handlung und Verhalten immer Aktualisierung ist, die eine Geschichte erwartungskonform oder nicht-konform fortsetzt. Dabei hantieren beide Seiten mit im Zeitverlauf gewonnenen wechselseitigen Vorstellungen von Authentizität, an die sie implizit Haltungs-, Handlungs- und Verhaltenserwartungen knüpfen; die Erweiterung des dynamisch-transaktionalen Modells spricht hier von „Para-Feedback" (Schönbach und Früh 1984, S. 323). Unterstellte Authentizität ist eine antizipative Struktur, in der (vermeintliches) Wissen um die Identität einer Persönlichkeit, deren Habitus als persönlichkeitstypischen Modus des Umgangs mit Wirklichkeit und entsprechende Wertung/Wertschätzung hinterlegt sind. Authentizitätsvorstellungen und -erwartungen liegen allen Prozessen von Informationsverbreitung wie -verarbeitung, Haltung, Entscheidung, Handlung und Verhalten zugrunde.

3 Soziales Kapital und soziale Wertschöpfung

Soziales Kapital oder Sozialkapital ist als Beziehungskapital *symbolisches Kapital*, das in Prozessen sozialer Begegnung entsteht. Sozialwissenschaftlich unterscheiden lässt sich soziales Kapital als Netzwerkkapital von Beziehungskapital/-kredit (Arnold und Schneider 2008, S. 194 f.). Für Bourdieu (1983) ist soziales Kapital *Netzwerkkapital*, das auf der Zugehörigkeit zu Gruppen und der damit verbundenen wechselseitigen Bekanntheit und Anerkennung basiert; es gibt Sicherheit und verleiht die schon angeführte „Kreditwürdigkeit". Coleman (1995) argumentiert deutlich beziehungsbezogener, verweist auf Vertrauenswürdigkeit, Erwartungen und Verhaltensverpflichtungen, deren Einhaltung sich in „Credit Slips" als Gutschriften niederschlägt, die durch adäquates Verhalten aufgebaut und bewahrt werden können. Für Lin (2001) ist soziales Kapital eine in Beziehungsstrukturen verankerte Ressource und damit *Beziehungskapital*, das bewirtschaftet werden kann (Szyszka 2012a, S. 275 f.).

Im Kontext der Unternehmenskommunikation ist das auf Erfahrung mit Authentizität abgeleitete und darauf beruhende Beziehungskapital einer Organisation bzw. Bezugsgruppe interessant, das auf früheres Verhalten oder Verhaltensversprechen zurückgeht und zu (stillschweigender) Verhaltensverpflichtung führt. Werden Verhaltensverpflichtung erfüllt, führt dies zu sozialem Kredit, der sich im Idealfall in Präferenzverhalten zugunsten dieses Beziehungspartners niederschlägt und ihn anderen gegenüber bevorteilt. Sozialer Kredit bindet sich an die Authentizität eines Unternehmens, was diese zur Beziehungsressource macht, deren symbolischer Wert sich über die Qualität von Wertschätzung in ökonomischer Wertschöpfung niederschlägt.

Authentizität und Umweltintegration stehen in enger Beziehung. Bourdieu hat deutlich gemacht, dass ein Umgang mit Konflikten immer Einsatz und Bindung von Ressourcen bedeutet, was Unternehmen zwingt, Konflikte auf ein bearbeitbares Maß zu begrenzen (Schwingel 2011, S. 79 f.). Unternehmen sind gezwungen, sich im sozialen Feld durch wechselseitige Anpassung ein Milieu zu schaffen, das Konflikte begrenzt. Dieser Gedanke lässt sich auch in der deutschsprachigen Literatur zur Public Relations (PR) bis in die frühe Nachkriegszeit zurückverfolgen, wo Hundhausen (1951) im Anschluss an von Wiese (1924/28) schon früh das Unternehmen-Umwelt-Verhältnis problematisierte. Korte (1955) hat dies wenig später in ein Wirkungsmodell überführt (Szyszka 2013a). Im angelsächsischen Raum sprachen Cutlip & Center (1952) schon damals von einer Managementfunktion zur Entdeckung, zum Aufbau und zur Unterhaltung gemeinsam nützlicher Unternehmen-Umwelt-Beziehungen, die über Erfolg und Misserfolg entscheiden (Storck 2010,

S. 85). Long und Hazleton sprechen in einer heute als anerkannt geltenden PR-Definition von der Funktion, „Organisation an deren Umwelt anzupassen bzw. auf diese Umwelt verändernd oder stabilisierend einzuwirken, um Organisationsziele zu erreichen" (1987, S. 9; Übersetzung des Verfassers); heute würde man von Reputations-Management sprechen (Storck 2010, S. 85).

Bekannte Verfahren von Kommunikations-Controlling und kommunikativer Wertschöpfung streifen soziales Beziehungskapital nur am Rande und sind nicht auf Fragen sozialer Bewirtschaftung ausgerichtet (Pfannenberg und Zerfaß 2005, 2010). Der als anerkannt geltende DPRG/ICV-Bezugsrahmen des Kommunikations-Controllings etwa bildet zwar soziales Kapital in der Wirkungsstufe „indirekter Outcome" ab, die ökonomischem Kapital als „Outflow" vorausgeht, und unterstellt beiden ausdrücklich einen „großen Einfluss auf die Wertschöpfung" (ICV 2010, S. 35; DPRG & ICV 2011, S. 13; Rolke und Zerfaß 2010). Kommunikationsmanagement wird dabei ausdrücklich ein nur „geringer Einfluss" auf Outcome und Outflow attestiert, da es in dem Modell nicht um soziale Ein- oder Auswirkungen von Kommunikation über soziales auf ökonomisches Kapital, sondern um Prozesstransparenz als ökonomisches Kosten/Nutzen-Problem geht. Kommunikation und soziales Kapital werden hier also nicht hinsichtlich ihrer spezifischen Leistungen abgebildet und bewertet. Es geht nicht darum, Kommunikationsprozesse rund um Chancen oder Risiken des sozialen Kapitals eines Unternehmens zu optimieren. Genau hierin müsste aber Ziel des Einsatzes von Ressourcen für Kommunikation liegen: die *Aktivierung von sozialem Kapital* oder *Inanspruchnahme sozialen Kredits* (indirekter Outcome) als Voraussetzung zur Realisierung von Zielen auf der Ebene von Realkapital.

Nun ist auch dieser Sachverhalt weder neu noch überraschend. Der Stakeholder-Ansatz etwa betrachtet Unternehmen als Akteure der Wirtschaft und *Produzenten von Realkapital* (market based view), aber auch als Akteure in Gesellschaft und *Produzenten von Sozialkapital* (resource based view); beide Kapitalformen gelten dort als existenzbedingend. Rentabilität, Liquidität und andere Faktoren sichern wirtschaftliche Existenz, Legitimation und gesellschaftliche Integration dagegen über Akzeptanz die „licence to operate" die soziale Existenz (Karmasin 2007, S. 74). *Akzeptanz* steckt als Sozialkapital unternehmenspolitische Handlungsspielräume ab, ist also mitentscheidend für verfügbare Entscheidungsoptionen.

Die Verfügbarkeit von Sozialkapital beeinflusst die Erwirtschaftbarkeit von Realkapital. In Analogie hierzu findet sich im Marketing die Unterscheidung von *marktökonomischen Faktoren* (ökonomische Kennziffern) und *marktpsychologischen Faktoren* (Image, Reputation, Marke) (Becker 2009, S. 61 ff.). Eine marktpsychologisch getriebene Hinwendung zu Produkten oder Leistungen auf Basis sozialen Kapitals ist auch dort Voraussetzung für den Leistungsabsatz, die Realisierung marktökonomischer Zielsetzungen und damit die Bildung realen Kapitals.

An dieser Stelle kommt Kommunikation ins Spiel. Um den Prozesszusammenhang zwischen Kommunikation, sozialer und realer Wertschöpfung abzubilden, wird hier mit einem *Wirkungsmodell sozialer und ökonomischer Wertschöpfung* gearbeitet (vgl. Abb. 2), das mit Ableitung, Bewirtschaftung und Zurechnung operiert:

Soziales Kommunikations-Controlling

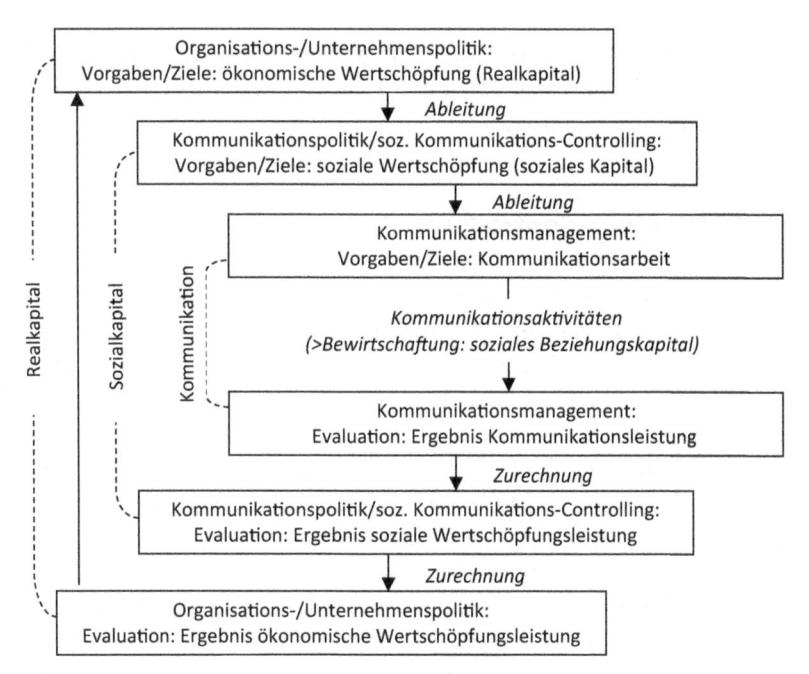

Abb. 2 Wirkungsmodell sozialer und ökonomischer Wertschöpfung

- *Ableitung* (obere Hälfte): Unternehmenspolitik formuliert ökonomische Wertschöpfungsziele, für deren Erreichung ein bestimmtes soziales Kapital als Kredit erforderlich ist. Kommunikations-Controlling analysiert soziales Kapital und leitet entsprechende Zielgrößen für Kommunikationsmanagement.
- *Bewirtschaftung* (Mitte): Kommunikationsmanagement bewirtschaftet soziales Kapital mittels Kommunikationsaktivitäten, kann selbst aber ‚nur' auf den Grad der Erreichung vorgegebener Leistungsziele von Kommunikation hinarbeiten und diese evaluieren, da eine unmittelbare Bilanzierung immer nur auf gleicher Ebene (Kommunikation, Sozialkapital, Realkapital) vorgenommen werden kann.
- *Zurechnung* (untere Hälfte): Einflüsse von Kommunikation auf soziales Kapital (soziale Wertschöpfung) und von sozialem Kapital auf Realkapital (ökonomische Wertschöpfung) sind Zurechnungen. Diese lassen sich als conditio sine qua non oder unter Einbezug weiterer Einflussfaktoren vornehmen; dabei kann nie das gesamte Netzwerk möglicher Einflussfaktoren bilanziert werden.

Bei diesen Zurechnungen geht es um eine qualitative und nicht um eine quantitative Analyse. Das bedeutet, dass die Zurechnung der schlichten Frage folgt, ob und wie Kommunikation auf die Befestigung oder Veränderung sozialen Beziehungskapitals Einfluss genommen hat. Sie operiert dabei mit der Beschreibung von Zusammenhängen und Veränderungen, kann Fragen wie die nach unterstellbaren Ergebnissen mit bzw. ohne kommunikative Vermittlung oder Intervention beantworten. Dabei geht es um einen schlüssigen und für die Arbeit von Kommunikationsmanagement grundlegenden Ausweis von Wirkungszusammenhängen. Hierin liegen Funktion und Mehrwert des im Folgenden skizzierten sozialen Kommunikations-Controlling.

4 Kommunikations-Controlling

Die bisherigen Überlegungen führen zu der Frage, inwieweit es legitim ist, den allgemeinen Controlling-Begriff auf soziales Kommunikations-Controlling anzuwenden. Das Leitbild des Internationalen Controller Vereins (ICV) versteht unter Controlling den „auf die Sicherstellung nachhaltiger Wirtschaftlichkeit ausgerichteten Management-Prozess der betriebswirtschaftlichen Zielfindung, Planung und Steuerung eines Unternehmens" (Friedag und Schmidt 2012, S. 64). Wird anstelle von „Wirtschaftlichkeit" von „sozialem Kapital und sozialem Kredit" gesprochen und „betriebswirtschaftliche Zielfindung" durch „sozialwirtschaftliche Zielfindung" ersetzt, lassen sich alle anderen Merkmale auch auf ein Konzept sozialen Controllings anwenden. Auch soziales Kommunikations-Controlling ist proaktives und zukunftsorientiertes Handeln zur „a) Rationalitätssicherung und Koordination bei der Findung und Festlegung unternehmenspolitischer, strategischer, operativer und finanzieller Ziele, b) Formulierung von Strategien und operativen Plänen in Form von mess- und prüfbaren Zielen, c) ganzheitliche Betrachtung von Chancen und Risiken eines Unternehmens, d) Sicherung der finanziellen Stabilität und Steigerung der Wirtschaftlichkeit eines Unternehmens" (ebd.), nur sind es hier sozialwirtschaftliche Ziele. Auch hier gibt es Kosten/Nutzen-Ziele, die sich allerdings auf den Ebenen kommunikativer Leistung, sozialkapitaler Werte und ökonomischer Mehrwerte bilanziert und zwischen den Ebenen als Ziele abgeleitet bzw. als Ergebnisse zugerechnet werden müssen. Auch rollenbezogen gilt: Soziale Kommunikations-Controller sorgen für Strategie-, Ergebnis-, Finanz-, Prozesstransparenz und tragen zu höherer Wirtschaftlichkeit bei, dies allerdings als sozialwirtschaftliche und „als betriebswirtschaftliche Partner" (ebd.) der Manager.

Wenn Kommunikationsmanagement im Schulterschluss mit Kommunikations-Controlling soziales Kapital bewirtschaften soll, bedarf es – wie am Modell sozialer und ökonomischer Wertschöpfung (vgl. Abb. 2) gezeigt – einer Bezugsgröße oder Bezugsvorstellung, mit der sich persönlichkeitsbezogene Kontinuitätserwartungen verbinden und zur Grundlage beziehungsbezogener Prozesse machen lassen: Diese findet sich in der *Authentizität*. Authentizitätsvorstellungen bilden sich in Prozessen sozialer Begegnung (vgl. Abb. 1) und müssen sich in situativen Ereigniszusammenhängen als neuerlichen Begegnungsprozessen bewähren. Im Grunde greift jede Entscheidung immer dann verändernd in das relative Gleichgewicht dieser und anderer, hiermit verknüpfter Beziehungen ein, wenn diese wahrgenommen, als relevant erachtet und auf Passung/Nicht-Passung zu bestehender Authentizitätsvorstellung überprüft wird.

An dieser Stelle setzen *Funktion und Leistungsauftrag* von sozialem Kommunikations-Controlling an. Soziales Kommunikations-Controlling setzt sich analytisch mit Unternehmen und Bezugsgruppen als Persönlichkeiten, deren Geltungsansprüchen, Sinn- und

Akzeptanzkonzepten auseinander, die in Beziehungszusammenhängen via Authentizität adressiert werden. Dabei geht es um Konglomerat daran geknüpfter Haltungs-, Entscheidungs-, Handlungs- und Verhaltenserwartungen. Soziales Kommunikations-Controlling schafft mithilfe sozialer oder auf soziale Sachverhalte bezogener Kenngrößen Transparenz in Stakeholder-Beziehungen, damit das dort verankerte soziale Kapital durch Kommunikationsmanagement zielgerichtet bewirtschaftet werden kann. *Sozialwirtschaftliche Zielfindung* bedeutet dabei, dass soziales Kapital nicht nur bewirtschaftet wird, sondern dass sich Bewirtschaftung immer gleichzeitig an einem mit Bewirtschaftung angestrebten, nachhaltigen ökonomischen Mehrwert orientiert. Die auf der Ebene sozialen Kapitals formulierten Zielgrößen machen betriebswirtschaftlich adäquat vertretbare Investitionen erforderlich.

> **Soziales Kommunikations-Controlling**
> Unter sozialem Kommunikations-Controlling wird der auf Sicherstellung nachhaltigen sozialen Kapitals und Kredits ausgerichtete Managementprozess der sozialwirtschaftlichen Zielfindung, Planung und Steuerung eines Unternehmens verstanden. Es ist auf den Umgang mit Authentizität und Wertschätzung in Stakeholder-Beziehungen ausgerichtet, um Kreditpotenziale sozialen Kapitals zu ökonomischer Wertschöpfung zu erschließen.

5 Authentizitätsanalyse und soziales Kommunikations-Controlling

Um Authentizität analytisch differenziert aufzuschließen und damit Transparenz in die Qualität sozialer Beziehungen zu bringen, wurde das *Modell sozialen Kommunikations-Controllings* entwickelt (vgl. Abb. 5); sein Wirkungsgedanke leitet sich vom Beziehungsmodell sozialer Begegnung (Abb. 1) ab. Das Modell sozialen Kommunikations-Controllings skizziert einen differenzierten Zugriff zu systematischer Beobachtung, Beschreibung und Analyse von Authentizität. Er setzt bei der Identität von Unternehmenspersonen an, die als Persönlichkeiten die Bezugsgröße bilden. Authentizität ‚kristallisiert' in Authentizitätsprofilen als charakterisierende Kurzbeschreibung einer Unternehmenspersönlichkeit aus. Auf situativer Ebene konfrontiert das Modell die in gerichtetem Vertrauen hinterlegte Authentizität mit einem ausdifferenzierten Set aus Modi der Ereignisbearbeitung. Auf der Schnittstelle zwischen Verhaltenserwartungen und der Zuschreibung von Verantwortlichkeit wird dabei bestehendes soziales Kapital zur Bewährung auf den Prüfstand gestellt. Unabhängig vom Befund wird die Beziehungsgeschichte dabei immer aktualisiert. Das Modell bietet einen analytischen Rahmen, der die zugrunde liegende Komplexität problemadäquat zu reduzieren versucht; es erhebt keinen Anspruch auf Vollständigkeit (Szyszka 2013b).

Authentizität ist in diesem Modell der Mechanismus der Komplexitätsreduktion, der für ganzheitliche Persönlichkeitsvorstellungen eines Beobachters bezüglich einer sozialen Adresse (natürliche Personen oder Organisationspersonen) steht. Als Annahme über Wirklichkeit greifen Authentizitätszuschreibungen auf beobachtbare *Identität* der sozialen Adresse zurück, die Auskunft über *Habitus* im Umgang mit Mission, Vision sowie mit Umwelteinflüssen und *Beziehungserfahrungen* gibt. Authentizität ist eine *Oberflächenstruktur*, die wenige Merkmale und Eigenschaften zu einem als charakteristisch angesehenen Schema und Vorstellungsbild verdichtet. Authentizität ist ein Konstrukt fungierenden Vertrauens (Szyszka im Druck), das bestimmte *Verhaltens-* und damit *Kontinuitätserwartungen* impliziert und bei Irritation problematisiert. Hinter der Oberflächenstruktur verbirgt sich eine komplexe *Tiefenstruktur*, die Auskunft über die bei Identitätsbeobachtungen verarbeiteten Informationen gibt; Identität und Authentizität gilt das Interesse sozialen Kommunikations-Controllings.

5.1 Authentizität: analytischer Rahmen

Authentizitätszuschreibungen entstehen in Beziehungs- oder Beobachtungszusammenhängen und werden von Erwartungen geprägt. Entsprechend kann nicht von *der* Authentizität eines Unternehmen, sondern muss aufgrund unterschiedlicher Zugänge, Geltungsansprüche und relevanter Charakteristika von einer multiplen Authentizität mit eingeschränkter Varianz gesprochen werden, die in einem gemeinsamen Referenzpunkt ankert. Authentizitätsvorstellungen entstehen aufseiten der Beziehungspartner, aber auch durch Thematisierung und Problematisierung bei Dritten als Beobachtern in medien- oder netzöffentlicher Kommunikation. Daher müssen *soziale Authentizität* (vermittelt durch soziale Beziehungen) und *öffentliche Authentizität* (vermittelt in der Medien- oder Netzöffentlichkeit) unterschieden werden. Beide stehen im Zusammenhang. Denn soziale Authentizität kann in öffentlicher Kommunikation reflektiert werden, wodurch sie Bestandteil öffentlich artikulierter Authentizitätsvorstellungen wird. Gleichzeitig kann öffentliche Authentizität auch Orientierungs- und Richtgröße bei der Zuweisung sozialer Authentizität sein.

Der mit Authentizität verbundene *Kredit* besitzt eine Schlüsselfunktion bei der Aktivation sozialen Beziehungskapitals zur Realisation unternehmenspolitischer Ziele: Er entscheidet im Bedarfsfall über Hinwendung/Abwendung, Akzeptanz/Nicht-Akzeptanz und am Ende über wirtschaftlichen Erfolg oder Misserfolg. Soziales Kommunikations-Controlling und Kommunikationsmanagement setzten sich deshalb mit der Tiefenstruktur von Authentizität, den dort verankerten Beobachtungs-, Bearbeitungs- und Bewertungsmodi und den Bezügen zur Identität sozialer Adressen auseinander. Das *Authentizitätsmodell* (vgl. Abb. 3) geht deshalb vom Verhältnis zwischen

- *Identität* als Selbst und Sein einer sozialen Adresse, die auf Habitus und Lebensgeschichte beruht, und
- *Authentizität* als Fremdvorstellungsbild von der Identität dieser anderen sozialen Adresse oder auch Selbstvorstellungsbilder der eigenen sozialen Adresse aus.

Abb. 3 Authentizität sozialer Adressen (Corporate Authenticy)

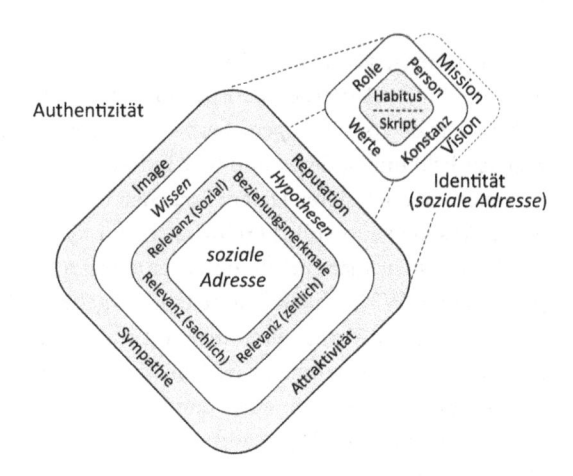

Das Modell erinnert von seiner Darstellung her nicht zufällig an ein altbekanntes Corporate Identity-Modell, welches das Verhältnis zwischen Identität (dort: Selbstbild) und Image (dort: Fremdbild) von Unternehmen abbildet, um strategische Möglichkeiten einer Identitätsvermittlung aufzuzeigen; auch dort ist implizit ein Beziehungsmodell hinterlegt (Szyszka 1999, S. 144). Das skizzierte Modell operiert ähnlich und zeigt den Bezug zwischen vorstellungsbeeinflussendem CI-Modell (Identität) auf der einen Seite und erwartungsgetriebenen Modellen der Corporate Responsibility (Authentizität) auf der anderen Seite, denn in CR-Konzepten geht es letztlich auch um nichts anderes als Erwartungskonformität von Haltung, Entscheidung, Auftreten, Verhalten und Verantwortung von Unternehmen oder anderen Organisationen in sozialen Umfeldern (Szyszka 2011).

Identität ist Referenzpunkt und relationale Ausgangsgröße. Sie lässt sich nicht direkt beobachten, sondern kommt in Haltung, Handlung und Verhalten und darin hinterlegten Entscheidungen zum Ausdruck (Szyszka 1999, S. 144). Das Verhältnis von Identität und Authentizität erinnert an Goffmans Vorderbühne-/Hinterbühne-Modell (1983). Hier wie dort geht es um Authentizität und deren verlässliche Aussagen über Identität (Szyszka 2012b). Von nur auf der Vorderbühne beobachtbarem Verhalten von Unternehmensrepräsentanten wird auf die auf der Hinterbühne für den Beobachter nicht sichtbaren Ziele, Motive und Strategien eines Unternehmens zurückgeschlossen. Dabei geht es um *Konsistenzerwartung*, die sich bei Bewährung in vertrauensbildende Kontinuitätserwartung umwandeln. Im Authentizitätsmodell wird von der Oberflächenstruktur der authentizitätszuweisenden Vorderbühne über deren analytische Ausdifferenzierung auf die Tiefenstruktur der identitätsprägenden Hinterbühne geschlossen.

5.2 Identität: Habitus, Skript und persönlichkeitsbildende Merkmale

Unternehmensidentität ist die gelebte Wirklichkeit eines Unternehmens. Sie spiegelt die Art und Weise des Umgangs mit Wirklichkeit (Habitus) und dokumentiert Lebensgeschichte (Skript). Identität ist Ergebnis der Entwicklungs- und Lebensgeschichte eines

Unternehmens, das Charakteristische einer sozialen Adresse, die sich in ändernden Zeiten herausgebildete Unternehmenspersönlichkeit: Soziale Herkunft, Existenzbedingungen, sich ändernde soziale Lagen, Lern- und Lebenserfahrungen, Rollen und Positionen im sozialen Feld und anderes sind hier Indikatoren, mit deren Hilfe sich Skripte für sich und vergleichend analysieren lassen; Bourdieu hat dies in seinen Arbeiten auf der Ebene natürlicher Personen ausgeführt (Schwingel 2011, S. 63 ff.).

Habitus steht hier für die unternehmenstypische Eigenart, mit der Unternehmensrepräsentanten Wirklichkeit bearbeiten. Sie gehen dabei bei Wahrnehmung, Informationsverarbeitung und Verhalten immer von einem unternehmensspezifischen Habitus aus, auf den sie implizit als bewährtes Schema zurückgreifen oder von dem sie explizit abweichen, um Neues zu versuchen; auch dann schließen sie an das Skript der Unternehmensgeschichte an und schreiben es fort. Habitus beeinflusst drei Arten von Schemata (Schwingel 2011, S. 63 ff.):

- *Wahrnehmungsschemata* strukturieren die Art und Weise der Beobachtung sozialer Wirklichkeit.
- *Denk- oder Analyseschemata* liefern Alltagstheorien und Klassifikationsmuster zur Systematisierung, Bearbeitung, Beurteilung und Bewertung gesellschaftlicher Sachverhalte, kultureller Objekte und Praktiken.
- *Handlungsschemata* greifen auf Gewohnheiten und bewährte Handlungsmuster zurück.

Mit dem Rückgriff auf diese Bearbeitungsschemata von Wirklichkeit folgt Habitus einem bestimmten Schema von Sinnstiftungsdisposition, das auf erwartbares Verhalten schließt, vor allem aber nicht-erwartbares Verhalten ausschließen lässt (Schwingel 2011, S. 72 ff.). Das *Skript* wirkt dabei als Gedächtnis, in dem Entscheidungen hinterlegt sind, die immer an frühere Entscheidungen anschließen und einen Verhaltenskorridor für Folgeentscheidungen vorgeben, selbst wenn bewusst erwartungsabweichende Entscheidungen getroffen werden. *Mission* und *Vision* eines Unternehmens bilden dazu Referenzgrößen, um die sich ein Korridor möglicher Entscheidung öffnet, der nur in Ausnahmefällen verlassen wird. Dies macht Unternehmen bis zu einem gewissen Grad berechenbar. Bourdieu zitierte in diesem Zusammenhang den Universalgelehrten Gottfried Wilhelm Leibniz, der schon vor über 300 Jahren formulierte, dass Menschen in Dreiviertel ihrer Handlungen „Automaten" seien (Bourdieu 1982, S. 740).

Im Modell (Abb. 3) bilden Habitus und Skript einen Kern, den ein Ring persönlichkeitsbildender Merkmale umgibt, die in wechselseitiger Abhängigkeit die Identität eines Unternehmens prägen. Unterschieden werden können:

- *Person* als *soziale Adresse* und *allgemeiner Operationsmodus*, der sich aus Habitus/Skript ableitet, ohne dass eine Kopplung an Rollenerwartungen besteht; er findet sich prinzipiell in allen Rollen wieder.

Abb. 4 Analytischer Rahmen von Authentizität

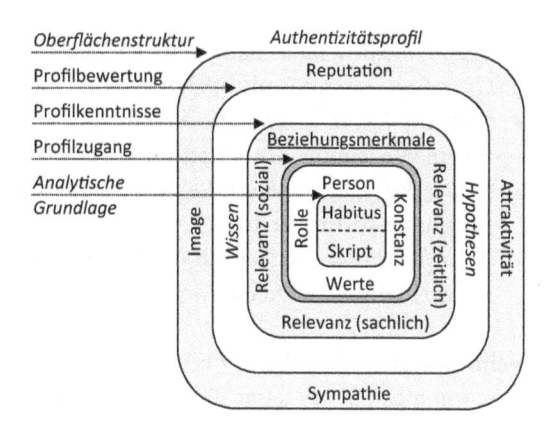

- *Rolle(n)* bzw. *Rollenverhalten* als *rollenbezogene Operationsmodi* des Habitus im Umgang mit Rollenerwartungen in Rollenkontexten (Wahrnehmungs-, Denk- und Verhaltensschemata) einschließlich Rollenkonflikten.
- *Werte* bzw. *Werteschema* als *übergeordnete Bezugs- und Orientierungsebene* gesellschaftlicher oder anderer Werte und Normen, an denen sich Habitus mehr oder weniger konsequent orientiert.
- *Konstanz* als Grad der Verbindlichkeit, Verlässlichkeit, Erwartbarkeit oder Berechenbarkeit von Haltung und Verhalten (verlässlich/veränderlich).

5.3 Authentizität: Merkmale, Bewertung, Perspektive

Identität bildet die Perzeptionsoberfläche einer sozialen Adresse, auf die sich Authentizität als haltungs- und verhaltensleitendes Vorstellungsbild eines Beobachters bezieht. Das Modell lässt sich auch hier am einfachsten von innen nach außen verstehen, während ein analytischer Zugang von der Oberfläche in die Tiefe dringt. Hinter einer rudimentären Oberflächenstruktur (*Authentizitätsprofil*) verbergen sich als Tiefenstruktur die Ebenen von Beobachtung (Profilzugang), Beschreibung (Profilkenntnisse) und Bewertung (Profilbewertung). Sie fassen Faktorengruppen zusammen, deren Faktoren jeweils wechselseitig aufeinander bezogen wirken (vgl. Abb. 4).

Beim inneren Ring des *Profilzugangs* wird davon ausgegangen, dass Authentizitätszuweisungen immer beziehungsbezogen und damit perspektivisch erfolgen. Beziehungsmerkmale spiegeln dabei die ein- oder wechselseitigen Geltungsansprüche der Beziehungspartner, die für den Zugriff des Beobachters auf die Identität und damit dessen Selektionsperspektive verantwortlich sind. Sachliche Relevanz weist ihnen zusätzlich Bedeutung zu. Weiter geht es in klassischer systemtheoretischer Differenzierung um soziale und zeitliche Relevanz der betreffenden Persönlichkeit für den Beobachter. Perspektive und Relevanz entscheiden über Breite, Tiefe und Frequenz von Beobachtung, Auseinandersetzung und Informationsverarbeitung rund um Identität:

- *Beziehungsmerkmale* markieren die Zugangsperspektive und bilden gleichzeitig die Grundlage der mit Authentizität verbundenen Beziehungsdefinition.
- *Sachliche Relevanz* markiert die inhaltliche Dimension der Beziehungsmerkmale, die für eine Bedeutung der betreffenden Persönlichkeit verantwortlich sind.
- *Soziale Relevanz* markiert die Bedeutung, welche die Persönlichkeit als solche für den Beziehungspartner besitzt.
- *Zeitliche Relevanz* schließlich steht für Häufigkeit, Frequenz, Intervalle u. ä., mit denen soziale und/oder sachliche Merkmale Bedeutung erlangen.

Beim mittleren Ring der *Profilkenntnisse* wird zunächst danach gefragt, welche Annahmen von Identität mit tatsächlichem Wissen hinterlegt sind. Da Vorstellungsbilder Fakten zu unterstellten ‚Geschichten' über Wirklichkeit verknüpfen, wird damit gleichzeitig auch nach Hypothesen gefragt, die zu Substitution und Lückenschlüssen herangezogen und mit Wissensbausteinen zu vermeintlich logisch konstruierten Geschichten zusammengefügt wurden. Hier geht es letztlich um Passung/Nicht-Passung von Authentizität im Verhältnis zu Identität. Dabei lässt sich unterstellen, dass das Ausmaß von Bewährung und Kontinuitätserfahrung über die Wahrscheinlichkeit entscheidet, mit der sich Authentizitätsvorstellungen verfestigen und zu Trendaussagen werden.

Der äußere Ring versammelt *Profilbewertungen* zu Persönlichkeitsbeschreibungen. Dabei könnte Reputation als Wertschätzung und impliziter Vergleich mit anderen auch hier eine Schlüsselfunktion zufallen; die lässt das Modell aber offen, da sie für die Modellierung unerheblich ist. An dieser Stelle wird ausdrücklich auf die semantischen Basisaussagen der angeführten Begriffe zurückgegriffen. Als unterschiedliche Typen und Faktoren von Bewertung lassen sie sich zu einer 4-Felder-Matrix zusammenfügen, die auf der x-Achse in kognitive und affektive Informationsverarbeitungs- und Bewertungskonzepte und auf der y-Achse in zwei unterschiedliche Skalenkonzepte der Bewertung unterscheidet:

- *Reputation* als kognitive Wertschätzung einer Persönlichkeit, die entlang einer Skala „niedrig" bis „hoch" erfolgt; Reputation ist dabei immer relative Größe im Vergleich zu Gleichen oder Ähnlichen.
- *Image* als kognitive Bewertung einer Persönlichkeit, die mit einer Skala von „positiv" bis „negativ" arbeitet.
- *Attraktivität* als affektive Wertschätzung im Sinne von Begehrlichkeit, deren Skala sich wiederum als relative Größe zwischen „niedrig" und „hoch" entfaltet.
- *Sympathie* als affektive Bewertung, die – polarisiert – mit „Sympathie/positiv" und „Antipathie/negativ" operiert.

Hieraus resultiert eine rudimentäre, bewertete Beschreibung der Persönlichkeitsvorstellung als Oberfläche von Authentizität, die auf sozialem Umgang und Erfahrung beruht und als soziales Beziehungskapital in sozialen wie öffentlichen Beziehungen hinterlegt ist. Sie nimmt als Kredit immer dann Einfluss auf Verhalten und damit die Möglichkeit einer Umwandlung von Sozialkapital in Realkapital, wie nicht soziale Macht oder andere Entscheidungszwänge sozial einflussreicher wirken und den Einfluss von Authentizität einschränken.

5.4 Soziale Begegnung: Bewährung von Authentizität

Das Modell skizziert einen analytischen Zugang zur Tiefenstruktur von Authentizität und nutzt Identität als Referenzgröße. In Prozessen sozialer Begegnung spielt dagegen ‚nur' Authentizität als Persönlichkeitsvorstellung eine Rolle, mit der Kontinuitätserwartungen verbunden werden. Ein Hantieren mit Authentizität zwingt gleichzeitig zu Vertrauen in die Richtigkeit des Modells und die Bewährung von Kontinuität innerhalb eines Vertrauenskorridors, innerhalb dessen sich eintretende Ereignisse und soziale Begegnung auf den Erwartungskern zurückinterpretieren lassen (Szyszka im Druck).

Vertrauen ist in diesem Zusammenhang immer gerichtetes soziales oder öffentliches Vertrauen, dass die Persönlichkeit einer sozialen Adresse über Authentizität adressiert: In sozialen Beziehungen geht es hier um *soziale Authentizität* und *soziales Vertrauen*, in Medien- und Netzöffentlichkeit um *öffentliche Authentizität* und *öffentliches Vertrauen*. In beiden Fällen steuert Vertrauen soziale Beobachtung: Fungierendes Vertrauen reduziert Komplexität, indem es Beobachtung still stellt; reflektiertes Vertrauen überprüft Vertrauenswürdigkeit im Zusammenhang mit Ereignissen oder Irritationen (Szyszka im Druck). In Prozessen sozialer Begegnung muss sich Authentizität als Verhaltenserwartung bewähren. Wird fungierendes Vertrauen irritiert, bilanziert reflektiertes Vertrauen *Vertrauenswürdigkeit*, hinterfragt und bewertet zentrale Einflussfaktoren und setzt diese mit Authentizitätserwartung und Beziehungsdefinition in Beziehung.

Auch der Prozess sozialer Begegnung lässt sich analytisch ausdifferenzieren. Das Modell in Abb. 5 fokussiert dazu auf sechs unterscheidbare Felder:

- *Soziale Begegnung* als allgemeine Bewertung des Beobachters und seiner Beobachtung rund um ein Ereignis.
- *Verantwortlichkeit* als Attributionsrichtung, die in drei Richtungen weisen kann:
  - Organisationspersönlichkeit, Repräsentantenhandeln oder individuellem Mitgliedshandeln/-verhalten,
  - Situation/Ereignis auf sachlicher, zeitlicher oder sozialer Ebene,
  - äußere Umstände/Einflüsse als funktionale, normative oder zufällige Gründe.
- *Storytelling* als Glaubwürdigkeit/Schlüssigkeit der Geschichte und Richtigkeit/Wahrhaftigkeit (Überprüfbarkeit) zentraler Fakten/Schlüsselmitteilungen.
- *Kontinuität* als Verlässlichkeit der Verhaltenserwartung, Integrität bei Werten und Normen sowie Konsistenz zwischen beiden Ebenen.
- *Argumentationsebene* als Rechtfertigung auf der Ebene von Legalität und/oder Legitimität bzw. Korrespondenz beider Ebenen zueinander.
- *Verhaltensausrichtung* als natürliches, strategisches oder in anderer Weise zu bewertendes Verhalten.

Abb. 5 Modell sozialen Kommunikations-Controllings

Situationsdefinition			
Argumentation/Rechtfertigung		Verhaltensausrichtung	
Legitimität/Legalität		natürlich/strategisch	
Glaubwürdigkeit der Geschichte	Richtung der Attribution	Verlässlichkeit der Person	
Richtigkeit der Fakten	Relevanz des Sachverhalts	Integrität des Verhaltens	

Soziale Begegnung
Beobachtung/Bewertung
Breite/Tiefe, Sache/Form
Symbolik

t_{-1} → *Ereignis* Vertrauenswürdigkeit / Vertrauen / *Authentizitätsprofil* → t_{+1}

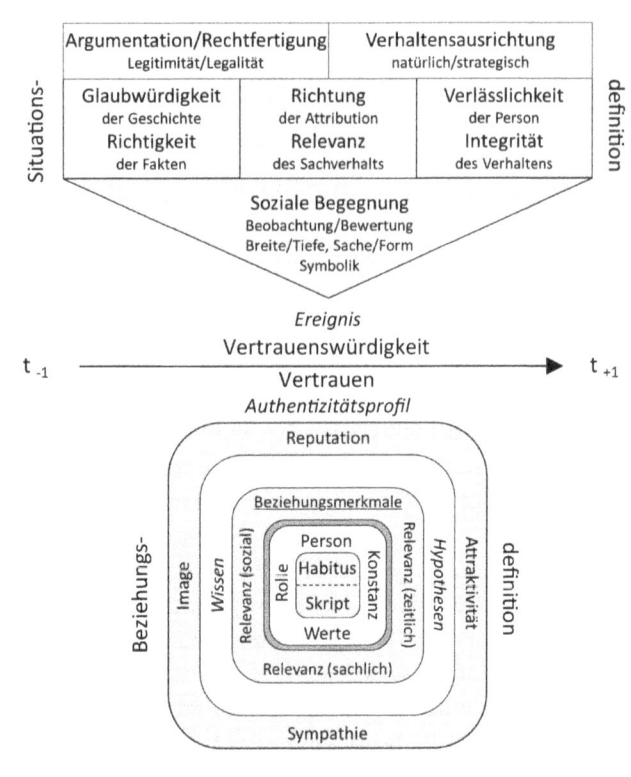

Reputation
Beziehungsmerkmale
Beziehungs- / Image / Wissen / Relevanz (sozial) / Rolle / Person / Habitus / Skript / Werte / Konstanz / Relevanz (zeitlich) / Hypothesen / Attraktivität / definition
Relevanz (sachlich)
Sympathie

6 Ansatzpunkte sozialen Kommunikations-Controllings

Das Feld sozialen Kommunikations-Controllings wird hier in zwei Analysefelder unterschieden: 1) beziehungsbezogenes soziales Kommunikations-Controlling als *Authentizitätsanalyse* von Beziehungsdefinitionen und deren Folgen und 2) situationsbezogenes soziales Kommunikations-Controlling als *Authentizitätsbewährungsanalyse* im Kontext von Situationsdefinitionen. Beides kann jeweils eine Analyse von Ist-Zustand oder eine auf Vergangenheitserfahrung und Ist-Zustand basierende Prognose sein. Im Sinne einer SWOT-Analyse geht es dabei beziehungsbezogen um Risiken oder Potenziale, die auf Stärken und Schwächen beruhen.

Das Modell sozialen Kommunikationscontrollings in Abb. 5 zeigt, dass soziale Begegnung – sei es Authentizitätsanalyse oder Prognose der Bewährung bzw. Bewährungsfähigkeit von Authentizität – immer bei Vertrauen und Vertrauenswürdigkeit von Persönlichkeitsvorstellung ansetzt. Diese kann sich auf Selbstvorstellungen von eigener Authentizität wie auf Authentizitätsvorstellung von Beziehungspartnern beziehen. Sie können allein gestellt oder vergleichend analysiert werden. Zu Transparenz, Beratung und Steuerung geht es dabei um Ist/Soll-Analysen, die auf eigene Beziehungen wie auf eine Beurteilung anderer, z. B. konkurrierender Beziehungen angewandt werden können.

Authentizitätsanalysen setzen bei den vermeintlichen Charakteristika einer Unternehmensperson als Persönlichkeit an. Analytisch geht es dabei zunächst um die Bestimmung der Wahrnehmung von Identität und damit um die Art der Passung zwischen Authentizitätsvorstellung und Identität (vgl. Abb. 3). Verhaltenserwartungen richten sich dabei nicht nur an die Unternehmensperson, sondern werden auch grundsätzlich mit den Rollen in Verbindung gesetzt, die dieses Unternehmen in Markt und Gesellschaft einnimmt. Gleiches gilt für einen Vergleich verhaltensleitender Werte und Normen wie für die Anpassungsfähigkeit oder Gradlinigkeit, mit der Unternehmenspolitik betrieben wird. Auf diese Weise entsteht ein Authentizitätsprofil. Das Authentizitätskonstrukt als solches wird dann im zweiten Schritt auf Profilzugang, Profilkenntnisse sowie auf die innere Konstruktion der Profilbewertung hin analysiert. Bestimmt wird damit die Qualität sozialen Kapitals und Kredits in einer Beziehungsstruktur und dessen Aktivierbarkeit im Sinne unternehmenspolitischer Ziele.

Authentizitätsbewährungsanalysen vergleichen unterschiedliche Authentizitätskonstruktionen, mit denen einem Unternehmen seitens unterschiedlicher Stakeholder begegnet wird. Sie können transparent machen, wie sich konkurrierende Unternehmen selbst sehen und in ihren Stakeholderbeziehungen eingeordnet und bewertet werden. Damit lassen sich vergleichend Stärken und Schwächen und die daraus resultierenden Risiken und Chancen ermitteln. Die sich dabei ergebenden sozialen Kenngrößen ermöglichen eine Abbildung von Veränderungsbedarf und die Formulierung von Zielgrößen. Sie bilden die Grundlage für eine Bewertung sozialer Einflüsse in unternehmenspolitischen Entscheidungsprozessen sowie für die Bewirtschaftung sozialen Kapitals mittels Kommunikationsmanagement und alle Steuerungsprozesse sozialen Kommunikations-Controllings.

Literatur

Arnold, A.-K., & Schneider, B. (2008). Interdisziplinärer Theorientransfer in der Kommunikationswissenschaft am Beispiel des sozialen Kapitals. In C. Winter, A. Hepp, & D. Krotz (Hrsg.), *Theorien der Kommunikations- und Medienwissenschaft. Grundlegende Diskussionen, Forschungstransfer und Theorieentwicklungen* (S. 193–209). Wiesbaden: VS Verlag für Sozialwissenschaften.

Becker, J. (2009). *Marketing-Konzeption. Grundlagen des zielstrategischen und operativen Marketing-Managements* (9. Aufl.). München: Vahlen.

Birkigt, K., & Stadler, M. M. (1980). *Corporate identity. Grundlagen – Funktionen – Fallbeispiele.* Landsberg am Lech: Verlag Moderne Industrie.

Bourdieu, P. (1982). *Die feinen Unterschiede. Kritik der gesellschaftlichen Urteilskraft.* Frankfurt am Main: Suhrkamp.

Bourdieu, P. (1983). Ökonomisches Kapital, kulturelles Kapital, soziales Kapital. In: *Soziale Welt*, Sonderband 2: Soziale Ungleichheit, 183–198.

Buß, E. (2007). Image und Reputation. In M. Piwinger & A. Zerfaß (Hrsg.), *Handbuch Unternehmenskommunikation* (1. Aufl., S. 227–244). Wiesbaden: Gabler.

Coleman, J. S. (1995). *Grundlagen der Sozialtheorie. Bd. 1: Handlung und Handlungssystem.* München: Oldenbourg.

Cutlip, S. M., & Center, A. H. (1952). *Effective Public Relations.* Englewood Cliffs: Prentice-Hall.

DPRG Deutsche Public Relations Gesellschaft, & ICV Internationaler Controller-Verein. (2011). *Positionspapier Kommunikations-Controlling.* Bonn: DPRG/ICV.
Friedag, H., & Schmidt, W. (2012). Controlling in volatilen Zeiten. *Controller Magazin, 37*(2), 64–65.
Früh, W., & Schönbach, K. (1982). Der dynamisch-transaktionale Ansatz. Ein neues Paradigma der Medienwirkung. *Publizistik, 27*(1), 74–88.
Goffmann, E. (1983). *Wir alle spielen Theater. Die Selbstdarstellung im Alltag.* München: Piper. (amerikanisches Original 1959).
Helm, S., Liehr-Gobbers, K., & Storck, C. (2011). *Corporate reputation management.* Heidelberg: Springer.
Hundhausen, C. (1951). *Werbung um öffentliches Vertrauen. Public Relations.* Essen: Girardet.
ICV Internationaler Controller Verein. (2010). *Grundmodell für Kommunikations-Controlling.* Gauting: ICV.
Ingenhoff, D. (2007). Integrated Reputation Management System (IReMS): Ein integriertes Analyseinstrument zur Messung und Steuerung von Werttreibern der Reputation. *PR Magazin, 38*(7), 55–62.
Karmasin, M. (2007). Stakeholder-Management als Grundlage der Unternehmenskommunikation. In M. Piwinger & A. Zerfaß (Hrsg.), *Handbuch der Unternehmenskommunikation* (1. Aufl., S. 71–87). Wiesbaden: Gabler.
Korte, F. H. (1955). *Über den Umgang mit der Öffentlichkeit (Public Relations).* Berlin: Kulturbuch-Verlag.
Lin, N. (2001). *Social capital. A theory of social structures and action.* Cambridge: University Press.
Long, L. W., & Hazleton, V. (1987). Public relations. A theoretical and practical response. *Public Relations Review, 8*(2), 3–13.
Pfannenberg, J., & Zerfaß, A. (Hrsg.). (2005). *Wertschöpfung durch Kommunikation. Wie Unternehmen den Erfolg ihrer Kommunikation steuern und bilanzieren.* Frankfurt am Main: F.A.Z.-Institut.
Pfannenberg, J., & Zerfaß, A. (Hrsg.). (2010). *Wertschöpfung durch Kommunikation. Kommunikations-Controlling in der Unternehmenspraxis.* Frankfurt am Main: Frankfurter Allgemeine Buch.
Rolke, L., & Zerfaß, A. (2010). Wirkungsdimension der Kommunikation. In J. Pfannenberg & A. Zerfaß (Hrsg.), *Wertschöpfung durch Kommunikation. Kommunikations-Controlling in der Unternehmenspraxis* (S. 50–60). Frankfurt am Main: Frankfurter Allgemeine Buch.
Schönbach, K., & Früh. W. (1984). Der dynamisch-transaktionale Ansatz II: Konsequenzen. *Rundfunk und Fernsehen, 32*(4), 314–329.
Schwingel, M. (2011). *Pierre Bourdieu zur Einführung.* Hamburg: Junius.
Storck, C. (2010). Joining up the pillars. *Communication Director, 7*(4), 82–85.
Szyszka, P. (1999). „Öffentliche Beziehungen" als organisationale Öffentlichkeit. Funktionale Rahmenbedingungen von Öffentlichkeitsarbeit. In ders. (Hrsg.), *Öffentlichkeit. Diskurs zu einem Schlüsselbegriff der Organisationskommunikation* (S. 131–146). Opladen: Westdeutscher Verlag.
Szyszka, P. (2011). Unternehmen und soziale Verantwortung. Eine organisational-systemtheoretische Perspektive. In J. Raupp, S. Jarolimek, & F. Schultz (Hrsg.), *Handbuch CSR. Kommunikationswissenschaftliche Grundlagen, disziplinäre Zugänge und methodische Herausforderungen* (S. 128–149). Wiesbaden: VS Verlag für Sozialwissenschaften.
Szyszka, P. (2012a). Authentizität als Beziehungskapital. Eine organisationskommunikative Perspektive. In ders. (Hrsg.), *Alles nur Theater? Authentizität und Inszenierung in der Organisationskommunikation* (S. 255–291). Köln: Herbert von Halem.
Szyszka, P. (2012b). Goffmans Erbe. Authentizität und Inszenierung als Probleme der Organisationskommunikation. In ders. (Hrsg.), *Alles nur Theater? Authentizität und Inszenierung in der Organisationskommunikation* (S. 26–55). Köln: Herbert von Halem.
Szyszka, P. (2013a). Der PR-Theorie-Diskurs. Versuch einer Rekonstruktion. In O. Hoffjann & S. Huck-Sandhu (Hrsg), *UnVergessene Diskurse – 20 Jahre PR- und Organisationskommunikatiosnforschung* (S. 237–282). Wiesbaden: Springer VS.

Szyszka, P. (2013b). Die Lücke der Wertschöpfungsdiskussion. Soziales Kommunikations-Controlling über Authentizität. *PR Magazin, 44*(5), 64–71.

Szyszka, P. (im Druck). Vertrauen und soziales Kapital. Beziehung – Wirkung – Wertschöpfung. In G. Bentele & J. Seiffert (Hrsg.), *Öffentliches Vertrauen in der Mediengesellschaft*. Wiesbaden: Springer VS.

Wiedmann, K.-P. (2012). Das Reptrack-Konzept. Reputationsmessung als Basis erfolgreichen Reputationsmanagements – eine Weiterentwicklung des Reputation Quotient. *PR Magazin, 43*(12), 66–73.

Wiedmann, K.-P., Fombrun, C. J., & van Riel, C. B. M. (2007). Reputationsanalyse mit dem Reputation Quotient. In M. Piwinger & A. Zerfaß (Hrsg.), *Handbuch Unternehmenskommunikation* (1. Aufl., S. 321–338). Wiesbaden: Gabler.

Wiese, L. von (1924/28). *System der allgemeinen Soziologie als Lehre von den sozialen Prozessen und den sozialen Gebilden der Menschen (Beziehungslehre)*. Berlin: Duncker & Humblot.

Integrated Reporting: Weiterentwicklung der klassischen Finanzberichterstattung

Nadja Picard, Nicolette Behncke und Tim Hoffmann

Zusammenfassung

Die Berichterstattung von Unternehmen unterliegt einem zuletzt zunehmend schneller verlaufenden Wandel, der u. a. auf geänderten Informationsbedürfnissen der Stakeholder beruht. Gerade auf Grund der zunehmenden Informationsfülle und der bislang an vielen Stellen unverknüpften Berichte wurde im Jahr 2010 das International Integrated Reporting Council (IIRC) gegründet, dessen Ziel die Entwicklung eines weltweit anwendbaren Rahmenkonzepts zur integrierten Berichterstattung ist. Der folgende Beitrag stellt zunächst die wesentlichen (Pflicht-)Bestandteile der externen Finanzberichterstattung dar, gefolgt von einem kurzen Überblick über freiwillige Nachhaltigkeitsberichte und Angaben zur Corporate Governance. Daran anschließend folgt ein Überblick über die wesentlichen Ziele und Inhalte des IIRC Framework zur integrierten Berichterstattung.

Schlüsselwörter

Integrated Reporting · Integrierte Berichterstattung · Konzernabschluss · IFRS · Lagebericht · Konzern-Lagebericht · Geschäftsbericht · Nachhaltigkeitsbericht ·

N. Picard (✉)
PwC PricewaterhouseCoopers
Moskauer Straße 19, 40227 Düsseldorf, Deutschland
E-Mail: nadja.picard@de.pwc.com

N. Behncke · T. Hoffmann
PwC PricewaterhouseCoopers
Friedrich-Ebert-Anlage 35-37, 60327 Frankfurt am Main, Deutschland
E-Mail: nicolette.behncke@de.pwc.com

T. Hoffmann
E-Mail: t.hoffmann@de.pwc.com

Corporate Governance · Rechnungslegung · Unternehmenskommunikation · Finanzkommunikation

1 Einleitung

Unternehmen wirtschaften in einem Spannungsfeld verschiedenartiger Ansprüche, die ihre Stakeholder an sie stellen. Dabei sind die Interessen der unterschiedlichen Stakeholdergruppen des Unternehmens nicht immer gleichgerichtet. Während Eigenkapitalgeber i.d.R. Informationen über die Rendite auf das eingesetzte Kapital wünschen, sind bspw. Fremdkapitalgeber an Liquidität und Tilgungsfähigkeit, Arbeitnehmer des Unternehmens primär an der Sicherung des Unternehmensbestands bzw. an diesbezüglichen Informationen interessiert. Um diese Informationsbedürfnisse zu befriedigen, veröffentlichen Unternehmen (gesetzlich vorgeschriebene) Jahres- bzw. Konzernabschlüsse. Grundlegendes Prinzip dieser Berichtsinstrumente ist die Periodisierung von Ausgaben. Dabei stellt sich zum einen die Frage, ob Ausgaben in der Vergangenheit zu einem wirtschaftlich greifbaren Wert, der auch in Zukunft verfügbar ist, geführt haben. Anderseits stellt sich die (gerade für die Bewertung von Unternehmen zentrale Frage), welche Zahlungsströme das Unternehmen künftig generieren kann. Im Rahmen der Beurteilung dieser Frage werden „harte Zahlen" zunehmend um weitere, nichtfinanzielle Informationen, bspw. über die Erfolgsfaktoren des Geschäftsmodells des Unternehmens, erweitert, über die Unternehmen bspw. im (Konzern-)Lagebericht zum Jahres- bzw. Konzernabschluss berichten. Maßgebliche Bilanzierungsnormen sind zum einen die bilanzrechtlichen Vorschriften des Handelsgesetzbuchs sowie zum anderen die International Financial Reporting Standards (IFRS) des International Accounting Standards Board (IASB) in London. Darüber hinaus wird in den letzten Jahren zunehmend die Frage gestellt, welchen Einfluss Unternehmen auf die Ökonomie, Ökologie und auf die Gesellschaft, in der sie tätig sind, haben. Um hierüber zu informieren, erstellen viele Unternehmen seit einigen Jahren neben den klassischen Geschäftsberichten einen Nachhaltigkeitsbericht nach den Vorschriften der Global Reporting Initiative (GRI).

Wenngleich die zunehmende Anzahl an Berichten grundsätzlich einen positiven Einfluss auf die Transparenz des unternehmerischen Handelns hat, führt sie auf der anderen Seite zu einer Zunahme der verfügbaren Informationen und damit zu einer Steigerung der Komplexität, die durch zunehmende Detailinformationen innerhalb der einzelnen Berichtsteile (bspw. Angaben im IFRS-Anhang) noch verstärkt wird. Vor diesem Hintergrund wurde im Jahr 2010 das International Integrated Reporting Council gegründet, dessen Ziele eine *Integration* der bis dato unverknüpft nebeneinander stehenden Berichte und eine Reduzierung der berichteten Informationen auf das Wesentliche sind.

Im Folgenden werden wesentliche Elemente der externen Finanzberichterstattung und aktuelle Entwicklungen im Bereich „Integrated Reporting" dargestellt und miteinander verglichen. Die Ausführungen erheben dabei keinen Anspruch auf Vollständigkeit, sondern sollen einen Überblick über den Status quo und aktuelle Entwicklungen im Bereich der externen Rechnungslegung und Unternehmensberichterstattung geben.

2 Externe Finanzberichterstattung

2.1 Handelsrechtlicher Jahresabschluss

Nach § 238 Abs. 1 Satz 1 HGB ist jeder Kaufmann verpflichtet, Bücher zu führen und in diesen seine Handelsgeschäfte und die Lage seines Vermögens nach den Grundsätzen ordnungsmäßiger Buchführung ersichtlich zu machen. Auf der Grundlage der laufenden Buchführung ist jeder Kaufmann nach § 242 Abs. 1 HGB verpflichtet, eine Bilanz und nach § 242 Abs. 2 HGB eine Gewinn- und Verlustrechnung (GuV) aufzustellen. Beide zusammen bilden nach § 242 Abs. 3 HGB den handelsrechtlichen Jahresabschluss. Während die Bilanz das Vermögen (Aktiva) sowie das Eigen- und Fremdkapital (Passiva) des Unternehmens zum Abschlussstichtag enthält, vermittelt die GuV Informationen über Erträge (Vermögensmehrungen) und Aufwendungen (Vermögensminderungen) des vergangenen Geschäftsjahres. Nach dem grundlegenden Prinzip der Pagatorik beruhen oder führen alle bilanzierten Vermögensgegenstände, Schulden, Erträge und Aufwendungen zu *Zahlungen*, d. h. alle in der Bilanz und GuV eines Unternehmens enthaltenen Informationen beruhen auf monetären Transaktionen des Unternehmens (Baetge et al. 2011a, S. 124 f.).

Neben diesen, von allen Kaufleuten aufzustellenden Bestandteilen des Jahresabschlusses sind die gesetzlichen Vertreter einer Kapitalgesellschaft nach § 264 Abs. 1 Satz 1 HGB verpflichtet, den Jahresabschluss um einen Anhang zu erweitern und einen Lagebericht aufzustellen. Die Funktion des Anhangs liegt in der Erläuterung, Ergänzung und Korrektur der durch die Bilanz und GuV vermittelten Informationen. Ferner werden diese Berichtsinstrumente durch Anhangangaben entlastet (Baetge et al. 2011a, S. 691 ff.). Dem Lagebericht kommt hingegen die Aufgabe zu, die Jahresabschlussinformationen zu verdichten und zu ergänzen.[1] Sollte die Kapitalgesellschaft kapitalmarktorientiert sein, ist der Jahresabschluss nach § 264 Abs. 1 Satz 2 HGB ferner um eine Kapitalflussrechnung, die Veränderungen des Bestands liquider Mittel während des vergangenen Geschäftsjahres darstellt, und einen Eigenkapitalspiegel, der die Veränderung der verschiedenen Eigenkapitalbestandteile im Vergleich zum letzten Abschlussstichtag vermittelt, zu erweitern. Zusätzlich darf der Jahresabschluss freiwillig um eine Segmentberichterstattung erweitert werden.

Durch die Buchführungsvorschriften erfüllt der Jahresabschluss zunächst den *Zweck der Dokumentation*. Daneben kommt ihm zum einen eine Rechenschaftsfunktion zu, d. h. der Jahresabschluss soll die „Verwendung anvertrauten Kapitals in dem Sinne [offenlegen], daß dem Informationsberechtigten – das kann auch der Rechenschaftslegende selbst sein – ein so vollständiger, klarer und zutreffender Einblick in die Geschäftstätigkeit gegeben

---

[1] Vgl. ausführlich Abschn. 2.3.

wird, dass dieser sich ein eigenes Urteil über das verwaltete Vermögen und die damit erzielten Erfolge bilden kann" (Leffson 1987, S. 64). Zum anderen erfüllt der Jahresabschluss eine Kapitalerhaltungsfunktion, da nach ihm jener Periodenerfolg ermittelt wird, der bei vollständiger Entnahme das (nominelle) Eigenkapital nicht mindern würde. Darüber hinaus bestehen rechtsformabhängige Vorschriften, die die Entnahme von bestimmten Eigenkapitalbestandteilen verhindern (bspw. darf das Grundkapital einer AG nicht an die Aktionäre ausgeschüttet werden). Zusammenfassend sind die Zwecke des handelsrechtlichen Jahresabschlusses jedoch überwiegend *vergangenheitsorientiert*; eine Prognose der künftigen Entwicklung des Vermögens des Unternehmens ist nicht vorgesehen.

Der Jahresabschluss hat nach § 264 Abs. 2 Satz 1 HGB unter Beachtung der *Grundsätze ordnungsmäßiger Buchführung* (GoB) ein den tatsächlichen Verhältnissen entsprechendes Bild der Vermögens-, Finanz- und Ertragslage der Kapitalgesellschaft zu vermitteln. Auch wenn ein Über- oder Unterordnungsverhältnis zwischen einzelnen GoB nicht festgestellt werden kann (Baetge et al. 2011a, S. 139 f.), wird der handelsrechtliche Jahresabschluss wesentlich durch drei GoB geprägt (Küting et al. 2011, S. 8). Das Imparitätsprinzip (§ 252 Abs. 1 Nr. 4 HS 1 HGB) führt dazu, dass alle am Abschlussstichtag vorherschbaren Risiken und Verluste, die bis zum Abschlussstichtag entstanden sind, berücksichtigt werden. Demgegenüber dürfen Gewinne auf der Basis des Realisationsprinzips erst dann berücksichtigt werden, wenn sie am Abschlussstichtag realisiert sind (§ 252 Abs. 1 Nr. 4 HS 2 HGB; bspw. dürfen Forderungen aus Lieferungen und Leistungen erst dann aktiviert werden, wenn der Anspruch auf die Gegenleistung unwiderruflich entstanden ist, das Unternehmen also auch im Fall eines zufälligen Untergangs des gelieferten Vermögensgegenstands einen Anspruch auf die Gegenleistung besitzt). Diese ungleiche Behandlung von Verlusten und Gewinnen ist Ausfluss des handelsrechtlichen Vorsichtsprinzips (§ 252 Abs. 1 Nr. 4 HGB) (Baetge et al. 2011a, S. 128 ff.).

Während diese vorsichtige Bilanzierung den Fortbestand des Unternehmens durch eine Einschränkung der Möglichkeiten der Gesellschafter, dem Unternehmen Kapital durch Entnahmen zu entziehen, fördert und dadurch die Gläubiger des Unternehmens schützt, schränkt es im Gegenzug die Möglichkeiten von Investoren, die wirtschaftliche Lage des Unternehmens ungefärbt beurteilen zu können, ein. Um dieses Dilemma zu vermindern, wurden diverse Veränderungen des handelsrechtlichen Jahresabschlusses durch das Bilanzrechtsmodernisierungsgesetz im Jahr 2009 vorgenommen. Beispielsweise dürfen selbst erstellte immaterielle Vermögensgegenstände des Anlagevermögens nach § 248 Abs. 2 Satz 1 HGB nunmehr aktiviert werden, wenngleich viele Unternehmen dieses Wahlrecht nicht wahrnehmen. Da eine Aktivierung selbst geschaffener und materiell nicht greifbarer Rechte und sonstigen wirtschaftlichen Werte gegen den Objektivierungs- und Vorsichtsgedanken der handelsrechtlichen Bilanzierungsvorschriften verstößt, wurde zeitgleich eine Ausschüttungssperre implementiert (§ 268 Abs. 8 HGB), nach der u. a. Beträge in Höhe der aktivierten selbst erstellten immateriellen Vermögensgegenstände des Anlagevermögens dem Unternehmen nicht entnommen werden dürfen.

Abschließend kann festgestellt werden, dass der Rechenschaftszweck des Jahresabschlusses die Vermittlung von Informationen über die wirtschaftliche Lage des Unternehmens und damit die Kommunikation mit diversen Stakeholdergruppen unterstützt. Ebenso wichtig ist jedoch die durch bestimmte GoB umgesetzte Ausschüttungsbemessung- und Kapitalerhaltungsfunktion, die zu einer vorsichtigeren Kapitalentnahme aus dem Unternehmen führt und dabei die Vermittlung von Informationen über die wirtschaftliche Lage des Unternehmens einschränkt.

2.2 IFRS-Konzernabschluss

Im Gegensatz zum handelsrechtlichen Jahresabschluss, der sich auf das einzelne Unternehmen bezieht, werden Konzernabschlüsse für Unternehmensgruppen erstellt, in denen die einzelnen Unternehmen zwar rechtlich voneinander unabhängig, wirtschaftlich betrachtet jedoch voneinander abhängig sind (Baetge et al. 2011b, S. 1). Durch den Konzernabschluss soll der Unternehmensverbund so abgebildet werden, als wäre dieser ein einziges Unternehmen (IAS 27.4). Beherrscht ein Mutterunternehmen mindestens ein Tochterunternehmen, so ist es nach § 290 Abs. 1 Satz 1 HGB zur Aufstellung eines Konzernabschlusses grundsätzlich nach den Vorschriften des Handelsgesetzbuchs verpflichtet. Kapitalmarktorientierte Mutterunternehmen sind indes nach § 315a HGB verpflichtet, ihren Konzernabschluss nach International Financial Reporting Standards (IFRS) aufzustellen.

Das *Ziel* eines IFRS-Konzernabschlusses ist es nach CF.OB2, die Adressaten zu informieren und bei ihren Entscheidungen zu unterstützen. Hierfür sind *Informationen* über die Vermögens-, Finanz- und Ertragslage und die Cashflows eines Unternehmens bereitzustellen, die für ein breites Spektrum von Adressaten nützlich sind, um wirtschaftliche Entscheidungen zu treffen (IAS 1.9). Als primäre Adressatengruppe werden durch den IFRS-Konzernabschluss somit Investoren angesprochen (Küting et al. 2011, S. 11), wobei Kapitalmarktteilnehmer im Vordergrund stehen (Althoff 2012, S. 31). Die durch den IFRS-Konzernabschluss vermittelten Informationen erstrecken sich im Wesentlichen auf die wirtschaftlichen Auswirkungen vergangener Ereignisse (Baetge et al. 2011b, S. 81); jedoch sollen die Informationen aktuelle und potenzielle Investoren in die Lage versetzen, die künftige Entwicklung des Unternehmens zu prognostizieren. Zwar zeigt der IFRS-Abschluss den Unternehmenswert nicht, er unterstützt jedoch eine schnellere Ableitung des Wertes aus dem bilanzierten Vermögen des Unternehmens (Küting et al. 2011, S. 13). Das mit dem IFRS-Abschluss verfolgte Ziel der Vermittlung von Informationen über die künftige Unternehmensentwicklung unterscheidet sich somit wesentlich von der retrospektiv ausgerichteten Rechenschaftsfunktion des handelsrechtlichen Jahresabschlusses (Küting et al. 2011, S. 12). Eine Kapitalerhaltungsfunktion erfüllt der IFRS-Abschluss generell nicht.[2]

---

[2] Der Vollständigkeit halber sei erwähnt, dass auch der handelsrechtliche Konzernabschluss keine Ausschüttungsbemessungsfunktion besitzt. Diese obliegt lediglich den Jahresabschlüssen der einzelnen, in den Konzernabschluss einbezogenen Unternehmen.

Der IFRS-Konzernabschluss umfasst nach IAS 1.10 neben der Bilanz eine Gesamtergebnisrechnung, in der die erfolgswirksame und erfolgsneutrale Veränderung des Konzernvermögens im abgelaufenen Geschäftsjahr dargestellt wird. Ferner sind eine Eigenkapitalveränderungsrechnung, eine Kapitalflussrechnung und ein Anhang (inkl. einer Segmentberichterstattung) zu erstellen (Küting und Weber 2012, S. 633). Ebenfalls ist das Mutterunternehmen nach § 315a Abs. 1 HGB zur Aufstellung eines Konzernlageberichts nach § 315 HGB verpflichtet. Der Konzernabschluss nach IFRS unterscheidet sich in Bezug auf die Art der zu erstellenden und zu veröffentlichenden *Pflichtbestandteile* somit nicht wesentlich von einem handelsrechtlichen Jahresabschluss eines kapitalmarktorientierten Unternehmens nach HGB, das nicht zur Aufstellung eines Konzernabschlusses verpflichtet ist.

Die Zweckunterschiede zwischen den Rechnungslegungssystemen führen jedoch vor allem im Bereich der *Bewertungsvorschriften* zu wesentlichen Unterschieden. Kern der IFRS ist die Bewertung zum Fair Value, durch den eine marktorientierte Bewertung unmittelbar Eingang in die Bilanz findet (Küting et al. 2011, S. 100). Unter Fair Value wird der Betrag verstanden, für den ein Vermögenswert zwischen sachverständigen, vertragswilligen und voneinander unabhängigen Geschäftspartnern getauscht würde bzw. zu dem eine Schuld beglichen werden könnte (vgl. bspw. IAS 16.6). Zur Bestimmung des Fair Values wird prinzipiell eine *dreistufige Hierarchie* verwendet. Auf der ersten Stufe werden auf aktiven Märkten notierte Preise, bspw. für die Bewertung von Aktien einer börsennotierten AG, verwendet (mark to market). Die zweite Stufe wird verwendet, wenn für die zu bewertende Position kein Marktwert vorliegt, jedoch von ihren wertbildenden Eigenschaften her vergleichbare Objekte herangezogen werden können. Auf der dritten Stufe der Fair Value-Hierarchie stehen mathematische Bewertungsmodelle (Coenberg et al. 2012, S. 113). Grundsätzlich soll durch die marktorientierte Bewertung die Entscheidungsnützlichkeit der Rechnungslegung steigen. Gerade auf der untersten Bewertungsstufe bestehen für das bilanzierende Unternehmen jedoch Ermessensspielräume bei der Wahl der Bewertungsparameter, die zu einer Entobjektivierung der Rechnungslegung führen (Küting et al. 2011, S. 104). Zur Frage, ob Fair Values tatsächlich die Entscheidungsnützlichkeit der Rechnungslegung fördern, existieren unterschiedliche Auffassungen, die seit Jahren zu kontroversen Diskussionen führen. Gerade auf der untersten Stufe stellt sich dabei die Frage, ob verglichen mit der handelsrechtlichen Rechnungslegung weniger objektive Werte die Entscheidungsnützlichkeit der veröffentlichten Informationen tatsächlich erhöhen.

Wenngleich der IFRS-Konzernabschluss auf Grund der Anwendung anderer Methoden von seinem Ziel her für die Kommunikation des Unternehmens mit Investoren zunächst geeigneter erscheinen mag als der handelsrechtliche (Jahres-)Abschluss, so basiert er dennoch, ebenso wie der handelsrechtliche Jahresabschluss, auf Zahlungsströmen, die durch die Abgrenzung in der Bilanz periodisiert werden. Weitergehende (qualitative) Erläuterungen zur wirtschaftlichen Lage und erwarteten künftigen Entwicklung sieht der IFRS-Konzernabschluss nicht vor.

2.3 (Konzern-) Lagebericht

Der (Konzern-) Lagebericht, den mittelgroße oder große Kapitalgesellschaften und haftungsbeschränkte Personenhandelsgesellschaften i.S.d. § 264a HGB erstellen müssen, ist ein eigenständiges Rechnungslegungsinstrument neben dem Jahres- bzw. Konzernabschluss. Ziel des (Konzern-)Lageberichts ist es, „Rechenschaft über die Verwendung der anvertrauten Ressourcen im Berichtszeitraum zu legen sowie Informationen zur Verfügung zu stellen, die es dem verständigen Adressaten ermöglichen, sich ein zutreffendes Bild vom Geschäftsverlauf, von der Lage und von der voraussichtlichen Entwicklung des Konzerns sowie von den mit dieser Entwicklung einhergehenden Chancen und Risiken zu machen" (Deutscher Rechnungslegungs Standard 20.3). Dem (Konzern-)Lagebericht kommen somit eine Verdichtungsfunktion sowie eine Ergänzungsfunktion in zeitlicher und sachlicher Hinsicht zu (Baetge et al. 2011a, S. 726). Konkretisiert werden die gesetzlichen Vorschriften zum Konzernlagebericht nach § 315 HGB durch den vom Deutschen Rechnungslegungs Standards Committe herausgegebenen Deutscher Rechnungslegungs Standard (im Folgenden DRS) 20, der im Rahmen der Erstellung des Konzernlageberichts verpflichtend anzuwenden ist (da das DRSC nach § 342 Abs. 2 HGB lediglich Grundsätze ordnungsmäßiger Buchführung für die Konzernrechnungslegung entwickeln darf, wird die Anwendung von DRS 20 auf den Lagebericht lediglich empfohlen).

Zunächst sollen im (Konzern-)Lagebericht die *Grundlagen des Konzerns* (bzw. Unternehmens) dargestellt werden. Soweit für das Verständnis der Ausführungen im (Konzern-) Lagebericht erforderlich, ist dabei auf die organisatorische Struktur des Konzerns, Segmente, Standorte, Produkte und Dienstleistungen, Geschäftsprozesse, Absatzmärkte sowie externe Einflussfaktoren für das Geschäft einzugehen (DRS 20.37). Freiwillig, da nicht in §§ 289 bzw. 315 HGB gefordert, können in diesem Teil des (Konzern-)Lageberichts Informationen über die strategischen Ziele und die zu ihrer Erreichung verfolgten Strategien berichtet werden (DRS 20.39). Ebenfalls sind die Forschungs- und Entwicklungsaktivitäten, die der Konzern für eigene Zwecke durchführt, darzustellen (vgl. DRS 20.48).

Im *Wirtschaftsbericht* ist der Geschäftsverlauf und die Lage (d. h. die Vermögens-, Finanz- und Ertragslage) des Konzerns nach § 315 Abs. 1 Satz 1 HGB darzustellen, zu analysieren und zu beurteilen (DRS 20.53). In die Ausführungen zum Geschäftsverlauf und zur Lage des Unternehmens sind die bedeutsamsten finanziellen und, soweit für das Verständnis der Lage und des Geschäftsverlaufs von Bedeutung, nichtfinanziellen Leistungsindikatoren einzubeziehen (dabei sei angemerkt, dass die Qualität der Daten zur Ermittlung nichtfinanzieller Leistungsindikatoren in den letzten Jahren stetig gestiegen ist). Von Bedeutung sind diese Informationen dann, wenn sie für die Adressaten des Lageberichts entscheidungsrelevant sind, d. h. erforderlich sind, um den Geschäftsverlauf und die Lage des Unternehmens bzw. Konzerns beurteilen zu können. Wenngleich gerade im Bereich der nichtfinanziellen Leistungsindikatoren diverse Interaktionen des Unternehmens mit seinem externen Umfeld dargestellt werden, stehen die Rückwirkungen auf das Unternehmen im Fokus der Berichterstattung. Gerade zwischen dem Wirtschaftsbericht und dem Jahres- bzw. Konzernabschluss besteht eine enge Verbindung, da die quantitativen und qualitativen Erläuterungen im Wirtschaftsbericht die im Jahres- bzw. Konzernabschluss enthaltenen, finanziellen Ergebnisse des Unternehmens erläutern bzw. verdichten.

Des Weiteren ist im *Prognose-, Chancen und Risikobericht* die voraussichtliche Entwicklung des Konzerns mit ihren wesentlichen Chancen und Risiken zu beurteilen und zu erläutern. Die Prognosen der Geschäftsleitung zum Geschäftsverlauf und zur Lage des Konzerns sind zu beurteilen, zu erläutern und zu einer Gesamtaussage zu verdichten (DRS 20.118). Prognosen sind ferner zu den bedeutsamsten finanziellen und nichtfinanziellen Leistungsindikatoren abzugeben, die im Wirtschaftsbericht enthalten sind (DRS 20.126). Die Prognosen müssen Aussagen zur erwarteten Veränderung der prognostizierten Leistungsindikatoren gegenüber dem entsprechenden Istwert des Berichtsjahres enthalten und die Richtung und Intensität der Veränderung verdeutlichen (DRS 20.128). Als Prognosezeitraum ist mindestens ein Jahr, gerechnet vom letzten (Konzern-)Abschlussstichtag, zu Grunde zu legen (DRS 20.127). Die Risikoberichterstattung hingegen beinhaltet Angaben zum Risikomanagementsystem des Konzerns, zu den einzelnen Risiken sowie eine zusammenfassende Darstellung der Risikolage am Abschlussstichtag (DRS 20.135). Risiken und Chancen sind immer dann zu berichten, wenn sie die Entscheidungen bzw. Einschätzung des Unternehmens durch die Adressaten des Lageberichts beeinflussen können (DRS 20.146, .165). Der Prognosebericht dient somit primär der zeitlichen Ergänzung des Jahres- bzw. Konzernabschlusses, der zwar die Veränderung des Vermögens des Unternehmens während des vergangenen Geschäftsjahres und das Vermögen am Abschlussstichtag verdeutlicht, jedoch keine expliziten Aussagen zur erwarteten Veränderung des (finanziellen) Unternehmensvermögens in der Zukunft enthält. Der Chancen- und Risikobericht ergänzt den Jahres- bzw. Konzernabschluss sachlich sowie zeitlich, da sich aus den bilanzierten Werten und den Erläuterungen im Anhang (bestandsgefährdende) Risiken nicht ohne weiteres erkennen lassen.

Zusammenfassend dient der Lagebericht der Kommunikation des Unternehmens, indem die durch den Jahres- bzw. Konzernabschluss veröffentlichten Informationen über die wirtschaftliche Lage des Unternehmens in einen Zusammenhang gesetzt werden und weitere Informationen über die erwartete künftige Entwicklung des Unternehmens zur Verfügung gestellt werden.

3 Nachhaltigkeitsbericht und Angaben zur Corporate Governance

Neben den gesetzlich verpflichtenden Informationsinstrumenten haben immer mehr Unternehmen in den vergangenen Jahren zusätzliche Berichte auf freiwilliger Basis veröffentlicht, die teilweise mit dem (Konzern-)Abschluss und dem (Konzern-)Lagebericht in einem Geschäftsbericht zusammengefasst, teilweise jedoch auch eigenständig veröffentlicht werden.

Zunächst betrifft dies den *Nachhaltigkeitsbericht,* der von vielen Unternehmen auf Grund der gestiegenen Informationsbedürfnisse ihrer Stakeholder und der zugenommenen Macht diverser Stakeholder-Gruppen, Informationen zu fordern, veröffentlicht wird.

Als Auslöser für die veränderten Informationsbedürfnisse der Stakeholder wird in Bezug auf den Nachhaltigkeitsbericht die seit den 70er Jahren zunehmende Diskussion über eine nachhaltige Entwicklung der Gesellschaft auf gesellschaftlicher Ebene gesehen (Hoffmann 2011, S. 6 f.). Nachhaltig ist eine Entwicklung (auf gesellschaftlicher Ebene) dann, wenn heutige Generationen ihre Bedürfnisse befriedigen, ohne künftigen Generationen die Möglichkeiten zur Bedürfnisbefriedigung einzuschränken (Weltkommission für Umwelt und Entwicklung 1987, S. 9). In der überwiegenden Zahl der Fälle orientieren sich Unternehmen zur Erstellung des Nachhaltigkeitsberichts an dem Berichtsrahmen der Global Reporting Initiative (GRI), der derzeit in der Version 4.0 veröffentlich ist. Primäres Ziel des GRI-Nachhaltigkeitsberichts ist es, die Auswirkungen des Unternehmens auf die nachhaltige Entwicklung der Gesellschaft darzustellen. Erst in einem zweiten Schritt sind die Rückwirkungen, die eine nachhaltige bzw. nicht nachhaltige Entwicklung der Gesellschaft auf das Unternehmen hat, in den Nachhaltigkeitsbericht einzubeziehen (Hoffmann 2011, S. 78 f.). Die Informationen, die im Nachhaltigkeitsbericht vermittelt werden, unterscheiden sich auf Grund dieser Stakeholderorientierung teilweise deutlich von den im Lagebericht vermittelten Informationen, die sich primär auf die Lage des Unternehmens und seinen Geschäftsverlauf beziehen.

Insbesondere börsennotierte Aktiengesellschaften müssen seit Inkrafttreten des BilmoG nach § 289a HGB eine Erklärung zur Unternehmensführung in ihren Lagebericht aufnehmen oder auf eine entsprechende Internetseite mit den geforderten Angaben verweisen. Die Angaben umfassen die Entsprechenserklärung gemäß § 161 AktG, relevante Angaben zu Unternehmensführungspraktiken, die über die gesetzlichen Anforderungen hinaus angewandt werden sowie eine Beschreibung der Zusammensetzung und Arbeitsweise von Vorstand und Aufsichtsrat bzw. deren Ausschüssen.

Eine Vielzahl von Konzernen veröffentlicht einen (i.d. R in den Geschäftsbericht integrierten) Corporate Governance-Bericht, der sowohl die Erklärung zur Unternehmensführung enthält als auch den Empfehlungen des Deutschen Corporate Governance Kodex gerecht wird. Darüber hinaus wird üblicherweise der Bericht des Aufsichtsrats an die Hauptversammlung gemäß § 171 AktG auch freiwillig im Geschäftsbericht abgebildet, um die Angaben zur Corporate Governance, bezogen auf das abgelaufene Geschäftsjahr, zu komplettieren.

4 Übergang zur integrierten Berichterstattung

4.1 International Integrated Reporting Council und Definition von Integrated Reporting

Zwar fördern die bislang dargestellten Berichtsinstrumente einerseits die Transparenz in Bezug auf die wirtschaftliche Lage des Unternehmens oder verdeutlichen Auswirkungen seiner Handlungen auf seine Stakeholder, so dass die Zunahme von veröffentlichten Informationen grundsätzlich zu begrüßen ist. Andererseits führt die stetige Zunahme an unverknüpft nebeneinander stehenden (Detail-)Informationen („Informationssilos") zu immer umfangreicheren Berichten und einer Steigerung der Komplexität, ohne dass der überwiegende Teil des Unternehmenswerts durch die bilanzierten Vermögenswerte erklärt wird. Vor diesem Hintergrund wurde im Jahr 2010 das International Integrated Reporting Council (IIRC) mit dem Ziel gegründet, die Integration bzw. Verzahnung der unterschiedlichen Berichte zu fördern und die Unternehmensberichterstattung auf wesentliche Informationen zu fokussieren (Haller und Zellner 2011, S. 523). Gründungsmitglieder des IIRC sind neben den weltweit wesentlichen Standardsettern im Bereich der externen Finanzberichterstattung (IASB und FASB) auch die Global Reporting Initiative sowie eine Vielzahl von namhaften, multinationalen Unternehmen und Investorenvertretern.

Ein erster Schritt in Richtung eines international anwendbaren Rahmenkonzepts zum Integrated Reporting wurde im September 2011 mit der Veröffentlichung eines Diskussionspapiers (IIRC DP) zum Integrated Reporting abgeschlossen (IIRC 2011). Unter Berücksichtigung der über 200 Stellungnahmen zum IIRC DP (IIRC 2012a) wurde im November 2012 ein Prototyp des künftigen Framework veröffentlicht (IIRC 2012b). Als letzten Schritt vor der Veröffentlichung des finalen Framework (voraussichtlich im Dezember 2013) hat das IIRC ferner im April 2013 den sog. Consultation Draft veröffentlicht (IIRC 2013) und der interessierten Öffentlichkeit bis zum 15. Juli 2015 die Möglichkeit gegeben, zu diesem Stellung zu nehmen.

Der Begriff Integrated Reporting umfasst zum einen die (unternehmensexterne) Berichterstattung, zum anderen jedoch auch die (unternehmensinterne) Prozessebene, da als Grundlage für eine integrierte Berichterstattung eine ganzheitliche Unternehmensführung Voraussetzung ist (Behncke und Hoffmann 2012, S. 411). Ein integrierter Bericht soll zum einen den ökonomischen, ökologischen und sozialen/gesellschaftlichen Kontext widerspiegeln, in dem sich ein Unternehmen bewegt. Zum anderen soll vermittelt werden, wie ein Unternehmen künftig Wert schafft (IIRC 2013, S. 6). Dieses Ziel soll erreicht werden, indem Informationen über die Strategie des Unternehmens, die Corporate Governance, die Leistung[3] und weitere Informationen miteinander verknüpft werden, so dass Wechselwirkungen zwischen den unterschiedlichen Teilbereichen sowie zwischen finanziellen und nichtfinanziellen Leistungsindikatoren aufgezeigt werden können (IIRC 2013, S. 9). Während der Begriff „Wert" im IIRC DP noch nicht weiter definiert wurde, stellt das IIRC im Prototype Framework sowie im Consultation Draft klar, dass das Unternehmen zwar einen Einfluss auf die unterschiedlichen Kapitalien (bspw. Natural- oder Humankapital) haben kann. Im Ergebnis ist jedoch vor allem maßgeblich, ob dadurch die künftigen Cash Flows des Unternehmens beeinflusst werden (IIRC 2012b, S. 17 f.; IIRC 2013, S. 16 f.). Vor diesem Hintergrund soll ein integrierter Bericht nicht ausschließlich den Einfluss des Unternehmens auf das finanzielle Kapital darstellen, sondern bspw. auch Informationen über Intellektual-, Natur- oder Sozialkapital enthalten (IIRC 2013, S. 16 f.; Beyhs und Barth 2011, S. 2859) und die Beziehungen dieser Kapitalien untereinander darstellen. Grundsätzlich geht das IIRC davon aus, dass die wesentlichen Informationsbedürfnisse der Stakeholder

---

[3] Vgl. hierzu auch Abschn. 4.2.

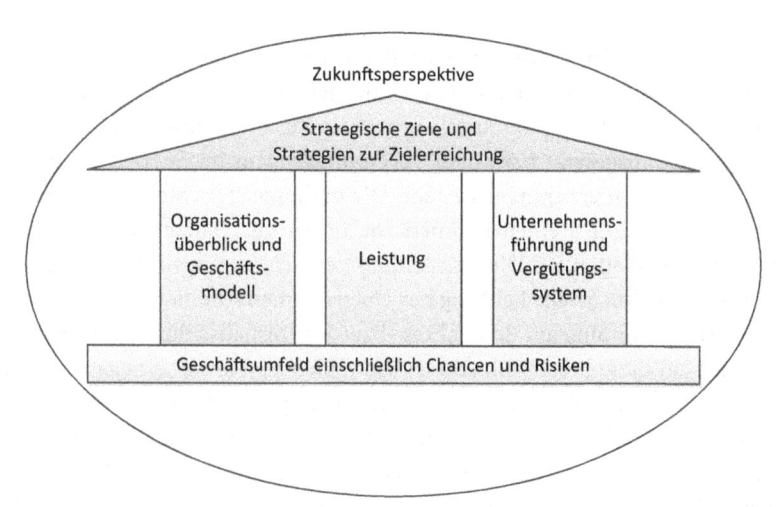

Abb. 1 Bestandteile eines integrierten Berichts

eines Unternehmens befriedigt werden können, wenn sich die das Unternehmen im Rahmen seiner Kommunikation an den Informationsbedürfnissen von langfristig orientierten Investoren ausrichtet (IIRC 2013, S. 8).

4.2 IIRC-Framework zur integrierten Berichterstattung

Der Kern des IIRC-Framework zur integrierten Berichterstattung besteht zum einen aus Leitlinien und Prinzipien zur Berichterstattung, zum anderen aus einer Darstellung von fünf Berichtsteilen, aus denen ein integrierter Bericht bestehen soll und die in Abb. 1 dargestellt werden:

Als „Fundament" für die Berichterstattung soll ein integrierter Bericht zunächst einen Überblick über das Unternehmen und sein externes Umfeld vermitteln (IIRC 2013, S. 24 f.). Dabei sollen u. a. die wesentlichen Tätigkeitsbereiche, Märkte und Produkte des Unternehmens sowie wesentliche quantitative Kennzahlen dargestellt werden. Ferner ist auf wesentliche externe Rahmenbedingungen, die einen Einfluss auf die Geschäftstätigkeit des Unternehmens haben, einzugehen (bspw. auf globale Megatrends oder makroökonomische Rahmenbedingungen). Aufbauend auf dem Organisationsüberblick sollen in einem integrierten Bericht die Chancen und Risiken, die sich in Bezug auf die Fähigkeit des Unternehmens ergeben, künftig Wert zu schaffen, beschrieben werden (IIRC 2013, S. 26). Unter Berücksichtigung des Berichtsprinzips der Informationsverbindung ist in diesem Zusammenhang darzustellen, wie (regulatorische) Rahmenbedingungen das Geschäftsmodell des Unternehmens beeinflussen und welche Risiken und Chancen das Unternehmen in künftigen Veränderungen des Geschäftsumfelds sieht. In einem weiteren Berichtsteil sind die strategischen Ziele des Unternehmens und Strategien zur Zielerreichung darzustellen (IIRC 2013, S. 26). Dabei ist auch darzustellen, mit welchen Mitteln das Unternehmen die Zielerreichung misst. Ebenso ist auf die Corporate Governance des Unternehmens und die Vergütungssysteme einzugehen (IIRC 2013, S. 25). Insbesondere ist in diesem Zusammenhang darzustellen, welche Zusammenhänge zwischen der Corporate Governance insgesamt bzw. dem Vergütungssystem im Speziellen und den strategischen Zielen des Unternehmens besteht. Die in diesen Berichtsteilen vermittelten Informationen geben letztlich einen Rahmen vor, in den die Darstellung der Leistung des Unternehmens einzubetten ist. Die Darstellung der Leistung des Unternehmens bezieht sich zunächst auf die finanzielle Leistung des Unternehmens (in diesem Bereich basiert die integrierte Berichterstattung auf dem Jahres- bzw. Konzernabschluss des Unternehmens), ist jedoch nicht auf diese beschränkt. So ist bspw. über positive und negative Auswirkungen des Unternehmens auf Ressourcen und Beziehungen, von denen das Unternehmen abhängig ist, zu berichten. Insgesamt soll in diesem Berichtsteil dargestellt werden, wie das Unternehmen jetzt und künftig Wert schafft (IIRC 2013, S. 28). Durch das Prinzip der Strategieorientierung sollen die gegebenen Informationen in Bezug zur Strategie des Unternehmens gesetzt werden (IIRC 2013, S. 26).

In allen fünf Berichtsteilen soll ein Ausblick auf die *Zukunft* gegeben werden (bspw. in Bezug auf Veränderungen des Geschäftsmodells oder der externen Rahmenbedingungen und wie diese Veränderungen in der Strategie des Unternehmens berücksichtigt sowie die voraussichtliche Leistung des Unternehmens beeinflussen werden) (IIRC 2013, S. 29). Gerade die Zukunftsorientierung des Integrated Reporting unterscheidet einen integrierten Bericht von der traditionellen externen Finanzberichterstattung, die im Wesentlichen die Geschäftsentwicklung des vergangenen Geschäftsjahres und die Vermögensverhältnisse am Abschlussstichtag darstellt. Dabei kann davon ausgegangen werden, dass der Betrachtungshorizont den kurzfristigen, wie auch den mittel- und langfristigen Zeithorizont umfasst (Nolden und Richter 2012, S. 980).

4.3 Übereinstimmungen zwischen Integrated Reporting und externer Finanzberichterstattung

Stellt man das Konzept des Integrated Reporting mit den Elementen der heutigen Unternehmensberichterstattung gegenüber, so wird deutlich, dass viele Grundgedanken des Integrated Reporting bereits heute, zumindest in Ansätzen, vorhanden sind. Zunächst beruht ein wesentlicher Teil der Darstellung der Leistung des Unternehmens auch in einem integrierten Bericht auf dem (finanziellen) Jahres- bzw. Konzernabschluss (Aebersold und Suter 2012, S. 382). Darüber hinausgehend eignet sich insb. der (Konzern-)Lagebericht als Plattform zur Darstellung des Geschäftsmodells und der geschäftlichen Rahmenbedingungen, der strategischen Ziele, des Vergütungssystems und der Leistung des Unternehmens (Behncke et al. 2012, S. 3063 ff.; Haller und Fuhrmann 2012, S. 466 ff.). Ferner ist das Management des Unternehmens verpflichtet, im Prognosebericht auf die künftige Entwicklung des Unternehmens inkl. wesentlicher Chancen und Risiken dieser Entwicklung einzugehen, wenngleich der Prognosezeitraum mit einem Jahr lediglich kurzfristigen Charakter hat.

Gerade im Bereich der Darstellung der *strategischen Ziele* und der Strategien zur Zielerreichung gehen die Anforderungen eines integrierten Berichts deutlich über die Anforderungen an die Lageberichterstattung hinaus, da §§ 289, 315 HGB keine diesbezüglichen Angaben vorsehen und diese somit lediglich freiwillig vom Unternehmen in den (Konzern-)Lagebericht aufgenommen werden dürfen. Da jedoch gerade die Verknüpfung der Informationen mit der Strategie und dem Geschäftsmodell des Unternehmens den Kern des Integrated Reporting ausmacht, bleibt der (Konzern-)Lagebericht i.d.R. hinter den Anforderungen des IIRC zurück.

Ebenfalls von Bedeutung ist die *Verknüpfung* von finanziellen und nichtfinanziellen Leistungsindikatoren. Zwar sind bereits heute nichtfinanzielle Leistungsindikatoren im Lagebericht anzugeben, sofern diese für das Verständnis der Lage und des Geschäftsverlaufs des Unternehmens erforderlich sind. Eine Analyse des Einflusses auf die finanziellen Leistungsindikatoren des Unternehmens bleibt jedoch in der Regel aus.

5 Fazit und Ausblick

In der Kommunikation von Unternehmen mit ihren Stakeholdern, insbesondere jedoch mit ihren Shareholdern, kommt der traditionellen externen Finanzberichterstattung eine wesentliche Rolle zu. Während der handelsrechtliche Jahresabschluss mehrere Zwecke erfüllt und neben der Rechenschaftslegung über die Verwendung des anvertrauten Kapitals auch der Ermittlung des ausschüttbaren Kapitals dient, liegt das Ziel des IFRS-(Konzern-)Abschlusses ausschließlich in der Vermittlung bzw. Kommunikation von entscheidungsnützlichen Informationen. Der Lagebericht verdichtet und ergänzt die im Jahres- bzw. Konzernabschluss enthaltenen, finanziellen Informationen um qualitative und quantitative Informationen mit dem Ziel, die aktuelle Lage, den Geschäftsverlauf und die künftige Entwicklung des Unternehmens zu analysieren. In allen Berichtsinstrumenten steht jedoch die Lage des Unternehmens im Mittelpunkt. Auswirkungen des Unternehmens auf die Ökologie, Ökonomie und Gesellschaft werden hingegen (stakeholderorientiert) im Nachhaltigkeitsbericht kommuniziert.

Vor dem Hintergrund der zunehmenden Informationsfülle und unverknüpft nebeneinander stehender Berichte wurde im Jahr 2010 das IIRC mit dem Ziel einer Integration und Komplexitätsreduktion der Unternehmensberichterstattung gegründet. Ziel eines integrierten Berichts ist es, zukunftsorientiert zu berichten, wie das Unternehmen künftig Wert schafft. Dabei wird im Vergleich zur pagatorischen Finanzberichterstattung eine ganzheitlichere Sichtweise eingenommen, indem Einflüsse des Unternehmens auf unterschiedliche Kapitalien berücksichtigt werden. Insbesondere bietet der Lagebericht viele Möglichkeiten, eine adressatenorientierte Kommunikation umzusetzen. In wie fern jedoch tatsächlich eine Komplexitätsreduktion durch den Trend zum Integrated Reporting einsetzt, bleibt abzuwarten.

Literatur

Aebersold, A., & Suter, D. (2012). Der Nutzen einer integrierten Berichterstattung. *Zeitschrift für Internationale Rechnungslegung (IRZ), 7*(10), 381–384.

Althoff, F. (2012). *Einführung in die internationale Rechnungslegung*. Wiesbaden: Springer Gabler.

Baetge, J., Kirsch, H.-J., & Thiele, S. (2011a). *Bilanzen*. Düsseldorf: IDW.

Baetge, J., Kirsch, H.-J., & Thiele, S. (2011b). *Konzernbilanzen*. Düsseldorf: IDW.

Behncke, N., & Hoffmann, T. (2012). Integrated Reporting nach dem IIRC Discussion Paper. *Zeitschrift für kapitalmarktorientierte Rechnungslegung (KoR), 13*(9), 411–417.

Behncke, N., Hoffmann, T., & Wulf, I. (2012). DRS 20: Auf dem Weg zum Integrated Reporting? *Betriebs-Berater, 66*(49), 3063–3068.

Beyhs, O., & Barth, D. (2011). Integrated Reporting - Aktuelle Entwicklungen auf dem Weg zu einer integrierten Unternehmensberichterstattung. *Der Betrieb, 63*(51/52), 2857–2863.

Coenenberg, A. G., Haller, A., & Schultze, W. (2012). *Jahresabschluss und Jahresabschlussanalyse*. Stuttgart: Schäffer-Poeschel.

Haller, A., & Zellner, P. (2011). Integrated Reporting – ein Vorschlag zur Neugestaltung der Unternehmensberichterstattung. *Zeitschrift für kapitalmarktorientierte Rechnungslegung (KoR), 12*(11), 523–529.

Haller, A., & Fuhrmann, C. (2012). Die Entwicklung der Lageberichterstattung in Deutschland vor dem Hintergrund des Konzepts „Integrated Reporting". *Zeitschrift für kapitalmarktorientierte Rechnungslegung (KoR), 13*(10), 461–469.

Hoffmann, T. (2011). *Unternehmerische Nachhaltigkeitsberichterstattung*. Lohmar: Eul.

IIRC (International Integrated Reporting Council) (Hrsg.). (2011). *Towards integrated reporting*. http://www.theiirc.org/resources-2/framework-development/discussion-paper/. Zugegriffen: 30. Apr. 2013.

IIRC (International Integrated Reporting Council). (Hrsg.). (2012a). *Towards Integrated Reporting. Summary of Responses to the September 2011 Discussion Paper and Next Steps*. http://www.theiirc.org/the-integrated-reporting-discussion-paper/discussion-paper-summary/. Zugegriffen: 30. Apr. 2013.

IIRC (International Integrated Reporting Council). (Hrsg.). (2012b). *Integrated reporting prototype framework*. http://www.theiirc.org/resources-2/framework-development/prototype-of-the-international-ir-framework/. Zugegriffen: 30. Apr. 2013.

IIRC (International Integrated Reporting Council). (Hrsg.). (2013). *Consultation draft of the international framework*. http://www.theiirc.org/consultationdraft2013/. Letzter Zugriff: 30.04.2013

Küting, K., & Weber, C.-P. (2012). *Der Konzernabschluss. Praxis der Konzernrechnungslegung nach HGB und IFRS*. Stuttgart: Schäffer-Poeschel.

Küting, K., Pfitzer, N., & Weber, C.-P. (2011). *IFRS oder HGB? Systemvergleich und Beurteilung*. Stuttgart: Schäffer-Poeschel.

Leffson, U. (1987). *Die Grundsätze ordnungsmäßiger Buchführung*. Düsseldorf: IDW.

Nolden, P., & Richter, N. (2012). Schließt Integrated Reporting die Erwartungslücke der herkömmlichen Unternehmensberichterstattung und -prüfung? *Die Wirtschaftsprüfung, 65*(18), 978–987.

Weltkommission für Umwelt und Entwicklung. (Hrsg.). (1987). *Unsere gemeinsame Zukunft*. Greven: Eggenkamp.

Die „Bilanzlücke" und immaterielle Vermögenswerte: Herausforderungen für Kommunikation und Controlling

Klaus Möller und Manfred Piwinger

Zusammenfassung

Warum beschäftigen sich Betriebswirtschaft und Kommunikationswissenschaft seit einiger Zeit so intensiv mit Wertepositionen, die traditionell eine gesicherte Domäne der Bilanzierung waren? Der Grund lässt sich recht einfach in den Markt- und Buchwerten der Unternehmen ablesen, die in den vergangenen Jahren immer weiter auseinander klaffen: Inzwischen gehen 80 % des Unternehmenswerts in der modernen Wirtschaft auf das Konto immaterieller Vermögenswerte, ohne dass eine Begrenzung erkennbar ist. Das heutige Bilanzrecht erlaubt keine vollständige Erfassung dieser Werte, sodass ein erheblicher Teil des Unternehmenswertes nicht in der Bilanz erscheint. Der folgende Beitrag befasst sich mit dieser „Bilanzlücke".

Schlüsselworter

Unternehmenswert · Bilanzierung · Bilanzlücke · Immaterielle Vermögenswerte · Intangibles · Schattenbilanz · Reputationswert · Markenwert · Unternehmenskommunikation · Kommunikations-Controlling

---

K. Möller (✉)
Universität St. Gallen, Institut für Accounting, Controlling und Auditing
Tigerbergstrasse 9, 9000 St. Gallen, Schweiz
E-Mail: klaus.moeller@unisg.ch

M. Piwinger
Barbarossastraße 10, 42115 Wuppertal, Deutschland
E-Mail: consultant@piwinger.de

1 Einleitung

Konsequenterweise rücken immaterielle (Vermögens-) Werte bei Analysten, Fondsgesellschaften, Anlageberatern, institutionellen Investoren und den Unternehmen selbst auf der Prioritätenskala immer weiter nach oben. Jeder, der sich auf dieses Thema einlässt, und das sind inzwischen viele, findet sich vor dasselbe Dilemma gestellt, dem der *Bewertung* (vgl. beispielhaft die zahlreichen Beiträge in Horváth und Möller 2004; Matzler et al. 2006; Duhr und Haller 2013). Wie und gegebenenfalls mit welcher Methodik lassen sich Wertepositionen wie beispielsweise Kundenvertrauen, Bekanntheit, Arbeitgeberattraktivität oder Tradition überhaupt in das betriebswirtschaftliche Inventar einordnen? Bisher war eine Aktivierung und damit Aufnahme in die Bilanz überwiegend nicht möglich (selbst geschaffene immaterielle Vermögenswerte) oder wurde sehr restriktiv gehandhabt (d. h. konservative Erfassung der Erstellungskosten). Zunehmend – und deutlich getrieben durch die internationalen Bilanzierungsstandards IFRS (International Financial Reporting Standards) – ist aber ein Trend zu einer auf zukünftigen Werten basierenden Bilanzierung zu erkennen. Damit geht es dann nicht mehr um die vergangenen gezahlten Preise, sondern um zukünftig (möglicherweise!) zu erzielende Überschüsse. Sowohl für die Unternehmenssteuerung als auch die Kommunikationswissenschaft eröffnet sich hier aus durchaus unterschiedlicher Perspektive ein neues zukünftiges Aufgabenfeld, welches wahrscheinlich nur interdisziplinär ausgefüllt werden kann (vgl. die Beiträge in Möller et al. 2009).

Für Betriebswirtschaft und Controlling stellen Bewertungsfragen eine zentrale Herausforderung dar. Dies spiegelt sich in der bereits 1979 getätigten Aussage von Moxter wieder, welcher immaterielle Werte als „ewiges Sorgenkind des Bilanzrechts" bezeichnete (Moxter 1979, S. 1102). Es handelt sich hierbei i. d. R um schwer fassbare (intangible) Werte ohne physische Substanz und nicht finanzieller Natur. Wir haben es mit einer eigenen Kategorie zu tun, deren Wertbeitrag zwar offensichtlich ist und sich im Marktwert eines Unternehmens eindrucksvoll widerspiegelt, aber den Nachteil besitzt, sich nicht in herkömmlicher Weise einfach „rechnen" zu lassen (vgl. Abb. 1).

Weitaus gravierender stellt sich eine bilanzielle Betrachtung dar. Denn ein Großteil der immateriellen Vermögenswerte ist seitens der Gesetzgebung aus der Unternehmensbilanz verbannt und wird damit nicht im Jahresabschluss ausgewiesen. Dem folgend verwenden Unternehmen und Wirtschaftsprüfer den Begriff „*außerbilanzielle Vermögenswerte*", was immateriellen Vermögenswerten nicht zu Unrecht den Charakter einer Schattenbilanz zuweist. In der Vergangenheit wurden entsprechend bereits Überlegungen zu einer „Bilanzverlängerung" mit immateriellen Werten diskutiert (Sveiby 2001). Der Markt nimmt demgegenüber eine andere Perspektive ein: Er „berechnet" den tatsächlichen Unternehmenswert, indem er die Zahlungsbereitschaft von Investoren zur Grundlage nimmt – durchaus noch gesteigert um eine Kaufprämie. Auf der einen Seiten haben wir es also mit dem *Buchwert* zu tun, ausgewiesen im Jahresabschluss und testiert durch Wirtschaftsprüfer, ihm steht auf der anderen Seite der *Marktwert* als variable Größe gegenüber. Die Bilanzlücke umfasst damit die Differenz zwischen bilanziellem Eigenkapital und dem Markt-

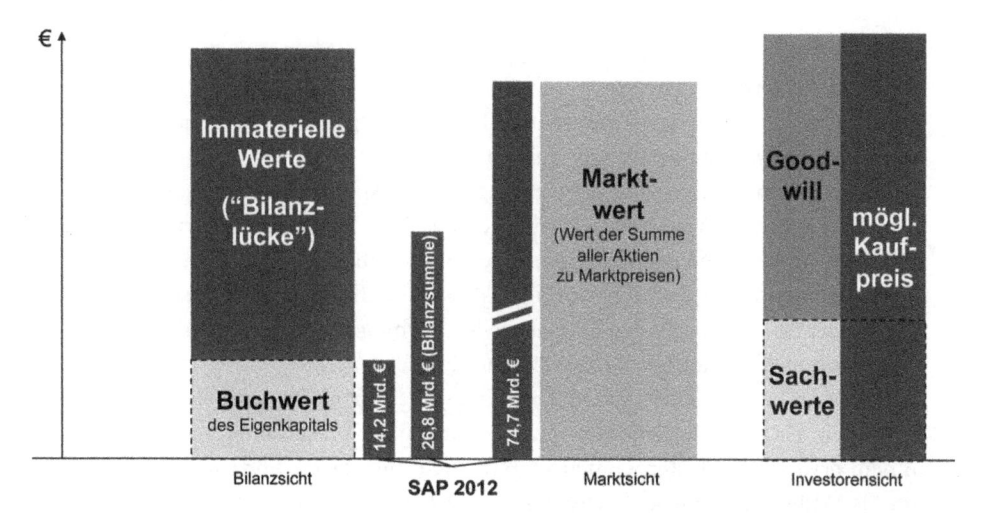

Abb. 1 Verschiedene Wertansätze am Beispiel der SAP AG (Werte des Jahresabschlusses 2012)

wert, ggf. auch dem Kaufpreis, der durchaus über dem Marktwert liegen kann. Fast immer übersteigt der Marktwert den Buchwert um ein Vielfaches. Aus der Perspektive von Betriebswirtschaft und Controlling, nicht zuletzt auch für die gesetz- und regelgebenden Organe, stellt sich die Aufgabe, Wege zu finden, wie und auf welche Weise immaterielle Vermögenswerte „sichtbar" und nachvollziehbar für Investoren im Jahresabschluss ausgewiesen werden können. Die bisherigen Systeme sind hierauf nicht eingestellt. In den letzten Jahren hat es sowohl berufsständisch als auch gesetzgeberisch zahlreiche Initiativen gegeben, die darauf abzielten, zumindest für die marktrelevanten immateriellen Vermögenswerte Kennzahlen zu entwickeln und ihnen damit die notwendige Geltung auf dem Kapitalmarkt zu verschaffen.

Geht es demnach für Betriebswirtschaft und Controlling im Wesentlichen um die Zuordnung sowie die zuverlässige Einschätzung des Wertbeitrags einzelner immaterieller Vermögenswerte im Rahmen der unternehmerischen Erfolgsrechnung (Möller und Gamerschlag 2009; Möller und Schläfke 2012), so stellt sich für Kommunikationswissenschaft und -praxis eine völlig andere Aufgabe dar, die aber ebenfalls noch nicht befriedigend angegangen wurde. Deren Aufgabe wäre es, Mittel und Wege zu finden, die in der Bilanzlücke mehr oder weniger pauschal versteckten nicht bilanziellen Unternehmenswerte zu heben, indem sie mit Hilfe des zur Verfügung stehenden kommunikativen Instrumentariums das Interesse der Anleger geweckt wird. Dies kann auch intern zu einer erweiterten Betrachtungsweise führen. Auf eine sehr einfache Weise hat dies Gracian bereits im 17. Jahrhundert zum Ausdruck gebracht. Seine Aussage: „Wert haben und ihn zu zeigen verstehen, heißt doppelten Wert haben", kann in diesem Zusammenhang als fachliches Credo gelten, umreißt es doch das *Aufgabenfeld der Unternehmenskommunikation* auf prägnante Weise.

> **Immaterielle Vermögenswerte**
> Ein immaterieller Vermögenswert ist nach IAS 38 ein identifizierbarer, nicht monetärer Vermögenswert ohne physische Substanz. Ein Vermögenswert ist eine Ressource, die aufgrund von Ereignissen der Vergangenheit (bspw. Erwerb oder Selbsterstellung) in der Verfügungsmacht des Unternehmens steht, und von der erwartet wird, dass dem Unternehmen aus ihr künftiger wirtschaftlicher Nutzen (Zufluss von Zahlungsmitteln oder anderen Vermögenswerten) zufließt. Demnach sind die drei entscheidenden Eigenschaften immaterieller Vermögenswerte: Identifizierbarkeit, Verfügungsmacht, künftiger wirtschaftlicher Nutzen.
> Davon zu unterscheiden ist der Geschäfts- oder Firmenwert. Er stellt praktisch einen Aufpreis für zusätzliche Gewinnerwartungen dar. „Der Käufer unterstellt, dass in dem erworbenen Unternehmen weitere, nicht bilanzierte Vorteile (z. B. Know-how der Mitarbeiter, effiziente Organisation, wertvolle Kundenbeziehungen, attraktiver Standort) existieren, für die ein […] über das Bilanzvermögen hinausgehender Kaufpreis gerechtfertig ist." (Menninger 2009, S. 351)

2 Berichterstattung zu immateriellen Werten

Resultierend aus den Vorgaben und im Einklang mit den Rechnungslegungsvorschriften haben Unternehmen in den letzten Jahren damit begonnen, in ihrer jährlichen Berichterstattung eigene Rubriken einzurichten, in denen sie ihnen wichtig erscheinende immaterielle Werte beschreiben. Die verwendeten Titel variieren von „Nichtfinanzielle Leistungsindikatoren" (Fresenius Medical Care, Deutsche Post DHL u. a.) bis „Nicht bilanzierte immaterielle Vermögenswerte" (EnBW, Jenoptik, SAP u. a.) bis hin zu „Goodwill und sonstige immaterielle Vermögenswerte" (Deutsche Bank, ähnlich E.ON) und „Geschäfts- oder Firmenwert und andere immaterielle Vermögenswerte" (Allianz, Bayer u. a.) oder „Weitere Erfolgsfaktoren" (Munich Rück u. a.). Voith rubriziert den entsprechenden Abschnitt aktiv mit „Berichterstattung zu nicht finanziellen Leistungsindikatoren". Einen Schritt weiter geht K + S. Das Unternehmen nennt „Nicht finanzielle Ziele und nachhaltige Performance-Kennzahlen" und lässt somit als eines der wenigen Unternehmen einen deutlichen strategischen Ansatz erkennen.

Mit Blick auf die Inhalte der entsprechenden Berichtsteile fällt deren enge Orientierung an den Empfehlungen der Schmalenbach Gesellschaft für Betriebswirtschaft ins Auge (Arbeitskreis „Immaterielle Werte im Rechnungswesen" 2004). Das gilt vor allem hinsichtlich der Aufnahme gleicher Sachverhalte wie den Kundenbeziehungen und den Human Resources, wobei kritisch anzumerken ist, dass die Empfehlungen der Schmalenbach Gesellschaft bestimmte erfolgskritische Faktoren entweder gar nicht oder nur unterwertig berücksichtigen. Beispielsweise ist Design (ähnlich Qualität) gar nicht berücksichtigt; andere reputationsfördernde Erfolgsfaktoren wie Tradition und Kontinuität eher nebensächlich. Darüber hinaus finden in der betriebswirtschaftlichen Betrachtung soziale Ansehenswerte

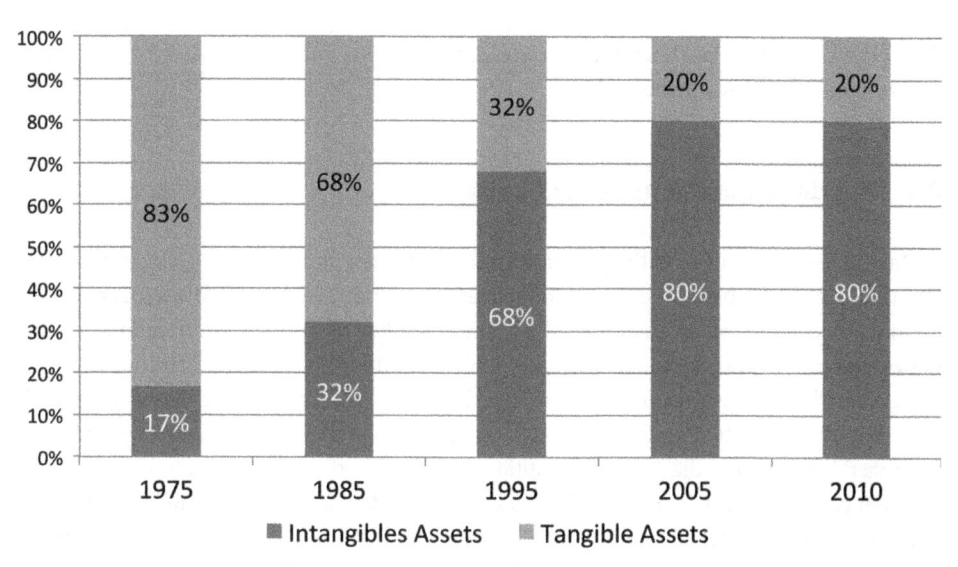

Abb. 2 Anteil der immateriellen Vermögenswerte an der Marktkapitalisierung des Standard & Poors 500 Index
(Quelle: Oceantomo (o. J.))

wie Glaubwürdigkeit, guter Ruf, Verlässlichkeit nicht die ihnen gebührende Aufmerksamkeit. Dies mag auch damit zusammenhängen, dass auf diesem Gebiet noch zu wenige Analysen vorliegen, die sich in das betriebswirtschaftliche System eingliedern lassen (vgl. Abb. 2).

Wie berichten die Unternehmen nun über ihre nicht bilanzierten Vermögenswerte? Die Antwort lautet: uneinheitlich und unsystematisch. Allein die Umfänge schwanken von einer Seite bis zu mehr als 20 Seiten. Das hängt damit zusammen, dass die Unternehmen in der Regel schon vorher bestehende Berichtsteile des Lageberichts wie Forschung & Entwicklung, Personal, Kundenbeziehungen, gesellschaftliche Verantwortung u. Ä. in einem Berichtsteil zusammenführen ohne damit erkennbar neue Akzente zu setzen. Oft fehlt auf diese Weise der strategische Bezug zur Unternehmensentwicklung sowie die Herleitung des wertschöpfenden Charakters der betreffenden Faktoren (adjektivistische Bewertungen wie „wichtig", „bedeutsam" und weitere sind dabei wenig hilfreich). Soweit Kennzahlen genannt werden, sind diese eher willkürlich gewählt – meist mit einer positiven Ausrichtung, sodass ihnen nur eine eingeschränkte Aussagekraft zugesprochen werden kann. Im Allgemeinen werden solche Indikatoren veröffentlicht, die gerade opportun erscheinen (Möller und Piwinger 2009). Vergleichsmöglichkeiten mit dem Wettbewerbsumfeld lassen sich i. d. R daraus nicht ableiten. Obwohl die Berichterstattung zu nicht bilanzierten Vermögenswerten in den letzten Jahren deutlich an Umfang gewonnen hat, in Einzelfällen sogar deutlich über die vagen gesetzlichen Anforderungen hinausgeht, macht sich das Fehlen einer standardisierten Berichterstattung überall bemerkbar. Unabhängig davon bleibt es der Unternehmensführung unbenommen, im Vorgriff Wege zu finden, den „wahren" Wert des Investments den Investoren, Analysten und der interessierten Öffentlichkeit zu erklären. Genau daran hapert es allerdings, wenn man sich die derzeitige Berichterstattung ansieht. Im Weiteren wird auf einzelne Aspekte der Berichterstattung eingegangen und damit die konkreten Ausführungen – ohne Anspruch auf Vollständigkeit – in der Unternehmensberichterstattung betrachtet.

2.1 Kundenkapital (Customer Capital)

In diesem klassischen Marketingressort fällt die Berichterstattung abhängig von der Branche und der Vertriebsstruktur mehr oder weniger umfangreich aus. Alle großen Unternehmen machen Angaben zu den bei ihnen angewandten Methoden, auf deren Basis Kundenzufriedenheit und Kundenbindungen bzw. Neukundengewinnung ermittelt werden. Die Allianz beispielsweise hat für seine Zwecke einen Net Promoter Score entwickelt. Er misst die Bereitschaft der Kunden, das Unternehmen weiterzuempfehlen und dient als wichtiger Maßstab für die Kundenloyalität. Beinahe alle finanzmarktorientierten Unternehmen geben an, dass sie regelmäßig Daten zur Kundenzufriedenheit und Kundentreue erheben – häufig bedienen sie sich dabei externer Dienstleister. SAP wie auch einige andere Unternehmen skalieren die Zufriedenheit ihrer Kunden nach verschiedenen Indikatoren und setzen beispielsweise 10 oder 100 als Zielmarke an. Solche Zufriedenheitsanalysen werden vielfach durch Reklamationsstatistiken und regelmäßige Kundengespräche oder Telefoninterviews ergänzt. Voith, und das dürfte kein Einzelfall sein, ermittelt die Relevanz einzelner Faktoren der Kundenzufriedenheit. Durch die Analyse will Voith nach eigenen Angaben herausfinden, wie stark einzelne Produkte und Leistungen wie Liefertermintreue und Kundenservice die Gesamtzufriedenheit der Kunden beeinflussen.

Ein in dieser Art ungewöhnliches Projekt der Kundenorientierung lässt sich bei dem Industriegüterhersteller Siemens finden. Ungewöhnlich deshalb, weil es vorsieht, dass alle Vorstandsmitglieder regelmäßig den direkten Kontakt zu wichtigen Kunden pflegen. Das Programm dient nach Firmenangaben dem Aufbau und der Pflege langfristiger Beziehungen mit den oberen Führungskräften von etwa 100 Kunden von Siemens und wurde in ähnlicher Weise auch auf Länderebene eingeführt. In gewisser Weise als Vorreiter für ähnliche Strukturen hat die Deutsche Bahn vor einiger Zeit bekannt gegeben, dass die Vergütung des Vorstands künftig auch an die Zufriedenheit von Kunden gekoppelt ist. Jährlich befragt die Bahn 130.000 Fahrgäste und 1.600 Geschäftspartner. Wo es im Gesamten noch nach wie vor mangelt, sind Angaben zu Marktanteilen, Kundenqualität und eine Wertschöpfungsrechnung, also im Wesentlichen von sensiblen und aus Sicht der Unternehmen wettbewerbsrelevanten Daten.

2.2 Standortqualität (Location Capital)

Standortqualität als immaterieller Vermögenswert hat eine relativ geringe Berichtsrelevanz in deutschen Jahresberichten, was gut zu verstehen ist. Manche Standorte (München, Hamburg, Düsseldorf, Berlin) besitzen von Vornherein eine hohe Attraktivität, weil die Städte selbst attraktiv sind, sodass es keiner weiteren Hervorhebung bedarf. Viel schwieriger haben es hingegen Unternehmen mit einem Unternehmenssitz in der Provinz (Heidenheim, Wuppertal etc.). Da hin zieht es Spitzenkräfte eher und beinahe ausschließlich auf Grund der *Unternehmensattraktivität*, verbunden mit Blick auf bessere Wohnverhältnisse und ein überschaubares Umfeld. Zu beachten ist weiterhin, dass in der Regel nur die Hauptverwaltungen von Großunternehmen ihren Sitz an attraktiven Standorten haben – für den Sitz von Tochter- oder Spartengesellschaften gilt das eher nicht. Das darf aber nicht den Blick darauf versperren, dass die meisten Unternehmen sich an ihrem Firmensitz aus gutem Grund und im eigenen Interesse stark engagieren und viel in das Gemeinwesen einbringen, z. T. mit eigenen Kindergärten, als Sponsor für Kulturveranstaltungen oder Förderung örtlicher Wissenschaftseinrichtungen. Detaillierte Angaben dazu sind über verschiedene Berichtsteile verstreut und finden sich u. a. im Personalteil und sehr ausführlich in den CSR-Berichten. Insgesamt führt das dazu, dass die Standortqualität entweder per se gegeben ist oder durch andere Vorteile kompensiert wird. Aussagen dazu sind eher indirekt zu entnehmen oder fügen sich aus dem Gesamteindruck zusammen. Unter den wenigen expliziten Erwähnungen, die zu diesem Thema zu finden waren, drückt Jenoptik (2010, S. 77) beispielhaft aus, worum es geht: „Wir profitieren auch vom Ruf unseres Hauptstandorts Jena, der bei Wissenschaftlern, aber auch Kunden als ‚Optical Valley' einen exzellenten Ruf genießt."

2.3 Berichterstattung zu Mitarbeitern (Human Capital)

Die Informationsangaben auf diesem Gebiet lassen kaum Wünsche offen. Beinahe ohne Ausnahme finden sich überall in der Berichterstattung die geforderten oder von der Schmalenbach Gesellschaft empfohlenen Daten: Fluktuationsquoten und Mitarbeiterbindung (Hilti spezifiziert sogar nach Integrationserfolg, nennt die Zahl der Managementpositionen, die intern besetzt worden sind und schließlich auch noch die Anzahl der Arbeitstage, welche die Mitarbeitenden für Unternehmenskultur-Workshops aufgewendet haben.), Angaben über die Altersstruktur, Fehlzeiten und die Zusammensetzung der Belegschaft nach Regionen und Geschlecht, Zeiten der Unternehmenszugehörigkeit u.v.a.m. Kosten der Personalbeschaffung werden nur vereinzelt (z. B. Q.Cells) angegeben. Die Aussagekraft einzelner Kennzahlen ist nicht immer ausreichend. So kann beispielsweise eine Fluktuationsquote unter zwei Prozent unter Umständen dahingehend interpretiert werden, dass in dem betreffenden Unternehmen zu wenig Bewegung herrscht. Andererseits kann eine hohe Fluktuationsquote als Hinweis auf eine ungenügende Unternehmenskultur gedeutet werden. Beide Bewertungen können sowohl richtig wie auch falsch sein. Ihre Bedeutung erschließt sich erst in einem größeren Zusammenhang.

Zunehmend Raum finden seit einiger Zeit Erklärungen zur „*Vielfalt*" (Diversity) in den Beschäftigungsverhältnissen (Roche 2010, S. 20): „In unserem Unternehmen sind über 136 Nationalitäten vertreten."; Fresenius (2011, S. 79): „Wir sind davon überzeugt, dass erst durch die Heterogenität der Sichtweisen, Meinungen, kulturellen Prägungen und Erfahrungswerte die Potenziale ausgeschöpft werden können, die uns erfolgreich machen.", wobei „Frauenquote" und „Ausländeranteil" hervorstechen. FMC (2011, S. 96) hebt sich davon bewusst ab: „Für Fresenius Medical Care wird auch weiterhin die Qualifikation und nicht das Geschlecht oder sonstige Persönlichkeitsmerkmale für die Personalauswahl entscheidend sein. Deswegen setzen wir keine starren Quoten als Zielgröße.", gefolgt von unternehmensspezifischen Hinweisen, wie im Einzelnen die Vereinbarkeit von Beruf und Familie in Einklang gebracht werden kann. Unternehmen wollen damit Diskriminierungen ausschließen, die Vielfalt von Denkweisen fördern und gehen in manchen Fällen sogar soweit, dass sie eine Diversity Charta verabschieden, die von den Mitarbeitern unterzeichnet werden soll. So arbeitet Siemens beispielsweise mit einer Diversity Scorecard.

Hingegen hakt es an vielen Stellen noch an der Berechnung des Wertbeitrags, der aber gerade im Hinblick auf die Bewertung des intellektuellen Kapitals eine wichtige Information darstellen kann. Als einziges Großunternehmen in Deutschland bewertet die Energieversorgung Baden-Württemberg (EnBW) seit dem Jahr 2005 ihr Humankapital nach der Methode „Wissensbilanz – Made in Germany" und hat damit einen Weg gefunden, das intellektuelle Kapital (u. a. Fachkompetenz, Management- und Sozialkompetenz, Motivation) fortlaufend über längere Zeiträume hinweg zu beobachten. Im Vergleich zu klassischen, auf Finanzkennzahlen beruhenden Bilanzen verspricht sich EnBW von der Wissensbilanzierung ein größeres Maß an Transparenz bezüglich der im Konzern vorhandenen Potentiale und bessere Möglichkeiten für ein entsprechendes Controlling (EnBW 2011, S. 74). Die Schweizer Großbank UBS detailliert ihre Personalaufwendungen sehr genau. Aufgeführt werden zum Beispiel Abfindungszahlungen, Zahlungen zur Bindung von Mitarbeitern in Schlüsselpositionen, garantierte Vergütungen für Neueintritte etc.

Zahlen und Fakten sind nicht das Einzige. Einzelne Unternehmen (z. B. Henkel) führen den Umsatz pro Mitarbeiter auf. Unternehmen möchten sich zunehmend auch als attraktive Arbeitgeber auf dem Arbeitsmarkt positionieren (BASF 2011, S. 83): „Wir investieren in unsere Attraktivität als Arbeitgeber") und bemühen sich deshalb, eigene Arbeitgebermarken zu schaffen. Als Kennzeichen einer hohen Arbeitergeberattraktivität gilt etlichen Unternehmen (z. B. Lufthansa) die Zahl der Blindbewerbungen oder die Zahl der Bewerbungen auf eine angebotene Stelle. Bekannt geworden sind diese Bemühungen unter dem Stichwort *„Human Branding"*. Tendenziell ist die Berichterstattung hierüber jüngst leicht zurückgegangen, was aber nicht automatisch heißen muss, dass „Human Branding" als Ziel fallengelassen worden ist.

Als ein weiteres Instrument des Personalmarketings haben sich regelmäßige konzernweite Mitarbeiterbefragungen heute bereits als eine Art Standard etabliert. Der Aufwand ist beträchtlich, wenn man sich vor Augen führt, dass allein Siemens zuletzt eine weltweite Mitarbeiterbefragung unter 289.000 Mitarbeitern in 39 Sprachen vornehmen ließ. Ähnlich MAN: unter 39.000 Mitarbeitern in 23 Sprachen und 34 Ländern oder Allianz: unter 116.229 Mitarbeitern aus 66 Gesellschaften, wobei herausgestellt wird, dass die Ergebnisse der Befragung die Vergütung des Vorstandes und des Top-Managements der Gruppe beeinflussen. Genaueres dazu wird nicht gesagt. Diese Beispiele ließen sich beliebig fortsetzen. Hinsichtlich des Aufwands bleibt zu berücksichtigen, dass neben der heute durch entsprechende elektronische Programme erleichterten Abfrage, Auswertungen, Mitarbeitergespräche und zahlreiche weitere Maßnahmen die Kosten in diesem Bereich erheblich aufblähen. Inwieweit sich diese Aufwendungen nachhaltig in einer geordneten Führungsstruktur oder einer Verbesserung des Arbeitsklimas und in einer stabilen Unternehmenskultur niederschlagen, darüber ist erst wenig zu finden. Es wäre ein lohnendes Feld für das *Personalcontrolling*.

Reihum betonen die Unternehmen den Wert des an die Mitarbeitenden gebundene technischen und fachlichen Know-hows, Stärke, Leistungskraft und Motivation als einen beträchtlichen immateriellen Wert. So schreibt Siemens (2011, S. 57): „Ihre Expertise, ihre Fähigkeiten und ihr Einsatz haben Siemens zu dem Unternehmen gemacht, das es heute ist." Nicht weniger euphorisch äußerte sich Dieter Zetsche, Vorstandsvorsitzender von Daimler, im Aktionärsbrief (2011, S. 13), wo es heißt: „Bei all dem ist klar: Der Erfolg eines Unternehmens steht und fällt mit dem Können und dem Einsatz der Mitarbeiter." Auch Merck (2011, S. 52) hält motivierte und engagierte Mitarbeiter für „unser wichtigstes Kapital". SAP (2011, S. 103) sieht im Mitarbeiterengagement „Ausdruck für die Loyalität unserer Mitarbeiter, ihren Stolz auf ihre Firmenzugehörigkeit und ihre Identifikation mit der SAP". Über alles gesehen überwiegt trotz solcher euphorischer Zuweisungen im Kern der Eindruck von den Mitarbeitenden als wirtschaftliches Subjekt oder – in der Sprache der Personalverantwortlichen – als *menschliche Ressource*. Daran wäre im Grunde auch wenig auszusetzen, würden die Unternehmen statt ihre legitimen Ziele zu verbrämen etwas ehrlicher damit umgehen. Das wäre eine Chance, ihre kommunikative Kompetenz und ihre Vertrauenswürdigkeit unter Beweis zu stellen.

2.4 Forschung und Entwicklung (Innovation Capital)

Nachdem durch eine Änderung des Bilanzrechts bestimmte Teile des Forschungsaufwandes aktiviert werden können, soweit bestimmte Bedingungen erfüllt sind (technische Realisierbarkeit, voraussichtlicher künftiger Nutzen u. a.), ist in der Unternehmensberichterstattung eine differenzierte Darstellung des Bereichs Forschung & Entwicklung und seines Wertbeitrags festzustellen. Standard sind Angaben zu den Aufwendungen (oft im Verhältnis zum Umsatz), Angaben zur Anzahl von Patenten und anderen Schutzrechten, deren Laufzeiten sowie der Neuanmeldungen im jeweiligen Geschäftsjahr, ebenso Erläuterungen zu Patent- und Schutzrechtsklagen sowie Angaben zur Anzahl der Beschäftigten (teils ausdifferenziert nach beruflicher Qualifikation) in diesem Bereich. Des Weiteren die Anzahl von Verbesserungsvorschlägen, die dann als Beleg für *Innovationsbereitschaft und Kreativität* innerhalb der Belegschaft bewertet werden (Beispiele aus 2011): bei RWE 6.800 eingereichte Ideen, die dem Unternehmen einen veranschlagten wirtschaftlichen Nutzen von über 50 Mio. € erbrachten; bei VW konzernweit 475.073 Verbesserungsvorschläge innerhalb eines Jahres; Continental (2009) 320.000 Ideen, von denen über 270.000 umgesetzt wurden und dem Unternehmen eine Ersparnis von 98 Mio. € erbrachte.

Doch gerade bei Forschung und Entwicklung ist eine enorme Spreizung des Detaillierungsgrades in der Struktur der Informationsgewährung festzustellen – erklärbar durch die Art der Geschäftstätigkeit und der Branchenzugehörigkeit. Während die Deutsche Post DHL als Dienstleistungsunternehmen „keine Forschung und Entwicklung im engeren Sinne betreibt", legen Technologie- und speziell Pharmaunternehmen sowie in der IT-Branche bei sich ganz andere Maßstäbe an. Abzulesen ist dies bereits an der Forschungsquote, die in diesen Branchen verständlicherweise ganz andere Größenordnungen aufweist als mehr dienstleistungsorientierte Gesellschaften (Beispiele aus 2011: Bayer 8,0 %; Infineon 11,0 %, BMW 4,9 %; Siemens 5,3 %.). Hinsichtlich des Berichtsumfangs und vor allem im Hinblick auf Erläuterungen über die Auswirkungen auf die künftige Umsatz- und Ertragslage gibt es noch erhebliche Defizite, und zwar bei allen Unternehmen. Eine bemerkenswerte Vorbildfunktion nimmt der Dialysemarktführer Fresenius Medical Care ein, das über mehrere Seiten sehr genau über den Stand seiner Neuentwicklung von Produkten und Verfahren und Therapiesystemen berichtet – fast ein medizinisches Kolloquium. Im Großen und Ganzen erfährt man aus den Forschungs- und Entwicklungsberichten trotz ausreichendem Zahlenmaterial wenig über die anteiligen Auswirkungen auf den Unternehmenswert.

2.5 Markenwert (Brand Capital)

Marken gehören zu den wichtigsten Vermögenswerten von Unternehmen. Kaum ein Gebiet auf dem Sektor „immaterielle Vermögenswerte" ist derart umfassend erforscht wie das des Markenwerts. Für die Ermittlung des Markenwerts existieren mehr als zwei Dutzend verschiedene Modelle, die nicht sämtlich kompatibel sind. So gibt beispielsweise SAP ihren von Interbrand ermittelten Wert der „Marke SAP" Im Jahr 2011 mit 14,5 Mrd. US-$ an; für die Deutsche Post DHL ermittelte das Beratungsunternehmen Semion Brand-Broker im selben Jahr einen Markenwert von 12.946 Mio. €. Schaut man auf das externe Berichtswesen, so finden sich darin insbesondere bei Unternehmen mit einer großen Markenpräsenz (z. B. adidas, SAP, Allianz) ausreichende Wertangaben. Sie unterliegen allerdings Schwankungen und werden (was vor allem für zugekaufte Markennamen gilt) von daher einer jährlichen Werthaltigkeitsprüfung unterzogen und dabei mir ihrem Fair Value eingeschätzt. Kritisch zu sehen sind im Allgemeinen die fehlenden periodengerechten Angaben zu Investitionen in Unternehmens- oder Produktmarken. Oft klingt unverhohlen der Stolz durch, im Markenranking auf einem der vorderen Plätze platziert zu sein: „Die Marke Allianz gehört zu den 100 wertvollsten Marken weltweit." (Allianz 2009, S. 50).

Dabei betonen Unternehmen durchgängig den *Wert einer Marke* als „wichtigen immateriellen Vermögenswert" (MAN 2010, S. 73), als „wesentlichen nicht bilanzierten Vermögenswert" (Jenoptik 2010, S. 77), „als kostbares Gut" (Die Post CH 2011 S. 6). Bei ThyssenKrupp (2010, S. 110) steht die Unternehmensmarke „für hohe Ansprüche an die Qualität der Produkte und Dienstleistungen." Und Audi sieht in einer starken Marke „die Grundlage für den nachhaltigen Erfolg" (Audi 2010, S. 136). Doch ist daraus nur wenig darüber hinaus gehender Erkenntniswert zu ziehen. Über alles gesehen stellt es sich als ein großes Manko heraus, dass keine einheitliche, oder was wünschenswert wäre: eine standardisierte Informationsbereitstellung zur Markenbewertung festzustellen ist. Da nicht alle berichtenden Unternehmen dieselben Angaben machen, sondern eher auf solche mit reputationsfördernder Wirkung zurückgreifen, sind die vorgefundenen Informationen untereinander nur schwer vergleichbar.

2.6 Verantwortung für die Gesellschaft

Die „*license to operate*", also die Möglichkeit, in einer freiheitlichen Wirtschaft unternehmerisch tätig zu sein zu können, sehen Unternehmer und Unternehmen durch verantwortliches Handeln in der Gesellschaft legitimiert. Dass unternehmerische Tätigkeit sich überhaupt *legitimieren* muss, und dies sogar in einem zunehmenden Maße geschieht, mag auf eine im letzten Jahrzehnt immer kritischer werdende Öffentlichkeit zurückzuführen sein. Eine solche Bewegung hat es schon einmal in den 80er Jahren gegeben als „Sozialbilanzen" in Mode waren. Als Antwort auf eine zunehmend kritische Öffentlichkeit wurde das Thema „Gesellschaftliche Verantwortung" (Corporate Social Responsibility) in der Außendarstellung der Unternehmen nach oben gespült und infolgedessen zu einem Bestandteil des Reputationsmanagements. Jedoch soll dieses Thema nicht Gegenstand dieses Beitrags sein. Hier sei lediglich darauf hingewiesen, dass die sogenannte CSR-und Nachhaltigkeitsberichterstattung sich zu einem eigenen Berichtsstrang mit einem hohen Detaillierungsgrad entwickelt hat. Unternehmensintern wurden hierfür eigene Zuständigkeiten und Bereiche neu geschaffen. Eine gewisse Gefahr besteht kommunikativ gesehen darin, dass die Darstellungen und Berichte über die gesellschaftliche Verantwortung über ihr eigentliches Ziel hinausgehen und tendenziell eher zu Rechtfertigungsberichten werden.

2.7 Reputationswert (Relation Capital)

Der Reputationswert ist im Rechnungswesen ungeliebt bis nicht existent, weil er sich schwer fassen lässt, schon gar nicht in verwertbaren Zahlen. Strittig ist, inwieweit Reputationsaufwendungen den Funktionskosten zugerechnet werden können. Im Grunde handelt es sich bei dem Reputationswert um eine Sammelposition, in welcher sämtliche ideellen und sozialen Werte (Ansehen, guter Ruf etc.) einfließen. Schwierigkeiten bereitet vor allem die Zuordnung einzelner Positionen innerhalb der Aufwandsrechnung, wofür es keinen befriedigenden Ansatz gibt. In der Betriebswirtschaft ist der Reputationswert im *Geschäfts- oder Firmenwert* verankert. Oft spiegelt sich der Wert einer Sache erst in ihrem Verlust wieder. Für Reputation trifft dies in einer besonderer Weise zu. Doch erst seit wenigen Jahren gehen (bei weitem nicht alle) Unternehmen in ihren Risikoberichten auf das Risiko eines tatsächlichen oder potenziellen Reputationsverlustes ein (vgl. Kapitel „Das Reputationsrisiko: Herausforderungen und Bedeutung für die Unternehmensführung"). Die betriebswirtschaftliche Behandlung des Reputationswerts ist die eine Seite. Ihr gegenüber steht die Herausforderung an die Unternehmenskommunikation, dem vorhandenen Reputationswert in geeigneter Weise in der öffentlichen Wahrnehmung Geltung und Aufmerksamkeit zu verschaffen, vor allem auf dem wichtigen Kapitalmarkt (Analysten, Ratingagenturen, Investoren etc.). Für eine gute Reputation reicht die finanzielle Performance allein nicht aus. Unstrittig ist, dass sich der Reputationswert aus vielen Quellen speist. Bewertet wird das Unternehmensverhalten im Gesamten, schließt also Führungsverhalten, Kommunikationskompetenz, Marktauftreten, Unternehmenskultur u.v.a.m. mit ein. Hieraus ein Konzept für die externe und interne Unternehmensdarstellung zu entwickeln und an deren Umsetzung tatkräftig mitzuwirken, zählt zu den (wünschenswerten) Kernkompetenzen der Unternehmenskommunikation.

Wie sieht dies im Einzelnen aus? Insgesamt wächst in Unternehmenskreisen die Erkenntnis, dass sogenannte *„weiche Faktoren"* erfolgskritisch sind und in zunehmendem Maße den Unternehmenserfolg mitbestimmen. An *Euphemismen* wird dabei nicht gespart. Insbesondere ideelle Werte wie Verlässlichkeit, Tradition, Vertrauen, Kontinuität, Bekanntheit und guter Ruf sowie der Bezug auf gemeinsame Werte rücken in der Skala der Wertbestimmung weit nach vorne. Einige wenige Beispiele mögen dies veranschaulichen: Für Beiersdorf (2010, S. 46) basiert der Erfolg „auf dem Vertrauen von Konsumenten, Kunden, Investoren und Mitarbeitern". Die Deutsche Post DHL (2010, S. 2) setzt „vor allem auf Verlässlichkeit und Kontinuität" in ihren Beziehungen zu Investoren. Einen weiteren Aspekt greift BMW auf. Der bayerische Autobauer beruft sich auf seinen „hervorragendem Ruf" bei der Gewinnung qualifizierter Mitarbeiter (BMW 2010, S. 29). Roche (2010, S. 134) geht noch einen Schritt weiter und bezeichnet „unseren Ruf" als „eines unserer höchsten Güter". Siemens (2008, S. 28) – ganz ähnlich – bezeichnet seinen „guten Ruf" als „das größte Kapital eines Unternehmens". Auch die Deutsche Bank (2012, S. 37) beruft sich ihre „gute Reputation", die sich, wie es heißt, in der Unterstützung spiegelt, „die wir von Fremdkapitalgebern erhalten". Henkel (2010, S. 11) hingegen stellt „den Wert Familienunternehmen" als identitätsstiftend heraus. Vor allem Familienunternehmen sind es, die ihre Tradition hochhalten. Die Erwähnung solcher leistungssteigernder immaterieller Faktoren ist an sich schon als ein Fortschritt zu betrachten. Dennoch verbleiben hinsichtlich ihrer Einordnung in das betriebswirtschaftliche Inventar noch viele Fragen offen.

Wie viel Geld fließt eigentlich in den Aufbau und den Erhalt immaterieller Werte? Auf diese spannende Frage gibt es bisher keine vernünftige Antwort. Man kann auch sagen, der Bereich ist im Gesamten weder klassifiziert, noch standardisiert, noch reguliert. Zur Folge hat dies wiederum, dass es mehr oder weniger in das Ermessen der Nutzer gestellt ist, welche Werte oder Kennzahlen er hierfür verwendet. Weitaus schwerwiegender stellt sich der Umstand dar, dass es auf Grund dieser Tatsache nicht möglich ist, eine vernünftige Kosten-/Nutzen- oder Investitionsrechnung aufzustellen. Somit fehlt es dem Controlling an Kenntnis darüber, welche Aufwendungen am meisten wertschöpfend wirken. Das wird in der Regel nur unternehmensindividuell herauszufinden sein. In einigen Feldern wie Personal und Forschung & Entwicklung sowie Marketing & Vertrieb werden die jährlichen Kosten regelmäßig berichtet und in der Gewinn- und Verlustrechnung aufgeführt. Schlüsse über die Wirkung auf den Unternehmenswert lassen sich aus den mehr oder weniger pauschalen Zahlen nicht ziehen. Eine Aussage darüber, was wirklich in einer laufenden Periode oder langfristig an Geld (summarisch oder anteilig am Umsatz) von den Unternehmen in immaterielle Vermögenswerte investiert wird, lässt sich nach heutigen Stand nicht treffen.

In den letzten Jahren hat es sich bei einigen Unternehmen eingebürgert, einzelne Ausgabepositionen in ihren Finanzberichten zu nennen. Beispielsweise die Deutsche Post DHL 2011: Repräsentation und Bewirtung 132 Mio. €, Sonstige Öffentlichkeitsarbeit 117 Mio. €, Public Relations und Kundenbetreuung 65 Mio. €, Werbung 164 Mio. €. Häufig werden mehrere Positionen zusammengelegt, so bei der Deutschen Börse und bei der Deutschen Bahn „Reisen und Repräsentation". Eine weitere Aufgliederung erfolgt nicht. Es bleibt unklar, welche Aufwendungen z. B. im Einzelnen „Repräsentationen" zugerechnet werden bzw. was überhaupt unter Repräsentation zu verstehen ist. Adidas (2011) nennt sogar seine Marketinggemeinkosten von 402 Mio. €, das Marketing-Working Budget (1.361 Mio. €) sowie das Sales-Working Budget (338 Mio. €). Nicht jeder wird sich darunter etwas vorstellen können, obwohl die Zahlen beeindrucken. Ein einziges börsennotiertes Unternehmen (BB Biotech) gibt die Kosten für seine Finanzberichterstattung und die Generalversammlung an (1.093 Tsd. CHF 2012 nach 1.876 Tsd. CHF im Vorjahr).

3 Fazit

Obwohl der Berichtsumfang nicht bilanzierter Vermögenswerte zugenommen hat, ist der Aussagewert im Allgemeinen gering. Dies zeigt sich insbesondere in der Gewichtung der Bedeutung der immateriellen Werte in den einzelnen Unternehmen. So wird teilweise der Ruf als das höchste Gut bezeichnet, mal sind es die Marken, mal die Kunden. Wieder andere Unternehmen sehen in den Mitarbeitern den Schlüssel für den Erfolg ihres Unternehmens. Die einzelnen Berichtsteile stehen rubriziert neben- oder hintereinander. Die vielen daraus zu gewinnenden Detailinformationen versperren freilich den Blick auf das Wesentliche. Aus der Berichterstattung ist nicht zu erkennen, welche immateriellen Faktoren zu dem gewünschten Wertbeitrag führen. In diesem Zusammenhang wird von Seiten der Standardsetzer immer wieder auf den Grundsatz der Wesentlichkeit hingewiesen. Dieser besagt, dass erst durch die Beschränkung auf das Wesentliche ein klares Bild vermittelt werden kann und es nicht darauf ankommt, alle Einzelheiten im Detail zu erläutern. Es ist eine weder vom Controlling noch von der Unternehmens- und Finanzkommunikation umgesetzte Forderung. Sie kann auch nur in enger Interaktion zwischen diesen beiden Bereichen, den jeweilig betroffenen Fachbereichen (HR, Marketing, F&E etc.) sowie der Strategieabteilung geleistet werden. Zusammenfassend lässt sich festhalten, dass der Einfluss immaterieller Werte auf die finanzielle Performance nur ungenügend Berücksichtigung findet. Unternehmen, denen es gelingt, die in der „Bilanzlücke" versteckten inneren Werte zu identifizieren und bewusst und aktiv mindestens zu steuern, idealerweise auch zu berichten, verschaffen sich Wettbewerbsvorteile und können auch auf dem Kapitalmarkt reüssieren. Eventuell bietet die zunehmend diskutierte integrierte Berichterstattung künftig hierfür eine Plattform. Gleichzeitig kann die Kommunikationsfähigkeit dieses Bestreben unterstützen – ein spannendes Betätigungsfeld für Controlling wie auch der Unternehmenskommunikation.

Literatur

Adidas (2011). *Geschäftsbericht 2011.* Herzogenaurach: adidas.
Allianz (2009). *Geschäftsbericht 2009.* München: Allianz.
Arbeitskreis „Immaterielle Werte im Rechnungswesen" der Schmalenbach-Gesellschaft für Betriebswirtschaft e. V. (2004). Erfassung immaterieller Werte in der Unternehmensberichterstattung vor dem Hintergrund handelsrechtlicher Rechnungslegungsnormen. In P. Horváth & K. Möller (Hrsg.), *Intangibles in der Unternehmenssteuerung* (S. 221–252). München: Vahlen.
Audi (2010). *Geschäftsbericht 2010.* Ingolstadt: Audi.
BASF (2011). *Geschäftsbericht 2011.* Ludwigshafen: BASF.
Beiersdorf (2010). *Geschäftsbericht 2010.* Hamburg: Beiersdorf.
BMW (2010). *Geschäftsbericht 2010.* München: BMW.
Daimler (2011). *Geschäftsbericht 2011.* Stuttgart: Daimler.
Deutsche Bank (2012). *Geschäftsbericht 2010.* Frankfurt am Main: Deutsche Bank.
Deutsche Post DHL (2010). *Geschäftsbericht 2010.* Bonn: Deutsche Post DHL.
Die Post CH (2011). *Geschäftsbericht Die Post.* Bern: Die Post.
Duhr, A., & Haller, A. (Hrsg.) (2013). *Management Control and Reporting of Intangibles, Schmalenbach Business Review (sbr), Special Issue 4/2013.* Düsseldorf: Fachverlag Verlagsgruppe Handelsblatt.
EnBW (2011). *Geschäftsbericht 2011.* Stuttgart: EnBW.
Fresenius (2011). *Geschäftsbericht 2011.* Bad Homburg: Fresenius.
FMC (2011). *Geschäftsbericht 2011.* Hof an der Saale: FMC.
Henkel (2010). *Geschäftsbericht 2010.* Düsseldorf: Henkel.
Horváth, P., & Möller, K. (Hrsg.). (2004) *Intangibles in der Unternehmenssteuerung – Strategien und Instrumente zur Wertsteigerung des immateriellen Kapitals.* München: Vahlen
Jenoptik (2010). *Geschäftsbericht 2010.* Jena: Jenoptik.
MAN (2010). *Geschäftsbericht 2010.* München: MAN.
Matzler, K., Hinterhuber, H.H., Renzl, B., & Rothenberger, S. (Hrsg.). (2006) *Immaterielle Vermögenswerte – Handbuch der intangible Assets.* München: Erich Schmidt Verlag.
Menninger, J. (2009). Immaterielle Werte aus Sicht der Wirtschaftsprüfung. In K. Möller, M. Piwinger & A. Zerfaß (Hrsg.), *Immaterielle Vermögenswerte – Bewertung, Berichterstattung und Kommunikation* (S. 349–363). Stuttgart: Schäffer-Poeschel.
Merck (2011). *Geschäftsbericht 2011.* Darmstadt: Merck.
Möller, K., & Gamerschlag, R. (2009). Immaterielle Vermögenswerte in der Unternehmenssteuerung – betriebswirtschaftliche Perspektiven und Herausforderungen. In: K. Möller, M. Piwinger, & A. Zerfaß (Hrsg.), *Immaterielle Vermögenswerte – Bewertung, Berichterstattung und Kommunikation* (S. 3–21). Stuttgart: Schäffer-Poeschel.
Möller, K., & Piwinger, M. (2009). Berichterstattung über immaterielle Vermögenswerte – Empirische Defizite und künftige Potenziale. In K. Möller, M. Piwinger, & A. Zerfaß (Hrsg.), *Immaterielle Vermögenswerte – Bewertung, Berichterstattung und Kommunikation* (S. 73–94). Stuttgart: Schäffer-Poeschel.
Möller, K., & Schläfke, M. (2012). Controlling und immaterielle Werte. In R. Gleich, R. Mayer, K. Möller & M. Seiter (Hrsg.), *Controlling Relevance Lost? Entwicklungsperspektiven für die Zukunft* (S. 85–98). München: Vahlen.

Möller, K., Piwinger, M., & Zerfaß, A. (Hrsg.). (2009). *Immaterielle Vermögenswerte – Bewertung, Berichterstattung und Kommunikation*. Stuttgart: Schäffer-Poeschel.
Moxter, A. (1979). Immaterielle Anlagewerte im neuen Bilanzrecht. *Betriebsberater, 22*(34), 1102–1109.
Oceantomo (o. J.). *Intellectual Capital Equity*. http://www.oceantomo.com/about/intellectualcapitalequity. Zugegriffen: 14. Jan. 2014.
Roche (2010). *Geschäftsbericht 2010*. Basel: Roche.
SAP (2011). *Geschäftsbericht 2011*. Walldorf: SAP.
Siemens (2008). *Geschäftsbericht 2008*. München: Siemens.
Siemens (2011). *Geschäftsbericht 2011*. München: Siemens.
Sveiby, K.-E. (2001). A knowledge-based theory of the firm to guide in strategy formulation. *Journal of Intellectual Capital, 2*(4), 344–358.
ThyssenKrupp (2010). *Geschäftsbericht 2010*. Essen: ThyssenKrupp.

Wissensbilanzierung: Strategische Kommunikationsprozesse bewerten und steuern

Markus Will, Kay Alwert und Mart Kivikas

> **Zusammenfassung**
>
> Unternehmen stehen vor der Herausforderung, Strategien für die wissensbasierte Wirtschaft zu entwickeln und zu kommunizieren. Eine konsistente Geschäftsstrategie muss nicht nur – im Sinne einer integrierten Unternehmenskommunikation – nach außen und innen einheitlich dargestellt und gelebt werden. Sie muss auch an den spezifischen immateriellen Vermögenswerten, Wissensressourcen und Alleinstellungsmerkmalen des Unternehmens ansetzen und diese konsequent weiterentwickeln. Der Beitrag zeigt diesen Zusammenhang zwischen Strategieprozess und integrierter Unternehmenskommunikation bezüglich immaterieller Werte auf und stellt das Managementinstrument „Wissensbilanz" zur Unterstützung dieses Prozesses vor. Unter anderem werden die Möglichkeiten zur Bewertung und Steuerung von strategisch relevanten Kommunikationsprozessen mit Hilfe der Wissensbilanz diskutiert sowie Grenzen und Weiterentwicklungsbedarfe dargelegt.

M. Will (✉)
Fraunhofer IPK
Pascalstraße 8–9, 10587 Berlin, Deutschland
E-Mail: markus.will@ipk.fraunhofer.de

K. Alwert
alwert
Dunckerstraße 27, 10439 Berlin, Deutschland
E-Mail: kay.alwert@alwert.com

M. Kivikas
Wissenskapital ZFI/ECI
Lohbeet 18, 91097 Oberreichenbach, Deutschland
E-Mail: mart.kivikas@wissenskapital.info

Schlüsselwörter

Immaterielle Werte · Intellektuelles Kapital · Wissensressourcen · Geschäftsbericht · Lagebericht · Wissensbilanz · Strategisches Management · Change Management · Organisationsentwicklung · Kommunikatiosnwirkung · Kommunikations-Controlling · Unternehmenskommunikation

1 Einleitung

Eine immer wieder diskutierte Frage des Kommunikationsmanagements ist: Wie hängen strategisches Management und Unternehmenskommunikation zusammen bzw. wie sollte das Zusammenspiel idealerweise funktionieren?

Nicht nur neue Beratungskonzepte, die Strategieberatung und Kommunikationsberatung zusammenführen, sondern auch aktuelle unternehmerische Herausforderungen zeigen den Bedarf auf, diese Frage erneut zu stellen – und vor allem geeignete Werkzeuge zu entwickeln. Dies hat mehrere Gründe:

- Zunehmender Wettbewerbsdruck zwingt Unternehmen zur Schärfung ihrer strategischen Positionierung am Markt. Dabei werden Wissen als zentraler Produktionsfaktor und die so genannten weichen Faktoren zu den entscheidenden Differenzierungsmerkmalen.
- Strategische Alleinstellungsmerkmale müssen gezielt entwickelt und nach außen kommuniziert werden, um Kunden wie Investoren von der besonderen Leistungsfähigkeit des eigenen Unternehmens zu überzeugen.
- Diese strategische Ausrichtung darf sich nicht auf oberflächliche Werbeslogans beschränken, sondern muss sich – im Sinne einer integrierten Unternehmenskommunikation – in allen (wahrnehmbaren) Handlungen der Mitarbeiter ausdrücken.

Die Wissensbilanzierung ist eine Möglichkeit, diesen Herausforderungen zu begegnen. Die Wissensbilanz stellt ein Instrument dar, um strategisches Management und interne wie externe Kommunikation strukturiert zusammenzuführen.

Schon lange wird von verschiedenen Seiten gefordert, strategisches Management besser mit der Unternehmenskommunikation zu verzahnen. Die (eher akademische) Frage in dieser Diskussion war, ob Unternehmenskommunikation lediglich die einseitige „Verkündung" der Unternehmensstrategie nach außen und innen zur Aufgabe hat, oder ob ein zweiseitiger Kommunikationsprozess nötig ist. Ist die Unternehmenskommunikation also ein der Strategie nachgeordneter Prozess oder füttert sie den Strategieprozess mit relevanten Themen aus dem Unternehmensinneren und seinem Umfeld und extrahiert wiederum Entscheidungen aus dem Strategieprozess, um sie für verschiedene Zielgruppen aufzubereiten?

Jenseits dieser kommunikationswissenschaftlichen Diskussion kann zunächst festgehalten werden: Strategie ist Kommunikation. Selbst wenn nur eine Person im Unternehmen (der „Chef") explizit mit „Strategie" befasst ist, benötigt diese Person Informationen über Chancen und Risiken im Umfeld und über Stärken und Schwächen innerhalb des Unternehmens (SWOT-Analyse). Unerheblich wie systematisch dies erfolgt, muss sie dann auf dieser Basis Entscheidungen treffen, die sich zumindest im eigenen Handeln ausdrücken. Sind diese Handlungen für interne und/oder externe Zielgruppen sichtbar, kann bereits von Kommunikation (im Sinne Watzlawicks) gesprochen werden. Doch zunehmende Komplexität und Mehrdeutigkeit innerhalb und außerhalb des Systems „Organisation" erschwert diesen Prozess. Strukturierte Kommunikation ist notwendig, um Komplexität so zu reduzieren, dass sinnvolle und koordinierte Handlungen möglich sind, die letztendlich den Geschäftserfolg eines Unternehmens bewirken.

Die rasante Entwicklung von Märkten und Kundenanforderungen, Technologien und Geschäftsmodellen als Komplexität in der Unternehmensumwelt ist eine allgemein bekannte Tatsache. Die innere Komplexität des Systems „Organisation" ist dagegen in den klassischen Managementkonzepten kein allgemein akzeptierter Fakt. Klar strukturierte Organigramme (Aufbauorganisation) und Prozessmodelle (Ablauforganisation) suggerieren, dass alles in geordneten Bahnen verläuft und „unter Kontrolle" ist. Bezieht man allerdings die viel zitierten „weichen Faktoren", wie z. B. Fachkompetenz, Motivation, Kommunikation und Kooperation oder interner und externer Wissensaustausch, mit ein, wird schnell deutlich: Wechselseitige Abhängigkeiten zwischen diesen Faktoren und deren komplexe Wirkungszusammenhänge mit Leistungsprozessen und Geschäftserfolgen erlauben keineswegs, eine eindeutige Funktionsweise der Organisation zu unterstellen. Wird nun im Rahmen der strategischen Unternehmensentwicklung gefragt, welche dieser immateriellen Faktoren von besonderer strategischer Bedeutung sind und in welche am besten investiert werden sollte, um größtmögliche Erfolgswirksamkeit zu entfalten, steht der Unternehmer vor einer fast unlösbaren Herausforderung, die bisher nur durch das berühmte „Bauchgefühl" gestemmt werden konnte. Berücksichtigt man dann noch, dass die so genannten immateriellen Vermögenswerte auch zunehmend von Investoren und Kreditgebern zur Bestimmung des Unternehmenswerts und des Investitionsrisikos herangezogen werden, wird die Notwendigkeit zur Systematisierung solcher Wirkungsgeflechte und darauf basierender unternehmerischer Entscheidungen offensichtlich (Mertins et al. 2005).

Zusammenfassend lässt sich festhalten: Weiche Faktoren müssen zu möglichst „harten Fakten" gemacht werden, um sie dem strategischen Management zuzuführen.

Wie bereits angedeutet, heißt die Lösung: Kommunikation. Subjektive Wahrnehmungen einzelner immaterieller Faktoren und ihrer Wirkung auf das Geschäftsergebnis müssen in kollektive Denkmuster überführt und mittels Indikatoren überprüfbar gemacht werden. Gemäß der alten Controlling-Weisheit, „nur was gemessen werden kann, kann gemanagt werden", ist unternehmensintern ein gemeinsames Verständnis über die spezifische Funktionsweise der eigenen Organisation sowie die Ausprägung der relevanten immateriellen Faktoren herzustellen, um darauf basierend koordinierte Handlungen zur Erreichung strategischer Zielsetzungen zu ermöglichen. Und um andererseits ein stimmiges Bild der Organisation und ihrer Strategie nach außen zu kommunizieren (Bornemann et al. 2004).

Entscheidend ist – wie bei allen Kommunikationsmaßnahmen eines Unternehmens – welches Ziel verfolgt wird. Will man lediglich externe Stakeholder kurzfristig beeindrucken, könnte man diesen Prozess vermutlich einzelnen Kommunikationsspezialisten überlassen. Sollen sich die dabei entwickelten Botschaften aber im täglichen Handeln der Mitarbeiter ausdrücken und sollen aufgezeigte Entwicklungsmaßnahmen auch langfristig die erwünschten Ergebnisse liefern, ist es für eine nachhaltige Strategie und eine glaubwürdige Kommunikation unerlässlich, sowohl das Top-Management als auch die Belegschaft in einer geeigneten Form in diesen Kommunikationsprozess zu involvieren.

Das Ziel einer konsistenten und glaubwürdigen Außendarstellung hängt also unmittelbar mit der strategischen Ausrichtung der Verhaltensweisen innerhalb des Unternehmens zusammen. Dies ist einer der wesentlichen Aspekte der integrierten Unternehmenskommunikation (Bruhn 2009). Eine entsprechende Einstellungs- und Verhaltensänderung der Mitarbeiter kann aber nur über die bereits angesprochene kollektive Bewusstseinsbildung erreicht werden (Finke und Will 2005). Anders ausgedrückt: Es ist ein gemeinsames Verständnis über die Zusammenhänge im Unternehmen herzustellen, um die immateriellen Erfolgsfaktoren gezielt zu entwickeln. Denn diese Faktoren beinhalten das Wissen und die Fähigkeiten der Mitarbeiter genauso wie die Art der Zusammenarbeit und dafür notwendige Kommunikationsstrukturen. Wie kann dieses „big picture" hergestellt und in den Köpfen verankert werden? Und wie können daraus konkrete Maßnahmen abgeleitet werden?

Die Wissensbilanz begegnet diesen praktischen Fragestellungen mit einem partizipativen Vorgehen. Dadurch erhält das Management Einblicke in die Sicht der Mitarbeiter auf die eigene Organisation, um valides Wissen über Stärken und Schwächen des Intellektuellen Kapitals zu erhalten, das sonst, durch mehrfach gefilterte, interpretierte und verfälschte Information im Sinne eines „Stille-Post-Effekts", verborgen bleibt. Andererseits erhalten die Mitarbeiter Einblicke in übergeordnete Zielsetzungen und konstruieren gemeinsam ein stimmiges Bild über die komplexen Zusammenhänge der immateriellen Ressourcen der Organisation. Nur so können gezielte, strategische Veränderungen mit Unterstützung aller Beteiligten nachhaltig umgesetzt werden (Reinhardt und Bornemann 2005).

Insofern ist die Wissensbilanz als ein Instrument zu verstehen, das den Strategieprozess und internes sowie externes Kommunikationsmanagement integriert. Sie dient sowohl als strukturierte Entscheidungsgrundlage für das Management als auch der Transparenz über die immateriellen Werttreiber für Mitarbeiter und externe Stakeholder, wie Eigner, Investoren oder Banken. Als Teile der immateriellen Ressourcen werden auch die täglich ablaufenden internen und externen Kommunikationsprozesse hinsichtlich ihrer Stärken und Schwächen sowie ihrer Relevanz für zukünftige Geschäftserfolge untersucht (siehe Abschn. 4).

Im Folgenden wird der Ansatz zur Wissensbilanzierung dargestellt, der im Rahmen der Initiative „Wissensbilanz – Made in Germany" entwickelt und getestet wurde. Ursprünglich gefördert vom Bundesministerium für Wirtschaft und Technologie (BMWi), wurde die

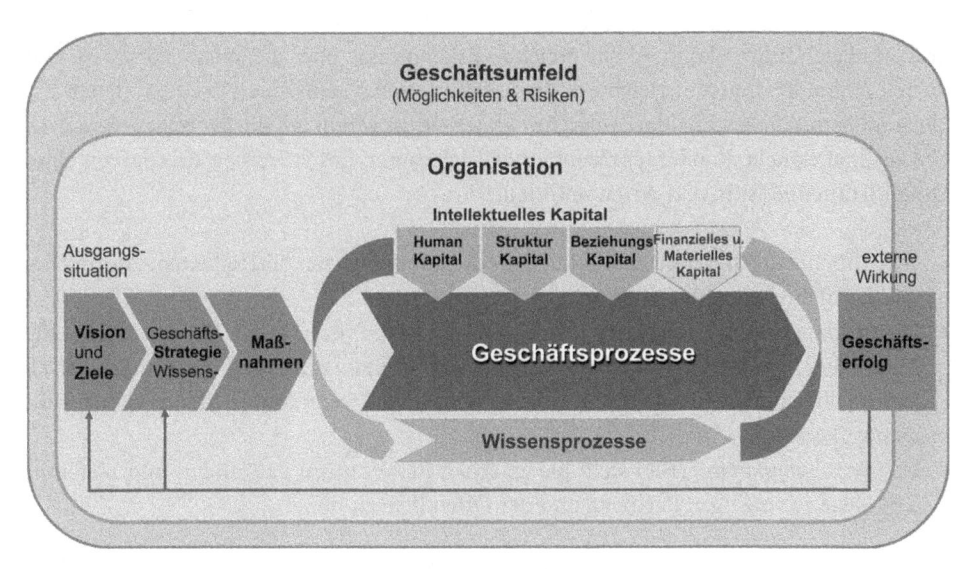

Abb. 1 Wissensbilanz-Modell des Arbeitskreis Wissensbilanz
(Quelle: Alwert et al. (2008))

Methode zunächst auf die Bedürfnisse von kleinen und mittleren Unternehmen (KMU) ausgerichtet, in späteren Entwicklungsstufen auch in großen Organisationen angewendet sowie auf die Netzwerk- und regionale Ebene übertragen. Zahlreiche Unternehmen in Deutschland und Europa nutzen die Wissensbilanz zur kontinuierlichen strategischen Weiterentwicklung und werden mittlerweile durch ein großes Netzwerk an ausgebildeten Wissensbilanz-Moderatoren und einen bundesweiten Berufsverband (BVWB e. V.) unterstützt. Im „Wissensbilanz-Leitfaden 2.0" (Alwert et al. 2008) werden die Methode und die unterstützende Software „Wissensbilanz-Toolbox" praxisnah dargestellt.

2 Wissensbilanz-Modell

Basis der Wissensbilanzierung ist ein Strukturmodell, das die Organisation als ein soziales System begreift, in dem Geschäftsprozesse ablaufen, deren Ergebnisse eine bestimmte Wirkung in der Organisationsumwelt erzielen (vgl. Abb. 1):

Ausgangspunkt ist die Vision und Strategie der Organisation mit Blick auf die Möglichkeiten und Risiken im Geschäftsumfeld. Die Organisation leitet daraus eine Reihe von Maßnahmen ab, wie sie sich entsprechend ihres Intellektuellen Kapitals positionieren will. Durch die Erfassung der Wechselwirkungen zwischen den einzelnen Arten des Intellektuellen Kapitals (Wissensprozesse) zeigt sich, welchen Stellenwert die einzelnen immateriellen Faktoren für die Organisation haben, welche besonders gut und welche eher schwach ausgeprägt sind. Ihr Zusammenwirken mit den Geschäftsprozessen führt gemeinsam mit den sonstigen Ressourcen zum Geschäftserfolg (oder Misserfolg). Aus diesem Ergebnis leitet die Organisation Konsequenzen für die Zukunft ab, die zu einer Veränderung der Vision und Strategien führen können. Die erzielten Erkenntnisse über die Wissensprozesse und die relevanten Ressourcen erleichtern die Ableitung von Maßnahmen in einem neuen Zyklus und damit die nachhaltige Ausrichtung der Organisation auf die festgelegte Strategie.

Das Intellektuelle Kapital repräsentiert alle relevanten immateriellen Ressourcen einer Organisation und ist in drei Arten unterteilt:

- Das *Humankapital* (HK) charakterisiert die Kompetenzen, Fertigkeiten, Motivation und Lernfähigkeiten der Mitarbeiter.
- Das *Strukturkapital* (SK) umfasst all jene Strukturen, Prozesse und Abläufe, welche die Mitarbeiter benötigen, um in ihrer Gesamtheit produktiv und innovativ zu sein, also all jene intelligenten Strukturen, welche bestehen bleiben, wenn Mitarbeiter das Unternehmen verlassen.
- Das *Beziehungskapital* (BK) stellt die externen Beziehungen zu Kunden und Lieferanten, sowie zu sonstigen Partnern und der Öffentlichkeit dar.

3 Wissensbilanzierung als strukturierter Kommunikationsprozess

Als integrierter Strategie- und Kommunikationsprozess ist das Wissensbilanz-Projekt im jeweiligen Unternehmen zunächst gewissenhaft vorzubereiten, um die erwünschte Qualität der Ergebnisse sicher zu stellen. Dabei sind einige Prinzipien einzuhalten, die in den folgenden beiden Abschnitten dargestellt werden (vgl. auch Alwert 2006, S. 58 ff.).

4 Projektvorbereitung

Rahmen und Ausgangspunkt für das gesamte Wissensbilanz-Projekt sind die Projektzielsetzungen. Diese werden in ersten Gesprächen mit dem Gesamtverantwortlichen festgelegt. In mittelständischen Organisationen sind das in der Regel der Geschäftsführer und die erste Führungsebene. Um die Projektziele zu definieren, können unterschiedliche Methoden zum Einsatz kommen. Bewährt haben sich Workshopmethoden, in denen die wichtigsten Entscheider gemeinsam Nutzen, Chancen und Risiken sowie Aufwände diskutieren und gegeneinander abwägen. Ergebnis ist eine priorisierte Liste mit Projektzielsetzungen, die unter anderem die folgenden Fragen beantwortet:

- Steht die gesamte Organisation im Fokus oder nur Teile?
- Zielt die Wissensbilanz auf die Verbesserung des internen Managements oder auf die externe Kommunikation des intellektuellen Kapitals?
- Welches sind die Zielgruppen: Management, Mitarbeiter, das Wissensbilanz-Team, Banken, Kunden, Eigentümer, Öffentlichkeit oder andere?

Das Wissensbilanz-Team führt, repräsentativ für die gesamte Organisation, einen Großteil der Arbeiten durch. Das Team muss demzufolge die unterschiedlichen Sichtweisen auf die Organisation widerspiegeln. Vertreter aller Unternehmensteile und Hierarchieebenen sind hierzu zu integrieren. Sowohl die oberste Führungsebene als auch operative Mitarbeiter sollten im Wissensbilanz-Team vertreten sein, um Ausgewogenheit zwischen strategischer Sicht und operativem Geschäft herzustellen.

Die Vertreter aus den unterschiedlichen Funktionsbereichen der Organisation bringen die fachspezifische Sicht z. B. aus Vertrieb, Produktion, Marketing, Controlling sowie Forschung und Entwicklung ein. Ihre Aufgabe ist es, die speziellen Anforderungen, Chancen und Risiken ihres Bereiches aufzuzeigen. Für sie besteht die Möglichkeit, Schwierigkeiten in der Zusammenarbeit offen anzusprechen und mit Vertretern aus den anderen Bereichen zu diskutieren. Dadurch kann das Verständnis für die eigene Sichtweise und Situation bei den anderen gefördert und ein Verständnis für die Problemzusammenhänge aufgebaut werden.

Für alle Teilnehmer gilt, dass sie jeweils eine ganze Gruppe von Mitarbeitern und Sichtweisen vertreten. Es ist ihre Aufgabe möglichst alle bekannten Argumente ohne Vorbehalte einzubringen. Gemäß ihrer Stellvertreterfunktion trifft dies auch auf Argumente zu, die sie persönlich nicht vertreten, ihnen jedoch bekannt sind. Dies stellt nicht unerhebliche Anforderungen an die soziale Kompetenz und Kommunikationsfähigkeit der einzelnen Teammitglieder. Folgende Grundprinzipien und Kommunikationsregeln unterstützen die Workshoparbeit:

- Für die Zeit der Workshops ist die hierarchische Weisungsbefugnis aufgehoben.
- Alle unbegründeten Aussagen werden nicht berücksichtigt und weiter diskutiert.
- Alle Teilnehmer streben einen Konsens an, welcher sich auf die geführte Argumentation stützt.

Grundsätzlich ist es wichtig, dass für alle Mitarbeiter jederzeit nachvollziehbar ist, wer an der Wissensbilanzierung beteiligt ist und was in den einzelnen Workshops besprochen und erarbeitet wird. Der Projektleiter hat daher die Funktion die anderen Mitarbeiter zu informieren, in dem z. B. die Zwischenergebnisse und Protokolle für jeden einzusehen sind. Wesentlich ist, dass für alle Mitarbeiter transparent wird, wie die Teamzusammensetzung zustande gekommen ist. Dies fördert die Akzeptanz der Ergebnisse bei den nicht Beteiligten und ist damit ein wichtiger Baustein, wenn es um die Umsetzung von Maßnahmen aus der Wissensbilanzierung geht.

Ein entsprechend geschulter Moderator hat die Aufgabe, die Gleichverteilung der Redeanteile anzustreben und die Prinzipien der Workshop-Arbeit einzuhalten. Übernimmt ein externer Berater diese Funktion, kann größtmögliche Neutralität und ein vorbehaltloses Steuern des Gruppenprozesses gewährleistet werden.

5 Die acht Schritte der Wissensbilanzierung

Die eigentliche Erstellung der Wissensbilanz erfolgt in acht Schritten, die das Projekt in klar abgegrenzte Arbeitseinheiten unterteilt. Dadurch wird sichergestellt, dass jeweils sinnvolle Zwischenergebnisse erreicht werden und der Prozess nach jedem Schritt unterbrochen werden kann, ohne das Gesamtergebnis zu gefährden oder Doppelarbeiten zu verursachen. Die Dokumentation kann mit Hilfe der Wissensbilanz-Toolbox erfolgen, eine Software, die das BMWi kostenlos zur Verfügung stellt (siehe www.akwissensbilanz.org). Mit diesem Tool können auch die wesentlichen Auswertungen automatisiert und das finale Dokument „Wissensbilanz" erzeugt werden.

5.1 Geschäftsmodell beschreiben

Um den Rahmen für alle nachfolgenden Schritte festzulegen, sind folgende Fragen zur Ausgangssituation des Unternehmens zu beantworten:

- *Bilanzierungsbereich:* Welche Teile Ihrer Organisation wollen wir mit der Wissensbilanz betrachten?
- *Geschäftsumfeld:* Welche Chancen und Risiken beeinflussen unser Geschäft? Welche aktuellen Entwicklungen im Geschäftsumfeld (neue Wettbewerber, neue Technologien, neue Gesetze,…) gibt es? Welche Chancen werden gesehen, um sich am Markt zu verbessern? Welche Risiken liegen im Geschäftsumfeld, die das Geschäft negativ beeinflussen können? Wie sieht der Markt für potenzielle und zukünftige Mitarbeiter aus?
- *Vision:* Wie wollen wir uns langfristig positionieren? Welche übergeordneten Ziele verfolgen wir?
- *Strategie:* Was hat uns in der Vergangenheit stark gemacht? Welche mittelfristigen Teilziele streben wir an, um die Vision zu erreichen? Was sind neue Produkte oder Geschäftsfelder, die in Zukunft auf- oder ausgebaut werden sollen? Welches Wissen benötigen wir konkret, um unsere Leistungen zu erbringen und um die Geschäftsstrategie umsetzen zu können? Was von unserem Wissen ist einzigartig und unbedingt notwendig, um am Markt erfolgreich zu sein? Wie muss es in Bezug auf Kunden und Wettbewerbsfähigkeit entwickelt werden?

Als zentrale Bezugsgrößen zur Analyse der immateriellen Faktoren sind weiterhin die wichtigsten Geschäftsprozesse sowie die angestrebten Geschäftsergebnisse zu definieren:

- *Geschäftserfolge (GE):* Welche Geschäftsergebnisse müssen wir mittelfristig sicherstellen, um unsere Vision zu erreichen und unsere Strategie zu erfüllen? Woran misst sich der Erfolg unseres Unternehmens?
- *Geschäftsprozesse (GP):* Über welche zentralen Leistungsprozesse werden unsere Geschäftsergebnisse erstellt? Welches sind die zentralen Produkte oder Produktgruppen

(Dienstleistungen), mit denen das Geld verdient wird? Welche Hauptprozesse sind notwendig, um die Produkte und Leistungen zu erstellen und zu vermarkten?

5.2 Intellektuelles Kapital definieren

Im zweiten Schritt werden die unternehmensspezifischen immateriellen Ressourcen festgelegt und als so genannte Einflussfaktoren möglichst präzise definiert und gegeneinander abgegrenzt. Im Rahmen des ersten Workshops liefert jedes Teammitglied Vorschläge auf Moderationskarten, die dann zu Clustern zusammengefasst werden, sodass maximal fünf bis sechs Einflussfaktoren pro Kapitalart entstehen. Nach Auswertung der ersten 14 Pilotunternehmen ergeben sich dabei die folgenden typischen Einflussfaktoren für die drei Kapitalarten (Alwert 2006, S. 71 f.):

- *Humankapital:* Mitarbeiterqualifikation, Mitarbeitererfahrung, Soziale Kompetenz, Mitarbeitermotivation, Führungskompetenz;
- *Strukturkapital*: Unternehmenskultur, Kooperation und Kommunikation innerhalb der Organisation, Führungsprozess, Informationstechnik und explizites Wissen, Wissenstransfer und -sicherung, Produktinnovation, Prozess- und Verfahrensinnovation;
- *Beziehungskapital:* Kundenbeziehungen, Lieferantenbeziehungen, Beziehungen zur Öffentlichkeit, Beziehungen zu Kapitalgebern, Investoren und Eignern, Beziehungen zu Kooperationspartnern.

5.3 Bewertung des Intellektuellen Kapitals

In der so genannten QQS-Bewertung diskutiert das Wissensbilanz-Team die aktuelle Ausprägung aller Einflussfaktoren des Intellektuellen Kapitals nach den drei Bewertungsdimensionen: Quantität, Qualität und Systematik. Dabei wird versucht, ein Konsens über den Status Quo zu erreichen, der mit Begründungen aus der Diskussion dokumentiert wird. Wichtig ist, dass dabei der Bezugsrahmen immer wieder deutlich ist, d. h. die Ausprägung des jeweiligen Einflussfaktors muss sich auf den strategischen Rahmen beziehen, der in Schritt 1 festgelegt wurde.

Die Selbstbewertung im Workshop beginnt, indem zu jedem Einflussfaktor folgende Fragen gestellt werden:

- *Quantität/Menge:* Wie viel haben wir davon?
- *Qualität:* Wie ist die Qualität dessen, was wir haben?
- *Systematik:* Wie systematisch gehen wir mit dem Einflussfaktor um, um diesen zu erhalten und gezielt zu entwickeln?

Als Bewertungsmaßstab wird eine prozentuale Skala von 0 bis 120 % verwendet, die in fünf Bewertungsstufen aufgeteilt ist:

- 0 % = die Quantität/Qualität/Systematik ist nicht ausreichend.
- 30 % = ... teilweise ausreichend.
- 60 % = ... überwiegend/größtenteils ausreichend.
- 90 % = ... vollständig ausreichend.
- 120 % = ... besser oder mehr als erforderlich.

Die Bewertungsstufe 120 % ermöglicht es, Einflussfaktoren mit Rationalisierungspotenzial zu identifizieren, also Bereiche, die besser ausgeprägt sind, als operativ und strategisch erforderlich. Sie sind ggf. durch Veränderungen in der Ausrichtung der Organisation entstanden oder dadurch, dass ihnen in der Vergangenheit viel Aufmerksamkeit zuteil wurde.

Ergebnis dieses Schritts ist ein Stärken-Schwächen-Profil der wichtigsten immateriellen Werttreiber der Organisation.

5.4 Messung des Intellektuellen Kapitals

Um die Selbstbewertung aus Schritt 3 auf eine solide Basis zu stellen, sollten für die wichtigsten Einflussfaktoren Indikatoren definiert werden. So kann die Bewertung des Intellektuellen Kapitals quantitativ überprüfbar gemacht werden, was vor allem für die externe Kommunikation gegenüber Investoren und Banken die Aussagekraft einer Wissensbilanz erhöht. Ein Indikator setzt sich aus einer immer gleich berechneten Kennzahl und einem Interpretationsrahmen zusammen, der die Bedeutung der Kennzahl in Bezug auf den zu messenden Sachverhalt festlegt. Idealerweise findet das Wissensbilanz-Team für jede der drei Bewertungsdimensionen der QQS-Bewertung mindestens einen Indikator.

Folgende Fragen helfen bei der Erfassung von Indikatoren:

- Welche Indikatoren sind zur Beschreibung der einzelnen Einflussfaktoren und Bewertungskriterien geeignet? Welche Indikatoren nutzen wir bereits, die ggf. verwendet werden können? Wie definieren wir die Indikatoren und wie lautet die genaue Messvorschrift zur Berechnung der Werte? Wie werden die Indikatoren erhoben und aus welcher Datenquelle stammen sie? Wie sind die Indikatoren in ihrem jeweiligen Bedeutungskontext zu interpretieren (wann ist ein Wert „gut", wann „schlecht")? Welche Werte haben die Indikatoren? Liegen bereits Zeitreihen vor?

5.5 Wirkungszusammenhänge erfassen

Um die komplexen Wechselwirkungen der immateriellen Ressourcen in den Geschäftsprozessen strukturiert zu erfassen, kann im nächsten Schritt die so genannte Einflussanalyse durchgeführt werden (Vester 1999). Dabei wird in einer Matrix die Wirkung jeweils eines Einflussfaktors auf alle anderen Einflussfaktoren erfasst. Das Wissensbilanz-Team einigt sich im Workshop auf die Stärke jedes einzelnen Wirkungszusammenhangs in 4 Stufen:

0 = keine Wirkung, 1 = schwache Wirkung (unterproportionaler Einfluss), 2 = mittlere Wirkung (proportionaler Einfluss), 3 = starke Wirkung (überproportionaler Einfluss).

5.6 Auswertung und Ergebnisinterpretation

Die Analyse des Intellektuellen Kapitals aus den Schritten 3 bis 5 kann nun in unterschiedlichen Diagrammen und Berichten ausgewertet werden, um die Analyseergebnisse zu interpretieren. Ziel ist es, diejenigen Einflussfaktoren des Intellektuellen Kapitals zu identifizieren, die das größte Entwicklungspotenzial haben. Dazu wird die QQS-Bewertung aus Schritt 3 mit der Einflussanalyse aus Schritt 5 kombiniert, um Einflussfaktoren mit dem größten Verbesserungspotenzial (niedrige QQS-Bewertung) und dem größten Einfluss (viele und starke Wirkungen gehen von dem Einflussfaktor aus) herauszufiltern. Aus beiden Aspekten ergibt sich das „Entwicklungspotenzial" jedes Einflussfaktors.

Sind so die besten Stellhebel zur Entwicklung des Intellektuellen Kapitals identifiziert, kann nun im Detail untersucht werden, wie sich Veränderungen der betroffenen Einflussfaktoren im Gesamtsystem des Unternehmens auswirken. Durch so genannte Wirkungsnetze lassen sich die Zusammenhänge der Einflussfaktoren des Intellektuellen Kapitals in den Geschäftsprozessen und ihr Einfluss auf den Geschäftserfolg ableiten. So lassen sich auch Generatoren identifizieren – sich selbst verstärkende Regelkreise, die besonders wirksame Entwicklungen erwarten lassen (vgl. Abb. 2).

5.7 Maßnahmen ableiten

An den Einflussfaktoren mit dem größten Entwicklungspotenzial sollte nun angesetzt werden, um gezielte Maßnahmen zur strategischen Entwicklung des Intellektuellen Kapitals zu planen und umzusetzen. Für die betroffenen Einflussfaktoren und die ihnen zugeordneten Indikatoren können Soll-Werte definiert werden, um im nächsten Bilanzierungszyklus mittels eines Soll-Ist-Vergleichs den Maßnahmenfortschritt zu überwachen. So hilft die Wissensbilanz auch als Controllinginstrument, um die Erfolgswirksamkeit von Wissensmanagement-Maßnahmen und anderen Entwicklungsprojekten im Unternehmen valide zu messen.

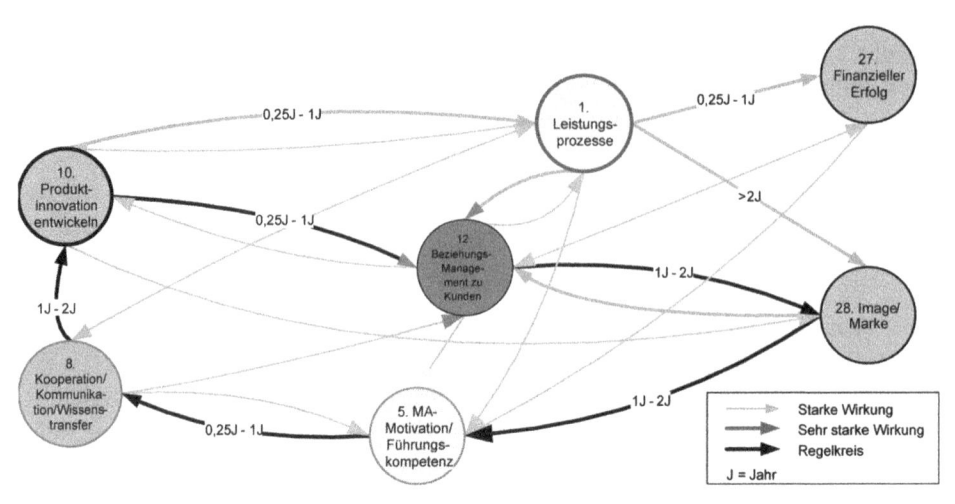

Abb. 2 Auszug eines Wirkungsnetzes
(Quelle: Alwert (2006))

5.8 Wissensbilanz erstellen

Im letzten Schritt wird die eigentliche Wissensbilanz als Dokument zusammengestellt. Sie kann aus allen Elementen der vorher beschriebenen Schritte bestehen, Listen mit den bewerteten Einflussfaktoren und Indikatoren enthalten, unterschiedliche Visualisierungen und Diagramme enthalten, Interpretationen der Analyseergebnisse wiedergeben und die daraus abgeleiteten Konsequenzen und Maßnahmen aufzeigen. Anekdoten können helfen, die quantitativen Bewertungen mit Leben zu füllen und anschaulich zu machen. Welche Inhalte enthalten sein sollen, hängt letztendlich von der Zielgruppe und ihren Erwartungen ab. Es kann sinnvoll sein, eine detailliertere Version für die interne Kommunikation zu erstellen, die vor allem auch Schwachstellen und Entwicklungspotenzial deutlich macht, und eine externe Version für Kapitalgeber und/oder Kunden zu erstellen, die vor allem messbare Indikatoren enthält und in entsprechendem Layout als Ergänzung des klassischen Geschäftsberichts verwendet werden kann.

6 Bewerten und Steuern von Kommunikationsprozessen mit der Wissensbilanz

Unter dem Gesichtspunkt der Unternehmenskommunikation kann man die beiden Kapitalarten, Strukturkapital und Beziehungskapital, auch als Ergebnisse bisher stattgefundener Kommunikationsprozesse verstehen, die wiederum als Ressource („assets") in der zukünftigen Wertschöpfung eingesetzt werden.

Das Strukturkapital umfasst unter anderem die Art und Weise wie Mitarbeiter wichtige Informationen und Wissen untereinander austauschen, wie Entscheidungen gefällt wer-

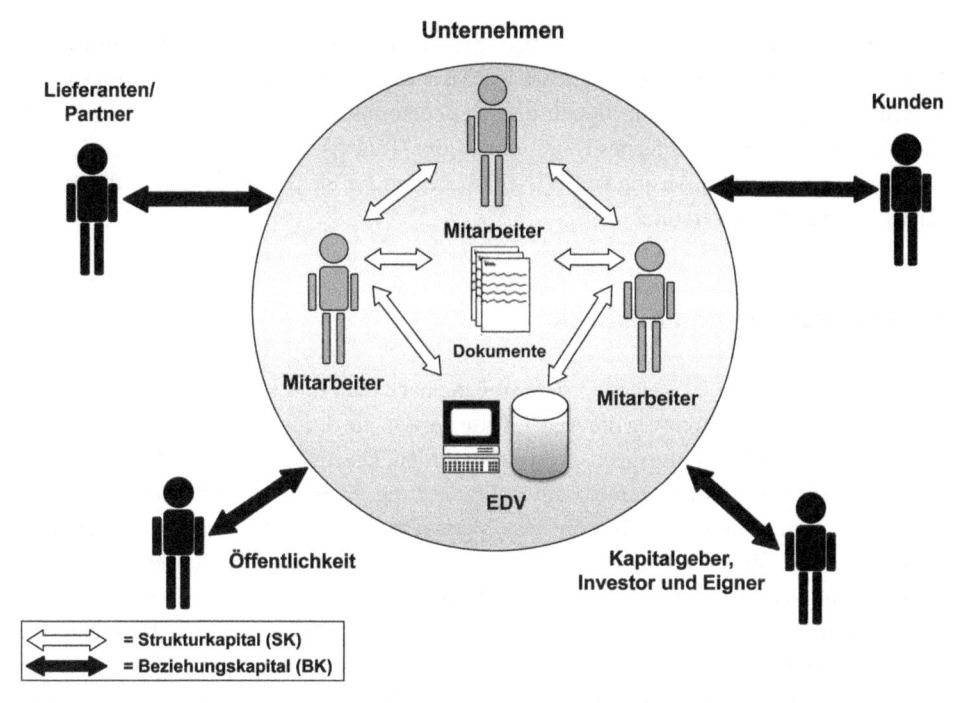

Abb. 3 Interne und externe Kommunikationsprozesse als Analysegegenstand der Wissensbilanz

den und welche Informationswege für Entscheidungen genutzt werden. Somit stellt das Strukturkapital die internen Kommunikationsprozesse im Unternehmen dar.

Auf die externen Kommunikationsprozesse bezieht sich das Beziehungskapital. Hierunter versteht man das Management der externen Beziehungen und die Art und Weise wie das Unternehmen mit Kunden, Lieferanten, Kapitalgebern, sowie mit sonstigen Partnern und der Öffentlichkeit kommuniziert (vgl. Abb. 3).

In der QQS-Bewertung (siehe Schritt 3) wird der Status Quo erfasst, d. h., welche Ergebnisse die täglich laufenden internen und externen Kommunikationsprozesse gebracht haben. Hier wird strukturiert analysiert, in welchen immateriellen Ressourcen das Unternehmen quantitativ, qualitativ und systematisch gut positioniert ist und wo Verbesserungspotenzial besteht. Durch nachprüfbare Kennzahlen untermauert (Schritt 4) und nach Einflussstärke gewichtet (Schritt 5), können so auch die strategisch wichtigen Kommunikationsprozesse im Kontext des gesamten Intellektuellen Kapitals evaluiert werden.

Darüber hinaus ist der gesamte Wissensbilanz-Prozess, insbesondere die Workshops, als interner Kommunikationsprozess zu verstehen, der die Auseinandersetzung mit den erfolgskritischen weichen Faktoren vorantreibt und ein gemeinsames Verständnis über die Funktionsweise der eigenen Organisation herstellt. Insbesondere die Stärken-Schwächen-Analyse in der QQS-Bewertung fördert die Einbeziehung und das Involvement der Workshop-Teilnehmer durch strukturierte Reflexion des eigenen Wissens, der Unternehmensstrukturen, -strategien und -ziele. Im Idealfall sollte jeder Workshop-Teilnehmer die

Ergebnisse aus dem Workshop in die verschiedenen Bereiche zurückspielen und Feedback einholen, wodurch eine möglichst umfassende Einbeziehung und Integration der verschiedenen (internen) Zielgruppen und Gesichtspunkte gewährleistet ist. Somit kann die Wissensbilanz als ein internes Kommunikations-Tool verstanden werden, das die Entwicklung und Implementierung von Wissensstrategien zur Sicherung des zukünftigen Unternehmenserfolgs unterstützt.

7 Erfahrungen und Ausblick

Die Unternehmen, die eine eigene Wissensbilanz nach dem hier beschriebenen Verfahren erstellt haben, heben durchweg die Aha-Effekte hervor, die durch den strukturierten Kommunikations- und Erstellungsprozess erreicht wurden. Die Teilnehmer der Wissensbilanz-Teams profitierten von der gemeinsamen Erarbeitung eines stimmigen Bilds der Funktionsweise der eigenen Organisation. Das Management erhielt so eine valide Entscheidungsgrundlage für die strategische Entwicklung der wichtigsten immateriellen Faktoren im Unternehmen. Fast noch wichtiger war die dadurch erreichte Weiterentwicklung und Präzisierung der Unternehmensstrategie, die mit Hilfe der Wissensbilanz in den folgenden Geschäftsjahren und Bilanzierungszyklen immer weiter an Veränderungen im Geschäftsumfeld und im Intellektuellen Kapital angepasst werden kann.

Die Erfolge bei der Schaffung interner Transparenz zur gezielten Steuerung des strategischen Wandels müssen im nächsten Schritt durch operative Konzepte zur erfolgreichen Implementierung von Maßnahmen unterstützt werden. Dazu existiert mittlerweile ein Ansatz, um die Wissensbilanz in den größeren Kontext der Strategieentwicklung inklusive der operativen Implementierung zu stellen (Will 2012). Auch können einzelne Erfolge bei der externen Offenlegung immaterieller Vermögenswerte zur Reduzierung von Kreditkosten noch nicht als breite Akzeptanz bei Banken und Investoren interpretiert werden. Hier ist eine engere Abstimmung mit den Anforderungen des Finanzmarkts erforderlich. Allerdings konnte in einem speziellen Experiment mit Finanzanalysten nachgewiesen werden, dass die Wissensbilanz im Ratingprozess zur präziseren Einschätzung des Unternehmenswerts beiträgt (Alwert et al. 2009; Will et al. 2007).

Die externe Kommunikation des Intellektuellen Kapitals, das im Jahresabschluss oder anderen Berichten des traditionellen Rechnungswesens nicht enthalten ist, gewinnt jedoch zunehmend an Bedeutung. Die internationalen Rechnungslegungsbehörden, aber auch Initiativen wie die World Intellectual Capital Initiative (www.wici-global.com), die European Federation of Financial Analysts (www.effas.net), die Integrated Reporting Initiative (www.theiirc.org) aber auch das Bundeswirtschaftsministerium mit dem Projekt „Wissensbilanz als Element der Lageberichterstattung" arbeiten an Empfehlungen und Standards zur Verbesserung der Unternehmensberichterstattung, die zukünftig auch Auskunft zum Intellektuelle Kapital geben soll. Vorreiter, wie die Energie Baden Württemberg (EnBW) kommunizieren eine Zusammenfassung ihrer Wissensbilanz bereits seit 2006 regelmäßig im Geschäftsbericht (siehe www.enbw.com), während die zahlreichen KMU-Anwender ihre Wissensbilanz meist im persönlichen Gespräch mit ihren Kapitalgebern besprechen.

An beiden Strängen – der internen Steuerung und der externen Kommunikation des Intellektuellen Kapitals – arbeitet der Arbeitskreis Wissensbilanz im Rahmen der Initiative „Wissensbilanz – Made in Germany" weiter. Die aktuellen Entwicklungen sind kontinuierlich unter www.akwissensbilanz.org und www.bvwb.de abrufbar.

Literatur

Alwert, K. (2006). *Wissensbilanzen für mittelständische Organisationen*. Stuttgart: IRB.
Alwert, K., Bornemann, M., & Will, M. (2008). *Wissensbilanz – Made in Germany. Leitfaden 2.0*. Berlin: Bundesministerium für Wirtschaft und Technologie (BMWi).
Alwert, K., Bornemann, M., & Will, M. (2009). Does intellectual capital reporting matter to financial analysts? *Journal of Intellectual Capital, 10*(3), 354–386.
Bornemann, M., Denscher, G., Sammer, M. (2004). Kommunikation und Intellectual Capital Reporting. Die Rolle der Wissensbilanz als internes und externes Kommunikationsinstrument. In R. Reinhardt (Hrsg.), *Wissenskommunikation in Organisationen* (S. 225–240). Berlin: Springer.
Bruhn, M. (2009). *Integrierte Unternehmens- und Markenkommunikation*, (5. Aufl.). Stuttgart: Schäffer-Poeschel.
Finke, I., & Will, M. (2005). Mitarbeiterorientierte Einführung von Wissensmanagement. In H. Barske, A. Gerybadze, L. Hünninghausen & T. Sommerlatte (Hrsg.), *Das innovative Unternehmen – Produkte, Prozesse, Dienstleistungen. Digitale Fachbibliothek Nr. 2012.01.01* (S. 1–58). Düsseldorf: Gabler/Symposion Publishing.
Mertins, K., Alwert, K., & Heisig, P. (Hrsg.). (2005). *Wissensbilanzen – Intellektuelles Kapital erfolgreich nutzen und entwickeln*. Berlin: Springer.
Reinhardt, R., & Bornemann, M. (2005). Die Implementierung von Wissensbilanzen als Problem. In K. Matzler, H. Hinterhuber, B. Renzl & S. Rothenberger (Hrsg.), *Immaterielle Vermögenswerte – Handbuch der Intangible Assets* (S. 205–230). Berlin: ESV.
Vester, F. (1999). *Die Kunst vernetzt zu denken – Ideen und Werkzeuge für einen Umgang mit Komplexität*. München: dtv.
Will, M. (2012). *Strategische Unternehmensentwicklung auf Basis immaterieller Werte in KMU – Eine Methode zur Integration der ressourcen- und marktbasierten Perspektive im Strategieprozess*. Berlin: Fraunhofer.
Will, M., Alwert, K., Bornemann, M., & Wuscher, S. (2007). *Auswirkungen eines Berichts über Intellektuelles Kapital auf die Unternehmensbewertung*. Berlin: Fraunhofer publica.

Teil VIII
Organisation, Outsourcing und Kompetenzmanagement in der Unternehmenskommunikation

Organisation der Kommunikationsfunktion: Strukturen, Prozesse und Leistungen für die Unternehmensführung

Ansgar Zerfaß, Christof E. Ehrhart und Christoph Lautenbach

Zusammenfassung

Der Beitrag der Unternehmenskommunikation zur Wertschöpfung erfordert neben intelligenten Strategien und kreativer Umsetzung vor allem auch klare Strukturen und exzellente Prozesse in den Abteilungen für Unternehmenskommunikation. Dabei gibt es keine Standardlösungen für die Aufbau- und Ablauforganisation. Notwendig ist eine ständige Überprüfung und laufende Anpassung an die jeweiligen Kontextfaktoren und sich wandelnde Unternehmensstrategien. Um dauerhaft einen Beitrag zum unternehmerischen Erfolg zu leisten, sind mehrere Voraussetzungen zu erfüllen: die Einbindung in die Entscheidungsfindung auf der Ebene des Top-Managements, eine damit einhergehende organisatorische Verankerung sowie ein entsprechendes Rollenverständnis der Kommunikationsverantwortlichen. Der Beitrag führt in die Thematik ein, erläutert alternative Organisationsmodelle und empirische Befunde, geht auf Regelungen der Zusammenarbeit ein und umreißt anhand des Fallbeispiels Deutsche Post DHL die Praxis der Organisationsgestaltung.

A. Zerfaß (✉) · C. E. Ehrhart
Universität Leipzig, Institut für Kommunikations- und Medienwissenschaft
Burgstraße 21, 04109 Leipzig, Deutschland
E-Mail: zerfass@uni-leipzig.de

C. E. Ehrhart
E-Mail: christof.ehrhart@uni-leipzig.de

C. Lautenbach
Lautenbach Sass
Schleusenstraße 15-17, 60327 Frankfurt am Main, Deutschland
E-Mail: lautenbach@lautenbachsass.de

Schlüsselwörter

Kommunikationsmanagement · Kommunikationsfunktion · Organisation · Aufbauorganisation · Prozesse · Ablauforganisation · Unternehmenskommunikation · Communication Governance

1 Einführung: Klare Strukturen und exzellente Prozesse als Erfolgsfaktoren der Unternehmenskommunikation

Stetiger Wandel und der Handlungsdruck zur laufenden Weiterentwicklung sind Merkmale heutiger Unternehmensführung. Die Gründe sind bekannt und vielfach belegt: veränderte Markt- und Wettbewerbsbedingungen, Änderungen gesellschaftlicher Wertesysteme im globalen Kontext und nicht zuletzt der technologische Fortschritt. Von Unternehmen werden neue Leitbilder verlangt, die über kontinuierliche Produktivitätssteigerung hinaus auf Flexibilität und Innovationsfähigkeit setzen. Sie sind herausgefordert, eine Organisationsform zu finden, die Fähigkeit zu Anpassung, Veränderung und Vernetzung ermöglicht und damit den Anforderungen durch permanenten Wandel gerecht wird. Organisationsentwicklung ist damit keine statische Entscheidung, sondern fortwährende praktische Strategiearbeit (Reichwald 1996; Reichwald und Möslein 1999; Schreyögg und Koch 2010; Thom und Wenger 2010).

Diese *situative Sichtweise auf die Unternehmensorganisation* geht davon aus, dass es keinen „one best way" für die organisatorische Gestaltung gibt, sondern dass die Organisation abhängig von der jeweiligen Situation weiterzuentwickeln ist. Das Organisationsmodell folgt idealerweise den jeweils spezifischen Strategien und zugewiesenen Aufgaben. Für die Erfüllung dieser Aufgaben ist es sinnvoll, diejenige Organisationsform vorzuziehen, die im organisatorischen Zusammenwirken die geringsten Reibungsverluste verursacht. Ändern sich die Aufgaben, dann muss sich die Organisation daran anpassen oder dafür neue Lösungswege finden. Bei der Wahl der richtigen Organisationsform sind die Determinanten zu berücksichtigen, die ein Unternehmen beeinflussen, sogenannte Kontingenzfaktoren. Dabei werden unternehmensinterne und unternehmensexterne Faktoren unterschieden.

Unternehmensexterne Kontingenzfaktoren liegen außerhalb der direkten Beeinflussbarkeit durch das Unternehmen. Beispiele sind die Dynamik von Absatz- und Beschaffungsmärkten, technologische Entwicklungen oder gesellschaftliche Rahmenbedingungen. Für die Unternehmenskommunikation lohnt es sich, diese unternehmensexternen Faktoren näher zu betrachten, denn kaum eine Funktion im Unternehmen ist von dem grundlegenden Wandel durch Digitalisierung (neue Kanäle, veränderte Medienproduktion, schnellere Informationsverbreitung) und Partizipation (höhere Transparenzerwartungen, verändertes Mediennutzungsverhalten, größerer Stakeholdereinfluss) so betroffen wie die Unternehmenskommunikation. Auch der Blick auf die *unternehmensinternen Faktoren*, die vom Unternehmen selbst verändert werden können, lohnt sich. Hier lässt sich ein Wandel beobachten, der ebenfalls Konsequenzen für die Organisation der Unternehmenskommunikation hat. Zu den internen Kontingenzfaktoren gehören die strategische Ausrichtung des Unternehmens oder die Breite des Produktprogramms. Weil Unternehmenskommunikation immer stärker als ein wesentlicher Erfolgsfaktor für die Unternehmensstrategie gesehen wird, rückt die Kommunikationsfunktion in den Fokus des Top-Managements. Kommunikative Expertise wird bei unternehmensstrategischen Entscheidungen bedeutsamer; die Kommunikationsfunktion erhält eine wichtigere Rolle für den Unternehmenserfolg (Zerfaß et al. 2013).

Für die Unternehmenskommunikation reicht es demnach längst nicht aus, den Wandel bloß zu erkennen und nur mit neuen Kommunikationsinstrumenten und -maßnahmen darauf zu reagieren. Sie muss den Veränderungen auch organisatorisch gerecht werden. Daher sollten gerade auch die *Strukturen und Prozesse der Unternehmenskommunikation* an die sich verändernden Rahmenbedingungen angepasst werden. Vor dem Hintergrund der unternehmensexternen sowie unternehmensinternen Kontingenzfaktoren erscheint es für die meisten Unternehmen sogar unerlässlich, die Organisation ihrer Unternehmenskommunikation neu zu gestalten.

Organisation wird dabei allgemein als ein System von Regeln zur Sicherstellung einer zielentsprechenden Aufgabenerfüllung verstanden. Dabei stellen sich spezifische Fragen zu Aufgabenteilung und Koordination: Welche Aufgaben lassen sich voneinander abgrenzen? Welche Einheiten sind für die Bewältigung der Aufgaben zuständig? Wie sind Handlungs-, Weisungs- und Entscheidungsrechte verteilt? etc.

> **Organisation der Kommunikationsfunktion**
> Die Organisation der Kommunikationsfunktion regelt die Zuständigkeiten für die Analyse, Planung und Umsetzung sowie Evaluation kommunikativer Beziehungen eines Unternehmens zu internen und externen Bezugsgruppen und versucht damit, die Erreichung der Kommunikationsziele sicherzustellen. Sie umfasst die Aufbau- sowie die Ablauforganisation der Unternehmenskommunikation.
>
> Die *Aufbauorganisation* bildet die Struktur der organisationalen Einheiten im Kommunikationsmanagement, die die Arbeitsteilung der im Unternehmen wahrzunehmenden Kommunikationsaufgaben beschreibt (z. B. in einem Organigramm), die Rahmenbedingungen für die Unternehmenskommunikation festlegt sowie die Ordnungsprinzipien, Kompetenzen und Verantwortungen regelt. Damit wird der Handlungsrahmen abgesteckt, der für eine strategische Verankerung der Unternehmenskommunikation relevant ist („Communication Governance").
>
> Die *Ablauforganisation* hingegen ermittelt und definiert die zur Aufgabenerfüllung notwendigen Prozesse der Unternehmenskommunikation und schafft dafür die formalen, inhaltlichen, zeitlichen und räumlichen Regelungen (z. B. durch Verfahrensanweisungen und Verhaltensregeln). Gut gesteuerte Prozesse führen zur Exzellenz in der Unternehmenskommunikation („Communication Excellence").

Aufbau- und Ablauforganisation bestehen in Unternehmen gleichzeitig, ergänzen sich gegenseitig und hängen zusammen (Spath und Koch 2009). Die Ablauforganisation strukturiert die Tätigkeiten und verbindet die Einheiten der Aufbauorganisation, deren Kompetenzen für die Umsetzung der Prozesse benötigt werden. Dies gilt auch für das Kommunikationsmanagement. Wegen der vielfältigen Beziehungen und wechselseitigen Abhängigkeiten von Aufbau- und Ablauforganisation müssen beide Dimensionen integriert betrachtet und ganzheitlich geregelt werden.

Der Bezugspunkt bleibt immer eindeutig: Die Organisation der Kommunikationsfunktion ist – wie andere Unternehmensbereiche auch – konsequent an der Strategie des Unternehmens auszurichten. Nicht nur die Gestaltung der Aufbauorganisation, sondern gerade auch die der Ablauforganisation muss strategiegerichtet sein. Da Prozesse organisationsübergreifend sind und die Strukturen der einzelnen Unternehmensfunktionen entscheidend prägen, setzt sich zunehmend das Postulat eines „Process follows strategy, structure follows process" durch.

2 Aufbauorganisation: Die strukturelle Verankerung der „Communication Governance"

2.1 Auftrag und Kernaufgaben der Unternehmenskommunikation

Das Besondere an der Funktion Unternehmenskommunikation ist, dass sie – im Gegensatz zu den operativen Geschäftseinheiten eines Unternehmens – in aller Regel organisatorisch als *Stabsfunktion* oder im „Corporate Center" zentral verankert ist. Als Stabsfunktion kann das Kommunikationsmanagement zentral oder dezentral organisiert und auf unterschiedlichen Hierarchieebenen eingeordnet sein.

Eine Alternative zum Stabsmodell ist ein Servicemodell. Bei einer *Servicefunktion* oder einem „Shared Service Center" steht der Dienstleistungscharakter im Vordergrund und die Kommunikationsverantwortlichen agieren als „interne Agentur".

In beiden Fällen besteht oft ein gegenläufiges Verhältnis von (beratendem) Stab bzw. (unterstützendem) Servicecenter zur (operativen) Linie. Um dieses zu harmonisieren, ist die organisatorische Integration eine Daueraufgabe (Von Werder und Grundei 2009).

Auf die Frage nach der besten Organisationsform für Unternehmenskommunikation gibt es keine Standardantwort. Variablen wie Anzahl der Mitarbeiter, geographische Reichweite, gewachsene Unternehmenskultur und grundlegende Struktur des Unternehmens schaffen unterschiedliche Voraussetzungen für den Aufbau effektiver und effizienter Kommunikationsabteilungen, wobei in der Praxis insbesondere dem Geschäftsmodell – etwa *Business-to-Business* oder *Business-to-Customer* – und der Eigentümerstruktur – etwa börsennotierte Aktiengesellschaft oder Unternehmen im privaten Besitz z. B. einer Familie oder Stiftung – entscheidende Bedeutung zukommt.

Börsennotierte Unternehmen tendieren angesichts der strengen Regularien für kapitalmarktrelevante Finanzkommunikation – die sich durchaus auch auf Felder wie die interne

Organisation der Kommunikationsfunktion

Börsennotiert

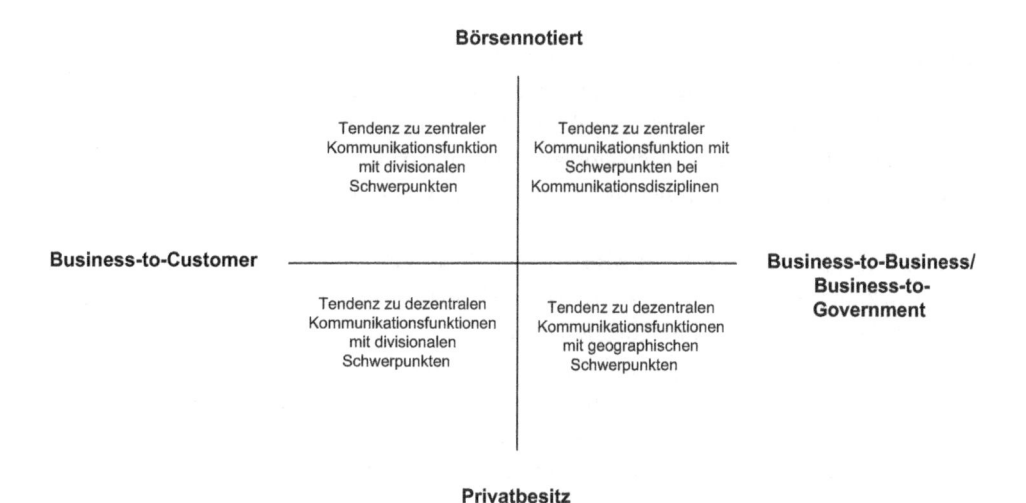

	Tendenz zu zentraler Kommunikationsfunktion mit divisionalen Schwerpunkten	Tendenz zu zentraler Kommunikationsfunktion mit Schwerpunkten bei Kommunikationsdisziplinen	
Business-to-Customer			**Business-to-Business/ Business-to-Government**
	Tendenz zu dezentralen Kommunikationsfunktionen mit divisionalen Schwerpunkten	Tendenz zu dezentralen Kommunikationsfunktionen mit geographischen Schwerpunkten	

Privatbesitz

Abb. 1 Bedeutsame Einflussfaktoren für die Organisation der Kommunikationsfunktion

Kommunikation oder den Markenauftritt auswirken können – grundsätzlich zu einem zentralisierten Organisationsmodell. Ob innerhalb dieser zentralen Kommunikationsabteilung eher divisionale Unterfunktionen je Geschäftseinheit des Unternehmens oder funktionale Unterfunktionen entlang der wesentlichen Kommunikationsdisziplinen gebildet werden, hängt vom Geschäftsmodell ab. Unternehmen, die nicht börsengelistet sind, gewähren ihren operativen Geschäftseinheiten meist größere kommunikative Freiheiten, was je nach Geschäftsmodell zu eigenständigen Kommunikationsfunktionen in einzelnen Divisionen oder Geographien bzw. Märkten führt (vgl. Abb. 1).

Auch wenn die grundsätzliche Entscheidung für ein organisatorisches Paradigma gefallen ist oder sich dieses über einen längeren Zeitraum hinweg herausgebildet hat, bewegt sich die Kommunikationsarbeit immer im Spannungsfeld grundlegender Dilemmata – insbesondere zwischen Management und Unternehmertum, zwischen unternehmensweiter Konsistenz und lokaler Anpassung und damit letztlich zwischen Steuerung und Dienstleistung. In der dauerhaften Fähigkeit, diese Spannungsfelder nicht als störende Beeinträchtigung der eigentlichen Kommunikationsaufgaben nach innen und außen zu betrachten, sondern diese im Unternehmensalltag mit Hilfe angemessener Strukturen und Prozesse zu bewältigen, liegt das Qualitätsmerkmal einer leistungsfähigen Kommunikationsfunktion.

Hieraus ergibt sich unmittelbar die Notwendigkeit der engen Verzahnung zwischen der Kommunikationsfunktion mit ihrem spezifischen Know-how bzw. definiertem Kommunikationsmandat und ihren unternehmensinternen Partnern. Hierzu zählen nicht nur die wesentlichen anderen Zentral- und Stabsfunktionen, sondern insbesondere auch die operativen Geschäftseinheiten je nach organisatorischer Struktur des Unternehmens. Ein Kommunikationsmandat oder ein Vorstandsauftrag legt in der Regel die Aufgaben für die zentrale Kommunikationsabteilung fest. Diesen Aufgaben folgt die Organisation der

Funktion. Einige Aspekte sind oft auch in einer übergeordneten Unternehmensverfassung geregelt, die organisatorische Grundprinzipien präzisiert, Kompetenzen von Konzerneinheiten definiert und verbindliche Regeln für die Zusammenarbeit schafft.

Bei der Einbindung in die Aufbauorganisation und damit der Festlegung der „Communication Governance" lassen sich drei Dimensionen unterscheiden:

- *inhaltlich* sind fachliche Standards zu beschreiben sowie die Zuständigkeit für Strategieentwicklung und Kommunikationsplanung, Themen und Botschaften, Maßnahmenentwicklung und ihre Umsetzung festzulegen;
- *disziplinarisch* sind die Zuständigkeit für die Aufstellung einzelner Untereinheiten, Budgetverantwortung, Personalzuweisung, Zielvereinbarungen etc. zu formulieren;
- *organisatorisch* ist die Durchdringung bzw. Reichweite in die einzelnen Einheiten (wie Tochtergesellschaften oder Niederlassungen) hinein zu klären.

In der Praxis der Unternehmenskommunikation bietet häufig die unklare Aufgabenverteilung zwischen Stabsabteilungen und operativen Geschäftseinheiten sowie auch Tochtergesellschaften Anlass zu Konflikten. Die Aufbauorganisation muss dafür eine klare Orientierung im Alltag bieten. Allerdings fixiert sie nur die Grundlagen; ihre Durchsetzung gegenüber anderen Unternehmensfunktionen ist wiederum eine Frage von Führungsstärke und Managementkultur.

Die praktische Umsetzung in der Unternehmenskommunikation gelingt am besten, wenn sie nicht in einem gleichsam revolutionären Akt sofort für einen gesamten Konzern und direkt bis zur Budget- und Personalverantwortung, sondern eher evolutionär Schritt für Schritt umgesetzt wird. Zuerst sollte die Governance *horizontal* innerhalb der Kommunikationsfunktion etabliert sein, dann kann sie *vertikal* gegenüber anderen Funktionen durchgesetzt werden. Dabei ist es erfolgversprechend, auf bereits bestehende Gremien und Strukturen zurückzugreifen. Eindeutig geregelte interne Informations- und Abstimmungswege schaffen Transparenz und Klarheit bei allen Beteiligten. Es hat sich bewährt, die Organisationsprinzipien anhand konkret greifbarer Beispiele anschaulich zu machen und die Betroffenen innerhalb der Kommunikationsfunktion weitgehend in die Entwicklung einzubeziehen, indem bereits die Bestandsaufnahme der Organisationsstruktur und die Kartierung der internen Prozesse mit ihnen gemeinsam erfolgt.

2.2 Gestaltungsmöglichkeiten nach Organisationsmodellen

Die organisatorische Arbeitsteilung kann nach *Verrichtungen* oder nach *Objekten* erfolgen (Schreyögg und Koch 2010, S. 302 ff.). Die Organisation nach Verrichtungen bzw. Funktionen sieht eine Spezialisierung nach Sachfunktionen vor. In der Unternehmenskommunikation sind dies beispielsweise Redaktion, Produktion, Gestaltung, Eventorganisation, Lektorat etc. Die Orientierung nach Objekten bündelt die Verrichtungen, die für die Erstellung des Objekts nötig sind. In der Unternehmenskommunikation sind dies beispielsweise Kommunikationsprodukte oder -kanäle wie Publikationen, Website, Events etc. sein. Objekte können auch die wichtigsten Bezugsgruppen des Unternehmens wie Medien, Mitarbeiter, Kunden etc. sein.

Einfache Modelle für die Aufbauorganisation der Unternehmenskommunikation finden sich in der Literatur (u. a. Dozier und Grunig 1992; Bruhn 2005; Van Riel und Fombrun 2007). In der Praxis werden die Gestaltungsprinzipien zumeist vermischt; eine einheitliche Aufbauorganisation in der Unternehmenskommunikation ist nicht anzutreffen. Es haben sich unterschiedliche Formen entwickelt, die an die jeweiligen Aufgaben laufend angepasst und immer weiter differenziert wurden. Diese historisch gewachsenen Strukturen begrenzen allerdings regelmäßig die Leistungsfähigkeit der Kommunikationsfunktion. Die besondere Herausforderung besteht darin, eine abteilungsübergreifende bzw. *crossfunktionale* Zusammenarbeit zu organisieren (Bruhn und Ahlers 2007).

Dass es schwierig ist, ein idealtypisches Modell für die Kommunikationsfunktion in der Praxis auch nur annähernd umzusetzen, lässt sich anhand der Anforderungen an die Organisationsstruktur nachvollziehen, die eine integrierte Unternehmenskommunikation erfordert (Bruhn 2005, S. 161 ff.):

- Eine integrierte Kommunikation ist durch die Institutionalisierung *einer* verantwortlichen Stelle für die Koordination und Integration aller Kommunikationsinstrumente und -maßnahmen auf der Ebene der Gesamtkommunikation organisatorisch zu verankern.
- Zuständigkeiten, Weisungs- und Entscheidungskompetenzen für die Integrationsmaßnahmen auf der Planungs- und Ausführungsebene sind klar zu definieren.
- Die Spezialisierung in der Kommunikationsarbeit ist auf ein möglichst geringes Maß zu reduzieren, so dass eine Integration aller Kommunikationsaktivitäten möglich ist.
- Abstimmungsprozesse zwischen den unterschiedlichen Teilfunktionen der Unternehmenskommunikation sind zu formalisieren.
- Für Konflikte z. B. durch ressourcenbedingte und machtpolitische Auseinandersetzungen sind Regelungen zu treffen.

Ein Vergleich von Einliniensystem, Mehrliniensystem und Matrixorganisation zeigt, dass keiner der klassischen Strukturtypen ideale Voraussetzungen für eine integrierte Kommunikation schafft, jedoch die Matrixorganisation die Anforderungen am besten erfüllen kann. Die Matrixorganisation folgt dem Prinzip der teamorientierten Ausrichtung und setzt auf kooperatives Verhalten sowie eigenverantwortliches Handeln. Kennzeichnend ist hier die Überkreuzung von Funktionen (z. B. Kommunikationskanälen) und Objekten (z. B. Themen oder Vorstandsressorts), die eine Koordinierung erleichtert und die Einbindung verschiedener Teilfunktionen erlaubt. Auch wenn damit ein hoher zeitlicher Bedarf für Abstimmungsprozeduren verbunden ist: Um zukünftigen Herausforderungen gerecht zu werden, geht in der Unternehmenskommunikation der Trend weg von einer rein an den Kommunikationskanälen ausgerichteten Struktur hin zu einer multiplen Matrixorganisation (vgl. Abb. 2).

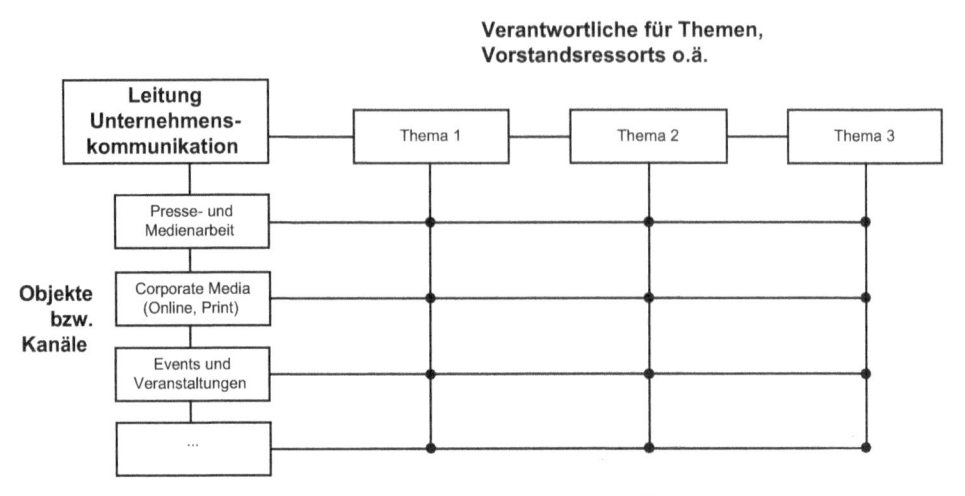

Abb. 2 Matrixorganisation der Kommunikationsfunktion (Beispiel)

2.3 Bestandsaufnahme der Organisation der Kommunikationsfunktion in der Praxis

Die Gestaltungsmöglichkeiten für die Unternehmenskommunikation werden zunächst durch die bestehende Organisationsform eines Unternehmens bestimmt. Wie die Aufbauorganisation der Unternehmenskommunikation umgesetzt wird, hängt im Wesentlichen von der Größe, der geographischen Reichweite und der Struktur des gesamten Unternehmens ab. Dies lässt den Schluss zu, dass es keine einfachen, einseitigen Organisationsmodelle für die Kommunikationsfunktion gibt. Diesen Befund bestätigt eine empirische Bestandsaufnahme in deutschen Unternehmen (Klewes und Zerfaß 2011; zum internationalen Stand Valin und Paluszek 2012). Zusammengefasst herrscht bei der Organisation der Unternehmenskommunikation mehr Heterogenität als Einheitlichkeit. Einige generelle Aussagen zur Struktur der Unternehmenskommunikation in deutschen Großunternehmen und zu Trends bei der Weiterentwicklung lassen sich dennoch treffen:

- *Dominanz der Presse- und Medienarbeit:* Innerhalb der Kommunikationsfunktion findet sich fast immer eine Einheit, die für Presse- bzw. Medienarbeit zuständig ist, wobei die Bezeichnungen unterschiedlich sind. Zuweilen spielt sie die Rolle des „primus inter pares": Oft handelt es sich um die von der Anzahl der Mitarbeiter am besten ausgestattete Teilfunktion, meist auch um diejenige, die die größte Nähe zum Macht- und Entscheidungszentrum des Unternehmens hat. Dies ist nicht erstaunlich, weil sich die meisten Bereiche für Unternehmenskommunikation aus Presseabteilungen heraus entwickelt haben. Noch immer dominiert in deutschen Unternehmen eine instrumentelle Ausrichtung auf Pressearbeit. Der Leiter dieser Teilfunktion leitet manchmal in Personalunion die gesamte Funktion Unternehmenskommunikation – dies ist für andere Teilfunktionen so seltener zu beobachten.

- *Bedeutungszuwachs der internen Kommunikation:* Die interne Kommunikation gehört zu denjenigen Teilfunktionen in der Unternehmenskommunikation, die in den letzten Jahren am stärksten gewachsen sind. Folgt man den Einschätzungen von Top-Managern (Zerfaß et al. 2013), gewinnt die interne Kommunikation angesichts immer durchlässiger werdender Grenzen zwischen der Innen- und Außenwelt von Unternehmen noch weiter an Bedeutung. In der Top-Down-Kommunikation mit allen Mitarbeitern reicht sie über die verschiedenen Ebenen des Unternehmens bis in die Einheiten vor Ort hinein (Tochtergesellschaften, Niederlassungen). Dagegen ist die Verantwortung für die Führungskräftekommunikation (vgl. Kapitel „Führungskräftekommunikation: Herausforderungen und Umsetzung") oft nicht in der Kommunikationsfunktion, sondern im Personalbereich angesiedelt, was eine integrierte interne Kommunikation erschwert. Um diese sicherzustellen, ist es unerlässlich, Schnittstellen zwischen beiden Funktionen zu beschreiben, Koordinierungsprozesse einzuführen und Abstimmungswege festzulegen. Ihrem Bedeutungszuwachs entsprechend wird die interne Kommunikation zunehmend auch für die Begleitung von unternehmensweiten Veränderungsprozessen herangezogen, für die sie besondere Kompetenzen bereitstellt.
- *Zuordnung nach Vorstandsressorts:* In der Regel gibt es außerhalb der Unternehmenskommunikation eigenständige spezialisierte Einheiten für Kommunikationsaufgaben, die direkt einem Vorstandsressort zugeordnet sind. Dazu gehören separate Investor-Relations-Einheiten, die an den Finanzvorstand berichten, sowie Teams für Marketing und Kunden- bzw. Produktkommunikation, die häufig in den Geschäftseinheiten angesiedelt sind. Während IR-Teams vergleichsweise klein sind, übersteigt die Zahl der Mitarbeiter für die Marktkommunikation die der Unternehmenskommunikation zumeist deutlich.
- *Diffuse Verortung von Public Affairs und Corporate Social Responsibility:* In den meisten (Groß-) Unternehmen gehören Public Affairs zur Kommunikationsfunktion. Die politisch-gesellschaftliche Kommunikation wird jedoch keineswegs immer als deren Aufgabe angesehen. Insbesondere in Unternehmen mit staatlich regulierten Märkten ist Public Affairs meist als Funktion mit eigener Berichtslinie zum CEO angelegt. Das Aufgabenfeld bleibt insgesamt diffus. Dazu können Kontakte zur politischen Legislative und Exekutive, politisches Monitoring als Frühwarnsystem sowie Lobbying zur Beeinflussung der politischen Willensbildung gehören, manchmal auch die Beziehungen zu gesellschaftlichen Gruppen. Ebenso wird Corporate Social Responsibility (CSR) nicht nur unternehmensweit, sondern in den unterschiedlichsten Funktionen verfolgt. CSR ist oft auch in rechtlich eigenständigen Einheiten ausgegliedert, z. B. in Konzernstiftungen.
- *Internationalisierung der Kommunikation:* In international tätigen Unternehmen gibt es in der Regel eine eigenständige Kommunikationsfunktion mit Ausrichtung nach Regionen oder Ländern. Obwohl deren Leiter häufig direkt an die Leitung Unternehmenskommunikation berichten, sind die Teams doch so gut wie ausnahmslos den jeweiligen geografischen Einheiten bzw. Landesgesellschaften zugeordnet. Die Arbeit von Kommunikationseinheiten in den Regionen lässt sich kaum auf einen einheitlichen Nenner

bringen; es finden sich „Communication Hubs" zwischen Zentrale und Landesgesellschaften oder auch rein operative Teams, die für einzelne Länder de facto die gesamte Unternehmenskommunikation übernehmen. Eigenständige regionale Teams sind selten; oft werden sie aus pragmatischen Gründen in die Teams eines größeren Landes in der betreffenden Region integriert. Die Bedeutung einer speziellen Steuerungsfunktion als Impulsgeber, Koordinationsinstanz und Kontrolle der internationalen Einheiten in der Zentrale wird zunehmend erkannt, ist aber noch selten vorzufinden.

- *Fokus auf den Heimatmarkt:* In deutschen Unternehmen sind die Kommunikationsaufgaben meist auf Deutschland fokussiert. Auch wenn Unternehmen international agieren – der Großteil des Kommunikationsteams ist vor Ort in Deutschland angesiedelt. Nur selten sind die Zuständigkeiten für den Heimatmarkt und die internationale Kommunikation voneinander getrennt. Die Aufgaben in Deutschland sind dagegen meist so dominant, dass sie die internationalen Aufgaben überlagern. Fast immer werden die internationalen wie auch die Bezugsgruppen in Deutschland von den gleichen Kommunikatoren angesprochen. Zwar gibt es eine Entwicklung zu internationalen Teams, noch wird das Bild aber durch Kommunikatoren mit deutschem Sprach- und Kulturhintergrund bestimmt.

- *Aufstellung nach pragmatischen Erwägungen:* Die Unternehmenspraxis lässt den Eindruck zu, dass die Kommunikationsfunktion oft weniger nach definierten Aufgaben aufgestellt wurde als nach rein pragmatischen Erwägungen. So dürfte das konzerninterne Kräfteverhältnis bzw. der jeweilige Machtanspruch benachbarter Funktionen für die Organisation der Kommunikationsfunktion ebenso eine Rolle spielen wie die knappe Verfügbarkeit von geeignetem Führungspersonal in der Unternehmenskommunikation, die eine Zusammenfassung teils unterschiedlicher Aufgabengebiete notwendig macht.

- *Unklare Verortung von Social Media:* Zwar ist eine zunehmende Digitalisierung in der Unternehmenskommunikation zu verzeichnen, aber insbesondere gegenüber Social Media verhalten sich Unternehmen oft abwartend. Daher hat sich dieses Aufgabenfeld noch nicht eindeutig organisatorisch etabliert. Anknüpfungspunkte gibt es heute in fast allen Kommunikationsfunktionen; allerdings wird Social Media oft außerhalb der Unternehmenskommunikation und an ihr vorbei organisiert. Insbesondere bei endverbraucherorientierten Unternehmen mit starkem Markenprofil wird Social Media oft in Marketing- oder Vertriebsfunktionen angesiedelt. Die fehlende strukturelle Anbindung an die Unternehmenskommunikation erfordert hier umfassende prozessuale Sicherungen im Interesse konsistenter Kommunikationsbotschaften.

- *Outsourcing nicht-strategischer Aufgaben:* Einige Teilfunktionen in der Unternehmenskommunikation haben oft nur eine geringe organisatorische Verfestigung. Dies ist insbesondere bei Events und Corporate Publishing der Fall. Diese Aufgaben werden nicht als strategisch angesehen und sind im Kontext der Organisation der Unternehmenskommunikation nachrangig. Je standardisierter und austauschbarer Umsetzung und Leistungserbringung sind, umso eher werden diese Teilfunktionen outgesourct. Reorganisationen der Kommunikationsfunktion, die eine Vereinfachung, Straffung oder Personalreduzierung anstreben, setzen bei diesen Funktionen zuerst an.

- *Trend zur systematischen Steuerung:* In der Praxis findet sich eine zunehmende Tendenz zu expliziter Planung, Steuerung und Bewertung der Unternehmenskommunikation. Dabei geht es weniger um die vordergründige Legitimation des eigenen Handelns als um die systematische und nachvollziehbare Verknüpfung der Unternehmenskommunikation mit den Geschäftszielen des Unternehmens (vgl. Kapitel „Evaluation und Controlling der Unternehmenskommunikation: Wertbeitrag, Bezugsrahmen und Vorgehensweisen"). Insofern ist eine dedizierte Einheit für Strategieentwicklung und Planungsaufgaben sowie für Monitoring und Messung bzw. Evaluation inzwischen in vielen Unternehmen vorhanden. Gewissermaßen als Stab im (Kommunikations-) Stab organisiert, übernimmt diese Einheit alle nicht-operativen Kommunikationsaufgaben. Die Bandbreite reicht von Aufgaben im kaufmännischen Sektor (Einkauf von Dienstleistungen, kaufmännisches Controlling etc.) und im Personalmanagement (Rekrutierung, Weiterbildung etc.) bis zur strategischen Kommunikationsplanung und -steuerung. Eindeutige Bezeichnungen für diese heterogene Teilfunktion haben sich noch nicht herausgebildet.

- *Fortschreitende Modularisierung:* Trotz des Veränderungsdrucks durch interne und externe Faktoren ist allgemein in Unternehmen das Beharrungsvermögen klassischer Prinzipien der Unternehmensorganisation sehr groß, und die Durchsetzung neuer Gestaltungsprinzipien in der Organisation erfordert konsequentes Handeln des Top-Managements. Eine Entwicklungstendenz der Unternehmensorganisation lässt sich beobachten, die ihren Niederschlag in der Unternehmenskommunikation bereits gefunden hat: die Modularisierung von Prozessen und Strukturen (Reichwald und Möslein 1999). Die Modularisierung bedeutet eine Restrukturierung der Unternehmensorganisation auf Basis integrierter, kundenorientierter Prozesse in kleine, überschaubare Einheiten bzw. Module. Diese zeichnen sich durch dezentrale Entscheidungskompetenz und Ergebnisverantwortung aus. Die Modularisierung zielt darauf ab, die Komplexität der Leistungserstellung zu reduzieren, eine größere Markt- bzw. Kundennähe zu schaffen und insgesamt flexibler und effizienter auf Marktveränderungen und Kundenwünsche zu reagieren. Insgesamt soll sie die strukturelle Anpassungsfähigkeit an dynamische Veränderungen erhöhen. Eine solche Modularisierung bildet sich in kleinen eigenständigen Teileinheiten für Spezialaufgaben ab, die z. B. für „Corporate Branding", Strategieentwicklung, internationale Kommunikationssteuerung oder Change-Projekte.

- *Stärkere Kundenorientierung:* Die Kundenorientierung ergibt sich aus der zentralen Rolle des Auftraggebers oder Abnehmers bei der Festlegung der Anforderungen an die Leistung und damit auch den Prozess, wobei mit Kunden ausdrücklich auch interne Kunden in einer Organisation wie das Top-Management oder die Leitungen operativer Geschäftseinheiten gemeint sind. Inzwischen ist auch in der Unternehmenskommunikation die Tendenz zu einem „Key Account Management" zu beobachten, das die ressortverantwortlichen Vorstände als wichtigste interne Kunden bedient.

3 Ablauforganisation: Mit gut gemanagten Prozessen zur „Communication Excellence"

3.1 Funktionsorientierung vs. Prozessorientierung

Um ein „kreatives Chaos" zu vermeiden, das nicht nur Zeit und Geld kostet, sondern auch Qualitätseinbußen zur Folge hat, muss die Leistungserstellung eindeutig geregelt werden. Dazu gehört es, die wesentlichen, wiederkehrenden Abläufe in einer Kommunikationsfunktion laufend zu überprüfen, bei Bedarf zu optimieren und als verbindlichen Standard zu implementieren. Die schnelle, kosteneffiziente und qualitativ hochwertige Umsetzung der Prozesse in der Unternehmenskommunikation hat an Bedeutung zugenommen. Die Gestaltung der Ablauforganisation ist daher neben der Aufbauorganisation eine weitere zentrale Aufgabe für die Leitung Unternehmenskommunikation.

Während die Aufbauorganisation die Strukturen festlegt, beschreibt die Ablauforganisation die Abläufe bzw. Prozesse. Die Ablauforganisation dient dazu, die Prozesse zwischen den Einheiten der Aufbauorganisation so zu gestalten, dass diese möglichst geregelt hinter- oder nebeneinander ablaufen. Dafür stimmt sie die einzelnen Arbeitsschritte aufeinander ab, sorgt für die Aufgabenverteilung und einen angemessenen Informationsfluss und stattet die Einheiten mit den verfügbaren Ressourcen aus, die zur Aufgabenerfüllung nötig sind. Ausgangspunkt und Ergebnis eines Prozesses ist immer ein Produkt oder eine Leistung, die von einem (internen) Kunden angefordert und abgenommen wird. Dies ist in Unternehmen grundsätzlich so und hat damit auch Gültigkeit für die Unternehmenskommunikation.

Bei der Ablauforganisation sind zeitliche und räumliche, personelle und finanzielle Aspekte zu berücksichtigen: Sie zielt darauf ab, vorhandene Ressourcen effizient zu nutzen (sinnvolle Auslastung vorhandener Kapazitäten, geringe Bearbeitungs- bzw. Durchlaufzeiten, termintreue Fertigstellung, niedrige Kosten etc.), Produkte und Leistungen in einer hohen Qualität zu erzeugen – und dabei gleichzeitig ein hohes Maß an Flexibilität sicherzustellen, um auf veränderte Bedürfnisse und Anforderungen schnell und gezielt reagieren zu können. Diese teilweise widerstrebenden Ziele müssen möglichst in Einklang gebracht werden. Die Ablauforganisation versucht dies zu lösen, indem sie die Komplexität der Aufgabenerfüllung reduziert und die Umsetzung über standardisierte Abläufe vereinfacht.

In der Unternehmenskommunikation findet sich sowohl eine *funktionsorientierte* als auch eine *prozessorientierte* Ablauforganisation (Schmelzer und Sesselmann 2010). Während sich die funktionsorientierte Ablauforganisation (kleinteiliger) auf Abläufe in einzelnen Organisationseinheiten bezieht, betrachtet die prozessorientierte Ablauforganisation (übergreifende) Prozesse, die auch das Zusammenspiel verschiedener Organisationseinheiten betreffen. Das führt zu einem Perspektivwechsel. Anders formuliert: die funktionsorientierte Ablauforganisation konzentriert sich auf die Optimierung der operativen Abläufe, die prozessorientierte Ablauforganisation richtet sich auf die Ausrichtung strategischer Prozesse.

Die *funktionsorientierte Ablauforganisation* gliedert die Aufgaben und regelt die Arbeitsabläufe in den Organisationseinheiten. Der Prozess wird so in Teilaufgaben bzw. einzelne Arbeitsschritte zerlegt, dass sie in einer einzelnen Organisationseinheit durchgeführt werden können. Die Zerlegung ist die Voraussetzung für die Aufgaben- bzw. Arbeitsverteilung. Anschließend wird festgelegt, welche Tätigkeiten in welcher Reihenfolge von wem auszuführen oder umzusetzen sind. In der Unternehmenskommunikation ist die Funktionsorientierung insbesondere bei ständig wiederkehrenden, wenig komplexen und leicht standardisierbaren Abläufen anzutreffen: die Erstellung und der Versand von Pressemitteilungen, die Vorbereitung und Durchführung einer Kundenveranstaltung, die Konzeption, Gestaltung und Produktion einer Imagebroschüre etc.

Die *prozessorientierte Ablauforganisation* nimmt vor allem die Prozesse in den Blick, die über die einzelne Organisationseinheit oder die gesamte Funktion hinausgehen. Beispiele für die Notwendigkeit einer übergreifenden Steuerung in der Unternehmenskommunikation sind die Prozesse der Strategiebildung und Markenpositionierung, der Leitbildentwicklung, der internationalen Kommunikationssteuerung, des Social Media-Managements oder der divisionsübergreifenden Marketingkommunikation. In der Unternehmenskommunikation dürfte eine prozessorientierte Organisation deswegen zukünftig an Bedeutung gewinnen, weil sie zur Unterstützung der Unternehmensstrategie sowohl auf eine bessere Koordinierung einzelner Organisationseinheiten *innerhalb* der Kommunikationsfunktion als auch auf eine engere Abstimmung *mit anderen* Unternehmensfunktionen angewiesen ist.

3.2 Identifizierung der Management-, Kern- und Unterstützungsprozesse in der Unternehmenskommunikation

In prozessorientierten Unternehmen ist die Organisation systematisch entlang zentraler Prozesse modelliert. Alle Prozesse richten sich danach aus, für den Kunden (und damit auch für das Unternehmen) wertschöpfend zu sein. Die Prozessorientierung verbessert die Koordinierung bei der Leistungserbringung und erhöht die Motivation durch größere Eigenständigkeit im Ablauf. Das Prozessmodell beschreibt dafür ein System von Geschäftsprozessen, die eng miteinander verzahnt sind und in einer klar definierten Folgebeziehung zueinander stehen.

Als *Geschäftsprozesse* werden allgemein Managementprozesse, Kernprozesse und unterstützende Prozesse unterschieden (Schmelzer und Sesselmann 2010). Die für die Organisation wesentlichen Prozesse sind die Kernprozesse; dazu gehören z. B. Marketing-, Produktions- oder Logistikprozesse. Einzelne Prozesse können in weitere Teilprozesse untergliedert werden, wenn die Aufgabenstellung dies erfordert. Die Kernprozesse eines Unternehmens stellen den Kunden in den Mittelpunkt; sie beginnen mit den Anforderungen und Erwartungen des Kunden und enden mit ihrer Erfüllung. Sie integrieren alle dafür erforderlichen Teilprozesse und definieren Schnittstellen zu Kunden sowie zu Lieferanten. Ein zentral verantwortlicher Prozesseigner plant, verwirklicht, steuert und kontrolliert den

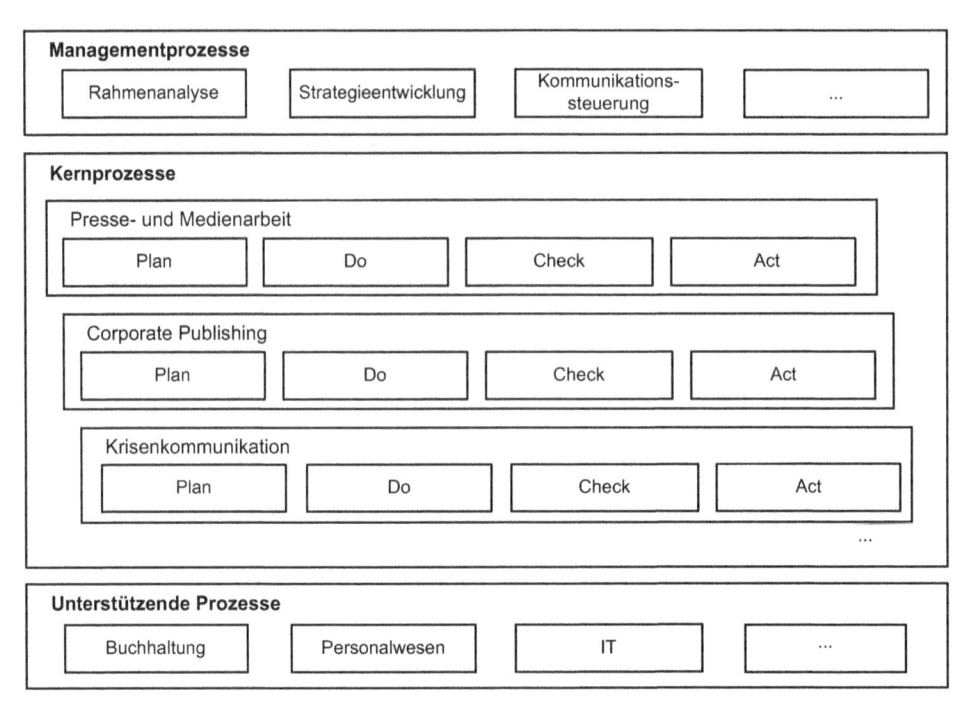

Abb. 3 Darstellung der Prozesse der Unternehmenskommunikation in einer Prozesslandkarte

Prozess, wofür er mit allen notwendigen Budget- und Personalressourcen sowie Fachkompetenzen ausgestattet ist. Daneben dienen Managementprozesse der Steuerung der Funktion, wie z. B. Analyse, Strategieentwicklung oder Projektmanagement. Hinzu kommen unterstützende Prozesse wie z. B. Buchhaltung oder Personalwesen.

Es bietet sich an, dieses Prozessmodell auf die Unternehmenskommunikation zu übertragen. Managementprozesse lassen sich analog zu anderen Unternehmensfunktionen beschreiben. Die Steuerungs- und Führungsaufgaben für die Leitung der Abteilung Unternehmenskommunikation können von Organisation zu Organisation unterschiedlich sein. Demnach bietet sich weniger die Einführung nur *eines* übergeordneten Managementprozesses für die Unternehmenskommunikation an (Bruhn 2005), sondern es erscheint sinnvoll, zwischen verschiedenen Managementprozessen zu unterscheiden. Für die Unternehmenskommunikation können z. B. Strategieentwicklung und Steuerung oder Kommunikations-Controlling und Management Reporting als Managementprozesse eingestuft werden. Die unterstützenden Prozesse wiederholen sich ebenfalls in der Kommunikationsfunktion; auch hier sind Prozesse wie z. B. Buchhaltung oder Personalwesen anzusiedeln (vgl. Abb. 3).

In der Übertragung der Kundenorientierung ist für die Kernprozesse der Unternehmenskommunikation eine Stakeholderausrichtung denkbar. Alle relevanten Stakeholder bzw. Bezugsgruppen des Unternehmens werden damit als *Kunden* der Unternehmenskommunikation eingestuft. Als Kernprozesse in der Kommunikationsfunktion können alle Prozesse verstanden werden, die sich auf die zentralen Kommunikationsinstrumente beziehen. Presse- und Medienarbeit beispielsweise ist ein Kernprozess des Kommunikationsmanagements; dieser lässt sich wiederum in die drei Teilprozesse Themenmanagement, Kontaktmanagement und Newsmanagement untergliedern. Wenn die Leistungserstellung unmittelbar auf die Bezugsgruppen des Unternehmens fokussiert ist, unterstützt sie die internen Kunden direkt und indirekt bei der Erreichung ihrer jeweiligen Geschäftsziele. Mit diesem Modell lässt sich die Unternehmenskommunikation prozessual auf ihren Strategiebeitrag und die Unterstützung des Top-Managements ausrichten.

Jeder Prozess der Unternehmenskommunikation kann wiederum nach einem Management-Regelkreis mit den vier klassischen Phasen Zielsetzung, Planung, Realisierung, Kontrolle (oder auch Plan, Do, Check, Act) ablaufen. In der Unternehmenskommunikation weiter verbreitet ist ein Management-Regelkreis mit den vier Phasen Analyse, Strategie, Umsetzung und Evaluation.

Die Festlegung der Kernprozesse ist oft der erste Schritt zu einer umfassenden Reorganisation eines Unternehmens – wobei die Aufbauorganisation auch bei veränderten Prozessen erhalten bleiben kann.

Die konkreten Ausprägungen der Prozesse in den verschiedenen Organisationseinheiten des Unternehmens können unterschiedlich sein. Wichtig für die Unternehmenskommunikation ist es, dass sie sich am vorhandenen Standard im Unternehmen orientiert und dass die Prozesse für die eigene Funktion durchgängig einem einheitlichen *Prozessmodell* folgen.

Zur *Beschreibung bzw. Modellierung von Prozessen* werden unterschiedliche Methoden eingesetzt, von der Prozesslandkarte bis zu Arbeitsanweisungen und Checklisten, etc. Eine *Prozesslandkarte* ist besonders gut geeignet, die Prozesse abstrakt darzustellen und damit Komplexität zu reduzieren. Die gemeinsame Kartierung und Abstimmung von Kernprozessen mit allen betroffenen Mitarbeitern bringt nicht nur mehr Transparenz in die Abläufe, sondern sorgt auch für ein gemeinsames Verständnis für die jeweilige Rolle wie auch für die übergreifende Ausrichtung der Kommunikationsfunktion. Damit liegt bereits in der Bestandsaufnahme ein Wert an sich, der schließlich auch zu einer besseren Zusammenarbeit über die einzelnen Teilfunktionen hinweg führt.

Zu den etablierten Möglichkeiten zur Kartierung bzw. Visualisierung von Abläufen und Prozessen, die sich auch für die Prozessbeschreibung in der Unternehmenskommunikation anbieten, gehören Tabellen, Balkendiagramme, Netzpläne oder Raumdiagramme. Eines der am meisten eingesetzten Instrumente, um Arbeitsabläufe und Prozesse abzubilden, zu analysieren und zu optimieren, ist das Flussdiagramm, wie z. B. in Qualitätshandbüchern üblich. Die Schwimmbahn-Darstellung („Swim Lane") dient bei komplexeren abteilungsübergreifenden Prozessen zur Unterscheidung von Teilaufgaben und ihrer organisatorischen Zuordnung. Dabei werden die Abläufe in Bahnen gruppiert, um mehrere Organisationseinheiten abbilden zu können.

Die *Optimierung von Prozessen* zielt auf eine ständige Verbesserung ihrer Leistungsfähigkeit ab. Sie fragt danach, ob die Prozesse noch auf die Aufgabenstellung ausgerichtet sind, Abläufe angepasst werden müssen, die Reihenfolge einzelner Arbeitsschritte zu ändern ist etc. Insgesamt steht für die Modellierung und Optimierung von Prozessen ein breites Methodenspektrum bereit, das sich für die Unternehmenskommunikation nutzbar machen lässt.

3.3 Kompetenzverteilung und Regelung der Zusammenarbeit

Je nachdem, wie Unternehmensstrategie und Geschäftstätigkeit ausgerichtet sind, bewegt sich die Unternehmenskommunikation zwischen *zentraler Standardisierung* und *marktbezogener Differenzierung* (Huck-Sandhu 2013). Die Steuerungsmodelle sind entsprechend entweder zentralistisch oder kooperativ ausgelegt. Deutsche Unternehmen tendieren im internationalen Vergleich eher zu Zurückhaltung im Hinblick auf zentrale Organisationsformen. Allerdings verzichten sie dabei auf deren Vorteile: kürzere Kommunikationswege und konsistentere Informationsvermittlung. Ein Nachteil ist die möglicherweise reduzierte Sichtbarkeit der Kommunikationsfunktion außerhalb der Unternehmenszentrale. Zudem besteht die Gefahr, dass die spezifischen Bedürfnisse einzelner (lokaler) Bezugsgruppen vernachlässigt werden und Lerneffekte aufgrund der andersartigen und sich dynamisch entwickelnden Kommunikationsbedingungen in anderen Regionen entfallen. Flexible Modelle zwischen dezentraler und zentraler Kommunikation sind denkbare zukünftige Ansätze zur (Neu-) Strukturierung der Organisation der Unternehmenskommunikation.

Die zunehmende Bedeutung und Komplexität der Kommunikationsfunktion hat zur Folge, dass bei ihrer organisatorischen Gestaltung ein starker Akzent auf die Einführung von integrierenden und koordinierenden Prozessen gelegt werden muss. Dazu gehören die folgenden Handlungsfelder:

- Orientierung aller Mitarbeiter der Kommunikationsfunktion auf einheitliche Ziele,
- Sicherung der Homogenität von Botschaften,
- zeitliche Synchronisierung aller Kommunikationsaktivitäten,
- Entwicklung und Sicherung einheitlicher Qualitätsstandards,
- Qualifizierung der Mitglieder der Kommunikationsfunktion,
- Entwicklung und Beibehaltung von Zusammengehörigkeitsgefühl und Kooperationsbereitschaft,
- Steuerung von Budgets und Ressourcen,
- Kommunikations-Controlling bzw. Bewertung der Zielerreichung.

Für die Koordination der Zusammenarbeit finden sich in Unternehmen typische Formen der horizontalen Selbstabstimmung (Schreyögg und Koch 2010). Auch innerhalb der Kommunikationsfunktion tauchen wiederkehrende Formate auf (Klewes und Zerfaß 2011):

- *Lage-Runde:* Ob wöchentlich oder werktäglich – ein etabliertes Format ist die am frühen Morgen stattfindende Lage-Runde der wichtigsten Kommunikationsverantwortlichen. Meist vom Leiter Unternehmenskommunikation, in größeren Abteilungen von der Leitung der Presse- bzw. Medienarbeit geleitet, werden in diesen persönlich oder telefonisch stattfindenden Kurzkonferenzen die aktuelle Nachrichtenlage bewertet und die tagesbezogenen Aktivitäten besprochen. Obwohl der Schwerpunkt zumeist klar auf Presse-/Medienarbeit liegt, gehören zu den Teilnehmern in der Regel auch die Kommunikationsverantwortlichen der wichtigsten Teilfunktionen. Der Fokus liegt auf der schnellen Umsetzung im Tagesgeschäft. Einige Unternehmen haben das aus Zeitungsverlagen bekannte Konzept des „Newsrooms" eingeführt, das für die morgendlichen Lage-Runden auf digitale Monitoring-Plattformen zur zeitnahen Abstimmung und Bewertung aktueller Themen zurückgreift.

- *Steuerungskreis:* Ein ähnlich zusammengesetzter Kreis in der Kommunikationsfunktion trifft sich in größeren Abständen, alle zwei bis vier Wochen, zur Diskussion und Entscheidung weniger kurzfristiger Themen. In vielen Fällen ist er etwas größer aufgestellt, so gehören auch die Leitungen der regionalen Kommunikationseinheiten dazu, manchmal auch die Leitungen der Kommunikationsfunktionen aus untergeordneten Unternehmenseinheiten (Geschäftsbereiche, Niederlassungen, Töchter). Der Steuerungskreis bespricht und entscheidet bei grundlegenden, strategisch relevanten Fragen: der Festlegung von Kommunikationsstrategie und Kernbotschaften, der Planung von Kampagnen und Leuchtturmprojekten, der Bewertung von Medienereignissen und Großveranstaltungen, den Schlussfolgerungen aus Studien und Analysen.
- *Redaktionskonferenzen:* Redaktionskonferenzen werden genutzt, um Nachrichten, Themen und Botschaften zu managen. Diese Konferenzen beschränken sich nicht auf die Redaktionen einzelner Medien oder Kanäle wie Mitarbeiterzeitschrift oder Intranet, sondern dienen einer ressortübergreifenden Abstimmung. Angesichts der zunehmenden Flut von Informationen ist eine häufige und zeitnahe Ad hoc-Abstimmung der einzelnen Teilfunktionen zunehmend notwendig. Darüber hinaus stellt die Redaktionskonferenz sicher, dass ein längerfristiges, übergreifendes Set an Themen und Botschaften entwickelt wird, das für ein crossmediales Themenmanagement geeignet ist.
- *Community-Building:* In größeren Kommunikationsfunktionen bilden sich eigene Gruppen heraus, die die Koordinierungsgremien auf Leitungsebene ergänzen. Sie vernetzen interne Kommunikatoren unabhängig von ihrer Hierarchiestufe und dienen dem eher informellen Austausch zu fachlichen Themen und arbeitsplatzbezogenen Fragen. Der Organisationsgrad ist sehr unterschiedlich: Die Bandbreite reicht von der Abstimmung der Kommunikatoren durch einen eigenen „Community Manager" bis zur losen Verbindung in jährlichen Meetings. Für den Austausch werden oft internetgestützte Arbeitsplattformen genutzt.
- *Begegnungsrunden:* Für ein regelmäßiges Informations-Update und den Austausch dienen darüber hinaus unterschiedliche Begegnungsrunden bzw. Meetings. Sie reichen von monatlichen bis halbjährlichen Vollversammlungen aller Mitarbeiter der zentralen Kommunikationsfunktion bis zu mehrtägigen Konferenzen der weltweiten Kommunikationsverantwortlichen. Die Themen werden dabei zentral vorgegeben.

- *Spezialteams für Sonderfälle:* Um neu entstehende Aufgaben kurzfristig lösen zu können, werden situationsbedingt und für einen begrenzten Zeitraum aufgabenspezifisch zusammengestellte Projektgruppen bzw. Teams aus verschiedenen Teilfunktionen gebildet. In die Teams, die auch die Abstimmung mit anderen Unternehmensfunktionen (von Personal bis Recht) übernehmen, werden unterschiedliche fachliche Perspektiven eingebracht. In Unternehmen, in denen Veränderung ein Dauerzustand ist, bietet es sich an, neben der bestehenden Kommunikationsfunktion ein eigenes Team zu etablieren, das ausschließlich für (wechselnde) Großprojekte eingesetzt wird: eine Art von „Kommunikations-Feuerwehr", die heute eine Markterschließung in einem Subkontinent betreut, morgen die Implementierung einer neuen Technologie und übermorgen den „Carve Out" eines strategisch verzichtbaren Unternehmensteils. In solchen Spezialteams werden Projektmanagement-Kompetenz und Kommunikations-Know-how gebündelt, um die sich schnell wechselnden und immer wieder neuen Anforderungen an Kommunikation erfüllen zu können.

4 Leistungsbeitrag: Die Rolle der Unternehmenskommunikation als Business Partner

4.1 Organisatorische Anbindung und Erwartungen des Top-Managements

Die Nähe zum Top-Management gilt als ein wesentlicher Erfolgsfaktor für die strategische Unternehmenskommunikation. Dazu gehört es, dass die Kommunikationsfunktion auch dort angesiedelt ist. Die Leitungsaufgabe des Kommunikationsmanagements verlangt eine entsprechende strukturelle Anbindung an den Vorstand bzw. die Geschäftsführung als Linien- oder Stabsfunktion. Damit ist schon organisatorisch sichergestellt, dass die Kommunikationsverantwortlichen über wichtige Entscheidungen des Top-Managements zeitnah informiert werden und entsprechend handlungsfähig sind.

Die enge Anbindung führt darüber hinaus dazu, dass die Kommunikationsfunktion auch unmittelbar in unternehmerische Entscheidungsprozesse eingebunden ist; im Idealfall werden wichtige Entscheidungen des Top-Managements nur nach vorheriger Abschätzung der kommunikativen Folgen getroffen. Entsprechend berichtet in strategisch orientierten Unternehmen der Leiter Unternehmenskommunikation direkt an den CEO, den Vorstandsvorsitzenden bzw. den Vorsitzenden der Geschäftsführung. Allerdings ist die formale Anbindung der Kommunikationsfunktion an das Top-Management nicht unbedingt gleichbedeutend mit einer effektiven Gesamtorganisation der Kommunikationsfunktion und ersetzt die damit zusammenhängenden Aufgaben der Struktur- und Prozessgestaltung nicht.

Die organisatorische Nähe zur Unternehmensspitze ist eine wesentliche Voraussetzung dafür, dass Kommunikationsverantwortliche eine Rolle als „Business Partner" mit Gestaltungsverantwortung für den Unternehmenserfolg (und nicht nur mit Umsetzungsaufgaben) wahrnehmen können. Dieses Selbstverständnis ist bei Kommunikationsverantwortlichen inzwischen immer weiter verbreitet, verlangt aber eine komplementäre organisatorische Konkretisierung.

Ein weiterer Erfolgsfaktor liegt darin, dass die Gesamtverantwortung für die Unternehmenskommunikation in einer Hand liegt. Sind Aufgaben und Kompetenzen nicht klar zugeordnet und ringen unterschiedliche Teilfunktionen um den Führungsanspruch bei bestimmten Themen, kommt es im Alltag zu erheblichen Reibungsverlusten. Daher sollte die zentrale Kommunikationsfunktion über die Richtlinienkompetenz für alle kommunikationsbezogenen Fragen im Unternehmen und auch in Geschäftseinheiten und Ländergesellschaften verfügen.

Der Stellenwert der Unternehmenskommunikation in deutschen Unternehmen ist insgesamt gestiegen. Die Kommunikationsfunktion rückt daher immer stärker in das Zentrum der Unternehmensführung. Die Relevanz einer strategischen Unternehmenskommunikation wird in den Führungsetagen von Großunternehmen nicht nur längst erkannt, sie wird nach Einschätzung des Top-Managements künftig auch noch zunehmen: Vorstände und Geschäftsführer attestieren der Kommunikationsfunktion einen hohen Beitrag zum Erfolg des Unternehmens und prognostizieren darüber hinaus einen weiteren Bedeutungszuwachs im Vergleich zu anderen Unternehmensbereichen. Bei allen wesentlichen Aufgaben der Unternehmenskommunikation – der Unterstützung von Geschäftsprozessen, dem Aufbau immaterieller Werte, der Setzung von Impulsen für Strategien und Positionierungen sowie der Sicherung von Handlungsspielräumen – schätzt das Top-Management den Beitrag zum Unternehmenserfolg durchweg noch höher ein als die Kommunikationsverantwortlichen selbst (Zerfaß et al. 2013).

Die Einschätzungen über die Mediennutzung und Meinungsbildung im Zeitalter des Social Web sowie die Bedeutung einzelner Dialogpartner sind jedoch bei Top-Managern und Kommunikationsverantwortlichen oft unterschiedlich ausgeprägt. Auch bei der Rolle der Kommunikationsfunktion zeigen sich abweichende Vorstellungen. Während Kommunikationsmanager eine vermehrte strategische Mitwirkung fordern, sind Top-Manager überwiegend weniger der Ansicht, dass diese höher sein sollte als derzeit. Die Erfolgsbeurteilung der eigenen Kommunikationsleistung ist beim Top-Management sehr hoch; diese schreiben sich einen insgesamt höheren Beitrag zum Unternehmenserfolg zu als der Kommunikationsfunktion. Zwar wenden sich Vorstände und Geschäftsführer bei Fragen rund um Kommunikation an die Kommunikationsspezialisten im eigenen Unternehmen, aber die eigentlichen Sparringspartner sind für sie Kollegen in der Geschäftsleitung oder in Fachbereichen des eigenen Unternehmens (ebd.).

Dies ist insofern für die Organisation der Unternehmenskommunikation relevant, als – trotz organisatorischer Nähe und zentraler Verantwortung – offenbar teilweise widersprüchliche Rollenkonzepte und ein jeweils unterschiedliches Kommunikationsverständnis bei Top-Management und Kommunikationsverantwortlichen vorliegen. Da die Strukturen und Prozesse der Unternehmenskommunikation aber letztlich durch Entscheidungen des Top-Managements bestimmt werden, müssen konzeptionelle Missverständnisse rechtzeitig ausgeräumt werden. Für Kommunikationsverantwortliche bedeutet dies, dass sie die Ausrichtung und die Aufgaben der Kommunikationsfunktion aktiv mitzugestalten haben – und zwar möglichst, bevor diese in einem Vorstandsauftrag oder Organisationshandbuch fixiert sind.

4.2 Die Organisation der Kommunikationsfunktion am Beispiel Deutsche Post DHL

Die Kommunikationsfunktion des weltweit führenden Post- und Logistikunternehmens Deutsche Post DHL – als Corporate Communications & Responsibility eine Zentralfunktion im Portfolio des Vorstandsvorsitzenden – ist divisionenübergreifend organisiert und legt den strukturellen Fokus auf die Kommunikationsdisziplinen Media Relations, Internal Communications, Communications Strategy & Stakeholder Relations und Corporate Brand Marketing (vgl. Abb. 4). Hinzu kommen aufgrund der Integration des Aufgabengebiets Corporate Responsibility die spezifisch auf unternehmerische Nachhaltigkeit ausgerichteten Abteilungen Shared Value und Corporate Citizenship.

Damit folgt die Organisation der weiter oben dargestellten Logik von Einflussfaktoren, denn das Unternehmen mit rund 470.000 Mitarbeitern ist börsennotiert und bewegt sich – mit Ausnahme des Brief- und Paketgeschäfts in Deutschland – wesentlich im Geschäftskunden-Segment. Innerhalb der Funktionen Media Relations und Internal Communications sorgen *Business-Experten* dafür, dass die spezifischen Kommunikationsbedürfnisse von Deutsche Post und DHL (Logistikgeschäft) angemessen Berücksichtigung finden. Sie sind zugleich Know-how-Träger für entsprechende interne und externe Anfragen. Die Divisionen selbst halten *keine* eigenen Ressourcen für Unternehmenskommunikation vor. Nachfolgend sollen einige Besonderheiten der organisatorischen Struktur des Zentralbereichs Corporate Communications & Responsibility bei Deutsche Post DHL hervorgehoben und erläutert werden.

Ausgehend von der Annahme, dass die Erreichung langfristig-strategischer Kommunikationsziele der gezielten Planung und kontinuierlichen Adjustierung entlang unternehmensexterner und -interner Anforderungen bedarf, verfügt der Zentralbereich über eine *Strategieabteilung*, die – mit Aufgaben wie Strategiebildung, Messung und Evaluation, Issues Management und Stakeholder Relations sowie Entwicklung von PR-Programmen für komplexere Kommunikationsaufgaben – als inhaltlicher Motor der Kommunikationsarbeit fungiert und zugleich seismographisch gesellschaftliche Trends und Erwartungshaltungen der Stakeholder aufnimmt.

Innerhalb der Funktion *Media Relations* finden sich auch die Zuständigkeiten für die Aufgabengebiete Kundenkommunikation – soweit sie sich auf die hierfür erforderlichen Print- und Online-Medien bezieht – sowie für Internet-Auftritte und Social Media. Das Bündeln der Verantwortungen für Medienkontakte, Kundenkommunikation und digitale Medienkanäle und -formate folgt der Beobachtung, dass die Grenze zwischen klassischer Medienarbeit mit dem Ziel der allgemeinen Positionierung des Unternehmens gegenüber gesellschaftlichen Meinungsführern und gezielter Kundenkommunikation zunehmend

Organisation der Kommunikationsfunktion

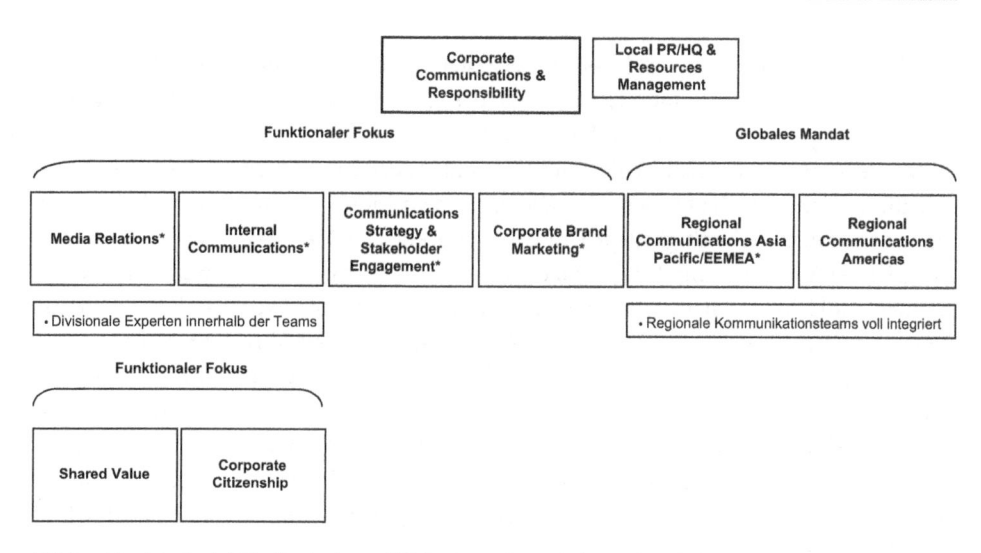

```
                        ┌─────────────────┐  ┌─────────────────┐
                        │    Corporate    │  │  Local PR/HQ &  │
                        │ Communications &│  │    Resources    │
                        │  Responsibility │  │   Management    │
                        └─────────────────┘  └─────────────────┘
        Funktionaler Fokus                        Globales Mandat
┌──────────────────────────────────────────┐ ┌─────────────────────────┐
│                    Communications                Regional    Regional
│ Media Relations*   Internal   Strategy &  Corporate Brand  Communications  Communications
│                    Communications* Stakeholder  Marketing*  Asia        Americas
│                                Engagement*               Pacific/EEMEA*
└──────────────────────────────────────────┘ └─────────────────────────┘
 • Divisionale Experten innerhalb der Teams    • Regionale Kommunikationsteams voll integriert

        Funktionaler Fokus
┌──────────────────────────┐
│ Shared Value   Corporate │
│                Citizenship│
└──────────────────────────┘
```

* Abteilungsleiter sind neben fachlicher Verantwortung zugleich Key Account Manager für kommunikative Bedarfe von Vorstandsbereichen/Divisionen

Abb. 4 Divisionenübergreifende Kommunikationsorganisation mit funktionalem Fokus bei Deutsche Post DHL

verschwimmt. Gerade für ein Unternehmen, das wie Deutsche Post DHL auch wesentlich im Endkunden-Geschäft aktiv ist, gilt es, die Kunden als wesentliche Zielgruppe jeglicher Medienkommunikation im Auge zu behalten. Dies umso mehr als Kunden sich immer öfter auch direkt an die Pressestelle wenden.

Es gehört zu den Besonderheiten der Teilfunktion *Internal Communications*, dass die Teilteams entlang von drei als fachlich bedeutsam erachteten Aufgabenstellungen (Cluster) ausgerichtet sind: Zielgruppen (Produktion, Mittel-Management, Top-Management), Divisionen (Logistik-Geschäft, Brief- und Paketgeschäft), Medien-Formate (Intranet, Extranet, Printmedien). Zugleich liegt innerhalb dieser Teilfunktion die Expertise für Change-Kommunikation. Mit der Abkehr von einer rein formate-orientierten Organisation bzw. Verantwortungszuweisung wurde eine wesentliche Voraussetzung für eine deutlich stärker nachfrageorientierte interne Kommunikation geschaffen. Zugleich erleichtert eine intelligente Redaktionssoftware die effiziente Nutzung redaktioneller Inhalte für unterschiedliche Bedarfe.

Die Teilfunktion *Corporate Brand Marketing* steuert den gesamten Markenauftritt von Deutsche Post DHL. Dabei liegt die Verantwortung für Markenführung und Markenpräsentation – etwa durch werbliche Auftritte, Sponsoring und Promotions – im Falle des Konzerns (Deutsche Post DHL) und der Logistik-Brand (DHL) in der Hand von Corporate Brand Marketing, während die Markenpräsentation des Brief- und Paketgeschäfts (Deutsche Post, DHL Paket, DHL Global Mail) direkt von der zuständigen Division gesteuert wird. Im letztgenannten Falle stimmen sich Division und Zentralfunktion über die strategische Ausrichtung der Maßnahmen eng ab. Die unmittelbar kundenorientierten Marketing- und auch Sales-Aktivitäten aller Divisionen von Deutsche Post DHL werden von divisionalen Marketing- & Sales-Teams gesteuert, deren Abstimmung mit der zentralen Markenführung kontinuierlich innerhalb des von Corporate Brand Marketing geleiteten Marketing-Executive-Teams geleistet wird.

Die Teilfunktionen *Shared Value und Corporate Citizenship* bilden die nachhaltigkeitsorientierte Säule des Zentralbereichs. Die unter dem Motto „Living Responsibility" laufenden zentralen Nachhaltigkeitsprogramme von Deutsche Post DHL – GoGreen mit dem Kernziel der Verbesserung der Ökobilanz (v. a. CO_2-Ausstoß) des Konzerns und seiner Kunden, GoHelp mit dem Fokus auf dem Einsatz logistischer Expertise bei der Bewältigung von Naturkatastrophen in enger Kooperation mit den Vereinten Nationen und GoTeach zur Verbesserung des Zugangs zu Bildung bzw. der Beschäftigungsfähigkeit im Falle sozial benachteiligter junger Menschen – werden hier gesteuert und weiterentwickelt. Allerdings sind hierzu erforderliche Expertisen teilweise auch anderen Teilfunktionen des Zentralbereichs zugeordnet, um vorhandenes Know-how effizient zu nutzen. So kümmert sich die Teilfunktion Media Relations um das CR-Reporting, und die Strategie-Abteilung organisiert den systematischen Stakeholder-Dialog.

Mit der Schaffung einer Teilfunktion Shared Value wird das Ziel der weiteren Intensivierung der nachhaltigen Ausrichtung des Geschäfts von Deutsche Post DHL verfolgt. In dieser Funktion wird nicht nur das oben beschriebene Programm GoGreen gesteuert, sondern auch – in engem Kontakt mit dem operativen Geschäft – an weiteren Angeboten gearbeitet, mit denen der Konzern einen Beitrag zur nachhaltigen Lösung gesellschaftlicher Problemstellungen leisten und zugleich wirtschaftlichen Mehrwert schaffen kann. Zudem organisiert die Funktion Shared Value einen kontinuierlichen konzernweiten Austausch über Fragen der verantwortlichen Geschäftspraxis mit dem Ziel, für die umfangreichen Aktivitäten in diesem Feld interne und externe Transparenz herzustellen und zugleich bestehende Chancen und Herausforderungen frühzeitig zu erkennen.

Zur Sicherstellung des kontinuierlichen Austauschs zwischen der Zentralfunktion und dem zuständigen Top-Management über den Vorstandsvorsitzenden hinaus wirken funktionale Abteilungsleiter zugleich als *Key Account-Manager* für alle Vorstandsbereiche. Das weltweite Kommunikationsmandat der Funktion, die ihren Schwerpunkt am Standort der Unternehmenszentrale in Bonn hat, wird durch regionale, integrierte Kommunikationsteams für die Räume Asien Pazifik/EEMEA – mit Sitz in Singapur – und Americas – mit Sitz in Miami – umgesetzt.

5 Schlussbemerkung: Verändertes Rollenverständnis als Konsequenz

Wenn die Rahmenbedingungen einem fundamentalen Wandel unterliegen, muss sich die Kommunikationsfunktion organisatorisch daran anpassen. Da klare Strukturen und exzellente Prozesse Erfolgsfaktoren für den strategischen Beitrag der Unternehmenskommunikation sind, muss sowohl die Aufbau- als auch die Ablauforganisation auf ihre Unterstützung der Unternehmensstrategie hin überprüft und angepasst werden.

Die Kommunikationsfunktion kann sich damit immer weiter zu einer strategischen Funktion entwickeln, die das Top-Management im Unternehmen in Kommunikationsfragen berät und unterstützt. Dafür muss sie ihr Leistungsangebot für ihre internen Kunden definieren und sich von einer eher operativ-taktischen Rolle zu einer beratungsstarken Einheit wandeln, die wichtige Kommunikationsaufgaben im gesamten Unternehmen bearbeitet, in enger Abstimmung mit anderen Organisationseinheiten löst und ihren eigenen Erfolgsbeitrag dokumentiert.

Wichtig ist in diesem Zusammenhang, dass Kommunikationsverantwortliche ihr Selbstverständnis als interne Berater und Business Partner weiterentwickeln. Weil dieses aber zumeist nicht deckungsgleich mit ihrer wahrgenommenen Rolle und den tatsächlich vorrangig ausgeübten Tätigkeiten ist, sind sie gefordert, ihr Rollenverständnis auch intern deutlich zu machen. Die Entwicklung von „Leadership" sowie von Beratungs-Know-how gehört demnach auf die Agenda der Kommunikationsverantwortlichen. Denn Weiterentwicklungsbedarf besteht viel stärker bei betriebswirtschaftlichem Wissen und Managementkompetenzen als bei kommunikationsfachlichen Qualifikationen (Tench et al. 2013; Röttger et al. 2013; vgl. auch Kapitel „Personalmanagement und Kompetenzaufbau in der Unternehmenskommunikation").

Ein verändertes Rollenverständnis und neue Managementkompetenzen sind notwendig, um die Anforderungen an eine modern aufgestellte Unternehmenskommunikation gegenüber dem Top-Management vertreten zu können. Die Wettbewerbsfähigkeit von Unternehmen wird zukünftig stark davon abhängen, inwieweit es ihnen gelingt, die unterschiedlichen Erwartungen und Rollenkonzepte von Top-Management und Kommunikationsverantwortlichen an die Unternehmenskommunikation zusammenzuführen und in der Organisation der Kommunikationsfunktion abzubilden.

Literatur

Bruhn, M. (2005). *Unternehmens- und Marketingkommunikation. Handbuch für ein integriertes Kommunikationsmanagement*. München: Vahlen.

Bruhn, M., & Ahlers, G. M. (2007). Organisation der Kommunikationsfunktion. Teamarbeit als Erfolgsfaktor. In M. Piwinger & A. Zerfaß (Hrsg.), *Handbuch Unternehmenskommunikation* (1. Aufl., S. 661–676). Wiesbaden: Gabler.

Dozier, D. M., & Grunig, L. A. (1992). The Organization of the public relations function. In J. E. Grunig (Hrsg.), *Excellence in public relations and communication management* (S. 395–417). Hillsdale: Lawrence Erlbaum Associates.

Huck-Sandhu, S. (2013). Internationale Unternehmenskommunikation. In C. Mast (Hrsg.), *Unternehmenskommunikation* (5. Aufl., S. 365–383). Konstanz: UVK.

Kieser, A., & Walgenbach, P. (2010). *Organisation* (6. Aufl.). Stuttgart: Schäffer-Poeschel.

Klewes, J., & Zerfaß, A. (2011). *Strukturen und Prozesse in der Unternehmenskommunikation. Qualitative Studie zu Status Quo und Trends in der Organisation der Kommunikationsfunktion in deutschen Konzernen*. Unveröff. Studienbericht. Düsseldorf: Heinrich-Heine-Universität, Universität Leipzig.

Reichwald, R. (1996). Neue Arbeitsformen in der vernetzten Unternehmung. Flexibilität und Controlling. In A. Picot (Hrsg.), *Information als Wettbewerbsfaktor* (S. 233–263). Stuttgart: Schäffer-Poeschel.

Reichwald, R., & Möslein, K. (1999). Organisation: Strukturen und Gestaltung. In C. Graf Hoyos & D. Frey (Hrsg.), *Arbeits- und Organisationspsychologie* (S. 29–49). Weinheim: Beltz.

Röttger, U., Zerfaß, A., Kiesenbauer, J., & Stahl, J. (2013). *Führung im Kommunikationsmanagement – Herausforderungen im internationalen Vergleich.* Forschungsberichte zur Unternehmenskommunikation Nr. 1. Leipzig: Akademische Gesellschaft für Unternehmensführung und Kommunikation.

Schmelzer, H. J., & Sesselmann, W. (2010). *Geschäftsprozessmanagement in der Praxis* (7. Aufl.). München: Hanser.

Schreyögg, G., & Koch, J. (2010). *Grundlagen des Managements* (2. Aufl.). Wiesbaden: Gabler.

Spath, D., & Koch, S. (2009). Grundlagen der Organisationsgestaltung. In H. -J. Bullinger, D. Spath, H. -J. Warnecke, & E. Westkämper (Hrsg.), *Handbuch Unternehmensorganisation* (S. 3–24). Berlin: Springer.

Tench, R., Zerfass, A., Verhoeven, P., Vercic, D., Moreno, A., & Okay, A. (2013). *Communication management competencies for European practitioners.* Leeds: Leeds Metropolitan University.

Thom, N., & Wenger, A. P. (2010). *Die optimale Organisationsform. Grundlagen und Handlungsanleitung.* Wiesbaden: Gabler.

Valin, J., & Paluszek, J. (2012). *Who has seen the future? A report on public relations professional competencies and innovative corporate approaches to external relations.* Lugano: Global Alliance for Public Relations and Communication Management.

Van Riel, C. B. M., & Fombrun, C. (2007). *Essentials of corporate communication.* London: Routledge.

Von Werder, A., & Grundei, J. (2009). Organisationale Verankerung der Kommunikation in Unternehmen. In M. Bruhn, F. -R. Esch, & T. Langner (Hrsg.), *Handbuch Kommunikation* (S. 1179–1197). Wiesbaden: Gabler.

Zerfaß, A., Schwalbach, J., & Sherzada, M. (2013). *Unternehmenskommunikation aus der Perspektive des Top-Managements. Eine empirische Studie bei Vorständen und Geschäftsführern in deutschen Großunternehmen.* Leipzig: Universität Leipzig. http://bit.ly/ukom2013. Zugegriffen: 02. Jan. 2014.

Personalmanagement und Kompetenzaufbau für die Unternehmenskommunikation

Joachim Klewes und Sabrina van der Pütten

> **Zusammenfassung**
>
> Bei der Lektüre aktueller wissenschaftlicher Beiträge kommt der Leser nicht umhin, eine gewisse Schwammigkeit des Kompetenzbegriffes in Bezug auf die Unternehmenskommunikation festzustellen. Dieses Defizit kann dieser Beitrag zwar nicht beseitigen, aber vielleicht verkleinern: Durch einen von vielen praktischen Erfahrungen in Kommunikationsabteilungen und -agenturen geprägten Blick auf ausgewählte Aspekte des Personalmanagements, spezifisch des Talentmanagements – und damit auf die Ausbildung von Kompetenzen in der Unternehmenskommunikation. Zweifellos hat in den vergangen drei Jahrzehnten die universitäre wie kommerzielle Qualifizierung für Kommunikationsberufe quantitativ und qualitativ eine außerordentlich positive Entwicklung genommen. Wieweit sich diese Qualifizierung in den Unternehmen (Agenturen wie Kommunikationsteams von Unternehmen) fortsetzt und an welchen Gegebenheiten und Zielen sie sich ausrichten könnte, ist zentrales Thema dieses Aufsatzes. Die Strukturierung orientiert sich an einem vereinfachten Modell des Personalmanagements. Denn die Sicherstellung der erforderlichen Kompetenzen in der Unternehmenskommunikation ist eine Aufgabe, die eng mit den Prozessen des Personalmanagements verknüpft ist und von der Personalplanung, über die Rekrutierung und Kompetenzbeurteilung bis zur Talentförderung reicht.

J. Klewes (✉)
Ketchum Pleon
Bahnstraße 2, 40212 Düsseldorf, Deutschland
E-Mail: joachim.klewes@ketchumpleon.com

S. van der Pütten
BASF SE, C 100
Carl-Bosch-Straße 38, 67056 Ludwigshafen, Deutschland
E-Mail: sabrina.vanderpuetten@basf.com

Schlüsselwörter

Personalmanagement · Personalentwicklung · Kompetenzmanagement · Kompetenzentwicklung · Unternehmenskommunikation · Kommunikationsmanagement

1 Kompetenzdiskussion rund um Unternehmenskommunikation

Die Auseinandersetzung mit den Kompetenzen von Mitarbeitern und Führungskräften in *Kommunikations*berufen steht nicht im Mittelpunkt der allgemeinen Kompetenzdiskussion. Ihre Publizität hat diese Diskussion stattdessen im Kontext der Professionalisierung und Ausweitung der Human-Resources-Bereiche großer internationaler Unternehmen entfacht – sowie durch das Entstehen einer rund um die Kompetenzthematik arbeitenden Beratungsindustrie und der parallel laufenden akademischen Beschäftigung mit dem Thema. So findet sich in dem Übersichtsband von Ritz und Thom (2011) zur Kompetenzthematik kein Beispiel aus dem Kommunikationsbereich und erst im gleichen Jahr erschien eine frühe Dissertation über Qualifikationen für Public-Relations-Berufe (Schulte 2011).

Zuvor haben sich insbesondere Autoren wie Szyszka (1995) und Schick (2010) mit der Bildung von Kategorien unterschiedlicher Kompetenzen verdient gemacht, die für Kommunikationsberufe relevant sein können. Eine breiter gefasste Übersicht wurde im Rahmen des *European Communication Professional Skills and Innovation Programme* (ECOPSI) von Tench et al. (2013) erarbeitet. Die Autoren berichten über die – begrenzte – Zahl von empirischen Kompetenzstudien mit Fokus auf die Unternehmenskommunikation. Ebenfalls lesenswert sind Beiträge in diesem Band, die die Kompetenzthematik in Unternehmenskommunikation und Public Relations aus internationaler Perspektive beleuchten.

Aus Sicht der Kommunikationspraxis fällt auf, dass viele dieser Studien vom Interesse an einer besseren Transparenz im Berufsfeld Unternehmenskommunikation oder dem Wunsch nach einer Verbesserung der formalen Ausbildung (Optimierung der Curricula) getrieben sind. Dementsprechend stehen oft kommunikationsfachliche Aspekte im Vordergrund, etwa entlang der drei Perspektiven Medien-, Themen- und Zielgruppenkompetenz (Schick 2010). Die beiden etwa zeitgleich durchgeführten empirischen Studien von Schulte (2011) und Klewes et al. (2012) heben demgegenüber stärker meta-fachliche Kompetenzen hervor, die für Kommunikationsberufe entscheidend sind – etwa solche aus den Feldern Persönlichkeitsmerkmale, Social Skills, konzeptionelles Denken, Mitarbeiterführung, organisationsspezifisches Wissen und Planungskompetenzen. Dabei wird deutlich, dass in der Unternehmenskommunikation Kompetenzen an Bedeutung gewinnen, die traditionell eher dem betriebswirtschaftlichen Bereich zuzuordnen sind. Dieser Befund scheint sich mit den Schwerpunkten im Kompetenzaufbau und Talent Management in Kommunikationsabteilungen großer Unternehmen und internationaler Agenturen zu decken: In der größten europäischen Berufsfelduntersuchung (Zerfass et al. 2012, S. 88 ff.) geben die Befragten konsistent das Bedürfnis nach besseren Managementkompetenzen und Managementwissen als Top-Priorität an – und zwar sogar dann, wenn sie bereits mehr als zehn Jahre im Beruf sind.

2 Der Talentmanagement-Prozess

Bei der Analyse der beiden miteinander eng zusammenhängenden Bereiche Kompetenzaufbau (dem Schwerpunkt dieses Beitrages) und Personalmanagement in der Unternehmenskommunikation dient zur Orientierung das einfache Phasenmodell für Talentmanagement, das lediglich vier unterschiedliche Aspekte differenziert:

- die Bedarfsermittlung und Planung von Personalressourcen und Kompetenzen
- den Zusammenhang von Employer Branding, Rekrutierung und Kompetenzthematik
- Thematiken der Kompetenzbeurteilung (Assessments und Leistungsbeurteilungen) wie auch des damit zusammenhängenden Felds der Kompetenzstandards und Karriereprofile
- den Bereich von Training, Mitarbeiterentwicklung und Talentförderung.

Eine exemplarische Auseinandersetzung mit diesen vier Feldern erfolgt anhand zweier unterschiedlicher Organisationstypen, in denen Talentförderung für Kommunikationsprofis relevant ist: zum einen in Kommunikationsagenturen, zum anderen in den entsprechenden Abteilungen für Unternehmenskommunikation in größeren Unternehmen. Die Perspektive auf Non-Profit-Organisationen, Behörden und andere Organisationstypen bleibt also anderen Analysen vorbehalten.

3 Planung von Personalressourcen und Kompetenzen

Personalplanung setzt sich mit der Frage auseinander, welche Ressourcen und Kompetenzen in der Unternehmenskommunikation in den kommenden Jahren gebraucht werden. Es geht also um eine quantitative und eine qualitative Aufgabe. In den Unternehmen liegen beide Aspekte dieser Aufgabe in der Regel bei der Leitung der Unternehmenskommunikation – und nicht etwa im Personalbereich, der eher eine unterstützende und ausführende Funktion wahrnimmt. Bei vielen Unternehmen in Deutschland sind dabei Zentralisierungstendenzen zu beobachten (Klewes und Zerfaß 2011, S. 38). Oftmals unterliegt heute auch die Planung von Personalressourcen und Kompetenzen in den lokalen und regionalen Kommunikationseinheiten dem Einfluss der zentralen Kommunikationsabteilung, deren Vorgaben dann von der lokalen oder regionalen Leitungsebene („regional heads") umgesetzt werden.

Diese organisatorische Ansiedlung der Personalplanung auf der oberen Hierarchieebene erklärt sich dadurch, dass die Personalplanung von den übergeordneten Zielsetzungen der Organisation und der Kommunikationsfunktion abgeleitet werden muss, damit sie erfolgreich ist (Bröckermann 2002, S. 34). In den meisten Kommunikationsabteilungen sind solche übergeordneten Zielsetzungen heute definiert: Mit wachsender Größe und Komplexität wurden integrierende Prozesse etabliert, zu denen auch die Orientierung des gesamten Kommunikationsteams an einheitlichen Zielen im Kontext der Unternehmensstrategie gehört (Klewes und Zerfaß 2011, S. 26, 42). Damit bringen die meisten Kommunikationsabteilungen eine wesentliche Voraussetzung für erfolgreiche Personalplanung mit, die in einigen sehr großen Kommunikationsteams sogar Teil des Aufgabenspektrums eines speziellen Stabs für Kommunikations- und Personalplanung unmittelbar beim globalen Kommunikationschef sind.

Obwohl die Ziele der Personalplanung also individuell definiert werden müssen, lassen sich unternehmensübergreifend auf Basis aktueller Erkenntnisse (Klewes und Zerfaß 2011; Klewes et al. 2012; Zerfass et al. 2012) bestimmte Trends zu den relevanten Kompetenzen für die Unternehmenskommunikation ableiten:

- Durch die wachsende Ausdifferenzierung der Aufgaben in der Kommunikation sind neben Managern für die etablierten Funktionen (z. B. Pressearbeit, Mitarbeiterkommunikation, Internet) verstärkt Spezialisten für neue Aufgabenfelder gefragt. Wachsende Bedeutung erlangen etwa die Bereiche Social Media und Change Communication sowie die Kommunikation mit speziellen Zielgruppen wie dem Wissenschaftsbereich oder der Politik.
- Der Bedarf an Führungstalent und Managementkompetenz innerhalb der Kommunikationsfunktion wächst. Grund dafür ist einerseits die zunehmende organisatorische Komplexität der Unternehmenskommunikation, durch die mehr Stellen mit Führungsverantwortung entstanden sind. Außerdem steigt der Einfluss der Kommunikationsfunktion innerhalb der Organisation, was entsprechende Managementkompetenzen bei den Kommunikationsverantwortlichen erfordert, um Funktionsträger auf Augenhöhe zu beraten. Die gleichen Managementkompetenzen sind erforderlich, um die Kommunikationsperspektive in funktionsübergreifenden Projektgruppen durchzusetzen, etwa im Kontext zentral initiierter Change-Prozesse.
- Noch fehlt es gerade deutschen Unternehmen an Kommunikationsverantwortlichen mit interkulturellen Erfahrungen und Kompetenzen, die angesichts der vermehrten Existenz separater Kommunikationsabteilungen in den Ländern und Regionen diese internationale Kommunikationsaktivitäten koordinieren und überwachen können.

An die Definition der benötigten Kompetenzen schließt sich in der Personalplanung ein Soll-Ist-Abgleich des aktuellen und zukünftigen Personalbestands an. Dadurch entstehen neue Stellen, bestehende werden verändert, zusammengeführt oder gestrichen. Das idealtypische Ergebnis ist ein Stellenbesetzungsplan, der gleichzeitig das (zukünftige) Organigramm der Kommunikationsfunktion widerspiegelt. Für jede einzelne Stelle sollten dabei eindeutige und messbare Ziele definiert werden (Bröckermann 2002, S. 36) – durch die Beschreibung des Zielinhalts (Welche Aufgaben werden der Stelle zugewiesen?), des zeitlichen Rahmens (Bis wann und ggf. wie lange ist die Stelle zu besetzen?), des Geltungsbereichs (Wo ist die Stelle organisatorisch angesiedelt?), der Verantwortlichen (z. B. Zentralkommunikation, Regionaleinheit, Tochtergesellschaft) und des Zielerreichungsgrads (Welche Kompetenzen muss ein Mitarbeiter für die Stelle haben?).

Um die Ziele für jede Stelle festzulegen, können Aufgaben beispielsweise auf Basis von anstehenden Projekten oder Gesprächen mit Führungskräften analysiert und in einer Stellenbeschreibung zusammengefasst werden. Für jede Stelle sollte außerdem ein Anforderungsprofil festgelegt werden, um die für die Stelle erforderlichen Kompetenzen mit dem Eignungsprofil eines Bewerbers abgleichen zu können. Diese idealtypische Situation ist allerdings in der Realität zahlreicher – durchaus auch großer – Unternehmen nur unvollständig zu finden.

Einer der Gründe dafür ist, dass Stellenbesetzungsplan und Stellenbeschreibungen laufend aktualisiert werden müssen, da sich jederzeit Veränderungen im Personalbestand ergeben können – durch Prozesse, die das Unternehmen gar nicht oder nur eingeschränkt beeinflussen kann (z. B. Wiedereinstellungszusagen, Abgänge durch Kündigungen) oder als Folge von initiierten Maßnahmen (z. B. Umstrukturierungen; Übernahme von Auszubildenden). Genauso volatil ist die Entwicklung der für eine erfolgreiche Bewältigung der Aufgaben in der Unternehmenskommunikation notwendigen Kompetenzen, denkt man an die wichtiger gewordenen „social media skills" und das langsam verschwindende Wissen über die Produktion von Printdrucksachen.

Empirisch zeigt sich, dass die Mitarbeiterzahlen in der *Kommunikationsfunktion von großen Unternehmen* in den letzten zwei Jahren nur leicht gestiegen sind. Dennoch wächst die Zahl der Kommunikationsprofis: Immer mehr mittlere und kleine Unternehmen und vor allem Organisationen außerhalb des kommerziellen Sektors bauen ihre Kommunikationsfunktionen zum Teil sehr stark aus. Gleichzeitig berichten die Unternehmen von einer eher zu geringen Fluktuation, wodurch es teilweise schwer falle, neue Impulse und die erforderlichen Kompetenzen zu integrieren. Dies führt in den großen Unternehmen jedoch bisher nicht zu einer gesteigerten Auslagerung von Aufgaben an Dienstleister oder zu konkreten Programmen für die Initiierung gewollter Fluktuation (Klewes und Zerfaß 2011, S. 41, 44). Scheinbar legen die Unternehmen also bei der Ausbildung der erforderlichen Kompetenzen einen Fokus auf die Weiterbildung und Entwicklung des aktuellen Personalbestands. Aber auch die externe Rekrutierung spielt eine Rolle, die mit Blick auf die demographische Entwicklung zunehmende Aufmerksamkeit erhält.

In *Kommunikationsagenturen* gehorcht die Planung von Ressourcen und Kompetenzen anderen Gesetzen. Primär ist sie immer eine abhängige Variable von Kundenmandaten: von ihrem Volumen und inhaltlichen Anforderungen. Auch hier ist sie wegen ihrer herausragenden wirtschaftlichen Bedeutung in vielen Fällen eine Aufgabe der obersten Leitungsebene. Nicht zufällig berichtet der Personalbereich in großen internationalen Agenturen oft an den Chief Financial Officer – so groß ist die ökonomische Bedeutung des Kostenblocks Personal, der je nach Profitabilität der Agentur bei 40 bis 60 % liegt. Die Herausforderung für die Planungsvorgänge liegt dabei in ihrer Kurzfristigkeit: Neue Agenturmandate lassen sich nur schlecht im Voraus planen, erfordern aber ein umgehendes „Staffing", also die personelle Besetzung der dem Kunden zugesicherten Aufgaben.

Umgekehrt gehen Mandate nicht selten, z. B. aufgrund von Veränderungen auf Kundenseite, so kurzfristig zu Ende, dass die Agenturmitarbeiter nicht innerhalb angemessener Fristen für neue Kundenprojekte eingesetzt werden können – und manchmal die

Agentur verlassen müssen. In einer idealen Welt würden gerade die Übergangsphasen als Qualifizierungsphasen genutzt. In der Praxis zwingt der Wettbewerbs- und Margendruck viele Agenturen jedoch dazu, chronisch „*understaffed*" zu arbeiten: Zuerst muss ein neuer Auftrag gesichert sein, dann können Mitarbeiter von anderen Projekten umgewidmet oder neue Mitarbeiter eingestellt werden. Nur wenige Agenturen erzielen heute – wie die vielfach als Benchmark geltenden Top-Unternehmensberatungen – EBITDA-Margen von über 20 % und können sich mit diesem „Puffer" eine vorsorgende und langfristig zukunftsorientierte Mitarbeiterpolitik leisten.

Praxis erfolgreicher Agenturen ist daher die – allerdings nur selten systematisch durchgeführte – Mitarbeiterrekrutierung „von unten": Praktikanten, Volontäre und Trainees bilden eine vergleichsweise preiswerte Reserve, aus der sich der Personalstamm der Agenturen speist; das *Staffing* auf neuen Kundenprojekten erfolgt dann aus bereits erfahreneren Mitarbeitern mittlerer Hierarchieebenen und von unten rücken auf deren Positionen jüngere Mitarbeiter nach. Investitionen in Mitarbeiter mit neuen Kompetenzprofilen, heute etwa im Social-Media-Bereich, erfolgen in Phasen erfolgreicher Geschäftsentwicklung und einem entsprechend geringeren Margendruck, oder nach Vorgaben der Gesellschafter oder der übergeordneten Ebenen im Fall internationaler Agenturen.

Verglichen mit Unternehmensmitarbeitern gibt es laut der Studie von Klewes et al. (2012, S. 27 ff.) beim Agenturpersonal keine grundsätzlichen Unterschiede der benötigten Kompetenzen. Allerdings spielen fachliche Kompetenzen aus dem Bereich Veränderungskommunikation, die in Unternehmen insbesondere in der internen Kommunikation und der Finanzkommunikation wichtig sind, für die Kommunikationsfachleute in vielen Agenturen nicht eine ganz so große Rolle (ebd.). Umgekehrt sind nur in Agenturen Kompetenzen in der Akquisition neuer Projekte und Klienten für den Karriere-Erfolg essenziell – diese für die Praxis wesentlichen Kompetenzen werden jedoch bislang in der Forschung noch nicht thematisiert.

4 Employer Branding, Rekrutierung und Kompetenzthematik

Ein Überblick über die Publikationen zur Entwicklung einer Arbeitgebermarke, dem Employer Branding, ist an dieser Stelle weder möglich noch beabsichtigt. Vielmehr geht es uns um die praxisrelevante Frage, wie die Wechselwirkung zwischen der Kompetenzthematik und einer wirksamen Employer-Branding-Strategie – also der Kommunikation im Kontext von Rekrutierung, Mitarbeiterqualifizierung und -entwicklung – verstanden werden kann. Zweifellos erlaubt die allgemeine Positionierung eines Unternehmens über die Arbeitgebermarke Rückschlüsse auf bestimmte erwartete „weiche" Kompetenzen: Eine Employer Brand, die das Unternehmen als innovativ positioniert, lässt eher auf Kompetenzen im kreativen und kommunikativen Bereich schließen; ein Unternehmen, das sich über technische Qualität und Präzision darstellt, gibt so implizite Hinweise auf generalisierte Kompetenzerwartungen nicht nur für Ingenieure. Und genauso umgekehrt: Die Employer Brand eines Unternehmens wird eben auch durch die Kompetenzerwartungen geprägt, die in seinen Stellenanzeigen und anderen Publikationen im Rekrutierungskontext genannt werden.

Die sich über Stellenanzeigen manifestierenden Kompetenzerwartungen im Berufsfeld Unternehmenskommunikation deuten darauf hin, dass bei persönlichen Kompetenzmerkmalen Aspekte wie Teamarbeit, Einsatzbereitschaft, selbständiges Arbeiten, Kreativität und Flexibilität dominieren (Huber 2006, S. 91). Die gleiche Untersuchung fördert Erwartungen im Hinblick auf die Qualifikationsdimension „Wissen" (z. B. hohe Relevanz von Fremdsprachenkenntnissen, siehe Huber 2006, S. 94) und im Kontext der Dimension „Fertigkeiten" vor allem den Wunsch nach rhetorischer Kompetenz wie journalistisch-handwerklichen Stärken zu Tage (Huber 2006, S. 96). Eine spätere Arbeit von Laska (2009) scheint diese Ergebnisse im Wesentlichen zu bestätigen.

In der Praxis der Unternehmenskommunikation ist man sich der Tatsache meist bewusst, dass die im Employer Branding, speziell in der Rekrutierungskommunikation, artikulierten Kompetenzerwartungen nicht zwangsläufig viel mit der Realität in den beworbenen Ausschnitten des Berufsfeldes zu tun haben müssen. Denn vor allem anderen zielt die Rekrutierungskommunikation darauf, die „Bewerberpipeline" zu füllen – die eigentliche Auswahl der *richtigen* Mitarbeiter für die Unternehmenskommunikation in Agenturen oder Firmen – unter anderem an Kompetenzkriterien orientiert – findet in einem nächsten Schritt der Personalentwicklung statt.

In den Unternehmen wird die Rekrutierung von Mitarbeitern für die Funktion Unternehmenskommunikation in der Regel durch den Personalbereich übernommen – nach deutlichen inhaltlichen Vorgaben der Leitung der Unternehmenskommunikation. In der Außenwirkung spielt die Unternehmenskommunikation beim Employer Branding meist keine oder nur eine geringe Rolle – dafür eignet sie sich wegen ihrer vergleichsweise schmalen Mitarbeiterausstattung nicht gut genug. Das schließt jedoch keineswegs aus, dass gerade in den großen Unternehmen die inhaltliche und organisatorische Gestaltung von Employer-Branding-Aktivitäten oft an Spezialisten der Unternehmenskommunikation, insbesondere aus dem Bereich interne Kommunikation, delegiert wird – insofern fließen dann mindestens implizit die Kompetenzdefinitionen der Unternehmenskommunikation in die Maßnahmen ein.

Anders in den Agenturen: Hier stellen Employer-Branding-Maßnahmen neben Thoughtleadership-Aktivitäten (z. B. über Studien oder Kongresse) meist die einzige Art von Eigen-PR dar. Und da sich Agenturen kaum mit anderen Attributen als denen ihrer Mitarbeiter profilieren können, schwingen Kompetenzthemen dabei immer mit.

Werden Führungspositionen nicht durch interne Nachfolgenominierungen, sondern extern besetzt, so dienen dazu heute sowohl in Agenturen als auch in den Abteilungen für Unternehmenskommunikation kaum mehr Stellenanzeigen. Stattdessen werden spezialisierte Personalberater (Headhunter) beauftragt – eine Vorgehensweise, die eine Kompetenzanalyse auf diesem Niveau zwangsläufig erschwert. Aus eigener Tätigkeit und Erfahrungen in diesem Bereich wissen die Autoren, dass bei den so besetzten Positionen außer Managementkompetenz (vor allem im Hinblick auf die Fähigkeiten zur Teamführung) wenig andere Kompetenzen zählen: Besonderer Zielgruppen-Zugang möglicherweise (etwa Medien- oder Politikkontakte) und in den Agenturen explizit die Akquisitionsstärke. Instrumentelle oder kommunikationshandwerkliche Kompetenzen werden entweder vorausgesetzt oder spielen hier keine große Rolle.

5 Kompetenzbeurteilung, Kompetenzstandards und Karriereprofile

Seit Einführung des Begriffs vom „War for Talents" (Chambers et al. 1998) Ende der 1990er Jahre hat sich weithin die Ansicht durchgesetzt, dass die Kompetenz und Zufriedenheit der Mitarbeiter die wichtigsten Ressourcen für den Erfolg eines Unternehmens darstellen. Diesem Verständnis von Unternehmen als Wissensorganisationen folgend sei das Finden, Fördern und Binden der *„richtigen"* Mitarbeiter heute als zentrale Aufgabe in so gut wie jeder Unternehmensstrategie zu verankern. Die Identifizierung und Förderung der für den Unternehmens- oder Abteilungserfolg wesentlichen Leistungen, Potenziale und Verhaltensdispositionen der Mitarbeiter, der systematische Aufbau von Leistungsträgern für die Besetzung von Schlüsselfunktionen und die Bindung der Mitarbeiter an das Unternehmen ist Aufgabe der Personalentwicklung (Hantke 2002).

Zwar haben einige große deutsche Konzerne durchaus Kommunikations-„Communities" von bis zu mehreren hundert Mitarbeitern – aber dennoch fehlt in den meisten Unternehmen eine *spezifisch auf die Bedürfnisse der Unternehmenskommunikation ausgerichtete* Konzeption der Personalentwicklung. Sie würde sich, ähnlich wie für andere vergleichsweise kleine Organisationsfunktionen, nicht lohnen. In der Agenturwelt ist dies – speziell in den großen, international dominierten Agenturen – anders: eine Handvoll der besten Agenturen für Unternehmenskommunikation leistet sich (ggf. europäisch agierende) Mini-Teams für Personalentwicklung und Talentmanagement, deren Aktivitäten im Wettbewerb der Berater durchaus einen Differenzierungsfaktor darstellen.

Als wichtig für eine erfolgreiche Personalentwicklung gilt ein symmetrisches Mitarbeiterleitbild, wonach nicht nur die Organisation Kompetenz- und Qualifikationserwartungen an den Mitarbeiter stellt, sondern auch der Mitarbeiter Erwartungen an die Organisation – etwa in Bezug auf die von ihm ausgeübte Aufgabe, das Arbeitsumfeld oder die Vergütung. Um einen qualifizierten Mitarbeiterstamm an das Unternehmen zu binden, müssen die gegenseitigen Erwartungshaltungen so miteinander in Einklang gebracht werden, dass sich für das Unternehmen Profitabilität und für den Mitarbeiter Arbeitszufriedenheit als Voraussetzung von Motivation einstellen (Hantke 2002, S. 145 f.).

Die Personalentwicklung fokussiert nicht nur auf die Förderung von Talenten im Sinne einer ausgewählten Gruppe besonders wertvoller Mitarbeiter, sondern muss auch den Entwicklungsbedarf aller Mitarbeiter im Auge haben (Thorne und Pellant 2007) – und zunächst einmal feststellen, welche Art von Entwicklungsbedarf vorhanden ist. Eine Voraussetzung für die ausgewogene Feststellung dieses Bedarfs ist die Berücksichtigung möglichst vieler Quellen. Dazu gehören übergeordnete Faktoren, etwa eine systematische Analyse der Rahmenbedingungen innerhalb des Unternehmens, wozu auch die Unternehmenskultur sowie vorherrschende organisatorische Strukturen und Prozesse gehören.

Solche Faktoren sollten in die Bewertung des Entwicklungsbedarfs einbezogen werden, weil sie die Qualifikation und Motivation der Mitarbeiter beeinflussen können. Auch Analysen des externen Arbeits- und Bildungsmarktes sind zu berücksichtigen. Sie geben Aufschluss darüber, in welchem Maß die erforderlichen Kompetenzen überhaupt verfügbar sind. Die Mitarbeiter der Unternehmenskommunikation werden aus recht heterogenen Bereichen rekrutiert: etwa aus einem wirtschaftswissenschaftlichen oder geistes- wie sozialwissenschaftlichen Studium, aus Fort- und Weiterbildungsprogrammen im Bereich Kommunikation oder über den Quereinstieg aus dem Journalismus (Bentele und Szyszka 1995). So kommen unterschiedliche Kompetenzen in die Abteilung, wobei die *Fachkompetenzen* im Bereich Kommunikation generell stärker ausgeprägt sind als das Verständnis betriebswirtschaftlicher Grundkonzepte (Zerfass et al. 2011, S. 64 ff.): 44,5 % der Kommunikationsverantwortlichen in Europa haben eine akademische Ausbildung im Bereich Kommunikation, weitere 41,8 % eine entsprechende zertifizierte Aus- oder Weiterbildung (Zerfass et al. 2011).

Neben der Berücksichtigung solcher Rahmenbedingungen kann der Entwicklungsbedarf durch Personalanalysen ermittelt werden. Dabei werden die vorhandenen Kompetenzen und Qualifikationen der Mitarbeiter mit den Erwartungen des Unternehmens abgeglichen. Zentrales Führungsinstrument ist dabei das Mitarbeiter- oder Beurteilungsgespräch, das in vielen größeren Unternehmen in hohem Maße formalisiert und quantifiziert ist (Nagel et al. 2001): Ein bis zwei Mal im Jahr werden dabei die Leistungen und Qualifikationen des Mitarbeiters auf Basis der im Stellenprofil festgelegten Aufgaben und dafür erforderlichen Kompetenzen sowie der zuvor zwischen Führungskraft und Mitarbeiter definierten Zielvereinbarung für den jeweiligen Zeitraum bewertet. Ob diese Gespräche wirklich offen geführt und die vereinbarten Maßnahmen konsequent umgesetzt werden, oder ob sie eher ritualisiert „abgespult" werden, macht einen wesentlichen Unterschied zwischen exzellent und mittelmäßig geführten Kommunikationsteams aus – gleichgültig ob in Unternehmen oder Agenturen.

Von dem beschriebenen symmetrischen Mitarbeiterleitbild ausgehend, sollte das Mitarbeitergespräch um partizipatorische Elemente ergänzt werden: Erst im Dialog lassen sich die wechselseitigen Erwartungshaltungen oder der „psychologische Vertrag" zwischen Unternehmen und Mitarbeitern aushandeln und eine Bindung des Mitarbeiters an das Unternehmen erreichen. Im Mitarbeitergespräch – oder in einem gesonderten Personalentwicklungsgespräch – sollte also Raum für die Artikulation der Erwartungen Mitarbeiters an die Organisation gelassen werden, um so Motivation als Basis von Leistungsverhalten zu aktivieren. Um die Verbindlichkeit zu gewährleisten, sollte das Ergebnis dieser Einschätzungen in einer Vereinbarung dokumentiert werden, die unter anderem Ziele der Personalentwicklung (z. B. Nachfolgenominierung), Qualifizierungs- oder Entwicklungsmaßnahmen (z. B. Training) sowie finanzielle Aspekte (z. B. Bonus) berücksichtigt. Muster solcher Vereinbarungen stehen in einer großen Zahl von Unternehmen und Agenturen zur Verfügung.

Aus den Ergebnissen können dann die nächsten Karriereschritte abgeleitet oder der Entwicklungsbedarf bestimmt werden. Dies erfolgt in manchen Unternehmen anhand systematisierter Karrierepfade, denen bestimmte Entwicklungsmaßnahmen zugeordnet sind. Auch hier ist das symmetrische Mitarbeiter-Leitbild wichtig, um bei der Karriereplanung sowohl Unterschiede in individuellen Fähigkeiten, als auch in der individuellen Motivation zu berücksichtigen (Thorne und Pellant 2007). Die Karrierepfade sollten außerdem die Ziele widerspiegeln, die im Rahmen der Personalplanung als strategisch relevant definiert worden sind.

Vor diesem Hintergrund oszillieren typische *Karrierewege in der Unternehmenskommunikation* in zwei Dimensionen – zwischen beruflicher Breite versus technisch-funktionaler Kompetenz einerseits sowie Projektmanagement und genereller Führung andererseits (Hantke 2002, S. 172). Implizit liegen ihnen *unterschiedliche Kompetenzkonzepte* zu Grunde.

- Die Unterscheidung in Generalisten- und Expertenlaufbahnen trägt der Entwicklung Rechnung, dass immer mehr zusätzliche Aufgaben in der Unternehmenskommunikation angesiedelt werden. Dies erfordert einerseits ein flexibles Rollenverständnis, wenn etwa neben der eigentlichen Hauptaufgabe für die interne Kommunikation die Verantwortung für die kommunikative Begleitung von Change-Projekten hinzukommt (Klewes und Zerfaß 2011, S. 35). Unternehmen benötigen also breit ausgebildete Kommunikationsmanager, die flexibel verschiedene Aufgaben übernehmen können. Andererseits sind mit der Ausdifferenzierung aber auch neue Aufgabenfelder entstanden, die ein explizites Expertenwissen erfordern, zum Beispiel für die Kommunikation mit spezifischen Zielgruppen (etwa bestimmten Kundenindustrien des Unternehmens) oder zu bestimmten Themenfeldern. Die dafür verantwortlichen Kommunikationsmanager berichten oft zusätzlich an die entsprechenden Fachbereiche im Unternehmen – zum Beispiel an den Leiter eines Produktbereichs – und müssen die entsprechende technisch-funktionale Kompetenz für deren kommunikative Beratung mitbringen.
- Führungskarrieren fokussieren auf die disziplinarische Verantwortung für einen bestimmten Bereich, etwa die Leitung der Pressestelle oder einer lokalen Kommunikationseinheit. Projektmanager arbeiten demgegenüber in einem zeitlich befristeten Projekt – oder haben dessen Leitung inne –, das sich oft fachübergreifend mit einem bestimmten Thema oder einer spezifischen Aufgabenstellung auseinandersetzt. Beide Karrierewege sind für die Unternehmenskommunikation wichtig und lassen sich sowohl mit Generalisten- als auch mit Spezialistenwissen verbinden. So wächst die Bedeutung von Führungskompetenz bei Kommunikationsmanagern im selben Maße wie die Kommunikationsfunktion Einfluss im Unternehmen gewinnt. Gerade für die Begleitung strategisch relevanter Projekte, die zunehmend in der Unternehmenskommunikation angesiedelt werden, ist die Kommunikationsfunktion auf Führungspersonal mit ausgeprägter Managementkompetenz angewiesen: Nur so kann sie im Wettbewerb mit anderen Unternehmensfunktionen bestehen und das obere Management auf Augenhöhe beraten. Die vermehrte Bedeutung von Projektmanagement-Kompetenz trägt der Entwicklung Rechnung, dass sich in der Unternehmenskommunikation feste Arbeitszusammenhänge vermehrt auflösen und durch wechselnde Prioritäten abgelöst

werden (Klewes und Zerfaß 2011, S. 35). Es werden vermehrt Teams gebildet, die zeitlich befristet und funktionsübergreifend zu einem aktuellen Thema arbeiten. Projektmanager werden benötigt, um diese immer schneller wechselnden Anforderungen an die Unternehmenskommunikation zu erfüllen.

In den *Kommunikationsagenturen* findet sich ebenfalls eine Differenzierung zwischen verschiedenen Karrierepfaden, denen wieder unterschiedliche Kompetenzerwartungen an die Mitarbeiter entsprechen: Hier finden sich drei unterschiedliche Karriere-Typen:

- *Beraterkarrieren* verlaufen eng an der Schnittstelle zu Kundenaufgaben. Bei ihnen ist die Bedeutung von Führungskompetenzen besonders hoch – in einem sich gegenseitig bedingenden Verhältnis von Teamgröße und Führungsqualifikation.
- *Expertenkarrieren* fokussieren auf bestimmte inhaltliche, kreative oder organisatorische Fähigkeiten, von journalistischer Kompetenz über die Organisation von Events bis etwa zur Gestaltung von Online-Medien.
- *Stabskarrieren* bieten Entwicklungsoptionen für Mitarbeiter in unterstützenden Funktionen wie etwa dem Office Management oder Profis mit besonderen Projektmanagement-Talenten.

Weder in Agenturen noch in Kommunikationsteams von Unternehmen findet sich heute ein allgemeingültiges, konsensfähiges Kompetenzmodell, das einen praxistauglichen organisationsübergreifenden Vergleich der Ist- und Soll-Kompetenzen erlaubt. Zwar ist aus einzelnen großen Agenturen wie aus den Spitzenteams auf Unternehmensseite bekannt, dass sie organisationsspezifische Kompetenzbeschreibungen speziell für den Zweck der Mitarbeitergespräche einsetzen. Allerdings sind diese Kompetenzmodelle weder über die Organisationsgrenzen hinweg vergleichbar, noch liegen sie nach Überblick der Autoren so operationalisiert vor, dass sie etwa zur Identifikation kommender Kompetenzdefizite oder der kurzfristigen Steuerung von Kompetenzbedürfnissen eingesetzt werden können.

Auch Verbände wie die Gesellschaft Public Relations Agenturen (GPRA) oder die Deutsche Public Relations Gesellschaft (DPRG) haben (zumindest nach außen sichtbar) keine Kompetenzmodelle entwickelt. Die DPRG bietet allerdings gezielte Angebote für den Nachwuchs in der PR- und Kommunikationsbranche an: Seit 2012 gibt es ein bundesweites Mentoring-Programm, welches dem Nachwuchs ermöglichen soll, sich auch außerhalb des eigenen Unternehmens oder der eigenen Agentur zu vernetzen und weiterzuentwickeln (www.dprg.de). Internetbasierte, kommunikationsspezifische Systeme wie z. B. www.proofilia.de, die zur Selbsteinschätzung eigener Kompetenzen und zur Objektivierung von Diskussionen zwischen Führungskraft und Mitarbeiter über die jeweiligen Kompetenzprofile dienen sollen, stecken noch in den Kinderschuhen.

6 Training, Entwicklung, Talentförderung

Insofern ist es kein Wunder, dass auch explizite abteilungsinterne Konzepte für die Entwicklung und das Training von Mitarbeitern der Kommunikationsteams in Unternehmen und in Agenturen noch in den Anfängen stecken. In Unternehmen wird der Großteil der Anstrengungen zur Kompetenzentwicklung und Talentförderung ausgelagert: Entweder erfolgt die Weiterbildung komplett extern durch die Nutzung des vielfältigen Marktes von Weiterbildungs- und Trainingsangeboten oder sie wird zumindest nicht von der Kommunikationsabteilung selbst wahrgenommen, sondern an die allgemeinen, kommunikationsunspezifischen Angebote der unternehmensweiten Weiterbildung „delegiert". Beides hat seine Vorteile, wenn eine konzeptionelle Planung und, im Fall der internen Trainingsfunktionen, eine Abstimmung der Inhalte und Ziele geleistet wird.

In der größten europäischen Berufsfeldstudie, dem *European Communication Monitor* (Zerfass et al. 2012, S. 2) geben nur 11,4 % der Befragten in Westeuropa an, dass sie keinen einzigen Trainingstag absolvieren, mehr als die Hälfte bildet sich mehr als drei Tage im Jahr weiter (Median: 4 bis 5 Tage), die Werte für Deutschland weichen davon nicht ab. Größte Beliebtheit, so berichten mehr als 70 % der Befragten, genießen dabei die von den Berufsverbänden und spezialisierten PR- und Kommunikationstrainings-Firmen angebotenen Weiterbildungsangebote (ebd.: 84).

Große Unternehmen und führende Agenturen ergänzen diese Möglichkeit durch eigene „Academies" oder „Universities", in denen insbesondere Nachwuchskräfte hochkarätigen internen und externen Trainern begegnen. In der Praxis finden sich unterschiedliche Organisationsformen: vom mehrtägigen Training zu unterschiedlichen Themen bis zu einer Vielzahl kurzer Trainingseinheiten an großen Standorten, die über das ganze Jahr hinweg angeboten werden. Immer größere Bedeutung erlangen, besonders in globalen Unternehmen oder Agenturen, interaktiv angelegte Lernformate, die über das Intra- oder Internet vermittelt werden (z. B. *Webinars*). Außerdem gehören zu den meisten Traineeprogrammen, in etwa bei internationalen Agenturen wie Ketchum Pleon und bei großen Unternehmen, inzwischen neben dem üblichen on-the-job-Training standardmäßig auch Schulungen und Weiterbildungen, die einem kommunikationsspezifischen Curriculum folgen. Diese beschäftigen sich sowohl mit einzelnen PR-Disziplinen und -Bereichen als auch mit generellen Arbeitsweisen wie zum Beispiel Projektmanagement (DPRG & Career Center 2012).

Die Zielsetzung dieser unternehmensspezifischen Trainingsangebote ist vielfältig: Oft steht die Vermittlung praxisrelevanter Kompetenzen im Vordergrund, etwa wenn es um die Simulation von Kommunikationsprozessen in Fällen eskalierender Reputationskrisen geht. Bei den kommunikationsfachlichen Themen haben alle Aspekte des Einsatzes von *Social Media* in der externen und internen Kommunikation seit 2008 eine große Bedeutung erlangt. Nicht zu unterschätzen sind aber auch drei weitere Aspekte, die auf eher „weiche" Faktoren fokussieren:

- die Vermittlung eines Gemeinschaftsgefühls und die Vermittlung unternehmensspezifischer Normen und Werte (organisationsspezifische Sozialisation)
- die Möglichkeit zur Identifikation besonders talentierter Nachwuchskräfte, z. B. im Sinne der Definition eines Pools von Mitarbeitern, die für bestimmte Führungspositionen innerhalb des Kommunikationsbereichs vorgesehen werden (etwa durch eine Auslandsversetzung)
- die Incentivierung der Teilnehmer – auch durch besondere Symboliken, etwa die Anwesenheit hierarchisch hervorgehobener Führungskräfte bis zur Vorstandsebene oder bei großen Agenturen bis zu *global practice heads*.

Die meisten spezifisch auf Kommunikationsfunktionen ausgerichteten Qualifizierungsprogramme sind in den frühen Phasen der beruflichen Entwicklung zu finden. Die Qualifizierung „on the job" beginnt oft mit Volontariaten oder Traineeprogrammen, die sowohl in führenden Unternehmen wie Agenturen seit Jahren etabliert sind und häufig ein kommunikationsspezifisches „Curriculum" bieten. Für Mitarbeiter mit mehreren Jahren Erfahrung und auf höheren Hierarchieebenen werden eher kommunikationsunspezifische Qualifizierungen angeboten. In der Regel geht es um Führungskompetenzen, Management-Wissen oder betriebswirtschaftliche Kenntnisse, die in der professionellen Entwicklung bis dahin zu kurz gekommen sein mögen. Bei den großen internationalen Agenturkonglomeraten wie Omnicom oder WPP werden ausgewählte Führungskräfte auch der PR- oder Kommunikationsagenturen durchaus für mehrere Wochen zu Management-Kaderschmieden auf Harvard-Niveau geschickt.

7 Die Zukunft der Kompetenzentwicklung

Im Zuge der weiteren Professionalisierung und Differenzierung der Kommunikationsfunktionen ist damit zu rechnen, dass auch die Kompetenzen für Kommunikationsberufe zunehmend genau beschrieben werden. Auch wird ihre Planung, Messung und Förderung im Alltag der Kommunikationsteams in Unternehmen und Agenturen wichtiger werden.

Gleichzeitig zeichnen sich aber auch Prozesse der Entdifferenzierung ab: Kommunikative Kompetenzen (durchaus nicht nur im Allgemeinen, sondern im fachlichen Sinne verstanden) sind so wichtig geworden, dass sie nicht mehr allein in einer einzigen, organisatorisch separaten Funktion „Unternehmenskommunikation" verortet werden. Mindestens eine Ausstattung mit grundlegenden Kompetenzen aus dem Bereich Unternehmenskommunikation gilt vermehrt auch für allgemeine Managementfunktionen der mittleren und höheren Hierarchien als unerlässlich. So hat das Kommunikationsteam eines global agierenden Versicherungskonzerns mit Zentrale in Deutschland damit begonnen, Manager des Konzerns in Themen der Unternehmenskommunikation zu trainieren und den Erwerb entsprechender Kompetenzen sogar zu zertifizieren.

Dieses Beispiel kann prototypisch für eine langsame, und sicher nur teilweise, Auflösung der deutlichen organisatorischen Abgrenzungen zwischen Unternehmenskommunikation und anderen Unternehmensfunktionen interpretiert werden. So sind auch Kommunikation und Personalmanagement auf vielfältige Weise verknüpft: In beiden Subfunktionen gibt es Aufgabenbereiche, die damit zu tun haben, Menschen zu informieren, zu motivieren oder zu bestimmten Handlungen zu bewegen. Aufgrund dieser Überschneidungen sind in beiden Bereichen ganz ähnliche Kompetenzen der handelnden Personen sowie vergleichbare Prozesse und organisatorische Strukturen gefragt. Bei bestimmten Teilaufgaben, etwa im Change Management, ist Erfolg ohne engstes Zusammenwirken von Kommunikations- und Personalfunktion nicht möglich. Könnte es da nicht nahe liegen, über eine teilweise Verschmelzung beider Subfunktionen nachzudenken?

Im Hinblick auf die externen Stakeholderbeziehungen kann für manche Unternehmen die einheitliche Führung oder sogar die organisatorische Verschmelzung von bisher getrennt agierenden Teams für Media Relations, Call Center und Social Media sinnvoll sein. Denn die Anforderungen – eine schnelle, flexibel-selbständige Reaktion innerhalb eines abgestimmten inhaltlichen Rahmens – sind unmittelbar vergleichbar und legen ähnliche Persönlichkeitstypen, Kompetenzen und Trainings nahe. Genauso überschneiden sich im Hinblick auf die internen Stakeholder die Adressaten der Teams aus interner Kommunikation und Personalmanagement – aber auch zahlreiche Themen. Sind die Förderung von Resilienz, die Vermittlung von Compliance-Informationen und -Motivation, die Einführung und Belebung von Unternehmenswerten, das Management der richtigen Verweildauer im Unternehmen nun Aufgaben von Personal- oder Kommunikationsabteilung?

Jedenfalls kann ausgehend von zahlreichen großen Organisationen ein Typus von Aufgaben identifiziert werden, bei dem es darum geht, regelmäßig und nachhaltig mit den Mitgliedern der Organisation dahingehend zu interagieren, dass diese zu einer Veränderung oder Stabilisierung von Informationen, Haltungen oder Verhalten bewegt werden – und dies anhand einer Kombination von kommunikativen wie prozessual-strukturellen Instrumenten. Am Beispiel des „Werte-Managements" eines Unternehmens: Die Kommunikation der Werte wird nicht ausreichen, wenn sie nicht mit Trainings-Programmen und Incentivierungs- bzw. Sanktionsmechanismen hinterlegt wird. Diese verschiedenen Perspektiven konzeptionell und operativ zusammenzubringen, könnte einen neuen und erweiterten Kompetenzrahmen erfordern, der Anforderungen aus dem Kommunikations- und dem Personalbereich kombiniert – heute jedoch erst selten zu finden ist. Die organisatorische Kombination derartiger Aufgaben im *internal stakeholder management* (was weitaus mehr als interne Kommunikation ist) könnte einen wichtigen Schritt dafür darstellen.

Ganz ähnlich finden sich auch in den Agenturen gleichzeitig Differenzierungs- und Entdifferenzierungstendenzen, die nicht ohne Folge für die Kompetenzthematik bleiben: Spezialisten, etwa für Social Media oder Public Affairs, gründen eigene Teams oder Spin-Offs, in denen Mitarbeiter mit vertieften Kompetenzen in den jeweiligen Feldern tätig sind. Gleichzeitig integrieren große Agenturen über klassische Kommunikationsdisziplinen hinweg – und bilden so Teams mit neuen oder speziellen Kompetenzen, deren Koordination und Führung wiederum spezifische Qualifikationen erfordert.

Insofern erscheint die Identifikation, Planung, Messung und Förderung von Kompetenzen im Kommunikationsbereich als eine Aufgabe, die in der Zukunft noch zahlreiche Überraschungen bereit halten dürfte – für Wissenschaft und Praxis gleichermaßen.

Literatur

Bentele, G., & Szyszka, P. (1995). *PR-Ausbildung in Deutschland. Entwicklung, Bestandsaufnahmen und Perspektiven*. Opladen: Westdeutscher Verlag.

Bröckermann, R. (2002). Personalplanung und -kontrolle. In R. Bröckermann & W. Pepes (Hrsg.), *Personalmarketing. Akquisition, Bindung, Freistellung* (S. 31–55). Stuttgart: Schäffer-Poeschel.

Chambers, E. G., Foulon, M., Handfield-Jones, H., Hankin, S. M., & Michaels III, E. G. (1998). The war for talent. *The McKinsey Quarterly, 3,* 44–57.

Deutsche Public Relations Gesellschaft e. V. (DPRG) & PR Career Center. (2012). *Karriere-Check bei Agenturen 2012*. http://www.dprg.de/Meldungen/Fuer-Young-Professionals-Karriere-Check-Agenturen-2012/768. Zugegriffen: 06. Jan. 2014.

Hantke, B. (2002). Personalentwicklung. In R. Bröckermann & W. Pepes (Hrsg.), *Personalmarketing. Akquisition, Bindung, Freistellung* (S. 144–179). Stuttgart: Schäffer-Poeschel.

Huber, A. (2006). *Gesucht: Kommunikationstalent - textsicher, wortgewandt, kontaktstark?* Unveröffentlichte Magisterarbeit. München: Ludwig-Maximilians-Universität München.

Klewes, J., & Zerfaß, A. (2011). *Strukturen und Prozesse in der Unternehmenskommunikation. Qualitative Studie zu Status Quo und Trends in der Organisation der Kommunikationsfunktion in deutschen Konzernen*. Düsseldorf: Heinrich-Heine-Universität Düsseldorf, Universität Leipzig.

Klewes, J., Westermann, A., & Klose, H. (2012). *Was wirklich zählt. Kompetenzen und Profile in PR und Werbung (Kompetenzkompass 2012)*. Meerbusch: Change Centre Consulting. Im Internet: http://change-centre.org/media/2012/05/Kompetenz-Studie_Abschlussbericht_Kurzversion.pdf. Zugriff am 06.01.2014

Laska, J. (2009). *Volontariate und Trainees - Karrierewege in die PR- Eine quantitative Inhaltsanalyse von Stellenanzeigen für PR-Volontariate*. Unveröffentlichte Bachelorarbeit. Gelsenkirchen: FH Gelsenkirchen.

Nagel, R., Oswald, M., & Wimmer, R. (2001). *Das Mitarbeitergespräch als Führungsinstrument* (2. Aufl.). Stuttgart: Schäffer-Poeschel.

Ritz, A., & Thom, N. (2011). *Talent Management: Talente identifizieren, Kompetenzen entwickeln, Leistungsträger erhalten* (2. Aufl.). Wiesbaden: Gabler.

Schick, S. (2010). *Interne Unternehmenskommunikation - Strategie entwickeln, Strukturen schaffen, Prozesse steuern* (4. Aufl.). Stuttgart: Schäffer-Poeschel.

Schulte, S. (2011). *Qualifikation für Public Relations - Neue Perspektiven in der PR-Berufsfeldforschung*. Dissertation. Münster: Westfälische Wilhelms-Universität Münster.

Szyszka, P. (1995). Öffentlichkeitsarbeit und Kompetenz: Probleme und Perspektiven künftiger Bildungsarbeit. In G. Bentele & P. Szyszka (Hrsg.), *PR-Ausbildung in Deutschland. Entwicklung, Bestandsaufnahme, Perspektiven* (S. 317–342). Opladen: Westdeutscher Verlag.

Tench, R., Zerfass, A., Verhoeven, P., Vercic, D., Moreno, A., & Okay, A. (2013). *Competencies and Role Requirements of Communication Professionals in Europe. Insights from quantitative and qualitative studies. ECOPSI Research Report*. Leeds: Leeds Metropolitan University.

Thorne, K., & Pellant, A. (2007). *The Essential Guide to Managing Talent. How Top Companies Recruit, Train and Retain the Best Talent*. London: Kogan Page.

Zerfass, A., Verhoeven, P., Tench, R., Moreno, A., & Vercic, D. (2011). *European Communication Monitor 2011. Empirical Insights into Strategic Communication in Europe. Results of a Survey in 43 Countries*. Brussels: EACD/EUPRERA, Helios Media.

Zerfass, A., Vercic, D., Verhoeven, P., Moreno, A., & Tench, R. (2012). *European Communication Monitor 2012. Challenges and Competencies for Strategic Communication. Results of an Empirical Survey in 42 Countries*. Brussels: EACD/EUPRERA, Helios Media.

Kommunikationsagenturen als Dienstleister und Berater: Auswahl, Rollen, Normen und Konflikte

Reinhold Fuhrberg

Zusammenfassung

Viele Unternehmen arbeiten bei der Planung und Umsetzung von Kommunikationsaufgaben mit externen Beratern und Agenturen zusammen. In der Forschung wird das bedeutende Berufsfeld der externen Kommunikationsberatung allerdings kaum reflektiert. Agenturen und Kunden schließen miteinander Verträge als Handlungsvereinbarungen ab, planen, implementieren, dokumentieren und bewerten die Dienstleistungen, tauschen Geld gegen Leistung. Dieser Beitrag erschließt das Phänomen „externe Kommunikationsberatung", indem die Interaktion zwischen Kunde und Agentur auf theoretischer Basis rekonstruiert wird. Dabei werden mögliche Gründe für den Agentureinsatz dargelegt, der Prozess der Agenturauswahl samt Briefing und Entscheidungskriterien nachgezeichnet, die rechtlichen und ethischen Rahmenbedingungen für die Zusammenarbeit skizziert, das Rollenverständnis auf Kunden- und Agenturseite aufgezeigt sowie Konfliktfelder identifiziert.

Schlüsselwörter

Kommunikationsberatung · Kommunikationsdienstleister · Agenturauswahl · Unternehmenskommunikation · Kommunikationsmanagement

---

R. Fuhrberg (✉)
Hochschule Osnabrück, Institut für Kommunikationsmanagement
Kaiserstraße 10c, 49809 Lingen (Ems), Deutschland
E-Mail: r.fuhrberg@hs-osnabrueck.de

1 Stellenwert von Kommunikationsagenturen im Markt und in der Forschung

Kommunikationsagenturen als Dienstleister und Berater nehmen heute einen wichtigen Stellenwert im Berufsfeld Kommunikationsmanagement ein. Dafür sprechen die große Anzahl der Dienstleister und Beschäftigten sowie die dort erwirtschafteten Budgets. In den Bereichen Marktkommunikation, Public Relations und interne Kommunikation agieren in Deutschland zwischen 5.000 und 15.000 Werbe-, PR-, Event- und Onlineagenturen. Deren Anzahl lässt sich aufgrund diffuser, zum Teil überschneidender Aufgabenfelder sowie des ungeschützten Agenturbegriffs nur schwer bestimmen. Beispielsweise arbeiten rund ein Viertel der hauptberuflichen PR-Experten in Deutschland (ca. 10.000 Personen) (Szyszka et al. 2009, S. 200) in rund 1.660 Einzelberatungen sowie Agenturen (pr-journal 2013). Und ein Großteil der Kommunikationsverantwortlichen in Organisationen beauftragt – teilweise nur sporadisch oder projektweise – Agenturen bzw. Einzelberater und sorgt damit in den vergangenen Jahren für meist steigende Honorarumsätze in der Branche.

Trotz der Marktbedeutung von Kommunikationsagenturen liegen bis heute vergleichsweise wenige Publikationen zur Zusammenarbeit von Agentur und Kunde vor (Preusse und Schmitt 2009). Den Schwerpunkt bilden dabei Praktikerhilfen zum Führen von oder zur Zusammenarbeit mit Agenturen (z. B. Mauser 2005; Knobel 2006). Agenturverbände bemühen sich um Qualitätsmaßstäbe wie den Consultancy Management Standard (ICCO 2013). Empirische Studien analysieren den Beratungsmarkt (z. B. Nöthe 1994) sowie die Zusammenarbeit bei der integrierten Kommunikation (Bruhn 2010). Vereinzelt wurden Konfliktfelder identifiziert (Fuhrberg 2010, S. 344 ff.) sowie die am Beratungsprozess Beteiligten charakterisiert (z. B. Fröhlich und Peters 2007). Berufsfeldstudien arbeiteten Unterschiede gegenüber in Organisationen tätigen Akteuren heraus (z. B. Szyszka et al. 2009). Theoretische Konzipierungen von externer Kommunikationsberatung sind jedoch erst vereinzelt vorhanden (z. B. Röttger und Zielmann 2009a; Fuhrberg 2010).

Was unterscheidet externe von interner Kommunikationsberatung/-dienstleistung, was Beratung von Dienstleistung? Welche Gründe sprechen für, welche gegen den Einsatz externer Kommunikationsagenturen? Welche Verfahren helfen bei der Agentursuche? Wie verläuft der Prozess der Zusammenarbeit und wo liegen dort Konfliktfelder? Welchen rechtlichen wie ethischen Regeln ist die Zusammenarbeit unterworfen? Welche Funktionen, welche Rollen sollen sie erfüllen?

Antworten auf für die Unternehmenspraxis relevante Fragen wie diese finden sich oftmals in unterschiedlichen Theorieansätzen, wie sie beispielsweise Nicole Saam in ihrem Überblick über sozialwissenschaftliche Theorieperspektiven auf Organisationsberatung entfaltet (Saam 2007). Soziales Handeln wird dabei u. a. betrachtet in Bezug auf Rollen und Institutionen, auf Rationalität sowie auf Systeme und Funktionen. Exemplarisch seien vier Theorieansätze skizziert, die in den weiteren Ausführungen Niederschlag finden:

- Beratungshandeln lässt sich als *funktionale Interaktion* von Berater- und Kundensystemen im gemeinsamen Beratungssystem charakterisieren. Einsatzgründe für Kommunikationsagenturen lassen sich bereits aus den vier analytischen Grundfunktionen für den Erhalt von Organisationen, also sozialer Systeme von Talcott Parsons ableiten (Parsons 1959, S. 7): 1) Die Adaption als Anpassung an äußere Veränderungen, 2) die Fähigkeit, Ziele zu definieren zu verfolgen, 3) die Integration von Handlungen in das System und 4) die Fähigkeit, Strukturen, Normen und Werte aufrecht zu erhalten. Bestehen dabei innerhalb der Kundenorganisation kommunikative Defizite, so erscheint der Einsatz externer Kommunikationsagenturen angebracht.
- *Systemtheoretisch* unterscheidet sich Umsetzungshandeln von Beratungshandeln als wechselseitige Beobachtung selbstreferentieller Organisationssysteme, d. h. Berater- und Klientensystem (Röttger und Zielmann 2009b, S. 35 ff.). Beide Systeme sind somit in der Lage, einen Bezug zu sich selbst in Abgrenzung zur Umwelt herzustellen. Daher haben Rat und Tat strikt getrennt zu bleiben, um die externe Beraterperspektive zu wahren und bei der Empfehlung von Handlungswahlen unabhängig zu bleiben.
- Die *symbolisch-interaktionistische Perspektive* beschreibt Beratungshandeln als interpretativen Prozess gegenseitiger Rollenbildung. Eigene Rollenvorstellungen der Berater (Role-Making) sowie Rollenerwartungen (Role-Taking) durch das Beratungsunternehmen und durch den Kunden sowie deren gegenseitige Interpretation lassen Mikrorollen (individueller Berater) und Makrorollen (Summe der Berater, d. h. der Berater an sich) entstehen (Carqueville 1991).
- Die sogenannte *Agenturtheorie* als Teilgebiet der *Neuen Institutionenökonomik* (Saam 2007, S. 59 ff.) basiert auf den Theorien rationalen Handelns: Bei begrenzten Ressourcen besteht eine formal wie informal vertraglich festgelegte Austauschbeziehung zwischen Kunde (Prinzipal) und Agentur (Agent). Gegen Vergütung delegiert der Kunde bestimmte Aufgaben an die Agentur. Beide Akteure nutzen situationsbezogen ihre nicht vertraglich geregelten Handlungsspielräume aus, um jeweils ihren Nutzen zu maximieren. Die Agentur verwendet ihren Informationsvorsprung, um ihre Leistungen zu reduzieren. Dazu lässt sie den Kunden über Kompetenz, Wissen, Handeln und Absicht der Agentur im Ungewissen. Da beiden dies bei Vertragsabschluss bewusst ist, sucht der Kunde nach Lösungsansätzen, damit die Agentur ihre Aufgabenstellung dennoch bestmöglich erfüllt. Dazu gehören Anreizsysteme wie die Beteiligung des Beraters am Ertrag in Form erfolgsorientierter Vergütung, Kontroll- und Informationssysteme wie ein Budgetierungs-, Berichts-, Dokumentations- und Controllingsystem, spieltheoretische Lösungsdesigns wie die intensivere Agenturbindung durch langfristige Zusammenarbeit oder Identifikationssysteme wie der befristete Mitarbeitertausch. Zusätzlich helfen Machtfaktoren wie Belohnung und Bestrafung, Expertise, Legitimation, Identifikation sowie situative Kontrolle die Interessenunterschiede zwischen Agentur und Kunde zu regeln: So kann der Kunde vor Vertragsabschluss die Agentur mit der Auftragsvergabe belohnen bzw. mit deren Entzug bestrafen. Nach Vertragsabschluss kann die Agentur ihre Expertenmacht zur Geltung bringen.

2 Dienstleistung und Beratung

Die Begriffe „Kommunikationsdienstleister" oder „Kommunikationsberater, „Agentur" oder „Einzelberater" entziehen sich bis heute in der Praxis weitgehend einer klaren Definition. PR-Agenturen beispielsweise verstehen und bezeichnen sich meist als Beratungsunternehmen, obgleich sie überwiegend operativ tätig sind. Und PR-Berater agieren sowohl extern in Agenturen wie intern in den Organisationen selbst, obgleich ihnen dort die notwendige Distanz fehlt. Doch erst die Präzisierung der Begrifflichkeiten kann Missverständnisse über die dahinterliegenden Tätigkeiten verhindern helfen – auch wenn sich hier die Praxis im Sinne einer beraterischen Aufwertung vielleicht nur eine begrenzte Transparenz wünscht.

Dienstleistungen grenzen sich in vielfältiger Weise von Sachleistungen ab: Sie sind eher immateriell als materiell (Kommunikation), eher unteilbar als teilbar (Erstellung und Konsum oft simultan), erfordern Beteiligung des Nachfragers (z. B. Briefing), sind eher individuell als standardisiert (Konzeption), können sowohl beratend als auch umsetzend sein. Die Kommunikationsdienstleistung zielt im Kern darauf ab, zwischen dem Leistungsempfänger (Organisation/Person) und dessen Bezugsgruppen Kommunikationsprozesse zu managen bzw. diese dabei zu unterstützen. Die Leistungserstellung erfolgt daher im Dreieck Agentur-Kunde-Bezugsgruppe.

> **Kommunikationsdienstleistungen**
> Kommunikationsdienstleistungen sind selbständige, marktfähige Leistungen in den Bereichen Situationsanalyse, Strategie (Ziele, Bezugsgruppen, Positionierung, Botschaften), taktische Maßnahmen-, Zeit- und Kostenplanung, Umsetzung und Evaluation/Controlling. Bei der Leistungserstellung werden auf Basis normativer Vorgaben (Gesetze, Verträge, Codizes, Regeln) interne Ressourcen (Wissen, Fertigkeiten, Fähigkeiten) und externe Faktoren (Kunden, Kundenobjekte, Bezugsgruppen) miteinander kombiniert. Ziel des Dienstleisters ist es, ökonomische Ressourcen vom Leistungsnachfrager zu erhalten, um dessen Kommunikationsprobleme zu lösen. Dabei sind entweder für den Kunden nutzenstiftende kommunikative Wirkungen bei dessen Bezugsgruppen zu erzielen oder der Organisation ist bei der Anpassung an Umfeldbedingungen zu helfen. Erbringer derartiger Leistungen sind kommerzielle Kommunikationsdienstleister.

Die Dienstleistung Beratung als asymmetrischer Dialog zwischen Ratgeber und Ratnehmer unterscheidet sich durch zahlreiche Charakteristika von der verwandten Belehrung oder Betreuung (Schützeichel 2004, S. 274 ff.). Während der Belehrte eine Handlung übernehmen soll, die als richtig oder falsch sanktioniert werden kann, und der Betreute weitgehend die Handlungsentscheidung an den Betreuer abgibt, erfolgt die Beratung freiwillig und befristet. Der Kunde entscheidet selbst über die weiteren Handlungen. Professionelle Beratung basiert auf spezifischem Fachwissen und erfolgt gegen Entgelt.

Die Kommunikationsberatung selbst lässt sich idealtypisch einerseits in die Experten- vs. Prozessberatung einteilen, andererseits in die konzeptionelle vs. umsetzungsorientierte Beratung (Röttger und Zielmann 2009b, S. 45). Expertenberater liefern auf Grundlage von Ideen, Informationen und Analysen konkrete Lösungsvorschläge zur Auswahl an, wogegen Prozessberater den Kunden befähigen, sich selbst zu organisieren, Strategien und Maßnahmen zu entwickeln, indem er den Kunden Bewertungsverfahren und -kriterien zur Handlungsentscheidung vermittelt. Die konzeptionelle Beratung unterstützt bei der Situationsanalyse sowie der Strategieentwicklung, die umsetzungsorientierte Beratung hilft bei der taktischen Maßnahmenplanung sowie der Umsetzung einzelner Kommunikationsinstrumente. Entgegen dieser idealtypischen Polarisierungen verläuft die Praxis der Kommunikationsberatung oftmals zwischen den Polen.

Externe Kommunikationsberatung
Beauftragte Kommunikationsexperten helfen zeitlich befristet Organisationen, Gruppen oder Einzelpersonen gegen Entgelt bei der Gestaltung kommunikativer Beziehungen mit deren Bezugsgruppen. Sie bieten bezüglich der Informationsbeschaffung, der organisationalen Kommunikationsstruktur, der strategischen Konzeptionsentwicklung und taktischen Maßnahmenerstellung sowie deren Evaluation fallspezifisch Problemlösungen an und/oder aktivieren beim Kunden einen Lernprozess, um dessen Entscheidungs- und Handlungskompetenz zu verbessern. Der finale Handlungsentscheid verbleibt beim Kunden. Da die Berater vom Kommunikationsproblem nicht betroffen sind, verfügen sie im Gegensatz zu ihren Kunden über eine externe Sichtweise auf den Beratungsgegenstand. In der Prozesssteuerungs-, Fachoder Lösungskompetenz bestehen zwischen Berater und Kunde Unterschiede, wobei die Ratgeber über eine spezifische Beratungsqualifikation verfügen. Die Beratung kann autoritär oder partizipativ erfolgen, von einem Team oder von Einzelberatern. Verwalten Berater dabei als erwerbswirtschaftlich orientierte Dienstleister treuhänderisch die Kundenetats und erzielen dadurch hauptsächlich oder vollständig ihre Erlöse, agieren sie entweder als Einzelberater oder in Agenturen (mindestens vier festangestellte Mitarbeiter).

Der Arbeitsprozess der Kommunikationsdienstleistung zwischen Kunde und Agentur erfolgt idealtypisch wie folgt: Zunächst muss der Kunde die Notwendigkeit externer Unterstützung erkennen und die Erwartungen an eine solche Zusammenarbeit festlegen. Dazu identifiziert er geeignete Dienstleister und sucht sich in einem Auswahlverfahren die passende Agentur aus. Nach der formalen Regelung der Zusammenarbeit durch einen Vertrag brieft er die Agentur. Dann folgen die zentralen Arbeitsschritte des Kommunikationsmanagements wie Situationsanalyse mit dem Re-Briefing der Agentur, Konzeption (Strategie/Taktik) sowie deren Präsentation (diese Schritte erfolgen auch im Rahmen von Wettbewerbspräsentationen), Umsetzung sowie ggf. Modifikation und begleitende (formative) bzw. abschließende (summative) Evaluation sowie operatives und strategisches Controlling. Auf dieser Grundlage wird über die Fortsetzung bzw. Beendigung der Zusammenarbeit entschieden.

3 Gründe für den Einsatz von Agenturen

Voraussetzung für die Beauftragung externer Dienstleister ist die Erkenntnis, dass ein Kommunikationsproblem droht/existiert und dass zu dessen Lösung externe Unterstützung geeignet ist. Ob dabei externe Beratung interner vorzuziehen ist, lässt sich an zahlreichen Kriterien festmachen. Die Bedarfsklärung lässt sich drei Ebenen zuordnen (Fuhrberg 2010, S. 75 ff.):

- Verbesserung des *Kommunikationsprozesses*: Transfer von Wissen/Know-how/Erfahrung beim Management von Kommunikationsprozessen (Agentur Beratungsfachwissen und überbetriebliche Erfahrungen, Kunde organisationsspezifische Erfahrungen), Orientierung (gezielte Suche und Systematisierung neuer Erkenntnisse bei ganzheitlicher Betrachtung aller die Organisationskommunikation beeinflussender Faktoren), Kreativität und Innovation (kreativer Ideenlieferant), Motivation („frischer Wind" von außen regt auch intern kreative Prozesse an), Kommunikations-/Sparringpartner (offene, ungezwungene Diskussion von Problemen und Schwachstellen), Bestätigung (Absicherung organisationsinterner Entscheidungen), Vermittlung (Grenzgänger zu internen/externen Bezugsgruppen) und damit Frühwarnsystem sowie Objektivierung durch Außenperspektive. Diese Problemdistanz spielt dabei im systemischen Beratungsverständnis eine zentrale Rolle. Erst die externe Beobachtungsperspektive der Berater auf Organisations-Umwelt-Beziehungen des Kunden ermöglicht eine Reflexivitätssteigerung, die ansonsten der Kundenseite aufgrund ihrer Selbstreferentialität versagt bliebe (Saam 2007, S. 150 ff.).
- Kundeseitig optimaler *Ressourceneinsatz*: Wirtschaftlichkeit (variable Kosten externer Beratung größer/kleiner als interne Aufbau- und Fixkosten), Flexibilität (Auf-/Abbau personeller Ressourcen), Beschleunigung (Kostendruck beschleunigt Problemlösung).
- *Beziehungsebene* (z. B. Vorgesetzte, andere Abteilungen, Mitbewerber): Durchsetzung (Beraterreputation hilft bei Durchsetzung von Kommunikationsprojekten gegenüber Vorgesetzten oder Mitarbeitern), politische Funktion (Unterstützung bei mikropolitischen Machtkämpfen innerhalb der Organisation), Legitimation (Berater sollen vorbestimmte Projekte/Kampagnen durch ihre Reputation als Experten legitimieren helfen), Prestigegewinn (Kunden leisten sich prestigeträchtige Agenturen/Berater als Statussymbol).

Übergreifend verortet sind die *latenten* Funktionen Interpretation, Vereinfachung und Beruhigung – d. h. die Berater bringen mit ihren Vorschlägen Ordnung und Sinn in die komplexe Welt) – sowie die Kontrollfunktion (analog zur Kontroll- und Steuerungsrolle von Managern) (Saam 2007, S. 135 f.). Zu Dysfunktionen kommt es, wenn Partikularinteressen die Bestandshaltung, Umweltanpassung oder Zielverwirklichung der Kundenorganisation beeinträchtigen.

4 Agenturauswahl

Nach der eingangs beschriebenen Agenturtheorie ist die Agentur bestrebt, ihre tatsächliche Kompetenz und ihr Wissen gegenüber den Kunden verdeckt zu halten. Daher betont die Agenturseite in ihrer Selbstdarstellung hervorragende Referenzen, gewonnene Preise und Top-Beraterteams. Als Lösung zum Auffinden verborgener Beratermerkmale investiert der Kunde daher in ein Auswahlverfahren, um die geeignete Kommunikationsagentur zu finden. Hilfestellungen vermitteln dabei u. a. Ratgeber von Berufsverbänden (z. B. Markenverband et al. 2007; Klein 2008, S. 6 ff.; GPRA 2012). Danach erfolgt die Auswahl idealtypisch in mehreren Schritten.

- *Klärung des Auswahlverfahrens*: Öffentliche Auftraggeber sind an Vergabeverordnungen oder Ausführungsvorschriften gebunden, in denen geregelt wird, ab welchen Summen in welcher Form (z. B. beschränkt, offen, national, europaweit) auszuschreiben ist. Private Auftraggeber haben sich in der Regel an hausinterne Vergabevorschriften ihrer Einkaufsabteilungen zu orientieren. Bei komplexen, längerfristigen Aufgaben sollten in einem mehrstufigen Verfahren mittels Teilnahmewettbewerb geeignete Agenturen herausgefiltert werden. Bei nicht-öffentlichen Organisationen kann dies auf Basis von Empfehlungen oder Marktrecherchen direkt über den Zwischenschritt einer Longlist (ca. sieben bis zehn Agenturen) erfolgen, aus der dann eine Shortlist (ca. drei Agenturen plus Etathalter) zusammengestellt wird. Entweder wird eine überzeugende Agentur sofort ausgewählt, oder geeignete Kandidaten sollen nach einem Briefing Lösungsvorschläge entwickeln. Nach einer – im Idealfall mit einer Aufwandsentschädigung vergüteten – Wettbewerbspräsentation („Pitch") wird dann die beste Agentur ausgewählt und mit dem Etat beauftragt. Spezielle Dienstleister, sogenannte Pitchberater, können die Kunden bei der Agenturauswahl unterstützen. Die Vergabe kann bei nicht-öffentlichen Auftraggebern auch direkt über Workshops, Chemistry Meetings mit der Agentur bzw. über einen Probeauftrag ausgelotet werden. Von einem Pitch ist insbesondere dann abzuraten, wenn die Kundenseite noch keine Vorstellungen hinsichtlich ihrer strategischen Zielsetzung hat. Hier sind gemeinsame Workshops mit einer strategieerfahrenen Agentur oder einer Strategieberatung der bessere Weg.
- *Briefing*: Als Grundlage der Situationsanalyse stellt das Briefing die Weichen für die weitere Arbeit. Hier hat die Organisation ihre Sicht der Problemlage sowie die Aufgabenstellung offen darzustellen. Aufgabe der Agentur ist es, fehlende relevante Informa-

tionen einzuholen und zu bewerten. Idealerweise sollte das Briefing schriftlich erfolgen und ggf. mündlich ergänzt werden. Inhaltlich sollte es folgende Sachverhalte umfassen: Organisation (Größe, Umsatz, Mitarbeiter, Leitbild, etc.), Produkt/Dienstleistung (Design, Qualität, Preis, Vertrieb, etc.), Branche/Wettbewerb (z. B. Anzahl Wettbewerber, Marktanteile und -prognosen), Issues (z. B. gesellschaftliche Diskussionen, Gesetzesvorhaben, Kritikerpositionen), bisherige formale/informale Kommunikation (Potenzial der Kommunikationsabteilung, Integrierte Kommunikation, vorherige Konzepte, Botschaften, Instrumente, etc.), Aufgabenstellung (Intention des Auftraggebers, Hintergründe, Definition, Umfang, Maßnahmen, etc.), Stakeholderanalyse (soziodemografische/psychografische Daten, Einstellungen, Meinungen, Verhalten, Funktionen, Einflusspotenzial, etc.), Organisations- und Kommunikationsziele, Rahmenbedingungen (Termin, Etathöhe, Ansprechpartner, informelle Situation), Anforderung an Präsentation (Umfang, schriftlich/mündlich, Honorar, Termin, Ort, Technik, Teilnehmer, Agentur-Mitbewerber). Bei Rückfragen der Agenturen sollte die Möglichkeit für ein Re-Briefing gegeben werden, in dem die Sichtweise der Agentur nochmals dem Kunden zurückgespiegelt und ggf. diskutiert wird. Hier hat die externe systemische Beobachtungsperspektive des Beraters die zentrale Funktion, Betriebsblindheit zu verhindern. Gute Berater hinterfragen daher oftmals eingeschliffene Sichtweisen und bringen die Perspektiven der Stakeholder mit ein.

Bewertungskriterien zur Agenturauswahl lassen sich drei Gruppen zuordnen (Fuhrberg 2010, S. 86), deren Gewichtung situationsspezifisch ist:

- *Agentur*: Fachkompetenz, Preis-Leistungs-Verhältnis, Fullservice vs. Spezialisierung, aktuelle Referenzen, lokale/regionale/nationale/internationale Kontakte, Prestige der Agentur, Standort(e)/Reiseaufwand, Bekanntheitsgrad (bisherige Kampagnen, Auszeichnungen), Medienpräsenz, Alter/Größe/Umsatzentwicklung der Agentur, Mitarbeiterstruktur (Relation Seniorberater, Berater, Juniorberater, Assistent, Freelancer), Mitarbeiterfluktuation, Qualitätsbewusstsein (z. B. zertifiziert nach Consultancy Management Standard III), Honorarsätze, Vorhandensein von Planungs-, Evaluations- und Controllingverfahren.
- *Mitarbeiter*: Branchen- und Produktkompetenz, übergreifende Kompetenzen (Wirtschafts-, Politik-, Kulturverständnis; Internationalität, etc.), Fertigkeiten, Kreativität, persönliche Eigenschaften wie Zuverlässigkeit, Einsatzbereitschaft, Flexibilität, Sympathie, Initiative, Kritikfähigkeit, Vertrauenswürdigkeit, Loyalität, Verschwiegenheit.
- *Kunden*: Kundenbetreuung (Größe der Beratergruppe, Ausschließlichkeit), Kundenliste, Kundenstruktur, Konkurrenzausschluss, Durchschnittskundenzahl, durchschnittliche Dauer der Zusammenarbeit, verlorene Kunden des Vorjahres.

Je nach Kundenbedarf lässt sich auf dieser Grundlage sowohl eine Agenturvorauswahl treffen wie auch die finale Auswahl nach dem Pitch. Schriftliche Bewertungsbögen sorgen insbesondere bei größeren Runden für ein transparenteres Entscheidungsverfahren.

5 Dienstleisterrollen

Die Zusammenarbeit, die Berater-Kunden-Interaktion mit den Mikro- und Makrorollen (Einzelperson und Organisation), lässt sich analog zum symbolischen Interaktionismus als interpretativer Prozess gegenseitiger Rollenbildung beschreiben (Carqueville 1991; Saam 2007, S. 17 ff.). Die eigenommene Rolle hängt dabei von zahlreichen Faktoren ab: Agieren die Berater eher auf der Prozess- (Einfluss auf Steuerung und Durchführung) oder Fachebene (Konzeption und Ziele mit erarbeiten)? Werden die Hilfe zur Selbsthilfe, die unterstützende Problemlösungserarbeitung oder die direktive Problemlösung erwartet? Entscheidet die Kunden- oder Agenturseite? Bestehen dahinterliegende, individuelle Motive beim Kunden (z. B. Verantwortungsdelegation, Unterhaltung)? Daraus ergeben sich vielfältige Rollen der Kommunikationsdienstleister (Femers 2002, S. 47; Fuhrberg 2010, S. 365 ff.):

- *Beraterrolle*, Problemlösung durch Kunden: Stratege (konzeptioneller Vordenker), Interventionist (Promoter, Organisationserzieher), Sparringspartner (fordert und fördert), Katalysator (Hilfe zur Selbsthilfe), Veränderer (unterstützt Veränderungsprozesse), Moderator (vermittelt), Schiedsrichter (neutrale dritte Instanz), Reflektor (spiegelt Situationen wider), Advokat (Fürsprecher für dritte Positionen), Gutachter (bewertet Rahmenbedingungen und Handlungsoptionen, Kunde entscheidet).
- *Umsetzungsrolle*, Problemlösung durch Berater: Macher (operativer Umsetzer), Kreativer/Ideengeber (neue Perspektiven), Experte (Kow-how-Lieferant), Krisenmanager (befristete Weisungsbefugnis), Promoter (ähnlich wie Prozessberater, jedoch Mitarbeit an Problemlösung).
- *Helferrolle*, Unterstützung des Kunden als Person: Seelsorger/Beichtvater (Einbezug in interne Konfliktfelder), Gesprächspartner, Unterhalter, Trainer (übt Handlungsfelder ein), Therapeut, Coach (fördert Entwicklung von Personen oder Abteilungen).
- *Kaufmannsrolle*: Agenturleitung erwartet von Berater die Rolle des profitablen Kaufmannes. Gute Beratung und Umsetzung sowie eine ausgeprägte Servicebereitschaft haben ihre Grenzen in der fehlenden Profitabilität.
- *Negative Rollenbilder* aus Kundensicht: Medizinmann der Wirtschaft, Hofnarr, Blitzableiter (Weitergabe des Drucks), Sündenbock (Schulddelegation an Berater), Alleskönner, Blender, Besserwisser, Sendbote des Managements, Kostendrücker, Wolf im Schafspelz, Trendsurfer, Störer und Zerstörer, Problemerfinder.

Diese Rollenselbst- und -fremdeinschätzungen von Beratern und Kunden erbringen differenziertere Befunde als die bisherige Rollenforschung mit den zentralen Techniker- und Managerrollen (Fröhlich et al. 2005, S. 28 ff.) und weisen einige Besonderheiten auf:

- *Rollenvielfalt*: Während sich die Kunden in relativ konstanten Berufsrollen sehen, passt sich die Agenturseite stärker den situativen Kundenerwartungen an. Die Berater nehmen laufend einen situativen Rollenwechsel vor. Agenturrollen sind daher prozesshaft, wenig formal strukturiert sowie zeitlich befristet.

- *Rollenchronologie*: Die Rolle der Agentur verändert sich oftmals über die Zeit. Während zu Beginn der Zusammenarbeit eher die partnerschaftliche Beratungsrolle im Rahmen des Konzeptionsprozesses dominiert, wechselt sie dann mit dem operativen Geschäft hin zur dienstleistungsorientierten Umsetzungsrolle.
- *Rollenranking*: Die Agentur- und Kundenseite schätzt für sich jeweils die Beraterrolle als höherwertiger ein als die Umsetzungs- und Dienstleistungsrolle, da Beratung eher ihrem Selbstbild entspricht. Die Umsetzungsrolle schwächt die Position der Agentur gegenüber dem Kunden, da hier Kritik leichter fest zu machen ist. Auch können hier der Kunde selbst bzw. andere Dienstleister diese Leistungen übernehmen. Viele Kunden erwarten dagegen eher den dienstleistenden Umsetzer, der nur bei Bedarf berät.
- *Informelle Rollen*: Kundenfokussierte Dienstleisterrollen wie die des Unterhalters werden einerseits als unerwünschte Rollenzuschreibungen von der Agenturseite abgelehnt, andererseits wird diese Rollenerwartungen dennoch angenommen, da sich die Agentur dadurch Erleichterungen bei der Umsetzung der formellen Kundenerwartungen verspricht: „Freunden" verzeiht man eher Fehler.

Aus systemtheoretischer Perspektive widerspricht die Beraterrolle als externes, unabhängiges System der gleichzeitigen Einnahme der operativen Dienstleisterrolle. Die unterschiedliche Rollenakzeptanz sowie gegensätzliche Interessen – der Berater will dem Kunden Denkanstöße vermitteln, der Umsetzer will operative Leistung verkaufen –, lassen daher eine strukturelle Rollentrennung sinnvoll erscheinen. So kann der Kunde durch die getrennte Beauftragung von Beratern und Umsetzern ein sachorientierteres Vorgehen fördern. Entsprechend trennen einige Agenturen ihre Dienstleistungsangebote und richten in strategische Planung sowie Umsetzung getrennte Arbeitseinheiten oder Tochterfirmen ein.

6   Recht und Ethik der Zusammenarbeit

Auch für Kommunikationsagenturen und Kunden sind die relevanten Gesetze wie beispielsweise Landespressegesetze, Marken-, Titelschutz oder die Urheberrechte bindend. Darüber hinaus ist es mit der Auswahl der Agentur erforderlich, die Zusammenarbeit zwischen Agentur und Kunde auf eine rechtliche Grundlage zu stellen. Als sogenanntes Autoritätssystem in der Agenturtheorie (Saam 2007, S. 69) regelt der *Agenturvertrag* die Zusammenarbeit, ermöglicht beiden Seiten über das System der Rechtsprechung bei Verstößen Sanktionen einzufordern. Eine Orientierungshilfe für die Vertragsgestaltung bieten beispielsweise Agenturverbände wie der Gesamtverband der Kommunikationsagenturen an (Kolonko 2012). Bei dem dort auszuhandelnden Vertragsabschluss geht es um die Festlegung der Beratungsleistung und der Rechte und Pflichten beider Vertragspartner. Dort sind u. a. folgende Punkte geregelt:

- *Vertragsgegenstand*: Beratung, Konzeptionserstellung, Umsetzung, etc.
- *Agenturleistungen*: Beschreibung hinsichtlich Beratung, Planung, Durchführung, Gestaltung, Herstellung, Schaltaufträge, personelle Ressourcen (z. T. namentlich); die Agenturtheorie verweist hier auf Kontroll- und Informationssysteme wie die Budgetierung, ein Berichts- und Dokumentationswesen sowie ein Controllingsystem
- *Kundenleistungen*: Briefing, Informationszugang, Zuarbeiten, Agenturschulung, Freigaben von Entwürfen, Entscheidungsbefugnisse/-abläufe, etc.
- *Vergütung*: Gesamtvolumen, monatlicher Retainer bei langfristiger Beratung, Stunden- und Tagessätze bei Projekten, erfolgsorientierte Vergütung, Flatrate für langfristig vereinbarte Leistungen, technische Betriebskosten, Auslagenerstattung wie Reisekosten, Fremdleistungen, Provisionsregelung untereinander/gegenüber Dritten, Zahlungsmodalitäten (monatlich, projektweise nach Fertigstellung, Abschlagzahlungen vorab, Zahlungsziel, etc.)
- *Erwerb von Rechten*: Regelung übertragbarer urheberrechtlicher und sonstiger Befugnisse zur Veröffentlichung, Vervielfältigung und Verwertung der Agenturleistungen durch den Kunden
- *Wettbewerb*: Konkurrenzausschlussklausel für die Agentur (keine weiteren Kunden im Branchensegment) und ggf. für den Kunden (keine weitere Agentur in dem Vertragsgegenstand beschäftigen)
- *Geheimhaltung*: z. B. aller mitgeteilten Ideen, Vorschläge, Konzeptionen, der aus geschäftlicher Zusammenarbeit resultierenden Informationen, ggf. gesonderte Vertraulichkeitserklärungen
- *Haftung*: Agentur z. B. bei Mängeln, Verzug oder Nichterfüllung zugesicherter Leistungen; Kunden z. B. nach Freigaben, bezüglich Urheber- und Wettbewerbsrecht
- *Vertragslaufzeit*: Beginn und Ende des Vertrages, ggf. automatische Vertragsverlängerung, Kündigungsfrist und -form
- *Sonstiges*: Bezugnahme auf/Ausschluss von Allgemeinen Geschäftsbedingungen, salvatorianische Klausel, Gerichtsstand, etc.

Verträge sind meist eine Mischform aus Dienst- und Werkvertrag (Cornelius o. J., S. 3). Beim *Dienstvertrag* hat die Agentur eine zugesagte Arbeitsleistung zu erbringen, z. B. einen vereinbarten Zeitumfang für Beratung, Konzeption, Organisation. Diese Agenturleistung wird über ein Basishonorar oder über Stunden- bzw. Tagessätze entgolten, ohne den Erfolg der Arbeit zu schulden. Der *Werkvertrag* hingegen verpflichtet die Agentur zur Herstellung eines versprochenen Werkes, d. h. zu einem Produkt (z. B. Broschüre, Website) oder zu einem durch die Dienstleistung herbeizuführenden Erfolg (z. B. kommunikative Wirkung). Solche *Erfolgsgarantien* sind hinsichtlich termingerechter und fehlerfreier Erstellung von Kommunikationsmaßnahmen gestattet, nicht jedoch nicht hinsichtlich der Medienarbeit und kommunikativer Wirkungen, da diese nur über die unlautere Beeinflussung Dritter (z. B. Journalisten, Stakeholder) möglich wären. Dies widerspräche Artikel 5 des Grundgesetzes (Meinungs- und Informationsfreiheit), den Landespressegesetzen, Landesmediengesetzen sowie dem Gesetz gegen den unlauteren Wettbewerb (§ 1 UWG) und den berufsethischen Richtlinien (z. B. Pressekodex, Code d' Lisbonne). Agenturen müssten bei ausbleibendem Erfolg bei einem Werkvertrag das Honorar zurückzahlen bzw. Schadensersatz leisten.

Erfolgsorientierte Honorare als Leistungsanreiz für Agenturen sind dagegen rechtlich zulässig und finden zunehmende Verbreitung. Dabei ist ein Teil der Agenturvergütung vom Erreichungsgrad vorher vereinbarter kommunikativer Zielsetzungen abhängig. Allerdings ist es hier problematisch, einerseits geeignete Erfolgskriterien festzulegen, andererseits die Ursachen für kommunikative Wirkungen nur auf das Handeln der Agentur zurückzuführen. Externen Einflüsse wie Konkurrenzereignisse oder negatives Organisationshandeln können die Wirkungen konterkarieren. Auch besteht hier die Gefahr, dass die Dienstleister versuchen, mit unlauteren Mitteln Erfolgsergebnisse zu erzielen.

Verstöße gegen die von den Berufsverbänden entwickelten *ethischen Kodizes* können im Vergleich zur Rechtsprechung nur begrenzt in Form von Mahnungen oder Rügen geahndet werden (Avenarius und Bentele 2009). Für Kommunikationsagenturen sind insbesondere die spezifischen Verhaltensnormen gegenüber Auftrag- oder Arbeitgeber im Code de Lisbonne, der im Jahr 2012 verabschiedeten Deutschen Kommunikationskodex sowie die Stockholm Charta der International Communications Consultancy Organisation (ICCO) relevant (vgl. www.drpr-online.de). Danach sind beispielsweise miteinander konkurrierende Interessen mit dem Kunden abzustimmen, Vertraulichkeit hinsichtlich Kundeninformationen zu wahren, nur unabhängige, objektive Empfehlungen zu geben, Erfolgsgarantien zu unterlassen. Rabatte, Provisionen oder Sachleistungen von Dritten sind nur nach Rücksprache mit dem Kunden gestattet. Wie oben ersichtlich, werden einige dieser Punkte bereits vertraglich geregelt.

7 Konfliktfelder

Bei der Kommunikationsdienstleistung können zahlreiche Konflikte zwischen Kunde und Agentur auftreten (Fuhrberg 2010, S. 344 ff.):

- *Sachkonflikte* bestehen, wenn beide Seiten uneins in der Bewertung der Analyse, Planung, Umsetzung und Evaluation der Kommunikation sind. Dies ist möglich, wenn Daten nicht weitergegeben oder falsch interpretiert wurden, das Briefing ungenau erfolgte oder Agenturvorschläge nicht kreativ genug, Texte schlecht waren oder Termine nicht eingehalten wurden. Der Vorwurf mangelnder Qualifikation und fehlenden Sachverstands auf Agenturseite erweitert den Sachkonflikt um die Beziehungsebene. Entscheidend ist es hier, die gegenseitigen Erwartungen frühzeitig der anderen Seite zu kommunizieren und ggf. vertraglich festzuhalten.
- *Beziehungskonflikte* entstehen leicht bei persönlichen und damit emotionalen Dienstleistungen. Sympathie bzw. Antipathie zwischen Berater und Kunde spielen dabei eine wichtige Rolle, gleich wie gut die Arbeitsergebnisse sind. Zugleich stabilisieren gute Beziehungen durch Sachkonflikte belastete Arbeitsbeziehungen. Beziehungskonflikte lassen sich durch tiefenpsychologisch abgestimmte Teambildung reduzieren (Hofmann

1991). Wer passt zu wem? Auch sollte die hohe Fluktuation von Agenturmitarbeitern durch Personalpolitik begrenzt werden.
- *Innere Konflikte* treten bei den Akteuren selbst auf, einerseits als Rollenkonflikte durch widersprüchliche Rollenerwartungen an die Person, weshalb die Trennung von Privatem und Beruflichem, die professionelle Distanz zwischen Berater und Kunde wichtig ist. Andererseits entstehen sie als Entscheidungskonflikt durch unbefriedigende Entscheidungsalternativen. Haben beispielsweise auf Kundenseite mehrere Akteure unterschiedliche Interessen, steht der Agenturvertreter vor einem inneren Konflikt, wenn jede seiner Handlungen bei einem Teil der Kunden auf Widerstand stoßen wird. Hier ist es erforderlich, auf den maßgeblichen Kundenentscheider zu setzen. Agenturseitig kommt es hier zu Konflikten, wenn das Agenturcontrolling einen Over-Service der Kunden verbietet, der Berater dagegen diese Leistungen für erforderlich hält. Hier sind realistische, abgestimmte Kalkulationen im Vorfeld notwendig.
- *Verteilungskonflikte* um die Vergütung erbrachter Dienstleitungen nehmen einen hohen Stellenwert ein. Gegensätzliche Interessen stehen sich diametral gegenüber. Während die Agenturseite eine dauerhafte und damit planbare Vergütung (Grundhonorar/Retainer) mit möglichst hohem Etat sucht, eine maximale Vergütung für minimale Leistungen, will der Kunde dagegen eine zeitlich begrenzte, projektbezogene, möglichst geringe Vergütung für maximale Leistung. Transparente Kalkulationen, Leistungen sowie Arbeitsergebnisse können hier hilfreich sein.
- *Wertkonflikte* basieren auf unvereinbaren, gegensätzlichen Zielen, Grundsätzen und Wertvorstellungen zweier Seiten. Sie können daher lediglich entschieden und nicht gelöst werden. So betrachtet und bewertet die betriebswirtschaftlich geschulte „Welt des Marketing" Kommunikationsprozesses unter einer ökonomischen Prämisse, wogegen die eher sozialwissenschaftliche „Welt der PR" stärker gesellschaftliche Aspekte betont. Ein Blick über den Tellerrand durch entsprechende Teambildung mag hier für mehr Verständnis zu sorgen.

Unterschiedliche Bewertungen auf der Sachebene, die zu Sachkonflikten führten, können stark von anderen Faktoren geprägt sein: Von der eigenen Person wie auch von der Persönlichkeit des Gegenübers, von den unterschiedlichen Rollenvorstellungen und -erwartungen, von der Struktur der Organisation, von den jeweiligen ökonomischen Interessen sowie den grundlegenden Wertvorstellungen. Somit beeinflussen sich die Konfliktarten wechselseitig und haben Einfluss auf die Bewertung der Arbeit und der Ergebnisse.

8 Fazit

Der Erfolg der Zusammenarbeit zwischen Agentur und Kunde lässt sich aus mehreren Perspektiven betrachten (Bentele und Nothhaft 2004; Fuhrberg 2010, S. 334 ff.). Das alleinige Schielen auf einen zufriedenen Kunden als oberster Maßstab wäre aus Agenturperspektive zwar verständlich, doch unterwirft es die Bewertung der Zusammenarbeit und des Kommunikationsprozesses einer mehr oder minder ausgeprägten Laienperspektive.

Ob dadurch die Probleme der Kundenorganisation gelöst werden, bleibt zweifelhaft. Dem ist die Expertenperspektive der Agenturseite entgegen zu stellen. Aus diesem Grund sind auch professionelle Kriterien weiter zu entwickeln und anzulegen, einerseits in Bezug auf die Ausbildung und Qualifikation der Berater und des Kunden sowie die bestehende (Infra-) Struktur, die erforderlichen strategischen und operativen Schritte durchzuführen. Andererseits unterliegen die Prozesse selbst mehr oder weniger ausformulierten Standards (Ethik, Evaluation, etc.), die einzuhalten sind.

Der Consultancy Management Standard III der ICCO (International Communications Consultancy Organisation) beispielsweise versucht hier Vorgaben zu machen. Agenturen können sich nach dem Standard zertifizieren lassen, bei dem alle zwei Jahre die acht Kriterien Führung und Kommunikation, Unternehmensplanung, Unternehmensentwicklung, Finanzsystem, Projekt- und Kampagnen-Management, Kundenzufriedenheit, New Business sowie Personalmanagement überprüft werden. Die Kriterien fokussieren auf die Potenzial-, Struktur- sowie Prozessqualität als Handlungsrahmen. Diese Bewertungsmaßstäbe gilt es in der Forschung und damit der Aus- und Weiterbildung weiter zu entwickeln. Problematischer dagegen verhält es sich mit der Ergebnisqualität. Eine Deutungshoheit aus Expertenperspektive gegenüber den Bezugsgruppen über die Kommunikationsqualität, also ob die Kommunikation von Organisationen gelungen oder nicht, verbietet sich schon aus rechtlichen wie ethischen Gründen. Die Bewertung der Ergebnisqualität der Kommunikationsprozesse ist vielmehr Bestandteil des Prozesses selbst. Sie kann lediglich zwischen den Perspektiven Kunde – Agentur – Bezugsgruppe ausgehandelt und entwickelt werden. Dies gilt es bei der Zusammenarbeit nicht außer Acht zu lassen.

Literatur

Avenarius, H., & Bentele, G. (Hrsg.). (2009). *Selbstkontrolle im Berufsfeld Public Relations. Reflexionen und Dokumentation*. Wiesbaden: VS Verlag für Sozialwissenschaften.

Bentele, G., & Nothhaft, H. (2004). Auf der Suche nach Qualität. Einige Gedanken und einige Dreiecke. In J. Raupp & J. Klewes (Hrsg.), *Quo vadis Public Relations?* (S. 145–164). Wiesbaden: VS Verlag für Sozialwissenschaften.

Bruhn, M. (2010). *Die Zusammenarbeit mit Agenturen bei der Integrierten Kommunikation*. Wiesbaden: Gabler.

Carqueville, P. (1991). Rollentheoretische Analyse der Berater-/Klientenbeziehung. In M. Hofmann (Hrsg.), *Theorie und Praxis der Unternehmensberatung. Bestandsaufnahme und Entwicklungsperspektiven* (S. 247–280). Heidelberg: Physica.

Cornelius, S. (o. J.). *Agenturverträge*. Berlin: Helios Media.

Femers, S. (2002). Berater und Klienten. Die Inszenierung destruktiver Beziehungen. In A. Güttler & J. Klewes (Hrsg.), *Drama Beratung! Consulting oder Consultainment?* (S. 41–54). Frankfurt am Main: F.A.Z.-Institut.

Fröhlich, R., & Peters, S. (2007). PR Bunnies caught in the agency Ghetto? Gender stereotypes, organizational factors, and women's careers in PR agencies. *Journal of Public Relations Research, 19*, 229–254.

Fröhlich, R., Peters, S., & Simmelbauer, E.-M. (2005). *Public Relations. Daten und Fakten der geschlechtsspezifischen Berufsfeldforschung*. München: Oldenbourg.

Fuhrberg, R. (2010). *PR-Beratung. Qualitative Analyse der Zusammenarbeit zwischen PR-Agenturen und Kunden*. Konstanz: UVK.

GPRA Gesellschaft Public Relations Agenturen. (2012). *Vom Suchen und Finden der richtigen Public Relations-/Kommunikations-Agentur – ein Wegweiser*. Berlin: GPRA.

Hofmann, M. (1991). Tiefenpsychologische Aspekte der Berater/Klient-Beziehung. In M. Hofmann (Hrsg.), *Theorie und Praxis der Unternehmensberatung. Bestandsaufnahme und Entwicklungsperspektiven* (S. 215–246). Heidelberg: Physica.

Klein, O. (2008). *Agenturauswahl. Empfehlung und Hilfestellung für die erfolgreiche Auswahl von Kommunikationsagenturen*. Berlin: Bundesverband deutscher Pressesprecher.

Knobel, P. P. (2006). *Public Relations-Agenturen führen. Für Auftraggeber und Agenturleiter*. Bremen: Viola Falkenberg Verlag.

Kolonko, E. (2012). *Verträge mit Kommunikationsagenturen: Musterverträge mit Kommentierungen*. Frankfurt am Main: Frankfurter Allgemeine Buch.

Markenverband e. V., Organisation Werbungtreibende im Markenverband (OWM) und Gesamtverband Kommunikationsagenturen e. V. (GWA) (2007). *Agenturauswahl*. o. O.: o.V.

Mauser, T. (2005). *Agentur-Rentabilität unter Controlling. Ziele setzen, verfolgen und erreichen*, 2. Aufl. Frankfurt am Main: GWA.

Nöthe, B. (1994). *PR-Agenturen in der Bundesrepublik Deutschland*. Münster: Agenda.

Parsons, T. (1959). General theory in sociology. In R. K. Merton., L. Broom, & L. S. Cottrell Jr (Hrsg.), *Sociology today. problems and prospects* (S. 3–38). New York: Basic Books.

pr-journal. (2013). PR-Agenturen. http://datenbanken.pr-journal.de/agenturen/alle-agenturen.html. Zugriffsdatum: 17.04.2013

Preusse, J., & Schmitt, J. (2009). Zum Status Quo der PR-Beratungs-Forschung. In U. Röttger & S. Zielmann (Hrsg.), *PR-Beratung. Theoretische Konzepte und empirische Befunde* (S. 75–86). Wiesbaden: VS Verlag für Sozialwissenschaften.

ICCO International Communications Consultancy Organisation. (2013). *Consultancy Management Standard*. http://www.iccopr.com/Member-Benefits/cms.aspx. Zugriffsdatum: 17.04.2013

Röttger, U., & Zielmann, S. (Hrsg.). (2009a). *PR-Beratung. Theoretische Konzepte und empirische Befunde*. Wiesbaden: VS Verlag für Sozialwissenschaften.

Röttger, U., & Zielmann, S. (2009b). Entwurf einer Theorie der PR-Beratung. In U. Röttger & S. Zielmann (Hrsg.), *PR-Beratung. Theoretische Konzepte und empirische Befunde* (S. 35–58). Wiesbaden: VS Verlag für Sozialwissenschaften.

Saam, N. J. (2007). *Organisation und Beratung. Ein Lehrbuch zu Grundlagen und Theorien*. Hamburg: LIT.

Schützeichel, R. (2004). Skizzen zu einer Soziologie der Beratung. In R. Schützeichel & T. Brüsemeister (Hrsg.), *Die beratene Gesellschaft. Zur gesellschaftlichen Bedeutung von Beratung* (S. 273–285). Wiesbaden: VS Verlag für Sozialwissenschaften.

Szyszka, P., Schütte, D., & Urbahn, K. (2009). *Public Relations in Deutschland. Eine empirische Studie zum Berufsfeld Öffentlichkeitsarbeit*. Konstanz: UVK.

Dienstleistungen für die Unternehmenskommunikation: Analyse, Distribution, Organisation, Evaluation

Lars Harden

Zusammenfassung

Dienstleister für die Unternehmenskommunikation sind typischerweise Kommunikations-, Werbe-, Internet- und PR-Agenturen. Ein sich ausdifferenzierendes Aufgabenspektrum der Unternehmenskommunikation lässt jedoch weitere Anbieter in den Vordergrund treten. Anhand der typischen Aufgabenfelder der internen und externen Unternehmenskommunikation werden in diesem Beitrag die wichtigsten Schnittstellen zwischen Unternehmen und Dienstleistern beleuchtet, die Leistungen ergänzend zur oder jenseits der klassischen PR-Arbeit fokussieren. Der Schwerpunkt liegt in den Bereichen Analyse, Distribution, Organisation und Evaluation. Leistungsspektren und Zusammenarbeit werden anschließend in gebotener Kürze skizziert. Ziel ist es, Kommunikationsentscheidern eine praxisnahe Handlungsgrundlage zu liefern, die schlaglichtartig aufzeigt, unter welchen Bedingungen Kooperationen sinnvoll erscheinen.

Schlüsselwörter

Kommunikationsdienstleister · Outsourcing · Kommunikations-Controlling · Meinungsforschung · Medienmonitoring · Informationsdistribution · Corporate Publishing · Organisationsentwicklung · Unternehmenskommunikation · Kommunikationsmanagement

---

L. Harden (✉)
aserto
Kriegerstraße 44, 30161 Hannover, Deutschland
E-Mail: harden@aserto.de

1 Dienstleistungen für die Unternehmenskommunikation

Professionelle Unternehmenskommunikation ist ein vielschichtiges Feld und wird je nach Unternehmensgröße und Branche mit unterschiedlichen finanziellen und personellen Ressourcen betrieben. Die zunehmende Bedeutung der Unternehmenskommunikation zeigt sich nicht nur in der Professionalisierung der beteiligten Akteure oder der steigenden Zahl von Mittelständlern (Schütte 2011), die in diesem Bereich Anstrengungen unternehmen. Die wachsende Ausdifferenzierung der Kommunikationsaufgaben in und für Unternehmen wird auch durch eine Ausweitung von Dienstleistungen für die Unternehmenskommunikation sichtbar. Kamen noch in den 1990er Jahren vor allem Kommunikations- und PR-Agenturen – und eingeschränkt Medienbeobachter – als Dienstleister in Frage, so können Kommunikationsverantwortliche in Unternehmen heute aus einer Vielzahl möglicher externer Kooperationspartner wählen. Die Bedeutung von PR-Agenturen ist nach wie vor groß und viele Marktteilnehmer bieten ein umfangreiches Leistungsportfolio (Fuhrberg 2010; vgl. Kapitel „Kommunikationsagenturen als Dienstleister und Berater: Auswahl, Rollen, Normen und Konflikte"). Gleichwohl können erst recht kleinere und mittlere Agenturen nicht alle Bedürfnisse befriedigen und neue Dienstleistungsfelder (Zerfaß 2010, S. 417 ff.) entwickeln. Das hat beispielsweise mit der rasanten Entwicklung der Möglichkeiten von Internet und Social Media zu tun (Ruisinger 2011; Zerfaß und Pleil 2012), für deren angemessene Beobachtung und Bearbeitung hoher technischer Sachverstand vorzuhalten und aufwendige eigene Suchalgorithmen zu entwickeln sind.

Der vorliegende Beitrag hat zum Ziel, im idealtypischen Beratungsablauf für die Unternehmenskommunikation die wichtigsten Schnittstellen zu benennen, die jeweils eine Entscheidung für oder gegen eine externe Dienstleistung (jenseits des klassischen Aufgabenfeldes von Kommunikationsagenturen) notwendig machen, und dieses Dienstleistungsfeld mit seinen zentralen Angeboten zu skizzieren.

> **Spezielle Dienstleister für die Unternehmenskommunikation**
> Dienstleister für die Unternehmenskommunikation im hier gemeinten Sinne sind solche Anbieter, die spezialisierte Angebote aus den Bereichen Analyse, Redaktion/Distribution, Organisation oder Evaluation/Controlling offerieren. Sie liefern im Unterschied zu klassischen Kommunikationsagenturen in aller Regel keine „Full-Service-" Beratung und Umsetzung über alle für die Unternehmenskommunikation relevanten Felder.

2 Dienstleistungen im Beratungskreislauf

Ausgangspunkt der hier vorzunehmenden Überlegungen ist, dass die Kommunikationsarbeit im Unternehmen mindestens teilweise selbst betreut und an ausgewählten Stellen durch Dienstleister unterstützt wird. In Abgrenzung zu den von Fuhrberg (vgl. Kapitel

"Kommunikationsagenturen als Dienstleister und Berater: Auswahl, Rollen, Normen und Konflikte") diskutierten Kommunikationsagenturen sind die dargestellten Dienstleister nicht in der Hauptsache für die Vorbereitung und Begleitung von Handlungsempfehlungen der Unternehmenskommunikation verantwortlich. Sie nehmen damit keinen aktiven und umfassenden Einfluss auf die Orientierungs- und Entscheidungsfähigkeit der Unternehmenskommunikation. Die Dienstleistungen werden immer nur für spezielle Teilbereiche in die Unternehmenskommunikation integriert. Eine strategische Konzeptions- und operative Maßnahmenberatung wird in der Regel damit von den zu betrachtenden Dienstleitern nicht vollumfänglich erbracht.

Für die Entscheider in der Unternehmenskommunikation gilt es im Prinzip an jeder Stelle im Beratungskreislauf festzulegen, ob die Kommunikationsdienstleistungen jeweils (notfalls mit den nötigen Investitionskosten) selbst oder ob sie durch einen externen Dienstleister zu erbringen sind (Fuhrberg 2010, S. 72 ff.). Beide Varianten haben Vor- und Nachteile. Im Kommunikationsmanagement wird über Outsourcing meist fallweise aufgrund von Kosten- und Qualitätsvorteilen entschieden (Kantsperger 2012). Zentrale Kriterien stellen jeweils die strategische Bedeutung, die Bedarfsintensität, die mögliche Abhängigkeit vom Dienstleister und das Lieferantenangebot dar (Spiller und Wicher 2012, S. 69). Je unbedeutender eine Dienstleistung ist, desto stärker wird sie nach Kostengesichtspunkten bewertet und je geringer und sporadischer der Bedarf ist, desto eher wird sie eingekauft. Steigende Abhängigkeit von Dienstleistern durch sehr spezifische Dienstleistungen und einen Know-How-Transfer kann genauso problematisch werden wie ein möglicherweise mangelhaftes Angebot an Dienstleistern (was wiederum Abhängigkeitspotenziale erhöht).

Das konzeptionelle Vorgehen im Zusammenhang kommunikationsstrategischer Aufgaben ist an vielen Stellen beschrieben worden und variiert überwiegend im Detail bei der Ausgestaltung und Tiefe der einzelnen Arbeitsschritte (z. B. Mast 2010; Zerfaß 2010; vgl. Kapitel "Konzeption von Kommunikationsprogrammen"). Allen konzeptionellen Überblicken ist jedoch gemeinsam, dass sie jeweils eine Phase der

- Analyse sowie Strategiedefinition,
- Erstellung und Distribution von Inhalten nach innen und außen,
- operativen Organisation und Durchführung und
- Erfolgskontrolle

beinhalten. Diese vier groben Schritte (siehe dazu im Detail Röttger et al. 2011, S. 187) dienen zur Identifikation von Dienstleistungsfeldern für die Unternehmenskommunikation.

3 Analyse

Jede strukturierte Arbeit des Kommunikationsmanagements beginnt mit der Analyse der Situation bzw. des identifizierten Problems (Leipziger 2004). Häufig wird ein Defizit zwischen Selbst- und Fremdwahrnehmung hinsichtlich kommunikativer Ziele festgestellt, was wiederum für Handlungsbedarf sorgt. In der Kommunikations-Konzeption enthält dieser Arbeitsschritt in aller Regel eine Untersuchung von Zielgruppen bzw. Anspruchsgruppen, der Branche einschließlich der Wettbewerber, der Organisation und ihrer Produkte sowie der bisher geleisteten Kommunikationsarbeit. Idealerweise erfolgt die systematische Analyse der Ausgangssituation empirisch basiert. Die Anfertigung von Stärken-Schwächen-Profilen oder sogenannten SWOT-Analysen ist ebenfalls hier zu verorten (vgl. ausführlich Paul und Wollny 2011, S. 79 ff.). Hier liegt sicherlich eine Kerntätigkeit von großen Kommunikationsagenturen. Allerdings kann sowohl von Agenturen als auch von Unternehmen direkt „analytischer Sachverstand" eingekauft werden, der die Situationsanalyse bei entsprechenden Fragestellungen unterstützt. Zu betonen sind hier insbesondere Marktanalysen und die Umfrageforschung. Auch spezielle Dienstleister aus dem Bereich der Medienbeobachtung und -analyse kommen hier hin und wieder in Frage.

3.1 Marktanalysen

Die Marktanalyse erfüllt eine Orientierungsfunktion und ist somit Teil der Situationsanalyse (Berekoven et al. 2009, S. 334). Sie klärt darüber auf, welche Marktteilnehmer wie agieren, wie sich das Konkurrenzumfeld gestaltet, unterstützt die Erarbeitung eigener Stärken und Schwächen und macht Chancen und Risiken im Markt sichtbar. Anhand von Zahlen und Fakten werden Märkte für den Auftraggeber transparent gemacht. Zur Marktanalyse können im Unternehmen vorliegende Daten oder externe ggf. zu erhebende Marktdaten genutzt werden. Gerade externe Daten können aufwändig zu recherchieren und zu beschaffen sein, weshalb sich hier Spezialdienstleister für Marktanalysen und Recherchen anbieten können. Diese verfügen über Zugänge zu Datenbanken und/oder wissenschaftlichen Informationsquellen und sind im besten Fall in der Lage, die zur Verfügung stehenden Daten im Hinblick auf die Fragestellung des Auftraggebers entscheidungsrelevant aufzubereiten. Solche Sekundäranalysen werden von auf Marktanalysen spezialisierten Unternehmen angeboten. Beispielsweise ermöglicht es das Internetportal statista.de, gegen Gebühr auf vorliegende Daten zurückzugreifen oder, ebenfalls gegen Entgelt, spezielle Suchanfragen in Auftrag zu geben. Eigene und komplexere Analysen bieten sich nur bei entsprechendem Know-How im Unternehmen an. Im besten Fall liefert die Marktanalyse Antworten auf folgende Fragen:

- *Marktgröße*: Wie lässt sich der relevante Markt abgrenzen? Wie groß ist der Markt?
- *Mitbewerber*: Wer ist die Konkurrenz zu eigenen Produkten und Dienstleistungen?
- *Produkte*: Welche Produkte werden bei Mitbewerbern angeboten und welche sind in Planung?
- *Benchmark*: Was genau sind Gemeinsamkeiten und Unterschiede des eigenen Produkts/der eigenen Dienstleistung im Markt?
- *Kunden*: Was wissen wir über Kunden und potenzielle Kunden? Wer hat Interesse an den eigenen Produkten und Dienstleistungen?
- *Vertriebswege/Kanäle*: Wo und wie werden Dienstleistungen und Produkte vertrieben? Mit welchem Erfolg?

Tab. 1 Entscheidungskriterien für und wider eine externe Vergabe von Marktanalysen

Pro-Argumente für eine externe Vergabe von Marktanalysen	Contra-Argumente gegen eine externe Vergabe von Marktanalysen
Eingeschränktes eigenes Know-How im analytischen Bereich	Eigene Analysekompetenz oder -abteilung existiert
Schlechte Datenlage im Unternehmen	Gute Datenlage im Unternehmen
Anbieter verfügt über mehr Wissensbestände und Zugänge zu Informationen (Datenbanken etc.)	Zugang zu relevanten Datenquellen liegt vor
Mangelnde Zeit zur Recherche	Ausreichende Personalkapazitäten
Wunsch nach Fremdblick auf Branche, Dienstleistung oder Produkt	Fremdblick nicht notwendig
Umsetzungsneutrale Recherche gefordert	Recherche ergänzt bereits festgelegten Maßnahmenplan
Neue und bisher unbekannte Märkte sollen erschlossen werden	Marktanalyse wird für Kerngebiet des eigenen Geschäfts durchgeführt

Bei entsprechend großen Unternehmen und guter Datenlage werden solche Informationen verfügbar sein (einen Überblick über interne wie externe Datenquellen liefern Weis und Steinmetz 2008, S. 68). Eine größere Herausforderung besteht, wenn sehr spezielle Branchenkenntnisse notwendig sind, um den Markt beschreiben zu können und diese Kenntnisse im Unternehmen nicht vorliegen. Der Vorteil einer Vergabe von Marktanalysen an Spezialisten ist, dass sie umsetzungsneutral analysieren, ohne – ob bewusst oder unbewusst – eigene Stärken hinsichtlich der Umsetzung in der Aufbereitung der Daten nahezulegen. Marktanalysen werden in größeren Kommunikationsagenturen von eigenen Research-Abteilungen durchgeführt (oder an Spezialisten als Drittanbieter vergeben), aber auch Marken- und Strategieagenturen oder Werbeagenturen verfügen über solche Abteilungen. Tabelle 1 macht deutlich, wann eine externe Vergabe von Marktanalysen sinnvoll ist und wann eher davon abzuraten ist.

Natürlich können hier Argumente kumulieren oder ein einzelnes kann so stark gewichtet werden, dass andere in den Hintergrund treten. Entscheidend ist, dass dem Dienstleister in einem detaillierten Briefing (vgl. Kapitel „Kommunikationsagenturen als Dienstleister und Berater: Auswahl, Rollen, Normen und Konflikte") deutlich gemacht wird, welche Kernfragen die Marktanalyse (siehe oben) in welcher Tiefe zu beantworten hat.

3.2 Meinungsforschung

Im Bereich der Situationsanalyse kann es auch zur Beauftragung von (Primär-)Meinungsforschung kommen. Wenn für die eigenen Entscheidungen Wissen über oder von einer bestimmten Zielgruppe notwendig ist, das entweder nicht oder nicht in gebotener Aktualität und Tiefe vorliegt, oder über die Sekundäranalyse von bestehenden Daten nicht zu ermitteln ist. Als Teil der Marktforschung bietet die Meinungsforschung die Recherche, Sammlung, Darstellung und Interpretation von Daten, um optimale Kommunikationsentscheidungen treffen zu können. Meinungsforschung ist ein Teilbereich der Marktforschung (dazu ausführlich z. B. Weis und Steinmetz 2008 oder Berekoven et al. 2009), der sich mit Vorstellungen, Einstellungen oder Meinungen von Konsumenten, Rezipienten, Nutzern oder anderen Stakeholdern von Unternehmen befasst.

Typischerweise beauftragen Akteure aus der Unternehmenskommunikation Meinungsforschung, wenn sie tiefergehendes und/oder verallgemeinerbares Wissen über ihre Zielgruppe(n) erlangen wollen. Dabei kann es sich z. B. um Kundenbefragungen, Mitarbeiterbefragungen oder Journalistenbefragungen handeln. Die starke Zunahme der Bedeutung bei gleichzeitiger Abnahme der Kosten im Bereich der Online-Forschung (Hofmann 2012) machen insbesondere Befragungen in *Online-Panels* zu einer kostengünstigen und schnellen Alternative von kostenintensiveren Varianten wie persönlichen Interviews. So genannte Online-Access-Panels bieten die Möglichkeit, schnell und kostengünstig Primärdaten zu erheben. Personen registrieren sich in einer Datenbank (meist unter Angabe einer Reihe von Informationen, die über reine soziodemografische Angaben hinausgehen) und erteilen dem Betreiber des Panels die Erlaubnis, sie regelmäßig zum Zweck der Markt- und Meinungsforschung zu kontaktieren. Ziel der Panelbetreiber ist es, möglichst repräsentative Stichproben für die zu untersuchende Grundgesamtheit zu erhalten; angestrebt wird in der Regel Onlinerepräsentativität (da über Offliner auf diesem Weg keine Aussagen zu treffen sind). Um die Panelisten zur Teilnahme an Umfragen zu animieren, werden Anreizsysteme geschaffen (Punkte, Geld, Treuegeschenke, Gutscheine), die in der Regel nicht so wertig sind, dass sie ein dauerhaftes Teilnahmemotiv darstellen können. Ist der Nutzer beim Anbieter registriert, werden seine Daten in einer Datenbank gespeichert und er wird bei Zugehörigkeit zur Grundgesamtheit in die Stichprobe gezogen und zur Teilnahme an einer Umfrage aufgefordert.

Nach wie vor haben solche Panels zum Teil Probleme, weil der Aufbau und Erhalt eines Panels (vor allem im Hinblick auf Repräsentativität) herausfordernd ist. In der Praxis wird diesem Problem mit der Quotierung der Panelteilnemer bzw. der Gewichtung der Daten bei der Auswertung begegnet, was bei den großen Anbietern in guter Qualität geschieht. Der Markt der Online-Panel-Anbieter ist nach einer Konsolidierungsphase in den letzten Jahren überschaubarer geworden. Es lässt sich sagen, dass nahezu alle großen Markt- und Meinungsforschungsinstitute über entsprechende Angebote verfügen und auch hier eine Reihe von Spezialanbietern im Markt tätig sind. Aktuelle Übersichten liefert der Berufsverband Deutscher Markt- und Sozialforscher in seinem Branchenverzeichnis über die Marktforschungsbranche (www.bvm-net.de). In der Fachzeitschriften *Planung & Analyse* werden regelmäßig Anbieter spezieller Forschungsbereiche aufgeführt, beispielsweise aus den Bereichen Kommunikationsforschung, Kundensegmentierung & Zielgruppenforschung und Panelanbieter. Bei der Auswahl eines Anbieters von Online-Panels für die eigene Forschung hilft die Übersicht „26 Questions to help research buyers of online samples" mit Auswahlkriterien von ESOMAR (www.esomar.org).

Je nach Fragestellung kommen natürlich auch Offline-Methoden in Frage. Genauso können qualitative Verfahren der Datenerhebung (z. B. Gruppendiskussionen, Leitfadeninterviews) eingesetzt werden, insbesondere um tiefer liegende Meinungen zu erheben. Häufig werden solche Verfahren auch eingesetzt, wenn die Zielgruppe klein ist (etwa wenige Fachjournalisten) und/oder für eine Befragung ein besonders wertschätzender Umgang gewünscht wird. Im Folgenden finden sich Auswahlfragen, die klären helfen, wann für die Unternehmenskommunikation die Zusammenarbeit mit einem Marktforschungsinstitut in Frage kommt. Zum Teil gibt es sehr spezialisierte Anbieter (z. B. für Mitarbeiterbefragungen oder Befragungen von Patienten in Krankenhäusern etc.) die sich bei entsprechendem Bedarf leicht recherchieren lassen. Je mehr der nachfolgenden Aussagen bestätigt werden können, desto näher liegt es, eine entsprechende Dienstleistung in Anspruch zu nehmen:

- Es gibt Bedarf nach spezifischem Wissen über eigene Zielgruppen.
- Dieser Wissensbedarf kann möglichst konkret formuliert werden.
- Entsprechende Informationen sind über derzeit vorliegende Daten nicht zu ermitteln.
- Sekundäranalysen existierender Datensätze (z. B. verfügbarer Markt-Media-Studien) liefern keinen Erkenntnisgewinn über die Zielgruppen.
- Die Zielgruppe ist definierbar und ansprechbar.

3.3 Medienimageanalysen

Für die Kommunikationsplanung sind über die Meinung der Bezugsgruppen hinaus auch die über Massenmedien und im Internet verbreiteten Eindrücke über das Unternehmen relevant. In der Mehrzahl der Fälle werden Werkzeuge der Medienbeobachtung und -analyse (unabhängig ob im Bereich Print, Fernsehen, Radio, redaktionelle Onlinemedien oder Social Media) allerdings eher zu evaluativen Zwecken eingesetzt (siehe hierzu unten Abschn. 6). Gleichwohl gibt es auch analytische Vorhaben, die eine aktuelle Betrachtung der Medienresonanz notwendig und sinnvoll machen. Aus der Sicht der Unternehmenskommunikation kann es sich hier um eine sinnvolle Ergänzung des Fremdbildes handeln. Bedutsam sind dabei vor allem sogenannte Medienimageanalysen (Harden et al. 2010), die sich der Medienresonanz einzelner Themen oder Akteure in besonderer Weise annehmen. Über eine systematische Auswertung ausgewählter Medienbeiträge und in ihnen enthaltenen Bewertungen von Personen, Marken oder Themen werden Medienimages verdichtet. Diese veranschaulichen den Ist-Stand und stellen eine Grundlage zum Beispiel für die strategische mediale Positionierung von Personen, Themen oder Marken dar. Solche Analysen werden zum Teil von Anbietern aus dem Bereich der Medienresonanzanalyse angefertigt, allerdings sind hier nur wenige zu finden, die solche explizit qualitativen Ansätze beherrschen.

Eine Kooperation mit Dienstleistern bietet sich hier insbesondere an, wenn

- das veröffentlichte Bild eines Themas, einer Marke oder einer Person für die Analyse von großer Bedeutung ist,
- eine CEO-Positionierung Teil des Auftrags oder der Unternehmensstrategie ist,
- die überwiegend quantifizierenden Aussagen einer Medienbeobachtung und -analyse für die Situationsanalyse nicht ausreichen,
- im Unternehmen keine Zeit und kein methodisches Fachwissen für eine tiefergehende Untersuchung zur Verfügung steht,
- ein entsprechend qualitativer Input von den unternehmensinternen Ressourcen oder einer betreuenden Agentur strategisch weiterverarbeitet werden kann.

Die eigenständige Durchführung einer Medienimageanalyse durch eine Kommunikationsabteilung dürfte nur in den seltensten Fällen sinnvoll sein.

4 Erstellung und Distribution von Inhalten

Bei vielen Kommunikationsagenturen stellt die Erstellung von Inhalten eine Kernaufgabe dar. Sowohl das Produzieren unternehmenseigener Medien für interne und externe Zielgruppen als auch die zielgruppengerechte Aufbereitung von Informationen für Massenmedien zum Beispiel in Form von Pressemitteilungen gehören dazu. Der Aufbau und die kontinuierliche Pflege von Kontakten zu entsprechenden Adressaten sind arbeitsintensiv. Es haben sich jenseits der klassischen Kommunikationsagenturen Dienstleister etabliert, die zum einen relevante Abnehmer von Inhalten recherchieren und bereithalten und sie zum anderen mit Inhalten beliefern. Zentral ist hierbei die Recherche von Abnehmern von Pressemitteilungen und deren Versand. Außerdem entwickelt sich insbesondere vor dem Hintergrund der Vernetzung externer wie interner (digitaler) Kanäle ein dynamischer Markt für Publishing-Systeme im Bereich Unternehmenskommunikation. Auf beide Felder soll hier kurz eingegangen werden. Einen dritten und nachrangigen Bereich, der zudem in den seltensten Fällen direkt ein Dienstleistungsverhältnis zwischen Unternehmenskommunikation und einem externen Dienstleister darstellt, ist die Beschaffung von Kommunikationskoordinaten (in Form von Adressen, E-Mail-Adressen, Telefonnummer, Websites o. ä.) von Zielgruppen. So genannte Adressverlage oder Adressmittler (Listbroker) verkaufen oder vermieten Kommunikationskoordinaten nach Zielgruppen. Diese Art von direkter Ansprache findet in allen Bereichen der Unternehmenskommunikation statt, hat aber einen Schwerpunkt in der Marketing-Kommunikation. Zu beachten ist in diesem Bereich vor allem die Rechtsprechung, die das Vorliegen des Einverständnisses der Adressaten zur Kontaktaufnahme durch ein Unternehmen vorschreibt (Tropp 2011, S. 159 f.).

4.1 Presse-/PR-Services

Die Verbreitung von Pressemitteilungen läuft in vielen Organisationen über eigene Verteiler, deren Pflege je nach Zielgruppe und Größe unterschiedlichen Aufwand bedeutet. Hier lässt sich auf spezialisierte Dienstleister zurückgreifen, die Pressemitteilungen auf Webseiten veröffentlichen oder sie an einen festen Empfängerkreis von Medienvertretern versenden. In Deutschland gibt es eine Fülle solcher Presseservices, die entweder kostenlose PR- und Publikumsportale oder kostenpflichtige Versand-Services bzw. Presseagenturen darstellen. Solche Dienste einschließlich entsprechender Übersichten können im Internet recherchiert werden. Häufig melden Distributions-Dienstleister Inhalte ihrer Kunden auch bei Suchmaschinen im Internet an, was die Auffindbarkeit erhöhen soll. Ziel ist die Steigerung der Reichweite in den für den Auftraggeber relevanten Redaktionen aller Medientypen. Von einer blinden, möglichst breiten Streuung ist in den meisten Fällen abzuraten. Je qualifizierter der Verteiler sein soll, desto kostenintensiver sind die Dienste. Zu betonen ist, dass es sich hier um automatisierte Dienste handelt, die in der Qualität stark variieren. Insbesondere kostenlose Dienste versenden die Pressemitteilungen nicht aktiv, sondern stellen diese auf einer Website online und melden sie bei Suchmaschinen. Sie finanzieren sich zumeist über Werbung. Im Sinne einer Suchmaschinenoptimierung kann eine solche Kooperation zu einem hohen Suchmaschinen-Ranking führen und von daher sinnvoll sein. Als Kontaktpflege ist der Nutzen vermutlich vergleichsweise eingeschränkt. Die eigene Pressearbeit mit persönlicher Kontaktaufnehme und -pflege ist auch durch noch so gute Presseportale nicht zu ersetzen (Ruisinger 2011, S. 83 ff.).

Viele Kommunikationsagenturen arbeiten mit kostenlosen oder kostenpflichtigen Presseportalen zusammen. Insbesondere für kleine und mittelständische Unternehmen – die ggf. über keine solche Agentur verfügen – können solche Dienste von Nutzen sein. Der Betreuungsaufwand hält sich in Grenzen und die Inhalte sind bei den Portalen in aller Regel ohne größeres technisches Know-How problemlos einzubinden.

4.2 Publishing-Systeme

Die stärkere Bedeutung sozialer Medien und damit einhergehende Steigerung der Anzahl von Kommunikationskanälen stellt die Unternehmenskommunikation vor die Herausforderung, wann welche Inhalte über welchen Kanal zu publizieren sind. Hinzu kommt: Je komplexer die Organisation und je höher die Anforderungen zum Beispiel an Wissensmanagement, interne Kommunikation, Pressearbeit oder Social Media-Aktivitäten sind, desto schwieriger wird die Orchestrierung der jeweiligen Kanäle. In diesem Kontext spielen so genannte Publishing-Systeme eine Rolle, die es ermöglichen sollen, Informationen unterschiedlicher Bereiche in eine Anwendung zu integrieren. Publishing-Systeme sind Software-Angebote, die die Erstellung, Bearbeitung, Verwaltung und Veröffentlichung von Inhalten über mehrere Nutzer hinweg ermöglichen. Die Auswahl solcher Systeme bzw. von Dienstleistern solcher Systeme wird verstärkt von Kommunikationsentscheidern erwartet.

Ganz praktisch und an einem einfachen Fall lässt sich das so beschreiben: Ein regional tätiges Unternehmen, das zu einem großen Unternehmensverbund gehört, hat eine neue Social-Media-Strategie entwickelt, und einen dazugehörigen Themenplan erarbeitet. Diese eigenen Themen sollen nun regelmäßig publiziert werden, jedoch ergänzt um Beiträge, die der Unternehmensverbund allen regionalen „Filialen" bereitstellt. Neben zusätzlichen Inhalten stellt der Dachverband auch ein kostenpflichtiges Publishing-System bereit, das es verschiedenen Nutzern ermöglicht, eigene und bereitgestellte Inhalte über unterschiedliche Kanäle zu bearbeiten und zu veröffentlichen. Die Frage ist nun, ob die Filiale das kostenpflichtige Tool vom Dachverband einkauft, oder ein anderes – unter Umständen sogar kostenfreies System – wählt.

Diese Fragen stellen sich in der Regel aber nicht nur bei der Koordination verschiedener Social-Media-Kanäle, sondern eben auch bei der Bündelung verschiedener Maßnahmen über weitere Plattformen. Vor der Fragestellung, entweder kostenlose sogenannte Freeware oder individualisierte kostenpflichtige Software zu verwenden, stehen Entscheider im Bereich Unternehmenskommunikation zunehmend.

Wenn im Einzelfall den folgenden Aussagen zugestimmt wird, erscheint die Befassung mit Publishing-Systemen geboten:

- Das Unternehmen plant und organisiert die Publikation von Inhalten über mehrere (digitale) Kanäle und braucht einen Social-Media-Newsroom.
- Die Zahl der zu betreuenden kommunikativen (crossmedialen und ggf. auch interaktiven) Aktionen und Projekte nimmt eher zu als ab.
- Inhalte werden gemeinschaftlich erstellt und bearbeitet, und zwar mit internen wie externen Partnern.
- Inhalte müssen effizient abgelegt, abrufbar und mediengerecht auszugeben sein.
- Planungs- und Umsetzungsstände der Kommunikationsaktivitäten müssen schnell transparent gemacht werden.
- Integrierte Kommunikation ist besonders wichtig.

Aufgrund der Komplexität der technischen Anforderungen und der aufwändigen Vorgehensweise bei der Systemauswahl kommen kostenpflichtige Publishing-Systeme nur für Unternehmen mit eher höherem Kommunikationsbudget in Frage. Geht es in kleinerem Maßstab zunächst einmal „nur" um die Koordination von Social-Media-Aktivitäten, lässt sich auf kostenlose oder kostengünstige Social Media-Management-Dashboards zurückgreifen (grundlegend zu Social Software in der Unternehmenspraxis auch Back et al. 2011). Die Bereitstellung von Dienstleistungen bei der Auswahl, Konzeptionierung und Durchführung von Social Media-Arbeit selbst ist inzwischen so stark in das Angebotsspektrum von Kommunikationsagenturen übergegangen, dass es als „Standard-Dienstleistung" von Kommunikationsagenturen bezeichnet werden kann und hier keiner ausführlicheren Erwähnung bedarf.

5 Organisation und Projektmanagement

Ein in der Praxis häufig unterschätzter weil planungs- und abstimmungsintensiver Prozess ist die konkrete Umsetzung und Abwicklung von Projekten für die Unternehmenskommunikation. Die Steuerung und Einhaltung von Zeit-, Kosten-, Verlaufs- und Personalplänen, die Dokumentation des Projektes gehören genauso dazu wie die Kontrolle und Koordination von Fremddienstleistungen (Druck, Grafik etc.). In komplexen Projekten kann es Sinn machen, einen eigenen Projektmanager zu installieren, der sowohl für das Projekt an sich wie auch seine Wirksamkeit innerhalb des Unternehmens Verantwortung trägt. Er ist dann nicht als Problemlöser einer Kommunikationsaufgabe engagiert, sondern entlastet die Unternehmenskommunikation personell von Teilen der Projektleitung und kann sein Augenmerk auf das Gelingen des Projektes bei den in Agentur und Unternehmen beteiligten Akteuren richten. Fuhrberg (2014) spricht von Prozessberatern, die als „Interventionist", „Sparringspartner", „Mitdenker", „Partner", „Veränderer", „Reflektor", „Advokat" oder „Gutachter" bezeichnet werden können. Die Installation eines eigenen Projektmanagements kann (automatisch oder in der Folge) zu einer Weiterentwicklung der Organisation auf Basis des Kommunikationsprojektes führen.

5.1 Projektmanagement

Wenn Projekte erfolgreich sein sollen, müssen sie entsprechend gestaltet und organisiert werden. Das gilt für Kommunikationsprojekte genauso wie für jede andere Projektform. Kommunikationsprojekte stehen in Unternehmen zumeist nicht für sich oder beziehen nur die Kommunikationsabteilung ein, sondern sie betreffen vielfach die gesamte Organisation und müssen daher auch (durch interne Kommunikation) ins Unternehmen getragen werden. Damit sie auf Akzeptanz stoßen und Wirkung entfalten können, oder zumindest keine Reaktanz erzeugen, ist professionelles Projektmanagement sinnvoll. Die Notwendigkeit für (externes) Projektmanagement sehen Kuster et al. (2011) in der mangelhaften Projektmanagement-Kompetenz in Unternehmen, der zunehmenden Komplexität von Projekten sowie ihrer Bedeutung für die strategischen Aufgaben von Unternehmen sowie dem Eingriff den Projekte in bestehende Hierarchieverhältnisse von Unternehmen darstellen. Daraus ergibt sich wiederum die Anforderung an Funktions- und Rollenklärungen.

Wiederum an einem konkreten Beispiel soll deutlich gemacht werden, wann und warum ein externes Projektmanagement in Kommunikationsprojekten sinnvoll sein kann: Eine Unternehmung wird von ihren Leitungsgremien beauftragt ein neues Kommunikationskonzept zu entwickeln und die Leitung macht dabei nur wenige inhaltliche Vorgaben. Das Konzept wird in Zusammenarbeit mit einer Kommunikationsagentur erstellt und soll anschließend von der Kommunikationsabteilung der Organisation umgesetzt werden. Der Verantwortliche Leiter innerhalb der Organisation hat wenig Projekterfahrung und ist zudem in seiner Haupttätigkeit stark gebunden. In einem solchen Szenario kann die Einsetzung eines externen Projektleiters sinnvoll sein, weil

- im Haus die Erfahrung und Kompetenz fehlt, große Projekte zu leiten,
- die am Projekt beteiligten Akteure innerhalb der Organisation fest gefahrene Wege der Zusammenarbeit pflegen, die dem Projekterfolg im Weg stehen,
- die zeitlichen Ressourcen zur Leitung des Projektes fehlen,
- der Projekterfolg ohne externe Projektleitung nicht sichergestellt werden könnte.

Es gibt verschiedene Wege der Projektwürdigkeit und die Notwendigkeit einer externen Projektleitung in Erwägung zu ziehen (Kuster et al. 2011, S. 32). Die einfachste Richtlinie ist dabei, dass Projekte mit entsprechender Projektleitung dann sinnvoll sind, wenn es sich um die

- *einmalige* Bearbeitung
- eines Prozesses *mittlerer bis hoher Komplexität*
- in vergleichsweise *kurzem Zeitraum* handelt.

Der Markt an externen Projektleitern ist unübersichtlich und schwer zu strukturieren. Sinnvoll kann es sein, bei der Auswahl eines externen Projektleiters zum Beispiel auf eine entsprechende Ausbildung (zum Beispiel bei der Deutschen Gesellschaft für Projektmanagement, www.gpm-ipma.de) und Referenzen zu achten. Mit Sicherheit wird man auch in Kommunikationsagenturen fündig, die vielfach entsprechende Expertise vorzuweisen haben.

5.2 Organisationsentwicklung

Kommunikationsprojekte für die Unternehmenskommunikation bringen Veränderungen mit sich, die sehr unterschiedlich sein können. Sie können zur Zufriedenheit bei den Beteiligten und der Unternehmensführung sorgen, können Ängste erzeugen oder auch zur Verstärkung von Beharrungskräften führen und somit organisationspsychologische Ansprüche an die verantwortlichen Projektleiter stellen. Die Durchführung eines Projektes sorgt in aller Regel bereits für die Weiterentwicklung einer Organisation, vielfach erzeugen aber gerade Kommunikationsprojekte so starken Veränderungsbedarf („Change Management"), dass eine ausdrückliche Organisationsberatung und -entwicklung notwendig wird (Doppler und Lauterburg 2008, S. 229 ff.).

Ein Beispiel: Die Abteilung Unternehmenskommunikation eines Wirtschaftsverbands verantwortet diverse (Print-)Periodika, gibt Schriftenreihen und Bücher heraus, organisiert die Pressearbeit, betreut eine aufwändige Webseite und kümmert sich ausdrücklich um die mediale Positionierung des Verbandsvorstandes. Im Rahmen eines evaluativ angelegten Projektes stellt der Verband fest, dass einzelne Zeitschriften beim Zielpublikum keine Wirkung entfalten, die Website-Betreuung ineffektiv ist und die Zusammenarbeit mit dem Vorstand vor vielen Herausforderungen steht. Die Frage ist nun, wie diese Herausforderungen zu bearbeiten sind.

Hier können Berater aus dem Bereich der Organisationsentwicklung unterstützen. Nach einer entsprechenden Auftragsklärung und Organisationsdiagnose werden Maßnahmen erarbeitet, die bei der Entwicklung helfen. Es geht also um ein Konzept, zur Entwicklung der Organisation „mit dem Ziel einer aktiven und flexiblen Anpassung an die Herausforderungen einer sich ständig wandelnden Umwelt. Es ist eine Weiterentwicklung im Sinne höherer Wirksamkeit der Organisation und größerer Arbeitszufriedenheit der beteiligten Menschen" (Becker 2002, S. 3). Darauf folgt eine Dokumentation und Kontrolle des Vorgehens.

Organisationsentwickler verstehen sich als Experten für Problemlösungsprozesse und sind selten – anders als Unternehmensberater – Fachberater, die eine spezifische (Fach-) Expertise mitbringen. In der Organisationsentwicklung nimmt der Berater bei wie oben geschilderten Problemlagen die Position ein, dass Probleme lösbar sind. Jedoch bearbeitet er die Probleme nicht selber, sondern er ist als „change agent" an der Entwicklung des Prozesses beteiligt, der zur Lösung der Kommunikationsprobleme beiträgt. Anders als der Unternehmensberater trägt der Organisationsentwickler nicht die Verantwortung für die erarbeitete Lösung, sondern hilft seinen Auftraggebern beim Auffinden und Durchführen einer Lösung. Er ist also weniger Fachexperte als vielmehr „Fachmann für organisatorische und psychologische Probleme, Träger und Vermittler von wissenschaftlicher Information und methodischem Know-How. […] Er ist kompetent … für das Arrangieren von Situationen, die dem Prozess der Lösung von Problemen angemessen sind." (Becker 2002, S. 27).

Auch hier handelt es sich um einen unübersichtlichen Markt, der in der Regel durch persönliche Empfehlungen die besten Chancen auf eine qualitativ hochwertige Dienstleistung bietet. Organisationsentwickler ist (genauso wie Berater, Projektmanager oder Coach) keine geschützte Berufsbezeichnung, weshalb die skizzierten Dienstleistungen von Trainern, Coaches, Prozessbegleitern, Moderatoren oder Innovationsagenten angeboten werden. Die Gesellschaft für Organisationsentwicklung (www.goe.org) liefert Hintergrundwissen, Informationen zum Berufsbild und weitere Informationen rund um die Organisationsentwicklung.

Für die Unternehmenskommunikation bietet sich diese Dienstleistung immer dann an, wenn

- (durch ein Kommunikationsprojekt) große Veränderungsleistungen erwartet werden,
- neue Aufgabenprofile in die Unternehmenskommunikation zu integrieren sind,
- alte Aufgaben wegfallen,
- die Wirksamkeit der Kommunikationsarbeit in Frage steht oder erhöht werden soll,
- Arbeitsprozesse ineffektiv sind oder zur Unzufriedenheit der Mitarbeiter gestaltet werden,
- Problemlösungen innerhalb der Organisation nicht aus eigener Kraft zu bewältigen sind.

6 Evaluation und Kontrolle

Die Bedeutung der Evaluation und Kontrolle von Kommunikationsmaßnahmen wird seit langem vielfach und differenziert diskutiert, wobei eine Differenz zwischen dem konzeptionell Möglichen und Sinnvollen sowie der praktischen Umsetzung zu konstatieren ist. Der umfangreiche Diskurs zum Thema Kommunikations-Controlling (Pfannenberg und Zerfaß 2010) soll hier nicht nachvollzogen werden. Wichtig ist jedoch zu betonen, dass es inzwischen einen Konsens gibt, auf welchen Ebenen Kommunikationserfolg messbar gemacht werden kann und soll. Rolke und Zerfaß (2010) unterscheiden zwischen Input, Output, Outcome und Outflow. Beim Input geht es um den Ressourceneinsatz im Unternehmen. Der externe Output ist das, was von der Kommunikationsarbeit in den unterschiedlichen Medienkanälen ankommt. Outcome befasst sich mit Vorstellungen, Einstellungen und Meinungen der Zielgruppen, die von der Kommunikation beeinflusst wurden und auf der Ebene des Outflows geht es um die strategische monetäre Bewertung der Maßnahmen. Im Bereich des Inputs werden in der Regel keine Dienstleistungen in Anspruch genommen, zur Messung des Outputs hingegen sehr häufig. Da sich der Outcome in aller Regel mit Mitteln der Marktforschung und meist in Form von Befragungen erfassen lässt und der Outflow eine Kombination betriebswirtschaftlicher und kommunikativer Kennzahlen darstellt, ist die systematische Erfassung des Outputs im Bereich der Kommunikations-Evaluation die meistgenutzte Dienstleistung für die Unternehmenskommunikation.

6.1 Medienbeobachtung und -analyse

Auf der Ebene der Output-Messung geht es vor allem um die Messung der Reichweite und der Inhalte von Kommunikationsprozessen. Sie spielen für die Praxis der Unternehmenskommunikation nicht zuletzt eine große Rolle, weil sie durch das Kommunikationsmanagement durch entsprechende Medienarbeit in starker Weise beeinflussbar sind und die zentrale Form der Umweltbeobachtung darstellen. Hier kommen vor allem *Medienbeobachter* und Dienstleister für *Medienanalysen* in Frage. Medienbeobachter haben ihren Ursprung vielfach im Bereich des Clippings. Im „vordigitalen Zeitalter" haben sie große Mengen von Printperiodika vorgehalten und diese gemäß den Vorgaben ihrer Kunden durchsucht und entsprechende Fundstellen anschließend ausgeschnitten oder kopiert und zur Verfügung gestellt. Die Durchsicht von Funkmedien war entsprechend noch aufwändiger und vielfach schwerlich leistbar. Für große Kunden stellte diese Vorgehensweise eine logistisch herausfordernde und zeitintensive Arbeit dar. Seitdem sehr viele Periodika in digitalen Archiven durchsuchbar sind, hat sich dieser Arbeitsprozess deutlich erleichtert. Damit Anbieter von Pressespiegeln nicht mit jedem einzelnen Zeitschriften- oder Zeitungsverlag Verträge über die Verwertungsrechte der Artikel schließen müssen, haben zahlreiche großen deutschen Verlage im Jahr 2000 ihre Interessen in der Presse Monitor GmbH gebündelt, die eine Pressedatenbank mit derzeit über 1.700 Titeln zur Verfügung stellt. Über diesen Weg ist eine rechtskonforme Lizenzierung und Bereitstellung von Treffern möglich. Durch elektronische Clippings haben sich die Dienstleistungen der klassischen Medienbeobachter zu großen Teilen angeglichen, weshalb hier ein deutlicher Preiskampf sichtbar wird.

Diesem Umstand wird offenbar mit einer Ausweitung der Dienstleistung begegnet, da viele Medienbeobachter inzwischen auch Medienanalysen anbieten. Zentrale Fragen der Medienanalysen sind:

- Wie oft wird über unser Unternehmen berichtet?
- Wie häufig wird über Mitbewerber berichtet?
- In welchen Mediengattungen und welchen Medien wird in welchem Umfang berichtet?
- Welche Inhalte, Themen, Personen, Issues werden thematisiert?
- Wie werden diese einzelnen Bereiche bewertet?
- Wie entwickelt sich die Berichterstattung im Zeitverlauf?
- Welchen Einfluss haben kommunikative Maßnahmen auf die Berichterstattung?
- Welche Pressemittelungen sind wie erfolgreich?

Dieser Fragenkatalog lässt sich individuell erweitern, stellt aber die Hauptfragen von Medienresonanzanalysen dar. Der Markt der Anbieter lässt sich hier in zwei Hauptbereiche abbilden. Zum einen gibt es Anbieter von überwiegend standardisierten und zum Teil auch automatisierten Medienresonanzanalysen. In diesem Marktsegment bewegen sich vor allem solche Dienstleister, die ihre Wurzeln eher im Bereich des Clippings haben. Im zweiten, deutlich kleineren Marktsegment befinden sich Anbieter, die sich auf analytische Kompetenzen spezialisiert haben und zu Beobachtungszwecken zum Teil auch Clipping-Dienstleister beauftragen. Je individueller, anspruchsvoller und strategisch bedeutsamer die Medienresonanzanalyse angelegt ist, desto qualitativ hochwertiger dürfte die Dienstleistung der auf Analyse spezialisierten Dienstleister sein. Solche Dienstleister sind in aller Regel in der Lage, die für ein individuelles Kommunikationscontrolling wichtigen Key Performance Indicators (KPIs) zu entwickeln und passgenau zu erheben. Einen Überblick über Anbieter im Bereich der Medienbeobachtung und -analyse findet sich in Dienstleisterverzeichnissen von Fachmagazinen und Fachkongressen.

6.2 Social-Media-Beobachtung und -Analyse

Pleil (2012, S. 85) spricht im Bereich des Online-Monitorings von der „Umweltbeobachtung im Netz". Als solche ist das Monitoring zunächst Voraussetzung für eigene Social Media-Strategien und ebenfalls ein Instrument der Krisenprävention. Einige Anbieter von Medienbeobachtung und -analyse integrieren auch die Beobachtung von Social Media-Inhalten in ihr Leistungsspektrum. Dabei handelt es sich um ein investitionsintensives Feld, da für eine hochwertige Durchsuchung redaktioneller und sozialer Medien eigene Suchalgorithmen entwickelt werden müssen. Es gibt auch die Möglichkeit durch elaborierte so genannte RSS-Feed-Reader ein kostenfreies Monitoring durchzuführen. Hiermit können

Inhalte von Webseiten abonniert und übersichtlich dargestellt werden (Jodeleit 2010). Diese Form des Monitorings stößt bei größeren Projekten allerdings an seine Grenzen und erfordert eine intensive Pflege durch seine Nutzer.

Eine umfängliche Durchsuchung des Internets und speziell sozialer Medien ist nur durch eine eigene Suchtechnologie möglich. Insbesondere das Auffinden neuer Inhalte (auf möglicherweise bislang nicht bekannten Webseiten) ist herausfordernd. Neben den klassischen Medienbeobachtern mit eigenen Suchtechnologien haben sich viele Spezialanbieter in diesem Marktsegment etabliert. Ein guter, aber nicht vollständiger Überblick über kostenpflichtige und kostenfreie Angebote findet sich beispielsweise unter http://wiki.kenburbary.com. Marktstudien zu Social Media Monitoring Tools wurden und werden von verschiedenen Anbietern wie dem Fraunhofer Institut für Arbeitswissenschaft und Organisation IAO und dem Social Media Verlag erstellt. Der Markt ist nach wie vor sehr dynamisch, so dass jährlich neue Akteure dazukommen und andere ihr Angebot einstellen. Je nachdem in welchen digitalen Arenen (z. B. Blogs, Foren, Wikis, Facebook, Twitter, Chats, Verbraucher-Communities, Online-Journale, Nachrichten-Communities etc.) automatisiert gesucht werden soll, muss der passende Anbieter gefunden werden.

Das bloße Auffinden von (relevanten) Treffern ist herausfordernd genug. Häufig liefern die entsprechenden Suchen eine Vielzahl von Beiträgen, die nicht mehr vollständig aufzunehmen und zu verarbeiten ist. Daher werden automatisierte Auswertungen angeboten, die z. B. Arenen differenzieren (Zahl der Beiträge in Blogs, redaktionellen Online-Medien etc.) oder computergestützte Sentiment-Analysen, also Positiv- und Negativbewertungen, ausgeben. Hier lässt sich relativ pauschal sagen, dass solche Auswertungen in der Qualität sinken, je qualitativer das Messkriterium ist. Medien und Umfänge können vergleichsweise sicher ausgegeben werden, Bewertungen liefern höchstens eine Tendenz. Daher bietet es sich an, von Dienstleistern zum einen qualifizierte Trefferlisten ausgeben zu lassen und zum anderen die relevantesten Beiträge in die Medienresonanzanalyse einbinden zu lassen.

Hierfür gibt es inzwischen auch übersichtliche Ausgabeformate in Form von Dashboard-Lösungen, die die wichtigsten Kennzahlen aller Beobachtungs- und Analyseaktivitäten bündeln.

Letztlich dienen die vorgestellten evaluativen Ansätze der systematischen Bestimmung von Qualität und Effektivität kommunikativer Maßnahmen und damit der kontinuierlichen Verbesserung der weiteren Arbeit der Unternehmenskommunikation.

7 Treiber für die Auswahl von Dienstleistungen für die Unternehmenskommunikation

Ziel des Beitrags war es, einen praxisrelevanten Überblick über wichtige Dienstleistungen für die Unternehmenskommunikation zu liefern, die im Bereich Analyse, Distribution, Organisation und Evaluation einen Beitrag zum Kommunikationserfolg leisten können und nicht den klassischen Kommunikationsberatungen zuzurechnen sind. Verständli-

Dienstleistungen für die Unternehmenskommunikation

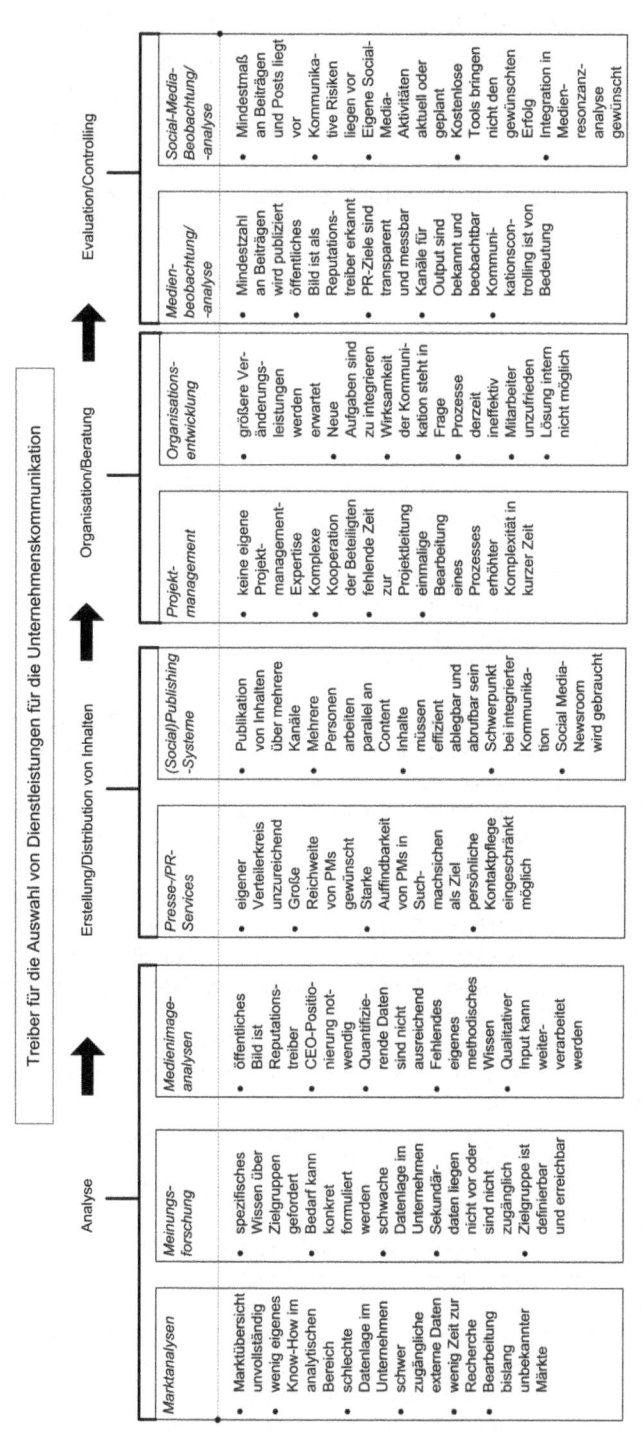

Treiber für die Auswahl von Dienstleistungen für die Unternehmenskommunikation

Analyse			Erstellung/Distribution von Inhalten		Organisation/Beratung		Evaluation/Controlling	
Marktanalysen	*Meinungs-forschung*	*Medienimage-analysen*	*Presse-/PR-Services*	*(Social) Publishing-Systeme*	*Projekt-management*	*Organisations-entwicklung*	*Medien-beobachtung/-analyse*	*Social-Media-Beobachtung/-analyse*
• Marktübersicht unvollständig • wenig eigenes Know-How im analytischen Bereich • schlechte Datenlage im Unternehmen • schwer zugängliche externe Daten • wenig Zeit zur Recherche • Bearbeitung bislang unbekannter Märkte	• spezifisches Wissen über Zielgruppen gefordert • Bedarf kann konkret formuliert werden • schwache Datenlage im Unternehmen • Sekundär-daten liegen nicht vor oder sind nicht zugänglich • Zielgruppe ist definierbar und erreichbar	• öffentliches Bild ist Reputations-treiber • CEO-Positio-nierung not-wendig • Quantifizie-rende Daten sind nicht ausreichend • Fehlendes eigenes methodisches Wissen • Qualitativer Input kann weiter-verarbeitet werden	• eigener Verteilerkreis unzureichend Große • Reichweite von PMs gewünscht • Starke Auffindbarkeit von PMs in Such-maschinen als Ziel • persönliche Kontaktpflege eingeschränkt möglich	• Publikation von Inhalten über mehrere Kanäle • Mehrere Personen arbeiten parallel an Content • Inhalte müssen effizient ablegbar und abrufbar sein • Schwerpunkt bei integrierter Kommunika-tion • Social Media-Newsroom wird gebraucht	• keine eigene Projekt-management-Expertise • Komplexe Kooperation der Beteiligten • fehlende Zeit zur Projektleitung • einmalige Bearbeitung eines Prozesses erhöhter Komplexität in kurzer Zeit	• größere Ver-änderungs-leistungen werden erwartet • Neue Aufgaben sind zu integrieren • Wirksamkeit der Kommuni-kation steht in Frage • Prozesse derzeit ineffektiv • Mitarbeiter unzufrieden • Lösung intern nicht möglich	• Mindestzahl an Beiträgen wird publiziert • Bild ist als öffentliches Reputations-treiber erkannt • PR-Ziele sind transparent und messbar • Kanäle für Output sind bekannt und beobachtbar • Kommuni-kationscon-trolling ist von Bedeutung	• Mindestmaß an Beiträgen und Posts liegt vor • Kommunika-tive Risiken liegen vor • Eigene Social-Media-Aktivitäten aktuell oder geplant • Kostenlose Tools bringen nicht den gewünschten Erfolg • Integration in Medien-resonanz-analyse gewünscht

Abb. 1 Treiber für die Auswahl von Dienstleistungen für die Unternehmenskommunikation

cherweise konnte hier nicht auf alle Felder eingegangen werden, vielmehr wurden die für die Unternehmenskommunikation derzeit wichtigsten Beratungszusammenhänge akzentuiert. Abbildung 1 soll Entscheider bei der Auswahl von Leistungen für die Unternehmenskommunikation jenseits klassischen Agenturaufgaben unterstützen. Die oben vorgestellten Felder werden hier zusammengeführt und es werden überblicksartig Kriterien aufgeführt, die dafür sprechen, die jeweilige Dienstleistung in Anspruch zu nehmen. Treffen die Kriterien nicht zu, kommt eine entsprechende Beauftragung eher nicht in Frage.

Literatur

Back, A., Gronau, N., & Tochtermann, K. (Hrsg.). (2011). *Web 2.0 in der Unternehmenspraxis. Social-Media-Grundlagen und -Trends sowie Methoden und Fallstudien zu Enterprise 2.0* (3. Aufl.). München: Oldenbourg.

Becker, H. (2002). *Produktivität und Menschlichkeit. Organisationsentwicklung und ihre Anwendung in der Praxis* (5. Aufl.). Stuttgart: Lucius & Lucius.

Berekoven, L., Eckert, W., & Ellenrieder, P. (2009). *Marktforschung. Methodische Grundlagen und praktische Anwendung* (12. Aufl.). Wiesbaden: Gabler.

Doppler, K., & Lauterburg, C. (2008). *Change Management. Den Unternehmenswandel gestalten* (12. Aufl.). Frankfurt am Main: Campus.

Fuhrberg, R. (2010). *PR-Beratung. Qualitative Analyse der Zusammenarbeit zwischen PR-Agenturen und Kunden*. Konstanz: UVK.

Fuhrberg, R. (2014). PR-Einzelberater und Agenturen als Dienstleister. In G. Bentele, R. Fröhlich, & P. Szyszka (Hrsg.), *Handbuch der Public Relations* (3. Aufl.). Wiesbaden: Springer VS.

Harden, L., Kocks, K., & Heidenreich, A. (2010). Vom Heiligen zum Halunken: Klaus Zumwinkel als Objekt der Empörungskommunikation. Eine Fallstudie zur Verdeutlichung von Medienimageanalysen. In G. Bentele, M. Piwinger, & G. Schönborn (Hrsg.), *Kommunikationsmanagement* (Loseblattwerk 2001 ff., Nr. 6.27, S. 1–44). Köln: Luchterhand.

Hofmann, O. (2012). Entwicklungen in der Online-Marktforschung. Vom ungeliebten Kind zum Allheilmittel. In F. Faulbaum (Hrsg.), *Qualitätssicherung in der Umfrageforschung. Neue Herausforderungen für die Markt- und Sozialforschung* (S. 139–145). Wiesbaden: Springer VS.

Jodeleit, B. (2010). *Social Media Relations. Leitfaden für erfolgreiche PR-Strategien und Öffentlichkeitsarbeit im Web 2.0*. Heidelberg: dpunkt.

Kantsperger, R. (2012). Outsourcing von Marketing-Dienstleistungen - Ziele, Determinanten und Erfolgsfaktoren. In M. Bruhn & B. Stauss (Hrsg.), *Wertschöpfungsprozesse bei Dienstleistungen* (S. 340–358). Wiesbaden: Gabler.

Kuster, J., Huber, E., Lippmann, R., Schmid, A., Schneider, E., Witschi, U., & Wüst, R. (2011). *Handbuch Projektmanagement* (3. Aufl.). Berlin: Springer.

Leipziger, J. W. (2004). *Konzepte entwickeln. Handfeste Anleitungen für bessere Kommunikation*. Frankfurt am Main: F.A.Z.-Institut.

Mast, C. (2010). *Unternehmenskommunikation* (3. Aufl.). Stuttgart: UTB.

Paul, H., & Wollny, V. (2011). *Instrumente des strategischen Managements. Grundlagen und Anwendung*. München: Oldenbourg.

Pfannenberg, J., & Zerfaß, A. (Hrsg.). (2010). *Wertschöpfung durch Kommunikation. Kommunikations-Controlling in der Unternehmenspraxis*. Frankfurt am Main: Frankfurter Allgemeine Buch.

Pleil, T. (2012). Online-Monitoring: Ziele und Methoden. In A. Zerfaß & T. Pleil (Hrsg.), *Handbuch Online-PR. Strategische Kommunikation in Internet und Social Web* (S. 85–98). Konstanz: UVK.

Rolke, L., & Zerfaß, A. (2010). Wirkungsdimensionen der Kommunikation: Ressourceneinsatz und Wertschöpfung im DPRG/ICV-Bezugsrahmen. In J. Pfannenberg & A. Zerfaß (Hrsg.), *Wertschöpfung durch Kommunikation. Kommunikations-Controlling in der Unternehmenspraxis* (S. 50–60). Frankfurt am Main: Frankfurter Allgemeine Buch.

Röttger, U., Preusse, J., & Schmitt, J. (Hrsg.). (2011). *Grundlagen der Public Relations.* Wiesbaden: VS Verlag für Sozialwissenschaft.

Ruisinger, D. (2011). *Online Relations. Leitfaden für moderne PR im Netz* (2. Aufl.). Stuttgart: Schäffer-Poeschel.

Schütte, D. (2011). *Mittelstands-PR in Deutschland. Eine Studie zur Kommunikationsarbeit mittelständischer Unternehmen.* Konstanz: UVK.

Spiller, R., & Wicher, S. (2012). Make or buy. Outsouring versus Insourcing von Kommunikationsdienstleistungen in mittelständischen Unternehmen. *PR Magazin, 43*(7), 68–74.

Tropp, J. (2011). *Moderne Marketing-Kommunikation.* Wiesbaden: VS Verlag für Sozialwissenschaften.

Weis, H. C., & Steinmetz, P. (2008). *Marktforschung* (7. Aufl.). Ludwigshafen am Rhein: Kiehl.

Zerfaß, A. (2010). *Unternehmensführung und Öffentlichkeitsarbeit. Grundlegung einer Theorie der Unternehmenskommunikation und Public Relations* (3. Aufl.). Wiesbaden: VS Verlag für Sozialwissenschaften.

Zerfaß, A., & Pleil, T. (Hrsg.). (2012). *Handbuch Online-PR. Strategische Kommunikation in Internet und Social Web.* Konstanz: UVK.

Analyse und Optimierung von Kommunikationsstrukturen: Audits und Exzellenzmodelle

Jan Sass

> **Zusammenfassung**
>
> Die Bedeutung von Business Excellence hat für Unternehmen unter intensiveren Wettbewerbsbedingungen zugenommen. In diesem Zusammenhang sind auch die Ansprüche an die Exzellenz von Unternehmenskommunikation gestiegen. Vorhandene Qualitätsbegriffe und Zertifizierungssysteme zeigen jedoch nur Wege zur Erfüllung von Mindeststandards auf und bieten kaum detaillierte Kriterien für die Beschreibung von Exzellenz. Diese Begriffe und Systeme sind zudem nicht an etablierte Qualitätsmodelle anschlussfähig, wodurch es ihnen an Managementakzeptanz fehlt. Mit der Orientierung an Konzepten des Total Quality Managements lässt sich ein Exzellenzmodell für Unternehmenskommunikation adaptieren, das durch Audits überprüft und weiterentwickelt werden kann.

> **Schlüsselwörter**
>
> Unternehmenskommunikation · Qualitätsmanagement · EFQM-Modell · Business excellence · Total quality management · Prozesse · Kommunikations-Audit · Kommunikationsfunktion · Kommunikations-Controlling · Kommunikationsmanagement

J. Sass (✉)
Lautenbach Sass
Schleusenstraße 15-17, 60327 Frankfurt am Main, Deutschland
E-Mail: sass@lautenbachsass.de

1 Relevanz von Business Excellence

Die Unternehmensumwelt hat sich in den letzten Jahren stark gewandelt. Digitalisierung und Globalisierung haben den Wettbewerb zwischen Unternehmen grundlegend verändert. Da sich einstige Differenzierungsmerkmale wie der Preis oder die Qualität von Produkten weiter angleichen, müssen Unternehmen stetig neue Wege finden, um nachhaltige Wettbewerbsvorteile zu schaffen. Die Kernfragen lauten: Wie ist der unternehmerische Wertschöpfungsprozess zu optimieren? Wie können Unternehmen ihre vorhandenen Ressourcen im Hinblick auf Effektivität und Effizienz bestmöglich einsetzen? Vor diesem Hintergrund wurden in den vergangenen Jahrzehnten verschiedene Konzepte mit dem Ziel entwickelt, Unternehmen einen Weg zur „Business Excellence" aufzuzeigen.

> **Business Excellence**
> „Business Excellence" bezeichnet eine überragende Vorgehensweise beim Management einer Organisation. Der Begriff definiert damit keinen Endzustand, sondern einen fortwährenden Verbesserungsprozess, der sich auf wesentliche Exzellenzdimensionen wie Mitarbeiter-, Kunden- und Ergebnisorientierung bezieht.

Diese Konzepte unterscheiden sich jedoch deutlich in Bezug auf ihr Exzellenzverständnis. Während einige Ansätze, wie die ISO-Normen, Leistungen mithilfe des Maßstabs „So gut wie nötig" aus Kundensicht bewerten, verfolgen Konzepte wie das der *European Foundation for Quality Management (EFQM)* ein umfassenderes Qualitätsverständnis mit erweiterten Stakeholdern. Die Leistungen eines Unternehmens werden hier durch Idealstandards – also mit dem Maßstab „So gut wie möglich" – beurteilt. Eine dritte Gruppe definiert Business Excellence „als angestrebtes Null-Fehler-Niveau, das auch quantitativ gemessen werden kann" (Töpfer 2006, S. 123). Töpfer verweist grundsätzlich darauf, dass jedes ganzheitliche Business Excellence-Modell auf einem Ursache-Wirkungs-Schema basiert, welches in seinen Steuerungsfeldern aber unterschiedlich gestaltet sein kann (ebd., S. 127). Demnach sind Unternehmen exzellent, wenn sie die gesamte Wertschöpfungskette auf ein Höchstmaß an Effektivität und Effizienz ausgerichtet haben, um dauerhaft herausragende Leistungen zu erbringen (ebd., S. 119).

Im Rahmen der Business Excellence-Initiativen spielt die (Selbst-) Bewertung der Unternehmen bei der Qualitätserfüllung in der Organisation eine tragende Rolle. Bis auf einige Ausnahmen (u. a. EFQM-Modell) bewerten viele Ansätze ausschließlich die Effektivität und Effizienz von Instrumenten, die zur Optimierung der Wertschöpfungskette des Unternehmens führen sollen. Diese Systeme definieren allgemeine Kriterien und Vorgehensweisen, die ein Unternehmen bei der konsequenten Ausrichtung auf Qualität anwenden kann. Es geht somit primär um Maßnahmen auf dem Weg zur Exzellenz, nicht aber um die Exzellenzmerkmale selbst. Möchten Unternehmen also die eigenen Strukturen, Prozesse und Produkte einzelner Bereiche oder des ganzen Unternehmens im Hinblick auf Exzellenz bewerten, müssen Ansätze ausgewählt werden, die tatsächliche Qualitätsmerkmale definieren und eine unternehmensspezifische Adaption ermöglichen. Eine Anpassung bekannter Konzepte an die Besonderheiten von Branchen und Unternehmen ist meist sinnvoll, da bestehende Systeme nur einen groben Rahmen für Exzellenzkriterien bieten. Auch eine Adaption an einzelne Teilbereiche der Organisationen ist von Vorteil, um die Besonderheiten der jeweiligen Unternehmensfunktionen würdigen, aber dennoch in ein umfassendes Bewertungssystem integrieren zu können.

2 Bezüge für Unternehmenskommunikation

Für die Unternehmenskommunikation waren als Bezugsmodelle für Qualität bzw. Exzellenz in der Vergangenheit vor allem ISO-Normen und Agenturstandards von Bedeutung. Die *ISO-Normenfamilie 9000:2000 ff.* beschreibt die Mindestanforderungen an ein Qualitätsmanagementsystem, denen eine Organisation genügen muss, um Produkte und Dienstleistungen bereitstellen zu können, die die Kundenanforderungen erfüllen. Dabei wird nicht überprüft, wie zufrieden die Kunden sind und ob die Qualität auch tatsächlich erreicht wird. Qualitätszertifizierungen nach ISO geben keine Auskunft über die Qualität von Produkten und Services, sondern nur über das Qualitätsmanagement im Herstellungsprozess. Die DIN ISO 9000 Familie wurde im Jahre 2000 vollständig überarbeitet. Ein Ziel war es, Kundenanforderungen durch Prozesse und Produkte besser zu erfüllen, damit Kundenzufriedenheit entsteht (Töpfer 2006, S. 130).

Im Gegensatz zu den Regelwerken vor 2000 fordert diese Norm dokumentierte Verfahren für nur sechs statt vorher zwanzig Qualitätsmanagement-Elemente. Obwohl die Übersetzung von der produzierenden Industrie auf Dienstleistungsunternehmen damit erleichtert ist, hat die Norm ihre ehemalige Bedeutung für die Kommunikationsbranche nicht wieder erreicht. Einschränkend ist zu sagen, dass eine normenbezogene Diskussion um Qualitätsstandards in der Kommunikation vornehmlich in PR-Agenturen geführt wurde – und vor allem einer erwarteten Marktdifferenzierung diente. Die Qualitätsdiskussion in Unternehmen richtete sich dagegen stärker an praktischen Themen wie zum Beispiel Issues Management aus und orientierte sich in der Folge an Benchmarking-Daten.

Nachdem in den Jahren nach 1990 die Zertifizierung nach DIN EN ISO 9001 zu einem Agenturstandard wurde, gab der deutsche PR-Agenturverband GPRA die Zertifizierungspflicht im Jahr 1998 wieder auf. Wie Bentele und Nothhaft (2004, S. 149 ff.) ausführen, bestand die Kritik vor allem darin, dass das ISO-System zwar die formalen Abläufe durchleuchtet, aber nur wenig zur Qualität der Kernleistung Public Relations beigetragen hat. Die Bedenken beruhten vor allem darauf, dass Qualitätsmanagement-Systeme wie ISO 9001 den Bedürfnissen im Dienstleistungsbereich zu wenig entsprechen (Bentele und Nothhaft 2004, S. 152). Anstelle der formalen Vorgaben in der ISO-Norm bestimmte die GPRA schließlich einen Katalog weicherer Kriterien, in dessen Mittelpunkt das Leistungspotenzial und die Marktbewährung der Agenturen standen.

Eine Wiederbelebung der Zertifizierungspraxis ist mit dem von der International Communications Consultancy Organisation (ICCO) präferierten *Consultancy Management Standard (CMS II)* zu beobachten. Der Standard nimmt Elemente der ISO-Norm auf, versteht sich aber als explizites Qualitätsmanagementsystem für Kommunikationsagenturen. Der CMS wurde 1997 in Großbritannien entwickelt und wird inzwischen vom internationalen Dachverband ICCO allen Mitgliedern zur Implementierung empfohlen. In einigen Ländern ist eine CMS II-Zertifizierung bereits die Grundlage, um in den jeweiligen Agenturverband aufgenommen zu werden. Die Zertifizierung erfolgt durch einen externen Partner und ist alle zwei Jahre zu wiederholen. Gegenstand der Zertifizierung sind acht Auditbereiche, für die allgemeine Qualitätsvorgaben bestehen. Neben Führung und Kommunikation werden die Unternehmensplanung, Entwicklung und Innovation sowie Finanz- und Controllingsysteme geprüft. Weitere Bereiche sind Projekt- und Kampagnen-Management, Kundenzufriedenheit, Neugeschäft und Personalmanagement.

Wie bei der ISO-Norm wird hiermit ein Rahmen für das Qualitätsmanagement angelegt, wobei es primär um die Absicherung prozessbezogener Mindeststandards geht – was aber weiter fehlt, ist ein Modell, mit dem eine konkrete Definition von Exzellenz-Faktoren in der Kommunikation erfolgt. Sehr knapp bleibt hier auch die neuere *CEN-Norm „Management Consultancy Services"* des Europäischen Komitees für Normung. Es wird dort zum Beispiel eine wirksame Evaluationsstrategie von den Dienstleistern gefordert (European Committee for Standardization 2011, S. 12), aber die Beispiele für Evaluationskriterien geben nur sehr allgemeine Richtungen für Bereiche wie Corporate Social Responsibility, Kostenkontrolle oder Risikomanagement an (ebd., S. 24).

3 Einfluss des Total Quality Managements

Neue Impulse für die Eingrenzung von Exzellenz wurden in den vergangenen Jahren durch das sich in Unternehmen weiter verbreitende *Total Quality Management (TQM)* gesetzt. Die Deutsche Gesellschaft für Qualität definiert TQM wie folgt: „Total steht für die ganzheitliche, alle Mitarbeiter/innen, aber auch Kunden, Lieferanten und die Gesellschaft einbeziehende Denk- und Vorgehensweise, jenseits eines isolierten Denkens in Funktionsbereichen bzw. Abteilungen. Quality steht für Qualität der Arbeit an sich, die Qualität der Prozesse, die Qualität der gesamten Organisation, die sich in der Qualität der Dienstleistungen und Produkte zeigt. Management meint dagegen die herausragende Bedeutsamkeit der Führung im Hinblick auf Qualität" (www.dgq.de). „Total Quality Management ist damit nicht nur eine Management-Methode, sondern zugleich auch eine breit angelegte Unternehmensphilosophie, in die zahlreiche weltweit bedeutsame Qualitätskonzepte eingegangen sind" (ebd.). Das TQM zeichnet sich nach dieser Definition durch ein multiperspektivisches Verständnis aus, das einen produkt- und kundenbezogenen Qualitätsbegriff mit Nutzen für die Umwelt verbindet. Der Qualitätsbegriff selbst wird erweitert auf Themen jenseits der Produktgrenzen. Kunden im Sinne des TQM sind auch die Investoren, die

Mitarbeiter, die Lieferanten und die Gesellschaft, deren legitime Forderungen genauso zu erfüllen sind wie die der Produktkunden.

Im Vergleich zu den ISO-Normen ist hier nicht nur die gemeinsame Verantwortung für Qualität in einer Organisation stärker betont, es werden auch die tatsächlichen Ergebnisse des Handelns unter den Aspekten Kundenzufriedenheit und Nachhaltigkeit in die Betrachtung einbezogen. Auf dieser Grundlage erscheint das TQM grundsätzlich besser als Vorlage für Exzellenzmodelle der Unternehmenskommunikation geeignet zu sein als die ISO-Normenfamilie. Konkrete Maßstäbe für die Umsetzung des TQM bzw. seine Übertragbarkeit auf Kommunikation entstehen allerdings erst auf einer abgeleiteten Modellebene wie zum Beispiel dem EFQM-Modell, auf das unten näher eingegangen wird.

4 Entwicklung von funktionsspezifischen Ansätzen für Exzellenz

Das Vordringen der verschiedenen Exzellenzinitiativen birgt auch Chancen für die Unternehmenskommunikation. Funktionsspezifische Exzellenzansätze, die Leistungen und Wirkungen im Hinblick auf Exzellenz beschreiben und auf etablierte Qualitätsmodelle aufbauen, existieren für die Unternehmenskommunikation bis dato jedoch nicht. Die vorhandenen Zertifizierungen der Branche greifen zu kurz, da es nur um Methoden zur Ausrichtung auf Qualität geht, nicht um Exzellenzmerkmale der Unternehmenskommunikation selbst. Nach einer Erhebung des European Communication Monitor (ECM) sehen Kommunikationsmanager in der Praxis als wesentliche Exzellenzfaktoren für Unternehmenskommunikation bzw. Kommunikationsabteilungen „Good relationships with key stakeholders" (85,8 %), „Capability to move people" (82,1 %) und „Formal involvement in the strategic management process" (81,8 %). Es folgen „Knowledge of communication rules" (75,8 %) und „Processes for planning and evaluating communication" (69,7 %) (Zerfass et al. 2010, S. 37 ff).

Grunig et al. (2002, S. 9 ff.) führen auf empirischer Grundlage 17 charakteristische Merkmale exzellenter Public Relations auf, die aber ebenfalls als allgemeine Qualitätspostulate erscheinen und letztlich wenig Ziel- und Managementbezug haben. Das erste Exzellenzkriterium „Managed strategically" bezieht sich zum Beispiel nicht auf eine systematische Ableitung von Kommunikations- aus Organisationszielen, sondern übersetzt den Begriff damit, dass Maßnahmen auf Analysen und Umweltbeobachtungen basieren sollen. Mit dem Konzept der symmetrischen Kommunikation integrieren Grunig et al. allerdings den Anspruch in ihr Exzellenzverständnis, dass die Ansprüche von Bezugsgruppen nach innen vermittelt und dort mit den Interessen der Organisation verhandelt werden.

In ihrer Diskussion des Qualitätsbegriffs in Bezug auf (Kommunikations-) Dienstleistungen wenden sich Bentele und Nothhaft vor diesem Hintergrund kritisch gegen ein Verständnis, welches Qualität maßgeblich an der Kundenzufriedenheit misst. Aufgrund der „triadischen Anlage von Public Relations" ist es notwendig, „den Qualitätsbegriff um eine dritte Dimension – die der Zielgruppen – zu erweitern" (Bentele und Nothhaft 2004, S. 156). Sie führen aus, dass Dienstleister, Kunden und Bezugsgruppen in ihrem

Qualitätsverständnis jeweils Eigenlogiken folgen – erst bei einer Gesamtbetrachtung aller Interessen kann sich Qualität in der Ausbalancierung ihrer unterschiedlichen Dimensionen und Aspekte konstituieren. Mit dieser Konstruktion eines Dreiecks, das Qualität in einem Spannungsverhältnis von (internen oder externen) Dienstleistern, (internen oder externen) Kunden und Bezugsgruppen beschreibt, erfolgt zugleich ein Brückenschlag zum Qualitätsverständnis im TQM. Strukturen, Prozesse und Ergebnisse als wesentliche Qualitätsdimensionen – und mit Blick auf die Unternehmenskommunikation: konkrete Exzellenzfaktoren – sind in diesem Rahmen näher zu beschreiben und zu gewichten.

Kommunikatoren sollten daher mehrdimensionale und funktionsspezifische Exzellenzansätze nutzen, die etablierten Qualitätskonzepten folgen. So können Verengungen vermieden und die Akzeptanz des Exzellenzansatzes innerhalb der Unternehmen gestärkt werden. Welche Kriterien sind von der Unternehmenskommunikation zu erfüllen, damit sie als exzellent gelten kann? Um welche Themen und Handlungsfelder geht es dabei? Diese Fragen sind mit der Wertschöpfung durch Kommunikation verbunden. Unternehmenskommunikation ist wertschöpfend tätig, indem sie auf Wahrnehmung, Wissen, Einstellung und Verhalten der Stakeholder im Sinne der Unternehmensziele einwirkt (DPRG/ICV 2011). Dabei kann Kommunikation auf zwei Arten zur Wertschöpfung des Unternehmens beitragen. Zum einen wird durch die Beeinflussung der Stakeholder die laufende Leistungserstellung der Organisation unterstützt, und zum anderen kann die Unternehmenskommunikation zum Aufbau von immateriellen Werten beitragen (Zerfaß 2007, S. 26 f.).

Einen einheitlichen Standard haben die Deutsche Public Relations Gesellschaft und der Internationale Controller Verein mit dem Bezugsrahmen für Kommunikations-Controlling verabschiedet. Der Wertschöpfungsprozess der Unternehmenskommunikation lässt sich demnach in sechs Stufen (Input, Interner Output, Externer Output, Direkter Outcome, Indirekter Outcome, Outflow) unterteilen (vgl. Kapitel „Kommunikations-Controlling und Evaluation von Kommunikation"). Dabei befassen sich nur die ersten beiden Stufen – also Input und interner Output – mit den Leistungen der Unternehmenskommunikation (Huhn und Sass 2011, S. 8). Hier geht es um die Initiierung der Kommunikationsprozesse, um Ressourcen, Prozesseffizienz und Qualität. Die nachgelagerten Prozesse der Wahrnehmungs-, Wissens-, Einstellungs- und Verhaltensänderung können von der Unternehmenskommunikation über Value Links (Wertketten) nur noch mittelbar beeinflusst werden. Der Bezugsrahmen macht deutlich, dass die Qualität der Initiierung von Kommunikationsprozessen die Voraussetzung, aber noch keine Garantie für erfolgreiche Wirkungen auf allen nachfolgenden Stufen ist. Die exzellente Ausgestaltung des Inputs sowie des internen Outputs sind zwar die notwendige Grundlage für eine effektive und effiziente Kommunikation; für eine exzellente Kommunikation ist es jedoch wichtig, alle Wirkungsstufen der Kommunikation zu steuern und in ein Bewertungsmodell zu implementieren. Nur so kann der gesamte Wertschöpfungsprozess der Kommunikation konsequent auf die Ebene des Outflows ausgerichtet werden, wo für die Organisation ein geldwerter Nutzen entsteht.

Ein belastbarer Exzellenzansatz der Unternehmenskommunikation enthält mithin eine strategische Komponente, welche die konsequente Ausrichtung der Kommunikation auf die Unternehmensstrategie und -ziele sowie deren Wirkungen und Teilnahme am Strategieprozess des Unternehmens bewertet. Ergänzt wird sie durch eine operative Komponente, die die internen Prozesse, Abstimmungsabläufe, Kommunikationsprogramme und -maßnahmen evaluiert. Als Grundlage für Managemententscheidungen müssen auch die Zusammenhänge zwischen den einzelnen Faktoren erkennbar sein. Um einen Business Excellence-Ansatz in der Unternehmenskommunikation nachhaltig zu etablieren, sollte ein Bewertungsmodell möglichst auch die Anschlussfähigkeit an die allgemeine Bewertung der Business Excellence des Unternehmens gewährleisten.

Zur Übertragung von geeigneten Kriterien aus Exzellenzmodellen auf die spezifischen Besonderheiten der Unternehmenskommunikation bietet sich, wie im Folgenden gezeigt werden soll, besonders das EFQM-Modell an. Während das Wirkungsstufenmodell von DPRG/ICV (2011) die Entwicklungslogik exzellenter Kommunikation darstellt, enthält das EFQM-Modell praxisbewährte Steuerungsbereiche, die als Leistungs- und Wirkungsdimensionen von der Unternehmenskommunikation adaptiert werden können.

5 Das EFQM Excellence Modell als Bezugsrahmen für einen kommunikativen Exzellenzansatz

In Europa entstand aus der Entwicklung des TQM das Business Excellence Modell der European Foundation for Quality Management (EFQM), das heute als ein anerkanntes Referenzmodell für TQM gilt. Das EFQM-Modell geht über die ISO-Normenfamilie hinaus, da es den Nachweis hervorragender Ergebnisse bei erweiterten Stakeholdern in einem längeren Zeitraum verlangt, eine Rückkopplung zwischen den Potenzialfaktoren des Modells und den Wirkungen vorsieht sowie gesellschaftliche Interessen einbezieht. Die Umsetzung des EFQM-Modells wird nicht durch eine Zertifizierung überprüft, sondern durch ein internes oder externes Audit. Maßstab ist ein ideales Unternehmen, das in allen Steuerungsbereichen höchste Werte erzielt.

Das EFQM-Modell kann als Rahmenkonzept für eine umfassende Bewertung von Leistungen und Ergebnissen der Organisation in Bezug auf die Erfüllung der Anforderungen von Interessengruppen genutzt werden. Es kann aber auch im Sinne eines Qualitätsmanagementsystems angewendet werden, um die Einführung und Durchsetzung eines organisationsspezifischen Exzellenzsystems zu fundieren. Durch diesen mehrdimensionalen Nutzungsansatz eignet es sich besonders für individuelle Anpassungen und unterscheidet sich damit von anderen Ansätzen, die sich meist nur auf das Qualitätsmanagement konzentrieren und keinen Raum für die tatsächliche Definition von Qualitätsfaktoren lassen. Ein weiteres Argument für die Übertragung des Modells auf die Unternehmenskommunikation ist seine offene Struktur, die definierte Exzellenzdimensionen von Unternehmen durch Ursache-Wirkungs-Zusammenhänge in Beziehung zueinander setzt und so einer ähnlichen Logik folgt, wie der Wirkungsstufenprozess der Unternehmenskommunikation. Mit diesen Qualitäten eignet sich das EFQM-Modell sehr gut, um einen strukturellen Rahmen für die Entwicklung eines Exzellenzmodells der Unternehmenskommunikation zu bilden.

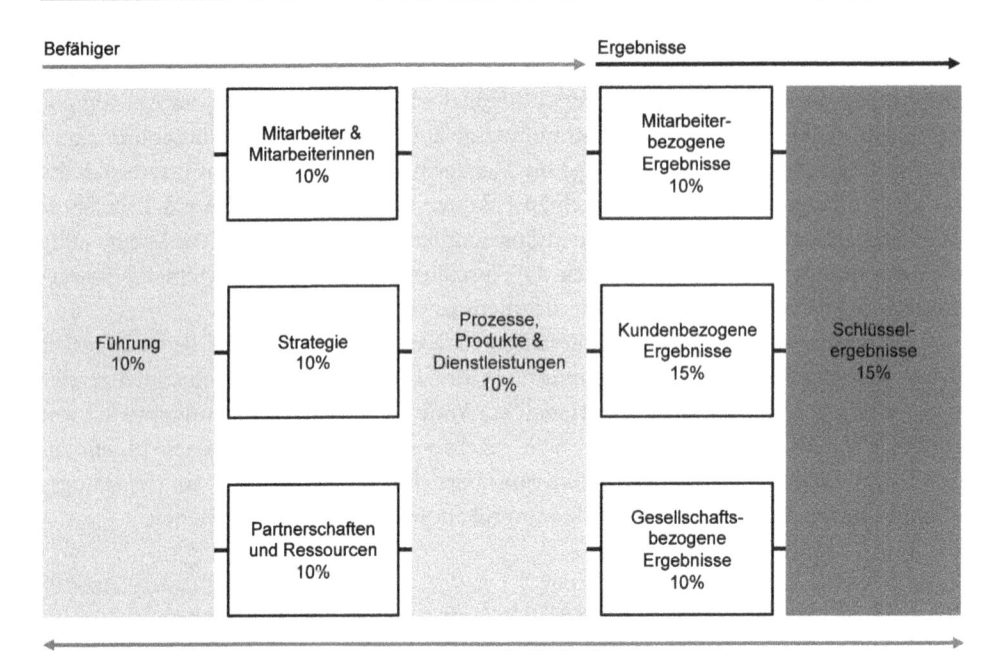

Abb. 1 EFQM Excellence Modell
(Quelle: EFQM (2009, S. 9))

Der Exzellenzansatz der EFQM besteht aus drei ineinandergreifenden Komponenten, die zusammen den Weg zur Exzellenz aufzeigen sollen. Neben den „Grundkonzepten der Exzellenz" sind dies das EFQM Excellence Modell selbst sowie die darauf basierende Bewertungslogik (EFQM 2012). Das EFQM-Modell (vgl. Abb. 1) integriert die Grundkonzepte in den Wertschöpfungsprozess des Unternehmens und setzt dazu neun Steuerungs- bzw. Bewertungsbereiche ein. Der Ansatz sieht eine konsequente Ausrichtung des Wertschöpfungsprozesses auf die zu erreichenden Ergebnisse bei allen Stakeholdergruppen vor, um eine herausragende Leistungsfähigkeit zu erreichen.

Auf der linken Seite des EFQM-Modells stehen die Befähiger-Kriterien „Führung", „Strategie", „Mitarbeiterinnen und Mitarbeiter", „Partnerschaften und Ressourcen" sowie „Prozesse, Produkte und Dienstleistungen". Diese Kriterien beschreiben, was die Organisation tun muss, um hervorragende Ergebnisse unter optimaler Nutzung der benötigten Ressourcen zu erzielen. Die Ergebnisse sind auf der rechten Seite des Modells dargestellt und umfassen mitarbeiter-, kunden- und gesellschaftsbezogene Ergebnisse sowie die Schlüsselergebnisse der Organisation. Begleitet wird dies durch einen kontinuierlichen Lernprozess (EFQM 2009, S. 9). Nach dem Kausalitätsprinzip werden die unmittelbaren und mittelbaren Ursache-Wirkungs-Beziehungen zwischen den Kriterien dargestellt. Die einzelnen Dimensionen wurden von der EFQM definiert und durch Teilkriterien operationalisiert. Sie sind aber offen genug, um ein Modell mit funktionsspezifischen Anpassungen zu entwickeln.

Der prozessorientierte und auf Wirkungsketten basierende Aufbau des EFQM-Modells ermöglicht es, die Wirkungsstufen der Unternehmenskommunikation gesamthaft abzubilden und den einzelnen Dimensionen des Modells zuzuordnen. Dabei bezieht sich der Input und interne Output der Unternehmenskommunikation auf die Befähiger-Kriterien des Modells (Führung, Mitarbeiter, Strategie, Partnerschaften und Ressourcen sowie Prozesse, Produkte und Dienstleistungen), wohingegen die übrigen Wirkungsstufen (externer Output, direkter/indirekter Outcome, Outflow) auf der Ergebnisseite verortet werden können.

Die systematische Überprüfung von Tätigkeiten und Ergebnissen der Organisation bildet einen inhaltlichen Schwerpunkt des Qualitätsansatzes der EFQM. Nur durch eine kontinuierliche Selbstbewertung können die Unternehmen nachhaltig ihre Qualität steigern und Exzellenz erreichen. Die einzelnen Exzellenzdimensionen des EFQM-Modells werden in einem Audit mit dem Instrument RADAR beurteilt (EFQM 2009, S. 24 ff.). Es besteht aus den Analyseaspekten Ergebnisse (*Results*), Vorgehen (*Approach*), Umsetzung (*Deployment*) sowie Bewertung (*Assessment*) und Überprüfung (*Review*), anhand derer die einzelnen Teilkriterien bewertet werden. In der Bewertung werden den Modellkriterien verschiedene Gewichtungsfaktoren zugeordnet, die auf Basis einer internationalen Führungskräftebefragung festgelegt wurden. So erhalten alle Befähiger-Dimensionen 10 % der Gesamtpunktzahl von maximal 1000 Punkten, also jeweils 100 Punkte. Bei den Ergebniskriterien entfallen ebenfalls 10 % auf die mitarbeiter- und gesellschaftsbezogenen Ergebnisse und jeweils 15 % auf die kundenbezogenen Ergebnisse sowie die Schlüsselergebnisse (EFQM 2009, S. 28). Somit können beide Dimensionen maximal jeweils 500 Punkte erreichen.

6 Bezugsrahmen für kommunikative Exzellenz

Der in Abb. 2 skizzierte Exzellenzansatz für Unternehmenskommunikation entwirft einen allgemeinen Orientierungsrahmen auf Basis des EFQM-Modells, kann an dieser Stelle aber keine dezidierten Qualitätsfaktoren für alle Steuerungsbereiche darstellen. Beispielhaft aufgeführte Qualitätsaspekte beschreiben generelle Ansatzpunkte, die die Unternehmenskommunikation bei der Ausrichtung auf Exzellenz berücksichtigen muss und die weiter operationalisiert werden können und sollten. Ein solcher Ansatz bietet ausreichend Raum, um die einzelnen Kriterien an unternehmensspezifische Besonderheiten anzupassen.

Im vorgeschlagenen Exzellenzrahmen für Unternehmenskommunikation wird „Führung" als Steuerungsbereich aus dem EFQM-Modell übernommen. Funktionsspezifische Adaptionen für die Befähiger-Dimension sind Kompetenzen und Lernen, Strategie und Steuerung, Organisation und Struktur, Prozesse und Qualität sowie Finanzen, Ressourcen und Partnerschaften. Aus Prozessen, Produkten und Dienstleistungen des EFQM-Modells werden Instrumente und Maßnahmen der Unternehmenskommunikation. Um Spitzenleistungen zu erzielen, müssen die in Anlehnung an das EFQM-Modell definierten Befähiger-Dimensionen optimal auf die zu erreichenden Ergebnisse ausgerichtet sein. Die Unternehmenskommunikation muss sich bewusst machen, welche Wirkungen sie auf den

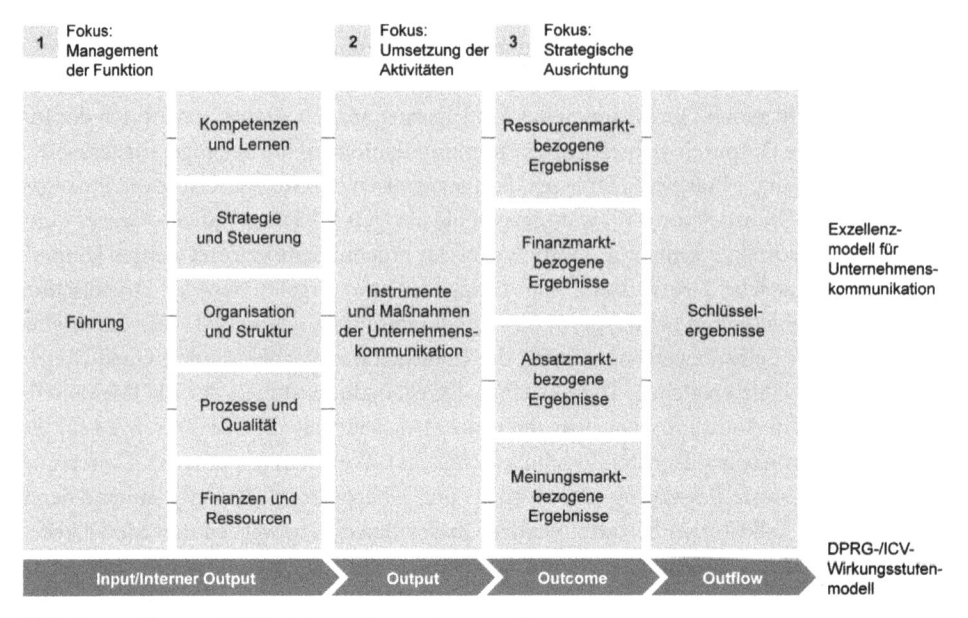

Abb. 2 Exzellenzmodell der Unternehmenskommunikation
(Quelle: Lautenbach Sass)

Stufen von externem Output, Outcome sowie dem Outflow – also der Ergebnisseite im Modell – erzielen will, um ein Höchstmaß an leistungsbezogener Exzellenz zu erbringen. Die Ergebnisdimensionen sind dementsprechend nach klassischen Stakeholdermärkten aufgestellt und werden auf der Outflow-Stufe durch Schlüsselergebnisse ergänzt, die einen direkten Beitrag zu strategischen und finanziellen Unternehmenszielen leisten.

Erst eine weitere Strukturierung der einzelnen Dimensionen ermöglicht detailliertere Betrachtungen. Beispiel: Bei einer Bewertung der Dimension „Kompetenzen und Lernen" hilft die zusätzliche Unterteilung der Ergebnisse in die Teilaspekte „Strategische Ausrichtung und Integration", „Innovationsstärke", „Kompetenzen und Qualifikationen" sowie „Mitarbeiter-Management" dabei, ein differenzierteres Bild über die Performance des Steuerungsbereichs und etwaige Schwachpunkte zu gewinnen. So erlaubt die Bewertung eine spezifizierte Auswertung, die die aktuelle Leistungsfähigkeit einzelner Aspekte und Dimensionen auf verschiedenen Ebenen wiedergibt. Das Management erkennt auf dieser Grundlage differenzierte Ansätze für die Optimierung der Unternehmenskommunikation.

7 Audits als Instrumente zum Aufbau und zur Sicherung von Exzellenz

Die Business Excellence kann durch ein Kommunikations-Audit gestützt werden, das eine Bestandsaufnahme von Qualität und Leistungen der Unternehmenskommunikation durch interne Experten oder unabhängige Dritte ist. Es zeigt Ansatzpunkte auf, ungenutzte

Kommunikationspotenziale zu heben und die Effizienz und Effektivität der Kommunikation zu steigern. Im Mittelpunkt des Audits steht meist ein Abgleich von geforderten und tatsächlichen Qualitätsmerkmalen, ein Bezug zur Wertschöpfung der Kommunikation ist dagegen noch eher selten zu beobachten. Normativ betrachtet, ist ein Audit ein systematischer, unabhängiger und dokumentierter Prozess, an dessen Ende der Nachweis steht, in welchem Umfang die jeweiligen Auditkriterien erfüllt wurden. In einer allgemeinen Beschreibung definiert Coffman (2004, S. 1): „A strategic communication audit is a systematic assessment, either formal or informal of an organization's capacity for, or performance of, essential communication practices. It determines what is working well, what is not, and what might work better if adjustments are made."

> **Audit**
> Audits sind ein systematisches, unabhängiges und dokumentiertes Verfahren um zu ermitteln, in welchem Umfang definierte Qualitätskriterien erfüllt worden sind. Es gibt verschiedene Auditformen, zu denen zum Beispiel interne oder externe Qualitätsaudits, Produkt-, Prozess- oder Systemaudits zählen.

Das generelle Ziel von Kommunikations-Audits ist es Hargie und Tourish (2009, S. 31) zufolge, dem Management Klarheit über Schlüsselfragen zu verschaffen, zum Beispiel: Wer kommuniziert mit wem, und wer sollte mit wem kommunizieren? Über welche Themen wird mit welchem Aufwand kommuniziert? Welche dominanten Quellen und Kommunikationskanäle werden eingesetzt? Wie gut arbeiten die Kommunikationsinstrumente, und welche Akzeptanz haben sie? Nach Downs und Adrian (2004, S. 11 ff.) sind mit einem Kommunikations-Audit verschiedene Nutzeneffekte verbunden: Es ist ein Instrument, um individuelle Wahrnehmungen des Managements mit denen von Mitarbeitern, Kunden, Lieferanten und anderen Stakeholdern abzugleichen (*verification benefit*), die Effektivität der Kommunikation mit Stakeholdern zu beurteilen (*feedback benefit*) sowie kommunikative Stärken und Schwächen zu erkennen und als Grundlage für strategische Entscheidungen zu nutzen (*strategic planning benefit*). Außerdem dienen Kommunikations-Audits dazu, die tatsächliche Praxis mit offiziell deklarierten Standards zu vergleichen (*benchmark benefit*) und kritische Punkte früh zu identifizieren. Zudem sind Audits dazu geeignet, Motivation, Partizipation und Commitment der Mitarbeiter zu stärken (*participation benefit*) sowie die kommunikativen Kompetenzen der Organisationsmitglieder zu verbessern (*training benefit*).

Hargie und Tourish (2009, S. 37 ff.) haben die Kernelemente von Kommunikations-Audits in drei Phasen systematisiert. In der *Diagnostic Phase* geht es um die Abbildung des Kommunikationsnetzwerks und die Erstellung eines Wahrnehmungsprofils. Die Leitfragen zielen hier auf Informationsbedürfnisse, die Nutzung von Quellen und Kanälen sowie die Wahrnehmung der kommunikativen Praxis. In der nachfolgenden *Accountability Phase* werden die Stärken und Schwächen dieser Praxis mit ihrem Einfluss auf die Qualität, Effizienz und Effektivität der Kommunikation untersucht. Die *Prescriptive Phase* dient schließlich der Formulierung von Handlungsempfehlungen zur Verbesserung der Business Excellence und letztlich der Steigerung des Wertbeitrags durch Kommunikationsprozesse. Coffman (2004, S. 2 ff.) gliedert Kommunikations-Audits demgegenüber in die fünf Schritte „Know Critical Strategic Communications Practices", „Identify Possible Levels of Practice", „Assess Current Performance and Capacity", „Identify Areas of Improvement" sowie „Refine Practice". Im ersten Schritt werden der Strategiebezug, die Kommunikationsinstrumente sowie Unterstützungsfunktionen der Kommunikation untersucht. Im zweiten Schritt ist der Reifegrad der Kommunikationspraktiken zu bestimmen. Der dritte Schritt dient der Datensammlung zur Kommunikationspraxis, auf deren Basis eine Bewertung von Performance und Kapazität erfolgt. In den beiden letzten Schritten geht es um die Identifikation von Verbesserungsmöglichkeiten und datengestützte Handlungsempfehlungen.

Bestandteile von Kommunikations-Audits sind nach solchen Phasenmodellen beispielsweise die Menge, die Qualität und die Angemessenheit der von der Organisation vermittelten Informationen oder die Beschaffenheit der Beziehungen im Unternehmen – etwa das Ausmaß an Vertrauen, Unterstützung, Ungezwungenheit und Zufriedenheit, das sie auszeichnet. Darüber hinaus sind Kommunikations-Audits geeignet, um operative Kommunikationsnetzwerke und die Verbreitung von Botschaften und Gerüchten zu untersuchen sowie Engstellen im Informationsprozess aufzudecken.

Kommunikations-Audits bieten zudem Aufschluss über individuelle oder kollektive Kommunikations- und Verhaltensmuster in Bezug auf Quellen, Kanäle, Themen, Dauer und Qualität von Interaktionen. Um Erkenntnisse zu diesen Themen zu gewinnen, behandeln Kommunikations-Audits in der Praxis eine große Vielfalt an Untersuchungsgegenständen, darunter Symbole, Strukturen, die Homogenität und Zielbezogenheit von Botschaften, interne Verkehrsformen oder Mythen und Rituale.

In einem einzelnen Kommunikations-Audits ist es allerdings nicht möglich, alle denkbaren Gegenstände zu untersuchen – die Auswahl hängt von unmittelbaren Prioritäten und Zielen ab. So hat die International Communication Association (ICA) in den siebziger Jahren einen prototypischen Audit-Fragebogen entwickelt, der in den USA erprobt und im Anschluss modifiziert wurde. Das Questionnaire fokussiert im Wesentlichen die Zufriedenheit der Befragten mit der Kommunikationspraxis, zum Beispiel in Bezug auf die Informationsmenge, Reaktionen auf eigenes Informationsverhalten bzw. Kommunikationserfahrungen in der Organisation. Um als Steuerungsinstrument von Business Excellence in der Unternehmenskommunikation zu fungieren, muss ein Audit das Kommunikations-Controlling aber weitergehend bei seiner Aufgabe unterstützen, Strategie-, Prozess-, Finanz- und Ergebnistransparenz herzustellen. Daher ist sowohl die Untersuchung der strategischen Erfolgspotenziale von Bedeutung – etwa der Zielbezug der Kommunikation – als auch die Erfüllung der operativen Erfolgspotenziale. Vorausgesetzt wird damit neben der Analyse von Werttreibern zugleich eine regelmäßige Frequenz von Kommunikations-Audits, die für eine solche Steuerung notwendig ist. Heute werden Kommunikations-Audits noch überwiegend in Veränderungs- und Umstrukturierungssituationen, bei Konflikten oder spürbaren Leistungsdefiziten eingesetzt.

Ein ideales Kommunikations-Audit folgt den Steuerungsbereichen eines Exzellenzmodells und berücksichtigt die Wirkungsstufen von Unternehmenskommunikation. Es betrachtet damit das Management der Funktion, die strategische Ausrichtung der Kommunikation, die Umsetzung von Kommunikationsaktivitäten und Wirkungsergebnisse. Typische Handlungsfelder für die Analyse des Kommunikationsmanagements sind Finanzen und Ressourcen, Strategie und Steuerung, Organisation und Struktur, Prozesse und Qualität sowie Kompetenzen und Lernen. Bei der Umsetzung stehen die Kanäle und Maßnahmen im Mittelpunkt. Die Wirkungsergebnisse werden nach Stakeholdern unterschieden und möglichst auf geldwerte Effekte bezogen.

Als Analysebasis für ein Kommunikations-Audit werden meist Führungskräfteinterviews, Mitarbeiterbefragungen, Expertenbewertungen und Benchmarking-Verfahren eingesetzt. Die Aufgaben reichen von der Hypothesengenerierung über die Erfassung von Kommunikationsbedürfnissen bis zur Bewertung der Handlungsfelder. In den jeweiligen Handlungsfeldern sollten möglichst übergreifende Analysekriterien verwendet werden, um vergleichbare Ergebnisse zu erzielen. Bei der Bewertung von Kanälen ist es zum Beispiel möglich, ihre Reichhaltigkeit (Informationstiefe, Feedbackmöglichkeiten etc.) mit dem Wirkungsgrad (Reichweite, Einstellungsveränderung etc.) in Beziehung zu setzen. Auf einer Landkarte der Kommunikationsmittel kann so gezeigt werden, in welchem Umfang die vorhandenen Kanäle den gestellten Aufgaben der Kommunikation gerecht werden.

Exzellenz bedeutet aus Sicht des EFQM-Modells keine Erfüllung vorgegebener Standards (EFQM 2012, S. 2), sondern ein Übertreffen von Erwartungen. Praktisch ist es kaum möglich, bei allen denkbaren Analysekriterien einen Exzellenzstatus zu erreichen. In welchen Handlungsfeldern, an welchen Punkten dieses anzustreben ist, sollte von operativen Notwendigkeiten und strategischen Zielen geleitet sein. Die Beurteilung des Auditerfolgs fällt nach Williams und Dozier (2012, S. 798) in der Praxis eher nüchtern aus: Als wesentliche Erfolgskriterien gelten nach einer Befragung von Auditberatern, dass die Ergebnisse in einen strategischen Plan fließen, dass Kunden ihre Rechnung bezahlen und Mittel für Folgemaßnahmen bereitstellen.

Literatur

Bentele, G., & Nothhaft, H. (2004). Auf der Suche nach Qualität. Einige Gedanken und einige Dreiecke. In J. Raupp & J. Klewes (Hrsg.), *Quo Vadis Public Relations* (S. 145–164). Wiesbaden: VS Verlag für Sozialwissenschaften.

Bruhn, M. (2008). *Qualitätsmanagement für Dienstleistungen – Grundlagen, Konzepte, Methoden* (7. Aufl.). Berlin: Springer.

Coffman, J. (2004). *Strategic communication audits. Prepared for the communications consortium media center*. www.ccmc.org/sites/default/files/WorkingPaper1.pdf. Zugegriffen: 30. Jan. 2014.

Downs, C. W., & Adrian, A. A. (2004). *Assessing organizational communication: Strategic communication audits*. New York: Guilford.

DPRG Deutsche Public Relations Gesellschaft, & ICV Internationaler Controller-Verein (2011). *Positionspapier Kommunikations-Controlling*. Bonn: DPRG/ICV.

European Committee for Standardization (2011). *Management consultancy services. Final Draft*. http://www.imca.ie/assets/files/FprEN%2016114.pdf. Zugegriffen: 30. Jan. 2014.

European Foundation for Quality Management (2009). *EFQM Excellence Modell: Exzellente Organisationen erzielen dauerhaft herausragende Leistungen, die die Erwartungen aller ihrer Interessengruppen erfüllen oder übertreffen*. Brüssel: EFQM.

European Foundation for Quality Management (2012). *EFQM Excellence Modell. An overview of the EFQM excellence model*. http://www.efqm.org. Zugegriffen: 30. Jan. 2014.

Grunig, L. A., Grunig, J. E., & Dozier, D. M. (2002). *Excellent public relations and effective organizations: A study of communication management in three countries*. Mahwah: Lawrence Erlbaum Associates.

Hargie, O., & Tourish, D. (2009). *Auditing organizational communication. A handbook of research, theory and practice* (2. Aufl.). London: Routledge.

Huhn, J., & Sass, J. (2011). Exzellenz in der Unternehmenskommunikation. Ein Bewertungsansatz auf Basis des EFQM Excellence Modells. In G. Bentele, M. Piwinger & G. Schönborn (Hrsg.), *Kommunikationsmanagement* (Loseblattwerk 2001 ff., Nr. 4.38, S. 1–41). Köln: Luchterhand.

Töpfer, A. (2006). Audit von Business Excellence: Ganzheitliche strategische und operative Steuerung in der marktorientierten Unternehmensführung. In: S. Reinecke & T. Tomczak (Hrsg.), *Handbuch Marketingcontrolling. Effektivität und Effizienz einer marktorientierten Unternehmensführung* (S. 119–154). Wiesbaden: Gabler.

Williams, L. C., & Dozier, D. M. (2012). Outcomes of communication audits. In Z. C. Li & C. A. Spaulding (Hrsg.), *Using theory for strategic practice through global engagement and conflict research, 15th international public relations research conference* (S. 779–790). Miami: University of Miami.

Zerfaß, A. (2007). Unternehmenskommunikation und Kommunikationsmanagement: Grundlagen, Wertschöpfung, Integration. In M. Piwinger, & A. Zerfaß (Hrsg.), *Handbuch Unternehmenskommunikation,* (1. Aufl., S. 21–70). Wiesbaden: Gabler.

Zerfass, A., Tench, R., Verhoeven, P., Vercic, D., & Moreno, A. (2010). *European Communication Monitor 2010. Status Quo and Challenges for Public Relations in Europe. Results of an Empirical Survey in 46 Countries*. Brüssel: EACD/EUPRERA, Helios Media.

Teil IX
Kommunikationsstrategien für zentrale Bezugsgruppen

Kommunikation mit Kapitalgebern: Grundlagen der Investor Relations

Klaus Rainer Kirchhoff und Manfred Piwinger

Zusammenfassung

Die Situation der Kapitalmärkte ist seit Beginn der Finanzkrise 2008 durch eine hohe Volatilität und das Phänomen geprägt, dass der Markt auf Unternehmensnachrichten oft gar nicht oder jedenfalls in einer Art und Weise reagiert, die nicht nachvollziehbar ist. Man fühlt sich erinnert an den Börsenexperten André Kostolany, der einmal konstatierte, die Entwicklung der Aktienkurse hänge davon ab, ob es mehr Aktien als Idioten gebe, oder halt umgekehrt mehr Idioten als Aktien. Die Investor Relations werden unberechenbarer. Sollte man seine Investor-Relations-Aktivitäten also reduzieren nach dem Motto, wer sich versteckt, wird vielleicht nicht gesehen? Keinesfalls.

Schlüsselwörter

Finanzkommunikation · Investor Relations · Unternehmenskommunikation · Kapitalmarkt · Informationspflichten · Regulierung · Transparenz · Kommunikationswirkung · Finanzanalysten · Investoren · Wertsteigerung · Corporate Governance

---

K. R. Kirchhoff (✉)
Kirchhoff Consult
Herrengraben 1, 20459 Hamburg, Deutschland
E-Mail: kirchhoff@kirchhoff.de

M. Piwinger
Barbarossastraße 10, 42115 Wuppertal, Deutschland
E-Mail: consultant@piwinger.de

1 Einführung in Investor Relations

Die Kommunikation mit Kapitalgebern muss langfristig ausgerichtet sein. Kurzfristige Marktveränderungen dürfen am langfristigen Kurs der Investor Relations nichts ändern. Es geht darum, Vertrauen bei den Kapitalgebern aufzubauen, damit sie in der Aktie engagiert bleiben oder sich für ein Engagement/Investment entscheiden. Das wird nur erreicht, wenn die Kommunikation hilft, den wahren Wert des Unternehmens zu erkennen und die Perspektiven des Unternehmens beurteilen zu können. Was bedeutet dies für die Investor Relations? So wie der Börsenboom den Unternehmen die gestalterische Kraft guter Investor Relations vor Augen geführt hat, erleben sie nun in der Krise die Notwendigkeit, mit strategischen Investor Relations zu verhindern, dass die eigene Aktie in den allgemeinen Sog des Niedergangs gerät. Tatsächlich haben letztlich beide Entwicklungen der letzten Jahre – der Börsenboom und der Crash – die *Professionalisierung* der Investor Relations befördert. Und es wurde deutlich, dass sich auch in schlechten Börsenzeiten gute Investor Relations auszahlen.

Mehr und mehr Unternehmen richten Investor-Relations-Abteilungen ein und erkennen in den Investor Relations eine bedeutende strategische Aufgabe. Dabei dienen Investor Relations nicht der Stimulierung des Aktienkurses, schon gar nicht kurzfristig. Ihr Ziel ist auch nicht die Maximierung des Aktienkurses. Vielmehr sind die Ziele der Investor Relations eingebettet in die Strategie der Unternehmen, eine nachhaltige *Wertsteigerung* zu erreichen. Somit sind Investor Relations eine Investition in die Zukunft des Unternehmens.

1.1 Der Begriff der Investor Relations

In der Literatur kursieren zahlreiche Definitionen von Investor Relations (IR), die teilweise sehr unterschiedliche Auffassungen widerspiegeln. Investor Relations können verallgemeinernd als finanzmarktbezogener Teil der Unternehmenskommunikation bezeichnet werden.

> **Investor Relations**
> Investor Relations können definiert werden als „Ausdruck einer planmäßigen und strategischen Beziehungspflege zwischen einer Publikums-AG und den einzelnen Mitgliedern der Financial Community. Sie haben die Aufgabe, eine Lücke zwischen dem tatsächlichen Unternehmenswert und der Marktkapitalisierung der Gesellschaft zu schließen und so zu einer Shareholder-Value-Steigerung beizutragen" (Drill und Hubmann 2005). Weiterhin fällt unter den Begriff Investor Relations die Gesamtheit aller pflichtgemäßen und freiwilligen Kommunikationsmaßnahmen von Unternehmen, die darauf abzielen, finanzwirtschaftliche Ziele zu realisieren und damit verbundene Marktwiderstände zu überwinden.

Darstellungen zu Investor Relations sind häufig auch unter dem Stichwort Finanzkommunikation sowie Aktienmarketing zu finden. Der Kapitalmarkt umfasst dabei Equity-Investoren (Investoren, die Eigenkapital zur Verfügung stellen), Fixed-Income-Investoren (Investoren, die Fremdkapital zur Verfügung stellen), Analysten (Experten für Finanzmärkte) und Rating-Agenturen (beurteilen die Kreditwürdigkeit von Unternehmen und Ländern). Das „Copyright" des Begriffs Investor Relations wird dem amerikanischen Unternehmen General Electric zugeschrieben, das bereits 1953 ein Kommunikationsprogramm speziell für private Investoren mit dem Titel „Investor Relations" auflegte.

Der Deutsche Investor Relations Verband (DIRK) hat zu Beginn des Jahres 2008 den Begriff „Investor Relations" in seiner Bedeutung neu definiert und zugleich präzisiert. In der neuen Definition sind Investor Relations „eine Managementaufgabe mit dem strategischen Ziel, in der Öffentlichkeit und insbesondere am Finanzmarkt eine möglichst realistische Wahrnehmung des Unternehmens zu erreichen." Der Ausdruck „in der Öffentlichkeit" ist seinerzeit neu hinzu gekommen und zeugt von einem Umdenken. Auch das Ziel eine „möglichst realistischen Wahrnehmung des Unternehmens" fehlte in der alten Definition und rückt die Disziplin der Investor Relations näher an die Kommunikationsdisziplin heran. Vorher hieß es: „Investor Relations sind eine strategische Managementaufgabe mit dem Ziel, den Kapitalmarkt mit zuverlässigen Informationen über [...] zur versorgen." Zwischen beiden Formulierungen liegen Welten. Finanz- und Wirtschaftsjournalisten sind erstmals explizit als Zielgruppe genannt. Außerdem wurde das Aufgabenfeld um eine nach innen gerichtete Aussage erweitert. Wörtlich heißt es hierzu: „Neben der Kommunikation nach außen berät Investor Relations die Unternehmensführung über Kapitalmarktthemen und informiert im Unternehmen über das Außenbild am Kapitalmarkt." Weitere Erläuterungen des Begriffs „Investor Relations" lassen sich in Unternehmenspublikationen finden. In den meisten Fällen unterscheiden sich diese nicht wesentlich von der Verbandsdefinition des DIRK oder sie nehmen sogar Bezug darauf.

Investor Relations finden ihre Zielgruppen auf dem Kapitalmarkt und sprechen die wirtschaftliche Situation des Unternehmens an. Wesentlich geht es darum, die Erwartungen des Kapitalmarktes mit den tatsächlichen und wahrscheinlichen Entwicklungen des Unternehmens in Einklang zu bringen. In ihren Anfängen waren Investor Relations lediglich eine Übertragung der in der Public-Relations-Arbeit gewonnenen Erfahrungen auf die Finanzkommunikation. Anders als in den angelsächsischen Ländern gibt es in Deutschland keine ausgeprägte Tradition von Investor Relations. Trotz zahlreicher Einzeluntersuchungen ist das Wissen über Investor Relations weder in der Praxis, noch auf Seiten der Wissenschaft hinreichend systematisch erfasst. Ein *Berufsbild* „Investor Relations" fehlt noch.

1.2 Investor Relations als Kommunikationsdisziplin

Die *Funktion* der Investor Relations ist in fast allen großen Aktiengesellschaften getrennt von der Funktion Unternehmenskommunikation angesiedelt. Das kann in der Praxis zu

Abstimmungsproblemen führen. Auf Dauer wird sich das nicht halten lassen. Es ist davon auszugehen, dass beide Bereiche auf Sicht miteinander verwachsen werden. Es gibt ja schon einzelne Beispiele, wo dies ganz gut funktioniert. Der Vorteil besteht in dem zweifellos vorhanden hohen Abstimmungsbedarf zwischen Investor Relations und Unternehmenskommunikation; den Informationsfluss kann man durch eine Zusammenlegung beider Bereiche begünstigen. Das Argument der Verfechter einer eigenständigen Position beider Bereiche, wonach unterschiedliche Ansprüche in Bezug auf Informationstiefe und Betreuungsumfang bestehen, überzeugt nicht vollständig. Auf der Arbeitsebene haben sich Mechanismen der Zusammenarbeit herausgebildet, wie beispielsweise in Ad-hoc-Komitees u. Ä.

Es gibt kein Feld in der modernen Wirtschaft, in dem Kommunikation eine so bedeutende Rolle spielt wie die Kapitalmärkte. Investor Relations sind die Kommunikationsdisziplin mit den höchsten Sachausgaben und der höchsten *Regulierungsdichte*. Anders als die meisten anderen Kommunikationsdisziplinen unterliegen Investor Relations einem eng gefassten gesetzlichen und privatwirtschaftlichen Reglement. Zunehmend wird bereits von einer Überregulierung gesprochen, die den Kapitalmarkt behindert. Hinzu kommen Zeitvorgaben und Terminsetzungen für die pflichtgemäße Information des Kapitalmarktes. Damit hatte Unternehmenskommunikation in der Vergangenheit wenig zu tun, abgesehen von der routinemäßigen Erstellung von Geschäftsberichten und der Abhaltung der jährlichen Hauptversammlung. Investor Relations geben in der Unternehmenskommunikation den Takt vor und haben schneller als jede andere Teildisziplin das Management überzeugt, unter anderem deshalb, weil Unternehmensvorstände selbst kommunikative Aufgaben innerhalb der Investor Relations wahrnehmen. Das hat die Einsicht in die Wichtigkeit von Kommunikation als unternehmensstrategische und gleichzeitig wertschöpfende Funktion befördert und somit eine bisher noch nicht da gewesene Wahrnehmungsebene erreicht (vgl. Piwinger 2009).

Jedes Fach, welches sich wie die Kommunikationsdisziplin zu einem komplexen Berufsfeld entwickelt, führt zwangsläufig zu einer Spezialisierung einzelner Disziplinen. Investor Relations sind eine solche Kommunikationsdisziplin. Sie haben sich aus dem Markt heraus entwickelt und sind allein schon wegen der immensen Bedeutung für börsennotierte Unternehmen im Ansehen gewachsen. Kollegen der Investor Relations sind im Deutschen Investor Relations Verband e. V. (DIRK) organisiert (www.dirk.org). Mehr als jede andere Kommunikationsdisziplin sind Investor Relations global tätig und agieren in einem sehr streng regulierten Markt. Die Professionalisierung ist deutlich fortgeschritten.

2 Ziele und Zielgruppen von Investor Relations

Die wichtigste Aufgabe der Investor Relations ist es, Investoren über die Entwicklungen in und um das Unternehmen offen und vollständig zu informieren und so Vertrauen in das Management zu schaffen. Weitere Wirkungsziele sind die aktive Unterstützung der Erwartungsbildung des Kapitalmarktes sowie die Transformation der Kapitalmarktanforderungen in das eigene Unternehmen. Unternehmen offenbaren sich mit ihrer Darstellung und ihrem Kommunikationsverhalten der Öffentlichkeit und beziehen daraus ergebniswirksam ihre Wertschätzung am Markt (Biel und Piwinger 2011).

Gefordert ist eine transparente, anlegerorientierte *Informationspolitik* der Unternehmen. Investor Relations übernimmt dabei die Aufgabe, die Informationsbedürfnisse von Investoren, Analysten, Ratingagenturen und Banken zeitnah zu erfüllen. Ein wichtiges Stichwort in diesem Zusammenhang ist der Shareholder-Value-Ansatz und in zunehmendem Maße auch der Corporate-Governance-Gedanke. Corporate Governance fordert eine ausgewogene Machtverteilung zwischen Management, Anteilseignern und Aufsichtsgremien von Unternehmen. Denn der Interessensausgleich zwischen Management und Aktionären hat direkte Auswirkungen auf die Leistungskraft der Unternehmen und darauf, ob sie Gewinne erzielen und Arbeitsplätze schaffen können. Doch vielfach „unterschätzen Publikationsgesellschaften die Möglichkeit, durch Informationsqualität Wert zu generieren" (Labhart und Volkart 2005, S. 171).

Leitmotiv beider Ansätze ist eine wertorientierte Unternehmensführung, die sich auch im Aktienwert niederschlägt. Ziel erfolgreicher Unternehmen ist die kontinuierliche Steigerung des Unternehmenswerts. Aufgabe der Investor Relations ist es, diese Wertsteigerung zu unterstützen und zu kommunizieren, darüber hinaus die aktive Beteiligung am Wertoptimierungsprozess. Als Bindeglied stehen Investor Relations zwischen dem Unternehmen und der Financial Community. Anregungen und Forderungen der Anleger fließen auf diese Weise in die Unternehmensstrategie ein. Vereinzelt verbinden Unternehmen mit Investor Relations auch weitere Ziele wie den Bekanntheitsgrad erhöhen oder das Vertrauen der Öffentlichkeit und insbesondere ihrer Kapitalanleger gewinnen beziehungsweise eine möglichst realistische Wahrnehmung des Unternehmens zu erreichen. Die Überschneidungen mit der klassischen Unternehmenskommunikation sind hier gut zu erkennen.

Zusammenfassend geht es um die Minimierung von Informationsdefiziten und die Berücksichtigung der Interessen des Kapitalmarktes bei der strategischen Planung als Schlüssel zur Realisierung einer adäquaten Bewertung durch den Kapitalmarkt. Kapitalanleger wie institutionelle Investoren, vor allem Investmentfonds, Versicherungen etc. sollen hierdurch zum Investment veranlasst werden. „Je besser die *Informationsqualität* des Unternehmens ausfällt", betonen Labhart und Volkart (2005, S. 176), „desto geringer sind die *Kontrollkosten*, welche die Investoren in Kauf nehmen müssen, um sich ein zuverlässiges Bild ihres Unternehmens zu machen."

2.1 Ziele der Investor Relations im Überblick

Aus diesen Überlegungen leiten sich überprüfbare, operationale Ziele ab. Dabei dient die Umsetzung kommunikationspolitischer Ziele als Grundlage für die Verwirklichung der finanzwirtschaftlichen Ziele (Kirchhoff 2009, S. 38 ff.).

2.1.1 Finanzwirtschaftliche Ziele

- *Senkung der Eigenkapitalkosten:* Wirkungsvolle Finanzkommunikation erleichtert die langfristige Eigenkapitalbeschaffung auch in schwierigen Zeiten, da sich eine erhöhte Transparenz reduzierend auf die Risikoprämie auswirkt, die Anleger für ihre Investition verlangen. Die positiven Auswirkungen reichen weiterhin von einer günstigeren Gestaltung der Kapitalrücklagenbildung bis hin zu einer verbesserten Eigenkapitalsituation des Unternehmens.
- *Geringe Schwankung des Aktienkurses:* Der Kurs soll auf einem angemessenen Niveau stabil gehalten werden, um die Kapitalplanung sowie die Bestimmung des Emissionspreises bei Kapitalerhöhungen zu erleichtern. Die Verringerung der Schwankung stärkt das Vertrauen der Aktionäre, was sich wiederum positiv auf den Kurs auswirkt. Dies wird unter anderem durch eine breite Streuung der Aktie erreicht, denn ein hoher Free Float (Aktienanteil eines Unternehmens, der nicht in festem Besitz ist) sichert eine ausreichende Liquidität der Aktie im Börsenhandel und hat einen stabilisierenden Einfluss auf den Börsenkurs.
- *Zugang zu global verfügbarem Kapital:* International angelegte Investor Relations sind ein entscheidender Wettbewerbsfaktor innerhalb der Kapitalakquisition. Die Anwendung der Rechnungslegungsgrundsätze nach IFRS (International Financial Reporting Standards) oder US-GAAP (Generally Accepted Accounting Principles) hat dabei entscheidenden Einfluss auf die Transparenz eines Unternehmens und erfüllt damit die Anforderungen des Marktes. Investor Relations müssen zunehmend auch die Anforderungen der internationalen Anlegerschaft erfüllen.
- *Schutz vor feindlichen Übernahmen:* Eine zu niedrige Börsenkapitalisierung erhöht die Gefahr der feindlichen Übernahme. Der durch die Investor Relations positiv beeinflusste Aktienkurs kann diese Gefahr verringern. Zudem können geeignete Maßnahmen im Falle einer feindlichen Übernahme helfen, die Aktionäre an das Unternehmen zu binden oder zumindest den Übernahmepreis in die Höhe zu treiben, so dass die Übernahme für den Übernehmer ihren Reiz verliert.
- *Unterstützung bei der Bewältigung von Unternehmenskrisen:* Professionelle Investor Relations schaffen Vorteile in Unternehmenskrisen. Das konstant aufgebaute Vertrauen zu den Anlegern ermöglicht eine relativ günstige Eigenkapitalbeschaffung, die zur Krisenbewältigung eingesetzt werden kann. Damit werden dringend notwendige Handlungsmöglichkeiten offen gehalten. Zudem werden Aktionäre, die bisher von dem Unternehmen nicht enttäuscht wurden, auch in Krisenzeiten zu „ihrem Unternehmen" stehen und die Aktien halten. Voraussetzung ist allerdings, dass die Maßnahmen zur Überwindung einer Krise auch glaubwürdig und überzeugend kommuniziert werden.
- *Implementierung von M&A-Strategien:* Die Ankündigung von Übernahmen und Fusionen führt nicht mehr zwangsläufig zum Kursanstieg, sondern wird häufig mit Verkäufen der Investoren abgestraft. Die Anleger sind zu Recht vorsichtig geworden, da viele Transaktionen und Fusionen scheitern oder mit spärlichen Ergebnissen aufwarten. Die

konsequente strategische Ausrichtung des Unternehmens muss der Financial Community einfühlsam vermittelt werden. Ziel ist es, dass die Bekanntgabe von M&A-Aktivitäten vom Markt als langfristig angelegte Strategie des Unternehmens verstanden und entsprechend honoriert wird.

- *Beeinflussung der Aktionärsstruktur:* Unternehmen können durch eine breite Streuung der Aktien ihre Aktionärsbasis erweitern, was von Vorteil ist, da Privatanleger in Baisse-Zeiten dazu neigen, trotz geringerer Renditeerwartungen das Papier zu halten. Dazu gehört auch, dass bestehende Aktionäre bestärkt und darüber hinaus neue Investoren zum Kauf der Aktie bewegt werden. Dies kann unter anderem durch ein gezieltes Aktienmarketing erreicht werden, wodurch die Identifikation des Investors mit der Unternehmensphilosophie der Gesellschaft gefördert wird. Die Beeinflussung der Aktionäre ist eng mit dem Ziel der positiven Kursentwicklung verbunden.
- *Hoher Aktienkurs als Akquisitionswährung:* Da immer mehr Unternehmensübernahmen über Aktientausch finanziert werden, ist ein hohes Kursniveau vorteilhaft, denn je höher der Aktienkurs des übernehmenden Unternehmens ist, desto günstiger werden durch Aktientausch finanzierte Übernahmen.

2.1.2 Kommunikationspolitische Ziele

- *Den wahren Unternehmenswert zeigen:* Erzielte Wertsteigerungen müssen dem Kapitalmarkt kommuniziert werden, um eine positive Kursentwicklung zu erreichen. Mit einer gezielten Informationspolitik lässt sich die Wahrnehmungslücke schließen und eine höhere Bewertung der Aktien an der Börse bewirken.
- *Schaffung von Vertrauen bei der Financial Community:* Durch eine offene Informationspolitik fördert das Unternehmen die Loyalität der Aktionäre. Nur wenn die Anspruchsgruppen der Financial Community Vertrauen ins Management haben, werden sie auch in Krisenzeiten zum Unternehmen stehen und auf negative Nachrichten nicht zwangsläufig mit Verkauf reagieren.
- *Steigerung des Bekanntheitsgrades:* Ein erhöhter Bekanntheitsgrad führt neue, sowohl nationale als auch internationale Investorengruppen an das Unternehmen heran. Auch potenzielle Kunden und Mitarbeiter werden auf das Unternehmen aufmerksam.
- *Unternehmen in der Branche positionieren:* Unternehmen, deren Aktienkurs positiv verläuft, haben ein sichereres Standbein in ihrer Branche. Sie können unabhängig bleiben, Übernahmen sind unwahrscheinlicher und sie haben Vorteile in der Außenfinanzierung etc. Zusätzlich verhindert die richtige Positionierung, dass das Unternehmen von Analysten falsch eingeordnet und mit den falschen Unternehmen verglichen wird (Peer Group).
- *Verbesserung des Informationsstandards:* Informationen müssen sachlich, kontinuierlich und vor allem zielgruppenorientiert vermittelt werden. Fehlinformationen über das Unternehmen müssen korrigiert und bestehende Informationsdefizite ausgeglichen werden.

- *Image positiv beeinflussen:* Professionelle Investor-Relations-Arbeit steigert das Image. Beispiele sind die jährlichen Wettbewerbe der Wirtschaftsmagazine *Manager Magazin* und *Capital* sowie verschiedene Rankings.
- *Attraktivität für (neue) Mitarbeiter steigern:* Börsennotierte Unternehmen wachsen in der Regel schneller als nicht börsennotierte. Sie bieten ihren Mitarbeitern oftmals neue, interessantere Herausforderungen als die Wettbewerber. Auch die Aussicht auf Stock-Options-Programme ist für (potenzielle) Mitarbeiter interessant. Somit ist es für börsennotierte Unternehmen leichter, qualifizierte Mitarbeiter zu rekrutieren.

2.2 Zielgruppen der Investor Relations

Die Zielgruppen der Investor-Relations-Arbeit lassen sich in drei große Bereiche teilen: private Anleger, institutionelle Anleger und Multiplikatoren. Die Gesamtheit dieser Zielgruppen bezeichnet man als Financial Community. Zwischen den Mitgliedern der Financial Community bestehen Interdependenzen. Diese Abhängigkeiten bewirken eine Dynamik innerhalb des Kommunikationsprozesses. So werden Investoren bei ihren Anlageentscheidungen beispielsweise von der Wirtschaftspresse beeinflusst oder von der Signalwirkung, die Aktienkäufe oder -verkäufe durch Fondsmanager haben.

Investor Relations sind *in hohem Maße persönliche Kommunikation* mit den Zielgruppen. Die Bedingungen der personellen Kommunikation verlangen prinzipiell ein erweitertes Wissen im Umgang mit Dritten. Selbstdarstellung und andere Präsentationstechniken sind unter diesem Gesichtpunkt wichtige Voraussetzungen für professionelle Investor Relations.

2.2.1 Private Investoren

Privatanleger stellen Unternehmen vor eine besondere Schwierigkeit: Sie sind eine heterogene und zahlenmäßig große Gruppe, weswegen es sehr zeit- und kostenintensiv ist, Privatanleger über die traditionellen Kommunikationsmittel und -wege zu erreichen. Diese Zielgruppe verfügt darüber hinaus über das geringste Anlagekapital pro Entscheider. Somit steht ein hoher Zeit- und Kostenaufwand einem geringen Anlagepotenzial je Aktionär gegenüber.

Eine weitere Problematik besteht für börsennotierte Aktiengesellschaften darin, dass viele individuelle Anleger schwer identifizierbar sind; durch die vorherrschende Anlageform der Inhaberaktie ist der Aktionär dem Unternehmen nicht namentlich bekannt. Im Gegensatz dazu steht die Namensaktie, wie sie in den USA weit verbreitet ist.

Trotz der genannten Erschwernisse ist die Zielgruppe der privaten Investoren aus mehreren Gründen interessant. In Deutschland werden immense Geldvermögen vererbt, die als Neuanlage zur Disposition stehen, und es ist bereits festzustellen, dass sich insbesondere jüngere Generationen zunehmend für die Aktie als Geldanlage interessieren.

Ein weiterer Anreiz, den Anteil der Privatanleger innerhalb der Aktionärsstruktur zu vergrößern, ist ihre Ausdauer. Sie stehen nicht unter dem Performancedruck, dem die institutionellen Investoren ausgesetzt sind, und verhalten sich in Krisensituationen loyaler, was sich stabilisierend auf den Aktienkurs auswirkt. Vor allem langfristig orientierte Anleger tendieren dazu, Aktien auch in schwierigeren Situationen zu halten. Eine offene und ehrliche Kommunikationspolitik stärkt das Vertrauen der Privatanleger in das Management der Aktiengesellschaft und verringert so die Gefahr extremer Kursschwankungen.

2.2.2 Institutionelle Investoren

Die Bedeutung der institutionellen Investoren hat in den 1980er und 1990er Jahren erheblich zugenommen. Dies gilt insbesondere für Investmentfonds, die in Deutschland rund 20 % der nicht in Festbesitz befindlichen Aktien halten. Bei institutionellen Aktionären handelt es sich in der Regel um professionelle Großanleger, wie zum Beispiel Versicherungen und Investmentfonds, die sehr detaillierte Informationen über das Umfeld, die Besonderheiten des Unternehmens und seine Zukunftsaussichten erwarten. Das Interesse an Angaben zur strategischen Orientierung statt an der Rechtfertigung der Vergangenheit hat stark zugenommen. Es ist für Unternehmen von großer Bedeutung, die Zielvorstellungen in einem Zeithorizont von fünf Jahren klar zu formulieren. In diesem Zusammenhang ist auch das Phänomen der „Self-fullfilling prophecies" zu nennen, das besagt, dass die Hauptursache für das eingetretene Ereignis oft die Prophezeiung selbst ist.

Institutionelle Investoren stehen im Mittelpunkt der traditionellen Investor-Relations-Arbeit, da Großanleger auf Grund ihres hohen Kapitaleinsatzes zeitnahe und intensive Informationen erwarten. Die Zielgruppe der institutionellen Anleger steht in starkem Gegensatz zu den Privatinvestoren. Sie bildet zahlenmäßig die kleinste Gruppe, in der jedoch pro Entscheider das größte Anlagekapital verfügbar ist. Die Anlageentscheidung institutioneller Investoren kann Signalwirkung für private Investoren haben und somit Kursschwankungen verursachen.

Unternehmen unterhalten meistens enge Beziehungen zu den institutionellen Anlegern in Form von regelmäßigen Einzelgesprächen und Unternehmenspräsentationen, in die oft auch Fondsmanager und Finanzanalysten einbezogen werden. Der Aufbau einer persönlichen Beziehung zu den Großanlegern kann sich in Krisensituationen kursstabilisierend auswirken.

2.2.3 Multiplikatoren

Die Gruppe der Multiplikatoren setzt sich aus Wirtschaftsjournalisten, Bankern, Wertpapieranalysten, Fondsmanagern und Rating-Agenturen zusammen. Sie haben eine wichtige Bedeutung für das börsennotierte Unternehmen, besonders im Hinblick auf die Privatanleger, deren Anlageentscheidung durch das Urteil der Multiplikatoren beeinflusst wird. Multiplikatoren verfügen in den meisten Fällen über eine große Sachkenntnis und liefern den weniger informierten Privatanlegern fundierte Auswertungen der Unternehmensveröffentlichungen. Da ihre Aussagen Verstärkereffekte beinhalten, ist ihren Informationsbedürfnissen besonders Rechnung zu tragen.

Die Wirtschafts- und Finanzpresse ist auf Grund ihrer meinungsbildenden Funktion ein sehr wichtiger Multiplikator. Wirtschaftsjournalisten beeinflussen durch ihre Publikationen die Financial Community erheblich. Deshalb müssen die Unternehmen versuchen, zu den Journalisten eine enge, von Vertrauen geprägte Beziehung aufzubauen.

2.2.4 Fondsmanager

Fondsmanager können einerseits als Funktionsträger in Institutionen Anlageentscheidungen treffen; für sie gelten dann die Ausführungen im vorangegangenen Abschnitt. Andererseits werden sie von Unternehmen aus Kostengründen als externe Fondsmanager engagiert und üben dann eine Mittlerfunktion aus. Fondsmanager bewerten die Managementleistung der Unternehmen, bringen ihre Beurteilung jedoch selten direkt über die Ausübung der Stimmrechte zum Ausdruck, sondern indirekt über den Kauf oder Verkauf von Papieren. Ziel der Fondsmanager ist es, die Chancen und Risiken einer möglichen Investition abschätzen zu können. Sie versuchen, die Zahl risikoreicher Anlagen durch optimale Information gering zu halten und so eine gute Performance zu erzielen.

2.2.5 Finanzanalysten

Die Kommunikation mit den Analysten hat einen wesentlichen Einfluss auf die Bewertung des Unternehmens durch die verschiedenen Mitglieder der Financial Community. Ihre Unternehmensanalysen sind in vielen Fällen die Entscheidungsbasis für Großanleger und Fondsmanager. Dass die Qualität der Information eine entscheidende Rolle bei der Bewertung durch die Analysten spielt, liegt auf der Hand.

Zusammengefasst besteht die große Herausforderung für die Investor-Relations-Abteilung eines Unternehmens darin, eine heterogene Gruppe bestehend aus professionellen Anlegern, Wirtschaftsjournalisten und Privatpersonen gleichermaßen zufrieden stellend zu informieren.

3 Investor Relations in der Praxis

Investor Relations gewinnen zunehmend an Bedeutung, entsprechend hat sich ihr Platz im Unternehmen geändert. Im Jahre 1994 verfügten nur etwa 10 % der deutschen Unternehmen über eine eigene Investor-Relations-Abteilung. Heute haben so gut wie alle börsennotierten Unternehmen zumindest Investor-Relations-Beauftragte, und abhängig von ihrer Größe professionell besetzte IR-Abteilungen. Auch lässt sich feststellen, dass immer mehr Vorstände erkennen, dass Investor Relations Chefsache sind und dass sie einen großen Teil ihrer Zeit mit Investor Relations verbringen. Die Sprache ist Englisch. Die Investor-Relations-Politik großer Unternehmen ist in der Regel auf institutionelle Investoren, wie Investmentfonds, Pensionskassen und Versicherungen ausgerichtet; kann sich aber auch an Privatanleger wenden. Ein wesentliches Ziel ist eine angemessene Bewertung der Aktie. Planungsgrundlage für Roadshows und die Teilnahme an Investorenkonferenzen ist häufig eine detaillierte Analyse der Aktionärsstruktur. Als noch junge Kommunikationsdisziplin haben Investor Relations seit ihrer „Entdeckung" Ende der 90er Jahres ein hohes Maß an Professionalisierung erreicht und den Anschluss an internationale Standards geschafft. Kenntnisse über die Funktion der Kapitalmärkte, Rechts- und betriebswirtschaftliche Kenntnisse sowie ein Gespür für die Mechanismen der Börse sind für die Berufsausübung der Investor Relations unverzichtbar. Die schlichteste Form der Investor Relations wäre die Beschränkung auf die Erfüllung der relevanten Standards in der Kapitalmarktkommunikation. Das ist aber eher illusorisch. Der Anteil freiwilliger Angaben und Aktivitäten gewinnt im Gegenteil immer mehr an Boden und ist zugleich ein Indiz für den starken Wettbewerbsdruck an den Kapitalmärkten. Folge ist allerdings auch ein ständig zunehmender finanzieller und personeller Aufwand. In Zeiten eines großen Arbeitsanfalls oder für spezielle Aufgaben greifen Unternehmen auf die Kapazitäten spezialisierter Agenturen zurück. Wegen der großen Zeitverschiebungen auf den wichtigsten Finanzplätzen der Welt ergibt sich zudem für große Unternehmen die Notwendigkeit, Büros mit eigenen Leuten in bestimmten Regionen, z. B. in den USA, zu unterhalten. Denn die Kapitalmärkte kennen keine Pause. Das stellt eine große Herausforderung für die Investor-Relations-Funktion dar.

3.1 Persönlicher Kontakt, Vertrauensaufbau

Das oberste Ziel der Investor Relations ist es, Vertrauen aufzubauen zur Financial Community. Vertrauen baut man insbesondere in Krisenzeiten auf. Dies setzt *Verlässlichkeit, Transparenz und Authentizität* voraus. Das verlangt die Berücksichtigung auch der historischen, gegenwärtigen und zukünftigen Strategie der Geschäftsentwicklung. Sieht man sich die Veröffentlichungen des Unternehmens an, so sind die qualitativen Unterschiede nicht mehr so groß wie vor 20 Jahren. Auch kleinere Unternehmen publizieren heute gute Geschäftsberichte, haben eine professionelle Investor-Relations-Website und eine Roadshow Präsentation. Den feinen, aber bedeutsamen Unterschied machen die Menschen aus. Ein guter Investor-Relations-Manager sucht den persönlichen Kontakt zu Analysten, Investoren und Journalisten. Und er kann im One-on-One Gespräch überzeugen.

Hier mangelt es vielen, übrigens auch Vorständen, an der nötigen Vorbereitung und Professionalität. Sie gehen in die Gespräche ohne sorgfältige Vorbereitung, ohne einen ständig aktualisierten Fragen und Antwortkatalog studiert zu haben. Manche hervorragende Präsentation wurde durch anschließende schwache Antworten auf kritische Fragen zunichte gemacht. In der Kommunikation mit dem Kapitalmarkt gelten die Prinzipien der Fair Disclosure: Aktualität, Kontinuität, Glaubwürdigkeit und Gleichbehandlung. Gute Investor-Relations-Manager nutzen alle Möglichkeiten, ihr Unternehmen persönlich zu präsentieren, in Roadshows, auf Investoren Konferenzen, Kapitalmarktveranstaltungen und in persönlichen One-on-One Treffen mit Analysten, Investoren und Journalisten. Dieser persönliche Einsatz zahlt sich aus, erfordert aber auch Durchstehvermögen und eine gute Präsentationsleistung.

3.2 Der Investor-Relations-Prozess

Innerhalb des Investor-Relations-Prozesses gibt es verschiedene Phasen:

- *Den Markt verstehen*: Der Kapitalmarkt spiegelt stets den Erfolg oder Misserfolg einer Investor-Relations-Strategie oder -Aktion wider. Dabei ist der Kursverlauf auf der einen Seite reaktiv, auf der anderen Seite beeinflussend. Er reagiert auf Nachrichten, ob wirtschaftlich oder politisch, und antwortet sensibel auf Gerüchte und Spekulationen. Zugleich stellt er auch die Prognose des Kapitalmarkts über die Zukunft des Unternehmens dar.
- *Die Produkte und Services verstehen und kommunizieren:* Man sollte davon ausgehen können, dass die verantwortlichen Menschen in einem Unternehmen optimal über die eigenen Produkte und Dienstleistungen informiert sind. Noch wichtiger für erfolgreiche Investor Relations ist jedoch, dass es den Verantwortlichen gelingt, ihre Strategien und Visionen so zu vermitteln, dass potenzielle Anleger überzeugt sind, dass eine Investition in das Unternehmen eine angemessene Rendite erwarten lässt.
- *Die Zielgruppen identifizieren und verstehen:* Investor-Relations-Arbeit richtet sich an verschiedene Zielgruppen mit eigenen Charakteristika, die deshalb verschiedenartige Informationsbedürfnisse und Kommunikationsverhalten aufweisen. Die Informationen müssen zielgruppengerecht aufbereitet werden. Die Produkte und Dienstleistungen der Investor Relations zu verstehen, bedeutet in diesem Zusammenhang, sie im Sinne der Zielgruppen zu begreifen.
- *Ziele definieren:* Instrumente anwenden und Schlüsse ziehen: Für den Erfolg der Investor-Relations-Arbeit ist eine klare Zieldefinition notwendig. Die Ziele sollten messbar sein, damit die Wirksamkeit einer jeden Maßnahme überprüft werden kann. Nach der Zieldefinition müssen taktische und strategische Vorgehensweisen entwickelt werden. Die Ziele und Strategien sind ausschlaggebend für die Auswahl und den Einsatz der Instrumente. Über anschließende Ursache-Wirkungs-Analysen, z. B. über Pressespiegel oder Resonanzbefragungen, können Verbesserungsmöglichkeiten aufgezeigt werden, um Investor-Relations-Strategien und den Einsatz künftiger Investor-Relations-Maßnahmen zu optimieren.

3.3 Inhalte von Investor Relations

Verschiedene Unternehmensinformationen, wie z. B. Konjunktur- und Branchenumfeld, Wachstumsprognosen und Unternehmensstrategien sind Inhalte der Investor Relations. Je nach Zielgruppe und Investor-Relations-Instrument werden diese Daten unterschiedlich umfangreich und vertieft kommuniziert. Die Financial Community soll die Möglichkeit erhalten, den subjektiven Wert der Aktie selbst zu beurteilen und Argumente geliefert bekommen, die eine Investition in das Unternehmen für Anleger attraktiv machen. Zu den

Grundsätzen der Investor Relations gehört im Weiteren die sachlich richtige, umfassende und faire Informationsversorgung.

Ein Großteil der Informationen ergibt sich aus Publizitätspflichten oder aus verschiedenen Rechnungslegungsvorschriften (ausführlich dazu vgl. Kapitel „Informations- und Kommunikationspflichten von Unternehmen"). Beispielsweise schreibt die Börsenzulassungsverordnung für im Prime Standard notierte Unternehmen die Bilanzierung nach US-GAAP (Generally Accepted Accounting Principles) oder IFRS (International Financial Reporting Standards) vor. Dadurch werden die Unternehmenszahlen insbesondere für internationale Anleger transparenter. Diese Investor-Relations-Inhalte sind in erster Linie vergangenheitsbezogen und gehen aus Jahresabschluss und Lagebericht sowie aus Zwischenabschlüssen hervor, welche in der Regel als Geschäftsbericht oder auch unterjährig als Quartals- oder Halbjahresberichte den Investoren präsentiert werden.

Grundsätzlich sind zum besseren Verständnis der Daten entsprechende Vorjahreszahlen zu ergänzen. Dieses umfangreiche Zahlenwerk ist um Wachstumsprognosen und Renditeziele zu erweitern, um Anlegern eine wertvolle Orientierung der eigenen Umsatz- und Ertragseinschätzungen zu geben. Darüber hinaus sollte zur Beurteilung der aktuellen und zukünftigen Entwicklung des Unternehmens ein Überblick über die allgemeine Konjunkturentwicklung gegeben werden. Die Positionierung des Unternehmens im Markt und die Rolle der Wettbewerber ist für die Financial Community von besonderem Interesse. Der Informationsbedarf der Interessenten ist in unruhigen Zeiten ungleich stärker ausgeprägt als zu eher normalen Zeiten. Wie Biel und Piwinger (2011) feststellten, führen volatile Märkte zu einem verstärkten Begründungs- und Erklärungsbedarf seitens der Unternehmen – und damit zu verstärkten Informations- und Kommunikationsaktivitäten.

Neben quantitativen Faktoren sind auch qualitative Einflussfaktoren Gegenstand der Investor Relations. So ist dem Interessenten Einblick in die Struktur des Unternehmens, seine einzelnen Geschäftsbereiche und Produkte zu geben. Der aktuelle Entwicklungsstand über neue Produkte und der Zeitpunkt von Markteinführungen geben Aufschluss über zusätzliche Umsatzpotenziale. Im Weiteren ist über geplante Investitionen und Akquisitionen zu informieren, die Rückschlüsse auf Wachstumschancen des Unternehmens zulassen. Die Darstellung der Unternehmensphilosophie ermöglicht ein besseres Verständnis des Managements und seiner Strategien. Gerade in Krisenzeiten, und wir durchleben seit 2008 ständige Krisenzeiten, ist es bedeutsam, den Investoren deutlich zu machen, mit welcher Strategie das Unternehmen die Krise überwinden wird und warum das Unternehmen im zukünftigen Wettbewerb zu den Übernehmern und nicht zu den Übernommenen gehören wird. Eine beschönigende Kommunikationsstrategie wird in der Regel nicht honoriert. In Zeiten komplexer Herausforderungen sind verlässliche Informationen und die Vorgabe von Orientierungen besonders gefragt. Zusammenfassend lässt sich daher sagen, dass alle relevanten Entscheidungen und Ereignisse, die den Wert der Unternehmensanteile beeinflussen, Inhalt von Investor Relations sein können. Größere Bedeutung wird künftig dem immateriellen Kapital zugemessen werden müssen. Der Fokus von Analysten, Investoren und Fondmanagern verlagert sich immer mehr auf immaterielle Werte wie Verankerung in erlebbaren Traditionen, auf Begriffe wie Verlässlichkeit, Glaubwürdigkeit und Stetigkeit.

(vgl. Möller et al. 2009). Letztlich hängt hiervon die Wahrnehmung und schließlich die Einordnung und Bewertung der den Finanzmärkten zur Verfügung gestellten Informationen wesentlich ab.

3.4 Wertschöpfung im Investor-Relations-Prozess

Da an den Aktienmärkten ein Unternehmen täglich analysiert, eingeschätzt und mit dem Tageskurs bewertet wird, leuchtet es unmittelbar ein, dass effiziente Kommunikationsarbeit durch Investor Relations erheblichen Anteil an der allgemeinen Wertschöpfung des Unternehmens hat.

Je vielfältiger die Möglichkeiten der Unternehmens- und Kapitalmarktkommunikation werden, desto dringlicher stellen sich Fragen der begleitenden Kosten- und Leistungskontrolle und ihren Einfluss auf den Unternehmenswert (Biel und Piwinger 2011). Oftmals unterschätzen Publikumsgesellschaften die Möglichkeit, durch Informationsqualität Wert zu generieren. Im Unterschied zu Investitionen in Sachanlagen handelt es sich bei Investitionsaufwendungen für die Reputation des Unternehmens um Investitionen in Meinungen, Bindungen, Wertschätzungen und Ansehen, damit also um – vordergründig betrachtet – immaterielle Güter. Sowohl hinsichtlich des Aufwandes als auch des Nutzens stellen Informations- und Kommunikationsaktivitäten aus betriebswirtschaftlicher Sicht eine sensible Größe dar, die von der traditionellen Kostenrechnung bisher nicht angemessen berücksichtigt werden kann. Somit lässt sich die Frage, ob der im Rahmen der Investor Relations insgesamt betriebene Aufwand den Nutzen in jeder Hinsicht rechtfertigt, bisher nicht eindeutig beantworten. Hier könnte eine vernünftige *Prozesskostenrechnung* erste Ansätze bieten.

Der intensiv geführte Wettbewerb auf den internationalen Waren- und Finanzmärkten verlangt zwingend eine Differenzierung im Marktauftritt. Dies muss man sich vor Augen halten, wenn man in der modernen Wirtschaft von Kommunikation spricht, weil es hier um ganz andere Größenordnungen geht. Marken- und Firmenimage werden – und das gilt beileibe nicht ausschließlich für die nationalen Märkte – zu wettbewerbsbestimmenden Größen. Aktien, die für profilierte Unternehmensmarken stehen, zeigen langfristig eine bessere Wertentwicklung als Unternehmen, die allein auf ihre Produktmarken setzen.

Analysten gehen immer mehr dazu über, den Wert einer Marke in die Unternehmensbewertung einfließen zu lassen. Eine Marke hebt ein Produkt bzw. ein Unternehmen aus dem Dunstkreis des Durchschnittlichen. „Die Aktie muss als Markenartikel angesehen und auch so behandelt werden", forderte Michael Dürr schon 1995 in seinem Buch „Investor Relations" (Dürr 1995). Eine Marke ist werthaltig. So ist bekannt und belegt, dass die Bereitschaft zum Aktienkauf bei Marken mit der Klarheit des Markenbildes steigt. Inzwischen haben sich zahlreiche Autoren diese Forderung zu Eigen gemacht. Eine Marke fördert außerdem ein Grundvertrauen in die Aktie, durch das die Informationsunsicherheit der Anleger sowie die Anfälligkeit der Aktie gegenüber kurzfristigen negativen Einflüssen reduziert werden können. Wenn kein Vertrauen da ist, wird nicht investiert. Unternehmen sind von ihrem Ruf am Kapitalmarkt abhängig.

3.5 Grundsätze der Investor Relations

Für eine erfolgreiche Investor-Relations-Arbeit sind einige grundsätzliche Regeln zu beachten. Effektive Investor-Relations-Arbeit beginnt mit der Einhaltung von Kommunikationsgrundsätzen. Die im Folgenden dargestellten Grundsätze sind nicht isoliert zu sehen, denn erst ihr Zusammenspiel führt zum Erfolg.

- *Grundsatz der Stetigkeit:* Die Einhaltung gesetzlicher Informationspflichten reicht nicht aus. Auch vereinzelte taktische Investor-Relations-Maßnahmen, wie beispielsweise übertriebene Ad-hoc-Meldungen, sind ungünstig. Kontinuität innerhalb der Finanzkommunikation und eine zielgenaue und großzügige Informationsweitergabe entscheiden über den Erfolg der Investor Relations. Unternehmen, die ihre Anteilseigner nur in guten Zeiten oder kurz vor Kapitalerhöhungen über ihre Erfolge in Kenntnis setzen, in schlechten Zeiten jedoch Probleme verschweigen, wirken unglaubwürdig.
- *Grundsatz der Glaubwürdigkeit:* Die Financial Community muss den veröffentlichten Daten Glauben schenken. Dazu gehört auch, dass Meldungen nicht nur positive Ereignisse betreffen, sondern dass auch in wirtschaftlich schwierigen Zeiten der Kontakt gepflegt wird. So werden Falschmeldungen und Misstrauen gegenüber dem Unternehmen vorgebeugt. Die Beurteilung der Unternehmenssituation durch Dritte lässt sich zweifellos besser steuern, wenn das Management die entsprechenden Informationen selbst verbreitet.
- *Grundsatz der Wesentlichkeit:* Um dem „information overload" und dessen Folgen vorzubeugen, sind Informationen auf das Wesentliche zu reduzieren. Da die Zielgruppen unterschiedliche Informationsbedürfnisse haben, ist zu berücksichtigen, welche Informationen jeweils entscheidungsrelevant sind.
- *Grundsatz der Zielgruppenbezogenheit:* Unterschiedliche Zielgruppen verfügen über spezifische Informationsbedürfnisse, denen durch eine differenzierte Informationspolitik Rechnung getragen werden kann. Privatanleger erwarten in der Regel weniger detaillierte Informationen als Fondsmanager, Analysten und Wirtschaftsjournalisten. Dabei werden Privatanleger aus Zeit- und Kostengründen meistens über unpersönliche Instrumente wie zum Beispiel Geschäfts-, Zwischen- und Quartalsberichte informiert, während institutionelle Investoren in persönlichen Gesprächen oder Telefonkonferenzen über die aktuelle Situation aufgeklärt werden.
- *Grundsatz der Transparenz:* Die Bewertung der publizierten Informationen und Zahlen rund ums Unternehmen wird durch Vergleichswerte erleichtert. Darum sind Branchenzahlen und Vergangenheitszahlen bzw. zuvor veröffentlichte Benchmarks in Relation

zu aktuellen Daten zu setzen. Das bedeutet, dass über alle Unternehmenszahlen und -fakten zeitnah und regelmäßig informiert werden muss.

- *Grundsatz der Aktualität:* Da die Gefahr von Insidergeschäften nach § 14 WpHG (Wertpapierhandelsgesetz) und die Verletzung des Gleichheitsgrundsatzes besteht, schreibt § 15 WpHG vor, dass Unternehmen kursrelevante Informationen sofort (ad hoc) der Finanzwelt zur Verfügung stellen müssen, um Insidergeschäfte zu verhindern. Leider sind viele Unternehmen durch das Insidergesetz verunsichert und betreiben vorsichtshalber keine differenzierte Informationspolitik mehr, um nicht in den Verdacht zu geraten, Insidergeschäfte zuzulassen.

Ähnliche Grundsätze hat der Deutscher Investor Relations Verband (www.dirk.org) formuliert, die sich vergleichbar in Unternehmensberichten und in Fachaufsätzen wiederfinden. Sie lauten kurz zusammengefasst: Sachlichkeit, Glaubwürdigkeit und Zeitnähe; Wesentlichkeit und Vollständigkeit; Kontinuität, Stetigkeit und Vergleichbarkeit; Zukunftsorientierung; Gleichbehandlung; keine Weitergabe oder Ausnutzung von Insiderinformationen.

4 Instrumente der Investor Relations

Nach Festsetzung der Ziele und Bestimmung der Zielgruppen gilt es, die Financial Community mit gezielten Maßnahmen über Unternehmensdaten und -neuigkeiten zu informieren. Dies kann mittels unpersönlicher Instrumente, aber auch persönlich erfolgen. Viele Möglichkeiten stehen dem Unternehmen offen, doch muss der Instrumente-Mix dabei auch gesetzliche Bestimmungen berücksichtigen. Einerseits sind Pflichtmaßnahmen zu erfüllen, andererseits müssen auch internationale Vorschriften beachtet werden, da beispielsweise in den USA, Kanada und Japan die Werbung um die Gunst der Anleger eingeschränkt ist. Insbesondere das Zusammenwirken der Kommunikationsinstrumente erfüllt die gewünschten Effekte, nämlich die Erhöhung des Bekanntheitsgrades und damit eine Stärkung des Vertrauens in das Unternehmen und das Management. Darüber hinaus lässt sich praktisch bei allen Unternehmen ein hoher Anteil freiwilliger Publizität feststellen. Zum Teil beträgt dieser bis zum zwei Drittel der gesamten externen Finanzpublizität.

4.1 Pflichtmaßnahmen

Dass Investor Relations nicht nur finanzwirtschaftliche und kommunikationspolitische Zielsetzungen verfolgen, sondern darüber hinaus dem Anlegerschutzgedanken entsprechen müssen, zeigen zahlreiche gesetzliche Vorschriften und Verordnungen wie beispielsweise das Börsenzulassungsgesetz der Deutschen Börse oder staatliche Regelungen wie das Aktiengesetz. Die Aufzählung der in Tab. 1 dargestellten deutschen Regelungen erhebt keinen Anspruch auf Vollständigkeit, sondern soll nur einen ersten Überblick vermitteln. Eine detaillierte Darstellung findet sich bei Zitzmann und Decker (vgl. Kapitel „Informations- und Kommunikationspflichten von Unternehmen").

Tab. 1 Informations- und Publizitätspflichten von Unternehmen (Auswahl)

Aktiengesetz (AktG)	§ 20 Abs. 6	Pflichtanzeige des Anteilsbesitzes
Aktiengesetz (AktG)	§ 25	Art und Form der Unternehmenspublizität
Aktiengesetz (AktG)	§ 42	Pflichtanzeige über Einpersonen-Gesellschaft
Aktiengesetz (AktG)	§ 73 Abs. 2	Pflichtanzeige über die Kraftloserklärung von Aktien
Aktiengesetz (AktG)	§ 26 Abs. 2	Sondervorteile. Gesamtaufwand als Entschädigung/Belohnung zur Gründung
Aktiengesetz (AktG)	§ 106	Pflichtanzeige über die Änderungen im Aufsichtsrat
Aktiengesetz (AktG)	§ 121 Abs. 3	Bekanntgabe der Hauptversammlung
Aktiengesetz (AktG)	§ 124	Hauptversammlung: Bekanntgabe der Tagesordnungspunkte, Wahl der Aufsichtsratsmitglieder
Aktiengesetz (AktG)	§ 125	Hauptversammlung: Versand der Hauptversammlungsunterlagen
Aktiengesetz (AktG)	§ 126	Hauptversammlung: Aktionärsanträge
Börsengesetz (BörsG)	§ 39	Widerruf der Zulassung bei Wertpapieren
Börsengesetz (BörsG)	§ 41	Auskunftserteilung
Wertpapierhandelsgesetz (WpHG)	§ 15	Mitteilung, Übermittlung von Insiderinformationen ans Unternehmensregister
Wertpapierhandelsgesetz (WpHG)	§§ 21	Mitteilungspflicht von Stimmrechtsbesitz an einer AG
Handelsgesetzbuch (HGB)	§ 325 ff., § 328	Regelmäßige Unternehmenspublizität

4.2 Unpersönliche Maßnahmen

Zu den unpersönlichen Kommunikationsmaßnahmen zählen Instrumente, die sich an ein großes, weitgehend unbekanntes Publikum richten:

- Geschäftsbericht
- Quartals- und Zwischenberichterstattung
- Sonstige Berichte
- Aktionärsbriefe und -zeitschriften
- Finanzanzeigen
- Imageanzeigen
- TV-Spots
- Fernsehinterviews
- Online-Dienste bzw. Internet
- Factbooks
- Pressemitteilungen
- Telefon-Hotlines

Das wichtigste Instrument innerhalb der Gruppe der unpersönlichen Instrumente ist der Geschäftsbericht. Weiterhin gehören sämtliche Printmedien, Zwischen- und Quartalsberichte, Factbooks, Imagebroschüren etc. zu dieser Gruppe. Sie werden zur Massenansprache verschiedener Zielgruppen eingesetzt, bei einer großen Anzahl von Privatinvestoren wäre der Einsatz persönlicher Kommunikationsinstrumente, wie Telefonkonferenzen oder persönliche Treffen, einerseits schwer durchführbar und andererseits kaum zu finanzieren.

4.3 Persönliche Maßnahmen

Persönliche Investor-Relations-Maßnahmen zeichnen sich dadurch aus, dass ein direkter Kontakt zwischen Unternehmen und Kapitalgebern zustande kommt. Die Kommunikation ist dialogisch, Unternehmen und Zielgruppen können sich direkt Feedback geben. Charakteristisch ist der ausschließlich verbale Austausch, wodurch direkt auf spezifische Informationsbedürfnisse und Rückfragen eingegangen werden kann. Die persönlichen Maßnahmen sind somit viel wirkungsvoller:

- Hauptversammlung
- Roadshows
- Einzel- und Roundtablegespräche
- Analystenkonferenzen
- Pressekonferenzen
- Betriebsbesichtigungen

Die Bedeutung von Roadshows wird oft unterschätzt. Gerade auf der Roadshow hat der Vorstand die Gelegenheit, sich im persönlichen Gespräch mit seinem Shareholder oder zukünftigen Shareholder auszutauschen, dabei nicht nur von sich und seiner Strategie zu überzeugen, sondern auch oft sehr wertvolle Ratschläge und Einschätzungen seines Investors zu erhalten. Investoren haben den freieren Blick auf die Märkte und Veränderungen in der Welt. Ihr Meinung kann sehr nützlich sein bei der Weiterentwicklung der eigenen Strategie, aber auch bei der kritischen Überprüfung eigener Pläne.

Da es kleinen und mittleren Unternehmen oft schwer fällt, Banken und Broker zu finden, die bereit sind, Roadshows für sie zu organisieren, müssen manche Small- und Midcaps dazu IR-Agenturen heranziehen oder sich selbst um die Organisation bemühen, was die Unternehmen oft überfordert. Deshalb bietet sich ein weiteres Instrument an, das in Deutschland – anders als in den USA und GB – noch unterentwickelt ist: die Perception Analyse. Dabei werden bedeutende Investoren und Analysten die Unternehmen nach der Strategie, dem Management, der Kommunikation etc. befragt und man erhält wertvolle Anregungen für die eigene Strategie.

4.4 Unterstützende Maßnahmen

Unterstützende Maßnahmen sind diejenigen, die nur in Verbindung mit anderen Maßnahmen angewendet werden:

- Videofilm
- CD-Rom
- SMS, E-Mail und WAP
- Give-Aways

5 Internet und Social Media

Obama tut es, Apple tut es, die NASA tut es: Alle twittern. Denn Twitter hat die Nase vorn: Als Beispielsweise der US-Airways-Flug 1549 am 15. Januar 2009 auf dem Hudson River notlanden musste, gingen die ersten Meldungen über Twitter raus – lange bevor die professionellen Medien über das Ereignis berichteten. Und Facebook hat gerade die magische Zahl von 1.000.000.000 Menschen überschritten. Viele Unternehmen nutzen diese neuen Medien mittlerweile auch für ihre Kommunikation. Ist es also an der Zeit, die Neuen Medien stärker für die Investor Relations zu nutzen? Eindeutig: ja! Allerdings nur, wenn die Bereitschaft besteht, geeignetes Personal dafür einzusetzen, das sich *ausschließlich* auf dieses Thema konzentriert. Denn nichts ist entlarvender als eine Facebook-Unternehmensseite, die keinen aktuellen Dialog aufweist. Man darf sich vom Einsatz der Neuen Medien nicht starke Effekte für die Investor Relations erhoffen. Das wird noch einige Jahre dauern. Heute nutzen Investoren und Analysten diese Medien kaum für ihre Investitionsentscheidungen. Aber das kann sich dramatisch schnell ändern und dann sollte man vorbereitet sein.

6 Das Management ist gefordert

Schätzungen zufolge können bis zu 40 % des Kurswertes einer Aktie von der Kommunikation abhängen. Kapitalmarktkommunikation wird zunehmend als erfolgskritische Position begriffen. Unternehmen sind von ihrem Ruf am Kapitalmarkt abhängig und werden sich dessen zunehmend bewusst. Dies hat insgesamt zu einer Aufwertung der Funktion „Investor Relations" in der Unternehmenswirtschaft geführt.

Börsennotierte Unternehmen sind verpflichtet, präzise, aufrichtig und transparent zu informieren und ihre Informationen jedermann zeitgleich zur Verfügung zu stellen. Kapitalmärkte sind sehr transparent. Insgesamt hat dies zu einer Offenheit der Unternehmen geführt, die noch vor wenigen Jahren undenkbar war. „Mit der Bereitstellung von Information allein ist es nicht getan. Sie muss ergänzt werden durch ein ausgeprägtes Verantwortungsbewusstsein", heißt es bei Di Piazza Jr. und Eccles (2003, S. 11). Börsen- und Kapitalmarktkommunikation verlangt die aktive Beteiligung des Managements an der Unternehmenspräsentation. Der Vorstandsvorsitzende und der Finanzvorstand sind gefragt, aber in dieser Rolle häufig noch ungeübt. Die Qualität der Unternehmensspitze, die zur Sicht gebrachte visionäre Strategie sind nun einmal entscheidende Faktoren bei der Bewertung eines Unternehmen am Kapitalmarkt. *Kommunikationsfähigkeit* gilt in der heutigen Mediengesellschaft als Schlüsselkompetenz bei der Wahrnehmung von Führungspositionen im Wirtschaftsleben (vgl. Bundesfinanzhof Az. VI R 44/04 und VI R 35/05). Die Qualität der Kommunikation wird von Anlegern und Analysten immer häufiger als Entscheidungsgrundlage herangezogen. Ein hoher Bekanntheitsgrad und eine breite Vertrauensbasis öffnen für Unternehmen somit attraktive Finanzierungsmöglichkeiten.

Wer angesichts der täglichen Überfülle an Informationsarten und -veranstaltungen bestehen will, braucht nicht nur gute Nerven, sondern auch Durchstehvermögen und ein großes Wissen darüber, wie kommunikative Prozesse in der heutigen Mediengesellschaft ablaufen und wie man an ihnen zum Nutzen des Unternehmens teilhaben kann. Da Informationen in einem unvorstellbaren Maße verfügbar sind, wird es seitens der Emittenten immer wichtiger, die für den Markt relevanten Fakten möglichst benutzergerecht darzustellen. Hier setzen die Aufgaben von Investor Relations an. „Die Chancen einer fortschrittlichen Investor-Relations-Politik sind", folgt man Labhart und Volkart (2005, S. 181), „aber nicht nur über den firmenexternen Bereich zu sehen, sondern es werden auch die internen Informations- und Kommunikationsprozesse verbessert. [...] Dabei sind die firmenkulturellen und mentalen Auswirkungen nicht zu unterschätzen, indem das Wertbewusstsein auf allen Stufen eines Unternehmens gefördert werden kann" (ebd.). Investor Relations nach innen ist ein weitgehend unbeackertes Feld.

Literatur

Biel, A., & Piwinger, M. (2011). Informationspflichten und Kommunikationsaufwand in der Kapitalmarktkommunikation. In G. Bentele, M. Piwinger, & G. Schönborn (Hrsg.), *Kommunikationsmanagement* (Loseblattwerk 2001 ff., Nr. 3.82, S. 1–22). Köln: Luchterhand.

Bundesfinanzhof (2008). *Urteile vom 28. 08. 2008 VI R 44/04 und VI 35/05*. München: Bundesfinanzhof.

Di Piazza, S. Jr., & Eccles, R. (2003). *Vertrauen durch Transparenz. Die Zukunft der Unternehmensberichterstattung*. Weinheim: Viley-VCH.

Drill, M., & Hubmann, M. J. (2005). Anforderungen an die IR aus der Sicht einer Investmentbank. In K. R. Kirchhoff & M. Piwinger (Hrsg.), *Praxishandbuch Investor Relations* (1. Aufl., S. 393–415). Wiesbaden: Gabler.

Dürr, M. (1995). *Investor Relations. Handbuch für Finanzmarketing und Unternehmenskommunikation* (2. Aufl.). München: Oldenbourg.

Kirchhoff, K. R. (2009). Grundlagen der Investor Relations. In K. R. Kirchhoff & M. Piwinger (Hrsg.), *Praxishandbuch Investor Relations* (2. Aufl., S. 35–61). Wiesbaden: Gabler.

Labhart, P., & Volkart, R. (2005). Investor Relations als Wertsteigerungsmanagement. In K. R. Kirchhoff & M. Piwinger (Hrsg.), *Praxishandbuch Investor Relations* (2. Aufl., S. 201–220). Wiesbaden: Gabler.

Möller, K., Piwinger, M., & Zerfaß, A. (Hrsg.). (2009). *Immaterielle Vermögenswerte. Bewertung, Berichterstattung und Kommunikation*. Stuttgart: Schäffer-Poeschel.

Piwinger, M. (2009). Investor Relations als Kommunikationsdisziplin. In K. R. Kirchhoff & M. Piwinger (Hrsg.), *Praxishandbuch Investor Relations* (2. Aufl., S. 13–33). Wiesbaden: Gabler.

Marketingkommunikation als Teil der Unternehmenskommunikation

Jörg Tropp

Zusammenfassung

Marketingkommunikation als Teil der Unternehmenskommunikation kann in Anbetracht der Entwicklungen nur noch äußerst eingeschränkt mit dem Sender-Empfänger-Modell persuasiver Kommunikation erklärt werden. Der Beitrag zeigt, dass es angebrachter ist, von einem genuinen und elaborierten Kommunikationsverständnis auszugehen, das auf den Kriterien der Selektivität, Kontextualität und Reflexivität basiert. Damit wird die heutige Bedeutung der kommunikativen Qualität des Marketings betont. Gleichzeitig wird die Problematik der Annahme von Kausalität in der Marketingkommunikation deutlich. Der Prozess der Marketingkommunikation, ihre neu entstandene Medienfunktion als Konsequenz der medialen Entwicklungen sowie klassische Umsetzungsformen wie die Werbung werden erörtert. Außerdem werden partizipative Formen der Marketingkommunikation im Internet sowie moderne Disziplinen wie Guerilla Marketing, Word-of-Mouth-Marketing und Utility Marketing diskutiert.

Schlüsselwörter

Marketing · Marketingkommunikation · Marktkommunikation · Werbung · Word-of-Mouth-Marketing · Guerilla Marketing · Utility Marketing · Partizipative Marketingkommunikation · Markenmedien · Corporate Publishing · Unternehmenskommunikation · Kommunikations-Controlling · Kommunikationsmanagement

---

J. Tropp (✉)
Hochschule Pforzheim, Fakultät für Wirtschaft und Recht
Tiefenbronner Str. 65, 75175 Pforzheim, Deutschland
E-Mail: joerg.tropp@hs-pforzheim.de

1 Kommunikation und Marketing

Vergleicht man die vielen Definitionen des Marketingbegriffs, die die Sozialwissenschaften bereithalten, fällt auf, dass sich in den letzten Jahren eine weite Interpretation des Marketingbegriffs durchgesetzt hat. Marketing wird nicht mehr auf den Transaktionsaspekt beschränkt, bei dem Austauschprozesse zur Erfüllung individueller und organisationsbezogener Zielsetzungen im Vordergrund stehen. Die Beziehung zu Kunden und die marktorientierte Führung des Unternehmens sind weitere zentrale Merkmale des heutigen Marketingverständnisses in Wissenschaft wie Praxis (Bruhn 2008; DMV o. J.; Meffert et al. 2012). Darüber hinaus beschränkt sich im Sinne eines generischen Verständnisses von Marketing dessen Einsatzbereich nicht mehr nur auf das Wirtschaftssystem. Marketing findet sich heute als Denkhaltung bei Organisationen und Individuen in nahezu allen gesellschaftlichen Zusammenhängen wieder – sei es in der Bildung, der Politik, bezüglich der Vertretung von Interessen des sozio-ökologischen Gemeinwohls oder bei einer Casting-Show.

Eine vergleichbare semantische Erweiterung hat der Marketingkommunikationsbegriff genommen. Traditionell ist die Marketingkommunikation neben der Produkt-, Kontrahierungs- und Distributionspolitik als das vierte Element im Marketingmix verortet. Dabei liegt ein Wunschtyp persuasiver Kommunikation zugrunde. Dieser fußt auf einem normativen Idealmodell, das aus der frühen Persuasionsforschung mit ihrem zentralen Einstellungskonstrukt resultiert (Hovland et al. 1953; McGuire 1989). Das Modell begreift Kommunikation als Instrument für den einseitigen Transport von Informationen von einem Sender zu einem Empfänger, um Letzteren intendiert im Sinne der eigenen Ziele beeinflussen zu können (Transmissionsmodell). Dieses Modell verliert in der heutigen Mediengesellschaft mit ihrer zunehmenden Internetfokussierung an Plausibilität.

Aus einer kommunikationszentrierten Perspektive ist es heute zweckmäßiger die Marketingkommunikation auf oberster Ebene in das Feld der Organisationskommunikation einzuordnen, das allgemein Kommunikationen in, von und über Organisationen umfasst (Herger 2004; Szyszka 2013; Theis-Berglmair 2003). Im engeren Sinne stellt die Marketingkommunikation des Wirtschaftssystems eine spezifische Art der Unternehmenskommunikation dar, verstanden als Gesamtheit der nach innen und nach außen gerichteten kommunikativen Handlungen einer gewinnorientierten Organisation. Mit Marketingkommunikation wird dann einerseits die von Unternehmen initiierte auf Beschaffungs- und Absatzmärkten stattfindende Bedeutungsvermittlung bezeichnet, die auf den gewinnorientierten Einkauf und Verkauf von Ressourcen, Produkten und Dienstleistungen zielt. Gleichzeitig wird unter Marketingkommunikation im Sinne des unternehmensführungsorientieren Marketingverständnisses auch die im Unternehmen stattfindende Kommunikation über dessen Marketing und Marketingkommunikation subsumiert. Damit trägt die Marketingkommunikation zur Selbstbeobachtung und Selbstbeschreibung des Unternehmens und damit zu dessen reflexiver Steuerung bei. Schließlich umfasst der Marketingkommunikationsbegriff aufgrund der medial bedingten Entwicklungen in Form der drastisch angestiegenen Consumer-to-Consumer-Kommunikationen im Internet und in

Marketingkommunikation als Teil der Unternehmenskommunikation

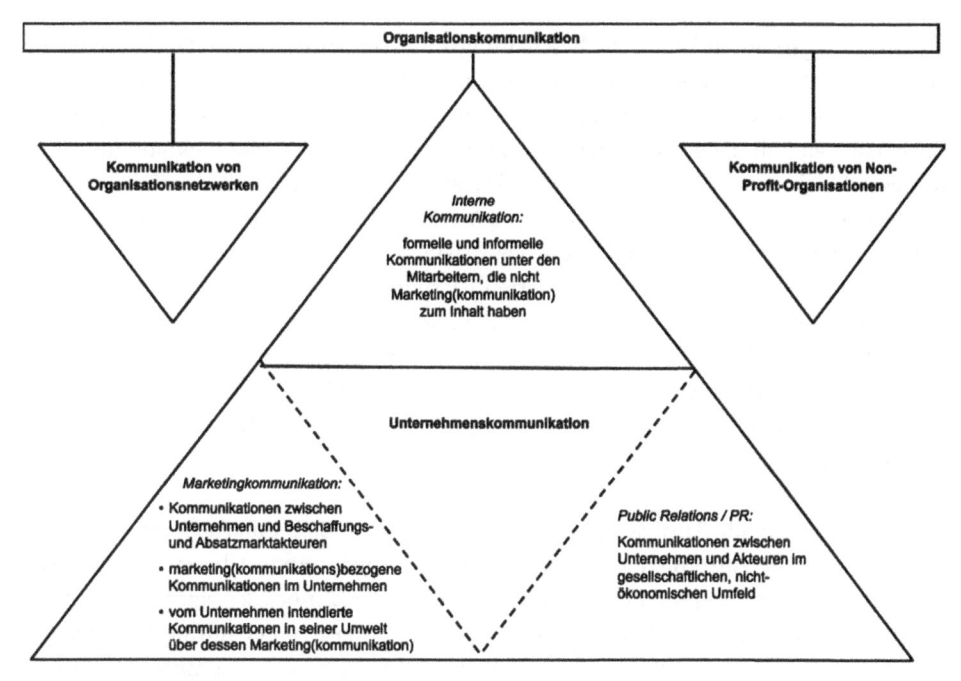

Abb. 1 Marketingkommunikation als Teilbereich der Unternehmenskommunikation

sozialen Medien heute auch die vom Unternehmen intendierte Kommunikation in seiner Umwelt über dessen Marketing und Marketingkommunikation.

> **Marketingkommunikation**
> Marketingkommunikation umfasst alle Prozesse der Bedeutungsvermittlung a) im Unternehmen, b) zwischen dem Unternehmen und seiner Umwelt und c) in der Unternehmensumwelt, mit denen die markt- und kundenbeziehungsorientierte Unternehmensführung realisiert wird.

Innerhalb der Unternehmenskommunikation wird die Marketingkommunikation damit von der internen, nicht mit Marketingkommunikation befassten Mitarbeiter- und Führungskräftekommunikation aber auch von Public Relations (PR) unterschieden, die auf das gesellschaftspolitische Umfeld der Unternehmung gerichtet ist (Mast et al. 2005; vgl. Kapitel „Unternehmenskommunikation und Kommunikationsmanagement: Strategie, Management und Controlling") (vgl. Abb. 1).

Lässt sich die interne Kommunikation von den beiden anderen Teilbereichen der Unternehmenskommunikation anhand des Kriteriums der Innen-/Außen-Ausrichtung der Kommunikation in Kombination mit dem Kommunikationsthema trennscharf differenzieren, fällt dies bei den beiden anderen Bereichen nicht so leicht. In der Praxis verschwimmen die Grenzen von Marketingkommunikation und PR zunehmend, da sowohl die Marketingkommunikation die beschaffungs- wie verkaufsstützende Funktion der PR entdeckt als auch die PR ihren Aktionsradius in Richtung Marken- und Produktkommunikation ausgeweitet hat. Zugunsten eines integrierten Unternehmenskommunikationsansatzes fällt damit die lange propagierte Dichotomie von PR und Marketingkommunikation in vielen Aspekten in sich zusammen. Im Übrigen war sie auch schon in der Vergangenheit in Abhängigkeit vom Unternehmenstyp und Markt, auf dem das Unternehmen agiert, bereits immer schon höchst unterschiedlich ausbalanciert.

Im Zuge der kommunikationszentrierten Klärung des Marketingkommunikationsbegriffs rücken weiterhin drei für Kommunikation notwendige, komplementäre Kriterien in den Mittelpunkt. Diese können als kommunikative Prämissen des Marketings aufgefasst werden und fördern abseits vom Sender-Empfänger-Modell die Diffusion eines genuinen Kommunikationsverständnisses im Marketingkontext: Selektivität, Kontextualität und Reflexivität (Tropp 2014).

- Der fortschreitende Anstieg an Komplexität und Dynamik in unternehmerischen Umwelten und die zunehmende Verknappung der Aufmerksamkeit beim Konsumenten fordern von Unternehmen einerseits höchste Achtsamkeit bei der eigenen Informations- und Mitteilungsproduktion und andererseits Strategien der Aufmerksamkeitsgewinnung von Konsumenten und Kunden ein. Achtsamkeit und Aufmerksamkeit sind Voraussetzung, um Komplexität in Information überführen zu können (Selektivitätskriterium).
- Seitens der Unternehmen und der Konsumenten steuern unterschiedlichste Kontexte, welche Bedeutung und welchen Sinn Marketingkommunikationsmittel haben. Kontexte, beispielsweise die Rezeptionssituation, und Kommunikationsmittel müssen zueinander passen. Dies ist die Voraussetzung für die Relevanz von Marketingkommunikationsmitteln (Kontextualitätskriterium).
- Über die Gewinnung von Consumer Insights verschaffen sich die Unternehmen Sicherheit über das allgemeine und unternehmens-/markenspezifische kollektive Marketingkommunikationswissen, das sie mit den Konsumenten teilen (Common Ground). In sozialer Hinsicht ist dies die Voraussetzung zur Abstimmung der unternehmensseitigen Erwartungen und Handlungen mit denen der Konsumenten. Erwartungen und Handlungen wirken in der Zeitdimension auf sich selbst zurück und ermöglichen dem Unternehmen seine Marketingkommunikation und damit sich selbst zu steuern. In der Sachdimension verweben sich Marketingbotschaften ineinander und produzieren im Kommunikationsprozess begleitende Meta-Aussagen (Reflexivitätskriterium).

Die Qualität der Marketingkommunikation richtet sich nach dem Grad, in dem Selektivität, Kontextualität und Reflexivität zweckgerichtet genutzt werden. Je stärker diese drei Kriterien auf normativer, strategischer und operativer Managementebene zur Erreichung definierter Marketingkommunikationsziele berücksichtigt werden, desto qualitativ hochwertiger ist die Kommunikation.

Marketingkommunikation als Teil der Unternehmenskommunikation 1103

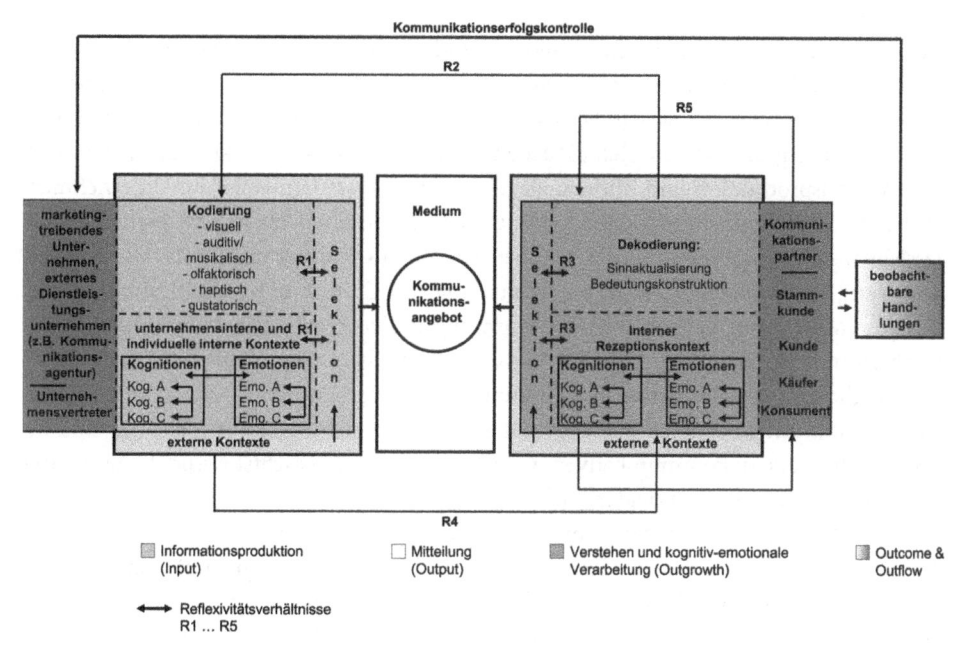

Abb. 2 Prozessmodell der Marketingkommunikation

2 Prozess der Marketingkommunikation

Marketingkommunikation realisiert sich als ein zirkulärer Prozess. Dieser kann in Anlehnung an den Bezugsrahmen für Kommunikations-Controlling, wie er von der Deutschen Public Relations Gesellschaft (DPRG) und dem Internationalen Controller Verein (ICV) 2009 als Branchenstandard verabschiedet wurde, systematisiert werden (Rolke und Zerfaß 2010). Ergänzt wird diese Systematik im Marketingkommunikationskontext um Outgrowth-Prozesse, sodass der Marketingkommunikationsprozess anhand der Phasen Input, Output, Outgrowth, Outcome und Outflow strukturiert werden kann (vgl. Abb. 2).

Die Informationsproduktion (*Input*) seitens des marketingtreibenden Unternehmens und seiner externen Dienstleister – in der Regel Kommunikationsagenturen – oder seitens personaler Unternehmensvertreter, wie im Fall der direkten oder medienvermittelten Individualkommunikation (z. B. Verkäufer, Messestandpersonal, Call-Center-Mitarbeiter), vollzieht sich unter Einfluss unternehmensexterner (z. B. Markt) und -interner (z. B. Unternehmenskultur) sowie individueller interner Kontextfaktoren (z. B. berufliche Lebenswelt). Diese variieren und rahmen während der Produktion der Marketingkommunikationsinformation sinngebend die miteinander verschränkten kognitiven und emotionalen Zustände und Prozesse der beteiligten Personen ein. Die Informationsproduktion wird dadurch selektiv. Dies gilt auch für die Codierung der Information, also für die Gestaltung des konkreten, sinnlich wahrnehmbaren Kommunikationsangebots im Marketingkommunikationsprozess, sowie im Fall der medialen Realisation des Kommunikationsprozesses für die Entscheidung die Mediengattung und das konkrete Medium (Titel, Sender, WWW-Site etc.) betreffend (*Output*). Bedingt durch die Reflexivität des Kommunikationsprozesses in seiner zeitlichen Dimension wirken frühere Ergebnisse der Informationsproduktion und der Mitteilungsgestaltung auf den aktuellen Prozess und dessen Selektivität zurück (R1). Informationsproduktion und Mitteilungsgestaltung sind also im Falle von Unternehmen, die bereits seit Längerem Marketingkommunikation betreiben, als selbstreferentielle Prozesse anzusehen. Sie finden in der zeitüberdauernden Orientierung an der Markenpositionierung (Information) und in der Einhaltung des Corporate beziehungsweise Brand Designs (Mitteilung) ihre operative Ausformung in der Praxis. Die Möglichkeit, diesen Mechanismus je nach Perspektive als Vorteil (Selbstreferenz verschafft Sicherheit, da sie den Möglichkeitsraum einengt, also Kontingenz reduziert) oder als Nachteil (Selbstreferenz schränkt die Kreativität ein) aufzufassen, eröffnet sich Start-ups nicht. Sie sind bis zum Tag ihres ersten kommunikativen Auftritts im Markt geschichtslos und damit in ihrer Marketingkommunikation (leider) befreit von Selbstreferenz.

Als weiteres Reflexivitätsverhältnis sind in der Input-Phase in der sozialen Dimension die erwarteten Erwartungen der Konsumenten und Kunden wirksam (R2). Unternehmen und Agenturen machen also die von ihnen angenommenen Erwartungen der Zielgruppen und Zielpersonen, die sie als Consumer Insights aus ihren Abteilungen Marktforschung, strategische Planung oder Data Analytics beziehen, zur Grundlage der Gestaltung des Inhalts (Was?) und der Form (Wie?) des Marketingkommunikationsangebots. Diese angenommenen Erwartungen können sich auf alle Aspekte beziehen, die als relevant für die Kaufentscheidung und die Produktverwendung seitens des Konsumenten eingeschätzt werden. In jüngerer Zeit haben die Erwartungen, die sich auf den Kommunikationsprozess selbst beziehen, enorm an Bedeutung gewonnen. Annahmen über die Erwartungen des Konsumenten, wie er in der Marketingkommunikation welche Information mitgeteilt bekommen möchte, haben bei Unternehmen und Agenturen wesentlich zur Bedeutungszunahme des Kriteriums der Kommunikationsqualität in der modernen Marketingkommunikation beigetragen.

Auch das Verstehen und die emotional-kognitive Verarbeitung der mitgeteilten Information (*Outgrowth*) geschehen unter dem sinngebenden Einfluss von Kontextfaktoren, und zwar differenziert in individuumsinterne (z. B. Lebenswelt) und -externe (z. B. Rezeptionssituation). Die mit der Decodierung des selektierten Kommunikationsangebots erfolgende Bedeutungszuschreibung ist ebenfalls selektiv und selbstreferentiell, da auch hier die Resultate früherer selektiver Kommunikationsprozesse auf den aktuellen Verstehens- und Verarbeitungsprozess zurückwirken (R3).

Der Rezipient nimmt im Prozess entsprechend seinem Grad an Loyalität die Rolle eines Konsumenten (bisher kein Kauf eines Angebots des Unternehmens getätigt) bis hin zu der eines Stammkunden (höchste Loyalität) ein. Auch kann er als Kommunikationspartner den Marketingkommunikationsprozess mehrstufig gestalten, indem er in direkter oder medienvermittelter Kommunikation ein Kommunikationsangebot im intendierten Sinne des Unternehmens und seiner Agentur in seinem sozialen Netzwerk (z. B. via Facebook) oder auch in der Öffentlichkeit (z. B. via YouTube) distribuiert. Auch seitens des Konsumenten und Kunden sind erwartete Erwartungen wirksam (R4). So hat er beispielsweise dank seines Persuasionswissens (Friestadt und Wright 1994), das Bestandteil seines umfassenden Marketingkommunikationswissens ist, genaue Vorstellungen davon, was für Reaktionen ein Unternehmen auf seine Kommunikationsangebote erwartet. Genau dies impliziert die Redeweise vom mündigen und kritischen Verbraucher, der heute bereits während seiner Schulzeit einen detaillierten Überblick über die Marketingkommunikation in unserer Gesellschaft erhält (Riedel 2003).

Als weiteres äußerst wirksames Reflexivitätsverhältnis ist die Reflexivität des Wissens und Meinens der Konsumenten und Kunden in Bezug auf andere Konsumenten und Kunden zu nennen (R5). So weiß oder meint der einzelne Konsument, dass auch andere Konsumenten über die spezifischen Eigenschaften einer Marke Bescheid wissen. Diese reflexive Wissensstruktur ist bei Produktkategorien mit einem hohen ökonomischen und/oder sozialen Kaufrisiko (z. B. Auto, Kleidung) ein wichtiger Entscheidungsmechanismus bei der Markenwahl, um mit dem Kauf und der Nutzung des Produktes eine bestimmte soziale Gruppenzugehörigkeit und Werthaltung zum Ausdruck bringen zu können. Reflexivität ermöglicht also das Entstehen kollektiven Markenwissens in Öffentlichkeiten im Sinne von Zielgruppen. Hierin ist der Grund zu sehen, warum moderne Marketingkommunikation auch zukünftig auf Öffentlichkeit angewiesen ist. Nur so kann sie kollektives Markenwissen aufbauen, was alleine über individualisiertes und personalisiertes Dialogmarketing nicht erreicht werden kann. Mit Medien, die sich an die Öffentlichkeit wenden, die also allgemein adressierte Kommunikationsangebote vorhalten, verknüpfen Rezipienten das Wissen, dass auch (viele) andere dieselben Medien nutzen, womit allein aus der Reichweite der Medien wichtige Wirkungen resultieren.

Die äußeren beobachtbaren Handlungen der Konsumenten, Kunden und Kommunikationspartner (*Outcome* und *Outflow*) dienen schließlich dem Unternehmen und seinen Agenturen der Erfolgskontrolle des Prozesses und seiner Adjustierung. Dies ist notwendig, um Wirkungen sowie finanzielle und strategische Konsequenzen dem getätigten Output zurechnen zu können und somit Marketingkommunikationskosten als zielführende Investition betrachten zu können. Dies geschieht trotz der skizzierten, im Kommunikationsprozess wirksamen Reflexivitätsverhältnisse und damit wider alle Zweifel am Kausalitätsprinzip der Kommunikationswirkungen (Merten 1994). Die Konstruktion dieses Kausalzusammenhanges ist jedoch für die Aufrechterhaltung des Marketingkommunikationsprozesses in der Praxis unerlässlich. Nur so können in der Input-Phase die Akteure in den Unternehmen und Agenturen pragmatische Kommunikationen über die zielorientierte Gestaltung des Outputs führen. Jedoch werden auch in der Praxis die Grenzen dieses instrumentellen und verhaltenswissenschaftlich ausgerichteten Denkens zunehmend erkannt (Nitschke 2011; Wilkens 1995).

3 Konsequenzen der medialen Entwicklungen: Die Medienfunktion der Marketingkommunikation

Die marketingkommunikativen Erscheinungsformen ließen sich bislang mit einem funktionsorientierten Ansatz anhand von drei zentralen Kommunikationsfunktionen systematisieren: die Darstellungsfunktion (Prägung des Erscheinungsbildes), die Marketingfunktion (Absatz von Leistungen) und die Dialogfunktion (Austausch mit Anspruchsgruppen). Demnach können je nach Schwerpunkt ihrer Funktionserfüllung beispielsweise Sponsoring, Mediawerbung, Verkaufsförderung oder Event Marketing in einem dreidimensionalen Raum positioniert werden (Bruhn 2009).

Die Entstehung des Internets und speziell des World Wide Web (WWW) sowie dessen kommerzielle Nutzung seit Mitte der 1990er Jahre verlangt jedoch eine Erweiterung dieser Systematisierung, sollen die heute von den Unternehmen genutzten Kommunikationsformen vollständig erfasst werden. So ist die Entwicklung des Internets von der sukzessiven Ausprägung einer Medienfunktion der Marketingkommunikation (Herstellung von Publizität und indirekter Sozialität) begleitet worden. Entsprechend ist heute zu konstatieren, dass durch den zunehmenden Einsatz von Social Media zur Umsetzung neuer Kommunikationsstrategien wie beispielsweise Viral Marketing, Brand Community Marketing, Consumer Generated Advertising oder natürlich Social Media Marketing sich die Medienfunktion als vierte Dimension zur funktionsorientierten Systematisierung des Output der Marketingkommunikation fest etabliert hat.

Die Medienfunktion der Marketingkommunikation realisiert sich als die Erstellung und Institutionalisierung einer Kommunikationsplattform für Markt gerichtete uni- oder bilaterale Kommunikationsprozesse. Diese Plattform kann als Druckmedium (z. B. Zeitschrift), als elektronisches Medium (z. B. TV-Kanal), als Online-Mediendienst (z. B. Facebook-Site) oder als Medienverbund (z. B. Website, YouTube-Kanal, mobile Applikation) realisiert werden. Seitens des Unternehmens werden Kommunikationsangebote unterbreitet, deren Erscheinungsformen sich dadurch auszeichnen, dass redaktionelle und werbliche Inhalte zu einer undifferenzierbaren Einheit verschmolzen sind. So hat der Automobilhersteller BMW für seine Online-Kurzfilmreihe „The Hire" bekannte Regisseure wie Guy Ritchie und John Frankenheimer engagiert. Als weiteres Beispiel kann das Unternehmen Nike genannt werden, das mit der Marke Apple unter dem Label Nike + kooperiert, das für eine multimediale Kommunikationsplattform steht. Nike + wurde 2006 für Laufprodukte eingeführt und hat sich mittlerweile zu einer Community von sechs Millionen digital vernetzten Sportlern entwickelt, die über iPhone, Facebook und Twitter kommunizieren.

Bereits einen Schritt weiter ist die Marke Red Bull, die mit dem Red Bull Media House eigene TV-Sender, Online-Foren, Mobilfunkangebote und Zeitschriften (Red Bull Bulletin, Servus) betreibt und mit einem vernetzen Angebot aus Events, Filmen, Dokumentationen, Serien, Games und Musik ein komplett neues Geschäftsfeld für die Marke erschlossen hat. Im Unterschied zu Product Placement oder Branded Entertainment wird dabei nicht versucht, werbliche Botschaften oder Produkte in ein redaktionelles Umfeld zu integrieren, das von Akteuren des Mediensystems (Verlag, Vermarktungsorganisation, Redaktion,

Regie etc.) produziert und vermarktet wird, sondern das Unternehmen selbst ist Initiator der Produktion und des Betriebs der Kommunikationsplattform. Diese Kommunikationsplattform kann als *Markenmedium* bezeichnet werden (Baetzgen und Tropp 2013; Tropp 2012).

Weitere Kennzeichen von Markenmedien sind:

- Markenmedien haben für die Menschen einen Eigenwert; sie erbringen eine spezifische Leistung für die Zielgruppe, insbesondere Unterhaltung/Entspannung, Informationsnutzen oder soziale Vernetzung.
- Markenmedien zeichnen sich durch ein professionelles Content Management aus. Durch die Nutzung von User generated Content und Social Media dienen diese Kommunikationsplattformen zunehmend der Auslösung und Verstetigung von Kommunikationsprozessen zwischen Unternehmen und Zielgruppen als auch innerhalb von Zielgruppen.
- Markenmedien schaffen ein exklusives Umfeld, um die Marke und deren Erlebniswelt zu inszenieren bzw. durch die Nutzer inszenieren zu lassen.

Mit Markenmedien gehen Unternehmen weit über bekannte Formen des Corporate Publishings (z. B. Kundenzeitschrift) oder Branded Entertainment (z. B. Dauerwerbesendungen, Placements) hinaus. So findet sich ähnlich wie bei Red Bull eine hohe Form der institutionellen und organisatorischen Verankerung der Medienfunktion auch bei dem Unternehmen Procter & Gamble (P&G). Der eigenständige Geschäftszweig Procter & Gamble Entertainment produziert zusammen mit dem Medienkonzern NBC Universal Online-Plattformen wie beispielsweise DinnerTool.com (mittlerweile: iVillage.com), die themenbezogene Inhalte bereit stellen und die dank zahlreichen Social Media-Funktionalitäten den Nutzern vielfältige Möglichkeiten zur Interaktion untereinander und mit dem Unternehmen bieten. Devin Johnson von NBC Universal führt dazu aus: „We are basically enabling P&G to be in the media business. Instead of us going to a company and saying we have created a platform, and ‚would you like to advertise on it,' we are saying let's create content together – a platform that walks a fine line between the consumer's interests and brand need; that's our secret sauce: a property for the brand and also a distinct value for consumers." (zitiert nach Shayon 2011).

Besonders durch die Social Media-Nutzung der Markenmedien kann bei einigen Unternehmen mittlerweile die bereits hoch entwickelte Medienfunktion ihrer Marketingkommunikation gut erkannt werden. Sie nutzen ihre Kommunikationsplattformen nicht mehr nur als Mittel der Publikation von Kommunikationsangeboten, sondern wollen sozial vernetzen und im Sinne eines elaborierten Medienbegriffs in organisierter Form die Entstehung von indirekter Sozialität fördern (Mock 2006). So wird es beispielsweise den Mitgliedern einer Brand Community ermöglicht, ungeachtet temporaler oder lokaler Distanzen ein Wir-Gefühl und intersubjektiv geteiltes Wissens auszubilden und somit reflexive Erwartungsstrukturen als Voraussetzung für die Entstehung eines sozialen markenbezogenen Systems aufzubauen.

4 Disziplinen der Marketingkommunikation

Mit Disziplinen der Marketingkommunikation sind ausdifferenzierte Marketingkommunikationsformen gemeint, die einen spezifischen mitteilungsstrategischen Output produzieren. Dieser ist das Ergebnis der zielgerichteten, kreativen Überführung von zu kommunizierenden Informationen, wie sie in der unternehmens- und marketingstrategischen Grundkonzeption festgelegt sind, in konkrete Marketingkommunikationsangebote.

Es können klassische und moderne Kommunikationsdisziplinen unterschieden werden, wobei sich Letztere erst seit den 1990er Jahren sukzessive im Disziplinen-Mix etabliert haben. Die klassischen Kommunikationsdisziplinen sind literarisch gut aufbereitet, weswegen hier eine synoptische Darstellung ausreicht vgl. (Tab. 1).

Schon zu Beginn der Entwicklung des Internets für Zwecke kommerzieller Kommunikation haben Joachimsthaler und Aaker (2000) festgestellt, dass die klassische und bis dato bedeutsamste Kommunikationsdisziplin, nämlich die Werbung, als überholt gelten muss. Besonders die Entwicklungen im Bereich der medialen Distribution der Kommunikationsmittel (Medienvielfalt, digitale Mediendienste, Effizienzabwägungen) werden als Grund für den Bedeutungsverlust der klassischen Werbung angeführt. Hinzu kommt aus heutiger Sicht die erwähnte Medienfunktion der Marketingkommunikation, die die Orientierung der Werbung am Paradigma der massenmedialen, persuasiven Markenkommunikation untergräbt. Daher verwundert es nicht, wenn dieses mittlerweile von einer großen Mehrheit in der Praxis der Marketingkommunikation in Frage gestellt wird. Stellvertretend kommt dies bei Bent Rosinski, Mitinhaber einer namhaften deutschen Werbeagentur, zum Ausdruck: „Jahrzehntelang hat die Werbebranche die 1:n-Kommunikation (ein Sender – viele Empfänger) perfektioniert. Man suchte nach der ‚big idea', die über ein, zwei starke Kanäle penetriert wurde. Man suchte nach Aufmerksamkeit in den Massenmedien. Denn Markenimages entstehen nicht im stillen Kämmerlein, sondern benötigen eine öffentliche Plattform. Die Annahme hinter diesem diktatorischen Werbeprinzip: Ich Marke habe dir Kunde etwas Wichtiges mitzuteilen. Darum brülle ich auch so. Ich wiederhole es häufiger, dann wirst du mir schon vertrauen" (Rosinski 2009, S. 21).

Auch ein Blick auf die Entwicklung des renommierten Werbefestivals in Cannes, Frankreich, bei dem die weltweit kreativsten Arbeiten eines Jahres ermittelt und ausgezeichnet werden, zeigt den Umbruch der Marketingkommunikationsbranche auf. In 2011 hat sich die Veranstaltung umbenannt von „International Festival of Advertising" in „International Festival of Creativity". Dahinter verbirgt sich die Erkenntnis der Veranstalter, dass es in der Kommunikationswirtschaft nicht mehr schlicht um die Entwicklung kreativer Kommunikationsmittel geht, die unilateral von Unternehmen und ihren Agenturen über die Massenmedien distribuiert werden, sondern zunehmend um die Entwicklung kreativer medien- und kommunikationsbasierter Geschäftslösungen. So hat die Anzahl der zentralen Preiskategorien in rund fünfzehn Jahren von vier (2001) auf siebzehn (2014) zugenommen. Dies spiegelt die Ausdifferenzierung der Werbung in eine Vielzahl von spezialisierten Lösungen für unterschiedliche Medien und von verschiedenartigen Kommunikationsdisziplinen wider.

Tab. 1 Synopse klassischer Marketingkommunikationsdisziplinen

Beschreibungskriterium Kommunikationsdisziplin	Ziele/Leistungen	Typische Erscheinungsformen
Werbung	Produktion von Aufmerksamkeit; unter Effizienzabwägungen zwangfreie Beeinflussung von Einstellungen, Meinungen und Images auf kognitiver und affektiver Ebene	TV-Spot in Werbeinsel, Anzeige, Funkspot, Großflächenplakat, Bannerwerbung im Internet
Direktmarketing	vorrangig Kundenbindung; Beziehungsaufbau mit selektierten Zielpersonen; Auslösung von individuellen, messbaren transaktionsorientierten Handlungen	Persönlich adressierter Werbebrief, E-Mail, Anzeige mit Response-Element, TV-Spot mit eingeblendeter Telefonnummer
Verkaufsförderung	Stimulierung des Absatzes mittels zeitlich befristeter Maßnahmen mit Aktionscharakter und Anreizen (Gewinne, Boni, Rabatte etc.); Information, Unterstützung und Motivation aller im Absatzprozess involvierten Organe	Verbraucher-, Händlerpromotions: z. B. Versendung von Gutscheinen, Gewinnspiele, Internet-Couponing, Kostproben am Point of Sale (PoS), Handelswettbewerbe, Schaufenstergestaltung
Messen und Ausstellungen	zeitlich begrenzte und räumlich festgelegte Präsentation des Unternehmens und seines Leistungsangebots; Differenzierung zur Konkurrenz; Beziehungsaufbau und -pflege	Universalmessen, Spezialmessen, Branchenmessen, Fachmessen, Importmessen, Händlermessen
Event-Marketing	vorwiegend emotional wirkende Inszenierung von erlebnisorientierten, firmen- oder produktbezogenen Veranstaltungen; Aufbau und Steigerung von Bekanntheit mittels Campaigning (z. B. Red Bull)	Tagungen, Kongresse, Road Shows, Konzerte, Sport- oder Gala-Veranstaltungen
Sponsoring	Bereitstellung von Geld, Sachmitteln, Dienstleistungen oder Wissen durch Organisationen (Unternehmen, Verbände, Institutionen etc.) oder Personen zur Förderung von Personen und/oder Organisationen in den Bereichen Sport, Kultur, Soziales, Umwelt und Medien	Sportsponsoring, Kultursponsoring, Soziosponsoring, Umweltsponsoring, Mediensponsoring

Tab. 1 Fortsetzung

Beschreibungskriterium Kommunikationsdisziplin	Ziele/Leistungen	Typische Erscheinungsformen
Produkt-PR	konsumentenseitige Meinungs- und Imagebildung in Bezug auf Marketinggegenstände, Produkt-Publizität im Wirtschaftssystem; Zusammenarbeit mit den Medien	journalistische Kommunikation über Marketinggegenstände: z. B. Presse-/TV-Bericht
Face-to-Face-Marketingkommunikation	physische Präsenz der Kommunikationspartner kann oder soll nicht durch den Einsatz von Medien substituiert werden; Verständigung erreichen	Verkaufsgespräch, Beschwerde am PoS, Briefing-Gespräch mit einer Werbeagentur, Preisverhandlung mit Zulieferer, Tag der offenen Tür

Mit den modernen Disziplinen, die sich neben den klassischen Mitteilungsstrategien etabliert haben, verliert das „diktatorische Werbeprinzip" weiter an Bedeutung. Partizipative Marketingkommunikation (PMK), Guerilla Marketing (GM), Word-of-Mouth-Marketing (WOMM) oder Utility Marketing (UM) zeichnen sich gegenüber den klassischen Kommunikationsdisziplinen durch einen Output aus, dem eine stärkere Orientierung an qualitativen Aspekten der Rezeption zugrunde liegt. Sie setzen die notwendigen Kommunikationskriterien der Selektivität, Kontextualität und Reflexivität zielgerichtet ein, was zu einer qualitativen Fundierung der Marketingkommunikation führt. Überraschende und intelligente Formen der Aufmerksamkeitsgewinnung, das Erleben der Marketingkommunikationsangebote als relevant und das Auslösen von Anschlusshandlungen des Konsumenten, beispielsweise in Form einer Empfehlung, resultieren als die wichtigsten drei kommunikationsqualitativen Orientierungskriterien der Output-Gestaltung moderner Kommunikationsdisziplinen. Die Disziplinen variieren in dem Ausmaß, mit dem diese Kriterien jeweils fokussiert werden, und werden in der Regel miteinander vernetzt eingesetzt.

4.1 Partizipative Marketingkommunikation (PMK)

Die mittlerweile selbstverständliche Nutzung des Internets auch zu Marketingzwecken zwingt die Unternehmen zur Interaktion mit den Konsumenten. Für das Marketing bedeutet dies, dass wechselseitig aufeinander gerichtete Handlungen gleichermaßen aktiver Kommunikationspartner eine mediumsinduzierte Wirkung sind, die inhaltsübergreifend die Frage nach Partizipation oder Nichtpartizipation des Konsumenten bei der Entwicklung der Marketingkommunikation zugunsten eines interaktionalen Grundverständnisses von Marketingkommunikation suspendiert.

Partizipative Marketingkommunikation (PMK) ist folglich eine Marketingkommunikationsdisziplin, die sich vornehmlich den strukturellen Wirkungen des Internets verdankt. Die PMK macht im Sinne Toflers (1980) aus Konsumenten Prosumenten, indem sie explizit in die Interpretation der Marke und in die Realisation des kommunikativen Outputs integriert werden.

Der seitens Unternehmen wie klassischer Markentheorie häufig beklagte Kontrollverlust über die Markenführung, der mit der PMK einhergeht, zeigt die heutigen Grenzen des Sender-Empfänger-Modells der Marketingkommunikation auf. Chuck Porter, Mitgründer einer international renommierten Kreativagentur aus den USA, formuliert entsprechend: „Bis zu einem gewissen Grad verlieren Sie die Kontrolle über die Markenwahrnehmung. Willkommen in der modernen Werbewelt, das sind die neuen Regeln. Marken müssen heute in einen engen Dialog, in einen Austausch mit ihren Zuhörern treten, sie können nicht mehr einfach nur Ankündigungen machen". (Porter 2008, S. 8)

Die PMK realisiert sich als *Consumer Generated Advertising* (CGA). Synonyme Begriffe sind Open Source Branding (Garfield 2005), self-generated advertising (Shimp et al. 2007), Engagement Marketing oder Vigilante Marketing (Muniz und Schau 2007). Sie bezeichnen nicht bezahlte Werbung und Marketingmaßnahmen, die von Markenanhängern im Interesse von Unternehmen – meistens promotional im Rahmen eines Wettbewerbs – geschaffen werden. Zu unterscheiden ist diese unmittelbar unternehmensinitiierte (sponsored) Form des CGA von der nicht unmittelbar unternehmensinitiierten (non-sponsored) Form, bei der ein Kommunikationsmittel, meistens in Form eines Spots, ohne ausdrückliche Aufforderung des Unternehmens durch einen Kunden, der als Marken-Fan bezeichnet werden kann, produziert und im Internet veröffentlicht wird (Bishop 2007). Bekanntes Beispiel ist der Apple iPod-Touch-Spot von Nick Haley, der von der Apple-Agentur TBWA/Chiat/Day 2007 auf YouTube entdeckt, professionell nachproduziert und im Fernsehen ausgestrahlt wurde.

Als weitere Erscheinungsform der PMK sind *Markengemeinschaften* zu nennen. Besonders interaktionsorientierte Marken mit einer starken medienfunktionalen Ausprägung ihrer Marketingkommunikation kommen nicht darum herum, sich zwecks Erhöhung der Vergesellschaftungskraft ihrer Marke mit dem Aufbau einer Kommunikationsplattform zur Bildung einer Markengemeinschaft (Brand Community) zu befassen. Gemäß dem maßgeblich von Muniz und O'Guinn (2001) geprägten Konzept der Brand Community wird eine Markengemeinschaft als eine Gemeinschaft von Bewunderern einer bestimmten Marke mit strukturierten sozialen Beziehungen definiert: „Like other communities it is marked by shared consciousness, rituals and traditions, and a sense of moral responsibility" (ebd., S. 412). Die Bildung von Markengemeinschaften geht folglich mit Sinngebungsprozessen einher, die ein sozialsystem-spezifisches kollektives Bewusstsein oder Wissen, einen Common Ground schaffen und im Folgenden auf diesem fußen. Dieser beinhaltet Erfahrungen betreffend den Markengebrauch und die in der Gemeinschaft geltenden Normen, Werte und Rollenerwartungen wie auch das Wissen über Rituale und Traditionen, die die Geschichte der Gemeinschaft aufrechterhalten. Er liefert der Gemeinschaft ihre

Identität und besitzt dank des Mechanismus der sozialen Reflexivität in der Gemeinschaft intersubjektive Geltung.

Das Markenmanagement gerät durch Markengemeinschaften in eine paradoxale Situation. Einerseits müssen gemäß einem instrumentellen, plandeterminierten Markenmanagement Ziele und Maßnahmen zur Zielerreichung definiert werden. Andererseits schließt die Autonomisierung der Markengemeinschaft ihre intendierte Steuerbarkeit und Instrumentalisierung durch das Markenmanagement aus, was im Ergebnis darauf hinausläuft, dass sich dieses mit den Möglichkeiten der Planung des Unplanbaren befassen muss. Brand Community Management entpuppt sich damit als ein Oxymoron, und Markenmanager finden sich in der für sie hoch riskanten Situation wieder, dass sie die Ausrichtung der Markengemeinschaft der Selbstorganisation der Gemeinschaft überlassen müssen. Dies wird beispielsweise von dem Unternehmen Apple konsequent befolgt.

„User groups are independent organizations run by local volunteer Apple enthusiasts. Apple promotes and supports user groups, but the company does not own, manage, or direct them. They are not organized into a formal hierarchy; each operates independently." (Apple User Group Advisory Board (o. J.)

Konsequenterweise gilt es, nachdem sich eine Markengemeinschaft konstituiert hat, diese in ihrer Selbstorganisation und selbst gesteuerten Entwicklung zu unterstützen, ein Enabling vorzunehmen. Das heißt, dass kein aktiver Einfluss im Sinne eines Community Managements erfolgt, sondern vielmehr sichergestellt wird, dass die energetische Versorgung der Gemeinschaft gesichert ist. Dazu können das zur Verfügung stellen von aktuellsten Informationen zu Produkt und Marke oder von Prototypen, extra geschaffene Services und Ansprechpartner im Unternehmen für die Community, die Unterstützung bei physischen Treffen der Gemeinschaft etc. zählen.

4.2 Guerilla Marketing (GM)

Der Output des Guerilla Marketing (GM) zielt primär auf die Aufmerksamkeitsgewinnung von Zielgruppen und -personen. Indirekt wird damit aber auch die Zielsetzung verfolgt Anschlusshandlungen auszulösen, besonders in Form medialer Berichterstattungen über die Guerilla Marketing-Maßnahmen und in Form von Anschlusskommunikationen über die Maßnahmen in den sozialen Netzwerken der Konsumenten. Guerilla Marketing stellt sich damit, wie es typisch für die modernen Marketingkommunikationsdisziplinen ist, als eine verzahnte, integrative Disziplin dar, die im Zusammenspiel mit Campaigning und Word-of-Mouth-Marketing Synergieeffekte hinsichtlich der Aufmerksamkeitsgewinnung der Konsumenten anstrebt.

Mit dem Guerillabegriff („kleiner Krieg"), der seinen Ursprung im spanischen Unabhängigkeitskrieg gegen die Fremdherrschaft Napoleons zu Beginn des 19. Jahrhunderts hat und der den Kampf kleiner Verbände oder von Partisanen gegen eine feindliche, übermächtige Armee bezeichnet, werden der Überraschungsmoment und die Unkonventionalität von Marketing-Maßnahmen betont. Mitte der 1980er Jahre wurde Guerilla Marketing

Abb. 3 Zebrastreifen als Ambient Medium
(Quelle: Gajewski (o. J.))

erstmalig durch Levinson systematisch aufbereitet. In dieser ursprünglichen Form ist es als Konzept für Unternehmensgründer und kleine Unternehmen konzipiert, die sich mit geringen finanziellen Ressourcen gegen überlegene, marktbeherrschende Großunternehmen durchsetzen müssen. Dabei kommt ihnen vor allem ihr weitaus höherer Grad an Flexibilität zugute, der es ihnen ermöglicht, schnell auf Umweltentwicklungen (Marktveränderungen, neue Medien, Servicenischen etc.) zu reagieren (Levinson 2008). Im Kontext von Marketingkommunikation kann unter Guerilla Marketing heute diejenige Marketingkommunikationsdisziplin verstanden werden, bei der mittels einer überraschenden, unkonventionellen inhaltlichen und medialen Realisation des Outputs möglichst effizient Aufmerksamkeit und Publizität für Marketinggegenstände erzielt werden soll.

Die konkreten Erscheinungsformen des GM lassen sich in zwei Kategorien einteilen: das Ambient Media Marketing und das Ambush Marketing.

Beim *Ambient Media Marketing* wird alles in der Umwelt der Menschen auf mediale Tauglichkeit geprüft. Livingstone, 2008 Präsidentin der International Communication Association (ICA), betitelte ihre „Presidential Address" mit „On the Mediation of Everything" und fragte damit genau nach diesem Punkt, wie der kommunikationswissenschaftliche Umgang mit der Beobachtung aussehen müsse, „… that information and communication technologies now mediate every dimension of society" (Livingstone 2009, S. 1 f.).

Die Leitfrage des Ambient Media Marketing lautet entsprechend: Was kann als Medium in einer Situation, in der sich Zielpersonen befinden, aufmerksamkeitsstark genutzt werden und hat dieses darüber hinaus einen Nachrichtenwert in dem Sinne, dass die Medien über dieses Kommunikationsangebot berichten? Allgemein können Ambient Media dann als Resultat von mehr oder weniger unkonventionellen Medialisierungen lebensweltlicher Situationen von Zielgruppen aufgefasst werden (vgl. Abb. 3 und 4).

Abb. 4 100-Meter-Sprinter Linford Christie mit Puma-Linsen (Quelle: Schober (1998))

Dabei gilt: Je unkonventioneller das Ambient Medium ist, desto weniger planbar ist dessen Einsatz und Ergebnis aufgrund nicht gegebener Erfahrungswerte, aber desto höher ist auch die Wahrscheinlichkeit, dass es zum Thema redaktioneller Berichterstattung wird, es also Campaining-Potenzial hat.

Auch die zweite Kategorie des GM, das *Ambush Marketing*, orientiert sich konsequent an den GM-Grundsätzen der Unkonventionalität und Effizienz. Es handelt sich hier um Maßnahmen, die sich auf ein medial präsentes Ereignis beziehen oder dieses als Plattform nutzen, um daraus einen ökonomischen Nutzen zu ziehen, ohne dass vom Unternehmen (Ambusher) ein eigener, das Ereignis unterstützender Beitrag als Sponsor oder Lizenznehmer geleistet wird. Bekanntes Beispiel ist der 100-Meter-Sprinter Linford Christie, der bei einer Pressekonferenz während der Olympischen Spiele 1996 in Atlanta mit Kontaktlinsen erschien, die das Puma-Logo zeigten (vgl. Abb. 4). Offizieller Sponsor aus der Sportartikelbranche dieser Spiele war Reebok.

In der Literatur liegen zahlreiche Vorschläge zur Klassifizierung der diversen Arten des Ambush Marketing vor, auf die hier nicht näher eingegangen werden kann (siehe den Überblick bei Tropp 2014).

4.3 Word-of-Mouth-Marketing (WOMM)

Seitdem William Whyte in der Zeitschrift Fortune 1954 einen Artikel veröffentlichte, in dem er sich mit der Wirkung von Word-of-Mouth (WOM) auf die Kaufhandlungen US-amerikanischer Konsumenten befasste, hat sich das Verständnis des Begriffs nicht wesentlich gewandelt. Gemeint war der persönliche Einfluss Dritter auf individuelle Kaufentscheidungen. Arndt (1967) legte der Advertising Research Foundation (ARF) eine erste umfassende Analyse des Forschungsstandes zu diesem Bereich vor, in der er zu dem Ergebnis kommt, dass sich WOM zu der wichtigsten Informationsquelle für den Konsumenten entwickelt.

Bezeichnet wird mit WOM heute die Kommunikation zwischen Konsumenten über die Charakteristika von Unternehmen, Produkten, Marken oder Services (Carl 2008; Mason 2008). Dieses Verständnis wird auch seitens der 2004 gegründeten US-amerikanischen Word of Mouth Marketing Association (WOMMA 2005, S. 2) geteilt: „the act of consumers providing information to other consumers". Aber erst wenn auf diese Kommunikation zwischen den Konsumenten seitens eines Unternehmens oder in dessen Auftrag von Dritten Einfluss genommen wird, handelt es sich um Marketingkommunikation und erst dann kann von Word-of-Mouth-Marketing (WOMM) gesprochen werden. Folgerichtig begreift die WOMMA (ebd.) unter WOM-Marketing, dass den Konsumenten ein Grund gegeben wird, über Produkte und Services zu reden.

In kommunikationsqualitativer Hinsicht liegt die Zielsetzung von WOMM damit vorrangig im Bereich der Mitteilung von für den Konsumenten relevanten Marketingkommunikationsangeboten, die Anschlusshandlungen in Form von Kommunikationsprozessen zwischen den Konsumenten auslösen sollen.

Plausibel scheint die Feststellung, dass WOMM seit Mitte der 1990er Jahre, bedingt durch die kommunikationstechnologischen Entwicklungen und die damit einhergehende Vervielfältigung der Möglichkeiten der medienvermittelten Individualkommunikation (E-Mail, Mobiltelefon, Blog, Chat, Social Media-Plattformen), eine noch größere Bedeutung erlangt hat, als diesem ohnehin schon zugeschrieben wurde (Allsop et al. 2007; Schulz et al. 2008).

Der Grund für die hohe Bedeutung des WOMM wird allgemein in dem Vertrauenskonstrukt gesehen. Vertrauen, so die Annahme im WOMM-Zusammenhang, ist bei Kommunikationspartnern in Consumer-to-Consumer-Kommunikationssituationen größer als in Business-to-Consumer-Situationen. Ein Konsument vertraut eher einem anderen Konsumenten als dem Unternehmen oder dem Händler, der das Produkt herstellt bzw. vertreibt. Die Relevanz des WOMM-Kommunikationsangebots für den Konsumenten speist sich demnach aus dem Kontext der Kommunikationssituation, konkret: aus dem Vertrauen in den Kommunikationspartner.

Hinsichtlich der Erscheinungsformen des WOMM können Viral Marketing und Social Media Marketing genannt werden. Auch wenn diese beiden Formen nicht trennscharf voneinander unterschieden werden können, haben sie jedoch jeweils eigene charakteristische Schwerpunkte.

Das *Viral Marketing* hat seinen Schwerpunkt in der Geschwindigkeit der Ausbreitung von WOM und in der resultierenden großen Anzahl an informierten Personen. Dies soll in Analogie zum Phänomen des Virus zum Ausdruck gebracht werden: die epidemische, flächendeckende und wirkungsvolle Verbreitung einer Marketing-Botschaft innerhalb eines Netzwerkes.

Anders als beim Viral Marketing steht beim *Social Media Marketing* nicht so sehr die Geschwindigkeit der Ausbreitung von WOM und die große Anzahl an informierten Personen im Vordergrund. Der Fokus liegt vielmehr auf den Interaktionen der Internetnutzer, bspw. auf sozialen Netzwerken (Facebook, Twitter, Google + etc.), die selbstverständlich aber virale Effekte zur Folge haben können. Neben dieser Funktion des Vernetzens stehen den Unternehmen auch weitere Social Media-Funktionen für ihre Marketingkommunikation zur Verfügung. Genannt werden können Publizieren und Darstellen (z. B. Weblog, Videocast), Wissen strukturieren (z. B. Wiki, Tagging) oder Informieren (RSS/Really Simple Syndication) (Zerfaß und Sandhu 2008).

4.4 Utility Marketing (UM)

Utility Marketing (UM) will dem Konsumenten in dem Moment, in dem er mit dem Marketingkommunikationsangebot in Berührung kommt, einen Nutzen bieten. Dazu werden Kommunikationsangebote eingesetzt, die der Gewinnung von werbereaktanzloser Aufmerksamkeit dienen und Rezeptionsrelevanz haben. Mit Rezeptionsrelevanz ist folglich allgemein der kontextuelle Nutzen von Marketing-Kommunikationsangeboten gemeint, der sich während der Rezeption des Marketingkommunikationsangebotes aufgrund dessen Passung mit der Lebenswelt des Konsumenten und der Rezeptionssituation ergibt.

Der Begriff Utility Marketing geht auf den Gedanken der „Branded Utility" zurück, wie er 2006 von Benjamin Palmer eingeführt wurde. Er meint damit: „I believe the next stage of brand advertising is going to be in the realm of ‚branded utility' … For the same budget and energy as we expend on current forms of advertising, we could be making something more tangible, useful and reusable that plays a more integral part in the consumer's life" (Palmer 2006; zitiert nach Iezzi 2006, S. 18). Bernardin (Leo Burnett Worldwide) fasst den zentralen Gedanken des UM folgendermaßen zusammen: „It is the art of ditching overt marketing messages in favor of *services*: providing something useful, relevant, or entertaining that embeds itself much deeper into everyday life than a 30-second commercial ever could" (Bernardin und Kemp-Robertson 2008, S. 132, Hervorh. im Original).

Theoretisch lässt sich UM mit dem Uses-and-Gratifications-Ansatz fundieren (Rubin 2009). Er nimmt den Empfänger als obersten Bezugspunkt und dreht damit die klassische Fragestellung der Wirkungsforschung „what do the media do to people?" um in: „what do people do with the media?" (Katz und Foulkes 1962, S. 378). Der Ansatz geht also von einem Publikum aus, das die Medien bewusst und selektiv nutzt, um seine Bedürfnisse zu befriedigen und um auf diese Weise durch die Mediennutzung Belohnungen („gratifications") zu erhalten. Bonfadelli (2004) schlägt dabei die Unterscheidung in kognitive, affektive, soziale und habituelle Bedürfnisse vor. Mit letzteren wird dem Umstand Rechnung getragen, dass Medien nicht nur intentional und zielgerichtet, sondern auch aus Gewohnheit und ritualisiert genutzt werden. Der Nutzen der Marketingkommunikation ergibt sich für den Konsumenten dann aus dem subjektiv empfundenen Maß der Bedürfnisbefriedigung/der Belohnung, wie sie sich aus der jeweiligen Medienrezeption ergibt (Hohl 2011). Derartige nutzenstiftende, kontextpassende Kommunikationsangebote werden vom Rezipienten als relevant eingestuft.

Den Erscheinungsformen des UM (Branded Entertainment, Markenmedien, Branded Services) liegt das Prinzip der *Hybridisierung* zugrunde, mit der das Rezeptionsrelevanzdefizit klassischer Werbung umgangen werden soll. Dazu findet eine organisatorische und/oder inhaltliche Vermischung von Marketingkommunikations- und Mediensystem sowie darüber hinaus von Marketingkommunikationssystem und Lebenswelt der Zielpersonen im Allgemeinen statt. Branded Entertainment ist wesentlich durch Balasubramanian (1994) und seinem Konzept der Hybrid Messages geprägt worden. Sein Grundgedanke ist, die Vorteile aus werblicher Kommunikation (Kontrolle über Inhalt und Format der Botschaft) und nicht-werblicher Kommunikation (Glaubwürdigkeit der Quelle, Involvement) miteinander zu verbinden. Beispiele sind Branded Films (James Bond Reihe/diverse Markenprodukte), In-Game-Advertising (Worms 3D/Red Bull) oder Branded Printprodukte (Product Placement und Produkt-PR in nahezu allen Zeitschriften).

Auch in den bereits oben erwähnten Markenmedien, die Resultat der Medienfunktion der Marketingkommunikation sind, verschmelzen redaktionelle und werbliche Inhalte zu einer undifferenzierbaren Einheit. Ihre Relevanz verdankt sich der Unterhaltung, Entspannung, dem Informationsnutzen oder der sozialen Vernetzung.

Die Branded Services schließlich realisieren sich als hybride Services von Marken an der Schnittstelle von Marketingkommunikationssystem und Lebenswelt der Zielpersonen. Sie sind eine sehr junge Hybridisierungsform, die sich erst in den 2000er Jahren im Marketingkommunikationssystem entwickelt hat. Im Mittelpunkt steht der einfache Gedanke, dass die Marke für Zielpersonen in ihrer Lebenswelt von einem Nutzen sein soll, der über den an ihren unmittelbaren Konsum und Gebrauch geknüpften Nutzen hinausgeht. Die Marke soll eine Servicefunktion innehaben und zum integralen Bestandteil lebensweltlicher Situationen und Handlungen von Zielpersonen werden, wie beispielsweise die diversen zum Download bereit stehenden mobilen Applikationen für Smartphones. Andere Beispiele sind:

- Das Nike + Fuelband stellt seinen Nutzern eine Personal-Trainer-Funktion für den alltäglichen Gebrauch zur Verfügung.
- Das US-amerikanische Handelsunternehmen Best Buy hat den Service „Twelpforce" kreiert. „A digitized army of Best Buy employees available 24/7 on Twitter. And not to push products – but to provide twelp. A new term for technical help in tweet form. Anyone with a question could shoot a tweet to @twelpforce, at any time. And over 2000 expert Blue Shirts would race to give the fastest, bestest answers." (Crispin, Porter + Bogusky 2010)
- Das Handelsunternehmen Tesco realisierte in Süd-Korea den Homeplus Subway Virtual Store: „Let the store come to the people! We created virtual stores in subway stations hoping to blend into people's everyday lives. Our first attempt was at busy subway stations in rush hours. Although virtual, the displays were exactly the same as actual stores – this included the merchandising. Only one thing is different, you use smart phones to shop! Scan the QR code with your phone, and the product automatically lands in your on-line cart! When the online purchase is done, it will be delivered to your door right after you get home." (Cheil Worldwide 2011)

5 Fazit

Die Entwicklung der Marketingkommunikation mit ihrer Abkehr vom Sender-Empfänger-Modell und der Ausbildung einer Medienfunktion stellt die Unternehmen vor große Herausforderungen. So vergrößern die neuen Kommunikationsdisziplinen nicht nur in quantitativer Hinsicht das Portfolio marketingkommunikativer Strategien. Darüber hinaus konfrontieren sie die Unternehmen mit den Anforderungen von qualitativ hochwertigen Kommunikationsangeboten und -prozessen. Aufmerksamkeit, Relevanz und Anschlusshandlungen resultieren als wichtige Zieldimensionen der Marketingkommunikation in medial hochgerüsteten und zunehmend internetzentrierten Märkten.

Die Konsequenzen für das Kommunikationsmanagement sind beachtlich. Die immer deutlicher werdenden Grenzen der Instrumentalisierung von Kommunikation für Marketingzwecke lassen den Ruf nach dem Business Case der Marketingkommunikation, der in letzter Zeit ohnehin in der Praxis nicht zu überhören war, noch dringlicher erscheinen. Ein plangesteuertes Management basiert auf der Definition von Zielen und Maßnahmen zur Zielerreichung. Dies gilt auch für die Marketingkommunikation. Denn auch hier finden anfallende Kosten nur als erfolgreiche Investitionen, nachgewiesen durch einen Soll-/Ist-Abgleich, ihre Berechtigung.

Ein Lösungsansatz ist in einem integrierten Unternehmenskommunikationsmanagement zu sehen, das Marketingkommunikation und PR auf operativer, strategischer und normativer Managementebene verzahnt und mit einem Kennzahlensystem für die Prozessphasen der Unternehmenskommunikation versieht. Die größte Herausforderung dabei ist die Zurechnungsproblematik. Wie können unternehmenskommunikativer Output und Outflow-Ziele bei grundsätzlich nicht gegebenen Kausalitätsverhältnissen in der Unternehmenskommunikation plausibel aufeinander bezogen werden? Dies kann nur über äußerst sorgfältige Zieldefinitionen und Zielfeststellungsmethoden gelöst werden, die dem Wesen der Kommunikation gerecht werden, nämlich ihre grundsätzlich unvermeidbare Unzuverlässigkeit und Unbestimmtheit.

Literatur

Allsop, D. T., Bassett, B. R., & Hoskins, J. A. (2007). Word-of-Mouth research: Principles and applications. *Journal of Advertising Research, 47*(4), 398–411.
Apple User Group Advisory Board (o.J.). Apple User Group Advisory Board: Apple User Group Ressources – User Groups FAQ. http://appleusergroupresources.com/?page_id=203. Zugegriffen: 07. Jan 2014.
Arndt, J. (1967). *Word of mouth advertising*. New York: Advertising Research Foundation.
Baetzgen, A., & Tropp, J. (Hrsg.). (2013). *Brand Content. Die Marke als Medienereignis*. Stuttgart: Schäffer-Poeschel.
Balasubramanian, S. K. (1994). Beyond Advertising and Publicity: Hybrid Messages and Public Policy Issues. *Journal of Advertising, 57*(4), 29–46.

Bernardin, T., & Kemp-Robertson, P. (2008). Wildfire 2008: Creativity with a human touch. *The Journal of Advertising, 37*(4), 131–135.
Bishop, C. (2007). *Customer-Generated advertisements*. Paper presented at the social media marketing symposium May 9, 2007, Kellog School of Management, MMC, Northwestern University. http://www.mediamanagementcenter.org/social/whitepapers/BISHOP.pdf. Zugegriffen: 23. Jul. 2009.
Bonfadelli, H. (2004). *Medienwirkungsforschung, Bd. 1: Grundlagen und theoretische Perspektiven* (3. Aufl.). Konstanz: UVK.
Bruhn, M. (2008). *Relationship Marketing: Das Management von Kundenbeziehungen* (2. Aufl.). München: Vahlen.
Bruhn, M. (2009). Das kommunikationspolitische Instrumentarium. In M. Bruhn, F. -R. Esch, & T. Langner (Hrsg.), *Handbuch Kommunikation* (S. 23–43). Wiesbaden: Gabler.
Carl, W. J. (2008). The role of disclosure in organized word-of-mouth marketing programs. *Journal of Marketing Communications, 14*(3), 225–241.
Cheil Worldwide (2011). *Description of the campaign/entry*. Cannes: Cannes Lions International Festival of Creativity. http://www.canneslions.com. Zugegriffen: 01. Jul. 2007.
Crispin, Porter + Bogusky (2010). *Description of the campaign/entry*. Cannes: Cannes Lions International Festival of Advertising. http://www.canneslions.com. Zugegriffen: 04. Jul. 2007.
DMV (o. J.). *Verbandswebsite des Deutschen Marketing-Verbandes*. http://www.marketingverband.de. Zugegriffen: 07. Jan. 2014.
Friestadt, M., & Wright, P. (1994). The persuasion knowledge model: How people cope with persuasion attempts. *Journal of Consumer Research, 21*(1), 1–31.
Gajewski, G. (o. J.). *Gute Werbung, schlechte Werbung*. http://www.gutewerbung-schlechtewerbung.de. Zugegriffen: 07. Jan. 2014.
Garfield, B. (2005). Listeneconomics. *Advertising Age, 76*(41), 17.
Herger, N. (2004). *Organisationskommunikation. Beobachtung und Steuerung eines organisationalen Risikos*. Wiesbaden: VS Verlag für Sozialwissenschaften.
Hohl, N. A. D. (2011). *Nutzen als Basis von Kaufentscheidungen. Die Bedeutung von Bedürfnissen und Ressourcen für das Konsumentenverhalten*. Frankfurt am Main: Peter Lang.
Hovland, C. I., Janis, I. L., & Kelley, H. H. (1953). *Communication and persuasion*. New Haven: Yale University Press.
Iezzi, T. (2006). Consumers to brands: Make yourselves useful. *Advertising Age, 77*(33), 18.
Joachimsthaler, E. A., & Aaker, D. A. (2000). Aufbau von Marken im Zeitalter der Post-Massenmedien. In F.-R. Esch (Hrsg.), *Moderne Markenführung* (2. Aufl., S. 509–534). Wiesbaden: Gabler.
Katz, E., & Foulkes, D. (1962). On the use of the mass media as „Escape": Clarification of a concept. *Public Opinion Quarterly, 26*(3), 377–388.
Levinson, J. C. (2008). *Guerilla Marketing des 21. Jahrhunderts*. Frankfurt am Main: Campus.
Livingstone, S. M. (2009). On the mediation of everything. *Journal of Communication, 59*(1), 1–18.
Mason, R. B. (2008). Word of mouth as a promotional tool for turbulent markets. *Journal of Marketing Communications, 14*(3), 207–224.
Mast, C., Huck, S., & Güller, K. (2005). *Kundenkommunikation*. Stuttgart: Lucius & Lucius.
McGuire, W. J. (1989). Theoretical foundations of campaigns. In R. Rice & C. K. Atkin (Hrsg.), *Public communication campaigns* (2nd ed., S. 43–65). Newbury Park: Sage.
Meffert, H., Burmann, C., & Kirchgeorg, M. (2012). *Marketing. Grundlagen marktorientierter Unternehmensführung* (11. Aufl.). Wiesbaden: Gabler.
Merten, K. (1994). Wirkungen von Kommunikation. In K. Merten, S. J. Schmidt, & S. Weischenberg (Hrsg.), *Die Wirklichkeit der Medien* (S. 291–328). Opladen: Westdeutscher Verlag.
Mock, T. (2006). Was ist ein Medium? *Publizistik, 51*(2), 183–200.
Muniz, A. M., & O'Guinn, T. (2001). Brand community. *Journal of Consumer Research, 27*(4), 412–432.

Muniz, A. M., & Schau, H. J. (2007). Vigilante marketing and consumer-created communications. *The Journal of Advertising, 36*(3), 35–50.

Nitschke, D. (2011). Ich war Tarzan. Plädoyer für die Marke als lernendes System und ein kreative, interaktive und emphatische Markenarbeit. In A. Baetzgen (Hrsg.), *Brand Planning. Starke Strategien für Marken und Kampagnen* (S. 65–78). Stuttgart: Schäffer-Poeschel.

Porter, C. (2008). Die Adressaten hören der Botschaft zu. Dialog. Das Magazin für Direktmarketing April 2008, 5–9.

Riedel, H. (2003). *Politik & Co. Klasse 7./8. Schülerbuch. Sozialkunde und Wirtschaft für das Gymnasium*. Bamberg: Buchner.

Rolke, L., & Zerfaß, A. (2010). Wirkungsdimensionen der Kommunikation. In J. Pfannenberg & A. Zerfaß (Hrsg.), *Wertschöpfung durch Kommunikation. Kommunikations-Controlling in der Unternehmenspraxis* (S. 50–60). Frankfurt am Main: F.A.Z.-Buch.

Rosinski, B. (2009). Ende der diktatorischen Versprechen. *Horizont,* (28), 21.

Rubin, A. M. (2009). Uses and gratifications: An evolving perspective of media effects. In R. L. Nabi & M. B. Oliver (Hrsg.), *Media processes and effects* (S. 147–159). Thousand Oaks: Sage.

Schober, A. (1998). *Leuchtlinsen und Lidschatten.* www.imagine-space.net/pdf/schober.pdf. Zugegriffen: 07. Jan. 2014.

Schulz, S., Mau, G., & Löffler, S. (2008). Motive und Wirkungen im viralen Marketing. In B. Hass, G. Walsh, & T. Kilian (Hrsg.), *Web 2.0. Neue Perspektiven für Marketing und Medien* (S. 249–270). Berlin: Springer.

Shayon, S. (2011). P & G expands digital branded content as soap operas fade to black. *Brandchannel.* www.brandchannel.com/home/post/PG-Evolves-Branded-Content-Strategy.aspx. Zugegriffen: 07. Jan. 2014.

Shimp, T. A., Wood, S. L., & Smarandescu, L. (2007). Self-Generated advertisements: Testimonials and the perils of consumer exaggeration. *Journal of Advertising Research, 47*(4), 453–461.

Szyszka, P. (2013). Organisationskommunikation. In G. Bentele, H.-B. Brosius, & O. Jarren (Hrsg.), *Lexikon Kommunikations- und Medienwissenschaft* (2. Aufl., S. 259). Wiesbaden: VS Verlag für Sozialwissenschaften.

Theis-Berglmair, A. M. (2003). *Organisationskommunikation. Theoretische Grundlagen und empirische Forschung* (2. Aufl.). Münster: LIT.

Toffler, A. (1980). *The third wave. The classic study of tomorrow.* New York: Bantam Books.

Tropp, J. (2012). Konsequenzen der Medienfunktion für das Markenmanagement. *HMD - Praxis der Wirtschaftsinformatik, 49*(287), 52–60.

Tropp, J. (2014). *Moderne Marketing-Kommunikation. System, Prozess, Management* (2. Aufl.). Wiesbaden: Springer VS.

Wilkens, R. (1995). Werbewirkungsforschung. *Planung & Analyse, 4*(1), 21–22.

WOMMA Word of Mouth Marketing Association (2005). Word of Mouth 101. http://www.nick-rice.com/docs/word_of_Mouth101_Womma.pdf. Zugegriffen: 07. Feb. 2014.

Zerfaß, A., & Sandhu, S. (2008). Interaktive Kommunikation, Social Web und Open Innovation: Herausforderungen und Wirkungen im Unternehmenskontext. In A. Zerfaß, M. Welker, & J. Schmidt (Hrsg.), *Kommunikation, Partizipation und Wirkungen im Social Web, Bd. 2: Strategien und Anwendungen: Perspektiven für Wirtschaft, Politik und Publizistik* (S. 283–310). Köln: Herbert von Halem.

Interne Unternehmenskommunikation: Mitarbeiter führen und motivieren

Claudia Mast

Zusammenfassung

Interne Kommunikation als Forschungs- und Praxisfeld macht Karriere. Jedoch ist der Erfolg interner Kommunikationsabläufe an zahlreiche Voraussetzungen gebunden. Der Beitrag behandelt die unterschiedlichen theoretischen Perspektiven und Zugänge, vor allem aus der Management- und Organisationslehre sowie der Public Relations, und analysiert rezipienten- und mitarbeiterzentrierte Ansätze. Das Praxisfeld interne Kommunikation wird strukturiert vor dem Hintergrund, wie in der Wahrnehmung der Mitarbeiter aus Informationen sinnstiftende Orientierungen werden. Entscheidend ist die Einbindung in leistungsfähige Kommunikationsnetze. Der persönlichen Kommunikation und dem Verhalten der Manager als Kommunikatoren kommt hierbei eine zentrale Rolle zu. Je intensiver die Kommunikation in den Unternehmen über Netzwerke abläuft und je weniger steuerbar sie wird, desto wichtiger wird Führung durch Kommunikation.

Schlüsselwörter

Interne Kommunikation · Mitarbeiterkommunikation · Organisationskommunikation · Mitarbeiterzeitschrift · Intranet · Netzwerkkommunikation · Unternehmenskommunikation · Kommunikationsmanagement

---

C. Mast (✉)
Universität Hohenheim, Institut für Kommunikationswissenschaft
Fruwirthstraße 49, 70595 Stuttgart, Deutschland
E-Mail: sekrkowi@uni-hohenheim.de

1 Interne Kommunikation als Handlungsfeld

Dem Gegenstandsbereich der internen Unternehmenskommunikation, die in den letzten Jahren in Wissenschaft und Praxis an Bedeutung gewonnen hat, steht eine Vielzahl an Begrifflichkeiten gegenüber: Interne Public Relations, Internal Relations oder – verkürzt – Mitarbeiterinformation. Der letztgenannte Begriff ist zwar in der Praxis und der betriebswirtschaftlichen Literatur weit verbreitet, kann aber missverstanden werden. Es geht nicht allein um Information, sondern um Kommunikation. Information beschreibt einseitige Austauschprozesse zwischen einem im Zweifel (all-)wissenden Kommunikator und in der Regel passiven Informationsempfängern, während Kommunikation den Austausch zwischen im Idealfall gleichberechtigten Partnern beinhaltet.

1.1 Bedeutung der internen Kommunikation

Die interne Kommunikation im Unternehmen emanzipiert sich als eigenständiges Praxis- und Forschungsfeld. Die große Bedeutung von Kommunikation für die Abläufe im Unternehmen und letztendlich für den Unternehmenserfolg wird in Praxis und Wissenschaft zunehmend erkannt. Denn: Es gilt, die Mitarbeiter angemessen zu informieren, sie fachlich wie sozial in das Unternehmen einzubinden und ihre Motivation zu stärken. Dies auch in Zeiten eines permanenten Veränderungsprozesses zu erreichen, wird zum zentralen Ziel der Kommunikationspraxis.

Mitarbeiterinformation und -kommunikation sind jedoch keineswegs einfach umzusetzen, nur weil die Empfänger der Botschaften und die Kommunikationspartner – anders als die externen Bezugsgruppen eines Unternehmens – in eine Organisation eingebunden und ihr gegenüber verpflichtet sind, also unmittelbar angesprochen werden können. Die Annahme, wenn eine Botschaft die Mitarbeiter und Führungskräfte erreicht, wird sie auch aufgenommen, verstanden und akzeptiert, ist auch in der internen Kommunikation ein Trugschluss. Sie drückt eine vereinfachte Vorstellung der Wirkungsweise von Kommunikation aus und überschätzt die Steuerungsmöglichkeiten des internen Kommunikationsmanagements. Häufig spricht aus einer solchen Haltung auch die fehlende Bereitschaft der Verantwortlichen, sich mit den Sorgen, Unsicherheiten oder gar Ängsten der Mitarbeiter auseinander zu setzen.

Der Erfolg in der internen Kommunikation, der sich an Wissenszuwächsen, Einstellungs- oder gar Verhaltensänderungen der Mitarbeiter und Führungskräfte bemisst, ist an zahlreiche Voraussetzungen gebunden. Wenn der tiefgreifende Wandel in Unternehmen, der Mitarbeiter häufig verunsichert, der Normalfall ist und das Vertrauen in das Management schwindet, wird es schwieriger, die Mitarbeiter kommunikativ zu erreichen. Der Wertewandel in der Bevölkerung und die Umbrüche im Mediensystem erschweren zudem die Bedingungen: Die Menschen sind angesichts einer immer größeren Zahl von Medienangeboten, die auf individuelle Bedürfnisse zugeschnittene Informationen liefern und einen Dialog ermöglichen, anspruchsvoll, kritisch und nutzen verschiedene Quellen.

Die interne Kommunikation bekommt mehr und mehr Konkurrenz – innerhalb ebenso wie außerhalb des Unternehmens. Hinzu kommt die enorme Vielfalt der Kommunikationsaufgaben im Unternehmen.

> **Interne Unternehmenskommunikation**
> Interne Unternehmenskommunikation umfasst sämtliche kommunikative Prozesse, die sich in einem Unternehmen zwischen Mitarbeitern der verschiedenen Abteilungen und Hierarchiestufen abspielen. Sie reicht von Alltags- bis zu Krisensituationen und sorgt dafür, dass Wissen, gemeinsame Werte und Unternehmensziele für alle Mitarbeiter zugänglich und erlebbar werden.

Das Management im Allgemeinen (Unternehmensführung) und das Kommunikationsmanagement im Speziellen (Unternehmenskommunikation) haben bei der Gestaltung der Kommunikationsbeziehungen unterschiedliche Möglichkeiten und Reichweiten. Einige Kommunikationsbeziehungen im Unternehmen – wie die Führungskräftekommunikation – sind dabei einfacher zu managen, andere – wie die aufgabenbezogene Kommunikation – wiederum schwerer und aufwändiger. Die informellen Kommunikationsformen sind zudem sehr begrenzt plan- und gestaltbar.

Über das Verständnis von Kommunikation als Managementaufgabe gewinnen Ansätze an Bedeutung, die Kommunikation als ganzheitliche Aufgabe im Unternehmen begreifen und verschiedene Ansatzpunkte für das Kommunikationsmanagement nutzen, um den Informationsfluss und die Kommunikationsbeziehungen im Unternehmen im Sinne der Unternehmensziele zu gestalten. Sie nehmen immer häufiger die Mitarbeiterperspektive ein, denn ob Kommunikation gelingt und erfolgreich ist, entscheidet sich bei den Mitarbeitern als Adressaten und Beteiligten in Kommunikationsprozessen.

Aus der Perspektive des Managements ist Kommunikation also die Voraussetzung für das Funktionieren und die Zielerreichung von Unternehmen, die sich durch schnelles Agieren Wettbewerbsvorteile auf den Märkten sichern wollen. Sie schafft zum einen den *Bedeutungsrahmen*, vor dessen Hintergrund die Mitarbeiter die Informationen interpretieren und Kriterien entwickeln, nach denen sie entscheiden und handeln. Zum anderen ist die *Kommunikation ein Prozess*, durch den sie Entscheidungen in die Praxis umsetzen. Denn durch Kommunikation mit anderen können sie ihre Absicht ausdrücken, die ihr Handeln bestimmt, und sie lernen die Restriktionen kennen, die ihre Entscheidungen einschränken.

1.2 Perspektiven und Zugänge

Aus den jeweils vorherrschenden Vorstellungen von interner Kommunikation als Forschungs- und Praxisfeld ergeben sich unterschiedliche Zugänge zu diesem Gegenstandsbereich. Vor allem die Management- und Organisationslehre sowie die PR spielen dabei eine Rolle.

Die *Management- und Organisationslehre* betrachtet Kommunikation vor dem Hintergrund bestimmter Aufgaben und Situationen. Kommunikation besitzt dann eine „dienende" Funktion, wenn es darum geht, das Personal zu führen oder effektive Arbeitsvorgänge zu implementieren. Diese Ansätze verwenden häufig ein sehr vereinfachendes Kommunikationsverständnis und Mitarbeiterbild gleichermaßen. Technische Kommunikationsverständnisse und lineare Stimulus-Response-Modelle prägten lange Zeit die wissenschaftliche Diskussion (Jablin 2008).

In der Tradition der Public Relations (*PR*) wird ein stakeholderbezogener Zugang zur internen Kommunikation (Wright 2009; Quirke 2008) gewählt. Das Beziehungsmanagement mit verschiedenen Mitarbeitergruppen, die nach der Stellung in der Organisationshierarchie – etwa Führungskräfte im mittleren und oberen Management – oder nach Tätigkeitsbereichen – etwa in Stab, Vertrieb oder Produktion – differenziert werden, rückt in den Blick. Dabei geht es um das strategische Kommunikationsmanagement, bei dem vor allem die zentrale Kommunikation vom Management zu den Mitarbeitern (top-down) und in umgekehrter Richtung (bottom-up) eine Rolle spielt. Spezielle Zielgrößen der internen PR – verstanden als Kommunikationsfunktion des Unternehmens – sind Motivation, Identifikation und „Commitment" (Bindung der Mitarbeiter an das Unternehmen), aber auch Problemlösung und Effizienz (Mast 2012a; Wright 2009; Quirke 2008). Sie ergänzen Reputation, Image und Marke (Hubbard 2004) als die grundlegenden Steuerungsgrößen der PR.

Beide Bereiche – Management- und Organisationslehre sowie PR – können sowohl als Praxis- als auch Forschungsfeld beschrieben werden. Als Forschungsfelder besitzen sie jeweils spezielle analytische und theoretische Zugänge, die – wie skizziert – das bestimmen, was als interne Kommunikation in den Blickpunkt rückt. Traditionell spielen in der Management- und Organisationsforschung ebenso wie in der PR-Forschung dabei mehr oder weniger direkte Bezüge zur Management- und Kommunikationspraxis eine große Rolle. Die Forschung ist instrumentell und funktional ausgerichtet. Sie betrachtet Kommunikation also vor dem Hintergrund der Organisationsziele und leitet dementsprechend Handlungsempfehlungen ab.

Insbesondere in der PR-Forschung gewinnen nun aber auch andere theoretische Perspektiven an Bedeutung, die Abstand vom funktionalen Paradigma nehmen und nicht den Anspruch haben, dass ihre Erkenntnisse für die Kommunikationspraxis direkt verwertbar sind. PR- und Kommunikationsphänomene rücken dann sehr grundsätzlich in den Blick. Ziel ist es, sie z. B. mit interpretativen Ansätzen sozial- und kommunikationstheoretisch zu beschreiben bzw. zu erklären (für die PR-Forschung siehe etwa Sandhu 2012). In der Vergangenheit waren solche übergreifenden Perspektiven bezogen auf die interne Kommunikation vor allem in soziologisch und sozialpsychologisch geprägten Zweigen der Organisationskommunikationsforschung zu finden. Diese Disziplinen fragen grundlegend nach den Rahmenbedingungen und Möglichkeiten von Kommunikation innerhalb von Organisationen. Dynamiken zwischen Organisationsstrukturen und deren Ausprägungen in Unternehmen als speziellen Organisationstyp auf der einen und dem (Kommunikations-)Verhalten der Organisationsmitglieder auf der anderen Seite stehen im Mittelpunkt (Theis-Berglmair 2003).

1.3 Forschungsfeld in Bewegung

Das Forschungsfeld der internen Kommunikation ist geprägt durch viele Perspektiven und Zugänge, die jedoch bislang kaum miteinander verbunden sind. Die interne Kommunikation ist eher zufälligen theoretischen Bezügen unterworfen und in ihrer Besonderheit gelegentlich aus der Perspektive der Organisation, aber nahezu nie aus der Sicht des Individuums beleuchtet worden. Erst in jüngerer Zeit etabliert sich eine Forschung, die interne Kommunikation systematisch aus der Perspektive der PR und des Kommunikationsmanagements betrachtet und dabei auch Erkenntnisse und Zugänge anderer Disziplinen berücksichtigt. Die eher betriebswirtschaftlich und organisationstheoretisch orientierte Forschungstradition der Organisationskommunikation und die eher sozialwissenschaftlich ausgerichtete PR-Forschung finden langsam zusammen.

Bislang beschäftigte sich die PR-Forschung meist punktuell mit den Besonderheiten der internen Kommunikation (Grunig 1992; Röttger 2000). Die häufige Wiederholung der Formel „PR begins at home" lenkte den Blick meist nur auf die zeitliche Abfolge der internen und externen Zielgruppen. Die stark praxisorientierte Literatur zur internen Unternehmenskommunikation (Klöfer und Nies 2003; Schick 2010) findet bei Huck-Sandhu (2010) eine systematische sozialwissenschaftliche Aufarbeitung und kommunikationstheoretische Fundierung. Dabei werden die Erkenntnisse der Organisationsforschung, die wichtige Grundlagen zur Kommunikation in Unternehmen und zu deren strategischem Management liefert, mit der PR-Forschung verknüpft bzw. aus deren Perspektiven aufgearbeitet. Die große Bedeutung der internen Kommunikation für den Unternehmenserfolg im Allgemeinen und das Kommunikationsmanagement im Speziellen wird erkannt – auch weil sich die Rahmenbedingungen massiv verändert haben. Mitarbeiter informieren sich auch aus externen Quellen über ihr Unternehmen. Spätestens beim Einsatz der Social Media in der internen Kommunikation (Wright 2009) wird deutlich, wie fragwürdig die Grenzziehung zwischen interner und externer Kommunikation inzwischen geworden ist.

Konsequenterweise nehmen jüngere Forschungsansätze Abstand von einseitigen organisations- und kommunikatorzentrierten Perspektiven. Die Mitarbeiter, deren Bedürfnisse in Unternehmen sowie Prozesse der individuellen Informationsverarbeitung geraten in den Blick. Interne Kommunikation wird nun mit Konzepten des Engagements und des „Commitments" von Mitarbeitern in Bezug gesetzt (Welch 2011; Quirke 2008).

Das Employee-Engagement-Modell (Welch 2011, S. 340) erfasst z. B. Wirkungen der internen Kommunikation auf das Mitarbeiterengagement in Unternehmen. Engagement wird dabei als ein Komponenten-Konstrukt angesehen, das emotionale, kognitive und konative Dimensionen beinhaltet. Sie werden mit Hingabe, Aufnahmefähigkeit und Tatendrang assoziiert.

Huck-Sandhu (2010) stellt die Orientierungsfunktion der internen Kommunikation für Mitarbeiter und Führungskräfte in den Mittelpunkt. Die Autorin urteilt ernüchternd: Das Forschungsfeld sei hoch fragmentiert auf einzelne Anwendungsfelder, bei denen die praktische Umsetzbarkeit und betriebswirtschaftliche Messbarkeit im Vordergrund stehen. Zudem sei es durch eine klare „Managementzentrierung", „Parzellierung" und „Top-Down-Orientierung" einseitig geprägt (Huck-Sandhu 2010, S. 2 ff.). Mit dem Begriff der Managementzentrierung weist das Konzept auf die Dominanz unternehmens- versus mitarbeiterorientierter Ziele hin, d. h. die interne Kommunikation dient der betriebswirtschaftlichen Zielerreichung, bei der die Mitarbeiter lediglich Mittel zum Zweck sind. Mit Parzellierung wird das Gerangel um die Zuständigkeiten erfasst, z. B. zwischen Unternehmenskommunikation und Marketing oder Personal. Die Top-Down-Orientierung betont die Tatsache, dass die internen Medien als steuerbare Größen in der Literatur den größten Raum einnehmen.

Das Konzept von Huck-Sandhu (2010) ist strikt rezipienten- und mitarbeiterzentriert angelegt. Es begründet die Orientierungsfunktion der internen Kommunikation mikrotheoretisch und leitet Ansatzpunkte ab, wie das Kommunikationsmanagement diese fördern kann. Ziel von Kommunikation ist es, den Mitarbeitern und Führungskräften vielfältige Angebote für eine aus Sicht des Unternehmensmanagements wünschenswerte Orientierung zu vermitteln (Huck-Sandhu 2010, S. 70).

2 Internes Kommunikationsmanagement

Die PR-Forschung analysiert die Rolle interner Kommunikation als Teil des strategischen Managements (Mast 2012a) und stellt fest, dass sich dieser Kommunikationsbereich zunehmend als integraler Bestandteil der zentralen Kommunikationsfunktion (Tkalac Verčič et al. 2012) etabliert. Allerdings bleibt in diesem Praxisfeld unklar, auf welche Bereiche und Bezugsgrößen interner Kommunikation sich das Kommunikationsmanagement bezieht und wo genau die Verbindungslinien zur externen Kommunikation verlaufen. Denn auch wenn in Unternehmen die Grenzen zwischen „innen" und „außen" zunehmend durchlässig werden, gilt: Mitarbeiter sind spezielle Stakeholder, die als Mitglieder von Organisationen besonderen Bedingungen unterliegen.

2.1 Merkmale interner Kommunikation

Aus dem übergreifenden Blickwinkel der Organisations- und PR-Forschung betrachtet werden wichtige Merkmale interner Kommunikation sichtbar. Sie strukturieren das Analysefeld, legen fest, welche Gegenstände betroffen sind und liefern Hinweise, auf welche Weise interne Kommunikationsbeziehungen im Unternehmen gemanagt werden können.

- *Formalisierungsgrad*: Interne Kommunikation kann formell, d. h. nach vorgegebenen, meist explizierten Regeln und klar definierten Abläufen stattfinden oder informell, d. h. in einem nicht oder nur durch allgemeine soziale Normen reglementierten Umfeld (Mast 2012a, S. 185 ff.). Bei formeller Kommunikation wird in bestimmten, ausdrücklich festgelegten Rollen, „offiziell" kommuniziert. Situationen und Inhalte sind häufig standardisiert. Die Rollen der Kommunikationspartner ergeben sich dabei aus dem jeweiligen Status und den Aufgaben innerhalb einer Organisation. Formelle Kommunikationsformen sind häufig hierarchisch und asymmetrisch, d. h. Macht und Wissen sind zwischen den Kommunikationspartnern ungleich verteilt.
- *Zentralität*: Es gibt zentral gesteuerte interne Kommunikation, d. h. Aktivitäten, die von zentralen Stellen – etwa dem Management oder einer Stabsabteilung – ausgehen. Diesen stehen dezentrale Kommunikationsarenen und -aktivitäten gegenüber. Sie laufen innerhalb bestimmter Bereiche und Gruppen des Unternehmens ab. Dabei ist das Ausmaß der Zentralität graduell, d. h. es bestehen unterschiedliche Zwischenausprägungen. So kann Kommunikation in großen Einheiten wie Unternehmensbereichen und Abteilungen stattfinden oder kleine Gruppen wie etwa Arbeitskollegen oder Teams betreffen (Mast 2012a, S. 199).
- *Anlässe*: Kommunikation kann übergreifende Ereignisse und generelle Bedingungen im Unternehmen behandeln oder auf konkrete Arbeitsaufgaben von Mitarbeitern und Mitarbeitergruppen bezogen sein. Im ersten Fall geht es um Hintergründe und für das gesamte Unternehmen relevante Themen, welche die Werte, die Strukturen und das Personal eines Unternehmens betreffen. Im zweiten Fall benötigen Mitarbeiter im Einzelnen spezielle Informationen für ihre Aufgabenerfüllung (Jablin 2008; Theis-Berglmair 2003), zum richtigen Zeitpunkt und am passenden Ort zur Verfügung zu stellen.
- *Richtung*: Kommunikationsvorgänge im Unternehmen können unterschiedliche Richtungen nehmen: Zu unterscheiden ist die Abwärtskommunikation („top down"), die Aufwärtskommunikation („bottom up") und die horizontale Kommunikation des gegenseitigen Austausches („in between") (Goldhaber 1993, S. 161 ff.). Die meisten Unternehmen verfügen über zahlreiche, gut organisierte Kanäle der Abwärtskommunikation, wohingegen die Aufwärtskommunikation oder gar der horizontale Austausch häufig dem Zufall oder informellen Kontakten überlassen wird.
- *Medien und Kanäle*: Kommunikation kann auf verschiedenen Wegen und in unterschiedlichen Medienumfeldern stattfinden. Diese Kommunikationswege legen fest, wie „reichhaltig" Kommunikation ist und welche Möglichkeiten des Feedbacks und Dialogs gegeben sind (Mast 2012a, S. 169 f., Daft und Lengel 1986). Grundsätzlich werden persönliche und medial vermittelte Kommunikation unterschieden. Die medial vermittelte Kommunikation, die in elektronischen, gedruckten oder Online-Medien abläuft, verfügt über verschiedene Medienkonzepte. Sie reichen von singulärer, einmaliger und monothematischer Information – etwa in Rundschreiben – bis hin zu komplexen redaktionellen Medienkonzepten – etwa von Mitarbeiterzeitschriften –, die sich an journalistischen Arbeitsweisen orientieren.

Einzelne Kommunikationsphänomene und -beziehungen in Unternehmen können mit diesen Merkmalen systematisch beschrieben und geordnet werden. Das traditionelle Verständnis von internem Kommunikationsmanagement ist jedoch eng und hat eine begrenzte Reichweite: Es geht darum, die Mitarbeiter über übergeordnete Themen, die das gesamte Unternehmen betreffen, zu informieren – und zwar vorrangig vom Management zu den Mitarbeitern („top down"). Diese Information findet hauptsächlich über zentral gesteuerte Kanäle und Mitarbeitermedien statt.

In einem breiteren, modernen Verständnis ist das interne Kommunikationsmanagement demgegenüber auch für die dezentral ablaufende Kommunikation „vor Ort" zuständig. Dann werden Kommunikationsaktivitäten in verschiedenen Bereichen des Unternehmens unterstützt und gefördert. Die Möglichkeiten reichen von der Bereitstellung technischer Kanäle und Plattformen über die Optimierung von Medienkonzepten bis hin zur Schulung von Kommunikationskompetenzen dezentraler Kommunikatoren. Diese Funktion wird in der Literatur als „Enabling" diskutiert (Van Ruler und Verčič 2005; Heide und Simonsson 2011).

Zerfass und Franke (2013) plädieren für eine solche Ausdehnung der Reichweite interner Kommunikation. Sie betonen, dass jeder Mitarbeiter eine Kommunikatorrolle einnehmen und die wichtigsten Ziele bzw. Botschaften des Unternehmens kennen müsse. Mitarbeiter benötigen daher kommunikative Kompetenzen, die die aktive Kommunikation nach außen umfassen („outbound"), die den Mitarbeiter die internen Informationen aufnehmen und interpretieren lassen („inbound") sowie integrative Kompetenzen, die beides kombinieren (Zerfass und Franke 2013, S. 120). Darüber hinaus seien das „expert consulting (advising)", bei dem der Bereich interne Kommunikation vor allem Manager im Unternehmen berät und ihnen Handlungsmöglichkeiten zeigt, und das sogenannte „process consulting" wichtig, das auch dem Begriff des „enabling" entspricht (Zerfass und Franke 2013, S. 123 f.). Das bedeutet: Der interne Kommunikationsexperte hilft Mitarbeitern und insbesondere Führungskräften bei der Bewältigung von kommunikativen Aufgaben.

Nach und nach werden Bereiche des Kommunikationsmanagements in Wissenschaft und Praxis beachtet, die in der Vergangenheit weitgehend „im Verborgenen" abliefen. Neben der dezentralen Kommunikation gilt dies insbesondere auch für dialogorientierte und informelle Kommunikationsformen. Anschlusskommunikation wie Gespräche unter Kollegen oder der Austausch mit den direkten Vorgesetzten kann bei den Mitarbeitern sogar wirkungsvoller sein als die ausdrücklich über offizielle Medien und formelle Wege kommunizierten Inhalte.

Kalla (2005) plädiert daher – wie in jüngerer Zeit andere Autoren auch – für ein Umdenken: Interne Kommunikation sei mehr als nur ein Bestandteil der Unternehmenskommunikation. Sie erweitert den Begriff hin zu einem Dreiklang aus Geschäfts-, Management- und Organisationskommunikation. In der Geschäftskommunikation steht sowohl das „Knowing-why" als auch das „Knowing-how" im Vordergrund. Die Managementkommunikation soll das Wissen in der Führungsmannschaft weitergeben, denn Kommunikation präge maßgeblich den Arbeitsalltag von Führungskräften. Die Organisationskommunikation umfasst formelle ebenso wie informelle Beziehungen: „internal communications is defined as integrated internal communications, i.e. all formal and informal communication taking place internally at all levels of an organisation" (Kalla 2005, S. 304). Interne Kommunikation ist nach einem solchen Verständnis weit mehr als das, was eine Abteilung „interne Kommunikation" organisiert oder tut. Sie wird zu einer Schlüsselkompetenz für alle Führungskräfte und Mitarbeiter eines Unternehmens: „This change, however, cannot occur unless employees understand that communication is a core competence for everyone – not a competence required by corporate communication alone." (Kalla 2005, S. 310).

Insgesamt verändern solche Entwicklungen, die interne Kommunikation breiter fassen und deren Reichweite vergrößern, die Rolle des internen Kommunikationsmanagements in den Unternehmen. Es geht nicht mehr (nur) darum, vorhandene Informationen und Wissensbestände im Unternehmen zu den verschiedenen Mitarbeitergruppen möglichst angemessen zu verteilen. Vielmehr stehen die Leistungsfähigkeit formaler und informeller Kommunikationsnetze, die Qualität der Inhalte sowie die Austauschprozesse im Blick. Ziel ist es, zu gestalten, zu moderieren und zu optimieren. Dieser Paradigmenwechsel ist sowohl in der theoretischen Beschäftigung als auch im praktischen Verständnis von interner Kommunikation zu beobachten.

Die instrumentelle Sichtweise von Kommunikation als Mittel zur Zielerreichung wird jedenfalls immer häufiger durch ein Verständnis ergänzt, das in Themen und Kommunikationszyklen denkt (Clampitt 2010; Quirke 2008). Dann ist es Aufgabe der internen Kommunikation, auf unterschiedlichen Ebenen im Unternehmen den fachlichen Austausch zwischen den Mitarbeitern zu ermöglichen und vor dem Hintergrund der individuellen Aufgabenerfüllung effiziente Kommunikationsprozesse zu fördern. Im Blickpunkt stehen dabei verschiedene Anlässe, wie sie einerseits in Besprechungen und in der Management-Kommunikation oder im Rahmen von Mitarbeiterevents gegeben sind. Andererseits bieten Online-Kommunikation und Social Media weitreichende Möglichkeiten, um Plattformen für den Austausch zwischen Mitarbeitern bereitzustellen und Kommunikationsprozesse je nach Themen und Aufgaben angemessen zu organisieren.

Aus Perspektive des strategischen Kommunikationsmanagements ist das Praxisfeld zunächst das, *was eine Abteilung interne Kommunikation in einem Unternehmen tut und tun kann*. Sie setzt die zentrale Kommunikationsfunktion um, ermöglicht und steuert die entsprechenden Prozesse. Im Kern geht es dabei um für das gesamte Unternehmen relevante Themen: Nachrichten, Hintergründe und Werte sowie Ziele, Planungen und Leistungen des Unternehmens werden allen Mitarbeitern vermittelt und mit ihnen diskutiert.

Darüber hinaus ist Kommunikation aber auch eine *Querschnittsaufgabe*, die sämtliche Vorgänge im Unternehmen betrifft. In ihre Umsetzung sind dann auch alle Unternehmensbereiche eingebunden. Die zentralen Stabsfunktionen wie Personal, Marketing und IT besitzen wichtige Steuerungs- und Managementaufgaben, damit Kommunikation und Koordination im Unternehmen funktionieren. Die Abteilungen für interne Kommunikation leisten hierzu ebenfalls einen unverzichtbaren Beitrag, indem sie eine leistungsfähige Kommunikationsinfrastruktur schaffen und eine passende Kommunikationskultur im Unternehmen fördern. Sie unterstützen dabei auch die dezentrale aufgaben- und pro-

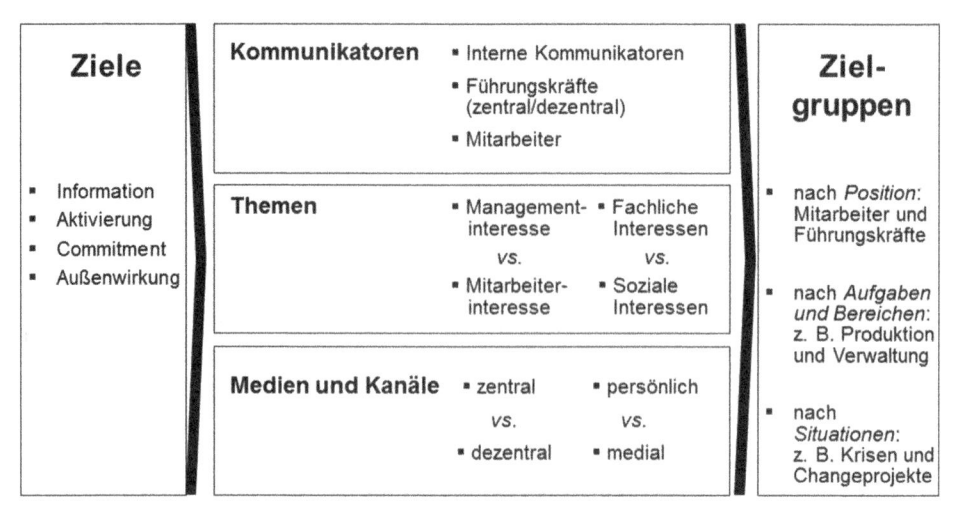

Ziele	Kommunikatoren	• Interne Kommunikatoren • Führungskräfte (zentral/dezentral) • Mitarbeiter		Ziel- gruppen
• Information • Aktivierung • Commitment • Außenwirkung	Themen	• Management- interesse vs. • Mitarbeiter- interesse	• Fachliche Interessen vs. • Soziale Interessen	• nach *Position*: Mitarbeiter und Führungskräfte • nach *Aufgaben und Bereichen*: z. B. Produktion und Verwaltung
	Medien und Kanäle	• zentral vs. • dezentral	• persönlich vs. • medial	• nach *Situationen*: z. B. Krisen und Changeprojekte

Abb. 1 Praxisfeld interne Kommunikation

jektbezogene Kommunikationspraxis, wenn z. B. Informationsmaterialien und Handreichungen für Kommunikatoren bereitgestellt oder deren Kommunikationskompetenzen trainiert werden.

Effizientes internes Kommunikationsmanagement geht von eindeutig festgelegten *Zielen* aus und ist auf klar definierte *Zielgruppen* unter den Mitarbeitern ausgerichtet (vgl. Abb. 1). Die konkreten Kommunikationsaktivitäten werden in drei Dimensionen geplant und umgesetzt:

- *Themen: Was wird kommuniziert?* Relevante Themen müssen identifiziert, geplant und bearbeitet werden. Dabei spielen offizielle Unternehmensereignisse und Botschaften des Managements ebenso eine Rolle wie Themen, die die Mitarbeiter bewegen. Grundsätzlich kann zwischen fachlichen Themen, die in Bezug zu den Aufgaben und zur Tätigkeit des Unternehmens stehen und sozialen Themen, die sich mit persönlichen Beziehungen beschäftigen, unterschieden werden.
- *Kommunikatoren: Wer kommuniziert?* Eine wichtige Entscheidung ist, über welche Sprecher die Themen transportiert werden. Dies können die internen Kommunikatoren selbst oder Führungskräfte sein. Eine weitere Möglichkeit ist, Mitarbeiter als Kommunikatoren zu engagieren, die als Botschafter für Ideen oder Marken (Hubbard 2004) oder als Testimonials für Projekterfolge u. a. agieren. Entscheidend ist, die Sprecher so auszuwählen, dass ein Thema kompetent, glaubwürdig und authentisch kommuniziert wird.
- *Medien und Kanäle: Über welche Wege wird kommuniziert?* Im Unternehmen steht eine vielfältige Medienlandschaft zur Verfügung. Persönliche stehen medial vermittelten Formen gegenüber – allen voran digitale Kanäle und gedruckte Medien. Einige zentrale Kanäle kann das interne Kommunikationsmanagement selbst steuern. Dezentrale und

informelle Kommunikationsformen spielen ebenfalls eine wichtige Rolle, auch wenn darauf kein direkter Zugriff besteht.

Die Herausforderung für das interne Kommunikationsmanagement besteht darin, die vielfältigen Inhalte mit unterschiedlichen Medien und Komunikatoren effizient und konsistent zu kommunizieren. Im Zusammenwirken der verschiedenen Formen entscheidet sich, wie wirksam Kommunikation ist und wie glaubwürdig sie die Mitarbeiter einschätzen. Grundlage für ein strategisch geplantes Kommunikationsmanagement sind die je nach Position, Aufgabe und Situation unterschiedlichen Bedürfnisse der Mitarbeiter sowie die konsistente Abstimmung der Themen und Kanäle.

Dabei kommt es insbesondere auf die Schnittstellen zwischen zentraler und dezentraler Kommunikation, auf die Übergänge zwischen dem Kontext des Gesamtunternehmens und den individuellen Anforderungen an den Arbeitsplätzen an. Führungskräfte spielen eine wichtige Verbindungs- und Multiplikatorenrolle, wenn sie in Gesprächen und Besprechungen aktuelle Themen erklären und für ihre Mitarbeiter übersetzen. Aber auch auf digitalen Kommunikationsplattformen im Intranet fließen aufgabenbezogene Themen des Gesamtunternehmens mehr und mehr zusammen.

Die Leitidee eines so verstandenen internen Kommunikationsmanagements geht davon aus, Kommunikation nicht auf Verteilprozesse zu beschränken, sondern Austauschprozesse zu moderieren, zu gestalten und zu optimieren. Denn Mitarbeiter wollen einen Kommunikationsstil wahrnehmen, der „mit" ihnen spricht und nicht „zu" ihnen. Das entscheidet letztlich über ihre Motivation und engagierte Mitwirkung am Unternehmensgeschehen. Orientierungsmarken für das interne Kommunikationsmanagement sind dann z. B.:

- die konsequente Ausrichtung der internen Kommunikation auf Orientierungssysteme wie Unternehmenswerte (Pfannenberg und Zerfaß 2010), Marken (Hubbard 2004), Image und Reputation (Hannington 2004).
- die Sozialisation der Menschen in Organisationen und die Vermittlung von Inhalten mit orientierendem Gehalt (z. B. Ziele, Botschaften) (Huck-Sandhu 2010).
- die Einbindung der Mitarbeiter und Führungskräfte in leistungsfähige Kommunikationsnetze, die sowohl reine Informationsprozesse als auch dialogische Formen und vor allem Feedback ermöglichen (Mast 2012a, S. 185 ff.).

Die Leitfrage der internen Kommunikation lautet nun: Wie können die Kommunikationsprozesse gestaltet werden, damit in der Wahrnehmung der Mitarbeiter aus puren Informationen sinnstiftende Orientierungen werden und sie in leistungsfähige Netze eingebunden werden? Welches sind die geeigneten Strategien der Ansprache? Welche Medien und Kommunikationswege eignen sich besonders, wenn es um Motivation und Führung geht? Im Zentrum stehen Orientierung und Dialog zur Stärkung individueller Handlungsmotivationen, zur Reduktion von Komplexität und zum Management von Beziehungen, Medien und Themen.

2.2 Ziele der internen Kommunikation

Interne Kommunikation aus der Sicht des Managements verfolgt verschiedene Ziele und Aufgaben (FitzPatrick 2012, S. 276). Sie lassen sich in folgende Dimensionen zusammenfassen:

- *Information*: Die Kernaufgabe interner Unternehmenskommunikation ist es, die Mitarbeiter adäquat zu informieren. Es geht darum, den Mitarbeitern die richtigen Informationen zur richtigen Zeit am richtigen Ort und angemessen aufbereitet zur Verfügung zu stellen, damit sie ihre Aufgaben erfüllen können.
- *Aktivierung*: Informationen sind aber nicht statisch als etwas zu verstehen, das gegeben ist und einfach verteilt werden kann. Wissen und Informationen müssen in komplexen Prozessen gewonnen, gemeinsam erarbeitet und weiter entwickelt werden. Aufgabe der internen Kommunikation ist es deshalb, die Mitarbeiter zu aktivieren und in diese Vorgänge einzubinden.
- „*Commitment*": Interne Kommunikation trägt dazu bei, die Mitarbeiter an das Unternehmen zu binden und zu integrieren. Ziel ist es, den Mitarbeitern gemeinsame Werte nahe zu bringen und ein Gemeinschaftsgefühl zu erzeugen. Auf dieser Basis entsteht Motivation, sich für das Unternehmen und dessen Ziele einzusetzen.
- *Außenwirkung*: Mitarbeiter sind wichtige Botschafter des Unternehmens, wenn sie in ihrem Freundes- und Bekanntenkreis kommunizieren. Deshalb will interne Kommunikation diese Botschafterfunktion unterstützen und die Mitarbeiter in die Lage versetzen, überzeugend über das Unternehmen zu sprechen. Angesichts des Booms sozialer Netzwerke, in denen sich die Nutzer häufig über Unternehmen und ihren Arbeitgeber äußern, wird diese Aufgabe wichtiger.

Neben diesen Zieldimensionen wird häufig als Aufgabe interner Kommunikation genannt, *Veränderungsprozesse zu unterstützen* (FitzPatrick 2012, S. 280 f.). Dies ist jedoch keine eigenständige Aufgabendimension. Vielmehr sind Veränderungsprozesse eine spezielle Situation, in der es auf die Leistungen der internen Kommunikation besonders ankommt – und in der es sich auszahlt, wenn sie funktioniert, z. B. wenn die Mitarbeiter loyal sind und die Führungskräfte intensiv mit ihren Mitarbeitern kommunizieren. Bei Veränderungsprozessen wirkt die Kommunikation wie ein Vergrößerungsglas, das Chancen überhöhen und Fehler überbetonen kann. Die häufigsten Defizite der internen Kommunikation sind dann: diffuse bis fehlende Strategie, keine zielgruppengerechte Kommunikation, mangelhafte organisatorische Abläufe und Strukturen, unzulängliche Kommunikation der Führungskräfte und fehlende Berücksichtigung kultureller Besonderheiten (Mast 2012a, S. 408 ff.).

Den *unternehmensorientierten Zielsetzungen* (Verhaltensänderungen im Sinne der Unternehmensziele) stehen *mitarbeiterorientierte Ziele* gegenüber. Diese beziehen sich auf die Person des Mitarbeiters selbst, auf dessen Bedürfnisse und Entwicklungschancen. Hierzu zählt insbesondere die individuelle Orientierung. Demnach sollen die Mitarbeiter in der

Lage sein, die wichtigen Informationen zu erkennen, sie zu verstehen und in ihre Arbeit einzuordnen – und daraus für das eigene Handeln angemessene Konsequenzen zu ziehen.

Eine Trendstudie unter den 500 umsatzstärksten deutschen Unternehmen zeigt (Huck-Sandhu und Spachmann 2011, S. 9 f.): Direkt an den Mitarbeitern ausgerichtete Ziele gewinnen im Vergleich zu „top-down" orientierten Zielsetzungen unter den Kommunikationsverantwortlichen an Bedeutung. Neben der Orientierung von Mitarbeitern sind dies insbesondere die Erklärung von Hintergründen und Zusammenhängen oder die Vermittlung von Unternehmenswerten. Diese Verschiebung der Kommunikationsziele deutet darauf hin, dass sich das interne Kommunikationsmanagement in vielen Unternehmen emanzipiert und eine eigenständige Rolle zwischen Management und Mitarbeitern einnimmt.

Ein eindrucksvolles Bild benutzt Quirke, der die Ziele interner Kommunikation aus Perspektive der Wirkung bei den Mitarbeitern mit einer „Rolltreppe der Kommunikation" vergleicht. Er verdeutlicht, wie durch geschickte Kommunikation die Mitarbeiter Stufe für Stufe – von Aufmerksamkeit über Verstehen und Unterstützung bis zu „Commitment" – nach oben gebracht werden können. Auf jeder Stufe sind unterschiedliche Kommunikationsformen wirkungsvoll. Quirke unterscheidet zwei entscheidende Einflüsse: Erstens das Ausmaß an Veränderungen, das kommunikativ bewältigt werden muss, und zweitens das Involvement (Ich-Beteiligung, Einbindung) der Mitarbeiter, d. h. ihre Bereitschaft, die Unternehmensziele aktiv mitzutragen und ihre volle Arbeitskraft zu investieren. Commitment setzt voraus, dass die Menschen partizipatorisch in Kommunikations- und Entscheidungsprozesse eingebunden werden und „a sense of ownership" (Quirke 2008, S. 237) empfinden.

2.3 Themen und Konzepte

Die Themen der Mitarbeiterkommunikation hängen von den Interessenlagen und der aktuellen Situation ab, in der sich die Mitarbeiter befinden, sowie von Merkmalen des Unternehmens wie z. B. Branche, Größe, Struktur und Position am Markt. Das Themenspektrum der internen Kommunikation kann in fachliche, aufgabenbezogene und soziale Aspekte aufgeteilt werden. *Fachliche Themen* umfassen z. B. Informationen zu internen Prozessen, Verfahren, Zielen und Organisationsstrukturen. Sie beziehen sich somit direkt auf die Leistungserstellung und Zielerreichung eines Unternehmens. *Soziale Themen* beschäftigen sich hingegen mit den persönlichen Beziehungen in einem Unternehmen, dem Zusammengehörigkeitsgefühl im Betrieb und der Befriedigung allgemeiner Kommunikationsbedürfnisse. Thematisiert werden hier u. a. die Mitarbeiter selbst, interne Werte und Normen, aber auch die soziale Umwelt des Unternehmens (z. B. Politik, Wirtschaft, Gesellschaft). Eine funktionierende Kommunikation braucht eine ausgewogene Mischung verschiedener Themen, die sich einerseits am Management und andererseits an den Mitarbeitern ausrichten.

Entscheidend ist darüber hinaus, über welche *Personen und Sprecher* ein Thema im Unternehmen publik wird. Führungskräfte – allen voran die oberste Managementebene

– repräsentieren das Gesamtunternehmen und vermitteln authentisch Grundlagen bzw. grundlegende Werte eines Unternehmens. Sie spielen eine zentrale Rolle, vor allem in der persönlichen Kommunikation, wenn sie ihre Mitarbeiter führen und ihnen wichtige Unternehmensthemen vermitteln und erklären. Auch in der medialen Kommunikation fungieren Manager als wichtige Experten und Botschafter für Unternehmensthemen. Sie können – etwa in Videoansprachen und Kolumnen – selbst als Sprecher und Autoren auftreten oder in redaktionellen Beiträgen zu Wort kommen.

Neben Managern agieren auch *Mitarbeiter aller Unternehmensbereiche und Hierarchieebenen* in der internen Kommunikation als Kommunikatoren, in denen sich die Mitarbeiter wiederfinden und mit denen sie sich identifizieren können. Experten eines Fachbereichs verfassen in gedruckten und digitalen Medien Beiträge. In redaktionellen Beiträgen lassen sich Themen am Beispiel einzelner Mitarbeiter veranschaulichen oder Personen sind, z. B. in Portraits, selbst Thema der Berichterstattung. Bei bestimmten Themen eignen sich auch *unternehmensexterne Vertreter* – etwa Experten oder prominente Personen –, um ihre „Außensicht" den Mitarbeitern zu vermitteln.

Bei der Umsetzung von Themen kann das interne Kommunikationsmanagement *Konzepte* anwenden, die sich im Journalismus bei der Publikumsansprache bewährt haben (Mast 2012b, S. 88 ff.). Es geht darum, zielgruppengerecht zu kommunizieren – d. h. Themen, Zugänge und Formen treffgenau auf Bedürfnisse, Interessen der Mitarbeiter und Situationen auszurichten. Die *ereignisorientierte Basisstrategie* besteht aus der Vermittlung von Nachrichten und Fakten. Sie konzentriert sich darauf, informierten und involvierten Gesprächspartnern Neuigkeiten zu vermitteln. Um Themen darüber hinaus zielgruppengerecht zu kontextualisieren, werden weitere Vorgehensweisen unterschieden:

- Die *erklärende Strategie* ordnet Ereignisse in die Vorgeschichte und Hintergründe ein. Damit wird grundlegendes Wissen vermittelt und die Mitarbeiter werden in die Lage versetzt, Dinge und Vorgänge zu verstehen.
- Die *nutzwertorientierte Strategie* bezieht Fakten auf den Aufgabenzusammenhang der Mitarbeiter. Sie übersetzt ein Thema für bestimmte Gruppen in Handlungsempfehlungen und gibt Anleitungen.
- Die *werteorientierte Strategie* verbindet ein Thema mit sozialen Beziehungen und Werten. Das Unternehmen als Gemeinschaft und sozialer Ort wird in den Vordergrund gestellt. Auf diese Weise werden die Mitarbeiter emotional angesprochen und ihre Orientierungssicherheit sowie Bindung an das Unternehmen gestärkt.

Alle drei Themenstrategien zielen darauf, einen Bedeutungsrahmen zu schaffen und den Mitarbeitern Orientierung im Unternehmen zu ermöglichen. Dies geschieht, indem soziale und emotionale Bindung erzeugt oder grundlegendes Wissen und Handlungswissen vermittelt werden.

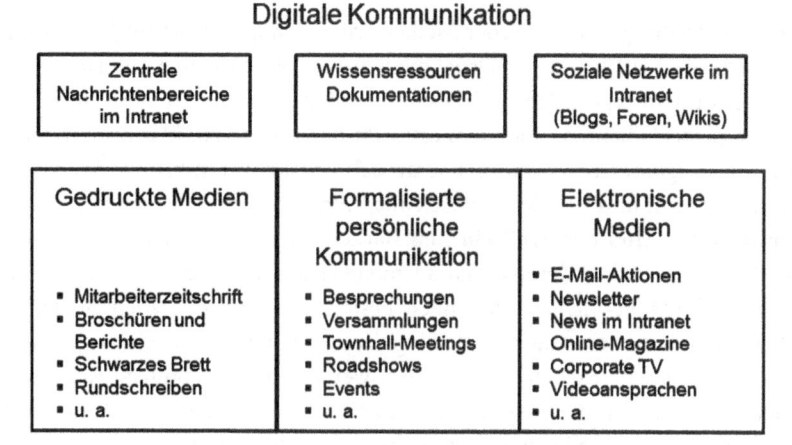

Digitale Kommunikation

Zentrale Nachrichtenbereiche im Intranet	Wissensressourcen Dokumentationen	Soziale Netzwerke im Intranet (Blogs, Foren, Wikis)

Gedruckte Medien	Formalisierte persönliche Kommunikation	Elektronische Medien
• Mitarbeiterzeitschrift • Broschüren und Berichte • Schwarzes Brett • Rundschreiben • u. a.	• Besprechungen • Versammlungen • Townhall-Meetings • Roadshows • Events • u. a.	• E-Mail-Aktionen • Newsletter • News im Intranet Online-Magazine • Corporate TV • Videoansprachen • u. a.

Informelle persönliche Kommunikation

Abb. 2 Medien und Kanäle interner Kommunikation

3 Praxisfeld interne Kommunikation: Zentrale Wege

Das Intranet als Plattform für vielfältige Anwendungen – künftig verstärkt auch für Corporate TV, Wikis und Blogs – ist innerhalb weniger Jahre zu einem zentralen internen Kommunikationsweg geworden. Zusammen mit den traditionellen Mitarbeiterzeitschriften, die sich den Trends der Elektronisierung und Internationalisierung anpassen, und der persönlichen, unvermittelten Kommunikation bildet es die Grundpfeiler einer vielfältigen Landschaft interner Medien und Kommunikationskanäle (vgl. Abb. 2).

Deren Basis ist die *informelle persönliche Kommunikation* mit ihren vielfältigen Ausprägungen im gesamten Unternehmen. Auf sie hat das Kommunikationsmanagement zwar keinen direkten Zugriff. Dennoch beeinflusst die Art und Weise, wie Mitarbeiter über Unternehmensthemen sprechen, ganz entscheidend die Wahrnehmung und Wirkung der Kommunikationsmaßnahmen. *Formalisierte Formen der persönlichen Kommunikation* – allen voran Team- und Abteilungsbesprechungen – sind sehr wirkungsvoll, um wichtige Themen in den Arbeitskontexten zu verankern und über die sog. Informationskaskade Botschaften „von oben nach unten" zu verbreiten (Mast 2012a, S. 229).

Die *gedruckten und elektronischen Medien* stehen als klassische Wege bereit, um Themen verbindlich zu kommunizieren. Aufwändig gestaltete, gedruckte Informationen haben ebenso wie Bewegtbilder eine spezielle Wirkung. Sie ragen aus der Informationsflut heraus und werden von den Mitarbeitern nach wie vor stark wahrgenommen. *Corporate TV* gibt es allerdings nur in wenigen großen Firmen. Kurze Videos hingegen – verbreitet über das Intranet – werden für verschiedene Zwecke zunehmend eingesetzt: von der Information über eine Management Conference bis hin zu einem authentischen Stimmungsbild über die Arbeitsbedingungen in einem Projekt.

Mit der Verbreitung elektronischer Medien wie E-Mail, Intranet und Corporate Blogs verlagern sich die Leistungen der Druckmedien von der aktuellen Information hin zur Vermittlung von Hintergründen und Zusammenhängen sowie zur Bewertung und Analyse von komplexen Themen. Vor allem die *Mitarbeiterzeitschrift* übernimmt zunehmend die Rolle des Navigators in der internen Unternehmenskommunikation. Als Angebot, das regelmäßig erscheint und zur gleichen Zeit alle Mitarbeiter erreicht, setzt es wichtige Orientierungsmarken. Mitarbeiterzeitschriften stärken die Bindung der Belegschaft an ihre Firma und strahlen auch in deren soziales Umfeld (Familie, Freunde, Bekannte) aus.

Die *digitalen Online-Medien* schließlich besitzen mittlerweile auch in der internen Kommunikation eine herausragende Stellung: Zum einen bilden sie eine technische Plattform, auf der klassische Medien transportiert werden und persönliche Kommunikation stattfindet. So können in der Regelkommunikation Besprechungen als Video-Konferenz umgesetzt und sämtliche gedruckte Dokumente – auch die Mitarbeiterzeitschrift – in einer digitalen Version verfügbar gemacht werden. Zum anderen bieten sie Möglichkeiten, die klassische Medien und Kommunikationsformen nicht besitzen. Die *Netzwerkkommunikation* verbindet Mitarbeiter aus unterschiedlichen Bereichen. Sie können sich auf vielfältige Weise – etwa in eigenen Weblog-Beiträgen, Foren, Dialogformaten oder mit Kommentaren auf Intranet-Nachrichten – in die interne Kommunikation einbringen. Wissensressourcen und Dokumentationen können effizient organisiert und den Mitarbeitern nach ihren individuellen Bedürfnissen bereitgestellt werden.

Die Wege der internen Kommunikation erbringen – jeder auf seine Art – unterschiedliche Leistungen (Mast 2011; Huck und Spachmann 2008), z. B. schnell und effizient Informationen nutzbar zu machen, die Wissenspotenziale zu mehren, Handlungsanleitungen zu verbreiten, Motivation zu fördern. Die Mitarbeiter nutzen die Medien entlang ihrer jeweiligen Stärken (Huck und Spachmann 2008): Um sich aktuell zu informieren, greifen sie vor allem auf das Intranet und Gespräche mit Kollegen zurück. Für die sachliche Kontextualisierung, Erklärung und das Hintergrundwissen spielen die Mitarbeiterzeitschrift und die Kommunikation mit den Vorgesetzten die größte Rolle. Die soziale Kontextualisierung erfolgt schließlich in erster Linie über die persönliche Kommunikation. Für die Arbeitsmotivation und die Übersetzung von Informationen in den eigenen Arbeitskontext sind die Vorgesetzten am wichtigsten. Zur Stärkung des Zugehörigkeitsgefühls tragen vor allem Gespräche mit Kollegen bei.

3.1 Das Intranet als hierarchieübergreifende Kommunikationsplattform

Die elektronisch gestützte Kommunikation des Intranet als Kommunikationsplattform (Kinter et al. 2009, S. 214 ff.) bildet heute bei den meisten Unternehmen den Kernbereich eines vielfältigen und individualisierbaren Informationsangebotes, das den Mitarbeitern Push- und Pullangebote macht. Stärken liegen in der Flexibilität und Aktualität. Unternehmen und Mitarbeiter gleichermaßen passen das Intranet an ihre speziellen organisatorischen und individuellen Belange an und nutzen es zu mehreren Zwecken: Das Intranet optimiert als Arbeitsmittel die Produktionsabläufe und bündelt als Informations- und Kommunikationsplattform das Wissen, das Mitarbeiter ohne Filterung durch das Management abrufen können. Führungskräften stehen meist geschlossene Nutzerbereiche zur Verfügung, die sich auf die speziellen Anforderungen der Personalführung, der Regelkommunikation und auf fachliche Themen konzentrieren. Allerdings: nicht alle Mitarbeitergruppen haben zu jeder Zeit Zugang zum Intranet. Das gilt insbesondere für Mitarbeiter in der Produktion und im Außendienst – auch wenn die zunehmende Verbreitung mobiler Dienste und die PC-Nutzung nach Feierabend für diese Gruppen die Verfügbarkeit verbessern.

Die Optimierung des Intranetangebotes und mit ihr die Einführung und Nutzung von Web 2.0-Angeboten steht bei vielen Unternehmen ganz oben auf der Agenda. 30 % der DAX-Unternehmen halten den weiteren Aufbau des Intranet für eines der wichtigsten Vorhaben der internen Kommunikation (Mast 2011, S. 141). Aber: Wie gehen die Kommunikationsabteilungen mit den Möglichkeiten sozialer Netzwerke im Intranet um? Die Einsatzbereiche schwanken stark (Huck-Sandhu und Spachmann 2011, S. 17 f.). Am häufigsten werden Web 2.0-Angebote auf spezielle Themen oder in einzelne Projekte bezogen. Auch im Wissensmanagement sind interaktive Kommunikationsformen und -formate weit verbreitet. Social Media-Elemente werden jedoch selten in der zentralen Kommunikation verwendet. Videoportale gibt es – so die Studie – in weniger als einem Viertel der Unternehmen; Blogs der Unternehmensleitung oder der Kommunikationsabteilung sind eher die Ausnahme.

Corporate Weblogs oder verkürzt „Corporate Blogs" (Wright 2009) sind Online-Journale, die chronologische Texteinträge ähnlich eines Tagebuchs enthalten. Die Leser können auf die Inhalte unmittelbar antworten, wodurch ein direkter Austausch möglich wird. Diese Interaktivität und Vernetzung zwischen Menschen ist das zentrale Kennzeichen des neuen, „sozialen" Web 2.0. Neben Mitarbeitern, die sich z. B. über technische oder administrative Dinge austauschen oder gemeinsam an einem Projekt arbeiten, finden sich im Intranet auch immer mehr Blogs von Führungskräften (Kinter et al. 2009, S. 221 ff.). Der Dialog mit den Mitarbeitern und ihre Integration bzw. Partizipation sind zentrale Ziele des CEO-Blogs. Einblicke in das persönliche Leben und Denken einer Führungskraft, Entscheidungen, die begründet und erklärt werden und der offene Umgang mit Kritik steigern die Attraktivität eines Blogs und damit auch seinen Wert für die Kommunikatoren.

Social Media im Intranet und Corporate Blogs bergen jedoch auch Kommunikationsrisiken. Jeder Mitarbeiter kann Aussagen des Kommunikators kommentieren und Kritik äußern. Läuft eine Blog-Diskussion zunächst noch intern, kann ihr Inhalt jedoch schnell nach außen gelangen. Die Reaktion des Blog-Verantwortlichen auf Kritik und Kommentare entscheidet in solchen Situationen über die Weiterentwicklung der Diskussion. Offene Kommunikationsplattformen können also sowohl zum Krisenherd werden als auch ein motivierendes Transparenzsignal an Mitarbeiter und Führungskräfte aussenden.

3.2 Persönliche Kommunikation und Manager als Kommunikatoren

Die persönliche Kommunikation der Vorgesetzten mit ihren Mitarbeitern, der Fachleute untereinander und im Kollegenkreis (Clampitt 2010, S. 102 ff.) ist die wirksamste und effizienteste Form der Kommunikation, da sie mehrere Funktionen gleichzeitig erfüllt: Information, Interaktion, Interpretation und Beeinflussung. Persönliche Gespräche und Meetings geben den Kommunikationspartnern laufend Rückkopplungsmöglichkeiten, indem sie abwechselnd sprechen, rückfragen und Unklarheiten beseitigen können.

Persönliche Gespräche sind anderen Kommunikationsformen überlegen, wenn intensive Kontakte aufgebaut und Einfluss auf die Kommunikationspartner ausgeübt werden sollen. Sie sind der Weg, auf dem komplexe Sachverhalte behandelt und Lösungen gemeinsam erarbeitet werden können und gleichzeitig ein Höchstmaß an emotionaler Ansprache möglich ist. Aufgrund der persönlichen Übermittlung von Botschaften und der Interaktivität dieser Kommunikationsform eignen sie sich besonders für die Motivation, Führung und Integration von Mitarbeitern, aber auch zur Beratung und Betreuung.

Führungskräfte sind Navigatoren, aber auch zentrale Multiplikatoren der internen Kommunikation. Sie haben einen direkten, täglichen Einfluss auf ihre Mitarbeiter (Mast 2011, S. 118 ff.; Schick 2010, S. 135 f.). Als Mittler zwischen den Hierarchieebenen agieren sie in Scharnierfunktion und als wichtige Informationsquelle für ihre Teams. In der Regelkommunikation geben Vorgesetzte Informationen der Unternehmensführung über die verschiedenen Führungsebenen weiter und übersetzen sie in den individuellen Kontext ihrer Mitarbeiter. Diese sog. Informationskaskade ist ein wichtiges Instrument der zentralen Managementkommunikation. Allerdings entfernen sich die ausgesandten Botschaften von Stufe zu Stufe vom ursprünglichen Kontext. Es kommt deshalb entscheidend darauf an, dass das interne Kommunikationsmanagement die Führungskräfte als Kommunikatoren sensibilisiert und schult.

Führungskräfte sind darüber hinaus Coaches und Förderer, Moderatoren und Motivatoren ihrer Mitarbeiter. Sie motivieren, koordinieren und integrieren ihre Teams in das Unternehmen (Kinter et al. 2009). Die Kommunikation von Managern ist ein wesentlicher Bestandteil ihrer Führungsaufgabe. Studien zeigen, dass Vorgesetzte zwischen 70 und 90 % ihrer Arbeitszeit mit Kommunikation verbringen. Am häufigsten kommunizieren Manager dabei mit den eigenen Mitarbeitern (von Rosenstiel 2009, S. 4). Auch Realitäten (Ziele, Vorgaben, Projekte) müssen Manager begründen und interpretieren. Das „Warum" und „Wozu" ist in den Augen vieler Mitarbeiter häufig wichtiger geworden als das „Was". Manager als Kommunikatoren schaffen in den Köpfen der Mitarbeiter Weltbilder (übergreifende Interpretationsmuster). Studien zur Change Communication (Mast 2011, S. 168 ff.; Houben und Frigge 2007) weisen immer wieder auf das durchaus ambivalente Agieren der Führungskräfte als „Change agents" hin, aber auch als Widersacher von Veränderungen. Eine systematische Aufarbeitung der Führungskräftekommunikation ist bisher weder von der Kommunikations- noch von der Wirtschaftswissenschaft geleistet worden.

Aufgabe der Führungskräfte als Kommunikatoren ist die Interpretation und Einordnung, die Erklärung und Aufklärung sowie die Kommunikation über Werte, Ziele und

Strategien. Diese Aufgabe können sie nicht in den Bereich „interne Kommunikation" delegieren, sondern die Kommunikationskompetenz ist Basis erfolgreicher Führungspraxis geworden. Das interne Kommunikationsmanagement konzentrierte sich (zu) lange Zeit auf den bestmöglichen Einsatz von alten und neuen Medien.

Dreh- und Wendepunkt von Motivation durch Kommunikation ist das Selbstverständnis und die Kompetenz der Kommunikationsprofis *und* der Manager gleichermaßen. Für welche Aufgaben fühlen sie sich verantwortlich? Welches Bild vom Menschen haben sie in den Köpfen, wenn sie diese ansprechen? Glauben sie, dass diese ihnen zuhören, nur weil sie ein bestimmtes Unternehmen vertreten? Welche Wertschätzung lassen sie diese Menschen durch ihre Kommunikationsauftritte spüren? Sind diese Menschen für sie lediglich „Adressaten" von Unternehmensbotschaften oder eher Kommunikationspartner? Ist die Kommunikation eher als Einbahnstraße angelegt oder dialogorientiert? Je stärker die Kommunikation über Netzwerke abläuft und je weniger steuerbar sie wird, desto wichtiger wird *Führung durch Kommunikation*.

Literatur

Clampitt, P. G. (2010). *Communicating for managerial effectiveness. Problems – strategies – solutions* (4th edition). Thousand Oaks: Sage.

Daft, R. L., & Lengel, R. H. (1986). Organizational information requirements, media richness and structural design. *Management Science, 32*(5), 554–571.

FitzPatrick, L. (2012). Internal communications. In A. Theaker (Hrsg.), *The public relations handbook* (4th edition, S. 237–307). London: Routledge.

Goldhaber, G. M. (1993). *Organizational communication* (6th edition). Madison: Brown & Benchmark.

Grunig, J. E. (Hrsg.). (1992). *Excellence in public relations and communication management*. Hillsdale: Lawrence Erlbaum Associates.

Hannington, T. (2004). *How to measure and manage your corporate reputation*. Aldershot: Gower.

Heide, M., & Simonsson, C. (2011). Putting coworkers in the limelight: New challenges for communication professionals. *International Journal of Strategic Communication, 5*(4), 201–220.

Houben, A., & Frigge, C. (2007). Veränderungen erfolgreich gestalten. Repräsentative Untersuchung über Erfolg und Misserfolg im Veränderungsmanagement. Die wichtigsten Ergebnisse. http://www.bertelsmann-stiftung.de/cps/rde/xbcr/SID-3034173B-82254146/bst/Studie_C4_2_2007.pdf. Zugegriffen: 15. Nov. 2012.

Hubbard, M. (2004). *Markenführung von innen nach außen: Zur Rolle der Internen Kommunikation als Werttreiber für Marken*. Wiesbaden: VS Verlag für Sozialwissenschaften.

Huck, S., & Spachmann, K. (2008). Leistungsprofil interner Kommunikationsmedien und -quellen. Analysekonzept und Fallstudien. In J. Raabe, R. Stöber, A. M. Theis-Berglmair & K. Wied (Hrsg.), *Medien und Kommunikation in der Wissensgesellschaft* (S. 211–224). Konstanz: UVK.

Huck-Sandhu, S. (2010). *Orientierung von Mitarbeitern durch organisationsinterne Kommunikation. Entwicklung eines theoretischen Ansatzes und empirische Bestandsaufnahme.* Unveröffentlichte Habilitationsschrift. Stuttgart: Universität Hohenheim.

Huck-Sandhu, S., & Spachmann, K. (2011). *Interne Kommunikation 2.0: Möglichkeiten und Grenzen in Zeiten des Wandels. Ergebnisbericht zur Umfrage unter den Verantwortlichen für interne Kommunikation*. Stuttgart: Universität Hohenheim.

Jablin, F. M. (2008). *The new handbook of organizational communication: Advances in theory, research, and methods.* Thousand Oaks: Sage.

Kalla, H. K. (2005). Integrated internal communications: A multidisciplinary perspective. *Corporate Communications: An International Journal, 10*(4), 302–314.

Kinter, A., Ott, U., & Manolagas, E. (2009). *Führungskräftekommunikation. Grundlagen, Instrumente, Erfolgsfaktoren. Das Umsetzungsbuch.* Frankfurt am Main: F.A.Z.-Institut.

Klöfer, F., & Nies, U. (Hrsg.). (2003). *Erfolgreich durch interne Kommunikation: Mitarbeiter besser informieren, motivieren, aktivieren* (3. Aufl.). Neuwied: Luchterhand.

Mast, C. (2011). *Innovationen in der Unternehmenskommunikation: Ergebnisse von Umfragen bei DAX-Unternehmen, Analysen und Meinungen.* Berlin: LIT.

Mast, C. (2012a). *Unternehmenskommunikation: Ein Leitfaden* (5. Aufl.). Konstanz: UVK.

Mast, C. (2012b). *Neuorientierung im Wirtschaftsjournalismus. Redaktionelle Strategien und Publikumserwartungen.* Wiesbaden: Springer VS.

Pfannenberg, J., & Zerfaß, A. (Hrsg.). (2010). *Wertschöpfung durch Kommunikation. Kommunikations-Controlling in der Unternehmenspraxis.* Frankfurt am Main: Frankfurter Allgemeine Buch.

Quirke, B. (2008). *Making the connections. Using internal communication to turn strategy into action* (2nd edition). Aldershot: Gower.

Röttger, U. (2000). *Public Relations – Organisation und Profession: Öffentlichkeitsarbeit als Organisationsfunktion; eine Berufsfeldstudie.* Wiesbaden: Westdeutscher Verlag.

Sandhu, S. (2012). *Public Relations und Legitimität: Der Beitrag des organisationalen Neo-Institutionalismus für die PR-Forschung.* Wiesbaden: Springer VS.

Schick, S. (2010). *Interne Unternehmenskommunikation. Strategien entwickeln, Strukturen schaffen, Prozesse steuern* (4. Aufl.). Stuttgart: Schäffer-Poeschel.

Theis-Berglmair, A. M. (2003). *Organisationskommunikation. Theoretische Grundlagen und empirische Forschungen* (2. Aufl.). Münster: LIT.

Tkalac Verčič, A., Verčič, D., & Sriramesh, K. (2012). Internal communication: Definition, parameters, and the future. *Public Relations Review, 38*(2), 223–230.

Van Ruler, B., & Verčič, D. (2005). Reflective communication management. Future ways for public relations research. In P. J. Kalbfleisch (Hrsg.), *Communication yearbook 29* (S. 239–274). Mahwah: Lawrence Erlbaum Associates.

Von Rosenstiel, L. (2009). Grundlagen der Führung. In L. von Rosenstiel, E. Regnet, & M. E. Domsch (Hrsg.), *Führung von Mitarbeitern. Handbuch für erfolgreiches Personalmanagement* (6. Aufl., S. 3–25). Stuttgart: Schäffer-Poeschel.

Welch, M. (2011). The evolution of the employee engagement concept: Communication implications. *Corporate Communications – An International Journal, 16*(4), 328–346.

Wright, M. (Hrsg.). (2009). *Gower handbook of internal communication* (2nd edition). Farnham: Gower.

Zerfass, A., & Franke, N. (2013). Enabling, advising, supporting, executing: A theoretical framework for internal communication consulting within organizations. *International Journal of Strategic Communication, 7*(2), 118–135.

Führungskräftekommunikation: Herausforderungen und Umsetzung

Andreas Voß und Ulrike Röttger

Zusammenfassung

Führungskräftekommunikation umfasst die Kommunikation der Unternehmensleitung mit den Führungskräften sowie die medial moderierte Kommunikation der Führungskräfte untereinander. Da Veränderungsdynamik und Komplexität von und in Unternehmen stetig zunehmen, werden die Motivation und Information der Führungskräfte immer wichtiger: Nur wer die oftmals vorhandene Skepsis der „Leitwölfe" überwindet, ermöglicht langfristig unternehmerischen Erfolg. Die wissenschaftlich bisher wenig thematisierte Führungskräftekommunikation leistet einen wesentlichen Beitrag, damit Führung in einer Organisation gelingen kann. Sie hat das Ziel, Vertrauen in die Unternehmensführung zu schaffen – sie überzeugt und informiert, befähigt, vernetzt und aktiviert die Führungskräfte. Führungskräftekommunikation bedient sich nicht nur klassischer Medien, sondern auch neuer Formate wie Social Media und Führungskräfte-Netzwerken.

Schlüsselwörter

Führungskräftekommunikation · Mitarbeiterkommunikation · Interne Kommunikation · Führung · Leadership · Veränderungskommunikation · Führungskräfte-Netzwerke · Unternehmenskommunikation

---

A. Voß (✉)
JP KOM
Schwanenhöfe, Erkrather Straße 228b, 40233 Düsseldorf, Deutschland
E-Mail: andreas.voss@jp-kom.de

U. Röttger
Westfälische Wilhelms-Universität Münster, Institut für Kommunikationswissenschaft
Bispinghof 9-14, 48143 Münster, Deutschland
E-Mail: ulrike.roettger@uni-muenster.de

1 Definition und Abgrenzung

Veränderungen in deutschen Großunternehmen scheitern vor allem am Führungsverhalten – so die Meinung der Führungskräfte selbst: Unzureichendes Engagement der oberen Führungsebenen (61 %), unklare Zielbilder (56 %) und Unerfahrenheit beim Umgang mit verunsicherten Mitarbeitern (56 %) sind die meistgenannten Gründe, die in einer Befragung bei Vorständen, Geschäftsführern und Bereichsleitern von Unternehmen mit mehr als 1.000 Mitarbeitern ermittelt wurden (Houben et al. 2007, S. 7). Wer Führung in einer Organisation erfolgreich gestalten will, muss deshalb die Führungskräfte als eine besonders wichtige Zielgruppe erkennen und kommunikativ adressieren.

Führungskräftekommunikation ist ein junges Handlungsfeld der internen Unternehmenskommunikation (vgl. Abb. 1). In Theorie und Praxis wird interne Unternehmenskommunikation häufig mit Mitarbeiterkommunikation gleichgesetzt. Mitarbeiterkommunikation stellt die Beschäftigten in den Mittelpunkt und bereitet für sie relevante Informationen leicht verständlich auf. Führungskräftekommunikation sorgt für die Information, Orientierung und Aktivierung der Führungskräfte – und nimmt eine bedeutsame Aufgabe an der Schnittstelle von Personal und Kommunikation ein.

Führungskräftekommunikation unterscheidet sich inhaltlich, medial und dramaturgisch deutlich von der Mitarbeiterkommunikation: Die Inhalte sind komplexer und strategischer; die Führungskräfte sind stärker als Mitarbeiter gefordert, Zusammenhänge selbst herzustellen. Die Medien sind auf die besonderen Bedürfnisse der Führungskräfte in einem Unternehmen angepasst. Führungskräfte-Meetings oder Videokonferenzen ermöglichen einen regelmäßigen Austausch – diese Medien stehen Mitarbeitern aus Kostengründen häufig nicht zur Verfügung. Dramaturgie und Inszenierung müssen sowohl den besonderen Wissensstand der Führungskräfte als auch ihre hervorgehobene Bedeutung als Vermittler und Promotoren zum Beispiel in Veränderungsprozessen berücksichtigen (Voß 2009, S. 72).

Wichtigste Stakeholder der Führungskräftekommunikation sind die Unternehmensleitung und die Führungskräfte einer Organisation sowie die Kommunikationsabteilung. Führungskräftekommunikation soll dazu beitragen, dass Führung in einer Organisation gelingen kann – in zweierlei Hinsicht: Einerseits soll die Unternehmensleitung ihre Führungsmannschaft effektiv führen, andererseits sollen die Führungskräfte in der Lage sein, die Mitarbeiter erfolgreich anzuleiten.

Die Wortbestandteile Führung, Führungskraft und Kommunikation werden in der Literatur – aber auch in der Praxis – uneinheitlich verwendet. Eine Annäherung an die Führungskräftekommunikation muss deshalb bei den Begriffen Führung und Führungskraft beginnen: Führung heißt, zwei oder mehrere Mitglieder einer Organisation treten in Interaktion (Staehle 1973, S. 15). Dabei übernimmt ein Mitglied eine – zumindest vorübergehende – hervorgehobene Funktion, an der die anderen ihr Handeln ausrichten. Die „zielbezogene Einflussnahme" (Rosenstiel 2003, S. 4), der eine Zielformulierung vorauszugehen hat und die sich durch Strukturbildung und Verhalten realisiert, erscheint zentral (Heger 2005, S. 22). Ob die Orientierungsleistung über Weisungen des Führenden oder

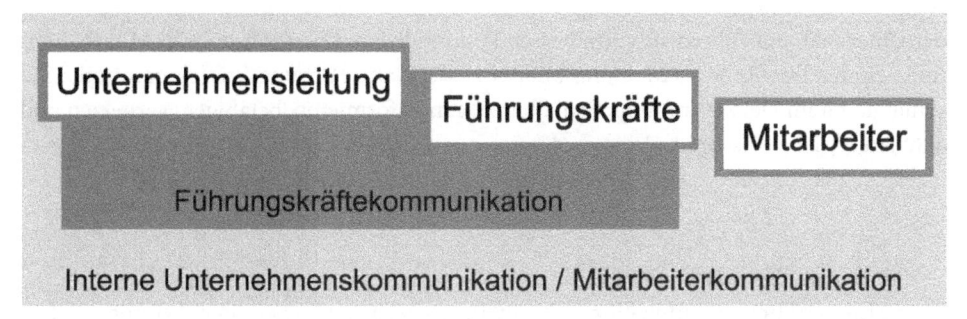

Abb. 1 Verortung der Führungskräftekommunikation in Unternehmen

über einen Erkenntnisgewinn des Geführten erfolgt, ist dabei irrelevant. Ebenso wenig relevant sind Hierarchieebenen: Das „Führen von unten" ist möglich und insbesondere in Expertenorganisationen ausdrücklich erwünscht. Führung ist von vielen externen Faktoren geprägt: Organisationsstruktur und Unternehmenskultur, die Landeskultur, die Sozialisation und die Persönlichkeitsmerkmale der Beteiligten bestimmen die Art der Führung (Bass 2008, S. 716 ff.; Northouse 2010, S. 89 ff.).

Eine Führungskraft besitzt eine unbefristete und institutionalisierte Weisungsbefugnis. Sie kann definierte Teilnehmerkreise unter Bezugnahme auf formale Gegebenheiten führen. Jeder Angestellte mit Mitarbeiterverantwortung ist gleichzeitig Führungskraft.

Wenn Führungskräfte ihre Mitarbeiter führen, wird die Art der Interaktion als Führungskommunikation bezeichnet – hierbei handelt es sich zumeist um symbolische Interaktionen (Barrett 2008, S. 388 f.). Denn Führung bedeutet im Kern kommunikative Einflussnahme auf den Mitarbeiter (Hackman und Johnson 2009, S. 5). Führungskommunikation entsteht in Abteilungen und Teams, zwischen Vorgesetzten und Mitarbeitern. Sie verläuft stufenweise über alle Hierarchieebenen hinweg. Durch das (hierarchische) Ungleichgewicht der Sozialbeziehung ist Führungskommunikation oft besonders heikel: Selbst kleinste Signale der Wertschätzung oder Abneigung können beim Mitarbeiter nachhaltig wirken (Kunczik 2010, S. 437; Voß 2011, S. 65).

Führungskräftekommunikation umfasst einerseits die Kommunikation zwischen Unternehmensleitung und Führungskräften, andererseits aber auch die Kommunikation der Führungskräfte untereinander. Diese vertikale und horizontale, mediale wie persönliche Kommunikation hat zum Ziel, die Führung im Unternehmen – umgesetzt von den Führungskräften – so auszugestalten, dass sie im Sinne der Unternehmensleitung erfolgt. Führungskräfte müssen den Mitarbeitern gegenüber mit einer Stimme sprechen und Vorgaben von oben möglichst konsistent weitervermitteln. Dazu muss Führungskräftekommunikation Vertrauen in die Unternehmensführung schaffen, denn so wird eine effektive Orientierung gemeinsamen Handelns der Führungsmannschaft möglich (Röttger und Voß 2007). Wenn Unternehmensleitung und Unternehmenskommunikation die Führungskräfte erreichen, wenn sie bei ihnen für Verständnis und Unterstützung für die Ziele, die Strategie und die geplanten Maßnahmen sorgen, besteht die Chance, dass Führungskräfte ihre Führungsaufgabe im Sinne des Unternehmens wahrnehmen: Aus Sicht der Unternehmens führen sie dann besser, kommunizieren besser mit ihren Mitarbeitern und nehmen ihre Rolle als Meinungsbildner besser wahr. Führungskräftekommunikation erfüllt damit im Detail fünf Aufgaben: überzeugen, informieren, befähigen, vernetzen und aktivieren (siehe Abschnitt 4).

> **Führungskräftekommunikation**
> Führungskräftekommunikation vermittelt einerseits zwischen der Leitung und den Führungskräften einer Organisation und vernetzt andererseits die Führungskräfte miteinander. Sie trägt dazu bei, dass Führung in einer Organisation gelingen kann: Die Führungskräfte werden dabei unterstützt, selber besser zu führen. Führungskräftekommunikation zielt darauf ab, Vertrauen in die Unternehmensführung zu schaffen. Sie überzeugt und informiert, befähigt, vernetzt und aktiviert die Führungskräfte.

2 Situation von Führungskräften

Jede Führungskraft kennt dieses Dilemma: Mitarbeiter verlangen nach Orientierung, z. B. weil im Unternehmen Veränderungen stattfinden. Wenn Routinen und Gewohnheiten wegbrechen, erhöht das unter den Mitarbeitern unmittelbar den Bedarf an Information und letztlich auch an Führung. Bei hohem Veränderungstempo können Führungskräfte aber kaum gesicherte Informationen weitergeben (Dolphin 2005, S. 174). Sie sollen Treiber für Veränderungen sein, sind aber ebenso Betroffene.

Die Situation der Führungskräfte lässt sich über folgende Rahmenbedingungen erfassen:

- Stetiger Wandel
- Mikropolitik
- Digitalisierung

2.1 Stetiger Wandel

Die Internationalität und Dynamik heutigen Wirtschaftens verkompliziert die Wirtschaftsprozesse von und in Unternehmen. Unternehmensaktivitäten erstrecken sich über verschiedene Landeskulturen und Sprachen und bauen auf jungen, fragilen und teilweise flüchtigen Sozialbeziehungen auf. Unternehmen stehen in ständigem Austausch mit der Umwelt, von der sie Ressourcen beziehen und an die sie ihre Leistungen abgeben. Daraus folgt, dass Unternehmen den gesellschaftlichen Wandel zu spüren bekommen und sowohl darin zu agieren als auch darauf zu reagieren haben.

Das Umfeld eines (globalisierten) Unternehmens wandelt sich unaufhörlich. Neun von zehn deutschen Managern glaubten bereits vor Jahren, dass die Veränderung in Unternehmen nie mehr aufhören wird (Klewes und Langen 2005). Selbst Phasen der Kontinuität in Unternehmen werden nicht mehr als solche wahrgenommen. Veränderung wird zur Normalität, alles behält einen vorläufigen Charakter. Viele Routinen und Abläufe in Unternehmen sind nachhaltig durch die Unternehmenskultur geprägt. Eine Unternehmenskultur im klassischen Verständnis orientiert Mitarbeiter in ihrem Handeln, indem sie auf Erfahrungen und bewährte Verhaltensweisen zurückgreift und Lösungsvorschläge für die Zukunft gibt (Schein 1995, S. 25). Das Problem: Erfolg versprechen die (alt-)bewährten Lösungsvorschläge aber nur, solange sich Vergangenheit und Zukunft ähneln. Dies kann heute nicht mehr vorausgesetzt werden. Auch ein kulturell harmonisiertes Unternehmen kann deshalb auf fehlerhafte Verhaltensweisen setzen – dann nämlich, wenn diese gemeinsam gelernten und tradierten Routinen nicht mehr genug mit der veränderten Umwelt des Unternehmens zu tun haben (Bleicher 1999, S. 231).

Schmidt (2004) hat herausgearbeitet, dass Unternehmenskulturen nur so lange auf Erfahrungswerte bauen, bis sich umweltbedingt Dysfunktionalitäten einstellen und Lernprozesse einsetzen. Organisationales Lernen und Innovationen werden dadurch möglich, dass umweltsensible Unternehmenskulturen keine Handlungen festlegen, sondern lediglich Handlungskorridore vorgeben. Die Intensität des gesellschaftlichen Wandels bedingt, dass sich „der automatische Verpflichtungsgrad" (Schmidt 2004, S. 224) von Unternehmenskulturen reduziert: Die Handlungskorridore für Führungskräfte und Mitarbeiter werden breiter. Weil das schlichte Befolgen vorgegebener Schemata wenig Erfolg verspricht, erhalten Akteure in Unternehmen mehr Handlungsspielräume. Führungskräfte und Mitarbeiter wägen Handlungsoptionen selbständig ab. Dabei orientieren sie sich zwar an unternehmenskulturellen Vorgaben, sie besitzen aber eine zunehmende Handlungsfreiheit, sich situationsadäquat zu verhalten. Dadurch können Best Practice-Prozesse entstehen, die sich reflexiv selbst bestätigen. Die Unternehmenskultur entwickelt sich ständig weiter. Sie ist viel offener und dynamischer als zumeist unterstellt (Voß und Röttger 2008, S. 62).

Führungskräftekommunikation muss die Führungskräfte (und die Mitarbeiter) als relativ handlungsautonome Subjekte begreifen und adressieren. Sie muss zwischen Festlegung und Varianz (*„Fixum und Fluidum"*) ausbalancieren und den ständigen Abgleich bewährter und innovativer Verhaltensweisen ermöglichen. Führung wird unter diesen Bedingungen anspruchsvoller, sie verändert sich vom Delegieren und Anweisen zum Befähigen.

2.2 Mikropolitik

Wenn die Beschäftigten in Unternehmen mehr Handlungsspielräume haben, drängt sich die Frage auf, wie sie diese nutzen. Mitglieder in Organisationen wollen immer auch eigene, individuelle Ziele durchsetzen. Dafür greifen sie auf unterschiedliche Strategien und Taktiken zurück. Das kann gut für das Unternehmen sein, muss es aber nicht. Persönliche Interessen und Unternehmensinteressen liegen bisweilen weit auseinander.

Aus den verschiedenen Interessenlagen innerhalb eines Unternehmens resultieren mikropolitische Prozesse (Crozier und Friedberg 1993; Küpper und Ortmann 1986; Neuberger 2003), d. h. Entscheidungen und Handlungen in Unternehmen basieren auf komplexen Aushandlungsprozessen zwischen eigensinnigen Akteuren, die (bisweilen) konkurrierende Interessen verfolgen. Daraus folgt, dass Unternehmen keine rationalen, stabilen Gebilde sind, die ausschließlich aufgrund ihrer formalisierten Struktur verstanden werden können und in denen Prozesse zuverlässig gemäß vorab festgelegter Regeln ablaufen. Je breiter die Handlungskorridore der Akteure werden, desto mehr Möglichkeiten gibt es, mikropolitisch zu handeln und es können verstärkt Interessenkonflikte auftreten. In Veränderungsprozessen, in denen Entscheidungen über zukünftigen Einfluss, Ressourcen und Entscheidungskompetenzen fallen, spielen mikropolitische Strategien eine große Rolle (Maruschke 2005, S. 65 ff.). Niemand möchte in Zukunft schlechter gestellt sein. Die Beteiligten versuchen, ihre Position im Unternehmen zu verbessern.

Führung muss vor dem Hintergrund dieser mikropolitischen Konstellationen und Prozesse die impliziten Zieltableaus (*„Hidden Agendas"*) der Beteiligten antizipieren und die individuellen Entscheidungskriterien/Präferenzmuster ansprechen. Für Führungskräftekommunikation bedeutet Mikropolitik, dass sie eindirektional und eindimensional nicht funktioniert. Sie muss Austausch ermöglichen und Führungskräften unterschiedliche Angebote machen, mit denen Führungskräfte glauben, ihre persönlichen Ziele besser erreichen zu können. Je mehr Führungskräfte ihre persönlichen Ziele den Unternehmenszielen angleichen, desto mehr Wert schafft Führungskräftekommunikation für das Unternehmen: Das gesamthafte Führungshandeln ist dann koordiniert(er) und konsistent(er).

2.3 Digitalisierung

Die steigende Bedeutung digitaler Medien in (und außerhalb von) Organisationen stellt neue Anforderungen an die Medienkompetenz der Führungskräfte. Führungskräfte müssen u. a. lernen, die relevante und irrelevante Kommunikation schnell und sicher voneinander zu unterscheiden. Sie kämpfen mit Kontrollverlust, verschwimmenden Grenzen zwischen interner und externer Kommunikation und mit Mitarbeitern, die größere Handlungskorridore besitzen.

Erfolgreiche Führungskräftekommunikation vermeidet beziehungsweise mindert den Information Overload der Führungskräfte. Sie wählt die zum Unternehmen passenden Medien, um die Führungskräfte zu erreichen und zu aktivieren. Dabei ist Media Richness (vgl. dazu grundlegend Daft und Lengel 1984) eine wichtige Variable, also die Reichhaltigkeit von Medien in Bezug auf die Kanäle, Direktionalität/Rückkopplung und Personalisierbarkeit. Welches Medium das richtige ist, lässt sich pauschal nicht sagen – das hängt von der Komplexität der zu lösenden Aufgabe ab (Schmalstieg und Pfannenberg 2009, S. 63).

3 Forschungsstand Führungskräftekommunikation

Das Thema Führungskräftekommunikation – verstanden als Kommunikation der Unternehmensleitung mit Führungskräften und als Kommunikation der Führungskräfte untereinander – liegt im Schnittfeld zahlreicher wissenschaftlicher Disziplinen und Forschungsfelder. Neben der Kommunikationswissenschaft sind vor allem die Organisationspsychologie und die Betriebswirtschaftslehre, insbesondere mit den Bereichen strategisches Management und Personalwirtschaft, zu nennen.

Ein genauerer Blick zeigt, dass alle genannten Disziplinen und Forschungsbereiche zwar Berührungspunkte zum Thema Führungskommunikation aufweisen, das Thema jedoch überwiegend nur am Rande behandelt wird. Eine eigenständige Forschungstradition zu Führungskräftekommunikation und damit auch zur spezifischen kommunikativen Zielgruppe Führungskräfte existiert bislang nicht. Dabei ist eine zielgerichtete Kommunikation mit dieser Zielgruppe aus Sicht der Unternehmensführung von hoher Bedeutung, trägt diese doch entscheidend zum Wertschöpfungsprozess eines Unternehmens bei. Führungskräfte übernehmen für ihre Mitarbeiter Verantwortung, haben weitreichende Entscheidungsbefugnisse und vermitteln strategische Informationen an die Mitarbeiter. Nicht zuletzt hieraus ist ein eigener Kommunikationsbedarf ableitbar: Führungskräfte benötigen Informationen frühzeitiger und in größerem Umfang als ihre Mitarbeiter. In der Forschung wird dieser Zielgruppe der internen Kommunikation Disziplinen übergreifend bislang jedoch wenig Beachtung beigemessen (Mast und Huck 2008; Rudat et al. 2010).

Es ist common sense in der Managementforschung, dass „die Führung von Menschen eine eminent hohe Bedeutung für das betriebliche Zusammenleben und den Unternehmenserfolg hat" (Schreyögg und Koch 2010, S. 258). Deshalb hat das Forschungsgebiet Führung bzw. Leadership in der Betriebswirtschaftslehre eine lang anhaltende Tradition. Allerdings erweist es sich zugleich als ein unscharf konturiertes Forschungsgebiet, das durch eine Vielzahl unterschiedlicher Begriffsbestimmungen, Definitionen und Forschungsstränge geprägt ist. Zentrale Ansätze im Bereich der Leadership-Forschung sind insbesondere der Trait-Skill Approach, der Style bzw. Behaviour Approach, die Contingency Theory und die New Leadership-Ansätze (zu denen u. a. der aktuell in der Forschung dominierende Transformational Leadership-Ansatz zählt) (vgl. Antonakis et al. 2004; Clifton 2012, S. 149). Management und Führung unterscheiden sich dahingehend, das der Managementbegriff in der Regel vor allem strukturelle und institutionelle Aspekte der Leitung und Steuerung von Unternehmen umfasst, während der Begriff Führung in erster Linie personale oder interaktionale Aspekte betont (siehe hierzu beispielsweise Neuberger 2002, S. 48 f.). Allerdings werden die Begriffe Management und Führung teilweise auch synonym verwendet.

Uneinheitlich und teils diffus sind auch das Verständnis des Begriffs Leadership sowie das angenommene Verhältnis von Leadership und Führung. Während die Begriffe und dahinterstehenden Konzepte teils gleich gesetzt werden, differenzieren andere Autoren zwischen Leadership und Führung bzw. Leader und Führungskraft. Der Begriff der Führungskraft wird zumeist an eine spezifische hierarchische Position gekoppelt; Leadership und Leader werden stärker prozessural verstanden. Leadership umfasst dann die Beziehung und die Interaktionen zwischen Leader und Followern: Einzelne Personen können in unterschiedlichen Kontexten Leader, aber auch Follower sein; z. B. ist ein Abteilungsleiter Leader gegenüber den Mitarbeitern in seiner Abteilung und zugleich Follower im Verhältnis zu dem ihm übergeordneten Hauptabteilungsleiter.

Teils wird der Leadership-Begriff auch mit einer spezifischen Führungsqualität gekoppelt, d. h. Leader sind Führungskräfte, die vorbildlich führen (Antonakis et al. 2004). In diesem Zusammenhang ist oftmals von der Führungs*persönlichkeit* die Rede, die über bestimmte Fähigkeiten und Eigenschaften verfügt. Eigenschaften, die häufig in Zusammenhang mit Leadership genannt werden, sind z. B. (Yukl 2002, S. 184 ff.):

- Hohes Energieniveau und große Stresstoleranz
- Selbstvertrauen
- Emotionale Reife und Stabilität
- Integrität
- Machtstreben, um gemeinsame Bedürfnisse befriedigen zu können
- Mäßiges Erfolgsstreben
- Relativ niedriges Bedürfnis an Sozialfrieden

Andere Autoren unterscheiden zwischen technischen, konzeptionellen und sozialen Fähigkeiten (Northouse 2010). Kommunikationsfähigkeit gilt hier als eine soziale Fähigkeit neben zahlreichen anderen (u. a. Fähigkeit Beziehungen aufbauen zu können und dem Verständnis von menschlichem Verhalten und Gruppenprozessen).

Insbesondere Ansätze, die stark auf die Bedürfnisse der Follower abstellen (z. B. transformational leadership; Bass und Riggio 2006), betonen die Bedeutung von Kommunikation für erfolgreiche Führung und weisen darauf hin, dass kommunikative Kompetenzen wichtiger sind als spezifische Persönlichkeitsfaktoren des Leaders.

Insgesamt beschäftigt sich die betriebswirtschaftliche Forschung zu Leadership aber nur am Rande mit Fragen der Kommunikation – und wenn, dann mit den individuellen kommunikativen Kompetenzen von Leadern sowie den Funktionen, Formen und Ausprägungen von interpersonaler Führungskommunikation (u. a. Barrett 2006, 2008; Clutterbuck und Hirst 2002; Czech und Forward 2010; Witherspoon 1997). Führungskräfte oder Leader als besondere kommunikative Zielgruppe spielen hier keine nennenswerte Rolle.

Im Rahmen der Organisationspsychologie nimmt das Thema Kommunikation und Führung eine zentrale Rolle ein. Auch hier liegt ein Schwerpunkt auf Führungskommunikation, d. h. der Rolle kommunikativer Kompetenzen der Führungskraft und von unterschiedlichen Kommunikationsstilen für Führung. Dabei ist es Konsens, dass die Kommunikation zwischen Führungskraft und Mitarbeitern die Qualität ihrer Beziehung entscheidend beeinflusst (Zerfaß und Huck 2007, S. 149). Ausgehend von der Überlegung, dass Führung im Kern auf kommunikativer Einflussnahme beruht (Hackman und Johnson 2009, S. 5), spielt die (interpersonale) Kommunikation zwischen Führungskräften und Mitarbeitern in fast allen Theorien und Modellen zur Führung eine bedeutsame

Rolle. Kommunizieren wird als zentrale Tätigkeit und Aufgabe von Führung angesehen; einschlägige empirische Studien verweisen darauf, dass der Arbeitsalltag von Führungskräften zu einem hohen Anteil aus kommunikativen Tätigkeiten besteht (u. a. Mintzberg 1975; Neuberger 2002, S. 460 ff.). Nicht in den Blick genommen werden dabei aber die Erwartungen und Bedürfnisse der Zielgruppe Führungskräfte und damit die Anforderungen und Funktionen der Führungskräftekommunikation.

Die (deutschsprachige) kommunikationswissenschaftliche Forschung befasst sich mit Blick auf die Kommunikation in Organisationen in erster Linie mit Formen der strategischen interessengeleiteten Kommunikation, die auch als interne Public Relations oder Mitarbeiterkommunikation bezeichnet werden. Aspekte der interpersonalen Kommunikation, so z. B. die Führungskommunikation, spielen in der deutschsprachigen kommunikationswissenschaftlichen Forschung keine nennenswerte Rolle. Aber auch die spezielle Zielgruppe Führungskräfte wurde von der Kommunikationswissenschaft bislang nicht entdeckt bzw. systematisch erforscht.

Generell gilt, dass die interne Kommunikation aus kommunikationswissenschaftlicher Sicht ein weitgehend theorieloses Feld ist. So befassen sich zwar zahlreiche, meist praxisnahe Publikationen mit Fragen der internen Kommunikation (zum Beispiel Crijns und Janich 2009; Dörfel 2007; Lies 2012; Mast 2007; Schick 2007) und es liegen Überlegungen zur CEO-Kommunikation vor (vgl. Kapitel „CEO-Kommunikation: Aufgaben und Strategien für Vorstände und Geschäftsführer") eine wissenschaftlich gehaltvolle und theoretisch fundierte Betrachtung der internen Kommunikation und speziell der Führungskräftekommunikation existiert aber allenfalls in Ansätzen. So befassen sich Zerfass und Huck (2007) mit der Rolle von interner Kommunikation, Führungs- und am Rande auch der Führungskräftekommunikation im Kontext des Innovationsmanagements. Sie sehen „leadership communication" als einen zentralen Erfolgsfaktor des Innovationsmanagements an und weisen auf die Notwendigkeit hin, Führungskräfte individuell für ihre kommunikativen Aufgaben zu schulen. Diese Aufgabe ist gemäß Zerfass und Huck gleichermaßen in der Personal- und in der Kommunikationsabteilung verankert. Damit betonen die Autoren den abteilungsübergreifenden Charakter der Führungskräftekommunikation. Mast und Huck (2008) haben unter Bezugnahme auf den transformativen Leadership Ansatz („management of meaning") ein Konzept von leadership communication entwickelt, gehen dabei aber nicht explizit auf das Thema Führungskräftekommunikation ein. Ähnliches gilt für Röttger und Voß (2008), die die besondere Bedeutung von Vertrauen im Kontext der internen Kommunikation analysiert haben.

Bei den wenigen vorliegenden deutschsprachigen Publikationen, die sich explizit mit dem Thema Führungskräftekommunikation befassen, handelt es sich um praxisorientierte Einführungen (Buchholz und Knorre 2010, S. 81 ff.; Kinter et al. 2009; Regnet 2008). Im Folgenden wird deshalb ein eigenes Modell für erfolgreiche Führungskräftekommunikation vorgestellt.

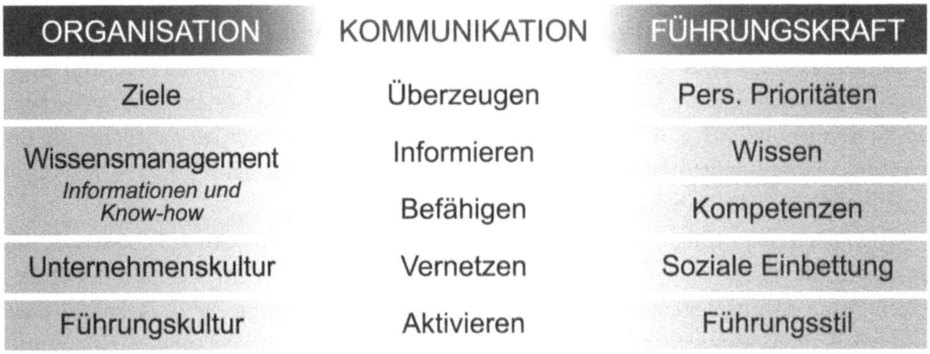

ORGANISATION	KOMMUNIKATION	FÜHRUNGSKRAFT
Ziele	Überzeugen	Pers. Prioritäten
Wissensmanagement *Informationen und Know-how*	Informieren	Wissen
	Befähigen	Kompetenzen
Unternehmenskultur	Vernetzen	Soziale Einbettung
Führungskultur	Aktivieren	Führungsstil

Abb. 2 Modell für erfolgreiche Führungskräftekommunikation

4 Modell für erfolgreiche Führungskräftekommunikation

Führungskräftekommunikation soll dazu beitragen, dass Führung in Unternehmen gelingen kann. Sie wirkt entsprechend unternehmerischer Vorgaben auf Führungskräfte ein und ermöglicht einen konstruktiven Diskurs untereinander (vgl. Abb. 2).

- Der Erfolg der Führungskräftekommunikation hängt von der Ausgestaltung und Anschlussfähigkeit der organisationalen Vorgaben ab: Welche Ziele verfolgt das Unternehmen, wie managt es sein Wissen, welche Unternehmenskultur und Führungskultur werden gelebt? Hinzu kommt als eine eher übergreifende Voraussetzung das Vertrauen die Führungskräfte in die Unternehmensleitung.
- Führungskräftekommunikation muss die Führungskräfte von den Unternehmenszielen überzeugen, sie informieren und befähigen, im Unternehmen vernetzen und den gewünschten Führungsstil aktivieren.
- Führungskräftekommunikation wirkt auf die persönlichen Prioritäten der Führungskräfte, auf deren Wissen und Kompetenzen, auf die sozialen Einbettung im Unternehmen und den persönlichen Führungsstil.

4.1 Vertrauen in die Unternehmensführung

Je mehr die Führungskräfte in die Unternehmensführung vertrauen, desto besser tragen sie Entscheidungen der Unternehmensleitung aktiv mit (Röttger und Voß 2007). Es ist daher ein übergeordnetes Ziel der Führungskräftekommunikation, Vertrauen in die Unternehmensführung zu schaffen. Vertrauen schaltet Unsicherheit nicht aus, sondern gibt ihr eine tolerierbare Form. Unsicherheit als solche bleibt bestehen, schon weil jedes Handeln scheitern kann. Durch Vertrauen wird dennoch Handeln erst möglich.

Vertrauen ist nach Luhmann (1989) ein Mechanismus zur Reduktion sozialer Komplexität und spielt eine zentrale Rolle in sozialen Situationen, die durch doppelte Kontingenz

Tab. 1 Vertrauen von Führungskräften in die Unternehmensführung

Voraussetzungen	Erfahrungen	Erwartungen
Gegenseitige Wahrnehmung: Vertrauenssubjekt und -objekt nehmen einander wahr oder bedienen sich medialer Substitutionsmechanismen	*Vertrauenskontext*: eine transparente und flache Organisation ohne Barrieren; vertrauensvolle Beziehungen zu Kollegen; die Kontinuität der Unternehmensentwicklung	*Richtige Situationsanalyse*: Führungskräfte erwarten, dass die Unternehmensleitung Veränderungen im Umfeld des Unternehmens richtig bewertet
Adressierbarkeit: Das Vertrauensobjekt muss fassbar/greifbar sein; es kann keine gesichtslose Instanz bleiben	*Vertrauensfähigkeit der Führungskräfte*: positive Eigen- und Fremderfahrungen mit Vertrauen inner- und außerhalb des Unternehmens	*Formulierung einer tragfähigen Strategie*: Führungskräfte erwarten, dass die Unternehmensleitung Lösungsansätze für aktuelle und künftige Herausforderungen findet
Sanktionierbarkeit: Wird Vertrauen gebrochen, muss das weitere Handeln des Vertrauenssubjekts für das -objekt folgenreich sein können	*Vertrauenswürdigkeit der Unternehmensleitung*: Führungskräfte gleichen die Kommunikation und das Handeln der Unternehmensführung ständig ab. Die Unternehmensleitung sollte Situationen gleich einschätzen, inhaltlich stimmig handeln, keine Brüche zur Vergangenheit produzieren sowie gemeinsame Werte und Normen einhalten	*Konsequente Strategieimplementierung*: Führungskräfte erwarten, dass sich die Unternehmensleitung operativ engagiert – vom Kundentermin bis zur Koordination und Kontrolle operativer Prozesse

geprägt sind: Die Akteure haben mehrere Handlungsalternativen, während der Erfolg der eigenen Handlungen vom ungewissen Handeln des Gegenübers abhängt. Vertrauen realisiert sich gemäß Kohring (2004) in Vertrauensbeziehungen, die abhängig von bestimmten Voraussetzungen entstehen und entsprechend vorhandener Begründungen (Bezugnahmen auf Erfahrungen) und Dimensionen (Bezugnahmen auf Erwartungen) der Akteure ausgestaltet werden (vgl. Tab. 1).

Erwartungsbrüche und Diskontinuitäten sunternehmerischer Entscheidungen haben in vielen Unternehmen das Vertrauen in die Unternehmensführung stark beschädigt. Führungskräftekommunikation muss ermöglichen, dass Vertrauen in die Unternehmensführung entsteht oder bestärkt wird. Voraussetzungen für Vertrauen können insbesondere durch folgende Maßnahmen geschaffen werden:

- *Gegenseitige Wahrnehmung verbessern*: Führungskräftekommunikation sollte die Sichtbarkeit der Unternehmensführung bei den Führungskräften sicherstellen, zum Beispiel durch Veranstaltungen, audiovisuelle Medien und Kontaktmöglichkeiten der Führungskräfte mit den Mitgliedern der Unternehmensführung.
- *Adressierbarkeit gewährleisten*: Führungskräftekommunikation sollte Führungskräften den Zugang zur Unternehmensleitung ermöglichen, zum Beispiel durch institutionalisierte Feedbackkanäle, und den Mitgliedern der Unternehmensführung ein persönli-

ches Profil verleihen – neben fachlicher Kompetenz sollten hier auch persönliche Attribute sichtbar werden.
- *Sanktionierbarkeit erhöhen:* Führungskräftekommunikation sollte die Zufriedenheit der Führungskräfte mit der Unternehmensleitung regelmäßig erfassen und nutzbar machen, zum Beispiel über Commitment-Befragungen.

Um die Erwartungen der Führungskräfte zu managen, müssen die bestehenden Erwartungen überhaupt bekannt sein. Nach einer umfassenden Nullmessung zum Erwartungshorizont der Führungskräfte können anlassspezifische Erhebungen mit kleiner Stichprobe ein klares Bild liefern. Anschließend müssen die Führungskräftemedien thematisieren, was von der Unternehmensführung erwartet werden kann und was nicht. Kommunikation im Change beispielsweise „muss klar machen, was sich ändert oder ändern muss, aber auch verdeutlichen, was bleibt, weil es gut ist" (Voß und Röttger 2008, S. 65).

4.2 Überzeugen: die persönlichen Prioritäten beeinflussen

Führungskräfte wollen nicht nur, aber auch eigene, individuelle Ziele durchsetzen. Ihre Ziele bilden sich je nach persönlicher Situation im Unternehmen, eigenen Karrierevorstellungen und ihrem Selbstbild heraus. Weitere Faktoren wie der bisherige Werdegang, die familiäre Situation und die persönliche Sozialisation spielen zudem eine wichtige Rolle.

Führungskräftekommunikation muss dazu beitragen, dass bei jeder Führungskraft die Schnittmenge zwischen den persönlichen Prioritäten und den Unternehmenszielen möglichst groß ist. Sie zielt darauf ab, Führungskräfte davon zu überzeugen, dass es für sie vorteilhaft ist, wenn sie die Unternehmensziele zu möglichst großen Teilen auch zu ihren eigenen machen.

Diese Teilaufgabe der Führungskräftekommunikation wurde bislang selten thematisiert oder adressiert. Dabei ist klar: Wer die Ziele erfolgreich synchronisiert, baut Widerstände ab und sammelt Unterstützer für den Kurs des Unternehmens. Ansatzpunkte dafür sind z. B. Dialogformate oder Führungskräftenetzwerke (Voß 2011, 2012). Kotter verweist hier auf die großen Chancen von Netzwerken als „parallele Systeme", die im Gegensatz zu etablierten Hierarchien neue Erfahrungsräume für Freiwillige und Engagierte schaffen (Kotter 2012). Aber auch Maßnahmen wie ein transparentes, stufenweise angelegtes Scorecardsystem mit einer adäquaten Incentivierung können zum Zielabgleich unter den Führungskräften beitragen.

4.3 Informieren: Wissen aufbauen

Führungskräfte benötigen ausreichendes Wissen: Informationen sind die Basis für Entscheidungen ebenso wie für Führung. Führungskräftekommunikation muss Führungskräfte so mit Informationen ausstatten, dass sie ein eigenes Verständnis von der Sachlage entwickeln und ihre Arbeit bestmöglich erledigen können – das heißt, ihre Mitarbeiter angemessen informieren und wertschätzend mit ihnen kommunizieren (Zwack et al. 2011). Dazu müssen die Informationen relevant und spezifisch, gut aufbereitet und verständlich sein sowie zum richtigen Zeitpunkt zur Verfügung stehen.

Neue Medien bieten zur Information von Führungskräften besondere Chancen. Es vollzieht sich ein Wechsel von der Push- zur Pull-Kommunikation: Führungskräfte werden nicht mehr mit Informationen überschüttet, sondern suchen sich in speziellen Medienangeboten die Informationen, die sie benötigen. Richtig eingesetzt werden neue Medien damit zu einem Werkzeug gegen den Information Overload und gegen zu große Streuverluste in der Kommunikationsarbeit (Voß 2012, S. 222 f.).

4.4 Befähigen: Kompetenzen entwickeln

Führungskräfte werden mit einer Fülle von Aufgaben konfrontiert. So qualifiziert Top-Manager auch sind, niemand kann alles aus dem Stand können. Führungskräftekommunikation muss so ausgestaltet werden, dass Führungskräfte sie gern annehmen und daraus für ihr eigenes Verhalten lernen können. Sie könnte z. B. aus Metaperspektive das „Führen im Unternehmen" thematisieren. Sind die Inhalte überkomplex oder unbrauchbar, werden die Führungskräfte sie – zu Recht – links liegen lassen. Dabei kann der Personalbereich den Kompetenzen-Aufbau durch strategische Führungskräfteentwicklung unterstützen. Seminare und Coachings vermitteln Methodenwissen und Umsetzungskompetenz – auf Sach- und Sozialebene. Fachliche Weiterbildungen sind hierbei ebenso wichtig wie der Aufbau von Sozialkompetenzen, zum Beispiel interkulturelle Kompetenz.

4.5 Vernetzen: die soziale Einbettung gestalten

Führungskräfte, die sich isoliert im Unternehmen bewegen oder ausschließlich in festen, stabilen Sozialkonstellationen aufhalten, widersetzen sich häufig Veränderungsbemühungen und folgen stattdessen der altbewährten Einzel- bzw. Gruppenlogik (Voß 2011). So wichtig Subkulturen in Unternehmen für die Identifikation der Beschäftigten auch sein können, in vielen Unternehmen wird zu wenig an einer gemeinsamen Unternehmenskultur gearbeitet – mit der Folge, dass Führungskräfte wie Mitarbeiter unterschiedliche Normen und Werte befolgen, ungleiche Wahrnehmungen vom Unternehmen haben und verschiedene Verhaltensmuster pflegen.

Wenn Führungskräfte flexible und geöffnete Sozialkontakte haben, wenn sich immer wieder neue Sozialkonstellationen ergeben und weiterentwickeln, steigt ihre Bereitschaft, sich auf Neues einzulassen und Risiken einzugehen. Hier greift die These von der Stärke schwacher Bindungen (Granovetter 1973): Nicht das besonders stabile Sozialsystem ist gut für das Unternehmen, sondern das sich – wie die Umwelt – in ständiger Bewegung befindliche Sozialsystem. Eine Unternehmenskultur, die die Handlungskorridore der Beschäftigten bewusst macht und ausnutzt, wird immer innovativer sein als ein zergliedertes System rückwärtsgewandter Subkulturen.

Führungskräfte-Netzwerke – also Netzwerke unter Führungskräften – können durch die Führungskräftekommunikation gezielt initiiert werden. Mit ihnen lässt sich die Beziehungsebene der Führungskräfte bewusst gestalten. Die Führungskräfte arbeiten in den Netzwerken mittelfristig aufgabenbezogen zusammen, eine Projektorganisation bildet den Rahmen. Führungskräfte-Netzwerke haben zahlreiche Vorteile (Kotter 2012; Voß 2011):

- *Beziehungen ausbalancieren.* Führungskräfte können ihre eigenen Erfahrungen und Wahrnehmungen in das Unternehmen einbringen und abgleichen. Die Beziehungen zu Kollegen sind ausbalancierter als zuvor.
- *Inhaltliche Ambivalenz zulassen.* Mehrdeutigkeit und unterschiedliche Meinungen sind erwünscht. Sie werden nicht tabuisiert sondern argumentativ aufgelöst.
- *Sozialen Abgleich ermöglichen.* Die Führungskräfte reflektieren ihr eigenes Verhalten gegenüber Vertretern anderer sozialer Herkunft, Subkulturen und Aufgabenfelder. Hierdurch lernen sie über sich und die anderen gleichermaßen.
- *Prestige und Wissen gewinnen.* Die Teilnahme an Netzwerken wird reizvoll gestaltet, zum Beispiel durch Wertschätzung oder den Zugang zu neuen Informationen. Eine Blockadehaltung verliert für den Einzelnen an Reiz. Engagierte Führungskräfte erhalten ein Forum, in dem sie sich einbringen können, auch wenn ihre hierarchische Stellung wenige Spielräume lässt.
- *Bewusster führen.* Die Führungskräfte sollten in den Netzwerken stets mitdenken, wie sie die Ergebnisse ihrer Projektarbeit an die Mitarbeiter vermitteln. Das ist Teil der Aufgabenstellung. So geben sie ihrer Führungsaufgabe Raum im Diskurs des Netzwerks.

Führungskräfte sollten sich mit der Zeit in unterschiedlichen Führungskräfte-Netzwerken bewegen. So werden den Managern neue Erfahrungsräume eröffnet. In neuen Aushandlungsprozessen können sie gewinnbringende Impulse erhalten und geben. Wichtig ist, auf eine angemessene Fluktuation in und zwischen den Gruppen zu achten. Nur dann kann die Stärke der schwachen Bindungen voll wirken.

Veranstaltungen, Workshops, Einzelcoachings und Toolboxen sind klassische Instrumente, mit denen Führungskräfte-Netzwerke initiiert und etabliert werden. Der persönliche Kontakt der Führungskräfte untereinander spielt eine Schlüsselrolle dafür, wie sie Informationen verarbeiten, ihre Ziele neu definieren und ihr Handeln verändern. Elektronische „soziale" Medien können in dem Gesamtprozess eine wichtige Unterstützungsfunktion erbringen: Ein geschlossener Intranetbereich ermöglicht Best-Practice-Austausch, interne Blogs machen persönliche Positionen klar. Soziale Netzwerklösungen erleichtern den Zugang der Führungskräfte zueinander (siehe im Detail Voß 2012).

4.6 Aktivieren: den Führungsstil (aus-)prägen

Führung kann nicht allein über die Formulierung konkreter Handlungsanweisungen an Untergebene funktionieren. Autoritäres Verhalten nehmen Mitarbeiter vielmehr als Einschränkung ihrer persönlichen Freiheit wahr, denn Befehle schalten ohne Begründung Alternativen aus – und wirken schnell kontraproduktiv. Wollen Führungskräfte ihre Mitarbeiter für ihre Ziele gewinnen, müssen sie an deren individuell-mikropolitische Zielsysteme andocken (Voß 2009). Dazu ist es wichtig, niemandem Ziele vorzugeben, sondern diese gemeinsam auszuhandeln und Zielvereinbarungen zu treffen (Malik 2006, S. 189). Im stetigen Wandel ist es außerdem selbstverständlich, dass Führungskräfte kontinuierlich nachsteuern. Führungskräfte müssen deshalb auch situativ führen können. Sie sollten in der Lage sein, unerwarteten Konstellationen mit hoher Komplexität so zu begegnen, dass das anvisierte Ziel nicht gefährdet wird. Führungskräfte benötigen dazu ein umfassendes Sozialrepertoire.

Ansatzpunkte für die Führungskräftekommunikation sind Coachings und Fortbildungen, aber auch „Learning by doing": Wer Führungskräfte immer wieder in Projektarbeit einbindet und dabei die Teams und Aufgabenstellungen variiert, hat eine gute Chance, Lernprozesse bei den Führungskräften zu initiieren. Die Vereinbarung der Projektziele und die Führung im Projektteam sollte bewusst geregelt und innerhalb der Beteiligten immer wieder reflektiert werden.

5 Implementierung

Wie die Inhalte für Führungskräfte aufbereitet und medial vermittelt werden, ist für die Wirkung von Führungskräftekommunikation ebenso entscheidend wie eine effektive Organisation.

5.1 Inhalte

Führungskräfte möchten die Entscheidungen der Unternehmensführung nachvollziehen können (Buchholz und Knorre 2010, S. 91), insbesondere in Veränderungssituationen: Schlüssige Stories und Berichte greifen zuerst Trends und Veränderungen im Umfeld des Unternehmens auf und stellen die (potenziellen) Auswirkungen auf das Unternehmen dar. Erst im zweiten Schritt wird die Antwort der Unternehmensführung präsentiert, zum Beispiel die Vision, die Strategie und – in offenen Unternehmenskulturen mit hoher Diskursqualität – auch die nicht gewählten strategischen Alternativen. Drittens gibt die Story Einblick in konkrete Maßnahmenprogramme und Umsetzungspläne, inklusive der Auswirkungen auf die Führungskräfte und ihre Führungsaufgabe.

Je transparenter, konsistenter und stringenter Inhalte aufbereitet sind, desto überzeugender sind sie für die Führungskräfte. Auch Kontinuität ist wichtig: Zwar predigen insbesondere viele Change-Experten eher eine Rhetorik des Bruchs, um die Einsicht in die Veränderungsnotwendigkeit zu erhöhen. Aber nur durch die Betonung von Kontinuität können „die in der Vergangenheit aufgebauten Potentiale des Unternehmens (…) genutzt werden" (Pfannenberg 2009, S. 19).

Wo konkrete Inhalte fehlen, sollte zumindest Prozesskommunikation betrieben werden, um den Beteiligten Prozesssicherheit zu geben. Es muss klar gesagt werden, zu welchem Zeitpunkt spezifische Inhalte geliefert werden.

5.2 Medien

Für die Medien der Führungskräftekommunikation ist es wichtig, nicht der allgemeinen Rationalitätsillusion zu verfallen: Begründet auf der veralteten Lehre vom Homo Oeconomicus hält sich die Auffassung, dass insbesondere bei Führungskräften jede Einsicht oder Erkenntnis rational hergeführt werden muss. Führungskräfte können jedoch genauso wie andere Mitarbeiter eines Unternehmens über Emotionen erreicht werden. Warum sollten starke symbolische Handlungen, attraktive Bilder, pointiertes Storytelling und authentische Gefühlsäußerungen nicht auch bei Führungskräften wirken?

Das optimale Medienportfolio hängt von den Mediennutzungsgewohnheiten der Unternehmensleitung und der Führungskräfte ab. Außerdem bestimmt die IT-Infrastruktur eines Unternehmens, welche elektronischen Medien eingesetzt werden können.

5.3 Organisation

Führungskräftekommunikation bewegt sich an den Schnittstellen von Unternehmenskommunikation, Personal und – nicht zuletzt – Vorstandsbüro. Hier werden typischerweise auch die Personalkapazitäten für Führungskräftekommunikation verortet.

Wo ein Schwerpunkt auf persönlicher Kommunikation, Veranstaltungsformaten und Führungskräfteentwicklung liegt, übernimmt bestenfalls der Personalbereich eine Führungsrolle. Die Unternehmenskommunikation tritt aufgrund ihrer Medienkompetenz als interner Dienstleister auf. Wo die kommunikative Vernetzung und der Nachrichtenfluss im Mittelpunkt stehen, kommt der Unternehmenskommunikation die Führungsrolle zu. In kleine(re)n Unternehmen, in denen Kommunikations- und Personalfunktion nicht ausreichend stark ausgebildet sind, kann die Führungskräftekommunikation so verortet werden, dass der/die Verantwortliche direkt an die Unternehmensleitung berichtet. Ein direkter Draht zwischen dem Top-Führungsteam und der Führungskräftekommunikation ist ohnehin unverzichtbar: Wie sonst sollte die Führungskräftekommunikation ihre Vermittlerfunktion wahrnehmen?

6 Fazit

Bislang wurde das Thema Führungskräftekommunikation kaum systematisch erforscht. Angesichts der großen Bedeutung, die Führungskräfte für den unternehmerischen Erfolg haben, ist das sehr überraschend.

Das hier vorgestellte Modell von erfolgreicher Führungskräftekommunikation setzt auf der Komplexität organisationalen Handelns auf – Globalisierung, kontinuierlicher Change, breitere Handlungskorridore für Mitarbeiter und Führungskräfte, Mikropolitik sowie teils verlorenes oder in Frage gestelltes Vertrauen in die Unternehmensführung – und gibt erste Impulse, wie Führungskräftekommunikation ausgestaltet werden muss: Sie muss auf die jeweiligen Personen abzielen, auf ihre persönlichen Prioritäten, ihr Wissen und ihre Kompetenzen, auf die soziale Einbettung im Unternehmen und den praktizierten Führungsstil.

Spätestens bei einer Betrachtung der Inhalte, der Medien und der notwendigen Organisation von Führungskräftekommunikation wird deutlich, dass sie als eigenständige Kommunikationsfunktion neben der internen Kommunikation verstanden werden muss. Sie ist zu wichtig, als dass sie – von Forschung und Praxis – auch in Zukunft links liegen gelassen werden dürfte.

Literatur

Antonakis, J., Cianciolo, A. T., & Sternberg, R. J. (Hrsg.). (2004). *The nature of leadership*. Thousand Oaks: Sage.
Barrett, D. J. (2006). Strong communication skills a must for today's leaders. *Handbook of Business Strategy, 7*(1), 385–390.
Barrett, D. J. (2008). *Leadership communication* (2nd edition). New York: McGraw-Hill/Irwin.
Bass, B. M. (2008). *The bass handbook of leadership: Theory, research, and managerial applications* (4. Aufl.). New York: Free Press.
Bass, B. M., & Riggio, R. E. (2006). *Transformational leadership* (2nd edition). Mahwah: Lawrence Erlbaum Associates.
Bleicher, K. (1999). Unternehmungskultur und strategische Unternehmungsführung. In D. Hahn & B. Taylor (Hrsg.), *Strategische Unternehmensplanung – strategische Unternehmensführung. Stand und Entwicklungstendenzen* (8. Aufl., S. 223–265). Heidelberg: Physica.
Buchholz, U., & Knorre, S. (2010). *Grundlagen der internen Unernehmenskommunikation*. Berlin: Helios Media.
Clifton, J. (2012). A discursive approach to leadership: Doing assessments and managing organizational meanings. *Journal of Business Communication, 49*(49), 148–168.
Clutterbuck, D., & Hirst, S. (2002). Leadership communication: A status report. *Journal of Communication Management, 6*(4), 351–354.
Crijns, R., & Janich, N. (Hrsg.). (2009). *Interne Kommunikation von Unternehmen. Psychologische, kommunikationswissenschaftliche und kulturvergleichende Studien* (2. Aufl.). Wiesbaden: VS Verlag für Sozialwissenschaften.
Crozier, M., & Friedberg, E. (1993). *Die Zwänge kollektiven Handelns. Über Macht und Organisation*. Frankfurt am Main Beltz Athenäum.
Czech, K., & Forward, G. L. (2010). Leader communication: Faculty perceptions of the department chair. *Communication Quarterly, 58*(4), 431–457.
Daft, R. L., & Lengel, R. H. (1984). Information richness: A new approach to managerial behavior and organization design. *Research in Organizational Behavior, 6*(0), 191–233.
Dolphin, R. R. (2005). Internal communications: Today's strategic imperative. *Journal of Marketing Communications, 11*(3), 171–190.

Dörfel, L. (2007). *Interne Kommunikation.* Berlin: SCM.
Granovetter, M. (1973). The strength of weak ties. *American Journal of Sociology, 78*(6), 1360–1380.
Hackman, M. Z., & Johnson, C. E. (2009). *Leadership: A communication perspective* (5. Aufl.). Long Grove: Waveland Press.
Heger, W. (2005). *Wertorientierte interne Unternehmungskommunikation in internationalen Unternehmungen. Gesamtkonzeption zur Planung, Umsetzung und Kontrolle – mit Fallstudie bei der DaimlerChrysler AG.* Münster: LIT.
Houben, A., Frigge, C., Trinczek, R., & Pongratz, H. J. (2007). *Veränderungen erfolgreich gestalten. Repräsentative Untersuchung über Erfolg und Misserfolg im Veränderungsmanagement. Die wichtigsten Ergebnisse.* www.bertelsmann-stiftung.de/cps/rde/xbcr/SID-3034173B-82254146/bst/Studie_C4_2_2007.pdf. Zugegriffen: 19. Aug. 2012.
Kinter, A., Ott, U., & Manolagas, E. (2009). *Führungskräftekommunikation. Grundlagen, Instrumente, Erfolgsfaktoren.* Frankfurt am Main Frankfurter Allgemeine Buch.
Klewes, J., & Langen, C. (2005). *Communicate! Ergebnisse der communicate-Studie zum Thema Change Management.* Präsentation zum Auftaktsymposium von communicate am 30. Mai 2005. www.communicate-programm.de/530.0.html. Zugegriffen: 20. Jan. 2008.
Kohring, M. (2004). *Vertrauen in Journalismus. Theorie und Empirie.* Konstanz: UVK.
Kotter, J. P. (2012). Die Kraft der zwei Systeme. *Harvard Business Manager, 33*(12), 22–36.
Kunczik, M. (2010). *Public Relations. Konzepte und Theorien* (5. Aufl.). Köln: Böhlau.
Küpper, W., & Ortmann, G. (1986). Mikropolitik in Organisationen. *Die Betriebswirtschaft, 46*(5), 590–601.
Lies, J. (2012). Internal communication as power management in change processes: Study on the possibilities and the reality of change communications. *Public Relations Review, 38*, 255–261.
Luhmann, N. (1989). *Vertrauen. Ein Mechanismus der Reduktion sozialer Komplexität* (3. Aufl.). Stuttgart: Enke.
Malik, F. (2006). *Führen Leisten Leben. Wirksames Management für eine neue Zeit.* Frankfurt am Main Campus.
Maruschke, C. (2005). *Reorganisationen und Mikropolitik: Eine Analyse am Beispiel eines Baukonzerns.* Dissertationschrift. Marburg: Philipps-Universität Marburg.
Mast, C. (2007). Interne Unternehmenskommunikation. Der Dialog mit Mitarbeitern und Fu̇hrungskräften. In M. Piwinger & A. Zerfaß (Hrsg.), *Handbuch Unternehmenskommunikation* (S. 757–776). Wiesbaden: Gabler.
Mast, C., & Huck, S. (2008). Internal communication and leadership. In A. Zerfass, B. van Ruler, & K. Sriramesh (Hrsg.), *Public relations research. european and international perspectives and innovations* (S. 147–162). Wiesbaden: VS Verlag für Sozialwissenschaften.
Mintzberg, H. (1975). The manager's job: Folklore and fact. *Harvard Business Review, 53*(4), 29–61.
Neuberger, O. (2002). *Führen und führen lassen. Ansätze, Ergebnisse und Kritik der Führungsforschung* (6. Aufl.). Stuttgart: Lucius & Lucius.
Neuberger, O. (2003). Mikropolitik. In L. von Rosenstiel, E. Regnet, & M. E. Domsch (Hrsg.), *Führung von Mitarbeitern. Handbuch für erfolgreiches Personalmanagement* (5. Aufl., S. 41–49). Stuttgart: Schäffer-Poeschel.
Northouse, P. G. (2010). *Leadership: Theory and practice* (5. Aufl.). Thousand Oaks: Sage.
Pfannenberg, J. (2009). Strategien der Veränderungskommunikation. In J. Pfannenberg (Hrsg.), *Veränderungskommunikation. So unterstützen Sie den Change-Prozess wirkungsvoll. Themen, Prozesse, Umsetzung* (S. 12–22). Frankfurt am Main: Frankfurter Allgemeine Buch.
Regnet, E. (2008). Leadership communication. In H. J. Schneider & H. Klaus (Hrsg.), *Mensch und Arbeit. Handbuch für Studium und Praxis* (11. Aufl., S. 297–321). Düsseldorf: Symposium Verlag.
Rosenstiel, L. von (2003). Grundlagen der Führung. In L. von Rosenstiel, E. Regnet, & M. E. Domsch (Hrsg.), *Führung von Mitarbeitern. Handbuch für erfolgreiches Personalmanagement* (5. Aufl., S. 3–25). Stuttgart: Schäffer-Poeschel.

Röttger, U., & Voß, A. (2007). Vertrauen in die Unternehmensführung. Ein Konzept für die interne Unternehmenskommunikation. *PR Magazin, 38*(1), 49–56.

Röttger, U., & Voss, A. (2008). Internal communication as management of trust relations. A theoretical framework. In A. Zerfass, B. van Ruler, & K. Sriramesh (Hrsg.), *Public relations research. european and international perspectives and innovations* (S. 163–178). Wiesbaden: VS Verlag für Sozialwissenschaften.

Rudat, A., Eichenberg, T., & Gündüz, J. (2010). Medien für die internationale Führungskräftekommunikation. *Personalführung, 43*(11), 40–48.

Schein, E. H. (1995). *Unternehmenskultur. Ein Handbuch für Führungskräfte*. Frankfurt am Main: Campus.

Schick, S. (2007). *Interne Unternehmenskommunikation. Strategien entwickeln. Strukturen schaffen. Prozesse steuern* (3. Aufl.). Stuttgart: Schäffer-Poeschel.

Schmalstieg, D., & Pfannenberg, J. (2009). Die Medien der Veränderungskommunikation. In J. Pfannenberg (Hrsg.), *Veränderungskommunikation. So unterstützen Sie den Change-Prozess wirkungsvoll. Themen, Prozesse, Umsetzung* (S. 58–71). Frankfurt am Main: Frankfurter Allgemeine Buch.

Schmidt, S. J. (2004). *Unternehmenskultur. Die Grundlage für den wirtschaftlichen Erfolg von Unternehmen*. Weilerswist: Velbrück.

Schreyögg, G., & Koch, J. (2010). *Grundlagen des Managements* (2. Aufl.). Wiesbaden: Gabler.

Staehle, W. H. (1973). *Organisation und Führung sozio-technischer Systeme. Grundlagen einer Situationstheorie*. Stuttgart: Ferdinand Enke Verlag.

Voß, A. (2009). Führungskräftekommunikation in Veränderungsprozessen. In J. Pfannenberg (Hrsg.), *Veränderungskommunikation. So unterstützen Sie den Change-Prozess wirkungsvoll. Themen, Prozesse, Umsetzung* (S. 72–82). Frankfurt am Main: Frankfurter Allgemeine Buch.

Voß, A. (2011). Die Skepsis der Leitwölfe. Führungskräfte erreichen und aktivieren – Netzwerke in der Führungskräftekommunikation. *PR Magazin, 42*(3), 64–69.

Voß, A. (2012). Leadership 2.0: Die Skepsis der Leitwölfe überwinden – mit Web 2.0. In L. Dörfel & T. Schulz (Hrsg.), *Social Media in der Internen Kommunikation* (S. 259–274). Berlin: SCM.

Voß, A., & Röttger, U. (2008). Individuen-orientierte Veränderungskommunikation. *PR Magazin, 39*(4), 61–68.

Witherspoon, P. D. (1997). *Communicating leadership. An organizational perspective*. Boston: Allyn & Bacon.

Yukl, G. A. (2002). *Leadership in organizations* (5. Aufl.). Upper Saddle River: Pearson, Prentice Hall.

Zerfass, A., & Huck, S. (2007). Innovation, communication, and leadership: New developments in strategic communication. *International Journal of Strategic Communication, 1*(2), 107–122.

Zwack, M., Muraitis, A., & Schweitzer-Rothers, J. (2011). Wozu keine Wertschätzung? Zur Funktion des Wertschätzungsdefizits in Organisationen. *Organisationsberatung, Supervision und Coaching, 18*, 429–443.

Public Relations und gesellschaftliche Kommunikation: Legitimation im Diskurs

Swaran Sandhu

Zusammenfassung

Die Kernfunktion von Public Relations (PR) als Teil der Unternehmenskommunikation ist die Legitimation von Organisationen im öffentlichen Diskurs. Der Beitrag zeigt, dass sich Legitimität als Zustand aus einer managementorientierten, einer institutionellen und einer symbolischen Perspektive erklären und von anderen gesellschaftlichen Zuschreibungen wie Image oder Reputation abgrenzen lässt. Der Prozess der Legitimation findet in Arenen der öffentlichen Meinung statt, die durch gesellschaftliche Rechtfertigungsordnungen, institutionelle Logiken und Themenfelder miteinander verbunden sind. Aus einer strategischen Perspektive lässt sich Legitimität erwerben, verteidigen und wiederherstellen. Da Legitimität immer eine Zuschreibung der organisationalen Umwelt darstellt, finden permanent Evaluierungs- und Beurteilungsprozesse des organisationalen Handelns statt. Somit liegen im Kern der PR diskursive Legitimationsstrategien der Autorisierung, Rationalisierung, Moralisierung und Narration begründet, die sich als „accounts" – sprachlich gebundene Skripte – in fast allen Kommunikationsmitteln finden lassen.

Schlüsselwörter

Unternehmenskommunikation · Public Relations · Legitimation · Legitimität · Image · Reputation · Vertrauen · Impression Management · Diskurs · Social Media · Diskursive Legitimation · Legitimationsstrategien · Neo-Institutionalismus

S. Sandhu (✉)
Hochschule der Medien Stuttgart
Nobelstraße 10, 70569 Stuttgart, Deutschland
E-Mail: sandhu@hdm-stuttgart.de

1 Unternehmen unter Legitimationszwang

Unternehmen (wie auch Organisationen aller Art) stehen verstärkt unter einem Rechtfertigungszwang gegenüber der Gesellschaft (Palazzo und Scherer 2006). Sie rechtfertigen ihre Geschäftszahlen oder Strategien quartalsweise bzw. auf Hauptversammlungen. Parteien erklären ihre Position vor Wahlkämpfen und Abstimmungen. Karitative Organisationen setzen mit Themenkampagnen ihre Anliegen auf die öffentliche Agenda, indem sie um Aufmerksamkeit werben und bestimmte gesellschaftliche Veränderungen erreichen wollen. Große Infrastrukturprojekte stehen verstärkt unter öffentlicher Beobachtung und legen deshalb eine (mehr oder weniger) genaue Rechenschaft über Kosten und Verlauf des Projekts ab. Wissenschaftler dokumentieren, wie sie zu ihren Erkenntnissen gekommen sind. (Hoch-)Schulen zeigen, dass sie nach neuesten Unterrichtsmethoden lehren und ihre Leistung jederzeit überprüfbar ist. Die Beispiele lassen sich fast beliebig fortsetzen: Fakt ist, dass die gesellschaftliche Legitimität von Organisationen überlebensnotwendig ist: Denn ohne eine „licence to operate" wird ihnen Vertrauen und Reputation entzogen und damit die Grundlage ihrer Existenz. Durch die Globalisierung und Digitalisierung sind Organisationen immer stärker verschiedenen Anspruchsgruppen unterworfen (Raupp 2011), die sich nicht nur auf den lokalen Raum beziehen, sondern potenziell global sein können (Holmström et al. 2010).

In der Forschung und Praxis zur Unternehmenskommunikation ist der Legitimitätsbegriff von hoher Bedeutung. Dies betrifft insbesondere den Teilbereich der Public Relations. Generell lassen sich drei grundlegende Forschungslinien unterscheiden: Erstens die stärker gesellschaftsorientierte PR-Forschung, die PR als eine inhärente gesellschaftliche Funktion ansieht (Ronneberger 1977; Holmström 2008; Hoffjann 2009); zweitens die Berufsfeldforschung, die sich mit der Legitimität der PR-Praxis z. B. im Vergleich zum Journalismus und Fragen der Professionalisierung und Ethik beschäftigt (Donsbach 1997; Wæraas 2009) und schließlich drittens die organisationsbezogene Forschung, die in PR einen Beitrag zur Legitimation der Organisation gegenüber ihrer Umwelt versteht (Metzler 2000; Jarren und Röttger 2004; Sandhu 2012).

Dieser Beitrag steht in der Tradition der letzten Perspektive und untersucht, warum und wie sich Organisationen im öffentlichen Diskurs legitimieren. Der erste Abschnitt leistet Begriffsarbeit. Was ist Legitimität und wie lässt sie sich definieren? Der zweite Teil beschreibt den Prozess der Legitimität, also die Legitimation von Organisationen: Wie lässt sich Legitimität aufbauen, erhalten und verteidigen? Der dritte Teil des Beitrags geht auf den öffentlichen Diskurs ein. Nach welchen Spielregeln funktionieren öffentliche Diskurse und welche Rolle nimmt dabei Legitimität ein? Der letzte Abschnitt diskutiert Strategien diskursiver Legitimation und bietet einen Ausblick auf zukünftige Entwicklungen.

2 Legitimität und Legitimation: grundlegende Zugänge und Ausprägungen

Legitimität als Zustand und Legitimation als Prozess sind wichtige Begriffe in verschiedenen Disziplinen. Deshalb erschließt sich ihre definitorische Passung erst vor ihrem fachlichen Hintergrund. Ganz generell kann man unter Legitimation den Prozess verstehen, durch den Legitimität erreicht werden soll. Legitimität ist eine gesellschaftliche Attribution oder Zuschreibung, die Organisationen und ihre Handlungen akzeptiert. Legitimität als organisationale Kategorie wird immer dann besonders beoachtbar, wenn sie in Frage gestellt wird, z. B. in Konflikten zwischen Stakeholdern und Organisationen oder während einer Organisationskrise, die ihren Ursprung in einem Legitimitätskonflikt hatte.

> **Legitimation**
> Unter *Legitimation* wird der erfolgreiche Versuch verstanden, „die eigenen Ziele und Absichten als im gemeinsamen Interesse liegend oder als aus übergeordneten gemeinsamen Zielen folgend zu rechtfertigen" (Fuchs-Heinritz 1994, S. 395). *Legitimität* ist eine Zuschreibung der organisationalen Umwelt (z. B. der Stakeholder). Die Legitimität einer Organisation ist die kollektive und generalisierte Wahrnehmung bestimmter Gruppen oder Publika innerhalb und außerhalb der Organisation. Sie urteilen über die Handlungen bzw. Aussagen einer Organisation bzw. über die Organisation als Ganzes (vgl. dazu z. B. Suchman 1995 und ausführlich Sandhu 2012).

Häufig werden mit Legitimität verwandte Begriffe wie Image, Reputation, Vertrauen oder Glaubwürdigkeit nicht trennscharf voneinander verwendet. Denn sie haben einen gemeinsamen Nenner: Alle sind Zuschreibungen bzw. Wahrnehmungen der organisationalen Umwelt, die nicht oder nur begrenzt von der Organisation selbst definiert sind, sondern immer erst durch die Wahrnehmungsprozesse der Umwelt (Stakeholder, Teilöffentlichkeiten, etc.) realisiert werden. Der unterschiedliche begriffliche Zuschnitt liegt in disziplinären Zugängen und theoretischen Zuschnitten begründet. Um für diesen Beitrag eine klare Einordnung vornehmen zu können, ist eine Grenzziehung notwendig, wohlwissend, dass es auch andere analytische Einordnungen gibt (vgl. Kapitel „Reputation und Image: Grundlagen, Einflussmöglichkeiten, Management" und Kapitel „Stakeholderbefragungen und Reputationsanalysen").

- Unter *Image* werden komplexitätsreduzierende, mentale Vorstellungsbilder von Organisationen und Akteuren, aber auch Objekten wie Produkten verstanden. Images sind Selbst- und Fremdbilder, die jeder Einzelne wahrnimmt. Ein Image ist keineswegs eindeutig, sondern immer situationsabhängig. Images reflektieren im Idealfall das Selbstbild einer Organisation, also ihre Identität. Organisationen können also situativ unterschiedliche Images haben: oberflächliche Images (Nahbild) sind relativ volatil während

Sockelimages (Fernbild) auch über lange Zeit stabil sein können (Buß und Fink-Heuberger 2002).
- Im Gegensatz dazu ist die *Reputation* eine kollektive Wahrnehmung und Einschätzung einer Organisation. Reputation schliesst den Vergleich mit und die Rangfolge unter vergleichbaren Organisationen ein, da der generelle Status der Organisation erfasst wird. Damit lassen sich klare Reihungen von Organisationen bilden, wie etwa in Reputationsrankings. Wenn über die kollektive Einschätzung einer Organisation gesprochen wird, wie etwa in Medienresonanzanalysen ist meist die Reputation, also das Urteil Dritter, gemeint (Eisenegger 2005).
- *Vertrauen* ist ein komplexitätsreduzierender sozialpsychologischer Mechanismus, der zu Entscheidungssicherheit in sozialen Interaktionen führt. *Glaubwürdigkeit* ist ein Unterpunkt des Vertrauens, das v. a. auf personaler Ebene auf die Stimmigkeit von Aussage und Handeln abzielt und damit zu Verlässlichkeit führt (vgl. Kapitel „Vertrauen und Glaubwürdigkeit als konstituierendes Element der Unternehmenskommunikation").

Legitimität ist eine Grundvoraussetzung für die dauerhafte Existenz und Stabilität jeder Gesellschaft (Berger und Luckmann 1969) und Organisation. Erst wenn die Legitimität einer Organisation in Frage gestellt wird, lässt sich diese weitestgehend stillschweigende Übereinkunft thematisieren. So ist es bis in die 1980er-Jahre „normal" gewesen, die natürliche Umwelt als ausbeutbare Ressource zu verstehen und z. B. hochgiftige Chemikalien in Flüssen oder dem Ozean zu verkappen. Erst die Umweltschutzbewegung und der dadurch erzeugte öffentliche Druck haben zu einem Umlenken in der Gesetzgebung und der unternehmerischen Praxis geführt. Heute kann zumindest in Deutschland kein Chemie-Unternehmen mehr produzieren, wenn es nicht strenge Umweltauflagen erfüllt. Mehr noch: Immer mehr Unternehmen müssen glaubhaft nachweisen, dass ihre gesamte Prozess- und Produktionskette gesetzlichen Mindestauflagen genügt und darüber hinaus Menschen- und Arbeitsrechte geachtet werden. Und zwar nicht nur in Deutschland, sondern auch in Bangladesh oder Vietnam.

Legitimität ist somit kultur- und zeitgebunden. Gesellschaftliche Erwartungsstrukturen wirken sich im Zuge des Wertewandels auch auf organisationalen Strukturen aus. Ein einfaches Beispiel: Es ist es kaum noch vorstellbar, dass heute in Büros geraucht wird. Vor wenigen Jahrzehnten war dies weder erklärungs- noch rechtfertigungspflichtig. Dies bedeutet nicht, dass sich Organisationen immer dem Zeitgeist beugen, wohl aber, dass sich Entscheider darüber klar sein müssen, welche Erwartungen die organisationale Umwelt an Organisationen richtet. Und diese Erwartungen haben in den letzten Jahren stetig zugenommen: Kein DAX-Unternehmen verzichtet heute auf einen Corporate Social Responsibility- oder Nachhaltigkeits-Bericht, viele Non-Profit-Organisationen lassen ihre Prozesse durch Dritte überprüfen und zertifizieren. Hilfsorganisationen zeigen mit einem offiziellen Spendensiegel an, dass die ihnen zugesprochenen Mittel ordnungsgemäß verwendet werden. Diese Maßnahmen sind eine Mischung aus gesetzlichen Vorschriften sowie scheinbar freiwilligen Maßnahmen, die über rechtliche Anforderungen hinausgehen.

Organisationen führen diese Maßnahmen aber nicht freiwillig durch, sondern weil sie auf gesellschaftliche Erwartungsstrukturen reagieren. Können Organisationen diese Erwartungsstrukturen nicht dekodieren oder antizipieren und versäumen, darauf angemessen zu reagieren, müssen sie mit Legitimitätsdefiziten rechnen. Warum übernehmen Unternehmen solche Anstrengungen? Die Antwort liegt aus managementorientierter Perspektive im erweiterten Handlungsspielraum der Organisation. So schreibt z. B. Mast (1992, S. 389 f.): solange „die Legitimität eines Unternehmens im öffentlichen Urteil intakt ist, sind die Führungskräfte von der ständigen Frage befreit, warum sie denn so handelten". Damit sind auch drei zentrale Handlungsfelder für die Legitimitätsforschung benannt: es geht um Unternehmen bzw. Organisationen, die Öffentlichkeit (bzw. Stakeholder oder Publics) und deren Einschätzung bzw. Urteil über die Organisation (bzw. deren Handlungen, Führungskräfte, etc.).

Der Legitimitätsbegriff hat eine lange Geschichte: „Legitimacy is one of the oldest problems in the intellectual history of western civilization" (Zelditch 2001, S. 33). Zentrale Bezugspunkte sind insbesondere die Philosophie bzw. Politikwissenschaften (wie wird politische Macht gerechtfertig? (vgl. Sarcinelli 2011, S. 89 ff.)) die Soziologie (wie wird Herrschaft bzw. Handeln begründet? (vgl. Weber 1922a; Berger und Luckmann 1969)), und die Organisationsforschung (warum gelten Organisationen als legitim? (vgl. Dowling und Pfeffer 1975)). Auch für die PR-Forschung stellt Legitimität eine zentrale Kategorie dar (Hoffjann 2009), die in ganz unterschiedlichen Kontexten behandelt wurde. Für alle genannten Zugänge ist die zentrale Frage, warum Mitglieder eines sozialen Systems die Herrschaft einer bestimmten Gruppe oder Person akzeptieren, auch wenn deren Anweisungen ihren eigenen Interessen teilweise zuwiderlaufen (Weber 1922b, S. 38). Darauf lieferte der Soziologe Max Weber nicht eine, sondern drei Antworten: Herrschaft legitimiert bzw. rechtfertigt sich durch Charisma, Tradition und Rationalität. Seine Ableitung dieser drei Idealtypen stellt bis heute das Fundament vieler Beiträge dar (Gordon 2009, S. 257 ff.). Organisationen gelten als legitim, wenn sie nicht nur gesetzliche Anforderungen einhalten, sondern vor allem die Normen, Werte und Erwartungsstrukturen bestimmter Gruppen akzeptieren (Zelditch 2001, S. 33). Was bei Weber noch „Geltung" hieß, lässt sich auch als relationale Dimension interpretieren (Zimmerman und Zeitz 2002, S. 416). Legitimität entsteht demnach aus der Beziehung von zwei oder mehr Organisationen. Denn Organisationen stehen heute in einem vielfältigen Beziehungsnetzwerk mit ihrer Umwelt. Diese Umwelt lässt sich wiederum in einzelne Gruppen oder Stakeholder aufteilen (Mitchell et al. 1997), die auf unterschiedliche Art und Weise auf Organisationen einwirken können. Wenn Legitimität als relationales Gefüge gilt, „vergeben" bestimmte Gruppen sie bzw. schreiben sie zu. Legitimität muss nicht immer gleich verteilt sein, sondern wird je nach Organisation und Bezugsgruppe unterschiedlich zugeschrieben. Aus diesem Grund ist die Unternehmenskommunikation multiperspektivisch ausgerichtet und muss ganz unterschiedliche Bezugsgruppen und deren Anforderungen im Blick behalten. Idealtypisch lassen sich zwei große Entwicklungslinien der neueren Legitimitätsforschung unterscheiden: eine stärker managementorientierte und eine institutionelle Perspektive

(Suchman 1995). Beide Forschungslinien haben eine gemeinsame Schnittmenge im symbolischen Management.

2.1 Legitimität aus Sicht des strategischen Managements

Aus einer strategischen Sichtweise ist Legitimität eine „licence to operate" und erleichtert den Zugang zu Ressourcen aller Art (Pfeffer und Salancik 1978, S. 193 ff.). Aus der Perspektive des Managements wird Legitimität als intangibler strategischer Erfolgsfaktor angesehen, der den aktuellen und vor allem zukünftigen Handlungsspielraum der Organisation erst ermöglicht (Zerfaß 2010, S. 302). Wenn Legitimität als Ressource verstanden wird, dann lässt sie sich auch im Rahmen eines geplanten Prozesses aufbauen, erhalten und verteidigen. Dowling & Pfeffer (1975) haben diesen Prozess grundsätzlich beschrieben und drei Handlungsmöglichkeiten für das Legitimitätsmanagement definiert: Organisationen können, erstens, ihre Ergebnisse, Ziele und Prozesse an vorherrschende Erwartungen anpassen. Zweitens können sie durch Kommunikation versuchen, die Legitimitätserwartungen zu ihren Gunsten zu verändern. Die dritte Option sieht vor, die Organisation durch Kommunikation mit bereits legitimierten Symbolen oder Werten in Verbindung zu bringen und zeigt so den Brückenschlag zum symbolischen Management an.

Seit den 1970er-Jahren ist das strategische Management zunehmend an der organisationalen Umwelt interessiert. Dies liegt unter anderem an einem veränderten Konzept der Organisation. Organisationen sind nicht mehr abgeschottet von ihrer Umwelt, sondern stattdessen ein Teil derselben und tief eingebettet und eingewoben in ein sozio-kulturelles Geflecht. Dies bedeutet auch, dass Organisationen nicht nur den Forderungen ihrer Shareholder, sondern auch und vor allem den Ansprüchen ihrer Stakeholder (Freeman 1984) verpflichtet sind. Mit diesem Perspektivenwechsel, der einen Blick von außen auf die Organisation notwendig macht, wird auch die Auseinandersetzung mit Legitimitätsfragen eine zentrale unternehmerische Aufgabe. Denn nicht alle Stakeholder haben die gleiche Relevanz für Organisationen. Sie lassen sich nach den Attributen Macht, Dringlichkeit und Legitimität priorisieren (Mitchell et al. 1997). Macht ist – angelehnt an Weber – die Chance in einer Beziehung den eigenen Willen auch gegen Widerstände durchzusetzen. Dringlichkeit ist eine zeitkritische Komponente, die für die Organisationen definiert, ob ein unmittelbares Eingreifen notwendig ist oder ob der Anspruch der Stakeholder vertagt werden kann. Beim Legitimitätsbegriff lehnen sich die Autoren ebenfalls an Suchmans Definition an, betonen aber im Anschluss an Weber, dass Legitimität ohne Macht nicht zur Autorität führen kann. Mit der Kombination dieser drei Eigenschaften ergeben sich sieben idealtypische Stakeholder-Typologien: haben Organisationen keine genannte Eigenschaft sind sie im engeren Sinn keine Stakeholder. Verfügen sie über eine Eigenschaft, spricht man von latenten, bei zwei von fordernden und bei allen drei Eigenschaften von definitiven Stakeholdern. Bezogen auf das Legitimitätskriterium sind folgende vier Eigenschaftskombinationen möglich: *diskrete* Stakeholder sind zwar legitim, verfügen aber weder über Macht noch Dringlichkeit. Hierzu zählen z. B. Vereine und Verbände der Zivilgesellschaft wie etwa NGOs oder karitative Vereinigungen. Da sie ihre Ansprüche nicht ohne weiteres durchsetzen können, stehen sie durch die Unternehmenskommunikation unter Beobachtung (Monitoring), weil sich ihr Status z. B. durch Kampagnen ändern kann. Wer über Legitimität und Dringlichkeit verfügt, ist ein *abhängiger* Stakeholder, da dem Akteur die Macht zur Durchsetzung der Interessen fehlt. Abhängig deshalb, weil zwar die Ansprüche gerechtfertigt und zeitkritisch sind, aber nicht alleine durchsetzungsfähig sind. Deshalb suchen sich abhängige Stakeholder mächtige Verbündete, um ihre Ansprüche durchzusetzen. Beispielsweise können relativ machtlose Gruppen ihre Anliegen durch Lobbyarbeit in Petitionen bzw. Gesetzesanträge einfliessen lassen. *Dominante* Stakeholder verfügen über Legitimität und Macht. Aus diesem Grund werden sie von der Unternehmenskommunikation dauerhaft beobachtet. Ab einer gewissen Unternehmensgröße differenzieren sich spezialisierte PR-Funktionen aus, um die spezifischen Ansprüche der Stakeholder zu bedienen, wie etwa die interne Kommunikation gegenüber den Mitarbeitern, die Presse- und Medienarbeit für Massenmedien oder die Investor Relations gegenüber Analysten und Kapitalgeber. Treffen alle drei Bedingungen – Macht, Dringlichkeit und Legitimität – zu, dann gelten diese Personen oder Organisationen als *definitive* Stakeholder. Die hier beschriebenen Eigenschaften sind keineswegs statisch oder dauerhaft verteilt. Sie stellen eher eine Heuristik dar, um Stakeholder präziser beschreiben zu können. Weiterentwicklungen des Stakeholder-Modells zielen auf eine Dynamisierung ab (Fassin 2009; Luoma-aho und Vos 2010).

2.2 Legitimität aus einer institutionellen Perspektive

Aus institutioneller Perspektive ist Legitimität grundlegend, um die soziale Ordnung aufrechtzuerhalten (Stryker 1994, S. 847), weil sie Beziehungsmuster stabilisiert und somit das Überleben von Organisationen sichert. Dabei gilt Legitimität weniger als Ressource, sondern vielmehr als nicht-hinterfragte Annahme („taken-for-granted"). Dieser Kerngedanke wurde vor allem durch Meyer und Rowan (1977) entwickelt und gilt bis heute als wesentliche Inspiration des organisationalen Neo-Institutionalismus (Hasse und Krücken 2005; Greenwood et al. 2008). Aus dieser Perspektive orientieren sich Unternehmen nicht nur an ihrer Umwelt, mehr noch: sie sind durch ihre Umwelt konstituiert. Dies bedeutet, dass weniger organisationale Effizienz im Vordergrund steht, sondern gesellschaftliche Legitimität, um das Überleben der Organisation zu sichern. Organisationen bedienen dafür gesellschaftlichen Erwartungsstrukturen, die – in den Worten von Meyer und Rowan (1977) – wie Bausteine in der gesellschaftliche Umwelt herumliegen und nur darauf warten, in die Formalstruktur der Organisation „eingebaut" zu werden. Unter Formalstruktur verstehen die Autoren hier die nach außen und innen sichtbare „Schauseite" der Organisation, die durch Organigramme, Leitbilder und Wertevorstellungen, Prozessdefinitionen und Arbeitsabläufe gut dokumentiert ist. Diese Struktur muss möglichst rational erscheinen, auch wenn die tatsächlichen Arbeitsabläufe (Aktivitätsstruktur) dies nicht sind. Beispiele gibt es dafür viele: Hochschulen erfüllen Akkreditierungs- und Zertifizierungsaufgaben, die nicht gerade effizient sind, Unternehmen unterwerfen sich freiwillig ISO-Zertifizierungen, die auf dem Papier gut wirken, aber in der alltäglichen Arbeitspraxis unterlaufen werden. Dennoch: wenn Organisationen nicht dem Primat der Rationalität nachkommen, werden sie als irrational und unberechenbar eingeschätzt und verlieren deshalb ihre Legitimität. Eine Möglichkeit, dieses Spagat zwischen gesellschaftlichem Anspruch und organisationaler Effizienz zu bewältigen, liegt in der *Entkopplung* von Formal- und Aktivitätsstruktur. Diese Entkopplung ist kein geplanter oder bewusst durchgeführter Prozess, sondern findet im guten Glauben aller Organisationsmitglieder statt. Wäre dem nicht so und würde bewusst eine Art „Legitimitätsfassade" aufgebaut werden, dann könnte diese schnell und durchgreifend durch die kritische Beobachtungen der Öffentlichkeit entlarvt werden. Die Entkopplung ist dabei wesentlich subtiler und vertraut darauf, dass Überprüfungen und Inspektionen reduziert werden, wenn die Organisation als rational gilt. Das zweite wichtige Argument dieser Perspektive liegt im institutionellen *Isomorphismus*. Organisationen passen sich gegenseitig an, um Legitimität zu erhalten, so die Kernthese. Im Gegensatz zur Stakeholder-Perspektive fokussiert eine institutionelle Ausrichtung auf das *organisationale Feld*, das als Totalität aller relevanten Akteure gelten kann, die sich gegenseitig beobachten bzw. in Interaktionen stehen (DiMaggio und Powell 1983). In diesem Feld finden Anpassungsprozesse der Formalstruktur unter folgenden Bedingungen statt: Bei Unsicherheit orientieren sich Organisationen an vorbildhaften Organisationen (mimetischer Isomorphismus), durch ein ähnliches Rekrutierungsverhalten und professionelle Netzwerke gleichen sich die Problemlösungskompetenzen der Führungsebene an (normativer Isomorphismus) und durch rechtliche Vorgaben oder die Anordnungen von sanktionsbewehrten Organisationen im Feld (z. B. Mutterkonzerne oder starke Lieferanten) verwenden Organisationen die gleichen Regeln bzw. Strukturen (zwanghafter/regulativer Isomorphismus). Die neuere institutionelle Forschung sieht Organisationen weniger in einer passiven Rolle, sondern verstärkt als aktive Gestalter ihrer Umwelt (Oliver 1991; Lawrence et al. 2011).

2.3 Legitimität als symbolisches Management bzw. Impression Management

Eine Verbindungslinie beider oben genannten Perspektiven ist das symbolische bzw. Impression Management (Elsbach und Sutton 1992). Im Gegensatz zu substantiellen Änderungen der Geschäftspraktiken (z. B. Änderung der Produktlinien, Rückzug aus einem Geschäftsgebiet, etc.) basiert das symbolische Management (Pfeffer 1981) auf vier Dimensionen: Sprache, Kategorisierung, symbolische Handlungen und physikalische Artefakte (Elsbach 2006, S. 21 ff.). Sprachliche Rahmungen bzw. „*accounts*" sind spezifische Muster, die in bestimmten Situationen wie etwa Krisen auftreten: Entschuldigungen sollen die Verantwortung bei negativen Ereignissen minimieren, während Rechtfertigungen die negative Wahrnehmung reduzieren sollen, wenngleich dafür eine klare Verantwortung vorliegt. Leugnen streitet jede Form der Verantwortung ab, während die Bitte um Verzeihung die volle Verantwortung übernimmt und Reue zeigt. Accounts können auch positiver Natur sein, wie etwa das Bekenntnis, das die Bedeutung der Organisation öffentlich bekannt macht oder die Erhöhung, die vor allem die positiven Ergebnisse einer Handlung betont. Unter *Kategorisierung* wird die Einordnung einer Organisation zu vergleichbaren Organisationen verstanden. Es macht für eine Organisation einen elementaren Unterschied, ob sie z. B. als religiöse Vereinigung oder als profitorientiertes Unternehmen in der öffentlichen Wahrnehmung eingestuft wird. Organisationen versuchen deshalb für sich entweder eine passende Kategorisierung zu erreichen oder bestehende Kategorisierungen entsprechend zu manipulieren bzw. sogar neue einzuführen (z. B. religiöse Unternehmen). *Symbolische Handlungen* umfassen alle Aktivitäten einer Organisation, die nichts mit der unmittelbaren Leistungserbringung zu tun haben, sondern stattdessen auf die öffentliche Wahrnehmung einer Organisation abzielen. Besonders stark wirken symbolische Handlungen, wenn sie mit anderen Instrumenten kombiniert werden. *Physische Artefakte* sind zeitlich befristete oder dauerhafte und wahrnehmbare Darstellungen der Organisation, wie etwa das Firmengebäude, die Architektur, die Büroeinrichtung aber auch jede Form von Kommunikationsmitteln (Logo, Farbgestaltung, Haptik, etc.). Organisationen wollen z. B. durch die Gestaltung der Arbeitsräume auch nach außen den Eindruck von Kreativität und Innovation erwecken. Ein Paradebeispiel dafür ist Google, dessen Büros teilweise wie Abenteuerspielplätze für Erwachsene wirken. Dazu gehört auch der Einsatz von Ästhetik durch Kunstformen (Biehl-Missal 2011). Symbolisches Management ist häufig risikobehaftet und wird von aufmerksamen Bezugsgruppen genau als solches dekodiert. In vielen Fällen ist es aber aus einer Managementperspektive ausreichend und kosteneffektiv, um Legitimität herzustellen. Wohlgemerkt: Es geht bei Legitimität um eine Wahrnehmung und Zuschreibung spezifischer Gruppen. Solange diese Zuschreibung intakt ist, wird auch die Legitimität der Organisation nicht hinterfragt. Abbildung 1 fasst die wesentlichen Zugänge und ihren Überschneidungsraum zusammen.

2.4 Typen der Legitimität

Wie bereits bei Webers Herrschaftsformen angedeutet (Charisma, Tradition und Rationalität), lässt sich auch der Legitimitätsbegriff in verschiedene Facetten unterteilen (Sandhu 2012, S. 153 ff.). Manche Autoren definieren eine *regulative* Form der Legitimität, die sich aber stärker an die Legalität anlehnen, also die Konformität mit Gesetzen, Regeln und Verordnungen. Als Merksatz gilt hier „doing things the *rightful* way". Da eine reine Konformität mit Gesetzen häufig eine Grundvoraussetzung für organisationales Überleben ist, ist es ertragreicher, die weiterführenden Formen der Legitimität zu untersuchen. In Ergänzung zur regulativen Form der Legitimität lassen sich in Modifikation von Suchman (1995) drei Idealtypen der Legitimität bilden, nämlich die pragmatische, moralische und kognitive Ausprägung. Die jeweiligen Merksätze für jede Kategorie sind bewusst angelehnt an die Unterscheidung zwischen Effizienz („*doing* things right") und Effektivität („doing *the right things*"), um die unterschiedlichen Legitimitätsdimensionen von einem rein instrumentellen Denken abzugrenzen.

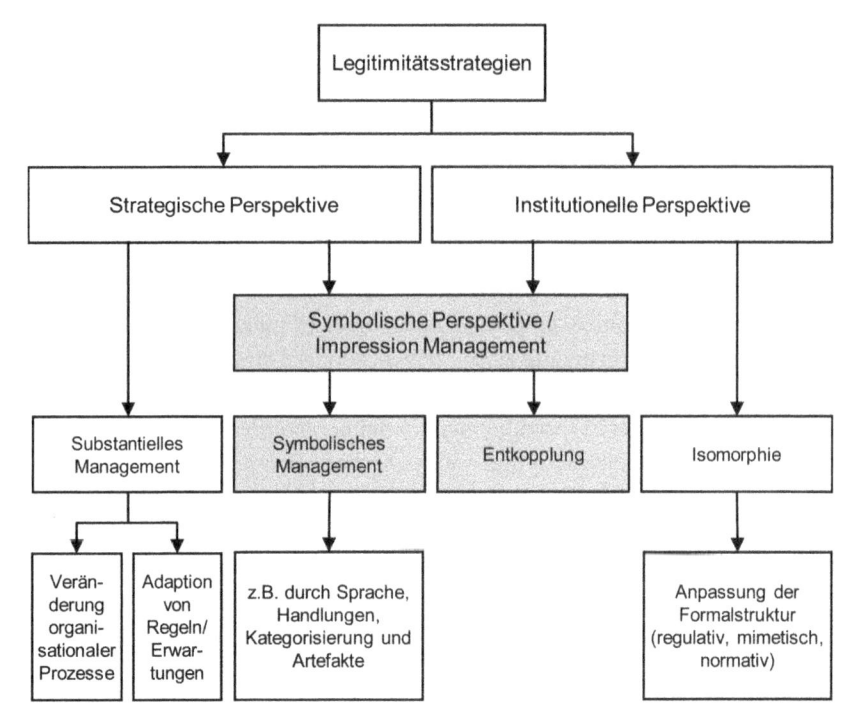

Abb. 1 Perspektiven der Legitimität
(Quelle: In Anlehnung an Beelitz und Merkl-Davies (2012, S. 104))

- Die *pragmatische* Legitimität beschreibt die instrumentelle und eigennützige Zielerreichung. Organisationen sind berechenbar und erfüllen die an sie gestellten Anforderungen. Erreicht eine Organisation nicht ihre definierten Ziele, kann die Umwelt ihr die Legitimität wieder entziehen. Dies tritt insbesondere dann auf, wenn sich Zielsysteme vermischen bzw. verändern. Wenn für Non-Profit-Organisationen nicht mehr das ursprüngliche Ziel (z. B. Umweltschutz, Bildung, etc.) im Mittelpunkt des Handelns steht, sondern z. B. Profitmaximierung, verschiebt sich die Zieldefinition entsprechend. Eine karitative Organisation, die nur an Gewinn orientiert ist, wird langfristig auch die pragmatische Legitimität verlieren. Gemessen wird die pragmatische Legitimität über die Zielerreichung der Akteure. Hier gilt der Merksatz „getting the *right* things".
- Eine *moralische* Form der Legitimität orientiert sich an den Normen und Werten des jeweiligen kulturellen Systems. Erfüllen Organisationen die gesellschaftlich definierten Werte und Erwartungen, gelten sie als moralisch legitimiert. Eine Sonderform stellt die charismatische Legitimität dar, die vor allem auf Personen bezogen ist (Wæraas 2010). Organisationen verhalten sich hier entsprechend dem Merksatz „the *right* thing to do". Sich widersprechende Werte bzw. ein ungenügender Bezug zu gesellschaftlichen Werten löst häufig Legitimitätskonflikte aus. Ein typisches Beispiel sind die Veröffentlichung positiver Unternehmenszahlen parallel zur Bekanntgabe von Massenentlassun-

gen. Auch politische Konflikte sind letztlich Annahmen des Guten und Wünschenswerten, die in die politische Programmatik übertragen wurden.
- Die *kognitive* Ausprägung der Legitimität zielt auf nicht-hinterfragbare Hintergrundüberzeugungen ab. Als Merksatz gilt: „it is unthinkable, *not do do* the right thing". Solange Organisationen als plausibel und selbstverständlich erscheinen, gelten sie als legitimiert. Sie werden nicht in Frage gestellt, sondern als gegeben akzeptiert. Zentrales Kriterium ist die Übereinstimmung der Organisation mit kulturellen Deutungsmustern, die nicht wertebasiert sind. Beispielsweise ist die professionalisierte Altenpflege in modernen, individualisierten Gesellschaften weithin akzeptiert, während sie in traditionalen Familienstrukturen undenkbar wäre. Aus diesem Grund gibt es z. B. in traditionalen Gesellschaften kaum Altenpflegeheime, da diese Organisationsform als unverständlich und damit unnötig eingestuft wird. Während die pragmatische und moralische Form der Legitimität von gesellschaftspolitischen Einschätzungen abhängen, basiert die kulturell-kognitive Variante auf einer Klassifikation bzw. Einordnung der Organisation in eine entsprechende Kategorie vergleichbarer Organisationen. Als Beispiel: Eine neugegründete staatliche Universität bedarf in der Regel keiner besonderen Legitimation, sofern sie entsprechende rechtliche Vorschriften befolgt, überprüfbare und verständliche Ziele vorlegt und nicht konträr zu gesellschaftlichen Werten steht. Sie lässt sich auf kognitiver Ebene mit entsprechenden Organisationen – also dem Idealtyp einer etablierten Universität – vergleichen. Schwieriger haben es z. B. private Hochschulen, die Studiengebühren nachgelagert, also nach dem Studienabschluss, verlangen. Da dieses Konzept nicht der bislang in Deutschland üblichen Universitätslandschaft entspricht (staatliche Aufsicht, kostenfreies Studium bzw. semesterweise Studiengebühren), müssen sie ganz besonders um die kognitive Legitimität werben, d. h. über Transparenz des Vorgehens, Plausibilität der Gebührenstaffelung und Nutzen für die Studierenden argumentieren. Im Idealfall schafft die Universität dadurch eine neue Kategorie in der Hochschullandschaft, die als legitimiert angesehen wird. Andere Neugründungen werden sich dann an den bereits erfolgreich etablierten Universitäten orientieren, um ebenfalls als legitim zu gelten.

3 Öffentlicher Diskurs: Arenen der Legitimation

Wie im vorherigen Kapitel erläutert, entsteht Legitimation durch eine externe Zuschreibung. Für Unternehmen und Organisationen entscheidet deshalb ihre Position im öffentlichen Diskurs wesentlich darüber, ob eine Organisation bei ihren Stakeholdern als legitim gelten kann oder nicht. Um diese Prozesse genauer zu analysieren, sind drei Schritte notwendig: Erstens müssen die jeweiligen Rechtfertigungsordnungen bekannt sein, in welchen sich die Organisation bewegt. Zweitens kann das Modell der institutionellen Logik den Zusammenhang zwischen gesellschaftlichen Erwartungsstrukturen und Legitimationsmechanismen gut verdeutlichen. Beide Modelle sind ungefähr zeitgleich entstanden, bieten aber unterschiedliche Erklärungsmomente. Drittens unterliegt ein öffentlicher Diskurs gewissen thematischen Strukturierungen, die ihn als spezifisches und dynamisches Themenfeld abbilden.

3.1 Rechtfertigungsordnungen: die Bedeutung sozialer Welten

Für Boltanski und Thèvenot (2007) finden gesellschaftliche Diskurse bzw. Konflikte zwischen sozialen Welten statt. Soziale Welten sind für sie Idealtypen, die Rechtfertigungsordnungen festlegen. Organisationen bewegen sich innerhalb dieser Rechtfertigungsordnungen wie etwa Markt/Wirtschaft, Industrie/Technologie, Wohlfahrtspolitik/Staat, Kunst/Inspiration oder Haus/Lebenswelt. Innerhalb dieser Ordnungen gelten bestimmte Prüfkriterien. So sind die entscheidenden Kriterien in der Welt der Wirtschaft der Preis und die Wettbewerbsfähigkeit während in der häuslichen Lebenswelt Vertrauen und Loyalität gelten. Legitimitätskonflikte entstehen immer dann, wenn diese Rechtfertigungsordnungen im Konflikt stehen, etwa wenn innerhalb der Familie (der Lebenswelt) Kriterien der Ökonomie gelten. Wenn Familien Instrumente der Wirtschaftswelt wie Projektmanagementpläne oder individuelle Leistungsvereinbarungen und -prämien verwenden, kommt es zu einem Legitimitätskonflikt mit der Rechtfertigungsordnung der Familie, die z. B. unbedingtes Vertrauen und Loyalität betont und nicht Effizienz an die oberste Stelle setzt. Gleiches gilt auch für Organisationen. Sie stehen immer dann in Legitimitätskonflikten, wenn eben diese unterschiedlichen Welten aufeinanderprallen (Patriotta et al. 2011). Dies zeigt sich vor allem in öffentlichen Diskursen. Verwenden Organisationen in Konfliktfällen, die v. a. moralischer Natur sind und dadurch häufig emotionalisiert werden, weiterhin ökonomische Argumente der Effizienz und Effektivität, kann dies zu Legitimitätsdefiziten führen.

Organisationen müssen sich also darüber im Klaren sein, in welcher sozialen Welt sie sich bewegen. Viele Organisationskrisen sind nur vordergründig ökonomischer Natur, häufig werden sie durch unterschiedliche Rechtfertigungsordnungen verstärkt. Im Gegensatz zur Idee der funktionalen Differenzierung liegt dem Ansatz (angelehnt an Habermas) die Kolonialisierung der Wirtschaftswelt näher, also dem Eindringen moralischer Argumente in die Sphäre der Wirtschaft. Dies stellt Organisationen permanent vor Herausforderungen, weil sie nicht mehr mit dem Vokabular der Effizienz und Rationalität argumentieren können (Ortmann 2010, S. 189 ff.), sondern z. B. auf moralische Erklärungen zurückgreifen müssen.

3.2 Institutionelle Logiken: Scharnier zwischen Gesellschaft und Organisation

Eng verwandt mit den oben genannten Rechtfertigungsordnungen und doch unabhängig davon hat sich das Modell der *institutionellen Logiken* entwickelt (Thornton et al. 2012). Dieses analytische Konzept bildet ein Scharnier zwischen Gesellschaft und Organisation, indem es gesellschaftlich-akzeptierte Erwartungen in ein Regelkorsett für Organisationen formt. Organisationen unterliegen diesen Erwartungen sehr viel stärker als es z. B. ihre strategischen Optionen vermuteten lassen, weil bereits der Möglichkeitsraum durch die institutionelle Rahmung vorgegeben ist. Dies betrifft die Legitimität einer Organisation direkt. Wie Thornton et al. (2005) an unterschiedlichen Beispielen (Buchhaltung, Architektur und Verlagswesen) nachweisen, hat sich die Legitimitätsbasis von Organisationen durch die Überbahme neuer institutioneller Logiken klar gewandelt.

3.3 Issue-Felder: themenzentrierte Interaktionsräume

Wichtig für den öffentlichen Diskurs ist die Frage, wo und wie Themen verhandelt werden. Neben der gesellschaftsorientierten Makro-Perspektive und den institutionellen Logiken als Scharnier zwischen gesellschaftlichen Erwartungsstrukturen und organisationalem Handeln sind dies Issue- oder Themenfelder. Das Konzept des bereits erwähnten organisationalen Felds wurde von einer organisationszentrierten Perspektive für diskursive öffentliche Auseinandersetzungen weiterentwickelt (Hoffman 1999; Meyer und Höllerer 2010). Ein „issue field" oder kommunikatives Feld stellt demnach das Gravitationszentrum gemeinsamer Kommunikationskanäle und Diskussionen dar. Das Feld wird so zum „symbolischen Resonanzraum institutioneller Dynamiken" (Meyer 2004, S. 179 ff.). Mit diesem Feldbegriff lassen sich Legitimitätskonflikte leichter nachzeichnen als in der häufig normativ aufgeladenden Diskussion um den Öffentlichkeitskeits- und Diskursbegriff. Die Themenfelder stehen in enger Rückbindung an institutionelle Logiken, denn „Akteure formen institutionelle Felder, in dem sie überzeugende Argumente darbieten, die institutionelle Logiken rechtfertigen, rationalisieren und legitimieren und/oder konkurrierende Logiken entwickeln" (Green et al. 2008, S. 43, eigene Übersetzung).

4 Legitimationsstrategien zwischen Urteilsbildung und Diskurs

Der enge Bezug zwischen gesellschaftlichem System bzw. Diskursfeld und Organisation definiert den Handlungsspielraum für die Umsetzung möglicher Legitimationsstrategien. Die Unternehmenskommunikation und insbesondere Public Relations – deren originäre Aufgabe die Legitimation der Organisation ist – lassen sich deshalb als Reflexionszentrum verstehen. Ihre Aufgabe ist es die Organisationsumwelt zu beobachten und die dadurch identifizierten Veränderungen in den organisationalen Entscheidungsprozess einzuspeisen.

Tab. 1 Legitimation als Beurteilungsprozess
(Quelle: In Anlehnung an Bitektine (2011, S. 179); modifiziert)

Umwelt	Massenmedien (Image/Reputation)		
	Regulatoren und Aufsichtsbehörden (regulative Legitimität)		
	Stakeholder oder Anspruchsgruppen		
Beurteilung	Kognitiv	Gesellschaftspolitisch	
Art der Legitimation	Kognitiv	Moralisch	Pragmatisch
Bewertungsmaßstab	Hintergrundüberzeugung	Normen und Werte	Zielerreichung
Bewertungsprozess	Klassifikation/Kategorisierung	Affektiv/emotional	Rational
Einfluss der Organisation	Niedrig	Mittel	Hoch

4.1 Legitimität als Prozess der Urteilsbildung

Legitimation ist ein Prozess der Urteilsbildung über die Legitimität einer Organisation (vgl. Tab. 1). Dabei lassen sich verschiedene Ebenen unterscheiden (Bitektine 2011), die in der Tabelle von oben nach unten abgetragen sind. Wie oben ausgeführt, ist Legitimität eine Zuschreibung der Umwelt. Diese Umwelt lässt sich nach Funktionen differenzieren: in Mediengesellschaften sind Massenmedien wichtige Multiplikatoren für den Aufbau eines Images bzw. Reputation. Häufig unterschätzt wird der Einfluss staatlicher und nicht-staatlicher Aufsichtsbehörden oder Regulatoren. Hier wird die regulative Legitimität, also die Konformität mit Regeln überprüft. Weitaus heterogener sind unterschiedliche Stakeholder- bzw. Anspruchsgruppen, die somit unterschiedliche Formen der Legitimität beurteilen. Die Beurteilungsebene unterscheidet zwischen kognitiven Prozessen und gesellschaftspolitischen Einschätzungen, die die moralische und pragmatische Ausprägung der Legitimität umfassen. Beide sind durch die jeweils vorherrschenden kulturellen Werte geprägt, während die kognitive Legitimität auf nicht-hinterfragbaren Hintergrundüberzeugungen basiert. Der Beurteilungsprozess läuft deshalb nicht einheitlich ab. Erlangen Organisationen kognitive Legitimität, werden sie nicht mehr hinterfragt, sondern in ein Raster ähnlicher Organisationen eingeordnet. Dieser Klassifikationsprozess läuft unbewusst ab und ist nur schwer zu verbalisieren. Sobald Menschen das Gefühl haben, dass etwas „nicht passt" ist die Klassifikation nicht vollzogen. Hingegen basiert die moralische Legitimität primär auf affektiven bzw. emotionalen Einschätzungen während die Zielerreichung von Organisationen überwiegend rational geprüft werden kann.

Diese Einordnung macht deutlich, dass Organisationen einen unterschiedlich starken Einfluss auf ihre Legitimität ausüben können. Um die kognitive Einschätzung zu verändern, müsste die Organisation Hintergrundüberzeugungen ändern oder neue Klassifikationskriterien einführen bzw. bestehende ändern. Meist haben junge Organisationsformen damit besonders zu kämpfen, da es für sie noch keinen Referenzrahmen gibt (Singh et al. 1986). Gleiches gilt auch für Innovationen, die völlig neue Märkte oder Anwendungen

Tab. 2 Synopse gängiger Legitimationsstrategien
(Quelle: Eigene Darstellung, angelehnt an Suchman (1995, S. 600))

	Legitimität erlangen	Legitimität erhalten	Legitimität reparieren
Pragmatisch	Erfüllung der Erwartungen	Einbezug von Meinungsbildern	Überwachungssysteme einrichten
	Marktforschung	Ehrliche und konsistente Kommunikation	Abstreiten, Verharmlosen
	(Image-)Werbung		
Moralisch	Erfüllung von Normen und Werte	Teilnahme am moralischen Diskurs	Entschuldigen
	Überzeugung Dritter von eigenen Werten	Verantwortliches Handeln	Trennen von problematischen Personen/ Praktiken
Kognitiv	Isomorphie	Klare und verständliche Kommunikation	Erklären
	Aufbau einer neuen „sozialen Realität"		Keine unreflektierten Handlungen

eröffnen. Da sich diese tief verwurzelten Überzeugungen meist über lang andauernde Sozialisationsprozesse verfestigt haben, ist dies nur auf lange Sicht möglich. Sollte aber die Anpassung gelingen, sind Organisationen nur schwer angreifbar.

Im Gegensatz zur kognitiven Dimension sind die beiden gesellschaftspolitisch definierten Arten der Legitimität deutlich stärker durch die Organisation beeinflussbar. Insbesondere die pragmatische Legitimität, also die Ziele und die Mittel der Zielerreichung liegen überwiegend im Ermessens- und Handlungsspielraum der Organisation. Um ein extremes Beispiel heranzuziehen: Deutschland ist seit Jahren der drittgrößte Waffenexporteur der Welt (http://www.sipri.org/yearbook). Gleichzeitig betonen die Rüstungsfirmen in ihrer Kommunikation nicht die Funktion ihrer Produkte, sondern die Ingenieursleistung und die Sicherheit der Arbeitsplätze. Legitimitätskonflikte entstehen durch die Vermischung unterschiedlicher Legitimationsformen, die auch auf der moralischen Ebene angesiedelt sind. Die moralische Legitimität entsteht aus dem Zusammenspiel zwischen der Übernahme gesellschaftlicher Werte durch die Organisation und dem permanenten Abgleich dieser Werthaltungen durch die Stakeholder.

4.2 Anwendung der Legitimationsstrategien

Aus Sicht des strategischen Managements gilt Legitimität als Ressource. Idealtypisch lässt sich eine Synopse der Legitimitätsstrategien entwickeln (vgl. Tab. 2). In den Zeilen sind die unterschiedlichen Legitimationsarten abgetragen, während die Spalten die Phasen des Legitimationsprozesses beschreiben (vgl. nachfolgend Suchman 1995).

Wie zuvor erläutert, sind die pragmatische und moralische Legitimität verhältnismäßig einfach zu manipulieren. Der *Erwerb von Legitimität* ist allgemein an die Konformität mit der Umwelt gebunden. Organisationen tun sich leichter, Legitimität zu erwerben, wenn sie sich dafür geeignete Umweltbereiche suchen. Auf der pragmatischen Ebene müssen Organisationen die versprochenen Erwartungen substanziell erfüllen, z. B. gegenüber Lieferanten oder Kunden. Dazu können sie Marktforschung und Image-Werbung einsetzen. Organisationen dokumentieren auf moralischer Ebene, dass sie gesellschaftlichen Werten und Normen entsprechen und überzeugen auch Dritte davon. Für die kognitive Legitimität ist die Isomorphie, also die gegenseitige Anpassung, notwendig, um in die entsprechende Klassifikation zu passen. Teilweise müssen Organisationen hier durch kommunikative Maßnahmen (etwa Sponsoring oder Lobbying) neue Masstäbe oder Standards setzen, die als allgemein akzeptiert gelten.

Um Legitimität *zu erhalten oder zu verteidigen* ist vor allem die Beobachtung der Umwelt und eine entsprechende Sensibilität ihr gegenüber für Organisationen wichtig. Für die pragmatische Legitimität ist der Einbezug von externen Meinungsbildnern hilfreich, um die Erwartungen zu beobachten. Mindestens ebenso wichtig ist eine ehrliche und konsistente Kommunikation, um Vertrauen und Zuverlässigkeit gegenüber den Stakeholdern zu signalisieren. Auf der moralischen Ebene zeigt die Organisation, dass sie Normen und Werte ernst nimmt, wenn sie am moralischen Diskurs teilnimmt und verantwortlich handelt. Für die kognitive Dimension ist eine klare und verständliche Kommunikation oberste Prämisse. Gleichzeitig ist es hilfreich, spezielle Organisationseinheiten einzurichten, die etablierte Praktiken hinterfragen.

Ist die Legitimität beschädigt, sind umfangreiche Maßnahmen notwendig, um sie zu *reparieren bzw. wiederherzustellen*. Allgemeine Strategien zielen darauf ab, die Beziehungen zur Umwelt zu normalisieren und ggf. zu restrukturieren. Für die pragmatische Legitimität kann – je nach Einfluss der Stakeholder – deren Anliegen abgestritten, verharmlost oder beschwichtigt werden. Als eher präventive Maßnahme lassen sich Überwachungssysteme einrichten. Auf der moralischen Ebene ist die Entschuldigung eine symbolische Handlung während die Trennung von problematischen Personen oder Praktiken eine substanzielle Managemententscheidung nach sich zieht. Für die kognitive Ausprägung sollten Organisationen ihr Handeln nachvollziehbar erklären und keine zuvor unreflektierten Handlungen durchführen.

4.3 Diskursive Legitimationsstrategien

Der Kern der Unternehmenskommunikation bzw. PR beruht auf diskursiven Mitteln, d. h. Texten, die in der Regel sprachgebunden sind. Dazu gehören alle verbalen Äußerungen von Akteuren mit einem Sprecherstatus für die Organisation (üblicherweise Pressesprecher, Experten, Geschäftsleitung, etc.) sowie materielle Formen der Kommunikation (etwa Publikationen wie Geschäftsberichte, Imagebroschüren, Pressemitteilungen aber auch Online-Kommunikation, etc.). Obwohl auch nicht-sprachliche Artefakte oder Symbole (wie etwa Architektur, Design, Usability, Logos, etc.) wichtige Legitimationsmittel sein können, kommt der Sprache als dem „Hauptinstrument jeder Art von Legitimation" (Plessner 2004, S. XV) die höchste Bedeutung zu. Diskursive Legitimationsstrategien lassen sich in drei Hauptstrategien aufteilen, nämlich Autorisierung, Rationalisierung, Moralisierung sowie die Mischform Narration (Van Leeuwen und Wodak 1999; Van Leeuwen 2007). Beispiele zu den Legitimationsformen sind in Tabelle 3 zusammengefasst.

Die *Autorisierung* bezieht sich auf die regulative bzw. pragmatische Legitimität. Sie umfasst accounts, die sich auf die *Gewohnheit* des Handelns beziehen. Dazu gehört z. B. die Anpassung aus Konformitätsdruck (vgl. hier das Isomorphismus-Argument) und der Verweis auf die *Tradition*, die zu Stabilität und Verlässlichkeit führt. Als Unterform der Autorisierung gilt *Autorität*, die eine persönliche und unpersönliche Komponente hat. Persönliche Autorität steht häufig in enger Verbindung mit der charismatischen Persönlichkeit, während die unpersönliche Autorität auf die Einhaltung von Regeln und Anforderungen abzielt. Eine dritte Unterform stellt die *Empfehlung* dar, die sich an Experten oder Vorbildern bzw. Meinungsbildern orientiert.

Während die Autorisierung häufig in Verbindung mit einer Machtposition verstanden wird, bezieht sich die Legitimation durch *Rationalisierung* auf eine instrumentelle Ziel-Mittel-Orientierung. Sie bezieht sich auf die Ziele, eingesetzen Mittel und das Ergebnis. Das Organisationsziel muss kompatibel mit kulturellen Werten sein, die eingesetzten Mittel ebenso und schliesslich auch die Ergebnisse. Entscheidend ist hier die Nachvollziehbarkeit gegenüber Dritten. Die Unterform der *theoretischen* Rationalisierung bezieht sich nicht auf Nützlichkeits- bzw. Effizienzkriterien, sondern liefert Erklärungen, warum die Dinge so sind, wie sie sind. Dazu werden Definitionen, Erklärungen und Prognosen eingesetzt. *Definitionen* sind logische Verknüpfungen zweier Objekte, *Erklärungen* beziehen sich auf spezifische Eigenschaften von Akteuren und *Prognosen* liefern eine Vorhersage für die Zukunft, die aber erst im Nachhinein überprüfbar sein wird. *Moralische* Legitimationsformen sind meist Aushandlungskämpfe um die Deutungshoheit, die sich in Evaluation, Abstraktion und Analogie wiederfinden lassen. Bei *evaluativen* bzw. bewertenden Maßnahmen werden Objekte, Handlungen oder Personen mit wertenden Adjektiven gekoppelt. Beispielsweise gehört dazu eine normalisierende Strategie wie etwa „es ist ganz normal...". Die *Abstraktion* bzw. *Generalisierung* bezieht sich auf Wertsphären, die nichts mit der tatsächlichen Situation zu tun haben, sondern allgemeine Werte repräsentiert *Analogien* und *Vergleiche* verwenden Metaphern zur Illustration des Handelns. Die Narration in Form von Geschichten sind eine Grundform menschlicher Kommunikation, die zur Legitimation beiträgt (Golant und Sillince 2007). Sie ist eine Mischform verschiedener Legitimitätsformen, da sich der Inhalt der jeweiligen Geschichte unterscheiden kann. Als Grundmuster gelten z. B. die *moralische Geschichte*, die Protagonisten entweder bei der Zielerreichung belohnt oder beim Verfehlen der Ziele bestraft. Die *Dramatisierung* ist eine journalistische Technik der Zuspitzung, die insbesondere bei Konflikten eingesetzt wird. Dazu gehört auch die *Personalisierung*, die organisationale Geschichten an Personen festmacht wie etwa Gründerpersönlichkeiten. Die diskursiven Legitimationsstrategien sind situativ und werden meist ex-post analysiert (Greenwood und Suddaby 2005).

Tab. 3 Beispiele für diskursive Legitimationsstrategien (Quelle: In Anlehnung an van Leeuwen (2007); modifiziert)

Ausgangslage	Kommunikation der Massenentlassung in einer Produktionsanlage (Beispiel)	
Legitimationsart	Unterform	Beispiel
Autorisierung	Konformität	„Auch unsere Wettbewerber entlassen."
	Tradition	„Es war schon immer so, dass wir in wirtschaftlichen schweren Zeiten entlassen mussten."
	Persönliche Autorität	„Ich als Gründer (CEO, Erbe, Patriarch) habe die Entlassungen angeordnet und übernehme die Verantwortung."
	Unpersönliche Autorität	„Die Entlassungen werden sozialverträglich abgewickelt."
	Empfehlung	„Unsere Berater (ABC) haben Entlassungen empfohlen."
	Vorbilder	„Auch die besten Organisationen müssen Mitarbeiter entlassen."
Rationalisierung	Ziel	„Das Ziel des Unternehmens ist Gewinn zu erwirtschaften."
	Mittel	„Es gibt keinen anderen Weg als Entlassungen."
	Ergebnis	„Entlassungen retten das Unternehmen."
	Definition	„Wir können Gewinn nur durch Entlassungen schaffen."
	Erklärungen	„Analysten haben unser Vorgehen als sinnvoll eingestuft."
	Prognosen	„In Zukunft wollen wir wieder Arbeitsplätze schaffen."
Moralisierung	Bewertung	„In dieser Situation bleibt uns kein anderer Weg, als die Entlassung unserer Mitarbeiter."
	Abstraktion/Generalisierung	„Die Märkte verlangen Wettbewerbsfähigkeit."
	Analogie/Vergleich	„Die See ist stürmisch und dabei gehen auch Personen über Bord."

5 Legitimation im öffentlichen Diskurs: Entwicklungslinien

Legitimationsprozesse sind eingebunden in öffentliche Meinungsbildungsprozesse (vgl. Kapitel „Meinungsbildung in der Mediengesellschaft: Akteure und Prozesse öffentlicher Kommunikation im Zeitalter des Social Web"). Da Legitimität immer abhängig ist von gesellschaftlichen Zuschreibungen, ist für Organisationen die Teilnahme am öffentlichen Diskurs unerlässlich. Ausnahmen bilden fast nur natürliche Monopole wie etwa Lieferanten für große Infrastrukturprojekte, deren Abnehmer der Staat ist (z. B. Atomkraftwerke, Stromnetze oder Waffenproduzenten). Doch selbst diese Organisationen müssen sich ihre Handlungen gegenüber der Öffentlichkeit legitimieren. Fast alle Organisationen verfügen heute über eine Art Leitbild, das die Identität der Organisation nach innen und nach außen dokumentieren soll. Die meisten Organisationen haben eine Online-Präsenz und viele sind in sozialen Netzwerken und sogenannten neuen Medien aktiv (Veil et al. 2012). Diese kommunikative Öffnung der Organisation erzeugt vielfältige Effekte, für die Forschung und Praxis erst in Ansätzen Antworten haben. Etablierte Kommunikationskanäle und -modi verändern sich. Durch die Vernetzung und Digitalisierung erhöht sich die Kommunikationsgeschwindigkeit. Aufmerksamkeit (siehe den Beitrag von Franck in diesem Band) wird zu einer zentralen Währung, kann aber auch zur Skandalisierung der Organisation führen (Pörksen und Detel 2012). Was bedeutet dies für die Legitimation von Organisationen? Organisationen unterliegen vielfältigen gesellschaftlichen Anforderungen, die sich nur begrenzt a priori definieren lassen. Das Mobilisierungspotenzial sozialer Netzwerke macht Organisationen sehr viel stärker zum Gegenstand von Legitimitätskonflikten. Aus diesem Grund kommt der Umweltbeobachtung und Reflexionsfunktion von PR (Holmström 2010) eine entscheidende Funktion zu. Für die Forschung und Praxis sind deshalb neue Wege notwendig, um Legitimationsprozesse von Organisationen genauer zu beschreiben. In den letzten Jahren gibt es dafür viele vielversprechende Vorstöße. Dabei zeigt sich besonders, dass die disziplinären Schranken zwischen Organisations- und Managementforschung, Institutionalismus und Netzwerkforschung, Diskurs- und Sprachforschung sowie kommunikationswissenschaftlicher PR-Forschung immer stärker Überlappungen aufweisen. Durch die Digitalisierung liegen viele Daten zur Auswertung sowohl für die Forschung als auch für den Einsatz in Organisationen vor. Insbesondere die Corporate Social Responsibility-Kommunikation wird als wichtiger Raum der kommunikativen Legitimation von Organisationen verstanden (Schultz und Wehmeier 2010; Raupp 2011). Die sprachliche Dimension der Legitimation wird vor allem durch die Diskursforschung behandelt. Dazu eignen sich vor allem Fallstudien wie etwa über die gesunkene Ölplattform Deepwater Horizon (Hoffman und Jennings 2011; Breeze 2012; Du und Vieira 2012) oder Restrukturierungsmaßnahmen (Vaara und Tienari 2008; Erkama und Vaara 2010; Vaara und Monin 2010; Beelitz und Merkl-Davies 2012). Institutionelle Ansätze eignen sich zur Analyse von Institutionalisierungsprozessen etwa am Beispiel des Leistungsschutzrechts (Buschow 2012) oder in Verbindung mit der Netzwerkanalyse zur stakeholderorientierten Unternehmenskommunikation (Würz 2012).

Die Legitimitätsforschung insgesamt hat die letzten Jahre große Fortschritte gemacht, was z. B. Messgrößen (Vergne 2011) angeht. Doch es bleibt noch viel zu tun. Prozesse der Delegitimierung (Joutsenvirta und Vaara 2009) oder Stigmatisierung (Devers et al. 2009) als Schattenseite der Legitimation sind bislang nur ansatzweise erfasst. Das gilt auch für die Frage, welche Legitimationsstrategien Organisationen verfolgen, die außerhalb der Legalität stehen wie etwa Sekten, Rebellen oder kriminelle Vereinigungen (Monin und Croidieu 2012). Gerade die Analyse von Organisationstypen mit extremen Ausprägungen sind hilfreich, um Legitimationsstrategien auch bei etablierten Unternehmen und Organisationen besser zu verstehen. Denn Legitimität bleibt das „Fundament aller effektiven Kommunikation" (Boyd 2009, S. 157, eigene Übersetzung).

Literatur

Beelitz, A., & Merkl-Davies, D. M. (2012). Using discourse to restore organisational legitimacy: „CEO-speak" after an incident in a German nuclear power plant. *Journal of Business Ethics, 108*(1), 101–120.

Berger, P. L., & Luckmann, T. (1969). *Die gesellschaftliche Konstruktion der Wirklichkeit*. Frankfurt am Main: Fischer.

Biehl-Missal, B. (2011). *Wirtschaftsästhetik: Wie Unternehmen die Kunst als Inspiration und Werkzeug nutzen*. Wiesbaden: Gabler.

Bitektine, A. (2011). Toward a theory of social judgements of organizations: The case of legitimacy, reputation, and status. *Academy of Management Review, 36*(1), 151–179.

Boltanski, L., & Thévenot, L. (2007). *Über die Rechtfertigung: Eine Soziologie der kritischen Urteilskraft*. Hamburg: Hamburger Edition.

Boyd, J. (2009). 756. The legitimacy of a baseball number. In R. L. Heath, E. L. Toth, & D. Waymer (Hrsg.), *Rhetorical and critical approaches to public relations II* (S. 154–169). New York: Routledge.

Breeze, R. (2012). Legitimation in corporate discourse: Oil corporations after Deepwater Horizon. *Discourse & Society, 23*(1), 3–18.

Buschow, C. (2012). *Strategische Institutionalisierung durch Medienorganisationen*. Köln: Herbert von Halem.

Buß, E., & Fink-Heuberger, U. (2000). *Image-Management*. Frankfurt am Main: F.A.Z.-Institut.

Devers, C. E., Dewett, T., Mishina, Y., & Belsito, C. A. (2009). A general theory of organizational stigma. *Organization Science, 20*(1), 154–171.

DiMaggio, P. J., & Powell, W. W. (1983). The iron cage revisited: Institutional isomorphism and collective rationality in organizational fields. *American Sociological Review, 48*(2), 147–160.

Donsbach, W. (1997). Legitimität und Effizienz von PR. In W. Donsbach (Hrsg.), *Public Relations in Theorie und Praxis: Grundlagen und Arbeitsweise der Öffentlichkeitsarbeit in verschiedenen Funktionen* (S. 7–20). München: Fischer.

Dowling, J., & Pfeffer, J. (1975). Organizational legitimacy: Social values and organizational behavior. *The Pacific Sociological Review, 18*(1), 122–136.

Du, S., & Vieira, E. T. (2012). Striving for legitimacy through corporate social responsibility: Insights from oil companies. *Journal of Business Ethics, 110*(4), 413–427.

Eisenegger, M. (2005). *Reputation in der Mediengesellschaft: Konstitution – Issues Monitoring – Issues Management*. Wiesbaden: VS Verlag für Sozialwissenschaften.

Elsbach, K. D. (2006). *Organizational perception management*. Mahwah: Lawrence Erlbaum Associates.

Elsbach, K. D., & Sutton, R. I. (1992). Acquiring organizational legitimacy through illegitimate actions: A marriage of institutional and Impression Management theories. *Academy of Management Journal, 35*(4), 699-738.
Erkama, N., & Vaara, E. (2010). Struggles over legitimacy in global organizational restructuring: A rhetorical perspective on legitimation strategies and dynamics in a shutdown case. *Organization Studies, 31*(7), 813-839.
Fassin, Y. (2009). The stakeholder model refined. *Journal of Business Ethics, 84*(1), 113-135.
Freeman, R. E. (1984). *Strategic management. A stakeholder approach*. Boston: Pitman.
Fuchs-Heinritz, W. (1994). Legitimität. In W. Fuchs-Heinritz (Hrsg.), *Lexikon zur Soziologie* (S. 396). Opladen: Westdeutscher Verlag.
Golant, B. D., & Sillince, J. A. A. (2007). The constitution of organizational legitimacy: A narrative perspective. *Organization Studies, 28*(8), 1149-1167.
Gordon, R. (2009). Power and legitimacy: From Weber to contemporary theory. In S. Clegg & M. Haugaard (Hrsg.), *The Sage handbook of power* (S. 256-273). London: Sage.
Green, S. E. J., Babb, M., & Alpaslan, C. M. (2008). Institutional field dynamics and the competition between institutional logics. The role of rhetoric in the evolving control of the modern corporation. *Management Communication Quarterly, 22*(1), 40-73.
Greenwood, R., Oliver, C., Sahlin, K., & Suddaby, R. (Hrsg.). (2008). *The Sage handbook of organizational institutionalism*. London: Sage.
Hasse, R., & Krücken, G. (2005). *Neo-Institutionalismus* (2. Aufl.). Bielefeld: Transcript.
Hoffjann, O. (2009). Public Relations in der Gesellschaft. Legitimationsprobleme der Legitimationsproduzenten. In G. Bentele, M. Piwinger, & G. Schönborn (Hrsg.), *Kommunikationsmanagement* (Loseblattsammlung, Nr. 8.33, S. 1-32). Neuwied: Luchterhand.
Hoffman, A. J. (1999). Institutional evolution and change: Environmentalism and the U.S. chemical industry. *Academy of Management Journal, 42*(4), 351-371.
Hoffman, A. J., & Jennings, D. P. (2011). The BP oil spill as a cultural anomaly? Institutional context, conflict, and change. *Journal of Management Inquiry, 20*(2), 100-112.
Holmström, S. (2008). Reflection: Legitimising late modernity. In A. Zerfass, B. van Ruler, & K. Sriramesh (Hrsg.), *Public relations research* (S. 235-249). Wiesbaden: VS Verlag für Sozialwissenschaften.
Holmström, S. (2010). Reflective management. Seeing the organization as if from outside. In R. L. Heath (Hrsg.), *The Sage handbook of public relations* (2nd edition) (S. 261-276). Los Angeles: Sage.
Holmström, S., Falkheimer, J., & Nielsen, A. G. (2010). Legitimacy and strategic communication in globalization: The cartoon crisis and other legitimacy conflicts. *International Journal of Strategic Communication, 4*(1), 1-18.
Jarren, O., & Röttger, U. (2004). Steuerung, Reflexion und Interpretationen: Kernelemente einer strukturationstheoretisch begründeten PR-Theorie. In U. Röttger (Hrsg.), *Theorien der Public Relations* (S. 25-45). Wiesbaden: VS Verlag für Sozialwissenschaften.
Joutsenvirta, M., & Vaara, E. (2009). Discursive (de)legitimation of a contested Finnish greenfield investment project in Latin America. *Scandinavian Journal of Management, 25,* 85-96.
Lawrence, T., Suddaby, R., & Leca, B. (2011). Institutional work: Refocusing institutional studies of organization. *Journal of Management Inquiry, 20*(1), 52-58.
Luoma-Aho, V., & Vos, M. (2010). Towards a more dynamic stakeholder model: acknowledging multiple issue arenas. *Corporate Communications: An International Journal, 15*(3), 315-331.
Mast, C. (1992). Anmerkungen zur Kommunikationspolitik von Organisationen. In H. Avenarius & W. Armbrecht (Hrsg.), *Ist Public Relations eine Wissenschaft? Eine Einführung* (S. 381-396). Opladen: Westdeutscher Verlag.
Metzler, M. S. (2000). The centrality of organisational legitimacy to public relations practice. In R. L. Heath (Hrsg.), *Handbook of public relations* (S. 321-334). Thousand Oaks: Sage.

Meyer, R. E. (2004). *Globale Managementkonzepte und lokaler Kontext. Organisationale Wertorientierung im österreichischen öffentlichen Diskurs*. Wien: WUV Universitätsverlag.

Meyer, R. E., & Höllerer, M. A. (2010). Meaning structures in a contested issue field: A topographic map of shareholder value in Austria. *Academy of Management Journal, 53*(6), 1241–1262.

Meyer, J. W., & Rowan, B. (1977). Institutionalized organizations: Formal structure as myth and ceremony. *The American Journal of Sociology, 83*(2), 340–363.

Mitchell, R. K., Agle, B., & Wood, D. J. (1997). Toward a theory of stakeholder identification and salience: Defining the principle of who and what really counts. *Academy of Management Review, 22*(4), 853–886.

Monin, P., & Croidieu, G. (2012). The legitimating strategies of renegade organizations. *M@n@gement, 15*(3), 253–263.

Ortmann, G. (2010). *Organisation und Moral*. Weilerswist: Velbrück Wissenschaft.

Oliver, C. (1991). Strategic responses to institutional processes. *Academy of Management Review, 16*(1), 145–179.

Palazzo, G., & Scherer, A. G. (2006). Corporate legitimacy as deliberation: A communicative framework. *Journal of Business Ethics, 66*, 71–88.

Patriotta, G., Gond, J.-P., & Schultz, F. (2011). Maintaining legitimacy: Controversies, orders of worth and public justifications. *Journal of Management Studies, 48*(8), 1804–1836.

Pfeffer, J. (1981). Management as symbolic action: The creation and maintenance of organizational paradigms. *Research in Organizational Behavior, 3*, 1–52.

Pfeffer, J., & Salancik, G. R. (1978). *The external control of organzations*. Stanford: Stanford University Press.

Plessner, H. (2004). Zur deutschen Ausgabe. In P. L. Berger & T. Luckmann (Hrsg.), *Die gesellschaftliche Konstruktion der Wirklichkeit* (20. Aufl.) (S. IX–XVI). Frankfurt am Main: Fischer.

Pörksen, B., & Detel, H. (2012). *Der entfesselte Skandal. Das Ende der Kontrolle im digitalen Zeitalter*. Köln: von Halem.

Raupp, J. (2011). Die Legitimation von Unternehmen im öffentlichen Diskurs. In J. Raupp, S. Jarolimek, & F. Schultz (Hrsg.), *Handbuch CSR* (S. 97–114). Wiesbaden: VS Verlag für Sozialwissenschaften.

Ronneberger, F. (1977). *Legitimation durch Information*. Düsseldorf: Econ.

Sandhu, S. (2012). *Public Relations und Legitimität: Der Beitrag des organisationalen Institutionalismus für die PR-Forschung*. Wiesbaden: VS Verlag für Sozialwissenschaften.

Sarcinelli, U. (2011). *Politische Kommunikation in Deutschland* (3. Aufl.). Wiesbaden: VS Verlag für Sozialwissenschaften.

Schultz, F., & Wehmeier, S. (2010). Institutionalization of corporate social responsibility within corporate communications. *Corporate Communications: An International Journal, 15*(1), 9–29.

Singh, J. V., Tucker, D. J., & House, R. J. (1986). Organizational legitimacy and the liability of newness. *Administrative Science Quarterly, 31*(2), 171–193.

Stryker, R. (1994). Rules, resources and legitimacy processes: Some implications for social conflict, order and change. *American Journal of Sociology, 99*(4), 847–910.

Suchman, M. C. (1995). Managing legitimacy: Strategic and institutional approaches. *Academy of Management Review, 20*(3), 571–610.

Suddaby, R., & Greenwood, R. (2005). Rhetorical strategies of legitimacy. *Administrative Science Quarterly, 50*, 35–67.

Thornton, P. H., Jones, C., & Kury, K. (2005). Institutional logics and institutional change in organizations: transformations in accounting, architecture and publishing. In M. Lounsbury (Hrsg.), *Transformation in cultural industries. Research in the sociology of organizations* (S. 125–170). London: Elsevier.

Thornton, P. H., Ocasio, W., & Lounsbury, M. (2012). *The institutional logics perspective*. Oxford: Oxford University Press.

Vaara, E., & Monin, P. (2010). A recursive perspective on discursive legitimation and organizational action in mergers and aqquisitions. *Organization Science, 21*(1), 3-22.
Vaara, E., & Tienari, J. (2008). A discursive perspective on legitimation strategy in multinational corporations. *Academy of Management Review, 33*(4), 985-993.
Van Leeuwen, T. (2007). Legitimation in discourse and communication. *Discourse & Communication, 1*(1), 91-112.
Van Leeuwen, T., & Wodak, R. (1999). Legitimizing immigration control: A discourse-historical analysis. *Discourse Studies, 1*(1), 83-118.
Veil, S. R., Sellnow, T. L., & Petrun, E. L. (2012). Hoaxes and the paradoxical challenges of restoring legitimacy: Dominos' response to its YouTube crisis. *Management Communication Quarterly, 26*(2), 322-345.
Vergne, J.-P. (2011). Toward a new measure of organizational legitimacy: Method, validation, and illustration. *Organizational Research Methods, 14*(3), 484-502.
Wæraas, A. (2009). On Weber. Legitimacy and legitimation in public relations. In O. Ihlen, B. Van Ruler, & M. Fredriksson (Hrsg.), *Public relations and social theory* (S. 301-322). New York: Routledge.
Wæraas, A. (2010). Endowing organizations with personality: The strategy of charismatic legitimation. In M. Eisenegger & S. Wehmeier (Hrsg.), *Personalisierung der Organisationskommunikation* (S. 237-252). Wiesbaden: VS Verlag für Sozialwissenschaften.
Weber, M. (1922a). Die drei reinen Typen der legitimen Herrschaft. Eine soziologische Studie. In M. Weber (Hrsg.), *Preussische Jahrbücher* (Bd. 187, S. 1-12).
Weber, M. (1922b). *Wirtschaft und Gesellschaft*. Neu Isenburg: Melzer.
Würz, T. (2012). *Corporate Stakeholder Communications. Neoinstitutionalistische Perspektiven einer stakeholderorientierten Unternehmenskommunikation*. Wiesbaden: Springer Gabler.
Zelditch, M., Jr. (2001). Theories of legitimacy. In J. T. Jost & B. Major (Hrsg.) *The psychology of legitimacy: Emerging perspectives on ideology, justice and intergroup relations* (S. 33-54). Cambridge: Cambridge University Press.
Zerfaß, A. (2010). *Unternehmensführung und Öffentlichkeitsarbeit* (3. Aufl.). Wiesbaden: VS Verlag für Sozialwissenschaften.
Zimmerman, M. A., & Zeitz, G. J. (2002). Beyond survival: Achieving new venture growth by building legitimacy. *Academy of Management Review, 27*(3), 414-431.

Public Affairs: Kommunikation mit politischen Entscheidungsträgern

Peter Filzmaier und Birte Fähnrich

Zusammenfassung

Dieser Beitrag liefert einen Überblick über Public Affairs als strategische Kommunikationsfunktion von Unternehmen. Im Rahmen einer grundlegenden Definition soll Public Affairs dabei zunächst in den Kontext der Unternehmenskommunikation eingeordnet und aus Sicht politikwissenschaftlicher Theorien diskutiert werden. In einem stärker praxisorientierten Teil geht es in der Folge um die Organisation und Funktion von Public Affairs im Unternehmen. Zugleich sollen Strategien und Instrumente dieses Kommunikationsbereichs systematisch dargestellt werden. Der Beitrag schließt mit einem kritischen Blick auf Herausforderungen, die sich im Zuge der Entwicklungen des Berufsfelds ergeben.

Schlüsselwörter

Unternehmenskommunikation · Politische Kommunikation · Public Affairs · Lobbying · Interessenvertretung · Strategische Kommunikation

---

P. Filzmaier (✉)
Institut für Strategieanalysen (ISA)
Parkring 12, 1010 Wien, Österreich
E-Mail: peter.filzmaier@strategieanalysen.at

B. Fähnrich
Deutsche Universität für Weiterbildung, Department Kommunikation
Katharinenstraße 17-18, 10711 Berlin, Deutschland
E-Mail: birte.faehnrich@duw-berlin.de

1 Historische Ursprünge und definitorische Einordnung

Public Affairs – die Kommunikation über „öffentliche Angelegenheiten", die sich maßgeblich an Akteure des politischen Systems richtet – ist kein neues Betätigungsfeld von Unternehmen. Historische Rückblicke zeigen, dass die organisierte Interessenvertretung ihre Anfänge bereits im Amerika des frühen 19. Jahrhunderts hatte. Während James Madison sich in den *Federalist Papers* der Verfassungsgründer noch skeptisch zeigte (Hamilton et al. 2005 [1788]), bewunderte bereits Alexis de Tocqueville in seinem Werk *Über die Demokratie in Amerika* (de Tocqueville 2011 [1835]) die Fähigkeit, sich zur Durchsetzung von politischen Zielen in Gruppen zu organisieren und dadurch an politischen Entscheidungsprozessen teilzunehmen (Filzmaier 2010). Ihre legitime Basis finden Interessengruppen an keiner geringeren Stelle als im ersten Zusatzartikel der US-Verfassung, der das Recht aller Bürger „to petition the government for a redress of grievances" garantiert. Aufgrund des allgemeinen Regierungsbegriffs folgt daraus die Möglichkeit der organisierten Interessenvertretung gegenüber Legislative und Exekutive. Auch im deutschsprachigen Raum sind im 19. Jahrhundert die Anfänge der Interessenpolitik auszumachen. Hier waren es vor allem die sich etablierenden Verbände, die auf die informelle Beeinflussung politischer Entscheidungen abzielten (Leif und Speth 2006).

Wurde die Tätigkeit der Interessenvertretung vor allem im anglo-amerikanischen Sprachraum zunächst mit dem Begriff des *Lobbying* bezeichnet (abgeleitet von der Lobby des Kongressgebäudes), dominiert heute der Begriff *Public Affairs*. Die Ursache für die begriffliche Neuerung wird einerseits auf einer normativen Ebene gesehen: So ist der Begriff des Lobbyings häufig negativ konnotiert, was u. a. in Zusammenhang mit Bestechungs- und Korruptionsskandalen der letzten Jahre steht. Public Affairs wird in diesem Verständnis als positiv besetztes Synonym mit dem Lobbying-Begriff und damit wenig trennscharf verwendet.[1]

Anderseits wird die Verwendung des Begriffs Public Affairs funktional mit den veränderten Umweltbedingungen von Organisationen erklärt: „Given an increasingly politicized business environment not just in the west but throughout the world, most major

---

[1] Überschneidungen gibt es auch zu anderen Begriffen wie Government Relations bzw. Governmental Affairs, die hier nur als Teilbereich von Public Affairs mit einem spezifischen Akteursfokus (auf Regierungen) gesehen werden. Eine weitere Unschärfe besteht in der Abgrenzung zum Konzept der Politikberatung, das zwar in der Praxis häufig synonym mit dem Public Affairs-Begriff verwendet wird, wie etwa die Selbstbezeichnung des Berufsverbands „Deutsche Gesellschaft für Politikberatung" (degepol) exemplarisch verdeutlicht. Aus wissenschaftlicher Perspektive wird unter Politikberatung zumeist jedoch die Beratung politischer Entscheidungsträger durch (vermeintlich) unabhängige Wissenschaftler- und Expertenkommissionen verstanden; diese Abgrenzung soll auch hier geteilt werden (weiterführend zum Feld der Politikberatung vgl. den Band von Falk et al. 2006). Die Abgrenzung zu Public Relations wird in der Literatur ebenfalls unterschiedlich gehandhabt. Mit Blick auf die jeweiligen Aufgabenbereiche und Stakeholder werden die Begriffe teilweise synonym verwendet (vgl. etwa die Definition von Public Relations bei Zerfaß 2010). Hingegen dominiert vor allem in der US-amerikanischen Wissenschaft und Praxis eine Sichtweise, die Public Affairs (nur) als Teilbereich von Public Relations fasst (Busch-Janser 2004).

corporations have recognized that the ability to exercise some political influence may be a crucial factor in enhancing or even realizing a business's financial and market performance." (Moss et al. 2012, S. 48) Unternehmen als gewinnorientierte Einheiten sind auf die Integration „in Markt und *Gesellschaft*" angewiesen und stehen *„im Spannungsfeld von Ökonomie und Legitimation"* (vgl. Kapitel „Unternehmenskommunikation und Kommunikationsmanagement: Grundlagen, Wertschöpfung und Integration"). Die Einbindung von Unternehmen in ein gesellschaftliches Umfeld betrifft dabei auch den rechtlichen Rahmen und die administrative Anwendung als öffentliche Angelegenheiten des Gemeinwesens, die Handlungs- und Entwicklungsbedingungen einer Organisation beeinflussen (Szyszka 2008). Die Interessenvertretung von Unternehmen gegenüber politischen Entscheidungsträgern lässt sich somit als „betriebswirtschaftliche […] Einflussgröße zur Erreichung von Wettbewerbsvorteilen" (Siedentopp 2010, S. 1) begreifen.

> **Public Affairs**
> Public Affairs lassen sich als Organisationsfunktion definieren, die die Regulierung der Beziehungen eines Unternehmens zu seinen Bezugsgruppen im politischen und administrativen Bereich zum Gegenstand haben. Dabei soll durch strategische Kommunikation direkt oder mittelbar sowie akut oder zukünftig der politische (Entscheidungs-)Prozess beeinflusst werden. Die Bezugsgruppen bzw. Stakeholder von Public Affairs sind politische Mandatsträger aus Parlamenten und Regierungen sowie Verantwortliche der öffentlichen Verwaltung auf regionaler, nationaler und internationaler (vor allem europäischer) Ebene. Mittelbar richtet sich Public Affairs darüber hinaus an Verbände, Massenmedien und andere Multiplikatoren, um zu bestimmten Themenfeldern ein günstiges öffentliches Klima zu erzeugen.

Public Affairs werden in diesem Verständnis als Bereich der Unternehmenskommunikation gefasst, der Lobbying als nicht-öffentliche, direkte Kommunikation mit politischen Entscheidungsträgern einerseits und öffentliche, zumeist auf die Massenmedien zielende Kommunikationsverfahren andererseits umfasst. Als Organisationsfunktion stellen Public Affairs im Sinne einer integrierten Unternehmensführung und -kommunikation einen Managementprozess dar, sofern sie durch spezialisierte Organisationseinheiten systematisch geplant, durchgeführt und kontrolliert werden (Bentele 2008). Hier wird auch von *strategischem Public Affairs Management* gesprochen (van Schendelen 2012; Siedentopp 2010).

2 Theoretische Grundlagen: Public Affairs aus Sicht der Politikwissenschaft

2.1 Interessenvertretung im politischen System

Ein Verständnis von Public Affairs als Kommunikationsmanagement von Unternehmen gegenüber der politisch-administrativen Umwelt setzt ein grundlegendes Verständnis der Funktionsweise des politischen Systems und der Rolle von Interessengruppen in diesem voraus. Politik stellt grundsätzlich die Regelung des menschlichen Zusammenlebens durch das Treffen allgemein verbindlicher Entscheidungen dar. Politik agiert hier nicht autark, sondern steht in vielfältigen Wechselbeziehungen mit gesellschaftlichen Akteuren, die entscheiden, was als politisches Problem definiert bzw. ob und wie es bearbeitet werden soll. Im Kontext der Interaktion von gesellschaftlichen und politischen Akteuren versteht sich Interessenvermittlung als Oberbegriff für die Generierung, Aggregation und Artikulation von Interessen gegenüber der Politik (Jarren und Donges 2011; Rucht 1991).

Die Bedeutung von Interessen und ihrer Vertretung lässt sich in der politikwissenschaftlichen Theorie insbesondere durch zwei Funktionsmodelle politischer Systeme US-amerikanischen Ursprungs verdeutlichen: David Eastons Modell (Easton 1965) bildet noch heute eine Grundlage der vergleichenden Systemanalyse und liefert ein einfaches Analyseschema der Abläufe in politischen Systemen. An das System werden in Form von Forderungen (*demands*) und Unterstützungen (*supports*) bestimmte *inputs* herangetragen. Das politische System transferiert diese in allgemein verbindliche Entscheidungen (*outputs*), aus denen als Resultat eines Feedbacks neue *inputs* entstehen können. Solche inputs sind stets durch private und/oder öffentliche Interessen geprägt, welche durch bestimmte Institutionen oder Gruppen vertreten werden und gegenüber denen politisches Handeln gerechtfertigt und erklärt werden muss, um Zustimmung zu erhalten.

Gabriel A. Almond als Vertreter eines noch funktionelleren Ansatzes (Almond und Powell 1996) sucht zusätzlich nach bestimmten Aufgaben von Systemen, die für den Systemablauf bzw. für die Effizienz der Systeme – unabhängig von der Form ihrer Institutionen – notwendig sind. Dazu zählt auch die Interessenartikulation, wobei Forderungen für eine bestimmte Politik (*policy*) als Bestandsgrundlage des Systems artikuliert werden müssen. Anderseits ist dabei die Aggregation von Interessen erforderlich. Forderungen bzw. *demands* stehen in einem Wettbewerb und müssen selektiert, in eine überschaubare Zahl von hauptsächlichen Handlungsalternativen umgewandelt und später in Entscheidungen umgesetzt sowie vollzogen werden. Interessenvertretung und -wettbewerb sind folglich wesentlicher Teil des *policy-making*.

2.2 Akteure und Interessen

Der Kommunikations- und Interaktionsraum an der Schnittstelle zwischen Politik und Gesellschaft, in dem sich Interessenvertretung vollzieht, wird als *intermediäres System* bezeichnet. Verstanden als „differenziertes, flexibles und dynamisches Handlungsfeld" (Jarren und Donges 2011, S. 120) kann das intermediäre System durch die in ihm interagierenden Akteure und ihre je spezifischen Interessen charakterisiert werden. Analytisch lässt sich hier eine vertikale und eine horizontale Dimension von Interaktionsbeziehungen aufzeigen.

Die *vertikale Ebene* betrifft Kommunikationsprozesse zwischen intermediären Organisationen und Organisationen des politischen Systems. Zu unterscheiden sind in institutioneller Hinsicht Entscheidungsträger aus Parlamenten und Regierungen bzw. den ausführenden Organen der Verwaltung sowie in geografischer Hinsicht die jeweiligen Institutionen auf regionaler, nationaler und internationaler Ebene. Durch die Verlagerung von Gesetzgebungskompetenzen auf die Ebene der Europäischen Union hat sich in den vergangenen Jahrzehnten ein komplexes Mehrebensystem politischer Organisationen mit verschiedenen Kompetenzen sowie spezifischen Strukturen und Prozessen ausgebildet, dem Interessenvertreter gegenüberstehen und dessen profunde Kenntnis Bedingung für die Interessenvertretung von Unternehmen ist. International agierende Unternehmen (sog. Multinationals/MNCs) richten ihre Public Affairs-Aktivitäten dabei zusätzlich auf die Entscheidungsträger in verschiedenen Staaten mit ihren jeweiligen kulturellen, ökonomischen, politischen und sozialen Spezifika (Fleisher 2005). Mit Blick auf die vielfältigen Handlungskontexte von Unternehmen verfolgen diese Public Affairs in verschiedenen Politikfeldern und gegenüber zahlreichen politischen Stakeholdern. Ein global operierender Chemiekonzern kann so beispielsweise Regulierungsbedarf auf Ebene der Europäischen Union haben, etwa wenn es um Zulassungsverfahren für bestimmte Substanzen geht und sich dort aktiv um eine Einflussnahme auf die jeweilige Richtlinie bemühen. Daneben kann das gleiche Unternehmen jedoch als Arbeitgeber auch mit Blick auf Arbeitsschutzregelungen in verschiedenen Staaten auf bestimmte Entscheidungen gegenüber der nationalen Politik reagieren (müssen).

Der Begriff der Interessen*vermittlung* betont die Wechselseitigkeit der Kommunikationsprozesse innerhalb des intermediären Systems. Wie Tabelle 1 verdeutlicht, verfügen nicht nur Interessenvertreter, sondern auch Akteure des politischen Systems über spezifische Interessen. Während ein grundlegendes Interesse durch die Zustimmungsabhängigkeit von Politik erklärbar ist, sind es situativ auch bestimmte Informationsbedarfe der politischen Akteure, die die Interessen im intermediären System ausmachen. Beispielsweise sind europäische Entscheidungsträger darauf angewiesen, Informationen über Gegebenheiten und Auswirken bestimmter Vorhaben in den verschiedenen Mitgliedstaaten zu erhalten (van Schendelen 2012).

Daneben lässt sich das intermediäre System auch horizontal differenzieren. Als „offener und grundsätzlich für alle individuellen und kollektiven Akteure zugänglicher Handlungs- und Kommunikationsraum" (Jarren und Donges 2011, S. 120) bietet das intermediäre System einer Vielzahl verschiedener Gruppen und Organisationen Zugang. Allein in Brüssel sind gemäß dem Transparenzregister der Europäischen Kommission rund 5.430 Organisationen aktiv, von denen etwa die Hälfte Unternehmen und Verbände sind (Europäische Kommission 2012). Zum Vergleich sind es in Berlin ca. 1.800 Verbände, die im Verbandsregister des Deutschen Bundestags registriert sind (Deutscher Bundestag 2012). Das Feld der Interessenvertreter lässt sich maßgeblich durch ihre Interessen und durch ihren Organisationsgrad unterscheiden.

Wirtschaftliche Interessen lassen sich allen Akteuren und Akteursgruppen mit ökonomischen Zielstellungen zuordnen (*self-oriented interest groups*). Hier sind zunächst Unternehmen zu nennen, die sich maßgeblich in Abhängigkeit von ihrer Größe sowie ihrer geografischen und wirtschaftlichen Ausrichtung unterscheiden. Multinationale Unternehmen stellen zwar in der Regel den ressourcenstärksten Akteurstyp dar, müssen aber auch höhere Transaktionskosten durch ihr größeres ökonomisches und geografisches Engagement einkalkulieren (Meznar und Nigh 1995). Kleine und Mittelständische Unternehmen sind hingegen zumeist als schwache Akteure einzuordnen, da sie einerseits wenig politisches Gewicht und andererseits auch nur geringe Ressourcen für Public Affairs zur Verfügung haben. Sie treten daher zumeist über Wirtschaftsverbände an die Politik heran. „Mit Verband wird umgangssprachlich […] eine größere und in sich differenzierte Organisation bezeichnet, deren Tätigkeit sich über mehrere Ebenen (lokal, regional, Landes-, Bundes- und EU-Ebene) erstreckt und die über angeschlossene Mitgliederorganisationen verfügt." (Zimmer und Paulsen 2010, S. 39) Verbände sind in diesem Sinne als kollektive Interessenvertreter zu klassifizieren, die einen formellen Status aufweisen. Daneben lassen sich schließlich informelle Akteure in diesem Feld ausmachen, etwa wenn Unternehmen aus strategischen Erwägungen Koalitionen mit anderen Organisationen bilden (*issue coalition*), um damit die Effektivität der Kommunikation gegenüber den politischen Stakeholdern zu erhöhen (Busch-Janser 2004).

Unternehmen stehen jedoch nicht nur im Wettbewerb mit verschiedenen privaten Organisationen sondern auch mit Vertretern *öffentlicher* – also öffentliche Güter betreffender – Interessen (*public-oriented interest groups*), die je nach thematischer Orientierung auch im Konflikt mit privaten bzw. wirtschaftlichen Interessen stehen können. Auch wenn diese zahlenmäßig in der Regel weniger vertreten sind und auch über geringere Ressourcen verfügen, können diese Gruppen häufig über stärkere Konfliktfähigkeit gut für ihre Interessen mobilisieren (Michalowitz 2007). Auch die Vertreter öffentlicher Interessen sind traditionell in Verbänden organisiert. Mit der Entwicklung der sog. neuen Medien haben in den vergangenen Jahren daneben viele informelle bzw. kleinere Gruppierungen an Einfluss gewonnen (Voss 2010). Neben den sozialen Bewegungen sind auch politische Akteure als Vertreter öffentlicher Interessen im intermediären System aktiv. Eine Doppelrolle nehmen Parteien und Kammern ein, die sowohl öffentliche Interessen vertreten und gleichzeitig organisiert in Parlamenten als Entscheidungsträger fungieren (Jarren und Donges 2011). Daneben agieren subnationale politische Akteure in der Interessenvertretung. So verfügen beispielsweise die deutschen Bundesländer auch über eigene Vertretungen in Brüssel.

Unternehmen befinden sich folglich in einem Wettstreit von Interessen mit anderen gesellschaftlichen Akteuren, wodurch eine Positionierung zur bestmöglichen Durchsetzung des Eigeninteresses – und damit Public Affairs im Sinne der strategischen Kommunikation gegenüber politischen Öffentlichkeiten – erforderlich wird (vgl. Speth 2010).

Tab. 1 Interessenvertreter und politische Akteure als Anbieter und Nachfrager von Informationen (Quelle: Eigene Darstellung nach Kolbe et al. (2011, S. 14))

	Akteur der Interessenvertretung	Politischer Akteur
Anbieter von Information	„Sichtbarmachen" von Regulierungsbedarfen, Darstellung von Positionen zu Sachfragen, Details zu Gesetzesvorhaben und ihren Auswirkungen	Allgemeine Informationen zu politischen Entscheidungen (Informationsgebot), Strategische Steuerung von Informationen
Nachfrager von Information	Bedarf an Informationen zur Bewertung des Kommunikationsbedarfs, Ziel: Informationsvorsprung ggü. Wettbewerbern	Bedarf an Informationen zur Bewertung von Themen, Ziel: Informationsvorsprung gegenüber anderen politischen Akteuren

3 Public Affairs als Unternehmensfunktion

3.1 Organisation und Struktur

Die Organisation von Public Affairs hat sich im Wirtschaftsbereich in den vergangenen Jahren gewandelt. So ist eine sinkende Bedeutung der Verbände, die traditionell als Interessenvertreter der organisierten Wirtschaft gegenüber der Politik galten, zu beobachten. Diese spielen jedoch vor allem für kleine und mittlere Unternehmen (KMUs) mit begrenzten Ressourcen weiterhin eine wichtige Rolle. Vor allem multinationale Konzerne aber auch nationale Unternehmen setzen hingegen zunehmend auf eine interne Organisation von Public Affairs-Abteilungen und Verantwortlichen, auf EU-Ebene ist dieser Trend etwa seit den 1970er-Jahren zu beobachten (Cowles 1996). Zusätzlich wächst der Dienstleistungsmarkt im Public Affairs-Bereich, für Deutschland wird diese Entwicklung vor allem mit dem Regierungsumzug nach Berlin in Zusammenhang gebracht (Althaus 2007). Zusammenfassend können drei Formen der Organisation von Public Affairs-Funktionen im Unternehmenskontext unterschieden werden:

- *In-House-Organisation*: Public Affairs bestehen als eigenständiger Funktionsbereich innerhalb von Unternehmen und werden durch spezialisierte Funktionsträger ausgeführt. Strukturell werden Public Affairs durch ihren Fokus auf Gesetzgebungsprozesse dabei nicht nur in Kommunikationsabteilungen sondern teilweise auch in Rechts- oder Compliance-Bereichen von Unternehmen angesiedelt. Handlungsraum und Effizienz von Public Affairs stehen dabei in Zusammenhang mit der Anbindung an die Geschäftsführung, „da nur in direkter Abstimmung und im unmittelbaren Zugang diese Funktion ihre tatsächliche Leistung für das Unternehmen entwickeln kann." (Köppl 2008, S. 201) Unabhängig von ihrer strukturellen Zuordnung sind Public-Affairs-Verantwortliche in eigenständigen Bereichen, als Teilfunktionen in anderen Bereichen und/oder in eigens eingerichteten Verbindungsbüros bzw. Dependancen an den jeweils relevanten Regierungssitzen organisiert. Eine Befragung deutscher Großunternehmen (Siedentopp 2010) ergab dabei, dass etwa 70% Public Affairs in eigenständigen Bereichen organisieren. Etwa 60% verfügen über Repräsentanzen am deutschen Regierungssitz. Unternehmen investieren zunehmend in personelle und finanzielle Ressourcen und Public Affairs-Budgets, so stiegen in den vergangenen Jahren die Zahl der Mitarbeiter und die Höhe der Budgets in deutschen Großunternehmen (Bewarder 2010). Die Implementierung von Public Affairs-Strukturen innerhalb des Unternehmens wird vielfach im Kontext einer zielgenaueren Interessenvertretung gesehen, die über Wirtschaftsverbände so nicht zu leisten ist. Den Verbindungsbüros kommt dabei durch ihre fachliche wie geografische Nähe zur Politik eine bedeutende Rolle als „Interessenvermittler[n] zwischen ihrer Firma und den politischen Entscheidungsträgern" (Michalowitz 2007, S. 89) zu.

- *Beauftragung von externen Public Affairs-Beratern*: Public Affairs-Aufgaben werden hier an externe Dienstleister übertragen, zu denen nicht nur Kommunikationsagenturen sondern auch Unternehmensberatungen und Anwaltskanzleien zu zählen sind. Daneben sind zahlreiche ehemalige Politiker in diesem Feld tätig – eine Entwicklung, die in der Öffentlichkeit zumeist kritisch bewertet wird (Kolbe et al. 2011). Externe Public Affairs-Berater erbringen gegen Bezahlung Beratungsleistungen zu spezifischen Entscheidungsproblemen im Hinblick auf die kommunikativen Umweltbeziehungen eines Unternehmens (Röttger und Zielmann 2012; Speth 2010). Neben der Beratungsleistung kann auch die Umsetzung spezifischer Public-Affairs-Programme über Dienstleister erfolgen. Mit Blick auf Leistungen im Feld der (Strategie-)Beratung lassen sich Vorteile der Externalisierung von Public Affairs vor allem mit Kompetenzen der Public Affairs-Spezialisten (so etwa beim Eintritt in neue Märkte und bei spezifischen Regulierungsbedürfnissen) und andererseits mit einem besseren Überblick und der Objektivität externer Berater begründen. Daneben werden bei der Implementierung von Maßnahmen vor allem Ressourcenaspekte angeführt, die sich durch die temporäre Zusammenarbeit ergeben. Als mögliche Negativaspekte der Kommunikationsberatung werden aus Unternehmenssicht mangelnde Kundenkenntnis und Qualität der Dienstleistungen angeführt (Röttger und Zielmann 2012). Für den Public Affairs-Bereich ist weiterhin die fehlende Kontrollierbarkeit von Beratern, die Interessen ganz verschiedener Kunden repräsentieren und dabei auch Zugang zu sensiblen Unternehmensdaten erhalten, ein weiteres mögliches Problemfeld (Michalowitz 2007).
- *Organisation in Verbänden*: Als tradierte Organisationen der Interessenartikulation agieren Wirtschaftsverbände auf regionaler, nationaler und EU-Ebene gegenüber Politik und Verwaltung. Die Kommunikation über Verbände als intermediäre Akteure lässt sich dabei als weitere externalisierte Organisationsform von Public Affairs beschreiben, die aus Unternehmenssicht Vor- und Nachteile aufweist. Mit Blick auf die Bündelung von Interessen in Verbänden, verfügen diese einerseits über stärkere Macht gegenüber der Politik sowie traditionell über gute Kontakte und Zugang zur politischen Arena. Anderseits ist es besonders die Vielfalt der Interessen, die eine zielgerichtete Vertretung unternehmerischer Interessen über Verbände erschwert (Leif und Speth 2006).

Wie Public Affairs im Unternehmenskontext faktisch organisiert werden, ist jeweils abhängig vom Regulierungsgrad der Branchen und der geografischen Ausrichtung, andererseits jedoch auch von den zur Verfügung stehenden Ressourcen der Organisationen. „Die Unternehmen haben erkannt, dass das Einbringen ihrer partikularen Interessen zusätzlich eigenes Engagement und direkte politische Kommunikation, somit zusätzliche Kommunikationskanäle im Sinne von Public Affairs erfordert" (Busch-Janser 2004, S. 103). So verfügen Mulitnationals und große nationale Unternehmen heute in der Regel über In-House-Abteilungen und betreiben zugleich Dependancen an den jeweiligen Regierungssitzen (etwa Berlin, Washington, Brüssel) als Verbindungsstellen zum politischen System. Gleichzeitig nutzen sie ihre Mitgliedschaft in Wirtschaftsverbänden sowie externe Dienstleister als strategische Berater und für die Implementierung von Public Affairs Programmen (Moss et al. 2012). Inwiefern sie damit Vorteile gegenüber anderen Formen der Interessenvertretung und damit auch gegenüber anderen – allenfalls konfliktären – Interessen haben, ist unklar. So verweist etwa Siedentopp (2010) darauf, dass kein Zusammenhang zwischen der Organisation und dem Erfolg von Public Affairs im Unternehmenskontext zu erkennen sei.

3.2 Aufgabenbereiche von Public Affairs im Unternehmen

Als Teilbereich der Unternehmenskommunikation umfasst Public Affairs – wie auch in Abbildung 1 dargestellt – verschiedene Aufgabenbereiche, die sich in einer prozessorientierten Sichtweise in den fünf Bereichen 1) der Analyse, 2) der Strategieentwicklung, 3) der Implementierung von Maßnahmen, 4) im Bereich der internen Kommunikation sowie 5) in Management und Führung verorten lassen (vgl. auch Busch-Janser 2004).

- *Analyse:* Grundsätzlich gelten Kenntnisse über Entscheidungsstrukturen, Zuständigkeiten und Prozessen sowie umfassendes Fachwissen als zentrale Voraussetzung für die Einflussnahme auf politische Entscheidungen (Moss et al. 2012; Siedentopp 2010). Daneben ist ein zentrales Arbeitsfeld von Public Affairs, Entwicklungen und Entscheidungen im politischen Umfeld zu identifizieren und zu analysieren, die Relevanz für die Handlungsfähigkeit des Unternehmens haben können. Dazu zählen auch die Beschaffung und Aufbereitung von Daten. Das Monitoring des gesellschaftspolitischen Umfelds (auch als „political audit" bezeichnet) stellt eine wesentliche Aufgabe von Public Affairs im Unternehmenskontext dar, wobei gilt, dass der Zeitpunkt der Kenntnisnahme von politischen Vorhaben über die Möglichkeiten der Einflussnahme entscheidet (Leif und Speth 2006).
- *Strategieentwicklung:* Der Bereich der Strategieentwicklung bezieht sich auf die strategische Planung von Kommunikationsprogrammen (vgl. Kapitel „Konzeption von Kommunikationsprogrammen"). In einer erweiterten Dimension geht es hier auch um die strategische Planung von Public Affairs als Organisationsfunktion im Kontext der beoder entstehenden politischen Trends, die etwa die Planung von Personal und Ressourcen umfassen (Köppl 2008).

Abb. 1 Aufgabenbereiche von Public Affairs im Unternehmen

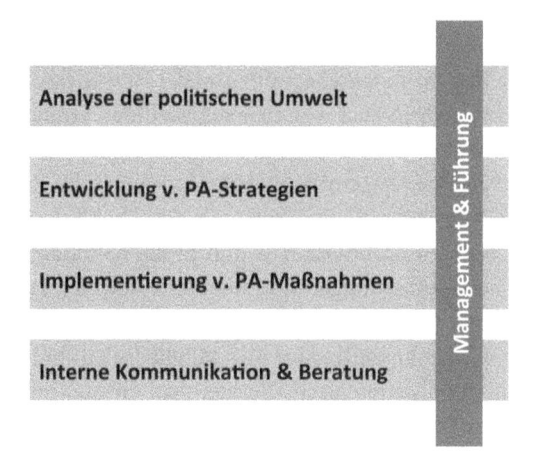

- Analyse der politischen Umwelt
- Entwicklung v. PA-Strategien
- Implementierung v. PA-Maßnahmen
- Interne Kommunikation & Beratung

(Management & Führung)

- *Implementierung:* Empirische Studien von Kommunikations-Verantwortlichen zeigen, dass die Umsetzung von Kommunikationsprogrammen ein zentrales Aufgabenfeld von Public Affairs darstellen (Zerfass et al. 2012), wobei das Feld von der kontinuierlichen Beziehungspflege mit politischen Akteuren bis zur Umsetzung zeitlich befristeter Medienkampagnen reicht. Auch die Evaluation von Public Affairs im Unternehmen fällt in diesen Arbeitsbereich (Raupp 2005).
- *Interne Kommunikation:* Neben der nach außen gerichteten Kommunikation stellt auch interne Kommunikation einen Arbeitsbereich von Public Affairs im Unternehmenskontext dar. Dieser betrifft einerseits die Beobachtung und Analyse der Organisationsentwicklung, sowie andererseits die Beratung der Unternehmensleitung zu Fragestellungen der Positionierung des Unternehmens gegenüber seiner politischen Umwelt. Es geht folglich darum, sicherzustellen, „that issues of importance to the wider world are reflected within the organization's internal thinking" (Moss et al. 2012, S. 49).
- *Management und Führung:* Ein weiterer Aufgabenbereich bezieht sich auf Managementaufgaben von Public Affairs-Verantwortlichen, etwa bei der Führung und Entwicklung von Mitarbeitern (Zerfass et al. 2012) aber auch im Hinblick auf die Zusammenarbeit mit Verbänden und externen Public Affairs-Dienstleistern (Siedentopp 2010; Michaolwitz 2007).

3.3 Strategiedimensionen von Public Affairs

Public Affairs im Unternehmenskontext zielt auf die Sicherung von Handlungsräumen im Wertschöpfungsprozess. Durch strategische Kommunikation gegenüber politischen Entscheidungsträgern sollen dabei politische Rahmenbedingungen so beeinflusst werden, dass sie mit den komplexen Interessenbereichen eines Unternehmens in Einklang stehen. Die Beschreibung von Public Affairs als „Oberkategorie politisch relevanter Einflussstrategien" (Einspänner 2010) verweist dabei auf das *strategische* Element der Unternehmensfunktion.

Um einen spezifischen Beitrag zur Umsetzung der übergeordneten Unternehmensziele zu leisten, bedient sich Public Affairs spezifischer Strategien im Sinne „erfolgsorientierte Konstrukte, die auf situationsübergreifenden Ziel-Mittel-Umwelt-Kalkulationen beruhen" (Raschke und Tils 2013, S. 542; vgl. auch Kapitel „Konzeption von Kommunikationsprogrammen"). Im Folgenden sollen einzelne Dimensionen der Public Affairs-Strategie punktuell verdeutlicht werden.

3.3.1 Zieldefinition – inside out vs. outside in

Bei der Zieldefinition von Public Affairs werden zwei Richtungen der Zielentwicklung unterschieden. Die *inside out*-Zielformulierung nimmt ihren Ausgang an den Unternehmenszielen im Kontext der spezifischen, sich wandelnden Organisationsumwelt und leitet von diesen die spezifischen Zielstellungen von Public Affairs ab. Im Gegenteil bilden bei der *outside in*-Formulierung spezifische politische Entwicklungen, die mit Risiken oder Chancen für das Unternehmen einhergehen, Grundlage und Ausgangspunkt von Public Affairs-Strategien (Köppl 2008). Aktion und Reaktion bilden so die beiden Pole des strategischen Public Affairs-Managements im Unternehmenskontext.

Unabhängig von ihrem Entstehungszusammenhang lassen sich Ziele von Public Affairs auf einem Kontinuum zwischen Unterstützung und Verhinderung von politischen Entscheidungen abzeichnen. Dabei lassen sich die folgenden Zielstellungen unterscheiden (Moss et al. 2012; Köppl 2008):

- Verhinderung von Entscheidungen (etwa Gesetzen oder Novellierungen),
- Verzögerung von Entscheidungen,
- Veränderung von Entscheidungen (beispielsweise in Bezug auf Formulierungen in Gesetzestexten),
- Einfluss auf die politische Agenda nehmen (Themen setzen oder verhindern).

Neben diesen unmittelbaren Zielen werden vor allem in der amerikanischen Literatur weitere Zielstellungen wie Legitimations- und Reputationsziele angeführt (Moss et al. 2012; Fleisher 2005; Meznar und Nigh 1995). Diese stellen ohne Zweifel eine wichtige Voraussetzung für den Erfolg von Public Affairs dar. Sofern sie jedoch auch als Zielgrößen anderer Bereiche der Unternehmens-kommunikation eingeordnet werden können, sollen diese hier als mittelbare Zielstellungen von Public Affairs nicht ausführlicher thematisiert werden.

3.3.2 Timing und Themen

Analog zu den Zieldimensionen hat auch die Kategorie des Timings im Kontext von Public Affairs-Strategien verschiedene Ebenen. Diese ist eng vernetzt mit themenbezogenen Strategieelementen. Zentrale Frage ist, in welchem Stadium und auf welcher Ebene des gesellschaftlichen und politischen Meinungsbildungs- und Entscheidungsprozesses Public Affairs ansetzen kann, um möglichst effizient und effektiv zu wirken (van Schendelen 2012). Es geht folglich um die Entscheidung, an welcher Stelle des *policy cycle*, den aufeinander aufbauenden sequenziellen Phasen des politischen Prozesses, Public Affairs angreifen soll. Unterschieden werden dabei Problemdefinition, Themensetzung, Politikformulierung, Politikimplementierung, Politikevaluierung sowie Neudefinition und Terminierung (Jann und Wegrich 2009). Der gesamte Policy Cycle bietet hinsichtlich Themen und Timing Anschlussstellen für Public Affairs, der Fokus liegt jedoch maßgeblich auf den ersten drei Phasen, da hier die größte Einflussmöglichkeit gesehen wird (Leif und Speth 2006):

- Sollen Probleme überhaupt sichtbar gemacht werden, um so möglicherweise eine rechtliche Regulierung zu erzielen oder zu verändern, setzt Public Affairs auf den Ebenen der Problemdefinition und der Themensetzung an. Neben *Thematisierungsstrategien*, bei denen spezifische Probleme und Regulierungsbedarfe definiert und explizit auf die politische Agenda gesetzt werden sollen (*agenda setting*), kann es daneben jedoch auch um das *agenda cutting* und damit den Einsatz von De-Thematisierungsstrategien gehen (Köppl 2008).
- Geht es darum, spezifische Gesetzesvorhaben und ihre Umsetzung im Unternehmensinteresse zu beeinflussen, geben die Phasen der Politikformulierung und -implementierung das Timing vor. Hier geht es um die spezifische Ausgestaltung von Gesetzestexten, auf die v. a. im Kontext der Governmental Relations bzw. des Lobbying Einfluss genommen werden soll. Der Erfolg der Einflussnahme hat auch eine thematische Dimension, sofern er von der argumentativen Strategie einzelner Interessenvertreter gegenüber der Politik abhängig ist, wobei hier je nach Politikbereich und Regulierungsebene (Landesebene, national, EU) Spezifika zu berücksichtigen sind. So wird etwa im Rahmen von European Public Affairs der Verdeutlichung des europäischen Bezugs im Kontext der Interessenvertretung besonderes Gewicht zugemessen (vgl. Michalowitz 2007; Beyerl und Filzmaier 2011).
- Auch am Ende des Policy Cycle finden sich schließlich Anknüpfungspunkten für Public Affairs von Unternehmen, da Gesetze nicht endgültig steuernd wirken, sondern häufig die Umsetzungsform entscheidend ist.

Neben dieser problembezogenen Ebene geht es in einer zweiten Perspektive auch um die grundsätzliche strategische Ausrichtung von Public Affairs. Die Frage nach Timing und Themen bezieht sich hier vor allem auf die Gestaltung und Steuerung der Beziehungen zwischen Unternehmen und Politik. Hilman und Hitt (1999) unterscheiden hier theoretisch zwischen einem langfristigen und themenübergreifenden Beziehungsansatz sowie einem punktuellen und themenspezifischen Transaktionsansatz von Public Affairs. Wie Unternehmen die Beziehungen zur Politik gestalten, ist dabei nicht nur abhängig von den Umweltbedingungen sondern auch von der jeweiligen Unternehmenskultur.

3.3.3 Kommunikationsformen: Direktkontakt und Vermittlung

Eine weitere strategische Entscheidung betrifft verschiedene Formen von Kommunikation mit politischen Stakeholdern, wobei zwischen Formen der direkten und Formen der vermittelten Kommunikation unterschieden werden kann. Traditionell hat dabei die direkte Kommunikation in begrenzten Öffentlichkeiten – etwa bei Treffen und Besprechungen zwischen Interessenvertretern und Politikern auf inter-individueller Ebene – besondere Relevanz. „Lobbying ist vom Grundgedanken her ‚non public', es geht um den frühzeitigen, sachlichen und punktuellen interessengesteuerten Input in die Entscheidungsfindung." (Köppl 2008, S. 204) Der Bereich des sogenannten *inside lobbying* (Busch-Janser 2004) bezieht sich dabei auf Kommunikationsprozesse innerhalb des intermediären Systems, kann jedoch auch auf die abgegrenzten Encounter-Öffentlichkeiten bezogen werden, in denen Kommunikation erfolgt.

Demgegenüber richtet sich das *outside lobbying* (Busch-Janser 2004) nach außen und damit an die über Massenmedien hergestellte Öffentlichkeit. Kommunikation erfolgt hier vermittelt über Journalisten. Der Kommunikation über Massenmedien wird vor allem für die Initiierung von Themen und das Agenda Setting besondere Bedeutung zugesprochen, um Handlungsdruck auf politische Akteure auszuüben. Dabei wird angenommen, dass die Massenmedien im Prozess der öffentlichen Meinungsbildung eine zentrale Rolle spielen. „Wer in der Lage ist, Themen in der Mediengesellschaft zu setzen, hat einen entscheidenden Vorteil: Er kann das Framing bestimmen, also die Art der Wahrnehmung eines Themas, den inhaltlichen Zuschnitt des Gegenstands und die Aspekte, die ausgeklammert bleiben sollen" (Speth 2010, S. 13). Hier ist jedoch zu berücksichtigen, dass die öffentliche Agenda zwar Einfluss auf die politische Agenda haben kann, dies jedoch nicht zwingend der Fall sein muss, zumal vor allem sehr komplexe Regulierungsbereiche sich kaum auf die mediale Logik herunterbrechen lassen (Jarren und Donges 2011).

Neben den Massenmedien stehen andere gesellschaftliche Meinungsführer mit Relevanz für politische Entscheidungsträger im Fokus von Public Affairs, dazu zählen etwa Akteure aus Wissenschaft, Think Tanks oder Justiz. Hier „*handelt es sich häufig um eine Abstimmung von Interessen und Aktivitäten unterschiedlicher, zumeist nicht-staatlicher Akteure, bei denen der Kontakt zum politischen Entscheider in einer breiteren Strategie aufgeht*" (Thunert 2003, S. 322).

Neuere Strategien der Public Affairs beziehen daneben auch zivilgesellschaftliche Akteure als glaubwürdige und mobilisierende Akteure ein. Grass roots lobbying „is a form of political involvement that involves the so-called ‚ordinary' members of a community rather than individuals who are members of the established political groups" (Fleisher 2005, S. 6). Diese Form der Interessenvertretung, die aus dem Umfeld von sozialen Bewegungen stammt, wird von Unternehmen und wirtschaftlichen Interessengruppen in jüngster Zeit immer wieder aufgegriffen. Vor allem durch die Entwicklungen des Internets sind dabei neue Möglichkeiten für Unternehmen entstanden, zivilgesellschaftliche Akteure für ihre Probleme einzubinden und zu mobilisieren. Probleme entstehen hier jedoch, wenn diese Initiativen intransparent sind oder Quelle und Finanziers aus utilitaristischen Motiven gar verschwiegen werden. Einmal durch die Massenmedien aufgedeckt kann das sog. *Astroturfing*, die intransparente Kommunikation mittels zivilgesellschaftlicher Akteure, auch negative Effekte für die betreffenden Organisationen haben (Voss 2010).

3.3.4 Instrumente und Medien

Je nach gewählter Kommunikationsform stehen Public Affairs im Unternehmenskontext zahlreiche Instrumente und Medien zur Verfügung, die von Instrumenten der direkten

Kommunikation wie Veranstaltungsformaten (persönliche Treffen, parlamentarische Abende, Briefings, Podiumsdiskussionen und andere Debattenforen) und schriftlichen Instrumenten wie Positionspapieren im Bereich des Lobbying über die klassischen Instrumente der Media Relations wie Presseinformationen und Journalistengespräche bis hin zum Einsatz von Mailings, E-Newslettern oder verschiedenen Social-Media-Anwendungen führen (Köppl 2008; Busch-Janser 2004).

Das Internet und Social Media haben zu einer Vervielfältigung von Kanälen aber auch zu neuen Formen der Ansprache geführt (Bender und Werner 2010). Vorteile der Online-Medien werden dabei vor allem in seiner Schnelligkeit, der adressatengenauen Ansprache, sowie der Interaktivität gesehen. „Eine erfolgreiche Digital PA –Strategie beruht dabei auf vier Säulen: einer hohen Sichtbarkeit durch die virtuelle Präsenz in Blogs und sozialen Netzwerken; einer entsprechenden Reichweite durch den Kontakt zu relevanten Multiplikatoren, Entscheidern und engagierten Stakeholdern; einer Wahrnehmung in sozialen Netzwerken, die sich in der Häufigkeit von Empfehlungen ‚Retweets' und ‚Likes' ausdrückt und schließlich der Fähigkeit, die eigenen ‚Fans' und ‚Follower' auch zu aktivieren." (Florian und Roggenkamp 2010, S. 76) Insgesamt ist jedoch zu beobachten, dass Unternehmen Social Media im Kontext ihrer Public Affairs bisher wenig strategisch nutzen. Gründe werden dabei in mangelnder Kompetenz und einem möglichen Kontrollverlust über die Unternehmenskommunikation im sensiblen Feld der Public Affairs gesehen. Es ist jedoch anzunehmen, dass die digitalen Medien und Social Media – wie auch in anderen Feldern der Unternehmenskommunikation – im Bereich der Public Affairs in den kommenden Jahren an Bedeutung gewinnen werden (Zerfass et al. 2012).

4 Perspektiven und Herausforderungen

Die jüngsten Entwicklungen von Public Affairs werden gemeinhin als *Professionalisierung* bezeichnet. Begreift man Professionalisierung mit van Ruler (2005, S. 160) als „development of an occupation to a certain desired level of quality" lässt sich dieser Trend gleich an einer ganzen Reihe von Entwicklungen im Public Affairs-Feld festmachen. Dazu lassen sich das Wachstum der Branche und die Institutionalisierung von Public Affairs innerhalb von Organisationen, die Ausprägung spezifischer Kompetenzen und Qualifikationen sowie die entsprechende Einrichtung von Studiengängen und Ausbildungsprogrammen, die Gründung von Berufsorganisationen wie der Deutschen Gesellschaft für Politikberatung (de'ge'pol) oder der Society of European Affairs Professionals (SEAP) oder die Etablierung eines Dienstleistungsmarkts zählen (van Schendelen 2012; Althaus 2007; Busch-Janser 2004).

Die Professionalisierung von Public Affairs wird aber nicht nur positiv gesehen. Vor allem die Aufdeckung von Fehltritten und Grenzüberschreitungen in der Kommunikation mit politischen Akteuren hat in den vergangenen Jahren öffentlich immer wieder zu kritischen Debatten über Public Affairs geführt. Insbesondere die wirtschaftliche Interessenvertretung geriet dabei regelmäßig ins Visier der Massenmedien. Dabei wird die grundsätzliche Funktion von Public Affairs durchaus anerkannt. So ergab etwa eine repräsentative Forsa-Umfrage (Deutsche Universität für Weiterbildung 2010), dass etwa die Hälfte der 1.000 befragten Deutschen es „in Ordnung" findet, dass Lobbyisten in Berlin und Brüssel Interessen von Unternehmen, Verbänden und anderen Organisationen vertreten. Kritik wird vielmehr an Verfahren und Methoden laut – Kommunikation und Korruption stehen in dieser Sichtweise nah beieinander. Auch aus wissenschaftlicher Sicht wird die *„accordance"* der Public Affairs-Praxis mit den grundlegenden Prinzipien moderner Demokratien kritisch bewertet (Kolbe et al. 2011; Steiner und Jarren 2009). Interessant ist, dass dieser Blick von außen sich durchaus auch mit der Wahrnehmung von Public Affairs-Praktikern deckt. Im Kontext des European Communication Monitor, einer repräsentativen europaweit durchgeführten Berufsfeldstudie, gab die Mehrheit der Befragten an, dass Ethikfragen in den vergangenen fünf Jahren wichtiger geworden seien. Als Ursache für diese Entwicklungen werden Internationalisierungsstrategien, Compliance Regeln und Social Media- Anwendungen benannt (Zerfass et al. 2012).

Vor dem Hintergrund der demokratiepolitischen Implikationen der Interessenvertretung wurden in den vergangenen Jahren in verschiedenen Ländern sog. Lobbyregister eingeführt, die vor allem zur Transparenz der direkten Kontakte zwischen Interessenvertretern und Politikern beitragen sollen. Im Deutschen Bundestag besteht bereits seit 1972 eine „Öffentliche Liste über die Registrierung von Verbänden und deren Vertretern", die Eintragung ist Voraussetzung zur Teilnahme öffentlichen Anhörungen vor Bundestagsausschüssen. Allerdings bezieht sich das Register nur auf Verbände. Hingegen werden selbständige Lobbyisten nicht erfasst (Deutscher Bundestag 2008). Das aktuell in den USA bestehende Register stammt aus dem Jahr 1995 als Novellierung des bereits 1946 eingesetzten Verfahrens (Thunert 2003; Deutscher Bundestag 2008). In Europa führt nur ein Teil der Staaten Registrierungen durch, die jedoch sehr unterschiedlich gehandhabt werden und i. d. R auf Freiwilligkeit der Interessenvertreter beruhen. Auch die sog. Transparenzregister der Europäischen Institutionen (Parlament und Kommission) verstehen sich durch die fehlende Überprüfung eher als Angebote denn als tatsächliche Kontrollinstrumente. Insgesamt können die bestehenden Instrumente der Selbstkontrolle somit allenfalls als Versuche einer transparenteren und gerechteren Interessenvertretung gelten. Dabei dürfte Transparenz und Chancengleichheit gleichermaßen im Eigeninteresse von Lobbyisten und Politik liegen. Im Zuge einer weiteren Professionalisierung von Public Affairs, der Kommunikation mit politischen Entscheidungsträgern, sollte die Etablierung einer „Marktordnung" (Kolbe et al. 2011) für transparente und demokratiekonforme Interessenvertretung auf der Agenda bleiben.

Literatur

Almond, G. A., & Powell, G. B. (1996). *Comparative politics today: A world view*. (6th edition). New York: Longman.

Althaus, M. (2007). *Public affairs und lobbying*. In M. Piwinger & A. Zerfaß (Hrsg.), Handbuch Unternehmenskommunikation (1. Aufl., S. 797–816). Wiesbaden: Gabler.

Bender, G., & Werner, T. (Hrsg.). (2010). *Digital Public Affairs – Social Media für Unternehmen, Verbände und Politik*. Berlin: Helios Media.

Bentele, G. (2008). Rekonstruktiver Ansatz der Public Relations. In G. Bentele, P. Szyszka & R. Fröhlich (Hrsg.), *Handbuch der Public Relation*, (2. Aufl., S. 147–160). Wiesbaden: VS Verlag für Sozialwissenschaften.

Bewarder, M. (2010). Deutsche Konzerne verdoppeln Lobby-Ausgaben. Welt online. http://www.welt.de/wirtschaft/article7645101/Deutsche-Konzerne-verdoppeln-Lobby-Ausgaben.html . Zugegriffen: 16. Mai 2010.

Beyrl, M., & Filzmaier, P. (2011). Lobbying in der Champions League: Image, Strategien und Ziele der Interessenvertretung auf EU-ropäischer Ebene. In G. Bentele, M. Piwinger, & G. Schönborn (Hrsg.), *Kommunikationsmanagement* (Loseblattwerk 2001 ff., Nr. 3.73, S. 1–23). Köln: Luchterhand.

Busch-Janser, F. (2004). *Staat und Lobbyismus. Eine Untersuchung der Legitimation und der Instrumente unternehmerischer Einflussnahme*. Berlin: poli-c books.

Cowles, M. (1996). The EU committee of AmCham: The powerful voice of american firms in Brussels. *Journal of European Public Policy, 3*(3), 339–358.

Deutscher Bundestag. (2008). *Lobbyisten-Register im internationalen Vergleich*. Wissenschaftliche Dienste Nr. 68/08. Berlin: Deutscher Bundestag.

Deutscher Bundestag. (2012). Bekanntmachung der öffentlichen Liste über die Registrierung von Verbänden und deren Vertretern. http://www.bundestag.de/dokumente/lobbyliste/index.html. Zugegriffen: 31. März 2012.

Deutsche Universität für Weiterbildung. (2010). *Meinungen zum Thema Lobbying. Unveröffentlichte FORSA-Studie*. Berlin: DUW.

De Tocqueville, A. (2011). *Über die Demokratie in Amerika. Bibliografisch ergänzte Auflage*. Stuttgart: Reclam.

Easton, D. (1965). *A framework for political analysis*. New York: Wiley.

Einspänner, J. (2010). Digital Public Affairs – Lobbyismus im Social Web. In G. Bender & T. Werner (Hrsg.), *Digital Public Affairs – Social Media für Unternehmen, Verbände und Politik* (S. 19–49). Berlin: Helios Media.

Europäische Kommission. (2012). Erster Jahresbericht über das Transparenzregister: erfolgreicher Beginn und neue Ziele für 2013. Pressemitteilung vom 27.11.2012. http://europa.eu/rapid/press-release_IP-12-1265_de.htm. Zugegriffen: 27. Nov. 2012.

Falk, S., Rehfeld, D., Römmele, A., & Thunert, M. (Hrsg.). (2006). *Handbuch Politikberatung*. Wiesbaden: VS Verlag für Sozialwissenschaften.

Filzmaier, P. (2010). Lobbyisten als böse Buben oder Retter der Welt? Aufgaben und Image von Interessenvertretern. *Verbändereport, 8*, 24–27.

Fleisher, C. (2005). The global developments of public affairs. In P. Harris & C. Fleisher (Hrsg.), *The handbook of public affairs* (S. 5–30). London: Sage.

Fleisher, C. (2012). Anniversary retrospective, perspective and prospective of corporate public affairs: moving from the 2000 + PA Model toward Public Affairs 2.0. *Journal of Public Affairs, 12*(1), 4–11.

Florian, D., & Roggenkamp, K. (2010). Noise vs. Influence? Werkzeuge für eine Digital-Public-Affairs-Strategie. In G. Bender & T. Werner (Hrsg.), *Digital Public Affairs – Social Media für Unternehmen, Verbände und Politik* (S. 53–78). Berlin: Helios Media.

Hamilton, A., Madison, J., Jay, J., & Pole, J. R. (2005). *The Federalist: A collection of essays written in favour of the new constitution*. Indianapolis: Hackett Publishing.

Hilman, A. J., & Hitt, M. A. (1999). Corporate political strategy formulation: A model of approach, participation, and strategy decisions. *Academy of Management Review, 24*(2), 825–842.

Jann, W., & Wegrich, K. (2009). Phasenmodelle und Poltikprozesse: Der Policy Cycle. In K. Schubert & N. Bandelow (Hrsg.), *Lehrbuch der Politikfeldanalyse 2.0* (2. Aufl., S. 75–114). München: Oldenbourg.
Jarren, O., & Donges, P. (2011). *Politische Kommunikation in der Mediengesellschaft. Eine Einführung* (3. Aufl.). Wiesbaden: VS Verlag für Sozialwissenschaften.
Kolbe, A., Hönigsberger, H., & Osterberg, S. (2011). *Marktordnung für Lobbyisten. Wie Politik den Lobbyeinfluss regulieren kann.* OBS-Arbeitsheft 70. Frankfurt am Main: Otto Brenner Stiftung.
Köppl, P. (2008). Lobbying und Public Affairs. Beeinflussung und Mitgestaltung des gesellschaftspolitischen Unternehmensumfelds. In M. Meckel & B. Schmid (Hrsg.), *Unternehmenskommunikation* (2. Aufl., S. 189–220). Wiesbaden: Gabler.
Leif, T., & Speth, R. (2006). Die fünfte Gewalt. Anatomie des Lobbyismus in Deutschland. In T. Leif & R. Speth (Hrsg.), *Die fünfte Gewalt. Lobbyismus in Deutschland* (S. 10–36). Bonn: Bundeszentrale für politische Bildung.
Meznar, M., & Nigh, D. (1995). Buffer or bridge? Environmental and organizational determinants of public affairs activities in American firms. *Academy of Management Journal, 38*(4), 1–14.
Moss, D., McGrath, C., Tonge, J., & Harris, P. (2012). Exploring the management of the corporate public affairs function in a dynamic global environment. *Journal of Public Affairs, 12*(1), 47–60.
Raschke, J., & Tils, R. (2013). *Politische Strategie. Eine Grundlegung* (2. Aufl.). Wiesbaden: VS Verlag für Sozialwissenschaften.
Raupp, J. (2005). Evaluation. In M. Althaus & S. Rawe (Hrsg.), *Handlexikon Public Affairs* (S. 19–22). Münster: LIT.
Röttger, U., & Zielmann, S. (2012). *PR-Beratung in der Politik. Rollen und Interaktionsstrukturen aus Sicht von Beratern und Klienten.* Wiesbaden: VS Verlag für Sozialwissenschaften.
Rucht, D. (1991). *Parteien, Verbände und Bewegungen als Systeme politischer Interessenvertretung*, WZB Discussion Papers FS III (S. 91–107). Berlin: WZB.
Michalowitz, I. (2007). *Lobbying in der EU.* Wien: Facultas.
Siedentopp, J. (2010). *Public Affairs-Management von Großunternehmen. Markt- versus Nichtmarktstrategien.* Münster: LIT.
Speth, R. (2010). Das Bezugssystem Politik – Lobby – Öffentlichkeit. *Aus Politik und Zeitgeschichte, 19*(2010), 9–15.
Szyszka, P. (2008). Public Affairs. In G. Bentele, P. Szyszka, & R. Fröhlich (Hrsg.), *Handbuch der Public Relations* (2. Aufl., S. 619–620). Wiesbaden: VS Verlag für Sozialwissenschaften.
Thunert, M. (2003). Is that the way we like it? Lobbying in den USA. In T. Leif & R. Speth (Hrsg.), *Die stille Macht. Lobbyismus in Deutschland* (S. 320–334). Wiesbaden: Westdeutscher Verlag.
van Ruler, B. (2005). Commentary: Professionals are from Venus, scholars are from Mars. *Public Relations Review, 31*, 159–173.
van Schendelen, M. (2012). *Die Kunst des EU-Lobbyings. Erfolgreiches Public Affairs Management im Labyrinth Brüssels.* Berlin: Lexxion.
Voss, K. (2010). Grassrootscampaigning und Chancen durch neue Medien. *Aus Politik und Zeitgeschichte, 19*(2010), 28–33.
Zerfaß, A. (2010). *Unternehmensführung und Öffentlichkeitsarbeit. Grundlegung einer Theorie der Unternehmenskommunikation und Public Relations* (3. Aufl.). Wiesbaden: VS Verlag für Sozialwissenschaften.
Zerfass, A., Verčič, D., Verhoeven, P., Moreno, A., & Tench, R. (2012): *European Communication Monitor 2012. Challenges and Competencies for Strategic Communication. Results of an Empirical Survey in 42 Countries.* Brussels: EACD/EUPRERA, Helios Media.
Zimmer, A., & Paulsen, F. (2010). Verbände als Dienstleister. In O. Hoffjann & R. Stahl (Hrsg.), *Handbuch Verbandskommunikation* (S. 39–55). Wiesbaden: VS Verlag für Sozialwissenschaften.

Teil X
Konzepte für besondere Kommunikationssituationen

Kommunikation als Erfolgsfaktor bei Mergers & Acquisitions

Phoebe Kebbel und Bernd Schuppener

Zusammenfassung

Kommunikation ist ein wesentlicher Erfolgsfaktor bei Mergers & Acquisitions. Sie beeinflusst die Bewertung eines zu verkaufenden Unternehmens und kann dazu beitragen, die Risiken einer Transaktion zu minimieren. In der Literatur liegt der Fokus der Betrachtung meist auf dem Thema Post-Merger-Integration und beschränkt sich damit weitgehend auf die interne Kommunikation nach dem Vollzug der Transaktion. Der vorliegende Beitrag betrachtet auch die Rolle der Kommunikation beim Zustandekommen der Transaktion und stellt dar, welchen Einfluss die verschiedenen Stakeholdergruppen in den einzelnen Phasen der Transaktion haben. Anhand zahlreicher Praxisbeispiele wird erläutert, mit welchen typischen Herausforderungen das Kommunikationsmanagement bei M&A-Transaktionen konfrontiert ist und wie man diesen begegnen kann.

Schlüsselwörter

M&A-Kommunikation · Mergers & Acquisitions · Unternehmensfusion · Unternehmensübernahme · Finanzkommunikation · Unternehmenskommunikation

---

P. Kebbel (✉)
HERING SCHUPPENER Consulting
Mainzer Landstraße 41, 60329 Frankfurt, Deutschland
E-Mail: pkebbel@heringschuppener.com

B. Schuppener
Universität Leipzig, Institut für Kommunikations- und Medienwissenschaft
Burgstraße 21, 04109 Leipzig, Deutschland
E-Mail: bschuppener@uni-leipzig.de

1 Mergers & Acquisitions (M&A) als Herausforderung für Unternehmen

M&A steht für Mergers & Acquisitions, also Fusionen und Übernahmen von Unternehmen – Veränderungen, die in der globalisierten und durch Wachstumsziele geprägten Wirtschaft an der Tagesordnung sind. In der Fachwelt hat sich inzwischen allerdings ein Begriffsverständnis herausgebildet, das über die genannten Situationen hinausgeht. Das Spektrum, das in der Literatur unter dem M&A-Begriff zusammengefasst wird, reicht von der Ausgründung eines Unternehmensteils als selbstständige Einheit über den Erwerb einer Minderheitsbeteiligung bis hin zur Liquidation im Insolvenzfall (Jansen 2001, S. 46).

In diesem Beitrag liegt der Fokus auf M&A im engeren Sinne, also entweder dem Zusammenschluss zweier Unternehmen zu einem gemeinsamen (Fusion) oder dem Erwerb einer Mehrheitsbeteiligung bzw. dem Kontrollerwerb im Rahmen einer Minderheitsbeteiligung an einem anderen Unternehmen. Viele Anforderungen, die in diesen Situationen an die Kommunikation gestellt werden, gelten in ähnlicher oder abgeschwächter Form auch für M&A im weiteren Sinne wie in den oben genannten Beispielen.

2 Diskussionsstand und Begriffsbestimmung

Die Literatur zum Thema M&A-Kommunikation beschränkt sich weitgehend auf das Thema Post-Merger-Integration und damit primär auf die interne Kommunikation nach der Ankündigung bzw. dem Vollzug der Transaktion. Die Rolle der Kommunikation beim Zustandekommen der Transaktion wird dagegen nur selten beleuchtet. Der Kommunikationsbedarf in den Wochen und Monaten zuvor – ab der Ankündigung der Transaktion bzw. dem Bekanntwerden über ein so genanntes Leak – ist aber erheblich. Oft handelt es sich um einen Zeitraum von mehreren Monaten, in denen die betroffenen Unternehmen im Rampenlicht stehen wie nie zuvor. In dieser Zeit bedarf es nicht nur intensiver Kommunikation mit den Mitarbeitern, sondern auch mit Medien, Kunden, Lieferanten, Politikern sowie bei börsennotierten Unternehmen auch Investoren und Analysten. Deshalb beleuchtet dieser Beitrag explizit die Rolle der Kommunikation in allen Phasen einer M&A-Transaktion.

> **M&A-Kommunikation**
> Unter M&A-Kommunikation versteht man die strategische Kommunikation im Rahmen von Mergers & Acquisitions (Fusionen bzw. Übernahmen von Unternehmen) mit dem Ziel, Akzeptanz aller Stakeholdergruppen für die Transaktion zu erreichen.

Tab. 1 Kommunikationsziele aus der Perspektive verschiedener Akteure

	Zieldimensionen der M&A-Kommunikation	
	Bewertung: Angemessenheit des Preises begründen	Transaktionsrisiken: minimieren
Käufer	Eigentümer/Aktionäre des Zielunternehmens zum Verkauf bewegen („attraktiver Preis") Ggfs. eigene Eigentümer/Aktionäre überzeugen („kein Mondpreis")	Akzeptanz aller Stakeholder sicherstellen und „Störfeuer" vermeiden
Verkäufer	Ggfs. eigene Eigentümer/Aktionäre von der Angemessenheit des Preises überzeugen („attraktiver Verkaufserlös")	Eigene Reputation schützen
Zielunternehmen	Bei börsennotierten Unternehmen: Glaubwürdige Empfehlung gegenüber den Aktionären vertreten („Warum Angebot annehmen/ablehnen?")	Störung des operativen Geschäfts vermeiden

3 Ziele der M&A-Kommunikation

Das übergeordnete Ziel der M&A-Kommunikation definieren Göttgens et al. (2006, S. 236) als „Generierung von Akzeptanz aller beteiligten Stakeholdergruppen für den Unternehmenszusammenschluss". Noch allgemeiner formuliert Farhardi (2008, S. 186) das Ziel als „Überwindung von Transaktionsbarrieren". Es steht außer Frage, dass Kommunikation einen wesentlichen Beitrag dazu leisten kann, diese Ziele zu erreichen.

In der Praxis werden diese Ziele von den Projektverantwortlichen einer M&A-Transaktion vielfach als weiche Ziele verstanden, deren Erreichung das Label „nice to have" erhält. Damit wird die Rolle der Kommunikation erheblich unterschätzt. Kommunikatoren tun daher gut daran, ihren Beitrag zur Transaktion anhand der Dimensionen „Bewertung" und „Transaktionsrisiken" zu definieren.

Wie Tabelle 1 zeigt, unterscheiden sich die Ziele bezüglich Bewertung und Risiken erheblich aus der Perspektive der verschiedenen Transaktionsparteien. Der *Käufer* hat ceteris paribus ein Interesse daran, die Beteiligung zu einem möglichst geringen Preis zu erwerben bzw. im Fall einer Fusion ein für ihn möglichst günstiges Bewertungsverhältnis beider Unternehmen zu erzielen. Der *Verkäufer* dagegen wird üblicherweise den Wert des Zielunternehmens zu maximieren suchen. Gerade bei öffentlichen Übernahmen ist der Einfluss der Kommunikation auf diese Fragen nicht zu unterschätzen. Hier gilt es beispielsweise aus Käuferperspektive, möglichst viele Aktionäre des Zielunternehmens davon zu überzeugen, dass der Preis attraktiv bzw. angemessen ist, damit diese ihre Aktien andienen. Gelingt dies nicht, muss der Käufer möglicherweise das Angebot erhöhen. Umgekehrt wird möglicherweise der Käufer – sofern selbst börsennotiert – am Kapitalmarkt abgestraft, wenn bei Investoren der Eindruck entsteht, das Zielunternehmen sei zu teuer bezahlt. Auch dies lässt sich durch Kommunikation erheblich beeinflussen.

Auch bei Transaktionen abseits der Börse spielt die Wertdiskussion eine Rolle. Das ist etwa der Fall, wenn die Mitglieder einer Unternehmerfamilie über den besten Käufer entscheiden sollen und Preisvorstellungen gegenüber anderen Kriterien abwägen.

Ebenso wichtig wie die Bewertungsdimension ist die Risikodimension. Transaktionsrisiken bestehen beispielsweise darin, dass erforderliche Hauptversammlungsmehrheiten nicht zustande kommen oder kartellrechtliche Genehmigungen nicht erteilt werden. In den genannten Beispielfällen kann Kommunikation etwa einen Beitrag zur Risikominimierung leisten, indem sie Meinungsbildner am Kapitalmarkt für das Vorhaben gewinnt oder eine Unterstützerkampagne durch Drittparteien gegenüber den Wettbewerbsbehörden orchestriert.

Für das Zielunternehmen selbst spielt die Bewertung häufig eine untergeordnete Rolle, es sei denn, es handelt sich um ein börsennotiertes Unternehmen, dessen Vorstand mit dem Käufer die Höhe eines öffentlichen Übernahmeangebots aushandelt. Typischerweise besteht das Hauptanliegen des Zielunternehmens aber darin, das operative Geschäft von dem Eigentümerwechsel so wenig wie möglich beeinträchtigen zu lassen.

4 Phasen der M&A-Kommunikation

Göttgens et al. (2006, S. 234) unterscheiden drei Phasen der M&A-Kommunikation: die Konzeptionsphase, Transaktionsphase und Integrationsphase. Näher an der Praxis ist die Abgrenzung von Graf zu Dohna (2008, S. 70): Er unterscheidet Preparation Phase, Public Phase, Post-Merger Integration. Dieses Modell zeigt, dass sich die Arbeit stark verändert, sobald die Transaktion öffentlich geworden ist. Innerhalb der „Public Phase" ist jedoch eine weitere Unterteilung sinnvoll, und zwar in die Gerüchtephase und die Ankündigungsphase. Denn laut einer empirischen Studie von Hering Schuppener kommen in knapp der Hälfte der öffentlichen Übernahmen schon vor der Ankündigung Gerüchte die in überregionalen Medien verbreitet werden (Kebbel und Günnewig 2010, S. 17). Eine offizielle Kommunikation der Unternehmen ist aber erst möglich, sobald die Transaktion formal angekündigt würde.

Die Unterscheidung zwischen Ankündigungs- und Integrationsphase ist insofern wichtig, als es zwischen der Ankündigung und dem Vollzug der Transaktion zahlreiche Restriktionen für die Kommunikation gibt (siehe dazu Abschn. 5.6). Die Kommunikation zur Integration muss demnach in der Ankündigungsphase vorbereitet werden, kann aber im Wesentlichen erst in der Integrationsphase umgesetzt werden.

Zusammenfassend lassen sich folgende Phasen definieren, die den weiteren Ausführungen zugrunde liegen.

- *Vorbereitungsphase* – vom Beginn der Vorbereitung bis zum ersten Gerücht
- *Gerüchtephase* – bis zur Vertragsunterzeichnung („Signing") und normalerweise unmittelbar danach vollzogenen Ankündigung der Transaktion

- *Ankündigungsphase* – bis zum Vollzug der Transaktion („Closing")
- *Integrationsphase* – ab dem Vollzug der Transaktion.

5 Besonderheiten der M&A-Kommunikation und Handlungsoptionen

Göttgens et al. (2006, S. 231) beschreiben die M&A-Kommunikation zutreffend als „Kommunikation im Ausnahmezustand". Ein Verkauf, eine Großakquisition oder eine Fusion sind einschneidende Ereignisse in der Unternehmensgeschichte, mit denen die meisten Unternehmen keine Routine haben. Gleichzeitig steigen die Anforderungen an die Kommunikation in dieser Sondersituation erheblich. Im Folgenden geht es um die typischen Herausforderungen und Empfehlungen für den Umgang damit.

5.1 Hohe Aufmerksamkeit

Eine erste große Herausforderung für die Kommunikatoren zumindest bei einer bedeutenden M&A-Transaktion besteht darin, dass sich der Umfang der Medienberichterstattung drastisch erhöht. So wurden über die als feindlich wahrgenommene Mehrheitsübernahme von Hochtief durch ACS binnen eines halben Jahres rund 10.000 Medienberichte alleine in den deutschen und englischsprachigen Print- und Online-Medien veröffentlicht. Dies ist um ein Vielfaches höher als die übliche Berichterstattung über einen MDAX-Konzern im In- und Ausland.

Bei einem empirischen Vergleich von M&A-Transaktionen zeigt sich, dass den Unternehmen in bestimmten Konstellationen eine besonders hohe mediale Aufmerksamkeit zuteil wird (Kebbel und Günnewig 2010, S. 26): Das ist der Fall bei Bieterwettkämpfen um eine Zielgesellschaft, so etwa beim Wettstreit zwischen BC Partners und Macquarie um Techem oder bei den konkurrierenden Angeboten von Merck und Bayer für Schering. Getrieben wird die mediale Aufmerksamkeit weiterhin durch feindliche bzw. unabgestimmte Übernahmeangebote wie im oben bereits erwähnten Fall ACS/Hochtief oder im Fall Schaeffler/Continental. Überproportional viel wird auch über Transaktionen berichtet, von denen bekannte Produkt- oder Markennamen betroffen sind, so etwa die Übernahme von Puma durch das französische Unternehmen PPR oder die Übernahme von Hugo Boss durch den Finanzinvestor Permira.

Die Inhalte der intensivierten Medienberichterstattung stammen aus verschiedensten Quellen:

- Jede Aussage eines Vorstands oder Kommunikationsverantwortlichen – auch in ganz anderen Kontexten – gewinnt durch die Transaktion an Relevanz und wird vielfach zitiert.

- Auch Aussagen von weiteren Unternehmensvertretern wie Spartenvorständen oder Betriebsräten finden Gehör.
- Normale Unternehmensereignisse wie die Veröffentlichung von Quartalszahlen werden viel stärker beachtet.
- Drittparteien wie Politiker, Gewerkschaftsvertreter, Aktionärsvertreter oder Analysten werden ebenfalls zitiert.

Aus Sicht der Unternehmenskommunikation kommt erschwerend hinzu, dass in einer solchen Situation die Medien und die anderen Stakeholder-Gruppen jedes Wort eines Unternehmensvertreters auf die Goldwaage legen.

Kommunikatoren tun gut daran, sehr diszipliniert ihre Botschaften zu planen und zu setzen. Das gilt einerseits innerhalb des eigenen Unternehmens, andererseits aber auch zwischen den involvierten Unternehmen, wenn sich diese zu demselben Thema äußern. Abweichungen selbst in Nuancen bieten Anlass für Spekulationen.

5.2 Einfluss auf die Bewertung und Transaktionssicherheit

Besonders kritisch wird die öffentliche Beobachtung der Unternehmen bei potenziell kaufpreisbewegenden Aussagen. Bei börsennotierten Unternehmen gibt der Aktienkurs in der Regel ein sehr klares Bild davon, für wie wahrscheinlich der Kapitalmarkt eine Transaktion zu dem genannten Preis hält. Beträgt etwa der Kurs eines Zielunternehmens vier Euro und wird dann ein Übernahmeangebot für fünf Euro angekündigt, so wird der Kurs im Normalfall ziemlich genau auf fünf Euro hochschnellen. Gibt es Anlass, am Vollzug der Transaktion zu zweifeln – etwa, weil die Kartellbehörden Bedenken anmelden – so wird der Kurs wieder etwas sinken. Ließe der Pressesprecher des Bieters sich zu einer Andeutung über eine mögliche Prämienerhöhung hinreißen, so würde der Kurs im Normalfall steigen. Das gilt auch, wenn sich glaubwürdige Dritte wie Investoren oder Analysten entsprechend äußern.

Auch bei nicht-börsennotierten Unternehmen können Aussagen in den Medien den Kaufpreis beeinflussen, da sie Auswirkungen auf die Verhandlungsposition haben. Das ist etwa bei Auktionsverfahren der Fall, wenn über die Medien kolportiert wird, wie viele andere Bieter noch im Rennen sind.

Kritisch sind auch Aussagen, die rechtliche Konsequenzen haben können. Ein Beispiel sind Aussagen über die Marktführerschaft des neu entstehenden Unternehmens, die später bei der kartellrechtlichen Prüfung gegen das Unternehmen verwendet werden können. Potenziell schädlich sind auch Aussagen über Kontrolle oder Integration von Unternehmen, die nicht im 100-prozentigen Besitz des Käufers sind. Bei der Übernahme von Wella durch Procter & Gamble etwa machten sich Minderheitsaktionäre rechtlich angreifbare Aussagen von Procter & Gamble über eine geplante Integration zunutze. Die Minderheitsaktionäre argumentierten, dass eine Integration mit einem Anteil von nur rund 80 % gar nicht möglich sei, und setzten damit einen Beherrschungs- und Gewinnabführungsvertrag durch, der hohe Garantiedividenden bzw. hohe Abfindungszahlungen für die verbleibenden Aktionäre vorsah.

Für die Kommunikatoren bedeutet das, dass in jedem Fall eine sehr enge Abstimmung mit den beratenden Banken und Anwaltskanzleien zu empfehlen ist. Je früher die Grundlinien in diesem Kreis abgestimmt sind, desto geringer ist das Risiko folgenschwerer Kommunikationsfehler und desto schneller kann die Unternehmenskommunikation bei Bedarf reagieren.

5.3 Gefahr des Kontrollverlusts

Die Gefahr ist groß, dass Informationen über M&A-Projekte frühzeitig und in Bruchstücken an die Öffentlichkeit gelangen (Göttgens et al. 2006, S. 240). Dabei gilt es, aus Sicht der Unternehmensführung einen „First Mover Advantage" zu erzielen. Diesen Vorteil erhoffen sich jedoch auch andere Stakeholdergruppen – etwa aus dem Arbeitnehmerlager oder der Politik. Der Anreiz ist hoch, die Information als erster in den Markt zu geben, um die Deutungshoheit zu haben.

Diese Gefahr ist auch empirisch bestätigt. So zeigen Kebbel & Günnewig (2010, S. 29), dass bei öffentlichen Übernahmen in der Gerüchtephase im Schnitt bereits 21 % aller Medienberichte veröffentlicht werden, die über die Transaktion bis zum endgültigen Ablauf der Annahmefrist erscheinen. Die Medien bilden sich also vielfach bereits vor der offiziellen Ankündigung der Unternehmen ein Bild über die Sinnhaftigkeit der Transaktion.

Aus diesem Grund ist eine so genannte Leak-Strategie für alle Unternehmen in M&A-Prozessen unverzichtbar. Die *Leak-Strategie* regelt, wie das Unternehmen mit einem vorzeitigen Bekanntwerden der M&A-Pläne umgeht. Einen Überblick über mögliche Reaktionen bietet Tabelle 2.

Unterschieden wird dabei zwischen einem unspezifischen Gerücht und einem substanziellen Leak. Letzteres unterscheidet sich von ersterem insbesondere durch konkrete Informationen bzw. Belege. Ein substanzielles Leak wäre beispielsweise gegeben, wenn ein Aufsichtsratsmitglied einem Journalisten die Eckdaten der geplanten Transaktion weitergibt oder der Journalist in den Besitz der Tagesordnung für die Aufsichtsratssitzung gelangt. Solche Situationen lösen bei börsennotierten Unternehmen in der Regel eine Ad-hoc-Pflicht aus, sodass die Unternehmen nicht mehr bei „no comment" bleiben dürfen.

In weniger eindeutigen Fällen bieten sich den betroffenen Unternehmen grundsätzlich vier Möglichkeiten: Dementieren, nicht kommentieren, Gespräche bestätigen oder die gesamte Ankündigung vorziehen.

Ein Dementi führt früher oder später zu einem Glaubwürdigkeitsproblem und ist daher nicht anzuraten, wenn die Transaktion tatsächlich vorbereitet wird. Ein „no comment" bietet sich bei unspezifischen Gerüchten an, birgt aber bei substanziellen Leaks die Gefahr eines Kontrollverlusts, da die Medien wie oben erwähnt bereits in der Gerüchtephase einen erheblichen Anteil der gesamten Berichterstattung publizieren und ihre Einschätzung komplett auf Quellen Dritter aufbauen. Eine – mit den Anwälten abgestimmte – Einordnung im Hintergrund („Off-the-record-Briefing") mag in solchen Fällen sinnvoll sein.

Tab. 2 Mögliche Reaktionen auf Gerüchte und Leaks
(Quelle: Kebbel (2013, S. 366))

Mögliche Reaktion	… bei unspezifischen Gerüchten	… bei einem substanziellen Leak
Dementi	Glaubwürdigkeitsproblem bei Ankündigung	Unglaubwürdig, wenn bereits wesentliche Inhalte vorliegen
„Kein Kommentar"	Sinnvoll („wir kommentieren Marktgerüchte grundsätzlich nicht")	Gefahr des Verlusts der Kommunikationshoheit
„Kein Kommentar" + Off-the-record-Briefing	Nicht nötig – führt im Zweifel eher zu substanziellem Leak	Ggfs. sinnvoll zur Wahrung der Kommunikationshoheit
Bestätigung von Gesprächen	Normalerweise nicht nötig	Ggfs. nötig, falls ad-hoc-pflichtig
Vorziehen der Ankündigung	Normalerweise nicht nötig	Ideal, wenn die Unternehmen bereits kommunikationsfähig sind

Für eine Bestätigung von Gesprächen entscheiden sich Unternehmen häufig in zwei Fällen: Erstens, wenn sie rechtlich dazu verpflichtet sind, sich zu äußern. Das war beispielsweise beim Zusammengehen von Unicredit und der HVB der Fall, die beide in gleichlautenden knappen Mitteilungen ihre Verhandlungen bestätigten, ohne jedoch bereits ein Ergebnis erzielt zu haben. Ein zweiter Grund für eine Bestätigung kann der Wunsch der Unternehmen sein, bestimmte Aktienkursreaktionen zu vermeiden. Daher veröffentlichten beispielsweise die Deutsche Börse und die NYSE Euronext bei ihren vorzeitig bekanntgewordenen Fusionsplänen bereits das Bewertungsverhältnis beider Unternehmen, ohne die Verhandlungen über alle anderen Parameter abgeschlossen zu haben.

In Einzelfällen ist es auch möglich, die gesamte Kommunikation gegenüber einem ursprünglich geplanten Zeitpunkt vorzuziehen. Diesen Weg ging beispielsweise die spanische ACS. Als ihr geplantes Übernahmeangebot für Hochtief vorzeitig bekannt wurde, berief die Unternehmung eine telefonische Board-Sitzung ein, fasste den Beschluss und veröffentlichte eine entsprechende Pressemitteilung. Da die Wahrscheinlichkeit solcher Leaks recht hoch ist, sollten Unternehmen die Kommunikation zur Ankündigung frühzeitig planen, um bei Bedarf auch früher kommunikationsfähig zu sein.

Die Gefahr des Kontrollverlusts beschränkt sich aber nicht auf den Leak-Fall, sondern zieht sich durch alle Phasen der M&A-Kommunikation.

Kebbel & Günnewig (2010, S. 32 f.) zeigen, in welchem Ausmaß sich bei öffentlichen Übernahmen Drittparteien allein in den überregionalen Medien zu Wort melden: Am häufigsten zitiert werden demnach Aktionärsvertreter (37 % der Fälle), Politiker und Betriebsräte (jeweils 30 %), Hedgefonds (17 %) und Gewerkschaften (13 %). Diese Drittparteien treten nicht immer als Gegner einer Transaktion auf. Im Gegenteil unterstützen sie vielfach auch das Vorhaben oder die Argumentation einer Seite gegenüber der anderen.

Unternehmen tun daher gut daran, in ihre Vorbereitung einer M&A-Transaktion auch eine Stakeholder-Analyse aufzunehmen. Ziel dabei ist es, frühzeitig Gegner und Unterstützer zu identifizieren. Es gilt dann einerseits, Argumentarien zu entwickeln, mit denen die erwartete Kritik der Gegner entkräftet werden kann. Andererseits sollten die Unternehmen überlegen, wie sie ihre Unterstützer zu Verbündeten in der Kommunikation machen können.

Die mediale Aufmerksamkeit müssen die Unternehmen in M&A-Situationen als gegeben hinnehmen, die zahlreichen Äußerungen von Drittparteien ebenfalls. Sie sollten dennoch versuchen, so weit wie möglich die Kommunikationshoheit zu behalten, indem sie auch andere die eigenen Kernbotschaften vertreten lassen.

5.4 Mehrere involvierte Parteien

Eine weitere Herausforderung in der Kommunikation besteht darin, dass per definitionem mindestens zwei Unternehmen, häufiger auch mehrere involviert sind, z. B. ein Käufer oder ein Käuferkonsortium (etwa bei so genannten Club Deals von Finanzinvestoren), gegebenenfalls konkurrierende Bieter, ein oder mehrere Verkäufer (z. B. Familieneigentümer und weitere Investoren) und das Zielunternehmen selbst. All diese Beteiligten haben typischerweise eigene beratende Banken, Rechtsberater, häufiger auch Kommunikationsberater. Die Komplexität der Abstimmung ist daher enorm.

Eine Abstimmung ist aber extrem wichtig, um eine stimmige Kommunikation aller Beteiligten zu erreichen. Dies gilt sowohl inhaltlich als auch organisatorisch. Inhaltlich bedarf es kongruenter Kernbotschaften der verschiedenen Parteien, die selbstverständlich um spezifische Aspekte einzelner Parteien ergänzt werden sollten. So stimmten sich ThyssenKrupp und Outokumpu, der finnische Käufer der ThyssenKrupp-Edelstahlsparte Inoxum, bei der Kommunikation eng über die inhaltlichen Aussagen zur Transaktion selbst ab. ThyssenKrupp ergänzte diese in der eigenen Kommunikation um Aussagen zur weiteren Konzernentwicklung nach dem Verkauf, der Käufer um entsprechende Aussagen zur eigenen Equity Story.

In der Praxis ist auch die Abstimmung über den zeitlichen Ablauf der Kommunikation wichtig. Festgelegt werden sollte unter anderem, wer welche Stakeholdergruppen wann und auf welchem Wege informiert. Diese Abstimmungen werden besonders komplex, wenn Unternehmen in verschiedenen Zeitzonen ansässig sind, politische Sensibilitäten in verschiedenen Ländern berücksichtigt werden müssen oder Unternehmen sich in unterschiedlichen Rechtsrahmen bewegen – beispielsweise weil nur eines von beiden börsennotiert ist.

5.5 Verschiedene Stakeholdergruppen

Relativ breiter Konsens besteht in der Literatur über die Stakeholdergruppen bei einer M&A-Transaktion. Abbildung 1 zeigt einen Überblick dazu. Ähnliche Darstellungen finden sich auch bei Göttgens et al. (2006, S. 236) und Förster (2006, S. 303 f.).

Politik, Verwaltung, Verbände
- Regierungen
- Parteien
- Wettbewerbsbehörden
- Aufsichtsbehörden
- Branchenverbände
- NGOs

Entscheidungsgremien
- Eigentümer
- Aufsichtsrat
- Vorstand

Arbeitnehmer
- Führungskräfte
- Mitarbeiter
- Betriebsräte
- Gewerkschaften
- Ehemalige Mitarbeiter

Käufer | Verkäufer | Zielunternehmen

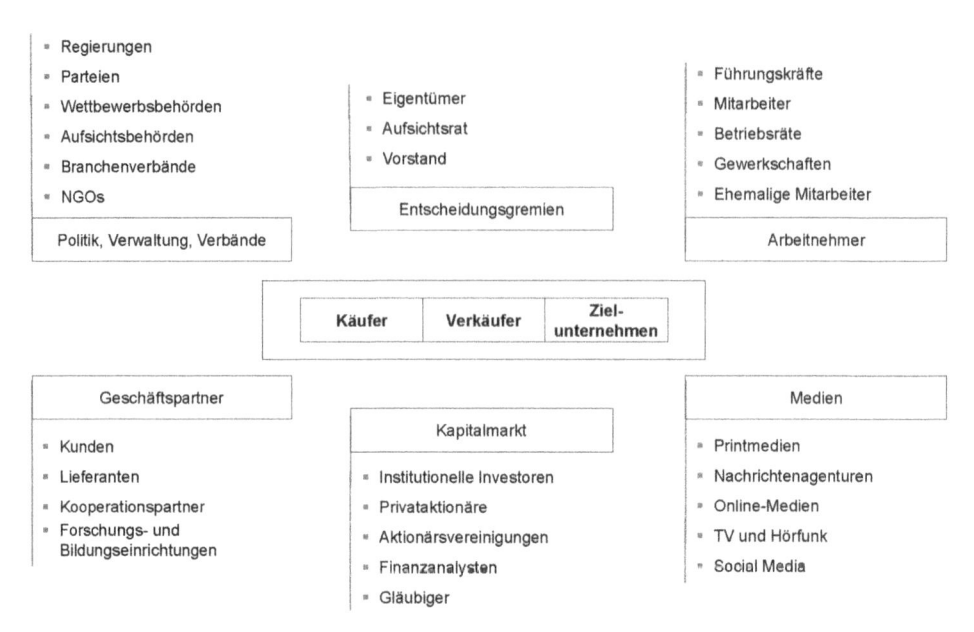

Geschäftspartner
- Kunden
- Lieferanten
- Kooperationspartner
- Forschungs- und Bildungseinrichtungen

Kapitalmarkt
- Institutionelle Investoren
- Privataktionäre
- Aktionärsvereinigungen
- Finanzanalysten
- Gläubiger

Medien
- Printmedien
- Nachrichtenagenturen
- Online-Medien
- TV und Hörfunk
- Social Media

Abb. 1 Stakeholdergruppen bei einer M&A-Transaktion

In der Literatur wird zu Recht auf den teilweise großen Einfluss bestimmter Stakeholdergruppen hingewiesen (z. B. Göttgens et al. 2006, S. 236). Dieser Einfluss kann sogar so weit gehen, dass einzelne Gruppen eine Transaktion zu Fall bringen können, selbst wenn sie von den Vorständen bzw. Geschäftsführungen beider Unternehmen mit vollem Einsatz vorangetrieben wird. Wettbewerbsbehörden können eine Transaktion verbieten – so geschehen im Fall Deutsche Börse/NYSE Euronext. Kunden und Lieferanten können durch Anhörungen in solchen Prozessen erheblichen Einfluss auf die Entscheidung der Wettbewerbsbehörden ausüben.

Institutionelle und private Aktionäre können eine Transaktion verhindern, indem sie bei einer Hauptversammlung ihre Zustimmung versagen oder bei einem öffentlichen Übernahmeangebot ihre Aktien nicht andienen. Ein Beispiel dafür war das Übernahmeangebot von Fresenius für Rhön-Klinikum, bei dem die 90-prozentige Mindestannahmeschwelle nicht erreicht wurde.

Umgekehrt können Stakeholdergruppen auch das Gelingen einer Transaktion fördern. Ein anschauliches Beispiel gab es beim Zusammenschluss der beiden Stahlkonzerne Mittal Steel und Arcelor. Arcelor hatte sich monatelang mit allen Mitteln gegen die als feindlich empfundene Übernahme zur Wehr gesetzt. Eine Gruppe von Hedgefonds und anderen institutionellen Investoren, die um ihre Übernahmeprämie fürchteten, zwang schließlich Arcelor an den Verhandlungstisch und ermöglichte so die Schaffung eines neuen Weltmarktführers.

Auch Arbeitnehmervertreter spielen häufig eine große Rolle für den Ausgang einer Transaktion. Dies gilt insbesondere dann, wenn mehrere Bieter sich im Rahmen einer

Auktion für ein Zielunternehmen interessieren und die Arbeitnehmervertreter eine Präferenz haben. Erheblichen Einfluss machten beispielsweise die Arbeitnehmervertreter geltend, als Linde seine Gabelstaplersparte Kion an Finanzinvestoren verkaufte.

Das sind nur einige Beispiele, die zeigen, dass die Akzeptanz bestimmter Stakeholdergruppen erfolgsentscheidend für eine M&A-Transaktion sein kann.

Göttgens (2006, S. 237) weist zu Recht darauf hin, dass die Kommunikation des ökonomischen Nutzens einer Transaktion nicht ausreichend ist, um alle Stakeholdergruppen von deren Sinnhaftigkeit zu überzeugen. Vielmehr bedürfe es „stakeholderspezifischer Nutzenversprechen". Um diese zu erarbeiten, sollte am Anfang einer M&A-Kommunikationsstrategie stets eine Stakeholderanalyse stehen. Im Ergebnis sollten die folgenden Fragen beantwortet sein:

- Wer sind konkret die relevanten Stakeholder?
- Welchen Einfluss auf die Transaktion haben sie?
- Welches Verhalten von ihnen wäre für die Transaktion wünschenswert?
- Welche ungesteuerte Reaktion wäre von ihnen zu erwarten?
- Was lässt sich tun, um die gewünschte Reaktion zu erzielen?

Diese Analyse führt im nächsten Schritt zu stakeholderspezifischen Botschaften. Die Herausforderung besteht darin, dass es häufig Interessenkonflikte zwischen den einzelnen Zielgruppen gibt. So kommen Kostensynergien am Kapitalmarkt üblicherweise gut an, bei den Mitarbeitern dagegen schlecht, da sie meist mit Personalabbau gleichgesetzt werden. Ein Ausweg kann darin bestehen zu betonen, dass die Kostensynergien primär aus dem Einkauf o.ä. kommen und dass wenige Mitarbeiter davon betroffen sind – selbstverständlich nur, wenn das tatsächlich der Fall ist.

Wichtig ist, dass die stakeholderspezifischen Botschaften konsistent und glaubwürdig sind und auf die individuellen Erwartungen eingehen. Gerade in Zeiten von Social Media werden Inhalte etwa aus der internen Kommunikation in kürzester Zeit auch für externe Gruppen sichtbar. Widersprüche werden schnell enttarnt und unterminieren die Glaubwürdigkeit des Unternehmens auch in anderen Fragen.

Eine professionelle Stakeholderstrategie erfordert nicht nur eine inhaltliche Anpassung an die einzelnen Gruppen, sondern auch die Auswahl geeigneter Kommunikationskanäle. Sollen beispielsweise Führungskräfte zu effektiven Botschaftern für die Transaktion gemacht werden, reicht für sie keine E-Mail-Information allein. Vielmehr bedarf es eines Dialogs, in dem sie Fragen und Bedenken äußern können, sich ernst genommen und besser informiert fühlen als ihre Mitarbeiter. Sie brauchen also idealerweise mehr Inhalte in einem persönlicheren Format (z. B. einem Abendessen) und zu einem früheren Zeitpunkt als ihre Mitarbeiter.

5.6 Rechtliche Restriktionen für die Kommunikation

Eine weitere Herausforderung für die Kommunikation in M&A-Prozessen liegt darin, dass der Kommunikation häufig rechtliche Restriktionen auferlegt sind.

In der Phase vor der offiziellen Bekanntgabe der Transaktion hindern allein schon Vertraulichkeitserklärungen die betroffenen Unternehmen daran, über die geplante Transaktion oder Details derselben zu informieren. Bei börsennotierten Unternehmen kommt hinzu, dass M&A-Transaktionen üblicherweise als kursbeeinflussend angesehen werden und daher eine Ad-hoc-Pflicht zumindest des Zielunternehmens nach sich ziehen, wenn die Information nicht in einem überschaubaren Insiderkreis verbleibt.

Daraus ergibt sich für die Unternehmenskommunikation ein Dilemma: Sie muss einerseits mit dem Gesetz konform gehen, andererseits aber strebt sie an, die Kommunikationshoheit zu bewahren. Darüber hinaus erwarten insbesondere Arbeitnehmervertreter üblicherweise, dass sie frühzeitig über M&A-Vorhaben informiert werden. Kebbel & Günnewig (2010, S. 41 f.) haben empirisch gezeigt, dass Betriebsräte den Umstand, dass sie von der Ankündigung überrascht worden seien, als einen der häufigsten Kritikpunkte anführen – neben den inhaltlichen Sorgen über Standortschließungen und Stellenabbau.

Ganz aufheben lässt sich das Dilemma der Unternehmenskommunikation nicht, wohl aber durch eine durchdachte Leak-Strategie (vgl. Abschn. 5.3) handhabbar machen.

Je länger die Gerüchtephase währt, desto größer wird erfahrungsgemäß die Unsicherheit bei den Mitarbeitern und desto kleiner das Verständnis dafür, dass Informationen zurückgehalten werden.

Unternehmen können dem begegnen, indem sie statt inhaltlicher Informationen über die Bieter oder den Kaufpreis prozessuale Informationen an die betroffenen Mitarbeiter geben. So ist beispielsweise Vattenfall bei einem länger als ein Jahr dauernden Verkaufsprozess vorgegangen, als die Tochtergesellschaft 50Hertz verkauft wurde: In regelmäßigen Mitarbeiterinformationen erklärte das Unternehmen, in welcher Reihenfolge die Prozessschritte aufeinander folgen, was ein indikatives Angebot, eine Due Diligence und ein bindendes Angebot sind und warum man die Namen der Bieter nicht nennen darf. Darüber hinaus beruhigte das Unternehmen die Mitarbeiter und externe Stakeholdergruppen mit klar definierten Kriterien für einen möglichen Käufer, die bestimmte negativ besetzte Bieter wie Private-Equity-Fonds von vornherein ausschlossen.

Nach der offiziellen Bekanntgabe einer Transaktion wird die Kommunikation für die beteiligten Unternehmen einfacher, unterliegt aber im Normalfall weiterhin rechtlichen Restriktionen. Der Vollzug einer Transaktion, das so genannte Closing, findet in vielen Fällen erst Wochen oder gar Monate nach der Vertragsunterzeichnung (Signing) und Ankündigung statt. In der Zwischenzeit prüfen beispielsweise die Kartell- und sonstigen Aufsichtsbehörden, ob und – wenn ja – unter welchen Auflagen sie die Transaktion genehmigen. Vor einer kartellrechtlichen Genehmigung sind die Transaktionspartner vielfach formal noch Wettbewerber und dürfen nur eingeschränkt Geschäftsgeheimnisse austauschen.

Bei einer öffentlichen Übernahme dauert der Prozess normalerweise noch länger, da nach der Ankündigung zunächst die Annahmefrist folgt, während der Aktionäre der Zielgesellschaft entscheiden, ob sie dem Bieter ihre Aktien andienen.

In der Medienberichterstattung wird jedoch vielfach schon die Ankündigung als Vollzug dargestellt – in Überschriften vom Typus „Neuer Branchenriese entsteht". Dies schürt die Erwartungshaltung der Mitarbeiter, möglichst schnell Details über das neu entstehende Unternehmensgebilde und ihre eigene Rolle darin zu erfahren.

Selbst nach dem Closing können manche dieser Fragen nicht unmittelbar beantwortet werden. Das liegt daran, dass für viele Fragen zunächst Verhandlungen mit dem Betriebsrat abschlossen werden müssen, etwa über einen Sozialplan oder Interessenausgleich.

Auch in dieser Phase bieten sich daher umfangreiche prozessuale Informationen für die Mitarbeiter an, um den Mitarbeitern zumindest eine Vorstellung davon zu vermitteln, wann sie mit bestimmten Entscheidungen rechnen können und nach welchen Kriterien diese getroffen werden.

Angesichts der Vielzahl rechtlicher Restriktionen sollten die Kommunikationsverantwortlichen unbedingt die begleitenden Rechtsanwälte nach den rechtlichen Rahmenbedingungen fragen und sich selbst zumindest teilweise damit vertraut machen. Bei einer öffentlichen Übernahme in Deutschland gehört dazu unbedingt das Wertpapiererwerbs- und Übernahmegesetz (WpÜG), das u. a. auch Publikationspflichten und Fristen festlegt. Viele kommunikative Notwendigkeiten ergeben sich auch aus dem Aktiengesetz (AktG). Bei Übernahmen im Ausland sollten die Kommunikationsverantwortlichen gezielt nach den dort geltenden Regeln fragen, da sich diese zum Teil erheblich von den deutschen unterscheiden. So kann es beispielsweise sein, dass bei einer Fusion mit einem amerikanischen Partner Vertragsdokumente auf der Website der U.S. Securities and Exchange Commission (SEC) publiziert werden müssen. Der Pressesprecher des Unternehmens sollte die Chance gehabt haben, diese Dokumente zu studieren, bevor er von Medienvertretern damit konfrontiert wird.

5.7 Persönliche Betroffenheit der Mitarbeiter, Führungskräfte und Kommunikatoren

Die interne Kommunikation bei M&A-Transaktionen wird nicht nur durch die rechtlichen Restriktionen erschwert, sondern auch dadurch, dass die Führungskräfte und die Kommunikatoren selbst persönlich betroffen sind. Beide Gruppen aber werden als wichtige Multiplikatoren gebraucht.

Langen & Weschniok (2006, S. 319 ff.) diagnostizieren als typische Reaktionen im mittleren Management die Angst vor Macht- und Kontrollverlust, Überforderung und Unsicherheit. Die Sorge beschränkt sich nicht auf einen möglichen Jobverlust. Ribbink (2003, S. 3) zitiert einen betroffenen Manager: „Even people who are relatively sure that they will have a job have ‚me issues'. They wonder about compensation, benefits, relocation, reporting relationships, job scope, authority level, project assignments, and funding." Trotz dieser persönlichen Betroffenheit werden die Führungskräfte als wichtige Multiplikatoren gegenüber ihren Mitarbeitern benötigt.

Göttgens et al. (2006, S. 258 f.) nennen als Erfolgsfaktoren für den Umgang mit diesen Herausforderungen unter anderem einen engen Dialog mit den Betroffenen, die Etablierung eines erweiterten Kommunikationsteams und den Aufbau einer projektbegleitenden Informationsplattform. Einige Experten weisen explizit darauf hin, dass der Dialog aus Informieren und Zuhören besteht (Ribbink 2003, S. 3).

Die praktische Erfahrung zeigt, dass bei der internen Kommunikation von M&A-Prozessen kein „Zuviel" an Kommunikation möglich ist. Integrationserfahrene Unternehmen nutzen dazu eine Vielzahl von Kommunikationsmaßnahmen. In der Kommunikation mit den Mitarbeitern haben sich unter anderem folgende Formate bewährt: Live-Übertragungen von Mitarbeiterversammlungen an alle Standorte, persönliche Besuche des CEOs an verschiedenen Standorten, Intranet-Chats mit dem CEO, anderen Vorstandsmitgliedern oder Führungskräften mit den Mitarbeitern oder die Einrichtung einer zentralen E-Mail-Adresse für Fragen.

In der Kommunikation mit den Führungskräften ist ein Dialog in persönlichen Meetings oder Telefonkonferenzen unverzichtbar, flankiert von schriftlichen Materialien, die die Führungskräfte bei ihrer Rolle als „Change Agent" im Unternehmen unterstützen. Zum Werkzeugkasten für die Führungskräftekommunikation gehören auch Handreichungen über die rechtlichen Restriktionen (vgl. Abschn. 5.6) und Empfehlungen für den Umgang mit einer Nominierung bzw. Nicht-Nominierung für Positionen im veränderten Unternehmen.

6 Zusammenfassung: Erfolgsfaktoren der M&A-Kommunikation

Um einen Erfolgsbeitrag zum M&A-Prozess zu leisten, muss die Kommunikation konsequent auf die Ziele der Transaktion ausgerichtet sein. Diese unterscheiden sich deutlich aus der Perspektive des Käufers, Verkäufers und des Zielunternehmens. Allen drei Gruppen gemein ist aber das Interesse, die Transaktion zu einer bestimmten Bewertung zu vollziehen und dabei im Normalfall die Transaktionsrisiken zu minimieren. Wenn es gelingt, Akzeptanz bei den relevanten Stakeholder-Gruppen zu schaffen, kann dies einen erheblichen Beitrag zur Zielerreichung leisten – und zwar in allen Phasen der Kommunikation, vom ersten Gerücht bis zur Integration.

Typischerweise vervielfacht sich die Aufmerksamkeit von Medien und Öffentlichkeit für ein Unternehmen während einer Transaktion. Erstens erhält dadurch jede Aussage eines Unternehmensvertreters deutlich mehr Gewicht. Zweitens finden auch zahlreiche Drittparteien Gehör. Je besser die Unternehmenskommunikation ihre Botschaften plant und je disziplinierter sie sie setzt, desto eher wird es dem Unternehmen gelingen, die Kommunikationshoheit zu wahren.

Diese ist in Transaktionssituationen noch wichtiger als im normalen Geschäftsverlauf, weil jede Aussage Bewertung und Risiken der Transaktion beeinflussen kann. Eine enge inhaltliche Abstimmung mit den begleitenden Banken und Anwaltskanzleien ist daher unbedingt anzuraten.

Trotz aller Disziplin bei der Vorbereitung und Umsetzung ist die Gefahr der Kontrollverlusts bei M&A-Transaktionen inhärent. Zu einer professionellen Vorbereitung gehören daher zwingend eine Leak-Strategie sowie eine Analyse von potenziellen Gegnern und Verbündeten. Die Gegner-Analyse dient der Vermeidung negativer Überraschungen, die Analyse der Verbündeten der späteren Mobilisierung zur öffentlichkeitswirksamen Unterstützung.

Die Ansprache potenzieller Unterstützer ist nur ein Feld, bei dem sich die verschiedenen involvierten Parteien – also Käufer, Verkäufer, ggfs. das Zielunternehmen – eng abstimmen sollten. Eine frühzeitige Einigung auf gemeinsame Inhalte und Prozesse vermeidet später unnötige Friktionen.

Eine weitere Herausforderung bei M&A-Transaktionen besteht darin, dass meist alle Stakeholdergruppen eines Unternehmens tangiert sind. Noch dazu verdoppelt oder verdreifacht sich die Zahl der Stakeholdergruppen dadurch, dass verschiedene Parteien involviert sind – also zum Beispiel die Aktionäre des Käufers und des Zielunternehmens. Häufig kommt es dabei zu Zielkonflikten. Diese können teilweise durch stakeholderspezifische Botschaften adressiert werden; die Botschaften sollten aber insgesamt konsistent sein.

Vielfach können die berechtigten Erwartungen der verschiedenen Stakeholder schon aus rechtlichen Gründen nicht erfüllt werden, etwa weil aktienrechtliche oder wettbewerbsrechtliche Einschränkungen für die Kommunikation bestehen. Kommunikatoren sollten diese Restriktionen kennen und die bestehenden Möglichkeiten umso konsequenter nutzen.

Erschwert wird die Kommunikation mit einigen Stakeholdergruppen – insbesondere Führungskräfte und Mitarbeiter – durch deren persönliche Betroffenheit. Diese führt dazu, dass es praktisch kein „Zuviel" an interner Kommunikation geben kann. Die persönliche Betroffenheit sollte offen angesprochen werden; Empfehlungen für den Umgang damit können hilfreich sein.

Die oben genannten Herausforderungen zeigen, wie wichtig die Abstimmung zwischen den involvierten Parteien eines M&A-Prozesses, aber auch zwischen Kommunikation und anderen Unternehmensfunktionen ist. Da Kommunikation nur einer von mehreren parallel ablaufenden Arbeitssträngen ist, sollten die Kommunikatoren frühzeitig Abstimmungserfordernisse klären, Verantwortlichkeiten definieren und Projektteams formen.

Literatur

Farhardi, M. (2008). Kommunikation in M & A-Transaktionen – Ereignisse und Herausforderungen. *M & A Review, 18*(4), 186–193.

Förster, K. (2006). Integrierte Unternehmenskommunikation bei M & A-Aufgaben, Gestaltungs- und Steuerungsmöglichkeiten. In F. Borowicz & K. Mittermair (Hrsg.), *Strategisches Management von Mergers & Acquisitions – State of the Art in Deutschland und Österreich* (S. 299–310). Wiesbaden: Gabler.

Göttgens, O., Steinwaerder, D., & Vogel, F. (2006). M & A-Kommunikationsmanagement. In B. W. Wirtz (Hrsg.), *Handbuch Mergers & Acquisitions Management* (S. 229–261). Wiesbaden: Gabler.

Graf zu Dohna, J. (2008). M & A communication – Get the most out of it. *Finance, 8*(4), 68–70.

Kebbel, P. (2013). Erfolgsfaktor M & A-Kommunikation. In K. Lucks (Hrsg.), *M & A-Projekte erfolgreich führen. Instrumente und Best Practices* (S. 359–371). Stuttgart: Schäffer-Poeschel.

Kebbel, P., & Günnewig, S. (2010). M & A Communications Monitor – Eine empirische Studie über öffentliche Übernahmen in Deutschland. In G. Bentele, M. Piwinger, & G. Schönborn (Hrsg.), *Kommunikationsmanagement* (Loseblattwerk 2001 ff., Nr. 3.40, S. 1–48). Köln: Luchterhand.

Jansen, S. A. (2001). *Mergers & Acquisitions – Unternehmensakquisitionen und -kooperationen* (4. Aufl.). Wiesbaden: Gabler.

Langen, R., & Wreschniok, R. (2006). Reputationsmanagement – Aufbau eines strategischen Stakeholderdialoges. Kommunikationsstrategien für eine skeptische Öffentlichkeit im Vorfeld von M & A. In F. Borowicz & K. Mittermair (Hrsg.), *Strategisches Management von Mergers & Acquisitions – State of the Art in Deutschland und Österreich* (S. 315–325). Wiesbaden: Gabler.

Ribbink, K. (Februar 2003). The Most Critical Messages to Communicate in a Merger. *Harvard Management Communication Letter, 2003*, 3–5.

Veränderungskommunikation: Grundlagen und Herausforderungen durch Social Media

Jörg Pfannenberg

Zusammenfassung

Bei umfassenden Veränderungsprozessen wie Restrukturierung, strategische Neuausrichtung oder Mergers & Acquisitions steht der Erfolg des Unternehmens auf des Messers Schneide. Durch das Internet und Social Web haben sich mit dem Wandel verbundene Kommunikationsrisiken – wie zum Beispiel Gegenkampagnen von Stakeholdern, Angriffe auf Reputation und Glaubwürdigkeit des Managements oder auch die vorzeitige Veröffentlichung von Informationen (Leaks) – wesentlich verstärkt. Bei der Überwindung von Widerständen, der Sicherung von Akzeptanz und der Aktivierung der Stakeholder für den Wandel stellt Kommunikation daher einen wichtigen Erfolgsfaktor dar: Sie hält die Loyalität der Stakeholder aufrecht, schafft Akzeptanz für die Veränderung und Handlungsdispositionen für die Unterstützung des Wandels ("Readiness for change").

Schlüsselwörter

Unternehmenskommunikation · Organisationswandel · Veränderungsprozess · Change-Prozess · Krisenkommunikation · Media Richness · Social Media · Interne Kommunikation · Kommunikationsstrategie

---

J. Pfannenberg (✉)
JP KOM
Schwanenhöfe, Erkrather Straße 228b, 40233 Düsseldorf, Deutschland
E-Mail: joerg.pfannenberg@jp-kom.de

1 Zielsetzungen der Veränderungskommunikation

Strategische Veränderungsprozesse in Unternehmen sind „Second order changes": Die Wandlungsaktivitäten haben eine hohe Intensität. Sie sind gekennzeichnet durch Paradigmenwechsel in der Strategie, innerhalb kurzer Zeit werden neue Strukturen aufgebaut (Levy und Merry 1986, S. 9). Dabei ist die Erlebnisverarbeitung der Stakeholder durch eine intensivierte Wahrnehmung von Umfeldturbulenzen und Risiken geprägt (Liebl 2000, S. 10; Piwinger und Bierhoff 2008, S. 3 ff.). Bei der (intuitiven) Risikoeinschätzung sind Wissen und Mutmaßungen über die Konditionen des Risikos entscheidend (Jungermann und Slovic 1993, S. 97 ff.):

- *Freiwilligkeit.* Risiken, die man freiwillig übernimmt, werden weniger kritisch eingeschätzt als Risiken, denen man unfreiwillig ausgesetzt ist.
- *Kontrollierbarkeit.* Risiken, die kontrollierbar scheinen, werden als geringer eingestuft als solche, auf die man selbst keinen Einfluss zu haben glaubt.
- *Verantwortlichkeit.* Als unvermeidlich betrachtete, „natürliche" Risiken werden weniger stark gewichtet als von Menschen verursachte Risiken.

Gemäß ihrer Situation – der empfundenen Relevanz, der Konstellation in der eigenen Gruppe und der dort geltenden Agenda – nehmen die Stakeholder des Unternehmens in Veränderungsprozessen unterschiedliche Risiken wahr:

- *Mitarbeiter und Führungskräfte* fragen sich, welche Bedeutung die Veränderungen für ihre berufliche Zukunft haben: Fördern sie den Erfolg des Unternehmens oder gefährden sie ihn? Vermindern sich die Karrierechancen? Inwieweit verändern sich Strukturen und Arbeitsprozesse und damit die eigene Arbeit? Sind Arbeitsplätze oder gar der Standort gefährdet? Lohnt es sich noch, sich für die Unternehmensziele einzusetzen? Oder ist es besser, sich anders zu orientieren?
- *Kunden und Lieferanten* hinterfragen, welche Bedeutung die Veränderungen für die Geschäftsbeziehung haben: Bleibt das Unternehmen ein zuverlässiger Geschäftspartner? Wird es in Zukunft die gleichen Leistungen in ähnlicher Qualität erbringen wie bisher? Genieße ich als Kunde im Service weiterhin Priorität? Bekomme ich einen anderen Ansprechpartner? Ist das Unternehmen jetzt eher mit sich selbst beschäftigt anstatt mit mir?
- *Aktionäre und Financial Community* fragen sich, ob die angekündigten Veränderungen den Wert des Unternehmens tatsächlich steigern: Ist die Strategie zielführend? Und ist sie realistisch? Ist dem Management die Umsetzung der Strategie zuzutrauen? Akzeptieren Mitarbeiter und Umfeld die Veränderungen? Gibt es Hindernisse bei der Umsetzung?
- *Behörden und Politiker* beschäftigt, ob ein Regelungsbedarf beziehungsweise die Notwendigkeit politischer Einflussnahme gegeben ist: Besteht die Notwendigkeit kartellrechtlicher Eingriffe? Sind Arbeitsplätze in größerem Ausmaß bedroht, so dass sich zum Beispiel in strukturschwachen Gebieten die Arbeitslosigkeit erhöht?

- *Die meinungsbildende Öffentlichkeit* fragt sich, welche Bedeutung die Veränderungen für die Gesellschaft haben: Sind Arbeitsplätze oder gar Standorte gefährdet? Ändert sich das Verhalten des Unternehmens, bleibt es ein „Good citizen"? Hält sich das Unternehmen an seine Zusagen? Welchen Stellenwert nehmen gesellschaftliche Fragestellungen wie Umweltschutz, Ressourcenschonung, Diversity und Verbraucherschutz künftig ein?

Die Wahrnehmung von Risiken verstärkt Konflikte zwischen den Beteiligten im Unternehmen, wie zum Beispiel zwischen Unternehmensleitung und Mittelmanagement, zwischen Produktion und Vertrieb, zwischen Abteilungen und Funktionen, zwischen Unternehmensleitung und Betriebsrat. Über die Medien – insbesondere über das Web – intensiviert sich der Austausch von Informationen und Meinungen zwischen den Stakeholdergruppen, es bilden sich themenbezogene Teilöffentlichkeiten. Auf Management und Führungskräften lastet die Verantwortung für den Erfolg, es entsteht negativer Handlungsdruck. In derart angstbesetzten und konfliktbeladenen Situationen befähigt Kommunikation die Beteiligten, Mehrdeutigkeiten und Unsicherheiten zu bewältigen (Conrad 1985, S. 8 ff.). Die Aufgabe der Veränderungskommunikation liegt darin, die riskante Komplexität für die internen wie externen Stakeholder zu reduzieren und sie auf die Ziele des Change-Projektes zu orientieren. Die Wirkungen der Kommunikation werden im Rahmen von Change-Prozessen zu Werttreibern.

Interne Kommunikation: Sie reduziert den Widerstand gegen Veränderungen (Piwinger und Bierhoff 2008, S. 12 f.) und fördert ein Verhalten, das die Verbesserung der operativen Exzellenz im Unternehmen beschleunigt. Dafür muss die Kommunikation die Veränderungsbereitschaft („Readiness for change") von Mitarbeitern und Führungskräften stärken. Sie muss die Veränderungsnotwendigkeit verdeutlichen („Sense of urgency") und das Commitment der Mitarbeiter und Führungskräfte für das Unternehmen ausbauen. Wichtige Faktoren dafür sind Motivation und Zufriedenheit der Mitarbeiter und Führungskräfte mit der eigenen Situation, Vertrauen in die Unternehmensführung, aber auch Wissen über Ziele, Strategien und Maßnahmen des Change-Prozesses und die Ausrichtung auf diese Ziele und Strategien (siehe Abb. 1; Pfannenberg 2009, S. 15).

Externe (Unternehmens-)Kommunikation: Gegenüber Stakeholdern wie der allgemeinen Öffentlichkeit, Politik und Behörden sowie der Standortöffentlichkeit geht es vor allem um die Legitimität der Veränderungsziele. Dies ist die Voraussetzung dafür, dass das Unternehmen im Veränderungsprozess nicht durch NGOs, Politik und/oder Behörden angegriffen und die geplanten Veränderungsmaßnahmen nicht verlangsamt oder unterbunden werden. Um die Veränderungen durchführen zu können – den Erhalt der „Licence to operate" (Zerfaß 2010, S. 399) – muss das Unternehmen die sozialen Wertbeiträge der Unternehmenstätigkeit und insbesondere der Veränderung verdeutlichen (siehe Abb. 2 sowie Pfannenberg 2009, S. 16).

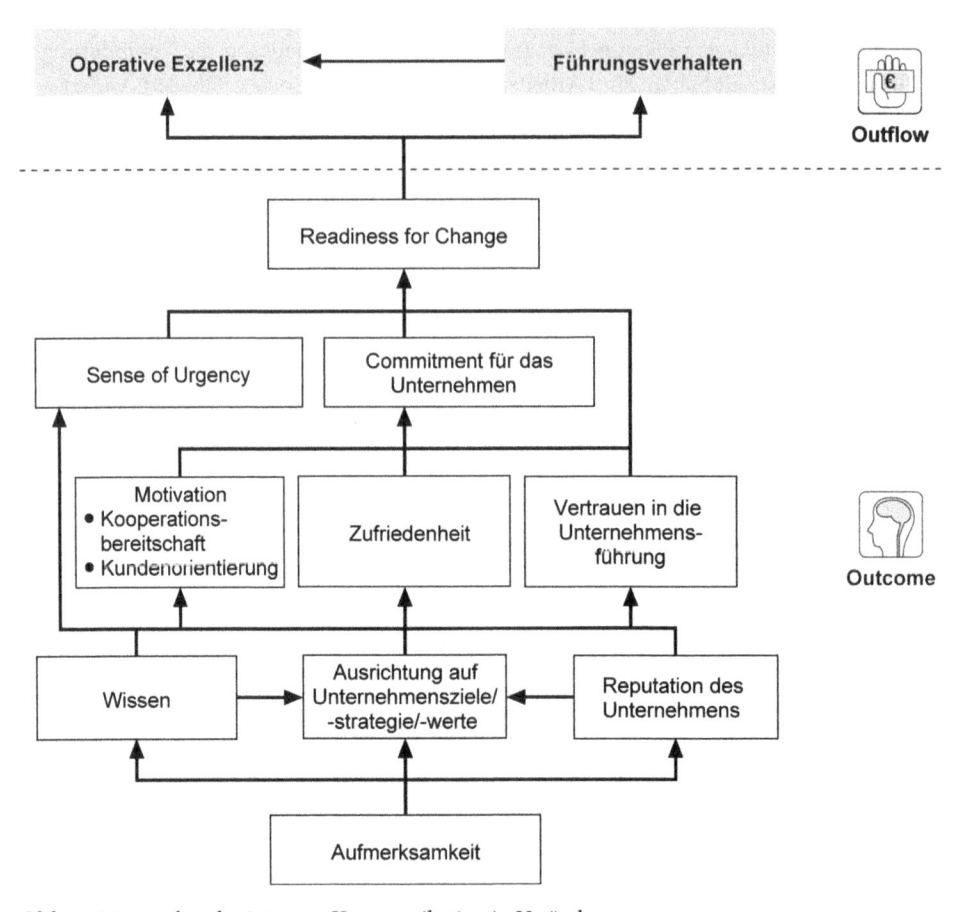

Abb. 1 Werttreiber der internen Kommunikation in Veränderungsprozessen

2 Strategie der Kommunikation im Veränderungsprozess

Auf der Basis des typischen organisatorischen Ablaufs von Veränderungsprojekten hat Kotter (1996, S. 38 ff.) in seinem Buch „Leading Change" sein Augenmerk auf die Blocker und Treiber erfolgreicher Veränderungsprozesse gerichtet. Daraus leiten sich die Aufgaben des Kommunikationsmanagements in den Phasen des Veränderungsprozesses ab.

1. *Phase: Ein Gefühl von Dringlichkeit erzeugen.* Bevor die Veränderungsarbeit beginnt, muss ein „Gefühl der Dringlichkeit" (Sense of urgency) erzeugt werden. Dabei verbindet die Kommunikation die schrittweise intensivierte Darstellung von Risiken mit ersten Hinweisen auf Chancen und mögliche Strategien; das Risiko der Nichtveränderung rückt in den Fokus: Typischerweise erhält insbesondere das Mittelmanagement in dieser Phase mehr Informationen über Kundenzufriedenheit und Umsätze – insbesondere Informationen, die Schwachstellen hervorheben. Der Austausch der Führungskräfte

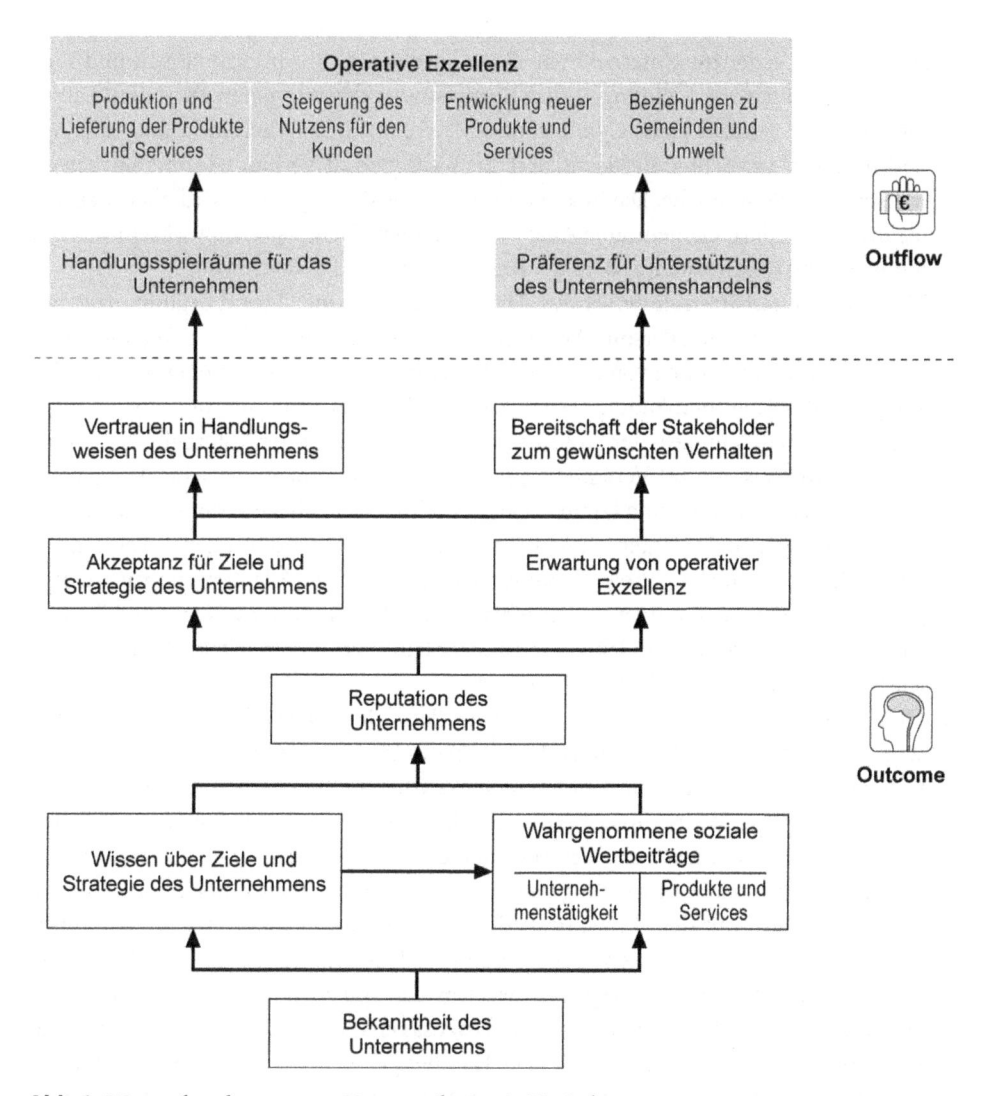

Abb. 2 Werttreiber der externen Kommunikation in Veränderungsprozessen

mit unzufriedenen Kunden und Lieferanten wie auch verstimmten Aktionären wird forciert. In den Medien der Unternehmenskommunikation werden „ehrliche" Beiträge zu Leistungen und Services veröffentlicht. Der Informationsfluss von den relevanten internen und externen Meinungsmärkten zum Top-Management wird intensiviert und systematisiert.

2. *Phase: Die Führungskoalition aufbauen.* Die Kommunikationsabteilung unterstützt das Top-Management beim Aufbau der Führungskoalition. Es berät und coacht die Initiatoren des Wandels bei den sensiblen Kommunikationsprozessen innerhalb des Top-Managements und bei der Einbindung weiterer Schlüsselpersonen und informel-

ler Opinion Leader im Unternehmen. Grundlage dafür sind Informationen und Einschätzungen über die Meinungen und Einstellungen der relevanten Personen. Dieses Meinungsbild wird in einer Commitment-Matrix mit den Kriterien „Unterstützung" und „Einfluss" verdichtet; sie klassifiziert die Beteiligten als Verbündete und Blocker, als Irritierte und Freundliche. Das Teambuilding im Top-Management wird über Klausurtagungen gefördert: Gemeinsame Analysen und offene Diskussionen wechseln sich mit motivierenden Aktivitäten, z. B. in der freien Natur oder bei Spielen ab.
3. *Phase: Vision und Strategie entwickeln.* Die Entwicklung einer Vision beginnt meist mit der Idee einer einzelnen Person. Diese erste Idee wird durch die Führungskoalition oder eine noch größere Gruppe von Menschen in mehreren Schritten weiter entwickelt. Die Aufgaben der Kommunikation bestehen in der Einbeziehung interner und externer Stakeholder in den Prozess der Strategieentwicklung sowie in der Mitarbeit bei der Entwicklung von Vision und Veränderungsstrategie: Kommunikationsfachleute „gießen" die erarbeitete Vision in eine kommunikationsfähige sprachliche Form – in Corporate Mission und Claim der Unternehmensmarke. Gleichzeitig wird mit der Projektorganisation für den Wandel die Projektkommunikation aufgebaut. Alle Zielgruppen erhalten jetzt die Erstinformation über das anstehende Projekt, mindestens: Name und Zielsetzungen des Veränderungsprojekts, strategischer Hintergrund, Projektstruktur und Meilensteine/Timing sowie mögliche Szenarien.
4. *Phase: Die Vision des Wandels kommunizieren.* Jetzt gilt es, alle relevanten Zielgruppen schnell und mit hohem Druck über die Vision des Wandels und die Veränderungsstrategie zu informieren und sie zu emotionalisieren. Eine breit angelegte Kommunikationskampagne stellt eine hohe Kommunikationsintensität sicher. Foren ermöglichen die aktive Auseinandersetzung der Stakeholder mit den Zielen und der Strategie des Wandels. Die rasche Beantwortung von Fragen hilft, Irritationen schnell auszuräumen. Gleichzeitig wird mit dem Projektstart die Projektkommunikation mit ihren Medien, den Instrumenten des Wissensmanagements und den Tools für die Projektgruppen implementiert. Das Top-Management wird in der Wahrnehmung seiner Kommunikationsaufgaben bei Informations- und Diskussionsveranstaltungen unterstützt und gecoacht, die Inszenierung symbolischer Handlungen verdeutlicht die Vision und die Entschlossenheit der Unternehmensleitung. Nach einer Nullmessung startet das prozessbegleitende Monitoring; die gewonnenen Erkenntnisse werden im laufenden Veränderungsprozess sofort in Optimierungen der Kommunikation umgesetzt.
5. *Phase: Empowerment.* Im Allgemeinen sind 20 % der Mitarbeiter sehr begeisterungsfähig und offen für neue Ideen, 20 % können dagegen als Beharrer oder Blocker des Wandels gelten. Die restlichen 60 % der Mitarbeiter sagen zwar zunächst „ja", meinen jedoch innerlich „aber". Die Gegner der Veränderung warten auf ihre Chance, um Lücken in der Veränderungskoalition zu entdecken und Felder zu identifizieren, in denen das Momentum der Veränderung nachlässt. Deshalb müssen die potenziellen Gewinner des Veränderungsprozesses mobilisiert, Unterstützer gestärkt und Blocker in ihrem Einfluss soweit wie möglich gehindert werden. Die Kommunikation ermutigt in dieser Phase zu Risikobereitschaft und ungewöhnlichen Handlungen. Das Management sig-

nalisiert, dass es Risikobereitschaft unterstützt. Frühzeitig zeigt das Top-Management Entschlossenheit und Belohnungs-/Sanktionsbereitschaft bei der Mobilisierung von Unterstützern und der Ruhigstellung von Blockern. Belohnungen und Sanktionen werden öffentlich begründet und breit kommuniziert. Um die Loyalität von Lieferanten und Kunden in dieser intensiven Veränderungsphase zu sichern, müssen Einkauf und Vertrieb die Fragen der Geschäftspartner im persönlichen Gespräch kompetent und glaubwürdig beantworten können.

6. *Phase: Kurzfristige Erfolge („Short term wins") planen und realisieren.* Symbolische Anfangserfolge sind für die Dramaturgie von Veränderungsprojekten unerlässlich. Dies sicherzustellen, gehört deshalb zu den festen Aufgaben der Umsetzungsplanung im Veränderungsmanagement: Sobald erste Erfolge messbar sind, werden sie offensiv dargestellt und als Indiz für den positiven Wendepunkt des Veränderungsprojekts interpretiert. Die Anerkennung und Auszeichnung der Menschen, die den Erfolg ermöglichen, betonen die Erreichbarkeit der Verhaltensziele für jedermann.

7. *Phase: Erfolge konsolidieren und weitere Veränderungen einleiten.* Ist die Veränderungsbewegung stabil, gilt es, die wachsende Glaubwürdigkeit zu nutzen: Alle mit der neuen Vision und Unternehmensstrategie des Unternehmens nicht konformen Systeme, Strukturen und Verfahren werden nun systematisch in die Veränderungsbewegung einbezogen und umgestaltet. Jetzt werden die Voraussetzungen dafür geschaffen, Menschen, welche die Vision des Wandels umsetzen können und wollen, einzustellen, zu befördern und zu entwickeln. In dieser Phase kommt es darauf an, den „Sense of urgency" wach zu halten: Neben Erfolgsmeldungen werden jetzt wieder verstärkt auch Problemfelder benannt und die Dynamik des Marktgeschehens eingeblendet, um daraus weitere Veränderungen abzuleiten. Gleichzeitig muss die Kommunikation dafür sorgen, dass die Diskussion über die Vision und die Strategie weitergeht und dabei innerhalb der von der Geschäftsleitung vorgegebenen Leitplanken des Wandels bleibt. Der Launch neuer Personalentwicklungskonzepte und Vergütungssysteme zeigt die Entschlossenheit der Unternehmensleitung, die neue Vision und Strategie tatsächlich in Mitarbeiterverhalten umzusetzen; die Kommunikation stellt die Verbindung zwischen diesen Konzepten und der Vision des Wandels her. Mit dem Erreichen von wichtigen Meilensteinen im Veränderungsprojekt und zum Start von Anschlussprojekten ist der Zeitpunkt für eine Bilanz auch gegenüber externen Stakeholdern gekommen („Erfolgsgeschichten").

8. *Phase: Veränderungsbereitschaft in der Unternehmensstruktur verankern.* Wenn sich das neue Verhalten in veränderten Normen und Werten stabilisiert hat, können diese in Unternehmensleitsätzen und Verhaltensregeln kodifiziert werden. Als zentraler Wert der neuen Unternehmensidentität sollte dabei auch der Wille zu ständiger Veränderung festgehalten werden. Die Kommunikation stellt in dieser Phase die Beziehung zwischen neuem Verhalten, Unternehmenserfolg und Nutzen für die Stakeholder heraus. Die Kodifizierung der Werte und Normen in Unternehmensleitsätzen verleiht der Unternehmenskultur Stabilität. In Corporate Mission, Selbstverpflichtungen und Garantien gegenüber Marktpartnern wird die neue Unternehmenskultur nach außen kommuniziert und so zum Motor für weitere Veränderungen.

> **Veränderungskommunikation**
> Veränderungskommunikation ist die Kommunikation in Change-Prozessen. Als Schlüsselfunktion des Change-Managements räumt sie die kommunikativen Hindernisse für Veränderungen in Unternehmen aus dem Weg und ermöglicht nachhaltigen Wandel. Veränderungskommunikation ist integrierte Kommunikation, sie bezieht alle Kommunikationsfelder und Stakeholder des Unternehmens ein. Sie
> - aktiviert Führungskräfte und Mitarbeiter für den Wandel,
> - hält in Umbruchsituationen die Loyalität von Kunden und Lieferanten aufrecht,
> - sichert die Unterstützung von Aktionären und Finanzöffentlichkeit für neue Strategien,
> - wirbt um Akzeptanz und Unterstützung bei Politik, Behörden und der meinungsbildenden Öffentlichkeit.

3 Medienportfolio der Veränderungskommunikation

In öffentlichen Diskursen wie auch in der internen und externen Unternehmenskommunikation nimmt das Web 2.0 zunehmend einen hohen Stellenwert ein: In Internet und Intranet sind heute oft Blogs/Microblogs und Foren sowie Bewegtbildformate eingebunden. Durch das Web 2.0 entstehen in Veränderungsprozessen neue Risiken und Herausforderungen, aber auch zusätzliche Chancen (Tesch 2011, S. 20 f.):

- *Gleich lange Spieße.* Der Switch von der One-to-many- zur many-to-many-Kommunikation bedeutet für die Veränderungskommunikation, dass die Mitarbeiter und Führungskräfte sowie die Arbeitnehmervertreter und Stakeholder im direkten Umfeld des Unternehmens nun denselben Zugang zur aktiven Nutzung von Medien haben wie die Unternehmensleitung. Sie sind nicht mehr auf Gerüchte, den Flurfunk und andere informelle Kommunikationsprozesse angewiesen: In Foren und Blogs können sie sich unmittelbar artikulieren und erreichen die unternehmensinterne Öffentlichkeit mit derselben Kommunikationsqualität wie die Unternehmensleitung – auch mit Rich Media wie Bewegtbild.
- *Beschleunigung.* Der Zugang der bisherigen Zielgruppen zu den Medien und damit zu Öffentlichkeit bedeutet eine starke Beschleunigung der Kommunikation im Unternehmen und in seinem Umfeld. Wenn die Unternehmensleitung Beschlüsse nicht kommuniziert oder an der Meinungsbildung nicht zeitnah teilnimmt, wird dies durch andere übernommen: in Blogs und Foren oder durch Nachrichtenportale im Umfeld. Generell haben das Internet und die Social Media die Erwartungen an die Schnelligkeit von Kommunikation und Feedback erhöht.
- *Transparenz und gezielte Desinformation.* Das Web 2.0 verstärkt die Gefahr, dass Mitarbeiter und ihre Interessenvertreter den Zugang zur medialen Kommunikation nut-

zen, um zielgerichtet Transparenz herzustellen, zum Beispiel durch die Kommunikation von Themen und Beschlüssen oder auch von vertraulichen Informationen. Auch die gezielte Desinformation steht nun allen am Veränderungsprozess Beteiligten und Betroffenen gleichermaßen zur Verfügung.

- *Aktivierung.* Der Switch von der One-to-many- zur many-to-many-Kommunikation bedeutet auch, dass das Wissen und die Kompetenz der Mitarbeiter leichter aktiviert werden können. In Veränderungsprozessen erfolgt die Kommunikation nicht mehr nur top-down von der Geschäftsführung zu den Mitarbeitern, sondern auch zwischen den Mitarbeitern und von den Mitarbeitern bottom-up zu den Führungskräften und zum Top-Management.
- *Behavioral Branding.* Durch die Möglichkeit zur direkten Ansprache, zum Austausch und durch das Angebot, selbst Inhalte zu gestalten (User-generated content), werden Mitarbeiter stärker beteiligt und damit motiviert, die Veränderungsbotschaften nach außen zu tragen.
- *Vernetzte Medien.* Durch die neuartigen Möglichkeiten zur Vernetzung von Medien und zum Dialog im Web 2.0 können Kommunikationsprozesse flexibler und reichhaltiger gestaltet werden.

Mit Internet und Intranet und insbesondere mit dem Web 2.0 hat sich das Medienportfolio in der Veränderungskommunikation stark erweitert. Neue Kanäle (Channels) und Instrumente (Applications) zum Beispiel für die Mitarbeiter- und Führungskräftekommunikation eröffnen neue Perspektiven (siehe Tab. 1; Tesch 2011, S. 22 f.).

Mit dieser Erweiterung des Medienportfolios haben Kommunikationsmanager zunehmend Alternativen bei der Auswahl der Medien. Damit stellt sich die Frage, nach welchen Kriterien diese Auswahl und insgesamt die Zusammenstellung des Medienportfolios erfolgen soll. Sicherlich spielen dabei Kriterien wie Verfügbarkeit für die Stakeholder und ihre Präferenzen, Frequenz und Aktualität sowie Kosten eine Rolle. Entscheidendes Kriterium ist jedoch die Media Richness: Je vieldeutiger, unzuverlässiger übertragbar und vielschichtiger der zu übermittelnde Sachverhalt beziehungsweise die Kommunikationsaufgabe ist, desto reichhaltiger muss das gewählte Medium sein (Daft und Lengel 1986, S. 560 ff.). Media Richness bezeichnet in diesem Zusammenhang die Reichhaltigkeit eines Mediums in Bezug auf die Möglichkeit für unmittelbares Feedback, Vielfalt der genutzten Kanäle (zum Beispiel Tonalität, Gestik, Mimik), Möglichkeit zur Personalisierung und sprachliche Varietät.

Medien von geringer Richness eignen sich für die Vermittlung von Sachinformationen, Medien mit hoher Richness für mehrdeutige Interpretationsaufgaben, über die sich die Beteiligten auf ein gemeinsames Verständnis der Situation einigen sollen – beispielsweise bei strategischen Entwicklungsaufgaben oder beim Abgleich von Interessen. Mit steigender Dialogintensität und Komplexität der Ziele steigen also die Anforderungen an die Media Richness der eingesetzten Medien – hier können Web 2.0-Kanäle und -Instrumente ihre Stärken ausspielen (siehe Abb. 3; Li und Bernoff 2008, S. 130 ff.).

Tab. 1 Web 2.0-Kanäle und Instrumente in der internen Kommunikation

Kanäle (Channels)	Instrumente (Applications)	Merkmale/Nutzen
Microsite/Projekt Landing Page	Verlinkung: RSS-Feed; Social Bookmarking; Tag/Tag Cloud; Mashup	Plattform bündelt Web 2.0-Channels Zentrale Stelle für (projektbezogene) Information der Mitarbeiter und Führungskräfte
Media Center	Video/Bild/Podcast/Vodcast; RSS-Feed; Tag; Mashup	Plattform für die Bündelung von Bewegtbild, Fotos, Podcasts und anderen Hintergrundmaterialien Downloadzahlen, Bewertungen et cetera als Erfolgskontrolle für die eingesetzten Channels und bereitgestellten Materialien
Microblog („Internes Twitter")	„Tweets"; Diskussion; Verlinkung; Hashtag	Schnelle, prägnante Kommunikation über Kurznachrichten Weiterführende Informationen über Verlinkungen
Webkonferenzen	Diskussion; Verlinkung; Bild	Realtime Collaboration: Kommunikation und Zusammenarbeit in Echtzeit Pragmatische Alternative zu E-Mail mit höherer Media Richness
Teamroom	Ablage Dokumente; Ressourcenplanung; Kalender	Transparenz und hohe Verfügbarkeit aller Projektunterlagen Erleichterung der Zusammenarbeit und des Austausches von Informationen und Meinungen
Corporate/Executive Blog	News/Report; Trackback; RSS-Feed; Verlinkung	Authentische, direkte und persönliche Information Herstellung von Nähe, Eröffnung von Dialogmöglichkeiten über Kommentarfunktion
Team-/Projektblog	News/Report; Tag; RSS-Feed; Verlinkung	Wissensmanagement und Zusammenarbeit im Team; gemeinsame Bereitstellung von Informationen und Materialien zum Projekt Chronologische Dokumentation Projektstand

Tab. 1 Forsetzung

Kanäle (Channels)	Instrumente (Applications)	Merkmale/Nutzen
Forum	Diskussion/Kommentar/ Bewertung; RSS-Feed	Förderung von Austausch, Zusammenarbeit und Aufbau von Beziehungen unter Mitarbeitern Identifikation von SMEs (Subject Matter Experts)
Corporate Wiki	Archiv; News/Report; Tag/Tag Cloud; Verlinkung	Effiziente (Selbst-)Organisation von Wissen: Wissenspool zu Unternehmens- und Projektthemen, der von Mitarbeitern bearbeitet und ergänzt werden kann Simultanes Editieren von Texten, Dokumenten und Präsentationen ohne Versionsabgleich
Social Network (intern)	Social News: Diskussion/Kommentar; persönliche Nachrichten; Verlinkung; Tags	Vernetzung unter Kollegen Information/Austausch über persönliche Profile und Nachrichten, Social News, Status-Updates
QA-Community	Bewertung; Tag; Archiv	Interaktive, themenbezogene QA-Plattform: Mitarbeiter stellen Fragen, (Top-) Management antwortet – Antworten sind für alle Mitarbeiter sichtbar
Prediction Market	Diskussion/Kommentar/ Bewertung; Verlinkung	Aggregiertes Meinungsbild durch Online-Prognosebörse: Mitarbeiter „setzen" auf Produkte, Trends, Entwicklungen im Markt Incentivierung sichert Teilnahme/präzise Prognosen
Jam	Diskussion/Kommentar/ Bewertung; Verlinkung	Moderiertes, zeitlich begrenztes Online-Event zur Entwicklung, Diskussion und Bewertung neuer Ideen Gezielte, themenspezifische Nutzung von kollektiver Intelligenz (Crowdsourcing)

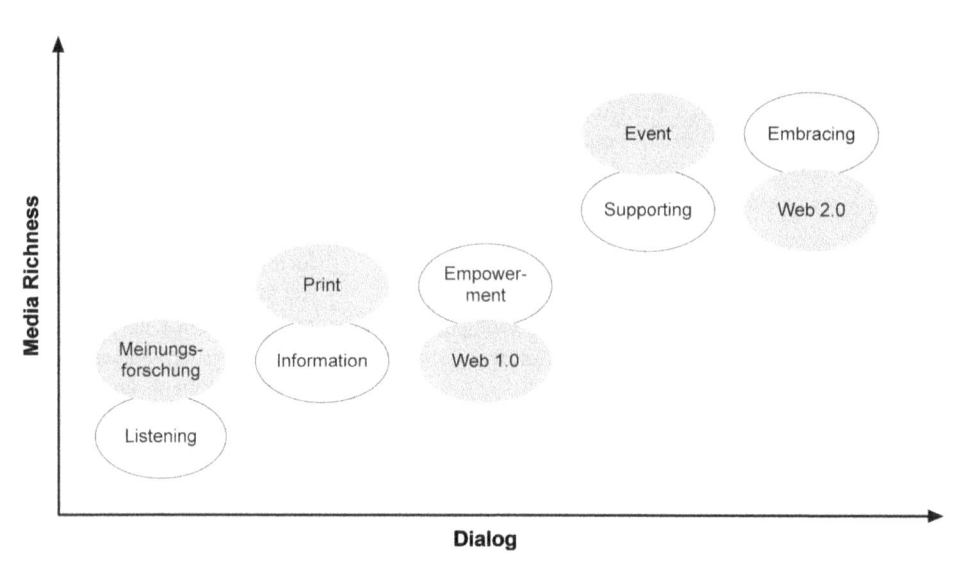

Abb. 3 Media Richness, Dialogintensität und Funktion von Medien in der Kommunikation

4 Botschaften der Veränderungskommunikation

Ob der Empfänger einer Botschaft das Gefühl behält, selbst entscheiden zu können, ist ausschlaggebend dafür, ob er den in der Botschaft mitgeteilten Intentionen folgt und entsprechend handelt oder nicht (Schulz von Thun 1981, S. 163). „Es scheint ein grundlegender Wunsch von Menschen zu sein, sich […] als Urheber der eigenen Handlung zu fühlen, nicht weisungsgemäß, sondern selbstinitiiert zu handeln." (ebd.: 216 f.) Direktive Kommunikation hat nur in strikt hierarchisch strukturierten Organisationen wie zum Beispiel einer Armee Aussicht auf Erfolg. Auch werden so die Eigeninitiative und das Lernen der Mitarbeiter erstickt, ihre Kompetenzen und ihr Know-how werden nicht für den Unternehmenserfolg nutzbar gemacht. Partizipation (Mitsprache) der Betroffenen erhöht die Akzeptanz von Veränderungen und verringert Widerstände (Piwinger und Bierhoff 2008, S. 5 f.).

Attraktive Ziele (Konsequenzerwartung) sind nicht hinreichend, um ein bestimmtes Verhalten wahrscheinlich zu machen. Entscheidend für die Häufigkeit eines Verhaltens ist die Effizienzerwartung, das heißt die Gewissheit, dass man das Verhalten so ausführen kann, dass das Ziel erreicht wird. Effizienzerwartungen entstehen wesentlich durch eigene Erfahrung: Je öfter und je besser ein Verhalten gelungen ist, desto größer wird die Erwartung an die künftige gelungene Ausführung sein. Aufgrund eigener Erfahrungen entstehen höhere und stabilere Effizienzerfahrungen als aufgrund bloßer Beobachtung oder verbaler Information (Bandura 1977). Deshalb sind Veranstaltungen und Workshops, auf denen

Stakeholder sich die Inhalte der Change-Story durch eigenes Handeln aneignen, unverzichtbar, um das Commitment der Beteiligten für den Change-Prozess zu verstärken. In komplexen Change-Prozessen verschiebt sich die Aufgabe der Unternehmenskommunikation weg von der detaillierten Information hin zum Issue Setting, zum Markieren des Handlungskorridors und zur Bereitstellung von Kommunikations-Plattformen.

Veränderungskommunikation zielt auf die Veränderung des Verhaltens. Dies bedeutet aber keineswegs, dass „Verhalten" im Mittelpunkt der Kommunikation stehen muss – ebenso wenig wie die „Werte", die das Verhalten legitimieren. Das Interesse der Stakeholder an diesen Themen ist gering – ganz gleich, ob sie als allgemeine Prinzipien („Die Zufriedenheit des Kunden ist unser oberstes Ziel") oder als Verhaltensmaximen („Wir tun alles, um unsere Kunden zufrieden zu stellen") formuliert sind. Typische Kommunikationsfehler in diesem Zusammenhang sind:

- *Fehlende oder unklare Vision.* Die Vision des Unternehmens muss für alle Stakeholder attraktiv und erstrebenswert, gleichzeitig realistisch, d. h. erreichbar, sein. Darüber hinaus müssen Vision und Unternehmensziele gesellschaftlich legitim, möglichst sogar wünschenswert sein.
- *Allgemeine Statements.* In einem negativen Kontext lassen gut gemeinte Versicherungen der Geschäftsleitung das Schlimmste befürchten, heizen die Gerüchte erst recht an.
- *Schweigen.* Damit überlässt das Management den Meinungsmarkt einer unkontrollierten Eigendynamik, zudem erscheint das Schweigen wenig souverän. Der damit verbundene Verlust an Ansehen wirkt sich bei den weiteren Kommunikationsschritten negativ aus.
- *Salamitaktik.* Die schrittweise Kommunikation schlechter Nachrichten soll das Skandalisierungspotenzial vermindern. Doch abgesehen von der Glaubwürdigkeitsfrage führt die Salamitaktik zu unkontrollierter Gerüchtebildung. Das wiederholte Nachladen negativer Nachrichten blockiert die Ansätze zu konstruktiver Veränderung.
- *Unterbrechung der Feedback-Schleifen.* Gerade bei schweren Entscheidungen muss die Unternehmensleitung Präsenz zeigen und die Reaktionen auf sich selbst kanalisieren. Wenn die Unternehmensleitung in Krisensituationen Feedback-Möglichkeiten beschneidet, wird dies als Zeichen von Angst interpretiert.
- *Beschönigung und Bedauern bei schlechten Nachrichten.* Beschönigungen zerstören die Glaubwürdigkeit und rufen Abwehr hervor. Persönliches Bedauern demonstriert zwar emotionale Beteiligung, doch engt es die Handlungsspielräume der Geschäftsleitung ein.
- *„Rhetorik des Bruchs".* Anstatt Dringlichkeit und eigene Handlungsfähigkeit zum Ausdruck zu bringen, führt diese Art von Botschaften eher zu Desorientierung und teilweise Verängstigung. Gerade auch in Zeiten schneller Veränderung sollte die Kommunikation die Kontinuitäten betonen. Nur so können die in der Vergangenheit aufgebauten ideellen Ressourcen als Kraft für die Veränderung genutzt werden.

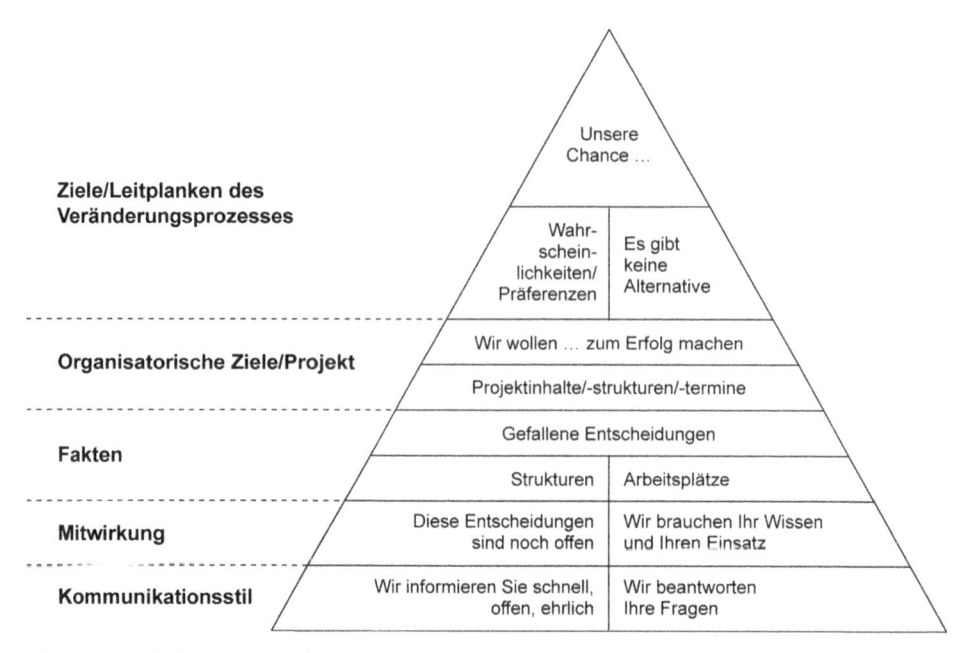

Abb. 4 Botschaften der Mitarbeiterkommunikation in Veränderungsprozessen

In Zeiten großer Unsicherheit und im Kontext negativer Szenarien muss der Erwartungshorizont der Beteiligten und Betroffenen möglichst klar strukturiert und so die wahrgenommene Komplexität von Risiken reduziert werden (vgl. Abb. 4):

- *Fokus auf operative Ziele.* Anstatt strategische Hintergründe zu erläutern, werden die Zielsetzungen klar und unmissverständlich dargestellt und auf operative Ziele heruntergebrochen. Die Zielsetzungen verändern sich im Projektvollzug nicht und erscheinen stets in denselben Formulierungen. Sie sind fassbar, d. h. messbar, und erscheinen erreichbar.
- *Projektstruktur und -prozess transparent machen.* Wenn das Projekt aufgesetzt wird, werden Namen und Zielsetzungen des Veränderungsprojekts, der strategische Hintergrund, die Projektstruktur sowie die Meilensteine mit Terminen breit kommuniziert. Das Thema des Projekts und seine Zielsetzungen können den Erwartungshorizont der Betroffenen vorstrukturieren und dadurch viele andere Möglichkeiten ausschließen.
- *Entscheidungen zeitnah kommunizieren.* Sind Entscheidungen gefallen, werden sie so früh wie möglich kommuniziert. Der strategische Hintergrund, z. B. die Marktentwicklung und die Wettbewerbssituation, sollte nur kurz am Anfang dargestellt werden.
- *Entscheidungsspielräume offen halten.* Gleichzeitig wird deutlich gemacht, welche Entscheidungsspielräume noch bestehen, wer diese Entscheidungen vorbereitet und wer sie fällt. Dabei werden die Mitwirkungsmöglichkeiten in der Projektarbeit betont.
- *Einschätzungen und Präferenzen veröffentlichen.* In Zeiten der Ungewissheit bieten Einschätzungen der Geschäftsleitung über die Wahrscheinlichkeit von Szenarien Orientie-

rung. Soweit rechtlich möglich und angemessen, macht die Unternehmensleitung ihre Präferenz öffentlich. Allerdings werden gleichzeitig die tatsächlichen Einflussmöglichkeiten dargestellt – sonst droht Ansehensverlust, wenn der Wunsch nicht Wirklichkeit wird.

Die Kernbotschaften gemäß der Kommunikationsstrategie sind für alle Zielgruppen identisch, innerhalb dieses Rahmens werden die Botschaften entsprechend den Interessensschwerpunkten und Erwartungen der Zielgruppen variiert und ergänzt. Im Issues Management der Veränderungskommunikation gelten die Prinzipien „Top-down" und „Inside-out", beides mit abnehmender Informationsdichte und -tiefe: Zuerst werden Führungskräfte und Mitarbeiter, dann Kunden, Lieferanten sowie Aktionäre, dann die nicht unmittelbar mit dem Unternehmen verbundenen externen Stakeholder informiert. Dabei kommt es auf eine schnelle und umfassende Durchdringung der relevanten Öffentlichkeiten mit den zentralen Inhalten des Veränderungsprojekts an. Kotter hat ermittelt, dass sich in Veränderungsprozessen meist deutlich weniger als ein Prozent der Kommunikation im Unternehmen auf die Veränderung richtet – damit werden die bestehenden Strukturen zementiert (Kotter 1996, S. 89). Die Veränderungskommunikation muss Vorrang vor der Regelkommunikation erhalten: Die Kommunikationsmittel einschließlich der Feedback-Funktionen müssen von Anfang an zur Verfügung stehen, damit ein hohes Momentum beibehalten werden kann. Sehr schnell müssen Projekte implementiert werden, die eine aktive Auseinandersetzung der Stakeholder mit den Inhalten der Veränderung ermöglichen. Auch für die Kommunikation Bottom-up müssen vom Projektstart an Medien wie auch Prozesse aufgestellt sein. Gegebenenfalls muss die Unternehmensleitung schnell auf Fragen und Initiativen der Mitarbeiter reagieren – dafür müssen die organisatorischen Voraussetzungen geschaffen werden. Die Vision des Wandels muss so oft wie möglich kommuniziert werden. Die Kernbotschaften müssen immer und immer wieder – in ständiger Wiederholung – in den gleichen Worten und mit den gleichen Bildern wiederholt werden. Ergebnisse müssen sofort nach der Entscheidung kommuniziert werden – sonst nimmt die Dynamik der Bottom-up-Bewegung schnell ab.

5 Organisation und Anforderungen an Kommunikatoren

Veränderungsprojekte sind aus der Primärorganisation des Unternehmens herausgehoben und bilden eine Sekundärorganisation: die Projektorganisation (Kotter 2012, S. 27 ff.). Die Unternehmenskommunikation übt in Veränderungsprojekten nicht ihre Normalfunktion aus: Wie bei einer Auftragsarbeit steht die Veränderungskommunikation ganz im Dienst des Change-Projekts. Zusammen mit anderen Querschnittsfunktionen wie Human Resources, Controlling und Recht unterstützt sie die Arbeit der Projektleitung bzw. der Geschäftsleitung und berichtet direkt an diese (Schmalstieg 2009, S. 86 ff.). Als besonders erfolgskritische Funktion im Change benötigt die Veränderungskommunikation den frühzeitigen Zugang zu den relevanten Informationen, und sie sollte in die Entscheidungsprozesse einbezogen sein – dementsprechend ist der Leiter der Kommunikation oft Mitglied im Kernteam des Projekts.

Im Unterschied zu Change Managern – wie zum Beispiel Six Sigma Black Belts – benötigen Veränderungskommunikatoren keine eigene Kompetenz im Umgang mit Veränderungstools. Sie müssen diese Instrumente jedoch kennen und die betriebswirtschaftlichen und strategischen Hintergründe von Veränderungen verstehen, einschätzen und erklären können. Als Mitglied von interdisziplinären Teams müssen sie selbst kommunikationsstark und belastungsfähig sein. Heutzutage ist die strategische Nutzung der ganzen Medienpalette inklusive der Social Media im Change unverzichtbar. Besondere Fähigkeiten im Issues Management einschließlich der Krisenkommunikation gehören ebenfalls zum Anforderungsprofil – denn Veränderungsprozesse stehen oft auf des Messers Schneide.

Literatur

Bandura, A. (1977). *Social learning theory*. Englewood Cliffs: Prentice Hall.
Conrad, C. (1985). *Strategic organizational communication*. New York: Holt, Rinehart and Winston.
Daft, R. L., & Lengel, R. H. (1986). Organizational information requirements, media richness and structural design. *Management Science, 32*(5), 554–571.
Jungermann, H., & Slovic, P. (1993). Charakteristika individueller Risikowahrnehmung. In U. Becker (Hrsg.), *Risiko ist ein Konstrukt. Wahrnehmungen zur Risikowahrnehmung* (S. 89–108). München: Knesebeck Von Dem.
Kotter, J. P. (1996). *Leading change*. Boston: Harvard Business Press.
Kotter, J. P. (2012). Die Kraft der zwei Systeme. *Harvard Business Manager, 34*(12), 22–36.
Levy, A., & Merry, U. (1986). *Organizational transformation*. New York: Greenwood Press.
Li, C., & Bernoff, J. (2008). *Groundswell. Winning in a world transformed by social technologies*. Boston: Perseus Books.
Liebl, Franz (2000). *Der Schock des Neuen. Entstehung und Management von Issues und Trends*. München: Gerling Akademie Verlag.
Pfannenberg, J. (2009). Strategien der Veränderungskommunikation. In J. Pfannenberg (Hrsg.), *Veränderungskommunikation. So unterstützen Sie den Change-Prozess wirkungsvoll* (S. 12–22). Frankfurt am Main: F.A.Z.-Institut.
Piwinger, M., & Bierhoff, H.-W. (2008). Kommunikation in Veränderungsprozessen. In G. Bentele, M. Piwinger, & G. Schönborn (Hrsg.), *Kommunikationsmanagement* (Loseblattsammlung 2001 ff., Nr. 3.52, S. 1-32). Köln: Luchterhand.
Schmalstieg, D. (2009). Organisation in Veränderungsprojekten. In J. Pfannenberg (Hrsg.), *Veränderungskommunikation. So unterstützen Sie den Change-Prozess wirkungsvoll* (S. 83–91). Frankfurt am Main: F.A.Z.-Institut.
Schulz von Thun, F. (1981). *Miteinander reden 1: Störungen und Klärungen. Allgemeine Psychologie der Kommunikation*. Hamburg: Rowohlt.
Tesch, J. C. (2011). Mitarbeiterkommunikation im Web 2.0: Kooperation stärken, kollektive Intelligenz aktivieren. In J. Pfannenberg (Hrsg.), *Corporate Communications im Web 2.0: Relevanz und Legitimität für das Unternehmen* (S. 19–35). Düsseldorf: PR Career Center.
Zerfaß, A. (2010). *Unternehmensführung und Öffentlichkeitsarbeit. Grundlegung einer Theorie der Unternehmenskommunikation und Public Relations* (3. Aufl.). Wiesbaden: VS Verlag für Sozialwissenschaften.

CEO-Kommunikation: Aufgaben und Strategien für Vorstände und Geschäftsführer

Egbert Deekeling und Olaf Arndt

Zusammenfassung

Unternehmen werden heute zunehmend mit ihrem obersten Entscheider identifiziert: dem CEO (Chief Executive Officer), Vorstandsvorsitzenden oder Vorsitzenden der Geschäftsführung. Der CEO ist die Projektionsfläche für den Erfolg oder Misserfolg, er ist das Gesicht seines Unternehmens. Damit wird CEO-Kommunikation mehr denn je zu einem großen Managementthema. CEO-Kommunikation ist die systematische Gestaltung der öffentlichen Wahrnehmung des CEO zur Durchsetzung seiner unternehmerischen Agenda. CEO-Kommunikation reflektiert und antizipiert die Wirkung unternehmerischer Entscheidungen sowie des eigenen Handelns als CEO auf unterschiedliche Bezugsgruppen innerhalb und außerhalb des Unternehmens. Sie organisiert seine Wahrnehmung unter taktischen und strategischen Erfordernissen. CEO-Kommunikation ist heute eine anerkannte Teildisziplin in der Unternehmenskommunikation, sieht sich zugleich aber mit neuen Herausforderungen konfrontiert.

Schlüsselwörter

CEO-Kommunikation · CEO-Positionierung · Personalisierung · Commitment · Wahrnehmungsmanagement · Online-Kommunikation · Social Media · Interne Kommunikation · Internationale Unternehmenskommunikation · Unternehmenskommunikation

---

E. Deekeling (✉) · O. Arndt
Deekeling Arndt Advisors in Communications
Schanzenstraße 56, 40549 Düsseldorf, Deutschland
E-Mail: egbert.deekeling@deekeling-arndt.de

O. Arndt
E-Mail: olaf.arndt@deekeling-arndt.de

1 CEO-Kommunikation – Entstehung und Bedeutung des Begriffs

Kaum irgendwo sonst treten Veränderungen im Verhältnis von Wirtschaft und Gesellschaft so deutlich zutage wie in der öffentlichen Rolle des CEO, des obersten Entscheidungsträgers in einem Unternehmen. Agierten Unternehmen vor wenigen Jahren noch in einem weitgehend geschützten Raum, stehen sie heute im Rampenlicht öffentlichen Interesses und ziehen nicht selten öffentlichen Widerspruch, mitunter sogar Protest auf sich. Und immer ist es der CEO, der unternehmerische Entscheidungen in der öffentlichen Diskussion zu vertreten hat. Er ist das Gesicht des Unternehmens. Er ist zur öffentlichen Person geworden, wie in anderen gesellschaftlichen Sektoren zuvor schon Politiker, Schauspieler, Fußballstars.

So macht sich die jüngste Wirtschaftsgeschichte an Personen fest: an CEOs mit ihren Plänen, ihren Patzern, ihren Visionen und ihrem Scheitern. Wohl jeder, der das Wirtschaftsgeschehen in Deutschland mitverfolgt, wird sich an Jürgen Schrempps Traum vom integrierten Mega-Konzern, an Ron Sommers hochfliegende Börsenpläne, an das Victory-Zeichen Josef Ackermanns, an Hilmar Koppers Rede von den „Peanuts", an den geplatzten Börsengang der Bahn unter Hartmut Mehdorn oder an seinen Nachfolger Rüdiger Grube erinnern, der im Streit um das Bahnhofsprojekt Stuttgart 21 herbe Kritik einstecken musste. Dazu passen die entsprechenden Medienberichte. Hier geht es heute nicht mehr nur um Entscheidungen, Strategien, Ziele oder Benchmarks. Das Interesse konzentriert sich immer stärker auch auf die Person des CEO, auf seinen Werdegang, seine Hobbys und Vorlieben, seine Schwächen und seine Art zu führen. Da wird der frühere RWE-Chef Jürgen Großmann in Anspielung auf seine Körpergröße als „Energieriese" tituliert, sein Nachfolger Peter Terium, ein Niederländer ehemals mit Wohnsitz nahe der deutschen Grenze, galt als „Grenzgänger", und der ehemalige Siemens-Chef Peter Löscher musste sich wegen seiner Vision vom „grünen Konzern" ebenso despektierlich wie doppeldeutig „Windmacher" nennen lassen. Solche Beispiele finden sich viele. Die Wirtschaftspresse interessiert sich nicht mehr nur für Zahlen und Strategien, sondern für die Menschen, die Gesichter und die Geschichten hinter einem Unternehmen – und das ist in aller Regel das Gesicht des CEO, es ist seine Geschichte, und es sind die Geschichten, die er zu erzählen weiß.

Hierbei handelt es sich um ein relativ junges Phänomen, das aber eine grundlegende Verschiebung in dem ökonomisch-gesellschaftlichen Koordinatensystem reflektiert, in dem Wirtschaft verortet und thematisiert wird: Gewandelt hat sich nicht nur die Art der Berichterstattung der Wirtschaftspresse (Meier 2007), verändert haben sich die Muster gesellschaftlicher Thematisierung. Und in gleichem Maße wachsen die Anforderungen an die Kommunikationsrolle des obersten Repräsentanten der Firma: CEO-Kommunikation wird zum Thema.

CEO-Kommunikation entsteht im Schnittfeld zweier Entwicklungen:

- *Personalisierung der öffentlichen Kommunikation:* Seit einigen Jahren ist auch in der Wirtschaft ein Prozess wachsender Personalisierung zu beobachten. Die aus der Politik geläufige Praxis, „Erfolg und Niederlage an Gesichtern festzumachen […], zeichnet

sich inzwischen vermehrt ebenfalls in der Wirtschaft ab" (Sandhu und Zielmann 2010, S. 211). Unternehmen werden in zunehmendem Maße mit ihrem CEO identifiziert. Der CEO ist die Projektionsfläche für den Erfolg oder Misserfolg eines Unternehmens. Er ist der Kopf des Unternehmens, nicht nur in der Organisationshierarchie, sondern auch im ganz wörtlichen Sinne: Sein Gesicht steht für das Unternehmen. Diese Personalisierung reduziert Komplexität, sie verändert aber zugleich die Rolle des CEO: Wenn dieser für „sein" Unternehmen steht, dann agiert er in einer öffentlichen Rolle – ob er will oder nicht. Der anonyme Technokrat vergangener Tage, der sein Unternehmen aus der Abgeschiedenheit der Führungsetage lenkt, macht einem neuen Typus von Manager Platz, der vor allem auf seine Überzeugungskraft und seine inhaltliche Kompetenz setzt. Für ihn wird Glaubwürdigkeit zum entscheidenden Erfolgsfaktor. Topmanager dieser Prägung erzeugen Gefolgschaft nicht durch Befehl und Gehorsam, sondern indem sie für ihren Weg werben. Ihre Autorität speist sich nicht allein aus ihrer Position in der Unternehmenshierarchie, sondern aus der Wahrnehmung ihrer Persönlichkeit. Insofern nähert sich die Berufsrolle des Managers der des Politikers an.
- *Von der Shareholder-Fixierung zur Stakeholder-Orientierung:* Die zweite Entwicklung beginnt mit der Auflösung einer reinen Kapitalmarktorientierung, nicht zuletzt in Folge der Finanz- und Wirtschaftskrise. Damit verbunden ist die Erkenntnis, dass die Beziehung zu einer ganzen Reihe von „Stakeholdern" – und eben nicht nur zu den Shareholdern, den Anteilseignern – wichtig für den Unternehmenserfolg ist. Das begann bei den unmittelbaren Stakeholdern – Kunden, Lieferanten, Mitarbeiter – und führt in die hochkomplexe Multistakeholder-Welt von heute, in der Unternehmen in ein vielgestaltiges Beziehungsgeflecht aus Kapitalmarkt, Politik, gesellschaftlichen Gruppen und Medien auf der externen sowie Führungskräften, Mitarbeitern und Mitbestimmung auf der internen Seite eingebunden sind.

Der zunehmenden Konzentration auf die Person steht also eine Erweiterung des Kommunikationsfeldes gegenüber. Dies zusammengenommen macht klar, dass dem CEO eine wachsende Bedeutung zukommt. Ein erweitertes Rollen- und Aufgabenverständnis zeichnete sich ab. Das fand auch seinen Niederschlag in der Literatur. Leslie Gaines-Ross hat den Bedeutungszuwachs des CEO mit dem Begriff „CEO Capital" umschrieben: „By this term, I mean the asset created by a CEO's reputation (not mere public acclaim) when it is harnessed to advance a company's success." (Gaines-Ross 2003, S. 11). Der Kommunikation des CEO kommt für den Aufbau von CEO-Reputation entscheidende Bedeutung zu, denn sie prägt die Wahrnehmung des CEO und des Unternehmens in den Augen seiner Stakeholder. Zugleich wurde die kommunikative Rolle des CEO zum Thema (Deekeling 2003, 2004). Becker und Müller (2004) sprechen dann bereits von „CEO-Kommunikation", ohne dies freilich weiter auszuführen. Inhaltlich schließen sie mit dem Begriff der CEO-Reputation an Gaines-Ross an und betonen wie sie die Glaubwürdigkeit als Schlüssel. Grundlegend wurde das Konzept dann 2006 formuliert: nicht nur als neue Praxis, sondern im Sinne „einer neuen Managementdisziplin im Schnittpunkt von Strategie, Führung und Kommunikation" (Deekeling und Arndt 2006, S. 8).

Binnen weniger Jahre hat sich CEO-Kommunikation zu einer anerkannten Teildisziplin in der Unternehmenskommunikation entwickelt. Der Begriff erlaubt eine analytisch klare Abgrenzung und definiert ein eigenes Handlungsfeld. Hierbei sind zwei Definitionen relevant.

Der Anglizismus „*CEO*" *(Chief Executive Officer)* bietet eine einheitliche Bezeichnung für die juristisch unterschiedlichen Beschreibungen der exekutiven Funktion in einem Unternehmen. CEOs sind demnach diejenigen Personen an der Spitze von wirtschaftlichen Organisationen – seien es Geschäftsführer, Vorstandsvorsitzende oder geschäftsführende Gesellschafter –, denen die exekutive Funktion in ihrer Organisation zukommt (Deekeling und Arndt 2006, S. 7 f.). Sie tragen die oberste Verantwortung für Unternehmen, Unternehmensbereiche, Units oder Divisions und sind damit auch die wichtigsten Sprecher und Repräsentanten ihrer Organisation. Sie verkörpern die Strategie, und sie interpretieren die Entscheidungen des Unternehmens. Kurzum: Sie spielen in der internen und externen Öffentlichkeit die herausragende Rolle.

CEO-Kommunikation umfasst, so die Definition von Zerfaß und Sandhu, „alle systematisch geplanten, durchgeführten und evaluierten Kommunikationsaktivitäten der obersten Führungsebene einer Organisation mit ihren internen und externen Bezugsgruppen. Als Teil der Unternehmenskommunikation zielen sie darauf ab, Handlungen zu koordinieren, Interessen abzugleichen und Handlungsräume zu sichern" (Zerfaß und Sandhu 2006, S. 52). Diese rein deskriptive Definition bietet eine solide Basis für eine wissenschaftliche Beschäftigung mit dem Thema, indem sie alle Kommunikationsaktivitäten der obersten Führungsebene erfasst.

Gegenüber dieser empirisch offenen soll hier eine engere und zugleich normativ bestimmendere Definition vorgeschlagen werden, die die zitierte in zwei Aspekten zuspitzt. Sie fängt zum einen die Personalisierung der CEO-Rolle bereits ein und grenzt CEO-Kommunikation von Topmanagement-Kommunikation ab. CEO-Kommunikation meint damit die Kommunikation einer öffentlichen Person unter den Bedingungen öffentlicher Aufmerksamkeit. Zum anderen verlangt die Bestimmung der Herausforderungen, mit denen sich CEO-Kommunikation konfrontiert sieht, eine stärker normativ orientierte Definition.

> **CEO-Kommunikation**
> CEO-Kommunikation ist die systematische Gestaltung der öffentlichen Wahrnehmung des obersten Entscheidungsträgers in einem Unternehmen zur Durchsetzung seiner unternehmerischen Agenda. CEO-Kommunikation reflektiert und antizipiert die Wirkung unternehmerischer Entscheidungen sowie des eigenen Handelns als CEO auf unterschiedliche Bezugsgruppen innerhalb und außerhalb des Unternehmens. Sie organisiert seine Wahrnehmung unter taktischen und strategischen Erfordernissen.

Die unternehmerische Agenda umfasst die mittel- und langfristigen Zielsetzungen, die großen Projekte und deren Taktung im Rahmen von Veränderungs- und Erneuerungsprozessen sowie die damit verbundenen strategischen Meilensteine. In ihrem Dienst steht CEO-Kommunikation.

2 Kommunikation als Kernaufgabe des CEO

CEO-Kommunikation ist heute anerkannte Teildisziplin der Unternehmenskommunikation. Das bedeutet aber noch lange nicht, dass sie sich in der Breite der Unternehmen bereits durchgesetzt hätte. Noch immer herrscht der Dualismus von Arbeit und Kommunikation. Dass Kommunikation die Arbeit *ist*, passt nicht in das immer noch verbreitete technokratische Führungsmuster.

Ein Grund für dieses Umsetzungsdefizit liegt darin, dass Kommunikation für die Mehrzahl der Führungskräfte eine noch immer wenig geliebte Aufgabe ist. Es regiert eine Verweigerungshaltung, eine tiefsitzende Ablehnung, die den CEO die öffentliche Bühne meiden lässt. Diese Angst vor dem öffentlichen Auftritt ist aber nur oberflächlicher Reflex einer tiefer liegenden Aversion gegenüber der gewachsenen Rolle von Kommunikation. CEO-Kommunikation erfordert einen Prozessmusterwechsel, eine Veränderung der Grundhaltung: Es geht darum, ein persönlich-konstruktives Verhältnis zur eigenen Kommunikationsrolle zu gewinnen. CEO-Kommunikation bedeutet anzuerkennen, dass Kommunikation Teil der Führungsaufgabe ist. Sie gehört zu den Kernaufgaben eines CEO und kann nicht delegiert werden.

2.1 Organisation von Wahrnehmung

Die kommunikative Rolle des CEO gewinnt nicht nur an Bedeutung, sie wird erfolgskritisch. Wie erfolgreich ein Unternehmen agiert, hängt auch davon ab, wie der CEO wahrgenommen wird. Die Organisation von Wahrnehmung ist somit der Schlüssel für den Unternehmenserfolg – und damit wiederum für den Erfolg des CEO (Deekeling und Arndt 2006).

Organisation von Wahrnehmung bedeutet die bewusste und zielgerichtete Interpretation des eigenen unternehmerischen Wirkens durch Topmanager. Der CEO selbst prägt aktiv sein Bild in der Öffentlichkeit – und damit zugleich das des Unternehmens. Das geschieht konkret in der Ausgestaltung der Beziehungen zu den Bezugsgruppen des Unternehmens. Es ist Kernaufgabe des CEO, alle Bezugsgruppen im Blick zu behalten und ihre spezifischen Interessen und Befindlichkeiten in seiner Kommunikation zu berücksichtigen. Das setzt eine spezifische Ansprache voraus. Es genügt nicht, die für den Kapitalmarkt bestimmte Kommunikation eins zu eins auch an die übrigen Stakeholder zu richten.

Kommunikative Folgenabschätzung unternehmerischen Handelns heißt zu antizipieren, wie unternehmerische Entscheidungen bei unterschiedlichen Bezugsgruppen „ankommen" und wie diese darauf reagieren, um dann die eigene Kommunikation wiederum auf diese Reaktion auszurichten. Es gilt also, nicht mehr nur auf Öffentlichkeit zu reagieren, sondern seine eigene Wahrnehmung als CEO und die seines Unternehmens in der Öffentlichkeit aktiv zu prägen. Dies bedeutet eine Umkehrung der Perspektive. Der klassische Vorstand handelt in einer *Inside-out-Perspektive:* Er entscheidet, und mit seinen Entscheidungen muss die Umwelt zurechtkommen, ob sie will oder nicht, ob sie versteht oder nicht. *Outside-in-Perspektive* bedeutet hingegen, die Umwelt mit einzubeziehen, sich in die einzelnen Bezugsgruppen hineinzuversetzen, ihre Wahrnehmung und ihre Sicht der Welt nachzuvollziehen. Das erfordert Empathie. Und es setzt auf theoretischer Ebene ein hinreichend komplexes Kommunikationsmodell voraus: Ein einfaches Sender-Empfänger-Modell führt zu einer Kommunikationspraxis, in der das Wort „kommunizieren" im Sinne von „verlautbaren" verwendet wird – „das müssen wir kommunizieren", heißt es dann im Business-Jargon. Gleiches gilt für Glaubwürdigkeit: Während ältere Modelle davon ausgehen, dass Glaubwürdigkeit vom Kommunikator an den Rezipienten vermittelt werden könnte, ist heute klar, dass sie von diesem *wahrgenommen* wird: „Glaubwürdigkeit liegt im Auge des Betrachters" (Oestreich und Zug 2009, S. 94). Diese Interdependenz zu erfassen, wird zentral. „Wie lese ich die komplexer werdende Umwelt richtig?", lautet die entscheidende Frage, die sich dem Topmanagement stellt.

Die kommunikative Agenda leitet sich aus der unternehmerischen Agenda her, sie steht mit dieser aber in einem Wechselverhältnis, insofern nicht nur unternehmerische Entscheidungen die Kommunikation bestimmen, sondern umgekehrt auch die Kommunikation auf die Entscheidungen zurückwirkt. CEO-Kommunikation ist damit keine nachgeordnete Strategie, sondern als Prozess in die Entscheidungsfindung eingeflochten. Diese Wechselwirkung zu verstehen und im eigenen Handeln umzusetzen, ist der Schlüssel zur CEO-Kommunikation.

Eine sorgfältige Erarbeitung der Kommunikationsagenda ist somit unverzichtbar. Dieser Agenda-Setting-Prozess ist die Basis des Wahrnehmungsmanagements. Dabei sind folgende Aufgaben zu bearbeiten: Erstens die Kommunikationslage analysieren und in Erfahrung bringen, welche Erwartungen und Bedürfnisse die verschiedenen Bezugsgruppen haben. Zweitens die kommunikativen Ziele definieren, und zwar in Abhängigkeit davon, welche Wahrnehmungen bei welchen Interessengruppen welche Interpretationsangebote erfordern. Drittens die eigene Rolle definieren. Es gilt, eine eigene, unverwechselbare Identität des CEO zu formen, eine eigene Handschrift festzulegen und die eigene Rolle ständig neu zu reflektieren. Viertens die Formate definieren: Öffentliche Kommunikation geschieht im Rahmen von Formaten; ihr Erfolg hängt von der Wahl der richtigen Formate – Veröffentlichungen, öffentliche Auftritte etc. – ab. Fünftens gilt es, den Zusammenhang zwischen Unternehmensimage und eigener Person zu reflektieren, um so Dysbalancen und Unstimmigkeiten rechtzeitig zu erkennen. Sechstens gilt die bekannte Maxime aus dem US-amerikanischen Wahlkampf: „Know your negatives!" Sprich: sich bewusst zu machen, welche Details aus der eigenen Biographie Gegner zur Skandalisierung nutzen könnten. Es gilt, die Gesetze des Boulevards zu kennen.

Die Umsetzung der kommunikativen Agenda ist eine stetige Aufgabe, die eine Veränderung der Kommunikationspraxis und der internen Organisation der Unternehmenskommunikation erfordert.

2.2 Interne Organisation

Wenn der CEO im Kern kommunikative Aufgaben erfüllt, die er nicht delegieren kann, dann ist das alte Modell der Organisation von Unternehmenskommunikation obsolet. CEO-Kommunikation verlangt daher nach einem neuen Rollenmodell für den Kommunikationschef: Entscheidend dabei wird die Nähe zum CEO – er wird zu dessen Coach und kommunikativem Sparringspartner. In diesem Sinne spricht Griepentrog von einer Kommunikationspartnerschaft: „Der CEO hat einen Kommunikationsauftrag, der nicht delegierbar ist, aber teilbar" (Griepentrog 2011, S. 3). Diese Rolle wird der Kommunikationschef jedoch umso weniger ausfüllen können, je stärker er als Pressesprecher in die operative Alltagsarbeit eingebunden ist (Deekeling und Arndt 2006). Denn dann bleibt meist kein Raum für mittel- oder langfristige strategische Aufgaben, wie Themen gründlich zu durchdenken, langfristige Strategien zu entwickeln, Erneuerungsprozesse in Gang zu setzen usw. Damit aber bleiben strategische Handlungspotentiale ungenutzt.

Diese Nähe zum CEO und zum Entscheidungszentrum des Unternehmens gilt es zu institutionalisieren. Der Kommunikationschef muss nicht Mitglied des Vorstands sein, aber er sollte in alle Entscheidungsprozesse im Vorstand eingebunden sein. Dafür wurde in Anlehnung an die Praxis in politischen Parteien oder internationalen Organisationen das Rollenmodell des Generalsekretärs vorgeschlagen (Deekeling und Arndt 2006). Diese Schlüsselposition wertet die Rolle des Kommunikationschefs auf und verschafft ihm tiefe Einsicht in Entscheidungs- und Planungsprozesse auf der Topebene.

Darüber hinaus verlangt die Umsetzung der kommunikativen Agenda die Mobilisierung weiterer Ressourcen im Unternehmen. Dazu gehört erstens die Aufstellung eines Kernteams, das loyale und leistungsstarke Mitarbeiter des CEO aus den verschiedenen Funktionsbereichen des Unternehmens umfasst, zweitens die Identifizierung und Nutzung wichtiger Netzwerke in der Organisation, drittens die Entwicklung einer eigenen Sprache jenseits des üblichen Verlautbarungsjargons, viertens die Verbindung der kommunikativen Agenda mit den kulturellen Denk- und Handlungsmustern und Symbolen, die in der Kultur des jeweiligen Unternehmen verankert sind, und fünftens die Ritualisierung der kommunikativen Agenda in einer Folge von übers Jahr verteilten Anlässen und Ereignissen. Schließlich – sechstens – gehört zur Umsetzung der kommunikativen Agenda auch die „Erdung" der eigenen Realitätswahrnehmung. Führungskräfte in Topposition laufen Gefahr, die Welt nur noch durch die Organisationsbrille wahrzunehmen. Umso wichtiger ist es, rechtzeitig Korrektive zu organisieren, die andere Perspektiven auf die Wirklichkeit zulassen.

3 Neue Herausforderungen für die CEO-Kommunikation

Komplexität ist die große Herausforderung heute. Binnen weniger Jahrzehnte hat sich unsere Welt von einem überschaubaren System mit trägen Märkten und relativ hoher Planungssicherheit in ein hochdynamisches und hyperkomplexes System mit hoher Unsicherheit verwandelt. Zwei Finanzkrisen und die Schuldenkrise in der EU haben die Wirtschaftssysteme erschüttert, die Märkte sind hochpolitisch und weitgehend unkalkulierbar geworden, der „War for talents" tobt weltweit, Social Media verändern grundlegend unsere Art und Weise zu kommunizieren, Informationen einzuholen und zu konsumieren, neue Akteure mit neuen Ansprüchen treten auf den Plan, und nicht zuletzt hat sich das Feld der Wirtschaft mit den Debatten um Corporate Governance, Corporate (Social) Responsibility, um Nachhaltigkeit, um Diversity und um Frauen in Führungspositionen in hohem Maße dynamisiert. Die Komplexität ist sprunghaft gestiegen, politische und gesellschaftliche Rahmenbedingungen haben für wirtschaftliche Entscheidungen an Gewicht gewonnen. Wir bewegen uns in einer Multistakeholder-Welt, die zu interdisziplinärem und intersektoralem Denken zwingt. Diese steigende Komplexität ist die bestimmende Herausforderung für Führung heute.

Dies spiegelt sich auch in der Wahrnehmung der Führungskräfte selbst. Sie nennen die gewachsene Komplexität an erster Stelle, wenn man sie nach den entscheidenden Herausforderungen heute fragt. Durch die wachsende Geschwindigkeit und die zunehmende Zahl der Bezugsgruppen erhöht sich der Druck auf die Entscheidungsfindung, gleichzeitig büßen Prognosen an Aussagekraft ein. Viele Führungskräfte erleben dies als exponenzielle Zunahme von Komplexität, die zu bewältigen durch mangelnde Zeit oder Fähigkeit zur Reflexion und die Kluft zwischen den gesellschaftlichen Sektoren zusätzlich erschwert wird (Leipprand et al. 2012).

Die großen Herausforderungen an CEO-Kommunikation lassen sich in vier Themenblöcken beschreiben.

3.1 Politisierung der Rolle des CEO

Das Koordinatensystem für die Wirtschaft in Deutschland hat sich fundamental verändert. Über Zukunftsperspektiven und Geschäftsergebnisse entscheiden längst nicht mehr allein Investoren, Analysten und die Märkte. Unternehmen müssen sich vielmehr in anspruchsvollen politischen und gesellschaftlichen Gemengelagen behaupten. Die Erwartungen an Unternehmen und ganze Branchen zur Lösung „großer" gesellschaftlicher Fragen – Klimaschutz, Globalisierung, demografischer Wandel oder soziale Fragen – sind in den letzten Jahren signifikant gestiegen, nicht zuletzt als Folge der Finanz- und Schuldenkrise. Erfolg bemisst sich nicht länger an ökonomischem Erfolg allein; die Steigerung des Shareholder Value reicht nicht mehr. Ein Unternehmen muss benennen können, was seine „Licence to operate" ist, worin also der Nutzen besteht, den es für die Gesellschaft und die Volkswirtschaft stiftet (Deekeling und Arndt 2006, S. 38; vgl. Kapitel „Unternehmenskommunikation und Kommunikationsmanagement: Strategie, Management und Controlling"). Unternehmen agieren damit zunehmend auf dem Feld gesellschaftlicher und politischer Interessen und Ansprüche.

Zugleich kompliziert sich das ohnehin schon belastete Verhältnis zwischen Wirtschaft und Politik. Die Kluft zwischen diesen Sektoren ist gewachsen. Es herrscht ein tiefes gegenseitiges Misstrauen; keiner traut dem anderen den Mut und die Fähigkeit zu Veränderungen zu (Deekeling Arndt Advisors 2012). Darin spiegelt sich ein Paradigmenwechsel, mit dem die Unternehmen nicht hinreichend Schritt gehalten haben. Im Nachkriegsdeutschland war das politische System überschaubar, es gab klare Erwartungen der Wirtschaft an die Politik und umgekehrt: Die Wirtschaft investierte, die Politik sorgte für verlässliche Rahmenbedingungen. Dieses Modell ist passé. Das politische System ist komplexer und unberechenbarer geworden. Politik, Medien und gesellschaftliche Gruppen sind verschränkter denn je. Politische Machtkonstellationen wechseln schneller, häufiger und unvorhersehbarer. Ein Wandel der politischen Landschaft zeichnet sich ab.

In dieser Situation wird die Fähigkeit, öffentliche und politische Wirkungszusammenhänge richtig zu „lesen" und sich in seiner Unternehmensführung darauf einzustellen, essenziell. Die Bereitschaft und Fähigkeit zu einem breit angelegten gesellschaftlichen und politischen Dialog wird immer mehr zu einer Schlüsselfunktion des Managements – und zu einer notwendigen Bedingung für das Bestehen auf den Kapitalmärkten. Analysten und Rating-Agenturen bewerten Unternehmen heute immer stärker danach, wie sie den sich verändernden gesellschaftlichen und politischen Herausforderungen gerecht werden. Management, das hier versagt, gerät unter Druck. Damit politisiert sich die Rolle des CEO. Er ist es, der sich den oftmals konfligierenden Ansprüchen stellen muss. Er steht im Licht der Öffentlichkeit, er formuliert die Licence to operate, er verkündet nicht mehr nur die Quartalszahlen, sondern nimmt Stellung zu politischen und gesellschaftlichen Fragen. Und ist hier zunehmend gefordert.

3.2 Wachsende interne Bedeutung von CEO-Kommunikation

Eines der zentralen Themen im Managementdiskurs in der zweiten Hälfte des vergangenen Jahrhunderts ist „die ständige Sorge um die Mobilisierung und Motivation des Personals und vor allem der Führungskräfte" (Boltanski und Chiapello 2003, S. 97 f.). Und das Problem verschärfte sich, indem sich der Charakter der Arbeit wandelte: Je mehr Arbeit wissensbasiert wird, desto weniger greift das System von klar definierter Arbeitsanweisung und Kontrolle, das als Managementlehre immer weiter verfeinert worden ist. Stattdessen wird intrinsische Motivation entscheidend. Bei der Frage, wie diese sich fördern lasse, „treten die *leader* und ihre *Visionen* auf den Plan" (Boltanski und Chiapello 2003, S. 115). Sie sollen durch ihre Überzeugungskraft jenes Commitment herstellen, das sich aus bloßer Gefolgschaft nicht mehr ergibt. Doch haben sich die großen, langfristigen Managementvisionen in unsicher gewordenen Zeiten als wenig tragfähig erwiesen. Geblieben sind die

Mühen der Ebene: das beständige, ja unermüdliche Ringen um Zustimmung und Gefolgschaft – CEO-Kommunikation statt CEO-Visionen.

Zugleich hat sich das zentrale Problem, Commitment herzustellen, in dem Maße weiter verschärft, in dem in den Unternehmen neue Arbeitsformen Einzug gehalten haben und neue, immer differenziertere und anspruchsvollere Funktionen entstanden sind. Projektleiter, Teamleiter und Teamkoordinatoren sind Führungsrollen ohne formelle Weisungsbefugnis. Laterale Führung erhält aufgrund der Veränderung der Arbeitswelt einen immer größeren Stellenwert (Hofbauer und Kauer 2012); projektbezogenes Arbeiten, Flexibilisierung der Arbeitszeiten, Arbeit an wechselnden Standorten und zunehmende Internationalisierung erfordern selbständiges Arbeiten und hebeln traditionelle Kontrollinstrumente aus.

Was bleibt, ist die Möglichkeit, Commitment durch Überzeugung herzustellen – durch Kommunikation. Und dies wird zur Aufgabe des CEO. Er hat die Identifikation von Führungskräften und Belegschaft mit ihm und seinem Auftrag herzustellen und so Gefolgschaft zu sichern. Wie Politiker fortwährend um Unterstützung werben, so muss sich der CEO immer wieder neu des Rückhalts in der Belegschaft versichern. Wenn Einbindung nicht erfolgt oder gar unerwünscht ist, kann Identifikation nicht erwartet werden. Denn Einbindung ist die Voraussetzung für Identifikation.

Insbesondere gilt das in Situationen des Wandels – im Change Management und in der heute anstehenden Erneuerung der Organisationen. Change bedeutet Strukturanpassung im Rahmen eines bestehenden Geschäftsmodells. Erneuerung aber heißt, das Geschäftsmodell und die Licence to operate neu zu definieren. Das ist die Herausforderung heute, die wiederum besondere Herausforderungen an die CEO-Kommunikation stellt. Um Transparenz zu schaffen und Mitarbeitern wie Führungskräften die zentralen Inhalte und den Sinn des Wandels begreifbar zu machen, bedarf es einer aktiven inhaltlichen Gestaltung der Kommunikation. Der CEO wird in dieser Rolle zum Erzähler (Deekeling 2004). Er breitet in der „Corporate Story" die Deutungsmuster der unternehmerischen Entwicklung gewissermaßen erzählerisch aus und schlägt damit die Brücke vom Unternehmen zu den Menschen. Erst dies macht die geplanten Veränderungen plausibel und liefert Orientierungsangebote, sichert Akzeptanz und fördert einen Einstellungswandel der Mitarbeiter. So entsteht wahres Commitment.

Eine besondere Rolle kommt dem CEO nicht nur für die Bindung von Mitarbeitern zu, sondern auch für die Gewinnung von talentierten Fach- und Führungskräften unter Bedingungen eines sich verschärfenden War for talents. Im Employer Branding kommt dem CEO eine besondere Bedeutung zu. Seine Aufgabe ist es, sein Unternehmen in der Öffentlichkeit, aber auch im direkten Kontakt mit potenziellen Bewerbern – etwa durch Reden an Universitäten und Business Schools oder in Auftritten auf Messen – als attraktiven Arbeitgeber zu präsentieren, für den es sich zu arbeiten lohnt. Kurzum: Gute Leute zu finden und zu halten, ist zuallererst eine Frage von Kommunikation.

3.3 Globalisierung der Rolle des CEO

Das gilt auch im globalen Maßstab. Längst reicht auch der Arbeitsmarkt über nationale Grenzen hinaus. Es ist ein Knappheitsmarkt; High Potentials sind rar und über die Welt verstreut; Rekrutierung erfolgt global; der Talentmarkt internationalisiert sich rapide; Personal ist zum strategischen Thema geworden. Die Anforderungen des Personalmarktes treten gleichberechtigt neben die des Kapitalmarktes – und werden damit wiederum kapitalmarktrelevant. Es wird zur Aufgabe des CEO, auch auf der globalen Ebene eine aktive Rolle bei der Rekrutierung von Nachwuchskräften zu spielen.

Das ist aber nur ein Feld, auf dem sich seine Rolle globalisiert. Die globale Reichweite und internationale Präsenz von Unternehmen hat die Anforderungen an Kommunikation und damit an CEOs verändert. Der Markt ist international geworden, und damit erweitert sich die Rolle des CEO über den nationalen Rahmen hinaus. Er hat heute eine globale Kommunikationsfunktion, die ebenso wenig delegierbar ist wie im nationalen Rahmen. Als Botschafter seines Unternehmens hat der CEO auch auf globaler Ebene dessen Sichtbarkeit auf den unterschiedlichen Themen- und Interessenfeldern sicherzustellen.

Über ihre instrumentelle Funktion hinaus verlangt die globale Kommunikationsrolle des CEO ein positives Leitbild. Der amerikanischen Wirtschaftskultur ist es gelungen, die eigenen Managementleitbilder zu globalisieren. Die amerikanischen CEO-Stars werden in der international vermarkteten Managementliteratur wie auch an Business Schools und Universitäten zu Vorbildern stilisiert. Doch genau besehen repräsentieren sie das alte Leitbild der Fixierung auf den Shareholder Value. Das hier vorgeschlagene Leitbild des Weltbürgers hat das Potenzial, ein Gegengewicht zum globalen CEO amerikanischer Prägung zu schaffen. Ein Weltbürger ist im wirtschaftlichen Kontext jemand, der in der Sphäre des globalen Marktes für sein unternehmerisches Handeln Verantwortung übernimmt – und eben nicht nur geschäftliche Interessen verfolgt. Das bedeutet bürgerschaftliches Engagement, Verantwortung und Respekt auf globaler Ebene.

3.4 Social CEO? CEO-Kommunikation in Zeiten von Social Media

Social Media und das mobile Internet haben das Kommunikations- und Informationsverhalten der Menschen dramatisch verändert. Und das betrifft auch Unternehmen im Kern. Social Media verändern die Beziehung zum Kunden, die Form interner Organisation, die Art und Weise interner Kommunikation und letztlich auch das Verständnis und die Praxis von Führung. In der öffentlichen Debatte – insbesondere unter Beteiligung von Social-Media-Beratern – wird die Frage, wie Unternehmen mit Social Media umgehen sollten, allerdings gerne auf die Frage zugespitzt: „Soll der CEO twittern?" Was dann meist mit einem entschiedenen Ja beantwortet wird. Ein CEO, der seine kommunikative Rolle ernst nimmt, so suggeriert dies, kommt an einer eigenen Präsenz in Social Media schlichtweg nicht vorbei. Schnell ist dann vom „Social CEO", von „socializing your CEO" oder gar von „Social Business" oder (treffender) „Social Enterprise" die Rede.

Diese Argumentation verwischt jedoch einen feinen Unterschied: Aus der (korrekten) Feststellung, dass der CEO sich mit dem Thema Social Media beschäftigen müsse, wird fast unmerklich die Forderung, dass *er selbst* in Social Media aktiv werden müsse. Genau das gilt es aber auseinanderzuhalten. Das Klischee vom twitternden CEO ist eine populistische Zuspitzung; die Verhältnisse sind weitaus komplexer. Social Media etablieren sich nicht nur im Unternehmensalltag, sondern werden zum integralen Bestandteil der Unternehmensentwicklung auf den unterschiedlichsten Ebenen, und sie treiben die Personalisierung weiter. Dies zu thematisieren und in seinen Konsequenzen zu durchdenken, ist eine strategische Aufgabe – Kerngeschäft des CEO und eine Kernfrage von CEO-Kommunikation.

Die komplexen Herausforderungen von Social Media lassen sich in vier Punkten thematisieren:

- Auch wenn in der Öffentlichkeit meist Facebook und Twitter im Brennpunkt des Interesses stehen, umfassen Social Media ein breites Spektrum digitaler Medien und Technologien, die es Nutzern ermöglichen, sich untereinander auszutauschen und mediale Inhalte einzeln oder gemeinsam mit anderen zu gestalten. Dazu zählen also nicht nur die Branchenriesen Facebook, Twitter und YouTube, sondern alle Webseiten mit Kommentarfunktion, insbesondere die zahlreichen Weblogs oder Blogs, Wikis, Business-Networking-Plattformen, digitalen Pinnwände, Einkaufsportale, Bewertungsseiten, auf denen sich Verbraucher über Produkte austauschen, sowie die zahlreichen Foto- und Videoportale. Und die Anwendungszwecke von Social Media in Unternehmen sind so vielfältig wie diese neuen Medien selbst. Sie bieten zunehmend wichtige Kanäle für die Unternehmens- und Mitarbeiterkommunikation, für den Kundenservice, für Vertrieb und Marketing wie für Businessanalysen. Wie Unternehmen diese Social-Media-Plattformen nutzen und wie sie sich dort positionieren, ist eine strategische Frage.
- Gleiches gilt für die interne Nutzung von Social Media im Unternehmen. Sie bieten eine neue Plattform für Kommunikation und Kollaboration, die schneller, effektiver und mit deutlich verringerten Reibungsverlusten funktioniert als die traditionelle Form der Organisation Top-down. „Enterprise 2.0" ist der Oberbegriff für die Anwendung von Social-Media-Tools für die unternehmensinterne Organisation von Kommunikation, Projektarbeit, Prozessmanagement, Kollaboration und Wissensaustausch. Interne Social-Media-Plattformen ersetzen in einer wachsenden Anzahl von Unternehmen bereits die althergebrachte Form der Zusammenarbeit.

Beides hat weitreichende Konsequenzen, wiederum nach intern und extern differenziert:

- In der alten Businesswelt definierte das Unternehmen die Art und Weise des Kundenkontakts, vom Bestellvorgang über die Rechnungsstellung bis zu einer eventuellen Reklamation. Heute haben Unternehmen die Kundenkontaktpunkte oder „Touchpoints" (Schüller 2012) nicht mehr unter Kontrolle. Ob, wann und wie Kunden in Social Media

über ihre Erfahrungen mit einem Unternehmen, seinen Produkten, Entscheidungen oder seinem ethischen Verhalten berichten, entzieht sich dessen Einfluss.
- Gleiches gilt intern: Mit Enterprise 2.0 etabliert sich die egalitäre, gleichgestellte Kommunikation „Peer-to-Peer", die Social Media prägt, im Unternehmen. Formelle und informelle Kommunikation, offizielle und private Themen, die hierarchische und die nicht-hierarchische Ebene vermischen sich.

Das ist der zentrale Punkt: Social Media lösen die Grenze zwischen formeller und informeller Kommunikation auf. Sie bedeuten für Unternehmen daher einen Kontrollverlust. Mit dem Verlust von Kontrolle umzugehen, ist aber eine zentrale Aufgabe von Führung heute – Aufgabe des CEO.

Für die Praxis bedeutet das: Die One-size-fits-all-Empfehlung gibt es nicht. Welche Social-Media-Aktivitäten ein Unternehmen sinnvoll ergreift, hängt von Branche, Unternehmenskultur, Führungspraxis und Kommunikationsstrategie ab. Für den CEO gilt: Aus der Sicht der Beobachter repräsentiert er das ganze Unternehmen. Seine Kommunikationsrolle muss dies widerspiegeln; Aktivitäten auf Social Media müssen sich also in die kommunikative Agenda einfügen.

Social Media sind somit kein Tool, sondern spiegeln einen grundlegenden sozialen Wandel, der nicht zuletzt generationenabhängig ist. Social Media sind das Ding der „Generation Y", die mit ganz eigenen Vorstellungen hinsichtlich Zusammenarbeit, Interaktion, Hierarchie und dem Verhältnis von Beruf und Privatleben in das Berufsleben drängt (PwC 2011; Klaffke und Parment 2011). Social Media erzeugen einen gewaltigen Veränderungsdruck, bergen aber auch ein gewaltiges Veränderungspotenzial und können so als Katalysator und Beschleuniger für die anstehende Erneuerung der Unternehmen wirken. Nicht zuletzt bieten sie eine Blaupause für die strukturelle Reorganisation, indem die Organisationsprinzipien des Web Vorbild für das Redesign von Organisationen sein können (Notter und Grant 2012; Hamel 2012).

4 Fazit und Ausblick

Die Erwartungen an den CEO steigen extern wie intern, damit wachsen auch die Anforderungen an seine kommunikative Rolle. Personalisierung hat sich längst als Grundzug unserer Mediengesellschaft etabliert; eine wachsende Zahl von Bezugsgruppen verlangt nach einem glaubwürdigen Ansprechpartner; unternehmerische Entscheidungen werden politisiert und zum Gegenstand gesellschaftlicher Debatten; Mitarbeiterbindung und -rekrutierung erfordern glaubwürdige Kommunikationsangebote; die zunehmende globale Aktivität von Unternehmen verlangt nach Präsenz im internationalen Rahmen; Social Media durchbrechen die Grenze zwischen formeller und informeller Kommunikation und treiben den Trend zur Personalisierung weiter; nicht zuletzt wird bürgerschaftliches Engagement zum Bestandteil des unternehmerischen Leitbildes – und im Schnittpunkt aller dieser Entwicklungen steht der CEO.

Mit der Zuspitzung auf seine Person geht eine Erweiterung des Kommunikationsfeldes einher. In den Augen der Öffentlichkeit *ist* er das Unternehmen, das er repräsentiert. Das tut er auf mehr und mehr Ebenen und wird so zugleich zum Kristallisationskern der Debatten um Führung und Unternehmensentwicklung: Erneuerung drängt als Thema auf die Corporate Agenda; CEO-Kommunikation in ihrer Leadership-Dimension stellt die Frage nach einem neuen Führungsverständnis, das insbesondere die kommunikativen Fähigkeiten in den Mittelpunkt rückt: Einbinden, Befähigen, Moderieren, Ausgleichen, Brücken bauen (Leipprand et al. 2012). Beides, die organisatorische Erneuerung wie dieses neue Verständnis von Führung, kumuliert in der Rolle des CEO. Diese Veränderungen kommunikativ zu gestalten und in einen grundlegenden Erneuerungsprozess zu überführen, wird zu einer zentralen Aufgabe des CEO und bringt neue Herausforderungen an CEO-Kommunikation mit sich. Dabei wandelt sich auch die Rolle des CEO selbst.

Absehbar ist: Arbeit wird zunehmend hierarchiefrei organisiert; Entscheidungsprozesse werden durch Einbindung der Vielen demokratisiert, viele Entscheidungen durch Dezentralisierung zu den Mitarbeitern „vor Ort" verlagert – aber die Verantwortung für diese Entscheidungen bleibt letztlich an eine persönliche Rolle gebunden: die des CEO. Die zentrale Rolle des CEO wird dies – so paradox es klingt – nicht schwächen. Sondern sie eher klarer hervortreten lassen. Seine Aufgabe bleibt es, diese Prozesse zu gestalten, zu moderieren und ihr Ergebnis intern und extern zu vertreten. Er wird zum „Managementarchitekten" (Hamel 2012, S. 256), zum Gestalter des organisationalen Rahmens. Das ist CEO-Kommunikation – mehr denn je.

Literatur

Becker, U., & Müller, C. (2004). Chancen und Risiken der CEO-Kommunikation. In G. Bentele, M. Piwinger, & G. Schönborn (Hrsg.), *Kommunikationsmanagement* (Loseblattwerk 2001 ff., Nr. 3.31, S. 1–34). Köln: Luchterhand.

Boltanski, L., & Chiapello, È. (2003). *Der neue Geist des Kapitalismus*. Konstanz: UVK.

Deekeling, E. (2003). Die Inszenierung des CEO. In E. Deekeling, D. Barghop (Hrsg.), *Kommunikation im Corporate Change* (S. 62–64). Wiesbaden: Gabler.

Deekeling, E. (2004). *Verwirrte Visionäre*. Frankfurter Allgemeine Zeitung, Nr. 213 vom 13.09.2004, 20.

Deekeling, E., & Arndt, O. (2006). *CEO-Kommunikation. Strategien für Spitzenmanager*. Frankfurt am Main: Campus.

Deekeling Arndt Advisors. (2012). DAA-Entscheider-Studie. http://www.deekeling-arndt.de/de/unternehmen/daa-entscheider-studie.html. Zugegriffen: 04. Jan. 2013.

Gaines-Ross, L. (2003). *CEO Capital. A Guide to Building CEO Reputation and Company Success*. Hoboken: Wiley.

Griepentrog, W. (2011). Der CEO und sein Kommunikationschef: Typologie einer besonderen Partnerschaft. http://glaubwuerdigkeitsprinzip.de/2011/10/der-ceo-und-sein-kommunikationschef-typologie-einer-besonderen-partnerschaft/. Zugegriffen: 04. Jan. 2013.

Hamel, G. (2012). *Worauf es jetzt ankommt. Erfolgreich in Zeiten kompromisslosen Wandels, brutalen Wettbewerbs und unaufhaltsamer Innovation*. Weinheim: Wiley-VCH.

Hofbauer, H., & Kauer, A. (2012). *Einstieg in die Führungsrolle. Praxisbuch für die ersten 100 Tage*. München: Hanser.

Klaffke, M., & Parment, A. (2011). Herausforderungen und Handlungsansätze für das Personalmanagement von Millennials. In M. Klaffke (Hrsg.), *Personalmanagement von Millennials–Konzepte, Instrumente und Best-Practice-Ansätze* (S. 3–22). Wiesbaden: Gabler.

Leipprand, T., Allmendinger, J., Baumanns, M., & Ritter, J. (2012). *Jeder für sich und keiner fürs Ganze? Warum wir ein neues Führungsverständnis in Politik, Wirtschaft, Wissenschaft und Gesellschaft brauchen*. Eine Studie von: stiftung neue verantwortung, Egon Zehnder International und Wissenschaftszentrum Berlin für Sozialforschung WZB. Berlin: WZB.

Meier, C. (2007). Glanz und Gloria auf der Chefetage. Neue Zürcher Zeitung vom 04.05.2007, B5.

Notter, J., & Grant, M. (2012). *Humanize. How People-Centric Organizations Succeed in a Social World*. Indianapolis: Que Publishing.

Oestreich, S., & Zug, A.-L. (2009). Die CEO-Kommunikation und ihre Bedeutung für die Glaubwürdigkeit eines Unternehmens. Der Fall Deutsche Bank. In S. Huck-Sandhu (Hrsg.), *Unternehmenskommunikation in Zeiten der Wirtschaftskrise* (S. 91–117). Stuttgart: Universität Hohenheim.

PwC PricewaterhouseCoopers International (PwC). (2011). *Millennials at work. Reshaping the workplace*. http://www.pwc.de/de_DE/de/prozessoptimierung/assets/millennials-at-work-2011.pdf. Zugegriffen: 04. Jan. 2013.

Sandhu, S., & Zielmann, S. (2010). CEO-Kommunikation. In M. Eisenegger & S. Wehmeier (Hrsg.), *Personalisierung der Organisationskommunikation* (S. 211–236). Wiesbaden: VS Verlag für Sozialwissenschaften.

Schüller, A. (2012). *Touchpoints. Auf Tuchfühlung mit dem Kunden von heute*. Offenbach: GABAL.

Zerfaß, A., & Sandhu, S. (2006). CEO-Blogs: Personalisierung der CEO-Kommunikation als Herausforderung für die Unternehmensführung. In A. Picot & T. Fischer (Hrsg.), *Weblogs professionell. Grundlagen, Konzept und Praxis im unternehmerischen Umfeld* (S. 51–75). Heidelberg: dpunkt.

Compliance Kommunikation: Säule der Corporate Governance

Lars Rademacher und Hartwin Möhrle

Zusammenfassung

Das Thema Compliance im Sinne der Einhaltung gesetzlicher und unternehmensinterner Richtlinien und Werte durch alle Mitarbeiter hat in der Wirtschaft an Bedeutung gewonnen. Regelsysteme, Instrumente und Compliance-Officer sind installiert, die interne Öffentlichkeit informiert. Doch reicht das Prinzip Vorschrift, Kontrolle und Sanktion, um Management und Mitarbeiter vor Regelverstößen zu schützen, die Organisationen gegen unethisches und illegales Handeln zu immunisieren? Wie lassen sich die materiellen und immateriellen Schäden verlässlich verhindern, die Regelverstöße im Wettbewerb und in der öffentlichen Wahrnehmung anrichten? Bei der Implementierung und nachhaltigen Verankerung von Compliance wird die Kommunikation zum erfolgskritischen Faktor. Ihr kommt die Aufgabe zu, unternehmerische Wertekultur, individuellen Wertehaltung von Management und Mitarbeitern und Regelsystem zu einem aktiven Wirkungsmechanismus zu verknüpfen, der die große Mehrheit vor der kriminellen Energie Einzelner schützt.

Schlüsselwörter

Unternehmenskommunikation · Unternehmenskultur · Corporate Governance · Compliance-Kommunikation · Compliance · Integrität · Legimation

---

L. Rademacher (✉)
Macromedia Hochschule für Medien und Kommunikation
Gollierstraße 4, 80339 München, Deutschland
E-Mail: l.rademacher@mhmk.org

H. Möhrle
A&B One Kommunikationsagentur
Wiesenhüttenstraße 11, 60329 Frankfurt am Main, Deutschland
E-Mail: h.moehrle@a-b-one.de

1 Zur Rolle von Compliance in Unternehmen und Gesellschaft

In den letzten Jahren hat die Berichterstattung über Managementvergehen und Governance-Verstöße stark zugenommen. Beispiele wie Siemens oder ThyssenKrupp zeigen die hohe Brisanz auf. Das Spektrum der Angeprangerten reicht inzwischen vom DAX-Konzernen über Mittelständler bis zum Bundespräsidialamt – quer durch alle Mitarbeiterebenen und Organisationsbereiche. Es geht um Korruption, Kapitalmarktvergehen und Kartellrechtsverstöße. Die Intensität der Medienberichterstattung zu diesem Thema spiegelt in Umfang und Frequenz die hohe Aufmerksamkeit wider, mit der irreguläres Verhalten von Unternehmen, Organisationen oder auch einzelnen Managern beobachtet, beschrieben und kommentiert wird. Das führt zu einer beispiellosen moralischen Aufrüstung in öffentlichen Diskussionen. Zwar geht die absolute Zahl der Delikte in den letzten Jahren leicht zurück, zugleich aber hat die durch nicht rechtskonformes Verhalten entstandene Schadenssumme erheblich zugenommen und erhöht damit den Druck auf Unternehmen, dies durch eine verbesserte Compliance zu vermeiden. *Compliance* wird hierbei definiert als ein durch das Recht gefordertes und ggf. per Sanktionsandrohung erzwungenes integeres Verhalten, das als Voraussetzung erfolgreiche Unternehmensführung gilt (Wieland 2010, S. 5).

Auch aus juristischer Perspektive – und damit der genuinen Betrachtungsweise des Themas – wird das öffentliche Echo vernommen: „Compliance-Themen haben eine starke Aufmerksamkeit in der Öffentlichkeit erhalten, sodass unabhängig von einer rein rechtlichen Betrachtung die Entscheidungsfreiheit des Unternehmens deutlich eingeschränkt werden kann" (Klindt und Benz 2011, S. 2979). Dafür sorgen nicht zuletzt professionell vernetzte Stakeholder-Kreise, die für einen schnellen und direkten Informationsaustausch stehen und Allianzen bilden.

Als wegweisend in eine proaktive und intensive Auseinandersetzung mit dem Thema Compliance gilt die Krise von Siemens im Jahr 2006 und deren Bewältigungsstrategie: „Die Ermittlungen bei Siemens läuteten eine Zeitwende in der deutschen Wirtschaft ein. Compliance-Experten sprechen von der Ära ‚vor Siemens' und ‚nach Siemens'" (Klindt und Benz 2011, S. 2979). Mittlerweile haben große Konzerne in Deutschland einen hohen Professionalisierungsgrad beim Compliance-Management erreicht, so dass auch medial die vielen positiven Compliance-Aktivitäten Anerkennung finden. Unter Beobachtung steht hier eine „regelrechte Industrie des guten Willens" (Hartmann und Tauber 2012). Darüber hinaus zeigt sich fast durchgängig kooperatives Verhalten statt Konfrontation im Umgang mit ermittelnden Behörden.

Die Impulse für die Implementierung eines Compliance-Programms gingen zunächst von den Zielen aus, Haftungsvermeidung sicherzustellen und wirkungsvolle Prävention zu betreiben. Die Rahmenbedingungen verändern sich allerdings kontinuierlich: Hervorzuheben sind Gesetze, die immer engere Grenzen ziehen und eine wachsende Sensibilisierung für die Aufdeckung von Verstößen. Die exemplarische Rechtsprechung setzt deutliche Signale mit der Höhe von Strafzahlungen. Schließlich drohen Folgewirkungen, die unternehmensgefährdende Ausmaße annehmen können: beispielsweise den Ausschluss von Vergabeverfahren oder der Akzeptanzverlust als Geschäftspartner. Nicht zuletzt sind neben den direkten Kosten der Wirtschaftskriminalität und möglichen Strafzahlungen auch Mittel bereitzustellen, um die Schäden und ihre Folgen zu managen und ex post kommunikativ wieder zu regulieren.

Compliance scheint also in den Unternehmen angekommen zu sein, wenn auch in unterschiedlich starken Ausprägungen. Die erste Generation – und hier handelt es sich vor allem um die börsennotierten Konzerne – arbeitet inzwischen nicht mehr an Implementierungs- sondern an Optimierungsstrategien. Hier wird bereits über die Frage der Wirtschaftlichkeit und eine mögliche Darstellung des Wertbeitrags vorhandener Compliance-Systeme diskutiert. Dagegen wird dem Mittelstand vielfach nachgesagt, in der Organisation von Compliance noch aufholen zu müssen. Dass hier ebenfalls Handlungsbedarf besteht ist unumstritten. Sowohl sich verändernde gesetzliche Grundlagen auf nationaler und internationaler Ebene als auch die stärkere Beobachtung juristischer und medialer Instanzen drängen den Mittelstand, zivil- und strafrechtliche Haftungsszenarien zu vermeiden. Der Mittelstand beruft sich auf eine seiner fundamentalen Stärken, wenn er als wichtigstes Instrument zur Verankerung von Compliance „das Vorleben der Führungskräfte" definiert.

So beantworten die meisten Unternehmen auf den gestiegenen öffentlichen Druck mit internen Regelsystemen, die für rechtskonformes Verhalten sorgen sollen. Neuere Forschungen hegen allerdings Zweifel, ob unternehmensinterne Vorgaben ausreichen, um regelgerechtes Verhalten von Mitarbeitern zu erzeugen (Steßl 2012; Claussen 2011). Der Blick richtet sich hier zunehmend auf soziale Phänomene, deren Einfluss auf die Gestaltung von Compliance beschrieben und empirisch belegt wird. Ein weiterer Ansatz öffnet sich mit psychologischen und kriminologischen Studien, die das Persönlichkeitsprofil von potenziell kriminellen Individuen zu entschlüsseln versuchen. Damit soll es schon im Vorfeld – beispielsweise im Rahmen von Rekrutierungsprozessen – gelingen, mögliche Gefährdungen zu minimieren. Deutlich wird, dass ein großer Teil etablierter Compliance-Management-Systeme aus der ersten Phase das klassische „Prinzipal-Agenten-Modell" aufgreifen. Damit folgen sie dem Regelkreis von Formalisierung unternehmenskultureller Prozesse: Definition eigener spezifischer Regeln, Setzen von Anreizen und entsprechende Kontrolle. Doch genau das wird (bis zurück zum Enron-Fall) mittlerweile als Problem betrachtet. Principal-Agent, eine auf Kontrolle statt auf Vertrauen setzende Management-Theorie, könnte Teil des Problems sein statt Teil der Lösung (Clarke 2004, S. 19, 26). Eine dezidiert ethisch motivierte Auseinandersetzung findet allenfalls parallel zum formalisierten Regelwerk statt. Nicht immer werden die Verknüpfungen zwischen ethischen Grundlagen und abgeleitetem Regelkanon dabei erkennbar. Dass Compliance-Vorgaben nur dann eine Chance auf Verbreitung haben, wenn sie kulturell verankert werden und deshalb ein Thema des organisationalen Lernens sind und nicht einseitig von Vorgaben und Kontrolle getrieben werden, fällt dabei meist unter den Tisch.

Zwischen Wertekanon, kulturellem Selbstverständnis und den existierenden Compliance-Systemen klafft vielfach eine Lücke. Eine mögliche Ursache für die zahlreichen Skandale und Krisen der jüngeren Vergangenheit. Die Übersetzung in Kommunikationsmaßnahmen ist daher zwingend – und das auf zwei Ebenen. Einmal unternehmensintern, um die Einsicht in die Notwendigkeit der Beachtung des Regelsystems zu fördern und zu unterstützen, andererseits extern, um die Kommunikationsfähigkeit in Compliance-Fällen und Verdachtsfällen zu erhöhen und so einen Beitrag zum Risiko- und Reputationsmanagement zu leisten.

2 Recht, Regeln und Kommunikation: Einordnungen und Abgrenzungen

Wenn von Compliance die Rede ist, taucht schnell auch der übergeordnete Rahmen der *Corporate Governance* (vgl. Kapitel „Corporate Governance und Corporate Social Responsibility: Grundlagen und Konsequenzen für die Kommunikation") auf, in den Compliance als regelkonformes Verhalten immer wieder eingeordnet wird. Compliance gilt als „kleine Schwester" der Governance in Unternehmen. Governance wird dabei – politisch getrieben – als Ziel der „guten Unternehmensführung" verstanden. Doch das ist nur eine recht eingeschränkte Verwendung des Begriffs, der insgesamt als „schillernd" gelten kann. Die große Verbreitung und Wertschätzung, die Governance als Begriff wie als politisches Konzept derzeit erfährt, hat mindestens etwas mit einem Wahrnehmungswandel der letzten 20 Jahre zu tun: Komplexe soziale Einheiten, so der aktuelle Konsens, verlangen nach neuen, nach ganz spezifischen Koordinierungsmodellen, die auf die jeweiligen Eigenarten des sozialen Zusammenhangs Rücksicht nehmen (Benz et al. 2007, S. 9 f.). Und diese spezifischen Koordinierungs-, Kooperations- und Steuerungsmodelle werden mit dem immer breiter diffundierten Begriff der Governance umschrieben. Das Konzept findet sowohl in den Wirtschafts- als auch in den Politikwissenschaften starke Verwendung und bezieht sich hie wie da vor allem auf Situationen und Konstellationen, in denen es sich um das Management von komplexen Interdependenzen dreht, die nicht mehr über rein hierarchische Organisations- und Entscheidungsstrukturen verarbeitet werden können (Benz et al. 2007, S. 16 f.). Wo also Organisationen mehrere Machtzentren etablieren, wo Entscheidungen in Netzwerken an unterschiedlichen Stellen zu treffen sind, immer da braucht es Koordinations- und Steuerungsmechanismen (und damit Governance), um bestimmte Zielsetzungen (etwa das der guten Unternehmensführung) erreichen zu können.

Die Rolle der Kommunikation wird in diesem Zusammenhang oft unzureichend dargestellt. Literatur zur Rolle der Kommunikation im Compliance-Management ist schwer zu finden. Die erste Erkenntnis daraus ist, dass die Rolle der Kommunikation bei der wissenschaftlichen Befassung mit Compliance systematisch übersehen wird. Vortheoretisch wird dabei folgender Zusammenhang unterstellt: Durch Kommunikation werden Informationen von Firmenanwälten oder Compliance-Verantwortlichen asymmetrisch zu den Angestellten übertragen und in deren Denken und Arbeitsweise übernommen. Wenn man sie fragt, ordnen Compliance-Verantwortliche und Leiter von Rechtsabteilungen der Kommunikation eine wichtige Rolle zu. In dieser Wahrnehmung folgt Kommunikation jedoch den Regeln und Vorstellungen eines mechanischen Informationsmodells, wie jenem von Shannon und Weaver (1949). Tatsächlich könnte man sagen, und das wird auch in der Literatur größtenteils so gesehen, dass Kommunikation im Zusammenhang mit Compliance hauptsächlich als soziale Technik gesehen wird, ohne die Bedingungen für ihre Wirkung zu besprechen. Sie hat lediglich ihre Pflicht zu erfüllen.

Darüber hinaus wird die Verbindung zwischen Unternehmenskultur und der Wirksamkeit eines Compliance-Systems im Allgemeinen übersehen. Es fehlt an der alltagstauglichen Vernetzung zwischen Regelsystem und Regelkultur. Ein Grund liegt dabei unter anderem auch im enormen Unterschied zwischen den Denkweisen von Rechts- und Kommunikationsexperten.

Wirkungsvolle Compliance muss zu einem gelebten Bestandteil der Unternehmenskultur werden. Das heißt, in der Vermittlung und Implementierung gilt es eine Brücke zu schlagen zwischen einem klar artikulierten und in die Organisation nachhaltig implementierten Wertesystem und einem darauf basierenden Compliance-Management. Und das wiederum bedeutet, dass das Thema Compliance nicht nur passiv kommuniziert werden darf, sondern in Haltung und Selbstverständnis von Management und Mitarbeitern verankert werden muss. Sie müssen überzeugt sein, dass einwandfreies professionelles Handeln keinen Nachteil, sondern einen Vorteil für das Unternehmen und jeden Einzelnen darstellen. (Möhrle 2011, S. 42 f.).

Unternehmen brauchen ein Konzept zur Implementierung von Compliance in ihre Unternehmenskultur (Biegelman und Bartow 2006; Baumgärtner 2005, S. 74 f.). Überblicksbände (z. B. Wecker und van Laak 2008) und Debatten zur wachsenden Bedeutung von Compliance für die Unternehmensberatung (Härig 2011) belegen, dass Kommunikation implizit als ein Schlüsselindikator zur Umsetzung von Compliance-Programmen gilt. Vetter (2008, S. 37) bezeichnet Kommunikation bereits als eines der „fünf Elemente von Compliance", zusammen mit Dokumentation, Risikoanalyse, Verpflichtung und Organisation. Er sieht Compliance als überlegenen Prozess zum Risikoschutz und erklärt, dass Kommunikation unter dieser Perspektive für die authentische Darstellung der Compliance-Standards durch das Management verantwortlich ist. Die am häufigsten genutzten Kommunikationsinstrumente sind dabei nach Vetter (2008, S. 39):

- Statements der Unternehmensführung;
- Unternehmens-Websites;
- Intranetseiten zu Compliance-Fragen, E-Mails des Führungsteams;
- Broschüren zu Compliance, Richtlinien;
- Trainings und Konferenzen mit externen Partnern;
- Präsentationen des Compliance-Verantwortlichen;
- Konferenzen zusammen mit dem Vertriebsteam und Niederlassungsleitern;
- Auskünfte der Abteilungen für Umweltschutz und Sicherheit;
- Diskussionen über dokumentierte Fälle;
- Online-Trainings zu Kartellrecht, Datenschutz, Arbeitsrecht und Korruptionsbekämpfung.

Die Aufstellung zeigt, dass die kommunikationsrelevanten Aspekte bedeutsam für das Funktionieren von Compliance-Systemen sind. Doch Kommunikation wird hier weiterhin als reine Umsetzungskompetenz eingeordnet. Die für den Aufbau einer Compliance-

Kultur wichtige Rolle der Kommunikation als Prozess-Mediator, als Katalysator oder Stimulator einer Diskussion, wird vernachlässigt.

Dies liegt vermutlich auch an den unterschiedlichen gesetzlichen Bestimmungen. In einer Synopse des deutschen, britischen und US-amerikanischen Rechts zeigt Hugger (2011), dass die Rolle der Kommunikation in den Rechtssystemen unterschiedlich wahrgenommen wird.

> **Compliance-Kommunikation**
> Compliance-Kommunikation umfaßt alle Strategien, Prozesse und Maßnahmen der Unternehmenskommunikation, die der Vorbereitung, Implementierung und Vermittlung von Compliance-Programmen sowie der Motivation und Unterstützung von regelkonformem Verhalten als Beitrag zu guter unternehmerischer Praxis und Führung (Governance) dienen.

Inzwischen erweitern sich die Perspektiven. Einer der ersten Autoren, die im Rahmen der Compliance-Kommunikation ein symmetrisches Modell des Dialogs vorschlagen, ist Rohde-Liebenau (2007, S. 280). In einem kurzen Absatz beschreibt er die Verbindung zwischen Daten, Informationen, Kommunikation und Dialog. Aber obwohl er deutlich in Richtung des Dialogs zeigt: Ein neues Kommunikationsverständnis scheint keine weitere Bedeutung für seine Argumentation zu haben, was nicht überrascht, da er sich immer noch auf ein top-down agierendes Management fokussiert.

Wie Kreuder (2011) zeigt, wird Compliance nach wie vor auf das Management von Betrugsrisiken und Haftungsvermeidung bezogen und nicht auf Verantwortung. Er fordert Compliance-Systeme, die eine unterstützende Funktion haben und sich für Verantwortungsübernahme einsetzen. Dafür schlägt er vor, verschiedene Abteilungen in Compliance-Fragen einzubeziehen, sie für das Tagesgeschäft auszubilden und so die Verantwortung für Compliance-Fragen breit in der Organisation zu verteilen und folglich zu verstärken.

In der angloamerikanischen Literatur hat sich die Diskussion bereits auf die Frage zubewegt, ob sich Compliance eher mit rechtlichen Fragen oder eher mit moralischen Fragen befasst. Forscher wie Michaelson (2006), Guinn (2000) oder Di Lorenzo (2007) untersuchen diese komplexe Relation. Guinn (2000, S. 299) ist einer der ersten Autoren, die ein Überwinden des klassischen Compliance-Ansatzes fordern und von integrierten Programmen der internen und externen Kommunikation sprechen. Doch bis dahin scheint es noch ein weiter Weg zu sein. Es ist notwendig, die Voraussetzungen für diesen Wandel zu klären.

3 Zwischen Regelwerk und Rechtskultur

Wenn die Wertekultur im Unternehmen nicht stimmt, werden noch so viele Compliance-Vorschriften und Compliance-Officer es nicht schaffen, das Unternehmen vor Regel- und Rechtsverstößen zu schützen. Es gehört zu den zentralen Führungsaufgaben, eine klar definierte Wertekultur im Unternehmen zu etablieren. Insofern handelt es sich hier um eine zentrale Managementaufgabe. Sie ist nicht wegdeligierbar an die Stabsstellen Recht und Kommunikation. Der „Tone from the top" (Bussmann 2012) muss klar und vor allem glaubwürdig sein.

Compliance und Corporate Governance stehen in unmittelbarer Verbindung mit den Werten eines Unternehmens und mit den Personen, die die Werte von der Spitze her glaubwürdig vorleben. Besonders dort, wo Menschen zum Teil über Jahrzehnte hinweg Erfahrungen in Graubereichen des wirtschaftlichen Handelns, national wie international, gesammelt haben, dienen daher bestehende Vorschriften nicht selten nur als ein notwendiges Alibi. In vielen Unternehmen muss es also – neben der Verbesserung oder Implementierung von juristisch einwandfreien Compliance-Systemen – um nichts Geringeres als eine umfassende Mentalitäts- und Haltungsänderung, um einen Veränderungsprozess in den Köpfen von Management und Mitarbeitern gehen.

Wenn Compliance-Schulungen und Trainings den Charakter von unangenehmen Pflichtübungen und Zwangsrepetitorien behalten, dann wird kulturell erfahrungsgemäß nicht viel bewegt werden. Viele interne Workshops und Schulungen konzentrieren sich auf juristische Formalien, auf die Perfektionierung von Meldesystemen etc. Sie setzen dabei vor allem auf Abschreckung. Das ist notwendig. Allerdings fehlt neben der rechtlich eindeutigen und verständlichen Implementierung die genau so eindeutige und kompromisslose Vermittlung von damit verknüpften ethischen und kulturellen Leitwerten. Haltungen werden nicht durch Frontalunterweisung, sondern mittels eines fest in der professionellen Praxis verankerten Vermittlungsprozesses verändert.

Nicht die Compliance-Regeln schaffen eine positive Unternehmenskultur, sondern die Unternehmenskultur schafft die Basis für einen als vorteilhaft empfundenen Ordnungsrahmen mit sinnvollen, nützlichen und praktisch lebbaren Verhaltensregeln. Der beste Schutz vor Regel- und Rechtsverstößen, übrigens nicht nur im Wirtschaftsprozess, sind Manager und Mitarbeiter, deren eigenes Wertesystem und Verhalten von vornherein verhindert, dass es zu zweifelhaften Verhaltensweisen kommt. Wer es ernst meint mit Compliance und Corporate Governance muss dafür sorgen, dass nicht nur Wach- und Strafsysteme etabliert werden, sondern dass die Menschen die damit verbundenen Werte und deren positive Bedeutung für die Reputation und den nachhaltigen wirtschaftlichen Erfolg der Organisation verstehen, verinnerlichen und aktiv vertreten.

4 Integrität als Reputationstreiber und Wettbewerbsfaktor

Unternehmensführung findet im Rahmen regulatorischer Bedingungen statt. Wird gegen diese Bedingungen verstoßen, entstehen sowohl direkte Schäden (z. B. Bußgelder, Verlust von Kooperationsbeziehungen, Ausschluss von marktrelevanten Auswahlverfahren) als auch – auf den Reputationsverlust zurückzuführen – indirekte Verluste (z. B. Verlust interner und externe Vertrauens- und Bindungswerte, Schädigung von Geschäftsbeziehungen, Kunden-Boykotte). In diesem Zusammenhang gewinnen *Reputationsschäden* kontinuierlich an Gewicht (PwC und Martin-Luther-Universität Halle-Wittenberg 2011). Ein nachweislich funktionierendes Compliance-Management verleiht ein Siegel für Integrität. Damit kann in ganz unterschiedlichen wettbewerbsrelevanten Zusammenhängen gepunktet werden: bei der Due Diligence genauso wie bei dem Wettlauf um die fähigsten Nachwuchskräfte auf dem Arbeitsmarkt. Mit dieser Wertschätzung von Integrität wird Compliance zu einem entscheidungsrelevanten Element für die unternehmerische oder institutionelle Reputation.

Dem *Reputationsmanagement* (vgl. Kapitel „Reputation und Image: Grundlagen, Einflussmöglichkeiten, Management") wird für die aktive Gestaltung immaterieller Unternehmenswerte bereits seit den 1990er Jahren eine hohe Bedeutung beigemessen. Nach Charles Fombrun (1996) umfasst die Reputation eines Unternehmens Glaubwürdigkeit, Zuverlässigkeit, Vertrauenswürdigkeit und Verantwortungsbewusstsein. Alle diese Faktoren dienen im Wesentlichen der internen und externen Orientierung der Stakeholder. Als Kategorien sind sie unternehmensintern jedoch schwer zu operationalisieren und trennscharf in Handlungen und Folgen des klassischen Risikomanagements abzugrenzen. Extern können sie mangels authentischer Erfahrungen fast ausschließlich medial vermittelt wahrgenommen werden. Hier muss Vertrauen als Vorschuss dienen, der kontinuierlich mit Erfahrungswerten abgeglichen wird. Wird Reputation als Vertrauensbonus verstanden, ist jede negative Nachricht aus den verschiedenen Reputationskategorien eine Irritation und damit potenziell schädlich. Hier stellen sich zwei Fragen: mit welchen Botschaften Compliance intern dafür sorgen kann, die Reputation zu schützen und inwiefern Compliance als aktiver Reputationstreiber in der externen Kommunikation eingesetzt werden kann. Schließlich hat ein korrektes Verhalten per se keinen Nachrichtwert für die Medien – im Gegensatz zu Verstößen. Angesichts der meisten öffentlich diskutierten Compliance-Fälle in der deutschen Wirtschaft stellt sich die Frage, warum das Reputationsrisiko erst zögernd nachvollzogen wird – wie exemplarisch das Beispiel der ERGO-Versicherungsgruppe verdeutlicht: „Wir lernen gerade sehr viel darüber, welche Bedeutung Reputationsrisiken für das Risikomanagement haben und dass man sich um diese permanent kümmern muss", so Christoph Jurecka, ERGO-Finanzvorstand, in einem Interview mit der Börsen Zeitung (9.7.2011).

Das Konstrukt der Reputation lässt sich mit Eisenegger (2012, S. 107) als entscheidender Wertschöpfungsfaktor bezeichnen: „Betriebswirtschaftlich gesprochen verbessert ein guter Ruf die Kundenbindung und die Gewinnung fähiger Mitarbeiter, und sie senkt die Kapitalbeschaffungskosten. Durch den Aufbau einer positiven Reputation errichten die Unternehmen eine Barriere, die Kundenabwanderungen verhindert und Markteindringlinge fernhält." Da sich Reputation aber auf mehreren Ebenen entwickelt, reicht es nicht aus, sich einfach nur an die gesetzlichen Regeln und Vorgaben zu halten. Es müssen auch moralische Regeln beachtet werden, denn nicht alles was legal ist, ist auch schon legitim. Und moralische Normen von heute, ergänzt Eisenegger (2012, S. 110), seien die Rechtsnormen von morgen. Die neu hinzugekommenen Regelsysteme der Corporate Governance lassen sich daher auch gut als gesellschaftliche Kompensationsmechanismen beschreiben, die verlorengegangenes Vertrauen und angeschlagene Reputation ausgleichen

Abb. 1

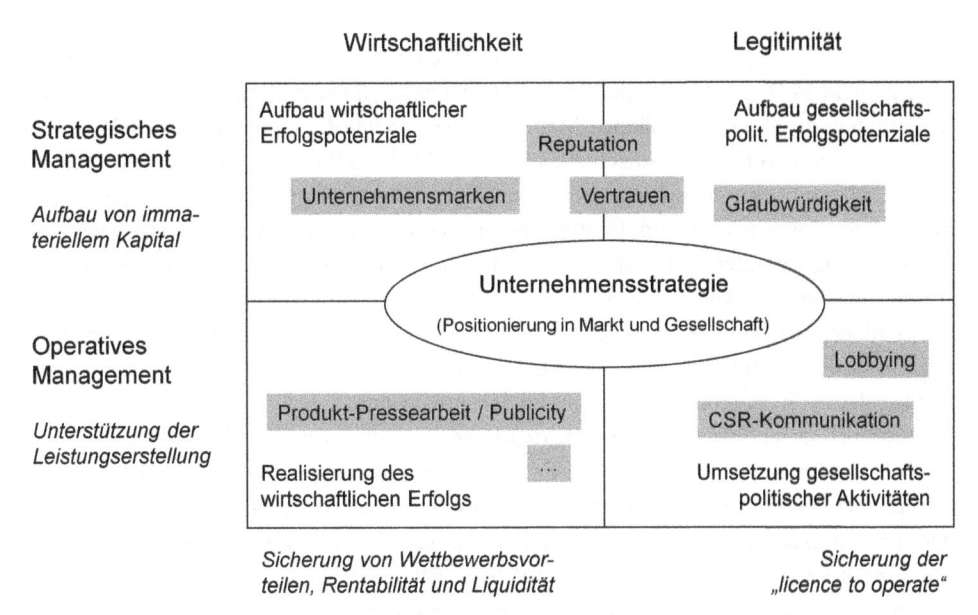

	Wirtschaftlichkeit	Legitimität
Strategisches Management *Aufbau von immateriellem Kapital*	Aufbau wirtschaftlicher Erfolgspotenziale Unternehmensmarken	Aufbau gesellschaftspolit. Erfolgspotenziale Glaubwürdigkeit
	Reputation Vertrauen	
	Unternehmensstrategie (Positionierung in Markt und Gesellschaft)	
Operatives Management *Unterstützung der Leistungserstellung*	Produkt-Pressearbeit / Publicity Realisierung des wirtschaftlichen Erfolgs	Lobbying CSR-Kommunikation Umsetzung gesellschaftspolitischer Aktivitäten
	Sicherung von Wettbewerbsvorteilen, Rentabilität und Liquidität	*Sicherung der „licence to operate"*

Abb. 1 Wertorientierte Unternehmensführung im Spannungsfeld von Wirtschaftlichkeit und Legitimität
(Quelle: Kapitel „Unternehmensführung und Kommunikation: Strategie, Management und Controlling"; © Ansgar Zerfaß)

müssen. Insoweit bedingen sich Reputation und Regulierung: Wer einer ausufernden Regulierung aus dem Wege gehen will, wird darauf achten, die Regeln einer sich entwickelnden Reputationsdynamik zu beachten und freiwillig zu bedienen, weil er sonst zu erwarten hat, dass juristisch bindende Regulierungen folgen, die den vorhandenen Freiraum weiter einschränken (Eisenegger 2012, S. 110 f.).

Es kommt also auf eine Balance zwischen der Anpassung an funktionale und soziale Erwartungen einerseits und die expressive Abgrenzung zur Umwelt und anderen Organisationen an, um Reputation zu erhalten und weiterzuentwickeln. Will man diesen Anspruch nun zentral einordnen, sei auf die Matrix von Zerfaß (vgl. Kapitel „Unternehmensführung und Kommunikation: Strategie, Management und Controlling") verwiesen, der Reputation und Vertrauen auf der Achse des strategischen Management zwischen den Sphären von Ökonomie und Legitimität einordnet (vgl. Abb. 1).

5 Der Status quo in deutschen Unternehmen

Die Entwicklung eines umfassenden und auf Reputationsschutz angelegten Compliance-Managements ist zwar eingeleitet, aber noch nicht überall verwirklicht. Um einen Status quo für die deutsche Wirtschaft zu erheben, wurden 2012 erstmals Compliance-Manager aus Unternehmen unterschiedlicher Größe und verschiedener Rechtsformen zu ihrer Zusammenarbeit mit Kommunikationsabteilungen befragt (vgl. zum Studiendesign und zur Stichprobenwahl Kamm und Rademacher 2012a, b; Rademacher und Köhler 2012).

46,8 % der befragten Compliance-Verantwortlichen gaben dabei an, dass Compliance-Management in ihrem Unternehmen als unabhängige Abteilung organisiert ist. Teil der Rechtsabteilung ist das Compliance-Management in 35,9 % der Unternehmen. Seltener ist es Teil des Bereichs Risikomanagement oder der Abteilung für interne Revision und Controlling. Hier gibt es Unterschiede zwischen börsennotierten Unternehmen und jenen, die nicht an der Börse gelistet sind. In 30 % der GmbHs ist das Compliance-Management Teil der Abteilung für interne Revision und Controlling. Bei börsennotierten Unternehmen konnte hier nur ein Anteil von 5,6 % ermittelt werden. Die Compliance-Abteilungen in Deutschland berichten fast ausschließlich direkt der Geschäftsleitung oder dem Vorstand. Rund 87 % der Compliance-Verantwortlichen gaben diese Antwort, 8,2 % berichten an die Leitung der Rechtsabteilung, 2 % direkt an den Aufsichtsrat.

Wie zu erwarten war, zeigt sich eine deutliche Sensibilisierung für das Thema Compliance auf der Ebene der Unternehmensführung. Compliance spielt aus Sicht der befragten Compliance-Verantwortlichen eine relevante Rolle im Unternehmen und für die Unternehmensleitung. 89,3 % der Befragten gaben an, dass Compliance auf der Management-Agenda der Unternehmensleitung relevant oder sehr relevant behandelt wird. 10,7 % antworten, dass Compliance für die Unternehmensleitung kaum relevant ist. Innerhalb der befragten Unternehmen werden die Aufgaben von Compliance jedoch unterschiedlich wahrgenommen: In 54,9 % der Fälle sehen die Unternehmen die Hauptaufgabe von Compliance in der Prävention von Schaden für Mitarbeiter und Unternehmen. 26,8 % nehmen Compliance als Bestandteil moderner Unternehmensführung neutral wahr. Jedoch werden Compliance-Verantwortliche in 14 % der Unternehmen als Störfaktor im operativen Geschäft wahrgenommen. Nur 13 % der Befragten gaben an, dass von Compliance in ihrem Unternehmen Maßnahmen zur aktiven Gestaltung der Unternehmensreputation erwartet werden, während in 11 % der Unternehmen Compliance als Commitment zur individuellen Verantwortung geschätzt wird. Bei dieser Frage waren Mehrfachantworten möglich. Die Compliance-Verantwortlichen wurden außerdem nach der aktuellen und der zukünftigen Bedeutung der Compliance in ihren Unternehmen und in der deutschen Wirtschaft im Allgemeinen befragt. 66,7 % nehmen an, dass die Bedeutung der Compliance in Zukunft zunimmt oder stark zunimmt, während 29,8 % erwarten, dass die Bedeutung dieses Themas eher konstant bleibt.

Die Gestaltungsmöglichkeiten von Compliance im Unternehmen unterliegen einem breiten Spektrum. Das unternehmensinterne Kulturverständnis ist dabei prägend: Ist die Compliance-Kultur eher kontroll- oder vertrauensbasiert? Und wie schätzen die befragten Manager die künftige Entwicklung ein? Besonders signifikant ist die Unentschiedenheit der Befragten. Die Anzahl der Unternehmen, die derzeit mit einem kontrollbasierten Ansatz arbeiten (29,2 %) ist jenen, die momentan mit einem vertrauensbasierten Ansatz arbeiten (31,9 %) ähnlich. 38,9 % sind unentschieden. In Zukunft streben die meisten Unternehmen (42 %) jedoch nach einem vertrauensbasierten Ansatz. Viele Unternehmen orten sich demnach noch tief verwurzelt in einem kontrollbasierten Ansatz, sehen sich aber perspektivisch auf dem Weg zu einem eher vertrauensbasierten Ansatz im Compliance-Management. Der Mehrheit fällt es heute jedoch schwer, sich in dieser Frage bezogen auf ihr Unternehmen klar festzulegen. Hier besteht Orientierungsbedarf durch die Unternehmensleitung. Bemerkenswert ist, dass die Tendenz zu einer eher vertrauensbasierten Ausgestaltung deutlich stärker von Compliance-Bereichen favorisiert wird, die als eigenständiger Bereich innerhalb des Unternehmens organisiert sind. Wer hingegen in der Rechtsabteilung angesiedelt ist, sieht sich einer kontrollbasierten Kultur verpflichtet.

Obwohl 92,9 % der Befragten antworteten, dass Kommunikation eine sehr wichtige Rolle im Compliance-Management innehat, pflegen nur 3,6 % der Compliance-Verantwortlichen eine langfristige und strategische Zusammenarbeit mit der Kommunikationsabteilung ihres Unternehmens. Eine Gesamtkommunikationsstrategie ist im Compliance-Management also praktisch nicht vorhanden. 50 % der Compliance-Manager arbeiten nur gelegentlich mit der Kommunikationsabteilung zusammen, während es 44,6 % kontinuierlich tun. GmbHs bevorzugen eher eine gelegentliche Zusammenarbeit (90 %), während bei börsennotierten Aktiengesellschaften nur 33,3 % eine gelegentliche Zusammenarbeit pflegen. Die meisten dieser Unternehmen (61,1 %) arbeiten kontinuierlich mit der Kommunikationsabteilung zusammen. Es gibt in dieser Frage also einen deutlich erkennbaren Unterschied zwischen börsennotierten Aktiengesellschaften und den eher kleineren GmbHs. Ein Ansprechpartner in der Kommunikationsabteilung, der ausdrücklich für Compliance-Angelegenheiten zuständig ist, ist in den meisten Unternehmen (40,7 %) die Basis der Zusammenarbeit zwischen Compliance- und Kommunikationsabteilung. Nur 13 % der befragten Compliance-Manager gaben an, dass es in ihrem Unternehmen eine separate Compliance-Kommunikationsabteilung gibt.

Der Kommunikationsabteilung wird aus Sicht der Compliance-Manager (45,8 %) aktuell eher eine wichtige Rolle bei der operativen Umsetzung von Vorgaben aus dem Compliance-Bereich zugesprochen, zum Beispiel durch das Erstellen von Publikationen, internen Mitteilungen und ähnlichem (vgl. Tab. 1). Nur 12 % der Compliance-Manager sehen die Kommunikationsabteilung als Supporter durch ein aktives Reputationsmanagement – 30 % der Befragten gehen aber davon aus, dass diese Aufgabe in Zukunft wichtiger wird.

Die befragten Compliance-Manager erwarten, dass mögliche Reputationsschäden (70,5 %) der Hauptkatalysator für die Entwicklung eines leistungsfähigen Compliance-Managements sind. Als weitere wichtige Katalysatoren für einen Ausbau des Compliance-Managements wurden von den Befragten das Risiko der Strafverfolgung (67,2 %), Managerhaftung und persönliche Strafverfolgung hoher Leitungsebenen (65,6 %) und mediale Kritik (52,5 %) genannt. Zahlreiche Unternehmen haben auch Angst vor Bußgeldern (44,3 %) und Schadensersatzklagen (45,9 %). Negative Folgen eines Compliance-Verstoßes im Reputationsbereich gelten demnach als die eigentlichen Treiber, die ein funktionierendes Compliance-Management zukünftig noch wichtiger machen. Damit bestätigt die Untersuchung frühere Studien, die belegen konnten, dass die Angst vor Reputationsschäden nach Compliance-Vorwürfen zu einer Reihe interner Veränderungen führt, die einen Langfristeffekt der erhobenen (oder erwiesenen) Vorwürfe auf die Unternehmensreputation verhindern (Marciukaityte et al. 2009).

Auch wenn jeder einzelne Faktor einen Reputationsschaden nach sich ziehen kann, zeigt der deutliche Wert für Reputationsschäden insgesamt, dass hier eine hohe Sensibilität bei den Compliance-Verantwortlichen besteht. 96,8 % der Befragten erwarten ein hohes

Tab. 1 Bewertung verschiedener Rollen der Unternehmenskommunikation durch Compliance-Manager
(Quelle: In Anlehnung an Kamm und Rademacher (2012a, S. 34))

Rolle der Unternehmenskommunikation im Compliance-Management	Hohe Relevanz heute (%)	Hohe Relevanz in fünf Jahren (%)
Operative Umsetzung von Vorgaben des Compliance-Bereichs (Erstellen von Broschüren, internen Mitteilungen etc.)	46	32
Experte für die Bewertung des Risikofaktors „Medien und Öffentlichkeit"	27	23
Interner Berater, speziell zu den Punkten Akzeptanz und Motivation der Mitarbeiter	15	15
Supporter durch aktives Reputationsmanagement	12	30

$n = 97$ Compliance-Manager in deutschen Unternehmen. Skala 1 (gar nicht wichtig) bis 5 (sehr wichtig). Häufigkeitsauszählung. Prozentwerte: Zustimmung zu Skalenwerten 4 und 5

oder sehr hohes Reputationsrisiko im Falle eines möglichen Compliance-Verstoßes. Compliance-Management soll in diesem Sinne künftig verstärkt zum Reputationsschutz beitragen. 69 % halten das für sehr relevant, 29 % für immerhin relevant. Lediglich ein Viertel der deutschen Unternehmen, die durch die Befragten vertreten werden (25,5 %), sehen Compliance-Management als Teil ihrer Kommunikationsstrategie und ihr Reputationsmanagements an. Innerhalb der GmbHs ist dieser Anteil mit 10 % noch geringer. Auch extern nutzen bislang weniger als die Hälfte der befragten Unternehmen das Thema aktiv für den Reputationsaufbau. Nur 38 % gaben an, mit dem Thema offensiv nach außen zu gehen. Immerhin 26 % sehen Compliance-Kommunikation als Baustein einer Kommunikationsstrategie. 36 % der Befragten geben dagegen an, dass sie zum Thema Compliance möglichst selten kommunizieren – meist nur dann, wenn es konkrete Fälle gibt.

6 Rolle und Aufgabe der Kommunikation

Die wirksame Implementierung von Compliance-Systemen funktioniert über die Vernetzung von Werten und Haltungen mit einem alltagstauglichen und plausiblen System aus Regeln, Richtlinien und konkreten Hilfestellungen. Das ist kein trivialer Prozess, zumal, wenn es um so heikle Ding wie Hinweisgeber-Systeme oder auch die Positionierung von Ombuds-Leuten geht. Schnell wird beispielsweise das „Whistleblowing" als legalisierter Denunziationskanal missverstanden und entsprechend diskeditiert. Womit so ein System faktisch schon tot ist, bevor es überhaupt angefangen hat zu arbeiten. Alleine mit Seminaren, Broschüren und E-Learning-Modulen ist eine Implementation nicht befriedigend zu bewältigen ist. Den professionellen Kommunikatoren in den Unternehmen kommt bei der internen Compliance-Kommunikation eine Schlüsselrolle zu. Sie stehen damit allerdings auch vor besonderen Herausforderungen. Im Kern besteht eine funktionierende Compliance aus zwei Elementen: einem klaren, möglichst verständlichen, praxisgerechten Regelwerk und einer aktiv, von Führung und Mitarbeitern gelebten Wertekultur (Möhrle und Schulte 2012). Beides gilt es wirksam zu vermittelt, kompromisslos vorzuleben und wenn nötig auch ohne wenn und aber durchzusetzen. Das kann und sollte die Kommunikationsabteilung alleine nicht leisten.

Erfolgskritisches Element auf dem Weg zu einer funktionierenden Werte- und Rechtskultur ist die Zusammenarbeit von Rechtsabteilung/Compliance-Management, Personalabteilung und interner Kommunikation. Je enger und besser die unterschiedlichen Kompetenzen, Methoden und Instrumente hier ineinander greifen, desto besser gelingt in der Regel auch die interne Verankerung. Die Anforderungen der hier gestellten Aufgabe lassen Stabstellenseparatismus und dünkelhafte Überheblichkeit nicht mehr zu. Ob es dazu kommt, hängt entscheidend vom Managementverständnis der jeweiligen Führungsspitze ab. Sie trägt die Verantwortung dafür, ob die maßgeblichen Kompetenzbereiche offen und konstruktiv zusammenwirken, oder ob sie sich in Abgrenzung üben und damit einem zunehmend anachronistischen Managementverständnis verhaftet bleiben. Aussagen, wie die einer Leiterin Interne Kommunikation, die die Personalabteilung öffentlich als den schlimmsten Feind der Internen Kommunikation bezeichnete, gehören endgültig einem vergangenen Managementjahrhundert an.

Die besonderen professionellen Anforderungen an Compliance-Kommunikation beginnen mit dem notwendigen fachlichen Verständnis für Inhalte und Aufgaben der Compliance-Organisation – auf Seiten der Kommunikatoren. Gleiches gilt umgekehrt: Die Compliance-Verantwortlichen benötigen zwingend ein Grundverständnis für die Implikationen des internen Verankerungsprozesses, für Art und Charakter wirksamer interner Kommunikationskampagnen. Voraussetzung für beide Seiten ist ein profundes Verständnis für Wesen, Strukturen und Prozesse einer Organisation, für ihre Risiken und Gefährdungspotenziale sowie der kommunikativen Erreichbarkeit der internen und externen Öffentlichkeit. Um nicht nur den Kopf, sondern auch die „Herzen" (Hugger 2011) der Zielgruppen zu erreichen, bedarf es neben der prozessualen Kompetenz auch die Fähigkeit zur wirkungsvollen emotionalen Ansprache, zum Beispiel mit kreativen, visuellen Inszenierungen, Damit diese nicht als kommunikative Sternschnuppen verpuffen, müssen sie eingebunden sein in eine kampagnenartige Organisation der sich gegenseitig wirkungsverstärkenden Kanäle, Plattformen, Instrumente und Aktivitäten.

7 Fallbeispiel: Compliance-Kampagne der Deutschen Bahn

Die Deutsche Bahn AG hat Ende 2012 zur Unterstützung einer internen Compliance-Offensive eine in vielfacher Hinsicht beispielhafte Kampagne zur Compliance-Kommunikation gestartet. Getragen von der Zusammenarbeit zwischen dem Compliance-Bereich

Abb. 2 Plakatmotiv aus der Compliance-Kampagne der Deutschen Bahn

unter Chief Compliance Officer Dr. Jürgen Grebe und der Unternehmenskommunikation wurde mithilfe der Kommunikationsagentur A&B One eine Kommunikationskampagne für den Bereich Infrastruktur entwickelt. Der strategische Ansatz lautete: Wir bauen eine Brücke zwischen den Wertestandards des Unternehmens und dem persönlichen Wertekanon der Mitarbeiter und übersetzen sie in den Alltag. Die Vorgabe für die kreative Leitidee lautete: Wir ermöglichen einen von der persönlichen Perspektive und Haltung der Mitarbeiter getragenen, emotionalen Zugang zum rationalen Regelsystem, der dessen alltägliche Sinnhaftigkeit vermittelt und dabei Identifikation und Orientierung schafft.

Die Kampagne bestand aus mehreren Elementen: dem Kampagnen-Claim, drei zentralen Plakatmotiven, einer für den Unternehmensbereich Infrastruktur angepassten Compliance-Broschüre und einem zweiminütigen Film, einsetzbar im Intranet der Bahn, bei Schulungen und Konferenzen. Der Claim „DB-Compliance. Wissen, was unsere Werte schützt" schlug unmissverständlich die Brücke zwischen den Werten und der Haltung von Unternehmen und Mitarbeitern und dem Wissen darum, wie man diese schützt. Gleichzeitig leistete er eine positive Positionierung und Profilierung des Themas und des für Compliance verantwortlichen Bereichs in der internen Öffentlichkeit des Unternehmens. Für die Plakatkampagnen wurden drei Motive entwickelt: Im Zentrum standen dabei drei Werte, die sowohl im Privatleben als auch im professionellen Umfeld selbstverständlich sein sollten: Ehrlichkeit, Korrektheit und vorbildhaftes Verhalten (vgl. Abb. 2). Damit die Kampagne einen möglichst hohen Authentizitätsgrad erreicht, wurden die drei Motive mit Mitarbeitern der DB umgesetzt. Sie waren auch die Akteure in dem gut zweiminütigen

Film, dem emotionalen Herzstück der Kampagne. Die Broschüre mit einem mehr informativ-sachlichen Charakter rundet das Kampagnenpaket ab.

8 Fazit

Kein System der Welt schützt gegen die kriminellen Energien Einzelner. Ganz entscheidend ist, ob ein Unternehmen im Fall des Falles glaubwürdig darlegen kann, dass es sich nicht um ein Systemversagen oder kollektives Managementversagen gehandelt hat. Mit einer wirksam implementierten, wertebasierten Rechts- und Regelkultur und den damit verbundenen Voraussetzungen und Vorkehrungen ist die Chance dafür ungleich höher als ohne – und der reputative und wirtschaftliche Schaden wahrscheinlich deutlich geringer. Der Compliance-Kommunikation kommt dabei, neben der bloßen Informationsvermittlung, eine besonders anspruchsvolle Aufgabe zu: die Schaffung einer „informellen Sozialkontrolle" (Bussmann 2012). Sie hat entscheidenden Anteil am Grad der Immunität einer Organisation gegen Regelverstöße jeder Art. Sie entsteht, wenn individuelle Wertvorstellungen mit dem Werte- und Regelsystem des eigenen Unternehmens verknüpft werden können. Dann wird die Compliance zum Garanten des Marken- und Reputationswertes.

Literatur

Baumgärtner, N. (2005). *Risiko und Krisenkommunikation: Rahmenbedingungen, Herausforderungen und Erfolgsfaktoren, dargestellt am Beispiel der chemischen Industrie.* München: Hut.
Benz, A., Lutz, S., Schimank, U., & Simonis, G. (2007). Einleitung. In A. Benz, S. Lutz, U. Schimank, & G. Simonis (Hrsg.), *Handbuch Governance. Theoretische Grundlagen und praktische Anwendungsfelder* (S. 9–25). Wiesbaden: VS Verlag für Sozialwissenschaften.
Biegelman, M. & Bartow, J. (2006). *Executive roadmap to fraud prevention and international control: creating a culture of compliance.* Hoboken/NJ.: Wiley & Sons.
Bussmann, K. (2012). *Vortrag beim Compliance-Gipfel Infrastruktur der Deutsche Bahn Network Mobility Logistics AG,* unveröff. Manuskript, 11.12.2012.
Clarke, T. (2004). Theories of governance – reconceptualizing corporate governance theory after the Enron experience. In T. Clarke (Hrsg.), *Theories of corporate governance. The philosophical foundations of Corporate governance* (S. 1–30). New York: Routledge.
Claussen, J. (2011). *Compliance- oder Integrity-Management. Maßnahmen gegen Korruption in Unternehmen.* Marburg: Metropolis Verlag.
Di Lorenzo, V. (2007). Business ethics: Law as a determinant of business conduct. *Journal of Business Ethics, 70*(3), 275–299.
Eisenegger, M. (2012). Moral, Recht und Reputation. In L. Rademacher & A. Schmitt-Geiger (Hrsg.), *Litigation-PR: Alles was Recht ist* (S. 105–119). Wiesbaden: VS Verlag für Sozialwissenschaften.
Fombrun, C. J. (1996). *Reputation. Realizing Value from the Corporate Image.* Boston: Havard Business School Press.
Guinn, D. (2000). Corporate compliance and integrity programs: The uneasy alliance between law and ethics. *HEC Forum, 12*(4), 29–302.
Härig, N. (2011). Ist ein Complianceverantwortlicher im Aufsichtsrat nötig? *Der Aufsichtsrat, 2*(8), 20–21.

Hartmann, J., & Tauber, A. (2012). Saubere Wäsche ist schwer in Mode. Welt am Sonntag vom 22.1.2012.

Hugger, H. (2011). Kommunikation im Compliance-Management. In H. Möhrle & K. Schulte (Hrsg.), *Zwei für alle Fälle. Handbuch zur optimalen Zusammenarbeit von Juristen und Kommunikatoren* (S. 47–53). Frankfurt am Main: Frankfurter Allgemeine Buch.

Kamm, S., & Rademacher, L. (2012a). *Im Fadenkreuz der Öffentlichkeit. Compliance-Kommunikation als Reputationsschutz*. München: MHMK University Press/CCC.

Kamm, S., & Rademacher, L. (2012b). Nur wenn es gar nicht mehr anders geht. *Pressesprecher, 10*(2), 12–14.

Klindt, T., & Benz, J. (2011). Compliance 2020 – ein Blick in die Zukunft. *Betriebs Berater, 65*(49), 2977–2980.

Kreuder, T. (2011). Jeder weiß, was Recht ist. In H. Möhrle & K. Schulte (Hrsg.), *Zwei für alle Fälle. Handbuch zur optimalen Zusammenarbeit von Journalisten und Kommunikatoren* (S. 54–70). Frankfurt am Main: Frankfurter Allgemeine Buch.

Marciukaityte, D., Szewczyk, S. H., Uzun, H., & Varma, R. (2009). Governance and performance change after accusations of corporate fraud. *Financial Analysts Journal, 62*(3), 32–41.

Michaelson, C. (2006). Compliance and the illusion of ethical progress. *Journal of Business Ethics, 66*(2/3), 241–151.

Möhrle, H. (2011). Vom Wertekanon zur Regelkultur – Compliance und Corporate Culture im vernetzten Unternehmen. In H. Möhrle & K. Schulte (Hrsg.), *Zwei für alle Fälle. Handbuch zur optimalen Zusammenarbeit von Journalisten und Kommunikatoren* (S. 37–46). Frankfurt am Main: Frankfurter Allgemeine Buch.

Möhrle, H., & Schulte, K. (Hrsg.). (2012). *Zwei für alle Fälle. Handbuch zur optimalen Zusammenarbeit von Juristen und Kommunikatoren*. Frankfurt am Main: Frankfurter Allgemeine Buch.

PwC PricewaterhouseCoopers, & Martin-Luther-Universität Halle-Wittenberg. (Hrsg.). (2011). *Wirtschaftskriminalität 2011*. Frankfurt am Main: PwC/Martin-Luther-Universität Halle-Wittenberg.

Rademacher, L., & Köhler, A. (2012). More than a legal issue? Compliance Communication as a tool for reputation management. *Sinergie - rivista di studi e ricerche, 30*(88), 35–52.

Rohde-Liebenau, B. (2007). Förderung der Corporate Compliance: Mehr Zuckerbrot als Peitsche? *ERA Forum, 2*(8), 273–287.

Shannon, C., & Weaver, W. (1949). *A Mathematical model of communication*. Urbana. IL: University of Illionis Press.

Steßl, A. (2012). *Effektives Compliance Management im Unternehmen*. Wiesbaden: VS Verlag für Sozialwissenschaften.

Vetter, E. (2008). Compliance in der Unternehmerpraxis. In G. Wecker & H. van Laak (Hrsg.), *Compliance in der Unternehmerpraxis: Grundlagen, Organisation und Umsetzung* (S. 29–42). Wiesbaden: Gabler.

Wecker, G., & van Laak, H. (Hrsg.). (2008). *Compliance in der Unternehmerpraxis: Grundlagen, Organisation und Umsetzung*. Wiesbaden: Gabler.

Wieland, J. (2010). Einleitung. In J. Wieland, R. Steinmeyer, & S. Grüninger (Hrsg.), *Handbuch Compliance Management* (S. 5–7). Berlin: Erich Schmidt Verlag.

CSR-Kommunikation: Zielsetzungen und Erscheinungsformen

Stefan Jarolimek

Zusammenfassung

Ausgehend von Globalisierung und De-Regulierung betrachtet der Beitrag die Entwicklung der Kommunikation gesellschaftlicher Verantwortung von Unternehmen (Corporate Social Responsibility, CSR). Auf Basis des Neo-Institutionalismus als maßgeblicher organisationstheoretischer Erklärungsansatz in diesem Forschungsfeld werden die Mechanismen im organisationalen Feld aufgezeigt. Ausführlich werden Zielsetzungen und Erscheinungsformen der CSR-Kommunikation in Selbstdarstellungen im Dialog mit unterschiedlichen Stakeholdern betrachtet und mit aktuellen Forschungsergebnissen verbunden. Neben diesem Überblick aus einer Unternehmensperspektive werden abschließend öffentlich formulierte Kritikpunkte wie Greenwashing und damit verbunden die journalistische Berichterstattung über CSR-Aktivitäten in klassischen Massenmedien diskutiert.

Schlüsselwörter

Corporate Social Responsibility · CSR · CSR-Kommunikation · CSR-Bericht · Nachhaltigkeit · Legitimation · Neo-Instititionalismus · Stakeholderdialog · Cause Related Marketing · Greenwashing · Transparenz · Unternehmenskommunikation

---

S. Jarolimek (✉)
Universität Leipzig, Institut für Kommunikations- und Medienwissenschaft
Burgstraße 21, 04109 Leipzig, Deutschland
E-Mail: stefan.jarolimek@uni-leipzig.de

1 Einleitung

Märkte wie Öffentlichkeiten haben sich verändert. Der Prozess der Globalisierung hat dazu geführt, dass Unternehmen zunehmend in einem internationalisierten, wenn nicht globalen statt einem eher national geprägten Markt tätig sind. Dies birgt zwei Konsequenzen: Zum einen verlieren nationale Regulierer mehr denn je ihre Regulierungsmacht. Zu einer gewollten De-Regulierung tritt eine unvermeidbare. Zum anderen haben sich Öffentlichkeiten zu einem globalen Informationsmarkt entwickelt. Durch Internet und Social Media können beispielsweise Zulieferketten und asiatische Produktionsbedingungen in Europa öffentlich gemacht und nach europäischen Wertmaßstäben beurteilt werden. Damit wächst die Verantwortung von Unternehmen. Folgerichtig wird die gesellschaftliche Verantwortung von Unternehmen, Corporate Social Responsibility (CSR), als Folge der Globalisierung gedeutet (Scherer et al. 2006). Die Anfänge der unternehmerischen Verantwortung fallen jedoch in die Zeit der Industrialisierung, der beginnenden Massenarbeit, in der Unternehmerpersönlichkeiten für das Wohl der Mitarbeiter, der Region usw. sorgten. Dies war lange bevor Begriffe wie CSR oder verwandte Konzepte wie Corporate Citizenship, Nachhaltigkeit oder Corporate Governance (vgl. Kapitel „Corporate Governance und Corporate Social Responsibility") diskutiert wurden.

Im Folgenden werden die Debatte um CSR und CSR-Kommunikation einführend dargestellt sowie Definitionsmöglichkeiten vorgestellt, bevor unterschiedliche Zielsetzungen und Erscheinungsformen von CSR-Kommunikation vorgestellt werden. CSR-Kommunikation steht oftmals in der Kritik, die zum Schluss des Beitrags ebenfalls diskutiert wird, ohne dass hierzu eine mustergültige Lösung vorläge.

2 Verantwortung und Nachhaltigkeitsdebatte (Definition von CSR)

Als begrifflichen Ursprung für CSR wird meist die Publikation „The Responsibility of the Businessmen" vom „Father of CSR" Howard R. Bowen aus dem Jahr 1953 genannt (vgl. Bowen 1953). Im Folgenden durchlief das Konzept zahlreiche Veränderungen. Frederick (2006) unterteilt diese Veränderungen in vier unterschiedliche CSR-Phasen und Bezeichnungen. CSR 1 (Corporate Social Responsibility) bildet demnach das Ur-Konzept, das vor allem eine moralische Auflading des unternehmerischen Handelns beinhaltet. Mit CSR 2 (Corporate Social Responsiveness) wurden geringe Umsetzbarkeit und fehlende Handlungsanweisungen kritisiert sowie eine generelle Sensibilität für verantwortliches Handeln angemahnt. Aus der daraus erwachsenen Unverbindlichkeit entsteht CSR 3 (Corporate Social Rectitude), das stärker normative Anforderungen an Unternehmen stellt. Das Konzept der Corporate Social Performance (CSP) entsteht etwa zeitgleich mit demselben Hintergrund und möchte die Verantwortung von Unternehmen messbar machen. Fredericks CSR 4 (Cosmos, Society, Religion) stellt den Versuch dar, Verantwortung im Rahmen von Social Issues in Management (SIM) zu verorten. Heute findet vor allem die Bezeichnung des Ur-Konzepts „Corporate Social Responsibility", die gesellschaftliche Verantwortung von Unternehmen Anwendung (vgl. zur Entwicklung auch A. B. Carroll 2008; Schultz 2011).

Hinzu trat in den 1980er Jahren das Konzept der Nachhaltigkeit, das auf den Arbeiten einer UN-Kommission und ihrem Ergebnisbericht „Unsere gemeinsame Zukunft" (Our common future) beruht, auch bekannt als „Brundtland-Bericht". Der Schwerpunkt lag hier zunächst auf ökologischen Themen, erst später traten soziale und ökonomische Nachhaltigkeit hinzu (Godemann und Michelsen 2008; Jarolimek und Raupp 2011a). Beide Konzepte, CSR und Nachhaltigkeit, sind heute kaum voneinander zu trennen. In der unternehmerischen Praxis wurden beide Konzepte aufgenommen, aber je unterschiedlich ausgelegt. Die Begriffe werden hier fast synonym verwendet, abzulesen etwa in der Benennung von CSR-Bericht bzw. Nachhaltigkeitsbericht. Das verbindende Element bildet die sogenannte „triple-bottom-line", die drei Säulen der ökologischen, sozialen und ökonomischen Verantwortung bzw. Nachhaltigkeit umfaßt (Elkington 1999).

In der Forschung war CSR und Nachhaltigkeit lange Zeit ein Thema der Managementlehre, der Wirtschaftsethik und der Business und Society-Forschung. Erst in den vergangen Jahren rückte CSR und insbesondere CSR-Kommunikation auch stärker in den Fokus der Kommunikationswissenschaft. Dies ist in jüngst erschienen Handbüchern zum Thema abzulesen (Ihlen et al. 2011a; Raupp et al. 2011a).

Eine allseits anerkannte Definition für CSR liegt bislang nicht vor. Die Abgrenzung zu Nachbarkonzepten wie Nachhaltigkeit und Corporate Citizenship variieren stark. Raupp et al. (2011b) nehmen daher eine Einteilung in CSR im engeren und CSR im weiteren Sinne vor. Die Verantwortungspyramide von Archie B. Carroll steht stellvertretend für eine breite CSR-Auslegung. In seiner Darstellung benennt er von unten nach oben unterschiedliche Verantwortlichkeiten von Unternehmen.

CSR im weiteren Sinn
CSR im weiteren Sinn kann mit A.B. Carroll (1991, S. 42) verstanden werden als die Verantwortung von Unternehmen in folgenden Teilbereichen:
1. Ökonomische Verantwortung („make profit")
2. Juristische Verantwortung („obey the law")
3. Ethische Verantwortung („be ethical")
4. Philanthropische Verantwortung („be a good corporate citizen")

A. B. Carroll benennt hier sowohl die ökonomischen Zwänge des Marktes als auch die juristischen Zwänge von Regulierern. CSR geht meist darüber hinaus, indem sie gesellschaftlichen Normen und Werten, also moralischen bzw. ethischen Anforderungen zu entsprechen versucht, die nicht rechtlich kodifiziert sind. Diese haben im Normalfall auch keinen direkten Bezug zum Absatz. Der kritischen Haltung von Milton Friedman (1970) mit dem vielzierten Ausspruch „The only responsibility of business is to make profit" kann aus heutiger Sicht entgegengehalten werden, dass CSR-Maßnahmen vielfach auch dazu genutzt werden, den Absatz zu steigern bzw. notwendig sind, da sie von Kunden aber auch weiteren Stakeholdern erwartet werden.

Neben dieser breiten Definition kann jene der Europäischen Kommission stellvertretend für eine enge Sichtweise herangezogen werden. Das 2001 veröffentlichte Grünbuch gilt als einer der wesentlichen Treiber der CSR-Debatte in Europa. Die dort gewählte Definition findet sowohl in der Forschung als auch in der Praxis häufig Anwendung.

> **CSR im engeren Sinn**
> CSR im engeren Sinne kann mit EU-Kommission (2001)[1] verstanden werden als: „ein Konzept, das den Unternehmen als Grundlage dient, auf freiwilliger Basis soziale Belange und Umweltbelange in ihre Unternehmenstätigkeit und in die Wechselbeziehungen mit den Stakeholdern zu integrieren. Sozial verantwortlich handeln heißt nicht nur, die gesetzlichen Bestimmungen einhalten, sondern über die bloße Gesetzeskonformität hinaus ‚mehr' investieren in Humankapital, in die Umwelt und in die Beziehungen zu anderen Stakeholdern."

Dabei werden deutlich engere Kriterien für CSR genannt, allen voran die Freiwilligkeit und der Bezug zur Unternehmenstätigkeit. Will man in einer Forschungsperspektive die CSR-Kommunikation in der Praxis einfangen, liegt es daher nahe, eine CSR-Definition als Grundlage zu wählen, die zwischen den beiden Extremen liegt.

Neben der begrifflichen Abgrenzung stellt sich zudem die Frage, warum Unternehmen überhaupt freiwillig Verantwortung übernehmen. Wie sich diese Mechanismen unternehmerischer Verantwortung erklären lassen, sollen organisationstheoretische Ansätze zeigen.

3 Organisationstheoretische Erklärungsansätze

Innerhalb der CSR- und Nachhaltigkeitsdebatte finden unterschiedliche theoretische Konzepte Anwendung. Zentral ist auch in diesem Feld der Stakeholderansatz, der im Vergleich zu Rationalität die Legitimität in den Fokus rückt (Karmasin 2008). Der Ansatz verdeutlicht die Beziehungen zwischen unterschiedlichen gesellschaftlichen Gruppen und dem Unternehmen, kann aber nur schlecht Veränderungen von verschiedenen Organisationen, Angleichungsprozesse u. Ä. aufzeigen (Raupp 2011a).

Daneben wird in der CSR-Debatte meist auf den Neo-Institutionalismus Bezug genommen (Matten und Moon 2008; Hiß 2006). In diesem organisationstheoretischen Ansatz geht es im Wesentlichen um die Frage, weshalb bei der Vielzahl unterschiedlicher Unternehmen gleiche Strukturen entstehen (Hasse und Krücken 2005; Sandhu 2012). Der An-

---

[1] Die EU-Kommission veröffentlichte im Herbst 2011 eine neue CSR-Definition, die das Kriterium der Freiwilligkeit ausnimmt, gleichwohl lässt sich die frühere Abgrenzung für eine engere Sichtweise heranziehen (vgl. EU-Kommission 2011).

satz fragt also dezidiert nach der Möglichkeit von Gemeinsamkeiten. Die Grundidee kann man verkürzt so darstellen: Organisationen übernehmen, um sich zu legitimieren, von der Umwelt institutionalisierte Regeln mit der Funktion von Rationalitätsmythen. Organisationen übernehmen diese Regeln für ihr Handeln, unabhängig von dem Einfluss auf die Effizienz der Organisation (Hasse und Krücken 2005, S. 50 f.). Aus diesem Widerspruch von Effizienzerfordernissen und Legitimationsanforderungen kann es zu Dilemmata kommen. Als zentrale Begriffe werden in der CSR-Debatte Legitimation, Rationalitätsmythos, Mechanismen der Isomorphie, Entkopplung sowie das organisationale Feld betrachtet.

Der Ansatz des Neo-Institutionalismus ist aus kommunikationswissenschaftlicher Perspektive auch deshalb von Interesse, da er den für die Organisationskommunikationsforschung zentralen Begriff der Legitimität beinhaltet (Raupp 2011b). Legitimität wird meist mit Verweis auf Suchman (1995, S. 574) verstanden als „generalized perception or assumption that the actions of an entity are desirable, proper, or appropriate within some socially constructed system of norms, values, beliefs, and definitions". Innerhalb der organisationalen Felder, d. h. alle gesellschaftlichen Umwelten einer zu untersuchenden Organisation, versuchen alle Organisationen Legitimation zu erreichen. Diese Organisationen, etwa Unternehmen und andere Akteure von Non-Governmental Organizations (NGOs) und aus der Politik, stehen dabei in einem wechselseitigen Legitimationsverhältnis mit unterschiedlichen Interessen. In diesem wechselseitigen Verhältnis kommt es zu Anpassungshandlungen, die zur strukturellen Gleichheit (Isomorphie) führen. Klasssicherweise werden drei Mechanismen der Isomorphie unterschieden: 1. *Zwang*, die Angleichung etwa durch Gesetze, 2. *Mimetische Prozesse*, d. h. Nachahmereffekte, sowie 3. *Normativer Druck*, moralische bzw. ethische Forderungen der Gesellschaft. In der soziologischen CSR-Literatur werden folgende Erklärungsansätze für die Dynamik im organisationalen Feld genannt: *erstens* Gründe der Legitimation sowie *zweitens* der Konformationsdruck, der nicht nur aus Zwang und normativen Druck resultiert, sondern auch durch Imitation (mimetische Prozesse) (Matten und Moon 2008). Wenn die „proaktive" Vorreiterrolle von Mitbewerbern zu ökonomischen Gewinnen aber auch Reputationsgewinn führen, passen sich die Konkurrenten „reaktiv" an (Haigh und Jones 2007, S. 17).

Daneben spielt der Begriff des Mythos bzw. des Rationalitätsmythos eine zentrale Rolle. Als Mythen werden im Neo-Institutionalismus institutionelle Regeln verstanden, die als selbstverständlich erachtet und durch die Öffentlichkeit und Gesetze gestützt werden. Besitzt eine Organisation den Mythos des Rationalen, wird dies unhinterfragt angenommen. Das Rationale heißt aber nicht, dass die organisationale Struktur gleichzeitig zu mehr Effizienz oder Rationalität führen muss. Der Begriff des Rationalitätsmythos versucht genau diese Diskrepanz zu erfassen, die zu Dilemmata führen kann, wenn die Legitimation eines profitorientieren Unternehmens durch die Anpassung an gesellschaftliche Mythen mitbestimmt wird. Eine Reaktion darauf ist u. a. die Strategie des De-Coupling bzw. die Entkopplung. Bezogen auf Nachhaltigkeit wird eine Nachhaltigkeits-/CSR-Fassade kommunikativ errichtet, um gesellschaftliche Legitimation nicht zu verlieren, ohne tatsächliche formale Anpassungen vorzunehmen.

4 Zielsetzungen

Mit CSR-Maßnahmen und deren Kommunikation sind unterschiedliche Ziele verbunden. Für eine kommunikationswissenschaftliche Perspektive nennen Schultz und Wehmeier (2010) vier Treiber für CSR-Engagement und -Kommunikation: 1. *Wettbewerb* (mimetisch), 2. *Regulative Normen* (normativ) 3. *Berufs- bzw. organisationsinterne Normen* (normative), 4. *Öffentlicher Druck* (kognitiv). Dabei können Zielsetzungen für CSR-Aktivitäten und ihre Kommunikation auf zwei Ebenen ausgemacht werden. Zum einen mit Bezug auf einen möglichen Wettbewerbsvorteil und einer direkten Absatzsteigerung sowie zum anderen mit Bezug zu Stakeholdern und Öffentlichkeit die aus der Unternehmenskommunikation bekannten Ziele Legitimations-, Reputations-, und Vertrauenssteigerung.

Sichtbar werden zunächst Wettbewerbsvorteile. Ein wesentlicher Treiber für CSR-Maßnahmen ist das gesteigerte Interesse von Kunden, nachhaltige und ökologische Produkte zu kaufen, sei es um sich gesünder oder qualitative hochwertiger zu ernähren (Bio-Siegel) oder sich ein „gutes Gewissen" zu kaufen (ökologischer Anbau, Regenwald-Hilfe usw.). Aber dieses positive Image kann dann auch wichtig werden zur Anwerbung neuer Mitarbeiter. Dieser letzte Punkt macht deutlich, dass die unternehmerische CSR-Kommunikation auch darüberhinausgehende allgemeine Ziele der Unternehmenskommunikation betrifft, die eben nicht nur über Medienaussendungen beobachtbar sind, sondern aus einer stärker unternehmenszentrierten Perspektive auch in der Gestaltung von Aushandlungsprozessen mit unterschiedlichen Stakeholdern erkennbar werden: Reputation, Legitimation und Vertrauen.

In der Literatur wird für CSR(-Kommunikation) meist ein positiver Effekt auf Reputation zugeschrieben, aber auch vor Reputationsrisiken gewarnt. Eisenegger und Schranz (2011) stellen sich daher die Frage, ob Unternehmen CSR-Aktivitäten offensiv in der Öffentlichkeit kommunizieren sollen, oder sich eher eine zurückhaltende Handlungsstrategie lohnt. Mit Bezug zu Reputation als dreidimensionales Konstrukt von funktionaler (faktengestützter), sozialer (moralisch-normativer, legitimer) und expressiver (emotionaler) Reputation, scheint gerade die expressive Reputation bei dem freiwilligen CSR-Handeln von Interesse, wenn (scheinbar) die über das Pflichthandeln hinaus gegebene Identität des Akteurs sichtbar wird. Unternehmen versuchen, „sich über sozial verantwortliches Handeln ein identifikationsstiftendes Alleinstellungsmerkmal zu sichern" (Eisenegger und Schranz 2011, S. 74). Unterschiedliche Forschungsbereiche beschäftigen sich mit dem Zusammenspiel von CSR und Reputation. In ihrem Überblicksartikel nennen Eisenegger und Schranz die betriebswirtschaftliche bzw. Managementforschung, die PR-Forschung sowie die Medien- und Journalismusforschung und halten drei Herangehensweisen und grundlegende Ergebnisse fest: 1. *CSR-Kommunikation als Teil der Reputation selbst*. Hier wird CSR nicht als eine Kompetenz, sondern als einer von mehreren Aspekten gesehen, die die Reputation konstituieren. Es geht hier also lediglich um den Ruf, gesellschaftliche verantwortungsvoll zu handeln; 2. *CSR-Kommunikation als Treiber von Reputation*. Hier wird Reputation als abhängige Variable gesehen. In der Forschung gibt es divergente Ergebnisse. CSR-Kommunikation scheint positive wie negative Reputationseffekte zu erzeugen; 3. *CSR-Kommu-*

nikation als intervenierende Variable, die Reputation beeinflusst. Vielfach wird hier darauf verwiesen, dass sie CSR(-Kom) vor allem für solche Unternehmen lohnt, die schon einen guten Ruf haben (im Anschluss an Eisenegger und Schranz 2011, S. 87)

Eng verbunden mit der Reputation ist das Ziel der Legitimation. Beide Konzepte können als Bewertungen einer Organisation durch ein soziales System gesehen werden. In dieser Hinsicht unterscheiden Deephouse und Carter (2005) Legitimation als Akzeptanz und Einhaltung sozialer Normen, während Reputation durch den Vergleich von mehreren Unternehmen gekennzeichnet sei. Im Anschluss daran beschreibt Raupp (2011b) das CSR-Ziel Legitimation im Zusammenhang mit öffentlichen Diskursen. Auch Legitimation wird als Konzept zur Sicherung wirtschaftlicher Aktivität beschrieben. Wirtschaftliche Akteure und die öffentlich zugeschriebene Legitimität werden wie folgt zusammenfassend charakterisiert: 1. Die öffentliche Herstellung von Legitimation ist nicht Teil eines rationalen Diskurses, sondern vielmehr ein *Aushandlungsprozess* in der öffentlichen Arena zwischen politischen, ökonomischen und anderen Akteure, die bemüht sind, sich als Sprecher Definitionshoheit über ein Thema zu gewinnen; 2. In der journalistischen Verarbeitung setzten sich bestimmte *Deutungsmuster* durch, die zu gesellschaftlichen Bewertung herangezogen werden; 3. *Rationalität und Moralisierung* bilden zwei maßgebliche Deutungsmuster in diesem öffentlichen diskursiven Aushandlungsprozess. Sie sind damit kontextabhängig, verändern sich im Verlauf der Diskurse und stehen in gewissem Widerspruch (im Anschluss an Raupp 2011b, S. 109).

Neben Legitimation und Reputation lassen sich noch weitere Ziele benennen. Bentele und Nothhaft (2011, S. 50) sehen in CSR ein Modewort, das in unterschiedlichen Facetten untersucht und beschrieben wird. Sie argumentieren, man sollte möglichst diese begriffliche Hülle fallen lassen und zu den zugrundeliegenden kommunikativen Mechanismen vorstoßen, die sie in Glaubwürdigkeit und Vertrauen sehen. Vertrauensgewinn und -verlust wird an Diskrepanzen festgemacht zwischen gegebener Information und tatsächlicher Handlung oder zwischen allgemeinen rechtlichen Normen und/oder moralischen Werten und dem Handeln. Gerade in dem letzten Beispiel werden die Überschneidungen mit Reputation und Legitimation deutlich. Bentele und Nothhaft (2011, S. 64 ff.) erkennen am Beispiel des „Grünen Riesen"-Werbespots von RWE Diskrepanzen auf den Vertrauensebenen von Organisation (Spot vs. Realität durch Gegenspot von Greenpeace), Person (etwa RWE-Vorstände) und System (Misstrauen gegen das System Energieversorgung insgesamt).

5 Erscheinungsformen der CSR-Kommunikation

Um diese je unterschiedlichen Ziele zu erreichen, haben sich über die Jahre hinweg verschiedene Erscheinungsformen der CSR-Kommunikation unterschiedlich stark ausgeprägt. Im Folgenden sollen zentrale Aspekte vorgestellt werden, die unter den Stichworten (Multi-) Stakeholder-Dialog (5.1), unternehmerische Selbstdarstellungen (5.2) und Marketingorientierte Sichtweise (5.3) zusammengefasst werden. Die Unterscheidung kann hierbei nicht trennscharf sein, da zwischen den unterschiedlichen Sichtweisen zum Teil starke Interdependenzen bestehen.

5.1 CSR im Dialog: (Multi-)Stakeholder und Soziale Medien

Mit dem Aufkommen des Stakeholder-Modells wurden über die Jahre hinweg mehr und mehr die Erwartungen unterschiedlicher Anspruchsgruppen berücksichtigt. In einer Multi-Stakeholder-Perspektive werden Interessen von Politik, Kunden, NGOs, Verbände und Bürgerinitiativen in Betracht gezogen. Im Bereich der CSR-Kommunikation gilt dies vor allem für jene Unternehmen, die pro-aktiv und freiwillig (über die gesetzlichen Bestimmungen hinaus) ihr CSR-Engagement betreiben. Sie tun dies zum einen mit Blick auf die Entwicklung des einzelnen Unternehmens. Zum anderen ist dieses pro-aktive Handeln Anstoß für Branchenbereiche und führt zu neuen Standards.

Neben einem direkten Dialog mit bekannten und als relevant eingeschätzten Stakeholdern, scheint die Beobachtung der Ansprüche in der gesellschaftlichen Umwelt vor allem mittels Social Media möglich zu sein; zumindest intensiver als zuvor (Zerfaß und Pleil 2012). Der Forschungsstand hierzu ist gleichwohl ernüchternd. In einem Überblicksartikel von Capriotti (2011) werden vielmehr normative Erwartungen beschrieben als empirische Ergebnisse vorgelegt.

Die Ergebnisse dieser dialogischen Form der CSR-Kommunikation können dann als CSR-Bericht, Medienaussendungen und weitere Formen der Selbstauskunft sowohl Stakeholder als auch eine breitere Öffentlichkeit über die Maßnahmen und Pläne in den Bereichen der sozialen, ökonomischen und ökologischen Verantwortung informieren.

5.2 CSR-Bericht und weitere Formen der Selbstauskunft

Der CSR-Bericht ist die klassische Selbstauskunft der Unternehmen über ihre Tätigkeiten in diesem Bereich. Bereits vor dem CSR-Boom (etwa vor 2000) gab es ähnliche Formate in Deutschland, etwa die seit den 1970er Jahren bekannten „Sozialberichte" (Ronneberger und Rühl 1992, S. 213). Mittlerweile verfügen fast alle Großunternehmen über einen CSR-Bericht. Auch mittelständische Unternehmen beginnen, CSR-Berichte anzufertigen. In der Agenturbranche hat die Beratung zu CSR-Berichten zugenommen. Die Unternehmen orientieren sich größtenteils bei der Erstellung an den Richtlinien der Global Reporting Initiative (GRI, für einen Überblick u. a. Rieth 2009). Neben dem Ziel der Transparenz benennt die GRI zudem Prinzipien für die Qualität von CSR-Berichten: 1. Ausgewogenheit, 2. Vergleichbarkeit, 3. Genauigkeit, 4. Aktualität, 5. Klarheit sowie 6. Zuverlässigkeit. Die Dokumente und Hinweise der GRI (Guidelines, Sector Suplements, Guidance Documents Technical Protocols) sollen Standards für einen weltweit vergleichbaren Rahmen von CSR-Berichten ermöglichen. Die benannten Indikatoren der GRI sind: ökologische Indikatoren, ökonomische Indikatoren sowie (in der deutschen GRI-Fassung) gesellschaftliche Indikatoren. Die gesellschaftlichen Indikatoren werden weiter unterteilt in: 1. Arbeitspraktiken und Menschenwürde 2. Beschäftigung, Menschenrechte, 3. Gesellschaft und 4. Produktverantwortung (GRI 2006, S. 2). Unternehmen sind dabei nicht gezwungen alle Indikatoren als Grundlage ihrer Berichterstattungsmuster heranzuziehen. Auch der UN Global Compact empfiehlt seinen Mitgliedern einen CSR-Bericht vorzulegen und dabei auf die GRI-Richtlinien zurückzugreifen. Trotz des breiten Konsenses über die GRI-G3-Richtlinien werden diese uneinheitlich in Praxis eingesetzt.

Eine externe Kontrolle im Hinblick auf die Anwendung der Vorgaben existiert nicht. Es liegen zahlreiche Ratings vor, die jedoch größtenteils die innere Kohärenz und Aufmachung bewerten. Als Gegenbeispiel kann der Dow Jones Sustainanbility Index genannt werden, der unter anderem Ergebnisse von Managerbefragungen und Bewertungen in der Medienberichterstattung in das Ranking aufnimmt.

Neben der eigenständigen Form des CSR-Berichts werden noch weitere Formen zur Information genutzt, wie Medienaussendungen, Internetpräsenz, Kampagnen. Zudem werden Anzeigen genutzt, um auf den Beitrag zur Gesellschaft hinzuweisen, etwa von der chemischen Industrie, deren Entwicklungen und Einsatzmöglichkeiten. Studien hierzu geben Hinweise darauf, dass Unternehmen (Werbe-) Anzeigen nutzen um auf öffentlichen Druck zu reagieren und so Legitimation in der Gesellschaft zu schaffen oder aufrecht zu erhalten. Dabei lassen sich sowohl Kampagnen ausmachen, die auf die Rationalität der Konsumenten abzielen als auch solche, die Emotionen ansprechen. Das *Zusammenspiel von Rationalität und Emotion* lässt sich auch bei den anderen Erscheinungsformen beobachten, etwa im Blick auf die Darstellung von Kindern, Hilfsbedürftigen und sozial Schwache in CSR-Berichten, aber auch die Nennung von konkreten Zahlen für laufende und zukünftige Projekte.

5.3 CSR-Kommunikation im Marketing: Labels und Cause Related Marketing (CRM)

Die Konsumentenperspektive ist in zunächst im Zusammenhang mit direkten Absatzzielen zu betrachten. Dazu zählen vor allem CRM-Maßnahmen und der Einsatz von Labels. Diese richten sich an die Konsumenten aus einer wachsenden Schicht von Besserverdienenden, die sich Werten einer gesunden Lebensweisen und der Nachhaltigkeit verpflichtet fühlen. Das Akronym LOHAS („Lifestyle of Health and Sustainability") steht stellvertretend für die Gruppe. Mit der Ausbreitung der Themen Nachhaltigkeit und Verantwortung richtet sich die CSR-Kommunikation nun auch stärker an eine breitere Konsumentengruppe.

Die „Regenwald-Aktion" der Brauerei Krombacher wird häufig als Paradebeispiel für CRM-Maßnahmen genannt. Obwohl der Bezug zwischen Regenwald und deutscher Brauerei kaum herzustellen ist, führte diese in einem breiten Begriffsverständnis zu deutende CSR(-Kommunikations)-Maßnahme zu dem gewünschten wirtschaftlichen Erfolg der Absatzsteigerung. Ebenso ist der Einsatz von „Labels" prinzipiell als Vorteil zu sehen. Die Nutzung von Labels kann ein Wettbewerbsvorteil darstellen, wenn ich beispielsweise in einem Supermarkt vor einem Regal mit unterschiedlichen gleichartigen Produkten eines ähnlichen Preissegments stehe. Wenn sich ein Produkt durch eine Zertifizierung positiv hervorhebt, kann dies möglicherweise meine Kaufentscheidung leiten. Dazu gehören auch gerade Test-Ergebnisse, etwa von „Öko-Test", die Vertrauen in das Produkt schaffen sollen. Untersuchungen stellten in diesem Zusammenhang gleichwohl fest, dass mit steigender Zahl der Labels die Kaufentscheidung nicht erleichtert wird, sondern sich die Konsumentenverwirrung erhöht und die Glaubwürdigkeit vermindert. Ähnlich verhält es sich mit strategischen Allianzen zwischen Nichtregierungsorganisationen NGOs) und mehreren Unternehmen. Auch hier führt ein „Zuviel des Guten" zu Legitimationsproblemen bei den NGOs. Der erwünschte Erfolg für die Unternehmen bleibt dann ebenfalls aus (Jarolimek 2014).

Insgesamt ergibt sich auch für die Konsumentenperspektive ein heterogenes Bild. Einzelne Maßnahmen wie die Regenwald-Kampagne sind sehr erfolgreich. Eine Vielzahl von Labels und Allianzen führt jedoch eher zur Konsumentenverwirrung, Unsicherheit und Misstrauen und schadet der Legitimation des Unternehmens und der Kaufbereitschaft.

Neben dem direkten Blick auf die Konsumenten können die vorgenannten Maßnahmen von Unternehmen gleichwohl auch dazu dienen, weiteren Stakeholdern zu signalisieren, dass sie CSR-Bestrebungen ernst nehmen und pro-aktiv handeln. So lässt sich unter Umständen erklären, warum Unternehmen nur einen Teil ihres Produktsortiments mit Zertifikaten ausstattet.

Insgesamt erhärtet sich das Bild, dass Eisenegger und Schranz (2011) bereits für die Reputation gezeichnet haben, wonach vor allem solche Unternehmen profitieren, die bereits über Vertrauen, Glaubwürdigkeit und positive Reputation verfügen. Andere Unternehmen können ihr Engagement nicht glaubhaft machen (z. B. McDonalds), und stehen unter verschärfter Beobachtung von kritischen NGOs wie etwa *Foodwatch* (Jarolimek und Raupp 2011a; Smith 2008).

6 CSR-Kommunikation in der Kritik: Journalismus, Greenwashing und Transparenz

In einem breiteren Verständnis von Organisationskommunikation fallen unter den Begriff der CSR-Kommunikation auch öffentliche Diskussionen anderer Akteure, die *über* Unternehmen und ihre CSR-Aktivitäten kommunizieren. In der gesellschaftlichen Reflektion von Journalisten, NGOs und weiteren Aktivisten wird die Kritik an CSR-Kommunikation und den vermuteten, dahinterliegenden Strategien deutlich. Da der Fokus in dieser Darstellung auf der Unternehmensperspektive liegt, können diese Aspekte lediglich kurz angerissen werden.

6.1 CSR im Journalismus

Die CSR-Kommunikation im Journalismus wurde bislang wenig beachtet. Die Forschungsergebnisse erscheinen äußerst heterogen (C. E. Carroll 2011), da sich Untersuchungen zur

CSR-Kommunikation vorwiegend auf die CSR-Selbstdarstellung von Unternehmen beziehen. Die Erforschung der CSR-Kommunikation in der journalistischen Berichterstattung scheint ein methodologisches Problem, da die üblichen Begriffe von CSR, Citizenship usw. äußerst selten verwendet werden (Jarolimek und Raupp 2011b). Zudem sind nachhaltige Themen normaler Bestandteil der Berichterstattung geworden. Dies kann auch die heterogenen Forschungsergebnisse zu der Fragestellung erklären, ob und inwieweit CSR-Kommunikation Thema der öffentlichen, journalistischen Berichterstattung ist. Die mittlerweile zu beobachtenden, zahlreichen Supplements zum Thema Nachhaltigkeit, ökologische Sanierung etc. können nicht dem unabhängigen Journalismus zugerechnet werden, sondern stellen meist von Kommunikationsagenturen und Redaktionsbüros hergestellte Verlagsbeilagen dar.

6.2 Der Vorwurf: Greenwashing

Im Zusammenhang mit journalistischer Berichterstattung, aber auch in der kritischen Sichtweise vieler NGOs wird oft der Begriff „Greenwashing" verwendet. Der Begriff fasst die maßgebliche Kritik zusammen, die mit CSR-Kommunikation verbunden ist. Er bezieht sich auf einen anderen, bereits länger bekannten Begriff: Whitewashing „sich rein waschen" oder „sich eine weiße Weste geben". Greenwashing verweist auf den ökologischen Schwerpunkt der CSR- und Nachhaltigkeitsdebatte und umschreibt die Handlung „sich ein grünes Mäntelchen umzuhängen". Das Farbenspiel geht weiter, wenn etwa Automobilhersteller ihre umweltfreundlichen PKWs mit der Farbe Blau in Verbindung bringen. Alle diese kritischen Hinweise umschreiben eine fehlende bzw. eine geforderte und angezweifelte Transparenz. Die wortwörtliche „weiße Weste" oder das „grüne Mäntelchen" verdeutlichen die Vermutung externer Stakeholder, dass das CSR-Engagement nur übergestülpt ist, während sich im Inneren der Unternehmen nur wenig an den Abläufen und Prozessen ändert. Dies ließe sich mit Hilfe des Neo-Institutionalismus als Strategie der Entkopplung erklären. Während gegenüber der Umwelt der Rationalitätsmythos öffentlich kommuniziert wird, kommen im Inneren weiterhin Effizienzkriterien zum Tragen. Im Folgenden soll geklärt werden, wie Unternehmen diesem Vorwurf entgehen können.

6.3 Die Forderung: Transparenz

Greenwashing umschreibt den Vorwurf von Stakeholdern, Verantwortungsübernahme nur vorzugeben. Wegen dieses Misstrauens wird Transparenz eingefordert. Auch für die GRI ist das Hauptziel Transparenz. Daneben wird sie auch in der Forschung immer stärker thematisiert. So schließen Ihlen et al. (2011b) ihr Handbuch mit dem Ausblick, dass Transparenz ein wichtiger Schlüssel für den Erfolg von CSR-Kommunikation sein wird. Transparenz scheint also der Grundstein zu sein, um weitere Zielsetzungen dauerhaft zu erreichen und/oder zu erhalten: Glaubwürdigkeit und Vertrauen, Legitimation, Reputation und Wettbewerbserfolg. Obwohl Transparenz als Ziel nun häufiger genannt wird, gibt es kaum Ansätze, die den Begriff als Ansatz oder Konstrukt detaillierter konzipieren. Das schließt nicht nur eine Offenlegung von Abläufen ein, sondern beispielsweise die Übereinstimmung und (finanzielle) Ausgewogenheit von CSR-Maßnahmen zu CSR-Kommunikation. Der GRI zufolge soll ein CSR-Bericht ausgewogen sein und die Darstellung sowohl positive als auch negative Aspekte beinhalten. Transparenz soll den Wert darstellen, der der CSR-Berichterstattung durchgängig zu Grunde liegt. Die GRI bietet zumindest für Transparenz eine Definition an. Sie versteht den Begriff als „lückenlose Offenlegung von Informationen über Themen und Indikatoren, die erforderlich sind, um Auswirkungen widerzuspiegeln und um Stakeholder in die Lage zu versetzen, Entscheidungen zu treffen. Transparenz schließt zudem alle Prozesse, Verfahren und Annahmen mit ein, auf die für die Offenlegung zurückgegriffen wird" (GRI 2006, S. 6). Die Ziele von CSR-Kommunikation unterscheiden sich erheblich von Unternehmen zu Unternehmen, in Abhängigkeit etwa von Branche, Größe und eigenem CSR-Verständnis, was eine einheitliche Abgrenzung von CSR(-Kom) und den damit verbundenen Zielen erschwert. Aber obwohl Transparenz etwa bei den GRI-Richtlinien genannt wird, spielt das Kriterium für die Überprüfung kaum eine Rolle.

7 Fazit und Ausblick

Die CSR-Debatte hat sich in Deutschland als interdisziplinärer Forschungsbereich etabliert. Die Kommunikationsforschung hat dazu beigetragen, verstärkt zwischen CSR-Maßnahmen und CSR-Kommunikation zu unterscheiden und speziell die unternehmerische Kommunikation von gesellschaftlicher und Nachhaltigkeit in den Fokus zu nehmen. Auf Grund der zahlreichen, unterschiedlichen, sich noch entwickelten Erscheinungsformen und unterschiedlicher Definitionen ist der Forschungsbereich aber bis heute von empirischen Lücken (vor allem mit Blick auf die Wirkung), abweichenden Ergebnissen durch verschiedene methodische Herangehensweisen bzw. Studien zu Einzelfällen in unterschiedlichen Ländern geprägt. Im Bereich der CSR-Forschung zu Social Media und der journalistischen, massenmedialen Kommunikation über CSR liegen bislang kaum einheitliche Forschungsergebnisse und Herangehensweisen vor. Wissenschaftliche Abhandlungen sind (bislang noch) von normativen Soll-Vorgaben wie Dialogforderungen geprägt.

Ob und wie sich CSR-Kommunikation bei unterschiedlichen Anspruchsgruppen durchsetzen können wird, ist nicht zuletzt in Abhängigkeit davon zu sehen, wie ein Unternehmen Transparenz darstellen kann, um dadurch die Ziele von Glaubwürdigkeit, Vertrauen und Reputation zu erreichen.

Dies führt zurück zum Ausgangspunkt: der Globalisierung wirtschaftlichen Handelns. CSR-Engagement und CSR-Kommunikation werden vor allem von multinational tätigen Großunternehmen getragen. Daher bezieht sich eine zentrale Perspektive in der CSR-Forschung sich auf den internationalen Vergleich von CSR-Kommunikation. Gerade der Vergleich der Industrienationen in Westeuropa mit den USA spielt eine herausragende Rolle

(Ihlen et al. 2011b). Hier stellt sich die Frage, wie und warum sich CSR-Kommunikation in den USA und in Europa unterscheiden.

Die Tradition der stärkeren Einbindung von Unternehmen in juristische, politische und wirtschaftliche Regelwerke hat dazu geführt, dass sich in den europäischen Ländern lange Zeit keine den USA vergleichbaren Formen der CSR entwickelten. Inzwischen ist eine Tendenz sichtbar, dass sich eine Angleichung der CSR-Aktivitäten multinationaler Unternehmen vollzieht. Immer stärker wird die soziale, ökologische und ökonomische Verantwortung von Unternehmen zu einem normalen, integrierten Teilaspekt ihrer Kommunikation. Die Forschung ist hier bislang von vielen Einzelfallstudien geprägt, die empirisch zwar Unterschiede und Gemeinsamkeiten beschreiben, aber kaum kausale Logiken aufzeigen können.

Sowohl in nationaler wie auch in internationaler Perspektive bestehen noch viele Lücken in der Forschung zu CSR und CSR-Kommunikation. Dieses interdisziplinäre Forschungsfeld, das im vorliegenden Beitrag nur verallgemeinernd nachgezeichnet werden konnte, bietet vielfältige Perspektiven die Bearbeitung praxisrelevanter Fragestellungen der Unternehmenskommunikation.

Literatur

Bentele, G., & Nothhaft, H. (2011). Vertrauen und Glaubwürdigkeit als Grundlage von Corporate Social Responsibility: Die (massen-)mediale Konstruktion von Verantwortung und Verantwortlichkeit. In J. Raupp, S. Jarolimek, & F. Schultz (Hrsg.), *Handbuch CSR* (S. 45–70). Wiesbaden: VS Verlag für Sozialwissenschaften.

Bowen, H. R. (1953). *Social responsibilities of the businessmen*. New York: Harper.

Capriotti, P. (2011). Communicating corporate social responsibility through the internet and social media. In Ø. Ihlen, J. Bartlett, & S. May (Hrsg.), *The handbook of communication and corporate social responsibility* (S. 358–378). Chichester: Wiley Blackwell.

Carroll, A. B. (1991). The pyramid of corporate social responsibility: Toward the moral management of organizational stakeholders. *Business Horizons, 34*(4), 39–48.

Carroll, A. B. (2008). A history of corporate social responsibility. Concepts and practices. In A. Crane, A. McWilliams, D. Matten, J. Moon, & D. S. Siegel (Hrsg.), *The Oxford Handbook of Corporate Social Responsibility* (S. 19–46). Oxford: Oxford University Press.

Carroll, C. E. (2011). Media relations and corporate social responsibility. In Ø. Ihlen, J. Bartlett, & S. May (Hrsg.), *The handbook of communication and corporate social responsibility* (S. 423–444). Chichester: Wiley Blackwell.

Deephouse, D. L., & Carter, S. M. (2005). An examination of differences between organizational legitimacy and organizational reputation. *Journal of Management Studies, 42*(2), 329–360.

Eisenegger, M., & Schranz, M. (2011). CSR - Moralisierung des Reputationsmanagements. In J. Raupp, S. Jarolimek, & F. Schultz (Hrsg.), *Handbuch CSR* (S. 71–96). Wiesbaden: VS Verlag für Sozialwissenschaften.

Elkington, J. (1999). *Cannibals with forks. The triple bottom line of 21st century business*. London: Capstone.

Europäische Kommission. (2001) *Europäische Rahmenbedingungen für die soziale Verantwortung der Unternehmen. Grünbuch.* http://ec.europa.eu/employment_social/publications/2001/ke3701590_de.pdf. Zugegriffen: 20. Aug. 2008.

Europäische Kommission. (2011). *Eine neue EU-Strategie (2011-14) für die soziale Verantwortung der Unternehmen (CSR)*. Mitteilung der Kommission an das europäische Parlament, den Rat, den europäischen wirtschafts- und Sozialausschuss und den Ausschuss der Regionen. http://ec.europa.eu/enterprise/policies/sustainable-business/files/csr/new-csr/act_de.pdf. Zugegriffen: 26. Feb. 2013.

Frederick, W. C. (2006). *Corporation, be Good! The story of corporate social responsibility*. Indianapolis: Dog Ear.

Friedman, M. (1970). The social responsibility of business is to increase its profits. *The New York Times Magazine, 13*(Sept.), 32–33.

Godemann, J., & Michelsen, G. (Hrsg.). (2008). *Handbuch Nachhaltigkeitskommunikation*. München: oekom.

GRI (Global Reporting Initiative). (2006). Leitfaden zur Nachhaltigkeitsberichterstattung. Version 3.0. http://www.globalreporting.org/NR/rdonlyres/B77474D4-61E2-4493-8ED0-D4AA9BEC000D/2868/G3_LeitfadenDE1.pdf. Zugegriffen: 14. Apr. 2010.

Haigh, M., & Jones, M. T. (2007). A critical review of relations between corporate responsibility research and practice. *Electronic Journal of Business Ethics and Organization Studies, 12*(1), 16–28.

Hasse, R., & Krücken, G. (2005). *Neo-Institutionalismus*. Bielefeld: Transcript.

Hiß, S. (2006). *Warum übernehmen Unternehmen gesellschaftliche Verantwortung: Ein soziologischer Erklärungsversuch*. Frankfurt am Main: Campus.

Ihlen, Ø., Bartlett, J., & May, S. (Hrsg.). (2011a). *The handbook of communication and corporate social responsibility*. Chichester: Wiley Blackwell.

Ihlen, Ø., Bartlett, J., & May, S. (2011b). Conclusions and take away points. In Ø. Ihlen, J. Bartlett, & S. May (Hrsg.), *The handbook of communication and corporate social responsibility* (S. 550–571). Chichester: Wiley Blackwell.

Jarolimek, S. (2014). Zwischen Eigeninteressen und der Legitimation für Dritte. Die Rollen von NGOs in der Nachhaltigkeitskommunikation. In L. Rademacher & N. Remus (Hrsg.), *Handbuch NGO-Kommunikation*. Wiesbaden: Springer VS.

Jarolimek, S., & Raupp, J. (2011a). Verantwortung und Nachhaltigkeit in Theorie und Empirie. Eine Synopse des Forschungsstands und Anschlussmöglichkeiten für die Kommunikationswissenschaft. *Medien Journal, 35*(1), 16–29.

Jarolimek, S., & Raupp, J. (2011b). Zur Inhaltsanalyse von CSR-Kommunikation. Materialobjekte, methodische Herausforderungen und Perspektiven. In J. Raupp, S. Jarolimek, & F. Schultz (Hrsg.), *Handbuch CSR* (S. 499–518). Wiesbaden: VS Verlag für Sozialwissenschaften.

Karmasin, M. (2008). Stakeholder-Management als Ansatz der PR. In G. Bentele, R. Fröhlich, & P. Szyszka (Hrsg.), *Handbuch der Public Relations. Wissenschaftliche Grundlagen und berufliches Handeln* (2. Aufl., S. 268–280). Wiesbaden: VS Verlag für Sozialwissenschaften.

Matten, D., & Moon, J. (2008). ‚Implicit' and ‚Explicit' CSR: A conceptual framework for a comparative understanding of corporate social responsibility. *Academy of Management Review, 33*(2), 404–424.

Raupp, J. (2011a). The concept of stakeholders and its relevance for corporate social responsibility communication. In Ø. Ihlen, J. Bartlett, & S. May (Hrsg.), *The handbook of communication and corporate social responsibility* (S. 276–294). Chichester: Wiley-Blackwell.

Raupp, J. (2011b). Die Legitimation von Unternehmen in öffentlichen Diskursen. In J. Raupp, S. Jarolimek, & F. Schultz (Hrsg.), *Handbuch CSR* (S. 97–114). Wiesbaden: VS Verlag für Sozialwissenschaften.

Raupp, J., Jarolimek, S., Schultz, F. (Hrsg.). (2011a). *Handbuch CSR*. Wiesbaden: VS Verlag für Sozialwissenschaften.

Raupp, J., Jarolimek, S., & Schultz, F. (2011b). Corporate Social Responsibility als Gegenstand der Kommunikationsforschung. Einleitende Anmerkungen, Definitionen und disziplinäre Perspektiven. In J. Raupp, S. Jarolimek, & F. Schultz (Hrsg.), *Handbuch CSR* (S. 9–18). Wiesbaden: VS Verlag für Sozialwissenschaften.

Rieth, L. (2009). *Global Governance und Corporate Social Responsibility. Welchen Einfluss haben der UN Global Compact, die Global Reporting Initiative und die OECD Leitsätze auf das CSR-Engagement deutscher Unternehmen?* Opladen: Budrich UniPress.

Ronneberger, F., & Rühl, M. (1992). *Theorie der Public Relations. Ein Entwurf.* Opladen: Westdeutscher Verlag.

Sandhu, S. (2012). *Public Relations und Legitimität: Der Beitrag des organisationalen Neo-Institutionalismus für die PR-Forschung.* Wiesbaden: Springer VS.

Scherer, A.G., Palazzo, G., & Baumann, D. (2006). Global rules and private actors: Toward a new role of the transnational corporation in global governance. *Business Ethics Quarterly, 16*(4), 505–532.

Schultz, F. (2011). Moralische und moralisierte Kommunikation im Wandel: Zur Entstehung von Corporate Social Responsibility. In J. Raupp, S. Jarolimek, & F. Schultz (Hrsg.), *Handbuch CSR* (S. 19–42). Wiesbaden: VS Verlag für Sozialwissenschaften.

Schultz, F., & Wehmeier, S. (2010). Institutionalization of corporate social responsibility within corporate communications. Combining institutional, sensemaking and communication perspectives. *Corporate Communications - An International Journal, 15*(1), 9–29.

Smith, N. C. (2008). Consumers as Drivers of CSR. In A. Crane, A. McWilliams, D. Matten, J. Moon, & D. S. Siegel (Hrsg.), *The Oxford Handbook of Corporate Social Responsibility* (S. 281–302). Oxford: Oxford University Press.

Suchman, M. C. (1995) Managing legitimacy: Strategic and institutional approaches. *Academy of Management Review, 20*(3), 571–610.

Zerfaß, A., & Pleil, T. (2012). Strategische Kommunikation im Internet und Social Web. In A. Zerfaß & T. Pleil (Hrsg.), *Handbuch Online-PR. Strategische Kommunikation in Internet und Social Web* (S. 59–84). Konstanz: UVK.

Innovations- und Technologiekommunikation: Vermittlung und Positionierung komplexer Themen

Stephan Fink und Boris Mackrodt

Zusammenfassung

Wer die zentrale Bedeutung von Innovationen für Unternehmen und die Volkswirtschaft ernst nimmt, wird bestrebt sein, die betrieblichen und gesellschaftlichen Prozesse auf die Erzeugung und Durchsetzung von Innovationen auszurichten. Eine optimierte Kommunikation bietet dabei ein besonderes Wertschöpfungspotenzial, weil sie gleichzeitig funktionale Disziplin und Querschnittsfunktion ist: Sie dient nicht nur der Marktvorbereitung und -bearbeitung, sondern eröffnet im Zeitalter offener Innovationsprozesse und digitaler Vernetzung auch erhebliche Chancen bei der Etablierung einer Innovationskultur, die Unternehmenswert und Standortqualität steigern hilft. Um dieses „Innovation Premium" zu erreichen, muss die kommunikative Vermittlung von oftmals komplexen Neuerungen an Mitarbeiter, Kunden, Medien und weitere Bezugsgruppen gelingen und zudem in allen Phasen des Innovationsprozesses systematisch berücksichtigt werden. Dies macht Innovationskommunikation zur strategischen Führungsaufgabe. Dieser Betrag führt am Beispiel der Technologiekommunikation in die Thematik ein und zeigt, wie Innovationskommunikation auf mehreren Ebenen zur Wertschöpfung beitragen kann.

S. Fink (✉)
Fink & Fuchs Public Relations
Berliner Straße 164, 65205 Wiesbaden, Deutschland
E-Mail: stephan.fink@ffpr.de

B. Mackrodt
Target Communications
Wilhelminenstraße 1, 65193 Wiesbaden, Deutschland
E-Mail: bm@targetcommunications.de

Schlüsselwörter

Unternehmenskommunikation · Innovationskommunikation · Technologiekommunikation · Agenda Setting · Framing · Stakeholder Mapping · Online-Kommunikation · Social Media · Kommunikationswirkung · Innovationskultur

1 Technologiekommunikation als gesellschaftliche Aufgabe

Der „Global Competitiveness Report 2011–2012" des World Economic Forum kommt zu dem Schluss, dass langfristig nur technologische Innovationen den Lebensstandard innerhalb einer Volkswirtschaft verbessern können (Schwab 2011). Auch wenn die Fokussierung auf *technologische* Innovationen auf den ersten Blick als zu eng erscheinen mag, werden angesichts der durchgreifenden Digitalisierung in der Tat quasi alle Innovationen einen erheblichen technischen Anteil haben. Selbst für sogenannte „Lowtech"-Bereiche wird der entscheidende Hebel in der innovativen Veredelung von Produktions- und Dienstleistungsprozessen durch Technologie gesehen. Und was für die Volkswirtschaft gilt, gilt auch für die einzelnen Unternehmen und Organisationen, die sie bilden.

Es verwundert daher nicht, dass die Erhöhung der eigenen Innovationsfähigkeit seit Jahren als Top-Priorität des Managements beschrieben wird (Andrew 2010). Innovative Unternehmen besitzen wegen ihrer besseren Marktchancen ein „Innovation Premium" (Christensen 2011, S. 155), das sich als immaterieller Mehrwert in der Unternehmensbewertung durch Investoren ebenso ausdrückt wie in der gesteigerten Attraktivität für talentierte Mitarbeiter und Bewerber. Dazu muss im Markt ein entsprechendes Image aufgebaut werden.

Optimierte Kommunikation bietet dabei zunehmend bedeutendere Wertschöpfungspotenziale, da sie nicht nur erfolgskritisch für die erfolgreiche Marktvorbereitung und -bearbeitung ist, sondern in der Ära von „Open Innovation" (Chesbrough 2003) über digitale Vernetzung hilft, Innovationscluster aufzubauen und zu einer wertsteigernden Innovationskultur beiträgt.

Doch die Vermittlung von komplexen Innovationen ist angesichts der immer schnelleren und durchdringenderen Technisierung aller Lebensbereiche nicht nur Positionierungschance, sondern sie ist auch Verpflichtung. Wenn schon heute kaum ein Beruf mehr ohne zwischen Mensch und Aufgabe gestellten Bildschirm ausgeübt werden kann und sich gleichzeitig im sozialen, organisationalen und medialen Kontext die Grenzen von Innen und Außen, von Privatem und Öffentlichem verschieben oder auflösen, bedeutet Technologiekommunikation mehr als die Vermittlung neuer Funktionen und deren Nutzen. In ihr angelegt ist auch eine Selbstverständigung der Gesellschaft über die Richtung und den Sinn neuer Technologien.

Dies wird umso deutlicher werden, je konvergenter die Fortschritte in Genetik, Neurowissenschaft, Nanotechnologie und Datenverarbeitung werden. Tendenziell strebt die sogenannte „BANG"-Forschung hin zu ihren kleinsten Einheiten in Gestalt von Bits, Atomen, Neuronen und Genen, um durch deren Rekombination Neues zu schaffen, das klassisch der Science Fiction vorbehalten war. Beispielsweise sind in der Prothetik oder der Servicerobotik in den nächsten Jahren erhebliche Neuerungen zu erwarten. Technologie hat höchste Relevanz auch außerhalb der Expertenzirkel (Borrel 2012).

Da dieser technologische Tsunami zudem deutlich im Mediensystem selbst oder, noch grundsätzlicher, in der Art, wie Menschen miteinander kommunizieren, spürbar ist, gewinnt Technologie nicht nur als Gegenstand der Berichterstattung an Bedeutung. Vielmehr wird der Zugang zu und der Einsatz und das Verständnis von Technologie selbst über den Kommunikationserfolg entscheiden. Daher gilt es sowohl zu untersuchen, wie komplexe technologische Inhalte optimal kommuniziert werden können als auch wie Technologie selbst die Kommunikation von und für Innovationen befördern kann.

2 Die inhaltliche Vermittlung

Die Vermittelbarkeit von technologischen Innovationsthemen hängt primär davon ab, inwieweit die betroffenen Stakeholder-Gruppen das Thema überhaupt verstehen, es als relevant begreifen und für sich einen rationalen, besser noch: emotionalen Nutzen ziehen können oder zumindest keine Gefahren darin sehen. Um dies zu gewährleisten, braucht es eine strategisch angelegte Innovationskommunikation, die Zerfaß und Huck (2007) wie folgt definieren.

Innovationskommunikation
„Innovationskommunikation ist die systematisch geplante, durchgeführte und evaluierte kommunikative Vermittlung neuer Produkte, Dienstleistungen, Technologien, Prozesse, Konzepte und Ideen mit dem Ziel, Verständnis für und Vertrauen in die Innovation zu schaffen und die dahinter stehende Organisation als Innovator zu positionieren." (Zerfaß und Huck 2007, S. 848)

Wie lässt sich in der Praxis ein Klima erzeugen, in dem Menschen Innovationen begrüßen und ihnen nicht mit Ablehnung oder gar Feindseligkeit begegnen?

Die speziellen Herausforderungen der Innovationskommunikation liegen im Sujet selbst begründet und ihnen sollte mit entsprechenden Kommunikationsstrategien begegnet werden. Die zentralen Merkmale von Innovationen und passende kommunikative Lösungsansätze zeigt Tabelle 1.

2.1 Stakeholder-Mapping

Zunächst muss versucht werden, über Stakeholder-Mapping-Prozesse die Interessenlage, den Grad der persönlichen Betroffenheit, die Informationsbedürfnisse und möglichen Re-

Tab. 1 Herausforderungen und Lösungen für die Innovationskommunikation

Merkmale von Innovationen	Kommunikative Lösungsansätze
Komplexität	Vereinfachen, Beispiele finden
Neuartigkeit	Neugierde wecken, Ängste mildern
Hoher Abstraktionsgrad	Konkretisieren
Geringe Anschlussfähigkeit	Kontextrahmen anbieten
Unsicherer Nutzen	Anwendungsfantasie erzeugen
Hoher Abstimmungsbedarf	Neue Prozesse definieren

aktionen der Stakeholder auszuleuchten, um Befürworter, Neutrale und mögliche Gegner zu identifizieren und Beziehungen zu diesen aufbauen zu können. Diese Betrachtung muss gerade bei komplexeren Technologie-Innovationen über den Kreis der direkt Betroffenen im eigenen Eco-System hinausreichen und auch mögliche Folgewirkungen in Wirtschaft, Gesellschaft und Politik mit einbeziehen. Nur so können für die Kommunikation mögliche Chancen, wie die Kooperation mit Interessierten und Verbündeten, sowie Risiken identifiziert werden, die zu erhöhtem Kommunikationsaufwand, Scheitern einer Innovation oder Imageschaden führen können.

Sowohl bei der Analyse der einzelnen Stakeholder wie auch bei der dialogischen Ansprache helfen Social Media und Social Software. Allein die neuen Möglichkeiten der Markt- und Meinungsbeobachtung sprechen für die Nutzung von Social Media im Innovationsprozess. Beispielsweise lässt sich mit einer geeigneten Follower-Strategie über Twitter und RSS-Feeds sehr schnell ein einfacher „Horchposten" in einem Stakeholder-Netzwerk aufbauen, der – wenn überhaupt – in seinem Informationsgehalt und mit seinen Frühwarnfähigkeiten vor der Entstehung des Web 2.0 nur über Spezialdienstleister zu beziehen war. Unter dem Stichwort „Social Media Intelligence" werden heute Tools, Techniken und Methoden zusammengefasst, mit denen aus den Daten des Social Web Grundlagen für Managemententscheidungen kondensiert werden, auch für Innovationsprozesse (Kaplan 2010).

Weitere Antworten bei der Identifikation wichtiger Problemfelder, Trends oder Szenarien bieten die Analyse der laufenden und auch geplanten Medienberichterstattung, der Agenden von Politik, Non Governmental Organisations (NGOs) und Wirtschaftsverbänden, der Reports von Industrieanalysten, Managementberatungen, Markt- oder Zukunftsforschern und nicht zuletzt auch die Beobachtung des Wettbewerbs oder von Benchmark-Unternehmen, die in anderen Märkten an der Spitze der Entwicklung stehen, Trends setzen und Themenführer sind. In der Konsequenz gewinnen Ansätze themenorientierter Kommunikation bei Innovationen zunehmend an Bedeutung. Dies belegen vielfältige Kampagnen, die den Bezug einzelner Innovationen oder des gesamten unternehmerischen Handelns zu aktuellen, bedeutenden Themen oder Megatrends wie Clean Tech, Wissensgesellschaft oder demografischem Wandel herstellen.

Über die Analyse der Stakeholder-Interessen hinaus sollte über Monitoring-Systeme oder Prozesse der Corporate Foresight die Anschlussfähigkeit der eigenen Themen an existente oder erwartete Issues und Trends in Technologie, Wirtschaft, Gesellschaft und Politik ausgelotet werden. Welche Themen spielen in der Öffentlichkeit eine wichtige Rolle? Welche Karriere hat ein Thema, welche Themen werden (wahrscheinlich) kommen und wie können die eigenen Themen an das bestehende oder zu erwartende Relevant Set der Stakeholder anschließen oder möglicherweise einen eigenen Punkt auf die Agenda setzen?

2.2 Agenda Surfing und Framing – Anschluss an bestehende Deutungsmuster finden

Als ein Hilfsmittel für die Technologiekommunikation hat sich der jährlich erscheinende „Technology Hypecycle" des Beratungshauses Gartner (LeHong und Fenn 2012) bewährt, der zumindest im IT-Bereich eine branchenweit akzeptierte Einschätzung gibt, welche Technologien demnächst stark diskutiert werden und welche ihren medialen Höhepunkt bereits hinter sich haben. Solche Metaanalysen im direkten Abgleich mit dem Feedback von (Fach)-Journalisten und relevanten Experten in Wissenschaft und Forschung helfen bei der Ausformulierung von stimmigen Kommunikationsprogrammen für technologische Innovationen.

Für die inhaltliche Vermittlung von Neuerungen sind zudem Konzepte wie Framing/Anschlussfähigkeit unerlässlich, denn die Zuordnung an bekannte Deutungsmuster und Inhalte leistet die gewünschte Komplexitätsreduktion und setzt den Bezugsrahmen. So sollten Innovationen nach Zerfaß und Huck „wann immer möglich in Bezug gesetzt werden zu bereits Bekanntem, indem zum Beispiel die Aktualität verdeutlicht wird oder auf bestehende Themenframes aufgebaut wird. Im Rahmen des Framing wird Neues bereits eingeführten Themen zugeordnet, so dass beim Leser, Zuhörer oder Zuschauer bereits ein Bezugs- und Deutungsrahmen besteht…" Denn so könne Neues schneller wahrgenommen, eingeordnet und verstanden werden. (Zerfaß und Huck 2007, S. 854).

2.3 Argumente und eigene Storylines

Wer mit eigenen Innovationen ein Thema besetzen will und sie an übergeordnete Trends koppeln möchte, sollte nicht nur über herausragende technische Funktionen und Nutzenpotenziale sprechen. Es müssen auch Bedeutung und Folgewirkungen solcher Innovationen für die betroffenen Stakeholder ausgeleuchtet und gegebenenfalls aktiv adressiert werden, im Positiven und – wohl abgewogen – auch im Negativen. Allein zur Vorbereitung auf mögliche kritische Fragestellungen ist die Auseinandersetzung mit möglichen Folgewirkungen zwingend.

In der Praxis der Kommunikationsberatung hat sich für die Themenanalyse ein Ansatz bewährt, der das Themenpotenzial einer Neuerung für verschiedene Stakeholder-Grup-

Abb. 1 Analyse von Innovationen auf verschiedenen Ebenen

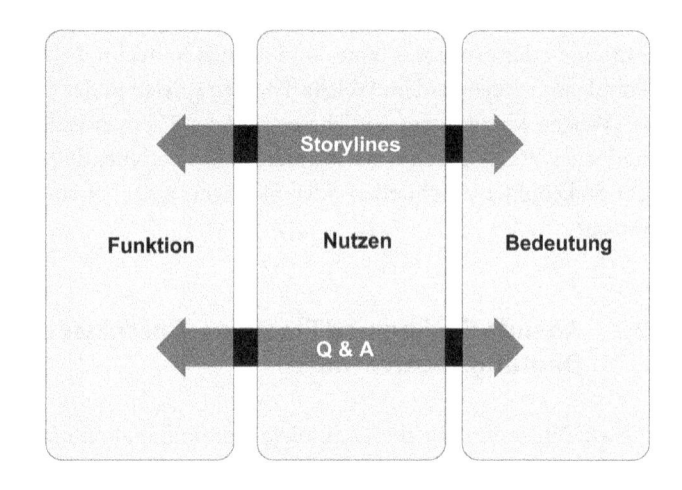

pen ausleuchtet und einen neuen „technologischen" Kommunikationsgegenstand daraufhin prüft, welche Themen sich auf den Ebenen

- Funktion
- Nutzen
- Bedeutung

in Spiegelung der medialen Agenda ergeben (vgl. Abbildung 1).

Für die Technologiekommunikation ist es nach wie vor wichtig, das relevante Fachpublikum adäquat zu adressieren, vor allem, wenn es um technische Zusammenhänge auf der *Funktionsebene* geht. Medialen Ausdruck finden diese Themendestillate vor allem in den Fachmedien on- und offline sowie in der persönlichen Kommunikation auf Foren, Tagungen und Messen.

Auf der *Nutzenebene* müssen plastische Vorteile gegenüber den bisherigen Lösungen gezeigt werden, um die Business-Entscheider für die Innovation zu gewinnen. Geoffrey Moore empfiehlt in seinem für Technologie-Marketing klassischen „Crossing the Chasm" die Konzentration auf ein Marktsegment (Moore 1987), das sowohl in der Produktausgestaltung als auch in der kommunikativen Nutzendarstellung optimal angesprochen werden sollte, bevor der gesamte denkbare Markt adressiert wird. Hier kommt Branchen- und Wirtschaftsmedien eine übergeordnete Rolle zu.

Die *Bedeutungsebene* schließlich korreliert mit der Gesellschaft insgesamt, die wiederum in ihre einzelnen Interessensgruppen gegliedert werden kann. Gerade für die Durchsetzung von neuen Technologien, denen potenziell Bürgerbegehren oder Technologiealternativen von potenten Wettbewerbern entgegenstehen, sind diese Ebene und die entsprechenden Protagonisten (Politik, NGOs, Wissenschaft, Experten, betroffene Bürger) von so zentraler Bedeutung, dass sie von Anfang an in der Kommunikationsarbeit bedacht und so früh wie möglich einbezogen werden sollten. Das mediale Äquivalent sind Entscheider- und Massenmedien, jedoch werden in Frühwarn- und Dialogsystemen hier besonders die Chancen von Social-Media-Kommunikation sichtbar, die aber (siehe oben) in allen Stakeholder-Prozessen mittlerweile ihren festen Platz haben müssen.

Aus einer solchen thematischen Befragung entstehen nicht nur mögliche Storylines für das „Was soll wie, wem und wann erzählt werden?", sondern auch sehr umfassende Kataloge von Antworten auf Fragen, die aus unterschiedlichen Richtungen gestellt werden könnten. Solche Analysen dienen nicht nur der Vorbereitung auf kritische Issues, sondern ergeben auch Ansatzpunkte für tragfähige Diskussions- und Kommunikationsthemen, die im Vorfeld, während der Einführung und zeitlich weit über den Einführungszeitpunkt einer Innovationen hinaus aktiv gestaltet werden können.

Für die Kommunikation besteht bei einem solchen Vorgehen zudem die Chance, auch im Hinblick auf übergeordnete Ziele wie den Aufbau eines Innovatoren-Images geeignete Themen bereits vor konkreten Innovationen zu adressieren und Themen-/Meinungsführerschaft aufzubauen.

Bei allen naheliegenden Chancen, die eine solche Position verspricht, sollte man sich auch der Risiken bewusst sein. Themenführerschaft bedeutet nicht nur, dass man sich mit einem Thema positiv positioniert, sondern auch, dass man im Falle von Problemen oder Krisen der erste zitierte Ansprechpartner sein kann. Dennoch trägt dieser Ansatz im Vergleich zur immer noch oft geübten Praxis, sich mit reiner Ankündigungskommunikation auf den Neuigkeitscharakter einer Innovation zu verlassen, thematisch und zeitlich weiter und sorgt für mehr Glaubwürdigkeit des eigenen Auftritts.

2.4 Kampagnen und Maßnahmen

Ideen werden erst zu Innovationen, wenn die Betroffenen diese tragen und sie in der Realität genutzt werden. Plakative und multimedial aufbereitete Geschichten rund um das Neue müssen nicht nur Funktion und Fakten vermitteln, sondern Anwendungsfantasie erzeugen – der Nutzen und die Bedeutung für den Einzelnen und das große Ganze müssen anschaulich erlebbar werden. Dies erfordert mehr als einige Pressemeldungen oder eine Anzeigenkampagne.

Um wirksam zu werden, gilt es unterhaltsame, informative und leicht verständliche Botschaften zu entwickeln, die mit einem themenadäquaten Maß an Personalisierung und Emotionalisierung Funktion, Nutzen und übergreifende Bedeutung einer Innovation beschreiben. Für die Empfänger –auch bei den Medien – müssen Ereignis-, Gefühls- und Nutzwerte transportiert werden. Plastische Beispiele (durchaus auch im Sinne von anfassbaren Konzeptstudien oder Prototypen), Expertenstimmen von Dritten und der Anschluss an die Themenlage in Markt und Gesellschaft oder übergeordnete Trends erhöhen die Chance der Wahrnehmung und die Glaubwürdigkeit der eigenen Botschaft.

Integrierte Kampagnen, die in der Entwicklungsfrühphase bei interner Kommunikation und den engen Innovationspartnern beginnen, sich über die sukzessive Einbindung weiterer Zielgruppen in der Entwicklungs- und Marktvorbereitungsphase fortsetzen und dann über die Markteinführung in themenorientierter Kommunikation münden, sind state-of-the-art.

Da auch Innovationen im Sinne des Storytellings ein Gesicht haben sollten, ist eine personalisierte Kommunikation mit „Helden" und einer entwickelten Dramaturgie wirkungsvoll. Die Menschen, die für diese Innovationen stehen (und das meint vor allem auch die Forscher und Entwickler, nicht nur das Management), sollten über persönliche Kommunikation bei internen oder externen Veranstaltungen das Thema vermitteln. Kundenworkshops, Fachtagungen oder Themenseminare und Exklusivstories für ausgesuchte Journalisten und andere Meinungsmittlergruppen, Hintergrundgespräche mit Gegnern und Befürwortern sind nur einige Beispiele.

Hören ist Hightech

Mit der Kampagne „Hören ist Hightech", die der Bundesverband der Hörgeräte-Industrie 2011 startete, sollen Hörsysteme als innovative, multifunktionale Hightech-Geräte positioniert werden. Das machte die Ansprache neuer Zielgruppen nötig und stellte andere Aspekte in den Vordergrund: Funktionstüchtigkeit, Design und Anbindung an technologische Kommunikationsmittel wie Navigationsgeräte oder Telefone.

Aufbau einer klaren Absendermarke für die Branche Um der Branche eine Stimme zu geben, die diese Botschaften vermittelt, musste eine eindeutige Absendermarke aufgebaut werden. Umgesetzt wurde dies durch die Umfirmierung der weitgehend unbekannten „Vereinigung der Hörgeräte-Industrie" in den „Bundesverband der Hörgeräte-Industrie" mit neuem Markenauftritt.

Aufbau eines Verbündeten-Netzwerks Es war wichtig, alle Akteure der Branche als Unterstützer für den Imagewandel zu gewinnen: Neben Mitgliedsunternehmen gehören dazu auch Wissenschaftler und andere Verbände. Um diese als Verbündete zu gewinnen, wurden sie kontinuierlich über Maßnahmen informiert und/oder aktiv in Projekte eingebunden sowie der Dialog untereinander forciert. Ein zentraler Verbündeter wurde die Kommunikationsmesse IFA, die eine exzellente Positionierungschance im angestrebten Umfeld ermöglichte.

Ansprache technologieaffiner Menschen als Mittlerzielgruppe Als Mittlerzielgruppe waren die Bundesbürger in der Altersgruppe von 25 bis 50 Jahren von besonderer Bedeutung: In Familien und im Freundeskreis sind meist sie diejenigen, die an einer Verbesserung der Kommunikationssituation interessiert sind und ihre Eltern, Großeltern oder Freunde auf deren Hörminderung aufmerksam machen. Zudem ist ein Großteil dieser Altersgruppe technologieaffin.

Aufmerksamkeit durch nachhaltigen Kommunikationsmix Mit dem Bundesverband als Sprachrohr sollte über einen nachhaltigen Kommunikationsmix, bestehend aus der

Ansprache aller Mediengattungen im Bereich der Tages-, Lifestyle- und Consumer-Tech-Presse, Marketing-Aktionen, Werbung, Veranstaltungen und einem Messeauftritt kontinuierlich Aufmerksamkeit für das Thema Hören geschaffen werden. Die Webseite www.ear-fidelity.de diente dabei als zentrale Anlaufstelle und ebnete den Weg zur Kontaktaufnahme mit Hörakustikern.

Ein Meilenstein war der Auftritt des Bundesverbandes mit einem 450 qm großen Messestand auf der Internationalen Funkausstellung (IFA) im Jahr 2011 und mit noch größerem Erfolg 2012. Die Messe gilt als die zentrale Plattform für die Präsentation technologischer Neuheiten für den Konsumentenmarkt und eignete sich ideal, um Aufmerksamkeit für die innovative Technologie von Hörgeräten zu generieren und die gesetzte Zielgruppe der 25- bis 50-Jährigen zu erreichen.

Im Rahmen des deutschlandweiten „Tag des Hörens", erstmals initiiert vom Bundesverband der Hörgeräte-Industrie, boten 2011 und 2012 über 600 Hörakustiker bundesweit Hörtests an und ermöglichten ihren Kunden so, sich mit dem eigenen Hörsinn und dessen Bedeutung im Alltag auseinanderzusetzen. Die Hörakustiker erhielten dazu ein Marketing-Paket mit Plakaten, Online-Werbemitteln und Vorlagen für Print-Anzeigen, das intensiv genutzt wurde. Gleichzeitig fand in Berlin unter der Schirmherrschaft von Bundesgesundheitsminister Daniel Bahr eine Themenkonferenz statt.

Die einzelnen Aktionen boten immer wieder Anknüpfungspunkte im Rahmen der Medienarbeit und sorgten kontinuierlich für Aufmerksamkeit. Die Themenbereiche Hören, Hörminderung und Hörtechnologie als innovative Lebenshilfe konnten dadurch nachhaltig auf die Agenda der Tages-, Fach- und Publikumspresse gebracht werden.

In der Zusammenarbeit mit Meinungsmittlern wie Analysten, Vertretern von Politik oder NGOs besteht zumeist noch Verbesserungsbedarf. Hier kommt es darauf an, sich von der traditionellen Standard-Pressemeldung zu verabschieden und stärker individuell über Neuheiten zu unterrichten. Daher ist es sinnvoll, die wichtigsten Gatekeeper mit ihren persönlichen Interessen zu identifizieren und ihnen möglichst maßgeschneiderte Informationen bereitzustellen.

3 Neues Mediensystem: Gegenverkehr für Einbahnstraßenkommunikation

Durch das Web 2.0 muss endgültig vom einfachen Sender-Empfänger-Schema Abschied genommen werden. In der Theorie der Unternehmenskommunikation war dieses von Claude Shannon für die *physikalische* Nachrichtenübertragung gedachte Modell nie beliebt, aber in der Praxis doch durchaus vorherrschend: Mit den eigentlichen Zielgruppen wurde vor dem Web 2.0 eher selten kommuniziert, das Gros der Anstrengungen war auf den Dialog mit den Multiplikatoren (zumeist Journalisten) gerichtet.

Die Aufmerksamkeit, die in der analogen Welt fast komplett auf die klassischen Medien entfiel, entfällt in der digitalen Welt in großen Teilen auch auf andere Meinungseliten (Wissenschaftler, Experten, Prominente, Politiker, Blogger). Sie alle werden Nachrichtenproduzenten und/oder Schaltstellen im Netz (Schmidt 2012), was gerade für die Innovationskommunikation bedeutsam ist, da Innovationsthemen in der Frühphase ihrer Themenkarriere auch ohne mediale Unterstützung diskutiert werden.

Zudem schalten sich die NGOs und Konsumenten aktiv in den Dialog ein beziehungsweise setzen Themen, insbesondere, wenn sie kritisch sind. Der diesem System innewohnende Kontrollverlust ist grundsätzlich zu akzeptieren. Aber durch eine Neujustierung der Kommunikationsarchitektur bleibt das System doch zumindest beeinflussbar und Kommunikation gestaltbar. Dies setzt neue Organisationsformen und eine echte Bereitschaft zum Dialog voraus. Wie die Social-Media-Delphi-Studie 2012 zeigt, ist dies in der großen Mehrzahl der deutschen Unternehmen erkannt (Zerfaß et al. 2012). Allerdings ist die Suche nach der praktikablen Abbildung in Aufbau- und Ablauforganisationen noch nicht abgeschlossen.

3.1 Vom Sender zum Netzwerkknoten

In der neuen Netzwerkwelt, in der Suchergebnisse und Empfehlungen entscheiden, ist es auch für Innovatoren wichtig, gefunden zu werden beziehungsweise das Netz mit eigenen Inhalten an den entscheidenden Schaltstellen zu beeinflussen. Wer als Innovator anerkannt werden will, sollte daher mehr sein als ein Sender. Die dem gesamten Mediensystem neu unterlegte Netz- und Feedbackstruktur erfordert, die neuen zentralen Informationsschaltstellen („Superhubs") zu kennen und dorthin Kanäle und Rückkanäle aufzubauen. Die Kür ist, selbst ein Angebot zu etablieren, das vom Netz als Superhub anerkannt wird.

Die klassische Unternehmenswebseite leistet dies nicht, und sie ist auch nicht mehr die zentrale Informationsplattform für Kunden, Interessenten und Journalisten. Aktion und Interaktion finden in sozialen Netzwerken statt, Nachrichten werden in „vormedialen" Räumen (Eck und Pleil 2006) via Blogs und Twitter verbreitet und diskutiert. In diesen vormedialen Räumen werden schon Meinungen gebildet und Entscheidungen vorbereitet, bevor ein Thema überhaupt in klassischen Medien erscheint. Aus dieser Veränderung ergeben sich für Unternehmen und Organisationen neue Möglichkeiten und Notwendigkeiten, sich zu positionieren und mit Kunden, Interessenten und Medien den Dialog aufzunehmen.

3.2 Netzadäquate Aufbereitung

Bedingung dafür ist, die eigenen Inhalte nicht nur in klassischen Formaten aufzubereiten und diese mehr oder weniger eins zu eins ins Netz zu stellen, sondern die digitale Kommunikation von vornherein netzadäquat in Form, Länge, Dramaturgie und eben rückkanalfähig und verlinkbar aufzubauen. Für die Innovationskommunikation hat es sich bewährt, alle Kommunikationskanäle in einem Social Media Newsroom zu bündeln, der die verschiedenen Quellen und Plattformen aggregiert. Dies kann als eigene Microsite oder auch eingebunden in den Unternehmensnewsroom konzipiert werden. Die in einem solchen Newsroom gewollte Vernetzung führt neben einer ganzheitlichen Darstellung der eigenen und der relevanten Umfeldaktivitäten auch zu einer Suchmaschinenoptimierung, die sich mit einem statischen Pressebereich auf der Website nicht erreichen lässt.

Adobe Newsroom

Ausgangssituation: Der Online-Pressebereich des Softwareanbieters Adobe Systems in Deutschland bot bis zum Sommer 2010 nur statische Inhalte in Form von Texten und Bildern. Informationen wurden nicht nach Zielgruppen segmentiert und eine Anbindung an Social-Media-Kanäle gab es nicht. Gleichzeitig existierte bereits ein umfassendes Informationsangebot im Web: Blogs und Microsites, die vor allem von Kollegen in den USA verantwortet werden.

Ziele: Es sollten mehrere Ziele verwirklicht werden:

1. Steigerung der Zugriffsraten um mindestens 100 %
2. Bündelung des internationalen Informationsangebotes, Verknüpfung mit den deutschen Social-Media-Kanälen zur vereinfachten Verbreitung von Inhalten, Verschiebung von einem Push- zu einem Pull-Medium
3. Größere Flexibilität in der Aufbereitung von Inhalten durch den Einsatz multimedialer Formate
4. Neue Zielgruppen erschließen, vor allem auch Influencer im Social Web

Strategieüberlegungen: Zunächst wurde der Einsatz von Social Media fest im Kommunikationsmix verankert. Darauf aufbauend fungiert der Newsroom (www.adobe-newsroom.de) als zentrale Plattform, auf der alle Inhalte – auch die internationalen Angebote – zusammengeführt werden. Ein Redaktionsplan unterstützt dabei, die Aufbereitung der Themen strukturell vorzusteuern – und die stringente Verschlagwortung der Inhalte ermöglicht zudem die Hervorhebung wichtiger Themen in Form einer Tag Cloud, die dem Besucher die Orientierung erleichtert.

Umsetzung: Eine Bühne präsentiert thematische Highlights und lenkt den Blick auf die wichtigsten Themen. Über eine an den Zielgruppen ausgerichtete Navigation gelangen Besucher direkt zu den für sie relevanten Inhalten. Alle Social-Media-Plattformen können direkt angesteuert werden, ebenso sind alle Inhalte mit Social-Media-Buttons für die einfache Verbreitung versehen. In einer Blogroll werden wichtige Adobe Sites und Blogs übersichtlich dargestellt und zeigen die Vielfalt des Informationsangebotes.

Ergebnis: Die Besucherzahlen haben sich in sechs Monaten fast vervierfacht und das Interesse von Kunden, Journalisten und Anwendern steigt weiter spürbar an.

Eine multimediale Aufbereitung der eigenen Innovationsthemen erzeugt zudem Anwendungsfantasie und steigert die Plastizität und „Anfassbarkeit" der Neuigkeiten. Handwerklich gute Beispiele für die audiovisuelle Vermittlung von Innovationsthemen im Netz sind beispielsweise die Youtube-Kanäle von 3M oder Orange. Allerdings werden diese sachlichen Darstellungen von viralen Spots wie „Will it blend?" von Blendtec bei Abonnenten und Aufrufen um ein Vielfaches geschlagen. Sicherlich müssen Absenderimage und Darreichung im Einklang stehen, aber gerade das Netz will Menschen, Tiere, Sensationen. Für die Innovationskommunikation bedeutet dies die Suche nach einer unterhaltsamen, überraschenden, eben innovativen Vermittlung. Gerade bei komplexen technologischen Themen ist dies ein Test für die eigene Kreativität und die der Dienstleister. Wird die Information so verpackt, dass sie tatsächlich „geliked" wird? Das Netz gibt auf diese Frage sehr schnell und sehr klar Antwort.

4 Innovationskultur

Technologie- und Innovationskommunikation wurde bislang vor allem diskutiert unter dem Aspekt der kommunikativen Unterstützung bei der Marktdurchdringung. Eine wesentliche Zielsetzung der Innovationskommunikation ist aber auch die Unterstützung einer nachhaltigen Innovationskultur. Dabei ist das Image im Markt durchaus eine entscheidende Größe für die Selbstwahrnehmung.

Denn: Innovationskultur und -image beeinflussen sich permanent gegenseitig. Innovative Produkte befördern ein innovatives Image, ein innovatives Image zieht innovative Köpfe an, die wiederum die nächsten innovativen Produkte erfinden. Das lockt wiederum die Kunden an, die bereit sind, ein Premium zu bezahlen, was nötig ist, um ausreichend Ressourcen für Forschung und Entwicklung bereitzustellen. Deswegen ist es wichtig, sowohl die strategischen Aspekte von Innovation in Aufbau- und Ablauforganisation (Innovationsmanagement) als auch die kommunikative Seite von Innovation im Blick zu behalten und zusammenzudenken. Denn was Christoph Bartmann in der Süddeutschen Zeitung über die „Selbstdarstellung im Büro" (Bartmann 2012) formuliert, gilt auch im größeren Zusammenhang: „Leistung und Darstellung, Leistungsdarstellung und Darstellungsleistung gehören zusammen in einer Gesellschaft, die weit weniger Leistungs- als Darstellungs- oder Performance-Gesellschaft ist…, weil die Gesetze der visuellen und performativen Kultur alle Lebensbereiche, also auch Politik und Ökonomie, beherrschen." Die positive Aufladung eines Unternehmens als Top-Innovator befördert auch die Innovationskultur. Innovationskultur und Innovationskommunikation verstärken sich gegenseitig (Jaworski und Zurlino 2007). Abbildung 2 zeigt die Rückkopplung von Image und Innovationskultur.

Abb. 2 Förderung der
Innovationskultur durch
Imagerückkopplung

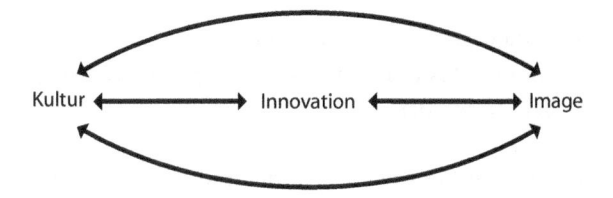

Kultur ⟷ Innovation ⟷ Image

4.1 Kommunikation und Forschung & Entwicklung

Was kann Kommunikation über den Aufbau eines entsprechenden Images hinaus leisten, um Innovationen zu erzeugen?

Innovationen entstehen nicht mehr im stillen Kämmerlein, es herrscht reger Austausch von der Entwicklungs- bis zur Marktphase. Ein zentraler Aspekt dabei ist die Öffnung des Prozesses und damit die strategische Nutzung der Innen- und Außenwelt zur Vergrößerung des Innovationspotenzials der eigenen Organisation.

Waren Neuentwicklungen früher noch die alleinige Aufgabe der Abteilung Forschung und Entwicklung (F&E), sind heutige Kerninnovationsteams bereits disziplin- und hierarchieübergreifend besetzt. Zudem sollen auch interne „periphere Innovatoren" (welche „Innovation" nicht in ihrer Stellenbeschreibung haben) und kompetente Externe aktiviert werden. Und die kompetentesten Externen sind die potenziellen wie realen Kunden. Daher ist „Customer Integration" ein Muss in der Entwicklungsarbeit.

Die Umsetzung dieses „Open Innovation"-Gedankens (Chesbrough 2003) hat durch die Entwicklung von Social Media in den vergangenen Jahren eine geradezu zwingende Erweiterung des Toolsets erfahren. Schließlich geht es bei beiden Konzepten um Vernetzung, Informationsmanagement und Kommunikationsunterstützung.

Der entscheidende Hebel in der Verbindung von Social Media und (Open) Innovation liegt darin, dass wesentlich früher und einfacher als bislang Input und Feedback wichtiger Stakeholder in den Entwicklungsprozess aufgenommen werden können: Mehr Ideen kommen schneller in die Pipeline, Make-or-break-Entscheidungen werden besser unterstützt, kostenintensive, aber unnütze Eigenentwicklungen fallen früher auf und das Risiko, am Markt vorbei zu entwickeln, sinkt.

4.2 Interaktive Entwicklung

Beim Innovationsprozess steht die gemeinsame interaktive Entwicklung von Inhalten über Abteilungsgrenzen, Hierarchiestufen und Organisationsgrenzen hinweg im Vordergrund. Auch hier bietet Social Software erhebliche Vorteile.

Geeignete Werkzeuge sind insbesondere:

- interne Wikis
- Innovations- und Projekt-Blogs

- Instant Messaging (inkl. Videos)
- spezielle Plattformen, wie sie beispielsweise bei IBM für sogenannte Innovation JAMs genutzt wurden.

Sie ermöglichen die Prozesse der Information, Dokumentation und Collaboration wesentlich besser abzubilden als alle bisherigen Knowledge-Systeme.

Zur Identifikation von peripheren Innovatoren im Unternehmen sind zudem interne Social-Networking-Plattformen eine interessante Option. Neben einem Überblick zu den versteckten Kompetenzen im Unternehmen können so auch entsprechende Plattformen aufgebaut werden, um die interne Vernetzung zu stärken. Ein gutes Beispiel hierfür liefert der Konzern BASF mit dem Ansatz *connect.BASF*. Pragmatisch sollte im ersten Schritt allerdings geprüft werden, ob nicht eine einheitliche Nutzung von offenen Business-Plattformen wie Linkedin oder Xing den gleichen Effekt bei geringeren Aufwänden hat.

Soll die Gesamtheit der potenziellen externen Innovatoren (Wissenschaft, Partner, Experten, Kunden) einbezogen werden, liegt die Aufgabe des Unternehmens vor allem in ihrer adäquaten Aktivierung. Am besten gelingt dies über Ideenwettbewerbe, die wegen ihres kompetitiven Designs und der Möglichkeit, Preise zu gewinnen, den höchsten Anreiz zu qualifizierter Partizipation bieten (o. V. 2012). Gelungene Beispiele sind beispielsweise:

- *Corporate Blogs:* Der Tiefkühlkost-Hersteller Frosta war eines der ersten Unternehmen in Deutschland, das mit dem Frosta Blog den Weg der transparenten Kommunikation ging und seine Umwelt in die Produktentwicklung einbezog.
- *Communities:* Tchibo Ideas ist eine der bekanntesten Communities, die Kunden und Nutzern die Möglichkeit geben, Ideen einzureichen. Konzerne wie Daimler gehen auch intern diesen Weg: Die „Daimler Business Innovation Community" hat heute fast 30.000 registrierte Mitarbeiter, die Neuerungen vorschlagen, diskutieren und somit aktiv an der Entstehung von Innovationen mitwirken.
- *Nutzung bestehender Netzwerke:* Aufgebaute Präsenzen in Internet und Social Networks bieten nicht nur echte Hinweise zur Wahrnehmung von Produkt und Marke, sondern können schnell für Ideenwettbewerbe und andere Aktivierungen im Sinne von Customer Integration genutzt werden wie es beispielsweise Starbucks mit seiner Facebook-Präsenz vormacht.

Die Verbindung von Innovation und Social Media kann auch über andere Ansätze erreicht werden (Michelis und Schildhauer 2012). Wichtig erscheint jedoch vor allem, dass das Engagement vernetzt konzipiert und nachhaltig umgesetzt wird.

Innovationskommunikation fungiert in diesem Sinne als stringent angelegtes Management eines Feedbacksystems mit den Polen „Innen" (F&E, Unternehmen) und „Außen" (Kunden, Open-Innovation-Partner, Cluster, Markt, Wettbewerb, Stakeholder, Medien). Wo klassisches Innovationsmanagement nicht mehr ausreicht, kann Kommunikation der (noch) unterschätzte Werttreiber für Innovationen werden.

Innovations- und Technologiekommunikation

Zieldimensionen von Innovationskommunikation

- Mitgestaltung gesellschaftliches Innovationsklima
- Positionierung als innovatives Unternehmen
- Vorbereitendes Agenda-Setting und Anschlussfähigkeit
- Aufbau innovationsrelevanter Austauschbeziehungen
- Stärkung interne Innovationsfähigkeit | Einführung- und Durchsetzung von Neuheiten

Ideen | **Entwicklung** | **Marktvorbereitung** | **Markteinführung**

- Analyse der Vermittelbarkeit
- Netzwerk- und Stakeholderanalyse
- Themenmonitoring, Themenmanagement und Anschluss
- Kampagnenplanung, Medienauswahl, Gestaltung und Umsetzung
- Beratung, Moderation, Kommunikationstraining, Krisenprävention

Übergeordnete Handlungsfelder Kommunikationsmanagement

(c) Stephan Fink

Abb. 3 Zieldimensionen und Handlungsfelder von Innovationskommunikation

Damit ist auch das Thema Führungskommunikation angesprochen. Denn Innovationen (insbesondere radikale Innovationen) machen die Folgen des eigenen Handelns tendenziell unberechenbar und erzeugen deswegen Unsicherheit. Diese Unsicherheit ist gerade in funktionalen Organisationen schwer zu verorten; sie hat keinen Platz im eingeübten Prozess. Daher erzeugen Organisationen nicht selten aus sich heraus Widerstand gegen das Innovative. Um aus diesem Dilemma herauszukommen, muss ein Klima der relativen Sicherheit, der Kontinuität, des Vertrauens und der Loyalität erzeugt werden (Geramanis 2008). Dies sowohl in der täglichen Führungsarbeit als auch in der strategischen Voreinstellung auf der CEO-Ebene (Brandes et al. 2005).

4.3 Erfolgsmessung

Bei allen Schwierigkeiten, die Wirkung von Kommunikation isoliert bewerten zu können, muss auch Innovationskommunikation ihren Wertschöpfungsbeitrag belegen. Gespiegelt gegen die Zielsetzungen von Innovationskommunikation (vgl. Abbildung 3) könnten die folgenden Verfahren und Dimensionen für eine Erfolgsbetrachtung denkbar sein:

- *Image als Innovator* – Image-Untersuchungen, Größe und Qualität des innovationsrelevanten Firmennetzwerks, Involvement Dritter, Berichterstattungsqualität.
- *Internes Innovationsklima* – Partizipation von Mitarbeitern, Ideen-Output, Arbeitgeberimage, Umsatz mit neuen Produkten.

- *Prozessbegleitende Kommunikation* – Ausbau und Entwicklung des Firmennetzwerkes, Ideen-Input und Commitment von Partnern, Time-to-market…
- *Marktvorbereitung* – Themenvorbereitende Berichterstattung, Involvement von Unterstützern, Interesse/Bewertungen im Markt, Widerstand und kritische Stimmen.
- *Markteinführung* – Medienberichterstattung, Abverkauf in der Einführungsphase, Volumen an kritischen Stimmen, Empfehlungsverhalten von Dritten.

Klare Zielsetzungen und Messparameter vorausgesetzt, wird strategisch geplante und in der Umsetzung professionelle Innovationskommunikation ihren Wertbeitrag zu Innovationskultur, -prozessen und -image durchaus belegen können (Fink 2009).

Literatur

Andrew, J.P., Manget, J.,Michael, D.C., Taylor, A., & Zablit, H. (2010). *Innovation 2010 – A Return to Prominence – and the Emergence of a New World Order.* The Boston Consulting Group. www.bcg.com/documents/file42620.pdf. Zugegriffen: 12. Dez. 2012.

Borrel, P. (2012). *Welt ohne Menschen. Dokumentarfilm,* ARTE-TV, 23.10.2012.

Bartmann, C. (2012). *Die Performance-Falle.* www.sueddeutsche.de/karriere/selbstdarstellung-im-buero-die-performance-falle-1.1267162. Zugegriffen: 12. Dez. 2012.

Brandes, W. P., Schnabel, F., & Wache, U. (2005). *Intellectual Capital und Kommunikation.* Wiesbaden: Gabler.

Chesbrough, H. W. (2003). *Open Innovation: The new imperative for creating and profiting from technology.* Boston: Harvard Business School Press.

Christensen, C. M, Dyer, J., & Gregersen, H. (2011). *The Innovator's DNA.* Boston: Harvard Business School Press.

Eck, K., & Pleil, T. (2006). Public Relations beginnen im vormedialen Raum – Weblogs als neue Herausforderung für das Issues Management. In A. Picot & T. Fischer (Hrsg.), *Weblogs professionell* (S. 77–94). Heidelberg: dpunkt.

Fink, S. (2009). Strategische Kommunikation für Technologie und Innovationen – Konzeption und Umsetzung. In A. Zerfaß & K. M. Möslein (Hrsg.), *Kommunikation als Erfolgsfaktor im Innovationsmanagement: Strategien im Zeitalter der Open Innovation* (S. 195–208). Wiesbaden: Gabler.

Geramanis, O. (2008). Spielräume für Innovationen kann nur gute Personalführung schaffen. *HR Today – Das Schweizer Human Resource Management-Journal, 2008*(10), o.S.

Jaworski, J., & Zurlino, F. (2007). *Innovationskultur. Vom Leidensdruck zur Leidenschaft. Wie Top-Unternehmen ihre Organisation mobilisieren.* Frankfurt am Main: Campus

Kaplan, A.M., & Haenlein, M. (2010). Users of the world, unite! The challenges and opportunities of Social Media. *Business Horizons 53*(1), 59–68.

LeHong, H., & Fenn, J. (2012). *Hype Cycle for Emerging Technologies 2012.* http://www.gartner.com/DisplayDocument?doc_cd=233931. Zugegriffen: 12. Dez. 2012.

Michelis, D., & Schildhauer, T. (2012). *Social Media Handbuch: Theorien, Methoden, Modelle.* Baden-Baden: Nomos.

Moore, G. A. (1987). *Crossing the Chasm.* New York: HarperBusiness.

o. V. (2012). *IMP³rove Scoreboard. Featured Analysis: The Relationship between Incentives and Ideas (II).* Düsseldorf: Improve Core Team. http://www.improve-innovation.eu. Zugegriffen: 12. Dez. 2012.

Schmidt, H. (2012). *Social Media für Journalisten.* http://de.slideshare.net/fullscreen/HolgerSchmidt/social-media-fr-journalisten-14545050/1. Zugegriffen: 12. Dez. 2012.

Schwab, K. (2011). *The Global Competitiveness Report 2011–2012.* http://www.weforum.org/reports/global-competitiveness-report-2011-2012. Zugegriffen: 12. Dez. 2012.

Zerfaß, A., & Huck, S. (2007). Innovationskommunikation: Neue Produkte, Technologien und Ideen erfolgreich positionieren. In M. Piwinger & A. Zerfaß (Hrsg.), *Handbuch Unternehmenskommunikation,* (1. Aufl., S. 847–858). Wiesbaden: Gabler.

Zerfaß, A, Fink, S., & Linke, A. (2012). *Social Media Delphi 2012. Wissenschaftliche Studie zu Zukunftstrends der Social-Media-Kommunikation.* Leipzig: Universität Leipzig/Fink & Fuchs Public Relations AG.

Krisenkommunikation: Vorbereitung, Umsetzung, Erfolgsfaktoren

Andreas Schwarz und Martin Löffelholz

Zusammenfassung

Krisenkommunikation ist in den letzten 20 Jahren zu einem der wichtigsten Anwendungsfelder der internen und externen Unternehmenskommunikation geworden. In Krisensituationen kommt es zur Gefährdung zentraler strategischer Ressourcen und Ziele von Organisationen und ihren Anspruchsgruppen. Geeignete strukturelle Rahmenbedingungen und Strategien, um im Krisenkontext Kommunikation zu planen, zu steuern und zu kontrollieren, können daher überlebensnotwendig sein. Nach einem kurzen Überblick und der Definition wichtiger Begriffe werden zentrale Methoden, Erfolgsfaktoren und empirische Befunde zur Planung und Umsetzung von Krisenkommunikation vorgestellt. Dabei werden die Phasen der Krisenprävention, Krisenvorbereitung, des akuten Krisenmanagements sowie der Krisennachsorge berücksichtigt. Abschließend werden aktuelle Defizite und künftige Herausforderungen in Forschung und Praxis der Krisenkommunikation diskutiert.

Schlüsselwörter

Unternehmenskommunikation · Krise · Organisationskrise · Krisenmanagement · Krisenkommunikation · Krisenprävention · Krisenkommunikationsstrategien · Risikokommunikation · Strategische Kommunikation

---

A. Schwarz (✉)
Technische Universität Ilmenau, Institut für Medien und Kommunikationswissenschaft
Ehrenbergstraße 29, 98693 Ilmenau, Deutschland
E-Mail: andreas.schwarz@zu-ilmenau.de

M. Löffelholz
Swiss German University, Rector's Office
EduTown BSD City, 15339, Indonesien
E-Mail: martin.loeffelholz@sgu.ac.id

1 Krisenkommunikation: Überblick und Managementprozess

In den 1990er Jahren begann in Deutschland die intensivere wissenschaftliche Auseinandersetzung mit Unternehmenskrisen, wie zum Beispiel der Brent-Spar-Krise von Royal Dutch/Shell oder dem Debakel der A-Klasse von Daimler-Benz (Scherler 1996; Töpfer 1999). International erlangten unter anderem das Chemieunglück im indischen Bhopal (Dow Corning), die Produktsabotage bei Johnson & Johnson oder das Tankerunglück der Exxon Valdez geradezu paradigmatischen Status. Auch in der jüngeren Vergangenheit lösten Krisen und Skandale bei Unternehmen, Verbänden und Nichtregierungsorganisationen (NGOs) regelmäßig öffentliche Debatten und Berichterstattung aus.

In Krisensituationen spielen die Führungskräfte von Unternehmen und die Verantwortlichen für Unternehmenskommunikation eine Schlüsselrolle, um Medienanfragen zu beantworten und aktiv mit betroffenen Anspruchsgruppen zu kommunizieren. Viele Fälle von Unternehmenskrisen haben jedoch immer wieder gezeigt, dass erhebliche Fehler in der Krisenkommunikation den Verlauf der Krise negativ beeinflusst und den ohnehin entstandenen Schaden noch vergrößert haben. Der Bedarf an verlässlichen Erkenntnissen und geeigneten Methoden zur kommunikativen Bewältigung von Krisen hat daher in den letzten Jahren erheblich zugenommen.

Während in der Literatur nach wie vor Praxisratgeber und Fallstudien dominieren, ist seit Mitte der 1990er Jahre international ein substanzieller Bedeutungszuwachs einer systematischeren und an wissenschaftlichen Standards orientierten Krisenkommunikationsforschung zu verzeichnen. Im Unterschied zur How-to-do-Literatur, die häufig nur auf den speziellen Erfahrungen einzelner Praktiker basiert, zielt die Kommunikationsforschung auf die Identifikation von generalisierbaren Beschreibungen und Zusammenhängen in der Krisenkommunikation. Die Schlüsselrolle von Kommunikation in Krisensituationen, insbesondere von strategisch geplanter Kommunikation von Organisationen, wird zunehmend erkannt und zum Gegenstand wissenschaftlicher Forschung bzw. Theoriebildung.

Nach einer Durchsicht der relevanten Literatur identifizierten Pearson und Clair (1998) sowie Schwarz (2010) eine Reihe von Eigenschaften, die verschiedene Typen von *Organisationskrisen* offenbar miteinander teilen. Allmählich setzt sich in der Kommunikationswissenschaft zunehmend die Einsicht durch, dass Organisationskrisen wesentlich von der Beobachtung und Interpretation durch Anspruchsgruppen und Organisationsmitglieder abhängig sind. Die aus diesen Beobachtungen resultierenden internen und externen Kommunikationsprozesse haben entscheidenden Einfluss auf den Verlauf von Krisen.

> **Organisationskrisen**
> Organisationskrisen sind hochgradig ambivalente Situationen, die mit geringer Wahrscheinlichkeit eintreten und potenziell schwere Folgen nach sich ziehen. Krisen gefährden aus Sicht zentraler Anspruchsgruppen die Entwicklungs- und/oder die Lebensfähigkeit von Organisationen und werden von Anspruchsgruppen und Orga-

nisationen als bedrohlich, negativ und belastend wahrgenommen. Die Ungewissheit über Ursachen, Folgen und Lösungsmöglichkeiten der Krise führen zum Verlust bzw. zur Erschütterung von geteilten Deutungsmustern, Werten und grundlegenden individuellen Annahmen über die von der Krise betroffene soziale Umwelt von Organisationen bzw. Anspruchsgruppen. Krisensituationen sind zeitlich begrenzt und gekennzeichnet durch erhöhten wahrgenommenen Zeit-, Entscheidungs- und Handlungsdruck sowie die daraus resultierenden eingeschränkten kognitiven Kapazitäten zur Informationsverarbeitung (Pearson und Clair 1998; Schwarz 2010).

Die *Wahrnehmung von Krisen* als negativ und bedrohlich resultiert daraus, dass die Erfüllung bestimmter zentraler Werte, die Erreichbarkeit wichtiger Ziele oder die Erhaltbarkeit bestimmter Strukturen in Frage gestellt werden und Krisen so den Fortbestand des betroffenen Systems in seiner bisherigen Form zumindest hypothetisch gefährden (Kohring et al. 1996). Ob bestimmte Situationen und Entwicklungen als Krisen eingestuft werden, hängt also von den Werten und Zielen der jeweiligen Beobachter ab und kann je nach Systemzugehörigkeit variieren (z. B. Organisationen und Nationen). Die Einstufung bzw. Interpretation bestimmter Ereignisse, Zustände oder Prozesse als krisenhaft kann in sozialen Systemen nur kommunikativ erfolgen. Im Rahmen dieser Kommunikationsprozesse wird der Krisencharakter von Situationen zwischen den Teilnehmern am Kommunikationsprozess ausgehandelt. Da Krisen häufig den Aufmerksamkeitsregeln des Journalismus entsprechen (hoher Nachrichtenwert z. B. durch Schaden, Kontroverse oder eine große Zahl von Betroffenen), ist Krisenkommunikation in der Regel auch öffentliche Kommunikation. Krisen können deshalb als *soziale Konstruktionen* verstanden werden: „Crises are terminological creations conceived by human agents, and consequently, are managed and resolved terminologically. As such, instead of being one component, communication constitutes the quintessence of crisis management" (Hearit und Courtright 2004, S. 205). Zwar sind zum Beispiel Flugzeugabstürze keine terminologischen Schöpfungen, aber die damit verbundenen Interpretationen und Bedeutungszuschreibungen werden sozial konstruiert und unter bestimmten Umständen als krisenhaft eingestuft. „Only when corporate actors, media, or government officials agree to label a problem a ‚crisis', for example, do they respond to it as such" (Hearit und Courtright 2004, S. 206).

Diskutabel bleiben daher die Versuche der Betriebswirtschaftslehre die Identifikation von Unternehmenskrisen an vermeintlich *objektive Kriterien* wie zum Beispiel die Zahlungs(un)fähigkeit von Unternehmen zu koppeln. Die Einschätzung, wann die Existenz einer Organisation oder die Erreichung dominanter Ziele gefährdet ist, bleibt letztlich eine Zukunftsprojektion, die anhand von gegenwärtig verfügbaren Daten oder Beobachtungen vorgenommen wird, also zu einem Zeitpunkt deutlich vor der eintretenden Zahlungsunfähigkeit. Die Diagnose einer Bestandsgefährdung resultiert somit aus der Wahrnehmung von organisationsinternen und/oder externen Beobachtern, deren (ggf. abweichenden) Interpretationen sowie der Kommunikation und Aushandlung dieser Interpretationen:

„Denn existenzbedrohende Situationen sind keine empirisch vorfindbaren objektiven Phänomene [...]. Die Beurteilung einer (über-)betrieblichen Situation als Krise ist also davon abhängig, welche Wirklichkeitsausschnitte der Betrachter als für sich relevant erachtet [...]. Managementphilosophie, Wertsystem und Einstellungen wirken hier als Wahrnehmungsfilter. Insofern ist die Identifikation einer krisenhaften Situation Ergebnis von individuellen oder kollektiven Wahrnehmungs- und Bewusstseinsbildungsprozessen" (Staehle et al. 1999, S. 903).

Damit ist Krisenkommunikation ein *Aushandlungsprozess im Kontext von als bedrohlich und disruptiv wahrgenommenen Situationen,* denen Beobachter intuitiv oder strategisch Krisenstatus zuschreiben. Ausgehend von diesem Verständnis von Krisenkommunikation konzentrieren wir uns in diesem Beitrag primär auf die Analyse der *strategischen Krisenkommunikation* aus der Perspektive von Organisationen in verschiedenen Krisenphasen.

> **Strategische Krisenkommunikation**
> Der Begriff „strategische Krisenkommunikation" bezeichnet das Kommunikationsmanagement von Organisationen zur proaktiven Prävention und Früherkennung von Krisen, Vorbereitung auf Krisen, akuten Bewältigung von Krisen und Nachbearbeitung bzw. Evaluation organisationsbezogener Krisenkommunikation. Ziel strategischer Krisenkommunikation ist es, den beobachtbaren bzw. zu erwartenden krisenbedingten Reputations- und Vertrauensverlust bei relevanten Anspruchsgruppen zu minimieren und damit den Handlungsspielraum zur Erreichung der strategischen Ziele der Organisation unter den gegebenen Bedingungen zu maximieren. Darüber hinaus hat Krisenkommunikation das Ziel, Informationen und Verhaltensinstruktionen im Krisenkontext effektiv zu verbreiten, um Schaden von betroffenen Anspruchsgruppen abzuwenden und sie bei der psychologischen Bewältigung der Krise zu unterstützen (Schwarz 2014).

Neben der Beschreibung typischer Krisenverläufe, Krisentypen und Krisenauswirkungen existieren in der Literatur eine Reihe von Modellen, um den Krisenmanagementprozess in Phasen einzuteilen, in denen jeweils unterschiedliche Maßnahmen zur Krisenbearbeitung notwendig sind (zum Überblick: Coombs 2012). Für diese überblicksartige Darstellung werden hier vier Phasen unterschieden: Vor der Krise können Maßnahmen zur 1) Prävention bzw. Früherkennung von Krisen eingesetzt werden. 2) Darüber hinaus erfolgt in dieser Zeit die Planung und Implementierung von Instrumenten zur Vorbereitung auf Krisen. 3) In der Phase des akuten Krisenmanagements werden Maßnahmen zur Analyse und kommunikativen Bewältigung ergriffen. 4) Nach der Krise besteht die Chance der Reflexion und der Initiierung von krisenbedingten Lernprozessen, deren Ergebnisse wiederum in die künftige Krisenprävention, Früherkennung, Vorbereitung und Bewältigung einfließen sollten (vgl. Abb. 1).

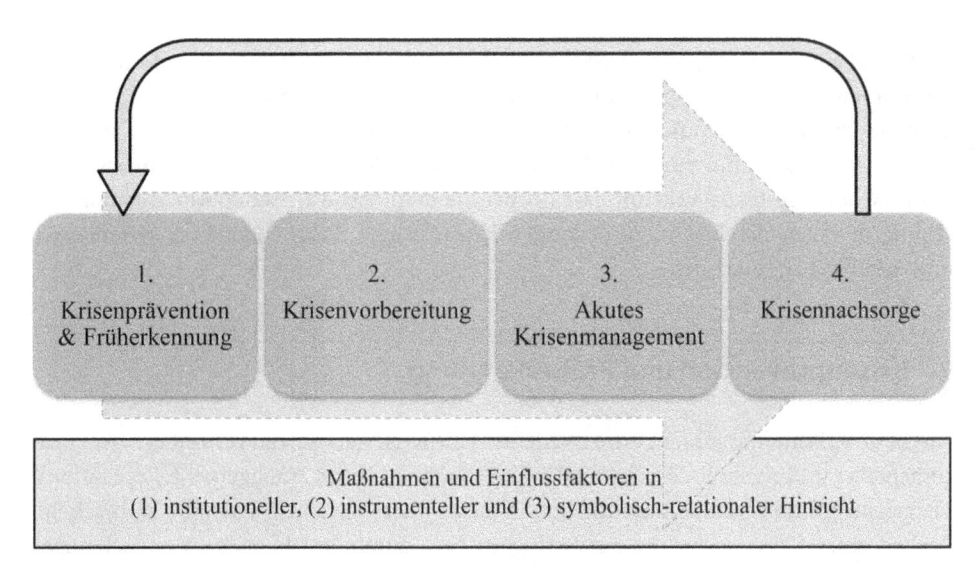

Abb. 1 4-Phasen-Modell des Krisenkommunikationsmanagements

Während im Rahmen der Krisenprävention beispielsweise Frühwarnsysteme eingesetzt werden, um die Entwicklung bzw. den Ausbruch von Krisen gänzlich zu verhindern, dienen Maßnahmen der Vorbereitung auf den akuten Fall dem geplanten und schnell koordinierbaren Einsatz von Instrumenten der akuten Krisenbewältigung. Die akute Krisenphase betrifft alle Ereignisse und Maßnahmen, die nach dem von der Organisation beobachteten Beginn der Krise stattfinden und auf die kommunikative Begleitung der Krise bzw. Eindämmung ihrer als negativ eingestuften Folgen gerichtet sind. Gelangen Organisationen zu der Auffassung, eine Krise sei beendet, beginnt die Krisennachsorge, in der Evaluations- und Lernprozesse stattfinden.

Für jede dieser Phasen können Maßnahmen bzw. Einflussfaktoren auf das Management der Krisenkommunikation in dreierlei Hinsicht unterschieden werden (Löffelholz und Schwarz 2008):

- Einflussfaktoren und Maßnahmen in *institutioneller* Hinsicht, die auf die Implementierung von spezifischen Organisationsstrukturen (u. a. Rollen, Organisationskultur, Weisungsketten) gerichtet sind;
- Maßnahmen in *instrumenteller* Hinsicht, die in den Einsatz von formal bzw. technisch standardisierten Instrumenten der Unternehmenskommunikation einfließen können (u. a. Pressemitteilungen, Krisenpläne, Dark Sites);
- Einflussfaktoren und Maßnahmen in symbolisch-relationaler Hinsicht, die die Gestaltung von Kommunikationsbotschaften und Stakeholderbeziehungen unabhängig vom spezifischen Instrument anleiten.

In den folgenden Abschnitten werden für jede Phase der strategischen Krisenkommunikation ausgewählte Erfolgsfaktoren, geeignete Maßnahmen sowie weitere bedeutsame Befunde empirischer Studien vorgestellt. Dabei beschränken wir uns auf jene Aspekte, über die in der Literatur ein weitgehender Konsens besteht. Es handelt sich überwiegend um forschungsgestützte Erkenntnisse, wobei die empirische Krisenkommunikationsforschung in vielen Bereichen erst begonnen hat, relevante Zusammenhänge systematisch und detailliert zu untersuchen.

2 Krisenprävention und Früherkennung

Das beste Krisenmanagement wäre zweifellos, eine Krise gänzlich zu verhindern. Auf instrumenteller und symbolisch-relationaler Ebene können Issues Management, Reputationsmanagement und Risikokommunikation in dieser Phase dazu beitragen, die Wahrscheinlichkeit eines Krisenausbruchs zu verringern bzw. zumindest bessere Voraussetzungen für ein effektiveres Krisenmanagement zu schaffen (Coombs 2012). *Issues Management* ermöglicht u. a. das frühzeitige Erkennen von Krisensignalen und die rechtzeitige Positionierung von Organisationen im Hinblick auf aktuelle gesellschaftliche Entwicklungen und Themen, die bei Nichtbeachtung zum Krisenausbruch führen können (vgl. Kapitel „Issues Monitoring und Issues Management in der Unternehmenskommunikation"). Dabei kommen vor allem Formen der Umweltanalyse (Issues Monitoring, Scanning) und Prognosetechniken (unter anderem Szenariotechniken) zum Einsatz.

Mit Hilfe von *Risikokommunikation* können Unternehmen mögliche Krisenszenarien vorwegnehmen und relevante Anspruchsgruppen dafür sensibilisieren. Das Ziel von Risikokommunikation ist „to provide people with all insights they need in order to make decisions or judgments that reflect the best available knowledge and their own preferences" (Renn 2009, S. 80), um sich vor Risiken besser schützen zu können. Risikokommunikation leistet somit einen Beitrag zur Krisenprävention oder mildert zumindest den Verlauf einer Krise. Auch in akuten Krisenphasen können Risiken entstehen, die an potenziell betroffene Stakeholder unmittelbar kommuniziert werden sollten. Insofern kann Risikokommunikation auch als Instrument zur Vorbereitung auf und Bewältigung von Krisen gelten (Coombs 2012).

Auch ein professionelles *Reputationsmanagement* (vgl. Kapitel „Reputation und Image: Grundlagen, Einflussmöglichkeiten, Management") kann ein entscheidender Faktor sein, um eine Krise entweder gänzlich zu verhindern oder ihren Beginn zu verzögern und damit Zeit bzw. Entscheidungsspielräume zu gewinnen. Organisationen, die aus Sicht ihrer Stakeholder über positive Reputation verfügen, profitieren häufig von dem damit verbundenen Vertrauensvorschuss. Dies kann vor voreiligen Schuldzuweisungen oder frühzeitiger Skandalisierung durch Medien vor und während der Krise schützen (Coombs und Holladay 2006; Schwarz 2012b).

Weitere Faktoren, die zur Krisenprävention und Früherkennung beitragen, werden in der Forschung auf institutioneller Ebene verortet. Dem liegt die Annahme zugrunde, dass Organisationen unterschiedlich anfällig für Krisen sind und sich der Grad der Anfälligkeit anhand von internen Faktoren der Organisation bestimmen lässt. Untersucht wurden hier vor allem die Organisationskultur, Organisationsstrukturen bzw. Eigenschaften von Organisationsfunktionsträgern und deren Einfluss auf die Effektivität der Krisenantizipation bzw. des Krisenmanagements.

Pauchchant und Mitroff (2006) vertreten die These, dass es spezifische Eigenschaften der Organisationskultur sind, die zu einer erhöhten und damit zum Teil selbstinduzierten Krisengefährdung beitragen. Organisationskultur verstehen sie als „basic, taken-for-granted assumptions that an organization makes about itself, its customers, employees, and surrounding environment" (Pauchant und Mitroff 2006, S. 136). Sie kamen zu dem Ergebnis, dass besonders krisengefährdete Unternehmen dazu neigen, Krisen zu verdrängen bzw. in ihrer Bedeutung herabzusetzen. Diese „ungesunden" Unternehmenskulturen betrachten ihre Umwelt bzw. Anspruchsgruppen primär im Hinblick auf den Nutzen, den sie für die Erreichung der Organisationsziele darstellen. Dies spiegelt sich auch in einem Krisenverständnis wider, demzufolge Krisen primär eine Bedrohung für das eigene Unternehmen, weniger für dessen Umwelt darstellen. Die Überhöhung der eigenen Perfektion und Exzellenz führe dazu, dass geplantes und integriertes Krisenmanagement als Eigenschaft von schlechten Unternehmen betrachtet wird. Das Weltbild geht in einer Gut-Böse-Dichotomie auf, wobei vor allem die Medien als feindliche Bedrohung wahrgenommen werden. Unternehmen dieser Kategorie verorten die Schuld bzw. Verantwortlichkeit für Krisen nicht bei sich selbst.

Die zentrale Rolle der Organisationskultur bei Prozessen des Krisenmanagements betont auch Marra (1998). Allerdings verweist er auf die mangelnde Berücksichtigung der PR- und Kommunikationsstrukturen in Unternehmen und die Überbewertung von Krisenplänen. Anhand einer Fallstudie zu einer Krise von AT&T im Jahr 1990 schlussfolgert er, dass insbesondere eine proaktive und kooperative Kommunikationskultur sowie starke, von allen Mitarbeitern gelebte Kommunikationsprinzipien den Erfolg organisationaler Krisenkommunikation bedingen. Defensive und verschlossene Kommunikationskulturen hingegen, die beispielsweise für die misslungene Krisen-PR nach dem Challenger-Unfall der NASA 1986 verantwortlich gemacht werden, beeinträchtigen den Erfolg trotz vorhandener Krisenpläne beträchtlich.

Aus diesen Befunden lassen sich Maßnahmen ableiten, die Krisenprävention begünstigen. So tragen die Analyse der Organisations- und Kommunikationskultur und deren gezielte Beeinflussung im Sinne der hier vorgestellten Erkenntnisse zur Schaffung eines Umfeldes bei, das Krisen verhindert bzw. eine frühzeitige Erkennung von Krisensignalen ermöglicht.

Auch im Rahmen des Issues Managements und der Risikokommunikation wird die Organisationskultur als wesentlicher Einflussfaktor erachtet (Ingenhoff und Rossberg 2004). Die „kulturelle Brille" bestimmt nicht nur, welche Themen bzw. Issues in der Umwelt von Organisationen wahrgenommen, identifiziert und auf bestimmte Weise interpretiert werden, sondern gleichermaßen, welche kommunikativen Maßnahmen die Organisationen daraus ableiten. Im Gegensatz zu autoritären scheinen partizipative Unternehmenskulturen die Beobachtungs- und Handlungsoptionen im Rahmen des Issues Managements zu erweitern und fördern abteilungs- und hierarchieübergreifendes Arbeiten. Dazu tragen insbesondere auch stärker netzwerkförmige Kommunikationsstrukturen bei, während hierarchische Strukturen den Kommunikationsfluss eher behindern bzw. auf wenige Ebenen eingrenzen. Dies kann dazu führen, dass die von Mitarbeitern auf verschiedenen Ebenen erkannten Krisensignale zu spät an die Führungsebene kommuniziert bzw. von dieser nicht hinreichend ernst genommen werden.

Über die Organisationskultur hinaus werden die Entscheidungsautonomie und die hierarchische Einbettung der PR-Funktionen als Erfolgsfaktor für Krisenkommunikation betrachtet. Der damit verbundene Zugang zu Ressourcen und Informationen sowie die nötige Unterstützung der Organisationsleitung bilden letztlich die Voraussetzungen für die Öffentlichkeitsarbeit, um in Krisensituationen schnell und angemessen zu handeln (Marra 1998). Eine Befragung von 126 PR-Verantwortlichen in US-amerikanischen Unternehmen, Nonprofit-Organisationen und Behörden beispielsweise lieferte Belege für den Zusammenhang zwischen Autonomie/Einfluss von PR-Abteilungen und dem Umfang der Krisenvorbereitung der Organisationen (Cloudman und Hallahan 2006).

Das Selbstverständnis von PR-Akteuren im Krisenkontext, die Professionalisierung der Krisenkommunikation in Organisationen sowie der Einfluss von Rollenstrukturen auf das organisationale Krisenmanagement wurden bislang wenig untersucht. Eine Befragung in deutschen Verbänden ergab, dass unter anderem die Krisenkommunikationsexpertise der PR-Verantwortlichen mit dem Grad der Krisenvorbereitung der Verbände zusammenhing (Schwarz und Pforr 2011). Darüber hinaus deuten die Befunde einiger Studien darauf hin, dass Organisationen mit zunehmender Krisenerfahrung ihre PR-Funktionen mit erhöhten Managementbefugnissen ausstatten (Guth 1995) und sich tendenziell besser auf Krisen vorbereiten (Schwarz und Pforr 2011).

Die meisten Studien, die sich in der Regel auf den instrumentellen Aspekt des Krisenmanagements beschränken, gelangen jedoch zu dem Ergebnis, dass Krisenprävention und Früherkennung „von den meisten Organisationen immer noch sträflich vernachlässigt [werden]. Damit wird die Chance vergeben, Konflikte und Anspruchsgruppen frühzeitig zu erkennen, um die Entstehung von Deutungsmustern mitzubestimmen" (Schulz 2001, S. 228).

3 Krisenvorbereitung

Im Kontext der Vorbereitung auf potenzielle Krisen wurde vor allem die Bedeutung und Effektivität von Krisenplänen untersucht. Denn der sich in Krisen erhöhende Zeit- und Entscheidungsdruck erfordert schnelles Handeln, das durch Krisenpläne strategisch geplant wird. Krisenpläne liefern u. a. dafür benötigte Hintergrundinformationen, weisen spezifische Verantwortlichkeiten zu und enthalten Kontaktdaten potenziell bedeutsamer Ansprechpartner, oft auf Grundlage verschiedener Krisenszenarien. Ein Überblick über mögliche Strukturen und Elemente von Krisenplänen findet sich unter anderem bei Coombs (2012). Das Potenzial von Krisenplänen zur Abmilderung von Krisenverläufen wird zwar kaum angezweifelt, hinsichtlich seiner relativen Bedeutung im Rahmen der organisationalen Krisenkommunikation aber zum Teil als überschätzt beschrieben (Marra 1998). Bisher vorliegende Studien zeigten, dass ca. ein Drittel der befragten deutschen Unternehmen bzw. Verbände und rund drei Viertel der US-Organisationen mit Krisenplänen ausgestattet ist (Kunczik et al. 1995; Lee et al. 2007; Schwarz und Pforr 2010).

Weitere Instrumente der Krisenvorbereitung sind Krisen- und Medientrainings, mit denen Führungskräfte sowie insbesondere die Mitglieder von Krisenstäben bzw. Krisenteams auf den Ernstfall vorbereitet werden. Die Aufgaben von Krisenstäben umfassen neben der Erarbeitung, Simulation und Umsetzung des Krisenplans das Treffen angemessener Entscheidungen in der akuten Krisenphase, um Schaden von Betroffenen sowie der eigenen Organisation abzuwenden. Über die Zusammensetzung dieser Teams und die nötigen Fähigkeiten liegen bisher nur wenige Forschungsarbeiten vor. Empfohlen wird eine funktionale Auswahl von Mitgliedern u. a. aus den Bereichen Recht, Sicherheit, PR, Qualitätskontrolle und dem Vorstand, um spezifische Problemlösungs- und Entscheidungskompetenzen zu kombinieren (Coombs 2012). Für diese Krisenstäbe sollte zudem ein Krisenkontrollzentrum eingerichtet werden, d. h. ausgewählte Räumlichkeiten werden mit der nötigen Technik und Infrastruktur ausgestattet und sind im Krisenfall für den Krisenstab reserviert. Obgleich eine beachtliche Zahl von Organisationen über Krisenstäbe verfügt, operieren viele im Krisenfall suboptimal, weil sie oftmals nicht für die Umsetzung von Krisenplänen trainiert werden (Cloudman und Hallahan 2006; Schulz 2001).

Auch die Einrichtung von geeigneten intranet- und internetbasierten Instrumenten ist Bestandteil einer effektiven Krisenvorbereitung. Intranets können genutzt werden, um organisationsinterne Datenbanken anzulegen, in welche die für verschiedene Krisenszenarien relevanten Informationen eingepflegt werden. Für die Online-Kommunikation im Krisenfall können beispielsweise sogenannte Dark Sites vorbereitet werden. Auf diesen in Routinezeiten inaktiven Websites werden die für bestimmte Krisenstakeholder und spezifische Krisenszenarien (z. B. Flugzeugabsturz oder Störfall in einer Chemiefabrik) wichtigen Informationen zusammengestellt. Im Ernstfall müssen diese Seiten nur leicht angepasst werden und können deshalb sehr schnell publiziert werden.

4 Krisenkommunikation in der akuten Phase

In der Phase des akuten Krisenmanagements müssen von den involvierten Organisationen bei ihrer Krisenkommunikation vor allem symbolisch-relationale Aspekte berücksichtigt werden. Das schließt die Auswahl geeigneter rhetorischer Kommunikationsstrategien, die Beurteilung der situativen Wirkung dieser Strategien sowie die Pflege der Beziehungen zwischen Organisationen und Stakeholdern im Krisenkontext ein.

Coombs (2012) unterscheidet in dieser Phase Form und Inhalt der Krisenkommunikation. *Form* bezieht sich auf die Art und Weise der Kommunikation mit Anspruchsgruppen. Dafür haben sich verschiedene „Daumenregeln" herauskristallisiert. Einigkeit besteht darüber, dass Organisationen in Krisensituationen möglichst schnell, konsistent, transparent und offen gegenüber Journalisten kommunizieren sollten. Schnelligkeit signalisiert Verantwortungsbewusstsein der Organisation und ermöglicht die frühzeitige Mitbestimmung von Deutungsmustern der Krise in der öffentlichen Kommunikation. Die zentralen Botschaften und Positionen der Organisation sollten nicht widersprüchlich, also konsistent sein, um Glaubwürdigkeitsverlust zu verhindern bzw. potenziell Betroffene nicht zu verärgern. Auch Offenheit und Transparenz signalisieren Glaubwürdigkeit und ernsthaftes Interesse an der Bewältigung der Krise und ihrer negativen Auswirkungen für Anspruchsgruppen. Allerdings ist die Effektivität dieser kochrezeptartigen Empfehlungen bisher nur partiell empirisch belegt.

Der *Inhalt* von Krisenkommunikation in der akuten Phase umfasst in Anlehnung an Sturges (1994) Verhaltensinstruktionen und Informationen zur psychologischen Verarbeitung der Krise, um Stakeholder vor weiteren Schäden zu schützen bzw. sie bei der Bewältigung der Krise zu unterstützen. Darüber hinaus müssen Organisationen geeignete rhetorische Strategien auswählen, um in der akuten Phase ihre Reputation zu schützen bzw. angemessen mit Ursachen- und Schuldfragen umzugehen.

Besonders in den USA hat sich eine ausgeprägte Forschungstradition etabliert, in der Muster und Formen rhetorischer Krisenkommunikationsstrategien untersucht wurden. Auf Basis von vorwiegend qualitativ-deskriptiven Fallstudien und Inhaltsanalysen wurden rhetorische Strategien identifiziert, die Organisationen einsetzen, um in Krisensituationen ihre Reputation bzw. ihr Image zu schützen (Benoit 1995; Coombs 2010b). Tabelle 1 gibt hierzu einen Überblick.

Einen theoriegeleiteten Ansatz zur Erklärung des Zusammenhangs zwischen Krisensituation, der Auswahl von Krisenkommunikationsstrategien durch Organisationen und der Organisationsreputation haben Coombs und Holladay (2004) mit ihrer Situational Crisis Communication Theory (SCCT) vorgelegt. Sie postulieren, dass Stakeholder in Situationen, die sie als krisenhaft einstufen, Vermutungen über die Ursachen der Krise bzw. die Verantwortlichkeit von Organisationen anstellen. Das Ausmaß der wahrgenommenen Verantwortlichkeit bei Stakeholdern versuchen die Autoren mit Hilfe von Attributionstheorien aus der Sozialpsychologie zu erklären. Experimentelle Untersuchungen konnten zeigen, dass Verantwortungszuschreibungen im Zusammenhang mit bestimmten Krisentypen stehen (z. B. Unfälle, Naturkatastrophen) und zudem von der Krisenhistorie sowie den vergangenen Beziehungen mit Stakeholdern einer Organisation abhängig sind. Je mehr die Stakeholder die Verantwortlichkeit für negative Auswirkungen der Krise einer Organisation zuschreiben, desto wahrscheinlicher resultiert dies in negativen Einstellungen gegenüber dem (vermeintlichen) Verursacher und führt zu Reputationsverlust. Mit zunehmender Kluft zwischen der von betroffenen Organisationen öffentlich übernommenen Verantwortung (Kommunikationsstrategien) und der von Stakeholdern zugeschriebenen Verantwortung (Attribution), nehmen auch die krisenbedingten Reputationsschäden zu. Mit Hilfe des Ansatzes gelingt es Krisen- und Kommunikationsstrategietypologien theoriegeleitet aufeinander zu beziehen und für PR-Praktiker im Krisenfall nutzbar zu machen. Beispielsweise sollten Organisationen in Fällen von selbst verschuldeten Störfällen

Tab. 1 Typologie von Krisenkommunikationsstrategien (Quelle: In Anlehnung an Coombs (2010b, S. 36))

Strategien-cluster	Strategie	Erläuterung
Deny (Leugnen)	Denial	Management streitet Existenz der Krise ab
	Scapegoat	Andere Akteure außerhalb der Organisation werden beschuldigt
	Attack the Accuser	Gruppen bzw. Personen, die der Organisation etwas vorwerfen, werden zur Rede gestellt
Diminish (Abschwächen)	Excuse	Krisenverantwortung wird heruntergespielt durch Hinweis auf mangelnde Kontrolle über die Krise oder Behauptung, dass keine Intention bestand, die Krise auszulösen
	Justification	Wahrgenommener Schaden der Krise wird abgeschwächt
Deal (Aushandeln)	Ingratiation	Einschmeicheln bei Stakeholdern oder Hinweis auf gute Taten in der Vergangenheit
	Concern	Ausdruck der Besorgnis für die Opfer der Krise
	Compassion	Geldzahlungen oder andere Geschenke an Opfer
	Regret	Management drückt Bedauern aus
	Apology	Management akzeptiert die Verantwortung und bittet um Vergebung

oder Umweltkatastrophen, wie im Fall der Ölbohrkatastrophe des Mineralölkonzerns BP im Jahr 2010, keine Scapegoat- oder Denial-Strategien einsetzen. Auf der anderen Seite sollten Unternehmen unbegründeten Vorwürfen und Gerüchten nicht mit Apology-Strategien begegnen.

Später wurde das Modell weiterer Prüfung unterzogen und ergänzt. Anhand einer Inhaltsanalyse von Online-Diskussionsforen zur Loveparade-Tragödie in Duisburg 2010 konnte der Zusammenhang zwischen Ursachen- bzw. Verantwortungszuschreibungen und der Bewertung von Organisationen im Krisenkontext auch außerhalb experimenteller Settings nachgewiesen werden (Schwarz 2012a). Zudem wurden weitere Informationsdimensionen identifiziert, die die Ursachen- und Verantwortlichkeitsbeurteilungen von Stakeholdern beeinflussen (Schwarz 2010). Dabei spielen insbesondere Informationen über Konsensus (das Verhalten anderer Organisationen in vergleichbaren Krisensituationen), Distinktheit (das Verhalten der Organisation in anderen Krisenkontexten) und Konsis-

```
                    ┌──────────┐
                    │  Krise   │
                    └────┬─────┘
                         ↓
         ┌───────────────────────────────┐
         │ Verhaltensinstruktionen und   │
         │ Unterstützung der Stakeholder bei │         ┌──────────────────┐
         │ der psychologischen Bewältigung │         │ Krisenhistorie der│
         └───────────────┬───────────────┘            │   Organisation   │
                         ↓                            └─────────┬────────┘
         ┌───────────────────────────────┐                      │
         │     Bestimmung der            │            ┌─────────────────────┐
         │     Ursachen- und             │←───────────│    Reputation /     │
         │     Verantwortungs-           │←───────────│ Stakeholderbeziehungen│
         │     zuschreibung durch        │            │   vor der Krise     │
         │     Stakeholder               │            └─────────────────────┘
         └───────────────┬───────────────┘
                         ↓                            ┌──────────────────┐
                                                      │ Bestimmung des   │
                                                      │   Krisentyps     │
                                                      └──────────────────┘
         ┌───────────────────────────────┐
         │    Auswahl der                │←- - - - - -
         │    Krisenkommuni-             │            ┌──────────────────┐
         │    kationsstrategie           │            │  Kausalrelevante │
         └──────┬─────────────────┬──────┘            │  Informationen:  │
                ↓                 ↓                   │  Konsensus, Distinktheit,│
   ┌────────────────────┐ ┌────────────────────┐      │    Konsistenz    │
   │ Starke Verantwortungs-│ │ Geringe Verantwortungs-│ └──────────────────┘
   │ zuschreibung = hohe │ │ zuschreibung = geringe │
   │ Verantwortungsakzeptanz│ │ Verantwortungsakzeptanz│
   │ (z.B. Apology)     │ │ (z.B. Attack the Accuser)│
   └──────────┬─────────┘ └──────────┬─────────┘
              └──────────┬───────────┘
                         ↓
              ┌────────────────────┐
              │    Schutz der      │
              │   Organisations-   │  ─────  Zusammenhänge im SCCT-Modell von Coombs (2010)
              │    reputation      │  -----  Ergänzungen des SCCT-Modells von Schwarz (2010)
              └────────────────────┘
```

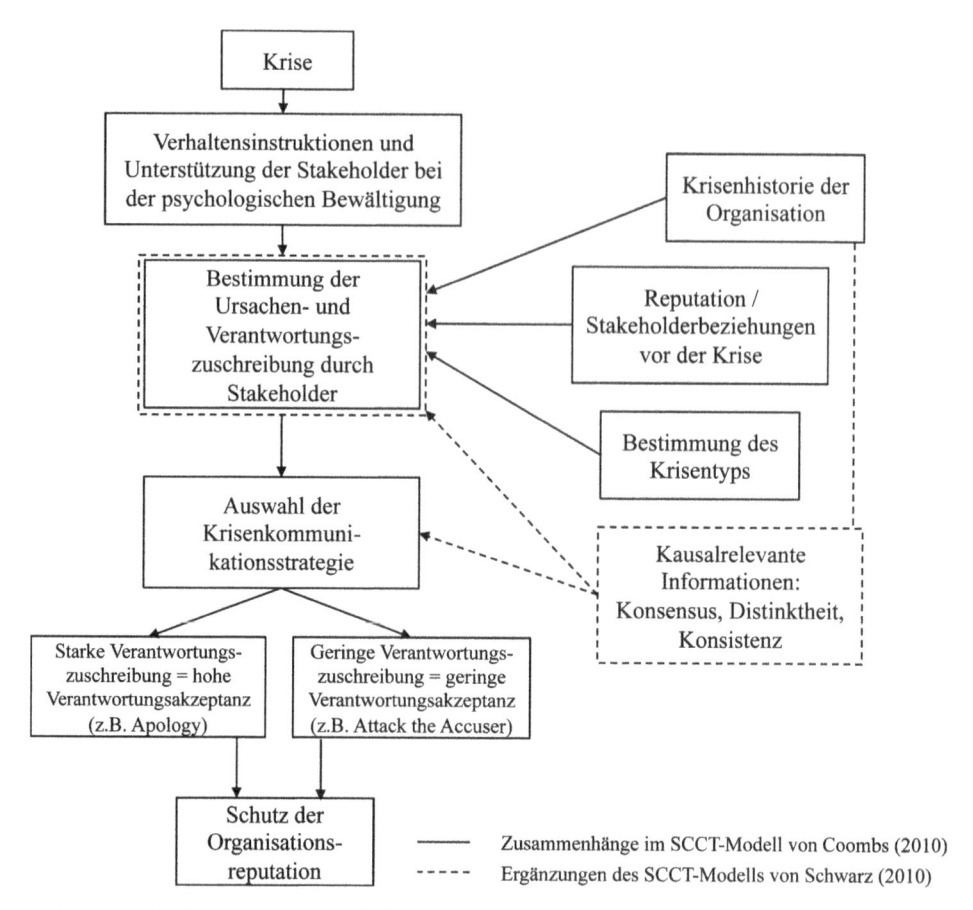

Abb. 2 Einflussfaktoren und Empfehlungen zur Auswahl von Krisenkommunikationsstrategien (Quelle: Eigene Darstellung auf Grundlage der Situational Crisis Communication Theory (SCCT) von Coombs (2010b) mit Ergänzungen von Schwarz (2010))

tenz (das Verhalten der Organisation in identischen/ähnlichen Krisensituationen in der Vergangenheit) eine Rolle (vgl. Abb. 2). Informationen dieser Art sollten daher bei der Erstellung von Botschaften im Krisenkontext und im Rahmen des Online- und Medienmonitorings berücksichtigt werden.

Ein weiterer relevanter Aspekt in symbolisch-relationaler Hinsicht ist die Beziehung zwischen Organisationen mit spezifischen Teilöffentlichkeiten unter Krisenbedingungen. Insbesondere der Einfluss von Krisensituationen auf das Verhältnis von PR (im Sinne von Presse- und Medienarbeit) und Journalismus wurde hier diskutiert. In Krisen, denen Journalisten tendenziell hohen Nachrichtenwert zuschreiben, steigen zwar die Resonanzquoten von Pressemitteilungen, Journalisten erhöhen bei ihrer Verarbeitung aber substanziell den Anteil der Eigenrecherche, lassen zusätzliche Wertungen einfließen und kürzen das Input-Material deutlich stärker (Barth und Donsbach 1992). Damit sind langfristig etablierte gute Beziehungen zwischen Pressestellen und Redaktionen zwar grundsätzlich nützlich, können unter Krisenbedingungen aber auch leichter versagen.

5 Krisennachsorge

Zur letzten Phase des Managementprozesses der Krisenkommunikation liegen im Vergleich zu den übrigen Phasen die wenigsten Forschungsarbeiten vor. Die Krisennachsorge hat drei Kernfunktionen: 1) In instrumenteller Hinsicht steht die Evaluation der Krisenkommunikationsstrategien, Instrumente und Infrastruktur, die in der akuten Phase zum Einsatz kamen im Vordergrund. 2) Aus institutioneller Perspektive ist das Ziel der Krisennachsorge die Ermöglichung von organisatorischen Lernprozessen für künftige Krisen. 3) Die Anschlusskommunikation mit Krisen-Stakeholdern zur weiteren Bewältigung und Nachbearbeitung der Krise ist Aufgabe des Krisenmanagements in symbolisch-relationaler Hinsicht (z. B. Gedenkveranstaltungen, Kommunikation von Entschädigungen und Wiederaufbauhilfen).

Im Rahmen der Evaluation von Krisenkommunikation können Organisationen auf bewährte Instrumente der PR- und Kommunikationsevaluation zurückgreifen. Damit können Organisationen bestimmen:

- inwiefern es gelungen ist, die relevanten Botschaften im Krisenkontext über verschiedene Kommunikationskanäle an die relevanten Anspruchsgruppen zu verbreiten (Output);
- ob die verwendeten Botschaften und Krisenkommunikationsstrategien verstanden wurden bzw. die intendierte Wirkung (z. B. Befolgung von Evakuierungsinstruktionen, Minimierung des Reputationsverlustes) erzielt wurde (Outcome);
- inwiefern die strategische Krisenkommunikation zur Sicherung der strategischen Ressourcen (z. B. Bestimmung der krisenbedingten Kosten im Vergleich zu ähnlichen Krisenfällen) und künftigen Zielerreichung unter Krisenbedingungen beigetragen hat (Outflow).

Die Initiierung und Organisation von Lernprozessen in und nach Krisen bildet eines der zentralen Desiderata der Krisenkommunikationsforschung. Gleichzeitig handelt es sich dabei in der Krisenmanagementpraxis um eines der größten Versäumnisse, obwohl krisenbedingte Lernprozesse zur künftigen Krisenprävention und -vermeidung entscheidend beitragen können. Bisherige Empfehlungen basieren eher auf Plausibilitätsannahmen als auf fundierter Forschung, so z. B. die Ratschläge, Fehler als Chance für Lerneffekte nutzen, überholte Ansätze und Strategien aufzugeben oder Strukturen und Instrumente zur Speicherung und Weitergabe von Wissen zu schaffen (Ulmer et al. 2007).

6 Perspektiven der strategischen Krisenkommunikation im 21. Jahrhundert

Die deutsche Kommunikationswissenschaft hat sich dem Thema der strategischen Krisenkommunikation bislang nur vereinzelt zugewendet und nur selten Bezüge zur internationalen Forschung hergestellt. Für die englischsprachige Forschung urteilt Coombs (2010a, S. 61) optimistischer: „Crisis management has become the dominant topic in public relations research. It could soon be the case where the tail (crisis communication) wags the dog (public relations)." Dennoch mangelt es nach wie vor an theoriegeleiteter Forschung zur Beschreibung und Erklärung von Organisationskommunikation unter Krisenbedingungen. Die empirische Grundlage bilden häufig Einzelfallstudien, die sich in vielen Fällen weder an wissenschaftlich stringenten Designs noch methodischen Qualitätskriterien orientieren.

Ein weiteres inhaltliches Desiderat der Forschung ist die Analyse interner Krisenkommunikation und die Rolle von Mitarbeitern (Johansen et al. 2012), die unter anderem zunehmend Social Media nutzen, um über ihre Organisation zu kommunizieren. Darüber hinaus wurde der internationalen Dimension von Krisenkommunikation bislang wenig Beachtung geschenkt. Die wachsende Zahl transnationaler Organisationen, die globale Vernetzung von Kommunikationskanälen und die häufig grenzüberschreitenden Auswirkungen von Krisen deuten auf die erhebliche Relevanz internationaler Krisenkommunikation hin. In diesem Zusammenhang werden auch vermehrt komparative Studien benötigt, um den Einfluss kultureller Kontextfaktoren zu bestimmen. Einige der zentralen Konzepte der Krisenkommunikationsforschung wie Organisationskultur, Verantwortungszuschreibungen oder die Wahrnehmung von Krisenkommunikationsstrategien sind in hohem Maße kulturabhängig. Daraus ergeben sich bedeutsame Konsequenzen für die Planung und Koordination von Krisenkommunikation international operierender bzw. vernetzter Organisationen (Schwarz 2013).

Obwohl sich die Forschung in den letzten Jahren zunehmend der Rolle der Online-Kommunikation im Krisenkontext zugewendet hat, fehlen weiterhin fundierte Ansätze und Modelle, die die vielfältigen neuen und/oder anderen Kommunikationsoptionen berücksichtigen. Relevante Aspekte sind beispielsweise die Nutzung von Social Media (z. B. soziale Netzwerke, Foren, Weblogs) zur Identifikation und zum Monitoring von Krisensignalen, die Möglichkeiten und Grenzen dialogischer Kommunikation mit Anspruchsgruppen auf Social Media-Kanälen oder die Effektivität von Social Media bei der Verbreitung bzw. Akzeptanz von krisenbezogenen Verhaltensinstruktionen. Die Relevanz von Social Media im Krisenkontext wurde in jüngeren experimentellen Studien nachgewiesen (Liu et al. 2011; Schultz et al. 2011). Die Befunde zeigen, dass die Wahl des Kommunikationsinstruments (z. B. Social Media versus traditionelle Massenmedien) Auswirkungen auf Reputation, Emotionen und Anschlusskommunikation hatte und dabei zum Teil bedeutsamer als die jeweilige inhaltliche Botschaft war. Die meisten Untersuchungen kommen allerdings zu dem Ergebnis, dass online-gestützte Krisenkommunikation bisher kaum konzeptionell-strategisch eingesetzt wird und damit vielversprechende Potenziale der Krisenprävention und dialogorientierter Krisenkommunikation vergeben werden (Köhler 2006; Schwarz und Pforr 2010).

Organisationskrisen haben häufig verheerende Folgen für Unternehmen und ihre Anspruchsgruppen. In einigen Fällen sind sogar ganze Gesellschaften oder ausgedehnte Ökosysteme (z. B. bei der BP-Ölbohrkrise im Golf von Mexiko 2010) betroffen. Krisen zerstören langfristig erarbeitete Reputations- und Vermögenswerte, entziehen ganzen Familien die ökonomische Basis und kosten im schlimmsten Fall Menschenleben. Daher erfordert die Planung und Umsetzung strategischer Krisenkommunikation ein hohes Maß an Kompetenz und Verantwortlichkeit in Organisationen. Für die Praxis des Kommunikationsmanagements wird es daher zunehmend erforderlich sein, stärker auf wissenschaftlich fundierte Erkenntnisse an Stelle einzelfallbasierter Best-Practice-Empfehlungen zurückzugreifen.

Literatur

Barth, H., & Donsbach, W. (1992). Aktivität und Passivität von Journalisten gegenüber Public Relations. Fallstudie am Beispiel von Pressekonferenzen zu Umweltthemen. *Publizistik, 37*(2), 151–165.

Benoit, W. L. (1995). *Accounts, excuses, apologies: A theory of image restoration strategies.* Albany: State University of New York Press.

Cloudman, R., & Hallahan, K. (2006). Crisis communications preparedness among U.S. organizations: Activities and assessments by public relations practitioners. *Public Relations Review, 32*(4), 367–376.

Coombs, W. T. (2010a). Crisis communication and its allied fields. In W. T. Coombs & S. J. Holladay (Hrsg.), *The handbook of crisis communication* (S. 54–64). Chichester: Wiley-Blackwell.

Coombs, W. T. (2010b). Parameters for crisis communication. In W. T. Coombs & S. J. Holladay (Hrsg.), *The handbook of crisis communication* (S. 17–53). Chichester: Wiley-Blackwell.

Coombs, W. T. (2012). *Ongoing crisis communication: Planning, managing, and responding* (3. Aufl.). Thousand Oaks: Sage.

Coombs, W. T., & Holladay, S. J. (2004). Reasoned action in crisis communication: An attribution theory-based approach to crisis management. In D. P. Millar & R. Heath (Hrsg.), *Responding to crisis. A rhetorical approach to crisis communication* (S. 95–115). Mahwah: Lawrence Erlbaum Associates.

Coombs, W. T., & Holladay, S. J. (2006). Unpacking the halo effect: Reputation and crisis management. *Journal of Communication Management, 10*(2), 123–137.

Guth, D. W. (1995). Organizational crisis experience and public relations roles. *Public Relations Review, 21*(2), 123–136.

Hearit, K. M., & Courtright, J. L. (2004). A symbolic approach to crisis management: Sears defense of its auto repair policies. In R. L. Heath & D. P. Millar (Hrsg.), *Responding to crisis. A rhetorical approach to crisis communication* (S. 201–212). Mahwah: Lawrence Erlbaum Associates.

Ingenhoff, D., & Rossberg, N. (2004). Kultur – die unterschätzte Dimension im Issues Management. *PR Magazin, 35*(10), 47–54.

Johansen, W., Aggerholm, H. K., & Frandsen, F. (2012). Entering new territory: A study of internal crisis management and crisis communication in organizations. *Public Relations Review, 38*(2), 270–279.

Köhler, T. (2006). *Krisen-PR im Internet: Nutzungsmöglichkeiten, Einflussfaktoren und Problemfelder.* Wiesbaden: VS Verlag für Sozialwissenschaften.

Kohring, M., Görke, A., & Ruhrmann, G. (1996). Konflikte, Kriege, Katastrophen. Zur Funktion internationaler Krisenkommunikation. In M. Meckel & M. Kriener (Hrsg.), *Internationale Kommunikation. Eine Einführung* (S. 283–298). Opladen: Westdeutscher Verlag.

Kunczik, M., Heintzel, A., & Zipfel, A. (1995). *Krisen-PR: Unternehmensstrategien im umweltsensiblen Bereich.* Köln: Böhlau.

Lee, J., Woeste, J. H., & Heath, R. L. (2007). Getting ready for crises: Strategic excellence. *Public Relations Review, 33*(3), 334–336.

Liu, B. F., Austin, L., & Jin, Y. (2011). How publics respond to crisis communication strategies: The interplay of information form and source. *Public Relations Review, 37*(4), 345–353.

Löffelholz, M., & Schwarz, A. (2008). Die Krisenkommunikation von Organisationen: Ansätze, Ergebnisse und Perspektiven der Forschung. In T. Nolting & A. Thießen (Hrsg.), *Krisenmanagement in der Mediengesellschaft: Potenziale und Perspektiven in der Krisenkommunikation* (S. 21–35). Wiesbaden: VS Verlag für Sozialwissenschaften.

Marra, F. J. (1998). Crisis communication plans: Poor predictors of excellent crisis public relations. *Public Relations Review, 24*(4), 461–474.

Pauchant, T. C., & Mitroff, I. I. (2006). Crisis prone versus crisis avoiding organizations: Is your company's culture its own worst enemy in creating crises? In D. Smith & D. Elliott (Hrsg.), *Key readings in crisis management. Systems and structures for prevention and recovery* (S. 136–146). London: Routledge.

Pearson, C. M., & Clair, J. A. (1998). Reframing crisis management. *Academy of Management Review, 23*(1), 59–76.

Renn, O. (2009). Risk communication: Insights and requirements for designing succesful communication programs on health and environmental hazards. In R. L. Heath & H. D. O'Hair (Hrsg.), *Handbook of risk and crisis communication* (S. 80–98). New York: Routledge.

Scherler, P. (1996). *Management der Krisenkommunikation: Theorie und Praxis zum Fall Brent Spar.* Basel: Helbing & Lichtenhahn.

Schulz, J. (2001). Issues Management im Rahmen der Risiko- und Krisenkommunikation. Anspruch und Wirklichkeit in Unternehmen. In U. Röttger (Hrsg.), *Issues Management. Theoretische Konzepte und praktische Umsetzung. Eine Bestandsaufnahme* (S. 217–234). Wiesbaden: Westdeutscher Verlag.

Schultz, F., Utz, S., & Göritz, A. (2011). Is the medium the message? Perceptions of and reactions to crisis communication via twitter, blogs and traditional media. *Public Relations Review, 37*(1), 20–27.

Schwarz, A. (2010). *Krisen-PR aus Sicht der Stakeholder: Der Einfluss von Ursachen- und Verantwortungszuschreibungen auf die Reputation von Organisationen.* Wiesbaden: VS Verlag für Sozialwissenschaften.

Schwarz, A. (2012a). How publics use social media to respond to blame games in crisis communication: The Love Parade tragedy in Duisburg 2010. *Public Relations Review, 38*(3), 430–437.

Schwarz, A. (2012b). Stakeholder attributions in crises: The effects of covariation information and attributional inferences on organizational reputation. *International Journal of Strategic Communication, 6*(2), 174–195.

Schwarz, A. (2013). Internationale und komparative Krisenkommunikationsforschung: Relevanz, State of the Art und Forschungsagenda. In D. Ingenhoff (Hrsg.), *Internationale PR-Forschung* (S. 261–289). Konstanz: UVK.

Schwarz, A. (2014). Strategische Krisenkommunikation von Organisationen. In G. Bentele, R. Fröhlich, & P. Szyszka (Hrsg.), *Handbuch der Public Relations* (3. Aufl.). Wiesbaden: VS Verlag für Sozialwissenschaften.

Schwarz, A., & Pforr, F. (2010). Krisenkommunikation deutscher Verbände. In O. Hoffjann & R. Stahl (Hrsg.), *Kommunikationsmanagement in Verbänden – ein Handbuch* (S. 105–131). Wiesbaden: VS Verlag für Sozialwissenschaften.

Schwarz, A., & Pforr, F. (2011). The crisis communication preparedness of nonprofit organizations: The case of German interest groups. *Public Relations Review, 37*(1), 68–70.

Staehle, W. H., Conrad, P., & Sydow, J. (1999). *Management: Eine verhaltenswissenschaftliche Perspektive* (8. Aufl.). München: Vahlen.

Sturges, D. L. (1994). Communicating through crisis: A strategy for organizational survival. *Management Communication Quarterly, 7*(3), 297–316.

Töpfer, A. (1999). *Die A-Klasse*. Neuwied: Luchterhand.

Ulmer, R. R., Sellnow, T. L., & Seeger, M. W. (2007). *Effective crisis communication: Moving from crisis to opportunity*. Thousand Oaks: Sage.

Litigation und Kommunikation: Zusammenarbeit von Kommunikations- und Rechtsabteilungen in Unternehmen

Volker Boehme-Neßler

Zusammenfassung

Unternehmenskommunikation ist eingebettet in unterschiedlichste Rahmenbedingungen und ausdifferenzierte Kontexte. Wenig beleuchtet ist bisher, welche Rolle das Recht dabei spielt. Der Beitrag analysiert die unterschiedlichen Denkstrukturen von Unternehmenskommunikation und Rechtsabteilung im Unternehmen. Der Gegensatz zwischen beiden Unternehmensteilen lässt sich als Konflikt zwischen offensivem Storytelling und technokratischer Defensive beschreiben. Viele Sollbruchstellen in der Zusammenarbeit zwischen Kommunikatoren und Juristen im Unternehmen lassen sich auf diesen grundlegenden Unterschied zurückführen. Eine effektive Zusammenarbeit von Legal Affairs und Unternehmenskommunikation ist dringend notwendig. Der Beitrag skizziert, wie sich eine Kooperation erreichen lässt, die für das Unternehmen fruchtbar ist.

Schlüsselwörter

Unternehmenskommunikation · Litigation · Recht · Rechtsstaat · Legal Affairs · Rechtsabteilung · Kommunikationsfunktion · Emotion · Storytelling · Krisenkommunikation · Strategische Kommunikation

---

V. Boehme-Neßler (✉)
Hochschule für Technik und Wirtschaft Berlin
Campus Treskowallee, Treskowallee 8, 10318 Berlin, Deutschland
E-Mail: volker.boehme-nessler@htw-berlin.de

1 Ohne Recht ist alles nichts: Unternehmenskommunikation im Rechtsstaat

Deutschland ist ein Rechtsstaat. Das ist die eindeutige Festlegung von Art. 20 Abs. 3 des Grundgesetzes. Und das prägt die Struktur des Staates, der Gesellschaft und der Wirtschaft. Ein Kennzeichen des Rechtsstaats ist, dass alle Bereiche des Alltagslebens mehr oder weniger intensiv rechtlich reguliert sind. Es gibt (fast) keine rechtsfreien Räume mehr.

Rechtsstaat bedeutet (Rechts-) Sicherheit (Rehbinder 2009, S. 97). Rechtsnormen, die gelten und vom Staat durchgesetzt werden, machen das Verhalten der Menschen und die Zukunft kalkulierbarer. Das ist nicht zuletzt für die Unternehmen von großer Bedeutung. Unternehmerische Planung und Investitionen bergen weniger Risiken, wenn ein funktionierendes Rechts- und Justizsystem für verlässliche und berechenbare Rahmenbedingungen sorgt.

Im Rechtsstaat sind fast alle Bereiche der Alltagswelt engmaschig rechtlich reguliert. Das hat auch Folgen für die strategische Unternehmenskommunikation: Sie muss immer die rechtlichen Voraussetzungen und Folgen ihres Handelns im Blick behalten. Das erfordert eine enge Zusammenarbeit mit den Rechtsabteilungen der Unternehmen. Die Unternehmensjuristen müssen möglichst frühzeitig eingebunden sein, wenn eine Kommunikationsstrategie entwickelt und umgesetzt wird. Die Kommunikatoren müssen mit den Juristen kommunizieren. Das ist nicht selten einfacher gesagt als getan. Dafür gibt es vielfältige Gründe.

> **Litigation**
> Litigation und Unternehmenskommunikation – das bezeichnet ein Problemfeld, das zunehmend in den Fokus von Wissenschaft und Praxis gerät. Dabei geht es um die Frage, wie sich trotz aller grundsätzlichen Unterschiede im Denken und in der Funktionslogik ein effektives Zusammenspiel von Unternehmenskommunikation und Legal Affairs in einem Unternehmen organisieren lässt.

2 Die Öffentlichkeit: Freund oder Feind?

Die Einstellung zur Öffentlichkeit könnte unterschiedlicher nicht sein. Juristen sind eher skeptisch gegenüber der Öffentlichkeit und halten sich sehr zurück. Ganz anders die Unternehmenskommunikatoren. Öffentlichkeit ist ihr Ziel und ihr Mittel.

2.1 Legal Affairs – Die Öffentlichkeit als (notwendiges) Übel

Die Öffentlichkeit spielt auch im Recht eine Rolle. In der Demokratie sind Prozesse vor Gerichten grundsätzlich öffentlich. Geheimprozesse sind der Demokratie fremd. Inzwischen gibt es in Deutschland und Europa der Grundsatz der Informationsfreiheit: Bürger haben einen Anspruch gegen Behörden, Informationen erhalten und Akteneinsicht zu bekommen. Allerdings kennt das Recht keine uneingeschränkte Öffentlichkeit. Gerichtsverfahren können in Ausnahmefällen unter Ausschluss der Öffentlichkeit stattfinden. Die Informationsfreiheit findet ihre Grenzen da, wo andere wichtige Rechtsgüter – etwa Persönlichkeitsrechte oder Betriebsgeheimnisse – betroffen sind.

Trotzdem wird die Öffentlichkeit in der Rechtspraxis nicht selten als notwendiges Übel angesehen. Die praktische Jurisprudenz agiert in einem geschlossenen System, in dem die allgemeine Öffentlichkeit keine große Rolle spielt. Was die Öffentlichkeit denkt, ist juristisch weit gehend irrelevant. Letztlich kommt es darauf an, wie ein Gericht einen Streitfall in letzter Instanz entscheidet. Ob das Urteil von der Öffentlichkeit akzeptiert wird, ist bestenfalls von sekundärer Bedeutung. Diese tradierte und weit verbreitete Grundeinstellung hat Auswirkungen auf das Verhalten der Akteure im Rechtssystem. Juristen tun sich sehr schwer, mit Vertretern der Öffentlichkeit angemessen zu kommunizieren.

Eine Strategie des „no comment" ist immer noch oft das Mittel der Wahl für die Legal Affairs. Aus juristischer Sicht schadet sie nicht. Sie ist im Gegenteil geeignet, lästige Nachfragen abzuwehren und den Unternehmensjuristen die nötige Konzentration und Ruhe zu verschaffen. Unter Kommunikationsgesichtspunkten ist das allerdings fatal. Verweigerte Auskünfte sind ein guter Nährboden für Spekulationen und Gerüchte. Darüber hinaus wecken sie das Misstrauen der Medien und stacheln den Enthüllungsehrgeiz der Journalisten an (Jahn 2011, S. 113 f.).

2.2 Unternehmenskommunikation – Die Öffentlichkeit als das Maß aller Dinge

Die Kommunikationsabteilung eines Unternehmens hat ein völlig anderes Verhältnis zur Öffentlichkeit. Eine ihrer wichtigsten Funktionen ist: Sie will die öffentliche Wahrnehmung eines Unternehmens prägen (allgemein zur Funktion von strategischer Kommunikation: Jarren und Röttger 2008, S. 27). Die Unternehmenskommunikation beteiligt sich deshalb am öffentlichen Diskurs. Sie will öffentliche Debatten im Sinne des Unternehmens steuern.

Gerade in Krisensituationen geht es darum, die Reputation und das Image des Unternehmens zu schützen. In Krisen kann sehr schnell das Vertrauen der Kunden verloren gehen. Die Folge: Kunden wandern ab und lassen sich nur schwer und mühsam wiedergewinnen. Das muss die Unternehmenskommunikation verhindern. Sie will deshalb die *Deutungshoheit* über die Rolle ihres Unternehmens in der Krise erlangen. Also muss sie kommunizieren.

Unternehmenskommunikation darf sich nicht verstecken. Sie muss die Öffentlichkeit suchen und über die Öffentlichkeit ihre Botschaften transportieren. Das gilt sogar dann, wenn bestimmte Inhalte aus der öffentlichen Diskussion herausgehalten werden sollen. Selbst in diesen Fällen ist eine „no-comment-Strategie" nicht hilfreich. Es gibt eine bessere Methode: Inhalte werden versteckt, indem andere Inhalte in den Vordergrund gerückt werden.

2.3 Fazit: Widersprüchliche Kommunikationskulturen als Grundproblem

Kommunikation um (fast) jeden Preis: Das ist die Maxime der strategischen Unternehmenskommunikation. Der Rechtsabteilung ist dieses Denken völlig fremd. Sie kommuniziert mit der Öffentlichkeit grundsätzlich nur, wenn und soweit es nicht anders geht. Die grundsätzliche Einstellung zur Kommunikation könnte zwischen beiden Abteilungen nicht unterschiedlicher sein. Hier liegt eine wichtige Ursache dafür, dass ihre Zusammenarbeit im Unternehmenskontext oft mühsam und wenig effektiv ist.

3 Gefühle – Freunde oder Feinde?

Es ist inzwischen ein Allgemeinplatz: Gefühle sind allgegenwärtig. Sie sind ein wichtiger Faktor menschlichen Handelns. Das haben die Kommunikatoren erkannt. Emotionen sind immer Bestandteil gelungener Kommunikationsstrategien. Ganz anders die Rechtsabteilung. Das Recht und die Juristen blenden Emotionen grundsätzlich aus und versuchen, Probleme nüchtern und (scheinbar) objektiv anzugehen und zu lösen.

3.1 Gefühle ansprechen und nutzen – Unternehmenskommunikation

Gesellschaftliche Wirklichkeit existiert nicht von vornherein. Gesellschaftliche Wirklichkeit wird geschaffen und konstruiert (Berger und Luckmann 1967). Für ein Wirtschaftsunternehmen ist deshalb von ganz entscheidender Bedeutung, wie es in der Öffentlichkeit wahrgenommen wird. Denn es sind die subjektiven Wahrnehmungen, weniger die objektive Wirklichkeit selbst, die das Verhalten und die Einstellungen der Menschen steuern. Um es zuzuspitzen: Der Schein ist wichtiger als das Sein.

Hier liegt die Herausforderung der Unternehmenskommunikation. Sie formt das Bild eines Unternehmens in der Öffentlichkeit. Die Öffentlichkeitsabteilungen sind „Konstruktionsbüros" für die Konstruktion eines Unternehmensimages in der Öffentlichkeit (Merten und Westerbarkey 1994, S. 208). Sie zielen darauf, die Wahrnehmung der Wirklichkeit in ihrem Sinn zu beeinflussen (Jarren und Röttger 2008, S. 27). Das geht nicht, ohne Gefühle einzusetzen und – bei den Adressaten der Botschaft – zu erreichen. Wie die Wirklichkeit wahrgenommen wird, hängt stark – nicht ausschließlich – von Gefühlen ab. Wer Wahrnehmungen prägen will, muss auch Gefühle ansprechen und beeinflussen. Schon deshalb muss die Unternehmenskommunikation Emotionen als Instrumente nutzen und die emotionalen Auswirkungen ihrer Arbeit mit einkalkulieren.

3.2 Gefühle fürchten und verdrängen – Legal Affairs

Das Verhältnis der Juristen zu Gefühlen ist völlig anders. Recht hat – nicht nur, aber unter anderem – die Funktion, soziales Verhalten in der Gesellschaft zu regulieren und zu steuern (Rehbinder 2009, S. 96 ff.). Es will Konflikte vermeiden oder lösen und Rechtsfrieden herstellen. Gefühle stören dabei nur. Jedenfalls das moderne westliche Recht wird vom Ideal des rationalen Rechts geprägt. Dahinter steht die Tradition der rationalen, distanzhaltenden, gerade nicht emotionalen Gerechtigkeit. Juristen sehen sich als vernünftige Technokraten, die – sine ira et studio – Probleme lösen. Emotionen sollen deshalb keine Rolle spielen.

Nach der immer noch vorherrschenden Meinung unter Juristen sind Gefühle eher ein Problem, das vernünftige rationale Lösungen verhindert. Das ist eine fatale Fehleinschätzung. Emotionen spielen im Recht – wie in allen anderen Bereichen des menschlichen Lebens auch – eine große Rolle. Allerdings werden sie verdeckt, verleugnet und verdrängt.

3.3 Fazit: Emotionen als Konfliktpotenzial für Kommunikation und Recht im Unternehmen

Kommunikatoren arbeiten bewusst mit Emotionen. Sie setzen Emotionen ein, um Emotionen zu beeinflussen. Legal Affairs arbeiten völlig anders: Sie tun alles, um Emotionen aus dem Spiel zu lassen. Damit sind Konflikte zwischen beiden Abteilungen im Unternehmen programmiert.

4 Der Zeitfaktor bei Corporate Communications und Legal Affairs

Unternehmenskommunikatoren arbeiten grundsätzlich unter Zeitdruck. Sie haben ein ausgeprägtes Gefühl für Tempo und Timing. Für Legal Affairs ist der Zeitfaktor dagegen in der Regel nicht entscheidend. Im Recht kommt es eher auf Sorgfalt und Gründlichkeit an. Diese unterschiedlichen Zeitkulturen enthalten ein erhebliches Konfliktpotenzial.

4.1 Tempo und Timing – Erfolgsfaktoren der Unternehmenskommunikation

Der Erfolg von (strategischer und taktischer) Unternehmenskommunikation hängt nicht nur davon ab, ob und was kommuniziert wird. Genauso wichtig ist die Frage, wie schnell und wann kommuniziert wird. Tempo und Timing sind wichtige Erfolgsfaktoren der Kommunikation. Um es an einem extremen Beispiel zu verdeutlichen: In ersten Stunden einer Krise kommt es für die Unternehmenskommunikation darauf an, sich als verlässliche Informationsquelle für die Öffentlichkeit zu positionieren (Möhrle und Hoffmann 2012, S. 89). Nur dann kann sie Einfluss auf die Deutung der Krise in der Öffentlichkeit nehmen. Warum ist die Geschwindigkeit so entscheidend?

Menschen neigen dazu, sich schnell ein Urteil zu bilden. Sie analysieren in der Regel nicht lange, um zu einer durchdachten und abgewogenen Entscheidung zu kommen (Zimbardo und Gerrig 2004, S. 284 ff.). Sie verlassen sich auf ihre Intuition und urteilen schnell. Steht das Urteil erst einmal fest, wird es nur ungern und widerstrebend revidiert (Myers 2008, S. 443). Dieser psychologische Mechanismus hat Konsequenzen für die Unternehmenskommunikation. Wer die Deutungshoheit über ein Geschehen erlangen will, muss schnell mit der Öffentlichkeit kommunizieren. Sonst steht das Urteil der Öffentlichkeit fest und kann kaum revidiert werden.

Kommunikation mit der Öffentlichkeit heißt in der Praxis vor allem: Kommunikation mit Medien und Medienvertretern. Es sind die Medien, die die Inhalte der Unternehmenskommunikation in die Öffentlichkeit transportieren. Die Öffentlichkeitsabteilungen der Unternehmen müssen deshalb die dynamischen Produktionsprozesse der Medien und ihre eng getakteten Termine im Auge haben. Auch das führt dazu, dass Unternehmenskommunikation schnell agieren muss.

Das lässt sich am Problem des Produktrückrufs exemplarisch verdeutlichen (dazu Möhrle und Hoffmann 2012, S. 92 ff.). Der Rückruf eines fehlerhaften Produkts ist für ein Unternehmen immer eine Risikosituation. Die Gefahr ist groß, dass das Vertrauen der Verbraucher in das Unternehmen langfristig und nachhaltig geschädigt wird. Allerdings zeigen empirische Untersuchungen auch, dass Verbraucher einen Rückruf verzeihen, ohne das Vertrauen zu verlieren (Möhrle und Hoffmann 2012, S. 93). Voraussetzung dafür ist unter anderem eine ganz schnelle und ganz offene Kommunikation. Wenn ein Unternehmen in einer Rückrufsituation langsam und zögerlich kommuniziert, wächst das Misstrauen der Verbraucher – und der Produktrückruf wird zur Krise.

4.2 Gründlichkeit vor Geschwindigkeit – Das Credo der Rechtsabteilung

Recht ist grundsätzlich langsam – und muss es sein. Es braucht Zeit, um in langfristigen Prozessen Interessen aufzugreifen, auszubalancieren und Kompromisse zu finden. Recht ist – jedenfalls von seinem grundsätzlichen Charakter her – das direkte Gegenteil von Tempo und Timing.

Legal Affairs arbeiten grundsätzlich immer im *Schatten des Gerichts*: Im Rechtsstaat kann grundsätzlich alles juristisch Relevante gerichtlich überprüft werden. Unternehmensjuristen wissen das und rechnen deshalb immer damit, dass potenziell alles, was sie tun, juristisch angegriffen wird und vor Gericht landet. Alle juristischen Aktivitäten müssen deshalb „gerichtsfest" sein. Das sind hohe Anforderungen, die nur mit gründlicher Arbeit und großem Aufwand erfüllt werden können. Jedes Detail kann rechtlich relevant sein. Nicht zuletzt daraus erklärt sich die Detailbesessenheit, mit der Juristen arbeiten.

4.3 Zeitkonflikte zwischen Recht und Kommunikation im Unternehmen

Die digitale Hochgeschwindigkeitswelt der Kommunikation wird das langsame, bedächtige Arbeiten der Unternehmensjuristen oft als Hindernis empfinden und als anachronistisch belächeln. Dennoch sind die Funktionen, die das Recht erfüllen kann, notwendig. Auch die moderne Gesellschaft kommt nicht ohne das Recht aus. Sie braucht stabile Rahmenbedingungen, verlässliche Vertragsregelungen und grundrechtliche Garantien, die die Menschenrechte schützen. Die Folgerung ist banal, aber richtig: beide – Unternehmenskommunikation und Legal Affairs – sind für die Arbeit des Unternehmens unverzichtbar. Trotz des enormen Konfliktpotenzials, das ihre unterschiedlichen Funktionslogiken bergen, müssen sie effektiv zusammenarbeiten können.

5 Offensives Storytelling vs. technokratische Defensive

Die juristische Sprache ist von technokratischer Nüchternheit geprägt. Legal Affairs vermeiden grundsätzlich Begriffe und Sprachbilder, die Emotionen auslösen. Juristische Texte beschränken sich auf das absolut Nötige. Dahinter steckt eine grundsätzlich defensive Einstellung der (Unternehmens-) Juristen. Zu viele Details könnten Fehler verursachen und Angriffspunkte bieten. Ganz anders ist die Logik der Kommunikation. Sie will die wenig sachkundige und in der Regel nicht an speziellen Details interessierte Öffentlichkeit für ihre Sicht der Dinge gewinnen. Das geht nur, wenn sie die Öffentlichkeit überhaupt erreicht. Sie muss deshalb offensiv mit plausiblen Geschichten und farbigen Details um die Aufmerksamkeit der Medien und der Öffentlichkeit werben.

Das lässt sich am Beispiel eines Börsengangs oder einer Firmenübernahme verdeutlichen (Jansen 2011, S. 80 ff.). Transaktionen am Kapitalmarkt sind intensiv rechtlich reguliert. Unternehmensjuristen und externe Anwälte sind dafür verantwortlich, dass die rechtlichen Regeln eingehalten werden. Das gilt auch für die gesetzlich vorgeschriebenen Informationspflichten, etwa bei einem Börsenprospekt. Kommunikationspflichten, die über das gesetzlich vorgeschriebene Minimum hinausgehen, sehen Juristen eher nicht.

Ganz anders die Kommunikatoren. Sie haben eine Reihe weiterer Möglichkeiten, den Dialog mit den Anlegern aufzunehmen, zu emotionalisieren und weiterzuführen (Jansen 2011, S. 80). Wenn die Unternehmensjuristen das rechtliche „Pflichtenheft" abgearbeitet haben, beginnt die eigentliche Kommunikation. Jetzt geht es darum, die Aufmerksamkeit der Öffentlichkeit überhaupt erst zu gewinnen. Erst dann kann aus einem rechtlich einwandfreien, nüchternen Börsengang eine packende Unternehmensgeschichte werden, die Investoren und Kunden beflügelt.

6 Sollbruchstellen – Die schwierige Zusammenarbeit von Kommunikation und Recht im Unternehmen

In vielen Fällen wird die Zusammenarbeit zwischen den Rechtsabteilungen und der Unternehmenskommunikation weit gehend reibungslos funktionieren. Ausführliches empirisches Material dazu gibt es naturgemäß nicht. Der Grund ist einfach: was funktioniert, wird nicht öffentlich erörtert und problematisiert.

Nicht selten ist die Zusammenarbeit aber auch schwierig. Das lässt sich an Extrembeispielen aus der Praxis näher zeigen.

6.1 Unklare Situationen – Verdächtigungen, Spekulationen, Mutmaßungen

Unternehmenskommunikation ist vor allem bei unklaren Situationen gefordert, die von Verdächtigungen, Halbwahrheiten und Spekulationen geprägt sind. Solche Situationen bergen das Risiko, dass sich in der Öffentlichkeit ein falscher Eindruck festigt, der dem Unternehmen auf Dauer schadet. In diesem Fällen gelten für die Unternehmenskommunikation zwei Maximen, die dem juristischen Denken völlig diametral entgegengesetzt sind.

Die erste Grundregel lautet: „Wer schweigt, hat Unrecht" (Messer 2007, S. 56). In der Öffentlichkeit wird Schweigen grundsätzlich als Eingeständnis von Schuld gewertet. Kommunikatoren müssen deshalb in der Regel möglichst schnell Botschaften an die Öffentlichkeit transportieren, die Klarheit zugunsten des Unternehmens schaffen (Messer 2007, S. 57 f.). Völlig anders ist die juristische Maxime in solchen Fällen. Sie lautet: Bei unklarer Sachlage und offenen Rechtsfragen wird geschwiegen. Zunächst wird die Sach- und Rechtslage geprüft. Dann wird innerhalb formalisierter juristischer Verfahren kommuniziert. Juristen raten von Äußerungen in der Öffentlichkeit während eines laufenden Verfahrens grundsätzlich dringend ab. Man könnte im Eifer des Gefechts etwas sagen, das negative juristische Konsequenzen hat.

Legal Affairs tun sich mit dem Ratschlag zu schweigen leicht. Denn juristisch gilt die *Unschuldsvermutung*: Nach dem Grundgesetz gilt jeder so lange als unschuldig, bis er rechtskräftig verurteilt ist. Wer schweigt, kann juristisch nichts verlieren. In der Öffentlichkeit ist das völlig anders. Die öffentliche Meinung wertet Schweigen schnell als Schuldeingeständnis oder Bestätigung der Vorwürfe.

6.2 Krise und Zeitdruck

Krisen entfalten eine eigene Dynamik (Möhrle 2007, S. 25 f.). Wie sich eine Krise konkret entwickelt, ist im Detail sehr unterschiedlich. Aber allen Krisen gemeinsam ist der Zeitdruck, unter dem die Kommunikation handeln muss (Möhrle 2007, S. 24). Je später kommunikativ eingegriffen wird, desto größer ist die Gefahr, dass eine Krise außer Kontrolle gerät. Wer zu spät kommuniziert, riskiert, mit seinen Botschaften nicht mehr durchzudringen. Durch die Online-Medien und die *social media* ist der Medienmarkt viel schneller geworden. Die Reaktionszeiten für die Unternehmenskommunikation sind extrem verkürzt (Stoffels und Bernskötter 2012, S. 34 f.).

Diesen Zeitdruck, der für die Kommunikationsabteilung völlig normal ist, spüren die Unternehmensjuristen in aller Regel wenig. Wie bereits oben dargestellt, ist Zeitdruck in der juristischen Kommunikation normalerweise nicht vorhanden. Hier ist ebenfalls ein

Konflikt programmiert, der seine Ursache in den unterschiedlichen Funktionslogiken von Corporate Communications und Legal Affairs hat.

6.3 Der Streisand-Effekt – Klagen oder Ertragen?

Die juristische Logik ist klar: Wer recht hat, versucht, dieses Recht auch durchzusetzen. Legal Affairs neigen deshalb dazu, Rechtspositionen des Unternehmens unter allen Umständen mit allen denkbaren rechtlichen Mitteln zu verteidigen. Aus der isolierten juristischen Perspektive ist das sinnvoll. Die Sichtweise der Unternehmenskommunikation kann aber ganz anders sein. Die öffentliche Meinung funktioniert nicht wie ein Gericht. Das zeigt der so genannte *Streisand-Effekt*. Wer mit allen Mitteln rechtlich gegen unliebsame Äußerungen oder Aktionen im Internet vorgeht, riskiert, dass sich genau deshalb die Aufmerksamkeit der Internet-Community erst recht darauf fokussiert. (Stoffels und Bernkötter 2012, S. 39 ff.). Dann kann es passieren, dass sich eine Nachricht explosionsartig in den *social media* verbreitet. Die juristische Klage war dann die Initialzündung für einen Mediensturm. Das hat die amerikanische Künstlerin Barbra Streisand schmerzlich erfahren müssen Eine weitgehend unbekannte Website veröffentlichte 2003 eine Aufnahme ihrer Villa – ohne große Resonanz. Erst als und weil sie dagegen juristisch vorging, erregte sie die Aufmerksamkeit des Netzes, und die Pageclicks explodierten (ein anderes Beispiel schildert Seifert 2011, S. 134). Anders als Legal Affairs wird Corporate Communications deshalb manchmal darauf verzichten (wollen), alle an sich legitimen juristischen Instrumenten einzusetzen. Aus der Perspektive der Kommunikation kann es klüger sein, Rechtsverletzungen zu ertragen als vor Gericht dagegen zu klagen.

6.4 Goliath gegen David – Der Große ist der Böse

Ein rechtlicher Erfolg kann aus Sicht der Kommunikation schnell zu einem Pyrrhus-Sieg werden. Vor allem große Unternehmen müssen sich dieser Gefahr bewusst sein, wenn sie ihre Rechte juristisch durchsetzen. Goliath ist in der öffentlichen Wahrnehmung schnell der Böse. Auch und gerade dann, wenn er im Recht ist und David (juristisch) besiegt. In einem solchen Fall liegen schnell alle Sympathien der Öffentlichkeit bei David, völlig unabhängig davon, wer tatsächlich im Recht ist.

Ein Lehrbuchbeispiel dafür sind die Auseinandersetzungen zwischen multinationalen Konzernen auf der einen Seite und Verbraucherschutzorganisationen oder Umweltverbänden auf der anderen Seite. Wer – als David – im Recht ist, und wer – als Goliath – Unrecht hat, entscheidet die öffentliche Meinung fast reflexhaft schnell. Die mitunter äußerst komplexe Rechtslage spielt dabei kaum eine Rolle. Ähnlich ist die Problemlage, wenn Unternehmen gegen einzelne Blogger vorgehen (ein Beispiel dazu schildern Stoffels und Bernskötter 2012, S. 61).

Für die juristische Analyse ist diese Gefahr grundsätzlich irrelevant. Für die strategische Unternehmenskommunikation steht sie dagegen im Mittelpunkt der Problemeinschätzung. In solchen, nicht seltenen Situationen ist ein Konflikt zwischen Corporate Communication und Legal Affairs vorprogrammiert. Für diesen Konflikt gibt es keine Patentlösung. Jede Krise braucht ihre eigene Strategie. Dafür ist eine eingespielte Kommunikation zwischen Rechtsabteilung und Unternehmenskommunikation notwendig.

6.5 Der Vergleich – juristischer Erfolg und Kommunikations-Desaster?

Eine juristische Auseinandersetzung kann durch das Urteil eines Gerichts abgeschlossen werden. Ein Rechtsstreit kann aber auch schon vorher durch eine gütliche Einigung, einen Vergleich, beigelegt werden. Soll ein juristischer Streitfall bis zum bitteren Ende durchgefochten werden? Oder soll er vorher durch einen Vergleich beendet werden? Diese Frage birgt Konfliktpotenzial für die Zusammenarbeit von Corporate Communication und Legal Affairs. Denn beide werden diese Frage oft unterschiedlich beantworten.

Wenn die Rechtslage eindeutig ist, spricht aus der Sicht von Legal Affairs alles dafür, einen Prozess bis zum letztinstanzlichen Urteil zu führen. Die Kommunikatoren im Unternehmen sehen das möglicherweise anders. Ein juristischer Sieg vor Gericht nützt wenig, wenn er negative Auswirkungen auf das Unternehmensimage in der Öffentlichkeit hat. Eine gütliche Einigung bietet dagegen möglicherweise eine kommunikative Chance: Das Unternehmen kann sich als großzügig und fair in der Öffentlichkeit positionieren.

Bei einer unklaren und verworrenen Sach- und Rechtslage favorisieren Unternehmensjuristen nicht selten einen Vergleich. Er erspart einen langen und mühevollen Prozess vor Gericht mit ungewissem Ausgang. Gerade bei unklaren Problemlagen spricht sich die Unternehmenskommunikation aber nicht selten gegen einen Vergleich aus. Denn er kann in der Öffentlichkeit auch als Schuldeingeständnis gewertet werden, obwohl er das rein fachjuristisch nicht ist.

7 Nicht ohne einander – Die notwendige Zusammenarbeit von Corporate Communications und Legal Affairs

Entscheidend für eine erfolgreiche Darstellung eines Unternehmens – nicht nur, aber gerade auch im Krisenfall – ist die enge Zusammenarbeit von Corporate Communications und Legal Affairs. Der Grund dafür ist denkbar einfach: In der vernetzten und rechtlich weit gehend regulierten Gesellschaft können Juristen und Kommunikatoren allein immer nur einzelne, wenige Aspekte eines Problems erkennen und bearbeiten. Eine integrierte Problemlösung lässt sich im Alleingang nicht entwickeln (Möhrle 2011, S. 176 f.). Deshalb sind eine enge Vernetzung und eine gute Kooperation dringend notwendig (ein eindrückliches Beispiel dafür findet sich bei Ott und Schick 2011, S. 102 ff.).

Die Zusammenarbeit zwischen beiden ist allerdings schon aus strukturellen Gründen schwierig. Konflikte zwischen Rechtsabteilung und Kommunikationsabteilung sind programmiert. Was lässt sich tun, um dieses Problem zu lösen? Der entscheidende Schritt ist: Beide Abteilungen müssen die Denkweise und die Funktionslogik der jeweils anderen verstehen und akzeptieren. Unternehmensjuristen sind eben nicht nur unkommunikative Besserwisser und Bedenkenträger, die ein verheerendes Bild in der Öffentlichkeit abgeben (zur berechtigten Kritik an den Unternehmensjuristen: Brandstetter 2011, S. 3 f.). Sie sind auch Experten für die rechtlichen Regeln und Spezialisten für die Risikominimierung. Und umgekehrt: Kommunikatoren sind keine Schwätzer ohne Sachverstand. Sie sind die unverzichtbaren Spezialisten dafür, durch einen Dialog mit der Öffentlichkeit das Image und die Reputation des Unternehmens zu schützen. Der langen Rede kurzer Sinn: Gegenseitiges Verständnis und wechselseitige Akzeptanz – das sind die Voraussetzungen für eine reibungslose und effektive Kooperation auf Augenhöhe zwischen Unternehmensjuristen und Kommunikatoren im Interesse des Unternehmens. Wenn nicht alles täuscht, ändert sich das Rollenverständnis der modernen Unternehmensjuristen zurzeit deutlich. In-house-Lawyer wandeln sich zunehmend vom reinen Rechtsberater zum Rechts-Manager, der das gesamte Unternehmen und seine widersprüchlichen Anforderungen im Blick hat. Das dürfte das Arbeitsverhältnis mit der Unternehmenskommunikation in der Zukunft deutlich verbessern.

Literatur

Berger, P. L., & Luckmann, T. (1967). *The social construction of reality*. New York: Anchor.
Brandstetter, F. (2011). Die Tätigkeit von Unternehmensjuristen. In F. Brandstetter (Hrsg.), *Rechtsabteilung & Unternehmenserfolg* (2. Aufl., S. 1–6). Wien: LexisNexis.
Jahn, J. (2011). Die mediale Sicht der Dinge – von Nebelwerfer und Ignoranten. In H. Möhrle & K. Schulte (Hrsg.), *Zwei für alle Fälle. Handbuch zur optimalen Zusammenarbeit von Juristen und Kommunikatoren* (S. 112–120). Frankfurt am Main: Frankfurter Allgemeine Buch.
Jansen, A. (2011). Kapitalmarkttransaktionen – Stresstest zwischen Risiko und Dialog. In H. Möhrle & K. Schulte (Hrsg.), *Zwei für alle Fälle. Handbuch zur optimalen Zusammenarbeit von Juristen und Kommunikatoren* (S. 73–85). Frankfurt am Main: Frankfurter Allgemeine Buch.
Jarren, O., & Röttger, U. (2008). Public Relations aus kommunikationswissenschaftlicher Sicht. In G. Bentele, R. Fröhlich, & P. Szyska (Hrsg.), *Handbuch der Public Relations* (2. Aufl., S. 19–36). Wiesbaden: VS Verlag für Sozialwissenschaften.
Merten, K., & Westerbarkey, J. (1994). Public Opinion und Public Relations. In K. Merten, S. J. Schmidt, & S. Weischenberg (Hrsg.), *Die Wirklichkeit der Medien* (S. 188–236). Opladen: Westdeutscher Verlag.
Messer, B. (2007). Die „Eskalations"-Krise – wie die Polizei eine Hetzkampagne beendete. In H. Möhrle (Hrsg.), *Krisen-PR* (2. Aufl., S. 55–62). Frankfurt am Main: Frankfurter Allgemeine Buch.
Möhrle, H. (2007). Plädoyer für ein erweitertes Verständnis der Kommunikationskrise. In H. Möhrle (Hrsg.), *Krisen-PR* (2. Aufl., S. 12–29). Frankfurt am Main: Frankfurter Allgemeine Buch.
Möhrle, H. (2011). Die Prätorianer des Managements. In H. Möhrle & K. Schulte (Hrsg.), *Zwei für alle Fälle. Handbuch zur optimalen Zusammenarbeit von Juristen und Kommunikatoren* (S. 175–183). Frankfurt am Main: Frankfurter Allgemeine Buch.

Möhrle, H., & Hoffmann, P. (2012). *Risiko-und Krisenkommunikation*. Berlin: Helios Media.
Myers, D. G. (2008). *Psychologie* (2. Aufl.). Heidelberg: Springer.
Ott, U., & Schick, M. (2011). Wettbewerb – Offensiv vor Gericht und in die Medien. In H. Möhrle & K. Schulte (Hrsg.), *Zwei für alle Fälle. Handbuch zur optimalen Zusammenarbeit von Juristen und Kommunikatoren* (S. 102–111). Frankfurt am Main: Frankfurter Allgemeine Buch.
Rehbinder, M. (2009). *Rechtssoziologie* (7. Aufl.). München: Beck.
Seifert, F. (2011). Klage oder Ertragen? – Rechtsschutz Prominenter gegen Verletzungen des Persönlichkeitsrechts. In H. Möhrle & K. Schulte (Hrsg.), *Zwei für alle Fälle. Handbuch zur optimalen Zusammenarbeit von Juristen und Kommunikatoren* (S. 134–149). Frankfurt am Main: Frankfurter Allgemeine Buch.
Stoffels, H., & Bernskötter, P. (2012). *Die Goliath-Falle. Die neuen Spielregeln für die Krisenkommunikation im Social Web*. Wiesbaden: Springer Gabler.
Zimbardo, P. G., & Gerrig, R. J. (2004). *Psychologie* (16. Aufl.). München: Pearson.

Internationale Unternehmenskommunikation

Christof E. Ehrhart

Zusammenfassung

Die internationale Unternehmenskommunikation befindet sich im Umbruch. Konnten die frühen Phasen der Globalisierung im späten 20. und frühen 21. Jahrhundert noch mit klassischen Strukturen, Strategien und Instrumenten begleitet werden, so steht das bisherige Paradigma unter den Bedingungen einer sich vor allem durch die zweite Welle der Digitalisierung herausbildenden ökonomischen Postmoderne in Frage. Wenn die Grenze zwischen Unternehmen und Öffentlichkeit hyper-transparent wird, die Anforderungen an nachhaltige unternehmerische Leistungsbeiträge steigen und die klassische Dichotomie von Zentrale und Peripherie in aufkommenden Netzwerkstrukturen ihre Sinnhaftigkeit verliert, werden auch überkomme Prinzipien der internationalen Kommunikationsarbeit wie *Think global, act local* und *One-voice-policy* auf den Prüfstand gestellt. Dieser Beitrag skizziert die Übergangssituation der internationalen Unternehmenskommunikation und zeigt ihre Entwicklungsperspektiven auf.

Schlüsselwörter

Unternehmenskommunikation · Internationale Kommunikation · Globalisierung · Internationalisierung · Kommunikationsmanagement · Strategische Kommunikation

---

C. E. Ehrhart (✉)
Universität Leipzig, Institut für Kommunikations- und Medienwissenschaft
Burgstraße 21, 04109 Leipzig, Deutschland
E-Mail: christof.ehrhart@uni-leipzig.de

1 Einleitung

So wie die Demokratisierung als Phänomen im Weltmaßstab ihren Anfang bereits weit im 19. Jahrhundert genommen hatte, aber erst in der zweiten Hälfte des 20. Jahrhunderts zur vollen Blüte kam (Huntington 1991, S. 16 ff.), so wird die Globalisierung, die bereits nach dem Zweiten Weltkrieg basierend auf Innovationen in der Güter- und Personenlogistik sowie der Informationstechnologie in Tendenzen zu erkennen war und mit dem Ende des Kalten Krieges in den 90er Jahren eine enorme Beschleunigung erfuhr, aller Voraussicht nach in der ersten Hälfte des 21. Jahrhunderts ihre Kulminationsphase erreichen (Sriramesh 2008, S. 409 f.).

Zwar haben medienwissenschaftliche, volkswirtschaftliche und auch philosophische Apologeten des Trends zur Globalisierung mit Begriffen wie „Globales Dorf" (McLuhan 1962), „Die Welt ist flach" (Friedman 2005) und „Welt ohne Abstände" (Sloterdijk 2006, S. 217) die Zuspitzung der Entwicklung sprachlich vorweggenommen, aber die wirkliche globale Zeitenwende nimmt gerade erst ihren Lauf – und das nicht nur, weil die vermeintliche weltweite Vernetzung der Volkswirtschaften bisher ihrem eigentlichen Wesen nach weniger global, sondern vielmehr regional ist (Ghemawat 2012, S. 9 ff.).

Die Welt tritt gerade in die dritte Phase der Globalisierung ein. Hatten in der ersten Phase zunächst die westlichen Industrienationen die neuen Marktzugänge genutzt, um ihre Güter und Dienstleistungen mit noch breiterer geographischer Abdeckung zu vermarkten, so stand die zweite Phase der Globalisierung unter dem Banner der kostengünstigen lokalen Produktion bzw. Präsenz mit dem Ziel der effizienten und effektiven Marktdurchdringung. In der dritten Phase beginnen nun die erstarkten neuen Industrienationen wie China, Indien, Brasilien und Mexiko erfolgreich in die Märkte der westlichen Welt zu exportieren und ihre bisher vor allem lokal und regional agierenden Unternehmen werden dabei zunehmend selbst zu Global Playern. So liegt die Anzahl chinesischer Unternehmen, die in der Fortune-500-Liste der umsatzstärksten Unternehmen der Welt geführt werden, im Jahr 2012 bei 79 und hat sich damit innerhalb von nur drei Jahren mehr als verdoppelt.

Parallel zu dieser Entwicklung verändert die weltweit zunehmende Nutzung digitaler Medien und Kommunikationswege (Macnamara 2010, S. 17 ff.) in Kombination mit steigenden Anforderungen an die soziale und ökologische Nachhaltigkeit unternehmerischen Handelns (Gilding 2011; Riffkin 2011) im Sinne einer „multiple bottom line" (Toffler 1984, S. 240 f.) grundlegend das Verhältnis zwischen Angebot und Nachfrage. Aus dem weitgehend passiven und für die Unternehmen anonymen Konsumenten von Massenprodukten des Industrie- wie Dienstleistungszeitalters wird der punktuell oder dauerhaft aktive und zunehmend souveräne Nutzer, der von der Gestaltung der Produkte über den Kauf bis hin zum Kundenservice die unmittelbare Interaktion mit dem Anbieter sucht – eine Entwicklung, die ihre Entsprechung in der Emanzipation von Mitarbeitern in großen Unternehmen findet, die in ihrem Beruf neben einem sicheren Arbeitsplatz und wirtschaftlichem Erfolg zunehmend persönliche Sinnstiftung und erkennbare gesellschaftliche Leistungsbeiträge anstreben.

Der Begriff der ökonomischen Postmoderne (Lyotard 2012, S. 53 ff.) beschreibt treffend dieses neue, von medialer Individualisierung, sozialer Fragmentierung und ökonomisch-politischer Volatilität geprägte Umfeld der internationalen Unternehmenskommunikation (Holtzhausen 2012, S. 1 ff.), in dem es immer weniger darauf ankommt, *was* man produziert oder anbietet, sondern *wie* man dabei als einzelner Verantwortungsträger aber auch als Organisation wertbezogen handelt (Seidman 2007). So erklärt sich auch, warum Befragte im Rahmen einer seit dem Jahr 2000 jährlich durchgeführten Untersuchung zu den Bestimmungsfaktoren des Ansehens großer Unternehmen in den USA im Jahr 2010 erstmals „transparente und ehrliche Geschäftspraktiken" als gleich bedeutsam eingeschätzt haben wie die „hohe Qualität von Produkten und Dienstleistungen" (Edelman 2010, S. 6).

Die postmodernen Marktbedingungen erfordern ein grundsätzliches Umdenken in Führung und Management von Unternehmen im Allgemeinen (Dotlich et al. 2009), aber insbesondere im Verhältnis zum Kunden werden die Auswirkungen als gravierend wahrgenommen. Dabei kam dem Marketing in den vergangenen zehn Jahren eine Pionierrolle zu (Hagel et al. 2010; Levine et al. 2000; Meyer und Davidson 2001; Scoble und Shel 2006).

Unter den neuen Bedingungen beginnt sich außerdem die Aufgabenstellung internationaler Unternehmenskommunikation und damit der Bedarf an diesbezüglichem Erkenntnisgewinn deutlich zu verändern. Stand in der Vergangenheit insbesondere die strategische Überwindung der Divergenz zwischen internationaler kommunikativer Zielsetzung und lokalen Kommunikationsbedingungen im Vordergrund, so muss heute die überkommene Logik der internationalen Unternehmenskommunikation insgesamt auf den Prüfstand gestellt werden.

Nachfolgend soll dies entlang folgender Leitfragen geleistet werden:

- Welchen Reifegrad hat die wissenschaftliche Beschäftigung mit internationaler Unternehmenskommunikation erreicht?
- Welche neue Aufgabe stellt sich der internationalen Unternehmenskommunikation unter den Bedingungen der ökonomischen Postmoderne?
- Wie verändern sich unter den Bedingungen von medialer Individualisierung, sozialer Fragmentierung und ökonomisch-politischer Volatilität die Anforderungen an Strategiebildung und Managementpraxis in der internationalen Unternehmenskommunikation?
- Welche Strukturen und Verfahren erlauben es der internationalen Unternehmenskommunikation als unternehmerische Teilfunktion diese Aufgabe erfolgreich zu bewältigen?

2 Zum State of the Art – Eine Disziplin im Übergang

Wenn konstatiert werden muss, dass der Zeitenwechsel zur Postmoderne für die internationale Unternehmenskommunikation gerade erst begonnen hat, so erklärt sich dies zunächst aus dem frühen Entwicklungsstand der Disziplin – in Wissenschaft und Praxis. Die ser von Hugh M. Culbertson (2009) diagnostizierte Zustand der fachlichen „Adoleszenz" zeigt sich zunächst einmal in der unzureichend klar umrissenen Begrifflichkeit selbst, für die bis heute keine allgemein akzeptierte Definition angegeben werden kann, wobei die vielfältigen Ansätze zwischen funktional-instrumentellen Deskriptionen und normativ-emanzipatorischen Präskriptionen oszillieren (Curtin und Gaither 2007, S. 3 ff.). Welchen Anteil das schillernde Adjektiv *international* an der begrifflichen Unschärfe hat (Wessler und Brüggemann 2011, S. 1 ff.), wird beim Vergleich mit dem Feld der internationalen Politik bzw. der internationalen Beziehungen deutlich, die in frappierend ähnlicher Weise je nach Standpunkt des Betrachters unterschiedlich definiert und theoretisch hinterlegt werden (Dougherty und Pfaltzgraff 1990; Bull 1988).

Internationale Unternehmenskommunikation unter den Bedingungen der ökonomischen Postmoderne angemessen zu definieren, erfordert den Abschied von einem eindimensionalen, *transmissionalen* Kommunikationsverständnis (Bolten 2007, S. 16 f.), ohne dabei den manageriellen Gestaltungsanspruch im Sinne eines unternehmerischen Wertschöpfungsinteresses auf dem Altar der *symmetrischen Verständigung* (Habermas 1995, S. 384 ff.) vollständig zu opfern. Dabei erweist sich als hilfreich, dass es bereits eine Reihe begrifflicher Fassungen gibt, die den neuen Anforderungen an die Disziplin gerecht zu werden versuchen, indem sie den instrumentellen Aspekt der Kommunikationsarbeit als Bestandteil anführen (Bentele 2008, S. 210 ff.; Huck 2007, S. 2; vgl. auch Kapitel „Unternehmenskommunikation und Kommunikationsmanagement: Strategie, Management und Controlling"), aber nicht als allein wesensbestimmend erklären wie das zuvor üblich war (Grunig et al. 1995, S. 164).

> **Internationale Unternehmenskommunikation**
> Internationale Unternehmenskommunikation bezeichnet die über Staats-, Sprach- und Kulturgrenzen hinweg wirkende Herstellung und Aufrechterhaltung von Kommunikationsbeziehungen zwischen einem Unternehmen und seinen internen und externen Bezugsgruppen.

In der wissenschaftlichen Behandlung von Fragen im Umfeld internationaler Unternehmenskommunikation sind seit dem Beginn des 21. Jahrhunderts weitere beherzte Schritte zu erkennen, Defizite der Vergangenheit auszugleichen. Konstatiert wurden hier insbesondere die US-amerikanische bzw. europäische Ethnozentrizität der Herangehensweise (Botan 1992, S. 149), die einseitige Konzentration auf Länderfallstudien bei gleichzeitigem Fehlen angemessener Parameter für *comparative corporate communications* (Sriramesh und Verčič 2002, S. 103), die mangelnde Theorie bzw. Methodenrobustheit und -vielfalt (Kunczik 1992, S. 338) sowie die nahezu babylonische Begriffsverwirrung rund um internationale bzw. interkulturelle, transnationale und globale Unternehmenskommunikation (Andres 2004, S. 22 ff.).

Heute weisen Forschungsansätze den Weg, die zwar in der Traditionslinie des – für die wissenschaftliche Behandlung von internationalem Kommunikationsmanagement epochalen – Excellence-Projekts von Grunig et al. (2002) stehen, aber den angelsächsischen Fokus gezielt verlassen, der in den hierin herausgearbeiteten zentralen Grundprinzipien der Kommunikationsarbeit zu erkennen war (Grunig und Grunig 2003). Beispielhaft können hier die Ansätze von Sriramesh und Verčič (2002, S. 105) sowie Curtin und Gaither (2007) genannt werden. Sriramesh und Verčič haben mit *political ideology, ecomic system, level of activism, culture* und *media culture* nicht nur fünf kulturübergreifende Vergleichskategorien für die lokalen Wirkungsbedingungen internationaler Unternehmenskommunikation eingeführt, sondern auch in einem länderübergreifenden Forschungsprojekt in 35 Ländern angewendet (Sriramesh und Verčič 2003). Curtin und Gaither beziehen sich mit ihrem *circuit of culture model*, das unter anderem vom Gründungsvater der interkulturellen Kommunikationswissenschaft, Edward T. Hall, geprägt wurde, auf die fünf Entwicklungsmomente *regulation, representation, identity, production* und *consumption* (Curtin und Gaither 2007, S. 37 f.), die das jeweils lokale kulturelle Umfeld internationaler Kommunikationsaktivitäten von Unternehmen prägen.

Während noch immer konstatiert werden kann, dass die Disziplin Unternehmenskommunikation insgesamt – und ihre internationale Dimension im Besonderen – unter einem Mangel an Theoriebildung und Konzeptualisierung leidet, so zeichnet sich doch erkennbar eine Intensivierung der Beschäftigung wie auch die Erweiterung der verfolgten Ansätze ab (Bardhan und Weaver 2011). Standen die frühen Ansätze der Theoriebildung in einer funktionalistischen bzw. positivistischen Tradition und waren fast ausschließlich systemtheoretisch geprägt, so haben sich zwischenzeitlich stärker auf die konkrete kommunikative Interaktion zwischen Individuen und Gruppen ausgerichtete kommunikations-kulturelle bzw. kommunikations-anthropologische Denkansätze herausgebildet (Bolten 2007; Zaharna 2000).

Einen weiteren Trend repräsentieren hier Autoren wie Holtzhausen (2012) und L'Etang (2008), die für eine *kritische Theorie* der Unternehmenskommunikation stehen wollen, die vor allem Machtelemente im Austausch zwischen Unternehmen und Bezugsgruppen zu beleuchten sucht. Neuerdings wird auch der mögliche Erkenntnisgewinn durch die Kombination verschiedener Herangehensweisen in „multi-paradigmatischen Perspektiven" propagiert (Bardhan und Weaver 2011, S. 15), wobei kritisch hinterfragt werden muss, ob ein solcher Eklektizismus – gleichsam in der erkenntnistheoretischen Tradition von Paul Feyerabends „Anything Goes" (1970) – angesichts der mangelnden Theoriereife des Untersuchungsgegenstandes bis auf weiteres wirklich hilfreich sein kann.

Kaum ein relevanter Beitrag zur Behandlung der Grundlagen und Wirkungen von grenzüberschreitender Unternehmenskommunikation verzichtet heute noch auf eine mehr oder weniger detaillierte Auseinandersetzung mit dem Adjektiv *international* und seiner Abgrenzung insbesondere zu *transnational* und *global*. Als Beispiel für eine gelungene Differenzierung können Wessler und Brüggemann angeführt werden, die international als nur *grenzüberschreitend* von transnational als *grenzüberschreitend* und zugleich *grenzüberwindend* unterscheiden (Wessler und Brüggemann 2011, S. 4).

Obwohl also die Basis für eine zufriedenstellende Darstellung der Voraussetzungen, Vorgehensweisen und Ergebnisse internationaler Unternehmenskommunikation in den vergangenen Jahren deutlich solider geworden ist, so hat sich zwischenzeitlich unter den Bedingungen der weiter oben beschriebenen ökonomischen Postmoderne die Aufgabenstellung selbst deutlich verändert. Die Front der Entwicklung bilden hier ohne Frage die international bzw. global agierenden Unternehmen selbst, die darauf angewiesen sind, für kommunikative Herausforderungen neuer Art in der täglichen Praxis instante Lösungen zu finden, und dabei immer wieder Neuland betreten – etwa wenn sich die Investmentbank Goldman Sachs im März 2012 mit dem in der New York Times veröffentlichten Kündigungsschreiben eines ihrer Mitarbeiter auseinandersetzen muss, der dem Unternehmen unterstellt, die Interessen seiner Kunden zu übergehen, und damit einen Tsunami massenmedialer Berichterstattung und einen Feuersturm von kritischen Kommentierungen in den Social Media zugleich auslöst. Oder auch angesichts der Nuklearkatastrophe von Fukushima ein Jahr zuvor, die vor allem die interne Kommunikation und die Kundenkommunikation international agierender Unternehmen in einen Wettlauf mit im Internet verbreiteten Informationen nicht nur aus seriösen Quellen setzte.

3 Am Ende der Nabelschau – eine neue Logik für die Unternehmenskommunikation

Traditionell sieht sich die Unternehmenskommunikation im Spannungsfeld zwischen innen (unternehmens-intern) und außen (unternehmens-extern). Diese Logik nimmt ihren Ausgangspunkt bei zwei wesentlichen Exponenten der PR-Gründerzeit, Edward Bernays und Arthur Page. Zwar lassen sich leichte Differenzierungen in ihrer Argumentation erkennen: Wo Bernays als Ziel der internen und externen Kommunikationsarbeit *engineering of consent* (Bernays 1952) im Interesse des Unternehmens sah, stellte Page *building good will for the company* (Page 1932) in den Vordergrund. Man könnte auch von monologischer und dialogischer Schwerpunktsetzungen in der Kommunikationsarbeit sprechen, die man noch heute im Kommunikationsmix von Unternehmen finden kann.

Eines aber haben die Ansätze von Bernays und Page – und damit alle in ihrer Tradition stehenden Kommunikationsstrategien – gemeinsam: die Hauptzielrichtung *von innen nach außen*. Betrachtet man ein Unternehmen als soziales System, so besteht demnach die Aufgabe der Unternehmenskommunikation in der Beeinflussung im Sinne von *Überredung* oder *Überzeugung* der Umwelt dieses sozialen Systems. Dabei ist die Wahrnehmung der sozialen Umwelt, innerhalb derer gleichsam die *licence to operate* kontinuierlich erneuert werden muss, oftmals sehr eingeschränkt. Während sich der wirtschaftliche Markterfolg objektiv in der Bilanz niederschlägt und nur sehr begrenzt beschönigt werden kann, zeigen sich im Vergleich von Eigenbild und Außenwahrnehmung eines Unternehmens oft deutliche Diskrepanzen. Überlieferter Unternehmenszweck, in der Vergangenheit erfolgreiche Produkte und Dienstleistungen oder auch unternehmerisches Selbstverständnis wirken als Schablone, die aus der komplexen Umwelt eines Unternehmens nur ein eng umgrenztes Bild herausstanzen. Man könnte auch von kommunikativer Nabelschau sprechen.

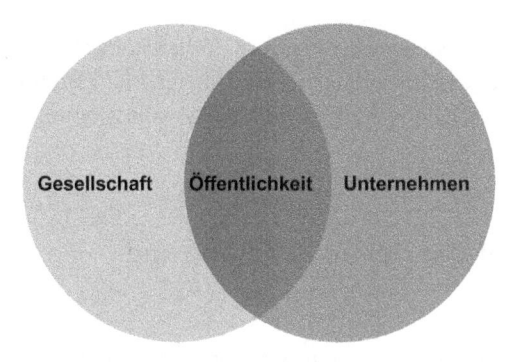

Gesellschaft **Öffentlichkeit** **Unternehmen**

Output-orientiertes Kommunikationsmanagement

- Gesellschaft und Unternehmen als getrennte Sphären,
- Kanäle und Ressourcen für den Informationsaustausch unter Kontrolle,
- Klare Trennung zwischen Unternehmenskommunikation und Marktkommunikation.

Abb. 1 Die klassische Logik der Unternehmenskommunikation

Gesellschaft **Öffentlichkeit** **Unternehmen**

Input-orientiertes Kommunikationsmanagement

- Hohe kommunikative Permeabilität zwischen Gesellschaft und Unternehmen,
- Kanäle und Ressourcen für Informationsaustausch unkontrollierbar,
- Grenzen zwischen Unternehmenskommunikation und Kundenkommunikation fließend.

Abb. 2 Die neue Logik der Unternehmenskommunikation

Die diagnostizierte Nabelschau findet ihren Ursprung vor allem in einem überkommenen Konzept von Öffentlichkeit, das Gesellschaft und Unternehmen noch als sorgfältig getrennte Sphären versteht, zwischen denen es eine – vor allem aufgrund der Endlichkeit von Medienkanälen – vergleichsweise überschaubare Schnittmenge gab. In der Folge bildete sich das Standardmodell der output-orientierten Kommunikationsarbeit (vgl. Abb. 1) heraus, die in erster Linie als Einbahnstraße organisiert war.

Im Zeitalter der ökonomischen Postmoderne sorgt die vom Nutzer geforderte und von den digitalen Medien vermittelte kommunikative Permeabilität der sozialen Systeme Gesellschaft und Unternehmen für eine weitgehende Überlappung zuvor getrennter Sphären. Kontrollierte Kommunikation von innen nach außen verliert damit ihr Alleinstellungsmerkmal. Unter diesen neuen Bedingungen müssen Unternehmen wechselseitige Informationsströme zulassen und hierfür auch geeignete Plattformen bereitstellen. Auf diesem Wege wird auch die Grenze zwischen klassischer Unternehmenskommunikation, die vor allem Meinungsführer und Meinungsvermittler anspricht, und der Marktkommunikation, die Nachfrageinteresse in der breiten Gesellschaft generieren will, fließend.

In dieser neuen Kommunikationslogik (vgl. Abb. 2) konzentriert sich internationale Unternehmenskommunikation darauf, mit Hilfe überzeugender Argumente in einen offenen Dialog zu treten und dafür auch die geeigneten Plattformen bereitzustellen. Dies beinhaltet auch die Bereitschaft, sich mit den Einstellungen, Erwartungen und Meinungen der Gesellschaft ernsthaft auseinanderzusetzen – ganz unabhängig davon, aus welchem kulturellen Umfeld diese stammen.

4 Hyper-Transparenz – strategische Herausforderung und Chance zugleich

In der Folge der neuen Kommunikationslogik entsteht eine geographische und temporale Hyper-Transparenz, die in der Praxis der internationalen Unternehmenskommunikation für kontinuierlichen Rechtfertigungsdruck sorgt. Wo in der Vergangenheit etwa in der Krisenkommunikation oder Kundenkommunikation oftmals der Maßstab der Legalität zur Unterscheidung zwischen kommunikativ geboten und zu verwerfen angelegt wurde, rückt heute der Aspekt der Legitimität – und damit die Frage der gesellschaftlichen Akzeptanz – in den Vordergrund. In der Folge befinden sich Unternehmen mehr denn je im Zustand der latenten Kommunikationskrise.

Der zeitlich endlose Informationsstrom in Internet und Social Media sowie die dramatische Zunahme von Informationsquellen bei gleichzeitiger Abnahme ihrer Zuverlässigkeit führt zudem zu einem *Informationsparadox* im externen Umfeld international agierender Unternehmen: dem Phänomen einer deutlich verkürzten *Wellenlänge* öffentlicher Aufmerksamkeit steht gleichzeitig eine übersteigerte *Aufregungsamplitude* gegenüber. In dieser Logik wird die mögliche Sensation (oder der mögliche Skandal) zwangsläufig zum täglichen Ereignis mit nur schwer zu kalkulierenden Risiken für die Reputation. Dabei werden dann nicht selten auch noch Fehler in der Berichterstattung von einem Medium zum anderen übertragen.

Hyper-Transparenz hat aber auch eine unternehmens-interne Dimension. Wo sich die Kosten der medialen Vernetzung für den Einzelnen dramatisch reduzieren und die technischen Möglichkeiten vervielfältigen, ist kein Platz mehr für Verlautbarungen und Monolog der Unternehmensspitze. Vielmehr befindet sich das Top-Management internationaler Unternehmen nahezu im medialen Rennen zwischen Hase und Igel um die angemessene Interpretation der Auswirkungen eines externen Ereignisses auf das Unternehmen.

Tatsächlich werden die internen Informationsmärkte international agierender Unternehmen nicht über das Angebot, sondern über die Nachfrage gesteuert. Wo keine adäquaten offiziellen Informationen zu relevanten Themen zu erhalten sind, entsteht ein *Schwarzmarkt der Information*, auf dem Informationen zweifelhafter Qualität zu hohen Preisen gehandelt werden. Weil dann Information und Kommunikation als Rohstoff für die Entstehung von Motivation und Kompetenz ausbleiben, nehmen Mitarbeiter-Bindung und Leistungsbereitschaft unweigerlich ab. Der unternehmensinterne Gesellschaftsvertrag wird in einer solchen Situation gleichsam auf den Austausch materieller Güter reduziert.

5 Corporate Empathy – Unternehmenskommunikation jenseits alter Intuitionen

Das Schlüsselwort für die erfolgreiche Ausrichtung der internationalen Unternehmenskommunikation im Zeitalter der ökonomischen Postmoderne lautet *Empathie* – also die Fähigkeit zur „imaginierenden Nachahmung des Erlebens des anderen" (Finke 2003, S. 28), wie sie etwa in der Gesprächspsychotherapie gelehrt wird.

Obgleich dieses Konzept, das Ehrhart (2006) in die fachliche Diskussion um die internationale Unternehmenskommunikation eingeführt hat, aktuell eine Renaissance bei der Betrachtung gesellschaftlicher Fragestellungen erlebt (Riffkin 2010), so reichen seine geistigen Wurzeln tief bis in die schottische Aufklärung und damit in die Frühphase der geistigen Grundlegungen modernen Wirtschaftens. Adam Smith widmete sich schon 1759 in seiner „Theorie der ethischen Gefühle" (Smith 2004), die 17 Jahre vor dem der liberalen Marktwirtschaft den Boden bereitenden „Wohlstand der Nationen" (Smith 2003) erschien, den Grundmustern zwischenmenschlicher Empfindungen.

Nimmt man eine systemtheoretische Perspektive ein, so lässt sich Empathie als Ressource für die Aufrechterhaltung von organisatorischer Stabilität im post-modernen Wandel eindeutig verorten. Es gehört zu den Verdiensten des amerikanischen Soziologen Talcott Parsons, auf der Basis der Auseinandersetzung mit dem Denken Max Webers eine allgemeine Theorie sozialer Systeme entwickelt zu haben, die er bereits 1951 in der zentralen Veröffentlichung „The Social System" vorstellte. Er wurde so zu einem der Gründungsväter der struktural-funktionalistischen Systemtheorie. Ziel der Theorieformulierung von Parsons war das Erkennen jener Funktionen, die ein soziales System – und damit die es konstituierenden Strukturen und Vorgänge – ausüben muss, um langfristig existieren zu können.

Mit dem sogenannten AGIL-Schema schuf Parsons ein Raster, das „vier hauptsächliche funktionale Probleme" entlang von „zwei Differenzierungslinien" hervorhebt (1971, S. 165). Die vier Buchstaben stehen für: *adaptation* (Anpassung), *goal-attainment* (Zielerreichung), *integration* (Einbindung) und *latent pattern maintenance* (Strukturerhaltung). Die genannten Differenzierungslinien verlaufen zwischen externem, also systemumweltorientiertem, und internem, also systemweltorientiertem, Bezug sowie zwischen instrumentell und konsumtiv ausgerichteten Bereichen des Systems (Parsons 1971, S. 166).

Wendet man das AGIL-Schema an, um die Aufgabenstellung der internationalen Unternehmenskommunikation zu klären, so fällt rasch auf, dass organisatorische Empathie dort auftritt, wo Anpassung und Einbindung zu den bisher dominierenden Struktur- und Prozessprinzipien Zielerreichung und Strukturerhaltung hinzutreten.

Legt man ein einfaches Input-Throughput-Output-Modell der Kommunikationsarbeit (vgl. Abb. 3) in einem Unternehmen zugrunde, so lassen sich konkrete Hinweise dazu geben, wie sich das Prinzip der Empathie in die Praxis der internationalen Unternehmenskommunikation einbringen lässt.

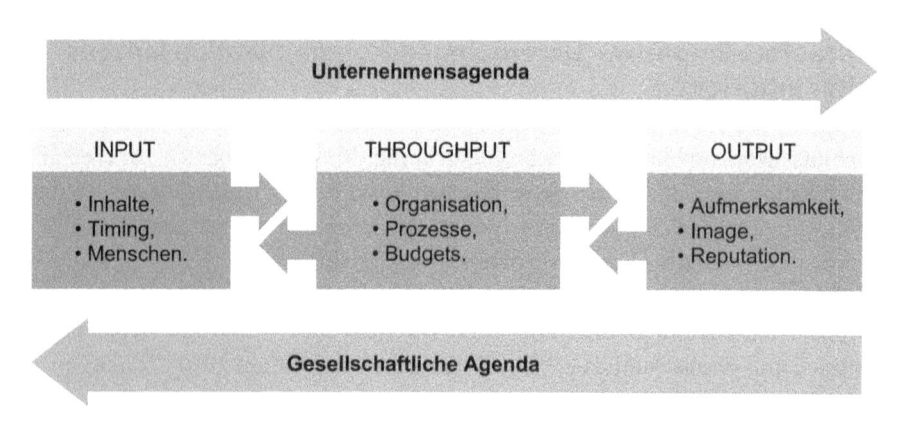

Abb. 3 Einfaches Funktionsschema der Unternehmenskommunikation

5.1 Input-Feld der internationalen Unternehmenskommunikation

5.1.1 Dialog-Orientierung nach außen

Wenn international agierende Unternehmen in den Meinungsaustausch mit einer gut informierten, inhaltlich anspruchsvollen und zunehmend kritischen Öffentlichkeit treten wollen, müssen sie dafür inhaltliche, personelle und organisatorische Vorkehrungen treffen. Dazu gehört zunächst einmal die Beantwortung der Frage, welche wesentlichen materiellen und ideellen Effekte das eigene unternehmerische Handeln auf die soziale (und natürliche) Umwelt hat.

Ein solches Issues-Management, das gezieltes Monitoring voraussetzt und kontinuierliche Analyse erfordert, ermöglicht es – schon vor jeglicher oft durch Einzelereignisse ausgelösten krisenhaften Zuspitzung – die besonderen kommunikativen Risiken (aber auch Chancen) eines Unternehmens zu erkennen. Sobald solche Issues sinnvoll definiert sind, gilt es, argumentativ durchhaltbare Positionen zu finden, kontinuierlich entlang der Nachrichtenlage und der gesellschaftlichen Agenda nachzuhalten und nach außen mit sensiblen Antennen für die Bedürfnisse und Einschätzungen aller Stakeholder – also Anspruchsgruppen mit berechtigten Interessen – zu vertreten.

Issues-Management bildet zugleich auch den Kern angemessener strategischer Ausrichtung internationaler Unternehmenskommunikation. Um diese innerhalb des dynamischen internen und externen Nachrichtenflusses sicherzustellen, bedarf es zunächst einmal einer klaren Verortung strategischer Aufgabenstellungen innerhalb des Kommunikationsteams. Kurz gesagt: keine Kommunikationsstrategie ohne Kommunikationsstrategen, die mit angemessen zeitlichen, budgetären und personellen Ressourcen ausgestattet sind.

Die Aufgabe der Strategiefunktion besteht nicht nur darin, im kommunikativen Konturenflug über die Unternehmensstrategie, die Gesamtausrichtung der internationalen Kommunikationsarbeit festzulegen, sondern auch ihre Umsetzung im Tagesgeschäft in einer *Wächterrolle* zu begleiten. Hierzu dient etwa die Entwicklung eines strategischen Arbeitsplans, der klar definierten mittel- bis langfristigen Aufgabenstellungen jeweils spezifische Kommunikationsmaßnahmen bzw. -maßnahmenbündel gegenübergestellt und ihre taktische Implementierung durch Zuordnung von internationalen Verantwortungen erleichtert.

5.1.2 Nachfrage-Orientierung nach innen

Unter den Bedingungen der Hyper-Transparenz bilden Mitarbeiter – mit Hilfe offizieller Angebote oder auf eigene Faust – Gemeinschaften, um sich auszutauschen bzw. international Wissensstände abzugleichen und in den Dialog über wesentliche Fragen des Unternehmens einzutreten. Zugleich besteht für jeden die Möglichkeit, seinen über externe Medien gespeisten Kenntnisstand zur Lage des Unternehmens mit der hauseigenen Informationspolitik abzugleichen, was unmittelbar in eine Bringschuld für die interne Kommunikation mündet.

Vor diesem Hintergrund gilt es, die kontinuierliche Synchronisierung von externer und interner Nachrichtenlage in die Routine der Kommunikationsarbeit zu integrieren. Natürlich können international wirkende digital-interaktive Kommunikationsmittel wie Intranet, Extranet und interne Twitter-Dienste bei der Bewältigung dieser Aufgabe hilfreich sein – vor allem, wenn sie sinnvoll mit klassischen internen Medien vor Ort kombiniert werden. Entscheidend ist dabei aber nie die kunstfertige Bespielung eines bestimmten Medienformats, sondern die Beantwortung der sprichwörtlichen *Frage des Tages*, die eine Mehrheit der Mitarbeiter weltweit beschäftigt.

5.1.3 Many-voices-one-message-policy

Ein Symphonieorchester, in dem jedes Instrument bei der Aufführung einer Symphonie die exakt gleichen Noten spielt, bleibt deutlich hinter seinen Möglichkeiten zurück. Dieses Bild lässt sich uneingeschränkt auf internationale Unternehmenskommunikation im Zeitalter der ökonomischen Postmoderne übertragen, die von den überkommenen Regeln einer *one-voice-policy* zeitlich verlangsamt und inhaltlich stranguliert würde.

Kommunikationsarbeit wandelt sich von der *Geheimwissenschaft* der wenigen in eine Gemeinschaftsaufgabe vieler, die nur dann erfolgreich bewältigt werden kann, wenn relevante und verständliche Inhalte bereitgestellt werden und ausreichend Freiraum für ihre interne und externe Vermittlung gewährt wird. Natürlich gibt es rechtlich oder fachlich definierte Sonderbereiche etwa im Bereich der Kommunikation kapitalmarktrelevanter Daten oder beim Eingriff in die Integrität der Marke, für die strenge Regeln erforderlich sind, aber sie bilden zukünftig die Ausnahme.

5.2 Throughput-Feld der internationalen Unternehmenskommunikation

5.2.1 Think global – act global

Die Organisationsform einer international ausgerichteten Kommunikationsabteilung hängt wesentlich von der Struktur bzw. Führungskultur des Unternehmens, von der Art seiner Produkte und Dienstleistungen, aber auch von seiner Größe und geographischen Komplexität ab (vgl. Kapitel „Organisation der Kommunikationsfunktion: Strukturen, Prozesse und Leistungen für die Unternehmensführung"). Egal aber, ob das Kommunikationsteam entlang der Geschäftsbereiche oder übergreifend gemäß der kommunikativen Disziplinen organisiert ist – um nur zwei vorherrschende Modelle zu nennen –, seine Wirksamkeit hängt von der Fähigkeit ab, rasch international zielgruppenspezifische Wirkung zu entfalten.

Dies erfordert das unmittelbare Zusammenspiel aller kommunikativen Ressourcen jenseits einer Zentrale-Peripherie- oder Global-Lokal-Unterscheidung. Möglich wird dies insbesondere durch die wechselseitige Repräsentanz unterschiedlicher Kommunikationskulturen in einer entlang der wesentlichen Regionen und Märkte dislozierten Kommunikationsabteilung. Natürlich wird eine Pressemeldung im Einzelfall lokal adaptiert bzw. das Gespräch mit einem Journalisten vor Ort geführt, aber all diese Maßnahmen sollten stets einem gemeinsamen globalen Kommunikationsanspruch entspringen, der kontinuierlich zwischen den handelnden Personen abgeglichen werden muss.

Zugleich gilt, dass eine international ausgerichtete Kommunikationsabteilung, die ihre Wirkmächtigkeit auf den Zugang des Kommunikationschefs zum Vorstandsvorsitzenden bzw. CEO reduziert, sich selbst begrenzt. Nur durch enge Verzahnung mit allen wesentlichen Zentral- bzw. Stabsfunktionen, Vorstandsbereichen und operativen Einheiten wird Kommunikationsarbeit im Unternehmen wirklich effektiv. Immer mehr große Unternehmen gehen daher dazu über, neben der jeweils gebotenen fachlichen Aufstellung ein Key-Accounting-System aufzubauen, das den wesentlichen internen Akteuren in der Unternehmensleitung je spezifische Ansprechpartner zuordnet, die mit dem internen Kunden in nahezu täglichem Kontakt sind, seine besonderen kommunikativen Anforderungen kennen und ihn umgekehrt kontinuierlich mit Einschätzungen zur internen und externen Nachrichtenlage versorgen. Im Ergebnis steigen natürlich die Anforderungen an die Koordination dieser Matrix innerhalb der Kommunikationsfunktion beträchtlich.

5.2.2 Szenario-Technik: Planen mit alternativen Zukunftsprojektionen

Im Rahmen unternehmerischer Entscheidungsfindung im komplexen internationalen Umfeld muss die Kommunikationsabteilung systematisch die Rolle eines *Advocatus Diaboli* einnehmen, um unternehmerische Entscheidungen aus dem Blickwinkel einer kritischen gesellschaftlichen Umwelt zu bewerten und jeweilige Herausforderungen und Chancen bezüglich ihrer sozialen Akzeptanz oder Aversion vorausschauend zu benennen.

Dabei kann sich professionelles Kommunikationsmanagement nicht darin erschöpfen, nur einzelne denkbare Folgewirkungen einer anstehenden unternehmerischen Entscheidung zu erfassen, sondern sollte verschiedene Szenarien entwickeln und diese mit Wahrscheinlichkeitseinschätzungen versehen. Diese Vorgehensweise erlaubt es dann auch, eher komplexe Sachverhalte darzustellen und anzusprechen. Für die Arbeit innerhalb der Kommunikationsabteilung können die Szenarien vor allem in Phasen relativer Unsicherheit – etwa in Krisensituationen – zusätzlich als Orientierungshilfe dienen.

5.3 Output-Feld der internationalen Unternehmenskommunikation

5.3.1 Unternehmenskommunikation als angewandte Sozialforschung

Zur Einschätzung des Outputs internationaler Kommunikationsarbeit bedarf es zunächst einmal einer Selbstvergewisserung hinsichtlich der kommunikativen *Währung*. Wer hierbei ein möglichst facettenreiches Bild im 360-Grad-Blickwinkel anstrebt, wird mit einer Vielzahl unterschiedlicher Daten konfrontiert, die sinnvoll zu gewichten und zu reduzieren sind. Die Bandbreite reicht hier etwa von Sympathiewerten für den CEO oder die Marken des Unternehmens über Reichweiten- und Kontaktwerte in den klassischen Massenmedien bis hin zu qualitativem Social Media-Monitoring.

In der Praxis erweist es sich als hilfreich, eine langfristige kommunikative Leitwährung – etwa Reputation in der breiten Öffentlichkeit – mit spezifischen Treiberfaktoren festzulegen und die Leistungen der internationalen Kommunikationsarbeit konsequent daran zu messen. In Kombination mit kurzfristigeren Analysepunkten wie Markenakzeptanz, Medienimage oder interner Stimmungslage, die entlang der gleichen Treiberfaktoren gemessen werden, kann dann ein umfassendes Cockpit entstehen, das die Einschätzung entlang der aktuellen Fluglage und des langfristigen Navigationskurses zugleich erlaubt. Solche Praxis erfordert sozialwissenschaftliches Expertenwissen, das in der Kommunikationsfunktion eines international agierenden Unternehmens unverzichtbar ist.

5.3.2 Agenda-Alignment

In dem Ausmaß, in dem ein Unternehmen mit seinen Botschaften den Nerv der aktuellen gesellschaftlichen Debatten trifft, zeigt sich die Fähigkeit zum Agenda Alignment. Im Gegensatz zum Denkmodell des Agenda Settings, das zumindest den Eindruck erweckt, man könne die gesellschaftliche Debatte mit einzelnen kommunikativen Kunstgriffen dominieren, ergibt sich unter den Bedingungen von unternehmerischer Postmoderne und kommunikativer Hyper-Transparenz die Notwendigkeit, gesellschaftliche Bedürfnis- und Einschätzungslagen zu erkennen und die Interessen des Unternehmens hiermit abzugleichen.

6 Ausblick

Erfolgreiche internationale Unternehmenskommunikation erfordert im Zeitalter der ökonomischen Postmoderne in vielerlei Hinsicht konsequentes Handeln gegen die gelernte kommunikative Intuition. Hierzu zählt insbesondere:

- Der Kommunikationschef muss seine Gestaltungsmacht teilen, um die Kontrolle über die wesentlichen Kommunikationsvorgänge und -ergebnisse zu behalten.
- Die Kommunikationsfunktion muss ihre internen Prozesse komplexer gestalten, um die Zusammenarbeit für ihre internen und externen Stakeholder zu erleichtern.
- Das Kommunikationsteam muss im permanenten Krisenmodus agieren, um nicht unvorbereitet von Krisen überrollt zu werden.

Die organisatorischen, manageriellen und kommunikativen Folgewirkungen dieser Schritte noch besser verstehen und damit steuern zu können, ist ein wesentliches Desideratum der kommunikativen Praxis an die weitere wissenschaftliche Beschäftigung mit internationaler Unternehmenskommunikation. Der sich in diesem Bereich in letzten Jahren abzeichnende Reifungsprozess des Forschungsstands gibt Anlass zu der Hoffnung auf erhellende Beiträge in diesem Feld.

Literatur

Andres, S. (2004). *Internationale Unternehmenskommunikation im Globalisierungsprozess. Eine Studie zum Einfluss der Globalisierung auf die 250 größten in Deutschland ansässigen Unternehmen.* Wiesbaden: VS Verlag für Sozialwissenschaften.

Bardhan, N., & Weaver, K. (2011). Introduction: Public relations in global cultural contexts. In N. Bardhan & K. Weaver (Hrsg.), *Public relations in global cultural contexts. Multi-paradigmatic perspectives* (S. 1–28). New York: Routledge.

Bentele, G. (2008). Intereffikationsmodell. In G. Bentele, R. Fröhlich, & P. Szyszka (Hrsg.), *Handbuch der Public Relations* (2. Aufl., S. 209–222). Wiesbaden: VS Verlag für Sozialwissenschaften.

Bernays, E. (1952). *Public relations.* Norman: University of Oklahoma Press.

Bolten, J. (2007). *Einführung in die interkulturelle Wirtschaftskommunikation.* Göttingen: Vandenhoeck & Ruprecht.

Botan, C. (1992). International Public Relations: Critique and Reformulation. *Public Relations Review, 18*(2), 149–159.

Bull, H. (1988). *The anarchical society. A Study of order in world politics* (11th ed.). London: Macmillan.

Culbertson, H. (2009). Foreword. In A. Freitag & A. Stokes (Hrsg.), *Global public relations* (S. ix–xii). London: Routledge.

Curtin, P., & Gaither, K. (2007). *International public relations. Negotiating culture, identity, and power.* London: Sage.

Dotlich, D., Cairo, P., & Rhinesmith, S. (2009). *Leading in times of crisis: Navigating through complexity, diversity, and uncertainty to save your business.* San Francisco: Wiley.

Dougherty, J., & Pfaltzgraff, R. (1990). *Contending theories of international relations. A comprehensive survey* (3. Aufl.). New York: Harper & Row.

Edelman. (2010). *Edelman Trust Barometer 2010. Annual global opinion leaders study.* http://edelmaneditions.com/wp-content/uploads/2010/11/edelman-trust-barometer-2010.pdf. Zugegriffen: 02. Jan. 2014.

Ehrhart, C. (2006). Against corporate navel-gazing. *Communication Director, 4*(7), 30–33.

Feyerabend, P. (1970). Against method. *Minnesota studies in the Philosophy of Science, 4,* 17–130.

Finke, J. (2003). *Gesprächstherapie. Grundlagen und spezifische Anwendungen* (2. Aufl.). Stuttgart: Thieme.

Friedman, M. (2005). *The world is flat. A brief history of the twenty-first century.* New York: Farrar, Straus and Giroux.

Ghemawat, P. (2012). *DHL global connectedness index 2012.* Bonn: Deutsche Post DHL.

Gilding, P. (2011). *The great disruption. How the climate crisis will transfom the global economy.* London: Bloomsbury.

Grunig, L., & Grunig, J. (2003). Public relations in the united states. In K. Sriramesh & D. Verčič (Hrsg.), *The global public relations handbook: Theory, research, and practice* (S. 505–521). Mahwah: Lawrence Erlbaum Associates.

Grunig, J., Grunig, L., Sriramesh, K., Huang, Y.-H., & Lyra, A. (1995). Models of public relations in international setting. *Journal of Public Relations Research, 7*(3), 163–186.

Grunig, L., Grunig, J., & Dozier, D. (2002). *Excellent public relations and effective organizations: A study of communication management in three countries*. Mahwah: Lawrence Erlbaum Associates.

Habermas, J. (1995). *Theorie des kommunikativen Handelns. Band 1 und 2*. Frankfurt am Main: Suhrkamp.

Hagel J. III, Brown, J., & Davison, L. (2010). *The power of pull*. New York: Basic Books.

Holtzhausen, D. R. (2012). *Public relations as activism*. New York: Routledge.

Huck, S. (2007). Internationale Unternehmenskommunikation. In M. Piwinger & A. Zerfaß (Hrsg.), *Handbuch Unternehmenskommunikation* (1. Aufl., S. 801–904). Wiesbaden: Gabler.

Huntington, S. (1991). *The third wave. Democratization in the late twentieth century*. Norman: University of Oklahoma Press.

Kunczik, M. (1992). Internationale Public Relations als Forschungsfeld. In H. Avenarius & W. Armbrecht (Hrsg.), *Ist Public Relations eine Wissenschaft? Eine Einführung* (S. 335–370). Opladen: Westdeutscher Verlag.

L'Etang, J. (2008). *Public relations. Concepts, practice and critiques* (2nd ed.). London: Sage.

Levine, F., Locke, C., Searls, D., & Weinberger, D. (2000). *The Cluetrain Manifesto. The end of business as usual*. New York: Basic Books.

Lyotard, J.-F. (2012). *Das postmoderne Wissen* (7. Aufl.). Wien: Passagen Verlag.

Macnamara, J. (2010). *The 21st century media (R)evolution. Emergent communication practises*. New York: Peter Lang.

McLuhan, M. (1962). *The Gutenberg galaxy*. Toronto: University of Toronto Press.

Meyer, A., & Davidson, J. H. (2001). *Offensives Marketing: gewinnen mit POISE: Märkte gestalten, Potenziale nutzen*. Freiburg im Breisgau: Rudolf Haufe Verlag.

Page, A., De Forest Arnold, H., Fletscher, H., Brown, R., Otterson, J. E., Jewett, F. B., & Ives, H. E. (1932). *Modern communication*. Boston, New York: Houghton Mifflin.

Riffkin, J. (2010). *Die empathische Gesellschaft. Wege zu einem globalen Bewusstsein*. Frankfurt am Main: Campus.

Parsons, T. (1971). *The system of modern societies*. Englewood Cliffs: Prentice Hall.

Riffkin, J. (2011). *The third industrial revolution. How lateral power is transforming energy, economy, and the world*. New York: Palgrave Macmillan.

Scoble, R., & Shel, I. (2006). *Naked conversations. How blogs are changing the way businesses talk with customers*. Hoboken: Wiley.

Seidman, D. (2007). *How*. New York: Wiley.

Sriramesh, K. (2008). Globalization and public relations. In A. Zerfass, B. van Ruler, & K. Sriramesh (Hrsg.), *Public relations research. european and international perspectives and innovations* (S. 409–425). Wiesbaden: VS Verlag für Sozialwissenschaften.

Sriramesh, K., & Verčič, D. (2002). International public relations: A framework for future research. *Journal of Communication Management, 6*(2), 103–117.

Sriramesh, K., & Verčič, D. (Hrsg.). (2003). *The global public relations handbook. Theory, research and practise*. New York: Routledge.

Sloterdijk, P. (2006). *Im Weltinnenraum des Kapitals. Für eine philosophische Theorie der Globalisierung*. Frankfurt am Main: Suhrkamp.

Smith, A. (2003). *Der Wohlstand der Nationen: Eine Untersuchung seiner Natur und Ursachen. Übersetzt von Horst Claus Recktenwald*. München: DTB.

Smith, A. (2004). *Theorie der ethischen Gefühle. Übersetzt und herausgegeben von Walther Eckstein*. Hamburg: Felix Gmeiner.

Toffler, A. (1984). *The third wave*. New York: Bantam.

Wessler, H., & Brüggemann, M. (2011). *Transnationale Kommunikation. Eine Einführung*. Wiesbaden: Springer VS.

Zaharna, R. (2000). Intercultural Communication and International Public Relations: Exploring Parallels. *Communication Quarterly, 48*(1), 85–100.